Dunja Melčić (Hrsg.)

Der Jugoslawien-Krieg

Dunja Melčić (Hrsg.)
im Auftrag des Ost-Westeuropäischen
Kultur- und Studienzentrums
PALAIS JALTA

Der Jugoslawien-Krieg

Handbuch zu Vorgeschichte, Verlauf und Konsequenzen

2., aktualisierte und erweiterte Auflage

VS VERLAG FÜR SOZIALWISSENSCHAFTEN

Bibliografische Information Der Deutschen Nationalbibliothek
Die Deutsche Nationalbibliothek verzeichnet diese Publikation in der Deutschen Nationalbibliografie; detaillierte bibliografische Daten sind im Internet über <http://dnb.d-nb.de> abrufbar.

Redaktionelle Mitarbeit: Gudrun Bossert, Gerhard Csejka, Wolfgang Klotz, Bärbel Schmidt-Šakić, Matthias Vetter

Das Handbuch wurde als gemeinsames Projekt des Ost- Westeuropäischen Kultur- und Studienzentrums PALAIS JALTA e.V. und der Lehrerkooperative e.V. initiiert und finanziert. Wärend der Arbeit (1997 – 99) wurde das Palais Jalta vom Land Hessen (Ministerium für Wissenschaft und Kunst) von der Stadt Frankfurt (Amt für Multikulturelle Angelegenheiten und Amt für Wissenschaft und Kunst), der Hessischen Landeszentrale für Politische Bildung, der Kulturstiftung der Deutschen Bank und der Heinrich-Böll-Stiftung e.V. unterstützt.

Redaktionsschluss: 15. Juli 1999

2. Auflage August 2007

Der VS Verlag für Sozialwissenschaften ist ein Unternehmen von Springer Science+Business Media.
www.vs-verlag.de

Umschlaggestaltung: KünkelLopka Medienentwicklung, Heidelberg
Titelbild: Wolfgang Klotz
Textsatz: Klaus Bossert
Druck und buchbinderische Verarbeitung: Krips b.v., Meppel
Gedruckt auf säurefreiem und chlorfrei gebleichtem Papier

ISBN 978-3-531-33219-2

Inhalt

II. Identität, Ideologie und Kultur

III. Der Krieg

Vorwort zur 2. Auflage

Die erste Auflage des Handbuchs zum Jugoslawien-Krieg war rasch vergriffen, was bald zu Überlegungen über eine mögliche zweite Ausgabe führte. Diese stand jedoch unter keinem so guten Stern wie die erste. Weder gab es dafür ein Team wie jenes, das innerhalb des Ost/West-Kulturzentrums „Palais Jalta“ zusammengearbeitet hatte, noch waren die finanziellen Mittel vorhanden, die seinerzeit die Arbeit am Handbuch und die Mitarbeit so vieler internationaler Autoren und fachlicher Berater ermöglicht hatten. Ein bloßer Nachdruck der ersten Ausgabe wiederum wäre kaum zu verantworten gewesen, schließlich hatte sich, bedingt durch den Krieg und seine Nachwirkungen, in dem fraglichen Raum seit 1999 Grundlegendes verändert.

Erstes Ergebnis der Überlegungen war, dass bestimmte Beiträge im Großen und Ganzen unverändert in die neue Ausgabe übernommen werden konnten, andere eine mehr oder minder umfassende Aktualisierung benötigten, während einiges schließlich völlig neu konzipiert werden musste. Der Großteil der Kapitel gehörte erfreulicherweise zur ersten Kategorie, so dass sie nur durchgesehen und mit den nötigen kleineren Korrekturen versehen werden mussten. In die zweite Ausgabe nicht übernommen wurden u. a. auf bestimmte Zeiträume bezogene vergleichende Abrisse, wie jene über das Bildungswesen (1918-1991) oder die wirtschaftliche Lage der Nachfolgestaaten (bis 1997), die sich nicht einfach weiterschreiben ließen. Im Fortgang der Geschichte entstanden in den Nachfolgestaaten neue Realitäten, für die Parameter entscheidend wurden, die vom Kontext des einstigen jugoslawischen Staatswesens weitgehend abgekoppelt sind. Während diese Beiträge für die damals historisch gegebene Wirklichkeit einer Übergangszeit ihre Gültigkeit hatten, sind sie danach in gewissem Sinne selbst historisch geworden. Um sich das klarzumachen, muss man sich nur die äußerst unterschiedliche Lage vergegenwärtigen, in der sich das EU-Mitglied Slowenien einerseits und Serbien mit seiner aussichtslosen gesellschaftlichen, ökonomischen und politischen Krise andererseits befanden. Ebenso nicht in die vorliegende Ausgabe übernommen wurden vorläufige Bestandsaufnahmen, die in ihrer Aktualität damals unabdingbar waren und zugleich einem breiteren Publikum die einzigen systematischen Überblicksdarstellungen geboten hatten, wie die Beiträge über die strategischen und militärischen Nachwirkungen des Friedensabkommens von Dayton und über die Opfer der Kriege 1991-1999. Was die Gruppe der Beiträge angeht, die einer Aktualisierung oder Ergänzung bedurften, war es nicht allen Autoren möglich, der entsprechenden Bitte der Herausgeberin nachzukommen, so dass es ihr oblag, die unerlässlichen Ergänzungen in vielen Artikeln selbst vorzunehmen.

Klar wurde auch, dass eine Neuausgabe des Handbuchs den Anspruch auf grundlegende Information über Ereignisse im betreffenden Raum nur aufrechterhalten konnte, wenn darin zumindest das wichtigste Nachkriegsphänomen behandelt wurde, das aber wesentlich mit dem Kriegsgeschehen zusammenhing, nämlich die strafrechtliche Verfolgung von Kriegsverbrechern beim UN-Tribunal in Den Haag. Hier kam der neuen Ausgabe zu Hilfe, dass der Rechtswissenschaftler Christoph Safferling für einen Beitrag gewonnen werden konnte. Ein Kompendium, das die Auflösung eines Staatsgebildes zum Gegenstand hat und in dessen Zentrum der Krieg als zeitlich begrenztes Ereignis steht, kann schwerlich ein Handbuch der üblichen Art werden. Handbücher über bestimmte geschichtliche Epochen, beispielsweise über das Mittelalter, können immer wieder geschrieben, ja sie können auch fortgeschrieben werden. Desgleichen Handbücher zur Geschichte der Staaten, Völker und Nationen mit langer Vergangenheit. Im vorliegenden Fall handelt es sich um so etwas wie eine Momentaufnahme: Jugoslawien war in geschichtlichem Maßstab ein kurzlebiges Gebilde und sein Absterben im Kriege ein einmaliges Ereignis. Mögen die Erkenntnisse über die Zusammenhänge und Hintergründe zu diesem Komplex in mancher Hinsicht immer noch vorläufig sein, so besteht doch die Notwendigkeit, das relativ gesicherte Wissen ohne großen zeitlichen Abstand zu publizieren. Denn – um es überspitzt zu formulieren – wenn dereinst aufschlussreiches Material etwa aus den Archiven des Foreign Office in London oder den Militär- und Geheimdienstarchiven in Belgrad frei zugänglich sein wird, wird schon allgemein in Vergessenheit geraten sein, dass es Jugoslawien gegeben hat – und Ende des 20. Jahrhunderts einen Krieg mitten in Europa. Dies ist nicht aus der Luft gegriffen: An den genannten Orten werden noch nach 60 Jahren wichtige Dokumente im Zusammenhang mit dem 2. Weltkrieg wie höchst aktuelle Staatsgeheimnisse gehütet. Neue Archivfunde und eventuelle Entdeckungen in einer fernen Zukunft werden schwerlich auf großes Interesse stoßen, wo jetzt schon von manch spektakulärer Enthüllung im Haager Gerichtssaal kaum Notiz genommen wird.

Der wichtigste Grund aber, der ein solch unübliches Handbuch rechtfertigt, liegt in der unwiederbringlichen Möglichkeit, Autorinnen und Autoren zusammenzubringen, die noch kompetent und aufschlussreich – gleichsam aus erster Hand – berichten können über einen Gegenstand in transitorischem Zustand. Man könnte sagen, dieses Handbuch habe eine geradezu existenzialistische Grundlage: Es setzt sich aus Beiträgen zusammen, die in den allermeisten Fällen nur von Personen verfasst werden konnten, die sich in ihrer gelebten Zeit als Beobachter, Forscher oder Journalisten mit Realien eines Staatsgebildes auseinandergesetzt haben, das nunmehr seit anderthalb Jahrzehnten der Vergangenheit angehört. Wer sich heute etwa mit Slowenien befasst, braucht über Makedonien nichts zu wissen. Historische Hintergründe der kleinen Staaten im mittel- und südosteuropäischen Zwischenraum bekommen allmählich eigene realistische Maßstäbe. Nur wenn es um die Kriege am Ende des 20. Jahrhunderts geht, die das Auseinanderfallen Jugoslawiens begleiteten, braucht man auch weiterhin in gesammelter Form das Wissen sowohl über Slowenien und das Kosovo, als auch über Bosnien-Herzegowina und Montenegro, Kroatien und Mazedonien, Vojvodina und Serbien, über die Diktatur im ersten Jugoslawien, den Zweiten Weltkrieg in diesem Raum, über das Entstehen des sozialistischen Systems und die Jahrzehnte des Taumelns zwischen totalitärer Herrschaft und gesellschaftlichem Experiment. Bezeichnenderweise konnte man erst nach der Auflösung des gemeinsamen Staates die fundierte Erforschung des Terrors beginnen, mit dem sich das Tito-Regime im Chaos der frühen Nachkriegszeit durchgesetzt hat, weil das entsprechende Material (in Archiven in Ljubljana und Zagreb) erst dann freigegeben werden konnte. Die Herausgeberin hat nun dem Kapitel über das erste Jahrzehnt Nachkriegsjugoslawiens (12) ein kleines Unterkapitel angefügt, das die allernötigsten Informationen über die „große Säuberung“ der jugoslawischen Kommunisten enthält. Eine Studie über den Gesamtkomplex mit allen Bestandteilen des noch vor Kriegsende gegründeten Staates und allen Völkern, die der Säuberung zum Opfer gefallen sind, bleibt ein Desiderat.

Nach dem Dayton-Vertrag und dem Kosovo-Krieg kam es zum intensiven und umfangreichen Engagement internationaler Organisationen in den Nachkriegsgebieten. Der Europäische Rat beschloss 1999, den Ländern des „westlichen Balkans“ (wahlweise auch Südosteuropa genannt) eine europäische Perspektive zu eröffnen; im November 2000 begann mit der ersten Tagung in Zagreb der Stabilitäts- und Assoziierungsprozess (SAP), und im Juni 2003 beschloss der Europäische Rat eine Agenda für die westlichen Balkanstaaten einschließlich Albaniens. Solche Fortschritte im Verhältnis des Westens zu diesem Raum, dem man nunmehr die Perspektive einer europäischen Integration bietet, sollten allerdings nicht darüber hinwegtäuschen, dass sich die traditionelle Wahrnehmungsweise des Westens, die sich so verheerend auf den Kriegsverlauf ausgewirkt hat, auch in der Nachkriegszeit fortsetzte und weiterhin Einstellung und Sicht der Akteure prägt – von der höchsten Ebene bis zu den konkreten Personen vor Ort. Daher drückt man sich immer noch vor dem Grundsatz, der da lautet: „Eine Friedensregelung, die zu einer Friedensordnung hinführen soll, muss die Ursachen der entstandenen Kriegs- und Konfliktlage mit einbeziehen" (Ernst-Wolfgang Böckenförde). Auch in diesem Sinne ist das vorliegende Handbuch noch höchst aktuell.

In den Büchern, die von Europa und seiner Geschichte handeln, kommt dieser Raum mit seinen Völkern so gut wie nie vor. Es ist im europäischen Gedächtnis ein Niemandsland zwischen Wien und Konstantinopel, zwischen Venedig und Athen, das, wie durch ein umgekehrtes Fernrohr betrachtet, beinahe unendlich verkleinert erscheint, als eine winzige Arabeske voller verschlungener Linien und unübersichtlicher Muster. Hier wird besonders deutlich, was auch sonst die europäische Integration gefährdet: mangelndes Bewusstsein für die gemeinsame Geschichte und die Bedeutung von Geschichte überhaupt. Der europäische Einigungsprozess leidet daran mehr, als man allgemein anzuerkennen bereit ist, denn, um mit Janusz Reiter zu sprechen, „in seiner Erinnerungskultur bleibt das vereinte Europa ein gespaltener Kontinent. Nach der Erweiterung verläuft die Trennungslinie mitten durch die Europäische Union".

Indem sie prägnant die Realien schildern und konsistent Zusammenhänge herstellen, beleuchten die Beiträge des vorliegenden Handbuchs zugleich den europäischen Kontext der betreffenden Ereignisse und Prozesse, den man allgemein so gerne ausblendet. Dies kommt besonders oft bei Ansätzen vor, die mit vergleichenden Modellen aus Ethnologie, Case-Studies, Gewalt-, Friedens- und Konfliktforschung oder Demokratietheorien arbeiten, weil sie sowohl die konkreten politischen Zusammenhänge wie den spezifischen geschichtlichen Kontext weitgehend ignorieren. Den Autoren und Autorinnen des vorliegenden Handbuchs hingegen gelingt es, sich auf die Komplexität der betreffenden Gebiete methodologisch einwandfrei und sachlich stringent einzulassen, und durch ihre Beiträge nicht nur notwendiges Wissen zu angeblich unübersichtlichen Zusammenhängen in begründeten Diskursen so zu vermitteln, wie das in der etablierten Forschung anderer Bereiche zum Standard gehört, sondern sie verhelfen auch – wie mehrere Rezensenten betonten – den Lesern „zur eigenen Urteilsbildung" (Edgar Hösch).

Nachdem nun Europa selbst in eine Krise geraten ist, deren tiefere Gründe in mitunter mangelnder geistiger Vorbereitung der Erweiterung und fehlender „Arbeit an einem gemeinsamen Bild von der europäischen Geschichte – der älteren wie der jüngeren" (Heinrich August Winkler) zu suchen sind, haben es die Völker des zerfallenen jugoslawischen Staates bzw. die Nachfolgerstaaten noch schwerer, die gebührende Aufmerksamkeit zu finden. „Gebührende Aufmerksamkeit" sollte in diesem Fall auch das Bemühen um Gerechtigkeit und Wahrheit im besonderen Maße einschließen. Dies zu unterstreichen ist nötig, weil es auch im neuen Jahrhundert nach den Kriegen in jugoslawischen Ruinen und nach dem Genozid von Srebrenica noch beträchtliche Teile der Literatur über diese Ereignisse gibt, die andere Prioritäten setzen. Doch war es gerade nach dem Krieg möglich, systematische Untersuchungen zu betreiben, neu zugängliches Material auszuwerten und auf dieser Grundlage zu beeindruckenden Ergebnissen zu kommen, so dass es nunmehr eine Reihe ausgezeichneter Studien gibt, die den Rang von Standardwerken beanspruchen dürfen. Daher erschien es geboten, dem Handbuch ein Kapitel anzufügen, das über die wichtigen Veröffentlichungen zu den Umständen, Ursachen und dem Verlauf des Jugoslawien-Kriegs sowie über den Stand der Diskussion in der Zeit um die Jahrhundertwende Auskunft gibt, wobei auch einige weit verbreitete Thesen hinterfragt werden. Dass ein Handbuch, dessen primäre Aufgabe es ist, gesichertes Wissen zu bieten, ein Kapitel enthält, das sich mit noch offenen Fragen beschäftigt, dürfte nicht weiter verwunderlich sein, zumal die heftigen Diskussionen über die Auflösung des jugoslawischen Staates und über den Krieg – wenn auch jenseits der großen Öffentlichkeit – ein geisterhaftes Nachleben führen. Auch wird das geläufige Bild von diesem Zeitgeschehen durch Meinungen geprägt, die meist keiner ernsthaften Überprüfung standhalten, so dass Halbwissen häufig Allgemeingültigkeit beansprucht. Manch ungesicherte Interpretation hat sich buchstäblich zum Dogma (etwa über eine „geheime Abmachung" zwischen Milošević und Tuđman) verfestigt. Es ist hier nicht der Ort, einer solchen Tendenz in Forschung und Publizistik polemisch entgegenzutreten; was man aber tun kann, ist, die Stichhaltigkeit der Vorgehensweise zu überprüfen. In diesem Sinne ist das Kapitel über die „neueren Veröffentlichungen" (32) auch eines über die Methode: Einerseits enthält es Kritik am oft unsauberen Umgang mit Sachverhalten im Zusammenhang mit dem Jugoslawien-Krieg, andererseits bietet es Hinweise auf sorgfältig durchgeführte Untersuchungen, deren Ergebnisse Anerkennung verdienen. Daher ist es – im Unterschied zu anderen Kapiteln – mit Fußnoten versehen.

Für diese Ausgabe wurde die Chronologie durchgesehen, verbessert und mit den allerwichtigsten Fakten bis 2002 ergänzt; die Literaturangaben in den Kapiteln wurden durch viele Neuerscheinungen ergänzt und übersichtlicher gestaltet.

Die Herausgeberin schätzt sich glücklich, bei der schwierigen Aufgabe der Erarbeitung einer neuen Ausgabe des Handbuchs großzügigen Beistand von Freunden und Kollegen bekommen zu haben. Für ihr genaues, sachkundiges Korrekturlesen danke ich Michael Ackermann, Gerhardt Csejka, Regine Röder, Christoph Safferling, Matthias Vetter und Balduin Winter. Von unschätzbarem Wert waren mir die Ratschläge des Münchener Historikers Srećko Džaja, dessen Forschungen zur bosnisch-herzegowinischen Geschichte im Weltmaßstab konkurrenzlos sind. Seine ideelle Unterstützung kann ich kaum überschätzen. Praktische Solidarität vielfältiger Art ließ mir Matthias Vetter in einem Ausmaß zukommen, dass die Fertigstellung der vorliegenden Ausgabe gewiss auch darauf zurückgeht; ihm gilt mein besonderer Dank. Nicht zuletzt danke ich meinem Ehemann, Rino Mikulic, für seine Geduld mit dieser brotlosen „Kunst".

Die Herausgeberin
Frankfurt 20. Oktober 2005

Vorwort zur 1. Auflage

Ein ganzes Jahrzehnt lang zogen am Ende des 20. Jahrhunderts die Kriege in Slowenien, Kroatien, Bosnien-Herzegowina und Kosovo die Aufmerksamkeit der Weltöffentlichkeit auf sich. Ebenso lang hatte diese Öffentlichkeit mit Informationen und deren Einordnung und Interpretation zu kämpfen, auch kämpften die Medien oft mit ihrer eigenen Ignoranz. Auf der Ebene des politischen Handelns verhielt es sich ähnlich. Aus London kam das Gerücht, die an der Krisenbewältigung beteiligten Politiker schöpften ihr Wissen über den fraglichen Raum aus einem alten ethno-romantischen Buch der Reiseschriftstellerin Rebecca West. Bill Clinton wurde vorgehalten, er habe sich über die Hintergründe nur aus dem untauglichsten Buch informiert. Jahrelang versuchten französische Intellektuelle, ihrem Präsidenten und der politischen Elite Vorurteile über die Balkanvölker auszureden. Man sieht: Wissen (oder mangelndes Wissen) und die Bewältigung von Krisen haben miteinander einiges zu tun. Der Westen als oberster Krisenmanager beanspruchte die Definitionsmacht über den Konflikt. Dieser Anspruch wäre nicht anmaßend gewesen, wenn ihm eine genaue Wahrnehmung entsprochen hätte. Doch die Mängel waren unübersehbar – die Folgen dieser Mängel ebenso.

Noch während des Bosnien-Krieges wurde deutlich, dass trotz vieler Bucherscheinungen und ausgezeichneter wissenschaftlicher Forschungen zu Einzelthemen das Bedürfnis nach umfassender Information über die Krisenregion weitgehend unbefriedigt blieb. Gerade Darstellungen, die mehr leisten, als nur die westlichen Voreinstellungen zu reproduzieren, waren Mangelware. Diese Lücke füllt das vorliegende Handbuch, das alle im Zusammenhang mit den kriegerischen Verwicklungen relevanten Bereiche dieses komplexen Teils von Europa behandelt.

Im Mittelpunkt des Handbuchs stehen die Kriege, oder besser: der eine Krieg Slobodan Milošcvićs und seines Regimes, der mehrere Etappen durchlief. Die „Kämpfe ohne Waffen" der ersten Phase (M. Rüb) wurden bald zu Kriegen einer Staatsarmee gegen die eigenen Bürger. Wenn Ereignisse Vergangenheit zu werden beginnen, verblasst die Anschaulichkeit. Dem begegnet eine Schilderung der Kriegsschauplätze aus der Sicht eines Korrespondenten (E. Rathfelder). Einen Schwerpunkt bilden die oft vernachlässigten militärisch-strategischen Aspekte (J. Gow, O. Žunec/T. Kulenović, M. Almond und J. Bugajski*). Programme und Methoden des ethnischen „engineering" werden vor dem historischen Hintergrund der Migrationen in Südosteuropa geschildert (K. Kaser) und die langwierige Ethnogenese der südslawischen Völker (S. Ćirković) wird nachgezeichnet. Dass der Krieg mit seinem primären Ziel Großserbien vielfache interethnische Spannungen auslösen würde, war wohl einkalkuliert. In Kroatien, bei dessen Transformation zu einer demokratischen Gesellschaft erhebliche strukturelle Schwierigkeiten zu überwinden waren (M. Kasapović), gehörten sie jedenfalls mit zum Programm und zur Eroberungstaktik. In Bosnien schlugen nach der serbischen Landnahme die Spannungen zwischen Kroaten und Bosniaken rasch in kriegerische Auseinandersetzungen um. Dieser „Nebenkrieg", für den auch Tuđmans großkroatische Ambitionen bestimmend waren, wird – erstmals so ausführlich – in einem eigenen Kapitel behandelt (Ivanković/Melčić). Der „Doppelkrieg" von 1999, nämlich der letzte

Krieg Miloševićs im Kosovo und die Intervention der Nato, wird als untrennbarer Bestandteil des Gesamtkrieges in den Ruinen des ehemaligen Jugoslawien (J. Schmierer).

Um den Weg hin zum Krieg zu erläutern, muss man tiefer schürfen. Deshalb liegt der zweite Schwerpunkt des Handbuchs auf der Ideologie und den nationalen Mythologien. Wie mit nationalen Integrationssymbolen die Bevölkerung mobilisiert und irregeleitet wurde (I. Čolović, O. Kebo, I. Žanić), versteht man nur, wenn man den weiteren Kulturrahmen überblickt. Dies ermöglichen die Beiträge über Glaubensgemeinschaften (R. Grulich/Th. Bremer) und Bildungshintergründe (M. Mayer*) sowie über die Literatur (A. Bremer) und die komplexe Sprachenfrage (R. Katičić). Die Nationalideologien bestehen größtenteils aus Verfälschungen der Nationalgeschichte. Nicht nur deshalb eröffnen historische Abrisse das Handbuch. Es wurde Wert darauf gelegt, dass ihre Verfasser Wissenschaftler und Wissenschaftlerinnen aus den jeweiligen Ländern sind (P. Vodopivec, I. Goldstein, M. Imamović, D. Boarov, L. Perović, M. Dašić, S. Maliqi, D. Dukovski). So ist in gemeinsamer Arbeit mit diesen Autoren und Autorinnen ein Hand- und Lesebuch, ein Nachschlagewerk entstanden, das dem Anspruch, nicht nur den westeuropäischen Blick auf die südosteuropäischen Dinge zu spiegeln, gerecht wird.

Der Krieg 1991-99 macht gleichsam die Ereignisse des Jahrhunderts zu seiner Vorgeschichte. Die merkwürdige Geschichte des ersten jugoslawischen Staates und seiner Gründung wird daher in wesentlichen Zügen umrissen (I. Banac), ebenso wie die komplexen Ereignisse nach seinem Zerfall und der deutschen Besetzung im Zweiten Weltkrieg, erstmals so genau und präzise dargestellt, Gegenstand eines Beitrags sind (S. Goldstein), der ergänzt wird durch die Übersicht der neuesten statistischen Forschung zur – seit Jahrzehnten höchst politisierten – Frage der Kriegsverluste (I. Graovac). Das sozialistische Nachkriegsexperiment in einem Staatsgebilde voller Widersprüchlichkeiten (L. Steindorff) führte bald zu der sich vertiefenden Krise, die zusammen mit der Unfähigkeit der kommunistischen Eliten, eine gangbare Lösung zu finden, unmittelbar zum Vorfeld der Machtergreifung Miloševićs gehört (V. Meier).

Es musste zum vierten Krieg (im Kosovo) kommen, bis die Weltöffentlichkeit erkannte, dass die Menschen des ehemaligen Jugoslawien nicht außerhalb ihrer Verantwortlichkeit existieren und dass die Region mit einer distanzierten Neutralitätshaltung nicht befriedet werden kann (J. Rupnik). Nur zögerlich und partiell wurden völkerrechtliche Konsequenzen aus dem Zerfall Jugoslawiens und den massiven Kriegsverbrechen gezogen (S. Oeter). Schon vor der Nato-Intervention und vor dem Stabilitätspakt für Südosteuropa war klar, dass die Bewältigung der dortigen Probleme nur durch ein internationales Engagement chancenreich angegangen werden kann. Das zeigt in wirtschaftlicher Hinsicht die Bestandsaufnahme der kriegsbedingten Misere noch vor Kosovo (H. Büschenfeld*). Schlimmer jedoch sind die Verluste an Menschenleben, an Heimat und die vielfältigen Opfer des Krieges (Kenney/Kumin/Vetter*). Auch um all dessentwillen, was im Unterschied zu den materiellen Zerstörungen niemals rückgängig gemacht werden kann, bedarf eine friedliche Zukunft des Raumes eines internationalen Beistands, der sich auch bei unterschiedlichen Perspektiven über die Ursachen einig ist. Damit hängt zusammen, dass zu diesem Handbuch Autoren und Autorinnen aus vielen Ländern Beiträge geschrieben haben und die Arbeit von einem internationalen Beirat begleitet wurde. Außer den erwähnten Hintergrundbeschreibungen bietet das Handbuch erstmalig eine so ausführliche und vollständige Chronologie der Ereignisse seit Mitte der achtziger Jahre bis zum Sommer 1999 (M. Vetter). Die so entstandene Sammlung von Originalbeiträgen wird von detaillierten Literaturhinweisen ergänzt, die teilweise von Herausgeberin und Redaktion erweitert wurden, besonders im Hinblick auf die Zugänglichkeit der Titel für Leser im deutschen Sprachraum. Neben mehreren politischen Karten finden die Leser erstmalig eine – eigens für das Handbuch angefertigte – Sprachenkarte (D. Brozović).

Zusätzlich zur Unterstützung und maßgeblichen Beratung durch den wissenschaftlichen Beirat, nämlich Chris Cviić (London), Srećko M. Džaja (München), Paul Garde (Aix-en-Provence), Svein Mønnesland (Oslo), Latinka Perović (Belgrad), Ludwig Steindorff (Münster), Norman Stone (Oxford/Ankara), Holm Sundhaussen (Berlin), haben uns zahlreiche Kenner (einige davon sind Autoren des Handbuches) in manch schwieriger Frage mit Ratschlägen und Empfehlungen großzügig geholfen, woraus wir alles in allem die Zuversicht schöpfen, dass wir den Lesern ein Nachschlagewerk von hoher Qualität und Zuverlässigkeit bieten. Besonderer Dank gebührt Frau Prof. Mirjana Gross (Zagreb) und Frau Prof. Dagmar Burkhart (Mannheim). Mein persönlicher Dank gilt allen Mitarbeitern der Redaktion, und zwar Gudrun Bossert, Gerhardt Csejka, Wolfgang Klotz und Bärbel Schmidt-Šakić, auch für den Glücksfall einer harmonischen Team-Arbeit, ganz besonders aber Matthias Vetter, dessen Engagement und historischer Sachverstand für das Gelingen des Handbuch-Projekts geradezu unentbehrlich waren.

Die Herausgeberin
Frankfurt 20. Oktober 2005

Die Beiträge der mit ein Stern (*) gekennzeichneten Autoren wurden in die 2. aktualisierte Auflage nicht übernommen. Sie sind aber erhältlich wie die gesamte erste Auflage über: ftp://www.questa.de/upload/Handbuch/

I. Historische Grundlagen

1. Zur Ethnogenese auf dem Gebiet des ehemaligen Jugoslawien

Sima Ćirković

1.1. Methodische Vorbemerkungen

Südosteuropa hat in seiner ethnischen Entwicklung denselben Ausgangspunkt wie Westeuropa, nämlich das Römische Reich, das von „barbarischen" Völkern angegriffen wird. In ungleichen Wellen und zu verschiedenen Zeiten dringen diese auf das Reichsgebiet vor, siedeln sich an und werden sesshaft. Sowohl die alteingesessene Bevölkerung als auch die neuen Zuwanderer leben fortan in den einstigen Provinzen, die Distanz zu einander wird überwunden, und je nachdem, wie schnell dies geschieht, kommt es in unterschiedlichem Ausmaß zur Vermischung.

Trotz des gemeinsamen Ausgangspunktes und paralleler Entwicklungsabläufe haben sich stark divergierende Ansichten über die ethnischen Prozesse herausgebildet. Die Unterschiede in der Wahrnehmung sind so groß, dass man sich fragen muss, ob sie ihren Grund in der Wirklichkeit haben, in den uneinheitlichen Entwicklungsbedingungen der Balkanhalbinsel, oder vielmehr auf Einbildungen zurückgehen, also die Folge einer beschränkten und einseitigen Betrachtung im Grunde identischer Prozesse sind.

Diese Frage muss hier schon deshalb geklärt werden, weil die Vorstellungen von der Vergangenheit, seien sie mythisch oder wissenschaftlich, in den Integrationsprozessen eine wichtige Rolle spielen, ja unter Umständen ein wesentliches Element davon bilden. Die ältere Geschichte der Balkanhalbinsel wurde aus nationaler Perspektive, als Summe von Nationalgeschichten rekonstruiert, wobei steuernd das Interesse an allem war, was zu einer aktuellen oder gewünschten Integration führte. Notwendigerweise kam dabei all das zu kurz, was nicht den „großen" Nationen zuzuordnen war. Zahlenmäßig starke und einflussreiche Gesellschaftsgruppen, wie es in dem Raum die Wlachen in älteren oder die Aromunen in jüngeren Zeiten waren, blieben so unsichtbar. Im Bemühen, den Bruch in der gesellschaftlichen Entwicklung zu überwinden, der durch die osmanische Eroberung des Balkans entstanden war, überzeichnete man die ideologische Kontinuität zwischen den mittelalterlichen und den neu gegründeten Staaten, um diese als Nachfolger der früheren erscheinen zu lassen. Es liegt an mangelndem Interesse für die Gesamtheit dieses Teils Europas, an fehlender Berücksichtigung eines vergleichenden Ansatzes und an der Fixierung auf alles, was zur Einheit der einzelnen Balkannationen führte, dass ein vereinfachtes Bild entstand, welches vom tatsächlichen Verlauf der Ereignisse erheblich abweicht.

Eine kritische Reflexion der ethnischen Prozesse auf dem Balkan muss daher vorab die tradierten methodologischen und konzeptuellen Schwächen deutlich machen und zugleich abbauen, indem sie Erkenntnisse über identische Prozesse in den übrigen Gebieten Europas zur Grundlage nimmt. Dabei ist es unumgänglich, die Völker im Gesamtzusammenhang ebenso wie auch die realen Entwicklungsumstände im Einzelnen zu betrachten; die empirische Grundlage dafür erwächst aus dem Interesse für die Besonderheiten der Integrations- und Desintegrationsprozesse in den einzelnen historischen Epochen, aus dem Erforschen der Gruppen, die in der Zwischenzeit verschwunden sind, sowie aus der Erkenntnis, dass ethnische Prozesse niemals abgeschlossen sind, sondern je nach sozioökonomischem und kulturellem Kontext neue Formen annehmen.

Bei der Betrachtung der über mehrere Jahrhunderte verlaufenden ethnischen Prozesse wird die Einteilung in Völker und nationale Minderheiten problematisch, sofern unter *Völkern* führende, staatsbildende Gruppen und unter *nationalen Minderheiten* entweder Teile von Völkern, deren Hauptteil sich in einem anderen Staat befindet, oder verstreute ethnische Gruppen geringen Umfangs auf dem Territorium des Mehrheitsvolkes verstanden werden. Denn es ist klar, dass in der Mehrzahl der Fälle das Verhältnis Minderheit – Mehrheit von den staatlichen Rahmenbedingungen abhängt und die Veränderung der politischen Landkarte somit auch Wandlungen dieses Verhältnisses nach sich zieht. In den letzten Jahrzehnten des sozialistischen Jugoslawien wurde der Terminus „nationale Minderheit" durch das schwer in andere Sprachen übertragbare *narodnost* (in etwa: „Nationalität") ersetzt, ein Begriff, der im Rahmen der föderativen Ordnung des jugoslawischen Staates einen spezifischen Sinngehalt annahm. Im Rückblick gibt es keinen Grund, zwischen jenen, die in der SFRJ Völker, und jenen, die Minderheiten bzw. „Nationalitäten" waren, zu unterscheiden oder sie ungleich zu behandeln.

Auch der Katalog der *Völker* – der Slowenen, Kroaten, Muslime, Serben, Montenegriner und Makedonier – erfordert Anmerkungen methodologischen Charakters. Die allgemeine Überzeugung, die Konstituierung von Völkern reiche in eine ferne historische Zeit zurück (auf dem Balkan ist das die Zeit vom 7. bis zum 10. Jh., über die man am wenigsten weiß), hatte Folgen für das Verständnis der Veränderungen, zu denen es in späteren Perioden kam. Was sich später ereignete (und sich auf die Gesamtlage der Völker auswirkte), wurde als Abweichung von der Norm empfunden, so als wären die Dinge in ihrem natürlichen Gang behindert worden und etwas Künstliches hätte sich darüber gelegt; die jüngeren Vorgänge sah man von fremder Hand gesteuert, man glaubte an ein Komplott, an den Einfluss feindlicher Politik etc. Von einigen dieser Vorgänge (Migration, Islamisierung, regionale Besonderheiten u.a.) wird später die Rede sein. Hier sei lediglich auf die Tendenz hingewiesen, die Eigenständigkeit der Muslime und der Makedonier als Produkt kommunistischer Machenschaften und der Komintern-Taktik oder auch – auf höherer Ebene – als Sieg des religiösen Prinzips über das sprachliche in den modernen Integrationsprozessen verstehen zu wollen, statt dass man sie aus dem Kontext der gegebenen geschichtlichen Prozesse begreift. Dass nationale Eigenständigkeit solcherart – oftmals im Namen der Wissenschaft – in Frage gestellt wurde, führte zu Beginn der 90er Jahre direkt zur Verschärfung der jugoslawischen Krise und im Falle der Nichtanerkennung der Muslime zu Verbrechen, zu riesigen Opfern und unermesslichem Leid.

1.2. Siedlungsgeschichte

Wie bereits angedeutet, geht man in der Geschichtsschreibung von unrealistischen Annahmen aus, wenn von den Anfängen der ethnischen Prozesse an der Schwelle zum Mittelalter die Rede ist. So haben nicht die Vorfahren der Kroaten, Serben, Bulgaren, Griechen und Albaner die Balkanhalbinsel unter sich aufgeteilt, vielmehr war diese in jenen „dunklen Jahrhunderten" von einem bunten Mosaik verschiedener Gruppen, alteingesessenen ebenso wie neu zugewanderten, besiedelt.

Die Reste antiker Bevölkerung sind in den Balkanprovinzen weniger bekannt als in den westlichen Teilen des Kaiserreichs, dennoch können einige Gruppen ausgemacht und bestimmt werden. An erster Stelle stehen hier die *Rhomäer* als Träger römischer Staatstraditionen, da das Römische Reich in seiner Osthälfte nicht zerstört wurde. Die griechische Sprache und jene kulturellen Traditionen, die sie bewahrt haben, setzten sich in dem bereits seit drei Jahrhunderten christianisierten Kaiserreich durch. Dies bewog mittelalterliche und spätere Gelehrte, den östlichen Teil des einstigen Kaiserreichs mit dem Namen Byzantions zu verbinden, dem alten griechischen Namen der Stadt am Bosporus, die Kaiser Konstantin der Große zur Reichshauptstadt erhob. Ferner gab es die *Romanen*, Bewohner der Städte an der adriatischen und ionischen Küste, die im Oströmischen Reich ihre Latinität und ihre römischen Rechtstraditionen bewahrten. Weniger klar ist die Situation im Innern der Balkanhalbinsel, wo man zuverlässig nur die Nachfahren zweier Gruppen von Altsiedlern identifizieren kann: Die *Wlachen*, die von der stärker romanisierten Provinzbevölkerung abstammen, welche in den westlichen und zentralen Teilen der Balkanhalbinsel illyrischer und in den östlichen thrakischer Abstammung war, sowie die *Albaner*, die in geringerem Maße romanisiert waren und bereits seit dem Mittelalter mit den Illyrern als unmittelbaren Vorfahren in Verbindung gebracht werden (→ Kap. 8).

Auf slawischer Seite steht am Anfang der mittelalterlichen Entwicklung eine Vielzahl von sog. „Sklawinien", kleinen slawischen Fürstentümern, die von den Byzantinern am Nordufer der Donau, außerdem in der weiteren Umgebung von Thessalonike und im Hinterland der dalmatinischen Städte beobachtet wurden. Die Karte der verschwundenen „Sklawinien" konnte aufgrund von Angaben aus zeitgenössischen und späteren Quellen, Resten in den Namen von Verwaltungseinheiten und Kirchensprengeln sowie in Titeln und Ämtern etc. zum Teil identifiziert werden. Unter den etwa dreißig Namen im Raum zwischen Alpen, Schwarzem Meer und Peloponnes erkennt man alte Stämme aus einer Übergangsphase slawischer Entwicklung, die bei den West-, Süd- und Ostslawen bezeugt sind, wie *Kroaten*, *Serben*, *Sewerjanen* und *Dregowitschen*, aber auch auf kaum besiedeltem Boden z.T. aus antiken Bezeichnungen gebildete Namen wie *Strumljanen* (von Strymon, dem antiken Namen des Flusses Struma) oder *Konawljanen* (Kanalitai, nach den Resten des Römischen Aquädukts *canale* im Hinterland Dubrovniks).

Die Slawen stießen nach allen Seiten der Balkanhalbinsel bis zur Meeresküste vor (mancherorts setzten sie auch auf nahe Inseln über), überzogen sie jedoch nicht vollständig und gleichmäßig; hinter ihnen und auch zwischen ihnen verblieben kleinere und größere Enklaven der Altsiedler. Deren ursprüngliche Lage lässt sich nicht genau bestimmen; einige Parallelbildungen im Albanischen und Rumänischen als Überbleibsel balkanromanischer Mundarten haben Fachleute zur Annahme einer ursprünglichen Nachbarschaft der Vorfahren von Albanern und balkanischen Wlachen veranlasst. Stößt man in Quellen aus dem 12. Jh. oder später auf Angaben über die Nachfahren balkanischer Altsiedler, so beziehen sie sich auf den weiten Raum zwischen Istrien und Thessalien und zeugen von einer Durchmischung mit slawischer Bevölkerung. Zu dieser kam es allerdings erst nach einer langen Periode der Annäherung.

Im Unterschied zu Italien und den westlichen Provinzen, wo sich Altsiedler und germanische Zuwanderer in bestimmten Gegenden, kleineren Gebieten und sogar vereinzelten Orten vermischten und durchdrangen, gibt es auf dem Balkan keine Angaben über unmittelbare Berührungen oder Zusammenleben. Traditionen aus späteren Zeiten (10.-13. Jh.) sprechen von Abgrenzung und Feindschaft. Archäologischen Hinweisen zufolge nutzten die Slawen nicht die Überreste antiker Städte. Erst die Christianisierung und Bildung von Territorialstaaten und stabiler Macht, regulärer Warenaustausch und wirtschaftliche Zusammenarbeit schufen die Bedingungen für eine Durchmischung und Verbindung wie auch dafür, dass Nachkommen von Alteingesessenen in slawischer Umgebung aufgehen oder umgekehrt.

Eine der wichtigsten Fragen zur ethnischen Entwicklung betrifft den Prozess des Zusammenwachsens: wie war aus einer großen Zahl kleiner Gruppen eine kleine Zahl menschenreicher und ausgedehnter Gruppen entstanden, die entscheidend die ethnische Landkarte des Balkans beeinflussten? Auf der gesamten Balkanhalbinsel ist sowohl seitens der Altsiedler als auch der Slawen die große Rolle staatlicher Gebilde zu vermerken. Die Rhomäer vermehrten sich dank einer Politik der „Reconquista", der Unterwerfung früherer römischer Provinzen, die die byzantinischen Kaiser seit dem 7. Jh. hartnäckig verfolgten. Gestützt auf eine übermächtige Flotte und auf Stützpunkte in den Küstenstädten, unterwarfen sie die slawischen Fürstentümer und verwandelten sie in eigene Verwaltungseinheiten (Themata). Bedeutsam ist der Umstand, dass nur die frühen Eroberungen, jene bis zum 10. Jh., weit reichende Konsequenzen hatten und eine langfristige Hellenisierung sicherstellten, während die Eroberungen im 11. Jh. im Innern der Balkanhalbinsel das ethnische Bild nicht veränderten. Im Zuge seiner Expansion stößt Byzanz auf Wlachen und Albaner, die Nachfahren der Altsiedler, doch sieht es in ihnen ein fremdes und barbarisches Element. Auch diese selbst stehen dem Kaiserreich feindlich gegenüber und identifizieren sich weder mit ihm noch mit seinem maßgeblichen griechischen ethnischen Element.

1.3. Die Rolle des Staates und der Kirche

Augenfällig ist die Rolle des ersten bulgarischen Reichs bei der Formierung der Bulgaren. Die turkstämmigen und turksprachigen Protobulgaren zwangen sich nach dem Jahre 679 den „Sklawinien" zwischen Donau und Balkanmassiv als Herrscher auf. Im Kampf mit Byzanz erweiterten sie ihren Herrschaftsbereich bis zur Ionischen Küste im Süden und bis zur Drau im Norden. Groß ist die Bedeutung von Simeons Krönung zum Zaren (913), in einem entsprechenden, auf slawischsprachiger Grundlage gebildeten, symbolischen und ideologischen Ambiente. Die Früchte der Slawenmission Kyrills und Methods gelangen erst hier zur vollen Entfaltung, gleichzeitig aber werden die Bedingungen für eine Überwindung des protobulgarisch-slawischen Dualismus geschaffen. Obwohl sich das Erste Bulgarische Reich bis zum Jahre 969 in Frieden und Stabilität und unter Aufbegehren und Widerstand gegen byzantinischen Eroberungsdrang sogar bis 1018 behauptete, war dies dennoch nicht ausreichend, um den gewaltigen Raum (außer Bulgarien gehörte nicht nur das heutige Makedonien, sondern auch ein großer Teil Serbiens und Albaniens dazu) zu vereinheitlichen und zu stabilisieren. Daher muss beim Prozess der ethnischen Formierung der Bulgaren auch der Einfluss des Zweiten Bulgarischen Reichs (1185-1393, 1396) berücksichtigt werden.

Im westlichen Teil der Balkanhalbinsel hielt sich der für die Epoche der Besiedlung und der „Sklawinien" charakteristische Pluralismus noch länger. Auf der Grundlage alter Stammesverbände der Kroaten und Serben entstanden neue politische Stammesterritorien, über die wir wenig wissen: Eines davon gab es um Sisak, ein anderes zwischen Save und Drau und eine ganze Reihe im Hinterland der Adriaküste: *Neretljanen, Zahumljanen, Trawunjanen* und *Dukljanen*. Als ausgedehnter, vitaler und dauerhafter erwiesen sich jene Fürstentümer, die sich unter dem allein erhaltenen alten Stammesnamen der Kroaten etablierten, nämlich im Hinterland Dalmatiens, und entsprechend unter dem Namen der Serben zwischen den Kroaten und den Bulgaren.

Am kroatischen Beispiel lässt sich feststellen, dass die Periode bis zum 12. Jh. entscheidend war, denn bis zum Jahre 1102, dem Anschluss an das Ungarische Königreich, waren im gesellschaftlichen Aufbau, in Institutionen, Rechtsgebräuchen und historischen Traditionen die Grundlagen für die Bewahrung eigener Identität und eigenständiger Entwicklung innerhalb des größeren Staatsgebildes geschaffen worden, in dem die Magyaren das maßgebliche ethnische Element waren. Eine wichtige Rolle spielten die Vorstellungen vom eigenen Territorium (dem *regnum Croatiae*), ferner die Existenz eines spezifischen Gewohnheitsrechtes und der Einrichtung der „Zwölf Stämme des Kroatischen Königreiches". In einer Periode, als der Adel seine Standesrechte festigte und die Ständeversammlungen ihre Rolle ausbauten, erstarkten auch spezifisch kroatische Traditionen, die der Adel verkörperte und bewahrte (→ Kap. 3).

Im serbischen Falle lässt sich die große Rolle des Staates in einer späteren Periode (13.-14. Jh.) ausmachen, als sich die einstmals getrennten Fürstentümer der *Zahumljanen*, der *Trawunjanen* und der *Dukljanen* mit den Resten des „Getauften Serbien" und allmählich Byzanz abgetrotzten Territorien vereinigten. Der so geschaffene staatliche Rahmen gewinnt Autorität und die Garantie der Dauerhaftigkeit durch die vom Papst (1217) gesandte Königskrone, ferner eine autokephale kirchliche Organisation mit einem eigenen, im Lande gewählten und geweihten Erzbischof (1219). Dynastische Traditionen, hervorgegangen aus dem Kult der „Dynastie des heiligen Geschlechtes" (der Heilige Simeon, Stefan Nemanja als Sippenvorsteher und sein Sohn, der Heilige Sava, als erster Erzbischof), bilden ein Band, das nach dem Aussterben der Dynastie (1371) symbolisch die Territorialherren und die Herrscher verbindet (→ Kap. 6).

Die Rolle des Staates als Faktor der ethnischen Entwicklung bestätigt sich auch im Falle Bosniens, das sich im 11.-12. Jh. auf dem Verbreitungsgebiet der alten Stammesnamen der Serben im Osten bzw. der Kroaten (im Westen und Südwesten) entwickelte. Der Umstand, dass sie dem Staat der bosnischen Bane (von 1377 bis 1463 Staat der Könige) angehörten, führte zum Aufkommen der neuen Benennung „Bošnjanin", der ihre alten Stammesnamen verdrängte. Mit der Ausdehnung der Staatsgrenzen verbreitete sich auch der Name „Bošnjanin"; zudem stellte die Existenz eines ständischen Landtages oder der Ständeversammlung (universitas nobilium) eine zusätzliche Verbindung dar, die den politisch aktiven Teil der Bevölkerung zusammenhielt. Mit dem Verschwinden dieses Staates und des Landtages bzw. des Adels sowie der Übertragung des Namens auf die ausgedehntere osmanische Verwaltungseinheit (auf das Paschalyk Bosnien) und dem Aufkommen neuer regionaler Namen (Herzegowina), wandelte sich auch Inhalt und Verbreitung der Bezeichnung „Bošnjanin" (→ Kap. 4).

Die *Romanen* besaßen in den Städten Dalmatiens vom 12. Jh. an auch weiterhin ihre in hohem Maße autonomen politischen Gemeinschaften in Form von städtischen Gesellschaften. Diesen kleinen Verbänden drückten die romanischen Altsiedler ihre kulturellen Merkmale auf, in der ersten Periode dank ihrer Zahl und ihrer wirtschaftlichen Übermacht, in der zweiten Periode dank des Machtmonopols des Patriziertums, das sich aus einem romanischen Kern entwickelt hatte. Dennoch konnte das Romanentum nicht völlig auf die städtischen Gesellschaften an der Adriaküste abfärben, da es einerseits nicht vermochte, die für den wirtschaftlichen Aufschwung der Gemeinschaft benötigten Einwanderer aus dem Hinterland sprachlich zu assimilieren, und andererseits die Umgebungen der Städte sprachlich und kulturell nicht verändern konnte. Die kontinuierliche Entwicklung der Adriastädte beweist, dass die ethnischen Prozesse im Mittelalter keineswegs abgeschlossen waren.

Die *Albaner* hatten im Verlauf des Mittelalters keinen eigenen Staat, doch besaßen sie ein kompaktes, mit einem Ethnonym versehenes Mutterland (Arbanon, Arbanum, Raban,

Regnum Albaniae, Albania). Schließlich besaßen sie im Rahmen anderer Staaten ein bedeutendes Maß an Autonomie sowohl dank der von ihnen betriebenen weidewirtschaftlichen (transhumanten) Viehzucht als auch dank der verhältnismäßig großen Zahl berittener Krieger, die sie zu stellen vermochten. Gegen Ende des Mittelalters entwickelte sich in einigen Gebieten die Territorialherrschaft ähnlich jener auf dem einstigen byzantinischen Territorium bzw. bei den slawischen Nachbarn. Die Kriege Skenderbegs, der Arianiti und Dukagjin mit den Osmanen legten den Grundstein für eine starke historische Tradition, die sich im Volk und in Teilen des katholischen humanistischen Schriftstellertums behauptete (→ Kap. 8).

Die über einen großen Raum verstreut lebenden balkanischen *Wlachen* besaßen keine eigene politische Ordnung, und das hat vermutlich zu ihrem Untergang geführt, obwohl sie zahlreich und expansiv waren. Dies kann an Migrationen und an der Verzweigung ihrer Familiengemeinschaften, der Katuns, beobachtet werden, die am Ende des Mittelalters auf einem weitaus größeren Gebiet bezeugt sind als noch im 13. Jh. Ebenso wie die Albaner betrieben auch die Wlachen Viehzucht des transhumanten Typs und bewahrten sich, selbst wenn sie sich in das Gefüge der Gutsherrschaft eingliederten, ein größeres Maß an Freiheit als die übrigen Bauern. Mit Pferden und Waffen ausgestattet, waren die Wlachen ein bedeutender Kriegsfaktor, was ihnen materielle Vorteile und nicht selten einen privilegierten Status einbrachte. Im Unterschied zu den Albanern beherrschten die Wlachen kein eigenes Territorium, sondern lebten über einen weiten Raum unter den Angehörigen anderer ethnischer Gruppen zerstreut, in denen sie schließlich aufgingen. In kompakten slawischen Gebieten nahmen sie die Sprache der Umgebung an, was an Personennamen und an gesellschaftlicher Terminologie (wie *čelnik* ‚Anführer', *sudija* ‚Richter', *vojvoda* ‚Herzog' etc.) verfolgt werden kann. Die Slawisierung zog sich über Jahrhunderte hin; während einige Gruppen, wie die Paštrovići (um Budva in Montenegro) im 15. Jh. bereits vollkommen in ihrer Umgebung aufgegangen waren – sie wurden als „adelige Gemeinschaft" betrachtet – trugen auf dem Boden Montenegros zahlreiche Katuns, die an einer Vereinbarung mit Venedig aus dem Jahre 1455 teilnahmen, noch albanische oder wlachische Namen. Selbst wenn sie sich sprachlich assimilierten, bewahrten die Wlachen doch eine eigene Ordnung und Struktur, Bräuche und Lebensweise, was ihre vollständige Integration in die sie umgebende Gesellschaft verlangsamte. Am längsten hielt sich die Bezeichnung „Wlachen", die Katholiken und Muslime später auf alle Orthodoxen übertrugen, ja unter den Inselbewohnern wurde sie generell für die Festlandbewohner gebraucht, ohne Rücksicht darauf, ob diese wlachischer Herkunft waren oder nicht.

Neben politischen spielten auch kirchliche Organisationen in den Prozessen der ethnischen Differenzierung eine bedeutende Rolle. Vor allem das Netz hierarchisch verbundener, relativ stabiler und dauerhafter kirchlicher Organisationen war ein Faktor der Kohäsion und kulturellen Homogenisierung. Andererseits brachte die kirchliche Jurisdiktion nicht nur Unterschiede in Einzelheiten der liturgischen Ordnung und Disziplin mit sich, sondern auch wichtige kulturelle Unterschiede, wie z.B. die Einstellung zur Sprache des Gottesdienstes, den Gebrauch der Schrift, die Art der Ausgestaltung und den Stil von Kirchengebäuden und allem, was dem kirchlichen Leben dient.

Die Rolle der Kirchen zeichnet sich dort ab, wo es keine sprachlichen Barrieren in der Kommunikation gab, wie dies auf serbisch-kroatischem Gebiet der Fall war. Die Zugehörigkeit zum römisch-katholischen oder zum orthodoxen Christentum hatte wachsende religiös-kulturelle Unterschiede zwischen Serben und Kroaten zur Folge. Auch die besondere Lage Bosniens mit ihren Folgen für die integrativen Prozesse in diesem Teil des südslawischen Raums wurde durch die Besonderheiten der „Bosnischen Kirche", eines besonderen Bistums mit einer für jene Zeit ungewöhnlichen Doktrin und kirchlichen Organisation, betont bzw. verstärkt. Solange sie existierte, verhinderte diese Kirche eine Bindung Bosniens sowohl an die katholische als auch an die serbisch-orthodoxe Nachbarschaft, weil sie von beiden als häretisch bekämpft wurde (→ Kap. 15).

1.4. Die ethnische Landkarte des Mittelalters

Die ethnische Landkarte, die bis zum Ende des Mittelalters entstanden war, hat viel Ähnlichkeit mit jener, die wir heute kennen. Dennoch finden sich auf ihr bestimmte Völker nicht, die heute eine bedeutende Rolle spielen, dafür gibt es solche, denen unsere Zeitgenossen schwerlich die Eigenschaft einer ethnischen Gruppe zuschreiben würden. Die Unterschiede resultieren aus ungleichen Klassifikationssystemen, aber auch aus den andersartigen gesellschaftlichen Gegebenheiten des Mittelalters. In einer serbischen Herrscherurkunde (1300), die sich auf die Umgebung Skopjes (heute Makedonien) bezieht, werden unter jenen, die einen Klosterjahrmarkt besuchen wollen und von denen man die Zahlung einer Zollgebühr erwartet, Griechen, Bulgaren, Serben, Lateiner, Albaner und Wlachen angeführt. Die Bezeichnung Lateiner trifft man auch in zahlreichen anderen Urkunden an, und stets sind katholische Kaufleute aus den Küstenstädten gemeint (ohne Rücksicht darauf, ob sie Romanen, katholisierte Slawen oder Albaner, Einwanderer aus dem Hinterland oder sogar Gäste aus italienischen Städten sind). Die nach dem Verständnis des mittelalterlichen Menschen bedeutende Kategorie des Lateiners rührt von der Konfession her, doch hat man auch die Autonomie, den besonderen Status und die Gerichtsbarkeit der Küstenbürger im Sinne. Selbst wenn sie jahre- oder jahrzehntelang in den Marktflecken der Bergbaugebiete des Balkans ansässig sind, so leben diese Lateiner dennoch nach dem Gesetz ihrer Heimatstadt und schlichten Streitigkeiten untereinander vor ihren eigenen Amtsträgern, Streitigkeiten mit Ortsansässigen wiederum vor besonderen gemischten Gerichten.

Wenn Unterschiede zwischen den mittelalterlichen Klassifikationssystemen von Gruppen und denen, die wir heute anwenden, auftreten, so sind sie nicht „fehlerhaft“ oder inkonsequent, sondern den Grenzen entsprechend, die die damaligen heterogenen und nichtintegrierten Gesellschaften horizontal und vertikal teilten. Dies muss besonders berücksichtigt werden, wenn von den Wlachen die Rede ist, um die es viele Streitigkeiten gegeben hat. Übereinstimmung besteht bezüglich ihrer romanischen Herkunft, Unterschiede treten dort auf, wenn vom späten Mittelalter und der frühen Neuzeit die Rede ist, wo sich uns der Wlache als Beruf (Viehzüchter) oder als Untertan mit besonderem Status präsentiert. Wie bereits angemerkt, bedeutete die Annahme der Sprache der weiteren Umgebung nicht gleichzeitig auch das Verschwinden der Wlachen als gesellschaftlicher Gruppe mit besonderer Stratifikation und Ordnung (Katuns, Sippen, Bruderschaften), Lebensweise und Erwerbstätigkeit sowie mit eigenen Glauben und Bräuchen.

Die große Rolle der Wlachen bei Migrationen und Kolonisierungsaktionen in früher türkischer Epoche, bei denen besonders orthodoxe Wlachen auffielen, die in katholische Gegenden gerieten, führte zu der falschen Überzeugung, dass die Wlachen eine typisch serbische Erscheinung seien. Weit vor den Migrationen und türkischen Eroberungen gab es jedoch Wlachen in Kroatien, und diese gingen zweifellos in der kroatischen Umgebung auf, so wie es keinen Zweifel daran gibt, dass sich Wlachen in vereinzelten Gebieten auch islamisierten. Erst wenn man das Aufgehen der Wlachen in allen slawischen Völkern des Balkans im Auge hat (bekannt ist die Rolle der Wlachen beim Aufstand des Jahres 1185, der zu einer Erneuerung des bulgarischen Zarenreiches führte), kann der Anteil der Nachkommen der Altansässigen bei der Herausbildung der ethnischen Verhältnisse auf dem Balkan realistisch bewertet werden. Die jahrhundertelange, stille, schleichende Slawisierung der autochthonen Bevölkerung stellt eine der Besonderheiten der balkanischen Entwicklung dar. In dem von uns betrachteten Raum haben sich lediglich die Aromunen in Makedonien und eine kleine Gruppe von Wlachen in Ostserbien als Überrest der balkanischen Romanen gehalten (→ Kap. 24).

Die ethnische Landkarte des zentralen und westlichen Teils der Balkanhalbinsel, wie sie sich bis zum 16. Jh. herausgebildet hatte, war weder vollendet noch definitiv. Mit den türkischen Eroberungen vom Ende des 14. bis zum Beginn des 15. Jh. hatten sich die Entwicklungsbedingungen so stark verändert, dass viel von dem, was sich in den vorangehenden Jahrhunderten konsolidiert hatte, bis in die Grundfesten erschüttert wurde. Eine Kontinuität beobachten wir nur in den westlichen Gebieten, den slowenischen Provinzen, in „Zivilkroatien" und in den Territorien der Küstengemeinden. Die Landesversammlungen der Adeligen und das Patriziertum in den Städten bestanden auf einer Konservierung der traditionellen Ordnung und auf der Bewahrung einer Ideologie, die diese Ordnung legitimierte. In den übrigen Teilen des von uns betrachteten Raumes eröffneten die osmanischen Eroberungen eine neue Epoche in der Entwicklung der ethnischen Beziehungen, deren Folgen nicht weniger schwer wiegen als jene des Mittelalters. Im Rahmen dieses knappen Überblicks können wir lediglich auf die unter dem Gesichtspunkt der ethnischen Geschichte umwälzenden Ereignisse und wesentlichen Prozesse hinweisen, und dadurch eine vorherrschende traditionelle Auffassung widerlegen, wonach sich alles Wichtige bereits im Mittelalter ereignet habe.

1.5. Die Auswirkungen der osmanischen Eroberungen

Auf dem gesamten von den Osmanen eroberten Gebiet wurde die Wirkung aller bisheriger Integrationsfaktoren (monarchische oder dynastische Herrschaft, Ständeversammlungen, Institutionen) im weltlichen Teil der Gesellschaft unterbrochen; ein kontinuierliches Wirken war lediglich kirchlichen Organisationen möglich, und das in beschränktem Umfang und unter erschwerten Bedingungen. Die osmanische Toleranz in Glaubensangelegenheiten nutzten bei regelmäßigen Zahlungen (als *peškeš* ‚Geschenk' und *kesim* ‚Abgabe') die ehedem in ein System der Bestätigung kirchlicher Würdenträger durch kaiserliche Urkunden eingebundenen orthodoxen Kirchen (Konstantinopels, Ohrids und Serbiens) aus. Die katholischen Kirchenorganisationen und klösterlichen Orden waren nicht in dieses System einbezogen, doch erhob man von katholischen Gläubigen wie von den übrigen Christen Steuern auf Eheschließungen und andere Sakramente. Die türkische Macht trieb diese Steuern über die orthodoxe Hierarchie ein, wobei sie die Ordensprovinz der bosnischen Franziskaner behandelte, als unterstünde sie der Jurisdiktion des Patriarchen von Peć, gleichzeitig aber achtete sie ihre Selbständigkeit in Glaubensfragen. Dieses schwierige Verhältnis rief Reibereien und Streitigkeiten unter den Christen nicht nur in Bosnien, sondern in allen Teilen des Balkans hervor, wo Konfessionen vermischt lebten. Die Bosnische Kirche wurde als Organisation durch das Eingreifen des bosnischen Königs im Jahre 1459 zerschlagen, was zur Folge hatte, dass ihre Gläubigen noch stärker als bisher den Einflüssen der Römischen Kurie und der missionarischen Tätigkeit der Franziskaner ausgesetzt waren, die seit dem 14. Jh. Stützpunkte in Bosnien unterhielten; im östlichen Teil des Staates waren sie wiederum dem Wirken der serbisch-orthodoxen Kirche unterworfen. Die wenigen und verstreuten Überreste der *krstjani*, der Gläubigen der Bosnischen Kirche, spielten in späteren Perioden keine bedeutendere Rolle mehr.

Das mittelalterliche Erbe wurde also von der Kirche als einzigem Kontinuitätsfaktor gewahrt. Dies gab der serbisch-orthodoxen Kirche eine starke ethnische Prägung, und sie baute, ungeachtet dessen, dass es um die Fortführung allgemeinchristlicher Werte ging, eine spezifisch serbische Kirchentradition mit heiligen Herrschern und Bischöfen als ihrem Mittelpunkt auf. Die Überbetonung des Nationalen in der Kirche und der Rolle der Kirche bei der Bewahrung nationaler Traditionen hatte insofern weit reichende Folgen, als noch vor Abschluss der osmanischen Eroberungen ein neuer, bedeutender, religiöser Faktor in Form des Islam auftrat.

Der Glaube der Eroberer blieb nicht auf Krieger und Beamte des Osmanischen Reiches beschränkt, sondern erfasste einen mancherorts kleineren, mancherorts auch größeren Teil der einstmals christlichen Bevölkerung. Die Annahme des Islam rief zwangsläufig eine Differenzierung der Beziehungen zur christlich gebliebenen Umgebung hervor. Es wurden zahlreiche andersartige kulturelle Muster übernommen, die das menschliche Leben von der Geburt bis zum Tod gliedern und begleiten; im Laufe der Zeit wandelten sich die Elemente der materiellen Kultur, die Familienstruktur, Eigenarten der Rede, also das, was sich am wenigsten und am langsamsten verändert. Ein anderer Aspekt der Differenzierung zeigt sich in der Beziehung zur geschichtlichen Tradition. Wer den Islam angenommen hatte, konnte schwerlich die im Rahmen der serbisch-orthodoxen Kirche geschaffenen und bewahrten geschichtlichen Traditionen mit ihrem antiosmanischen Gehalt und Kern annehmen. Grundsätzlich zeigte sich dieselbe Schwierigkeit auch in kroatischer, bulgarischer oder makedonischer Umgebung. In der Zeit der Kriege des Osmanischen Reichs mit den christlichen Staaten spitzten sich die Unterschiede zwischen den islamisierten und den nichtislamisierten Südslawen dramatisch zu, da die einen diesem Reich Loyalität schuldeten, die anderen es aber angriffen und sich mit seinen größten Feinden verbündeten.

All diese Unterschiede rissen Klüfte auf. Die Glaubensspaltung war nicht mehr zu überwinden – weder auf romantisch-populärer Ebene („Der Bruder ist teuer, welchen Glaubens er auch sei"), noch im Namen der Wissenschaft durch Anzweifeln der ethnischen Natur der entstandenen Unterschiede und unter Berufung auf europäische Vorbilder („Sowohl Protestanten als auch Katholiken sind Deutsche geblieben" o. dgl.).

Die türkische Eroberung rief zahlreiche Erschütterungen in der bisherigen räumlichen Anordnung der Balkanvölker hervor. Auf dem Territorium des ehemaligen Jugoslawien spürte man relativ wenig von den Folgen osmanischer Kolonisierung in den Gebieten Kleinasiens, dafür aber machte sich eine Konzentration islamischer bzw. islamisierter Bevölkerung in den städtischen Siedlungen bemerkbar, was zu einer Spaltung zwischen bäuerlich-christlichem Umland und „türkischen" Städten führte, eine Spaltung, die für einen Großteil der europäischen Provinzen des Osmanischen Reiches bis zu seiner Zurückdrängung im 19. und 20. Jh. charakteristisch war. Überaus bedeutend sind die Folgen vieler Fluchtbewegungen vor den türkischen Eroberungszügen. Diese Bewegungen verliefen seit dem 14. Jh. hauptsächlich von Süden nach Norden und von Osten nach Westen. Dazu kann man auch Massenumsiedlungen sowie Kolonisierungsaktionen der osmanischen, später auch der habsburgischen Herrscher rechnen. Von diesen Migrations- und Kolonisierungsaktionen waren, wenn auch in unterschiedlichem Maße, alle großen ethnischen Gruppen betroffen. Vereinzelte Teile bis dahin formierter Völker entfernten sich weit von ihren Ursprungsgebieten, die häufig wiederum durch die Ansiedlung von Angehörigen anderer Völker verkleinert wurden. Kroaten gelangten in Gebiete Österreichs und in das Innere Ungarns, während bedeutende Teile kroatischer Territorien von Siedlern aus Bosnien, schließlich von in zahlreichen Wellen angesiedelten Serben und Wlachen besetzt wurden. Serben flohen im 15. Jh. nach Syrmien und in südliche Gebiete Ungarns, um sich angesichts großer militärischer Operationen (1521, 1526, 1529) zusammen mit der ungarischen Bevölkerung tiefer im Landesinneren in Sicherheit zu bringen, während an ihrer Stelle Wellen von Siedlern einrückten, die von den türkischen Behörden (besonders nach 1541) aus den Bergregionen Serbiens, der Herzegowina und Montenegros in Bewegung gesetzt wurden. Allgemein gesprochen erweiterte sich durch diese Umsiedlungen das Gebiet von Katun- und Stammesverbänden, wie sie für die weidewirtschaftlich geprägte Gesellschaft der Wlachen und Albaner charakteristisch waren, auf Kosten der durch Ackerbau geprägten Ansiedlungen und Gaue. Es bildete sich eine von Verwandtschaftsverbänden dominierte patriarchalische Kultur heraus, die die bisherigen sprachlichen und religiösen Grenzen sprengte und sich später integrativen Prozessen widersetzte.

Während des 16. und 17. Jh. kam es im europäischen Südosten nicht zur Vereinheitlichung und Stabilisierung großer Ethnien wie in den Teilen Europas mit kontinuierlicher Entwicklung, sondern es vergrößerte sich das bunte Durcheinander und einige wesentliche, im Laufe des Mittelalters entstandene Strukturen wurden erschüttert. Diese Abweichung von einer allgemeinen europäischen Bewegung in Richtung auf ein Zusammenwachsen hat umso größere Bedeutung, als sie nach dem Zurückdrängen der Türken 1683-1699 und in den Kriegen des 18. Jh. noch potenziert wurde. Vor allem wurden die Entwicklungsbedingungen in den von türkischer Herrschaft befreiten Gebieten verändert und deren Anbindung an europäische sozioökonomische und kulturelle Prozesse ermöglicht, was neben zahlreichen anderen Folgen auch eine Differenzierung innerhalb der bis dahin formierten ethnischen Verbände nach sich zog, insbesondere bei Serben und Kroaten.

Die ethnische Landkarte geriet infolge der durch die Kriege hervorgerufenen Verschiebungen noch bunter (Türken und zum Islam Übergetretene zogen sich in Gebiete unter türkischer Herrschaft zurück, ihre Plätze werden von Serben und Rumänen aus der ländlichen Umgebung eingenommen), ebenso infolge systematischer Kolonisierungsaktionen der habsburgischen Behörden, die sich bemühten, durch Einwanderer aus entfernten Gebieten die dünn besiedelten und wirtschaftlich verödeten Räume zu beleben. Die Vojvodina begann damals, ihre charakteristische multinationale Gestalt auszubilden, an welcher neben Ungarn, Serben, Kroaten, Deutschen, Juden, Slowaken und Ruthenen auch kleinere Gruppen von Franzosen und Spaniern Anteil hatten, die später verschwanden (→ Kap. 5).

Die fortwährenden Konflikte zwischen der Zentralgewalt der Habsburger-Monarchie und den ständischen Vertretungen der einzelnen Länder nahmen auf die spätere ethnische Entwicklung auch mittelbar Einfluss. Das Denken in Kategorien historischer Rechte, das dabei immer bemüht wurde, bezog sich nicht nur auf Fragen des Eigentums, der Amtsbefugnis und der Rechtsprechung, sondern weit darüber hinaus auch auf Fragen des Status, ja sogar der Beziehungen zwischen den ethnischen Gruppen. Dadurch verstärkte sich die historische Komponente in den sich schrittweise herausbildenden Ideologien, gleichzeitig aber betrachtete man zunehmend die Zukunft als rekonstruierte Vergangenheit, eine Sicht, die für zahlreiche politische Programme des 19. und 20. Jh. charakteristisch werden sollte.

1.6. Die Folgen der Modernisierung

Die Voraussetzungen für Existenz und Entwicklung der großen Gruppen veränderten sich erneut im Verlaufe der Demokratisierungs- und Modernisierungsprozesse, von denen die balkanischen Gesellschaften in verschiedenen Perioden erfasst wurden, im Westen und Norden früher, im Osten und Süden später. Infolgedessen entstanden neue Unterschiede, die bei den Kroaten und besonders bei den Serben zu spüren waren, da die Veränderungen in der Vojvodina und in Kroatien einerseits, in dem seit 1804 schrittweise befreiten serbischen Fürstentum andererseits, und schließlich in den restlichen Gebieten unter türkischer Herrschaft jeweils in ganz unterschiedlichem Rhythmus vonstatten gingen. Langfristig führten diese Prozesse dennoch zu einer Integration und Überwindung der vorhandenen Unterschiede und Trennungen.

Immer größere Brisanz erlangten Fragen wie die, zu wessen Gunsten die wirtschaftliche und technische Erschließung des Raumes (Eisenbahnen, Kommunikationsmittel) zu erfolgen hatte, wer die integrativen Potentiale des wachsenden Schulwesens und der sich durchsetzenden Massenmedien für sich nutzen würde und nach wessen Regeln und Standards die komplexe Unifizierung innerhalb der Staatsgrenzen verwirklicht werden sollte. Zwangsläufig verschärfte sich der Kampf um die Territorialgewalt mit zahlreichen Folgen sowohl für die Dynamik der inneren Entwicklung jeder einzelnen Nation als auch für ihre Beziehungen zu anderen Nationen und ethnischen Gruppen. Die Folgen dieser Rivalität können bis in unsere Tage verfolgt werden. Die lange und verworrene Geschichte der Ereignisse auf dem Balkan im 19. und 20. Jh. lässt sich nicht auf einfache und komprimierte Formeln reduzieren. Es können bestimmte, unter dem Gesichtspunkt ethnischer Entwicklung bedeutende Konstanten festgestellt werden wie das überkommene bunte Durcheinander der ethnischen Landkarte, die Durchmischung verschiedener Elemente auf ein und demselben Territorium, die mit einer unvollkommenen Integration von Völkern mit langer Vergangenheit einhergeht, die Fixierung auf Geschichte und „historische Rechte“, die selektiv aus der für die betreffende Nation günstigsten Periode abgeleitet werden; konstant war schließlich die Diskrepanz zwischen der Realität gesellschaftlicher und ethnischer Prozesse einerseits und der Sicht dieser Prozesse durch die Optik europäischer Konzepte und einheimischer Mythen andererseits.

Fast unmerklich vollzog sich der Selektionsprozess ethnischer Merkmale, von Kommunikationsmitteln und Symbolen, die für die betreffende, in der Konsolidierung begriffene Nation repräsentativ waren. Im Streben nach Einheit, in der Schaffung einer Klammer, die alle Angehörigen der Nation zusammenhalten sollte, musste mit einer kleinen Anzahl von Elementen operiert werden; folglich mussten unausweichlich Dialekte, ausgedehnte Teile des kulturellen Erbes, regionale Formen in Tracht und Bräuchen geopfert werden, d. h. die Volkskultur, die man gerade im 18. Jh. entdeckt und näher kennen gelernt hatte. Die Gärungen, die die Nationsbildungen begleiteten, waren noch lange später zu spüren. So gelangte, was in früheren Phasen der ethnischen Entwicklung im Zentrum gestanden hatte, an die Peripherie, wie dies mit dem Adel (einschließlich des städtischen Patriziertums) bei den Kroaten geschah oder mit der patriarchalischen Stammesgesellschaft bei den Serben und Montenegrinern. Das Zurückdrängen bedeutender Teile der Gesellschaft mit eigener Volkskultur schuf Spannungen und Bestrebungen nach Abspaltung und Individualisierung, nach Abschottung innerhalb bescheidenerer Grenzen, aber mit „eigenen“ Merkmalen und Symbolen. Bestrebungen in diesem Sinne können auf verschiedenen Seiten beobachtet werden, ihre Ernsthaftigkeit aber wird dann deutlich, wenn eine Verkettung der politischen Umstände zur Schaffung eines eigenen staatlichen Rahmens führt, wie dies in Montenegro (18.-19. Jh.) und in der Republik Makedonien (nach 1945) geschah. Damals wurden die Bedingungen für die Herausbildung der montenegrinischen und der makedonischen Nationen geschaffen, deren Existenz nach wie vor besonders von den Serben bzw. Bulgaren in Abrede gestellt wird.

Die großen gesellschaftlichen und wirtschaftlichen Prozesse des 19. Jh. haben die Konstituierung der großen Gruppen auf dem Boden des Balkan nicht abgeschlossen, sie haben lediglich ihre Entwicklungsbedingungen verändert. Die überaus bedeutenden Umbrüche wie der Untergang der einen und die Bildung anderer Staaten sind nicht ohne Folgen für die Abgrenzung und Konsolidierung der bis dahin entstandenen Völker geblieben. Einigen wurde erst im 20. Jh. die Gelegenheit geboten, sich in ihrer ganzen Eigenständigkeit zu entfalten. Dennoch sind die Prozesse des 19. und 20. Jh. so sehr mit den politischen Ereignissen, mit der Verbreitung großer Ideologien, der Schaffung gut organisierter Massenparteien, dem Aufkommen neuer Kommunikationsformen verbunden, dass sie nur im Kontext dieser politischen Ereignisse in vollem Maße verstanden werden können.

Deutsch von Robert Hammel

Literatur

Die Ethnogenese auf der Balkanhalbinsel gehört nicht zu den reichlich erforschten Gebieten. Von Spezialuntersuchungen seien genannt: Gottfried Schramm: *Eroberer und Eingesessene, Geographische Lehnnamen als Zeugen der Geschichte Südosteuropas im ersten Jahrtausend n. Chr.*, Stuttgart 1981; Aleksandar Stipčević, *Iliri*, Zagreb 1991 (frühere Ausgaben auch auf Italienisch: *Gli Illiri*, Mailand 1967 und Englisch, *The Illyrians. History and Culture*, Park Ridge, N.J. 1977) Aufsätze von Bogo Grafenauer (vgl. *Jugoslovenski istorijski časopis* 1-2/1966 und 17-24/1988) und auf Deutsch: *Die ethnische Gliederung und geschichtliche Rolle der westlichen Südslawen im Mittelalter*, Ljubljana 1966; Klaus-Dieter Grothusen (Hg.), *Ethnogenese und Staatenbildung in Südosteuropa*, Göttingen 1974; eine partielle Übersicht über den Stand der neueren Forschung ermöglicht der Sammelband *Etnogeneza Hrvata* (Hg. N. Budak), Zagreb 1995 mit Kurzfassungen in Deutsch und Englisch. Darin findet sich auch eine Übersicht der Arbeiten zu kontrovers diskutierten Thesen über die iranische Herkunft der Kroaten (V. Košćak, „Iranska teorija o podrijetlu Hrvata") sowie S. Ćirkovićs Aufsatz über die mittelalterliche Phase der Ethnogenese auf der Balkanhalbinsel, „Srednjovjekovno razdoblje u tzv. etnogenezi balkanskih naroda", mit weiteren wichtigen Literaturhinweisen.

Aus der immensen Literatur über die Geschichte des byzantinischen Reiches sind in unserem Zusammenhang besonders die Arbeiten von Ivan Đurić von Bedeutung: *Sumrak Vizantije – Vreme Jovana VIII Paleologa 1392-1448*, Beograd 1984 (Die Dämmerung der Byzanz – die Zeit des Johannes VIII. Palaiologos 1392-1448), frz: *Le crépuscule de Byzance*, 1996; Jadran Ferluga: *Byzantium on the Balkans. Studies on the Byzantine Administration and the Southern Slavs from the VIIth to the XIIth Centuries*, Amsterdam 1976 und *Untersuchungen zur byzantinischen Provinzialverwaltung, VII-XIII Jahrhundert*, Amsterdam 1992; Ivo Goldstein, *Bizant na Jadranu*, Zagreb 1992 (Byzanz an der Adria). Als klassische Standardwerke sind zu empfehlen: Dimitri Obolensky, *The Byzantine Commonwealth. Eastern Europe 500-1453*, London 1971; Georg Ostrogorsky, *Byzantinische Geschichte 324-1453*, München 1996[2]; Steven Runciman, *Byzantine Civilization*, London 1993; Warren T. Treadgold, *A History of the Byzantine State and Society*, Stanford 1997

Zur bulgarischen Geschichte ist St. Evans, *A Short History of Bulgaria*, London 1960 heranzuziehen. Zu den Wlachen: T. Winnifrith: *The Vlachs. The History of a Balkan People*, New York 1987. Bezüglich der altbalkanischen Großfamilien und Katuns besonders aufschlussreich: K. Kaser, *Hirten, Kämpfer, Stammeshelden. Ursprünge und Gegenwart des balkanischen Patriarchats*, Wien, Köln, Weimar 1992. In Bezug auf andere Völker finden sich die Literaturhinweise in den entsprechenden Kapiteln des Handbuches.

Zu mittelalterlichen Städten und städtischen Gesellschaften besonders zu empfehlen ist die Studie von Klaus-Detlev Grothusen, *Entstehung und Geschichte Zagrebs bis zum Ausgang des 14. Jahrhunderts*, Wiesbaden 1967; Klaus-Peter Matschke, *Die byzantinische Stadt im Rahmen der allgemeinen Stadtentwicklung*, 1995. Empfehlenswert ist auch der Sammelband *The Urban Society of Eastern Europe in Premodern Times*, Hg. B. Krekić, Berkely, Los Angeles, London 1987. Speziell zu Dubrovnik: Bariša Krekić, *Dubrovnik, Italy and the Balkans in the Late Middle Ages*, London 1980; ders. *Dubrovnik: Mediterranean Urban Society 1300-1600*, London 1997.

Einschlägige Literatur zur Islamisierung sowie der Rolle der Konfessionen wird in den entsprechenden Kapiteln des Handbuches empfohlen. Zum Problem der Migrationen gibt es nur partielle Studien: Mathias Beer/Dittmar Dahlmann (Hg.), *Migration nach Ost- und Südosteuropa vom 18. bis zum Beginn des 19. Jahrhunderts. Ursachen – Folgen – Verlauf – Ergebnisse*, Tübingen 1999; Ivan Crkvenčić (Hg.), *Geopolitical and Demographical Issues of Croatia*, Zagreb 1991 Eine Art Chronik der Migrationen fehlt auch. Weiter helfen: Nikola Tasić/ Dušica Stošić (Hg.), *Migrations in Balkan History*, Belgrad 1989 (SANU), sowie Beiträge der Zeitschrift *Migracijske teme. Časopis za istraživanje migracija i narodnost*, Zagreb. Empirisches Material enthält der Sammelband *Migracije i Bosna i Hercegovina*, Sarajevo 1990. Literatur zu neuzeitlichen Entwicklungen, Vertreibungen und Völkermord findet man in den entsprechenden Kapiteln des Handbuches.

Hier seien noch die wichtigsten Gesamtdarstellungen genannt, die auch für alle weiteren historischen Artikel grundlegend sind und dort nur in besonderen Fällen erwähnt werden: Peter Bartl, *Grundzüge der jugoslawischen Geschichte*, Darmstadt 1985; Leslie Benson, *Yugoslavia, A Short History*, Basingstoke 2001; Steven Clissold (Hg.), *A Short History of Yugoslavia. From early Times to 1966*, Cambridge/England 1966; Duško Doderer, *The Yugoslavs*, (Random House) New York 1977; Paul Garde, *Vie et mort de la Yougoslavie*, (Fayard) Paris 1992; Klaus Detlev Grothusen, *Jugoslawien* (Südosteuropa-Handbuch), Göttingen 1975; Edgar Hösch, *Geschichte der Balkanländer. Von der Frühzeit bis zur Gegenwart*, München1988[1], 2002[4] (aktualisiert u. erweitert); E. Hösch, K. Nehring, H. Sundhaussen (Hg.), *Lexikon zur Geschichte Südosteuropas*, Wien Köln Weimar 2004; Barbara Jelavich, *A History of the Balkans*. Vol. 1: Eighteenth and Nineteenth Centuries. Vol. 2 Twentieth Century. Cambridge 1983; Robert A. Kann, *A History of the Habsburg Empire 1526-1918*, Berkeley 1974; Karl Kaser, *Südosteuropäische Geschichte und Geschichtswissenschaft,* 2. völlig neu bearbeitete und aktualisierte Auflage, Wien Köln 2002; Stefan K. Pavlowitch, *A History of the Balkans, 1804-1945*, London 1999; Dennison Rusinow, *The Yugoslav Experiment*, 1948 London (Hurst); Georg Stadtmüller, *Geschichte Südosteuropas*, München 1950, 1976[2]; Peter F. Sugar, *Southeastern Europe under Ottoman Rule, 1354-1804*, Seattle, London 1977; Holm Sundhaussen, *Geschichte Jugoslawiens 1918-1980*, Stuttgart 1982; ders. *Experiment Jugoslawien. Von der Staatsgründung zum Staatszerfall*, Mannheim 1993; Michael W. Weithmann, *Balkan-Chronik. 2000 Jahre zwischen Orient und Okzident*, Graz 1997[2]. Historische Atlanten: Ljubo Boban, *Hrvatske Granice 1918-1991*, Zagreb 1992; Anita L.P. Burdett (Hg.), *Historical Boundaries between Bosnia, Croatia, Serbia. Documents and Maps 1815-1945*, New York 1995; Dennis P. Hupchik, Harold E. Cox (Hg.), *The Palgrave Concise Historical Atlas of the Balkans*, Basingstoke 2005[2]; Mladen Klemenčić (Hg.), *A Concise Atlas of the Republic of Croatia of the Republic Bosnia and Hercegovina*, Zagreb 1993; Josip Lučić, *Povijesni atlas*, Zagreb 1984.

2. Slowenien

Peter Vodopivec

2.1. Von der Frühzeit bis zur Reformation

Die historische Entwicklung des heutigen slowenischen Staatsgebietes wurde in besonderer Weise von seiner geographischen Lage bestimmt. Im Raum zwischen den Alpen und der Adria, an der Ostgrenze der romanischen und der Südgrenze der germanischen Welt kreuzten sich die Verkehrs- und Handelswege, die von der Adria in den Norden, aus Italien nach Ungarn und in den Balkan und aus Deutschland in den Süden und Osten Europas führten. Als Folge dieser Situation kam es auf diesem Gebiet zur Kreuzung diverser Kultureinflüsse, doch blieb es europäisches Randgebiet ohne eigene größere Verwaltungs-, Wirtschafts- und Kulturzentren.

Die slawischen Vorläufer der Slowenen siedelten sich vom sechsten bis zum achten Jahrhundert im Ostalpenraum an. Ein Teil des slowenischen Siedlungsgebietes gehörte zwischen dem siebenten und achten Jahrhundert zum slawischen Fürstentum Karantanien, mit dem Zentrum auf dem Zollfeld nahe Klagenfurt. Karantanien wurde im 8. Jahrhundert von den Bajuwaren unterworfen und kam im 9. Jahrhundert zum karolingischen Imperium. Nach der Teilung des Frankenreiches im 9. Jahrhundert waren die von Vorgängern der Slowenen besiedelten Gebiete bis 1918 Bestandteil jener staatlich-politischen Gebilde, die als Erbe des Frankenreiches entstanden waren. Bis zum 12. Jahrhundert breitete sich hier die von Westen kommende „Hufenverfassung" (basierend auf dem Eigentum an einem Landstück, der „Hufe") aus. Gleichzeitig wurde die im 8. Jahrhundert begonnene Christianisierung abgeschlossen. Mit den feudalen Verhältnissen etablierte sich eine neue Oberschicht, die zum Teil aus Bayern, zum Teil aus dem friaulischen Bereich kam, aber auch einheimische Elemente mit einschloss.

Aus dem Kranz von Marken, die im 10. Jahrhundert entlang der Südostgrenze des deutschen Reiches entstanden waren, entwickelten sich vom 12. bis zum 14. Jahrhundert – als eine besondere Form von Staatlichkeit – die historischen Länder Steiermark, Krain und Kärnten. Nach dem Sieg über den böhmischen König Ottokar Přemysl 1278 begannen die Habsburger allmählich ihre Macht auszubauen und gliederten im 14. Jahrhundert ihrer Herrschaft noch die Grafschaft Mitterburg/Pazin in Istrien und Triest an (1382). Um 1500 befand sich fast das ganze von Slowenen besiedelte Gebiet (mit Ausnahme der slowenischen Siedlungsgebiete in Ungarn und in der Republik Venedig) in der Hand Habsburgs.

Als Vögte versuchten die Habsburger auch, Einfluss auf die kirchliche Organisation auszuüben. Bereits 811 war das Gebiet nördlich der Drau der kirchlichen Obhut der Salzburger Erzbischöfe unterstellt worden, südlich davon aber dem Patriarchen von Aquileia. Auf dem Salzburger Gebiet entstanden schon im 12. und 13. Jahrhundert neue Bistümer; auf dem Gebiet südlich der Drau, das vom Patriarchen von Aquileia verwaltet wurde, gründete Kaiser Friedrich III. 1461/62 das Bistum Laibach.

Nach Meinung der Sprachwissenschaftler bildeten sich die Slowenen erst im 12. Jahrhundert als besondere Sprachgruppe aus. Der sprachlich ursprünglich slawische Adel existierte zum Großteil nicht mehr oder war mit Adelsgruppen aus dem deutschen bzw. italienischen Sprachgebiet zu einem neuen Adel verschmolzen. Das Slowenische war demnach überwiegend eine Bauernsprache. Der slowenische Bauer wahrte die mündliche Überlieferung durch die Jahrhunderte. Der Adel, die höheren städtischen Schichten, die Beamten und Gebildeten verwendeten die üblichen Sprachen der Kommunikation, der Ämter, der Schulen und der gebildeten Kultur: Latein und Deutsch, an der Adriaküste und in ihrem Hinterland auch Italienisch. Aus den Reihen der Bauern ging eine schmale Schicht Gebildeter hervor, die lutherischen Reformatoren, welche im 16. Jahrhundert die ersten slowenischen Bücher (1550/51) verfassten und die Bibel ins Slowenische übertrugen. Sie hoben damit die (slowenische) Volkssprache auf die Ebene der Schriftsprache. Die zentrale Persönlichkeit der slowenischen Reformation war der Domherr (Kanonikus) Primož Trubar (1508-1586), als Sohn eines Dorfmüllers geboren. Unter dem Einfluss der Schweizer Reformatoren und des Luthertums übernahm er die reformatorischen Ideen und begründete ausgehend von den krainisch-slowenischen Dialekten die slowenische Schriftsprache.

2.2. Nachwirkungen der Reformation

Die habsburgische Rekatholisierung drängte die reformatorische literarische Tätigkeit zurück und verzögerte somit die Bemühungen um die slowenische Schriftsprache um eineinhalb Jahrhunderte. Der Laibacher Bischof Tomaž Hren (1560-1630) ermöglichte aber durch die Beibehaltung der protestantischen Bibel die Kontinuität der protestantisch-slowenischen Schriftsprache im Zentralraum des slowenischen Sprachgebietes.

Die Slowenen standen in der Mitte des 18. Jahrhunderts gesellschaftlich und kulturell auf einer ähnlichen Stufe wie die Bretonen. Die theresianischen Reformen belebten in der zweiten Hälfte des 18. Jahrhunderts – parallel zum vorromantischen Interesse für Volkskultur und Sprache – erneut die slowenische Publizistik. Im Jahre 1768 rief der Ordensmann Pater Marko Pohlin (1738-1801) in einer auf Deutsch verfassten slowenischen Grammatik seine Landsleute dazu auf, sich der eigenen Sprache nicht zu schämen, und setzte sich für eine breitere Verwendung des Slowenischen in Wissenschaft, Kultur und Schulwesen ein. Den ersten Schritt in diese Richtung machte die Allgemeine Schulverordnung Maria Theresias (1774): Obwohl sie den Unterricht in der Volkssprache nur auf der untersten Schulebene einführte, stimulierte dies dennoch die Standardisierung der Sprache. Ein Netz von Volksschulen mit slowenischer Unterrichtssprache verlieh zugleich auch der slowenischen Sprachgrenze zum ersten Mal klarere Konturen (→ Kap. 16).

Pohlin folgten weitere Schriftsteller, Priester und andere Gebildete: Sie sammelten sprachliche Substanz, gaben Wörterbücher, Grammatiken und Handbücher für Bauern heraus, schrieben Gedichte und übersetzten religiöse Schriften. Im Jahre 1789 wurde in Laibach erstmals ein Theaterstück in slowenischer Sprache aufgeführt: die Bearbeitung einer deutschsprachigen Vorlage durch Anton Tomaž Linhart (1756-1795), der auch durch seine historiographische Tätigkeit Bedeutung erlangte. In seinem auf Deutsch verfassten „Versuch einer Geschichte von Krain und den übrigen Ländern der südlichen Slawen Österreichs“ (1788-91) definierte er die slowenischsprechende Bevölkerung als eigenes Volk mit eigener Geschichte. Es unterscheide sich nicht nur von den Deutschen und den Italienern, sondern auch von den anderen Slawen. Mit diesen (und anderen) Aktivitäten begann in den letzten Jahrzehnten des 18. Jahrhunderts die slowenische nationale Bewegung.

Die slowenische Nationalbewegung hatte bis zum Jahre 1848 ausschließlich sprachlichen und literarischen Charakter und wurde vor allem von Gebildeten, Priestern und Laien getragen, die sich der Vervollkommnung der Schriftsprache widmeten. Durch die vierjährige Episode unter französischer Regierung und die Einrichtung der Illyrischen Provinzen (1809-1813) mit der Hauptstadt in Laibach/Ljubljana wurden diese Bestrebungen beschleunigt. Die französischen Machthaber führten die Gleichheit vor dem Gesetz ein, modernisierten das Steuer-, Verwaltungs- und Schulsystem und zeigten für die slowenische Sprache mehr Interesse als die Österreicher. Deshalb dachte die slowenische liberale Intelligenz noch in der Zeit des Ersten Weltkrieges mit Dankbarkeit an Napoleon und die Illyrischen Provinzen zurück. Gerade in der Zeit der Illyrischen Provinzen begann sich für die slowenische Bevölkerung die einheitliche Bezeichnung Slowenen durchzusetzen (zuvor verwendete man für sie die Landesnamen wie „Krainer“ oder in Kärnten: „Wenden“). Die Regierenden zur Zeit des österreichischen Vormärz konnten die literarische Tätigkeit, die mit den Einflüssen der Romantik neuen Auftrieb erhielt, nicht mehr aufhalten. Im Jahre 1830 erschien in Laibach die erste slowenische literarische Zeitschrift. Ab 1843 erscheint das – den Bauern und Handwerkern gewidmete – Journal *Novice* (Neuigkeiten), das sich bald zum national-kulturellen Organ entwickeln sollte. Im Jahre 1844 rief der größte Dichter der slowenischen Romantik, France Prešeren (1800-1849), im Gedicht *Zdravljica* (Trinklied) die „unterdrückten Völker“ zum Widerstand auf, sollte ihre Freiheit nicht friedlich durchsetzbar sein (zwei Strophen dieses Gedichtes wurden 1991 zum Text der slowenischen Staatshymne).

Im Jahre 1844 verwendete der Dichter Fran Vesel Koseski den Ausdruck „Slowenien“ zum ersten Mal als zusammenfassenden Begriff für das Gebiet mit slowenischsprachiger Bevölkerung. Slowenien wurde aber erst im Jahr 1848 zur national-politischen Forderung, als slowenische Intellektuelle und Studenten, nach tschechischem Muster und unter deutschem Einfluss, ihr national-politisches Programm formulierten und die Vereinigung aller Slowenen in einer verwaltungsmäßigen und politischen Einheit, dem so genannten „Vereinigten Slowenien“ forderten. Dieses stellte man sich als eine Einheit innerhalb einer föderativ organisierten Habsburgermonarchie vor, mit Autonomie in Verwaltung, Politik, Kultur und auch Wirtschaft. Das Ideal einer solchen autonomen Einheit mit einem großzügigen „home rule“ ist bis zum Zerfall des kommunistischen Jugoslawien in den achtziger Jahren des 20. Jahrhunderts – obwohl zu verschiedenen Zeiten unterschiedlich stark ausgeprägt – *die* Leitlinie der slowenischen nationalen Politik geblieben.

2.3. Modernisierung und integrative Prozesse

Nach der Niederschlagung der Revolution und der Restauration des Absolutismus in der Habsburgermonarchie verschwand die Idee des Vereinigten Slowenien aus dem öffentlichen Leben. Mit der Erneuerung des Verfassungslebens in der Monarchie nach 1861 fand die slowenische nationalpolitische Bewegung in der Bevölkerung rasch Anhänger. Bei den Landtagswahlen 1867 besiegten die slowenischen Kandidaten zum ersten Mal überzeugend die deutschen Gegner. Schon Ende der sechziger und zu Beginn der siebziger Jahre kam es zugleich zur katholisch-liberalen Polarisierung, die das slowenische politische Leben bis 1945 kennzeichnete. Im katholisch-liberalen Konflikt war die katholische Seite – hinsichtlich der Akzeptanz bei der Bevölkerung – die ganze Zeit hindurch stärker. Dem schwach profilierten slowenischen Liberalismus gehörte aber der Großteil der Intelligenz an. Erst gegen Ende des 19. Jahrhunderts organisierten sich die beiden Lager in Parteien, als sich auch schon die Sozialdemokraten als dritte Parteigruppe formierten.

Die Slowenen entwickelten sich bis zum Ersten Weltkrieg – trotz langsamerer Wirtschaftsentwicklung und überwiegend ländlicher Struktur – zu einer reifen und gesellschaftlich in sich strukturierten nationalen Gruppe mit eigenem Bürgertum, selbständigen Wirtschafts-, Bildungs- und Kultureinrichtungen, eigenem Zeitungswesen und Parteien. Die Hauptrolle bei der Bildung der eigenen Eliten spielten die österreichischen Universitäten, wo sich in drei Generationen – zwischen 1840 und 1910 – eine beruflich differenzierte und zahlenmäßig starke Intelligenz bildete, die zum Träger nationalen Bewusstseins und nationaler Politik wurde. Es überrascht daher nicht, dass Kulturschaffende, vor allem Dichter und Schriftsteller, die slowenischen Anliegen oft entschiedener als die Parteiführer formulierten.

Bis zum Sturz der Regierung Taaffe (1893) verbündeten sich die beiden slowenischen bürgerlichen Parteien im österreichischen Parlament mit den österreichisch-deutschen Konservativen. Ende des 19. Jahrhunderts zerfiel dieses Bündnis, und es schien, als sei ein Übereinkommen zwischen Slawen und Deutschen nicht mehr möglich. Slowenische Politiker begannen – da sie sich der eigenen zahlenmäßigen Schwäche bewusst waren (1910 lebten auf dem Gebiet des heutigen Slowenien 1.320.000 Einwohner) –, nach neuen Verbündeten Ausschau zu halten. Die jugoslawische Bewegung, die vor dem Ersten Weltkrieg alle slowenischen Parteien erfasste (die katholische, die liberale und die sozialdemokratische), basierte einerseits auf der Erfahrung von Bedrängnis und Bedrohung durch ein aggressives Deutschtum, andererseits aber auf der ziemlich unkritischen, von romantischer Begeisterung durchdrungenen Überzeugung, dass sich die Slawen – und vor allem die Südslawen – untereinander viel leichter verständigen würden als die Slawen mit den Deutschen. Warnungen einiger kritischer Intellektueller – etwa des Schriftstellers Ivan Cankar –, dass zwischen Serben, Kroaten und Slowenen zwar eine sprachliche Verwandtschaft bestehe, sie sich aber in Geschichte, Tradition, Kultur und sogar Mentalität erheblich voneinander unterschieden, verhallten ungehört. Der Zerfall Österreich-Ungarns am 29. Oktober 1918 wurde von den Slowenen – nach der Massenbewegung der Jahre 1917-18 zugunsten eines südslawischen Staates unter dem Zepter der Habsburger – stürmisch begrüßt. Nach dem Zerfall der Habsburgermonarchie blieben im neugegründeten Staat der Südslawen mit dem durch die Rapallo-Verträge festgelegten Grenzverlauf etwa 30 Prozent Slowenen außerhalb dieses neuen Staates (mehr als 300.000 in Italien, etwa 80.000 in Österreich und 7-8000 in Ungarn).

2.4. Im ersten jugoslawischen Staat

Für die Slowenen bedeutete der 1918 entstandene jugoslawische Staat einen großen Fortschritt. Eine eigene Universität (1919), ein breit gefächertes Netz von Mittelschulen, Theatern und Galerien, eine Kunstakademie und zahlreiche neue Zeitungen und Zeitschriften ließen die jugoslawischen Slowenen der zwanziger und dreißiger Jahre einen dynamischen, europäisch ausgerichteten kulturellen Impuls erleben, den sie zuvor nicht gekannt hatten. Der slowenische Teil Jugoslawiens wurde rasch industrialisiert und war zusammen mit Kroatien der wirtschaftlich höchstentwickelte Teil des jugoslawischen Königreiches.

Die katholische Slowenische Volkspartei, die in Ljubljana eine slowenische Autonomie beschwor, in Belgrad aber taktierte und sich mit den Radikalen und dem Hof verbündete, war die stärkste politische Kraft in Slowenien (→ Kap. 10). Ihr Parteiführer Anton Korošec (1872-1940) war zwölfmal Minister, einmal Vizepräsident und einmal Regierungschef, dazwischen stand er fast zwei Jahre lang auf der Insel Hvar unter Hausarrest (1933-34).

Seine Verbindungen und seine Position in Belgrad setzte er – soweit möglich – für die Stärkung der autonomen slowenischen Einrichtungen, aber selbstverständlich auch der slowenischen Volkspartei ein. Er misstraute Stjepan Radićs Antiklerikalismus. An dessen Nachfolger Maček und die kroatische Bauernpartei näherte sich Korošec erst nach seinem Abgang aus der Regierung Stojadinović (1938) an. Der pragmatischen Politik Korošecs widersprachen im katholischen Lager die demokratischen Intellektuellen und die christlichen Sozialisten (letztere fanden starke Unterstützung in den Gewerkschaften).

Die Mehrheit der slowenischen Liberalen schloss sich 1919 der Jugoslawischen Demokratischen Partei an. Im Gegensatz zur Slowenischen Volkspartei befürworteten sie den Zentralismus und versuchten, ihre Position in Slowenien, wo sie politisch immer deutlich hinter der katholischen Partei zurücklagen, mit Hilfe Belgrads zu festigen. Die Befürwortung des Zentralismus lichtete jedoch die liberalen Reihen noch stärker, vor allem nach der Ausrufung der Königsdiktatur in den dreißiger Jahren. In der Arbeiterschaft hatten – neben den Christlichen Sozialisten – auch die Sozialisten erheblichen Rückhalt. Der Einfluss der Kommunisten war in den Jahren von 1921 bis 1935 gering (1935 gab es etwa 480 Mitglieder) und vergrößerte sich erst mit der Erstellung eines eigenen „slowenischen Programms". Im Jahre 1937 wurde die Kommunistische Partei Sloweniens als eigene Organisation der Kommunistischen Partei Jugoslawiens gegründet. In den Jahren 1935-39 entwickelte sich in Slowenien eine Bewegung der nationalen Verteidigung (Volksfront), in der die Kommunisten schon eine sichtbare politische Rolle spielten.

2.5. Der Zweite Weltkrieg und die kommunistische Diktatur

Nach der Ausweitung des Zweiten Weltkrieges auf jugoslawischen Boden im April 1941 wurde das jugoslawische Slowenien von Deutschen, Italienern und Ungarn besetzt. Im Unterschied zur Vertreibungs- und aggressiven Germanisierungspolitik der Nationalsozialisten gewährten die italienischen Okkupanten in dem von ihnen annektierten Teil Sloweniens beschränkte lokale Autonomie und erlaubten den Gebrauch der slowenischen Sprache. Doch der Widerstand gegen den Faschismus konnte sich am raschesten dort formieren, wo das Terrorregime – wie in der italienischen Zone – gewisse Spielräume offen ließ. Da die bürgerlichen Parteien um einen *modus vivendi* mit den Italienern bemüht waren und den Aufbau einer Untergrundbewegung zu langsam betrieben, übernahmen die Kommunisten die Initiative im Kampf gegen die Besatzungsmächte. Sie versammelten Ende April 1941 in der Antiimperialistischen Front (später Befreiungsfront) christliche Sozialisten, slowenisch orientierte Liberale sowie einen nicht geringen Teil der bäuerlichen Bevölkerung. Die Befreiungsbewegung breitete sich besonders nach der Kapitulation Italiens auf das ganze slowenische Gebiet aus und entwickelte sich verhältnismäßig autonom, jedoch in Verbindung mit der Befreiungsbewegung der Partisanen im übrigen Jugoslawien. Die slowenischen Vertreter bestätigten am 29. November 1943 in Jajce ihr Einverständnis mit der Erneuerung Jugoslawiens bei Gewährung des Rechts auf eine eventuelle Sezession. Die Führung der jugoslawischen Kommunisten begann erst 1944 die Selbständigkeit der slowenischen Führung des Widerstandes und der Kommunisten spürbar einzuengen.

Die slowenischen Kommunisten nutzten den Widerstand gegen die Besatzer als Mittel zur Abrechnung mit den Gegnern der Partisanenbewegung und wandelten ihn in eine soziale Revolution um. Neben der antikommunistischen Propaganda der katholischen und der liberalen Partei sowie eines Teiles der Priesterschaft trug ihre Politik der „Bestrafung der Verräter" mit dazu bei, dass die antikommunistischen so genannten Heimwehrmilizen (domobranci) entstanden. Diese Entwicklung führte zum Bürgerkrieg. Die kommunistischen Führer unterwarfen bis zum Herbst 1943 alle in die Befreiungsfront eingegliederten Gruppen. Ab 1944 etablierten sie auf dem von ihnen kontrollierten Gebiet die neue, revolutionäre Herrschaft und konnten nach dem Ende des Krieges 1945 – ohne besondere Umwälzung – das Verwaltungssystem und die Institutionen übernehmen.

Die Rückgewinnung des slowenischen Küstenlandes, des Gebietes um Görz und der Innerkrain, die nach dem Ersten Weltkrieg von Italien besetzt worden waren (etwa 300.000 Menschen), konnte aus Sicht der Slowenen gewiss als bedeutender Erfolg des Partisanenkampfes und der jugoslawischen Nachkriegsdiplomatie gelten. Dennoch blieb nach dem Friedensvertrag von Paris (1947, endgültig bestätigt 1954) eine beträchtliche slowenische Minderheit in Triest und Umgebung (etwa 80.000) sowie im österreichischen Kärnten.

Die Rechte und Zuständigkeiten, die die Republik Slowenien nach der Verfassung 1946 erhielt (Parlament, Regierung, Verfassung, eine Reihe von Ministerien), waren zum Großteil nur Schein. Das politische System in Slowenien unterschied sich in den ersten Jahren nach dem Krieg nicht wesentlich von dem in den anderen jugoslawischen Republiken; nach einigen Einschätzungen war es noch brutaler als anderswo (→ Kap. 11). Die damalige politische, gesellschaftliche, wirtschaftliche, zum Teil auch die kulturelle Elite der Slowenen wurde nach dem Krieg buchstäblich „enthauptet".

Anfang der fünfziger Jahre begann sich die politische Atmosphäre in Slowenien – ähnlich wie anderswo in Jugoslawien – zu verändern. Die jugoslawische Führung hatte nach dem Bruch mit der Sowjetunion in der sogenannten „Arbeiterselbstverwaltung" ein eigenes „alternatives" Modell des Sozialismus entwickelt. Hauptideologe der neuen, jugoslawischen Form des Sozialismus war der Slowene Edvard Kardelj (1910-1979), der mit einer Mischung aus kommunistischen, sozialistischen und anarchistischen Ideen ein – in sich widersprüchliches – System schuf, das sich zum Motor von Gegensätzen und Konflikten entwickelte. In Slowenien misslang die Politik der landwirtschaftlichen Kollektivierung und des Genossenschaftswesens schon vor der Mitte der fünfziger Jahre, dagegen wurde der Druck auf die Industrie, die sich in den ersten Jahren nach dem Krieg den Bedürfnissen des industriellen Aufbaues in anderen Republiken anpassen musste, etwas gelockert. Die slowenische politische Führung ging unvermindert scharf gegen die Gegner des Regimes vor, besonders gegen die katholische Kirche; zu Beginn der fünfziger Jahre entfernte sie den letzten „widerspenstigen" katholischen Verbündeten, den Dichter Edvard Kocbek (1904-1981), aus ihren Reihen. Mit Einführung der Selbstverwaltung und beginnender Dezentralisierung brachen in den fünfziger Jahren auch die nationalen Gegensätze wieder auf. Diskussionen darüber, wie stark der zentrale Staat und wie selbständig die autonome Republikregierung sein solle, spalteten die kommunistische Spitze, die Meinungsverschiedenheiten fanden aber zum ersten Mal auch in der Öffentlichkeit und in den Kulturzeitschriften stärkeren Widerhall. In Belgrad meldete sich 1961 im Namen der serbischen Zentralisten der Schriftsteller Dobrica Ćosić zu Wort. Er machte für die wachsenden Spannungen unter den jugoslawischen Republiken die „Nationalisten" und Föderalisten verantwortlich und mahnte die Respektierung der „demokratischen" politischen Disziplin und der „internationalistischen Praxis" der jugoslawischen Kommunisten an. In Ljubljana hielt ihm der Literaturhistoriker Dušan Pirjevec entgegen, die Nation sei „die elementare Form der gesellschaftlichen Verbindung". Zugleich beschuldigte er die Anhänger des Zentralismus von Staat und Partei, mit ihrer Kritik der föderalistischen Staatsorganisation zur Steigerung des Nationalismus der einzelnen Völker beizutragen. Er sagte voraus, dass sich Jugoslawien nur dann erhalten werde, wenn es die nationale Vielfalt und die ungestörte Entwicklung der einzelnen Völker und Staatsteile akzeptiere. In der polemischen Auseinandersetzung zwischen Ćosić und Pirjevec wurden die Auffassungsunterschiede innerhalb der jugoslawischen Spitze deutlich.

2.6. Dezentralisierung und nationale Antagonismen

Die Wirtschaftsreform des Jahres 1965 und die Reform des Geheimdienstes ein Jahr später erreichten zwar längerfristig nicht ihre Ziele, kurzfristig machten sie die ersten Schritte einer Demokratisierung möglich. In der zweiten Hälfte der sechziger Jahre übernahmen jüngere, liberaler denkende Kommunisten das Ruder. Sie waren der Meinung, man könne den Sozialismus zu einer demokratischen Gesellschaftsordnung reformieren, und setzten sich für eine rasche Modernisierung von Wirtschaft und Gesellschaft ein. Das Programm der slowenischen Regierung unter der Führung von Stane Kavčič unterschied sich nicht wesentlich von den Forderungen der Reformer in anderen Republiken, vor allem in Kroatien und Serbien, nach Demokratisierung, Dezentralisierung, Marktwirtschaft und einer effizienten Sozialgesetzgebung. Kavčič war überzeugt, dass nur ein neuer Vertrag zwischen den Nationen und Republiken das Überleben Jugoslawiens ermöglichen würde, und empfand die Entscheidung der jugoslawischen Führung (mit Tito an der Spitze), die Reformpolitiker 1972 durch dogmatische Reformgegner zu ersetzen, als großen Fehler im Hinblick auf die jugoslawische Zukunft (→ Kap. 13).

Nach 1972 war eine freie Äußerung politischer Standpunkte in Jugoslawien nicht mehr möglich. Die Verfassung von 1974 und die Diskussionen rund um ihre Entstehung machten die utopische Natur von Titos und Kardeljs nationalpolitischen Konzepten bis auf den Grund sichtbar. Slowenische „titoistische" Führer wie France Popit unterstützten die Verfassung ohne Einschränkung, da sie einerseits ihr politisches Monopol garantierte und andererseits die Möglichkeit bot, mit Belgrad zu handeln, wo slowenische Interessen – ihrer Meinung nach – gefährdet waren. Die slowenische kommunistische Führung, die Dogmatiker Sergej Kraigher und Stane Dolanc, lehnten jeden Gedanken an die Formulierung eines eigenen slowenischen politischen Programms – auch nach dem Tod von Kardelj und Tito – ab.

Nach der offenen Abrechnung mit den Albanern im Kosovo im Jahre 1981, und nachdem die katastrophale Verschuldung Jugoslawiens offenbar wurde, erstarkte in Slowenien das Misstrauen gegen die zentralen politischen Einrichtungen in Belgrad. Schon als die kommunistische Bundesbürokratie in den Jahren 1983-84 versuchte, mit der Zentralisierung der Schul-, Wissenschafts- und Kulturpolitik ihre schwindende Autorität zu stärken, trat die Unzufriedenheit offen zutage. Als es nach großen Spannungen Mitte der achtziger Jahre zum Zerfall der jugoslawischen Schriftstellervereinigung kam, blieben die Kontakte zwischen den slowenischen, kroatischen und serbischen Intellektuellen trotzdem bestehen. Vor allem ein Teil der demokratischen Opposition in Ljubljana, versammelt um die Zeitschrift *Nova revija*, die seit ihrer Gründung (1982) einen bedeutenden Teil der oppositionellen Intelligenz Sloweniens um sich scharte, setzte lange auf Dialog und Zusammenarbeit unter den oppositionellen Intellektuellen in Jugoslawien. Das war jedoch – wie das Memorandum der Serbischen Akademie der Wissenschaft und Kunst 1986 offenbarte – eine Rechnung ohne den Wirt; das Memorandum vermittelte klar den Eindruck, dass die führenden Intellektuellen in Belgrad keinen gleichberechtigten Dialog anstrebten. Insgesamt verlief der Prozess der Demokratisierung und der Ablehnung der kommunistischen politischen Formen im westlichen Teil Jugoslawiens viel schneller als im östlichen (→ Kap. 32).

2.7. Auf dem Weg in die Unabhängigkeit und in die EU

In Slowenien breiteten sich nach 1985 Bewegungen junger Leute aus, die sich für eine radikale Abrechnung mit der kommunistischen Symbolik, für Meinungsfreiheit, eine zivile Kontrolle über die Armee und die Respektierung der Menschenrechte einsetzten. Ihr Sprachrohr wurde das Wochenblatt *Mladina* (Jugend) (→ Kap. 19). Der Verfall der slowenischen Wirtschaft und grobe Belgrader Kritik am slowenischen Standpunkt, dass die Verhältnisse im Kosovo nur im Einklang mit den Albanern zu regeln seien, brachten auch die slowenische kommunistische Politik in arge Bedrängnis. In dieser Atmosphäre entwarfen in den Jahren 1987-88 die um *Nova revija* versammelten Intellektuellen zum ersten Mal ein „slowenisches Nationalprogramm". Den „slowenischen Staat" definierten sie als eine Demokratie nach westlichem Muster, mit Marktwirtschaft und verfassungsmäßiger Organisation, auf der Grundlage der Respektierung staatsbürgerlicher Rechte und Pflichten. Sie lehnten den jugoslawischen nachtitoistischen Parteistaat ab als ein System, in dem man zum ewigen Minderheitsdasein verurteilt sei.

Trotzdem hielten die Autoren des „slowenischen Programms" die Möglichkeit einer Einigung mit den anderen jugoslawischen Nationen und Republiken noch bis zum Jahre 1990 für gegeben, obwohl nach dem Aufstieg des Slobodan Milošević an die Spitze der serbischen Kommunisten, als die Entwicklung in Serbien unter der Parole „ein starkes Serbien in einem starken Jugoslawien" verlief, alle Hoffnungen auf Verständigung rasch verschwanden. Die Entscheidung, im Kosovo militärisch einzugreifen, und die Drohung, serbische Massenversammlungen nach bekanntem Muster auch in Ljubljana abzuhalten, um Druck auf die slowenische Regierung auszuüben, brachten die öffentliche Meinung endgültig gegen Serbien und Belgrad auf. Im September 1989 nahm das slowenische Parlament Verfassungszusätze an, welche die slowenische Selbständigkeit im Verhältnis zu Belgrad neu regelten, und strich die Bestimmung über die führende Rolle der kommunistischen Partei aus der Verfassung. In Belgrad betrachtete man die slowenischen Verfassungszusätze als ersten Akt der Sezession. Serbien unterbrach nach dem Verbot der serbischen Versammlung in Ljubljana die Wirtschaftsbeziehungen zu Slowenien; in der Hauptstadt Montenegros verlangten die Demonstranten Waffen für die Abrechnung mit Slowenien. Der Auszug der slowenischen Kommunisten vom 14. Kongress des Verbandes der Kommunisten Jugoslawiens (Januar 1990) – nachdem alle ihre Vorschläge durch Überstimmung abgelehnt worden waren – fand durchwegs die Zustimmung der slowenischen Öffentlichkeit.

In Slowenien entstanden die ersten nicht kommunistischen politischen Organisationen Kmečka zveza (Bauernbund) und Slovenska demokratična zveza (Slowenischer demokratischer Verband) schon in den Jahren 1988/89; die ersten Mehrparteienwahlen fanden 1990 statt. Bei den Parlamentswahlen gewann die demokratische Opposition DEMOS (die Koalition aus der Christlich-demokratischen, der Demokratischen und anderen Parteien), als Staatspräsident wurde in den Stichwahlen der bisherige Präsident der slowenischen Kommunisten Milan Kučan, der mit 59 % den DEMOS-Kandidaten Jože Pučnik geschlagen hatte, gewählt. Die neue Regierung annullierte einige Bundes- und erließ neue Republikgesetze, um die wirtschaftliche, finanzielle und politische Selbständigkeit Sloweniens zu festigen. Im Dezember 1990 unterstützte die slowenische Bevölkerung in einem Plebiszit mit mehr als 88 Prozent der abgegebenen Stimmen die Forderung nach staatlicher Souveränität Sloweniens. Trotzdem war in der Öffentlichkeit noch während der ganzen ersten Hälfte des Jahres 1991 die Stimmung für eine Verständigung mit den Serben und Belgrad vorhanden. Den letzten Schlag versetzte dieser Bereitschaft erst die militärische Intervention, die der slowenischen Selbständigkeitserklärung am 26. Juni 1991 folgte.

Die militärischen Auseinandersetzungen in Slowenien dauerten zehn Tage. Einheiten der jugoslawischen Armee, die Grenzübergänge und andere strategische Punkte zu besetzen versuchten, stießen auf unerwarteten Widerstand der Miliz, der slowenischen Territorialverteidigung und der Bevölkerung, und sie erlitten trotz technischer Übermacht eine klare Niederlage. Nach mehrtägigen Bemühungen der Europäischen Gemeinschaft erreichte man am 4. Juli einen Waffenstillstand. Am 7. Juli 1991 wurde der vor den Zusammenstößen geltende Zustand wiederhergestellt und ein dreimonatiges Moratorium für die slowenischen (und kroatischen) Selbständigkeitsforderungen festgesetzt. Dessen ungeachtet beschloss das Präsidium Jugoslawiens schon Mitte Juli 1991 – wahrscheinlich unter dem Eindruck der Ausweitung des Krieges in Kroatien – den Rückzug der JVA aus Slowenien innerhalb von drei Monaten. Slowenien entwickelte eine intensive diplomatische Tätigkeit, um die internationale Anerkennung seiner Staatlichkeit zu erreichen. Im slowenischen Parlament wurde am 23. Dezember 1991 die erste Verfassung des selbständigen Staates Slowenien angenommen. Die Europäische Union entschied sich für die Anerkennung Sloweniens und Kroatiens am 15. Januar 1992, nachdem die Bundesrepublik Deutschland im Dezember 1991 die Anerkennung der beiden neuen Staaten angekündigt hatte. Am 22. Mai 1992 wurde Slowenien zusammen mit Kroatien und Bosnien und Herzegowina Mitglied der Vereinten Nationen.

Slowenien war unter den ehemaligen jugoslawischen Republiken ethnisch am homogensten: Nach der Volkszählung 1991 lebten hier knapp 91 % Slowenen, 6,5 % Kroaten, Serben und Montenegriner, 0,5 % Ungarn und 0,12 % Italiener. Das erleichterte die Verselbständigung Sloweniens wesentlich. Die Desintegration Jugoslawiens und die fortschreitende slowenische Emanzipation wurden zweifellos begünstigt durch die widersprüchliche und komplizierte politische Ordnung Jugoslawiens nach der Verfassung von 1974, welche die Kompetenzen der Republiken stark erweitert hatte und vor allem in den achtziger Jahren unlösbare Probleme verursachte. Die Verfassung von 1974 definierte nämlich die Republiken als „primären Ort für die Durchsetzung von nationalen Interessen" und übertrug ihnen eine Reihe von Aufgaben in Verwaltung, Politik, Wirtschaft und sogar im Militärwesen (die „Territorialverteidigung" lag im Kompetenzbereich der Republiken). Eigene Gesetze stärkten auch die finanzielle Selbständigkeit der Republiken (seit 1977 verfügten sie selbst über die dort „verdiente" westliche Währung). In der Praxis wurde der Zusammenhalt des Systems bis zum Beginn der achtziger Jahre durch die Person von Josip Broz Tito und die Autorität der kommunistischen Partei garantiert. Nach dem Tode Titos, als Folge des Autoritätsverlustes der kommunistischen Herrschaft und durch die Wirtschaftskrise wurde die Verbindung zwischen den Republiken immer brüchiger. Das widersprüchliche Verfassungssystem ermöglichte die Pluralisierung der politischen Entwicklung Jugoslawiens und somit eine Demokratisierung, die in unterschiedlichen Rahmenbedingungen ungleich schnell verlief. Die slowenischen politischen und kulturellen Eliten sahen im Zentralisierungsdruck des Bundes und der Serben nach 1980 eine Einschränkung der schon erreichten politischen (und nationalen) Emanzipation und suchten den Ausweg aus der Krise in der weiteren Schwächung der Föderation und der Verselbständigung der Republiken.

Das rasche Erlangen der Selbständigkeit im Jahre 1991 kam trotz allem für die Mehrheit der slowenischen Bevölkerung ziemlich unerwartet. Erst nach 1991 begann Slowenien mit der Organisation der unerlässlichen staatlichen Einrichtungen und einer entsprechenden Gesetzgebung; und es begann sich internationalen Institutionen anzuschließen. Dabei erlebte Slowenien ähnliche Übergangsschwierigkeiten wie andere postkommunistische mitteleuropäische Staaten. Die schwierigste Frage stellte die Privatisierung dar. Diesbezügliche Gesetze aus dem Jahre 1992 zogen weitreichende soziale, wirtschaftliche und politische

Folgen nach sich. Einige Parteien sehen in der langsamen Transformation des Eigentums einen der Hauptgründe für den wirtschaftlichen Missbrauch, der Untergang und Ausverkauf der ehemaligen sozialistischen Betriebe begleitet. Die slowenische Wirtschaft verlor mit dem Zerfall Jugoslawiens zweifellos den Großteil ihres Marktes und erlebte eine lebhafte Umstrukturierung, die unter anderem in der hohen Rate von Arbeitslosen zum Ausdruck kommt; 2002 lag sie leicht unter 12 Prozent. Für die Wirtschaftsentwicklung sind aber andererseits ein relativ stabiles Wirtschaftswachstum, eine feste Währung und steigende Bankreserven charakteristisch. Zwar konnten nicht alle Erwartungen der Wirtschaftsfachleute zum Jahrhundertwechsel erfüllt werden, aber deutliche wirtschaftliche Strukturveränderungen sind dennoch zu verzeichnen: der Industrieanteil (Quelle: staatliches Institut für Makroökonomische Analyse und Entwicklung, IMAD) ist 2002 von 40 auf 37 (2001: 37,5) Prozent und der der Landwirtschaft auf 3,2 (Vorjahr: 3,3) reduziert worden; Dienstleistungen sind auf 62 Prozent des BIP angestiegen (2001: 61,4). Von einer insgesamt erfolgreichen Transformation zeugen auch weitere volkswirtschaftliche Daten: Das Bruttoinlandsprodukt entsprach noch vor dem Beitritt 70 Prozent des EU-Durchschnitts. Das jährliche Wachstum beträgt vier bis fünf Prozent, die Arbeitslosenrate liegt mit 5,9 Prozent unter dem EU-Schnitt und das Pro-Kopf-Einkommen ist das höchste in Mittelosteuropa. Relativ hohe Inflationsrate konnte 2002 auf 6,4 Prozent gesenkt werden (8,5 im Vorjahr, nach IMAD). Daher war der auf dem historischen Erweiterungsgipfel in Kopenhagen im Dezember 2002 für Mai 2004 beschlossene EU-Beitritt Sloweniens, das als „Musterländle" unter den osteuropäischen Beitrittskandidaten bezeichnet wurde, geradezu selbstverständlich.

Politische Geschichte des unabhängigen Slowenien ist erstaunlich stabil, wenn man die rasanten Wandlungen vor Augen hat, die in der kurzen Periode stattfanden. Zwar zerbrach die siegreiche Koalition der ersten freien Wahlen DEMOS schon 1992, aber es entstand keine ernsthafte Krise daraus. Der Führer der Liberaldemokratischen Partei, LDS (bestehend aus Mitgliedern der ehemaligen kommunistischen Jugendorganisation und Kommunisten) Janez Drnovšek, die bei den Parlamentswahlen im Dezember 1992 die meisten Stimmen gewann – gefolgt von den Christdemokraten, den Kommunisten, der Slowenischen Nationalpartei und der Bauernpartei – bildete eine Koalitionsregierung, die nach einem Jahr auseinander fiel, aber bald durch ein neues Bündnis unter seiner Führung ersetzt wurde.

Drnovšek, der in der zurückliegenden Zeit verschiedenste politische Bündnisse (mit den Christdemokraten, den Sozialdemokraten und den ehemaligen Kommunisten) einging, bildete nach den Wahlen 1996 aus seiner LDS, der Volks-(Bauern-)Partei und der kleinen Partei der Pensionisten erneut eine Koalitionsregierung. Die Kontinuität der vor der Wende etablierten politischen Elite wurde auch 1997 durch die erneute Wahl von Milan Kučan zum Präsidenten der Republik bestätigt. Die Gemeindewahlen von 1998 bestätigten die LDS als stärkste Partei in den Städten und die Volkspartei als einflussreichste politische Gruppierung auf dem Lande. Als nach den Parlamentswahlen im Herbst 2000 die Aussichten gewachsen schienen, die Dominanz der alten politischen Klasse zu brechen, versagte die Mitte-Rechts-Koalition unter dem Regierungschef Andrej Bajuk nach nur einem halben Jahr kläglich und die Liberaldemokraten kehrten nach einem triumphalen Wahlergebnis Ende 2000 wieder an die Macht zurück. Zum vierten Mal bildete Drnovšek aus postkommunistischen und bürgerlichen Parteien eine Koalitionsregierung, die sich stabiler erweis als die früheren. Zwei Jahre später wurde Drnovšek als Nachfolger Kučans zum zweiten Präsidenten des unabhängigen Sloweniens gewählt. Zu seinem Nachfolger als Ministerpräsident wurde der frühere Finanzminister Anton Rop vom Parlament gewählt.

Die hauptsächliche politische Bestrebung aller slowenischen Gruppierungen, das Land so schnell wie möglich an Europa anzuschließen, wurde in großem Umfang erfüllt. Nach dem Assoziationsabkommen mit der Europäischen Union 1996 wurden 1998 Beitrittsverhandlungen aufgenommen. Auf dem Kopenhagener Gipfel 12.-13. Dezember 2002 konnte das slowenische Verhandlungsteam um den Europaminister Janez Potočnik alle gesteckten Ziele erreichen. Insbesondere konnte vermieden werden, dass Slowenien bereits für den Anfang seiner EU-Mitgliedschaft als Nettozahler in die Brüsseler Gemeinschaftskasse eingestuft wird. Bereits 1994 wurde Slowenien Mitglied in der Partnerschaft für den Frieden bei der Nato; das Militär wurde intensiv modernisiert und Slowenien wurde auf dem Prager Gipfeltreffen der Nato im November 2002 eingeladen, dem nordatlantischen Bündnis beizutreten. Bei der Volksbefragung am 23. März 2003 entschied sich (bei knapp 59 % Wahlbeteiligung) eine überwältigende Mehrheit von fast 90 Prozent für den Beitritt zu EU, 66 Prozent stimmten dem Beitritt zu Nato zu.

Kritikpunkte verdiente sich die slowenische Politik nach der Wende besonders mit der schleppenden Privatisierung der Staatsbetriebe und Banken. Die generell ausgezeichneten Beziehungen mit Kroatien haben eine Schattenseite im Streit um die Grenzziehung in der Bucht von Piran und in der ausbleibenden Entschädigung der früheren Kunden der Ljubljanska banka sowie im Gerangel um den Krško-Atommeiler. Die Tatsache, dass Drnovšeks Gegenkandidatin bei der Präsidentenwahl 2002, die von den oppositionellen Sozialdemokraten, der konservativen Partei Neues Slowenien und der Volkspartei unterstützte Staatsanwältin Barbara Brezigar über 43 Prozent der Stimmen bei der Stichwahl errang, zeugte von einem breiten Wunsch nach der Ablösung der aus den früheren Kaderschmieden hervorgegangenen politischen Elite. Statt dessen war aber immerhin ein weitgehender Generationswechsel an der Staats- und Regierungsspitze gelungen. Die öffentliche Diskussion zur Spaltung der Slowenen während des Zweiten Weltkriegs und über die politischen Verhältnisse in der Zeit des jugoslawischen Kommunismus blieb lange sehr zäh (→ Kap. 19).

Deutsch von Irena Bruckmüller
Aktualisierung: Herausgeberin

Literatur

Grundlegend: die in Slowenisch verfasste Geschichte des slowenischen Volkes bis 1918 von Bogo Grafenauer, *Zgodovina slovenskega naroda*, Ljubljana 1953-61, Bde. 1, 2, und 5, 1964, 1967 und 1974, sowie von F. Gestrin und V. Melik, *Slovenska zgodovina 1792-1918*, Ljubljana 1966 (Slowenische Geschichte); Miodrag Zečević, *Na zgodovinski prelomnici*, Belgrad 1985, Ljubljana 1986 (Am historischen Wendepunkt). Eine neue, moderne Synthese stammt von P. Štih und V. Simoniti, *Slovenska zgodovina do razsvetljenstva*, Ljubljana 1995 (Slowenische Geschichte bis zur Aufklärung). Historische Überblicke geben: J. Benderly und E. Kraft, (Hg.) *Independent Slovenia, Origins, Movements, Prospects*, New York 1996; James Gow/Cathie Carmichael, *Slovenia and the Slovenes*, Indiana 2000.

Kriegs- und Nachkriegszeit: Tamara Griesser-Pečar, *Das zerrissene Volk. Slowenien 1941-1946. Okkupation, Kollaboration, Bürgerkrieg, Revolution,* Wien 2003; Drago Jančar, *The Dark Side of the Moon. A Short History of the Totalitarianism in Slovenia 1945-1990*, Ljubljana 1999; Stefan Karner, *Die deutschsprachige Volksgruppe in Slowenien. Aspekte ihrer Entwicklung 1939-1997*, Klagenfurt Ljubljana Wien 1998; Jerca Vodušek-Starič, *Prevzem oblasti*, Ljubljana 1992 (Machtübernahme).

Zeitgeschichte: Ein Autorenkollektiv und der Verlag „Nova Revija" gaben 1995-96 die zweibändige illustrierte *Slovenska kronika XX. stoletja*, Ljubljana (Slowenische Chronik des 20. Jahrhunderts) heraus; vgl. auch den deutschsprachigen Querschnittsband mit Beiträgen aus der gleichnamigen Zeitschrift, der vielfältige Einblicke in die slowenische Kultur seit den achtziger Jahren bietet, von P. Vodopivec, „Fünfzehn Punkte zur Frage: Grundzüge und Konstanten der geschichtlichen Entwicklung Sloweniens", in: *Begegnungen*, Nova Revija,

Ljubljana 1995, S. 69-77. Jože Pirjevec, *Il giorno de San Vito*, Turin 1993, slowenisch: *Jugoslavija 1918-1992*, Koper 1995; Janko Pleterski (Hg.), *Slovenci in država*, Ljubljana 1995 (Die Slowenen und der Staat) und Veljko Rus (Hg.), *Slovenija po letu 1995*, Ljubljana 1995 (Slowenien nach dem Jahre 1995).

3. Kroatien bis 1918

Ivo Goldstein

3.1. Mittelalter und frühe Neuzeit

Als das Römische Imperium im 4. Jahrhundert in ein Oströmisches und ein Weströmisches Reich zerfiel, verlief die Grenze zwischen beiden Reichen auf dem Balkan entlang der Drina, von der montenegrinischen Küste bis zur Mündung der Save in die Donau. Bis zur Gegenwart war dies der Grenzraum, in welchem der europäische Westen endete und der Osten begann. Obwohl für die Gesamtheit Europas von geringer Tragweite, hatten diese Teilung und die Veränderung des Grenzverlaufs, die sich auf wirtschaftliche Kontakte und kulturelle Einflüsse nachhaltig auswirkten, für das Schicksal der slawischen Völker zwischen dem heutigen Italien und Österreich bis nach Griechenland entscheidende Bedeutung. Die in der Bevölkerung beiderseits dieser Grenze bestehenden ethnischen Ähnlichkeiten entwickelten sich im Laufe der Geschichte zu erheblichen Unterschieden.

Das kroatische Volk hat seine historischen Anfänge wie die Mehrheit der europäischen Völker im Frühmittelalter oder in den letzten Jahrhunderten der Antike. Die Kroaten verdanken viel der Kultur, die sie vorfanden, als sie im ehemals römischen Illyricum ansässig wurden. Die Illyrer waren eine alteingesessene indoeuropäische Bevölkerungsgruppe des Balkans, die trotz starker Romanisierung ihre Identität in manchen Gebieten teilweise bis zum Beginn des Frühmittelalters bewahrt hatte. Bedeutend waren die Stämme der Histrier und Dalmater, nach denen schon zu römischer Zeit die Regionen Istrien und Dalmatien benannt wurden. Nachhaltig wirkte sich die griechische Kolonisierung der Adriaküste und der Inseln auf diesen illyrischen Raum aus, die im 4. Jahrhundert v. Chr. ihren Anfang nahm, ebenso wie das zeitgleiche Eindringen der Kelten aus dem Nordwesten.

Zur Zeit der großen Völkerwanderung durchzogen Barbarenvölker kurzzeitig die pannonische Tiefebene, in die ab Mitte des 6. Jahrhunderts Slawen zusammen mit den mongolischen Awaren eindrangen und – wie auch die Kroaten etwa um 600 – sesshaft wurden. Wie es scheint, waren die Kroaten eine relativ kleine Gruppe von slawischen Nomaden oder Halbnomaden, die einen Namen nichtslawischen Ursprungs beibehielten und an ihre ebenfalls slawischen Nachbarn weitergaben.

Im 9. Jahrhundert entstand im Hinterland des byzantinischen Dalmatien das kroatische Staatsgebilde. Zur gleichen Zeit wurde die Mehrheit der Bevölkerung christianisiert (→ Kap. 15). Die Missionare kamen aus den dalmatinischen Städten, aber auch aus Byzanz, aus Italien und dem Frankenreich. Neben dem Lateinischen wurde in der Liturgie die Volkssprache verwendet; eine besondere slawische Schrift, in Kroatien aus der Glagoliza weiter entwickelt, breitete sich aus. Von dieser frühmittelalterlichen Entwicklung zeugen zahlreiche vorromanische Kirchen und die ersten Schriftdenkmäler. Auf dem ältesten erhaltenen – etwa um die Mitte des 9. Jahrhunderts – wird Trpimir als „Fürst der Kroaten“ bezeichnet. Und etwa dreißig Jahre später richtete Papst Johannes VIII. ein Schreiben an den „Fürsten Branimir“ (*dux Chroatorum*). Zur Zeit von Tomislav (ca. 910 bis ca. 928) wurden die in Pannonien vordrängenden Ungarn und Bulgaren unter Simeon besiegt. Ende des 10. Jahrhunderts erhielt Držislav aus Konstantinopel den Titel eines Exarchen von Dalmatien und die Königswürde. Von diesem Zeitpunkt an bezeichneten sich die kroatischen Herrscher als Könige. Držislav und seine Nachfolger knüpften familiäre Beziehungen zum dalmatinischen Patriziat und zu Venedig.

Zu einer Blütezeit kam es im frühmittelalterlichen kroatischen Staat (*regnum Dalmatiae et Chroatiae*) zur Zeit des Petar Krešimir IV (1058-74) und des Dimitrije Zvonimir (1075-89). Zvonimir erhielt vom berühmten Papst Gregor VII. die Krone. Zu jener Zeit gelang es Kroatien, sich die Territorien des byzantinischen Dalmatien und Slawonien einzuverleiben. Einige Städte verzeichneten merklichen Aufschwung. Wichtig wurde auch die Tätigkeit in den Klöstern, die große Ackerflächen urbar machten und an Macht gewannen. Aus dieser Zeit stammen die ersten in Stein gemeißelten Inschriften in glagolitischer Schrift und kroatischer Sprache.

Ende des 11. Jahrhunderts ging die Dynastie aus dem Geschlecht des Trpimir unter, und die ungarische Dynastie der Arpaden erwarb das Anrecht auf den Thron. Mit der Krönung des Arpaden Koloman (1095-1116) zum König von Dalmatien und Kroatien im Jahre 1102 nahm die Epoche der Personalunion mit Ungarn (bis 1526) ihren Anfang. Das „Dreieinige Königreich Dalmatien, Kroatien und Slawonien" behielt auch unter arpadischer Herrschaft seine Sozialstruktur und seine Landesgesetze. Verwaltung und Heer blieben in der Verfügungsgewalt der herrschenden Schichten. Der kroatische Banus wahrte als Königlicher Stellvertreter zusammen mit der Landesversammlung, Sabor, die nationale Autonomie und die privilegierte Stellung des Adels.

Im Laufe des 12. und 13. Jh. wurden die Städte im Küstengebiet stärker slawisiert. „Die dalmatinisch-istrische Stadtlandschaft hat das spätantike römische Erbe vor allem in den rechtlichen und wirtschaftlichen Institutionen (das agrarsoziale Kolonatssystem, die Munizipalverfassung der städtischen Kommunen mit ihrer Selbstverwaltung und Bürgerfreiheit) in der neuen lateinisch-slawischen Symbiose bewahren können" (Hösch). Wichtig für die Entwicklung war der Handel mit dem kroatischen Binnenland und Italien. Die Städte entwickelten sich durch Gewährung verschiedener Privilegien und königliche Unterstützung, die sie von der Herrschaft der Grundherren befreite. Im Laufe des 13. Jh. bekamen zahlreiche Städte den Status einer freien königlichen Stadt, darunter auch Zagreb. In den Städten war der Einfluss der Franziskaner und Dominikaner spürbar.

Ab dem Ende des 12. Jh. gewannen die kroatischen Adelsfamilien, insbesondere die Familien Frankopan und Šubić, die in der kroatischen Geschichte bis 1671 eine bedeutende Rolle spielen sollten, an Macht. Als im 13. Jahrhundert während der Erbfolgekriege nach dem Tod des letzten Arpaden die ungarische Zentralgewalt geschwächt wurde, war es dem Adel auf dem gesamten Gebiet von Kroatien gelungen, seine Macht auszubauen. Fürst Pavle Šubić erwarb Territorien im Nordwesten Bosniens und führte in den Urkunden den Titel „Banus von Kroatien und Dalmatien und Herr von Bosnien". 1301 kam mit seiner Unterstützung eine neue Dynastie auf den ungarisch-kroatischen Thron: die Herrscher des Königreichs Neapel aus dem französischen Haus Anjou. Die Fürsten Šubić hatten damals nahezu selbständig die Herrschaft über die südlichen Teile Kroatiens inne. Als sie in den neunziger Jahren untergegangen waren, konnte Ludwig I. von Anjou die Allmacht der Feudalherren brechen. Ihm gelang es auch, 1358 Venedig aus Dalmatien zu verdrängen.

Unter den kroatischen Städten nimmt Dubrovnik eine Sonderstellung ein. Dubrovnik entwickelte sich ab dem 12. Jahrhundert zu einer selbständigen Republik mit einer aristokratischen Verfassung nach venezianischem Vorbild, die dem Stadtpatriziat die Vormacht sicherte. Durch den Landerwerb von serbischen und bosnischen Herrschern dehnte Dubrovnik allmählich sein Territorium zu einem relativ langen Küstenstreifen aus. Ende des 15. Jahrhunderts hatte die Republik Dubrovnik schätzungsweise bis zu 90.000 Einwohner.

Dubrovnik wurde durch den Aufschwung des Handels, die Ausweitung der Handelsbeziehungen zwischen dem balkanischen Hinterland und dem Mittelmeerraum und gewinnbringende Förderung des Bergbaus im Hinterland reich und in manchen Bereichen des Handelsverkehrs sogar mächtiger als Venedig. Ragusanische Handelsschiffe waren damals von der Levante bis England unterwegs und kroatische Händler konnte man von Ägypten bis Venedig finden. Dank der günstigen Verträge mit dem Osmanischen Reich erlebte die Stadt im 16. Jahrhundert den Höhepunkt ihrer Entwicklung, dem am Ende des 16. Jahrhunderts die ersten Anzeichen einer Krise folgten. Nach dem katastrophalen Erdbeben 1667, bei dem etwa die Hälfte der Einwohner ums Leben kam, setzte der wirtschaftliche und kulturelle Niedergang Dubrovniks ein.

Nach dem Tod Ludwigs (1381) flammten für 25 Jahre wieder heftige Kämpfe zwischen den Thronanwärtern und den mächtigen Adeligen auf. Gleichzeitig dehnte sich Bosnien unter der Herrschaft des Königs Tvrtko auf Kosten Kroatiens aus. 1408 wurde Dalmatien an Venedig verkauft und verblieb bis 1797 unter dessen Herrschaft. Dem wirtschaftlichen Aufschwung folgten Stagnation und Krise. Denn für Kroatien war Dalmatien das Tor zur Welt, für Venedig dagegen nur strategisch wichtig und ein nunmehr ausgeschalteter Handelskonkurrent. Die türkischen Eroberungen ließen Dalmatien auf einen engen Küstenstreifen schrumpfen, während gleichzeitig der Mittelmeerraum insgesamt wegen der Entdeckung Amerikas an Bedeutung verlor.

Das Vordringen der Türken hatte gewaltige Folgen für den Verlauf der kroatischen Geschichte. 1396 fielen die Türken zum ersten Mal in Slawonien ein. Im Laufe des 15. Jh. versuchten die ungarisch-kroatischen Könige erfolglos, gemeinsame Verteidigungslinien zu organisieren. Als 1463 Bosnien unter die Herrschaft der Osmanen fiel, kam es immer häufiger zu heftigen Einfällen der Türken in kroatisches Gebiet, denen auch dauerhafte Eroberungen folgten. Nach der Niederlage in der Schlacht an der Krbava 1493 kam es zu größeren Migrationen in sichere Regionen im Nordwesten Kroatiens, nach Österreich, Ungarn, in die Slowakei, nach Slowenien und Italien.

Die Besetzung Dalmatiens durch Venedig einerseits und die türkischen Eroberungen andererseits teilten das kroatische Territorium auf drei (feindliche) Staaten auf und reduzierten somit die Möglichkeit, Verbindungen aufrecht zu erhalten, auf das äußerste Minimum. Dadurch wurde auch die wirtschaftliche und kulturelle Einheit in Frage gestellt. Trotz des politischen und militärischen Verfalls kam es im 15. Jahrhundert zum Aufschwung der kroatischen Kultur. 1483 wurde das erste Buch in glagolitischer Schrift (*Missale*) gedruckt, und in den Küstenstädten setzte in enger Fühlung mit westeuropäischen Strömungen ein reges literarisches Schaffen ein (→ Kap. 17).

Nachdem in der Schlacht bei Mohács 1526 die Türken unter Sultan Süleyman II. das ungarisch-kroatische Heer besiegt hatten, wählte der kroatische Adel Erzherzog Ferdinand aus dem Hause Habsburg zum kroatischen König, dem sich auch der Widersacher im Kampf um den Thron, János Zápolya, Wojewode von Siebenbürgen und ungarischer „Gegenkönig", unterwerfen musste. Der neuen Dynastie gelang es jedoch auch nicht, dem Vordringen der Türken Einhalt zu gebieten. Das kroatische Territorium wurde bis zum Ende des Jahrhunderts um mehr als die Hälfte reduziert, so dass sich Kroatien damals als „letzten Überrest (*reliquiae reliquiarum*) eines einst ruhmreichen Königreichs" bezeichnete. Für die Habsburger war dieser Rest Kroatiens nur ein kleines Rädchen in ihrer großangelegten europäischen Politik.

In der kroatischen Historiographie wird die Verteidigung von Sziget in Südungarn 1566 als eine bedeutende Episode erwähnt. Unter der Führung des Banus Nikola Šubić Zrinski (ung. Zrinyi) unterlag die Besatzung dem riesigen türkischen Heer, aber später festigte sich die Überzeugung, dass diese verlustreiche Schlacht die Türken bei ihrem Vormarsch nach Wien aufgehalten hätte, und die Nachwelt rühmte Nikola Šubić als den „slawischen Leonidas".

Infolge der tiefgreifenden Ereignisse im 16. Jahrhundert verlagerten sich die Zentren des kroatischen Staates aus Dalmatien nach Norden, was einen Zuwachs an Bedeutung für Zagreb mit sich brachte, während die Notwendigkeit eines nahen Zugangs zum Meer den Häfen Senj und Rijeka an der nördlichen Adria günstige Entwicklungsmöglichkeiten eröffnete. Gegen Ende des Jahrhunderts kamen die türkischen Eroberungen ins Stocken, was auch auf den verbesserten Aufbau der Festungsanlagen im Grenzbereich zurückgeführt werden kann. 1593 erlebt das türkische Heer bei Sisak die erste schwere Niederlage. Der folgende 13jährige Krieg (bis 1606) brachte keine territorialen Änderungen, deutete aber an, dass die Türken an Initiative verloren hatten. Der Friedensvertrag von Zsitva-Torok brachte zum ersten Mal Gleichberechtigung und beendete die jährlichen Tributzahlungen des Kaisers (Rudolf II., 1567-1612) an die Türken.

In der kroatischen Grenzzone zum Osmanischen Reich entwickelte sich aus dem System einzelner Befestigungsanlagen ein geschlossenes Siedlungsgebiet mit eigener Verwaltungsstruktur, das direkt dem österreichischen Militärkommando in Wien unterstellt wurde und später den Namen Militärgrenze bekam. Die zivile Verwaltung unterstand den Weisungen der Kommandanten, die als unmittelbare Beauftragte des Herrschers ihre Macht ausübten. Die verwüsteten Gebiete entlang der gesamten Grenze wurden im 16. und 17. Jh. von „Wlachen", Gebirgsbewohnern orthodoxen und katholischen Bekenntnisses, besiedelt, die aus den Gebieten unter türkischer Herrschaft flohen oder gezielt angeworben wurden. Militärkolonisten, die in Hausgemeinschaften (*zadruga*) lebten, wurde ein besonderer Status gewährt. Als Wehrbauern konnten sie das Land nutzen, waren aber an keine Grundherren gebunden. Dafür unterlagen alle Männer viele Generationen lang dem Militärdienst auf Lebenszeit und durften keinen anderen Beruf ergreifen. Die orthodoxen Wlachen (Serben) hatten Garantien der Glaubensfreiheit im katholischen Habsburgerreich (auch in der osmanischen Millet-Ordnung hatten sie Rechte als Glaubensgemeinschaft genossen). 1630 wurden die besonderen „Statuta Walachorum" für dieses Gebiet erlassen. Die spezifische Organisationsform des Grenzgebietes unter dem Hofkriegsrat in Wien schaffte eine strikte administrative Trennung von der kroatischen Gesellschaft Banal- bzw. Zivilkroatiens. Nach der Zurückdrängung der Türken bestand dieses aus Kroatien-Slawonien, das sich durch eine Zivilverwaltung von der Militärgrenze unterscheidet. Das mit Ausnahme der Militärgrenze in Nordkroatien herrschende Feudalsystem, vergleichbar jenem in Mitteleuropa, wurde zwischen dem 16. und 18. Jahrhundert von Bauernaufständen erschüttert, von denen der 1573 von Matija Gubec angeführte der größte und bekannteste war.

Die Reformation trat in Kroatien – im Unterschied zu Ungarn – nur in Randgebieten in Erscheinung, und obwohl einige der Adelsfamilien zum Protestantismus übergingen, wurde die Bewegung von der Gegenreformation Anfang des 17. Jh. zerschlagen. Das Vorgehen der jesuitischen Gegenreformation erschöpfte sich jedoch nicht in der Verfolgung von Protestanten: Die Jesuiten gründeten Gymnasien, und durch ihre Initiative entstand in Zagreb Mitte des 17. Jh. auch ein Lehrstuhl für Philosophie und Theologie sowie die königliche Akademie und damit im Grunde die erste Universität in Südosteuropa.

Die Verschwörung der kroatisch-ungarischen Magnaten gegen den Wiener Hof im Jahre 1670 unter der Beteiligung der Adeligen Zrinski und Frankopan war das prägendste Ereignis der damaligen Zeit. Die den Frankopanen verwandtschaftlich verbundene Familie Šubić-Zrinski war noch immer die mächtigste Adelsfamilie in Kroatien. Der Verschwörer Petar Zrinski (1621-1671) war kroatischer Banus, aber auch Herrscher eines regelrechten feudalistisch-frühkapitalistischen „Staats“, der den Norden Kroatiens von der Küste bis zur Umgebung Zagrebs umfasste (Šidak). Der Interessengegensatz zwischen den kroatisch-ungarischen Magnaten und dem Absolutismus Wiens und seiner merkantilistischen, dirigistischen Wirtschaftspolitik bildet den Hintergrund der Verschwörung. Der Frieden von Eisenburg (Vasvár) mit seinen „für die Türken überraschend günstigen Bedingungen“ (Hösch) nach dem glänzenden Sieg bei St. Gotthard 1664 gab den Verschwörern den letzten Anstoß. Die nachlässige Politik Wiens den Türken gegenüber schien auf die Erwägung darüber zurückzugehen, wer durch die Befreiung Ungarns und Kroatiens den größten Nutzen ziehen würde, solange die Macht der Magnaten ungebrochen blieb. Nach dem Misslingen des Aufstandes wurden die Verschwörer 1671 hingerichtet, die Familien der Zrinski und Frankopan ausgelöscht und ihr Besitz enteignet. Ressentiments gegen die Deutschen durchdrangen damals die gesamte kroatische Gesellschaft, sichtbar etwa bei Juraj Križanić (1617-1683) und seinen Ideen einer Kirchenunion und der Vereinigung aller Slawen (→ Kap. 10, → Kap. 15).

Die türkische Unterstützung für den Aufstand des Grafen Imre Thököly von Siebenbürgen gegen die Habsburger wuchs sich 1683 zu einem Krieg aus, in dessen Folge es zur zweiten türkischen Belagerung Wiens kam. Nach deren Scheitern wendete sich das Kriegsglück der Osmanen. Die Ursachen dafür waren vielfältig – die zunehmende Strukturschwäche des Reiches, der beginnende militärisch-technische Vorsprung und die erste ernstzunehmende Allianz des Westens bei zeitweiligem Frieden in Westeuropa selbst. In den darauf folgenden 16 Jahren der sogenannten „Türkenkriege“ wurden mit Ungarn auch weite Teile Nordkroatiens dauerhaft befreit. Nach dem Frieden von Karlowitz (Sremski Karlovci) 1699 wurden die Grenzen im Südosten erreicht, die praktisch in diesen Abschnitten dem heutigen kroatischen Grenzverlauf entsprechen. Aus dem Südwesten konnte Venedig die Türken von der Küste tief ins Hinterland verdrängen, und bis 1718 wurde mit dem Frieden von Passarowitz (Požarevac) die dalmatinisch-bosnische Grenze gezogen, die weitgehend bis heute ihre Gültigkeit hat und mit ihrer charakteristischen Form des Hufeisens Bosnien-Herzegowina vom Norden und Süden gewissermaßen umschließt.

Die neugeschaffenen politischen Realitäten regten neue Ideen an. Ein markantes Beispiel ist Pavao Ritter Vitezović, der in seinem Werk *Croatia rediviva* (*Obnovljena Hrvatska),* Zagreb, 1700) vom „erneuerten Kroatien“ spricht und damit „ganz Kroatien“ meint, welches Dalmatien mit einschließt. Er benutzte die Bezeichnungen illyrisch, slawisch und kroatisch synonym. Seine Ideen inspirierten ein Jahrhundert später die Anhänger und Träger der kroatischen *Wiedergeburtsbewegung*.

Die Befreiung von den Türken brachte Kroatien jedoch nicht die erhofften Vorteile. Der Großteil der befreiten Gebiete fiel ohnehin unter das Regiment der sich ausdehnenden Militärgrenze. Die gesellschaftlichen Strukturen im befreiten Slawonien unterschieden sich von denjenigen in Zivilkroatien so sehr, dass der slawonische Kleinadel alsbald beschloss, die Vertreter der erneut konstituierten Gespanschaften (*županije*) direkt – unter Umgehung des Sabor in Zagreb – ins ungarische Parlament zu entsenden. Auch die Stadt und der Hafen von Rijeka fanden sich nach zahlreichen administrativen Veränderungen in der merkwürdigen Situation, als Bestandteil Kroatiens zugleich der unmittelbaren Aufsicht der ungarischen Krone unterstellt zu sein.

3.2. Die Epoche der zentralistischen Reformen

Im Laufe des 18. Jahrhunderts reagierte Wien auf die kapitalistischen Impulse in Europa und leitete Modernisierungen von Militär und Verwaltung ein. Die Aufhebung der Binnenzölle bedeutete freie Schifffahrt auf der Adria. Die Save und andere Flüsse Slawoniens wurden schiffbar, Wege und Straßen ausgebaut. Die Straßenverbindung Donauraum – Adriaküste erlangte immer mehr internationale Bedeutung. Es gab auch erste, meist erfolglose Versuche, neue Industrieunternehmen zu schaffen.

Da die Lage an der osmanischen Grenze stabil war, wurde das Gebiet der Militärgrenze allmählich zu einem riesigen Militärlager, auf dem bis zur Einführung der allgemeinen Wehrpflicht in der zweiten Hälfte des 19. Jahrhunderts die militärische Macht der Habsburger beruhte. Die Grenzer wurden in Kriegen in ganz Europa eingesetzt.

Mit dem Beginn des 18. Jh. wurde die Grundfrage Kroatiens immer deutlicher: Würde es trotz der Abhängigkeit seine Eigenständigkeit behaupten und in dem durch Widersprüche zwischen Ungarn und Wien gezeichneten Raum Bestand haben können? Nachdem Ungarn Ende des 17. Jh. den größten Teil seiner Gebiete von den Türken befreit hatte, versuchte der ungarische Adel, die Gesetze Kroatiens den ungarischen anzupassen.

Mit der Pragmatischen Sanktion von 1712 erkannte der kroatische ständische Landtag (Sabor) das Erbfolgerecht der Habsburger Dynastie an und berief sich darin auf die Einigkeit der Königreiche Kroatien, Slawonien und Dalmatien. Mit diesem Beschluss bestand der Landtag einerseits darauf, dass seine Einwilligung in die Personalunion auf freiwilliger Basis erfolgte und wies andererseits eine Realunion mit dem ungarischen Königreich zurück. Dieser Beschluss wurde von den Habsburgern nie anerkannt. Vielmehr erkannten die Habsburger 1723 die Pragmatische Sanktion der ungarischen Ständeversammlung an, die das Erbfolgerecht der Habsburger nach langem Widerstand akzeptierte, allerdings unter der Bedingung der Einheit der „ungarischen Länder", womit das Dreieinige Königreich ein integraler Teil Ungarns würde. Seitdem wurde die eigenstaatliche Tradition Kroatiens einerseits unter dem Druck des Habsburger Absolutismus und Zentralismus und andererseits durch das Streben des ungarischen Adels, eine Vereinheitlichung der Länder „der Stephanskrone" zu erreichen, immer weiter eingeschränkt und drohte, ganz zu verschwinden. Die historische Bedeutung der kroatischen Pragmatischen Sanktion von 1712 lag ihrerseits darin, dass sie im 19. Jahrhundert bei den Wortführern der nationalen Bewegung, die eine Erneuerung der kroatischen Eigenstaatlichkeit jenseits der überholten feudalistischen Ordnung anstrebten, eine entscheidende Rolle spielte.

1767 wurde zwar in Wien eine von Ungarn unabhängige kroatische Hofkanzlei ernannt, doch sie stand im Dienste der Zentralisierungsmaßnahmen Wiens, welche wiederum nicht im Interesse des Adels waren, so dass sie wegen dessen Unzufriedenheit 1779 aufgelöst und Kroatien dem „Ungarischen Statthaltereirat" unterstellt wurde.

Die Reformbestrebungen des Wiener Hofes erreichten während der Herrschaft Josephs II. (1765-1790) ihren Höhepunkt. Die Leibeigenschaft wurde (1785) aufgehoben, alle Stände der Gesellschaft wurden steuerpflichtig. Eine neue Aufteilung der Verwaltung wurde im Reich eingeführt, die es zu einer festen Gemeinschaft mit Deutsch als alleiniger Amtssprache vereinigen und zur Zerschlagung von historisch-traditionellen, ethnisch geprägten Verwaltungseinheiten führen sollte. Beispielsweise wurden die slawonischen Gespanschaften aufgelöst und mit den ungarischen Komitaten in neue Verwaltungseinheiten zusammengefügt. Joseph II. verwarf aber so gut wie alle von ihm angeregten Reformen kurz vor seinem Tod 1790. Danach trat der kroatische Adel alle wesentlichen Zuständigkeiten des kroatischen Sabor an die ungarische Ständeversammlung ab, in der Hoffnung, sich so gegen die zentralistischen Maßnahmen Wiens und diejenigen, die seine ständischen Privilegien in Frage stellten, besser zu wehren. Die verwaltungsmäßige Abhängigkeit Kroatiens von Ungarn wurde noch mehr gefestigt.

Als 1797 die Republik Venedig nach der Besetzung durch Napoleon unterging, wurden Istrien und Dalmatien an Österreich angeschlossen. Der Adel Dalmatiens brachte erstmalig seinen Wunsch nach einer Vereinigung von Nordkroatien und Dalmatien zum Ausdruck. Nach dem siegreichen Feldzug Napoleons gegen Österreich fielen 1805 Istrien und Dalmatien den Franzosen zu, ein Jahr später auch Dubrovnik. Schließlich wurden 1809 alle kroatischen Gebiete südlich der Save der französischen Verwaltung unterstellt und bekamen den Namen „Illyrische Provinzen" mit der Hauptstadt im slowenischen Ljubljana. Die Franzosen riefen die Gleichberechtigung aller Bürger aus, führten eine moderne Verwaltung und ein modernes Gerichtswesen ein, maßen Wirtschaft und Ausbildung eine bis dahin unbekannte Bedeutung bei und verbesserten den Straßenbau. Obwohl sie eigentlich eine Italienisierung im Sinne hatten, trugen sie mit diesen Modernisierungsansätzen indirekt zur Bildung des kroatischen Nationalbewusstseins bei. So erschien in Zadar vier Jahre lang die erste Zeitung in kroatischer (und italienischer) Sprache. Doch der Ertrag dieser französischen Verwaltung fiel bescheiden aus, da sie nur bis 1813 dauerte und von Kriegen begleitet wurde, während der ganze Raum unter einer allgemeinen Rückständigkeit litt.

3.3. Beginn der nationalen Integration

Mit dem Ende des 18. Jahrhunderts setzten längerfristige Prozesse der Integration der kroatischen Nation und der Modernisierung ein. Der Übergang von der „Adelsnation" zur modernen Nation begann spät und vollzog sich langsam, weil der Adel als Träger der kroatischen Eigenstaatlichkeit relativ lange die Macht behielt und sich neue bürgerliche Schichten nur zögerlich ausbildeten.

Der erste Schritt wurde mit der Behauptung einer gemeinsamen, einheitlichen Hochsprache und Rechtschreibung getan. Bis dahin hatten die Kroaten nämlich drei Literatur- und Schriftsprachen verwendet, die ausgehend von drei Dialekten entwickelt wurden. Seit dem 17. Jh. begann sich das Neuštokavische als die überwiegende Form zu etablieren. Aber erst die Anstrengungen von Ljudevit Gaj (1809-1872), dem wichtigsten Wortführer der illyrischen Bewegung, führten zur Vereinheitlichung der kroatischen Literatursprache auf neuštokavischer Basis (→ Kap. 14).

Gaj verfasste 1830 die „Kurzen Grundzüge der kroatischen Rechtschreibung", wo er die Schaffung einer einheitlichen Rechtschreibung für alle die lateinische Schrift verwendenden Südslawen vorschlug. In relativ kurzer Zeit gelang es der illyrischen Bewegung der nationalen Wiedergeburt, kulturelle und politische Ansätze für die Integrationsprozesse der kroatischen Nation zu schaffen und dabei vor allem zur Ausbildung einer modernen kroatischen Kultur beizutragen. Von weitreichender Bedeutung war die Verbindung der traditionellen Staatlichkeitstradition des kroatischen Adels mit der bürgerlichen politischen Bewegung im Kampf für die Eigenstaatlichkeit. Im Illyrismus verbanden sich zwei Strömungen: die kulturell-sprachliche, südslawisch orientierte Integrationsidee und der Kroatismus als politische Strömung, die auf eine Herausbildung der „kroatischen politischen Nation" aus war. Zwischen beiden herrschte eine gewisse Spannung. Die politische Tätigkeit der Illyristen, die wegen ihres Festhaltens am Status quo der Sozialordnung als „sozialkonservative Patriotengruppe" (Schödl) bezeichnet werden, richtete sich vornehmlich gegen den magyarischen Hegemonismus und versuchte unter den neuen Umständen, die überlieferte kroatische „Individualität" gegenüber den Versuchen ungarischer Vereinnahmung zu bewahren.

Die gemeinsame Literatursprache führte zur ersten Überwindung der regionalen Zersplitterung des kroatischen ethnischen Raums und ebnete der Volkssprache den Weg ins öffentliche Leben, so dass letztendlich die Funktion des Illyrismus im „kulturellen Kroatismus" (Behschnitt) lag, der die Weichen für die Konstituierung der eigenen politischen Gemeinschaft und der nationalen Kultur stellte. Dieser Prozess konnte durch das auf Drängen des ungarischen Adels erfolgte Verbot der Verwendung des illyrischen Namens in Kroatien 1843 nicht mehr aufgehalten werden. Der Illyrismus fand Anklang bei Teilen des neuen Bürgertums, bei Klerus und Intelligenz, bei der Jugend und Teilen des Adels und breitete sich in Slawonien, dem Gebiet der Militärgrenze und Dalmatien sowie später unter dem Klerus in Istrien und den Franziskanern in Bosnien-Herzegowina aus. Die Ideologie des Illyrismus scheiterte aber mit dem Versuch, unter diesem übergreifenden, aber künstlichen und „toten" geographischen Namen und auf der Basis einer überregionalen Literatursprache, als der Hauptbedingung einer gemeinsamen Kultur, alle Teile („Stämme") der Südslawen zu vereinen. Bis auf einige Ausnahmen verwarf die serbische und slowenische Intelligenz das Konzept des Illyrismus. Als wichtige Kennzeichnung der geschichtlichen Bedeutung des Illyrismus kann die Einschätzung Günter Schödls gelten, wonach „das illyristische Kulturmodell" nicht „im Namen einer bürgerlichen Öffentlichkeit oder im Interesse eines gesellschaftlich dominierenden Besitzbürgertums, – nicht als *Folge*erscheinung, sondern als *Vorbereitung* der sozialen Modernisierung" entstanden war.

In der Folgezeit und d.h. vor allem nach dem Scheitern von ‚1848' und dem „unübersehbaren Misserfolg" der illyristischen Konzeption knüpften zwei Strömungen an sie an, die als konkurrierende, den Illyrismus je auf eigene Art korrigierende Nachfolgekonzeptionen bezeichnet werden können: die jugoslawistische und die exklusiv kroatisch-nationalistische. Die jugoslawistische Richtung war der Überzeugung, dass die kroatische Identität und Tradition angesichts der Übermacht der deutschen und italienischen Kultur nur durch Kooperation mit anderen Südslawen erhalten werden könne. Die exklusiv kroatische Ideologie der späteren Rechtspartei (Partei des kroatischen Staatsrechts) entwickelte in ihrer ursprünglichen Form eine pankroatische Konzeption, die gleichsam die illyrische Bezeichnung durch die kroatische ersetzen konnte, eine Bewusstwerdung im Sinne des kroatischen Nationalismus anstrebte und die Vision eines kroatischen Nationalstaates entwickelte, der den gesamtsüdslawischen Raum mit Ausnahme der Bulgaren einschließen würde. Diese Ansätze kamen auch im kroatischen Sabor (der Ständeversammlung) 1843 zum Ausdruck, wo Ivan Kukuljević Sakcinski zum ersten Mal eine Rede in kroatischer statt in lateinischer Sprache hielt.

Dem 1848 in Gang gesetzten Wandel, der auf eine Vereinigung der kroatischen Länder sowie deren politische Selbständigkeit und gesellschaftlich-wirtschaftliche Modernisierung zusteuerte, standen immense Hindernisse im Wege: die Gesellschaft in Zivilkroatien war noch feudal-ständisch und die militärisch organisierte im Gebiet der Militärgrenze noch weitgehend durch die modernisierungsfeindliche Ordnung von Hausgemeinschaften (*zadruga*) geprägt; in Dalmatien gab es eine Agrargesellschaft mediterranen Typs (Kolonatsystem) und in Istrien eine teils feudale, teils mediterrane Gesellschaft. Alle diese Gesellschaftstypen zusammen bildeten eine durch Rückstand gekennzeichnete bäuerlich-bürgerliche Gesellschaft mit zahlreichen Besonderheiten ethnischer, konfessioneller und kulturgeographischer Art und erschwerten die Integrationsprozesse.

Das Revolutionsjahr 1848 war auch in Südosteuropa von widersprüchlichen Impulsen und Interessen – demokratisch-liberalen und national-hegemonistischen – gekennzeichnet.

In der ungarischen revolutionären Bewegung gab es von Anfang an die Tendenz, trotz bürgerlich-liberaler Impulse auf der Hegemonie gegenüber den nichtungarischen Völkern zu beharren und keine Gleichberechtigung zu dulden. Auf die sich daraus ergebenden Spannungen konnte der Hof bei der Bekämpfung der Revolution aufbauen. Wien und Zagreb befanden sich in „einer Art negativer Interessenkonvergenz" (Sundhaussen) der ungarischen Revolution gegenüber. Die neue ungarische Regierung und das neukonstituierte Parlament verabschiedeten eine Verfassung, derzufolge Ungarn – nunmehr als Nationalstaat nur in Personalunion mit Österreich verbunden – Kroatien und Slawonien als seinen integralen Teil ohne Rücksicht auf die historische Tradition und Autonomierechte eingeschlossen hatte, wobei Ungarisch als Amtssprache eingeführt wurde. Wien aber ernannte nach dem Ausbruch der Revolution in Ungarn Josip Jelačić (1801-59), einen loyalen österreichischen Offizier und überzeugten Illyrer, zum Banus von Kroatien.

Auch in Zagreb trat (im März) eine „Volksversammlung" zusammen, bei der man einen Katalog sogenannter „Forderungen des Volkes" verabschiedete, die zur Grundlage der künftigen politischen Bestrebungen und der gesamten nationalen Bewegung mit der damals charakteristischen liberalen Ausrichtung wurden. Im Mai wurde das erste Wahlgesetz erlassen und die Ständeversammlung in ein partiell repräsentatives Parlament umgewandelt. Der neugewählte Landtag hob in seiner regulären Sitzung unter Berufung auf das historische Staatsrecht Kroatiens die Realunion mit Ungarn wieder auf und strebte eine bloße Personalunion an. Gleichzeitig wurden die Vereinigung der kroatischen Länder gefordert und außerdem eine selbständige, dem kroatischen Landtag verantwortliche Regierung, die finanzielle Unabhängigkeit von Ungarn, allgemeine bürgerliche Freiheiten, die Aufhebung der feudalen Gesellschaftsordnung und die Förderung der kapitalistischen Entwicklung. Diese Forderungen liefen auf die Schaffung von Voraussetzungen für eine Überwindung der noch feudalistisch geprägten, sozialen und wirtschaftlichen Strukturen und den Aufbau einer modernen Gesellschaft hinaus.

Um die ungarische Revolution niederzuschlagen, drang Jelačić im Herbst 1848 mit dem kroatischen Heer in Ungarn ein, konnte aber den Widerstand der Rebellen um Kossuth nicht brechen. So wurde er nur zu einem Teil der österreichischen Kriegsmaschine, die den Aufstand der Ungarn erst im Sommer 1849 mit russischer Hilfe niederschlug. In der Zwischenzeit bestätigte König Franz Joseph (1848-1916) zwar in Wien den kroatischen Beschluss, der Kroatien von jeglicher staatsrechtlichen Bindung an Ungarn entband, aber die oktroyierte Verfassung, mit der Franz Joseph den allgemeinen Forderungen nach einer demokratischen Verfassung entgegentrat, ordnete Kroatien wieder vollkommen unter. Später hieß es sarkastisch, die Kroaten hätten zum „Lohn" bekommen, was für die Ungarn eine „Strafe" war – nämlich den Absolutismus.

Danach wurden einerseits kroatische staatliche Institutionen aufgehoben, die Oppositionspresse abgewürgt, die kroatische Fahne verboten und Deutsch als Amtssprache eingeführt. Andererseits begann Wien ein umfangreiches Reformprogramm, das die Gesellschaft durch Anpassung an eine freie Wirtschaft und allgemeine kapitalistische Verhältnisse modernisieren sollte. Diese Reformen entsprachen den Entwicklungen in jenen Teilen der Monarchie, in denen die industrielle Revolution bereits fortgeschritten war, und nahmen keine Rücksicht auf die durch Rückständigkeit bedingten sozialen und wirtschaftlichen Verhältnisse in Kroatien. Bei dieser Modernisierung „von außen" hatten die Eliten Kroatiens und Slawoniens keinen Einfluss. Der Umbau in eine moderne Gesellschaft zog sich in Kroatien bis zum Ende des 19. Jh. hin und verlief in drei Phasen: in der ersten – ab 1848 bis zum Beginn der siebziger Jahre – verhinderten der politische Druck Wiens (bekannt als „Bachscher Absolutismus") und der ungeklärte staatsrechtliche Status Kroatiens die Reformen; in der zweiten setzten unter der Regierung des Banus Ivan Mažuranić (1873-1880) liberale politische und kulturelle Reformen ein. In der dritten Phase wurden unter Banus Khuen-Héderváry (1883-1903) die Modernisierungsreformen (bsd. in der Verwaltung) intensiviert, aber die liberale Umgestaltung auf Eis gelegt.

3.4. Der österreichisch-ungarische Ausgleich und seine Folgen

Nach dem Scheitern des Neoabsolutismus folgte die Zeit des „Provisoriums" (1860-67), in der Franz Joseph verschiedene Umgestaltungen der Staatsordnung erprobte. Dank einer Reihe innerer und äußerer Umstände entschloss er sich, ein Abkommen mit dem ungarischen Adel einzugehen. Durch diesen Ausgleich mit Ungarn entstand 1867 die Doppelmonarchie Österreich-Ungarn.

Unter den gegebenen historischen Umständen versuchten die kroatischen politischen Kräfte ohne Erfolg, eine politische Autonomie mit Elementen der Eigenstaatlichkeit zu erreichen. 1860 und 1861 wurde im Sabor zum ersten Mal die kroatische staatsrechtliche Ideologie klar formuliert. Sie war ein Ausdruck fundamentaler Interessen der kroatischen Politik: Es ging um die Umwandlung der traditionellen Munizipalverfassung in eine moderne Autonomie mit Staatsrecht, die man unter Berufung auf das historische Recht auf „vollkommene staatliche Selbständigkeit und Unabhängigkeit" forderte, welches sich aus der Eigenstaatlichkeit im Mittelalter ergebe, auf die nie verzichtet worden sei. Vielmehr hatten zahlreiche königliche Urkunden der kroatischen Staatlichkeit dieses historische Recht gewährt, die man im Sinne von „Verträgen" zwischen dem König und der „Nation" interpretierte. Fundamental war die Forderung nach Vereinigung von Zivilkroatien, Militärgrenze und Dalmatien, also nach der Wiederherstellung der Gesamtheit des Dreieinigen Königreichs. In Politik und Propaganda wurde das historische Staatsrecht mit dem naturrechtlich begründeten Recht der Nation auf Selbstbestimmung verbunden. Nur so, meinte man, könne die kroatische Nation am allgemeinen Fortschritt der Menschheit teilhaben.

Bei der Formulierung dieser Strategie kristallisierten sich im kroatischen Sabor 1861 drei Strömungen: (1) Die *Nationalpartei* versuchte, das Ziel einer weitgehenden Autonomie für Kroatien durch Taktieren zwischen der zentralistischen, autokratischen Machtausübung des Kaisers und der auf die Schaffung eines einheitlichen magyarischen Staates ausgerichteten Politik des ungarischen Adels zu erreichen. (2) Die *Unionisten* wollten im Bündnis mit dem ungarischen Adel die Autonomie erreichen. (3) Ante Starčević und Eugen Kvaternik – den Gründern der Staatsrechtsbewegung und der künftigen kroatischen Rechtspartei (*Stranka Prava*) – schwebte das Ideal eines selbständigen kroatischen Nationalstaates vor, aber Kvaternik erklärte sich im Sabor bereit, vorläufig darauf zu verzichten.

Die Mehrheit im Sabor votierte 1861 für ein Abkommen mit Ungarn über die künftige Union, falls die ungarischen politischen Entscheidungsträger die Lösung der Verbindung zu Ungarn, 1848, anerkannten, und die territoriale Einheit der kroatischen Länder bestätigten. Diese Bedingungen waren für den ungarischen Adel unannehmbar.

Die Mehrheit im Sabor wollte einer bedingungslosen Anerkennung des Februarpatents (1862) zur Teilung der Legislative zwischen Krone und Reichsrat nicht folge leisten und weigerte sich, kroatische Delegierte in den Wiener Reichsrat zu entsenden, was praktisch einer Anerkennung des zentralistischen Regimes des Februarpatents gleichgekommen wäre. Daraufhin löste der Kaiser den kroatischen Sabor auf. Auch der spätere, viel fügsamere Sabor (1865-67) stellte weder den Kaiser noch die ungarische politische Klasse zufrieden und konnte letztendlich auf die Entscheidung Franz Josephs keinen Einfluss ausüben, sich auf einen Kompromiss mit dem ungarischen Adel einzulassen.

Unter diesen enttäuschenden reichspolitischen Umständen in den sechziger Jahren bekamen die nationalen Integrationsideologien festere Konturen. Die Vertreter der jugoslawistischen Ideologie waren vor allem Josip Juraj Strossmayer (1850-1905), der Bischof von Đakovo, ein großer Mäzen und Förderer der Wissenschaften und Künste, sowie der Vorsitzende der Südslawischen Akademie und Begründer der modernen Geschichtsschreibung Franjo Rački (1828-94). Der zentrale Bestandteil dieser Ideologie war der Föderalismus, gedacht zunächst als föderale Staatsordnung gleichberechtigter Nationen innerhalb der Monarchie. In der Schaffung einer künftigen südslawischen föderativen Staatsgemeinschaft sah man allerdings das natürliche „Endziel", zu welchem ein geschichtlicher Prozess und die allmähliche kulturelle Annäherung und Solidarität unter den Südslawen führen würden. Die Struktur der jugoslawischen Ideologie war aber keineswegs einheitlich, sondern „vom Geflecht der kroatischen politischen Integration gekennzeichnet" (Gross). Verschiedene Varianten dieses kroatisch-bezogenen Jugoslawismus zeigten sich gegenüber realpolitischen Konstellationen in darauffolgenden Jahrzehnten durchaus flexibel und ließen sich „mit den wechselnd aktuellen Modellen einer subdualistischen oder trialistischen, einer föderalistischen oder ‚großösterreichischen' Reichsreform" vereinbaren (Schödl).

Die Wortführer des Jugoslawismus konnten das gebildete kroatische Bürgertum und Teile des Klerus für die national-politische Bewegung und Modernisierungsmaßnahmen mobilisieren. Ihre historische Leistung lag in der Rolle, die sie bei der Schaffung der modernen kroatischen Kultur hatten. Gegensätze zwischen dem kroatischen Jugoslawismus und der serbischen Nationalideologie wirkten sich auf die Bereitschaft zur Zusammenarbeit zwischen kroatischen und serbischen politischen Gruppen je nach der politischen Lage und meist mit entgegengesetzten Zielsetzungen aus.

Die exklusive kroatische Ideologie wurde jeweils auf eigene Art und Weise von Ante Starčević (1823-1896) und Eugen Kvaternik formuliert. Wesentlich für Starčevićs Haltung war seine Überzeugung, dass eine politische Praxis unter den für Kroatien gegebenen Umständen der territorial-administrativen Zersplitterung und allgemeinen Abhängigkeit moralisch verwerflich sei. Seine „teilweise abstrus wirklichkeitsfremde" politische Konzeption war durch die Erwartung eines durch neue Konstellationen der feindlichen Mächte bewirkten Zusammenbruchs der Habsburger Monarchie bestimmt. Er beschränkte sich deshalb auf die Verbreitung seiner Ideen in Schriften und Reden, die dem Aufbau und der Stärkung des politischen Willens und des nationalen Selbstbewusstseins des kroatischen Volkes dienten. Starčević wurde vom frühen Liberalismus angeregt und sah in der Französischen Revolution (d.h. der Doktrin der „Volkssouveränität") den ausschlaggebenden Anstoß für die nationalen Bewegungen Europas. Diese Position wird auch als nationalpolitische „Anti-Konzeption" beschrieben, die man sich als eine Art fundamentale Opposition oder radikale Protesthaltung der realpolitischen Aussichtslosigkeit im dualistischen System, d.h. den Österreichern als dem „historischen Erzfeind" der Kroaten gegenüber, vorstellen könnte. So sprach er dem damaligen Sabor die Rechtmäßigkeit ab, da er nicht aus Abgeordneten zusammengesetzt war, die nach einem allgemeinen Wahlrecht (für Männer) in allen kroatischen Landen gewählt worden waren. Seine Überlegungen zur Abkehr des kroatischen Volkes von der „unwürdigen und wortbrüchigen Dynastie", weil diese ihm die Treue durch eine vierhundertjährige Missachtung der althergebrachten Verfassung und der einstigen Selbständigkeit dankte, trugen mit der Zeit den „Funken nationalpolitischen ‚Interesses' von elitären Gruppen zur breiteren bürgerlichen, gerade auch kleinbürgerlichen Öffentlichkeit". Starčevićs Ideen gingen in die 1861 gegründete Rechtspartei (Partei des kroatischen

Staatsrechts, *Stranka Prava*) ein, die zunächst auch „den Status quo verneinend" die Kroaten „überhaupt von der bloßen Möglichkeit nationaler Selbstbestimmung zu überzeugen" trachtete.

Starčevićs Ideologie schloss auch das serbische und das slowenische Volk im Kroatentum mit ein; andererseits sah er die Grundlage dieses Kroatentums nicht im Slawentum, sondern in dem ursprünglichen im Mittelalter lebendigen kroatischen „Herrschaftsgeist", den man wiederbeleben sollte (Gross). Der Behauptung des serbischen Nationalideologen Vuk Karadžić und seiner Anhänger, dass „die Südslawen ‚Slawoserben' seien", setzte Starčević in seinen Polemiken „das Bild der Kroaten als herrschender, kriegerischer und staatsbildender Nation" entgegen und sah „in den Serben nur eine Bettel- und Sklavenbevölkerung".

Eugen Kvaternik (1825-71) übernahm und variierte die Elemente dieser Ideologie auf seine Weise. Im Unterschied zu Starčević verzichtet er aber nicht auf die politische Praxis und versuchte, sich in der Emigration den der Habsburger Monarchie feindlich gesinnten nationalen Gruppierungen anzuschließen. Er schwankte in seinem politischen Konzept zwischen dem Verzicht auf das Ideal des selbständigen kroatischen Staates und der Bestrebung, diesen so bald wie nur möglich zu verwirklichen. 1871 versuchte er – ohne Starčevićs Wissen – einen bewaffneten Aufstand serbischer und kroatischer Bauern im Gebiet der Militärgrenze mit dem Ziel zu organisieren, ein selbständiges Kroatien zu schaffen. Dieser wurde rasch von Grenzereinheiten niedergeschlagen, hinterließ aber als einsamer revolutionärer Akt, den Kvaternik mit seinem Leben bezahlte, deutliche Spuren in der nationalen Erinnerung.

Nachdem Franz Joseph 1867 mit dem ungarischen Adel über die Schaffung der Doppelmonarchie einen Kompromiss erzielt hatte, war das oberste Ziel der kroatischen Politik, die Vereinigung der von Kroaten bewohnten Länder zu erreichen, das innerhalb der dualistischen Verfassung der Monarchie noch weiter in die Ferne gerückt war, weil Dalmatien und Istrien der österreichischen und Kroatien und Slawonien der ungarischen Reichshälfte zugehörten. In der Übereinkunft mit dem Kaiser wurde der ungarische Adel dazu gebracht, die Gesetze von 1848, die die alte traditionelle kroatische Autonomie aufgehoben hatten, zu revidieren und eine bescheidene Autonomie unter zugesicherter ungarischer Kontrolle zuzulassen. Erst nachdem im Sabor durch Druck der neuen ungarischen Regierung und über das oktroyierte, vom Landtag nicht verabschiedete Wahlgesetz eine neue gefügige Mehrheit (unter Unionisten) erreicht wurde, konnte zwischen den Gesandtschaften des kroatischen Landtages und dem ungarischen Parlament 1868 der kroatisch-ungarische Ausgleich ausgehandelt und anschließend von beiden Parlamenten angenommen werden. Ihm zufolge bekamen Kroatien und Slawonien den Status einer „politischen Nation" mit bescheidenen Hoheitsrechten in inneren Angelegenheiten, in Justiz, Kultur und Unterricht. Aber diese „Autonomie" war völlig von der Kontrolle der Exekutive und Legislative Ungarns abhängig, und auch der kroatische Banus wurde auf den Vorschlag des ungarischen Ministerpräsidenten vom König ernannt. Die finanziellen und wirtschaftlichen Angelegenheiten lagen völlig in der Zuständigkeit der ungarischen Ämter. Die Besteuerungspolitik machte der Bauernschaft einen Übergang aus der traditionellen Selbstversorgungswirtschaft zur modernen marktorientierten landwirtschaftlichen Produktion unmöglich und führte letztendlich zum Untergang von Bauernhöfen und Verfall von Dörfern. Die Eisenbahnstrecken wurden nach den Interessen der ungarischen Regierung und nicht nach Bedürfnissen der kroatischen Wirtschaft gebaut, so dass sie erst Anfang des 20. Jahrhunderts sinnvoll ausgelastet werden konnten. Die finanzielle Unabhängigkeit wurde daraufhin zur Hauptforderung des kroatischen Bürgertums.

Dieses Ausgleichssystem konnte so nicht funktionieren. Die ungarische Regierung suchte dann nach einer Übereinkunft mit der oppositionellen Nationalpartei, die 1873 zu einer Revision des Ausgleichs führte, die jedoch an den Prinzipien des Ausgleichs nichts änderte. Die Nachgiebigkeit der Politiker der Nationalpartei bei diesen Verhandlungen veranlasste Strossmayer, die Partei zu verlassen und sich aus der Politik zurückzuziehen.

Die Lage in Dalmatien und Istrien war noch stärker von Unterentwicklung geprägt. Die Wiedergeburtsbewegung löste in Dalmatien den Konflikt zwischen der National- und der Autonomistenpartei aus. Die Nationalpartei setzte sich für die Vereinigung mit Kroatien und Slawonien und die Einführung der Volkssprache in Verwaltung und Unterricht anstelle des Italienischen als einziger Amtsprache ein. Die Autonomisten widersetzten sich diesen Forderungen und orientierten sich noch stärker an Italien. 1870 besiegte die Nationalpartei bei den Wahlen zum Dalmatinischen Landtag zum ersten Mal die Autonomisten. Der Nationalpartei gehörten bis 1879 Kroaten und Serben an, als die Serbische Nationalpartei gegründet wurde, die sich der Vereinigung mit Nordkroatien widersetzte und mit den Autonomisten zusammenarbeitete. Der politische Kampf wurde hauptsächlich um die Mehrheit in den Gemeinderäten geführt. Die Nationalpartei gewann nacheinander die Wahlen in allen Gemeinden und 1882 auch in Split. Nur Zadar, das Verwaltungszentrum Dalmatiens, blieb italienisch. Der dalmatinische Landtag forderte vergeblich die Einführung der „kroatischen oder serbischen Sprache“ als Amtssprache in inneren Angelegenheiten. Die Nationalpartei benannte sich 1889 in Kroatische Nationalpartei um und erneuerte ihr Programm auf der Grundlage des kroatischen Staatsrechts. Doch der Druck aus Wien vereitelte ihre Versuche, im Landtag die Frage der Vereinigung mit Kroatien und Slawonien in angemessener Weise zu stellen. Die Unzufriedenheit mit dieser nachgiebigen Politik schuf die Bedingungen für das Erscheinen der Rechtspartei in Dalmatien.

In Istrien verbreitete sich die Wiedergeburtsbewegung erst in den sechziger Jahren des 19. Jahrhunderts. Sie erstarkte in Zusammenarbeit mit der slowenischen Nationalbewegung trotz enormer Schwierigkeiten in einem ungleichen Kampf mit dem italienischen Bürgertum und seiner Vormachtstellung in Wirtschaft, Politik und Kultur. In einigen Gemeinden besiegte die Nationalpartei die italienische Partei. Die politische Hauptfrage in Istrien war die Gleichberechtigung der kroatischen und der slowenischen mit der italienischen Sprache in Verwaltung, Gericht und Landtag. Mit der Zeit verschärfte und komplizierte sich der nationale Kampf auch in Istrien.

Nach der Revision des Ausgleichs wurde Ivan Mažuranić zum Banus (1873-1880) ernannt und von der Nationalpartei mit Begeisterung begrüßt. Während seiner Herrschaft wurden umfangreiche Reformen der Institutionen des politischen Lebens in Angriff genommen, mit dem Ziel, eine moderne und zentralisierte Verwaltung und einen „Rechts- und Verfassungsstaat“ aufzubauen. Mažuranić gelang es, die Justiz von der politischen Verwaltung zu trennen, und es gab einige Fortschritte bei den allgemeinen bürgerlichen Freiheiten. Er wurde in seiner Reformtätigkeit massiv behindert, und so blieben die meisten Reformvorhaben und Entwürfe für fällige Gesetzesänderungen Mažuranićs Wunschtraum.

Die Modernisierung wirkte sich auf andere Bereiche aus. Wissenschaft und Kultur wurden durch die von Strossmayer mit großer Energie betriebene Gründung der Südslawischen Akademie der Wissenschaften und Künste 1867 sowie einer modernen Universität in Zagreb 1874 angeregt und gefördert. Das Wirtschaftswachstum war – ohne nötige Reformen – unregelmäßig und stockend, aber es kam zu gesellschaftlichen Strukturänderungen in der Verteilung der Land-Stadt-Bevölkerung, da durch die neuen Bahnverbindungen immer mehr Menschen in die Städte zogen. So hatte Zagreb zwischen 1857 und 1910 einen Bevölkerungszuwachs von 350 Prozent zu verzeichnen. Die ungarische Regierung versuchte aber, auch noch die bescheidenste Autonomie zu unterlaufen und vor allem beim Finanzausgleich ihre Bedingungen hemmungslos zu diktieren. Bei allen Meinungsverschiedenheiten zwischen der ungarischen und der kroatischen Regierung nahm Franz Joseph Partei für die Ungarn.

Eine der umstrittensten Fragen war der Fall von Rijeka (*Fiume*), da bei den Verhandlungen zum Ausgleich von 1868 keine Einigung über die Hafenstadt erzielt wurde (§ 66 des Ausgleichs), was wiederum vom ungarischen Parlament nicht anerkannt wurde, das vielmehr beschloss, Rijeka als *corpus separatum* Ungarn anzugliedern. Durch Manipulationen im Originaltext des Abkommens war Rijeka 1871 *de facto* Ungarn angeschlossen, aber sein Status bis zum Ende der Monarchie *de iure* nicht geregelt.

Die vielen umstrittenen Fragen zwischen Budapest und Zagreb, die immensen Benachteiligungen Kroatiens und eine rücksichtslose ungarische Machtpolitik hatten gewaltige Folgen für das Wirtschaftsleben. Eine normale Entwicklung der Gesellschaft und Wirtschaft war so gut wie unmöglich, was zur Unzufriedenheit aller Schichten in der Gesellschaft führte. Von der Nationalpartei spaltete sich ein Flügel unter dem Namen *Unabhängige Nationalpartei* ab, und die Unzufriedenheit unter den Kleinbürgern brachte der Rechtspartei Zulauf, die schnell von einer kleinen Randgruppe um Starčević und Kvaternik zu einer verhältnismäßig großen national-politischen Bewegung anwuchs, die sich von der ursprünglichen Ideologie Starčevićs immer stärker entfernte.

Die schleppende Integration des 1871 entmilitarisierten Gebietes der Militärgrenze sorgte für weitere Spannungen und Unzufriedenheit. Die Militärgrenze war das einzige Gebiet in der Monarchie ohne verfassungsmäßige Ordnung, und die Vereinigung mit Zivilkroatien war kein „staatsrechtlicher Akt“, sondern ein Prozess jenseits des Verfassungsrahmens und der Verfahrensregeln. Als der Kaiser 1881 die Integration in Zivilkroatien genehmigte, hatte sich die ungarische Regierung die ausschließliche Entscheidungsgewalt über die angeschlossenen Territorien schon gesichert.

Die Härten, die dem Ausgleich folgten, lösten 1883 Unruhen in Zagreb und anderen Städten aus, die sich bald ausbreiteten und auch die Bauernschaft erfassten. Nach der Niederschlagung des Aufstands wurde der ungarische Graf Khuen-Hédervàry (1883-1903) als Banus eingesetzt, der 20 Jahre lang als Vollstrecker magyarischer Interessen über Kroatien herrschte und die Politik des *„divide et impera“* auf die Spitze trieb.

Während seiner Herrschaft wurden einige Ansätze zur Modernisierung der Verwaltung aus der Regierungszeit Mažuranićs beibehalten und teilweise neu angepasst. Ein bescheidener wirtschaftlicher Fortschritt machte sich erst zur Jahrhundertwende bemerkbar. Die Zeit Hédervárys blieb als Epoche brutaler Repression in Erinnerung, die Günter Schödl treffend als „eine pseudokonstitutionelle, den ungarisch-kroatischen Ausgleich von 1868 aushöhlende Diktatur“ beschrieb.

Die nationale Integration der Kroaten und Serben hatte die Entstehung eines besonderen Komplexes kroatisch-serbischer Beziehungen zur Folge. Beide Völker lebten nämlich in vielen Gebieten Kroatiens (bzw. Südungarns) gemischt, wenn auch – trotz müheloser sprachlicher Kommunikation – eher nebeneinander als zusammen. Die serbische nationale Integrationsideologie basierte auf der Lehre des Vuk Stefanović Karadžić, die die gesamte Štokavisch sprechende Bevölkerung, also auch die Mehrheit der Kroaten, den Serben zurechnete, ferner alle südslawischen Länder in der Monarchie als serbisch bezeichnete und erwartete, dass diese sich dem schon bestehenden serbischen Nationalstaat anschließen würden. Diese Staatsideologie stand in krassem Gegensatz zum kroatischen Jugoslawismus und der exklusiv-kroatischen Ideologie der Rechtspartei. Kroatische und serbische Staatsideologien prallten besonders in ihrem konkurrierenden Anspruch auf Bosnien-Herzegowina aufeinander. Diese grundsätzliche Unvereinbarkeit der kroatischen und serbischen Nationalideologien geriet aber oft in den Hintergrund – überdeckt durch das gemeinsame politische Interesse, das sich gegen Wien und den ungarischen Hegemonismus richtete. Die politischen Veränderungen unter den Serben in Serbien und Ungarn und wechselnde Interessen ihrer politischen Parteien spielten dabei auch eine Rolle.

In Dalmatien kam es bereits 1879 zur völligen Entzweiung zwischen der kroatischen und der serbischen Politik, die sich in Banalkroatien Ende der achtziger Jahre bemerkbar machte. In der zweiten Hälfte der neunziger Jahre kam es unter neuen Bedingungen zu einer langsamen, teilweisen Annäherung zwischen den politischen Vertretern des kroatischen und serbischen Bürgertums.

Anders als in Westeuropa spielte im südslawischen Raum die Religion bzw. die Konfession bei der Konstituierung der Nationen eine erhebliche Rolle. Im Laufe des 19. Jahrhunderts verfestigten sich die konfessionellen Unterschiede als unterschiedliche nationale Identitäten. Statt für Konflikte nach ökonomischen und politischen Ursachen in der fremdbestimmten Gesellschaft zu suchen, neigte man dazu, sie auf konfessionelle bzw. nationale Unterschiede zurückzuführen. Die Serben in Kroatien hatten das Gefühl der Bedrohung als Minderheit in der überwiegend katholischen Umgebung und befürchteten, von der kroatischen Mehrheit assimiliert zu werden. Schließlich war die Tatsache von folgenreicher Bedeutung, dass nach der Befreiung von den Türken in der Nachbarschaft ein serbischer Nationalstaat entstanden war. Das gab den Serben in Kroatien das Gefühl, Teil einer größeren Nation mit dem Mutterland Serbien zu sein, während die gleiche Tatsache bei den Kroaten zum Verdacht führte, die Serben könnten ihrer Heimat Kroatien gegenüber nicht loyal sein.

3.5. Die Vorkriegszeit und der Erste Weltkrieg

In den neunziger Jahren lösten die Konflikte der deutsch-österreichischen und ungarischen politischen Interessen die Krise des Dualismus aus, die sich auf die politische Lage in Kroatien, das sich mitten im Wandel befand, auswirkte. Die kroatische Rechtspartei wandelte sich in eine opportunistische Partei, die zusammen mit der jugoslawisch orientierten Unabhängigen Nationalpartei der Lösung der kroatischen Frage im Rahmen der Habsburger Monarchie zustimmte. Dieser Zusammenarbeit war nur kurze Dauer beschieden, und auch die Rechtspartei zerfiel in antagonistische Flügel. Bei Richtungskämpfen und Versuchen einer Wiedervereinigung errangen dalmatinische und istrische Politiker der Rechtspartei eine führende Position. 1894 wurde außerdem die Sozialdemokratische Partei gegründet. Doch erst die Ereignisse von 1895, die mit überraschenden Aktionen der Zagreber Jugend, die sich Fortschrittliche Jugend nannte, ihren Anfang nahmen, entfachten eine politische Dynamik: Während der feierlichen Eröffnung des neuen, monumentalen Gebäudes des Kroatischen Nationaltheaters, der Franz Joseph beiwohnte, verbrannten die Zagreber Gymnasiasten und Studenten demonstrativ die ungarische Fahne vor dem Denkmal des Banus Jelačić. Dieser symbolische Akt brachte einen entscheidenden Umschwung in das politische und geistige Leben hinein und signalisierte eine Abkehr von den hergebrachten Verhaltensmustern der alten politischen Klasse Kroatiens. Die Fortschrittliche Jugend setzte sich für die Überwindung des kroatisch-serbischen Konflikts ein. Erst später, 1904, wurde die Fortschrittspartei gegründet. Die Bewegung war durch einen ausgeprägten Antitraditionalismus und die Rezeption moderner demokratischer Strömungen in Europa gekennzeichnet. Dies kam vor allem bei Stjepan Radić (1871-1928), dem späteren Gründer der Bauernpartei, zum Ausdruck, der unter dem Einfluss des tschechischen Politikers T.G. Masaryk seine politischen Konzepte entwickelte. Die Bewegung breitete sich auf die Literatur, die darstellenden Künste und das Kulturleben überhaupt aus. Die Politik entfaltete sich in Richtung einer fortschrittlichen nationalen Programmatik. Die künstlerischen Kreise orientierten sich nach Paris, und es gab neue Strömungen in der Kunst (kroatische „Moderne") (→ Kap. 17). Das zeugt von einer Öffnung zur Kultur des Westens und davon, dass die junge kroatische Elite nach Jahrzehnten der Isolation zum ersten Mal über den Tellerrand des Provinzialismus und die Rückständigkeit der dahinsiechenden Doppelmonarchie hinausblickte.

Nach jahrelangen kroatisch-serbischen Reibereien und Spannungen löste 1902 der in der serbischen Zeitung *Srbobran* in Zagreb veröffentlichte Artikel unter dem hetzerischen Titel „Bis zu eurer oder unserer Ausrottung" (*Do istrage vaše ili naše*) antiserbische Demonstrationen in Zagreb aus, die sich über drei Tage hinzogen und von Ausschreitungen gegen Serben in Zagreb (vor allem gegen reiche Ladenbesitzer) begleitet wurden. Den politischen Hintergrund bildete die Tatsache, dass die serbische Elite und serbische Abgeordnete fast geschlossen das Regime Héderváys und seine Entscheidungen unterstützten. Die neue Generation der serbischen Politiker in Kroatien, die sich gegen die regimefreundliche serbische Politik wandte, übernahm nach den antiserbischen Demonstrationen die Führung und arbeitete an der Verständigung mit den kroatischen Parteien.

Im „Sturmjahr" 1903 (Schödl) kam es in Zagreb erneut zu Demonstrationen und blutigen Zusammenstößen zwischen Gendarmerie und Bauern in einer Vorstadt. Die Unruhen lösten einen spontanen und massiven antiungarischen Bauernaufstand aus. Nach der blutigen Niederschlagung gelang einigen der Anführer die Flucht ins Ausland, wo sie die Öffentlichkeit zum ersten Mal auf die Repression in Kroatien aufmerksam machten. In der Parteienlandschaft Kroatiens kam es zu bahnbrechenden Verschiebungen, als junge kroatische und serbische Politiker zeitgleich mit dieser ersten Massenbewegung die Szene betraten. Zum ersten Mal wurden politische Grundlagen für moderne demokratische Parteien geschaffen. Die Bewegung hatte eine außerordentliche Wirkung in Dalmatien, so dass die politischen Aktionen in Nordkroatien und Dalmatien fortan aufeinander abgestimmt wurden. So wurde gerade in Dalmatien der „neue Kurs" der kroatischen Politik durch Ante Trumbić und Fran Supilo formuliert. Die neue Strategie versuchte, den politischen Konflikt zwischen den herrschenden Eliten in Wien und Budapest für sich auszunützen bzw. neue Möglichkeiten zu eröffnen, um die kroatische Autonomie auszuweiten und eine Vereinigung der kroatischen Länder zu erreichen. Die Gefahr, die vorübergehend Südslawen, Ungarn und Italiener im Widerstand vereinigte, hieß deutscher „Drang nach Osten"; deshalb erwarteten die Verfechter des Neuen Kurses eine Änderung der ungarischen Politik, die in Kroatien und Slawonien mehr Autonomie zulassen würde, und sahen schon die ferneren Ziele der Vereinigung oder gar einer staatlichen Unabhängigkeit als greifbare Zukunft. Dieser neue Trend fand auch unter serbischen Politikern Anklang. Vor diesem Hintergrund wurde aus der Kroatischen Rechtspartei (die aus Teilen der früheren Rechtspartei und der früheren Unabhängigen Nationalpartei bestand), der Fortschritts- und der Serbischen Selbständigen Partei (SSP) die Kroatisch-Serbische-Koalition (HSK) gegründet. In Dalmatien gab es keine formelle Koalition, sondern nur ein Abkommen zwischen den kroatischen und serbischen Parteien.

Als 1905 die siegreiche Koalition (nach dem Wahlzensus immer noch von nur 2 % der Bevölkerung gewählt) mit ungarischer Zustimmung die Regierung bildete, wurde sie von Budapest aus in gleicher Weise gegängelt und eingeengt. Sie scheiterte nach einem Jahr, „ohne ein einziges ihrer Ziele erreicht zu haben" (Sundhaussen). Doch die Koalition (HSK) selbst blieb bis zur Auflösung der Monarchie bestehen.

Der Dubrovniker Journalist und Politiker Fran Supilo (1870-1917) war die treibende Kraft beim Versuch einer Zusammenarbeit mit der ungarischen Unabhängigkeitspartei und der von ihr gestellten Regierung. Supilo, der von Rijeka aus wirkte, wo er an der maßgeblichen Stelle publizistisch wirkte, war zunächst die wichtigste Person in der Kroatisch-Serbischen Koalition (HSK). Die „gleichermaßen in Budapest und Wien gefürchtete kroato-serbische Zusammenarbeit" versuchte Wien mit allen Mitteln zu bekämpfen, besonders heftig aber im Zusammenhang mit der Vorbereitung und Durchführung der österreichisch-ungarischen Annexion Bosnien-Herzegowinas. Das Regime im Dienste der Annexion (das des Banus P. Rauch) versuchte die Koalition unter anderem durch einen politischen Prozess zu sprengen, bei dem einige (serbische) Mitglieder der Koalition des Hochverrats beschuldigt wurden. Bei diesem „Agramer Hochverratsprozess" wurden die Angeklagten schuldig gesprochen, aber später, nach veränderter politischer Lage, amnestiert. In der Wiener Presse wurden einige andere (kroatische) Mitglieder der HSK der Zusammenarbeit mit der serbischen Regierung bezichtigt. Sie klagten gegen diese Verleumdung, und Supilo als Hauptkläger konnte vor Gericht nachweisen, dass das österreichische Außenministerium den Autor (Friedjung) jener Artikel mit gefälschten Dokumenten belieferte (Wiener „Friedjungprozess"). Nach diesen das internationale Prestige der k. u. k. Monarchie schädigenden Affären wurde das repressive Regime in Kroatien abgelöst.

1910 versuchte der neue Banus, sich mit der Koalition, die die Mehrheit im Landtag stellte, zu einigen und gleichzeitig auf der ungarischen Vorherrschaft zu beharren. Nach dem Scheitern dieser Politik wurde die Verfassung abgeschafft und ein Kommissariat (1910-1912) installiert. In der Atmosphäre der immer stärkeren allgemeinen Unzufriedenheit eskalierte auch die Gewaltbereitschaft vor allem unter der Jugend, die zu manchen Anschlägen führte.

Nach dem Kompromiss zwischen dem neuen ungarischen Ministerpräsidenten und der HSK wurde die verfassungsmäßige Ordnung wiederhergestellt. Bei den Wahlen von 1913 erreichte die HSK die Mehrheit und betrieb eine vollkommen opportunistische Politik, deren Folge die restlose Unterordnung unter ungarische Interessen war. Fran Supilo, der Gründer und *spiritus rector* der HSK, hatte schon zuvor die Koalition verlassen und sein Nachfolger, der junge Vorsitzende der SSP, Svetozar Pribićević (1875-1936), verfolgte eine opportunistische Taktik, um in der Zeit der Spannungen und des Krieges den Druck auf das serbische Bürgertum in der Doppelmonarchie zu entschärfen und seine „bestehenden Rechte" zu sichern (Sundhaussen). Gleichzeitig fing er an, mit der Möglichkeit zu spekulieren, der Ausbruch des Krieges könnte Bedingungen für eine Einigung der südslawischen Länder unter Serbien schaffen.

Der Erste Balkankrieg (1912), in dem die Verbündeten Serbien, Bulgarien und Griechenland den südlichen Balkan von der türkischen Herrschaft befreiten, löste Begeisterung sowohl bei den Serben als auch bei den Kroaten der Monarchie aus, die aber ein Jahr später im Zweiten Balkankrieg, als es um die Verteilung der befreiten Gebiete unter den einstigen Verbündeten ging, von den Kroaten nicht mehr geteilt wurde.

Unter den bosnischen Kroaten kam es zur politischen Betätigung erst spät. Mit einer aktiven Politik begannen nach der österreich-ungarischen Okkupation von Bosnien-Herzegowina (1878) zunächst die Franziskaner, die ihren traditionellen Illyrismus zugunsten der exklusiv-kroatischen Ideologie aufgegeben hatten. Der Gegensatz zwischen der kroatischen und der serbischen Nationalideologie war unter bosnischen Bedingungen noch durch die konkurrierenden Ansprüche auf die nationale Zuordnung der Muslime besonders verschärft. Erst nachdem sich 1910 der bosnisch-herzegowinische Landtag konstituierte, kam es zur Differenzierung verschiedener politischer Strömungen unter den bosnischen Kroaten.

Die Kampfhandlungen im Ersten Weltkrieg spielten sich nicht auf kroatischem Gebiet ab, aber kroatische Soldaten waren in großer Zahl in den österreich-ungarischen Einheiten an der serbischen, italienischen und der Ostfront eingesetzt. Weder bei Ausbruch noch während des Krieges hatte Kroatien die Möglichkeit, Entscheidungen zu treffen oder mitzutragen. Die kroatischen Soldaten mussten für einen Staat kämpfen, mit dem ihre eigene nationale Politik schon seit Jahrzehnten im offenen oder verdeckten Konflikt stand.

Fran Supilo war inzwischen einer der aktivsten Politiker der südslawischen Vereinigung geworden. Als Mitglied des Londoner „südslawischen Komitees" bereitete er zusammen mit Ivan Meštrović (1883-1962) und Ante Trumbić (1864-1938) die südslawische Vereinigung vor, die er sich als eine Föderation aus fünf Einheiten vorstellte. Gleichzeitig bekämpfte er in reger diplomatischer Tätigkeit die in dem Londoner Geheimabkommen vereinbarten Pläne, denen zufolge Italien große Teile der adriatischen Ostküste im Falle eines Wechsels zu den Alliierten zufallen sollten und an die der serbische Außenminister Nikola Pašić anknüpfte, im Bestreben, nach dem Sieg über die Achsenmächte und dem Zerfall der Monarchie Serbien zusätzlich zu Bosnien-Herzegowina auch große Teile kroatischer Territorien anzuschließen. Als es immer klarer wurde, dass das Komitee nicht imstande sein würde, für Gleichberechtigung beim Vereinigungsprozess zu sorgen, verließ Supilo 1916 das Gremium. Ein Jahr später starb er in London.

Am Vorabend des Zerfalls der Monarchie wurde in Zagreb von politischen Vertretern aus Banalkroatien, Dalmatien, Istrien, Bosnien-Herzegowina und Slowenien der Nationalrat als oberste staatsrechtliche Körperschaft der Südslawen der untergegangen Monarchie gegründet. Der kroatische Sabor kündigte am 29. Oktober 1918 alle staatsrechtlichen Verbindungen zu Österreich und Ungarn auf, erklärte formell die Vereinigung von Nordkroatien, Dalmatien und Rijeka mit dem neuen Staat der Südslawen aus der zerfallenen Monarchie (der Slowenen, Kroaten und Serben, SHS) und stattete den Nationalrat mit der höchsten Vollzugsgewalt aus. Später stellte der Nationalrat umständehalber – z.B. hatte das italienische Militär schon Teile jener Gebiete des völkerrechtlich nicht anerkannten Staates besetzt, auf die Italien nach dem Londoner Abkommen Anspruch erhob – die Bedingungen für eine Vereinigung mit Serbien hintan und verzichtete auf Verhandlungen über die Verfassungsordnung des künftigen gemeinsamen Staates. Am 1. Dezember überreichte die Abordnung des Nationalrates dem Prinzregenten Aleksandar das Billigungsschreiben, der daraufhin die Vereinigung des Königreichs Serbien mit dem unabhängigen Staat der Slowenen, Kroaten und Serben zum Königreich der Serben, Kroaten und Slowenen proklamierte (→ Kap. 10).

3.6. Kroatische Geschichtsschreibung und Politik im 20. Jahrhundert

In der kroatischen Politik hat die Benutzung historischer Tatsachen zu politischen Zwecken eine lange Tradition. Die Berufung auf historische Staatsrechte war für die kroatischen Eliten häufig das einzige Mittel gegen Vereinnahmungsversuche. Im 19. Jahrhundert war Kroatien starken Germanisierungsversuchen ausgesetzt, die sich auf die Überlegenheit der deutschen Kultur beriefen. Die ungarischen Ansprüche, die sich auf die Stephanskrone beriefen, liefen auf eine Geschichtsauslegung hinaus, die die Kroaten als politische Nation leugnete und kroatische staatsrechtliche Traditionen ignorierte. Auch gegenüber dem serbischen Geschichtsmythos und den Phantasien zur Erneuerung eines serbischen mittelalterlichen Reiches musste man sich mit geschichtlichen Argumenten zu Wehr setzen, denn mit der Berufung auf „Zar Dušan" erstreckten sich serbische Gebietsansprüche bis nach Triest.

Im Unabhängigen Staat Kroatien (NDH), 1941-1945, erhielten jedoch historische Inhalte besondere Bedeutung: Sie lieferten der Ustascha-Ideologie Begründungen. Die Geschichte sollte die staatliche Rechtmäßigkeit mit Hinweisen auf das historische kroatische Staatsrecht legitimieren, und sie sollte jegliche staatsrechtliche Bindung an andere jugoslawische Völker verwerfen und nationale Ausschließlichkeit rechtfertigen.

Aus dem nationalen Pantheon wurde an erster Stelle Ante Starčević zum ideologischen Gewährsmann auserkoren: In ihm sahen die Ustascha den „Vater der Heimat", „Vorläufer und Inspirator" des Führers Pavelić. Starčevićs Überlegungen zum politischen Kroatentum und das auf dem historischen kroatischen Staatsrecht beruhende politische Programm kamen der Ustascha sehr zupass. Sie reduzierte sein Denken auf eine einzige, nämlich die nationalistische, Dimension und gab dieser eine extremistische und hetzerisch antiserbische Wendung, die Starčevićs politisches Denken ursprünglich so nicht hatte. Infolge dieser Instrumentalisierung blieben die demokratischen Impulse seiner politischen Theorie für die Rezeption verschüttet.

Nach grobschlächtigen Manipulationen und der ideologischen Umdeutung der Geschichte im sozialistischen Jugoslawien kam es im Laufe der achtziger und zu Beginn der neunziger Jahre zu einer ungehemmten Politisierung der Geschichte im Sinne einer nationalistischen Wiedergeburt. Die nationalistische Instrumentalisierung der Geschichte vor allem durch den serbischen nationalistischen Diskurs trug überall zur Verschärfung der Konflikte bei. Mitte der achtziger Jahre wurde die serbische Öffentlichkeit von national-geschichtlichen Themen und überzogenen Thesen etwa über das Kosovo als urserbisches heiliges Land oder über den genetisch verankerten völkermörderischen Charakter der Kroaten geradezu überschwemmt. Da die kroatischen kommunistischen Meinungsmacher auf solche und andere Provokationen aus Serbien nicht zu antworten pflegten, kennzeichnete man diese Zeit als „kroatisches Schweigen".

Im Grunde aber bahnten die kroatischen Historiker den Weg für eine kritische und nüchterne Geschichtsschreibung, die vor allem die neuere Geschichte vom Ballast der Legenden und Mythen, Lügen und Instrumentalisierungen befreien sollte. In den achtziger Jahren wurden zum ersten Mal wichtige Quellen zur Zeitgeschichte (z.B. von Ljubo Boban) und umfassende Studien, vor allem den Zweiten Weltkrieg betreffend, veröffentlicht. Die einsetzende Demokratisierung begünstigte zunächst diese Entwicklung, es konnten auch tabuisierte Themen wie Opferzahlen im Zweiten Weltkrieg wissenschaftlich, ohne Ideologie behandelt werden (→ Kap. 11). Doch bald mischte sich in die ersten Versuche einer kritischen Untersuchung der jüngeren und älteren kroatischen Geschichte eine populistisch-nationalistische Instrumentalisierung hinein.

Unter den gegebenen Umständen war es nachvollziehbar, dass die oppositionellen Politiker Themen aus einer verschütteten und verlogenen Geschichte ansprachen, obwohl es aus der Sicht der entwickelten westeuropäischen Demokratie anachronistisch erscheinen mochte. Als aber die Gruppierung um Franjo Tuđman an Ansehen und Macht gewann, verstärkte sich das politische Interesse an der Geschichte, und die nationalen Aspekte gerieten in den Mittelpunkt.

Als der Zerfall Jugoslawiens nahte, äußerte Franjo Tuđman immer häufiger, dass „das kroatische Volk seit 900 Jahren nach Eigenstaatlichkeit" strebte. Tuđman knüpfte Verbindungen zum rechten Flügel der kroatischen Emigration im Westen, der die Tradition des Ustascha-Staats NDH hochhielt, und begann, obwohl er am antifaschistischen Widerstand teilgenommen und nachher glorifizierende Abhandlungen über den Partisanenkrieg und den Aufbau des Sozialismus geschrieben hatte, die Unterschiede zu verwischen. So sagte er beim 1. Parteitag der Kroatischen Demokratischen Gemeinschaft (HDZ) 1990, der NDH sei

„nicht nur ein faschistisches Gebilde, sondern auch Ausdruck der jahrhundertealten Bestrebungen des kroatischen Volkes nach einem eigenen Staat“ gewesen. Diese Art Umwertung der Geschichte mag eine Konzession an den rechten Rand der Partei oder die Folge einer unkritischen Überbewertung der kroatischen Geschichte sein. Auf jeden Fall löste Tuđman damit in Kroatien und im Ausland eine Polemik darüber aus, ob der junge kroatische Staat als Nachfolger des faschistischen NDH zu verstehen sei. Dies vernebelte die wahren Verhältnisse im Krieg in Kroatien 1991, und die kroatische Politik und Öffentlichkeit mussten viel wertvolle Zeit und noch mehr Energie aufwenden, um Augenscheinliches zu beweisen: wer nämlich in dem Krieg Angreifer und wer Opfer war. War die Instrumentalisierung der Geschichte für Tuđman nützlich, um die Mehrheiten im rechten politischen Spektrum zu gewinnen, so war sie für die nationalen Interessen eines demokratischen Kroatien nur schädlich. Mit solchen Parallelen spielte man lediglich der ohnehin mächtigen serbischen Propaganda in die Hände, die ständig bemüht war, die demokratischen Entwicklungen in Kroatien in die Nähe des von Hitlers Gnaden installierten Ustascha-Staates im Jahre 1941 zu rücken. Diese ungeschickte Strategie brachte die Kroaten in die paradoxe Lage, pauschal als ehemalige Verbündete der Achsenmächte verurteilt zu werden, während in Wirklichkeit der antifaschistische Widerstand 1941-45 gerade in Kroatien am massivsten und erfolgreichsten gewesen war. Gleichzeitig wurden damit die Wege zu einer freien Diskussion der vielen noch offenen Fragen der Zeitgeschichte, die zu Beginn der Demokratisierung angeschnitten worden waren, erheblich verbaut.

Tuđmans Strategie war, das Verhältnis zwischen der antifaschistischen Tradition der Gründung des kroatischen Staates im föderativen Jugoslawien und jener des faschistischen Unabhängigen Staates Kroatien implizite unentschieden zu lassen. Die Präambel der Ende 1990 verabschiedeten Verfassung begründet zwar die kroatische Eigenstaatlichkeit in den Beschlüssen der Körperschaften des antifaschistischen Widerstands von 1943 (AVNOJ) und schließt jegliche Kontinuität zum Unabhängigen Staat Kroatien der Ustascha ganz klar aus. Dem entspricht auch, dass der Tag des Partisanenaufstandes gegen die Ustascha 1941 zum Staatsfeiertag (22. Juni) erhoben wurde. Aber Tuđman äußerte immer wieder den Wunsch, das Ustascha-Todeslager in Jasenovac zu einer Gedenkstätte für alle Kriegsopfer in Kroatien umzuwandeln – also für diejenigen, die das Unrechtsregime und so auch dieses Lager errichteten, wie für jene, die im Kampf gegen die faschistische Diktatur gefallen oder als Verfolgte in diesem Lager ermordet wurden, und zusätzlich für jene, die im Krieg 1991-1993 gefallen waren.

Statt in offener Diskussion im Dialog mit der kritischen wissenschaftlichen Forschung die totalitäre Vereinnahmung des Widerstands gegen den Faschismus einer Prüfung in der Öffentlichkeit zu unterziehen, strickte die bis Ende 1999 allein herrschende politische Klasse, um die HDZ, einen nationalen politischen Mythos, in dem auch die Jahre des politischen Extremismus – der geradezu eine Ausnahme in der kroatischen Geschichte darstellt – einen ehrenwerten Platz finden sollten. Diese Politisierung der Geschichte wurde zu einer Hypothek auch für das neue Establishment nach den Parlaments- und Präsidentschaftswahlen im Frühjahr 2000. Kroatien wird weiterhin skeptisch beäugt, obwohl die Parteien und Personen, die das Ruder des Landes nach Tuđmans Tod übernommen haben, alle eindeutig für eine andere Tradition stehen (→ Kap. 27).

Deutsch von Christine Dumbović-Reiser
Redaktionell bearbeitet von Dunja Melčić

Literatur

Überblicke mit Einschluss der Gegenwart verschaffen: Neven Budak, Peter Jordan, Walter Lukan und Petra Moissi (Hg.), *Kroatien. Landeskunde – Geschichte – Kultur – Politik – Wirtschaft – Recht*, Wien usw. 1995 (Österreichische Osthefte, Sonderband 13); Ivo Goldstein, *Croatia. A History*, London 1999; Marcus Tanner, *Croatia: a Nation Forged in War*, New Haven usw. 1997; Ludwig Steindorff, *Kroatien. Vom Mittelater bis zur Gegenwart*, Regensburg 2001.

Historische Gesamtdarstellungen: Eterovich, F./Spalatin, Ch. (Hg.), *Croatia: Land, People and Culture*, 2 Bde. Toronto 1961 1970; Edgar Hösch, *Geschichte der Balkanländer. Von der Frühzeit bis zur Gegenwart*, München1988[1], 2002[3]; Vjekoslav Klaić, *Povijest Hrvata*, Zagreb 1980 (Geschichte der Kroaten); Jaroslav Šidak, *Kroz pet stoljeća hrvatske povijesti*, Zagreb 1981 (Durch fünf Jahrhunderte der kroatischen Geschichte); Jaroslav Šidak, Mirjana Gross, Igor Karaman, Dragovan Šepić, *Povijest hrvatskog naroda 1860-1914*, Zagreb 1968 (Geschichte des kroatischen Volkes 1860-1914).

Für die frühe Zeit: J. V. A. Fine, *The Early Medieval Balkans: A Critical Survey from the Sixth to the Late Twelfth Century*, Ann Arbor 1983; ders. *The Late Medieval Balkans: A Critical Survey from the Late Twelfth Century to the Ottoman Conquest*, Ann Arbor 1987; Stanko Guldescu, *History of Medieval Croatia*, Den Haag 1964; Nada Klaić, *Povijest Hrvata u srednjem vijeku*, Zagreb 1990 (Die Geschichte der Kroaten im Mittelalter); Ferdo Šišić, *Povijest Hrvata u vrijeme narodnih vladara*, Zagreb (1925) 1990 (Die Geschichte der Kroaten im Zeitalter der Volksfürsten).

Neuzeit: Francis W. Carter, *Dubrovnik (Ragusa) – a Classic City-State*, New York, London 1972; Cathrin Bracewell, *The Uskoks of Senj: Piracy, Banditry and Holy War in the Sixteenth-Century Adriatic*, New York 1992; Stanko Guldescu, *The Croatian-Slavonian Kingdom 1526-1792*, The Hague, Paris 1970; Karl Kaser, *Die Entwicklung der Zadruga in der kroatisch-slawonischen Militärgrenze*, Graz 1985; ders., *Freier Bauer und Soldat. Die Militarisierung der agrarischen Gesellschaft in der kroatisch-slawonischen Militärgrenze (1535-1881)*, Graz 1986.

19./20. Jahrhundert: I. Banac, *The National Question in Yugoslavia: Origins, History, Politics, Politics*, Ithaca London 1984; Wolf D. Behschnitt, *Nationalismus bei Serben und Kroaten 1830-1914. Analyse und Typologie der nationalen Ideologie*, München 1980; Konrad Clewing, *Staatlichkeit und nationale Identitätsbildung: Dalmatien in Vormärz und Revolution (Südosteuropäische Arbeiten 109)*, München 2001; Elenor M. Despalatovic, *Ljudevit Gaj and the Illyrian Movement*, New York, London, 1975; Mirjana Gross, *Die Anfänge des modernen Kroatien: Gesellschaft, Politik und Kultur in Zivil-Kroatien und -Slawonien in den ersten dreißig Jahren nach 1848*, Wien u.a., 1993 (Mit einer umfassenden Bibliographie zum untersuchten Zeitraum); Aleksandar Jakir, *Dalmatien zwischen den Weltkriegen: Agrarische und urbane Lebenswelt und das Scheitern der jugoslawischen Integration*, 1997 (Dis. Universität Erlangen-Nürnberg); Wolfgang Kessler, *Politik, Kultur und Gesellschaft in Kroatien und Slawonien in der ersten Hälfte des 19. Jahrhunderts. Historiographie und Grundlagen*, München 1981; Nicholas J. Miller, *Between Nation and State: Serbian politics in Croatia before the First World War*, Pittsburgh 1997; Hans Mommsen, *Die Sozialdemokratie und die Nationalitätenfrage im habsburgischen Vielvölkerstaat*, Wien 1963; Günter Schödl, *Kroatische Nationalpolitik und „Jugoslavenstvo": Studien zu nationaler Integration und regionaler Politik in Kroatien-Dalmatien am Beginn des 20. Jahrhunderts*, München 1990; Holm Sundhaussen, *Der Einfluß der Herderschen Ideen auf Nationsbildung bei den Völkern der Habsburgermonarchie*, München 1973; Arnold Suppan, „Die Kroaten", in: *Die Habsburgermonarchie 1848-1918. Bd. III: Die Völker des Reiches*; Larry Wolff, *Venice and the Slavs: The Discovery of Dalmatia in the Age of Enlightenment*, Stanford 2001.

Zum Epilog: Wolfgang Höpken, „Kriegserinnerung und nationale Identität(en). Vergangenheitspolitik in Jugoslawien und in den Nachfolgestaaten", in: *Transit* 15, 1998, S. 83-99; ders.(Hg.), *Öl ins Feuer? Schulbücher, ethnische Stereotypen und Gewalt in Südosteuropa*, Hannover 1996; Slavko Goldstein „Revizionizam u historiografiji" (über Revisionismus in der Geschichtsschreibung), in: Ivo/Slavko Goldstein, *Holokaust u Zagrebu*, 2001; Dunja Melčić, „Holocaust in Kroatien: Zwischen Aufklärung und Verleugnung", *Kommune* 12/02.

4. Bosnien-Herzegowina bis 1918

Mustafa Imamović

Im April 1992 wurde die Republik Bosnien-Herzegowina von den EG-Staaten und den USA als unabhängiger Staat anerkannt. Einen Monat später war Bosnien-Herzegowina Mitglied der UNO und zwar mit dem 51.233 Quadratkilometer umfassenden Staatsgebiet, das es als zentral gelegene Teilrepublik Jugoslawiens hatte. Doch schon viel früher hatte sich das Land auf dem Westbalkan als ein Raum herausgebildet, in dem sich Einflüsse aus dem Osten und aus dem Westen kreuzen.

4.1. Von den slawischen Stammesgesellschaften zur feudalen Herrschaft

Als erste Quelle erwähnt das Kompendium „De administrando imperio" des byzantinischen Kaisers Konstantin VII. Porphyrogennetos (913-959) unter den Völkern und Regionen des Reiches neben einem „getauften Serbien" auch ein Gebiet „Bosona". In der Forschung ist man sich einig, dass damit das Gebiet um die Quelle des Flusses Bosna unweit des heutigen Sarajevo gemeint war. Der Zeitpunkt, Mitte des 10. Jahrhunderts, betrifft den Übergang von den slawischen „Territorialgemeinden" zu den Frühformen feudaler Organisation. Im Laufe dieses Prozesses erlebte das kroatische frühmittelalterliche Königtum Anfang des Jahrhunderts seinen Höhepunkt unter König Tomislav, der auch über beträchtliche Teile des heutigen bosnischen Territoriums herrschte. Unter König Konstantin Bodin (1082-1100) von Zeta (d.h. dem alten Doclea, heute in etwa Montenegro) erlebte der frühe serbische Feudalstaat seinen ersten Höhepunkt, nachdem Bodin Raszien (Raška) und Zahumlie (Hum, Herzegowina) unter seine Herrschaft brachte

Die Chronik des Priesters von Doclea (11. Jh.) erwähnt Bosnien neben Raszien und Kroatien – als relativ großes Land zwischen den Flüssen Drina und Vrbas, an dessen Spitze der Banus steht. Als erster Herrscher mit diesem Titel taucht in den Quellen Banus Borić auf – zur Zeit der byzantinisch-ungarischen Kriege 1154-1164. Im Bericht über die Eroberungen des Emanuel I. Komnenos wird er als „Verbündeter" des ungarischen Heeres erwähnt. Der Historiograph des erfolgreichen byzantinischen Feldherrn, Johannes Kinnamos, notierte, dass Bosnien sich dem „serbischen Župan" nicht unterordnete. Trotz wechselnder Abhängigkeit von slawischen Nachbarstaaten und von Byzanz zeichnete sich das frühmittelalterliche Bosnien als eine eigene politisch-territoriale Organisation ab.

Der erste mächtige Herrscher Bosniens im Mittelalter war Banus Kulin (1180-1204) – in den Quellen *Culin magno bano Bosniae* genannt. Zu seiner Zeit waren die feudalen Strukturen in Bosnien, das bereits über Zentralbosnien hinaus die Regionen Usora (Srebrnik), Soli (Tuzla) und Donji Kraji (Ključ) umfasste, einigermaßen gefestigt. Bergbau und Handel mit dalmatinischen Städten brachten wirtschaftlichen Aufschwung. Eine zentrale Rolle kam dabei Dubrovnik zu, damals die wichtigste Handels- und Wirtschaftsmacht in jenem Raum. Im Dubrovniker Historischen Archiv wird die in der Volkssprache und in der so genannten Bosančica geschriebene Urkunde vom 29. August 1189 über den Freundschafts- und Handelsvertrag zwischen dem „bosnischen Banus Kulin“, dem Fürsten Krvaš und den Bürgern von Dubrovnik aufbewahrt, mit dem der Banus den ragusanischen Händlern das Recht auf freien Handel und die Ausbeutung der Erzlagerstätte gewährte.

Mit dem Namen des *Kulin Ban* sind in der Geschichtsschreibung vor allem die ersten Nachrichten über die „bosnische Häresie“ verbunden. Bosnien war ein katholisches Land, über das die zuständigen Erzbischöfe aber keine feste Jurisdiktion erlangen konnten. Es unterstand eine Zeit lang dem Erzbischof von Dubrovnik, der sich in die Verhältnisse wenig einmischte. Als beherrschende Macht in dem Raum etablierte sich Ungarn, und so stand auch Kulin Ban im Vasallenverhältnis zum ungarischen König. Bis 1918 machten Ungarns Herrscher ihren Anspruch auf Bosnien als ein Land der Stephanskrone geltend, indem sie den Titel der Könige von Rama (nördlich von Mostar, Prozor) führten. Das Bestreben der römischen Kurie, Bosnien in die römisch-christliche Welt voll zu integrieren, verband sich mit den machtpolitischen Interessen Ungarns, so dass der Vorwurf der Häresie stets einen politischen Hintergrund hatte.

Vukan, der mit Ungarn verbündete Fürst von Zeta, bezichtigte Banus Kulin, dessen Frau und einige Tausend seiner Untertanen der Häresie. Da dem Papst Innozenz III. eine ähnliche Beschwerde des Erzbischofs aus Split vorlag, forderte er den ungarischen König auf, in Bosnien zu intervenieren. Der Banus kam dem drohenden Kreuzzug mit einem Brief an den Papst zuvor, in dem er um Aufklärung über die richtigen Glaubenspraktiken bat, da er die angeblichen Häretiker für gute Katholiken gehalten hätte. Der Papst schickte daraufhin seinen Legaten Johannes de Casamare nach Bosnien, und Kulin Ban hielt mit ihm 1203 auf Bilino polje (Zenica) ein Konzil der bosnischen katholischen Kirche ab, bei dem den abweichenden Praktiken abgeschworen wurde. Die Abschwörung von Bilino polje wurde am ungarischen Hof vor König Emericus I. bestätigt.

Nachdem das bosnische Bistum unter die kirchliche Zuständigkeit Ungarns, d.h. des Metropoliten von Kalocsa gestellt und 1252 der Sitz des bosnischen Bischofs nach Slawonien (Đakovo) verlegt wurde, konnte von dort aus in Bosnien selbst wenig ausgerichtet werden. In den Jahrzehnten nach Kulins Tod bis zur Zeit des Banus Ninoslav bauten die Adligen ihre Herrschaft aus, und die Bosnische Kirche behielt ihren Ritus und ihre Organisation anscheinend unbehelligt bei. Ninoslav konnte sich als von Rom anerkannter rechtgläubiger Herrscher (*dux de Bosna*) zunächst weder gegen den immer mächtigeren lokalen Adel behaupten noch die Maßnahmen der römischen Kurie gegenüber der Hierarchie der Bosnischen Kirche durchsetzen – trotz der begleitenden inquisitorischen Mission der Dominikaner. Nachdem aber der Bruder des ungarischen Königs und Banus von Kroatien, Koloman, im Auftrag Roms gegen Bosnien einen Kreuzzug unternahm, verbündete er sich mit anderen bosnischen Adligen und setzte sich zur Wehr, so dass Koloman nur einige Landstriche in Nordbosnien und einen Teil von Zahumlie/Hum im Süden eroberte. Der Fürst von Raszien aber, Stefan Dragutin Nemanjić, konnte sich als ungarischer Vasall die nordöstlichen Regionen Soli und Usora im Herzogtum Mačva (Macsó) einverleiben.

Vom Ende des 13. Jahrhunderts bis zum Aufkommen der Dynastie der Kotromanićs bleiben die bosnischen Gebiete unter der Herrschaft von Vasallen Ungarns. Ninoslav aber muss sich in Zentralbosnien (zwischen Visoko und Zenica) behauptet haben, denn 1240 wurde zwischen ihm, als „Banus von Bosnien“, und Dubrovnik ein Freundschaftsvertrag geschlossen. Die Erbfolgekriege nach dem Tod des letzten Arpaden schwächten die ungarische Zentralgewalt und begünstigten den Aufstieg lokaler Herrscher. In Kroatien erstarkte die Dynastie der Fürsten von Bribir (Šibenik): Pavle Šubić (1299-1322) errang die Herrschaft über beträchtliche Teile des nordwestlichen Bosnien, über das Gebiet der Fürsten von Donji Kraji, Hrvatinići und nannte sich „Banus von Kroatien, Dalmatien und Herr von

Bosnien". Sein Sohn Mladen Šubić wurde aber von kroatischen und bosnischen Magnaten aus seiner Stellung verdrängt.

Die Entscheidung des ungarischen Erbfolgekrieges zu Gunsten des Thronprätendenten Karl Robert aus dem neapolitanischen Hause Anjou wirkte sich günstig für Stjepan II. Kotromanić aus, der im Zuge der Siege gegen Šubić und mit Unterstützung des neuen ungarischen Königs seine Herrschaft über die bosnischen Länder ausbaute. Damit setzte der Machtaufstieg des mittelalterlichen Bosnien ein. Stjepan Kotromanić besiegelte später seine Position durch die Heirat seiner Tochter, Elisabeth, mit dem jungen ungarischen König Ludwig.

Der Nachfolger Stjepans, Tvrtko Kotromanić, konnte mit Ludwigs Unterstützung seine Herrschaft gegenüber den bosnischen Adligen festigen, denn Ludwig war im Kampf gegen den venezianischen Konkurrenten auf bosnische Waffenhilfe angewiesen. In einem Vertrag mit Dubrovnik (1367) bezeichnet sich Tvrtko als bosnischen Banus von „Gottes Gnaden", ohne Ludwig, d. h. sein Vasallenverhältnis zu erwähnen. Die Auflösung des serbischen Reiches nach Stefan Dušans Tod bot Tvrtko günstige Chancen für eine Expansion. Er verbündete sich mit dem Fürsten von Morava und Raszien, Lazar Hrebljenović, der nach dem Tod von Dušans Nachfolger Stefan Uroš 1371 um die Macht im Südwesten, um Zeta und Hum kämpfte. Ihre Siege brachten den beiden erheblichen Territorialgewinn, und Tvrtko dehnte seine Herrschaft auf große Teile der an Bosnien grenzenden Regionen aus, einschließlich Süddalmatiens (Boka Kotorska). Günstig für den weiteren Machtzuwachs Tvrtkos wirkte sich der Umstand aus, dass Ludwig seit 1370 auch König von Polen war und die Schwerpunkte seiner Staatspolitik sich verlagerten. Höhepunkt dieser Entwicklung war 1377 Tvrtkos Krönung und die Erhebung Bosniens zum Königreich. Aus der verwandtschaftlichen Verbindung der Kotromanićs mit den Nemanjiden leitete Tvrtko den Anspruch auf den serbischen Thron ab. Seitdem der Sarajevoer Historiker Pavo Anđelić in den sechziger Jahren seine archäologischen Entdeckungen in Zentralbosnien machte, wird der Krönungsort, den die ältere Historiographie im serbischen Kloster Mileševo identifiziert hatte, in Frage gestellt. Tvrtkos machtpolitische Interessen richteten sich jedenfalls hauptsächlich nach Westen. Trotzdem sprang er 1389 in der Schlacht auf dem Amselfeld dem serbischen Fürsten und alten Verbündeten Lazar mit einem starken Heer bei.

Nach dem Tod Ludwigs I. war auch im Westen eine günstige Lage entstanden. Es kam zu Rivalitäten über die Thronfolge, die zu verheerenden Kämpfen unter den Adeligen in Kroatien führten, was Tvrtko geschickt ausnützte, so dass er schließlich seine Herrschaft über große Teile Kroatiens und Dalmatiens ausdehnen konnte, wo sich ihm viele Städte auch ohne Kampf unterstellten. Von der Verbindung mit dem Hause Bribir leitete er entsprechende Herrschaftsansprüche ab und nannte sich nunmehr „König von Raszien, Bosnien, Dalmatien, Kroatien und dem Küstenland". Doch Tvrtkos Einigungswerk hatte keine stabilen Institutionen der Zentralmacht geschaffen. Nach seinem Tod spielten wieder lokale Interessen der Magnatengeschlechter politisch die entscheidende Rolle und trugen zusammen mit der Unfähigkeit seiner Nachfolger zum Zerfall bei.

Die politische Macht Tvrtkos stützte sich auf die stetige wirtschaftliche Entwicklung, durch die sich die agrarische bosnische Gesellschaft langsam wandelte. Die materielle Grundlage dafür lag (ähnlich wie im mittelalterlichen Serbien) im reichen Vorkommen an Edelmetallen, d.h. in dem sich entwickelnden Bergbau, der Handel und Handwerk stärkte und das Aufblühen der Städte mit sich brachte. Die relativ lange und stabile Herrschaft Stjepan Kotromanićs schuf die Grundlagen für eine Prosperität, die sogar die Zeit der Bürgerkriege und Invasionen überstand. Die bosnischen Herrscher förderten die Entwicklung des Bergbaus und holten zu diesem Zweck erfahrene Bergleute ins Land. Wichtig waren auch die Handelsstrategen aus den dalmatinischen Städten, vor allem aus Dubrovnik, und der wachsende Bedarf an Edelmetallen in Westeuropa. Nach Italien wurde Blei aus Olovo (*Plumbum*), Kupfer und Silber aus den Bergwerken bei Kreševo und Fojnica, Gold, Silber und Blei aus jenen bei Zvornik exportiert. Den größten Aufschwung erlebte aber die Stadt Srebrenica, die auch ihren Namen nach dem Edelmetall Silber (srebro/*argentum*) bekam. Die Republik Dubrovnik hatte innerhalb Bosniens ein Monopol auf den Silberhandel und Vorrangstellung beim Export nach Übersee. Im 15. Jahrhundert deckten Bosnien und Serbien ein Fünftel des europäischen Bedarfs an Silber (Malcolm). Allmählich entwickelte sich auch eine schmale Schicht von heimischen Händlern und Gewerbetreibenden. Außer Produkten aus Landwirtschaft und Jagd wurden mit der Zeit auch handwerkliche Produkte ausgeführt. In den ragusanischen Quellen werden „nach bosnischer Art" hergestellte Erzeugnisse erwähnt. Über die Franziskaner gelangten westliche kulturelle Einflüsse nach Bosnien, etwa der gotische Baustil, der in der sakralen wie in der höfischen Architektur zu finden ist.

Keine Frage der bosnischen Geschichte ist so umstritten wie das Phänomen der Bosnischen Kirche. Die moderne Erforschung der Bosnischen Kirche begann Mitte des 19. Jahrhunderts mit zwei konkurrierenden Werken über die bosnischen „Bogumilen". Der in Zadar tätige serbisch-orthodoxe Historiker Božidar Petranović stellte 1867 die These auf, dass die bosnische Kirche eine von der serbischen Orthodoxie abgefallene, unter sporadischen Einflüssen der bogumilischen Häresie stehende Kirche war. Diese Interpretation erfreut sich in Serbien bis heute großer Beliebtheit und wurde von Teilen der nationalen Geschichtsschreibung als Beleg für die mittelalterliche serbische Präsenz in Bosnien instrumentalisiert. Den Thesen Petranovićs trat der Begründer der modernen kroatischen Historiographie Franjo Rački mit einer Studie entgegen, die zu beweisen versuchte, dass die bosnische Kirche aus der dualistischen Sekte der bulgarischen Bogumilen entstanden war (→ Kap. 9). Diese Interpretation hatte ebenfalls starken Nachhall und ist bis heute nicht ganz aufgegeben worden. Račkis Theorie, wonach die häretische bosnische Kirche ein in sich geschlossenes Gebilde war, dessen Organisation ohne Einfluss der Kirchen in Kroatien und Serbien entwickelt wurde, hatte viele Anhänger, insbesondere unter den bosniakischen Gelehrten, da die Bogumilentheorie „eine authentische ... bosnische Kirche" (Malcolm) implizierte und sich als Erklärung für die spätere Konversion eines beträchtlichen Teils der Bevölkerung zum Islam anbot (→ Kap. 19).

In der kroatischen Forschung entwickelte sich nach dem 2. Weltkrieg eine Theorie (Leon Petrović, Jaroslav Šidak), die in der bosnischen Kirche „grundsätzlich einen Zweig der römisch-katholischen Kirche" sah, der in der Isolierung schismatisch wurde und häretische Tendenzen aufnahm. Obwohl diese Forschung eine katholische Tendenz nicht verhehlen kann, bot sie Resultate, an die weitere quellenkritische Arbeit anknüpfen konnte. Hier ist vor allem der amerikanische Historiker John V. A. Fine (*The Bosnian Church*) zu nennen, der sich auch gegen die Bogumilentheorie wandte und die schismatischen Erscheinungen hauptsächlich mit allgemeiner Rückständigkeit und mangelnder Ausbildung des Klerus in dem isolierten Land begründete, wobei er andererseits annahm, dass es parallel dazu in Bosnien auch dualistische Häretiker (Katharer) gab (→ Kap. 15).

Festhalten kann man, dass die Berichte über die „Häresie" ausschließlich nichtbosnischer Herkunft sind, die Benennung der Ketzerei dem jeweiligen Herkunftskreis verbunden ist – in römisch geprägten Quellen ist von Pataranen die Rede, in denen der Ostkirche von Bogumilen oder Babunen. Es gibt kein Dokument aus dem mittelalterlichen Bosnien selbst, in dem die Bogumilen oder irgendeine Verbindung mit ihnen erwähnt wäre, vielmehr bezeichneten sich die Angehörigen der bosnischen Kirche selbst immer nur als *Krstjani*. Bei der Abschwörung von Bilino polje kommt das Wort „Häresie“ in den Quellen gar nicht vor.

Es wurde vielfach beobachtet, dass die Organisation der bosnischen Kirche Parallelen zur mönchischen Ordensorganisation aufweist und ihre eigenartige Hierarchie sich womöglich von dieser ableitet. In allen öffentlichen Belangen wurde im mittelalterlichen Bosnien fast ausschließlich die Volkssprache benutzt, so auch in der Liturgie. Die Bosnische Kirche bediente sich der slawischen Sprache und der Glagoliza, später der Bosančica, einer eigenen Variante der Kyrilliza. Die slawischen Bezeichnungen der hierarchischen Rangstufen lassen sich als Übersetzungen lateinischer Titel verstehen, z.B.: *Djed* (Großvater) *Nonnus*, für ranghohe Priore und Äbte. Die gesamte Hierarchie war einheimischer Herkunft. Bei der an sich westlich geprägten Liturgie ist außerdem der Einfluss der orthodoxen Kirche beobachtet worden.

Zur Organisation, den Zeremonien und der Theologie der Bosnischen Kirche gibt es außer dem Testament des Gost Radin – einem in Dubrovnik nach der Flucht vor den Osmanen niedergeschriebenen Dokument – keine bosnischen Quellen. Was Radin erwähnt (Feiertage etc.), kann kaum als Abweichung von der üblichen Glaubenspraxis gelten. Die Bosnische Kirche führte in ihrer Isolation von Rom ein eigenes Leben und orientierte sich an ihrer gewachsenen sozialen und kulturellen Umgebung. Die Mönche hatten in der Hierarchie des bosnischen Staates ihren festen Platz; ob die Kirche als klösterliche Organisation viele einfache Laienmitglieder hatte, ist offen.

Die intensiveren missionarischen Versuche Roms begannen parallel mit Bosniens wirtschaftlicher Entwicklung Früchte zu tragen. Die franziskanischen Mönche, die Ende des 13. Jahrhunderts nach Bosnien gekommen waren, konnten zunächst vor allem in den Kolonien der Ragusaner Fuß fassen und von den aufstrebenden Städten aus ihre missionarische Arbeit ausweiten, so dass sie allmählich die Hierarchie der Bosnischen Kirche verdrängten. Als die Türken die Macht in Bosnien übernahmen, war die Bosnische Kirche schon weitgehend zerschlagen. In den ersten osmanischen Landregistern aus dem 15. und 16. Jahrhundert werden nur wenige *Krstjani* angeführt.

4.2. Bosnien als Teil des Osmanischen Reiches

Im Frühsommer 1463 eroberten die Türken das bosnische Kernland, das fortan unter ihrer Kontrolle blieb: zunächst als ein „bosnisches Sandschak“, unter einem Sandschak-Beg mit dem Sitz in Vrhbosna (Festung Hodidjed). Gegen den plötzlichen, schnellen Angriff Sultan Mehmeds II. (Mehmet Fatih, der Eroberer) hatte der letzte bosnische König Stjepan I. Tomašević ohne ausreichende Hilfe aus dem Westen nichts aufzubieten. Im Südosten waren die serbischen Fürstentümer schon fest in türkischer Hand. Im Süden wurde 1470 das „Herzegowinische Sandschak“ mit dem Sitz in Foča und 1483 das „Sandschak von Zvornik“ errichtet. Nach der Niederlage der ungarischen Armee bei Mohács 1526 nahm die Eroberungswucht der Türken unter Süleyman dem Prächtigen auf dem Balkan zu. Im Jahr darauf wurde als letzte bosnische Festung Jajce kampflos eingenommen, das im Winter 1463 vom ungarischen König Matthias Korvin (Corvinus) zurückerobert und als „das bosnische Banat Jajce“ zu einem relativ breiten Brückenkopf ausgebaut worden war. Die Türken eroberten danach Slawonien, die Gebiete im Westen Kroatiens (Lika und Krbava) und, nach der Festung Klis (1537), dem südlichsten Uskokenstützpunkt bei Split, auch Gebiete an der Küste. Jedes neueroberte Gebiet wurde sofort der osmanischen Verwaltung unterstellt und schließlich aus 8 Sandschaks 1583 das Paschalyk Bosnien (oder das bosnische Eyalet) errichtet. Der erste bosnische Beglerbeg (Beylerbey) war Ferhad-Beg Pascha Sokolović. Im Norden konnte Beglerbeg Hasan-Pascha Predojević noch 1592 die Festung bei der alten Freistadt Bihać einnehmen und in das bosnische Paschalyk eingliedern. Nach seiner Niederlage (1593)bei Sisak (an der Save) gab es an der Grenze zu Restkroatien keine expansiven Aktionen mehr. Eine Art Positionskrieg zwischen Osmanen- und Habsburgerreich stabilisierte sich für etwa ein Jahrhundert, wiederholt von kleinen Überfällen begleitet.

Bosnien war für die Osmanen ein Bollwerk (*serhad*) an der Westflanke gegen Europa und gleichzeitig Grenzgebiet zum *Dâr al-Harb*, dem Feindesland der Ungläubigen. Deshalb errichteten die Türken in Grenzgebieten (*uç*) in der ersten Hälfte des 16. Jahrhunderts ein Festungsnetz, das in der Defensivperiode noch ausgebaut wurde. Nach der Eroberung entstand aus den bosnischen Sipahis eine militärische Oberschicht, deren sozial-politische Position auch mit der militärisch-politischen Institutionalisierung im Grenzgebiet zusammenhing. Es handelte sich um Festungen mit territorial organisierten Hauptmannschaften, so genannte Kapetanije mit regulären Truppen, die den Hauptleuten (Sipahi) unterstanden. Die Sipahis wurden für ihre Dienste mit Lehen (*timar*) entlohnt, die bald in Privatbesitz (*mulk*) umgewandelt und als Ämter erblich wurden. Unter den Sipahis gab es zunächst auch Christen, die von den Osmanen als irreguläre Truppen rekrutiert wurden, aber die zweite Generation war schon überwiegend islamisiert. Mit Privilegien, vor allem Steuerentlastungen konnten die slawisierten Hirtennomaden, die Wlachen (*eflaki*), mit ihren spezifischen Lebensgewohnheiten zu unterschiedlichen Waffendiensten (als Grenzsoldaten, Kundschafter, Milizionäre usf.) gelockt werden. Aber diese Martolosen oder auch „Vojnuks" genannten in der Regel orthodoxen Wlachen, siedelten mit der Zeit, vor allem nach der Niederlage bei Sisak, auf die kroatisch-österreichische Seite über. In den westlichen Quellen tauchen sie unter verschiedenen Namen auf: als Uskoken (Pribjegen, Überläufer) oder als Raszianer, Servianer bzw. Wlachen und Morlaken, d.h. Hirtennomaden. Im Zuge der Eroberungen stiegen ihre Oberhäupter (Knezen und Wojwoden) in die osmanische Oberschicht auf. Die Privilegien der von Kopfsteuer (*cizye*) und Knabenlese (*devşirme)* befreiten Wlachen waren erheblich. Sie durften einen Teil der Kriegsbeute behalten und lebten weitgehend nach dem patriarchalischen Gewohnheitsrecht der hergebrachten Katun-Institution (*jus valachicum*; *adet-i eflaki*).

Das System der österreichischen Militärgrenze, die auch ideologisch als *antemurale christianitatis* im heiligen Krieg galt, war in mancher Hinsicht ein Spiegel osmanischer Verhältnisse – etwa in den institutionalisierten Privilegien der Wehrbauer (Befreiung von Lehnspflichten) und in der Zusammensetzung der Bevölkerung. Wehrbauer waren nicht nur orthodoxe, serbisierte, sondern auch katholisch-kroatische Wlachen (Bunjewzen und Schokzen), und sogar islamisierte (oder nur oberflächlich islamisierte) Wlachen. Man weiß aus epischen Volksliedern und der Korrespondenz zwischen Hauptleuten beiderseits der Grenze – dem „bosnischen Krajište" und der „kroatischen Vojna Krajina" –, dass unter ihnen die gleiche Heldenverehrung und der patriarchal-ritterliche Kodex der Krieger herrschte. Die Kehrseite der schlechten Besoldung der Grenzkrieger war das Heiduckentum. Beiderseits der Grenze waren Überfälle an der Tagesordnung: Uskoken, Heiducken und „Türken" töteten, plünderten, betrieben Sklavenhandel und Piraterie und störten in Friedenszeiten den Handel zwischen dem Osmanischen Reich und Venedig.

Die osmanischen Eroberungen wirbelten die ethnisch-sozialen Strukturen auf dem ganzen Balkan auf. Jäh verschwanden das Bosnische Königtum und der Adel. Das mittelalterliche Städtewesen ging unter, und die Prosperität der entstehenden Mittelschicht wurde in vielen Teilen des Landes zunichte gemacht. Mit der Verwandlung Bosniens in eine osmanische Provinz setzte ein gewaltiger Strukturwandel der Gesellschaft ein.

1463 ließ Mehmed II. Stjepan Tomašević, den letzten bosnischen König, der übrigens als einziger die Krone vom Papst bekommen hatte, bei Jajce hinrichten. Die meisten Repräsentanten des hohen bosnischen Adels ereilte das gleiche Los. Plünderungen, Versklavungen (von Kindern) und Grausamkeiten trieben die restliche Bevölkerung in die Flucht. Ganze Regionen blieben menschenleer und verödet zurück. Diese Eroberungspraktiken entsprachen dem Wesen der osmanischen Landnahme, deren erster Zweck die Plünderungen waren. Der zweite waren Tributzahlungen der Unterworfenen, weshalb die Osmanen zügig ihre Verwaltung ausbauten, um den Zulauf von Soldaten und das Geld für deren Besoldung zu sichern und die Wiederbesiedlung der Gebiete einzuleiten. Dafür war es nötig, der übrig gebliebenen einheimischen Bevölkerung Integrationschancen zu bieten oder Anreize für die Rückkehr der Geflohenen zu schaffen. Die Neubesiedlung erfolgte – ebenso wie die Herausbildung der neuen Elite – aus dem gesamten südslawischen Raum.

Der sich aus der theokratischen Herrschaftsstruktur des Reiches gleichsam automatisch ergebende Zentralismus ging mit einer peniblen Reglementierung aller relevanten wirtschaftlichen Bereiche und Vorgänge einher, was für die Bevölkerung zunächst Vorteile hatte. Das galt auch für die Institution des Kadi („Richters"): Er musste überwachen und prüfen, dass die Normen nach islamischem Recht (Scheriat) eingehalten wurden. Die Länder bzw. die Sandschaks waren in Kadiluks eingeteilt mit je einem Kadi an der Spitze. Da das Amt richterliche und exekutive Kompetenzen vereinte, wurde es mit der Zeit zur Quelle von Korruption.

Weil das System auf militärischer Macht und Kriegführung fußte, war die Schicht der Krieger die tragende Säule. Die Streitkräfte bestanden aus regulären Truppen mit bezahlten Soldaten, Janitscharen, und Lehensreiterei (Sipahi) neben den schon erwähnten irregulären Truppen. Die Janitscharen wurden als „Blut-Tribut" mittels Knabenlese (*devşirme*) unter den Söhnen christlicher Untertanen rekrutiert, nach Istanbul geführt, beschnitten und einer langjährigen Erziehung unterworfen. Diese Praxis, alle drei bis fünf Jahre geeignete Jungen zwischen sieben und zwanzig Jahren auszuheben, war in Bosnien, der Westflanke des Reiches, besonders intensiv. Sie wird in der Geschichtsschreibung – je nach nationalen Präferenzen – unterschiedlich bewertet. Als Institution ermöglichte sie einem Teil der christlichen Jugend den Aufstieg in die osmanische Elite – etwa 200.000 Menschen wurden während dieser Zeit rekrutiert –, und zwar vorwiegend solche bäuerlicher Herkunft, denn die „Söhne der christlichen privilegierten Schichten, der Wlachen, Martolosen, Bergleute, Kaufleute" etc. waren von der Aushebung ausgeschlossen.

Die breite Islamisierung war also eine strukturelle Folge der theokratischen Organisation des Osmanischen Reiches, dessen Führungsschichten muslimisch sein mussten, und der geopolitischen Grenzlage Bosniens (und Albaniens). Die Islamisierung hing auch mit der bereits erwähnten Institution der Kapetanije zusammen und ging mit einer „Bosnifizierung" der Eliten einher. Der Machtgewinn der heimischen Truppen und eine gewisse Unabhängigkeit der Sipahis und anderer Lokalherrscher (Agas) konnte die Willkür der von außen ernannten Gouverneure (Beglerbegs, Wesire) und Sandschak-Begs, die ihre Position oft zur Bereicherung nutzten, einigermaßen beschränken.

Die breite Islamisierung gilt als eine bosnische Besonderheit, und dieses Phänomen wurde ähnlich wie die Bosnische Kirche bzw. die „bogumilische Häresie" zum Gegenstand von Legenden und Mythen. Eine „bogumilische Bereitschaft" oder „Nähe" zum Islam sollte die Konversion erklären, die sich laut türkischer Geschichtsschreibung mit einem Male (*bir ugurden*) und massenhaft vollzog. Tatsächlich war die Islamisierung ein etwa 250 Jahre dauernder, ethnisch und religiös übergreifender, von den Umständen abhängiger Prozess, der in verschiedenen Regionen zu unterschiedlichen Zeiten ablief, je nach der regionalen

Stabilität des osmanischen Systems. Diese ging mit der Etablierung der islamisch-orientalischen Städte (*kasaba*) einher, die im Unterschied zu den mittelalterlichen nicht von Gewerbetreibenden, Händlern, Handwerkern und Bürgern, sondern von Heerführern und Provinzverwesern gegründet wurden. Eine große Rolle spielte die Sklaverei. Die Versklavung nicht nur feindlicher Soldaten, sondern auch der ansässigen Zivilbevölkerung war bei den Osmanen die Regel. Der Übertritt zum Islam war eine Möglichkeit, die Freilassung zu erlangen. Die konvertierten freigelassenen Sklaven (*gulâm*) siedelten wiederum meist in den Städten. Auch darin ist ein Faktor der Islamisierung zu suchen.

Die osmanisch-islamische Urbanisierung und die Überlagerung des vorosmanischen Stadtcharakters spielten ihrerseits eine große Rolle beim Strukturwandel der Gesellschaft. Die osmanischen Städte auf dem Balkan waren planmäßige Gründungen, ursprünglich militärische Stützpunkte für weitere Expansionen. So wurde 1395 Skopje (Üsküp, lat. Scupi) gegründet und weiter von Ishaković-Beg aufgebaut. In den Kasaben ließen die Sultane zuerst stets die Sultan-Moscheen errichten. Sarajevo ist ein typisches Beispiel. Die Stadt entstand als eine Garnisonsstadt in der Nähe des mittelalterlichen Marktfleckens Vrhbosna (bzw. Utorkovište), noch bevor das bosnische Königreich besiegt war. Gazi Isa-Beg Ishaković errichtete 1457 als Provinzverweser auf dem Südufer der Miljacka eine Sultan-Moschee, nebenan ein Hamam (türkisches Bad) und die Brücke. Danach ließ er das Gasthaus (*han*) auf dem anderen Ufer bauen, eine Loge der Derwische, neun Wassermühlen und den Gouverneurspalast, Serai, nach dem die Stadt benannt wurde (*Seray-ovasi*). Das Wirtschaftsleben war eng mit dem militärischen verknüpft. Zusammen mit der neuen geopolitischen Orientierung Bosniens führte das zur Stagnation früherer urbaner Zentren.

Sarajevo blühte nach der Eroberung Bosniens 1463 auf, als es zum Regierungssitz des Sandschaks Bosnien gemacht wurde, besonders unter Gazi Husrev Beg (1521-1541). Die Osmanen befanden sich unter Süleyman dem Prächtigen auf dem Höhepunkt ihrer Macht und eroberten weitere Gebiete im Westen (Mohács 1526; Belagerung Wiens 1529). Aus dem Nord-Westen führten die Wege ebenso über Sarajevo weiter nach Süden (Saloniki oder Adria) wie aus dem Nord-Osten, wo Belgrad eine osmanisch-islamische Großstadt und wichtiger Handelsknotenpunkt war. Während dieses „goldenen Zeitalters" wurde die schöne Moschee des Beg (Begova džamija) gebaut, die Medresse, eine Bibliothek, ein Hamam und der Tuchmarkt (Bezistan). Wichtig waren die sogenannten Vakufs *(vakif)*, fromme wohltätige Stiftungen in Form von Immobilienschenkungen, mit denen die reichen Sandschakbegs und die neue militärische Aristokratie öffentliche Gebäude errichten ließen und für ihren Unterhalt sorgten. Der reichste, Gazi-Husrev-Begs Vakuf, bestand bis ins 20. Jahrhundert. Vakufs trugen zur Verflechtung der städtischen Institutionen mit denen des Islams bei. Im 16. Jahrhundert war die Einwohnerschaft fast ausschließlich muslimisch; von 93 Mahalas (Stadtbezirken) waren nur 2 von Christen bewohnt. Zwischen dieser Zeit der erfolgreichen Eroberungen in Slawonien, Kroatien und Dalmatien (1503 Makarska, 1527 Požega, Čazma, Pakrac, 1537 Klis, 1592 Bihać) und der Eroberung und Zerstörung Sarajevos durch Eugen von Savoyen 1697 war die Stadt am Fluss Miljacka eine der größten und schönsten auf dem Balkan und galt als Großstadt. Da das osmanische Reich von Bosnien (und Albanien) aus permanent Kriege führte, war die Kriegsbeute Teil seiner Wirtschaftsstruktur, in der Form des Sklavenhandels etwa; so war Sarajevo für zwei Jahrhunderte ein Sklavenhandelszentrum gewesen. Sarajevos Reichtum äußerte sich nicht nur in der Kultur, in Bauwerken oder im regen Händlertreiben in der Čaršija, (*çarşi* – Stadtzentrum), sondern er führte auch zum Machtzuwachs der städtischen Eliten. Mit dem Zusammenschluss von Janitscharen und den Gilden der Händler und Handwerker (*esnaf*) verschaffte sich Sarajevo als administratives Zentrum eine gewisse Unabhängigkeit von den Provinzverwesern.

Auch Banja Luka und Mostar sind im Kontext der osmanisch-islamischen Urbanisierung entstanden. Banja Luka war die zweitstärkste Festung in der Banovina von Jajce, der letzten bosnischen Verteidigungsstellung. Als die strategisch äußerst wichtige Stadt am Fluss Vrbas (schon zu Römerzeiten verlief dort der Weg von Salona/Split nach Pannonien und gab es ein Castrum) 1528 erobert wurde, baute man sie zum osmanischen Brückenkopf und administrativen Zentrum aus. Der Verweser des Bosnischen Sandschaks Mehmed Sofi-Pascha begann den Aufbau der Stadt im Donji Šeher (neben der Altstadt), nachdem 1553 die Verwaltung von Sarajevo hierher verlegt worden war. Ferhad-Beg Sokolović, ein Nachkomme des berühmten Mehmed-Pascha Sokolović, eroberte 1537 von da aus die Festung Klis. 1574 wurde der Sandschakbeg des Klis-Sandschaks zum bosnischen Sandschakbeg und 1580 zum Beglerbeg des neuerrichteten bosnischen Eyalets, das bis 1639 seinen Sitz in Banja Luka hatte. Ferhad-Beg ließ über 200 öffentliche Gebäude errichten, darunter die berühmte Ferhad-Moschee, die 1993 von den Serben dem Erdboden gleichgemacht wurde.

Auch in Mostar spiegelt sich die Geschichte der osmanischen Epoche wider. Das Neretvatal erlebte im Mittelalter keine so intensive Urbanisierung wie die Bergbau-Gegend in Zentralbosnien, war aber seit Urzeiten besiedelt. Schon in der Antike lebten griechische Händler im Delta, und zur römischen Zeit war die Stadt Narona (Čapljina) wichtiges Wirtschaftszentrum, bis sie nach dem Eindringen der slawischen Stämme vollkommen zerstört wurde. Im frühen Mittelalter brachte die Piraterie der slawischen Narentaner (Neretljani) die Gegend in Verruf. Als sich die slawischen Territorialstaaten herausbildeten und Venedig seine Vorherrschaft an der Adria sichern konnte, entstanden an der Neretva, der natürlichen Verkehrsverbindung zwischen der Küste und dem Binnenland, Marktflecken. Der wichtigste war Drijeva (*forum Narente*) an der Neretvamündung.

In den Jahrzehnten vor der osmanischen Eroberung war das Geschlecht der Kosača erstarkt. In den Fehden nach dem Tod König Tvrtkos I. kam es zu wechselnden Bündnissen zwischen den bosnischen Großfürsten bzw. dem König und den Osmanen. Spätestens 1428 war König Tvrtko II. den Osmanen tributpflichtig. Fürst Stjepan Vukčić Kosača dehnte seine ursprünglichen Besitzungen um Goražde (an der oberen Drina) aus auf Hum, auf die Gebiete beiderseits der Drina (Foča und Trebinje), auf die süddalmatinische Küste und das Hinterland bis Imotski und wurde so zum Landesherren über Südbosnien. Er erwarb den Titel eines Herzogs, doch konnten er und seine Söhne den Osmanen nicht lange widerstehen, die das Zusammenspiel der äußeren und inneren Bedrohungen für sich zu entscheiden wussten und nach und nach die Länder des Herzogs eroberten. Aus der Benennung dieser Besitzungen – *Vilâyet-i Hersek* – entstand der Name der Region Herzegowina.

Durch die Ausdehnung des Reiches auf ehemals serbische Territorien (auf den Besitzungen des Herzogs lag z.B. das Kloster Mileševa mit dem Grab des Hl. Sava), unter der Jurisdiktion der Serbischen Orthodoxen Kirche, fanden die Orthodoxen zum ersten Mal in nennenswertem Umfang Eingang in die bosnische Geschichte. An Kosačas Hof verkehrten der serbisch-orthodoxe Metropolit von Mileševo, David, und der Würdenträger der bosnischen Kirche Gost Radin (Butković). Nachdem Mehmed II. das bosnische Königsreich und Teile der Länder des Herzogs erobert hatte, hielt sich Kosača nur noch kurze Zeit im Süden in Herceg Novi (*Castell novo*). Während in Foča 1470 der osmanische Sandschak schon errichtet war, hielten sich mit ungarischer Unterstützung die letzten Widerstandspunkte Herceg Novi (bis 1480/81) und die Neretvamündung (Koš, bei Opuzen) bis 1490. Stjepan, der Sohn des Herzogs, konvertierte zum Islam und bekleidete unter dem Namen Hersek-zâde Ahmed Pascha als berühmter Feldherr des Sultans höchste Ämter im Reich.

Mostar war eine Festung und ein Marktflecken mit einem franziskanischen Kloster und einer Kirche. Ein Bericht von 1452 erwähnt auch die hölzerne Brücke über die Neretva. Aber verkehrsstrategische Bedeutung erlangte Mostar erst durch die Osmanen und entwickelte sich zum relativ starken Handelszentrum, das bald einen privilegierten und unabhängigen Status gegenüber den Wesiren anstrebte. Ein Zeugnis seines Reichtums ist die vom berühmten türkischen Architekten Hairuddin entworfene Alte Brücke von Mostar, die nach neun Jahren Bauzeit 1566 fertig gestellt wurde und wie ein „steinerner Halbmond" die beiden Ufer der Neretva verband. Schon der türkische Reisebericht Evliya Çelebis (17. Jh.) rühmte ihre Eleganz und verglich sie mit dem Regenbogen. Als Symbol der islamisch geprägten Stadt überlebte sie bis zum Krieg 1993, als sie – wie auch das alte, orientalisch geprägte Stadtzentrum – von kroatischen Granaten aus Westmostar zerschossen wurde (→ Kap. 25).

Auch in der Herzegowina rekrutierte sich eine osmanisch-bosnische Aristokratie aus der heimischen Bevölkerung, unter der es viele slawisierte Wlachen gab. Die türkischen Steuerverzeichnisse (zwischen 1468/69 und 1477) belegen einen Zuwachs von Wlachen in der Herzegowina. Diese waren allerdings schon seit dem Mittelalter als Warentransporteure bekannt, die mit ihren Saumtieren die schwierigen Bergpfade meisterten. In dieser Region gab es auch die meisten christlichen Sipahis. Urbanisierung und Islamisierung brachten eine heimische muslimische Händlerschicht hervor, und gleichzeitig erstarkte gerade in Herzegowina das (serbisch)-orthodoxe Element.

Die „Bosnifizierung" war in der Herzegowina besonders deutlich. Nach einiger Zeit wurde einigen verdienten Sipahis das Recht eingeräumt, Lehen in Privatbesitz umzuwandeln. Von diesem Privileg waren osmanische Nichtbosniaken ausgeschlossen. Später kam eine Anordnung hinzu, die frei gewordenen Lehen nur Anwärtern aus dem Sandschak Bosnien zugestand. Dadurch war auch die Umwandlung der Lehen in Familienerbe möglich geworden. So konstituierte sich eine bosniakisch-muslimische Klasse, die sich einerseits im Kampf gegen die christlichen Nachbarn formierte und andererseits immer mehr politische Unabhängigkeit von der Pforte anstrebte.

4.3. Die österreichisch-türkischen Kriege und der Zerfall des Osmanischen Reiches

Als dem strukturellen Niedergang des Osmanischen Reiches Gebietsverluste folgten und die „Flut" der Sipahis, Janitscharen und Beamten aus Ungarn, Slawonien, Kroatien und Dalmatien nach Bosnien und in die Herzegowina drängte, verschärften sich die inneren Spannungen in der bosnischen Gesellschaft. Auch die Eroberung und Zerstörung Sarajevos 1697 durch Prinz Eugen wirkte sich nachhaltig aus. Die Stadt war gründlich geplündert und niedergebrannt worden. Daraufhin wurde der Sitz des Wesirs nach Travnik verlegt, das für 150 Jahre zum administrativen Zentrum des bosnischen Paschalyks wurde. Mit der Zeit erholte sich Sarajevo als Handels- und Wirtschaftszentrum und konnte nach dem Frieden von Passarowitz (1718) von den im österreichischen Kaiserreich eröffneten Handelsmärkten profitieren.

Nach dem Frieden von Karlowitz (1699) wurde in Bosnien das System der Kapetanije im Landesinneren ausgebaut, so dass es Ende des 18. Jahrhunderts 39 Kapetane gab – mehr als doppelt so viele wie ein Jahrhundert davor. Die Position des Kapetans wurde mit Familienmitgliedern der Sipahis besetzt und bald erblich. Parallel dazu festigte sich die Institution des Ajanluks, als Instrument der lokalen Herrschaft in einer Verwaltungseinheit (Kadiluk). Die Ajane, ursprünglich gewählte Vertreter der Stadt, waren verantwortlich für Recht und Gesetz, und hatten durch ihre Macht auch die Möglichkeit zur persönlichen Bereicherung. Irgendwann waren diese Ämter fast ausschließlich mit Vertretern der bosniakischen Aristokratie besetzt. In Gebieten, wo es Kapetanije gab, wurde dieses Amt von Kapetanen ausgeübt, so dass die Ämter der zivilen Gewalt mit jenen der militärischen Funktion in einer Person vereint wurden.

Um diese privilegierten Positionen aufrechtzuerhalten, widersetzte sich die bosniakische Aristokratie den Reformen (Tanzimat), mit denen die Pforte das Militärwesen, die Verwaltung und veraltete Herrschaftsformen modernisieren und dem westeuropäischen System angleichen wollte. Im Frühjahr 1831 taten sich die bosnischen Ajane und Begs zusammen, setzten den offiziellen Gouverneur ab und beschlossen, die Armeen des Sultans zu bekämpfen, um die Reformen zu verhindern. An die Spitze wurde Husein-Kapetan Gradaščević gewählt, dessen Kapetanija (Gradačac in der Posavina/Save-Tal) damals die größte und reichste in Bosnien war. Er führte eine starke bosnische Streitmacht nach Kosovo, wo Großwesir Mustafa Reschid Pascha gerade gegen die große Rebellion des Mustafa Bushati im Feld stand. Es gelang Husein-Kapetan, den Großwesir zu schlagen, in den Verhandlungen aber zeigte er sich nachgiebig und zog sich gegen die Zusage, dass die bosnischen Forderungen erfüllt würden, nach Bosnien zurück. Eine dieser Forderungen bezog sich auf die Auswahl der bosnischen Wesire aus den Reihen der bosnischen Begs. Der erste sollte der Kapetan aus Gradačac sein, was Bosnien faktisch eine gewisse Autonomie gebracht hätte, nicht unähnlich jener, die Serbien durch das Reichsgesetz von 1839 (Hatt-i Šerif von Gülhane) bekommen hatte, als der Sultan (unter dem Druck Russlands) Miloš Obrenović als Fürst anerkannte (→ Kap. 6). Sultan Mahmut II. erkannte jedoch keine dieser Forderungen an. Bei der Bekämpfung Husein-Kapetans bediente sich die Pforte rivalisierender herzegowinischer Ajane und Begs. Mit Hilfe von Ali-Aga Rizvanbegović und Smail-Aga Čengić schlug der Großwesir die Rebellion Husein-Kapetans nieder. Rizvanbegović wurde für seine Dienste mit der Ausgliederung der Herzegowina aus dem Eyalet Bosnien belohnt. Rizvanbegović war natürlich auch ein Gegner der Reformen und herrschte selbstherrlich in der Herzegowina.

Diese Periode der Reformen von oben und der Widerstände der Lokalherrscher ist nicht einfach zu bewerten. Die Pforte richtete sich gegen rebellische und eigenmächtige Provinzstatthalter, die in vielen Gebieten, gestützt auf ihre Streitkräfte, eigenständige Herrschaftsbereiche errichteten. Die Herrschaft der lokalen Machthaber bedeutete meist Willkür, Korruption und Ausbeutung der Bewohner. In mancher Hinsicht bekamen einige der rebellierenden Lokalherrscher trotzdem die Unterstützung der Bevölkerung.

Die Prinzipien des Tanzimat, wie sie im Reichsgesetz von Gülhane niedergelegt sind, orientierten sich an westlichen Vorbildern. Den Untertanen des Sultans wurde ohne Rücksicht auf ihre religiöse Zugehörigkeit die Sicherheit von Leben, Ehre und Eigentum garantiert; die Teilung der Gesellschaft in Soldaten und Raja sollte aufgehoben werden. Die umfassenden Reformvorhaben sollten eine neue finanzielle, administrative und rechtliche Grundlage schaffen und das zersplitterte Militärwesen des Reiches in eine moderne Armee umstrukturieren. Die Rebellionen der Lokalherrscher und Widersacher der zentralen Gewalt wurden mit äußerster Brutalität niedergekämpft. Schon 1826 wurde das Janitscharenkorps, das mit der Zeit zu einer korrupten Soldateska verkommen war, in einem regelrechten Massaker aufgerieben. Diese Zeit der Widerstände und lokalen „Bürgerkriege" hatte in Bosnien eine weitere Verschlimmerung der allgemeinen wirtschaftlichen Lage zur Folge. Erst 1851 gelang es dem bosnischen Gouverneur Omer-Pascha Latas, die restlichen Ajane einschließlich des berüchtigten Ali-Pascha Rizvanbegović auszuheben und dessen Paschalyk Herzegowina abzuschaffen. Omer-Pascha versuchte die Reformen durch eine administrative Neuaufteilung des Landes voranzubringen, doch wurden viele Ansätze im entfernten Bosnien auf lokaler Ebene ignoriert. Als die Christen Bosniens 1851 eine Petition an den Sultan schickten, forderten sie darin Rechte, die ihnen nach dem Gülhane-Erlass ohnehin zustanden: Gleichheit mit den Türken vor dem Gericht, gleiche Anzahl christlicher und muslimischer Richter und Beseitigung der Kopfsteuer.

Die Reformen waren gescheitert, weil sie nicht bei den gegebenen Verhältnissen angesetzt hatten. Durch die Umwandlung von Lehen in Privatbesitz war eine unübersichtliche Lage entstanden. Da die Bauern durch eine festgelegte Gebühr für das von ihnen bebaute Land ursprünglich Schutz genossen und ein Anrecht auf ihr Čiftluk (*çiftlik*) besaßen, gerieten sie in mehrfache Abhängigkeit, vor allem von den Čiftluk-sahibis (*sahibi,* Besitzer), der mittleren Schicht der Landbesitzer, die ein Čiftluk erwerben konnten und es den Bauern gegen Pacht überließen. Das neue System der einheitlichen Eigentumssteuer konnte damit den Bauern keine Erleichterung bringen.

Wichtigste Errungenschaft war die Aufhebung der diskriminierenden Maßnahmen gegenüber nicht-islamischen Glaubensgemeinschaften. Neue Kirchen wurden errichtet, womit sich zum ersten Mal die Bedingungen für die Entfaltung der christlichen Glaubensgemeinschaften und ihrer Kulturen merklich verbesserten. Mehrere konfessionelle, aber auch weltliche Schulen wurden gegründet.

Das Osmanische Reich war – wie alle Reiche – ein multiethnisches Gebilde. Zwar ein theokratisch organisiertes islamisches System, duldete es im Unterschied zu den christlichen Imperien andere Religionen. Sein Auftrag als *Dâr al-Islam* (Welt des Islam) bestand darin, die nicht-islamische Welt, *Dâr al-Harb* („Kriegsgebiet", ursprünglich die polytheistische Umgebung der frühen Muslime), zu bekämpfen und zu erobern. Von den älteren islamischen Staaten übernahmen die Osmanen die Regelung, nach der den Juden und Christen als Anhängern der mit dem Islam verwandten Offenbarungsreligionen Gnade (*aman*) gewährt wurde und sie als „Schützlinge" im islamischen Staat leben konnten. Als solche waren die Katholiken, Orthodoxen und Juden toleriert und geschützt, mussten sich aber an diskriminierende Anordnungen halten. Das Gesellschaftssystem des Osmanischen Reiches war somit eines der gleichzeitigen Diskriminierung und Tolerierung. Die konkrete Position der jeweiligen Kirchen wurde nach dem Status, den diese in vorosmanischer Zeit besaßen, geregelt – bzw. je nachdem, was der Sultan als solche Rechte „von alters her" anerkannte.

Die Orthodoxe Kirche hatte in vielerlei Hinsicht einen besseren Status als die katholische, deren Sitz sich ja in Rom, außerhalb des osmanischen Reiches, d.h. in der nicht-islamischen Welt befand. Eine Rolle spielte dabei auch die Tatsache, dass die irregulären Truppen der orthodoxen Wlachen bzw. Serben einen wesentlichen Beitrag bei den osmanischen Eroberungen und Kriegen leisteten. Diesen Spielraum konnte der berühmte Mehmed Pascha-Sokolović (Sokollu) nutzen und beim Sultan 1557 die Erneuerung des Patriarchats von Peć (Ipek) erreichen. Sein Bruder Makarije Sokolović wurde der erste „Erzbischof und Patriarch" des erneuerten Patriarchats, dessen Jurisdiktion (in Titulaturen) sich über die ursprünglich serbisch-orthodoxen Gebiete erstreckte. Die Widersacher des serbischen orthodoxen Klerus waren meist die griechischen Geistlichen, die im ökumenischen Patriarchat in Konstantinopel/Istanbul führende Positionen innehatten und die orthodoxen Bischöfe (meist griechische Fanarioten) auf dem Osmanischen Gebiet ernannten. Die serbische Orthodoxe Kirche sicherte sich neben zahlreichen Privilegien große Ländereien und gehörte zu den größten Großgrundbesitzern in den balkanischen Provinzen.

Für die Präsenz der serbischen Orthodoxen Kirche in den eigentlichen historischen Ländern des mittelalterlichen Bosnien gibt es in den Quellen keine Belege (wenn man von der Ostherzegowina absieht). In Sarajevo wird Anfang des 16. Jahrhunderts ein orthodoxer

Priester zum ersten Mal urkundlich erwähnt sowie eine Siedlung (Gornja Varoš), wo zwischen 1520 und 1539 eine serbisch-orthodoxe Kirche erbaut wurde. In Mostar entwickelte sich mit der Zeit eine orthodoxe Gemeinde; da die serbischen Kirchen keine Gründungsurkunden führten, schließt man aus anderen Dokumenten, dass die erste Kirche in Mostar an der Wende vom 17. zum 18. Jahrhundert – wahrscheinlich durch die Mönche des nahe gelegenen Klosters Žitomislići – gegründet wurde. Mitte des 16. Jahrhunderts betrieben die orthodoxen Mönche eine Druckerei in der Kirche von Goražde (von Stjepan Kosača 1446 als Kirche des Hl. Georg gegründet) und später im Kloster von Mileševo. Trotzdem war die Schriftkultur und Bildung in den orthodoxen Sprengeln von Stagnation und Niedergang gekennzeichnet.

Zur Zeit des türkischen Vordringens und der sukzessiven Eroberung Bosniens war der franziskanische Orden in der bosnischen Vikarie schon etabliert. Einige Klöster wurden nach der Eroberung verlassen, in einigen aber blieben die Fratres und ließen sich den Schutz des Sultans vertraglich sichern. So erteilte Sultan Mehmed II. den Franziskanern nach der Eroberung von Srebrenica 1462 Privilegien zur ungestörten Ausübung ihrer Ordenstätigkeit. Ein Jahr später erteilte er einen solchen Schutzbrief den Franziskanern der Kustodie Bosna, das berühmte *ahd-name* von Fojnica, (wo es aufbewahrt wurde). Dieses Privilegiendokument, mit dem Mehmed II. den Franziskanern Sicherheit des Lebens und Wirkens garantierte, bezog sich nicht nur auf ein einziges Kloster und wurde deshalb als ein zentrales Dokument für den Orden und die katholische Glaubensgemeinschaft insgesamt gesehen. Die gewährten Privilegien verdanken sich zum großen Teil dem Verhandlungsgeschick des Kustos Angelus Zvizdović, der realistisch eingeschätzt hatte, dass die osmanische Präsenz von Dauer sein würde. Eine einheitliche politische Linie für die Haltung des Ordens gegenüber den Eroberern hatte es aber nicht gegeben. In der Kustodie Jajce riefen die Fratres zum Widerstand auf und beteiligten sich am Kampf gegen die Osmanen. Viele Klöster wurden verlassen bzw. siedelten in die freien Gebiete um. Die Franziskaner mussten sich die erteilten Privilegien immer wieder von den Wesiren erneuern lassen. Mit der Zeit aber waren die Klöster durch die Erteilungspraxis von Genehmigungen und Privilegien immer größeren finanziellen Belastungen ausgesetzt, so dass viele hochverschuldet aufgegeben werden mussten.

Die Franziskaner waren dank ihrer Verbindung zur bosnischen Mittelschicht in den Bergwerkstädten und Handelszentren sicher, solange sich diese urbanen Zentren – wie Srebrenica – hielten. Als die Osmanen jene Bergwerk-Regionen und ihre Städte im 17. Jahrhundert vernachlässigten, erlebte der Katholizismus – verbunden auch mit dem Niedergang der Republik Dubrovnik – einen umfassenden demographischen, urbanen und sozialen Niedergang, dessen Tiefpunkt im Türkenkrieg 1683-1699 erreicht wurde. Von ca. 30 franziskanischen Klöstern im Mittelalter blieben im 18. Jh. nur drei erhalten.

Die osmanische Konfessionspolitik erwies sich für die in Europa verfolgten Juden als vorteilhaft. Die aus Spanien und Portugal vertriebenen Juden (Sephardim) bekamen weit reichende Handelsprivilegien und Konzessionen, und so siedelten sich zahlreiche jüdische Händler und Gewerbetreibende in den Balkanstädten an. In Istanbul gab es eine jüdische Gemeinde von 1.500 jüdischen Haushalten, deren Oberrabbiner bei der Pforte einen gewissen Einfluss hatte. Saloniki wurde durch die jüdischen Textilunternehmer zum bedeutendsten Warenumschlagsplatz im östlichen Mittelmeer. Über Saloniki kamen in den vierziger Jahren des 16. Jahrhunderts zunächst etwa 30 jüdische Familien (aus Portugal) nach Sarajevo. 1565 wurde die sephardische jüdische Gemeinde gegründet. Wie andere Nicht-Muslime mussten die Juden besondere Steuerabgaben leisten, sich erkennbar anders kleiden, durften weder Waffen tragen noch reiten. Die einschränkenden Bestimmungen über Größe und Renovierungsmöglichkeiten für Gotteshäuser wurden ebenso wie auf die Kirchen der Christen auch auf Synagogen angewandt. Nur für eine kurze Periode mussten die Juden in Sarajevo in einem isolierten Stadtteil siedeln (Velika avlija, auch čivutana), und auch da durften sie sich frei bewegen, weshalb von einem Getto zu keiner Zeit gesprochen werden kann. Die Verlagerung der Handels- und Kapitalwege vom Mittelmeer in atlantische Handelszentren und die Erstarkung heimischer Schichten im Handelsgewerbe veranlassten immer mehr Juden, vom Balkan in den Westen zu ziehen. Die ersten Aschkenasim kamen nach Bosnien, als die Türken aus Ungarn (Budim) verdrängt waren. Massiv kamen sie dann aber erst nach der Okkupation Bosniens durch Österreich-Ungarn und spielten eine herausragende Rolle bei der Industrialisierung des Landes. Die Sephardim schätzte man als gute Händler und Handwerker, die Aschkenasim wegen hoher Bildung und Expertenwissen. 1940 gab es 20 jüdische Gemeinden und etwa 14.000 Mitglieder. Nur 4000 von ihnen überlebten die Verfolgung im Zweiten Weltkrieg.

4.4. Das Ende der osmanischen Herrschaft und die Okkupation durch Österreich-Ungarn

In der zweiten Hälfte des 19. Jahrhunderts machten sich in Bosnien einige Modernisierungsansätze bemerkbar. Eine neue administrative Einteilung des Landes wurde eingeführt, um die Willkür in der Kadiluk-Ordnung zu unterbinden. Die zaghaften Reformen wirkten sich in den urbanen Zentren aus. Die Verbindungen wurden noch immer mit Pferden und Maultieren aufrecht erhalten, weil es so gut wie keine Straßen gab. Die erste Eisenbahnverbindung wurde in Banja Luka (1872) gebaut, wo die Trappisten die ersten kleinen Industrieanlagen errichteten. Sie führte nur bis zur kroatischen Grenze. In Sarajevo entstand das erste Krankenhaus, und man baute eine Straße nach Bosanski Brod. Es wurden Zeitungen gegründet, gleichzeitig aber hatte Sarajevo mit etwa 50.000 Einwohnern Mitte der siebziger Jahre keine einzige Buchhandlung.

Bosnien blieb ein Agrarland mit komplizierten Agrarverhältnissen, die jeglicher Modernisierung trotzten. Die bosnischen islamischen Geistlichen (Ulema) widersetzten sich den Reformen ebenso wie die auf ihren Pfründen sitzenden Großgrundbesitzer; aber auch die einfachen Muslime sahen in der Gleichsetzung der Untertanen eine Beschneidung ihrer Privilegien und versuchten oft die Errichtung von Kirchen zu verhindern. Gleichzeitig erstarkten in der kroatisch-katholischen und der serbisch-orthodoxen Bevölkerung die nationalen Integrationsprozesse unter dem Einfluss der nationalen Bewegungen der Konnationalen außerhalb des Landes.

Die Benachteiligung der christlichen Bauernbevölkerung gegenüber den muslimischen Großgrundbesitzern (Agas und Begs) war trotz der halbherzigen Reformen unerträglich, und die Willkür der Lokalherrscher steigerte sie noch. Es kam zu Bauernaufständen, von denen der serbische in der Herzegowina 1875 durch seine Heftigkeit und die Brutalität, mit der er niedergeschlagen wurde, Aufsehen erregte, ja so große Publizität in der westlichen Öffentlichkeit hatte, dass er die Lösung der „Orientalischen Krise“ beim Berliner Kongress mit veranlasste. Die Diplomatie Österreich-Ungarns betonte, die Zentrale in Istanbul sei nicht imstande, für Recht und Ordnung und für die Durchführung von Reformen in Bosnien-Herzegowina zu sorgen, so dass die Stabilität in Europa auf dem Spiel stehe. Unterstützt von Deutschland und England, wurde die österreich-ungarische Monarchie beim Berliner Kongress 1878 von den europäischen Signatarstaaten ermächtigt, Bosnien-Herzegowina zu besetzen und zu verwalten, obwohl das Land nominell (bis zur Annexion 1908) unter der Oberhoheit des Sultans blieb.

Die kaiserlichen Streitkräfte (im Grunde mehrheitlich kroatische und serbische Offiziere und Soldaten aus den Garnisonen der Militärgrenze) brauchten drei Monate, um den spontanen und hartnäckigen Widerstand der bosniakisch-muslimischen Einheiten und der muslimischen sowie teilweise serbisch-orthodoxen Bevölkerung zu brechen. Weil die politische Spitze der Doppelmonarchie sich falsche Vorstellungen gemacht hatte (als stünde ein Einmarsch „mit Militärmusikkapelle“ bevor, wie Außenminister Gyula Andrássy meinte), mussten erhebliche Verluste hingenommen und ein viel größeres militärisches Potential eingesetzt werden als ursprünglich geplant. Von vergleichbarer Qualität war die gesamte politische und kulturpolitische Strategie im besetzten Land, obwohl der Gemeinsame Finanzminister Benjámin Kállay, der für die Verwaltung Bosniens zuständig war, als Balkankenner galt.

Die Angliederung der neuen Provinz an die Doppelmonarchie geschah auch im Zeichen der außen- und innenpolitischen Problemlage in der Doppelmonarchie selbst. Außenpolitisch galt es, Russlands Einfluss auf dem Balkan einzudämmen und die Entstehung eines südslawischen Staates zu verhindern. Die dualistischen, nach dem Ausgleich 1861 bzw. 1867/68 geschaffenen Strukturen hatten zu inneren Spannungen und schließlich zur Krise des Dualismus geführt. Ungarn verfolgte eigene Nationalinteressen (vor allem in wirtschaftlichen Belangen), die mit der repressiven Politik in Kroatien korrespondierten. Kurz: die Politik der Besatzer ist nie von den Belangen, Bedürfnissen, realen Nöten und Problemen des Landes selbst ausgegangen (→ Kap. 3). So blieb auch die feierliche Proklamation des Hofes über die Respektierung der „Gesetze“, „Gebräuche“, „Einrichtungen“ und „Sitten“ des Landes und die Zusicherung der vollen „Freiheit der Mohammedaner in ihrem Verkehr mit ihren geistlichen Häuptern“ nur eine fromme Erklärung. Um das Vertrauen der bosnischen Eliten zu gewinnen, traf die neue Verwaltung allerdings eine Reihe von Maßnahmen zur Wahrung einer gewissen Kontinuität, was zur Folge hatte, dass „der bosnische Islam in der postosmanischen Epoche politisch und kulturell unvergleichlich besser dastand, als der Islam in irgendeinem anderen Balkangebiet.“ (Džaja).

Die *Annexion* von 1908 war der abschließende Schritt einer politischen Strategie zur Einbindung Bosniens und der Herzegowina in die Doppelmonarchie, die mit der (vertragswidrigen) Eingliederung in die gemeinsame Zollunion und der Abschaffung des türkischen Geldes bzw. Einführung der neuen Währung begonnen hatte. Der folgende Schritt war die Einführung des Wehrdienstes im November 1881, was einen Aufstand der muslimischen und serbisch-orthodoxen Bevölkerung in der Ostherzegowina auslöste. Die Regierung übernahm zwar die alte territoriale Verwaltungsordnung, verwandelte nur die bestehenden Sandschaks in Kreise und die Kadiluks in Bezirke, doch wurde die Verwaltung substantiell anders organisiert. Für Zivilprozesse zwischen Muslimen blieben die Scheriat-Gerichte in Kraft. Die neue Landesverwaltung nahm die fällige Reformierung der muslimischen religiösen Stiftungen (*vakifs*) in Angriff, deren zerrüttete Finanzen saniert werden mussten. Durch die Modernisierung der Vakufsverwaltung konnte auch politische Kontrolle ausgeübt werden.

Die neuen Machthaber brachten kaum die nötigen Voraussetzungen mit, um das Ausmaß der Schwierigkeiten zu begreifen, auf das sie in dem rückständigen Land stießen. Nicht nur war das Land, in dem über 88 Prozent der Bevölkerung von der Landwirtschaft lebte, technisch und wirtschaftlich rückständiger als die ärmsten Gegenden der Monarchie (Dalmatien), sondern alle sozialen Missstände waren zudem mit den konfessionellen Unterschieden verknüpft, und diese wiederum spielten auch bei der Elite eine große Rolle. Die

Maßnahmen des Okkupationsregimes waren in (1) gesellschafts- und wirtschaftspolitischer Hinsicht für die Entwicklung des Landes wenig hilfreich, für die (2) technisch-industrielle Entwicklung hingegen brachten sie einen schnellen und enormen Fortschritt und waren (3) in der Bildungspolitik und im wissenschaftlich-kulturellen Bereich trotz Schattenseiten von großer Bedeutung. (4) Die Religionspolitik aber, obwohl die toleranteste, die es in Bosnien-Herzegowina je gegeben hatte, war doch stark vom christlichen Weltbild bestimmt.

(1) Als folgenreichste Entscheidung erwies sich, dass man die unumgängliche *Bodenreform* auf die lange Bank schob. Das Regime ging dieser heiklen Frage aus dem Wege, um keine sozialen Unruhen auszulösen. Man übernahm unter kleinen Korrekturen der Abgabenormen die reformierte Čiflik-Ordnung (nach der letzten Osmanischen Reform 1859) und bestätigte die von der Pforte eingeführte Regelung von 1876, wonach sich die abhängigen Bauern (Kmeten, Pächter) freikaufen konnten. 1911 wurde – nach der Konstituierung des bosnischen Landtags (1909) – ein Gesetz über die fakultative Kmetenablösung verabschiedet. Doch obwohl es dafür Kredite von der Regierung gab, konnten bis 1915 nur 9 Prozent der Kmeten abgelöst werden. Diese zögerliche Tilgung der schwer wiegenden Überbleibsel des osmanisch-islamischen Feudalismus bevorteilte die bosnischen Muslime bzw. die Großgrundbesitzer, die allerdings eine Minderheit waren. Die Mehrheit der muslimischen Landbesitzer (die 1910 neun Zehntel der Grundbesitzer stellten) besaß weniger als 50 Hektar Land.

Fast 74 Prozent der Kmeten waren (der gleichen Zählung zufolge) Orthodoxe, 21,4 Prozent Katholiken. Bis zur Annexion gab es eine Art Allianz zwischen Serben und muslimischen Bosniaken in dieser brisantesten bosnischen Frage – freilich aus vollkommen unterschiedlichen Interessen, die mit der Möglichkeit einer Restitution der Osmanischen Herrschaft verknüpft waren. Nach der Annexion hatten die Serben „keinen Grund mehr für die Vertagung der Forderung nach Änderung" der feudalistischen Landverteilung (Banac). Andererseits wollte man in Budapest und Wien durch die Annexion auch eine festere staatsrechtliche Grundlage und damit klarere Finanzbedingungen für die wirtschaftliche Entwicklung schaffen. Doch es steht fest, dass der Verzicht auf eine Landreform ebenso die Krise förderte wie die Annexion sie verschärfte. Ohne eine Bodenreform konnten keine reellen Modernisierungsansätze eingeleitet werden.

Der Erste Weltkrieg machte die Gegensätze im okkupierten Bosnien-Herzegowina erst recht unüberbrückbar. Gegen Ende des Krieges steigerte sich die interkonfessionelle Gewalt. Es kam zu Massenangriffen auf muslimische Bosniaken, meist durch serbische Bauern und Soldaten, deren Opfer nicht nur muslimische Großgrundbesitzer waren. Noch vor der Gründung Jugoslawiens gab der serbisch dominierte Nationalrat für Bosnien-Herzegowina eine Proklamation zur Aufhebung der Besitzverhältnisse im Agrar heraus und gleich nach der Errichtung des gemeinsamen Staates wurde von Prinzregent Aleksandar eine Verordnung erlassen, die den Kmeten einen Rechtsanspruch auf die von ihnen bearbeiteten Ländereien verlieh. Einheitliche und transparente Verfahren und Regelungen des Rechtsweges kamen nicht zustande. Daher lief diese sogenannte Agrarreform praktisch vielfach auf Enteignung oder gar Mord und Totschlag hinaus. Der oberste islamische Geistliche Reis ul Ulema Čaušević zog in einem Interview für die Pariser Tageszeitung *Le Temps* die Bilanz der Gründung Jugoslawiens für die Muslime: „Tausende Menschen ermordet, 76 Frauen verbrannt, 270 Dörfer ausgeraubt und zerstört". Besonders willkürlich war die Zuteilung des Landes an die serbischen freiwilligen Soldaten (Dobrovoljci).

Erst in mühsamen politischen Kämpfen, die mitunter zu abträglichen politischen Allianzen zwangen, konnte der Führer der stärksten muslimischen Partei Mehmed Spaho ein

Recht auf Entschädigung der früheren Besitzer (1920) erwirken. Etwa 4000 landbesitzende Familien, von denen einige in die Armut stürzten, waren von der Reform betroffen.

Diese Agrarreform hatte im Krieg der neunziger Jahre ein Nachspiel, als die serbischen Verhandlungsführer bei Gesprächen über Teilungen des Landes ihren Anspruch auf über die Hälfte des Landes mit den Katastern untermauerten, in denen die Ergebnisse der Umverteilung festgeschrieben waren, und die internationalen Vermittler diese als Ausgangsbasis für die Teilung des Staates Bosnien-Herzegowina akzeptierten.

(2) An die Entwicklung der Infrastruktur und der industriell-technischen *Modernisierung* ging die Landesverwaltung mit großer Energie heran. Mit enormem finanziellem Aufwand (durch Regierungskredite) wurden ein Straßennetz und etwa 1500 km Eisenbahnstrecken gebaut. Es kam zu bedeutenden Industriegründungen; in Tuzla wurde die erste moderne Salzgrube eröffnet (1884), Erzbergwerke in Vareš und das Eisenwerk in Zenica folgten 1886. Anbau und Verarbeitung von Tabak wurden modernisiert, bei Mostar ein Weingut angelegt. In Sarajevo und Mostar errichtete man monumentale Kulturgebäude. Zur wichtigsten Industriebranche wurde die Holzindustrie (d.h. die schnelle Ausbeutung der bosnischen Wälder). Kurz vor dem 1. Weltkrieg verzeichneten die Industriebetriebe ca. 50.000 ständige Arbeitskräfte. Die Epoche der Industrialisierung gehört zu den besterforschten der bosnischen Geschichte; dabei wurde festgestellt, dass „die militärisch-strategischen Gesichtspunkte und die ungarischen Wirtschaftsinteressen zum Nachteil der bosnischen Bevölkerung konsequent durchgesetzt worden waren".

(3) Erfolge gab es vor allem im Bereich der *Bildung* und wissenschaftlichen Forschung. Die vorgefundenen konfessionellen Schulen wurden finanziell gefördert, neue kamen hinzu. Vor allem das öffentliche Schulsystem wurde gefördert – die Zahl der (vierklassigen) Grundschulen hat sich in der Zeit von 1880/81 bis zum Kriegsbeginn verzehnfacht. Trotz neuer Mittel- und Fachschulen, kam das nötige flächendeckende primäre Schulsystem nicht zustande. Eine bürgerliche Professionalisierung der Intelligenzia, unter der die Bereitschaft zu politischer Radikalisierung verbreitet war, blieb weitgehend aus.

Die *wissenschaftliche Forschung,* von den Interessen des Regimes durchaus geleitet, begann nach der Okkupation mit dem Kartographieren der besetzten Gebiete und mit geologischen Untersuchungen, bei denen man auf beträchtliche Bodenschätze, aber auch auf zahlreiche archäologische Funde (z.B. die Grabsteine, stećci) stieß. Dem folgten entsprechende wissenschaftliche Einrichtungen, darunter das Landesmuseum in Sarajevo, ein Prunkstück der damaligen Gründerzeitarchitektur.

(4) Der *Religionspolitik* musste in einem durch Konfessionalismus strukturierten Bosnien-Herzegowina eine Schlüsselrolle zukommen. Alle Lebensbereiche waren von der osmanisch-islamischen Ordnung geprägt. Die unterschiedlichen Wertmaßstäbe und Vorstellungen der drei konfessionellen Gruppen verfestigten sich noch in der Übergangsperiode, so dass der Konfessionalismus letztendlich im Nationalismus mündete. Die Haltung der neuen Machthaber war durch die Furcht vor dem ihnen bekannten serbischen bzw. kroatischen Nationalismus bestimmt. Die österreichisch-ungarische Politik war in Bosnien-Herzegowina etwas zurückhaltender als in Kroatien, trotz gleicher neoabsolutistischer Grundzüge. Der Gouverneur Benjámin Kállay bemühte sich, die bosnischen, vor allem die muslimischen Eliten und die Repräsentanten der Glaubensgemeinschaften für die österreichisch-ungarischen politischen Ziele zu gewinnen. Kállays Idee, eine alle drei bosnischen konfessionellen Gruppen integrierende nationale Idee des Bosniakertums zu etablieren, war dem Bestreben entsprungen, von außen kommende Einflüsse nationaler Bewegungen zu verhindern. Eine solche Idee des interkonfessionellen integrativen Bosniakertums hatte keine vorgebildete Tradition, doch knüpfte man auch nicht an die bestehenden Traditionen

des Zusammenlebens an, die im jahrhundertlangen Umgang mit dem anderen eine spezifisch bosnische Art der Gemeinsamkeit konstituiert hatten.

Die Kirchenpolitik des Habsburger Reiches wurde auf die neue Provinz ausgedehnt, was für jede Konfession Besonderheiten mit sich brachte. Im Falle des *Katholizismus* dienten als Grundlage die Konkordatsregelungen, wonach die Ernennungsrechte für Bischöfe beim Kaiser lagen und sämtliche Kosten für die Dotationen von der Regierung getragen wurden. Trotz der gemeinsamen konfessionellen Ausgangsposition verlief die institutionelle Umgestaltung des Katholizismus, der in Bosnien unter Führung der Franziskaner seit Jahrhunderten in unetablierter Form existierte, nicht reibungslos. Der Römischen Kurie ging es darum, die ordentliche Hierarchie einzuführen und die Weltkirche zu festigen. Politische Ziele flossen gleich in diese Bestrebung mit hinein. Eine eigene, vom kroatischen Erzbistum unabhängige Kirchenprovinz Bosnien wurde gegründet und somit die Hoffnung Strossmayers als Bischof von Đakovo auf Vereinigung durchkreuzt, da besonders Ungarn die politische Erstarkung Kroatiens befürchtete. In manchen Kreisen der Großkirche war auch der Einfluss der Franziskaner, deren Franziskanerprovinz die einzige bosnische mittelalterliche Institution war, die die osmanische Epoche überlebt hatte, mit Argwohn betrachtet.

Der erste Erzbischof von Sarajevo, Josip Stadler, war nicht zu Kompromissen bereit und rief heftige Konflikte hervor – man warf ihm Proselytenmacherei vor. Die *serbische Orthodoxie*, die offiziell als griechisch-orthodox bzw. griechisch-orientalisch und erst nach Protesten nur orthodox (ohne das nationale Adjektiv) benannt wurde, sollte nach den gleichen Prinzipien der habsburgischen Kirchenpolitik integriert werden: Zunächst wurden die amtierenden Metropoliten bestätigt, aber Neuernennungen sollten durch den Kaiser erfolgen, die Besoldung der Geistlichen durch die Regierung, die Abgaben der Gläubigen durch den Fiskus geregelt werden. Vor allem der niedrige Klerus leistete Widerstand gegen das Regime und verbreitete kräftig serbische Propaganda.

Was den *Islam* anbelangt, waren angesichts der bestehenden tief liegenden strukturellen Unterschiede zur westlichen Religionsauffassung fundamentale Unvereinbarkeiten unlösbar. Das betrifft die Strenggläubigen, die nicht unter der Herrschaft der Ungläubigen leben wollten und die Hauptmasse der Muslime bildeten, die das Land verlassen hatten (ca. 60.000). Außerdem war jeder Eingriff durch einen nichtislamischen Staat mehr als heikel, zumal der Islam keine Trennung zwischen religiösem und privatem Bereich kennt. Die österreichisch-ungarische Regierung versuchte, die bosnischen Muslime von Istanbul politisch abzukoppeln, und rief zu diesem Zweck die völlig neue Institution des geistlichen Oberhauptes (*reis-ul-ulema*) ins Leben und berief den Mufti von Sarajevo und Bosnien Hilmi-Efendi Omerović in dieses Amt. Außerdem richtete man einen obersten geistlichen Rat (*ulema meclisi*) ein, dem außer dem reis-ul-ulema vier Mitglieder angehörten. Die schon erwähnten Reformen der Vakufverwaltung und des islamischen Schulwesens riefen heftige Gegnerschaft bei der konservativen Ulema hervor. Ein Fall der Konversion zum Katholizismus schließlich führte zur Politisierung der Muslime in ganz Bosnien, die außer Geistlichen zunehmend auch Großgrundbesitzer erfasste. Der politische Kampf konzentrierte sich fortan auf die Erlangung der autonomen Verwaltung islamischer Institutionen (Schulen und Vakufverwaltungen). 1909 bekam der bosnische Islam den Autonomiestatus, den die Serben sich schon vier Jahre zuvor erkämpft hatten.

Offiziell anerkannt wurden die beiden jüdischen Gemeinden (Sephardim und Aschkenasim) sowie andere Religionsminderheiten, die wie die Mehrheit der Aschkenasim erst nach der Okkupation ins Land gekommen waren.

Die zögerliche Reformtätigkeit der Okkupationsmacht hatte zwar den bosnischen Muslimen eine schonende Anpassungsspanne an die moderne Welt verschafft, aber da ihre Vorhaben nicht im Einklang mit den Bedürfnissen im Lande selbst waren, konnte sie keinen politischen Rückhalt bei der breiten Bevölkerung erlangen, so dass die meisten vollendeten Projekte bloß vereinzelte „Prunkstücke okzidentaler technischer Überlegenheit" blieben. (Džaja)

Das österreichisch-ungarische Regime in Bosnien-Herzegowina musste innenpolitisch notgedrungen zum Spiegel der Krise im ganzen Reich werden, zumal diese gerade durch die Okkupation und Annexion von Bosnien-Herzegowina auf die Spitze getrieben wurde (→ Kap. 3). Die politische Klasse in der Monarchie meinte, diese grundlegende Tatsache ignorieren und das Land als eine isolierte Insel regieren zu können. Außerdem wurde die Auswirkung der Annexion auf die südslawische Bevölkerung in der Region und in Bosnien-Herzegowina selbst unterschätzt. Gleichzeitig war man mit Serbien in einen regelrechten Wirtschaftkrieg verwickelt, und in Kroatien wechselte nach der 20-jährigen Diktatur Hédervárys ein repressives Regime im Dienste Ungarns das andere ab. Dies alles und vor allem die politischen Annäherungen unter den Kroaten und Serben der Monarchie, ihr gemeinsamer „Neuer Kurs", sowie die jugoslawisch orientierte „Nationale Jugend" konnten nicht ohne Einfluss auf die politischen Entwicklungen in Bosnien-Herzegowina bleiben (→ Kap. 14). Der erste Balkankrieg wurde nicht nur unter den Serben in Bosnien-Herzegowina, sondern unter den meisten Südslawen in der Monarchie insgesamt begeistert aufgenommen. Wenn unter der kroatischen und muslimischen Bevölkerung Bosnien-Herzegowinas eine gewisse Loyalität der Fremdherrschaft gegenüber vorausgesetzt werden konnte, nicht zuletzt aus Angst vor serbischen Ansprüchen – besonders nach dem 2. Balkankrieg –, so konnte sie von der serbischen (der damals stärksten) Bevölkerungsgruppe unmöglich erwartet werden. Die serbische Nationalideologie war ein kompaktes Projekt, das von so gut wie allen Schichten und serbischen politischen Gruppierungen betrieben wurde (→ Kap. 6). Als nach der Annexion der erste bosnisch-herzegowinische Landtag konstituiert wurde, ließen sich die Spannungen kaum beschwichtigen, obwohl mit der Entstehung politischer Parteien ein gewisser Pragmatismus in die Auseinandersetzungen kam. Freilich waren die Kompetenzen des Landtags äußerst eingeschränkt, denn die Regierung war weiterhin dem Gemeinsamen Finanzministerium der Doppelmonarchie unterstellt.

Charakteristisch für das erste Jahrzehnt des 20. Jahrhunderts in den südslawischen Teilen der Doppelmonarchie war die politische Radikalisierung der Jugend (Studenten und Mittelschüler), wodurch (national)revolutionäre und terroristische Milieus begünstigt wurden. Aus diesen Milieus kam auch der Ferdinand-Attentäter Gavrilo Princip, Mitglied der Organisation *Mlada Bosna* (Jungbosnien), die sich dem – allerdings nicht ausschließlich terroristischen – Kampf gegen die Fremdherrschaft in Bosnien-Herzegowina verschrieben hatte. Der Anschlag von Sarajevo im Juli 1914 löste in der Stadt antiserbische Aktionen aus. Während des Krieges gab es viele repressive Maßnahmen gegen die Serben.

Die österreichisch-ungarische Politik in Bosnien-Herzegowina kann man rein formell mit der Kolonialpolitik Englands auf Zypern zur gleichen Zeit vergleichen. (Banac) In politischer Hinsicht aber hatte sich die Doppelmonarchie durch die Besetzung und Annexion eines Landes, dessen Bevölkerung zu 65 Prozent Konnationale jener Volksgruppe waren, mit denen sie seit einem Jahrhundert im politischen Kampf stand, die Schlinge um den Hals gelegt. Auch das repressive Regime, das während des Krieges in Bosnien-Herzegowina eingeführt wurde, wird man zu den Faktoren zählen dürfen, die der Bereitschaft, aus dem Reich auszuscheiden und einen südslawischen Staat zu bilden, förderlich waren.

4.5 Epilog

Die Entstehung von Großgruppen und die nationalen Integrationsprozesse waren unter den südslawischen Stämmen und Völkern uneinheitlich verlaufen. Einerseits etablierten sich im frühen Mittelalter die Stammesnamen der Kroaten und der Serben. Andererseits übte unwesentlich später die bosnische Landnahme eine vergleichbar integrative Wirkung aus. Der bosnische Name etablierte sich durch bosnische Herrscher und das bosnische Königreich im Mittelalter ebenso wie die Stammesnamen für die Territorialherrschaften in der Nachbarschaft. In den nationalen Bewegungen des 19. Jahrhunderts überwog das ethnische Modell der Konstruktion einer Gruppenidentität. Dieses so genannte „objektive Nationsverständnis" (Sundhaussen) lebt von der Illusion einer „gemeinsamen Abstammung", die es zum Kriterium der Nationszugehörigkeit macht bzw. mangels Nachweis mit „Ersatzkriterien" (Sprache, Konfession, Kultur) auffüllt. Die durch einen solchen „Abstammungsmythos" geprägten nationalen Identitäten wurden auch in Bosnien selbst rezipiert, obwohl die Großgruppenidentitäten dort während der osmanischen Jahrhunderte konfessionell bestimmt waren. Bedingt durch historische und politische Faktoren verdrängte das nationalethnische Modell das territoriale Paradigma der Identität, das ja auch durch die Zugehörigkeit zum osmanischen Reich am Verblassen war. Die historische Erinnerung an das bosnische Königreich wurde von den marginalisierten Franziskanern bzw. Katholiken gepflegt; dennoch hat sich der Name Bosnien (wie auch Herzegowina) in der türkischen Form als regionales Identifikationsmerkmal erhalten. Nach dem Zerfall des Osmanischen Reiches entwickelte sich bei der bosnischen Bevölkerung die Vorstellung der territorialen Unteilbarkeit von Bosnien-Herzegowina zu einer politischen Antwort auf ethnisch-nationale (kroatische und serbische) Projektionen.

Schon im 16. Jahrhundert schrieb der österreichische (slowenische) Gesandte von Ferdinand I., Benedict Curipeschitz, von „dreyerley nation und glauben" in Bosnien, historisch entstanden in der Folge der osmanischen Eroberung und Herrschaft. Auf diese Tradition konnte sich die Vorstellung einer politisch-territorialen Identität berufen, die vor allem – aber nicht ausschließlich – bei den bosnisch-muslimischen Eliten um die Jahrhundertwende überwog. Dem Führer der stärksten Partei der bosnischen Muslime (Jugoslavenska Muslimanska Organizacija, JMO), Mehmed Spaho (1883-1939), gelang es 1921, durch einen Kompromiss mit den zentralistischen serbischen Parteien bei der administrativ-territorialen Einteilung des neugegründeten Staates der Serben, Kroaten und Slowenen in Verwaltungsgebiete (*oblasti*), Bosnien-Herzegowina als Einheit in seinen bisherigen Grenzen beizubehalten und die bestehenden Kreise in neue Bezirke umzubenennen. Dieses Recht wurde sogar in der Verfassung festgeschrieben, während alle anderen historischen Länder in Oblasti zerstückelt wurden. 1929 ordnete allerdings König Aleksandar eine neue Einteilung des Landes in „Banate" an (die keinerlei Verbindung mit den geschichtlichen Banschaften hatten) und gliederte Bosnien-Herzegowina in vier Banate, in denen die bosnischen Muslime jeweils eine Minderheit waren. Als 1939 der kroatisch-serbische Konflikt durch die Schaffung einer kroatischen Banat vorläufig beigelegt wurde, geschah dies ohne jede Berücksichtigung der Muslime; die Entscheidung über die Zuteilung der Gemeinden zur Kroatischen Banovina folgte ausschließlich den kroatischen und serbischen Mehrheitsverhältnissen.

Bei der Gründungsversammlung der jugoslawischen Föderation noch während des Zweiten Weltkrieges wurde Bosnien-Herzegowina als gleichberechtigte föderale Einheit des zukünftigen Bundesstaates behandelt. Die Sozialistische Republik Bosnien-Herzegowina war definiert als Republik der gleichberechtigten Völker (Serben, Kroaten und Muslime), doch wurden die Muslime weiterhin dem Druck ausgesetzt, sich im ethno-nationalen Sinne als Kroaten oder Serben zu entscheiden. Erst in den sechziger Jahren wurden die Muslime als eigene Nation anerkannt, wenn dafür auch die Konfessionalität als Identitätstitel genommen wurde. Die serbischen Nationalisten wollten diese Anerkennung als Nation nie akzeptieren, wagten dies aber erst nach dem Tod Titos laut zu sagen. Obwohl es hierzu kroatischerseits keine wirkliche Parallele gab – das verbietet die zahlenmäßige Unterlegenheit der Kroaten gleichsam von alleine – ist mittlerweile reichlich belegt, dass Franjo Tuđman noch zu seiner Dissidentenzeit (in den 70er und 80er Jahren) die Anerkennung einer eigenen Nation der Muslime kritisierte, an die Theorie, bosnische Muslime seien „eigentlich" ethnische Kroaten, glaubte, und Bosnien-Herzegowina überhaupt für ein koloniales Gebilde, einen überflüssigen Rest des osmanischen und österreichisch-ungarischen Kolonialismus hielt. Diese Haltung, die allerdings in Kroatien selbst ziemlich einsam war, gehörte zum Hintergrund seiner zwielichtigen Politik gegenüber Bosnien-Herzegowina und den Bosniaken in den 90er Jahren, die mitunter Züge einer aggressiven Strategie enthielt. Nicht nur Bosniaken sahen daher in Kroatien zur Zeit Tuđmans eine für den bosnischen Staat dem Serbien unter Milošević gleich oder zumindest vergleichbar feindselige Macht.

Freilich ließ der aus der Konfession abgeleitete Name auch Spielraum für Spekulationen über die „wahre" oder „eigentliche" ethnische Herkunft der Muslime. Die serbischen Nationalisten bedienten sich dieses Argument um die staatsrechtliche Existenz von Bosnien-Herzegowina zu negieren und behaupteten, es handle sich um „serbische Länder", und die Muslime seien „eigentlich" islamisierte Serben. Die breite Anerkennung des nicht-konfessionellen Namens der Bosniaken bestätigte abschließend die historische und kulturelle Gruppenidentität als Nation.

So wie die westliche Definitionsmacht die Bosniaken zu einer der „Kriegsparteien" machte, wird auch nach Dayton ignoriert, dass die Bosniaken Opfer eines Genozids waren. Der Euphemismus „ethnische Säuberung" unterstellt, alle Kriegsparteien hätten diese praktiziert. Damit werden die Unterschiede zwischen lokalen und sporadischen Exzessen einerseits und dem von langer Hand geplanten Vernichtungszug andererseits verwischt und den Bosniaken Gerechtigkeit verweigert. Diese aber ist eine wesentliche Bedingung für die Zukunft Bosniens.

Übersetzt, überarbeitet und ergänzt von Dunja Melčić

Literatur

Die Literatur über Bosnien-Herzegowina ist im Zusammenhang mit dem Krieg 1991-1995 immens angestiegen. Angegeben hier unten sind Veröffentlichungen, die von besonderer Bedeutung für diesen Beitrag waren, weshalb deren Autoren (manchmal, nicht immer) im Text genannt werden. Die wichtigsten Gesamtdarstellung des Raumes und seiner historischen Landschaften sind im Anhang des 1. Kapitels genannt.

Neuere allgemeine Darstellungen der bosnischen Geschichte sind: Smail Balić, *Das unbekannte Bosnien. Europas Brücke zur islamischen Welt.* Köln, Weimar, Wien 1992; Noel Malcolm, *Geschichte Bosniens*, Frankfurt 1996; Kultur und Völkerkunde: Tone Bringa, *Being Muslim the Bosnian Way: identity and community in a central Bosnian village*, (Princeton University Press) 1995; Ivan Lovrenović, *Bosnien und Herzegowina. Eine Kulturgeschichte,* Wien, Bozen 1998;.

Die für das frühe Mittelalter Südosteuropas wichtigste byzantinische Quelle ist ein vom byzantinischen Kaiser Konstantin VII. Porphyrogennetos (913-959) zusammengestelltes Kompendium über die Provinzen des Reiches, fremde Länder und Völker, *De administrando imperio*, hg. von Gy. Moravcsik, Washington 1967 (Der lateinische Titel stammt von der ersten Edition der griechischen Handschrift, 1611); eine weitere Quelle: Mauro Orbini, *Il Regno degli Slavi*, Pesaro 1601, Nachdruck hg. v. S. Ćirković und P. Rehder, München 1985; Sima Ćirković, *Istorija srednjovekovne bosanske države*, Belgrad 1964; Mihailo Dinić, *Srpske zemlje u srednjem veku*, Belgrad

1978, hg. S. Ćirković; John V.A. Fine, Jr., *The Bosnian Church: A New Interpretation. A Study of the Bosnian Church and Its Place in State and Society from the 13th to the 15th Centuries*, Boulder, New York, Lond. 1975; ders., *The Early Medieval Balkans: A Critical Survey from the Sixth to the Late Twelfth Century*, Ann Arbor 1983; ders. *The Late Medieval Balkans: A Critical Survey from the Late Twelfth Century to the Ottoman Conquest*, Ann Arbor 1987; Nada Klaić, *Povijest Hrvata u srednjem vijeku*, Zagreb 1990; Ferdo Šišić, *Povijest Hrvata u vrijeme narodnih vladara*, Zagreb (1925) 1990; Jozo Džambo, *Die Franziskaner im mittelalterlichen Bosnien*, Werl/ Westfalen 1991; *Enciklopedija Jugoslavije*, Bd. 1-6, 1988. Zu den ideologisch motivierten Stereotypen der bosnischen Historiographie gehören Krönungsort und -jahr von Tvrtko I., deren Zuordnung zu einer Angelegenheit geworden ist, die nur durch interdisziplinären Zugang entwirrt werden kann. Im Bemühen, Bosnien-Herzegowina eine bosniakische Identität zu verschaffen, gingen schon die österreich-ungarischen Behörden nachlässig mit historischen Tatsachen um, auch mit archäologischen Funden, deren wichtigster die Entdeckung der Gruft des Königs 1909 in Zentralbosnien bei Visoko war. Siehe Marian Wenzel, „Bosnian History and Austro-Hungarian Policy: some Medieval Belts, the Bogomil Romance and King Tvrko Graves", in: *Peristil* 30, Zagreb 1987; dies., „Bosanska povijest i austrougarska politika: Zemaljski muzej u Sarajevu i bogumilska romansa", *Erasmus* 15, 1996. Zur neueren Bestimmung des Krönungsortes von Tvrtko I. ist auch zu berücksichtigen, Pavo Anđelić, „Krunidbena i grobna crkva bosanskih vladara u Milima (Arnautovići kod Viskog)", in: *Glasnik Zemaljskog muzeja Bosne i Hercegovine*, 25, Sarajevo 1979.

Die osmanische Epoche: Fikret Adanir, „Heiduckentum und osmanische Herrschaft. Sozialgeschichtliche Aspekte der Diskussion um das frühneuzeitliche Räuberwesen in Südosteuropa", in: *Südost-Forschungen*, 41 (1982), S. 43-116; Cathrin Bracewell, *The Uskoks of Senj: Piracy, Banditry and Holy War in the Sixteenth-Century Adriatic*, New York 1992; Srećko M. Džaja, *Konfessionalität und Nationalität Bosniens und der Herzegowina. Voremanzipatorische Phase 1463-1804*, München 1984; Horst Haselsteiner, *Orientkrise und Südslavische Frage*, Wien Köln Weimar 1966; Michael Robert Hickok, *Ottoman Military Administration in Eighteenth-Century Bosnia. The Ottoman Empire and Its Heritage*, Leiden and New York, 1997; Hamdija Kreševljaković, *Kapetanije u Bosni i Hercegovini*, Sarajevo 1954; Moritz Levy, *Die Sephardim in Bosnien. Ein Beitrag zur Geschichte der Juden auf der Balkanhalbinsel*. Nachdruck der Ausgabe von 1911, Klagenfurt 1997; Bernard Lewis, *The Emergence of Modern Turkey*, Oxford 1968²; Josef Matuz, *Das Osmanische Reich. Grundlinien seiner Geschichte*, Darmstadt 1985; Franjo Rački, „Dopisi izmedju krajinskih turskih i hrvatskih časnika", *Starine*, Zagreb 1870; Avdo Sućeska, „Bedeutung und Entwicklung des Begriffes A'yan im Osmanischen Reich", *Südost-Forschungen*, 25 (1966).

Neue und neueste Geschichte: Ivo Banac, *The National Question in Yugoslavia: Origins, History*, Politics, Ithaca London 1984; ders., *Cijena Bosne*, 1994 („Der Preis Bosniens"); ders., *Raspad Jugoslavije*, 2001 („Der Zerfall Jugoslawiens"); Xavier Bougarel, *Bosnie. Anatomie d'un conflit*, Paris 1996; Mathieu Braunstein, *François Mitterrand à Sarajevo: 28 juin 1992; le rendez-vous manqué*, Paris (L'Harmattan) 2001; Thomas Bremer (Hg.), *Religion und Nation im Krieg auf dem Balkan*. Beiträge des Treffens deutscher, kroatischer und serbischer Wissenschaftler vom 5.-9. April in Freising, Bonn 1996; Robert J. Donia/John V.A. Fine, *Bosnia and Hercegovina. A Tradition Betrayed*, New York 1994; Srećko M. Džaja, *Bosnien-Herzegowina in der österreichisch-ungarischen Epoche (1878-1918). Die Intelligentsia zwischen Tradition und Ideologie*, München 1994; ders., *Die politische Realität des Jugoslawismus (1918-1991). Mit besonderer Berücksichtigung Bosnien-Herzegowinas*, München 2002; Šaćir Filandra, *Bošnjačka politika u XX. stoljeću*, Sarajevo 1998 (Die bosniakische Politik im 20. Jh.); Wolfgang Höpken „Konfession, territoriale Identität und nationales Bewußtsein: Die Muslime in Bosnien zwischen österreichisch-ungarischer Herrschaft und Zweitem Weltkrieg (1878-1941)", in: *Formen des nationalen Bewußtseins* (Hg. Eva Schmidt-Hertmann) 1994, S. 233-253; Mustafa Imamović, *Historija Bošnjaka*, Sarajevo 1998² (Die Geschichte der Bosniaken); Mark Pinson, (Hg:) *The Muslims of Bosnia-Herzegovina. Their Historic Development from the Middle Ages to the Dissolution of Yugoslavia*, Harvard 1993; Manfred Rauchensteiner, *Der Tod des Doppeladlers. Österreich-Ungarn und der Erste Weltkrieg*, Graz 1994; Nenad Stefanov/Michael Werz, (Hg.) *Bosnien und Europa. Die Ethnisierung der Gesellschaft*, Frankfurt/M 1994; Ludwig Steindorff, „Von der Konfession zur Nation: Die Muslime in Bosnien-Herzegowina", in: *Südosteuropa Mitteilungen* 37/4, 1997, S. 277-290.

Weitere neuere Literatur zu Bosnien-Herzegowina im Anhang zu Kapiteln 21-24.

5. Vojvodina

Dimitrije Boarov

Die Vojvodina befindet sich seit dem Sturz von Slobodan Milošević am 5. Oktober 2000 in einer gänzlich neuen Lage, die sich in einer noch nicht ganz absehbaren Weise auf ihren Status auswirken wird. Die Provinz Vojvodina hatte in der nach dem Zweiten Weltkrieg errichteten sozialistischen föderativen Republik Jugoslawien von 1946 bis 1990 einen autonomen Status, bis die Provinzverfassung unter dem Druck Miloševićs aufgehoben und eine einheitliche serbische Verfassung verabschiedet wurde. Als der Bundesstaat zerfiel, wurde 1992 aus Serbien und Montenegro auf Miloševićs Betreiben die Bundesrepublik Jugoslawien gegründet, in der die Vojvodina und das Kosovo den Status von zentral regierten Provinzen bekamen. Dieser staatliche Rahmen existiert nunmehr ebenso wenig wie jener frühere, in welchem die gesellschaftliche, kulturelle und territoriale Eigenart der Vojvodina politisch anerkannt wurde. Im sozialistischen Jugoslawien hatte die Vojvodina nicht nur den Status einer autonomen Provinz der Republik Serbien, sondern auch den einer gleichberechtigten föderalen Einheit, also den eines von acht konstitutiven Bestandteilen des Bundesstaats.

In der offenen Situation hinsichtlich des zukünftigen staatlichen Rahmens versuchte die neu gewählte Provinzverwaltung die Essentials einer modernen Autonomie durchzusetzen. Nachdem am 4. Februar 2003 nach langen Querelen ein neuer Staat unter dem Namen „Serbien und Montenegro“ als provisorischer Ersatz für BR Jugoslawien gegründet wurde, ist die Ungewissheit nicht geringer geworden. Bei den Wahlen zum Provinzparlament, die gleichzeitig mit den jugoslawischen Präsidentschaftswahlen im September 2000 abgehalten wurden, die der Kandidat des Oppositionsbündnisses (DOS), Vojislav Koštunica, vor Milošević für sich entschied, gewannen die Parteien aus dem Oppositionsbündnis absolute Mehrheit – mit Nenad Čanak (vom Sozialdemokratischen Bund Vojvodinas) an der Spitze, der zum Vorsitzenden des Provinzparlaments wurde. Dem damaligen Gesetzesentwurf für eine zukünftige Provinzverfassung nach sollte die Selbstverwaltung wieder ausgebaut werden, aber bei den Wahlen am 19. September 2004 wendete sich das Blatt. Die meisten Stimmen und Mandate (36) gewann die ultrarechte Serbische Radikale Partei (SRS), dicht gefolgt von der Demokratischen Partei (DS), die 34 Mandate im Provinzparlament errang. Das Bündnis für Vojvodina, das eine weitgehende Autonomie befürwortet (Čanak), bekam nur 8 Prozent der Wählerstimmen und 7 Mandate, während die Allianz der Magyaren der Vojvodina (Jósef Kasza) 11 Sitze erreichte.

5.1. Die Entstehungsgeschichte

Die Vojvodina (Fläche: 21.506 km^2, Einwohner 1991: 2.012.517) besteht aus Teilen der geographischen Landschaften Batschka, Banat, die einst Komitate in Südungarn waren und dem Ostteil von Syrmien, das historisch zum Dreieinigen Königreich Kroatien bzw. Slawonien gehörte. 1541 besetzten die Truppen Süleimans fast ganz Ungarn, das über ein

Jahrhundert lang unter der Osmanischen Herrschaft blieb. Südungarn war in der Zeit der Türkenkriege (1683-1699) Schauplatz der großen und entscheidenden Kämpfe gegen die Türken. Nach der Wende durch den Sieg Prinz Eugens bei Senta (Zenta) 1697 begann die schubweise Neubesiedlung des entvölkerten Gebietes. Nach dem Frieden von Požarevac (Passarowitz) 1718 begann die staatlich organisierte und von Grundherren initiierte Besiedlung des Grenzgebietes.

Bereits während des Krieges, vor allem um das Jahr 1690 siedelten größere Bevölkerungsgruppen aus dem südlichen Balkan in die befreite Gegend um. Die christliche, vorwiegend serbische Bevölkerung floh aus Angst vor Vergeltungen nach Belgrad und weiter nach Ungarn, nachdem der Großwesir Mustafa Köprülü rasch die verlorenen Gebiete im Süden zurückerobert hatte (→ Kap. 6). In der serbischen Erinnerungskultur – in der Ikonographie und z.T. auch in der Geschichtsschreibung – bekam dieses Ereignis als „Große Wanderung" unter der „Führung" des Patriarchen Arsenije Crnojević große symbolische Bedeutung. In der Literatur variieren die Angaben über die Zahl der so eingewanderten Bevölkerung erheblich: zwischen 80.000 (Glassl) und 30.000 (*Enciklopedija Jugoslavije*). Schon vor den neuesten Quellenauswertungen durch den englischen Historiker Noel Malcolm war in der quellenkritischen serbischen Historiographie festgestellt worden, dass „der Patriarch, der bereits im Januar 1690 mit Gefolgsleuten nach Belgrad floh", lediglich „das erste Zeichen" für die Auswanderung gab und sich danach in Ungarn (in Budim) aufhielt. (Veselinović, 1980) Mit seinem Aufruf (*Invitatorium*) versuchte Kaiser Leopold I. eigentlich, die „Aufständischen von der Auswanderung abzubringen" und stellte für die Zeit nach der Befreiung eine nicht näher bestimmte Selbstverwaltung in Aussicht. Die serbische nationalkirchliche Versammlung (*Crkvenonarodni sabor* – „Kirchenvolksversammlung" mit Laienvertretern) erkannte in Belgrad 1690 den Kaiser Leopold als serbischen König an und ersuchte ihn, der Serbischen Orthodoxen Kirche die Vorrechte, die sie im Osmanischen Reich nach der Gründung des Patriarchats von Peć/Ipek genoss, zu gewähren. Mit dem Leopoldnischen Diplom vom August 1690 wurde den eingewanderten Serben Glaubensfreiheit und eigene Kirchenorganisation garantiert. Weil das kirchliche Oberhaupt sich in Srem/Srijem (bei Fruška Gora) niederließ, entwickelte sich zunächst die Stadt Srijemski Karlovci zum kulturellen und nationalen Mittelpunkt der Serben in der Habsburger Monarchie. Diese Rolle übernahm etwas später die königliche Freistadt *Novi Sad* (Ujvidek, Neusatz) in der Batschka.

Der Wiener Hof verstand lange Zeit, die Kaisertreue der Grenzer gegen die Standesinteressen sowohl des kroatischen als auch des magyarischen Adels auszuspielen. Schon 1703 setzte Wien serbische Einheiten („Raszier") gegen den Aufstand des ungarischen Adels unter der Führung von Ferenc Rákóczy II. ein. Aus Unsicherheit in der sprachlich und konfessionell fremden Umgebung und wegen wirtschaftlicher Benachteiligung klammerten sich die Serben an die von Wien gewährten Privilegien als Neuansiedler, die wiederum eine Einschränkung der Vorrechte der Feudalherren bedeuteten. Daher sträubte sich der magyarische Komitatsadel nicht nur gegen die Ansiedlung der Serben als freie Bauern und Grenzer, sondern auch gegen die staatlich organisierte Zuwanderung von Deutschen, Franzosen, Italienern und Spaniern. Keine dieser Populationen jedoch beanspruchte in neuen Gebieten für sich eine *politische* Autonomie – bis auf die Serben. Diese hatten es in den Komitaten der Stephanskrone erheblich schwerer als in Gebieten der Militärgrenze, so dass zu ihrem Schutz 1745 eine „Illyrische Hofkommission" (seit 1747 „Hofdeputation") errichtet wurde. Trotzdem musste der Abbau der Benachteiligungen gegenüber den eingewanderten Serben erst in einem „zähen Ringen mit der magyarischen Obrigkeit" (Hösch) abgetrotzt werden.

Die Leopoldinischen Privilegien, die den Serben die nationalkirchliche Autonomie gewährten, nährten bei dem aufstrebenden serbischen Bürgertum die Hoffnung auf eine national-politische Autonomie und politische Vertretung durch einen Fürsten, „vojvoda". Allerdings dauerte es noch geraume Zeit bis zur Bestätigung der bereits erteilten Privilegien. Erst 1791 – nach dem Temesvárer Nationalkongress – bewilligte der ungarische Landtag den Gläubigen der orthodoxen Kirche Gleichberechtigung. Die Metropoliten erhielten Sitz und Stimme im Landtag.

Durch das Leopoldinische Privileg erlangte die orthodoxe Kirche zwar ihre Selbständigkeit, wie ungehinderte Wahl des Metropoliten und Steuerprivilegien, aber in wirtschaftlicher Hinsicht stand sie wesentlich schlechter da als die katholische Kirche. Sowohl die Wiener wie die späteren ungarischen Regierungen fassten die serbische nationalkirchliche Autonomie nur als Schul- und Kirchenselbstverwaltung auf, während die serbischen Eliten sie durch politische Forderungen auszuweiten trachteten. Die Forderungen nach Gebietsautonomie (nach einem serbischen *corpus separatum*) wurden besonders laut beim Kirchentag von Temesvár 1790, als man begann, die Militärgrenze im Banat und in der Batschka wieder in die ungarische zivile staatsrechtliche Ordnung einzugliedern.

Am Vorabend der Ungarischen Revolution von 1848 hatten sich bereits ein vermögendes serbisches Bürgertum und eine Bildungselite herausgebildet. Durch die besondere Rolle der Kirche und der Kirchenversammlungen, die mit den von den Gemeinden gewählten Laienvertretern die Bedeutung „quasi-parlamentarischer Entscheidungsinstanzen" bekamen, bildete sich zunächst als „Übergangsstufe" die serbische „Konfessions-Nationalität". Diese Entwicklung wurde besonders durch die theresianischen und josephinischen Reformen begünstigt und durch das neue Volksschulwesen vorangetrieben. Die 1826 in Pest gegründete und 1864 nach Novi Sad verlegte Kulturgesellschaft *Matica srpska* trug der Entfaltung und Formung des serbischen Nationalbewusstseins enorm bei.

Nachdem die Modernisierung der traditionellen Agrargesellschaft eingeleitet wurde, die mittelständischen Schichten sich ausdifferenzierten und eine nationalbewusste Elite sich entwickelte, war die Übergangsstufe auf dem Weg zur Nation überwunden. Dennoch erkannte Budim die Serben lediglich als eine Religionsgemeinschaft („Nicht-Unierte griechischen Ritus"). Dies führte angesichts der ohnehin magyarenfeindlichen Haltung der serbischen Eliten zu deren negativen Einstellung auch gegenüber dem revolutionären Nationalstaat des Lajos Kossuth im Jahre 1848. Der nationalistischen Ausrichtung von Kossuths liberaler Reformbewegung, die für Nicht-Ungarn keine politischen Rechte vorsah, setzte die serbische Bewegung die Forderung nach einer „Serbischen Vojvodina" entgegen. Im Mai 1848 wurden bei der Versammlung der serbischen Repräsentanten in Sremski Karlovci der Metropolit Josif Rajačić zum serbischen Patriarchen ernannt und der österreichische Oberst Stevan Šupljikac zum serbischen Vojvoda gewählt. Die Wahl des Metropoliten wurde vom kaiserlichen Hof, der alle anderen serbischen Beschlüsse zurückwies, bestätigt.

Zu diesem Zeitpunkt kam es zu einer Annäherung zwischen kroatischen und serbischen Politikern in Zivil-Kroatien und -Slawonien sowie jenen in Südungarn. Die Versammlung in Sremski Karlovci beschloss „ein politisches Bündnis" mit dem Dreieinigen Königreich Kroatien, Slawonien und Dalmatien und rief die „Serbische Vojvodina" aus, und zwar in Grenzen, die auch Syrmien (und die Militärgrenze) einschließen sollten. Der kroatische Landtag von 1848 hatte erklärt, dass er Syrmien der Wojwodschaft gemäß dem nationalen, nicht historischen Recht, überlassen würde, unter der Bedingung, „dass sie im engen staatsrechtlichen Verband mit dem Dreieinigen Königreich verbleiben würde". (Gross) Diese Ereignisse im Jahr der ungarischen Revolution waren begleitet von sozialen Unruhen und bewaffneten Auseinandersetzungen zwischen serbischen und ungarischen Einheiten. Die

Serben waren an der Niederwerfung der ungarischen Revolution durch kaiserliche Truppen unter dem kroatischen Banus, General Josip Jelačić, beteiligt. Die serbischen politischen Akteure unterstützten die Bemühungen um Autonomie und Modernisierung Kroatiens und Slawoniens nur soweit dies im Interesse der Serben in Ungarn lag, wollten aber „die kroatische Staatlichkeit nicht anerkennen".

Mit dem kaiserlichen Patent vom 18. November 1849 wurde das Kronland „serbische Wojwodschaft und das Tamischer Banat" mit der Hauptstadt Temesvár geschaffen, dem auch drei syrmischen Landkreise angeschlossen wurden, nicht aber Srijemski Karlovci, d.h. das Zentrum des serbischen religiösen Lebens in der Monarchie. Daher entsprach es nicht den serbischen Autonomievorstellungen. Um die Verständigung mit dem magyarischen Adel zu erleichtern, gliederte Franz Joseph 1860 wieder die serbische Wojwodschaft an Ungarn und die syrmischen Landkreise an Kroatien und Slawonien an.

Nach dem ungarischen Aufstand bildeten sich unter den Serben drei politische Strömungen heraus. Eine trat für die Fortsetzung der Zusammenarbeit mit Wien ein. Ihr angesehenster Vertreter war der General Đorđe Stratimirović. Die andere Strömung, in der der Rechtsanwalt und Schriftsteller Jakov Ignjatović das größte Ansehen genoss, setzte sich für eine Versöhnung mit den Ungarn und den gemeinsamen Widerstand gegen den Absolutismus Wiens ein. In den darauf folgenden Jahrzehnten wurde die dritte Strömung des Svetozar Miletić, des späteren Bürgermeisters von Novi Sad, zur stärksten Kraft. Miletić, der auch mit der magyarenfeindlichen Haltung brach, vertrat – unter dem Einfluss der Ideen des Panslawismus – ein ausgesprochen serbisch-nationales Programm, das mit den Zielen der serbischen Vereinigung sympathisierte. 1887 gründete Miletić in Novi Sad die Serbische Freisinnige Volkspartei, die 1918 (nunmehr als Radikale Partei) die entscheidende Rolle beim Anschluss der Vojvodina an Serbien spielte.

5.2. Der Weg zur Vereinigung

Im Zuge der Auflösung der Donaumonarchie nach der militärischen Niederlage Österreich-Ungarns wurde auch das multiethnische Gebiet im Südungarn von einer „allgemeinen Abfallbewegung der Nationalitäten" erfasst (Hösch). Die staatlichen Neugründungen in Südosteuropa standen im Zeichen des vom amerikanischen Präsidenten Wilson proklamierten Rechtes der nationalen Selbstbestimmung einerseits und der Friedensregelungen durch die Pariser Vorortsverträge, die den Kriegsverlierern die neuen Grenzen diktierten, andererseits. Die einschneidendste Veränderung stellte die völlige Zerschlagung Ungarns dar, das durch den Trianon-Vertrag vom Juni 1920 67,8 Prozent des Staatsgebietes verlor. Der Vertrag bestätigte die Grenzen Vojvodinas, die durch den Waffenstillstand 1918 als Demarkationslinie zu Ungarn gezogen wurden, und den südlichen Zipfel von Baranya sowie Teile von Batschka und Banat von ihm abgrenzten.

Die serbischen Politiker in Vojvodina waren sich nicht einig in der Frage, welcher Weg der Einigung mit dem neu entstehenden südslawischen Staat einzuschlagen sei. Miletić bevorzugte den „Anschluss" an das Königreich Serbien als ersten Schritt und empfahl, „zunächst das serbische Hemd" und „erst danach den jugoslawischen Mantel anzuziehen". Die Demokratische Partei der Vojvodina hingegen favorisierte die Vereinigung über den Nationalrat in Zagreb, die eine gewisse Selbständigkeit der Provinz wahren würde. Nach der Gründung des Königreichs SHS waren Autonomieforderungen herrschender serbischer Auffassung zufolge gegenstandslos; denn sie galten – so der Führer der Radikalen Partei Ljuba Jovanović – Pest und den Magyaren und nicht „dem Süden" (Serbien).

Im neuen jugoslawischen Staat sahen sich die Einwohner der angeschlossenen Gebiete mit neuen Problemen konfrontiert. Während für die serbischen Eliten zur Zeit der Donaumonarchie die nationalen Bestrebungen (nach der kulturellen und konfessionellen Identität) mit Forderungen nach Autonomie verknüpft waren, wurde nunmehr das enorme Entwicklungsgefälle zwischen dem angeschlossenen Gebiet und dem serbischen Königreich zum Hauptproblem. Die überstürzt eingeführte serbische Administration war den besonderen wirtschaftlichen und politischen Interessen des Bürgertums und der Großgrundbesitzer nicht gewachsen. Die Wirtschaft wurde durch den Zerfall der Doppelmonarchie hart getroffen: die marktorientierte Landwirtschaft verlor ihre Hauptabnehmer in Ungarn, Österreich und Deutschland (ein Markt von 50 Millionen potenzieller Verbraucher). Die Vojvodina als eine jener wenigen „Inseln des relativen wirtschaftlichen Fortschritts" im Südosteuropa (Allcock) befand sich nunmehr in einem Staat von nur 15 Millionen meist mittellosen Einwohnern, von denen die meisten noch keine Markt- bzw. Warenwirtschaft kannten. In der neuen Hauptstadt wurden für die angeschlossenen Gebiete andere und höhere Steuern erhoben als in Serbien und Montenegro. Aus Angst vor der Übermacht der nicht-serbischen Bevölkerungsmehrheit der Vojvodina zeigten sich die serbischen politischen Akteure in der Vojvodina zunächst gegenüber der föderalistischen Idee misstrauisch. Nachdem immer mehr bedeutende Politiker die Föderalisierung Jugoslawiens befürworteten – so auch der frühere Zentralist Svetozar Pribićević – und es einerseits zur Bäuerlich-Demokratischen Koalition kam und andererseits die Januardiktatur Aleksandars eingeführt wurde, verstärkte sich auch in der Vojvodina der politische Kampf gegen den Belgrader Zentralismus. In mehreren Resolutionen forderte man Autonomie oder gar den Status einer autonomen Provinz „zusammen mit Syrmien", als Antwort auf die föderalistischen Vorschläge der sog. „Zagreber Punktationen" (→ Kap. 3). Neben Bosnien blieb die Vojvodina einer der Streitpunkte zwischen den serbischen und kroatischen Oppositionsparteien. In Wahrheit akzeptierten die Belgrader Parteien die Föderalisierung nicht und bauschten die kroatischen Ansprüche auf „vojvodinisches Gebiet" auf.

Das Misstrauen zwischen Serben und Kroaten setzte sich im Zweiten Weltkrieg auch unter den Kommunisten fort, als das Gebiet von Ungarn annektiert war. Die vojvodinischen Kommunisten und Partisanen wurden anfänglich (1942) an das Kommando und die Führung in Kroatien verwiesen. Da die Mehrzahl der Partisanen in der Vojvodina serbisch war, wurde 1943 ein „Vorläufiges Provinzkomitee der Kommunistischen Partei Jugoslawiens für die Vojvodina" mit Jovan Veselinov an der Spitze gebildet. Der Status der Vojvodina blieb in den Grunddokumenten der zweiten AVNOJ-Versammlung unerwähnt. Auch nachdem sich abzeichnete, dass die Vojvodina „wie andere Provinzen auch" eine „Autonomie" erhalten sollte, herrschte darüber noch keine Klarheit bis von den Kommunisten aus der Vojvodina im April 1945 die eindeutige Entscheidung zu Gunsten der Autonomie getroffen wurde. Damit tat sich die „problematischste Grenzziehung" auf, nämlich jene zwischen Vojvodina bzw. Serbien und Kroatien. (Boban) Um die Lösung für die strittigen Grenzfragen zu finden, wurde im Juno 1945 eine fünfköpfige Kommission unter dem Vorsitz von Milovan Đilas eingesetzt. Deren Lösung galt bei beiden Seiten als umstritten. Später lieferte sie einen zweifelhaften Vorwand für die serbische Besetzung von Ostkroatien 1991. Aber diese Grenzziehung blieb bestehen und ist auch nach dem Krieg 1991-1995 gültig.

Bis 1974 war der autonome Status der Vojvodina mehr proklamiert als verwirklicht. Auch wirtschaftlich war die Provinz durch einen kontinuierlichen Rückstand gekennzeichnet. Auf den Bauernhöfen der 1945 vertriebenen 400.000 Deutschen war vorwiegend serbische Bevölkerung aus rückständigen Gebieten Bosniens, Montenegros und Kroatiens angesiedelt worden, wobei die sozialistische Zwangskollektivierung zusätzlich für den wirtschaftlichen Niedergang sorgte. Die Vertreibung von Ungarn wurde durch ein Abkommen zwischen Tito und den ungarischen Kommunisten gestoppt.

5.3. Die Aufhebung der Autonomie und die Folgen des Krieges 1991-1995

In Belgrad verstand man die Aufwertung der autonomen Provinzen Vojvodina und Kosovo als eine beabsichtigte Schwächung Serbiens und als „jugoslawische Verschwörung". Nach Titos Tod steigerte sich diese Unzufriedenheit. Die serbische politische Führung mit Slobodan Milošević an der Spitze organisierte große „Volkskundgebungen" in der Vojvodina und mobilisierte mit extremistischen serbischen nationalistischen Parolen vor allem die nach 1945 angesiedelten Teile der Bevölkerung (die sog. Dođoši, Neuankömmlinge) für sich. Diese Allianz der lokalen Bevölkerung mit der serbischen politischen Führung aus Belgrad richtete im Oktober 1988 die Autonomie der Vojvodina zugrunde. Hier nahm die „antibürokratische Revolution" ihren Ausgang. Deren großserbisch-sozialistisches Nationalprogramm führte in die Kriege (gegen Kroatien 1991, Bosnien-Herzegowina 1992-1995, Kosovo 1999), in denen Potenziale und Ressourcen der Vojvodinas mannigfaltig genützt wurden, so dass schließlich auch die Nato Brücken und Nachschubwege gerade in Vojvodina 1999 bombardierte, um Milošević in Kosovo zum Einlenken zu zwingen. Die Folgen für die Vojvodina sind verheerend in jeder Hinsicht. Eine der schlimmsten ist die massive Flucht ihrer Bürger: junger Männer, die nicht in den Krieg ziehen wollten und alteingesessener Volksgruppen – vorneweg Ungarn und Kroaten –, die vor dem Terror der serbischen Nationalisten ihre Heimat verließen.

Tabelle 1: Zusammensetzung der Bevölkerung der Vojvodina nach der Volksbefragung von 1991:

Serben	1.151.353	57,25 %
Ungarn	340.949	16,94 %
Jugoslawen	168.859	8,39 %
Kroaten	97.644	4,85 %
Andere	71.703	3,56 %

nach: Statistički godišnjak Jugoslavije, Beograd 1995

Diese ethnische Zusammensetzung hat sich im Laufe der Kriegsjahre erheblich geändert. Es wird geschätzt, dass zwischen 35.000-38.000 Ungarn die Provinz verlassen haben (dem serbischen Helsinki-Komitee zufolge). Gleichzeitig kamen in den Jahren 1991-1995 über 200.000 serbische Flüchtlinge in die Vojvodina, also 42% der Gesamtzahl der Flüchtlinge in Serbien. Nach der Volkszählung vom März 2002 stieg die Einwohnerzahl der Vojvodina gegenüber 1991 auf 2.031.992. Schätzungen zufolge verließen mindestens 30.000 Kroaten die Provinz. Diese Vorgänge nennt man mittlerweile „stille ethnische Säuberung". Die Folge ist, dass die multikulturelle und pluriethnische Region ihr Gepräge zu verlieren und zu einer vorwiegend serbischen Provinz zu werden droht, noch dazu mit einer serbischen Population, die die ultranationalistischen Positionen unterstützt (also die Radikale Partei, SRS, des Vojislav Šešelj, der vom ICTY im Februar 2003 angeklagt wurde, unter anderem wegen der Deportation und Vertreibung der kroatischen Bevölkerung aus Vojvodina).

Tabelle 2: Zusammensetzung der Bevölkerung der Vojvodina nach der Volksbefragung von 2002:

Serben	1.321.807
Ungarn	290.207
Slowaken	56.637
Kroaten	56.546
Jugoslawen	49.881
Montenegriner	35.513
Rumänen	30.419
Roma	29.057
Bunjevzen	19.766
Ruthenen	15.626
Makedonen	11.785 und andere

Quelle: offizielle Homepage des Provinzparlaments: http://www.vojvodina.sr.gov.yu

Deutsch von Ivan Glaser
Aktualisiert und bearbeitet von Dunja Melčić

Literatur

Überblicke bieten: Horst Glassl, „Vojvodina", in: M. Weithmann (Hg.), *Der ruhelose Balkan*, München 1993, S. 293-304; Edgar Hösch, *Geschichte der Balkanländer. Von der Frühzeit bis zur Gegenwart*, München 2002[4].

Zum historischen Zusammenhang in Österreich-Ungarn: Peter Hanák, *Ungarn in der Donaumonarchie. Probleme der bürgerlichen Umgestaltung eines Vielvölkerstaats*, München 1985; Jörg K. Hoensch, *Geschichte Ungarns 1867-1983*, Stuttgart 1984; zur serbischen Einwanderung (bzw. über Patriarch Crnojević und seine Rolle beim Exodus der Serben): Noel Malcolm, *Kosovo. A Short History*, London 1998; dazu frühere Aufsätze von Ratko Veselinović; zusammenfassend mit weiteren (älteren) Literaturangaben in: *Enciklopedija Jugoslavije*, Bd. I („Arsenije III Crnojević"), Zagreb 1980, Bd. 1-6, 1980-1990.

Über die kroatisch-serbischen Fragen in der Habsburger Monarchie: Mirjana Gross, *Die Anfänge des modernen Kroatien*, Wien u.a. 1993; in serbischer oder kroatischer Sprache: Dimitrije Boarov, *Ima li još Vojvodine*, Novi Sad 1996 (Gibt es noch die Vojvodina?); Ljubo Boban, *Hrvatske granice od 1918. do 1991. godine*, Zagreb 1992 (Kroatische Grenzen von 1918 bis 1991); Slavko Gavrilović, *Srbi u Habsburškoj monarhiji* (1792-1849), Novi Sad 1994, (Die Serben in der Habsburger Monarchie); Čedomir/Jelena Popović, *Autonomija Vojvodine – srpsko pitanje*, Sremski Karlovci 1993 (Die Autonomie der Vojvodina – die serbische Frage).

Die Minderheitenproblematik: Antal Hegediš/Katarina Cobanović, *Demografska i agrarna statistika Vojvodine 1797-1867*, Novi Sad 1991; Helsinki Committee for Human Rights in Serbia, *Report on Human Rights in Serbia for 1997*, Belgrad, Jan. 1998; Zoran Janjetović, *Between Hitler and Tito: Disappearance of the Vojvodina Germans* , Belgrad 2000; ders., "Die Konflikte zwischen Serben und Donauschwaben", in: SOF 58 (1999), S. 119-168; Hans-Ulrich Wehler, *Nationalitätenpolitik in Jugoslawien. Die deutsche Minderheit 1918-1978*, Göttingen 1980.

Bei wirtschaftlichen Fragestellungen nützlich: John B. Allcock, *Explaining Yugoslavia*, New York 2000.

6. Serbien bis 1918

Latinka Perović

Serbien taucht in den Quellen erstmals im sechsten Jahrhundert n. Chr. in seiner Urform „Weißserbien“ auf. Das so bezeichnete Gebiet lag zwischen Weichsel und Dnjepr, wo sich noch heute Überreste dieses Namens finden lassen. Von dort zogen viele slawische Stämme unter dem Ansturm hunnischer und awarischer Kriegszüge nach Westen und Südwesten. Dieser gewaltige Migrationsprozess setzte in den ersten Jahrzehnten des siebten Jahrhunderts ein und dauerte fast zwei Jahrhunderte. Nach dem Aufbruch aus ihrer Urheimat überquerten die slawischen Stämme die Karpaten, bewegten sich allmählich über Dakien und die pannonische Tiefebene auf Save und Donau zu, um dann über die Grenzen des Byzantinischen Reiches hinweg in den Balkanraum einzudringen, ohne jedoch eine feste Organisationsform mitzubringen. Erst im Verlaufe von Jahrzehnten entstanden einzelne Volksverbände mit eigenen Namen (darunter Serben und Kroaten) (→ Kap. 1). Der erste sichere Beleg der Bezeichnung der Serben auf der Balkanhalbinsel datiert aus dem Jahre 822.

6.1. Mittelalter

Fast drei Jahrhunderte lebten die Slawen – sieht man vom protobulgarisch-slawischen Staatswesen ab – auf dem Balkan ohne echte staatliche Ordnung und beschränkten sich auf Stammeseinheiten. Erst Ende des neunten Jahrhunderts begannen sich in der Auseinandersetzung mit den mächtigen Nachbarn, vor allem mit Byzanz – im Falle der Kroaten auch mit den Franken und bei den Serben mit den Bulgaren –, slawische Staatsgebilde zu formieren.

Im Verlauf dieser Periode tauchten in mehreren Gebieten, von Duklja (Doclea), Bosnien und Zeta bis Raszien und Makedonien, verschiedene Kleinstaaten und Stammesfürsten auf. Einer der damaligen serbischen Kleinstaaten erstreckte sich über die Bergschluchten Südostbosniens und der südöstlichen Herzegowina. Vom Territorium des heutigen Serbien gehörte lediglich ein Streifen der Gebiete bis zur westlichen Morava dazu. Erst gegen Ende des elften und zu Beginn des zwölften Jahrhunderts drängten die Serben stärker von den dinarischen Schluchten hinab in die Ebenen des Amselfeldes und der Morava, Gebiete, die dünn mit den Nachfahren der ursprünglichen illyro-romanischen Bevölkerung besiedelt waren. Ende des elften Jahrhunderts lag die serbische Ostgrenze bei Zvečan, am Ende des zwölften Jahrhunderts bei Lipljan am Fluss Raška, weswegen dieser Kleinstaat lange den Namen Raška (Raszien) trug.

Die erste bedeutendere Versammlung der verschiedenen serbischen Gebiete und Kleinstaaten in einem mächtigeren und zentral regierten Staat unternahm Stefan Nemanja, der von 1166 bis 1196 herrschte. Nach Niederlagen gegen Byzanz eroberte er von Toplica (Kuršumlija) aus zunächst Raszien, darauf Zeta und stieß dann entlang des Vardartales und im Osten in Richtung des Timok vor. Damit dehnten sich die Grenzen Serbiens nach allen Richtungen aus, Stefan gründete zahlreiche kirchliche Stiftungen, darunter die noch heute imposanten Klöster Studenica und Hilandar (letzteres auf dem Berg Athos). Stefans Sohn, der Heilige Sava, erwirkte beim griechischen Patriarchen die Trennung der Kirchenorganisation vom Ohrider Erzbistum. Die damit 1219 begründete Unabhängigkeit der serbischen orthodoxen Kirche sollte über Jahrhunderte von größter Bedeutung für das Nationalbewusstsein werden (→ Kap. 15).

Die Nemanjiden (Nemanjići) brachten in den folgenden zweihundert Jahren mit Stefan Prvovenčani (Stefan der Erstgekrönte, bis 1228, ab 1217 mit einer vom Papst verliehenen Königskrone), König Milutin (bis 1231), besonders aber mit Zar Dušan fähige und weithin anerkannte Staatsmänner hervor. Unter ihrer Herrschaft wurde Serbien vergrößert (im Osten bis zum Timok und im Süden bis Velež, Ohrid und Skopje mit dem erklärten Ziel, zu den beiden südlich gelegenen Meeren vorzudringen) und wirtschaftlich gestärkt, so dass es lange die stärkste Macht auf dem Balkan war. Seine Wirtschaft, besonders die Ausbeutung von Silber- und anderen Bergwerken, gewann an Stärke. Die Erzgewinnung organisierten deutsche Bergleute, die zur Zeit der Tatareneinfälle (1241) aus Siebenbürgen nach Serbien geflohen waren; das Kapital stammte aus Dubrovnik und Venedig. Bereits in der zweiten Hälfte des 13. Jahrhunderts begann die Arbeit in den Bergwerken, im Jahre 1275 erschien Serbiens erstes Silbergeld.

Den territorialen, politischen und wirtschaftlichen Zenit erreichte der serbische Staat unter Stefan Dušan, der sich nach bulgarischem Vorbild den Zarentitel zulegte. Nach der Schlacht bei Velbužd, dem heutigen Kjustendil (1330), wurden die Bulgaren aus dem Vardartal gedrängt, Skopje wurde Zentrum des Reiches, griechische Gebiete bis fast nach Thessaloniki und ganz Albanien standen nun unter serbischer Herrschaft. Das serbische Geistesleben, besonders die Rechtsprechung (Zakonik, Kodex des Dušan) und andere Formen der Eigenstaatlichkeit nahmen Konturen an. 1346 erhob eine Synode den serbischen Erzbischof zum Patriarchen, worauf dieser Stefan zum „Kaiser der Serben und Griechen", später auch der Bulgaren und Albaner krönte. Diese Herausforderung beantwortete Konstantinopel 1353 mit dem Kirchenbann.

Nach Zar Dušans frühem Tod im Jahre 1355 drohte das noch kaum gefestigte Reich mit seinen großen nichtslawischen Bevölkerungsteilen zu zerfallen, wozu die Schwäche von Dušans Thronfolger Stefan Uroš V. (1355-71) beitrug. Durch Abspaltung entstanden winzige, häufig verfeindete Fürstentümer. Im Süden fielen die griechischen Gebiete ab, um Skopje und Prilep schuf König Vukašin einen Kleinstaat, zahlreiche weitere unbedeutende Potentaten übernahmen im ehemaligen Zarenreich Dušans die Herrschaft. Dies begünstigte den Aufstieg der bosnischen Herrscher, die sich im 14. Jahrhundert von der ungarischen Oberhoheit emanzipierten. 1377 ließ sich der bosnische Herrscher Tvrtko I. (1353-91) sogar zum König der Serben krönen (→ Kap. 3).

6.2. Türkische Herrschaft

Die Zersplitterung erleichterte den Durchbruch der Türken ins Innere des Balkans erheblich. Zunächst fügten sie an der Marica (1371) König Vukašin eine entscheidende Niederlage zu, woraufhin dessen Sohn Marko Kraljević sowie vorübergehend auch die Dejanovićs türkische Vasallen wurden. Eine weitere vernichtende Niederlage erlitt Lazar Hrebljenovićs serbischer Staat mit seinen Verbündeten, darunter Bosnier, wohl auch Ungarn und Albaner, achtzehn Jahre später (an einem Veitstag, dem 28. Juni 1389) auf dem Amselfeld (*Kosovo polje*), woraufhin ganz Nordserbien türkischer Vasallenstaat wurde. Dabei kamen sowohl Hrebljenović als auch der türkische Sultan ums Leben, letzterer durch den serbischen Adligen Miloš Obilić. Sehr schnell entstanden um die Ereignisse – vor allem um serbischen

Verrat und Obilićs Opfertat – Volksepen und kirchliche Legenden. Dieser Kosovo-Mythos bildet für das serbische Volk das Zentrum seines historischen Bewusstseins und damit seines Geschichtsdenkens. Besonders im 19. Jahrhundert hatte dieser Mythos eine wichtige Funktion im nationalen Befreiungskampf, doch spätestens seine politische Verwendung seit Mitte der achtziger Jahre des zwanzigsten Jahrhunderts und die damit verbundene Konstruktion der serbischen Geschichte als Opfergang führte zu einer Instrumentalisierung des Mythos zum Zweck der nationalistischen Mobilisierung (→ Kap. 18).

Unter dem Druck der aus dem Süden vordringenden Türken verlagerte sich das Zentrum des serbischen Staates zunehmend nach Norden. In der Zeit von Nemanja bis Milutin war die serbische Expansion nach Osten, von der Neretva zum Vardar gerichtet, zur Zeit Dušans nach Süden, als die Grenzen des Zarenreiches fast bis Thessaloniki reichten. Nach der Niederlage an der Marica verschoben sie sich unablässig nach Norden: Der Sitz des Fürsten Lazar war Kruševac, der seines Sohnes, des Despoten Stefan, Belgrad. Im vierzehnten Jahrhundert war der Vardar serbischer Hauptfluss, im fünfzehnten Jahrhundert die Morava. Von Beginn des fünfzehnten Jahrhunderts an eroberte das türkische Heer, nur durch das Vordringen der Mongolen unter Tamerlan zeitweilig aufgehalten, einen christlichen Balkanstaat nach dem anderen. Ein Großteil der türkisch-ungarischen Schlachten wurde auf serbischem Boden ausgefochten, aber auch ein letzter Sieg unter dem ungarischen Heerführer Hunyadi 1456 vor Belgrad konnte den Vormarsch der Türken nicht umkehren. Serbien fiel endgültig im Jahre 1459, die Unterwerfung Zetas (→ Kap. 7) war 1499 abgeschlossen. Dies führte zu einer Massenflucht der serbischen Bevölkerung nach Südungarn. Der ungarische König Matthias vermerkte, dass allein in den fünf Jahren zwischen 1478 und 1483 etwa 200.000 Serben in sein Land geflohen seien. Schließlich wurde Serbien türkisches Paschalyk (Verwaltungseinheit).

Es begann eine mehr als 400 Jahre lange Periode serbischer Knechtschaft unter den Türken, die danach strebten, die Serben beim Vormarsch auf Ungarn einzusetzen und von ihnen wirtschaftlich zu profitieren. Die Türken drangen so gut wie gar nicht in die Dörfer vor. Sie besetzten kleine Städte, Verkehrskreuzungen und Ansiedlungen entlang der Hauptverkehrswege und verwandelten sie in Städte mit islamisierten slawischen und türkischen Bewohnern, aber auch starken armenischen, griechischen, spanisch-jüdischen und „lateinischen“ (Dubrovniker) Kolonien. Ursprünglich, als das Kosovo und die Metohija sowie das Moravabecken zu Serbien kamen, waren die Serben in der Landwirtschaft, später auch im Bergbau tätig. Mit der Türkenzeit begann der Rückzug der Serben in die Gebirge und damit verbunden eine Veränderung ihrer wirtschaftlichen Grundlagen. Die ursprüngliche Bezeichnung „Wlache“ für Viehhirten romanischer Herkunft wurde nun auf Grund der von Viehzucht und Gebirge geprägten Lebensweise allgemein auf alle christlichen Serben übertragen (→ Kap. 1).

Die ständigen Kriege zwangen der serbischen Raya (christliche Steuerpflichtige) immer mehr Steuern und Abgaben auf. Unaufhörlich wurden die Verkehrswege von Kriegerhorden gekreuzt, die unterwegs plünderten und die serbische Bevölkerung dezimierten. „Alles, was wir besaßen“, heißt es in einer Aufzeichnung aus dem Jahre 1537, „nahm man uns – der eine, als er kam, der andere, als er abzog“.

Ein Gegengewicht zur türkischen Herrschaft bildete die serbische Geistlichkeit. Verhaftet in der Tradition der Nemanjići, gelang es ihr, da das türkische Millet-System den Christen ihre innere Jurisdiktion beließ, Macht und Einfluss der Orthodoxie aufrechtzuerhalten. Zeitweilig ließen die Türken auch Milde walten, vor allem, um die Serben für den Kampf gegen die ungarischen, kroatischen und venezianischen Nachbarn zu gewinnen. Unter dem Grosswesir Mehmed Pascha Sokolli (Sokolović), der aus Serbien stammte, erlaubten sie die

Erneuerung des serbischen Patriarchats in Peć (1557), nachdem sie 1459 die serbische Orthodoxie dem Ohrider Patriarchat unterstellt hatten. Umgekehrt kam es zu grausamen Repressalien gegen die serbische Bevölkerung, als jene in der Hoffnung auf Befreiung den österreichisch-ungarischen Kampf gegen die Türken unterstützte. So geschah es nach 1683, als das österreichische Heer mit Hilfe serbischer Truppen vor Wien die türkische Armee schlug und dann tief nach Südserbien bis nach Tikveš, Peć und Prizren vordrang. Als sich jedoch das Kriegsglück wendete und das österreichische Heer aus Furcht vor einem Ausbruch der Pest in seinen Reihen den Rückzug antrat, brachen für die Serben (und die anderen Christen unter türkischer Hoheit) schwere Zeiten an. Kompromittiert durch die offene Hilfe für die Feinde der Osmanen, wagten die serbischen Führer sowie ein großer Teil des Volkes nicht, die Rückkehr der Türken abzuwarten, sondern begannen 1689, sich mit den Österreichern zurückzuziehen. Auch der Patriarch Arsenije III. Crnojević floh mit der großen Masse der Serben nach Südungarn (→ Kap. 5). Damals verödeten viele Dörfer, verfielen Güter, wurden viele serbische Klöster wie Mileševo, Ravanica, Đurđevi Stubovi, der Sitz des Patriarchen in Peć sowie Dečani verwüstet und geplündert.

Mit dem Patriarchen zogen viele angesehene Grundherren und bedeutende Persönlichkeiten, während das Volk sozusagen alleine blieb und ökonomisch ausgelaugt und physisch misshandelt eine der schwersten Perioden seiner Geschichte durchlebte.

Nach einem neuen österreichisch-türkischen Krieg, fielen serbisch besiedelte Gebiete südlich von Save und Drau im Frieden von Požarevac (Passarowitz, 1718) unter die Herrschaft Österreichs und die Situation der Bevölkerung wurde erträglicher. Dabei blieb es bis zu einer erneuten Niederlage Österreichs (1739), das nun die serbischen Gebiete räumte. Save und Donau bildeten jetzt die Grenze zweier großer Reiche, zwischen denen das frühere Serbien als beidseitig befriedetes Grenzgebiet lag.

Während nach der erneuten Aufhebung des Pećer Patriarchats durch die Türken 1766 und der damit verbundenen Gräzisierung des Klerus sich die kulturelle Situation der Serben im Osmanischen Reich verschlechterte, trat für die Serben in Ungarn unter der Herrschaft des aufgeklärten Kaisers Joseph II. eine Wendung zum Besseren ein. Dieser erließ im Jahre 1781 sein Toleranzpatent, das auch Nichtkatholiken freie Religionsausübung gewährte. Ungeachtet allgemeiner Missstände kam den Serben in geistig-kultureller Hinsicht zugute, dass sie in einem Milieu lebten, das in Kontakt mit der modernen Zivilisation stand. Mit Hilfe russischer Lehrer schufen sie im Verlaufe des 18. Jahrhunderts einige Grund- und Mittelschulen, während eine beträchtliche Anzahl junger Serben die Hochschulen in Pest, Wien und in Deutschland besuchten. Aus diesen Kreisen heraus entwickelte sich mit Dositej Obradović (1739-1811) an der Spitze eine von der Aufklärung geprägte Literatur, doch man pflegte auch weiterhin mit Liebe die nationale Tradition und den Vergangenheitskult. Ende des 18. und Anfang des 19. Jahrhunderts sammelte sich eine Gruppe nationaler Aktivisten mit größeren Ambitionen um den Metropoliten Stefan Stratimirović (1757-1836), der Russland die Errichtung eines „slawisch-serbischen Kaiserreichs“ vorschlug.

6.3. Aufstand gegen die Türken

Verstärkte Hoffnungen auf eine weitere Verbesserung ihrer Lage wurden bei den Serben auch durch die Tatsache geweckt, dass zu Beginn des 18. Jahrhunderts Russland als Konkurrent Habsburgs auf dem Balkan erschien. Dadurch wurden Unabhängigkeitsbestrebungen geweckt und geschürt, die auch den Kampf um die Befreiung von den Türken neu belebten. Rebellionen und bewaffnete serbische Gruppierungen (Heiducken) nahmen besonders nach den russisch-österreichischen Kriegen gegen die Türken in den Jahren von 1787 bis 1791 zu. Der serbische Widerstand richtete sich besonders gegen die Janitscharen, türkische Elitetruppen, die Ende des 18. Jahrhunderts die Bevölkerung des Belgrader Paschalyks terrorisierten.

Zunächst hatte der türkische Statthalter die Serben gegen die rebellischen Janitscharen sogar bewaffnet, doch die serbische Gegenwehr wuchs sich zum Freiheitskampf gegen die türkische Besatzung überhaupt aus. Daraufhin versuchten die Janitscharen, die zeitweilig aus Serbien abgezogen worden waren, jeden weiteren Aufstand größeren Ausmaßes zu vereiteln. Dazu gehörte, dass sie ein Massaker an den Knezen (Dorfältesten) verübten; im Verlaufe einer einzigen Nacht im Januar 1804 enthaupteten sie 72 Bauernführer und andere angesehene Serben aus ihrem gesamten Herrschaftsgebiet. Als Reaktion auf diese Gräueltat brach Ende Januar 1804 in der gesamten Šumadija (zentralserbisches Gebiet zwischen Morava und Drina) ein Volksaufstand gegen die Türken aus (I. Serbischer Aufstand). Auf einer Versammlung angesehener Serben in Orašac wurde Karađorđe Petrović (ca. 1768-1817), ein Viehhändler und Analphabet, aber mutig und über militärische Erfahrungen in der österreichischen Armee verfügend, zum Anführer der Erhebung gewählt. Innerhalb von wenigen Wochen beteiligten sich 50.000 Bewaffnete an dem Aufstand, der bis zum Sommer das gesamte Belgrader Paschalyk erfasste. Schnell gelang die Zurückdrängung der Janitscharen, die Hohe Pforte schlug angesichts der Massenerhebung Erleichterungen innerhalb des Osmanenreichs vor. Die Serben, die unter Karađorđe bereits erste staatliche Strukturen aufzubauen begannen, verlangten, dass ihre Autonomie zunächst von Österreich, später von Russland garantiert werden sollte. Die Hohe Pforte sah darin Einmischung in ihre inneren Angelegenheiten und lehnte ab. Somit kam es zu bewaffneten Auseinandersetzungen zwischen Aufständischen und der osmanischen Armee, aus denen die Serben, die 1806 Belgrad einnahmen und seit 1807 von Russland unterstützt wurden, zumeist als Sieger hervorgingen.

1812 eröffnete der russisch-türkische Friedensschluss von Bukarest erstmals die Möglichkeit einer serbischen Autonomie unter türkischer Herrschaft. Doch als noch im selben Jahr Russland von den Armeen Napoleons bedrängt wurde, nutzten die Osmanen das Nachlassen des russischen Drucks auf den Balkan, schlugen den serbischen Aufstand nieder und eroberten 1813 Belgrad zurück. Karađorđe und zahlreiche Heerführer flohen nach Österreich, dann nach Russland, doch trotz harter türkischer Vergeltungsmaßnahmen ließ Serbien sich nicht mehr befrieden. Ständig gab es kleine örtliche Unruhen, 1815 erging aus Takovo der Aufruf zu einer neuen allgemeinen Erhebung (II. Serbischer Aufstand), an dessen Spitze Miloš Obrenović (1780-1860) stand. Er war von ähnlicher sozialer Herkunft wie Karađorđe, weniger wagemutig, dafür aber der politisch geschicktere Taktierer als jener. Durch den Sieg über Napoleon verstärkte sich der russische Einfluss in Europa, wovon Serbien profitierte. In Istanbul verwandte man alles diplomatische Geschick darauf, eine ausschließliche Bindung von Miloš an Russland zu verhindern, und ernannte ihn zum Obersten Fürsten (Vrhovni knez) des Belgrader Paschalyks. Miloš nutzte geschickt die türkische Politik aus, brach dennoch seine Verbindung zu Russland nicht ab. Er führte Verhandlungen, währenddessen Serbien sich wirtschaftlich und kulturell erholen konnte. Seinen Konkurrenten Karađorđe ließ Miloš 1817 nach dessen Rückkehr nach Serbien ermorden und sandte seinen abgeschlagenen Kopf nach Istanbul. Damit begann eine erbitterte Konkurrenz zweier Dynastien, die das ganze 19. Jahrhundert überschattete.

6.4. Serbische Autonomie im Osmanischen Reich

Die Lösung der serbischen Frage brachte das Eingreifen Russlands unter dem Zaren Nikolaus I. Nach einem erfolgreichen Krieg (1828-29), der auch zur Befreiung Griechenlands und der rumänischen Donaufürstentümer führte, zwang er die Türken, den Serben in Übereinstimmung mit dem nicht verwirklichten Abkommen von Bukarest von 1812 Autonomie einzuräumen. 1830 erkannte die Hohe Pforte Serbien als autonomes Fürstentum unter der Oberhoheit des Sultans, aber unter dem Schutz des russischen Zarenhofs an. Gleichzeitig wurde Miloš Obrenović zum serbischen Erbfürsten.

Nach den langen und schweren Zeiten unter osmanischer Herrschaft richtete sich Serbien unter der Herrschaft Miloš Obrenovićs schrittweise auf. Türkische Sipahis (Besitzer von Lehensgütern) gaben ihre Güter auf, serbische Bauern konnten auf diese Weise und durch Waldrodung ihren Besitz vergrößern. Der Handel, besonders Ein- und Ausfuhr entwickelten sich sprunghaft. Die Verkehrsbedingungen waren zunächst höchst unzureichend, Straßen gab es wenige. Fürst Miloš, der auch äußerlich im Stile eines osmanischen Herrschers regierte, ordnete daher häufig Frondienst an, um diesen Missstand zu beseitigen. Bis zum Aufstand hatte es im Landesinnern Serbiens fast keine christlichen Schulen gegeben. 1836 waren es bereits 60, und zwei Jahre später wurde in Belgrad das erste Lyzeum gegründet. Die ersten Postämter und Banken wurden eröffnet und verschiedene staatliche und soziale Institutionen ins Leben gerufen. Solche hatte es für Serben zuvor nur unter ungarischer Herrschaft gegeben, wo mit Einrichtungen wie dem ersten Gymnasium 1792 oder mit einer wachsenden Kaufmanns- und Bürgerschicht die serbische Nationalbewegung ihren eigentlichen Ausgang nahm. (→ Kap. 5) Nachdem in Budapest schon 1826 die Kulturvereinigung Matica srpska (eigentlich „serbische Bienenkönigin") gegründet worden war, entstand im Juli 1842 in Belgrad eine entsprechende „Gesellschaft für serbisches Schrifttum" als wissenschaftliche und literarische Organisation. Die Autonomie der Orthodoxen Kirche wurde in Serbien 1832 wieder hergestellt, in der Form der Autokephalie allerdings erst 1879.

Auf kultureller Ebene ereigneten sich tief greifende Veränderungen. Vuk Stefanović Karadžić (1787-1864) verfasste sein *Wörterbuch* und führte eine Reform von Sprache und Rechtschreibung durch, die allerdings eine Identifizierung von Serbentum und Sprache einschloss, aus der sich weitreichende serbische Gebietsansprüche ableiten ließen. Vuk Karadžić sammelte Volkslieder, die in Europa große Aufmerksamkeit fanden und gerade in Deutschland von Goethe und Jacob Grimm begeistert aufgenommen wurden (→ Kap. 16, → Kap. 17). In der ersten Hälfte des 19. Jahrhunderts kam es zu einer Polarisierung zwischen dem Lager der Aufklärung und dem Rationalismus zugeneigten Schriftstellern und einer eher der Romantik zuzuordnenden Bewegung. Dem entsprach eine Kluft zwischen den Anhängern eines „neuen" und eines „alten" Bewusstseins im Volke. Das „Alte" war eine Mischung aus heidnischen Elementen und einer volkssprachlichen und wegen des Analphabetismus nicht schriftgebundenen Religiosität, da die Osmanen und das Konstantinopoler Patriarchat die Entwicklung einer slawischen Schriftkultur zugunsten des Griechischen verhindert hatten. Der in Ungarn ausgebildete Dositej Obradović, der noch unter Karađorđe Unterrichtsminister geworden war, aber auch Kleriker wie Stefan Stratimirović und Bischof Lukijan Mušicki wollten das heidnische Erbe der Volkskultur überwinden. Die Kirche leistete jedoch auch gegen die Aufwertung der Volkssprache durch Karadžić und seine Orthographie Widerstand und verteidigte das Kirchenslavische. Dennoch setzte sich, mit Vuk Karadžić und dem Montenegriner Njegoš an der Spitze, die serbische Literatur in romantischer Prägung durch, wodurch gerade das heidnische Kulturerbe, eine heroische und kampfbetonte Lebensphilosophie der Volkslieder und -epen sowie deren Sprache gefestigt wurden. Der Konflikt zwischen Patriarchalität und Modernisierung, zwischen Kollektivismus und Individualismus, letztlich zwischen einer „östlichen" und einer „westlichen" Ausrichtung hat sich spürbar bis in die heutigen Tage fortgesetzt.

Nicht nur kulturell, auch politisch (und wirtschaftlich) setzte sich im 19. Jahrhundert keine grundlegende Modernisierung durch. Die Herrschaft des Fürsten Miloš, der potentielle Konkurrenten ohne zu zögern aus dem Weg räumen ließ, stieß im Volk auf breiten Widerstand. Die Opposition forderte eine Verfassung, und nachdem es 1835 zum offenen Aufstand gekommen war, wurde Miloš 1838 auf Druck Russlands von der Hohen Pforte eine Verfassung und zugleich ein siebzehnköpfiger Senat (Savet) aufgezwungen, der ihn kontrollieren sollte und dessen Mitglieder er nicht auswechseln konnte.

Nach In-Kraft-Treten der Verfassung wuchs der Einfluss der Ustavobranitelji („Verfassungsverteidiger", Konstitutionalisten), darunter Vučić, Petronijević, die Gebrüder Simić, Hadži-Milutin Garašanin und sein Sohn Ilija, die ihren Rückhalt im entstehenden wohlhabenderen Bürgertum hatten und seit Beginn der 1830er Jahre gegen Miloš opponierten. Nach Rücktrittsforderungen des Senats verließ Fürst Miloš 1839 Serbien und übergab die Macht seinem Sohn Mihajlo. Doch nach drei Jahren wurde die Dynastie der Obrenovićs durch die der Karađorđevićs abgelöst.

Während der Herrschaft Aleksandar Karađorđevićs (1842-1859) machte Serbien kulturelle Fortschritte. Im Jahre 1844 wurde nach dem Muster des österreichischen bürgerlichen Gesetzbuches ein bürgerliches Recht, im Jahre 1846 ein Oberster Gerichtshof eingeführt. Die Zahl der Grundschulen stieg auf 343 an, ferner wurden einige Fachmittelschulen gegründet. Das Belgrader Lyzeum wurde in eine Hochschule verwandelt und die nach dem Wechsel der Dynastien verbotene „Gesellschaft für serbisches Schrifttum" erneuert. 1853 wurde die Nationalbibliothek und im Jahre 1848 beim Innenministerium eine Ingenieursschule eröffnet, 1855 schließlich nahm man den Telegraphenverkehr auf.

1844 formulierte der Innenminister Ilija Garašanin (1812-74) ein geheimes Memorandum *(Načertanije)* an Aleksandar. Der „Entwurf" zielte auf die Vereinigung aller Serben (bzw. auch der von Garašanin als „Serben" definierten meisten übrigen Südslawen) in einem Staat, was nur nach einem Zerfall des Osmanischen Reiches und der Zurückdrängung Österreichs möglich wäre, wobei Serbien sich nicht zu sehr auf Russland stützen dürfte. Da dieses erste großserbische (und kaum als „jugoslawisch" zu deutende) Nationalprogramm außenpolitischen Sprengstoff barg, ging Serbien behutsam vor und beschränkte sich auf verdeckte antiosmanische Propaganda.

Die zurückhaltende Außenpolitik Aleksandars führte auch dazu, dass Serbien während der Revolution 1848 seinen Landsleuten unter österreich-ungarischer Herrschaft keine nennenswerte Hilfe leistete. Wegen seiner vorsichtigen Annäherung an Österreich verlor Aleksandar die Unterstützung der stärker nach Russland orientierten Kreise. Die Übermacht des Beamtentums, das System seiner persönlichen Herrschaft und die schlechte soziale Lage der Landbevölkerung hatten die liberale Intelligenz gegen ihn aufgebracht. Die 1858 erstmals einberufene Volksversammlung, die Skupština, setzte daher 1859 seine Abdankung durch.

Erneut kamen die Obrenovićs an die Macht, zunächst für kurze Zeit der alte Fürst Miloš und nach dessen Tod (1860) für acht Jahre sein Sohn Mihajlo, ein europäisch gebildeter Vertreter der reformfreudigeren jüngeren Generation, der 1861 eine relativ liberale Verfassung einführte. In dieser Zeit wurden die wichtigsten europäischen Länder, besonders Deutschland und Italien, von starken nationalistischen Einigungsbewegungen erfasst. Diese Strömungen fanden 1866 mit der Gründung der „Vereinigten serbischen Jugend", der

Omladina-Bewegung, zu deren führenden Gestalten auch der aus Südungarn stammende Svetozar Miletić (1826-1901) gehörte, in Serbien ihren Widerhall. Als Außenminister und Regierungschef konnte Ilija Garašanin nun sein politisches Programm weitertreiben und Bündnisse mit den Staaten und Befreiungsbewegungen des Balkan schließen, wodurch in Umrissen erstmals das Konzept einer Balkanföderation hervortrat.

Im Jahre 1867 kam es zu einer bedeutsamen Erweiterung des serbischen Autonomiestatus: Die Pforte übergab die letzten nach einer Reduzierung der türkischen Präsenz 1862 noch verbliebenen Garnisonen an Serbien. Die osmanische Verwaltung verschwand damit endgültig aus den serbischen Städten. Fürst Mihajlo hoffte, auf ähnliche Weise auch Bosnien aus der osmanischen Herrschaft lösen zu können, doch seine Ermordung unter unklaren Umständen im Mai 1868 machte diese Pläne zunichte. Mit Hilfe des Militärs wurde der damals minderjährige Milan Obrenović auf den Thron gebracht, die Regierungsgeschäfte übernahm der Regent Jovan Ristić. Dieser wurde von den Liberalen unterstützt, denen es 1869 gelang, eine Verfassung durchzusetzen, die der noch an Zensuswahlen gebundenen Skupština legislative Funktionen verlieh.

Die endgültige Befreiung von den Türken begann 1875 mit dem Aufstand in Bosnien-Herzegowina, der Serbien und Montenegro, später auch Russland (1876-1878) in den Krieg gegen das Osmanische Reich hineinzog. Doch im Friedensvertrag von San Stefano setzte Russland die Schaffung eines Großbulgarien auf Kosten Serbiens durch. Durch das Beharren der westeuropäischen Mächte wurde jedoch auf dem Berliner Kongress 1878 der Frieden von San Stefano revidiert. Serbien und Montenegro erhielten die Unabhängigkeit, Serbien wurde im Süden eine Gebietserweiterung um vier Landkreise zugesprochen, Montenegro erhielt die Gebiete von Podgorica und Nikšić sowie den Zugang zum Meer, Makedonien wurde dem neuen bulgarischen Staat wieder weggenommen und blieb unter osmanischer Herrschaft. Bosnien-Herzegowina kam unter die Herrschaft Österreich-Ungarns, das 1879 auch den Sandschak Novi Pazar besetzte, auf den Serbien Anspruch erhoben hatte.

6.5. Das Königreich und der Kampf um die Modernisierung

Das Jahrzehnt zwischen 1878 und 1888 war eine der dramatischsten Epochen in der modernen Geschichte Serbiens. Im Parlament war die Annahme der auf dem Berliner Kongress gefassten Beschlüsse heftig umstritten.

In den unversöhnlichen politischen Kämpfen des ersten Jahrzehnts der staatlichen Unabhängigkeit war von entscheidender Bedeutung, auf wessen Seite die Krone stand. Fürst Milan Obrenović bezeichnete die Zeit nach den Kriegen von 1876-1878 und nach Erlangung der Unabhängigkeit als Auszug Serbiens „aus den Grenzen eines patriarchalischen Staates“ und als Beginn eines schweren, doch weitreichenden Werks, sich von innen heraus als moderner Staat zu formieren.

Außenpolitisch blieb Österreich-Ungarn unter den Obrenovićs bis zum Ende der Dynastie 1903 die dominierende Option, nachdem sich 1878 Russland einseitig für Serbiens Rivalen Bulgarien entschieden hatte und da zwischen Serbien und Österreich-Ungarn immer engere wirtschaftliche Beziehungen bestanden. 1881 wurde ein geheimes politisches Abkommen mit Wien geschlossen, ferner Handelsverträge, die erste serbische Eisenbahnlinie wurde von einer österreichisch-französischen Gesellschaft gebaut. Gegen die proösterreichische Politik wuchs der Widerstand der radikalen Opposition, doch die Erhebung Serbiens zum Königreich 1882 festigte zunächst die Position der herrschenden Dynastie und ihrer Regierung unter dem Premierminister Milan Piroćanac von den liberalen Fortschrittlern (Naprednjaci). Trotzdem führte die Spaltung der politischen Elite Serbiens zu tiefen und dauerhaften historischen Dilemmata, die dem für Russland so charakteristischen Gegensatz zwischen Slawophilen und Westlern in vielem vergleichbar sind. Entscheidend war dabei die Schlüsselfrage nach der Richtung, in die sich Serbien nach Erlangung der Unabhängigkeit entwickeln sollte. Die eine Antwort darauf gaben die 1858 gegründeten Liberalen bzw. danach die Fortschrittler, die andere die Radikalen, die an die sozialistische Strömung anknüpften, die seit der Spaltung der Omladina-Bewegung 1871 dort neben einer liberalen Richtung bestand.

Führer der liberalen Strömung in der Omladina war Vladimir Jovanović (1833-1922); er gehörte zu den ersten Serben – zumal nicht aus den österreich-ungarischen Teilen –, die Europa bereist hatten, und konnte im Ausland viele wichtige Beziehungen knüpfen. Als Nationalromantiker, der überzeugt war, die Serben hätten schon im Mittelalter eine demokratische Gesellschaftsordnung besessen, hatte er dennoch klare Vorstellungen vom Privateigentum als Grundlage persönlicher Freiheit und parlamentarischer Demokratie.

An der Spitze der entgegengesetzten Strömung stand Svetozar Marković (1846-1875), der Begründer des serbischen Sozialismus. Marković, zeitweilig Student an einer russischen Hochschule, entwickelte nach dem Vorbild russischer revolutionärer Ideologen, besonders Tschernyschewskis, die Doktrin eines Volkssozialismus, der außerhalb Russlands nirgends einen solchen Einfluss hatte wie in Serbien, wo er die (politische) Geschichte in der zweiten Hälfte des 19. Jahrhunderts entscheidend prägte.

Die Elemente dieser Doktrin bestanden (1) in der Vermeidung des Weges, den die westlichen Völker gegangen waren, (2) im Glauben an die Rückständigkeit als Vorteil und (3) im Kampf gegen eine Ausdifferenzierung der Gesellschaft in Schichten, (4) gegen einen vermeintlichen Rechtsformalismus und (5) gegen die Institutionalisierung des Staates, besonders des Beamtentums. Der *Volksstaat* als Gegensatz des *Rechtsstaates,* dies war der ideologische Kernpunkt des Volkssozialismus, aus dessen Positionen heraus man gegen die Modernisierung des Staates Widerstand leistete. Hauptgarant des Volksstaates sollte danach eine Volkspartei sein, die über ein System der Selbstverwaltung die Volksdemokratie verwirklichen sollte.

Der serbische Historiker und Rechtstheoretiker Slobodan Jovanović erklärte das Auseinanderbrechen des Bündnisses zwischen Fortschrittlern und Radikalen als Folge von Fehlern beider Parteien. Die Fortschrittler hatten seiner Meinung nach den Fehler begangen, ihre erste Regierung im Jahre 1880 ohne die Radikalen zu bilden, und waren deswegen „nur eine Gruppe von Intellektuellen geblieben, die ohne die Hilfe radikaler Demagogen und Volkstribunen keine Mehrheit im Volke gewinnen konnten". Die Radikalen wiederum, so meinte Jovanović, „vermochten nicht abzuwarten: 1880 wurden sie zu ‚Kommunisten', ‚Republikanern' und ‚Karađorđević-Mitläufern' erklärt und hatten nicht viele Anhänger in den Kreisen der höheren Intelligenz, aus denen man die Minister berief". Doch es ging nicht um verschiedene Taktiken, die nur aufgrund politischer Fehler nicht zusammenfanden, sondern um Folgen zweier fundamental unterschiedlicher politischer Philosophien – nämlich einer liberalen und einer volkstümlerisch-„radikalen". Nicht nur zwei verschiedene Demokratieauffassungen standen sich damit gegenüber – eine liberale, parlamentarische und eine direkte, an Volk und Selbstverwaltung orientierte –, sondern mit Österreich und Russland auch zwei außenpolitische Orientierungen, die zudem das Paradigma des Westens und des Ostens vertraten. Dies spiegelte sich in den beiden Verfassungsentwürfen, die seit 1882 vorlagen: einer von den Radikalen mit Konventcharakter und einer von den Fortschrittlern, der nach einem repräsentativen System strebte.

Für die Fortschrittler, die zweifellos an der Spitze der damaligen nicht nur politischen, sondern auch intellektuellen Elite standen, hob Piroćanac 1879 hervor, dass die „Vorstellungen über staatliche Fragen ... noch nebulös und nicht entwickelt sind". Er wies darauf hin, dass die Einhaltung von Gesetzen eine Bedingung „für jeden gesellschaftlichen Fortschritt ist" und dass Serbien zu einer repräsentativen Demokratie kommen müsse, „welche die bislang vollkommenste Herrschaftsform ist". Und Stojan Novaković erklärte ein Jahr später: „Wir stehen vor der Wahl, ob wir in der Kultur der westlichen Welt einen Feind sehen wollen, vor dem wir fliehen müssen, oder ob wir in ihr den älteren Kameraden und Lehrer sehen wollen, mit dem es sich lohnt zu verkehren und mit dem wir verkehren müssen." Von dieser Welt habe die Menschheit „allgemeine Vorstellungen von Menschlichkeit, Aufklärung, Recht und Ordnung empfangen, aber auch Postämter, Telegraphen, Eisenbahnen, gemeinsame Maße usw.". Aber gerade diese Modernisierungen, die die Fortschrittler in einer *Revolution von oben* durchsetzten, lehnten die Radikalen ab. Sie stimmten lediglich für die liberalen Gesetze zur Presse-, Versammlungs- und Vereinigungsfreiheit und zur Gerichtsbarkeit. Diese Reformen, die in einer Zeit des bedingten Bündnisses zwischen Radikalen und Fortschrittlern eingebracht wurden, hatten für die Radikalen instrumentellen Wert: Sie gaben ihnen weitläufigen Raum für ihre eigene Organisation und Propaganda.

Alle übrigen Gesetze stießen auf den starren Widerstand der Radikalen, einige von ihnen wurden erst eingebracht, als die Radikalen im Jahre 1882 die Volksversammlung verlassen hatten. Sie betrafen das stehende Heer, den Eisenbahnbau, die Gründung der Nationalbank, die Grundschulen, den Schutz der Volksgesundheit sowie die Bekämpfung von Viehseuchen, zu der Serbien durch eine internationale Veterinärkonvention verpflichtet war. Den Grund für die Ablehnung der Modernisierung legte der Führer der Radikalen Nikola Pašić (1846-1926) dar, wobei er sich auf die Interessen des Volkes berief, die er mit denen seiner Partei gleichsetzte. In den Auseinandersetzungen in der Volksversammlung um die Richtung der inneren Entwicklung Serbiens erblickte Pašić das Aufeinanderprallen zweier Staatsideen. Dabei sah er in allen von den Fortschrittlern eingeleiteten Reformen eine Frucht fremder bzw. österreichisch-ungarischer Einflüsse. In einer Debatte um den Bau der ersten innerserbischen Bahnlinie durch ausländische Gesellschaften im Jahre 1882 erklärte er: „Die Idee unseres Volkes ist die Idee von Befreiung und Vereinigung; die Idee des österreichisch-ungarischen Staates aber, besonders in neuerer Zeit, ist die Idee der Ausdehnung nach Südosten. Diese beiden Staaten sind immer aneinander geraten und werden auch in Zukunft aneinander geraten." Dieser Gedanke zieht sich wie ein roter Faden durch Pašićs vielseitige Aktivitäten in der Volksversammlung – von 1878 bis 1903. Er bestimmte die Standpunkte der Radikalen zu allen Schlüsselfragen, nach denen die Fundamente Serbiens als moderner Staat nach westlichem Vorbild geschaffen wurden. Die Auseinandersetzung darüber spiegelte sich in der Volksmeinung, die freilich mit überwiegender Mehrheit zu den Radikalen tendierte. Im ungebildeten Volk wurde Rückständigkeit mit nationaler Identität gleichgesetzt, während ein Teil der politischen Elite gerade diese Rückständigkeit bewusst im Kampf gegen die Modernisierung des Staates einsetzte.

Die Kluft zwischen den Möglichkeiten einer unterentwickelten Wirtschaft und den Bedürfnissen eines modernen Staates versuchten die Fortschrittler durch zahlreiche indirekte Steuern zu überwinden, die die nach den Kriegen verarmte Bevölkerung belasteten. Die Führer der Opposition wussten wohl, dass der Übergang zu einem modernen Staat seinen Preis hatte, doch suchten sie daraus für die engen Interessen ihrer Partei Kapital zu schlagen.

So gelang bei den Skupština-Wahlen im September 1883 den Radikalen ein deutlicher Sieg. Nachdem darauf der König den konservativen Ministerpräsidenten Hristić ernannt hatte und dieser das Parlament auflöste, gingen die Radikalen im November 1883 am

Timok zum offenen Aufstand über, der blutig unterdrückt wurde. Diese Ereignisse verlangsamten den Prozess der staatlichen Modernisierung, doch brachten sie auch die Grundfeste des Staates ins Wanken. Nach der Flucht der Radikalenführer nach Bulgarien und den Neuwahlen führten ab 1884 nochmals die Fortschrittler die Regierung. Ein Jahr später erklärte Serbien Bulgarien den Krieg, um eine Kompensation durchzusetzen, nachdem Bulgarien erfolgreich Teile des Osmanischen Reiches (Ostrumelien) annektiert hatte. Nur dem Einwirken des Verbündeten Österreich-Ungarn war es zu verdanken, dass Serbien nach der militärischen Niederlage keine Gebiete an Bulgarien abtreten musste.

Danach wandte sich König Milan Obrenović allmählich den Radikalen zu, die nach ihrem Wahlsieg 1887 erstmals 1888 an die Regierung kamen. Im selben Jahr konnte Pašić triumphierend aus dem Exil zurückkehren, und es wurde eine neue Verfassung verabschiedet, die zwar immer noch ein Zensuswahlrecht vorsah, aber der Skupština mehr Kompetenzen verlieh. Sie war das Resultat eines Kompromisses zwischen allen drei politischen Parteien (Konservative, Fortschrittler, Radikale) und dem König. Doch dieser wurde 1889 – auch weil sein Privatleben in der Öffentlichkeit sehr umstritten war – zur Abdankung gezwungen, und von einem weiteren minderjährigen Herrscher, Aleksandar Obrenović, abgelöst.

Die Regentschaft berief eine Regierung der Radikalen, die die schwache Opposition als politischen Feind, nicht nur als politischen Gegner betrachteten. Doch auch mit der Regentschaft lagen die Radikalen, für die 1891 erstmals Pašić die Regierung führte, in den neunziger Jahren im Konflikt.

Der Herrscher übernahm 1893 noch vor Erlangung der Volljährigkeit die Macht und setzte 1894 die liberale Verfassung wieder außer Kraft. Trotz der politischen Vorherrschaft der Radikalen wandte Aleksandar sich außenpolitisch nicht von Österreich ab. Als er 1898 seinen Vater, den abgedankten König Milan, zum Oberbefehlshaber des Heeres machte, führte dies zu Spannungen mit Russland. Die offene Hinwendung Serbiens zu Russland erfolgte 1900 anlässlich der in Serbien allgemein kritisierten Eheschließung des Königs, bei der Zar Nikolaus II. als Trauzeuge auftrat. Nun wurden die Radikalen, die noch ein Jahr zuvor in ein Attentat auf den Vater des Königs verwickelt waren, rehabilitiert. Eine Verfassung wurde eingeführt, die wieder freie Skupština-Wahlen vorsah, doch schon 1902 brach Aleksandar mit den Radikalen, zugleich verschworen sich Teile der Armee gegen ihn. Die Herrschaft der Dynastie der Obrenovićs wurde durch die Ermordung Aleksandars und seiner Gattin am 29. Mai 1903 beendet. Die Attentäter kamen aus der Geheimorganisation „Schwarze Hand" (Crna Ruka), die sich innerhalb der Armee gebildet hatte. Solche Organisationen begannen neben den Parteien zunehmend eine wichtige Rolle zu spielen. Sie vertraten einen expansiven Nationalismus und die Vereinigung aller Serben (→ Kap. 14). 1908 wurde die öffentliche „Narodna odbrana" (Nationale Verteidigung) gegründet, 1911 die mit ihr verbundene, jedoch geheime „Ujedinjenje ili smrt" (Vereinigung oder Tod), die aus der „Schwarzen Hand" hervorging und in der Verschwörung von 1903 ihren Ursprung hatte. Gegen die großserbischen Bestrebungen wandten sich die Sozialdemokraten, deren Partei ebenfalls 1903 gegründet wurde.

6.6. Bis zum Ende des Ersten Weltkriegs

Nach dem Attentat kehrte die Dynastie der Karađorđević unter Petar Karađorđević auf den serbischen Thron zurück. Es begann eine neue Epoche in der serbischen Geschichte: Von der absoluten persönlichen Herrschaft des Monarchen ging man zu einer Herrschaftsform parlamentarischer Monarchie über. Der gestärkte Parlamentarismus war das bedeutendste Resultat des Jahres 1903, doch wurde dieser Effekt durch die politische Praxis beschränkt: Die Armee, die den Umsturz ausgeführt hatte, hatte den König in ihrer Hand, ein unterentwickeltes Bürgertum war von einem Meer von Bauern umgeben, und de facto gab es ein Einparteiensystem unter der Vorherrschaft der Radikalen, die zumeist im Bündnis mit den von ihnen abgespaltenen „Jungradikalen" und unter der Führung von Pašić regierten.

Außenpolitisch brach Serbien 1906 endgültig mit Österreich-Ungarn, als es zu Auseinandersetzungen in Handelsfragen (zum sogenannten „Schweinekrieg") kam. Die Annexion Bosnien-Herzegowinas durch die k. u. k.-Monarchie im Jahre 1908 erschütterte Serbien schwer. In Österreich-Ungarn schloss man serbische Schulen, hob die kirchliche Autonomie auf und verbot die Kyrilliza. Eine kriegerische Auseinandersetzung zwischen Österreich-Ungarn und Serbien schien im Winter 1908-09 unausweichlich, doch unter deutscher Vermittlung wurde Serbien dazu gebracht, die österreichische Annexionspolitik zu akzeptieren.

Gleichzeitig setzte mit der Machtergreifung der Jungtürken im Osmanischen Reich eine starke Bewegung zur Homogenisierung der gesamten Gesellschaft ein, die Unruhen bei allen Völkern unter türkischer Herrschaft auslöste – bei den Arabern ebenso wie bei Griechen, Serben, Bulgaren und Albanern. Zur Verteidigung und Befreiung der Balkanchristen schlossen Serbien, Montenegro, Griechenland und Bulgarien ein Bündnis. Im Oktober 1912 erklärte Montenegro, gefolgt von den Verbündeten der Türkei den Krieg (I. Balkankrieg), nachdem in Albanien ein Aufstand gegen die osmanische Herrschaft ausgebrochen war. Innerhalb weniger Tage stand die serbische Armee fast vor Thessaloniki und an der Adriaküste. Sie eroberte Skopje, Prilep, Priština, Prizren, Peć, Ohrid, Štip, Bitola und viele andere Orte mit baulichen Zeugnissen der serbischen mittelalterlichen Geschichte. In „Altserbien", wie das damals schon mehrheitlich albanisch bewohnte Kosovo genannt wurde, gingen serbische Truppen brutal gegen die albanische Bevölkerung vor, zwangen sie teilweise zum Übertritt vom Islam zur Orthodoxie und töteten Tausende. Die Ergebnisse der Londoner Konferenz ab Dezember 1912 über die Grenzen des neuen albanischen Staates schrieben große Gebiete mit albanischer Mehrheit Serbien, Montenegro und Griechenland zu. Gegen die serbische und montenegrinische Unterdrückungspolitik kam es zu einem weiteren albanischen Aufstand 1913, dessen blutige Niederschlagung durch serbische Truppen zu weiteren Spannungen zwischen Serbien und Osterreich-Ungarn führte, das als Schutzmacht Albaniens und albanischer Interessen auftrat. Bei dem Konflikt ging es auch darum, dass Serbien auf albanischem Gebiet den Zugang zur Adria suchte, was Österreich-Ungarn, das sein Handelsmonopol mit Serbien gefährdet sah, verhindern wollte.

Um die Frage der Aufteilung Makedoniens kam es zu einem Konflikt zwischen Bulgarien auf der einen und Serbien und Griechenland auf der anderen Seite, denen sich auch Rumänien anschloss. Im II. Balkankrieg besiegten die Serben 1913 Bulgarien und entschieden gemeinsam mit Griechenland die makedonische Frage durch die Einverleibung der umstrittenen Gebiete (→ Kap. 9).

Von den Kriegen von 1876-1878, 1885, 1912 und 1913 ausgelaugt, aber territorial erheblich vergrößert, sah Serbien den Hauptgegner nun in der k. u. k-Monarchie. Pašić, der seit Ende 1912 wieder die Regierung leitete, blieb zunächst an einer eher gemäßigten Politik ohne Anschluss der Gebiete der Doppelmonarchie orientiert. Dagegen drängte die Gruppierung „Ujedinjenje ili smrt" (Vereinigung oder Tod) und ihr Führer, der schon am Königsmord von 1903 beteiligte Generalstabsoffizier Dragutin Dimitrijević (Apis) auf die Schaffung eines südslawischen Staates mit Serbien als „Piemont". In das Attentat auf den österreichisch-ungarischen Thronfolger am 28. Juni 1914 in Sarajevo, das von Mitgliedern der Organisation „Mlada Bosna“ (Junges Bosnien) verübt wurde, war zwar nicht die serbische Regierung, wohl aber Dimitrijević verwickelt, der als Gegner Pašićs in einem zweifelhaften Prozess 1917 zum Tode verurteilt wurde.

Nach der österreichisch-ungarischen Kriegserklärung vom 28. Juli 1914 gelang es Serbien bis zum Ende des ersten Kriegsjahres, das zwischenzeitlich von Österreich-Ungarn eingenommene Belgrad zu befreien und den Gegner vom serbischen Staatsgebiet zu verdrängen. Zu einem Vorstoß nach Bosnien-Herzegowina reichten die Kräfte jedoch nicht, stattdessen wurden Teile Albaniens besetzt. Im Oktober 1915 trat Bulgarien an der Seite der Mittelmächte in den Krieg ein, den Serbien dadurch an zwei Fronten führen musste. Nach einer mehrtägigen Schlacht auf dem historischen Amselfeld musste sich die serbische Armee Ende 1915 auf italienisch beherrschtes Gebiet zurückziehen. 1916 wurde von Griechenland aus die Offensive wieder aufgenommen, doch eine Wiedereroberung Serbiens von Süden misslang weitgehend. Serbien wurde von Österreich-Ungarn und Bulgarien in drei Gouvernements aufgeteilt, auch die deutsche Armee an der makedonischen Front hatte einen eigenen Verwaltungsbereich. Die serbische Regierung und das Königshaus residierten auf der griechischen Insel Korfu, wo 1917 auch die Errichtung eines „Königreichs der Serben, Kroaten und Slowenen“ beschlossen wurde. Erst 1918 gelang Serbien und den Entente-Mächten an der Saloniki-Front die Wende: September 1918 wurde Bulgarien zur Kapitulation gezwungen, am 1. November wurden die Truppen Österreich-Ungarns aus Belgrad vertrieben.

Deutsch von Robert Hammel

Literatur

Überblicke bieten: Sima Ćirković, *The Serbs*, Oxford 2004; Friedrich Jäger, *Bosniaken, Kroaten, Serben. Ein Leitfaden ihrer Geschichte*, Frankfurt a. M., 2001; Tim Judah, *The Serbs. History, Myth and the Destruction of Yugoslavia*, New Haven, London 1997; Wolfgang Libal, *Die Serben. Blüte, Wahn und Katastrophe*, München, Wien 1996.

Eine Gesamtdarstellung ist: *Istorija srpskog naroda*, I-VI, Belgrad 1981-1993 (Geschichte des serbischen Volkes).

Wichtig für die mittelalterliche Geschichte: Sima Ćirković, *Srbi u srednjem veku*, Belgrad 1995; französische Ausgabe: *La Serbie au Moyen Age*, Saint-Leger-Vauban 1992; außerdem immer noch von Wert die klassische Darstellung von Constantin Jireček, *Geschichte der Serben*, Gotha 1911-1918. Zu beachten sind ferner die Literaturhinweise zu → Kap. 1, weiterhin zu → Kap. 18 über die Verwendung historischer Themen in der serbischen Nationalmythologie.

Wichtige Arbeiten über das neuzeitliche Serbien: Wolf D. Behschnitt, *Nationalismus bei Serben und Kroaten 1830-1914. Analyse und Typologie der nationalen Ideologie*, München 1980; Charles Jelavich, *Tsarist Russia and Balkan Nationalism. Russian Influence in the Internal Affairs of Bulgaria and Serbia 1879-1886*, Berkeley und Los Angeles 1958; David Mackenzie, *Ilija Garašanin: Balkan Bismarck*, New York 1985; Stevan K. Pavlowitch, *A history of the Balkans : 1804-1945*, London (u.a.) 1999; Michael Boro Petrovich, *A History of Modern Serbia, 1804-1918*, 2 Bde., New York, London 1976; Wayne S. Vucinch, *The First Serbian Uprising 1804-1813*, New York 1981, und ders., *Serbia between East and West. The Events of 1903-1908*, Stanford 1954.

Zur Ideengeschichte: Branimir Anzulović, *Heavenly Serbia. From Myth to Genocide*, London 1999; Florian Bieber, *Nationalismus in Serbien vom Tode Titos bis zum Ende der Ära Milosevic*, Münster u.a. 2005; T. Bremer, N. Popov und H.-G. Stobbe (Hg.), *Serbiens Weg in den Krieg*, Berlin, 1998; Philip J. Cohen, *Serbia's Secret War. Propaganda and Deceit of History*, Texas A & M University Press 1997²; Ivan Čolović, *Politics of Identity in Serbia*, New York 2002; Jasna Dragović-Soso, *'Saviours of the Nation': Serbia's Intellectual Opposition and the Revival of Nationalism*, London 2002; Thomas A. Emmert, *Serbian Golgotha: Kosovo 1389*, New York 1990; W. D. McClellan, *Svetozar Marković and the Origins of Balkan Socialism*, Princeton 1964; Duncan Wilson, *The Life and Time of Vuk Stefanović Karadžić 1787-1864: Literacy, Literature and National Independence in Serbia*, Oxford 1970.

Zur Sozialgeschichte: John B. Allcock, *Explaining Yugoslavia*, New York 2000; Marie-Janine Calic, *Sozialgeschichte Serbiens 1815-1941. Der aufhaltsame Fortschritt während der Industrialisierung*, München 1994; Roland Schönfeld (Hg.), *Industrialisierung und gesellschaftlicher Wandel in Südosteuropa*, München 1989; Holm Sundhaussen, *Historische Statistik Serbiens 1834-1914. Mit europäischen Vergleichsdaten*, München 1989.

Aufsätze: Dunja Melčić, „Serbische Gesellschaft im Lichte der verpassten Modernisierung“, *Kommune* 11/99; dies., „Die oppositionellen Parteien Serbiens. Ein historischer Querschnitt“, in *Kommune* 1/00; Olga Popović-Obradović, "Idea and Practice of Constitutionality in Serbia in 1869-1914 Period: Between the Liberal and 'Popular' State", *Helsinki Files*, No.3, Beograd 2000, S. 25-69; Dubravka Stojanović, „Party Elites in Serbia 1903-1914. Their Role, Style of Ruling, Way of Thinking“, in: *Eliten in Südosteuropa. Rolle, Kontinuitäten, Brüche in Geschichte und Gegenwart* (Hg. W. Höpken/H. Sundhaussen), München 1998, S.129-143.

In serbischer Sprache: Ljubodrag Dimić, *Istorija srpske državnosti. Srbija u Jugoslaviji*, Belgrad 2001 (Die Geschichte der serbischen Staatlichkeit. Serbien in Jugoslawien); Andrej Mitrović, *Srbija u Prvom svetskom ratu* (Serbien im Ersten Weltkrieg), Beograd 1984; Latinka Perović, *Srpski socijalisti XIX veka*, Bd. 1-3, Belgrad 1985-1995 (Serbische Sozialisten im 19. Jh.); dies., *Rusko-srpske revolucionarne veze*, Belgrad 1995 (Russisch-serbische revolutionäre Verbindungen); neuere Forschung im mehrbändigen Sammelwerk der letztgenannten Herausgeberin: *Srbija u modernizacijskim procesima [XIX/] XX veka*, (Serbien in den Modernisierungsprozessen des 19./20. Jahrhunderts) Belgrad 1994-2003; im osmanischen Reich: Olga Zirojević, *Srbija pod turskom vlašću (1459-1804)*, Novi Pazar 1995.

7. Montenegro bis 1918

Miomir Dašić

Das heutige Montenegro umfasst eine Fläche von 13.812 km^2 und grenzt im Nordwesten an Kroatien und Bosnien-Herzegowina, im Westen an das Adriatische Meer, das es mit Italien verbindet, und im Süden und Südosten an Albanien. Seine nördliche und nordwestliche Grenze verbindet Montenegro mit der Republik Serbien, mit der es auch eine wechselvolle Geschichte verbindet: Nach dem Sturz Miloševićs im Oktober 2000 stellten sich dem montenegrinischen Bestreben nach der staatlichen Unabhängigkeit viele Hürden in den Weg. Während der Auflösungsprozess der auf Miloševićs Betreiben 1992 gegründeten Bundesrepublik Jugoslawien insbesondere nach dem Kosovo-Krieg (1999) den Unabhängigkeitsbestrebungen Montenegros unter dem Präsidenten Milo Đukanović (1997-2002) an der Jahrhundertwende in die Hände spielte, wurde unter dem Druck aus Brüssel am 4. Februar 2003 nach langen Querelen zwischen Belgrad und Podgorica eine Staatengemeinschaft unter dem Namen „Serbien und Montenegro" als Nachfolger der BR Jugoslawien ausgerufen. Anzeichen, dass dieser gemeinsame Staat, der von vornherein mit einer dreijährigen Frist versehen war, mit Leben gefüllt werden könnte, gab es keine. Đukanović, seit Ende 2002 Regierungschef, kündigte bei verschiedenen Gelegenheiten an, die staatliche Unabhängigkeit Montenegros werde nach der um drei Jahre verschobenen Volksbefragung 2007 endlich erreicht. Die Angaben über die Einwohnerzahl Montenegros divergieren erheblich. Die offizielle Angabe (auf der staatlichen Homepage) beträgt 650 575 (ermittelt 1998); nach der Volkszählung 1991 wurde sie montenegrischerseits mit ca. 640.000 und vom Statistischen Bundesamt in Belgrad mit 615.035 angegeben. Bei der jüngsten vom Belgrader Bundesamt organisierten Volkszählung im März 2002 wurden nur die Gebiete Serbien und Vojvodina erfasst und die Einwohnerzahl für Kosovo und Montenegro geschätzt, letztere auf 627.240.

Seit dem Beginn der slawischen Landnahme Ende des 6. und in der ersten Hälfte des 7. Jahrhunderts kam es ethnisch gesehen zu vielfältigen Veränderungen auf dem Gebiet des heutigen Montenegro. Slawische Stämme besiedelten jenen zentralen Teil der vormaligen römischen Provinz Praevalis, der nach dem illyrischen Stamm der Docleaten slawisch Duklja/Dioklitija (lat. Doclea, dt. auch Dioklitien) genannt wurde. Die romanisierte und christianisierte autochthone Bevölkerung, Wlachen und andere ethnische Gruppen wurden in der Folge weitgehend slawisiert. Die osmanischen Eroberungen verstärkten seit dem Ende des 14. Jahrhunderts die ethnische Mischung und Verschiebung der Bevölkerung. Die osmanischen Einkunfts- und Steuerverzeichnisse aus dem 15. und 16. Jahrhundert belegen die Zuwanderung von Siedlern und Flüchtlingen aus den zentralen serbischen Territorien.

Die Bevölkerung Montenegros ist in ihrer überwiegenden Zahl serbisch-orthodoxen Glaubens. Die Wlachen im Landesinnern wurden bis zum Ende des 18. Jahrhunderts vollständig serbisiert. In den Küstenstädten gibt es noch eine katholisch-kroatische Minderheit, die immer weiter schrumpft. Die Albaner im Süden waren zu Beginn der osmanischen Herrschaft römisch-katholischen oder orthodoxen Glaubens, wurden aber in der Folge großteils islamisiert. Die slawischen Muslime Montenegros sind ihrer ethnischen Herkunft nach Montenegriner bzw. Serben. Nur ein kleiner Teil ist eingewandert. Die Muslime stellen heute in Montenegro etwa 14 Prozent der Bevölkerung.

7.1. Mittelalter

Montenegro bildete historisch nie eine Einheit in seinen heutigen Grenzen. Duklja, das sich zunächst als slawisches Fürstentum entwickelte, bildet jedoch den Kern des modernen Montenegro. Der weitaus größere Teil gehörte zum serbischen mittelalterlichen Reich von Raška (lat. Rascia, dt. Raszien) sowie zum Fürstentum Zahumlje, der späteren Herzegowina. Von der zweiten Hälfte des 12. Jahrhunderts an wurde das Toponym Duklja allmählich durch den Namen Zeta (lat. Zenta oder Genta) ersetzt, nach dem Fluss Zeta, der durch den mittleren Teil des Landes fließt.

Die Unabhängigkeit von Byzanz erreichte das Fürstentum Duklja im Jahr 1042 unter Fürst Stefan Vojislav, dem Begründer der Dynastie der Vojislavljevići. Seinem Nachfolger Mihajlo (1046-1082) sandte Papst Gregor VII. im Jahre 1077 die Insignien der Königswürde und erhob den Fürsten zum „rex sclavorum". Seine größte territoriale Ausdehnung erreichte das Königreich Duklja während der Herrschaft König Bodins (1082-1100). Papst Clemens III. erkannte 1089 die Selbständigkeit des Erzbistums von Duklja und Bar (Doclea und Antivari) an. Er dehnte den Jurisdiktionsbereich des Erzbistums auf alle Diözesen aus, auch auf die Bistümer von Serbien, Travunien (Trebinje) und Bosnien.

Zum allgemeinen staatlichen Niedergang nach dem Tod König Bodins trugen die normannischen Balkanzüge und der Aufstieg Venedigs bei. Vor allem war Zeta starkem byzantinischem Druck ausgesetzt, bis Ende des 12. Jahrhunderts der serbische Großžupan Stefan Nemanja (1166-96, gest. 1199 oder 1200) das Gebiet seiner Herrschaft unterwarf. In den darauf folgenden zweihundert Jahren war Zeta Bestandteil des serbischen Reiches von Raška, das von der „heilig geborenen" Dynastie der Nemanjiden regiert wurde. Als „Königreich von alters her" genoss Duklja eine Zeit lang ein hohes Maß staatlichen Eigenlebens und die Thronnachfolger der Nemanjiden trugen in der Folge als Mitregenten den Titel „König von Duklja und Dalmatien", worauf sich Großžupan Stefan Nemanja berief, um die Anerkennung der Königswürde von der päpstlichen Kurie zu erreichen. Die Bemühungen wurden 1217 mit der Krönung des zweitältesten Sohnes Stefan Nemanjas, Stefan Prvovenčani (Stefan der Erstgekrönte, 1217-1227/28), verwirklicht.

Als nach dem Tod des Zaren Dušan 1355 der Verfall des serbischen Reiches einsetzte, wurde Zeta 1366 unter der Regierung des Hochadligen Balšić erneut selbständig und konnte unter den Balšići und den Crnojevići (von 1421 bis 1496) die staatlichen Institutionen des Nemanjiden-Staates bewahren.

Nach dem Fall Zetas unter die Herrschaft der Osmanen 1496 wurde die Erinnerung an die frühere Unabhängigkeit im Hochland am Fuße des Berges Lovćen bewahrt, wo sich viele Adlige und Bewohner aus den Tiefebenen Zetas und Serbiens ansiedelten. Das Gebiet der Katune wurde durch viele Neuansiedler in ein dauerhaftes Siedlungsgebiet verwandelt, wo sich in Verbindung mit der an die Transhumanz gebundenen Hirtenkultur der Kern der Stämme von Montenegro, Brda und Herzegowina konsolidierte. Das Bistum von Montenegro, Skutari (slaw. Skadar, alb. Shkodra) und dem Küstenland (slaw. Primorje, lat. Maritima) war, wie das Patriarchat von Peć in Alt-Serbien, der Hüter der staatlichen Tradition der Nemanjiden, Balšići und Crnojevići und trug zur Erinnerung an Zeta als freiem serbischen Land bei.

Der Name Montenegro (slaw. Crna Gora), mit dem ursprünglich nur ein kleiner Teil des heutigen Montenegro bezeichnet wurde, findet sich das erste Mal 1296 in den Quellen. Im 15. Jahrhundert beginnt sich der Name Crna Gora, „der schwarze Berg", als Bezeichnung für die Obere Zeta, die sich im Gegensatz zur Unteren Zeta durch ein gebirgiges Terrain auszeichnet, im politischen Sinne zu etablieren. Die unmittelbaren Nachbarn übersetzten den Namen wörtlich in ihre jeweiligen Sprachen: Karadağ (Türkisch) Malazëze (Albanisch). Die westeuropäischen Sprachen folgten der italienischen Übersetzung.

Die Obere Zeta bzw. Montenegro stand unter der Herrschaft der Vojvoden aus dem Adelsgeschlecht der Crnojevići. Ursprünglich residierten sie in Žabljak, an den Ufern des Skutari-Sees. Ivan Crnojević (1465-1490) verlegte den Hauptsitz nach Cetinje, wo er auch ein Kloster errichtete, das nachfolgend die Residenz der montenegrinischen Metropoliten wurde.

Montenegro verfügte im 15. Jahrhundert über fünf administrative territoriale Einheiten, so genannte Župen (Gaue), die die Osmanen nach der Eroberung in Nahiye umbenannten. Aus ihnen setzte sich zusammen, was man im 19. Jahrhundert Alt-Montenegro (Stara Crna Gora) nannte.

7.2. Osmanenzeit

Die Obere Zeta fiel erst spät, im Jahre 1496, unter osmanische Herrschaft. Die Brda und die späteren montenegrinischen Gebiete von Raška und der Herzegowina hatten die Osmanen bereits zwei bis drei Jahrzehnte zuvor eingenommen. In der osmanischen administrativen und territorialen Gliederung gehörte das heutige Montenegro zu verschiedenen Sandschaks. Von 1513 bis 1528 war Montenegro als Sandschak Karadağ unter dem zum Islam konvertierten Staniša Crnojević eine eigene administrative Einheit im Rahmen des Beglerbegluk (Wilajet) Rumelien. Es folgten mehrere territoriale Umgliederungen der osmanischen Herrschaft, wobei das heutige Montenegro größtenteils auf die Sandschaks Herzegowina, Bosnien, Prizren, Dukadjin und Novi Pazar verteilt war.

Montenegro genoss während der osmanischen Herrschaft wie kaum eine zweite Region einen rechtlichen und sozialen Sonderstatus, was mit einigen Besonderheiten des Landes zusammenhing. Die bergige Landschaft war dünn besiedelt. Ende des 16., Anfang des 17. Jahrhunderts berichten Quellen von etwa 3.500 Haushalten mit ca. 15.000 Einwohnern in Alt-Montengro. Die sieben Stämme der Brda verfügten über mehr Bevölkerung und Soldaten als Alt-Montenegro. Eine österreichische Quelle aus dem Jahr 1792 gibt 40.000 Einwohner für Montenegro (vermutlich einschließlich der Brda) an. In der karstigen und unfruchtbaren Region war diese Bevölkerung nicht in der Lage, die üblichen steuerlichen Verpflichtungen zu erfüllen. Als diese 1513 im Sandschak Karadağ eingeführt worden waren, erhoben die Bewohner Klage über die zu hohen Lasten, worauf eine Untersuchungskommission der Hohen Pforte feststellte, dass die Tribute nicht geleistet werden könnten und auch „nicht von der Rajah eingefordert werden" sollten. 1523 wurde die Aufhebung (oder Einschränkung) der sonst für alle christlichen Untertanen des Reiches obligatorischen Steuern festgelegt und in den montenegrinischen Nahiyes eine feststehende jährliche Steuer, wie sonst für die Wlachen, eingeführt. Im Gegenzug war die männliche montenegrinische Bevölkerung verpflichtet, auf den Salinen des Sultans im Küstenland bei Tivat zu arbeiten. Dafür war sie weitgehend von der Teilnahme an den osmanischen Kriegszügen befreit, auch die Knabenlese (*devşirme*) ist durch kein Dokument belegt. Die Dorfältesten, Knjaze (auch Knezen), waren als lokale osmanische Verwaltungsbeamte ohnehin von allen steuerlichen Abgaben befreit. Ebenfalls von einigen Abgaben ausgenommen waren Hilfstruppen wie Wächter von Wegen und Brücken, die zumeist ganze Dörfer, Straßen und Pässe in unzugänglichen und vom grassierenden Räubertum bedrohten Gegenden zu schützen hatten.

Aus diesen weit reichenden Privilegien leitete die Bevölkerung das Recht auf Selbstverwaltung ab und regelte Konflikte und Streitigkeiten ohne osmanische Intervention nach den Regeln des patriarchalischen Gewohnheitsrechtes. Ihre Ältesten und Stammesoberhäupter vertraten sie gegenüber Osmanen und Venezianern. Der Sonderstatus innerhalb des Osmanischen Reiches kräftigte letztlich die Stammesorganisationen und deren Oberschicht. So verfestigte sich die patriarchalische Stammesordnung (zwischen dem 15. und 18. Jahrhundert nahmen die Stämme ihre endgültige Gestalt an) zur dominierenden Gesellschaftsform, die soziale Differenzierungsprozesse verhinderte. Das Bistum von Montenegro übernahm unter diesen Bedingungen eine Art geistiger und politischer Führerschaft, vermittelte zwischen den sich ständig bekämpfenden Stämmen, richtete sie auf den Kampf gegen die osmanische Herrschaft aus und bewahrte die kollektive Erinnerung an die vorosmanische Tradition.

7.3. Selbstverwaltung und Bischofsherrschaft

Die wichtigste politische Institution war bis zum Ende des 18. Jahrhunderts das oberste Repräsentationsorgan der montenegrinischen Stämme, die Allmontenegrinische Versammlung (Opšte crnogorski zbor), auf der bis zu 2.000 Montenegriner zusammenkamen. Die Stammesversammlung hielt Rat über die wichtigsten Fragen der Gemeinschaft. Sie wählte auch den Bischof von Montenegro und trat in Stammeskonflikten als vermittelnde Instanz auf. Außerdem entschied sie über die Verteidigung der Autonomie, mithin über Krieg und Frieden mit den Osmanen und war bis zum Ende des 18. Jahrhunderts eine Institution der militärischen Demokratie. Die Stammesversammlung und das Amt des Vladika (Fürstbischof), das kirchliche und weltliche Herrschaft vereinte, wirkten entscheidend darauf hin, dass sich – als Vorbedingung für die Entstehung zentralistischer Institutionen und Verwaltungsformen – Stammesallianzen bildeten.

Die zahlreichen Aufstände und Kriege gegen die Osmanen begünstigten aber auch einen gewissen Partikularismus und Konflikte zwischen den Stämmen Montenegros und der Brda, die erst Ende des 17. Jahrhunderts abklangen, als die Montenegriner an der Seite Venedigs kämpften. 1688 kam es – begünstigt durch die venezianischen Siege gegen die Osmanen und die politische Stärkung des Vladika – bei der Stammesversammlung in Cetinje zu einem wichtigen politischen Wandel. Statt der bloßen Aufrechterhaltung der Autonomie innerhalb der osmanischen Herrschaft wurde nun die Unabhängigkeit zum Kampfziel. Dabei betonten die montenegrinischen Bischöfe ihre historischen Rechte auf die Brda und die Herzegowina sowie die anderen serbischen Länder unter osmanischer Herrschaft.

Danilo (1697-1735), der erste Vladika aus der Bruderschaft der Petrovići, aus dem Stamm der Njegoši, leitete den offenen Kurswechsel gegenüber der Hohen Pforte ein. Mit ihm begann die Epoche der Theokratie in Montenegro. Im Kampf gegen die osmanische Herrschaft gewann er die finanzielle und materielle Unterstützung Russlands. Der bis dahin bestimmende Einfluss Venedigs nahm im 18. Jahrhundert ab, obwohl die Republik das Amt eines Gouverneurs in Montenegro eingerichtet hatte. Seit dem Frieden von Požarevac (Passarowitz) von 1718 fand Montenegro zudem auch im Habsburgerreich einen außenpolitischen Verbündeten. Danilo gründete 1713 das erste Landgericht (Zemaljski sud) mit zwölf

Mitgliedern, dem die Entscheidung der Stammesstreitigkeiten obliegen sollte. Das Verbot der Blutrache (1723) bewirkte zunächst wenig, sie konnte sich lokal bis in die zweite Hälfte des 19. Jahrhunderts hinein erhalten. Danilo bekämpfte auch die pro-osmanischen Kräfte unter den Montenegrinern und die Ausbreitung von Islam und Katholizismus. In der mündlichen Überlieferung wurde die Erinnerung an die Vertreibung und Tötung der montenegrinischen Muslime zu Weihnachten 1702 (in früherer Geschichtsschreibung „montenegrinische Bartholomäusnacht" genannt) wachgehalten – ob sie tatsächlich stattgefunden hat, ist jedoch umstritten. Sie wurde später im berühmten Epos *Bergkranz* des Dichters und Fürsten Petar II. Petrović Njegoš verherrlicht. Wegen seiner religiösen Unduldsamkeit und seiner russischen Orientierung versuchten sowohl die Osmanen wie auch die Venezianer und die römische Kurie, Danilo zu beseitigen.

Bischof Vasilije (1750-1766), ein Neffe des politisch weitgehend abstinenten Nachfolgers Danilos und als „zweiter Vladika" der reale Herrscher, war mehr von utopischen und visionären Ideen geleitet als von politischem Realismus. Er versuchte Montenegro weiter vom venezianischen Einfluss abzukoppeln und hielt sich in der Außenpolitik eng an Russland, dem er bei mehreren Besuchen anbot, Montenegro unter sein Protektorat zu stellen, damit es den Kampf für die Befreiung des serbischen Volkes aufnehmen könne. Ähnliche Vorschläge unterbreitete er allerdings auch der österreichischen Kaiserin Maria Theresia. Dabei – und in seiner 1754 in Moskau gedruckten „Geschichte Montenegros" – stellte er sein Land erheblich mächtiger dar, als es in Wirklichkeit war. Durch seine schlecht vorbereiteten Befreiungsaktionen verlor er den Rückhalt in Montenegro, zumal er unter Umgehung der Stammesversammlung handelte. Von seinen Plänen blieb letztlich nur der bescheidene, aber nützliche Brauch, dass ausgewählte junge Männer zur Ausbildung nach Russland entsandt wurden.

Nach Vasilijes Tod tauchte im Jahre 1767 eine noch bizarrere Gestalt auf: der sich für den 1762 verstorbenen russischen Zaren Peter III. ausgebende Šćepan Mali (Šćepan der Kleine, 1767-1773). Er sorgte – gerade angesichts des russisch-türkischen Krieges (1768-1774) – für beträchtliche außenpolitische Irritationen. Obwohl sein Betrug schnell aufgedeckt wurde, lenkte Šćepan Mali als Petar III. bis 1773 relativ erfolgreich die politischen Geschicke des Landes, bis er in einer osmanisch-venezianischen Verschwörung ermordet wurde. Er hatte es vermocht, durch institutionelle Neuerungen seine Autorität über die montenegrinischen Stämme zu behaupten und der Schwächung der Zentralmacht entgegenzutreten. Dazu gehörte vor allem die Aufstellung einer bewaffneten Garde zum Schutz der Organe überstammlicher Herrschaft und als erstes Instrument zur Umsetzung der Urteilsschlüsse bei Stammeskonflikten. Unter montenegrinischen Stämmen war das Heiduckentum weit verbreitet, in dem sich Rebellion und Räubertum verbanden. Bei Aktionen dieser Art (montenegrinisch: četovanje) konnte es sich um Überfälle auf die osmanischen Steuereintreiber oder um die Vertreibung der lokalen Herrscher des Reiches handeln. In Küstengebieten wurden Montenegriner als „Uskoken" von Venedig zum Kampf gegen die Türken angeheuert, wenn im Land aber Hunger herrschte – was meist der Fall war, zumal Aushungern eine Kampfmethode der Venezianer gegen die rebellischen Montenegriner war –, hieß četovanje nichts anderes als Räubertum und Plünderung. Dies formte eine Mentalität der Gesetzlosigkeit, d.h. der Weigerung, andere als durch das Gewohnheitsrecht und den Ehrenkodex festgelegte Gesetze zu akzeptieren. Deshalb war die schwierige und wesentliche Aufgabe montenegrinischer Herrscher, allgemeine Rechtsinstitute und -normen durchzusetzen.

Die Stammesversammlung von Montenegro proklamierte 1784 in Cetinje den Archimandriten Petar I. Petrović Njegoš (1783-1830) zum Bischof von Montenegro, Skutari und dem Küstenland. Vladika Petar I. war der bedeutendste Staatsmann der Geschichte Montenegros, denn er legte das Fundament zur Errichtung der montenegrinischen Zentralverwaltung und vergrößerte Montenegro nach den Siegen über Mahmud Pascha Bushatli 1796 bei Martinići und Krusi um Teile der Brda und der Herzegowina. Danach blieb Montenegro zwar de jure weiterhin Bestandteil des Osmanischen Reiches, war de facto aber selbständig. Petar unterdrückte die Selbstherrschaft der Stämme, errichtete die ersten Regierungsinstitutionen und unternahm mit der Niederschrift eines Allgemeinen Gesetzbuches einen Vorstoß zur Einführung bürgerlich-rechtlicher Grundsätze in Montenegro und der Brda.

Die allmähliche Verselbständigung Montenegros und der Brda Ende des 18. und Anfang des 19. Jahrhunderts fällt in eine Zeit der großen gesellschaftlichen und politischen Umwälzungen in Europa, die von der Französischen Revolution und den Napoleonischen Kriegen (1789-1815) geprägt war. Nach dem Zusammenbruch der Republik Venedig 1797 teilten Frankreich und Österreich deren Besitzungen untereinander auf. Österreich kam in den Besitz der Bucht von Kotor, einige Jahre später traten die Franzosen als Besatzungsmacht im Küstenland auf. Trotz russischer und englischer Unterstützung gelang es Montenegro jedoch nicht, die Bucht von Kotor anzuschließen, sie verblieb vom Wiener Kongress (1815) bis 1918 im Besitz des Habsburger Reiches.

Petar I. hegte die Idee einer Erneuerung des mittelalterlichen serbischen Reiches. Im Jahr 1807 trug er am russischen Hof sein Programm zur Errichtung eines slawisch-serbischen Kaiserreiches vor, das Montenegro und Brda, die untere Zeta, Teile des mittelalterlichen serbischen Staates von Raška, die Herzegowina, Dalmatien und Dubrovnik (als Hauptstadt) umfassen sollte. Diese Ideen Petars I. sollten auch die späteren Herrscher aus dem Hause Petrovići verfolgen. Die besondere montenegrinische Identität vertrug sich mit dem serbischen Nationalverständnis, weil die orthodoxe Kirche die Erinnerung an das Nemanjidenreich als gemeinsames Erbe wach hielt. Die Arbeit an der inneren Konsolidierung des Landes, der Zurückdrängung des österreichischen Einflusses, der auf die Veneziianer folgte, und an der Errichtung staatlicher Organe setzte Vladika Petar II. Petrović Njegoš (1830-1851) fort. Der Senat von Montenegro und Brda wurde zum höchsten Gerichts- und Verwaltungsorgan der Regierung, deren Entscheidungen eine stehende Garde vollzog. 1837 wurde das Land in Bezirkshauptmannschaften (kapetanije) eingeteilt, deren Hauptleute (kapetani) durch den Vladika ernannt wurden. Petar führte eine Haussteuer ein, die je nach Besitzverhältnissen drei Klassen kannte, und die er trotz vieler Schwierigkeiten durchzusetzen vermochte. Petar II. versuchte, die Auseinandersetzungen mit den Osmanen, in deren Zentrum fast immer die montenegrinischen Grenzen standen, auf diplomatischem Wege zu lösen. So kam es 1838 zum Abschluss eines Vertrages „zwischen dem unabhängigen Gebiet Montenegro und dem Paschalyk Herzegowina“.

Der Politiker Petar II. wird vom Dichter bei weitem in den Schatten gestellt. Er hinterließ als kulturelles Erbe mehrere Werke, von denen der *Bergkranz* (Gorski vijenac) das herausragendste ist. Dank seines energischen Einsatzes wurde 1834 in Cetinje die erste staatliche Grundschule eröffnet, später folgte eine zweite. Im selben Jahr nahm eine Druckerei ihre Arbeit auf, in der u.a. Schulbücher für die Grundschule gedruckt wurden. Er starb im Alter von 38 Jahren, auf dem Höhepunkt seiner schöpferischen und politischen Kraft. Mit seinem Tod endete die Periode der Vladikate und der Theokratie in Montenegro.

7.4. Weltliche Herrschaft und Expansion

Mit der Trennung von geistlicher und weltlicher Macht begann eine neue Epoche in der Entwicklung des Landes. Erster weltlicher Herrscher von Montenegro und Brda wurde

Danilo Petrović (1851-1860), der der Verwaltung einen streng zentralistischen Aufbau gab. Stützen seines absolutistischen Regierungssystems waren die reorganisierte Armee, das Offizierskorps und die 1.000 Mann starke Garde. Widerstände und Partikularismus der Stämme bekämpfte Fürst Danilo energisch und ohne Gnade, unter Androhung der Todesstrafe verbot er die Blutrache. Die Verwaltung traf strenge Maßnahmen gegen Raub und Diebstahl. Fürst Danilo organisierte aussichtslose Aufstandsbewegungen in der Herzegowina und beim Stamm der Vasojevići im Lim-Tal, die letztlich den jungen Staat in seiner Existenz gefährdeten, und nur die Intervention der russischen und österreichischen Diplomatie bewahrte ihn vor der drohenden totalen Niederlage. Der Sieg Montenegros über die Osmanen bei Grahovac im Mai 1858 lenkte die Aufmerksamkeit der Großmächte auf die montenegrinische Frage. Eine internationale Kommission legte 1858/59 den Grenzverlauf zwischen Montenegro und dem Osmanischen Reich fest. Durch diesen Akt der faktischen internationalen Anerkennung wuchs das Ansehen Montenegros, Fürst Danilo aber fiel im August 1860 in Kotor einem Attentat zum Opfer.

Während der langen Regierungszeit Nikolas (1860-1918), des ersten Herrschers, der eine Ausbildung im Westen genossen hatte, durchlief Montenegro drei Phasen seiner staatlichen, gesellschaftlichen, wirtschaftlichen und kulturellen Entwicklung. In der ersten Periode (1860-1878) folgte die Politik von Fürst Nikola der Auffassung, die Lösung der Existenzprobleme Montenegros liege in seiner Ausdehnung. Die Unruhen und Aufstände von 1861/62 in der Herzegowina und im Lim-Tal ließen ihn hoffen, dass er das Herrschaftsgebiet auf „die historischen Länder" ausdehnen und auf diese Weise das „Lebensminimum" des Landes sichern könne.

Montenegro stand tatsächlich vor einer schwer zu lösenden Aufgabe. Durch die geringe zur Verfügung stehende Fläche an nutzbarem Ackerboden (ca. 14.000 Hektar) war die Grundversorgung der Bevölkerung mit landwirtschaftlichen Produkten beständig prekär. Grundnahrungsmittel erwarben die Montenegriner auf den osmanischen und österreichischen Handelsplätzen, und sie waren auf finanzielle Hilfe und Getreide aus Russland angewiesen. Es gab in Montenegro weder Handel noch Handwerk (außer der von Frauen verrichteten Warenproduktion für den Eigenbedarf), und die einheimischen Märkte waren gerade erst im Entstehen. In der patriarchalischen Kultur der Montenegriner war das Handwerk als minderwertige Tätigkeit verachtet. In Alt-Montenegro hatten bis zur zweiten Hälfte des 19. Jahrhunderts keine Städte existiert; die nächsten Städte und Handelsplätze waren das venezianische Kotor sowie die osmanischen Städte Podgorica, Skutari, Nikšić, Bar und andere. Erst seit den siebziger Jahren des 19. Jahrhunderts formierten sich kleinere Märkte: Rijeka Crnojevića, Vir Pazar, das neu gegründete Danilovgrad und die Hauptstadt Cetinje, die 500-600 Einwohner hatte. Die wirtschaftliche Unterentwicklung, vor allem der Mangel an fruchtbarem Boden führte zur permanenten Abwanderung der verarmten Bevölkerung nach Serbien und zur Arbeitsemigration in die wirtschaftlich entwickelten Länder Europas und in die USA.

Auf die ständigen Grenzzwischenfälle und Konflikte entlang der montenegrinisch-osmanischen Grenze antwortete das Osmanische Reich 1862 mit einem Angriff auf Montenegro. Die übermächtige osmanische Armee unter dem Kommando von Omer-Pascha Latas wurde vor den Toren Cetinjes durch den Einsatz der russischen und französischen Diplomatie aufgehalten. Der anschließende Friedensvertrag stellte zwar den *status quo ante* wieder her, enthielt aber für die montenegrinische Seite nachteilige Verpflichtungen gegenüber der Pforte.

Fürst Nikola und die herrschenden Kreise in Cetinje ließen von ihren Kriegsplänen gegen die Osmanen nicht ab. 1866 schloss Montenegro mit Serbien einen Geheimvertrag über die Bildung eines Balkanbunds, dem sich Griechenland, Rumänien und einige nationale Befreiungsorganisationen Bulgariens anschlossen. Der Bund zerfiel jedoch nach der Ermordung des serbischen Fürsten Miloš Obrenović 1868. Am Vorabend der Orientkrise (1875-1878), die mit Aufständen in der Herzegowina, Bosnien und im Kosovo begann, beanspruchte Fürst Nikola für Montenegro die Gebiete „Alt-Serbiens" mit dem Sitz der orthodoxen Kirche in Peć und der Stadt Prizren als einstiger Residenz der mittelalterlichen serbischen Zaren. Das Fürstentum sollte – nach dem Vorbild der italienischen Einigung – zum „Piemont des Serbentums" werden. Dieses politische Projekt verfolgte der montenegrinische Herrscher bis zu den Balkankriegen.

Durch die Annullierung des Friedensvertrags von San Stefano begruben Österreich-Ungarn, Deutschland und England im Sommer 1878 alle Wunschträume von „Groß-Montenegro" und einer gemeinsamen serbisch-montenegrinischen Grenze. Obwohl durch den Berliner Kongress die Unabhängigkeit Montenegros *de jure* anerkannt und das Staatsterritorium verdoppelt wurde, sah sich Nikola enttäuscht. Montenegro war durch den Einmarsch der k. u. k. Monarchie in Bosnien-Herzegowina von der Herzegowina abgeschnitten worden. In „Alt-Serbien" erhielt es keine Kompensation, seine Souveränität an der Adriaküste war begrenzt (Hafen von Bar).

In Nikolas zweiter Herrschaftsperiode (1878-1905) setzte dank der Ausweitung des Territoriums auf landwirtschaftlich fruchtbare Gebiete und städtische Siedlungen (Podgorica, Nikšić, Bar und Ulcinj) sowie den Zugang zum Adriatischen Meer eine beschleunigte wirtschaftliche und gesellschaftliche Entwicklung ein. Diese Periode endet 1905, als Montenegro die erste Verfassung seiner Geschichte erhielt.

Zur Jahrhundertwende wurden Straßen und Infrastruktureinrichtungen gebaut, die Überreste des osmanischen Feudalsystems durch eine Landreform beseitigt. Freilich erhielten hohe Staatsfunktionäre einen bedeutenden Teil des Bodens, und der Herrscher selbst wurde zum größten Grundbesitzer. Die ersten Industrieunternehmen entstanden im Bereich der Forst- und Holzindustrie sowie der Bier- und Tabakproduktion. An der Industrie- und Handelstätigkeit nahm auch ausländisches, überwiegend italienisches Kapital regen Anteil. Geldinstitute, Sparkassen und Banken wurden gegründet. Seit 1906 wurde eine einheimische Währung, der Perper, ausgegeben.

Nach 1878 wurde der Reformprozess, der Anfang der siebziger Jahre mit der Reorganisation des Senats und einer einschneidenden Neuordnung der Verwaltung, wie der Trennung der staatlichen Finanzen von der persönlichen Kasse des Fürsten, und auch mit der Reorganisation von Armee und Beamtenapparat begonnen hatte, fortgesetzt. Die Aufgaben des Senats übernahmen endgültig die Staatskanzlei (Državni savjet), die Ministerien und das Oberste Gericht (Veliki sud). Der Herrscher behielt sich jedoch die Gesetzgebung und Regierungsbildung vor. Mit dieser Reform waren zum ersten Mal die Exekutive und die Judikative getrennt und die Grundlagen für den weiteren Ausbau des Rechtssystems gelegt. Allerdings stand über beiden die uneingeschränkte Macht des Herrschers in der Person von Fürst Nikola, der sich auf die ältere Generation der Stammesoberhäupter stützte. Bald wuchs der Widerstand gegen seine selbstherrliche Regierungsweise. Unter den besten und verdientesten Vojvoden (Knezen, Dorfältesten), Senatoren und anderen Stammesoberhäuptern bildete sich eine Opposition, die einige Jahre später auch vom jungen Unternehmertum, von der noch wenig ausgeprägten Intelligenz sowie der Schul- und Hochschuljugend an den Bildungsinstitutionen im Ausland, vor allem in Serbien, unterstützt wurde. Diese Kräfte forderten vehement die Demokratisierung des Landes, die weitere Modernisierung der Verwaltung und die Einführung von Verfassung und Parlament.

Die dritte Periode in der Entwicklung Montenegros begann 1905 und dauerte bis zum Ende seiner Unabhängigkeit 1918. Der Druck der gesellschaftlichen Kräfte im Innern des Landes und die politische Unterstützung der Opposition aus Serbien zwang Fürst Nikola zu Konzessionen. Er „beschenkte“ sein Land 1905 mit einer Verfassung, die Montenegro zur konstitutionellen Monarchie machte, in der er sich die legislative Macht mit dem Parlament teilte und die volle Kontrolle über Regierung und Gerichtswesen hatte. Ab 1905 waren politische Kämpfe zwischen der oppositionellen Volkspartei (den so genannten klubaši) und der loyalen Nationalen Rechtspartei an der Tagesordnung.

Die politischen Parteikämpfe und die latente Rivalität zwischen der Dynastie der Petrovići und dem serbischen Herrscherhaus der Karađorđevići kulminierten in zwei politischen Strafprozessen gegen Regimegegner, die mit eingeschmuggelten Bomben aus Serbien aufgegriffen wurden (Bombenaffäre 1908) sowie gegen die Verschwörer von Kolašin 1909, die als Anführer eines Aufstandes gegen den Fürsten zum Tode verurteilt wurden. An beiden Affären, die Nikolas Ansehen empfindlich schwächten, waren Agenten Serbiens beteiligt.

Außenpolitisch orientierte sich auch Fürst Nikola an Russland, obwohl es durch Heiratsbeziehungen zur Annäherung an die italienische Dynastie Savoyen gekommen war. Der montenegrinische Herrscher hatte durch die Befreiungskriege bei den europäischen Regierungen viel Ansehen gewonnen. Durch die Verheiratung seines Sohnes Danilo mit einer deutschen Prinzessin und seiner Töchter an Höfe in Serbien, Russland, Italien und Deutschland erwarb sich Nikola den Titel „Schwiegervater Europas“ und internationales Ansehen. Montenegro wurde 1910, fünfzig Jahre nach Nikolas Herrschaftsantritt, zum Königreich ausgerufen und Nikola zum König gekrönt. Dieses Ereignis war von herausragender historischer Bedeutung für „das küstenländische serbische Königreich“. Mit diesem Akt wurde die traditionelle historische Gleichberechtigung Montenegros und des Königreichs Serbien hervorgehoben.

7.5. Von den Balkankriegen zum Verlust der Unabhängigkeit

Montenegro gelang es im Ersten Balkankrieg 1912, einen bedeutenden Teil des Sandschak Novi Pazar, des Kosovo und des mittelalterlichen Zeta zu befreien. Es vergrößerte sich um 5.000 km^2 und erwarb die Städte Berane, Bijelo polje, Pljevlja, Peć und Đakovica. Unter dem Druck der Großmächte musste Montenegro 1913 das gerade eroberte Skutari an Albanien abtreten. Mit der Beendigung des Ersten Balkankrieges hatte Montenegro seine Ziele fast vollständig verwirklicht. Nach der internationalen Festlegung der Grenzen Montenegros und des Osmanischen Reiches 1858/59 hatte Montenegro eine Fläche von 4.400 km^2 mit 120.000 Einwohnern gehabt. Nach den Beschlüssen des Berliner Kongresses 1878 war es auf über 211.000 Einwohner (Volkszählung von 1910) angewachsen. Mit den territorialen Vergrößerungen in der Folge des Ersten Balkankrieges stieg die Einwohnerzahl auf 460.000. In den Kriegsjahren von 1912 bis 1918 sollte Montenegro allerdings ein Fünftel seiner Gesamtbevölkerung, überwiegend Männer, verlieren.

Zu Beginn des Ersten Weltkrieges trat Montenegro als Verbündeter Serbiens in den Krieg ein und kämpfte unter großen Verlusten auf der Seite der Entente. Erfolgreich deckte es 1915 und in den ersten Tagen des Jahres 1916 den Rückzug der serbischen Armee über Albanien und Montenegro. Anfang 1916 musste König Nikola mit einem Teil der Regierung das Land verlassen. Truppen der k. u. k. Monarchie besetzten Montenegro, und die montenegrinische Armee war gezwungen zu kapitulieren. Das Okkupationsregime war hart und die wirtschaftliche Lage des Landes katastrophal. Gegen die Repressionen regte sich bald Widerstand, eine Freischärlerbewegung bildete sich. Im Herbst 1918 befreiten die Aufständischen mehr als die Hälfte des Territoriums, noch bevor Truppen der Entente montenegrinischen Boden betraten. Ende Oktober war ganz Montenegro befreit. Der König, der sich mit der Exilregierung in Neuilly-sur-Seine bei Paris aufhielt, hatte auf die Ereignisse in Montenegro keinen Einfluss mehr. Mit Ausnahme Italiens erhielt der König auch von den Verbündeten keine Unterstützung. Der Wunsch nach einer Vereinigung mit Serbien und der Errichtung eines jugoslawischen Staates war weit verbreitet, besonders unter der proserbischen Jugend, den Intellektuellen sowie der urbanen Bevölkerung.

Die Große Volksversammlung tagte vom 24.-28. November 1918 in Podgorica – weit weg von den Gebieten mit den der Petrović-Dynastie loyalen Mehrheiten. Gegen die gut ausgestatteten Anhänger der Vereinigung konnten sich deren Gegner, die vorwiegend von der bäuerlichen Bevölkerung sowie von den Stämmen Alt-Montenegros und Cetinjes Unterstützung bekamen, nicht durchsetzen. Ihre Kandidatenlisten für die Wahlen Anfang November wurden auf grünes Papier gedruckt, die siegreichen Befürworter der Einigung benutzten weißes. Daraus entstanden die Namen für die beiden politischen Lager, das der Autonomisten als Zelenaši (*zelen* – grün) und jenes der proserbischen Bjelaši (*bijelo* – weiß). In der Versammlung wurde König Nikola von der Bjelaši-Mehrheit entthront und die bedingungslose Vereinigung mit Serbien verkündet. Es wurde der Beschluss gefasst, dass das neue vereinigte Königreich mit den übrigen südslawischen Völkern in das neugegründete Königreich der Serben, Kroaten und Slowenen eintritt. Durch die Entscheidung der Versammlung von Podgorica hörte das unabhängige und souveräne Königreich Montenegro auf zu existieren. Für die Gegner der Vereinigung handelte es sich dabei um eine nicht legitime Annexion, und sie bemühten sich, den Widerstand zu organisieren. So kam es auch zum großen Weihnachtsaufstand (Božićna pobuna) im Januar 1919, der blutig erstickt wurde. Die Motive der Zelenaši lagen nicht nur in der Loyalität der Petrovići-Dynastie bzw. dem König gegenüber, sondern in der Wahrung der Ehre und der Selbständigkeit von Montenegro und in dem Anspruch, gleichberechtigt behandelt zu werden.

Diese Spaltung unter den Montenegrinern in bezug auf das Serbentum sollte sich noch oft politisch auswirken und besaß nach dem Zerfall Jugoslawiens eine besondere Brisanz. Die Parlamentswahlen im Oktober 2002 brachten eine eindeutige Mehrheit für die Befürworter der Selbständigkeit, die sich in die Koalition „Liste für ein europäisches Montenegro“ zusammenschlossen, gegenüber projugoslawischen bzw. proserbischen Kräften. Zugleich war dies ein Votum für eine Politik des Kompromisses, da insbesondere die EU und ihr Repräsentant Javier Solana auf einer Union zwischen Serbien und Montenegro beharrten und viele Barrieren auf dem Weg zur staatlichen Selbständigkeit aufstellten.

Deutsch von Heiko Hänsel

Literatur

Im 19. Jahrhundert war Montenegro, insbesondere der heroische Befreiungskampf gegen die Osmanen Thema reger literarischer Beschäftigung, die im 20. Jahrhundert keine Fortsetzung fand. Das 1948 gegründete Historische Institut Montenegros betreibt eine systematische wissenschaftliche Untersuchung der Geschichte Montenegros, hat ca. 100 Quellensammlungen und Monographien veröffentlicht und gibt die Zeitschrift *Istorijski zapisi* heraus. Viele zuvor ideologisierte Fragen können erst seit den 90er Jahren objektiv erforscht werden, wobei auch heute die Geschichtsschreibung nicht frei von politischen Einstellungen ist, gerade hinsichtlich der Einigung mit Serbien und der Aufhebung des montenegrinischen Königshauses 1918, aber auch bei der Beurteilung des Zweiten Weltkrieges. Außer auf Russisch liegen neuere wissenschaftliche Publikationen über Montenegro in Weltsprachen nur vereinzelt vor: Francis S. Stevenson, *A History of Montenegro*, New York 1971; außerdem wurden zehn Aufsätze maßgeblicher montenegrinischer und serbischer Historiker unter dem Titel „Le Montenegro dans les relations internationales“ in: *Istorijski zapisi*, Heft 1-2 (1984), S. 7-230 veröffentlicht. Über die Lage nach dem Staatszerfall: Florian Bieber, *Montenegro in Transition: Problems of Identity and Statehood*, Baden-Baden 2003; Peter Fürst, *Montenegro auf dem Weg nach Europa*, Wien 2005; Edgar Hösch, *Geschichte der Balkanländer. Von der Frühzeit bis zur Gegenwart*, München 2002[4] ; Viktor Meier, *Jugoslawiens Erben. Die neuen Staaten und die Politik des Westens*, München 2001. In serbischer Sprache: *Istorija Crne Gore* (4 Bde.), Titograd 1967-1981, Podgorica 2004 (Geschichte Montenegros); Šerbo Rastoder, Skrivena strana istorije. Dokumenti, Bar 1997 (Die verborgene Seite der Geschichte. Dokumente.).

8. Die politische Geschichte des Kosovo

Shkëlzen Maliqi

Kosovo (10.908 km^2, albanisch „Kosova“) benennt eine geographisch und politisch definierte Region im ehemaligen Jugoslawien. Wann und wieso der Name von *Kosovo polje* (Amselfeld) auf die ganze Region bezogen wurde, ist nicht ganz klar. In den mittelalterlichen Quellen wird der Name für die Hochebene benutzt, und zwar zum ersten Mal in Berichten über die berühmte Schlacht von 1389 auf dem Kosovo polje (lateinisch: *campus merulae*). In der serbischen Tradition war der Name Metohija für das Westkosovo üblich, wo sich einige der bekanntesten orthodoxen Klöster befinden. Der Name ist aus dem byzantinisch-griechischen Wort *metochia* abgeleitet, das klösterliche Anwesen bezeichnet. In der albanischen Tradition war für diese Gegend der Name Dukagjin-Hochebene üblich, nach dem Namen der mittelalterlichen Herrscherfamilie Dukagjin. Im sozialistischen Jugoslawien hieß die Provinz zunächst Kosovo und Metohija (kurz Kosmet). Ab 1968 bezeichnete „Kosovo“ die ganze Region.

Nachdem das Kosovo 1989 als konstitutiver Bestandteil des föderativen Jugoslawien abgeschafft worden war, erklärten die politischen Vertreter der albanischen Mehrheit seine Unabhängigkeit (Republika e Kosovës, Republik Kosova). Nach dem Zerfall des Vielvölkerstaats blieb das Kosovo im Rahmen der 1992 proklamierten Bundesrepublik Jugoslawien bis Juni 1999 unter der Zwangsverwaltung der Republik Serbien und befindet sich seitdem unter vorübergehender Verwaltung der UN (UNMIK). Das Kosovo grenzt im Norden an Serbien, im Süden an Makedonien, im Südwesten an die Republik Albanien und im Nordwesten an die Republik Montenegro. Es hat etwas mehr als zwei Millionen Einwohner, von denen schätzungsweise 90 Prozent Albaner und der Rest Serben, Muslime, Montenegriner, Türken und Roma sind (77,4 Prozent Albaner nach der Volkszählung von 1981; die Volkszählung von 1991 wurde von den Albanern boykottiert, so dass sich für die Gesamtbevölkerung und die ethnische Struktur des Kosovo nur Schätzungen angeben lassen. Die vom statistischen Bundesamt in Belgrad 2002 erhobene Volkszählung wurde im Kosovo nicht durchgeführt; von den nach dem Einmarsch der KFOR geflüchteten rund 200.000 Serben sind bis 2003 die wenigsten zurückgekehrt.

8.1. Die Herkunft der Albaner

Die Herkunft der Albaner (alban. Shqiptarët) war lange Gegenstand wissenschaftlicher (und pseudowissenschaftlicher) Kontroversen. In der modernen Historiographie überwiegt die Ansicht, dass die Albaner Nachkommen altbalkanischer illyrischer Stämme sind und dass diese „Protoalbaner“ wie andere altbalkanische Ethnien im Laufe der Geschichte Phasen der Vermischung und Assimilation mit römischen und slawischen Ethnien durchlaufen haben. Darauf deutet das Fehlen jeglicher Hinweise auf Albaner in der großen Völkerwanderung des frühen Mittelalters und die Tatsache, dass der Name der „Albaner“ erst im 11. Jahrhundert in den Quellen auftaucht. Meistens wird angenommen, dass die Vorfahren der heutigen Albaner als autochthone Bevölkerung dieses Gebietes seit römischer Zeit nur in unzugänglichen Gebirgsregionen der Romanisierung und Slawisierung erfolgreich widerstehen und dort ihre Sprache und traditionelle Lebensweise erhalten konnten. Neben dieser These existiert auch die Auffassung, der Ursprung der Albaner liege bei thrakischen Stämmen, doch die dafür vorgebrachte sprachgeschichtliche Beweisführung wurde in der neuesten Synopse des englischen Historikers Noel Malcolm überzeugend zurückgewiesen.

8.2. Mittelalter

Das zentrale Gebiet des Balkan war jahrhundertelang Teil des Römischen Reiches, und die ansässige Bevölkerung wurde stark romanisiert. Als Theodosius 359 die Regierung des Reiches unter seine Söhne auf die West- und Osthälfte teilte, wurden diese Gebiete dem oströmischen Reich zugeschlagen, dem noch Jahrhunderte großartiger Entwicklung beschieden waren, während das Westreich zerfiel. Nach dem Kirchenschisma (1054) fiel der nördliche Teil Albaniens erneut unter römische Jurisdiktion. Die während der großen Völkerwanderung zugezogenen Völker durchliefen im byzantischen Kaiserreich, das nach der Expansion unter Kaiser Justinian auch Dalmatien und Teile Italiens umfasste, umfangreiche gesellschaftliche Formierungsprozesse. Aus territorialen Stammesgesellschaften erwuchsen – auch unter dem Einfluss der westlichen Feudalisierungsprozesse – frühmittelalterliche Herrschaftsstrukturen, die sich gegen das dann schon durch Schwäche gezeichnete Byzanz stemmten. Das erstarkte Königreich Serbien expandierte gegen Süden und Westen und beherrschte seit dem 14. Jahrhundert das Gebiet des Kosovo bis 1389, als es genau dort durch die Osmanen sein Ende erlebte (→ Kap. 6). Das Gebiet des Kosovo verblieb danach bis 1912 unter türkischer Herrschaft.

Im politischen Sinne können wir dies als Vorgeschichte der serbisch-albanischen Beziehungen betrachten, die praktisch bis zum 19. Jahrhundert andauerte, als das serbische und das albanische Volk die historische Szene mit dem Bestreben betraten, sich von der türkischen Besatzung zu befreien und eigene Nationalstaaten zu gründen. Dabei war das Kosovo das zentrale Gebiet, in dem die albanischen und serbischen nationalen Interessen kollidierten. Es nimmt daher im nationalen Selbstbewusstsein sowohl der Albaner als auch der Serben eine außerordentlich wichtige Position ein. Die Serben heben das Kosovo als das Herzstück ihres mittelalterlichen Staates hervor. Für die Albaner insgesamt ist das Kosovo von großer Bedeutung, weil es mit ihrem historischen Selbstbewusstsein tief verbunden ist, was vor allem in der Neuzeit durch die in Prizren (Südkosovo) 1878 gegründete „Albanische Liga“ bekräftigt wurde, die die nationale albanische Wiedergeburt, „Rilindja“, einleitete. Die Ansprüche auf das Kosovo werden auf beiden Seiten von Geschichtsmystifizierung begleitet, die den Wunsch nach „Erweiterung“ bzw. „Einengung“ des Territoriums rechtfertigen soll. Während die serbischen Ideologen von einer gewaltsamen Expansion der Albaner auf „serbische Territorien“ sprechen und davon, dass diese erst nach der türkischen Eroberung in das Kosovo eingezogen seien, behaupten die albanischen Ideologen, eine frühe gewaltsame Expansion slawischer Stämme habe den Lebensraum der illyrischen und protoalbanischen Stämme eingeengt. Demnach sei das albanische Volk der Überrest einer historischen Katastrophe aus römischer Zeit.

Es entspricht allerdings den Tatsachen, dass das Kosovo Teil eines mittelalterlichen serbischen Königreichs und für dieses wegen seiner Bergwerke von besonderer Bedeutung war. Die wirtschaftliche Entwicklung und die Macht, die mit den Erzbergwerken (in denen die Nemanjiden deutsche Bergleute beschäftigten) verbunden war, leitete auch den Slawisierungsprozess der Albaner ein, der durch die osmanische Eroberung beendet wurde. Der türkischen Invasion des Balkan widersetzten sich auch die albanischen Stämme und ihre Adeligen. An der Schlacht auf dem Amselfeld, in welcher der mittelalterliche serbische Staat 1389 seine Selbständigkeit endgültig verlor, waren auch viele Adelige dieses Gebietes mit ihren albanischen, bosnischen, kroatischen und ungarischen Heeren beteiligt, die Fürst Lazar und seinem serbischen Heer zu Hilfe kamen. Gjergj Kastriota Skenderbeg, der die albanischen Stämme im Widerstand gegen die Osmanen einte, wehrte die türkischen Eroberungsexpeditionen 25 Jahre lang ab (1443-1468). Nach seinem Tode zerfielen die albanischen Länder, die christliche Elite überquerte die Adria und siedelte sich in Süditalien an. Ohne Führungsschicht und nationale Kirche konvertierten die meisten Albaner bereits im 16. und 17. Jahrhundert zum Islam, wie sich den türkischen Steuerverzeichnissen entnehmen lässt. Die Gründe für die Konversion lagen auch hier vorwiegend in der besseren gesellschaftlichen und wirtschaftlichen Stellung der Muslime im multinationalen osmanischen Reich, unmittelbar aber in der Befreiung von der Kopfsteuer, die Nicht-Muslime zu bezahlen hatten. Die Albaner bekleideten im Verwaltungs- und Militärapparat in der Tat hohe und höchste Ämter. Es gab in der Zeit zwischen dem 15. und dem 17. Jahrhundert mehr Großwesire albanischer als türkischer Abstammung. Viele Albaner hingen aber auch dem Kryptochristentum (alb. *Laramanë,* bunt) an, gaben sich also den Behörden gegenüber als Muslime aus, blieben aber Christen. Eine andere Besonderheit war die starke Verbreitung der sektiererischen Bewegung des sogenannten Bektaschi-Ordens, für den ein starker Synkretismus verschiedener religiöser Einflüsse (auch christlicher) auf der Grundlage der Sufi-Mystik und der Derwisch-Ordnung typisch war. Bezeichnenderweise war das Erwachen der albanischen Nationalbewegung gerade in den Bektaschi-Zentren sehr stark.

8.3. Vom Osmanischen Reich zur serbischen Besetzung

Es gab Perioden, in denen Albaner und Serben in ihrem Bestreben, sich von der türkischen Macht zu befreien, verbündet waren. Zur Zeit der österreichisch-türkischen Kriege Ende des 17. Jahrhunderts schlossen sich sowohl die albanischen Aufständischen, die vom katholischen Bischof Pjetë Bogdani geführt wurden, als auch die serbischen Truppen den Österreichern an, die Städte und Gebiete im Süden des Balkan eroberten. Unter der neuen Führung des Großwesirs Mehmet Köprülu, der zu einer mächtigen albanischen Dynastie unter den osmanischen Beamten gehörte, wendete sich das Kriegsglück schnell zu Gunsten der osmanischen Truppen, woraufhin die revoltierenden Serben und Albaner (hauptsächlich aus dem katholischen Stamm der Kelmendi) in berechtigter Angst vor den türkischen Repressalien den sich zurückziehenden Truppen des österreichischen Heeres folgten und über die Donau flüchteten. Dies ging als der Mythos des serbischen Massenexodus unter dem Patriarchen Crnojević in die serbische Geschichtsschreibung ein, welches Ereignis angeblich die Ansiedlung und ethnische Dominanz der Albaner auf dem Kosovo nach sich zog (→ Kap. 5).

Zu Beginn des 19. Jahrhunderts waren Autonomiebestrebungen auch unter den Albanern verbreitet. Aber während die serbischen Aufstände (1804 und 1815) wie auch die griechischen (1821) erfolgreich waren und die Bildung autonomer Fürstentümer und später Staaten zur Folge hatten, gelang dies den Albanern nicht. Ende des 18. und Anfang des 19. Jahrhunderts sagten sich die mächtigen albanischen Feudalherren Bushatliu im Norden (Shkodra/Skadar) und Ali Pasha im Süden Albaniens (Janina, *Ioannina*, gehört heute zu Griechenland) von der Pforte los und führten eine unabhängige und separatistische Politik. Streitigkeiten untereinander, die strukturelle Eingebundenheit der Elite in das Herrschaftssystem der Osmanen und die kulturelle Verwurzelung in deren Weltanschauung verhinderten die Entstehung einer Basis, die für die Entwicklung der Selbständigkeit dieser potentiell albanischen Fürstentümer stark genug gewesen wäre (die Paschaluks von Janina und Skadar wurden 1822 bzw. 1831 wieder der Kontrolle der Pforte unterstellt).

Die sogenannte Erste Orientkrise (1832-1841) erlebten die Albaner als geschichtlich verspätete Nation, und dieses Handicap begleitete sie durch das ganze 19. Jahrhundert. Während ihre Nachbarn (vor allem die Griechen, Serben und Montenegriner, später auch die Bulgaren) eine aktive Staatspolitik betrieben, die darauf ausgerichtet war, die „Befreiung“ des unter türkischer Besatzung befindlichen Territoriums vorzubereiten, erschöpften sich die Albaner in einer Vielzahl lokaler Aufstände gegen die türkische Herrschaft, ohne dass es ihnen gelang, sich zusammenzuschließen. Der Grund dafür wird von vielen in ihrer religiösen Spaltung gesehen. Die Mehrheit der Albaner, etwa 65 Prozent, hatten den Islam angenommen, etwa 20 Prozent gehörten dem christlich-orthodoxen Glauben an und etwa 15 Prozent waren katholisch. Erst während der sogenannten albanischen Renaissance, der Rilindja („Wiedergeburt“, zweite Hälfte des 19. Jahrhunderts) erfand Vaso Pashë Shkodrani (1825-1892), einer der Ideologen der Bewegung, den Slogan „die Religion der Albaner ist ihr Albanertum“, der zum allgemein anerkannten Prinzip des Vorrangs der nationalen Identität vor den religiösen Identitäten der Albaner wurde.

In der Liga von Prizren (1878-1881) vereinigten sich alle regionalen albanischen Politiker (300 Delegierte) im Widerstand gegen die Beschlüsse der Großmächte (Frieden von San Stefano vom März 1878 und Berliner Kongress im Juni desselben Jahres), die zu einer Teilung und Aufsplitterung der Albaner geführt hatten. Die Liga erklärte sich dem Osmanischen Reich prinzipiell loyal, forderte aber die Erhaltung eines einheitlichen und autonomen albanischen Territoriums; sie initiierte die Schaffung einer Armee, proklamierte die nationale Aussöhnung und das Ende der Blutrache sowie die politische und juristische Gleichheit aller Albaner ungeachtet ihres Glaubens. Die Forderungen der Albaner wurden jedoch nicht berücksichtigt, da die europäischen Mächte ihre Existenz praktisch leugneten (Bismarck äußerte auf dem Kongress, es gebe keine albanische Nation). Die Unterstellung, die Liga von Prizren sei im Einvernehmen mit der Pforte entstanden, weil ihr islamischer Flügel für eine Autonomie im Rahmen des türkischen Reiches eintrat, wurde durch ihre Aktivitäten widerlegt, die deutlich machten, dass sie authentischer Ausdruck der albanischen Bestrebungen nach staatlicher Unabhängigkeit war. Die albanische Nationalbewegung umfasste alle Teile des albanischen Volkes und wurde besonders von zahlreichen albanischen Emigranten vorangetrieben. Besonders einflussreich waren die Intellektuellen aus der Familie Frashëri (aus Südalbanien), die offen für progressive Entwicklungen eintraten und viel für die albanische politische Kultur, in der Literatur und zur Etablierung der modernen albanischen Schriftsprache geleistet haben. Die politischen Führer der Albaner waren allerdings oft in Traditionalisten und Modernisten gespalten. Die Elite des Kosovo widersetzte sich lange den Modernisierungen wie etwa der Einführung der lateinischen Schrift.

Als die Hohe Pforte zur Einsicht kam, dass die Prizren-Liga ihren Interessen nicht mehr von Nutzen war, ging sie hart gegen deren Anhänger vor. 1881 wurde die Autonomiebewegung zerschlagen, und viele Albaner verschwanden für lange Jahre im Gefängnis oder in der Verbannung.

Serbiens Expansion im Süden (Niš, Leskovac, Vranje), die vom Berliner Kongress sanktioniert wurde, ging mit Massenvertreibungen der Albaner einher, die von der Pforte dann mehrheitlich im Kosovo angesiedelt wurden. Dies führte zu einer noch stärkeren ethnischen Übermacht der Albaner im Kosovo sowie zu Feindseligkeit gegenüber dem offen expansionistisch auftretenden Serbien. Nach der Revolution der Jungtürken im Jahre 1908 brach im Kosovo eine Reihe von Revolten aus, die sich gegen den Zentralismus der Jungtürken richteten und im Frühjahr 1912 ihren Höhepunkt erreichten. Der Erfolg des albanischen Aufstands war das Signal für die Intervention Griechenlands, Bulgariens, Serbiens und Montenegros, die bereits im Laufe des Frühjahrs desselben Jahres Geheimverträge abschlossen mit dem Ziel, der türkischen Macht auf dem Balkan ein Ende zu setzen und Makedonien, Thrakien und Albanien unter sich aufzuteilen. Im Herbst 1912 begann der Erste Balkankrieg, in dessen Verlauf es den Verbündeten gelang, die restlichen türkischen Streitkräfte zurückzudrängen, aber auch den albanischen Aufstand zu ersticken. Die vierundvierzig Jahre andauernden Revolten der Albaner gegen die Türkei hatten das Imperium geschwächt. Der englische Politiker und Reiseschriftsteller Aubrey Herbert stellte später fest, die Albaner hätten die Säulen des Osmanischen Reiches zerstört, sie seien diejenigen gewesen, die den Sieg über die Türken erreicht hatten, und nicht Serben, Bulgaren oder Griechen, die davon profitierten. Serbien handelte schnell und besetzte das Kosovo, Makedonien und Nordalbanien. Die Verbündeten auf dem Balkan waren nicht bereit, dem albanischen Volk das Recht auf Selbstbestimmung zuzugestehen.

Einige Tage vor der türkischen Kapitulation am 3. Dezember 1912 versammelten sich am 28. November 1912 in Vlora im Süden Albaniens 86 albanische Politiker zu einer nationalen Versammlung und gründeten eine provisorische Regierung mit Ismail Kemal Bey Vlora an der Spitze, die die Unabhängigkeit Albaniens proklamierte. Die europäischen Mächte waren jedoch nicht zur Anerkennung bereit und billigten erst im Mai 1913 (auf Drängen Österreich-Ungarns und Italiens) die Gründung eines albanischen Fürstentums (dessen erster Fürst ein deutscher Prinz war) und zwar in reduzierten Grenzen, unter Amputation von Kosovo, Westmakedonien und Epirus, wo die Hälfte des albanischen Volkes lebte.

8.4. Unter serbischer Suprematie

In Serbien protestierten nur die Sozialdemokraten (D. Tucović, K. Novaković) gegen die Besetzung des Kosovo und Nordalbaniens. Tucović verteidigte in seinem Buch „Serbien und die Arbanasi“ das Recht der Albaner auf Selbstbestimmung, einschließlich derer im Kosovo. Die serbischen Parteien und Politiker wie Nikola Pašić hingegen rechtfertigten ihre expansionistischen Bestrebungen außer mit fiktiven historischen Argumenten auch mit den geostrategischen Interessen des serbischen Staates an einem „Ausgang zum Meer“ (→ Kap. 6). Pašić bot den Albanern gewisse Autonomierechte an, tatsächlich aber übte die serbische Besatzungsmacht Terror aus und verübte Massaker an der albanischen Bevölkerung. Zu Beginn des Ersten Weltkriegs besetzten die Österreicher das Kosovo und führten zum ersten Mal die albanische Sprache in Verwaltung und Schulen ein. Nachdem das an der Seite der Franzosen kämpfende serbische Heer Serbien befreit hatte, besetzte es aufs neue das Kosovo sowie einen Teil Ost- und Nordalbaniens. Dem Ende 1918 gebildeten Komitee „Nationalverteidigung des Kosovo“ (Komiteti i Mbrojtjes Kombëtare të Kosovës) gelang es nicht, sein Ziel zu verwirklichen: die gerechte Lösung der albanischen Frage beziehungsweise die Vereinigung des Kosovo mit Albanien. Serbische Truppen hielten südöstliche Teile des albanischen Territoriums bis Ende 1921 besetzt, als die Siegermächte die Unabhängigkeit Albaniens bestätigten und die serbischen Besatzungskräfte ultimativ aufforderten, sich hinter die 1913 festgelegten Grenzen Albaniens zurückzuziehen. In strikt staatsrechtlichem Sinne war diese serbische Annexion des Kosovo und Mazedoniens durch bilaterale Friedensverträge zwischen Serbien und dem Osmanischen Reich nicht legalisiert.

Erst den Vertrag von Ankara (1925) zwischen Jugoslawien und der Türkei kann man als Akt bewerten, durch den diese neuen Grenzen staatsrechtlich in vollem Sinne anerkannt und ratifiziert wurden. Seit der Entstehung Jugoslawiens 1919 durchlief das Schicksal der Albaner sechs Phasen. Zuerst waren die Albaner kulturell, national und politisch völlig rechtlos, obwohl Jugoslawien international geforderte Garantien für die Minderheitenrechte und die rechtliche Gleichstellung aller Bürger ungeachtet ihrer Herkunft, Nationalität, Sprache, Rasse oder Religion unterzeichnet hatte. Die serbischen Politiker behaupteten, es habe in den vom Königreich vor der Gründung Jugoslawiens annektierten Territorien keine Minderheiten gegeben, also handle es sich bei der albanisch sprechenden Bevölkerung um albanisch sprechende Serben. Die serbischen Behörden betrieben auf den ausgedehnten Gütern der albanischen Großgrundbesitzer eine aggressive Kolonisierungspolitik. Die albanischen Schulen wurden geschlossen. Zwischen den beiden Kriegen wurden etwa 330 Siedlungen für 10.877 serbische und montenegrinische Kolonistenfamilien errichtet. Außerdem initiierten und organisierten die serbischen Behörden eine Massenabwanderung von Albanern, Türken und slawischen Muslimen. (10.000 Albaner wanderten nach Albanien und einige Zehntausend in die Türkei aus.) Ziel der serbischen Politik war durchweg die Änderung der ethnischen Bevölkerungsstruktur. (Laut Volkszählung von 1931 hatte das Kosovo damals 552.064 Einwohner, davon waren 347.214 Albaner, also 62,8 Prozent. Von westlichen Beobachtern wurden die Ergebnisse dieser Zählung dabei noch als zu niedrig angezweifelt.) Kolonisation und Abwanderung gingen der serbischen nationalistischen Elite jedoch nicht schnell genug. Der Historiker Vasa Čubrilović legte im März 1937 einen umfassenden Maßnahmenkatalog vor, um die Albaner zum massenhaften Verlassen des Kosovo zu nötigen. Zur Rechtfertigung erklärte er, durch die Vertreibung von einigen Hunderttausend Albanern werde es zu keinem neuen Weltkrieg kommen, wo doch auch Deutschland ungestraft seine Juden vertreiben könne. Im Jahre 1938 versuchte Belgrad den Serbisierungsprozess durch die Unterzeichnung eines Abkommens mit der türkischen Regierung über die Auswanderung von 400.000 Kosovoalbanern in die Türkei zu beschleunigen. Die Durchführung dieses Plans wurde durch den Ausbruch des Zweiten Weltkriegs verhindert.

Während des Krieges war das Kosovo zwischen Italien, Deutschland und Bulgarien aufgeteilt. Das Gebiet unter italienischer Besatzung wurde Albanien angegliedert und es wurde dort eine Politik betrieben, die die Albaner bevorzugte (Schulen und Verwaltung in albanischer Sprache), während die Serben ihre früheren Privilegien einbüßten. Der Großteil der serbischen Kolonisten, die sich in den zwanziger und dreißiger Jahren angesiedelt hatten, flüchtete aus dem Kosovo, teils auf Grund des Drucks, den die neue Obrigkeit ausübte, teils aus Angst vor Rache. Im Kosovo gab es nur wenige Kämpfe und Tote, da die Albaner die Italiener und Deutschen als Befreier und nicht als Besatzer empfingen. Im September 1943 beriefen nach der Kapitulation Italiens die nationalistischen Führer des Kosovo (Xhafer Deva, Rexhep Mitrovica usw.) die Zweite Liga von Prizren ein, deren Ziel die dauerhafte Vereinigung der albanischen Gebiete war, aber es gelang ihnen nicht, sich als die entscheidende Kraft bei der Lösung der albanischen Frage durchzusetzen.

Entscheidende Bedeutung für die serbisch-albanischen Beziehungen und das Schicksal des Kosovo hatte die Entwicklung des Volksbefreiungskrieges in Jugoslawien. Er wurde von der Kommunistischen Partei Jugoslawiens angeführt, die gemäß den Direktiven der Komintern auch in Albanien eine Widerstandsbewegung organisierte. Die Hauptinstrukteure der albanischen Partisanenbewegung waren die Serben (bzw. ethnischen Montenegriner) Milan Popović und Dušan Mugoša aus dem Kosovo. Ihr Favorit unter den albanischen Kommunisten wurde Enver Hoxha (1908-1985), der Nachkriegsdiktator Albaniens, während die kommunistische Bewegung auf dem Kosovo von Fadil Hoxha (1916) geführt wurde. Obwohl sie während des Krieges nur relativ geringe Kräfte mobilisierte, wurde die kommunistische Bewegung für das Kosovo später von entscheidender Bedeutung. Die am 2. Januar 1944 im Dorf Bunjaj abgehaltene Provinzkonferenz des Volksbefreiungskomitees für Kosovo und Metohija verabschiedete eine Resolution, in der es hieß, dass das Kosovo „ein Gebiet ist, in dem überwiegend Albaner leben, die schon immer und auch jetzt nach einer Vereinigung mit Albanien streben", weshalb 49 Delegierte dieser Versammlung „für vollständige Freiheit und für das Recht des Volkes auf Selbstbestimmung, einschließlich Abspaltung" optierten. Die jugoslawischen Kommunisten hatten der albanischen Frage gegenüber jedoch ein ambivalentes Verhältnis. Als Titos Partisanen im Herbst 1944 die Kontrolle über das Kosovo übernahmen, kam es zum Aufstand nationalistischer albanischer Kräfte. Die neue Macht führte das Kriegsrecht ein, wobei sie beträchtliche Kräfte für die Zerschlagung des Widerstandes einsetzte. Tito war der Ansicht, dass es zur Sicherung der Stabilität der neuen Föderation notwendig war, auf die Gefühle und Interessen der Serben Rücksicht zu nehmen. Immerhin erwogen die jugoslawischen und albanischen Kommunisten auch die Möglichkeit, das Problem des Kosovo durch einen Verbund mit Albanien zu lösen, wobei Albanien im Gegenzug als siebte Republik der jugoslawischen Föderation beigetreten wäre. Für eine breite Balkanföderation setzte sich auch der bulgarische Führer Georgi Dimitrov ein, aber Stalin widersetzte sich diesen Plänen. Nach dem Bruch zwischen Stalin und Tito machte die Parteinahme Enver Hoxhas für die Sowjetunion allen albanisch-jugoslawischen Annäherungen ein Ende.

Im Sommer 1945 trat in Prizren das Gebietskomitee für das Kosovo zusammen, das seinen Anschluss an Serbien beschloss. Im September desselben Jahres wurde das „Autonome Gebiet von Kosovo und Metohija" gebildet. Eine der vertrauensbildenden Maßnahmen der neuen Macht war das Rückkehrverbot für etwa 40.000 serbische Kolonisten. Den Albanern wurde der Schutz ihrer politischen, nationalen und kulturellen Rechte sowie eine alle Bereiche umfassende enge Zusammenarbeit mit dem Mutterstaat Albanien garantiert; sie wurden in Jugoslawien jedoch weiterhin als Minderheit behandelt und der für das Kosovo vereinbarte Autonomiestatus war niedriger als jener der Vojvodina.

8.5. Unvollständige Gleichberechtigung in der Föderation und Verlust der Autonomie

Nach der Resolution des Kominformbüros im Jahre 1948 wuchsen die Spannungen um das Kosovo, weil Serbien die Verschlechterung der Beziehungen zu Albanien dazu nutzte, die Doktrin über seine unsicheren Grenzen und über die begrenzte Loyalität der Albaner zu erneuern. Zwischen 1948 und 1966 terrorisierte die serbische Geheimpolizei unter verschiedenen Vorwänden die Albaner im Kosovo, einschließlich manipulierter Gerichtsprozesse gegen einen Teil der politischen Elite und der Intellektuellen. So wurde Adem Demaçi 1958 zum ersten Mal unter der Beschuldigung verhaftet, sezessionistische und irredentistische Ideen zu unterstützen. Er verbrachte daraufhin 28 Jahre in jugoslawischen Gefängnissen und wurde so zum Symbol des albanischen Widerstands und zum Vorbild für spätere Generationen von Irredentisten. Das politische Schlüsselereignis für das Kosovo war 1966 die Ablösung des jugoslawischen Innenministers Aleksandar Ranković (→ Kap. 13). Im Kosovo führte eine Sonderkommission der Regierung später Untersuchungen durch und stellte zahlreiche Fälle von Machtmissbrauch, Morden (etwa 70), Verhaftungen und Folterungen an Albanern fest, die von Ranković Einheiten der serbischen Polizei verübt worden sind. Die politische Elite des Kosovo erhielt damals die Gelegenheit, größere Autonomie von Serbien zu fordern. Demonstrationen albanischer Studenten und Bürger im November 1968 in Prishtina übten zusätzlichen Druck aus. Die Forderungen standen im Einklang mit der allgemeinen Tendenz, die Einflussbereiche der konstitutiven Elemente der Föderation auf Kosten der Zentrale zu stärken sowie die Gesellschaft zu liberalisieren und zu demokratisieren. Nach der Abrechnung mit den liberalen Führungen Anfang der siebziger Jahre unterstützte Tito das Modell einer Föderalisierung Jugoslawiens. Eine Neuerung war, dass in diesem System auch die zwei früheren serbischen Provinzen Kosovo und Vojvodina als gleichberechtigte konstitutive Elemente der Föderation behandelt wurden. Das Kosovo erhielt formal alle staatlichen Funktionen: Verfassung, Parlament, Regierung, Oberster Gerichtshof, unabhängige Polizei, Territorialverteidigung, das Recht auf Verleihung der Staatsangehörigkeit und auf Ausstellung von Pässen, usw. Das Kosovo war in den kollektiven Vorständen von Partei und Staat gleichberechtigt vertreten, mit einem rotierenden einjährigen Vorsitzendenmandat und mit seinen Delegierten im Bundesparlament. Es hatte aber den dualen Status eines konstitutiven Elements der Föderation und gleichzeitig einer Provinz innerhalb der Republik Serbien. Auch wurden die Albaner nicht als Volk anerkannt, der amtliche Terminus war „nationale Minderheit" (*„kombësi"*). Titos Kompromiss bestand darin, die „staatlichen Funktionen" sicherzustellen, die Möglichkeit einer formalen Anerkennung der Republik Kosovo aber auszuschließen – „weil Serbien noch nicht bereit war, dies zu akzeptieren". 1978 wurde in Übereinstimmung mit der Verfassung erstmals ein Albaner, Fadil Hoxha, als Präsident in das höchste jugoslawische Staatsamt gewählt. Die siebziger Jahre waren eine Zeit relativer Prosperität. Man strebte eine beschleunigte Entwicklung und Modernisierung des Kosovo mit Hilfe eines Bundes-Sonderhilfsfonds für die unterentwickelten Gebiete an. 1971 wurde die Universität Prishtina gegründet, an der auch Albaner aus Makedonien und Montenegro studierten. Solche Zeichen von Gleichberechtigung und Selbständigkeit der Albaner im Kosovo waren den nationalistischen serbischen Eliten ein Dorn im Auge. Die Demonstrationen albanischer Studenten im März und April 1981 dienten ihnen als willkommener Anlass, die „albanische Frage" wiederaufzunehmen. Die brutale Intervention der Polizei gegen die Studenten provozierte eine allgemeine albanische Revolte, auf die Belgrad sofort mit einer Intervention der regulären Streitkräfte reagierte, was zu großem Blutvergießen führte (offiziell gab es unter den Demonstranten neun Opfer, inoffiziell war die Zahl um ein Vielfaches größer). Über das Kosovo wurde der Ausnahmezustand verhängt, und die Öffentlichkeit sowie die führenden Kräfte in Serbien drangen darauf, dass die lokalen Führungskräfte (Mahmut Bakalli, Xhavit Nimani) abgesetzt und die sogenannten albanischen Irredentisten massenhaft bestraft würden. Im Zusammenhang mit einer gewaltigen Repressionswelle wurden nach 1981 einige Tausend Albaner verurteilt, und zwar vornehmlich Anhänger illegaler linker Gruppen, die unter dem Einfluss des sogenannten „Enverismus", der albanischen Variante des Marxismus-Leninismus, bzw. Stalinismus standen.

Man schätzt, dass in dieser Periode fast 10.000 Albaner zeitweilige Freiheitsstrafen (meistens 30 Tage) bekamen. Zugleich wurde von Belgrad eine scharfe Kampagne gegen die albanische Intelligenz in Gang gesetzt, in der behauptet wurde, die Universität in Prishtina sei „eine Bastion des albanischen Nationalismus und Separatismus". Die Repression wurde im Kosovo übrigens von den albanischen kommunistischen Führungskräften selbst ausgeübt, da sie der Ansicht waren, die starke Verfassungsposition des Kosovo im Bund auf diese Weise am besten verteidigen zu können. Schließlich wurde das Kosovo trotzdem zum Katalysator einer tiefen Krise des Bundes. Als sich die Lage im Kosovo 1984 relativ stabilisiert hatte und der Ausnahmezustand aufgehoben wurde, riefen nationalistische Kreise aus Belgrad die sogenannte serbische Widerstandsbewegung im Kosovo ins Leben. Sie behaupteten, die Kosovoserben würden von der albanischen Mehrheit diskriminiert und verfolgt, bzw. der Anteil der Serben an der Bevölkerung des Kosovo sei rapide von 27 Prozent auf weniger als 10 Prozent gefallen, und zwar nicht nur wegen der hohen albanischen Geburtenrate, sondern auch auf Grund direkter Gewalt und politischen wie wirtschaftlichen Drucks zur Auswanderung. 1986 unterschrieben 200 bekannte serbische Intellektuelle eine Petition, die die Revision des föderalen Status des Kosovo forderte. Im Jahr darauf unterzeichneten 60.000 Kosovoserben eine Petition, in der sie die Abschaffung der Autonomie des Kosovo und der politischen und kulturellen Rechte der Albaner forderten sowie eine Änderung der demographischen Verhältnisse im Kosovo, bzw. die Rückkehr der früheren serbischen Kolonisten und die Vertreibung „illoyaler" Albaner, angeblicher „Emigranten" aus Albanien. Milošević nutzte die Lage im Kosovo, um die Macht in Serbien vollständig zu übernehmen, und eröffnete eine vehemente Kampagne für die „Lösung" der Kosovo- und der serbischen Frage in Jugoslawien.

8.6. Repression und Widerstand

Ein erster Stoß wurde Miloševićs hegemonialen Ambitionen durch die albanischen Protestmärsche vom 17. bis zum 25. November 1988 versetzt, an denen mehrere Hunderttausend Albaner teilnahmen, die jedoch nicht die notwendige Unterstützung der Föderation erhielten. So wurde weder die Absetzung der führenden albanischen Politiker (Azem Vllasi, Kaqusha Jashari) noch die willkürliche Verfassungsänderung und die Aufhebung der Autonomie des Kosovo und der Vojvodina als konstitutiver Elemente der Föderation verhindert. Am 20. Februar 1989 begann im Kosovo der Streik der Bergleute des Kombinats „Trepça", der von einem Generalstreik der Albaner und von Studentendemonstrationen unterstützt wurde. Die Bundesregierung rief auf der Grundlage eines fingierten Dokuments über die Vorbereitung eines Aufstands im Kosovo den Ausnahmezustand aus und schickte Truppen dorthin. Nur in Slowenien protestierte die Öffentlichkeit gegen die Notstandsmaßnahmen. Während dieser Zeit unterzeichneten 212 der bedeutendsten albanischen Intellektuellen eine Petition um Aufschub der Verfassungsänderungen. Nachdem eine Sitzung des Kosovoparlaments manipuliert worden war, übernahm Serbien im März 1989 die Verfassungskontrolle über das Kosovo, die es ihm später ermöglichte, die Autonomie des Kosovo weiter zu reduzieren und schrittweise komplett aufzuheben. In den darauffolgenden Protesten tötete die serbische Polizei 30 Demonstranten. 300 albanische Intellektuelle wurden ohne Verurteilung interniert, eine Maßnahme, die einschüchtern und die albanische Bewegung ihrer Führung berauben sollte. Albaner wurden aus den führenden Posten und der Verwaltung (vorneweg aus der Polizei) entlassen.

Erst im Winter desselben Jahres begannen die Kosovoalbaner, politischen Widerstand zu organisieren. Am 7. Dezember 1989 wurde die Gründungsversammlung der ersten Oppositionsorganisation abgehalten, ihr folgte am 23. Dezember 1989 die Bildung des Demokratischen Bundes des Kosovo (LDK, Lidhja Demokratike e Kosovës), sowie später anderer Parteien (Sozialdemokratische, Bauern-, Christdemokratische, Parlamentarische, Liberale, National-Demokratische Partei usw.). Nach neuen Massakern der serbischen Polizei in Mališevo und Glogovac bildete sich die sogenannte Albanische Alternative; sie forderte, den planlosen Widerstand durch kontrollierte Formen des gewaltfreien Protests zu ersetzen. Der Demokratische Bund des Ibrahim Rugova war äußerst erfolgreich und schuf ein weitverzweigtes Organisationsnetz. Diese Kräfte waren von der Hoffnung geleitet, dass der Dominoeffekt nach dem Fall des Kommunismus auch ganz Jugoslawien ergreifen würde und dass im Kosovo in freien Wahlen und auf demokratischem Wege eine wirkliche Veränderung der Verhältnisse stattfinden würde.

Als im April 1990 eine politische Delegation der Kosovoalbaner unter der Leitung von Rugova Washington besuchte, herrschte im Kosovo euphorische Stimmung. Ende Juni kam es zu starken Spannungen im Parlament des Kosovo und zur nationalen Spaltung. Die serbischen Delegierten betrieben Obstruktion der Parlamentsarbeit und verboten den albanischen Delegierten sogar das Betreten des Parlamentsgebäudes. Am 2. Juli 1990 hielten die albanischen Delegierten eine Sitzung vor den verschlossenen Türen des Parlaments ab, auf der eine Unabhängigkeitserklärung beschlossen wurde, mit der sich das Kosovo zu einem „gleichberechtigten konstitutiven Element der jugoslawischen Föderation" erklärte und die Albaner als Nation (*komb*) und nicht als nationale Minderheit definiert wurden. Die serbischen Behörden antworteten am 5. Juli mit der Auflösung des Parlaments in Prishtina und der Regierung des Kosovo. Es wurden sogenannte Sondermaßnahmen eingeleitet – der Fernsehsender TV Prishtina wurde geschlossen und Tageszeitungen wurden verboten. In den darauffolgenden Jahren wurden mehr als 10.000 Albaner, die in der lokalen Verwaltung und im öffentlichen Dienst gearbeitet hatten, entlassen, bzw. mehr als 100.000, wenn man diejenigen hinzuzählt, die aus Fabriken und Bergwerken, aus Gesundheits- und Kultureinrichtungen, Verkehrs-, Handels- und sonstigen Betrieben entlassen wurden. Am 7. September 1990 hielten die Delegierten des albanischen Parlaments eine geheime Sitzung in Kaçanik ab und proklamierten die Republik Kosova als „demokratischen Staat des albanischen Volkes und anderer Völker und nationaler Minderheiten, die seine Bürger sind". Regierung und Parlamentsabgeordnete gingen danach ins Exil, zuerst nach Kroatien und Slowenien, später nach Westeuropa und Albanien. Die Republik Kosova wurde nur von der Republik Albanien anerkannt, wo sie eine ständige Vertretung eröffnete. In anderen Ländern (Deutschland, Schweiz, Großbritannien, den skandinavischen Ländern) hat die Regierung informelle Zentren eingerichtet.

Serbien hob nicht nur die Autonomie des Kosovo auf; es beschnitt die Rechte der Albaner auch in Kultur, Bildungswesen und sogar im Sport. Eine vollständige Segregation der Gesellschaft und nationale Diskriminierung mit fortdauernden repressiven Polizeimaßnahmen wurden eingeführt (Durchsuchung, Verhaftung, heftigste Prügel, Mord, inszenierte Gerichtsprozesse, systematischer Druck auszuwandern usw.); hierüber existieren bei den Menschenrechtsorganisationen umfangreiche Dokumentationen.

Als der Zerfall Jugoslawiens im Januar 1992 unaufhaltsam wurde, machte die internationale Gemeinschaft dem Regime in Belgrad ein bedeutendes Zugeständnis, indem sie das Problem des Kosovo vollkommen ignorierte. Obwohl die sogenannte Badinterkommission beim Urteil über den Status der jugoslawischen Föderation von der letzten Verfassung aus dem Jahre 1974 ausging, hat sie die konstitutionelle Frage der beiden autonomen Provinzen als konstitutive Teile der Föderation mit dualem Status völlig vernachlässigt. Auch auf den Friedenskonferenzen von Den Haag, London und Genf wurde das Problem des Kosovo immer wieder grundlos vertagt. Belgrad wurde wegen massenhafter Menschenrechtsverletzungen lediglich kritisiert.

Zu der Zeit, als Belgrad ausgedehnte kriegerische Operationen in Kroatien und Bosnien durchführte, wollte Milošević keine neue Front im Süden provozieren und duldete im Kosovo eine Art Status quo – weder Krieg noch Frieden. Die Organisation einer parallelen albanischen Gesellschaft und paralleler Institutionen mit Elementen einer unabhängigen albanischen Verwaltung sowie Vertretungen und Regierungsbüros im Exil unter der Leitung von Bujar Bukoshi wiegten die Kosovoalbaner in der Illusion einer Alternative. Finanziert von Sonderfonds funktionierten im Kosovo ein unabhängiges Netz politischer Organisationen, eine lokale albanische Verwaltung, ein paralleles Steuersystem (Steuern wurden auch bei den albanischen Emigranten im Westen an deren Wohnorten eingezogen), ein unabhängiges albanisches Schulsystem (von Vorschuleinrichtungen bis zur Universität) und Bildungseinrichtungen, unabhängige albanische Medien und Verlage, Elemente eines unabhängigen Gesundheitssystems, selbstorganisierte kulturelle, sportliche und gewerkschaftliche Aktivitäten, usw. Im Mai 1992, einige Wochen nach der Proklamation der Bundesrepublik Jugoslawien als Föderation Serbiens und Montenegros, die von den Albanern nicht anerkannt wird, wurden im Kosovo Mehrparteienwahlen für das Parlament und das Präsidentenamt durchgeführt. In diesen Wahlen wurde Ibrahim Rugova ohne Gegenkandidat mit 99 Prozent der Stimmen zum Präsidenten der Republik Kosovo gewählt. Bei den Parlamentswahlen erhielt der Demokratische Bund des Kosovo (LDK) die meisten Stimmen. Obwohl Serbien die Durchführung der Wahlen nicht behinderte, setzte es starke Polizeikräfte ein, um die Konstituierung des Kosovoparlaments zu verhindern. Die albanischen Politiker entschlossen sich zu einer Strategie des gewaltfreien Widerstands und dazu, geduldig eine politische Lösung für das Kosovo zu fordern sowie sich auf den Rat und die Versprechungen der Großmächte, vor allen der USA, zu verlassen.

1992 und 1993 begann die jugoslawische Regierung, die in dieser Zeit von Milan Panić geführt wurde, mit einer Delegation des LDK über die Normalisierung der Arbeit der albanischen Schulen zu verhandeln. Es wurde lediglich eine Teilnormalisierung der Arbeit der Grundschulen in ihren Gebäuden erreicht, ohne dass die Lehrer jedoch für ihre Arbeit bezahlt worden wären. Die Gebäude der weiterführenden Schulen und der Universität wurden jedoch nicht zurückgegeben und die Verhandlungen im Sommer 1993 eingestellt.

Im Rahmen der Kontaktgruppe (gegründet 1993 von USA, Großbritannien, Deutschland, Frankreich, Russland und Italien), die eine Lösung für den Krieg in Bosnien suchte, wurden Kompromisslösungen für den Status des Kosovo als einer weitgehend autonomen politischen Entität, aber in den Grenzen der jetzigen Bundesrepublik Jugoslawien erwogen. Allerdings wurde auf der Konferenz in Dayton (Herbst 1995), wo das Abkommen über die Zukunft Bosniens geschlossen wurde, wieder einmal versäumt, die Kosovofrage ernsthaft zu erörtern. Dies führte zur Unzufriedenheit unter Rugovas politischen Gegnern, die ihn beschuldigten, eine perspektivlose, passive Politik zu führen, die die politischen Reflexe stumpf werden lasse und die Albaner erniedrige, obwohl er sich immer für ein unabhängiges Kosovo oder ein internationales Protektorat eingesetzt hatte. Rugova wurde von Adem Demaqi und Rexhep Qosja heftig kritisiert, aber auch vom radikalen Flügel seiner eigenen Partei (LDK), die aus einer Gruppe früherer politischer Häftlinge besteht.

Im Frühjahr 1996 tauchte zum ersten Mal der Name „Befreiungsarmee des Kosovo" (UÇK, „Ushtria Çlirimtare e Kosovës") auf, einer Geheimorganisation, die die Verantwortung für Überfälle auf Polizeistationen und serbische Flüchtlingssiedlungen im Kosovo übernahm. Rugovas Politik des Abwartens brachte damals wohl nur ein positives Ergebnis: Unter Vermittlung der katholischen humanitären Organisation „Sante Eugidio" aus Rom unterzeichneten er und Milošević am 1. September 1996 ein Abkommen über die Normalisierung der Arbeit der albanischen Schulen, das Belgrad aber nicht in die Tat umsetzte. Ende 1996 brachen in Serbien schwere Unruhen aus, weil die Wahlergebnisse verfälscht wurden und die oppositionelle Koalition *Zajedno* um ihren Sieg in den Kommunalwahlen gebracht worden war. Zu der Zeit eröffneten die albanischen Studenten und Adem Demaçi eine scharfe Offensive gegen Rugova, weil sie annahmen, dass die Tage des Milošević-Regimes gezählt seien. Dieser Offensive schloss sich auch das offizielle Albanien unter dem damaligen Präsidenten Sali Berisha an. Die Erwartung, Milošević würde stürzen, war jedoch verfrüht und die Position Berishas in Albanien so labil, dass er nach dem Kollaps des albanischen Staates und dem Überfall großer Menschenmengen auf die Armeekasernen, aus denen Hunderttausende Waffen entwendet wurden, zurücktreten musste. Im Kosovo protestierten die Studenten gegen den Status quo und organisierten trotz Rugovas Widerstand Demonstrationen, auf denen die Umsetzung des Schulabkommens gefordert wurde.

Die Studentenaktionen verloren jedoch an Bedeutung, als die UÇK im Herbst 1997 ihre Aktivitäten intensivierte und bei der Beerdigung eines Opfers von Polizeimaßnahmen erstmals ihre Existenz bestätigte. Dies geschah in der traditionell unbeugsamen Provinz dernica, westlich von Prishtina, von wo aus ausländische Journalisten die Geschichte von einem freien albanischen Gebiet verbreiteten. Das Belgrader Regime startete im März 1998 eine großangelegte Polizeiaktion gegen die Einheiten der UÇK, und zwar zuerst in Drenica, wo am 1. und 5. März in den Dörfern Likošan (Ljikoshan) und Prekazi Massaker verübt wurden, deren Opfer vor allem Zivilisten, Frauen, Kinder und alte Menschen waren (etwa 100 Opfer). Das Aufkommen des militanten Widerstands diente Milošević als Vorwand, um massiv gegen die albanische Zivilbevölkerung vorzugehen. Was als Polizeiaktion etikettiert wurde, zeigte von Anfang an sein wahres Gesicht. Serbische „Antiterroraktionen“ richteten sich gegen albanische Dörfer, die beschossen und angezündet wurden. Im Grenzgürtel zu Albanien, von wo sich die Einheiten der UÇK mit Waffen versorgten, wurden weite Teile der Dörfer und Weiler niedergebrannt. Die von zwei eilig einberufenen Ministerkonferenzen der Kontaktgruppe erhobenen Forderungen, die polizeilichen Massenaktionen einzustellen, waren vergeblich.

Die Taktik der verbrannten Erde hatte die Albaner im höchsten Maße mobilisiert, so dass die UÇK in den Konfliktzonen und in einigen angrenzenden Gebieten großen Zulauf bekam. Unter den gegebenen Umständen konnte dennoch keine richtige Armee organisiert werden, zumal die UÇK nicht einmal die Unterstützung jener schattenhaften Alternativinstitutionen hatte, die von Rugova und seinen Anhängern in den Städten des Kosovo aufgebaut worden waren. Das Regime in Belgrad bereitete sich mittlerweile propagandistisch auf den Krieg und die Abrechnung mit den Kosovoalbanern vor. Nach den verlorenen Kriegen im Nordwesten und der immer deutlicher werdenden allgemeinen Isolation Serbiens, die zur Ausbreitung von Resignation in der serbischen Bevölkerung führten, musste diese erst wieder neu mobilisiert werden. Denn obwohl die Hasspropaganda gegen die Kosovoalbaner eine Konstante des Milošević-Regimes war, ließ sich die Bevölkerung nach Dayton für das Kosovo-Thema kaum erwärmen. Als aber im Mai 1998 ein Referendum gegen eine ausländische Vermittlung im Kosovo-Konflikt organisiert wurde, bei dem die Bevölkerung entscheiden sollte, ob das Kosovo ausschließlich als innerserbische Angelegenheit zu behandeln und jegliche Vermittlung als Einmischung in diese innere Angelegenheit abzulehnen sei, gelang es Milošević wieder, die serbische Bevölkerung für die Kosovo-Frage, damit gegen die Kosovoalbaner und den Westen zu mobilisieren.

Die Kosovo-Albaner wiederum waren politisch zerstritten. Rugova organisierte im März 1998 neue Parlaments- und Präsidentschaftswahlen und vertiefte dadurch die Spaltung zwischen den Blöcken in der albanischen Politikszene. Daran änderte die Tatsache nichts, dass er persönlich die massenhafte Unterstützung der Bevölkerung und ein neues Mandat als legitimer politischer Vertreter der Albaner erhielt. Einige Parteien hatten allerdings die Wahl boykottiert.

Nach dem Misserfolg der Kontaktgruppe, in der Russland die Einführung neuer Sanktionen gegen Serbien ablehnte, schickten die Vereinigten Staaten Anfang Mai eine diplomatische Mission, die ein Treffen der beiden Präsidenten Milošević und Rugova erwirkte. Dies ermöglichte Milošević, eine zweigleisige Politik zu betreiben und einerseits den Anschein zu wahren, nach politischen Verhandlungslösungen für das Kosovo zu suchen, andererseits weiter Krieg zu führen. Diese Taktik behielt Milošević bei, nachdem er im Oktober 1998 äußerlich dem Ultimatum der Nato nachgegeben und einige Einheiten aus dem Kosovo zurückzogen hatte, aber dennoch die Vertreibung von Albanern und die Massaker fortsetzen ließ. Ebenso stimmte er der Entsendung von OSZE-Beobachtern in die Provinz zu und setzte trotzdem die „Säuberungen" fort. Seine Strategie scheint es Anfang 1999 gewesen zu sein, nach außen den Eindruck eines Nachgebens zu erzeugen und durch die Präsenz der auswärtigen Beobachter und deren Konzentration auf den Truppenabzug davon abzulenken, dass durch gleichzeitige Massierung der Truppen die Frühjahrsoffensive gegen die albanische Zivilbevölkerung im Kosovo vorbereitet wurde.

Deutsch von Heike Majić

8.7. Unter UN-Verwaltung: Chancen und Hürden

Dunja Melčić

Der Abzug der serbischen Streitkräfte aus dem Kosovo nach der Annahme des Friedensplans durch Milošević und das Parlament in Belgrad am 3. Juni 1999 war der augenfälligste Ausdruck eines geschichtlichen Ereignisses von epochaler Bedeutung. Solche tief greifenden Dimensionen historischer Ereignisse erkennt man nicht leicht und meistens erst im nachhinein. So waren viele Bestimmungen der UN-Resolution 1244, mit der der Sicherheitsrat die Grundlage für eine UN-Übergangsverwaltung (UNMIK) am 10. Juni 1999 schuf, bereits an diesem Tag von der Wirklichkeit überholt. Schon am Beginn der Stationierung der KFOR machten sich vielfältige Widersprüche bemerkbar. Der grundlegende Widerspruch war: während die Mehrheit der Bevölkerung des Kosovo samt der massiv in ihre Heimat zurückströmenden Vertriebenen den Einzug der internationalen Friedenstruppen als Befreiung ihrer Provinz nicht nur aus der akuten Gefahr und der Verfolgung der letzten Monate, sondern von den Jahrzehnten der Fremdherrschaft, unter der Generationen von Kosovo-Albaner gelitten hatten, empfand, kamen die internationalen Organisationen ihrem Verständnis nach in ein Land namens Jugoslawien, ohne zu berücksichtigen, dass die Albaner sich vom Joch dieses Landes nach der Kapitulation Belgrads gerade erst befreit fühlten. Das freilich war und ist nicht einfach eine Sache der „Gefühle": die auf der Grundlage der Verhandlungen der Kontakt-Gruppe und Beschlüsse der Außenminister der G-8 Staaten in Bonn verfasste UN-Resolution stellte die Schlussphase jahrelanger Bemühungen der internationalen Gemeinschaft dar, die Krise in der jugoslawischen Provinz zu beenden und enthielt wie in der Praxis der Vereinten Nationen üblich, Berufungen und Hinweise auf frühere Resolutionen. Durch die militärische Intervention der Nato gegen das Regime in Belgrad, die als Folge den Abzug der serbischen Streitkräfte und Machtapparate aus der Provinz und den Einzug der internationalen Friedenstruppen hatte, ist aus der Beendung der Krise eine völlig neue Situation entstanden: mit diesen Akten hörte Kosovo *de facto* auf, Bestandteil der durch Miloševićs Machenschaften 1992 gegründeten Bundesrepublik Jugoslawien zu sein, deren „territoriale Unversehrtheit" die Resolution, trotz der Übernahme einer vorübergehenden Provinzverwaltung durch die UN garantieren will. Mit dem Sturz Miloševićs im Oktober 2000 verschwand das letzte Bindeelement dieser auf seiner Macht und seinen Interessen beruhenden Staatskonstruktion. Der Widerspruch besteht also darin, dass die Albaner des Kosovo von Anfang an bestrebt waren, ausgehend von der Realität eine autonome politische Ordnung mit nationalstaatlichen Institutionen und Symbolen aufzubauen, während die Staatengemeinschaft sich an den in der Resolution festgeschriebenen Grundriss hält. Dieser und andere Widersprüche sowie insbesondere das Fortbestehen des Milošević-Regimes in Belgrad lähmten im ersten Jahr der Übergangsverwaltung die Normalisierung erheblich.

Als endlich der Aufbau der demokratischen und zivilen Institutionen ansetzte, zeigte sich eindeutig, dass hinter dem Projekt eines unabhängigen, europäisch orientierten Kosovo die große Mehrheit der Bevölkerung steht. Den ersten Test ergaben die Kommunalwahlen im Oktober 2000: bei einer Beteiligung von 79 Prozent entschied sich die überwältigende Mehrheit der Wähler (58%) für Vertreter aus der gemäßigten, etablierten Partei Ibrahim Rugovas (LDK); die Vertreter der PDK, der Demokratischen Partei Kosovos, die der einstige UÇK-Kommandeur Hashim Thaçi als politische Nachfolgerin der bewaffneten Widerstandsorganisation ins Leben rief, kamen auf 27 Prozent und die Zukunftsallianz für Kosovo (AAK) des früheren UÇK-Kommandanten Ramush Haradinaj kam auf den dritten Platz (7,7 %). Ein Jahr später gab wieder eine deutliche Mehrheit der Wähler bei den ersten Parlamentswahlen im freien Kosovo der LDK ihre Stimme (45,65%). Bei den erneuten Kommunalwahlen im Oktober 2002 zeigte sich wieder die Präferenz der Wähler für die gemäßigte politische Option, aber auch eine gewisse Stabilität der Parteienlandschaft: In den meisten Wahlbezirken gewann die LDK, gefolgt von PDK und AAK. Auch wenn man die beiden erst nach der Befreiung gegründeten Parteien nicht automatisch mit politischem Radikalismus gleichsetzt, ist dennoch klar, dass ihre personellen und anderen Verbindungen mit dem bewaffneten Widerstand, der ja zugleich eine Absage an den jahrelangen gewaltlosen Widerstand Rugovas bedeutete, den politisch-zivilen Anspruch dieser Gruppierungen nachweispflichtig machen. Auch ohne das Klischee von gemäßigten und radikalen politischen Optionen zu bedienen, kann man sagen, dass die kosovo-albanische Wählerschaft mehrheitlich den gewaltlosen und kompromissbereiten Weg in die Unabhängigkeit bevorzugt und damit anerkennt, dass die von Rugova und seinen Mitstreitern gewählte Strategie entscheidend zur Lösung der Kosovo-Krise, d.h. zur Herauslösung der Provinz aus der Belgrader Zwangsherrschaft beigetragen hat. Diese klare Entscheidung der Wählerschaft führte zur sichtlichen Enttäuschung derjenigen Gruppen und Kreise, die überzeugt waren, dass die Wende für das Kosovo hauptsächlich durch den bewaffneten Widerstand erwirkt wurde. Dieser Trugschluss, der die Tatsache unberücksichtigt lässt, dass das Engagement der Staatengemeinschaft und der Amerikaner *vor* der militärischen Intervention ganz wesentlich mit dem jahrelangen gewaltfreien Widerstand zusammenhing, bildet die ideologische Grundlage der radikalen Strömungen unter den Albanern. Doch ohne die Beteiligung der internationalen Staatengemeinschaft an Lösungen der Krise wäre auch die spätere militärische Intervention undenkbar gewesen (→ K. 29). Der genannte Trugschluss war besonders unter ehemaligen UÇK-Kämpfern verbreitet, was später die bewaffnete Rebellion der Albaner im benachbarten Makedonien (und dem Grenzgebiet in Südserbien) mit auslöste (→ K.9). Dass die UÇK-Kommandanten und Kämpfer nach der Auflösung bzw. „Transformation“ der Befreiungsarmee sich durch die Gründung von politischen Parteien – jedenfalls deren Satzungen zufolge – auch für ein demokratisches Kosovo einsetzen, zeigt, dass sie doch eine Demokratisierung durch den Aufbau von Institutionen anstreben und sich somit in die politische Tradition einreihen, die mit der Verteidigung der durch einseitige Akte und Gewalt aus Belgrad beseitigten Institutionen begonnen hatte. Von dieser Tradition her betrachtet ist der Waffengang kein Mittel zum Zweck, sondern eine Ausnahme, die nur durch ärgste Umstände des Überlebenskampfes zu rechtfertigen ist, wie es sie teil- und zeitweise im Kosovo tatsächlich gab.

Der Prozess des Aufbaus und der Festigung der Demokratie steht erst an seinem Anfang, obwohl der von breiter Bevölkerung getragene Wille zur Demokratie als die wesentliche Bedingung für sein Gelingen unter den Kosovo-Albanern klar gegeben ist. Im Kosovo hängt vieles auch davon ab, wie geschickt die provisorische Verwaltung der Staatengemeinschaft agiert bzw. den Demokratisierungsprozess unterstützt. Im Juni 2004 übernahm der dänische Diplomat Søren Jessen-Petersen als fünfter Amtsinhaber in Folge die Leitung der UN-Übergangsverwaltung für Kosovo. Beobachter nannten die Aufgabe des Chefs der UNMIK seit längerem schon „eine unmögliche Mission". Zuvor hatte der deutsche Sondergesandte Michael Steiner (im Amt vom Winter 2002 bis Sommer 2003) die Hauptquelle der schwierigen Problematik des Kosovo, nämlich die Bestimmung seines zukünftigen staatsrechtlichen Status, durch die Formel „Standard vor Status" zu überbrücken versucht. In dieser Periode konnten substantielle Fortschritte erzielt werden, wobei die Grundaporie des Kosovo gleichsam in Klammern gesetzt wurde. Diese Strategie stieß an ihre Grenzen, obwohl Steiner eloquente Bezeichnungen fand, wie „ein Zurück in Zustände vor 1999" und eine „Teilung des Kosovo" seien ausgeschlossen. Diese Grundsätze sind aber zusammen mit dem Verbot einer künftigen Vereinigung des Kosovo mit irgendwelchen Territorien in seiner Nachbarschaft zu bleibenden Prinzipen bei den Bemühungen internationaler Unterhändler zur Lösung der Kosovofrage geworden. Nach Steiners Rücktritt gewann UN-Generalsekretär Kofi Annan den finnischen Diplomaten und ehemaligen Ministerpräsidenten Harri Holkeri für den schwierigen Chefposten der Zivilverwaltung im Kosovo. Ein halbes Jahr später (März 2004) kam es in Kosovska Mitrovica und in anderen Orten, in denen Serben noch leben, zu blutigen Zusammenstößen und pogromartigen Ausschreitungen gegen die nicht-albanischen Minderheiten – begleitet vom vollkommenen Versagen der KFOR. Auslöser der Unruhen war der Tod von zwei albanischen Kindern, aber den Hintergrund, vor dem sie sich abspielten, bildete die breite Unzufriedenheit der kosovo-albanischen Bevölkerung angesichts der ungewissen Zukunft ihrer Provinz und allgemeine Unsicherheit, die immer wieder durch politische und territoriale Ansprüche aus Belgrad wach gerufen wird. Die Bilanz des Gewaltausbruchs: 19 Personen (vorwiegend ethnische Albaner) kamen ums Leben, 900 wurden verletzt, mehr als 700 Häuser von Serben, Aschkali und Roma wurden zerstört. Der Mob zündete 30 serbisch-orthodoxe Kirchen und 2 Klöster an und vertrieb etwa 4500 Nicht-Albaner. Das alles ließ darauf schließen, dass die Tumulte zumindest zum Teil koordiniert waren. Als Drahtzieher wurden Hintermänner aus dem Umfeld der ehemaligen UÇK-Rebellen vermutet. In Serbien zerstörte der nationalistische Mob im Gegenzug zwei Moscheen (die einzige in Belgrad und ebenso in Niš), bewarf mehrere Botschaften mit Steinen (darunter die amerikanische und die kroatische), demolierte Autos und Geschäfte (von Besitzern mit nicht-serbischen Namen).

Nach den blutigen Unruhen wurde die KFOR-Truppe wieder verstärkt und der Chef der UNMIK-Verwaltung, Holkeri, reichte seinen Rücktritt ein. Diese Ereignisse gaben der kosovarischen Gesellschaft und allen internationalen Beteiligten am Aufbau der Nachkriegsordnung im Kosovo einen nachhaltigen Schock. So hässlich die Ausschreitungen auch waren, rüttelten sie dennoch auf und es kam die Skepsis darüber auf, ob man die Institutionen der Gesellschaft so gemächlich aufbauen kann, ohne ihr eine die Zukunft sichernde Perspektive zu geben. Außerdem schien das anberaumte Datum, an dem der UN-Sicherheitsrat über die Statusfrage beraten sollte, nicht mehr in so weit entfernter Zukunft zu liegen. Die Experten von der "International Crisis Group" (ICG) für das Kosovo, die bereits 2003 einen zunächst bedingten unabhängigen Status der Provinz empfahlen, setzten sich in ihrem Bericht ein Jahr später für einen genauen Zeitplan ein, demgemäß die Unabhängigkeit des Kosovo nach Erfüllung von Auflagen und Durchführung wichtiger politischer und konstitutiver Schritte 2006 auch *de jure* von der Staatengemeinschaft anerkannt werden sollte. Einen damit übereinstimmenden Phasenplan legte auch die internationale Balkankommission unter der Federführung des ehemaligen italienischen Präsidenten Giuliano Amato im Frühjahr 2005 vor.

Im Oktober 2004 wählten die Bürger des Kosovo zum zweiten Mal ihre Vertreter ins Parlament. Die LDK errang 47, PDK 30 und AAK 9 Mandate. Überraschend bildeten Rugovas Demokratische Liga und Haradinajs Zukunftsallianz eine Koalition, die dank der Unterstützung von einigen Kleinparteien im 120 Sitze zählenden Parlament über eine knappe Mehrheit verfügte. Die PDK bildete gemeinsam mit der neuen bürgerlich-liberalen Bewegung Ora des Verlegers Veton Surroi (7 Sitze) die Opposition. Im Dezember wurde die Übergangsregierung unter Ramush Haradinaj als Ministerpräsident gebildet; allerdings bezichtigte die Chefanklägerin des ICTY Haradinaj, während des Kosovo-Krieges Verbrechen gegen die Menschlichkeit und das Kriegsrecht begangen zu haben, und stellte ihn im März 2005 unter Anklage. Er trat umgehend zurück und stellte sich der UN-Justiz in Den Haag. Sein Nachfolger wurde Bajram Kosumi. Allseits wurde als Zeichen demokratischer Reife der kosovarischen Gesellschaft gelobt, dass die befürchteten Unruhen und Krawalle ausblieben, als Haradinaj nach Den Haag abreiste.

Die internationale Gemeinschaft und die UNMIK vor Ort gaben sich große Mühe, beim Aufbau von demokratischen Strukturen im Kosovo seinen multikulturellen Charakter institutionell zu verankern. In der Legislaturperiode 2001-2004 wurde mit so genannter „positiver Diskriminierung“ die Sitzverteilung im Parlament den Wunschvorstellungen einer multikulturelleren Zusammensetzung der politischen Repräsentanten angepasst. Im Endergebnis hatte die Bevölkerungsmehrheit (etwa 88%) durch eine komplizierte Arithmetik im Parlament keine drei Viertel der Mandate, dafür bekamen die Minderheiten insgesamt (ca. 10%) ein Drittel der Sitze im Parlament. Solche ‚Modifizierung‘ der demokratischen Entscheidung der Wählerschaft, die mit der Fragmentierung des Parlaments, der Bedeutungs- und Machtsteigerung von politisch unbedeutenden Subjekten einhergeht, die sich kaum auf eine demokratische Legitimierung berufen können, hatte dem Demokratisierungsprozess keine wirklichen Vorteile gebracht. Vor allem konnte so das Hauptproblem, nämlich die Integration der serbischen Minderheit in das politische System des Kosovo, nicht angegangen werden, weil dieses in der Verweigerung einer institutionellen Integration besteht. Kosovo-Serben boykottierten die Kommunalwahl im Oktober 2002 und befolgten massiv den Boykottaufruf des serbischen Regierungschefs Koštunica und des Patriarchen Pavle zur Parlamentswahl 2004. Nachdem sie also zunächst einen institutionellen Integrationsweg durch die lokale Selbstverwaltung als Lösung zurückgewiesen hatten, verzichteten sie auch auf eine Partizipation im Parlament und das heißt letztlich auf die gesetzgeberische und politische Mitgestaltung des Kosovo. Noch Mitte 2005 zeigten sich serbische Politiker sowohl im Kosovo als auch in Serbien unfähig, die veränderten Realitäten in der Provinz zu erkennen.

Dass eine Gesellschaft nach jahrzehntelanger Unterdrückung unter mannigfachen Demokratiedefiziten leidet, ist, strukturell betrachtet, verständlich. Darüber hinaus kann auch eine Spaltung der Gesellschaft hinsichtlich der Modernisierung beobachtet werden. Man hat hier mit einer *Übergangsgesellschaft* eigener Art zu tun, die einerseits durch erstaunliche Weltoffenheit, Bereitschaft, die Werte des Westens und eine Modernisierung des politischen und öffentlichen Lebens anzunehmen, und andererseits durch ungetrübtes Fortleben der traditionellen Lebensformen im privaten und familiären, oft klanmäßig organisierten Bereich gekennzeichnet ist. Daraus ergibt sich eine beträchtliche Geschlossenheit der kosovo-albanischen Volksgruppe. Dies kann auch unter günstigsten Umständen auf die Minderheiten einschüchternd wirken. Die Umstände aber waren bekanntlich auf mehrfache Weise für das friedliche Zusammenleben nach dem Krieg ungünstig. Dazu kann man auch die spezifische serbische Tradition und die Identitätsbildung zählen, die seit dem 19. Jahrhundert durch die Ideologie der serbischen Einigung und somit durch eine vereinnahmende Perspektive geprägt waren. Diese Perspektive, das damit verbundene „tradierte Wahrnehmungsmuster“ (Sundhaussen), ließen *keinen Raum für alternative Strategien* bei der Identitätsbildung zu. Die serbische Volksgruppe im Kosovo steht noch vor der Aufgabe, die Wege herauszufinden, wie sie im Status einer nationalen Minderheit in einer mehrheitlich anderen nationalen Umgebung verträglich leben kann. Dass das Miteinander – oder auch nur Nebeneinander – in einer modernen Gesellschaft in erster Linie auf dem verrechtlichten und institutionellen Wege, der die Mehrheitsgesellschaft ebenso verpflichtet wie die mit Minderheitenrechten ausgestatten Gruppen, ausgeübt werden kann, muss die Bevölkerung im Kosovo erst lernen.

Literatur

Wichtigstes neueres Werk zum Kosovo ist: Noel Malcolm, *Kosovo: A Short History*, London 1998. Es enthält Hinweise auf die Literatur in praktisch allen relevanten Sprachen (dabei neben Albanisch und Serbisch auch Türkisch), fasst souverän die bisherigen Diskussionen über die Ethnogenese zusammen und führt überzeugende linguistische Argumente für die illyrische und gegen die thrakische Herkunft der Albaner an. (Letztere wird in jüngerer Zeit als These aufgestellt bei Gottfried Schramm, *Anfänge des albanischen Christentums: die frühe Bekehrung der Bessen und ihre langen Folgen*, Freiburg i. Br. 1994.) Über die Politisierung der Abstammungsdiskussion: Aleksandar Stipčević, „Die Frage der illyrisch-albanischen Kontinuität und ihre politische Aktualität heute“, *Dardania. Zeitschrift für Geschichte, Kultur und Information* 4, III/1995, S. 16-19. Ein weiterer Überblick stammt von Miranda Vickers, *Between Serb and Albanian. A History of Kosovo*, New York 1998, hier liegen die Gewichte weniger auf der frühen und mittelalterlichen als auf der jüngeren und jüngsten Geschichte (bis 1997). Eine gute Einordnung der kosovarischen Geschichte in den Balkanraum bietet: Hough Poulton, *The Balkans: Minorities and States in Conflict*, London 1994. Als Einführung in die albanische Geschichte allgemein heranzuziehen ist: Peter Bartl, *Albanien: vom Mittelalter bis zur Gegenwart*, Regensburg 1995; vom selben Autor auch: „Die Albaner“, in: Michael Weithmann (Hg.), *Der ruhelose Balkan. Die Konfliktregionen Südosteuropas*, München 1993, S. 176-204. Sozialgeschichtlich grundlegend: Karl Kaser, *Hirten, Kämpfer, Stammeshelden. Ursprünge und Gegenwart des Balkanischen Patriarchats*, Wien (u.a.) 1992; ders. *Familie und Verwandtschaft auf dem Balkan. Analyse einer untergehenden Kultur*, Wien (u.a.) 1995.

Grundlegende Informationen auch bei: Karl-Josef Schukalla, „Nationale Minderheiten in Albanien und Albaner im Ausland“, in: *Albanien* (*Südosteuropa-Handbuch*, VIII), hg. v. Klaus-Detlev Grothusen, Göttingen 1993, S. 505-528. Viele Details der Entwicklung bis nach Titos Tod und den Unruhen von 1981 bietet: Jens Reuter, *Die Albaner in Jugoslawien*, München 1982. Zur Entwicklung in den achtziger Jahren: Michel Roux, *Les Albanais en Yougoslavie: minorité nationale, territoire et développement*, Paris 1992, sowie – knapper – Christine v. Kohl u. Wolfgang Libal, *Kosovo. Gordischer Knoten des Balkan*, Wien, Zürich 1992; Robert Elsie (Hg.), *Kosovo. In the heart of the Powder Keg*, Boulder, New York 1997. Dieser Band enthält neben einer sehr ausführlichen Bibliographie historische Dokumente, Texte neueren Datums und Interviews. Solche Informationen bieten auch: Denisa Kostovičová, *Parallel Worlds: Response of Kosovo Albanians to Loss of Autonomy in Serbia, 1986-1996* (Keele European Research Centre Research Papers: Southeast Europe Series 2), Keele 1997; Shkelzen Maliqi, *Kosova: Separate Worlds. Reflections, Analyses*, Prishtina 1998; Matthias Rüb, *Kosovo. Ursachen und Folgen eines Krieges in Europa*; Stefan Troebst, „The Kosovo War, Round One: 1998“, *SIPRI Yearbook 1999*, Oxford 1999 (auch in: *Südosteuropa* 48 (1999), H. 3-4, S. 156-190). Nach der Nato-Intervention 1999: Tim Judah, *Kosovo: War and Revenge*, New Haven, London 2000.

Wichtige Dokumentensammlung (z.B. den Vertrag von Rambouillet vom 23. Februar 1999, das Čubrilović-Memorandum von 1937) bietet der Sammelband: Wolfgang Petritsch/ Karl Kaser/ Robert Pichler, *Kosovo-Kosova. Mythen, Daten, Fakten*, Klagenfurt [u.a.] 1999; unentbehrlich für neuere Diskussion und Entwicklung: Konrad Clewing/Jens Reuter (Hg.), *Der Kosovo-Konflikt. Ursachen – Akteure – Verlauf*, München 2000; Viktor Meier, *Jugoslawiens Erben. Die neuen Staaten und die Politik des Westens*, (Slowenien, Kroatien, Bosnien-Hercegovina, Serbien, Kosovo, Montenegro, Makedonien) München 2001 sowie Aufsätze von Stefan Troebst: „Chronologie einer gescheiterten Prävention. Vom Konflikt zum Krieg im Kosovo, 1989-1999“, *Osteuropa*, 49. Jahrgang/Heft 8/ 1999; (ebenso in Englisch: *Conflict in Kosovo: Failure or Prevention?* 1998); „Kommunizierende Röhren:

Makedonien, die albanische Frage und der Kosovo-Konflilkt", *Kommune* (1999), Heft 12; „'Großalbanien' – eine Chimäre. Die interne und externe ‚Albanische Frage'", *Kommune* (2000), Heft 8; „Kommunizierende Röhren. Teil 2: Kosovo, Serbien und Makedonien", *Kommune* (2001), Heft 8.

Weitere Literaturangaben im Anhang des Kapitels 29.

9. Makedonien

Darko Dukovski

Geographisch reicht Makedonien vom Šar-Gebirge im Norden, von den Westrhodopen und dem Fluss Mesta (griechisch Nestos) im Osten, von der Ägäis, dem Olymp und dem Fluss Bistrica (griechisch Aliakmon) im Süden bis zu den Bergen Korab, Jablanica, Mokra und Pindos im Westen. Die Gesamtfläche von 67.000 Quadratkilometern ist heute auf drei Staaten verteilt. Die Republik Makedonien umfasst davon 37 Prozent, nach dem zentralen Flusslauf auch Vardar-Makedonien genannt. Daneben spricht man von Pirin-Makedonien in Bulgarien und Ägäis-Makedonien in Griechenland. „Makedonien" ist allerdings eine eher willkürliche Definition europäischer Geographen, die damit Ende des letzten Jahrhunderts – in Anlehnung an antike Quellen – einem geographisch und ethnisch uneinheitlichen Restgebiet osmanischer Herrschaft in Europa einen Namen gaben. Dieser verwies auf die Mazedonen, nördliche Nachbarn der antiken Griechen, die vom Mazedonen-König Philipp II. im 4. Jahrhundert v. Chr. unterworfen wurden. Nach dem Niedergang des von Philipps Sohn Alexander eroberten Weltreichs und seiner Nachfolger wurde Mazedonien 146 v. Chr. römische Provinz und nach der Reichsteilung 395 n. Chr. Teil des Byzantinischen Reichs. Zu dessen Themata (Verwaltungseinheiten) gehörte seit dem Ende des 8. Jahrhunderts auch Makedonien, vom 9. bis zum 11. Jahrhundert regierte in Konstantinopel die Dynastie der „Makedonenkaiser". Doch handelte es sich hier um geographische, nicht etwa ethnische Bezeichnungen.

9.1. Mittelalter

Sprachlich gehörten die Vorfahren der modernen Makedonier zu den Slawen, die im Laufe des 6. und 7. Jahrhunderts in den Südosten Europas einwanderten und in den byzantinischen Quellen als „Anten" auftauchen. Teilweise verschmolzen die Eindringlinge mit der illyrisch-romanischen, thrakischen und griechischen Stammbevölkerung, doch um Saloniki siedelten sich mehrere slawische Stämme dauerhaft an. Sie vermischten sich mit den ebenfalls in den Balkanraum eingedrungenen, turksprachigen Bulgaren (später Protobulgaren genannt), die die slawische Sprache übernahmen und die Führungsschicht erster staatlicher Gebilde der Slawen stellten (→ Kap. 1). Ein solcher bulgarisch-slawischer Staat, seit Ende des 7. Jahrhunderts Bulgarien genannt, besiegte Byzanz und zwang ihm 681 einen Tribut ab. In ständigen Kämpfen gegen Byzanz wuchs die Macht des bulgarischen Staates, wodurch ein Großteil Makedoniens in seinen Herrschaftsbereich geriet.

Der bulgarische Herrscher (Khan) Boris nahm 865 das Christentum an und führte es in seinem Herrschaftsbereich ein. Zuvor hatte er sowohl nach Osten als auch nach Westen Kontakte unterhalten, doch die päpstlichen Gesandten konnten eine Hinwendung zu Byzanz, das größere kirchliche Unabhängigkeit versprach, nicht verhindern. Im 9. Jahrhundert schufen die aus Saloniki stammenden Brüder Konstantin (Kyrill) und Method mit der Glagoliza das erste Alphabet, das der Sprache der (in Makedonien lebenden) Slawen angepasst war, in deren Christianisierung das Hauptziel der Schaffung des slawischen Schrifttums lag. Mit den Bibelübersetzungen ins Slawische wurde die Grundlage für das noch heute weit über seinen makedonischen Ausgangsort hinaus verwendete Kirchenslawische geschaffen. Im 10. Jahrhundert wurde die Glagoliza durch die Kyrilliza, eine Weiterentwicklung der griechischen Schrift durch Kyrills und Methods Schüler, ersetzt (→ Kap. 16). Während der bulgarische Staat immer weiter slawisiert und christianisiert wurde, vergrößerte er sich, indem er die äußeren und inneren Missstände von Byzanz am Anfang des 10. Jahrhunderts ausnutzte. Der Höhepunkt der Ausdehnung wurde unter Fürst Simeon erreicht, der sich zum Zeichen seiner Vorherrschaft auf dem östlichen Balkan und seiner Siege über Byzanz im Jahre 918 den Titel „Selbstherrscher der Bulgaren und Rhomäer (Griechen)" gab und den bulgarischen Erzbischof zum Patriarchen erhob. Dieser krönte Simeon dann zum „Zaren", doch Simeons Nachfolger Peter (ab 927) trug den Zarentitel nur für Bulgarien, das Patriarchat blieb hingegen von Byzanz anerkannt.

Nach dem Tod Peters (969) schlugen die Byzantiner die eindringenden Kiewer Russen zurück und unterwarfen Bulgarien wieder. Die durch eine Rebellion an die Macht gelangten „Jungfürsten", Söhne des makedonischen Provinzstatthalters, mussten unter Beibehaltung ihrer Autonomie formell den Kaiser anerkennen. Aus ihrem Aufstand gegen Byzanz (976) ging nach Kämpfen innerhalb der Dynastie der jüngste Bruder Samuel siegreich hervor. Er wählte nach der Eroberung byzantinischer Territorien die Stadt Prespa zu seinem Sitz und zog später nach Ohrid (Achrida) um, wo er sich zum Zaren ausrufen ließ. Das Erste Bulgarische Reich hatte damit in seiner Endphase sein Zentrum in Makedonien. Ob es damit auch zum ersten „makedonischen" Staat wurde, sollte im 20. Jahrhundert zum Streit zwischen makedonischen und bulgarischen Historikern führen. Zwar sah sich Samuel als Herrscher der Bulgaren und keineswegs der Makedonen, doch ist unbestreitbar, dass sein westbulgarisches oder „makedonisches" Reich, das strukturell viele Parallelen zu Byzanz aufwies, sich deutlich vom Bulgarischen Reich unter seinen Vorgängern unterschied.

In langen Kämpfen seit Ende des 10. Jahrhunderts wurde Samuel 1014 vom byzantinischen Kaiser Basileios II., dem „Bulgarentöter", endgültig besiegt. Er starb im gleichen Jahr, nach der baldigen Unterwerfung seiner Nachfolger ging das seit 681 bestehende Erste Bulgarische Reich unter. Unter Samuel hatte es Makedonien (außer Saloniki), den größten Teil Bulgariens, Thessalien und Epirus, Albanien, die Fürstentümer am Küstenland, Territorien an der Neretva und Teile Serbiens (Raszien) umfasst. In den eroberten Gebieten hatte Samuel seine Macht nicht lange aufrechterhalten können, so dass sich diese Länder schnell vom Vasallentum befreiten. Nach dem Zusammenbruch wurde Samuels Staat von den Byzantinern geteilt, und in Makedonien wurde das Thema Bulgarien mit dem Hauptort Skopje (Scupi) errichtet.

Als kulturelles Erbe von Samuels Staatsgebilde blieb das autokephale Erzbistum. Sein erster Sitz war in Prespa, der später mit dem königlichen Hof nach Ohrid verlegt wurde. Nach dem Zusammenbruch von Samuels Staat wurde dem Bistum der Rang als eigenes Patriarchat von Byzanz aberkannt, der Erzbischof blieb im Verhältnis zu den untergeordneten Bistümern zwar selbständig, war jedoch in allen anderen Dingen von Byzanz abhängig und wurde vom Kaiser direkt ernannt. Nach dem Tod Basileios' II. wurde das Ohrider Erzbistum von Griechen geführt, die das slawische Schrifttum auf den höheren Ebenen der kirchlichen Hierarchie abschafften. Auf unterer Ebene blieben aber slawische Liturgiesprache und -schrift weiterhin im Gebrauch.

Eine große Rolle in der Geistesgeschichte des gesamten europäischen Südosten spielte die religiöse Bewegung der Bogumilen, die sich in Bulgarien und Makedonien seit dem 10. Jahrhundert ausbreitete. Ihr Ursprung ging auf die Paulikianersekte aus Kleinasien zurück, deren Angehörige von den Byzantinern nach Thrakien umgesiedelt worden waren. Der

Name rührte von dem vermeintlichen Gründer her, einem bulgarischen Popen Bogumil. Diese manichäische Sekte ähnelte mit ihren „sozialrevolutionären" Akzenten den Waldensern und den Katharern Westeuropas und hatte deren Entstehung wohl auch beeinflusst, wovon die Bezeichnung „Bulgari" für die westlichen Sekten zeugt. Die Kosmologie von Bogumilen wie Katharern beruhte auf extremem Dualismus, dem Kampf zwischen dem Guten und Bösen, dem Geistlichen und Weltlichen, was konkret den Kampf gegen den Erwerb von Besitztümern und weltlicher Macht durch die Kirche bedeutete. Die Bogumilen lehnten es ab, sich der staatlichen Macht zu unterwerfen und verlangten von ihren Anhängern ein asketisches Leben. Von Byzanz erbittert bekämpft, hielten sich die Häretiker dennoch länger als ähnliche Bestrebungen in Westeuropa – nämlich bis zum Vordringen der osmanischen Türken. Die Behauptung einer massenhaften Verbreitung des Bogumilentums in Bosnien dürfte allerdings eine ideologische Verzerrung aus späterer Zeit sein (→ Kap. 4 u. 15).

Anfang des 13. Jahrhunderts, insbesondere zur Zeit des vierten Kreuzzuges, fiel ein Teil Makedoniens an das von einem Kreuzritter regierte Königreich von Saloniki, der andere an das Zweite Bulgarische Reich, das zwischen 1185 und 1396 Bestand hatte. Die Kämpfe bulgarischer, serbischer und lateinischer Machthaber und Kreuzfahrer zogen sich bis zur Wiederherstellung des byzantinischen Kaiserreichs 1261 hin. Doch statt Byzanz oder Bulgarien konnten nun die Serben unter ihrem Königshaus der Nemanjiden dauerhaft in Makedonien Fuß fassen. 1282 eroberte König Milutin den nördlichen und mittleren Teil, sein Nachfolger Stefan Dečanski besiegte 1330 Griechen und Bulgaren und unterwarf fast das gesamte Makedonien. Dessen Sohn Dušan schloss diese Eroberungen in den Jahren 1345/46 ab, ließ sich in Skopje zum „Kaiser der Serben und Griechen, der Bulgaren und Albaner" krönen und erließ dort drei Jahre später auch sein für die serbische Geschichte wichtiges Gesetzbuch (Zakonik) (→ Kap. 6).

9.2. Unter osmanischer Herrschaft

1371 schlugen die seit der Eroberung Gallipolis (1352) vorrückenden Osmanen bei Černomen an der Marica die serbischen Fürsten in Makedonien. Nach dem türkischen Sieg 1389 auf dem Amselfeld geriet ganz Makedonien unter osmanische Herrschaft und wurde dem *Beglerbegluk* (Provinz) von Rumelien (Rum – Rom, ehemalige byzantinische Besitzungen) zugeteilt, das auf die vier Sandschaks (Regierungsbezirke) Kjustendil, Ohrid, Saloniki und Skopje aufgeteilt war. Einige serbische Feudalherren mit Ländereien in Makedonien waren zunächst türkische Vasallen geworden. Doch nach ihrem vollständigen Sieg führten die Osmanen in den neueroberten Gebieten ein militärisches Lehenswesen mit islamischen bzw. islamisierten Lehensmännern, den Spahis (Sipahi = osmanisch ursprünglich ‚Reiter') ein.

Die Osmanen regierten nicht in die Jurisdiktion des christlichen Millet (religiöse Gemeinschaft) hinein, auch blieb das autokephale Erzbistum Ohrid bis 1777 intakt. Doch nach seiner Aufhebung wurde das griechisch-orthodoxe Patriarchat in Konstantinopel immer mehr gefördert, was zu einer Bevorzugung der Griechen innerhalb des christlichen Millet führte. Schon früher hatte, bedingt durch den besseren wirtschaftlichen Stand der Muslime, der langwierige Prozess der Islamisierung der christlichen Bevölkerung begonnen, von der in Makedonien heute noch die slawischsprechenden muslimischen Torbeši zeugen. Eng mit der Islamisierung verknüpft war der Zuzug türkischer Familien aus Kleinasien nach Makedonien. Neben Türken besiedelten die makedonischen Städte besonders seit dem 16. Jahrhundert auch Juden, die aus Portugal und Spanien Zuflucht suchten. Außer ihnen spielten im Handel besonders Griechen, teilweise auch Armenier eine wichtige Rolle (→ Kap. 4).

Nach der Niederlage vor Wien, Ende des 17. Jahrhunderts, wurden die Türken von den europäischen Mächten immer mehr zurückgedrängt. Dennoch wuchs spätestens im 19. Jahrhundert (d.h. seit der Reformeinführung in der *Tanzimat*-Epoche) mit der allmählichen Einbeziehung des osmanischen Reiches in die europäische Wirtschaft ein bulgarisches bzw. makedonisches Bürgertum heran, das immer deutlicher seine Interessen gegen die osmanische Herrschaft und die griechische geistige Bevormundung artikulierte. Makedonier wie Bulgaren kämpften für ein slawisches Schulwesen und slawische Bischöfe, wobei ersteres von den osmanischen Reformern gewährt, letzteres vom Konstantinopoler Patriarchat jedoch verwehrt wurde. Nachdem die griechische Orthodoxie kaum zu Zugeständnissen an die Slawen bereit war, gründeten die Osmanen – auch unter russischem Druck – 1870 das bulgarische Exarchat, eine Kirchenorganisation, die die religiösen Belange der Bulgaren selbst regeln sollte und nur dem Sultan untergeordnet war. Obwohl das Konstantinopoler Patriarchat die bulgarische Kirche für schismatisch erklärte, traten die makedonischen Diözesen nach einer Volksabstimmung dem Exarchat bei. Doch innerhalb des bulgarisch-makedonischen Bündnisses kam es allmählich zur Differenzierung der Interessen und Vorstellungen von einer nationalen Integration.

Erste Druckwerke in makedonischem Slawisch erschienen in den vierziger Jahren, auch in Schulen begann der Unterricht in dieser Sprache, die mit Griechisch, Serbisch, vereinzelt mit Albanisch und dem von den Wlachen gesprochenen Aromunisch als Schulsprachen konkurrierte. Mit dem Postulat einer eigenständigen makedonischen Sprache war die Perspektive einer makedonischen Autonomie innerhalb des osmanischen Reiches oder sogar der völligen Selbständigkeit verbunden, die auch aus ökonomischen Gründen einem Anschluss an Bulgarien vorgezogen wurde. Bekanntester Vertreter dieser Position war Krste Misirkov. Ab wann jedoch von einer eigenen makedonischen Sprache die Rede sein kann, bleibt ein schwieriges linguistisches Problem, das sehr von politischen Einstellungen belastet ist. Es dauerte bis Februar 1999, bis Bulgarien in einem Abkommen mit Makedonien die Existenz einer vom Bulgarischen verschiedenen makedonischen Sprache anerkannte.

Als nach dem russisch-türkischen Krieg der Friede von San Stefano 1878 die Niederlage des Osmanischen Reiches besiegelt hatte, wurde Makedonien Teil des neuentstandenen autonomen bulgarischen Staates (→ Kap. 6). Unzufrieden mit der Vergrößerung von Russlands Verbündetem Bulgarien erzwangen die westeuropäischen Großmächte die Änderung des Friedensabkommens. Der Berliner Kongress (Juni-Juli 1878) brachte Makedonien wieder unter türkische Herrschaft mit der Auflage, dort Reformen durchzuführen. Damit waren weder das serbische, das bulgarische, noch das griechische Bürgertum zufrieden. Makedonische Ideologen der nationalen Wiedergeburt forderten sogar, dass Österreich und Russland Makedonien unter ihren Schutz stellen sollten. Immer mehr spitzte sich die Orientalische Krise auf die „Makedonische Frage“ zu, die ein enormes Konfliktpotential barg, da alle Nachbarstaaten Ansprüche auf das letzte große Stück des Osmanenreiches in Europa anmeldeten.

Ein Aufstand in Bulgarien und Makedonien 1878 wurde niedergeschlagen, denn die Türkei wurde von England unterstützt, und die promakedonischen und probulgarischen Kräfte hatten sich nicht einigen können. Gespaltenheit sowie wechselnde Bündnisse mit anderen Nationen waren typische Merkmale des Kampfes der Makedonier für ihren Staat. Da historische Anrechte auf einen makedonischen Staat schwer zu begründen waren, bemühte sich der Metropolit in Skopje seit 1891 um die Gründung einer autokephalen makedonischen Kirche als Vorbedingung für einen Nationalstaat. Nachdem einige Vorläufer in

Form literarischer Gesellschaften existiert hatten, entstand im Herbst 1893 in Saloniki eine geheime revolutionäre Organisation. Schon im folgenden Jahr wurde das Programm der IMRO (Innere makedonische revolutionäre Organisation, makedonisch VMRO, *Vnatrešna makedonska revolucionarna organizacija*) verabschiedet, das die Autonomie Makedoniens anstrebte, wobei das Verhältnis zum Osmanischen Reich und zu Bulgarien unklar blieb.

Unter der Führung von Goce Delčev (1872-1903) wuchs die Organisation seit 1896 beträchtlich, wobei soziale Forderungen unter dem Einfluss der sozialistischen Arbeiterbewegung ins Programm einflossen. Ihre Geschichte, selbst ihre Benennungen sind verwirrend. Umstritten ist, ob in den ersten Selbstbezeichnungen das Wort „bulgarisch" vorkam, was die innere Zerrissenheit zwischen einem rein makedonischen und einem probulgarischen Flügel widerspiegelt. Parallel strebte das probulgarische „Oberste makedonische Komitee" (1895) in Sofia nach der alleinigen Vertretung und Führung des makedonischen Volkes. Diese Zerwürfnisse führten zu blutigen Auseinandersetzungen zwischen den konkurrierenden Gruppen.

9.3. Im zwanzigsten Jahrhundert

Nachdem Goce Delčev unter ungeklärten Umständen ermordet worden war, brach trotz innerer Zerrüttung und Polarisierung der IMRO am Eliastag 1903 (makedonisch *Ilinden*, 2. August) der Aufstand gegen die Türken aus. Die erste Aktion der Aufständischen war die Einnahme der Stadt Kruševo, wo der Rat einer „Republik" gegründet wurde, in dem neben den Slawen auch Griechen und Wlachen (Aromunen) vertreten waren. Nach der Zerschlagung dieses Gebildes am 13. August 1903 konnte die Aufstandsbewegung nicht aufrechterhalten werden. Sie bewirkte auch keine bewaffnete Einmischung der europäischen Mächte in den Konflikt, allerdings zwangen Österreich und Russland das Osmanische Reich zu einem „Reformprogramm", das begrenzte Autonomie verhieß. Den Kampf zwischen den nichttürkischen Ethnien heizte es eher an. Auch die IMRO setzte ihre Tätigkeit zunächst fort, stellte ihre Aktivitäten aber 1905 wegen heftiger interner Auseinandersetzungen ein. Im Moment der endgültigen Spaltung in zwei entgegengesetzte Konzepte der nationalen Einigung erlebte Makedonien die Jungtürkische Revolution von 1908, die wesentlich von osmanischen Politikern getragen wurde, die in Makedonien den Einfluss der wachsenden Nationalbewegungen der Christen erfahren hatten. Bevor die Jungtürken selbst auf den Kurs nationaler Homogenisierung einschwenkten, konnte aus einer makedonisch-adrianopolischen Organisation die Föderative Volkspartei entstehen, die 1910 verboten wurde. Auch in der Folgezeit kam es zu Guerillakämpfen, an denen sich nicht nur makedonische Gruppen, sondern auch serbische Tschetniks und ähnliche griechische „Antarte"-Einheiten beteiligten.

Die Balkankriege 1912 und 1913 hatten ihren Hauptschauplatz in Makedonien und blockierten dort die politische Entwicklung. Nach dem Ersten Balkankrieg, in dem Serbien, Bulgarien und Montenegro die Türkei angegriffen hatten, wurde Makedonien im Frieden von London zwischen Serbien, Bulgarien und Griechenland aufgeteilt, ein kleiner Teil ging an das neugegründete Albanien (→ Kap. 6). Bulgarien begann 1913 gegen die einstigen Verbündeten Serbien und Griechenland den Zweiten Balkankrieg um den Anschluss Makedoniens. Dieses wurde im Frieden von Bukarest nochmals zwischen den drei Nachbarn aufgeteilt, wobei der Verlierer Bulgarien weitere Teile abgeben musste. Die Gelegenheit, im Ersten Weltkrieg gestützt auf die Entente die politische Autonomie Makedoniens zu erlangen, konnte wegen der Proteste der serbischen und griechischen Regierungen nicht genutzt werden. Auch die zeitweiligen bulgarischen Besatzer, mit den Mittelmächten verbündet, gewährten Makedonien keine Autonomie, sondern betrieben eine Bulgarisierungspolitik. Schließlich schlugen die Versuche, Makedonien einen besonderen Status innerhalb oder außerhalb des künftigen jugoslawischen Staates zu erteilen, aufgrund Frankreichs serbenfreundlichem Veto fehl. Die Pariser Friedenskonferenz sanktionierte 1919 lediglich die Beschlüsse des Bukarester Friedens von 1913.

Die Makedonier des griechischen, des ägäischen und des bulgarischen Pirin-Makedonien standen unter starkem Assimilierungsdruck und genossen keine Rechte als nationale Minderheit. Durch Zuzug griechischer Flüchtlinge aus Kleinasien und die aus griechischer Sicht freiwillige Emigration von Slawen nach Bulgarien änderte sich die ethnische Zusammensetzung von Ägäis-Makedonien grundlegend (→ Kap. 24). Hatte es dort 1912 noch über 300.000 slawische Makedonier gegeben, so zählten 1928 griechische Behörden nur noch 80.000 „Slawophone".

Die Makedonier in Vardar-Makedonien, das nun zum Königreich der Serben, Kroaten und Slowenen (KSHS) gehörte, befanden sich in einem Staat, der in seinem Namen allein die anerkannten und staatsbildenden Völker führte. Der makedonische Name fehlte, die Anerkennung der Makedonier als Volk stand nicht zur Debatte. Dieser Status wurde mit der Vidovdan-Verfassung, am St.-Veits-Tag von 1921 bestätigt und galt bis 1929. Den serbischen Eliten galt Makedonien als eines der serbischen Länder, obwohl klar war, dass die Makedonier von Sprache und kultureller Entwicklung her keine Serben waren. Ende 1929 wurde Vardar-Makedonien Bestandteil der so genannten Vardar-Banschaft, die auch den südlichen Teil Serbiens und das Kosovo umfasste. Am politischen Leben des Königreichs SHS, ab 1929 Königreich Jugoslawien, nahmen die Makedonier, anders als die Kroaten oder Slowenen und selbst die Muslime, nicht mit nationalen Parteien teil. Sie votierten mehrheitlich für Kommunisten und Demokraten. Mit der „Makedonischen Volksbewegung" (MANAPO) wurde 1936 von Linksintellektuellen eine politische Kraft für die nationale Befreiung der Makedonier und die Gleichberechtigung aller Völker im Königreich Jugoslawien gegründet.

Die jugoslawische Verordnung über die Kolonisierung neuer südlicher Gebiete vom September 1920 schloss die Makedonier von der Möglichkeit aus, Land außerhalb ihres Wohnortes zu erwerben. Besonders intensiv war die Kolonisierung in den ersten fünf Jahren des neuen Staates und erstreckte sich auf das Vardar-Tal, aber auch auf andere freie Niederungen, insbesondere zu Bulgarien hin, wo man Kolonisten als Wehrbauern für die Grenzüberwachung ansiedelte. So kam über die Hälfte des bestellbaren Bodens in den Besitz von Kolonisten und Beamten des neuen Staates, die Makedonier wanderten in großer Zahl in andere Regionen Jugoslawiens oder nach Übersee aus. Trotz brutalen Drucks, erzwungener Namensänderungen und der Unterstellung der Kirche unter das serbische Patriarchat misslang die Serbisierung Makedoniens, weil der Großteil der ländlichen makedonischen Bevölkerung kulturell und ethnisch kompakt blieb und bis 1940 nur ein Achtel der geplanten 50.000 serbischen Kolonistenfamilien angesiedelt werden konnte.

In Bulgarien war nach dem Ersten Weltkrieg mit Aleksandar Stambolijski (1879-1923) erstmals ein Politiker an die Macht gekommen, der öffentlich auf die bulgarischen Ansprüche auf ganz Makedonien verzichtete und den bulgarischen Nationalisten seine Unterstützung entzog, weshalb diese ihn 1923 ermordeten. Die nationalistischen Kräfte, die sich unter Todor Aleksandrovs Führung 1919 wieder unter dem Namen IMRO formierten, machten das mit Flüchtlingen aus Griechenland überfüllte Pirin-Makedonien zur Basis bewaffneter Einheiten, die im jugoslawischen Makedonien terroristische Anschläge auf die Staatsmacht, aber auch auf serbische Kolonisten verübten. Dies führte zu einer Verschlechterung der jugoslawisch-bulgarischen Beziehungen und einer hermetisch abgeriegelten Grenze zwischen den beiden Ländern. Die IMRO nahm unter Ivan-Vanče Mihajlov mit dem Ustascha-Führer Ante Pavelić Kontakt auf, um den gemeinsamen Kampf gegen die serbische Hegemonie abzustimmen. Ergebnis dieser Zusammenarbeit unter italienischem und ungarischem Schutz war das Attentat auf den jugoslawischen König Aleksandar, der 1934 in Marseille von dem IMRO-Terroristen Vladimir Černozemski getötet wurde (→ Kap. 10).

Die Kommunisten, die seit 1923 im Balkanraum nationale Bewegungen unterstützten, gründeten 1926 eine parallele „vereinigte" IMRO und forderten eine unabhängige makedonische Republik. Die Definition der Komintern von 1934, dass eine makedonische Nation existiere, fand bei den jugoslawischen, griechischen und bulgarischen Kommunisten wenig Widerhall. Doch Josip Broz Tito und Georgi Dimitrov (1882-1994), der Begründer der Kommunistischen Partei Bulgariens, setzten sich für eine Föderation der Südslawen und die Eigenständigkeit des makedonischen Volkes darin ein.

Das konnte erst nach dem Zweiten Weltkrieg verwirklicht werden. 1941 war Makedonien zwischen Bulgarien und Italien (formell Albanien) aufgeteilt worden. Die bulgarischen Machthaber okkupierten die östlichen, südlichen (Ägäis-Makedonien und Thrakien) und die nördlichen Teile Makedoniens und schlossen sie zu einem Großbulgarien zusammen. Während in den altbulgarischen Teilen die Juden vor der deutschen Vernichtungspolitik verschont blieben, wurden die makedonischen Juden von den Deutschen fast ausnahmslos in die Vernichtungslager in Polen deportiert (→ Kap. 11).

Der antifaschistische Befreiungskampf begann in Vardar-Makedonien im Oktober 1941 mit Partisanenangriffen in Prilep. In Pirin-Makedonien schloss die IMRO sich sofort der Partisanenbewegung an, im ägäischen Makedonien kämpften Makedonier in der griechischen Volksbefreiungsfront EAM für ihre nationalen Rechte. In der ersten Sitzung des Antifaschistischen Rates der Volksbefreiung Jugoslawiens (AVNOJ) in Bihać 1942 wurde die Gründung eines Vielvölkerstaates als Staat gleichberechtigter Völker proklamiert. Nachdem auf der zweiten AVNOJ-Sitzung 1943 in Jajce Makedonien als künftige föderative Einheit genannt worden war, erklärte der ASNOM (*Antifašističko Sobranije na Narodnoto osloboduvanje na Makedonija*, Antifaschistischer Rat der Volksbefreiung Makedoniens) am 2. August (Eliastag) 1944 die staatliche Konstituierung des makedonischen Volkes und aller Nationalitäten in Makedonien.

Nach der Gründung der Föderativen Volksrepublik Jugoslawien (FNRJ) mit Makedonien als einer der sechs Republiken waren – obwohl der ASNOM Ansprüche auf ganz Makedonien artikuliert hatte – die Beziehungen zum bulgarischen Nachbarn freundlich. Dimitrov erkannte als bulgarischer Ministerpräsident 1945 und 1946 das makedonische Volk öffentlich an. Intern sprach er sich sogar für den Anschluss Pirin-Makedoniens an die jugoslawische Republik aus. Den Pirin-Makedoniern wurde das Recht auf eigene makedonische Kandidaten und eine eigene makedonische Parlamentariergruppe gewährt, Lehrer aus dem jugoslawischen Makedonien durften über die Grenze geschickt werden. Hintergrund waren Beitrittspläne Bulgariens zu einer Föderation mit Jugoslawien und der 1947 im slowenischen Bled unterzeichnete Freundschaftsvertrag. Vor allem auf Druck der UdSSR scheiterten all diese Ansätze. Die Spannungen im Verhältnis zum kommunistischen Bulgarien verschärften sich nach der antititoistischen Resolution des Kominformbüros von 1948 und Dimitrovs Tod 1949 zusehends. Die kulturelle Eigenständigkeit der Pirin-Makedonier sollte nun von Bulgarien, das Jugoslawien „gesamtmakedonische" Expansionspläne unterstellte, nicht mehr anerkannt werden. Die bulgarisch-jugoslawische Irritation kulminierte in den sechziger Jahren sogar in einer gewissen Kriegspanik in beiden Ländern. In Griechenland verschlechterte sich nach dem Ende des Bürgerkriegs 1949 die Lage der slawischmakedonischen Bevölkerung noch mehr, zumal man ihr zur Last legte, Parteigänger der kommunistischen Nachbarn zu sein.

So konsolidierte sich eine makedonische Nationalität allein in Jugoslawien. Den neuen Machthabern gelang die Schaffung eines makedonischen Nationalbewusstseins, wobei Zweifelsbekundungen an der makedonischen Eigenständigkeit vom Repressionsapparat unerbittlich verfolgt wurden. Hingegen ließ der Staat 1958 die Neugründung des Erzbistums Ohrid zu, auf die gegen den Willen des Serbischen Patriarchats 1967 die Erklärung der Autokephalie der Makedonischen Orthodoxen Kirche folgte (→ Kap. 15). Wirtschaftlich gehörte das jugoslawische Makedonien zu den rückständigsten Regionen Europas. Zu Beginn der siebziger Jahre waren noch 18 Prozent Analphabeten zu verzeichnen, 1981 lag die Arbeitslosigkeit bei über 20 Prozent. In diesem Jahr bestand die Bevölkerung zu 67 Prozent aus Makedoniern, 19,7 Prozent Albanern, 4,5 Prozent Türken, 2,4 Prozent Roma, 2,3 Prozent Serben, 2 Prozent Torbeši und 0,3 Prozent Wlachen (Aromunen). Diese Vielfalt der Ethnien und Religionen kann als wahrer Reichtum dieses Raumes angesehen werden, wenngleich sie oft für Spaltung und Auseinandersetzung missbraucht wurde. Soziologische Untersuchungen der siebziger und achtziger Jahre ergaben, dass es kaum zu zwischenethnischen Eheschließungen kam. Problembeladen war in der Endphase Jugoslawiens das makedonisch-albanische Zusammenleben. Albaner stellten die Mehrheit der westlichen Regionen, besonders in Tetovo. In den achtziger Jahren mehrten sich die Angriffe der Republikführung auf angeblich irredentistische und nationalistische Inhalte albanischer Schulbücher. 1988 erwuchsen aus dem Schulstreit albanische Demonstrationen, deren Organisatoren zu Haftstrafen verurteilt wurden. Der zunehmende Druck auf die Albaner fand seinen Ausdruck 1989 in der Umbenennung Makedoniens vom Staat des „Makedonischen Volkes und der albanischen und türkischen Minderheit" zum „Nationalstaat des makedonischen Volkes".

9.4. Die staatliche Unabhängigkeit

Seit dem Machtwechsel bei den makedonischen Kommunisten von Lazar Koliševski zu Petar Gošev (1989) gehörte Makedonien eher ins innerjugoslawische Reformlager (→ Kap. 13). Die ersten freien Wahlen in Makedonien wurden Ende 1990 abgehalten und führten zum Sieg der „IMRO – Demokratische Partei für die makedonische nationale Einheit" (VMRO-DPMNE, *Demokratska partija za makedonsko nacionalno edinstvo*). Im Januar 1991 wurde mit Kiro Gligorov, der auf eine lange Karriere im jugoslawischen Staat zurückblickte, erstmals ein makedonischer Präsident demokratisch gewählt. Bis zur Unabhängigkeitserklärung Sloweniens und Kroatiens im Juni 1991 kämpfte er für den Erhalt der Föderation. Doch nachdem deren Auflösung nicht mehr aufzuhalten war, erklärten sich im September 1991 in einer Volksabstimmung mit 75 Prozent Wahlbeteiligung 95 Prozent der Wähler für die staatliche Unabhängigkeit, die dann im November 1991 proklamiert wurde. Zu den ersten Staaten, die Makedonien anerkannten, gehörten die Türkei und Bulgarien.

Bedroht fühlte sich das unabhängige Makedonien von Serbien. Im November 1990 erklärte der serbische Oppositionelle Vuk Drašković, Makedonien müsse im Zuge einer antiislamischen Allianz zwischen Bulgarien, Griechenland und Serbien von letzterem absorbiert werden. Von serbischer Seite wurde die Behauptung aufgestellt, die Zahl der Serben in Makedonien betrage mehr als das Sechsfache der 1991 gezählten 2,2 Prozent der Bevölkerung. Vojislav Šešelj versuchte 1992 eine Autonome Serbische Region im Norden Makedoniens auszurufen, und der griechische Ministerpräsident Mitsotakis berichtete, Milošević habe ihm um die Jahreswende 1991/92 die Teilung Makedoniens zwischen Griechenland und Serbien angeboten.

So geriet die Behauptung der Unabhängigkeit und der Abzug der Jugoslawischen Volksarmee ohne Krieg zu einer beachtlichen politischen Leistung der Führung des jungen Staates. 1993 einigte sich Makedonien mit der Föderation Jugoslawien auf die Erwähnung der serbischen Minderheit in der Verfassung. Die UNO stationierte im selben Jahr eine tausend Mann starke Friedenstruppe (seit 1995 unter der Bezeichnung UNPREDEP, *UN Preventive Deployment Force)* vor allem an der makedonischen Grenze zu Serbien, um ein Übergreifen des Krieges aus Bosnien zu verhindern, der bereits dazu geführt hatte, dass sich zu dieser Zeit einige Zehntausend Flüchtlinge in der Republik befanden.

Erschwert wurde Makedoniens Weg in die Unabhängigkeit vor allem durch die Politik Griechenlands. Griechische Politiker wurden nicht müde, die Verwendung des antiken mazedonischen Namens als Usurpation und Grundlage für angebliche territoriale Ansprüche zu brandmarken. Dabei spielte keine Rolle, dass der Name schon seit 1945 verwendet wurde und das neue Makedonien in Verfassungszusätzen auf alle Gebietsansprüche verzichtet hatte. Griechenland konnte sich allenfalls dadurch bedroht fühlen, dass zu Anfang der neunziger Jahre teilweise in Makedonien, vereinzelt in Bulgarien – allerdings überhaupt nicht unter der „slawophonen“ Minderheit in Griechenland selbst – Forderungen nach einer Vereinigung aller Makedonier laut wurden. Besonders eigenartig ist der griechische Protest gegen die makedonische Nationalfahne mit der Sonne von Vergina, einem Symbol aus der Zeit Alexanders des Großen. Obwohl diese schon im sozialistischen Jugoslawien verwandt wurde, soll sie nach griechischer Lesart dokumentieren, dass der neue Staat nicht nur die makedonisch-griechische Geschichte usurpiere, sondern daraus auch Gebietsansprüche ableite. 1992 erreichte Griechenland, dass die EG erklärte, Makedonien nur bei Verzicht auf seinen Namen anzuerkennen. 1993 lenkte Griechenland teilweise ein und stimmte dem UNO-Beitritt Makedoniens als FYROM (Former Yugoslav Republic of Macedonia, Ehemalige Jugoslawische Republik Makedonien) zu. Unter der Verzögerung der Anerkennung litten alle außenpolitischen Aktivität des Landes, insbesondere Wirtschaft und Handel und der Beitritt zu internationalen Finanzinstitutionen. Nachdem Ende 1993 zahlreiche europäische Staaten, Anfang 1994 auch die USA mit Makedonien diplomatische Beziehungen aufgenommen hatten, verhängte Griechenland ein Embargo, das von Februar 1994 bis zum Abkommen vom September 1995 währte. Makedonien sagte darin die Änderung der Fahne und bestimmter Verfassungsartikel zu, während die Frage des Namens offen blieb. Griechenland erkannte Makedonien offiziell an, und der Weg in die OSZE, den Europarat und das NATO-Programm „Partnership for Peace“ war frei. Im April 1996 erkannten sich Makedonien und die Bundesrepublik Jugoslawien gegenseitig an.

Nationalistischen Anfechtungen ist Makedonien nicht nur von außen ausgesetzt. Doch auch wenn es im Land Kräfte gibt, deren Programme auf nationaler und religiöser Ausschließlichkeit basieren und die den Reichtum der Vielfalt nicht begreifen, scheint die Grundlage für das Zusammenleben aller ihrer Völker noch nicht verloren. Im Dezember 1994 ergab eine von der OSZE und der EU unterstützte Volkszählung über zwei Millionen Einwohner, zwei Drittel davon Makedonier, 23 Prozent Albaner. Die zahlenmäßigen Veränderungen der kleinen Nationalitäten im Vergleich zu 1981 und 1991 waren geringfügig. Dieses Resultat wurde albanischerseits mit der Behauptung angefochten, über ein Drittel der Bevölkerung bestehe aus Albanern. Die Albaner kritisierten, dass nur die länger als fünfzehn Jahre in Makedonien lebenden Einwohner gezählt wurden. Dadurch blieben viele Albaner unberücksichtigt, die aus dem Kosovo stammten. Dorthin hatte es nach Gewährung der Autonomie 1974 zunächst eine starke Bewegung makedonischer Albaner gegeben, der nach dem Beginn der serbischen Repressionen eine Migration in umgekehrter Richtung folgte. Die Albaner hatten 1991 wie die Serben bereits das Referendum für die Unabhängigkeit boykottiert. 1992 ergab ein inneralbanisches Referendum bei 90 Prozent Beteiligung 99 Prozent Zustimmung zur Autonomie, worauf im April 1992 eine „Albanische Autonome Republik Ilirida“ im Westen Makedoniens proklamiert wurde. Im November 1992 enttarnte der makedonische Geheimdienst eine albanische Untergrundgruppe, die angeblich das Verteidigungsministerium unterwandert hatte. Im Herbst desselben Jahres führten albanische Proteste in Skopje zu Ausschreitungen. Als albanische Dozenten im Februar 1995 in Tetovo eine albanische Universität gründeten, wurde diese für illegal erklärt. Die Auseinandersetzung führte zu weiteren Zusammenstößen zwischen Demonstranten und Polizei. Ende 1996 gab es bei den Kommunalwahlen Stimmenzuwachs für die radikalen Parteien der Albaner. Autonomieforderungen wurden laut, worauf die Regierung unter anderem mit dem Verbot der albanischen Flagge reagierte. Bei den in der Folge eskalierenden Unruhen wurden in Gostivar mehrere Demonstranten von der Polizei getötet. Bis heute ist Makedonien nicht als gemeinsamer Staat der Makedonier und Albaner mit zwei Staatssprachen konstituiert, auch wenn albanische Parteien im politischen Leben eine wichtige Rolle spielen.

Politisch ist Makedonien seit der Unabhängigkeit ein Staat mit Mehrparteiensystem, in dem sich Prozesse der Demokratisierung entwickeln und erlernt werden müssen. Mit Kiro Gligorov und dem Premier Branko Crvenkovski übernahmen Repräsentanten der alten kommunistischen politischen Strukturen die Macht, wonach es zunächst zum Stillstand der begonnenen Demokratisierung kam. Crvenkovski regierte mit einer Koalition aus der Albanischen Partei der demokratischen Prosperität, den Liberalen und der Sozialdemokratischen Union. Die oppositionelle Demokratische Partei von Petar Gošev und die bis dahin stärkste Partei, die VMRO-DPMNE unter dem Dichter Ljupče Georgievski, boykottierten unter Fälschungsvorwürfen im Dezember 1994 den zweiten Wahlgang bei den zweiten Parlamentswahlen. Diese brachten die „Union für Makedonien“ aus Sozialdemokraten, Liberalen und Sozialisten an die Macht. Gleichzeitig wurde Gligorov mit 52,4 Prozent als Präsident wieder gewählt. Danach regierte vier Jahre ein Parlament, in dem die Koalition der „Union für Makedonien“ mit mehr als 90 von insgesamt 120 Mandaten dominierte, obwohl sie nur etwa 30 Prozent der Wählerschaft vertrat. Im Oktober 1995 wurde Präsident Gligorov bei einem Bombenanschlag in Skopje verletzt und konnte erst im Januar 1996 in sein Amt zurückkehren. Als Täter wurden extreme Nationalisten vermutet, die jede Einigung mit Griechenland ablehnten.

Im Sommer 1998 feierte Makedonien, dass seit der Begründung der staatlichen Selbständigkeit unter Samuel nun tausend Jahre vergangen seien. Nach den Parlamentswahlen Anfang November mussten die aus der Kommunistischen Partei hervorgegangenen Sozialdemokraten der populistischen VRMO-DPMNE die Macht abtreten. Georgievskis Partei kam zusammen mit ihrem Partner, der Demokratischen Alternative unter Vasil Tupurkovski auf 58 von 120 Parlamentssitzen, die Sozialdemokraten unter Crvenkovski verloren die Hälfte ihrer Mandate, deren Zahl 1994 noch 61 betragen hatte. Die beiden verbündeten albanischen Parteien errangen 25 Sitze. Die bislang radikalere der beiden, die Demokratische Partei der Albaner (DPA), war vor den Wahlen auf gemäßigtere Positionen eingeschwenkt. So hatte das Bündnis der bisher national polarisierenden Parteien VMRO und DPA, das der Albanerpartei fünf Ministerposten einbrachte, eine stabilisierende Wirkung – vor allem angesichts des Kosovo-Konflikts, der schon vor der Vertreibung der Kosovaren und der Nato-Intervention für Makedonien bedrohliche Auswirkungen annahm. Schon Ende 1997 und Anfang 1998 hatten albanische Extremisten Bombenanschläge auf staatliche Einrichtungen in Makedonien verübt. Im Januar 1998 erschien ein Kommuniqué der im Kosovo kämpfenden UÇK, das die Ausdehnung des Krieges auf eine „Zone 2" ankündigte. Dem drohenden Übergreifen der Kriegshandlungen begegnete die makedonische Regierung unter anderem durch eine Koordinierung der Kosovopolitik mit dem griechischen Nachbarn im April und Juli 1998. Im Juni 1998 fand das erste Nato-Luftmanöver über Makedonien statt, im September folgten Übungen mit Landstreitkräften. Diese Politik gegenüber den Nachbarländern und dem Westen setzte die neue Regierung fort. Anfang März 1999 endete allerdings das UN-Mandat für die UNPREDEP-Einheiten am chinesischen Veto im Sicherheitsrat, da Makedonien in Hoffnung auf massive Investitionen Beziehungen zu Taiwan aufgenommen hatte. Mit Beginn der Intervention gegen Jugoslawien änderte sich die Rolle der mehreren Tausend Nato-Soldaten (ursprünglich 1.800, darunter 500 von der Bundeswehr), die seit Beginn des Jahres in Makedonien als „Extraction Force" (Exfor) stationiert waren, eigentlich um im Krisenfall die OSZE-Beobachter aus dem Kosovo evakuieren zu können. Bei den Ereignissen um das Kosovo konnte keine stabilisierende Rolle mehr spielen, dass Makedonien seit Januar 1999 gemeinsam mit Italien, der Türkei, Griechenland, Albanien, Bulgarien und Rumänien eine 4.000 Mann starke „Multinationale Friedensstreitmacht Südosteuropa" aufbaut, die humanitäre Hilfsaktionen und Waffenstillstände sichern soll. Immerhin ist die Partnerschaft auch mit Nachbarn, die bisher Makedoniens Existenz angefochten haben, ein wichtiger Schritt für den jungen Staat. Diesem Fortschritt steht als ernorme Erschwernis gegenüber, dass Makedonien einen großen Teil der von den serbischen Truppen aus ihrer Heimat vertriebenen Kosovo-Albaner beherbergte. Aus den damit verbundenen sozialen Belastungen drohen politische zu werden, wenn die internationale Gemeinschaft Makedonien nicht massiv unterstützt.

Deutsch von Samir Delić
Textergänzungen von Matthias Vetter

9.5. Im neuen Jahrhundert: Vom drohenden Bürgerkrieg zur ansetzenden Bürgergesellschaft

Dunja Melčić

Als in Februar 2001 die bis dahin unbekannte albanische „Nationale Befreiungsfront" (mit den identischen Anfangsbuchstaben wie die „Befreiungsarmee des Kosovo" und damit dem gleichen Akronym UÇK) in Westmakedonien den bewaffneten Kampf gegen den makedonischen Staat und seine Institutionen eröffnete, befürchteten viele im Ausland, ein weiterer „ethnischer Bürgerkrieg" stünde bevor, wie man ihn im Kosovo oder in Bosnien erlebt hatte. Zwar ist die ethnische Komponente in diesem wie bei all den anderen Konflikten nicht zu leugnen. Diese wird nicht heruntergespielt, wenn man die Aufmerksamkeit auf die konkreten politischen Ursachen lenkt. Der Hergang der Ereignisse in Makedonien seit dem Ausbruch der Kämpfe über den Ohrider Vertrag im August 2001 bis zu den Parlamentswahlen im Oktober 2002 lässt sich folgendermaßen rekonstruieren: die Gruppe um den Rebellenführer Ali Ahmeti griff *ohne Not* zu Waffen. Ahmeti stammt aus Makedonien, war in der Nationalbewegung Kosovos (Levizja Popullore e Kosoves, LPK) seit 1993 aktiv, wurde aber in der politischen Szene Makedoniens erst als Führer der „nationalen Befreiungsbewegung" bekannt und avancierte gleich zum „mächtigsten Albaner" Makedoniens. Um die ohnehin verbrieften Rechte in der Republik Makedonien durchzusetzen oder auszuweiten, waren keine bewaffneten Aktionen nötig. In den von albanischen Rebellen angezettelten bewaffneten Auseinandersetzungen wurden „etwa 120 Personen getötet, Zehntausende wurden vorübergehend zu Flüchtlingen, und das ohnehin kleine Bruttoinlandprodukt schrumpfte um vier Prozent" (*NZZ*, 19.10.2002). Durch eine unhaltbare Konstruktion versuchte Ahmeti, diesen Waffengang nachträglich als einen angeblichen „Präventivschlag" zu rechtfertigen, mit dem einer schon ins Haus stehender Volksaufstand der makedonischen Albaner verhindert worden wäre. Anzeichen einer spontanen Rebellion hatte damals aber niemand beobachten können. Was mehrere Beobachter hingegen übereinstimmend feststellen konnten, war der Zusammenhang zwischen dem Machtverlust der UÇK im Kosovo und die Verlagerung des bewaffneten Kampfes zunächst nach Südserbien und dann nach Makedonien. Ausschlaggebende Faktoren waren: die Verabschiedung des Hochschulbildungsgesetzes nach Jahren der Konfrontation in Skopje im Juli 2000, die den Weg für eine albanisch(sprachig)e Universität in Makedonien frei machte; der Sturz Miloševićs am 5. Oktober und nachfolgende überschwänglich positive Reaktion des Westens auf den Machtwechsel in Belgrad; der Ausgang der ersten Wahlen nach dem Kosovo-Krieg (Kommunalwahlen vom 28. Oktober 2000), der klar zugunsten Rugovas LDK und der gemäßigten Optionen und gegen die Radikalen ausfiel (→ Kap. 8). Soweit die Gleichstellungsgrundsätze und entsprechende politische und rechtliche Institutionen der Albaner unterlaufen wurden, handelte es sich nicht um eine gezielte Praktik der makedonischen Politik. Vielmehr überließen die makedonischen Politiker es den albanischen, die inner-albanischen Angelegenheiten zu regeln und in den Mehrheitsgebieten für Ruhe und Ordnung zu sorgen.

Es gab freilich Gründe genug für eine berechtigte Kritik an der makedonischen Politik gegenüber der albanischen Minderheit, und die Berechtigung eines politischen Kampfes für grundlegende Reformen stand außer Frage. Auf diesem Weg kam es auch zum erwähnten Kompromiss über das neue Hochschulgesetz. In der gegebenen Konfliktlage konnte auch die Staatengemeinschaft – repräsentiert durch EU und amerikanische Vermittler – zusammen mit den schon im Lande tätigen Beobachter der OSCE ihre Managerrolle relativ erfolgreich ausüben. Das hing hauptsächlich damit zusammen, dass Einmischung und Vermittlung *erwünscht* waren. Dass die Staatengemeinschaft bzw. in diesem Falle die besonders engagierte EU eine viel glücklichere Hand als in Bosnien oder im Kosovo hatte, sollte auch unter Berücksichtigung der Tatsache gewürdigt werden, dass sie mit Konfliktparteien verhandelte, die eben nicht von jenem Zuschnitt waren, den Milošević, Karadžić und andere serbische militärische oder zivile Vertreter verkörperten. Das war zunächst an der Kooperationswilligkeit beider Konfliktparteien erkennbar, auch wenn beide damit unterschiedliche Interessen verfolgten. Diese Ereignisse haben aber nur sehr indirekt mit dem „Jugoslawienkrieg" zu tun, nämlich nur insofern sie im Zusammenhang mit Entwicklungen im Kosovo stehen. Ordnet man die hauptsächlichen Elemente des Konflikts in Makedonien, so springen gerade Unterschiede zu dem, was sich in den Kriegsjahren 1991-1995 und 1999 abgespielt hatte, ins Auge. Der Konflikt in Makedonien war *kein* Krieg. Es war eine bewaffnete, mitunter sehr schmutzige Auseinandersetzung, bei der mit terroristischen Mitteln politischer Boden gewonnen bzw. neu geordnet werden sollte. Hätte es eine äußere Macht gegeben, die sich – Belgrad in den 90er Jahren vergleichbar – eingemischt hätte, wäre ein anderer Ausgang durchaus denkbar. Die hauptsächliche Konfliktpartei, die mit Gewalt für ihre Ziele kämpfende UÇK, strebte eine Internationalisierung des Konflikts an, und die makedonische Regierung konnte von ihrer Gesamtposition her diesen Eingriff in die eigene Souveränität gar nicht abweisen. So kommentierten viele Beobachter den Einsatz der Nato als den Sieg der albanischen Rebellen, obwohl es bei der Einsammlung der Waffen, „essential harvest" genannt und durch ein 400 Mann starkes britisches Nato-Kontingent durchgeführt, im Grunde um deren Entwaffnung (so unvollständig sie auch ausgefallen sein mag) ging.

Freilich zeichnete sich bald ab, dass die albanischen Rebellen trotz des von ihnen begonnenen Waffengangs, der eine verheerende Krise im Lande induzierte und für unerträgliche nachhaltige interethnische Spannung sorgte, auf begrenzte Ziele hinaus waren bzw. es nicht darauf ankommen lassen wollten, dass die Lage vollkommen eskaliert. Was mit der Unterzeichnung des in zähen Verhandlungen in Ohrid zustande gekommenen Reformpakets im August 2001, mit dem das Zusammenleben zwischen der mazedonischen Mehrheit und der albanischen Minderheit gesetzlich und institutionell neu zu regeln war, anfing, setzte einen Prozess in Gang, bei dem sich alle Beteiligten, die internationalen Vermittler eingeschlossen, als besonnen erwiesen. Das Kompromisswerk, das den albanischen Wünschen ein gutes Stück mehr entgegenkam, als es der makedonischen Mehrheit lieb sein konnte, wurde am Anfang vor allem deshalb gelobt, weil es „die gefährliche Föderalisierungsfalle, die für den schwachen Staat das Ende bedeuten würde" (*NZZ*, 14.08. 2001), zu umgehen vermochte. Bekannte gemäßigte Kosovo-albanische Politiker machten vielfach ihren Einfluss zum Guten geltend: vor allem die pan-albanischen Phantasien wurden gehörig zurückgestutzt, obwohl sie ihre Virulenz nicht ganz verloren haben. Nach der Unterzeichung des Ohrider Vertrags, dem Einsatz der internationalen Beobachter, der Entwaffnung der Rebellen und Stationierung der zunächst von der Bundeswehr geführten 3500 Mann starken Nato-Schutztruppe im Rahmen der Operation „amber fox" begann die Rückkehr zum institutionellen Weg. Als die wichtigste Etappe auf diesem Weg erwies sich die Entscheidung Ahmetis, eine neue albanische Partei zu gründen, die in krassem Gegensatz zu ihrer politischen Herkunft „Demokratische Union für Integration" (DUI) genannt wurde. Zwar hatten die Rebellen unter den Albanern Makedoniens während der heißen Phase des Konflikts immer mehr Zulauf – wozu auch die maßlosen Vergeltungsaktionen der makedonischen Polizisten beitrugen – aber der Erfolg der DUI bei den vorgezogenen Parlamentswahlen im Oktober 2002 verdankt sich diesem Schwenk zum politischen, institutionalisierten und demokratischen Weg. Die Ergebnisse dieser Wahl sind – mit einer fast 75-prozentigen Wahlbeteiligung – ein Ausweis erstaunlicher demokratischer Reife der Bürger Makedoniens über den sprichwörtlichen „ethnischen Graben" hinweg. Das von Sozialdemokraten des Branko Crvenkovski dominierte Wahlbündnis „Gemeinsam für Makedonien" (SDSM) gewann die Wahl ganz klar und löste dadurch die Regierung des Ljubče Georgievski (VMRO-DPMNE), die seit Dezember 1998 als ein Bündnis („Regierung der politischen Einheit") an der Macht war, ab. Die Koalition SDSM gewann 60 der 120 Sitze im mazedonischen Parlament (Sobranie), die Koalition VMRO-DPMNE 33 und die DUI 16 Sitze und damit mehr als doppelt soviel Sitze wie die Hauptkonkurrentin die Demokratische Partei der Albaner (7; 1998 11), während die traditionell stärkste Partei der Albaner, die Partei der demokratischen Prosperität (PDP) von 14 auf nur noch 2 Sitze schrumpfte. In der Mehrparteienregierung mit Crvenkovski als Ministerpräsidenten und Musa Xhaferi (DUI) als dessen Stellvertreter entfielen vier wichtige Ministerien auf die neue erfolgreiche Partei: Justiz, Bildung, Gesundheit sowie Transport und Telekommunikation. Ahmeti selbst, der nicht nur unter makedonischen Albanern sehr populär ist, sondern sogar eine Gemeinde unkritischer Fans unter albanischen Intellektuellen in Kosovo hat, beteiligte sich nicht an der Regierung. Verständlicherweise, denn die Makedonier sahen in dem Charismatiker den Hauptterroristen. Mit der neuen Regierung und der Präsenz der Nato-Mission im Lande konnte Makedonien erste Schritte in die Richtung einer wirklichen und nicht bloß herbeigewünschten und proklamierten Stabilisierung machen. So gelang es, die Vorsätze des Reformpakets umzusetzen, und die Integration der Albaner in den makedonischen Staat als gleichberechtigte

Bürger mit weitestgehenden Minderheitsrechten (Albanisch als Amtssprache in den mehrheitlich albanischen Gebiet, Selbstverwaltung und eine freie albanische Universität in Tetovo) einigermaßen voranzutreiben ohne die Makedonier vor Kopf zu stoßen; so etabliert sich allmählich in Makedonien ein Modell des pluriethnischen Zusammenlebens, das einerseits in jener alten Tradition des Miteinanderlebens gründet, die nicht mehr und nicht weniger als ein *tolerantes Nebeneinander* war, und zum anderen auf moderne demokratische Fundamente einer Bürgergesellschaft und institutionelle Regelungen gesetzt wird. Allerdings hängt dieses Gelingen noch immer an einem seidenen Faden, denn in vielen Teilen der Gesellschaft wird weiterhin der interethnische Hass gepflegt.

Literatur

Das Problem der makedonischen Geschichtsschreibung ist der erst langsam sich behebende Mangel an Gesamtdarstellungen. Die Historiographie Bulgariens ist umfangreicher, aber politisch tendenziös in der Behandlung Makedoniens als Teil Bulgariens. Bei makedonischen Historikern dominiert das Bestreben, die nationale Identität zu beweisen, wobei oft die wissenschaftliche Sorgfalt vernachlässigt wird. Hervorragend nachgezeichnet und bibliographisch erfasst ist der historiographische Kampf bei Stefan Troebst: *Die bulgarisch-jugoslawische Kontroverse um Makedonien: 1967-1982*, München 1983. Standardwerk aus jugoslawischer Zeit ist die dreibändige *Istorija na makedonskiot narod*, Skopje, 1969 (Geschichte des makedonischen Volkes); Blaše Ristovski, *Istorija na makedonskata nacija*, Skopje 1999.

Einen relativ aktuellen und zugleich historisch weitausgreifenden Überblick bietet: Hugh Poulton, *Who are the Macedonians?*, Bloomington, Indianapolis 2000[2]; knapp und zuverlässig auch: Katrin Völkl, „Makedonien/Mazedonien", in: Michael Weithmann (Hg.), *Der ruhelose Balkan*, München 1993, S. 218-252; „journalistischer" ist: Wolfgang Libal, *Mazedonien zwischen den Fronten. Junger Staat mit alten Konflikten*, Wien, Zürich 1993.

Für die mittelalterliche Geschichte kann – neben den in Kap. 1 genannten Werken – neuerdings herangezogen werden: Hans-Joachim Härtel und Roland Schönfeld, *Bulgarien. Vom Mittelalter bis zur Gegenwart*, Regensburg 1998.

Zur osmanischen Spätphase unverzichtbar: Fikret Adanir, *Die Makedonische Frage. Ihre Entstehung und Entwicklung bis 1908*, Wiesbaden 1979; ergänzend: Duncan M. Perry, *The Politics of Terror – The Macedonian revolutionary movements*, 1893-1903, Durham, London 1988. Den internationalen Kontext beleuchtet Katrin Boeckh, *Von den Balkankriegen zum Ersten Weltkrieg. Kleinstaatenpolitik und ethnische Selbstbestimmung auf dem Balkan*, München 1996. Zur IMRO im Zwischenkriegsjugoslawien viele Details in: Stefan Troebst, *Mussolini, Makedonien und die Mächte 1922-1930*, Köln, Wien 1987. Über die Makedonen im ersten und dem frühen zweiten Jugoslawien sind die beiden Bücher von Ivo Banac, *The National Question in Yugoslavia. Origins, History, Politics*, New York 1984 (1992[2]) und *With Stalin against Tito. Cominformist Splits in Yugoslav Communism*, Ithaca, London 1988, heranzuziehen.

Viktor Meier, *Wie Jugoslawien verspielt wurde*, München 1995, S. 318-347, fasst die Entstehung des unabhängigen Makedonien zusammen; ders., *Jugoslawiens Erben. Die neuen Staaten und die Politik des Westens*, (Slowenien, Kroatien, Bosnien-Hercegovina, Serbien, Kosovo, Montenegro, Makedonien) München 2001. Zur ersten halben Dekade der makedonischen Unabhängigkeit: Frank Hoffmeister, „Das souveräne Makedonien. Oase des Friedens oder Pulverfass auf dem Balkan?", in: Jürgen Elvert (Hg.) *Der Balkan, Eine europäische Krisenregion in Geschichte und Gegenwart*, Stuttgart 1997, S. 210-222. Viel Lob für die Politik der makedonischen Regierung enthalten die von Wolf Oschlies verfassten Berichte des Bundesinstituts für ostwissenschaftliche und internationale Studien, Köln, Nr. 48/1993, Nr. 10/1994, Nr. 14/1994 und Nr. 39/1998. Umfassende Daten bietet der Sonderband der *Österreichischen Osthefte* Nr. 14 von Walter und Peter Jordan (Hg.), *Makedonien: Geographie – ethnische Struktur – Geschichte – Sprache und Kultur – Wirtschaft – Recht*, Wien, Frankfurt usw. 1998. Aktuelle Analysen enthalten die Sammelbände von Christophe Chiclet und Bernard Lory (Hg.), *La République de Macédonie*, Paris 1998 und Valeria Heuberger, Arnold Suppan und Elisabeth Vyslonzil (Hg.), *Der Balkan. Friedenszone oder Pulverfass?*, Frankfurt, Wien usw. 1998 sowie Michael Schmidt-Neke, „Makedoniens Albaner: Konfliktpotential oder Stabilisierungsfaktor?" in: *Südosteuropa* 48 (1999), H. 3-4, S. 191-212.

Weitere neuere Literatur: Walter Althammer (Hg.), *Makedonien – Probleme und Perspektiven eines jungen Staates*, München 1999 (SOF 10); James Pettifer (Hg.), *The New Macedonian Question*, London 1999.

10. Jugoslawien 1918-1941

Ivo Banac

Die Bezeichnung Jugoslawien bildete sich stufenweise im 19. Jahrhundert heraus, und zwar über die adjektivische Form. Das Attribut *jugoslawisch* konnte damals noch weniger als später für sich alleine stehen. Seine Abhängigkeit von realen nationalen Bezeichnungen, die eigentlich zu den historischen Nationen Bulgariens, Kroatiens und Serbiens gehörten, war offenkundig. Diese Nationen hatten ebenso wie die staatenlosen Slowenen und die umkämpften Bosniaken, Montenegriner und Makedonier vieles gemeinsam, doch es gab auch triftige Unterschiede zwischen ihnen. Das jugoslawische Dilemma lässt sich auf die Wahl zwischen dem Allgemeinen und dem Besonderen reduzieren. Wie jede Idee, die eine Interessengemeinschaft verkündet, etwa die Idee der europäischen Einheit, ging auch die jugoslawische Idee auf reale oder eingebildete äußere Bedrohungen zurück; als die Bedrohungen von innen kamen, geriet sie hingegen ins Wanken. Bei genauerer Betrachtung des jugoslawischen Projekts zeigt sich, dass die Idee der südslawischen Einheit und Wechselbeziehung oft unbewusst von Nichtslawen vorangetrieben und von den Südslawen selbst hintertrieben wurde.

Um erfolgreich zu sein, musste die Idee der südslawischen Zusammengehörigkeit das gewaltige Hindernis der religiösen und kulturellen Trennung zwischen orthodoxen und katholischen Slawen überwinden. Dies fiel der katholischen Seite leichter, besonders auch in Anbetracht des nachreformatorischen Interesses an einer Vereinigung mit der Orthodoxie. Das religiöse, politische und sprachliche Projekt des Juraj Križanić (1618-1683), eines Herolds des Slawentums aus dem 17. Jahrhundert, war ein typisches Beispiel für die Vorstellung des kroatischen Barock von einer Umkehr jahrhundertealter Strömungen zugunsten einer „korrigierten" einheitlichen Geschichte. Für den kroatischen nationalen Diskurs war die Vorstellung charakteristisch, dass getrennte südslawische Nationalitäten zu einem geschlossenen Ganzen vereinigt werden könnten. Der Illyrismus der kroatischen Wiedergeburt, der Jugoslawismus Josip Juraj Strossmayers und (in gewisser Weise) sogar der kroatische nationale Radikalismus Ante Starčevićs beruhten allesamt auf integrationistischem Gedankengut, allerdings mit einer wichtigen Einschränkung. Die integrativen Tendenzen kroatischer Nationalideologien befanden sich stets in einem Spannungsverhältnis zur Geschichte der kroatischen Eigenstaatlichkeit, zu deren Grundlagen eine stark besitzbetonte Theorie des Staatsrechts gehörte (→ Kap. 3). Fehlte die Tradition des kroatischen Staatsrechts in einer kroatisch geprägten Nationalideologie, so war deren Tendenz nicht mehr kroatisch im eigentlichen Sinne.

Den Kroaten der Wiedergeburt-Generation während der dreißiger und vierziger Jahre des 19. Jahrhunderts war es möglich, die Benennung Illyrer als allgemeinen Namen für alle Südslawen zu verwenden und zugleich das Königreich Kroatien als politischen Ausdruck der illyrischen Nation zu verteidigen. Im Kreise Strossmayers und seines Mitstreiters Franjo Rački wiederum konnte man nach Franz-Josephs Oktoberdiplom von 1860, das viele Benachteiligungen wieder einführte, für die „jugoslawische" sprachliche Unifizierung eintreten und zugleich Kroatiens Anspruch auf einen Teil der ungarischen Krone verteidigen. In Starčevićs Kreis nationaler Jakobiner schließlich fand man nichts dabei, im Zeitalter des Dualismus und eines nach dem kroatisch-ungarischen Ausgleich reduzierten Kroatien die Existenz der Serben zu leugnen und sie gleichzeitig zu einer Integration innerhalb eines kroatischen Staatsgebildes zu drängen. Ausgeschlossen war nur, auf nationaler Ebene ein Integrationist (Illyrist, Jugoslawe) zu sein und sich nicht auf das Königreich Kroatien und dessen althergebrachte Verfassung zu berufen. Daher stellte der *politische* Jugoslawismus einen revolutionären Bruch – nicht etwa eine Zäsur – im politischen Denken der Kroaten dar.

10.1. Vorgeschichte und Staatsgründung

Der politische Jugoslawismus nahm seinen Ausgang genau besehen mit der Generation der „Nationalistischen Jugend" (1909-1914), und zwar vor allem in Kroatien einschließlich Slawoniens und Dalmatiens, doch auch in den slowenischen Ländern und in Bosnien-Herzegowina; er beruhte auf der Theorie der „nationalen Einheit" (*narodno jedinstvo*), d.h. dem Gedanken, dass Serben, Kroaten und Slowenen eine einzige jugoslawische Nation bildeten. Der integrationistische Aspekt dieser Nationalideologie, deren korrekte Bezeichnung jugoslawischer Unitarismus ist, war nur zu einem gewissen Grade neu. Die eigentliche Neuerung bestand bei den Kroaten zweifellos in der *antihistorischen* Ausrichtung. Die Unitaristen glaubten aufrichtig daran, dass die auf getrennten sprachlichen und staatlichen Traditionen sowie religiösen Bindungen beruhenden Unterschiede durch beharrliches, vom Willen zur Einheit bestimmtes Wirken überwunden werden könnten. Dies bedeutete die bewusste Aufgabe des kroatischen Staatsrechts und aller politischer Institutionen. Es bedeutete den endgültigen Bruch mit dem Habsburgischen Staatsgefüge. Der politische Jugoslawismus, nicht die Idee der slawischen „Wechselseitigkeit", wie die Illyristen oder Strossmayer sie pflegten, hat das Land mit dem Namen Jugoslawien geboren.

Das serbische Muster war völlig anders und hatte wenig mit Integrationsstreben zu tun. Nicht dass die Serben dem Slawismus fern gestanden hätten, doch ihr Slawismus war von einer besonderen, orthodoxen Prägung und berief sich auf eine von Russland angeführte Gemeinschaft aller orthodoxen Slawen. Der serbische Schriftsteller Miloš Crnjanski (1893-1977) hat diese Mentalität in seinem historischen Roman *Seobe* (deutsch: *Panduren* 1929) eingefangen; dessen Hauptfigur Vuk Isaković legt in Neu-Serbien, einer Flüchtlingssiedlung im weiträumigen Reich der Zarin Elisabeth, eine kindliche Sehnsucht nach der erlösenden „Süße der Orthodoxie" an den Tag. Einem traditionellen orthodoxen Serben standen die Russen, mit denen er die Kultur und dieselbe Variante der kirchenslawischen Koine teilte, unendlich viel näher als die „lateinischen" Slawen.

Das Wirken der Aufklärung untergrub zwar diese Tendenz, brachte sie aber nicht zum Verschwinden. Zaharija S. Orfelin (1726-1785), einer der ersten serbischen Aufklärer, konnte bei aller Verehrung für Peter den Großen nicht umhin, westliche Darstellungen der Russischen Kirche zu verdammen: „Wo sie sich bemüßigt fühlten, über die Russische Kirche zu schreiben, lästerten und beschämten sie alle nicht nur die russische Priesterschaft, sondern sogar den Griechisch-russischen Glauben selbst, überdies in solcher Weise, dass diese Darstellungen nicht ohne ein Gefühl des Ekels gelesen werden können."

Die wahre Revolution im serbischen Denken ereignete sich während der antiosmanischen Aufstände (1804-1815) und in der Epoche der Romantik, die auf diese folgte. Die Aufstände schufen die Rahmenbedingungen für die Expansion des serbischen Staates in drei Schüben („die sechs Nahijas" – nach der osmanischen Verwaltungseinheit Nahiye – 1830-39; Südserbien mit Niš, Pirot, Toplice und Vranje 1878; und schließlich „Altserbien" und Makedonien 1912-13), wodurch das Modell für eine serbische, d.h. tatsächlich südslawische Vereinigung geschaffen wurde. Im weiteren Verlauf kollidierte die serbische Staatspolitik mit den bulgarischen Ambitionen, die ihrerseits auf einem ähnlichen Expansionsschema beruhten (Slivnica 1885; Bregalnica 1913). Infolgedessen wurde Bulgarien konsequent von fast allen späteren Plänen für eine südslawische Einheit ausgeschlossen. Es sollte erwähnt werden, dass eine Entislamisierung und Abwanderungen von „Türken" („gebürtigen Muslimen") zu den Begleiterscheinungen der staatlichen Expansion Serbiens gehörten, wenn man von den Erwerbungen 1912-1913 absieht. Während die Habsburgische Expansion nach Bosnien-Herzegowina bewusst keine Entislamisierung förderte, lief das Schema der „Befreiung der Balkanhalbinsel" sehr wohl darauf hinaus. Dies war ein Reflex der antiosmanischen Kriege des 17. und 18. Jahrhunderts und wiederholte sich auch in Griechenland und z.T. in Bulgarien.

Die Aufstände wurden von einer Reform und Säkularisierung der serbischen Kultur begleitet, deren Grundlage die von Vuk Karadžić (1787-1864) interpretierten Ideen der deutschen Romantik bildeten. Sein bleibender Beitrag war die Säkularisierung der serbischen Nation: Er definierte diese nämlich nicht über ihre Zugehörigkeit zur Orthodoxie, wie das zuvor der Fall gewesen war (→ Kap. 5), sondern über den Gebrauch des zentralen südslawischen Dialekts (des Štokavischen). Karadžićs „Sprach"-Nation schuf indes neue Probleme. Orthodoxe Gläubige (Bulgaren, Makedonier, Albaner, Wlachen), die bislang kraft ihrer Zugehörigkeit zur kirchlichen Organisation der Serben, des Patriarchats von Peć (1557-1766), innerhalb der serbischen Nation assimiliert wurden, stellten nicht länger das Hauptziel der Assimilation dar. Vielmehr wurden nun die Sprecher des Štokavischen zunehmend zum Hauptziel, was bedeutete, dass die meisten kroatischen Katholiken und alle bosnischen Muslime von Belgrad immer häufiger als Serben betrachtet wurden. Kurzum, die Entstehung des serbischen Staates und die neue, „sprachliche" Definition des Serbentums lieferten den Grund für permanente Auseinandersetzungen zwischen den Serben und ihren westlichen Nachbarn. Nicht die Religion, sondern säkularisierte Nationalideologien wurden zum Zankapfel. Doch während sich die Kroaten und in gewisser Hinsicht auch die Slowenen durch den integrationistischen Zug ihrer Nationalideologien vor der Logik des Zwists schützten, besaßen die Serben kein solches Auffangnetz. Die Logik der serbischen Nationalideologie fand ihren deutlichsten Ausdruck in dem vom damaligen serbischen Innenminister Ilija Garašanin (1812-1874) entworfenen Programm serbischer staatlicher Expansion. In seinem *Načertanije* („Entwurf", 1844) postulierte Garašanin, die Grenzen des neuen Serbien müssten auf alle Gebiete ausgedehnt werden, wo Serben leben, und diese Grenzen seien laut Karadžić sprachliche.

Wie also konnten die assimilatorische serbische Nationalideologie und die integrative kroatische Nationalideologie auf den gemeinsamen Nenner der jugoslawischen Idee gebracht werden? Die Antwort ist, dass das jugoslawische Projekt tatsächlich immer ein viel zu kleiner gemeinsamer Nenner war, den man aus Bruchstücken etablierter Muster nationalen Denkens gebildet hatte. Mit Ausnahme der Nationalistischen Jugend traten weder die Kroaten noch die Slowenen vor dem Jahr 1914 für eine *politische Vereinigung* der Südslawen ein. Was sie betraf, konnte die Vereinigung innerhalb der Grenzen der Habsburger Monarchie verwirklicht werden, das hieß, dass das von ihnen ersonnene Jugoslawien den südslawischen Besitzungen der Habsburger entsprach, wenn diese auch vom österreichisch-ungarischen Ausgleich 1867 ausgenommen waren. Dies lief auf so etwas wie eine *trialistische* Lösung hinaus: Damit wären alle südslawischen Nationen der Monarchie emanzipiert worden und neben Ungarn hätte sich als Korrektur des Ausgleichs auch ein Staat der Südslawen in der Monarchie konstituiert. Für Serbien freilich war das keine wirkliche Option. In irgendein Habsburger „Jugoslawien“ einverleibt zu werden, hätte den Verlust der Unabhängigkeit bedeutet. (Dies war Wiens Absicht nach der Besetzung Serbiens 1915.) Mehr noch, die Expansion des serbischen Staates hatte die Vereinigung der Serben, nicht aller Südslawen zum Ziel, und dies war ohne den Zusammenbruch Österreich-Ungarns unmöglich. Nach 1903, als der serbische Staatsmann Nikola Pašić (1845-1926) die neue Richtung der serbischen Expansion festlegte, erkannte man, dass der südwärts nach Makedonien gewandte Weg aussichtsreicher und weit weniger riskant war als bosnische Pläne, die nach der Annexion Bosnien-Herzegowinas durch Österreich-Ungarn chancenlos waren. Diese Strategie kam in den Balkankriegen 1912 und 1913 klar zum Ausdruck.

Mit Beginn des Krieges, den serbische Kreise provoziert hatten, die viel ungeduldiger als Pašić waren, wurde Serbien vor die Wahl gestellt, seine Ziele unter serbischer oder unter jugoslawischer Fahne zu verfolgen. Der Unterschied zwischen der „kleinen Lösung“ (Vereinigung aller Serben) und der „großen“ Lösung (Vereinigung aller Südslawen) war im Wesentlichen taktischer Natur. Die alten und noch heute verbreiteten Behauptungen serbischer Wortführer, Serbien habe seine eigenen Interessen selbstlos auf dem Altar der jugoslawischen Vereinigung geopfert, stehen im Widerspruch zu Pašićs Diplomatie während der Kriegszeit, die stets unzweideutig serbisch war. Genauer gesagt, die „Befreiung“ und „Vereinigung“ der Serben, Kroaten und Slowenen bedeutete tatsächlich eine serbische Vereinigung. In der Tat hat Pašić zwischen den rhetorisch definierten Ansprüchen auf die von Serben bewohnten Gebiete und den Forderungen seiner Regierung nach rein kroatischen und slowenischen Gebieten klar unterschieden – d.h. zwischen den aus seiner Sicht unverzichtbaren Ansprüchen eines vergrößerten Serbiens und den untergeordneten Ansprüchen einer südslawischen Vereinigung. Obwohl er wiederholt Serbiens Anspruch geltend machte, alle Habsburger Südslawen anzugliedern, blieben die Alliierten nie im Zweifel darüber, was Pašić für wesentlich hielt und was er gegebenenfalls wegzutauschen bereit war.

Pašić fürchtete hauptsächlich, die Alliierten könnten ein unabhängiges Kroatien unterstützen, das alle – oder doch die meisten – südslawischen Besitzungen der Habsburger umfassen würde. Gerüchten über Sympathien der Alliierten für ein katholisches Großkroatien begegnete er, indem er betonte, dass großserbische Ansichten publik gemacht werden müssten. Auch sollten, falls die Alliierten bei ihrer Entscheidung für einen kroatischen Staat blieben, diesem nicht nur Bosnien-Herzegowina und Dalmatien, sondern auch Slawonien und die ehemaligen Gebiete der Militärgrenze verweigert werden. Die wirkliche Herausforderung für Pašić aber war es, jene politischen Führer der Kroaten zufrieden zu stellen, die eine südslawische Vereinigung – nicht eine kroatische Unabhängigkeit – wollten, allerdings mit Serbien als Partner, nicht als Hegemon. Dies war für Pašić, der glaubte, die Kroaten und Slowenen sowie diesbezüglich die Serben Österreich-Ungarns könnten nur eine passive Rolle im Kampf um die Vereinigung spielen, kaum zu erreichen. Die Führungsrolle in diesem Prozess war das ausschließliche Vorrecht Serbiens. Eine Vereinigung der Südslawen konnte somit nur durch eine „Piemontisierung“ verwirklicht werden.

Pašić erfuhr bald Widerspruch durch Frano Supilo und Ante Trumbić, die kroatischen Führer des im Exil wirkenden Jugoslawischen Komitees, die zwar mit der serbischen Regierung zusammenarbeiten wollten, nicht aber als bloßes serbisches Propagandaorgan, wie Pašić es sich vorstellte (→ Kap. 3). Supilo und Trumbić vertraten den Standpunkt, der Anspruch der Südslawen auf einen eigenen Staat sei durch die Prinzipien des nationalen Rechts auf Selbstbestimmung und nicht einfach durch Serbiens Kriegstaten begründet und die Gestalt des Staates im Einzelnen müsste in einer Vereinbarung zwischen dem Jugoslawischen Komitee und der serbischen Regierung ausgehandelt werden. Die Annahme der Gleichheit, von der serbischen Regierung als Affront gegen ihre Führungsrolle aufgefasst, schuf von Anfang an gewisse Probleme, doch Supilo und Trumbić beeindruckte dies nicht. Sie fanden, in den südslawischen Ländern außerhalb der Habsburger Monarchie habe Serbien ein Anrecht auf die Führungsrolle bei der südslawischen Vereinigung, nicht jedoch innerhalb der Monarchie, wo diese Rolle Kroatien zustehe. Daher könne die Vereinigung nicht durch die militärische Expansion Serbiens vollendet werden. Supilo setzte seine Ansicht durch, Serbien habe als Geste des guten Willens ein jugoslawisches Freiwilligencorps aufzustellen und ein Mitglied des Jugoslawischen Komitees in sein Kabinett aufzunehmen. Kurz, Supilo und Trumbić kämpften für ein *neues Staatsgebilde*, während es Pašić lediglich um die Ausweitung serbischer Macht auf neue Gebiete ging.

Was die noch unter Habsburger Hoheit stehenden Kroaten, Slowenen und Serben betraf, so standen ihren Politikern verständlicherweise andere Handlungsspielräume offen. Nach Franz-Josephs Tod im November 1916 verlegten sich jedoch die südslawischen Politiker in der Donaumonarchie zunehmend auf Forderungen nach einem völlig autonomen, auf dem nationalen Prinzip und dem kroatischen Staatsrecht beruhenden Status. Als der Krieg dann eskalierte und in Russland die Revolution ausbrach, radikalisierte sich die innere Situation auch in Österreich-Ungarn. Dies trug angesichts der Auflösung der Monarchie zu einer nationalen Sammlungsbewegung bei, deren Ziel nun zunehmend ein unabhängiger südslawischer Staat war. Als die Fronten zusammenbrachen und Österreich-Ungarn seinen Gegnern einen Waffenstillstand anbot, rückten serbische Truppen das Moravatal hinauf bis nach Belgrad und weiter vor. Anfang Oktober 1918 bildeten Delegierte kroatischer, slowenischer und serbischer Parteien, die einen unabhängigen südslawischen Staat forderten, eine oberste politisch-repräsentative Körperschaft, den Nationalrat der Slowenen, Kroaten und Serben. Am 29. Oktober brach der kroatische Sabor (Parlament) alle Beziehungen zu Ungarn und Österreich ab und verkündete unzweideutig die Vereinigung der kroatischen Länder (Kroatien, Dalmatien, Slawonien und Rijeka) in einem unabhängigen Staat. Der Sabor beschloss außerdem, dass der neue vereinigte kroatische Staat unverzüglich in den neuen souveränen Staat der Slowenen, Kroaten und Serben einzugehen habe, der aus den südslawischen Gebieten des untergegangenen Österreich-Ungarn zu bilden sei. In seiner letzten Sitzung vor den vierziger Jahren übertrug der Sabor schließlich seine Machtbefugnisse auf den Nationalrat in Zagreb.

Der 29. Oktober 1918 markierte das Ende der kroatischen politischen Ära. Keine der an diesem Tag vorgenommenen Handlungen wäre ohne die Billigung des Sabor legal gewesen. Durch die Übertragung der Befugnisse auf den Nationalrat unterwarf sich der Sabor jedoch dem Willen jener politischen Klasse Kroatiens, die sich damals völlig der Vereinigung mit Serbien verschrieben hatte. Besorgt über die revolutionären Unruhen unter den Bauern und aufgeschreckt von den Übergriffen der italienischen Armee, die mit der Besetzung Istriens, Rijekas, Zadars und der Inseln eifrig ihre Ansprüche auf die Küstengebiete Kroatiens absteckte, fassten die Führer des Nationalrates ihre Rolle strikt als vorübergehend auf. Die Meinung der Mehrheit, die im Zentralkomitee des Nationalrates vom einflussreichsten serbischen Politiker in Kroatien, Svetozar Pribićević (1875-1936), und dem Vorsitzenden der Serbisch-Kroatischen Koalition (HSK) angeführt wurde, neigte einer einseitigen Vereinigung mit Serbien zu. Stjepan Radić (1871-1928), der Führer der Kroatischen Bauernpartei (Hrvatska seljačka stranka, HSS), stimmte am 24. November als einziges Mitglied gegen den Vorschlag zur Vereinigung. Vor der Abstimmung hielt er seine oft als „letzte Warnung“ zitierte Rede gegen den leichtsinnigen Sprung des Nationalkomitees ins Ungewisse („wie trunkene Gänse in den Nebel“), der seiner Ansicht nach dem Willen der überwältigenden Mehrheit des kroatischen Volkes widersprach. Sein Kampf gegen die unvorbereitete und bedingungslose Vereinigung, die ohne formelle Zusicherung einer Gleichheit unter den konstituierenden Ländern und Völkern vollzogen wurde, begann somit noch vor der formellen Gründung des jugoslawischen Staates am 1. Dezember 1918 während eines Treffens zwischen der Delegation des Nationalrats und dem serbischen Regenten Aleksandar Karađorđević (1888-1934).

10.2. Das „Königreich der Serben, Kroaten und Slowenen"

Die überlegene Macht des serbischen Staates führte dazu, dass bei der Vereinigung nicht einmal die grundlegenden Forderungen jener berücksichtigt wurden, die einen föderativen Staatsaufbau wünschten. Es gab keine Garantien gegen eine Dominanz Serbiens, dessen Armeen sogleich darangingen, frühere südslawische Besitzungen der Habsburger sowie Montenegro zu besetzen, und so den Traum von einer serbischen Vereinigung verwirklichten. In Anbetracht der Rolle des serbischen Staates bei der Schaffung Jugoslawiens und des tatsächlichen, mitunter auch formalen Fortbestehens serbischer staatlicher Institutionen nach der Vereinigung konnten sich die Serben auf die neuen Umstände einstellen, ohne das Gefühl zu haben, ihrer nationalen Individualität beraubt zu sein.

Für die anderen Völker war die Vereinigung nicht so einfach. Die Kroaten und Slowenen sahen sich kaum einen Monat nach dem Ende ihrer langwährenden Bindung an die Habsburger Monarchie in einen Einheitsstaat mit Serbien und Montenegro eingegliedert. Die Entscheidung, sich mit Serbien zu vereinigen, wurde für sie durch die Umstände und von einer Klasse von Politikern getroffen, die im Erlangen und Ausüben politischer Macht keine Erfahrung hatte. Keine der südslawischen nationalen Gruppen, die Serben eingeschlossen, hatte die Möglichkeit, ihren Vorlieben in einer Volksabstimmung Ausdruck zu verleihen; bei den Kroaten hätte eine demokratische Befragung des Volkswillens vermutlich ein erhebliches Widerstandspotential zutage gefördert. Als die Eigenschaften des neuen Staates schließlich fest etabliert waren, machten sich in den nichtserbischen Gebieten allerlei Formen „bodenständigen" Widerstandes bemerkbar, sogar innerhalb der gebildeten und wohlhabenden Klassen, vor allem in dem von Italien bedrohten ostadriatischen Küstenland.

Besonders unter den Kroaten galt der Vereinigungsgedanke einerseits als eine Möglichkeit, die regionale Zersplitterung der kroatischen historischen Siedlungsgebiete zu beenden. Andererseits beinhaltete das unitaristische Konzept eine allgegenwärtige Gefahr für die endgültige Festigung des kroatischen Staatswesens, zumal es von den heimischen Eliten gepflegt wurde und anziehend auf die städtischen Bevölkerungsteile wirkte. Da der Unitarismus auf der Idee südslawischer Zusammengehörigkeit beruhte, konnte er allerdings nur dann Bestand haben, wenn diese Zusammengehörigkeit wirklich wechselseitig empfunden und anerkannt wurde. Als im neuen jugoslawischen Staat die nationale Frage aufkam, im Wesentlichen als Ergebnis der dominanten Position serbischer Institutionen (Monarchie, Armee, Verwaltungsapparat, Orthodoxe Kirche) und der wirtschaftlichen Ausbeutung des entwickelten Slowenien und Nordkroatiens durch Serbien, verlor die unitaristische Ideologie viel von ihrer ursprünglichen Anziehungskraft. Eine neue Welle nationalen Selbstbewusstseins, verbunden mit der kroatischen Bauernbewegung (HSS) unter Stjepan Radić und Vladko Maček (1879-1964), erreichte die entlegensten kroatischen Flecken. Anders als Starčevićs Bewegung, die niemals bis in die Köpfe der einfachen Menschen vordrang, konstituierte sich die neue, von der HSS ausgehende Bewegung im Volke.

Radićs Ansehen bei den kroatischen Massen beruhte auf seinem hartnäckigen Widerstand gegen eine Form der Vereinigung, die ohne die Zustimmung der kroatischen Wählerschaft erfolgt war. Zwei Hauptelemente seiner Agitation waren die Weigerung, den Vereinigungsakt anzuerkennen, und die Forderung nach einer kroatischen konstituierenden Versammlung, die eine kroatische Bauernrepublik hervorbringen sollte. Im Februar und März 1919 sammelte Radićs Partei mehr als 115.000 Unterschriften zugunsten dieser Forderungen. Dieser organisatorische Erfolg, gepaart mit dem wachsenden Einfluss der HSS auf die kroatische Landbevölkerung, veranlasste die Behörden zu einer repressiven Gangart. Im März 1919 verhafteten sie Radić und einige seiner engsten Mitarbeiter und hielten sie bis Februar 1920 gefangen, als Stojan Protić, ein gemäßigtes Mitglied von Pašićs Partei (Radikale, Narodna radikalna stranka), eine neue Regierung bildete. Doch selbst in dieser gewissermaßen entspannteren Periode beschlossen die Vertreter des Königs Aleksandar im März 1920 eine erneute Verhaftung Radićs und stellten ihn im Juli 1920 wegen Sezessionismus vor Gericht. Er wurde zu zweieinhalb Jahren Haft verurteilt und durch königlichen Gnadenerlass am Vorabend der Wahlen zur Konstituierenden Versammlung im November freigelassen. In der Zwischenzeit erlebte die kroatische Provinz am 20. September an beiden Ufern der Save, von Turopolje bis Bjelovar, einen Bauernaufstand, der offiziellen Angaben zufolge fünfzehn Opfer auf Seiten der Bauern kostete, während die Behörden zehn Soldaten und Beamte verloren. Radićs republikanische Losungen hatten den Geist der kroatischen Landbevölkerung erfasst.

Die Wahlen zur Konstituierenden Versammlung, die am 28. November 1920 abgehalten wurden, hatten kein eindeutiges Ergebnis. Die beiden großen zentralistischen Parteien (Großserbische Radikale und unitaristische Demokraten) erlangten zusammen nur eine relative Mehrheit (37 Prozent aller Stimmen). Die verschiedenen antizentralistischen Parteien (besonders die HSS, slowenische und kroatische Autonomisten, die Jugoslawische Moslemorganisation, JMO usw.) gewannen 33 Prozent aller Stimmen, während die Kommunisten, die kleinen marxistischen Parteien und die Agrarier, die allesamt die Wichtigkeit der nationalen Frage gering schätzten, 24 Prozent der Stimmen auf sich vereinigten. Radićs HSS und die Kommunistische Partei Jugoslawiens (KPJ) schnitten mit 14 bzw. 12 Prozent aller Stimmen überaus gut ab. Statt dass dies den Zentralisten zu denken gegeben hätte, waren die Radikalen und die Demokraten nun nur noch entschlossener, die zentralistische Verfassung durchzupeitschen. Sie nutzten Radićs Boykott der Konstituierenden Versammlung sowie den Auszug der Kommunisten und verschiedener Autonomisten für eine Abmachung mit den bosnischen Muslimen, der türkisch-albanischen Partei des Kosovo (Džemijet, Cemiyet) und einer kleinen Splittergruppe der slowenischen Agrarier, um eine fadenscheinige Mehrheit herbeizuführen. Die zentralistische Verfassungsvorlage wurde am 28. Juni (dem in der serbischen Geschichte verhängnisvollen Veitstag oder Vidovdan) mit 223 Stimmen bei 35 Gegenstimmen und in Abwesenheit weiterer 161 Abgeordneter angenommen.

Die Veitstagsverfassung sanktionierte die unhaltbare zentralistische Lösung der nationalen Frage Jugoslawiens. Erzielt ohne die Beteiligung – und gegen den Willen – der meisten nichtserbischen Parteien, trug sie die Saat für weiteren Hass in sich. Als historische Schwelle trennte sie zwei Schlüsselphasen des entstehenden jugoslawischen Parlamentarismus voneinander: Die Periode vor der Annahme der Veitstagsverfassung kann als Testphase für Verwaltungspraktiken gelten, die durch dieses Dokument legalisiert wurden. Vor dem 28. Juni war die nationale Frage trotz systematischer Einführung des Zentralismus für andere, gerechtere und pluralistische Lösungen offen. Nach diesem Tag waren solche Lösungen weniger wahrscheinlich und hätten darüber hinaus offene Kampfansagen gegen die Verfassung an sich bedeutet. Verschiedene antizentralistische Blöcke, innerhalb welcher Radićs Partei stets die Führungsrolle übernahm, gründeten ihr Tun und Lassen weiterhin auf die Forderung nach Revision der Veitstagsverfassung. Als die Bewegungen an Stärke gewannen, begannen die Parteigänger des Zentralismus, unter ihnen besonders König Aleksandar, ihrerseits die Verfassung als unnötiges Hindernis zu sehen. Andere Zentralisten wiederum, wie etwa Ljubomir Davidović, der Führer der unitaristischen Demokraten (Demokratska Stranka), erkannten in der gewaltigen politischen Spaltung Jugoslawiens zunehmend die Gefahren für die parlamentarische Demokratie und bemühten sich, eine Kompromisslösung zu finden.

Unter den antizentralistischen Kräften spielten die wichtigsten Parteien der Slowenen und der bosnischen Muslime eine vermittelnde Rolle. Obwohl diese Parteien für die Autonomie ihrer nationalen und konfessionellen Gruppen kämpften und sich somit Radićs harter Opposition annäherten, akzeptierten sie zugleich Jugoslawiens staatlichen Rahmen und glaubten daran, dass ihre Situation, aber auch die Positionen ihrer zentralistischen Gegner, sich zum Besseren verändern könnten.

Anton Korošecs (1872-1940) Slowenische Volkspartei (*Slovenska ljudska stranka* SLS) trat für wirtschaftliche und kulturelle Autonomie ein, die, obgleich nicht im Sinne einer auf einer eigenständigen Nation beruhenden föderalen Einheit definiert, zweifellos Slowenien als selbständige Einheit hervorgebracht hätte. Und da ein solches Programm keine wirkliche Bedrohung für Belgrad darstellte, wurden Korošecs Ausflüge in Regierungskoalitionen mit verschiedenen serbischen Parteien am Ende der zwanziger Jahre häufiger. Auf diese Weise begrenzte Korošecs SLS, die eine katholische Sozialpartei war, den Einfluss der slowenischen Liberalen (tatsächlich Antiklerikalen), die unitaristisch und mit der Demokratischen Partei verbunden waren.

Mehmet Spahos Jugoslawische Moslemorganisation (*Jugoslavenska muslimanska organizacija* JMO), eine eindeutig konfessionelle Partei, war der organisierte Ausdruck zweier Sorgen der bosnischen Muslime: Die erste betraf die antimoslemische Gewalttätigkeit vorwiegend christlicher – hauptsächlich orthodoxer serbischer – Pachtbauern, die zweite die potentielle ethnische Zersplitterung der bosnischen Muslime durch nationale Integration in die serbische bzw. kroatische Volksgruppe und/oder deren politische Parteien. Die JMO wehrte sich gegen Anschuldigungen, sie fördere eine „rückschrittliche" pränationale konfessionelle Identität, indem sie den jugoslawischen Unitarismus als ihr nationales Programm annahm. Ihr unitaristisches Image jedoch, wie feierlich man es auch immer propagierte, wurde durch das Beharren auf Autonomie und Unteilbarkeit Bosnien-Herzegowinas untergraben. Dies war das Feld, wo ein Abkommen mit Pašić und seinen verschiedenen Nachfolgern unter Umständen platzen konnte.

Während allerdings die oppositionellen Parteien der Slowenen und Bosniaken zu ausgleichendem Verhalten neigten, konnte die nationale Frage im Falle der Montenegriner, Kosovo-Albaner und slawischen Makedonier zumeist nicht in legalen politischen Parteien oder gemäßigten Aktionen verarbeitet werden. Der Grund liegt z.T. in der bewussten Entnationalisierungspolitik, die von den verschiedenen Belgrader Regimes gegenüber diesen im Prozess nationaler Integration befindlichen Gruppen betrieben wurde. Ein anderer Grund ist in der bedeutenden Rolle der Kommunisten am Südrand Jugoslawiens zu sehen. Damit hängt zusammen, dass die Opposition in Montenegro, im Kosovo und in Vardar-Makedonien zum bewaffneten Widerstand neigte. Die montenegrinischen Autonomisten, sog. Grüne (Zelenaši), die Aufständischen im Kosovo (Kaçaks) und die Mitglieder der Inneren Makedonischen Revolutionären Organisation (IMRO) waren ebenso wie die Kommunisten, die diese meist eigenständigen Gruppen und Bewegungen zu beeinflussen suchten, ständig polizeilicher und militärischer Gewalt ausgesetzt. Doch in der Gegenwehr gegen die Repression gelangten montenegrinische, albanische und makedonische Nationalbewegungen zu einem hohen Maß an Gemeinsamkeit, die sich in nur bedingt als jugoslawisch zu bezeichnenden Plattformen ausdrückte. In diesem Sinne spiegelt ihre Entfremdung von dem Staat, den sie seinem Charakter nach zu Recht als serbisch betrachteten, die Situation in der einflussreichen kroatischen Bewegung wider, obschon mit einer gewalttätigen Komponente, die Radić vermied.

Jugoslawiens innere Schwierigkeiten boten den Kommunisten nicht nur in den südlichen Regionen Chancen. Obwohl der (seit 1921) illegale Status der KPJ das Potential der Partei schwächte, bestand ein viel größeres Hindernis in der Weigerung ihrer Führung, die Nationalitätenfrage als Waffe gegen den Staat einzusetzen. Erst auf Stalins direkte Intervention gegen die „rechte" Fraktion um Sima Marković (im März 1925) hin unterdrückte die KPJ den Einfluss derer, die Bündnisse mit den nationalen Bewegungen für zutiefst bourgeois hielten. Ende der zwanziger Jahre, als sich die jugoslawische Krise verschärfte und die kommunistische Bewegung kontinuierlich nach links driftete, brachten militante Mitglieder der Zagreber Parteiorganisation (darunter Josip Broz, der spätere Tito) Aufrufe für eine kommunistische Führungsrolle im nationalen Kampf in Umlauf. Während dieser Periode und weiter bis 1935 riefen die Komintern und die KPJ zur Zerschlagung Jugoslawiens und zur Gründung eines unabhängigen Kroatien, Slowenien, Montenegro und Makedonien auf.

Bis zum Jahre 1923 war Radić damit gescheitert, den Zentralisten durch parlamentarischen Boykott und Blockbildung mit der SLS und der JMO Zugeständnisse abzuringen. Er beschloss, sein Anliegen ausländischen Regierungen vorzutragen, passierte illegal die Grenze nach Ungarn und unternahm eine zunehmend enttäuschende Tour durch europäische Hauptstädte. Nachdem er vergeblich versucht hatte, die Unterstützung demokratischer Staaten zu gewinnen, wagte er sich nach Moskau, wo er dem Beitritt der HSS zur Roten Bauern-Internationale (*Krestintern*) zustimmte. Nach einjähriger Abwesenheit kehrte er in der Überzeugung heim, dass eine parlamentarische Lösung gesucht werden müsse. Seine Deputierten wurden angewiesen, wieder ins Parlament einzuziehen, wo sie zunehmend mehr mit dem aus SLS, JMO und Davidovićs Demokraten bestehenden Oppositionsblock zusammenarbeiteten. Dies beschleunigte die Spaltung der Demokratischen Partei, die nun von Pribićevićs hartnäckigen Unitaristen, im Wesentlichen Serben aus Kroatien, verlassen wurde, welche die Unabhängige Demokratische Partei (Nezavisna demokratska stranka NDS) gründeten. Diese wiederum begann mit Pašićs Radikalen zu kooperieren.

König Aleksandar, der mehr und mehr auf militärische Kreise (die Offiziersgruppe der Weißen Hand) angewiesen war, stellte die Stärke des Gespanns Pašić-Pribićević (des ersten sog. P-P-Kabinetts vom Frühjahr 1924) auf die Probe und ließ dann im Sommer und Herbst 1924 das Kabinett des oppositionellen Blocks um Davidović zu. Davidovićs Zugeständnisse an die HSS und die wachsende Stärke von Radićs Agitation unter den kroatischen Bauern in Dalmatien und Bosnien-Herzegowina veranlassten den König, sich für das zweite Pašić-Pribićević-Kabinett zu entscheiden, das die HSS als bolschewistische Organisation verbot. Die Regierung nutzte die Verbindung der HSS zur Krestintern als Vorwand, um die antikommunistischen Gesetze von 1921, die das Verbot der KPJ zur Folge gehabt hatten, auf Radićs Organisation anzuwenden. Radić und mehrere andere Schlüsselfunktionäre der HSS wurden wegen „kommunistischer" Aktivitäten verhaftet.

Trotz Verfolgung und Verhaftungen zeigten die Wahlen vom Februar 1925 dennoch die anhaltende Stärke von Radićs Partei. Nach der Einberufung des neuen Parlaments blieb Radić in Haft, während sein Mandat für ungültig erklärt wurde. Die angedrohte Auflösung seiner Bewegung brachte Radić dazu, die dynastische Ordnung, die staatliche Einheit und die zentralistische Veitstagsverfassung anzuerkennen. In einem vernichtenden Schlag gegen die Opposition stimmte er ferner der Bildung einer Koalitionsregierung mit Pašićs Radikalen zu, wobei er diesen bis dahin undenkbaren Schritt von der Lösung der Verbindung

Pašićs mit Pribićevićs NDS abhängig machte. Radić wurde am 18. Juli 1925, am Tage, als vier seiner Abgeordneten dem Kabinett Pašićs beitraten, aus der Haft entlassen. Im November wurde er selbst Erziehungsminister. Die Zusammenarbeit mit den Radikalen wurde selbst nach dem Rücktritt des Kabinetts Pašić im April 1926 fortgesetzt. (Der Patriarch der serbischen Politik selbst starb im Dezember 1926.)

Die Periode des Abkommens zwischen Radić und den Radikalen (die sog. R-R-Kabinette), die für die Kroaten keine Erleichterung brachte, endete, als Radić im Januar 1927 eine neue Runde des Opponierens einleitete und die jugoslawische Krise verschärfte. Diesmal schlossen sich Radić die kroatischen Serben unter deren Führer Svetozar Pribićević, dem einstmals extremen Zentralisten, in einer Front gegen Belgrad an. Bis zum Juni 1928 heizten sich die Spannungen derart auf, dass Radić und mehrere seiner Mitstreiter von einem serbischen Deputierten während einer Debatte im Sitzungssaal des Belgrader Parlaments niedergeschossen wurde. Zwei der Deputierten waren auf der Stelle tot. Radić selbst, tödlich verletzt, starb im August. Dieses politische Verbrechen, das auf die Enthauptung der kroatischen politischen Führung abzielte, verschlimmerte die kroatisch-serbischen Beziehungen noch weiter und führte zur Forderung nach der Unabhängigkeit Kroatiens. Am 6. Januar 1929 schaffte König Aleksandar die Verfassung, das Parlament und die politischen Parteien ab, wobei er seine Entschlossenheit verkündete, über die nationale Einheit von Serben, Kroaten und Slowenen und die staatliche Integrität ohne Mittler zu wachen.

10.3. Die Königsdiktatur

Die Diktatur Aleksandars machte den jugoslawischen Unitarismus als Staatspolitik zum unangreifbaren Dogma. Die Verfechter des Unitarismus hatten nun freie Hand bei dem Versuch, die spezifischen nationalen Traditionen der Jugoslawien konstituierenden Nationen zu zerstören, obwohl in der Praxis die Bekämpfung des „Separatismus" nur auf Nichtserben abzielte. Die neuen Verwaltungseinheiten, die Banschaften, waren erdacht worden, um historische Grenzen aufzubrechen, doch in drei von insgesamt neun Fällen auch, um serbische Mehrheiten zu vergrößern. Nach den Worten Viktor Novaks, eines Unitaristen kroatischer Herkunft, bedeutete dies: „Die zukünftigen Generationen können, befreit von atavistischen Nöten und mit Hilfe bewusster nationaler Erziehung, in ihren Herzen eine großartige und heilige Idee tragen, die die Menschen vor äußeren und inneren Feinden schützen wird. Diese Idee ist die jugoslawische Idee und nur sie." Während der Zeit der Diktatur wandelte sich der jugoslawische Unitarismus tatsächlich zu einer totalitären Ideologie faschistischer Ausprägung. Er nahm zahlreiche Züge faschistischer Ideologie einschließlich des Antimarxismus, Antiliberalismus, Antikonservatismus (in Jugoslawien besonders Antikatholizismus) und Antiurbanismus an. Die kommunistische Formel von der „monarcho-faschistischen" Diktatur ist daher im ideologischen Sinne durchaus berechtigt. Dies hinderte den jugoslawischen Unitarismus freilich nicht daran, zum einzigen „hauseigenen" Bestandteil des kommunistischen Totalitarismus nach der kommunistischen Machtergreifung zu werden, besonders in der Zeit zwischen 1950 und 1966.

Die Königsdiktatur löste keine Probleme, sondern trug vielmehr zur Entstehung zahlreicher aufständischer Bewegungen bei, ganz besonders der Ustaschas (Aufständischen) Ante Pavelićs (1889-1959), eines exilkroatischen Nationalisten, der hoffte, mit Hilfe Mussolinis und (später) Hitlers einen unabhängigen kroatischen Staat errichten zu können. Die Ustaschas schürten im Jahre 1929 einen lokalen Aufruhr in der Lika, ihre profaschistische Ausrichtung verhinderte allerdings, dass sie breite Unterstützung erlangte. Die Kommunisten, 1928 bis 1935 gleichermaßen militant in der Frage kroatischer, slowenischer, makedonischer und montenegrinischer Unabhängigkeit, waren eine weitere kleine, doch einflussreiche Sekte. Die Kroatische Bauernpartei genoss, obwohl verboten, noch immer die Loyalität der meisten Kroaten und zunehmend auch die Unterstützung aller gegen die Diktatur gewandten Gruppen, einschließlich der demokratischen Kräfte in Serbien, die von der Demokratischen Partei Ljuba Davidovićs (1863-1940) angeführt wurden. Vladko Maček (1879-1964), Radićs Nachfolger am Ruder der Kroatischen Bauernpartei, der während der Diktatur mit Hunderten von kroatischen Militanten verhaftet wurde, lehnte den bewaffneten Kampf zwar prinzipiell ab, doch war sein Einfluss auf die kroatische Nationalbewegung unendlich viel größer als der von den Abenteuern der Ustaschas oder der Kommunisten entfachte Enthusiasmus. Dies waren die dunklen Jahre des Polizeiterrors und des Gegenterrors der Ustaschas. Im Oktober 1934 wurde König Aleksandar in Marseille durch einen von der Ustascha-Organisation gedungenen makedonischen Revolutionär ermordet. Die darauf folgende Regentschaft Prinz Pauls stellte eine langsame Abkehr von der Diktatur dar, die das Land zu einer Zeit wachsender faschistischer Bedrohung in Mitteleuropa geschwächt hatte.

Der Aufstieg Hitlerdeutschlands Mitte der dreißiger Jahre veränderte das internationale Kräftespiel in den Gebieten Mittel- und Südosteuropas. Der Wettstreit der von Italien unterstützten revisionistischen Staaten (Ungarn, Bulgarien) gegen die französischen Schützlinge („Kleine Entente“: Tschechoslowakei, Rumänien, Jugoslawien und Polen) entwickelte sich nun bedenklich zu Gunsten der ersteren. Bis 1935 hatte Deutschland zwar keinen einzigen offiziellen Verbündeten in der Region, doch war sein Einfluss in jeder Hinsicht spürbar. Dies veranlasste auch die Sowjetunion, ihre Gangart zu ändern, ihre prorevisionistische Außenpolitik aufzugeben und Entschlossenheit durch die Stärkung des geschwächten Systems französischer Osteuropa-Allianzen zu demonstrieren. Das bewegte Politiker der Region, nun auch Brücken zu Deutschland zu bauen und Aspekte seines ideologischen Systems nachzuahmen. Diese Tendenz war in Jugoslawien nach dem Attentat von Marseille dominant, besonders als Milan Stojadinović (1888-1961), ein serbischer Radikaler, nach den hastig anberaumten Wahlen vom Mai 1935 an die Macht kam. Sein Regime war gleichzeitig offener als das seiner Vorgänger (tatsächlich stellte er ein Koalitionskabinett mit der SLS und der JMO auf), doch war seine Außenpolitik nachgiebig gegenüber den faschistischen Staaten. Vor allem handelte Stojadinović in seinem Versuch, Mačeks HSS zu untergraben, ein Konkordat mit dem Heiligen Stuhl aus, um so die Gunst der Katholischen Kirche, aber auch Italiens zu gewinnen (→ Kap. 15). Obwohl Mussolini Stojadinovićs Avancen erwiderte, setzte das In-Kraft-Treten des Konkordats Stojadinović den vereinten Angriffen unzufriedener serbischer Nationalisten und der Linken aus. Dies beschleunigte das Ende seines pseudoparlamentarischen Regimes.

Evident wurde die Abkehr von autoritärer Herrschaft während der Parlamentswahlen im Dezember 1938. Diese Wahlen, die letzten im Vorkriegsjugoslawien, waren ein Schlüsselereignis im langsamen Prozess der Wiederherstellung parlamentarischer Demokratie und der Überwindung der Kluft zwischen Kroaten und Serben nach einem Jahrzehnt der Diktatur. Die von Maček und seiner Partei angeführte vereinigte Opposition war eine Koalition aus allen gegenüber Stojadinovićs Regime feindlich eingestellten Kräften, die serbischen eingeschlossen. Obwohl auch bei diesen Wahlen die Ergebnisse manipuliert waren, gewann Mačeks Liste 44,9 Prozent aller Stimmen. Zwar hatte Stojadinović rechnerisch gesiegt, doch war seine Position so geschwächt, dass Prinz Paul ihn im Februar 1939 entließ. Der Prinz verfolgte nun in wachsendem Maße eine Politik des Kompromisses mit Mačeks HSS. Zu diesem Zwecke ernannte er einen neuen Premierminister, Dragiša Cvetković (1893-1969), und beauftragte ihn damit, einen Weg zu finden, die kroatische Opposition zu beschwichtigen. Das war auch die Forderung der Westmächte, die noch immer Prinz Paul beeinflussten und die im Falle einer Konfrontation mit Hitler ein stabiles Jugoslawien wünschten.

Damit hatte man eingeräumt, dass der jahrzehntelange Kampf gegen die Opposition der Kroaten und anderer Nationalitäten gescheitert war. Das Abkommen zwischen Cvetković und Maček, der sog. Sporazum, wurde am 26. August 1939, drei Tage nach Unterzeichnung des deutsch-sowjetischen Nichtangriffspakts verkündet. Das Abkommen schuf eine autonome kroatische Banschaft (Banovina), deren Territorium Kroatien einschließlich Slawonien (ohne die Teile Ostsyrmiens), Dalmatien (ohne die Bucht von Kotor) und jene Distrikte Bosnien-Herzegowinas umfasste, wo die katholischen Kroaten zahlenmäßig die orthodoxen Serben übertrafen. Maček wurde Vizepremier im Kabinett Cvetković, und die Kroatische Bauernpartei übernahm die regionale und örtliche Verwaltung in der Banschaft. Alle Bereiche der Staatspolitik außer militärischen und äußeren Angelegenheiten sowie den gemeinsamen Finanzen wurden der autonomen kroatischen Verwaltung unter der Leitung des Banus Ivan Šubašić (1892-1955) übertragen. Dies war der erste wirkliche Versuch einer föderalen Ordnung vor der „Föderalisierung der Föderation" unter den Kommunisten in den sechziger Jahren.

Das Abkommen befriedigte die meisten Forderungen der kroatischen Nationalbewegung und isolierte die Ustaschas. Während allerdings das Regime von Cvetković und Maček für die Kroaten ein hohes Maß an bürgerlichen und nationalen Freiheiten bedeutete, wurden den anderen Nationalbewegungen diese Vergünstigungen noch immer weitgehend vorenthalten, der politische Status Sloweniens und Serbiens blieb unbestimmt und die Ustaschas und Kommunisten in der Illegalität. Und obwohl Cvetković die Interessen eines gewissen Segments der serbischen politischen Elite repräsentierte, lehnten viele nationalistische Zirkel in Serbien – in der Orthodoxen Kirche, in der Armee, in politischen Parteien und bei den Intellektuellen (namentlich Dragiša Vasićs und Slobodan Jovanovićs einflussreicher Serbischer Kulturverein) – das Abkommen als serbische Interessen schädigend ab. Obwohl also das Abkommen den kroatischen Führern einen Anschein von Macht verschaffte und den Beginn von Jugoslawiens Umbau einleitete, mobilisierte es zugleich die serbischen Hardliner.

Die Zeit Ende der dreißiger Jahre war auch wegen der wachsenden Stalinisierung der KPJ unter der Führung des neuen Generalsekretärs der Partei, Josip Broz Tito (1892-1980) bemerkenswert. Seit 1937 hatte Tito mit dem eisernen Besen in dem Bestreben gekehrt, eine völlig bolschewisierte Partei zu etablieren. Der Konflikt um die Strategie in der KPJ von 1938 bis 1940 bedeutete somit viel mehr als nur eine Beseitigung von Überbleibseln verschiedener früherer Splittergruppen, wenngleich dies die vordringliche Aufgabe war. Tito entledigte sich verschiedener Führer, doch seine bei weitem wichtigste Säuberung richtete sich gegen die Dissidenten in der kommunistischen Intelligenzija und gegen verschiedene parteiinterne Tendenzen, die für eine wirkliche Volksfront eintraten, in welcher die KPJ ihre Untergrundmanieren abstreifen und die Rolle eines loyalen Partners der demokratischen und national geprägten Opposition spielen sollte.

Titos Entscheidungsschlacht gegen die linke Intelligenzija wurde gegen eine um Miroslav Krleža, den fortschrittlichsten kroatischen Schriftsteller, gescharte Gruppe geschlagen, der 1940 aus der KPJ als „Trotzkist" ausgeschlossen wurde (→ Kap. 17). Krležas Vielseitigkeit – er schrieb Theaterstücke, Romane, Gedichte sowie literarische und politische Essays – war eines der Hauptmittel, die dem Marxismus intellektuelles Gewicht nicht nur in Kroatien, sondern in ganz Jugoslawien gaben. Krleža, Parteimitglied seit 1919, brachte beinahe im Alleingang alle traditionellen Werte und Denkweisen ins Wanken. Er hegte, möglicherweise weil sein Kommunismus noch der Frühzeit der Bewegung angehörte, eine persönliche und doch sichtbare Abneigung gegen Stalins Politik. Sein Widerstand wurde am deutlichsten in ästhetischen Fragen sichtbar. Krležas Marxismus, ein Produkt mitteleuropäischer kritischer Tradition, konnte nicht in die pragmatische Zwangsjacke des sozialistischen Realismus gepresst werden. Seine Zeitschriften waren offen für die führenden, zum Kommunismus neigenden Surrealisten. Mit der Zeit verband er sich eng mit jüngeren kritischen Kommunisten verschiedener heterodoxer Neigungen, die den Freudianismus und moderne naturwissenschaftliche Theorien verbreiteten bzw. viele Postulate marxistischer Historiographie in Zweifel zogen.

Krležas Opposition gegen den Stalinismus wurde bis zum Ende der dreißiger Jahre zunehmend politisch. Obwohl er sich nie in der Öffentlichkeit von den Moskauer Schauprozessen distanziert hatte, machte er sich keine Illusionen über die Säuberungen und verurteilte sie. Darüber hinaus akzeptierte er keine Verengung der Volksfront; 1935 trat er in einer internen Parteidebatte für eine breite Zusammenarbeit mit der nationalen Opposition, d. h. mit Mačeks HSS ein. Nach dem *Sporazum* und, was noch wichtiger war, nach dem deutsch-sowjetischen Nichtangriffspakt stellte die Komintern ihre Volksfrontpolitik ein. Das Abkommen zwischen Cvetković und Maček wurde als Abkommen zwischen der serbischen und der kroatischen Bourgeoisie verurteilt. Wer sich wie Krleža einer offeneren kommunistischen Linie verschrieb, wurde verstoßen. Die Vorteile der Dogmatisierung und Disziplin wurden allerdings um einen hohen Preis erkauft. Die KPJ war nun zwar organisatorisch stärker, doch politisch isolierter. Viele ihrer Mitglieder, besonders in Kroatien und Slowenien, warteten auf bessere Zeiten und eine Rückkehr der Volksfront. Und so geschah es, dass sich zu Beginn des Zweiten Weltkriegs, noch bevor im März 1941 der Druck der Achsenmächte zunahm, eine Fortsetzung der einseitigen Feindschaft gegen die Demokratien als unmöglich erwies.

10.4. Der Untergang

Als die Regierung von Prinz Paul, der hoffte, einen Beitritt zum Dreierpakt zwischen Deutschland, Italien und Japan vermeiden zu können, ins Wanken geriet, verbanden Teile der serbischen Elite ihre Opposition gegen den *Sporazum* mit ihrem Widerstand gegen das italienisch-deutsche Diktat. Als die Regierung Cvetković-Maček schließlich einer Unterzeichnung des Paktes zustimmte, wodurch Jugoslawien am 25. März 1941 Mitglied der Achse wurde, stürzte am 27. März eine Gruppe serbischer Armeeverschwörer die Regierung. Sie entthronten außerdem Prinz Paul, hoben die Herrschaft des Prinzregenten auf und riefen den minderjährigen Petar II. Karađorđević zum König aus. Dennoch beließen sie Maček und die übrigen Kroaten im neuen Putschistenkabinett unter General Dušan Simović und bestätigten die Gültigkeit des Dreierpakts, mit der Absicht, einstweilen ihre errungenen Ziele zu sichern.

Hitler war dadurch nicht beschwichtigt. Am 16. April 1941 griffen Deutschland, Italien, Ungarn und Bulgarien Jugoslawien an. Die königliche Regierung Jugoslawiens einschließlich mehrerer führender Mitglieder von Mačeks Kroatischer Bauernpartei (unter ihnen Ivan Šubašić und Juraj Krnjević) flohen aus dem Land und etablierten sich schließlich in London als Alliierte Exilregierung. Nach der Kapitulation der jugoslawischen Streitkräfte vor Deutschland am 17. April wurde das Territorium Jugoslawiens entweder direkt unter den Achsenmächten (Deutschland, Italien, Ungarn, Bulgarien) aufgeteilt oder besonderen Besatzungszonen einverleibt (Serbien, Banat). Die serbische Zivilverwaltung wurde schließlich General Milan Nedić, einem serbischen Petain und Vorkriegs-Verteidigungsminister, anvertraut, dessen Stellung von der serbischen Faschistenpartei, dem Zbor (Versammlung) Dimitrije Ljotićs, sowohl angegriffen als auch gestützt wurde.

Die unbesetzten Teile Kroatiens (einschließlich Bosnien-Herzegowinas) wurden formell zu einem Verbündeten der Achse – dem Unabhängigen Staat Kroatien (Nezavisna država Hrvatska). Dieser war tatsächlich ein italienisch-deutsches Kondominium, das von den beiden Siegermächten besetzt war. Deutschlands Wunsch war es, dass die nominale Regierungsgewalt Vladko Maček übertragen werde. Dieses Angebot wurde vom Führer der Bauernpartei abgelehnt. Maček, lebenslang ein Demokrat, sagte später, dass er sich herausgewunden habe „aus der Situation, so gut [er] konnte durch Betonung [seiner] Reputation als unverbesserlicher Pazifist, der kein Verlangen nach irgendwelcher politischer Aktivität während des Krieges habe". (Maček) Die Besatzer gingen dazu über, durch Ante Pavelić und seine Ustaschas zu herrschen, der eine Reihe von antiserbischen Maßnahmen beschloss, die von Terror und Massakern begleitet wurden.

Die Geschichte des Jugoslawien der Zwischenkriegszeit war von großen Vorhaben und gewaltigen Enttäuschungen geprägt. Das Hauptproblem lag in der Unfähigkeit, die richtige Mischung zwischen wirklichen Unterschieden und gemeinsamen Punkten zu finden. Die Unitaristen wünschten die unterschiedlichen Nationalgeschichten der konstituierenden Völker auszulöschen, und die Großserben wollten den gemeinsamen Staat als Besitztum für ihre Vorherrschaft benutzen. Infolgedessen wurden aus der Sicht der nichtserbischen Nationalitäten die Unterschiede zwischen den Unitaristen und den serbischen Hegemonisten rein akademisch. Der Unitarismus wurde de facto zu serbischem Nationalismus. Alle Alternativen wurden für ungesetzlich erklärt oder unterdrückt und hatten überdies nur begrenzten gemeinsamen Nutzen. Föderalismus wurde bis zur Schaffung der kroatischen *banovina* im Jahre 1939 vermieden, doch selbst diese Übereinkunft wurde nicht als normativ vorgestellt. Der erste jugoslawische Staat war für das größere südslawische Drama wichtig, weil er das Element des Stillstandes einführte, der auch nach 1944 die beständigste Eigenschaft der kommunistischen Föderation blieb. Auf dem jugoslawischen Schachbrett waren alle Figuren bekannt, doch hatte das Spiel ein offenes Ende. Es gab eine zusätzliche Einschränkung. Man konnte Jugoslawien haben oder eine politische Demokratie. Nicht beides.

Deutsch von Robert Hammel

Literatur

Eine Einführung in die Geschichte der südslawischen nationalen Ideologien und der Politik im ersten jugoslawischen Staat gibt Ivo Banac, *The National Question in Yugoslavia: Origins, History, Politics,* Ithaca, N.Y. 1984. In dem Buch findet sich eine ausführliche Bibliographie insbesondere neuerer Forschung; es liegt auch in kroatischer Übersetzung vor (*Nacionalno pitanje u Jugoslaviji*, Zagreb 1995[2]). Ferner: Wolf Dietrich Behschnitt, *Nationalismus bei Serben und Kroaten 1830-1914. Analyse und Typologie der nationalen Ideologie*, München 1980.

Zum Ersten Weltkrieg: Dimitrije Djordjevic (Hg.), *The Creation of Yugoslavia, 1914-1918*, Santa Barbara und Oxford 1980; Robert A. Kann, *Das Nationalitätenproblem der Habsburgermonarchie. Geschichte und Ideengehalt der nationalen Bestrebungen vom Vormärz bis zur Auflösung des Reiches im Jahre 1918*, 2 Bde. Graz, Köln 1964; Manfred Rauchensteiner, *Der Tod des Doppeladlers. Österreich-Ungarn und der Erste Weltkrieg*, Graz u.a. 1993; Hugh Seton-Watson, *R. W. Seton-Watson and the Last Years of Austria-Hungary*, Seattle 1981; Über die Geschichte des Jugoslawischen Komitees: Milada Paulová, *Jugoslavenski odbor*, Zagreb 1925.

Zum ersten Jugoslawien ist – abgesehen von Gesamtdarstellungen der westlichen Südosteuropa-Historiker – das Gros von Einzelstudien meist nur in Kroatisch oder Serbisch zugänglich. Dragoslav Janković, „Niška deklaracija. Nastajanje programa jugoslovenskog ujedinjenja u Srbiji 1914" (Die Deklaration von Niš. Zum Programm der jugoslawischen Einigung in Serbien 1914). Godine, in: *Istorija* XX veka: zbornik radova 10, Belgrad, 1969 (S.

8-21); Bogdan Krizman, *Raspad Austro-Ugarske i stvaranje jugoslavenske države*, Zagreb 1977 (Der Zerfall Österreich-Ungarns und die Gründung des jugoslawischen Staats) sowie ders.: *Hrvatska u Prvom Svjetskom ratu: Hrvatsko-srpski politički odnosi,* Zagreb 1989 (Kroatien im ersten Weltkrieg: die kroatisch-serbischen Beziehungen); *Vanjska politika jugoslavenske države 1918-1941,* Zagreb 1975 (Die Außenpolitik des jugoslawischen Staates 1918-1941); besonders zu empfehlen ist die lebhaft geschriebene Chronologie der Ereignisse ab der Mitte des 19. Jh. – mit dem Schwerpunkt Kroatien – bis 1929 von Josip Horvat, *Politička povijest Hrvatske,* 2 Bde. Zagreb 1990² (Die politische Geschichte Kroatiens). Über die Slowenische Volkspartei: Momčilo Zečević, *Slovenska ljudska stranka i jugoslovensko ujedinjenje 1917-1921. Od Majske deklaracije do Vidovdanskog ustava,* Belgrad 1973 (Die slowenische Volkspartei und die jugoslawische Einigung 1917-1921); Über die (bosnischen) Muslime: Šaćir Filandra, *Bošnjačka politika u XX stoljeću*, Sarajevo 1998 (Bosniakische Politik im 20. Jh.), Atif Purivatra, *Jugoslavenska muslimanska organizacija u političkom životu Kraljevine Srba, Hrvata i Slovenaca,* Sarajevo 1974 (JMO im politischen Leben des SHS-Königreichs), sowie Mustafa Imamović, *Historija Bošnjaka,* Sarajevo 1997 (Die Geschichte der Bosniaken). Ein Kurzportrait von Stjepan Radić: Dunja Melčić, „Stjepan Radić", in: *Politische Morde. 17 Fälle des 20. Jahrhunderts*, hg. von Werner Raith/Thomas Schmid, Göttingen 1996.

Zur Königsdiktatur: Svetozar Pribitchevitch, *La dictature de roi*, Paris 1933 (in kroatischer Übersetzung: S. Pribićević, *Diktatura kralja Aleksandra*, Zagreb 1990.); Aufschlussreich sind die Erinnerungen, die Vladko Maček in der amerikanischen Emigration geschrieben hat: V. Maček, *In the Struggle for Freedom*, New York 1957. Speziell zu den Anfängen der Ustaschabewegung: Bogdan Krizman, *Ante Pavelić i ustaše*, Zagreb 1978 (Ante Pavelić und die Ustascha); Kenntnisreich und gut dokumentiert: Ljubo Boban, *Maček i politika HSS, 1928-1941*, 2 Bde. Zagreb 1974 (Maček und die Politik der HSS 1928-1941).

Über die Zeit nach der Ermordung Aleksandars: J.B. Hoptner, *Yugoslavia in Crisis, 1934-1941*, New York 1963. Speziell zum Abkommen zwischen Cvetković und Maček: Ljubo Boban, *Sporazum Cvetković-Maček*, Belgrad 1965.

Über die Kommunisten und deren innere Konflikte: Ivo Banac, *With Stalin against Tito: Cominformist Splits in Yugoslav Communism,* Ithaca, NY 1988; über die Kontroversen unter linken Intellektuellen: Stanko Lasić, *Sukob na književnoj ljevici 1928-1952*, Zagreb 1970 (Der Konflikt innerhalb der literarischen Linken 1928-1952).

Karte 1: Gliederung des jugoslawischen Territoriums vor der Vereinigung von 1918

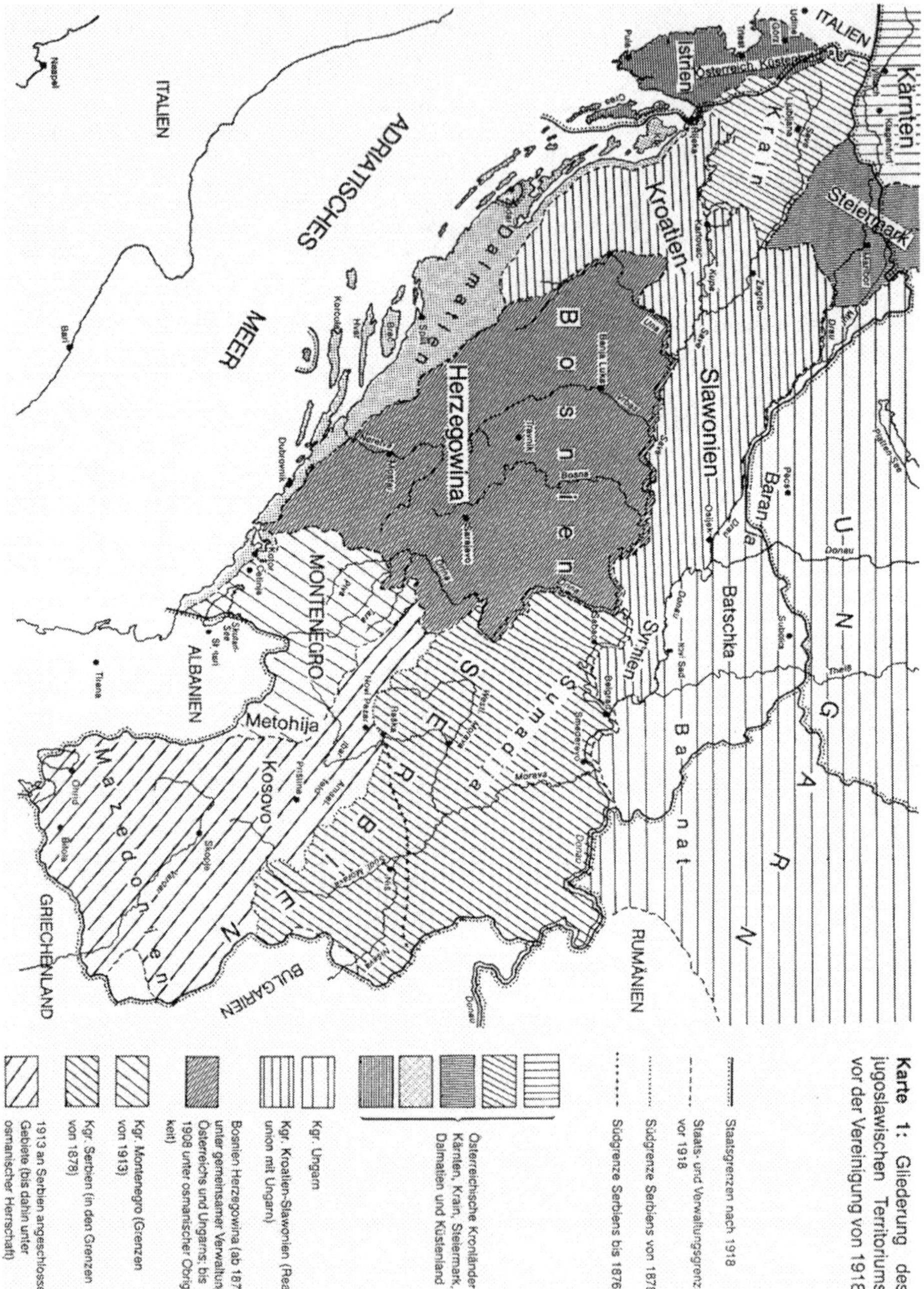

Karte 2: Die Aufteilung Jugoslawiens nach dem Aprilkrieg 1941

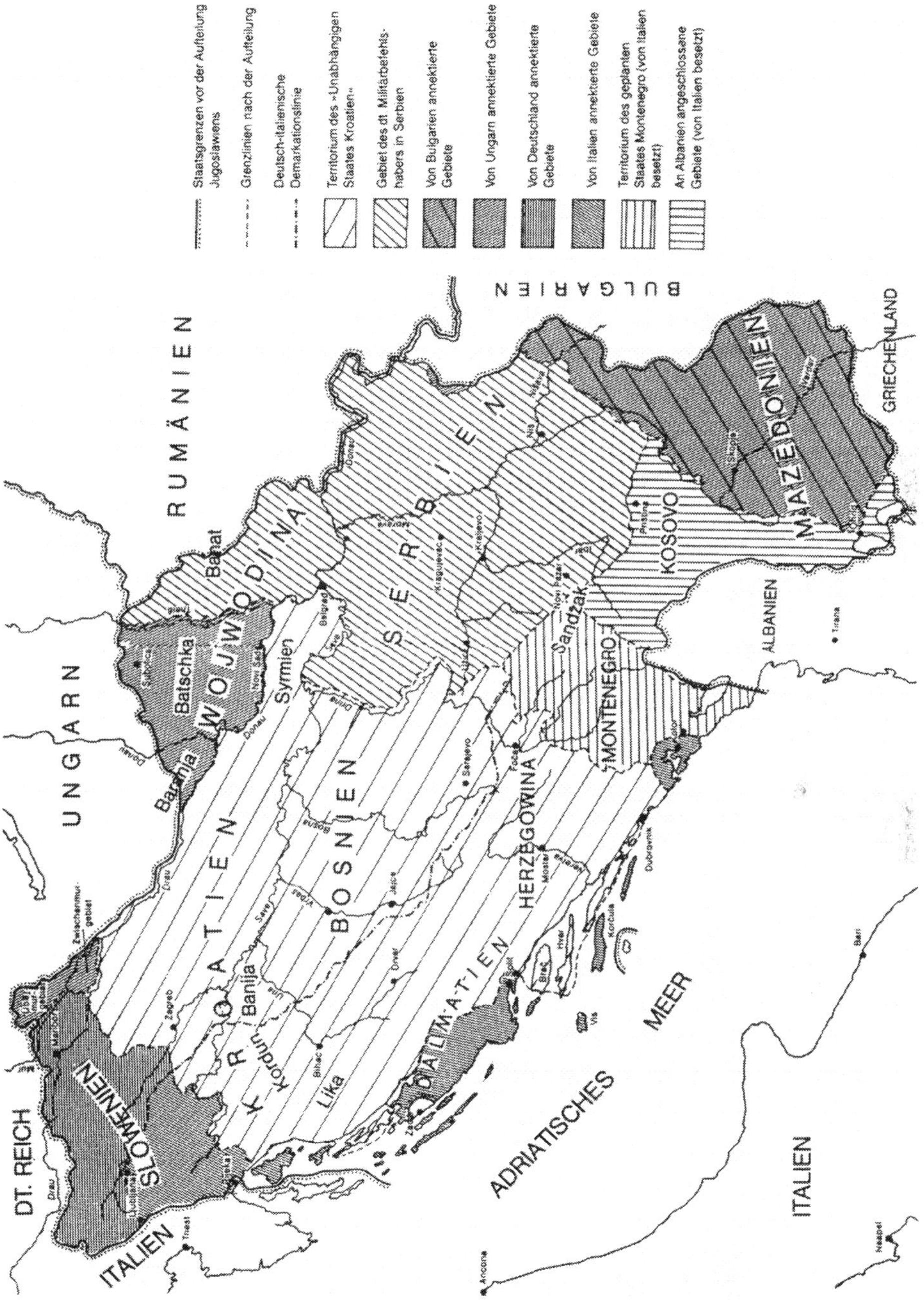

11. Der Zweite Weltkrieg

Slavko Goldstein

11.1. Verlauf und Akteure

11.1.1. Eroberung und Aufteilung

Unmittelbar nach den ersten Nachrichten von den Putschereignissen und den antideutschen Demonstrationen in Belgrad vom 27. März 1941 erließ Adolf Hitler die „Weisung Nr. 25", in der es hieß: „Der Militärputsch in Jugoslawien hat die politische Lage auf dem Balkan geändert. Jugoslawien muss auch dann, wenn es zunächst Loyalitätserklärungen abgibt, als Feind betrachtet und daher so rasch als möglich zerschlagen werden." Im letzten Augenblick bemühte sich die Regierung unter General Simović, den Krieg noch mit der Anerkennung des Beitritts zum Dreimächtepakt zu vermeiden. Deutschland versetzte in kurzer Zeit 24 hervorragend ausgerüstete Divisionen in Angriffsbereitschaft, dazu kamen 23 italienische sowie einige ungarische und bulgarische Divisionen. Insgesamt kamen 2.200 Kampfflugzeuge zum Einsatz. Dieser Streitmacht stellte sich die jugoslawische Armee mit insgesamt 30 unzureichend ausgerüsteten Divisionen entgegen, die zumeist mit Ochsengespannen statt mit Kraftfahrzeugen ausgestattet waren. Die Grenze zu Griechenland ausgenommen, befand sich Jugoslawien in totaler feindlicher Einkreisung.

Der Angriff begann ohne Kriegserklärung in den frühen Morgenstunden des 6. April mit einem beispiellosen Bombenangriff auf Belgrad, bei dem nach vorsichtigen Schätzungen 4.000 Belgrader den Tod fanden (nach einigen Quellen sogar 10.000). Zugleich stützte sich der Überfall auf die deutschen Panzerdivisionen, die aus Bulgarien in Richtung Skopje und Niš, aus Rumänien in Richtung Belgrad und später aus Ungarn und Österreich in Richtung Zagreb und Bosnien vorstießen. Der Widerstand war schwach und kam praktisch schon in den ersten zwei bis drei Tagen zum Erliegen. Die Kampfmoral der Verteidiger war niedrig, da die Mehrheit der Soldaten und viele Offiziere, insbesondere nichtserbischer Nationalität, nicht bereit waren, für das Königreich Jugoslawien zu kämpfen. An allen Fronten kam es zum vollständigen Zusammenbruch. König Petar floh mit großem Gefolge am 14. April im Flugzeug aus Montenegro nach Griechenland, und einen Tag später folgte ihm auf demselben Weg seine Regierung mit Ministerpräsident General Simović an der Spitze. Schon am 14. April begann der neue Generalstabschef, General Kalafatović, die Unterhandlungen über die Kapitulation, die am 17. April in Belgrad unterzeichnet wurde. Insgesamt gerieten 6.298 Offiziere und 337.863 Unteroffiziere und Soldaten in Kriegsgefangenschaft, davon ca. 90 Prozent Serben. Die Angehörigen der übrigen Nationalitäten hatten die Deutschen meist sofort nach der Entwaffnung nach Hause entlassen. Es war ein vollendeter deutscher „Blitzkrieg".

Der Krieg war noch nicht beendet, als Hitler am 12. April die „Vorläufigen Richtlinien für die Aufteilung Jugoslawiens" herausgab. Keiner der italienischen, ungarischen und bulgarischen Verbündeten war durch die Bestimmungen Hitlers zufrieden gestellt, jeder forderte für sich mehr Territorium. Nach längerem Verhandeln und Feilschen um Grenzen und Gebiete nahm die deutsche Seite schließlich folgende Aufteilung vor:

Slowenien, nördlicher und westlicher Teil, annektiert von Deutschland
Fläche in km^2: 9.620 Einwohner: 775.000

Slowenien, südlicher Teil, annektiert von Italien
Fläche in km^2: 5.242 Einwohner: 380.000

Teile Dalmatiens und des Kroatischen Küstenlandes sowie die Bucht von Kotor, annektiert von Italien
Fläche in km^2: 5.381 Einwohner: 380.000

Unter italienischer Verwaltung: Kosovo und das westliche Makedonien (beide vereinigt mit Groß-Albanien) und der größte Teil Montenegros
Fläche in km^2: 28.000 Einwohner: 1.230.000

Makedonien (die zentralen, östlichen und südlichen Gebiete) annektiert von Bulgarien
Fläche in km^2: 28.250 Einwohner: 1.260.000

Serbien (reduziert auf die Grenzen von 1912) unter der Verwaltung des deutschen Militärbefehlshabers
Fläche in km^2: 51.100 Einwohner: 3.810.000

Banat unter der Verwaltung des deutschen Militärbefehlshabers, zivile Verwaltung durch die ansässigen Volksdeutschen
Fläche in km^2: 9.776 Einwohner: 640.000

Bačka, Baranja, Zwischenmur- und Übermurgebiet annektiert von Ungarn
Fläche in km^2: 11.601 Einwohner: 1.145.000

Unabhängiger Staat Kroatien (das heutige Kroatien, Bosnien-Herzegowina und Syrmien ohne die von Italien und Ungarn annektierten Gebiete)
Fläche in km^2: 98.572 Einwohner: 6.300.000

Überall wurden repressive Regime oder Militärdiktaturen errichtet, die mit Gewaltmaßnahmen die „neue Ordnung“ einführten. Auch wenn die neuen Herren mit den einzelnen Landesteilen unterschiedlich verfuhren, wurde das gesamte Gebiet des zerschlagenen Jugoslawien in den Dienst der Politik der Achsenmächte und ihrer Kriegsanstrengungen gestellt. Die Kosten der Besatzung mussten aus lokalen Ressourcen bestritten werden. Die Folge war eine plötzliche Verarmung der Bevölkerung, in einigen Gebieten traten sogar Hungersnöte auf. Deutschland bemühte sich, seiner Kriegsmaschinerie insbesondere die Nutzung der reichen jugoslawischen Erzvorkommen, der Landwirtschaftsprodukte und der billigen Arbeitskräfte zu sichern. (Fast 400.000 überwiegend zwangsmobilisierte Einwohner aus den jugoslawischen Ländern wurden bis 1944 zur Arbeit nach Deutschland deportiert.)

Als das Gebiet mit dem mutmaßlich größten Feindpotential wurde Serbien unter die strenge Verwaltung des deutschen Militärbefehlshabers gestellt. Drastische repressive Maßnahmen wie Massenverhaftungen, die Errichtung von Konzentrationslagern und die „rassische Säuberung“ von Juden und Roma wurden eingeleitet. Die mitgliederschwache serbische faschistische Bewegung „Zbor“ (Versammlung) arbeitete unter der Führung von Dimitrije Ljotić (→ Kap. 10) bereitwillig mit der Besatzungsmacht zusammen. Bald erschienen mit einer Gruppe vormaliger jugoslawischer Politiker und Generäle weitere Kollaborateure auf der Bildfläche. Sie sahen in Deutschland den sicheren Gewinner des Krieges. Demzufolge widersetze sich das kleine Serbien vergeblich, vielmehr müsse es sich Deutschland zuwenden, um sein Volk vor weiterem Blutvergießen und dem Untergang zu bewahren. Aus diesen Kreisen ernannte der deutsche Militärkommandant am 1. Mai einen „Kommissarischen Rat“ als Hilfsorgan für zivile Angelegenheiten und beauftragte am 29. August

Armeegeneral Milan Nedić mit der Bildung einer „Regierung der nationalen Rettung". Die neue Regierung sollte den Deutschen bei der Aufstandsbekämpfung und der Stabilisierung des unruhigen Serbien behilflich sein.

Im Banat legte der Militärbefehlshaber die zivile Verwaltung in die Hände der ansässigen Volksdeutschen, die etwa ein Fünftel der Bevölkerung ausmachten. Das nazistische Politik- und Herrschaftsmodell diente uneingeschränkt als Vorbild. Schon im August 1941 wurden alle Banater Juden in Konzentrationslager deportiert und das Banat zum ersten „judenfreien" Gebiet Europas ausgerufen. In allen annektierten Gebieten wurde eine Politik durchgeführt, die die unterworfenen Nationalitäten in ihrem Bestand angriff. In der Steiermark und in Kärnten wurden die slowenische Sprache, slowenische Publikationen und Vereinigungen verboten, alleinige Amtssprache wurde das Deutsche. Auf dem Kosovo und im westlichen Makedonien führten die albanischen Irredentisten unter italienischem Patronat eine gewaltsame Albanisierung durch. Ungarn magyarisierte „seine" Gebiete unter Einsatz von mancherorts barbarischen Mitteln. Bulgarien erklärte die Mazedonier schlechthin zu Bulgaren und sandte in den angeschlossenen Teil Mazedoniens Beamte, Lehrer und Priester, die das Land bulgarisieren sollten. Italien verfuhr etwas diplomatischer und gab den angeschlossenen Provinzen „Lubiana" und Dalmatien einen zweisprachigen Sonderstatus. Mit Hilfe besonderer Beratungsorgane bemühten sich die Italiener, die Bevölkerung zur Mitarbeit zu gewinnen, doch erzielten sie damit keine nennenswerten Erfolge. Ebenso erfolglos blieb das Bestreben, Montenegro in ein Vasallen-Königreich unter italienischem Patronat zu verwandeln, obwohl das italienische Besatzungsregime dort relativ mild war.

Radikalere Formen der Entnationalisierung stellten die Massendeportationen und andere Maßnahmen zur Vertreibung der Bevölkerung dar. Bis zum Herbst 1941 hatten die deutschen Machthaber mehr als 60.000 Slowenen zur Flucht aus Slowenien getrieben. Ca. 17.000 waren „freiwillig" nach Ljubljana und in die südlichen Teile Sloweniens unter dem weniger brutalen italienischen Regime ausgewandert. (Hitler verlangte am 28. April in Maribor: „Machen Sie mir die Steiermark wieder deutsch!") Die großalbanischen Verwaltungsbehörden verjagten die serbischen und montenegrinischen Bewohner aus dem Kosovo. Die Bulgaren vertrieben die Serben aus Mazedonien nach Serbien. Dort trafen in großer Zahl auch serbische Flüchtlinge aus der Bačka ein. Die größten Ausmaße nahmen die Massendeportationen im Unabhängigen Staat Kroatien (Nezavisna Država Hrvatska, NDH) an. Gegen Ende Juli 1941 registrierte die deutsche Besatzungsmacht in Serbien schon 137.000 serbische Aussiedler und Vertriebene vor allem aus dem NDH. Ende August belief sich die Zahl der Flüchtlinge bereits auf ca. 180.000. Dies bereitete den Besatzern erhebliche Schwierigkeiten, vor allem in Anbetracht des Aufstandes, der im Sommer 1941 Serbien erfasste. Auf Verlangen der deutschen Behörden wurden dann „bis auf weiteres" die Deportationen von Einwohnern in allen Teilen des zerschlagenen Jugoslawien eingestellt.

11.1.2. Der Unabhängige Staat Kroatien (NDH)

In dem Augenblick, als die Vorhut der deutschen Wehrmacht am 10. April 1941 in Zagreb einmarschierte, rief der pensionierte k. u. k. Oberst Slavko Kvaternik über Radio Zagreb die Gründung des Unabhängigen Staates Kroatien mit den Worten aus: „Gottes Vorsehung und der Wille unseres großen Verbündeten sowie der jahrhundertelange Kampf des kroatischen Volkes und die große Opferbereitschaft unseres Führers Ante Pavelić und der Ustascha-Bewegung in der Heimat und im Ausland haben es gefügt, dass heute vor der Auferstehung des Gottessohnes auch unser Unabhängiger Staat Kroatien aufersteht."

Dem Empfang nach zu urteilen, der der deutschen Wehrmacht in Zagreb und anderen Städten bereitet wurde, wie auch nach anderen öffentlichen Bekundungen dieser Tage nahm die Mehrheit der kroatischen Bevölkerung die militärische Niederlage Jugoslawiens und die Errichtung des NDH mit Genugtuung auf. Die Ustascha-Organisation war bis dahin ausgesprochen mitgliederschwach gewesen. Sie bestand aus ca. 300 Ustascha-Emigranten unter der Führung von Ante Pavelić in Italien und noch einmal so vielen Mitgliedern in Deutschland und anderen Ländern. Dazu kamen ca. 2.000 illegal organisierte „vereidigte“ Ustaschas innerhalb des Landes. Sie stellten das Grundgerüst der neuen Herrschaft dar. Sofort traten der Ustascha-Bewegung in großer Zahl neue Mitglieder bei, so dass die Organisation nach einem Monat an der Macht schon über mehr als 100.000 Mitglieder verfügte, die den Schwur der Ustaschas abgelegt hatten.

Organisation und Durchsetzung der neuen politischen und staatlichen Herrschaft verliefen schnell und reibungslos. Pavelić und seine engsten Mitarbeiter hatten im Laufe der langen Emigrationsjahre das politische Programm, die wichtigsten Gesetze und die Form der staatlichen Administration gründlich vorbereitet. Pavelić folgte in allem dem italienischen und deutschen Modell der „neuen Ordnung“ und huldigte dem Kult von Nation, Staat und Führer. Die Muslime, von denen es auf dem Territorium des NDH ca. 700.000 gab, wurden von der Ustascha-Führung heftig umworben. Die Ustaschas betrachteten sie als Angehörige der kroatischen Nation. Die Muslime galten als „Blüte des kroatischen Volkes“ und Bosnien als „das Herz Kroatiens“. Dem Muster des Dritten Reiches folgend, wurde die politische Propaganda, die radikal nationalistisch und chauvinistisch gegenüber Serben und Juden war, forciert. Auch der Kultur maßen die Ustaschas eine besonders große Bedeutung bei und versuchten Schriftsteller, Künstler und andere Kulturschaffende für sich einzunehmen. Dem nationalen Geist sollte Auftrieb gegeben werden.

Die totalitäre Idee dokumentiert am eindrucksvollsten ein programmatischer Text des erneuerten Organs der Ustascha-Bewegung, „Ustascha“, vom 13. Juni 1941: „Im Ustascha-Staat, den der Poglavnik [der Führer, d. h. Pavelić, Anm. d. Übers] und seine Ustaschas begründet haben, denkt man wie ein Ustascha, redet man wie ein Ustascha und – vor allem – handelt man wie ein Ustascha. Mit einem Wort, das ganze Leben im Unabhängigen Staat Kroatien wird nach Art und Weise der Ustaschas gestaltet sein.“ Alle politischen Parteien und regimefeindliche Zeitungen wurden verboten, alle Druckereien verstaatlicht. In allen Institutionen wurden Gewährsmänner der Ustascha mit fast unbegrenzten Vollmachten eingesetzt. Das System des politischen Terrors erhielt seine rechtliche Form mit der „Gesetzlichen Verordnung zum Schutz des Volkes und des Staates“ vom 17. April, also nur einen Tag, nachdem Pavelić in Zagreb seine erste Regierung eingesetzt hatte. In der Einleitung dieser Verordnung heißt es:

„1. Wer, auf welche Art und Weise auch immer, die Ehre und das Lebensinteresse des kroatischen Volkes verletzt oder verletzt hat, oder wer, auf welche Art und Weise auch immer, die Existenz des Unabhängigen Staates Kroatien oder der Staatsautorität bedroht, macht sich, auch wenn die Tat nur Versuch bleibt, des Verbrechens des Hochverrats schuldig.“

2. Wer sich des unter Punkt 1 angeführten Verbrechens schuldig macht, wird mit dem Tode bestraft.“

Diese Verordnung schuf die Grundlage für die Errichtung der Konzentrationslager, für die massenhafte Ermordung von Geiseln und für die Einsetzung von Standgerichten, die für das bloße Hören des Londoner Rundfunks und der Partisanensender stets die Todesstrafe verhängten.

Auf der Grundlage früher eingegangener Verpflichtungen war Pavelić gezwungen, am 18. Mai die „Römischen Protokolle“ zu unterzeichnen, nach denen große Teile Dalmatiens mit den Städten Split und Šibenik sowie des Kroatischen Küstenlandes mit den Kvarner Inseln Italien überlassen wurden. In einem weiteren Vertrag zwischen Deutschland und Italien wurde das Territorium des NDH durch eine Demarkationslinie in eine nördliche deutsche und eine südliche italienische Operations- und Einflusszone geteilt.

Seit der Gründung der Ustascha-Bewegung zu Beginn der dreißiger Jahre basierte die gesamte Ideologie und Politik der Ustascha auf Intoleranz gegenüber den Serben. Die Bewegung propagierte einen kroatischen Staat mit „reinem Lebensraum". Das antisemitische und das rassistische Programm wurde später, unter dem Einfluss des Bündnisses mit dem Dritten Reich, hinzugefügt und konsequent nach nazistischem Modell im NDH umgesetzt: Von 39.000 Juden wurden 31.000 überwiegend in Lagern der Ustascha, zum Teil auch in Lagern der Deutschen ermordet. Den übrigen 8.000 gelang es, sich durch Flucht in die italienische Besatzungszone, nach Italien oder in andere Länder zu retten. Fast die Hälfte von ihnen kämpfte an der Seite der Partisanen gegen ihre Verfolger. Die Angehörigen von Mischehen wurden in der Mehrzahl Dank des Einsatzes des Zagreber Erzbischofs Stepinac und der katholischen Kirche vor dem Tode bewahrt. Fast alle Roma auf dem Gebiet des NDH (ca. 30.000) fielen den Verfolgungen zum Opfer.

Die Ustascha-Behörden konnten sich zunächst auf keinen genauen und offiziell angeordneten Plan zur Behandlung der zwei Millionen Serben stützen. Der gemäßigte Teil der Ustascha-Führung trat für Massendeportationen nach Serbien und für die Konversion zum Katholizismus ein. Der „harte Kern" der Ustascha-Bewegung mit Ante Pavelić und den Emigranten an der Spitze hatte 1932 „die Anwendung aller Mittel, auch der furchtbarsten" gefordert, also die Ermordung. Die Organisation der Vernichtung vertraute Pavelić dem Sondergeheimdienst bei der Direktion für öffentliche Ordnung und Sicherheit und dem Ustascha-Abwehrdienst, der dritten Abteilung des Ustascha-Aufsichtsdienstes, an. Beide Organisationen wurden von Eugen Dido Kvaternik, dem Chef der Sicherheitsdienste, befehligt.

Den ersten Massenmord an Serben verübten die Ustaschas am 27. April 1941 bei Bjelovar. Der zufällige Tod eines kroatischen Landwehrsoldaten diente als Anlass für die Erschießung von 196 serbischen Bauern. Am 9. Mai folgte ein Massaker an ca. 400 serbischen Bauern aus Dörfern im Kordun, am 13. Mai die Ermordung von 260 Serben in Glina (was der Anlass für den ersten Protest von Erzbischof Stepinac in einem Brief an Pavelić war). Im Juni und Juli wurden weitere Massenmorde sogar auch an Frauen und Kindern, in den serbischen Dörfern der Lika, des Kordun und der Banija, im Dalmatinischen Bergland (Dalmatinska Zagora) und besonders in der Herzegowina verübt. Auf den sich organisierenden serbischen Widerstand antworteten die Ustascha-Behörden im Juli mit noch rücksichtsloseren Repressalien. Der Terror gab dem serbischen Aufstand neue Nahrung und führte das Land immer tiefer in den Kriegszustand.

In ihrer Einflusszone versuchten die italienischen Behörden die Situation zu stabilisieren und verhinderten manche Gewaltmaßnahmen der Ustaschas. Im August und September weiteten sie ihre Besatzungszone aus und stellten Teile der Herzegowina, des Dalmatinischen Berglandes, der Lika, des Gorski Kotor und des Kordun unter ihre direkte militärische Kontrolle. In der deutschen Besatzungszone im nördlichen Teil des Landes errichteten die Ustascha-Behörden im September das Massenkonzentrationslager Jasenovac, das zum Hauptschauplatz des weiteren Terrors der Ustascha wurde. Unterdessen beschwerten sich der deutsche Militärbevollmächtigte für den NDH Glaise von Horstenau und andere für das Gebiet des zerschlagenen Jugoslawien zuständige Wehrmachtskommandeure immer häufiger in ihren Berichten über die Ustascha-Behörden. Mit ihren „Gräueltaten" würden sie „gewaltige Zündstoffe anhäufen und in der nächsten Zeit schwer einzudämmende Unruheherde schaffen". Aus diesem Grund musste Pavelić im Laufe des Jahres 1942 vor allem auf deutschen Druck hin seine Politik gegenüber den Serben revidieren. Er entließ Dido Kvaternik und einige von dessen engsten Mitarbeitern. Die Serben erklärte er zu „Kroaten orthodoxen Glaubens", versprach ihnen Sicherheit und gründete die kroatisch-orthodoxe Kirche auf dem Gebiet des NDH. Zu diesem Zeitpunkt war das Ustascha-Regime jedoch schon endgültig kompromittiert und hatte seine ursprüngliche Unterstützung bei der großen Mehrheit des kroatischen Volkes verloren.

Die Politik der Ustascha zur massenhaften Gewinnung der Muslime war von Beginn an erfolglos. Die Mehrheit der Muslime hat den ganzen Krieg hindurch versucht, sich aus den Auseinandersetzungen der Kriegsparteien herauszuhalten. Ihre angesehensten Persönlichkeiten wandten sich mehrfach mit Beschwerden gegen die terroristische Politik der Ustascha-Behörden an die Deutschen und ersuchten um Autonomie bzw. Neutralität Bosniens innerhalb oder außerhalb des NDH. Nur zwei extreme und relativ kleine Minderheiten der Muslime wandten sich den Ustascha bzw. den Partisanen zu.

Sehr viele Mitglieder der Kroatischen Bauernpartei (HSS), der bis zum Krieg einflussreichsten politischen Organisation der Kroaten, unterstützten anfänglich die Errichtung des Ustascha-Regimes. Der populäre Führer der HSS, Vladko Maček, lehnte jedoch eine persönliche Zusammenarbeit mit den neuen Machthabern ab und leistete passiven Widerstand, rief aber die Bevölkerung am Tag der Machtübernahme zur Loyalität dem neuen Regime gegenüber auf. Die Ustaschas stellten ihn bald unter Hausarrest und lieferten ihn im Herbst 1941 ins Lager Jasenovac ein. Auch die überwiegende Mehrheit der Mitglieder der HSS distanzierte sich bis Ende 1941 von der Ustascha-Bewegung. 1942 und insbesondere 1943 schloss sich eine beträchtliche Zahl von ihnen den Partisanen an. Die Mehrheit der Führung der HSS vertrat eine Politik des Abwartens, hegte heimliche Sympathien für die westlichen Verbündeten (Großbritannien und die USA) und trat mit diesen über verschiedene Kanäle in Kontakt. Ihr Ziel war es, der Partei einen Rückhalt für die Einflussnahme auf die Nachkriegsordnung des Landes zu verschaffen.

Für die katholische Kirche drückte Erzbischof Stepinac schon am 12. April öffentlich ihre Zufriedenheit mit der Errichtung des NDH aus. Einige Priester waren schon zuvor Mitglieder der Ustascha-Organisation gewesen. Mit der Machtübernahme 1941 wurden viele Geistliche aktive Parteigänger der Bewegung. Die katholische Kirche verwahrte sich jedoch gegen die gewaltsamen Zwangskonversionen, die das Ustascha-Regime durchführte, und protestierte 1941 mehrfach offiziell dagegen. Kardinal Stepinac persönlich drückte zunächst in Gesprächen und in Briefen an Ustascha-Funktionäre, schließlich auch in öffentlichen Predigten Missbilligung und Protest gegen die Ustascha-Politik der Gewalt und der rassischen Intoleranz aus. Oft konnte er verfolgte Einzelne und Gemeinschaften durch seine persönlichen Interventionen schützen, manchmal auch mit Hilfe von Vertretern des Vatikans. Unter anderem rettete er ein jüdisches Altersheim vor dem Holocaust. Die fünfundfünfzig Insassen erhielten Asyl auf einem Kirchenbesitz bei Zagreb, wo sie den Krieg überlebten. Zugleich hielt Stepinac unbeirrt an seinem radikalen Antikommunismus und seiner nationalistischen, kroatischen Orientierung fest. Er distanzierte sich trotz seiner Kritik am Ustascha-Regime niemals vom NDH als Staat. In der von den Kommunisten geführten Partisanen-Bewegung sah er den „Antichrist" und betrachtete sie als Hauptfeind. Eine ähnliche Entwicklung durchlief in ihrer Haltung die Mehrzahl der katholischen Priester im NDH. Nur eine Minderheit hielt der Ustascha-Bewegung unerbittlich die Treue, eine noch kleinere Zahl arbeitete von 1943 und 1944 an mit den Partisanen zusammen.

11.1.3. Die Tschetniks

Die Unterdrückungspolitik in allen Teilen des zerschlagenen Jugoslawien brachte breite Schichten der Bevölkerung in einen unüberbrückbaren Gegensatz zu den neuen faschistischen und profaschistischen Regimen und rief innerhalb kürzester Zeit verschiedene Widerstandsformen hervor. Bereits am 26. April 1941 kamen zehn Vertreter christlicher Sozialisten, Kommunisten und einiger slowenischer Kulturorganisationen in Ljubljana zu einem konspirativen Treffen zusammen und gründeten die Antiimperialistische Front Sloweniens. Sie ging später in die Befreiungsfront (Osvobodilna Fronta) über und wurde zu einem wichtigen Faktor in der Organisation des bewaffneten Aufstandes. Zuerst griff, zu Beginn völlig unorganisiert, die serbische Bevölkerung an einigen Orten des NDH, insbesondere in der östlichen Herzegowina, zu den Waffen. Aus diesen vereinzelten Ansätzen, die sich durch lokale Motive und Intensitäten stark voneinander unterschieden, kristallisierten sich schon im Sommer 1941 die zwei Hauptgruppen des Widerstandes heraus: die Tschetniks (von *četa*, bewaffnete Bande) und die Partisanen.

Den Kern der Tschetnik-Bewegung bildeten jene serbischen Offiziere der zerschlagenen jugoslawischen Armee, die nach dem Aprilkrieg die Kapitulation abgelehnt hatten. Sie zogen sich in kleinen, losen Gruppen zum Kampf in die Bergregionen Serbiens zurück. Die stärkste dieser Gruppen, ca. fünfzig Offiziere, Unteroffiziere und Soldaten unter dem Kommando von Oberst Draža Mihajlović, rief sich am 16. Mai in Ravna Gora in West-Serbien zum „Kommandoquartier der Tschetnik-Abteilungen der königlichen Armee" aus. In der Zeit der serbischen Aufstände und der Befreiungskriege gegen die Türken hatten sich Guerillaeinheiten als „Tschetniks" bezeichnet. Zur Zeit des Königreichs Jugoslawien ging das Tschetniktum in der radikalen serbischen nationalistischen Bewegung auf und wurde von einigen Eliteeinheiten in der königlichen jugoslawischen Armee als Tradition gepflegt. Vor diesem Hintergrund verbreitete sich die Tschetnik-Bewegung mit enormer Schnelligkeit im engeren Serbien, etwas später in Montenegro, unter der serbischen Bevölkerung der östlichen Herzegowina, in Ost-Bosnien, in der Kniner Krajina und in einem kleineren Teil der Lika. Alle Tschetnik-Kommandeure vor Ort erkannten den Oberbefehl Mihajlovićs an, bewahrten sich aber große Unabhängigkeit bei Entscheidungen und Vorgehensweisen. Die lockeren Verbindungen, die Undiszipliniertheit und die häufige Willkür waren eine allgemeine Schwäche in der Organisation der Tschetnik-Bewegung. Ihr unmittelbares Ziel war der Schutz der serbischen Bevölkerung vor den Ustascha-Massakern und nicht ein groß angelegter Aufstand. „Der Aufruf zum nationalen Aufstand erfolgt in einem günstigen Augenblick, wenn die Zeit dafür reif ist!", lautete ihre Parole. Die Tschetniks organisierten ihre Verbindungen, sammelten Waffen und stellten „Mobilmachungslisten von Reservisten" auf. Nach einer deutschen Schätzung vom 29. Oktober 1941 betrug die Zahl der bewaffneten Tschetniks unter dem Kommando von Draža Mihajlović zum damaligen Zeitpunkt etwas weniger als 10.000. Außerhalb Serbiens waren höchstens noch einmal so viele aktiv. In den Reservisten-Listen waren allerdings noch fünfmal so viele eingeschrieben. Die Tschetniks gaben in ihrer Propaganda ihre Gesamtzahl mit 200.000 an, was mit Sicherheit stark übertrieben war. Auf dem Höhepunkt der Tschetnik-Bewegung zu Beginn des Jahres 1943 schätzten die Italiener die Zahl der bewaffneten Tschetniks in ihrem Einflussgebiet auf über 80.000. Das bedeutet, dass sie insgesamt nicht mehr als 120.000 Mann gewesen sein können. Am Ende desselben Jahres, als die Tschetniks ihre größte Verfallsphase erlebten, gaben die Deutschen ihre Zahl mit insgesamt 31.000 bewaffneten Tschetniks an.

Die langfristigen *Ziele der Bewegung* benannte Draža Mihajlović zusammenfassend in einer „Anweisung" an zwei seiner Kommandanten am 20. Dezember 1941:

„1. Der Kampf für die Befreiung unseres ganzen Volkes unter dem Zepter von König Petar II. 2. Die Errichtung eines Groß-Jugoslawien und als Bestandteil davon eines ethnisch reinen Groß-Serbien. Serbien (einschließlich Mazedoniens) soll Montenegro, Bosnien, die Herzegowina, Syrmien, das Banat und die Bačka umfassen. 3. Der Kampf für den Anschluss aller noch nicht befreiten, unter der Herrschaft Italiens und Deutschlands stehenden slawischen Territorien (Triest, Görz, Istrien, Kärnten) an unseren Staatsverband, ebenso der unter bulgarischer Kontrolle stehenden Gebiete, sowie Nordalbaniens mit Skutari. 4. Die Säuberung des Staatsterritoriums von allen nationalen Minderheiten und nichtnationalen Elementen. 5. Die Schaffung einer unmittelbaren gemeinsamen Grenze zwischen Serbien und Montenegro, wie auch zwischen Serbien und Slowenien durch die Säuberung [*čišćenje*] der muslimischen Bevölkerung aus dem Sandžak und der muslimischen und kroatischen Bevölkerung aus Bosnien."

Volksdeutsche, Kroaten und Muslime trugen in den Augen der Tschetniks die Hauptschuld an der Niederlage im Aprilkrieg, an den Massenmorden und der Unterdrückung des serbischen Volkes. Aus diesem Grund war jede Diskriminierung ihnen gegenüber gerechtfertigt. In den Ausarbeitungen des umfassenden Planes über die ethnisch gesäuberten Gebiete war die Vertreibung von 2.675.000 Menschen aus Groß-Serbien vorgesehen, 1.310.000 Menschen sollten aus anderen Regionen nach Groß-Serbien übersiedeln.

11.1.4. Die Partisanen

Nach dem Zerfall Jugoslawiens waren die Kommunisten die einzige Partei, die ihre Organisation in allen Teilen des Landes aufrechterhalten konnten. Zu dieser Zeit zählte die Kommunistische Partei Jugoslawiens (KPJ) 6.000 bis 8.000 Mitglieder. Sie waren kampfbereit, an die illegale Arbeit gewöhnt und unter einem fähigen Führer, Josip Broz Tito, gut organisiert (→ Kap. 10). Hinzu kamen noch mindestens 30.000 organisierte Mitglieder und aktive Sympathisanten der kommunistischen Jugend.

Nachdem Deutschland die UdSSR überfallen hatte, rief die Führung der KPJ aus ihrem Belgrader Versteck im Untergrund am 4. Juli zum bewaffneten Aufstand auf: „Völker Jugoslawiens! [...] Die Zeit ist gekommen ..., um sich zum Kampf gegen die Besatzer und ihre einheimischen Helfershelfer, gegen die Henker unserer Völker zu erheben!" Vier oder fünf Tage zuvor war über Funk eine Botschaft der Komintern aus Moskau eingetroffen. Darin hieß es, dass es sich „in der jetzigen Etappe um die Befreiung vom faschistischen Joch, nicht um die sozialistische Revolution" handele. Diese Aussage deckte sich mit der Position der KPJ. Man wollte sich an die Spitze des Widerstandes auf nationaler Grundlage stellen. Daher sind weder „Klassenkampf", „Sturz der bürgerlichen Ordnung" noch die Parole vom Sozialismus in den damaligen propagandistischen Verlautbarungen der KPJ und ihrer Organisationen zu finden.

Der Aufruf zum Aufstand versprach eine bessere staatliche Ordnung als die vorangegangene, Demokratie und gerechtere zwischennationale Beziehungen. Entsprechend wurde in einer Bekanntmachung des Zentralkomitees der KP Kroatiens (KPH) vom 13. Juli 1941 die Errichtung „eines neuen demokratischen Jugoslawien freier und gleichberechtigter Völker, in dem auf der Basis der Selbstbestimmung auch ein freies Kroatien aufgebaut werden wird", proklamiert. Gut organisiert, stellten sich die Kommunisten auf dem Gebiet des NDH an die Spitze des Widerstandes der serbischen Bevölkerung. Mit patriotischen und demokratischen Parolen sowie unermüdlichem Aktivismus vermochten sie in vielen Teilen des Landes bedeutende nicht kommunistische, national und demokratisch eingestellte Kräfte zu vereinen. Sie formierten bewaffnete Truppen, die sie „Partisanen" nannten, und führten einen Guerillakrieg, der von Sabotageakten in den Städten und an den Verkehrsadern begleitet wurde. In Montenegro, im westlichen Serbien und in den Gebirgsregionen Bosniens und Kroatiens nahmen sie schon 1941 einige kleinere Städte ein. Größere militärische Aktionen und Einheiten wurden zumeist von erfahrenen kommunistischen Kämpfern geleitet, die als republikanische Freiwillige am spanischen Bürgerkrieg teilgenommen hatten (ca. 150). Mit Waffen und Munition versorgten sie sich hauptsächlich durch Überfälle und Beraubung des Feindes. Im August und September 1941 ordneten die Partisanen systematisch ihre Befehlsstrukturen in sechs nationale Generalstäbe und in den Obersten Stab für ganz Jugoslawien mit Tito als oberstem Befehlshaber und benannten sich in Volksbefreiungsarmee (NOV, narodno-oslobodilačka vojska) um. Nach eigenen Angaben verfügten die Partisanen gegen Ende 1941 schon über ca. 80.000 Kämpfer unter Waffen, was eine übertriebene Schätzung darstellte. Zweifellos stieg die Zahl der Partisanen unaufhörlich, so dass sie vor der Kapitulation Italiens 1943 auf 100.000 und bis Ende 1944 auf mehr als 300.000 Soldaten anwuchs. In den Partisanen-Einheiten überstieg die Zahl der Kommunisten, die Spezialeinheiten ausgenommen, fast nirgendwo zehn Prozent, aber sie besetzten stets die Kommandopositionen und hatten die entscheidende Kontrolle über die ganze Bewegung und die Armee.

11.1.5. Befreiungskrieg und Bürgerkrieg

Im Sommer 1941 kämpften Tschetniks und Partisanen auf dem Gebiet des NDH Seite an Seite gegen die Ustascha und in Serbien in getrennten Einheiten gegen die Deutschen und ihre Verbündeten. Dabei waren die Partisanen allerdings militärisch bedeutend aktiver.

Hitler befahl am 16. September 1941 mit der Weisung 31a die „Niederschlagung der Aufstandsbewegung im Südostraum" und ließ OKW-Chef Wilhelm Keitel die brutalsten Maßnahmen gegen die „kommunistische Aufstandsbewegung in den besetzten Gebieten" anordnen: Für jeden getöteten deutschen Soldaten sollten 100 Geiseln erschossen werden, für jeden verwundeten 50.

Im September und Oktober 1941 stellte Draža Mihajlović eine ständige Funkverbindung mit der königlichen Exilregierung in London her, die ihn als legitimen „Befehlshaber aller Widerstandskräfte im Lande" anerkannte und seine Taktik des Abwartens „bis der günstige Augenblick eintritt" billigte. Tito unterhielt Funkverbindung mit der Komintern und wurde zu noch energischeren bewaffneten Aktionen aufgefordert. Die in Serbien stationierten deutschen Truppen befolgten am 16. Oktober in Kraljevo Hitlers Anweisung über die Geiselerschießung mit aller Rücksichtslosigkeit. Nach deutschen Quellen wurden in der Stadt 1.736 Männer und 19 Frauen erschossen. In Kragujevac wurden am 21. Oktober nach deutschen Quellen 2.300 Einwohner erschossen, nach einheimischen Quellen mindestens 3.000, während andere sogar von 7.000 Erschossenen berichten. Ähnliche terroristische Vergeltungsmethoden wandten die Ustascha-Behörden im NDH und auch die italienischen, ungarischen und bulgarischen Besatzungsbehörden auf ihren Territorien an.

Die obersten Kommandanten Tito und Mihajlović trafen sich zweimal in West-Serbien, um die Gegensätze auszuräumen, erzielten aber keine Übereinkunft. Obwohl beide offiziell auf der Seite der Antifaschistischen Koalition standen, sah der eine im anderen seinen realen Hauptfeind im Kampf um die Macht nach dem Krieg. Die Konflikte zwischen Tschetniks und Partisanen intensivierten sich gegen Ende des Jahres und entwickelten sich im Frühjahr 1942 zu einem unversöhnlichen Bürgerkrieg. In der italienischen Interessenzone schlossen die lokalen Tschetnik-Kommandeure Abkommen mit den italienischen Behörden und kämpften unter ihrem Schutz gegen die Partisanen, arbeiteten also mit der Besatzungsmacht zwecks Vernichtung „des zukünftigen Hauptfeindes“ zusammen. In der deutschen Besatzungszone, einschließlich der nördlichen Teile des NDH, verblieben die Tschetniks weiterhin zurückgezogen in den entlegenen Gebirgsregionen. In diesen Gebieten befolgten sie einen lokal sogar in Verträgen fixierten und unterzeichneten, ansonsten ungeschriebenen Nichtangriffspakt mit den Deutschen, den Ustascha- sowie den Nedić-Behörden und gingen lediglich gegen die Partisanen vor.

Zwei deutsche Kampfdivisionen vertrieben im Dezember 1941 mit örtlicher Unterstützung der bulgarischen Besatzungstruppen, des „Freiwilligenkorps“ von Ljotić und der „Serbischen Staatswacht“ von Nedić die Hauptkräfte der Partisanen aus Serbien und rieben die Tschetniks von Draža Mihajlović auf. Die Italiener verdrängten die Partisanen mit umfassender Hilfe der Tschetniks aus Montenegro und der östlichen Herzegowina. Daraufhin verlagerten die Partisanen das Zentrum ihrer Aktivitäten und den Obersten Stab auf das Gebiet des NDH.

Die militärischen Kräfte des NDH (im Sommer 1942 ca. 30.000 Mitglieder der sehr kampfstarken Ustascha-Einheiten und 95.000 weniger verlässliche, zwangsrekrutierte Landwehrsoldaten) reichten nicht aus, um die Partisanen ohne Hilfe der Deutschen und Italiener zurückzuschlagen. Im Sommer und Herbst des Jahres 1942 besetzten die Partisanen den mittleren, überwiegend gebirgigen Teil des Landes (und zeitweise einige wichtige Städte wie Drvar, Bihać, Prijedor, Jajce, Livno, Slunj, Otočac).

Im Sandžak und in Südost-Bosnien (Foča, Višegrad) wurden Muslime von den Tschetniks verfolgt und unter dem Vorwand der Rache für die Ustascha-Massaker ermordet. Dahinter verbarg sich das Bestreben, die Grenzgebiete zwischen Serbien, Montenegro und die Herzegowina „ethnisch zu säubern“.

In den befreiten Gebieten errichteten die Partisanen eine zivile Verwaltung, die „Volksbefreiungsausschüsse“. Sie wurden von den Kommunisten dominiert, und so kam es mancherorts schon während der Kampfphase auf diesen Gebieten zum Terror gegenüber Zivilbevölkerung und angeblichen „Abweichlern“ in eigenen Reihen. Diese Praxis nahm in Montenegro besonders extreme Formen an, weshalb die Partisanen dort seit 1942 ihre Unterstützung bei der Mehrheit der Bevölkerung verloren.

Die entscheidenden Niederlagen Deutschlands und Italiens im Laufe des Jahres 1943 bewirkten eine Veränderung der militärischen und politischen Kräfteverhältnisse im jugoslawischen Raum. Mit dem Näherrücken des mediterranen Kriegsschauplatzes an die Küsten der Adria wurden die immer weiter erstarkenden Partisanen und die unberechenbaren Tschetniks zu einem ernsthaften militärischen Problem für die deutsche Kriegsplanung. Schon im Herbst 1942 gab Hitler erneut Anordnungen zur endgültigen Vernichtung des kommunistischen Widerstandes aus. Die Wehrmacht versuchte diese Anordnung von Januar bis Juni 1943 in zwei großen militärischen Aktionen in die Tat umzusetzen. Sie sind in der jugoslawischen Geschichtsschreibung als „vierte und fünfte Offensive“, in der deutschen als „Unternehmen Weiß“ und „Schwarz“ bekannt geworden. Deutschland zog für diese Aktion drei Kampfdivisionen und eine Reservedivision, die aus Volksdeutschen bestehende SS-Division „Prinz Eugen“, die 369. kroatische Legionsdivision und ausgewählte Armee-Einheiten des NDH zusammen. Italien nahm mit drei kompletten Divisionen teil, denen sich Teile dreier weiterer Divisionen anschlossen. In einer Phase der Schlacht an der Neretva nahmen auf italienischer Seite ca. 15.000 Tschetniks teil. Insgesamt griffen 120.000 Soldaten die Partisanen an, die fast 40.000 Soldaten unter der unmittelbaren Führung Titos und des Obersten Stabes umfassten. Die Deutschen drängten die Partisanen sehr schnell aus dem mittleren Kroatien und aus Bosnien zurück und fügten ihnen schwere Verluste zu, weshalb Tito durch seine Emissäre den Deutschen einen Waffenstillstand anzubieten versuchte und gleichzeitig ankündigte, nur noch gegen seinen Hauptfeind, die Tschetniks, kämpfen zu wollen. Hitler befahl jedoch persönlich die Einstellung dieser Verhandlungen, und es fand lediglich ein Gefangenenaustausch statt. Die Partisanen vermochten dank der Guerillataktik dennoch die Tschetnik-Front an der Neretva zu durchbrechen und entzogen sich unter weiteren schweren Verlusten (ca. 7.000 Gefallene allein in den Endoperationen im Mai und Juni am Fluss Sutjeska) der deutschen Einkreisung in Südost-Bosnien. Während diese entscheidenden Schlachten im zentralen Teil des Landes anhielten, gelang es den Partisanen in Slowenien, Nordkroatien, Syrmien, in der Vojvodina und sogar in Mazedonien sowie auf dem Kosovo, wo sich die Partisanen-Bewegung am langsamsten verbreitete, ihren Einfluss auszuweiten und ihre militärische Schlagkraft zu stärken. Bis zum Sommer kehrten sie in die Gebiete Zentral-Bosniens und Kroatiens zurück, weil die deutschen Kampfdivisionen an anderen Fronten unentbehrlich geworden waren. Nach der Niederlage an der Neretva verloren die Tschetniks einen bedeutenden Teil ihres Einflusses in diesen Landesteilen und hielten starke Positionen einzig noch im mittleren Serbien, in Teilen Montenegros und in der Kniner Krajina.

Die Kapitulation Italiens bezeichnete einen weiteren Wendepunkt zu Gunsten der Partisanen. Sie waren am schnellsten und erfolgreichsten bei der Entwaffnung der italienischen Armee auf dem gesamten Gebiet von Slowenien bis nach Montenegro und erbeuteten riesige Mengen an italienischen Waffen, Munition, Verpflegung und Ausrüstung. Bis zum Ende des Jahres 1943 verfügte die Volksbefreiungsarmee schon über 11 Korps mit insgesamt 34 Divisionen zu je 3.000 Soldaten, dazu über noch einmal so viele Soldaten in selbständigen Brigaden, Hilfsdiensten und lokal operierenden Einheiten. Zeitweise gelang ihnen die Befreiung des größten Teils von Dalmatien und aller Inseln sowie des größeren Teils von Istrien und des kroatischen Küstenlandes. Ihre Gebiete in Slowenien, der Herzegowina, in Montenegro, auf dem Kosovo und im westlichen Mazedonien erweiterten sie erheblich. In Anbetracht der unmittelbaren Gefahr einer anglo-amerikanischen Invasion an der Ostküste der Adria waren die Deutschen gezwungen, von anderen Fronten sieben Kampfdivisionen abzuziehen, die, unterstützt von den militärischen Kräften des NDH, Ende 1943 und Anfang 1944 die Partisanen aus Istrien und dem kroatischen Küstenland sowie aus dem größten Teil Dalmatiens und von der Mehrheit der Inseln wieder vertrieben (in der Geschichtsschreibung der Partisanen „die sechste Offensive"). Im November 1943 tagte zum zweiten Mal das höchste politische Organ der Widerstandsbewegung, der Antifaschistische Rat der Volksbefreiung Jugoslawiens (AVNOJ). Von den 268 Delegierten, die zuvor in den politischen Körperschaften der Partisanen gewählt worden waren, erreichten nur 142 den Tagungsort – die bosnische Stadt Jajce. Unter der Federführung von Josip Broz Tito und seinen engsten Mitarbeitern aus dem Politbüro des Zentralkomitees der KPJ (Kardelj, Pijade, Đilas, Ranković, Žujović) fällte der AVNOJ in der Sitzung vom 29. und 30. November politische Entscheidungen von weit reichenden Auswirkungen auf die Konstituierung und die weitere Entwicklung Nachkriegsjugoslawiens: Er rief sich zum höchsten gesetzgebenden Organ Jugoslawiens aus und definierte den jugoslawischen Nachkriegsstaat als Föderation von sechs gleichberechtigten Republiken, deren gemeinsame Grenzen er prinzipiell festlegte (→ Kap. 12).

Der AVNOJ ernannte das Nationalkomitee für die Befreiung Jugoslawiens zum Exekutivorgan mit den Vollmachten einer provisorischen Regierung und kündigte an, dass über das Schicksal der Monarchie nach dem Krieg allgemeine Wahlen (oder ein Referendum) entscheiden würden. Josip Broz Tito erhielt die weit reichendsten Vollmachten und wurde zum obersten Befehlshaber, zum Verteidigungsminister im Range eines Marschalls und zum Ministerpräsidenten ernannt. Beschlossen wurden auch Maßnahmen gegen sog. Volksfeinde (Deutsche, Kollaborateure) wie Enteignung und Einschränkung der Bürgerrechte. Obwohl im AVNOJ Delegierte verschiedener politischer Parteien aus allen jugoslawischen Republiken vertreten waren, wurde immer deutlicher, dass die Kommunisten nach dem Krieg nichts unversucht lassen würden, um allein an der Macht zu bleiben.

11.1.6. Die Politik der Alliierten

Nachdem die jugoslawische königliche Regierung im April 1941 geflohen war, brachte sie sich über Athen, Jerusalem und Kairo nach London in Sicherheit. Sie unterstützte offiziell bis zum Frühjahr 1944 die Tschetniks und Draža Mihajlović, den sie im Januar 1942 zu ihrem Kriegsminister ernannte, obwohl unter den Mitgliedern der Exilregierung diesbezüglich größte Differenzen bestanden.

Auch die Engländer sahen von Herbst 1941 bis Frühling 1943 in Draža Mihajlović und seinen Tschetniks die legitime Führung des Widerstandes. Sie entsandten etwa zehn Verbindungs- und Militärmissionsoffiziere in die serbischen Berge, gaben Mihajlović über die BBC und andere Medien Raum in der Öffentlichkeit und ließen ihm durch einige Fallschirmjäger-Operationen Waffen und Ausrüstung zukommen. Als sie aber von der passiven militärischen Haltung der Tschetniks den Deutschen gegenüber, ihrer Zusammenarbeit mit den Italienern und dem erfolgreicheren bewaffneten Kampf der Partisanen erfuhren, gewannen allmählich die militärischen Argumente zu Gunsten der Partisanen die Oberhand, trotz der Sympathie für die Monarchisten. Die erste englische Militäraufklärungsmission bei den Partisanen sah in ihnen einen bemerkenswerten militärischen Faktor bei den möglichen alliierten Offensiven an der Adriaküste. Nach Italiens Kapitulation errichteten die Engländer von ihrer neuen Basis im italienischen Hafen Bari aus eine ständige Seeverbindung zu den Partisanen. Von diesem Zeitpunkt an versorgten sie die Partisanen ausgiebig mit Waffen und anderem Material. Zu Beginn des Jahres 1944 zogen sie ihre letzte Mission von den Tschetniks zurück. Auf der zweiten Sitzung des AVNOJ in Jajce im November 1943 war eine britische Militärmission anwesend, jedoch keine sowjetischen oder amerikanischen Vertreter.

Die sowjetische Führung betrieb gegenüber den jugoslawischen Ereignissen eine heuchlerische Politik. Als Generalsekretär der KPJ unterhielt Tito ununterbrochen eine Funkverbindung mit der Komintern-Zentrale in Moskau, aber er bekam bis 1944 keinerlei reelle Unterstützung. Vielmehr erhob die sowjetische Führung ihre Gesandtschaft bei der königlichen Exilregierung in London zur Botschaft. Zwar ermöglichte Moskau im Kaukasus die Arbeit der Radiostation „Freies Jugoslawien", die regelmäßig, wenn auch zensiert, über die militärischen Erfolge der Partisanen berichtete. Die sowjetische Führung behandelte Tito aber weiterhin wie einen bloßen kommunistischen Agenten und begriff nicht, dass er mit den errungenen Erfolgen auf dem Kriegsschauplatz über seine ursprüngliche Bestimmung hinausgewachsen war. Ihre erste Militärmission entsandte die Rote Armee zum Obersten Stab der Volksbefreiungsarmee erst im Februar 1944, fast ein Jahr nach den Engländern.

Von allen drei Hauptalliierten verhielten sich die USA gegenüber den innerjugoslawischen Ereignissen am gleichgültigsten und überließen den Engländern den Vortritt. Auf der Konferenz der Großen Drei in Teheran wurde auf Initiative von Winston Churchill unter anderen vertraulichen militärischen Entscheidungen am 1. Dezember 1943 festgelegt, dass „den Partisanen in Jugoslawien in größtmöglichem Maße Unterstützung an Ausrüstung und

Verpflegung zu gewähren ist." Obwohl es sich klar abzeichnete, dass die von den Kommunisten geführten Partisanen nach dem Krieg versuchen würden, ein Regime nach sowjetischem Vorbild zu errichten, war für Churchill nur entscheidend, „wer von beiden, Tito oder Mihajlović, Hitler den größten Schaden zufügen kann." Demnach zu schließen hatten die Tschetniks spätestens 1943 alle ihre Chancen bei den Alliierten verspielt.

Im Mai 1944 ließen die Deutschen am Sitz des Obersten Stabes in Drvar Fallschirmjägereinheiten abspringen, um das Zentrum der Partisanen-Bewegung zu zerschlagen („Unternehmen Rösselsprung" bzw. „die siebte Offensive"). Doch Tito fand Zuflucht auf der Insel Vis, wo er unter britischem Schutz die Schlussoffensive der Partisanen vorbereitete. Nach einigen missglückten Anläufen gelang es den Partisanen-Divisionen im Verlauf des Sommers 1944 endlich, aus Bosnien nach Zentral-Serbien durchzubrechen und die dortigen Tschetniks zu zerschlagen.

Inzwischen stießen Truppen der Roten Armee aus Rumänien in die Vojvodina vor, vertrieben die Deutschen und befreiten am 20. Oktober Belgrad, während Partisanen-Divisionen mit Hilfe alliierter Waffen und gelegentlicher Luftunterstützung in Dalmatien Insel für Insel und Stadt um Stadt und vor Ende 1944 ganz Dalmatien befreiten.

Wegen des Vorrückens der Alliierten auf den anderen Kriegsschauplätzen zogen die Deutschen im Sommer 1944 schrittweise die Heeresgruppe E (ca. 350.000 Soldaten) von der Balkanhalbinsel ab. Bulgarien kündigte sein Bündnis mit Deutschland auf und wechselte auf die Seite der Antifaschistischen Koalition über. Die bulgarischen Besatzungstruppen in Mazedonien und Serbien stellten die Feindseligkeiten gegen die Partisanen ein und schlossen sich mancherorts dem Kampf gegen Tschetniks und Deutsche an. Da sich die Deutschen zusammen mit Resten der Tschetniks und verschiedenen Kollaborationstruppen in Richtung Kroatien und Bosnien zurückzogen, errichteten die Partisanen im Herbst 1944 in ganz Mazedonien und Serbien, auf dem Kosovo, in Montenegro und im Sandžak ihre Verwaltung mit Volksbefreiungsausschüssen (NOO) an der Spitze. Gegen Ende 1944 hielten sie schon mehr als drei Viertel des jugoslawischen Territoriums besetzt.

Mit den Niederlagen und dem Rückzug der deutschen Wehrmacht zerfielen auch die Kollaborationsregime in allen Landesteilen. Ein Teil der übrig gebliebenen Tschetniks zog sich mit den Deutschen bis nach Österreich und Italien zurück, der andere Teil verblieb unter dem Kommando von Draža Mihajlović als Antipartisanen-Guerilla in Bosnien. Am längsten leistete der albanische „Balli Kombëtar" der neuen kommunistischen Macht Widerstand, der unter den Albanern auf dem Kosovo sehr starke Unterstützung genoss. Den Widerstand der Albaner, erneut in einen südslawischen Verband getrieben zu werden, konnten die übermächtigen militärischen Kräfte der Partisanen erst im Sommer 1945 zerschlagen.

In Kroatien formierten sich unter Beteiligung einiger HSS-Politiker und Offiziere der Landwehr im Sommer 1944 kleinere konspirative Gruppen, an deren Spitze zwei gemäßigte Minister der Ustascha-Regierung (Vokić und Lorković) standen, mit dem Ziel, die kompromittiertesten und radikalsten Ustaschas von der Macht zu entfernen und zu den westlichen Alliierten überzuwechseln. Mit Hilfe der Deutschen erstickte Pavelić das Komplott, ließ die führenden Verschwörer hinrichten und blieb dem Dritten Reich bis zu dessen Zusammenbruch treu ergeben.

Der Oberste Stab der Volksbefreiungsarmee rief am 30. August 1944 eine Amnestie für diejenigen gegnerischen Soldaten aus, die bis zu einer bestimmten Frist zu den Partisanen überliefen. Viele Tschetniks, Mitglieder der slowenischen Landwehr und eine große Zahl Landwehrsoldaten des NDH nutzten diese Chance.

In den von den Partisanen befreiten Gebieten gingen die von kommunistischen Parteikomitees beherrschten Volksbefreiungsausschüsse (NOO) bald dazu über, eine Diktatur nach sowjetischem Modell zu errichten. Sie verhafteten massenweise politische Gegner und beschuldigten sie der „Zusammenarbeit mit den Besatzern". Viele wurden ohne Gerichtsurteil umgebracht, nach dem Belieben der mächtigen politischen Polizei, Abteilung zum Schutz des Volkes (OZNA). Obwohl noch 1945 die Proklamationen und Entscheidungen der zuständigen politischen Organe (einschließlich des AVNOJ) versicherten, Privateigentum und Unternehmertum zu achten, vollzog sich im Bereich des Eigentums und der ökonomischen Strukturen der Gesellschaft ein radikaler Umbruch: Alle Volksdeutschen, die geflohenen feindlichen Soldaten sowie die wirklichen und angeblichen Kollaborateure wurden enteignet. Alle Unternehmen und Betriebe der Schlüsselindustrien wurden der Verwaltung der Armee oder der Volksbefreiungsausschüsse unterstellt. Dies bedeutete die Übernahme der wichtigsten Teile der Wirtschaft noch vor dem Ende des Krieges. Die jugoslawische Geschichtsschreibung verklärte diesen Terror als „Übergang von der Etappe der Volksbefreiung in die der Revolution". Wo die Kommunisten nach der Eroberung ihre Macht gefestigt hatten, gingen sie „zu revolutionären Veränderungen im Bereich der Wirtschaft und der gesellschaftlichen Beziehungen über" (Branko Petranović).

Die britische Politik, die am meisten zur internationalen Anerkennung der Partisanen beigetragen hatte, unternahm im Verlauf des Jahres 1944 den Versuch, die jugoslawische Monarchie zu retten und den übermächtigen Einfluss der Kommunisten zurückzudrängen. Churchill traf sich am 12. August mit Tito in Neapel und ließ sich von ihm die Zusicherung geben, Grundprinzip der Partisanen seien Demokratie und individuelle Freiheit und sie hegten keineswegs die Absicht, ein sowjetisch-kommunistisches System zu errichten. Beim Treffen mit Stalin am 9. Oktober 1944 in Moskau erwirkte Churchill die Bekräftigung früherer diplomatischer Vereinbarungen. Jugoslawien sollte demnach einer Sphäre zufallen, in der sich Großbritannien und die Sowjetunion den Einfluss im Verhältnis von 50:50 teilten. Auf der Drei-Mächte-Konferenz von Jalta im Februar 1945 wurde diese Entscheidung nochmals bestätigt (→ Kap. 12).

Als am 7. Mai 1945 in Belgrad nach zähen Verhandlungen endlich die Zusammensetzung der provisorischen Regierung bekannt gegeben wurde, war deutlich, dass Tito die Bedingungen für den Kompromiss diktiert hatte. Ivan Šubašić, König Petar und die nicht kommunistischen Politiker besaßen nur die sehr zurückhaltende Unterstützung der britischen und amerikanischen Diplomatie. Von 27 Mitgliedern der provisorischen Regierung des Demokratischen Föderativen Jugoslawien (wie nach dem Vertrag Tito-Šubašić der Staat eine Zeit lang hieß) waren schon damals 13 Mitglieder der Kommunistischen Partei. Die Mehrheit der übrigen hatte im Krieg mit der Partisanen-Bewegung auf irgendeine Art zusammengearbeitet. Nur drei Regierungsmitglieder vertraten ausdrücklich bürgerlich-demokratische Optionen und somit eine eindeutige Gegenposition zu den Kommunisten. Außer dem erwähnten Šubašić waren dies Juraj Šutej, ebenfalls Mitglied der HSS, und Milan Grol (1876-1952), einer der bedeutendsten demokratischen Politiker Serbiens.

In den letzten Tagen des Krieges, als sich die deutsche Wehrmacht überall auf dem Rückzug befand, marschierten die Partisanen-Divisionen, ohne auf Widerstand zu stoßen, in Zagreb und Ljubljana ein. In schweren Kämpfen und mit großen Opfern durchbrachen sie die Front bei Istrien und im slowenischen Küstenland und nahmen Triest ein. Die Armee des NDH mit der gesamten Führung der Ustascha und vielen Zivilisten, slowenische Landwehrsoldaten und andere slowenische Kollaborateure, Ljotićs „Freiwilligenkorps", die Überreste von Nedićs „Staatswache" und zwei Korps der Tschetniks zogen sich zusammen mit der deutschen Wehrmacht bis zur österreichischen und italienischen Grenze zurück. Sie hegten die Hoffnung, dass die Armeen der westlichen Alliierten, denen sie sich ergaben, sie besser behandeln würden als die Partisanen oder die Rote Armee. Doch die britische Armee übergab sie fast alle den Partisanen. Nach annähernden Schätzungen handelte es sich um mindestens 80.000 ausgelieferte Soldaten, einige Schätzungen liegen wesentlich höher. Die Partisanen entließen die Zivilisten mehrheitlich nach Hause. Mit den Soldaten und Politikern der Kollaboration aber verfuhren sie erbarmungslos. Militärische Standgerichte fällten gegen die führenden Personen Todesurteile. Die slowenischen Landwehrsoldaten wurden fast alle (ca. 9.000) in einer Massenaktion in Kočevski Rog umgebracht. Die Tschetniks, die Ljotić-Faschisten und die Nedić-Kollaborateure wurden massenweise meist sofort nach der Gefangennahme getötet, während die Soldaten des NDH (ungesicherte Zahl, wenigstens 50.000) – Ustascha und Domobranci, Kroaten und Muslime – unter furchtbaren Bedingungen den Weg in die entfernteren Gefangenenlager antraten. Auf dem Weg dorthin (später „Kreuzweg“genannt) wurden viele getötet, oder sie fanden in den Lagern den Tod. Die Massaker der Partisanen lassen sich zum einen als unkontrollierte Racheorgie einer siegreichen Armee charakterisieren, zum anderen handelte es sich schlechthin um die Liquidierung des imaginären „Klassenfeindes“ und anderer potentieller Feinde des Nachkriegsstaates.

Der Krieg, der auf jugoslawischem Territorium von April 1941 bis Mai 1945 geführt wurde, fand damit sein Ende. In ihm überlagerten sich mehrere Kriege und verschmolzen zu einem allgemeinen Krieg:

1) der von Beginn an geführte Selbstverteidigungskrieg gegen den politischen Terror und den Völkermord auf dem Territorium des NDH und der patriotische Abwehrkrieg gegen die brutale Fremdherrschaft und die Unterdrückung in den übrigen Landesteilen;
2) der interethnische Krieg, der von konkurrierenden staatlichen und nationalistischen Zielsetzungen geleitet wurde, und der Kampf um „gesäuberte Lebensräume“ mit gegenseitigen Rachefeldzügen;
3) der Bürgerkrieg um die Erhaltung oder Veränderung der gesellschaftlichen und politischen Ordnung und um die Macht im Nachkriegsstaat.

All dies fügte sich in den allgemeinen Weltkonflikt und bildete einen lokalen Schauplatz des Weltkriegs zwischen den faschistischen Mächten und der Antifaschistischen Koalition, dessen Ausgang entscheidend für das Ergebnis der Auseinandersetzungen innerhalb Jugoslawiens war.

Die von den Kommunisten geführten Partisanen reihten sich militärisch und politisch erfolgreich in die Siegerkoalition ein. Die Tschetniks hatten sich durch eine Politik des Genozids und des Terrors bloßgestellt, mehr noch aber durch ihre gescheiterte, von vornherein illusionäre Taktik, den Feind, der sie als Kollaborateur zurückgewiesen hatte, zu unterstützen und dabei „auszunutzen“. Die Ustascha-Nationalisten und die anderen Kollaborateure, die ihre Regime unter die Schutzherrschaft der faschistischen Mächte gestellt hatten und bis zum Ende an deren Seite Krieg führten, waren allein durch diesen Umstand zum Untergang verurteilt. Die Hoffnungen, die sie darein setzten, dass eventuell zu erwartende Konflikte zwischen den westlichen Verbündeten und der Sowjetunion auf irgendeine Art und Weise ihre Rettung bedeuten könnten, erwiesen sich als trügerische Selbsttäuschung. Sie beruhten auf der Unkenntnis der Prozesse im Lager der Alliierten sowie auf mangelndem Begreifen ihrer eigenen Stellung innerhalb der weltweiten Ereignisse.

Es war das große Verdienst der Partisanen-Bewegung, dass sie mit ihrem antichauvinistischen Programm und Handeln den interethnischen Krieg entschärft und den geplanten

Rachegenozid der Tschetniks gegen Kroaten, Bosniaken und Albaner vereitelt hat. Bei Kriegsende griffen die Partisanen jedoch selbst zum Mittel des politischen Terrors. Zwar hatten sie das Land von der Herrschaft fremder Besatzungsarmeen und von den einheimischen faschistischen Regimen befreit, aber sie brachten dem Land weder die Freiheit noch die Demokratie, wie sie es versprochen hatten. Eine neue Diktatur nahm ihren Anfang.

Deutsch von Heiko Hänsel

11.2. Menschenverluste durch Kriegseinwirkung

Igor Graovac

Mit dem Ermitteln der Zahl der Kriegsopfer begann man teils schon zu Kriegszeiten: Der Antifaschistische Rat (AVNOJ) beschloss 1943 die Gründung einer Staatskommission, deren Aufgabe die Untersuchung der Verbrechen der Besatzer und ihrer Helfer war. Diese 1948 aufgelöste Kommission sammelte ebenso wie die später gegründeten Kommissionen auf Republik- und Landesebene Daten und Beweismaterial über Kriegsverbrechen. Die gesammelten Daten betrafen – den Richtlinien entsprechend – nur einen Teil der Opfer, nämlich jene, die den Besatzern und ihren Kollaborateuren bzw. den Quisling-Regierungen anzulasten waren. Die Opfer der Partisanen und Tschetniks sowie jene der Alliierten blieben hingegen unberücksichtigt. Die ermittelten Zahlen wurden nie veröffentlicht. Dadurch wurde die Frage der Menschenverluste von Anfang an mystifiziert, und willkürlichen Einschätzungen der Opferzahl war Tür und Tor geöffnet.

Die erste inoffizielle Schätzung (1.700.000) gab J. Broz Tito bereits im Mai 1945 bekannt. Sie wurde durch die Angaben der Staatskommission beim Internationalen Militärgerichtshof in Nürnberg 1947 (nämlich 1.650.000) und der offiziellen Schätzung der Kommission für Wiedergutmachung, die im selben Jahr der Internationalen Wiedergutmachungskommission in Paris vorgelegt wurde, bestätigt. Demzufolge gehörte Jugoslawien zu den Ländern mit den meisten Kriegsopfern. 1.706.000 Menschenleben ergaben einen Verlust von etwa 11 Prozent der Gesamtbevölkerung. Diese Zahl umfasste 73 Prozent (1.251.000) als Opfer des faschistischen Terrors, 18 Prozent (305.000) als gefallene Soldaten des Widerstands und 9 Prozent (150.000) als Angehörige der Verbündeten der Besatzer.

Mit dieser Zahl war allerdings ein fundamentaler Irrtum in die Welt gesetzt. Die Schätzung bezog sich nämlich auf den so genannten demographischen Verlust und wurde fälschlicherweise als geschätzte Zahl der realen Kriegstoten ausgegeben. Demographische Hochrechnungen sind Schätzungen des Bevölkerungswachstums anhand eines Wachstumsquotienten, der den mittleren Wert der durch frühere Volkszählungen gewonnenen Zuwachsrate der Bevölkerung darstellt. Demographischen Verlust nennt man eine statistische Schätzung der Differenz zwischen der zu erwartenden und der lebenden Bevölkerung. Darin sind enthalten: die geschätzten Toten und natürlich Verstorbenen, die geschätzte ausgewanderte Bevölkerung und der zu erwartende Bevölkerungszuwachs, d.h. die Zahl der ungeborenen Kinder. Spätestens nach der Volkszählung von 1948 hätte diese Angabe der Kriegstoten als Irrtum aufgeklärt sein müssen. Tatsächlich hat ein Mitarbeiter des statistischen Bundesamtes in Belgrad anhand der Ergebnisse der Volkszählung geschlossen, dass die Kriegstotenzahl wesentlich geringer sein müsste (D. Tasić 1951: 1.400.000). Durchgesetzt hat sich aber die umgekehrte Schlussfolgerung, die der damalige Direktor desselben Instituts, D. Vogelnik, angestellt hat: Um die bereits mythologisierte Zahl der Kriegstoten nicht aufgeben zu müssen, errechnete er – methodologisch unhaltbar – einen erheblich höheren demographischen Verlust von 2.854.000 Menschen. Diese falsche Zahl gefiel ideologisch und politisch so sehr, dass man sie weiterhin behauptete und als gültig ausgab, obwohl sie mitsamt der Methode ihrer Gewinnung durch einen anderen Mitarbeiter im Institut sofort widerlegt und auf 2.100.000 demographische und eine Million reale Opfer korrigiert wurde (I. Lah, 1952).

Inzwischen (1950) hatten die Ausschüsse des Verbandes der Widerstandskämpfer (auf Bundes- und Republikebene) Verzeichnisse von Opfern „der Besatzer und ihrer Verbündeten" angelegt, deren Ergebnisse nie veröffentlicht wurden. Das weckte Misstrauen und führte zu Verdächtigungen. 1964 stellte das statistische Bundesamt ein erneutes Verzeichnis der Zivilopfer und der gefallenen Partisanen zusammen – also wiederum ohne die Opfer auf Seiten des „ideologischen Gegners" zu berücksichtigen. Dabei war das Ziel, mit den Daten Verhandlungen mit der bundesdeutschen Regierung über Kriegsschäden und Wiedergutmachung zu führen. Die Resultate dieser Zählung riefen eine regelrechte Panik hervor und fielen sofort unter Geheimhaltungspflicht. Die Verzeichnisse wurden allerdings im Archiv Jugoslawiens in Belgrad aufbewahrt und die Ergebnisse in 10 Kopien vervielfältigt, die nur von „Auserwählten" als „streng vertrauliches" Material benutzt werden konnten. Auf diesem Wege kam es dann doch zur Veröffentlichung der Ergebnisse dieser Zählung, wenn auch erst mehr als 20 Jahre später (in der Zeitung *Danas* 1989 und in der wissenschaftlichen Auswertung von M. Sobolevski 1993). Das Verzeichnis umfasste – nach Sobolevski – 1,1 Mio Kriegsopfer, feststellen konnte man aber „nur" 597.323 Todesfälle. Man schloss daraus, dass 25-40 Prozent der Opfer in dem Verzeichnis nicht erfasst worden waren und schätzte die Gesamtzahl auf 800.000. Demnach, so folgert Sobolevski, müsste es unter Hinzurechnung der 200.000 Opfer auf der Feindesseite insgesamt etwa eine Million Tote durch Kriegseinwirkung gegeben haben.

Die Wende im Umgang mit den Zahlen der Kriegstoten wurde durch die demographischen Untersuchungen der Bevölkerungswissenschaftler Bogoljub Kočović (1985) und Vladimir Žerjavić (1989) eingeleitet, die mit den üblichen demographischen Standardmethoden, wenn auch auf anderen Wegen, zu fast identischen Resultaten über den demographischen und tatsächlichen Menschenverlust kamen. Beide Wissenschaftler haben dabei keine ideologische Selektierung der Kriegsopfer vorgenommen. Gemäß den Ergebnissen beider Studien beträgt der errechnete Realverlust an Menschenleben (Kočović 1.014.000, Žerjavić 1.027.000) mehr als 50 Prozent des demographischen Verlustes (1.985.000 bzw. 2.022.000).

Diesen Schätzungen zufolge verloren 6,4 Prozent der Bevölkerung Vorkriegsjugoslawiens ihr Leben durch Kriegseinwirkung. Der demographische Verlust beträgt 5,8 Prozent.

Menschenverluste bei den Völkergruppen 1941-1945 nach Kočović und Žerjavić

Nation	*B. Kočović*	*V. Žerjavić*
Albaner	6.000	18.000
Bulgaren	1.000	——
Italiener	1.000	——
Juden	60.000	57.000
Kroaten	207.000	192.000
Makedoner	7.000	6.000
Montenegriner	50.000	20.000
Muslime	86.000	103.000
Polen	2.000	1.000
Roma	27.000	18.000
Rumänen/Walachen	4.000	——
Russen/Ukrainer	5.000	5.000
Serben	487.000	530.000
Slowenen	32.000	42.000
Tschechen/Slowaken	4.000	1.000
Türken	3.000	2.000
Ungarn	5.000	2.000
Volksdeutsche	26.000	28.000
Andere	1.000	2.000
Gesamt	*1.014.000*	*1.027.000*

Auf Republiken gerechnet, hatte Bosnien-Herzegowina die höchsten Verluste, gefolgt von Montenegro, Kroatien und Serbien (ohne Vojvodina und Kosovo). Die Verluste bei den nichtslawischen Minderheiten sind weitaus höher als bei den slawischen Völkern. Die relativ meisten Opfer gab es unter der Roma-Bevölkerung, gefolgt von den Juden. In den slawischen Volksgruppen hatten die Montenegriner die höchsten Verluste, gefolgt von den Serben und Muslimen.

Demographische Verluste sowie jene durch Kriegseinwirkung in den Republiken (nach Žerjavić)

	Bosnien-Herzeg.	*Kroatien*	*Makedonien*
Gesamter demographischer Verlust	480.000	502.000	63.000
Im Krieg getötete Menschen	328.000	295.000	24.000
(Davon im Ausland)	(12.000)	(24.000)	(7.000)
Emigrierte und Vertriebene	51.000	157.000	26.000
Ausgebliebener Bevölkerungszuwachs	101.000	50.000	13.000
	Montenegro	*Serbien*	*Slowenien*
Gesamter demographischer Verlust	53.000	848.000	76.000
Im Krieg getötete Menschen	37.000	303.000	40.000
(Davon im Ausland)		(30.000)	(7.000)
Emigrierte und Vertriebene	9.000	395.000	31.000
Ausgebliebener Bevölkerungszuwachs	7.000	150.000	5.000

Diese später konstituierten Republiken decken sich nicht mit den Gebilden, die es während des 2. Weltkrieges gab, aber entsprechen teilweise einigen Zonen des damals zerstückelten Landes.

Die Kriegsverluste der Serben betrugen im Gebiet des Ustascha-Staates, der aus einem amputierten Kroatien, dem annektierten Bosnien-Herzegowina und dem ganzen Syrmien (bis vor Belgrad) bestand, 295.000 (131.000 in Kroatien und 164.000 in Bosnien-Herzegowina). Mit 530.000 statistisch errechneten Kriegsopfern insgesamt (davon 190.000 in Serbien) und d.h. mehr als der Hälfte der Gesamtzahl der Kriegsopfer in Jugoslawien hatten die Serben in absoluten Zahlen die höchsten Verluste. Kroatische Verluste betrugen in Kroatien 106.000 und in Bosnien-Herzegowina 64.000 und insgesamt 192.000. Von der Gesamtopferzahl der muslimischen Bosniaken (103.000) ist die Mehrheit in Bosnien-Herzegowina umgekommen (75.000). Wenn es heißt, dass Menschen im Ausland ihr Leben verloren haben, dann handelt es sich in den meisten Fällen um Opfer der nazistischen Konzentrationslager. Die obige Zahl von 7000 in der Rubrik Mazedonien bezieht sich auf Juden und ist keine Schätzung. Die mazedonischen Juden wurden in den letzten Tagen des Krieges von den Nazis nach Auschwitz verschleppt, wo niemand von ihnen überlebte. 9000 Juden wurden in Bosnien-Herzegowina, 10.000 in Kroatien, 14.000 in Serbien und 24.000 „im Ausland" umgebracht. 15.000 Roma wurden in Kroatien umgebracht und damit die dortige Roma-Bevölkerung fast ausgelöscht.

Wenn man beim errechneten demographischen Verlust die Zahl des erwarteten Bevölkerungszuwachses, d.h. die der ungeborenen Kinder ausklammert, bekommt man nach Žerjavić die Zahl eines „realen" demographischen Verlustes von 1.696.000. Diese Zahl enthält also nur die geschätzten Kriegstoten und die geschätzte ausgewanderte Bevölkerung ohne den geschätzten Bevölkerungszuwachs. Sie deckt sich weitgehend mit jener, die die Kommission für Wiedergutmachung der Konferenz in Paris 1947 vorgelegt hat. Wenn man von dieser Zahl die Million Kriegstoten abzieht, ergibt sich daraus, dass rund 669.000 Personen das Territorium Vorkriegsjugoslawiens verlassen haben. Dieser Bevölkerungsverlust bezieht sich auf die im ehemaligen Jugoslawien beharrlich verschwiegene Vertreibung der Deutschen (Volksdeutschen oder Donauschwaben) und Italiener. Die höchsten demographischen Verluste gab es nämlich unter der deutschen und der italienischen Bevölkerung Jugoslawiens, d.h. jener, die das Land nach dem Krieg verlassen hat. Bei der deutschen Volksgruppe waren von rund 500.000 aus der Vorkriegszeit 453.000 in der Nachkriegszeit nicht mehr im Lande. 425.000 wurden oder gelten zumindest als ausgesiedelt, und zwischen 28.000 und 50.000 kamen um – durch Tötung oder unmenschliche Verhältnisse in den Sammellagern. Die Angaben von 63.308 in der „Bonner Dokumentation" oder gar die 135.000 Getöteten und Verschollenen nach J. Beer sind nicht allgemein akzeptiert. Der italienische Exodus – worunter sich aber auch nicht-italienische Volksgruppen befanden – umfasste mehr als 220.000 Menschen (P.F. Rocchi zufolge gar 350.000), wobei es nach G. Bartoli 4500 Getötete oder Verschollene gab.

Bei den Ungarn, die nicht systematisch vertrieben wurden, siedelten 7000 nach Ungarn um, während 14.000 von Kroatien in die Vojvodina zogen.

Zusammenfassend ist zu sagen, dass man allein mit demographischen Methoden den ganzen Komplex der Kriegsopfer nicht in den Griff bekommt. Die offensichtlichen Unterschiede in Methoden und Resultaten der erwähnten Untersuchungen sind ein Beweis dafür. Es gibt außerdem eine Reihe von Faktoren, die man anhand demographischer Untersuchungen überhaupt nicht ermitteln kann – wie soziale Strukturen und sonstige Eigenschaften der Opfer sowie Gruppen und soziale Profile der Täter. Die Kriegsverluste sollten deshalb interdisziplinär erforscht werden. Dabei ist selbstverständlich der geschichtliche Gesamtkontext zu berücksichtigen. Unabdingbar aber für die genaue Erforschung ist, die Opfer mit der Methode der einzelnen und persönlichen Identifizierung zu erfassen. Bislang liegen allerdings nur Ergebnisse von Teiluntersuchungen vor, die mit dieser Methode vom

Kroatischen Institut für Geschichte seit 1991 unternommen werden. Auf das gesamte hier behandelte Gebiet werden solche Untersuchungen höchstwahrscheinlich nie angewendet werden können, weil die Ereignisse in immer fernere Vergangenheit entschwinden und ein integriertes Vorgehen in den neuen Staaten weiterhin höchst unwahrscheinlich bleibt.

Einen interessanten Hinweis bilden die Ergebnisse der erwähnten Teiluntersuchung. Das Forschungsteam hat im Auftrag der Kommission der Republik Kroatien für Ermittlung der Kriegs- und Nachkriegsopfer im 2. Weltkrieg bislang 100.000 Opfernamen gesammelt und diese Daten nach Geschlecht, Geburtsort, Alter, Nation, Konfession, politischer Aktivität sowie Zugehörigkeit zu militärischen Verbänden ausgewertet. Es wurden auch Daten ausgewertet, wie die Betroffenen zu Tode kamen, wobei auch das Profil der Täter berücksichtigt wurde. Das Segment, für das die Untersuchung abgeschlossen werden konnte, bezieht sich auf die Opfer der Tschetniks in Kroatien (1941-1945). Die unterschiedlichen Zahlen, die bis dato über diese Opfergruppe verhandelt wurden (in einem Falle 1372 und in anderem 1729) konnten durch namentliche Identifikation erheblich korrigiert werden, die 2.845 Opfer feststellte. Bei der Struktur der Opfer konnten ebenfalls erhebliche Unterschiede zur gängigen Meinung festgestellt werden, weil nämlich die Mehrheit dieser Opfer gar nicht kroatischer Nationalität war. Auch wenn es sich nur um eine partielle Untersuchung handelt, sind die Abweichungen bei einer tatsächlichen Identifizierung von Opfern gegenüber Ergebnissen, die auf wissenschaftlichen statistischen Schätzungen beruhen, bezeichnend.

Deutsch von Dunja Melčić

Literatur

I. Militärgeschichtlich grundlegend: Klaus Schmider, *Partisanenkrieg in Jugoslawien 1941-1944*, Hamburg 2002. Zur Vor- und Anfangsphase des Krieges: Klaus Olshausen, *Zwischenspiel auf dem Balkan. Die deutsche Politik gegenüber Jugoslawien und Griechenland von März bis Juli 1941*, Stuttgart 1973. Umfassend über die Kriegspläne und -strategien der dritte Band der vom Militärgeschichtlichen Forschungsamt herausgegebenen Reihe „Das Deutsche Reich und der Zweite Weltkrieg“: Gerhard Schreiber, Bernd Stegemann, Detlev Vogel, *Der Mittelmeerraum und Südosteuropa. Von der „non belligeranza“ Italiens bis zum Kriegseintritt der Vereinigten Staaten*, Stuttgart 1984; wichtige Dokumente im sechsten Band der noch in der DDR begonnenen, dann vom Bundesarchiv herausgegebenen Reihe „Europa unterm Hakenkreuz“: *Die Okkupationspolitik des deutschen Faschismus in Jugoslawien, Griechenland, Albanien, Italien und Ungarn (1941-1945)*, Dokumentenauswahl und Einleitung Martin Seckendorf, Berlin, Heidelberg 1992; sowie: *Quellen zur nationalsozialistischen Entnationalisierungspolitik in Slowenien 1941-1945*, zusammengestellt und erläutert von Tone Ferenc, Maribor 1980; ältere jugoslawische Arbeiten in: *Les Systèmes d'occupation en Yougoslavie 1941-1945*, Belgrad 1963, sowie in Serbisch: Branko Petranović, *Istorija Jugoslavije 1918-1978*, Belgrad 1981; einen Überblick bietet immer noch: Josef Matl, „Jugoslawien im Zeiten Weltkrieg“, in *Osteuropa-Handbuch*, Bd. 1, Jugoslawien, hg. v. Werner Markert, Köln, Graz 1954, S. 99-121.

Zum Unabhängigen Staat Kroatien (NDH) immer noch unersetzlich: Ladislaus Hory und Martin Broszat, *Der kroatische Ustascha-Staat, 1941-1945* (Schriftenreihe der Vierteljahreshefte für Zeitgeschichte, Bd. 8), Stuttgart 1964, ergänzt um: Gert Fricke, *Kroatien 1941-1944. Der „Unabhängige Staat“ in der Sicht des deutschen Bevollmächtigten Generals in Agram, Glaise v. Horstenau*, Freiburg 1972; Bogdan Krizman, *Ante Pavelić i Ustaše*, Zagreb 1978 (Ante Pavelić und die Ustascha). Zum Aufbau des Regimes, rechtlichen Grundlagen und Innenpolitik grundlegend und gut dokumentiert: Fikreta Jelić-Butić, *Ustaše i nezavisna država Hrvatska 1941-1945*, Zagreb 1977 (Ustascha und der USK 1941-1945); über die Außenpolitik und diplomatische Beziehungen zu Nedićs Serbien (reich an Dokumenten): Aleksandar Vojinović, *NDH u Beogradu*, Zagreb 1995.

Grundlegend über die Tschetniks: Jozo Tomasevich, *The Chetniks: War and Revolution in Yugoslavia, 1941-1945*, Stanford 1975; ders. *War and Revolution in Yugoslavia, 1941-1945. Occupation and Collaboration*, Stanford 2001; ferner: Matteo J. Milazzo, *The Chetnik Movement and the Yugoslav Resistance*, Baltimore 1975; Simon Trew, *Britain, Mihailovich and the Chetniks, 1941-1945*, London 1998; Reich an Details (in kroatischer Sprache): Fikreta Jelić-Butić, *Četnici u Hrvatskoj 1941-1945*, Zagreb 1985 (Die Tschetniks in Kroatien 1941-1945).

Zur deutschen Politik: Karl-Heinz Schlarp, *Wirtschaft und Besatzung in Serbien 1941-1944. Ein Beitrag zur nationalsozialistischen Wirtschaftspolitik in Südosteuropa*, Stuttgart 1986; Holm Sundhaussen, *Wirtschaftsgeschichte Kroatiens im nationalsozialistischen Großraum 1941-1945. Das Scheitern einer Ausbeutungsstrategie*, Stuttgart 1983; besonders aus der Perspektive der Holocaust-Forschung wichtig: Walter Manoschek, *„Serbien ist judenfrei": Militärische Besatzungspolitik und Judenvernichtung in Serbien 1941/42*, München 1995². Über Partisanen, Befreiungskrieg und Bürgerkrieg ist heranzuziehen die offizielle Quellensammlung zum „Volksbefreiungskrieg der jugoslawischen Völker": *Zbornik dokumenta i podataka o narodnooslobodilačkom ratu jugoslovenskih naroda*, Belgrad 1949 ff.; dazu der zweite Band der Erinnerungen von Milovan Đilas, *Der Krieg der Partisanen. Jugoslawien 1941-1945*, Wien usw. 1978, weit offiziöser das Tagebuch von Vladimir Dedijer, *Dnevnik*, Belgrad 1945-50 und seine autorisierte Biographie: *Tito*, Berlin 1953; ferner Vlado Strugar, *Der jugoslawische Volksbefreiungskrieg 1941 bis 1945*, Berlin (DDR) 1969. Zu Aspekten der deutschen „Volkstumspolitik", der Partisanenbewegung sowie der Kollaboration seitens Volksdeutscher und serbischer Freiwilliger: *Gutachten des Instituts für Zeitgeschichte*, Bd. II, Stuttgart 1996, S. 225-235, S. 292-309; die muslimische Kollaboration betreffend: Georg Lepre, *Himmler's Bosnian Division. The Waffen-SS „Handschar" Division 1943-1945*, Atglen PA 1997.

Umfassend zur Politik der westlichen Alliierten: Hans Knoll, *Jugoslawien in Strategie und Politik der Alliierten 1940-1943*, München 1986; Walter R. Roberts, *Tito, Mihajlović and the Allies, 1941-1945*, New Brunswick 1973; Mark C. Wheeler, *Britain and the War for Yugoslavia, 1940-1943*, New York 1980; vorwiegend militärische Aspekte bei: Michael McConville, *A Small War in the Balkans. British Military Involvement in Wartime Yugoslavia, 1941-1945*, London 1986; ferner die Aufsätze in: Phyllis Auty u. Richard Clogg, *British Policy towards Wartime Resistance in Yugoslavia & Greece*, London 1975. Wichtige Dokumentation über Kroatien und die jugoslawische Exilregierung sowie die Politik der westlichen Alliierten: Ljubo Boban, *Hrvatska u diplomatskim izvještajima izbjegličke vlade 1941-1943, II*, Zagreb 1988 (Kroatien in Berichten der Diplomaten der Exilregierung 1941-19439.

Zur sowjetischen Politik: Ivo Banac, *With Stalin against Tito. Cominformist Splits in Yugoslav Communism*, Ithaca, London 1988; Stephen Clissold (Hg.), *Yugoslavia and the Soviet Union. 1939-1973. A Documentary Survey*, hg. v., London u. a. 1975; Othmar N. Haberl, *Die Emanzipation der KP Jugoslawiens von der Kontrolle der Komintern/KPdSU 1941-1945*, München 1974.

II. Ältere jugoslawische Untersuchungen zu den Verlusten: *Izveštaj jugoslavenske Državne komisije za utvrđivanje zločina okupatora i njegovih pomagača Međunarodnome vojnom sudu u Nürnbergu*, Belgrad 1947 (Bericht der jugoslawischen Staatskommission zur Erhebung der Verbrechen der Besatzer und ihrer Helfer an das Nürnberger Tribunal); *Ljudske i materijalne žrtve Jugoslavije u ratnom naporu 1941-1945*, Beograd 1947 (Menschliche und materielle Opfer Jugoslawiens); Teilreprint davon in Haifa 2000 (siehe unten); *Konačni rezultati popisa stanovništva od 15. 3. 1948*, 1-2, Beograd, 1951 (Endergebnis der Volkszählung von 1948, mit einem Vorwort von D. Tasić); I. Lah, „Istinski demografski gubici Jugoslavije u Drugome svetskom ratu", *Statistička revija*, Belgrad, 2-3, 1952 (Reale demografische Verluste Jugoslawiens im Zweiten Weltkrieg); ders., „Metod izračunavanja budućeg stanovništva", ebd, 1, 1951 (Die Methode der Berechnung der künftigen Bevölkerung).

Revision der regimetreuen Angaben: Srđan Bogosavljević, „Der unaufgeklärte Genozid", in: Th. Bremer, N. Popov, H.-G. Stobbe (Hg.), *Serbiens Weg in den Krieg*, Berlin 1998, S. 63-74; Josip Jurčević, *Nastanak jasenovačkog mita. Problemi proučavanja žrtava Drugog svjetskog rata na području Hrvatske*, Zagreb 1998 (Die Entstehung des Mythos von Jasenovac); Bogoljub Kočović, *Žrtve Drugoga svetskog rata u Jugoslaviji*, London 1985, 2. Auflage Sarajevo 1990 (Opfer des Zweiten Weltkriegs in Jugoslawien); Mihael Sobolevski, „Prešućena istina – žrtve rata na području bivše Jugoslavije 1941-1945 prema popisu iz 1964", in *Časopis za suvremenu povijest*, 2-3, 1993 (Verschwiegene Wahrheit – Kriegsopfer auf dem Gebiet des ehemaligen Jugoslawien 1941-1945 nach der Erhebung von 1964); Reprint der Erhebung von 1964: Meho Visočak/Bejdo Sobica (Hg.), *Jasenovac. Žrtve rata prema podacima statističkog zavoda Jugoslavije*, Zürich Sarajevo (Bošnjački institut) 1998; Vladimir Žerjavić, *Gubici stanovništva Jugoslavije u Drugome svjetskom ratu*, Zagreb 1989. (Bevölkerungsverluste Jugoslawiens im Zw. Weltkrieg, englische und französische Ausgabe Zagreb 1997), ders., *The Losses of Yugoslav Population in the Second World War*, Geographical Papers 8, University of Zagreb 1991; ders., *Opsesije i megalomanije oko Jasenovca i Bleiburga. Gubici stanovništva Jugoslavije u Drugome svjetskom ratu*, Zagreb 1992 (Obsessionen und Megalomanie um Jasenovac und Bleiburg); zum Verfahren gegen den letzten Lagerkommandeur von Jasenovac Dinko Šakić: Dunja Melčić, „Späte Gerechtigkeit. Folgen eines nationalistischen Überschwangs", *Rechtsgeschichte* 5/2004 (Frankfurt); http://www.pavelicpapers.com.

Zu den jüdischen Opfern: Ivo/Slavko Goldstein, *Holokaust u Zagrebu*, 2001; Jaša Romano, *Jevreji Jugoslavije 1941-1945. Žrtve genocida i učesnici narodnooslobodilačkog rata*, Belgrad, 1980 (Die Juden Jugoslawiens 1941-1945. Genozidopfer und Teilnehmer am Volksbefreiungskampf); Holm Sundhaussen, „Jugoslawien", in: Wolfgang Benz (Hg.), *Dimensionen des Völkermords. Die Zahl der jüdischen Opfer des Nationalsozialismus*, München 1991, S. 311-330. Teil der Dokumentensammlung der jugoslawischen Landeskommission über Kriegsverbrechen (1952) die Juden betreffend nunmehr: „Die Vernichtung der Juden in Jugoslawien durch die Nazis in den Jahren 1940-45“ [sic!] des *Institute of Documentation in Israel* (zusammengestellt von T. Friedmann) Haifa 2000; Gerichtsprotokolle: *Trials of War Criminals before the Nuernberg Military Tribunals under Control Council Law* No. 10, Bd. XI.2, Washington 1950.

Zur Vertreibung der Italiener und Deutschen: Gianni Bartoli, *Il martilogio delle genti adriatiche. Le deportazioni nella Venezia Giulia, Fiume e Dalmazia*, Triest 1961; Marina Cattaruzza, Marco Dogo, Raoul Pupo, *Esodi. Trasferimenti forzati di popolazione nel Novecento europeo*, Neapel 2000; Guido Crainz, *Il dolore e l'esilio. L'Istria e le memorie divise d'Europa*, Rom 2005; Raoul Pupo, *Il lungo esodo. Istria: le persecuzioni, le foibe, l'esilio*, Mailand 2005; P. Flaminio Rocchi, *„L'esodo die 350 mila giuliani, fiumani e dalmati"*, Rom 1998[4]. Josef Beer, *Donauschwäbische Zeitgeschichte aus erster Hand*, München 1989[3]; *Dokumentation der Vertreibung der Deutschen aus Ost-Mitteleuropa. Das Schicksal der Deutschen in Jugoslawien*, Band V, München 1984 (Bonner Dokumentation); Dieter Blumenwitz, *Rechtsgutachten über die Verbrechen an den Deutschen in Jugoslawien 1944-1948*, München 2002; Die Dokumentationsreihe der Donauschwäbischen Kulturstiftung: *Leidensweg der Deutschen im kommunistischen Jugoslawien* Bd. 1-4 (1990-1995); Taschenbuchausgabe: *Verbrechen an den Deutschen in Jugoslawien 1944-1948. Stationen eines Völkermords*, München 1998 (Arbeitskreis Dokumentation) und *Genocide of the Ethnic Germans in Yugoslavia 1944-1948*. European English-Language Edition (Hg. H. Prokle u.a.), München 2003; Zoran Janjetović, *Between Hitler and Tito: Disappearance of the Vojvodina Germans*, Belgrad 2000; ders., „Die Konflikte zwischen Serben und Donauschwaben“, in: SOF 58 (1999), S. 119-168; Stefan Karner, *Die deutschsprachige Volksgruppe in Slowenien. Aspekte ihrer Entwicklung 1939-1997*, Klagenfurt Ljubljana Wien 1998; HansUlrich Wehler, *Nationalitätenpolitik in Jugoslawien*, Göttingen 1982; Alfred-Maurice de Zayas, *Anmerkung zur Vertreibung der Deutschen aus dem Osten*, Stuttgart u.a. 1986.

12. Zwischen Aufbruch und Repression: Jugoslawien 1945-1966

Ludwig Steindorff

12.1. Grundlegungen während des Zweiten Weltkrieges

Wie in anderen Ländern Ostmittel- und Südosteuropas war der Sieg über die Achsenmächte und den von ihnen getragenen Faschismus auch in Jugoslawien mit der Durchsetzung des sozialistischen Gesellschaftsmodells verbunden. Als Gründungsakt des sozialistischen Jugoslawien gilt die 2. Sitzung des „Antifaschistischen Rates der Volksbefreiungsbewegung" (AVNOJ) im mittelbosnischen Jajce am 29. November 1943. Hier wurde die Wiederherstellung Jugoslawiens als Föderation beschlossen. Der im Londoner Exil lebende König Petar erhielt Rückkehrverbot, und die zutiefst gespaltene Exilregierung wurde für nicht zuständig erklärt. Als provisorische Regierung wurde ein Nationalkomitee unter dem Vorsitz von Josip Broz Tito eingerichtet. Zur Erinnerung an die Tagung in Jajce wurde später der 29. November als Staatsfeiertag begangen.

Die damals noch schwache Partisanenbewegung in Serbien war auf der Tagung in Jajce nicht vertreten. Das war für die serbische politische Führung Ende der achtziger Jahre Grund, die Legitimität der Republiksgrenzen in Jugoslawien zu bestreiten.

Die Beschlüsse von Jajce bedeuteten für die Sowjetunion eine Provokation; denn während überall sonst der kommunistisch dominierte Widerstand unter sowjetischer Kontrolle stand, hatte das AVNOJ selbständig gehandelt. Die britische Politik nahm eine pragmatische Haltung ein; ihr lag unter den gegebenen Umständen an einem baldigen Arrangement von Partisanen und Exilregierung, weil anderenfalls eine gänzliche Ausschaltung der Exilregierung zu befürchten war.

Auf das Drängen von Churchill hin schlossen Tito im Namen des AVNOJ und Šubašić im Namen der Exilregierung am 16. Juni 1944 auf der Adriainsel Vis ein Abkommen. Šubašić, Politiker der Kroatischen Bauernpartei (HSS), war 1939-41 Banus in der teilautonomen Banovina Kroatien gewesen. Das Abkommen, das bei den Exilpolitikern durchaus umstritten war, beinhaltete die Verpflichtung der Exilregierung, die Unterstützung der „Volksbefreiungsarmee" von außen zu organisieren. Über die Staatsform sollte nach Kriegsende in einem Referendum entschieden werden. Kollaborateure und Verräter, zu denen nun auch Draža Mihajlović gerechnet wurde, waren vor Gericht zu stellen. Damit war die Bewegung der Tschetniks politisch gescheitert.

Beim Besuch von Churchill in Moskau im Oktober 1944 einigten sich Stalin und sein Gast auf einen Interessenanteil in Jugoslawien von je 50 %, während für die anderen Länder Südosteuropas klare Dominanten vereinbart wurden. Wenn man auf die Machtverhältnisse im Lande zu dieser Zeit sieht, war der Weg zur Durchsetzung des sozialistischen Systems bereits weiter fortgeschritten, als von Stalin intendiert.

Im zweiten Abkommen zwischen Tito und Šubašić, das am 1. November 1944 im schon befreiten Belgrad geschlossen wurde, verwirklichte man scheinbar ein Kräftegleichgewicht. Die Rechte des Königs wurden suspendiert; Ziel war die Schaffung einer gemeinsamen

Regierung. In diesem Sinne verlangte auch die Konferenz der Alliierten in Jalta, das AVNOJ solle um Politiker aus der Exilregierung erweitert werden. Am 7. März 1945 wurde eine provisorische Regierung des Demokratischen Förderativen Jugoslawien (DFJ) gebildet, in der Tito das Amt des Ministerpräsidenten übernahm und Šubašić Außenminister wurde.

12.2. Die Zeit des „administrativen Sozialismus"

In der Gruppe der Länder, in denen nach dem Zweiten Weltkrieg ein sozialistisches System eingeführt wurde, nahm Jugoslawien von Beginn an eine Sonderstellung ein. Nur hier war die Befreiung weitestgehend ohne die Hilfe fremder Truppen erfolgt, und die Kommunisten waren nicht erst mit sowjetischer Hilfe an die Macht gelangt. Deren erhöhtes Selbstbewusstsein zeigte sich darin, dass sie ohne Rücksicht auf die Vorgaben der Alliierten in kurzer Zeit andere politische Kräfte im Land ausschalteten. Die „innere Sowjetisierung" bzw. der Aufbau des einstweilen ganz am sowjetischen Vorbild orientierten sozialistischen Systems verlief deutlich schneller als in Staaten, die von der UdSSR abhängig waren.

Die vor den Wahlen 1945 gebildete „Volksfront" aus Parteien und Massenorganisationen stand klar unter der Führung der Kommunistischen Partei. Die Oppositionsparteien, die außerhalb der Volksfront Kandidaten aufgestellt hatten, wurden während des Wahlkampfes so stark behindert, dass sie schließlich zum Wahlboykott aufriefen. Bei den Wahlen zur Verfassungsgebenden Versammlung im November 1945 fielen nach den offiziellen Angaben 90,5 Prozent der abgegebenen Stimmen für den Bundesrat, 88,4 Prozent für den Nationalitätenrat an die „Volksfront"; zuvor wurden ca. 200.000 Bürger aus den Wählerverzeichnissen gestrichen.

Erster Akt des neugewählten Gremiums war die Aufhebung der Monarchie und die Proklamation der „Föderativen Volksrepublik Jugoslawien". Schon 1947 gingen alle Einzelparteien außer der KP in der „Volksfront" auf, so dass es, anders als beispielsweise in der DDR oder Polen, keine „Blockparteien" gab.

Die Verfassung vom 20. Januar 1946 war eng an die sowjetische Verfassung von 1936 angelehnt. Die schon 1943 in Jajce beschlossene föderale Ordnung konnte so zum einen auf das sowjetische Vorbild blicken, zum anderen auf die bereits 1937 von den Kommunisten übernommenen Konzepte der bürgerlichen Opposition über eine föderale (föderative) Neuordnung Jugoslawiens. Es wurden die Republiken Slowenien, Kroatien, Bosnien-Herzegowina, Serbien, Montenegro und Makedonien mit den autonomen Gebieten Vojvodina und Kosovo-Metohija innerhalb Serbiens gebildet.

Die Grenzen der Republiken waren keineswegs, wie in den späten achtziger Jahren serbischerseits behauptet, einfach „administrativ" festgelegt worden. Die meisten Grenzen waren historisch legitimiert und griffen auf die Abgrenzung der historischen Territorien vor 1918 zurück. Explizit ethnisch definiert wurde die kroatisch-serbische Grenze zwischen Donau und Save, die historische Grenze wurde zugunsten Serbiens korrigiert. Von Bosnien-Herzegowina abgesehen, war jeder Nation innerhalb Jugoslawiens eine Republik zugeordnet, oder anders gesagt: Jede Republik bildete den Kern einer Nation. Die makedonische Regionalidentität wandelte sich erst im Rahmen der vorgegebenen staatlichen Ordnung zur nationalen Identität.

Das jugoslawische Staatsgebiet wurde gegenüber der Zwischenkriegszeit im Nordwesten um Istrien und die Gebiete bis ungefähr an die Soča (Isonzo) erweitert, zuerst 1945 via facti, dann offiziell auf den Pariser Friedensverhandlungen 1947. Die Stellung der Stadt

Triest und ihres südlichen Umlands, die seit 1947 auf dem Papier den „Freistaat Triest" bildeten, real aber schon Italien bzw. Jugoslawien zugeordnet waren, wurde erst 1954 dauerhaft geklärt. Das Stadtgebiet, die frühere Zone A, ging an Italien, das Umland, die Zone B, an Jugoslawien. Entsprechend der nationalen Siedlungsverteilung wurden die Gebiete Kroatien bzw. Slowenien zugeordnet.

Die Verstaatlichung der Wirtschaft erfolgte in Jugoslawien sehr schnell. Ende 1945 waren bereits 80 Prozent der größeren Unternehmen verstaatlicht; Anfang 1948 war der Prozess abgeschlossen. Im Juli 1946 wurde ein Gesetz über die Planwirtschaft verkündet. 1947-51 lief der erste Fünfjahresplan; sein Schwerpunkt lag auf der forcierten Industrialisierung. In der Agrarpolitik vermied man radikale Schritte. Durch die Agrarreform von August 1945 wurde je nach Bodenertrag ein Maximum zwischen 25 und 35 Hektar festgelegt. 1,6 Mio. Hektar wurden enteignet; rund 41 Prozent davon war Besitz von Angehörigen der deutschen Minderheit gewesen, die man nach 1945 großteils vertrieben hatte. Auf den enteigneten Ländereien in der Vojvodina wurden zumeist serbische Kolonisten aus landwirtschaftlich unproduktiven Gebieten angesiedelt. Sie erhielten allerdings nur kleine Parzellen von durchschnittlich 2,5 Hektar, denn man rechnete schon mit der baldigen Kollektivierung. Vertreibung der Deutschen und Kolonisierung führten zu einer deutlichen Erhöhung des serbischen Bevölkerungsanteiles in der Vojvodina (Volkszählung 1931: 37 Prozent; 1948: 50,5 Prozent). Zur „inneren Sowjetisierung" gehörte auch das Streben nach Marginalisierung und Diskriminierung der Religionsgemeinschaften, wobei man in der katholischen Kirche die stärkste Gegenkraft gegen das neue System sah. Erst als diese sich gegen die Verstaatlichung des kirchlichen Schulwesens und die weitgehende Enteignung des kirchlichen Grundbesitzes wehrte und sich weigerte, die Bindungen an Rom zu lösen, wurde dem Zagreber Erzbischof Alojzije Stepinac Kollaboration, gewaltsame „Konversion" der orthodoxen Serben zum Katholizismus und Beihilfe zu den Verbrechen des Ustascha-Regimes vorgeworfen. In einem Schauprozess wurde er 1946 zu 16 Jahren Haft verurteilt. 1951 wurde er zum Hausarrest im Heimatort Krašić bei Karlovac begnadigt; hier starb er 1960. Dass Tito damals das Begräbnis von Stepinac in der Zagreber Kathedrale gestattete, brachte dem Regime im Westen Sympathiegewinn (→ Kap. 15).

12.3. Der Bruch mit der Sowjetunion

Jugoslawien war der einzige Staat in Ost- und Südosteuropa, der nach 1945 zu einer aktiven Außenpolitik fähig war. Es gelang, Albanien in immer stärkere Abhängigkeit zu bringen, und ein Anschluss dieses Staates an Jugoslawien wurde denkbar; erst der Bruch zwischen der Sowjetunion und Jugoslawien 1948 führte auch zur Lösung der engen Bindungen Jugoslawiens und Albaniens. Es entstanden 1947 Pläne einer jugoslawisch-bulgarischen Föderation; diese stießen jedoch auf Ablehnung bei der Sowjetunion, weil sie ihre eigene Hegemonialrolle dadurch gefährdet sah. Am 10. Februar 1948 tadelte Stalin bulgarische und jugoslawische Delegationen in Moskau. Die bulgarische Seite verzichtete sogleich auf die Föderationspläne; die jugoslawische hingegen protestierte und verlangte Gleichberechtigung aller kommunistischen Parteien. Daraufhin wurden am 18. März alle sowjetischen Militär- und Zivilberater aus Jugoslawien abgezogen. In einem Briefwechsel zwischen den Zentralkomitees warf die KPdSU den jugoslawischen Kommunisten Selbstgerechtigkeit und eine falsche Politik der Stützung auf das Bauerntum statt auf die Industriearbeiterschaft vor. Die jugoslawische Seite beschwerte sich über die ungünstigen Konditionen der Wirtschaftsverträge und die Arroganz der sowjetischen Berater; sie bezweifelte den Führungsanspruch der KPdSU. Um der Rolle des Angeklagten zu entgehen, weigerte sich die jugoslawische KP, an der Kominform-Konferenz in Bukarest im Juni 1948 teilzunehmen. Die Kominform war im September 1947 anstelle der 1943 aufgelösten Komintern gegründet worden; eigentlich war als Sitz Belgrad vorgesehen gewesen. Die Kominform verurteilte am 28. Juni 1948 die Haltung der KP Jugoslawiens und schloss die Partei aus. Damit verbunden war die Errichtung einer Wirtschaftsblockade und der politischen Isolierung.

Einstweilen folgte darauf im Inneren eine weitere Verhärtung des dogmatischen Kurses, um die Kontinuität der Ziele unabhängig vom Konflikt mit der Sowjetunion zu dokumentieren. Das sowjetische Modell der zentralen Planwirtschaft wurde beibehalten und die Kollektivierung eingeleitet. Die Ausschaltung von Skeptikern gegenüber der Konfrontation mit der Sowjetunion seit 1947 weitete sich zu einer großen „Säuberung" der Partei aus. Zahlreiche Verurteilte kamen auf die Insel Goli otok zwischen den Inseln Krk und Rab; der Ort mit dem sprechenden Namen „kahle Insel" blieb bis Anfang der achtziger Jahre als Gefängnis in Benutzung. Eines der Opfer des Machtkampfes 1948/49 war Andrija Hebrang. 1943-44 Parteichef der kroatischen Kommunisten, war er damals wegen „separatistisch-nationalistischer Tendenzen" abgelöst worden und hatte nur noch untergeordnete Funktionen wahrgenommen. 1948 wurde er verhaftet; seine Ermordung im Gefängnis wurde als Selbstmord inszeniert.

Der Bruch mit der Sowjetunion zwang Jugoslawien geradezu zu einer Annäherung an den westlichen Block. Jugoslawien war nun bereit, Hilfe aus dem Marshall-Plan und amerikanische Rüstungslieferungen anzunehmen. Das Schwergewicht des Außenhandels verlagerte sich vom „Ostblock" auf Westeuropa. 1953 schloss Jugoslawien mit der Türkei und Griechenland auf zwanzig Jahre den allerdings später nicht verlängerten Balkanpakt über militärische Zusammenarbeit und gegenseitigen Beistand. Zur Normalisierung der Beziehungen mit dem Westen trug auch die Lösung der Triestfrage 1954 bei.

12.4. Der Ausbau des Selbstverwaltungssozialismus

Die Ablösung der außenpolitischen Bindung an die Sowjetunion führte bald zur Bereitschaft, auch nach Alternativen in der Umsetzung des sozialistischen Gesellschaftsmodells zu suchen. Bereits 1950 wurden die Grundsteine zur „Arbeiterselbstverwaltung" gelegt. Diese, in den folgenden Jahrzehnten institutionell zum „Selbstverwaltungssozialismus" immer weiter ausgebaut, brachte zwar keine reale Beteiligung der Arbeiter an Entscheidungsprozessen; doch das System ermöglichte die wirtschaftliche Dezentralisierung und schuf den Freiraum zur Herausbildung einer Wirtschaftselite. Die Betriebe verfügten über einen Teil ihres Gewinnes selbst, auch waren Angebot und Nachfrage teilweise marktreguliert. 1952 wurde das Ziel der landwirtschaftlichen Kollektivierung aufgegeben; die meisten Bauern nahmen das Angebot wahr, aus den Produktionsgenossenschaften wieder auszutreten. Das Landmaximum wurde jedoch auf 10-20 Hektar beschränkt, was sich schließlich als Bremse der Modernisierung erwies.

In Entsprechung zur Abkehr vom „administrativen Sozialismus" sowjetischen Typs und von der zentralistischen Parteiorganisation erhielt 1952 auch die Partei formal einen dezentralen Aufbau und nannte sich fortan „Bund der Kommunisten"; die Volksfront hieß nun „Sozialistischer Bund des werktätigen Volkes". 1953 erhielt Jugoslawien eine neue Verfassung. Der bisher als zweite Kammer selbständige Nationalitätenrat wurde zwecks Abschwächung der nationalen Komponente im politischen Entscheidungsprozess in den Bundesrat integriert. Bundes- wie auch Republikparlamente erhielten stattdessen als zweite

Kammer einen Produzentenrat, der die Interessen der sich selbst verwaltenden Betriebe vertreten sollte. Das Wahlrecht zum Bundesrat war an den Wohnort gebunden, das zum Produzentenrat an den Arbeitsplatz. Die dritte Verfassung von 1963 trug der weiteren Dezentralisierung und dem Ausbau des Selbstverwaltungssozialismus Rechnung; der Staat erhielt nun den Namen, den er bis zu seinem Untergang behielt: „Sozialistische Föderative Republik Jugoslawien".

Nach Stalins Tod 1953 verbesserten sich die Beziehungen zur Sowjetunion wieder; Chruschtschows Besuch in Belgrad 1955 glich geradezu einem Bußgang. Doch Jugoslawien kehrte dadurch keineswegs in den sowjetisch dominierten Block zurück. Die Isolierung bzw. Sonderstellung zwischen den beiden Blöcken in Europa wurde nun auch von der Sowjetunion allmählich akzeptiert. Auf seiner Indienreise 1956 erklärte Tito die „Blockfreiheit" erstmals zum außenpolitischen Programm. Da sich nach der Entkolonialisierung der Dritten Welt die meisten neuen Staaten der Blockfreienbewegung anschlossen, erlangte Jugoslawien in der Weltpolitik ein beachtliches Gewicht.

In der Nationalitätenpolitik brachten die sechziger Jahre eine wichtige Neuerung: Die Volkszählung von 1961 bot erstmals die Möglichkeit, sich als „Muslim im ethnischen Sinne" zu bekennen. Allerdings machten damals noch relativ wenige Bürger hiervon Gebrauch. 1963 wurden die Muslime als eines der Völker von Bosnien-Herzegowina in der Präambel der Republik-Verfassung genannt. 1965 definierte das Zentralkomitee der Partei auf Bundesebene die Muslime als eigene Nation; 1968 wurden sie auf Bundesebene verfassungsrechtlich offiziell als Nation anerkannt. Bei der Volkszählung von 1971 nutzten sie erstmals in großem Maße die Möglichkeit, sich national als Muslime zu deklarieren.

Innerhalb der Partei kam es auch nach der Kominformkrise immer wieder zu Spannungen. Konflikte um politische Ausrichtungen verbanden sich mit der Ausschaltung von politischen Rivalen. Einer der einst engsten Kampfgefährten Titos, Milovan Đilas, wurde wegen seiner Kritik an Fehlentwicklungen innerhalb des Systems 1954 politisch entmachtet; erst in der Haft schrieb er dann *Die neue Klasse*. Đilas stellte in seinen Werken keineswegs das Ziel des Sozialismus in Frage; vielmehr sah er dieses durch die Ausbildung neuer Netze von Privilegierung und Machtkonzentration bedroht. Mehrere Faktoren führten zur Entmachtung des Sicherheitschefs und stellvertretenden Präsidenten Aleksandar Ranković 1966. Ein die Autorität Titos eventuell bedrohender „Kronprinz" wurde damit ausgeschaltet. Es war ein Sieg des reformfreudigen Parteiflügels über die Konservativen. Ranković stand für den Unitarismus, der zugleich großserbische Züge trug; seine Entmachtung öffnete den Weg zur Dezentralisierung und Stärkung der Eigenkompetenz der Teilrepubliken. Dem entsprach, dass dank einer Verfassungsänderung 1968 der Nationalitätenrat wieder als selbständige Kammer neben Bundesrat und Produzentenrat trat. Der Sturz von Ranković markierte auch eine Wende in der Politik gegenüber den Albanern, die nun im Rahmen der Autonomie des Kosovo breitere Möglichkeiten der Entfaltung nationalen Lebens erhielten.

12.5. Jugoslawien – (k)ein Sonderweg zum Sozialismus

Abschließend sei nach Unterschieden und Gemeinsamkeiten des sozialistischen Gesellschaftsmodells in Jugoslawien und in Ländern der sowjetischen Hegemonialsphäre gefragt. Allein in Jugoslawien hat es einen nicht nur formalen Prozess der Dezentralisierung gegeben; das Modell der Arbeiterselbstverwaltung und die Ansätze von Marktwirtschaft waren ein Spezifikum. Allein Jugoslawien hatte seit den sechziger Jahren offene Grenzen. Statt Repression gegen Dissidenten als einziges Mittel war damit zugleich der Weg in die Emigration leichter gemacht. Charakteristisch war das stark ausgeprägte Bewusstsein der Eigenständigkeit Jugoslawiens; es war abgeleitet aus der zum Mythos erstarrten Erinnerung an den „Volksbefreiungskrieg“, aus den vergleichsweise besseren Lebensbedingungen als in anderen sozialistischen Ländern und aus der außenpolitischen Sonderstellung in der Blockfreiheit. Mit dem internationalen Prestige Titos und seiner Popularität im Lande konnte sich kein Staatsoberhaupt eines anderen sozialistischen Staates messen.

Doch Jugoslawien hatte auch eine Reihe von Gemeinsamkeiten mit den Staaten im sowjetischen Machtbereich: Die weltanschauliche Prämisse des Sozialismus und das Einparteiensystem setzten dem gesellschaftlichen Diskurs enge Grenzen. Es gab keinen institutionalisierten Pluralismus; die Rechtssicherheit war chronisch gefährdet. Alle Freiheitsrechte waren nur „auf Widerruf“ gewährt, solange sie nicht den Interessen von Partei und Armee widersprachen. Unabhängig vom fehlenden Zentralismus litt auch das jugoslawische Wirtschaftsmodell an Ineffizienz, mangelnder Rationalisierungs- und Innovationsfähigkeit. Das Streben nach allübergreifender Normierung und Kodifizierung führte zur Ausbildung einer hypertrophen Bürokratie. Es bestand eine große Diskrepanz zwischen dem formal erfüllten Anspruch, der gesamten Gesellschaft Partizipation an der politischen Willensbildung zu sichern, und der Praxis des Entscheidens in einem engen, durch persönliche Beziehungen gestalteten Machtkreis. Der fehlende Pluralismus und das Privilegiensystem verzögerten den Generationswechsel des Personals in der Elite und bedingten die Überalterung der politischen Führung. Wie die Sowjetunion hatte Jugoslawien nur scheinbar eine Lösung der Nationalitätenfrage gefunden. Die Gemeinsamkeit der sozialistischen Lebensformen, der Staatserfahrung und der gesellschaftlichen und politischen Ziele sollten zugleich ein übergreifendes Gemeinsamkeitsbewusstsein schaffen. Hier wie dort gab es die Ambivalenz zwischen formaler Gleichberechtigung aller Nationen und faktischem Übergewicht einer Nation.

Bis Mitte der sechziger Jahre hatte sich das sozialistische Gesellschaftsmodell in Jugoslawien konsolidiert, und das System hatte seine Identität gefestigt. Die für alle sozialistischen Staaten charakteristische Spannung zwischen Bereichen forcierter Modernisierung und Bereichen der Modernisierungsblockade war noch durch die Erfolge des jugoslawischen Weges überdeckt. Im Vergleich zum Jugoslawien der Zwischenkriegszeit wirkte das titoistische Jugoslawien viel stabiler und in sich gefestigter; die nationale Frage schien durch die föderative Ordnung angemessen gelöst. Der Staat hatte sich mit der Führungsrolle in der Blockfreienbewegung einen respektablen Platz in der Weltpolitik gesichert. In den zwanzig Jahren des Sozialismus war zwar das Nord-Süd-Gefälle im Lande nicht aufgehoben worden, doch waren Erhöhung des Lebensstandards, Ausbau des Bildungswesens, verbesserte medizinische Versorgung und soziale Sicherheit unbestrittene Errungenschaften. Und schließlich waren die zeitweiligen gesellschaftlichen Freiräume im Vergleich zu den Staaten der sowjetischen Hegemonialsphäre verhältnismäßig groß.

In den westlichen Ländern wurden die Selbstverständlichkeiten der Nachkriegsordnung erstmals in der Studentenbewegung Ende der sechziger Jahre hinterfragt, der Prager Frühling bedrohte 1968 die „alte Ordnung“ des Ostblocks. In diese Zeit des (versuchten) Generationswechsels fielen auch die ersten großen Herausforderungen an die Tragfähigkeit des jugoslawischen Systems: die innerjugoslawische Studentenbewegung und der kroatische Frühling.

12.6. Abrechnungen mit den politischen Gegnern und die kommunistischen Nachkriegsverbrechen

Dunja Melčić

Bereits bei den ersten konstituierenden Akten während des Krieges (am 29.11.1943 in Jajce) stellten die Kommunisten die Weichen für ein totalitäres Nachkriegsjugoslawien. So beschloss der „Antifaschistische Rat der Volksbefreiung Jugoslawiens" (AVNOJ), allen Personen deutscher Volkszugehörigkeit die jugoslawische Staatsangehörigkeit und alle bürgerlichen Rechte abzuerkennen und ihren gesamten beweglichen und unbeweglichen Besitz zu beschlagnahmen. Später erließen sie entsprechende Gesetze, um den staatlich organisierten Terror zu legitimieren. So wie alle Volksdeutsche Jugoslawiens zu Volksfeinden erklärt wurden, konnten auch beliebige tatsächliche oder vermeintliche Kollaborateure zu Volksfeinden proklamiert werden. Ansonsten standen noch die Kategorien „Kriegsverbrecher" und „Hochverräter" für die Abrechnung mit politischen Gegnern und so genannten Klassenfeinden zur Verfügung. Doch noch bevor diese im großen Stil von Schauprozessen in Belgrad, Zagreb, Ljubljana und Sarajevo auf zweifelhafter rechtlicher Grundlage begann, verübten die kommunistischen Partisanen Massenmorde, deren Dimensionen erst Jahrzehnte später allmählich sichtbar wurden. Unter dem „Deckmantel des Antifaschismus" (Vodušek Starič) bekämpften die nach dem sowjetischen Modell organisierten kommunistischen Machtapparate, wie die Geheimpolizei OZNA (Abteilung für den Volksschutz), die „Volksfeinde" auf allen Gebieten unter der Kontrolle der Partisanen bereits seit 1944 (Jurčević). Im Osten, nach der Befreiung Belgrads (im Oktober 1944) durch Partisanen und die sowjetischen Streitkräfte, wüteten der sowjetische Geheimdienst NKWD (unter Generalleutnant Nikolaj V. Korneev) zusammen mit der politischen Polizei der Partisanen; in Banat und Vojvodina wurden die Angehörigen der deutschen und ungarischen Minderheit massakriert oder in die Sowjetunion deportiert. Im November 1944 ließ Tito eine breite Front in Batschka und Syrmien von ca. 180.000 Mann – die meisten davon junge, erst eingezogene Rekruten aus Serbien, viele aus Belgrad – gegen eine massive Streitkraft der Wehrmacht von etwa 800.000 Mann und ca. 300 000 andere Truppen, die sich vom Süden des Balkans nach Nordosten bewegten, ohne Not und strategischen Sinn aufziehen. Die genauen Umstände dieser Aktion werden sich erst klären lassen, wenn einmal die Belgrader Archiven zugänglich werden; ein politisches Kalkül Titos gegen den „Klassenfeind", dem abertausende junge Serben zum Opfer fielen, ist vielfach in der Literatur angenommen worden (Pirjavec). Nach der Kapitulation, ab dem Ende Mai 1945, ermordeten Partisanen, die Einheiten der OZNA, auf höchste Weisung zig Tausende Soldaten und Zivilisten, die auf der Flucht vor Kommunisten im Schlepptau der sich zurückziehenden Wehrmacht nach Kärnten gelangten. Dort, beim Grenzdorf Bleiburg übergaben sich Soldaten der montenegrinischen und serbischen Tschetniks sowie der kroatischen Heimatwehr (Domobrani) und Ustascha den britischen Truppen, aber diese lieferten sie den Partisanen aus. Neuere slowenische Forschung schätzt die Zahl der umgebrachten Kroaten in Slowenien auf über 60.000. Der massenhaften „Eliminierung" waren auch slowenische Domobranzen und politische Gegner unterworfen. Unzählige Arbeits-, Gefangenen- und Todeslager wurden errichtet. In den Nachfolgestaaten Jugoslawiens dienten diese Massaker jahrelang politischen Auseinandersetzungen und Anfeindungen. Erst an der Jahrhundertwende begann die Veröffentlichung der Ergebnisse seriöser historischer Forschung, nachdem in Kroatien und Slowenien die staatlichen Archive geöffnet wurden. Die slowenische Staatsanwaltschaft gab 2003 bekannt, dass es 210 Massengräber aus der unmittelbaren Nachkriegszeit auf slowenischem

Territorium gibt und 60 weitere noch untersucht werden. Die schlimmsten bekannten Hinrichtungsstätten befanden sich bei Kočevski Rog (Gottscheer Horn) und Slovenska Bistrica. Nach jahrelangen Ermittlungen erhob der slowenische Staatsanwalt im Mai 2005 Anklage gegen den früheren OZNA-Kommandeur und jahrzehntelangen kommunistischen Funktionär Mitja Ribičič (86) wegen Massenexekutionen von angeblichen Volksfeinden zwischen 1945-1946.

So wie Tito den allgemeinen bewaffneten Widerstand gegen Besatzer und diktatorische Regimes in der Kriegszeit für die Vorbereitung der kommunistischen Revolution instrumentalisierte, nützte er die Wirren der Nachkriegszeit für die Abrechnung mit dem „inneren Feind" und zur schnellen Konsolidierung des totalitären Unrechtsregimes aus. Bis April 1948 wurden über 900.000 Strafanzeigen auf äußerst zweifelhafter Beweislage erhoben und ca. 550.000 Zeugen vernommen. Schließlich wurden ca. 65.000 Personen zu Kriegsverbrechern, Hochverrätern und Volksfeinden deklariert. Aus einer strafrechtlichen Ahndung von Kriegsverbrechern wie sie durch das Londoner Abkommen „über die Verfolgung und Bestrafung der Hauptkriegsverbrecher der europäischen Achse" und die „Verfassung der Internationalen Militärgerichte" (unterzeichnet im August 1945) vorgesehen wurde, machten Titos Kommunisten zugleich eine massive staatliche Verfolgung von politischen und weltanschaulichen Gegnern und missachteten dabei die Regelungen des Statuts massiv. Bereits im August 1945 fand in Belgrad der erste Prozess gegen Tschetniks und serbische Kollaborateure statt; zwischen Juni und Juli 1946 fand der zweite große Prozess statt, an dem 24 bekannte serbische Persönlichkeiten, darunter der Hauptangeklagte, der Oberbefehlshaber der Tschetnik-Verbände Draža Mihajlović, des Hochverrats und der Kriegsverbrechen angeklagt, zumeist zum Tode verurteilt und umgehend exekutiert wurden. (Zum Vergleich: die Anklagen in Nürnberg wurden im Oktober 1945 erhoben, der Prozess begann einen Monat später und die Urteile wurden ein Jahr später gefällt.) Vor dem Militärgericht in Zagreb führte man, kurz nach der Befreiung, im Juni 1945 im Eilverfahren den Prozess gegen eine Gruppe von 58 Personen durch, der sowohl notorische führende oder einfache Mitglieder der Ustascha als auch mehrere Geistliche angehörten. Mehr als die Hälfte der Angeklagten wurde zum Tode verurteilt, darunter der orthodoxe Bischof Spiridon Mifka und der Metropolit Germogen, der evangelische Bischof Philipp Popp und Mufti von Zagreb Ismet Muftić sowie mehrere katholische Priester. Der bekannteste Schauprozess wurde jener gegen den Zagreber Erzbischof Alojzije Stepinac, der im Herbst 1946 in großer Eile durchgepeitscht wurde und bei dem die Verteidigung kaum zu Wort kam. Hier zeigte sich am deutlichsten, dass „das primäre Ziel des neuen Regimes nicht die gerechte Ahndung des Verbrechens war, sondern die exemplarische politische Vernichtung der Gegner" (Džaja).

In keinem der Nachfolgestaaten Jugoslawiens wurde diese Schreckensepoche angemessen aufgearbeitet. Es bleibt der künftigen historischen Forschung vorbehalten, durch genaue Analyse unter anderem zu ermessen, wie sehr dieser ungesühnte staatliche Terror gegen „Volks- und Klassenfeinde" und seine nachhaltigen Folgen trotz beharrlichem Verschweigen die ohnehin instabile jugoslawische Konstruktion beeinträchtigte. In Slowenien waren neueren Untersuchungen zufolge die meisten Toten der Kriegs- bzw. der Nachkriegszeit Opfer der „Liquidierungen", insbesondere durch die im März 1945 gegründete „Jugoslawische Armee". Erst durch eine systematische Untersuchung, die alle acht föderalen Einheiten des zerfallenen Jugoslawiens und alle Völker, die einst im Vorkriegsjugoslawien lebten, berücksichtigen würde, könnten die enormen Ausmaße des Massenmordes an dem „Klassenfeind", verübt durch Tito, Edvard Kardelj und andere Politbüromitglieder der KPJ sowie Kommandeure der für „die Säuberung" des Klassenfeindes verantwortlichen Einheiten, sichtbar gemacht werden – Verbrechen, die hier nur ungenügend angesprochen werden konnten. Jetzt aber schon kann man – gemessen an Ausmaß, Methode und Taktik sowie an den „revolutionären" Zielen des Titoistischen Nachkriegsterrors – eine Analogie zu Stalins „Großen Säuberungen" der 30er Jahre in der Sowjetunion ziehen.

Literatur

I. Ivo Banac, *With Stalin against Tito. Cominform Split in Yugoslav Communism*, Ithaca, London 1988; Peter Bartl, *Grundzüge der jugoslawischen Geschichte*, Darmstadt 1985; Rudolf Bićanić, *Economic Policy in Socialist Yugoslavia*, Cambridge 1973; Dušan Bilandžić, *Historija SFRJ. Glavni procesi 1918-1985*, Zagreb 1985 (Geschichte der SFRJ. Wichtigste Prozesse 1918-1985); Klaus-Detlev Grothusen (Hg.), *Jugoslawien*, Göttingen 1975 (Südosteuropa-Handbuch I); *Handbuch der europäischen Geschichte*, Bd. VII, 2, Stuttgart 1979, § 30, II.; Wolfgang Höpken, *Sozialismus und Pluralismus in Jugoslawien. Entwicklung und Demokratiepotential des Selbstverwaltungssystems*, München 1984; Nada Kisić-Kolanović, *Andrija Hebrang. Iluzije i otrežnjanja*, Zagreb 1996 (Andrija Hebrang. Illusionen und Ernüchterungen); Werner Markert (Hg.), *Jugoslawien*, Köln-Graz 1954 (Osteuropa-Handbuch); Sabrina P. Ramet, *Nationalism and Federalism in Yugoslavia, 1962-1991*, Bloomington, Indianapolis 1992; Herwig Roggemann, *Das Modell der Arbeiterselbstverwaltung in Jugoslawien*, Frankfurt am Main 1970; Dennison Rusinow, *The Yugoslav Experiment 1948-1974*, London 1977; Alexander Stella, *Church and State in Yugoslavia since 1945*, Cambridge u.a. 1979; Holm Sundhaussen, *Geschichte Jugoslawiens 1918-1980*, Stuttgart u.a. 1982.

II. Srećko M. Džaja, *Die politische Realität des Jugoslawismus (1918-1991). Mit besonderer Berücksichtigung Bosnien-Herzegowinas*, München 2002; Tamara Griesser-Pečar, *Das zerrissene Volk. Slowenien 1941-1946. Okkupation, Kollaboration, Bürgerkrieg, Revolution,* Wien 2003; Josip Jurčević, *Bleiburg. Jugoslavenski poratni zločini nad Hrvatima*, Zagreb 2005 (Bleiburg. Die jugoslawischen Nachkriegsverbrechen an den Kroaten); Jože Pirjavec, *Il Giorno di San Vito. Jugoslavia 1918-1992. Storia di una tragedia*, Turin 1993[3]; Nikolai Tolstoy, *The Minister and the Massacres*, London 1986; Jerca Vodušek Starič, *Prevzem oblasti 1944-1946*, Ljubljana 1992 (Die Machtergreifung 1944-1946); dies., „Stalinismus und Selbst-Sowjetisierung in Jugoslawien. Von der kommunistischen Partisanenbewegung zu Titos Einparteiensystem", in: Stefan Creuzberger, Manfred Görtemaker (Hg.), *Gleichschaltung unter Stalin? Die Entwicklung der Parteien im östlichen Europa 1944-1949*, Paderborn u. a. 2002.

13. Der Titostaat in der Krise: Jugoslawien nach 1966

Viktor Meier

13.1. Auf dem Weg zur Liberalisierung

Die Absetzung des Verantwortlichen für innere Sicherheit, Aleksandar Ranković, Anfang Juli 1966 öffnete in Jugoslawien den Weg zu breit gestreuten liberalen Reformversuchen. Neben Edvard Kardelj und dem in Zagreb führenden Vladimir Bakarić gaben dabei auch andere Ranković-Gegner wie Mijalko Todorović, Milentije Popović, der frühere Außenminister Koča Popović oder Veljko Vlahović in den entsprechenden Gremien von Staat und Partei den Ton an. Der Einmarsch der Sowjets und ihrer Verbündeten in der Tschechoslowakei im August 1968 ließ zusätzlich wieder das Gefühl der äußeren Bedrohung aufkommen und brachte Bevölkerung und Regime enger zusammen. Die Hoffnungen richteten sich auf mehr Demokratie und Rechtsstaatlichkeit sowie auf die Verwirklichung der im Prinzip schon auf dem Achten Parteikongress von 1964 verkündeten Wirtschaftsreformen.

Auch wenn Titos Präferenz für die zentrale Machtausübung einige dieser liberalen Tendenzen nach 1971 wieder versiegen ließ, so sind doch in jenen Jahren die Weichen für Jugoslawiens künftige Entwicklung bis hinein in die Zeit des Zerfalls gestellt worden. Allgemein gesprochen wurden die Kompetenzen der Republiken und Regionen gestärkt. Freilich muss man hinzufügen, dass sowohl die Liberalisierung wie die Stärkung der Eigenständigkeit in allen Landesteilen, auch in Serbien, Hand in Hand ging mit einem Hervortreten nationaler und sogar nationalistischer Gefühle.

Von den drei Machtfaktoren, auf denen Titos Herrschaftssystem beruhte – Partei, Polizei und Armee –, blieb keiner von den Entwicklungen der späten sechziger Jahre unberührt, und zwar ebenfalls auf Dauer. Das Parteigeschehen verlagerte sich zusehends in die Republiken und Regionen; die Führungen in den Republiken bestimmten allmählich immer deutlicher die nationale Politik. Noch konnte damals unter Tito nicht von einer Umwandlung der zentralen Partei- und damit auch der Staatsgewalt in eine Repräsentanz der Republiken gesprochen werden, aber diese spätere Entwicklung bereitete sich vor. Die politische Polizei verwandelte sich nach dem Fall Rankovićs in dezentralisierte Machtapparate der Republikführungen. Das machte diese Polizei insgesamt nicht besser, aber zumindest abhängig von den konkreten Verhältnissen in den einzelnen Republiken und Regionen.

Die Armee (JVA) schließlich, das privilegierte Liebkind Titos, fühlte sich durch den sowjetischen Einmarsch in die Tschechoslowakei zwar in ihrer Wichtigkeit bestätigt, aber ihre strategische und rüstungstechnische Ausrichtung an der Sowjetunion, die sich nach der Versöhnung zwischen Tito und Chruschtschow 1955 angebahnt hatte, wurde gravierend gestört. Der Hauptvertreter dieser Richtung, Verteidigungsminister Ivan Gošnjak, musste gehen. Die neue Gefahr für Jugoslawien brachte breite politische Kreise und auch die Öffentlichkeit auf den Gedanken, im Rahmen einer neuen Doktrin der „allgemeinen Volksverteidigung“ den Partisanenmythos wieder zu beleben. Träger dieser neuen Verteidigungsstrategie wurden die Organisationen der Territorialverteidigung (TO), die weitgehend unter die Kontrolle der Republikführungen kamen. Schon damals passte diese Sache den führenden Armeekreisen nicht; auch Tito, dessen föderalistische Gefühle man nicht überschätzen sollte, musste sie offensichtlich eher mühsam abgerungen werden. 1973 hatte man versucht, dem gestürzten liberalen slowenischen Führer Stane Kavčič einen Prozess anzuhängen, weil er angeblich versucht hatte, Waffenkäufe zwecks Bildung einer eigenen slowenischen Armee zu tätigen. Der Geheimdienst der Armee, genannt „Gegenspionage-Dienst“ (serbokroatisch abgekürzt *KOS*), sah es allgemein als seine Aufgabe an, die nach 1966 unter den Einfluss der Republikführungen geratenen politischen Polizeiapparate zu überwachen. Es wurde schon damals klar, dass die Armeeführung immer ein Hort dogmatischer und zentralistischer Tendenzen sein würde.

Nirgends kam der Aufbruch nach 1966 kräftiger und in all seinen Kombinationen umfassender zum Ausdruck als in Kroatien. Während der Jahre 1967 und 1968 stiegen sukzessive neue, jüngere Leute in die maßgebenden Partei- und Staatsämter auf, wie Mika Tripalo, Savka Dabčević-Kučar oder Pero Pirker. Zuerst wurden sie von Bakarić gefördert, bis sie für seine und Titos Begriffe zu weit gingen. Nationale Gefühle spielten von Anfang an eine wichtige Rolle. Im März 1967 unterzeichneten 130 Intellektuelle und einige kulturelle Organisationen eine „Deklaration über Namen und Rolle der kroatischen Sprache“, in welcher sie das „Abkommen“ von Novi Sad aus dem Jahre 1954 über die gemeinsame „serbokroatische“ oder „kroatisch-serbische“ Sprache aufkündigten und nur noch eine „kroatische Sprache“ als die ihre anerkennen wollten. Mit dem maßgebenden Einsatz der neuen kroatischen Führung wurden 1967 und 1968 Zusätze zur gesamtstaatlichen Verfassung angenommen, welche die Eigenständigkeit der Republiken und auch die Stellung des Parlamentes stärkten.

Die kroatische Reformbewegung erreichte 1970 und 1971 ihren Höhepunkt; sie ergriff Schichten weit über die Parteireihen hinaus und entwickelte sich zu einer richtigen Massenbewegung, genannt „Maspok“ (für masovni pokret). Unter den führenden außerparteilichen Exponenten befand sich Vlado Gotovac, der die Redaktion des von der „Matica Hrvatska“ gestützten *Hrvatski Tjednik* leitete. Wichtig war die Rolle von Franjo Tuđman, einem früheren General und Historiker, der freilich Parteimitglied war. Nach der Niederwerfung des „kroatischen Frühlings“ beabsichtigten die Führer der Zagreber „Gegenreformation“, Tuđman in einem großen Schauprozess als Hauptangeklagten auftreten zu lassen, doch verbot ihnen Tito dies.

Es ist schwer zu sagen, wo der „kroatische Frühling“ genau hinzielte. Zuerst war vom Kampf gegen den jugoslawischen „Unitarismus“ die Rede und von der Respektierung der kroatischen Tradition und Eigenständigkeit. In den späteren Phasen wurden Dinge wie die formale Wiederherstellung des kroatischen Staatsrechts verlangt, das heißt, so etwas wie staatliche Selbständigkeit. Besonders die lebhafte studentische Opposition forderte eigenes Geld, einen eigenen UN-Sitz und ähnliches. Aber es war nie klar, ob diese Forderungen zu einem „anderen Jugoslawien“, zu einer Konföderation oder letztlich aus Jugoslawien hinaus führen sollten. Manches wirkte als bloße Emotion, wie ein „Sich-Luft-Machen“; manches zielte ins Leere, und manches rannte offene Türen ein. Wirtschaftliche Momente spielten eine gewisse Rolle, vor allem das Argument, Kroatien müsse wie Slowenien jedes Jahr große Mittel in die unterentwickelten Republiken abführen und werde deshalb in seiner eigenen Entwicklung behindert. Die in Kroatien lebenden Serben, rund 600.000 an der Zahl, fürchteten schon damals um ihre Rechte, die freilich oft Privilegien waren. All dies machte es Tito, der sich auf seine Armee voll verlassen konnte, schließlich leicht, die Bewegung auf einer am 1. Dezember 1971 nach Karađorđevo einberufenen kroatischen ZK-Sitzung zu eliminieren, indem er mit Unterstützung Vladimir Bakarićs die Träger der Bewegung in der kroatischen Parteiführung zum Rücktritt zwang und deren Gegner an die

Macht brachte. Es hatte zum Schluss oft so ausgesehen, als ob Tripalo und Frau Dabčević-Kučar bereits eher Getriebene als Führer wären.

Vieles am „kroatischen Frühling“ blieb ungeklärt, so zum Beispiel das lange Zuwarten sowohl Titos wie Bakarićs. Tito nahm lange Zeit die kroatische Führung gegen Angriffe aus anderen Republiken oder seitens der zentralistisch eingestellten Elemente in Schutz. Umso weniger verständlich wirkte die Brutalität, mit der die aktiven Anhänger der Reformbewegung nach Karađorđevo dann verfolgt wurden. Rund 32.000 Leute, so hieß es später aus amtlichen Quellen, seien damals verfolgt, diskriminiert (meist durch Entlassung) oder schikaniert worden. Gegen 1156 Personen (nach Tripalo ca. 2000) leitete man Strafverfahren ein, so gegen Tuđman, Gotovac und den Studentenführer Dražen Budiša. Tripalo und Frau Dabčević-Kučar freilich blieben unbehelligt.

Die „liberale Welle“ zeigte auch in den anderen Republiken Wirkung. In Slowenien verband der Regierungschef der Republik, Stane Kavčič, ebenfalls politischen Liberalismus mit der Betonung nationaler Eigenständigkeit. Kardelj und Titos Günstling in der slowenischen Parteiführung, France Popit, brachten ihn 1972 zu Fall, wobei Kardelj wohl eher das nationale Moment und Popit wohl eher den Liberalismus im Auge hatte. In Makedonien wurde der dortige „Liberale“ Krsto Crvenkovski im gleichen Jahr gestürzt. Dieser Akt brachte die alte Gruppe um Lazar Koliševski wieder voll an die Machthebel zurück. Daraus ergab sich später die enge Bindung Makedoniens an Serbien und an die Dogmatiker, die erst in den letzten Monaten Jugoslawiens wieder gelockert wurde. Die Folgen wirken jetzt noch nach, nicht zuletzt in Bezug auf das Verhältnis zu den makedonischen Albanern.

Die nach Kroatien wichtigsten Umgruppierungen vollzogen sich in Serbien. Ähnlich wie in Zagreb hatte sich nach Rankovićs Fall, den übrigens viele Serben aus nationalen Gründen schon damals ungern sahen, eine Gruppe jüngerer und liberal eingestellter Leute in die oberen Parteietagen hinaufgearbeitet, voran der ehemalige Außenminister Marko Nikezić und die Historikerin Latinka Perović. Diese Führung hatte schon 1968 gleich zwei Stürme zu bestehen: die Belgrader Studentenunruhen und die Unruhen im Kosovo. Im Kosovo handelte es sich damals, wie auch Tito meinte, eher um ein „Öffnen der Ventile“. Die Demonstrationen bahnten den Weg zur Bestätigung der Albaner in Politik und Verwaltung der Region; die serbisch-montenegrinische Vorherrschaft im Kosovo ging zu Ende.

Von allen sogenannten „liberalen“ Führungen jener Zeit zeigte diejenige in Serbien am wenigsten die damals charakteristische Verbindung von Liberalismus und Nationalismus. Es war deshalb für Tito besonders leicht, sie 1972 zu stürzen. Sie hatte innerhalb der serbischen Strukturen wenig Rückhalt. Der von Tito als Nachfolger eingesetzte oder doch geförderte Draža Marković benahm sich zwar keinesfalls als blindwütiger Unterdrücker, auch unter ihm herrschten in Serbien relativ liberale Verhältnisse. Dafür verstärkte sich nach 1972 die nationale Komponente im serbischen Führungsstil, wenn auch bei weitem nicht so wie später unter Slobodan Milošević. Westliche Beobachter behaupten gelegentlich, mit der Absetzung von Nikezić und Perović habe alles Übel in Serbien begonnen. Sie übersehen dabei, dass angesichts der zunehmenden nationalistischen Fixierungen diese Führung sich wohl auch ohne Titos Zutun nicht lange hätte halten können.

So war Mitte 1972 der liberale Aufschwung ins Gegenteil umgeschlagen. Tito war bei dieser Gegenbewegung zweifellos aktiv und führend, während er vorher dem „Liberalismus“ eher passiv Raum gegeben hatte. Unterstützt wurde Tito maßgeblich vom Exekutivsekretär des Parteipräsidiums, dem Slowenen Stane Dolanc, der sich damit eine spätere Karriere in Slowenien verbaute. Wieder einmal fielen damals retrograde Entwicklungen innerhalb Jugoslawiens mit einer Verbesserung des sowjetisch-jugoslawischen Verhältnisses zusammen. Wie gewisse Errungenschaften der liberalen Epoche Wirkungen bis hinauf in die Spätzeit

Jugoslawiens zeitigten, so kann man rückblickend das gleiche, wenn auch im negativen Sinne, für gewisse Erscheinungen der Gegenbewegung sagen. Besonders schlimm wirkte sich die „antikroatische Politik in Kroatien" aus, das heißt die Unterdrückung a priori aller als „national kroatisch" zu bezeichnenden Dinge. In dieser Beziehung muss man von einer Art Sonderrecht für Kroatien sprechen, denn in den anderen Republiken war man gegenüber nationalen Besonderheiten ungleich offener. Diese Politik, getragen in Zagreb von Leuten wie Jure Bilić, Josip Vrhovec oder auch Milka Planinc, überließ damit die nationale Repräsentanz anderen Institutionen, vor allem der katholischen Kirche. Sie diskreditierte den jugoslawischen Gedanken in Kroatien gründlich und definitiv. Dass diese Politik auch von zwei serbischen Politikern aktiv getragen wurde, von Dušan Dragosavac und insbesondere Milutin Baltić, machte die Sache alles andere als besser.

13.2. Die neue Verfassung

Nach all diesen Vorgängen muss es verwunderlich wirken, dass nach einigen Diskussionen schon 1974 jene neue jugoslawische Verfassung angenommen wurde, welche das Land erst recht in ein föderalistisches und zum Teil sogar konföderalistisches Gebilde verwandelte. Sie sollte bis zum Zerfall Jugoslawiens gültig sein. Sie war im Wesentlichen das Werk Edvard Kardeljs; nach dessen Intentionen sollte sie wohl vor allem eine Charta der Selbstverwaltung werden. Tatsächlich wurde sie mehr zu einem ideologischen Traktat statt zu einem brauchbaren Staatsgrundgesetz. Juristisch war sie voll von Unklarheiten und sogar Widersprüchen. Diese wirkten sich denn auch von dem Augenblick an verheerend aus, als die neue Verfassung sich mit wirklichem Leben erfüllte und ernst genommen wurde. Ihre politische Hauptbedeutung bestand darin, dass sie erstmals die Republiken konkret als „Staaten" definierte (Art. 3) und sogar ihre Grenzen garantierte. Daraus ließ sich die Souveränität der Republiken herleiten, samt ihrem Anspruch auf die bestehenden Grenzen. Beim Zerfall Jugoslawiens erwies sich dies auch international als von größter Bedeutung. Ein Prozedere für den Austritt aus dem gemeinsamen Staat war indessen nicht festgelegt; nur in der Präambel war von dem leninistischen Prinzip des Rechtes auf Lostrennung die Rede, freilich nicht für die Republiken, sondern für die Völker, und auch dies ohne Verfahrensregeln. Die Freiheitsrechte der Bürger fanden sich in der Verfassung von 1974 nicht so wortreich behandelt wie die Rechte der Republiken und Regionen. Trotz ihrer Mängel hätte diese jugoslawische Verfassung die Grundlage für eine stabile Entwicklung auf föderalistischer wie auf demokratischer Grundlage abgeben können, unter der Bedingung, dass sie von allen ihren Gliedstaaten, auch von Serbien, respektiert worden wäre (→Kap. 14).

Es ist richtig, dass die serbische Führung unter Draža Marković schon in der Diskussion ihre Bedenken äußerte und sie in einem „Blaubuch" zusammenfasste. Es ging Serbien erstens um zu viel Föderalismus im Allgemeinen und insbesondere um die starke Stellung der beiden autonomen Regionen Kosovo und Vojvodina, beide innerhalb Serbiens gelegen. Diese beiden Regionen blieben zwar Teile Serbiens, aber ihre Autonomie war jetzt von der Bundesverfassung garantiert, und auf Bundesebene waren sie voll- und gleichberechtigte „konstitutive Faktoren" Jugoslawiens; sie hatten den gleichen Status wie die Republiken, also auch das sogenannte faktische Vetorecht, und ihre Vertreter stimmten in den Bundesgremien ohne Instruktion und ohne Abstimmung mit der Republik Serbien. Man kann diesen Status als „partielle Souveränität" bezeichnen, und man wird ihn berücksichtigen müssen, wenn nach einer endgültigen Lösung für die Kosovofrage gesucht wird. Einen formellen Status als „Staaten" hatten die Regionen freilich nicht. Es scheint deshalb unrealistisch, wenn 1986 im „Memorandum" der serbischen Akademie der Wissenschaften behauptet wurde, die verfassungsmäßige Stellung der Regionen habe die Republik Serbien sozusagen ihres Staatscharakters beraubt und in eine „ungleichberechtigte Stellung" versetzt. Auch das Argument, wonach die Verfassung von 1974 „kommunistisch" und „undemokratisch" zustande gekommen sei, vermag kaum zu überzeugen. Die Verfassung wäre wohl noch um einiges föderalistischer und demokratischer ausgefallen, wenn sie einer freien und gesamtjugoslawischen Abstimmung ausgesetzt gewesen wäre. Die serbische Führung und die serbischen Abgeordneten stimmten im übrigen, nachdem ihre Bedenken nicht gehört worden waren, der Verfassung von 1974 ausdrücklich zu.

Die starke Stellung der Republiken und Regionen gründete sich vor allem auf die Verankerung des Konsensprinzips im Parlament. Dessen beide Häuser, der proportional zur Bevölkerungszahl bestellte Bundesrat (Savezno Veće) wie der gleichmäßig aus Vertretern der föderalen Einheiten zusammengesetzte Rat der Republiken und Regionen (Veće Republika i Pokrajina) waren delegierte Vertretungskörper dieser föderalen Einheiten. Sogar im Bundesrat, wo an sich Mehrheitsentscheide möglich waren, besagte Art. 294, dass Gegenstände, die „von allgemeinem Interesse" für eine Republik oder Region seien, ebenfalls dem Konsensprinzip und damit dem faktischen Vetorecht unterstellt werden müssten.

Das Konsensprinzip konnte indessen auch unterlaufen werden, erstens durch Dringlichkeitsbeschlüsse im Parlament oder Notmaßnahmen der Regierung, zweitens im höchsten Staatsorgan, der Präsidentschaft der SFRJ, wo es nur bedingt galt, und drittens über die Organe der Partei, wo es gar nicht galt. Das Staatspräsidium war, solange Tito lebte, ohnehin durch die Prärogativen des Präsidenten der Republik in seinen Befugnissen eingeschränkt; später traten die entsprechenden Verfassungsbestimmungen außer Kraft. Auch das Staatspräsidium war nach Art. 330 eigentlich an das Konsensprinzip gebunden; es bestand aus je einem Vertreter der Republiken und Regionen, dazu bis 1988 noch aus dem jeweiligen Vorsitzenden des Bundesparteipräsidiums. Aber es gab sich noch unter Tito eine Geschäftsordnung, die davon abweichend auch in wichtigen Fragen Mehrheitsbeschlüsse erlaubte, sowohl solche mit einfacher wie solche mit qualifizierter Mehrheit.

Die führenden Parteigremien in Bund und Republiken arbeiteten nicht nur nach dem Mehrheitsprinzip, sondern auch nach demjenigen des „demokratischen Zentralismus". Das bedeutete, dass alle Parteimitglieder, die in irgendwelchen Organen von Partei oder Staat saßen, verpflichtet waren, sich die Beschlüsse ihrer Parteigremien zu eigen zu machen. Im Grunde stand dieses System bereits im Widerspruch zur Verfassung von 1963, geschweige denn zu derjenigen von 1974. Nach Titos Tod verlor der „demokratische Zentralismus" rasch an Bedeutung, aber es wurde bis hoch in die achtziger Jahre immer wieder versucht, damit Druck auf Republiken und Regionen auszuüben.

Die Zustimmung des älter und kränklich werdenden Tito zur Verfassung von 1974 mochte wohl der Einsicht entspringen, dass er der föderalistischen Grundtendenz in den meisten Republiken Konzessionen machen müsse. Zugleich schien er zu glauben, dass seine persönliche Autorität und die verbliebenen zentralen Machtapparate, besonders Partei und Armee, ausreichen würden, um die Wirkungen des staatlichen Föderalismus zu kompensieren. Diese Hoffnungen erfüllten sich nicht. In den folgenden Jahren und dann besonders nach Titos Tod föderalisierte sich auch die Partei. Schon in seinen letzten Lebensjahren konnte Tito seine Autorität nur noch bedingt ausüben. Dafür wurde von den Leuten, die sich nach der Säuberung unter den „Liberalen" um ihn scharten, ein immer grotesker werdender Tito-Kult aufgezogen, der zusehends die Verbindung mit dem noch lebenden Präsidenten verlor. „Titova Jugoslavija" – das umfasste alles, was als Ausdruck jugoslawischen Selbstgefühls gelten sollte, vom Partisanenmythos über die sozialistische Selbstverwaltung und den Vielvölkerstaat bis zur blockfreien Außenpolitik und zum Ansehen in der Welt. Als Tito dann Anfang Mai 1980 starb, hinterließ er auch eine gewisse Leere im gesamtjugoslawischen Gefühl.

Die Jahre von 1974 bis zu Titos Tod waren Jahre der Stagnation. Immerhin hatte Tito, da aus den mittelmäßigen Jasagern in seiner Umgebung ein vollwertiger Nachfolger ohnehin nicht zu finden war, mit der Verkündigung der „kollektiven Führung“ und mit dem „einjährigen Mandat“, das für alle hohen Bundesfunktionen gelten sollte, noch, wie er meinte, gewisse Weichen für die Zukunft gestellt. Hier erfüllten sich die Erwartungen ebenfalls nicht. Diejenigen Funktionäre, die sich unter Titos Sonne auf eine Nachfolgerrolle in der Föderation vorbereitet hatten, Dolanc etwa oder einige Leute aus Kroatien, erlitten ohne Ausnahme früher oder später Schiffbruch, und das maßgebende politische Leben verlagerte sich in die Republiken. In die Intrigen um die Nachfolge hatte sich auch Titos Frau Jovanka eingeschaltet. 1977 trennte sich Tito von ihr.

Jugoslawiens Außenpolitik in den siebziger Jahren schwankte und vermochte dem Land nur bedingt in der Welt einen Platz zuzuweisen. Die prowestliche und europäische Orientierung, wie sie nach Nikezić auch dessen Nachfolger als Außenminister, Mirko Tepavac, versuchte, lehnte Tito ab. Auch in seinen letzten Lebensjahren zeigten sich bei Tito die Sehnsüchte des früheren Kominternfunktionärs, der sich im Grunde nie gegen die Sowjetunion, sondern gleichberechtigt an ihre Seite stellen wollte. Diese Stellung aber hatten ihm nach 1955 die Sowjets weder im Balkan noch in Osteuropa und schon gar nicht innerhalb der kommunistischen Weltbewegung allgemein zubilligen wollen. Breschnew verweigerte sie ihm auch innerhalb der Bewegung der Blockfreien. Es dauerte freilich bis zu dem Blockfreientreffen von 1979 in Havanna, bis Tito die Konsequenzen zog.

In den Siebzigerjahren hatte Jugoslawien zunehmend Probleme mit seinen Emigranten, mit Kominformisten ebenso wie mit Antikommunisten. Die Altemigranten hatten Nachwuchs aus den Reihen der Gastarbeiter erhalten. Jugoslawien versuchte sich gegen die Aktivitäten dieser Leute zu wehren, indem es seinerseits ungesetzliche Akte in westlichen Staaten unternahm, so in der Bundesrepublik Deutschland. Unter der Bonner sozialdemokratisch-liberalen Koalition waren die Beziehungen zu Jugoslawien lange eine Art interne sozialdemokratische Parteisache gewesen, getragen von nicht zu brechender Sympathie. Diese flaute selbst dann nicht ab, als offene Verbindungen zwischen der jugoslawischen UDBA (Sicherheitsdienst) und dem internationalen Terrorismus zutage traten. Tito besuchte 1978 nochmals die Vereinigten Staaten; der Besuch brachte eine Art „Normalisierung“, aber auf Distanz und ohne Festlegung Jugoslawiens.

Nach den erfolgreichen Sechzigerjahren brachte die Erdölkrise in der ersten Hälfte der Siebzigerjahre erste ernsthafte Schwierigkeiten im wirtschaftlichen Bereich. Der Grund dafür mochte darin liegen, dass die jugoslawische Führung, statt die höheren Erdölpreise und andere Preissteigerungen auf dem Weltmarkt an die eigene Bevölkerung weiterzugeben, aus politischen Gründen so weiter wirtschaftete wie bisher. Das fehlende Geld begann man mit ausländischen Krediten abzudecken. Schon 1976 betrug Jugoslawiens ausländische Schuld 5,7 Mrd. Dollar. In der Zeit des von 1976 bis 1980 laufenden Gesellschaftsplanes wurde so verfahren, dass Bund und Republiken ihren „Bedarf“ anmeldeten; was nicht aus eigenen Quellen gedeckt werden konnte, nahm man im Ausland auf. Als Tito starb, standen die Auslandsschulden Jugoslawiens bereits bei 15 Mrd. Dollar und bewegten sich rasch auf die rund 20 Mrd. zu, die sich bis zum Ende Jugoslawiens halten sollten und von denen ruinöse Wirkungen ausgingen.

13.3. Jugoslawien ohne Tito

Nach Titos Tod am 4. Mai 1980 hätte die kollektive Nachfolgeführung die Möglichkeit gehabt, sich demokratischen Wegen und wirtschaftlichen Reformen zu öffnen. Stattdessen unternahm sie das Gegenteil; sie verwickelte sich bewusst in neue Konfrontationen, welche alte Probleme noch verschärften. In Kroatien wanderten Tuđman, Gotovac, Marko Veselica und andere wieder ins Gefängnis, und der Streit mit der katholischen Kirche um den Erzbischof während des Zweiten Weltkrieges, Kardinal Alojzije Stepinac, wurde – statt in den Händen der Historiker zu landen – wieder auf die politische Bühne gezerrt. Wer demokratische Öffnung verlangte, wurde als Staatsfeind behandelt, sogar im damals noch relativ liberalen Serbien. 1983 holte das Regime in Sarajevo zu einer Abrechnung mit dem erstarkenden Islam aus; zu den im Rahmen eines stalinistisch aufgezogenen Prozesses verurteilten Angeklagten gehörte auch der spätere Präsident Bosnien-Herzegowinas, Alija Izetbegović.

Im wirtschaftlichen Bereich ließ sich die Reformfeindlichkeit des nachtitoistischen Regimes selbst durch Katastrophen nicht erschüttern. Das von Kardelj 1976 ausgearbeitete Betriebsverfassungsgesetz hatte die wirtschaftlichen Unternehmen weitgehend atomisiert, mit den entsprechenden Folgen für Wettbewerbsfähigkeit und Investitionspolitik, und sie zugleich, je nach Größe, unter die Kontrolle der Republiken, Gemeinden oder sogar des Bundes gestellt. Manager und Banken sollten keine „entfremdeten Zentren der Macht“ sein, Konkurrenz für die Funktionäre. Kein Wunder, dass dieses System den politischen Machthabern auf allen Ebenen gefiel. Auf höherer Ebene und vor allem unter unabhängigen Wirtschaftswissenschaftlern, wie Branko Horvat und Marijan Korošić in Zagreb, Alexander Bajt in Ljubljana oder dem späteren Präsidenten Makedoniens Kiro Gligorov, sah man die Notwendigkeit marktwirtschaftlicher Reformen, aber in den politischen Rängen blieb es bis zur Endphase Jugoslawiens bei Lippenbekenntnissen. Ende 1981 wurde unter der Leitung des damaligen Vorsitzenden der Staatspräsidentschaft, des Slowenen Sergej Krajgher, eine breite Kommission für Wirtschaftsreformen eingesetzt, die später noch durch eine Kommission für politische Reformen ergänzt wurde. Aber ihre Arbeit versandete zwei oder drei Jahre später.

Charakteristisch war, dass sich die politischen Führungsgremien, sowohl das Parteipräsidium wie das Zentralkomitee und sogar das Staatspräsidium, mit Wirtschaftsfragen möglichst wenig belasten wollten. Diese überließen sie der Regierung, Bundesexekutivrat genannt. Deren Stellung im jugoslawischen Verfassungssystem war indessen ausgesprochen schwach; sie war ein ausführendes Organ und praktisch beschränkt auf die Wirtschaftspolitik. Es machte wenig Sinn, wenn später die westlichen Diplomaten im letzten Regierungschef Ante Marković den Retter Jugoslawiens sehen wollten. Im Mai 1982 knüpften sich einige Hoffnungen an die neue Regierung unter der kroatischen Politikerin Milka Planinc, aber deren Reformversprechen, gemacht wohl unter der Drohung eines offenen Staatsbankrottes, zerflossen bald in nichts. Stattdessen gab es neue administrative Maßnahmen wie eine Gebühr für Auslandsreisen, rigorose Zollvorschriften und zentrale Devisenbewirtschaftung, alles Dinge, die besonders in den westlichen Republiken zunehmend Jugoslawienverdrossenheit erzeugten.

Mit der im Mai 1986 eingesetzten Regierung unter dem kroatisch-bosnischen Politiker Branko Mikulić gewannen die reformfeindlichen und sogar retrograden Tendenzen vollends die Oberhand. Mikulić dachte administrativ und zentralistisch; er hatte schon die Regierung Planinc in diese Richtung zu lenken versucht. Über die Empfehlungen des Währungsfonds setzte er sich zwei Jahre lang hinweg. Für ihn waren sie Ausdruck „fremden Druckes“. Im Frühsommer 1988 waren die Verhältnisse freilich wieder einmal so, dass auch Mikulić einsehen musste, dass es auf den bisherigen Wegen nicht weitergehen konnte. Er brauchte neue Kredite, und der Währungsfonds wollte sie ohne marktwirtschaftliche Reformen weder geben noch empfehlen. Außerdem forderten Slowenien und Kroatien seinen Rücktritt. Als sich Mikulić indessen endlich zu Reformen entschloss, war es Serbien, das ihm einen Strich durch die Rechnung machte. Ende 1988 musste er zurücktreten. Sein Nachfolger, der reformistisch eingestellte Kroate Ante Marković, kam zu spät. Die Verhältnisse in Jugoslawien waren fixiert; Serbien unter Milošević war staatskapitalistisch geworden, und die anderen Republiken mussten jetzt angesichts der politischen Entwicklungen im Gesamtstaat in erster Linie auf ihre eigenen Interessen sehen.

Maßgebender Träger der reformfeindlichen Tendenz in den Jahren nach Titos Tod war die Armeeführung. Das von Tito verwöhnte Armee-Establishment betrachtete sich sozusagen als kollektive Nachfolgeinstitution und als Gralshüter der reinen Lehre. Die Armeeführung hatte einen Sitz im Bundesparteipräsidium und sorgte sehr dafür, dass dieses oberste Parteigremium – im Gegensatz manchmal zum Zentralkomitee – einer ausgesprochen dogmatischen Linie verpflichtet blieb. Die Armee war somit nicht nur ein militärischer, sondern auch ein politischer und, wegen der Rüstungsbetriebe, sogar ein wirtschaftlicher Faktor. In der Öffentlichkeit führte der Altpartisanenverband (SUBNOR) eine oft verleumderische und erpresserische Kampagne gegen neue Meinungen und ihre Träger. Die Vertreter der Armee in Parteipräsidium und Zentralkomitee konnten, mit oder ohne Berufung auf den formalen demokratischen Zentralismus, stets mit Drohungen und Druckmitteln arbeiten.

Eine für das Schicksal Jugoslawiens folgenschwere Konfrontation freilich wurde der nachtitoistischen Führung ohne deren eigenes Zutun aufgezwungen: die Revolte im Kosovo. Am 11. März 1981 kam es in der Universitätsmensa von Priština zu einer Demonstration, die immer weitere Kreise zog und schließlich das ganze jugoslawische System erschütterte. Bis zum heutigen Tage ist nicht ganz klar, was die jungen, meist intellektuellen albanischen Demonstranten wollten. Ihre vordergründige Parole war „Kosova-Republika". Objektive Gründe für Proteste bestanden aber kaum. Das albanische Element hatte sich im Kosovo durchgesetzt, die Autonomie war gesichert und die wirtschaftlichen Verhältnisse, obschon zurückgeblieben, besserten sich, mit Zuschüssen aus dem übrigen Jugoslawien. Man muss annehmen, dass die Gruppen, die hinter den Demonstrationen standen, aus einer Mischung von nationaler Vereinigungsromantik mit Vorstellungen eines Steinzeitkommunismus, wie er im Albanien Enver Hodschas herrschte, handelten (→ Kap. 8). Es waren indessen letzten Endes nicht die Demonstrationen der Albaner, welche das Kosovo zum Krebsgeschwür und zur tödlichen Wunde für Jugoslawien machten, sondern die serbischen Reaktionen und die Art, wie die Kosovofrage ab etwa 1985 angegangen und danach von der neuen serbischen Führung unter Milošević politisch ausgeschlachtet wurde. Zu Beginn noch verlangten die Vertreter der Serben im Kosovo, unterstützt aus Belgrad, dass die verantwortlichen Behörden des Kosovo für „Ordnung" sorgten. Azem Vllasi, typischer Vertreter der jüngeren, jugoslawisch orientierten albanischen Führungsschicht, versuchte mit einer Repressionspolitik gegen die angeblichen „Nationalisten" das Kosovo wieder „jugoslawienfähig" zu machen. Aber spätestens bei seiner Ernennung zum Parteichef des Kosovo im Frühling 1986 musste er einsehen, dass nunmehr die serbische Seite gar nicht mehr an „Ordnung" im Kosovo interessiert war, sondern nur noch daran, dass sie wieder die Zügel in die Hand bekam. Jetzt war es Belgrad, das die Serben des Kosovo instrumentalisierte. Es ging um die Beseitigung der Autonomie, die dann auch 1989 gewaltsam abgeschafft wurde. Damit hatte sich das Serbien Miloševićs offen deklariert, und Jugoslawien, repräsentiert durch eine schwächliche Bundesgewalt, hatte nicht nur im Kosovo, sondern allgemein in

Bezug auf wichtigste Staatsgrundsätze wie Föderalismus und Verfassungsmäßigkeit abgedankt.

Literatur

Für den behandelten Zeitabschnitt sind besonders folgende Studien zu empfehlen:

Duško Doder, *The Yugoslavs*, New York 1978, eine aus guter Einsicht in Land und Leute geschriebene Darstellung der politischen und gesellschaftlichen Verhältnisse Jugoslawiens. Speziell zum politisch-ökonomischen Hintergrund: Marijan Korošić, *Jugoslavenska Kriza*, Zagreb 1988; und Harold Lydall, *Yugoslavia in Crisis*, New York 1989 und das Standardwerk: Dennison Rusinow, *The Yugoslav Experiment*, London 1977.

Von den Gesamtdarstellungen unter anderem zu empfehlen: als eine kurze nützliche Einführung, Christine v. Kohl, *Jugoslawien*, München 1990; John R. Lampe, *Yugoslavia as History. Twice There There was a Country*, Cambridge 2000²; Viktor Meier, *Wie Jugoslawien verspielt wurde*, München 1995; Jože Pirjevec, *Jugoslavija*, Koper 1995 (aus dem italienischen Original: *Il Giorno di San Vito*); Sabrina P. Ramet, *Balkanbabel: The Disintegration of Yugoslavia. From the Death of Tito to the Fall of Milošević*, Boulder 2002⁴.

Von den inländischen Gesellschaftsanalysen zu empfehlen: Jovan Mirić, *Sistem i Kriza*, Zagreb 1984; Latinka Perović, *Od centralizma do federalizma*, Zagreb 1984 (Vom Zentralismus zum Föderalismus); Žarko Puhovski, *Socijalistička konstrukcija zbilje*, Zagreb 1990 (Die sozialistische Konstruktion der Wirklichkeit); Vesna Pusić, *Vladaoci i upravljači*, Zagreb 1992 (Die Machthabenden und die Regierenden); Ljubomir Madžar, *Suton socijalističkih privreda*, Beograd 1990 (Die Dämmerung der sozialistischen Wirtschaft); Mirodrag Zečević, *Jugoslavija 1918-1992. Južnoslovenski državni san i java*, Belgrad 1994 (Jugoslawien 1918-1992. Der südslawische Traum vom Staat und die Realität); Josip Županov, *Marginalije o društvenoj krizi*, Zagreb 1983 (Marginalien über die gesellschaftliche Krise).

Außerdem zu empfehlen sind die Erinnerungen über die Ereignisse der 70er Jahre von Savka Dabčević Kučar, *'71: Hrvatski snovi i stvarnost*, Zagreb 1997 ('71: Die kroatischen Träume und die Wirklichkeit); Mika Tripalo, *Hrvatsko proljeće*, Zagreb 1990 (Der kroatische Frühling).

14. Der Jugoslawismus und sein Ende

Dunja Melčić

Im Europa des ausgehenden achtzehnten und vor allem des neunzehnten Jahrhunderts strahlte der nationale Gedanke von den führenden nationalpolitischen Zentren (Frankreich, Deutschland, Italien, Polen, Böhmen, Ungarn) auch in den südosteuropäischen und südslawischen Raum aus. Bedingt durch die historisch-politische Lage der südslawischen Völker, die in fremden Reichen nur wenige oder gar keine eigenen politischen Institutionen und auch keine Möglichkeit der politischen Integration hatten, wurde zunächst hauptsächlich die deutsche nationale Ideologie, also die Ideen des Volkstums und der Volkssprache, rezipiert. In dieser Phase des so genannten Sprachnationalismus (Miroslav Hroch) spielten Herders Vorstellungen über die Ursprünglichkeit der Völker und der Volkssprachen sowie seine „Ideen zur Philosophie der Geschichte der Menschheit" eine Rolle, wenn auch keine geradlinige und eindeutige. Dominant war in der Gründungsphase der nationalen Integration der Gedanke der Konstituierung einer Kulturnation und einer Schriftsprache, wobei sich die Idee eines „Volksorganismus" in der Auffassung von einem „Erwachen" oder einer „Wiedergeburt" (*preporod*) des Volkes spiegelt. Als es dann in einer späteren Phase um die Ausformulierung des politischen Nationalismus ging, der die Ideologie der nationalen Identität mit nationaler Emanzipation, politischer Selbstständigkeit, Sezession und Gründung eines eigenen Nationalstaats in den Vordergrund rückte, kam der Einfluss der (französischen) politischen Auffassung von der Nation zum Zuge.

14.1. Der Illyrismus und seine Grenzen

In dem zum Habsburgerreich gehörenden südslawischen Raum waren Modernisierungs- und Integrationsideen von Anfang an durch besondere Komplexität gekennzeichnet. Geschichtlich geprägt war dieser Raum nämlich nicht nur durch die Zugehörigkeit zu Österreich-Ungarn, sondern auch durch die osmanische Herrschaft, die große Diskontinuitäten und ethnische Verschiebungen hervorgebracht hatte. Die nationalen Integrationsbewegungen waren immer von den jeweiligen Beziehungen zu den beiden Reichen beeinflusst.

So standen die ersten Vorstellungen von den Südslawen als einer autochthonen Balkanbevölkerung mit in die Antike zurückreichenden Wurzeln unter dem Einfluss der Renaissance und der humanistischen Tradition. Aus dieser Zeit stammt der Name Illyrer für die Südslawen und den von ihnen bewohnten Raum (erstmals 1441, „... sermone illiriacho seu Sclavonico"). Der aus Hvar stammende Humanist, Historiker und Theologe Vinko Pribojević (Vincentus Priboevius), der in seinem Werk *De origine successibusque Slavorum* (Venedig 1532) auch die vorslawischen Völker (samt Alexander dem Großen und den römischen Kaisern aus dem Illyricum) zu Slawen erklärte, gilt als früher Vorläufer der südslawischen Einigungsidee. Die Ideen der südslawischen Gemeinsamkeit („Wechselseitigkeit" – uzajamnost) sind vor dem historischen Hintergrund der osmanischen Eroberungen und der dadurch bedingten *Unterbrechung der Kommunikation* zwischen den südslawischen Völkern zu sehen. Hinzu kam der Einfluss des Protestantismus, dessen „Sprachpraxis" sich nicht nur in den ersten Bibelübersetzungen äußerte, sondern auch im Bemühen, die Bevölkerung in deren Sprache zu erreichen, vor allem die Slawen unter osmanischer Herrschaft.

Große Wirkung ging von den kurzlebigen napoleonischen Illyrischen Provinzen aus, die am Anfang des 19. Jahrhunderts von Österreich abgetrennt und Bestandteil des französischen Kaiserreiches waren: Westkärnten, Krain, Görz, Triest, Fiume, Dalmatien und ein Teil Nordwestkroatiens. Die Ideen der Aufklärung und der Französischen Revolution beeinflussten die sich im Umbruch befindlichen kroatischen und die sich erst bildenden slowenischen und serbischen Eliten.

Mit der Ablösung des Feudalsystems und den zaghaften bürgerlichen Entwicklungen bekamen die Bemühungen um eine kulturelle und sprachliche Integration ihre programmatische Ausrichtung. So entstand in den Jahren 1835-1848 in Kroatien die illyrische Bewegung der nationalen Wiedergeburt zur Abwehr des magyarischen Drucks. Sie hatte ihre Anhängerschaft unter dem verarmten Adel und den allmählich erstarkenden Bürgerschichten. Schon die Vorkämpfer der Bewegung erkannten, dass die Affirmation der Volkssprache als offizielle Schriftsprache ein Bollwerk gegen die Magyarisierung sein könnte. Die Gründer des Illyrismus Ljudevit Gaj (1809-1872) und Graf Janko Drašković (1770-1856) standen unter dem Einfluss panslawistischer Vorstellungen der westslawischen Sprachwissenschaftler Jan Kollár und Pavel J. Šafařik über eine „slawische Wechselseitigkeit", die zu einer Integration der Slawen nach vier Sprachen bzw. Volksgruppen – einer russischen, polnischen, tschechischen und serbischen bzw. illyrischen – führen sollte. Die Idee einer sprachlichen und ethnischen Verwandtschaft der Südslawen war bereits durch die kroatische Tradition vorgeprägt, mit der der Illyrismus als vereinbar galt. Der illyrische Name als ein gemeinsamer Begriff für alle Südslawen widersprach nicht dem kroatischen Namen, und man ging davon aus, dass auch Serben mit einem „gemeinsamen Familiennamen" neben ihrer Bezeichnung als Serben einverstanden sein könnten (→ Kap. 3).

1830 schlug Gaj in seiner Schrift *Kurze Grundlage der kroatisch-slawischen Rechtschreibung* vor, eine einheitliche Orthographie für alle Südslawen unter Verwendung des lateinischen Alphabets zu bilden, womit für diese der Weg zu einer einheitlichen Schriftsprache gebahnt werden sollte. Drašković legte 1832 in der Flugschrift *Disertacia*, die Ratschläge für die kroatischen Abgeordneten im ungarischen Landtag enthielt, in štokavischer Sprache die politischen Ziele des Illyrismus (Idee von einem „Großillyrien" bzw. einem illyrischen Königreich) erstmals programmatisch dar. Im Hintergrund der Ideologie des Illyrismus und des Strebens nach einer vereinheitlichten Sprache auf der štokavischen Grundlage standen reale historische Probleme, die besonders die Kroaten betrafen, denn sie hatten bis dahin drei Literatursprachen entwickelt (neben der štokavischen die čakavische und kajkavische) und im politischen Sinn unter großer Zersplitterung und in regionalem Partikularismus gelebt (→ Kap. 16). Das Endziel der Illyristen, nämlich die Bildung einer einheitlichen ethnisch-sprachlichen Gemeinschaft der Südslawen auf der Grundlage einer gemeinsamen Schriftsprache und eines einheitlichen „illyrischen" Nationalbewusstseins scheiterte sowohl im politischen als auch im übergreifenden ideologischen Sinne. Gleichwohl trug die illyrische Ideologie wesentlich zur Schaffung der modernen kroatischen Kulturnation bei. Der Illyrismus breitete sich auch unter bosnischen Kroaten und etwas später in Istrien aus; unter anderen südslawischen Völkern hatte die illyrische Bewegung wenig Anhänger.

Die slowenische Wiedergeburt begann als Widerstand gegen die starken Germanisierungstendenzen und setzte mit der Erforschung der Sprache und Geschichte sowie der Sammlung von Volksliedern ein. Die zweite Phase stand unter dem Einfluss des Sprachforschers Jernej Kopitar (1780-1844), der sich aktiv um die Vermittlung Herders und um das Sammeln von Volksliedern bemühte, wozu er auch Vuk Karadžić ermunterte. Kopitar war Förderer einer südslawischen Einigung, die sprachlich in einer slowenisch-kajkavischen (-kroatischen) und einer serbisch-štokavischen (-kroatischen) Variante standardisiert werden sollte. Doch über solche Ideen war die Zeit schon hinweggegangen. In Ljubljana, das als kurzzeitige Hauptstadt der Illyrischen Provinzen in rasantem Tempo Strömungen aus dem Westen, vor allem aus der deutschen Romantik und dem italienischen Risorgimento aufnahm, etablierte sich die slowenische Volkssprache als Schriftsprache und fand ihren Ausdruck in der Dichtung des France Prešeren (1800-1849), der bis heute als der größte slowenische Dichter bezeichnet wird. Zwar gab es zwischen Prešeren und der illyrischen Bewegung eine rege Beziehung, vermittelt vor allem durch den slowenischen Illyrismus-Anhänger Stanko Vraz (der sich der „illyrischen", d. h. štokavischen Sprache bediente), sie beschränkte sich aber letztendlich auf die Orthographie und führte hier zur Übernahme der kroatischen Vorschläge (→ Kap. 2).

Auch bei den Serben konnte sich der Illyrismus nicht etablieren. In Ungarn entwickelte sich Ende des 18. Jahrhunderts ein serbisches Bildungsbürgertum, das für die Einflüsse des Westens offen war und sich von der übermächtigen Autorität der orthodoxen Geistlichkeit allmählich abwandte. Zaharia S. Orfelin (1726-1785) aus Südungarn (Vojvodina) gab die erste Zeitschrift heraus (*Slaveno-serbskij magazin*, 1768), die sich allerdings noch des Kirchenslawischen bediente. In Wien erschienen Ende des 18. Jahrhunderts mehrere serbische Zeitungen, Vorboten eines kulturellen Aufschwungs, der Anfang des 19. Jahrhunderts seinem Höhepunkt zustrebte, zumal nachdem 1826 in Buda die zentrale nationale Kultureinrichtung – die *Matica srpska* – gegründet wurde. Von diesem Gebiet in Südungarn aus, das Verbindungen in das sich entwickelnde Nordserbien hatte, bildete sich eine moderne serbische nationale Identität. Jedoch standen die damaligen Eliten, zögerlich in der Aufnahme westlicher Einflüsse, der Erhebung der Volkssprache in die Schriftsprache ablehnend gegenüber. Auch nachdem der Sprachreformator Vuk Stefanović Karadžić (1787-1864) mit der kirchenslawischen Tradition gebrochen und durch die Standardisierung der serbischen Volkssprache (1818 erschien sein *Serbisches Wörterbuch*) den Weg für die volkssprachliche Literatur freigemacht hatte, gab es noch lange Widerstand gegen diese Sprachpraxis. Die integrativen Impulse, die Karadžić von seinem Mentor Kopitar übernahm, bekamen in seiner Sprachideologie eine andere Wendung. Während bei anderen Integrationisten das Štokavische als gemeinsamer Nenner einer Standardsprache für verschiedene südslawische Völker begriffen wurde, erklärte Karadžić alle Štokavisch sprechenden Südslawen zu Serben. So zielte eine einheitliche Schriftsprache auf die Ausbildung einer nicht mehr konfessionell, sondern national-emanzipativen Identität der Serben und führte zum nationalen Projekt der serbischen Staatsbildung. Schon bei den Wegbereitern der modernen serbischen Nation, dem Metropoliten Jovan Rajić (1726-1801) und dem ersten weltlich orientierten (und im Westen ausgebildeten) serbischen Aufklärer Dositej Obradović (1739-1811) waren die Einheitsvorstellungen gesamtsüdslawischer Art instrumentell an die engeren serbischen Nationalziele gebunden.

14.2. Jugoslawismus zwischen Großserbentum und erneuertem Illyrismus

So wie in der Illyrischen Bewegung eine ideologische Doppelstruktur zu beobachten ist, war auch die *jugoslawische Idee* von zwei Tendenzen geprägt: der südslawisch integrativen einerseits und einer die nationale Besonderheit bewahrenden andererseits. Die ideologischen Entwürfe standen, von ihrem Anfang im 19. Jahrhundert an, zu den jeweiligen nationalen Problemen in einem bestimmten Verhältnis und wurden als Instrument für deren Lösung begriffen.

Impulse des Panslawismus bzw. der südslawischen Einigungsideale wurden von den serbischen Eliten zwar aufgenommen, aber vor dem Hintergrund anderer historischer Faktoren als bei Kroaten und Slowenen. Das betraf ebenso die Serben in der Donaumonarchie, deren Neuansiedlung nach der Migration aus dem Osmanischen Reich außerhalb der historischen serbischen Gebiete unter besonderen rechtlichen Bedingungen erfolgte. Vor allem die Erringung der politischen Unabhängigkeit in Serbien selbst, das ab 1830 ein Fürstentum unter osmanischer Oberhoheit war, spielte bei den integrativen Projekten eine große Rolle. So waren die serbischen Konzepte zur südslawischen Integration schon Teil der nationalstaatlichen Politik, bei der auch die so genannte „orientalische Frage" und die Politik der Großmächte, die sich um die Verteilung der Erbmasse des Osmanischen Reiches rissen, von Bedeutung waren. Vor diesem Hintergrund entstand in Kreisen der polnischen Emigration der Plan zur Schaffung eines südslawischen Staates auf den osmanischen Ruinen der Balkanregion. Er bestand ursprünglich aus einem Konzept für die Außenpolitik des Fürstentums Serbien (*Plan za slovensku politiku Srbije*), das sich die Sammlung südslawischer Länder um Serbien als Ziel gesetzt hatte. Aus diesem geheimen Entwurf machte der serbische Innenminister Ilija Garašanin (1812-1874) im Jahre 1844 eine zunächst ebenfalls unveröffentlichte Fassung, die unter dem Namen *Načertanije* als das erste großserbische Projekt bekannt geworden ist. Nach diesem Entwurf sollte sich Serbien in seinem Vereinigungswerk hauptsächlich auf jene „Südslawen" beschränken, die noch unter türkischer Herrschaft waren; die Serben in der Donaumonarchie sollten im kulturellen Sinne integriert werden. In Garašanins Konzept kamen territoriale Wünsche klar zum Ausdruck: nicht nur Bosnien-Herzegowina, Montenegro, „Altserbien" (Kosovo und Sandschak), sondern auch – wegen des Zugangs zum Meer – Nordalbanien wurde zum Expansionsraum gerechnet. Überall, wo im ursprünglichen Text von „Südslawen" die Rede war, spricht Garašanins Version von „Serben" (→ Kap. 6 u. 10). Abweichend auch von der anti-russisch intonierten ursprünglichen Fassung nahm Garašanin Russland gegenüber eine freundliche Haltung ein.

Sofern also die integrativen südslawischen Ideale in den serbischen national-politischen Raum Eingang fanden, erfuhren sie eine programmatische Umwandlung im Sinne der serbischen „Machträson" und eine „charakteristische serbisch nationalistische Reduktion" (Schödl). Auch Svetozar Miletić (1826-1901), einer der hervorragendsten serbischen Politiker im 19. Jahrhundert und Führer der Serben in Ungarn, wurde von den Ideen des Allslawentums beeinflusst. Im Rahmen seiner politischen und kulturpolitischen Tätigkeit in der Donaumonarchie hatte er ausgehend von den Idealen der Französischen Revolution ein konföderatives Konzept für Österreich entwickelt, demgemäß alle seine 11 Nationen gleichberechtigt sein sollten. Doch dieses Jugendkonzept, in dem die Gleichberechtigung der Slowenen, Kroaten und Serben postuliert war, wich bald einer irredentistischen Idee der Vereinigung unter national-serbischem Vorzeichen als Zusammenschluss mit Serbien und den Serben aus Bosnien-Herzegowina. Dieses Projekt der Vereinigung des Serbentums, das Miletić zum Gegner der konstitutionellen politischen Konzeptionen der südslawischen Vereinigung in der Donaumonarchie (Trialismus) machte, mündete im „hegemonialen Großserbismus", der wiederum „fließend in den unitarischen Jugoslawismus überging" (Behschnitt). Eine Korrektur der hegemonial großserbischen Ausrichtung der jugoslawischen Idee kam vom linken Flügel des serbischen politischen Spektrums, das von Miletić angeführt wurde. Der sozialistische Theoretiker und Politiker Svetozar Marković (1846-1875) entwarf in seinem Werk *Serbien im Osten* (1872) eine Konzeption der „Föderation der Völker". Der Nationalismus Markovićs, der als erster den Begriff Großserbien („Velika Srbija") im Zusammenhang mit Gebietsansprüchen in Bosnien-Herzegowina gebraucht hatte, war funktioneller Art, weil er den nationalen Befreiungskampf als den Anfang einer Entwicklung begriff, die beschleunigt zum Sozialismus führe. Deshalb war er ein Gegner der großserbischen Politik des Fürsten. Die Vereinigung des gesamten Serbentums sollte nach Marković ein Katalysator der sozialen Revolution sein, die als Ziel eine egalitäre Gesellschaft und eine Balkanföderation hatte, in die das vereinigte Serbentum nach den Prinzipien der Gleichberechtigung mit anderen Völkern eingebunden werden sollte.

Mit den Konzeptionen einer übergreifenden südslawischen Integration des einflussreichen Bischofs von Đakovo, Josip Juraj Strossmayer (1815-1905), und seines Mitstreiters, des wichtigsten kroatischen Historikers des 19. Jahrhunderts, Franjo Rački (1828-1894), erlebten die Grundgedanken des Illyrismus eine modernere Neuauflage. Es handelte sich dabei um eine „qualitativ neue Erscheinung" (Gross). Der von Rački eingeführte Begriff des Jugoslawismus (Jugoslovjenstvo) erhielt seine klassische Formulierung als kulturelles Modell gesamtsüdslawischer Integration. Durch die geistig-kulturelle Annäherung der Kroaten und Serben ohne Auslöschung ihrer geschichtlich gewachsenen Besonderheiten sollte eine geistige Einheit der Südslawen, eine national-politische Überdachung der Regionalismen und die allmähliche Integration der Slowenen erreicht werden. Die Projektionsfläche dieser Integrationsprozesse war für Rački und Strossmayer auf die Habsburger Monarchie begrenzt. Ihre jugoslawische Konzeption beruhte zwar auf dem Prinzip der Gleichberechtigung, setzte aber voraus, dass die Kroaten als Träger des – historisch verankerten – staatspolitischen Rechts zur Geltung kommen. Aus diesem zunächst immanenten Primat der kroatischen Nation kam es allmählich zu unterschiedlichen „Kroatisierungen" des Jugoslawismus.

Strossmayer verfolgte außerdem besonders leidenschaftlich das Ziel einer Versöhnung zwischen der römisch-katholischen und der Ostkirche. Strossmayer und Rački unterstützten die österreichischen Tendenzen zu einer Ausweitung der Monarchie in die östlichen Gebiete nicht. Das Ziel, das sie verborgen hielten, war eine Föderation, die nach einer Zeit der kulturellen Annäherung auch die unter türkischer Herrschaft stehenden Südslawen sowie Serbien und Montenegro einschließen sollte.

Für die zweite Hälfte des 19. Jahrhunderts war der Umstand bedeutend, dass sich im Rahmen der politischen Konzepte zur Lösung der nationalen Frage der südslawischen Völker stets zwei Auffassungen gegenüberstanden: die unitaristisch-hegemonistische auf der einen Seite, die das Prinzip der südslawischen Gleichberechtigung und Solidarität begründende autonomistisch-föderalistische auf der anderen. Im Prozess der Ausbildung der Nationen hatten die integrativen Ideologien eine Doppelstruktur: Sie verdichteten sich in der nationalen Homogenisierung oder weiteten sich auf die Möglichkeit der „südslawischen Wechselseitigkeit" aus.

Aus der Kombination beider Integrationslinien entstand nicht nur das großserbische, sondern auch das großkroatische Konzept. Die Gegenkonzeption zur Idee der südslawischen Vereinigung wurde vom Politiker und Theoretiker Ante Starčević (1823-1896) und seinem Mitstreiter Eugen Kvaternik (1825-1871) entwickelt. Starčević, der mütterlicherseits serbischer Herkunft war, entfaltete ausgehend von der Idee des kroatischen politischen Volkes als Träger des unteilbaren Staatsrechts (hergeleitet aus der mittelalterlichen Staatlichkeit) eine synkretistische Theorie des exklusiven politischen Kroatentums (sog. *Pravaštvo*). Diese Ideologie gründete die kroatische Nation nach dem Vorbild der politischen Doktrin der Ungarn auf das Prinzip des historischen Staatsrechts, das auf dem Gebiet eines Staates nur eine einzige politische Nation anerkannte. In diesem Falle war dies das kroatische Volk, weswegen Starčević auch die in Kroatien lebenden Serben zu dessen integralen Bestandteilen zählte. Starčević erkannte die Serben als Nation nicht an und hielt die serbischen nationalen Gefühle für ein Produkt der erfolgreichen antikroatischen Propaganda Wiens (und Petersburgs). Er polemisierte gegen Vuk Karadžićs Behauptung, dass alle Štokavisch sprechenden Südslawen Serben seien, woraus sich eine nachwirkende Debatte entwickelte. Starčevićs „nationalstaatlicher" Kroatismus entwickelte sich in eine pankroatische Richtung, die im ganzen Raum nur zwei südslawische Nationen und folglich künftig auch nur zwei Nationalstaaten – Kroatien und Bulgarien – anerkannte. Die Slowenen waren dabei lediglich als alpine Kroaten bedacht. Der hauptsächliche Impetus von Starčevićs Ideologie war allerdings gegen die Habsburger Monarchie bzw. die deutsch-ungarische Hegemonie gerichtet. Er erreichte immerhin die Durchsetzung und allgemeine Akzeptanz der Bezeichnung „kroatisch" für Sprache und Nation. Starčevićs scharfe Gegnerschaft den Habsburgern gegenüber hatte – vor allem unter der Jugend – nachhaltige politische Wirkung und strahlte, zumal nach der Opposition gegenüber dem „Ausgleich" von 1867, bis nach Dalmatien und Slawonien aus. In dieser Phase bekam der Pankroatismus Züge des Jugoslawismus.

14.3. Der politische Jugoslawismus

Um die Jahrhundertwende bekam der Jugoslawismus im Zusammenhang mit verschiedenen einschneidenden politischen Ereignissen politische Bedeutung und ausgehend von der Zusammenarbeit kroatischer und serbischer Politiker der jungen Generation (sog. „Neuer Kurs") auch eine programmatische Plattform; so entfaltete er vor dem Hintergrund des sozialen Wandels eine gewisse Mobilisierungskraft, wenngleich nur regional und schichtspezifisch begrenzt.

Zwar ist in den programmatischen Schriften der Politiker des Neuen Kurses, besonders bei dem agilen Publizisten und Politiker Fran Supilo oft von der südslawischen Gemeinsamkeit und der Gleichberechtigung „der Stämme" als wesentlichen Elementen des jugoslawistischen Projektes die Rede, doch handelt es sich dabei keineswegs um eine lineare Fortsetzung des Strossmayer/Rački-Konzepts einer kulturellen Annäherung. Die kroato-serbische Koalition als die tragende Säule des jugoslawistischen Projekts stieß schon vor dem Ersten Weltkrieg an ihre Grenzen, und auch der Jugoslawismus bot keine politische Perspektive in der Doppelmonarchie, deren Krise sich zugespitzt hatte. Nach dem Scheitern der ursprünglichen Strategie der Kroatisch-Serbischen Koalition (HSK) betrieb Supilos Nachfolger Svetozar Pribičević (1875-1936), d. h. der serbische Flügel der Koalition, eine rein opportunistische Politik gegenüber der Monarchie, und zwar auch während des Ersten Weltkriegs, bis kurz vor dem Zusammenbruch Österreich-Ungarns (→ Kap. 3).

Parallel dazu tauchten unter dem Einfluss der aufkommenden Jugendbewegung neue jugoslawistische Ideen auf, die den ideologischen Hintergrund bei der politischen Vereinigung der „drei südslawischen Stämme" bildeten. Begleitet und verstärkt wurden diese Strömungen durch die Annexion von Bosnien-Herzegowina 1908, die Krise des (österreichisch-ungarischen) Dualismus und die Verschärfung der ungarischen Repression. Die Radikalisierung der Jugend in Kroatien, Bosnien-Herzegowina und Serbien ging mit der Begeisterung für den Ersten Balkankrieg 1912, d.h. für die serbische Befreiungsideologie einher. Diese Art des Jugoslawismus zeichnete sich vor allem durch seine Aktions- bzw. Mobilisierungspotenziale aus, während seine die Vereinigung betreffenden Vorstellungen sehr vage waren und im Grunde einer „jugoslawischen Staatsbildung" auch ohne „jugoslawische Integration“ (Schödl) zuneigten. Ausdruck dieser Strömungen war die 1912 gegründete „Nationalistische Jugend“ (Nacionalistička omladina). Sie propagierte die Ideen eines unitaristischen Jugoslawismus, der oft durch „das Gefühl der Einheit“ begründet wurde (→ Kap. 10). Das Aufkommen dieses revolutionär angehauchten und von eskapistischem Unionismus getragenen Entwurfs einer „serbo-kroatischen und slowenischen Einigung“ steht auch im Zusammenhang mit den verbesserten *Mobilitäts*- und *Kommunikations*möglichkeiten zu Beginn des Jahrhunderts. In der Gründungsphase dieser nationalunionistischen Jugendbewegung (Fortschrittsjugend) spielten die Gedanken Svetozar Miletićs eine bedeutende Rolle, außerdem der Jugoslawismus des serbischen Literaturhistorikers Jovan Skerlić (1877-1914) sowie – in geringerem Maße – jener serbisch betonte des Geoanthropologen Jovan Cvijić. Skerlićs Nationalismus war ein föderalistischer, in Bezug auf Serben und Kroaten aber unitarisch ausgerichteter Jugoslawismus. Vor allem mit seiner Interpretation der nationalen Ideologie Starčevićs begeisterte und beeinflusste er die junge Generation in Kroatien. Starčević sei „der größte Jugoslawe“ gewesen, er habe nur den serbischen Namen nicht anerkannt, doch offensichtlich waren „Serben und Kroaten für ihn eine Nation“ gewesen. In diesen politischen Spielarten der strukturell undifferenzierten südslawischen Einigungsideologie spielten konstitutionelle Überlegungen zum Staatsaufbau keine Rolle.

Das ursprüngliche politische Konzept einer rechtsstaatlichen föderativen Einigung, das von den kroatischen Politikern Frano Supilo (1870-1917) und Ante Trumbić (1864-1938) bzw. dem von ihnen angeführten Jugoslawischen Komitee in London (einer Organisation südslawischer, aus der österreichisch-ungarischen Monarchie emigrierter Politiker) bei den Verhandlungen vertreten wurde, war in deren Verlauf immer mehr an den Rand gedrängt und schließlich völlig ausgeschaltet worden. Nachdem Supilo aus dem Komitee ausgetreten war, vertrat Trumbić zwar weiterhin eine föderative jugoslawische Staatengemeinschaft, doch der Charakter der Vereinigung wurde durch das Projekt des serbischen Außenministers Nikola Pašić im Sinne der serbischen Staatsidee als Vereinigung „serbischer Gebiete“ bestimmt, das im Verlauf der Ereignisse und Verhandlungen mittels eines „sekundären“, „machtpolitisch instrumentalisierbaren Jugoslawismus“ erweitert wurde. Die Staatsgründung am 1. Dezember 1918 in Belgrad wurde „unter Umgehung maßgeblicher Politiker in den nördlichen Landesteilen“ und im Namen der „ideologischen Fiktion einer ‚dreinamigen Nation‘ vollzogen“ (Sundhaussen).

Seitdem sich die slowenischen und kroatischen Politiker im Jahre 1870 zum Jugoslawischen Kongress in Ljubljana versammelt hatten, war die Idee einer nationalen, kulturellen, wirtschaftlichen und politischen Einheit der Südslawen in der Habsburger Monarchie im Sinne einer Umstrukturierung der Doppelmonarchie zu einem dreiteiligen Staat (Trialismus) bei den slowenischen Eliten lebendig geblieben. Nachdem die Differenzen zwischen slowenischen und österreichischen Politikern unüberbrückbar geworden waren, vollzog die slowenische Politik Ende 19. Jahrhunderts eine Abkehr von den traditionellen Bündnissen in Österreich, und es kam zur Zusammenarbeit mit den kroatischen Rechtsparteien auf der Grundlage des historischen kroatischen Staatsrechts. Der jugoslawische unitaristische Gedanke beeinflusste auch die slowenische Jugend. Einerseits war man in allen slowenischen politischen Lagern, dem katholischen wie dem liberalen und dem sozialistischen, gleichermaßen bemüht, die bestehenden Unterschiede zu tilgen, doch gab es gegen den jugoslawischen Unitarismus auch deutlichen Widerspruch, etwa vom sozialdemokratischen Theoretiker und Politiker Albin Prepeluh (1880-1938), vom Publizisten und Politiker Henrik Tuma (1858-1935) sowie vor allem vom bekannten slowenischen Schriftsteller Ivan Cankar (1876-1918), die sich gegen ihn und für einen föderativen jugoslawischen Staat aussprachen. Ivan Šušteršič (1863-1925), lange Jahre der Führer der slowenischen katholischen Bewegung, d.h. der Slowenischen Volkspartei (Slovenska ljudska stranka SLS), focht für das kroatisch-slowenische Konzept des Trialismus, war aber ein entschiedener Gegner des südslawischen Einigungsprojekts jenseits der k.u.k. Monarchie sowie dessen Unitarismus. Dies führte zu seiner Abspaltung von der Volkspartei, die unter Anton Korošec (1872-1940) für die jugoslawische Vereinigung eintrat.

14.4. Das erste Jugoslawien: Unitarischer Staat und föderative Gegenbewegung

Mit der Proklamation des gemeinsamen südslawischen Staates der Slowenen, Kroaten und Serben (Königreich SHS) brach eine neue Epoche in der historischen Entwicklung der jugoslawischen Idee an. Sie stand fortan bis zum Zerfall Jugoslawiens 1991 für zwei unterschiedliche, ja einander widersprechende Strömungen – was durch die Instrumentalisierbarkeit des Jugoslawismus allerdings von Anfang an als Möglichkeit angelegt war. Einmal wurde sie im Sinne einer staatspolitischen Ideologie als Instrument der Unifizierung und Zentralisierung benutzt, auf der anderen Seite berief man sich auf die jugoslawische Idee der Gleichberechtigung der vereinten Völker, um eigene nationale Interessen (Kultur, Sprache, Rechtstraditionen usf.) zu schützen.

Der erste jugoslawische Staat hatte bezüglich seiner verfassungsrechtlichen Grundlage (Veitstagsverfassung von 1921 und Oktroyierte Verfassung von 1931) einen strikt unitaristischen und zentralistischen nationalstaatlichen Charakter. Beide Verfassungen nahmen den einzelnen jugoslawischen Völkern ihre nationale und sprachlich-kulturelle Identität und definierten sie als „Stämme" eines fiktiven einheitlichen jugoslawischen Volkes, das sie in einen streng zentralistischen staatsrechtlichen Rahmen spannten. Die Anhänger des dahinter stehenden unitaristischen Jugoslawismus, die verschiedener nationaler Zugehörigkeit und politischer Couleur waren, einte die Überzeugung, die jugoslawische nationale Einheit sei der logische Abschluss der nationalemanzipatorischen Anstrengungen der einzelnen Völker, die in einem zentralistischen Staat, der alle historischen, kulturellen und staatspolitischen Unterschiede zwischen ihnen wettmache, endlich ihre ganzheitliche nationale Selbstverwirklichung finden würden. In den ersten Jahren des neuen Staates war der Widerstand gegen den zentralistischen Unitarismus unter den jugoslawistisch orientierten Parteien aus Slowenien, Kroatien und Bosnien-Herzegowina noch schwach. Man betonte die große ethnische Gemeinsamkeit der „jugoslawischen Völker". Nach Einführung der Königsdiktatur 1929, deren ideologische Basis ein integraler jugoslawischer Nationalismus war, bekamen die föderalen Konzepte immer mehr Zulauf. Mit Ausnahme der Jugoslawischen Demokratischen Partei, in der sich (bis 1924) liberale Parteien aus unterschiedlichen Landesteilen zusammentaten, und einiger kleinerer jugoslawisch-nationalistischer Initiativen und Organisationen waren die meisten Parteien ohnehin national gebunden, auch wenn sie eine grundsätzliche jugoslawische Orientierung vertraten. Selbst die Jugoslawische Muslimische Organisation (JMO) war eine regional-konfessionelle und keine transnationale Partei. Bis zum Jahre 1923 wurde ein unitaristischer Jugoslawismus von der Kommunistischen Partei Jugoslawiens (KPJ) verfochten, danach aber unter dem Druck der Komintern die Existenz einzelner Nationen anerkannt, in denen man die Basis für den realen Klassenkampf sehen wollte.

Jugoslawismus, Unitarismus und Zentralismus stellten für das großserbische Vormachtsdenken eine wirkungsvolle ideologisch-politische Einheit dar, mit der sich die serbischen nationalpolitischen Interessen verwirklichen lassen sollten. Im Rahmen der jugoslawischen Idee wurde das großserbische Konzept von der Radikalen Volkspartei durchgesetzt, die in der zweiten Hälfte der dreißiger Jahre innerhalb der Jugoslawischen Radikalen Gemeinschaft wirkte. Die großserbische Instrumentalisierung der jugoslawischen Idee diskreditierte die Ideologie des integralen Jugoslawismus vollends. Sogar der einflussreichste Verfechter des jugoslawischen Unitarismus, Svetozar Pribićević (1875-1936), der als Minister in den ersten jugoslawischen Regierungskabinetten jede nationale Äußerung (vor allem in Kroatien) drakonisch bestrafte, wandte sich vom Unitarismus ab und kämpfte danach ebenso leidenschaftlich für einen föderalistischen Umbau des Gesamtstaates und gegen die Königsdiktatur. Auch der bekannte kroatische Bildhauer, Mitglied im Londoner Jugoslawischen Komitee und häufiger Gast des serbischen Königshauses, Ivan Meštrović (1883-1962), der zahlreiche Denkmäler mit heroischen Motiven aus der serbischen Geschichte schuf, gehörte zur Plejade der enttäuschten Jugoslawisten.

Die Ideologie des Jugoslawismus spielte bei den stärksten politischen Gruppierungen der Kroaten und Slowenen, wenn überhaupt, dann im Sinne der politisch autonomistisch-föderativen Umgestaltung des jugoslawischen Staates eine Rolle. Bestrebungen antizentralistischer Emanzipation artikulierten Föderalisten in Montenegro, Makedonien und vor allem in Bosnien-Herzegowina in der JMO, daneben brachte die Cemiyet die sozialen, religiösen und nationalen Interessen der Muslime Makedoniens, des Kosovo und des Sandschak zum Ausdruck. Das Wirken dieser antizentralistischen und antihegemonistischen politischen Nationalparteien verstärkte die weitere nationale Homogenisierung der nichtserbischen Völker. Damit verfestigte sich der politische Jugoslawismus zweifach: einmal als staatspolitischer Unitarismus, der nationale Besonderheiten unterdrückte und von verdecktem oder manifestem Großserbismus instrumentalisiert wurde, zum anderen als politische Idee einer föderalen Ordnung gleichberechtigter Völker im Rahmen historisch gewachsener Regionen.

In der Kommunistischen Partei, einer der wenigen alljugoslawischen politischen Organisationen, verfocht ihr Führer Sima Marković (1888-1939), ein vielseitiger kommunistischer Theoretiker in Belgrad, den integralen Jugoslawismus. Er wurde deshalb auf direkte Kritik Stalins abgelöst, da Stalin in den emanzipativen nationalen Bewegungen, vor allem der starken kroatischen Bewegung unter der Bauernpartei die Möglichkeiten der revolutionären Volksfrontstrategie sah. Seitdem setzte sich die KPJ konsequent für das föderalistische Prinzip ein. Zwar hatte für die Kommunisten nationale Emanzipation bloß instrumentellen Wert, doch der föderative Gedanke und das Postulat der Gleichberechtigung der Völker hatten enorme Bedeutung für die Mobilisierung aller Ethnien für den Befreiungskampf im Zweiten Weltkrieg. Ihre Dogmen hatten die Kommunisten zunächst hintangestellt und in die Ideologie der Volksfront demokratische Prinzipien aufgenommen. Der Kampf der Tito-Partisanen galt den Okkupanten, den Ustaschas, anderen Kollaborateuren *und* dem Großserbentum (→ Kap. 11).

Die Widerstandsbewegung war *dezentral* von den autonomen militärisch-politischen Volksbefreiungsräten und Vertretern verschiedener Parteien organisiert, freilich unter Führung der jeweiligen nationalen Komitees der Kommunistischen Partei. Bereits 1943 wurde in Jajce durch den Antifaschistischen Volksbefreiungsrat Jugoslawiens (AVNOJ) als oberster Körperschaft die Erneuerung des jugoslawischen Staates und seine Neuordnung auf föderativer Basis entworfen und später im Sinne der Rechte gleichberechtigter Völker und Minderheiten (mit Ausnahme der Deutschen und Italiener) präzisiert und bekräftigt.

14.5. Das zweite Jugoslawien: Föderativer Anspruch und unitarische Tendenzen

Unter den Kommunisten wurde nach deren Machtübernahme der Jugoslawismus an die Ideologie des Klassenkampfes angepasst und als Legitimationsersatz instrumentalisiert. Außerdem wurde der Jugoslawismus als Mittel – in Form der Formel „Brüderlichkeit und Einheit" – zur Verdrängung der Folgen und Traumata, die der Bürgerkrieg mit seinen Ausrottungsexzessen gegen ganze Volksgruppen geschaffen hatte, eingesetzt. Der föderale Gedanke verkam im Parteistaat, der keine bürgerlichen Rechte kannte, zur Ideologie der Dezentralisierung nationaler Kollektive. Da statt der postulierten nationalen Gleichheit eine ungeschriebene Hierarchie der Völker herrschte, an deren Spitze wieder die Serben standen, während am Fuß dieser Skala die Kosovo-Albaner (und Roma) geblieben waren, gab es reichlich Anlässe zu nationalen Rivalitäten und genug Grund, eine echte Gleichheit anzustreben.

Die Ideologie des Jugoslawismus bekam einen zusätzlichen Schub, nachdem Stalin Titos Jugoslawien 1948 aus dem sozialistischen Bündnis verstoßen hatte und das Land bedroht war. Dies erschütterte die ideologischen Grundlagen des Kommunismus, dessen Stelle ersatzweise der jugoslawische Patriotismus einnehmen konnte; der wurde in Konflikten mit den Nachbarn mobilisiert (Triestkrise mit Italien nach dem Zweiten Weltkrieg, Nichtanerkennung Makedoniens durch Bulgarien Ende der sechziger Jahre, Streit um die slowenische Minderheit in Österreich Ende der siebziger Jahre)

Der jugoslawische Staats- und Parteichef Josip Broz Tito (1892-1980) war sich der mangelnden Kohäsionskräfte in der Vielvölkergemeinschaft und der Gefahren für den Bestand der Föderation bewusst. Da aber in seinem Weltbild die „bürgerliche" Demokratie als Mittel zur Integration und Überwindung der Partikularismen nicht existierte, unterstützte er unitaristische und zentralistische Tendenzen in Staat und Gesellschaft, die immanent immer proserbisch waren, obwohl Tito sonst entschiedener Gegner des Großserbentums und wohl als einziger in der Lage war, diese Gefahr für Jahrzehnte im Zaum zu halten. Die dennoch großserbische Tendenz drückte sich teilweise auch in den Beschlüssen des 7. Kongresses des Bundes der Kommunisten (BdKJ) aus dem Jahre 1958 aus und fand merkliche Unterstützung in der serbischen Politik, die über das unitaristische Konzept erneut versuchte, die jugoslawische Gemeinschaft zu dominieren. Seitens der Parteiideologen aus anderen nationalen Zentren regte sich Widerstand. So verwarf der politische Theoretiker Edvard Kardelj (1910-1979) bereits im Jahre 1957 (*Die Entwicklung der slowenischen Nationalfrage*) die Vorstellung von einer Verschmelzung der Völker und bemerkte, dass sich diese Völker nicht einfach mit übernationalen ideologisch-politischen Konzeptionen beseitigen ließen. Die Kluft zwischen unitaristisch-zentralistischen und national-föderalistischen Auffassungen über die weitere Entwicklung des jugoslawischen Staates und die Idee des Jugoslawismus trat auch in der öffentlichen Polemik zwischen dem serbischen Schriftsteller und Politiker Dobrica Ćosić (1921) und dem Literaturtheoretiker und vormaligen Führungsmitglied der Kommunistischen Partei Sloweniens, Dušan Pirjevec (1921-1977) zutage. Diese Debatte fand im gesamten Jugoslawien Widerhall, eine Antwort auf die Fragen, die sie aufgeworfen hatte, gab aber Tito, indem er auf dem 8. Kongress des BdKJ im Jahre 1964 die Idee der Schaffung eines einheitlichen jugoslawischen Volkes verwarf.

Das immanente Dilemma des Jugoslawismus – integrativer Unitarismus versus Gleichberechtigung der Vielfalt – verschärfte sich unter den undemokratischen Umständen und der Schwäche des Individualismus zum hauptsächlichen ideologischen Konflikt. Im Zuge des Generationswechsels im kommunistischen Kader kam es zu einem ideologischen Paradigmenwechsel in den Republikführungen. Im Ambiente begrenzter Liberalisierung und

Öffnung zum Westen hatte sich in den sechziger Jahren in Serbien eine Garnitur junger Funktionäre etabliert, die gegen das Großserbentum gefeit und offen für eine Reform der Gesellschaft waren. Zum ersten Mal wurde der Jugoslawismus in Belgrad nicht im Sinne des hegemonialen Machtmechanismus instrumentalisiert, sondern im Sinne einer gemeinsamen und solidarischen Entwicklung des Landes verstanden. Im Umgang mit der kommunistischen Doktrin waren die jungen Funktionäre Latinka Perović und Marko Nikezić, die von dem Altkommunisten Koča Popović unterstützt wurden, flexibel, was ihnen die Bezeichnung „Serbische Liberale" einbrachte (→ Kap. 13).

Die neuen kommunistischen Eliten in Kroatien und Slowenien erweiterten den föderalistischen Kern des Jugoslawismus in Richtung einer möglichst großen Dezentralisierung von Belgrad. Vor dem Hintergrund der sich anbahnenden Legitimationskrise des Sozialismus und der durch ideologischen Zwist verschärften Wirtschaftskrise nach den marktwirtschaftlichen Reformen der späten sechziger Jahre tauchte ein Amalgam aus sozialistisch-nationalistischen Vorstellungen auf, das besonders in Kroatien explosiv wirkte. Es wurde von der Mehrheit der Kroaten als Befreiungsbewegung verstanden, von den Serben jedoch als Aufkündigung eines stillschweigenden Vertrags aufgefasst, wonach die Kroaten nach den Verbrechen der Ustascha im Zweiten Weltkrieg es nie wagen würden, ihr Haupt zu erheben.

Parallel zu den Versuchen einer sozialistischen Selbstverwaltung wurde in den sechziger Jahren verstärkt der Umbau zentralistischer Machtstrukturen betrieben. Den Prozess umfassender Dezentralisierung unterstrich man durch den Slogan der „Stärkung der Republiken". Oft war von „Demokratisierung" die Rede, was eine Aufweichung des kommunistischen Prinzips des so genannten „demokratischen Zentralismus" meinte. Da diese Reformprojekte inkonsequent blieben, waren sie voller Widersprüche und Reibungsflächen. Was z.B. nicht „dezentralisiert" war, aber in demokratischen Bundesstaaten in der Regel dezentral gehandhabt wird, waren die Finanzen. Erschwerend zur ausschließlich zentralen Steuerung der Finanzen kam hinzu, dass es ohnehin keinen Kapitalmarkt gab, d.h., das Kapital wurde vom Staat über die staatlichen Banken verwaltet. Die radikaleren Reformbefürworter wollten die freie Kapitalbewegung ermöglichen und durch Aktien und Wertpapiere der Betriebe regulieren. Dies hätte bedeutet, dass das Privateigentum wieder eingeführt und das sozialistische System in seinem Fundament getroffen worden wäre. Grundsatzprobleme dieser Art nahmen die politische Klasse gefangen, die sich in ihren Reformbestrebungen im Kreis drehte. Eine Umgehungsstrategie wurde in der sog. „Reform der Föderation" gefunden. Durch größere verfassungsmäßige Befugnisse sollten die Republiken die Entscheidungs- und Verfügungsgewalt über Überschüsse und Wirtschaftsstrategien (inklusive Infrastruktur) erlangen. De facto blieb aber der vorige dirigistisch-sozialistische Mechanismus auf nun dezentrale Art und Weise in Betrieb. Exponenten dieser Politik waren kommunistische Funktionäre wie Stane Kavčič in Slowenien oder Savka Dabčević-Kučar und Mika Tripalo (1926-1995) in Kroatien. Die beliebte slowenische und kroatische Parole lautete „Politik der sauberen Buchführung" (*politika čistih računa*) zwischen den Republiken.

Das dem Jugoslawismus immanente Spannungsverhältnis zwischen Zentralismus und Unitarismus einerseits und der Autonomie und Gleichberechtigung der Föderationssubjekte andererseits bekam durch die ständig scheiternden Wirtschaftsreformen eine neue ideologische Gestalt. Der Streit zwischen der unitaristischen und dezentralistischen Richtung tobte am heftigsten in Kroatien, wo sich der jungen kommunistischen Riege um die temperamentvolle Savka Dabčević-Kučar die Reformgegner entgegenstellten, angeführt von Miloš Žanko, einem kroatischen Serben, der damals stellvertretender Vorsitzender der Bundesversammlung in Belgrad war. Die latente nationale Spannung wurde dadurch manifest. Žanko griff die kroatische Führung als Schirmherrin des kroatischen Nationalismus an und wurde selbst als Unitarist angegriffen, hinter dem sich die Belgrader Großserben verbergen. Die kroatische Führung fand breite Unterstützung in der Bevölkerung, in der sich eine nationale Bewegung („Kroatischer Frühling“) ausbreitete, deren Ziele und Strategien allerdings ziemlich verschwommen waren. Die stärksten Impulse kamen aus der Opposition gegen die serbische Gängelung in vielen Bereichen des Alltags und der Kultur und gegen die unterschiedlich geschickt verpackten Unterstellungen der kroatischen Kollektivschuld im Zweiten Weltkrieg. Aber auch die wirtschaftlichen Themen mobilisierten die Bevölkerung, die – wie in Slowenien auch – im Zusammenhang mit der „Ausbeutung“ aus Belgrad, der serbischen (zentralistischen) „Blockade der Reformen“ oder der Verhinderung des Ausbaus sinnvoller Straßenverbindungen (Zagreb – Küste) gesehen wurden.

Nachdem die Exponenten der Reformbewegung von den Republikspitzen beseitigt waren, wurde dennoch 1974 eine Verfassungsreform durchgesetzt, mit der die föderalen Einheiten große formelle Selbstständigkeit erhielten. Federführend war der slowenische Altkommunist Kardelj, dessen Leitlinie einerseits die Stärkung des „selbstverwalteten“ Sozialismus und andererseits die Festschreibung der Souveränität der Völker als „moderner Nationen“ war. Diese Ideologie setzte die kommunistische Tradition vom Selbstbestimmungsrecht der Völker einschließlich des Rechts zur Sezession fort, die als Grundsatz in allen früheren Verfassungen enthalten gewesen war, jetzt aber bestärkt, wenn auch nicht präzisiert wurde. Die Formel des Selbstbestimmungsrechts der Völker in „ihren Republiken“ wurde übernommen, aber ebenso die *Unklarheiten* bezüglich jener föderalen Einheiten, die keine nationale Mehrheit hatten. Die Albaner wurden in dem Status der „Nationalität“ belassen, d.h. eben nicht als gleichberechtigtes *Volk* in der Föderation anerkannt (→ Kap. 1). Diese Verfassung, die einigen Völkern Souveränität zuschrieb und andere aus diesem Status ausschloss, konnte nur im slowenischen Fall reibungslos umgesetzt werden. Die politisch-territoriale Gestaltung der föderalen Einheiten 1945 war an Vorstellungen der bürgerlich-demokratischen Föderalisten aus der Zwischenkriegszeit angelehnt, die nicht nur dem nationalen Grundsatz des Selbstbestimmungsrechts folgten, sondern auch den historisch-regional gewachsenen Gebilden Rechnung trugen und generell von individuellen Rechten und der Gleichheit der Bürger bzw. Prinzipien der *repräsentativen* Demokratie ausgingen. Die Republiken Slowenien, Kroatien, Bosnien-Herzegowina, Serbien, Makedonien, Montenegro und die zwei autonomen Provinzen Vojvodina und Kosovo wurden im Range von *Staaten* durch die Verfassung von 1974 gestärkt.

Aber da in der national und sozialistisch bestimmten Verfassung nur von Völkern und „Völkerschaften“ (narodnosti) und von arbeitenden Menschen (Arbeiterklasse) die Rede war und die Rechte des einzelnen Bürgers nur beiläufig erwähnt wurden, lag die Lösung des jugoslawistischen Dilemmas in der kollektivistischen Formel, der gemeinsame Bundesstaat sei Produkt der *freiwilligen Entscheidung der Völker und Völkerschaften*, sich auf der Grundlage der Gleichberechtigung in einem föderalen Staat zusammenzutun, und zwar ausgehend vom Selbstbestimmungsrecht, welches auch das Recht auf Loslösung aus der freiwilligen Gemeinschaft einschließt. Das Selbstbestimmungsrecht wurde allerdings in einer unklaren Formulierung an die Republiken gebunden, die *nicht* eindeutig ausschloss, dass die Staatlichkeit der Teilrepubliken ausgehend vom Selbstbestimmungsrecht der Völker angefochten werden kann. Dies geschah später überall dort, wo Serben außerhalb Serbiens bedeutende Anteile an der Bevölkerung hatten. Die in der Verfassung von 1974 festgelegten Prinzipien stärkten zwar die Staatlichkeit der autonomen Provinzen, deckten sich aber nicht mit dem jugoslawistischen Selbstbestimmungsrecht: Im Völkergemisch der

Vojvodina gab es *kein* Volk, das „sein Recht" in den Grenzen dieser Einheit verwirklichen würde, und im Kosovo wurde den Albanern das Recht, ein *Volk* zu sein, verweigert. Die Bestrebungen nach rechtlicher Gleichstellung und Anerkennung des Kosovo als Republik wurden mit allen Mitteln als Separatismus kriminalisiert.

14.6. Die Diskussionen um den Zerfall Jugoslawiens

Die labile Kompromisslösung, die in der Verfassung von 1974 ihren Ausdruck fand, sollte durch die politische Institution des „kollektiven Präsidiums" unterstützt werden, die auf Initiative Titos 1971 geschaffen wurde und einer der ersten Schritte im Prozess der Verfassungsreform war. Dieses Präsidium war als oberstes Organ des Bundesstaates gedacht, das gleichsam als ein kollektiver Staatschef die Funktion Titos als Staatspräsidenten auf Lebenszeit übernehmen sollte und sich aus je einem Mitglied aus den Republiken und beiden autonomen Provinzen zusammensetzte. In der politischen Praxis sollte das Funktionieren der gesamten Gemeinschaft und deren Teile durch das Prinzip der „Verständigung" zwischen den Republikführungen gewährleistet werden. Es war aber schon offensichtlich geworden, dass der Jugoslawismus jegliche Substanz verloren hatte, Kohäsion kam nur noch aus der Parteipolitik, deren ideologische Basis („der jugoslawische Weg des selbstverwalteten Sozialismus") jedoch dahinschmolz. Im Zuge der Repression gegenüber den nationalliberalen Regungen der siebziger Jahre flackerte im Rahmen der ideologischen Redogmatisierung wieder der jugoslawistische Unitarismus auf. In diesem Sinne war besonders der slowenische Funktionär Stane Dolanc aktiv, der auch mit allen Mitteln daran arbeitete, Titos Nachfolge anzutreten.

Aggressiver Vertreter und Vordenker einer orthodox-kommunistischen Restauration Jugoslawiens war der kroatische Chefideologe der siebziger und achtziger Jahre Stipe Šuvar (1936-2004). Er hielt unterschiedliche Positionen auf der Republik- und Bundesebene inne und tat sich durch Repression gegen Intellektuelle und Schriftsteller hervor. Er vernichtete die Reste des bürgerlichen Schulsystems und machte die höhere Schulbildung von Verträgen der Schüler mit Betrieben abhängig. Diese soziale Egalisierung, die sich zunächst in Kroatien durchsetzte, war ideologisch mit der Einführung eines gesamtjugoslawischen kulturerzieherischen Lehrplans und der Perspektive einer späteren nationalen Unifizierung verbunden. Solche Entwürfe wurden im gesamten serbisch-kroatischen Sprachraum unterstützt, oder es wurde ihnen nicht widersprochen, während die slowenische Öffentlichkeit sich ihnen heftig widersetzte. Damit fand die jugoslawische Idee ihr Ende in Gestalt einer Farce, und dies in Kroatien, wo sie anderthalb Jahrhunderte zuvor entstanden war. Dies hält Šuvar nicht davon ab, noch nach dem Zusammenbruch des Kommunismus für seine Ideologie – etwa in der parteieigenen Zeitschrift *Hrvatska ljevica* (Die kroatische Linke) – zu werben. Dazu passt, dass er als Präsident des kollektiven Präsidiums 1989 Milošević bei seiner Strategie der Auflösung der Autonomie des Kosovo unterstützte und auch einer der ersten war, der die Nato-Intervention 1999 als Aggression gegen Serbien verurteilte.

Dennoch erstarkten in den achtziger Jahren dissidente Kreise, die sich mehr und mehr an den westlichen Demokratiemodellen orientierten. Besonders im entwickelteren Norden reifte die Überzeugung, dass man ohne Demokratie und Marktwirtschaft die permanente Krise und den wirtschaftlichen Rückstand im Lande nicht würde lösen können. Damit war in Slowenien und Kroatien die Abkehr vom ideologischen und politischen Jugoslawismus in die letzte Phase getreten. Das letzte Modell, das noch in der Auflösungsphase 1989-1991 seitens slowenischer und kroatischer (nunmehr demokratisch legitimierter) Politiker angeboten wurde, war das Modell der asymmetrischen (Kon)Föderation. Demnach sollten Slowenien und Kroatien in einem losen Verbund mit anderen jugoslawischen Republiken mit nur wenigen gemeinsamen Ressorts und dem ungehinderten Recht auf den eigenen Weg in einem politischen und wirtschaftlichen System verbunden bleiben.

Der Jugoslawismus als ideologische Formel und das föderative Konzept als Grundlage der staatspolitischen Ordnung waren vorteilhaft für jene südslawischen Völker, die von den national-ideologischen Bewegungen des 19. Jh.s weitgehend abgeschnitten waren und deren nationale Integration mit Verspätung einsetzte. Das gilt auch für die Kosovo-Albaner. Die „jugoslawischen" Grundsätze ermöglichten die Entwicklung von integrativen Prozessen der Makedonier, der bosniakischen Muslime und Albaner, die im ersten Jugoslawien nicht nur nicht anerkannt, sondern starker Repression und serbisch-unitaristischer Assimilation ausgesetzt waren. Ihre Eliten sorgten für eine rasche kulturelle Entfaltung, durch die man sich der eigenen besonderen nationalen Identität versicherte, hegten andererseits den Jugoslawismus als ein Dogma. Jugoslawismus, durchmischt mit sozialistischer und antifaschistischer Ideologie, bot für die verspäteten Nationen Schutz und zum Teil Ausweg aus dem nationalen Identitätsdilemma. Sie bzw. ihre Eliten blieben dennoch bloße Rezipienten der ideologischen Inhalte des Jugoslawismus. Die Idee der inter-ethnischen Gleichberechtigung wirkte sich positiv für die zahlreichen ethnischen Minderheiten – Italiener, Ungarn, Slowaken usf. – Jugoslawiens aus, die ihre Sprachen, Bräuche und Kultur pflegen konnten. Freilich spielte sich dieser folkloristische Minderheitenschutz im engen Raum einer undemokratischen Gesellschaft ab, die ideologisch vom Kollektivismus geprägt war, der keine politischen Minderheitenpositionen duldete. Die große jugoslawische Population der Roma blieb trotz formeller Anerkennung auf allen Ebenen des gesellschaftlichen Lebens diskriminiert.

Nach der Absetzung des liberalen Flügels der serbischen Kommunisten 1971 folgte eine Garnitur titotreuer Funktionäre; die offizielle Öffentlichkeit Serbiens war durch Stagnation und Redogmatisierung gekennzeichnet. Unter dieser Oberfläche brodelte es allerdings stärker als in anderen Teilrepubliken. Man kann folgende Strömungen ausmachen: die Neomarxisten, die der sog. Praxis-Gruppe angehörten oder nahe standen, die wie ihre Zagreber Kollegen den realen jugoslawischen Sozialismus von links kritisierten. Die „Praxis"-Theoretiker (die es auch in Ljubljana und in anderen Zentren Jugoslawiens gab) bezeichneten sich selbst als liberal, doch meistens waren sie bereit, einen Meinungspluralismus nur in engen Grenzen des Marxismus zu dulden. In Belgrad kam es aus diesem Umfeld und unter studentischer Beteiligung 1968 zu Protesten und Demonstrationen, die sich gegen die soziale Differenzierung als Folge der ersten Wirtschaftsreform richteten. Neben dieser egalitären Bewegung, die bis in die achtziger Jahre bestehen blieb, gab es die klandestine serbische Opposition, die sich gegen die Absetzung des serbischen Geheimdienstchefs Aleksandar Ranković richtete, eine weitere Föderalisierung des Landes kritisierte und überall die Schwächung der serbischen Positionen sah. Als dann Anfang der achtziger Jahren demokratische Ideen an Attraktivität gewannen, nachdem Tito gestorben war und in ganz Jugoslawien sich eine allgemeine Stagnation unter der Herrschaft subalterner Parteifunktionäre verbreitete, fingen die serbischen Intellektuellen an der neuen Agenda der serbischen bzw. jugoslawischen Zukunft zu arbeiten. Das beinhaltete die Revision des Jugoslawismus durch Rückbesinnung auf den politischen Anfang im Jahre 1918, als in der serbischen Lesart der Geschichte Jugoslawien nach serbischen Siegen aus Territorien entstanden sei, die durch Serbien befreit worden seien. Der Föderalismus wurde als Instrument Titos kritisiert, Serbien kleinzuhalten, sowie als Quelle der Wirtschaftskrise „entlarvt". Eine zentrale Person in diesem Zusammenhang war der Schriftsteller Dobrica Ćosić, der wegen seiner antialbanischen Tiraden 1966 aus dem Zentralkomitee ausgeschlossen und 1992 – erfolgloser – Präsident von Restjugoslawien wurde. Als Ausweg aus der Krise bot man ein starkes und zentralisiertes Jugoslawien an. Aus dem Kreis der Neomarxisten waren einige zu großserbischen Nationalideologen geworden (Mihajlo Marković, Ljuba Tadić, Dragutin Mićunović), während andere – Theoretiker wie Nebojša Popov und Zagorka Pešić-Golubović – zu den wenigen echten Oppositionellen von Miloševićs Kurs zu rechnen sind.

Die Konzepte und Diskussionen, die um diese Fragen kreisten, wurden vor allem in den Kulturzeitschriften *Književne novine* und *Književna reč* publik gemacht. Viele Autoren zeigten sich mehr oder minder offen kritisch gegenüber dem Establishment und bekundeten Sympathien für Liberalismus und Demokratie. Dazu kamen jedoch immer offener nostalgische Reminiszenzen an Königsjugoslawien, das man vom Makel der großserbischen Diktatur rein waschen wollte. Während die Befürworter der Demokratie im Norden des Landes darunter die Verhältnisse in Westeuropa der Nachkriegzeit verstanden, wollten die Belgrader Intellektuellen die Demokratie des alten Jugoslawien oder des serbischen Königsreichs davor aufwerten. Zwei rückwärts gewandte Zielvorstellungen kursierten in den intellektuellen Kreisen Serbiens: Die stärkere orientierte sich an das System im Ersten Jugoslawien und setzte sich für einen Parteienpluralismus in einem mehr oder minder zentralisierten Jugoslawien ein, also einem, in welchem der Föderalismus weitgehend aufgehoben wäre. Die andere revisionistische Richtung war dabei, Jugoslawien als Idee ganz aufzugeben. Zwar wurde dieses Thema in den achtziger Jahren nicht ernsthaft politisch diskutiert, war aber stark in der Literatur präsent – etwa in den historischen Romanen von Dobrica Ćosić (→ Kap. 17). Es blieb zunächst der Sphäre der Fiktion vorbehalten, die Frage zu ventilieren, ob Pašićs ursprüngliche Idee der Vereinigung von „serbischen Ländern" nicht besser für die Serben gewesen wäre. Das *Buch über Milutin* von Danilo Popović, ein Bestseller im Serbien der achtziger Jahre, behandelt den angeblichen fatalen Fehler der Serben, „andere befreien zu wollen" und mit den „befreiten Brüdern" einen gemeinsamen Staat zu gründen. Diesen fatalen Fehler habe das serbische Volk zur Zeit des Ersten Weltkrieges begangen und nach dem Zweiten wiederholt. Das Fazit der tragischen serbischen Geschichte liege darin, dass „Jahrhunderte langes Befreien der Brüder" den Serben nur Schwierigkeiten bringe. Starke Emotionen beherrschten die serbische Diskussion über Jugoslawien in den achtziger Jahren: Man fühlte sich von anderen „betrogen" und „ausgenützt"; statt Achtung und Mitgefühl ernte man Undankbarkeit und Benachteiligung.

Das politische Anliegen war stets gleich: eine Rekonstruktion der jugoslawischen Verfassung mit dem Ziel der Abwertung der föderalen Ordnung, dabei in erster Linie die Abschaffung der Autonomie des Kosovo, die der serbischen Elite dringlicher war als die Demokratie. Aufsehen erregte eine Reihe politischer Essays des jungen Philosophen und späteren prominenten Politikers Zoran Đinđić, dessen Kehrtwendungen zwischen Nationalismus und Liberalismus zumindest nicht unerwähnt bleiben sollen. Etwas vereinfacht liefen seine Thesen über die so genannte Verfassungskrise darauf hinaus, dass Jugoslawien erst ein „moderner Staat" werden müsse, um demokratisiert zu werden. Jugoslawien, das er „einen unvollendeten Staat" nannte, das keinen Pluralismus der Individuen und „autonomen Interessengruppen", sondern nur dezentralisierte Kollektive unter der Einparteienherrschaft kannte, müsste sich erst als bürgerliche Gesellschaft konstituieren, wofür aber erst die „Voraussetzungen geschaffen werden müssen". Die Argumentation drehte sich im Kreise.

Was hier theoretisch in einen modernen Diskurs über Institutionen der Demokratie verpackt wurde, bedeutete nichts anderes als das, was man in anderen Formen vertrat, nämlich die Überzeugung, dass die Einführung einer Demokratie unter Beibehaltung der föderalen Ordnung den serbischen Interessen nicht entsprechen würde. Gleichzeitig wurde auch die slowenische Demokratiebewegung verhöhnt, die in dem gleichen Zeitraum erstarkt war. Auch wenn einige Aspekte von Đinđićs Analyse der Bereitschaft und Fähigkeit für eine Demokratisierung zutreffend waren, fällt auf, dass sie die unverkennbare Öffnung gegenüber dem Westen, die in Slowenien und Kroatien herrschte, ebenso beharrlich ignorierte wie das allgemeine sozioökonomische Gefälle zwischen dem Norden und dem Süden, das übrigens die elementare Erklärung für die Unterschiede im Verhältnis zur Demokratie bietet: Wo es eine stark differenzierte Gesellschaft, ein Bürgertum und bürgerliche Kultur gibt, ist auch die demokratische Option das Naheliegende. Bei den theoretisch weniger beschlagenen Autoren konnte man oft die These hören, die Serben seien *an sich* ein demokratisches Volk und hätten früher in der Demokratie gelebt als andere Völker. Diese Behauptung, an die massiv geglaubt wurde und wird, hat viele Implikationen. Die wichtigste war zu jener Zeit, dass als erste Aufgabe die Veränderung der föderalen Staatsordnung auf der serbischen Agenda stand, denn die Demokratie würde ja dann qua serbische Natursache ohnehin kommen. Der Ausführende dieser Philosophie betrat in Person von Slobodan Milošević die Bühne und wurde von der gesamten damals engagierten dissidenten Szene begrüßt, weil sie in ihm jemanden erkannte, der gegen die föderale Verfassung des jugoslawischen Staates vorgehen werde. Dass er als strammer kommunistischer Kader Ausdruck all dessen war, wogegen sich die Dissidenten politisch all die Jahre aufgelehnt hatten, schien ihnen nebensächlich, ja sogar ganz praktisch: Eine freiheitlich-demokratische Ordnung auf dem Kosovo hätte automatisch das Ende des serbischen Herrschaftsanspruchs in der Provinz bedeutet. Jugoslawien, das hier noch als ideologische Formel benutzt wurde, stand in jener serbischen Tradition, die Latinka Perović „Jugoslawien als imperiale Idee" bezeichnet.

Die serbischen Versuche, die jugoslawische Krise über eine Reform der Verfassung zu lösen, wurden überall sonst im Lande als mehr oder minder versteckte Bestrebungen nach einem zentralistischen Staat mit serbischer Vormacht verstanden. In einer demokratisch gewählten Bundesversammlung hätten die serbischen Abgeordneten die Mehrheit, und es war klar, dass sie nach nationalserbischen – und eben nicht nach demokratisch individuellen oder sonstigen pluralen politischen – Interessen entscheiden und die Macht ausüben würden, wie eine spätere Analyse der serbischen Historikerin Dubravka Stojanović darlegte. Deshalb waren alle Beteiligten gegen eine Reform der Bundesverfassung und auch gegen die – faktisch nur hypothetische – Möglichkeit, freie Wahlen für die Bundesversammlung noch vor den freien Wahlen in den Republiken abzuhalten. Denn die serbischen Machthaber und Milošević hatten ja auch ihre Gründe, gegen eine Demokratisierung des Gesamtstaates zu sein. Nur eine kleine Gruppe Intellektueller gab es, die eine gesamtstaatliche Demokratisierung befürwortete und darin eine Perspektive sah, den nationalistischen Tendenzen in den Republiken entgegenzuwirken. Die wichtigsten Vertreter dieser Gruppe, die sich auch als politische Partei – UJDI (Ujedinjena jugoslavenska demokratska inicijativa, Vereinte jugoslawische demokratische Initiative) – organisierte, Žarko Puhovski (Zagreb), Nebojša Popov (Belgrad) und Božidar Gajo Sekulić (Sarajevo), konnten für das beschriebene Dilemma der Majorisierung durch Serbien keine theoretische Lösung bieten.

Der Begriff des Jugoslawismus, wie er von den serbischen Intellektuellen in den achtziger Jahren und am Vorabend des Krieges instrumentalisiert wurde, war nichts anderes als ein Etikettenschwindel für großserbische Ziele. Diese Instrumentalisierung hat zu den serbischen Kriegen und zu den Vertreibungsverbrechen im Kosovo im letzten Jahr des vergangenen Jahrtausends geführt.

14.7. Künstliches Weiterleben zwischen Brüssel und Belgrad

Nach Miloševićs Absetzung existierte seine willkürliche Konstruktion unter dem Namen Bundesrepublik Jugoslawien noch gut über zwei Jahre – auf jeden Fall viel zu lange. Denn, war sie noch für ihn ein Instrument des Machterhalts und Grundlage für weitere territoriale Ansprüche, ja eine wahre Zauberkiste für Tricks à la Milošević, so gab es nach seinem Sturz keinen Grund mehr für die Weiterexistenz eines Staates, der sich auf die Tradition des Jugoslawismus berufen würde. So müsste man meinen. In der Tat hatte auch der wahre Sieger der jugoslawischen Präsidentschaftswahlen, den Milošević um seinen Sieg bringen wollte, aber nicht mehr konnte, und folglich unter dem Druck der Straße am 5. Oktober 2000 die Niederlage zugeben musste, bei seinem ersten Auftritt als Präsident (etwas überstürzt) vom Ende des Staates Jugoslawien gesprochen. Das hatte damit zu tun, dass dem serbischen Nationalisten Vojislav Koštunica Jugoslawien und seine (historisch gesehen kroatische) Idee aus tiefstem Herzen verhasst war, so dass er, obwohl Professor für Verfassungsrecht an der Belgrader Universität, kurzerhand den Staat, als dessen Präsident er gewählt wurde, für überholt erklärte und an Ort und Stelle in „Serbien und Montenegro" umbenannte. Aber es waren nicht die rechtlichen und verfassungsrechtlichen Bedenken, die in Belgrad dafür sorgten, die staatsrechtliche Kontinuität unter dem geerbten Namen weiter zu dulden. Der intelligentere der beiden neuen Führer in Serbien, der nach den serbischen Wahlen im Dezember 2000 Regierungschef werden sollte, erkannte, dass man den staatsrechtlichen Rahmen beibehalten muss, um den Anspruch auf Kosovo aufrechtzuerhalten. Also ging es darum, den widersinnigen Staatsnamen los zu werden, aber von den mit dem Titel verbundenen völkerrechtlichen Privilegien und Rechten zu profitieren. Man erkennt, dass noch diese Schrumpfform jenen Impetus enthielt, den das Belgrader Jugoslawien fast durchweg hatte: Es wird benutzt als ein Instrument gegen Demokratie. Der staatliche Rahmen und dessen angebliche, aber sehr dubiose Kontinuität sollte ermöglichen, dass Montenegro gegen den mehrheitlichen Willen seiner Bürger und Bürgerinnen im Staatenverband bleibt und Kosovo gegen den politischen Willen der überwältigenden Mehrheit Belgrad wieder untergeordnet wird. Kosovo war nämlich formell völkerrechtlich nie an Serbien angegliedert, d.h., es war nach 1945 ein Teil Serbiens, *weil* es ein Teil der Föderativen Volksrepublik Jugoslawien war (→ Kap. 8). Die UN-Resolution 1244, die als Grundlage der UN-Übergangsverwaltung der Provinz dient, definierte Kosovo als Teil der BR Jugoslawien; die endgültige Auflösung dieses in Wirklichkeit nicht mehr existierenden Staates hätte unmittelbare Konsequenzen für den zukünftigen staatsrechtlichen Status von Kosovo gehabt. Als am 4. Februar 2003 der neue Staatenbund Serbien-Montenegro (SCG) auf Druck aus Belgrad und Brüssel gegründet wurde, gab der serbische Ministerpräsident Zoran Đinđić bereits deutlich zu verstehen, dass diese Konstruktion mit ihrer angeblichen Kontinuität als Sprungbrett für territoriale Ansprüche dienen kann. Das unter UN-Übergangsverwaltung stehende Kosovo wurde als territorialer Bestandteil des neuen Staates im Gründungscharta bestimmt. Die Belgrader Rechtshistorikerin Olga Popović-Obradović nennt dieses ein „Gebilde wider die Wirklichkeit"; es bestehe aus drei konstitutiven Bestandteilen der einstigen Föderation, von denen „zwei selbstständige Staaten werden wollen und der dritte sie beherrschen will". Die angebliche staatliche Kontinuität erschien manchen auch noch in Post-Milošević-Serbien als Unterpfand für einen möglichen Handel über die längst völkerrechtlich anerkannten Grenzen der Nachfolgerstaaten. So kam aus Belgrad unmittelbar vor der endgültigen Grenzregelung zwischen Kroatien und Montenegro bei der Bucht von Kotor am 15. Dezember 2002 plötzlich der Vorschlag, Kroatien möge die Halbinsel Prevlaka, einen unbestreitbaren Teil des Staatsterritoriums Kroatiens, die absurderweise wegen Belgrader Ansprüche zehn Jahre lang unter einer Beobachtungsmission der UN war, Jugoslawien überlassen. Diese angebliche Rechtsnachfolge, eigentlich der Schwebezustand als Folge der auch durch die Außenpolitik der EU geförderten Weigerung, den Zerfall Jugoslawiens endgültig abzuwickeln, auch nachdem der Staat unter diesem Namen nicht mehr existierte, nährte weitere Obsessionen; so etwa die Vorstellungen, dass Serbien irgendwelche territoriale Kompensationen nach dem verlorenen Krieg zustehen oder dass zwischen Kosovo und „Republika Srpska" in dem Nachbarstaat Bosnien-Herzegowina ein Nexus bestehe, der sogar ein Austausch von – für Serben verloren gegangenen Territorien – denkbar machen würde. Fast möchte man sagen, dass der EU-Beauftragte für Außenpolitik Javier Solana mit seinem Beharren auf einem staatlichen Verbund zwischen Serbien und Montenegro es sich selbst eingebrockt hat, dass aus Belgrad immer wieder, auch nach dem gewaltsamen Tod des serbischen Premiers am 12. März 2003, Forderungen nach Grenzänderungen, Revision des Friedensplanes für Bosnien-Herzegowina, Teilung von Kosovo oder Tausch für Republika Srpska laut werden. Aber natürlich ist nicht Solana der hauptsächliche Leid Tragende der unsinnigen europäischen „Ordnungs"politik, sondern die Menschen vor Ort. Mehr Stabilität als durch die Politik Brüssels könnte in die Region dadurch einmal gelangen, dass manche Politiker Serbiens der „fiktiven Gemeinschaft mit Montenegro" leid sind und ein selbständiges Serbien und somit die Auflösung der Union verlangen, die Montenegro ohnehin nach dem Ablauf der – von der EU erpressten – dreijährigen Frist fest im Blick hat. Im Frühjahr 2003 wurden über 400.000 Unterschriften zugunsten eines Referendums über die Eigenstaatlichkeit Serbiens gesammelt. Serbische Wirtschaftsexperten beschwerten sich fast täglich über die Nachteile, die das Land durch den nicht funktionierenden gemeinsamen Staat erleidet. Aus dieser Perspektive wurden die Politik Podgoricas mit harschen Worten kritisiert und Serbiens wirtschaftliche Probleme im Zusammenhang mit Obstruktionen durch den montenegrinischen Staat gebracht. So erstarkte auch in Serbien selbst die Tendenz zur Trennung von Montenegro. Das Bewusstsein darüber, dass eine Union nicht funktionieren kann, wenn der politische Wille beider Teile fehlt, war Mitte 2003 noch nicht besonders entwickelt. Denn, diese einfache Erkenntnis, dass man in der modernen Politik durch Zwang kein funktionierendes Gemeinwesen errichten kann, scheint für viele schwer im vollen Sinne nachvollziehbar zu sein. In Belgrad hatte man noch nicht gelernt, dass dieser Grundsatz auch für Kosovo gelten muss.

14.8. „Jugoslawismus" nach Jugoslawien

Die Zuneigung vieler westlicher Politiker, Südosteuropaforscher und Intellektueller gegenüber der jugoslawischen Idee muss schlicht als ein Rätsel bezeichnet werden. Sie hat wenig mit der langen Suche der betreffenden Völker nach der nationalen Identität seit dem 19. Jh. zu tun, die sich hinter dem Titel „Jugoslawismus" verbirgt. Ihre historischen Wurzeln liegen in der Zeit des politischen Jugoslawismus, genauer in der Epoche der Rivalität der europäischen Großmächte. Beide in Kriegen entstandenen Staaten hatten in dieser Rezeption einen antideutschen Anstrich. Als nach dem Fall der Mauer die letzten Reste dieser Versailler Architektonik und ihre politische Symbolik in sich stürzten, schien etwas davon vielerorts wieder aufzuflackern, und die Vereinigung Deutschlands und Desintegration Jugoslawiens wurden in einem Atemzug genannt (→ Kap. 32).

Diese projugoslawischen Einstellungen, die den Tod des Staates noch lange überlebten, haben mit dem Jugoslawismus als einem ideengeschichtlichen Phänomen nichts zu tun; man sympathisierte vielmehr mit dem Belgrader Jugoslawien, apostrophierte die Multikulturalität des Vielvölkerstaates und meinte dennoch immer die serbische Lesart des Zusammenlebens. Dass solche Tendenzen noch an der Jahrtausendwende – also, zehn Jahre nachdem dieser Staat sich auflöste – anzutreffen waren, kann man mit rationalen Gründen kaum erklären. In diesem Jugoslawien nachtrauernden Diskurs stößt man erstaunlich oft an Überbleibsel links-dogmatischer Weltsicht, die man eigentlich auch für reichlich überholt halten würde. Wenn es hier einen Zusammenhang gibt, so müsste er dennoch erst richtig eruiert werden. Ein Teil dieser links-dogmatischen Szene hatte sich während des Krieges vom Belgrader Jugoslawismus abgewendet und seine Sympathien für „Multikultur" auf Bosnien-Herzegowina übertragen, und zwar nicht bloß aus Solidarität mit den Opfern des Krieges. Unter den Freunden vom belagerten Sarajevo, die sich weltweit für sein Überleben engagierten, gab es nicht wenige, für die der fantasievoll gestrickte Mythos des Sarajevoer Zusammenlebens die wichtigste Motivation war. In diesen Vorstellungen galt Jugoslawien und das Jugoslawentum als ein antinationales Konzept, das man dann in dem angegriffenen Bosnien-Herzegowinas bzw. Sarajevo als einer Art Insel inmitten des serbischen und kroatischen Nationalismus wieder zu finden glaubte. In den intellektuellen und politischen Zentren des Westens war niemand bereit, die Eigenstaatlichkeit der Republiken als Prinzip zu verteidigen, denn dies hätte wohl als eine antijugoslawische Einstellung gelten können. In dieser verschrobenen Sicht konnte das Recht auf Eigenstaatlichkeit auf der republikanischen Basis gar nicht wahrgenommen werden, da es nur im Sinne der Nationalstaatlichkeit (miss)verstanden wurde – oder noch schlimmer: Hätte man Bosnien-Herzegowina ausgehend von seinem Recht als Republik verteidigt und in Schutz genommen, dann – müssten viele befürchtet haben – könnte es so aussehen, als würde man die Verselbstständigung von Kroatien (und Slowenien) stillschweigend gut heißen. Den westlichen „Jugonostalgikern" erschien dies schlimmer als die ganze Kriegsgewalt.

Zuweilen erscheint der westliche „Jugoslawismus" als ein fast ebenso böser Faktor für die politische Entwicklung des Raumes wie die Instrumentalisierung des Konzepts für serbisch-nationalistische Interessen. Im bosnischen Fall ist dies geradezu tragisch; denn jene bosnienfreundliche Haltung war einerseits gleichsam kontaminiert mit dieser jugonostalgischen Schimäre und andererseits geleitet von einem wirklichkeitsfremden Konzept des multikulturellen Zusammenlebens, das mit der Art des *bosnischen Zusammenlebens* wenig zu tun hatte (→ Kap. 25). So konnten die Protagonisten dieser probosnischen Aktionen während des Krieges gegen diesen wenig ausrichten; nicht einmal das Subjekt ihrer Bemühungen wurde klar benannt. Aber diese Sichtweisen fanden via unterschiedlichen amerikanischen und westeuropäischen Lobbygruppen und Menschenrechtsorganisationen Eingang in die Papiere und Konzepte des bosnischen Friedens bis in den Dayton-Vertrag hinein und sind auch in der Praxis der internationalen Verwaltung im Dayton-Bosnien bestimmend, die selbstverständlich mit entsprechendem Personal bestückt ist. Überall in dem komplizierten Dayton-Vertrag finden sich Spuren dieser apolitischen Vorliebe für eine imaginierte multiethnische Idylle. Und wie damals im Zeichen des verlogenen jugoslawisch-sozialistischen Slogans „Einheit und Brüderlichkeit" Unfreiheit und Ungleichheit herrschten, so verkehrten sich hier die „guten Absichten" einer Rekonstruktion der bosnischen Multikulturalität in glattes Gegenteil: Einerseits ist an diesem Konstrukt, das die republikanischen Grundsätze und demokratischen Institutionen, d.h. die Konstituierung des Politischen ignorierte, alles ethnisiert und andererseits mit der Sanktionierung der „Republika Srpska" die ethnische Pervertierung der Demokratie in die Basis des Staates eingebaut worden. Das Regieren der internationalen Protektoren verlief in diesem – in der europäischen Staatsgeschichte beispiellosen – Fantasiegebilde vom „Staat" entsprechend: In einem Teil des „Dayton-Bosniens" setzte man rigoros angebliche pluriethnische Gleichstellungsregeln durch und ließ im anderen äußerste Ethnokratie weitgehend gewähren (→ Kap. 26).

Eine systematische Untersuchung des Vokabulars, mit welchem die Intellektuellen, Medien und Politiker im Westen über den Krieg und die mit ihm zusammenhängenden Ereignisse sprachen, würde wahrscheinlich erstaunliche Resultate zeitigen. Bezogen auf das Thema dieses Kapitels ist das folgende Wort des englischen Historikers John B. Allcock bezeichnend: „Yugoslavia was the country of the South Slavs. Now the South Slavs have no country". Obwohl dieser Satz so offensichtlich unsinnig ist – wer sollen die „South Slavs" ohne Land sein? – enthüllt er Zutreffendes: nämlich eine überwiegende Haltung, die betreffenden Völker mit einem subjektlosen Gruppennamen zu bezeichnen und ihre Nationalnamen samt den neuentstandenen Staaten möglichst unerwähnt zu lassen. Dahinter steht ein komplexes Phänomen, das nur am Rande im Zusammenhang mit dem Jugoslawismus steht, aber auch noch ungenügend untersucht wurde. Einen Ansatz bietet Larry Wolfs *Inventing Eastern Europe*, aber der südosteuropäische Raum wird darin nicht ausführlich behandelt.

Zuletzt seien noch zwei Momente aus dem künstlichen Weiterleben Jugoslawiens erwähnt. Einmal muss der junge Staat Mazedonien durch – gelinde gesagt – mangelnde Sensibilität der westeuropäischen Politiker den jugoslawischen Namen in seiner offiziellen Bezeichnung als Nation wie einen Schandfleck tragen. Nunmehr, gut über ein Jahrzehnt nach der völkerrechtlichen Anerkennung, werden sich junge Menschen in Mazedonien wohl kaum erklären können, wieso ihr Land auf der internationalen Bühne die Abkürzung FYROM trägt.

Zum Zweiten scheint noch der Name des Kriegsverbrechertribunals in Den Haag einer kurzen Überlegung wert. Die Tatsache, dass der Internationale Strafgerichtshof gegen Kriegsverbrechen in seinem Namen auf „früheres Jugoslawien" (ICTY) hinweist, kann zunächst völlig einleuchtend erscheinen; doch könnte man darin auch gewisse Implikationen erblicken, die dem Prinzip der Gerechtigkeit abträglich sind. Wenn man einmal diese Koppelung des Kriegsverbrechertribunals mit der „jugoslawischen" Bezeichnung nicht mehr als selbstverständlich hinnimmt, stößt man auf viele offene Fragen, auf die hier nicht eingegangen werden kann. Eins darf aber vermerkt werden: Nur wegen dieses „jugoslawischen" Rahmens ist es möglich, dass vor diesem Tribunal einerseits Kapitalverbrechen wie Massenmorde in Vukovar, geplante, systematische Ausrottung der nicht-serbischen Bevölkerung in ganzen Landstrichen Nord- und Ostbosniens und das singuläre Genozid von Srebrenica und andererseits solche Verbrechen *zugleich* verhandelt werden, derentwegen *allein* niemals ein solches internationales Gericht errichtet worden wäre. Man kann sich des Eindrucks nicht erwehren, dass ein Hintergedanke bei der Errichtung des Tribunals in der Absicht lag, gleichsam ein hypothetisches „jugoslawisches Gericht" zu ersetzen, das es durch die Auflösung des Staates nicht geben konnte. Die beim Gericht tätigen Juristen müssen sich an diesen Rahmen halten, der doch ein Ausbalancieren der Schuldigkeiten unter den Kriegsparteien a priori mit angesetzt hat. Die Folge davon ist eine krasse Ungleichheit der Leistungen des Gerichts. Durch den Willen zur Parallelisierung entsteht eine *Asymmetrie der Gerechtigkeit* als Resultat (→ Kap. 31). Das sind Folgen der Jugoslawien- bzw. Jugoslawismus-Falle; statt einen Diskurs zu etablieren, der zwischen Täter samt deren ideologischen Eroberungsprojekten und politisch-kriminellen Beweggründen und dem jeweiligen Volk differenziert, und somit gar nicht in Verdacht kommt, *gegen* irgendein *Volk* zu agieren, versucht man, durch Pauschalisierung die Schuld vermeintlich „gleich" und „gerecht" zu verteilen und verwischt dabei offenbare Unterschiede. Freilich hat gerade die Propaganda Miloševićs eine solche „Gleichsetzung" gepredigt, um die Verantwortung der serbischen politischen Führer und der Armeespitze zu verbergen.

Dieser Falle konnte auch das Kriegsverbrechertribunal, das den jugoslawischen Namen trägt, letztendlich nicht entgehen. Das Gericht möchte natürlich auf keinen Fall den Eindruck „kollektiver Beschuldigung" aufkommen lassen und unterstreicht den Grundsatz der individuellen Schuld. Aber Züge eines „ethnischen" Ausbalancierens der Schuld sind in seiner Praxis unübersehbar, und sie können nur auf solche Annahmen zurückgehen, deren man sich zumeist gar nicht bewusst ist. Die Quintessenz dieser Art zu denken ist in dem weit verbreiteten Spruch: „Alle haben Verbrechen begangen" enthalten, wobei dieses „Alle" wieder Beteiligte qua ethnische Gruppe innerhalb des „jugoslawischen" Rahmens meint. Das Kriegsverbrechertribunal erscheint zuweilen, als möchte es diesem Spruch genügen. In der Tat, auch nichtserbische Akteure, Truppen und Soldaten haben Kapitalverbrechen begangen; ein solches ist das von HVO begangene Massaker im mittelbosnischen Dorf Ahmići, bei dem ganze bosniakische Familien und insgesamt über 100 Leben ausgelöscht wurden. Nicht nur die Strangulierung von Sarajevo, sondern auch die Blockade von Ostmostar ist ein Kapitalverbrechen. Die Massenmorde an 33 kroatischen Bauern im herzegowinischen Dorf Grabovica und an 27 in der Ortschaft Uzdol, die von den Soldaten der bosniakischen Armee BiH verübt wurden, kann man auch als Kapitalverbrechen bezeichnen. Es ist aber kaum vorstellbar, dass wegen dieser Verbrechen *allein* der UN-Sicherheitsrat einen Strafgerichtshof errichten würde. Der Wille dazu hing doch wesentlich mit der Massivität der Verbrechen zusammen, und diese Massivität sowie überwältigende flächendeckende Ausdehnung der Eroberungen wurde nur von einer Kriegspartei erreicht, die bekanntlich auch den Krieg angezettelt hat, und übrigens die einzige war, die systematisch über Jahre hinweg Städte wie Dubrovnik und andere zivile Ziele in Kroatien und Bosnien-Herzegowina bombardierte. Merkwürdigerweise ist einigen Generälen der jugoslawischen Volksarmee, wie Veljko Kadijević und Blagoje Adžić, die an erster Stelle für den Waffengang verantwortlich waren eine Anklage der Haager Staatsanwaltschaft erspart geblieben. Und so erscheint wiederum der „jugoslawische" Rahmen als Faktor, der zur Nivellierung von Größenordnungen der Verbrechen führt. Absurderweise ist gerade das Haager Gericht der eminente Ort, an dem unzählige handfeste Beweise über die Ausmaße des Verbrechens, die im Namen eines ethnisch reinen Großserbien geplant und verübt wurden, gesammelt sind. Nirgendwo sonst ist es so evident, dass – von den tatsächlich erbrachten Beweisstücken her – keine Parallelisierung angebracht ist. Dennoch hielt sich der Staatsanwalt der Vereinten Nationen anscheinend an den Spruch über aller Schuld und erhob (im März 2003) Anklage gegen vier Kosovo-Albaner, die ihnen zur Last legte, 1998 (also vor dem Kosovo-Krieg) als Befehlshabende in der UÇK verantwortlich für Folter und Morde an Kosovo-Serben und Albanern in einem – im Grunde privaten – Gefängnis in Glogovac gewesen zu sein. Gäbe es nicht diese jugoslawistische Umzäunung, würde man sich bei der nach dem Völkerrecht vorgehenden strafrechtlichen Verfolgung nur auf gravierende Kriegsverbrechen und diesen hauptsächlichen Kriegsakteur konzentrieren; die Aufgabe eines UN-Gerichts sollte es sein, jene Untaten zu ahnden, die eine Herausforderung für die Weltgemeinschaft darstellen, weil sie an den Grundfesten des Zusammenlebens der Menschheit rütteln. Stattdessen erklärte sich das Gericht in Den Haag sogar für Fälle zuständig, die während des bewaffneten Aufstands der mazedonischen Albaner im Frühjahr 2001 vorgefallen waren. So beeinträchtigte der – an sich absurde – jugoslawische Staatsname wie der Phantomschmerz eines amputierten Körperteils nachhaltig negativ das Schicksal der Völker, die einst in dem nach ihm benannten Gebilde lebten, noch über Jahrzehnte nachdem dieses zerfallen war.

Literatur

Südslawische Ideen zur Zeit des Illyrismus: Nikša Stančić *Hrvatska nacionalna ideologija preporodnog pokreta u Dalmaciji: Mihovil Pavlinović, i njegov krug do 1869.*, Zagreb 1980 (Die kroatische Nationalideologie der Wiedergeburtsbewegung in Dalmatien: Mihovil Pavlinović und sein Kreis bis 1869), ders., *Gajeva „Još Horvatska ni propala" iz 1832-33. Ideologija Ljudevita Gaja u pripremnom razdoblju hrvatskog narodnog preporoda*, Zagreb 1989 (Gajs „Još Horvatska ni propala" aus 1832-33 und die Ideologie des Ljudevit Gaj in der Vorbereitungsphase der kroatischen Wiedergeburt); Elenor M. Despalatović, *Ljudevit Gaj and the Illyrian Movement*, Boulder, Colorado 1975.

Zum 19. Jahrhundert und der Zeit vor 1918: Ivo Banac, *The National Question in Yugoslavia: Origins, History, Politics*, Ithaca, N.Y. 1984, (in kroatischer Übersetzung: *Nacionalno pitanje u Jugoslaviji*, Zagreb 1995²); Wolf Dietrich Behschnitt, *Nationalismus bei Serben und Kroaten 1830-1914. Analyse und Typologie der nationalen Ideologie*, München 1980 (Südosteuropäische Arbeiten 74); Dimitrije Djordjević, *Revolutions nationales des peuples balkaniques 1804-1914*, Belgrad 1965; Srećko M. Džaja, *Bosnien-Herzegowina in der österreichisch-ungarischen Epoche (1878-1918). Die Intelligentsia zwischen Tradition und Ideologie*, München 1994; Mirjana Groß, „Die ‚Welle': Die Ideen der nationalistischen Jugend in Kroatien vor dem 1.Weltkrieg", in: *Österreichische Osthefte*, 10, 1968; Charles Jelavich, *Tsarist Russia and Balkan Nationalism. Russian Influence in the Internal Affairs of Bulgaria and Serbia, 1879-1886*, Berkeley, Los Angeles 1958; Wolfgang Kessler, *Politik, Kultur und Gesellschaft in Kroatien und Slawonien in der ersten Hälfte des 19. Jahrhunderts. Historiographie und Grundlagen*, München 1981 (Südosteuropäische Arbeiten 77); David Mackenzie, *Ilija Garašanin: Balkan Bismarck*, New York 1985; Holm Sundhaussen, *Der Einfluss der herderschen Ideen auf Nationsbildung bei den Völkern der Habsburgermonarchie*, München 1973; ders., „Nation und Nationalstaat auf dem Balkan. Konzepte und Konsequenzen im 19. und 20. Jahrhundert", in: Jürgen Elvert (Hg.), *Der Balkan. Eine europäische Krisenregion*, Wiesbaden 1997; Wayne S. Vucinch, *The First Serbian Uprising 1804-1813*, Boulder, Colorado 1981.

Staatspolitik, Auflösungsprozess und Erbe: John B. Allcock, *Explaining Yugoslavia*, New York 2000; Ljubodrag Dimić, *Kulturna politika u Kraljevini Jugoslaviji 1918-1941*, Belgrad 1996 (Kulturpolitik im Königreich Jugoslawien 1918-1941); Nenad Dimitrijević, »Srbija kao nedovršena država«, *Između autoritarizma i demokratije, Civilno društvo i politička kultura*, (Hg. Goati/Pavićević/Veljak/Vujadinović, Beograd Podgorica Zagreb 2004 (Serbien als unvollendeter Staat); Zoran Đinđić, *Jugoslavija kao nedovršena država*, Belgrad 1990 (Jugoslawien als unvollendeter Staat); Dejan Djokic (ed.), *Yugoslavism. Histories of a Failed Idea 1918-1992*, University of Wisconsin 2003; Mirko Djordjević, „Die Literatur der populistischen Welle", in: T. Bremer, N. Popov, H.-G. Stobbe (Hg.), *Serbiens Weg in den Krieg*, Berlin 1998, S. 225-242; Jasna Dragović-Soso, *„Saviours of the Nation": Serbia's Intellectual Opposition and the Revival of Nationalism*, London 2002; Vladimir Goati, *Izbori u SRJ od 1990 do 1998. Volja građana ili izborna manipulacija (Dodatak: Izbori 2000)*, Beograd 2001² (Wahlen in BRJ von 1990 bis 1998); Ivo Goldstein, *Croatia. A History*, London 2000; Dejan Jović, *Jugoslavija. Zemlja koja je odumrla*, Zagreb 2003 (Jugoslawien. Das Land, das einging); Branka Magaš, *The Destruction of Yugoslavia. Tracking the Break-Up 1980-92*, London, New York 1993; Viktor Meier, *Jugoslawiens Erben. Die neuen Staaten und die Politik des Westens*, München 2001; Dunja Melčić, „Communication and National Identity: Croatian and Serbian Patterns", *Praxis International* (Vol. 13, No. 4, Jan. 1994); Latinka Perović, *Zatvaranje kruga*, Sarajevo 1991 (Das Schließen des Kreises); dies., „Yugoslavia was Defeated from Inside", *Praxis International* (Vol. 13, No. 4, Jan. 1994); Žarko Puhovski, *Socijalistička konstrukcija zbilje*, Zagreb 1990 (Die sozialistische Konstruktion der Wirklichkeit); Sabrina Ramet, *Balkan Babel: The Disintegration of Yugoslavia from the Death of Tito to the Fall of Milošević*, Boulder 2002⁴; Ursula Rütten, *Am Ende der Philosophie? Das gescheiterte „Modell Jugoslawien". Fragen an Intellektuelle im Umkreis der PRAXIS-Gruppe*, Klagenfurt 1993; Slobodan Samardžić, „Democracy in Postcommunism – the Case of Serbia". *Praxis International* (Vol. 13, No. 4, Jan. 1994); Michael Schwab-Trapp, *Kriegsdiskurse. Die politische Kultur des Krieges im Wandel 1991-1999*, Opladen 2002; Dubravka Stojanović, „Der traumatische Kreis der serbischen Opposition", in: *Serbiens Weg in den Krieg*, S. 379-398.

II. Identität, Ideologie und Kultur

15. Die Religionsgemeinschaften im ehemaligen Jugoslawien

Rudolf Grulich

15.1. Bis zur Staatsgründung 1918

Nach der Volkszählung des Jahres 1953 hatte die jugoslawische Regierung erstmals wieder bei den Volkszählungen 1991 nach der Religionszugehörigkeit der Einwohner des Landes gefragt. Die Ergebnisse für den Gesamtraum sind aber nicht mehr veröffentlicht worden. (Die Ergebnisse für die Republik Kroatien betrugen nach der Veröffentlichung des kroatischen statistischen Amtes von 1991: 78,5 Katholiken, 11,1 Orthodoxe, 0,4 Protestanten, 1,2 Muslime, 09 andere, 3,8 Konfessionslose). In der Zeit nach 1953 war man – bezogen auf den Gesamtraum – auf Weiterschreibungen und Schätzungen angewiesen. 41,4 Prozent gaben damals an, orthodox zu sein, 31,9 Prozent waren katholisch. Die Muslime machten 12,3 Prozent der Bevölkerung aus und die Protestanten 0,9 Prozent. 1953 bekannten sich in Jugoslawien 12,3 Prozent der Bevölkerung als Atheisten oder als religionslos. Vor allem dieser Prozentsatz hat sich durch die Säkularisierung der Gesellschaft in den folgenden Jahrzehnten gewaltig erhöht und macht mit dem unterschiedlichen Bevölkerungswachstum der einzelnen Völker und Volksgruppen sowie der unterschiedlichen Auswanderung und Binnenwanderung viele Angaben über die zahlenmäßige Stärke der einzelnen Konfessionen zu vagen Schätzungen. Die traditionelle Zuteilung einzelner Völker zu Religionen, am deutlichsten in der Gleichsetzung Kroate = Katholik und Serbe = Orthodoxer erfasste meist nicht die Zugehörigkeit zu einer Kirche als Glaubensgemeinschaft, sondern nur die Bindung an einen religiös geprägten Kulturkreis. Ähnlich kann man die Montenegriner und Mazedonier als Orthodoxe bezeichnen, die Slowenen wie die Kroaten als katholisch. Neben den „Muslimen im ethnischen Sinn“ waren vor allem auch die nationalen Minderheiten der Albaner (zu über 90 Prozent) und der Türken islamisch.

Diese religiös-politische Zuordnung ist Ergebnis einer komplizierten zweitausendjährigen Geschichte, die im Folgenden in Umrissen nachgezeichnet werden soll. Es waren die Traumata dieser Geschichte und das Erbe einer leidvollen Vergangenheit, die im Krieg 1991 bis 1995 immer wieder zum Vorschein kamen und allgemein als ideologische Waffe eingesetzt wurden.

15.1.1. Anfänge des Christentums

Das Christentum führt seine Anfänge auf dem Territorium des ehemaligen Jugoslawien auf den Apostel Paulus zurück, der auch in Illyrien gepredigt haben soll. Tatsächlich gab es auf dem Gebiet einer jeden jugoslawischen Teilrepublik in spätantiker Zeit christliche Bischofssitze. In Slowenien waren dies Poetovio (Ptuj), Celeia (Celje) und Emona (Ljubljana), auf dem Gebiet Kroatiens der Metropolitansitz Salonae (Solin) und die Bistümer Parentium (Poreč), Pola (Pula), Arba (Rab), Jadera (Zadar), Pharus (Hvar), Epidaurus (Dubrovnik), im Landesinneren Siscia (Sisak), Mursa (Osijek) und Cibalae (Vinkovci). Auf dem Gebiet Bosniens und der Herzegowina lagen Bistue Nova (in der Nähe von Zenica) und

Bistue Vetus (bei Bugojno), die „Ecclesia Martariensis“ (Martari), Sarsenterum (Žitomislići), Delminium (Duvno) u. a. Für Montenegro sind Risinium (Risan) und Doclea (Duklja) bezeugt, für das Gebiet Serbiens die Metropolen Syrmium (Sremska Mitrovica) und Justiniana Prima (Caricin Grad) sowie Singidinum (Belgrad), Naissus (Niš), Ulpiana und Remesiana. In Makedonien liegen schriftliche Zeugnisse und Ausgrabungen vor, dass Stobi Metropolitansitz war und es Bischofssitze in Lychnidus-Achrida (Ohrid), Heraclea Lyncestis (Bitola) und Scupi (Skopje) gab. Große Persönlichkeiten der alten Kirchengeschichte entstammen dem Christentum dieses Raumes: Viktorin von Pettau, der hl. Hieronymus oder Nicetas von Remesiana sind hier als christliche Schriftsteller zu nennen, ferner die Märtyrer von Sisak, aber auch große Kaiser wie Konstantin (aus Naissus) oder Justinian I. (aus Justiniana Prima). In Syrmium wurden bedeutende Synoden (347/49, 357 und 359) abgehalten. Die Einfälle der Hunnen zerstörten einige dieser Bistümer, im Jahre 441 auch Syrmium; die Awaren vernichteten zwei Jahrhunderte später Salonae, dessen Bewohner in den leerstehenden Diokletianspalast flohen und damit Split gründeten.

Der byzantinische Kaiser und Autor Konstantin Porphyrogennetos berichtet in „De administrando imperio“, dass die Kroaten unter Kaiser Heraklios I. (610-641) vom oströmischen Kaiser gerufen worden waren, um gegen die Awaren zu kämpfen. Bereits unter Papst Johannes IV. (†642) hatten sie das Christentum angenommen, also mehr als zwei Jahrhunderte vor den anderen Slawen, deren Christianisierung erst auf die Slawenapostel Kyrill und Method oder noch spätere Zeiten zurückgeht. Von großer Bedeutung für das spätere Schicksal der Völker in diesem Raum war die Teilung des Römischen Reiches durch Kaiser Theodosius im Jahre 395 in eine ost- und eine weströmische Reichshälfte. Aus ihr resultiert letztlich die Auseinanderentwicklung beider Reichshälften, die infolge kirchenpolitischer, theologischer, aber auch kultureller Faktoren zur Kirchenspaltung des Jahres 1054 in die orthodoxe und die katholische Kirche führte. Die damalige Trennungslinie des Theodosius in die *partes orientis* und die *partes occidentis* verlief auf einer Linie von Belgrad an der Donau zur Adria bei Skutari.

Auch die Serben wurden von Byzanz her christianisiert, wobei die erste Etappe bereits unter Heraklios I. erfolgte, die Christianisierung aber erst unter Kaiser Basilios I. (867-886) abgeschlossen wurde, als die Differenzierung in einen römisch-lateinischen und einen byzantinisch-griechischen Teil erheblich weiter fortgeschritten war als zur Zeit der Christianisierung der Kroaten. Porphyrogennetos schreibt, dass Kaiser Heraklios Priester aus Rom zu den Serben schickte; auch die alte serbische Kirchenterminologie gibt Zeugnis, dass die erste Missionierung von Rom aus erfolgt ist. Unter Basileos I. wurde dann der byzantinische Ritus eingeführt, als Kyrill und Method bereits die kirchenslawische Übersetzung der Liturgie geschaffen hatten. Jahrhunderte lang blieben die Serben den Einflüssen der Westkirche offen. Erst das 13. Jahrhundert brachte durch den hl. Sava die Entscheidung zugunsten von Ostrom-Konstantinopel.

15.1.2. Kroatien und Bosnien im Mittelalter

Bereits im 7. Jahrhundert hatten die christianisierten Kroaten unter Papst Agathon (678-681) Kontakte zu Rom. Im 9. Jahrhundert erwähnt Papst Johannes VIII. ein kroatisches Staatswesen. Der Brief vom 7. Juni 879 an den Fürsten Branimir ist erhalten, der dem Papst „ein lieber Sohn, in allem dem hl. Petrus gehorsam“ sein will. Obgleich es damals bereits lateinische Benediktinerklöster in Kroatien gab, setzt sich im 9. Jahrhundert die slawischsprachige Liturgie in einigen Gebieten Kroatiens durch, und zwar mit der glagolitischen

Schrift, die als Vorläuferin der kyrillischen Schrift gilt. Obwohl die beiden vom byzantinischen Kaiser ins Großmährische Reich gesandten Slawenapostel Kyrill und Method wahrscheinlich durch Kroatien gereist sind, sich dort aber sicher nicht aufgehalten haben, hat sich die kyrillomethodianische Liturgie in altslawischer Sprache und mit glagolitischem Alphabet in Kroatien bis ins 20. Jahrhundert erhalten. Zwar wandten sich Kirchenversammlungen in Split 925 und 1060 gegen das Slawische im Gottesdienst, konnten es aber nicht unterdrücken. Papst Innozenz IV. erlaubte 1248 auf Bitten des Bischofs Philipp von Senj sogar ausdrücklich die slawische Liturgie, deren Sprache und Schrift man fälschlicherweise dem aus Dalmatien stammenden hl. Hieronymus zuschrieb. 1689 schrieb der slowenische Historiker Valvasor von vielen Orten, wo man die „Crainersche oder Slawonische Messe" lese. Letztmals wurde das Messbuch in glagolitischer Schrift 1905 in Rom gedruckt, 1927 erschien es noch einmal in altslawischer Sprache, nun aber in lateinischer Transkription.

Im Jahre 925 taucht erstmals der Titel eines „Episcopus Chroatensis" auf, den Gregor von Nin auf dem Konzil von Split für sich in Anspruch nimmt. Schon 923 war Kroatien unter Tomislav I. ein Königreich geworden. Einige Städte an der Küste unterstanden zwar kirchlich und politisch noch Byzanz, aber durch einen Sieg Tomislavs über die Bulgaren stand Kroatien damals auf dem Höhepunkt seiner Macht. Gegen Ende des 10. Jahrhunderts geriet Kroatien in die Wirbel byzantinisch-bulgarischer Kämpfe. 1090 starb mit König Stephan II. die kroatische Herrscherdynastie aus. Es begann eine Zeit fremder Herrscher, zunächst mit dem ungarischen König Ladislaus. Dieser gründete 1094 das Bistum Zagreb, das dem Erzbistum Gran unterstellt war. Kroatien blieb bei Ungarn unter den Arpaden bis zu deren Aussterben, dann unter der Dynastie der Anjous (→ Kap. 3). Seit Béla dem Blinden (1131-1141) führten die ungarischen Könige auch den Titel Könige von Rama, d. h. Bosnien. In dieser Zeit der endgültigen Trennung von Ost- und Westkirche (1054) setzte sich in Kroatien die Reformbewegung von Cluny durch und große Bischöfe wie Erzbischof Laurentius von Split und Johannes Orsini von Trogir erneuerten die Kirche. Im Jahr 1177 besucht Papst Alexander III. Zadar. Im 13. Jahrhundert lassen sich die neuen Bettelorden der Franziskaner und Dominikaner auch in Kroatien nieder. Die Franziskaner übernehmen die Rolle der Benediktiner, die langsam zurückgehen. Es entstanden damals die prächtigen Kirchen und Dome in Dubrovnik (durch das Erdbeben 1667 zerstört), Trogir, Zadar, Krk und Rab.

Eine Sonderstellung hatte bereits im Mittelalter Bosnien inne. Von den oben erwähnten antiken Kirchenorganisationen (ecclesia Bestoensis) lassen sich nach Einwanderung der Slawen keine Spuren nachweisen. Erst im 11. Jahrhundert (nach dem Schisma) wird das Bistum Bosnien als römisch-katholische Diözese erwähnt, die der kirchlichen Oberhoheit des Erzbischofs von Split unterstellt war. Seit Mitte des 12. Jahrhunderts nannte sich der Herrscher Bosniens „Ban", der zwar die Oberhoheit Ungarns anerkannte, aber das Land wie ein unabhängiger Herrscher verwaltete. Während der langen Herrschaft von Ban Kulin (1180-1204), der das Bistum des Landes statt dem Erzbischof von Split dem von Ragusa (Dubrovnik) unterstellte, wurden die ersten Anschuldigungen wegen Häresie erhoben.

Der Charakter der Bosnischen Kirche war und ist seit dem 19. Jh. in der Forschung umstritten. Während serbische Forscher versuchten, durch den Bezug auf das bulgarische Bogumilentum oder auf die Sekte der Paulikaner den ostkirchlichen Charakter der Bosnischen Kirche nachzuweisen, betonten die kroatischen Wissenschaftler die westkirchliche Herkunft dieser Kirche (etwa als Variante der oberitalienischen oder französichen Katharer). Viele damals aufgestellte Thesen über die Bosnische Kirche sind inzwischen aufgrund quellenkritischer Arbeiten widerlegt. Offenbar hat es sich bei der Bosnischen Kirche um eine selbständige Kirchenorganisation mit wenig ausgeprägter Hierarchie gehandelt, die beim bosnischen Adel großen Anklang gefunden hatte. Ungarn führte im Auftrag Roms mehrere Kreuzzüge gegen Bosnien. Zunächst wurden von Rom Dominikaner zur „Untersuchung“ (Inquisition) und Mission der Bosnischen Kirche ins Land entsandt. Als diese in ihrer missionarischen Arbeit gescheitert waren, gelang es den Franziskanern 1340, ein eigenes „Bosnisches Vikariat“ zu gründen und durch Predigt und Seelsorge bis zum Jahre 1400 viele *Krstjani* („Christen“, wie sich die Gläubigen selbst nannten) zur Rechtgläubigkeit zu bekehren. Als 1463 Sultan Mehmed II. Bosnien eroberte, verbürgte der Sultan den Franziskanern freies Leben und Besitz, wenn sie ihm treu blieben (→ Kap. 4).

15.1.3. Die Reformation bei den Südslawen

Angesichts der Tatsache, dass die Slowenen und Kroaten bis heute in ihrer überwältigenden Mehrheit katholisch sind, übersieht man oft die Bedeutung der Reformation in diesem Raum. Die Protestanten entwickelten im Gebiet des heutigen Slowenien eine rege Tätigkeit, insbesondere auf schriftstellerischem Gebiet. Der Katechismus von Primož Trubar (1508-1586), der führenden Persönlichkeit der slowenischen Reformation, war 1550 das erste gedruckte Buch in slowenischer Sprache überhaupt. Er übersetzte bis 1555 auch das Neue Testament und bis 1577 verschiedene Schriften Luthers und Melanchthons ins Slowenische. Von Juraj Dalmatin (1547-1589) stammt die slowenische Übersetzung des Alten Testamentes, die 1583 gedruckt wurde. Adam Bohorič (1520-1600) veröffentlichte den Psalter, kirchliche Lieder, Schulbücher und 1584 eine Grammatik in slowenischer Sprache. In der Gegenreformation wurde aber der Protestantismus wieder zurückgedrängt, vor allem durch den Bischof von Ljubljana Thomas Hren (1597-1630). Nur im Übermurgebiet (Prekmurje), das zu Ungarn gehörte, hielten sich evangelische Gemeinden (→ Kap.2).

Ähnlich war es mit der Reformation in Kroatien, deren größte Persönlichkeit Mathias Flaccius Illyricus (Vlašić) ist. Dieser „Achilles des reinen Protestantismus“ stammte aus Istrien und kam als 21jähriger nach Wittenberg, wo er der entschiedenste Anhänger Luthers wurde und gegen das Augsburger Interim eintrat. 1562 erschien das kroatische Neue Testament. Außer in Istrien und den Kvarner-Inseln war die protestantische Lehre vor allem in Slawonien verbreitet. Von rund 120 evangelischen Gemeinden konnte sich während der Gegenreformation nur eine einzige, in Tordinci, behaupten. Träger der Gegenreformation waren in Kroatien insbesondere die Jesuiten und Kapuziner, die eine rege literarische Tätigkeit entfalteten.

15.1.4. Die Ostkirchen

Die kirchenslawische Kultur, welche die aus Mähren vertriebenen Schüler des hl. Methodius 885 nach Südosteuropa brachten, fand von Ohrid her auch im mittelalterlichen Serbien Eingang. Im 11. Jahrhundert gab es selbständige serbische Fürstentümer im heutigen Montenegro, die auch zu Rom kirchliche Beziehungen hatten. Der mittelalterliche serbische Staat der Nemanjiden (seit 1183) unterstand größtenteils dem Erzbistum Ohrid, näherte sich aber immer wieder auch Rom an. Stefan Prvovenčani empfing im Jahre 1217 vom Papst die Königskrone, was ihn aber nicht hinderte, seinen Bruder Rastko mit dem Mönchsnamen Sava zwei Jahre später nach Nizäa zu senden, um ihn zum Bischof weihen zu lassen und die Unabhängigkeit der serbischen Kirche zu proklamieren. (Konstantinopel befand sich damals in der Hand der Kreuzfahrer, so dass der Ökumenische Patriarch am Kaiserhof in

Nizäa residierte.) Sava ist bis heute der größte Heilige der Serben, und „Svetosavlje" (etwa „Leben nach den Grundsätzen des hl. Sava") ist ein zentraler Begriff der serbischen Orthodoxie geworden (→ Kap. 6).

Sava organisierte die serbische Kirche, gründete Diözesen und machte das Kloster Žiča zu seinem Erzbischofsitz, der später nach Peć auf das Amselfeld (Kosovo) verlegt wurde. Das Wachsen des serbischen Staates stärkte auch das Ansehen der autokephalen serbischen Kirche, die 1346 zu einem eigenen Patriarchat wurde und den König Dušan in Skopje zum Zaren krönte. Die Niederlage auf dem Amselfeld am 28. Juni 1389 und der Eroberungszug der Türken schwächte die orthodoxe Kirche der Serben. Dem Ökumenischen Patriarchat von Konstantinopel gelang es 1459, bei den neuen türkischen Machthabern die Aufhebung des Patriarchates in Peć durchzusetzen. Erst 1557 wurde es durch den Großwesir serbischer Herkunft Mehmed Pascha Sokolović wiedererrichtet, der seinen Bruder Makarije zum Patriarchen machte. Die ganze nationale Widerstandskraft der Serben lag nun im Bereich der orthodoxen Kirchen und Klöster, die das Überleben der serbischen Kultur ermöglichten.

In Montenegro war seit 1485 das Kloster Cetinje Residenz eines orthodoxen Metropoliten, der seit 1516 auch weltlicher Herrscher unter türkischer Oberhoheit war. Da die serbische Kirche wegen ihrer Unterstützung serbischer Aufstände das Misstrauen der Osmanen erfuhr, konnten die griechischen Bischöfe in Konstantinopel 1766 beim Sultan erneut die Aufhebung des Patriarchates von Peć erreichen und ihren Einfluss in der serbischen Kirche vor allem durch die Besetzung vakanter Bischofsitze durch ethnische Griechen geltend machen. Durch die geflüchteten Serben in Ungarn, wo Patriarch Arsenije 1695 durch ein kaiserliches Privileg anerkannt und die Stadt Karlowitz in Syrmien 1716 Residenz der Patriarchen wurde, gab es aber weiterhin eine nationale serbische Kirche. Als sich seit 1830 das autonome, später selbständige Fürstentum Serbien konstituierte und schließlich die türkische Besatzung 1867 Belgrad räumte, erhielt die serbische Kirche nach dem Krieg gegen die Türken 1877/78 am 20. Oktober 1879 die Autokephalie. Die noch unter osmanischer Herrschaft stehenden Gebiete Makedoniens unterstanden dem 1870 gegründeten bulgarischen Exarchat.

15.1.5. Die osmanische Eroberung und der Islam

Seit der osmanischen Eroberung Bosniens 1463 setzte für Kroaten und Serben eine Periode ständiger Auswanderung ein, die Serben zogen von Altserbien nach Ungarn und die Kroaten ins Burgenland, in die Slowakei und zahlreiche Komitate Ungarns, aber auch nach Niederösterreich, Mähren und Italien. Nur ein kleiner Teil Kroatiens geriet nicht unter osmanische Herrschaft. Ganze Gebiete wurden von den Habsburgern, die seit 1526 Könige Ungarns und Kroatiens waren, unter militärische Verwaltung gestellt und bildeten die Militärgrenze (auch Confin). Diese Zeit hat die konfessionelle Landkarte Südosteuropas entscheidend geprägt. Zwar verschwanden in den Jahren nach der Zurückdrängung der osmanischen Herrschaft (1683) die Minarette und Kuppeln der Moscheen aus Slawonien und der ungarischen Tiefebene, doch die Flüchtlingsströme und Wanderungen orthodoxer und katholischer Christen aus dem Herrschaftsgebiet des Sultans hatten neue Bevölkerungsverhältnisse geschaffen, die bis heute von Bedeutung bleiben. Dazu gehört vor allem die Nordwanderung der Serben, die bis in die Gegend des heutigen Budapest führte und Ofen zu einem Zentrum des Serbentums machte (→ Kap. 5). Die orthodoxen Bischofssitze in der heutigen Republik Kroatien gehen auf diese Wanderungen zurück: Die Eparchie Pakrac in Westslawonien hatte 1991 125.000 serbische Orthodoxe und 118 Gemeinden, Karlovac war eine Diözese mit 315.000 Gläubigen und 144 Pfarreien.

Die Zurückdrängung der Türken und die hauptsächlich im 18. Jahrhundert erfolgte Neubesiedlung der den Osmanen entrissenen Gebiete brachte u. a. slowakische Lutheraner, deutsche Katholiken und unierte Ruthenen (Ukrainer) in Gebiete der schrittweise aufgehobenen Militärgrenze. Dadurch wurden manche Teile Slawoniens und vor allem der Vojvodina zu den ethnisch und konfessionell am meisten gemischten Gebieten in Europa.

Eine bleibende und unübersehbare Erinnerung an die Militärgrenze waren auch die Katholiken des byzantinischen Ritus: die griechisch-katholischen Kroaten in Žumberak (Sichelberg). Die rusinischen Gläubigen (Ruthenen) entstammen der Neubesiedlung des 18. Jahrhunderts. Die orthodoxen Serben (und teilweise auch Wlachen), die als *Valachi*, *Uscocchi*, *Morlacci*, *Rasciani* und *Serviani* in den Quellen auftauchten, kamen als Flüchtlinge aus dem Osmanenreich (Uskoken) im Habsburgergebiet früh in Berührung mit der katholischen Kirche. Im Grenzraum wurde die Orthodoxie geduldet, da unter den besonderen Umständen und Prioritäten auf die Religionspolitik des Landesherren sowie auf die konfessionellen Vorstellungen des Adels keine Rücksicht genommen werden musste. Hinzu kam, dass im 16. Jahrhundert auch in den habsburgischen Ländern durch die Ausbreitung reformatorischen Gedankengutes die konfessionelle Einheit sich aufzulösen schien. So gab es in der Militärgrenze auch evangelische Feldprediger bei den dort stehenden deutschen Truppen, zum Ärger des katholischen Adels in Kroatien und Slawonien. Doch ähnlich wie die Ansätze einer katholisch-orthodoxen Kirchenunion hatten auch die Protestanten wenig Erfolg.

Als die Osmanen 1354 über die Dardanellen setzten, gab es bereits kleinere islamische Bevölkerungselemente auf der Balkanhalbinsel. Petschenegen und Kumanen waren in Bosnien, Serbien und Makedonien ansässig, unter ihnen war der Islam bereits vor dem Einfall der Osmanen verbreitet. Entgegen der bei den christlichen Balkanvölkern bis heute weit verbreiteten Ansicht, für den Balkan sei die Türkenherrschaft eine geschichtslose Zeit gewesen, blühte islamisch-türkisches Kulturwesen in diesen Teilen des Türkischen Reiches. Obgleich die meisten slawischen Muslime ihre Muttersprache bewahrten und das Slawische auch mit arabischen Buchstaben schrieben, gebrauchten dennoch muslimische Dichter, Schriftsteller, Theologen, Historiker und Rechtsgelehrte in ihren Werken die osmanisch-türkische Sprache. Dichter wie Ahmed ibn Ali Gurbi (Ahmad ibn Ali Ghurbi, 18. Jahrhundert) aus Novi Pazar und Bosnavi Baba (zweite Hälfte des 19. Jahrhunderts), ein Bektaschi-Sufi, „dessen Meisterschaft in der Dichtkunst von niemandem angezweifelt wurde" (Mustafa Safayi), schufen ihre Diwane in dieser Sprache. Dasselbe gilt für einen der letzten Klassiker der osmanischen Literatur, Arif Hikmet (1839-1903), mit dem Beinamen Hersekli, also „aus der Herzegowina", und für den Historiker Ahmed Nesimzade, der u. a. eine Geschichte des Österreichisch-Türkischen Krieges von 1736-1739 verfasste.

Außerhalb der Garnisonen und Verwaltungen blieben aber die Balkanländer zum allergrößten Teil slawisch bzw. im Süden albanisch. Nur in den drei mazedonischen Vilayets bildete sich eine stärkere türkische Landbevölkerung heraus. In Albanien und Kosovo waren dagegen die Albaner, in Bosnien und Herzegowina einheimische Slawen Vertreter des Osmanentums und erreichten höchste Staatsstellen.

Die ständigen Gebietsverluste seit dem gescheiterten zweiten türkischen Vorstoß 1683 nach Wien ließen die in den Städten ansässige türkische Bevölkerung zurückfluten. Der Abwanderung schlossen sich slawische und albanische Muslime an, obwohl auf dem Papier Serbien und auch Montenegro den Muslimen Religionsfreiheit garantierten. Dabei wurden viele Moscheen und muslimische Einrichtungen wie Koranschulen, Armenküchen oder

Klöster nach dem Rückzug der Türken aufgehoben oder vernichtet, weil man jede Erinnerung an die Türkenherrschaft auslöschen wollte.

Bis 1910 wanderten rund 300.000 Muslime aus Bosnien-Herzegowina aus, nachdem es 1878 unter österreichisch-ungarische Verwaltung gestellt worden war. Die Österreicher führten in Bosnien die Institution eines Reis-ul-ulema ein, eines in Sarajevo residierenden Oberhauptes der Muslimgemeinde. Ihm unterstanden bis 1992, als der Krieg in Bosnien begann, alle Muslime Jugoslawiens. Die österreichisch-ungarische Verwaltung hatte bis 1912 für Sarajevo alle Aufschriften auch in arabischer Schrift vorgeschrieben. Als liturgische Schrift existiert sie bei den Muslimen noch heute.

15.1.6. Die katholischen Gebiete in Barock, Aufklärung und im 19. Jahrhundert

In den unter habsburgischer und venezianischer Herrschaft stehenden Gebieten Kroatiens und in der Republik Ragusa nahm, wie schon in der Renaissance, auch im Barock das kulturelle Leben einen gewaltigen Aufschwung. 1669 gründeten die Jesuiten eine Akademie in Zagreb, die mit ihrer Theologischen Fakultät den Beginn des kroatischen Universitätswesens darstellt, da sie auch akademische Titel vergab. In Lepoglava errichteten die Pauliner ein „Studium Generale". Zahlreiche barocke oder barockisierte Kirchen Kroatiens (aber auch Sloweniens) erinnern an diese Zeit. Die Theologen Kroatiens setzten sich in einer ausgeprägten Kontroverstheologie auch mit nichtkatholischen Konfessionen auseinander, dies oft im versöhnlichen unitaristischen Geist. Marko Antun de Dominis (1560-1624) wird zu einem „Theologen der Aussöhnung von anglikanischer, protestantischer und katholischer Kirche", Juraj Križanić (1618-1683) schlägt eine Brücke zu den Orthodoxen. Enge kirchliche Bindungen bestehen zu Italien, wo in Loretto bei Ancona eine kroatische Priesterausbildungsstätte besteht. Im 18. Jahrhundert erlebt die Kirche Kroatiens die Reformen des Josefinismus, verbunden mit zahlreichen Klosteraufhebungen, deren Güter in den Religionsfond fließen. Aus ihm werden die Pfarrer besoldet, deren Zahl durch die Neugründung von Pfarreien wächst.

Nach dem Ende der Republik Venedig 1797, der französischen Besetzung Istriens und Dalmatiens und der Aufhebung der Republik Dubrovnik 1808 schuf Napoleon die Illyrischen Provinzen mit der Hauptstadt Ljubljana. Die Franzosen verbesserten zwar durch den Ausbau von Straßen und Wirtschaft die Infrastruktur dieser Gebiete, sie errichteten Volksschulen, aber durch die Aufhebung kirchlicher Bruderschaften, die Reduzierung der Klöster und die Beschränkung der Seminare riefen sie auch den Widerstand der Geistlichkeit hervor. 1828 hob Papst Leo XIII. mit der Bulle „Locum beati Petri" die alte kirchliche Metropole Split auf und machte sie zu einem gewöhnlichen Bistum; auch Dubrovnik verlor die erzbischöfliche Würde und wurde Zadar unterstellt. Verschiedene Bistümer wurden ganz aufgehoben. Auf Bitten des Bans Josip Jelačić errichtete Papst Pius IX. 1852 eine Kirchenprovinz Zagreb. Bischof Josip Juraj Strossmayer von Đakovo (1815-1905) investierte all seine intellektuellen Kräfte und materiellen Möglichkeiten in die kirchliche, kulturelle und politische Einigung der Südslawen. Er tat dies aus ökumenischen Gründen, weil er viele orthodoxe Christen in seiner slawonischen Diözese hatte und weil er als Apostolischer Administrator auch für die wenigen Katholiken im Fürstentum und späteren Königreich Serbien zuständig war. Die von ihm erbaute Kathedrale in Đakovo sollte eine Synthese von Ost- und Westkirche sein. Gegen den Liberalismus des 19. Jahrhunderts gründete Erzbischof Haulik von Zagreb 1849 die Zeitung „Katolički List", die katholische gesellschaftliche Standpunkte verteidigen sollte, und die Gesellschaft des Hl. Hieronymus. In ihr sammelten sich katholische Intellektuelle, um katholisches Schrifttum zu verbreiten. 1874 entzog der Sabor der Kirche die Aufsicht über die Volksschulen. Durch ihre feudale Struktur und ihren reichen Grundbesitz geriet die katholische Kirche in den Städten auch in Gegensatz zur Arbeiterschaft. Erst in Verbindung mit Initiativen Papst Leos XIII. entstand nach einem ersten Katholischen Kongress 1900 in Zagreb die Kroatische Katholische Bewegung. Bischof Anton Mahnić von Krk war ihr Promotor.

15.2. Nach der Gründung Jugoslawiens 1918

Thomas Bremer

15.2.1. Die orthodoxen Kirchen

Die Serbische Orthodoxe Kirche (SOK) war von der Zahl ihrer Gläubigen her in allen jugoslawischen Staaten die größte Glaubensgemeinschaft. Unmittelbar nach der Gründung des Königreichs 1918 bemühten sich die orthodoxen Bischöfe des neuen Staates, ihre bisher getrennten Jurisdiktionen zu vereinen. Kirchenorganisationen der serbischen Orthodoxie gab es bislang im Königreich Serbien, in Montenegro, in Ungarn (Metropolie von Sremski Karlovci) und in Österreich (Bosnien, Dalmatien). Nach einigen Vorbereitungstreffen wurde am 12. September 1920, genau 154 Jahre nach der Aufhebung des serbischen Patriarchats von Peć durch die Türken, in einem feierlichen Akt beschlossen, die wieder vereinigte Kirche in den Rang eines Patriarchats zu erheben. Der Patriarch führte den Titel „Erzbischof von Peć, Metropolit von Belgrad-Karlovci und Serbischer Patriarch".

Oberstes Organ der Kirche war die Vollversammlung der Bischöfe. Zwischen ihren Treffen leitete ein Synod aus vier Bischöfen und dem Patriarchen die laufenden Geschäfte und führte die Entscheidungen der Vollversammlung aus. Die Laien hatten relativ wenig Einfluss in der Kirchenleitung. Diese Struktur ist der SOK im Grundsatz bis heute zu eigen.

Wie der erste jugoslawische Staat in Armee, Polizei, Regierung und diplomatischem Dienst serbisch dominiert war, so hatte auch die orthodoxe Kirche eine bevorzugte Stellung. So wurde etwa an der Universität in Zagreb eine Fakultät für orthodoxe Theologie errichtet. Doch blieb die Kirche zunächst auch in deutlicher Abhängigkeit vom Staat, der alle Ernennungen von Bischöfen und die Wahl eines neuen Patriarchen genehmigen musste. Zu einer großen Auseinandersetzung kam es Mitte der dreißiger Jahre, als die Regierung ein Konkordat mit dem Vatikan abschließen wollte. Als das Abkommen vom Parlament trotz großer, zum Teil in blutigen Demonstrationen ausgetragener Proteste gebilligt wurde, exkommunizierte die SOK alle orthodoxen Abgeordneten, die dafür gestimmt hatten, und verhinderte so das Konkordat.

In der Zeit zwischen den Weltkriegen gab es innerhalb der SOK eine äußerst bedeutende Laienbewegung, die so genannten „Bogomoljci" (etwa: Beter zu Gott). Ihr geistlicher Führer war Bischof Nikolaj Velimirović, eine der wichtigsten Gestalten der SOK im 20. Jahrhundert, der heute als heilig verehrt wird. Er hatte in seinen Werken die Idee vom einfachen serbischen Bauern als dem idealen Christen entwickelt. Die Bewegung sorgte vor allem für ein Aufblühen des serbischen Mönchtums. Während des Zweiten Weltkriegs wurde Bischof Velimirović ebenso wie Patriarch Gavrilo von den Deutschen interniert und schließlich in das Konzentrationslager Dachau gebracht. Beide erlebten das Kriegsende außer Landes. Während der Patriarch im Herbst 1946 wieder nach Jugoslawien zurückkehrte, starb Bischof Nikolaj 1956 im amerikanischen Exil.

Im „Unabhängigen Staat Kroatien" (NDH) begann sehr schnell nach dessen Gründung 1941 eine Verfolgung aller Serben, was auch die orthodoxe Kirche in schwere Mitleidenschaft zog (→ Kap. 11). Zahlreiche Gläubige und Priester wurden umgebracht oder vertrieben. Viele Kirchengebäude wurden zerstört. Drei der orthodoxen Bischöfe und mehr als 170 Priester (von 577 auf dem Gebiet dieses Staates) wurden ermordet, die übrigen Bischöfe und 334 Priester nach Serbien deportiert. Die Regierung versuchte eine Ideologie von „orthodoxen Kroaten" zu entwickeln und ließ durch einen russischen Emigrantenbischof eine „Kroatische Orthodoxe Kirche" gründen, die jedoch nur eine kirchengeschichtliche Episode blieb. Auch in Serbien war unter deutscher Verwaltung eine normale kirchliche Tätigkeit nicht möglich. Nach der Internierung des Patriarchen übernahm Metropolit Josif von Skopje die Kirchenleitung.

Auch nach dem Krieg konnte sich die SOK nicht konsolidieren. Sie war zunächst ihres Oberhauptes und vieler Bischöfe beraubt, zahlreiche Priester und Gläubige waren ums Leben gekommen, ihr fehlten die notwendigsten materiellen Voraussetzungen, und überdies sah sie sich noch einem kirchenfeindlichen Regime gegenüber. Dieses verhinderte nicht nur die Normalisierung des kirchlichen Lebens, sondern sorgte durch Schauprozesse (Bischof Varnava 1948) und die Verfolgung von Gläubigen für weitere Schwierigkeiten. So wurde praktisch der gesamte Kirchenbesitz (bis auf Gebäude, die gottesdienstlichen Zwecken dienten) verstaatlicht. Erst ab den sechziger Jahren hörte die direkte Verfolgung auf. Allerdings gab es für praktizierende Gläubige auch weiterhin eine Reihe von Einschränkungen. Sie konnten bestimmte Berufe (Lehrer, Regierungsbeamte) nicht ausüben und in anderen keine Karriere machen. Schikanen gegen die Kirchen lagen meist in der Willkür der lokalen Behörden. Kirchlicher Religionsunterricht und die Präsenz der Kirchen in öffentlichen Einrichtungen (Krankenhäuser, Armee, Gefängnisse) war selbst dann nicht möglich, wenn das von betroffenen Gläubigen ausdrücklich gewünscht wurde. Vor allem aber bemühte sich der Staat mit einigem Erfolg darum, die Kirche von allen anderen gesellschaftlichen Bereichen fern zu halten. So wurden etwa kirchliche Ereignisse in den Medien verschwiegen. Die Feiertage waren normale Arbeitstage. Die SOK wurde somit erfolgreich marginalisiert.

Ein großes Problem war für die SOK die Orthodoxie in Makedonien. Nachdem im Verlauf des Zweiten Weltkrieges die Makedonen als Nation anerkannt worden waren, stellte sich bei ihnen die Frage nach einer Makedonischen Orthodoxen Kirche (MOK). Solche Bestrebungen wurden auch von den staatlichen Behörden massiv unterstützt, wohl weniger, um die serbische Nation zu schwächen, wie das von serbischer Seite oft unterstellt wurde, als vielmehr zur Abwehr ausländischer Ansprüche auf Makedonien. Die SOK betrachtete die makedonischen Diözesen als die ihren und Makedonien als Südserbien. Aufgrund staatlicher Behinderungen gab es kaum Kontakte zwischen dem Patriarchat und den Diözesen in Makedonien, bis man sich 1958 darauf einigte, dass die MOK unter dem serbischen Patriarchen autonom, aber nicht ganz selbständig sein sollte. 1967 proklamierte sich die MOK einseitig als unter dem Erzbischof von Skopje autokephal. Dieser Schritt ist bisher weder von der SOK noch von sonst einer Kirche anerkannt worden. Die SOK hat ihren Anspruch auf die orthodoxen Christen in Makedonien nie aufgegeben, konnte ihn allerdings seither nicht mehr realisieren.

Auch die Theologie der SOK litt unter den eingeschränkten Möglichkeiten seit Kriegsende. Der bedeutendste Theologe dieser Zeit, Justin Popović, wurde der Universität verwiesen und musste bis zu seinem Tod 1979 in einem abgelegenen Kloster leben, von wo er allerdings durch seine schriftstellerische und pastorale Tätigkeit bedeutenden Einfluss entfaltete. 1953 wurde die Theologische Fakultät Belgrad von der Universität getrennt und gilt seither als private Bildungseinrichtung, was beträchtliche finanzielle Folgen für die Kirche hatte. Absolventen der Fakultät konnten außerhalb der Kirche keine Beschäftigungsmöglichkeiten finden. Doch erlangte in der SOK eine Gruppe jüngerer Theologen wachsende Bedeutung, die stark unter dem Einfluss von Popović standen. Zumeist Mönche, später oft Professoren an der Theologischen Fakultät und Bischöfe, prägten sie durch ihren konsequenten Rückgriff auf die orthodoxe theologische Tradition, durch ihr öffentliches Wirken und auch durch ihre Betonung der spezifisch serbischen Belange stark die Theologie und auch die Erscheinungsform der SOK in den letzten Jahren.

Die Lage der SOK änderte sich grundsätzlich in den achtziger Jahren. Zunächst waren es Stimmen innerhalb der Kirche (unter ihnen die genannten Popović-Schüler), welche die Lage der serbischen Nation vor allem auf dem Kosovo und in den Republiken Kroatien und Bosnien-Herzegowina kritisierten und von Kirchenleitung und Republiksregierung stärkeres Engagement zum Schutz der Serben verlangten. Nach der Machtübernahme von Slobodan Milošević wurde eine solche Position auch von der serbischen Politik unterstützt, sofern es um Fragen der nationalen Konsolidierung ging. So durfte etwa die Kirche des Hl. Sava in Belgrad weitergebaut werden: Im Stadtzentrum, an der Stelle, wo die Türken die Reliquien des Gründers der SOK verbrannt hatten, entstand eine riesige Kirche, die bereits vor dem Zweiten Weltkrieg geplant und begonnen, jedoch aus politischen Gründen nicht errichtet worden war. Weitere Kirchenbauten, die pastoral notwendiger gewesen wären, etwa im Neubauviertel Novi Beograd, wo Hunderttausende von Menschen lebten, wurden jedoch nicht genehmigt.

Die übereinstimmende Haltung von SOK und serbischer Republikführung in der nationalen Frage wurde in der Kosovo-Thematik deutlich. Seit Jahren wurden in den kirchlichen Medien Berichte über Untaten von Albanern gegen Serben publiziert. In ähnlicher Weise wurde übrigens auch immer wieder an die Untaten erinnert, die während des Zweiten Weltkrieges von kroatischer Seite an Serben begangen worden waren. Die Publikationen ähnelten einander bis in die Terminologie („Genozid an den Serben"). An der 600-Jahr-Feier der Schlacht auf dem Amselfeld im Juni 1989 nahmen auch kirchliche Vertreter teil. Dies war der letzte öffentliche Auftritt des greisen Patriarchen German, dessen Nachfolger im Dezember 1990 Patriarch Pavle wurde.

Die SOK verhielt sich gegenüber der Regierung auch deshalb kritisch, weil ihr die Erfüllung elementarer Forderungen wie Religionsunterricht, Militärseelsorge oder die Rückgabe beschlagnahmten Kirchenbesitzes versagt blieb. Auch kam die monarchistische Grundhaltung weiter Kreise der Kirchenführung, in den Jahren vor Kriegsausbruch immer deutlicher zutage.

15.2.2. Die katholische Kirche

Die katholische Kirche in Jugoslawien umfasste den größten Teil der Kroaten (in Kroatien und in Bosnien-Herzegowina), die Slowenen (von denen ein kleiner Teil evangelisch war) sowie kleinere Gruppen von Ungarn in Slawonien und der Vojvodina, einige Albaner auf dem Kosovo und andere kleinere Gruppen. Wegen der großen Bedeutung der nationalen Frage blieben jedoch die kroatischen Katholiken die wichtigste und einflussreichste Gruppe im jugoslawischen Katholizismus.

Im Königreich Jugoslawien gab es zwar eine formale Gleichstellung von Orthodoxie und Katholizismus, de facto aber wurde die katholische Kirche erheblich benachteiligt. Das betraf vor allem die katholische Presse sowie das ausgeprägte katholische Verbandswesen, besonders die unter italienischem Einfluss entstandene „Katholische Aktion“. Die ursprüngliche Begeisterung für einen gemeinsamen jugoslawischen Staat, die ja auch im katholischen Klerus zu finden gewesen war, wich sehr bald der Enttäuschung über die Realität dieses Staates. Der Versuch einer Normalisierung der Beziehungen zwischen Staat und Kirche durch ein Konkordat Mitte der dreißiger Jahre wurde, wie oben dargestellt, durch die SOK verhindert.

Als 1941 der jugoslawische Staat unterging und der „Unabhängige Staat Kroatien“ gegründet wurde, fand dieser Schritt zunächst Zustimmung innerhalb der katholischen Kirche. Der Erzbischof von Zagreb, Alojzije Stepinac, begrüßte ausdrücklich die Gründung des Staates. Schnell allerdings wich diese Zustimmung einer kritischeren Haltung, insbesondere als die Verfolgung von orthodoxen Serben zunahm. Da die bisher zugänglichen Quellen zur Haltung der katholischen Kirche in Kroatien während des Krieges nicht für eine endgültige Bewertung ausreichen, lässt sich nur so viel sagen: Die Kirche hat sicher nicht, wie es ihr nach dem Krieg von den neuen Machthabern und bis heute von weiten Kreisen in Serbien vorgeworfen wurde, das System ohne Vorbehalte unterstützt und die Terrormaßnahmen gegen die serbische Bevölkerung mitgetragen. Es gab allerdings Bischöfe und Priester, die sich offen auf die Seite der herrschenden faschistischen Ideologie gestellt haben. Ebenso wenig lässt sich aber sagen, dass die Kirche alles ihr Möglichstes getan habe, um gegen die Verfolgungen und den Terror einzuschreiten. Besonders umstritten sind in dieser Frage die so genannten „Umtaufen“: Serbische Gläubige, die den Katholizismus annahmen, waren in der Regel vor Verfolgungsmaßnahmen einigermaßen geschützt. Serbischerseits wurde und wird diese Praxis (deren zahlenmäßiger Umfang umstritten ist) als „Proselytismus“ bezeichnet: Die katholische Kirche habe die Notsituation der serbischen Bevölkerung ausgenutzt, um die Zahl ihrer Gläubigen zu erhöhen. Das Argument der katholischen Kirche lautet, dass kirchenrechtlich eine „Umtaufe“ ohnehin nicht möglich ist; die Ausstellung von Bescheinigungen, dass bestimmte Personen katholisch seien, habe diesen geholfen, die Verfolgungen zu überleben. Es gibt Zeugnisse von Serben, die nach dem Krieg etwa Erzbischof Stepinac bescheinigten, er habe sich persönlich eingesetzt, um ihnen zu helfen. Es gibt ebenso Zeugnisse über Verfolgungen, an denen katholische Priester aktiven Anteil hatten. Die Zeit des Zweiten Weltkriegs ist einer der Hauptstreitpunkte zwischen der SOK und der katholischen Kirche bei den Kroaten. Während Erzbischof Stepinac bei den Serben im Allgemeinen als Kriegsverbrecher gilt, hat Papst Johannes Paul II. ihn auf Bitten des Erzbistums Zagreb im Oktober 1998 selig gesprochen.

Nach dem Krieg kam es zu mehreren Begegnungen zwischen Tito und führenden Persönlichkeiten der katholischen Kirche, darunter auch Erzbischof Stepinac, mit dem Ziel, den Kirchenfürsten dazu zu bringen, die Kontakte mit dem Vatikan abzubrechen und eine nationale kroatische Kirche zu gründen. Als Stepinac sich weigerte, wurde er unter der Anklage des Hochverrats 1946 einem Schauprozess unterzogen und zu 16 Jahren Zuchthaus verurteilt. Nach einigen Jahren wurde er begnadigt und konnte bis zu seinem Tod 1960 im Hausarrest in seinem Heimatdorf leben. Als Papst Pius XII. den Gefangenen 1952 zum Kardinal ernannte, diente das der jugoslawischen Regierung zum Anlass, die diplomatischen Beziehungen zum Vatikan abzubrechen.

Die weiter oben beschriebenen Einschränkungen des kirchlichen Lebens im sozialistischen Jugoslawien galten grundsätzlich auch für die katholische Kirche. Aufgrund der Vorwürfe zum Verhalten des Klerus während des Zweiten Weltkriegs war die Toleranz gegenüber der katholischen Kirche noch geringer. Die Verstaatlichung nach dem Krieg traf vor allem die sozialen Einrichtungen der katholischen Kirche (Schulen, Krankenhäuser, Kindergärten u.a.). Auch die Theologische Fakultät in Zagreb wurde aus der Universität ausgeschlossen und konnte nur als Privateinrichtung weiter existieren. (Dieser Beschluss wurde 1991 rückgängig gemacht.)

Für die Ausübung der Staatsmacht war es ein Störfaktor, dass die katholische Kirche ihr Oberhaupt außerhalb Jugoslawiens hatte. Das bedeutete zum einen, das es immer große internationale Solidarität mit der Kirche bei Verfolgungsmaßnahmen gab, andererseits, dass man die Kirche nicht so leicht und so erfolgreich unterdrücken konnte wie etwa die orthodoxe. Der Abbruch der diplomatischen Beziehungen zum Vatikan war ein Versuch, die Katholiken im eigenen Lande zu isolieren. Die Kirche ihrerseits erkannte viele der staatlichen Maßnahmen nicht an. So wurde bis zum Tode von Kardinal Stepinac kein Nachfolger für ihn als Erzbischof von Zagreb ernannt, sondern nur ein Administrator für das Amt: Für die Kirche blieb Stepinac der legitime Erzbischof, auch als er im Zuchthaus saß.

Eine Veränderung der Situation ergab sich im Zusammenhang mit dem 2. Vatikanischen Konzil (1962-1965), das eine Öffnung der Kirche zur Welt mit sich brachte. Für Jugoslawien bedeutete dies, dass 1966 die Unterzeichnung eines „Protokolls" zur Regelung offener Fragen und 1970, nach einem Besuch Titos bei Papst Paul VI., die Wiederaufnahme der diplomatischen Beziehungen möglich war.

Die katholische Kirche hat jedoch im Rahmen der Möglichkeiten immer ihre Unzufriedenheit mit den Verhältnissen in Jugoslawien deutlich artikuliert und war daher auch häufig den staatlichen Behörden ein Dorn im Auge, zumal sie es vermochte, zu kirchlichen Ereignissen Hunderttausende von Gläubigen zu versammeln. Die Wochenzeitung „Glas Koncila" (Stimme des Konzils) war wichtigstes Organ der Verlautbarungen der Bischofskonferenz und wurde mehrmals verboten. Die Beschwerden der Bischofskonferenz betrafen zwar oft Anliegen der kroatischen Nation (etwa im Zusammenhang mit dem „kroatischen Frühling" 1971), aber auch grundsätzliche Fragen von Glaubensfreiheit. Aus diesem Grund war die katholische Kirche viel häufiger als die SOK Ziel von Angriffen aus Staat und Partei. Der Vorwurf des „Klerikalismus" meinte fast immer katholische Kleriker.

Innerkirchlich konnten sich die Neuerungen des 2. Vatikanums nicht so schnell durchsetzen wie in anderen katholischen Ortskirchen. Obgleich eine Gruppe von Theologen die Gesellschaft „Kršćanska sadašnjost" (Christliche Gegenwart) gründete, die vor allem durch ihre Publikationen wirkte und die höchste Auflagenzahl unter den kirchlichen Publikationen in den sozialistischen Ländern erreichte, ließ die Umsetzung der Beschlüsse des Konzils in vielen Diözesen auf sich warten. Eine aktivere Beteiligung der Laien wurde nur sehr langsam entwickelt, auch aufgrund objektiver Probleme. Durch die Ausbildung vieler Theologen im Ausland (Italien, Deutschland, Frankreich) und durch zahlreiche Kontakte in diese Länder war eine Anbindung an die katholische Weltkirche gewährleistet. In der Theologie war neben den historischen Fächern (Erforschung des Glagolismus, des Bogumilentums) vor allem die Systematik (Tomislav Šagi-Bunić) von großer Bedeutung.

Neben den Kroaten sind auch die Slowenen überwiegend katholisch. Die Kirche dort hat häufig eine leicht differenzierte Haltung eingenommen. So wurde die Bedrückung im ersten jugoslawischen Staat von den Slowenen nicht so stark empfunden wie von den Kroaten. Ein katholischer Priester, Anton Korošec, war sogar zeitweise jugoslawischer Innenminister. Auch nach dem Krieg gab es in Slowenien nach anfänglichen schweren Verfolgungen weniger Schwierigkeiten für Katholiken als in Kroatien oder Bosnien-Herzegowina. Der Erzbischof von Ljubljana, Jože Pogačnik, sagte 1972, dass auch das schlechteste Jugoslawien für die Slowenen die beste Lösung sei. Nachdem der Vatikan 1968 eine slowenische Kirchenprovinz mit dem Erzbistum Ljubljana als Metropolie errichtet hatte, wurde auch innerhalb der Bischofskonferenz Jugoslawiens eine Teilkonferenz für die slowenischen Bischöfe geschaffen.

In Jugoslawien gab es auch eine Gruppe von Katholiken des östlichen Ritus („Unierte"). Sie waren zumeist entweder seit langem kroatisierte Serben oder aber Ruthenen. Da ihre Zahl gering war und da es keine Versuche von katholischer Seite gab, weitere Unionen durchzuführen, stellten sie für die Beziehungen zwischen den Kirchen keine große Belastung dar. Auch waren sie während der kommunistischen Zeit nicht wie in anderen Staaten verboten. Wenn die SOK in den letzten Jahren der katholischen Kirche „Uniatismus" vorwarf, waren damit eigentlich die „Umtaufen" aus der Zeit des Zweiten Weltkrieges gemeint.

Eine wichtige Rolle im Katholizismus Jugoslawiens spielten die Ordensgemeinschaften. Zahlreiche Frauenorden und -kongregationen waren vor allem auf sozialem Gebiet aktiv; so weit das möglich war, auch während des Kommunismus. Vor allem in Bosnien-Herzegowina waren Franziskaner in der Seelsorge tätig; diese seit der Türkenherrschaft bestehende Tradition setzte sich auch nach der Errichtung einer Hierarchie 1881 fort. Das führte häufig zu Konflikten zwischen den Franziskanern und den Bischöfen, vor allem im Bistum Mostar, wo viele Gemeinden jahrzehntelang praktisch ohne Kontakt mit dem Bistum existierten. Die angeblichen Marienerscheinungen im Dorf Međugorje lassen sich in diesem Kontext interpretieren. Die Kirche hat mehrfach autoritativ die Authentizität dieser Erscheinungen verneint.

15.2.3. Der Islam

Zum Islam bekannten sich in Jugoslawien vor allem die Bosniaken („bosnische Muslime") sowie die Albaner auf dem Kosovo und in Makedonien. Bis in die 60er Jahre, als der Begriff der „Muslimani" („Muslime" als ethnische Bezeichnung für die slawische Bevölkerung islamischer Tradition, von der religiösen Bezeichnung „muslimani" nur durch die Großschreibung unterschieden) geschaffen wurde, galten die Muslime in Bosnien-Herzegowina meistens als Serben oder als Kroaten. Viele von ihnen pflegten sich vor allem nach dem Zweiten Weltkrieg auch als „Jugoslawen" zu bezeichnen, um die Bezeichnungen „Serben" oder „Kroaten" zu vermeiden, die ja jeweils auch durch eine eindeutige religiöse Prägung gekennzeichnet waren.

Im Jugoslawien der Zwischenkriegszeit, das sich zunächst als Staat der Serben, Kroaten und Slowenen konstituiert hatte, wurde den Muslimen nicht viel Aufmerksamkeit gewidmet, zumal sie ihre Religion von den Türken angenommen hatten, einem der historischen Hauptfeinde Serbiens. Zwar wurden die Muslime nicht systematisch unterdrückt, doch gab es auch keine besondere Förderung des Islam, dessen zivilisatorisches Niveau man überdies noch für äußerst gering hielt. Muslime hatten kaum die Chance, führende Stellungen im Staat zu erlangen.

Innerhalb des Islam selbst gab es zwei Vorstöße für eine Modernisierung und Europäisierung, von denen der zweite gelang. Insgesamt war die muslimische Bevölkerung in Bosnien-Herzegowina ihrem Glauben vor dem Zweiten Weltkrieg fest verbunden. Allerdings hatten sich bereits einige Reformen durchgesetzt, so etwa die Abhaltung des Religionsunterrichts in der Muttersprache (statt in Arabisch) und die zunehmende Tendenz, dass Frauen in der Öffentlichkeit ohne Schleier auftraten. Doch haben sich beim ersten dieser Vorstöße die Forderungen des Vorsitzenden der Islamischen Gemeinschaft Bosniens, Mehmed Džemaludin Efendi Čaušević, gegenüber dem eigenen Gemeinderat und den Gläubigen nicht durchsetzen können. Bei der Kontroverse, die Čaušević 1927 losgetreten hatte, ging es vor allem um Fragen wie die Schleierpflicht für Frauen und die sinnvolle Nutzung der religiösen Stiftungen, aber auch um das Thema, ob Muslime Hüte tragen dürften. Obgleich der Vorsitzende der Islamischen Gemeinschaft letztlich nachgeben musste, wurden seine Forderungen nach und nach umgesetzt.

Zehn Jahre später gelang es dem nächsten Vorsitzenden der Islamischen Gemeinschaft, Fehim Spaho, die Vereinbarkeit islamischer Prinzipien und moderner gesellschaftlicher und wissenschaftlicher Entwicklungen deutlich zu machen. So konnte sich in Bosnien eine Form des Islam entwickeln, die die schrittweise Modernisierung der Gesellschaft akzeptierte. Übrigens zeigt sich ein interessanter Aspekt der religiösen Praxis der bosnischen Muslime darin, dass Spaho von ihnen verlangte, sie sollten die Verehrung des serbischen Nationalheiligen Sava einstellen und katholische Kirchen nur noch dann besuchen, wenn sie dabei ihren Fez auf dem Kopf behalten dürften. Ganz offensichtlich war es also für die Muslime üblich, auch religiöse Bräuche der mit ihnen lebenden Orthodoxen und Katholiken zu übernehmen.

Während des Zweiten Weltkriegs gehörte Bosnien zum „Unabhängigen Staat Kroatien". Die Ideologie dieses Staates betrachtete die Muslime als Kroaten islamischen Glaubens, so dass der Islam unbehelligt blieb. Muslime, die ebenso in den kroatischen Verbänden als auch bei den Partisanen kämpften, wurden vor allem von serbischen Tschetniks blutig bekämpft. Da sich das Kriegsgeschehen auf bosnisches Territorium konzentrierte, hatten die Muslime nach seriösen Berechnungen im Verhältnis zu ihrem Bevölkerungsanteil die größten Verluste zu tragen.

Nach dem Krieg wurde auch der Islam vom neuen Regime unterdrückt. Die Behörden in Bosnien-Herzegowina galten als die strengsten gegenüber den Religionsgemeinschaften. Die ohnehin nicht fest strukturierte islamische Gemeinschaft wurde dadurch noch erheblich geschwächt, ebenso durch einige politische Prozesse in den Jahren nach dem Krieg, in denen islamische Aktivisten, darunter die Gruppe der „Jungmuslime", hart bestraft wurden. Zu beachten ist auch, dass in der ersten Hälfte des Jahrhunderts mehrere Hunderttausend Muslime in die Türkei emigriert waren, so dass ein großer Teil der religiös bewussten und aktiven Bevölkerung das Land bereits verlassen hatte. Die Säkularisierung ging so weit, dass der Islam unter den bosnischen Muslimen nur noch wenige Anhänger hatte, die sich tatsächlich an die Glaubensregeln hielten. Auch auf dem Kosovo war es nicht viel anders. Nirgends in Jugoslawien gab es Tendenzen zum sog. „Islamismus" oder „Fundamentalismus", also zu Versuchen, die Gesellschaft nach rigoros verstandenen islamischen Prinzipien umzugestalten. Die Marginalisierung von Religion in Jugoslawien war beim Islam am erfolgreichsten.

Im Jahr 1977 wurde in Sarajevo eine islamische Theologische Fakultät gegründet. Bislang hatte der theologische Nachwuchs im Ausland (vor allem in Kairo) studiert. Jetzt konnte langsam eine breitere Schicht islamischer Intellektueller entstehen. In ihren Publikationen ist häufig das Bemühen sichtbar, die Prinzipien des Islam mit den Anforderungen einer modernen Gesellschaft zu vereinbaren.

Mit dem Beginn der politischen Krise im Land begannen sich auch im Islam Tendenzen verstärkter Hinwendung zu den Wurzeln des Glaubens zu zeigen. Zu einer Gruppe politisch aktiver Muslime gehörte der spätere Staatspräsident Alija Izetbegović. Er war bereits Ende der 40er Jahre als einer der „Jungmuslime" verurteilt worden und nun erneut 1983, da er in seinen Schriften, vor allem der viel zitierten (und wenig gelesenen) „Islamischen Deklaration", versucht hatte, die Grundlagen eines vom Islam geprägten Staates darzustellen, die natürlich nicht mit denen des sozialistischen Jugoslawien übereinstimmten. Doch kann sein Werk weniger als Sammlung revolutionärer Schriften gelten als vielmehr religiös-mystisch geprägter staatstheoretischer Abhandlungen. Gegen Ende der achtziger Jahre kam auch der

Islam wieder zu größerer Bedeutung, obgleich er nicht so einflussreich wurde wie Katholizismus und Orthodoxie bei Kroaten und Serben. Auch die nationale Konsolidierung der bosnischen Muslime (Bosniaken) während des Krieges brachte nur eine bedingte Hinwendung zum Islam. Versuche strengerer Religionsführer oder ausländischer Muslime, einige wichtige Vorschriften des Islam durchzusetzen, sind häufig gescheitert.

Das hier für Bosnien-Herzegowina Gesagte gilt grundsätzlich auch für die Muslime albanischer Nationalität auf dem Kosovo. Zwar verlaufen die Trennlinien zum ethnischen Gegner, den Serben, auch hier entlang der religiösen Unterscheidungen, doch hat in den vielfältigen Spannungen und Konflikten zwischen beiden Volksgruppen auf dem Kosovo die Religion nie eine sonderliche Rolle gespielt, und es wurde höchstens von politischer Seite versucht, sie zu instrumentalisieren. Tatsächlich bekennen sich die Kosovo-Albaner zwar zum größten Teil zum Islam, doch spielt die Religion bei ihnen kaum mehr als eine traditionelle Rolle, insofern sie eben die Kultur geprägt hat. Politischer Einfluss lässt sich dem Islam jedenfalls nicht zuschreiben.

15.2.4. Die übrigen Religionsgemeinschaften

Im früheren Jugoslawien waren andere Religionsgemeinschaften als die bisher genannten nur von marginaler Bedeutung. Die beiden wichtigsten von ihnen, die evangelischen Kirchen und das Judentum, seien dennoch hier aufgeführt. Andere Religionen spielen keine Rolle, andere christliche Gemeinschaften nur eine äußerst kleine. Hier ließen sich am ehesten die Adventisten nennen, die eine rege Tätigkeit zwischen den Weltkriegen entwickelt hatten. Auch heute gibt es noch Gruppen von Adventisten in den einzelnen Nachfolgestaaten. Sekten hatten in Jugoslawien kaum Einfluss.

15.2.4.1 Die evangelischen Kirchen

Vor allem in den Gebieten, die vor 1918 zu Ungarn gehörten, also in der Vojvodina und in Slawonien, gibt es relevante Gruppen von evangelischen Christen, sowohl Lutheraner als auch Reformierte. Sie sind zumeist mit der Zugehörigkeit zu einer ethnischen Minderheit verbunden, vor allem Ungarn und Slowaken. Doch ist auch bei den Slowenen, wo die Reformation schon sehr früh Fuß gefasst hatte, ein (kleiner) Teil der Bevölkerung evangelisch. Durch Migrationbewegungen und Missionsarbeit gibt es inzwischen auch kleinere evangelische Gemeinden in anderen Gebieten.

Nach dem Ersten Weltkrieg organisierten sich die evangelischen Christen im neuentstandenen Staat als lutherische und als reformierte Kirche. Die lutherische Kirche, die alle nationalen Gruppen umfasste, war in „Seniorate" eingeteilt. Die slowakischen Lutheraner allerdings bildeten (aufgrund ihrer Größe) eine eigene, unabhängige Kirchenorganisation mit drei Senioraten, nach 1930 auch die in Jugoslawien lebenden Deutschen, die dann zum größten Teil nach dem Zweiten Weltkrieg vertrieben wurden. Nach dem Krieg war die slowakische evangelische (lutherische) Kirche in der Vojvodina und Slawonien die größte der evangelischen Kirchen. Ihr Bischof hat seinen Sitz in Novi Sad. Außerdem gab es eine reformierte ungarische Kirche (ebenfalls in der Vojvodina, Sitz in Subotica), eine lutherische Kirche in Slowenien und ein selbständiges Seniorat in Zagreb.

Die reformierten Christen sind fast ausschließlich ethnische Ungarn. Sie hatten eine Kirchenorganisation mit Sitz in Slawonien. Nach dem Zerfall Jugoslawiens haben sich in den meisten Nachfolgestaaten eigene evangelische Kirchenorganisationen gebildet.

Die Tatsache, dass die evangelischen Kirchen so eng mit den Minderheitennationen verbunden sind, ist der Grund dafür, dass sie einerseits kein großes Gewicht in Jugoslawien besaßen, andererseits aber auch nicht in die wachsenden Probleme zwischen katholischer und orthodoxer Kirche verwickelt wurden. Die evangelischen Kirchen hatten auf lokalem Niveau oft großen Anteil an ökumenischen Begegnungen (wenn auch gegen den Widerstand der orthodoxen und der katholischen Amtsträger).

15.2.4.2 Das Judentum

Auf dem jugoslawischen Gebiet gab es eine signifikante Zahl von Juden (neben kleineren Gemeinden, die schon früher bestanden), vor allem seit 1492, als die im Rahmen der *reconquista* aus Spanien vertriebenen (sephardischen) Juden im Osmanischen Reich Aufnahme fanden und sich vorwiegend in Bosnien ansiedelten. In den Orten der ehemals ungarischen Landesteile lebten auch Aschkenasim. Vor dem Zweiten Weltkrieg waren in Sarajevo sowie in Novi Sad, Belgrad und Zagreb die bedeutendsten Gemeinden. Wie überall in Europa, so war auch in Jugoslawien der Zweiten Weltkrieg für die Geschichte der Juden von einschneidender Bedeutung: Sie wurden fast alle ermordet. Im „Unabhängigen Staat Kroatien" bezogen sich die Verfolgungsmaßnahmen nicht nur auf Serben, sondern ebenso auf Juden und auf Roma, die in Lager gebracht und getötet wurden. Doch auch in Serbien verfolgten die deutsche Besatzungsmacht und ihre serbischen Helfer die Juden mit großer Brutalität, in Makedonien lieferten die bulgarischen Besatzer die dortigen Juden den Deutschen aus. Das Ergebnis war, dass es nach dem Zweiten Weltkrieg von einst ca. 76.000 nur noch etwa 1.400 Juden in Jugoslawien gab. Gemeinden bestanden in einigen großen Städten, der einzige Rabbiner lebte in Belgrad. In den Jahren nach dem Krieg und während der wirtschaftlichen und der politischen Krise der achtziger und neunziger Jahre wanderte ein Teil der Juden nach Israel aus, obgleich der jugoslawische Staat keine diplomatischen Beziehungen zu Israel unterhielt.

Aufgrund ihrer kleinen Zahl spielten die Juden im religiösen Leben Jugoslawiens keine Rolle. Viele Juden erwarben allerdings großes Ansehen als Schriftsteller, Musiker oder Publizisten. Die jüdische Gemeinde von Sarajevo hat während der Belagerung der Stadt eine enorme soziale und karitative Aktivität entfaltet, die weit über die eigene kleine Gemeinde hinausreichte und internationales Ansehen erlangte.

15.2.5. Ökumenische Beziehungen und die Kriege der neunziger Jahre

Jugoslawien war der einzige Staat, in dem es in der Mehrheitsbevölkerung in signifikanter Zahl sowohl Orthodoxe als auch Katholiken gegeben hat. Das hätte erwarten lassen, dass es rege ökumenische Kontakte gegeben hätte. Tatsächlich war das Gegenteil der Fall: Die Kirchen und Religionsgemeinschaften hatten kaum Verbindungen miteinander. In der Zeit zwischen den beiden Weltkriegen war das insofern nicht ungewöhnlich, als die katholische Kirche strikt gegen alle ökumenischen Verbindungen war. Da nach traditioneller katholischer Auffassung der einzige Weg zum Heil im katholischen Glauben lag, wurden ökumenische Kontakte für schädlich gehalten, da sie ja eine implizite Anerkennung der anderen

Christen bedeuteten. Erst mit Papst Johannes XXIII. (1958-1963) änderte sich diese Einstellung der katholischen Kirchenspitze, die ja an der Basis oft schon nicht mehr befolgt wurde. Die SOK hingegen hatte vor allem mit der Kirche von England im Rahmen der Ökumenischen Bewegung Kontakte. Die Zeit des Zweiten Weltkrieges machte nicht nur ökumenische Beziehungen unmöglich, sondern prägte auch die folgenden Jahrzehnte. Die Serben sahen eine Mitschuld der katholischen Kirche an ihren Leiden während des Krieges, während man in Kroatien die SOK für eine Stütze des Systems hielt, das im ersten Jugoslawien den Kroaten das Leben so schwer gemacht hatte. Diese gegenseitigen Vorwürfe konnten aber kaum artikuliert und nicht aufgearbeitet werden. Dazu kamen die politischen Verhältnisse in Jugoslawien, wo man eine Annäherung zwischen den Kirchen nicht unterstützte, und das allgemein ungünstige ökumenische Klima, so dass Kontakte praktisch immer vom guten Willen einzelner Personen abhingen. Eine günstige Konstellation gab es etwa in Banja Luka, wo die Oberhäupter der drei großen Religionsgemeinschaften gut zusammenarbeiteten.

Nach dem Zweiten Vatikanischen Konzil der katholischen Kirche bahnte sich eine Änderung an, als auch in Kroatien die Umsetzung der Konzilsbeschlüsse hinsichtlich der ökumenischen Beziehungen begann. 1967 setzte die Bischofskonferenz eine ökumenische Kommission ein. 1968 kam es zur ersten offiziellen Begegnung zwischen dem serbischen Patriarchen German und dem Vorsitzenden der Bischofskonferenz, Kardinal Franjo Šeper. Danach gab es einige informelle Begegnungen bei anderen Anlässen, doch kein offizielles Treffen mehr. Das nächste fand erst zwischen den Nachfolgern beider Kirchenoberhäupter im Mai 1991 statt. Ebenso gab es Begegnungen von katholischer und von orthodoxer Seite mit den Vertretern der islamischen Glaubensgemeinschaft.

Besonders durch das Engagement slowenischer katholischer Theologen fanden seit 1978 im Zweijahresabstand ökumenische Symposien zwischen den Vertretern der theologischen Fakultäten von Ljubljana, Zagreb und Belgrad statt. Dennoch gab es praktisch keine gegenseitige Rezeption theologischer Gedanken zwischen den beiden Kirchen. Das lässt sich auch anhand der theologischen Zeitschriften beider Kirchen zeigen: Obgleich es ja kein Problem der sprachlichen Verständigung gab, wurden die Publikationen der je anderen Kirche fast nur in (den wenigen) polemischen Arbeiten zitiert. Auch zwischen muslimischen und christlichen Theologen gab es praktisch kein formelles theologisches Gespräch. An den ökumenischen Symposien waren islamische Theologen entweder gar nicht oder als Beobachter beteiligt. Allerdings gab es vor allem in Bosnien eine alte Tradition guter Beziehungen zwischen katholischen Priestern, ganz besonders den Franziskanern, und islamischen Geistlichen. Hier fand ein Austausch statt, der jedoch nicht die Form institutionalisierter ökumenischer Dialoge hatte.

Im Jahr 1982 schlug die Bischofskonferenz dem Synod der SOK vor, eine gemischte ökumenische Kommission einzurichten, wie sie ja auch in anderen Ländern besteht. Der Synod stimmte zu, wegen verschiedener Differenzen zwischen den Kirchen kam dieses aber nicht zustande. Ein lang dauernder Briefwechsel zwischen Bischofskonferenz und Synod schloss sich an, in dem beide Seiten die gegenseitigen Beschuldigungen (erstmals) artikulierten. Die Kommission ist das erste Mal in geänderter Zusammensetzung im Januar 1992 in St. Gallen (Schweiz) auf Druck internationaler ökumenischer Organisationen zusammengetreten.

Die Religionsgemeinschaften haben in den Kriegen weitgehend die politischen Optionen vertreten, die auch die Führungen „ihrer“ Republiken artikuliert haben: Die SOK war der Meinung, die Serben in den anderen Republiken seien bedroht und hätten das Recht, sich zu verteidigen, während die katholische Kirche das Recht der Kroaten (und Slowenen) auf Selbständigkeit betonte. Für die (zum Teil neu gewählten) Republikregierungen waren die Kirchen somit willkommene Bündnispartner. Beide Kirchen versuchten auch, internationales Verständnis für ihre Positionen zu erreichen. Während sich die kroatische Bischofskonferenz vor allem an die katholischen Bischöfe in der Welt wandte, adressierte die SOK ihre Stellungnahmen an die anderen orthodoxen Kirchen und an die internationalen Gremien, in denen sie Mitglied war, nämlich den Weltkirchenrat und die Konferenz Europäischer Kirchen.

Gleichzeitig aber kam es zu einer überraschenden Verstärkung der ökumenischen Begegnungen. Auf Initiative von Patriarch Pavle traf sich der Erzbischof von Zagreb, Kardinal Franjo Kuharić, mit dem Oberhaupt der SOK im Mai 1991, angesichts der eskalierenden Spannungen. Das Treffen erregte in Jugoslawien beträchtliche Aufmerksamkeit, zumal solche Begegnungen ja keine Tradition hatten. Ein von beiden gemeinsam verabschiedeter Appell forderte eine friedliche Lösung. Ein weiteres Treffen fand im August 1991 statt, als der Krieg in Kroatien schon entbrannt war. Die Kirchenführer verlangten erneut eine friedliche Lösung. Bei diesem Treffen kam es zu einer Meinungsverschiedenheit, als beide Seiten den Ausdruck „dieser Krieg, der uns aufgezwungen wurde" für sich beanspruchten.

Auch in den weiteren Jahren fanden eine ganze Reihe Begegnungen und Treffen statt, allerdings meistens im neutralen Ausland (zumeist in Ungarn oder in der Schweiz). Die gemeinsamen Appelle dieser Treffen sind eindeutig und fordern trotz der unterschiedlichen Interpretation der Gründe für den Krieg einen sofortigen Waffenstillstand.

Während des Krieges haben die Kirchen einzeln eine Reihe von Erklärungen abgegeben. Vor allem die Texte der SOK sind dabei stark kritisiert worden, da ihre Darstellung der Ereignisse abwich von dem, was die anderen Beteiligten und der größte Teil der Weltöffentlichkeit wahrnahmen. So wird darin immer wieder die Ungerechtigkeit bedauert, die den Serben die ganze Geschichte hindurch widerfahren sei und der sie auch jetzt wieder ausgesetzt seien. Das Recht der Serben wird betont, in *einem* Staat zu leben; die SOK hat außerdem die serbischen Staatsgebilde in Kroatien und in Bosnien-Herzegowina als legitim anerkannt, und so wohnten auch serbische Kirchenvertreter den Sitzungen des „Parlaments" in der bosnischen Serbenrepublik bei. Alle Kriegsopfer wurden beklagt. Neben der Zerstörung von orthodoxen Kirchen wurde auch die von Moscheen und katholischen Kirchen verurteilt.

Bei den katholischen Erklärungen wurden ebenfalls die unschuldigen Opfer des Krieges bedauert. Die Bischofskonferenz betonte häufig, dass Kroatien unschuldig in den Krieg gezogen worden sei. Als der Krieg in der Herzegowina zwischen Kroaten und Muslimen eskalierte, stellte sich Kardinal Kuharić eindeutig auf den Standpunkt der Anerkennung der territorialen Integrität des bosnischen Staates. Damit widersetzte er sich nicht nur den Führern der bosnischen Kroaten, sondern auch der faktischen Politik des kroatischen Präsidenten. Der katholische Erzbischof von Sarajevo, Kardinal Puljić, vertrat gleichfalls die Position eines unteilbaren Bosnien, was ihm den Respekt der bosnischen Bevölkerung und den Widerstand kroatischer Nationalisten einbrachte. Zudem kam es zu einer weiteren Verschärfung der Beziehungen zwischen der Amtskirche und den herzegowinischen Franziskanern, die eher die Option einer Angliederung der westlichen Herzegowina an Kroatien vertraten. Die Franziskaner der bosnischen Provinz hingegen teilten in dieser Frage die Meinung von Kardinal Puljić.

Mit Beginn des Krieges in Kroatien haben die dortigen orthodoxen Bischöfe ihre Sitze verlassen und sich in Gebiete zurückgezogen, die unter serbischer Kontrolle standen. Auch die meisten orthodoxen Priester folgten diesem Beispiel. Nach der Rückeroberung der Krajina und Westslawoniens durch kroatische Truppen 1995 ist kaum ein orthodoxer Priester in Kroatien geblieben. Das Gleiche gilt für Bosnien, wo alle serbischen Bischöfe und fast alle Priester sich in die „Republika Srpska" zurückzogen, oft mit ihren Gemeinden. Die katholischen Bischöfe sind in ihren Diözesen geblieben, auch die Priester, so weit es ihnen möglich war. Die schwierigste Lage hatte sicher der katholische Bischof von Banja Luka, Franjo Komarica, der während des ganzen Krieges unter schwerster Bedrängung dort aushielt, obwohl der größte Teil seiner Gläubigen aus dem Nordteil Bosniens, wo es keine Kriegshandlungen gab, vertrieben wurde. Einige katholische Priester und Ordensfrauen wurden ermordet oder sind verschollen.

Bei den Muslimen hat der Krieg zu einer gewissen Konsolidierung ihrer Gemeinde geführt. Die islamische Glaubensgemeinschaft hat angesichts der schweren Bedrohung ihrer Gläubigen zuerst zum Schutz der bosnischen Muslime aufgerufen. Gleichzeitig erfolgte eine gewisse Verhärtung der Linie in der Leitung der Glaubensgemeinschaft; ihr als gesprächsoffen bekanntes Oberhaupt wurde durch Mustafa Cerić, den Vertreter einer strengeren Haltung abgelöst. Der Krieg verhinderte im September 1992 seine Teilnahme an dem Treffen in Bossey (bei Genf) mit dem Patriarchen und dem Kardinal, später jedoch weigerte er sich, an Begegnungen teilzunehmen, solange sich die SOK nicht für ihre Rolle im Krieg entschuldigt habe.

Viele Muslime in der islamischen Welt haben den Krieg als Vernichtungskrieg der Christen gegen den europäischen Islam interpretiert. Die Tatsache, dass das (christlich geprägte) Ausland jahrelang nicht wirksam interveniert hat, gab einer solchen Interpretation Nahrung. Die logische Folge dieser Sichtweise war die Suche nach Unterstützung in der islamischen Welt und eine zunehmende Distanzierung vom Christentum und vor allem von den Werten der westlichen Gesellschaft, die man als christlich geprägt verstanden hat. Eine Stärkung des Islam in Bosnien-Herzegowina durch den Krieg ist leicht zu verstehen.

Der Krieg hat somit eine doppelte Wirkung auf die Glaubengemeinschaften gezeigt: zum einen eine Konsolidierung, eine größere Akzeptanz in den einzelnen Gesellschaften, zum anderen aber auch eine Stärkung der gegenseitigen Beziehungen. Die Einsicht, dass der Dialog zwischen den Religionsgemeinschaften gerade in solchen Krisensituationen notwendig sei, ist sicher gewachsen, aber auch die grundsätzlich unterschiedliche Auffassung über den Krieg, seine Hintergründe und überhaupt über die ganze gemeinsame Geschichte ist deutlich geworden. Solange jedoch diese unterschiedlichen Auffassungen nicht zur Sprache gebracht werden, ist auch zwischen den Religionsgemeinschaften eine Versöhnung nicht möglich.

Literatur

Überblick: Stella Alexander, *Church and State in Yugoslavia since 1945*, London, New York, Melbourne 1979; Thomas Bremer, „Zur ökumenischen Lage in Jugoslawien", in: *Ostkirchliche Studien* 40 (1991) ders., *Kleine Geschichte der Religionen in Jugoslawien*, Freiburg 2003; ders., „Nationalismus und Konfessionalität in den Kriegen auf dem Balkan", in: *Südosteuropa. Von vormoderner Vielfalt und nationalstaatlicher Vereinheitlichung* (FS E. Hösch), hg. v. K. Clewing/O. J. Schmitt, München 2005, 463- 475; Klaus Buchenau, *Orthodoxie und Katholizismus in Jugoslawien 1945-1991. Ein serbisch-kroatischer Vergleich*, Wiesbaden 2004. Eine ausführliche Bibliographie der in Jugoslawien erschienen Titel zum Thema mit Schwerpunkt auf nichttheologischen Arbeiten ist: Bosiljka Milinković, *Bibliografija radova o religiji, Crkvi i ateizmu 1945-1985*, Zagreb o.J.

Katholische Kirche: Stella Alexander, The Triple Myth: *A Life of Archbishop Alojzije Stepinac*, Boulder, New York 1987; Thomas Bremer, „Der Katholizismus in Südosteuropa", in: *Religion und Gesellschaft in Südosteuropa*, hg. v. H. D. Döpmann, München 1997, 59-70; Jozo Džambo, *Die Franziskaner im mittelalterlichen Bosnien*, Werl/Westfalen 1991; Rudolf Grulich, *Die unierte Kirche in Makedonien*, Würzburg 1977; ders., *Die Katholische Kirche in der Sozialistischen Föderativen Republik Jugoslawien*, Zollikon o.J. [1978]; Kommission Justitia et Pax der Bischofskonferenz von Bosnien- Hercegovina (Hg.), *U službi pravde i mira* Sarajevo 2001; englisch: *In the Service of Justice and Peace*, Sarajevo 2003.

Orthodoxie: *Serbian Orthodox Church. Its Past and Present*, Belgrad 1965, 1992 (von der Serbischen Orthodoxen Kirche herausgegebene Publikation mit Darstellung der eigenen Sichtweise); V. Pospischil, *Der Patriarch der Serbisch-Orthodoxen Kirche*, Wien 1966; 3 Bände, Düsseldorf 1984-1996; Radmila Radić, „Die Kirche und die ‚serbische Frage'", in: Th. Bremer, N. Popov. H. G. Stobbe (Hg.): *Serbiens Weg in den Krieg*, Berlin 1998, S. 183-203; Jure Zečević Božić, *Die Autokephalieerklärung der Makedonischen Orthodoxen Kirche*, Würzburg 1994.

Islam: Smail Balić, *Das unbekannte Bosnien*, Köln 1992; R. Grulich, „Islam in Ost- und Südosteuropa", in: *Der Islam in der Gegenwart,* 4. Aufl., München 1996, S. 510-586; Hugh Poulton und Suha Taji-Farouki (Hg.), *Muslim Identity and the Balkan State*, New York 1997.

Judentum: Slavko Goldstein, *Jews in Yugoslavia,* Zagreb 1989; ders. und Ivo Goldstein, *Holokaust u Zagrebu*, Zagreb 2001.

Zum Krieg in den neunziger Jahren: Smail Balić, *Mostar. Wem gehört die leidgeprüfte bosnische Stadt?* Soest 1993; Thomas Bremer (Hg.), *Religion und Nation im Krieg auf dem Balkan*, Bonn 1996 (Sammelband von einem Treffen serbischer, kroatischer und deutscher Historiker während des Krieges); ders., „Religiöse Motive im jugoslawischen Konflikt der Gegenwart", in: *Glaubenskriege in Vergangenheit und Gegenwart*, hg. von Peter Herrmann, Göttingen 1996, S. 139-151; G. Scott Davis (Hg.), *Religion and Justice in the War over Bosnia*, New York/ London 1996; Deutsche Kommission Justitia et pax (Hg.), *Der Konflikt im ehemaligen Jugoslawien*, Bonn 1994; R. Grulich und A. Hampel, *Maastricht starb in Sarajevo. Gegen die Totengräber Europas*, 2. Aufl. Gießen 1994; Franjo Komarica, *In Verteidigung der Entrechteten. Eine Auswahl der Dokumente des Bischofs und des bischöflichen Ordinariates von Banja Luka aus den Kriegsjahren 1991-1995*, Frankfurt 1997; Missionszentrale der Franziskaner (Hg.) *Ausweg aus dem Trauma?Bosnien und Kroatien zwischen Machtpolitik und Glaubenskampf*, Bonn 1997; Paul Moses (Hg.), *Religion and War in Bosnia*, o.O. 1998; Erich Weingärtner (Hg.), *The Tragedy of Bosnia: Confronting the New World Disorder*, Genf 1994 (Berichte, Analysen und Dokumente aus dem Weltkirchenrat).

16. Jugoslawien im Lichte seiner Sprachen

Radoslav Katičić

16.1. Dynamische Vielfalt

Das Staatsgebiet Jugoslawiens umfasste den westlichen und den mittleren Teil des südslawischen Sprachgebiets, während dessen östlicher Teil im Staatsgebiet Bulgariens liegt. Der im Namen Jugoslawien, d. h. Südslawien implizierte Anspruch, Staat der Südslawen zu sein, wurde daher nie verwirklicht, und doch war südslawische Sprache und Ethnizität das Grundprinzip, nach dem dieser Staat errichtet wurde. Tatsächlich war die Sprache der großen Mehrheit seiner Bewohner (87 Prozent nach der Volkszählung 1981) südslawisch, andere Sprachen wurden von verhältnismäßig kleinen Minderheiten gesprochen. Dieses eindeutige statistische Verhältnis, das die allgemein verbreiteten Vorstellungen beherrscht, sagt über die wirklichen sprachlichen Verhältnisse im jugoslawischen Staat jedoch nur wenig aus. Denn weder hat die enge Verwandtschaft südslawischer sprachlicher Varietäten die durch ihre fast neunzigprozentige Mehrheit suggerierte Einheitlichkeit erbracht, noch waren die nichtslawischen Sprachen mit ihrem kaum etwas über dreizehnprozentigen Anteil so unbedeutend und marginal, wie das bloße Zahlenverhältnis dies zunächst erscheinen lässt. Um hier die wirkliche dynamische Vielfalt zu erkennen, muss ein komplexes räumliches und historisches Kräftefeld in Betracht gezogen werden.

Das kompakte südslawische Sprachgebiet innerhalb der Grenzen des jugoslawischen Staates ist das Ergebnis einer Reihe von historischen Entwicklungen, Angleichungen und Migrationen, in denen eine ursprünglich viel buntere Sprachlandschaft eine überwiegend einheitliche südslawische Physiognomie bekommen hat. Dabei sind mehrere Zeithorizonte zu unterscheiden. Schon in vorgeschichtlichen Zeiten scheint es auf diesem Gebiet eine beachtliche sprachliche Vielfalt gegeben zu haben. Darüber weiß man jedoch nur wenig. Die von den antiken Autoren übernommene Bezeichnung illyrisch überdacht üblicherweise in unserem Geschichtsbild die wirkliche sprachliche Situation dieser Vorzeit. Im Römischen Reich setzen dann – nur im äußersten Südosten – die Hellenisierung und im ganzen übrigen Gebiet die Romanisierung ein. Dennoch ist die Kontinuität autochthonen altbalkanischen Sprachguts nicht ganz unterbrochen worden. Um das Jahr 600 hat die slawische Landnahme ein neues und übermächtiges sprachliches Element ins Spiel gebracht, das Slawische, das sich auf altem römischem Reichsgebiet zum Südslawischen fortentwickelte. Zunächst bestanden neben den slawischen auch autochthone romanische und albanische Sprachgemeinschaften von Gebirgshirten, die in Symbiose mit den slawischsprachigen Ackerbauern lebten. Romanisch waren Sprache und ethnische Tradition in den Städten Istriens und in denjenigen Dalmatiens, in denen die römische Ordnung bewahrt geblieben ist. Im Hinterland der Ägäis war die Sprache der verbliebenen urbanen Lebensformen griechisch. In der weiteren Entwicklung sind aus dieser bunten sprachlichen Vielfalt die heute bestehenden kompakten Sprachgebiete entstanden: das Südslawische, das Rumänische und das Albanische.

Allerdings war dem Zusammenwachsen kompakter Sprachgebiete das Einsickern alloglotter (anderssprachlicher) Elemente gegenläufig. Die Großreiche, die um die Herrschaft über das Gebiet rangen, das nachher Jugoslawien gehören sollte, beeinflussten es auch sprachlich durch Einwanderer einerseits und durch übergreifenden kulturellen Einfluss andererseits. Insbesondere in den Städten war im Lauf der Geschichte je nach Region die Gegenwart und der Einfluss des Italienischen, Deutschen und auch Ungarischen, des Türkischen und Griechischen stark und zeitweilig übermächtig. Im Lauf der Jahrhunderte wurden nach einer langen Zeit des Bilinguismus auch die Gebirgshirten im südslawischen Raum slawischsprachig. Ihre ursprüngliche sprachliche Zugehörigkeit ist meistens nur noch an spärlichen Spuren zu erkennen. So benutzen ihre Nachfahren zum Teil beim Zählen der Schafe rumänische Zahlwörter.

Die Bewegungen dieser Völkerschaften im Zusammenhang mit diversem Kriegsgeschehen haben vom 15. bis zum 18. Jahrhundert einschneidende Veränderungen in der arealen Verteilung der Sprachvarietäten bewirkt. Einige südslawische Dialekte haben sich stark verbreitet, andere sind in Rückzugsgebieten zusammengedrängt, überschichtet und weitgehend anderen angeglichen worden, während wieder andere ins heutige Grenzgebiet Österreichs, Ungarns und der Slowakei, oder aber nach Süditalien verpflanzt worden sind. Die Stoßrichtung dieser Bewegungen verlief von Südosten nach Nordwesten und wurde im osmanischen Ansturm ungemein verstärkt. Daneben gab es aber auch eine vom gebirgigen und kargen Südwesten nach Nordosten gerichtete Bevölkerungsbewegung, in der sich das Streben nach besseren Lebensbedingungen abzeichnet. Auch diese Verlagerungen haben sprachliche Spuren hinterlassen.

Im Gefolge dieser Vorgänge entstand eine zerklüftete Mundartenlandschaft, in der die Abgrenzungen unregelmäßig verlaufen und eher sinnlos anmuten, solange man nicht gelernt hat, an ihnen die Spuren der Geschichte abzulesen. Dann leuchten sie plötzlich ein. Fast überall handelt es sich um Sprachlandschaften, die im Lauf der Geschichte nicht zur Ruhe gekommen sind. Mehrsprachigkeit ist dabei eher die Regel als die Ausnahme: sowohl in der alltäglichen Sprachkommunikation wie auch als sprachliche Akkulturierung in übergeordneten Gemeinschaften. Letzteres vollzieht sich auf der umgangssprachlichen ebenso wie auf der schrift- und kultursprachlichen Ebene. Erst die Betrachtung dieser Ebene der Akkulturation macht deutlich, wie stark die Sprachenwelt auf dem ehemaligen jugoslawischen Staatsgebiet von Mehrsprachigkeit geprägt ist.

16.2. Die Mundarten

Ein Blick auf diesen Sprachraum kann bei aller Vielfalt der Sprachen und Sprachfamilien die Bedeutung der Mundarten nicht übersehen. Im Westen, wo sich Ostalpen und Adria berühren, sind die alpinen südslawischen Mundarten beheimatet, die zusammen mit pannonischen Mundarten die organische Grundlage der slowenischen Sprache abgeben. Sie haben ihre Prägung von der langwährenden und engen Berührung mit dem Deutschen oder dem Italienischen, unter Umständen auch mit beiden. In den hohen Alpentälern des äußersten Nordwestzipfels treffen auf dem Verbreitungsgebiet dieser Mundarten die drei großen europäischen Sprachfamilien zusammen: die romanische, die germanische und die slawische. Weiter östlich werden kroatische Mundarten gesprochen, die čakavischen Richtung Adria, die kajkavischen Richtung Drau; die Benennung folgt der charakteristischen Form des Fragepronomens ‚was?′, das in den einen *ča,* in den anderen *kaj* lautet. Die sprachliche Abgrenzung stimmt nicht in ihrem ganzen Verlauf mit der politischen eindeutig überein, doch hat die tiefgezogene und stabile Grenze, die ursprünglich die österreichischen Erbländer Krain und Steiermark von den Königreichen Kroatien und Slawonien im Verband der

Ungarischen Krone trennte, auch die Ausformung der Mundarten, die ihr entlang gesprochen wurden, beeinflusst. Nur an einigen Abschnitten haben Grenz- oder Bevölkerungsverschiebungen die ursprüngliche Trennlinie etwas verwischt.

Die beiden westlichen kroatischen Mundarten werden in Rückzugsgebieten gesprochen und sind dort bis zu einem gewissen Grad durchmischt oder überschichtet, haben sich zu einem gewissen Teil wechselseitig abgeschliffen und einander angeglichen, dabei bewahren sie jedoch viel an Ursprünglichem. Das Čakavische weist die Spuren alter und enger Kontakte mit dem Italienischen auf, mit dem es sein Gebiet mancherorts auch teilte, das Kajkavische wiederum hat ein altes Nahverhältnis zum Ungarischen und ein jüngeres, sehr intensives zum Deutschen. Angrenzend folgen die štokavischen Mundarten, ebenfalls nach dem Fragepronomen ′was?′, das hier *što* lautet, benannt. Ursprünglich handelte es sich dabei um zwei gleichgewichtige Mundartengruppen, die man praktischerweise als das West- und das Ostštokavische bezeichnen kann. Der Unterschied ist an Lautungen wie *gradišće/gradište* (Burgstätte), *zviždati/zviždati* (pfeifen), *meja/međa* (Grenze) und bestimmten charakteristischen Unterschieden in Wortschatz und Betonung zu erkennen. Zwischen dem Slowenischen und dem Čakavischen bzw. Kajkavischen war der Unterschied immer schon weit deutlicher als zwischen diesen und dem Westštokavischen, wie auch der Übergang vom Westštokavischen zum Ostštokavischen gleitend war. Dieser verlief im heutigen Grenzland zwischen Serbien und Kroatien und zwischen Serbien und Bosnien, wobei ein bedeutender Teil der heutigen östlichen Herzegowina zum Gebiet des Ostštokavischen gehörte, wogegen das Westštokavische an der Adriaküste, wie es scheint, weiter nach Südosten reichte. Die volle Entfaltung dieser beiden Mundartengruppen wurde jedoch durch die einsetzenden Migrationen gestört. Zunächst kam es im Zusammenhang mit der Slawisierung von ursprünglich rumänischsprachigen Gebirgshirten im Gebiet, wo heute Serbien, Montenegro und die Herzegowina aneinander grenzen, zu stürmischen sprachlichen Neuerungen, woraus ein eigener Dialekttypus hervorging, den man üblicherweise Neuštokavisch nennt. Danach wurde dieser Dialekttypus im Zuge der vom osmanischen Ansturm ausgelösten Bevölkerungsverschiebungen weit nach Nordwesten gebracht. Er drängte die westlichen Mundarten in ihre Rückzugsgebiete zurück, überschichtete und beeinflusste sie, zerbrach die areale Kontinuität des Westštokavischen, glich es sich an und keilte sich mancherorts unter die čakavischen und kajkavischen Mundarten ein. Die neuštokavischen Mundarten breiteten sich auch nach Norden und Nordosten aus, ins heutige westliche Serbien und in die heutige Vojvodina. So entstand ein weitgehend einheitliches Gebiet neuštokavischer Mundarten, deren recht eingeschränkte Vielfalt durch die Entsprechung von *i*: *ije/je*: *e* für einen urslawischen Vokallaut am deutlichsten gekennzeichnet ist (so *mliko*: *mlijeko*: *mleko* ′Milch′ und *vira* : *vjera* : *vera* ′Glaube′). Daher wird von ikavischen, ijekavischen und ekavischen Mundarten gesprochen.

Das ikavische Neuštokavisch hat sich aus der westlichen Herzegowina weit nach Westen und Norden ausgebreitet. Es ist ein typisch kroatischer Dialekt und wird heute nicht nur in der Westherzegowina und im angrenzenden südöstlichen Dalmatien gesprochen, wo er sich anscheinend herausgebildet hat, sondern auch in Mittel- und Norddalmatien, in der Lika, im Gebirgsland nahe an der Grenze zu Krain, aber auch in der Vojvodina. In Süd-, Mittel- und Westbosnien wird diese Mundart auch von Muslimen gesprochen. Teilweise ist zu erkennen, dass es sich bei diesem Typus um überschichtete weststokavische Mundarten handelt. Auch sind sie nicht alle in gleich hohem Maße neuštokavisch.

Das ursprüngliche Gebiet des ijekavischen Neuštokavisch umfasst die östliche Herzegowina, das Küstenland von Dubrovnik, das nordwestliche Montenegro und das südwestliche Serbien. Von dort hat es sich, von Bevölkerungsbewegungen getragen, weit nach

Nordwesten ausgebreitet: nach Bosnien, wo es im Westen des Landes auf weiten Flächen vorherrscht, nach Norddalmatien und nach Slawonien, nach Zentralkroatien ins Gebiet der ehemaligen Militärgrenze und darüber hinaus in Splittergruppen bis an die slowenische Grenze. Auf diese Weise entstanden in der südslawischen Mundartenlandschaft die am schärfsten gezogenen Grenzen, an denen recht verschiedene Mundarten unmittelbar aneinander stoßen. Von allen hier besprochenen Varietäten ist das ijekavische Neuštokavisch am weitesten verbreitet. Es wird hauptsächlich von Serben gesprochen. Seine Ausbreitung jenseits des ursprünglichen Gebiets ist ein Abbild ihrer westwärts gerichteten Bewegung zu Zeiten der Türkenkriege. In der östlichen Herzegowina wird es auch von Muslimen und Kroaten gesprochen. Dort und im Küstenland von Dubrovnik ist es der sprachliche Ausdruck einer kompakten und autochthonen kroatischen Bevölkerung. Wo es sonst von Kroaten und in Bosnien auch von Muslimen gesprochen wird, handelt es sich eher um einzelne Siedlungen, die von Serben umgeben sind, welche eben diese Mundartenvarietät sprechen und ihre Mundart beeinflussen.

Das ekavische Neuštokavisch wird im zentralen Serbien und in der Vojvodina gesprochen. Wie das Ijekavische ist auch das Ekavische ausschließlich oststokavisch, doch einigerorts etwas weniger konsequent neuštokavisch.

Weiter östlich und südöstlich werden in Serbien und Montenegro oststokavische Mundarten gesprochen, die von den neuštokavischen Neuerungen nicht durchgreifend erfasst worden sind. In der Bucht von Kotor sprechen auch Kroaten solche östlichen altštokavischen Mundarten.

Im äußersten Südosten Serbiens, an der Grenze zu Bulgarien und Makedonien, spricht man serbische Mundarten einer recht eigenartigen Gruppe (in der Karte „Torlakisch"). Sie sind ganz in den Balkan-Sprachbund eingegliedert. In der Morphologie haben sie sich weitestgehend dem Bulgarischen und Makedonischen angeglichen, wodurch sich starke Unterschiede zu den westlicheren südslawischen Mundarten ergaben. Die Deklination der Substantiva ist äußerst reduziert oder gar ganz verschwunden, dafür wird der bestimmte Artikel mancherorts nachgestellt. So unterscheidet man *žena* (eine Frau) und *ženata* (die Frau) wie im Bulgarischen und Makedonischen. Daher neigt die bulgarische Forschung dazu, diese Mundarten zur bulgarischen Sprache zu rechnen. Eine solche Zuordnung setzt voraus, dass man ausschließlich typologische Kriterien beachtet. Von ihrem genetischen Grundstock her sind diese Mundarten aber eindeutig westlich südslawisch, was in diesem Fall serbisch bedeutet. Die Abgrenzungslinien der relevanten Merkmale (Isoglossen) verlaufen in einem losen Bündel, wodurch eine breite Übergangszone entsteht, die größerenteils östlich der politischen Grenze liegt. Die serbische Forschung ist geneigt, in diesen Mundarten nur balkanisiertes Oststokavisch zu sehen, das vom neuštokavischen Wandel überhaupt nicht erfasst wurde. Es gibt jedoch gute Gründe, sie als eigenständige Mundartengruppe zu klassifizieren, wie es in der kroatischen Schule üblich ist. Die späturslawische Grundlage unterscheidet sich hier deutlich von jener der westlicheren Mundartengruppen.

Südlich davon werden makedonische Mundarten gesprochen. Sie unterscheiden sich grundlegend von den serbischen, gehören im Gegensatz zu diesen eindeutig dem östlichen Südslawisch an. Kennzeichnend für sie ist jedoch ein ziemlich ausgeprägter Einfluss alter Sprachkontakte mit dem Serbischen einerseits und dem Griechischen andererseits. Ähnlich stark wie in den balkanisierten südöstlichen serbischen Mundarten ist auch die traditionelle Akkulturierung an die orientalische Zivilisation des europäischen Teils des Osmanischen Reiches. Doch ist der Einfluss dieses Zivilisationswortschatzes im gesamten štokavischen Bereich spürbar, ganz besonders bei den Muslimen. An der Adria und in ihrem näheren Hinterland weisen die štokavischen Mundarten auch einen mehr oder weniger ausgeprägten

Einfluss der italienischen Zivilisationsterminologie auf, im Donauland hingegen vornehmlich der deutschen und daneben auch der ungarischen.

Aus der hier gebotenen Übersicht geht hervor, dass selbst Kroaten und Serben nicht durch tiefer gezogene mundartliche Unterschiede voneinander abzugrenzen sind, noch weniger die muslimischen Bosnier oder die Montenegriner von diesen. Dieses Bild wird insbesondere von der neuštokavischen Mundart bestimmt, an der alle vier Völker teilhaben. Die übrigen Mundarten bis zur makedonischen und der bulgarischen Sprachgrenze auf der einen und der slowenischen auf der anderen Seite können nach den üblichen Kriterien nicht vom Neuštokavischen als eigenständiger südslawischer Sprache abgegrenzt werden. Daher erscheint dieses weite und innerlich stark differenzierte südslawische Sprachgebiet, das an alle drei übrigen angrenzt und als Ganzes keinem einzelnen südslawischen Volk entspricht, als eine einzige sprachliche Einheit. Diese Sicht der Dinge wird durch neuere Doppelbenennungen ohne lebendige historische Substanz ausgedrückt, von denen 'Serbokroatisch' am weitesten verbreitet ist, so dass weithin der Eindruck entstehen kann, als handle es sich dabei wirklich um *eine* südslawische Einzelsprache. Dabei wird die tatsächliche Kommunikationsdynamik, auch auf rein mundartlicher Ebene, außer Acht gelassen: dass umgangssprachliche Ausdrucksgestaltungen entstehen, welche die regionalen mundartlichen Grenzen überschreiten – was zur Folge hat, dass verschiedene Mundarten sich u.U. gleichen und gleiche Mundarten sich verschiedenen schriftsprachlichen Traditionen angliedern. Die Benennung Serbokroatisch kann daher nur als streng sprachwissenschaftlicher Terminus für die eben beschriebenen mundartlichen Gegebenheiten einwandfrei verwendet werden. Aber selbst in diesem Fall ist es schwer, die Bezeichnung von sprachpolitischen Konnotationen frei zu halten, die eine sprachpolitische Parteinahme im weiter unten behandelten Konflikt implizieren.

16.3. Die Minderheitensprachen

Von den Minderheitensprachen, deren eigentliche Gebiete außerhalb Jugoslawiens lagen, ist im Westen das Italienische am bedeutendsten. Es wird neben dem Kroatischen und dem Slowenischen in Istrien gesprochen, in geringen Spurenresten auch in Rijeka (Fiume) und in den Städten der nordadriatischen Inseln. Infolge der Abwanderung eines beträchtlichen Teils der italienischsprachigen Bevölkerung nach dem Zweiten Weltkrieg, als diese Gebiete zu Jugoslawien kamen, hat sich seine Präsenz stark verringert. In den dalmatinischen Städten ist das Italienische heute nur noch in einzelnen Familientraditionen gegenwärtig. In einigen Siedlungen Istriens sprechen fast ausschließlich Zweisprachige das dem Dakorumänischen eng verwandte Istrorumänisch.

Im Norden ist das Ungarische am bedeutendsten, es wird in slowenischen und kroatischen Grenzgebieten zu Ungarn von einem Teil der Bevölkerung gesprochen, in einigen Gebieten der Vojvodina mehrheitlich. Ebenfalls in der Vojvodina und im nordöstlichen Kroatien war in der Zwischenkriegszeit das Deutsche der hauptsächlich im 18. Jahrhundert angesiedelten Donauschwaben stark vertreten, vor dem Zweiten Weltkrieg gab es rund 500.000 deutsche Muttersprachler in Jugoslawien. Durch Aussiedlung und Vertreibung nach dem Krieg sank diese Anzahl bis 1981 auf ganze 8712, wobei wegen der tief verwurzelten Ablehnung, die der deutschen Volksgruppe in Nachkriegsjugoslawien von Seiten des Staates und eines Teils der Bevölkerung entgegengebracht wurde, mit einer nicht unbeträchtlichen Dunkelziffer zu rechnen ist. Ebenfalls in der Vojvodina, vor allem im südlichen Banat, wird auch Rumänisch gesprochen.

Slawische Minderheitensprachen sind in der Vojvodina und im Nordosten Kroatiens das Slowakische und das Ukrainische – mit dem diesem akkulturierten Rusinischen, dessen Grundstock eine ostslowakische Mundart ist, nur erfuhr diese ihre kulturelle Ausformung in der Tradition der unierten ostkirchlichen Ukrainer (Ruthenen). Vornehmlich in Kroatien, und zwar in Westslawonien, wird auch das Tschechische gesprochen. All diese slawischen Minderheitensprachen wurden durch organisierte Ansiedlung vor 1918 in die Gebiete gebracht, wo man sie heute spricht.

Südlich von Save und Donau, im Nordosten Serbiens, spricht ein beträchtlicher Teil der Bevölkerung Wlachisch (Dakorumänisch), doch es wurde nicht verschriftet und genoss keine Minderheitenrechte. Im Südosten Serbiens wird neben dem Serbischen auch Albanisch gesprochen, in der Provinz Kosovo von der überwältigenden Mehrheit der Bevölkerung (1981 waren es 77,4 Prozent). Albanisch ist auch in den westlichen Teilen von Makedonien verbreitet und ist in mehreren Landkreisen für die Mehrheit der Bewohner Muttersprache. In der Provinz Kosovo und in der Republik Makedonien kommt vor allem in den Städten auch das Türkische als erste Sprache eines allerdings immer geringer werdenden Teils der Bevölkerung vor. In Makedonien werden zwei balkanromanische Sprachen gesprochen, ebenfalls Wlachisch genannt, vom Dakorumänischen aber deutlich verschieden. Es sind dies das Aromunische und das Meglenorumänische, beides ohne kompaktes Territorium. Ein solches entbehrt auch die neuindische Roma-Sprache (Zigeunerisch), die nach der Volkszählung von 1981 ganze 168.197 Einwohner Jugoslawiens zur Muttersprache hatten.

Eine Erscheinung besonderer Art ist das Bulgarische im Südosten Serbiens. Dort waren zwei Landkreise (Caribrod und Bosilegrad) nach dem Zurückdrängen des Osmanischen Reiches 1878 zu Bulgarien gekommen. Ihre Mundart unterscheidet sich in nichts Wesentlichem von jener der Serben in diesem Übergangsgebiet. Dort waren dann bulgarische Schulen eingerichtet und die bulgarische Standardsprache eingeführt worden. Als nach dem Ersten Weltkrieg diese Kreise von den Siegermächten Serbien zugesprochen wurden, bekannten sich ihre Bewohner auch weiterhin zur bulgarischen Sprache und bildeten fortan eine bulgarische Minderheit.

Im Sprachausbau halten sich die Gruppen, deren Sprachen verschriftet sind, an den Standard der Mutterländer. Auch die Albaner, deren Muttersprache der nördlichen (gegischen) Mundartengruppe angehört, haben sich der in Albanien erst nach dem Zweiten Weltkrieg vollzogenen Standardisierung auf südlicher (toskischer) Grundlage inzwischen voll angeschlossen, wozu sie von der jugoslawischen Sprachpolitik zunächst gar nicht ermutigt wurden.

16.4. Sprachgeschichtliche Prozesse

Im südslawischen Bereich sind Sprachausbau und Standardisierung in mehreren Strängen verlaufen, die nicht nur chronologisch, was ihre relevanten Zeithorizonte betrifft, sondern auch typologisch eine beachtliche Vielfalt aufweisen. Die grundlegende Differenzierung tritt bereits bei Beginn der schriftsprachlichen Entwicklung ein. Hier ist entscheidend, ob diese Entwicklung von der Tradition der kirchenslawischen Schriftlichkeit (die von den als Slawenapostel gefeierten Thessalonizenser Brüdern Konstantinos/Kyrillos und Methodios begründet wurde) ausgeht – wie es im makedonischen, serbischen, bosnischen und kroatischen Bereich der Fall ist – oder nicht, wie im slowenischen Bereich.

Eine weitere und nicht weniger frühe und grundlegende Differenzierung ergab sich daraus, dass im kroatischen Bereich die Schriftkultur auf allen Verwendungsebenen, einschließlich Rechtsprechung und Gottesdienste, seit frühester Zeit lateinisch und kirchenslawisch war, wogegen sich eine solche kulturelle und literarische Zweisprachigkeit im makedonischen und serbischen Bereich nie ausgebildet hat. Ansätze dazu sind in Bosnien und an der südlichen Adria erkennbar. Des weiteren sind der slowenische und der kroatische Bereich dem westkirchlichen Kulturkreis, der makedonische und serbische dem ostkirchlichen zugefallen. Bosnien nimmt in dieser Hinsicht eine Mittelstellung ein, obwohl es der Jurisdiktion der Römischen Kirche unterstand. Die ostkirchliche Liturgie kirchenslawischen sprachlichen Ausdrucks scheint dort starken Einfluss auf die gottesdienstlichen Bücher ausgeübt zu haben.

Im slowenischen Raum war die Volkssprache nach den in der Kirche des Frankenreichs geltenden Normen nur behelfsweise für den Bedarf von Seelsorge und Andacht verschriftet, wobei ausschließlich das lateinische Alphabet verwendet wurde. Die Lage des Slowenischen entsprach grundsätzlich der des Deutschen. Kirchen- und Rechtssprache war nur Latein. Erst in der Reformation entstand ein anspruchsvolleres slowenisches Schrifttum, das über Gegenreformation, Aufklärung und Nationalromantik in ungebrochener Kontinuität die Grundlage für die an der Wende vom 19. zum 20. Jahrhundert endgültig durchgesetzte Standardisierung abgab. Das Slowenische gehört, obwohl es die Sprache eines katholischen Volkes ist, zu denjenigen europäischen Standardsprachen, deren Geschichte nach einer eher unscheinbaren Vorgeschichte auf die luthersche Reformation zurückgeht (→ Kap. 2).

Im kroatischen Raum war die slawische Schriftlichkeit in der kirchenslawischen Tradition verankert, hat sich aber bereits früh im Mittelalter der Volkssprache geöffnet, so dass einer Diglossie – d. h. der verfestigten Verwendung von zwei Sprachentypen im Schrifttum – die Voraussetzungen entzogen wurden, was wiederum dazu führte, dass sich die kroatische Redaktion des Kirchenslawischen von jenen im ostkirchlichen Kulturkreis deutlich unterscheidet (→ Kap. 15). Auch hat sich in dem Bereich, wo Latein liturgische Sprache war, das in der Volkssprache für den Bedarf des einfachen Kirchenvolks verfasste Schrifttum immer an die kirchenslawische Tradition angelehnt. Bei der stark ausgeprägten dialektalen Vielfalt im kroatischen Kulturraum hatte dieser Einbruch der Volkssprache in eine zwar weit verzweigte aber doch zusammenhängende Textüberlieferung die Notwendigkeit zur Folge, die überlieferten Texte in verschiedenen Redaktionen mundartlich zu adaptieren. Die volkssprachlichen Elemente in der kroatischen Schriftlichkeit kirchenslawischer Tradition waren zunächst überwiegend čakavisch, es sind aber bei redaktionellen Stilisierungen auch štokavische und kajkavische Elemente eingeflossen. So bekam die kroatische Schriftlichkeit eine dreidialektale Dimension, die ein Bewusstsein von der Zusammengehörigkeit und schriftsprachlichen Würde der drei mundartlichen Stilisierungen erzeugte und bewahrte. Seit ältester Zeit wurde das lateinische Alphabet für das Schreiben slawischer Namen und Wörter in lateinisch verfassten Texten verwendet. Mit den kirchenslawischen Texten wurde auch die glagolitische Schrift überliefert, die nur im kroatischen Raum bis zum 18. Jahrhundert und in der Liturgie noch länger in Verwendung blieb. Nachträglich kam dann von Osten noch die kyrillische Schrift hinzu, die im Westen eigene Formen und Schreibungen ausprägte und in manchen kroatischen Gebieten viel verwendet wurde. Somit kannte die kroatische Literatur im Mittelalter drei Schriften, von denen erst in der zweiten Hälfte des 18. Jh. die lateinische endgültig die Oberhand gewann. Auf der Grundlage dieser Tradition haben die kroatischen Reformatoren in Zusammenarbeit mit den slowenischen in ihrem Buchdruck ein interessantes Schriftsprachenprojekt zu realisieren begonnen, konnten aber, weil ihre Aktion in den kroatischen Ländern keinen bleibenden Erfolg hatte, damit nicht auf den weiteren Sprachausbau einwirken. Dadurch ist die entscheidende Dominanz der čakavischen mundartlichen Stilisierung in der Schriftsprache verloren gegangen.

In adriatischen Küsten- und Inselstädten war im 15./16. Jahrhundert eine reiche Renaissance-Literatur entstanden, mit lateinischen Buchstaben geschrieben und im sprachlichen Ausdruck angelehnt an das volkstümliche Schrifttum spätmittelalterlicher Andacht (→ Kap. 17). In diesem Zusammenhang ist es auch zu ersten tastenden grammatikalischen und lexikographischen Ansätzen gekommen. An alle diese vorerst noch ganz elitären Bildungserrungenschaften hat die katholische Erneuerung, wie im kroatischen Bereich die Gegenreformation angemessener benannt werden kann, angeknüpft. In ihrem Aktivismus war sie bestrebt, weite Schichten auch der ganz verwahrlosten Bevölkerung zu erreichen. Von ihr ging auch, nachdem die spontane mittelalterliche Entwicklung in den Wirren der Türkenkriege zusammengebrochen war, die bewusst angestrebte Entwicklung einer Standardsprache aus. Durch die inzwischen eingetretenen Veränderungen in der arealen Verteilung der Mundarten war die Ausrichtung auf eine štokavische Grundlage vorgegeben. Nur im Nordwesten des kroatischen Raumes war der Sprachausbau zunächst kajkavisch orientiert. Diese Entwicklung verlief weder zügig noch geradlinig. In ihrem Verlauf löste sich barockes, aufklärerisches und nationalromantisches Selbstverständnis ab. In der ersten Hälfte des 19. Jahrhunderts weitete sich die štokavische Schriftsprache auch auf den Nordwesten aus und ist seither eine gesamtkroatische (→ Kap. 3 u. 14). Wichtige Elemente der Standardisierung sind an ihr seit der zweiten Hälfte des 18. Jahrhunderts zu beobachten. Abgeschlossen wurde diese an der Wende des 19. zum 20. Jahrhundert.

Die serbische Redaktion des Kirchenslawischen wurde zunächst ab dem 13. Jahrhundert geregelt und funktionierte so als einzig anerkannte Schriftsprache. Allerdings war sie auf bestimmten Stilebenen und in bestimmten Lebensbereichen auch volkssprachlichen Elementen offen. Zur Zeit der Osmanenherrschaft wich jegliche innovative Tätigkeit vor der Notwendigkeit, zu verharren und zu bewahren, zurück. Erst unter dem Einfluss des westlichen Barock regt sich in der Tradition serbischer Schriftlichkeit neues Leben. Diese zaghaft sich anmeldende Entwicklung wurde aber Ende des 17. Jahrhunderts unterbrochen, als der österreichische militärische Vorstoß gegen die Türken, der bereits den Süden Serbiens erreicht hatte, zurückgeschlagen war und der serbische Patriarch mit der ganzen serbischen geistlichen und weltlichen Elite sowie bedeutenden Teilen des einfachen Volkes über Save und Donau in den Habsburger Herrschaftsbereich fliehen musste. Im katholischen Großreich musste sich die serbische Kultur, wenn sie bestehen sollte, der barocken Umwelt schnell anpassen. Dies geschah zunächst in der Predigt, in der sich die serbische kirchenslawische Tradition vorbehaltlos der Volkssprache öffnete. Aber der Widerstand gegen den katholischen Druck suchte Rückhalt im orthodoxen Russland. Dies führte dazu, dass um die Mitte des 18. Jahrhunderts Russisch-Kirchenslawisch zur Schriftsprache des gebildeten Serbentums im Habsburgerreich wurde (→ Kap. 5). Dadurch war eine voll ausgeprägte Diglossie gegeben, die den Weg zu einer sinnvollen Standardisierung verlegte. Man suchte dies zu überwinden, indem man der Umgangssprache des gebildeten serbischen Bürgertums schriftsprachlichen Status gab. Diese Schriftsprache wurde Slaweno-Serbisch genannt. Es war dies ekavisch-neuštokavisches Serbisch, nach Belieben durchsetzt mit kirchenslawischem und russischem Wortschatz und ebensolcher Phraseologie. Dies hätte zu einer der russischen vergleichbaren Entwicklung geführt, in der ebenfalls disparate Elemente bestimmten Verwendungsbereichen stabil zugeordnet worden waren. Dafür gab es aber in der ersten Hälfte des 19. Jahrhunderts keine Zeit mehr, zumal es auch keine Kräfte gab, sie im ganzen serbischen Bereich und bei allen Volksschichten durchzusetzen. Es ist dann in einem revolutionären Traditionsbruch zu einer streng puristisch an der mündlich überlieferten Volksliteratur orientierten Standardisierung gekommen, die mit der Person von Vuk Stefanović Karadžić verbunden ist (→ Kap. 6). Ihre mundartliche Grundlage stand jener der kroatischen sehr nahe. Auch hat Karadžićs standardsprachliches Modell bei der Lösung der letzten offenen Fragen der kroatischen Standardisierung als Vorbild gedient. So kommt es, dass man, unter Berücksichtigung aller darin enthaltenen Vielfalt, von einem Standard-neuštokavischen sprechen kann. Nicht zuletzt dadurch ist eine ‚Illusion der Nähe′ entstanden (Auburger), die aus den Augen verlieren ließ, dass es sich dabei um Ergebnisse zweier verschiedener schriftsprachlicher Ausgestaltungen handelt, jede mit ihrer eigenen Skala sprachlicher Ausdruckswerte und mit ihrem eigenen Selbstverständnis. Die Auswirkungen dieser Gegebenheiten sind auch dadurch nicht unerheblich verstärkt worden, dass seit der Jahrhundertwende die endgültige serbische Standardisierung nicht mehr die Folklore-Literatur zum Modell hatte, sondern den Sprachgebrauch, der sich auf dieser Grundlage in gebildeten Belgrader Kreisen entwickelt hatte. Den Kroaten blieb dieses Modell völlig fremd. Es ist eine grundlegende empirische Tatsache, dass man das Standard-Neuštokavisch weder so sprechen noch so schreiben kann, dass es Serben als Serbisch und Kroaten als Kroatisch akzeptierten. Dadurch aber erweist sich die Annahme, es gäbe eine ′serbo-kroatische′ Standardsprache, als falsch.

Bei den Montenegrinern hat sich das volkssprachliche Modell eher mühelos durchgesetzt, doch war der Verlauf ihres Sprachausbaus sowie die mundartliche Grundlage anders, denn der serbische Kirchensitz im Habsburgerreich hatte bei ihnen keine Jurisdiktion und somit auch keinen direkten Einfluss auf das Schulwesen. Das erklärt die Unterschiede in der bei ihnen verwendeten Standardsprache und in der Skala ihrer Ausdruckswerte.

In Bosnien wurden die mittelalterlichen Ansätze einer schriftsprachlichen Entwicklung durch die Osmanenherrschaft zerstört. In der Bevölkerung, der zum Islam übertrat, entstand auf der Grundlage von Umgangssprache und literarischer Folklore ein bescheidenes Schrifttum in arabischen Buchstaben. Anspruchsvolle Literatur wurde jedoch ausschließlich in Türkisch, Arabisch und Persisch gepflegt. Gleichzeitig integrierte sich das Schrifttum der katholischen Untertanen ganz in den kroatischen, das der orthodoxen ganz in den serbischen Kreis. Beide blieben seit dem 16. Jahrhundert ihrem jeweiligen nationalen Kontext verbunden und machten gleichwohl auch weiterhin einen unverzichtbaren Bestandteil der bosnischen Kulturlandschaft aus, was sie entsprechend prägte. Unter der österreich-ungarischen Verwaltung nach 1878 war es nicht schwer, das Standardneuštokavische auch in Bosnien anzuwenden, wobei sich die Serben eher nach der serbischen, die Kroaten nach der kroatischen Standardisierung richteten, die Muslime aber zu beiden einen gewissen Abstand hielten.

Die makedonischen Slawen waren ursprünglich in die Tradition des kirchenslawischen Schrifttums im mittelalterlichen Bulgarischen Reich, das gerade am Ohrid-See eines seiner wichtigsten Strahlungszentren hatte, voll eingegliedert, erfuhren dann aber im Spätmittelalter einen starken und anhaltenden Einfluss der serbischen Tradition, die damals mit der bulgarischen weitgehend eine übergeordnete Einheit bildete. Seit dem 16. Jahrhundert dringen in dieses Schrifttum Elemente der Volkssprache ein. Eine konsequent volkssprachlich verfasste Literatur entsteht jedoch erst im 19. Jahrhundert. Lange blieb unentschieden, ob man die nah verwandte bulgarische Standardsprache übernehmen oder auf makedonischer mundartlicher Grundlage eine eigene schaffen sollte. Eine solche Lösung kam erst im Rahmen der jugoslawischen Widerstandsbewegung 1944 zustande, als bei der noch während der Kämpfe erfolgten Grundlegung der Republik Makedonien der rechtliche Rahmen für eine eigene makedonische Standardsprache gesetzt wurde. Die Anerkennung der makedonischen Sprache und die Gründung einer Makedonischen Republik wurden zu einem der

Grundpfeiler des damals errichteten jugoslawischen Föderalismus, nachdem der vor dem Zweiten Weltkrieg unternommene Versuch, den makedonischen Slawen in Jugoslawien den Gebrauch des Standardserbischen aufzuerlegen, keine Akzeptanz gefunden hatte. Die neu geschaffene Standardsprache entwickelte sich sehr erfolgreich und verfügt anscheinend über eine beachtliche Loyalität ihrer Muttersprachler. Der jüngste Verlauf der Zeitgeschichte hat das bisher nur bestätigt (→Kap. 9).

Der 1918 errichtete jugoslawische Staat berief sich auf die ethnische und sprachliche Einheit seiner südslawischen Bevölkerung (→Kap. 10). Dies bestimmte auch seine Sprachpolitik. Die Minderheitensprachen konnten aus dieser Sicht nur als unerwünschte Störfaktoren wahrgenommen werden und daher weder mit Verständnis noch mit Förderung rechnen. Die Montenegriner wurden einfach als Serben behandelt, die Makedonier und die muslimischen Bosnier auf keiner Ebene als Ethnien anerkannt. Man ging von der Existenz nur eines 'Volkes mit drei Namen' aus, dessen Sprache serbo-kroato-slowenisch war und zeitweilig auch offiziell so benannt wurde. In der Praxis jedoch wurde das Slowenische auf seinem Gebiet, das auch eine eigene Verwaltungseinheit bildete, unbehelligt gelassen und funktionierte dort als lokale Standardsprache. Nur auf höchster Verwaltungsebene, beim Militär und im Verkehr mit der Belgrader Zentrale wurde das Serbische verwendet. Vor der Tatsache, dass das Slowenische eindeutig eine andere Sprache war, verschloss man zunächst die Augen. Auch in den kroatischen Ländern, die auf verschiedene Verwaltungseinheiten aufgeteilt waren, wurde die schriftsprachliche Tradition bei denen, die sie anwandten, zunächst toleriert, war es doch nach der geltenden Anschauung 'dieselbe Sprache'. Es wurde aber in der öffentlichen Kommunikation überhaupt keine Rücksicht auf sie genommen. Auch wuchs ständig der Druck auf die Kroaten, im Namen der Einheit das, was ihren standardsprachlichen Usus von dem serbischen unterschied, schrittweise aufzugeben, insbesondere dort, wo er amtlich festgeschrieben war. Das bewirkte jedoch nur, dass die Kroaten begannen, ihre Sprache ganz explizit als eigene, von der serbischen verschiedene zu empfinden und sich nun bemühten, das auch sprachwissenschaftlich zu artikulieren.

Während des Zweiten Weltkriegs wurde in Hitlers kroatischem Satellitenstaat der Versuch unternommen, das Kroatische gewaltsam dem Serbischen so unähnlich wie nur möglich zu machen, im Glauben, dadurch die allgemeine Anerkennung seiner vollen Eigenständigkeit erzwingen zu können. In der Widerstandsbewegung, auf deren Seite mehr Kroaten kämpften als in den Verbänden der mit dem Dritten Reich verbündeten Regierung (→ Kap. 11), wurde hingegen in Anlehnung an die nach sowjetischem Muster proklamierte Nationalitätenpolitik die volle Anerkennung und Gleichstellung aller Sprachen verkündet. Die Eigenständigkeit des Kroatischen wurde protokollarisch geachtet und eine entsprechende Kultur- und Schulpolitik eingeleitet – unter Ablehnung von allem, was nach den Erfahrungen der Kriegsjahre als überspitztes Absonderungsbestreben empfunden werden konnte. Doch bald machte sich der bereits aus der Zeit vor dem Krieg bekannte sprachliche Druck wieder bemerkbar. Die Standardsprache, die man in Kroatien, Bosnien, Serbien und Montenegro verwendete, wurde wieder mit Nachdruck für 'eine und dieselbe' erklärt, die Verwendung des Doppelnamens verpflichtend vorgeschrieben, die bestehenden Unterschiede unterschlagen. Sprachliche Einheit wurde als das Wesentliche angestrebt, die Unterschiede wurden hingegen bestenfalls geduldet. Damit wurde das Kroatische zu einer provinziellen Norm, die nicht einmal formuliert werden durfte und selbst in Kroatien nicht verbindlich war. Unter den gegebenen Umständen war die einzige Zukunftsperspektive dieser Norm, vor dem Serbischen als dem wirklichen und allgemeinen, höherwertigen 'Serbokroatisch' schrittweise zurückzuweichen. Dies aber stieß bei den Kroaten auf zähen und unbeugsamen Widerstand. Wenn Serbisch verwendet wurde, konnten sie nicht das Gefühl haben, dass sie in protokollarisch angemessener Weise angesprochen oder vertreten waren. Sie bestanden darauf, ihre schriftsprachliche Tradition bewusst zu pflegen, ihre Kinder darin auszubilden. Um das widerspenstige kroatische Sprachbewusstsein zu brechen, wurden immer wieder die Serben in Kroatien ins Spiel gebracht. Es hieß, deren Rechte würden verletzt, wenn das Kroatische zur in Kroatien öffentlich verwendeten Sprache erklärt wäre. War das Serbische also doch nicht ein und dieselbe Sprache wie das Kroatische? Auf die Unhaltbarkeit dieser Argumentation konnte man unter den damaligen Umständen ohne großes persönliches Risiko nicht hinweisen. All das lässt auch erkennen, warum die Sprachbenennung Serbokroatisch belastet und problematisch bleibt. Die politischen Kräfteverhältnisse waren so, dass keine der Seiten in diesem Streit die Oberhand gewinnen konnte. Es erwies sich als unmöglich, einen Konsens zu erreichen. Als es klar wurde, dass der Widerstand der Kroaten nicht zu brechen war, und dazu noch ein Bosnisch und sogar ein Montenegrinisch sich immer deutlicher abzuzeichnen begannen, wurde das auch zum Ende Jugoslawiens.

Das Slowenische hatte im föderativen Jugoslawien seinen gesicherten Freiraum gewonnen. Obwohl man sich in manchem zurückgedrängt, unbeachtet, nicht für vollwertig genommen und von schleichender sprachlicher Assimilation bedroht fühlen konnte, hat sich die slowenische Standardsprache behauptet und bewährt, als Instrument der Teilnahme an der überethnischen Zivilisation unserer Zeit immer weiter vervollkommnet (→ Kap. 2).

Die Minderheitensprachen wurden im föderativen Jugoslawien offiziell anerkannt und ihre Pflege gefördert. Die einzige markante Ausnahme bildet das Deutsche. Italienisch, Ungarisch und Albanisch wurden auch an Universitäten als Unterrichtssprachen zugelassen. Dagegen regte sich allerdings unterschwellig Widerstand. Der muttersprachliche Bildungsboom bei den Albanern im Kosovo, die man nur als gänzlich ungebildet und rückständig zu sehen gewohnt war, beunruhigte viele Serben zutiefst. Im Rahmen der Auflösung der Autonomie des Kosovo und der allgemeinen Entrechtung seiner albanischen Bevölkerung wurden bereits vor dem Zerfall Jugoslawiens Schritte unternommen, das Rad zurückzudrehen (→ Kap. 8).

Literatur

M. Aubin (Hg.), *Vuk Stef. Karadžić. Actes du Colloque international organisé a l'occasion du bicentennaire de Vuk Karadžić les 5 et 6 octobre 1987 en Sorbonne*, Paris 1988; L. Auburger, „Entwicklungsprobleme der kroatischen Standardsprache", in: L. Auburger und P. Hill (Hg.), *Festschrift für Johannes Schröpfer zum 80. Geburtstag*, München 1991, S. 1-31; M. Clyne (Hg.), *Pluricentric Languages. Differing Norms in Different Nations*, Berlin, New York 1992, darin besonders: D. Brozović, „Serbo-Croatian as a Pluricentric Language", S. 347-380; R. Katičić, „Undoing a ‚unified language': Bosnian, Croatian, Serbian", S. 165-191; M. Clyne (Hg.), *Undoing and Redoing Corpus Planning*, Berlin, New York 1997; P. Garde, „Langue et nation: Le cas serbe, croate et bosniaque", in: P. Sériot (Hg.), *Langue et nation en Europe centrale et orientale du XVIIIème siècle à nos jours* (Cahiers de l'ILSL No. 8), Paris 1996, S. 123-148; C. Hagège, *Le souffle de la langue. Voies et destins des parleurs d' Europe*, Paris 1994; A. Isaković, *Rječnik bosanskoga jezika (karakteristična leksika)* – A Dictionary of the Bosnian Language (characteristic words) Sarajevo 1995[4], S. XI-XXVII; P. Ivić, „L' évolution de la langue littéraire sur le territoire linguistique serbo-croate", in: *Revue des études slaves 56* (1984), S. 313-344; R. Katičić, „Serbokroatische Sprache – Serbisch-kroatischer Sprachstreit", in: R. Lauer und W. Lehfeldt (Hg.), *Das jugoslawische Desaster*, Wiesbaden 1995, S. 23-79, ders., „Die politischen Implikationen des Sprachbegriffs im Südosten Europas", in: H. Schaller (Hg.), *Sprache und Politik: Die Balkansprachen in Vergangenheit und Gegenwart* (Südosteuropa-Jahrbuch 27), München 1996, S. 25-46; R. I. Lencek, *The Structure and History of the Slovene Language*, Columbus 1982; W. W. Moelleken und P. J. Weber (Hg.), *Neue Forschungsarbeiten zur Kontaktlinguistik*, Bonn 1997, darin besonders: L. Auburger, „Der Status des Kroatischen als Einzelsprache und der Serbokroatismus: Ein Lehrstück aus der kontaktlinguistischen Begriffsgeschichte", S. 21-29 und G. Neweklowsky, „Zur Geschichte der Schriftsprache der Serben, Kroaten und Muslime: Konvergenzen und Divergenzen" S. 382-391; R. Picchio und H. Goldblatt (Hg.), *Aspects of the Slavonic Lanuage Question*. Vol. I: Church Slavonic – South Slavic – West Slavic

(Yale Concilium on International and Area Studies), New Haven 1984, darin besonders: I. Banac, „Main Trends in the Croat Language Question“, S. 189-59 und R. Katičić, „The Making of Standard Serbo-Croat“, S. 261-295.

Sprachenkarte von Dalibor Brozović

Die folgende Karte zeigt die Verteilung der südslawischen Sprachen auf dem Gebiet des ehemaligen Jugoslawien. Beim Slowenischen und Makedonischen werden die dialektalen Differenzierungen nicht berücksichtigt. Auf dem zentralen südslawischen Sprachgebiet hingegen sind die Dialektgruppen dargestellt, die von Kroaten, Bosniaken, Montenegrinern und Serben bis 1990 gesprochen wurden, also vor den kriegsbedingten Massenmigrationen. In den Dialekt- oder Mundartgruppen sind verwandte Dialekte zusammengefasst (die kajkavische Mundartengruppe beispielsweise besteht aus 6 Mundarten).

Für den Westteil dieser Karte diente als Grundlage: Dalibar Brozović, „The Croatien Dialect Groups“, in: *A Concise Atlas of the Republic of Croatia & of the Republic of Bosnia and Herzegovina*, Zagreb, 1993; für den Ostteil: Pavle Ivić, „Dijalektološka karta štokavskog narječja“, in: *Enciklopedija Jugoslavije*, 6, Zagreb 1990 (Karte der štokavischen Mundarten).

Auf der Karte ist auch der Verlauf der vorosmanischen Grenzen zwischen den zentralen südslawischen Dialektgruppen eingezeichnet, deren ursprüngliche Verbreitung von den osmanischen Eroberungen und den durch sie bedingten Massenmigrationen ersichtlich wird. Durch die Migrationen wurden einerseits diese Sprachgebiete stark reduziert, das Gebiet des heutigen Štokavischen hingegen erheblich ausgeweitet. In der Zeit vor den Migrationen handelte es sich dabei um zwei štokavische Dialektgruppen, die ursprünglich ebenso stark verbreitet waren wie die drei anderen Dialektgruppen. Im Laufe der Migrationen kam es zur Vermischung der west- und oststokavischen Dialekte, während sich gleichzeitig die sehr wichtigen neuštokavischen Spracheigenschften in erheblichen Teilen beider Dialektgruppen herausbildeten. Infolgedessen konvergierten sie, so dass wir heute die štokavischen Dialekte als *eine* Dialektgruppe behandeln.

Karte 3: Sprachenkarte von Dalibor Brozović

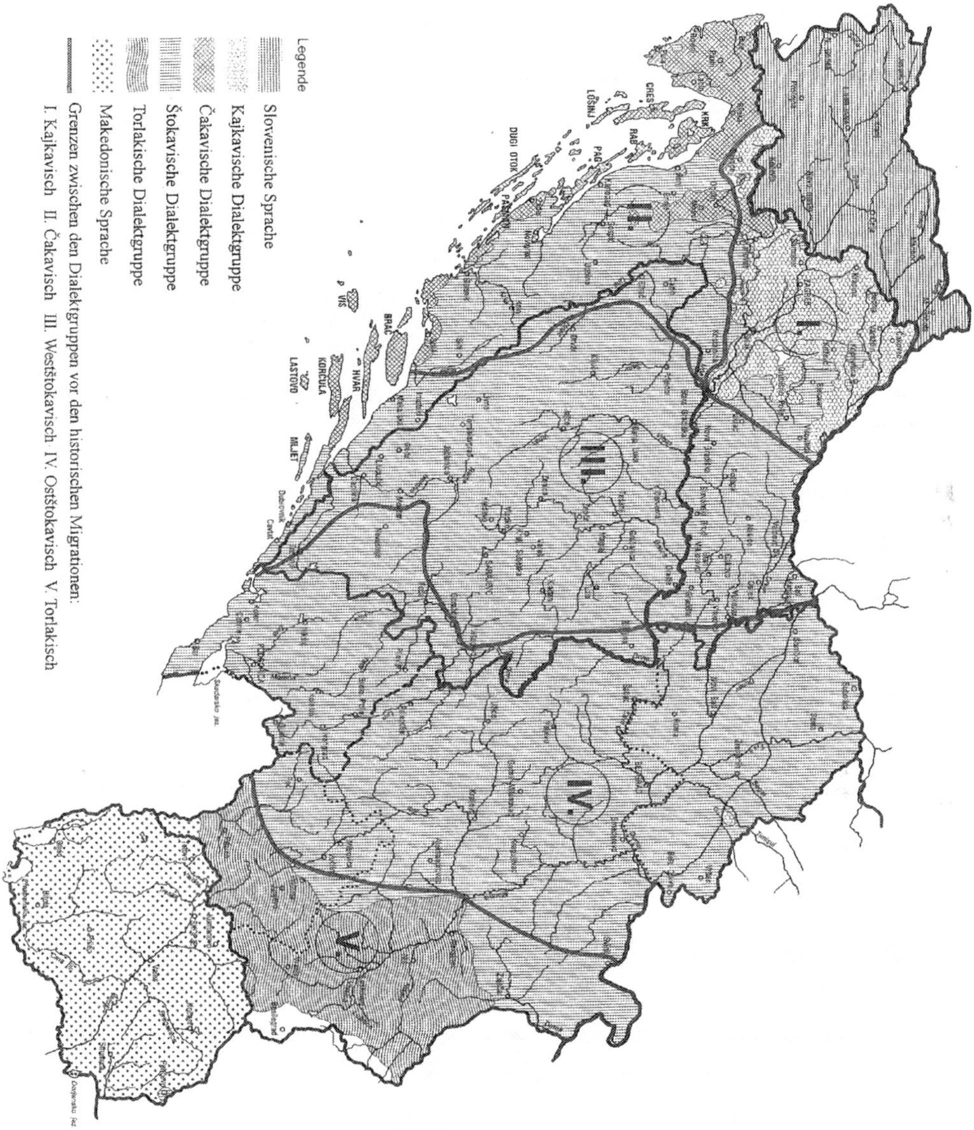

17. Literaturen und nationale Ideologien

Alida Bremer

17.1. Die Literatur und das „nationale Bewusstsein“

Die Literaturen in den slawischen Sprachen auf dem Gebiet des ehemaligen Jugoslawien entstehen unter den Bedingungen von Fremdherrschaft, als Teil des Versuchs, sich durch Sprache und Literatur national zu behaupten. Ein historischer Überblick setzt daher eine klare Unterscheidung zwischen dem Wunsch nach nationaler und sozialer Befreiung einerseits und nationalistischen Ideologien andererseits voraus. Oft erklären sich die mythologischen und geschichtlichen Komponenten einer nationalen Ideologie aus authentischen Bedürfnissen, und diese auszudrücken, gehörte zu den wichtigen Anliegen der Literatur. Doch abgesehen von der Funktion, Sprachrohr des Volkes zu sein, entwickelt jede dieser Literaturen auch spezifische künstlerische Verfahren, die ihre literarische Tradition bilden. Die umfangreiche Materie lässt es nicht zu, dass man sie auf nur eine Funktion reduziert; deshalb kann auch der gewichtige Aspekt der nationalen Ideologien nur bedingt isoliert betrachtet werden.

In „archaischen Kulturen“, so der kroatische Literaturwissenschaftler Velimir Visković, sei der Schriftsteller Träger mehrerer für das Gesellschaftsleben bedeutender Aufgaben. Er sei „Barde, Politiker, Historiker, Sprachforscher, in gewissem Sinne auch Psychotherapeut, der sein Volk von den politischen Frustrationen zu befreien“ versuche. In politisch unterdrückten Gesellschaften verharrt die Kultur oft auf ihrer archaischen Entwicklungsstufe. Eine derartige Definition der Literatur setzt die Autoren ständig der Gefahr aus, Ideologien zu dienen. Der Missbrauch literarischer Ausdrucksformen ist ein wesentliches Verfahren aller Ideologien. An diesem Missbrauch beteiligen sich Schriftsteller, sofern sie bestimmte Ideologeme schaffen, die von den Epigonen wiederum als Stereotypen verbreitet werden.

In der Zeit des jugoslawischen Zerfalls griffen solche Prozesse um sich. Die alten Themen, Strukturen oder Motive (wie etwa der in der serbischen Kultur gepflegte Kosovo-Mythos) wurden ihrer authentischen Entstehungsmomente beraubt und für die zeitgenössischen politischen Machtkämpfe instrumentalisiert – eine Trivialisierung der Literatur, die von den Massenmedien unterstützt wurde. Diese Umstände legen die Frage nahe, inwiefern eine instrumentalisierte Literatur und die sich in populistischen Banalitäten ergehenden Autoren überhaupt noch als „die Literatur“ zu betrachten sind. Besonders auffällig war die Wandlung literarischer Dissidenten der achtziger Jahre in serbische Nationalisten der neunziger, als viele von ihnen direkte Unterstützer des Regimes und des Krieges wurden (Gojko Đogo, geb. 1940, Rajko Petrov Nogo, geb. 1945, Dobrica Ćosić, geb. 1921). Autoren, die sich von der nationalistischen Begeisterung distanzierten, wurden des Verrats beschuldigt – auch dies gehört zur Tradition, und zwar keineswegs nur in Serbien. So wurde die kroatische Literaturwissenschaftlerin und postmoderne Autorin Dubravka Ugrešić (geb. 1949), deren Werke viele Übersetzungen in verschiedene Sprachen und ausgezeichnete Kritiken erfahren haben, wegen ihrer kritischen und als „jugo-nostalgisch“ diffamierten Haltung in Kroatien in den Neunzigern vielfach angegriffen, wobei ihre Erfolge verschwiegen wurden.

17.2. Abgrenzungen und Grenzüberschreitungen

Durch die Bedeutsamkeit der gemeinsamen Sprache als konstituierendes Element einer Gruppe, kommt den Schriftstellern unter allen Künstlern eine gesellschaftlich herausragende Rolle zu. Wer die Sprache beherrscht, hat die Macht. Um diesen Befund dreht sich zu einem guten Teil auch die kulturelle und politische Geschichte der südslawischen Völker. Die Emanzipation der nationalen Sprachen und der Wechsel der Stilepochen berechtigen dazu, von getrennten Nationalliteraturen zu sprechen. Es ist in mehrfacher Hinsicht von Vorteil, die slawischen Literaturen auf dem Gebiet des ehemaligen Jugoslawien komparatistisch zu betrachten. Dabei ergibt sich folgendes Bild:

Für die älteren Literaturen schuf die sprachliche Verwandtschaft die Grundlage für ihre wechselseitige Beeinflussung. Die historischen Ereignisse im Verlauf der Jahrhunderte taten ein weiteres, um die kulturellen, ethnischen, religiösen, politischen und dialektalen Grenzen durchlässig zu machen. Für die neuesten Literaturen ist auch die Tatsache ausschlaggebend, dass es fast das ganze 20. Jahrhundert hindurch eine staatliche Einheit gab, in der sie verbunden waren, und sie daher ideologisch, soziologisch, wirtschaftlich und kulturell die prägende Auswirkung dieser Einheit erfuhren.

17.2.1. Gemeinsamkeiten

Mit der Entstehung und Verbreitung der mündlich überlieferten Volksdichtung war die Möglichkeit gegeben, dass Motive, Themen, Heldenfiguren, sprachliche Formen usw. über Grenzen hinweg wandern konnten. Ein interessantes Beispiel bieten jene Volkslieder oder -erzählungen, die Konflikte zwischen Christen und Muslimen zum Gegenstand haben. Sie sind auf beiden Seiten anzutreffen und – während auf der einen Seite die Helden christlichen und die Feinde islamischen Glaubens sind, ist es auf der anderen Seite natürlich genau umgekehrt. Dabei bleiben Sujet, Stil und die vermittelte Emotion einer bitteren Lebenserfahrung beinahe identisch. An diesem Prozess gegenseitiger Beeinflussung der Volksliteraturen ist auch die bulgarische Literatur beteiligt, die einzige südslawische Literatur außerhalb des jugoslawischen staatlichen Verbundes. Parallel zur Geschichte der gegenseitigen Berührungen und Durchdringungen in diesem Raum verlaufen die jeweils spezifischen Geschichten der „reinen" Nationalliteraturen; daraus ergibt sich im Bereich der Literaturgeschichtsschreibung eine Dynamik aus Abgrenzungen und Grenzüberschreitungen, eine Geschichte der Differenzen und Interferenzen. Ein ähnlicher volksliterarischer Hintergrund und ähnliche Lebensbedingungen haben zur Folge, dass vergleichbare Anteile kollektiver statt individueller Erfahrungen in die fiktionalen Werke bestimmter Epochen Eingang finden, wenn die Autoren unter bestimmten ideologischen und ästhetischen Prämissen schreiben, mögen sie auch verschiedenen Volksgruppen angehören. Die patriarchalische Form des Familienlebens in großen, hierarchisch bestimmten Verbänden etwa spiegelt sich in der serbischen Literatur, aber auch in der durch ähnliches patriarchalisches Volksgut geprägten kroatischen Prosa in einem beharrlichen Muster wieder: dem „Recht" der Männer auf die Körper der Frauen. Die Tragik der traditionellen Rolle der Frau wird nur selten – etwa bei Dinko Šimunović (1873-1933) – tiefer reflektiert. Der seinerzeit hoch geschätzte und sehr populäre kroatische Erzähler Mile Budak (1889-1945, Minister in der faschistischen Regierung des kroatischen Marionettenstaates NDH, nach dem Krieg hingerichtet) beschreibt in seinem für die rurale Heimatliteratur exemplarischen Roman „Herdfeuer" (*Ognjište*, 1938) die psychischen Qualen eines Familienvaters, angesichts der erotischen Anziehungskraft seiner Schwiegertochter, die ihm nach der atavistischen patriarchalischen Ordnung der Welt hätte gehören können. Diese psychologische Motivation des männlichen Verhaltens finden wir auch bei einem der größten Erzähler Serbiens, Borisav Stanković (1876-1927), im Roman „Unreines Blut“ (*Nečista krv*, 1910). Bei beiden – ansonsten sehr unterschiedlichen Autoren – sind die Bilder von Herdfeuer und Blutbindungen Symbole der Gemeinschaft, während erotische Beweggründe die psychologische Erklärung für das Verhalten des Einzelnen liefern, dessen Ausbruch aus der Gemeinschaft das Ende ihrer Ordnung bedeutet. Die Übertragung patriarchalischer Stereotypen aus der Volksdichtung bis in die moderne Filmsprache hinein ist wenig erforscht; eine kultursoziologische Analyse des Patriarchats auf dem Balkan wäre für das Verständnis der nationalistischen Ideologien von großer Bedeutung. (Die Studien von Gesemann, Burkhart und Čolović zeigen, wie die Werke der Literatur nach diesen Fragen untersucht werden können.) Aber auch die Literatur der ironischen Distanz, die sich in den urbanen Zentren entfaltete, hat ihre moderne Tradition gebildet. Das Herdfeuer-Stereotyp, das Ivan Slamnig (1930-2001) mit seiner Erzählung „Der Kühlschrank“ (*Frižider*) bereits Ende der sechziger Jahre persiflierend aufgegriffen hatte, tauchte in der Kriegsberichterstattung der neunziger Jahre erneut auf, um auf eigentümliche Weise die Vertreibung der Menschen aus ihren Wohnungen zu kontrastieren.

In zeitgenössischen Werken der Prosa aller Völker dieses Raumes finden sich altertümliche Formen des historischen und des Heimatromans, die ihrer Poetik und Ideologie nach in das 19. Jahrhundert gehören. Ivan Aralica (geb. 1930), der kroatische Erzähler, hat die Poetik des historischen Romans in den achtziger Jahren wieder belebt und sie für eine Vision des Zusammenlebens zwischen Katholiken, Muslimen und Orthodoxen genutzt. Allerdings mutet bereits die Aufteilung der Protagonisten in diese religiösen Gruppen seltsam an, zumal die edelsten menschlichen Charakterzüge in den patriarchalischen katholischen Familien gepflegt werden. Dobrica Ćosić, der politisch bedeutendste Schriftsteller des heutigen Serbien, hat in seinem ersten Roman „Die Sonne ist fern“ (*Daleko je sunce*) die Ideologie der Partisanenmoral bloßgestellt. Als begabter traditioneller Erzähler hat er mit seinem vierbändigen Roman „Die Zeit des Todes“ (*Vreme smrti*) ein Werk vorgelegt, das als verspätete serbische Variante von Tolstojs „Krieg und Frieden“ verstanden werden möchte. Seine Montage von Originaltexten historischer Persönlichkeiten und das Verfahren, diese „authentisch“ sprechen zu lassen, sind ideologischen Zielen untergeordnet. Nikola Pašić, der serbische Politiker der Jahrhundertwende, der das Recht der Serben auf einen gemeinsamen Staat postulierte, um die Schaffung Jugoslawiens zu begründen, ist darin der unkritisch gestaltete, idealisierte Held. Bezeichnend ist auch, dass der Autor später den tagespolitisch aktuellen Vergleich zwischen Pašić und Slobodan Milošević gezogen hat. Ćosić will in der Politik von Slobodan Milošević jenen Pragmatismus Pašićs erkennen, der stets im Dienste der großserbischen nationalen Interessen stand. Dass bereits der frühe Roman *Koreni* – der deutsche Titel von 1958, „Der Herd wird verlöschen“, verrät die Herdfeuer-Tradition! – im Duktus der Ideologie der serbischen patriarchalischen Heiligtümer geschrieben wurde, soll nicht unerwähnt bleiben. In den späteren Werken, die immer wieder die Zeit des Ersten Weltkriegs vergegenwärtigen, auch wenn sie detailliert über die stalinistische Epoche und den Partisanenkampf berichten, wird sein Ideal der serbischen Gesellschaft außerhalb einer südslawischen Gemeinschaft, aber im vereinten Serbentum deutlich. Ćosić gebührt so die Rolle des Erfinders der wichtigsten serbisch-nationalen Stereotypen, die von den Kriegspropagandisten unermüdlich wiederholt wurden. Danko Popović (geb. 1928) schuf in „Das Buch über Milutin“ (*Knjiga o Milutinu*) in Anlehnung an Ćosić einen populistisch philosophierenden Helden. Diese eindimensionale Figur, die in langen Monologen als Sprachrohr einer vermeintlichen „Meinung des Volkes“ auftritt, wäre belanglos, hätte das Buch am Vorabend des Kriegs nicht eine gleichsam hysterische Begeisterung hervorgerufen und sich durch zahlreiche Auflagen als einer der erfolgreichsten Bestseller der neueren serbischen Literatur erwiesen. Vuk Drašković (geb. 1946), eine der schillerndsten charismatischen Figuren des heutigen Serbien, hat vor seinem politischen Aufstieg mehrere Romane geschrieben, die in ihrer nationalen Pathetik und mit ihrer Schwarzweiß-Malerei – die Menschen sind entweder gute, ehrliche, idyllisch-familiär (um das Herdfeuer versammelt!) lebende Serben oder hinterlistige Muslime und Kroaten – höchstens als Trivialliteratur gelten können. Mit ihm erreicht die Literatur der nationalen Stereotypen ihren vorläufigen Höhepunkt. Die multiethnische und multikulturelle Situation einiger Regionen spiegelt sich in den Werken vieler Autoren wieder, bei den besten unter ihnen freilich viel differenzierter als etwa bei Drašković. So sind z.B. Nedjeljko Fabrio (geb. 1937) in der kroatischen Literatur und Aleksandar Tišma (1924-2003) oder der viel jüngere Dragan Velikić (geb. 1953) in der serbischen Literatur diejenigen Autoren, die die Pluralität als mitteleuropäisches (bei Fabrio und Velikić auch mediterranes) Erbe in ihren Romanen zum ästhetischen Prinzip schlechthin erhoben haben. Der Bosnier Dževad Karahasan (geb. 1953) fügt diesem Gebilde eine stärkere orientalische Komponente hinzu.

17.2.2. Trennendes

Nach der Epoche der (gemeinsamen) altkirchenslawischen Literatur, die auch für andere slawische Literaturen von Bedeutung ist, trennen sich die Entwicklungslinien, wofür die Voraussetzungen schon im Rahmen dieser alten Schriftkultur geschaffen wurden, denn die jeweilige lokale Redaktion pflegte sprachliche und stilistische Besonderheiten. Die Namen russisches Kirchenslawisch, serbisches Kirchenslawisch – Bezeichnungen, die sich freilich auch auf weltliche Literatur erstrecken – werden diesem Umstand gerecht. Zu den typischen Differenzierungsmerkmalen gehören etwa die von der lokalen Mundart gefärbte glagolitische Schriftkultur der Kroaten oder das „Slawenoserbische“ bei den Serben im Habsburgerreich des 18. Jahrhunderts. Die neuzeitlichen Literaturen in der jeweiligen Volkssprache entstehen zeitlich verschoben (→ Kap. 16). Während die slowenischen Literaturhistoriker diesen Prozess im 16. Jahrhundert anfangen lassen, sehen die kroatischen seine Anfänge im 14. Jahrhundert, und zwar in der Erscheinungsform der čakavischen Literatur, die serbischen wiederum machen eine große Zäsur zwischen dem 15. und 19. Jahrhundert aus, die mit Volksdichtung überbrückt wurde – eine Entwicklung, die bei den Makedoniern ähnlich verlief.

Mit der Bestimmung einer Literatur als „montenegrinisch“, als „bosnisch-muslimisch“ oder als „makedonisch“ wird oft die Existenz einer politischen und kulturellen Nation bestätigt bzw. es werden ihre territorialen Koordinaten umrissen. Die drei genannten Literaturen haben es besonders schwer in Bezug auf die schon profilierte kroatische, serbische und bulgarische Literaturgeschichte. Die kommunistische Ideologie im sozialistischen Jugoslawien war um eine genaue Abgrenzung der politisch definierten „Völker“ und „Völkerschaften“ bemüht und übertrug diese Prinzipien auf die nationale Zugehörigkeit der Literaturen. Insofern hat die marxistische Literaturwissenschaft stark zu nationalliterarischen Abgrenzungen beigetragen. Die Besonderheit der sozialistisch-jugoslawischen Einstellung zu den nationalen Literaturen besteht darin, dass die historische Selbständigkeit zwar anerkannt, ihre weitere Entwicklung aber gleichzeitig unterbunden wurde. Da die Geschichte in gewisser Hinsicht ab 1945 neu anzufangen hatte, wurden die nationalen Sonderwege nur insoweit geduldet, als sie die dominante Ideologie der „Brüderlichkeit und Einheit“ nicht in Frage stellten. Diese Ideologie betraf vor allem den „serbokroatischen" Raum – die Literaturen der Serben, Kroaten, bosnischen Muslime und Montenegriner – während die slowenische und die makedonische Literatur zwar Randpositionen innehatten, ihre Besonderheiten aber ausleben durften. Die kroatische Literatur wurde wegen der immer wieder beschworenen Gefahr des kroatischen Nationalismus unter besondere Aufsicht der Zensoren gestellt. Diese zeigten ein außerordentliches Gespür für die Rolle der Literatur als Trägerin der nationalen Selbstdefinition. Dies dokumentierte der Literaturkritiker Branimir Donat in seinem „Schwarzen Dossier der Verbote in der kroatischen Literatur" (1992). Die große Ähnlichkeit der kroatischen und der serbischen Sprache und die Dominanz der letzteren wurde von vielen kroatischen Autoren als Bedrohung empfunden; die Abgrenzung der makedonischen von der bulgarischen Literatur wurde im sozialistischen jugoslawischen Staat dagegen beschleunigt, da Makedonien ab 1945 das Recht auf eine eigene Literatursprache bekam.

Ein spezifisches Problem der Nationalliteraturen dieses Raumes ist die Bestimmung des Kanons der jeweiligen Literatur. Der Zerfall des jugoslawischen Staates hat eine Reihe von „Zugehörigkeitsfragen" erneut zu politischen Fragen gemacht. Da, wo die Verflechtungen komplex sind, sind zweifellos nur literarisch-ästhetische Kriterien in der Lage, die Spannungen abzumildern und die Toleranz zu entwickeln, ein Werk als Bestandteil mehrerer Nationalliteraturen zu betrachten. Die Ballade *Asanaginica* oder *Hasanaginica*, die von Goethe als „Klaggesang von der edlen Frau des Asan Aga" (WA I., 2 (2)) nachgedichtet wurde, wird mit Recht sowohl von den Kroaten als auch von den Serben und bosnischen Muslimen „beansprucht". Dieses „Recht" wird sprachlich, formal, thematisch und rezeptionsgeschichtlich begründet. Der einzige Nobelpreisträger aus dem ehemaligen Jugoslawien, Ivo Andrić (1892-1975), „gehört" sowohl der kroatischen als auch der serbischen und der Literatur der bosnischen Muslime an, da seine Sprache, seine Motive, seine Weltanschauung und die Summe der literarischen Einflüsse sowie seine Wirkung in allen diesen Traditionen zu suchen sind. Seine politischen Ansichten, die ihn dazu bewegt haben, sich zur serbischen Literatur zu bekennen, sind nur ein Element in der Struktur, die seine „Zugehörigkeit" ausmacht. Während Andrić einer Familie von katholischen bosnischen Kroaten entstammte, war Meša Selimović (1910-1982) – der zweite wichtige Nachkriegsschriftsteller, der sich als Serbe definierte – ein bosnischer Muslim. „Meine Familie ist moslemisch, aus Bosnien, aber der nationalen Zugehörigkeit nach bin ich ein Serbe. Ich gehöre der serbischen Literatur ebenso wie der bosnischen, da ich an meiner Herkunft genauso wie an meiner Entscheidung festhalte, und ich bin den beiden gleich stark emotional und geistig verbunden", schrieb er 1973. In seinem Meisterwerk *Der Derwisch und der Tod* werden existentielle Situationen des Menschen in der islamisch-orientalischen Tradition, die keine Dekoration ist, sondern das Wesen des Konflikts ausmacht, verarbeitet und auf die Ebene des Universellen transponiert. Der serbische Autor Danilo Kiš (1935-1989), Sohn eines in Auschwitz ermordeten ungarischen Juden und einer Montenegrinerin, bezeichnete sich selbst als „den letzten jugoslawischen Schriftsteller". Sein Werk, das in allen Teilen des zerfallenen Landes rezipiert wurde und längst außerhalb seiner Kulturen weitere Leser gefunden hat, ist das schönste Vermächtnis einer „jugoslawischen" Literatur, die nie zustande kam.

17.3. Die Ideologie des „Jugoslawismus"

Eine „jugoslawische" Literatur gab es zunächst als eine romantische Projektion, als ein politisches Programm, das nie zur Vollendung gebracht werden konnte. In der Zeit der kroatischen „nationalen Wiedergeburt" (Preporod), bekannt unter dem Namen des Illyrismus, in der die panslawische Idee erstmals programmatisch auf den südslawischen Raum übertragen wurde, stand die Integration im Mittelpunkt. Dies zeigt sich auch daran, dass neben kroatischen Illyristen (Janko Drašković, Ivan Kukuljević, Ivan Mažuranić) zahlreiche Nichtkroaten zu den Protagonisten der Bewegung zählten. Bekannte „Illyristen" waren nicht etwa nur der Serbe Petar Preradović (1818-1872) und der Slowene Stanko Vraz (1810-1851, Herausgeber der Zeitschrift „Kolo" von 1842-1853), beide polyglotte Übersetzer, sondern auch der zweisprachige Autor Dimitrija Demeter (1811-1872), Sohn einer eingewanderten griechischen Familie, und der Bischof deutscher Herkunft Josip Juraj Strossmayer (1815-1905). Auch der bekannteste Wortführer des Illyrismus, Ljudevit Gaj (1809-1872), war Sohn eines nach Kroatien eingewanderten französischen Apothekers (→ Kap. 14). Ein solch multiethnisches Zusammenspiel in der Epoche der kroatischen „nationalen Wiedergeburt" bezeugt die Unmöglichkeit einer strengen Abgrenzung nach Herkunftskriterien und unterstreicht die Notwendigkeit, bei der Definition einer „Nationalliteratur" ideengeschichtlich zu argumentieren. Dass ausgerechnet die kroatische Literatur zur Trägerin einer Vereinigungsbestrebung bzw. des „Jugoslawismus" wurde, verdankt sich ihrer eigentümlichen Zersplitterung. An ihrer Kontinuität sind Werke beteiligt, die in čakavischer, kajkavischer, štokavischer und lateinischer Sprache verfasst und in lateinischer, glagolitischer und Bosančica-Schrift (der westkyrillischen Schrift) geschrieben wurden – teils in von verschiedenen fremden Mächten beherrschten Ländern, teils in der freien Republik von Dubrovnik. Aus dieser Situation erwuchs der Wunsch, die Sprache als Definitionsmerkmal zu postulieren, um so den Unterschied zu den ungarischen, deutschen, italienischen und türkischen Machthabern hervorzustreichen und sich den anderen sprachlich verwandten Völkern anzunähern. Letztlich wirkte sich der „Illyrismus" vor allem auf die kroatische Nationalliteratur aus; die Wunschprojektion reichte ebenso wenig aus, um eine „jugoslawische" Literatur zu erschaffen, wie die spätere staatliche Einheitsideologie.

Ein Merkmal als Folge dieser Ideologie bleibt für die literaturhistorische Polemikkultur bis heute dominant: der „Integrationismus" der serbischen Sprach- und Literaturwissenschaftler im Gegensatz zum „Separatismus" der kroatischen. Dieser Gegensatz der Positionen erklärt sich aus einer radikalen historischen Wende. Die „illyrische" Utopie hatte wenig Ähnlichkeiten mit der Realität im ersten gemeinsamen südslawischen Staat. Serbien, seit 1878 erstes freies Land in der Region, befand sich nach 1918 in einer Vormachtstellung. Diese Entwicklung wurde von einem leidenschaftlichen serbischen literarischen Patriotismus begleitet. Das von Vuk Stefanović Karadžić (1787-1864) verkündete Ideal der Volkssprache wurde als universelles Modell angesehen, Vuk Karadžić als überragendes Genie betrachtet (so der Linguist Aleksandar Belić, 1876-1960), dessen Sprach- und Literaturbegriff für die Kroaten, die ja gemeinsam mit den Serben ein Volk seien, verpflichtend werden sollte. In der Tat hatte Vuk Karadžić in den Kreisen der „Illyristen" viele Sympathisanten; doch angesichts der langen eigenständigen Tradition der Kroaten musste die Glorifizierung von Karadžić auf viele abstoßend wirken. Außerdem hatte Karadžić die gesamte „štokavische" Literatur für serbisch erklärt. Diese romantische und wissenschaftlich wie politisch unhaltbare These hat in der neuesten Zeit viel Unheil gestiftet, da sie als Rechtfertigung für territoriale Ansprüche missbraucht wurde. Eine besonders bizarre Polemik entzündete sich vor diesem Hintergrund im Zusammenhang mit der Dubrovniker Literatur der Renaissance- und Barockzeit, da diese von den serbischen Literaturwissenschaftlern oft als „gemeinsames Erbe der Kroaten und Serben" beansprucht wurde.

Die ragusanische Literatur, die dem westeuropäischen Kulturkreis zugerechnet wird, hatte ihre Blütezeit in den katholisch geprägten Epochen der Renaissance und des Barock.

Ihre stilistische und sprachliche Verwandtschaft mit der „čakavischen“ Literatur Dalmatiens, mit der sie auch durch die Zugehörigkeit zum Mittelmeerraum verbunden war, beschreibt den kroatischen Standort dieser Literatur und benennt darüber hinaus die Unterscheidungsmerkmale zur serbischen Literaturtradition. Von einem „gemeinsamen Erbe“ kann auch deshalb nicht gesprochen werden, weil die ragusanische Literatur durch ihre nachhaltige Wirkung auf die kroatische Literatur bis heute in dieser präsent ist, während sich in der serbischen Literatur keine traditionsbildenden Einflüsse nachweisen lassen. Diese Vereinnahmungsversuche hörten auch nach der Belagerung und dem Beschuß Dubrovniks von 1991 nicht auf, bei der auch der Dubrovniker Dichter serbischer Herkunft Milan Milišić (1941-1991) ums Leben kam.

17.4. Kurzer Überblick über die einzelnen Nationalliteraturen

Fünf Kulturräume sind zu unterscheiden, denen diese Literaturen mehr oder weniger deutlich angehören: 1. der westeuropäische Kulturkreis mit der Dominanz der katholischen Tradition – wobei zur Zeit der Reformation allerdings wichtige protestantische Einflüsse zu vermerken sind; 2. der mitteleuropäische Kulturkreis, der sich in der Donau-Monarchie herausbildete; 3. der osteuropäische Kulturkreis mit der Dominanz der russischen Literatur und der christlich-orthodoxen Tradition slawischer Prägung; 4. die byzantinische Kultur mit der griechisch-orthodoxen Tradition und 5. der orientalische Kulturkreis mit dem Islam und den dazu gehörenden Elementen türkischer, arabischer und persischer Kultur. Begrenzt auf einen politisch definierten Raum läuft dementsprechend eine auf das ehemalige Jugoslawien fixierte Komparatistik Gefahr, sich auf unproduktive Abgrenzungen einzulassen. Für die Geschichte der kroatischen Literatur sind komparatistische Studien über die Kontakte mit Italien teilweise von größerer Bedeutung, als die einseitige Betonung des festen Bezugs zu den südslawischen Literaturen. Dasselbe gilt für die serbischen Kontakte mit der alt- wie neugriechischen Literatur, was u.a. in der wichtigen Tradition der klassischen Philologie oder in den mythologischen Motiven aus der byzantinischen Vergangenheit zur Geltung kommt.

17.4.1. Slowenische Literatur

Die slowenische Literatur, geographisch von allen südslawischen Literaturen Westeuropa am nächsten, kann vor allem in der Dynamik zwischen den starken deutschen und italienischen Einflüssen und dem kontinuierlichem Widerstand gegen diese Einflüsse verstanden werden. Es waren die Reformatoren, die zusammen mit den deutschen Landesherren eine Schriftsprache auf der Grundlage des unterkrainischen Dialekts geschaffen haben. Primož Trubar (1508-1586) übersetzte das *Neue Testament* und wurde damit zu einem entscheidenden Initiator für die Entwicklung des Slowenischen. Trubars Bedeutung ragt über seine Epoche weit hinaus; seine Übersetzung diente als Vorbild für die Schaffung einer modernen Literatursprache in der Zeit des Aufschwungs, zu dem es im 19. Jh. kam, nachdem in der Epoche der Gegenreformation eine längere Stagnation eingetreten war. Der slowenische romantische Dichter France Prešeren (1800-1849) verflocht in seinem formvollendeten spätpetrarkistischen „Sonettenkranz“ (*Sonetni venec*) die tief empfundene Liebe zu einer Frau mit der Liebe zu seinem Land; dahinter stand die Überzeugung von der mythischen Rolle des Dichters als Schöpfer von Kultur und Zivilisation. Kurzzeitig gab es unter den slowenischen Romantikern Überlegungen, die aus Kroatien kommende Idee einer südslawischen Vereinigung zu übernehmen, aber ähnlich wie in Serbien setzte sich die nationale Sprach- und Literaturentwicklung durch. Für die Epochen des Realismus, der Moderne (Ivan Cankar, 1876-1918, und Oton Župančič, 1878-1949), des „sozialen Realismus" (Prežihov Voranc, 1893-1950) und der Nachkriegsliteratur ist ein immer engerer Anschluss an die europäischen Strömungen kennzeichnend, bei steter Wahrung der nationalen Identität. Neben den Themen aus dem Kriegszusammenhang bekamen jene aus der stalinistisch geprägten Nachkriegszeit immer mehr Bedeutung; so etwa die Schauprozesse gegen eine Gruppe von slowenischen Gefangenen im Nazilager von Dachau, die in den 50er Jahren der Spionage beschuldigt wurden – „Dachauer Prozesse" (von Igor Torkar, geb. 1913) – oder die Erfahrungen der politischen Gefangenen im Lager auf der Adriainsel Goli otok, dem jugoslawischen Archipel Gulag, – „Kahle Insel" (von Branko Hofman, 1929-1981). Mit solchen Werken wurden offene literarische Auseinandersetzungen mit der jugoslawischen Wirklichkeit angestoßen. Eine erstaunliche Bereitschaft, für die Freiheit ihrer nationalen Literatur zu kämpfen, zeigte die gesamte slowenische Öffentlichkeit im Streit um den „gemeinsamen Kern", der für den Literaturunterricht in jugoslawischen Schulen in den achtziger Jahren ausgearbeitet werden sollte. Der Dichter Ciril Zlobec (geb. 1925) beschreibt dies in seinem Werk „Slowenische Selbstbestimmung und der Schriftsteller" (1986). Drago Jančar (geb. 1948), Tomaž Šalamun (geb. 1941) und Aleš Debeljak (geb.1961) gehören zu den Autoren, die im Ausland als authentische Stimmen aus dem mitteleuropäischen Kreis erkannt wurden. Eines ihrer wichtigen Themen ist die Zukunft der slowenischen Kultur jenseits der abgenutzten Klischees und der veralteten nationalen Mythen. „Nick nicht ein im / Zug Venedig – / Wien, lieber / Leser. / Slowenien ist so / unscheinbar, du könntest es verfehlen! [...]" dichtet Šalamun.

17.4.2. Kroatische Literatur

Die kroatische Literatur kennt eine ähnliche Periodisierung wie die europäischen Literaturen. Auf der einen Seite ist dieser Zustand die Grundlage für ein ausgeprägtes europäisches Zugehörigkeitsgefühl, auf der anderen ist die spürbare Missachtung, die „Europa" über Jahrhunderte gegenüber dieser seiner Grenzregion gezeigt hat, ein Grund für die fortdauernde Anstrengung gewesen, in den slawischen Kulturkreisen geistige Heimat zu suchen. Schon 1525 hält der Humanist Vinko Pribojević in Hvar eine Rede über die slawische Herkunft (*De origine successibusque Slavorum*), und der Benediktinermönch Mavro Orbini (1550?-1610) schreibt *Il regno degli Slavi* (1601). Eine virtuose Gratwanderung zwischen den kosmopolitischen und slawisch-nationalistischen Ideen wird somit zum Bestandteil der gesamten literarischen Entwicklung der Kroaten. Juraj Križanić (1618-1683), der Erfinder einer russisch-tschechisch-kroatischen Koine und Vorkämpfer eines panslawischen Ökumenismus, hat eine frühe Utopie der europäischen Brüderlichkeit über konfessionelle und politische Hürden hinweg entworfen. Er versuchte, die westeuropäische Komponente seiner kulturellen Herkunft mit den panslawischen Hoffnungen zu verbinden. Križanićs Koine ist eine Erfindung ganz in der Tradition der kroatischen Sprachgegebenheiten. Die Reformer der Illyrismus-Epoche setzten für die Hochsprache zwar endgültig die einheitliche Regelung durch (besondere Leistungen vollbrachte Ljudevit Gaj), aber die Präsenz verschiedener sprachlicher Schichten, verbunden mit fremdsprachlichen Einflüssen, war immer schon die Grundlage eines innovativen Umgangs mit der Sprache. Nach der Sprachreform wird ein Teil der Tradition vernachlässigt. Diesem Zustand wirken einige Autoren entgegen, etwa Miroslav Krleža (1893-1981) mit seinem Meisterwerk in kajkavischem Dialekt „Die Balladen des Peter Kerempuch“ (*Balade Petrice Kerempuha*).

Die ursprüngliche Parallelität mit den Stilepochen der europäischen Literaturen verdankte die kroatische Literatur vor allem der Renaissance. Der Renaissancedichter Marko Marulić (1450-1524), dessen Vorbilder Dante und Petrarca waren, wurde mit seinen lateinischen Werken zwar in ganz Europa bekannt, seine *Judita* aber schrieb er in kroatischen Versen. Das religiöse Epos des aus Split stammenden humanistischen Autors war das erste in kroatischer Sprache gedruckte Werk (und zwar in drei aufeinander folgenden Auflagen, Venedig 1520 ff.). In *Judita* wird (anders als bei den anonymen Volksdichtern) die vorhandene Verstradition von einem selbstbewussten Autor eingesetzt, der die Regeln der klassischen Dichter (Vergil) anwendet und durch einen überlieferten biblischen Stoff die aktuelle Situation verarbeitet. Die jüdische Witwe Judith, die ihr Volk vor den Ungläubigen rettet, sollte den unter den kriegerischen Türken leidenden Kroaten als Vorbild dienen.

Marulić steht am Anfang der Reihe der mit der europäischen Rezeption rechnenden literarischen Klagen über die Türken und andere Eroberer – vefasst in der freilich nie erfüllten Hoffnung auf Unterstützung. Zu ihren patriotischen Zwecken verwenden die Gelehrten jene Gattungen, die vor allem in Italien gepflegt werden. In der Zeit des Barock brachten die türkischen Eroberungen Ivan Gundulić (1589-1638) dazu, eine neue Stütze zu suchen. In seinem Epos *Osman* machte er die Gestalt des polnischen Königssohns Vladislav zum Träger der panslawischen Hoffnung. Später, zur Zeit der nationalen Wiedergeburt, brachte Ivan Mažuranić (1814-1890) mit dem letzten bedeutenden Epos der kroatischen Literatur „Čengić Agas Tod“ (*Smrt Smail-age Čengića*) die türkische Problematik mit der südslawischen Vereinigung in Verbindung. Im Gegensatz zu dem montenegrinischen Fürsten und Dichter Njegoš, der ganz der Tradition der Volksdichtung verpflichtet ist, steht Mažuranić in der Nachfolge der Kunstdichtung Gundulićs (kongenial ergänzte er auch zwei fehlende Teile von *Osman*). Schließlich schrieb Antun Šoljan (1932-1993) in der Epoche der Postmoderne seinen ludischen und ironischen „Kroatischen Joyce“ und verdrehte diese alte Tradition, indem er seinen Anti-Dichter Šimun Freudenreich über die ungerechte Behandlung der türkischen Helden in der kroatischen Literatur klagen ließ, gleichzeitig die südslawische Utopie ebenso wie die von Europa erwartete Hilfe verspottend. Vor seinem Tod beschrieb Šoljan das europäische Jahr der Delphine in einem Essay, der das Engagement der europäischen Nachbarn für den Tierschutz in der Zeit des Krieges in Kroatien mit bitterer Ironie schildert.

Um die Jahrhundertwende zum 20. Jahrhundert, in der Zeit des verstärkten (vor allem ungarischen) Drucks auf Kroatien, bedeutet in Europa die Forderung nach Freiheit der Kunst individuelle und nationale künstlerische Freiheit zugleich. Nach einem Tiefpunkt im 19. Jahrhundert – fremde Einflüsse galten als feindliche Erscheinungen, und die kroatische Literatur versank im Provinzialismus – begann die Epoche der „Kroatischen Moderne“. Politische Beweggründe wirkten bei der Formulierung der Ästhetik mit, und umgekehrt spiegelte sich die Befreiungsbewegung vor dem Zerfall der Donau-Monarchie in der Ästhetik der neuen Generation wider. Die moderne Literatur beteiligte sich an den ideologischen Vorbereitungen für den gemeinsamen Staat mit den „slawischen Brüdern“. Die unterschiedlichen Auffassungen davon – in den verschiedenen nationalen Zentren – geben Aufschluss über das spätere Scheitern dieser Ideologie. Flammende patriotische Gefühle, auch jugoslawische, findet man in der Lyrik (sowohl der kroatischen bzw. slowenischen als auch der serbischen); bei vielen Autoren schließt der Nationalismus den Jugoslawismus nicht aus, sondern ergänzt ihn. Im Unterschied zur Gegenwart bedeutet der „Nationalismus“ in jener Epoche auch einen progressiven und aggressiven Jugoslawismus, der aus dem Widerstand zur österreichisch-ungarischen Herrschaft entsteht. „Ganz Kroatien schnarcht unfein: wach sind nur die Dichter und Attentäter“, schrieb Ivo Andrić 1914. Viele kroatische Dichter sehen in Serbien ein Freiheitsideal und somit ein Beispiel für ihr eigenes Land. Der dithyrambische Dichter des Südens und spätere Partisanenbarde Vladimir Nazor (1876-1949) schreibt seine „Slawischen Legenden“ 1900 (*Slavenske legende*) und die „Kroatischen Könige“ 1912 (*Hrvatski kraljevi*).

Das bedeutendste Werk, das seine Inspiration in den slawischen Mythen gefunden hat, ist das von Ivana Brlić-Mažuranić (1874-1938), die durch ihre Märchen als „kroatischer Andersen“ auch in Europa bekannt wurde. Ein noch junger Dichter, der später zum bedeutendsten kroatischen Lyriker der ersten Hälfte des 20. Jahrhunderts werden sollte, Tin Ujević (1891-1955), schreibt 1909 sein Sonett „Den Kroatischen Märtyrern“ (*Hrvatskim mučenicima*) und 1918 eine Ode an „Serbien“, das als „göttlich“ und „heilig“ gepriesen wird. Eine Zeit lang begeistert sich auch der wichtigste Autor der Moderne, Antun Gustav Matoš (1873-1914), für Serbien. Dieser überzeugte kroatisch-nationale Schriftsteller wurde auch in Serbien akzeptiert. Er beklagte die ungarische Unterdrückung und spürte, welchen geistigen Aufschwung das freie Serbien erlebt hatte. Seine frühen Erfahrungen in Serbien (er lebte 1894-1898 und 1904-1908 in Belgrad) formulierte er in luziden und desillusionierenden Essays. Seine Kenntnisse der serbischen Kulturszene machten ihn zu einem bedeutenden Kritiker der serbischen Moderne, in der er sich vor allem als Widersacher des einflussreichen und dem Realismus zugeneigten Jovan Skerlić (1877-1914) hervortat. Matoš gehörte zu den Starčević-Anhängern, die eine Gegenposition zu den jugoslawisch orientierten Literaten bezogen; in den Zeitschriften aber arbeiteten die beiden Gruppierungen mit ihnen zusammen.

Der rege Austausch zwischen Belgrad und Zagreb, der um die Jahrhundertwende einsetzt und bis zum Zweiten Weltkrieg anhält, bringt eine Fülle literarischer Kontakte (in Zeitschriften wie *Danas* oder *Zenit*), aber auch den Abschied von der jugoslawischen Utopie mit sich: Die kroatischen Schriftsteller (Krleža, Šimić, Ujević, Cesarić), die Skerlićs Vorschlag akzeptiert hatten, die „ekavische“ Variante der neuštokavischen Sprache zu verwenden, um die jugoslawische Einheit voranzutreiben, brechen nach dem Attentat auf Stjepan Radić (1928) diese Praxis ab.

Miroslav Krleža, die zentrale Persönlichkeit der kroatischen Literatur im 20. Jahrhundert, besaß den avantgardistischen Mut, die nationalen Mythen kritisch zu hinterfragen und im gleichen Atemzug einen Bruch mit dem „ignoranten“ Europa zu fordern (→ Kap. 10). Seinem Œuvre wurde nur in den engsten Slawisten-Kreisen der „großen Völker“ die gebührende Aufmerksamkeit geschenkt. Seine Kreativität bei der Entmythologisierung der Ideologien und sein Kampf für die künstlerische Freiheit öffnen paradigmatisch für das 20. Jahrhundert die Perspektiven einer modernen Autonomie der Literatur. In der langen Tradition der national, sozial und didaktisch gebundenen südslawischen Literaturen bedeutete dies eine wesentliche Veränderung. Dabei vertrat er keinen ästhetischen Eskapismus, sondern ein leidenschaftliches Engagement mit künstlerischen Mitteln.

Obwohl er in seinem berühmten historischen Referat auf dem Schriftstellerkongress in Ljubljana 1952 die Grundlagen für eine Abwendung von der sozrealistischen Doktrin im neuen Staat geschaffen hatte, blieb Krleža einer literarischen Auseinandersetzung mit dem jugoslawischen Sozialismus fern. Als er 1967 seine Unterschrift unter die „Deklaration über den Namen und die Lage der kroatischen Literatursprache“ leistete, blieb dies sein radikalster politischer Akt nach der Verwirklichung des sozialistischen jugoslawischen Staates. In der kroatischen Literatur hat Antun Šoljan mit dem Roman „Der Hafen“ (*Luka*) die Absurditäten der sozialistischen Wirklichkeit beschrieben. Šoljan gehörte zusammen mit Slobodan Novak (geb. 1924) und Slavko Mihalić (1928-2007) zur Gruppe um die Zeitschrift *Krugovi* („Kreise"), die nach dem Krieg einen eher stillen Widerstand gegen die offizielle Ideologie geleistet und sich teils hermetisch, teils verspielt in künstlerischer Freiheit geübt hat. Dieser Kreis öffnete sich mannigfaltigen Strömungen aus der ganzen Welt; viele seiner Mitglieder waren ausgezeichnete Übersetzer. „Wir sind keine Aufrührer. Wir gehören ganz einfach weder zur Revolution noch zur Konterrevolution. Wir billigen nur nicht den allerorts herrschenden Terror", so Vlado Gotovac (1930-2000) über *Krugovi*. Gotovac war einer der prominentesten kroatischen Dissidenten. Eine intellektuell-philosophische Literatur wurde im Kreis um die Zeitschrift *Razlog* („Der Grund") gepflegt, die er zeitweise herausgab. Nach der Zerschlagung des „Kroatischen Frühlings" 1971 ist eine allgemeine Rückzugsbewegung und ein Verstummen vieler kroatischer Autoren festzustellen, darunter vor allem der zuvor politisch stark exponierten Autoren; viele andere wenden eine mäßige Form der Autozensur an und veröffentlichen in dieser Zeit wichtige Werke, etwa die bekannteste kroatische Dichterin Vesna Parun (geb. 1922).

17.4.3. Literatur in Bosnien-Herzegowina

Die Literatur auf dem Gebiet von Bosnien-Herzegowina partizipiert an den benachbarten Nationalliteraturen, etwa die Literatur der bosnischen Franziskaner an der kroatischen Literatur. Dabei bilden ihre Schriften in vieler Hinsicht einen originellen Beitrag einer wie auch immer definierten bosnischen Literatur. Ihre Chroniken inspirierten später viele bedeutende Autoren des Landes, etwa Ivo Andrić oder in der zeitgenössischen Literatur Ivan Lovrenović und Dževad Karahasan (geb. 1953). Wie das Beispiel von fra Grgo Martić (1822-1905) zeigt, fanden die Ideen der illyrischen Bewegung aus Kroatien Zustimmung in den Kreisen der Franziskanermönche.

Die Annäherung zwischen den Nationalzentren seit dem Ende des 19. Jahrhunderts führte dazu, dass viele kroatische und serbische, aber auch einige muslimische Autoren sich an Zagreb oder Belgrad orientierten. Die bosnisch-serbischen Autoren, die gegen Österreich-Ungarn waren, wie Petar Kočić (1877-1916) und Aleksa Šantić (1868-1924), wirken betont serbisch-national. Die ablehnende Haltung der serbischen Autoren gegenüber den österreichischen Machthabern äußerte sich darin, dass sie die bedeutende, vom kroatischen Dichter Silvije Strahimir Kranjčević (1865-1908) in Sarajevo herausgegebene Zeitschrift *Nada* („Hoffnung") boykottierten, weil der österreichische Statthalter sie unterstützte; dabei wurde die Zeitschrift ursprünglich kyrillisch und lateinisch gedruckt und zählte die bedeutendsten südslawischen Autoren zu ihren Mitarbeitern. Es spricht für die Durchsetzungskraft und Eigenständigkeit der literarischen Stilmittel, dass Šantić u.a. Autor eines der populärsten Liebeslieder nach orientalischem Muster ist (*Emina*).

Die Grundlagen für eine muslimische Nationalliteratur werden in der Volksdichtung orientalischer Prägung gesehen, wobei das Beispiel von Šantićs Lied belegt, dass diese Dichtung auch Nicht-Muslime inspiriert hat. Die in arabischer Schrift verfasste aljamiado-Literatur (vom Arabischen al-agamiah in der Bedeutung „fremd, nicht arabisch") gilt als Gelehrten-Literatur, die der Volksdichtung gegenübersteht. Der bekannteste aljamiado-Dichter, Muhammad Hawa'i Üsküfi (gestorben 1651), bezeichnet seine Sprache als „Bosnisch". Vergleichbar – da nicht in der Volkssprache geschrieben – mit der Literatur der kroatischen Latinität ist die bosnisch-muslimische Literatur in orientalischen Sprachen (Türkisch, Arabisch und Persisch). Die zeitgenössische Literatur der bosnischen Muslime vereint oft die Vielfalt der Traditionen. Der Dichter Abdulah Sidran (geb.1944) erlangte internationales Ansehen mit seinen Filmszenarien; für seinen Gedichtband „Der Sarg von Sarajevo" (*Sarajevski tabut*, 1994) erntete er große Anerkennung. Im Krieg entstand eine Reihe von Werken, die sich durch ihre Besinnung auf die orientalische Tradition als Selbstbestimmungs- und Widerstandsliteratur einordnen lassen. Eine Synthese der ursprünglichen bosnischen mittelalterlichen Elemente mit den christlichen, islamischen und hebräischen, wie sie von dem an der kroatischen Lyrik geschulten Dichter muslimischer Herkunft Mak Dizdar (1917-1971) geschaffen wurde, erhebt sich über die Frage nach der ethnischen Zugehörigkeit und zeugt von den Möglichkeiten einer bosnischen literarischen Identität.

17.4.4. Montenegrinische Literatur

Die montenegrinische Literatur wird allgemein dem Korpus der serbischen zugeschrieben. Der montenegrinische Fürstbischof Petar II. Petrović Njegoš (1813-1851), bedeutendster Dichter des Landes, bezeichnete sich selbst als Serben. Da er in seinem Epos „Der Bergkranz" (*Gorski vijenac*) thematisch und sprachlich die Tradition der serbischen Heldenepik zur Vollendung gebracht hat, gehört er primär in die serbische Literaturgeschichte. Auch heute noch beteiligen sich manche Schriftsteller aus Montenegro am Literaturbetrieb Serbiens, oft mit serbisch-nationalistischen Positionen (Miodrag Bulatović, 1930-1991). Matija Bećković (geb. 1939), der sich bewusst in die Tradition von Njegoš stellt und sich als Dichter der patriarchalischen montenegrinischen Stammesgesellschaft versteht, entwickelte eine makabre nationalistische Metaphorik zugunsten der serbischen Kriegspolitik. Aus seinem Gedicht „Kosovo ist das teuerste serbische Wort" (*Kosovo je najskuplja srpska reč*, 1989) zitierte Slobodan Milošević in seinen Reden. Jevrem Brković (geb. 1933) dagegen setzt sich für eine montenegrinische Tradition ein.

17.4.5. Serbische Literatur

Nach der Epoche der mittelalterlichen Literatur, deren Besonderheit im 13. und 14. Jahrhundert die *Viten* der serbischen Erzbischöfe und Könige waren, in welchen sich eine Art Geschichtsschreibung entwickelte, kam es zu einer langen Stagnation in Folge der türkischen Eroberungen. Jovan Skerlić, der Begründer der modernen serbischen Literaturgeschichte, erkannte die Werte der mittelalterlichen Literatur nicht, da er stark westeuropäisch orientiert war. Auch die Volksliteratur interessierte ihn wenig, doch viele Eigenschaften der serbischen Literatur erklären sich erst aus der genauen Kenntnis der mündlichen Überlieferung. Dabei sind nicht nur die klangvollen stilistischen oder rhythmischen Eigenschaften von Bedeutung, sondern auch die Weltbilder und die archetypischen Situationen einer Gruppe, die ständig um ihr Überleben kämpft. Die Heldenlieder der Volksdichtung wurden zum Ersatz für die Historiographie und beeinflussten nachdrücklich die gesamte spätere Entwicklung der serbischen Literatur. Diese Wirkung ist prägend nicht nur für die Auswahl der Themen, sondern auch für ihre Funktion. Unter der osmanischen Herrschaft dienten diese Lieder zur Ermutigung und zur Selbsterhaltung, sie nahmen die Stelle von Morallehre, Sittenkunde, Genealogie und allgemeiner Bildung ein. Ihr patriarchalisches Weltbild, seltsam archaisch und zuweilen erstaunlich brutal, entspricht einer Mischung aus den überlieferten Mythologien, der Wirklichkeit und den Wunschprojektionen des von den Türken unterjochten serbischen Volkes. Da die serbische Volksdichtung „von Europa" (dank Jacob

Grimm und Goethe) akzeptiert wurde, bekam sie bei einigen Kritikern einen so hervorragenden Platz in der serbischen Tradition, dass sie immer wieder mit Homers Epen verglichen wird. Schon Goethe, der die Liebeslyrik hoch eingeschätzt hat, zeigte allerdings wenig Verständnis für den blutdürstigen Umgang mit den Gegnern und mit den Frauen in der Heldenepik. Eines der schönsten Lieder *Banović Strahinja*, in dem der Held seinem türkischen Rivalen zwar die Kehle mit den eigenen Zähnen durchtrennt, seiner Frau aber verzeiht, dass sie von einem Türken entführt worden war, nannte er wegen der milden Haltung des Helden ein untypisches Beispiel für den Kosovo-Zyklus.

Neuere serbische Literatur entsteht zunächst unter den Serben in der Habsburger Monarchie, in der späteren Vojvodina. Ihre Tradition erreichte eine Blütezeit in den Werken von Isidora Sekulić (1877-1958). Sie veröffentlichte Prosa (Romane und Erzählungen), Reiseberichte, Literaturkritiken und Essays. Als erste Literaturkritikerin erkannte sie die Werte der „Jungen", die am Anfang des zwanzigsten Jahrhunderts kulturelle und literarische Veränderungen durchgesetzt hatten. Auch die klassische Philologin Anica Savić-Rebac (1892-1953), die feinfühlige Essays schrieb und als Briefpartnerin mit verschiedenen Persönlichkeiten des europäischen Literaturlebens (Rebecca West, Thomas Mann) kommunizierte, stammte aus der Vojvodina. Die Epochen der Aufklärung, der Romantik und des Realismus bahnten den Weg zu jenem Aufschwung an, der zum Aufblühen der Literatur der Moderne im neu gegründeten serbischen Königreich am Ende des 19. Jahrhunderts führte. Miloš Crnjanski (1893-1977) begann ähnlich wie der Kroate Krleža als avantgardistisch-expressionistischer Lyriker und verarbeitete ebenso die traumatischen Erfahrungen des Ersten Weltkriegs in seinem Werk. In seiner Antikriegs-Lyrik bricht er in einer bis dahin unbekannten Offenheit mit den serbischen nationalen Mythen und bezeichnet die Tradition als Rumpelkammer der Geschichte, aus der man keinen adäquaten literarischen Ausdruck für das moderne Weltempfinden empfangen könne. Im Unterschied zu den linken Positionen Krležas wurde Crnjanski später ein konservativer Rechter, der sogar seinen Pazifismus revidierte, denn er meinte erkannt zu haben, dass das serbische Volk seine Heiligtümer (die Heldentaten der Väter) doch nicht aufgeben könne. Dass sich die zwei begabtesten Autoren unter den Kroaten und den Serben zwei entgegengesetzten politischen Lagern anschlossen, ist symbolträchtig für das 20. Jahrhundert. Nur wenige aus dem linken Lager besaßen allerdings den Antidogmatismus und die enzyklopädische Bildung Krležas wie auch nur wenige aus dem rechten Lager über die Sensibilität und die dichterische Begabung Crnjanskis verfügten. Es war Krleža, der in dem „Konflikt an der linken Front" (ab 1933) die Position vertrat, dass „der Sinn der Schönheit nicht ausschließlich darin lag, dass sie links oder rechts ist". Sehr nah in diesen Auffassungen war ihm der serbische Surrealist Marko Ristić (1902-1984), der noch radikaler moderne Poetiken eingeführt hat.

In der serbischen Literatur hat es vor allem im Rahmen der Avantgarde eine entscheidende Abkehr von den gesellschaftlich bedingten sprachlichen Stereotypen gegeben. Nach dem Aufschwung der Moderne und der Zuwendung zu Westeuropa, zu der die Kritiker Skerlić und Bogdan Popović (1863-1944) wesentlich beigetragen haben, erlebte die serbische Literatur einen Höhepunkt. Mit dem Surrealismus knüpfte sie an die europäischen Entwicklungen an und öffnete sich unterschiedlichsten Richtungen. Die Werke und literaturtheoretischen Diskussionen der Surrealisten Marko Ristić, Dušan Matić (1898-1980), Milan Dedinac (1902-1966), Aleksandar Vučo (1897-1985) u.a. hinterlassen sichtbare Spuren auch in der serbischen Nachkriegsliteratur. Der Dichter Vasko Popa (1922-1991) verarbeitet die serbische Folklore und Mythologie mit einer von beiden beeinflussten Diktion. Auch die Lyrik Miodrag Pavlovićs (geb. 1928), der sich byzantinischen Motiven zuwendet, trägt die poetologischen Zeichen der Surrealisten.

Bora Ćosić (geb. 1932), ein experimentierender Nachfolger der serbischen surrealistischen Schule und ein großer Verehrer von Miroslav Krleža, der in diesem „kommunistischen Voltaire" (so Kiš) einen Schriftsteller des verschwundenen mitteleuropäischen Bürgertums erkennt, setzt die beste humoristische Tradition der serbischen Literatur fort. Seine Poetik des Katalogisierens von Stereotypen führt zu deren grotesker Verdrehung. Schon Marko Ristić sah im Humor das wirksamste Mittel der Literatur, um die Sinnlosigkeit der Wirklichkeit zu entlarven, verfestigte Meinungen zu desavouieren und Dinge in ungewöhnliche Zusammenhänge zu bringen. Eine wichtige Tradition der serbischen humoristischen Literatur setzte Miodrag Stanisavljević (1941-2005) mit „Den Gepanzerten kitzeln" fort: die der politischen Satire. Radoje Domanović (1873-1908) entwickelte ihre höchsten Formen noch in der Epoche der Moderne. Seine negativ-utopischen Bilder von „Das Leidenland" (*Stradija*), in dem sich Menschen bereitwillig von den Regierenden Stempel auf die Stirn schlagen lassen und ein charismatischer Führer alle ins Verderben führt, wobei erst zu spät erkannt wird, dass er selbst blind ist, wirken heute seltsam aktuell. Auch Radomir Konstantinović (geb. 1928) mit seinem kultursoziologisch-philosophischen Werk „Philosophie des Kleinbürgertums" (*Filozofija palanke*) gehört in die Reihe der serbischen Autoren, die die nationalen Mythen kühn und originell entblößten. Der Kulturanthropologe Ivan Čolović leistet in seinen Untersuchungen der Mythen und der Sprache des Alltags eine ähnliche Auseinandersetzung mit der Banalität des Nationalismus, um die Milošević-Ära zu enthüllen (→ Kap. 18).

Die Tradition der Volksdichtung überflutete die serbische Publizistik und Literatur am Vorabend des Krieges. Während das Beschwören der heldenhaften Vergangenheit bei Milan Rakić (1876-1938) oder Milutin Bojić (1892-1917) angesichts der nationalen Katastrophen berechtigt war, erscheint der Versuch, die schicksalhafte Situation aus dem Ersten Weltkrieg auf die achtziger Jahren zu übertragen, vollkommen deplaziert. Auch die Exodus-Bilder aus der türkischen Zeit in den Szenen der „Vertreibungen" von Milan Komnenić (geb. 1940) dienten als Rechtfertigung für die kompromisslose Kosovo-Politik.

Viel mehr Freiheit zeigten zahlreiche serbische Autoren im Umgang mit den für das kommunistische Regime typischen Themen. Nachdem die Sperren der Zensur durchbrochen wurden, fingen sie an (nicht ganz ohne Risiko), die Tabu-Themen aufzugreifen: Die politische Repression aus der Zeit nach Titos Bruch mit Stalin – Antonije Isaković (geb. 1923) und Slobodan Selenić (1933-1995) – oder die Geschehnisse und Einzelschicksale aus dem Zweiten Weltkrieg und der Revolution – Oskar Davičo (1909-1989), Mihajlo Lalić (1914-1992), Aleksandar Vučo (1897-1985), Aleksandar Tišma – wurden intensiv behandelt und vermischten sich (wie bei Dobrica Ćosić) mit der serbischen nationalen Problematik. Borislav Pekić (1930-1992) ragt mit der Fülle seiner erzähltechnischen und thematischen Innovationen aus der gesamten Literaturlandschaft heraus und lässt sich kaum einer Gruppe zuordnen.

Nicht der Sozrealismus, sondern der Nationalismus war jedoch die vorherrschende Ideologie auch in der zweiten Hälfte des 20. Jahrhunderts. Der Sozialismus hat zwar die traditionellen Prozesse der offenen nationalen Selbstbehauptung in der Literatur kurzfristig unterbrochen, aber gerade deshalb ist die Literatur wie schon oft in der Geschichte die einzige Hüterin der nationalen Werte geblieben, freilich nicht nur in Serbien. Patriotismus durfte nur noch jugoslawisch sein bzw. sich in den Themen aus dem Partisanenkrieg ausleben. Auch hier war zu beobachten, wie eine Ideologie zur Abnutzung der künstlerischen Verfahren beiträgt. Der produktivsten Dichterin der serbischen Literatur, Desanka Maksimović (1898-1997), gelang die seltene Verbindung lyrischer, intimer und reflexiver Stimmungen mit sozialen und patriotischen Themen, wobei sie alle wichtigen Stilrichtungen der serbischen Dichtung in ihrem Œuvre vereinigte.

Die Dichtung des antifaschistischen Widerstands wurde schnell zu einem plakativen und abgenutzten Klischee, das bald parodiert und verfremdet wurde. Die Rückkehr zu nationalen Themen wurde mitunter als eine Art Revolte gegen solche Klischees erprobt, doch auch diese Geste der Befreiung verwandelte sich rasch in eine Ideologie, bewahrte aber sehr lange die Aura des Dissidententums.

Mit dem zeitgenössischen literarischen Nationalismus hat am überzeugendsten Danilo Kiš abgerechnet. Im Unterschied zu dem kroatischen Literatur- und Kulturkritiker Predrag Matvejević, dessen Offenheit und nationale Toleranz ihm sehr nahe stehen, hat er keine sozialistische Ideologie befürwortet. Kiš erkannte das oppositionelle Engagement vieler Autoren als nationalistisch und populistisch und verlangte nach individuellen moralischen und ästhetischen Kriterien. Die Werke einiger anderer „Borgesianer", die von weltliterarischen Trends zeugen, wirken oft blass und nicht überzeugend, da sie als artistischer Eskapismus in einer totalitären Gesellschaft gedeutet werden können (die Schule der kroatischen Phantastik oder Filip David, geb. 1940 in Serbien. David setzte sich während des Krieges für eine Analyse der sprachlichen Kriegspropaganda ein und verfasste viele Essays zu Antikriegsthemen). Nur Danilo Kiš gelingt es, mit den poetologischen Mitteln der borgesianischen unendlichen Bibliothek die Wirklichkeit zu interpretieren, indem er die nationalsozialistischen und stalinistischen Erfahrungen des 20. Jahrhunderts postmodern als eine Wiederholung menschlichen Handelns darstellt und damit ihren universellen „Wert" bloßlegt. Die Borges-Mode wurde auch gewissermaßen in eine entgegengesetzte Richtung instrumentalisiert: Milorad Pavić (geb. 1929) bediente sich ihrer, um seine großserbischen Träume literarisch zu verpacken. Im Unterschied zu den altertümlichen Autoren der Heimatromane hat er als einziger Autor mit einer ausgeprägten nationalistischen Ideologie bemerkenswerten Erfolg in Westeuropa gehabt. Er wurde neben Kiš zum meist besprochenen Autor im Ausland: Das ludische, enzyklopädistische Aufbaumodell seiner Romane gefiel in der Form, man hat aber ihre politische Tendenz meistens verkannt, so die allegorische Anspielung auf das Leiden des serbischen Volkes, aber auch direkte Beschimpfungen der westlichen Demokratien, d.h. des Prinzips der Achtung von nationalen Minderheiten im *Chasarischen Wörterbuch*. In *Die inwendige Seite des Windes* bietet er eine mythisierte politische Geschichte feil, die mit literarischen Mitteln serbische Ansprüche auf Bosnien „historisch" rechtfertigt. Die ideologischen Hintergründe seiner Literatur oder der Literatur von Miodrag Bulatović wurden von der ernst zu nehmenden Kritik im Lande erkannt, in Deutschland aber kaum. Gegen Bulatović richtete auch Kiš seine berühmte antinationalistische Polemik (*Anatomiestunde*).

17.4.6. Makedonische Literatur

Die Entwicklung einer neueren makedonischen Literatur ist von der Loslösung aus den bulgarischen und serbischen literaturhistorischen Zusammenhängen begleitet. Dabei war es das sprachliche Idiom der Slawen aus dem Gebiet des heutigen Makedonien, welches die Slawenapostel Konstantin-Kyrill und Method für ihre missionarische Tätigkeit benutzt haben. Sie legten die Grundlagen der gemeinsamen Kirchensprache, womit sie die kulturelle Entwicklung aller slawischen Völker beeinflusst haben. Ihre Schüler Kliment und Naum von Ohrid gründeten in den Klostern am Ohrider See eine hohe Schriftkultur, die von großer Bedeutung für die Literatur des makedonischen Mittelalters war. Der frühen kulturellen

Blüte, die durch die geographische Nähe zum byzantinischen Zentrum bedingt war, folgte die Zeit der Stagnation. Die Klöster bewahrten bis in das 19. Jahrhundert ihre Rolle im Bildungssystem; der Weg zum neuen literarischen Idiom wurde erst im 20. Jahrhundert gefunden. Erst dem Lyriker Koča Racin (1908-1943) gelingt der Durchbruch zum dichterischen sprachlichen Ausdruck, der sich in der zeitgenössischen Literatur entfaltet: etwa bei dem Lyriker Blaže Koneski (1921-1993) und dem Autor postmoderner historischer Romane mit makedonischen Themen Slavko Janevski (1920-2000).

17.5. Nachtrag

In den literarischen Produktionen der neuen Länder spiegeln sich die gesellschaftlichen Veränderungen des letzten Jahrzehnts unverkennbar wider, was ihnen ästhetisch durchaus zum Vorteil gereicht. Die damaligen Diskussionen um die führende Rolle der Schriftsteller als nationale Barden, als kritische Intellektuelle oder als wegweisende moralische und somit politische Autoritäten erscheinen wie ein Relikt aus sozialistischer Vergangenheit. Dass sie in der Periode des Untergangs des Sozialismus und des blutigen Zerfalls Jugoslawiens aufgeflackert waren, kann nicht verwundern.

Ohne sich ausdrücklich um solche Themen zu kümmern, hat etwa in Kroatien – nach der Erfahrung des Krieges und nach der politischen Wende – eine neue Generation zu schreiben begonnen, die erstaunlicherweise die Bestsellerlisten eroberte. In den Zeiten des Sozialismus, als die Literatur als kostbares nationales Gut und letzte Oase der Freiheit galt, erreichten die einheimischen Autoren selten derartige Popularität. Vorbereitet wurde diese Veränderung schon in den Achtzigern, als sich eine Gruppe junger Autoren und Autorinnen um die Zagreber Zeitschrift **„Quorum"** versammelt hatte, um philosophische, soziologische, literaturtheoretische und andere Themen aus aller Welt zu diskutieren. Mit diesem Prozess ging eine rege Übersetzungstätigkeit einher; vor allem damals aktuelle Texte der postmodernen Theoretiker wurden einer breiten Leserschaft zugänglich gemacht. Zugleich veröffentlichte „Quorum" Lyrik, Prosa und Essays der „Jungen", die eine neue Sensibilität mitbrachten und sich von den „Alten", welche sich in einer repressiven Gesellschaft nur sehr zaghaft hatten entwickeln können, schon recht deutlich unterschieden. Diese junge Generation wurde vom Krieg überrascht und brutal in ihrem Aufschwung gestoppt. Dennoch griffen nach dem Krieg viele, die ihr angehörten, wieder zur Feder und wurden zum Vorbild für weitere jüngere Literaten. Einige der heute publizierenden Autoren und Autorinnen waren während des Krieges noch im Kindesalter und haben keine Erinnerung an den Sozialismus und an den einst gemeinsamen Staat.

Die „Quorum"-Generation stehe hier stellvertretend für andere ähnliche Gruppierungen, die sich um verschiedene Zeitschriften, Theater, Musikbühnen oder auch Radiosender gegründet und in den Achtzigern quer durch das damalige Jugoslawien einen Wandel im literarischen wie auch in den Poetiken angestoßen haben. „Mehr als sonst jemand hat Danilo Kiš die Tore der Literatur für uns alle geöffnet, an sein Werk haben wir dann angeknüpft; jeder von uns hat sich ausgehend von ihm auf eigene Art weiter entwickelt", sagte in einem Interview Dalibor Šimpraga. Mit seinem Buch "Die Kaffeestunden des Andrej Puplin" (*Kavice Andreja Puplina*) zeigt er vielleicht am deutlichsten, wie die bedrückende Realität der Neunziger in einer Mischung aus urbaner Umgangssprache, Humor und offenem Ansprechen aller „heißen" politischen Themen zu einem originellen und dichten literarischen Text werden kann. Diese neue Generation wurde immer größeren Publikumskreisen bekannt, und bald kam es in ganz Kroatien zu gut besuchten öffentlichen Autorenlesungen unter dem Namen FAK (Festival der alternativen Literatur). Erstmals nach dem Krieg wurden auch Kontakte zu den serbischen Kollegen jüngerer Generation geknüpft, die ähnlichen Poetiken anhingen, als man 2001 unter dem anspielungsreichen Namen „fuck YU“ (FAK JU!) eine gemeinsame Lesung in Serbien organisierte. Auf nationalistische Politik, soziale Härten der Kriegs- und Nachkriegsgesellschaft und die durch Klischees und Propaganda verzerrten Diskurse reagierten die Autoren und Autorinnen mit der so genannten Wirklichkeitsprosa, mit Tagebüchern und Autobiographien, mit Gedichten und Essays sehr unterschiedlicher Stilrichtung, die also formal und sprachlich nicht auf einen Nenner zu bringen sind, denen jedoch gemeinsam ist, dass sie sich ästhetisch und gedanklich der unendlichen Vielfalt einzelner Schicksale, Ereignisse und Charaktere zuwenden und so einen Kontrast bilden zu den Mythen von Klassen und Nationen, wie sie im zwanzigsten Jahrhundert die Literaten intensiv beschäftigt haben. Die öffentliche Rolle des Schriftstellers wandelte sich unübersehbar. Autorinnen (es sind mehr und mehr Frauen im Literaturbetrieb aktiv) und Autoren sind zunehmend den Rockikonen oder Medienstars ähnlicher als den ehemaligen nationalen Barden oder bewunderten Dissidenten. Viele Schriftsteller sind berufstätig; sie schreiben regelmäßig für Zeitungen, lehren an Schulen und Universitäten oder leiten kleine Verlage.

Literatur

Allgemeines: Antun Barac, *Geschichte der jugoslawischen Literaturen von den Anfängen bis zur Gegenwart*, Wiesbaden 1977 (der bedeutende kroatische Literaturhistoriker wird in seinem Kompendium den Besonderheiten der Nationalliteraturen der Kroaten, Serben, Slowenen und Makedonier in besonderem Maße gerecht; er stellt sie übersichtlich in kulturhistorische und politische Zusammenhänge und vergleicht sie sowohl untereinander wie auch mit anderen europäischen Literaturen; muslimisch-bosnische und montenegrinische Literaturgeschichte werden allerdings nicht gesondert betrachtet); Ivo Frangeš, *Geschichte der kroatischen Literatur von den Anfängen bis zur Gegenwart*, Köln, Weimar, Wien 1995; *Kindlers Neues Literatur Lexikon* Band 20, München 1988, darin: Alois Schmaus (fortgeführt von Klaus Detlef Olof), „Die slowenische Literatur“; Marija Smolić, „Die kroatische Literatur“; Alois Schmaus (fortgeführt von Dušan Marinković), „Die serbische Literatur“; Borislav Pavlovski, „Die makedonische Literatur“; Reinhard Lauer, *Serbokroatische Autoren in deutscher Übersetzung. Bibliographische Materialien (1776-1993). Teil 1: Chronologischer Katalog*, Wiesbaden 1995; ders. (Hg.), *Sprachen und Literaturen Jugoslawiens*, Wiesbaden 1985.

Zur serbischen Volkspoesie: Reinhard Lauer (Hg.), *Sprache, Literatur, Folklore bei Vuk Stefanović Karadžić*, Wiesbaden 1987; ders., „Das Wüten der Mythen. Kritische Anmerkungen zur serbischen heroischen Dichtung“, in: ders. und Werner Lehfeldt (Hg.), *Das jugoslawische Desaster. Historische, sprachliche und ideologische Hintergründe*, Wiesbaden 1995; Miljan Mojasević, *Jacob Grimm und die serbische Literatur und Kultur*, Marburg 1990; Angela Richter, „Literaturen im ehemaligen Jugoslawien“, in: Reinhard Lauer (Hg.), *Die slavischen Literaturen heute*. Wiesbaden 2000, S. 13-25; Klaus Roth, *Die Volkskultur Südosteuropas in der Moderne*, München 1992; Andrew Baruch Wachtel: *Making a Nation, Breaking a Nation: Literature and Cultural Politics in Yugoslavia*. Stanford, CA, 1998.

Die Moderne und die Gegenwart: Dagmar Burkhart und Vladimir Biti (Hg.), *Diskurs der Schwelle. Aspekte der kroatischen Gegenwartsliteratur*, Frankfurt a. M., Berlin u.a. 1996; Milo Dor (Hg.), *Das schwarze Licht. Serbische Erzähler der Gegenwart*. Wien 1990; Reinhard Lauer (Hg.), *Die Moderne in den Literaturen Südosteuropas*, München 1991, (Anthologie mit Texten von Crnjanski, Ristić, Dedinac, Matić u.a); ders. (Hg.), *Die literarische Avantgarde in Südosteuropa und ihre politische und gesellschaftliche Bedeutung*, München 2001; Angela Richter, *Serbische Prosa nach 1945: Entwicklungstendenzen und Romanstrukturen*, München 1991; Holger Siegel (Hg.), *In unseren Seelen flattern schwarze Fahnen. Serbische Avantgarde 1918-1939*, Leipzig 1992; Tomo Virk (Hg.), *Die Zeit der kurzen Geschichte: Zeitgenössische Erzählungen aus Slowenien*, Klagenfurt 2001. Aufsätze: Alida Bremer, „Neuere serbische Literatur: Zwischen Geschichte, Mythos und Nation“, in: *Die Neue Gesellschaft. Frankfurter Hefte*, Nr. 5/1992; Giga Gračan, „Was heute anders ist. Der kroatische Essay A. D. 1990-1991“, in: *Most/The Bridge*, (A Journal of Croatian Literature – Croatian Literature Series, Bd. 10), Zagreb 1991; Mathias Jacob: „Vielschichtige Strategien. Ein Blick auf die zeitgenössische kroatische Prosa“, in: Heide Willich-Lederbogen u.a. (Hg.), *Itinera slavica. Studien zur Literatur und Kultur der Slaven. Festschrift für Rolf-Dieter Kluge zum 65. Geburtstag*, München 2002; Krešimir Nemec, „Der kroatische Roman der achtziger Jahre“,

Most/The Bridge (Bd. 3), Zagreb 1990; Svetlana Slapšak, „Serbische Alternativen", in: Alida Bremer (Hg.), *Jugoslawische (Sch)erben. Probleme und Perspektiven,* Osnabrück, Münster 1993; Velimir Visković, „Dossier: Miroslav Krleža", in: *Most/Die Brücke* (Zeitschrift der Gesellschaft kroatischer Schriftsteller), Heft 1-2, 1996.

Prosa mit Kriegsthematik: Bora Ćosić, *Die Zollerklärung.* Frankfurt am Main 2001; Slavenka Drakulić: *Als gäbe es mich nicht*, Berlin 1999; Dejan Dukovski, *Das Pulverfass. Der Reigen der Gewalt*, Berlin 1998; Gerhardt Csejka (Hg.), „Grabreden. Literaturen im Krieg" (*Neue Literatur, Zeitschrift für Querverbindungen,* Nr.1/93, Themenheft Ex-Jugoslawien); Gerhardt Csejka (Hg.), „Bücher sind Brücken" (*Neue Literatur, Zeitschrift für Querverbindungen,* Nr. 1/95, Themenheft zur Literatur in Bosnien-Herzegowina und der Emigration); Miljenko Jergović, *Sarajevo Marlboro*, Wien, 1996; Semezdin Mehmedinović, *Sarajevo Blues*, Göttingen 1999; Dunja Melčić (Hg.), *Das Wort im Krieg. Ein bosnisch-kroatisches Lesebuch*, Frankfurt 1995; Biljana Srbljanović, *Belgrader Trilogie/Familiengeschichte, Belgrad. Zwei Stücke.* Frankfurt am Main 1999; Dubravka Ugrešić: *Das Museum der bedingungslosen Kapitulation.* Frankfurt am Main 1998.

Kulturanthropologische Studien: Dagmar Burkhardt, *Kulturraum Balkan: Studien zur Volkskunde und Literatur Südosteuropas*, Hamburg 1989; Ivan Čolović, *Bordell der Krieger. Folklore, Politik und Krieg,* Osnabrück 1994; Dittmar Dahlmann und Wilfried Potthoff (Hg.), *Mythen, Symbole und Rituale: Die Geschichtsmächtigkeit der „Zeichen" in Südosteuropa im 19. und 20. Jahrhundert*, Frankfurt am Main u. a. 2000; Gerhard Gesemann, *Heroische Lebensform. Zur Literatur und Wesenskunde der balkanischen Patriarchalität,* Berlin 1943; Karl Kaser, *Hirten, Kämpfer, Stammeshelden. Ursprünge und Gegenwart des balkanischen Patriarchats*, Wien Köln Weimar 1992; Pål Kolstø (Hg.), *Myths and Boundaries in South-Eastern Europe*, London 2005; Sanimir Resic & Barbara Törnquist-Plewa (Hg.), *The Balkans in Focus. Cultural Boundaries in Europe*, Lund 2002; Gabriella Schubert, „Die Frau in der volkstümlichen Vorstellungswelt der Völker im Donau-Balkan-Raum", in: Uta Grabmüller und Monika Katz (Hg.), *Zwischen Anpassung und Widerspruch. Beiträge zur Frauenforschung am Osteuropa-Institut der Freien Universität Berlin*, Wiesbaden 1993; Gabriella Schubert: „'Heldentum' auf dem Balkan – Mythos und Wirklichkeit", *Zeitschrift für Balkanologie* 19 (1993) 1; Richard Wagner, *Der leere Himmel. Reise in das Innere des Balkan*, Berlin 2002.

18. Nationale Symbole zwischen Mythos und Propaganda

Ivo Žanić

18.1. Das politische Imaginarium der kroatischen Nationalgeschichte

Die symbolische Dimension der Politik steht immer in einem bestimmten Verhältnis zur materiellen Grundlage der politischen Macht, und deshalb ist es so gut wie undenkbar, dass ein politisches System ohne diese Dimension existieren und agieren kann. Weder kommt Politik ohne Symbole und begleitende Rituale aus, noch kann ein politisches System ausschließlich auf rationale Prinzipien gegründet beziehungsweise frei von symbolischen Konnotationen sein. Jede Gesellschaft besitzt ihre eigene Mythologie, jede Kultur verfügt über ihr eigenes Füllhorn an Machtsymbolen, die von ihren Wurzeln zeugen und ihre Normen bestimmen. Einige solcher Systeme oder politische Imaginarien drehen sich um große Einzelpersonen, andere wieder um berühmte Ereignisse; die einen wie die anderen definieren sich jedoch, ob sie eine historische Grundlage haben oder nicht, über ein Netz symbolisch ausgeprägter Inhalte.

Solche Systeme sind niemals statisch, weder in ihrer Ganzheit noch in Teilbereichen, sondern unterliegen ständig Ausweitungen oder Verengungen, Sinnverschiebungen oder funktionalen Variationen, die wiederum von Veränderungen in den Machtverhältnissen abhängen. Sie schließen in der Regel bestimmte Grundinhalte oder gewisse gemeinsame Komponenten ein, sonst könnten sie nicht politisch funktional, ganzheitlich und semantisch produktiv sein. Meist handelt es sich um folgende Elemente:

1. Die Gestalt des Gründers, des Protagonisten einer Urhandlung, mit der die Gemeinschaft aus dem Chaos in den Kosmos, in die Geschichte eintritt. Historisch gesehen ist dies für die Kroaten König Tomislav, für den der Titel *rex* im Jahr 925 n.Chr. urkundlich bezeugt ist (→ Kap. 3). Seine Krönung und Herrschaft wurden später jedoch von verschiedenen Ideologien mit zahlreichen, oft widersprüchlichen Inhalten ausgeschmückt.

2. Das Motiv der Zwietracht, häufig verbunden mit dem Motiv der Naivität, womit das kollektive Bewusstsein nachträglich Missgeschicke aller Art wie Besatzungen, wirtschaftliche Rückschläge/Einbußen, ja sogar Naturkatastrophen zu erklären versucht. Die kroatische Legende verbindet ein solches unheilvolles Moment mit König Zvonimir: Auf Ersuchen des Papstes wollte er die Kroaten in einen Kreuzzug führen. Sie lehnten es jedoch ab, außerhalb ihrer Heimat in den Krieg zu ziehen, und wandten sich sogar erbittert gegen ihren ansonsten gütigen König. Da sprach dieser einen Fluch über sie aus, dass sie von nun an stets einen Fremden zum Herrscher haben bzw. unfähig sein würden, einen eigenen, unabhängigen Staat zu errichten.

3. Die Gestalt des Rebellen, die zur Gründergestalt sowohl komplementär wie auch entgegengesetzt sein kann. Während der Gründer einer Elite angehört und deren Ergebenheit dem Volksinteresse gegenüber bezeugt, stammt der Aufständische aus dem Volk und symbolisiert dessen Wunsch nach einer gerechten Gesellschaft und Gleichheit vor dem Gesetz, seinen Widerstand gegen fremde Herrscher sowie gegen ungerechte einheimische Herren. Solch ein kroatischer Wilhelm Tell ist Matija Gubec, der 1573 den Bauernaufstand gegen die Grundherren in Nordwestkroatien anführte (→ Kap. 3).

Derartige Modellgestalten bzw. die Ereignisse, deren Hauptakteure sie sind, gehen ein ins Bedeutungsgefüge des *Konzepts einer historischen Mission* oder in die *grundlegende Fabel*, anhand derer die betreffende Gemeinschaft ihren Platz im weiteren räumlichen und zeitlichen Rahmen definiert. Die Lehre von der Mission der eigenen Nation taucht in den frühen Konstituierungsprozessen der europäischen Nationen auf. Im 16. Jahrhundert entsteht der Gedanke von der kulturellen Führungsrolle des französischen Volkes, im 17. Jahrhundert küren die Puritaner die Engländer zum auserwählten Volk und Beschützer der protestantischen Völker. Ende des 18., Anfang des 19. Jahrhundert vertreten Johann Gottlieb Fichte und Ernst Moritz Arndt die Ansicht, nur die Deutschen seien Kulturträger und als solche den slawischen und romanischen Völkern überlegen. Vittorio Alfieri (1749-1803) und Giuseppe Mazzini (1805-1872) sehen die Mission der italienischen Nation darin, Avantgarde der übrigen Nationen in puncto kulturelle Entwicklung und geistige Freiheit zu sein. Adam Mickiewicz (1798-1855) entwickelt in der historischen Situation der Teilung Polens das Bild von Polen als dem gekreuzigten Christus unter den Völkern, dessen Auferstehung die Menschheit erlösen wird.

Der vorherrschende kroatische politische Mythos sieht die Kroaten und Kroatien als „Schutzwall" oder „Bollwerk des Christentums". Dieser Begriff versteht sich nicht nur im religiösen Sinn, sondern als Verteidigung der kulturellen, politischen und ethischen Werte des westlichen Europa vor dem „aggressiven und primitiven" Osten. Historisch hat als erster Bernard von Clairvaux 1143 den Begriff *antemurale christianitatis* gebraucht, und zwar im Zusammenhang mit fränkischen Kriegern, die Edessa (heute die Stadt Urfu in der Südtürkei) vor den muslimischen Seldschuken verteidigten. In das kroatische politische Imaginarium eingegangen ist dieses Motiv erst dreieinhalb Jahrhunderte später, mit dem Vordringen der Osmanen im Westen des Balkan. Der polnische und kroatisch-ungarische König Vladislav II. Jagello kannte 1496 Slawonien als „vorzügliches Schild oder vielmehr Schutzwall" *(antemurale)* Ungarns. Auf dem Reichstag der christlichen Länder 1522 in Nürnberg bezeichnete Ferdinand von Habsburg die Kroaten als Vormauer der christlichen Welt vor dem osmanischen, also islamischen Ansturm. Dieses Motiv übernehmen sofort auch die kroatischen Adligen, Militärkommandanten und Schriftsteller, und so wirkt es in verschiedenen Variationen bis heute in der kroatischen Literatur, im gesellschaftlichen Bewusstsein und im politischen Gedankengut fort, obwohl sich die historischen Umstände seiner Entstehung ebenso wie die politischen Kategorien, in denen es zum Tragen kam, längst verändert haben.

Typologisch ist dieses Motiv weit verbreitet, denn nationale Ideologien haben bei Völkern, die Kriege gegen nichtchristliche Gegner führten, regelmäßig das historische Abbild vom eigenen Volk als dem „Retter des (christlichen) Europa" erzeugt. So war es in Polen und in Ungarn, wo das Bewusstsein vom „Bollwerk" und das Bild des Landes als „Schild" und „Mauer" des Westens in jüngerer Zeit, während des Aufstandes 1956, kräftig wiederauflebte, ebenso in Serbien und Bulgarien. Gleiches finden wir in Spanien, wo diese Thematik vor dem historischen Hintergrund der mittelalterlichen Reconquista insbesondere vom Frankismus forciert wurde, und in Portugal, wo nach dem Beitritt zur Europäischen Gemeinschaft 1986 das alte Motiv in der Variante wieder auftauchte, dass das Land als äußerster westlicher Punkt des Kontinents „Wächter" oder „Hüter" vor lateinamerikanischen Einwanderern sei. Natürlich entwickelte sich auch auf der anderen Seite der ehemaligen Frontlinie, bei den bosnischen Muslimen, das gleich geartete Thema vom Schutzwall oder Bollwerk und das Bewusstsein von den Verdiensten der Bosniaken für die Osmanen. Der Dichter und Dramatiker Riza-Beg Kapetanović legte 1907 einem seiner Helden die

Überzeugung in den Mund, der Sultan werde wohl zu schätzen wissen, „welches Schutzschild wir sind / an der Grenze zu Europa".

Um 1700, als sich die österreichisch-osmanische bzw. kroatisch-bosnische Grenze gefestigt hatte und die Kriege vorbei waren, verschwindet das Motiv vom Bollwerk des Christentums in seinem ursprünglichen Sinn aus der kroatischen Politik. Auch in der Literatur gibt es immer weniger gegen die Osmanen gerichtete Motive, dafür aber um so mehr Sympathie für die bosnisch-muslimische Welt. Die *Illyristen*, d.h. die Vorreiter der kroatischen nationalen Wiedergeburt, und das Bürgertum der dreißiger Jahre des 19. Jahrhunderts vertreten als erste im südöstlichen Europa die Ansicht, dass die Bosniaken keine Türken seien, die man zusammen mit dem Osmanischen Reich nach Asien zurückdrängen müsse. Und Ante Starčević, der Gründer und Ideologe der Kroatischen Rechtspartei, ist der erste europäische Politiker, der seiner Achtung gegenüber dem Islam Ausdruck gibt (→ Kap. 3).

Der Glaube allgemein war vom 17. bis zum 19. Jahrhundert von keinerlei Bedeutung für die kroatische Ideologie der nationalen Integration, denn die politischen Projekte, mit denen diese konfrontiert war, stammten aus dem konfessionell gleichen, katholischen Umfeld: Österreich, Ungarn und Italien. Erst nach der Gründung Jugoslawiens erlangte der Katholizismus eine wichtige Rolle als unterscheidendes Element gegenüber den orthodoxen Serben. Die kroatische „postillyrische" Kultur hat keine „Kriegs"-Modelle entwickelt, und in der kroatischen Literatur gibt es nur wenige Kriegsmotive. Auch der kroatische Historismus des 19. Jahrhunderts war nicht militant: Im Mittelpunkt der Genremalerei stehen keine blutigen Schlachten gegen die Türken, sondern idyllische, nicht im geringsten kriegerische Szenen von der *Ankunft der Kroaten am Adriatischen Meer* oder von der *Krönungsparade König Tomislavs.*

Die kroatischen nationalen Apologeten und Ideologen waren einseitig historistisch, aber ihnen blieb nichts anderes übrig, als auf diese Art Ansprüche zu legitimieren. Denn auch der Habsburger Hof, Venedig, die ungarischen Rechtstheoretiker – sie alle bedienten sich historischer Argumente, um die sukzessive Verkleinerung des kroatischen Hoheitsgebiets zu rechtfertigen oder seine frühere munizipale Selbständigkeit zu leugnen. Daher ist ein vorbildlicher kroatischer Patriot weniger ein Krieger, der den Feind auf dem Schlachtfeld besiegt, sondern eher ein Jurist, Schriftsteller oder Geistlicher, der in parlamentarischen Diskussionen oder bei einem öffentlichen Meinungsstreit mittelalterliche Urkunden und Verträge zitiert und den Beweis erbringt, dass sein Volk das Recht auf einen selbständigen Staat hat und es verdient, in seinem Bestreben die Unterstützung aller demokratischen Länder zu genießen.

Solch legalistischer Historismus hatte auch seine Kehrseite: Da das mittelalterliche Kroatien bedeutende Teile des heutigen Bosnien-Herzegowina umfasste, reichte es zeitweise bis an die Drina; und genauso weit sollte sich auch das „erneuerte Kroatien" erstrecken. Dieses Kriterium entsprach zudem den konfessionellen und kulturellen Vorstellungen, denn die Drina bildete die unter Kaiser Theodosius gesetzte Grenze zwischen Oströmischem und Weströmischem Reich, zwischen Byzanz und Rom bzw. – im Verständnis der örtlichen Bewohner – zwischen orthodoxem Serbentum und katholischem Kroatentum. Nachdem in Belgrad im Jahre 1873 eine halboffizielle „historisch-ethnographische" Karte der „serbischen Länder" gedruckt worden war, wonach in ganz Kroatien Serben und bei Zagreb einige wenige „Serbokroaten" lebten, antworteten studentische Anhänger der Kroatischen Rechtspartei 1876 mit einer Landkarte vom „kroatischen Staat", die man zu Ehren des „800. Jahrestags der Krönung von Zvonimir, des Königs aller Kroaten" drucken ließ. Dies war die erste konkrete Visualisierung eines „Großkroatien" oder eines „Kroatien bis an die Drina", die nicht mehr innerhalb eines intellektuellen, rechtsphilosophischen Wettstreits eine Rolle spielte, sondern in aktuelle Tagespolitik direkt eingebunden war. In späteren großkroatischen ideologischen Entwürfen erlangte diese Karte, mit geringfügigen Variationen, Kultstatus.

Eine solche räumliche Vorstellung konnte nur dazu dienen, das Motiv vom Bollwerk bzw. Schutzwall oder der Grenze zu verstärken und semantisch produktiv zu erhalten, auch nachdem es seinen ursprünglich gegen die Osmanen, faktisch aber gegen den Islam gerichteten Sinn verloren hatte. Graf Janko Drašković, Autor des ersten kroatischen politischen Pamphlets von ausgeprägt programmatischer Bedeutung, beschreibt Kroatien 1832 folgendermaßen: „Wir liegen in der Mitte Europas, uns droht der Osten wie der Westen." Und einige Jahrzehnte später meint Ante Starčević, dass die Kroaten, indem sie für ihre Existenz kämpfen, „seit fünf Jahrhunderten dem Osten wie dem Westen trotzen". In Dalmatien, zur Zeit, als Kroaten und Serben gemeinsam Widerstand gegen Österreich und Italien leisten, betont der Rechtsanwalt und katholische Geistliche Mihovil Pavlinović den Gedanken, dass die Kroaten dazu berufen seien, dem serbischen Osten „eine Vorhut zum neidischen und zweifelhaften Westen" zu sein. Nachdem die serbischen Politiker jedoch eine proitalienische Haltung eingenommen hatten und es 1879 zur Trennung gekommen war (→ Kap. 3), weist er mit Stolz darauf hin, dass die Kroaten römisch-katholisch seien und zu Europa und dem Westen gehörten, während „das Volk und der Staat der Serben das Merkmal besitzen, griechisch-katholischen oder byzantinischen Glaubens" zu sein.

Im Zeitalter der Romantik wird mit dem Motiv des Schutzwalls immer häufiger das Motiv der *Undankbarkeit des Westens* verbunden bzw. als Umkehrung desselben die Haltung, dass die Kroaten ein gutmütiges, unverdorbenes Volk seien: Es habe daran geglaubt, dass sich Europa an sein Opfer erinnern, es dafür belohnen und ihm in der Not Beistand leisten werde, was sich nun in der rauhen Welt der Politik als verhängnisvolle Naivität erwiesen habe. Der Dichter und hohe österreichische Offizier Peter Preradović hat diese kroatische Enttäuschung 1851, im Zeitalter des Bachschen Absolutismus, zusammengefasst, indem er auf das Motiv der legendären Schlacht zurückgriff, in der die Kroaten im 13. Jahrhundert die „wilden Horden" der Tataren zerschlagen und dergestalt mit ihrem Blut „den gesamten Westen" gerettet hätten. Er fragte sich: „Und was hat der Westen uns gegeben / Für diesen Dienst? / Ew'gen Hass und schlechtes Beispiel, / Und böse Gelehrsamkeit."

Aus diesem Grund wandte sich der Dichter voll Hoffnung dem Slawentum zu, in erster Linie dem großen Russland, und rief die Kroaten dazu auf, ein „Schutzwall des Ostens" zu werden. Er beschreitet so den Weg in umgekehrter Richtung, wie wenig später in Dalmatien auch Pavlinović.

Aus dem Motiv des Schutzwalls, aus der Beschwörung einer Position der Mitte, des Grenzlands, entspringt wie selbstverständlich ein anderes Motiv: das der Brücke, wobei diese beiden Motive einer ständigen wechselseitigen Beeinflussung unterliegen. Nach 1918 sind die Befürworter eines selbständigen Kroatien der Ansicht, dass die westlich ausgerichteten, katholischen Kroaten auf dem orthodoxen Balkan, der eine Domäne der Serben sei, nichts zu suchen, sondern ein Schutzwall des Westens zu sein hätten. Ihre Gegner vertreten die Idee, die Kroaten hätten eine allgemeine europäische Mission zu erfüllen, und zwar die einer Brücke zwischen Orient und Okzident, Rom und Byzanz. Ihre Aufgabe sei es – indem sie sich mit den Serben in einem Jugoslawien zusammenschlössen –, endlich diese zwei, seit Jahrhunderten einander entgegengesetzten Welten zu vereinen. Der größte kroatische Schriftsteller des 20. Jahrhunderts, Miroslav Krleža, ironisiert 1919 das Bild vom Bollwerk und versucht, den Blickwinkel zu wechseln, indem er sich fragt: „'Europas Vorhut' zu sein, oder nicht zu sein – was bedeutet das wirklich? Wieviel von diesem unglücklichen Europa gibt es heutzutage unter uns?" Im Kriegsjahr 1944 zeigt er jedoch seine Enttäuschung noch umfassender als Preradović. Die Kroaten waren über Jahrhunderte ein *antemurale*, für Byzanz, für den Papst, für Venedig und ganz besonders für Österreich, das der osmanische „Teufel schon im 16. Jahrhundert mitgenommen hätte, hätte er dafür nicht in dessen Namen und auf dessen Kosten uns mitgehen lassen".

Die Ideologie der Ustaschas nimmt das Motiv des Schutzwalls wieder auf und stellt die Kroaten als Grenzsoldaten dar, die Gott für diesen Platz bestimmt hat, um weiterhin zwei unüberbrückbare Welten voneinander zu trennen: Sie hätten sich „vor tausend Jahren" für die westliche Zivilisation entschieden, hätten jahrhundertelang die byzantinischen und osmanischen Vorstöße zum „Vorteil von ganz Europa" abgewehrt, und jetzt seien sie der stärkste Wall Mitteleuropas gegen den Bolschewismus. Die Kommunisten dagegen sprechen im Kontext des Kalten Krieges von Jugoslawien als einer Brücke: Jugoslawien ist weder Ost noch West, weder kommunistisch (auf sowjetische Art) noch kapitalistisch, es ist gleichzeitig Europa in der Dritten Welt (in der Bewegung der Blockfreien) und Dritte Welt in Europa, also ein natürliches Bindeglied und ein Treffpunkt der Welten.

Unter diesem Blickwinkel werden auch die erwähnten Rollen dreier repräsentativer Gestalten aus dem kroatischen politischen Imaginarium neu definiert. Tomislav bleibt positiv besetzt, der Akzent verschiebt sich jedoch auf ein Ereignis aus dem Jahre 924 n.Chr., wodurch der kroatische König des Mittelalters als eigenartiger Vorläufer der jugoslawischen Idee präsentiert wird. Damals hatten nämlich Flüchtlinge aus Serbien vor den bulgarischen Eroberern Schutz in Tomislavs Kroatien gefunden. Dies erlaubte, dass Tomislav auch im jugoslawischen, transnationalen Kontext als Symbol des kroatischen Rechts auf einen eigenen Staat gelten konnte, mit der Ergänzung freilich, dass dieser Staat nur Sinn habe, wenn er in „brüderlicher Zusammenarbeit" mit den anderen Südslawen, insbesondere den Serben, gestaltet werde. Zvonimir wird völlig neu bewertet: Aus kroatisch-nationaler Perspektive war er trotz seines verhängnisvollen Fluchs eine positive Gestalt, denn seine Ergebenheit dem Papst gegenüber symbolisierte die Zugehörigkeit des Landes zum westlichen politischen Kulturkreis, während aus der Sicht der jugoslawischen Kommunisten genau dies sein größter Fehler war, ein Symbol dafür, dass er sich an den Westen verkauft habe. Das Volk habe gut daran getan, ihn umzubringen, denn so habe es nicht zugelassen, von einem Vertreter ausländischer Interessen manipuliert zu werden.

Matija Gubec jedoch erlebte eine Apotheose: So, wie er die Bauern im Kampf gegen ihre Feudalherren anführte, haben vier Jahrhunderte später die Kommunisten die „Arbeiterklasse" in die Revolution gegen die „bürgerlichen Ausbeuter" geführt, wobei die symbolische Identifikation umso stärker war, da Tito aus derselben Gegend wie Gubec stammte. Im romantischen nationalen Kult ist Gubec weder ein kriegerischer Aufrührer noch ein volkstümlicher Heerführer, sondern ein Idealist, der an die Gleichheit aller Menschen glaubt. Das bekannteste Gemälde zu dem Thema zeigt nicht die Schlacht der Bauern gegen die Armee der Feudalherren, sondern den Akt von Gubec' Hinrichtung: Es konzentriert sich also auf die einsame Gestalt, die ihre persönliche Tragödie erlebt. Das große Schlachtengemälde zum Thema des Bauernaufstandes, „Die Schlacht bei Stubica" von Krsto Hegedušić, ist erst im Auftrag des kommunistischen Monumentalismus und seiner Kriegslust entstanden. Die Szene mit Tito am Schreibtisch, in der das erwähnte Gemälde Hegedušićs so gut wie die gesamte Fläche hinter Titos Rücken einnimmt, ist eines der wichtigsten Elemente des jugoslawischen Imaginariums und des Persönlichkeitskults um Tito.

Die Nichtkommunisten betrachteten die Dinge selbstverständlich mit konträrem Blick. In den Augen des politischen Emigranten und Dichters Antun Bonifačić wurde Kroatien wiederum seine Grenzlage zum Verhängnis. Indem der Westen nach dem Zweiten Weltkrieg noch einmal die Neugründung Jugoslawiens zugelassen und die Regierung Titos, eines Kommunisten und Verbündeten der Sowjets, anerkannt habe, sei der eigensüchtige, undankbare Westen erneut zum Verräter der Kroaten geworden: „Grenze zum Osten sind wir nun, die Gruft hat der Westen uns gegraben /.../Am einen Gestade der Osten, am anderen der Westen, das größte kroatische Blutbad haben sie bereitet".

Das Motiv von Kroatien als Schutzwall lebte im jüngsten Krieg mit neuer Kraft wieder auf, zuerst während der serbischen Aggression als Teil des Kontrasts vom zivilisierten Westen (Kroatien) und dem unzivilisierten Byzanz (Serbien), und später, als der Konflikt mit den Bosniaken ausgebrochen war, auch im ursprünglichen Sinn der Verteidigung des christlichen Europa vor der muslimischen, „türkischen" Gefahr. Wie Kroatien einst „die klingende Bezeichnung Bollwerk des Christentums" erhalten hat, so ist es „heute ein Bollwerk der Demokratie, die es in den jetzigen Unbilden mit seinem Leben verteidigt", schrieb der Schriftsteller Dubravko Horvatić 1991, und sein Kollege Jozo Laušić fügte im gleichen Jahr hinzu: „Der einzige Unterschied zwischen damals und heute besteht darin, dass früher die Pforte ihren Sitz in Konstantinopel hatte und die Aggression im Namen Allahs ausgeübt wurde, während heute die Pforte in Belgrad sitzt und die Aggression im Namen des Marxismus stattfindet." Der politische Kommentator Danko Plevnik kehrte Europa gar zornig den Rücken und gab den Europäern 1994 enttäuscht zu verstehen: „Sollen sie sich für die nächsten fünfhundert Jahre doch einen anderen Schutzwall suchen." Im Unterschied dazu glaubte der stellvertretende kroatische Außenminister Miomir Žužul 1992, dass der Westen dem bedrohten Kroatien wiederholt helfen werde, wenn auch erneut im Kontext von dessen Mission: „Unglücklicherweise sind wieder wir der exponierteste Teil, wieder bekommen wir die historische Aufgabe, ein Schutzwall des Christentums zu sein. Wir (...) liegen an der Grenze zweier Zivilisationen".

So ist es nur natürlich, dass im neuen politischen Blickwinkel der endlich gewonnenen Selbständigkeit auch die drei repräsentativen Kroaten neue Konnotationen erhalten. Bei Tomislav verlagert sich der Akzent auf die Krönung. So wie einst hinter Titos Rücken das Bild vom revolutionären Akt des Gubec hing, zum Beweis, dass die Kroaten fähig seien, einen (ungerechten) Staat zu bekämpfen, so war bei protokollarischen Anlässen hinter Präsident Tuđman meist das Gemälde von Oton Iveković, die Krönung König Tomislavs zu sehen, zum Beweis, dass die Kroaten imstande sind, einen Staat zu gründen. Die Unterstützung des Königs für die serbischen Flüchtlinge andererseits wird zum Nachweis dafür, dass man mit Jugoslawien definitiv brechen müsse: Als kultiviertes und gutmütiges, aber offensichtlich naives Volk hätten die Kroaten den Serben geholfen, als diese ihre schwerste Stunde erlebten. Wie die Serben dies vergolten haben, konnte jeder im Herbst 1991 in Dubrovnik und in Vukovar sehen. Der Musikant und Volkssänger Željko Šimić bringt deshalb die gleiche Botschaft zum Ausdruck wie vor ihm Preradović, Bonifačić und viele andere, wenn er beklagt, dass die Kroaten von den Serben statt Dankbarkeit nur Feindschaft und unfaire Angriffe ernteten, obwohl König Tomislav sie doch vor der Aggression der Bulgaren bewahrt habe.

Die größte symbolische Umdeutung hat interessanterweise Matija Gubec erfahren, nicht einmal so sehr deswegen, weil er im jugoslawischen Kontext in eine Art Protokommunist verwandelt worden war, sondern eher deshalb, weil er die Tatsache vernachlässigt hatte, dass nicht die rechtliche innere Ordnung des Staates, sondern der Staat als solcher den höchsten Wert darstelle. Der kroatische Parlamentsabgeordnete Hrvoje Šošić nannte Gubec 1993 einen „Vagabunden und Hochstapler", der einen „Aufstand gegen das kroatische Volk angezettelt hat, anstatt an der türkischen Grenze zu kämpfen". Für den armen Bauern konnte es keinen Platz mehr geben im neuen kroatischen Imaginarium, das voll und ganz von der Aristokratie ausgefüllt wurde, die als Vertreterin der Staatsidee bzw. der militärischen

Macht den Staat am eindrucksvollsten veranschaulichte. Anstelle der Kontinuität Gubec – Tito wurde nun die Kontinuität König Tomislav – Tuđman postuliert; Tito hat Gubecs Werk vollendet, Tuđman dasjenige von Tomislav. Unter ihm sei, wie Tuđman es nach den militärischen Erfolgen im Sommer und Herbst 1995 zur Jahreswende 1996 ausdrückte, „der selbständige kroatische Staat entstanden, zum ersten Mal seit Tomislavs und Krešimirs Zeiten, und musste als regionale Macht anerkannt werden".

Um das zu ermöglichen, war es notwendig, sich auch symbolisch auf Zvonimir zu beziehen bzw. zuallererst die Wirkung seines verhängnisvollen Fluchs aufzuheben: die Einheit zwischen Volk und Herrscher aufzubauen und die pankroatische Eintracht zu erneuern. Denn, wie Präsident Tuđman 1995 wiederholt betonte, „die Zwietracht war der Hauptgrund dafür, dass wir früher keinen eigenen kroatischen Staat hatten", und erst seine HDZ „hat die Versöhnung aller Generationen und Stände des kroatischen Volkes bewirkt" und dann, logischerweise, auch die verlorene Unabhängigkeit wiedergebracht. Seine Apotheose sollte der neue Herrscher bezeichnenderweise gerade in Knin erleben, am selben Ort, an dem vor neunhundert Jahren der verbitterte Zvonimir seinen Fluch ausgesprochen hatte. Ein entsprechendes Huldigungsgedicht an Tuđman nahm 1995 im Parteiwochenblatt der HDZ als eine Art programmatischer Text eine ganze Seite ein: „Zvonimir, wenn du nur auferstehen könntest, /deinen Nachfolger betrachten könntest / ... /Der kroatische König, von neuem in Knin, /hat unsere Heimat befreit /... /Tuđman hat uns die Freiheit gebracht /und das kroatische Volk versöhnt./"

Die staatliche Unabhängigkeit wird so nicht als politischer Prozess in seinem realen historischen Kontext begriffen, sondern als Eingriff eines vom Schicksal auserwählten Individuums in die Geschichte, als erlösender Akt der Aufhebung der Zeit und der Rückkehr in die ursprüngliche Utopie von Eintracht, Harmonie und Einheit. Genau dieses Konzept von Geschichte als einer Straße, auf der das Volk herumirrt, bis der Erlöser erscheint, suggerierte auch eine Festinszenierung im Nationaltheater Zagreb am 14. Juli 1997 zum 75. Geburtstag des kroatischen Staatspräsidenten. Vom Fernsehen direkt übertragen, setzte sich das Stück aus literarischen Fragmenten, Opernarien mit patriotischen Motiven sowie Auszügen aus Originalreden kroatischer Politiker zusammen. Die Inszenierung sollte eine endgültige, offizielle Interpretation der kroatischen Nationalgeschichte geben. In der ersten Szene erscheint nicht, wie vielleicht zu erwarten gewesen wäre, König Tomislav, sondern gerade Zvonimir, der die Kroaten wegen ihrer Zwietracht dazu verdammt hatte, niemals wieder einen unabhängigen Staat errichten zu können. Nach vielen Opfern und Misserfolgen wird zum Schluss anhand von Zitaten aus verschiedenen Schriften und Reden des gegenwärtigen Präsidenten deutlich, wer und auf welche Art und Weise bewirkt hat, dass am 15. Januar 1992 die Kroaten endlich den so ersehnten Augenblick der Unabhängigkeit erleben konnten.

Natürlich liegt das Problem des modernen Kroatien nicht darin, dass es seine politischen Mythen und Imaginarien hat – denn Mythen haben alle Völker –, sondern darin, dass die mythische Thematik auch auf Bereiche der öffentlichen Kommunikation übergegriffen hat, wo sie fehl am Platz ist und ihre Wirkung auch einen Verlust an kreativem und kritischem Verständnis der Wirklichkeit bedeutet. Denn die politische Elite hat es nicht verstanden – vielmehr: nicht gewollt –, einen Diskurs des politischen Denkens zu entwickeln.

Deutsch von Bärbel Schmidt-Šakić

18.2. Zur Geschichte der bosniakischen Mythologie

Die bosniakische Ideologie der nationalen Integration war von Anfang an mit besonderen Problemen belastet. Nicht nur, dass sie analogen Prozessen bei Serben und Kroaten zunächst hinterherhinkte, gravierend war vor allem, dass im kollektiven Gedächtnis und im politischen Imaginarium dieser beiden Völker, besonders der Serben, Gestalten und Ereignisse aus dem Kampf gegen die Osmanen eine entscheidende Rolle spielten. So sahen die bosniakischen nationalen Erwecker und Ideologen sich in eine Defensivhaltung gedrängt und genötigt, den Verratsvorwurf gegen die Islamisierung zu widerlegen und den Glaubenswechsel als eine rationale und ethisch begründete freie Entscheidung darzustellen. Zugleich mussten sie darauf achten, dass das Bekenntnis zum Islam die Zugehörigkeit zum Slawentum nicht ausschloss. Sie mussten sich also ethnisch von der türkischen Identität derjenigen abgrenzen, die Bosnien erobert und den Islam nach Bosnien gebracht hatten.

Anders ausgedrückt, diese ideologische Interpretation musste glaubwürdig den Bruch von 1463 überbrücken und zumindest symbolisch eine Anbindung an die vorosmanische Ära schaffen. Je mehr man das islamische Element betonte und das politische Imaginarium auf exemplarische Persönlichkeiten aus der osmanischen Epoche reduzierte, desto mehr gefährdete man die gewünschte Kontinuität und entfernte sich von den symbolischen Legitimationen der vorislamischen Epoche – und umgekehrt.

So kam dem Verhältnis zum mittelalterlichen Königreich Bosnien und seiner religiösen Identität, insbesondere zur so genannten Bosnischen Häresie, bzw. zur Bosnischen Kirche eine Schlüsselstellung im bosniakischen politischen Mythos zu. Diese Häresie wurde in verschiedenen ideologisch-politischen Konzeptionen, in und außerhalb Bosniens, während der letzten 150 Jahre als ein etabliertes und doktrinär begründetes Massenphänomen dargestellt. Als Grundlage dafür dienten die Arbeiten des Historikers Franjo Rački (1828-94) und sein Begriff der „Bogumilen“, geformt im Kontext der kroatischen Romantik als „Jene schöne Häresie, auf welche die Kroaten so stolz waren und die mit dem tschechischen Hussitentum wetteiferte“ (A. Vaillant) (→ Kap. 4).

Die serbische und die kroatische Nationalbewegung rechneten die Bosnische Kirche der Orthodoxie beziehungsweise der katholischen Kirche zu und leiteten daraus ihre Ansprüche auf Bosnien und seine Bevölkerung ab. Die Muslime verwendeten das gleiche Motiv, allerdings um sich damit von Serben und Kroaten abzugrenzen und die eigene Identität mit dem Bogumilentum als natürlicher Grundlage für die Konvertierung zum Islam zu untermauern.

Safet-Beg Bašagić (1870-1934), Publizist, Politiker (Präsident des bosnischen Parlaments) und Übersetzer, spielte bei der Entstehung dieses Ideologems eine Schlüsselrolle. Schon sein Vater Ibrahim-Beg hatte, unmittelbar nachdem Bosnien unter österreichisch-ungarische Verwaltung gekommen war, Artikel über Muslime und islamisierte Christen aus Bosnien veröffentlicht, die sich in der osmanischen Verwaltung, Armee und im Kulturleben hervorgetan hatten. Der Ethnograph Mehmed-Beg Kapetanović nannte die Helden der muslimischen Epik Träger des bosnischen Ruhms, Heldentums und freiheitlichen Selbstbewusstseins. Bašagić war dann der erste, der patriotische Verse in der Volkssprache verfasste und eine geschlossene, nationale Ideologie ausformte. Er griff Schlüsselmomente der Nationalgeschichte heraus und stellte ein Pantheon exemplarischer Gestalten zusammen. Diese Symbole drückten aus, dass die bosnischen Muslime ein slawisches Volk, also keine Türken seien und dass „die Bogumilen und niemand anderes“ den Islam „den Katholiken und Orthodoxen zum Trotz“ übernommen hätten.

Erstmals tritt Bašagićs Konzeption der Kontinuität einer bosnischen Nationalität von den Bogumilen bis zur Gegenwart im Gedicht *Innerhalb der Stadtmauern von Jajce* zutage.

Darin wird „unser heiß geliebter Banus Kulin“ gezeigt, der dem Anführer des autonomistischen Aufstandes aus den dreißiger Jahren des 19. Jahrhunderts, Husein-Beg Gradaščević, die patriotische Botschaft überbringt. Die grundlegenden Ideologeme legte Bašagić systematisch in seinem Buch *Kurze Einführung in die Geschichte Bosniens und Herzegowinas* dar, das auf der Idee basierte, die Geschichte sei ein besonderer Vertrag zwischen den Verstorbenen, Lebenden und noch Ungeborenen eines Volkes. Er stützte sich dabei auf die handschriftliche Chronik des Salih Hadžihuseinović, des „Astronomen“ (*Muvekit*) der Beg-Moschee in Sarajevo, in der die Ereignisse in Bosnien von Banus Kulin bis zum Jahre 1878 vermerkt sind.

Bašagić zufolge waren die bosnischen Muslime legitime Nachfahren und Erben der Bogumilen, und der Adel, dem er selbst angehörte, Hüter der heimischen Traditionen, der Ethik und Freiheit des Volkes sowie der antiosmanischen Haltung der slawischen Bevölkerung. Vor der osmanischen Eroberung habe „die Blüte des bosnisch-herzegowinischen Adels dem Bogumilentum angehört“, um dann „geschlossen zum Islam überzutreten“, aber nicht „aus Feigheit“, sondern angesichts der Erfahrung „blutiger Verfolgungen und Kämpfe“ mit den aggressiven und intoleranten christlichen Nachbarn.

In dieser Erzählung verkörpern drei Schlüsselgestalten auch drei entscheidende politische Botschaften. Der Banus Kulin (12. Jh.) ist der erste authentisch bosnische Herrscher, Symbol der Staatlichkeit und nicht als Christ (Katholik) im Sinne der anderen, vorosmanischen bosnischen Herrscher zu identifizieren. Vielmehr sei dokumentiert, dass er die heterodoxe Bosnische Kirche geschützt habe und ihr beigetreten sei. Erst unter der Drohung eines Kreuzzuges habe er dieser Lehre schließlich doch vor einem päpstlichen Gesandten feierlich abschwören müssen.

Die zweite Gestalt ist Mehmed-Pascha Sokolović (16. Jh.), der es, aus einem ostbosnischen Dorf stammend, zum Großwesir brachte und damit zum Symbol des militärischen Talents und Ruhms der Bosnier und ihres Beitrags zu den osmanischen Kriegserfolgen wurde. Nach Bašagić „verdanken wir ihm die Führungsrolle im Völkergemisch des türkischen Reichs“ und „in ihm finden wir die Quelle unseres Stolzes, der drei Jahrhunderte lang dem Osten und Westen trotzen konnte“. Im Gedicht *Der stolze Bosniake* stellt er ihn mit folgenden Worten vor: „Auf den ersten Blick erkennst du in ihm / den beispielhaften Ritter des stolzen Bosnien, / mit einem Adlerauge, einem Heldenherzen, / das nie den Tod gescheut“.

Die dritte Gestalt ist Gazi Husrev-Beg (reg. 1521-1541), der als Heerführer die Eroberung Bosniens vollendete. Er war der Erneuerer Sarajevos und wurde dreimal als Statthalter in Bosnien eingesetzt. Er gilt als Muster eines Bosniers, der nicht einmal vor dem Sultan zulässt, dass „irgendjemand Stolz und Ruhm Bosniens schwarz male.“ Zugleich verkörpern die beiden letztgenannten die Ambivalenz der Haltung der bosnischen Muslime zur Zentralmacht: Einerseits Identifikation mit der osmanischen imperialen Ideologie und ihrer Staatsidee, einschließlich der Verherrlichung des Sultans, mit dem man durch die Religion verbunden war, andererseits das dauerhafte Gefühl einer Besonderheit und einer bosnischen Autonomie einschließlich der Auflehnung gegen die Zentralmacht, sollte diese Bosnien vernachlässigen oder gering schätzen.

Zu der Zeit, als Bašagićs Konzeption entstand, entwarf die österreich-ungarische Administration ein neues ideologisches Konzept für Bosnien als von Kroaten und Serben gesondertes Land. In diesem Sinne warb man für die „bogumilische Hypothese“, derzufolge das vorosmanische Bosnien schon eine etablierte nationale Religion hatte. Deren Denkmäler seien die *stećci* (Singular stećak, steinerne Grabmäler mit typischer Ornamentik) gewesen;

vor allem aber habe sie einerseits keinerlei Verbindung zum orthodoxen Serbien, andererseits sei sie von Rom scharf verurteilt und vom katholischen Kroatien angegriffen worden.

Dieses Ideologem wird seither durch die bosnisch-moslemische Geschichtsschreibung und Publizistik systematisch gefördert. Obwohl sie ursprünglich interkonfessionell konzipiert war, so dass sie alle drei konfessionell-nationalen Gemeinschaften in ein und derselben politischen Identität erfasste, war damit gerade den Muslimen eine ideale Vorlage für die Abgrenzung von den Nachbarn geboten, denn das zentrale Problem ihrer nationalintegrativen Ideologie – die Islamisierung – erschien so gelöst. Wie der bosniakische Soziologe Tarik Kulenović schreibt, insistieren diese Ideologen auch heute noch unkritisch auf dem Gebrauch des Begriffes „(bosnische) Bogumilen", und zwar deshalb, weil der ursprüngliche Begriff *krstjani* (Christen) doch unangenehm an die christliche, vorislamische Vergangenheit erinnert (...), zumal in Verbindung mit dem unglücklich gewählten ‚Muslim' als nationaler Bezeichnung". Deshalb habe die zeitgenössische bosniakische Geschichtsschreibung unter dem Druck des Krieges das Bogumilentum als Echtheitszertifikat des Bosniakentums vereinnahmt. Die Parole „Wir waren Bogumilen" wurde nahezu so etwas wie ein Schlachtruf.

Dieser Mythos bekam einen neuen und unerwarteten Schub durch den Bruch Titos mit Stalin 1948, als die offizielle jugoslawische Kulturpolitik begann, eine neue symbolische Identität des Landes zu formen. Wie Bosnien einst im Verhältnis zu den etablierten Kirchen ein *refugium haereticorum* war, wurde Jugoslawien ein „häretisches Land" des Sozialismus; man griff die bosnische „bogumilische Formel" auf, wonach „alles, was aus Rom und Konstantinopel kommt, Satanswerk" sei, so der einflussreichste kroatische Schriftsteller des zwanzigsten Jahrhunderts, Miroslav Krleža.

Gerade Krleža unterstrich als Schöpfer der Konzeption der *Jugoslawischen Enzyklopädie* und Autor einer Reihe kulturgeschichtlicher Essays das vorosmanische Bosnien als eigentümlichen Vorläufer des blockfreien Jugoslawien, eines Landes der wirklichen Revolution und stolzer Menschen, die für nichts in der Welt ihre Unabhängigkeit hergeben würden. Gerade die „Bogumilen" hätten, „frei von allen verlogenen Konventionen", eine Weltanschauung geschaffen, die „eine Negation aller religiös-programmatischen Thesen aus Byzanz und Rom" gewesen sei. Sie seien „bei uns das Kontinuum jener elementaren Urkräfte, die sich weder dem organisierten Terror der feudalen Barone, noch der Macht römischer und byzantinischer Bischöfe beugen wollten", und sie hätten früher und radikaler als Luther, Wyclif und Hus „alle Moralautoritäten ihrer Zeit herausgefordert" und alle Hierarchien in Frage gestellt.

Diesem Konzept verlieh das dichterische Genie des Mak Dizdar (1917-1971) im Jahre 1966 herausragende künstlerische Gestalt. Sein Gedichtzyklus *Der steinerne Schläfer* war von Motiven der *stećci* und der Sprache mittelalterlicher Aufzeichnungen inspiriert und stellte so eine kreative Verbindung zur Tradition her. Die Verse über das „magere und barfüßige", aber auch „aus dem Traum heraus trotzige" Bosnien drückten ein neues kulturelles und politisches Selbstverständnis aus. Auch die neue politische Elite unter der Führung von Branko Mikulić und Hamdija Pozderac unterstützte in den 70er Jahren diesen Prozess. Bis zu dieser Zeit hatte die Republik im ideologischen Sinne durchweg kein eigenes Gesicht – ihre offizielle Heraldik bildeten ausschließlich Symbole der kommunistischen Ideologie und der Schwerindustrie.

Diese neue Politik zielte zwar nicht nur auf die Bosniaken, sondern auch auf eine allgemeine Stärkung der historisch-politischen Identität von Bosnien-Herzegowina als einer föderalen Einheit in Jugoslawien. Dazu wurde das mittelalterliche Bosnien als symbolischer Raum beschworen, in dem erst unter osmanischer Herrschaft an sich irrelevante religiös-nationale Gegensätze und konkurrierende kollektive Erinnerungen entstanden seien. Mit diesem Rückgriff auf die vorosmanische Zeit und besonders mit der Aktualisierung der „Bogumilen“ als symbolische Vorläufer der Tito-Partisanen gelang es der Politik, dieses Kernmotiv der bosniakischen politischen Mythologie durch den Kommunismus hindurch bis zu den ersten freien Wahlen am Leben zu erhalten. Das postkommunistische Bosnien-Herzegowina gründete seine symbolische Legitimation eindeutig auf die vorosmanische Staatlichkeit: Das zentrale heraldische Element war die stilisierte Lilie des Hauses Anjou aus dem Wappen des ersten bosnischen Königs Tvrtko I. Kotromanić, und im Frühjahr 1992 erhob die bosnisch-herzegowinische Armee (ARBiH), als sie noch versuchte, alle verteidigungswilligen Bosnier zu vereinigen, zum Dienstgruß ein berühmtes Motiv des Stećak von Radimlje – eine zum Gruß geöffnete linke Hand.

Doch nachdem die muslimische Partei der demokratischen Aktion (SDA) in mehr oder weniger offener Zusammenarbeit mit den islamischen Würdenträgern die Konstruktion der bosniakischen Identität gänzlich vereinnahmt hatte, erfuhr die ursprüngliche Bašagić-Konzeption des drei Religionen vereinenden Bosniertums bald eine wesentliche Veränderung und Reduktion. Während Bašagić zu den „ruhmreichen Ahnherren“ sowohl Muslime als auch Christen zählte und sein Mehmed-pascha Sokolović einer „Reihe von Großen“ entstammte, die sich aus christlichen „Vojvoden (Herzögen) und Fürsten“ und aus „Paschas, Begs und Ayans“ zusammensetzte, schuf die SDA einen Kult um das goldene Zeitalter der osmanischen Epoche in Bosnien, auf deren Symbole allein sich ihr politisches Imaginarium wie auch die Proklamation bosniakischer Identität stützen. Die unter ihrem Einfluss stehenden Medien nennen die Angehörigen der ARBiH häufig „Askeri“ (Terminus für Soldaten der osmanischen Armee); eine Einheit wurde sogar nach dem Eroberer von Bosnien, Sultan Mehmed II. el-Fatih (1451-1481), benannt. Einige Lokalgrößen (in Zenica, Vareš) spielten in der Kommunikation mit dem katholischen Klerus ausdrücklich auf die Ausstellung einer *ahdname* (Sultansurkunde) an bzw. flochten Zitate daraus in politische Bekanntmachungen ein. Damit riefen sie Erinnerungen an Fatihs großmütige Geste herauf, mit der er den besiegten Andersgläubigen Religionsfreiheit zusicherte, falls sie die osmanische Herrschaft anerkannten.

Die zeitliche Zäsur ist scharf und nahezu vollkommen. Nur eine Gestalt muss unberührt bleiben, wenn man die Verbindung zum vorosmanischen Bosnien nicht kappen will. Einzig Banus Kulin kann in diesem Mythenkonzept das Unvereinbare vereinbaren – und die Kontinuität gleichzeitig verkleinern und bekräftigen. Als Herrscher verkörpert er die autochthone staatliche Tradition; als „Bogumile“ und zudem „Opfer“ der christlichen Militärmacht steht er deutlich für die Abgrenzung der Bosniaken von den Kroaten und Serben, gleichzeitig macht er alle Vorwürfe, die Islamisierung sei Verrat am Christentum gewesen, hinfällig: Sie war nämlich nicht nur eine logische und herbeigesehnte Entwicklung, sondern auch die Rettung vor dem christlichen Terror.

Deshalb können sich alle islamischen Autoritäten auf ihn berufen: „Unser Großvater ist Banus Kulin, wir sind seine Erben. Unser Vater ist Gazi Husrev-Beg. Unser Banus Kulin hat uns den Staat Bosnien beschert, und Gazi Husrev-Beg brachte uns Kultur und Zivilisation“ – so der Reis-ul-Ulema Mustafa Cerić mit der Autorität des Gelehrten (*Behar*, 4. 1.1996); „Bosnien datiert aus Urzeiten und auch Banus Kulin war ein guter Bosniake. Die Bosniaken sind Muslime seit Banus Kulin, und wir müssen unsere Tradition an ihn und an den Islam binden“ – so die programmatische Veröffentlichung des Stellvertreters von Cerić, Mustafa Spahić (*Globus*, 11.11.1994). Der Soziologe und hohe SDA-Funktionär Ismet Grbo, Autor des Lehrplans für das Schulfach *Geschichte Bosniens*, sieht für die Bans und Könige des Mittelalters, für Paschas und Wesire der osmanischen Epoche eine gemeinsame Unterrichtseinheit vor. Nur für zwei Gestalten ist eine eigenständige Behandlung im Unterricht vorgesehen: für den Banus Kulin, „den Gründer der bosnischen Staatlichkeit", und für Gazi Husrev-Beg, der für „die Einführung der Bosniaken in die Kulturgeschichte" stehe (*Behar*, 10.1.1994).

In diesem Zusammenhang bleibt nicht einmal der *Stećak* als Zeichen gesamtbosnischer Identität bestehen. Als die Kroatische Kulturgesellschaft Napredak Ende 1992 im eingeschlossenen Sarajevo ihrer neugegründeten Monatsschrift den Namen *Stećak* gab, bestritt ein Kommentar der Tageszeitung *Oslobođenje* den „Erben derer, die die guten Bosniaken durch jahrhundertelange Verfolgungen, Glaubenszwang und Kreuzzüge auf dem Gewissen haben", das Recht auf diese Position: denn „diese gebühre nur den Bosniaken" (2.1.1993).

Parallel arbeitet die SDA das Konzept programmatisch weiter aus, mit dem die islamisierte Bevölkerung zum Basisvolk von Bosnien-Herzegowina erhoben wird. Am 27. September 1993, dem ersten Tag der Bosniaken-Versammlung in Sarajevo, wurde beschlossen, die bisherige nationale Bezeichnung „Muslime" durch „Bosniaken" zu ersetzen. Diese definierte das Akademiemitglied Muhamed Filipović mystifizierend als „die Erben dessen, was Bosnien als Land, als Subjekt der Geschichte war und ist", als „jenen Teil unseres ursprünglichen bosnischen Volkes, der den Volkscharakter dieses Landes bewahrt hat und damit den geschichtlichen Sinn und Inhalt dieses Landes verwirklicht und so Träger seines geschichtlichen und staatlichen Rechts ist." (*Behar*, 8-9/1993). Später schrieb er in seinem „Bericht über die Lage der Nation", dass „die Bosnier eines der ältesten europäischen Völker sind" und „zu den europäischen Völkern mit der ältesten Staatstradition gehören", weil „die Geschichte unseres Staates vom 7. Jahrhundert nach Christi an währt". (*Dani*, 16.02.1998)

Diese Worte sind zum Teil als eine allgemeine Antwort auf kroatische (und serbische) politische Mythologeme aufzufassen und sollten ein symbolisches Gleichgewicht in diesem Legitimationsdreieck herstellen. Dies gilt besonders in Bezug auf das kroatische Lied „Vom siebten Jahrhundert an...", das seit 1991 vom staatlichen Rundfunk als eine Art „leichtes", pop-kulturelles Äquivalent zu den „schweren" historizistischen Explikationen verbreitet wird. Der von Präsident Tuđman in seiner Rede anlässlich der Aufnahme Kroatiens in die UN zitierte Refrain lautet: „Wir sind hier seit langem, dies sollten alle wissen / vom siebten Jahrhundert an atmen hier Kroaten". Dieses Beispiel beweist, dass Mythen und Stereotypen, sind sie erst einmal in Bewegung, überall nach den gleichen inneren Gesetzen existieren.

Deutsch von Ranko Ćetković

18.3. Das Paradoxon von Sarajevo

Ozren Kebo

18.3.1. Eine Stadt im ideologischen Dornröschenschlaf

Die wohl blutigste und schmerzhafteste Episode ihrer neueren Geschichte – vier Jahre Krieg und eine mittelalterlich anmutende Belagerung von 1992 bis 1996 – erlebte die Stadt in jeder Hinsicht unvorbereitet. Im Hintergrund der Belagerung von Sarajevo stand auch ein Krieg um Symbole. Die Zerstörung von Sarajevo sollte nicht nur die materielle Wirklichkeit treffen, sondern zugleich die symbolische Kraft der Stadt vernichten. Auch auf der symbolischen Ebene handelte es sich bei den Belagerern von Sarajevo und den Stadtbewohnern um sehr ungleiche Kontrahenten. Die ersten besaßen eine schon eingeübte und perfektionierte symbolische Kommunikation, Kontinuität in Sachen verfestigter Feindbilder und massenmedial verbreiteter Folklore mit entsprechenden Stereotypen. Wenn sie ihre Stellungen bezogen, waren sie symbolisch ebenso gut mit „Kriegsfolklore“ (Ivan Čolović) ausgerüstet wie mit den schweren Waffen, die sie auf den Bergen um Sarajevo postierten, während sie in epischer Tradition komponierte Lieder und davon sangen, „Sarajevo mit seinen Moscheen in Schutt und Asche“ zu legen. Vom Standpunkt des urbanen Miteinanderlebens her ist es auch durchaus verständlich, dass die Sarajevoer mit symbolisch-kommunikativen Waffen kaum ausgerüstet waren, denn die Produktion ethnischer Feindbilder durch Evozieren von Archetypen aus dem Arsenal der bosnischen Geschichte und die Instrumentalisierung des Erinnerns erfasste man intuitiv als Bedrohung für das Zusammenleben in einer multiethnischen Gesellschaft, die in einer so „widersprüchliche(n) Erinnerungslandschaft“ (W. Höpken) nur in noch tiefere Konflikte führen würde. Da es zu solchem mythisierenden, Feindbilder produzierenden Umgang mit der gemeinsamen bosnischen Geschichte keine Alternative im Sinne einer sachlichen Auseinandersetzung mit der Geschichte gab, wie sie wirklich war, blieb die Verdrängung der Geschichte ein Ausweg. Das betraf im spezifischen und besonderen Maße das bosniakische Volk und seine kollektiven Erinnerungen, denn die Archetypen wurden aus den serbischen Erinnerungen an die *Befreiung von den Osmanen* als *positive* Komponenten in die jugoslawische Befreiungssymbolik übernommen. Hier liegt vielleicht auch die Erklärung dafür, dass die Sarajevoer und weite Teile der Bosniaken von den dramatischen, durch den Zerfall Jugoslawiens verursachten Ereignisse um sie herum oft eine verzerrte Wahrnehmung hatten. Nicht nur die Regierung, sondern die bosniakische Bevölkerung insgesamt war auf diese Ereignisse der Jahre 1991 und 1992 im Grunde nicht vorbereitet. Ja viele wussten gar nicht, dass der Krieg angefangen hatte, bis sie sich plötzlich völlig hilflos im Belagerungszustand wieder fanden.

In dieser psychischen Verfassung suchte man, die alte jugoslawische Symbolik und den Mythos Tito wieder zu beleben. Im grotesken Beginn des Krieges in Sarajevo, April 1992, mit Hochrufen auf Tito und Jugoslawien einerseits, den Panzern der Jugoslawischen Volksarmee im Einsatz für Karadžić und seine Serbische Demokratische Partei (SDS) auf den Straßen Sarajevos andererseits, zeichnete sich auch das Ende des bosniakischen nationalen und symbolischen Identitätsdilemmas ab.

Die politische Spitze in Sarajevo hatte auf den Krieg mit Symbolen und auf die nationalistischen Umpolungen von Erinnerungsstrategien in der Vorkriegszeit keine angemessene Antwort. Eine solche konnte sie auch nicht finden; bestand doch die Regierung, nach alten Regeln gemäß dem nationalen Proporzsystem konstituiert, aus Politikern mit vollkommen entgegengesetzten Zielsetzungen. Nach dem Referendum jedoch, als die Unabhängigkeit des bosnischen Staates – gegen den mehrheitlichen politischen Willen der bosnischen Serben und mit überwältigender Mehrheit der Bosniaken und Kroaten – beschlossene Sache war, entstand insbesondere für die muslimischen politischen und sonstigen Eliten ein gravierendes ideologisches und auch politisches Legitimierungsdilemma. Da musste auf der einen Seite eine *Staatsideologie* neu aufgebaut werden, die alle drei Völker als gleichberechtigte Bestandteile des gemeinsamen Staates einbezog. Als unabhängiger Staat musste Bosnien-Herzegowina also auf der gleichen Grundlage der Gleichheit seiner Völker neu, d.h. demokratisch konstituiert und legitimiert werden, zu einem Zeitpunkt, als genau diese Konstellation und dann auch die Staatlichkeit selbst zuerst von maßgeblichen serbischen Politikern und politischen Strömungen, dann auch von den kroatischen massiv in Frage gestellt wurde. Zum anderen war es nötig, Merkmale einer moslemisch-bosniakischen Identität in einer *nationalen Ideologie* zu bündeln, um sich der Vereinnahmungen durch die Nachbarn zu erwehren und letztendlich den nationalen Anspruch auf die Eigenstaatlichkeit zu rechtfertigen. Wenn es in einem Dilemma „einen Raum dazwischen" gibt, dann war die bosniakische Elite in diesen „Zwischenraum" gefallen. Ihre Unschlüssigkeit deckte sich mit dem allgemeinen Verhalten, wie es vornehmlich in Sarajevo sichtbar wurde. Auf der Ebene der symbolischen Kommunikation gibt es dafür eine Erklärung: Zwischen der Schaffung einer bosnischen Staatsidentität und dem Aufbau einer nationalen Symbolik durch positive Erinnerung an die osmanische Herrschaft, durch die Verwendung moslemischer Heldensagen aus der osmanischen Zeit und Belebung alter Stereotypen im Sinne einer bosniakischen Identität besteht ein direkter, kaum aufhebbarer Widerspruch. So fand sich der Ausweg fürs erste in Verlagerung und Verdrängung.

Diese kollektiv-psychologische Strategie machte sich in den Sarajevoer *Antikriegskundgebungen* geltend, die von im Grunde unpolitischen Haltungen, von Wunschdenken und Realitätsferne geprägt und so auch nur in Sarajevo möglich waren. Die inneren Widersprüche in den symbolischen Identifikationsmechanismen ließen auch den Prozess der „Metamorphose des Volkes in eine fanatische Masse" (Emil Cioran) in Sarajevo trotz des Krieges nicht zu.

Dass als Ergebnis des Krieges die Homogenisierung des bosniakischen Volkes stattfand, kann nicht übersehen werden. Dass dabei in der Öffentlichkeit als bosnisch-muslimische Helden aus der osmanischen Zeit historische Figuren evoziert werden, die in den kollektiven Erinnerungen der bosnischen Serben und Kroaten als archetypische Erzfeinde fungieren (z.B. Smail-Aga Čengić), bedeutet, dass die bosniakische Elite zum ersten Mal eine klare symbolische, differenz- und identifikationsstiftende Antwort auf die sie bedrängende Symbolik der jugoslawischen Zeiten fand und ebenso wie die serbische und kroatische vor ihr das einst private, ‚inoffizielle' oder ‚dissidente' ‚Gedächtnis' (Höpken/Burke) als einseitiges Erinnern in der Öffentlichkeit etablieren will. Das ist noch kein nationaler Fanatismus der Massen. Doch zurück zur Kriegssituation.

Im Bereich der symbolischen Kommunikation war die Unklarheit über die Opferdefinition bzw. die Benennung des Aggressors bezeichnend. Am Anfang des Krieges herrschte unter der Bevölkerung Sarajevos Unglauben und Entsetzen darüber, dass man ungestraft und ohne einen einsehbaren Grund auf diese Stadt schießen konnte, aber es gab noch keine Sprache, in der diese Vorgänge angemessen hätten benannt werden können. Die ideologische Sprache der Massenmedien war unter anderem dadurch bestimmt, dass die Redaktionen paritätisch nach „nationalem Schlüssel" besetzt waren. Die Journalisten und Redakteure ordneten sich aber größtenteils entweder den jeweiligen national-politischen Fronten oder einem hilflosen Jugoslawismus unter. Der Versuch, unter den Bedingungen eines mit ethnischer Symbolik geführten Krieges eine ausgewogene Berichterstattung zu pflegen, führte zu lauter Paradoxa. Das gipfelte in der Absurdität, dass die Parteigänger der SDS vom Trebević und von anderen Bergen herab Sarajevo unter Granaten begruben, während im bosnisch-herzegowinischen Fernsehen in vollkommen falscher Sprachregelung „an die Krieg führenden Parteien" appellierte wurde, die Feuerpause einzuhalten. Erst angesichts der erdrückenden Wirklichkeit verwarfen die Sarajevoer diese Rhetorik von gleichschuldigen „Konfliktparteien", mit der sie den Krieg verdrängt hatten, bevor er Sarajevo erreichte. Die das Opfer verhöhnende Semantik der Gleichsetzung aber wurde im Ausland weiter gepflegt.

Sarajevo kämpfte um das Überleben und seine Öffentlichkeit gleichzeitig um Symbole, mit denen die wahre Natur des Krieges einen allgemein anerkannten Ausdruck bekommt. Da die Gewaltsituation der Belagerung die Bevölkerung zu einer „Schicksalsgemeinschaft"

(Max Weber) machte, suchte man nach einer symbolischen Sprache, die der kollektiven Identität des Opfers angemessen sei. Zwar ist Sarajevo in der Außenwelt zum Symbol geworden, aber mit der symbolischen Selbstfindung einer Gemeinschaft im traumatischen Zustand hatte dies naturgemäß wenig gemein.

Die symbolische Repräsentation einer gemeinsamen Identität greift oft zu Mythen der Gewalt und stützt sich auf Mythologisierungen geschichtlicher Umstände, wie die Erforscher ethnischer Identitäten darlegen. Die symbolischen Inhalte bekommen „überschießende Symbolkraft", indem die in der Vergangenheit (der kollektiven Erinnerung) liegende „erlebte Gewalt" übertrieben dargestellt wird. Aber die archetypische Situation der Sarajevoer lag gerade in ihrer gegenwärtigen Belagerung. Es gibt keine kollektive Erinnerung an vergangene Gewalt, die das Ausmaß der „tatsächlichen" Gewalt übertreffen könnte. Es ist hier alles fast genau umgekehrt als in den westlichen wissenschaftlichen Typologien ethnischer Homogenisierungen. Gemeinsame Punkte könnten sich aus der Suche nach den Gründen ergeben, warum man zum Opfer geworden ist, und daraus, dass diese Gründe eine Symbolik beinhalten, die zwischen dem Kollektiv der Angreifer und dem der Opfer eine große „ethnische" Differenz zum Ausdruck bringen muss. Um diese Differenz zu statuieren, konnte die symbolische Kommunikation allerdings nicht einfach den kurzen ethnonationalen Weg nehmen, schon weil die gewaltsam zum Kollektiv verwandelte Stadt aus Personen und Gruppen mit multiplen Identitäten besteht, aber nicht nur deshalb. Dies zu erklären, müsste man auch die Entstehung der gegebenen Lage begreifen, um so die Differenz mit der gemeinsamen Erinnerung zu verknüpfen. Doch das Erinnern an früheres Leiden bedeutet in Sarajevo Erinnerung an ethnische und gerade geschichtlich geprägte Unterschiede. Will man – verständlicherweise – in der symbolischen Semantik den Unterschied von Angreifer und Opfer als größtmögliche Differenz festlegen, so müssen die Unterschiede innerhalb der Opfergemeinschaft so weit wie möglich nivelliert werden, was in diesem Falle kaum die Klassen- und Standesunterschiede, sondern eigentlich jene verschiedener ethnischer Gruppen samt ihrer unterschiedlichen Erinnerungen meint.

18.3.2. Die symbolischen Strategien im Krieg

Die kollektiven, durch traumatische Erlebnisse verursachten Stimmungslagen trugen zur Vereinheitlichung der Kommunikation in der Stadt bei. Doch obwohl die Stimmungslagen in der belagerten Sarajevoer Bevölkerung ethnisch übergreifend vergleichbar waren – bei der symbolischen Verarbeitung des Traumas tauchten jeweils andere kollektive Erinnerungen auf, was eine Koppelung des von der gesamten multikulturellen städtischen Gemeinschaft gemeinsam Erlebten mit einer für alle geltenden Symbolkultur verhinderte. Dieses Paradoxon wird ganz nebenbei und gerade deshalb sehr eindrucksvoll in den Briefen des Schauspielers und Journalisten Davor Korić (*Briefe aus Sarajevo*) deutlich. Korić schreibt seine Briefe aus der bedrückenden Situation der Belagerten an die Familie, der es gelang, Sarajevo gerade noch rechtzeitig zu verlassen, und er beschreibt den sozialen Alltag einschließlich der Diskussionen unter Freunden. Da werden die unterschiedlichen Perspektiven und die Einseitigkeiten der national geprägten Wahrnehmung bei Bosniaken, Serben und Kroaten in ihrem privaten Umgang geradezu dokumentarisch belegt.

Im öffentlichen Umgang ist bei den Strategien der symbolischen Semantik der eingeschlossenen Gemeinschaft zu beobachten, wie die Menschen einerseits um Benennung des äußeren Unterschieds, andererseits um die Verdrängung der internen Unterschiede bemüht

sind. So entstanden semantische Formeln, die alle Bereiche der öffentlichen Meinung beherrschten, größtenteils aber von lokaler Bedeutung blieben.
Im folgenden seien die wichtigsten symbolhaften Unterscheidungsformeln skizziert:

1. *„Wer aus der Stadt floh, ist ein Feigling!"* Dies wurde zum stehenden Gemeinplatz in der Kommunikation unter Sarajevoern, vor allem während der ersten Monate der Belagerung. Die Semantik des Verrats ermöglicht mit ihrer dualen Struktur die Unterscheidung zwischen dem „Wir", den Verbliebenen mit einem gemeinsamen Opferschicksal, und den anderen, die den Mut nicht hatten, in der Stadt zu bleiben, doch angesichts der Komplexität der beiden „Gruppen" war diese Formel eher geeignet, Diskussionen zu entfachen als symbolisch eine Identität zu repräsentieren. Dem Gegensatzpaar Feigheit und Mut konnte die Erfahrung in der besetzten Stadt einfach nicht in einem Code subsumiert werden, weil seine mitgemeinten Elemente viel zu verschieden waren: Zuerst wurden vom Bannfluch Frauen ausgenommen, die ihre Kinder aus der Stadt brachten. Wer in Länder des Westens geflohen war, konnte bald mit stillschweigender Nachsicht rechnen. Die Formel wurde schließlich so weit eingeschränkt, dass „Feigheit als eine legale und legitime menschliche Emotion" anerkannt wurde und der Bann nur noch jene traf, die die Seite gewechselt hatten, also die Stadt aus anderen Motiven und nicht aus „Feigheit" verlassen hatten. Die symbolische Repräsentation der „Verräter", die sich also dem „Feind" angeschlossen hatten, griff im Allgemeinen zu den historischen Stereotypen des „Tschetniks" als Feindbild, aber für die spezifische Lage in Sarajevo etablierte sich eine andere Semantik:

2. *„Die ‚Barbaren' sind ausgezogen, um die Stadt zu beschießen, die ‚Raja' jedoch ist in der Stadt geblieben!"* Diese Formel und ihre duale Unterscheidungsstruktur zwischen der Opfergemeinschaft und dem Feind ist kultursoziologisch bedeutsam, weil ihre spezifischen Erinnerungen aus der osmanisch geprägten Geschichte Bosniens immanent sind. Die duale Unterscheidungsstruktur ‚urbane versus bäuerliche Bevölkerung' enthält semantische Reminiszenzen an die osmanische Ordnung und verzerrt sie gleichzeitig. Das Stereotyp des ‚Barbaren' (im Jargon „papak"; Plural: „papci" = Huf/Klaue) bezieht sich auf die Mentalität einer Bevölkerung, die, aus dem ländlich-bäuerlichen Leben der Provinz in die Stadt verpflanzt, die Regeln des urbanen Lebens missachtet. Seine Semantik evoziert unterschiedliche historische Strukturen des osmanischen Bosnien, die in den ethnischen Erinnerungen unterschiedlich besetzt sind: so etwa die Rebellion gegen die offizielle Macht und den Klassenunterschied. Diese Unterschiede sind nur der Bezeichnung „papak" immanent. Eine ausdrückliche Erinnerung wäre hingegen mit der traditionellen Bezeichnung der *Heiducken* evoziert, die für die islamische Bevölkerung Bosniens Räuber meinte und negativ konnotiert war, während sie in der serbischen Befreiungsideologie das Ideal des Helden verkörperte. Diese Symbolik war aber für die Lage in Sarajevo völlig ungeeignet (wenngleich die Heiducken in den nationalistischen bosniakischen Medien manchmal in dieser alten Bedeutung vorkommen; Žanić). Mit der Bezeichnung „Raja", die eine bezeichnende Wandlung vom osmanischen Terminus für die zumeist nicht-islamischen Steuerpflichtigen zu einem zeitgenössischen Begriff für die urbane Bevölkerung durchgemacht hatte, wurden die ethnischen Unterschiede heruntergespielt zugunsten einer gemeinsamen urbanen Identität. Die semantische Strategie der symbolhaften Unterscheidung, die sich zum Feindbild der vom Berg Trebević auf die in der Stadt verbliebene „*Raja*" schießenden „Papci" verfestigte, verlor ihre Geltung, als man sich der Widersprüche in den Stereotypen bewusst wurde: Die Granatwerfer auf den Bergen wurden von vielen bedient, die man zur städtischen Bevölkerung gezählt hatte, ja die sogar hohe Posten in der modern organisierten Gesellschaft innegehabt hatten (Ärzte, Hochschullehrer, Redakteure usw.), und das Ideal der

urbanen Bevölkerung wurde durch allerlei räuberische Praktiken in der Stadt selbst gewaltig relativiert.

3. *„Geistiger Widerstand gegen die Aggression!"* war eine andere Formel, die Sarajevos Identität unterstreichen sollte und gleichzeitig wieder ein Dilemma ausdrückte. Was war der Geist der Stadt, auf dem aufbauend ein erkennbarer Widerstand geleistet werden sollte? Wenn es etwas gab, was man den Geist von Sarajevo als einer modernen Stadt nennen konnte, dann war dies die spezifische Multikulturalität. Aber Multikulturalität ist am wenigsten geeignet, eine einfache Homogenisierung zu schaffen, wie man sie in einer polaren Kommunikation braucht. Und gerade die Multikulturalität wurde dadurch fundamental getroffen, dass ein beträchtlicher Teil der Sarajevo-Serben, d.h. der serbischen Eliten, die Stadt entweder verlassen hatten oder zu Hauptakteuren der Aggression wurden. Auch viele Kroaten verließen Sarajevo und so gut wie alle Juden. Der Geist der Hauptstadt von Bosnien-Herzegowina wurde in allem, was eine Hauptstadt auszeichnet, getroffen. Nicht nur die Abgeordneten der SDS, sondern auch die meisten gewählten kroatischen Abgeordneten kamen nicht mehr zu den *Parlamentssitzungen*. Die Multikulturalität Sarajevos war gleichsam ein passiver Zustand gewesen und im früheren politischen Leben durch das nationale Proporzsystem geregelt worden; es gab wenig an gelebten Institutionen, worauf sich aufbauen ließ, und die einstigen Symbole des multiethnischen Miteinander waren durch das „Erinnerungsmonopol der Partei" (Höpken) geschaffen und nunmehr vollkommen diskreditiert. Die aktive nationale Politik der Serben und Kroaten kündigte diesen lauen Geist der multikulturellen Stadt sofort auf. Wenn es vor dem Krieg also einen passiven Konsens über den Geist der Stadt gegeben hatte, so war er im Belagerungszustand schnell eine zweifelhafte Phrase geworden. Jede Ausstellung, jeder Dichterabend, jedes Konzert und jede Veranstaltung wurden zum „großartigen Akt geistigen Widerstands gegen die Aggression" proklamiert; wenig fehlte, um auch jeden Zeitungsartikel zum Verteidigungsakt zu weihen. Als Unterscheidungsmerkmal stützte er sich auf den abstrakten Gegensatz zwischen geistigem und bewaffnetem Kampf. Dies aber untergrub einen wesenhaften Bestandteil in der kriegsgenerierten Struktur des Gemeinschaftsgefühls, nämlich eine „Opfergemeinschaft der Kämpfenden" (Max Weber) zu sein, und entlarvte den „geistigen Widerstand" als eine selbstbetrügerische Vokabel, die sich schnell abnutzte. Der Geist von Sarajevo war vielleicht dort im Entstehen, wo man ihm wenig Aufmerksamkeit entgegenbrachte. So hatte beispielsweise die Tageszeitung *Oslobođenje* mehr symbolische Kraft in der Außenwelt als in Sarajevo selbst. Dafür versuchte der bekannte bosniakische Intellektuelle Muhamed Filipović eine verklärende Begriffsbestimmung des „bosnischen Geistes": als „Geist der Gelassenheit", der „Gleichgültigkeit gegenüber der Vergänglichkeit, dem Diesseitigen und den materiellen Dingen". Der gelebte Zustand des angegriffenen und belagerten Sarajevo wurde damit nicht zum *lebendigen Geist* der Stadt. Seine multikulturelle Substanz wurde ausgehöhlt und auf eine Phrase der bosniakischen Rhetorik reduziert. Darüber hinaus änderten sich auch die materiellen Voraussetzungen der multikulturellen Urbanität zuletzt durch den Zuzug der bosniakischen vorwiegend ländlichen Bevölkerung aus Ostbosnien. Die Funktionalität des Mythos vom „geistigen Widerstand" war schnell verbraucht.

4. *Strategie des Opfers*: Die Semantik des Opferseins eignete sich noch am besten für eine Mythologisierung und dauerhafte symbolische Identitätsstiftung. Da war einmal die tatsächliche Lage einer angegriffenen Stadt und der für ihre Bewohner unerträgliche Zustand. Inmitten des großen Sterbens *ist* man Opfer. Was hier geschieht, ist tatsächliches und nicht eingebildetes „Übermaß an Gewalt". Hinzu kam, dass die politische Rhetorik in der Kommunikation mit der internationalen Welt und den journalistischen bzw. politischen Vertretern des Westens einen Diskurs aufzwang, der die Bewohner von Sarajevo gleichsam

zu einer Konfliktpartei machte (→ Kap. 28). Aufgrund der Situation, dass man nicht nur Opfer einer Aggression war, sondern dies der Welt auch erklären musste, war man zweifach Opfer – physisch und durch die Strategie der Verleugnung seitens der Außenwelt. Diese Absurdität dauerte den ganzen Krieg über an und führte zu einer Absolutsetzung der *Opfermetaphorik*, und da sich diese, anders als die oben skizzierten semantischen Strategien, ausdrücklich auf Bosniaken beschränkte, erlangte die Semantik der *Exklusivität* des bosniakischen Opferseins, in der sich fast alle Unterscheidungsmerkmale der eigenen nationalen Identität bündelten, die stärkste Symbolkraft für das bosniakische nationale Selbstbewusstsein. Dieser Kult des exklusiven Opfers war nicht mehr auf Sarajevo beschränkt, er wurde Bestandteil der nationalen Identität der Bosniaken überhaupt und zu einem absoluten Differenzmoment. Seine narrative Struktur baut auf der *absoluten Schuldlosigkeit* auf. Diese Verabsolutierung fand sich in der Sarajevoer Presse und Öffentlichkeit häufig folgendermaßen ausgedrückt: „Wegen allem, was ihnen widerfahren ist, sind die Bosniaken von nun ab für die nächsten 100 Jahre im Recht, ganz gleich, worum gestritten wird."

Auch wenn diese Homogenisierung sich auf einer nationalen Projektion gründete, lief die Metaphorik des exklusiven Opfers auf die religiöse Semantik hinaus, wonach „die Welt" die Bosniaken allein lasse, weil sie Muslime sind, wie sie als solche ja auch der Vernichtung durch „Christen" ausgesetzt seien. So erstarkte unter neuen Umständen die Religion als das alte Unterscheidungsmerkmal im allgemeinen bosniakischen Bewusstsein, obwohl man gerade bemüht war, sich im nationalen Sinne über die Bezeichnung *Bosniake* statt wie früher über die religiöse Bezeichnung „Muslime" zu definieren. Diese Überzeugung, dass man gerade wegen des islamischen Glaubens zum Opfer wurde, und ohne Hilfe aus der westlichen, d.h. christlich geprägten Welt sich selbst überlassen blieb, sitzt dauerhaft tief im kollektiven Bewusstsein und findet sich in zahlreichen theoretischen Abhandlungen. Der islamische Religionsphilosoph Rusmir Mahmutčehajić beispielsweise schreibt in einem Buch unter dem Titel „Das gute Bosnien": „Der Islam und das Muslimanentum als die wesentlichsten Eigenschaften des Opfers dienten als Rechtfertigung für den Genozid, vertrauend auf die allgemeine Aversion des Westens ihnen gegenüber."

Die zu solch einseitiger Exklusivität führende Fragmentierung der symbolischen Rekonstruktion ignoriert, dass bei der ideologischen Feindkonstruktion serbischer- und kroatischerseits Katholizismus bzw. Orthodoxie ähnlich wie der Islam funktional zur Ausgrenzung von Fremdem eingesetzt wurden. Auch die Rolle des Westens im Krieg in Bosnien-Herzegowina wird in dieser symbolischen Kommunikation einseitig rekonstruiert; sie wird ausschließlich durch das negative Verhalten gegenüber dem Glauben der Bosniaken bestimmt. Diese kommunikative Strategie lässt sich nur aufrechterhalten, wenn man darüber hinwegsieht, dass Zögern und Verzicht auf direkte militärische Intervention das westliche Verhalten gegenüber *allen* Kriegen Miloševićs bis 1999 kennzeichneten. Das Bewusstsein der Exklusivität lebt freilich auch von tatsächlichen Vorurteilen, die es in den Diskussionen zur Frage der Intervention im Westen zuhauf gab, aber eben nicht nur gegenüber islamisch geprägten Identitäten, sondern gegenüber allen beteiligten kleinen Völkern. Durch die symbolische Betonung des islamischen Glaubens als Bestandteil der exklusiven Opferrolle entledigt sich die Kommunikation der symbolischen Differenz eines Dilemmas, das sich aus der Vielzahl der Feinde (Serben, Kroaten, internationale Welt) ergibt. Denn dadurch findet die Metaphorik wieder sicheren Boden in einer dualen Freund-Feind-Struktur: *Islam versus Christentum*. Ein über das religiöse Unterscheidungsmerkmal hinausgehendes spezifisch nationales Paradigma fanden Dichter, Literaten und Intellektuelle in der Gestalt des „guten Bosniaken" und des „guten Bosnien" bzw. einer stets leidenden, verfolgten Bevölkerung – kurzum in einem absoluten Gegensatz zum Bösen. So schreibt Mahmutčehajić in dem erwähnten Buch: „Bosniaken sind Gefährdungen und Erniedrigungen ausgesetzt. Obwohl ihre ganze Geschichte daraus besteht, beharren sie auf eigener Besonderheit ... Die Treue zum Schönen und Guten fordert Anstrengung und Aufopferung.“ Die besonderen Motive für diesen Mythos dürfte man in einer Erwiderung auf die einseitige Erinnerung der serbischen Gedächtnistradition finden, die ja von der jugoslawischen Erinnerungskultur übernommen wurde, wo die osmanische Herrschaft und ihre bosnischen Protagonisten ausschließlich als willkürliche Gewaltherrscher und Peiniger dargestellt sind.

Als „guter Bosniake“ hat man sich außerdem im Voraus von der Pflicht befreit, seine Taten – und Untaten – zu rechtfertigen und sich gleichzeitig durch Verabsolutierung des Gegensatzes die Möglichkeit zum Dialog verbaut. Neben einem sachlichen Umgang mit dem Krieg und der Nachkriegssituation in Bosnien-Herzegowina, der sich auf wissenschaftliche Analysen der Ursachen und des Hergangs des Krieges zu stützen hätte, wäre im Sarajevo der Nachkriegszeit gerade eine Kultur des Dialogs nötig, die auch einen offen ausgetragenen Streit zulassen und vor allem versuchen würde, ohne Einseitigkeiten die schwierige bosnische Geschichte aufzuarbeiten.

Deutsch von Ranko Ćetković
Textergänzungen von Dunja Melčić

18.4. Symbolfiguren des Krieges. Zur politischen Folklore der Serben

Ivan Čolović

In Serbien rückte die symbolische politische Kommunikation, die sich vor und während des Krieges 1991-1995 herausbildete, den Mythos der nationalen Identität in den Vordergrund. Es handelt sich dabei um eine Reihe von Bildern und Geschichten über die imaginäre Gestalt, die der ethnisch-nationalen Gemeinschaft der Serben – bezeichnet als das serbische Volk, das Serbentum oder die serbische Nation – zugeschrieben wird.

„Lasst uns sein, was wir sind!“ Auf diese knappe Formel könnte man das nationale Streben der Serben in seiner Zielrichtung bringen – ihr Ringen mit äußeren und die Abrechnung mit inneren Feinden, von denen dieser Mythos erzählt. Die nationale Identität gilt darin als eine grundlegende, stabile, leicht wieder erkennbare und selbstverständliche Charaktereigenschaft der Angehörigen des serbischen Volkes. Sie äußert sich als spezifischer Unterschied in Kultur und Mentalität und fungiert gleichzeitig als „natürliches“ Fundament der politischen Souveränität des serbischen Staates, der Ethnonation. Diese selbstverständliche und „natürliche“ Identität verlangt einerseits, dass sich die Beziehungen unter den Serben auf der Grundlage der Ähnlichkeit, als verwandtschaftliche Beziehungen aufbauen, andererseits, dass das Verhältnis der Serben zu anderen Nationen auf der Grundlage der biologisch-kulturellen Unterschiede, im Namen des Rechts auf Unterscheidung und des Rechts auf nationale Selbstbestimmung reguliert wird. Bereits an diesem Punkt bindet sich die mythische Identitätsrhetorik an den Krieg. Denn der angestrebten Behauptung der serbischen nationalen Besonderheit und der Souveränität steht eine Wirklichkeit gegenüber, die überall in der Welt und so auch auf dem Balkan und in Serbien durch Geschichte geprägt ist, also eine Wirklichkeit der gemischten Völker und historisch festgelegten Grenzen. Da dem „natürlichen“ Recht der serbischen Ethnonation somit die Interessen der Weltmächte und vieler feindlich gesinnter Nachbarn gegenüberstehen, bedeutet seine Behauptung stetigen Kampf. Im serbischen Identitätsmythos wird der Krieg als Kampf um eine von Natur und Gott gegebene ursprüngliche serbische Nation begründet. Dieser Aspekt des Mythos erscheint in der Figur des *kulturell-nationalen Individualismus*. Ihr entspricht die Vorstellung von Serbien als einem Planeten und des Kosovo als seinem Satelliten, wie Matija Bećković es im 1990 erschienenen Gedichtband „Der Dienst" (*Služba*) mit seinem Gedicht „Kosovo ist ein Trabant des Planeten Serbien" ausmalt.

Allerdings begnügt sich der serbische politische Mythos, wenn er sich auf die nationale Identität bezieht, nicht mit dem Beharren auf Unterschieden. Er beschränkt sich auch nicht darauf, die Unterschiede zwischen den Völkern übermäßig zu betonen und in unversöhnliche Antagonismen und Quellen eines unvermeidlichen Krieges zu verwandeln. Die Forderung „Lasst uns sein, was wir sind!" reicht weiter. Mit ihr wird Serbien als etwas Besonderes dargestellt, als eine originäre, mit nichts Bekanntem zu vergleichende, in der Welt einzigartige Existenzform einer Nation. Keine andere Nation wäre demnach ihrem „Sein" bis zum äußersten treu wie die Serben, keine besäße wie diese die Fähigkeit, ihr Selbst als ursprünglich und in seiner Art einzig auszuleben. Deswegen wird im Mythos das nationale Schicksal Serbiens der Welt als Vorbild empfohlen, obwohl es außergewöhnlich ist und immer im Widerspruch zur Welt steht. So taucht im Mythos von der Identität die Figur des *serbischen nationalen Messianismus* auf. Wie der Metropolit Nikolaj Velimirović schrieb (1939): „Unser Volk ist Träger eines fortschrittlichen und heilbringenden, eines biblischen und prophetischen Ideals, das schließlich vom ganzen Menschengeschlecht, welches jetzt durch aufgeblähte weltliche Größen erschüttert und verstört ist, wird angenommen werden".

Dem serbischen Mythos zufolge ist es nicht allen Völkern gegeben, eine authentische nationale Identität zu erlangen. Genauer gesagt, ist diese Identität bei anderen Völkern mehr oder minder unterentwickelt, weil man sie vergessen oder vernachlässigt hat. Die einen, wie etwa die Amerikaner, besitzen überhaupt keine nationale Identität, da sie eine künstliche Gemeinschaft sind, ohne Wurzeln, Tradition, ohne kollektive Erinnerung und ohne Seele. Bei anderen befindet sich die nationale Identität in einem schlechten, verkümmerten Zustand. Die Westeuropäer, dem Materialismus, Humanismus und Kosmopolitismus verfallen, haben nur noch eine irgendwie kranke, schlaffe, faule Identität. Drittens schließlich sind andere wie die Kroaten, Albaner, Makedonier, Muslime, Bulgaren oder Rumänen Träger nationaler Ersatzidentitäten, und zwar deshalb, weil sie ihre wahre, d.h. die serbische Identität mehr oder weniger gezwungenermaßen aufgeben mussten und eine fremde, erfundene nationale Identität angenommen haben. Der bekannte serbische Historiker Radovan Samardžić erklärte 1989, wie es in den vergangenen Jahrhunderten dazu kam: „Fremde Namen – albanische, bulgarische und andere – machten sich in den serbischen Ländern breit, sogar in jenen, die seit Menschengedenken serbisch waren. So wurden serbische Viehzüchter und Soldaten Wlachen genannt, serbische Grenzer nannte man Kroaten. Serben, die verschiedene Berufe ausübten, etwa Fuhrleute, machte man zu Bulgaren; serbischen Leibwächtern aber, Panduren und Wanderarbeitern, die aus dem Herzstück ihres Vaterlandes herkamen, gab man den Namen Arbanasi.

Der Mangel einer authentischen nationalen Identität bei diesen Völkern, die angeblich von den Serben abstammen, ist gemäß dem serbischen Mythos kein so hoffnungsloses Problem wie bei anderen Völkern. Es sei ihnen heute möglich, heißt es, zu ihrem ursprünglichen Serbentum zurückzukehren, das sie in der Tiefe ihrer Seele alle mit sich trügen. Diese Rückkehr würde es Völkern ohne echte Identität ermöglichen, zu den tiefsten Wurzeln ihres nationalen Wesens zurückzufinden, und damit wären natürlich alle Bedingungen für eine gerechte und friedliche Beendigung der zwischen-nationalen Konflikte und Kriege auf dem Gebiet des ehemaligen Jugoslawien erfüllt. Wären die katholisierten Serben (Kroaten), und islamisierten Serben (Muslime) bereit gewesen, zu ihren serbischen Wurzeln in

Jugoslawien zurückzukehren, hätte es auch keinen Krieg gegeben. Der Kampf der Muslime gegen die Serben sei nicht nur vergeblich, sondern auch tragisch, wie ein Teilnehmer auf dem Zweiten Kongress der serbischen Intellektuellen in Belgrad 1994 meinte, denn er sei selbstmörderisch: „Die bosnischen Muslime können den Kampf gegen sich selbst, gegen den Serben in sich, nicht gewinnen." – so Maksim Korać in seinem Beitrag über die „Entserbung" als einer „die Schlacht auf dem Amselfeld übersteigenden" Tragödie (→ Kap. 1).

Der Mythos behauptet, die Serben hätten als einzige das göttliche Geschenk der nationalen Identität in angemessener Weise empfangen, was vor allem besagt, dass sie es durch kriegerische Heldentaten verdient haben. Nur die Serben hätten begriffen, dass das nationale „Wesen" wichtiger sei als das Leben, dass es nur mittels Selbstaufopferung bewahrt werden kann und erst durch den Tod bestätigt wird. Dass sie bereit sind, für „das, was sie sind", alles zu opfern, hebt die Serben angeblich unter allen anderen Völkern hervor und macht sie zu Göttern, dem Geschlecht der Heroen vergleichbar.

Der politische Mythos stellt die Geschichte der heroischen Nation der Serben als einen ständigen Wechsel von rituellen Toden und Auferstehungen, Versuchungen und Härtungen, Absonderung und Auslese dar, wodurch aus dem rohen Stoff des Volkskörpers die gereinigte Substanz der nationalen Identität gewonnen wird. Diese Technologie sukzessiver *rites de passage* aus dem banalen Leben eines national noch nicht erwachten Volkes hinüber in die Reihe der heroischen Nationen birgt hohe Materialkosten, die in Millionen Menschenleben veranschlagt werden. Nach einer solchen während des Krieges in Bosnien aufgemachten Rechnung müssen die Serben für „das, was sie sind", mit sechs Millionen Menschenleben zahlen. Dieser Preis erscheint nicht zu hoch, denn das Individuum wird im Identitätsmythos zum einen lediglich als ein leicht austauschbares Exemplar der Nation betrachtet; zum anderen gilt ein gewöhnliches, unheroisches Menschenleben diesem Mythos ohnehin überhaupt nichts. Die Nation kann nur gewinnen, wenn der Einzelne sich opfert. Es gibt keine Auferstehung ohne Tod! Diese Gestalt des serbischen politischen Mythos, die *Figur des Identitäts-Gambits*, hat der erwähnte Dichter Matija Bećković bereits 1978 mit folgenden Zeilen ausgedrückt: „Wäre keine einz'ge Schlacht geschlagen worden, / wäre das Volk größer, doch was für ein Volk? / Und besser wär's, doch für wen?"

Hätten die Serben sich nicht bedingungslos für ihre nationale Identität geopfert, wären sie heute wie die Tschechen. Der 1994 vorgebrachten These des bekannten Philosophen und einflussreichen Ideologen der herrschenden Partei Mihajlo Marković zufolge besitzt das tschechische Volk nämlich weder Freiheit noch Mut, da es systematisch dem Krieg aus dem Weg gehe und nur darauf bedacht sei, in Wohlstand zu leben. Dies alles ist angeblich eine verhängnisvolle Folge der „realistischen Schritte, welche die tschechischen Führungen 1938, 1939 und 1968 unternommen haben ... Jedes Mal nach einer Lösung suchend, die den geringsten Schaden anrichten würde, haben die tschechischen Regierungen dreimal innerhalb von drei Jahrzehnten kapituliert. Jedes Mal wurde physischer Schaden vermieden – doch um den Preis des Verlustes von Freiheit, Mut, Selbstbewusstsein und Selbstachtung. Dabei lässt sich physischer Schaden viel leichter beheben als letzteres."

Vor und während der kriegerischen Auseinandersetzungen 1991-1995 wurde der Mythos der nationalen Identität, insbesondere der Topos des angeblich traditionell heilbringenden und heroischen Charakters der Serben von der Kriegspropaganda benutzt. Diese aktivierte oft das gesamte Arsenal der Folklore, sei es in Form bekannter Heroen und Situationen aus Heldenepen, sei es durch die Verwendung sprachlicher und stilistischer Mittel, in denen sich typische Folklore-Genres wieder erkennen lassen. Um die Lust am Krieg, die Überhöhung der eigenen Nation und den nationalistischen Hass zu stimulieren, wurden viele alte Volkslieder über den Krieg, hauptsächlich Tschetnik-Folklore aus dem Zweiten Weltkrieg, den heutigen Gegebenheiten angepasst. Es wurden aber auch Lieder über die aktuellen serbischen Führer und Kriegshelden in folkloristischem Stil lanciert. Solche Lieder entstanden Ende der achtziger Jahre oder während des Krieges und liefen in den Sendungen der meisten Rundfunkstationen Serbiens, wobei ein Sender, Radio Ponos (Radio „Stolz"), ausschließlich Titel dieser Art ausstrahlte. Über Politik, Krieg, Heldentum und so genannte nationale Themen im folkloristischen Stil zu reden, blieb in Serbien nicht nur volkstümelnden Randkulturen vorbehalten.

Auch Politiker, Schriftsteller, Philosophen, Geistliche und verschiedene andere offiziell beauftragte oder selbst ernannte Förderer des nationalen Interesses und der serbischen Kriegsziele pflegten diesen Stil und schmückten mit Vorliebe ihre kämpferischen Tischreden mit Zitaten aus der Volksepik, garnierten sie mit Volksweisheiten und beriefen sich auf Schriftsteller, die sich um die Erhaltung der traditionellen Volkskultur verdient gemacht hatten (Vuk Karadžić, Njegoš). Diese Gestalt der Propaganda kann als *kriegspropagandistischer Folklorismus* bezeichnet werden. Die Tücke dieses Folklorismus liegt darin, dass allein schon die traditionelle Form der Botschaften (etwa die Verwendung des zehnsilbigen epischen Verses, einer kodifizierten „Volks"-Sprache oder verschiedener sprachlicher Archaismen) die Idee vermittelt, alles, was über solche Botschaften verlangt, gewünscht oder angeboten wird, stehe im Einklang mit den tiefsten Empfindungen der Volksseele, hier spreche somit die Stimme des Volkes, *vox populi*, und nicht die Stimme seines Herrn, *his master's voice*.

Anders gesagt, dieser kriegspropagandistische Folklorismus hat zur Illusion beigetragen, die partikularen Interessen der Propagandisten des Krieges seien in Wirklichkeit die des Volkes, also nationale Interessen. Gleichzeitig damit wurde die symbolische nationale Integration angeboten, als Versammlung aller Berufe, aller Klassen, aller Regionen, aller Dialekte Serbiens in einem einzigen kämpferischen Volkskörper, in einem nationalen kriegerischen „wir". Der Krieg forderte neben der Mobilmachung auch andere Formen der Partizipation der Serben. Die Gestalt des Folklorismus sollte mithelfen, den Krieg als etwas darzustellen, wofür das Herz eines jeden Serben schlägt, als eine Idee, die dem serbischen Volk nicht nur eignet, sondern die ihm geradezu entsprungen ist.

Zu einer verwandten Art kollektiver symbolischer Integration – die jede nationalistische Politik benötigt, zumal, wenn sie für einen Krieg rüstet –, kommt es durch die Figur des *kriegspropagandistischen Mythologismus*. Hier besteht der Trick darin, den Krieg unter dem Aspekt der Ewigkeit darzustellen, das heißt, die politischen und die ökonomischen Konflikte in die zeitlose Sphäre des Mythos zu übertragen. Der Krieg in Kroatien und Bosnien-Herzegowina wird den Serben lediglich als eine weitere Episode des ewigen Kampfes mit ihren mythischen Gegnern präsentiert. Die serbischen Helden bleiben im Grunde immer die gleichen; sie leben in Inkarnationen in unterschiedlichen historischen Perönlichkeiten von einem Krieg zum anderen weiter. Also können die Serben darauf hoffen, dass ihnen immer eine jeweils neue Ausgabe des Obilić, Hajduk Veljko, Karađorđević oder anderer Helden der nationalen Mythologie zu Hilfe eilen werden. Gleiches gilt für die Feinde der Serben, denn auch sie sind alte Bekannte, „Paschas" und „Ustaschas", wie sie in einem Folkloreschlager zu Beginn des Krieges kernig benannt wurden, nur dass sie nun unter neuen historischen Umständen, in neuem Gewand auftreten. Diese Figur des kriegspropagandistischen Mythologismus taucht am häufigsten in der Verbindung von aktuellen Kriegsereignissen und ihren Protagonisten mit dem Kosovo-Mythos auf. Es handelt sich dabei um eine mytho-politische Aufbereitung der Legende über den Kampf der Serben gegen die Türken auf dem Amselfeld 1389. Serbische Kriege, Heldentaten und Leiden, gestern, heute und morgen sind allesamt nur Fortsetzungen der ewigen Auseinandersetzung auf dem Kosovo, immer die gleiche Niederlage in dieser Welt und der gleiche Sieg im Jenseits. Die Erwähnung von „Kosovo“, dieses, wie Matija Bećković sagte, „teuersten serbischen Wortes“, hat eine zusätzliche semiologische Funktion: Das Wort signalisiert, im Folgenden würde über die den Serben heiligen nationalen Dinge geredet. Es verkündet den Beginn des mythischen Diskurses.

Der Mythologismus in der serbischen Kriegspropaganda diente auch dazu, dem Krieg im ehemaligen Jugoslawien universale Bedeutung zu verleihen. Die serbischen Krieger in diesem Krieg werden als Kämpfer dargestellt, die sich nicht ausschließlich für die sakrosankten nationalen Werte schlagen (den serbischen ethnischen Raum, die serbische Orthodoxie, das „serbische Wesen“). Ebenso wenig werden ihre Gegner als Kämpfer nur für die Interessen der anderen Völker, der Kroaten oder Muslime, dargestellt. Die wichtigste Funktion dieser Figur des kriegspropagandistischen Mythologismus besteht darin, die Bedeutung der kriegerischen Konflikte auf die Ebene universaler Werte zu heben, so dass „unsere“ Kämpfer angeblich nicht nur für sich kämpfen, sondern für den Menschen und die Menschheit, was bedeutet, dass die auf der anderen Seite nicht nur Gegner der Serben, sondern der gesamten Menschheit sind. Es verwundert nicht, dass in der gesamten mythologischen Erzählung vom Krieg die Gegner als Tiere, Bestien und Monster bezeichnet werden. Also wurde der Krieg im ehemaligen Jugoslawien als Krieg für die Verteidigung der Nation vor ewigen Feinden oder als Verteidigung der Menschheit vor dem Ansturm tierischer oder höllischer Kräfte dargestellt. In beiden Fällen ist der Krieg eine dramatische Konfrontation zwischen den „Unsrigen“ und den „Ihrigen“, voller Gefahren, Ungewissheiten, Kummer und Leiden des Volkes, ein Opfertod für die hehren Ideale der Nation und der Menschheit. Die Kriegspropaganda schreckte zu keinem Augenblick davor zurück, in exhibitionistischer Manier Schauplätze von Morden und Leichenberge über die Grenze des Erträglichen hinaus zu zeigen. Diese Bilder wie auch die Berichte über Folterungen, Vergewaltigungen, Massaker und andere Leiden des serbischen Volkes hatten die Funktion, die Serben als das weitaus größte, im Grunde einzige wirkliche Opfer des Krieges darzustellen, das „leidende Volk“, „den Überrest eines abgeschlachteten Volkes“, wie ein Dichter und Akademiemitglied diese morbide patriotische Idee formuliert hat. Die Serben erleben heute ein Unglück, wie es seinerzeit die Juden oder Armenier erlebt haben. Diese Gestalt der serbischen Kriegspropaganda kann als *kriegspropagandistischer Viktimismus*, also als ein Kult des Opfers zu propagandistischen Zwecken bezeichnet werden.

Doch eine weitere Variante der serbischen Propaganda hatte eine vollkommen andere Aufgabe, nämlich das Morden und die Gräuel des Krieges als etwas Spannendes, Vergnügliches – oder zumindest als normale Aktivitäten darzustellen. Diese Variante hat ihre Grundlage in der Figur des *kriegspropagandistischen Euphemismus*. Sie kommt in den Versuchen zum Ausdruck, den Krieg als Freizeitgestaltung zu begreifen, voller Spaß, Teamgeist und sportlicher Herausforderungen. Die Bilder lachender, sich umarmender Kämpfer in Gesellschaft tapferer Journalisten – Flachmann mit *Rakija* (Pflaumenschnaps) in der Hand und gegnerische Fahne unter den Füßen – sollten suggerieren, der Krieg sei „total super“. Hoffentlich dauert er auch noch eine Weile! Diese Idee wurde beispielsweise von dem Kriegs-Comic „Kninjas, die Ritter der Kniner Krajina“ (Belgrad 1991) über die Heldentaten der Kämpfer um Knin forciert. In Wort und Bild werden die verschiedenen, immer währenden Annehmlichkeiten des Krieges für jeden Geschmack präsentiert: Das Leben in der Natur, Fußmärsche, Heldenlieder, kumpelhafte Frotzeleien, die Gesellschaft attraktiver Mädchen mit viel Sexappeal, vom Ferkel am Spieß und dem guten Tabak ganz zu schweigen.

Die zweite Variante, bei der Krieg verharmlost und zu etwas Anziehendem wurde, bildeten Erzählungen und Bilder vom Krieg, welche die Teilnahme am Krieg und die kämpferischen Mutproben als Gelegenheit zeigten, die eigene Männlichkeit unter Beweis zu stellen. Diese Gestalt des *kriegspropagandistischen Erotismus* verwandelt den Kampf für die nationale Sache in etwas, was nicht nur als patriotisch und human, sondern auch als sehr männlich gilt. Der Krieg ist nichts für Schwächlinge, sondern etwas für richtige, große Männer, die vor Virilität strotzen. Mut zu zeigen und die Bereitschaft, sich allen Gefahren auszusetzen, die der Krieg mit sich bringt, bedeutet die größte aller Herausforderungen und den höchsten Beweis der eigenen Männlichkeit. So wird beispielsweise in einer Reportage der bosnisch-serbischen Zeitschrift *Javnost* (12. 9.1994) von einem für serbische Kämpfer besonders gefährlichen Stadtteil Sarajevos berichtet, den „nur jene Kämpfer betraten, die wussten, was sie zwischen den Beinen tragen". Kriegspropaganda, vor allem aber die propagandistische Aufforderung, zur Fahne zu eilen, wurden oft mit diesem Argument begründet: es stellte die Kriegsteilnahme der Initiation, der Aufnahme in die Welt erwachsener Männer gleich.

Diejenigen, bei denen die Geschichten von Kriegsspass und kriegerischer Virilität nicht gut ankamen, konnten ihren Glauben der Idee schenken, der Krieg sei – Extremfälle der eigenmächtigen Abweichung von Plänen und Befehlen ausgenommen – eine geradezu hochtechnologische Angelegenheit, eine von Profis geleitete rationale Operation, bei der die Beherrschung und Steuerung bestimmter Instrumente im Mittelpunkt steht. Ein solches Bild des Krieges wurde durch die *Figur des kriegspropagandistischen Professionalismus* unterstützt. Diese kommt in der Gestalt des Kriegshelden Kapetan Dragan zum Ausdruck, der zu Beginn des Krieges gegen Kroatien in den serbischen Medien auftauchte. Ein Mann mit diesem Namen und obskurer Biographie, war Ende 1991 militärischer Berater der kroatischen Serben in der Krajina gewesen. Die serbische Kriegspropaganda machte aus ihm einen tadellosen serbischen Offizier und Gentleman: Der Krieg sei zwar sein Beruf, doch er möge ihn nicht besonders, trage keine Waffen, habe nichts gegen Kroaten, nur seien die Serben eben im Recht, bei ihm gehe es nicht um Hass, er unterweise seine Leute nicht, den Feind zu töten, sondern ihn „zu neutralisieren", und auch das höchst ungern, eben nur, wenn es wirklich sein müsse. Über den „Kapetan" wusste die Propaganda zu berichten, der ideale Krieg sei für ihn der ohne Opfer, ein Krieg der Profis, in dem man für jeden Angriff eine effiziente Verteidigung finde, in dem es weder Verletzte noch Tote gebe, sondern alles mit Materialverlusten und dem verdienten Urlaub für die Krieger beendet sein werde. Dabei ist der Sieg natürlich immer unser, nur handelt es sich dabei um einen Sieg nach Punkten.

Die mythischen Erzählungen über die kriegerische Identität der Serben, die verschiedenen Figuren in der öffentlichen Kommunikation über Krieg, Tod, Nation und Heroentum, die oben vorgestellt wurden, waren zur Zeit des Krieges im ehemaligen Jugoslawien nicht nur Element der Kriegshetze, und sie dienten nicht nur der Mobilisierung der Serben zur Unterstützung des Krieges. Sie dienten auch als Propagandamittel des Regimes in Serbien, das damit beschäftigt war, seine Position im Land zu festigen. Wie für alle anderen ehemals realsozialistischen Staaten bedeutete der Zerfall des bisherigen Systems das Ende der Geltung eines bestimmten symbolischen Herrschaftsparadigmas und den Beginn des Kampfes um die Etablierung einer neuen Symbolik und deren Kontrolle.

Andererseits lässt sich die symbolische Kommunikation in der politischen und der militärischen Propaganda, die hier in den Figuren kriegerischer Identität und der Kriegspropaganda dargestellt wurde, nicht nur auf eine Reihe von Maßnahmen und Mitteln reduzieren. Sie existiert nicht nur zum Zwecke von etwas anderem – etwa der Verwirklichung pragmatischer, „greifbarer", politischer oder Kriegsziele, also zum Beispiel zur Erringung politischer Macht, territorialer Erweiterung, Kontrolle über ökonomische Ressourcen oder zur Bereicherung der neuen herrschenden Elite. Vorstellungen, Ideen, Phantasmen, Tabus und Fetische, welche die symbolische politische Kommunikation in Gang setzt und inszeniert, sind Teil eines Reiches symbolischer Macht, um die sich die politische Herrschaft nicht minder bemüht. Die politische Herrschaft hat im Grunde keine Wahl. Sie muss das irdische genauso wie das himmlische Reich beherrschen. Dies galt auch für das Regime in Serbien und dessen Bedürfnis, nicht nur Armee, Polizei, Wirtschaft und Staat zu kontrollieren, sondern an seinem Schlüsselbund auch die Schlüssel der symbolischen Macht zu tragen. Während des Krieges 1991-1995 formte sich diese Macht, zu einer Ethnokratie als Kontrolle über Symbole und Kultformen der Ethnonation.

Deutsch von Nenad Stefanov

Literatur

Allgemein: Es gibt kaum umfassende und vergleichende Studien zur Thematik der politischen Mythen im südslawischen Raum, wie es auch noch wenig Untersuchungen zu den Stereotypen des Westens über diesen Raum gibt. Die Grundmotive der politischen Mythologien beleuchtet Ivo Žanić in *Prevarena povijest*, Zagreb 1998 (Betrogene Geschichte). Verschiedene Aspekte behandelt in sehr strukturbezogener Weise Dagmar Burkhart, *Kulturraum Balkan: Studien zur Volkskunde und Literatur Südosteuropas*, Hamburg 1989. Heranzuziehen ist ferner: Klaus Roth, (Hg.), *Südosteuropäische Popularliteratur im 19. und 20. Jahrhundert*, München 1993.

Zur Entstehung und Entwicklung von nationalen Ideologien: Ivo Banac, *The National Question in Yugoslavia*, Cornell University Press 1984 und: Charles Jelavich, *South Slav Nationalism – Textbooks and Yugoslav Union before 1918*, Ohio State University Press 1990, eine wichtige Übersicht des symbolischen Kapitals, das die gebildeten Schichten der Slowenen, Kroaten und Serben in den gemeinsamen Staat einbrachten. Neueren Datums ist der Sammelband: Pål Kolstø, *Myths and Boundares in South-Eastern Europe*, London 2005.

Kroatien: Da das kroatische nationale Pantheon ziemlich diversifiziert ist, gibt es eine Reihe von Untersuchungen zu einzelnen Symbolfiguren. Über den Wandel des Bildes König Tomislavs siehe Ivo Goldstein „O Tomislavu i njegovu dobu“, in: *Radovi instituta za hrvatsku povijest 18/1985* (Über Tomislav und sein Zeitalter). Zur Errichtung des Tomislav-Denkmals in Zagreb 1924-1947 siehe: Mira Kolar-Dimitrijević, „Povijest gradnje spomenika kralju Tomislavu u Zagrebu“, in: *Povijesni prilozi 16/1997* (Die Geschichte der Erbauung des Tomislav-Denkmals in Zagreb). Über König Zvonimir und die Legende seines Fluches siehe: Ivo Goldstein, „Kako, kada i zašto je nastala legenda o nasilnoj smrti kralja Zvonimira. Prinos proučavanju mehanizma nastajanja legendi u hrvatskom srednjevjekovnom društvu“, in: *Radovi instituta za hrvatsku povijest 17/1984* (Wann, warum und wie die Legende über den gewaltsamen Tod des Königs Zvonimir entstanden war. Ein Beitrag zur Erforschung des Mechanismus der Legendenbildung in der kroatischen mittelalterlichen Gesellschaft). Aktuelle Variationen des Zvonimir-Themas behandelt Ivo Žanić, „Zvonimir na remontu. Politika kao pučka književnost“, in: *Erasmus* 15/1996 (Zvonimir in der Reparaturwerkstatt. Politik als Volksliteratur). Über die Entstehung des Mythos von Nikola Šubić Zrinski siehe: Milivoj Šrepel, „Sigetski junak u povijesti hrvatskog pjesništva“, in: *Rad JAZU* 148/1902 (Der Held von Siget in der Geschichte der kroatischen Dichtung). Zu Matija Gubec: siehe Ivo Žanić, „Naš najdraži seljački sin. Socijalno porijeklo kao izvor političkog legitimiteta“, in: *Erasmus* 26/1998 (Unser liebster Bauernsohn. Die soziale Herkunft als Quelle der politischen Legitimation).

Über Kroatien als Schutzwall des Westens bzw. Brücke zwischen Ost und West in der ersten Hälfte des Jahrhunderts siehe: Ivan Mužić, „Ideje Zapada i Istoka u Hrvata“, *Kolo* 9/1970 (Ideen des Ostens und Westens bei den Kroaten). Eine Übersicht der kroatischen kulturellen und politischen Mythen, die im Zusammenhang des letzten Krieges, vor allem unter dem Titel „Golgotha des kroatischen Volkes“ entstanden sind, bietet: Aleksandar Flaker, *Riječ, slika, grad*, HAZU Zagreb 1995 (Wort, Bild, Stadt).

Bosnien: Zu den bosniakischen nationalen Mythen gibt es bislang keine wissenschaftlichen Untersuchungen. Das Thema wird, abgesehen von einigen Einzelstudien, in Gesamtdarstellungen mitbehandelt: Smail Balić, *Das unbekannte Bosnien. Europas Brücke zur islamischen Welt*, Köln, Weimar, Wien 1992; Muhamed Filipović, *Bošnjačka politika*, Sarajevo, 1996 (Bosniakische Politik); Ivan Lovrenović, *Bosnien und Herzegowina. Eine Kulturgeschichte*, Wien, Bozen 1998; Rusmir Mahmutćehajić, *Dobra Bosna*, Zagreb 1997 (Das gute Bosnien); Noel Malcolm, *Geschichte Bosniens*, Frankfurt 1996; Muhsin Rizvić, *Bosansko-muslimanska književnost u doba preporoda 1887-*

1918, Sarajevo 1990 (Bosnisch-muslimische Literatur in der Zeit der Wiedergeburt); Marian Wenzel, „Bosnian Tombstones – who made them and why", in: *Südost-Forschungen* Bd. 21 (1962), S. 102-143.

Serbien: In der serbischen Mythologie hat der Kosovo-Mythos eine überragende Stellung, so dass die historischen Legenden und ihr Personal fast ausschließlich um ihn kreisen. Darüber: Branimir Anzulovic, *Heavenly Serbia. The War in the Balkans*, London 1999; Philip Cohen, *Serbia's Secret War: Propaganda and the Deceit of History*, College Station, Texas, 1996; Thomas A. Emmert, *Serbian Golgotha: Kosovo 1389*, New York 1990. Noel Malcolm hat mit reichem Quellenmaterial die Mythen über die Kosovo-Schlacht und den „Massenexodus" der Serben gründlich in Frage gestellt: *Kosovo. A Short History*, London 1998. Für die Analyse der Entstehung des Kosovo-Mythos siehe: Miodrag Popović, *Vidovdan i časni krst. Ogled o književnoj arheologiji*, Belgrad 1976 (1973) (St. Veitstag und das ehrwürdige Kreuz. Abhandlung über literarische Archäologie) Vgl. auch die Sammelbände: *Kosovski boj u književnom i kulturnom nasleđu. Naučni sastanak slavista u Vukove dane*, Belgrad 1991 (Die Kosovo-Schlacht in der literarischen und kulturellen Tradition. Wissenschaftliche Tagung der Slawisten an den Vuk-Tagen.) und das von der serbischen orthodoxen Kirche herausgegebene *Sveti knez Lazar – Spomenica o šestoj stogodišnjici kosovskog boja 1389-1989*, Belgrad 1989 (Der heilige Fürst Lazar. Gedenkschrift zum 600. Jahrestag der Kosovoschlacht). Über die Kosovo-Mythologie in der Tschetnik-Bewegung siehe: Jozo Tomasevich, *The Chetniks: War and Revolution in Yugoslavia, 1941-1945,* Stanford 1975. Wichtig sind die Beiträge des ursprünglich in Belgrad 1996 unter dem Titel *Srpska strana rata* erschienenen Bandes von Th. Bremer, N. Popov, H.-G. Stobbe (Hg.), *Serbiens Weg in den Krieg. Kollektive Erinnerung, nationale Formierung und ideologische Aufrüstung*, Berlin 1998: über die Rolle des Kosovo-Mythos in der nationalistischen Mobilisierung: Olga Zirojević, „Das Amselfeld im kollektiven Gedächtnis", ebd., S. 45-62, zur Erneuerung des Mythos durch die Kirche: Radmila Radić, „Die Kirche und die ‚serbische Frage'", ebd., 183-203, sowie dort auch über die wichtigste Tageszeitung Serbiens und ihre Hinwendung zum Populismus in den 80er Jahren: Latinka Perović, „Flucht vor der Modernisierung", S. 479-489. Außerdem: Ranko Bugarski, *Jezik od mira do rata*, Belgrad 1995 (Die Sprache vom Frieden zum Krieg) und Veselin Čajkanović, *Mit i religija u Srba*, Belgrad 1973 (Mythos und Religion der Serben).

Über die moderne politische Folklore siehe die Studien: Ivan Čolović, *Bordell der Krieger. Folklore, Politik und Krieg*, Osnabrück 1994; ders., *Pucanje od zdravlja*, Belgrad 1994, (Strotzend vor Gesundheit), ders., *Politika simbola. Ogledi o političkoj antropologiji*, Belgrad 1997 (Politik der Symbole, Beiträge zur politischen Anthropologie). Ferner: Nebojša Popov, „Srpski populizam. Od marginalne do dominantne pojave" (Der serbische Populismus. Von einer marginalen zu einer dominierenden Erscheinung), Sonderbeilage zu *Vreme*, 24. Mai 1993. Eine Analyse des serbischen Opfermythos bietet Pascal Bruckner, *Ich leide, also bin ich,* Weinheim, Berlin 1996.

Schlüsseltexte zum serbischen Nationalismus: Maksim Korać, „Rasrbljivanje – veća tragedija od kosovske pogibije", in: *Srpsko pitanje danas*, „Die Entserbung – eine größere Tragödie als die Schlacht auf dem Amselfeld", in: *Die serbische Frage heute*, Belgrad 1995); Mihajlo Marković, „Naše duhovne vertikale 1989", in: *Osporavanja i angažovanja*, (Anfechtung und Engagement) Gesammelte Werke, Belgrad 1994, Bd. 8; Radovan Samardžić, *Ideje za srpsku istoriju* (Ideen zur serbischen Geschichte), Belgrad 1989.

19. Zwischen Pluralismus und Denkdiktat. Die Medienlandschaft

Dunja Melčić

Die besondere Rolle der Medien während der Kriege im zerfallenden Jugoslawien sprang früh ins Auge und wurde zum Gegenstand mehr oder minder systematischer Untersuchungen. Vergleichende Studien, wie vor allem in Mark Thompsons bekanntem Buch *Forging the War*, stellten bei den Konfliktparteien propagandistischen Missbrauch der Medien fest; von einer Parallelität beider Seiten kann jedoch mitnichten gesprochen werden: Der Missbrauch der Massenmedien in Serbien erweist sich bis heute als singulär. Einige folgenreiche Tendenzen in der damaligen jugoslawischen Öffentlichkeit seien hier an wichtigen historischen Knotenpunkten dargestellt.

19.1. Massenmedien im Dienste des ideologischen Konsenses

Anders als in offenen Gesellschaften, wo die Funktion der Massenmedien vom Wesen der medialen Kommunikation und von kommunikativen Prozessen bestimmt wird, versuchen totalitäre Herrscher die Medien als Herrschaftsinstrument zu benutzen, wodurch ebenjenes Wesen, welches in der *Unterbrechung der direkten* Kommunikation liegt, ins Gegenteil verkehrt wird. Durch das „Zwischenschalten" des Mediums kann „keine Interaktion unter Anwesenden, zwischen Sender und Empfänger stattfinden" (N. Luhmann). In der unmittelbaren Kommunikation dagegen kann der Urheber der Mitteilung die Reaktion der Zuhörenden kontrollieren und beeinflussen. Auf dem Wege der technischen Herstellung des Mediums (Buchdruck usw.) verselbstständigt sich die Information gleichsam, Rezeption und Reaktion des Empfängers entziehen sich der Kontrolle durch den Sender. Das macht auch das Paradox der Massenmedien in totalitären Gesellschaften aus: Einerseits unverzichtbar für die Erlangung und Stabilisierung der Macht ohne demokratische Prozeduren, sind sie in ideologisch legitimierten Diktaturen andererseits ihrem Charakter nach immanent subversiv.

In Jugoslawien kam durch den Bruch mit der Sowjetunion 1948 ein weiterer Widerspruch hinzu. Die jugoslawischen Massenmedien wurden von diesem ideologischen Erdbeben erschüttert und standen vor weitaus schwierigeren Problemen als die nach wie vor durchweg kanonisierten Medien in den übrigen Ländern des Ostblocks. Unter anderem musste auch die Abtrünnigkeit als eigentliche Rechtgläubigkeit interpretiert werden. Das alles hatte weit reichende Folgen für alle Medien bzw. für die Kommunikation überhaupt. Jugoslawiens Exkommunikation aus dem Reich der kommunistischen Rechtgläubigkeit ließ im Land zwangsläufig einen Meinungspluralismus bei der Deutung des kommunistischen Dogmas entstehen. Die Lehre des Marxismus-Leninismus musste dabei ohne „Stalinismus" auskommen und ihren Absolutheitsanspruch trotzdem bewahren. Schon 1953 erschien eine polemische Artikelserie im kommunistischen Zentralorgan, der Tageszeitung *Borba*, worin der frühere Dogmatiker Milovan Đilas, gewissermaßen als erster Dissident, aber noch als

ZK-Mitglied die neue kommunistische Elite („neue Klasse") kritisierte, sie habe die Ideale der Revolution verraten. Es war weniger der Inhalt seiner Polemik als vielmehr das Faktum, dass er im eigenen Namen öffentlich Kritik übte, was zu seinem Ausschluss aus dem ZK und danach auch aus der Partei, zu Repressionen und Publikationsverbot führte. Đilas, der erst danach begann, die kommunistische Idee zu kritisieren, war damit aus dem konsenspflichtigen System der Kommunikation ausgeschieden, ohne ‚mit uns die Angelegenheit vorher diskutiert zu haben', wie Tito sich ausdrückte.

Nach dem Bruch mit Stalin wurden kritische Beiträge über das sowjetische System, Berichte über dessen Lager und die „große Säuberung" veröffentlicht. In der Sowjetunion selbst mittlerweile geächtete Literatur (etwa die frühen satirischen Romane von Ilf und Petrow) wurde verlegt, ebenso polemische Aufsätze gegen den Stalinismus (vor allem gegen die Ästhetik des sog. Sozrealismus), aber auch Erinnerungsliteratur voll hochbrisanter Informationen (z.B. „Der Roman eines Romans" von Erwin Sinkó, Novi Sad 1956). Diese antistalinistische Ära in der jugoslawischen Öffentlichkeit stand im Zeichen der Verteidigung des Landes gegen die sowjetische Bedrohung. Der „kritische" Diskurs war streng ritualisiert, echte öffentliche Diskussionen und eine freie Aussprache waren ausgeschlossen; und bald schon verschwanden die Themen samt ihrer potenziellen Subversivität für das eigene System in der Versenkung. Der einheitliche Diskurs blieb durch diese Scheinpluralität unberührt.

Seit den sechziger Jahren wurden neue Hochschulen, Fakultäten der politischen Wissenschaften – letztlich Kaderschulen der Partei – gegründet und da auch Abteilungen für die Journalistenausbildung eingerichtet. Die Journalisten mussten eine gewisse Wendigkeit im Umgang mit Informationen entwickeln, um die Differenz zum Ostblock zu pflegen. Die Nachrichten – gerade westlicher Herkunft – wurden ideologisch präpariert, aber nicht so grobschlächtig wie im Sowjetblock. Diese Gratwanderung war charakteristisch für alle Medien – von den Büchern über Zeitungen, Zeitschriften bis zu den elektronischen Medien. Eine große Rolle spielte die Gründung marktorientierter Abendzeitungen (1959 *Večernji list* in Zagreb, die mit der Zeit die höchste Auflagenzahl erreichte, danach ähnliche Blätter in anderen Hauptstädten; in Belgrad *Politika ekspres* 1963), die eine Abkehr von den „Bleiwüsten" der ideologisch ausgerichteten „seriösen" Parteipresse bedeuteten. Nicht nur fiel das Layout durch einen stärkeren Bildanteil auf, auch die Thematik wurde abwechslungsreicher und die Sprache überwand streckenweise die Parteiphrasendrescherei. Doch blieb die öffentliche Sphäre gekennzeichnet durch die Mischung aus dosierter Freiheit und steten Eingriffen der Obrigkeit, so dass eine echte Kommunikation und die gesellschaftlich notwenige Diskussion nie stattfinden konnten.

Einen Versuch, den öffentlichen Diskurs zu ändern, unternahm man Ende der sechziger Jahre in Zagreb. Damit verband sich eine neue literarische Sprache, die sich an den zeitgenössischen Kunstströmungen im Westen orientierte und neue Maßstäbe setzte. Diese Bewegung, die sich während des so genannten kroatischen Frühlings vor allem in der kurzlebigen Zeitschrift *Hrvatski tjednik* bemerkbar machte, wurde Anfang der siebziger Jahre politisch erstickt. Dabei führte nicht nur Repression, sondern auch die Überlagerung des Diskurses mit nationalen Themen dazu, dass diese Ansätze auf die Strukturen nicht verändernd einwirken konnten. Ende der siebziger Jahre sickerte vor allem in die slowenische und serbische Öffentlichkeit ein neues Vokabular ein. Wichtig war dabei das sozialistische Phänomen der Jugendpresse. Viele Jugendorganisationen (z.B. der Bund der Studenten oder der Jugoslawische Bund der Jugend) hatten ihre Presse, und diese Zeitungen oder Zeitschriften wurden am häufigsten mit Verboten belegt, obwohl ihre redaktionelle Besetzung ganz streng von der Partei kontrolliert war.

19.2. Der Strukturwandel der slowenischen Öffentlichkeit

Mitte der achtziger Jahre wurden in der slowenischen Jugendpresse Fragen gestellt, die von einem fundamentalen Perspektivenwechsel zeugten. Das fing mit der schlichten Frage an, warum es in Jugoslawien keinen Zivildienst gebe. Diese naiv wirkende Frage war Vorbote einer Zivilgesellschaft und traf die heiligste aller jugoslawischen heiligen Kühe, die JVA. Mit schlichten Fragen beginnt der Prozess der Entzauberung. Freilich waren auch handfeste Motive im Spiel: Der immer stärkere Einfluss der serbischen Sprache auf das Slowenische wirkte zunehmend irritierend. In der Armee sprach die Dominanz des Serbischen aller proklamierten sprachlichen Gleichberechtigung in krasser Weise Hohn. Während die als nationalistisch geltende Kulturzeitschrift *Nova revija* die Sprachenfrage entlang der verfassungsmäßig garantierten Gleichberechtigung erörterte, widmete sich die immer aufmüpfigere *Mladina* bald der Entlarvung von massiveren Missständen in der Armee. Ein legendäres Editorial unter dem Titel *Mamula go home* hielt Verteidigungsminister Branko Mamula seinen Äthiopienbesuch vor, bei dem er Waffen verkaufte, von denen anzunehmen war, dass sie in Eritrea eingesetzt würden. Kurz danach veröffentlichte *Mladina* ein Dossier über den Bau von Mamulas Villa durch JVA-Soldaten. Solche Berichte wirkten wie Bomben. Die Armeeführung versuchte nach kurzer Lähmung, den „konterrevolutionären" Feind bloßzustellen, indem sie von „Angriffen auf die allgemeine Volksverteidigung, die JVA und den Staatssicherheitsdienst" berichtete. Diese Angriffe seien nur „ein Etappenziel"; das Hauptziel aber sei die „Zerschlagung Jugoslawiens" und seiner „sozialistischen Ordnung" (Ali Žerdin).

Die autoritäre Rhetorik war entlarvend: „Es werden die schlimmsten Beleidigungen gegenüber dem Bundessekretär für Volksverteidigung geäußert". Statt zu argumentieren, wiederholte das Verteidigungsministerium die Charakterisierung Mamulas durch die *Mladina*, dieser sei „Verkäufer von Tötungsinstrumenten", „Militarist", „Händler mit dem Tod" usw. – in der Erwartung, dass das Publikum jede dieser Bezeichnungen als unerhörten Skandal empfinde.

Diese Affäre leitete in Slowenien eine kommunikative Wende ein, die auch dem sprachlichen Ungeschick der Armee- und anderer kommunistischer Sprecher zu verdanken war. Allmählich wurde klar, dass der offizielle Diskurs nur in einem ideologischen Konsens galt, den man aber nicht mehr voraussetzen konnte. Der ideologische Konsens ließ sich nur unter Aufhebung der für Massenmedien eigentümlichen Kommunikationsunterbrechung herstellen, durch direkte Kommunikation in den Schulen (oft ab dem Vorschulalter), an Hochschulen, in Betrieben, Parteiorganisationen und im Militärdienst. Die allgegenwärtige Parteikontrolle erzeugte in allen Schichten den ideologischen „Konsensus", d.h. eine Art Sinnkanon, der klar machte, wie etwas zu verstehen ist, und verhindern sollte, dass gewisse Informationen subversiv wirkten. Plötzlich funktionierte das nicht mehr. So entstand für die kommunistischen Funktionseliten in Slowenien im System ein unlösbares Problem. Es wurde ihnen klar, dass ihre Glaubwürdigkeit in rasendem Tempo dahinschwand, wobei zum ersten Mal in der Geschichte des real existierenden Sozialismus die Konstellation aufgetaucht war, dass die Glaubwürdigkeit der Herrscher politische Bedeutung bekam. Die slowenischen Kommunisten versuchten die Öffentlichkeit mit einer partiellen Liberalisierung zu beschwichtigen. Doch die Situation spitzte sich zu, weil das Verteidigungsministerium – jetzt unter seinem neuen Chef Veljko Kadijević – den Druck verschärfte. Kadijević erklärte auf einer außerordentlichen ZK-Sitzung, es handle sich in Slowenien um eine „Konterrevolution" und zitierte dabei die Einschätzung der CIA, wonach man im Zusammenhang mit der *Mladina* von einer „ernst zu nehmenden, der polnischen Solidarność vergleichbaren Bewegung" sprechen könne. Somit seien in Slowenien alle Voraussetzungen für die Verhängung des Ausnahmezustands erfüllt, folgerte Kadijević. Der Diskurs änderte sich also dadurch, dass man Informationen in die Öffentlichkeit brachte, die das System nie als Information zu betrachten bereit war. Die Herrschenden im totalitären System sind nicht etwas, worüber *informiert* wird, sondern nur Objekte streng ritualisierter Huldigung. Ein anderes wichtiges Thema, das zum ersten Mal in der slowenischen Jugendpresse auftauchte, waren die politischen Gefangenen. Mit all dem wurde der Anspruch auf ein elementares Recht angemeldet: das Recht der Bürger, richtig und sachgemäß informiert zu werden, damit aber zugleich der Anspruch des Bürgers überhaupt auf „das Recht, Rechte zu haben" (Hannah Arendt). Also scherten diese Medien aus der ritualisierten Konsenspflicht aus und begannen ein Bild der Realität zu vermitteln, das nicht mehr durch leere Symbolik und Freund-Feind-Schemata verzerrt war. Nachdem Slowenien als selbstständiger Staat anerkannt war, transformierten sich die dortigen führenden Medien (die Tageszeitungen *Delo*, Ljubljana, *Večer*, Maribor und die elektronischen Medien) ebenso erfolgreich und unspektakulär wie die anderen Bereiche der Gesellschaft.

19.3. Die „Pressefreiheit" in Serbien

Die rührigste Dissidentenszene gab es in den achtziger Jahren in Serbien, genauer: in Belgrad. Der dissidente Diskurs, der in den Kultur- und Jugendzeitschriften (*Književna reč*, *Književne novine*, *Student*) und mehr noch in den Belgrader Foren wie dem Studentischen Kulturzentrum und dem Schriftstellerverband, der berühmt-berüchtigten „Francuska(straße) 7", um sich griff, kritisierte alles Mögliche – am liebsten den Tito-Kult, vor allem nach Titos Tod. Fragen des Militärs, die Missstände in der Armee oder gar die Idee einer Alternative zum Wehrdienst, wie man sie in Slowenien diskutierte, wurden allerdings nie zum Thema. Diese Zurückhaltung sollte bis in die Kriege der neunziger Jahre hinein gewahrt bleiben. Die übermächtige JVA, ihre verfassungswidrige Position im Staat und selbst die Einmischungen der Armeespitze in die Politik blieben von der Kritik in der Regel ausgenommen. Freilich war im März 1991 die dann schon oppositionelle Szene entrüstet, als der Verteidigungsminister Kadijević im Einvernehmen und im Auftrag Miloševićs und des Vorsitzenden des Staatspräsidiums Borisav Jović in Belgrad bei Demonstrationen gegen das eigene Volk Panzer einsetzte. Trotzdem teilten viele prominente Oppositionelle Miloševićs Meinung, dass Bürgerproteste und Demonstrationen zu einer Zeit, da man gegen die „antiserbische Koalition" kämpfen müsse, „die Lage destabilisieren". Als die Armee gegen Slowenien marschierte, identifizierte sich die Opposition weitgehend mit dieser Aktion, und als der populäre Dichter Matija Bećković während des Krieges in Slowenien im serbischen Fernsehen sagte, der Tod eines Slowenen „berühre ihn nicht mehr als der Tod einer Robbe", empörten sich nur einige Intellektuelle wie der Schriftsteller Mirko Kovač, der über diese Sendung mehrmals berichtete (*Vjesnik*, 20.6.1992).

Die größte Aufmerksamkeit wurde in der serbischen Dissidentenszene neben dem Thema Kosovo dem Zweiten Weltkrieg und den Verfolgungen zuteil, die Titos tatsächliche oder vermeintliche Gegner erlitten, bis hin zu Haft und Folter im berüchtigten Gefängnis *Goli otok*, der „Kahlen Insel" in der Adria. Die Frage der Demokratie verband sich mit mehr oder minder revisionistischen Projekten (→Kap. 14). Ab 1985 machte sich dieser Diskurs auch in der breiteren Öffentlichkeit bemerkbar. Da die Themen zunächst in mündlicher Kommunikation behandelt wurden, trugen sie deren Charakteristika – Autorität des Redners und beschränkte Überprüfbarkeit der Information – in die schriftliche Version mit hinein. Die dissidenten Medien in Serbien sind nie zu Foren der offenen Diskussion geworden. Sie sind eigentlich auch nur bedingt als „dissident" zu bezeichnen; die meisten Redakteure und Autoren blieben weiterhin Parteimitglieder, machten aber den inoffiziellen Diskurs bzw. die nationalen Themen publik. Eine exemplarische Karriere veranschaulicht diesen Prozess: Milorad Vučelić, in den achtziger Jahren ein agiler Kulturfunktionär, Journalist und Redakteur von Kulturzeitschriften, verstand es, die Parteilinie zu verteidigen und gleichzeitig anzuecken. Dabei zeigte er schon früh die Neigung, Polemiken mit anders denkenden Autoren wie skrupellose Abrechnungen mit dem Feind zu führen: So beantwortete er als Chefredakteur von *Književne novine* den nüchternen, auf solider Argumentation beruhenden Diskussionsbeitrag des kosovo-albanischen Soziologen Shkëlzen Maliqi zu einem von den Nationalisten aufgeblähten Fall angeblich ethnisch motivierter Drangsalisierung („Fall Đorđe Martinović") mit einer unsachlichen Breitseite voller Unterstellungen und persönlicher Beleidigung. Als schillernder Halbdissident fand Vučelić geeignete Posten im System Milošević. Die Krönung seiner Karriere erreichte er als Chef des Serbischen Fernsehens (RTS) während des Krieges gegen Bosnien, und er bewerkstelligte die ihm aufgetragene Kriegspropaganda so gut, dass er nach Dayton von Milošević entlassen und aus dem Vorstand der SPS ausgeschlossen wurde, da nunmehr Frieden angesagt war.

Generell lässt sich sagen, dass sich die Medien der serbischen Dissidentenszene die Freiheit erkämpften, über so genannte Themen der Nation zu sprechen – oder eher zu lamentieren. Damit wurden sie zu Trägern der „serbischen Kulturrevolution" (Paul Garde). Die eigentliche Wende in der serbischen Öffentlichkeit kam mit der Gleichschaltung der wichtigsten Medien mit dem Kurs von Milošević nach seiner putschartigen Machtergreifung. Zunächst benutzte er die Medien für die Abrechnung in den eigenen Reihen zur Zeit der so genannten antibürokratischen Revolution, die in Wirklichkeit der Unterwanderung der Institutionen durch Miloševićs Kader diente. Die wichtigsten Instrumente dabei waren die Tageszeitung *Politika* und das Fernsehen. Um die rabiate Propaganda im Sinne Miloševićs zur Wirkung zu bringen, gründete der Chefredekteur der traditionsreichen serbischen Tageszeitung und Direktor des gleichnamigen Verlagshauses Živorad Minović die neue Rubrik „Odjeci i reagovanja" (Echo und Reaktionen), wo – oftmals bestellte – Leserbriefe veröffentlicht wurden, die „den Zorn des serbischen Volkes" dokumentieren sollten. Zwischen Juli 1988 und März 1991 diente diese Rubrik „einem chauvinistischen Feldzug ... gegen politische Gegner ... und ganze Völker" (Aleksandar Nenadović). Wer im Hause Unmut äußerte, wurde gefeuert. So wurden bald auch andere Periodika (wie die Abendzeitung *Politika ekspres*, das Nachrichtenmagazin *NIN*, die Illustrierte *Duga*) gleichgeschaltet. Als Milošević im Kosovo entdeckte, dass er mit nationalistischen Themen seine Macht ausbauen kann, wurden auch die offiziellen Medien in diesem Sinne umgepolt und in die propagandistische Offensive getrieben (→ Kap. 20). So verschmolz der inoffizielle nationalistische Diskurs mit der kommunistischen Indoktrinationsstrategie zu einem mächtigen Manipulationsinstrument, das den Dissens unmöglich machte bzw. total marginalisierte. Dabei ist der Umstand nicht ohne Belang, dass der so geschaffene Konsens auf Kommunikationssysteme zurückgeht, die in direkter Interaktion entstehen; dies kann ebensogut der mündliche Umgang mit Intellektuellen und Schriftstellern von großer Autorität sein wie mündlich tradierte kollektive Erinnerung (in Erzählungen und Neuvariationen populärer Volkslieder). Der Belgrader Ethnologe Ivan Čolović hat die Struktur dieser Populärkultur in Verbindung mit den elektronischen Massenmedien untersucht, in der Annahme, darin die Quelle der uniformen serbischen Öffentlichkeit zu finden, die immun zu sein scheint gegen jegliche Verunsicherung durch eine andere Sicht der Dinge.

Es gibt dazu keine speziellen Untersuchungen, aber Beobachtungen legen nahe, dass das Verhältnis, das zwischen den elektronischen, audio-visuellen Medien und der immanenten Suggestivkraft der Bilder auf der einen Seite und einer vorwiegend schriftlosen Kultur auf der anderen entsteht, so beschaffen ist, dass die mediale Unterbrechung der unmittelbaren Interaktion virtuell aufgehoben wird. Eine von der Soziologin Zagorka Golubović geleitete empirische Untersuchung der Belgrader Universität hat 1998 in Serbien einen 60-prozentigen funktionalen Analphabetismus festgestellt. Die Methode der medialen Verbreitung von Parteiwahrheiten blieb, ebenso jene der Feindbildproduktion und Verhinderung unabhängiger Meinungen im Bereich der Öffentlichkeit. Die Inhalte änderten sich, freilich so, dass es den Menschen vorkam, als träte damit *zum ersten Mal ihre „Wahrheit" in die Öffentlichkeit*; denn der „neue", national-sozialistische Diskurs bediente sich der lang gehegten Mythen, der gängigen Stereotypen sowie einer bis dato inoffiziellen, nur mündlich tradierten kollektiven Erinnerung. So befand auch der Schriftsteller und Mitverfasser des Memorandums der Serbischen Akademie, Antonije Isaković, das serbische Volk habe „sich selbst gefunden", es sei durch die „Suche nach der Ehre" in eine Phase der moralischen „Reinigung" eingetreten.

Die Methoden der medialen Produktion von Wirklichkeit übernahm man für die Herstellung der „serbischen Wahrheit" allerdings vom kommunistischen System, nur dass diesmal das Memorandum und ähnliche national-ideologische Texte mit ihren Stichworten, Ideen und Vorschlägen die Richtung wiesen. Mit Gegnern rechnete man nach wie vor ab, indem man den „inkriminierten" Text zerpflückte, ohne dass ihn die Leser je zu Gesicht bekamen, Personen prangerte man an, ohne ihnen die Möglichkeit zur Antwort zu geben. Die Kombination dieser Faktoren macht die Besonderheit der kollektiv geglaubten, medial hergestellten Lügen aus, die man die „serbische Wahrheit" nannte.

Filip David stellte die häufigsten Stereotypen der serbischen Propaganda im Fernsehen (1994) zusammen: Die Kroaten sind ein genozidales Volk; die Muslime inszenieren Angriffe auf sich selbst und ihre Glaubensstätten, um die Intervention des Westens zu provozieren; Nachrichten über Bombenabwürfe auf Städte sind falsch; an Serbiens Isolierung ist eine internationale Verschwörung schuld, angeführt von Deutschland, der Komintern, dem Vatikan und dem internationalen Zionismus; die Führer oppositioneller Parteien dienen ausländischen Geheimdiensten; die Sanktionen gegen Serbien sind ein Werk seiner Feinde und der Anfang vom Ende der Vereinten Nationen. In den Jahren danach wurden die Stereotypen aktualisiert: Wieder kamen die Stichworte aus den Kreisen der SANU – so entstammt etwa der Vergleich Madeleine Albrights mit Ribbentrop, in dem sich letzterer wie ein Gentleman ausnimmt, einem Vortrag des Soziologen Dušan Nedeljković von 1998, wie auch der Vergleich Clinton-Hitler, der ebenfalls günstiger für den letztgenannten ausfiel. Die beiden Vergleiche erfreuten sich unerhörter medialer Verbreitung während des Kosovo-Kriegs 1999, meist in Form beliebter Reimspiele von der Art: „Amerika ist eine Supermacht, aus Adolf hat sie Bill gemacht" (Amerika je super sila, Adolfa je klonirala u Bila, *Ilustrovana politika*, 17.4.1999). Im Grunde hätten die auffälligen Unstimmigkeiten der Informationsverarbeitung Irritationen auslösen müssen – etwa als in *Politika ekspres* eine Liste abgeschossener Nato-Flugzeuge fast die ganze Seite füllte, das Fernsehen dagegen nichts davon zu wissen schien; oder als die Albaner zur Rückkehr aufgerufen wurden, nachdem man wochenlang nichts von ihrer Vertreibung aus dem Kosovo berichtet hatte. Das Auslassen von Informationen, Ignorieren oder Marginalisieren wichtiger Ereignisse gehört als fester Bestandteil zur Propaganda.

Die Meinungsmacher gehören nicht nur der Nachrichtenagentur Tanjug an. Am wichtigsten für die mediale Realität in Serbien ist vielleicht der Umstand, dass an ihrer Herstellung die Propagandabteilungen der Sicherheitsdienste maßgeblich mitwirken. Der berüchtigteste Fall einer engen Verbindung zwischen dem serbischen Fernsehen und dem KOS war ein Film, der aus Geheimaufnahmen des kroatischen Verteidigungsministers Martin Špegelj geschnitten und im Januar 1991 ausgestrahlt wurde. Špegelj war bei einer Besprechung mit Mitarbeitern gefilmt worden, wo es um die illegale Einfuhr von Waffen und um mögliche Taktiken ging, wie man sich gegen den übermächtigen Feind (die JVA in Kroatien) wehren könne. Das Material war so geschnitten, dass es „Panik und Ängste unter der serbischen Bevölkerung" erzeugt. (Tage später analysierte der Belgrader Avantgarde-Regisseur Lazar Stojanović die Technik des Propagandastreifens in der unabhängigen Wochenzeitung *Vreme.*) Gegen Špegelj wurde Haftbefehl erlassen. Zu jenem Zeitpunkt hatte der Direktor des Belgrader Fernsehens (RTB), Dušan Mitević, alle Programme im Sinne Miloševićs gleichgeschaltet und das Fernsehen in eine Bastion der Kriegspropaganda verwandelt, weshalb man es in Belgrad „Bastille" nannte. Während der März-Proteste zielte eine der wichtigsten Forderungen der Opposition und der Studenten auf die Demokratisierung des Fernsehens und die Ablösung Mitevićs. Doch die Gleichschaltungspolitik wurde auch unter seinem Nachfolger Ratomir Vico fortgesetzt, ja die Säuberungen gegen „demokratische Kräfte unter Journalisten" gingen verschärft weiter. Im Juli 1991 trat ein neues Rundfunkgesetz in Kraft, dessen Folge die Entlassung weiterer Redakteure und die Errichtung eines einheitlichen Fernsehsystems Serbiens (RTS) mit drei Zentren in Belgrad, Novi Sad und Prishtina waren. Alle Sender wurden verstaatlicht und direkt der Regierung unterstellt. Wie Rade Veljanovski in seiner Analyse nachweist, war die neue Programmpolitik voll in die Kriegspolitik integriert: Sendungen wurden nach den Regeln der Kriegspropaganda gemacht; Berichte und Reportagen zeigten das bedrohte serbische Volk in Kroatien: zerstörte (serbische) Häuser, (serbische) Opfer von Verbrechen. In einer Reportage mit dem Titel „Dort sind die Toten" wurde behauptet, die Kroaten hätten vor, „den Serben bis zum Tode Blut abzuzapfen", wofür das Bild zahlreicher vorbereiteter Flaschen den Beweis liefern sollte.

Als einer der Einpeitscher agierte der populäre Dichter Brana Crnčević, nach dessen Ansicht in einem Krieg zwischen Serben und Kroaten und zwischen Muslimen und Serben im Grunde doch immer Serben gegen Serben kämpfen. Als Kolumnist der Illustrierten *Duga* variierte er diese These unzählige Male: „Fremde Kriege und fremde Zaren konnten uns nicht so entzweien" wie „dieser ungeschickte und feige Frieden"; denn: „Autonomie – mit diesem Wort ist der Staat Serbien wie durch eine Bombe unterminiert worden" (Snježana Milivojević). Propagandistisch aufbereitet waren die TV-Dokumentationen über den Ustascha-Staat und das Lager Jasenovac, die in dieser Zeit ausgestrahlt wurden und ihre Wirkung bei der serbischen Bevölkerung in Kroatien nicht verfehlten. Die Sprachregelung war in den audio-visuellen und den Print-Medien gleich. Nach dem ersten großen Zwischenfall im kroatischen Krieg im Vukovarer Vorort Borovo selo, wo kroatische Polizisten aus einem Hinterhalt niedergemacht wurden, berichtete die *Politika* darüber, wie der „Friede aus den serbischen Dörfern verschwunden" sei. Die Formel lautete: Die (unbewaffneten) Serben verteidigen ihre Heimstätten. Die Luftschläge auf den kroatischen Regierungssitz in Zagreb am 7. Oktober 1991 wurden in serbischen Medien als kroatischer Selbstangriff zu Propagandazwecken präsentiert. Nach den Verbrechen im ostbosnischen Zvornik zu Beginn des bosnischen Krieges (April 1992) mit unklarer Zahl an Toten und 12.000 Vertriebenen meldete *Politika* unter dem Titel „Zvornik befreit", dass „serbische Kräfte" die Stadt unter Kontrolle hielten, während Tags zuvor davon die Rede war, muslimische Extremisten hätten die serbische Gemeinde Zvornik angegriffen. In der Abendzeitung *Večernje novosti* war zu lesen, dass die „Befreier über die Lautsprecher des Minaretts ein serbisches patriotisches Lied ertönen ließen", und in einem anderen Bericht, dass „zu Bruch gegangenes Glas der einzige Schaden" in der Stadt sei. Nach dem Massaker an den Menschen in Sarajevo, die am 27. Mai 1992 um Brot anstanden, versuchte das Serbische Fernsehen zunächst, das Geschehene zu ignorieren, bis die offizielle Linie festlegte, es habe sich um eine Inszenierung der bosnischen Regierung gehandelt – nach der Art des „Luftangriffs in Zagreb", der somit auch erfunden wäre –, um eine Intervention des Westens zu provozieren. Die Agentur der bosnischen Serben (SRNA) behauptete, die Mehrheit der Opfer seien Serben gewesen, man hätte aber die serbischen Leichen durch verwundete Kroaten und Muslime ersetzt. Politika teilte wortkarg mit, es gebe „Beweise, dass die serbische Seite für das Massaker nicht verantwortlich" sei. Von Zagreb bis Raçak im Kosovo im Frühjahr 1999 gehen die serbischen Medien mit den offensichtlichen, in der Weltöffentlichkeit umgehend bekannt gewordenen Verbrechen der serbischen Truppen gegen die Zivilbevölkerung auf die gleiche stereotype Weise um. Das Massaker von Raçak wurde – in den Worten des kritischen Kolumnisten Miodrag Stanisavljević – als ein Vorkommnis präsentiert, bei dem sich die UÇK-Kämpfer zunächst gegenseitig erschossen und anschließend entwaffnet und als Zivilisten verkleidet hätten (*Republika*).

Trotzdem etablierten sich in den neunziger Jahren in Serbien mehrere unabhängige Medien. Immer wichtiger wurden eine Zeitlang die Lokalzeitungen und städtischen Rundfunksender in der Vojvodina und in Zentralserbien. Diese kleinen Sender übernehmen häufig Programme der serbischen Redaktionen ausländischer Sender (BBC, Deutsche Welle). Der bekannte unabhängige Sender B 92 blieb ein Belgrader Lokalsender. Ein wichtiges Forum war die Zeitschrift *Republika,* mit sachlicher Information, politischen Analysen und kritischen Kommentaren. Dass die Redaktion Position bezieht „gegen den Hass", hat freilich keine Auswirkung auf die mediale Landschaft Serbiens, ebenso wenig wie das kleine Bulletin des Belgrader Helsiniki Watch Committees (*Helsinška povelja*), dessen Vorsitzende und Kolumnistin, Sonja Biserko, sich nicht nur mit tatkräftigem Engagement um die Opfer der Gewalt kümmert, sondern auch die wohl mit Abstand besten politischen Analysen Serbiens liefert.

19.4. Der beginnende Pluralismus in Kroatien und seine Gefährdungen

In Kroatien waren die Medien im Vergleich zu Slowenien und Serbien viel länger von Dogmatismus und Parteiideologie beherrscht. Nach Miloševićs Machtergreifung Ende der Achtziger nahm langsam eine Verteidigungsstrategie gegen die Angriffe aus Serbien Gestalt an. Die wichtigste Rolle spielte dabei das Wochenblatt *Danas*, dessen Kommentatorin Jelena Lovrić Milošević und seine Riege als Gefahr für Jugoslawien anprangerte. Zwischen den Zeilen gab es Kritik auch für die kroatischen Spitzenpolitiker, sie würden vor Belgrad die Augen verschließen, in prekären Situationen Milošević nachgeben und sich in den serbischen Medien beschimpfen lassen. Dem „Ustascha"-Vorwurf, der sich selbst gegen kommunistische Politiker serbischer Herkunft richten konnte, wagten nur einige Journalisten verhalten kritisch entgegenzutreten, oft im Namen des Jugoslawismus. Auch Miloševićs damalige Kosovo-Politik und die nationalistische Hetze gegen die Kosovo-Albaner wurden kritisiert, wenn auch nicht so klar wie in den slowenischen Medien.

Die politische Spitze Kroatiens, allen voran der kommunistische Spitzenpolitiker Stipe Šuvar, hat sich durch Schweigen und Nachgeben mitschuldig gemacht an Miloševićs Politik, die zur Aufhebung der Autonomie des Kosovo führte. Der kroatischen Öffentlichkeit jedoch fehlte es nicht an unverfälschten Informationen über die Ereignisse im Kosovo und auch nicht an mutigen Kommentaren einiger Journalisten, so dass eine Solidarisierung der kroatischen Bevölkerung mit den geschundenen Kosovaren zustande kam. Vor diesem Hintergrund diskreditierte sich die opportunistische Politik der kommunistischen Politiker von selbst.

Für eine raschere Abkehr vom Dogmatismus fehlte in Kroatien und seinen Medien ein echter demokratischer Impuls (→Kap. 27). Kritische Journalisten wie Jelena Lovrić oder die bekannte Fernsehredakteurin Gordana Grbić gehörten vorwiegend zu den Reformkommunisten, die erst beginnen mussten, die Vokabeln „Demokratie westlichen Typs", „Mehrparteiensystem", „freier Markt" und „freie Presse" zu buchstabieren. So waren sie kaum in der Lage, zum einen Milošević und den serbischen Nationalismus von der Position einer echten *demokratischen Alternative* anzugreifen und zum andern in den kroatischen Medien einen Wandel jenseits ideologischer Festlegungen einzuleiten. Im Grunde kritisierte diese reformistische Gruppe erst Milošević und danach den kroatischen Nationalismus von der gleichen Position aus – nämlich von jener des (kommunistisch-reformistischen) Jugoslawismus. Das Fehlen demokratischer Ansätze zeigt sich vor allem im Vergleich mit der slowenischen Öffentlichkeit, wo es in den noch kommunistisch geprägten Strukturen allmählich zu Koordinatenverschiebungen kam.

Die ersten freien Wahlen ergaben aber in beiden Republiken eine überwältigende Mehrheit für die Demokratie. Wie im Falle der Medienlandschaft hatte der Dogmatismus der kroatischen Kommunisten der Demokratie auch in der Politik große Stolpersteine in den Weg gelegt. Die Wahlen im April 1990 waren in Kroatien nicht weniger fair als in Slowenien, allerdings erließen die kroatischen Kommunisten – im Unterschied zu den slowenischen – ein Wahlgesetz, mit dem sie den erwarteten knappen Sieg in eine satte, wenn nicht absolute Mehrheit im Parlament umzuwandeln gedachten. Nur wurde die relative – und dank dieses Gesetzes dann absolute – Mehrheit von Tuđmans nationalistischer HDZ („Kroatische Demokratische Gemeinschaft") errungen. Und damit wurde letztlich auch den Medien der Weg zu einer echten demokratischen Umwandlung versperrt.

Bei den eher auf Unterhaltung ausgerichteten Medien beherrschten den jugoslawischen Markt die – oft aus der kommunistischen Jugendpresse kommenden – Zagreber Journalisten, d.h. praktisch das Haus Vijesnik mit seinen Illustrierten. Legendär wurde die Zeitschrift *Start* – durch Nacktfotos, aber auch durch sporadisches Praktizieren eines ernsthaften, halbwegs als unabhängig zu bezeichnenden Journalismus, der immer wieder mal brisante und tabuisierte Themen aufgriff. Diese Art Blatt, wofür es im Deutschen keine Kategorie gibt, hatte lange überlebt. Das gelungenste Beispiel war eine Zeitlang das wöchentlich erscheinende Magazin *Globus*, das seit seiner Gründung im Jahre 1989 eine Mischung aus investigativem Journalismus, Sensationsberichten, ernsten Reportagen und oft wichtigen Interviews pflegte, aber auch den Intellektuellen ein Forum für Beiträge bot, die man hierzulande im *Merkur* suchen würde. Starkolumnistin des Magazins war Tanja Torbarina, die, wie früher in *Danas* die kommunistische Nomenklatura, und danach die neue Elite und den Präsidenten Tuđman aufs Korn nahm.

In Kroatien sind Ende der neunziger Jahre unzählige Konferenzen über die Pressefreiheit veranstaltet worden, systematische Untersuchungen der Medienlandschaft sind aber dadurch nicht eingeleitet worden. Der Beobachter kann daher nur auf eigene jahrelange Leseerfahrungen und auf die Beschreibungen zurückgreifen, wie die des Wirtschaftsjournalisten Živko Gruden von der Wende in den Medien: Ein fundamentaler Befund betraf die Verquickung der ideologischen Aspekte mit der wirtschaftlichen Grundlage der Massenmedien. So war das Verlagshaus Vjesnik marode, obwohl einzelne Produkte Profite einbrachten, und dies lag vor allem an der Überzahl der Beschäftigten. Am Vorabend der ersten demokratischen Wahlen hatten die vom sozialistischen Selbstverständnis als „gesellschaftliche Arbeiter" geprägten Berichterstatter versucht, der neuen politischen Lage und der Parteienkonkurrenz gerecht zu werden. Zum beliebtesten Wort wurde „Professionalisierung", und vielen schien diese schon dadurch erreicht zu sein, dass in den Medien ungehindert Politiker auftreten durften, die man jahrelang als Feinde behandelt hatte. Dabei gab es kaum Journalisten, die man nach westlichen Kriterien als „Profis" bezeichnen konnte, und das journalistische Handwerk lässt noch immer zu wünschen übrig – unabhängig von der politischen Tendenz.

Die Vorstellung der Journalisten, mit der Einführung des Handwerks als Hauptkriterium journalistischer Arbeit würden deren Ergebnisse konkurrenzfähig, war naiv; nicht nur blieb dabei das Ausmaß der finanziellen Katastrophe, in der sich die Betriebe befanden, völlig außer Betracht, auch der Wandel, den die Öffentlichkeit nach Einführung der Demokratie durchmachte, und die neuen Bedürfnisse der Gesellschaft wurden nicht richtig verstanden. Einige Blätter versuchten auf der Basis ihrer Erfahrungen am Vorabend der 1990er Wahlen ohne wesentliche Veränderungen weiterzuarbeiten (*Danas*, später als *Novi Danas*, *Slobodna dalmacija* aus Split und *Novi list* aus Rijeka). Während die Regionalzeitungen sich zunächst halten konnten, war das Schicksal von *Danas* besiegelt: die hohen Auflagen bis zu 200.000, die zu Zeiten der jugoslawischen Krise erzielt wurden, waren auf dem kleinen kroatischen Markt für ein überregionales politisches Magazin unvorstellbar. Allerdings überlagerte politischer Streit jeglichen Ansatz zu einer nüchternen Analyse der neuen Lage der Medien. Die Regierung Tuđmans erkannte damals, dass die finanzielle Notlage der Presse ihr ein mächtiges Instrument zur informationspolitischen Kontrolle der Massenmedien in die Hand gab. Die Sanierung der Presseunternehmen wurde darauf abgestimmt, dass sie unter der Kontrolle der Regierungspartei und des Präsidenten blieben. Dazu wurden große Unternehmen (auch Banken) aus dem so genannten gesellschaftlichen Eigentum in Staatseigentum überführt, oder es fand eine Privatisierung statt, bei der die Klientel der HDZ weit bevorzugt das Kaufrecht selbst vor höher bietenden Konkurrenten bekam, teilweise mit Krediten aus den staatlichen Banken. Nach der ersten Methode wurden Rundfunk und Fernsehen (TV Zagreb) zu staatseigenen Medien, was sie *de facto* auch vorher waren. Eine undurchsichtige Personalpolitik führte zu Entlassungen im großen Stil. Von 3.500 Beschäftigten gelangten nach inoffiziellen Angaben (offizielle gibt es nicht) mehr als 600 auf eine „Warteliste". Wie in ganz Jugoslawien waren in Kroatien die großen Medien bzw. alles, was mit Informationspolitik zu tun hatte, nicht nur durch Parteipersonal beherrscht, sondern von den Sicherheitsdiensten durchsetzt. Da es in Kroatien keine „Lustration" (→ Kap. 27) gegeben hat und die Archive erst spät und selektiv freigegeben wurden, bleiben nur Mutmaßungen darüber, wer von den damaligen Verantwortlichen in den Medien Mitarbeiter der Organe war. Offensichtlich war dagegen, dass sich im Fernsehen und in den wichtigsten regierungsnahen Zeitungen die Wendehälse drängelten. Eine ernsthafte Strukturreform gab es lange nicht. (Erst 2002 wurde die einheitliche Rundfunk- und Fernsehanstalt aufgeteilt und teils privatisiert, teils als eine öffentlich-rechtliche Institution neu gegründet.) Der kommunistische Funktionär und Fernsehdirektor Veljko Knežević wurde nach neuen Regelungen und der Namensänderung des Fernsehens in HRT durch ein Gründungsmitglied der HDZ abgelöst, einen Mann der damals richtigen Gesinnung, aber ohne Erfahrung mit dem Medium. Sein Nachfolger war der durch Partisanenfilme populär gewordene Schauspieler und Regisseur Antun Vrdoljak, ebenfalls Gründungsmitglied der HDZ und Sabor-Abgeordneter. Durch ihn wurde das HTV zur Bastion seiner Partei. Die Strukturschwäche der kroatischen Medien lag weniger an den fehlenden (weil entlassenen) Journalisten, als vielmehr an jenen, die nicht entfernt wurden; deren hervorragendste Eigenschaft nämlich war die Fähigkeit, der Obrigkeit zu dienen. Bei der traditionsreichen Tageszeitung *Vjesnik* wurden mehrere Chefredakteure ausgewechselt, die vorher Linientreue Diener des Kommunistischen Regimes waren. Während der Tuđman-Ära waren Chefredakteure des Kroatischen Fernsehens im früheren System ebenso für Propaganda zuständig gewesen.

Der politische Druck auf die Massenmedien und der Mangel an Professionalität im Umgang mit Informationen waren besonders nachteilig im Kroatien-Krieg 1991 (→Kap. 22), der ja auch ein Krieg der Medien war. Tuđman und seine Gefolgschaft bemühten sich um einen ideologisch-nationalen Konsens durch die Medien, was überflüssig war, da in Bezug auf die Verteidigung des Landes ohnehin breiter Konsens bestand – wenn man von einem Großteil der kroatischen Serben und einigen kroatischen Linken absieht. Die kroatischen Medien orientierten sich von der abgelegten jugoslawistisch-kommunistischen Ideologie rasch um auf die Deutungsmuster aus Tuđmans „Parteizentrale" und ordneten diesen jeglichen Informationswert unter. Ein skandalöses Beispiel war der Fall der Stadt Vukovar im November 1991, nach drei Monaten Belagerung. Die Niederlage wurde von den Medien zwei Tage lang verschwiegen, danach hielt es der Präsident nicht für nötig, sich über die Medien an das Volk zu wenden. Dabei wäre es sicherlich sehr wichtig gewesen, die Kriegswirklichkeit in den kroatischen Massenmedien angemessen darzustellen, vor allem auch, weil Kroatien gegen die Belgrader Propagandamaschine mit der damals und auch später noch weltweit angesehenen Agentur Tanjug anzukämpfen hatte. Allerdings sei auch erwähnt, dass die HRT großen Schaden durch Kriegseinwirkung erlitt: teils wurden die Sender und Relaisstationen gezielt zerstört, teils wurden sie in Folge der Kämpfe beschädigt. Doch die unter Tuđman agierenden Medien, gleichermaßen von dessen anachronistischem Weltbild wie vom Dogmatismus ihrer national umgepolten Mitarbeiter beherrscht, wussten der Belgrader Propaganda wenig entgegenzusetzen. Wenn Wahrheitssplitter aus dem Kroatien-Krieg die Weltöffentlichkeit erreichten, so geschah dies nicht dank, sondern eher trotz der heimischen Medien. Der Einfluss von Tanjug war für die vielen Einseitigkeiten in der Berichterstattung der westlichen Medien zwar nicht der einzige Faktor, aber dennoch unübersehbar. Erst im Kosovo-Krieg entschlossen sich diese Medien zu einer genaueren Sprache und Vermittlung der Tatsachen, statt der Belgrader Nachtrichtenagentur zu trauen.

In Kroatien selbst war es nach dem Krieg zu einer weitgehenden Polarisierung der öffentlichen Meinung gekommen. Die Regierung Tuđman versuchte die Kontrolle über die mächtigsten Medien zu behalten und die unabhängigen unter ihnen durch wirtschaftlichen Druck zu ersticken. Die offizielle Berichterstattung über den Krieg in Bosnien-Herzegowina war an Tatsachenverdrehungen nicht zu überbieten; andererseits verdienten sich die unabhängigen Medien (wie *Feral Tribune*, *Globus* und die Tageszeitung *Novi list*, ebenso der Zagreber Rundfunksender 101 und die allabendliche Fernsehsendung *Slikom na sliku*) mit ihrer Darstellung des Krieges und der kroatischen Verstrickungen bei der Zerstörung des Nachbarlandes hohes Lob (→Kap. 25). So errang die kleine Lokalzeitung *Novi list* aus Rijeka durch unabhängige Information mit der Zeit überregionale Bedeutung. Für die Journalisten Kroatiens war außerdem der unabhängige und engagierte Journalistenverband (HND) von großer Bedeutung – sowohl in professioneller wie in berufsrechtlicher Hinsicht.

Die letzten Jahre unter Tuđman waren durch Affären und Skandale gekennzeichnet. Die Medien spielten dabei eine wesentliche Rolle. Darüber hinaus sind einige Journalisten und Medien durch Willkürmaßnahmen der Staatsapparate ernshaft in ihrer Arbeit behindert gewesen.

Diese Ereignisse trugen zur Niederlage der HDZ bei den vierten Parlamentswahlen Anfang 2000 und zum Machtwechsel bei.

19.5. Anmerkungen zu anderen Medienlandschaften

Strukturell sind die Probleme in anderen Nachfolgestaaten und in den Regionen Jugoslawiens ähnlich wie in Kroatien. Eine Beherrschung der staatlichen Medien hatte der bosnische Präsident Alija Izetbegović allerdings nicht so zielstrebig verfolgt wie der kroatische Präsident. Dennoch kam es auch in Bosnien allmählich zur Dominanz der Kader aus der Partei des Präsidenten (SDA), vor allem in den elektronischen Medien. Die angesehenste bosnische Tageszeitung *Oslobodjenje* wurde, anders als die vergleichbare kroatische *Vijesnik,* jedoch nicht in ein Sprachrohr der bosniakischen Regierungspartei umfunktioniert. SDA-nahe Medien waren das neu gegründete Wochenblatt *Ljiljan* und die Tageszeitung *Dnevni avaz.* Während des Krieges hat sich die frühere Jugendzeitung *Dani* durch ihre unabhängige Berichterstattung hohes Ansehen erworben und blieb unter Chefredakteur Senad Pećanin auch im Nachkriegsbosnien ein Medium der freien und kritischen Meinung. Ihre Mitarbeiter gehörten ebenso wie im Falle des populären Sarajevoer Radios „Zid" allen ethnischen Gruppen an. Das gravierende Problem der bosnisch-herzegowinischen Medienlandschaft liegt auf Dauer in der nationalen Aufsplitterung: In der Republika Srpska und in den Gebieten unter Kontrolle der nationalistischen Kroaten gab es lange keine unabhängigen Medien. Mit der Zeit etablierte sich in Banja Luka die Tageszeitung *Nezavisme novine* als ein zuverlässiges Informationsblatt. Die Bemühungen der internationalen Organisationen und des Hohen Repräsentanten, die Medienlage in Bosnien-Herzegowina durch Gründung eines Senders in eigener Regie zu verbessern, blieben erfolglos, was zumindest teilweise mit ihren wirklichkeitsfremden Ansätzen zusammenhängt. Die Medien der bosnischen Kroaten sind mehr in den kroatischen als in den bosnischen Informationsraum integriert, ein Bild, das im serbischen Falle noch krasser ausfällt, wodurch große Spannungen während des Kosovo-Krieges entstanden. Allerdings ist darauf hinzuweisen, dass es so etwas wie einen „bosnisch-herzegowinischen" Informationsraum gar nicht gibt, sondern sich nur der bosniakische (muslimische) für einen solchen ausgibt.

Die Entwicklungen in Montenegro verliefen zum Teil vorteilhafter. Schon Anfang der neunziger Jahre wurde die unabhängige Wochenzeitung *Monitor* gegründet, deren Einsatz für die Tatsachen jenseits der serbischen Propaganda von großer Bedeutung gewesen war. Die montenegrinischen Medien haben während des Kosovo-Krieges der westlichen Berichterstattung Gehör ermöglicht und den Empfang von CNN, BBC und anderer internationaler Sender zugelassen.

Im sozialistischen Jugoslawien spielten die Medien in den Sprachen der nationalen Minderheiten eine besondere Rolle. So war die ungarischsprachige Tageszeitung *Magyar Szó* („Ungarisches Wort") aus Novi Sad (ung. Újvidék) nicht nur für die ungarische Minderheit in der Vojvodina wichtig, sondern auch durch ihre Wirkung im zuzeiten weit repressiveren Ungarn. Ferner gab es (und gibt es noch immer) Medien in anderen Minderheitensprachen, etwa in Istrien *La voce del popolo* sowie Programme und Sendungen in Fernsehen und Hörfunk. Bis zur Aufhebung der Autonomie im Kosovo 1989 hatte es zahlreiche Medien in albanischer Sprache gegeben. Neben der Tageszeitung *Rilindija* (Wiedergeburt) waren das Wochenmagazin *Zëri* (Stimme) und albanischsprachige Programme in Fernsehen und Hörfunk von großer Bedeutung für die Konstituierung einer albanischsprachigen Öffentlichkeit im Kosovo. Auch wenn diese gänzlich von der Partei beherrscht wurde, bot sie dennoch den Kosovo-Albanern die Möglichkeit zu einer bis dahin ungekannten kulturellen Entwicklung. Neben Bildungs- und Wissenschaftsanstalten mit entsprechenden Publikationen spielte die aufblühende literarische Produktion in albanischer Sprache – die Prosa eines Rexhep Qosija und die Lyrik eines Ali Podrimija, um die bekanntesten zu nennen –

eine fundamentale Rolle für das moderne Selbstbewusstsein der Kosovaren. Nachdem Serbien das Regionalparlament des Kosovo im Juli 1990 aufgelöst hatte, wurden die Tageszeitung *Rilindja* sowie die albanischsprachigen Rundfunk- und Fersehprogramme eingestellt oder gleichgeschaltet. Im März 1997 gründete einer der führenden kosovo-albanischen Intellektuellen, Veton Surroi, die unabhängige Tageszeitung *Koha Ditore* („Zeit"), die bald zum offensten Diskussionsforum der Kosovo-Albaner wurde. Unmittelbar vor Beginn der Luftanschläge der Nato am 24. März 1999 überfielen serbische Sondereinheiten die Redaktionsräume in Prishtina, erschossen einen Wachmann und zerstörten die Einrichtung. Der Herausgeber, die Redakteure und Mitarbeiter versteckten sich während des Kosovokrieges vor der serbischen Polizei und den paramilitärischen Einheiten oder fanden – wie der Chefredakteur Baton Haxhiu – Zuflucht in Mazedonien, wo einen Monat später (mit Hilfe der Soros-Stiftung) die *Koha Ditore* als Exilzeitung ihr Erscheinen wieder aufnahm. Nach der Einsetzung der UN-Übergangsverwaltung behielt die Zeitung *Koha Ditore* ihre offene und kritische Berichterstattung. Andere Medien im Nachkriegskosovo schätzten die westlichen Beobachter lange als Problem ein.

Unter Mitarbeit von Ali Žerdin (Ljubljana),
Živko Gruden (Zagreb) und Filip David (Belgrad)

Literatur

Zu den Medien im sozialistischen Jugoslawien: Pedro Ramet, „The Yugoslav Press in Flux", in: P. Ramet (Hg.), *Yugoslavia in the 1980s*, Colorado 1985; Gertrude J. Robinson, *Tito's Maverick Media. The Politics of Mass Communication in Yugoslavia*, Chicago 1977; Ali H. Žerdin, *Generali brez kape* (Generäle ohne Mütze), Ljubljana, 1997.

Zu den Medien im Krieg: Paul Garde, *Vie et mort de la Yougoslavie*, Fayard, 1992; Mark Thompson, *Forging War. The Media in Serbia, Croatia and Bosnia-Herzegovina*, London 1994; speziell zu Serbien die Analysen im Sammelband Th. Bremer, N. Popov, H.-G. Stobbe (Hg.), *Serbiens Weg in den Krieg*, Berlin 1998, und zwar: Zoran M. Marković, „Die Nation: Opfer und Rache" (S. 319-338); Snježana Milivojević, „Die Nationalisierung des täglichen Lebens" (S. 339-358); Aleksandar Nenandović, „Die *Politika* im Sturm des Nationalismus" (S. 279-298); Latinka Perović, „Flucht vor der Modernisierung" (S. 479-490); Rade Veljanovski, „Die Wende in den elektronischen Medien" (S. 299-318). Außerdem: Philip J. Cohen, *Serbia's Secret War: Propaganda and the Deceit of History*, Texas 1996; Ivan Čolović, *Bordell der Krieger. Folklore, Politik und Krieg*, Osnabrück 1994; wichtig auch: Branko Matan, *Domovina je teško pitanje. Fragmenti dnevnika 1991-1993*, Zagreb 1998 (Das Vaterland ist eine schwierige Frage. Fragmente aus dem Tagebuch 1991-1993); Ivo Žanić, *Prevarena povijest*, Zagreb 1998 (Betrogene Vergangenheit).

Übergreifend: James Gow, R. Paterson, A. Preston (Hg.), *Bosnia by Television*, London 1996; Rossen Milev (Hg.), *TV auf dem Balkan. Zur Entwicklung des Fernsehens in Südosteuropa*, Hamburg 1996; ders. (Hg.), *Radio auf dem Balkan. Zur Entwicklung des Hörfunks in Südosteuropa*, Hamburg 1995; Dušan Reljić, „Medien im ehemaligen Jugoslawien", in: *Südosteuropa* 8/1994, S. 509-516; James J. Sadkovich, *The U.S. Media and Yugoslavia, 1991-1995*, Westport CT 1998; Verica Spasovska, „Der Jugoslawienkonflikt als Medienereignis", in: *Südosteuropa-Mitteilungen*, 1/1995, S. 8-17.

Weitere Literatur →Kap. 17.

III. Der Krieg

20. Jugoslawien unter Milošević

Matthias Rüb

20.1. Machtantritt und Wende zum Nationalismus

Am 23. September 1987 saß ganz Serbien vor dem Fernseher. Kein Fußballspiel wurde geboten und auch kein Basketballmatch. Was die Menschen gebannt verfolgten, war das Achte Plenum des Zentralkomitees der Serbischen Kommunistischen Partei, eine zweitägige Sitzung, auf der sich Slobodan Milošević gegen seinen politischen Ziehvater und langjährigen Freund Ivan Stambolić durchsetzte – die entscheidende Station in einer bemerkenswerten politischen Karriere.

Der moderate Flügel der Partei, der eine Art Perestrojka angesteuert hatte, wurde ausgeschaltet, und Milošević erlangte im Zuge der Säuberungen, deren prominenteste Opfer neben Stambolić der Belgrader Bürgermeister Bogdan Bogdanović und der Belgrader Parteisekretär Dragiša Pavlović waren, die Kontrolle über den Parteiapparat. Während in ganz Mittel- und Osteuropa die kommunistische Herrschaft schon vom Zusammenbruch gezeichnet war und im „annus mirabilis" 1989 schließlich zu Staub zerfiel, vermochte in Serbien ein Nachwuchspolitiker der Nomenklatura die gesellschaftlichen Grundlagen und die Machtstrukturen der kommunistischen Ära in die neue Epoche hinüberzuretten. Unter seiner Führung entwickelte sich die serbische „Demokratur", für die ein Generationswechsel bei gleichzeitigem Erhalt von reformunwilligen Parteistrukturen und -apparaten charakteristisch ist.

Das Achte Plenum des ZK der serbischen Partei kann als Schlüsselereignis für die Methoden Miloševićs gedeutet werden. Durch die Übertragung im staatlichen Fernsehen wurde ein Massenpublikum ins Allerheiligste der Partei eingelassen, aber dies war nur scheinbar ein Akt der Demokratisierung und Transparenz. Denn die Fernsehübertragung war kein objektiver Mitschnitt dieses Ereignisses, sondern folgte genauem Kalkül. Der von Milošević installierte neue Chef des serbischen Staatsfernsehens Dušan Mitević sorgte dafür, dass die Reden seiner Sympathisanten in aller Breite gezeigt wurden, während die Fraktion um Stambolić kaum zu Wort kam. Zudem zogen sich während der Sitzung die Getreuen Miloševićs allmählich auf die hinteren Sitzreihen zurück, so dass Stambolić und seine Fraktion am Ende allein und wie ein Angeklagter vor einem imaginären Richter saßen. Die Mobilisierung der *Massen* durch das *Fernsehen* ist das erste wichtige Merkmal der neuen Methode Miloševićs.

Die Auseinandersetzung zwischen Milošević und Stambolić war kein gewöhnlicher Machtkampf zweier Politiker, die um ein Amt konkurrierten, sondern politischer Vatermord und ein klassischer Fall von Verrat: Wenn es jemand gab, dem Milošević Loyalität geschuldet hätte, dann seinem Freund Stambolić, mit dem zusammen er Jura studiert hatte. Dank Stambolić war Milošević im Mai 1986 zu dessen Nachfolger als Parteichef in Serbien gewählt worden. Die persönliche Verbundenheit vergaß Milošević, als er die Chance sah, den durch Fraktionskämpfe geschwächten Stambolić von der Macht zu drängen. Das Prinzip *Verrat* als Maxime für das Leben und die *Machtpolitik* ist das zweite wichtige Charakteristikum, das sich beim Achten Plenum erkennen lässt.

Der Konflikt zwischen den Fraktionen um Milošević und um Stambolić wurde nicht als Wettstreit unterschiedlicher Konzepte, sondern als kompromissloser Kampf zwischen dem Richtigen und dem Falschen, zwischen dem Guten und dem Schlechten ausgetragen. Stambolić hatte mit seiner Kritik an der Ausschließlichkeit Miloševićs sein eigenes politisches Todesurteil unterschrieben. Das agonale Grundprinzip, die Reduzierung aller Differenzen auf das *Freund-Feind-Schema* ist das dritte wesentliche Moment von Miloševićs Politik. In Umkehrung des Leitsatzes von Clausewitz betreibt Milošević Politik als Fortsetzung des Krieges mit anderen Mitteln. Ein Nachgeben kommt für den, der den *Kampf als Prinzip* verfolgt, nur unter extremem Druck in Frage und bei unmittelbarer Gefahr der totalen Niederlage oder gar des Machtverlusts.

Auf jener Sitzung des serbischen ZK-Plenums 1987, wo nach der alten Manier Solidaritätsadressen aus ganz Serbien an Milošević verlesen wurden, zeigte sich viertens, dass in demokratisch kaum entwickelten Gesellschaften die Methoden des Machtkampfes von grenzenloser *Rücksichtslosigkeit* und die *Propaganda* voller Verdrehungen und Lügen sein dürfen und trotzdem zum Erfolg führen. Seinen Griff auf die Partei festigte Milošević nach dem ZK-Plenum, indem er ein Netz von Günstlingen mit Posten, Geld und „Bedeutung" versorgte und über seine treuesten „Soldaten" – Radmilo Bogdanović, Mihalj Kertes und Jovica Stanišić – die Polizei und den Sicherheitsdienst unter seine Kontrolle brachte. Bald konnte sein Führungsanspruch von niemandem mehr bestritten werden. Es sollte sich rasch zeigen, welche entscheidende Rolle der *Person* Milošević zukam. Vieles spricht für die These, in Jugoslawien wäre manches anders verlaufen, wenn beim Achten Plenum statt Milošević ein Vertreter der gemäßigten Fraktion den Machtkampf gewonnen hätte.

Die Lebensgeschichte Miloševićs ist aufs engste verbunden mit der Zerfallsgeschichte Jugoslawiens, und sein Machtantritt markiert eine entscheidende Weichenstellung. Als Stambolić 1984 Parteichef Serbiens wurde, machte er Milošević zum Chef des Belgrader Parteikomitees. In dieser Funktion fiel Milošević aber nicht aus dem Rahmen, nahm gegen den serbischen Nationalismus eher noch entschiedener Position als gegen die „liberalen Abweichungen" und folgte dadurch der Linie seines Ziehvaters. Zuvor hatte Milošević zunächst eine Fabrik und später eine Bank geleitet und galt als Organisationstalent, das sich in straff organisierten Institutionen wie der Partei zu Hause fühlte. Seiner Karriere war förderlich, dass in den frühen siebziger Jahren die so genannten „liberalen Kräfte" aus der Partei entfernt wurden. Es gab zwar unter den serbischen Doktrinären moderate Kräfte, die sich vor allem dem aufsteigenden serbischen Nationalismus widersetzten, sie entwickelten aber kaum Impulse zur Demokratisierung.

Milošević wurde am 20. August 1941 in der mittelserbischen Kleinstadt Požarevac geboren. Seine Eltern waren aus Montenegro zugewandert und vertraten offenbar diametral entgegengesetzte politische Ansichten. Der Vater schlug die Laufbahn eines orthodoxen Priesters ein, während die Mutter überzeugte Kommunistin war. Beide schieden durch eigene Hand aus dem Leben, der Vater 1962, die Mutter 1972. Als Schüler, so berichtet Miloševićs kritischer Biograph Slavoljub Đukić, war er ein Einzelgänger, der fast immer die besten Noten bekam, im Sport aber gar nichts zustandebrachte. Die Schlüsselbegegnung für Milošević war jene mit Mirjana Marković, die er noch im Gymnasium kennen lernte. Ihre Mutter war während des Zweiten Weltkrieges erschossen worden; Vorwürfe kursierten, sie habe die Partisanen an die Deutschen verraten. Mira Marković wurde in einer Art Adelsfamilie der kommunistischen Bewegung groß, doch brach sie später mit denjenigen Verwandten, die gewagt hatten, Miloševićs „nationalistische Wende" zu kritisieren.

Milošević und Mira Marković verband und verbindet ein symbiotisches Verhältnis und das unbedingte Streben nach Macht und Einfluss. Vielfach überliefert ist der Satz der

Gymnasiastin, ihr „Slobo" werde einmal so berühmt und bedeutend sein wie Tito. Mira Marković blieb anders als ihr Mann, eine überzeugte, gläubige Kommunistin, für ihn „war Ideologie nie das, was sie für mich war" – soll sie selbst einmal gesagt haben (Đukić).

Das Gespür für den richtigen Augenblick, die Fähigkeit, Stimmungen in der Bevölkerung zu erfühlen und für die eigenen Interessen zu kanalisieren, sind Miloševićs größte politische Begabungen. Er erkannte, dass die nationale Renaissance in den Teilrepubliken in den achtziger Jahren mit ihrem latent antikommunistischen Impuls die Macht der Partei gefährden konnte. Anstatt sich aber der Bewegung, die allmählich die Massen ergriff, entgegenzustellen, stellte sich Milošević an ihre Spitze und zwar mit der ganzen Parteimacht und deren Monopol in Gesellschaft und Staat. Er griff auf die kursierenden nationalistischen Ideologien, bei Bedarf aber auch auf die alten kommunistischen Versatzstücke zurück. Der Politologe Aleksa Đilas, Sohn des bekanntesten jugoslawischen Dissidenten Milovan Đilas, nannte diesen Ideenverbrauch „politischen Kannibalismus" – jedenfalls bezeugt er riesigen Machtappetit. Viele Beobachter haben die Ansicht vertreten, für Milošević sei außer der Macht nie etwas wirklich von Bedeutung gewesen. Für diese Einschätzung spricht, dass er immer wieder Prinzipien verwarf, die er kurz zuvor noch als unverrückbar bezeichnet hatte. Doch Milošević traf nicht nur dank einer schauspielerischen Glanzleistung den nationalen Nerv so vieler seiner serbischen Landsleute. Aleksa Đilas ist der Ansicht, dass Miloševićs „Sympathie für die Forderungen der Serben im Kosovo echt war". Auch der Balkan-Vermittler der Europäischen Union, Lord Owen, berichtet von heftigen Gefühlsausbrüchen Miloševićs bei dem Thema.

Miloševićs öffentlicher und über die Medien verbreiteter Einsatz für die Kosovo-Serben war die Initialzündung für seinen Aufstieg zum nationalen Führer der Serben. In der schleichenden Abwanderung vieler Serben aus der Südprovinz seit den sechziger Jahren sah man in Serbien die Gefahr, dass das „serbische Jerusalem" an die Albaner „verloren gehen" könnte. Der wegen geringer Geburtenzahlen sinkende serbische Bevölkerungsanteil wurde als „demographischer Genozid" an den Serben im Kosovo gedeutet. Die Albaner weisen unter allen Völkern Europas das höchste Bevölkerungswachstum auf. So stieg der albanische Anteil im Kosovo von etwa 60 Prozent 1939 auf 77 Prozent 1981, zehn Jahre später auf 82 Prozent, und Anfang 1998 dürfte er bei zwei Millionen Einwohnern der Provinz mehr als 90 Prozent betragen haben. Zugleich richtete sich der Protest der Kosovo-Serben gegen den „Verlust" der beiden autonomen Provinzen Vojvodina und Kosovo durch die jugoslawische Verfassung von 1974. Tief saß der Stachel aus der Tito-Zeit, in der die Meinung vorzuherrschen schien, dass „ein schwaches Serbien ein starkes Jugoslawien" bedeute. Mit seinem Versprechen, die „nationale Einheit" Serbiens wiederherzustellen, traf Milošević den Nerv des serbischen Volkes (→ Kap. 13). Schon im berüchtigten Memorandum der Serbischen Akademie der Wissenschaften vom September 1986, dem Katechismus des serbischen Nationalismus, heißt es über das Kosovo: „Das Schicksal des Kosovo ist eine Lebensfrage für die gesamte serbische Nation. Der physische, politische, rechtliche und kulturelle Genozid an der serbischen Bevölkerung in Kosovo und Metohija ist eine der schwersten Niederlagen seit den serbischen Freiheitskämpfen von 1804 bis 1914". Ausdrücklich wird die „Herstellung der vollen nationalen und kulturellen Identität des serbischen Volkes, unabhängig in welcher Republik oder Region sie leben", gefordert.

Milošević selbst äußerte sich nur sehr vage zum zunächst offiziell als nationalistisch kritisierten Memorandum; doch später setzte er dessen großserbische Ideologeme konsequent in praktische Politik um. Am 24. April 1987 sprach er in Kosovo Polje, einem Vorort der Provinzhauptstadt Prishtina, vor Parteidelegierten und mit Vertretern von Demonstranten. Die meisten Beobachter geben dieser direkten Begegnung entscheidende Bedeutung für

Miloševićs Wende zum Nationalismus. Er griff in seiner Rede die von den Kosovo-Serben angesprochenen Probleme auf und lieferte einen klassischen Fall der Übertragung der kommunistischen Wahrheit-Lüge-Dichotomie auf den ethnischen Konflikt zwischen Serben (Wahrheit) und Albanern (Lüge): Es stünden Fortschritt gegen Konterrevolution, der Geist von Brüderlichkeit und Einheit gegen Nationalismus und Separatismus und so weiter; danach schloss er mit der Aufforderung an die Kosovo-Serben zum Bleiben, denn „dies ist euer Land, hier sind eure Häuser, eure Felder und Gärten, eure Erinnerungen". Außerdem habe es „noch nie dem serbischen oder montenegrinischen Geist entsprochen, vor Hindernissen zurückzuweichen, sich zurückzuziehen, wenn Kampf gefordert ist, in schwierigen Zeiten die Moral sinken zu lassen". Wer in der agonal aufgebauten Rede der ungenannte Gegner und Feind war, verstand sich von selbst: die Albaner.

Vor dem Gebäude dann sprach er zu den versammelten und gewalttätigen Serben, die von der Polizei, in der es auch albanische Beamte gab, zurückgedrängt worden waren, den berüchtigten Satz: „Niemand soll es wagen, euch zu schlagen!" Diese Szene, in welcher der neue Führer der Serben zur Masse sprach und sie beruhigte, wurde später immer wieder im Fernsehen übertragen. Milošević entdeckte hier die Macht des Populismus: Bei der kurzen Ansprache vor Fabrikarbeitern in Uroševac tags darauf spickte er seine kommunistischen Formeln der ideologischen Feindbezeichnung als „Separatisten und Konterrevolutionäre" (gemeint sind die Urheber der Kosovo-Unruhen von 1981) mit den „neuen" Stereotypen aus den Massenmedien, die schon länger den nationalen Hass auf die Albaner predigten: „Immer wenn ein serbisches Kind vergewaltigt wird, fällt Schande auf alle Albaner, wenn sie nicht für das Ende solcher Grausamkeiten sorgen." (Milošević, „Jahre der Entscheidung") Milošević schürte die Angst, um sich als Beschützer und Retter der Bedrohten anzubieten. Mit dieser Methode gelang es ihm, die moderaten Kräfte allmählich in die Enge zu drängen und auf dem erwähnten Plenum zu besiegen.

Damit wurde Milošević auch zum Liebling der nationalistischen Intellektuellen, namentlich der Autoren des Memorandums, die ihm wie der Schriftsteller Dobrica Ćosić und der führende Kopf der Belgrader Sektion der Philosophengruppe „Praxis", Mihajlo Marković, ihre Mitarbeit anboten. Auch sie sollte das klassische Schicksal vieler Milošević-Verbündeter ereilen: zuerst emporgehoben, dann verraten und schließlich gestürzt. Ćosić, Präsident der neuen Bundesrepublik Jugoslawien (Serbien und Montenegro) von 1992 bis 1993, verschwand nach seiner Absetzung durch Milošević ebenso in der Versenkung wie der zum Chefideologen der Serbischen Sozialistischen Partei (SPS) aufgestiegene Marković nach dem Dayton-Frieden. Der Friedensvertrag machte die Vereinigung der parastaatlichen serbischen Gebilde mit Serbien unmöglich, womit die Exponenten dieses Projekts nicht mehr gebraucht wurden.

20.2. Von der Zerstörung der Provinzautonomie zur Aggression gegen die nördlichen Republiken

Das Memorandum, ein „Konglomerat von weinerlicher Selbstbemitleidung, gepaart mit Aggressivität und Feindseligkeit gegenüber allen anderen Mitbewohnern Jugoslawiens" (V. Meier), beklagte die Benachteiligung des größten Volkes Jugoslawiens vor allem durch die Verfassung von 1974. Es ließ außer Acht, dass die Serben im jugoslawischen Staat keineswegs unterrepräsentiert waren. In der Parteispitze, in Polizei und Geheimdienst stark vertreten, dominierten sie mit 65 Prozent des Offizierskorps auch in der Armee. Dies kam Milošević bei seiner Strategie zugute, die Jugoslawische Volksarmee (JVA) zu einem Instrument seiner Politik zu machen. Ein wichtiger Gönner Miloševićs am Anfang seiner Karriere war der frühere langjährige Verteidigungsminister und einflussreiche General Nikola Ljubičić, der später (Dezember 1990) mit Mira Marković den „Bund der Kommunisten – Bewegung für Jugoslawien" gründete. Bis zur Ablösung von Admiral Branko Mamula als Verteidigungsminister im Juni 1988 hatten in der Armeeführung noch jene Strömungen Einfluss, die die Rolle der JVA als kollektive Nachfolgerin Titos, als stärkste und letzte Klammer Jugoslawiens, verstanden wissen wollten. Unter Mamulas Nachfolger Veljko Kadijević, der bis 1992 im Amt war, wurde die alte Rhetorik nach außen hin beibehalten, aber die Armee, politisch den serbischen Dogmatikern näher stehend als den Reformern in Kroatien und vor allem Slowenien, wurde Teil des Belgrader Machtgefüges um Milošević. In den Territorialverteidigungen (TO) der Republiken sah die JVA – vor allem in Kroatien und Slowenien – bald feindliche Kräfte, gegen die vorzugehen sei. Schließlich ergriff die JVA deutlich Partei für die serbische Seite und half bei der Versorgung und Aufrüstung der serbischen Milizen – in Kroatien zunächst aus den beschlagnahmten Beständen der TO.

Doch die ersten Feldzüge führte Milošević ohne Armee. Nach der ersten größeren Versammlung in Kosovo Polje überzog im Sommer 1988 eine Serie von scheinbar spontanen, in Wirklichkeit aber minutiös geplanten „Meetings", sogenannten „Versammlungen der Wahrheit", ganz Serbien. In Gestalt von gedungenen Demonstranten aus dem Kosovo wurde die „serbische Wahrheit" nach ganz Serbien exportiert und als Kampfmittel gegen die Parteiführungen und Regierungen in den beiden Provinzen und der Teilrepublik Montenegro eingesetzt. Die Methode der Verkündung dieser Wahrheit offenbart ihre Herkunft aus der kommunistischen Wahrheit-Lüge-Dichotomie. Als oberster Einpeitscher fungierte Miroslav Šolević, ein Serbe aus dem Kosovo, der schon bei der denkwürdigen Begegnung mit Milošević in Kosovo Polje Regie geführt hatte. (Zehn Jahre später sollte sich Šolević, von Milošević abgehalftert, gegen seinen früheren Befehlshaber wenden und ihm vorwerfen, er habe das Kosovo „verkauft" und sich mit einer künftigen Teilung der Provinz abgefunden.)

Die Massenbewegung des „serbischen Sommers" 1988, d. h. der „antibürokratischen Revolution" (auch „Joghurt-Revolution" genannt, weil die Demonstranten Joghurt-Becher als Wurfgeschosse verwendet hatten) erreichte ihre Ziele mit dem Sturz der montenegrinischen Regierung im Januar 1989 und mit der Gleichschaltung des Kosovo und der Vojvodina durch die weitgehende Aufhebung der Autonomie in der neuen serbischen Verfassung Ende März 1989. Zuvor waren die Demonstrationen der Kosovo-Albaner gegen den Angriff auf ihre Autonomie und gegen die Absetzung der Parteiführer des Kosovo, Azem Vllasi und Kaqusha Jashari, brutal bekämpft worden. Beim Vorgehen gegen die protestierenden Albaner und die streikenden Bergarbeiter (in den Minen von Trepča) griff man zu allen Mitteln; die Medien diffamierten die „Konterrevolution" der Kosovo-Albaner (→ Kap. 8). Auf einer Demonstration von etwa 800.000 Serben am 19. November 1988 in Belgrad, bei der der Tod Vllasis und anderer nichtserbischer Politiker gefordert wurde, rief Milošević der Menge zu, Vllasi werde der Prozess gemacht werden, denn: „Wir fürchten uns nicht. Wir gehen in jeden Kampf mit der Absicht zu siegen." (Little/Silber)

Höhepunkt und vorläufiger Abschluss des Kampfes um das Kosovo war Miloševićs Rede zum 600. Jahrestag der Schlacht auf dem Amselfeld am 28. Juni 1989, an der Gedenkstätte Gazimestan nördlich von Prishtina. Milošević geißelte an jenem Vidovdan (Sankt-Veits-Tag) vor einer Million Serben Zwietracht und Verrat, die zur Niederlage gegen die Heere der Osmanen geführt hätten, und hob die jüngste Wiedergewinnung der nationalen Einheit als (eigene) große historische Leistung hervor. „Heute, sechshundert Jahre später", rief er der Menge zu, „stehen wir vor neuen Kämpfen. Noch werden sie nicht mit Waffen geführt, aber dies ist für die Zukunft nicht auszuschließen.“ (Milošević) Nur westliche Beobachter verstanden nicht, dass damit nach den Siegen gegen die autonomen Institutionen in Serbien und Montenegro weitere Abrechnungen angekündigt wurden.

Im Jubelschrei über die wiedererlangte „nationale Einheit“ Serbiens verstummte die Klage darüber, dass Serbien noch immer unter zwei autonomen Provinzen „litt“ und in den Gremien des Bundesstaates nicht mit einer Stimme sprechen könne. Denn die Stimmen der gleichgeschalteten Provinzregierungen sowie der ebenfalls abhängigen Führung in der Teilrepublik Montenegro versetzten Milošević in die Lage, das kollektive Staatspräsidium zu blockieren: Der Belgrader Block hatte mit vier Stimmen – Serbien, Vojvodina, Kosovo und Montenegro – das gleiche Gewicht wie die übrigen vier Teilrepubliken Slowenien, Kroatien, Bosnien-Herzegowina und Makedonien. Damit waren die Institutionen des Bundesstaates und ihre Geschäftsgrundlage zerstört; Jugoslawien musste zu Bedingungen fortbestehen, die Belgrad diktierte. Diese Marschroute der Aushöhlung föderaler Institutionen zu Gunsten des Belgrader Hegemonismus setzte allerdings die Beibehaltung der Einparteienherrschaft bzw. der zentralistischen Macht des Bundes der Kommunisten Jugoslawiens (BdKJ) voraus.

Doch die „Lösung“ des Kosovo-Problems durch die Belgrader Führung erregte in den Führungen anderer Teilrepubliken Besorgnis. Wenn Serbien seine Verfassung einseitig ändern durfte, wollte dies auch Slowenien für sich beanspruchen. Schon im Januar 1989 hatte das ZK der slowenischen Partei die Einführung des Mehrparteiensystems beschlossen. Am 27. September 1989 beschloss das Parlament in Ljubljana durch mehrere Verfassungszusätze unter anderem die alleinige Zuständigkeit Sloweniens für die Verhängung des Ausnahmezustands. Das war ein Schritt in die Richtung einer „asymmetrischen Föderation“ als künftiger Staatsform für Jugoslawien, ein von Ljubljana zu jener Zeit noch favorisiertes Konzept (→ Kap. 2). In Belgrad reagierte man auf die Verfassungszusätze mit dem Abbruch aller Beziehungen zu Slowenien und einer Wirtschaftsblockade. Milošević, der im November 1989 vom Parlament zum neuen Präsidenten Serbiens gewählt worden war, ging zum offenen Kampf über: „Diese slowenische Führung ist ein Hüter des Konservatismus in Jugoslawien ...“, weil sie sich den „Kräften des Fortschritts in Jugoslawien“, d.h. den „fortschrittlichen ökonomischen und politischen Veränderungen in Serbien“ widersetze (Little/ Silber).

Der Streit zwischen Ljubljana und Belgrad sollte kurz darauf zum Zerfall des BdKJ bei dessen 14. außerordentlichen Kongress vom 20. Januar 1990 führen. Der Kongress lehnte – in der Manier des 8. Plenums des ZK Serbiens – alle Vorschläge der slowenischen Abgeordneten rundweg ab. Daraufhin verließen die Slowenen den Kongress, und nachdem auch die kroatischen Delegierten gingen, war die „antibürokratische Revolution“, also die Festigung der Macht der serbischen Partei auf Bundesebene gescheitert.

Die Entwicklungen in Kroatien verliefen zunächst im Windschatten der Konfrontation zwischen Belgrad und dem Kosovo sowie zwischen Serbien und Slowenien. Die kommunistische Partei (SKH) war in mehrere Fraktionen gespalten. Ein Teil, repräsentiert durch den Dogmatiker Stipe Šuvar, setzte auf Loyalität gegenüber der Bundespartei. Dies deckte sich mit den Vorlieben eines erheblichen Teils der serbischen Mitglieder und Funktionäre der SKH und lief auf eine Unterstützung Miloševićs hinaus. Angesichts der aggressiven Politik Miloševićs und des passiven Verhaltens der Parteispitze unter Anđelko Stojčević verbreitete sich in ihren Reihen Panik. Doch dann setzten sich die gemäßigten Reformer unter Ivica Račan und Zdravko Tomac durch, die das Parteimonopol aufhoben und freie Wahlen ankündigten, da die demokratischen Strömungen im Lande unaufhaltsam waren (→

Kap. 27). Trotzdem herrschte Angst im Land, und neue Parteien wurden nur zögerlich gegründet. Am entschlossensten war die Gruppe um Slavko Goldstein, Vlado Gotovac und Dražen Budiša, die die Sozialliberale Partei gründeten (HSLS). Die im Februar 1989 gegründete Partei Kroatische Demokratische Gemeinschaft (HDZ) unter Franjo Tuđman wurde erst im Dezember 1989, wenige Monate vor den ersten freien Wahlen, legalisiert.

Das Jahr 1990 erscheint in der Auseinandersetzung zwischen dem Machtblock in Belgrad um Milošević und den anderen Teilrepubliken wie eine Atempause. Weil in allen Teilrepubliken die ersten freien Wahlen abgehalten wurden, mussten sich die neuen Machtverhältnisse in den Teilstaaten erst herauskristallisieren. Nach Slowenien im April, Kroatien im Mai, Makedonien im November und Bosnien-Herzegowina im November/Dezember folgten Serbien und Montenegro als Schlusslicht mit Wahlen am 9. und 23. Dezember 1990. In Slowenien und Kroatien gewannen die nicht kommunistischen Parteien, was für den Machtblock in Belgrad, wo Miloševićs in Sozialisten umbenannte Kommunisten (SPS) 194 von 250 Mandate im serbischen Parlament errangen, eine Herausforderung war. In Kroatien gelang der HDZ Tuđmans, auch begünstigt durch das Mehrheitswahlrecht, ein Erdrutschsieg. Tuđman schien aber bereit, mit dem Führer der Serbischen Demokratischen Partei (SDS), Jovan Rašković, zusammenzuarbeiten. Rašković, ein bekannter Psychiater aus Šibenik, war wie so viele kroatische Serben durch den drohenden Verlust des jugoslawischen Gesamtstaates innerlich gespalten. In Belgrad gehörte er zum Kreis der Gründer der Demokratischen Partei (DS), deren kroatischen Ableger (SDS) er 1990 ins Leben rief. Damit geriet er unversehens in den klandestinen Machtbereich, in dem Milošević schon an der Destabilisierung Kroatiens arbeitete. Rašković versuchte als legitimer Abgeordneter eine loyale und gleichzeitig kritische Position zur Republik Kroatien, wurde aber im Kreuzfeuer der nationalistischen Hetze aus Belgrad und dem instinktlosen Vorgehen der neuen Führung in Zagreb aufgerieben. Vor allem wurde er, der gewisse kroatische Sympathien und breite Unterstützung der dortigen serbischen Bevölkerung genoss, von Milošević im politischen Kampf verheizt. Denn Belgrad war an serbischen Abgeordneten im kroatischen Parlament und an einer politischen Auseinandersetzung nach demokratischen Regeln nicht interessiert. Die serbischen Abgeordneten wurden aus Belgrad unter Druck gesetzt, das Parlament zu verlassen, und die Politiker der SDS wurden zu Vollstreckern der Pläne Miloševićs. Der serbische Geheimdienstchef Jovica Stanišić organisierte bereits 1990 zusammen mit den Serben in der kroatischen Filiale des Sicherheitsdienstes, dem Kommandanten der Kniner Garnison, Oberst Ratko Mladić, und anderen „Soldaten" wie Goran Hadžić und Milan Martić ein Netz, mit dem – nach dem Plan RAM – der Krieg für die „serbischen Territorien" vorbereitet wurde. Rašković war noch vor seinem Tod durch den Radikalen Milan Babić ersetzt worden, der seine Befehle direkt von Milošević bekam (→ Kap. 21). Der Verteidigungsminister Kadijević arbeitete 1990 entsprechende Pläne aus, die vorsahen, dass man – seiner Überzeugung nach – zum Einsatz der Armee bereit sein müsse, und zwar „in Slowenien bereits im September, in Kroatien vielleicht im Oktober und im Kosovo jederzeit". Die „Idee", dass man zunächst „die Unruhen nicht unterbinden, sondern sich ausweiten lassen" solle, um sie dann für die „Beseitigung" der verantwortlichen Führung auszunutzen, passte genau zur Strategie Miloševićs. Das Vorhaben der Armee beschrieb Kadijević im Februar 1991 folgendermaßen: „In Kroatien ist die serbische Krajina politisch und institutionell zu stärken und die Ablösung von Kroatien zu unterstützen (nicht in der Öffentlichkeit, aber via facti)". Diese Einblicke in das Innere von Miloševićs Liaison mit der Armeespitze lieferte 1995 Borisav Jović mit der Veröffentlichung seiner Tagebuchnotizen.

Am 15. Mai 1990 hatte er, einer der engsten Vertrauten Miloševićs, turnusmäßig den Vorsitz im jugoslawischen Staatspräsidium von dem Slowenen Janez Drnovšek übernommen. Jović stellte sich vor allem gegen den „Betrüger und Feind des serbischen Volkes", den neuen jugoslawischen Ministerpräsidenten Ante Marković. Dieser Wirtschaftsreformer galt bei seinem Regierungsantritt am 19. Januar 1989 vielen als Hoffnungsträger, der Jugoslawien aus der Krise und weiter nach Europa führen würde. Schnell wurde der Kroate Marković zum Liebling der gemäßigten Mittelschicht und besonders der westlichen Botschafter in Belgrad. Doch gegen die Wucht der Krise kam Markovićs verspätetes Reformprogramm ebenso wenig an wie gegen die vor allem von Milošević geschürte nationale Glut. Die Macht des Regierungschefs war im jugoslawischen System ohnehin auf den Wirtschaftsbereich beschränkt; angesichts der politischen Krise zeigte sich Marković bis zu seinem Rücktritt am 20. Dezember 1991 unfähig, eine Wende in einem sich vor aller Augen entwickelnden Drama einzuleiten.

20.3. Von den Eroberungen in Bosnien zur Niederlage im Kosovo

Noch besser als die Behinderung der Regierung funktionierte während der Amtsperiode Jovićs das Einbinden von Geheimdiensten und Militärapparat in die Kriegsvorbereitungen. Am besten aber funktionierte die Propaganda, die unter maßgeblicher Beteiligung der Sicherheitsdienste entwickelt wurde. Die Entwicklungen in Zagreb nach dem Machtwechsel waren willkommener Anlass, die Angst der Serben Kroatiens vor einer angeblich bevorstehenden Wiederholung der Ustascha-Herrschaft zu schüren. Nach den Albanern und den Slowenen nahmen jetzt die Kroaten den Platz als schlimmste Feinde der *Wahrheit*, des *Fortschritts* und ganz allgemein des serbischen Volkes ein. Auch später sollten immer wieder neue Wahrheits- und Serbenfeinde ausgemacht werden. Einmal der imperialistische Westen, dann die demokratische Opposition im eigenen Land, zwischendurch die Muslime im Sandschak, schließlich in der letzten Periode der Herrschaft Miloševićs die politische Führung Montenegros. Es war eine ständige Ablösung von Paradigmen ohne Wechsel des grundlegenden Paradigmas: Die Platzhalter kamen und gingen, die dichotomische Grundstruktur blieb. Da das agonale Grundprinzip den Gedanken an Kompromisse ausschließt, unterstützte Belgrad bei den Konflikten der kroatischen Serben mit der Regierung in Zagreb – und später der bosnischen Serben mit der Zentralgewalt in Sarajevo – immer die radikale Fraktion.

Es sollte nicht lange dauern, bis auch die „Feinde des serbischen Volkes" im Inneren ins Visier gerieten. Es waren die politische Opposition, die Studenten, die sich am 9. März 1991 zu einem Massenprotest auf dem Belgrader Platz der Republik gegen die Informations- und Kriegspolitik Miloševićs versammelten. Die Demonstration, an deren Spitze der Vorsitzende der Serbischen Erneuerungsbewegung (SPO) Vuk Drašković stand, war zuvor verboten worden. Es kam zu Straßenschlachten, in der Nacht rollten Panzer durch Belgrad, Drašković wurde verhaftet. In einer Rede im Fernsehen verteidigte Milošević das Vorgehen der Armee: „Heute wurde das höchste Gut, das unser Land und unser Volk besitzen, in Gefahr gebracht. Unser Friede war in Gefahr." (Little/Silber) Milošević, der sich offensichtlich bedroht fühlte, empfing sogar eine Abordnung der Studenten, denen er zuhörte, aber keine Zugeständnisse machte, denn: „Die Leute sollten die Dinge nicht destabilisieren in Zeiten, in denen wir versuchen, die wiederauferstehenden faschistischen Kräfte der Ustascha, der albanischen Sezessionisten und aller anderen Kräfte der antiserbischen Koalition ... zu bekämpfen." (Little/Silber) Im intimen Kreis versicherte sich Milošević der Unterstützung der Armee gegen die Opposition. Ermuntert von Kadijevićs Zusage (Jović, am 17.3. 1991) sagte er vor 200 serbischen Bürgermeistern, die nach Belgrad eingeladen worden waren, um in die Einsatzpläne der Armee eingeweiht zu werden: „Wenn wir dazu gezwungen sind, werden wir kämpfen". Hier fiel auch die seltsame Behauptung: „Ich hoffe, sie werden nicht so verrückt sein, gegen uns anzutreten. Denn wenn wir schon nicht wissen, wie man arbeitet und Geschäfte macht, so wissen wir doch, wie man kämpft." (*Vreme,* 15. 4.1991).

Auf diesen im Grunde für das serbische Volk beleidigenden Satz gab es in Serbien keine öffentlichen Reaktionen. Die Tatsache, dass er die eigenen Landsleute als faul und unfähig, dafür als kriegslüstern hingestellt hatte, wurde indes in den anderen Republiken gerne polemisch aufgegriffen. Wie sich in den kommenden Jahren zeigen sollte, zerfiel unter der Führung Miloševićs sogar die vorgebliche Kriegskunst des serbischen Militärs zu Staub. Vier Kriege – 1991 gegen Slowenien und gegen Kroatien, 1992-1995 gegen Bosnien-Herzegowina und schließlich 1998/99 gegen die Albaner im Kosovo und gegen die Nato – zettelte Milošević an und verlor sie alle (→ Kap. 29).

Eine innenpolitische Krise jagte währenddessen die andere. Die Wirtschaft des Landes, fest im Griff der Nomenklatura, versank in einem Zustand der Dauer-Agonie. In den zehn Jahren von Miloševićs Herrschaft war in Serbien keine echte Reform unternommen worden. Serbien blieb das einzige Land des ehemaligen real-sozialistischen Blocks, in dem die wesentlichen Machtstrukturen des alten Regimes unverändert überlebten. Neue Gesetze brachten meistens neue Restriktionen (so an Universitäten und in den Medien) oder schufen Möglichkeiten für die persönliche Bereicherung der Familie Milošević-Marković und deren Günstlinge. Als Zoran Đinđić, Vorsitzender der Demokratischen Partei (DS), während seiner kurzen Amtszeit als Belgrader Oberbürgermeister den katastrophalen Zustand des öffentlichen Verkehrs durch Anschaffung von ausgemusterten Bussen aus deutschen Städten zu beheben versuchte, wurden die Busse an der jugoslawischen Grenzen gestoppt. Selbst eine zaghafte Normalisierung der Gesellschaft schien also für das Machtsystem Miloševićs Gefahr zu bedeuten. In den Monaten vor und unmittelbar nach dem Friedensschluss von Dayton im November 1995 zur Beendigung des Bosnien-Krieges schien sich Serbien aus der internationalen Isolierung befreien zu können. Die im Mai 1992 verhängten Sanktionen der Staatengemeinschaft wurden aufgehoben, das Volk atmete auf.

Während für die meisten Nachbarrepubliken der Nationalstaat Ziel der Politik war, bestimmte der Nationalismus für Milošević kein Ziel, sondern war bloß Mittel zum Zweck des eigenen Machterhalts. So verhielt es sich anscheinend auch mit den Kriegen Miloševićs, die durch seine Unfähigkeit zu politischen Kompromissen entfacht wurden. Milošević gab nachher sein Nachgeben als Sieg aus. Die immer eklatanteren und katastrophaleren Niederlagen verwandelte er mit immer gleicher Rhetorik in Siege seines „Kampfes für den Frieden" und für das „Wohlergehen des serbischen Volkes". Für den Fall der „Krajina" und den Exodus der Serben aus Kroatien wurde Mile Martić verantwortlich gemacht. Den Dayton-Vertrag legte Milošević als Rettung des serbischen Volkes in Bosnien-Herzegowina und somit als Sieg nach einem langen Kampf für die Rechte der Serben in der Nachbarrepublik aus. Die Schuld am Krieg wurde allein Radovan Karadžić zugeschoben. Schon zuvor hatte die traditionsreiche Belgrader Zeitung *Politika*, Sprachrohr der Regierung, den Kontaktgruppenplan, der die Existenz der „Serbischen Republik" in Bosnien sanktionierte, als „nicht antiserbisch" bezeichnet. Auch die Annahme der „militärisch-technischen Vereinbarung" zum Rückzug aller serbisch-jugoslawischen Truppen aus dem Kosovo vom 9. Juni 1999 gab Milošević als Sieg aus – als hätte man durch das Erdulden der Luftangriffe der Nato die territoriale Integrität Jugoslawiens und das Kosovo als Serbiens Bestandteil bewahrt. Die Zukunftschancen Jugoslawiens hatte Milošević in Wahrheit im März 1999 bei den Friedensverhandlungen von Rambouillet zunichte gemacht und danach eine Gewaltaktion gegen die Kosovo-Albaner begonnen, was ihm am 27. Mai 1999 die Anklage als Kriegsverbrecher vom Haager Tribunal einbrachte (→ Kap. 29). Die virtuelle Wirklichkeit von Miloševićs Siegen in einem Krieg, in dem es keine Verluste und nur dann zerstörte Brücken gibt, wenn Milošević den Neuaufbau einweiht (so der Belgrader Journalist Petar Luković), wurde in Serbien weiter verkündet.

Als 1995 der Friedensschluss für Bosnien gelang, trog der Schein einer möglichen Befriedung der Region. Die Nachkriegszeit von Dayton war zugleich Vorkriegszeit im Kosovo. Als Mitte Juni 1999 der Rückzug der geschlagenen serbisch-jugoslawischen Truppen und der Einmarsch der internationalen Friedensstreitmacht begann, fing in Kosovo die Nachkriegszeit an. Solange Milošević an der Macht war, musste nach jedem Friedensschluss die Frage nach dem nächsten möglichen Opfer gestellt werden, dessen Vorkriegszeit damit eingeläutet worden sein könnte.

Miloševićs Politik als Fortsetzung des Krieges mit anderen Mitteln brauchte immer neue Feinde. Das Staatsgebilde, zu dessen Präsident sich Milošević Ende 1997 wählen ließ, basierte auf einer seiner Finten. Als Bundesrepublik Jugoslawien (SRJ) wurde es im April 1992 aus den Teilrepubliken Montenegro und Serbien gegründet, um das Erbe der zerfallenen Sozialistischen Föderation Jugoslawien anzutreten. Später sollten sich diesem Kernstaat die eroberten „serbischen Gebiete" in Kroatien und Bosnien-Herzegowina anschließen. Die SRJ (Fläche: 102.173 km^2, 10.574.000 Einwohner) war stets politischer und wirtschaftlicher Privatbesitz von Milošević und seinen Gefolgsleuten. Nicht nur die Spannungen zwischen der Zentralgewalt und dem Kosovo wuchsen, sondern seit Mitte der neunziger Jahre auch mit der Vojvodina, wo Ungarn und gemäßigte Serben mehr Selbstbestimmung und Unabhängigkeit von Belgrad forderten. Die Aufhebung der Autonomie traf die Vojvodina ebenso wie das Kosovo; die Provinzverwaltung nicht nur der politischen, sondern auch kulturellen Institutionen wurde hier ebenso zentralisiert. Die kleinere Teilrepublik Montenegro war seit dem Amtsantritt des reformfreudigen und westlich orientierten Präsidenten Milo Đukanović im Januar 1998 permanent von einem Putsch aus Belgrad bedroht. Selbst die serbische Bevölkerung, sofern sie sich nicht fügte und etwa bei den Kommunalwahlen vom November 1996 in den Groß- und Mittelstädten einschließlich Belgrads mehrheitlich das Oppositionsbündnis „Zajedno" (Gemeinsam) wählte, wurde mit innerer Belagerung belegt. Die Demonstrationen gegen die Fälschung der Ergebnisse der Kommunalwahl dauerten im „demokratischen Frühling" des Winters 1996/97 drei Monate, ehe Milošević den Sieg der Opposition anzuerkennen bereit war, wenn auch nur formell. Belgrad war freilich auch eine Bastion Miloševićs, denn ein großer Teil der Einwohner besteht aus aktiven oder pensionierten Angehörigen des Machtapparates.

In einigen Städten (Kragujevac, Leskovac, Niš) und im serbischen Kernland (Šumadija) regten sich Proteste gegen Milošević noch zur Zeit seines Kroatien-Krieges. Die Menschen konnten nicht verstehen, wofür sie oder ihre Angehörigen in Gebieten außerhalb von Serbien kämpfen und sterben sollten. Das deutet an, dass Milošević nie ein Konzept hatte, das die Interessen der Serben in ihrem Kernland berücksichtigte. Dazu kommt, dass sich Milošević in seiner Grundhaltung treu blieb – bei höchster ideologischer „Flexibilität", trotz Wandel vom Kommunisten zum Nationalisten, vom Kriegstreiber zum Friedensfürst und jeweils zurück. Dieses Grundprinzip einer zu Kompromissen unfähigen Gewaltpolitik nicht erkannt (oder verdrängt) – und deshalb nicht rechtzeitig mit Gewaltmitteln bekämpft zu haben, war das Versagen des Westens. Milošević machte aus jedem politischen Problem ein noch größeres – das man dann mit politischen Mitteln nicht mehr lösen konnte.

20.4. Vom Sturz Miloševićs zur Ermordung Đinđićs

Dunja Melčić

Irgendwann kommt der Punkt im Leben eines jeden Diktators, wo ihn jene Instinkte des Machterhalts verlassen, mit denen er sich einst an die Macht hievte. Er beginnt, Fehler zu machen, die seine Alleinherrschaft untergraben. Die eklatanten (außen)politischen Misserfolge konnten Miloševićs Herrschaft aber keinen Abbruch tun; auch die letzte Niederlage und der Verlust von Kosovo brachten die Serben nicht in Massen gegen ihn auf, obwohl die serbische Herrschaft über Kosovo ein Jahrhundert lang das zentrale Ziel serbischer Politik war und ein Verzicht geradezu undenkbar. Während und nach dem Kosovo-Krieg erhöhte das Regime die Repression erheblich; die Apparate und Spezialeinheiten der Polizei, erfahren in Ausübung des Terrors im Kosovo (und in Kriegsgebieten außerhalb Serbiens), schwenkten problemlos zur massiven Verfolgung diverser Regimegegner in Serbien selbst ein. Prominente Kritiker und Oppositionspolitiker fanden sich oft in akuter Todesgefahr. In April 1999 wurde der Chefredakteur der Zeitung „Dnevni Telegraf" Slavko Ćuruvija vor seinem Wohnhaus liquidiert. Er schrieb kritische Leitartikel gegen Miloševićs Kosovo-Politik, gehörte aber einst zum inneren Kreis des Diktators und war eng befreundet mit dessen Frau Mira Marković. Viele Oppositionspolitiker hatten begründete Angst um ihr Leben; Zoran Đinđić verließ Belgrad und verbrachte mit der Familie die Zeit des Kosovo-Krieges in Montenegro; die Vorsitzende der serbischen Sektion der Menschenrechtsorganisation Helsinki Watch, Sonja Biserko, die zu der gefährdetsten Personengruppe gehörte, verweilte für mehrere Monate in Vereinigten Staaten. Vuk Drašković entging um eine Haarbreite zwei Anschlägen: in Oktober 1999 überlebte er einen fingierten Autounfall, während seine vier Begleiter ums Leben kamen; im Juni nächsten Jahres wurde er bei einem Mordanschlag nur oberflächlich am Kopf verletzt, während er sich in Budva, Montenegro aufhielt. In der ersten Hälfte 2000 fielen mehrere Personen aus dem Umfeld Miloševićs einer Serie von Morden zum Opfer, darunter der berüchtigte Chef der für schlimmste Kriegsverbrechen verantwortlichen Miliz („Tiger") Željko Ražnatović, Arkan, aber auch der amtierende Verteidigungsminister Pavle Bulatović. Keines von diesen Verbrechen wurde aufgeklärt; auch die Entführung Ivan Stambolićs mitten in Belgrad im August 2000 blieb bis März 2003 unaufgeklärt. Niemand bezweifelte, dass hinter diesen politischen Verbrechen das Regime in der einen oder anderen Weise steckte, sonst wäre es kaum möglich gewesen, dass keines dieser Kapitalverbrechen von der riesigen und omnipräsenten serbischen Polizei unaufgeklärt blieb. Kommentatoren befürchteten vielfach, dass der verschleppte Stambolić umgebracht wurde und vermuteten, dass dessen Verschwinden mit der Angst Miloševićs und seiner Frau zusammenhänge, er könnte sich auf einmal als ernsthafter Rivale entpuppen. Die seit dem Frühjahr an Bedeutung zunehmende überparteiliche Studenten- und Bürgerrechtsbewegung „Otpor" (Widerstand) wurde systematisch und brutal bekämpft. Dennoch brachte erst diese Organisation einen Aufschwung der Opposition, während die etablierten oppositionellen Parteien mit dem strategisch unsinnigen Aktionismus immer bedeutungsloser erschienen. Gleichzeitig erstarkte der Widerstand in jenen serbischen Städten, in denen nach den Kommunalwahlen 1996/1997 die Kandidaten der Opposition an die Regierung gelangten. Den entscheidenden Faktor für einen Umschwung der Stimmung lieferte allerdings Milošević selbst. Gierig auf weitere, längerfristige Machterhaltung peitschte Milošević im Sommer 2000 im Eilverfahren mehrere Verfassungsänderungen durch, die einerseits seine Direktwahl zum jugoslawischen Präsidenten ermöglichen und andererseits die Bedeutung Montenegros in den Institutionen des Gesamtstaats zurückdrängen sollten. Das war so durchsichtig und einfach zu dreist, so dass es gleichsam von alleine die Menschen gegen Milošević und sein Regime mobilisierte; dabei waren seine Chancen, eine Direktwahl zu gewinnen, ohnehin stark gesunken.

Unter solchen Umständen konnte es zum ersten Mal gelingen, ein funktionierendes Wahlbündnis auf die Beine zu stellen (DOS), obwohl dieses aus 18 sehr ungleichen Parteien zusammengesetzt war, die teilweise diametral unterschiedliche politische Programme vertraten. Das erste strategische Ziel des Bündnisses war, mit dem gemeinsamen Kandidaten, dem bis dato politisch bedeutungslosen, brav und gemäßigt wirkenden Nationalisten Vojislav Koštunica, den trickreichen Tyrannen zu besiegen. Das gelang auch: Koštunica erreichte nach den Zählungen der Opposition mit 54,7 Prozent die absolute Mehrheit. Wie nicht anders zu erwarten war, verfälschte die Wahlkommission die Resultate und gab als offizielles Ergebnis 48,2 Prozent für Koštunica und 40,2 für Milošević an, was eine Stichwahl nötig machen würde. Was das bedeuten würde, wusste in Serbien jeder: denn es war alles schon gesehen; entscheidend andere Tricks hatten Milošević und seine Apparate auch nicht mehr zur Verfügung als jene, mit denen sie bereits die Kommunalwahlen und die letzte Stichwahl für das Präsidentenamt in Serbien gefälscht hatten. Erwähnenswert ist, dass die westlichen Diplomaten und Beobachter auch diesmal die Situation mehrheitlich falsch einschätzten und den sich anbahnenden Machtwechsel für unwahrscheinlich hielten. Diesmal aber konnte gelingen, was früher, beim Wahlbetrug 1997, aussichtslos war: eine massive Erhebung gegen den Betrug, zu der der DOS-Wahlkampfleiter Zoran Đinđić aufgerufen hatte. Den Bergarbeiterstreiks, Massendemonstrationen und Protestaktionen folgte am 5. Oktober einen Tag nach dem durchsichtigen Manöver des Verfassungsgerichtes, die Präsidentenwahlen für ungültig zu erklären und Neuwahlen anzuordnen, ein Sternmarsch von einer halben Million Menschen aus der Provinz nach Belgrad, der mit der Erstürmung des Parlaments und der Rundfunkanstalt endete. Das Verfassungsgericht nahm zwei Tage danach seine Entscheidung zurück und bestätigte den Wahlsieg Koštunicas. Danach spielte Koštunica eine für die wirkliche Ablösung des von Milošević errichteten Systems verheerende Rolle, genoss aber trotzdem die Unterstützung des Westens, die den Reformkräften fehlte. Es war im Wesentlichen seine Schuld, dass der Abwahl Miloševićs keine Ablösung der Strukturen des Regimes folgte und kompromittierte Personen (wie vor allem der Polizeichef Rade Marković oder Generalstabschef Nebojša Pavković) weiter an den Machthebeln blieben. Er tat dies ohne Not; denn er selbst galt als nicht kompromittiert. Als er sich mit einem Kalaschnikow als Symbol seiner patriotischen Unterstützung des serbischen Kampfes für Kosovo ablichten ließ, wirkte das eher lächerlich. Gerade deshalb, weil er – als ein „aufrichtiger" Nationalist – kein Teil des Systems war, wurde er auch gewählt. Als Präsident gestatte er zunächst Milošević, mit der Familie in der offiziellen Residenz wohnen zu bleiben. So war es erst die *serbische Regierung*, die im Februar 2001 eine strafrechtliche Ermittlung gegen Milošević anordnete; zwei Monate später wurde er festgenommen und wegen Amtsmissbrauchs und der Unterschlagung staatlicher Einnahmen angeklagt. Der späteren Auslieferung Miloševićs nach Den Haag widersetzte Koštunica sich selbstverständlich auch. Zu diesem Zeitpunkt aber war der Druck aus dem Ausland erheblich gewachsen und gipfelte zuletzt in einer ultimativen Forderung der Vereinigte Staaten, Milošević an das ICTY vor einer Geberkonferenz zu überstellen, auf der über eine Finanzhilfe an Jugoslawien von einer Milliarde Dollar entschieden werden sollte. Während Koštunica mit seiner Verschleppungstaktik in Zusammenarbeit mit den Loyalisten des Regimes in der Justiz eine Sitzung für einen späteren Termin ansetzte, um angeblich ein rechtlich gültiges Auslieferungsverfahren zustande zu bringen, beschloss die serbische Regierung im Eilverfahren die Auslieferung, und zwar auf gültiger existierender rechtlicher Grundlage, derzufolge die Republikregierung Entscheidungen gegen jene der Bundesebene treffen kann, wenn durch diese fundamentale Interessen der Republik verletzt würden. Die Auslieferung Miloševićs erfolgte in derselben Nacht. Er wurde mit dem Hubschrauber zum von der SFOR kontrollierten Flughafen von Tuzla gebracht und von dort mit einer Maschine der RAF nach Den Haag geflogen. Es ist die einhellige Meinung in Serbien, dass diese Auslieferung nur dem Mut Zoran Đinđićs zu verdanken war.

Durch die Ansetzung der vorzeitigen jugoslawischen Präsidentenwahlen auf den 24. September 2000 schuf Milošević für die Opposition und die demokratischen Kräfte in Serbien insgesamt eine aporetische Situation. Einerseits bot gerade die Direktwahl vielleicht die einzige Chance, Milošević durch einen Gegenkandidaten zu besiegen, doch andererseits handelte es sich um die Wahl in ein Amt, das so gut wie reine Fiktion war. Es war ein Dilemma, bei dem man, wenn man das Richtige tut, notgedrungen gleichzeitig auch das Falsche vollbringt. Für die Regierung Montenegros und den Präsidenten Đukanović lag die Sache anders: die demokratisch legitimierten Institutionen der kleinen Teilrepublik konnten diese Wahl problemlos boykottierten, da Milošević mit seinen montenegrinischen Gefolgsleuten Voraussetzungen dafür schaffen wollte, die nach Unabhängigkeit strebende Führungsspitze in Podgorica zu entmachten und die demokratisch konstituierte Republik wieder seiner Macht zu unterstellen. Nach Ablösung Miloševićs war daher auch in Serbien die demokratische Konstituierung der Republik die dringendste Aufgabe: politische und verfassungsmäßige Realität gegen Fiktion. Zwar wurden gleichzeitig mit Präsidentschafts- auch Parlamentswahlen durchgeführt, nach denen sich dann ein Bundesparlament konstituierte (in der Bürgerkammer errang das DOS-Bündnis 59 Sitze von 138 und im Rat der Republiken 10 von 40), aber dieses Parlament war mehr als alles andere geradezu ein Sinnbild der fundamentalen Verfassungskrise des in Wahrheit gar nicht mehr existierenden „Bundesstaates Jugoslawien". Denn sämtliche auf Montenegro entfallenden Mandate fielen auf die Gefolgsleute Miloševićs, d.h. die zwei kleinen montenegrinischen Parteien, die sich am Wahlboykott nicht beteiligten. Die Agonie dieser auch nach der Gründung eines neuen Staatsverbundes unter dem Namen Serbien-Montenegro (am 4. Februar 2003) nicht überlebensfähigen Konstruktion wurde durch die widersinnige Einmischung der außenpolitischen Entscheidungsträger der EU verlängert und vertieft.

Die serbische Parlamentswahl wurde am 23. Dezember 2000 von der Koalition gewonnen. Die beachtlichen fast 65 Prozent der Stimmen entfielen allerdings auf 18 Parteien, und in dem 17-köpfigen Kabinett von Ministerpräsident Zoran Đinđić erhielten die Führer der sieben wichtigsten DOS-Parteien die Positionen eines Vizepremiers. Diese erste nichtkommunistische Regierung Serbiens nach dem 2. Weltkrieg (sie wurde im Januar 2001 vereidigt) konnte die schwierigen Aufgaben einer umfassenden und tiefgehenden Reform und Strukturveränderung in den von Milošević-Regime geprägten Institutionen nur mühsam angehen. Ohne Đinđić, ohne seinen Mut, seine kämpferische Natur, Intelligenz und eine (fast kontrafaktische) Vision von Serbiens Weg nach Europa hätte diese Regierung kaum einen Schritt nach vorne gemacht. Denn nicht nur war sie durch Bremser – vor allem aus den Reihen der Parteigänger Koštunicas (DSS = Demokratische Serbische Partei) – gelähmt, sondern sie hatte eigentlich keine Macht. Sie – und auch der Premierminister selbst – hatten keine Kontrolle über wesentliche Institutionen des Staats: Polizei, Justiz und das Militär, und noch weniger über jene Strukturen, die Milošević eigens für seine Zwecke und seinen Machterhalt parallel zu diesen geschaffen hatte, insbesondere die geheimnisumwitterte Spezialpolizei, die unter unterschiedlichen Namen seit den Kriegsvorbereitungen gegen Kroatien Miloševićs Pläne umsetzte, und in engster Verbindung ebenso mit legalen Institutionen stand wie sie die organisierte Kriminalität beherrschte und zuletzt (1996) eine scheinbar legale Existenz unter dem Namen Einheit für Spezialaufgaben (JSO) erlangte. Die neue serbische Regierung konnte bloß Löcher in dieses weiter existierende System bohren, was punktuell Erfolge brachte, wie die Auslieferung von Milošević am 28. Juni 2001. Eine Gruppe von Wirtschaftsfachleuten um Mlađan Dinkić und Miroljub Labus unternahm kühne Schritte für eine rasche Transformation der maroden staatlich gelenkten Wirtschaft und des undurchsichtigen Finanzsektors. Dinkić wurde nach dem Machtwechsel Notenbankchef und Labus stellvertretender jugoslawischer Ministerpräsident. Es gelang auch, einige wichtige neue Gesetze zu verabschieden. Dennoch kristallisierte sich die Verhinderung und Verschleppung der gesetzgeberischen Reformpläne des Parlaments als zentrale Aktivität der Abgeordneten der DSS heraus. Im Sommer 2002 wurden 21 Abgeordnete der DSS heraus, die die Arbeit des Parlaments boykottierten, aus dem Parlamentsbetrieb und einige Wochen später die Partei aus dem regierenden DOS-Bündnis ausgeschlossen.

Hinter den langwierigen Querelen um eine neue Union der Republiken Montenegro und Serbien als Ersatz und Nachfolgerin für die von Milošević aus machtpolitischem Kalkül erschaffene BR Jugoslawien verbargen sich vielfältige Interessen zahlreicher serbischer, montenegrinischer und auch europäischer polischer Akteure, die hier nicht ausführlich analysiert werden können. Für den serbischen Ministerpräsidenten ging es dabei auch um einen innenpolitischen Kampf besonderer Art. Denn die von Milošević eingesetzten Funktionäre, militärischen, geheimdienstlichen und anderen Kadern wussten auch nach dessen Entmachtung die von ihm erschaffenen parallel existierenden staatlichen Systeme ebenso zu ihrem Vorteil auszunutzen wie sein Nachfolger im Amt. So stellte sich der Weg einer staatlichen Neugründung als vielleicht einzige, zumindest einzig effektive Möglichkeit für die Entmachtung jener auf Republikebene ansatzweise ausgetauschten und verdrängten Strukturen auch auf Bundesebene, darunter in erster Linie das Militär, jener Generalstab und die noch immer übermächtige Generalität, die für die Kriege verantwortlich, mit mafiosen Gruppen verbunden und eine ständige Gefahr für die Demokratie waren. Man hätte allerdings diesen Zweck auch gemäß der von Đukanović vorgeschlagenen Strategie anstreben können: erst Verselbständigung der Republiken, also Auflösung von Miloševićs Jugoslawien, und dann eine auf freier Entscheidung gegründete Union beider souveränen Staaten. Nach der Auslieferung Miloševićs an das ICTY war die Unterstellung der Armee unter zivile Kontrolle der zweitwichtigste Schritt der serbischen Regierung unter Đinđić. Während der erste Akt nur in einer Blitzaktion durchgeführt werden konnte, bedurfte es für das andere Vorhaben langwieriger Vorarbeiten. Anfang 2003 war man schon ein ganzes Stück vorangeschritten: die Ämter des neuen gemeinsamen Staats waren teils schon besetzt, teils stand die Besetzung unmittelbar bevor. Von besonderer Wichtigkeit war, dass die Verhandlungsdelegationen – ohne die störende Koštunica-Fraktion – sich auf den künftigen Verteidigungsminister geeinigt hatten, wodurch die Armee zum ersten Mal einen Vorgesetzten bekommen würde, der nicht aus ihren Reihen kommt. Weitere Faktoren ergaben eine günstige Situation: die serbischen Präsidentschaftswahlen, bei denen der demokratische Kandidat Miroslav Labus gegen den Nationalisten Koštunica noch keine Chance hatte, waren zweimal hintereinander am nicht erreichten Quorum von 50 Prozent der Wähler gescheitert. Am zweiten Wahltermin war Vojislav Šešelj Koštunicas Gegenkandidat. Nach den gescheiterten Wahlen übernahm die Parlamentspräsidentin Nataša Mićić vorübergehend stellvertretend das Amt, nachdem das Mandat des Vorgängers, des vom ICTY wegen Kriegsverbrechen im Kosovo angeklagten Milan Milutinović, im Januar 2003 abgelaufen war.

Im Prozess gegen Milošević in Den Haag kam es indes zu spektakulären Enthüllungen: Neben mehreren Angehörigen der serbischen bzw. jugoslawischen Geheim- und Sicherheitsdienste, die Miloševićs entscheidende Rolle beim Einsatz der serbischen Freischärler, bei Bewaffnung, logistischer und finanzieller Unterstützung der kroatischen Serben und personellen Entscheidungen bestätigten, erhärtete insbesondere die umfassende Zeugenaussage von Mile Babić, dem einstigen Präsidenten der selbstproklamierten „Serbischen Republik Krajina", die Anklagepunkte, die sich auf die Kontrolle des gesamten politischen und militärischen Geschehens in der „Krajina" durch die Miloševićs Weisungen gehorchenden Belgrader Apparate beziehen (→ Kap.31). Aleksandar Vasiljević, einstiger Chef des militärischen Geheimdiensts (KOS) schilderte ausführlich und präzise die parallele Befehlskette, mit der es Milošević gelang, seine informelle Macht neben den bestehenden Institutionen, Subordinations- und Verfahrensregeln durchzusetzen, und welche Rolle in diesem Parallelsystem der jahrelange Chef des serbischen Sicherheitsdienstes Jovica Stanišić und sein Vize Franko Simatović spielten, wobei letzterer die berüchtigten Spezialeinheiten (unter wechselnden Namen: „Rote Barette", „Wölfe", Antiterroreinheiten" usf.) befehligte und zahlreiche andere Milizen kontrollierte. Als der Ankläger am 19. Februar 2003 ein Video – geheimer Herkunft – über diese Einheit zeigte, platzte dies in Belgrad wie eine Bombe. Die Aufnahmen – die unmittelbar im serbischen Fernsehen ausgestrahlt wurden – zeigten eine Feier dieser Truppe (1997), bei der Simatović, genannt Frenki, Milošević stolz über gut 50 Einsätze in Kroatien, Bosnien-Herzegowina und Kosovo berichtete, die der Welt durch Massaker bekannt geworden waren. Bei der Feier waren neben Simatovićs Nachfolger, Milorad Ulemek-Luković, genannt Legija, der zuvor in die Einheit aus Arkans Miliz „Tiger" übergewechselt war, viele andere Akteure der Kriege und Bosse des organisierten Verbrechens bekannt (auch als Zemun-Bande) anwesend. Zwei Tage später scheiterte ein Mordanschlag auf den serbischen Ministerpräsidenten. Wie sich später herausstellte, war dies nur einer von mehreren Mordversuchen des gleichen Täterkreises, der die Ermordung Zoran Đinđićs plante und damit anscheinend auch einen Umsturz der demokratischen Regierung auslösen wollte. Dass diese Pläne am 12. März verwirklicht werden konnten, als Đinđić von dem professionellen Scharfschützen und Oberstleutnant, stellvertretenden Kommandeur der JSO, Zvezdan Jovanović, mit einem gezielten Schuss in die Herzgegend ermordet wurde, hatte damit zu tun, dass einerseits gegen die Täter früherer Versuche nicht ermittelt wurde, (der Verdächtige, den man an Ort und Stelle des Anschlags vom 21. Februar festnahm, wurde sogar nur wenige Tage später auf freien Fuß gesetzt) und andererseits Einzelne aus der Leibwache des Premierministers Informationen über seine Bewegungen an die Verschwörer weitergaben. Der im Haager Gerichtssaal vorgeführte Videofilm stellt eine Art Blaupause des für den Mord an den serbischen Ministerpräsidenten und zahlreichen anderen Anschlägen verantwortlichen Täterkreises dar. Es handelt sich um Protagonisten, die aus in der Grauzone operierenden Spezialeinheiten bzw. Todesschwadronen, aus freiwilligen Milizen, Geheimdiensten, dem Militär stammen und Akteure in den Kriegen in Kroatien, Bosnien-Herzegowina und Kosovo waren, um Spitzenpolitiker, Staatsbeamte, Bosse der Medien und der sogenannten „Balkanmafia". Das, was sich bei dieser Feier versammelte, über die Milošević thronte, war das Kernpersonal des Regimes, das Miloševićs Entmachtung in beträchtlichem Maße überlebte. Unmittelbar nach der Ermordung des Ministerpräsidenten befürchtete man daher, dass die Täter auch diesmal ungeschoren davon kommen könnten. Aber die jungen Regierungspolitiker aus Đinđićs Team, sein Nachfolger Zoran Živković und sogar einige, von denen man das eher nicht erwartet hätte (wie der Innenminister Dušan Mihajlović), handelten entschlossen, und zwar auf der Basis der Vorarbeit, die unter Đinđić geleistet wurde. Um die Hydra, die hinter dem Mord steckte, zu bekämpfen, führte die Regierung den Ausnahmezustand ein. Diese radikale Maßnahme rechtfertigt sich aus dem notorischen Zustand, dass Serbien/Jugoslawien ein Staatsgebilde war, das auch nach dem Machtwechsel von der Parallelmacht, einem Staat im Staate, unterwandert war, der sich von der Spitze der Armee, über Sicherheitsdienste und Justiz bis zur Polizei erstreckte, und sogar über ein Ausweich- bzw. Zusatzterritorium in der Republika Srpska in Bosnien-Herzegowina verfügte. Fahndungs- und Ermittlungserfolge hingen wesentlich davon ab, dass gleichzeitig die Komplizen in den Behörden (Untersuchungsrichter, Richter und Staatsanwälte) abgesetzt bzw. in Untersuchungshaft genommen wurden. In den unabhängigen Medien erinnerte man an die Meuterei im November 2001, als die JSO unter der Führung von ihrem Chef Milorad Luković „Legija" wichtige Verkehrsadern in Belgrad blockierten und einen Abbruch der Zusammenarbeit mit dem ICTY forderten. Dahinter stand ein Aufstand des gesamten Sicherheitsdienstes, einschließlich der Teams, die für die persönliche Sicherheit der Regierungsmitglieder und anderer Spitzenpolitiker zuständig waren, mitsamt den Fahrern von Dienstwagen. Vojislav Koštunica äußerte Verständnis für diese Aktion, die einem Staatsstreich glich; als es gelang, den Aufstand einzudämmen, wurde der Kommandeur der Einheit dennoch bloß ersetzt. Die neuen Posten im Sicherheitsdienst wurden durch Personen aus demselben Personenkreis besetzt. Wie die Ermittler nach dem Attentat herausfanden, sollte der Mord am Ministerpräsidenten der erste Schritt eines Komplotts sein, dem die Ermordung weiterer dem Ministerpräsidenten nahe stehender Politiker folgen sollte und schließlich die Machtübernahme durch die Verschwörer, die den Segen Miloševićs und seiner Frau zumindest voraussetzen konnten. Vojislav Šešelj war angeblich mit der Planung des Attentats und der Verschwörung vertraut; überliefert ist, dass er bei dem Abschiedsessen, einen Tag bevor er sich am 24. Februar 2003 dem Gericht in Den Haag stellte, spektakuläre Anschläge ankündigte.

Doch mit dem Mord an Đinđić, der Serbien entsetzte, bewirkten die Verschwörer zunächst das Gegenteil: es wurde gefahndet und ermittelt im Tempo eines Kriminalfilms. Neben dem geständigen Mörder überführten die Fahnder etliche Kriminelle und so gut wie die gesamte Spitze der JSO (im und außer Dienst); die bis dato gleichsam unberührbaren früheren obersten Geheimdienstchefs Stanišić und Simatović wurden verhaftet; erst danach erhob der Staatsanwalt beim ICTY Anklage gegen die beiden. Frühere politische Morde wurden aufgeklärt (wenn auch nicht alle): der erst 2002 abgesetzte General Nebojša Pavković wurde wegen Komplizenschaft beim Mordversuch an Vuk Drašković verhaftet, da er den Tätern armeeeigene Fahrzeuge zur Flucht aus Montenegro bereitstellte. Die Spur führte auch in die „Republika Srpska", wo unter den Militärs, die just wegen Geschäften mit dem Irak und Spionage aufgeflogen waren, Komplizen vermutet wurden. Verhaftet wurde Borislav Mikelić, der während des Kriegs zeitweise „Regierungschef" der „Krajina" in Kroatien war und als Verbindungsglied zwischen der Zemun-Bande und schattenhaften Kreisen in Banja Luka und Belgrad verdächtigt wurde. Durch die Ermittlungen kam der Hergang der Entführung und Ermordung von Ivan Stambolić ans Licht, dessen Leiche sichergestellt und exhumiert wurde. Mira Marković, Miloševićs Frau, wird im Zusammenhang mit diesem Mord verdächtigt; sie setzte sich schon am 23. Februar vermutlich nach Russland ab. Zunächst zeichnete sich damit eine Wende in Serbien ab. Die härtesten und gefährlichsten Hinterlassenschaften Miloševićs bekamen Risse.

Das politische Ende Miloševićs begann mit seiner Entmachtung, der Verhaftung und späteren Auslieferung nach Den Haag. Das System Milošević wurde aber erst unter der Auswirkung des tragischen Todes Đinđićs angeschlagen, der als einziger Politiker Serbiens fähig war, Milošević zwei Jahre zuvor vom Sockel zu holen. Der sinnlose Tod Đinđićs brachte eine Zäsur in der Politik Serbiens mit sich: seine – meist jungen – Nachfolger hüteten sich, in die Nähe jener Akteure, Milošević-Adepten und Gefolgsleute zu kommen, die im Dunstkreis von (patriotischen) Kriegsverbrechern und der organisierten Kriminalität ihre nationalistische großserbische Politik trieben. So fingen sie an, mit der Tradition des totalitären jugoslawisch/serbischen Staats zu brechen. Doch ohne Đinđić fehlte für die demokratische Zukunft Serbiens und seinen schwierigen Weg nach Europa eine unentbehrliche Stütze. Mit dem Sieg von Koštunica und den nationalistischen Parteien bei den Parlamentswahlen (Dezember 2003), kehrte sich Serbien wieder von Europa ab.

Literatur

Lenard J. Cohen, „„Serpent in the Bosom‘: Slobodan Milosevic and Serbian Nationalism“, in: Melissa K. Bokovoy, Jill A. Irvine, Carol S. Lilly (Hg.), *State-Society Relations in Yugoslavia, 1945-1992*, New York 1997. S. 315-344; Aleksa Đilas, „A Profile of Slobodan Milošević“, in: *Foreign Affairs*, Vol. 72. Nr. 3 (Sommer 1993), S. 81-96; Slavoljub Đukić, *Izmedju slave i anateme. Politička biografija Slobodana Miloševića,* Belgrad 1994 (Zwischen Ruhm und Fluch. Politische Biographie Slobodan Miloševićs); ders., *On, Ona i mi,* Belgrad 1997 (Er, sie und wir); Rajko Djurić und Bertold Bengsch, *Der Zerfall Jugoslawiens*, Berlin 1992; Josip Furkes, „Der unaufhaltsame Aufstieg des Slobodan Milošević. Der serbische Nationalismus und der Zerfall Jugoslawiens“, in: ders. /Karl-Heinz Schlarp (Hg.), *Jugoslawien: ein Staat zerfällt*, Reinbek 1991, S: 63-89; Richard Holbrooke, *Meine Mission – Vom Krieg zum Frieden in Bosnien*, München 1998; Borisav Jović, *Poslednji dani SFRJ*, Belgrad 1995 (Die letzten Tage der SFRJ); Tim Judah, *The Serbs. History, Myth and the Destruction of Yugoslavia*, New Haven/London 1997; Allan Little und Laura Silber, *Bruderkrieg. Der Kampf um Titos Erbe*, Graz 1995; Wolfgang Libal, *Die Serben. Blüte, Wahn, Katastrophe*, München/Wien 1996; Dunja Melcic, „Nationalgefühl oder Machtkalkül? Die Instrumentalisierung der Geschichte“, in: Furkes/Schlarp (Hg.), *Jugoslawien: ein Staat zerfällt*, Reinbek 1991, S: 90-105; Slobodan Milošević, *Godine raspleta;* Belgrad 1989 (Jahre der Entscheidung, französische Übersetzung: *Les années décisives*, Paris, Lausanne 1990); Svein Mønnesland, *Land ohne Wiederkehr. Ex-Jugoslawien: Die Wurzeln des Krieges*, Klagenfurt 1997; David Owen, *Balkan-Odyssee*, München, Wien 1996; Latinka Perović, „Yugoslavia was Defeated from Inside“, in: *Praxis International*, Vol. 13 No. 4, January 1994; Peter Radan/Aleksandar Pavlovic (Hg.), *The Serbs and their Leaders in the Twentieth Century*, Ashgate 1997; Ivan Stambolić, *Put u bespuće. Odgovori Ivana Stambolića na pitanja Slobodana Inića*, Belgrad 1995 (Weg in die Ausweglosigkeit. Gespräche mit Ivan Stambolić, befragt von Slobodan Inić, Radio B-92); Matthias Rüb, *Balkan Transit. Das Erbe Jugoslawiens*, Wien 1998.

Neuere Literatur: Morton Abramowitz/Heather Hurlburt, „Can the EU Hack the Balkans? A Proving Ground for Brussels“, in *Foreign Affairs*, September/October 2002; und ders., „EU's Wrong Policy“, *Bosnia Report, New Series, 27-28, January - May 2002;* Sonja Biserko, *Srbija na Orijentu*, Belgrad 2004; dies., *Human Rights in Serbia 2000* (Hg. Helsinki Committee for Human Rights in Serbia), Belgrad 2001; Norman Cigar, *Vojislav Kostunica and Serbias Future,* London 2001; Konrad Clewing/Jens Reuter (Hg.), *Der Kosovo-Konflikt. Ursachen – Akteure – Verlauf*, München 2000; Nenad Dimitrijević, „Srbija kao nedovršena država“, *Između autoritarizma i demokratije. Civilno društvo i politička kultura,* (Hg. Goati/Pavićević/Veljak/Vujadinović, Beograd Podgorica Zagreb 2004 (Serbien als unvollendeter Staat); Zoran Đinđić, *Serbien in Europa. Interviews und Texte aus den Jahren 2000 bis 2003*, Belgrad 2004; Slavoljub Djukic, *Milosevic und die Macht. Serbiens Weg in den Abgrund*, Bad Vilbel 2000; Vladimir Goati, *Izbori u SRJ od 1990 do 1998. Volja građana ili izborna manipulacija* (*Dodatak: Izbori 2000*), Beograd 2001^2 (Wahlen in BRJ von 1990 bis 1998); ders., *Partije i partijski sistem Srbije*, Niš 2004 (Parteien und das Parteiensystem Serbiens); Adam LeBor, *Milosevic. A Biography*, London 2002; Tim Marshall, *Shadowplay/Igra senki*, Belgrad 2002; Viktor Meier, *Jugoslawiens Erben. Die neuen Staaten und die Politik des Westens*, München 2001; Takis Michas, Unholy Alliance: *Greece and Milosevic's Serbia in the Nineties*, Eastern European Studies (College Station, Tex.), No. 15, (May) 2002; Matthias Rüb, *Kosovo. Ursachen und Folgen eines Krieges in Europa*, München 1999; Milisav Sekulić, („Knin fiel in Belgrad“) *Knin je pao u Beogradu*, Bad Vilbel 2001; Robert Thomas, *Serbia under Milosevic. Politics in the 1990s*, London 1999.

Alle wichtigen Links zu Serbien (und Montenegro) finden sich auf: http://www.freeb92.net; Dokumente und Sitzungsprotokolle zum Verfahren gegen Milošević: www.un.org.icty.htm

21. Der Krieg an seinen Schauplätzen

Erich Rathfelder

21.1. Der Auftakt

In der alten Festungs- und Grenzstadt Knin, die in ihrer Geschichte schon viele Soldaten beherbergt hatte, waren im März 1991 serbische Milizionäre aufgetaucht. Im Gespräch blieben sie Fremden gegenüber auf der Hut: Ein aus Zagreb stammender Polizist gab an, er habe seinen Job aufgegeben und sei mit der ganzen Familie hierher umgezogen, um „seinem Volk zu dienen".

Milan Babić, ein Zahnarzt aus der Region Knin, hatte schon im Sommer 1990 mehrheitlich serbische Gemeinden in der „Krajina" zu einem Verband zusammengeschlossen. Die örtlichen Behörden stellten bald darauf ihre Zusammenarbeit mit der neuen kroatischen Regierung ein. Bereits im August 1990 wurden Verbindungsstraßen zwischen der Adria und der Landeshauptstadt mit Barrikaden aus Baumstämmen unterbrochen. Das Gebiet „Autonome Region Krajina", das sich im März 1991 für unabhängig erklärte, umfasste zu diesem Zeitpunkt schon Teile der nördlich sich anschließenden Landschaften der Lika und des Kordun/Banija. Die am 19. Dezember 1991 gegründete „Serbische Republik Krajina", die zusammen mit den im Herbst 1991 eroberten Gebieten Slawoniens dann fast ein Drittel des kroatischen Staatsgebietes umfassen sollte, nahm zu diesem Zeitpunkt Konturen an.

Die „Autonome Region Krajina" stellte die gesamte Verwaltung nach den neuen Bedürfnissen um. In den Behörden hörte man nur noch auf das Kommando von Milan Babić, nach dessen Vorstellungen „die Bundesgesetze in der Krajina" nicht angetastet, die neuen kroatischen aber abgelehnt werden sollten: „Wird Kroatien für unabhängig erklärt, so werden wir Serben der Krajina nicht zögern, für unsere Rechte einen Krieg zu führen." Der Kommandeur der serbischen Truppe, Milan Martić, ließ ebenfalls keine Zweifel aufkommen: Wenn die „kroatische Miliz" hier eingriffe, um die Hoheitsrechte der Republik Kroatien wiederherzustellen, käme es zum bewaffneten Kampf. Zu der schon vorher existierenden Miliz in diesem Gebiet, die 300 Mann umfasste, wurden nach und nach Reservisten und Freiwillige für den Kriegsdienst in den Martić-Truppen mobilisiert, bis sie die Stärke von mehreren Tausend erreichten. Die JVA warnte die kroatische Führung auch, einen Angriff auf Knin zu versuchen, weil sie in diesem Fall den offenen Krieg riskierte.

Am 31. März 1991 war es dann so weit: Bei Plitvice gellten die ersten Schüsse, als kroatische Polizei das Gelände sichern wollte. Und erstmals waren Tote zu beklagen, je einer auf jeder Seite. Auch in Slawonien hatten die Radikalen mit Unterstützung von Šešeljs Tschetniks aus Belgrad das Gesetz des Handelns an sich gerissen. Als dann am 2. Mai in dem slawonischen Ort Borovo Selo mindestens 12 kroatische Polizisten von serbischen Freischärlern ermordet und 20 verletzt wurden, waren die Fronten verhärtet. Anfänglich noch verdeckt, gab die Jugoslawische Volksarmee, die nach außen hin den Eindruck der Unparteilichkeit zu erwecken versuchte, Waffen an diese Truppen aus. Die kroatische Führung, die sich lediglich auf Polizeitruppen stützen konnte, gab vor, sich auf die Schiedsrichterrolle der Armee zu verlassen.

Anders als in Kroatien bezogen in der Nachbarrepublik Slowenien, die sich am 25. Juni für unabhängig erklären wollte, die slowenischen territorialen Verteidigungsstreitkräfte (TO) am Vorabend der Unabhängigkeitserklärung Stellung. Das slowenische Parlament hatte schon Ende September 1990 beschlossen, die rund 40.000 Mann starken territorialen Verteidigungsstreitkräfte unter den Befehl der slowenischen Regierung zu stellen, womit es sich den Plänen der Generalität der Jugoslawischen Volksarmee von 1989 widersetzte, die die TO bis zum Jahre 1992 restlos auflösen wollte.

Bei der ersten Aktion der JVA gegen Slowenien versuchten der jugoslawische Verteidigungsminister Veljko Kadijević und sein Stabsschef Blagoje Adžić noch den Anschein der Legalität zu wahren. Als am frühen Morgen des 27. Juni 1991 die Einsätze zur „Sicherung der Grenze" begannen, hieß es, die Armee handle bei ihrem Angriff im Einklang mit Ministerpräsident Ante Marković, der den Einsatz der Armee im Sinne einer „begrenzten Polizeiaktion" billigte – wozu er aber laut Verfassung nicht befugt war. Falls die Kontrolle über Slowenien nicht zurückgewonnen werden konnte, sah der Alternativplan vor, „das Problem" unter „*Einsatz aller verfügbaren militärischen Mittel*" zu lösen (→ Kap. 22).

21.2. Wie man die Staatsgrenzen sichert

Der Flughafen und 37 Grenzübergänge wurden zum ersten Angriffsziel der Jugoslawischen Volksarmee. Überall kam es zu Schießereien, besonders heftig an der Grenze zu Italien und an einigen Grenzübergängen nach Österreich. Im Gegensatz zu den Erwartungen der Generalität wehrten sich die slowenischen Territorialeinheiten, die Kasernen der JVA wurden umzingelt.

Die Europäische Gemeinschaft griff beschwichtigend ein. Als am 28. Juni die so genannte Troika der EG – Jacques Poos, Hans van den Broek, Gianni di Michelis – nach Belgrad fuhr, wartete man in Ljubljana gespannt auf die Verhandlungsergebnisse. Die Beschlüssen forderten den Rückzug der JVA in die Kasernen, die Unabhängigkeit Sloweniens und Kroatiens wurde für drei Monate ausgesetzt.

In einer Erklärung forderte General Marko Negovanović, der Kommandeur der militärischen Gegenspionage (KOS) und Mitglied des Generalstabs, die slowenische Führung auf, sich bedingungslos den Forderungen der Armee zu unterwerfen, andernfalls werde die Armee mit allen verfügbaren Mitteln eingreifen. Aber Präsident Milan Kučan gab nicht nach, wusste er doch die Bevölkerung geschlossen hinter sich. Während der vergangenen vier Tage des Krieges war ein Patt hergestellt worden, es gelang den Slowenen sogar, 700 Soldaten des Gegners gefangen zu nehmen. Die Bevölkerung verhielt sich ruhig, es kam weder zu Panik noch zu Fluchtbewegungen – obwohl in Österreich schon Zeltstädte auf einen Flüchtlingsstrom warteten.

Slowenien habe nichts zurückzunehmen, konterte auch das slowenische Parlament in einer Erklärung, die Okkupationsarmee müsse sich sofort zurückziehen. Verteidigungsminister Janez Janša wies in einer Erklärung darauf hin, dass sofort Waffenstillstandsverhandlungen aufzunehmen seien, wie es zwischen Krieg führenden Parteien üblich sei. Es gehe nur noch um die Bedingungen für den Rückzug der JVA. Danach könne auch über das Schicksal der Gefangenen gesprochen werden.

Am 6. Tag nach den Feierlichkeiten zur Unabhängigkeit machten sich Panzereinheiten aus dem kroatischen Städtchen Jastrebarsko, wo eine große Garnison der JVA stationiert war, auf den Weg in Richtung Slowenien. Die Panzer überrollten eine aus Lastwagen gebildete Straßensperren an der kroatisch-slowenischen Grenze. Doch viel weiter wagten sich die jugoslawischen Truppen nicht vor.

Der Angriff auf Slowenien löste nämlich Auseinandersetzungen innerhalb der Volksarmee selbst aus. Am gleichen Tag wurde der Oberkommandierende des 5. Armeekorps und bis dahin zuständig für die Operationen in Slowenien, General Konrad Kolšek, selbst ein Slowene, durch den serbischen Panzergeneral Života Avramović, der bisher das Kommando in Skopje und damit auch im Kosovo innehatte, ersetzt. Dennoch gab die Armee am 7. Tag nach der Unabhängigkeitserklärung den Kampf um Slowenien und damit um Jugoslawien auf. Die Bilanz der bewaffneten Auseinandersetzungen ergab 52 Tote, 280 verwundete Soldaten und Zivilisten. Von den 2.144 „Kriegsgefangenen", wie jetzt die Sprachregelung hieß – die meisten davon waren Überläufer – wurden viele sogleich in ihre Heimatrepubliken überstellt. Doch einige Gefangene, vor allem Albaner, überlegten sich, in Slowenien um Asyl nachzusuchen. Anders als von vielen erwartet, hatte sich die serbische Führung in Bezug auf Slowenien zurückgehalten. Zwar griff Milošević Slowenien öffentlich an, insgeheim jedoch stimmte der Präsident Serbiens mit den Vorstellungen der serbischen Nationalisten überein, denen zufolge der serbische Staat an der Linie Karlobag-Karlovac-Vitrovica endete, die Kroatien um drei Viertel seines Territoriums amputierte. Die großserbische Option war als Zielvorstellung von der JVA übernommen worden.

21.3. Der Krieg um neue Grenzen und die UNO in Kroatien

Der kroatische Präsident Franjo Tuđman hatte sich abwartend verhalten, da er einen Krieg mit der JVA für Kroatien zu diesem Zeitpunkt für zu gefährlich hielt. In den Regierungsgebäuden in der Altstadt Zagrebs herrschte Unsicherheit und Konfusion. Mit wachsender Sorge sahen die Berater der Untätigkeit ihres Präsidenten zu. Kroatien müsse als okkupiertes Land angesehen werden, die Kasernen der JVA sollten sofort von kroatischen Polizeieinheiten umstellt und blockiert werden. Die Waffen seien an die Kroaten zu übergeben, forderte nicht nur General Martin Špegelj, der schon Monate zuvor versucht hatte, Waffen nach Kroatien schmuggeln zu lassen und eine gemeinsame Strategie mit den Slowenen zu erarbeiten. Während die Slowenen schon ein Jahr vor der Unabhängigkeit neue Gesetze, neue Formulare, Pässe, eigenes Geld vorbereiteten, neue Polizeieinheiten aufstellten und eine Armee aufbauten, sei in Kroatien bisher fast nichts passiert, kritisierten sie.

Doch Tuđman blieb bei seinem Kurs und setzte weiter auf Verhandlungen, wobei er die internationale Gemeinschaft zu einer entschiedenen Stellungnahme für Kroatien bewegen wollte. Diesen Kurs suchte er durch eine Übereinkunft mit den Oppositionsparteien abzusichern. Die Opposition stimmte Ende Juli zu, eine Regierung der Nationalen Einheit zu bilden, der neben der Volkspartei von Savka Dabčević-Kučar die Liberalen (Dražen Budiša) und auch die Ex-Kommunisten (Zdravko Tomac) angehörten.

Zaghaft wurde versucht, eine kroatische Armee aufzustellen. Offiziere des Aufbaustabes saßen in diesen Julitagen 1991 in einem Büro, das nicht einmal über genügend Telefonanschlüsse verfügte. Die Mobilisierung der Bevölkerung in den Betrieben, die Urlaubssperren und die Mobilisierung der Territorialen Verteidigungseinheiten dienten mehr der psychologischen Beruhigung und sollten den Serben Kampfbereitschaft signalisieren. „Aber zu diesem Zeitpunkt lagen wir am Boden, hatten der serbisch-jugoslawischen Kriegsmaschine lediglich die Polizeieinheiten entgegenzusetzen. Die Territorialen Verteidigungseinheiten verfügten kaum über Waffen; diese waren ja schon Monate zuvor von der Armee beschlagnahmt worden," klagten später Mitglieder des Generalstabs.

Kroatien, das wie ein Hufeisen aussieht, ist angesichts der strategisch ungünstigen Gestalt sogar mit einer intakten Armee nur schwer zu verteidigen. „Wir wussten, dass der Gegner danach trachten würde, unser Territorium in einzelne Stücke zu zerschneiden, um dann die Einzelteile zu überrollen." Man bemühte sich verzweifelt, die Kräfte an den entscheidenden Schnittstellen zu konzentrieren: Der Zugang zur Küste sollte den Serben abgeschnitten werden, Karlovac sollte gesichert werden, um einen Durchstoß der serbischen Truppen zu der ein paar Kilometer entfernten slowenischen Grenze zu verhindern, in Westslawonien musste der serbische Vormarsch um jeden Preis gestoppt werden.

Währenddessen machte auch die serbische Führung unter Milan Babić und Milan Martić Pläne, wie sie ihre strategischen Ziele erreichen könnten. „Die schnellen Anfangserfolge sollten uns nicht dazu verleiten, ins offene Messer zu rennen." Waffen hätten sie zu diesem Zeitpunkt zwar genug gehabt, erklärte drei Jahre später einmal Milan Martić in Knin, „aber wir hatten nicht genügend Leute". Außerdem war es – zum Glück für die Kroaten – noch nicht gelungen, die Aktionen der serbischen Freischärler und der Armee auf dem gesamten Staatsgebiet Kroatiens zu koordinieren, was in der engeren „Krajina" schon reibungslos funktionierte. Denn mit Ratko Mladić, einem aus der Ostherzegowina stammenden Oberst, der zuvor ein Kommando im Kosovo innehatte, wurde ein Kommandeur für die Region Knin zuständig, der schon lange offen mit den Extremisten sympathisierte. Martić und Mladić entwickelten ein Modell, wie die Aktionen der Freiwilligen und der von Kroaten, Slowenen und anderen Nationalitäten gesäuberten Armeeeinheiten zu koordinieren seien. Mit dem Angriff auf das kroatische Dorf Kijevo bei Knin am 26. August wurde diese Strategie erstmals durchgehend erprobt: Zuerst wurde die serbische Bevölkerung der ins Visier genommenen Region gewarnt und zur Flucht aufgefordert. Dann nahm die Armee mit schweren Waffen die Verteidiger unter Beschuss. Nachdem der Widerstand erloschen war, kamen die Freiwilligenverbände des Milan Martić. Sie drangen in das Dorf ein und eroberten es. Von dem schon gesicherten Terrain aus wurde dann die Offensive fortgesetzt, ohne die eigenen Kräfte zu zersplittern. Mit dieser Strategie brauchte die Armee nicht einmal die direkte Verantwortung für das, was danach geschah, zu übernehmen. Die Freischärler ihrerseits konnten angesichts dieser Befehlsstruktur ohne Rücksicht vorgehen: Die Wertsachen und die Möbel, alles Verwertbare wurden abtransportiert. Diese Strategie sollte sich später auch in Bosnien-Herzegowina durchsetzen. Und auch dort sollte sich wiederholen, was in Kroatien schon zu erfahren war: Nur wenige serbische Zivilisten waren bereit, ihre Nachbarn und Freunde vor dem bevorstehenden Angriff zu warnen.

In Zagreb war die Unruhe über den serbischen Vormarsch groß. Es kam zu hektischen Aktivitäten: Aufgebrachte Bürger hatten sich rund um die Kaserne in Zagreb postiert, manche organisiert in paramilitärischen Verbänden wie der HOS (Kroatische Verteidigungskräfte), die der „Partei des Rechts" nahe stehende Milizorganisation, und alle zusammen beobachteten jede Bewegung der Armee. Putschgerüchte jagten durch die Stadt. Für Tuđman und die Regierung sah es schlecht aus.

Die Verhandlungen über Waffenstillstände verliefen nicht ganz unerwartet im Sande. Jede Übereinkunft war am nächsten Tag schon Makulatur, aber immerhin wurde etwas Zeit gewonnen. Der am 21. September 1991 neugegründete kroatische Generalstab mit dem Luftwaffen-General Anton Tus als Oberkommandierendem nutzte sie und arbeitete fieberhaft weiter am Aufbau der Kroatischen Armee (Hrvatska Vojska, HV).

Die Verteidigung Kroatiens trug bis weit in den September hinein noch die Züge eines Volkswiderstandes. Gastarbeiter aus Westeuropa nutzten die laxen Grenzkontrollen und brachten Waffen und Munition in Privatautos in ihre Heimatorte. In manchen Hotels in

Zagreb genügte während dieser Tage ein Stichwort und schon gingen Gewehre, Pistolen, Maschinenpistolen und Munition über den Tresen.

Es gibt nicht völlig aus der Luft gegriffene Vermutungen, dass Waffen aus dem Fundus der demobilisierten Volksarmee der DDR auf dem einen oder anderen Wege nach Kroatien gelangt waren. Es kamen Waffen und Fahrzeuge aus der Tschechoslowakei, aus Ungarn und natürlich aus Slowenien. Als mit dem Waffenembargo, das zuerst am 5. Juli von der EG und dann am 25. September vom Sicherheitsrat der UNO über das gesamte Ex-Jugoslawien verhängt wurde, die Einfuhr der Waffen gestoppt werden sollte, musste die kroatische Regierung und die Armeeführung verdeckt operierende Strukturen nutzen. In dieser Grauzone tummelten sich auch kriminelle Elemente, die sich die Gelegenheit nicht entgehen ließen, in großem Stil Geld zu verdienen, und die später große Macht und Einfluss gewinnen sollten.

In manchen Kampfgebieten Kroatiens waren die Bewohner bei der Verteidigung auf sich allein gestellt. In der dalmatinischen Hafenstadt Zadar hatten die Verteidiger anfänglich nicht mehr als 500 Gewehre zur Verfügung. Während die serbischen Angreifer von „Ustascha-Truppen" in Zadar redeten und deshalb mit Sturmangriffen auf die Stadt zögerten, „saßen wir zitternd in den Schützengräben", erzählte später ein Student, der die Stadt verteidigen half. Im September gelang es der Kroatischen Armee, die Verteidigung großer Frontabschnitte zu koordinieren und zu sichern. Zu diesem Zeitpunkt waren schon fast 200.000 Mann für die Armee mobilisiert.

An allen Fronten wurde jetzt gekämpft, und die JVA war mittlerweile offen auf die Seite der Serben getreten. Erstmals wurde Vukovar mit Granaten angegriffen. Und seitdem kroatische Polizeieinheiten am 14. September den Befehl Tuđmans erhalten hatten, alle Kasernen der Volksarmee zu belagern, die noch in der kroatisch kontrollierten Zone lagen, kam es in den meisten dieser Städte zu Kämpfen.

Am 7. Oktober wurde es auch für die Hauptstadt ernst, obwohl man gerade einen neuen Waffenstillstand geschlossen hatte. Die Sendeanlagen des Radios wurden bombardiert, die Textilfabrik der Firma DTR ging in Flammen auf, die Schule für graphische Kunst und einige Wohngebäude, allesamt in Randgebieten, wurden getroffen. Der Regierungspalast in der Altstadt Zagrebs wurde gezielt angegriffen, während sich dort Franjo Tuđman, Stipe Mesić, der Chef des Fernsehens Antun Vrdoljak und der immer noch amtierende jugoslawische Ministerpräsident Ante Marković aufhielten. Sie waren gerade vom Mittagessen aufgestanden und in einen anderen Raum gegangen, als die Rakete einschlug. „Der Chef des Fernsehens hatte uns Witze erzählt, die jeder schon kannte, deshalb wollte Tuđman den Ort wechseln, um zur Tagesordnung überzugehen," erzählte Stipe Mesić später. Die langweiligen Witze eines Teilnehmers hatten den Vieren das Leben gerettet.

In manchen Regionen und Städten gab es im Herbst 1991 schon mehr Zerstörungen als während des II. Weltkrieges. Die Eroberung der als „serbisch" deklarierten Gebiete in Kroatien wurde gründlich durchgeführt. Die gesamte kroatische Bevölkerung aus diesen Gebieten wurde systematisch vertrieben oder getötet, viele der Häuser wurden nach dem Raub von Wertsachen, Möbeln, Werkzeugen und Maschinen in Brand gesteckt. Fast alle katholischen Kirchen wurden in die Luft gesprengt, die Museen zerstört, die Friedhöfe eingeebnet. Am Ende des Krieges waren es 325 Kirchen und 44 Klöster. Nichts sollte mehr an jene erinnern, die noch vor wenigen Wochen hier gelebt hatten. Dieser im „Namen der Nation" durchgeführte Vernichtungsfeldzug ging in seiner Radikalität weit über „kriegerische" Ziele hinaus. Systematisch und durchaus von oben gewollt wurden rechtsfreie Räume geschaffen, in denen sich die durch nationalistische Phrasen aufgestachelten Kriminellen austoben konnten. Vor allem auf den Schlachtfeldern in Slawonien wüteten paramilitärische Gruppen: die serbische Freiwilligengarde, auch bekannt als die „Tiger“, unter dem Befehl von Željko Ražnjatović, genannt Arkan, mit mehr als 2.000 Mann, die „Tschetniks“ von Vojislav Šešelj, die „Weißen Adler“ unter Mirko Jović sowie andere, kleinere Gruppen, die nur Raub und Mord auf ihre Fahnen geschrieben hatten. Am 2. August wurde in Dalj ein Massaker an Kroaten verübt. Aber auch auf der kroatischen Seite kam es später zu Übergriffen und willkürlicher Ermordung serbischer Zivilisten, so in Gospić (Lika) und in West- und Ostslawonien.

Zu den Widersprüchen des Krieges gehörte, dass in Vukovar Kroaten und Serben gemeinsam in den Kellern saßen und serbische Mitbürger ihr Leben bei der Verteidigung der Stadt gegen die angreifenden serbischen Extremisten und Militärs lassen mussten. Auf kroatischer Seite wurden ausländische Freiwillige aktiv, rund 500 Mann, Franzosen, Briten, Deutsche, Österreicher, Australier etc., die vor allem in der Region Vinkovci eingesetzt wurden. Es handelte sich zumeist um Abenteurer und Ex-Söldner, aber auch Rechtsradikale suchten Kontakt zu dieser internationalen Einheit.

Im November spitzte sich der Kampf um Vukovar zu. Frische Truppen aus Serbien bei gleichzeitiger Reorganisation der Kommandostruktur, der Einsatz von Artillerie, die große Teile der Stadt dem Erdboden gleichmachte, führte schließlich zum Sieg der Serben in diesem ungleichen Kampf. Die serbischen Freischärler – Šešelj-Tschetniks und Arkan-Truppen – zogen am 18. November zusammen mit den regulären Einheiten in die völlig zerstörte Stadt ein. Der von dem amerikanischen Nachrichtensender CNN aufgenommene Marsch der Serben mit dem Lied „Wir schlachten die Kroaten ab“ schockierte die Öffentlichkeit der Welt. Nach dem Massaker an mindestens 261 Patienten des Krankenhauses von Vukovar (Ovčara), der Verhaftung und Internierung von Tausenden, der Ungewissheit über deren Schicksal ging ein Ruck durch die Bevölkerung. Die Gruppen von verängstigten Gesichtern, von Flüchtlingen aus den umkämpften Gebieten, von Frauen und Kindern aus Vukovar und Osijek, die bedrückenden Berichte über die Belagerung der „Perle der Adria“, Dubrovnik, ließen die kroatische Bevölkerung zusammenrücken.

Beunruhigende Fragen tauchten auf. Hätte die Niederlage in Vukovar vermieden werden können? Warum waren manche Waffen und Verstärkungen nicht in die geschundene Stadt gelangt? Mile Dedaković, einer der Kommandeure Vukovars, beschuldigte die Regierung, Waffen für Vukovar zurückgehalten zu haben. Angesichts des Falls von Vukovar und der damit verbundenen Verbrechen, der weiteren Angriffe auf die dalmatinischen Hafenstädte Dubrovnik, Šibenik und Zadar hoffte die Regierung auf Unterstützung aus dem Ausland. An Tuđman wird aber weiterhin der Verdacht haften bleiben, er habe aus diesen übergeordneten Interessen heraus Vukovar geopfert. Dieser Vorwurf gewann um so mehr an Gewicht, als es den kroatischen Streitkräften nach dem Oktober 1991 gelungen war, an anderen Fronten die Lage zu stabilisieren und in Westslawonien sogar Terrain zurückzuerobern. Die erfolgreiche Offensive wurde aufgrund einer politischen Entscheidung Tuđmans vor der Einnahme der strategisch wichtigen Stadt Okučani gestoppt (Information des Generals Anton Tus). Beim Rückzug verübten die Serben am 18. Dezember ein Massaker in Voćin und zerstörten den barocken Kern des Städtchens vollkommen.

Hinter den Kulissen hatten schon ernsthafte Gespräche stattgefunden, die in einen Waffenstillstand münden sollten. Dem Krieg müsse jetzt ein Ende gesetzt werden, Serbien sei bereit zu verhandeln, hieß es nach dem Fall Vukovars im serbischen Außenministerium. Es sei durchaus möglich, eine Übereinkunft zu erzielen, es könnte an einen Einsatz internationaler Truppen gedacht werden. Truppen der Westeuropäischen Union lehne man ab, UN-Truppen könnten aber für eine solche Mission in Frage kommen.

Auch in Zagreb war man bereit, internationale Truppen ins Land zu holen. Zwar sei Kroatien jetzt in der Lage, sich zu verteidigen, an eine Rückeroberung der gesamten serbisch besetzten Gebiete sei zu diesem Zeitpunkt aber nicht zu denken. Friedenstruppen könnten kommen, wenn sie die Integrität der Außengrenzen sicherten, also vor allem an den staatlichen Grenzen eingesetzt würden, erklärte Tuđman.

Am 23. November erreichte der UN-Unterhändler Cyrus Vance bei Verhandlungen in Genf die Bereitschaft der serbischen Seite, die JVA aus Kroatien abzuziehen. Am 2. Januar 1992 wurde ein Waffenstillstand abgeschlossen, der erstmals eingehalten wurde. Nach dem Vance-Plan sollten UN-Truppen, die so genannten United Nation Protection Forces (UNPROFOR), in die von Serben besetzten Gebiete (United Nations Protected Areas – UNPAs) einrücken, deren Demilitarisierung durchsetzen und den Rückzug der JVA überwachen. In einer Resolution vom 21. Februar 1992 wurde im Weltsicherheitsrat dieses Konzept gebilligt und für 12 Monate etabliert. Das Amt des Oberkommandierenden hatte als erster der Inder Satish Nambiar inne.

Im März erreichten die ersten Truppen der Vereinten Nationen Kroatien. Argentinier, Belgier, Briten, Dänen, Franzosen, Jordanier, Kanadier, Nepalesen, Tschechen, Polen, Kenianer, Russen und Ukrainer bildeten mit den Unterstützungstruppen aus Norwegen, Holland, Indonesien, Slowakei, Schweden, Finnland und der USA die erste Mannschaft. Insgesamt waren 15.839 Mann eingesetzt.

Zunächst waren die wichtigsten Ziele erreicht. Die Waffen schwiegen. Die meisten schweren Waffen wurden unter UN-Kontrolle gestellt. Die verbliebenen serbischen Truppen unter dem Befehl Milan Martićs, die Armee der „Serbischen Republik Krajina“, waren jedoch weiterhin hoch gerüstet. Tuđmans Forderung, die Grenzen nach Serbien und Bosnien-Herzegowina zu sichern, wurde durch die UNPROFOR-Truppen nicht erfüllt. Die im Vance-Plan enthaltene Bestimmung, die Souveränität des kroatischen Staates herzustellen und die Rückkehr der Vertriebenen zu organisieren, wurde auch nicht durchgesetzt. Rund 28 Prozent des kroatischen Territoriums waren fortan unter Aufsicht der UNPROFOR von serbischen Truppen besetzt.

Zu dem unmittelbaren Verantwortungsbereich der UNPROFOR-Truppen gehörten in Westslawonien auch Gebiete nördlich von Okučani und Pakrac, die von Kroaten verteidigt werden konnten. Ungelöst blieb das Problem der so genannten „Rosa Zonen“. Das waren Gebiete in der Lika und Dalmatien südlich von Karlovac, nahe Gospić und südlich Knins, die nach dem Vance-Plan den Schutzzonen ursprünglich nicht zugerechnet wurden, weil es dort vor der Eroberung eine kroatische Mehrheit gab. Dort sollten lediglich Beobachter der UN tätig werden, aber serbische Truppen weigerten sich, diese Gebiete zu verlassen. So wurden sie zu „Rosa Zonen“ erklärt, mit der Folge, dass sie unter serbischer Besatzung blieben, Kroatien sie aber nicht zurückerobern durfte, bzw. scharf verurteilt wurde, wenn es dennoch (erfolgslose) Versuche diesbezüglich unternahm (Plateau von Miljevac/Maslenica-Brücke, Medak-Tasche). Die Doktrin der Implementierung von UN-Truppen in Kroatien ging davon aus, die serbische Bevölkerung in den von ihr eroberten Gebieten gegen Übergriffe der kroatischen Seite zu schützen. Letztlich sicherten die UN-Truppen den Status quo in Kroatien.

21.4. Großserbische Expansion in Bosnien-Herzegowina

Die politische Führung der serbischen Nationalisten in Bosnien-Herzegowina hatte die Kontrolle über die „befreiten“ ländlichen Gebiete in den Regionen Drvar und Bosanski

Petrovac, um die westbosnische Stadt Banja Luka, in der Ostherzegowina und in den Bezirken Han Pijesak, Sokolac und Sekovići – immerhin fast ein Drittel des Landes – bereits 1991 weitgehend erreicht. Ausdrückliches Ziel von Radovan Karadžić war es, zwei Drittel des Landes militärisch und politisch zu kontrollieren. Karadžić gründete im Juli 1990 die bosnische Serbische Demokratische Partei (SDS), nachdem im April die gleichnamige Partei von Jovan Rašković in Kroatien (als Schwesterpartei der zuvor in Serbien entstandenen Demokratischen Partei DS) gegründet worden war, wo sie allerdings keine bedeutende Rolle spielte, vor allem nach dem Tod von Jovan Rašković.

Schon im Mai 1990 wurden die schweren Waffen der Territorialverteidigung in Bosnien-Herzegowina noch gründlicher als in Kroatien und Slowenien eingesammelt und in die Kasernen der JVA gebracht. In den „befreiten Zonen" jedoch wurden ab Sommer 1991 die serbischen Territorialeinheiten und serbische Freiwillige zur „Armee der Republika Srpska" umstrukturiert und mit eben diesen Waffen versorgt. Bis zum April 1992 war die dann offiziell gegründete „Armee der Republika Srpska" auf 42.000 Mann ausgerüsteter Soldaten aufgestockt.

Gab es bis zum Rückzug der Truppen der JVA aus Kroatien eine Mannschaftsstärke von rund 50.000 Mann in Bosnien-Herzegowina, so waren hier schon im März 1992 vier Armeekorps stationiert. Mit den sich aus Kroatien zurückziehenden Truppen kamen kampferprobte Einheiten ins Land und rückten in die Regionen um Sarajevo, Mostar und in Westbosnien ein. Bihać verfügte zudem über einen der modernsten Militärflughäfen Europas, wo mehr als 100 Kampfflugzeuge stationiert waren.

Kroatische und muslimische Soldaten verließen spätestens im Herbst 1991 zum größten Teil freiwillig die JVA. Trotz dieses Aderlasses zählte die „Jugoslawische Armee" (VJ) – diese Militärformation wurde zu Beginn des bosnischen Krieges umbenannt – 90-100.000 Soldaten, verfügte über 800 Panzer, 1.000 gepanzerte Transporter, über Unmengen von Artillerie der unterschiedlichsten Kaliber und Mehrfachausrüstungen für jeden Infanteriesoldaten (→ Kap. 23). Schon im Herbst 1991 gingen die Truppen daran, die Straßen in Richtung Serbien und Montenegro unter ihre Kontrolle zu bringen, Artilleriestellungen um die großen Städte aufzubauen, Truppen und Material an die strategisch wichtigen Plätze zu bringen. In den Bergen rund um Sarajevo wurden schon um die Jahreswende 1991/92 Panzer eingegraben. Die Kanonenrohre waren auf die Stadt gerichtet. Das Tor nach Zentralbosnien, der Kupresspass, wurde mit starken Einheiten und Artillerie gesichert.

Hinzu kamen im Winter 1991/92 einige Hundert Spezialtruppen des serbischen Innenministers Petar Gračanin, die „Roten Barette". Und die Freischärlerverbände der Extremisten bezogen Position: Željko Ražnjatović (Arkan) mit seinen „Tigern" wie die ebenfalls schon in Kroatien aktiven „Tschetniks" von Vojislav Šešelj, dem Chef der Serbischen Radikalen Partei. Die „Weißen Adler" (Beli Orlovi) des Mirko Jović, die „Monarchisten" (Rojalisti) des Mihajlo Mladenović, die „Serbische Garde" (Srpska Garda), die „Vukovarci" – Männer aus verschiedenen Einheiten, die in Vukovar gekämpft hatten – und die „Martićevci" (die Einheiten Milan Martićs aus Knin) suchten sich ihre Orte in Bosnien aus und warteten auf den Angriffsbefehl. Hinzu kamen noch kleinere Freiwilligeneinheiten aus Serbien und Montenegro.

Im Juni 1991 trafen sich Persönlichkeiten und Organisationen der Muslime, um über Gegenmaßnahmen zu beraten. Die Versammlung rief alle Bürger Bosnien-Herzegowinas auf, die Souveränität des Staates zu verteidigen. Konkret geschah jedoch nur wenig, da die Staatsführung unter Alija Izetbegović auf einen friedlichen Ausgleich setzte. Immerhin wurde die „Patriotische Liga" gegründet, die Gegenmaßnahmen vorbereiten sollte, jedoch nur illegal operieren konnte. Heimlich versuchten Mitglieder der Patriotischen Liga, an Waffen heranzukommen.

Aus der „Patriotischen Liga“ entstanden im Winter 1991/92 neben den „Grünen Baretten“ Gruppen wie „Drina“ und „Bosna“. Bis zum Kriegsbeginn waren Handfeuerwaffen organisiert, aber lange nicht genug, um alle Freiwilligen auszurüsten. Sie stammten von der hochgerüsteten serbischen Zivilbevölkerung und aus dem Ausland.

In der Westherzegowina wurden schon im Sommer 1991 kroatisch-bosnische Truppen gebildet. Der „Kroatische Verteidigungsrat“ HVO, der wie die HOS-Truppen (Kroatische Verteidigungsstreitkräfte) militärische Ausrüstung in die Kroatengebiete der Westherzegowina und Zentralbosniens brachte, bereitete sich auf den erwarteten serbischen Angriff besser vor. Die kroatischen Truppen waren im Frühjahr 1992 besser ausgerüstet als jene der Patriotischen Liga und auf rund 25.000 Mann aufgestockt.

Als am 29. Februar und 1. März 1992 das von der Internationalen Gemeinschaft verlangte Referendum über die Unabhängigkeit Bosnien-Herzegowinas abgehalten wurde, entschieden sich bei einer Wahlbeteiligung von 63,4 Prozent 99,4 Prozent für einen souveränen Staat. In den von Karadžić kontrollierten Gebieten Bosnien-Herzegowinas wurde die Abstimmung von den Behörden boykottiert. Hier hatte die Bevölkerung schon am 9. und 10. November 1991 mit einem ebenso eindrucksvollen Ergebnis für den Anschluss an Serbien plädiert.

An der Grenze zum kroatischen Slawonien, in Bosanski Brod und der Posavina-Region um Brčko häuften sich im März 1992 die Schießereien. Am 2. April wurde eine Gruppe muslimischer Gläubiger in Bijeljina von Arkantruppen überfallen. Am 3. April gingen auch Soldaten der Volksarmee gegen die nichtserbische Bevölkerung in dieser ostbosnischen Stadt vor. Tausende flohen in heller Panik in Richtung Tuzla. Im ganzen Land kam es dennoch zu Demonstrationen für den Frieden. Am 5. April waren in Sarajevo Zehntausende auf der Straße, als Schüsse aus dem Hauptquartier der serbischen politischen Führung unter Radovan Karadžić, aus dem Hotel Holiday Inn, gellten. Wenig später wurden die Scharfschützen festgenommen oder erschossen. Radovan Karadžić und seine Gefolgsleute hatten das Holiday Inn schon vorher verlassen und sich nach Pale, dem Bergort bei Sarajevo, zurückgezogen. Der offene Krieg begann.

Mindestens zwei Drittel des Landes sollten von den serbischen Streitkräften erobert werden, kündigte Karadžić an. Die serbischen Militäreinheiten setzten sich in Bewegung. Sie hatten zunächst den Auftrag, die fünf getrennt voneinander liegenden serbisch kontrollierten Gebiete miteinander und mit Serbien und Montenegro zu verbinden. Von Serbien her wurden starke Verbände an den Grenzen zusammengezogen, um die muslimisch dominierten Gebiete Ostbosniens auch von dieser Seite anzugreifen. Mit der Eroberung der Stadt Zvornik am 8. April sollte die Straße nach Sarajevo/Pale gesichert werden. Gleichzeitig wurde die ostbosnische Stadt Foča attackiert, um die Straßenverbindung Ostherzegowina – Foča – Goražde – Belgrad abzusichern. Die ostbosnischen Muslimgebiete um Srebrenica bis Žepa sollten in einer Zangenbewegung eingeschlossen und dann militärisch gesichert werden.

Sarajevo wurde eingeschlossen, die JA kontrollierte schon nach wenigen Tagen die wichtigsten strategischen Stellungen im Land. Daran änderte auch die Ankündigung der diplomatischen Anerkennung des Staates Bosnien-Herzegowina am 6. April durch die Europäische Gemeinschaft und am 7. April durch die USA nichts. Zwar befand sich seit Februar 1992 das Hauptquartier der UN-Truppen für Kroatien in Sarajevo, die Vereinten Nationen waren jedoch nicht bereit, dem Aufruf der bosnischen Führung nach Truppenpräsenz zur Verhinderung des Krieges Folge zu leisten (→ Kap. 30). Die Mächte der Welt hielten sich zurück und beobachteten genauso wie in Kroatien lediglich, wie sich die Dinge entwickelten.

Die bosnische Regierungsseite rief erst danach die örtlichen Territorialen Verteidigungsstreitkräfte auf, sich am 8. April 1992 zu einer regierungsloyalen Verteidigungsstreitkraft mit einem zentralen Kommando umzustrukturieren. Von 110 Bezirken in Bosnien-Herzegowina entschlossen sich 73 regionale Kommandos für die Regierungsseite.

Die meisten ihrer Mitglieder waren Muslime, es gab jedoch auch noch Serben und Kroaten, die sich für die Regierungsseite entschieden. In Sarajevo waren unter den 25.000 Freiwilligen, die sich sofort zum Dienst meldeten, 12 Prozent Serben und 18 Prozent Kroaten. Bis zum 19. April wurden die Truppen der Patriotischen Liga, die „Grünen Barette" und andere Einheiten unter diesem Kommando zusammengefasst. Damit wurde die Bosnische Armee, die ARBiH, aus der Taufe gehoben. Erst im Juni gelang es aber, die unabhängig operierenden Gruppen vollständig in diese neue ARBiH zu integrieren.

Entsprechend ihrem multikulturellen Anspruch waren bosnische Serben und Kroaten in die Führungsstruktur eingebunden. Der Serbe Jovan Divjak wurde unter dem muslimischen Oberkommandierenden Sefer Halilović gleichberechtigt mit dem bosnischen Kroaten Stjepan Šiber Vizekommandeur der Bosnischen Armee. Dass ein Serbe an führender Stelle die Verteidigung Sarajevos organisierte, war für Karadžić und Mladić eine ungeheure Provokation.

Angesichts des auch für Bosnien geltenden Waffenembargos der Europäischen Gemeinschaft und der Vereinten Nationen waren die Verteidiger von vornherein benachteiligt. Das Waffenembargo wirkte auf die serbische Seite wie eine Einladung zum Angriff. In Bezug auf Handfeuerwaffen erreichten die Verteidiger zwar immerhin ein Drittel der Feuerkraft der serbischen Verbände, was die schweren Waffen jedoch betraf, nicht einmal 10 Prozent. Und damit war der Verlauf des Krieges vorgezeichnet.

Zwar meldeten sich bis Juni 1992 um die 200.000 Freiwillige für die Bosnische Armee, angesichts des Mangels an Waffen mussten jedoch viele wieder nach Hause geschickt werden. Die in den Kroatengebieten Bosniens aufgestellten rund 25.000 Mann starken kroatischen Truppen blieben anfänglich Alliierte der Bosnischen Armee.

Am Datum der Angriffe lässt sich der Plan der serbischen Seite rekonstruieren. Nach und nach rückten die Truppen in Ostbosnien vor, von Bijeljina und Zvornik aus sollten die Straßen in Richtung Han Pijesak und Sarajevo gesichert werden. Der Bezirk Vlasenica mit 55 Prozent muslimischer und 41 Prozent serbischer Bevölkerung wurde am 21. April umzingelt. Gleichzeitig wurde Brčko angegriffen (→ Kap. 23).

Brčko war für die serbische Strategie von ausschlaggebender Wichtigkeit. Denn hier sollte der „ethnisch gesäuberte Korridor" entstehen, der zu den Serbengebieten um Banja Luka und in die „Krajina" in Kroatien führt. Mit einer Bevölkerung von 44 Prozent Muslimen und 25 Prozent Kroaten war diese Aufgabe nicht leicht zu bewältigen. Die Verteidiger – einige schlecht ausgerüstete Zivilisten, die sich zu diesem Zeitpunkt schon als Teil der Bosnischen Armee und der kroatischen HVO ausgeben durften – hatten zwar der gewaltigen Militärmaschinerie aus Arkantruppen, den serbisch-bosnischen Einheiten und der zur „Jugoslawischen Armee" konvertierten ehemaligen Volksarmee nur wenig entgegenzusetzen, sie kämpften um ihre Stadt, bis die serbischen Streitkräfte am 30. April die Oberhand gewannen.

Die Spur der Angriffe rückte im Mai und Juni 1992 weiter nach Norden, um dann in Richtung Westen abzubiegen. Die Bevölkerung des 33.000 Einwohner zählenden Bezirks von Bosanski Šamac, ebenfalls an diesem „Korridor" liegend, setzte sich aus 45 Prozent Kroaten, 41 Prozent Serben, 7 Prozent Muslimen und 7 Prozent Jugoslawen zusammen.

Ende Mai waren nur noch 300 Nichtserben übrig, nachdem serbische Militärformationen das Gebiet erobert hatten.

Mit fast 200.000 Einwohnern ist Banja Luka nach Sarajevo die zweitgrößte Stadt der Republik Bosnien-Herzegowina. Und die nahe gelegene Stadt Prijedor hatte 1992 immerhin noch 112.000 Einwohner. 55 Prozent der Einwohner des Bezirkes Banja Luka waren Serben, mit je 15 Prozent waren Muslime, Jugoslawen und Kroaten in der Minderheit. Nach Westen hin jedoch verdichtete sich die muslimische Bevölkerung, Prijedor hatte bereits 44 Prozent Muslime, 6 Prozent Kroaten und 42 Prozent Serben, in Sanski Most war das Verhältnis 47/42/7 und in Bihać bestand die Bevölkerung zu mehr als 80 Prozent aus Muslimen. In dem südlich Bihać gelegenen Karstgebiet um Bosanski Petrovac und Drvar dagegen stellten die Serben 90 Prozent der Bevölkerung. Dort war das Land nur sehr dünn besiedelt.

An diese Umstände knüpften die militärischen Planer in Belgrad und Han Pijesak ihre Überlegungen. Von Prijedor aus sollten die serbischen Truppen nach Westen, nach Sanski Most, Ključ bis Bosanski Petrovac vorstoßen, um die Straße in die serbisch dominierten Gebiete im Hinterland Dalmatiens und damit die Verbindung nach Knin zu sichern. Gleichzeitig sollten die Truppen in das Gebiet um Bosanski Novi und Bosanska Krupa vordringen, um die Verbindung in die in Kroatien liegenden Serbengebiete östlich und nördlich der muslimisch kontrollierten Bihać-Tasche zu sichern. Der Vormarsch ging wie geplant voran. Im Mai und Anfang Juni hatten die serbischen Militärs ihre Ziele auch in Westbosnien im Wesentlichen erreicht. Nur die rund 200.000 Einwohner der Region um Bihać und Velika Kladuša, der so genannten Bihać-Tasche, leisteten noch Widerstand. Die eroberten Gebiete umfassten rund 70 Prozent des Territoriums Bosnien-Herzegowinas und waren fest in serbischer Hand.

Wie schon in Kroatien waren paramilitärische Truppen für die „ethnischen Säuberungen“ verantwortlich. Sie besetzten die zuvor von den regulären Truppen sturmreif geschossenen Städte und Dörfer. Der Terror gegen die nichtserbische Zivilbevölkerung war nicht eine Nebenerscheinung, sondern Ziel des Krieges. Die von gemischter Bevölkerung bewohnten eroberten Gebiete sollten „ethnisch rein“ gemacht werden. Im Sommer wurde dieses Ziel erreicht. Mit der Errichtung der Konzentrationslager Manjača, Omarska, Keraterm, Brezovo Polje, Luka (bei Brčko) und vielen anderen wurde die in den eroberten Gebieten ansässige nichtserbische Bevölkerung einem systematischen Terror unterworfen, so weit sie nicht in der Lage war zu fliehen.

Karte 4: Frontverlauf Februar 1994

21.5. Gegenwehr, Nebenkriege und Nato-Intervention

Von Duvno (Tomislavgrad) aus versuchten die Kroaten, die Frontlinie zur serbisch besetzten Krajina wie auch zum nahe gelegenen Kupresspass zu halten und die Kroatengebiete in der Westherzegowina zu sichern. Schon am 5. April 1992 war es am Kupresspass zu heftigen Kämpfen gekommen, der Angriff der Kroaten auf die Stellungen der JVA wurde jedoch zurückgeschlagen. Andererseits gelang es den serbischen Streitkräften nicht, in der Westherzegowina Geländegewinne zu erreichen.

Im Gegensatz zu anderen Gebieten Bosnien-Herzegowinas waren die zu diesem Zeitpunkt noch verbündeten kroatisch-muslimischen Streitkräfte in Mostar in der Lage, die Stadt im Juni 1992 zurückzuerobern. Den mit der Bosnischen Armee kooperierenden HOS-Truppen gelang es sogar, über Stolac hinaus weit in die Ostherzegowina vorzustoßen und Anfang August in die im Rücken Dubrovniks liegende Stadt Trebinje einzudringen. Die beim Kampf um Mostar erzielte erste serbische Niederlage im Krieg wurde jedoch durch einen Machtkampf im kroatischen Lager teilweise zunichte gemacht. Truppen des mit der Kroatischen Armee HV kooperierenden HVO stellten sich gegen die HOS. Blaž Kraljević, Kommandeur der HOS-Truppen, wurde am 9. August 1992 mit einem Großteil seiner Unterführer in der Nähe von Čitluk in einen Hinterhalt gelockt und ermordet. Trebinje fiel wieder an die Serben.

Bosnien-Herzegowina war im Frühherbst 1992 in Stücke geschlagen, Bihać, Srebrenica und Žepa waren von serbischen Truppen umzingelt, zu Enklaven geworden, nach Goražde führte nur noch ein Bergpfad. Sarajevo war eingeschlossen. Für Zentralbosnien und Ostbosnien mit den Städten Zenica und Tuzla stellte ein Feldweg von der westherzegowinischen Stadt Duvno (Tomislavgrad) über Prozor die einzige Versorgungslinie dar, die Verbindung für eineinhalb Millionen Menschen zur Außenwelt. Die kroatische Bevölkerung der nordbosnischen Landschaft Posavina war auf der Flucht, nur das Gebiet um die Stadt Orašje konnte von HVO-Truppen gehalten werden. Die Westherzegowina jedoch war fest in der Hand kroatischer Truppen des HDZ-Lagers.

Nachdem der Weltsicherheitsrat am 14. September 1992 grünes Licht gegeben hatte, Bodentruppen der UNPROFOR in Bosnien-Herzegowina zu installieren, kamen britische und französische Truppen ins Land, einige Tage später auch Niederländer, Jordanier, Ägypter, Schweden, Dänen, Norweger, Pakistani, Kanadier, Malaysier, später auch Spanier, Türken, Bangladeshi und Russen etc. mit einer Gesamtstärke von knapp 22.000 Mann. Die deutsche Bundeswehr wurde erst nach dem 15. August 1995, zunächst im Rahmen eines deutsch-französischen Feldlazaretts, später als logistische Einheit in Kroatien (Trogir, Šibenik) und ab Juni 1997 als Sfor-Truppen in Sarajevo eingesetzt. Die UN-Truppen hatten das Mandat, als „friedenserhaltende Maßnahmen“ die Versorgungslinien für die humanitäre Hilfe nach Zentralbosnien und Sarajevo sowie den Flughafen in der Hauptstadt zu sichern. Es gelang den UN-Truppen bis zum 31. Januar 1993, erhebliche humanitäre Hilfe für die hungernde Bevölkerung bereitzustellen.

Im Winter 1992/93 waren die Frontlinien eingefroren. Die serbische Offensive war nach der Eroberung von Jajce am 30. Oktober 1992 zum Stehen gekommen. Der sich verstärkende Widerstand der Bosnischen Armee ließ zudem die serbischen Truppen vorsichtiger agieren. Die serbische Seite reagierte mit Gelassenheit. Seit dem Fall von Jajce verstärkten sich nämlich die Konflikte zwischen Bosnischer Armee und den kroatisch-bosnischen Streitkräften des HVO.

Das brüchige Bündnis von HVO und Bosnischer Armee zerbrach Mitte April 1993, nachdem kroatische Truppen begonnen hatten, die muslimische Bevölkerung aus einer Reihe von gemischten Dörfern und Städten wie Busovača, Novi Travnik und Vitez zu vertreiben, um in Zentralbosnien von Kiseljak bis Travnik ein zusammenhängendes Kroatengebiet zu schaffen. Sie gingen mit äußerster Brutalität gegen die muslimische Zivilbevölkerung vor und verübten ein Massaker, bei dem über 100 Menschen umgebracht wurden. Nach dem serbischen Beispiel wurden Lager eingerichtet, so in Busovača und in Vitez, nach Ausbruch der Kämpfe in Mostar am 8. Mai auch in einer Hubschrauberfabrik in Mostar (Heliodrom) und in Dretelj und Gabela bei Čapljina. Die mutmaßlichen Verantwortlichen wurden von dem Kriegstribunal in Den Haag angeklagt und gerichtliche Verhandlungen gegen einige dieser Personen eröffnet, einige wurden schon verurteilt. Die kroatisch-bosnische Führung unter Mate Boban wollte sich ihren Anteil an Bosnien-Herzegowina sichern. Es wurde zwischen diesem Vorgehen und den vorausgegangenen Gesprächen Bobans mit Karadžić über die Aufteilung Bosnien-Herzegowinas in Graz ein Zusammenhang vermutet (→ Kap. 26).

Die Kämpfe flammten nun in fast allen Gebieten Zentralbosniens und im Neretva-Tal auf. Im Juni gingen die bosnischen Truppen zum Gegenangriff über. Zur Überraschung aller gelang es ihnen, 30 Prozent des von Kroaten kontrollierten Territoriums zu erobern. Die Kroatengebiete Kiseljak, Busovača und Vitez wurden zu Enklaven, Konjic und Jablanica im Neretvatal wurden durch bosnische Truppen gesichert. Erstmals kam es auch seitens der Bosnischen Armee zu Übergriffen auf die kroatische Zivilbevölkerung, so in Guča Gora und Dörfern um das Kloster Kraljeva Sutjeska und einigen anderen Ortschaften in Zentralbosnien.

Der Kampf um Mostar wurde 1993/94 zu einem Brennpunkt im bosnischen Krieg. Während sich die serbischen Truppen weitgehend ruhig verhielten, steigerten sich die kroatischen Angriffe auf Ostmostar. In der Region um Stolac wurde die nichtkroatische Bevölkerung im September von HVO-Truppen vertrieben. Im Gegenzug mussten Kroaten aus dem östlichen Neretvatal, Travnik und Bugojno ihre Heimat verlassen. Tausende zentralbosnischer Kroaten flohen aus Bugojno und aus Vareš über serbisch kontrolliertes Gebiet in die Westherzegowina. Beim Abzug der Kroaten kam es im Oktober 1993 zu einem Massaker in dem muslimischen Dorf Stupni Do. Offen kooperierten die kroatischen Truppen in der Enklave Žepče mit serbischen Truppen und machten damit die zentralbosnische Region um Maglaj zur Enklave.

Gleichzeitig mit dem Angriff der kroatischen Truppen in Zentralbosnien gingen die serbischen Truppen gegen die ostbosnischen Enklaven Srebrenica und Žepa vor. Nach der Eroberung von Cerska und Konjević Polje stand am 16. April 1993 Srebrenica vor dem Fall. Nach einem Besuch des Oberkommandierenden der UNPROFOR-Truppen Philippe Morillon in Srebrenica musste schließlich eine Reaktion der Vereinten Nationen erfolgen. Der Weltsicherheitsrat beschloss auf US-amerikanischen Druck hin in der Resolution 819, sechs Gebiete in Bosnien zu „Sicherheitszonen" (safe areas) zu erklären: Bihać, Goražde, Srebrenica, Sarajevo, Tuzla, Žepa. Srebrenica und Žepa wurden demilitarisiert, die Waffen der bosnischen Truppen von UNPROFOR-Truppen gegen das Versprechen der serbischen Seite, diese Enklaven nicht mehr anzugreifen, (zum Teil) eingezogen. Nato-Flugzeuge begannen mit „air drops" Lebensmittel in die Enklaven abzuwerfen.

Im Oktober 1993 begannen Kämpfe zwischen verfeindeten muslimischen Truppen in der Bihać-Tasche. Fikret Abdić, ein regionaler politischer Führer und erfolgreicher Manager des Nahrungsmittelkonzerns „Agrokomerc" aus Velika Kladuša, erklärte seinen Ministaat „Westbosnien" Anfang Oktober 1993 für unabhängig von Sarajevo. In Zusammenarbeit mit der kroatischen Führung in Zagreb und den Krajina-Serben war es ihm gelungen, über einen Freihafen in Rijeka Handelsgüter nach Velika Kladuša und in die serbisch kontrollierten Gebiete zu bringen und damit das Wirtschaftsembargo gegen Serbien zu unterlaufen. Zusammen mit serbischen Truppen aus der Krajina und aus Bosnien griffen die Truppen des Fikret Abdić (rund 10.000 Mann) fortan das 5. Armeekorps der Bosnischen Armee (Bihać) an. Bihać konnte sich aber halten.

Im Herbst 1993 waren die Fronten eingefroren. Nicht mehr nur die Enklaven unter Einschluss Sarajevos, sondern auch die bosniakisch (muslimisch) kontrollierten Gebiete Zentralbosniens waren von der Außenwelt abgeschlossen. Den internationalen Hilfsorganisationen wurde sowohl von serbischer wie auch von kroatischer Seite der Zugang in diese Gebiete erschwert. Mit der „Waffe des Hungers" sollte die eingeschlossene Bevölkerung zur Kapitulation gezwungen werden. Die indifferente Haltung der Vereinten Nationen führte in der bosnischen Bevölkerung zu Enttäuschung über das „Verhalten der Welt". Die Vereinten Nationen verspielten einen Teil ihres Prestiges.

Auf amerikanischen und deutschen Druck hin wurde die kroatische Führung unter Präsident Franjo Tuđman veranlasst, den Krieg im Kriege zu beenden. Der kroatische Extremist Mate Boban wurde am 20. Dezember 1993 als Präsident des kroatischen Teilstaates „Herceg-Bosna" abgesetzt. Das am 2. März 1994 unterschriebene Washingtoner Abkommen führte zu einem Waffenstillstand im kroatisch-bosniakischen Krieg. Die Straßen nach Zentralbosnien wurden wieder geöffnet. In Mostar wurde eine EU-Administration eingerichtet, die den Wiederaufbau der Stadt voranbringen sollte. Fortan sollten Kroaten und Bosniaken in einer „Föderation" wieder zusammenleben (→ Kap. 25).

Dieser Vorgang spiegelte ein stärkeres Engagement der USA im bosnischen Kriege wider. Der Granatenangriff auf dem Marktplatz von Sarajevo im Februar 1994 führte schließlich zu einem Ultimatum der Nato. Wenn die serbischen Truppen bis zum 21. Februar ihre Waffen nicht mindestens 20 km von Sarajevo abzögen, würden ihre Stellungen durch Nato-Flugzeuge bombardiert, lautete die Forderung.

Mit der Aktion der Nato um Sarajevo wendete sich das Blatt im Krieg. Trotz der Angriffe der serbischen Truppen auf Goražde im April 1994, den Brčko-Korridor im Herbst und auf Bihać im November/Dezember 1994 gelang es den bosnischen Truppen in diesem Jahr, ihre Position zu konsolidieren und zu Gegenangriffen überzugehen. Die Aufhebung der Blockade Maglajs im Mai, Geländegewinne bei Travnik, im Majevica- und Ozrengebirge bei Tuzla und vor allem die Rückeroberung des Kuprespasses im Oktober 1994 durch die HVO verbesserten die strategische Position.

Auf der serbischen Seite war nach den Anfangserfolgen eine Kriegsmüdigkeit eingetreten. Die Grabenkämpfe zermürbten die Soldaten, der Überlegenheit an Material stand der Mangel an Kämpfern gegenüber. Die Korruption der Führung ließ die Moral weiter sinken. Nach dem erfolglosen Versuch im Dezember 1994, Bihać zu erobern, stimmten Mladić und Karadžić einem viermonatigen Waffenstillstand bis Ende April 1995 zu.

Die Atempause wurde auf kroatischer und bosniakischer Seite genutzt. In Zusammenarbeit mit US-amerikanischen Beratern war die Armee Kroatiens (HV) schon seit Ende 1993 reorganisiert worden. Andererseits wurde die Kooperation der HVO mit der Bosnischen Armee verbessert, was sich vor allem im Waffenzufluss bemerkbar machte. Handfeuerwaffen und Munition, Panzerabwehrwaffen und Fahrzeuge, Stahlhelme und Uniformen erreichten Zentralbosnien und Sarajevo. Schwere Waffen allerdings erhielten die bosnischen Truppen nicht.

Einen Vorlauf für die kommenden Ereignisse stellte der Angriff auf die von Serben gehaltenen Gebiete in Westslawonien (Kroatien) dar. Am 1. Mai eroberten kroatische „Polizeitruppen" Jasenovac, kurz darauf Okučani und Pakrac. Die serbischen Truppen leisteten nur geringen Widerstand und waren demoralisiert. Tausende von Menschen begannen die „Krajina" zu verlassen, nachdem es kroatischen Truppen gelungen war, sich von der Westherzegowina aus im Hinterland von Knin festzusetzen. Die strategischen Voraussetzungen für einen Angriff auf die serbisch gehaltenen Gebiete in der „Krajina" waren damit wesentlich verbessert.

Am 15. Juni 1995 versuchte die bosnische Armee in einer groß angelegten Offensive, Sarajevo zu befreien. Einheiten des I., III. und IV. Armeekorps versuchten sowohl vom Berg Igman, von Visoko und von Olovo aus, den Belagerungsring um Sarajevo aus eigener Kraft zu sprengen. Wegen der Materialunterlegenheit der bosnischen Truppen führte die

Offensive in eine Niederlage. Einigen Quadratkilometern Terraingewinn standen mehrere Hundert getötete Soldaten gegenüber.

Am 6. Juli 1995 begannen serbisch-bosnische Truppen unter dem Befehl Ratko Mladićs mit ihrem Angriff auf die Enklaven Srebrenica und Žepa. Die 43 000 in Srebrenica eingeschlossenen Menschen hatten diesem Angriff wenig entgegenzusetzen, zumal sich der Kommandeur der bosnischen Truppen Srebrenicas, Naser Orić, mit seinen Unterkommandeuren in Tuzla befand. Die UN-Truppen verteidigten die UN-Schutzzonen Srebrenica und Žepa nicht, die Bitte um Nato-Luftunterstützung wurde vom Oberkommandierenden der UNPROFOR-Truppen, General Bernard Janvier, und vom UN-Sonderbotschafter Yasushi Akashi wiederholt abgewiesen. Das folgende Massaker an der Zivilbevölkerung, der Tod von über 7000 Menschen in Srebrenica und Hunderten von Menschen in Žepa führten schließlich zu einem öffentlichen Druck, der die Nato veranlasste, bei einem Angriff auf Goražde ernsthaft mit Luftschlägen zu drohen. Am 4. August schon trat die Kroatische Armee zu einem Angriff auf die serbischen Frontlinien in Kroatien an. Mehr als 200.000 kroatische Soldaten setzten sich in Bewegung. Die Serbenhochburg Knin wurde von Norden, Westen und Osten aus angegriffen, starke Einheiten stießen von Karlovac aus in die Lika und den Kordun vor. Nato-Kampfflugzeuge zerstörten zu Beginn der Offensive wichtige Kommunikationsanlagen der serbischen Seite. In nur 82 Stunden gelang es den Kroaten, in die bosnische Enklave Bihać einzudringen (→ Kap. 24).

Die serbischen Truppen setzten der kroatischen Offensive nur hinhaltenden oder geringen Widerstand entgegen. Die Bevölkerung floh in langen Trecks nach Bosnien und Serbien. Dem 5. bosnischen Armeekorps fielen die erheblichen Waffenbestände der Truppen des Fikret Abdić in die Hände.

Schon am 30. August bombardierten Nato-Flugzeuge Luftabwehrstellungen der bosnischen Serben, Radaranlagen, Brücken über die Drina, Artilleriestellungen um Sarajevo. Am 10. September stieß das 5. Armeekorps der Bosnischen Armee von Bihać aus in Richtung Banja Luka und Prijedor vor, andere bosnische Truppen versuchten über Donji Vakuf nach Jajce zu gelangen. Nato-Flugzeuge unterstützten die Aktion. Kroatische Truppen stießen von Livno aus in Richtung Šipovo und Mrkonjić-Grad vor. Wie in Kroatien befanden sich die serbischen Truppen in Auflösung und leisteten nur geringen oder hinhaltenden Widerstand. Am 19. September wurde die Offensive – wie man allgemein annimmt, auf Druck der USA – gestoppt, nur in Sanski Most kam es noch zu Kämpfen. Richard Holbrooke bezeichnet in seinen Erinnerungen diese Interpretation, die vor allem in den amerikanischen Medien verbreitet wurde, als nicht zutreffend. Am 10. Oktober 1995 wurde ein Waffenstillstand unterschrieben. Kroaten und Bosniaken kontrollierten nun 51 Prozent der Fläche Bosnien-Herzegowinas. Der Weg für das Abkommen von Dayton war frei.

Als dann am 19. Dezember 1995 die so genannte Implementation Force (Ifor) ins Land kam, war das Mandat der UN-Truppen beendet. Die rund 34.000 Mann starken Ifor-Truppen hatten das Mandat erhalten, mit Waffengewalt gegen jene vorzugehen, die gegen das Abkommen von Dayton verstoßen wollten. Bosnien-Herzegowina besteht fortan aus zwei „Entitäten", der „Republika Srpska", den noch serbisch gehaltenen Gebieten (49 Prozent des Territoriums), und der „Bosniakisch-kroatischen Föderation". Von internationaler Seite wurde das Land in drei Sektoren aufgeteilt: Ostbosnien wurde zur US-amerikanischen, Westbosnien und die Westherzegowina zur britischen, Sarajevo sowie die südlich gelegene Ostherzegowina zur französischen Zone. Unter einem US-amerikanischen Oberkommandierenden wurden jedoch auch Truppen anderer Länder an der Friedensmission beteiligt, darunter auch Nicht-Nato-Länder (z.B. Russland, Pakistan, Malaysia).

Karte 5: Frontverlauf Dezember 1995

Literatur

Wir empfehlen hier einige Titel, deren Autoren – Journalisten, Publizisten, Politiker und Soldaten – in dem Gebiet tätig waren und sich zu den Kriegsereignissen und -hintergründen geäußert bzw. Augenzeugenberichte geliefert haben bzw. deren Analysen und Schilderungen stark von eigener Anschauung geprägt sind. Zur Orientierung in der immens angewachsenen Literatur ist vorneweg eine Einschätzung der Wissenschaftler über einige Titel bis 1995 zu empfehlen: Gale Stokes, John Lampe and Dennison Rusinow with Julie Mostov, „Instant History: Understanding the Wars of Yugoslav Succession", in: *Slavic Review* 55, Nr. 1 (Frühling 1996).

Mark Almond, *Europe's Backyard War: the War in Yugoslavia*, London 1994; Martin Bell, *In Harm's Way. Reflection of a War-Zone Thug*, London 1995; Zlatko Dizdarević, *Der Alltag des Krieges. Ein Tagebuch aus Sarajevo*, Frankfurt 1995; Slavenka Drakulić, *Sterben in Kroatien. Vom Krieg mitten in Europa*, Reinbek 1992;

Paul Garde, *Journal de voyage en Bosnie-herzégovine. Octobre 1994*, Straßburg 1995; Misha Glenny, *Jugoslawien – der Krieg, der nach Europa kam*, München 1993; Roy Gutman, *Augenzeuge des Völkermords. Reportagen aus Bosnien*, Göttingen 1994; Brian Hall, *The Impossible Country: A Journey through the Last Days of Yugoslavia*, London 1994; Richard Holbrooke, *Meine Mission. Vom Krieg zum Frieden in Bosnien*, München 1998; Tim Judah, *The Serbs. History, Myth and the Destruction of Yugoslavia*, New Haven/London 1997; Detlef Kleinert, *Inside Balkan. Opfer und Täter*, München, Wien 1993; Kemal Kurspahic, *As long as Sarajevo Exists*, Connecticut 1997; David Owen, *Balkan-Odyssee*, München, Wien 1996; Erich Rathfelder, *Sarajevo und danach. Sechs Jahre Reporter im ehemaligen Jugoslawien*, München 1998; ders. (Hg.), *Krieg auf dem Balkan. Die europäische Verantwortung*, Reinbek 1992; Johann Georg Reißmüller, *Der Krieg vor unserer Haustür. Hintergründe der kroatischen Tragödie*, Stuttgart 1992; David Rieff, *Schlachthaus: Bosnien und das Versagen des Westens*, München 1995; David Rohde, *Die letzten Tage von Srebrenica: Was geschah und wie es möglich wurde*, Reinbek 1997; Laura Silber und Allan Little, *Bruderkrieg. Der Kampf um Titos Erbe*, Graz, Wien, Köln 1995; Emir Suljagić, *Postcards from the Grawe*, London 2005; Marcus Tanner, *Croatia. A Nation Forged in War*, New Haven 1997; Mark Thompson, *A Paper House: The Ending of Yugoslavia*, New York 1992; Mladen Vuksanović, *Pale – im Herzen der Finsternis*. Tagebuch 5.4.-15.7.1992, Wien 1997; Ed Vulliamy, *Seasons in Hell: Understanding Bosnia's War*, New York 1994; Isabelle Wesseling/Arnaud Vaulerin, *Raw Memory. Prijedor, Laboratory of Ethnic Clearing*, London 2005; Warren Zimmermann, *Origins of a Catastrophe: Yugoslavia and its Destroyers*, New York 1996.

22. Strategien und Kriegsziele

James Gow

Die von den Kriegsparteien im jugoslawischen Auflösungskrieg angewandten Strategien zeichneten sich durch einen bemerkenswerten Grad an Undurchschaubarkeit aus – weit mehr, als dies aufgrund der traditionellen militärischen Regeln, die auf eine Überraschung des Gegners abzielen, erforderlich gewesen wäre. Hier ging es vielmehr darum, die tatsächliche Absicht einer militärischen Unternehmung zu verbergen, und zwar in Situationen, wo die Offenlegung von Kriegszielen und strategischen Ambitionen das Risiko einer offenen Konfrontation oder eines Sympathieverlusts auf internationaler Ebene bedeutet hätte. Obwohl der serbische Feldzug in strategischer Hinsicht das Herzstück des Krieges darstellt, kann er nicht verstanden werden ohne Rückbezug auf das von den militärisch-politischen Führern Sloweniens, Kroatiens und Bosnien-Herzegowinas gewählte Vorgehen.

22.1. Serbische Kriegsziele, Strategien und Operationen

Der jugoslawische Krieg bestand im Versuch der serbischen Streitkräfte, die Grenzen eines neuen Jugoslawien zu schaffen, das hauptsächlich, doch nicht ausschließlich von ethnischen Serben bewohnte Gebiete umfassen sollte, daneben allerdings auch kroatisches und bosnisches Territorium. Der Versuch, diesen Plan zu verwirklichen, wurde vom serbischen Geheimdienst und Teilen der Jugoslawischen Volksarmee (JVA) geleitet. Obwohl es bereits vor dem Ausbruch der Feindseligkeiten eine politische Zusammenarbeit zwischen den Kommandeuren der JVA und der serbischen politischen Führung gegeben hatte, scheint es dennoch so zu sein, dass beide ihre Kräfte erst vereinten, als die Auflösung der Föderation bereits begonnen hatte und die Kampfhandlungen ausgebrochen waren. So konnte die serbische Strategie, wiewohl bereits einige Zeit vorher entwickelt, erst zu Beginn des Krieges über ihre wesentliche militärische Komponente verfügen. Dennoch war die Zusammenarbeit mit Truppenteilen innerhalb der JVA für die serbische Führung die ganze Zeit über von Bedeutung.

22.1.1. Die politische Dimension der serbischen Kriegsziele

Obwohl die militärische Seite des serbischen strategischen Plans, zumal in den aggressivsten und verbrecherischsten Momenten, das meiste Aufsehen erregte, lag seine eigentliche Bedeutung auf der politischen Ebene. Dabei ging es um die allmähliche Entstehung politischer Vereinbarungen, die das strategische Ziel zu untermauern hatten. Nach diesem Schema sollten schrittweise einzelne Gebiete zu serbischen proklamiert werden, um sie dann von Kroatien und Bosnien-Herzegowina abspalten zu können. In Kroatien wurden zwei serbische autonome Regionen (*Srpska autonomna oblast* SAO) ausgerufen, die SAO Krajina und die SAO Ostslawonien, Westsyrmien und Baranja. Letztere wurde anschließend zu einer Republik Serbische Krajina mit der Hauptstadt Knin zusammengeschlossen, zum

Bestandteil eines föderativen Staatsverbandes mit Serbien und zugleich auch für unabhängig erklärt.

In Bosnien-Herzegowina lief dasselbe Schema ab, nur mit einer weiteren Vorstufe: Im April 1991 erfolgte die vorbereitende Proklamation von Vereinigungen serbischer Gemeinden auf dem Gebiet von Bosnien-Herzegowina. Zwischen September und November 1991 erhob man das politische Projekt auf die Rangstufe autonomer Regionen: die Serbischen Autonomen Regionen „Herzegowina" (12.9.), „Bosnische Krajina" (16.9.), „Romanija" (17.9.) und schließlich „Nordbosnien" (21.11.). Am 9.1.1992 wurden diese fünf Gebiete zur Serbischen Republik in Bosnien-Herzegowina proklamiert, die Teil der jugoslawischen Föderation sein sollte. Im Anschluss an die Anfang März ausgerufene und am 7.4.1992 international anerkannte Unabhängigkeit Bosnien-Herzegowinas erklärte sich die Serbische Republik Bosnien-Herzegowina für unabhängig und wurde im August in Republika Srpska (RS) umbenannt.

Sowohl in Kroatien als auch in Bosnien-Herzegowina wurden örtliche serbische Bevölkerungsgruppen durch die politischen Entwicklungen mobilisiert. Die erwähnten Proklamationen und andere Maßnahmen wurden unverzüglich vom Erscheinen offizieller Briefmarken und Briefbögen begleitet. Das Ausmaß der getroffenen Vorkehrungen lässt auf den serbischen Geheimdienst schließen, der zuvor unter serbischen Bevölkerungsgruppen sowohl in Kroatien als auch in Bosnien-Herzegowina aktiv gewesen war. Durch die Entstehung dieser politischen Strukturen waren die Rahmenbedingungen gegeben, um Territorium von den beiden mit einer bedeutenden serbischen Minderheit besiedelten Republiken abzuspalten und mit Serbien zu föderieren. Diese Strukturen schließlich lieferten das politische Ziel der strategischen Unternehmung. Der Sinn von Strategie ist es, Mittel und Zweck aufeinander abzustimmen. Um das gesamte Vorhaben umzusetzen, wandte Belgrad drei Mittel an: Zum einen wurde der Kern der JVA eingesetzt, dann kamen verschiedene paramilitärische Einheiten zum Einsatz und drittens schließlich setzte man auf die zentral gesteuerte Praxis ethnischer Säuberung.

22.1.2. Mittel zum Zweck: Serbische Strategie und die JVA

Die Führung der JVA scheint ihre Operationen in Slowenien nach dem 25.6.1991 auf zwei Fehlkalkulationen gegründet zu haben. Erstens nahm die Armee offenbar an, eine bloße Demonstration der Stärke würde ausreichen, um die slowenische Unabhängigkeit zu verhindern; dabei gab es deutliche Hinweise, dass die slowenische Territorialverteidigung (TO) sich gegen jeglichen von der slowenischen Unabhängigkeitserklärung ausgelösten Zug der JVA zur Wehr setzen werde. Die zweite Fehleinschätzung: der Jugoslawischen Volksarmee stünde, falls sich die erste Annahme als falsch erweisen sollte, immer noch die Möglichkeit einer Eskalation offen, denn öffentliche Äußerungen hochgestellter Persönlichkeiten der diplomatischen Welt hätten größtenteils erkennen lassen, dass mit Unterstützung dafür zu rechnen sei. Die slowenische TO aber zeigte sich gegenüber den beschränkt und konfus eingesetzten Verbänden der JVA als wirkungsvoll. Und als sich die JVA dann in eine Schlacht verwickelt sah, wurde auch sehr schnell klar, dass selbst eine Eskalation der Kampfhandlungen die Dinge nicht mehr ins Lot bringen würde. Es scheint die Überzeugung vorgeherrscht zu haben, dass man mit einer überlegenen Streitmacht in der Lage sein würde, einen leichten Sieg zu erringen, einen „Balkansturm", vergleichbar den „Wüstensturm"-Operationen der von den USA angeführten Koalition gegen den Irak. Beim Ausbruch der bewaffneten Auseinandersetzungen nahm jedoch die internationale Staatengemeinschaft in Gestalt der EG-Präsidententrojka aktiv Anteil am Geschehen, indem sie ihre Vermittlung anbot. Dies bewirkte ein konfuses und gehemmtes Vorgehen der JVA, wenngleich die Situation zögerlich zu eskalieren begann, u.a. durch fünfzehn hauptsächlich gegen zivile Ziele in Slowenien gerichtete Bomber- bzw. Tieffliegereinsätze. Gedemütigt, unschlüssig bezüglich des Einsatzes ihrer Feuerkraft zur Zerschlagung der schwächeren slowenischen Verbände, schließlich besorgt über die Situation in Kroatien, scheint die JVA Slowenien aufgegeben zu haben, um sich auf Kroatien zu konzentrieren.

Zugleich setzte eine Periode der Neubeurteilung ein. Überrascht von der Einmischung der EU, überdachte das Belgrader Militär seine Position, wobei es die Wahrscheinlichkeit einer westlichen Militärintervention in Rechnung zog. Die JVA unternahm eine Reihe von Studien über die internationale Einmischung in die jugoslawische Krise und über den Golfkrieg. Die Schlussfolgerungen wurden auszugsweise in der militärtheoretischen Zeitschrift *Vojno delo* im Oktober veröffentlicht. In der redaktionellen Einleitung stellte Oberst Jovan Čanak ausdrücklich eine Verbindung zwischen der jugoslawischen Krise und dem Golfkrieg her. Der Krieg im Golf sei ein „echtes Paradigma für den Einsatz moderner Technologie und ein glaubhaftes Modell für den Einsatz von Gewalt in einem hypothetischen Krieg unter ähnlichen militärisch-politischen Umständen, was uns (bezüglich unserer Krise und ihrer möglichen Internationalisierung) nicht gleichgültig lassen kann". „Der Golfkrieg", so fügte er hinzu, „könnte ein Modell für die Instrumentalisierung der UN als System globaler Sicherheit sein, das der Verwirklichung globaler strategischer Interessen der großen Weltmächte dient".

Vom Standpunkt der JVA-Führung aus gesehen waren die Schlussfolgerungen dieser Neubewertung extrem wichtig. Die JVA hielt eine rein europäische Militärintervention für wenig wahrscheinlich, räumte jedoch ein, dass man vor einem militärischen Eingreifen des Westens auf der Hut bleiben müsse. Sie nahm weiterhin an, dass es aussichtslos war, die SFRJ erhalten zu wollen und dass die JVA daher nach den Worten des letzten jugoslawischen Verteidigungsministers, Veljko Kadijević, um die Grenzen eines „neuen Jugoslawien" werde kämpfen müssen.

Obwohl General Kadijević offensichtlich den Eindruck verbreiten wollte, man habe mit der Umsetzung dieses Plans im Oktober 1991 begonnen, erwähnt er in seinem Buch *Moje viđenje raspada* („Meine Sicht des Zusammenbruchs"), dass dies bereits im März, d.h. vor den Unabhängigkeitserklärungen Sloweniens und Kroatiens eine der beiden Optionen für Kampfeinsätze der JVA gewesen und die erste Phase des Planes im Juli eingeleitet worden sei. Dies wird auch von Borisav Jović in seinem Buch *Poslednji dani SFRJ* („Die letzten Tage der SFRJ", 1995) bestätigt. Es gibt gute Gründe für die Annahme, dass man bereits Mitte August 1991 daranging, den Plan umzusetzen. Zeitgleich mit dem Moskauer Putschversuch intensivierte die JVA den Krieg in Kroatien, wo es seit der Unabhängigkeitserklärung in verschiedenen Gebieten schwelende Konflikte gegeben hatte. In dieser Phase traten Einheiten der kroatischen Nationalgarde und Spezialeinheiten der Polizei sowie paramilitärische Gruppen kroatischer Nationalisten der JVA sowie serbischen irregulären Verbänden entgegen. In der zweiten Augusthälfte steigerte sich die Intensität des Konflikts merklich: Die JVA verlegte große Verbände von Banja Luka nach Westslawonien und unternahm von Montenegro und der serbisch dominierten Ostherzegowina aus jene Operationen, die schließlich in die Belagerung Dubrovniks mündeten; außerdem nahm sie damals die dreimonatige Belagerung und Bombardierung Vukovars auf.

Die prinzipiellen Angriffslinien nach dem 19. August entsprechen jenen, die von General Kadijević festgelegt worden waren: „Die Stoßrichtung der Offensiven der Hauptverbände der JVA sollten auf die Befreiung serbischer Gebiete in Kroatien und der im Innern des kroatischen Territoriums liegenden Garnisonen der JVA abzielen und Kroatien entlang der Routen Gradiška-Virovitica, Bihać-Karlovac-Zagreb, Knin-Zadar und Mostar-Split durchschneiden – in dieser Reihenfolge. Der stärkste Verband der motorisierten gepanzerten Einheiten sollte Ostslawonien befreien, um seine Angriffe rasch in westlicher Richtung fortzusetzen, sich mit den in Westslawonien stehenden Verbänden vereinigen und auf Zagreb und Varaždin, d.h. auf die slowenische Grenze zu Kurs nehmen. Gleichzeitig sollten die starken Verbände aus der Richtung Herceg Novi-Trebinje vom Boden aus Dubrovnik blockieren und das Neretva-Tal erreichen, um so ihre Operationen mit den in Richtung Mostar-Split ziehenden Verbänden zu koordinieren; nach der Einnahme bestimmter Einrichtungen sollten sie die Grenzen der serbischen Krajina in Kroatien sichern und halten, die verbliebenen Truppen der JVA aber sollten aus Slowenien und anschließend aus Kroatien" abgezogen werden. (Mit Kroatien meint Kadijević offensichtlich das Territorium, welches übrig bliebe, nachdem die Grenzen des neuen Staatsgebildes gesichert wären.)

Die Operationen im Gebiet von Konavle in Süddalmatien, dem schmalen Hinterland von Dubrovnik, begannen Ende September und waren die Einzigen in Kroatien, die von der JVA allein durchgeführt wurden (in Ostslawonien waren auch irreguläre, in Serbien aufgestellte Einheiten beteiligt, während in Zentralkroatien und der Krajina örtliche serbische Bevölkerung in die Operationen verwickelt war). Die Region wurde von Kroatien größtenteils nicht verteidigt, da es nur über ein beschränktes militärisches Potential verfügte und einen Angriff auf das Gebiet, wo es zuvor zu keinen Auseinandersetzungen im Zusammenhang mit Ansprüchen serbischer Bevölkerungsgruppen gekommen war, offensichtlich nicht erwartet hatte. Für das jugoslawische Militär jedenfalls war dieses Gebiet von vitalem Interesse. Ohne Kontrolle über die Südspitze der Region, die Halbinsel Prevlaka, musste die Nutzung des Marinestützpunktes bei Kotor in Montenegro schwierig sein, sofern der Eingang zur Bucht an der Nordseite von Kroatien kontrolliert würde. Im Falle einer Unabhängigkeit Kroatiens bliebe die Bucht von Kotor darüber hinaus der einzige Hafen unter Kontrolle des jugoslawischen Militärs. (Die jugoslawische Marine unterhielt Basen in Pula, Šibenik, Split, Ploče und in der Bucht von Kotor; zusätzlich gab es kleine Einrichtungen auf einigen Adriainseln: Lastovo und Vis.) Die Kontrolle über die Nordseite der Bucht war somit lebenswichtig.

Der militärische Feldzug in Süddalmatien und besonders in Dubrovnik ist für das Verständnis der Absichten der JVA (sowie ihrer Nachfolger und paramilitärischen Verbündeten) im Konflikt in Kroatien und später in Bosnien-Herzegowina von großer Bedeutung. Nachdem man mit Leichtigkeit die Kontrolle über die Region erlangt hatte, verblieb Dubrovnik als Fleck auf der Landkarte. Ende August begann das Militär die Adriastadt vom Lande und vom Wasser aus zu belagern. Marinefahrzeuge fuhren die Küste aufwärts und zerstörten ein Haus nach dem anderen, wobei auch Granaten auf die Stadt selbst niedergingen. Im Rückblick hatte das, was als böswillig und sinnlos erschien, dennoch Methode: Eine unerwünschte und potentiell feindselige Bevölkerung war zu vertreiben – d.h. im Sinne der von der JVA gern hervorgehobenen „zuverlässigen" Elemente der unzuverlässige Rest zu terrorisieren und hinauszujagen.

Wäre es der Armee darum gegangen, die Stadt einzunehmen, so hätte sie dies an einem Nachmittag erreichen können, sie hätte nur ein Fallschirmjägerbataillon innerhalb der Mauern der Altstadt absetzen müssen, wo es so gut wie keine Verteidigung gab. Im Vergleich dazu war das zur selben Zeit belagerte Vukovar eine Stadt mit viel besseren Verteidigungsmöglichkeiten und somit ein schwieriges Eroberungsziel. Man kann daraus schließen, dass in keinem der beiden Fälle das Ziel darin bestand, die Städte zu erobern, sondern darin, die Bevölkerung zu vertreiben und sicherzustellen, dass die strategische Kontrolle über das Territorium danach ungestört bleibt – d.h. dass es keinen potentiellen Widerstand gibt, der zu politischer Diversion, Terrorismus oder Guerillataktik übergehen kann. Diese Strategie war seinerzeit noch nicht offensichtlich, kann aber im Lichte der tatsächlichen Ereignisse rückschließend erkannt werden. Gemeint ist die anhaltende Vertreibung nicht-serbischer Bevölkerung aus den unter UN-Schutz stehenden besetzten Gebieten in Kroatien nach dem Ende der dortigen Feindseligkeiten, wovon Mitglieder der EU-Beobachtungskommission und der UNPROFOR berichten. Das Etikett, mit dem man diese Praxis versah, war „ethnische Säuberung".

Der Plan der Serben und der JVA betraf auch Bosnien-Herzegowina, für welches die Vorbereitungen im Spätsommer und Herbst 1991 anliefen und wo die Praxis „ethnischer Säuberung" und deren zentrale Stellung in der serbischen Strategie deutlicher wurde. Nach einem Jahr voll Unruhe und gewalttätiger Zwischenfälle trat Bosnien-Herzegowina Ende Februar 1992 in eine Phase weit verbreiteter Brutalität und einen Monat später, Ende März, in den Kriegszustand ein. Der bewaffnete Konflikt in Bosnien-Herzegowina scheint das Ergebnis einer Entscheidung bzw. ein Aktionsprogramm der JVA und serbischer politischer Führer gewesen zu sein, mit Waffengewalt die Grenzen eines neuen Staates zu errichten. Nach den Worten von General Veljko Kadijević galt damals „auf politischer Ebene die Priorität", dass „wir eine Gegenoffensive starten sollten, die die Zerstörer des alten Jugoslawien mit einem neuen Jugoslawien konfrontieren würde, einem Jugoslawien, das aus Völkern besteht, die in ihm leben wollen und seinen Zerfall nicht zulassen".

Zur selben Zeit, als der Krieg in Kroatien verstärkt wurde, begann die JVA eine Reihe von Manövern und Truppenverlegungen quer durch Bosnien-Herzegowina. Dabei konnte sie Serben in Bosnien mobilisieren und gleichzeitig die Mobilisierung der Territorialverteidigung (TO) in serbisch dominierten Gebieten mit den serbischen politischen Führern koordinieren. Diese Vorgehensweise mit Manövern und Mobilisierungen wurde von General Kadijević insofern als „von vitaler Bedeutung" für die JVA beurteilt, als das „serbische Volk in Bosnien-Herzegowina nach seiner geographischen Lage und Größe eine der Stützen bei der Bildung eines gemeinsamen Staates für alle serbischen Menschen ist".

In den darauf folgenden Monaten stellte die JVA sicher, dass sie so weit wie möglich außerhalb der Kasernen war und begann, sich durch ständige Manöver über das gesamte bosnische Gebiet verteilt einzurichten. In merklich wachsendem Umfang wurden Truppen und Ausrüstung aus den städtischen Kasernen abgezogen und nur symbolische Besatzungen zurückgelassen. An diesem Punkt ließ die Armee Einheiten an größeren Verkehrsknotenpunkten aufmarschieren. In der Anfangsphase (September 1991) wurde dieses Vorgehen von Appellen serbischer Führer in Bosnien an die JVA begleitet, sie möge die dortigen Serben schützen. Dem folgten große Truppenbewegungen sowohl aus Serbien und Montenegro nach Bosnien als auch ausgehend von Stützpunkten in Bosnien selbst. Darunter waren (am 20. September) eine Kolonne von 100 Militärfahrzeugen, die sich auf Čapljina in der Westherzegowina zu bewegte, eine weitere, größere übernahm die Kontrolle über den großen Verkehrsknotenpunkt bei Nevesinje in der Ostherzegowina, und 5000 Mann wurden aus Sarajevo westwärts verlegt. Am selben Tag und nochmals in den darauf folgenden Wochen blockierten bosnisch-moslemische Zivilisten bei Višegrad in Südwestbosnien gepanzerte Kolonnen aus Užice.

Im Ergebnis hatte das serbische Lager seine Kräfte in Bosnien-Herzegowina vorab positioniert, um die Infrastruktur für ein Mini-Jugoslawien zu sichern, das aus der Republik herausgeschnitten werden sollte, um im Osten an Serbien, im Süden an Montenegro und im Westen an die serbisch besetzten bzw. besiedelten Regionen Kroatiens angebunden zu werden. Bis zum 26. September hatte die JVA bereits erfolgreich die Grenzen der „SAO

Hercegovina“ am Ostufer der Neretva errichtet und startete ihre Angriffe von Montenegro aus auf das südliche Kroatien, wo Dubrovnik liegt.

Nachdem der serbische Feldzug in Bosnien-Herzegowina einmal richtig begonnen hatte, waren im Frühjahr 1992 große Teile des Territoriums schnell unter Kontrolle gebracht. Doch traf Belgrad in einem Anfang Dezember 1991 vorbereiteten Schachzug die Entscheidung, die JVA im Mai 1992 in die „Armee der serbischen Republik Bosnien-Herzegowina“ (Vojska Republike srpske VRS) und die „Armee Jugoslawiens“ (Vojska Jugoslavije VJ) aufzuspalten. Dies erfolgte im Einklang mit der Ausrufung eines neuen Staates am 27.4. 1992, in welchem Serbien und Montenegro föderiert wurden (unter dem Namen „Bundesrepublik Jugoslawien“). Durch diese Maßnahmen versuchte Belgrad, die Weltöffentlichkeit davon zu überzeugen, dass es nicht in den bosnischen Konflikt verwickelt sei, um drohenden UN-Sanktionen zu entgehen, die in der Luft lagen – was Milošević bereits einige Monate zuvor bedachte, als er und sein Vertreter im Staatspräsidium Borisav Jović übereinkamen, alle aus Bosnien-Herzegowina stammenden serbischen Soldaten in diese Republik zu verlegen und umgekehrt viele nicht von dort stammende Serben abzuberufen.

Dies geschah in der Voraussicht, dass Belgrad für den Krieg verantwortlich gemacht und als ausländische Streitmacht betrachtet werden konnte, was sich nun abstreiten ließ mit dem Argument, die an den Kämpfen Beteiligten seien ja bosnische Serben. Die Entscheidung zu diesem Schritt folgte einer diplomatischen Debatte nach der Resolution 757 des UN-Sicherheitsrates, welche den Abzug der JVA sowie von Truppenteilen der kroatischen Armee (Hrvatska vojska HV) forderte, da beide als ausländische in den Konflikt in Bosnien-Herzegowina verwickelte Streitkräfte ausgemacht worden waren.

Belgrads Hauptverantwortung für den bewaffneten Konflikt in Bosnien-Herzegowina stand jedoch außer Zweifel. Nach ihrem Rückzug aus Slowenien, Kroatien und Makedonien, bei dem sie nichts zurückließ – die gesamte Ausrüstung wurde entweder mitgenommen oder zerstört – teilte sich die JVA auf und überließ der VRS, die im Wesentlichen aus ehemaligen Angehörigen der JVA aus Bosnien-Herzegowina bestand, ein gefülltes Waffenlager. General Kadijević formulierte es so: „Die Einheiten und Standorte der JVA bildeten mitsamt vollständiger Bewaffnung und Ausrüstung das Rückgrat der Serbenrepublik. Diese Armee, ausgestattet mit der Möglichkeit, sich nötigenfalls an ihr Volk zu wenden, und dessen totaler Unterstützung gewiss, verteidigte das serbische Volk und schuf somit die militärischen Vorbedingungen für eine angemessene politische Lösung, die den serbischen nationalen Interessen und Zielen gerecht werden würde, in dem Maße natürlich, wie dies die augenblicklichen internationalen Umstände erlauben“.

Belgrad hörte allerdings nicht auf, die serbischen Einheiten in Bosnien zu unterstützen, sondern verringerte lediglich das Ausmaß seiner Aktivitäten mit Rücksicht auf die Augen der Weltöffentlichkeit. Darüber hinaus bewahrte es sich, wie es scheint, eine gewisse Kontrolle im weiteren Sinne durch den oberkommandierenden serbischen Offizier in Bosnien, Generaloberst Ratko Mladić, der mit den Verteidigungsministerien sowohl der bosnischen Serbenrepublik als auch Jugoslawiens in Belgrad engen Kontakt hielt. Es ist bemerkenswert, dass sich das Verteidigungsministerium der bosnischen Serbenrepublik in Belgrad und nicht irgendwo auf dem von dieser beanspruchten Territorium befand. Im Übrigen wird von Offizieren im Feld berichtet, die erklärt haben sollen, sie seien ohne Befehl aus Belgrad außerstande, das Feuer einzustellen. Alles in allem hielten die serbischen Streitkräfte ihre überwältigende Überlegenheit in der Ausrüstung aufrecht, doch litten sie unter dem verringerten Nachschub und dem Ausbleiben von Verstärkungen, die Belgrad wegen der internationalen Aufsicht und den UN-Sanktionen nicht liefern konnte.

Im Verlauf des Krieges übte die politische Führung in Serbien, besonders der serbische Präsident Slobodan Milošević, in wechselndem Maße die Kontrolle über die JVA und schließlich die VJ und die VRS aus. Zum einen legten Milošević nahe stehende militärische Führer wie der Generalmajor der Luftwaffe Božidar Stevanović das Militär auf eine bestimmte Rolle fest, indem sie aktiv Unruhe unter den serbischen Gemeinden in Kroatien und Bosnien schürten sowie örtliche paramilitärische Verbände mit Waffen und sonstigem Nachschub versorgten. Zum anderen kontrollierte Milošević anfänglich die JVA über seinen Einfluss auf das kollektive jugoslawische Staatspräsidium, von welchem die JVA ihre Befehle zu erhalten hatte, besonders über den Vizepräsidenten der Föderation Branko Kostić.

Obwohl der Kriegsausbruch in Bosnien-Herzegowina von vielen Beobachtern mit dem Umstand in Verbindung gebracht wurde, dass sich die EG-Mitgliedstaaten und die USA dazu entschlossen, die Republik am 7. April 1992 als vollwertiges Mitglied der Staatengemeinschaft anzuerkennen, war der Krieg in der Tat schon Monate davor von der JVA konzipiert, geplant und vorbereitet worden, und die Umsetzung dieser Pläne hatte bereits begonnen. Als der Krieg schließlich in vollem Gange war, versuchten die Serben, systematisch die direkte und offene Unterstützung aus Belgrad herunterzuspielen und zu verschleiern, wobei man der längst zuvor getroffenen Entscheidung folgte, einer eventuellen Beschuldigung durch Umgruppierungen innerhalb der Armee zu begegnen.

Dies bedeutet, dass die serbische Strategie aus drei Ebenen der Undurchsichtigkeit bestand. Die *erste* lag in der Behauptung, dass die Truppen auf serbischer Seite angeblich entweder der Friedenssicherung (zu Beginn) oder später der Verteidigung der Serben dienten, während die wahre Absicht in der Sicherung der Grenzen eines neuen Staatsgebildes durch ethnische Säuberung bestand. *Zweitens* wurde die Rolle Belgrads so weit wie möglich verschleiert, damit seine Führer behaupten konnten, der Konflikt sei eine innere Angelegenheit Bosnien-Herzegowinas, sie hätten lediglich die Möglichkeit einer gewissen Einflussnahme. *Drittens* wurde über große Strecken des Krieges Unübersichtlichkeit erzeugt – sei es durch den Einsatz verschiedener offizieller Armeen oder durch eine Vielzahl paramilitärischer Gruppen. So konnte von Gräueltaten stets behauptet werden, sie wären von einer anderen Streitmacht begangen worden. Obwohl dies auch für die direkten Gegner des Konflikts eine gewisse Bedeutung hatte, war es im Wesentlichen auf das internationale Augenmerk gemünzt. Die serbischen Pläne klar zu formulieren, hätte bedeutet, den Weg freizumachen für eine klare Antwort auf einen offenen Versuch, internationale Regeln zu verletzen.

Obwohl all diese Bereiche der Undurchsichtigkeit ihre Effektivität in dem Maße verloren, wie die tatsächlichen Gegebenheiten mit der Zeit klarere Konturen annahmen, waren sie dennoch weiterhin von Nutzen. Das Fehlen einer offenen Deklaration der tatsächlichen serbischen Absichten und Handlungen hatte nämlich zur Folge, dass jedem der internationalen Akteure unvermeidlich eine zweifache Falle drohte. Die erste verleitete dazu, serbische Behauptungen von der Existenz einer antiserbischen Verschwörung zu bestätigen. Die zweite und bedeutsamere lag in der Herausforderung zu einer offeneren und klareren westlichen Antwort – was unter den gegebenen komplexen Umständen als unerwünscht gelten musste. Weder die serbische Seite noch die internationalen Akteure wollten das Kind beim Namen nennen. Vielmehr begegnete man der Zweideutigkeit mit Zweideutigkeit.

22.1.3. Mittel und Zweck: Paramilitärische Verbände in der serbischen Strategie

Ein Schlüsselmoment des Krieges in Kroatien und Bosnien-Herzegowina lag in der Beziehung zwischen den paramilitärischen Gruppen und der JVA. Radikale Serbenführer bestanden darauf, aus freiwilligen paramilitärischen Verbänden den Nukleus einer neuen serbischen Armee zu bilden. Dieser Druck verstärkte die Maßnahmen der JVA, Nicht-Serben auszuschalten, wodurch eine serbische ethno-nationale ideologische Tagesordnung festgesetzt wurde, die sich mit den Bestrebungen der JVA zur Verteidigung der außerhalb Serbiens lebenden Serben und zur Schaffung neuer Staatsgrenzen ergänzend verzahnte.

Die Einführung paramilitärischer Verbände war für die JVA wichtig, da die JVA in ihrer Mannschaftsstärke durch Übertritte zu den nichtserbischen Kriegsparteien, aber auch durch Desertion geschwächt wurde – es desertierten unter den Serben solche, die gegen den Krieg waren, oder andere, denen das Vertrauen sowohl in das „Serbentum" der JVA als auch in deren militärische Kompetenz fehlte. Letztere wiederum schlossen sich aus beiden Gründen serbischen paramilitärischen Verbänden an. Diese paramilitärischen Einheiten agierten während der Operationen in Kroatien 1991 und später in Bosnien-Herzegowina in vielen Fällen als spezielle, in die JVA integrierte Infanterieeinheiten.

Die JVA arbeitete intensiv mit örtlichen Organisationen der Territorialverteidigung zusammen und setzte außerdem in ihren Feldzügen Armeereservisten ein. Dennoch mangelte es ihr für die Verwirklichung ihrer Ziele vielfach an Truppen, weshalb sie auf paramilitärische Einheiten als brauchbare Infanterie zurückgriff. Das Gros der paramilitärischen Gruppen ist, so scheint es, unter Beteiligung des serbischen Geheimdienstes und dessen Chef Jovica Stanišić sowie des von Mihail Kertes (des stellvertretenden Bundesinnenministers) geleiteten proserbischen Bundesgeheimdienstes gebildet worden. Hilfreich war die Beteiligung des Geheimdienstes schließlich bei der auf dem ganzen Territorium der SFRJ organisierten Bewaffnung serbischer Gruppen. Auch die JVA selbst war in vielen Fällen für die Waffenversorgung serbischer paramilitärischer Einheiten während des Krieges in Bosnien-Herzegowina verantwortlich.

Um die Zeit, als die bosnische Unabhängigkeit anerkannt wurde (am 7. April), gab es eine Reihe von Angriffen auf Schlüsselpositionen in Bosnien-Herzegowina, in die Einheiten der JVA sowie irreguläre Truppenteile verwickelt waren, etwa die TO in den serbisch dominierten Gebieten, wo die Manöver des vorangegangenen Herbstes und Winters eine Mobilisierung ermöglicht hatten. Ein weiteres entscheidendes Moment bei der Vorbereitung der gegen Bosnien-Herzegowina gerichteten Operationen betraf wie bereits im Falle Kroatiens paramilitärische Einheiten, speziell die von dem berüchtigten „Arkan" Željko Ražnjatović angeführten „Tiger". Arkans Kämpfer waren offiziell als „Serbische Freiwilligengarde" bekannt. Sie waren v.a. im kriminellen Umfeld rekrutiert worden und bildeten jene hocheffektiven Stoßtrupps, die gegen Ende der Belagerung in Vukovar einrückten und die der Armee jene Art „professioneller", rein freiwilliger Infanterie stellten, die bislang der auf Wehrpflichtigen beruhenden JVA nicht verfügbar war.

Die paramilitärischen Einheiten waren für die Terrorkampagne des Blitzkrieges entscheidend, mit dem das serbische Lager im Frühjahr 1992 die Kontrolle über große Teile Nord- und Ostbosniens erlangte. Zwischen dem 27. März und dem 8. April führten Arkans „Tiger" von serbischem Boden aus Schläge gegen Verkehrsknoten- und Versorgungspunkte bei Foča, Višegrad, Zvornik, Bijeljina, Bosanski Brod und Drventa, um den Einmarsch in Bosnien-Herzegowina zu sichern. Dadurch wurden dem serbischen Nachschub die Zugangsmöglichkeiten offen gehalten und zudem sichergestellt, dass die Gegner mit Ausnahme der Westherzegowina keine Möglichkeit hatten, Verstärkung heranzuführen.

Gemeinsam mit überall in Bosnien-Herzegowina stationierten Einheiten der JVA starteten sie dann eine Reihe von Angriffen auf die Städte an den großen Verkehrswegen durch Nord- und Ostbosnien. Von Ende März bis Ende Mai sicherten serbische Verbände die Kontrolle über weite Teile Bosnien-Herzegowinas. Paramilitärische Einheiten waren damals Bestandteil sowohl des Feldzugs der JVA zur Schaffung neuer Grenzen als auch des ihn ergänzenden ethno-nationalistischen Programms eines rein serbischen Staates. Die Herleitung der beiden Programme mag unterschiedlich gewesen sein. Ihre Absichten deckten sich jedoch im Verlauf des bewaffneten Konflikts.

22.1.4. Serbische Strategie: Operationsschema und ethnische Säuberung

Die Angriffe im Frühjahr 1992 einschließlich der kombinierten Einsätze von JVA und paramilitärischen Gruppen, schließlich die Vorgehensweise der serbischen militärischen und politischen Instanzen gegen die nichtserbische Bevölkerung folgten methodisch überall einem ähnlichen Schema. Die Geschwindigkeit und das hohe Maß an Koordination, das diese Angriffe erforderten, machen deutlich, dass sie zentral gesteuert und geplant wurden. Das Angriffsmuster hatte in der Regel folgende Merkmale: 1. Vorbereitung, mit Ansammeln von Waffen, Entlassung von Nichtserben aus ihren Stellungen und Propaganda; 2. Provokation; 3. Einsatz von Gewalt; 4. Identifikation von Nichtserben; 5. Zusammentreiben von Nichtserben, demonstratives Morden und Verstümmeln, Vertreibung, Terror und 6. Lager, Zwangsarbeit und Gefangenenaustausch.

Überall wurden Polizei, Rundfunk und zivile Verwaltung von örtlichen, ausschließlich aus Serben bestehenden Krisenstäben übernommen, die man nach Anweisung der serbischen politischen Partei in Bosnien-Herzegowina (SDS) seit dem Dezember 1991 gebildet hatte. Die geheime Vorbereitung erfolgte über ein Netzwerk des serbischen Geheimdienstes, das aus fünf Zentralen bestand, eines in jeder der auszurufenden „Serbischen autonomen Regionen". In Übereinstimmung mit einer zentralen Anweisung, die von den Einheiten der JVA enge Kooperation und Unterstützung verlangte, und unter dem Deckmantel der Staatsgewalt arbeiteten die örtlichen Behörden mit paramilitärischen Einheiten zusammen, um nichtserbische Bewohner zu identifizieren, zu verhören und schließlich aus ihren Häusern zu vertreiben.

An diesen Standorten wurden nichtserbische Männer im wehrfähigen Alter und viele nichtserbische Frauen in Lagern und Gefängnissen inhaftiert. Einige dieser Lager wurden in Turnhallen eingerichtet und offensichtlich von Zivilbehörden geleitet, während andere in regulären Militäreinrichtungen untergebracht und von Militär- und Polizeieinheiten geführt wurden. Ausmaß und Beschaffenheit der zur Terrorisierung nichtserbischer Bevölkerung in so vielen Regionen Bosniens genutzten Methoden konnten ebenso wenig wie die Eroberung und Sicherung von Hauptverkehrswegen und Schlüsselpositionen aus einer spontanen Eruption örtlichen Volkszorns erwachsen sein. Allein schon die Errichtung sowie die logistische und personelle Ausstattung der vielen Lager und Gefängnisse erforderte ein beträchtliches Ausmaß an Koordination und Planung. Der Terror sollte sicher stellen, dass in der Region keine Bevölkerung verbleibt, die sich den Zielen des Serbenstaates entgegenstellen könnte.

Die JVA handelte in Kroatien sowie in den frühen Phasen in Bosnien-Herzegowina entweder allein oder in Verbindung mit verschiedenen Typen paramilitärischer Gruppen. Nach der formalen Teilung im Mai 1992 wandelte sie sich von einer serbisch dominierten, jugoslawisch orientierten multiethnischen Streitmacht zu einer kleinen Ansammlung serbisch orientierter und von Serben gestellter bewaffneter Einheiten, die untereinander durch das Organisationsschema der JVA und das gemeinsame Vorhaben verbunden waren, ein ausschließlich für Serben bestimmtes Mini-Jugoslawien zu schaffen.

22.2. Kriegsziele, Strategien und Operationen der anderen Akteure

Obwohl der serbische Plan, im Zuge des Auseinanderbrechens der SFRJ neue Grenzen zu schaffen, das Herzstück des jugoslawischen Krieges bildet, sollten auch die von den übrigen Konfliktparteien gewählten Aktivitäten im Krieg erwähnt werden. Obschon diese mit der partiellen Ausnahme Sloweniens durch das strategische Vorgehen Serbiens bedingt waren, besaß jede von ihnen ihre eigenen hervorstechenden Merkmale. Der gemeinsame rote Faden, der sie durchzog, bestand darin, dass die angewandten Strategien diejenigen des Schwächeren waren. Dies war durch den Umstand bedingt, dass die relative Stärke der serbischen Militärposition über große Strecken des Krieges die Bedingungen festlegte, unter denen die übrigen zu agieren hatten – Slowenien eingeschlossen.

Während der serbische Feldzug der Schaffung neuer Grenzen diente, bestand das Kriegsziel aller übrigen Konfliktparteien in erster Linie darin, die bestehenden Grenzen der einzelnen Republiken der SFRJ nach dem Erlangen international anerkannter Unabhängigkeit zu sichern. Allerdings hatten die Kriegsziele im Zusammenhang mit Kroatien und Bosnien-Herzegowina auch noch andere Dimensionen.

Kroatiens Position enthielt ein Element der Ambivalenz. Obwohl seine Hauptsorge der Sicherung der Unabhängigkeit innerhalb der eigenen Grenzen galt, strebte es auch danach, die Kontrolle über bestimmte Gebiete Bosnien-Herzegowinas zu erlangen und diese in derselben Weise zu annektieren, wie die serbische Republik mit Serbien föderiert werden sollte. Mit der sukzessiven Schaffung eines Gemeindeverbandes in „Herceg-Bosna" im November 1991 ahmten die Kroaten das Vorgehen der Serben nach. Es folgte die Ausrufung der „Kroatischen Gemeinschaft von Herceg-Bosna" im Juli 1992, die sich an die kroatischen Siege in Mostar anschloss. Schließlich wurde Herceg-Bosna zum Staat erklärt.

Diese Entwicklung ließ sich unter zweierlei Gesichtspunkten beurteilen – entweder im Sinne eines Ausgleichs für Gebietsverluste in Kroatien selbst oder, im „Idealfall", als Ergänzung zu einem Kroatien, das seine Grenzen gegenüber serbischen Amputationen verteidigen und wiederherstellen würde. Die Vielschichtigkeit dieser Position zeigte sich im Wesentlichen daran, dass Kroatien bei keinem möglichen Ausgang des Konflikts als völliger Verlierer dagestanden hätte: Wären Grenzverschiebungen hinzunehmen gewesen, so hätte jedes an die serbischen Einheiten verlorene Gebiet durch den Erwerb von Gebieten mit starker kroatischer Bevölkerungsminderheit in Bosnien-Herzegowina kompensiert werden können. Wäre der Bestand existierender Grenzen bestätigt worden, dann hätte Kroatien zwar kein Land von Bosnien-Herzegowina hinzugewonnen, doch immerhin die eigenen Grenzen gesichert. Im günstigsten Fall wäre Kroatien gleichsam in die Lage versetzt worden, „die Kuh zu schlachten und obendrein auch noch zu melken" – und genau dieser Fall, so könnte man in Anbetracht des Kriegsausgangs argumentieren, ist tatsächlich eingetreten: Kroatiens Unabhängigkeit wurde innerhalb der vorgesehenen Grenzen bestätigt, doch zugleich erlangte es großen Einfluss in Bosnien-Herzegowina, wennschon formell ohne sein Territorium zu erweitern. Neben der Aussicht auf Territoriumszugewinne belegen Anhaltspunkte aus den Feldzügen im zentralen Bosnien-Herzegowina sowie in Kroatien selbst, dass „ethnische Säuberungen" auch als kroatisches Kriegsziel angenommen werden müssen.

Für die offizielle Regierung in Bosnien-Herzegowina wurde das primäre Kriegsziel – Wahrung der territorialen Integrität und des Fortbestandes des nunmehr unabhängigen Staates – durch eine weitere, unausgesprochene Absicht ergänzt: die Stellung der moslemischen Bevölkerungsgruppe zu schützen. Dies lag einerseits daran, dass die politischen Führer selbst vorwiegend Muslime/Bosniaken waren (obwohl man stets den Anschein des Multikulturellen zu wahren suchte, indem man auch Vertreter anderer Bevölkerungsgruppen mit einbezog), andererseits daran, dass die Muslime/Bosniaken zweifellos die primären Opfer in diesem Konflikt waren, denn sowohl die serbische als auch die kroatische Seite hatte sie strategisch ins Visier genommen.

Die Strategien aller nichtserbischen Kriegsparteien gleichen sich darin, dass durch die Betonung des Opferstatus in den Medien Einfluss auf die internationale Meinung genommen werden sollte. Doch gab es dabei erhebliche Unterschiede. Slowenien verwirklichte eine umfassende Strategie, in der Medienmanagement und der Einsatz von Streitkräften zusammenwirkten. Kroatien verließ sich zunächst darauf, von der Weltöffentlichkeit als Opfer wahrgenommen zu werden, hatte also weder einen umfassenden Ansatz für ein Medienmanagement noch auch bezüglich der Streitkräfte irgendeinen strategischen Plan, der mit einem solchen Management hätte verknüpft werden können. Bosnien-Herzegowina zeigte einen kohärenteren Ansatz für ein Medienmanagement, als es den Versuch machte, seinen Opferstatus gezielt so zu betonen, dass ein stärkeres internationales Eingreifen die Folge sein musste. Sowohl Kroatien als auch Bosnien-Herzegowina änderten die angewandten Strategien in späteren Stadien des Krieges im Einklang mit dem Ausbau der Streitkräfte und der Verschiebung des Kräfteverhältnisses.

Die slowenische Strategie beruhte hauptsächlich auf der in der SFRJ gültigen Doktrin der allgemeinen Volksverteidigung. Deren Wesen bestand im Einsatz guerillaartiger Taktiken, die den Gegner daran hindern sollten, den Kampf zu seinen Bedingungen zu führen, womit man sich selbst der Welt zugleich als zur Landesverteidigung fähig und entschlossen zeigte. Dies bedeutete, die Territorialverteidigung zu mobilisieren, um die JVA in bewaffnete Zusammenstöße, nicht aber in einen frontalen Kampf zu verwickeln. So wurde der Gegner gestört und der übrigen Welt die Botschaft eines sich tapfer verteidigenden Volkes vermittelt. Dafür richtete Slowenien noch vor dem eigentlichen Konflikt ein internationales Zentrum für Medienmanagement ein und machte den vormaligen stellvertretenden Verteidigungsminister zum Informationsminister, um an die internationale Presse regelmäßig Mitteilungen über Sloweniens bewaffneten Kampf auszugeben. Diese integrierte Strategie von bewaffneten Zusammenstößen und Medienmanagement funktionierte im Falle Sloweniens sehr wirkungsvoll.

Kroatiens Strategie war es zu Anfang, sich als Opfer zu präsentieren. In den frühen Phasen des Konflikts klagten Journalisten jedoch darüber, dass es an Einrichtungen für die Nachrichtenübermittlung mangelte und dass es keine Informationen aus Zagreb gab. Da somit aus offiziellen Quellen kein brauchbares Material floss, beschafften viele internationale Journalisten sich selbst solches auf dem Schlachtfeld oder aus anderen Quellen – mit der Folge, dass die Berichterstattung nicht selten Zagrebs Interessen zuwiderlief (obwohl es auch viele wohlwollende Berichte in Deutschland und Österreich gab).

Beim Einsatz der Streitkräfte verfolgte Kroatien zwei Ansätze. Der schwächere bestand darin, in den angegriffenen Gebieten – beispielsweise um Polizeistationen herum – befestigte Stellungen einzurichten, doch infolge personeller Unterlegenheit und mangels schwerer Waffen spielte man damit dem Gegner nur in die Hände. Der andere Ansatz zeitigte gemischte Ergebnisse: Man umzingelte JVA-Basen und schnitt sie von der Versorgung ab. Obwohl damit in einigen Fällen erfolgreich Druck ausgeübt werden konnte – die Truppen der JVA zogen sich zurück, wobei sie teilweise einer Übergabe ihrer Waffen zustimmten –, wirkte dieses Vorgehen in anderen Fällen als Reizmittel und provozierte eine weitaus heftigere Reaktion, als es sonst der Fall gewesen wäre (so geschehen z.B. in Split). Die Strafexpeditionen der JVA richteten zuweilen mehr Schaden an, als erfolgreiche Belagerungen von Militäreinrichtungen zuvor genützt hatten.

Der Schlüssel zu Kroatiens Opferstrategie lag in der Absicht, die internationale Anerkennung der Unabhängigkeit zu forcieren. Je mehr kroatische Städte angegriffen wurden, desto wahrscheinlicher wuchs auch die Bereitschaft des Auslands, Kroatien zu unterstützen. Die Opferstrategie zeigte sich am deutlichsten im Falle Vukovars in Ostslawonien. Im Herbst 1991 stand Vukovar 89 Tage lang unter Belagerung und heftigem Beschuss. Während es serbischerseits von bis zu 40.000 Mann umzingelt wurde, waren in der Stadt etwa 1500 Mann zu ihrer Verteidigung eingesetzt. Diese kleine Streitmacht befehligten gemeinsam drei Kommandeure verschiedener in der Stadt befindlicher Gruppen. Einer dieser Kommandeure, Mile Dedaković, enthüllte nach dem Fall der Stadt, dass Zagreb sie bewusst geopfert hatte. Der Nachschub und die Verstärkung, die versprochen worden waren, hätten Vukovar nie erreicht, und die dafür angegebenen Gründe seien unglaubwürdig gewesen, da zwischen der Stadt und kroatisch kontrolliertem Gebiet immer ein Nachschubweg offen gewesen sei, wenn es sich auch nur um einen Feldweg handelte. Vukovar hätte also vermutlich verteidigt werden können, wenn der politische Wille zu seiner Verteidigung bestanden hätte, denn bebaute Flächen sind angesichts entschlossener Verteidigung bekanntermaßen schwer einzunehmen.

Die kroatische Strategie in Bosnien war direkter. Zunächst wurden Teile der Kroatischen Armee (Hrvatska vojska HV) in Verbindung mit dem Kroatischen Verteidigungsrat (Hrvatsko vijeće obrane HVO) und paramilitärischen Gruppen eingesetzt. Die paramilitärischen Gruppen neigten schnell zum Zerfall, während der HVO *de facto* Bestandteil der HV wurde. Einheiten des HVO führten im Laufe des Jahres 1993 in Zentralbosnien ethnische Säuberungsoperationen gegen Muslime durch, wodurch die Spannungen zwischen den früheren Verbündeten kritische Werte erreichten. 1993 wurden die kroatischen Verbände nach anfänglichen Erfolgen in der zweiten Jahreshälfte von der bosnischen Armee zurückgedrängt.

Im Anschluss hieran änderte Kroatien unter wachsendem Einfluss der USA seinen Kurs. Obwohl das Ausmaß des amerikanischen Einflusses nicht exakt bestimmt werden kann, war seine offensichtliche Wirkung 1995 zu beobachten, als kroatische Einheiten in zwei Offensiven (Bljesak, Blitz, in Westslawonien im Mai und Oluja, Sturm, im August im dalmatinischen Hinterland und dem kroatisch-bosnischen Grenzgebiet) ihre klare strategische Tauglichkeit in Bezug auf Einsatzpläne und Operationen ebenso unter Beweis stellten wie ihre Fähigkeit, diese mit einem Grad an taktischer Bewegung umzusetzen, der, wie es heißt, an die modernen mobilen Einheiten der NATO-Mitgliedsstaaten, speziell der USA erinnerte. Ein Unterschied allerdings bleibt bestehen: Die kroatischen Streitkräfte beteiligten sich im Verlauf ihrer Operationen an der ethnischen Säuberung (wenngleich fast alle Serben die Region Krajina in Kroatien noch vor dem Angriff der HV verlassen hatten).

Das Vorgehen der bosnischen Regierung resultierte ebenso wie das Sloweniens und Kroatiens aus einer Position der Schwäche, daher benutzte man den Opferstatus vorrangig dazu, um die internationale öffentliche Meinung durch die Massenmedien zu beeinflussen. Die bosnische Medienpolitik hatte zwei Dimensionen. Zum einen versuchte man den Vorteil zu nutzen, dass zur bosnischen Führung einige in Amerika ausgebildete Politiker gehörten, die in der Lage waren, Bosniens Positionen international kommunikationsfähig zu formulieren. Die kritische Lage Bosniens und das Ausmaß, in dem 1992 besonders die Bosniaken (Muslime) Opfer des serbischen Plans wurden, machten die internationalen Medien empfänglich für Nachrichten, die Bosniens furchtbare Situation hervorhoben.

In zweiter Linie wurden bosniakische Streitkräfte eingesetzt, um entweder eigene oder Stellungen der UN anzugreifen, die von Beginn an einen Stützpunkt in Sarajevo unterhielten. Anders als in Slowenien, wo eine integrierte Medienmanagementstrategie darauf abzielte, die Story von der erfolgreichen Verteidigung zur Mobilisation internationaler Unterstützungsbereitschaft zu nutzen, hatte die bosnische Armee den gewissermaßen entgegengesetzten Ansatz strategisch umzusetzen versucht. Es sollte sichergestellt werden, dass die Aufmerksamkeit der Weltöffentlichkeit durch bestimmte Angriffspraktiken wachgehalten wird, die man den Serben zuschrieb, auch wenn sie von bosnischen Stellungen ausgingen. Diese Strategie erwies sich letztlich als kontraproduktiv, da sie statt eines Zugewinns an Sympathie den deutlichen Verlust durchaus vorhandener Sympathien bei den Vertretern der internationalen Staatengemeinschaft bewirkte. Immerhin war diese Strategie des zum Teil inszenierten Opfers insofern wirkungsvoll, als in internationalen diplomatischen Kreisen daraufhin die Debatte über den bosnischen Wunsch nach einer vollen Intervention durch ein größeres internationales Expeditionskorps begann; dass das Ergebnis dieser Debatten hinter dem von der bosnischen Regierung erhofften stets zurückblieb, ist eine andere Sache.

Diese Strategie erfuhr ab 1994 Veränderungen, die auf zwei Umstände zurückgingen: den Einsatz von Radar zur Artillerieortung durch die UN-Truppen in Bosnien, wodurch zweifelsfrei nachgewiesen wurde, dass die bosnische Armee auf ihre eigenen Stellungen und die der UN gefeuert hatte. Der zweite, positivere Umstand war der, dass sich die bosnische Armee nach ihren begrenzten Erfolgen gegen kroatische Truppen Ende des Jahres 1993 auf die Verbesserung ihrer taktischen Einsatzfähigkeit verlegte; außerdem entwickelte sie ihre Möglichkeiten auf operativer und auch auf strategischer Ebene. Der Einfluss des US-amerikanischen militärischen Denkens machte sich demnach nicht nur in Kroatien, sondern bis zu einem gewissen Grad auch in Bosnien bemerkbar.

So verschob sich im militärischen Bereich der Schwerpunkt verstärkt von der Opferhaltung zur Demonstration von Wehrhaftigkeit – während man in der politischen und diplomatischen Sphäre weiterhin die Lage des Opfers vorführte. Doch selbst dies geschah weniger betont, als der bosnische Präsident Alija Izetbegović nachdrücklich klarmachte, dass ungeachtet aller Vorbehalte seiner Regierung die Priorität für Bosnien darin liege, britische und französische Truppen im Lande zu halten, um die Situation zu stabilisieren. Unterdessen demonstrierte die bosnische Armee im Laufe des Jahres 1995 ihre Möglichkeiten und Grenzen. Im Frühjahr scheiterte ein Versuch, die Belagerung Sarajevos zu durchbrechen. Dennoch zeigte sich dabei erstmals die Fähigkeit der bosnischen Armee, Operationen zu koordinieren, die gleichzeitige Kampfhandlungen im gesamten Umland von Sarajevo vorsahen.

Diese Fähigkeit wurde auf operativer Ebene erneut in der Zusammenarbeit mit kroatischen Einheiten demonstriert, als es im Verlauf des Spätsommers und Herbstes gelang, der serbischen Herrschaft Gebiete zu entreißen. Hier wurde das strategische Potential von kroatischen Einheiten eingebracht. Dies zeigte sich an der Art, wie bosnische Truppen kämpften, um Angriffsziele wie Prijedor zu erobern, nachdem Kroatien endgültig darauf verzichtet hatte, einen gemeinsamen strategischen Plan zum Angriff von drei Seiten auf Banja Luka, das wichtigste Zentrum im serbisch kontrollierten Bosnien, zu verwirklichen. Wie beschränkt die Möglichkeiten der Streitkräfte in dieser Phase auch gewesen sein mögen, der gesamte Ansatz, d.h. in diplomatischer Hinsicht ebenso wie in Bezug auf die in den Medien eingesetzte Rhetorik, hatte sich doch von der Betonung der Rolle des ewigen Opfers, das fremder Hilfe bedarf, zur Selbsthilfe hin verlagert, wobei das Opfer nunmehr demonstrierte, dass es den Willen und den Ausbildungsstandard besaß, um den Anforderungen derjenigen zu entsprechen, die helfen würden. Letztlich blieb Bosnien so oder so auf Hilfe von außen angewiesen.

22.3. Der Kosovo-Konflikt bis Ende 1998

22.3.1. Serbische Strategie und Streitkraft

Die serbischen Streitkräfte verfolgten im Kosovo in abgewandelter Form die Strategie der ethnischen Säuberung, wie sie in Kroatien und Bosnien-Herzegowina bereits zur Anwendung gekommen war. Ethnische Säuberung bedeutet den strategischen Einsatz von massiver Gewalt gegen Zentren mit ziviler Bevölkerung, von demonstrativen Grausamkeiten und Massenmord, um diese Bevölkerung zum Verschwinden zu bringen. Zwar gehört das Töten in einigen Fällen dazu, doch zielt in anderen Fällen die Absicht nicht darauf, alle Angehörigen einer ethnischen Gruppe umzubringen, sondern sie zu veranlassen, das umstrittene Gebiet zu räumen. Dies wird von der völligen Zerstörung des Eigentums begleitet, damit eine Rückkehr ausgeschlossen ist. Strategisch geht es bei diesem Vorgehen neben dem ethnonationalistischen Hintergrund um die Vernichtung von Ansiedlungen, die terroristischen oder Guerilla-Widerstand unterstützen könnten. Maos berühmtes Diktum vom Guerillakämpfer, der sich im Volk bewege wie ein Fisch im Wasser, liegt diesem strategischen Ansatz zugrunde: ethnische Säuberungen beseitigen das Wasser, in dem der Fisch schwimmen kann.

Der serbische Feldzug stand politisch seit den frühen neunziger Jahren auf der Tagesordnung, operationell gesehen mindestens schon ein Jahr vor Beginn der tatsächlichen Geschehnisse vom März 1998. Sowohl die serbische Sonderpolizei als auch die Armee Jugoslawiens (VJ) übten den Ernstfall und intensivierten die Vorbereitungsmaßnahmen für diese Aktion, verstärkten sich und hielten sich einsatzbereit. Als es losging, waren zunächst nur die Truppen der serbischen Spezialpolizei beteiligt. Später wurden die Truppen der regulären Armee in Grenzgebieten eingesetzt und leisteten den serbischen Polizeitruppen dann auch mit Artillerie und Kampfhubschraubern Unterstützung. Allerdings war die Rolle der VJ die ganze Zeit über nur zweitrangig, was unter einigen der altgedienten ranghohen Offiziere offenbar Unzufriedenheit auslöste. Die Einheiten der serbischen Polizeitruppen sind schon lange erheblich besser besoldet als entsprechende Dienstränge der Armee und teilweise besser ausgebildet und ausgerüstet.

Die Serben haben sich nicht auf operative Ziele der UÇK beschränkt, sondern sie konzentrierten sich auf zivile Siedlungszentren und bewirkten so, dass in kurzer Zeit über 300.000 Kosovo-Albaner auf der Flucht waren. Vielfach kam es zu Massenmorden wie in Drenica im März. Die Angriffe im Juli 1998 erzeugten den Eindruck, sie gälten allein operativen Zielen und dienten der Bekämpfung des bewaffneten Widerstands gegen den Staat. Doch dies war nur Taktik und man wollte erreichen, dass das Ausland dieses Vorgehen als legitime Bekämpfung des Terrorismus anerkennt, und der Gefahr einer internationalen Intervention entgegenwirken. Dann jedoch setzte sich ab Juli das Vorgehen gegen Zivilpersonen mit der klaren Absicht der Tötung oder Vertreibung fort. Dazu kam die Verlegung von Anti-Personen-Landminen, um jede Rückkehr zu verhindern. Selbst nach dem formellen Waffenstillstand vom Oktober 1998 haben die serbischen Truppen eingeschränkte Manöver und Operationen fortgesetzt. Dazu gehörte der Angriff auf Podujevo am 25. Dezember unter dem Vorwand einer Übung. Im Grunde aber wurde die Säuberungskampagne aufrechterhalten, wenn auch durch den internationalen Druck etwas eingeschränkt.

22.3.2. Die Strategie der UÇK

Die allmähliche, zeitlich sich lange hinziehende Abwendung der Albaner vom pazifistischen Kurs Rugovas führte zu zwei Entwicklungen am Ende der neunziger Jahre. Einerseits häuften sich in Gebieten einiger albanischer Familienklans des Kosovo Provokationen und Überfälle auf die serbischen Polizei- und Sicherheitskräfte. Andererseits formierte sich seit 1995 im Exil eine Organisation für ein bewaffnetes Vorgehen, die Kosova-Befreiungsarmee (UÇK). Sie wurde heimlich von der Schweiz aus organisiert, wahrscheinlich unter der Beteiligung von Rugovas Ministerpräsident im Exil, Bujar Bukoshi. Mit Mitteln, die Jashar Salihu aufgebracht hatte, und unter der Führung von Bardhyl Mahmuti wurde die UÇK von der Schweiz aus mit mehreren Hundert Angehörigen aufgebaut. 1997 begann sie mit terroristischen Angriffen auf Serben und serbische Ziele im Kosovo. Dies führte lediglich zu repressiven Gegenmaßnahmen der Serben und zu deren allmählicher Verstärkung.

Spätestens im März 1998, als der Konflikt entbrannte, waren die beiden Elemente des bewaffneten albanischen Kampfes im Kosovo zusammengekommen: Lokale Gruppen wie etwa die des Klanchefs Adem Jashari (Drenica) schlossen sich der UÇK an, wenn sie nicht sogar formell ein Teil von ihr wurden. Dies schuf eine Streitkraft mit einer Kernorganisation, die von der UÇK mit einigen wenigen Hundert Mann gestellt und von lokalen Gruppen als Hilfstruppen ergänzt wurde. So stieg die Zahl der Beteiligten auf einige Tausend an, jedoch sicher nicht bis zu jenen Zehntausenden, die bisweilen durch die Presse geisterten. Es existierte ein innerer Kommandokreis mit einer lockeren Hierarchie. Das konnte bedeuten, dass Einheiten autonom agierten, aber es diente auch zur Täuschung, ähnlich wie dies von allen Seiten im Krieg in Kroatien und Bosnien-Herzegowina praktiziert wurde. Durch die Schaffung von anscheinend autonom und ungesteuert agierenden Einheiten kann somit jede Verantwortlichkeit von den militärischen und politischen Führern bestritten werden. Die Waffen wurden primär aus serbischen oder jugoslawischen Quellen beschafft, nicht aus Albanien, wie oft berichtet wurde, auch wenn einige Waffen aus dem chaotischen Nordalbanien stammten. Der UÇK fehlen schwere Waffen und Panzerfahrzeuge. In Bewaffnung und Organisation waren die serbischen Truppen mühelos überlegen.

In den ersten Monaten des Jahres 1998 war es Jasharis und anderen Truppen gelungen, beträchtliche Teile des westlichen Kosovo so weit unter Kontrolle zu bringen, dass sie Sperrzonen für die serbischen Sicherheitskräfte einrichten konnten. Das serbische Vorgehen seit März 1998 war teilweise eine Reaktion darauf. Serbische Sicherheitskräfte bekämpften die UÇK, um die serbische Hoheit wiederherzustellen. Und dennoch beinhaltete die serbische Kampagne weit mehr. Denn was angeblich Reaktion auf den UÇK-Aufstand war, diente Belgrad als Vorwand für eine ethnische Säuberungskampagne.

Deutsch von Robert Hammel und Matthias Vetter

23. Die jugoslawische Volksarmee und ihre Erben. Entstehung und Aktionen der Streitkräfte 1991-1995

Ozren Žunec und Tarik Kulenović

Die Kriege, die zwischen 1991 und 1995 im Gefolge des Zerfalls der Sozialistischen Föderativen Republik Jugoslawien (SFRJ) in Bosnien-Herzegowina und Kroatien ausgetragen wurden, sind unter militärischen Gesichtspunkten mehrfach von Interesse. Die Machthaber in Belgrad begannen sie unter dem Vorwand, den Zerfall der SFRJ verhindern zu wollen, tatsächlich aber mit der Absicht, das großserbische Programm „Alle Serben in einem Staat" zu verwirklichen. Der Krieg in Slowenien, der diesen beiden voranging, unterscheidet sich von ihnen sowohl in der Dauer als auch in seinen Zielen. In Slowenien betrug der Anteil der Serben an der Bevölkerung vor dem Krieg weniger als ein Prozent, so dass hier im Rahmen des großserbischen Programms keinerlei politische Ziele bestanden, die es auf militärischem Wege zu erreichen galt. Der Austritt Sloweniens aus der SFRJ bedeutete eine dauerhafte Störung des Kräftegleichgewichts zugunsten des serbischen Blocks, welcher den slowenischen Abspaltungsbestrebungen indirekt Vorschub leistete, um damit die Zahl seiner Gegner zu verringern. Die Jugoslawische Volksarmee (JVA) befand sich bis Mitte 1991 noch in einem Dilemma zwischen der grundsätzlichen Orientierung auf den jugoslawischen kommunistischen Föderalismus einerseits und der Realität andererseits, in der sie praktisch als einziger Verteidiger dieses politischen Konzepts übrig geblieben war. Trotz ihrer beachtlichen militärischen Schlagkraft griff die JVA in Slowenien nicht intensiv ein, denn es fehlte an der politischen Unterstützung für umfangreichere militärische Aktivitäten. Die militärischen Auseinandersetzungen können als Konflikte geringer Intensität (*low intensity conflicts*) kategorisiert werden, in welchen sich die neuentstandenen Staaten und soziale Gruppen gegenüberstanden, die die Anerkennung dieser Staaten ablehnten. Trotzdem kann hier aber nicht von klassischen Bürgerkriegen gesprochen werden, denn das Kriegsziel der serbischen Gruppierungen war nicht die vollständige Machtübernahme in Kroatien und Bosnien-Herzegowina, sondern die Abtrennung von Teilen Kroatiens und die Zerschlagung von Bosnien-Herzegowina. In diesem Konflikt stand auf der einen Seite der großserbische Block – eine bunt zusammengewürfelte Kombination serbischer politischer Optionen, die im strategischen Ziel der Schaffung „Großserbiens" übereinstimmten, sich jedoch in den Methoden zum Erreichen dieses Ziels unterschieden. Auf der anderen Seite befanden sich die Gegner des großserbischen Expansionismus in Kroatien und Bosnien, die eine labile Koalition bildeten – abhängig vom jeweiligen Kräfteverhältnis und kurzfristigen Übereinkünften. Unter diesen politischen Umständen kam es zur Bildung zahlreicher militärischer Formationen, die sich aber hauptsächlich an den beiden großen Blöcken orientierten.

Für die Bildung und Umgestaltung der Streitkräfte Kroatiens und Bosniens war charakteristisch, dass sie zum großen Teil durch Selbstorganisation entstanden und ihre Strukturen durch ständige Transformationsprozesse formten. Die JVA zerfiel dagegen in mehrere serbische Armeen, von denen jedoch keine das Niveau ihrer Vorgängerin erreichte.

Generelle Charakteristika der Kriege 1991-1995 sind: Einsatz *einfacher* (veralteter) Waffen, *Langsamkeit* der Bewegung, *Belagerung* von Städten, *Stellungskampf*, überragende Rolle der *Infanterie* und *Vertreibungen* von Zivilbevölkerung. Erst die kroatischen Gegenoffensiven („Bljesak“, Mai 1995, „Oluja“ August 1995) sowie die vereinte Offensive von ARBiH (Armee Bosnien-Herzegowinas) und HVO (Kroatischer Verteidigungsrat) bedeuteten den Übergang zum schnellen Bewegungskrieg. Im Kosovo hatten die serbischen Streitkräfte 1998 einige schnelle Angriffe gegen die albanische Untergrundarmee UÇK unternommen, gingen ansonsten aber in massiver Konzentration in Vernichtungszügen gegen die albanische Zivilbevölkerung vor.

23.1. Der Krieg in Kroatien

23.1.1. Die Jugoslawische Volksarmee

Die JVA, die von März 1945 bis 1951 Jugoslawische Armee hieß, entstand während des Zweiten Weltkriegs (1941-1945) zunächst als bewaffneter Flügel des antifaschistischen Widerstands unter Führung der Kommunistischen Partei. In der Nachkriegszeit entwickelte sie sich zu einer regulären Armee, deren Hauptmerkmal die kommunistische Indoktrination der Führung und ihrer gesamten Struktur war. Noch 1990 waren 96 Prozent der Offiziere und etwa die Hälfte aller zivilen Angestellten Mitglieder des Bundes der Kommunisten Jugoslawiens (BdKJ bzw. SKJ). Obwohl die während des Krieges nach sowjetischem Vorbild eingeführten Politkommissare 1953 wieder abgeschafft wurden, blieb die politische Arbeit in der JVA außerordentlich intensiv. Die BdKJ-Sonderorganisation in der Volksarmee besaß den gleichen Rang wie jede Parteiorganisation auf Republiknivcau („siebte Republik“) und war als unabhängiger Faktor in die Arbeit der föderalen kommunistischen Organisation eingebunden; ihr Vorsitzender, ein aktiver General, war Mitglied des höchsten Parteiorgans, des Parteipräsidiums (→ Kap. 13).

Auf dem XII. Parteikongress des BdKJ 1982 traten dem Zentralkomitee 16 aktive Generäle bei. Das erste kollektive Staatspräsidium Jugoslawiens (nach Titos Tod im Mai 1980 bis 1984), das nach der Verfassung die Funktion des Oberbefehlshabers der Streitkräfte besaß, zählte acht Mitglieder, die ausnahmslos Reservegeneräle bzw. Offiziere waren. Neben ihrer Hauptfunktion, der Verteidigung des Landes gegen Aggression von außen, war die Volksarmee gleichzeitig auch ein Grundpfeiler des Regimes. So wurde sie nicht nur zu Repressionszwecken genutzt (z.B. zur Niederschlagung eines Aufstandes in der Cazinska Krajina im Jahr 1950, als sich Bauern gegen den Zwangsaufkauf ihrer Ernteerträge wehrten oder zur Unterdrückung der so genannten „Konterrevolution“ in den achtziger Jahren im Kosovo), sondern beherbergte gleichzeitig auch eine Reihe von Institutionen und Funktionen, mit deren Hilfe die gesamte Gesellschaft überwacht wurde. Dies galt insbesondere für den militärischen Sicherheitsdienst sowie für den Gegenaufklärungsdienst Kontraobavještajna služba (KOS), der als politische Polizei nicht nur innerhalb der JVA arbeitete. Auf Veranlassung des letzten Verteidigungsministers Veljko Kadijević strebte die Volksarmee offen die Abschaffung des in der Verfassung bestehenden Konzepts der Streitkräfte an, besonders hinsichtlich der finanziellen Abhängigkeit von den Republiken. Indem sie den föderalen Organen in militärischen Fragen jegliches Mitspracherecht verwehrte, sperrte sie sich offen gegen jegliche Dezentralisierungsprozesse.

Darüber hinaus hob die JVA auch den föderalistischen Grundsatz auf, wonach die Operationsgebiete einzelner Armeeteile im Wesentlichen mit den Territorien der Republiken übereinstimmen sollten. So wurde beispielsweise die 9. Armee aus Slowenien abgezogen, und das Gebiet fiel unter den Verantwortungsbereich der 5. Armee mit Sitz in Zagreb. Dabei blieb es aber nicht. Unter dem Decknamen „Einheit" („Jedinstvo") begann 1987 die Neustrukturierung der Volksarmee, die allerdings bis zum Kriegsbeginn nicht mehr abgeschlossen werden konnte. Durch die Umgruppierung der übrigen Armeen entstanden die Kommandobereiche: Zentralbereich (mit Sitz in Belgrad), das Kommando Nordwest (Zagreb), der Bereich Südost (Skopje) sowie der Kriegsmarinebezirk Split, bestehend aus Marine und Küstenstreitkräften. Damit war der Zentralisierungsprozess bereits in wichtigen Teilen Realität geworden. Da diese organisatorischen Fragen, die vitale politische Interessen des gesamten Landes berührten, ausschließlich im Verantwortungsbereich der JVA lagen, kann ihre Lösung praktisch als eine Art geheimer Putsch interpretiert werden.

Die Reorganisation der Befehlsstrukturen Ende der achtziger Jahre (Kommandobereiche statt Armeen) betraf auch die „Territorialverteidigung" (TO) der Republiken, welche dadurch wichtige Kontrollfunktionen über ihre Truppen einbüßten. Die Territorialverteidigung war als territoriale Komponente der jugoslawischen Streitkräfte gegründet worden, während die JVA die operative Komponente darstellte. In der Zeit, als die allgemeine politische Krise in Jugoslawien ausbrach, betrachtete die JVA-Führung die Territorialverteidigung als enorme Bedrohung ihrer Zentralisierungspläne, wobei Kadijević die Territorialverteidigung bezeichnenderweise „an sich einen großen Betrug" nannte. Weil die Doktrin zum Einsatz der Volksarmee unter „außergewöhnlichen Umständen" schon Mitte der achtziger Jahre vorsah, dass in Krisensituationen „die gesamte materielle Ausrüstung der Territorialverteidigung in die Lager der Volksarmee überstellt wird", startete die JVA sofort zu Beginn der Krise ihre lange vorbereiteten Aktionen. Als im April 1990 in Kroatien die ersten freien Wahlen stattfanden und sich in Slowenien die neue pluralistische Regierung konstituierte, übernahm die JVA auf Befehl des Generalstabs vom 14. April 1990 das Waffenarsenal der Territorialverteidigung dieser Republiken (in Kroatien die gesamten Bestände von 200.000 Schusswaffen, während es den Slowenen gelang, etwa 30 Prozent ihrer Waffen zu behalten). Damit hatte die Volksarmee nicht nur den Föderalismus zerstört, sondern auch das Kräfteverhältnis entscheidend verändert, da die Gegner des Zentralismus ohne jegliche Mittel zur Verteidigung dastanden. Zu betonen bleibt, dass die Territorialverteidigung Serbiens nie entwaffnet wurde. Slobodan Milošević, Präsident der sozialistischen Teilrepublik Serbien, ließ 1991 für seine Territorialverteidigung in der Vojvodina sogar Musterungen durchführen. Die Entwaffnung der Territorialverteidigung in Kroatien und Slowenien annullierte vollkommen den Abschreckungseffekt, durch den die Gegner möglicherweise den Ausbruch des Krieges hätten verhindern können.

Anfang 1991 zählte die Volksarmee etwa 150.000-180.000 Soldaten, darunter rund 70.000 Berufsoffiziere und professionelle Unteroffiziere sowie 100.000 wehrpflichtige Rekruten. Die JVA verfügte über eine zahlenmäßig umfangreiche Kriegstechnik (etwa 2.000 Panzer, ebenso viel schwere Artillerie, mehr als 1.000 gepanzerte Fahrzeuge, rund 450 Flugzeuge, 200 Hubschrauber usw.) sowie über enorme Munitionsvorräte. Wegen der bereits erwähnten Umbildung der Armee nach dem Plan „Einheit" standen bei Kriegsausbruch noch zahlreiche Maßnahmen zur Veränderung von Organisations- und Befehlsstruktur vor dem Abschluss, was zu Problemen, ja sogar zu Chaos in der operativen Arbeit führte. Die Zusammensetzung der Armeekontingente entsprach auf der Rekrutenebene (nicht aber in den Offiziersrängen!) dem Nationalitätenproporz. In einzelnen Schlüsselpositionen der Volksarmee befanden sich auch Nichtserben. Die Aussichten für eine disziplinierte und energische Ausführung von Aktionen gegen Volksgruppen, denen diese Militärs angehörten, verschlechterten sich unter diesen Umständen, zumal die intensive Beteiligung dieser Personen am Projekt eines Großserbien illusorisch erscheinen musste. Zudem beeinträchtigte der verhältnismäßig höhere Anteil nichtserbischer Offiziere in technischen Bereichen

(Luftwaffe und Marine) die Funktionsabläufe, so dass sich etwa die Luftwaffe im Krieg relativ passiv verhielt und dem Heer nur selten Unterstützung leistete. Die nichtserbischen Führungskräfte in der JVA, besonders in deren Sicherheitsorganen, wurden für den Gegner zu einer wertvollen Informationsquelle.

Die Jugoslawische Volksarmee verfügte weder über starke Verbände für größere Operationen noch über gefechtsbereite schnelle Eingreiftruppen. Der Kern ihrer Kampfeinheiten kam in Friedenszeiten vor allem im Wachdienst, bei Arbeiten in militärischen Wirtschaftssektoren, im Bauwesen und ähnlichem zum Einsatz. Damit wurde jedoch eine wichtige Aufgabe, die Verteilung der Streitkräfte über das ganze Territorium, vernachlässigt. Befehlsgebung und Versorgung waren erschwert, der Offizierskader war weit verstreut und die versprengten Einheiten, welche zur Ausführung komplizierterer Aufgaben nicht imstande waren, konnten Angriffen leicht zum Opfer fallen. Dieses Bild bestätigen Angaben, nach denen die 7. Armee in Sarajevo Mitte der achtziger Jahre über 32 Garnisonen an insgesamt 145 Standorten verfügte, an welchen die Streitkräfte wiederum als selbständige Einheiten stationiert waren. Auch zur 1. Armee in Belgrad gehörten 35 Garnisonen mit Regimentsrang, und allein das 32. Korps in Varaždin war auf acht Garnisonen mit 55 Objekten verteilt. Zu Kriegsbeginn besaß die JVA 1.400 Wachposten mit etwa 20.000 Mann im Wachdienst (ca. 20 Prozent des gesamten Rekrutenpotentials), die weder für andere Aufgaben eingesetzt werden noch die Objekte gegen konzentrierte feindliche Kräfte verteidigen konnten. Die operativen Streitkräfte waren äußerst schwach besetzt. Der Kern der Gefechtsformationen verfügte in Friedenszeiten nur über sechs bis 60 Prozent der Sollstärke an Personen bzw. gefechtsbereiter Technik gegenüber Kriegszeiten – ein Anteil, der keineswegs der Norm entsprach. Zu Beginn des Krieges umfasste das 32. Korps 1.800, das 9. Korps in Knin im Mai 1991 sogar weniger als 1.500 Mann (es wuchs allerdings bis August auf 4.000 und im Oktober auf 6.000 Mann an). Als großer Fehler erwies sich die Stationierung der Streitkräfte in städtischen Kasernen, denn diese wurden leicht blockiert und damit handlungsunfähig. Entschloss man sich trotzdem zum Eingreifen, brachte dies oft die Zerstörung von Wohnsiedlungen mit sich und schadete damit in katastrophaler Weise dem Ansehen der Jugoslawischen Volksarmee. Obwohl eine solche Situation leicht vorauszusehen war, wurden die Truppen nicht aus den Städten in freies Operationsgebiet verlegt, wo die Verteidigung leichter gewesen wäre und wo sich die Einheiten für größere Operationen hätten verstärken und konzentrieren können. Vermutlich behielt die JVA ihre Streitkräfte in den Städten auch als Druckmittel gegenüber der politischen Führung und zur leichteren Ausführung eines eventuellen Militärschlags. Niemand erwartete, dass die Republikführung überhaupt zu einer effektiven Blockade der Kasernen imstande sein würde. Ein zusätzlicher Grund war vor allem psychologischer Natur: Vor dem Krieg war die Volksarmee so selbstsicher, dass sie überhaupt nicht annahm, jemand würde sich gegen sie auflehnen. Bedingt durch das Debakel in Slowenien und Kroatien, begann sie allerdings vor dem Kriegsausbruch in Bosnien-Herzegowina mit dem Abzug von Soldaten und Waffentechnik aus den dortigen Kasernen sowie mit der Verstärkung und der Konzentration ihrer Kräfte, was sich in den Anfangserfolgen während des bosnischen Krieges widerspiegelte. Mit dem schwerwiegenden Mangel an Soldaten konfrontiert, begann die JVA in Belgrad und in ganz Serbien bereits am 7. Mai 1991 mit der Teilmobilisierung. In Slowenien hatte die JVA zwei Korps (das 14. in Ljubljana und das 31. in Maribor) mit ca. 32.000 Soldaten stationiert, darunter 4.000 Offiziere und Berufssoldaten. In Kroatien verfügte die JVA vor dem Krieg über vier Korps (das 32. in Varaždin, das 10. in Zagreb, das 13. in Rijeka und das 9. in Knin – alle im Verband der 5. Armee mit Sitz in Zagreb), über Teile einiger Armeekorps mit Hauptstandort in Bosnien-Herzegowina sowie über Luftstreitkräfte (5. Luftwaffenkorps) und Marineeinheiten (im Kriegsmarinebezirk Split). Nahe der kroatischen Grenze befanden sich weitere bedeutende Truppenteile: Das 12. Korps in Novi Sad, das 2. Korps in Titograd, die 1. Gardepanzerdivision (eine Eliteeinheit, stationiert bei Belgrad) und eine große unterirdische Luftwaffenbasis bei Bihać, wo die Einheiten des 5. Luftwaffenkorps stationiert waren. Diese Streitkräfte umfassten zeitweise bis zu 70.000 Soldaten, waren allerdings territorial weit verstreut. Durch Desertion fiel die Anzahl der Rekruten in der zweiten Julihälfte auf ungefähr 27.000, von denen fast 30 Prozent antiserbisch eingestellte Albaner waren. Der Anteil der Nichtserben in den Offiziersrängen dieser Formationen wurde auf rund 50 Prozent geschätzt. Die gefechtsbereiten Streitkräfte waren schwach; nach einigen Schätzungen verfügte die JVA in der zweiten Julihälfte in Kroatien lediglich über zwei Panzer- und zwei motorisierte Bataillone sowie über zwei Bataillone Militärpolizei mit insgesamt etwa 7.000 Rekruten, die übrigen 20.000 befanden sich in Ausbildung. Allerdings besaß die JVA in Kroatien und Slowenien umfangreiche Waffentechnik, u. a. 650 Panzer, 1.100 Geschütze und Granatwerfer mit Kalibern über 100 mm sowie 1.800 Tonnen Antipanzer- und 600 Tonnen Antipersonenminen.

23.1.2. Die serbischen Streitkräfte in Kroatien

Im Laufe des Jahres 1991 kam es in Kroatien zur Mobilmachung unter den Serben, die in Slawonien, der Baranja sowie in der „Krajina“ lebten (letztere besteht aus der Gegend um die Stadt Knin, Teilen des nördlichen Dalmatiens, Lika, Kordun und Banovina/Banija). Die 1990 in Kroatien gegründete Serbische Demokratische Partei (SDS), die sich bald nach der Gründung an das politische Programm Miloševićs anlehnte, führte daraufhin eine Reihe politischer Aktionen mit dem Ziel des Abbruchs aller Verbindungen zum kroatischen Staat durch und produzierte in diesem Zusammenhang mehrere Dokumente mit gesetzlichem Anspruch (z.B. Referendum und Deklaration über die Abspaltung sowie die Vereinigung mit Serbien). Die Mobilmachung unter der serbischen Bevölkerung wurde durch die – jahrelang von serbischer Propaganda wachgerufene – Angst erleichtert, das Schicksal des serbischen Volkes von 1941 könne sich wiederholen. Solche Befürchtung nährten auch bestimmte Äußerungen einiger führender kroatischer Politiker. Barrikaden, zuerst im August 1990 bei Knin errichtet, breiteten sich schnell über die ganze Region aus und unterbrachen sämtliche Straßen- und Eisenbahnverbindungen, die von Zagreb durch die Lika nach Dalmatien führen. Lokale Polizeikräfte, die der kroatischen Führung die Loyalität verweigerten, bewaffneten sich aus Reservebeständen, mit Hilfe der SDS und geheimer Helfer aus Serbien. Mit Unterstützung der politischen Führung Serbiens mobilisierten sie Freiwillige, so dass im Sommer 1991 über 12.000 Serben unter den Waffen standen.

In der Anfangsphase waren die serbischen Kräfte in Kroatien hauptsächlich mit leichten Waffen ausgerüstet und begannen den offenen bewaffneten Aufstand, indem sie sich der Taktik bedienten, die für einen Konflikt geringer Intensität typisch ist: einzelne kurze Auseinandersetzungen mit kleinem Kräftepotential, Hinterhalte, Angriffe auf Polizeistationen, Blockade von Verkehrswegen, Aufstellen von Wachposten um Siedlungen mit serbischer Bevölkerungsmehrheit und Blockade kroatischer Siedlungen. Erst nach dem eigentlichen Beginn des Krieges aktivierten die Serben auf ihrem Gebiet die Strukturen der Territorialverteidigung, wobei diese insgesamt nur schwach besetzt waren, so dass nur kleinere Einheiten von lokaler Bedeutung entstanden. In Westslawonien versuchten die Serben auf diesem Weg die 28. Partisanendivision zu formieren (ein Teil des Mobilisierungspotentials der JVA in Kriegszeiten), doch es entstanden nur einige unvollständige Bataillone, deren

Angehörige später auf Wachposten in den Dörfern eingesetzt wurden. Weil die Serben nicht über die nötige Schlagkraft zur Realisierung ihres großserbischen Projekts und zur Sicherung der entsprechenden Westgrenze verfügten, bestand die Strategie ihrer Verbände in Kroatien im Erzeugen von Spannung und in der Eskalation von Gewalt, um damit der JVA einen Vorwand zur Intervention zu liefern. Es zeigte sich, dass diese Strategie durchaus erfolgreich war, obwohl die zur Abtrennung favorisierte Grenzlinie *Virovitica-Karlovac-Karlobag* niemals erreicht wurde. Die Jugoslawische Volksarmee selbst schaltete sich in dieses Szenario relativ früh ein: Schon am ersten Tag nach Errichtung der Barrikaden bei Knin (am 17. August 1990) fing ihre Luftwaffe drei kroatische Polizeihubschrauber ab, die in Richtung der Stadt unterwegs waren, und zwang sie zur Umkehr. Am nächsten Tag drohte General Blagoje Adžić, Vorsitzender des Generalstabs der JVA, die Volksarmee würde intervenieren, sobald es das erste Opfer gäbe. Die serbischen Aufständischen in Kroatien bildeten zwar ihre eigene Armee (die Serbische Armee der Krajina, SVK, Gründung am 16. Oktober 1992), diese existierte jedoch nur auf lokalem Organisationsniveau. Es handelte sich um gering bezahlte, schlecht geführte und militärisch meist ungeschulte Verbände, die sich gegenseitig in den Stellungen nahe ihrer Häuser ablösten. Es bestanden praktisch keine Einheiten, die für größere Manöver von Bedeutung gewesen wären und die auch außerhalb der Wohnorte ihrer Angehörigen hätten eingesetzt werden können. Nach Berichten ausländischer Beobachter wie auch aus Sicht von Teilnehmern des Aufstands kann der Zustand der SVK in den dreieinhalb Jahren zwischen Krieg und Frieden am besten als ein Zustand militärischer Passivität beschrieben werden. Es gab weder eine reguläre Ausbildung noch Manöver, noch wurde in Verteidigungsanlagen und Kommunikation investiert. Die ganze Verteidigung basierte praktisch auf der Drohung mit Raketenangriffen auf kroatische Städte und der Hoffnung auf Hilfe von Seiten Serbiens und der bosnischen Serben, falls Kroatien angreifen sollte.

Aber das Dokument mit der Bezeichnung „Deklaration über Zusammenarbeit und Streben nach Vereinigung“, das die bosnischen und die kroatischen Serben am 31. Oktober 1992 im bosnischen Prijedor unterzeichneten und das ein festes Verteidigungsbündnis vorsah, wurde in keinem seiner Beschlüsse umgesetzt. Zu den einzigen diesbezüglichen Aktivitäten der SVK kam es in den bosnischen Kampfgebieten, wo einige ihrer Einheiten innerhalb der Verbände der bosnischen Serbenarmee kämpften. Vor den letzten großen militärischen Operationen der kroatischen Armee im Sommer 1995 (Westslawonien war bereits eingenommen) unternahmen die aufständischen Serben in Kroatien verstärkte Anstrengungen, um die Verteidigung in letzter Minute doch noch entscheidend zu verbessern. Der im Juni zum General ernannte Milovan Mrkšić stellte neben den bereits existierenden Armeekorps der SVK ein neues Korps aus Spezialeinheiten mit einer besseren Schlagkraft auf (Mrkšić war bis zur Übernahme der Funktion des Befehlshabers der SVK Mitglied im Generalstab der Jugoslawischen Armee, verantwortlich für die Spezialeinheiten). Das Korps bestand aus einer Infanterie-, einer Panzer- und einer Spezialbrigade und wurde der Öffentlichkeit erstmals während einer Parade zum St. Veitstag am 28. Juni 1995 in Slunj präsentiert. Während der kroatischen Militäraktion „Oluja“ (Sturm) trat dieses Korps allerdings kaum in Erscheinung, womit sich zeigt, dass die Neuorganisation der Armee zu spät kam und die Fehler und Versäumnisse des gesamten militärischen, politischen und sozialen Systems der Republik Serbische Krajina nicht mehr aufzuholen waren.

23.1.3. Die Kroatische Armee

Kroatien befand sich zu Beginn des Krieges 1991 in einer außerordentlich schwierigen Lage. Die politische Führung hatte kein klares Konzept für einen Ausweg aus der Krise. Um für ihr Ziel einer vollständigen Selbständigkeit Zeit zu gewinnen, schwankte sie vor der Öffentlichkeit zwischen verschiedenen vagen Plänen für ein konföderatives Jugoslawien. Die Ambivalenz dieser Pläne war zugleich eine Antwort auf Miloševićs doppeltes politisches Spiel. Infolge des serbischen Aufstands wurden tagtäglich neue Landesteile dem politischen, rechtlichen, wirtschaftlichen und sozialen System Kroatiens entrissen. Einige unerlässliche Veränderungen, z. B. die Anpassung des Nationalitätenverhältnisses in der Polizei (bis 1990 waren rund 60 Prozent der 16.000 Polizeiangehörigen Serben), riefen unter der serbischen Bevölkerung zusätzliches Befremden hervor. Der Drohung von Milošević, wonach Kroatien die SFRJ verlassen dürfe, jedoch nur ohne die Serben bzw. die Gebiete, in denen diese die Mehrheit bilden, hatte Kroatien im ersten Augenblick nichts entgegenzusetzen und fürchtete nicht ohne Grund die unmittelbare Konfrontation mit der Jugoslawischen Volksarmee.

Der kroatische Verteidigungsminister von 1990 bis 1991, General Martin Špegelj, früher Kommandant der 5. Armee der JVA, war bemüht, einige entworfene Verteidigungspläne umzusetzen, die zunächst die Niederschlagung des Aufstands in Knin durch die Festnahme mehrerer führender Köpfe der Bewegung vorsahen, um später, wenn der Konflikt eskalierte, mit der Durchbrechung der Barrikaden zu beginnen. Andererseits versuchte Špegelj auch, entsprechende Kräfte für ein System zur Mobilmachung zu formieren und diese mit Waffen auszustatten. Ein Teil des Planes konnte realisiert werden: Bis Juli 1991 erwarb Kroatien über verschiedene Kanäle insgesamt 22.000-24.000 automatische Gewehre (eine Variante des sowjetischen Typs AK-47) mit 42 Millionen Patronen, 2.100 Maschinengewehre mit 14 Millionen Schuss Munition, 40-60 Abschussrampen für Flugabwehrraketen der Typen „Strijela-2M" und „Stinger" mit jeweils 12 Raketen, 400 Abschussrampen für Panzerabwehrraketen vom Typ RPG mit 4.400 Projektilen, 40 Flugabwehrkanonen sowie bestimmte Mengen von Minen, Kommunikationstechnik und Fahrzeugen. Die Waffen wurden in Ungarn und einigen anderen (auch fernöstlichen) Ländern gekauft. Kleinere Mengen stammten aus Reparaturanlagen und Lagern der JVA.

Präsident Tuđman wandte sich gegen alle offensiven Absichten. Er glaubte, dass eine politische Lösung möglich sei und Kroatien in einer offenen Konfrontation nur der sichere Verlierer wäre. Gleichzeitig würde das Land auch sein politisches Kapital bei der internationalen Öffentlichkeit verspielen, die dem Zerfall Jugoslawiens ohnehin nicht wohlwollend gegenüberstand – schon gar nicht, wenn dieser mit Gewalt vorangetrieben würde. Bis etwa September, Oktober 1991 verfügte Kroatien über kein einheitliches, funktionsfähiges und exakt geregeltes Verteidigungssystem. Organisatorische Vorkehrungen führten immerhin dazu, dass die Polizeikräfte bis Ende 1990 auf 28.000 Mann plus 11.000 Mann Reserve anwuchsen. Es entstanden jedoch auch andere Organisationen, die zu Keimzellen militärischer Einheiten wurden: Die „Freiwilligen Jugendeinheiten" (DOJ) oder der „Volksschutz" (NZ), der 1990 30.000, im Sommer 1991 schon 90.000 meist unbewaffnete Mitglieder zählte. Im späten Frühjahr 1991 entstanden die ersten Militärverbände innerhalb der „Versammlung der Nationalgarde" (Zbor narodne garde, ZNG); auf Grund noch bestehender Gesetze und der politischen Umstände war diese zunächst noch dem Innenministerium unterstellt. Bis Ende Juli 1991 verfügte die ZNG über vier professionelle Brigaden mit insgesamt 10.000 Kämpfern, im Sommer wurden noch vier zusätzliche Reservebrigaden mobilisiert. Die ZNG wurde zunächst mit einigen Dutzend instandgesetzter schwerer Waffen ausgerüstet; nach der Einnahme der ersten Kasernen und Waffenlager der Volksarmee kam auch schwerste Artillerie hinzu.

Neben den von staatlicher Seite aufgestellten militärischen Einheiten existierten auch Kampfverbände verschiedener politischer Parteien. So organisierte die damals 6.000 Mitglieder zählende Kroatische Rechtspartei (HSP) ihre eigenen bewaffneten Truppen, die „Kroatischen Verteidigungskräfte" (HOS), eine privat bewaffnete, relativ gut ausgebildete Kampftruppe, die vor allem an kritischen Frontabschnitten zum Einsatz kam. Die Reformkommunisten der „Partei der demokratischen Veränderungen" (SDP) bewaffneten ihre Aktivisten in Istrien, im Kroatischen Küstenland und in Dalmatien ebenso wie die regierende „Kroatische Demokratische Gemeinschaft" (HDZ) in den übrigen Landesteilen. Zudem gab es auch Freiwilligenverbände unter der Kontrolle lokaler Machthaber. In einigen Gebieten, wie beispielsweise in Zagreb, wurde das System der Territorialverteidigung reaktiviert. Je näher der Krieg inzwischen rückte, desto intensiver wurden die Verteidigungspläne diskutiert. General Špegelj vertrat weiterhin Pläne für ein offensiveres Vorgehen und forderte bereits während des Kriegsausbruchs in Slowenien, man müsse im eigenen Land Kasernen und Lager der JVA einnehmen, um an Waffen zu kommen. Tuđman lehnte diese Vorschläge aber ab, und so führten Unentschlossenheit in der strategischen Orientierung und eine undurchsichtige politische Lage zu einer Reihe konfuser Entscheidungen. So befand sich die ZNG gleichzeitig im Zuständigkeitsbereich von Innen- und Verteidigungsministerium. Ein Großteil der Führungsaufgaben war lokalen Krisenstäben vor Ort übertragen worden, wo oft Politiker ohne ausreichende militärische Kenntnisse das Sagen hatten. Erschwerend wirkte sich auch aus, dass auf engem Raum oft mehrere unterschiedliche Kampfverbände stationiert waren, die zwar formal in einheitliche Organisationsstrukturen eingebunden waren, jedoch keinem gemeinsamen Oberkommando unterstanden. Kasernen und andere JVA-Objekte standen seit Juli 1991 unter der Blockade einer bunt gemischten Gegnerschaft, in der die Einheiten der Volksverteidigung am zahlreichsten waren, der sich aber auch Bewohner der Umgebung anschlossen. Mit allen blockierten JVA-Verbänden führten die örtlichen Krisenstäbe intensive, aber meist erfolglose Verhandlungen. Die nichtserbischen Soldaten und Offiziere flohen häufig aus den belagerten Kasernen; auch die, die blieben, hielten meist Verbindung zu den Kroaten draußen.

Die kroatische Führung, die anfangs jegliche Angriffe auf Kasernen verboten hatte, erteilte am 14. September die Anweisung zur Verschärfung der Blockade, was dazu führte, dass die Eingeschlossenen von der Versorgung mit Wasser, Strom und Lebensmitteln abgeschnitten waren. Außerdem waren die Müllabfuhr eingestellt und die Telefonleitungen gekappt worden. Nun wurden auch die Kampfhandlungen gegen die Kasernen intensiviert. Die dezimierten, durch die lange Belagerung demoralisierten Kasernenbesatzungen gaben ihre Verteidigung relativ schnell auf. Zwei Kasernen in Đakovo, wo die 158. Antipanzerbrigade mit ihrer gesamten Artillerietechnik stationiert war, fielen schon am 18. September. Einen Tag später ergaben sich auch die Kasernen in Varaždin, der größten JVA-Garnison zwischen Drau und Save, wo sich das Kommando des 32. Korps, eine mechanisierte Brigade, ein Artillerieregiment und eine Reihe weiterer Stabseinheiten befanden. Einige Kasernen lehnten allerdings die Kapitulation ab und wehrten sich hartnäckig. So feuerte die Kasernenbesatzung von Vinkovci (hier befand sich ein Artillerieregiment und ein Regiment zur Flugabwehr) – aus Raketenwerfern innerhalb von 15 Tagen 1.700 Projektile auf die Stadt ab und erreichte in Verhandlungen schließlich den Abzug mit sämtlichen Waffen. Am 26. September verließen die von 700 auf 200 Mann geschrumpften Einheiten die Stadt. In Daruvar schützten 170 Militärs, unter ihnen Soldaten der Volksarmee, Angehörige der serbischen Territorialverteidigung sowie serbische Freiwillige das Versorgungslager der 5.

Armee, in dem sich enorme Mengen an Munition und Sprengstoff befanden. Der Besatzung gelang es, die Belagerung zu durchbrechen und sich bis auf das von serbischen Aufständischen kontrollierte Territorium abzusetzen, von wo aus sie schließlich das verminte Waffenlager in die Luft sprengten. Innerhalb von sechs Tagen, zwischen dem 14. und dem 19. September, wurden in Gefechten oder nach Kapitulation 36 Kasernen und Versorgungslager, darunter zwei Kommunikationszentralen und eine Raketenbasis, eingenommen. Während der militärischen Operationen im September kam es zur vollständigen Entwaffnung des 32. JVA-Korps in Varaždin, teilweise entwaffnet wurden das 10. und das 13. Korps (in Zagreb bzw. Rijeka) sowie Luftwaffen- und Marineeinheiten. In die Hände der Kroaten fielen auch sämtliche militärischen Reparatur- und Produktionsanlagen. Die Kriegsbeute war insgesamt sehr reich – über 230 Panzer, etwa 400 größere Geschütze, zehntausende Gewehre, einige Millionen Schuss Munition sowie eine Vielzahl anderer Ausrüstungsgegenstände und Fahrzeuge. Die erbeuteten Waffen kamen sofort zum Einsatz, so dass die Auseinandersetzungen um die Kasernen bereits zu einem ersten Wendepunkt des Krieges wurden.

Trotz dieser Ereignisse wurde am 15. November 1991 in einem Abkommen der Abzug der Jugoslawischen Volksarmee aus 40 belagerten Kasernen in Kroatien beschlossen. Nach dem Abkommen mussten sich die JVA-Verbände unter internationaler Kontrolle mindestens 20 Kilometer hinter die kroatische Grenze zurückziehen. Die JVA nahm aus Kroatien insgesamt 310 Panzer, 210 gepanzerte Fahrzeuge, 260 Geschütze, 210 Flugzeuge und 40 Hubschrauber sowie vier U-Boote, vier Fregatten und 38 kleinere Schiffe der Kriegsmarine mit. Im Gegenzug wurden die Waffen der kroatischen Territorialverteidigung, die die JVA 1991 beschlagnahmt hatte, zurückgegeben. Zuvor hatte die JVA bereits aus Slowenien rund 120 Panzer, 100 gepanzerte Truppentransporter, 200 Geschütze, 45 Flugzeuge und zwölf Hubschrauber evakuiert. Der größte Teil der Waffentechnik wurde nach Bosnien-Herzegowina und Serbien verlagert und später im Krieg gegen Kroatien und Bosnien eingesetzt.

Zu Beginn der Aggression war Kroatien ein Land ohne Armee. Unter dem Druck der Ereignisse und angesichts der beschriebenen Schwachpunkte stellten sich drei Hauptaufgaben: 1) in möglichst kurzer Zeit und unter ungünstigsten Bedingungen ein komplettes Verteidigungssystem aufzubauen, 2) es in der Praxis zum Funktionieren zu bringen sowie 3) Truppenverbände zu formieren, auszurüsten und auszubilden, die gleichzeitig bereits im Kampf eingesetzt werden mussten.

Als wichtigste Ziele galten der Schutz der neuen demokratisch gewählten Führung und des Staatsterritoriums, die Niederschlagung der Aufstände und die Vertreibung der Jugoslawischen Volksarmee. Klarer formulierte konzeptionelle und strategische Lösungen sahen eine einheitliche Organisationsform aller bewaffneten Kräfte und deren Einsatz an der Spitze der nationalen Verteidigung vor, wobei alle vorhandenen Ressourcen mobilisiert werden sollten. Eine grundlegende operative Aufgabe bestand darin, den Durchbruch der JVA und der übrigen feindlichen Kräfte an den wichtigsten Frontabschnitten zu verhindern. Zudem galt es, einzelne Städte und besonders bedrohte Gebiete zu verteidigen und die JVA-Kasernen im Hinterland einzunehmen. Die Umsetzung der Pläne konnte jedoch erst in Angriff genommen werden, als sich die bewaffneten Kräfte auf der Grundlage eines neuen Gesetzes über die Landesverteidigung zur Kroatischen Armee (HV) formiert hatten und am 21. September 1991 der Generalstab unter dem kommandierenden General Antun Tus seinen Dienst aufnahm. Jetzt begann auch die systematische Mobilmachung von Reservisten und die Entwicklung von Einheiten, Kommandostrukturen und Vorschriften sowie der planmäßige Einsatz der Streitkräfte. Die aufgestellten Formationen waren zwar noch keine homogenen, eingespielten Verbände, doch die Mobilmachung selbst war erfolgreich, obwohl es noch keine gesetzliche Grundlage für Sanktionen gegen diejenigen gab, die sich der Einberufung widersetzten. In Zagreb erging beispielsweise zwischen dem 14. September und 15. Oktober 1991 an 9382 Wehrpflichtige der Aufruf zur Mobilmachung, 7.506 (80 Prozent) davon leisteten ihm Folge. Die einberufenen Wehrpflichtigen waren sich, ebenso wie die übrige Bevölkerung, der Bedeutung des Krieges für die Landesverteidigung bewusst, konnten den Aggressor identifizieren und waren bereit, sich der organisierten Verteidigung anzuschließen; zudem war die Verteidigung des Landes ein klares, unmittelbares Ziel, während die Bildung des kroatischen Staates vielen noch sehr abstrakt erschien. Diese Orientierung der Bevölkerung festigte sich besonders durch das brutale Vorgehen der serbischen Kräfte, die nach der Einnahme eines Gebietes die kroatischen Bewohner ausraubten, umbrachten oder vertrieben und eine Taktik der „verbrannten Erde" praktizierten. Die kroatische Kampfmoral war verhältnismäßig gut; dort wo sie schwächer ausgeprägt war, lag dies zumeist am Mangel an logistischen Mitteln (Uniformen, Schuhwerk), technischer Ausrüstung (Bewaffnung, Munition) und Organisation (Ausbildung, Unklarheiten über den Status der Soldaten, Fehlen eines professionellen Offizierskaders, mangelnde Kenntnisse über die Kampfaufgaben), aber auch daran, dass die Soldaten der Armeeführung die verantwortungsvolle und durchdachte Leitung der Truppe nicht zutrauten.

Zu Beginn der Mobilmachung war die Qualität der Ausrüstung sehr schlecht, gerade bei Treibstoff und Lebensmitteln gab es aber genügend zivile Ressourcen, um die dringendsten Bedürfnisse zu befriedigen. Besonders das Sanitätspersonal konnte auf den zivilen Gesundheitsdienst zurückgreifen, der sich fast ausschließlich selbst um Verletzte und Kranke kümmerte, oft sogar an vorderster Frontlinie. Auf Grund dieser Organisationsform und der kurzen Wege zu den Krankenhäusern konnten die Verletzten in modern ausgestatteten Einrichtungen medizinisch behandelt werden, so dass Ende 1991 das Verhältnis von Verletzten zu Toten mit 5,2 : 1 relativ günstig war.

Nach der Einberufung ihres Generalstabs begann sich die Kroatische Armee auf allen militärischen Gebieten zu organisieren. Am 1. Oktober 1991 wurden territoriale Armeekommandos (sog. „Operative Zonen") mit Sitz in Osijek, Bjelovar, Zagreb, Karlovac, Rijeka und Split eingerichtet, denen operative Gruppen unterstanden, die wiederum die Befehlsgewalt innerhalb kleinerer Gebiete ausübten. Die grundlegenden und zugleich meist taktischen Formationen waren Infanteriebrigaden (aus Berufssoldaten oder Reservisten), es wurden aber auch Brigaden und Bataillone für andere militärische Bereiche gebildet (z.B. Ingenieurswesen, Artillerie und Raketen). Anfang Oktober war die Aufstellung von 24 Brigaden abgeschlossen und bis zum Jahresende existierten 63 Brigaden. Neben den professionellen wurden auch die Reservistenbrigaden zur Ausführung von Manöveraufgaben befähigt, was die Konzentration der Streitkräfte und die Planung von militärischen Operationen ermöglichte. Von 10.000 ZNG-Kämpfern wuchs die kroatische Armee bis Dezember 1991 auf 200.000 Angehörige an. Zugleich wurde die HV zur einzigen bewaffneten Streitmacht, in deren Strukturen sich alle übrigen bewaffneten Organisationen und Gruppen, parteigebundenen oder privaten Milizen einreihten. Im Oktober führte man auch militärische Rangstufen ein. All diese Maßnahmen sorgten für eine deutliche Verbesserung von Befehlsgebung, Planung und Kriegsführung.

Nach dem Waffenstillstand, der am 2. Januar 1992 in Sarajevo unterzeichnet wurde, durchlief die Kroatische Armee wichtige Transformationsprozesse. Politische und ökonomische Gründe sprachen unter den Vorzeichen weniger intensiver Kampfhandlungen für einen Abbau der Streitkräfte. Mit der Zeit konzentrierte man sich bei der Entwicklung der Kroatischen Armee vor allem auf den Aufbau professioneller Brigaden – bis Anfang 1993 entstanden nicht weniger als sieben davon (hinzu kam eine Sturmbrigade der Militärpolizei). Diese Formationen unterstanden als wichtige mobile Kräfte dem direkten Befehl des Generalstabs. Der Präsident erhielt allerdings die alleinige Befehlsgewalt über die im April 1994 aufgestellte 1. Kroatische Gardeeinheit, die aus vier Panzer- und Fallschirmjägerbataillonen besteht. Nach ihrem Charakter und der Befehlskompetenz fungiert diese Einheit praktisch als Leibgarde des Präsidenten.

Die Entwicklung der HV in der Zeit nach 1992 war auch von Konflikten zwischen Generalstab und Verteidigungsministerium geprägt. Zu Meinungsverschiedenheiten zwischen Militärs und Politikern kam es nicht nur bei der Grundkonzeption der Verteidigung, sondern vor allem auch bei der Frage nach dem Aufbau der kroatischen Rüstungsindustrie und beim Engagement der HV im kroatisch-bosniakischen Krieg. General Antun Tus wandte sich gegen die Politik von Verteidigungsminister Gojko Šušak, der als einer der aktivsten Verfechter eines kroatischen Pseudostaates in Bosnien-Herzegowina galt (→ Kap. 21). Tus wurde daraufhin am 20. Dezember 1992 zum Rücktritt gezwungen. Sein Nachfolger wurde General a. D. Janko Bobetko – bis dahin hoher Funktionär und Parlamentsabgeordneter der HDZ. Damit entstand eine Machtverschränkung zwischen Partei und Armee, die in der Bildung eines „Politbüros" im Verteidigungsministerium gipfelte und die dazu führte, dass die Kontrolle der herrschenden Partei über die Armee spürbar zunahm. Die HV wurde mehr und mehr zu einer geschlossenen Institution, in der die politische Einstellung ein herausragendes Erfolgskriterium darstellte. Obwohl die Truppenstärke nach dem Waffenstillstand von Sarajevo reduziert worden war, entwickelten sich die kroatischen Streitkräfte unter der Prämisse mobilerer und besser bewaffneter operativer Strukturen weiter, unterstützt durch eine veränderte Aufstellung der Reservebrigaden. Allmählich nahm auch die heimische Industrie die Produktion wieder auf (besonders im zivilen Fahrzeugbau und bei Verwaltungstechnik). Die Kriegskosten betrugen zeitweise bis zu 15 Prozent des Nationaleinkommens und bedeuteten eine enorme Belastung für die Wirtschaft. Die Lage der Bevölkerung war unter den Kriegsbedingungen und wegen der in der Wirtschaft angelaufenen Privatisierungsprozesse schwierig und verschärfte sich sogar noch. Allein 350.000 Menschen (7 Prozent der Bevölkerung) gehörten zeitweise der Armee an und befanden sich damit außerhalb des normalen Wirtschaftssystems. Dank der psychologischen und ökonomischen Standhaftigkeit der Bevölkerung blieben allerdings Konflikte aus.

Um die kroatische Politik in Bosnien-Herzegowina kam es in der politischen Öffentlichkeit jedoch zunehmend zu Auseinandersetzungen, in denen die Opposition Präsident Tuđman und seiner regierenden Partei vorwarf, sie planten gemeinsam mit den Serben die Teilung des Landes. Erst nach dem Washingtoner Abkommen legte sich die Diskussion etwas, während bei der Lösung des Problems der serbischen Aufständischen in Kroatien immer Konsens bestand. Im politischen Alltag Kroatiens waren seit dieser Zeit Verfallserscheinungen der demokratischen Kultur zu beobachten. Dies zeigte sich insbesondere bei den Versuchen der Regierungspartei, die Massenmedien unter ihre Kontrolle zu bringen, sowie am beginnenden Personenkult um Präsident Tuđman und dessen „historische Mission" (→ Kap. 25 u. 27).

23.2. Bosnien-Herzegowina

Der Unabhängigkeitskrieg in Bosnien-Herzegowina war der dritte durch den Zerfall der SFRJ ausgelöste bewaffnete Konflikt, wenn auch nicht der letzte. Gemeinsame Elemente all dieser Kriege (mit der Ausnahme des serbischen Krieges nach Dayton im Kosovo, der einige andere Merkmale aufweist) sind: 1) die Beteiligung der JVA als Kriegspartei, die zugleich alle militärischen Operationen koordiniert, an denen serbische paramilitärische Einheiten mitwirken, 2) die Übermacht der JVA bei schweren Waffen als dominierender Faktor bei der Okkupation von Territorien, 3) die Zusammenarbeit der JVA mit der serbischen Bevölkerung, die gleichzeitig als Mobilisierungsbasis und Interventionsmotiv diente.

Der Krieg in Bosnien unterscheidet sich allerdings in einer Reihe von Merkmalen von den vorangegangenen Kriegen: Hier ist zuerst die komplizierte ethnische Zusammensetzung der Bevölkerung zu erwähnen, in der keine nationale Gruppe die absolute Mehrheit bildet. (Nach der Volkszählung von 1991 sind 43,7 Prozent der Bevölkerung Bosniaken, 31,3 Prozent Serben, 17,3 Prozent Kroaten und 7,7 Prozent andere). Während des Krieges wurde deshalb von verschiedenen Seiten versucht, die Aggression gegen Bosnien-Herzegowina als „Bürgerkrieg" darzustellen. Dagegen spricht schon die Tatsache, dass nach den freien Wahlen die Besetzung der wichtigsten Staatsämter nach den Regeln verlief, die auch während der kommunistischen Herrschaft gegolten hatten. So fiel das Amt des Vorsitzenden des kollektiven Staatspräsidiums von Bosnien-Herzegowina an einen Bosniaken, der Parlamentsvorsitz an einen Serben und die Funktion des Regierungschefs an einen Kroaten. Während die Kriege in Slowenien und Kroatien ihre größte Intensität noch vor der internationalen Anerkennung dieser Staaten entwickelten, begann die JVA als Streitmacht der SFRJ den offenen Krieg gegen Bosnien-Herzegowina nach der Unabhängigkeitserklärung und der internationalen Anerkennung dieses Staates. Laut den Resolutionen 752 und 757 des UN-Sicherheitsrates gilt dieser Krieg völkerrechtlich als eine Aggression von außen.

Der Krieg in Bosnien-Herzegowina unterscheidet sich von den früheren Konflikten auch durch seine extreme Brutalität gegenüber der bosnischen Zivilbevölkerung, die systematischen Tötungen, dem Hunger, der Vergewaltigung und Vertreibung ausgesetzt war – mit dem Ziel, „ethnisch reine" nationale Gebiete zu schaffen (→ Kap. 24).

Im Rahmen der jugoslawischen Militärdoktrin zur nationalen Verteidigung besaß Bosnien-Herzegowina formal die gleiche Position wie die übrigen Republiken. Eine bestimmte Anzahl von JVA-Einheiten war dort als mobile Komponente der Streitkräfte stationiert, zugleich hatte das Land auch für die Ausstattung und das Funktionieren der republikeigenen Territorialverteidigung als gebietsgebundenem Teil der Streitkräfte Sorge zu tragen. Im Falle eines Angriffs von außen war die Territorialverteidigung für den Guerillakrieg gegen eine große, konventionell bewaffnete Armee trainiert. Die JVA sollte den ersten Angriff abfangen und so einen Zeitgewinn für die Mobilmachung der Territorialverteidigung erzielen. Die Pläne des jugoslawischen Verteidigungssystems sahen die Möglichkeit vor, rund eine Million Soldaten zu mobilisieren und ein Verteidigungsnetz zu knüpfen, in dem jeder bewohnte Ort, jedes Haus, jede Schule oder Fabrik zu einem Widerstandsnest wurde. Die Brigaden der Territorialverteidigung waren wie leichte Infanteriebrigaden aufgebaut und sollten nach dem Vorbild der Partisanenbewegung des Zweiten Weltkriegs einen lang anhaltenden Zermürbungskrieg führen.

Die spezifische Aufgabe Bosniens ergab sich aus der zentralen geographischen Lage innerhalb Jugoslawiens und der Annahme, potentielle Feinde würden länger brauchen, um auf dieses Territorium vorzustoßen. Diese Vorstellungen gingen vor allem auf die Erfahrungen des Zweiten Weltkriegs zurück, als die Truppen der deutschen Okkupanten lediglich die Hauptverkehrsrouten kontrollierten, während große Teile des Binnenlandes außer Kontrolle waren. Dort konnte sich die Partisanenbewegung konsolidieren, wobei die Wehrmacht ihr möglichst aus dem Weg ging, die Aufgabe lokalen Kollaborateuren überließ und die eigenen Truppen schonte. Deshalb sah die JVA gerade hier das Zentrum für einen massenhaften und langanhaltenden Guerillawiderstand vor, der im Ernstfall durch Nutzung von Raum- und Zeitfaktoren aus den bosnischen Bergen heraus wieder ganz Jugoslawien unter seine Kontrolle bringen sollte. Gemäß dieser Doktrin konzentrierte die JVA den Großteil ihrer Waffen- und Ausrüstungsindustrie, aber auch Lagerkomplexe, Befehlszentralen und verschiedene unterirdische Bunkeranlagen innerhalb von Bosnien-Herzegowina. So befand sich in der Nähe von Han Pijesak in Nordostbosnien der Hauptbefehlsbunker des jugoslawischen Staatspräsidiums (dieses fungierte als Oberbefehlshaber der Armee), den während des gesamten Krieges Ratko Mladić als Befehlshaber der Armee der Serbischen Republik (VRS) nutzte. Um die Doktrin zur Volksverteidigung ideologisch zu stützen, wurde die authentische bosnische Multikulturalität, die in unterschiedlicher Ausprägung schon seit dem mittelalterlichen bosnischen Staat existiert, als Verdienst des herrschenden Bundes der Kommunisten verklärt und Bosnien als „Jugoslawien im Kleinen" und „Oase der Brüderlichkeit und Einheit" bezeichnet, zu der es dank der „avantgardistischen Rolle des BdKJ" gereift sei.

Für den Krieg in Bosnien ist auch charakteristisch, dass ihm die Gründung zahlreicher paramilitärischer Formationen vorausging, die teilweise oder sogar vollständig in Eigenregie arbeiteten. Mit Ausbruch des Krieges entstanden als militärische Kräfte die Armee der Republik Bosnien-Herzegowina (ARBiH), der Kroatische Verteidigungsrat (HVO) und die Armee der Serbischen Republik (VRS). Während einzelner Kriegsabschnitte sind darüber hinaus beteiligt: Teile der Jugoslawischen Volksarmee, die in Jugoslawische Armee (VJ) umgewandelt wurde, die Kroatische Armee (HV), paramilitärische Formationen der Kroatischen Verteidigungskräfte (HOS), die „Weißen Adler", Einheiten der Tschetnik-Bewegung, die „Serbische Garde" sowie die Serbische Armee der Krajina (SVK). Die Kriegsteilnehmer verwendeten hauptsächlich Waffentechnik aus den Warschauer-Pakt-Staaten oder aus den Arsenalen der ehemaligen JVA. Auch hatten die meisten Angehörigen der Krieg führenden Armeen ihre Grundausbildung während des Wehrdienstes in der JVA durchlaufen, was sie zum Umgang mit allen bei der JVA üblichen Waffenarten befähigte. ARBiH, HVO und VRS als wichtigste Krieg führende Armeen entstanden allerdings unter verschiedenen Umständen. Die VRS wurde aus dem in Bosnien stationierten Corpus der ehemaligen föderalen Armee gebildet und übernahm damit die Befehls- und Organisationsstrukturen der JVA, die im Laufe des Krieges auch keine größeren Veränderungen erfuhren. Auf der anderen Seite organisierten sich ARBiH und HVO zunächst vorrangig als lokal gebundene, milizähnliche Formationen, die erst nach und nach in einheitliche militärische Verbände überführt wurden. Dabei konnte der HVO zum großen Teil auf die Erfahrungen und Organisationsmuster der Kroatischen Armee zurückgreifen, während die Strukturen der bosnischen Armee völlig neu entworfen werden mussten.

23.2.1. Die Jugoslawische Volksarmee

Den Großteil der JVA-Einheiten, die 1991 aus Slowenien und Kroatien abgezogen wurden, verlagerte man direkt nach Bosnien-Herzegowina. Nach Aussagen des damaligen jugoslawischen Ministers für nationale Verteidigung, Veljko Kadijević, wurden die JVA-Einheiten nach Bosnien verlegt, weil man in Armeekreisen auch dort mit einer baldigen Konflikteskalation rechnete. Zudem sollten die Kommunikationsverbindungen mit den von aufständischen Serben kontrollierten Gebieten in Kroatien gesichert werden. Vor dem Krieg wurden im Rahmen des regulären Stationierungsplanes der JVA das 4. (Sarajevo), das 5. (Banja Luka) und das 17. Heereskorps (Tuzla) sowie ein Luftwaffenkorps in Bosnien-Herzegowina stationiert. Ab Mitte 1991, als der Abzug der JVA in Slowenien und Kroatien anlief, kamen Teile des 10. (Zagreb), 13. (Rijeka), 14. (Ljubljana) und 31. Korps (Maribor) dazu.

Gleichzeitig wurden auch Truppenteile des 2. (Titograd) und des 9. Heereskorps (Knin) auf bosnischem Boden bzw. in Grenznähe konzentriert. Zu Kriegsbeginn war damit von insgesamt 80.000 bis 100.000 JVA-Soldaten auf bosnischem Territorium auszugehen, die über die entsprechende Bewaffnung von fünf Armeekorps verfügten. Der Krieg brach im April 1992 mit voller Intensität aus, doch war es bereits seit dem Referendum über die Unabhängigkeit Bosnien-Herzegowinas vom 29. Februar und 1. März in vielen Landesteilen zu bewaffneten Zwischenfällen gekommen.

Die militärischen Pläne der JVA gingen von einem kurzen, intensiven Krieg aus. Die JVA sollte ihre Überlegenheit bei den schweren Waffen voll ausspielen, um die Kontrolle über die wichtigsten Verkehrswege zu übernehmen und dadurch Zentralbosnien von sämtlichen Verbindungen nach außen abzuschneiden. Dadurch wollte man gleichzeitig einen Korridor zu den von serbischen Aufständischen kontrollierten Gebieten in Kroatien und sicheres Hinterland für den Durchbruch zur Adria schaffen. Die übrigen Widerstandsnester sollten später nach und nach ausgeschaltet werden. Unter diesem Gesichtspunkt richteten sich die Hauptangriffe zunächst auf die Saveniederung, die Herzegowina und Gebiete am Grenzfluss Drina, wobei durch die Aktionen serbischer Milizen und ihrer Serbischen Demokratischen Partei (SDS) auch Teile Nordwestbosniens (*Bosanska Krajina*) mit mehrheitlich serbischer Bevölkerung unter serbische Kontrolle gerieten. Am 24. April rief das bosnische Staatspräsidium die Angehörigen der JVA auf, sich der bosnischen Territorialverteidigung anzuschließen. Andernfalls würden sie als Gegner der Unabhängigkeit und Souveränität Bosnien-Herzegowinas betrachtet. Die JVA selbst wurde am 27. April zum Rückzug aufgefordert. Der Generalstab der Volksarmee reagierte darauf am 4. Mai 1992 mit einem Beschluss, nach welchem das militärische Personal mit seinen Familien innerhalb von 15 Tagen abgezogen wurde, wobei Angehörige der föderalen Streitkräfte, die Einwohner Bosnien-Herzegowinas waren, der Territorialverteidigung der „Serbischen Republik Bosnien-Herzegowina“ (später VRS) beitraten.

Die Regierung in Belgrad behauptete, von ungefähr 60.000 in Bosnien-Herzegowina stationierten JVA-Soldaten seien 80 Prozent Einwohner des Landes. Andere Schätzungen sprechen jedoch von fast 95.000 JVA-Soldaten, was mit Angaben übereinstimmt, die von einem Effektivbestand von 68 Prozent (der insgesamt 140.000 Soldaten) ausgehen, den die Volksarmee in Bosnien-Herzegowina konzentriert hatte. Die Regierung in Sarajevo gab an, dass lediglich 20 Prozent der JVA-Angehörigen tatsächlich aus Bosnien stammten, was bedeuten würde, dass sich unter den 95.000 Soldaten nur rund 19.000 bosnische Serben befanden. Bis zum 20. Mai 1992 wurden etwa 14.000 Soldaten der Volksarmee aus Bosnien abgezogen, so dass davon auszugehen ist, dass etwa 80.000 Soldaten in der bosnischen Serbenarmee VRS ihren Dienst antraten.

Formal war die JVA nach dem 20. Mai nicht mehr am Bosnienkrieg beteiligt. Bereits Anfang Mai hatte sie nach Umstrukturierung und Umbenennung in Jugoslawische Armee (*Vojska Jugoslavije*) offiziell aufgehört, in ihrer alten Form – als Rest des ehemaligen föderalen Staates – weiter zu bestehen. Die VJ leistete der Armee der Serbischen Republik allerdings auch im weiteren Verlauf des Krieges logistische Unterstützung, wobei einige Einheiten sogar direkt an Kampfhandlungen beteiligt waren. In diesem Zusammenhang sind insbesondere die regulären serbischen Einheiten des Armeekorps von Užice, die in Ostbosnien stationiert waren, sowie die 63. Fallschirmjägerbrigade aus Niš zu erwähnen.

23.2.2. Die Armee der Serbischen Republik

Die Armee der Serbischen Republik (VRS) wurde aus fünf JVA-Korps gebildet, die vor dem Krieg in Bosnien-Herzegowina stationiert und folgendermaßen gegliedert waren: das 1. Krajina-Korps (in Banja Luka), das 2. Krajina-Korps (in Drvar), das 3. nordbosnische Korps, das 4. ostbosnische (Sarajevo-Romanija-) Korps und das 5. herzegowinische Korps. Mitte Juli 1992, als sich der Kommandant des JVA-Generalstabs, General Života Panić gegen Vorwürfe verteidigte, die JVA habe die bosnischen Serben im Stich gelassen, gab er an, die VRS besitze 900 Panzer und gepanzerte Fahrzeuge, 852 Geschütze und Mehrfachraketenwerfer (sog. „Stalin-Orgeln") sowie 48 Kampfflugzeuge. Kroatische Quellen sprechen dagegen von 350 Panzern (T-54, T-55 und T-84), über 200 gepanzerten Fahrzeugen, 1.000 Geschützen, 800 rückstoßfreien Geschützen und 1.200 Granatwerfern. Im Verband der VRS befanden sich acht Panzerbrigaden, ein Panzerregiment, 62 Infanteriebrigaden, zwei motorisierte Brigaden, eine Brigade Spezialkräfte, vier Gebirgsjägerbrigaden, eine Artilleriebrigade und ein Artillerieregiment. Obwohl die VRS seit Beginn des Krieges auf Grund der bereits funktionierenden Organisationsstruktur und ihrer komplett ausgerüsteten Einheiten gegenüber allen anderen Kriegsparteien im Vorteil war, machte sie von ihrer Übermacht insgesamt nur wenig Gebrauch. Während der ersten beiden Kriegsjahre gelang es der VRS häufiger, mittels Umgruppierungen von Einheiten und logistischer Unterstützung ihre Gegner taktisch zu überraschen; sie nutzte diese Überlegenheit aber nicht intensiv genug. Spätestens seit die VRS Ende 1993 – parallel zum Aufflammen des Konflikts zwischen Kroaten und Bosniaken – strategisch in die Defensive ging, kamen ihre Vorteile nur noch selten zur Geltung. Die technische Überlegenheit wurde nun vor allem zur Sicherung der Frontlinien und zur Belagerung von Städten genutzt, ein unter militärischen Gesichtspunkten kaum effektiver Einsatz der Kräfte. Obwohl die VRS formal unter der Befehlsgewalt der zivilen Machthaber der so genannten Serbischen Republik stand, besaß sie während des Krieges eine gewisse Autonomie. Ungelöste Probleme in den Beziehungen zwischen ziviler Verwaltung und Militär gipfelten im September 1993 im Putsch einer Armeebrigade in Banja Luka, wo die meuternden Einheiten die Stadt fast eine Woche unter ihrer Kontrolle hielten, um gegen die Inkompetenz der Offiziere sowie gegen Korruption und Desinteresse der zivilen Machthaber für die Belange der Soldaten zu protestieren.

23.2.3. Die Armee der Republik Bosnien-Herzegowina

Die Armee der Republik Bosnien-Herzegowina wird am 8. April 1992 durch den Beschluss des bosnischen Staatspräsidiums über die Aufstellung der Territorialverteidigung (später in ARBiH umbenannt) als legale Streitmacht der Republik gegründet. Das strukturelle Grundgerüst der bosnischen Armee bildeten ursprünglich in Eigenregie entstandene Gruppen sowie die Organisationen „Bosnien" und „Patriotische Liga" (PL), die auch innerhalb der Reservistenverbände des Innenministeriums aktiv waren. Anfangs waren diese Einheiten unter den Bezeichnungen „Grüne Barette" und „Territorialkräfte" bekannt. Nach Angaben von Sefer Halilović, dem ersten Befehlshaber der ARBiH im Krieg und gleichzeitig Kommandeur der „Patriotischen Liga", verfügte diese Organisation im Februar 1992 über 60.000-70.000 bewaffnete Mitglieder, die über das gesamte bosnische Territorium verteilt waren und auf Republikniveau von einem Generalstab befehligt wurden, der die Kontrolle über neun regionale und 103 lokale Befehlsstäbe sowie über eine große Anzahl verschiedener Formationen ausübte. Dabei handelte es sich meist um Infanterieeinheiten in Zug- oder

Kompaniestärke, die entweder von der Patriotischen Liga aufgestellt wurden oder durch Eigeninitiative formiert waren und mit der Liga zusammenarbeiteten. Die Präsenz der Patriotischen Liga in 103 von 109 bosnischen Vorkriegskommunen deutet einerseits auf ein umfassendes Verteidigungssystem hin, andererseits muss aber die geringe Effizienz des Widerstandes gegen den serbischen Aggressor enttäuschen, dem es schon zu Beginn des Krieges gelang, die Hälfte des bosnischen Territoriums unter seine Kontrolle zu bringen. Die Ursachen dafür lagen in der materiellen Überlegenheit der JVA, der die Patriotische Liga zu Kriegsbeginn meist nur Jagdflinten und leichte Infanteriewaffen entgegenzusetzen hatte. Da die Liga vor dem Krieg illegal operieren musste, konnte sie ihre Verbände nur ungenügend ausbilden; bei der Auswahl der Führungskräfte wurde außerdem meist nicht nach Fachwissen, sondern nach Zuverlässigkeit geurteilt. So sagt auch die Anzahl der Kämpfer allein noch nichts über die Organisation und die militärischen Fähigkeiten der Truppen aus. Anfangs bestand die ARBiH größtenteils aus schwach vernetzten und unkoordinierten Einheiten und Gruppen, die auf dem gleichen Terrain jeweils auf eigene Faust operierten, wobei auch die Tendenz zur Bildung „privater Armeen“ bestand, die sich teilweise sogar untereinander bekämpften. Erst 1993 festigte die bosnische Armee ihre Strukturen, führte mit ihren Brigaden die ersten erfolgreich koordinierten Aktionen aus, und schließlich brachte man die meisten bewaffneten Gruppen unter eine effektive Kontrolle. Bis zum Kriegsende wurde die ARBiH in die Lage versetzt, koordinierte Angriffe im Verband mehrerer Armeekorps auszuführen – Anzeichen eines deutlich verbesserten Organisationsniveaus.

In den Besitz schwerer Waffen gelangte die ARBiH erst durch Angriffe auf JVA-Kasernen, wobei die Anzahl der erbeuteten Waffen gegenüber den von Slowenen und Kroaten beschlagnahmten Mengen weitaus geringer war. Die bosnische Armee litt praktisch während des gesamten Krieges Mangel an schweren Waffen und erbeutete den größten Teil ihres Arsenals erst im Kampf. Das Waffenembargo der Vereinten Nationen gegen das gesamte ehemalige Jugoslawien blieb bis zum Kriegsende in Kraft und schadete vor allem der ARBiH. Der überwiegende Teil der JVA-Waffen fiel an die Jugoslawische Armee und die VRS, deren Kommandeure betonten, sie verfügten über genügend Munition für sieben Kriegsjahre. Andererseits konnte sich Kroatien mit stillschweigender Duldung der internationalen Gemeinschaft auf dem Schwarzmarkt einigermaßen mit den benötigten Waffensystemen ausrüsten. Die bosnische Armee aber stand unter totaler Belagerung und war nicht in der Lage, Kommunikationskanäle zur Außenwelt zu öffnen, so dass sich schon bei der Einfuhr elementarster Ausrüstung enorme Schwierigkeiten ergaben. Im Propagandakrieg der Medien wurde der ARBiH vorgeworfen, sie erhalte finanzielle und logistische Unterstützung aus reichlich sprudelnden Quellen arabischer und iranischer Geldgeber und kontrolliere den größten Teil der in Bosnien angesiedelten Rüstungsindustrie der ehemaligen JVA. Tatsächlich waren die Waffenfabriken aber entweder während des Rückzugs der JVA zerstört worden oder wegen Rohstoff- und Strommangels lediglich in der Lage, einfachste Typen von Munition zu produzieren. Auch Finanzhilfen konnten auf Grund der Blockade nicht genutzt werden. Trotzdem war die bosnische Armee die einzige Kriegspartei, der es gelang, eine eigene Kriegsindustrie auf niedrigem Niveau aufzubauen.

Bis August 1992 formierte die ARBiH 28 Brigaden, 138 Truppenabteilungen, 16 eigenständige Bataillone, ein Panzerbataillon und zwei Artilleriedivisionen – insgesamt 168.500 Soldaten, nicht eingerechnet die Einheiten des Innenministeriums und den HVO. In Zusammenarbeit mit dem HVO verteidigte sie in dieser Zeit rund die Hälfte des Staatsgebietes und ging sogar stellenweise in die Offensive. Die taktischen Grundformationen der bosnischen Armee waren Brigaden, die aus Bataillonen in unterschiedlicher Anzahl bestanden.

Die tatsächliche Stärke der Brigaden war meistens geringer als ihre jeweilige Sollstärke. Um die Aktionen der Brigaden besser zu koordinieren, wurden im zweiten Halbjahr 1992 operative Gruppen gebildet und ab dem 3. September 1992 auch Armeekorps als größte operative Formationen der ARBiH. Während des Krieges gab es zunächst fünf Armeekorps (das Erste in Sarajevo, das Zweite in Tuzla, das Dritte in Zenica, das Vierte in Mostar und das Fünfte in Bihać). Das Sechste Korps (im Südosten von Bosnien-Herzegowina) wurde Ende 1993 aufgelöst, und 1994 entstand das Siebte Korps (in Travnik) als Grundlage für die Befreiung der „Bosnischen Krajina". Die Pläne der bosnischen Armee sahen noch die Bildung eines weiteren Korps für vereinte Aktionen in Ostbosnien und an der Drina vor, doch dazu kam es 1995 nach dem Fall von Srebrenica und dem Ende der Kriegshandlungen nicht mehr. Nach Angaben von Sefer Halilović betrug die Gesamtstärke der ARBiH im Januar 1993 261.500 Mann, wobei zu berücksichtigen ist, dass die bosnische Armee mangels funktionierender gesellschaftlicher und staatlicher Strukturen für viele Flüchtlinge, die militärisch keine Rolle spielten, zum sozialen Auffangnetz wurde. Schätzungen des tatsächlichen Bestands der Kampfverbände schwanken während des Krieges zwischen 100.000 und 130.000 Soldaten – Zahlen, die auch Angaben von Ende 1994 bestätigen. Die internationalen Beobachter (*The Military Balance*) geben die Stärke der bosnischen Armee 1994 mit 110.000 Mann an, welche in 78 Infanteriebrigaden, 13 Gebirgsjägerbrigaden, neun motorisierten Brigaden, zwei Artilleriebrigaden, einer Erkundungs- und einer Spezialbrigade sowie fünf Brigaden Territorialverteidigung und zwei Flugabwehrregimentern kämpften.

Die Truppen der bosnischen Armee waren von ihrem Charakter her hauptsächlich territorial, also an ein bestimmtes Gebiet gebunden. Erst 1993 entstanden in der ARBiH die ersten mobilen Brigaden. Eine dieser Brigaden nannte sich „muslimisch" und praktizierte offiziell die islamischen Glaubensriten, was Diskussionen über die drohende Umbildung der ARBiH zu einer religiösen Armee auslöste. Das Gros der muslimischen Brigaden bildeten Bosniaken. Als Gründe für die Aufstellung dieser Einheiten nannten Offiziere neben der Notwendigkeit zur Schaffung mobiler Truppen auch deren bessere Disziplin, die sich auf religiöse Elemente und Mannschaftsgeist gründete.

Ab 1993 begann die bosnische Armee auch umfangreichere militärische Operationen auszuführen, die konzertierte Aktionen mehrerer Brigaden und später auch ganzer Armeekorps einschlossen. Offensivgeist und häufige Angriffsoperationen brachten aber auf Grund der schwierigen logistischen Lage und der waffentechnischen Überlegenheit des Feindes nur relativ geringe Resultate. Erst ab 1994, nach Unterzeichnung des Washingtoner Abkommens über die Beendigung des kroatisch-bosniakischen Konflikts, als Kroatien die Verkehrsverbindungen ins Landesinnere wieder öffnete, gelang es der ARBiH, eine stabilere logistische Unterstützung zu sichern, was sich auch in militärischen Erfolgen widerspiegelte.

Betrachtet man die Beziehungen zwischen ziviler und militärischer Macht, so ist festzustellen, dass die bosnische Armee während des gesamten Krieges unter Kontrolle der politischen Institutionen der Republik stand und niemals über ihre Rolle der Landesverteidigung hinaus aktiv wurde. Als der erste Kommandeur der ARBiH, Sefer Halilović, die Erweitung seiner Kompetenzen verlangte oder in Sarajevo zwei Armeebrigaden putschten, stand das bosnische Staatspräsidium vor ernsten Herausforderungen. Es gelang allerdings, die Armee unter Kontrolle zu halten und die demokratischen Machtstrukturen zu sichern.

23.2.4. Der Kroatische Verteidigungsrat (HVO)

Der Kroatische Verteidigungsrat (HVO) entstand am Vorabend des Krieges durch Selbstorganisation innerhalb der kroatischen Gemeinschaft und ernannte sich später zum bewaffneten Arm des gesamten kroatischen Volkes in Bosnien-Herzegowina. Der HVO formierte sich primär als territorial gebundene Armee ohne strategische Einheiten, wobei seine Aufgaben darin bestanden, die kroatische Bevölkerung zu schützen und die Politik des bosnisch-herzegowinischen Ablegers der HDZ durchzusetzen. Bei seinen Aktivitäten konnte er auf die Unterstützung der Kroatischen Armee zurückgreifen, was eine relativ gute Ausrüstung der Soldaten und den Einsatz großer Mengen an schweren Waffen ermöglichte. Ende 1992 war der HVO in vier Einzugsgebieten (Tomislavgrad, Vitez, Orašje und Mostar) organisiert, wobei einige Einheiten in den Strukturen der bosnischen Armee verankert waren. Der HVO-Verband zählte 40.000 bis 60.000 Soldaten, die folgendermaßen organisiert waren: 36 Brigaden, eine gemischte Artilleriedivision, eine Raketenwerferdivision und eine Brigade Spezialkräfte. Nach dem Vorbild der Kroatischen Armee begann auch der HVO Ende 1993 mit der Aufstellung von Gardebrigaden als operativem Kern der Armee.

Die HVO-Truppen bestanden zum größten Teil aus lokal organisierten, milizenartigen Infanteriebrigaden, die entsprechend den Bedürfnissen und Möglichkeiten der lokalen Gemeinschaft aufgestellt wurden. Jede Brigade besaß eine kleinere Anzahl Panzer, gepanzerter Fahrzeuge, Flugabwehr- und Bodengeschütze sowie Granatwerfer, die allerdings von Truppe zu Truppe variierte. Mit der Aufstellung der Gardebrigaden ging die Konzentration der schweren Waffen einher, um diese effektiver einsetzen zu können. Hauptproblem innerhalb der Befehlsstrukturen des HVO war, dass einzelne Formationen keine direkte territoriale Verbindung zueinander hatten (Westherzegowina, Zentralbosnien und Saveniederung). Dies erschwerte die Koordination von Aktionen und machte situationsbedingte Truppenverlegungen oder -konzentrationen unmöglich. Neben den genannten vier Einzugsgebieten kämpften einige HVO-Brigaden auch im Verband verschiedener Korps der bosnischen Armee (in Sarajevo, Tuzla und Bihać). Der HVO war vor allem auf dem Gebiet der selbst ausgerufenen „Kroatischen Republik Herceg Bosna" aktiv, wo kroatische Politiker durch die Wahlen vor dem Krieg an die Macht gekommen waren; dabei kam es teilweise zur Verschiebung von zivilen und militärischen Einflusssphären, wodurch der HVO in einigen Gemeinden auch zivile Kompetenzen erhielt.

23.2.5. Die UNPROFOR und andere internationale Kräfte

Die ersten UNPROFOR-Truppen (UN-Protection Force) wurden in Bosnien-Herzegowina schon während des Kroatienkrieges Ende 1991 stationiert, als man die bosnische Hauptstadt Sarajevo als Sitz des UNPROFOR-Stabes ausgewählt hatte. Mit Ausbruch des Krieges in Bosnien sah man sich allerdings zu einer Neudefinition des *Peacekeeping*-Mandats gezwungen, das nun auch für Bosnien-Herzegowina galt. Zu den wichtigsten Verdiensten der UNPROFOR zählt die Übernahme des Flughafens von Sarajevo und die Einrichtung einer Luftbrücke, die während des Krieges die Versorgung der belagerten Stadt mit einem Minimum an lebensnotwendigen Gütern gewährleistete. Zugleich half die UNPROFOR auch bei der Lieferung und Verteilung humanitärer Hilfsgüter, wodurch sie das Überleben zehntausender Zivilisten sicherte. Die Resolutionen des UN-Sicherheitsrats über die Verhängung eines Waffenembargos, die Festlegung der Flugverbotszone über Bosnien (im April 1993) sowie die Einrichtung von Schutzzonen (*safe havens*, im Mai 1993) sollten zum Abflauen des Krieges beitragen, sie brachten allerdings nur teilweise die erhofften Erfolge. Während des Krieges wuchs die Zahl der Blauhelme bis 1994 auf 21.300, unterteilt in 17 Infanterie-Bataillone, von denen sechs in Sarajevo und elf in den übrigen Landesteilen zur Verteilung der Hilfsgüter und zur Bewachung der Schutzzonen eingesetzt waren.

Die Rolle der UNPROFOR im Bosnienkrieg war insgesamt ambivalent. Einerseits sicherte sie die Verteilung von Hilfsgütern an Zivilisten sowie die Passierbarkeit der Verkehrswege und war am Zustandekommen zahlloser Waffenstillstände beteiligt. Andererseits stellten aber Unentschlossenheit zur Demonstration von Stärke, Festhalten an der Neutralität um jeden Preis und der unklare Rahmen des *Peacekeeping*-Mandats die Rolle der UNPROFOR und den Erfolg ihrer Mission insgesamt in Frage (→ Kap. 30). Der UNPROFOR gelang es während ihrer Anwesenheit in Bosnien-Herzegowina nicht, auch nur eine militärische Aktion der Kriegsparteien zu verhindern. Obwohl ihre Aufgabe vor allem im Schutz der Zivilbevölkerung bestand, kamen während der Belagerung von Sarajevo trotz UNPROFOR-Präsenz mehrere zehntausend Zivilisten ums Leben. Den 1993 von HVO-Einheiten verübten Massenmord im zentralbosnischen Dorf Ahmići verhinderte die UNPROFOR nicht, obwohl in der nahe gelegenen Stadt Vitez UN-Truppen stationiert waren. Schließlich ließ die UNPROFOR auch 1995 das Massaker von Einheiten der bosnischen Serbenarmee an der Bevölkerung Srebrenicas zu, obwohl sie direkt in der Stadt eine eigene Basis unterhielt und Srebrenica zuvor zur UN-Schutzzone erklärt worden war. Geradezu ad absurdum geführt wurde die Rolle der UNPROFOR, die sich schon beim Schutz der Sicherheitszonen als unfähig erwiesen hatte, durch Vorfälle wie jenem während einer Herbstoffensive der VRS gegen Bihać, als Einheiten des 5. Korps der ARBiH ein Bataillon UNPROFOR-Soldaten aus Bangladesch vor den Serben beschützen mussten. Die Blauhelme besaßen weder adäquate Ausrüstung noch genügend Verpflegung und waren völlig unvorbereitet auf das raue bosnische Klima an ihren Stützpunkt geschickt worden.

Die Anwesenheit der UNPROFOR auf bosnischem Boden diente der internationalen Gemeinschaft häufig als Vorwand, um Luftangriffe oder andere militärische Aktionen gegen serbische Stellungen abzulehnen, da man damit das Leben der UN-Soldaten gefährde. Gleiches galt auch für die Aufhebung des Waffenembargos, wo man die Zustimmung mit Hinweis auf die Neutralität der UNPROFOR verweigerte. Die unklare Bestimmung des UNPROFOR-Mandats führte unter den Angehörigen zu einer psychologischen Krise. Die meisten Blauhelme waren Berufssoldaten mit antrainierter Siegermentalität, auf die sich die verordnete passive Beobachterrolle verheerend auswirken musste. Viele UN-Offiziere waren deshalb von der Armee der bosnischen Serben und ihrem Befehlshaber Ratko Mladić beeindruckt, obwohl gerade diese die schlimmsten Gewalttaten gegen die Zivilbevölkerung verübten. UNPROFOR-Soldaten nutzen ihre Position auch für illegale Geschäfte und die Verbreitung von Prostitution, wobei es sogar Belege für den sexuellen Missbrauch psychisch Kranker gibt. Die politische Führung Bosnien-Herzegowinas wies regelmäßig darauf hin, dass sie von der UNPROFOR mit der Drohung erpresst werde, sämtliche humanitäre Hilfe für die Zivilbevölkerung würde eingestellt, sollte die bosnische Armee offensive Aktionen unternehmen, die z. B. den Belagerungsring um Sarajevo hätten lockern können. Es ist daher nicht verwunderlich, dass die bosnische Bevölkerung die UNPROFOR mit der Bemerkung verspottete, sie wäre gekommen, „um die Menschen mit Nahrung zu versorgen, damit sie satt umgebracht werden können“.

Zu betonen bleibt allerdings, dass trotz allem die große Mehrheit der UN-Soldaten in Bosnien-Herzegowina bestrebt war, der lokalen Bevölkerung zu helfen, was häufig unter großen eigenen Opfern geschah. Außerdem ermöglichte die Präsenz der UNPROFOR indirekt die Konsolidierung der ARBiH, weil ihr dadurch die nötige Aufbauzeit verschafft wurde.

Neben der UNPROFOR war auch die Nato die meiste Zeit des Krieges auf bosnischem Territorium aktiv, vor allem, um die von den Vereinten Nationen eingerichtete Flugverbotszone durchzusetzen. Nato-Kampfflugzeuge gingen mehrmals effektiv gegen die Luftwaffe der VRS vor. So schossen ihre Luftverbände am 28. Februar 1994 vier serbische Kampfmaschinen ab. Diese Aktion war zugleich der erste Luftangriff in der Geschichte des Nordatlantikpakts. Die Aktionen der Nato trugen auch zur Durchbrechung des Belagerungsringes um Sarajevo bei, da durch die Luftangriffe serbische Artilleriestellungen um die belagerte Stadt sowie Kommunikationszentralen und Munitionsdepots zerstört wurden. Auch verbesserte sich die Lage der Verteidiger von Bihać, nachdem Nato-Maschinen eine Luftwaffenbasis der Serben im kroatischen Zemunik angegriffen hatten. Von dort aus waren regelmäßig serbische Kampfflugzeuge gestartet und hatten Bihać bombardiert. Gleichzeitig war aber das Ausbleiben unmittelbarer Luftunterstützung einer der Hauptgründe für den Fall der UN-Schutzzone Srebrenica. Obwohl die Einrichtung von Flugverbotszonen über Bosnien-Herzegowina den bosnischen Verteidigern half und die Luftangriffe gegen die VRS den Willen der internationalen Gemeinschaft demonstrierten, ihren starken Worten auch Taten folgen zu lassen, so zeugen diese Aktionen aber ebenso von mangelnder Kenntnis der Kriegsparteien und ihrer militärischen Strukturen vor Ort. Die VRS, gegen die sich das Flugverbot in erster Linie richtete, war nämlich ihrem Wesen nach eine reine *Bodenarmee*, die ihre Gegner auch ohne Luftwaffe bekämpfen konnte. Darauf deuten Angaben hin, nach denen die VRS über nur 48 Kampfflugzeuge, dafür jedoch über 3.000 Kanonen von Kaliber 82 mm an aufwärts (auf Panzern, Geschützen oder Granatwerfern) verfügte. Während des Krieges verkehrten zudem ständig Hubschrauber, die unter den Kampfbedingungen in Bosnien ein strategisches Transportmittel darstellten.

Im Jahr 1995 wurden die sog. Rapid Reaction Forces (RRF) als neue Form des UN-Peacemaking-Mandats in Bosnien stationiert. Die Truppe bestand aus französischen und englischen Einheiten in Brigadestärke, die die Aufgabe hatten, serbische Angriffe auf Sarajevo abzuwehren und die Arbeit der UNPROFOR zu sichern. Die RRF kann gewissermaßen als Vorgängerin der international aufgestellten Implementation Forces (IFOR) betrachtet werden, die erst nach Kriegsende in Bosnien zum Einsatz kamen, um den Friedensvertrag von Dayton umzusetzen. Obwohl die IFOR selbst nicht direkt am Krieg beteiligt war, verfügte ein Teil ihrer Einheiten durch den Dienst in UNPROFOR und RRF über Kriegserfahrung.

Zu den „internationalen Kräften“ können in gewisser Weise auch verschiedene Militärberater, Instrukteure, Söldner und Freiwillige gezählt werden. So kamen zur Unterstützung von ARBiH und HVO schon 1994 nach der Unterzeichnung des Washingtoner Abkommens amerikanische Berater ins Land, um an der Vereinigung der beiden Streitkräfte zur Föderationsarmee mitzuwirken. Bei diesen Personen handelte es sich um aktive Offiziere oder Berater privater Gesellschaften, die mit Genehmigung der amerikanischen Regierung tätig waren. Außerdem waren während des gesamten Krieges in Bosnien auch andere Militärberater aktiv, die über private Kanäle ins Land kamen. Die bosnische Armee räumte in diesem Zusammenhang die Zusammenarbeit mit Spezialisten aus islamischen Ländern (Iran, Türkei, Pakistan) ein, den HVO unterstützten westeuropäische Instrukteure und die VRS konnte vor allem auf Inspekteure und Piloten aus Russland und anderen ehemaligen Warschauer-Pakt-Staaten zurückgreifen. Schließlich tummelten sich im bosnischen Kampfgebiet auch Söldner und Freiwillige, die sich aus unterschiedlichsten Motiven engagierten.

23.2.6. Paramilitärische Gruppen

Die meisten paramilitärischen Einheiten kämpften auf serbischer Seite. Um ihre Aktivitäten im Bosnienkrieg zu vertuschen, hatte die Bundesrepublik Jugoslawien das Engagement von Gruppen angeregt, von denen sie behaupten konnte, sie könne sie nicht kontrollieren. Dazu zählten die „Serbische Freiwilligengarde" unter dem Kommando von Željko Ražnatović, genannt Arkan, die „Serbische Tschetnikbewegung" unter Führung von Vojislav Šešelj (1.500 Kämpfer und weitere 3.000-4.000 Mann mit Kriegserfahrung), die „Weißen Adler", ideologisch geführt von Dragoslav Bokan und politisch geleitet von Mirko Jović (ihnen unterstanden auch Konzentrationslager in Bosnien) sowie die „Serbische Garde" (verbunden mit der politischen Partei „Serbische Erneuerungsbewegung" SPO des Vuk Drašković), deren Stärke 1994 auf rund 200 Mann geschätzt wurde. Von den übrigen paramilitärischen Verbänden sind die Kroatischen Verteidigungskräfte (HOS) zu erwähnen. Die HOS wurden auf bis zu 5.000 Kämpfer geschätzt. Nach der politisch motivierten Ermordung des HOS-Kommandanten Blaž Kraljević durch HVO-Angehörige löste sich die Truppe im August 1992 auf. Ihre Angehörigen schlossen sich den HVO-Verbänden und teilweise auch ARBiH an.

Die Volksverteidigung der autonomen Provinz Westbosnien (NO ZB) war eine militärische Formation der Gefolgsleute Fikret Abdićs, eines ehemaligen Mitglieds des bosnischen Staatspräsidiums. Abdić zog sich nach einem erfolglosen Versuch, zu Beginn des Krieges die Macht an sich zu reißen, in seinen Wahlkreis Velika Kladuša zurück und rief dort 1993 das Autonome Gebiet Westbosnien mit der Absicht aus, weitgehende Unabhängigkeit von der Zentralmacht in Sarajevo zu erlangen. Abdić gelang es, sich den Rückhalt der kroatischen und der serbischen Seite zu sichern, die ihn auch logistisch unterstützten. Die Streitkräfte der NO ZB bestanden aus zwei Infanteriebrigaden, die sich vom 5. Korps der bosnischen Armee abgespaltet hatten und die später formal zu sechs Brigaden ausgebaut wurden, ihre Sollstärke aber niemals erreichten. Tatsächlich stand die NO ZB unter dem Oberbefehl der VRS, die einen großen Teil des Offizierskorps stellte und die Einheiten zu Angriffen auf die Enklave Bihać nutzte. Die Truppen des 5. bosnischen Armeekorps besiegten die NO ZB zweimal (1994 und 1995) und nahmen Velika Kladuša ein.

Eine Besonderheit unter den paramilitärischen Gruppen stellten die Freiwilligen aus verschiedenen islamischen Ländern dar, die im Verband der ARBiH kämpften – vor allem in den Einheiten „El Mujahid" und „Fatih". Die zahlenmäßige Stärke der Mudschaheddin wurde auf 500 bis 3.000 Kämpfer geschätzt, sie waren allerdings propagandistisch von größerer Bedeutung als militärisch.

23.3. Schlussfolgerungen

Die Kriege in Bosnien-Herzegowina und Kroatien wurden in keinem sehr hohen Tempo ausgetragen, wobei die angewandten Methoden (Belagerung von Städten, Stellungskampf, überragende Rolle der Infanterie) als veraltet gelten. Keine der Kriegsparteien verfügte gleichzeitig in ausreichendem Maße über die drei grundlegenden Komponenten des Kriegführens (Soldaten, Technik, Logistik). Daher richteten sich die Kriegsstrategien nach den vorhandenen Komponenten, die übrigen wurden vernachlässigt. Ein Beispiel ist die JVA, die wegen des Mangels an Soldaten ihre technische Überlegenheit nicht nutzen konnte und sich statt eines mobilen, schnellen Krieges einen zermürbenden Stellungskampf aufzwingen ließ, in dem die Zeit gegen sie arbeitete. Gleiches galt später auch für ihre Ableger SVK und VRS. Die Kroatische Armee verfügte über eine organisierte Logistik und motivierte Soldaten, doch die zunächst mangelhafte waffentechnische Ausstattung begrenzte ihre Aktivitäten in den ersten Kriegsabschnitten. Die bosnische Armee verließ sich wegen mangelnder Logistik und Technik vor allem auf die Kampfkraft ihrer Soldaten, was sie zwar insgesamt zu einem der kampferfahrensten Verbände machte, aber zugleich oft dazu führte, dass sich taktische Überlegenheit nicht in militärischen Erfolgen auszahlte.

Politische Faktoren spielten eine Schlüsselrolle bei der Entwicklung der Kampfhandlungen. Während der gesamten Kriegszeit bestanden diplomatische Kontakte zwischen den Kriegsparteien, aber auch Versuche der internationalen Gemeinschaft, den verfeindeten Seiten ihre Konfliktlösungen aufzuzwingen. Dies hatte besonders in Kroatien zwischen 1992 und 1995 Auswirkungen auf die Entwicklung militärischer Operationen, während in Bosnien-Herzegowina die politischen Aktivitäten eher dazu dienten, militärische Aktionen zu verschleiern. Für die Mobilisierung der Verteidigungsreserven waren Motive wie das unmittelbare Überleben sowie der Schutz von Familie und Gemeinschaft viel häufiger ausschlaggebend als abstrakte politische Ziele. Ein Grund für die geringere Motivation der kroatischen und bosnischen Serben für den Krieg, abgesehen von der gewohnheitsmäßigen Haltung, die sich auf „ihren Staat" und „ihre Armee" verlässt, hat darin gelegen, dass die meisten serbisch dominierten Ortschaften, die die JVA 1991 und 1992 unter ihre Kontrolle brachte, bis 1995 kaum Kriegsschauplatz waren. Daher spürte die Bevölkerung dieser Gebiete den Krieg nur indirekt, im Gegensatz zur bosniakischen und kroatischen Bevölkerung, die den Kampfhandlungen viel intensiver ausgesetzt war. Der ethnische Charakter der politischen Zielstellungen war für die Kriegsführung insgesamt problematisch. So betont Kadijević, dass Aufstellung und Aktionen der JVA zu Kriegsbeginn nicht durch militärisch bedeutende Ziele (Verkehrswege, bewohnte Ortschaften, geographisch günstige Lagen) bestimmt wurden, sondern weitgehend von der Lage der serbischen Siedlungsgebiete abhängig gewesen seien. Da die Wohnorte der serbischen Bevölkerung nicht immer mit den Orten von militärischer Priorität übereinstimmten, wurde das militärische Vorgehen zwangsläufig komplizierter.

Demokratischer Patriotismus erwies sich letztlich als ein effektiverer Faktor zur Mobilisierung der Bevölkerung als purer Nationalismus. Deshalb konnten die kroatische und die bosnische Armee während ihrer Entwicklung auf größeren Rückhalt in der Bevölkerung bauen und zeichneten sich zudem durch einen demokratischen Charakter aus, der technische und fachliche Unzulänglichkeiten teilweise aufwog. Allerdings zeigten sich mit der Entwicklung des Krieges in den neuentstandenen Armeen auch autoritäre Tendenzen, die zum Teil als Instrument der herrschenden Politik benutzt wurden.

Die Kriege in Bosnien-Herzegowina und Kroatien sind ein erneuter Beleg für die Bedeutung der Logistik als vielleicht wichtigster Komponente einer erfolgreichen Kriegsführung. Auch bestätigt sich, dass für effektive militärische Aktionen unbedingt professionelle Soldaten erforderlich sind, die den Kampf auch dann noch organisiert und wirkungsvoll fortsetzen können, wenn der erste patriotische Enthusiasmus verflogen ist. Die hässlichste Seite dieser Kriege bildeten zweifelsohne die „ethnischen Säuberungen" – eine Form des Genozids, der ein fester Bestandteil der militärischen Doktrin war. Kurzfristig brachten die befohlenen ethnischen Vertreibungen enorme Resultate. So gab es in den serbisch kontrollierten Gebieten keinerlei guerillaähnliche Aktivitäten nichtserbischer Kräfte, denn der Teil der Bevölkerung, der diese Guerilla unterstützt hätte, war vertrieben worden. Langfristig zerstörte die serbische Seite aber ihre etwaige moralische Glaubwürdigkeit und steigerte zugleich die Entschlossenheit ihrer Gegner, denn diese hatten nur die Wahl zu kämpfen oder zu sterben. Zudem wurden für die Kriegsführung notwendige personelle Ressourcen für das Programm der „ethnischen Säuberung" eingesetzt und damit die Moral der Soldaten geschwächt. Insgesamt zeigt sich in der Geschichte noch einmal, dass sich „ethnische Säuberungen" kontraproduktiv auf die erfolgreiche Kriegsführung auswirken (→ Kap. 24).

Die Kriege in Kroatien und Bosnien-Herzegowina verweisen auf die wachsende Bedeutung der internationalen Gemeinschaft bei der Lösung von Konflikten dieser Art. Die UN-Truppen vor Ort spielten eine wichtige Rolle; als Hauptprobleme ihres Einsatzes stellten sich allerdings ein nicht präzise formuliertes Mandat und dessen unentschlossene Umsetzung heraus (→ Kap. 28 u. 30).

Die Entstehung der Armeen lief nach zwei unterschiedlichen Mustern ab. Die Kroatische Armee und die Armee der Republik Bosnien-Herzegowina entstanden aus einer Kombination von Selbstorganisation der Bürger, die fehlende militärische Erfahrung durch ein hohes Maß an Patriotismus wettmachten, und gleichzeitigem Aufbau militärischer Strukturen, welchen aus der JVA geflüchtete Berufssoldaten und Amateure leiteten, die ihre Fähigkeiten im Krieg unter Beweis gestellt hatten. Die lockeren und unvollendeten Strukturen waren insofern von Vorteil, als dadurch auf der taktischen Ebene des Kriegführens zu eher unorthodoxen, erfinderischen Mitteln gegriffen wurde. Es entstanden allerdings große Probleme bei der Koordination der Kräfte auf operativer Ebene, die erst mit der Einführung fester militärischer Strukturen und Subordinationen gelöst werden konnten.

Auf der anderen Seite übernahmen die Armeen des serbischen Blocks (SVK und VRS) praktisch die gesamten militärischen Strukturen und eine große Anzahl von Offizieren der JVA. Trotz dieser anfänglichen Vorteile bleibt festzustellen, dass es den neuen Armeen nicht gelang, das hohe Organisationsniveau der JVA zu halten. Stattdessen verfielen ihre Strukturen, im Fall der SVK sogar mit der Tendenz zur Herausbildung territorialer milizenartiger Verbände.

Der Bosnien- und der Kroatienkrieg bestätigen in gewisser Weise die Formulierung General Kadijevićs vom Krieg der Staaten ohne Armee gegen Armeen ohne Staaten. Die Konflikte zeigen aber auch, dass Staaten in der Lage sind, Armeen sogar mitten im Krieg aufzustellen, während die Armee als staatliches Machtinstrument allein nicht fähig ist, Staaten zu schaffen.

Deutsch von Oliver Hach

Literatur (auch zum Kapitel 22):

Allgemeine Überblicke, Quellen und Studien:
Balkan Battlegrounds: A Military History of the Yugoslav Conflict, 1900-1995, Bd. 2, Washington, DC (Central Intelligence Agency) 2003; Dokumentacioni centar „Ratovi 1991-1999", *Ratovanja* I, Belgrad 2004 (Dokumentationszentrum "Kriege 1991-1999"); James Gow, *Yugoslav Endgames. Civil Strife and Interstate Conflict*, London 1991; ders., *Legitimacy and the Military. The Yugoslav Crisis*, London 1992 (1994^2); ders. *Yugoslavia and Lessons from the Gulf War*, London 1993; ders., „The Future of Peacekeeping in the Yugoslav Region", *Brassey's Defense Yearbook 1993*, Vol. 103. London (u.a.) 1993, S. 179-198; ders., *The Serbian Project and Its Adversaries: A Strategy of War Crimes*, London 2003; Hannes Grandits/Carolin Leutloff, „Diskurse, Akteure, Gewalt – Betrachtungen am Beispiel der Krajina in Kroatien 1990/91", in: Wolfgang Höpken/Michael Riekenberg (Hg.) *Politische und ethnische Gewalt in Südosteuropa und Lateinamerika*, Köln Weimar Wien 2001, S. 227-257; Igor Graovac, „Civilne žrtve u sektoru *Jug* u *Oluji* i neposredno nakon *Oluje* (osnovni pokazatelji)", *Polemos* 7, Zagreb 2004, S. 129-145 (Zivile Opfer im Sektor *Süd* in und nach der Oluja (Basishinweise); Božidar Javorović, *Velikosrpska najezda i obrana Hrvatske*, Zagreb 1995 (Grossserbischer Feldzug und Verteidigung Kroatiens); Aleksandar S. Jovanović, *Rat Srba i Hrvata 1991*, Belgrad 1994 (Der Krieg zwischen Serben und Kroaten); Branka Magaš/Ivo Žanić (Hg.) *Rat u Hrvatskoj i Bosni i Herzegovini 1991-1995*, Zagreb – Sarajevo 1999; im Auftrag des Bosnischen Instituts in London. Die englische Ausgabe: *The War in Croatia and Bosnia-Herzegovina 1991-1995*,

London 2001; Davor Marijan, „Borbe za Kupres u travnju 1992.", *Polemos* 3, Zagreb 2000; ders. *Bitka za Vukovar*, Zagreb 2004 („Die Schlacht um Vukovar"); Mate Pavković, *Hrvatske ratne štete*. Zagreb 1997 (Kriegsschäden Kroatiens); Charles R. Shrader, *The Muslim-Croat Civil War in Central Bosnia. A Military History*, 1992-1994, Texas 2003.

Zu den diversen Armeen: Paul Beaver (Hg.), *Jane's Sentinel. The Balkans*, Coulsdon 1995; Anton Bebler, „Staat im Staate. Zur Rolle des Militärs, in: Josip Furkeš und Karl Heinz Schlarp (Hg.), *Jugoslawien: Ein Staat zerfällt. Der Balkan – Europas Pulverfaß*, Reinbek 1991, S. 106-133; Mile Bjelajac, „Military Elites – Continuity and Discontinuities: The Case of Yugoslavia, 1918-1980" in: Höpken/Sundhaussen (Hg), *Eliten in Südosteuropa. Rolle, Kontinuitäten, Brüche in Geschichte und Gegenwart*, (Südosteuropa-Jahrbuch) München 1998, S. 229-241; Janusz Bugajski, „Bosnia after the troops leave", in: *The Washington Quarterly* 19 (1996) 3, S. 61-86; James Gow, „Slovenia – Territorial Defence a Year on", in: *Jane's Intelligence Review*, 4 (1992) 7, S. 305-308; ders., „Belgrade and Bosnia. An Assessment of the Yugoslav Military", in: *ebd.*, 5 (1993) 6, S. 243-246; Miroslav Hadžić, „Selbstverteidigung statt Landesverteidigung: Die Rolle der Armeeführung im Kontext der jugoslawischen Krise", in: T. Bremer, N. Popov, H.-G. Stobbe (Hg.), *Serbiens Weg in den Krieg*, Berlin 1998, S. 243-260; ders., "Ratni udeo JNA", in: *Filozofija i društvo* VI, 1994 (Der Anteil der JVA an dem Krieg), ders., Sudbina partijske vojske, Belgrad 2001 (Das Schicksal der Parteienarmee); Marko A. Hoare, *How Bosnia Armed*, London 2004; Janez Janša, *Premiki: Nastajanje i obramba slovenske države 1988-1992,* Ljubljana 1992 (Bewegungen. Die Entstehung und Verteidigung des slowenischen Staates 1988-1992); Nedžad Latić und Zehrudin Isaković (Hg.), *Armija Bosne i Hercegovine*, Sarajevo 1997 (Die Armee von Bosnien-Herzegowina); Marinko Ogorec, *Hrvatski domovinski rat,* Opatija 1994 (Der kroatische Vaterlandskrieg); Ilija T. Radaković, *Besmislena Yu ratovanja*. Belgrad 1997 (Sinnlose Yu Kriege); Srđan Radulović, *Sudbina Krajine*, S.l. 1996 (Das Schicksal der Krajina); Milisav Sekulić, *Knin je pao u Beogradu* Bad Vilbel 2001 (Knin ist in Belgrad gefallen); Milan Vego, „Federal Army Deployments in Bosnia and Herzegovina", in: *Jane's Intelligence Review*, 4 (1992) 10, S. 445; ders., „The Army of Bosnia and Herzegovina", in: *ebd.,* 5 (1993) 4, S. 63-67; ders., „The Croatian Army", in: *ebd.*, 5 (1993) 5, S. 203-210; ders., „The Croatian Forces in Bosnia and Herzegovina", in : *ebd.*, 5 (1993) 3, S. 99-103; ders., „The Yugoslav Ground Forces", in: *ebd.,* 5 (1993) 6, S. 247-253; Ozren Žunec (Hg.), *Hrvatska vojska 2000. Nacionalna sigurnost, oružane snage i demokracija*, Zagreb 1999 (Die Kroatische Armee 2000. Nationale Sicherheit, Streitkräfte und Demokratie).

Strategien: *Doktrina kopnene vojske Jugoslovenske narodne armije*. (Materijal sa seminara.) S.l. 1984 (Schulungsmaterial des Generalstabs der JVA); Marija Obradović, „Der Krieg als Quelle politischer Legitimation. Ideologie und Strategie der herrschenden Partei", in: T. Bremer, N. Popov, H.-G. Stobbe (Hg.), *Serbiens Weg in den Krieg*, Berlin 1998, S. 359-378; *Strategija općenarodne obrane i društvene samozaštite,* Belgrad 1987 (Die Strategie der Volksverteidigung und des Selbstschutzes der Gesellschaft); Ozren Žunec, *Rat i društvo. Ogledi iz sociologije vojske i rata,* Zagreb 1998 (Krieg und Gesellschaft. Abhandlungen zur Soziologie des Militärs und des Krieges).

Erinnerungen: Janko Bobetko, *Sve moje bitke,* Zagreb 1996 (Alle meine Schlachten); Sefer Halilović, *Lukava strategija*, Sarajevo 1997 (Listige Strategie); Borisav Jović, *Poslednji dani SFRJ. Izvodi iz dnevnika,* Belgrad 1995 (Die letzten Tage der SFRJ. Auszüge aus dem Tagebuch); Veljko Kadijević, *Moje viđenje raspada,* Belgrad 1993 (Meine Sicht des Zerfalls); Nedžad Latić und Zehrudin Isaković (Hg.), *Ratna sjećanja generala Alagića – Rat u srednjoj Bosni*, Zenica 1997 (Kriegserinnerungen des Generals Alagić – der Krieg in Mittelbosnien); Fikret Muslimović, *Obrana Republike*, Sarajevo 1995 (Die Verteidigung der Republik): Martin Špegelj, *Sjećanja vojnika*, (Hg. Ivo Žanić), Zagreb 2001 (Erinnerungen eines Soldaten).

24. Das ethnische „engineering“

Karl Kaser

Geschichte und Schicksal der Menschen in den südöstlichen Peripheriegebieten Europas sind seit den frühesten Zeiten von regen *Migrationsbewegungen* mitbestimmt. Dieser permanente Prozess von Zu- und Abwanderungen führte dazu, dass es kaum zu ethnisch homogenen Großregionen kommen konnte. Die ethnische Karte Südosteuropas gleicht einem Leopardenfell. In vornationalen Zeiten spielte dieser Umstand eine noch geringe Rolle. Mit den allmählich erstarkenden nationalen Identitäten jedoch wurde diese ethnische Verwobenheit für die jungen Nationalstaaten ein gravierendes Problem. Als die modernen südosteuropäischen Staaten entstanden, war in vielen Fällen die nationale Identität der Bewohner bereits zu stark ausgebildet, um noch in eine gemeinsame Staatsnation eingeschmolzen werden zu können. Über unterschiedliche Methoden, in friedlichen ebenso wie in kriegerischen Auseinandersetzungen, wurde immer wieder versucht, dieses Problem zu „lösen“. Eine vielfach angewandte Methode war die der Aussiedlung und Vertreibung: Sie stellt einen integralen Bestandteil der Geschichte der Gesellschaften Südosteuropas im 19. und 20. Jahrhundert dar.

24.1. Migrationen und ethnische Phantasien

Im Verlauf der rund fünfhundertjährigen Herrschaft des Osmanischen Reichs über weite Teile Südosteuropas wurden folgenschwere Binnenmigrationen ausgelöst. Gegen Ende seines Bestehens – eine erste Welle an Nationalstaaten hatte sich zwischen 1830 und 1913 auf seinen ehemaligen Territorien herausgebildet – hatte die ethnische Verzahnung seiner vielen unterschiedlichen Bevölkerungsgruppen den Höhepunkt erreicht. Das sukzessive Verdrängen des Reiches aus Europa löste den Traum von ethnisch homogenen Nationalstaaten aus.

Eine wichtige Frage ist, wie sich die unzähligen Migrationsprozesse auf die ethnische Identifizierung und deren kulturelle Symbole auswirkten. Die drei primären Elemente ethnischer Identifikation auf dem Balkan waren im Zeitalter der Nationsbildungsprozesse *Verwandtschaft*, *Sprache* und *Religion*. Abstammungsverwandtschaft zählte unter den meisten Muslimen relativ wenig, sieht man von der albanischen muslimischen Bevölkerung ab. Doch unter manchen orthodoxen Bevölkerungsgruppen (Serben, Montenegriner), begrenzt auch unter katholischen (etwa unter den Kroaten der Herzegowina) war und ist sie teilweise noch sehr stark verankert. Ihr Bewusstsein der verwandtschaftlichen Verbindungen mit den Herkunftsgebieten ist stark. Wichtig ist, dass dieses Kriterium des stark hervortretenden Bewusstseins der Verwandtschaft und der Typus des Abstammungsmodells der nationalen Homogenisierung nicht auf eine bestimmte ethnische Gruppe reduzierbar ist. Ein ähnlich trügerisches Kriterium ist die Sprache. Zwar unterscheidet es slawischsprechende Menschen deutlich von Albanern, Ungarn, Deutschen, Türken oder Griechen; aber innerhalb der südslawischen Sprachengruppe sind die Übergänge vielfach fließend. Die von den osmanischen Eroberungen ausgelöste Migration von Slawen in Richtung Nordwesten trieb in Bosnien und Kroatien einen Keil von montenegrinischen und herzegowinischen Dialekten in ein sonst recht einheitliches Sprachgebiet zwischen Save und Adria (→ Kap. 16). Durch mit der Religionszugehörigkeit verbundene Privilegien konnte diese darüber hinaus selbst zu einem ethnischen Merkmal werden. So wirkte sich die unterschiedliche Konfessionszugehörigkeit unter der Bevölkerung der ehemaligen kroatischen Militärgrenze (1535-1881) als ethnisches Differenzierungsmerkmal aus. Hier wurden mit den „Wlachen“ und den „Bunjevzen“ zwei Ethnien mit analogem wirtschaftlichem und sozialem Hintergrund nach der Flucht der heimischen Bevölkerung angesiedelt; erstere waren orthodoxer, die anderen katholischer Konfession. Die Verwaltung gestattete der orthodoxen Grenzbevölkerung ausdrücklich die ungehinderte Religionsausübung. Die unterschiedliche Religionszugehörigkeit wurde im Zuge der Festigung nationaler Identitäten dafür ausschlaggebend, dass sich die Wlachen zum Serbentum und die Bunjevzen zum kroatischen Ethnikum bekannten. Eine wesentliche Rolle spielte die Konfession im Falle der muslimischen Bevölkerung Bosniens und der Herzegowina, der in den sechziger Jahren der Status einer Nation zuerkannt wurde.

Bedingt durch die vielen Migrationsprozesse kam es nicht überall dazu, dass diese drei Elemente in vergleichbarer Konstellation in eine bestimmte nationale Identität mündeten: Während Albaner orthodox, muslimisch oder katholisch sein können, kennen orthodoxe und katholische Slawen keine ethnische Gemeinsamkeit. Die Elemente Verwandtschaft, Sprache und Religion ermöglichten zwar prinzipiell eine ethnische Zuordnung, waren jedoch vielfach nicht ausreichend, um ethnische Gruppen eindeutig zu definieren. Dieser Umstand bildete den Nährboden für ethnische Phantasien; schließlich waren es die Politik und die Politiker, die dazu berufen waren, die Kriterien für die ethnische Zugehörigkeit klarzustellen.

Solche Unsicherheiten in der ethnischen Identifizierung einerseits und die ethnische Verzahnung andererseits hätten die Durchsetzung eines Staatskonzepts erforderlich gemacht, welches der Staatsbürgerschaft (etwa im Sinne eines Jugoslawentums) höhere Bedeutung beimisst als der nationalen Zuschreibung. Da man diesen Weg jedoch nicht beschritt und von den historischen Umständen her auch kaum beschreiten konnte, wurden die Ethnien immer wieder zu Objekten politischer Projekte, die eine Ausweitung oder Konsolidierung von Grenzen und die Assimilierung oder nationale Homogenisierung innerhalb dieser Grenzen zum Ziel hatten. Einzelne nationale Gruppen konnten von politischen Führern für derartige Konsolidierungs- und Homogenisierungsprojekte auch in der Krise des ehemaligen jugoslawischen Staates mobilisiert und die historisch sowie migrationsbedingte ethnische Aufladung so politisch abgerufen werden.

Wenngleich die dahinter stehenden Mechanismen nachvollziehbar scheinen, ist dennoch die Frage aufzuwerfen, weshalb und auf welche Weise daraus der Wahn des ethnisch Reinen und eine Ideologie der Vertreibung und der ethnisch motivierten Gewalt resultierten. Bevor darauf zu antworten sein wird, muss auf das grundsätzliche Problem hingewiesen werden, dass in Südosteuropa *Nationsbildungsprozess* und *Nationalstaatsbildung* in einer ungünstigen Konstellation zueinander standen. Dies geht im Wesentlichen darauf zurück, dass einige der südosteuropäischen Staaten erst in einer historischen Phase gegründet wurden, als Nationsbildungsprozesse bereits angelaufen waren und nationale Identitäten sich zu stabilisieren begannen. In Ländern mit kompakten Staatsnationen blieb dies ohne gravierende Auswirkungen. Wohl aber hatte diese Konstellation in einem Nationalitätenstaat vom Typ Jugoslawien destabilisierende Folgewirkungen. Zur Zeit der Staatsgründung waren die einzelnen Völker als Nationen in ihrer kollektiven Identität noch nicht voll ausgereift, so dass die Idee eines gemeinsamen südslawischen Staates zunächst auf fruchtbaren Boden fiel. Die Etablierung eines solchen Staates gleichberechtigter südslawischer (und anderer) Nationen wäre allerdings nur unter demokratischen und rechtsstaatlichen Rahmenbedingungen möglich gewesen. Der Versuch serbischer Politiker, das alte Jugoslawien in einen serbischen De-facto-Staat umzugestalten, beschleunigte jedoch die nationalen Bewusstwerdungsprozesse (→ Kap. 10).

Die Rolle, die der zweite jugoslawische Staat in dieser Frage spielte, war speziell in der langen Regierungszeit Titos in einem anderen Sinne widersprüchlich. Einerseits stärkte er – etwa durch die Republikautonomie – die nationalen Identitäten, gleichzeitig jedoch wurden nationale Kultur und Werte systematisch unterdrückt. Unter diesen Bedingungen erwies sich ein Hineinwachsen der unterschiedlichen ethnischen Gruppen in eine Staatsnation als nicht realistisch. Mehr als einige wenige Prozentanteile an „Jugoslawen" im Sinne nationaler Bezeichnung hat Jugoslawien als vermeintlicher „melting pot" nicht hervorgebracht.

Durch die in kommunistischer Zeit eingeleiteten Modernisierungsprozesse wurde eine weitere Migrationswelle ausgelöst: jene vom Land in die Städte und Industriezentren des Landes. Innerhalb von vier Jahrzehnten wurde die einstige Agrargesellschaft in eine halbindustrialisierte umgewandelt. Die ethnische Verzahnung – im Unterschied zu früheren Zeiten nun auch in den urbanen Zentren – wurde dadurch noch um eine Stufe verdichtet.

Tabelle 1: Die ethnische Struktur Serbiens 1991

Ethnische Gruppen	1981	in %	1991	in %	+/- in %
Serben	6. 182.159	66,4	6.428.420	65,8	3,98
Albaner	1. 303.032	14,0	1.686.661	17,2	29,44
Magyaren	390.468	4,2	345.376	3,5	-11,25
Jugoslawen	441.941	4,7	317.739	3,2	-28,11
Muslime	215.166	2,3	237.358	2,4	10,31
Kroaten	149.368	1,6	109.214	1,1	-26,89
Montenegriner	147.466	1,6	140.024	1,4	-5,05
Zigeuner	110.959	1,6	137.265	1,4	23,70
Slowaken	73.207	0,8	67.235	0,6	-8,16
Makedonen	48.986	0,5	47.577	0,4	-2,88
Rumänen	53.693	0,6	42.386	0,4	-21,06
Bulgaren	33.455	0,4	25.214	0,3	-24,64
Bunjewatzen	-	-	21.662	0,2	
Ruthenen	19.758	0,2	18.339	0,2	-7,19
Wlachen	25.596	0,3	17.557	0,2	-31,48
Türken	13.890	0,1	11.501	0,1	-17,20
Slowenen	12.006	0,1	8.340	0,1	-30,54
Undeklarierte	7.834	0,1	16.661	0,1	112,67
Übrige	34.624	0,4	46.788	0,5	35,13
Unbekannt	43.222	0,5	61.278	0,6	41,77
Insgesamt	9.313.677	100,0	9.791.475	100,0	5,13

Quelle: G. Seewann (1993)

Das Endergebnis aller dieser historischen und gegenwärtigen Bevölkerungsverschiebungen ist, dass für die letzte jugoslawischen Volkszählung (1991) selbst in der national sehr homogenen Teilrepublik Slowenien (90,5 Prozent Slowenen) zehn weitere ethnische Gruppen statistisch zu erfassen waren. Die zu 65,8 Prozent serbischen Bewohner Serbiens teilten sich die Republik sogar mit 16 weiteren ethnischen Gruppen (siehe Tabelle 1), die zu 77,9 Prozent kroatischen Bewohner Kroatiens lebten immerhin mit neun weiteren ethnischen

Gruppen, darunter knapp 600.000 Serben, zusammen (Tabelle 2). Daran wird deutlich, dass mit Ausnahme des ethnisch relativ homogenen Slowenien nur durch groß angelegte Umsiedlungsmaßnahmen national homogene Republiken erzielt werden könnten.

Tabelle 2: Die ethnische Struktur Kroatiens 1991

Ethnische Gruppen	1981	in %	1991	in %	+/- in %
Kroaten	3.454.661	71,5	3.708.308	77,9	5,55
Serben	531.502	11,5	580.769	12,2	9,26
Jugoslawen	379.058	8,2	104.728	2,2	-72,32
Muslime	23.740	0,5	47.603	1,0	100,51
Magyaren	25.439	0,6	23.802	0,5	-6,44
Slowenen	25.136	0,6	23.802	0,5	-5,31
Italiener	11.661	0,3	19.041	0,4	63,28
Tschechen	15.061	0,3	14.281	0,3	-5,18
Albaner	6.006	0,1	14.281	0,3	137,70
Montenegriner	9.818	0,2	9.521	0,2	-3,03
Undeklarierte	17.193	0,4	76.166	1,6	343,00
Regionalisten	8.654	0,2	47.603	1,0	449,87
Übrige	38.801	4,2	23.803	0,4	-38,66
Unbekannt	64.733	1,4	66.645	1,4	29,53
Insgesamt	4.601.469	100,0	4.760.344	100,0	3,45

Quelle: G. Seewann (1993)

In der Analyse möglicher Ursachen für den Ausbruch ethnisch motivierter Gewalt ist man mittlerweile über die im ex-jugoslawischen Fall viel strapazierte „Dampfkesseltheorie" (lange unterdrückte nationalistische Emotionen, die sich schließlich explosionsartig entluden) hinaus. So einfach waren die Dinge im ehemaligen Jugoslawien nicht; es ist jedoch festzuhalten, dass die Unterbindung eines offenen Diskurses über nationale Fragen sehr wohl fatale Auswirkungen hatte, denn so hatten nationalistische Führer vom Schlage eines Milošević leichtes Spiel, wenn sie im entsprechenden Moment die politische Bühne betraten, sich die Gefolgschaft der Massen zu sichern (→ Kap. 20).

Monokausale Erklärungen können generell kaum zum Verständnis interethnischer Konflikte beitragen; gefordert sind Erklärungsmodelle, wie sie etwa Andreas Wimmer in „Interethnische Konflikte" anbietet, die Analysen u.a. über ethnischen Klientelismus und Diskriminierungen, über die politische Mobilisierung durch Minderheitseliten, über ungleiche Beziehungen zwischen einzelnen ethnischen Regionen und über die Konfliktlösungskapazitäten unterschiedlicher politischer Systeme integrieren. Interessante Erklärungsperspektiven bietet Thomas Scheffler, der sich mit dem Spannungsverhältnis zwischen *Ethnizität* einerseits und *Radikalismus* bzw. Gewalt andererseits auseinandersetzt. Er zeigt die komplexen Wege, die zur Unterscheidungskonstruktion zwischen Freund und Feind entlang ethnischer Merkmale führen können. Diese soziologischen Modelle können ebenso für die Erklärung des Ausbruchs der Feindseligkeiten im ehemaligen Jugoslawien herangezogen werden wie solche, welche die historische Konstruktion von Feindbildern kritisch hinterfragen. Der nationale Hass reicht etwa in der Region der Militärgrenze wie das nationale Selbstverständnis der kroatischen und serbischen Bevölkerung dieser Region nicht weiter als bis in die zweite Hälfte des 19. Jahrhunderts zurück und ist im Zusammenhang mit Bedingungen der Fremdherrschaft einerseits und den Prozessen der aufkommenden nationalen Integrationen andererseits zu analysieren (→ Kap. 3). Dennoch wird von beiden Seiten die Geschichte für die Konstruktion historischer Mythen und Feindbilder sowie als Handlungslegitimation für die Gegenwart missbraucht: Trotz der Tatsache, dass die Vorfahren beider Bevölkerungsgruppen in ihrer Funktion als Grenzerfamilien zur Abwehr von osmanischen Überfällen durch rund dreieinhalb Jahrhunderte ein gemeinsames Schicksal teilten, wurde dieses Territorium in einer ethnozentrischen Erinnerungsperspektive zu exklusiv serbischem oder kroatischem Boden. Vergleichbare Muster ideologischer Feindbildproduktion im interethnischen Konflikt sind auch in Bosnien-Herzegowina anzutreffen.

24.2. Ethnische „Säuberung“: Der Wahn des national Reinen

Die ethnozentrischen Erinnerungsperspektiven über den angeblich national reinen Boden können eine bemerkenswerte Kraft im Sinne einer Mobilisierung nationaler Solidarität entfesseln, zumal dann, wenn – wie Bette Denich ausführt – mit Hilfe von Bedrohungs- und Opferungserzählungen die Gegenwart mit Vergangenheit und Zukunft verbunden wird. In einer derart emotionalisierten Stimmung wird es dann auch für kritische Vertreter der eigenen ethnischen Gruppe sehr schwierig, der nationalen Homogenisierung etwas entgegenzusetzen.

Wenn wir über national motivierte Verfolgung und Vertreibung in den ex-jugoslawischen Kriegen nachdenken, so dürfen wir nicht vergessen, dass diese den vorläufigen Abschluss einer lange geduldeten und nie sanktionierten historischen Praxis darstellt. Die Spirale von Krieg, Flucht und Vertreibung wurde in Südosteuropa jahrhundertelang in Bewegung gehalten und hatte Generationen von Menschen erfasst. Als im Zeitraum von zwei Jahrhunderten (etwa Mitte des 14. bis Mitte des 16. Jahrhunderts) das auf islamischer Grundlage beruhende Osmanische Reich einen Großteil Südosteuropas eroberte, war dies begleitet von Kämpfen und Zerstörungen, von Flucht und Vertreibung der christlichen Bevölkerung. Viele serbische Familien etwa wanderten in das schwer zugängliche dinarische Gebirgsmassiv ab und kehrten erst Jahrhunderte später in die Ebenen zurück (→ Kap. 6).

Die Grenze zwischen dem Habsburgischen und dem Osmanischen Reich kam schließlich im westlichen Ungarn und mitten in Kroatien zu liegen. Dabei wurde der von den Osmanen eroberte Teil Kroatiens in der ersten Hälfte des 16. Jahrhunderts völlig zerstört; die meisten Menschen flüchteten in das kroatische Hinterland, das die Flüchtenden kaum aufnehmen konnte. Einige Grundherren, die auch im westlichen Ungarn begütert waren, siedelten ihre flüchtenden Untertanen dort an. Diese Ansiedlungen bildeten den Ursprung der heutigen kroatischen Dörfer im österreichischen Bundesland Burgenland (sog. Burgenkroaten).

Auch im Rahmen des Osmanischen Reichs, das nun weite Teile Südosteuropas bzw. des Vorderen Orients und Nordafrikas beherrschte, kam es zu vielen, teilweise sehr umfangreichen Migrationsbewegungen. Von diesen sei nur auf die Ansiedlung von Tausenden orthodoxen Wlachenfamilien in Bosnien und der Herzegowina hingewiesen, die den Kern der heutigen serbischen Bevölkerung des Landes bilden (→ Kap. 4).

Der Versuch der Habsburgerarmee gegen Ende des 17. Jahrhunderts, die Osmanen nach Ungarn und Siebenbürgen auch aus den Zentralregionen Südosteuropas zu vertreiben, führte zu weiteren gewaltigen Bevölkerungsbewegungen. Die Armee war bis Bosnien, Serbien und in das Kosovo vorgedrungen. Die orthodoxe, aber auch die katholische Bevölkerung hatte offen mit ihr kollaboriert. Als sie sich jedoch wieder zurückziehen musste, flüchteten im Jahr 1690 große Teile der serbischen Bevölkerung aus dem Kosovo und den zentralserbischen Gebieten in Richtung Nordosten – vor allem in das engere Ungarn und die Vojvodina, wo ihnen das Habsburgische Reich Schutz bot und das Privileg der freien Religionsausübung verlieh (→ Kap. 5 u. 8). In Bosnien sank nach dem Türkenkrieg 1683-1699 die Anzahl der Katholiken auf ca. 30.000.

Es muss deutlich herausgestrichen werden, dass die Migrationen innerhalb des Osmanischen Reiches und selbst auch brutale Maßnahmen, die zur Flucht über die Reichsgrenzen Anlass gaben, nichts mit der Idee nationaler oder ethnischer Homogenisierung zu tun hatten. Die Osmanische Führung hatte den multireligiösen und damit auch multikulturellen Charakter des Reichs über die Jahrhunderte aufrechterhalten. In der Regel war von der Balkanbevölkerung weder der Übertritt zum Islam noch eine Türkisierung erzwungen worden.

Diese Konstellation änderte sich im 19. und beginnenden 20. Jahrhundert grundlegend, als das Osmanische Reich sukzessive seine Territorien in Südosteuropa verlor. Mit der Etablierung der Nationalstaaten kam es zu einer weitgehenden Vertreibung der muslimischen Bevölkerungsanteile; nun können wir feststellen, dass sich das Muster einer staatlich gelenkten nationalen Homogenisierungspolitik mit dem Ziel der Schaffung homogener Nationalstaaten durchsetzte. Die Bevölkerungspolitik des Habsburgischen wie auch des Osmanischen Reichs war in erster Linie von Staatsinteressen geleitet gewesen und hatte vornehmlich dem Erreichen wirtschaftlicher oder strategischer Ziele gedient. Das nun sich etablierende Muster einer nationalen Homogenisierungspolitik dient einem nationalistischen Selbstzweck: Das national und/oder konfessionell Andere wird aus Angst um die eigene Identität ausgegrenzt, abgedrängt, vertrieben, liquidiert oder assimiliert. Die jeweilige Methode wurde im Sinne der Realisierung nationaler Programme bewusst gewählt und angewandt. Das bekannteste Beispiel liefert die programmatische Denkschrift des Historikers Vaso Čubrilović aus 1937, in der der jugoslawischen Regierung gewaltsame Methoden zur „Säuberung" des Kosovo von Albanern („Arnauten") empfohlen und mit dem Hinweis versehen werden, die Welt nehme die Vertreibung der jüdischen Minderheit aus Nazideutschland auch hin.

Die ethnischen „engineers" taten sich im Falle der muslimischen Bevölkerung leicht, dieses Muster der Vertreibung den christlichen Bevölkerungen Südosteuropas anzubieten, handelte es sich doch um die ehemaligen „Unterjocher" und außerdem um Muslime. Millionen südosteuropäischer Muslime fanden in dem Jahrhundert zwischen etwa 1820 und 1920 den Tod oder flüchteten in die heutige Türkei. Die gut begründeten Schätzungen J. McCarthys ergeben eine Zahl von etwa fünf Millionen Geflüchteten und Vertriebenen und etwa fünfeinhalb Millionen Todesopfer durch Verfolgungen. Im Einzelnen wurden im Verlauf des griechischen Befreiungskampfs (1821-1829) schätzungsweise rund 25.000 Muslime von griechischen Revolutionären getötet. Bulgariens erfolgreiche Unabhängigkeitsbewegung (1876-1878) endet damit, dass rund eine halbe Million Muslime aus dem Land vertrieben wurde; auch aus Serbien wurde während dieser Zeit ein Großteil der muslimischen Bevölkerung vertrieben, aus Bosnien-Herzegowina wanderten, ausgelöst durch die Machtübernahme Österreich-Ungarns im Jahre 1878, rund 130.000 Muslime ab. Noch im Jahr 1911 repräsentierten sie 51 Prozent der Bevölkerung im osmanischen Europa. In den Kriegen zwischen 1912 und 1920 (1. und 2. Balkankrieg, 1. Weltkrieg) flüchteten etwas mehr als 400.000 Muslime, bis 1923 weitere 1,2 Millionen. Von der muslimischen Bevölkerung Südosteuropas des Jahres 1911 waren 1923 nur mehr 38 Prozent anwesend; der Rest war geflüchtet, starb auf der Flucht oder wurde getötet (über 600.000). Erst in der allerletzten Phase seines Bestehens praktizierte auch das Osmanische Reich eine Politik der nationalen Homogenisierung, als – ausgelöst von den empfindlichen territorialen Verlusten zu Beginn des 20. Jahrhunderts – das Konzept eines türkischen Nationalstaats immer stärker an Boden gewann. 1915/16 wurde beinahe die gesamte armenische Bevölkerung vertrieben; 1922/23 – das Osmanische Reich hatte zu diesem Zeitpunkt praktisch aufgehört zu bestehen, und auf dessen Trümmern zeichneten sich bereits die Konturen des türkischen Nationalstaats ab – war die griechische Bevölkerung Anatoliens von Vertreibung und Umsiedlung betroffen. Insgesamt dürfte es sich um etwa 1,1 Millionen Griechen gehandelt haben, die Hals über Kopf das Land verlassen mussten.

In der gegenwärtigen Debatte um die so genannten „ethnischen Säuberungen“ darf also nicht außer Acht gelassen werden, dass es sich bei „ethnischen Entmischungen“ bis weit in das 20. Jahrhundert um eine geduldete Methode nationaler Homogenisierung handelte.

24.3. Planung, Strategie und Taktik der ethnischen Säuberungspolitik 1991-1995

Die ethnischen Säuberungspraktiken der Jahre zwischen 1991 und 1995 in Bereichen des ehemaligen Jugoslawiens bauten auf historische Vorbilder und Ablaufmuster auf, auch auf jene neueren Datums, d.h. die bekannten Ausrottungspraktiken im Zweiten Weltkrieg und ethnischen Vertreibungen (Deutsche, Italiener) der kommunistischen Machthaber danach (→ Kap. 11 u. 12). Diese historischen Muster sind allerdings weder in ihrer Strategie noch in den Dimensionen des Schreckens einheitlich. Zwischen der Enteignung von Großgrundbesitzern, die auch ethnisch interpretiert werden könnte, indirektem Druck zur Auswanderung aufgrund von Grenzverschiebungen nach einem Krieg und einer staatlich angeordneten Ausrottung und Vertreibung ganzer Bevölkerungsgruppen bestehen entscheidende Unterschiede und unterschiedliche Handlungsspielräume.

Diese letzte Stufe – die von staatlichen Zentralstellen angeordnete – wird in der Politik der Herstellung eines großserbischen Staates wohl am deutlichsten. Zwar dürfte auch die kroatische Staatsführung mit einem großkroatischen Staat kokettiert haben; sie hat jedoch die Realisierung dieses Ziels nicht derartig programmatisch und systematisch verfolgt wie die serbische Seite. Die ethnische Vertreibungs- und Vernichtungsmaschinerie wurde in der kroatisch-serbischen „Krajina“ im Sommer 1991 von serbischen Freischärlern in Gang gebracht; in weiterer Folge griff die Jugoslawische Volksarmee ein und unterstützte die ethnische Säuberung ganzer Städte und Regionen; Nichtserben wurden aus ihren Häusern vertrieben, die Häuser teilweise von Serben in Besitz genommen, die ihre Heimat in anderen kroatischen Regionen verließen oder verlassen mussten. Die Vertreibungen bewirkten in ihrer systematischen Durchführung Angst und Schrecken unter den kroatischen Bewohnern; viele flüchteten aus Angst vor dem Terror (→ Kap. 22). Als am 19. Dezember 1991 die „Republik Serbische Krajina“ (bestehend aus den Regionen Lika, Banija und Kordun sowie Westslawonien) ausgerufen wurde, war diese bereits größtenteils ethnisch „gesäubert“. In den insgesamt sechs Verwaltungsbezirken betrug der serbische Bevölkerungsanteil bereits zwischen 73 und 98 Prozent; in Westslawonien hatte er zuvor lediglich 26,9 Prozent betragen. Ähnlich die Situation in Ostslawonien (mit einem serbischen Bevölkerungsanteil von 22,6 Prozent), das mit der Eroberung von Vukovar (Mitte November 1991) durch die Jugoslawische Volksarmee und serbische paramilitärische Einheiten eingenommen worden war: Im Sommer 1991 eroberte die JVA kampflos die Baranja (Beli Manastir), das an die Vojvodina angrenzende Gebiet an der Donau. Die nichtserbische Bevölkerung wurde vertrieben, z.T. mit Hilfe der Beobachter der EG auf Lastwagen, ohne Hab und Gut evakuiert, und die verbliebene vollkommen entrechtet. Das Gebiet wurde zum „Serbischen Autonomen Gebiet Ostslawonien“ proklamiert. Paramilitärische Einheiten verübten dort zahlreiche Massaker (Dalj, Borovo Selo, Ovčara bei Vukovar). Im Oktober 1993 waren bereits 247.000 Kroaten aus diesem Gebiet vertrieben.

Seit dem Mai 1995 begann sich die militärische Situation grundlegend zugunsten Kroatiens zu verändern; zu diesem Zeitpunkt wurde Westslawonien und Anfang August desselben Jahres der Westteil des serbischen parastaatlichen Gebildes „Krajina" militärisch unter Kontrolle des kroatischen Staates gebracht und „integriert". Ethnische „Gegensäuberung" durch die Kroaten, aber auch eine „Selbstsäuberung" von serbischer Seite, deren Propagandisten zum Verlassen der verlorenen „Krajina" aufriefen, war die Folge: Die meisten Serben Westslawoniens flüchteten, die verbliebenen waren teilweise Bedrohungen ausgesetzt. Nachdem zwischen 150.000-200.000 Serben nach dem Fall von Knin zusammen mit den militärischen Verbänden bis auf rund 2.000 geflüchtet waren, kam es zu – gewiss geduldetem, wenn nicht angeordnetem – Terror gegenüber der spärlich übrig gebliebenen Bevölkerung.

Die kroatische Regierung gab zwar Übergriffe zu, aber die Morde (an ausschließlich alten Menschen) wurden unter Tuđman nicht konsequent gerichtlich verfolgt, was Vermutungen nährte, dass hinter diesem gesamten Vorgehen eine „abschreckende Absicht" gegenüber eventuellen Rückkehrwilligen Regie führte. Das Kroatische Helsinki Komitee berichtete über mindestens 410 namentlich bekannte serbische Zivilpersonen, die im Laufe der Wiedereroberung der besetzten Gebiete bzw. in den 100 Tagen danach umgebracht wurden (*Večernji list*, 27.4.1999). Man schätzt, dass über 800 Personen Gewaltakten marodierender kroatischer Gruppen zu Opfer fielen.

Lange glichen weite Gebiete einer Geisterregion mit leer stehenden Häusern und verminten Zonen. Die Taktik der Wiederbesiedelung folgte unter der Regierung Tuđman auch ethnischen Projektionen – in verlassene Gegenden wurden vorzüglich vertriebene Kroaten aus Bosnien-Herzegowina angesiedelt, – besonders solche, die zu den 25.000 Kroaten und Bosniaken gehören, die als Antwort auf die kroatische Gegenoffensive 1995 aus Banja Luka und Umgebung nach Kroatien vertrieben worden waren. Tuđmans Nachfolger Mesić setzte sich konsequent für die freie Rückkehr der geflüchteten und vertriebenen Serben ein. Auch die Regierung von Ivica Račan beherzte das Prinzip der Rückkehr von geflüchteten kroatischen Serben, zeigte sich aber beim Ergreifen von Maßnahmen, die für die Umsetzung sorgen sollten, nicht besonders eifrig. Dennoch waren nach offiziellen und UNHCR-Angaben bis 2002 um 100.000 kroatische Serben zurückgekehrt. Allerdings wollte eine beträchtliche Zahl dieser Rückkehrer nicht im Lande dauerhaft bleiben. Sein Nachfolger, Ivo Sanader, ermöglichte durch kluge Politik gegenüber der serbischen Minderheit wesentliche Fortschritte bei der Rückkehr.

In Ostslawonien, das Anfang 1996 gemäß dem sog. Z-4-Plan unter den Schutz der UNO gestellt wurde, überwachte der amerikanische UN-Beauftragte Jacques Klein den Übergang unter die kroatische Verwaltung, der weitgehend friedlich verlief. Die Rückkehr der vertriebenen Bevölkerung vollzog sich langsam, während serbische Familien das Land verließen, obwohl die Serben seit den Wahlen Ende 1997 ihre politischen Repräsentanten in den Stadtparlamenten und Regierungen haben und die Vereinbarungen zum Schutz der politischen und kulturellen Rechte weiterhin, d.h. auch nach der kroatischen Machtübernahme Anfang 1998, unter internationaler Aufsicht und in Kooperation der kroatischen Behörden vor allem mit dem UNHCR verwirklicht wurden. Im „two-way-return"-Projekt sollen Serben aus Ostslawonien die von ihnen bewohnten Häuser vertriebener Kroaten diesen zurückgeben und dafür in ihre ursprünglichen Heimatorte in anderen Gebieten Kroatiens zurückkehren können. Nach den Regional- und Kommunalwahlen am 13. April 1997 wurden legitime Institutionen konstituiert, die weitgehend die ethnische Zusammensetzung der Vorkriegszeit widerspiegelten. So gab es in Beli Manastir einen serbischen Oberbürgermeister und eine serbische Mehrheit im Magistrat; in Vukovar hingegen gewann der kroatische Kandidat die Wahl; allerdings wurde er lange daran gehindert, sein Amt anzutreten und sich überhaupt in Vukovar aufzuhalten. Wichtig für den Anfang der Normalisierung war auch, dass der orthodoxe Metropolit nach Zagreb und andere Geistliche der SOK in ihre Gemeinden zurückkehrten. Ein weiteres Zeichen der Normalisierung war auch der Besuch des Patriarchen Pavle in Zagreb im März 1999, wo er eine gut besuchte Messe abhielt und von den Regierungsvertretern und dem kroatischen Präsident empfangen wurde. Die wichtigsten Änderungen wurden allerdings erst nach dem Machtwechsel (2000) eingeleitet. Endlich fing die kroatische Justiz an, die Kriegsverbrechen an den kroatischen Serben zu ahnden. Anfang 2001 begann in Rijeka der Prozess gegen den früheren Generalmajor der kroatischen Armee, Mirko Norac und vier Mitangeklagten wegen der Ermordung von mindestens 24 serbischen Zivilisten in der Stadt Gospić im Oktober 1991. Zwei Jahre später wurden die Angeklagten schuldig gesprochen und zu hohen Haftstrafen verurteilt.

Die ethnischen Säuberungsmaßnahmen hatten auch auf die serbische Provinz Vojvodina mit ihren vielen ethnischen Minderheiten übergegriffen (→ Kap. 5). Nach Plänen nationalistischer Serbenführer sollten Nichtserben aus den Dörfern vertrieben und serbische Flüchtlinge angesiedelt werden. So brachten die serbischen paramilitärischen Kräfte des Vojislav Šešelj im Mai 1992 das Dorf Hrtkovci mit 80 Prozent kroatischer Bevölkerung unter ihre Kontrolle; die kroatische Bevölkerung wurde größtenteils vertrieben, die Straßennamen ausgewechselt und der Name des Dorfes in Srbislavci abgeändert.

Das Ausmaß der ethnischen Säuberungen in Bosnien-Herzegowina ergibt eine noch wesentlich traurigere Bilanz. Die Methode, ethnische Homogenität durch Vertreibung und Tötung der Angehörigen anderer Ethnien in den von ihnen beherrschten Gebieten zu erlangen, wurde von allen kriegsführenden Parteien angewandt; die serbische Seite ging dabei allerdings besonders brutal und – wie oben bereits betont – systematisch im Sinne der Realisierung eines ethnisch reinen *großserbischen Staats* vor. Angenommen, die kroatische Seite hätte ein analoges Ziel verfolgt, so hätte sie den Vorteil gehabt, dass die kroatischen Siedlungsschwerpunkte in Bosnien-Herzegowina an das kroatische Staatsgebiet anschlossen. Der entscheidende Punkt also war, dass mit den serbischen ethnischen Säuberungen auch die Realisierung militärisch-strategischer Ziele verbunden war: Es ging darum, einerseits mit der serbisch-kroatischen „Krajina“ im Nordwesten und andererseits mit Serbien im Osten des Landes eine Territorialverbindung herzustellen. Die muslimischen Siedlungsgebiete in diesen Regionen waren ein erhebliches Hindernis für die Realisierung dieser Zielsetzung. Ein Beispiel für diese strategisch motivierte ethnische Säuberung ist die Gemeinde Prijedor im Nordwesten des Landes, aus 70 Dörfern bestehend und 1991 von über 100.000 Menschen bewohnt; 44 Prozent der Bevölkerung waren Muslime, sechs Prozent Kroaten, also rund 65.000 Nichtserben. 1993 war Prijedor rein serbisch: 50.000 Muslime und 15.000 Kroaten und andere Nichtserben waren vertrieben oder ermordet (etwa 20.000) worden; 25 Moscheen und elf muslimische Bethäuser hatte man gesprengt. Die meisten Männer, aber auch Frauen wurden auf drei Internierungslager (Keraterm, Manjača, Omarska), die man in der Gemeinde eingerichtet hatte, verteilt.

Tabelle 3: Bevölkerungsverteilung in Bosnien-Herzegowina vor dem Krieg

Ethnische Gruppen	1981	in %	1991	in %	+/- in %
Muslime	1.629.924	39,5	1.905.829	43,7	16,92
Serben	1.320.644	32,0	1.369.258	31,4	3,68
Kroaten	756.136	18,4	755.892	17,3	-0,30
Jugoslawen	326.280	7,9	239.845	5,5	-26,50
Übrige/unbekannt	89.024	2,2	93.474	2,1	4,77
Insgesamt	4.124.008	100,0	4.364.574	100,0	5,83

Quelle: G. Seewann (1993)

Die serbische Vorgehensweise folgte im allgemeinen einem bestimmten Muster: Ein Dorf oder eine Stadt wurde tage-, wochen- oder monatelang von schwerer und leichter Artillerie beschossen. Selbst dort, wo kein Widerstand mehr zu erwarten war, wurde der Beschuss fortgeführt, um kroatische und muslimische Zivilisten zur Flucht zu treiben. Wenn die serbische Infanterie oder paramilitärische Gruppen die Stadt oder das Dorf betraten, schritten sie zu Erschießungen oder Abtransporten andersethnischer Zivilisten in Lager, wo sie vielfach verhört, gefoltert und ermordet wurden. Nach Protesten der internationalen Gemeinschaft wurden die Lager aufgelöst. Jene Nichtserben, die sich aus der serbischen Gewalt retten, d.h. meistens: freikaufen konnten, mussten, bevor sie in kroatisch oder muslimisch kontrollierte Gebiete entlassen wurden, Papiere unterschreiben, in denen sie erklärten, dass sie freiwillig weggegangen waren oder dass sie ihr Eigentum der Gemeindeverwaltung überantworteten.

Speziell in Ostbosnien wurden die muslimischen Enklaven mit dem Ziel beschossen, die Bevölkerung zur Flucht in eine zentrale Enklave zu bewegen, wo sie dann von der serbischen Artillerie konzentriert attackiert werden konnte. Das Massaker in Srebrenica ist in diesem Kontext zu sehen. Die mehrheitlich von Muslimen bewohnte Stadt hatte sich lange der Eroberung durch serbische Truppen widersetzt, bis sie von der UNO im April 1993 zu einer der sechs Schutzzonen erklärt wurde. Zehntausende muslimische Flüchtlinge begaben sich daraufhin in die Schutzzone. Im Juli 1995 wurde die Stadt jedoch von serbischen Truppen eingenommen; die gefangenen Männer wurden systematisch ermordet. Über achttausend Männer wurden Opfer einer verbrecherischen ethnischen Architektur, die ein ethnisch homogenes, serbisches Ostbosnien vorsah. Bis 1999 war die Rückkehr von bosniakischer Bevölkerung nach Ostbosnien so gut wie ausgeschlossen. Im Juni 1999 konnte in Srebrenica der im September 1997 gewählte Magistrat in einer der Vorkriegsbevölkerung entsprechenden (mehrheitlich bosniakischen) Zusammensetzung seine erste konstituierende Sitzung abhalten. Dies galt als ein Hoffnungszeichen für die Rückkehrmöglichkeiten in das ganze Gebiet. Doch noch 2002 waren in Srebrenica wichtige Posten in der lokalen Administration sowie beim Gericht und in den Schulen von serbischen Kriegsakteuren (Lageraufsehern, Kommandeuren) besetzt und die Rückkehrer Diskriminierungen ausgesetzt (→ Kap. 26).

Die Bilanz der ethnischen Säuberungen am Ende des Krieges in Bosnien-Herzegowina 1995 lag bei 150.000 Getöteten und 2,2 Millionen vertriebener Menschen; davon eine Million Binnenflüchtlinge und 1,2 Millionen im Ausland. 1997 betrug die Bevölkerung von Bosnien-Herzegowina nur drei Viertel ihrer Vorkriegsgröße.

24.4. Massenhafte Vergewaltigungen

Im Winter 1992/93 wurde die Weltöffentlichkeit auf die massenhafte Vergewaltigung bosnischer Frauen durch serbische Männer aufmerksam gemacht. Nur relativ wenige Frauen gingen mit ihrem Schicksal an die Öffentlichkeit. Zuverlässige Zahlen über das Ausmaß kann es kaum geben; die Schätzungen bewegen sich zwischen 20.000 und 60.000 Vergewaltigungsopfern (ein Großteil in den Monaten zwischen April und November 1992). Die meisten Frauen waren unter 35 und kannten vielfach ihre Vergewaltiger aus der Zeit vor dem Krieg. Viele Frauen wurden nach der Vergewaltigung getötet; die Vergewaltigungen geschahen vielfach im Beisein von Kommandanten und Zivilisten bzw. Familienangehörigen.

Hier wollen wir uns auf sexuelle Gewalt gegen Frauen im bosnisch-herzegowinischen Krieg konzentrieren; dies heißt nicht, dass nicht auch im Verlauf der kriegerischen Auseinandersetzungen in Kroatien vergewaltigt wurde und dass nicht auch gefangene Männer Opfer sexueller Folterungen wurden. Die Untersuchungen der Vergewaltigungsexzesse durch die Organisationen „Helsinki Watch“ und „Amnesty International“ ergaben, dass von allen kriegsführenden Seiten in Bosnien-Herzegowina vergewaltigt wurde; am häufigsten jedoch waren Serben die Vergewaltiger und ihre Opfer meist muslimische Frauen. Diesen Interpretationen zufolge gibt es keine eindeutigen Beweise dafür, dass Vergewaltigung als Mittel der taktischen Kriegsführung betrachtet wurde; ebenso wenig fand man jedoch auch Hinweise darauf, dass ein Soldat oder Angehöriger paramilitärischer Gruppen wegen seiner Untaten bestraft worden wäre. Den Eindruck eines systematischen Vorgehens erweckte die Beobachtung, dass bei den vertriebenen Gruppen oft Mädchen und junge Frauen nicht dabei waren. „Amnesty International“ konstatierte jedoch, dass Vergewaltigung als Teil einer Kriegsführung betrachtet wurde, die das Ziel hatte, durch massive Einschüchterung und Übergriffe Tausende Menschen zur Flucht zu veranlassen. Vergewaltigung also als eine Methode ethnischer Säuberung?

In den Analysen und Interpretationen dieser massenhaften Vergewaltigungen werden unterschiedliche Schlussfolgerungen gezogen. Diese Standpunkte lassen sich dahingehend zusammenfassen, dass in ihnen allgemeine oder aber besondere kulturspezifische Elemente erkannt werden. Das allgemeine Element besteht darin, dass Vergewaltigungen in den meisten Kriegen des 20. Jahrhunderts zumindest eine Begleiterscheinung waren und somit ein allgemeines Phänomen darstellen. Im Zweiten Weltkrieg wurden Frauen von sowjetischen Rotarmisten, deutschen Wehrmachtssoldaten und SS-Soldaten, von Franzosen, Engländern und Amerikanern in großer Zahl vergewaltigt. Die durch ihr Buch „Against Our Will. Men, Women and Rape“ (New York 1975) bekannt gewordene amerikanische Wissenschaftlerin Susan Brownmiller kann in den Vergewaltigungen in Bosnien-Herzegowina keine kulturspezifischen Merkmale erkennen; Vergewaltigung stelle ein Gelegenheitsverbrechen von normalen Männern dar – sowohl im Krieg als auch im Frieden. Die Frauen seien unbewacht und unbewaffnet und daher Vergewaltigungsziel.

Gegen diesen feministischen Zugang, der auf der Überlegung beruht, dass in jedem Krieg die Würde der Frau durch männliche Aggressionen verletzt werde, haben sich hinsichtlich Bosnien-Herzegowinas viele Stimmen erhoben – mit unterschiedlichen Argumenten. Die einen – wie beispielsweise Seada Vranić – erkennen darin die gezielte, systematische und zynische Vernichtung eines Volkes. Andere (E. Menghetti, J.M. Halpern) verweisen darauf, dass Genitalien als „Waffe“ nicht nur gegen die physische und psychische Integrität der Frauen eingesetzt werden, sondern auch, um die Familien der Opfer zu erniedrigen; daher wurden schwangere Frauen gezwungen, das Kind zu gebären, indem man sie solange in den Lagern festhielt, bis eine Abtreibung nicht mehr möglich war. Den Frauen wurde dabei bedeutet, dass sie kleine Serben oder Tschetniks gebären würden. Dieses Vorgehensmuster bzw. das dahinter stehende Konzept von *ethnischer Fortpflanzung* ist singulär; es wurde bei keiner anderen der kriegsführenden Parteien beobachtet.

Ein überzeugender Erklärungsansatz wurde von Ruth Seifert formuliert. Sie unterscheidet vergewaltigungsarme und vergewaltigungslastige Gesellschaften. Vergewaltigungsarm seien solche, in denen entweder die Männerherrschaft abgesichert ist oder die Frauen einen sehr respektierten Status genießen. Als vergewaltigungslastig hingegen gelten Gesellschaften, in denen die Macht der Männer in Frage gestellt wird bzw. die Frauen gering geschätzt werden oder rigide Definitionen von „männlich" und „weiblich" mit entsprechenden Werthierarchien vorherrschen. Demnach würde Bosnien-Herzegowina zu den vielen europäischen vergewaltigungslastigen Gesellschaften zählen; nachdem in der Zwischenkriegszeit die Männer viel von der Macht über ihre Söhne eingebüßt hatten, waren es in der Zeit danach die Frauen, die immer weniger gewillt waren, sich ihrer Autorität zu unterwerfen. Daneben aber kommt nach Seifert der Vergewaltigung im bosnisch-herzegowinischen Krieg eine weitere entscheidende Funktion zu: Die sexuelle Gewalt dient auch der Zerstörung der nationalen Kultur. Sie sieht sich darin durch Beobachtungen an der serbischen Kriegsführung bestätigt. Nach Gebietseroberungen kam es immer wieder zu analogen Ereignisabläufen: Zuerst wurden Objekte des kulturellen Erbes zerstört, dann vornehmlich Angehörige der Eliten und Repräsentanten der nationalen Kultur inhaftiert und/oder ermordet, und schließlich wurden Vergewaltigungslager errichtet. Die Frauen, auf welche die erste Wahl fiel, gehörten der jeweiligen nationalen Intelligenz an. Ihrer Meinung nach bildete die Frau – wollte man eine Kultur zerstören – in diesem Krieg ein wichtiges Angriffsziel, da sie in der Familie und für die nationale Kultur eine zentrale Rolle spielt. Destruktion einer Kultur als Form der ethnischen Säuberung kann in diesem Krieg ein zentrales Ziel der Kriegführung darstellen.

Ein anderer Aspekt in diesem Zusammenhang ist, dass in vielen Kulturen der weibliche Körper die Nation bzw. die Gruppe als ganze symbolisiert. Die Vergewaltigung von Frauen wird, so betrachtet, zur symbolischen Vergewaltigung des nationalen Körpers. Massenvergewaltigungen stellen demnach eine Strategie von ethnischer Säuberung dar; Frauen, deren persönliche und soziale Existenz zerstört worden ist, löschen symbolisch das Leben der Gemeinschaft aus. Interessant ist, dass diese Metapher des weiblichen Körpers, der die Nation repräsentiert, Ende der achtziger Jahre auch unter der serbischen Bevölkerung des Kosovo im Zusammenhang mit angeblichen Vergewaltigungen formuliert wurde. In der serbischen Presse wurden in dieser Zeit immer wieder die Vergewaltigungen serbischer und montenegrinischer Frauen durch albanische Männer gemeldet. Dabei wurde die serbische Frau als Eigentum des nationalen Kollektivs dargestellt und die Vergewaltigung als ein Verbrechen gegen das Eigentum der serbischen Nation und als ein Überschreiten der unverletzlichen und heiligen Grenzen der Nation, als eine Attacke gegen die Integrität des nationalen Körpers begriffen.

24.5. Epilog

Solche Konstrukte und Bilder sind mit zu bedenken, wenn es um den Zusammenhang von Vergewaltigung und ethnischer Säuberung geht. Im Kosovokrieg 1999 ist wiederum deutlich geworden, dass diese Bilder den Auftakt für eine Eskalation der Gewalt darstellten. Sie bildeten das Vorfeld einer langen Gewaltspirale, in die schließlich auch die albanische Seite als Akteur hineingezogen wurde.

Im Laufe der Operationen der serbischen Streitkräfte seit Frühjahr 1998 wurden schätzungsweise 400.000-500.000 Albaner heimatlos. Umgehend nach den ersten Luftangriffen der Nato im März 1999 intensivierte sich der Vertreibungsterror und erreichte in wenigen Wochen ungeheure Ausmaße. Nachdem Milošević dem Einsatz der internationalen Friedenstruppe in Kosovo zugestimmt hatte, kehrte rasch fast einer Million vertriebenen Albaner in ihre Heimat zurück. Tausende Kosovoserben schien dieser Friedensplan unter dem Schutz der internationalen KFOR-Truppen sofort zum Verlassen ihrer Heimat veranlasst zu haben. Aber zum ersten Mal und anders als im Falle der „Krajina“ in Kroatien 1995 und dem der Föderation zugeschlagenen Gebiete um Sarajevo 1996 versuchten die serbischen oppositionellen Politiker und die orthodoxen Priester ihre Landsleute diesmal von einem Exodus abzubringen (→ Kap. 8).

Literatur

Gute Studien über den Zusammenhang von Migration und Nationswerdungsprozessen stammen von Eugene A. Hammel, „Demography and the Origins of the Yugoslav Civil War“, in: *Anthropology Today* 9/1993, S. 4-9 und Joel M. Halpern (Hg.), *War among the Yugoslavs, The Anthropology of East Europe Review*, special issue, 11, 1-2/1993. Im letztgenannten Werk ist besonders hervorzuheben: E. Hammel, „The Yugoslav Labyrinth“, S. 35-42; Bette Denich, „Unmaking Multi-Ethnicity in Yugoslavia: Metamorphosis observed“, S. 48-60. Verlässliche Daten zur Verzahnung der Ethnien aus den Volkszählungen zu Beginn der neunziger Jahre bietet Gerhard Seewann, „Die Ethnostruktur der Länder Südosteuropas aufgrund der beiden letzten Volkszählungen im Zeitraum 1977-1992“, in: *Südosteuropa* 42 (1993), S. 78-82.

Grundlegend zum Zusammenhang von Verwandtschaft und Nationsbildung: Karl Kaser, *Familie und Verwandtschaft auf dem Balkan. Analyse einer untergehenden Kultur*, Wien, Köln, Graz 1995; zum Zusammenhang von Religion und Nationsbildung bei Wlachen und Bunjevzen: K. Kaser, *Freier Bauer und Soldat. Die Militarisierung der agrarischen Gesellschaft an der kroatisch-slawonischen Militärgrenze (1535-1881)*, Wien, Köln, Weimar 1997. Erklärungsmodelle findet man bei Andreas Wimmer, „Interethnische Konflikte. Ein Beitrag zur Integration aktueller Forschungsansätze“, in: *Kölner Zeitschrift für Soziologie und Sozialpsychologie* 47 (1995), S. 464-493 und bei Thomas Scheffler, „Ethnoradikalismus: Zum Verhältnis von Ethnopolitik und Gewalt“, in: Gerhard Seewann (Hg.), *Minderheiten als Konfliktpotential in Ostmittel- und Südosteuropa*, München 1995, S. 9-47.

Neuere Arbeiten mit solidem Datenmaterial zur Vertreibung der Muslime aus Südosteuropa im 19./20. Jahrhundert stammen von Justin McCarthy, *Death and Exile. The Ethnic Cleansing of Ottoman Muslims 1821-1922*, Princeton 1995 und Wolfgang Höpken (Hg.), *Zwangsmigrationen in Mittel- und Südosteuropa*, Leipzig 1996. Heranzuziehen ist auch: Srećko M. Džaja, *Konfessionalität und Nationalität Bosniens und der Herzegowina*, München 1984; Holm Sundhaussen, „Bevölkerungsverschiebungen in Südosteuropa seit der Nationalstaatswerdung (19./20. Jahrhundert)“, in: *Comparativ*, Heft 1/1996, S. 25-40.

Die ethnische Zusammensetzung der Bevölkerung in der „Krajina“ und die Menschenrechtssituation in Kroatien in der ersten Hälfte der neunziger Jahre *Civil and Political Rights in Croatia*, (hg. von Human Rights Watch/Helsinki, New York 1995) sind gut dokumentiert. Heranzuziehen zur „Krajina“ sind: Marie-Janine Calic, „Der serbisch-kroatische Konflikt in Kroatien“, in: Michael Weithmann (Hg.), *Der ruhelose Balkan*, München 1993, S. 108-148, sowie Hannes Grandits u. Christian Promitzer, „Dossier: Serben in Kroatien“, in: *Ost-West-Gegeninformationen* 3/1997, I-X, zur Flucht der Serben: Norbert Mappes-Niediek: „‘Ethnische Selbst-Säuberung’? Der Exodus der Serben aus Kroatien vom 4. bis 8. August 1995“, in: *Südosteuropa* 44 (1995), S. 585-592; Hannes Grandits, Carolin Leutloff, „Diskurse, Akteure, Gewalt – Betrachtungen am Beispiel der Krajina in Kroatien 1990/91“, in: Wolfgang Höpken/Michael Riekenberg (Hg.) *Politische und ethnische Gewalt in Südosteuropa und Lateinamerika*, Köln Weimar Wien, 2001, S. 227-257. Zum „ethnic cleansing“ und dem Genozid an der muslimischen Bevölkerung geben zuverlässig Orientierung: Norman Cigar, *Genocide in Bosnia. The Policy of „Ethnic Cleansing“*, College Station Texas 1995; Michael A. Sells, *The Bridge Betrayed. Religion and Genozide in Bosnia*, Berkely 1996; *Situation of Human Rights in the Territory of the former Yugoslavia*, Report submitted by Tadeusz Mazowiecki, 20. November 1993; *The Ethnic Cleansing of Bosnia-Hercegovina.* A Staff Report to The Committee on Foreign Relations United States Senate, Washington 1992; *War Crimes in Bosnia-Hercegovina.* A Helsinki Watch Report, I, New York 1993. Über Srebrenica: Jan Willem Honig u. Norbert Both, *Srebrenica. Der größte Völkermord in Europa nach dem Zweiten Weltkrieg*, München 1997 sowie von David Rohde, *Die letzten Tage von Srebrenica. Was geschah und wie es möglich wurde*, Reinbek 1997.

Eine der besten Untersuchungen über die Vergewaltigungen im bosnischen Krieg stammt von Amnesty International, Januar 1993, Index EUR: 63/01/93. Von den vielen Publikationen dazu sei *War against Women. The Impact of Violence on Gender Relations*. Report of the 6th Annual Conference, 16/17 Sept 1994, Bern 1995, hervorgehoben, daraus besonders: Eliane Menghetti, „Rape as a Means of Warfare", S. 87-99; Ruth Seifert, „Mass Rapes in Bosnia-Herzegovina and Elsewhere. A Pattern of Cultural Destruction", S. 77-86, und Susan Brownmiller, „The Spoils of War", S. 51-55. Wichtig ferner: Alexandra Stiglmayer (Hg.), *Massenvergewaltigung. Krieg gegen die Frauen*, Frankfurt/Main 1993; darin von der Herausgeberin: „Vergewaltigungen in Bosnien-Herzegowina", S. 116-218, sowie von Ruth Seifert, „Krieg und Vergewaltigung. Ansätze zu einer Analyse", S. 87-112. Empfohlen werden kann auch: Jeanne Vickers, *Women and War*, London 1993 und Seada Vranić, *Breaking the Wall of Silence. The Voices of Raped Bosnia*, Zagreb 1996, letzteres mit erschütternden Berichten betroffener Frauen. Ein Interview mit dem amerikanischen Anthropologen und Balkanexperten Joel M. Halpern hat rege Diskussionen ausgelöst: Joel M. Halpern: „Töten mit dem Messer", in: *Österreichische Zeitschrift für Geschichtswissenschaften* 5/1994, S. 100-106.

25. Der bosniakisch-kroatische „Krieg im Kriege“

Željko Ivanković und Dunja Melčić

Im Folgenden werden die Hintergründe des Konflikts und der bewaffneten Auseinandersetzungen zwischen bosnisch-herzegowinischen Kroaten und Muslimen (Bosniaken) umrissen und der Verlauf der Verwicklungen geschildert – vom Ausbruch der Kämpfe bis nach dem Washingtoner Abkommen (1994). Die Ereignisse werden für sich betrachtet, obwohl man sie vom Kontext des Krieges 1991-1995 natürlich nicht trennen kann. Methodische Prämisse ist, dass die serbische Aggression in Kroatien und Bosnien-Herzegowina mit Eroberungen größerer Territorien in beiden Republiken zu den bestimmenden Umständen gehörte, unter denen es zu den muslimisch-kroatischen Feindseligkeiten kam, diese also gleichsam als ihre Folge entstanden und insofern als Nebenprodukt dieses Krieges (*by-product,* Reneo Lukic) zu verstehen sind. Als der Krieg 1991 in Slowenien und Kroatien und 1992 in Bosnien-Herzegowina begann, waren unmittelbar keine bosniakisch-kroatischen Konflikte zu beobachten, die auf eine eventuell drohende bewaffnete Auseinandersetzung hingedeutet hätten. So sah man es allgemein (auch im Ausland) als gleichermaßen konsequent und logisch an, dass sich Bosniaken und Kroaten innerhalb der Republik gemeinsam gegen die serbische Aggression zur Wehr setzen, wie dass Zagreb und Sarajevo eine Allianz eingehen. Die Tatsache, dass sich die Interessengegensätze erst während der serbischen Siege und Eroberungen 1993, ein knappes Jahr nach dem Angriff auf einige – strategisch allerdings entscheidende – Gebiete, in kriegerischen Konfrontationen entluden, rechtfertigt die allgemein eingebürgerte Bezeichnung vom kroatisch-bosniakischen „Krieg im Kriege“, die besagt, dass es sich um ein Nebenprodukt des Krieges handelt, und die Annahme impliziert, dass es zu diesen kriegerischen Auseinandersetzungen aller Wahrscheinlichkeit nach nicht gekommen wäre, wenn die Lösung der Krise in Jugoslawien einen anderen als kriegerischen Verlauf genommen hätte. Aber natürlich wäre es ohne Zutun beider Parteien nicht dazu gekommen; außerdem: die Folgen dieses interethnischen Konflikts sind in vielen Dingen ähnlich gravierend wie die des primären Kriegs. Die Bezeichnung „Nebenkrieg“ impliziert keine Verharmlosung des Krieges; dieser Ausdruck meint vielmehr einen Krieg, der im Schatten eines anderen ausbricht, jedoch *nicht zwangsläufig*, d.h. nicht ohne dass es für ihn spezifische Verantwortung und Verantwortliche gibt. Der hauptsächliche Verantwortliche für diesen Nebenkrieg war nach einhelliger Meinung der 1999 verstorbene kroatische Präsident Franjo Tuđman; man kann seine konkrete Verantwortung ziemlich genau nachweisen. Ebenso wahr ist allerdings, dass er und seine Gefolgsleute in Herzegowina nicht *alleinige* Verantwortliche für den kroatisch-bosniakischen Konflikt waren.

Der Schilderung der jeweiligen politischen Strategien samt der verfahrenen Situation, die diese bewirkt haben, wird ein knapper Abriss der geschichtlich gewachsenen Mentalitäten vorangestellt, der um so knapper ausfallen wird, als er sich weitgehend auf die Volksgruppen der Bosniaken und bosnischen Kroaten beschränken muss. Er berücksichtigt nur die wesentlichsten Aspekte, die konstitutiv für die nationalen Identitäten sind und im Zusammenhang mit dem Staatlichkeitsbewusstsein und mit dem Verhältnis zur Vergangenheit stehen.

25.1. Staatsbürgerliche versus ethnische Loyalität

Historisch und kultursoziologisch könnten unterschiedliche Einstellungen der bosnisch-herzegowinischen Volksgruppen zur gemeinsamen Geschichte, d.h. kollektive Erinnerungen als mentalitätsprägend beobachtet werden. Die Hauptrolle spielt dabei der Bezug zur gemeinsamen Geschichte in der Epoche des Osmanischen Reiches, der sich auch auf die unterschiedlichen Einstellungen zu anderen Epochen – dem bosnischen Mittelalter und den nachosmanischen Zeiten – auswirkt. Durch den Ordnungscharakter des Osmanischen Reiches, d.h. das Millet-System, war auch der Stellenwert der Konfessionen und Religionen in den identitätsbildenden Erinnerungsprozessen vorgeprägt. Allein in der kollektiven Erinnerung der bosnischen Muslime wird die osmanische Epoche als positive Vergangenheit gepflegt. Im Laufe der Auseinandersetzung wurden durch kommunikative Manipulation bei allen Ethnien – wenn auch in unterschiedlichem Maße – die Unterschiede potenziert, das Trennende in den Vordergrund gerückt und unter völliger Vernachlässigung der vielfältigen – historisch nachweisbaren – Gemeinsamkeiten schließlich zum Feindbild instrumentalisiert (→ Kap. 18). Dabei spielten die Konnationalen im benachbarten Serbien und Kroatien und ihre nationalen Bewegungen eine große Rolle. Allerdings ist hervorzuheben, dass der anti-islamische Topos in der kroatischen Kulturgeschichte seit dem 18. Jh. und das feindliche Verhältnis zum Islam bzw. zur islamisierten Bevölkerung gerade beim Ausbau der nationalen Ideologie im 19. Jahrhundert ohne Bedeutung waren. In der serbischen Tradition hingegen war das Feindbild der Muslime, d.h. der „Türken", nicht nur Bestandteil des politischen Projekts der antiosmanischen Befreiungskriege, sondern auch der Nationalideologie und der Literatur, und zwar in einem Ausmaß, dass der bedeutende serbische Literaturkritiker Jovan Skerlić den „Türkenhass" als prägende Kennzeichnung der jungen serbischen Dichter um die Jahrhundertwende beschrieb. Es waren dann auch serbische Intellektuelle und Literaten, die Ende des 20. Jahrhunderts den moslemfeindlichen Diskurs wieder in die Öffentlichkeit einführten und das im kollektiven Gedächtnis der Serben (vor allem in der mündlich überlieferten epischen Erinnerungs- bzw. Populärkultur) gepflegte Feindbild aufwerteten und belebten. Erst als es zu kroatisch-bosniakischen Unstimmigkeiten kam, begann man in der kroatischen Öffentlichkeit, Feindbilder über die Muslime zu produzieren, und Schriftsteller wie Ivan Aralica evozierten die osmanischen Zeiten in propagandistischer Manier. Die Erinnerungskultur der bosnischen Muslime, der Bosniaken, war notgedrungen weitgehend durch Defensivität geprägt, bediente sich allerdings auch propagandistischer Klischees.

Die Voraussetzungen dafür, dass sich eine dem bosnisch-herzegowinischen Staat loyale politische Identität herausbilden konnte, waren für die Volksgruppen nur in geringem Maße gegeben. Historisch gesehen fehlten sie, weil es den modernen zentralistischen (Rechts-) Staat in Bosnien-Herzegowina so gut wie nicht gegeben hatte. Als die Hohe Pforte mit modernisierenden Reformansätzen experimentierte (Tanzimat-Periode) und etwa eine einheitliche staatliche Steuer durchsetzen wollte, gehörten gerade die bosnischen lokalen Herrscher zu den heftigsten Widersachern der Reformen. Die von der österreichisch-ungarischen Monarchie eingeführte Verwaltung und Rechtsordnung war alles andere als geeignet, eine staatstreue Mentalität aller Bürger zu fördern, wenngleich mit ihr zum ersten Mal integrative Maßnahmen und Ansätze zentral-staatlicher Organisation zur Geltung kamen. Das erste wie das zweite Jugoslawien wiederum waren so wenig Rechtsstaaten, dass sie *Loyalität* nur erzwingen, jedenfalls keinen Staatsbürgersinn hervorbringen konnten. Mangelnde demokratische Kultur in den sozialistischen Zeiten trug dazu bei, dass zwischen der Gesellschaft und dem Staat keine Kommunikation zustande kam und so etwas wie eine Bürgerkultur auch nicht ansatzweise aufgebaut wurde. Diese Mängel wirkten sich wiederum bei den einzelnen Volksgruppen unterschiedlich aus, auch weil es generell an einem modernen Staatsbewusstsein fehlte, das sich nicht primär über nationale Gemeinden definiert hätte. Anders als in Westeuropa, wo eine bestimmte geschichtliche (postfeudale) Form der staatlichen Organisation die Grundlage für die Entstehung der Nationalstaaten bildete, formten sich hier *zunächst Nationalbewegungen* mit mehr oder minder ausgeprägten Zielsetzungen der staatlichen Unabhängigkeit. Da die nationalen Gemeinschaften mit den staatlichen Gebilden nicht übereinstimmten, formierten sich die primären Loyalitäten zur eigenen Volksgruppe und die sekundären – wenn überhaupt – zum Staat als Ordnungsprinzip. Dieser Umstand betraf das jugoslawische Staatsgebilde im Allgemeinen und Bosnien-Herzegowina im Besonderen (→ Kap. 14). Die konkurrierenden Loyalitätsverhältnisse wurden durch den Zerfall Jugoslawiens dramatisch aufgewirbelt. Die Verselbständigung der Republiken war generell eine Aufkündigung der Loyalität dem föderalen Gesamtstaat gegenüber, aber nur im Falle von Slowenien konnten die Staatlichkeit und die Nation in Deckung gebracht werden, ohne einen *Loyalitätszwiespalt* auszulösen. Bei den staatlichen Neugründungen konnte man deshalb meistens nur mit der Loyalität jener Bürgergruppen rechnen, die in dem neuen Staat ihren Nationalstaat sahen. Das war schon in Kroatien das Problem, im Falle von Bosnien-Herzegowina, das eo ipso kein Nationalstaat sein kann, tauchte der Loyalitätszwiespalt in extremer Form auf, weil diese neue Republik eigentlich nur auf der Basis der staatsbürgerlichen Loyalität überleben kann, diese aber kaum vorhanden ist.

Hier lassen sich folgende Typen des Verhältnisses der Volksgruppen zur bosnisch-herzegowinischen Staatlichkeit beobachten:

1. Die über Jahrzehnte unterschwellige, doch ungebrochene Tradition beim Großteil der Serben war vom Bewusstsein geprägt, dass Jugoslawien „ihr Staat“ ist (L. Perović), der im Zuge der Befreiung der einzelnen „serbischen Länder“ entstanden war. Über die Vorstellung von „serbischen Ländern“, die sich über ein historisch gewachsenes Gebilde wie Bosnien-Herzegowina (und ähnlich auch in Kroatien) mit seinen Eigenarten und Traditionen hinwegsetzte, war hier die Loyalität zur eigenen Volksgruppe mit der zum Gesamtstaat in Deckung gebracht, an dem ein relativ großer Teil Serben aktiv politisch teilnahm. Eine dieser Loyalität konkurrierende Loyalität dem bosnisch-herzegowinischen Staat gegenüber war für den Großteil der serbischen Bevölkerung schwer denkbar.

2. Unter den bosnischen Kroaten waren die Mentalitäten in diesem Zusammenhang anders ausgeprägt. Ihre primäre Loyalität gegenüber der eigenen Volksgruppe war eng mit dem Katholizismus und der starken franziskanischen Tradition verbunden und somit durch die lebhafte Erinnerung an die bosnische historische Kontinuität bestimmt. Die Staatsgebilde der neueren Geschichte galten als fremd; das betraf weitgehend auch die Zeit der österreichisch-ungarischen Herrschaft, die für die katholischen Kroaten enttäuschend verlief, ganz zu schweigen von den beiden jugoslawischen Staaten. Das Staatsgebilde unter dem Namen Unabhängiger Staat Kroatien (NDH) 1941-1945 hatte zwar gerade unter den Kroaten im annektierten Bosnien-Herzegowina verhältnismäßig viele Anhänger, die das ethnonationale Projekt eines Großkroatien unterstützten, doch von der staatlichen Ordnung her war dieser Unrechtstaat nicht nur im administrativen Sinne ein Chaos; die Herrschaft war nicht fremd, aber es handelte sich auch nicht um einen Staat und um eine Ordnung, die staatsbürgerliche Identität hätte fördern können; seinen ethnizistisch-eliminatorischen Ansatz kann man mit der großen Unordnung gleichsetzen, und so war auch der Bürgerkrieg seine unmittelbare Folge.

Zu jugoslawischen Zeiten hielten sich die bosnischen Kroaten vom öffentlichen und politischen Leben mehrheitlich fern. Auf ihnen lastete außerdem die Hypothek der Ustascha-

Vergangenheit, die generalisiert wurde, und das hieß in der Praxis, dass die Kroaten in dem politisch stark von Serben dominierten Bosnien-Herzegowina gewissermaßen einer kollektiven Repression ausgesetzt waren. Die Folge war ihre massenhafte Auswanderung. Die dominanten Werte dieser Mentalität – Katholizismus und Kroatentum – ließen sich mit dem ideologischen Staat weder auf der jugoslawischen noch auf der Republikebene in Einklang bringen. Die so gebildeten Identitäten der Heimatverbundenheit und der engen Bindung an die katholische Kirche begünstigten in der Umbruchsituation ein Übergewicht der nationalen vor der politischen Loyalität gegenüber der sich verselbständigenden Republik. Obwohl sich die Mehrheit der bosnischen Kroaten bei der Volksbefragung für die staatliche Unabhängigkeit entschied, befanden sie sich – angetrieben auch durch die nationalistische Politik von außen – in einem Dilemma zwischen einer die Staatsgrenzen übergreifenden nationalen Identität und einer rudimentären staatspolitischen Identität. Erst die schmerzhaften Erfahrungen des Krieges und das Scheitern der Teilungspläne in der Nach-Dayton-Zeit scheinen die Orientierung an Kroatien etwas gedämpft und die Besinnung auf die eigene bosnisch-kroatische Identität mit ihrer starken Tradition und dem langen Geschichtsbewusstsein in den Vordergrund gerückt zu haben. Seit dem Machtwechsel in Zagreb nach Tuđmans Tod verlor außerdem diese ethno-nationalistische Linie ihre offizielle und offiziöse Unterstützung.

Doch auch vorher schon war unter den Eliten der bosnischen Kroaten eine zwiespältige Haltung gegenüber der Orientierung an Kroatien und der Vereinnahmung durch die Bosnien-Politik des kroatischen Präsidenten zu beobachten. Objektiv gesehen war diese Politik, die durch die von Franjo Tuđman kontrollierte bosnische HDZ und ihre Funktionäre durchgeführt wurde, für gut drei Viertel der in Bosnien, außerhalb der Herzegowina lebenden kroatischen Population verheerend. (Von knapp 800.000 Kroaten lebten der letzten Volkszählung zufolge etwa 150.000 in der Herzegowina, die übrige Mehrheit in so gut wie allen Gemeinden des Landes und etwas kompakter in Zentralbosnien und Posavina.) Offen eingetreten für die Erhaltung des bosnisch-herzegowinischen Staates waren weite Teile der katholischen Kirche, der städtischen kroatischen Population sowie Kroaten aus jenen Regionen, in denen ihr Überleben mit demjenigen des Staates Bosnien-Herzegowina unlösbar verknüpft war. Dennoch entstand daraus keine gemeinsame politische Linie, die jenen zunehmend mächtigeren Kräften, deren politischer Mittelpunkt außerhalb des Landes und auf jeden Fall weit weg von Sarajevo war, wirksam hätte begegnen können; gleichwohl gelang es den Vertretern der genannten Gruppen und Institutionen, in Sarajevo Anfang Februar 1994 eine „Volksversammlung der Kroaten Bosnien-Herzegowinas“ abzuhalten, die als Grundlage für die künftige bosnische Verfassung den Plan einer Kantonisierung als Alternative zur ethnisch definierten Teilung vorschlug. Eine klare politische Strategie gegenüber der dominanten bosniakischen Linie vermisst man bis auf Weiteres.

3. Die historische Genesis der Volksgruppe der moslemischen Bosniaken spiegelt sich in ihrer staatspolitischen Mentalität wider. Die Wurzeln ihrer historisch geprägten Eigenheit sind mit der Zeit der osmanischen Herrschaft verknüpft, die eine Ordnungsmacht war, aber gleichzeitig ein Vielvölkerimperium von feudal-ähnlicher Machtorganisation. Erste Elemente moderner Staatlichkeit setzen sich eigentlich erst in der Phase des Zerfalls des Osmanischen Reiches durch. Deshalb war die kulturell-religiös geprägte Identität der bosnischen Muslime mit vormodernen, quasifeudalen Herrschaftsstrukturen des osmanischen Bosnien verbunden und nach dem Reichszerfall einer dramatischen Umwandlung ausgesetzt. Das Verhältnis zur Obrigkeit in k.u.k. und jugoslawischen Zeiten war durch die Erwartung an den Staat als eine Art Schutzmacht für die eigene Besonderheit in der mehr oder minder feindlichen Umgebung geprägt, was auch die Erhaltung der traditionellen Privile-

gien beinhaltete. Im sozialistischen Jugoslawien wurden diese Privilegien restlos abgeschafft und die reichen muslemischen Großgrundbesitzer (Begs) endgültig enteignet, doch mit der schrittweisen Anerkennung als eigene Volksgruppe – vor allem dadurch, dass man es ihnen erließ, sich ethnisch entweder als Kroaten oder Serben zu deklarieren – wurden Bedingungen für die nationale Integration geschaffen. Die jugoslawische Nationalitätenpolitik war also – sofern man nur den Aspekt der formellen Gleichberechtigung der Nationen in Betracht zieht – für die bosnischen Muslime vorteilhaft. Der Staat als der schützende Gesamtrahmen entsprach auch der geschichtlich geprägten Mentalität der bosnischen Muslime und den Erwartungen, dass übergeordnete Strukturen für die Stabilität des politischen Systems und die Ordnung unter den Volksgruppen sorgten. So hatte sich das Integrationsparadigma von der kultur-religiösen sozioökonomisch hierarchisierten Sondergruppe in Richtung einer nationalen Identität gewandelt.

Weite Teile der muslimischen Elite zeichneten sich durch besondere Loyalität dem jugoslawischen Staat gegenüber und als besonders stramme Kommunisten aus. Ähnlich wie bei den Kosovo-Albanern konnte hier kommunistischen Funktionären, weil sie bosnische Interessen durchzusetzen im Stande waren, die Rolle von Nationalhelden zufallen (z.B. den Brüdern Pozderac in den siebziger Jahren, Fikret Abdić in den Achtzigern). Der bosnische Kulturhistoriker Ivan Lovrenović spricht gar von einer „Wiedergeburt des Landes“ in den siebziger Jahren, die paradoxerweise von diesen rigiden, Tito ergebenen Kommunisten eingeleitet wurde und strukturell mit dem „Kahlschlag in den Reihen des ‚kroatischen Frühlings‘ und der ‚serbischen Liberalen‘ im Zusammenhang stand, dessen Folge eine verstärkte wirtschaftliche, infrastrukturelle und kulturelle Entwicklung der „braven“ und zugleich unterentwickelten Republiken war (→ Kap. 13). Der Prozess der Nationswerdung brachte eine stärkere Anpassung an die moderne Entwicklung mit sich, was wiederum eine immer breitere Säkularisierung zur Folge hatte. Überraschenderweise wurde die Orientierung der bosnisch-moslemischen Eliten an den westeuropäischen Werten und dem westlichen Lebensstil gerade während der letzten Jahrzehnte des ideologisch antiwestlichen Jugoslawien weitgehend unumkehrbar, trotz aller Verbrämung mit der Parteiideologie in der Öffentlichkeit. Hier war die Rolle der neu geschaffenen Bildungsmöglichkeiten von großer Bedeutung. Nachdem Bosnien-Herzegowina unter österreichischer Herrschaft in das westliche Kultursystem eingegliedert wurde, schritt nämlich gerade unter den Muslimen die Entwicklung des Schulwesens und der Einbezug in die institutionalisierte Bildung nur langsam voran. Erst in den siebziger Jahren wirkte sich der zähe Prozess der Ablösung des alten Kulturparadigmas voll aus, als breitere Schichten der urbanen muslimischen, auch der weiblichen, Bevölkerung durch das institutionalisierte Bildungssystem gesellschaftlich integriert wurden.

In den Kreisen der Gläubigen wurden die Prozesse der Säkularisierung, die freilich von der kommunistischen Obrigkeit gezielt betrieben wurden, als bedrohlich empfunden, und so ist auch die bekannte „Islamische Deklaration“ (1970) von Alija Izetbegović als eine Denkschrift zu verstehen, die die traditionellen Werte der islamischen Kultur und Religion im Sinne einer „Versöhnung zwischen der islamischen religiösen Tradition mit dem Fortschritt“ erneuern wollte (Banac 1993).

Ausgehend von der hier skizzierten Genese der bosniakischen nationalen Identität leuchtet ein, dass sie mit den Loyalitätsverhältnissen zum Gesamtstaat nicht kollidierte, da durch ihn die Rahmenbedingungen für ihre Ausbildung gegeben waren. Alija Izetbegović wurde 1983 wegen seiner „Deklaration“, d.h. wegen staatsfeindlichen „Fundamentalismus“ angeklagt und zu einer hohen Freiheitsstrafe (14 Jahre) verurteilt, aber diese Anklagepunkte entbehrten jeder rechtlichen Grundlage, zumal die Deklaration Bosnien-Herzegowina überhaupt nicht behandelt. Die Ereignisse sind aber bezeichnend in zweierlei Hinsicht: 1) Die kleine „Bewegung" um Izetbegović integrierte sich damals noch um kulturell-religiöse Themen, wobei sie explizit antinationalistisch argumentierte und 2) strittig war die kommunistische Weltanschauung, aber nicht der gemeinsame Gesamtstaat. Daraus lässt sich schließen, dass die nationale Integration der Bosniaken in den Anfängen steckte und dieser Prozess nicht unter einem der jugoslawischen Loyalität konkurrenten Vorzeichen stattfand. Von einem unabhängigen bosnischen Staat wurde nicht einmal geträumt.

Deshalb brachte der sich abzeichnende Zerfall Jugoslawiens in die Gemeinschaft der bosnischen Muslime zunächst große *Orientierungslosigkeit* und Unsicherheiten. Erst als dieser staatliche Gesamtrahmen weggefallen war, nachdem also die beiden westlichen Republiken endgültig den Weg in die Selbständigkeit beschritten hatten, war der jugoslawische Reststaat für die Bosniaken nicht mehr tragbar, da sich außerdem abzeichnete, dass sie in einem solchen Staat zur Minderheit werden und damit rechnen mussten, die Rechte als Titularnation zu verlieren. In Bezug auf die Verselbständigung von Bosnien-Herzegowina konnte sich für die bosnischen Muslime kein vergleichbares Dilemma zwischen nationaler und staatsbürgerlicher Loyalität ergeben, vielmehr begannen sie, als sich bosnische Kroaten und Serben an ihren Konnationalen außerhalb Bosnien-Herzegowinas orientierten, sich schließlich als einzige staatstragende Kraft zu verstehen, die das Vakuum der übergeordneten Ordnung füllen könnte. Hier auch liegt die Kehrseite dieser Haltung, da Bosnien-Herzegowina kein Nationalstaat sein kann und seine Verfassung von allen Volksgruppen geradezu verlangt, die staatsbürgerliche Loyalität über die nationale zu stellen. Der bosniakische nationalistische Exklusivismus, der für die muslimischen Bosniaken den Status eines „Basisvolks" beansprucht, steht damit auch im Widerspruch zur offiziellen politischen Verfassung Bosnien-Herzegowinas, die durch drei konstitutionelle Völker getragen wird. So wurde auch Izetbegovićs politisches Konzept einer „Bürgerrepublik", das sich durch Schwammigkeit und Undefiniertheit auszeichnete, als reine Rhetorik aufgenommen, die die ideologische Grundkonzeption vom „Basisvolk" verschleiern sollte.

Letztlich geht es auch in diesem Falle darum, den Staat als Ausdruck der Nation zu verstehen – ein Konzept, das der staatlichen Verfassung von Bosnien-Herzegowina nicht entspricht. Dennoch ist es längerfristig als wichtig anzusehen, dass die Bosniaken sich als Volk etabliert haben und so mit ihrem neuen Selbstbewusstsein ein Faktor der *Stabilität* im schwierigen Gleichgewicht der drei Völker werden, da die Vereinnahmungen und Teilungsabsichten ihren ideologischen Ursprung in der kroatischen und vor allem serbischen Leugnung der bosniakischen Nation hatten.

Dieser Prozess der nationalen Integration wurde während des Krieges beschleunigt. Trotz verstärkter islamistischer Tendenzen überwog die Konstituierung der Gemeinschaft über das Paradigma der nationalen Identität, was sich äußerlich in der überwältigenden Bereitschaft einer Identifizierung mit dem nationalen Namen der Bosniaken gegenüber der als oktroyiert empfundenen Bezeichnung „Muslime" zeigte (→ Kap. 12). Mit der Proklamation vom September 1993 als „Bosniaken" statt als Muslime „gliederten sich die bosnischen Muslime terminologisch endgültig in den europäischen kulturellen und politischen Kontext" ein (S. Džaja), denn mit dem bosniakischen Namen ist der Anspruch verbunden, „den konfessionellen Inhalt im Nationalbegriff aufzuheben" (M. Imamović). So kann man zusammenfassend sagen, dass die „Wurzel" dieser Identität „konfessionell, also nicht ethnisch ableitbar" sind, und „zusammen mit der stabilen Regionalidentität heute eine moderne nationale Identität" bilden (L. Steindorff). Den gegenwärtigen Tendenzen zum kulturell und konfessionell betonten Exklusivismus der Bosniaken kann man dennoch keinen generellen Hang zum Fundamentalismus unterstellen (→ Kap. 15). Allerdings kann bei so ausgeprägten nationalen Identitäten und gleichzeitig mangelnden staatsbürgerlichen Tugenden unter allen konstitutiven Völkern der gemeinsame staatliche Rahmen nur mit internationaler Hilfe aufgebaut werden, was aber eine so schwierige Aufgabe ist, dass auch noch Jahre nach dem Krieg und dem Dayton-Abkommen lediglich von einer ersten Phase der staatlichen Rekonstruktion gesprochen werden konnte. Der historisch-politische Hintergrund der spezifischen bosnischen Problemen ist darin zu sehen, dass die Verhaltensregeln im Umgang der unterschiedlichen kulturell und religiös ausgeprägten Großgruppen durch die vormodernen Zeiten als gute Nachbarschaft (und in diesem Sinne tolerantes Nebeneinander) bestimmt waren und noch keine institutionelle Formen für einen friedlichen Umgang in der demokratischen Gesellschaftsordnung und einer durch ansetzende Modernisierung erfassten Gemeinschaft bestehen. Eine solche stark segmentierte Gesellschaft wie die bosnische braucht vor allem den adäquaten gesamtstaatlichen Rahmen, d.h. eine konsoziative Staatsform, in der die Autonomie der Bestandteile gewahrt und bei gemeinsamen Staatsgeschäften nach Proporzregeln – noch nach dem Vorbild der Konkordanzdemokratien – verfahren wird.

25.2. Das Vorspiel des bosniakisch-kroatischen Konflikts

Vor dem Krieg spielten die unterschiedlichen Erwartungen und mentalen Prädispositionen auf noch unausdrückliche Art und Weise – wenn man von den sorgsam gepflegten gegenseitigen Vorurteilen absieht – eine wichtige Rolle bei der Zuspitzung der bosniakisch-kroatischen Missverständnisse und Konflikte.

Der überwältigende politische Wille Kroatiens (und Sloweniens) zur staatlichen Unabhängigkeit einerseits und die mehrheitliche Ablehnung dieser Projekte durch Serben schuf für Bosnien-Herzegowina und insbesondere für die Bosniaken eine neue Lage, die, wesentlich ohne ihr Handeln zustande gekommen, doch gerade für sie selbst ernsthafte Konsequenzen hatte, auf die sie in keiner Weise vorbereitet waren. Vor diesem Hintergrund sind auch zahlreiche politische Unklarheiten auf Seiten der politischen Führer der Muslime zu sehen, Unklarheiten, die – vor allem während der serbischen Aggression gegen die beiden westlichen Republiken – durchaus als folgenreiche politische Fehler erschienen. Als folgenreichster Faktor ist allerdings die allgemeine *Fehleinschätzung* zu nennen, die darin bestand, dass anscheinend viele Muslime dachten, sie hätten gegenüber den Serben in Bosnien-Herzegowina und gegenüber Belgrad überhaupt einen politischen Spielraum. Man konnte oder wollte sich die Wucht der Aggressivität speziell gegen Muslime nicht vorstellen – und dies war unter anderem eine Folge der früheren Politik Sarajevos, den serbischen Nationalismus zu verharmlosen und Milošević gegenüber klein beizugeben (→ Kap. 13). Es hat nämlich den Anschein, als hätten die Muslime die jahrelange anti-moslemische Propaganda der serbischen Intellektuellen ignoriert und nicht wahrhaben wollen.

Für die politischen Entscheidungen in Bosnien-Herzegowina war der Krieg in Kroatien von fundamentaler Bedeutung, nicht nur deshalb, weil er die Wahrnehmung der Kroaten in Bosnien-Herzegowina selbstverständlich in besonderer Weise bedingte. Trotz widersprüchlicher Reaktionen der bosnischen Politiker auf den Krieg in der Nachbarrepublik offenbarte das Verhalten der Mehrheit beider Volksgruppen während der Volksbefragung über die Unabhängigkeit der Republik den Willen, sich dem Zugriff Belgrads zu entziehen. Sie beteiligten sich massiv am Referendum über die Unabhängigkeit von Bosnien-Herzegowina am 29. Februar und 1. März 1992. Insgesamt sind 64 Prozent der Wähler zur Urne gegangen und 99 Prozent stimmten für ein souveränes und unabhängiges Bosnien-Herzegowina. Wie aus diesen Zahlen zu ersehen, blieben die bosnischen Serben der Volksabstimmung fern, mit Ausnahme jener in manchen urbanen Zentren. Die Tatsache, dass es eine so hohe Zustimmung der Kroaten zum bosnisch-herzegowinischen Staat gab, scheint bis heute von niemandem in ihrer ganzen Tragweite bewertet worden zu sein. Die stärkste politische Gruppierung der bosnischen Kroaten, die Anfang 1990 gegründete HDZ, war zwar ein Ableger der HDZ in Kroatien, doch zunächst setzte sich ihre Führung mit Stjepan Kljujić an der Spitze für ein ungeteiltes Bosnien-Herzegowina ein. Der Einfluss Zagrebs auf die bosnische HDZ war vor allem nach der Übernahme der Parteispitze durch den Tuđman ergebenen Mate Boban (Frühjahr 1992 bis Frühjahr 1994) erdrückend; dieser wollte schon bei der Formulierung des Referendums eine Zusatzfrage über die Strukturierung des Staates nach „nationalen Kantonen“ durchsetzen.

Dennoch erkannte Kroatien als einer der ersten Staaten Bosnien-Herzegowina als unabhängigen Staat an und entsandte bald seine diplomatische Vertretung nach Sarajevo. Dies stand im Einklang mit der Volksabstimmung, allerdings war von amerikanischer Seite die Anerkennung Kroatiens an die Bedingung der kroatischen Anerkennung des Nachbarstaates geknüpft.

Der bosnische Präsident Izetbegović, der Vorsitzende der muslimischen, 1990 gegründeten Partei der Demokratischen Aktion (SDA), war genötigt zu taktieren und auf Zeit zu spielen, während die Ereignisse sich überstürzten. Es wurde dennoch immer klarer, dass es zur Unabhängigkeit der Republik von Miloševićs Belgrad – von einem Jugoslawien „nur für Serben“, wie Izetbegović es nannte – keine Alternative gab.

Kontrovers wurde Izetbegovićs Erklärung (September 1991) diskutiert, wonach der „Krieg in Kroatien nicht unser Krieg“ sei. Izetbegović wollte den Satz als Begründung für die Weigerung gesagt haben, Soldaten aus Bosnien-Herzegowina in den Krieg ziehen zu lassen. Man kann ihn aber auch als einen Akt der unsolidarischen Quasi-Neutralität interpretieren, wie es kroatischerseits durchaus passierte. Als später Oberst Sefer Halilović, der als Kommandierender in der JVA wegen der Angriffe auf die kroatische Stadt Zadar besonders berüchtigt war, von Izetbegović zum Oberbefehlshaber der bosnischen Streitkräfte ernannt wurde, verstand man dies als offene Brüskierung.

Eine der auffälligsten Auswirkungen des Krieges in Kroatien auf das kroatisch-muslimische Verhältnis in Bosnien-Herzegowina war, dass sich viele bosnische Kroaten als Freiwillige an der Verteidigung Kroatiens beteiligten. Unter den Freiwilligen gab es auch bosnische Muslime, aber doch eher als Ausnahme. (Übrigens nahmen kroatische Bürger nichtkroatischer Herkunft – Albaner, Muslime, Serben – an der Verteidigung teil, manche gar in führenden Positionen in der Kroatischen Armee, wie der Kosovo-Albaner Rahim Ademi und der Slowene Karl Gorinšek.) Die Solidarität der Bevölkerung mit dem angegriffenen Kroatien war in Bosnien-Herzegowina nach ethnischen Zugehörigkeiten geteilt. Dass Krieg herrscht, war eine Sache der ethnisch selektiven Wahrnehmung.

Der englische Historiker Noel Malcolm verweist in seiner Analyse der kroatischen Politik gegenüber Bosnien-Herzegowina auf den ausschlaggebenden Einfluss hin, den die konfuse, unentschlossene und undurchsichtige Politik des Westens auf Tuđmans Entscheidungen ausgeübt hatte. Hätten die Weltmächte klar gemacht, dass sie keine Teilung Bosnien-Herzegowinas (und dies hieß zunächst Annexion und Eroberung von 60-70 Prozent seines Territoriums durch die serbische Seite) hinnehmen würden, „hätte sich Tuđman wahrscheinlich auch daran gehalten“. Ähnliches berichtete in seinen Memoiren der letzte amerikanische Botschafter in Jugoslawien, Warren Zimmerman.

Die zweite verheerende Folge war durch die „ethnische Säuberung“ der serbischerseits eroberten und usurpierten Gebiete entstanden, weil die Vertreibungen von kolossalen Ausmaßen direkt zur Eskalation der interethnischen Spannung unter beiden betroffenen Volksgruppen führten – ein Szenario, das sich 1999 mit der Vertreibungen der Kosovo-Albaner wiederholte. Es ist ganz offensichtlich, dass es vor den Eroberungen und den Vertreibungen durch die Serben unter den Kroaten und Bosniaken keine gegenseitigen Vertreibungsfälle gab.

Doch das Versagen des Westens gegenüber der serbischen Okkupation kann nicht auf eine Stufe mit der Aggression selbst gestellt werden, und es kann Tuđman von der Eigenverantwortlichkeit nicht freisprechen. Die internationale Gemeinschaft ließ zwar den Spielraum für verschiedene Optionen frei, aber es war Tuđman, der sich Chancen für die Verwirklichung seiner Vorstellungen errechnete und politisch vorbereitete. Noch während des offenen Konflikts kursierten Gerüchte, Izetbegović hege selber Teilungspläne mit dem Ziel der Errichtung einer rein bosniakischen Entität. Diese Pläne und entsprechende (mehr oder minder geheime) Gespräche mit Tuđman und Milošević wurden nach dem Krieg vielfach bestätigt und kontrovers diskutiert. In der umfangreichen Erinnerungsliteratur, die von zahlreichen bosniakischen Akteuren geschrieben wurde, werden solche Pläne auch erwähnt und unterschiedlich diskutiert. Da diese Memoiren diverser Politiker und Militärs (etwa von Alija Izetbegović, Sefer Halilović, Fikret Muslimović, Adil Zulfikarpašić) zumeist Rechtfertigungsversuche in eigener Sache und Abrechnung mit politischen Kontrahenten zugleich darstellen, ist Zurückhaltung gegenüber den darin enthaltenen Angaben geboten. Im gegebenen Rahmen genügt die – wie auch immer vage – Kenntnis von Einwilligung in Teilungspläne auch muslimischerseits sowie die gut belegte These über starke Islamisierung der bosnischen Armee (Marko A. Hoare) für eine vorsichtige Schlussfolgerung, dass nämlich auch der am wenigsten schuldige Akteur des bosnischen Dramas einem – bisweilen aggressiven – Nationalismus erlag. Es ist dies eine Tatsache, die zwar die Verschärfung des Konflikts verstehen hilft, aber nicht als Relativierung der Kriegsschuld der beiden – primären und sekundären – Parteien dienen kann.

25.3. Kroatiens Ziele in Bosnien-Herzegowina

Von seiner geopolitischen Lage her hat Kroatien vielfältige – geschichtliche, ethnische, ökonomische und verkehrsmäßige – Beziehungen zum bosnischen Nachbarstaat, und eine politische Priorität dieses Raumes für Kroatien ist an sich legitim, umso mehr war sie es in der historischen Lage der Auflösung des gemeinsamen Staates und des Krieges, der beide Republiken traf. Rein unter militärischen Gesichtspunkten betrachtet, lässt sich keine vernünftige Verteidigungsstrategie ohne das bosnische Hinterland etwa in Dalmatien aufbauen. Dies beeinflusste auch andere politisch-strategische Überlegungen als nur die herrschende Linie Tuđmans. Obwohl diese Politik von Widersprüchen gekennzeichnet war, hat Franjo Tuđman recht früh klar gemacht, dass das Prinzip der Unantastbarkeit der Grenzen, das Kroatien für sich in Anspruch nahm, bezogen auf Bosnien-Herzegowina nicht unbedingt gelten musste. Seine Vision orientierte sich anscheinend an der historischen „Banovina“-Lösung von 1939, also an dem unter *besonderen geschichtlichen Umständen* des Königsjugoslawien durch Maček und Cvetković erzielten „kroatisch-serbischen Ausgleich“ (Sporazum → Kap. 10). Mit dieser Vision konnte er auf Unterstützung bei den herzegowinischen Kroaten rechnen, und sie zahlte sich bei den Wahlerfolgen der HDZ aus. Der aus der Herzegowina stammende kroatische Verteidigungsminister Gojko Šušak war ein typischer Vertreter dieser Konzeption. Aber schon ihre Andeutung kündigte einen illegitimen territorialen Anspruch auf Bosnien-Herzegowina an und erklärte es zur Konkursmasse des zerfallenden Jugoslawien. Diese Überlegungen waren darüber hinaus politisch unrealistisch, weil trotz des Krieges, mit dem Milošević die alten großserbischen Pläne verwirklichen wollte, die realen gesellschaftlichen und nationalen Umstände sich in jeder Hinsicht von jenen des Abkommens von 1939 unterschieden. Ende 1991 spricht Tuđman öffentlich über die Lösung, die seiner Meinung nach den Krieg verhindern könne und in einem kroatisch-serbischen Abkommen über eine territoriale Aufteilung in Bosnien-Herzegowina liege: „Serbien bekäme das Seine (sic!) diesseits der Drina, und gleichzeitig würde sich Kroatien seine Teile (sic!) anschließen". Was die Muslime anging, so „bekämen sie den Teil von Bosnien", in dem sie die Mehrheit stellten. Dieser würde eine Pufferzone zwischen Kroatien und Serbien bilden, und somit würde „das koloniale Gebilde Bosnien-Herzegowina verschwinden" (*Slobodna Dalmacija* 31.12.1991; Lovrenović). Man kann aber Mačeks Banovina-Lösung nicht als ein „anti-muslimisches" Konzept bewerten, wie es – unter Missachtung des historischen Rahmens – des öfteren geschieht. Die (schwach) autonome Banschaft Kroatien war ja kein vordergründig ethnisches Konzept; es hat Teile einer rigiden – serbischen Interessen dienenden – administrativen Aufteilung in der neuen Banschaft geeint und keine bestehende Einheit zerteilt. Der Sporazum von 1939 dessen „Grenzziehung als Provisorium" galt (S. Džaja) war für die Muslime enttäuschend, aber die politische Idee einiger muslimischer Politiker (Mehmed Spaho, Džafer-beg Kulenović) über eine vierte Einheit Bosnien-Herzegowina lag im Bereich der Utopie.

Das andere kroatische Projekt in Bezug auf Bosnien-Herzegowina, dasjenige der kleinen rechtsradikalen Partei (Partei des Rechts, HSP), war gleichfalls anachronistisch. Es berief sich auf das Erbe des Ustascha-Staates und entwarf als Ziel die bosnische Grenze zu Serbien an der Drina, ein Ziel, das man gemeinsam mit den muslimischen Bosniaken erreichen wollte. Beide Visionen orientierten sich also an historischen, überholten und auch kompromittierten Vorbildern und übersahen, dass sich in der Realität die bosnischen Muslime schon als eine Nation konstituiert hatten.

Die Ansicht, dass Bosnien-Herzegowina das gleiche Recht wie Kroatien hat, in seinen Grenzen ungeteilt, aber mit einer besonderen, allen seinen konstitutiven Völkern gemäßen Verfassung weiter zu bestehen, hatte sich politisch zu wenig profiliert. Reaktionen in der unabhängigen Öffentlichkeit zufolge wurde sie wahrscheinlich von einer Mehrheit in Kroatien selbst geteilt. Obwohl sich namhafte Intellektuelle (wie Ivo Banac, Slavko Goldstein, Vlado Gotovac, Mirko Kovač, Nenad Popović) und einige Oppositionspolitiker (Ante Kovačević, Dobroslav Paraga, Dražen Budiša) gegen Tuđmans Politik und für einen Erhalt des bosnisch-herzegowinischen Staates ausgesprochen hatten, wurde kein klares *Gegenprogramm* artikuliert.

Zagrebs ambivalentes Verhalten in Bezug auf die territoriale Integrität Bosnien-Herzegowinas wirkte sich schädigend auf das ohnehin schwache Bündnis mit Sarajevo aus und ließ es zuweilen vollkommen unglaubwürdig erscheinen. Die späteren separaten Verhandlungen mit den Serben – so das berüchtigte Treffen von Mate Boban und Radovan Karadžić in Graz am 6. Mai 1992 – die man Paktieren mit dem „eigenen Henker" nannte, konnten allein als „Bündnisverrat" gesehen werden. Diese Zweigleisigkeit der kroatischen Politik traf aber auch die bosnischen Kroaten selbst schwer. Tuđmans Politik untergrub von Anfang an ihre verfassungsmäßige Position als gleichberechtigtes konstitutives Volk von Bosnien-Herzegowina, instrumentalisierte sie als territoriale Platzhalter für seine Visionen der Vergrößerung des kroatischen Territoriums und führte zu einer Spaltung der kroatischen Gemeinschaft im Nachbarstaat in – grob gesprochen – bosnische und herzegowinische Kroaten.

25.4. Die ungleiche Verteidigung des Landes und der Zankapfel Mostar

Der serbische Waffengang stieß zunächst nur in der Westherzegowina auf ernsthaften bewaffneten Widerstand, denn die dortigen Kroaten hatten im April 1992 den Kroatischen Verteidigungsrat (HVO = Hrvatsko Vijeće Obrane) gegründet, wobei sie von den aufgelösten kroatischen paramilitärischen Einheiten (HOS) unterstützt wurden, die sich nach den Kämpfen in Kroatien (Vukovar) dem Zugriff der Kroatischen Armee (HV) entziehen wollten. Die etwa 15.000 Kämpfer in dieser Region wurden von Soldaten der Kroatischen Armee unterstützt, die auch über einige schwere Waffen verfügten. In Mostar kämpften die bosnischen Muslime zunächst in den Einheiten der HVO und behielten gleichzeitig ihre Verteidigungsorganisationen (Patriotische Liga und Grüne Barette).

Am 21. Juli 1992 unterschrieben die Präsidenten Izetbegović und Tuđman ein Bündnis, wodurch die Beteiligung der Kroatischen Armee bei der Verteidigung rechtens wurde. Gleichzeitig übte man kroatischerseits auf verschiedenen Ebenen immer stärkeren Druck auf Alija Izetbegović aus, in eine – nicht näher bestimmte – Konföderation mit Kroatien einzuwilligen. Mate Boban, der die ganze Macht in der bosnischen HDZ an sich riss, suchte den schwächeren Verbündeten durch Entzug von militärischer Hilfe und Waffenlieferungen zu erpressen. Nachdem Izetbegović eine konföderative Einigung abgelehnt hatte, wurde bereits Anfang Juli 1992 die Kroatische Gemeinschaft Herceg-Bosna erklärt, zunächst allerdings als „provisorische Lösung“ deklariert.

Aus strategischen Gesichtspunkten war es somit wichtig, dass in der Westherzegowina die einzige Staatsgrenze verteidigt wurde, während alle anderen unter serbischer Kontrolle waren. Sarajevo freilich hatte auch über die einzig verbliebene keine Kontrolle. Es gab diesbezüglich anscheinend auch auf höchster Ebene keine Absprachen, noch wurden zwischen den Führungen Kroatiens und Bosnien-Herzegowinas bzw. den beiden Präsidenten Tuđman und Izetbegović einheitliche strategische Ziele festgelegt. Die nahe liegende Einigung aus strategischem Aufeinander-Angewiesensein beider Länder blieb als Option weitgehend außer Acht.

Die zivile Verwaltung Mostars oblag den 1990 gewählten Politikern der siegreichen bosnischen HDZ, die mit muslimischen Kommunalpolitikern der SDA lose koalierten. Mostar war ein wichtiger militärischer Stützpunkt der JVA mit großen Kasernen in der Stadt und Umgebung (Luftwaffe und Rüstungsindustrie). Als die serbische Eroberung Bosnien-Herzegowinas begann, war die Stadt durch diese vorgegebene Lage schon wie belagert. Nach dem serbischen Großangriff im April 1992 von den Kasernen im Ostteil der Stadt aus kam es zu erbitterten Kämpfen, in deren Verlauf die historische Altstadt teilweise in Trümmer gelegt und die alte Brücke – wie die Mostarer meinten: gezielt – beschossen und beschädigt wurde. Die Waffen für alle kroatisch-muslimischen Verteidiger kamen aus Kroatien. Im Juni zogen sich die serbischen Truppen aus der Stadt in die Berge zurück, von wo aus sie die Stadt noch immer beschießen, aber nicht mehr einnehmen konnten. Ein Großteil der serbischen Bewohner verließ – nach ähnlichem Muster wie schon im Krieg gegen Kroatien – die Stadt unmittelbar darauf.

Tabelle: ethnische Zusammensetzung Mostars (1991 und 1999):

1991	Kroaten	Muslime	Serben	Jugoslawen	Andere
Gemeindebezirk	21.242	17.927	9.704	1.203	677
Stadt	21.795	25.929	14.142	11.555	2.444
Gesamt	43.037	43.856	23.846	12.768	3.121

Quelle: Erasmus 16, 1996. Bevölkerung 1991 gesamt: 126.628; Stadt: 75.865

1999	Kroaten	Bosniaken	Serben	Jugoslawen	Andere
West-Mostar	47.587	600	1083		788
Ost-Mostar	251	49.023	439		208
Flüchtlinge WM	16.499	600	221		86
Flüchtlinge OM	27	15.800	120		

Nach offizieller Mitteilung von OHR & UNHCR vom 12.2.1999 (Mitteilung von Mustafa Alendar, Journalist aus Mostar). Angaben für 2 Gemeinden (die dritte wurde nicht erfasst).

Die kroatischen Führer um Mate Boban schrieben den militärischen Sieg allein sich selbst zu und wollten ihn in politische Macht umwandeln, die sie mit niemandem zu teilen brauchten. Ihrer Linie der „kleinen ‚großkroatischen Lösung'" (Rathfelder) standen die Vertreter der maximalistischen Strategie im Wege, die vor allem von der HSP (der Kroatischen Partei des Rechts) entwickelt und vor Ort mit der kampfstarken HOS-Truppe unter dem Kommandanten Blaž Kraljević verfolgt wurde. Kraljević, den man zu den militärisch kompetentesten Kommandeuren zählte, war der einflussreichste Verfechter der bosniakisch-kroatischen Kooperation in Herzegowina, worin man die Motive für seine heimtückische Liquidierung Anfang August 1992 sah, deren Umstände bislang ungeklärt geblieben sind (→ Kap. 21 u. 23). Massive Anschuldigungen in der Öffentlichkeit gegen Mate Boban als Auftraggeber und eine Spezialtruppe der HVO und den berüchtigten Anführer Mladen Naletilić, genannt Tuta, als Vollstrecker wurden nie dementiert. Mladen Naletilić und ein anderer Kommandeur der berüchtigten Sträflingseinheit (kažnjenička bojna), Vinko Martinović, genannt Štela, wurden 1997 in Kroatien wegen anderer Tatbestände verhaftet und 1999 bzw. 2000 nach Den Haag transferiert, wo der Ankläger sie wegen Kriegsverbrechen und Verbrechen gegen die Menschlichkeit in der Zeit 1993-1994 in der Umgebung von Mostar angeklagt hatte. Am 31. März 2003 verurteilte die Erste Kammer des Gerichts Naletilić zu 20 und Martinović zu 18 Jahren Freiheitsstrafe wegen „Verfolgung, Folter und Vertreibung der Muslime in Westherzegowina". Der Mord an Kraljević war kein Bestandteil der Anklage.

Im Dezember 1992 löste der HVO die Stadtverwaltung auf und übernahm die Kontrolle über die zivile Verwaltung. Der dem HVO als Vorwand dienende Verdacht, die Muslime hätten schleichend die zivilen Institutionen „infiltriert", wurde nie eindeutig geklärt. Gleichzeitig kamen Tausende muslimischer Flüchtlinge aus Ostbosnien nach Mostar und wurden im Ostteil der Stadt untergebracht. Die Masse der Flüchtlinge stellte ein ernstes Problem dar, zumal sie vollends die ethnischen Relationen verschob. Die kroatischen Politiker in Mostar, von denen wenige aus der Stadt selbst stammten, beharrten auf ihrer Vorherrschaft in einer „kroatischen Hauptstadt von Herceg-Bosna". Nachdem in Ostmostar das 4. Korps der entstehenden Armee der Republik Bosnien-Herzegowina (ARBiH) gegründet wurde, wuchsen die Spannungen weiter. Andererseits kristallisierten sich die sezessionistischen Absichten des HVO in aller Eindeutigkeit heraus. Unter Mate Bobans Führung wurde der HVO letztlich zu einer Phalanx, die mit Gewalt die Ziele dieser einen politischen Partei durchzusetzen trachtete.

Doch außer in Mostar waren die serbischen Truppen in anderen Teilen weiterhin siegreich. Der HVO erlebte eine schwere und folgenreiche Niederlage nach aufreibenden Kämpfen um den Kupres-Pass, dem Tor nach Bosnien vom Westen aus. Später baute der HVO eine Route über die höchsten Gipfel (Vrana) der Herzegowina aus, um Mittelbosnien mit dem Süden zu verbinden. Sie bekam den triftigen Namen „Rettungsstraße“, denn sie war der einzige Weg in das Landesinnere. Während es in Zentralbosnien (Novi Travnik, Prozor) zu ersten Feindseligkeiten und ernsthaften bewaffneten Auseinandersetzungen zwischen den Verbündeten kam, brachen entscheidende Frontabschnitte unter serbischen Angriffen zusammen. Zu den direkten Folgen der kroatisch-muslimischen Feindseligkeiten in Mittelbosnien kann der Fall der strategisch wichtigen Stadt Jajce Ende Oktober 1992 gezählt werden. Zuvor war schon in Nordbosnien Bosanski Brod und danach die weite umliegende Region im Sava-Tal gefallen. Um die Verteidigung und den Fall von Bosanski Brod werden bis heute Legenden gestrickt (→ Kap. 23). Als sicher kann gelten, dass die Verteidigung in Bosanski Brod mit erheblicher Unterstützung aus Kroatien aufgebaut und nur dadurch aufrechterhalten werden konnte; dass die kroatischen Städte auf dem anderen Sava-Ufer (vor allem Slavonski Brod) unter ständigem serbischen Beschuss lagen und Präsident Tuđman am 1. Oktober den Rückzug befahl. Danach hörte zumindest der Granatenterror auf Slavonski Brod auf.

Nachdem Izetbegović und Tuđman gemeinsam in Zagreb am 1. November 1992 die Feindseligkeiten und Zusammenstöße in Mittelbosnien zwischen „einigen Einheiten der Armee BiH und des HVO“ verdammt hatten, flauten sie in Mittelbosnien kurzzeitig ab, dafür spitzten sich die Spannungen in Mostar zu. Zum Hergang der betreffenden Ereignisse gibt es einander widersprechende Interpretationen der beiden Parteien. Der kroatischen Version zufolge hätten sich die muslimischen Teile des HVO heimlich abgespalten und hinterhältig die kroatischen HVO-Posten angegriffen. Die muslimische Version beginnt mit der kroatischen Belagerung der Flüchtlinge im Ostteil und der Beschießung und Vertreibung von Bosniaken aus dem Westteil der Stadt. Wer wen wann verraten hat, wird sich kaum je objektiv feststellen lassen. Der amerikanische Militärhistoriker Charles R. Shrader vertritt beispielsweise die These, dass die Einheiten der Armee BiH den Feldzug gegen den HVO entfacht hätten. Ein anonymer Mostarer fand dafür die passende Formulierung: Die Kroaten hätten den Krieg in Mostar ausgelöst, aber auch die Muslime wären bereit gewesen, ihn vom Zaun zu brechen (*Erasmus*, 16). Feststellbar ist, dass es in diesem Zeitraum drei prekäre Fronten gab – Kupres-Pass, Jajce, Bosanski Brod – die vorwiegend vom HVO gehalten und dann verloren wurden. Diese Niederlagen sind auf den Konfliktkurs beider Seiten zurückzuführen und sollten im Zusammenhang mit der mangelnden Zusammenarbeit der Regierungen erklärt werden.

Wenn zwischen Verbündeten Misstrauen und nie ausgeräumte Unstimmigkeiten herrschen, wird das Bündnis brüchig und alle gemeinsamen Angelegenheiten fraglich. Eine solche prekäre Angelegenheit ist die gemeinsame Waffenversorgung. In diesem Fall lag die Waffenlieferung an die bosnische Regierung in den Händen der Kroaten. Diese konnten die bosnische Regierung damit erpressen – womit sie recht früh tatsächlich anfingen –, hatten aber auch berechtigte Angst, selbst von den Muslimen angegriffen zu werden.

25.5. Das verheerende Jahr 1993

Als der Vance-Owen-Friedensplan Ende Januar den Parteien von Bosnien-Herzegowina vorgelegt wurde, kippte die wacklige bosniakisch-kroatische Allianz vollends um. Es sind dabei zwei Dinge zu unterscheiden: 1) dieser Plan war für Bosniaken und Kroaten günstiger als für die bosnischen Serben und 2) seine Verwirklichung war ohne starke militärische Drohung den Serben gegenüber undenkbar. Warum eskalierten die Auseinandersetzungen dann gerade als Folge dieses Planes? Der primäre Fehler dieses Plans, der auf der Grundlage der nationalen Verteilung aus der Volkszählung von 1991 verfasst wurde, bestand darin, dass er keine militärischen Mittel für seine *Durchsetzung* vorsah, also in erster Linie Mittel, um die Serben zum Rückzug aus den eroberten und „ethnisch gesäuberten" Gebieten zu zwingen. Daraus müssen die beiden anderen Parteien den Schluss gezogen haben, dass serbisch bleiben soll, was serbisch erobert war. Also fing der HVO an, seine „Reviere" zu sichern. Unter dem Deckmantel des Hinarbeitens auf einer Friedenslösung zeigte sich das strategische Ziel des HVO, nämlich: ein von der Westherzegowina bis Mittelbosnien geschlossenes „kroatisches" Gebiet zu schaffen (→ Kap. 21). Die gleiche Schlussfolgerung hatten anscheinend auch die Bosniaken gezogen, denn sie fingen an, in Mittelbosnien gegen ihre kroatischen Verbündeten zu kämpfen. Ihr strategisches Ziel war, von einem bosniakisch beherrschten Zentralbosnien aus bis Mostar und ins Neretva-Tal und letztendlich zum Meer vorzudringen. Diese Operation hieß Neretva 93 und ist aktenkundig (vgl. die Anklage des ICTY gegen Sefer Halilović).

David Owen schrieb später ein umfangreiches Buch über seine Bosnien-Mission und bemühte sich zu beweisen, dass der von ihm und Cyrus Vance vorgeschlagene Plan keine ethnische Teilung beabsichtigt hatte. Doch ohne eine Allianz gegen die serbische Aggression konnte dieser Plan kaum andere Reaktionen auslösen, als die Verschärfung des Kampfes um die übrig gebliebenen Gebiete. Das hätte vermieden werden können, wenn sich die internationale Gemeinschaft und ihre Vermittler klar hinter das zwar bröckelnde, aber noch immer bestehende kroatisch-bosniakische Bündnis im Paket mit dem vorgeschlagenen Friedensplan gestellt hätte. Solange aber eine Aufhebung des Waffenembargos, das Noel Malcolm als den größten „Beitrag des Westens zur Zerstörung Bosniens" bezeichnet hat, nicht einmal angedroht wurde, fehlte ein irgendwie ernst zu nehmender Druck gegenüber Karadžić und Mladić. Dass die Aufhebung des Embargos zusammen mit einer Festigung des bosniakisch-kroatischen Bündnisses für die Serben eine ernste Drohung gewesen wäre, bezeugte Karadžić selbst, bei dem eine solche Aussicht die größten Befürchtungen auslöste.

Im Unterschied zum späteren Washingtoner Abkommen, das eine Erneuerung des kroatisch-muslimischen Bündnisses zu seiner Grundlage nahm und durch eine Gleichbehandlung beider Seiten gekennzeichnet war, begleitete den Vance-Owen-Plan stets der Druck auf Alija Izetbegović, die Niederlage hinzunehmen (→ Kap. 32).

Ziel der Armee BiH war es, das Gebiet zwischen den drei Städten Tuzla, Sarajevo und Zenica zu halten und in ein kompaktes muslimisches Territorium zu verbinden. Hingegen ließen die bosniakischen Einheiten die stärkeren Serben unbehelligt, konzentrierten sich auf das Bekämpfen und Vertreiben von Kroaten aus mittelbosnischen Ortschaften und Städten wie Kakanj, Vareš, Fojnica, Vitez usw., machten sich des Massenmords an Zivilisten (in Ortschaften bei Jablanica, Vareš und Vitez) schuldig und trugen somit ihren Teil zur Verschärfung des Konflikts sowohl in Mittelbosnien als auch in Ostmostar bei. Da ein solches Vorgehen eine Phase der militärischen Planung braucht, kann mit aller Vorsicht vermutet werden, dass die bosniakische Seite dem Bündnis ebenfalls schon seit geraumer Zeit den Rücken gekehrt hatte und es zu eigenen Zwecken missbrauchte. Trotzdem fällt es schwer, diesen „Krieg" einen regelrechten kroatisch-bosniakischen Krieg zu nennen oder gar als „Krieg zweier Völker" darzustellen, wie es die Propaganda beider Seiten zeitweilig tat. Nicht nur weil er beschränkt war auf die genannten Regionen und andernorts Einheiten beider Volksgruppen militärisch weiter zusammenarbeiteten, sondern weil es weiterhin zahlreiche Beziehungen zwischen den beiden Staaten und Regierungen gab, wie sie nur unter befreundeten Staaten möglich sind. Auch die Ankläger des ICTY bemühen sich in den Verfahren gegen bosnisch-kroatische Angeklagte mit aller Kraft zu beweisen, dass es sich hier um einen „internationalen Konflikt“ gehandelt habe, bei dem die lokalen kroatischen Kräfte zusammen mit den Soldaten der regulären kroatischen Armee einen von Franjo Tuđman geplanten Krieg mit dem Ziel der Annexion der bosnisch-herzegowinischen Territorien an Kroatien geführt hätten. Eine solche simplifizierende Ansicht lässt sich nur aufrechterhalten, wenn man sie von der komplexen und differenzierend zu betrachtenden Realität isoliert, wie es sowohl der Ankläger wie die Spruchkammer in Verfahren gegen Blaskić und später gegen andere Angeklagte getan haben (→ Kap. 31).

Während die Kämpfe in Mittelbosnien in der zweiten Hälfte des Jahres 1993 eskalierten, verschärfte sich der Krieg in Mostar aufs äußerste. Im Sommer schon wurden Muslime aus Mostar und Umgebung in Sammellager (Dretelj, Gabela, Heliodrom) gesteckt, wo man sie folterte und einige umbrachte. Der HVO begrub Ostmostar, das für Monate in fast vollständiger Blockade ausharrte, erbarmungslos unter Granaten. Zahlreiche islamische Kulturdenkmäler wurden zerstört. Im November wurde die Alte Brücke, das Wahrzeichen der Stadt, vom HVO mit gezielten Schüssen, wie die Aufnahmen der UNPROFOR zeigten, endgültig zerschossen. Die Sprecher des HVO versuchten, wenig glaubwürdig, strategische Gründe dafür geltend zu machen.

In Mittelbosnien entstanden eine Reihe Enklaven; es kam zu weiteren gegenseitigen Vertreibungen und vereinzelt zu Massakern. Die schlimmsten verübten HVO-Truppen an muslimischen Zivilisten in den Ortschaften Ahmići und Stupni Do. Man vermutet hinter dem Vorgehen der HVO Tuđmans Pläne zu einer Umsiedlung der kroatischen Bevölkerung aus gemischten Teilen Bosniens nach Herzegowina bzw. ins angrenzende Mittelbosnien. Fakt ist, dass sich Mate Boban in diesem Zusammenhang zur Aufforderung an die Kirchenoberhäupter verstieg, das Erzbistum von Sarajevo nach Mittelbosnien umsiedeln zu lassen. Vor dem Hintergrund der jahrhundertealten Tradition der katholischen Kirche in Bosnien-Herzegowina konnte diese Aufforderung nur als eine zur Zerschlagung Bosniens verstanden werden. Nachdem der HVO auch die Zusammenarbeit mit bosnischen Serben, d.h. mit den Belagerern von Sarajevo und anderen bosnischen Städten nicht scheute und sogar die serbische Armee mit Kraftstoff belieferte, wurden zur Rechtfertigung ideologische Versatzstücke aus Reminiszenzen des alten gemeinsamen Kampfes gegen die „Türken“ bemüht.

Karte 6: Der Vance-Owen-Plan (Januar 1993)

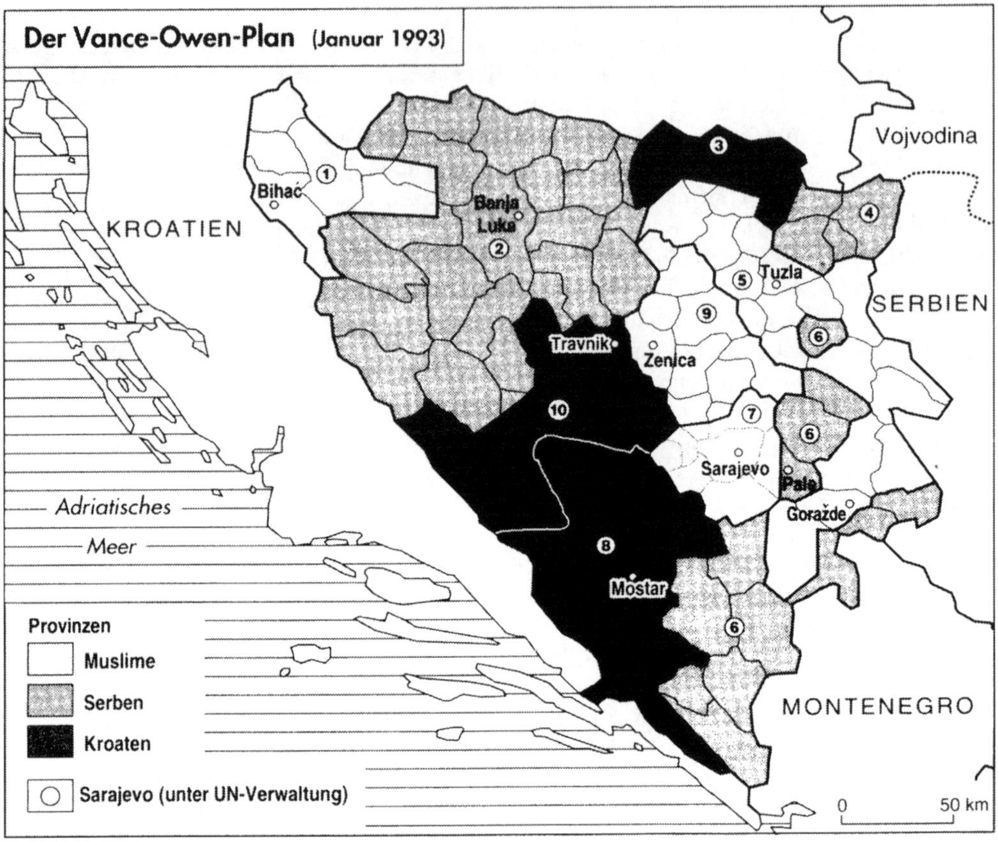

25.6. Vor und nach dem Abkommen von Washington

Durch die bosniakisch-kroatischen bewaffneten Auseinandersetzungen bekam der Krieg 1993 den Charakter eines allgemeinen Bürgerkrieges – zumindest im Sinne völliger Unübersichtlichkeit der gegeneinander bzw. miteinander kämpfenden Gruppen. Ein Ausweg schien unerreichbar und der serbische Sieg endgültig. In dieser Situation an der Jahreswende 1993/94 vollzog sich in Teilen der Clinton-Administration aber ein Umdenken, was wohl zum wichtigsten Faktor für das Einleiten einer Wende wurde. Tuđman musste aus Washington immer deutlicher die Botschaft vernehmen, dass die Teilung Bosniens nicht hingenommen werde. Die deutsche Diplomatie, vor allem Michael Steiner, war schon lange über die feindlichen Entwicklungen zwischen Bosniaken und Kroaten alarmiert und übte einerseits beständigen Druck hauptsächlich auf Tuđman aus und unterstützte andererseits die amerikanischen, von Charles Redman unternommenen Bemühungen um die Beilegung des Konflikts.

Doch der Bosnienpolitik Tuđmans wurde – wie schon angedeutet – auch im Inneren verschiedentlich widersprochen. Nach den Berichten über die Massaker des HVO an muslimischen Zivilisten und Bildern aus den von Kroaten errichteten Gefangenenlagern war für viele in Kroatien das Maß voll. Der Widerspruch wäre wahrscheinlich sehr viel lauter gewesen, hätten die Bürger und die Strukturen der Öffentlichkeit in der freien Meinungsäußerung etwas mehr Übung gehabt. Auch in der HDZ war man mit Tuđmans Bosnien-Politik nicht einverstanden; die meisten dieser Unzufriedenen verließen zuerst still die Partei und äußerten sich erst später in der Öffentlichkeit dazu. Medienwirksam war erst die Abspaltung der beiden bekannten und einflussreichen Politiker und Gründungsmitglieder der HDZ, Stipe Mesić und Josip Manolić, die zu einer ernsten Parlamentskrise führte. Vor allem der spätere kroatische Präsident Stipe Mesić setzte seine scharfe Kritik an der Bosnienpolitik Tuđmans fort, und wurde zum wichtigen Zeugen für die Beweisaufnahme des Internationalen Gerichtshofes in Den Haag.

Obgleich Tuđmans Art zu regieren von Rücksichtslosigkeit gegenüber der öffentlichen Meinung gekennzeichnet war, musste er dem breiten Unverständnis für seine Bosnien-Politik zuweilen doch wenigstens andeutungsweise Rechnung tragen, wenn nicht anders, so doch durch Vertuschung von Informationen. Nachdem bekannte Oppositionspolitiker (I.Z. Čičak und D. Paraga) öffentlich behaupteten, Stenogramme des Treffens zwischen Milošević und Tuđman in Karađorđevo 1991 zu besitzen, die bewiesen, dass dort über die Teilung von Bosnien-Herzegowina verhandelt worden sei, nahm Tuđman dazu nicht Stellung. Zu parlamentarischen und sonstigen Anfragen über die Kosten des kroatisch-bosniakischen Krieges für den kroatischen Staat und seine Steuerzahler gab Tuđman keine Auskunft. Zeitweilig massive anti-muslimische Propaganda der offiziellen Medien veränderte Meinungsumfragen unabhängiger Medien zufolge die mehrheitlich misstrauische Haltung der Kroaten einer Teilungs- bzw. Annexionspolitik gegenüber kaum. Die Propaganda bewirkte aber anscheinend, dass die Abneigung der kroatischen Bevölkerung gegenüber Bosniaken (als Nachbarn, Ehepartner, Spielkameraden der Kinder etc.) erheblich zunahm. Ein anderer Grund dafür könnte freilich in den Erfahrungen mit vielen Kriegsflüchtlingen aus Bosnien-Herzegowina liegen – zunächst den von Serben vertriebenen Muslimen, dann von Muslimen vertriebenen Kroaten.

Der Druck aus dem Innern war 1993 nicht stark genug, um Tuđmans Politik in irgendeinem Punkt zu ändern. Der Widerstand der großen oppositionellen Parteien (Reformkommunisten und Liberale) wurde oft nur halblaut geäußert. Deshalb konnte allein ein Aktionsplan von außen, wie es der amerikanisch-deutsche war, Bewegung in die Patt-Situation bringen. Dabei musste nicht nur auf Tuđman Druck ausgeübt werden, sondern auch auf Izetbegović, weil er keine klaren strategischen Zielsetzungen hatte und sich nicht festlegen ließ. Die Strategie des Abkommens war dennoch nicht einfach von außen entliehen, sondern baute auf gegebene politische Ansätze auf. Die Rückkehr zur kroatisch-bosnischen Allianz war ihr Grundstein. Darauf ruhte das Projekt der bosniakisch-kroatischen Föderation, das sich inhaltlich in vielem auf die Beschlüsse der erwähnten Versammlung der bosnischen Kroaten stützte.

Nach dem In-Kraft-Treten des Waffenstillstands im Februar 1994 wurde im März in Washington die Zusammenarbeit der beiden Parteien vereinbart, die mit der Rückkehr zur militärischen Kooperation einsetzen sollte, um, wie Holbrooke später sagte, „eine gemeinsame Front gegen die Serben aufzubauen", und die Errichtung einer kroatisch-muslimischen Föderation in Bosnien-Herzegowina beschlossen.

Diese Art der Beendigung des Konflikts lässt darauf schließen, dass alle an der Verhandlung Beteiligten in ihm eine doch sekundäre Erscheinung sahen, die man ein Produkt der Umstände nennen darf, die durch den „primären" Krieg geschaffen worden waren. Die Friedensverhandlungen endeten eben nicht mit einem Friedensvertrag, sondern mit einem Beschluss zur Zusammenarbeit bzw. über die vorläufige Verfassung „der Föderation von Bosnien und Herzegowina". Damit wurde auch der Grundstein für weitere Schritte gelegt (der Plan der Kontaktgruppe vom Juli 1994 teilte das Land zwischen der „Föderation" und den „serbischen Gebieten") bis zur gemeinsamen Gegenoffensive im Herbst 1995 und dem anschließenden Friedensplan von Dayton.

Trotzdem deuteten die nachherigen Entwicklungen mehr auf einen von außen unterbrochenen Krieg als auf eine Friedensschließung hin – von Zusammenarbeit und Aufbau der Föderation ganz zu schweigen. Die realen politischen Gruppen und gesellschaftlichen Kräfte, auf die sich diese Vereinbarungen hätten stützen können, befanden sich weit von der politischen Macht vor Ort entfernt. Izetbegović willigte in die Vereinbarung nur widerstrebend ein, aus dem Kalkül des für jene Zeit Schwächeren; Tuđman wiederum aus dem Kalkül, die Amerikaner auf seiner Seite zu haben und auf dieser Basis die kroatischen Streitkräfte aufbauen zu können. Die Obstruktion der Einigung und Zusammenarbeit blieb noch Jahre nach dem Dayton-Vertrag spürbar.

Izetbegovićs Anteil an der verfahrenen Situation ist seltener behandelt worden. Auffallend ist vor allem das Fehlen einer klaren Strategie. Die politischen Beobachter im Lande selbst versuchten verschiedentlich, hinter dieser Taktik der Undurchsichtigkeit eine Strategie der Teilung zu rekonstruieren, mit dem Ziel einer reinen national-bosniakischen Einheit, in der eine islamisch geprägte Ordnung eingeführt werden sollte. Ideologisch kam diese Tendenz in der Izetbegović nahe stehenden nationalistischen Wochenzeitung *Ljiljan* deutlich zum Ausdruck. Dort sind in der Vergangenheit Vorschläge zur Einführung verschiedener islamischer Regeln als mehr oder minder verbindliche Verhaltensnormen ventiliert worden. Im Herbst 1998 brachte Izetbegović selbst – wahrscheinlich um die Reaktionen der Öffentlichkeit zu testen – die Idee der Scharia (islamisches Gesetz) in das ideologische Spiel hinein. Dieses Liebäugeln mit islamistischer Abschottung in einer bosniakischen Enklave war anscheinend nur für einen relativ kleinen Kreis um Izetbegović und einige islamische Geistliche anziehend. Nach Izetbegovićs Rückzug aus der aktiven Politik fielen besonders die islamischen Geistlichen mit islamistischen Äußerungen in der Öffentlichkeit auf.

Hinter der Fassade aus demokratisch klingenden Sprüchen konnte man keine klare politische und strategische Konzeption erkennen. Sarajevo hatte auch an keiner strategischen Allianz mit Kroatien gearbeitet. Erschwerend kamen noch die Rivalitäten unter den bosniakischen Spitzenpolitikern hinzu. Haris Silajdžić, der bosnische Ministerpräsident während des Krieges, vertrat in der Öffentlichkeit die Konzeption eines einheitlichen multikulturellen Bosnien-Herzegowina. Dadurch, dass er auch die wirtschaftlichen Aspekte mitberücksichtigte, machte er den Eindruck eines Politikers, der sich mehr vom Verstand als von Emotionen leiten lässt. Dennoch vermisste man auch bei ihm eine ausgearbeitete Strategie, die zu den gesteckten politischen Zielen führen sollte. Er vertrat am augenfälligsten die bosniakische Taktik, mit Unterstützung der Westmächte den bosnischen Staat zu retten. Wie hohl diese unausgegorenen Konzeptionen waren, zeigte sich während den langwierigen Verhandlungen in Dayton. Holbrooke musste immer wieder die Bosniaken daran erinnern, dass sie darum „gebeten haben, ein vereintes Bosnien zu schaffen". Der Verdacht lässt sich nicht ganz ausräumen, dass ein (amputiertes) vereintes Bosnien, aber ohne Kroaten und Serben, die intime Vorstellung vieler bosniakischer Politiker war. Bosniakischerseits war insgesamt die Idee einer Kooperation mit den bosnisch-herzegowinischen Kroaten und mit Kroatien selbst wenig elaboriert. Diese Konzeptionslosigkeit ließ der kroatischen Seite viel Freiraum, eigene politische Vorstellungen durchzusetzen.

Die schillernde Verflechtung zwischen bosniakisch-kroatischer „Zusammenarbeit" und bosniakisch-kroatischem Krieg kommt auch durch die Widersprüchlichkeit in der Propaganda und den diplomatischen Tätigkeiten zum Ausdruck. In der muslimischen Propaganda und antikroatischen Rhetorik wurden die Kroaten zum zweiten Aggressor, und Alija Izetbegović drohte des Öfteren damit, Kroatien offiziell der Aggression anzuklagen. Im gleichen Zeitraum verfolgten die Minister beider Republiken bei den Vereinten Nationen (Mario Nobilo und Muhamed Šaćirbegović) eine gemeinsame Taktik gegenüber der internationalen Gemeinschaft, um eine Intervention gegen „den serbischen Aggressor“ zu erreichen. In der Öffentlichkeit konnten „Kroaten“ und „Kroatien“ einerseits der Aggression und andererseits im gleichen Atemzug beschuldigt werden, durch unzureichende Hilfe und Waffenlieferungen bosnische Städte an die Serben fallen zu lassen!

Voller Absurditäten war auch das medienproduzierte Feindbild von den Kroaten: Während die feindlichen Serben zu „Tschetniks“ wurden, parallelisierte man die feindlichen Kroaten unter der Bezeichnung „Ustaschas“. Vergessen schien, dass die Tschetniks deklarierte Feinde der Muslime (die sie übrigens zu den Ustaschas rechneten) waren und historisch im Kampf gegen das Osmanische Reich entstanden waren, während die Ustaschas, historisch im Kampf gegen den serbischen Hegemonismus entstanden, erklärte Freunde der Muslime waren, zumal sie diese für „Kroaten mohammedanischen Glaubens“ hielten. Ganz und gar vergessen wurde desgleichen, dass Muslime an der Regierung und Verwaltung des Ustascha-Staates beteiligt waren und nicht wenige damals in Ustascha-Einheiten kämpften. Die propagandistische Zielvorstellung war dennoch klar: Die bosniakische Position sollte derjenigen der Partisanen im antifaschistischen Kampf gleichkommen – jenen Partisanen, die zu überwiegenden Teilen ethnisch kroatisch und insbesondere serbisch waren (→ Kap. 11).

Die kroatische Propaganda, die, mit der serbischen Rhetorik übereinstimmend, die Muslime als „Balija“ beschimpfte, evozierte mit dem Wort türkischen Ursprungs für einen ungebildeten Moslem die osmanische Vergangenheit. Klischees – wie Wendehälse, Feiglinge, hinterhältige Faulenzer – wurden bedient, gleichzeitig die Gefahr eines Fundamentalismus heraufbeschworen und die Angst geschürt, diese „faulen“ und „unfähigen“ Muslime und „feigen“ Mudschaheddins würden eine anti-katholische Diktatur einführen, in der man kein Schweinefleisch würde essen dürfen.

Doch die Animositäten können nicht allein auf die Propaganda zurückgeführt werden; in den Folgen des Krieges haben sie eine reale Basis. Die Kämpfe mit den Bosniaken gelten als für die Kroaten erheblich verlustreicher als jene mit den Serben. Die bosniakischen Vertreibungen in Mittelbosnien betrafen eine größere kroatische Bevölkerung als die serbischen in Posavina. Umgekehrt hinterließ der kroatische Vernichtungskrieg gegen die Bosniaken in Ostmostar schwere Verluste, die Feindschaft zur unausweichlichen Folge haben. Das Abkommen von Washington setzte sich über solche Animositäten hinweg.

25.7. Von der EU-Verwaltung für Mostar über Dayton zum schwierigen Frieden

Noch während der Kämpfe wurde auch kroatischerseits der Wunsch nach einer europäischen Verwaltung für die Stadt geäußert, als mögliche neutrale Lösung des Konflikts. Vermutlich steckte der kroatische Außenminister Mate Granić als treibende Kraft hinter diesen Plänen, denn einen Willen zur Kooperation mit der EU-Administration zeigten die kroatischen Machthaber in Mostar keineswegs, auch nicht, nachdem sie im Juli 1994 die entsprechenden Vereinbarungen in Brüssel unterschrieben hatten.

Als ein Sonderteil des Washingtoner Abkommens wurde die Vereinbarung über Mostar vorbereitet. Noch während der Verhandlungen musste der Hardliner Mate Boban auf der Sitzung des Zentralausschusses der bosnischen HDZ von seinem Amt als Vorsitzender zurücktreten. Die Integration Mostars sollte ein Vorbild für die künftige Föderation sein, der eine zweijährige Verwaltung der Europäischen Union unter einem – auf Wunsch beider Parteien – deutschen Administrator auf die Sprünge helfen sollte. Die Bundesregierung hat für diese Aufgabe den erfahrenen SPD-Politiker und früheren Oberbürgermeister von Bremen, Hans Koschnick, auserkoren. Die Vereinbarung über die Administration – das *Memorandum of Understanding* – wurde in Brüssel im Sommer 1994 unterzeichnet.

In Koschniks Amtsperiode wurde viel wieder aufgebaut, aber eine einheitliche Stadt, wie vorgesehen, konnte nicht wiederhergestellt werden. Informell behielt Mate Boban nach einhelliger Meinung – bis zu seinem Tod 1997 – die Fäden in der Hand. Diesem Umstand schrieb man die Blockade-Politik der Kroaten zu. Vielleicht war es keine glückliche Idee, mit dem Prozess der kroatisch-muslimischen Versöhnung ausgerechnet in Mostar beginnen zu wollen, wie manche Beobachter meinten. Koschnick selbst wusste jedenfalls genau, warum „die Muslime stets kooperationsbereit sind" und „gerade einige Kroaten so sehr blockieren": Die ersten fühlten sich durch das Konzept der multikulturellen zu vereinheitlichenden Stadt als Gewinner, die zweiten, mit dem nicht erreichbaren Ziel „Mostar als kroatische Stadt für sich, am Ende zumindest die westliche Hälfte" zu haben, als Verlierer. Koschnick wusste auch, dass es in Bugojno, Gornji Vakuf und Travnik unter bosniakischer, d.h. SDA-Kontrolle umgekehrt war. In Bugojno lebten vor dem Krieg 20.000 Bosniaken, 16.000 Kroaten und 9.000 Serben. 1997 lebten in der Stadt 1.200 Kroaten und 400 Serben in vollkommener existentieller und rechtlicher Unsicherheit. Die kroatische Soziologin und zu jener Zeit Oppositionspolitikerin Vesna Pusić widersprach nach ihren Recherchen in Mostar 1996 dem Modell eines ethnischen Konflikts und behauptete, in Mostar handle es sich um den Konflikt zweier Konzeptionen – der Konzeption eines (einheitlichen) Mostars für seine Bürger (gleich welcher ethnischer Herkunft) und jener „der Verteilung der Kriegsbeute" (*Erasmus*, 16). Die ‚Kriegsbeutepartei' brauche demnach die ethnisch geteilten Stadtteile, in welchen das Recht des Stärkeren gilt. Pusić zeigte, dass die kroatischen Machthaber in Westmostar in erheblich höherem Maße der ‚Kriegsbeutefraktion' angehören, obwohl sie nicht leugnete, dass es eine solche auch in Ostmostar gab. Das strategische Ziel dieser Kriegsgewinnler sei ein rechtsfreier Raum, ohne Staat, Steuer und andere staatliche Institutionen, was die kroatische ideologische Wunschvorstellung eines Anschlusses an Kroatien sehr in Frage stellt. Auch wenn dies kein endgültiges Erklärungsmodell darstellt, steht empirisch fest, dass das westherzegowinische Hinterland Mostars lange Zeit ein steuer- und rechtsfreier Raum mit rasant anwachsender Schattenwirtschaft blieb, die dem angrenzenden kroatischen Dalmatien großen wirtschaftlichen Schaden brachte.

Die herzegowinischen Kroaten in Mostar behielten lange das Image von *bad guys* („die wir als Kriminelle betrachteten", schreibt beispielsweise Richard Holbrooke), aber bei pauschalem Urteilen kann man Relevantes übersehen. An erster Stelle ist die geänderte Bevölkerungsstruktur in der Stadt zu nennen – in beiden Teilen. Und zwar hat sich nicht bloß die ethnische, sondern auch die soziale Struktur durch den Zuzug überwiegend ländlicher Bevölkerung geändert. Es ist auch ein Gefälle zwischen den beiden Stadtteilen entstanden, aber nicht ausschließlich durch die Zerstörung des Ostteils. Entscheidender als der Kriegszusammenhang scheint die Schubkraft gewesen zu sein, die von der sozio-ökonomischen Erneuerung der ganzen westherzegowinischen Gegend ausging und mit dem Zerfall von Jugoslawien zusammenhing, welcher wiederum für die dortigen Kroaten einer absoluten Befreiung gleichkam. Das emphatische Kroatentum ist der ideologische Ausdruck dieser Befreiung, ihr wahrer Kern aber ist freies Geschäftemachen, gewieftes Unternehmertum, Bauen von Straßen und Häusern, Kirchen und Industrieanlagen – alles, was so viele Menschen aus dieser Gegend an den riesigen Baustellen Europas, vor allem Westdeutschlands jahrzehntelang taten und in ihrer Heimat nicht tun durften. Es ist, kurzum, zu einer raschen

Schichtenverschiebung gekommen, die sich auch auf die Wertevorstellungen auswirkt: Deren oberste liegt im materiellen Erfolg; der Rechtsstaat, kulturelle oder urbane Werte spielen eine nebensächliche Rolle. Jede Wohlstandsgesellschaft kennt ähnliche Anfangsphasen, durch die ihre breiten Mittelschichten entstanden sind. Spezifisch sind hier die tradierte Abneigung gegen jede Form von Staat einerseits und der hohe Stellenwert des traditionellen Verhaltenskodex andererseits. Bei den Bosniaken im Ostteil sind die schichtenspezifischen und sozio-ökonomischen Umstände anders, und zwar nicht nur als Folge des Krieges. Sie sind als moralische und ideelle „Gewinnler“ aus diesem Krieg hervorgegangen. Die Altstadt von Mostar wird ihr traditionelles, durch islamische Kultur und orientalisch-mediterrane Architektur geprägtes Gesicht neu aufbauen und jene Symbolkraft erlangen, die gerade von der „kroatischen Neustadt“ im Westteil aus mit der Zerbombung der Alten Brücke und anderer islamischer Denkmäler vernichtet werden sollte, aber das wirtschaftliche Gefälle wird noch lange bleiben, weil es keine entsprechenden bosniakischen Schichten gibt, die sich mit vergleichbarer Energie dem wirtschaftlichen Aufbau widmen. Auch nachdem die Bewegungsfreiheit in der Stadt nach fast endlosen politischen Bemühungen und massiver Druckausübung wiederhergestellt wurde, ändert sich an diesem Gefälle wenig, und auch die kulturelle Abschottung zwischen den beiden Volksgruppen bleibt die Regel.

Mostar, das dem Dayton-Vertrag zufolge ursprünglich Hauptstadt der Föderation werden sollte, war nicht zum Vorbild für den Einigungsprozess der Föderation und Modell der gesellschaftlichen Integration, aber vielleicht zum Spiegelbild dessen geworden, was unter den gegebenen Umständen des geballten interethnischen Argwohns durch auswärtige Interventionen überhaupt machbar war.

Durch die Teilung Bosnien-Herzegowinas in eine serbische Republik und in die bosniakisch-kroatische Föderation ist mit dem Dayton-Vertrag ein kaum reparabler Fehler in die Welt gesetzt worden. Es fällt auch auf, dass mit der Anerkennung einer serbischen Republik innerhalb des bosnisch-herzegowinischen Staates genau das Gegenteil von dem Prinzip international statuiert wurde, das etwa in Mostar gelten soll. Die schlimmste Folge aber war, dass dadurch das ethnizistische Prinzip seine Sanktionierung erfuhr, und zwar gleichsam als „Privileg“ nur einer Ethnie. Das Funktionieren der bosniakisch-kroatischen Föderation und die schwierigen interethnischen Beziehungen waren weitgehend Prozesse, die im Schatten der „Republika Srpska“ (RS) standen.

Der internationale Implementierungsrat institutionalisierte geradezu immer wieder unterschiedliche Kriterien für die RS und die Föderation, wenn etwa für die „Rekonstruktion der multiethnischen Polizei“ in der RS als Kriterium die Resultate der Kommunalwahlen von 1997 und in der Föderation jene aus der Volkszählung von 1991 (also vor dem Krieg) genommen werden, oder bei der Oktroyierung der Verfassungsänderung durch Wolfgang Petritsch, die 2002 die konstitutive „Ungleichheit“ der beiden Teile geradezu besiegelte. Petritschs Nachfolger Paddy Ashdown ordnete im Frühjahr 2003 mit einem Dekret die Streichung all der national-staatlichen Bestimmungen aus der Verfassung der RS an. Die durch den Krieg entstandene „Gesellschaftsordnung“ war eine Ordnung der nationalen Oligarchien, die in der Regie der lokalen Machthaber vollzogen wurde. Wie auch immer man die politischen Repräsentanten der bosnisch-herzegowinischen Kroaten soziologisch definiert, so strebten sie lange ausschließlich eine Lösung an, die ihnen eine vergleichbare Position gewähren würde, wie sie die Serben hatten, und somit eine Dreiteilung von Bosnien-Herzegowina.

Erst nach Jahren war es den Verwaltern der internationalen Gemeinschaft in Bosnien-Herzegowina gelungen, kleine Schritte in Richtung Normalisierung zu ermöglichen. Stabilisierend wirkte sich insbesondre der politische Wandel in Kroatien nach dem Tod Tuđmans aus. Aber eine Normalität in den bosniakisch-kroatischen Beziehungen wird ebenso noch lange auf sich warten lassen wie die unter allen dreien Volksgruppen (→ Kap. 26).

25.8. Die Aufarbeitung der Vergangenheit

Noch Jahre nach dem Kriegsende in Bosnien-Herzegowina war in Bezug auf eine Aufarbeitung oder gar Bewältigung der Vergangenheit kaum etwas unternommen worden. Die Eliten der drei Volksgruppen beharrten auf ihren einseitigen, unkritischen und rechthaberischen Interpretationen der jüngsten Geschichte und tradierten diese nationalistisch eindimensionale Auslegung in allen Medien unter ihrer Kontrolle einschließlich der Bildungsmedien. Die Rotstifte der Mitarbeiter verschiedener internationaler Organisationen, mit denen Schulbücher zensiert werden, häufiger Entzug von Lizenzen für Radio- und TV-Sender durch SFOR und den Hohen Repräsentanten oder Entmachtungen nationalistischer Politiker durch den selbigen konnten keine richtige Wende in den Denkungsarten bewirken. Aber eine Art Zermürbung der nationalistischen Eliten hatte soweit statt gefunden, dass der britische Politiker Paddy Ashdown, der das Amt des Hohen Beauftragten im Mai 2002 übernahm, nach einschlägigen Affären der bosnisch-serbischen Politiker (Waffenlieferung an den Irak, Spionage und Zusammenarbeit mit serbischen Geheimdienstkreisen, die in das Attentat an den serbischen Ministerpräsidenten am 12. März 2003 verwickelt waren) in der RS zum ersten Mal durchgreifend konnte. Als am 1. April 2003 die ersten 600 identifizierten Opfer des Massakers von Srebrenica im Juli 1995 auf dem Friedhof Potočari, dem Ort, wo etwa 7000-8000 bosniakische Männer und Jungen von ihren Familien getrennt und anschließend durch die bosnisch-serbischen Truppen Ratko Mladićs umgebracht worden waren, beigesetzt wurden, wohnte der Zeremonie zum ersten Mal auch ein bosnisch-serbischer Politiker bei, wenn auch in seiner Eigenschaft als gesamtbosnischer Außenminister.

Das Problem mit der Aufklärung in Bosnien-Herzegowina ist sicherlich nicht nur eins der Nationalismen; dadurch dass viele Vertreter der ohnehin nicht besonders starken Bildungseliten in großen Zahlen das Land verließen, fehlen dauerhaft nicht nur allenthalben qualifizierte Menschen, um das Land wiederaufzubauen, sondern auch im Bereich der Medien: es gab keine Fortschritte des Bildungsniveaus unter den Meinungsmachern (welcher politisch ideologischen Couleur auch immer) und in den Medien überhaupt. Eine sachliche, systematische und umfassende Darstellung des Krieges bleibt Desiderat. Entsprechende Desorientierung herrscht in den Massenmedien. Unter solchen Umständen war eine Aufklärung über die Kriegsverbrechen schon unabhängig von den verhärteten antagonistischen Positionen erschwert. Aus diesen Gründen passierte eine weitere Merkwürdigkeit: Die Prozesse gegen die Kriegsverbrecher beim Internationalen Strafgerichtshof (ICTY) in Den Haag fanden wenig Interesse. Das Gericht hat Vorkehrungen getroffen, die Verfahren so öffentlich und zugänglich zu machen wie nur möglich. Da es so weit entfernt von Orten der Opfer und Täter des Jugoslawien-Kriegs tagt und über die Verantwortung der für die dortigen Untaten Angeklagten verhandelt, nützt das Gericht alle Mittel der modernen Technik, um die laufenden Verfahren den Menschen im ehemaligen Jugoslawien zugänglich zu machen: direkte Fernsehübertragungen, Video-links und zum gründlichen Studium die Veröffentlichung der Verhandlungsprotokolle (transcripts) im Internet. Und natürlich wird alles übersetzt – ins Albanische und eine Sprache, die im ICTY-Jargon in der Abkürzung B/C/S (für Bosnisch/Kroatisch/Serbisch) heißt, was aus linguistischer Sicht kaum einwandfrei, aber unter pragmatischen Gesichtpunkten der Verständlichkeit durchaus zweckmäßig ist. Nur die Wochenzeitung *Dani* hatte einen ständigen Korrespondenten beim Gericht, der einige Jahre regelmäßig und umfassend von Verhandlungen berichtete. Es fand dennoch keine Aufarbeitungen, keine Auseinandersetzungen mit den Sachverhalten, nicht einmal intellektueller Streit unter unterschiedlichen Lagern statt. Die überwiegende Stimmung lag in einer Erwartung einer wie auch immer aussehenden Entschuldigung aus Belgrad und Banja Luka für den Krieg und das zugefügte Leid in Sarajevo und anderen Stätten des Verbrechens, vor allem nach der Absetzung Miloševićs und dem Machtwechsel in Zagreb. In der Tat hatte sich der Nachfolger Tuđmans Stipe Mesić in Sarajevo, das er zum Ort seines ersten Auslandsbesuchs nach der Inauguration in das Präsidentenamt wählte, für die Opfer, die kroatischerseits unter dem Regime seines Vorgängers zu verantworten sind, entschuldigt. Eine Auseinandersetzung mit diesem ganzen Komplex, die den Dimensionen des Verbrechens angemessen wäre, fand aber auch danach nicht statt.

Im Laufe der ersten fast zehn Jahre hat das ICTY eine Reihe Prozesse eröffnet, einige durchgeführt und abgeschlossen, die mit den Kapitalverbrechen des Krieges 1991-1995, zusammenhängen: Aufseher, Militärs und politisch Verantwortliche für berüchtigte Lager in Nordbosnien – Keraterm, Manjača, Omarska, Trnopolje – und für die systematische Vertreibung, ja Auslöschung von Bosniaken und Kroaten in dieser Region wurden angeklagt, teilweise schon Ende der 90er Jahre rechtskräftig verurteilt.

Auch die Verbrechen, die während des bosniakisch-kroatischen Konflikts verübt wurden, werden vor dem Internationalen Strafgerichtshof verhandelt, so wurden wegen Vertreibung, Verfolgung und Kriegsverbrechen an Muslimen in Zentralbosnien (Lašvatal, Ahmići, Stupni Do usw.) einige bosnisch-kroatische Militärs und Politiker angeklagt und davon einige bereits rechtskräftig verurteilt bzw. freigesprochen, während sich andere Verfahren bis 2005 noch in unterschiedlichen Stadien befanden. Der Ankläger hat auch gegen bosniakische Militärs wegen Kriegsverbrechen Anklage erhoben, und zwar wegen Massenmord an bosnisch-kroatischen Zivilisten in den Dörfern in Mittelbosnien sowie Tötung von Gefangenen (Grabovica, Uzdol, Doljani); zu hohen Strafen wurden auch die kroatischen und bosniakischen Militärs rechtskräftig (2001) verurteilt, die das Kommando in dem Internierungslager Čelebići (nahe Konjic) hatten, in dem vorwiegend serbische Zivilbevölkerung gefangen gehalten, gefoltert und ermordet wurde (→ Kap. 31). Die ungewöhnlich hohe Strafen, die das Gericht in Den Haag gegen bosnisch-kroatische Täter in vielen Fällen verhängte, riefen mehr oder minder massenhafte Proteste unter der kroatischen Bevölkerung hervor. Der Unmut richtete sich gegen das Haager Gericht und auch gegen das neue Establishment in Zagreb, das ohne zu murren mit dem ICTY zusammenarbeitete, und war von der Meinung beherrscht, das Gericht verfolge politische Ziele und sei feindlich bzw. voreingenommen gegenüber Kroaten. Daraus entstand ein politischer Streit, in dem die politischen Lager nach ihrem Verhältnis zum ICTY beurteilt werden. Mit den begangenen Verbrechen selbst aber setzte sich niemand mit dem nötigen Ernst auseinander.

Die Ermittlungsteams der Staatsanwaltschaft leisten gründliche Arbeit, und vor Gericht entsteht ein vollständiges Bild der Tatsachen vor allem in Bezug auf die serbischen Akteure und ganz besonders im Zusammenhang mit dem Milošević-Verfahren. Gerechtigkeit hat mit Wahrheit zu tun und so bekommt auch die Geschichtsschreibung eine neue, wichtige Quelle durch die Materialien des Gerichts. Eine vorurteilsfreie, historisch-wissenschaftliche Erforschung des bosnisch-kroatischen Krieges kann das nicht ersetzen; erst diese könnte einmal einen differenzierten Diskurs anstoßen und zum aufrichtigen Umgang mit der Schuld führen.

Literatur

Direkte Untersuchungen zur bosniakisch-kroatischen Problematik gibt es so gut wie nicht. In der neueren Literatur über Bosnien wird sie mitbehandelt: Ivo Banac, „From Religious Community to Socialist Nationhood and Post-Communist Statehood, 1918-1992“, in: Mark Pinson (Hg.), *The Muslims of Bosnia-Herzegovina. Their Historic Development from the Middle Ages to the Dissolution of Yugoslavia*, Harvard 1993; Marie-Janine Calic, *Der Krieg in Bosnien-Hercegovina. Ursachen, Konfliktstrukturen, internationale Lösungsversuche*, Frankfurt 1996[2]; Daniele Conversi, „Moral Relativism and Equidistance in British Attitudes to the War in the Former Yugoslavia“, in: Thomas Cushman/Stjepan G. Mestrovic (Hg.), *This Time We Knew. Western Responses to Genocide in Bosnia*, New York 1996; Srećko M. Džaja, *Bosnien-Herzegowina in der österreichisch-ungarischen Epoche (1878-1918)*, München 1994; ders., „Bosna i Bošnjaci u hrvatskom političkom diskurzu“, *Erasmus* 9 (Zagreb 1994); ders., *Die politische Realität des Jugoslawismus (1918-1991). Mit besonderer Berücksichtigung Bosnien-Herzegowinas*, München 2002; Richard Holbrooke, *Meine Mission. Vom Krieg zum Frieden in Bosnien*, München 1998; Mustafa Imamović, „Integracione ideologije i Bosna“, *Erasmus 18* (Zagreb 1996); Mirjana Kasapović, *Bosna i Hercegovina: podijeljeno društvo i nestabilna država*, Zagreb 2005 (Bosnien-Herzegowina: gespaltene Gesellschaft und instabiler Staat); Tarik Kulenović, „Pripreme za rat i početak rata u Bosni i Hercegovini 1992. godine“, *Polemos 1* (Zagreb 1998); Michael Libal, *Limits of Persuasion. Germany and the Yugoslav Crisis,1991-1992*, London 1997; Ivan Lovrenović, *Bosnien und Herzegowina. Eine Kulturgeschichte,* Wien, Bozen 1998; Reneo Lukic und Allen Lynch, *Europe from the Balkans to the Urals. The Disintegration of Yugoslavia and the Soviet Union*, New York 1996; Branka Magas/Ivo Zanic (Hg.), *The War in Croatia and Bosnia-Herzegovina 1991-1995*, London Portland 2001; Noel Malcolm, *Geschichte Bosniens*, Frankfurt 1996; Davor Marijan, „Bitke za Kupres u travnju 1992.“, *Polemos*, Heft 3, Januar-Juni, Zagreb 2000 (Schlachten am Kupres im April 1992); David Owen, *Balkan-Odyssee*, München 1996; Murat Prašo, „Demografske posljedice rata 1992-1995“, *Erasmus* 16 (Zagreb 1996); Vesna Pusić, „Mostar”, *Erasmus* 16, (Zagreb 1996); Charles R. Shrader, *The Muslim-Croat Civil War in Central Bosnia: A Military History* (Easter European Studies), Texas 2003; Brendan Simms, *Unfinest Hour. Britain and the Destruction of Bosnia*, London 2001; Ludwig Steindorff, „Von Konfession zur Nation: Die Muslime in Bosnien-Herzegowina“, in: *Religion und Gesellschaft in Südosteuropa* (hg. v. H. D. Döpmann), Südosteuropa-Jahrbuch, Bd. 28, München 1997, S. 253-269; Ivo Žanić, *Prevarena povijest. Guslarska estrada, kult hajduka i rat u Hrvatskoj i Bosni i Herzegovini 1990-1995. godine*, Zagreb 1998.

Berichte aus eigener Erfahrung: Sally Becker, *Der Engel von Mostar. Eine Frau kämpft um die Rettung bosnischer Kinder,* München 1995; Paul Garde, *Journal de voyage en Bosnie-Herzégovine. Octobre 1994*, Straßburg 1995 (kroatische Übersetzung Zagreb 1998); Davor Korić, *Und Sarajevo muss für alles zahlen... Briefe aus dem belagerten Sarajevo*, Münster, Osnabrück 1993; Hans Koschnick/Jens Schneider, *Brücke über die Neretva. Der Wiederaufbau von Mostar,* München 1995; Erich Rathfelder, *Sarajevo und danach. Sechs Jahre Reporter im ehemaligen Jugoslawien*, München 1998.

26. Dayton und die Neugestaltung Bosnien-Herzegowinas

Mark Almond

26.1. Kriegswende und -ende

Im Frühjahr des Jahres 1995 schienen die Verbände der bosnischen Serben unbesiegbar. In rascher Folge demütigten sie während der Geiselkrise im Mai die UNPROFOR-Einheiten. Im Sommer noch überrannten General Mladićs Truppen die von der bosnischen Regierung gehaltenen beiden östlichen Enklaven Žepa und Srebrenica, wobei sie einen Großteil der in Srebrenica gefangengenommenen männlichen Bevölkerung ermordeten. Mladićs Verbände begannen den Druck auf die Bihać-Enklave zu erhöhen. Das fünfte Corps der bosnischen Regierungstruppen hatte zuvor den Versuch gestartet, den Belagerungsring zu durchbrechen. Mladićs Gegenoffensive drohte, die bosnische Regierung vor ein erneutes Desaster zu stellen, doch weckte es auch das Schreckgespenst eines serbischen Vormarsches durch die von UN-Truppen geschützten Sektoren Nord und Süd der serbisch besetzten „Krajina" in Kroatien (→ Kap. 21) bis zur dalmatinischen Küste, wodurch es Kroatien entlang der schmalen Bresche von Maslenica in zwei Teile geteilt hätte. Dies wäre für Kroatien und wohl auch die internationale Staatengemeinschaft unannehmbar gewesen. Doch im Rückblick wirken Ratko Mladićs Triumphe vom Juni und Juli 1995 wie ein Vorspiel für das folgende Desaster.

Die Demütigung der UNPROFOR während der Geiselkrise und die Unfähigkeit des niederländischen Dutchbat, die Zivilisten in Srebrenica zu beschützen, bewirkten nämlich einen Kurswechsel in der anglo-französischen Politik. Frankreichs neuer Präsident Jacques Chirac war entschlossen, mit der Politik Mitterands zu brechen und schloss sich jenen Stimmen in Washington an, die eine weitere Demütigung der UNPROFOR und ihrer Nato-Truppen verhindern wollten. Dies beeinflusste die britische Regierung unter John Major, entsprechend den Forderungen des UNPROFOR-Kommandeurs Rupert Smith zu härteren Maßnahmen bereit zu sein.

Großbritannien und Frankreich stockten ihre Verbände in Absprache mit den USA auf. Die am 3. Juni aufgestellte schnelle Eingreiftruppe (RDF) nahm mit schwerer Artillerie und Panzern am Berg Igman bei Sarajevo Kampfhandlungen auf; US-Planungen von Luftschlägen gegen die bosnischen Serben wurden intensiviert. Zugleich wurde eine Kräfteverschiebung am Boden deutlich. Seit 1991 waren die kroatischen Streitkräfte kontinuierlich aufgebaut worden. Geheime US-Unterstützung und die Ausbildung durch pensionierte US-Militärs, die Einfuhr von Waffen aus dem ehemaligen Sowjetblock über Ungarn und die Integration erfahrener Offiziere aus der JVA in die HV sowie der Aufbau einer Waffenindustrie bewirkten, dass das Kräfteverhältnis zwischen Kroatien und den immer schwächer werdenden serbischen Verbänden in der „Krajina" sich umkehrte.

Schon vor der Operation „Bljesak" (Blitz) im Mai 1995 und der Wiedereroberung Westslawoniens war die „Krajina" im Zerfall begriffen. Eine über vierjährige Krise hatte die begrenzte Lebensfähigkeit der Region erschöpft, besonders den Raum um Knin, der von der Bihać-Tasche im seinem Hinterland eingeengt wurde. Vor dem August 1995 schon hatte über die Hälfte der Vorkriegsbevölkerung das serbisch kontrollierte Gebiet verlassen.

Die Militarisierung ließ die Wirtschaft verkümmern und lieferte sie dem Schwarzmarkt aus. Angesichts dieser Demoralisierung konnten nicht einmal Mladićs plötzliche Siege in Ostbosnien den Widerstandswillen der Krajina-Serben stärken.

Das Tempo des serbischen Zusammenbruchs und das Ausmaß der Massenflucht der serbischen Bevölkerung in der ersten Augustwoche 1995 war trotz allem überraschend, so dass vielfach ein geheimer Handel zwischen Tuđman und Milošević vermutet wurde. Dabei wurde behauptet, dass für Zagreb wie für Belgrad ein Tausch der von den Serben bzw. den Muslimen kontrollierten Enklaven als Grundlage für ein Friedensabkommen opportun gewesen sei. (Später wurde vermutet, dass auch UN-Vermittler und der französische General Bernard Janvier Präsident Alija Izetbegović gedrängt hatten, einem Verlust der östlichen Enklaven im Gegenzug für territoriale Kompromisse mit den Serben in Zentralbosnien zuzustimmen.) In der Vergangenheit hatten Milošević und Tuđman zweifellos die Möglichkeit einer Aufteilung Bosnien-Herzegowinas erörtert. Sollte tatsächlich irgendein geheimer Kanal zwischen Zagreb und Belgrad im Sommer 1995 einen Handel ermöglicht haben, so unterschied sich dieser grundlegend von allen eventuellen Absprachen, denn diesmal war es Tuđman und nicht Milošević, der als Sieger hervorging.

Die „Krajina" – wenigstens auf kroatischer Seite – unter geringen Verlusten zurückzuerobern, gelang der HV, problematischer aber war es, die Armee der *bosnischen* Serben zu besiegen. Luftstreitkräfte hatten während der kroatischen Operation „Oluja" (Sturm) eine geringe Rolle gespielt, und ohne die Möglichkeit, die Mobilität von Mladićs Panzern und Artillerie zu lähmen, waren die zahlenmäßig zwar überlegenen, doch nur leicht bewaffneten bosnischen Streitkräfte nie in der Lage, eine Offensive gegen die serbischen Verbände durchzuführen. Auch kroatische Verbände auf bosnischer Seite konnten keine entscheidende Änderung bewirken, obwohl sie zweifellos dramatische örtliche Siege der Bosniaken ermöglichten, etwa den Entsatz Bihaćs im August 1995 (→ Kap. 22).

Wirksame Luftschläge konnte nur die Nato ausüben. Vor Ende August 1995 waren die Luftschläge der Nato zur Durchsetzung der Resolutionen des UN-Sicherheitsrates lediglich „Nadelstiche", die mit der Demütigung durch die Serben im Mai endeten, die Hunderte UNPROFOR-Soldaten gefangen nahmen. Damals schien es, als würden keine weiteren Nato-Bomben fallen. Doch nun wurde die US-Innenpolitik entscheidend.

Präsident Clinton hatte Bosnien bereits 1992 in seinem Wahlkampf gegen George Bush thematisiert und war sich klar, dass ihn nun Robert Dole, sein wahrscheinlichster Konkurrent bei den Wahlen 1996, als „schwach" und „unentschlossen" attackieren würde (→ Kap. 28). Sollten also die USA gezwungen sein, Streitkräfte nach Bosnien zu schicken, so wäre es für Clinton günstiger, das Leben von US-Bürgern zu riskieren, um einen Frieden zu erzwingen, als nur den demütigenden Rückzug der Nato-Verbündeten in der UNPROFOR zu decken, was Washington bislang zugesichert hatte. Karadžić und Mladić hatten sich mit der Demütigung der UNPROFOR verkalkuliert. Mit der Geiselnahme und der Ausweisung des Dutchbat aus Srebrenica hatten sie die Amerikaner und deren Verbündete zu sehr gereizt. Es bedurfte nur einer weiteren grundlosen Granate auf Zivilisten in Sarajevo am 28. August 1995, um den Ausweichplan des Pentagon für einen massiven Luftangriff mit Bodenunterstützung durch anglo-französisches Artilleriefeuer zu aktivieren.

Die im Vergleich zum Golfkrieg 1991 begrenzten Luftangriffe (damals hatte die US-Luftwaffe in nur einer Nacht mehr als die Hälfte der insgesamt 1.345 Einsätze geflogen) führten dennoch dazu, dass die Kommandostruktur der Armee der Republika Srpska paralysiert wurde. Die Prognosen von UNPROFOR-Offizieren, dass Luftangriffe auf bosnischem Terrain wirkungslos sein würden, erwiesen sich als falsch. Gerade weil die Nachschubwege in der gebirgigen Landschaft mit ihren wenigen Flusstälern so begrenzt waren, verringerte sich sofort durch gezielte Bombenabwürfe auf Brücken, Verkehrsknotenpunkte sowie Waffen- und Treibstoffdepots drastisch die Beweglichkeit von Mladićs Verbänden entlang der 1.500 km langen Frontlinie.

Die serbischen Verbände, die durch die Niederlagen in der „Krajina" demoralisiert und durch Belgrads Unvermögen erschreckt waren, der kroatischen Unterstützung für Bosnien mit einem Eingreifen der VJ zu begegnen, mussten sich aus gut einem Drittel der eroberten Gebiete zurückziehen. Kurze Zeit schien es, als würde auch Banja Luka, die größte Stadt unter serbischer Kontrolle, fallen. Diese militärische Machtdemonstration ermöglichte dem Verhandlungsteam unter Richard Holbrooke den Durchbruch. Am 30. August mussten Karadžić und Mladić den serbischen Präsidenten Milošević als Kopf der bosnisch-serbischen Verhandlungsdelegation akzeptieren. Um nicht eine vollständige Niederlage zu riskieren, ordneten sich die Führer der bosnischen Serben Belgrad unter, das auf die Annahme eines Waffenstillstandes drängte, bei dem ja die Aussicht bestand, dass anders als bei bisher verhandelten Friedensabkommen erobertes Land nicht abzutreten sein wäre. Nach zähen Verhandlungen, erneuten Luftschlägen und Offensiven der bosniakischen und kroatischen Streitkräfte erklärten die bosnischen Serben am 15. September den Abzug ihrer schweren Waffen von Sarajevo, den die UNO am 21. September bestätigte. Die Außenminister Bosniens, Kroatiens und Serbiens schlossen nun nach einer ersten Übereinkunft unter US-Vermittlung am 8. September in Genf, am 25. September in Washington ein Abkommen über Rahmenbedingungen für einen Frieden in Bosnien-Herzegowina ab.

Am 5. Oktober verkündete Präsident Clinton einen Waffenstillstand ab 10. Oktober, der dann nach erneuten Luftangriffen auf serbische Raketenstützpunkte zehn Tage später allgemein eingehalten wurde. Der Weg für das Friedensabkommen war frei.

26.2. Das Abkommen von Dayton

Am 1. November trafen der kroatische, bosnische und serbische Präsident mit ihren Delegationen auf dem Luftwaffenstützpunkt Wright Patterson in Dayton, Ohio zusammen, um aufgrund der bereits vorliegenden Pläne ein endgültiges Friedensabkommen für Bosnien-Herzegowina zu erzielen. Nach wochenlanger Pendeldiplomatie wurde von Holbrooke in Einvernehmen mit US-Außenminister Warren Christopher der umgekehrte Weg gewählt, nämlich die Vertreter der Konfliktparteien an einem Ort zu versammeln und im Paket alle Bausteine eines Friedens in die passende Form zu bringen. Die Dayton-Verhandlungen begannen mit Vorverhandlungen (*proksimity talks*): 1) zwischen Kroatien und Serbien sollte eine bilaterale Lösung für das letzte okkupierte Gebiet in Kroatien erzielt werden, d.h. ein Abkommen über die schrittweise Wiedereingliederung des Ost-Sektors der UNPA, „Ostslawonien" (genau genommen bestehend aus Baranja, Ostslawonien und Westsyrmien); demgemäß stimmten am 12. November 1995 die aufständischen Serben dem Plan der schrittweisen Reintegration in den kroatischen Staat auch zu. 2) Die nach Beendung des bosniakisch-kroatischen „Nebenkrieges" (R. Holbrooke) auf dem Papier bestehende und trotz gemeinsamer militärischer Erfolge bröckelnde bosniakisch-kroatische Föderation sollte stabilisiert werden. Unter maßgeblicher Rolle deutscher Diplomaten, vor allem Michael Steiners, wurde in getrennten Verhandlungen ein Abkommen über die Föderation und den Status der Stadt Mostar erarbeitet und verabschiedet. Diese Abkommen waren Vorbedingungen für den eigentlichen bosnischen Friedensvertrag (→ Kap. 25).

Nach Jahren, in denen Serbiens Präsident Slobodan Milošević jegliche Verantwortung für die Geschehnisse in Bosnien öffentlich geleugnet hatte, stand er nun als Vertreter der bosnischen Serben den Amerikanern gegenüber. Dies bedeutete, dass Milošević diesmal nicht befürchten musste, dass die bosnischen Serben ein Abkommen sabotieren würden, wie sie es 1993 mit der Ablehnung des in Athen ausgehandelten Vance-Owen-Plan durch das Parlament in Pale getan hatten. Gegenüber den Kontaktgruppenstaaten hatte Milošević seine Schlüsselposition in der Region wiedererlangt. In Dayton wurde er mit besonderem Zuvorkommen behandelt und kam in den Genuss des Privilegs, den nachrichtendienstlichen Besprechungsraum des Präsidenten betreten zu dürfen, wo man ihm Informationen zeigte, die Tuđman und Izetbegović verweigert worden waren – wenngleich dahinter auch die Absicht stand, ihm deutlich zu machen, wie viel Material das Pentagon über die serbischen Einheiten besaß und wie verwundbar diese somit seien.

Ironischerweise wurden durch das Dayton-Abkommen nach Jahren vergeblicher Versuche, die Serben zu territorialen Konzessionen an die Muslime und Kroaten zu bewegen, Gebiete nach dem von der Kontaktgruppe vorgeschlagenen und von Holbrooke übernommenen Schlüssel von 49:51 an die Serben zurückgegeben. Obwohl nach ihren Niederlagen dieses Verhältnis den Serben entgegenkam, war es ausschlaggebend, dass Holbrooke – anders als die vorherigen Vermittler – die Verhandlungen mit der Drohung weiterer Militärschläge führen und damit Druck auf die unbeweglichen Serben ausüben konnte. Wie er im darauffolgenden Sommer während der Konferenz von Crans, Montana (Schweiz) zugab, machte sich Holbrooke keine Illusionen, dass das Dayton-Abkommen lediglich „ein Frieden“ im Sinne der bestmöglichen Verhinderung eines Wiederaufflammens der Kriegshandlungen war, um danach ein lebensfähiges Bosnien-Herzegowina schaffen zu können.

Die Schlüsselpunkte des Dayton-Abkommens sahen die Trennung und Demilitarisierung der beiden Bestandteile („Entitäten“) Nachkriegsbosniens, der Bosniakisch-Kroatischen Föderation (Föderation BiH) und der Serbischen Republik (Republika Srpska, RS) vor. Die Erzwingung des Friedens sollte zusammen mit der Festnahme mutmaßlicher Kriegsverbrecher den Grundstein für das Funktionieren gemeinsamer Institutionen in Bosnien-Herzegowina, für die Rückkehr von Flüchtlingen in ihre Häuser sowie einen Wiederaufbau der Wirtschaft legen.

Die militärischen Aspekte des Dayton-Abkommens wurden mit bemerkenswert geringen Schwierigkeiten umgesetzt. Die Kriegsparteien wurden getrennt und ihre Streitkräfte in erstaunlichem Umfang demobilisiert. Die Anwesenheit einer 60.000 Mann starken, von den USA angeführten Truppe (IFOR = Implementation Force) mit schwerer Ausrüstung entmutigte den Widerstand. Wie ihre Nachfolgerin, die SFOR (Stabilization Force), stieß sie praktisch auf keinen Widerstand und erlitt keine Kampfverluste. Die zivilen Aspekte des Dayton-Abkommens erwiesen sich unterdessen als problematischer.

Die ethnischen Säuberungen setzten sich auch nach dem Dayton-Abkommen faktisch in Zusammenarbeit mit der IFOR fort. Als die zuvor serbisch kontrollierten Vororte von Sarajevo, besonders Ilidža, im Februar 1996 wieder unter die Kontrolle der bosnischen Regierung gelangten, stellte die IFOR Transportfahrzeuge zur Verfügung, mit denen ortsansässige Serben evakuiert wurden, wie von Behörden in Pale angeordnet. Dies schien die zynische Interpretation des Dayton-Abkommens zu bestätigen, nach der hinter den frommen Wünschen nach Wiederherstellung eines vereinten, wenn auch föderalisierten Bosnien-Herzegowinas tatsächlich die Annahme der USA und ihrer Alliierten stand, dass nur eine Trennung der Bevölkerung zu einer langfristigen Lösung führen könne.

Das Schicksal des strategisch bedeutsamen Hafenstädtchens Brčko blieb erst einmal einem späteren Schlichtungsverfahren vorbehalten, das ursprünglich im Dezember 1996 hätte abgeschlossen werden sollen, aber erst im März 1999 mit Schaffung einer internationalen Verwaltung der von den Serben beanspruchten Stadt endete. Das Dilemma von Brčko gab zu dem Vorwurf Anlass, dass die Durchsetzung des Dayton-Abkommens die Ergebnisse ethnischer Säuberungen zementiere. Brčko stellte für die Garantiemächte des Dayton-Abkommens ein klassisches Problem dar: Die muslimisch-kroatische Mehrheit in der Stadt war 1992 „gesäubert" und durch Flüchtlinge aus der „Krajina" und Bosnien serbisch majorisiert worden. Politiker der Republika Srpska wollten die Kontrolle Brčkos nicht aufgeben, da ihr Staatsgebilde, das sie de facto als unabhängigen Staat etablieren wollten, ohne dieses Gebiet und den Posavina-Korridor in zwei Teile geteilt und ohne direkte Verbindung zu Serbien geblieben wäre.

26.3. Bosnien-Herzegowina als Halbprotektorat?

Im ersten Jahr nach Dayton mussten die IFOR und der damalige Hohe Repräsentant, der Schwede Carl Bildt, harsche Kritik hinnehmen, dass sie unfähig seien, „ethnische Säuberungen" rückgängig zu machen oder sogar ihre Fortsetzung ermöglichten. Ein anderes Schlüsselproblem, nämlich die Verhaftung mutmaßlicher Kriegsverbrecher, schien oft die (Willens)kraft der IFOR zu übersteigen. Erst im Juli 1997 wurden die ersten Angeklagten gewaltsam vor das Haager Kriegsverbrechertribunal gebracht, nachdem SFOR-Truppen eine Anzahl zweitrangiger Beschuldigter unter den bosnischen Serben festgenommen hatten. Bis Herbst 1997 hatte der von den USA ausgeübte Druck die bosniakischen und später auch die kroatischen Behörden dazu bewegt, jene in ihrem Zuständigkeitsbereich befindlichen Verdächtigen auszuliefern, die sich noch nicht freiwillig dem Haager Tribunal gestellt hatten (→ Kap. 30). Auf serbischer Seite hingegen blieb es beim Widerstand gegen die Erfüllung entsprechender Forderungen. Ungeachtet der immer wieder auftauchenden Gerüchte um seine bevorstehende Verhaftung blieb Karadžić jedoch noch bis auf Weiteres in Freiheit. Mladić, der sich seit Jahren in Serbien aufhielt, ließ das neue Establishment in Belgrad nach dem Sturz Slobodan Miloševićs auch unbehelligt. Es gelang aber die Festnahme einer Reihe anderer Angeklagten, so im Dezember 1998 die des Generals der bosnischen Serben Radislav Krstić, der wegen der Beteiligung seiner Einheiten an dem Völkermord nach der Eroberung von Srebrenica von der ersten Strafkammer des ICTY zu 46 Jahren Freiheitsstrafe verurteilt wurde (→ Kap. 31). Im sogenannten zweiten Srebrenica-Prozess gegen vier führende Offiziere der VRS, die im Sommer 1995 direkt am Massaker beteiligt waren, bekannten sich Momir Nikolić und Dragan Obrenović zum Prozessbeginn (Mai 2003) schuldig. Ihre Geständnisse brachten eine enorme Hilfe für die Beweisführung nicht nur in diesem Verfahren.

Zugleich verschärfte sich die Frage, wie Demokratie und Integrität von Bosnien-Herzegowina zu verwirklichen wären, wenn eine Mehrheit der serbischen Wähler Kandidaten ablehnt, die zur Einhaltung der Prinzipien des Dayton-Abkommens bereit sind. Die Ausweitung des Mandats des Hohen Repräsentanten durch den Dayton-Implementierungsrat Ende 1997 in Bonn hatte einige Fortschritte bei der Verwirklichung des zivilen Teiles des Abkommens gebracht. Da die gemeinsamen Institutionen und die Prozeduren der Gesetzgebung durch widersprüchliche Interessen der Nationalitäten gelähmt waren, wurde Bosnien-Herzegowina über Jahre in einer Art Halbprotektorat durch Erlasse des Hohen Repräsentanten regiert. Der Hohe Repräsentant wird vom UN-Sicherheitsrat bestätigt, nachdem er vom Dayton-Lenkungsausschuss, dem die G-8-Staaten, Vertreter der EU und islamischer Staaten angehören, ernannt wurde. Eine noch größere Zahl Mitglieder hat der jährlich auf Ministerebene konferierende Friedensrat für Bosnien-Herzegowina: Es sind 20 internationale Organisationen und 50 Staaten, darunter die Nachbarländer Bosnien-Herzegowinas, die Staaten, die Soldaten der SFOR stellen, sowie die Kontaktgruppenstaaten. Dem ersten Nachfolger Bildts, dem ehemaligen spanischen Außenminister Carlos Westendorp, gelang es erst, eine Reihe kleinerer Fortschritte bei der Umsetzung des Dayton-Abkommens durchzusetzen.

Westendorp und US-General Jacques Klein versuchten mit der Einsetzung von Dayton-konformen Politikern in die Regierung der Republika Srpska eine Wende einzuleiten. Die Stützung Biljana Plavšićs, der Präsidentin der RS (1996-1998), als Rivalin von Karadžić und seiner aus dem Versteck wirkenden Autorität brachte Risiken mit sich. Um Plavšić gegenüber Karadžićs Getreuen insbesondere in den Reihen der paramilitärischen Polizeitruppen der Republika Srpska zu stützen, wurden im Sommer 1997 wiederholt SFOR-Einheiten eingesetzt und Medien mit Zensur belegt, die Plavšić und das Haager Tribunal angriffen. Plavšićs Bereitschaft zu Kompromissen führte bei den Wahlen im Herbst 1998 zu starken Stimmverlusten zugunsten des kompromisslosen serbischen Nationalisten Nikola Poplašen.

Eine Besserung hatte sich angekündigt, als im Januar 1998 Milorad Dodik von den Unabhängigen Sozialdemokraten (Nezavisni Socijaldemokrati Republike Srpske) im Auftrag der Präsidentin Plavšić eine neue Regierung bildete, deren Sitz von Pale nach Banja Luka verlegt wurde. Dodik fand die Unterstützung anderer serbischer Parteien, die in der Opposition gegen Karadžićs SDS standen, und der bosniakischen Abgeordneten (zumeist von der SDA). Nach den Oktoberwahlen 1998 verfügte Dodik über eine knappe Mehrheit im Parlament, dennoch betrieb der neue Präsident Poplašen im März 1999 seinen Sturz. Darauf wurde Poplašen vom Hohen Repräsentanten Carlos Westendorp wegen seiner hartnäckigen Obstruktionspolitik auch in anderen Fällen des Amtes enthoben.

Neben solchen Interventionen war eine wichtige konstruktive, vom Hohen Repräsentanten durchgesetzte Maßnahme die Einführung einheitlicher Kfz-Nummernschilder, die aus Buchstaben zusammengesetzt werden, die im lateinischen und kyrillischen Alphabet gleich sind, die Herkunft des Fahrzeuges nicht verraten und dadurch relative Bewegungsfreiheit ermöglichen. Durch Erlass wurden auch die gemeinsame Währung („Konvertibilna Marka"), eine Landesfahne (allerdings ohne nationale Symbole) und einheitliche Reisepässe eingeführt. Allerdings wurde 2000 ein neuer Erlass nötig, mit dem die Kennzeichen der Entitäten in den Pässen verboten wurden; erst 2002 fing man mit der Ausstellung von einheitlichen Personalausweisen und Führerscheinen an.

Im Hochsommer 1998 kam es auch in der HDZ im bosnisch-kroatischen „Herceg-Bosna" zu Bewegungen, als sich Krešimir Zubak von der HDZ trennte und eine neue Partei gründete, die sich den bislang tonangebenden kroatischen Hardlinern entgegensetzte, und die Aufrechterhaltung von Bosnien-Herzegowina als politisches Ziel proklamierte. Zubak erlitt bei den Wahlen für das Föderationspräsidium 1998 eine empfindliche Niederlage, aber auch seine nationalistischen Kontrahenten aus der HDZ – unter neuer Führung von Ante Jelavić – legten zunächst eine kooperative Haltung zur Verwirklichung der Dayton-Prinzipien an den Tag. Das sollte sich alsbald ändern und Jelavić drängte zusammen mit anderen HDZ-Politikern darauf, dass die kroatischen Gebiete (Kantone) einen vergleichbaren Status wie RS bekommen, was auf eine Dreiteilung der Republik hinauslaufen würde. Im März 2001 wurde er vom Hohen Repräsentanten aller seiner Ämter enthoben.

Trotz allen scheinbaren oder tatsächlichen unter der internationalen Ägide durchgesetzten institutionellen Fortschritten sahen die überwiegenden politischen Kräfte der RS im Dayton-Abkommen die internationalen Rahmenbedingungen für eine vom bosnisch-herzegowinischen Rumpfstaat de facto getrennte serbische Republik und zeigten keine Bereitschaft, muslimische oder kroatische Flüchtlinge in ihre Heimat zurückkehren zu lassen. Die

Mehrheit der Rückkehrer siedelte sich dort an, wo die politische Führung der eigenen Ethnie das Sagen hat.

Deutsch von Robert Hammel
Textergänzungen von Dunja Melčić

26.4. Stockende Normalisierung

Dunja Melčić

Unter Westendorps Nachfolger Wolfgang Petritsch, der sein Amt im August 1999 antrat und nach zweijährigem Mandat im Juni 2001 um ein Jahr verlängern ließ, konnte eine Reihe ziviler Bestimmungen des Dayton-Abkommens endlich durchgesetzt werden. Nachhaltige Fortschritte wurden bei der Freizügigkeit erzielt. Ab 2000 stieg die Zahl der Rückkehrer in Gebiete, in denen sie Minderheiten waren. 1999 betrug die Gesamtzahl dieser *Minority Returns* 41.007; im folgenden Jahr stieg sie um mehr als 20 Prozent und betrug 2001 92.061 und 2002 91.696 Rückkehrer (Quelle: UNHCR). Wichtig war für diese Entwicklung, dass die Staatengemeinschaft in der Person des Schiedsrichters Robert Owen bei der schwierigen Brčko-Frage entschlossen war, serbischen territorialen Forderungen nicht nachzugeben. Zwar blieb die endgültige Entscheidung zugunsten einer internationalen Verwaltung des Distrikts Brčko, die zu einem Kondominium führen sollte, so brenzlig, dass sie 1998 zunächst verschoben und erst im März 1999 gefällt wurde. In Kraft trat sie ein Jahr später (März 2000) und Brčko wurde zum „Distrikt von Bosnien-Herzegowina" mit eigenem Statut und eigener Selbstverwaltung. In diesem Jahr begann dann zaghaft die Rückkehr der Nicht-Serben in Brčko. Petritsch erließ eine Reihe Gesetze, die für ein minimales Funktionieren des Staates notwendig waren, und entließ eine beträchtliche Zahl nationalistischer Politiker aus ihren Ämtern. Die Leitidee der Gesamtstrategie Petritschs kann man als Bekämpfung des Nationalismus bzw. der Nationalisten kennzeichnen. Bei den letzten allgemeinen Wahlen im November 2000, die noch im 2-jährigen Turnus abgehalten und von OSCE organisiert wurden, sollten daher die Kandidaten der nichtnationalistischen Parteien den Sieg davon tragen. Um dieses Ziel zu erreichen scheute das Amt des Hohen Repräsentanten (OHR) keine Mittel – im Vorfeld und vor allem nach den Wahlen, deren Resultate vom OHR im nachhinein regelrecht verfälscht wurden, um die sog. „Allianz für den Wechsel" an die ‚Macht' zu hieven. Bei den allgemeinen Parlaments- und Präsidentschaftswahlen im Oktober 2002, die nach einem verbesserten, zum ersten Mal landesweit geltenden Wahlgesetz stattfanden, von bosnischen Behörden organisiert und durchgeführt wurden und zum ersten Mal nach dem Krieg die normale Legislaturperiode von 4 Jahren vorsehen, zeigten die Wähler, dass sie von dem angeblichen „anti-nationalistischen" Kurs des OHR bei *gleichzeitiger ethnischer Teilung* des Landes nicht überzeugt sind. Die meisten Stimmen bekamen (bei der niedrigen Wahlbeteiligung von 55%) die sog. nationalistischen Parteien, prozentual am meisten die SDA (32%). Das neue Wahlgesetz führte die 3-Prozent-Klausel ein, um die enorme Fragmentierung der Parlamente und anderer politischer Institutionen etwas zu mildern; nach den Wahlen aber machte die Wahlkommission (diesmal freilich landeseigene) durch die Einführung sog. Kompensationsmandate diese Einschränkung gleichsam wieder rückgängig. So verteilen sich die 48 Sitze in der gesamtstaatlichen Abgeordnetenkammer von Bosnien-Herzegowina auf 14 Parteien und die Entscheidung der Wählerschaft, die die meisten Stimmen der SDA, der Partei für Bosnien-Herzegowina (SBiH) von Haris Silajdžić (16%), der HDZ-Koalition (17%) und der SDS (15%) gab, wurde erheblich geändert. Mehrere vollkommen bedeutungslose Parteien, die nicht einmal 1 Prozent der Stimmen bekamen, wurden mit jeweils einem bis zwei Mandaten beschenkt, erlangten somit Einfluss und, wie die Zagreber Politologin Mirjana Kasapović unterstreicht, eventuelle „erpresserische Macht". Um die komplizierten staatlichen Strukturen neu und den vorgeschriebenen ethnischen Kriterien entsprechend zu besetzen, braucht man für gewöhnlich Wochen oder gar Monate, wie die Regierung der Föderation, die erst vier Monate nach den Wahlen gebildet werden konnte.

Zu den Kniffen Petritschs gehörte auch, dass er die demokratisch sich gebärdenden serbischen Nationalisten zu Nicht-Nationalisten proklamierte. Er neigte oft dazu, die Auswüchse in der Praxis der serbischen Nationalisten zu relativieren. Als Miloševićs Nachfolger Vojislav Koštunica kurz nach seiner Amtsübernahme mit größter Selbstverständlichkeit an einer Zeremonie in Trebinje zu Ehren des nationalistischen Dichters und Propagandisten des Četniktums Jovan Dučić teilnahm, als wäre Ostherzegowina eine Provinz Serbiens, beeilte sich der Hohe Repräsentant, diesen diplomatischen Affront zu glätten, und überredete Koštunica noch schnell, eine Stippvisite wenn schon nicht in die Hauptstadt des benachbarten Landes dann wenigstens zum Sarajevoer Flughafen anzufügen.

Schon ein Blick in die Statistiken, die von verschiedenen internationalen Organisationen in Bosnien-Herzegowina durchgeführt wurden, zeigt klar, dass die Hauptprobleme für die Verwirklichung des Friedensabkommens und seiner zivilen Aspekte bei der serbischen Entität liegen – natürlich, nicht ausschließlich, aber deren Widerstand bleibt erheblich massiver, hartnäckiger und unversöhnlicher. Petritsch zog es vor, einerseits keine dieser Differenzen kenntlich zu machen, und andererseits die serbischen Ausfälle herunterzuspielen, um eine „Balance" zu bekommen, als würde es sich um „gerechte" Verteilung von Kartoffeln und Orangen handeln. Die politische Elite in Banja Luka – egal aus welchen Parteien die jeweiligen Regierungen zusammengesetzt wurden – hielt beharrlich am Ziel eines eigenständigen Staatsgebildes fest. Die Machthaber auf der lokalen Ebene mussten zu einer solchen Politik erst recht nicht überredet werden. Wichtig ist ebenfalls, dass aus Belgrad auch nach dem Machwechsel keine eindeutigen Signale gegen die von Milošević und Karadžić eingeschlagene Politik kamen. Zunächst beeilte sich Koštunica als Präsident der nun nicht mehr existierenden BR Jugoslawien, mit der Regierung in Banja Luka einen Vertrag über Sonderbeziehungen zur Republika Srpska zu unterzeichnen, wofür Petritsch *expressis verbis* sein Plazet gab. Noch Anfang 2003 besann sich der serbische Ministerpräsident Zoran Đinđić angesichts der chaotischen innenpolitischen Situation in Serbien, der fundamentalen staatspolitischen Krise, der außenpolitischen Druckausübung auf Belgrad wegen der mangelnden Kooperation mit dem ICTY und vor dem Hintergrund der ausbleibenden Rückkehr der Serben in Kosovo erneut der nationalistischen Themen. Er fing an, über eine Änderung des Dayton-Abkommens öffentlich nachzudenken. Ein Verlust des Kosovo würde demnach in Belgrad die Forderungen nach einer Revision der Dayton-Verträge, d.h. des Grenzverlaufs zwischen Serbien und Bosnien-Herzegowina gleichsam als Kompensation nach sich ziehen. Nach dem tragischen Tod des Ministerpräsidenten bahnte sich zunächst eine Wende im Verhältnis des offiziellen Belgrad zur RS an. Das hatte unmittelbar mit dem Attentat zu tun, weil dessen Hintermänner auch in der RS zu suchen waren; außerdem erstreckten sich die verbrecherischen Strukturen, die die Nachfolger Đinđićs in Serbien bekämpften, auch in die RS, wo die Regierung keine entschlossenen Schritte gegen sie unternahm. Nach dem erneuten Machtwechsel in Belgrad im Dezember 2003 wurden diese zaghaften Normalisierungsprozesse wieder gestoppt.

Zu lange versäumten es die internationale Staatengemeinschaft und ihre Repräsentanten in Bosnien-Herzegowina, die Unantastbarkeit der staatlichen Integrität der Republik ohne jeden Zweifel festzulegen. Zu lange drückte man im OHR vor dem Treiben in der RS ein Auge zu; so entstand unter vielen serbischen Nationalisten der Eindruck, dass zumindest ein Hintertürchen zu einer Vereinigung mit Serbien offen bleibe, solange die Eigenstaatlichkeit ihrer Entität in Bosnien-Herzegowina besteht. Das Friedensabkommen von Dayton baute mit der Sanktionierung der „Republika Srpska" die ethnische Pervertierung der Demokratie in die Basis des bosnischen Staates ein. Das Bestehen der RS war für die dortige Elite die einzige Komponente des Friedensvertrages, die mit Leib und Seele anerkannt wurde. Statt diese Anerkennung des Unrechts in Europa anno Domini 1995 wenigstens schrittweise rückgängig zu machen, taten die westlichen Verwalter Bosniens lange so, als merkten sie hier kein Problem.

Nach dem offenen und oft gewaltsamen Widerstand gegen Integrationsmaßnahmen in den ersten Jahren verstand man es in den Strukturen der RS mit der Zeit, mit hinterlistigen Methoden die Integration zu hintertreiben. Nach einem zweijährigen Verfahren stellte das international und multiethnisch besetzte Verfassungsgericht des Staates Bosnien-Herzegowina unter dem Vorsitz von Kasim Begić im Juli 2000 die Verfassungswidrigkeit der Verfassung von RS fest. Die Präambel der Verfassung, die Definition der RS als „Nationalstaat der Serben" und das festgeschriebene Ziel der Vereinigung mit anderen Serben widersprachen in eklatanter Weise der bosnischen Verfassung, die als „Annex 4" des Dayton-Vertrags formuliert wurde und „Bosniaken, Kroaten und Serben als konstituierende Völker (constituent peoples)" definiert. Das Verfahren wurde 1998 durch Alija Izetbegović angestoßen und betraf die Bestimmung des Souveräns in den Verfassungen der beiden „Entitäten" in ihrem Verhältnis zum Grundsatz der *drei Staatsvölker* des Staates Bosnien-Herzegowina. Da dieses Prinzip nicht teilbar ist, wurde die Bestimmung der Republika Srpska für verfassungswidrig erklärt, die diesen Status nur den Serben zusprach. Ferner folgerte das Gericht, dass die Entitäten keine Staaten sind, d.h. nur Bosnien-Herzegowina als Staat definiert wird, und somit das alleinige Subjekt des Völkerrechts und fortbestehender Nachfolgestaat ist (§ 29 Art. 1.), während die Entitäten seine Teile sind. Die Verfassung räumt den Entitäten keine Souveränitätsrechte und vor allem kein Recht auf Separation ein. Die Entscheidungen des Gerichts bleiben für den Staat Bosnien-Herzegowina an sich von zukunftsweisender Bedeutung. Das konnte man aber von der dann tatsächlich geänderten und durch das Diktat des Hohen Repräsentanten der Staatengemeinschaft Wolfgang Petritsch im April 2002 oktroyierten Verfassung nicht sagen, denn diese stellt eine Version dar, die durch Vorschläge einer eigens gebildeten „parlamentarischen Kommission" der RS verwässert wurde. Letztendlich wurde dadurch die Ungleichheit der Bosniaken und Kroaten gegenüber den Serben in Republika Srpska gleichsam besiegelt. OHR sprach hier von einer „Symmetrisierung"; doch diese sieht so aus: In der Föderation werden – wie schon nach der Verfassung vom Mai 1994 – der *Entitätspräsident* und seine Stellvertreter durch beide Kammern der Föderation (also Bürgerkammer und Kammer der Völker) gewählt und sind jeweils unterschiedlicher Nationalität; sie treffen ihre Entscheidungen im Konsensus und haben rotierende Mandate. Der *Präsident der RS* wird wie bisher direkt vom „serbischen Volk" gewählt; neu hinzu war die Bestimmung gekommen, dass seine Stellvertreter bosniakischer und kroatischer Herkunft sein sollten; sie werden vom Parlament der RS gewählt, das zu 90% aus serbischen Abgeordneten besteht.

Formell neu war die Einführung eines Völkerrates in der RS, der eine Symmetrisierung mit dem Zweikammerparlament der Föderation vorgaukeln sollte. Anders als in der Kammer der Völker (der bosnisch-kroatischen Föderation) obliegen dem Völkerrat in der RS nur einige ausgewählte Fragen. In der Föderationskammer sind das alle Fragen, die als „vital" erachtet werden und das heißt auf gut deutsch, dass Vertreter einer Volksgruppe bei jenen Entscheidungen des Gesetzgebers, die sie als nachteilig einschätzen, ein Veto haben. Izetbegovićs Nachfolger Sulejman Tihić, der als Rechtsanwalt in Bosanski Šamac 1992 von der serbischen Soldateska verhaftet wurde und lange in serbischen Lagern schmachtete, wurde 2000 in das Parlament der RS von seinen vertriebenen Mitbürgern – in Exil – gewählt und nahm als Vorsitzende der stärksten bosniakischen Partei an diesen Verhandlungen, die mit dem „Sarajevo-Abkommen" endeten, teil. Er bemühte sich zusammen mit den Politikern der HDZ darum, dass dieses neue Gremium der Völker zumindest bei der Frage über eine serbische Volksbefragung das Vetorecht haben müsste. Dem Hohen Beauftragten erschien dieser Punkt offensichtlich nebensächlich und er fand folglich in der veränderten serbischen Verfassung keinen Platz. Unverändert blieben auch frühere diskriminierende Bestimmungen, sprich: serbisch-nationalistische Hymne, serbisch-orthodoxe Konfession als „Staats"-Religion, religiöse Feiertage als „Staats"-Feiertage, Flagge, Wappen usf. Erst Petritschs Nachfolger Paddy Ashdown hob diese per Dekret auf.

Der damalige Regierungschef der RS Mladen Ivanić, den man zu Gemäßigten rechnete (Partei des demokratischen Fortschritts/PDP), frohlockte darüber, wie günstig das Sarajevo-Abkommen für die Serben ausgefallen sei, das keine Parallelität zu den Institutionen in Föderation aufweise. Der Völkerrat habe Zuständigkeit für einige „sehr wenige" Gesetze, könne eigentlich nichts blockieren *und* es bleibe beim Einkammerparlament. Ein weiterer Trumpf sei, dass sowohl der Präsident wie der Minister- und Parlamentspräsident weiterhin ausschließlich aus dem serbischen Volk gestellt werden. Seinem Nachfolger und Parteifreund Dragan Mikerević konnte er eine RS hinterlassen, deren „wesentliche Elemente" bestehen geblieben waren, mit dem Vorteil, dass die RS nunmehr „demokratisch erscheint" und den Anstrich, „diskriminierend" zu sein, los sei.

Neben der Sanktionierung dieses Prinzips der ethnischen Demokratie in der RS wirkten sich auch andere Prämissen der Einstellung der westlichen Demokratie-Ingenieure nachteilig aus. Der britische Politologe David Chandler prangert die verbreitete Meinung an, dass „das bosnische Volk unfähig" sei, „eine funktionierende Demokratie aufzubauen, ohne dass die internationale Gemeinschaft die Gesellschaft in die richtige Bahn lenkt". Im Resultat zeigt sich, dass der Westen, mit all den von ihm beherrschten Institutionen von den militärischen wie SFOR bis zum Amt des Hohen Vertreters zwar Teil der Lösung, aber *zugleich* auch Teil des Problems im Dayton-Bosnien ist. Am eklatantesten zeigte sich das an der mangelnden Bereitschaft, den Hauptangeklagten für die Kriegsverbrechen in Bosnien-Herzegowina Radovan Karadžić zu verhaften und dem Kriegsverbrechertribunal auszuliefern. Entgegen der verbreiteten Meinung war das nicht in erster Linie eine militärische Aufgabe. Dass Karadžić sich über Jahre hinweg in so einem kleinen Land verstecken kann, hängt von der breiten Unterstützung ab, die er in den Strukturen der RS hat. Ein energisches Vorgehen gegen diese, die Isolierung seiner Verbindungsleute, die ihn finanziell und logistisch unterstützen, hätten schon längst den Sumpf austrocknen können, in dem Karadžić sich versteckt hält. Vor diesem Hintergrund versteht man, dass einige an sich große Ereignisse für Bosnien-Herzegowina nur gedämpfte Wirkung hatten; so die Tatsache, dass Biljana Plavšić sich freiwillig dem Haager Tribunal im Januar 2001 stellte und sich ein Jahr später der Verbrechen gegen die Menschlichkeit schuldig bekannte. Auch die Aufnahme Bosnien-Herzegowinas in den Europa-Rat (April 2002) musste vor diesem Hintergrund einen schalen Nachgeschmack hinterlassen.

So muss man zuletzt auch über die wirklich gute Nachricht über gestiegene Rückkehrerzahl in den Jahren 2000-2002 mit gemischten Gefühlen berichten. Den offiziellen Zahlen des UNHCR zufolge kehrten von geschätzten 2,2 Millionen während des Krieges geflüchteten und vertriebenen Personen bis 2002 (einschließlich) etwa 900.000 zurück. Davon über ein Drittel (378.923) in die Gebiete, die nicht unter dem politischen Establishment ihrer Nationalität stehen. Nach OSCE Angaben (vom 21.01.2003) gab es noch 400.000 intern Vertriebene. Das würde heißen, dass gut über eine Million Bosnier noch außerhalb des Landes sind. Diese Zahl muss auch diejenigen enthalten, die durch den Krieg ums Leben kamen. Eine demografische Untersuchung in Sarajevo kam 2003 zu folgenden Opferzahlen: 269.810 Tote und Verschollene, davon 157.313 Bosniaken, 73.921, Serben, 31.831 Kroaten und 6.745 andere. Man kann davon ausgehen, dass etwa eine Million Menschen nicht mehr in das Land zurückkehren wird – aus verschiedenen Gründen. 2004 zählte das Forschungs- und Dokumentationszentrum in Sarajevo als Teil der staatlichen Kriegsverbrecherkommission 83.000 namentlich bekannte, durch ein multiples Verfahren identifizierte Kriegsopfer; der Forschungsleiter Mirsad Tokača stellte fest, dass die zu erwartende endgültige Zahl der Kriegsopfer zwischen 100.000 und 150.000 liegen würde. Eine andere schwarze Zahl brachte 2002 eine Umfrage unter Jugendlichen, die zu 62 Prozent den Wunsch äußerten, ihre Heimat verlassen zu wollen. Der Eindruck, dass die Substanz der bosnischen Gesellschaft, ja so etwas wie Gesellschaftsfähigkeit, total zerstört ist, scheint überwältigend zu sein. Der britische Politiker Paddy Ashdown, der das Amt des Hohen Beauftragten im Mai 2002 übernahm, versuchte – mit mäßigem Erfolg – eine Perspektive in die Zukunft aufzuzeigen: die Richtlinie sollte sein, das Land aufzubauen, Kriminalität und Korruption zu bekämpfen, für ökonomischen Aufschwung zu sorgen und die dafür nötige Institutionen sowie einen funktionierenden Rechtsstaat zügig (etwa durch einsetzende Reform des Gerichtswesens) zu errichten, ohne sich von nationalistischen Friktionen stören zu lassen. Dieser von Ashdown etwas großspurig zur Schau gestellte Pragmatismus bricht ebenso an dem fundamentalen Problem des Landes: an der überwältigenden Masse ungesühnter Gewalttaten und der schreienden Ungerechtigkeit.

Die erwähnte Wende bei der Rückkehr schien im Zusammenhang mit der Verhaftung von Angeklagten und lokalen Potentaten oder deren Entfernung aus den Ämtern gestanden zu haben, da auch diese fast durchweg Kriegsprotagonisten waren und bei den Vertriebenen als Hauptverantwortliche für die „ethnische Säuberung" galten. Es zeigte sich dabei auch, dass es mehr als doppelt so viele Minority Returns in die Föderation (235.225) gab als in die RS (125.277), obwohl aus den Gebieten unter serbischer Kontrolle unvergleichlich viel mehr Menschen vertrieben wurden als aus den bosniakisch-kroatischen. Was unklar blieb, war die Qualität der Rückkehr. Die lokalen Herrscher stellten sich zunächst mit unterschiedlichen und oft gewaltsamen Mitteln gegen die Rückkehr der Vertriebenen; diese Obstruktionsarbeit wurde von den kommunalen Verwaltungen in aller Stille mit „administrativen" Kniffen fortgesetzt. Diese Praxis konnte an mehreren Lokalitäten beobachtet werden, aber in der RS wurde die Obstruktion durch Enteignung der Vertriebenen geradezu systematisch durchgeführt. Es wurde ein eigenes Privatisierungsgesetz im Sinne eines *ethnischen Eigentumsrechts* verabschiedet, das die ethnische Säuberung vollenden sollte; das Gesetz wurde vom OHR für ungültig erklärt, was sich nur schleppend auf die Praxis auswirkte. Das OHR und andere internationale Körperschaften in Bosnien rangen mit diesem Problem die ganze Zeit und setzten peu à peu ein Gesetz durch, das die Eigentumsverhältnisse regeln sollte. Es ist auch eine Kommission gebildet worden, die für die Anwendung des Gesetzes zuständig (Property Law Implementation Plan/PLIP) und seit 2000 aktiv ist. Die Rückkehr ist gebunden an Rückgabe des Eigentums und auch an Erwerbsmöglichkeiten. Was in Bosnien-Herzegowina vorherrschend bleibt, ist eine üble Mischung schleppender post-sozialistischer Transition und mühsamer (oft verhinderter) Rückerstattung von

Eigentum und Gewährung anderer Rechte der Rückkehrer – alles bei völligem kriegsbedingten Niedergang der Wirtschaft und allgemeiner Unterentwicklung. Um die Tendenz zu stoppen, dass die Rückkehrer in Minderheitengebiete ihre zurückerhaltenen Wohnungen und Häuser gleich verkaufen, führte das OHR einen 2-jährigen Verkaufsstopp ein. Letztendlich lässt sich diese Praxis nicht vereiteln; auch viele derjenigen, die ihre Wohnungen behalten, leben eigentlich in den Orten, wo ihre Nation die Mehrheit hat, sie Arbeit und Auskommen haben und ihre Kinder die Schulen (mit entsprechenden national geprägten Programmen) besuchen. In jeder Hinsicht bleibt der Neuaufbau Bosnien-Herzegowinas noch lange eine schwere Aufgabe.

Um den Jahreswechsel 2002/2003 kam es zu einer Reihe von Ereignissen, die mit ihren Konsequenzen für das Establishment der RS wie ein GAU erscheinen mussten. Es begann mit der Affäre „Adler" (Orao). Die Nato und die westlichen Geheimdienste spürten illegale Waffenexporte der staatlichen Rüstungsfabrik „Orao" mit dem Sitz in Bijeljina und engen wirtschaftlichen Verbindungen mit Serbien nach Irak auf. Bald kam es noch dicker: Im Rahmen der Suche nach Karadžić durchsuchte die SFOR mehrere Lokalitäten des bosnisch-serbischen Geheimdienstes und fand zahlreiche Belege für die rege Spionagetätigkeit einer Abteilung, die eng mit dem serbischen Sicherheits- und militärischen Abschirmdienst kooperierte; der bosnisch-serbische Geheimdienst spionierte systematisch die SFOR, Institutionen der bosniakisch-kroatischen Föderation, das Büro des Hohen Repräsentanten, internationale Organisationen sowie einzelne Individuen aus. Anfang April schaffte Paddy Ashdown den Obersten Verteidigungsrat der Serbischen Republik ab, um das Militär der zivilen Kontrolle zu unterstellen, und tilgte aus der Verfassung der Serbischen Republik und aus jenen Gesetzen, welche die Streitkräfte betreffen, die Worte „Staat", „unabhängig" und „souverän". Damit bahnte sich zaghaft eine Wende auch in diesem Teil Bosnien-Herzegowinas unter dem Namen „Republika Srpska" an.

Karte 7: Die Dayton-Vereinbarungen (November 1995)

Anhang: Die Körperschaften des bosnisch-herzegowinischen Staates

Das dreiköpfige Staatspräsidium von Bosnien-Herzegowina:
1996-1998 Alija Izetbegović (Vorsitzende), Momčilo Krajišnik, Krešimir Zubak;
1998-1999 wechselt der Vorsitz auf das neue serbische Mitglied Živko Radišić;
Juni 1999 wurde das neue kroatische Mitglied im Präsidium, Ante Jelavić, Vorsitzender
(Krajišnik wurde im April 2000 von der SFOR verhaftet und nach Den Haag gebracht, aufgrund der Anklage wegen Völkermord, Verbrechen gegen die Menschlichkeit und Verstoße gegen die Kriegsgebräuche)
Nach den Novemberwahlen 2000 wechseln Beriz Belikić (SBiH), Mirko Križanović (SDP) und Živko Radišić bis 2002 den Vorsitz
Nach den ersten allgemeinen Wahlen für 4-jährige Legislaturperiode 2002 stellten Mirko Šarović (SDS), Dragan Čović (HDZ) und Sulejman Tihić (SDA) das dreiköpfige Staatspräsidium

Entsprechend dieser integralen Institution des Staatspräsidiums gibt es eine *Regierung* (Ministerrat) für den ganzen Staat Bosnien-Herzegowina (wenn auch mit eingeschränkten Kompetenzen)

Als Regierungschefs wechselten sich im Turnus zunächst Haris Silajdžić (Muslim) und Boro Bosić (Serbe) ab, während Jadranko Prlić (Kroate) für Äußeres zuständig war. 2000 folgte Spasoje Tuševljak, ein Serbe, Silajdžić auf dem Posten, der eigentlich Chef des Ministerrates heißt; Jadranko Prlić blieb für Äußeres zuständig. Seine Stellvertreter gehörten jeweils den beiden anderen Ethnien an. 2001 (Wahlen: November 2000) wurde Božidar Matić («Allianz für den Wandel») Chef des Ministerrates, dem nach seinem Rücktritt Zlatko Lagumdžija (SDP) folgt als Regierungschef und weiterhin zuständig für Äußeres bleibt; nach den allgemeinen Wahlen (Oktober)

2002 wird Adnan Terzić (SDA) Regierungschef und Mladen Ivanić (PDP) Außenminister. Die anderen Ministerien (Handel und Wirtschaftsbeziehungen, Verkehr), der Ministerrat und andere Institutionen sowie diplomatische Vertretungen sind ebenfalls nach dem ethnischen Schlüssel besetzt, während die Posten des Gouverneurs der Zentralbank und des Direktors der Zollbehörden (Föderation) durch Nicht-Bosnier besetzt werden. Im Abgeordnetenhaus der Republik entfallen 28 Sitze an die FBiH und 14 Sitze an die RS.

Die Körperschaften der Gebietseinheiten:
Das Abgeordnetenhaus der Föderation hat 140 Sitze. Das *Präsidium* wird ebenfalls turnusmäßig besetzt: 1996-1998 Ejup Ganić/Krešimir Zubak; 1998-2000 Ivo Andrić Lužanski (Kroate)/Ejup Ganić (Muslim); 2001-2002 Präsident: Karlo Filipović (SDP), Vizepräsident Ejup Ganić; 2003 Präsident: Niko Lozančić (HDZ-Koalition), Stellvertreter: Šahbaz Džihanović (SBiH), Desnica Radivojević; Regierungschef: 1996-1998 Edhem Bičakčić (Muslim), sein Stellvertreter Dragan Čović (Kroate). Die Ministerien (Landwirtschaft, Verteidigung, Bildung, Energiewirtschaft, Finanzen, Justiz, Gesundheit usf.) wurden auch nach dem ethnischen Schlüssel im Turnus besetzt; seit den Verfassungsänderungen nach dem neuen ethnischen Schlüssel: 8 Bosniaken, 5 Kroaten und 3 Serben. Im Frühjahr 1999 kam der stellvertretende Minister des Inneren, Jozo Leutar, bei einem Anschlag ums Leben. 2001-2002 Regierungschef: Alija Behmen (SDP); 2002/2003 Regierungschef: Ahmet Hadžipašić (SDA), seine Stellvertreter: Gavrilo Grahovac (SBiH) Dragan Vrankić (HDZ)

Die Nationalversammlung der RS hat 82 Sitze. 1996-1998 war Biljana Plavšić Präsidentin, 1998 abgelöst durch Nikola Poplašen, den der Hohe Repräsentant für Bosnien-Herzegowina im März 1999 absetzte. Das Amt wurde von seinem Stellvertreter Mirko Šarović (SDS) übernommen – bis 2002. Ihm folgt Dragan Čavić (SDS), dessen zwei Stellvertreter, Adil Osmanović und Ivan Tomljenović gemäß der Verfassungsreform von 2002 jeweils der bosniakischen bzw. kroatischen Nationalität sind. Auf Betreiben des Hohen Repräsentanten trat Šarović von seinem Amt im März 2003 zurück und übernahm so die Verantwortung für die Waffenlieferung einer Rüstungsfabrik der RS an den Irak; sein Nachfolger wurde Dragan Paravac, der während des Krieges Oberbürgermeister von Doboj war, das ebenso gründlich von seinen nicht-serbischen Bürgern ethnisch gesäubert wurde, wie andere bosnische Ortschaften unter serbischer Kontrolle.
Regierungschef der Republika Srpska war zwischen 1998-2001 Milorad Dodik, gefolgt von Mladen Ivanić (bis 2002) und Dragan Mikerević nach den Oktoberwahlen 2002. Einige Ministerien werden ab 2002 durch nicht-serbische Politiker besetzt.

Quellen: http://www.gksoft.com/govt/ (Governments on the WWW); www.cia.gov/cia/publications/chiefs; http://www.ohr.int/; Fischer-Weltalmanach 1992-2003

Literatur

Schilderung der Verschiebungen an den Fronten, die die Bedingungen für die Verhandlung in Dayton schafften, bietet: Andreas Heilborn, „Die Wahlen in Bosnien-Herzegowina. Entwicklungen – Analysen – Perspektiven", in: *Südosteuropa Mitteilungen*, 1996/Nr. 4, S. 300-318; Roland Schönfeld, „*Auf dem Wege nach Dayton*", in: *Südosteuropa Mitteilungen*, 1996/Nr. 1, S. 95-118; Marie-Janine Calic, „Nach Dayton: Wege zur Stabilisierung des Friedens", in: *ebd.* S. 119-128.

Zu Dayton-Verhandlungen: Wesley Clark, *Waging the Modern War. Bosnia, Kosovo, and the future of combat*, New York: Public Affairs, 2001; *Deutsche Außenpolitik 1995. Auf dem Weg zu einer Friedensregelung für Bosnien und Herzegowina*: 53 Telegramme aus Dayton, Bonn 1998; Richard Holbrooke, *Meine Mission*, München 1998.

Nach Dayton: Marie-Janine Calic, „Probleme der Internationalen Friedenssicherung in Bosnien-Herzegowina", in: *Südosteuropa-Mitteilungen* 38 (1998), S. 215-230; Vedran Dzihic, „Nation-Building – eine Bilanz acht Jahre nach Dayton", in: E. Reiter/P. Jurekovic (Hg.), *Europäische Verantwortung für Bosnien-Herzegowina*, Baden-Baden 2005; Jens Reuter, „Die politische Entwicklung in Bosnien-Herzegowina. Zusammenwachsen der Entitäten oder nationale Abkapselung?" in: *Südosteuropa* 3-4/1998, S. 97-116; Peter Schlotter, *Ein Jahr Dayton-Friedensabkommen – Eine Bilanz der zivilen Implementierung*, HSFK-Report, Frankfurt a. M. 1997; Zu politisch-gesellschaftlichen Aspekten: David Chandler, *Bosnia. Faking Democracy After Dayton*, London 2000², Keith D. Doubt, *Sociology after Bosnia and Kosovo* (Rowman and Littlefield) 2000; Mirjana Kasapović, *Bosna i Hercegovina: podijeljeno društvo i nestabilna država*, Zagreb 2005 (Bosnien-Herzegowina: gespaltene Gesellschaft und instabiler Staat); Viktor Meier, *Jugoslawiens Erben. Die neuen Staaten und die Politik des Westens*, München 2001; Christophe Solioz/Tobias Vogel (Hg.), *Dayton and Beyond: Perspectives on the Future of Bosnia and Herzegovina*, Baden-Baden 2004.

Aktuelle Informationen: (The Bosnian Institut, London) http://www.bosnia.org.uk/; (The Office of the High Representative in Sarajevo) http://www.ohr.int/

27. Die politische Entwicklung Kroatiens von 1990-2005

Mirjana Kasapović

27.1. Der schwierige Weg zum Machtwechsel

Nicht nur der Krieg, sondern auch die eigentümliche Form der politischen Transition beeinflusste die politische Entwicklung in Kroatien maßgeblich. Der Zusammenbruch des alten Regimes war nicht Folge einer Abdankung der kommunistischen Herrschaft unter massivem Druck „von unten". Auch Verhandlungen und Bündnisbildungen zwecks Verfassungsänderung spielten dabei kaum eine Rolle, denn sie beschränkten sich auf einige inoffizielle Gespräche zwischen Regierung und Opposition und führten zu keiner wirklichen Verständigung. Die demokratischen Veränderungen begannen als „Durchsetzung der Ideen einer dominanten politischen Gruppe" (Von Beyme), und somit waren die Beziehungen zwischen den Dogmatikern und den Reformkreisen innerhalb der kroatischen kommunistischen Partei für die anfängliche Dynamik des politischen Wandels ausschlaggebend.

Die Dogmatiker standen den Hardlinern im Bund der Kommunisten Jugoslawiens (SKJ) nahe, die für den Erhalt Jugoslawiens und seiner sozialistischen Gesellschaftsordnung eintraten. Den Ausweg aus der Krise des Staates und der Gesellschaft sahen sie in der sogenannten „antibürokratischen Revolution", die Ende der achtziger Jahre von der politischen Führung Serbiens propagiert worden war. Formal gesehen stellte die antibürokratische Revolution ein Projekt moralischer und politischer Erneuerung dar. Tatsächlich jedoch war sie eine Kombination institutioneller und außerinstitutioneller Formen der Abrechnung mit politischen Abweichlern, die sich den unitaristischen Tendenzen der Föderation widersetzten und statt bloßer kosmetischer Korrekturen eine Veränderung der sozialistischen Strukturen anstrebten. Die dogmatische Fraktion setzte sich vorwiegend aus den Reihen des Militär-, Polizei- und Beamtenapparats sowie aus Teilen des Parteiapparats zusammen; ihr gehörten überdurchschnittlich viele Serben aus den Republik- und Parteistrukturen Kroatiens an.

Die Reformer beschränkten sich anfangs auf eine teilweise Liberalisierung des politischen Lebens. Ihre Position radikalisierte sich erst, als sie unter Druck gerieten und angesichts der sich rasch unter den kroatischen Serben ausbreitenden nationalistischen Bewegung in Panik gerieten. Die Einsicht, dass man der antibürokratischen Revolution eine „demokratische Revolution" entgegensetzen müsse, die auch von relevanten bürgerlichen Institutionen (Massenmedien, katholische Kirche, Gewerkschaften, Kultur- und Bildungseinrichtungen u.a.) sowie neu gegründeten Oppositionsparteien unterstützt würde, setzte sich verhältnismäßig spät durch. Dann aber führte sie an der Jahreswende 1989/90 zu einem beschleunigten Prozess politischer und normativer Veränderungen, die schließlich die ersten freien Wahlen im Mai 1990 und damit zum ersten Mal einen Machtwechsel ermöglichten: Den herrschenden Bund der Kommunisten Kroatiens (SKH) löste die Kroatische Demokratische Gemeinschaft (HDZ) ab.

Die faire Durchführung von Wahlen und die friedliche Ablösung des SKH von der Macht nach fast einem halben Jahrhundert totalitärer Herrschaft haben wesentlich die Beziehungen zwischen der neuen und der alten politischen Elite bestimmt. Die alte Elite wurde teilweise in die neuen politischen Institutionen integriert, wobei die neue Regierung auch Teile der alten polizeilichen, militärischen, wirtschaftlichen und rechtlichen Strukturen übernahm. „Zwar kam es auf der Ebene der höchsten staatlichen Führung zum personalen Wechsel (auch wenn viele der HDZ-Führungsfiguren, einschließlich Tuđman selbst, eine Geschichte zumindest als mittlere oder untere Kader der kommunistischen Nomenklatura hinter sich haben), aber die neue Regierungspartei nahm zugleich praktisch alle politischen Überläufer aus dem alten Regime ... willig auf" (Zakošek 1998).

In Kroatien waren ehemalige Mitglieder der kommunistischen Partei oder Anhänger des kommunistischen Regimes keinen kollektiven Racheakten oder Vergeltungen ausgesetzt. Vielmehr begnügte sich die „Vergangenheitspolitik" mit sporadischer Disqualifikation von Tätern und Restitution zugunsten von Opfern (Offe 1994), ein radikales Vorgehen wie in der tschechischen „Lustration" blieb jedoch aus. Diese Verhaltensweise war durch drei Faktoren bedingt. Erstens bewog der Vorkriegs- und Kriegszustand die neue Regierung, der nationalen Homogenisierung den Vorrang vor breit angelegten Vergeltungsmaßnahmen an den Akteuren des alten Regimes zu geben. Diese hätten ihrerseits den inneren Konflikten in der Nation wieder Auftrieb geben können, und dies zu einer Zeit, die für das reine Überleben des neu geschaffenen Staates von existentieller Bedeutung war. Zweitens beschworen die neue herrschende Partei und insbesondere ihr Vorsitzender Franjo Tuđman prinzipiell das ideologische Projekt einer allgemeinen nationalen Aussöhnung, worin sie die Hauptbedingung für das weitere nationale und staatliche Bestehen Kroatiens nach Jahrhunderten der nationalen Zersplitterung und staatlichen Fremdbestimmung sahen. Drittens war die neue herrschende Partei aus pragmatischen Gründen auf einen Teil der alten administrativen Elite angewiesen. Da sie als junge Partei noch nicht genügend eigene Wege zur Rekrutierung administrativer Kräfte aufgebaut hatte, mussten die alten Wirtschafts-, Justiz- und Polizeikader etc. das Vakuum nach dem Machtwechsel füllen.

Die beachtliche Kontinuität der Kader bei der Erneuerung der administrativen Elite korrespondierte mit der normativen Kontinuität zwischen alter und neuer staatlicher Ordnung. In der Präambel der im Dezember 1990 verabschiedeten kroatischen Verfassung wurden sämtliche Verfassungsakte der ehemaligen sozialistischen Republik Kroatien – zusammen mit einer Reihe weiterer staatsrechtlicher Dokumente – zu Quellen der gegenwärtigen kroatischen Staatlichkeit erklärt. Diese normativ-prozedurale Kontinuität wurde jedoch auf ideologisch-symbolischer Ebene von einer radikalen Kritik am früheren Regime begleitet.

27.2. Tuđman und die HDZ

Die politische Entwicklung Kroatiens nach den Wahlen und dem Machtwechsel von 1990 wurde maßgeblich vom ideologisch-politischen Profil und den Präferenzen der HDZ und ihres Vorsitzenden Franjo Tuđman geprägt. Aus einer nur rudimentären Partei entwickelte sich die HDZ am Vorabend der Wahlen rasch zu einer breiten Nationalbewegung, die zwei grundsätzliche Ziele verfolgte: (1) die staatliche Unabhängigkeit Kroatiens – sei es im Rahmen einer jugoslawischen Konföderation, die anfangs auch von der HDZ offiziell angestrebt wurde, oder auch außerhalb des Staatenbundes, was der verdeckten eigentlichen Intention der HDZ entsprach, und (2) die Zerschlagung des kommunistischen Regimes.

Dabei hatte die Bewegung kein eindeutiges ideologisches Profil, sie war vielmehr ein Amalgam aus nationalistischen, katholischen, populistischen, gewaltfreien und demokratischen Bestrebungen. Von den meisten gesellschaftlichen Bewegungen, die am Vorabend der revolutionären Umbrüche in Ost- und Mittelosteuropa entstanden waren, unterschied sich die kroatische Nationalbewegung dadurch, dass sie von einer einzigen Partei und derem charismatischen Führer Franjo Tuđman angeführt wurde.

Franjo Tuđman war ein typischer Repräsentant des kroatischen Dissidentenkreises, der sich hauptsächlich nach der brutalen Niederschlagung des „kroatischen Frühlings“ 1971 herausgebildet hatte, jener Massenbewegung, die im Bunde mit der damaligen kommunistischen Führungsriege Kroatiens entstanden war und gleich ihr die Ziele einer Konföderalisierung Jugoslawiens sowie grundlegender wirtschaftlicher und politischer Reformen des sozialistischen Systems verfolgt hatte. Aus den gleichen Kreisen stammte die Mehrheit der Gründer und Führungspersönlichkeiten der neuen Oppositionsparteien (z.B. Savka Dabčević-Kučar, Mika Tripalo, Vlado Gotovac, Dražen Budiša, Marko Veselica und andere) Anfang der 90er Jahre. Tuđman, einst Mitkämpfer in der antifaschistischen Partisanenbewegung, war bis Ende der sechziger Jahre ein relativ einflussreicher militärischer Funktionär des kommunistischen Regimes Jugoslawiens und Vertreter der offiziellen jugoslawischen Geschichtsschreibung und wurde dann wegen seiner von der offiziellen Politik und ihrer Geschichtsinterpretation abweichenden Haltung – gewöhnlich als „nationalistische Abweichung“ etikettiert – zum Dissidenten und politischen Gefangenen. Im Status des Dissidenten erlebte er die politischen Veränderungen Ende der achtziger Jahre, als er nach zwanzigjähriger Abwesenheit aus dem öffentlichen und politischen Leben in der Rolle des Gründers und Vorsitzenden der HDZ wieder auf sich aufmerksam machte (→ Kap. 13).

Nach dem Wahlsieg der HDZ fiel die Bewegung nicht auseinander, sondern wurde zum einen institutionalisiert und behielt zum anderen die eigenartige Dynamik einer Bewegung innerhalb der Partei bei. Von 1990 bis 1995 – also bis zum militärischen Sieg Kroatiens im Krieg mit Serbien/Jugoslawien, als beide ursprünglichen Ziele der nationalen Bewegung verwirklicht wurden – strukturierte sich das politische Leben des Landes im Dreieck Staat-Partei-Bewegung. Das von der herrschenden Partei praktizierte Modell des politischen Handelns basierte auf einer Kombination von ordnungspolitischer Stabilität und Massenmobilisierung.

Die Stabilität der politischen Ordnung sollte durch verhältnismäßig rigide konstitutionelle Arrangements gewährleistet werden. Im Hinblick auf die zwei wesentlichen „konstitutionellen Wahlmöglichkeiten“ (Lijphart 1991) entschied sich die HDZ für den französischen semipräsidentiellen Verfassungstyp und für ein kombiniertes Wahlsystem. Der im semi-präsidentiellen Regierungssystem Kroatiens direkt gewählte Präsident war das Staatsoberhaupt und fungierte neben dem Parlament als Träger der Volkssouveränität. Der Staatspräsident ernannte und entließ Premierminister und Vizepräsidenten sowie Regierungsminister. Zudem hatte er die Möglichkeit, Regierungssitzungen einzuberufen; er konnte auch deren Tagesordnung direkt bestimmen. Des Weiteren war er befugt, das Parlament aufzulösen, falls dieses der Regierung das Misstrauen ausspricht oder dem Staatshaushalt nicht binnen eines Monats zustimmt. Schließlich hatte er das Recht, Verordnungen mit Gesetzeskraft zu verabschieden und, im Kriegsfall oder Ausnahmezustand, außerordentliche Maßnahmen zu verfügen. Hinsichtlich dieser Vollmachten – und vor allem im Hinblick auf das Verhältnis von Exekutive und Legislative – wurde das Regierungssystem in Kroatien als „Prototyp“ eines präsidentiellen Parlamentarismus betrachtet (Glässner 1994). Diese Befugnisse nutzte der Präsident besonders während der Kriegszeit, als mehrere Erlasse bezüglich der Innen- und Informationspolitik, der Justiz und Sozialpolitik ergingen. Die Erlasse des Präsidenten waren sofort rechtskräftig, das Parlament konnte sie erst nachträglich anfechten.

Die Einführung des kombinierten Wahlmodus hing unmittelbar mit dem semi-präsidentiellen Regierungssystem zusammen. Grundsätzlich bevorzugte die damals alleinregierende Partei das Mehrheitswahlrecht als institutionellen Mechanismus, mit dem die relative Stimmenmehrheit in die absolute Mehrheit der Mandate verwandelt wird, was dann eine „Kohabitation" zwischen dem Staatspräsidenten und einer parlamentarischen Mehrheit anderer Parteien verhinderte.

In den Augen Franjo Tuđmans war eine Machtteilung nicht nur höchst unerwünscht, sondern hätte zudem das Fortbestehen des Staates gefährdet. Als bei den Kommunalwahlen 1995 das Wahlbündnis der Oppositionsparteien in Zagreb 64 Prozent der Sitze im Rathaus errang, machte das Staatsoberhaupt von seinem Recht Gebrauch und lehnte es ab, alle vier Bürgermeisterkandidaten des siegreichen Oppositionsbündnisses nacheinander zu bestätigen. Im Verlauf der „Zagreber Krise" von 1995-1997 gelang es der Mehrheit im Rathaus nicht, ihre Exekutivgewalt zu erlangen. Stattdessen regierte in Zagreb eine vom Präsidenten ernannte Bürgermeisterin und eine oktroyierte Stadtregierung. Diese Politik verteidigte der Präsident mit folgenden Worten: „Wir können nicht zulassen, dass hier in der Hauptstadt Kroatiens irgend welche oppositionelle Verhältnisse entstehen, welche die Stabilität des Landes aus dem Gleichgewicht bringen könnten."

Dennoch entschied sich die HDZ aus pragmatischen Gründen für ein kombiniertes Wahlsystem, das Elemente des Mehrheits- und des Verhältniswahlrechts vereinte, aber von Wahl zu Wahl anders geregelt wurde. Mit der Reform des Wahlrechts 1995 erhöhte sich die Anzahl der Listenplätze zu Ungunsten der Direktmandate (80:28). Zusätzlich wurde die Sperrklausel für einzelne Parteien auf 5 Prozent, für ein Zweiparteienbündnis auf 7 Prozent und für größere Parteibündnisse auf 11 Prozent differenziert. Ausgehend von der Erwägung, dass nach dem militärischen Zusammenbruch des serbischen parastaatlichen Gebildes in Kroatien und dem dadurch verursachten Massenexodus der kroatischen Serben, deren Bevölkerungsanteil deutlich gesunken sein musste, wurde die vorgesehene Mandatszahl ihrer Vertreter verringert. Die politisch radikalste Veränderung im neuen Wahlgesetz bestand darin, dass den im Ausland lebenden Kroaten das Recht auf ihre Vertretung im Parlament mit festgelegten 12 Sitzen gewährt wurde. Obwohl dieses Recht nominell den weltweit verstreuten kroatischen Staatsbürgern galt, diente es dazu, den bosnisch-herzegowinischen Kroaten im Parlament ihre Vertretung zu ermöglichen. Damit verwirklichte man zwei Ziele: zum einen die Stärkung der HDZ innerhalb des Parlaments, da sämtliche Abgeordneten der bosnisch-herzegowinischen Kroaten Mitglieder der dortigen HDZ waren, zum anderen wurde die kroatische Gemeinde Bosnien-Herzegowinas in die politisch-institutionelle Ordnung Kroatiens inkorporiert, was sich als symbolische „politische Annexion" interpretieren ließ.

Die HDZ setzte sich lange für ein Zweiparteiensystem im Land ein, obwohl die Art und Zahl politischer und gesellschaftlicher Interessengegensätze innerhalb der kroatischen Wählerschaft solch eine Parteienentwicklung ausschloss. Nur bei den ersten Wahlen 1990 polarisierte sich die Wählerschaft gemäß der dominierenden Spaltung zwischen dem (jugoslawisch orientierten) Zentrum und der (kroatisch orientierten) Peripherie, d.h. zwischen den Anhängern und Gegnern der staatlichen Unabhängigkeit. (Zu den Gegnern staatlicher Souveränität werden hier undifferenziert alle Anhänger eines wie auch immer gearteten jugoslawischen Unitarismus gezählt, von Unitaristen über Föderalisten bis zu Konföderalisten). Der grundsätzliche Gegensatz Zentrum – Peripherie umfasste weitere Subpolarisierungen: Zur ethnischen Kluft zwischen kroatischer Mehrheit und serbischer Minderheit kam ein funktionaler Gegensatz zwischen den Gegnern und den Anhängern des Sozialismus hinzu. Diese gesellschaftspolitischen Brüche innerhalb der Bevölkerung äußerten sich in einer parteipolitischen Polarisierung in zwei Blöcke: den kroatischen, rechten und antisozialistischen Block, dessen Trägerin die HDZ war, und den projugoslawischen, linken und prosozialistischen Block, getragen vom SKH. Bei den Parlamentswahlen 1990 gewannen die HDZ mit 42,3 Prozent der Stimmen 55 Mandate (damit 68,8 Prozent der Sitze) und der Bund der Kommunisten/Sozialdemokraten (SPDH) mit 35,3 Prozent der Stimmen 20 von insgesamt 80 Mandaten der ersten Kammer. Bei den ersten Wahlen wurden noch die alten sozialistischen Körperschaften gewählt. Den Sabor konstituierten 3 Kammern (neben der Abgeordnetenkammer je eine der Provinzen und der Delegierten aus den Betrieben). Die Koalition der nationalen Verständigung (bestehend aus fünf bürgerlichen Parteien) gewann mit 15 Prozent der Stimmen nur 3 Mandate, die Serbische Demokratische Partei einen Sitz, ebenso wie ein einzelner unabhängiger Kandidat. Für die Periode bis zur nächsten Wahl konnte angesichts von über 90 Prozent der Sitze für die beiden großen Parteien daher von einem Zweiparteiensystem gesprochen werden.

27.3. Die Opposition und die Alternativen

Doch der Zerfall des linken Blocks setzte kurz darauf ein. Grund für die politische Implosion des linken Lagers war der Auszug der serbischen Vertreter aus dem parteipolitischen Leben, dem folgte die Abspaltung und die Formierung regionaler Oppositionsparteien, schließlich verließen die linken und rechten Kritiker der neuen sozialdemokratisch orientierten Nachfolgepartei des SKH, der Sozialdemokratischen Partei SDP, den Block. Bei den Wahlen zum neuen 2-Kammer Parlament im August 1992 errang die HDZ mit 44,7 Prozent der Stimmen 85 Mandate von 138 Sitzen im Abgeordnetenhaus (61,6 %), die SDP erreichte 3, die Liberalen (HSLS) 13, die Kroatische Staatsrechtpartei (HSP) 5, die Kroatische Volkspartei (HNS) 4, die Kroatische Bauernpartei (HSS) 3 und die regionale Istrische Demokratische Versammlung (IDS) 4 Mandate. Neben 13 reservierten Mandaten für die serbische und 5 Sitzen für andere Minderheiten gewann ein unabhängiger Kandidat ein Mandat, zwei entfielen auf „andere". Faktisch entstand somit ein System mit nur einer dominierenden Partei.

Nach Erlangung der Unabhängigkeit und mit dem Kriegsende löste sich die bis dato dominierende eindimensionale soziale Polarisierung immer mehr auf und es entstand ein plurivalentes Konfliktfeld mit drei auffälligen Polarisationslinien: Traditionalismus-Okzidentalismus, Arbeit-Kapital und Zentrum-Peripherie. Mit den vermehrten gesellschaftlichen Konfliktlinien und dem reformierten Wahlsystem, das sich tendenziell dem Verhältniswahlrecht annäherte, wurden somit sozio-strukturelle und institutionelle Vorbedingungen zur Bildung eines Mehrparteiensystems geschaffen. Bei den Wahlen im Oktober 1995 gewann die HDZ 75, die SPD 10, die HSLS 12, HSP und IDS je 4, die HNS 2, die Kroatische Christdemokratische Union (HKDU), die Kroatische Partei von Slawonien und Baranja (SBHS) und andere je ein Mandat. Nach besonderem Wahlrecht entfielen auf Abgeordnete der serbischen und anderer Minderheiten 3 bzw. 4 Mandate.

Von 1990-97 durchlief das Parteiensystem Kroatiens einen Entwicklungsprozess vom Zweiparteiensystem über ein System mit einer einzigen dominanten Partei zu einem gemäßigt pluralistischen System. Neben der HDZ, die sich als klientelistische Partei profilierte, beherrschten drei bis vier Oppositionsparteien die Parteienlandschaft: die sozialdemokratische Partei (SDP), die kroatische sozial-liberale Partei (HSLS), von der sich 1998 eine Fraktion der Liberalen (Liberalna Stranka) abspaltete, die kroatische Bauernpartei (HSS) und die regionale Istrische Demokratische Versammlung (IDS).

Fester Bestandteil des demokratischen Institutionenmodells war auch das 2-Kammern-Parlament. In der zweiten Kammer waren die 21 Gespanschaften, die die sogenannten županije (Gaue, Provinzen) vertreten. Innerhalb der zentralistischen staatlichen Strukturen stellten die Gespanschaften weder kulturgeschichtlich gewachsene Einheiten noch gegenwärtige Regionen dar, sie waren vielmehr kleine Verwaltungseinheiten mit begrenzten Befugnissen. Zu den verfassungsmäßigen Vollmachten des Staatsoberhauptes gehörte auch das Recht, unmittelbar auf die Zusammensetzung der zweiten Kammer Einfluss zu nehmen, indem er *ex officio* fünf Vertreter dieses Organs benannte. Formal und real handelte es sich in diesem Fall um ein asymmetrisches 2-Kammern-System, in dem die zweite Kammer nur mit begrenzten Befugnissen am Gesetzgebungsprozess teilnehmen durfte.

Dieses politisch-institutionelle System beruhte nicht auf dem Konsens von Regierung und Opposition.

27.4. Der Machtwechsel und zaghafte politische Konsolidierung

Das für die politische Entwicklung Kroatiens entscheidende Ereignis an der Millenniumswende waren die vierten Parlamentswahlen Anfang Januar 2000, die zum Machtwechsel führten. Das Wahlbündnis des linken Zentrums (SDP und HSLS) gewann unter der Führung von Ivica Račan (SDP) die relative Mehrheit der Stimmen und errang in der Koalition mit dem anderen Oppositionsbündnis (HSS, HNS, LS und IDS) die absolute Mehrheit der Mandate im Abgeordnetenhaus im Sabor. Zugleich wurden wegen des Ablebens des Staatspräsidenten Franjo Tuđman die dritten vorgezogenen Präsidentschaftswahlen im Februar 2000 durchgeführt, die ebenfalls vom Kandidaten der Opposition, Stjepan Mesić (HNS), gewonnen wurden. Diese Wahlen wiesen auf tief gehende Änderungen im politischen Verhalten der Wählerschaft hin und erzeugten folglich Veränderungen im kroatischen Parteiensystem. Nach einer Periode relativ stabiler Parteienpräferenzen und erstaunlich niedriger Wechselwählerschaft hat sich die Wählerschaft der HDZ bei den Parlamentswahlen 2000 buchstäblich halbiert; ein Viertel einstiger Wähler wandte sich anderen Parteien zu und das andere ging erst gar nicht zur Urne. Die Präferenzänderungen der Wählerschaft können zunächst durch die Strukturänderung der gesellschaftlichen Polaritäten erklärt werden, und zwar durch Abschwächung des territorial-kulturellen (Zentrum-Peripherie) und ideologisch-kulturellen (Traditionalismus-Modernität) Polaritätsschema nach der Beendigung des ethnischen Konflikts einerseits und durch Verstärkung der sozioökonomischen Teilung zwischen den Verlierern und Gewinnern der wirtschaftlichen und gesellschaftlichen Transformation andererseits (Zakošek 2002). Die neuen Polarisierungsschemata äußerten sich unmittelbar in der neuen Struktur des Parteiensystems und der sozialen Zusammensetzung des Parlaments. Das System mit einer dominanten Partei wurde endgültig durchkreuzt, während die Entwicklung eines gemäßigten pluralistischen Systems tendenziell verstärkt wurde: effektive Parteienzahl im Parlament nach 2000 betrug 4,8. Durch den Zuwachs weiblicher Abgeordneter änderte sich die Parlamentsstruktur merklich: der Anteil der Frauen wuchs von anfänglichen 3,8 Prozent (1990) über 5,8 (1992) und 7,9 (1995) auf 22,5 Prozent, so dass Kroatien an die Spitze der Partizipationsskala der Frauen in den Parlamenten der neuen Demokratien Mittel- und Osteuropas gelang.

Da die einstige Opposition alle politischen Schlüsselinstitutionen im Staat belegte, wurde der Weg für grundlegende politische, wirtschaftliche und gesellschaftliche Reformen frei gemacht. Damit die nötigen Reformen die Unterstützung aller Sozialschichten bekommen konnten, wurde eine breite parlamentarische und Regierungskoalition aus sechs Parteien gebildet. Durch zwei Wellen von Verfassungsreformen wurde die politische Ordnung des Landes 2000 und 2001 institutionell gründlich umgeformt: das semipräsidiale Herrschaftssystem wurde durch das parlamentarische, das Zweikammer-Parlament durch das Einkammer-Parlament ersetzt. Ferner wurde die Autonomie der lokalen (Gemeinden und Städte) und regionalen (Županije) Verwaltungseinheiten erweitert. Die Umwandlung der staatlichen Medien in öffentliche wurde in Angriff genommen und umfassende Reformen der Justiz, der Geheimdienste, des Militärs und der Polizei setzten ein.

Die neue Regierung unter dem Ministerpräsidenten Ivica Račan änderte die kroatische Außenpolitik von Grund aus und zwar vor allem in Bezug auf Bosnien-Herzegowina, indem sie die versteckten Anschlusspläne des früheren Regimes verwarf und folglich die direkte finanzielle und politische Unterstützung der bosnischen HDZ und des HVO unterband. Damit war auch eine der wesentlichen Bedingungen der Staatengemeinschaft erfüllt, um die „stille Isolation" Kroatiens aufzuheben und den Beitrittsprozess in eine Reihe internationaler politischer und wirtschaftlicher Organisationen zu eröffnen.

Im Inneren entfachte die Revision der Vorrechte und Privilegien zahlreicher Gruppen und Organisationen, die man im allgemeinen als typische Klientel des früheren Regimes einstufte (Veteranen, Freiwillige, Kriegsversehrte, Vertriebene, Flüchtlinge, Rückkehrer, Emigranten) eine heftige Dynamik des politischen Lebens. Diese Gruppen und Vereine, die durch die Beschneidung ihrer sozialen Vorrechte und ihres politischen Einflusses unzufrieden wurden, traten im Herbst 2000 in der Öffentlichkeit in einer Pose auf, als wären sie mit einem Vetorecht auf Reformen ausgestattet: unter dem Deckmantel des Kampfes für die Verteidigung „der Ehre des Heimatkrieges", die angeblich durch die neue Regierung verletzt wurde, versuchten sie die Bevölkerung für die Revolte gegen die Regierung zu mobilisieren, um deren Absetzung zu erreichen oder wenigstens den Abbruch der Reformen zu erzwingen. Diese Vereine wurden öffentlich von der HDZ und von rechten Parteien, vom katholischen Klerus sowie einer Gruppe Generäle unterstützt. Aber die Aufstandspläne scheiterten kläglich, weil es keine Resonanz in der Bevölkerung gab, die in den Protesten eher einen Kampf für die eigenen Pfründe seitens bestimmter Interessengruppen sah. Außerdem handelte der neue Staatspräsident energisch und rigoros, indem er neun Generäle wegen der mit ihrer Berufsstellung unvereinbaren politischen Tätigkeit in der Öffentlichkeit umstandslos pensionieren ließ. Allerdings hörten diese Gruppierungen bis heute nicht auf, unterschiedliche Protestaktionen zu organisieren. Haftbefehle des internationalen Strafgerichtshofs in Den Haag, die gegen einige angeklagte Generäle (Ademi, Gotovina, Bobetko) der Kroatischen Armee erlassen wurden, brachten einerseits die sozialdemokratisch geführte Regierung in eine schwierige Lage und wurden andererseits von den genannten Gruppierungen als Vorwand für zersetzende politische Proteste genützt. Vor diesem Hintergrund versuchte die parlamentarische Opposition eine Revision des Verfassungsgesetzes über die Zusammenarbeit mit dem ICTY durchzusetzen. Daran zeigt sich, dass der Krieg in Kroatien tiefe ideologische und politische Risse hinterließ, die eine Konsolidierung des demokratischen politischen Systems erheblich erschweren.

Im Herbst 2003 führten die Parlamentswahlen zum erneuten Machtwechsel. Die Kernparteien der abgewählten Koalition stellten sich in losen Bündnissen zur Wahl. Die HDZ errang die meisten Mandate (66) und durfte, obwohl sie die absolute Mehrheit im Sabor verfehlte (152 Mitglieder), die Regierung bilden. Zusammen mit dem christlichen Demokratischen Zentrum (DC), das in einer Koalition mit der HSLS zusammen nur drei Mandate bekam, bildete die HDZ eine Minderheitsregierung, in der die einzige Abgeordnete des DC (Vesna Škare-Ožbolt) einen Ministerposten bekam (Justiz), und deren Zusammensetzung (44% der Abgeordneten) sich von den Mehrheitsverhältnissen i Parlament deutlich unterschied. Daher sicherte sich die HDZ eine parlamentarische Unterstützung durch die Koalition mit fünf kleineren Parteien und Vertretern der nationalen Minderheiten, die ihr die

Mehrheit von 53 Prozent der Parlamentarierstimmen brachte. Besondere Beachtung fand dabei die Tatsache, dass der neue Regierungschef Ivo Sanader die Unabhängige serbische demokratische Partei (SDSS) an der Koalition mit drei Abgeordneten beteiligen ließ. In der kroatischen Öffentlichkeit hat diese Partei den Ruf, Nachfolgerin der militanten Serbischen Demokratischen Partei (SDS) zu sein, die ja in den 90er-Jahren für den Krieg optierte, und als hauptsächliche politische Gegnerin der HDZ galt. Das Bündnis zwischen der HDZ und SDSS hatte pragmatische Gründe und zugleich eine starke symbolische Bedeutung. Die Regierung schloss mit der SDSS ein Abkommen über zügige Rückgabe von enteignetem oder sich in fremden Besitz befindenden Eigentum der serbischen Familien ab, die während und nach der Rückeroberung der serbisch besetzten Gebiete geflohen waren, und sie verpflichtete sich, deren Rückkehr zu erleichtern. In dieser Vereinbarung sahen viele einheimische und insbesondere ausländische Beobachter den symbolischen Ausdruck einer Versöhnung zwischen Kroaten und kroatischen Serben nach dem vierjährigen Krieg.

Diese Politik wurde im Wesentlichen durch die Entstehung einer „neuen HDZ" ermöglicht, die sich durch ideologische, politische und Parteireform nach der Niederlage bei den Parlaments- und Präsidentschaftswahlen 2000 modernisierte. In der Legislaturperiode 2000-2003 erlebte die HDZ eine starke Zersplitterung und verlor dabei ein Viertel ihrer Abgeordneten, meistens Anhänger radikal rechter politischer Optionen. Den offenen Richtungsstreit auf dem Parteikongress entschied der gemäßigt konservative Ivo Sanader gegen Ivić Pašalić, den Befürworter der rechtsradikalen Politik, für sich. Als HDZ-Vorsitzender und seit 2003 kroatischer Regierungschef verfolgt Sanader den pro-europäischen Kurs und eine Reformpolitik, mit der schon die Vorgängerregierung die Kehrtwende von der Ära Tuđman vollzog. Für diesen politischen Kurs fand er auch in dem kroatischen Präsidenten Stjepan Mesić, der Anfang 2005 zum zweiten Mal die Präsidentschaftswahl gewonnen hat, einen Verbündeten.

Deutsch von Gabrijela Bošković und Dunja Melčić

Literatur

Allgemein: Klaus von Beyme, *Systemwechsel in Osteuropa*, Frankfurt/M. 1994; Gert-Joachim Glaeßner, *Demokratie nach dem Ende des Kommunismus. Regimewechsel, Transition and Demokratisierung im Postkommunismus*, Wiesbaden, Opladen 1994; Samuel P. Huntington, *The Third Wave. Democratization in the Late Twentieth Century*, London 1991; Arend Lijphard, „Constitutional Choices for New Democracies", *Journal for Democracy* (2) 1 1991, S. 72-84; Dieter Nohlen/Mirjana Kasapović, *Wahlsysteme und Systemwechsel in Osteuropa*, Wiesbaden, Opladen 1996; Claus Offe, *Der Tunnel am Ende des Lichts*, Frankfurt, New York 1994.

Zu Kroatien: Mirjana Kasapović/Nenad Zakošek, „Democratic Transition in Croatia: Between Democracy, Sovereignty and War", in: Ivan Šiber (Hg.), *The 1990 and 1992/93 Sabor Elections in Croatia*, Wissenschaftszentrum Berlin, Berlin 1997; Mirjana Kasapović, *Hrvatska politika 1990-2000*, („Kroatische Politik 1990-2000") Zagreb 2001; dies. u. Nenad Zakošek, *Politički sustav Hrvatske* („Das politische System Kroatiens"), 2002; Mojmir Križan, „Kroatien unter Tuđman: Die mißverstandene Europäisierung", in: *Osteuropa* 47 (1997), S. 959-975; Vesna Pusić, „Constitutional Politics in Croatia" in: *Praxis International* Vol. 13, No. 4, Januar 1994; Marcus Tanner, *Croatia: A Nation Forged in War*, New Haven. London, 1997; Nenad Zakošek, „Elitenwandel in Kroatien 1991-1995", in: Höpken/Sundhaussen (Hg), *Eliten in Südosteuropa. Rolle, Kontinuitäten, Brüche in Geschichte und Gegenwart*, (Südosteuropa-Jahrbuch) München 1998, S.279-288.

28. Die Welt im Balkanspiegel: das Agieren der Großmächte

Jacques Rupnik

Der Erfolg oder das Scheitern der internationalen Reaktion auf den kriegerischen Zerfall Jugoslawiens lassen sich ganz unterschiedlich einschätzen: Wenn das wichtigste Ziel darin bestand, einen aus dem Ruder laufenden regionalen Konflikt einzudämmen, humanitäre Hilfe zu leisten und schließlich eine Lösung aufzuzwingen, dann kann man von einer verhältnismäßig erfolgreichen Übung in Schadensbegrenzung sprechen. Ging es jedoch um die Gestalt der europäischen Ordnung nach dem Kalten Krieg, dann wäre das Wort „Scheitern" angemessen – vor allem hinsichtlich der Fähigkeit der westlichen Demokratien, ihre selbstverkündeten außenpolitischen Prinzipien auch durchzusetzen, hinsichtlich der Glaubwürdigkeit der überstaatlichen Organisationen bei der Aufrechterhaltung der Sicherheit und schließlich hinsichtlich des Zusammenhalts und der Glaubwürdigkeit des atlantischen Bündnisses. Rückblickend ergibt sich so ein beunruhigendes Bild, das über die Balkan-Tragödie hinaus Bedeutung besitzt:

Erstens: Wenn es um wichtige Sicherheitsfragen geht, kann von einer „Internationalen Gemeinschaft" kaum die Rede sein. Entscheidend sind die größeren Mächte, ihre Interessen und ihre Möglichkeiten, ihre Rivalitäten und ihre Bereitschaft zur Zusammenarbeit. Sicherlich gibt es internationale Foren oder Institutionen, und der Fall Bosnien zeigt, dass sich zu humanitären Fragen eine internationale öffentliche Meinung bildet, vor allem durch den globalen Einfluss der westlichen Medien. Doch dies schafft auch die Illusion, es gebe eine in übernationale Organisationen eingebettete „Internationale Gemeinschaft", die Lösungen durchsetzen könne. Daher sollte jede Kritik an diesen Organisationen, weil sie einen militärischen Konflikt nicht verhindern oder beenden konnten, in Wirklichkeit den Staaten gelten, aus denen sie sich zusammensetzen.

Zweitens ist die Machtlosigkeit der „Internationalen Gemeinschaft" bzw. ihrer Institutionen umso deutlicher geworden, je mehr die internationalen Körperschaften sich nacheinander einzuschalten versuchten. Als erstes trat die KSZE 1990 erfolglos in Erscheinung, dann nach dem Ausbruch des Krieges Ende Juni 1991 die EG auf der Suche nach einer gemeinsamen Außen- und Sicherheitspolitik, die sich als inexistent erwies. Anfang 1992 übernahm die UN-Diplomatie, vertreten durch Cyrus Vance, die Führung der Verhandlungen um einen Waffenstillstand zwischen Serbien und Kroatien, nur um innerhalb weniger Monate die Grenzen der UN bei der Friedenswahrung in Bosnien-Herzegowina zu offenbaren. Schließlich übernahm 1994-95, in der Schlussphase des Bosnien-Konflikts, die Nato unter US-Führung das Kommando.

Drittens war laut Richard Holbrooke Bosnien die „schlimmste kollektive Katastrophe des Westens in den letzten dreißig Jahren". Zumindest hatte sie ernsthafte Spannungen zwischen den Vereinigten Staaten und ihren europäischen Verbündeten zur Folge. Es besteht in der Tat ein verblüffender Gegensatz zwischen der Situation zur Zeit des Ausbruchs des Konflikts 1991, als die Vereinigten Staaten sich mit den Europäern über die Erhaltung Jugoslawiens einig waren und ihnen nur zu gerne die Verantwortung für diesen europäischen Konflikt einräumten („Wir haben keinen Hund in diesem Kampf", wie es Außenminister James Baker ausdrückte), und dem Ergebnis in Dayton im November 1995, das weithin als Triumph der amerikanischen Vorherrschaft und als Niedergang der europäischen Verbündeten wahrgenommen wurde.

28.1. Wahrnehmungen und Politik der europäischen Staaten

Die Gräuel des manchmal so genannten „dritten Balkankrieges" bieten sich für historische Analogien geradezu an. Dennoch sollte man – aus intellektuellen und politischen Gründen – der Versuchung widerstehen, das Balkan-Dilemma getrennt von dem Europas zu behandeln. Vor allem, weil vor gar nicht langer Zeit der Rest Europas ähnliche Schrecken erlebte und sie schließlich überwand. Es darf nicht vergessen werden, dass „ethnische Säuberungen" in Mitteleuropa bereits während des Zweiten Weltkrieges und unmittelbar danach verwirklicht wurden: die Vernichtung der jüdischen Gemeinschaften und die Vertreibung der Deutschen. Der Balkan mag an Europas Peripherie liegen, aber sein Schicksal bleibt Teil von dessen Dilemmata im 20. Jahrhundert.

Nur die Verwendung eines eingeschränkteren Begriffs von Europa und seine Identifizierung mit der Europäischen Union könnte rechtfertigen, Europa und den Balkan als zwei unterschiedliche Einheiten zu behandeln. Aber selbst dann ist der Gedanke zweifelhaft. Als im Gefolge des Zweiten Weltkrieges das Projekt der europäischen Integration ins Leben gerufen wurde, gründete es sich auf zwei komplementäre Prinzipien, die die kaum vergangenen Traumata überwinden sollten: Die Ablehnung von Eroberungskriegen sowie von Ideologien der „ethnischen Säuberung". Als daher Jacques Poos aus Luxemburg für die Europäische Gemeinschaft in ein Jugoslawien kam, das damals unmittelbar vor dem Kriege stand, und seine inzwischen berühmte Erklärung abgab: „Dies ist die Stunde Europas", da lag dem die Annahme zugrunde, die Europäische Gemeinschaft werde nach dem Kalten Krieg handeln, um jenen Prinzipien auf dem Kontinent Geltung zu verschaffen. In den folgenden Monaten und Jahren erwies sie sich als machtlos angesichts der schlimmsten Massaker und Vertreibungen seit dem Zweiten Weltkrieg. Sie vermochte es nicht, der Aggression gegenüber international anerkannten Staaten Einhalt zu gebieten. Und man könnte argumentieren, dass die Toleranz der Europäischen Gemeinschaft gegenüber dem Einsatz von Gewalt zur Beilegung von Streitigkeiten sowie ihre stillschweigende Hinnahme von Ethnizität als organisierendem Grundsatz der neuen europäischen Staaten zur Erosion ihrer politischen Glaubwürdigkeit sowohl innerhalb der Union als auch unter den postkommunistischen Ländern Mitteleuropas und auf dem Balkan beitrug, die nun zunehmend in der Nato die einzig entscheidende Kraft zu sehen begannen.

Während des gesamten Konflikts war Europas Reaktion zu schwach und kam zu spät. Zunächst versuchte es Jugoslawien zu erhalten, verließ sich aber bis zum letzten Augenblick lediglich auf politische Ermahnungen und das Lockmittel wirtschaftlicher Vorteile. Ende Mai 1991 fuhr Jacques Delors, der damalige Präsident der Europäischen Kommission, nach Jugoslawien, um dem Plan des damaligen Premierministers Ante Marković für ein „jugoslawisches Maastricht", komplett mit Währungs- und Zollunion, die politische und finanzielle Unterstützung zuzusichern – zu einem Zeitpunkt, als die Hauptprotagonisten im Griff konfligierender nationalistischer Projekte sich bereits auf den Krieg vorbereiteten: Die rationale Sprache der Interessen hatte wenig Einfluss auf politische Eliten, die in der Logik ethno-nationalistischer Konfrontation handelten.

Während des Krieges in Kroatien neigte die Europäische Gemeinschaft zu einer äquidistanten Haltung gegenüber den so genannten Krieg führenden Parteien, was weitgehend der einzigen Kraft mit einer richtigen Armee zugute kam, nämlich Serbien. Mit der Ausdehnung des Krieges auf Bosnien-Herzegowina identifizierte 1992 die EG schließlich Miloševićs Serbien als *Aggressor*, versagte sich jedoch entschiedene Maßnahmen, um ihm Einhalt zu gebieten: Humanitäre Hilfe trat an die Stelle von Politik, wobei die „Blauhelme" zu potenziellen und schließlich tatsächlichen Geiseln der bosnischen serbischen Nationalisten wurden. Das Ergebnis war eine Reihe niemals umgesetzter Friedenspläne, die jeweils unterschiedliche Phasen der ethnischen Teilung Bosniens widerspiegelten. In diesem Sinne lässt sich Dayton als ein „europäischer" Plan beschreiben, der erst mit amerikanischen Mitteln verwirklicht wurde.

Immerhin gab es dafür mildernde Umstände. Zunächst einmal standen zur Zeit der Auflösung Jugoslawiens ganz andere Punkte auf der Tagesordnung Europas: Die Wiedervereinigung Deutschlands und das Auseinanderbrechen der Sowjetunion galten verständlicherweise als entscheidend für die zukünftige Stabilität des Kontinents. Die Sorge um die Bestätigung der Oder-Neiße-Grenze hatte Vorrang vor dem Status der Grenzen der jugoslawischen Teilrepubliken. Und man hatte das Gefühl, hinsichtlich der letzteren solle man nichts unternehmen, was einen Präzedenzfall bedeuten und Gorbatschow oder die Sowjetunion in Schwierigkeiten bringen könnte.

Ebenso wichtig war, dass die Europäische Gemeinschaft weder ein legales Mandat noch eine einsatzfähige Truppenmacht besaß, um entscheidend tätig zu werden. Die so genannte gemeinsame Außen- und Sicherheitspolitik war ja erst eines der Ziele des Vertrags von Maastricht, der im Dezember 1991 geschlossen wurde. Tatsächlich waren die entscheidenden ersten sechs Monate des Krieges in Jugoslawien (die zur Anerkennung Sloweniens und Kroatiens führten) von den Maastricht-Verhandlungen beherrscht. Von daher rührte die implizite Verkoppelung der beiden Themenkreise: Großbritannien überwand sein Zögern hinsichtlich der Anerkennung von Kroatien (nicht aber gegenüber einer Intervention dort), weil seine Partner akzeptierten, dass es sich der Sozialcharta verweigerte. Auch Frankreich gab nach, um nicht das Schicksal des institutionellen Rahmens von Maastricht und sein Projekt der europäischen Währungsunion aufs Spiel zu setzen. Schließlich ergab sich jenseits der institutionellen Hürden die Unfähigkeit zu handeln aus Unterschieden in der Politik der einzelnen Mitgliedstaaten. Aus dieser Perspektive bestand der wichtigste Erfolg der Europäischen Gemeinschaft eben darin, diese Unterschiede unter Kontrolle zu halten.

Das Fehlen einer gemeinsamen Politik war jedoch weniger ein institutionelles Problem; es spiegelte eher den Mangel eines gemeinsamen politischen Willens wider (die europäische Reaktion wurde beschrieben als „guter Wille ohne Willenskraft"). Auch bei ihrem Urteil über die Natur der Konflikte hatten die Entscheidungsträger kein Informations-, sondern ein Wahrnehmungsproblem. Es gab gewisse gemeinsame Grundannahmen über das Wesen des Konflikts und die angemessene Reaktion, aber auch verschiedene Wahrnehmungen, Affinitäten und Interessen der wichtigsten europäischen Akteure. In Westeuropa herrschten zwei Erklärungen des Balkan-Konflikts vor, beide mit wichtigen Implikationen für die Politik. Die erste sah den Konflikt als archaisch oder anachronistisch: die „Wiederkehr uralter Feindschaften". Die zweite dagegen sah ihn als Teil eines verspäteten Prozesses der Nationenbildung, eine unvermeidliche, häufig unangenehme Phase auf dem osteuropäischen Weg in die „Moderne". Die erste These, weit verbreitet unter den politischen Eliten und in den Medien, bediente sich der Metapher des Gefrierschranks: Der Kommunismus hatte die nationalistischen Frustrationen und Konflikte eingefroren, so dass wir sie nach seinem Niedergang vorzüglich konserviert wieder finden. Eine Variation des Themas bildete die Metapher des Druckkessels: Sobald der sowjetische Deckel abgehoben war, konnten lang unterdrückte Hoffnungen und alte Feindschaften aufs Neue entweichen. Dies wurde zur vorherrschenden Interpretation in den Medien und im politischen Diskurs, in

Westeuropa wie in den Vereinigten Staaten. Präsident Bill Clinton sprach in seiner Antrittsrede im Januar 1993 von einer „Generation, die im Schatten des Kalten Krieges aufwuchs und neue Verantwortlichkeiten in einer Welt übernimmt, die vom Sonnenschein der Freiheit erwärmt wird, aber nach wie vor auch bedroht ist durch alte Feindschaften." Der britische Premierminister John Major sagte vor dem Unterhaus im Juni 1993, zwei Jahre nach dem Ausbruch des Krieges: „Das wichtigste einzelne Element hinter den Geschehnissen in Bosnien war der Zusammenbruch der Sowjetunion und ihrer Macht zur Disziplinierung der alten Feindschaften im vormaligen Jugoslawien. Sobald diese Disziplinierung verschwunden war, traten diese alten Feindschaften wieder in Erscheinung, und in den auflodernden Kämpfen begannen wir, ihre Folgen wahrzunehmen." Auch der französische Präsident François Mitterrand bezog sich in verschiedenen Erklärungen zum Krieg im ehemaligen Jugoslawien auf die „althergebrachten ethnischen Leidenschaften". Diese Sicht des Balkans zeigte sich auch bei einer Konferenz, die Mitterrand im Februar 1992 in Paris organisierte und der er nicht von ungefähr den Titel „Europa und die Stämme" verlieh, was die These von den „uralten Feindschaften" wohl am besten zusammenfasst (→ Kap. 32).

Trotz lauterer Absichten (indem sie die Integration in den Westen und die „Balkanisierung" im Osten des Kontinents einander gegenüberstellte) lieferte diese These eine selbstgefällige Fehlinterpretation des Konflikts. Während Europa sich zur supranationalen, liberalen, grenzenlosen Zukunft des 21. Jahrhunderts vorwärts bewegt, fallen die „Stämme" des Balkan zurück in die Fehden des 19. Jahrhunderts um ethnische und territoriale Grenzen. Wenn daher der Balkan-Krieg sowohl historisch (als Archaismus, Anachronismus) als auch geographisch (für „Stämme", lies „Dritte Welt") aus Europa „wegerklärt" werden kann, dann brauchen wir ihn auch nicht als europäisches Problem zu behandeln. Humanitäre Hilfe und Isolierung reichen völlig aus. Kurzum: Wenn dieser Konflikt nichts mit dem heutigen Europa zu tun hat, muss man sich nicht engagieren, ihn zu lösen, es reicht, ihn einzudämmen.

Die dahinter stehende Lesart des Konflikts führte mehrfach in die Irre. Zunächst einmal erweist sich „Unwissen als Segen": Angesichts neuer Entwicklungen gebe man einfach vor, es handle sich um die Wiederholung eines alten historischen Musters. Zweitens: Wenn man sich und andere davon überzeugt, dass wir die „Wiederkehr des Verdrängten" erleben, d.h. irrationale Bestrebungen balkanischer Völker oder „Stämme", dann braucht der politische Hintergrund des Konflikts nicht weiter zu interessieren. Im Grunde schien im Westen die Vorstellung abwegig, dass postkommunistische Politiker es für rational halten könnten, zur Gewalt zu greifen, ihr Land in einen Krieg zu verwickeln und offen die „Internationale Gemeinschaft" herauszufordern, um Ziele wie den Erhalt eines autoritären Machtsystems und die Kontrolle über eroberte Gebiete und Ressourcen zu erreichen. Doch gerade erst zu diesem Ziel erzeugten die nationalistischen Eliten eine Belagerungsmentalität, manipulierten die Ängste durch bewusste Fehlinformation und schürten den Hass durch regierungskontrollierte Medien. Kurz, es handelte sich nicht um ein Wiederaufleben uralter Feindschaften, das zum Krieg führte; der Krieg selbst belebte aufs Neue den alten Hass.

Die zweite These, die im europäischen Denken über den Balkan anzutreffen war, nährt sich eher aus den Sozialwissenschaften als aus politischen Vorurteilen. Sie sieht die Kriege um die Auflösung Jugoslawiens nicht als einen Archaismus, sondern als Phase der Nationenbildung auf dem Weg in die Moderne. Der Gedanke einer Korrespondenz zwischen einem Gebiet und einem Volk wird als Abfallprodukt des westlichen Modells der Nationalstaatsbildung begriffen, das verspätet nach Osteuropa gelangte. Aus dieser Perspektive waren Jugoslawien wie die Tschechoslowakei (oder auch die UdSSR) nichts anderes als föderale Durchgangsstationen zwischen Imperium und Nationalstaat. Sicherlich kann, so lautet das Argument, der Übergang verworren und gewalttätig sein, aber das sollte man als notwendigen Preis für Staatlichkeit und Identität, für Modernität und regionale Stabilität betrachten. Kurz, wir erleben die letzte Phase eines Prozesses der Herausbildung osteuropäischer Nationalstaaten – für diejenigen, die den Zug des 19. Jahrhunderts verpasst haben, der die deutsche und italienische Einheit brachte. Das Ende des Kommunismus (in der sowjetischen oder jugoslawischen „imperialen" Variante) bringt lediglich einen Prozess zum Abschluss, der mit dem Zusammenbruch des Habsburger- und des Osmanenreiches begonnen hatte.

Dies kombiniert natürlich auf kuriose Weise eine grobe Lesart von Ernest Gellners Nationalismustheorien mit guter altmodischer Realpolitik. Der Gedanke, ethnisch homogene politische Einheiten seien der politischen Stabilität besonders förderlich, ist auf dem Balkan nicht neu. Er war schon nach dem Ersten Weltkrieg populär, als ein griechisch-türkischer Bevölkerungsaustausch ausgehandelt wurde. Ein griechisches Mitglied der Flüchtlingskommission lobte damals die „rassische Homogenität" nach den Bevölkerungsverschiebungen als Friedensfaktor. Der gegenwärtige Zustand der griechisch-türkischen Beziehungen liefert kein besonders überzeugendes Argument für dieses Rezept. Die These hat auch heute wieder zahlreiche Verfechter, sowohl in der Region wie auch in manchen Kreisen der westeuropäischen Außenpolitik. Das Problem – wenn wir prinzipielle Vorbehalte gegen den Gedanken der „Homogenität" einmal außer Acht lassen – besteht darin, dass die meisten Nachfolgestaaten der multinationalen Imperien (einschließlich Jugoslawiens) wiederum multinationale Strukturen aufweisen. Ethnische Homogenität als Quelle der Stabilität zu verfechten, sogar quasi als Voraussetzung der Demokratie, bedeutet zu „Vernichtung, Emigration, Assimilation" aufzufordern (so der Carnegie-Bericht zum Balkan von 1913), damit zu dem, was heute „ethnische Säuberung" heißt. Dies betrifft insbesondere die multinationalen Republiken Bosnien-Herzegowina und Makedonien, deren „Aufgehen" in einem Großserbien, Großkroatien oder auch Großalbanien und Großbulgarien sich wohl kaum friedlich vollziehen würde. Wenn man sich nicht erneut der Logik der Konflikte um Grenzen und Minderheiten unterwerfen möchte, ist für die Lebensfähigkeit eines Staates nicht seine Größe das Problem (Luxemburgs Außenminister Jacques Poos verblüffte im Juni 1991 in Ljubljana mit seiner Erklärung, Slowenien sei zu klein, um ein „lebensfähiger" Staat zu werden), sondern sein Charakter: ob er sich mit einer „offenen Gesellschaft" und der Perspektive regionaler und europäischer Integration vereinen lässt oder nicht.

Das wichtigste Problem beim Aufbau von Nationalstaaten auf dem Balkan lautet, dass diese zu einer ethnischen Definition der Nationalität tendieren (auf der Grundlage historischer, linguistischer, religiöser Kriterien), aber zugleich zu einem zentralistischen, „jakobinischen" Staatsbegriff. Die Logik würde eine gewisse Konsistenz erfordern: Eine ethnische Definition der Nation sollte doch zumindest durch einen dezentralisierten oder föderalistischen Staatsbegriff kompensiert werden. Andersherum sollte ein zentralisierter Staatsbegriff, wiederum um der Konsistenz willen, einen nicht-ethnischen, staatsbürgerlichen Nationenbegriff aufweisen. Aber die Tendenz auf dem multiethnischen Balkan, einen ethnischen („deutschen") Nationenbegriff mit einem zentralisierten („französischen") Staatsbegriff zu verbinden, ist ein sicheres Rezept für die Katastrophe. Bei genauerer Untersuchung bildeten beide Interpretationen, die in Westeuropa während des Jugoslawien-Konflikts vorherrschten – „uralte Feindschaften" versus ethnische Homogenisierung als Bestandteil der Nationalstaatsbildung – gegensätzliche Projektionen westeuropäischer Erfahrungen. Aus beiden ergab sich aber als Konsequenz der Verzicht auf eine Intervention. Ob man den Konflikt als historische „Regression" oder als Phase auf dem Weg zu moderner Staatlichkeit begriff – die „passendste" Reaktion war die „Eingrenzung", sprich eine minimalistische Eindämmungspolitik. Und wir wissen, was diese für Vukovar, Sarajevo und Srebrenica bedeutet hat.

Neben diesen gemeinsamen Grundannahmen und institutionellen Zwängen gab es unter den Westeuropäern wie in den Vereinigten Staaten unterschiedliche Lesarten der Implikationen der jugoslawischen Krise, weitgehend geprägt von unterschiedlichen historischen Erfahrungen oder politischen Ansichten. Als es daher um eine „gemeinsame Außen- und Sicherheitspolitik" für den Balkan ging, suchte die Europäische Union im wesentlichen in der Außenpolitik nach dem kleinsten gemeinsamen Nenner zwischen ihren wichtigsten Akteuren: Großbritannien, Frankreich und Deutschland.

Deutschlands Reaktion auf das Zerbrechen Jugoslawiens war geprägt von drei Hauptfaktoren. Es gab in der öffentlichen Meinung Unterstützung für Kroatien und Slowenien, die Deutschland geographisch und kulturell am nächsten liegen. Es gab einen gewissen Druck seitens der Immigranten aus Ex-Jugoslawien (750.000 mit einer kroatischen Mehrheit), schließlich spielten die Medien (darunter die einflussreiche *FAZ*) eine Rolle. Darf man daher, wie Roland Dumas kurz nach seinem Ausscheiden aus dem französischen Außenministerium, ein „germano-papistisches" Komplott unterstellen? Dieser These zufolge hat Deutschland Slowenien und Kroatien zur Separation gedrängt, um eine Einflusszone in Mitteleuropa zu schaffen und damit die Ergebnisse zweier Weltkriege zu korrigieren. Entscheidend war in Wirklichkeit aber etwas anderes: Die Bundesrepublik Deutschland war das einzige „westliche" Land, das unmittelbar in das Ableben des osteuropäischen Kommunismus einbezogen wurde. Nach dem Fall der Berliner Mauer erreichte es im Namen des Prinzips der Selbstbestimmung der Nationen die Wiedervereinigung und veränderte damit eine international anerkannte Grenze. Mit welcher Begründung hätte es das gleiche Recht anderen Nationen im postkommunistischen Mitteleuropa verweigern und einen Aggressor dazu noch belohnen können? So drängte Deutschland seit Juli 1991 auf die Anerkennung der nach Unabhängigkeit strebenden Republiken – in der Annahme, die Delegitimierung des Krieges (d.h. die Umwandlung eines „Bürgerkrieges" in einen „Aggressionskrieg" gegen einen international anerkannten Staat) werde auch zu seiner Beendigung beitragen. Die Ausdehnung des Krieges auf Bosnien im Frühjahr 1992 bewies jedoch, dass die Anerkennung kein ausreichendes Mittel zur Kriegsverhinderung war. Das führte Deutschland zurück in die europäische Position gemeinsamer Machtlosigkeit. Verfassungsmäßig nicht zur militärischen Intervention berechtigt, blieb Deutschland Zuschauer in einem Prozess, der in erster Linie von Frankreich und Großbritannien getragen wurde.

War also Frankreichs angebliches Vorurteil zugunsten Serbiens schuld? Es besteht wenig Zweifel, dass es für die Generation von Präsident Mitterrand und seinem Außenminister Roland Dumas (damals beide in den Siebzigern) im Umgang mit dem Konflikt ein Element des historischen Pessimismus gab, ein „im Zweifel für den Angeklagten" zugunsten Belgrads als Hauptstadt Jugoslawiens und Serbiens – des Verbündeten in beiden Weltkriegen. Von daher rührt auch Mitterrands Zurückhaltung, Gewalt gegen Serbien einzusetzen („dem Krieg nicht noch Krieg hinzuzufügen"). Dahinter schien auch die Besorgnis zu stehen, dass der wichtigste Nutznießer der Entwicklung Deutschland mit mehr Einfluss in Mitteleuropa werden würde. Frankreichs Unterstützung Rumäniens und Bulgariens bei der Erweiterung der Europäischen Union und der Nato verdanken sich sehr weitgehend der gleichen Sorge, Mitteleuropa durch den Balkan auszugleichen. Neben dem deutschen Faktor wirkten sich auch historische Affinitäten auf die französische Politik aus. Mit dem Verschwinden Jugoslawiens (und dann der Tschechoslowakei) ging ein Europa unter, das nach dem Ersten Weltkrieg von Frankreich selbst mit geschaffen worden war, und die französischen Politiker entdeckten, dass das Ende von Jalta auch das Ende von Versailles bedeutete. Es blieb ein proserbischer Hintergrund, der auf die jugoslawischen Könige Petar I. (1903-1921) und Aleksandar I. (1921-1934) zurückging. Letzterer war ja in Marseille 1934 durch eine kroatisch-makedonische Verschwörung ermordet worden. Gerade in Frankreich beschworen der kroatische Nationalismus und die Schaffung eines kroatischen Staates negative Erinnerungen an die dreißiger und vierziger Jahre herauf (→ Kap. 11).

Wohl noch wichtiger als vermeintliche Lehren aus der Geschichte war jedoch, dass die französischen Entscheidungsträger in die Falle ihrer jakobinischen politischen Kultur tappten. Ihr Glaube an eine zentralisierte Staatlichkeit als angemessenem Rahmen für ein demokratisches Gemeinwesen erwies sich als nicht besonders hilfreich für das Verständnis der Komplexität einer zerfallenden kommunistischen multinationalen Föderation. Die Ambiguität der französischen Politik (Frankreich war die aktivste aller europäischen Mächte, aber niemals bereit, gegen Milošević Gewalt einzusetzen) wirkte sich erst mit dem Regierungswechsel 1993 und nach Mitterrands Ablösung durch Jacques Chirac im Frühjahr 1995 voll aus. Humanitäre Hilfe als Ersatz für Politik endete mit der Demütigung der französischen „Blauhelme", die von den bosnischen Serben als Geisel genommen wurden, was Chirac dazu bewog, mit einer klaren Alternative die Richtung zu wechseln: „On tire ou on se tire" – „Schießen oder gehen!"

Großbritannien war während des gesamten Krieges durchgängig der entschiedenste Gegner eines gewaltsamen Vorgehens. Pierre Hasner hat es als „den unbestrittenen Meister der Konsistenz im Zynismus" bezeichnet, während Jane Sharp über das München-Syndrom der Major-Regierung und einem „Appeasement gegenüber der serbischen Aggression 1992 in Bosnien" als „eine der schändlichsten Episoden in der Diplomatie Großbritanniens und der Europäischen Gemeinschaften" sprach, vergleichbar mit dem Appeasement gegenüber Hitler seitens Chaimberlain Ende 1938. Im Gegensatz zu Margaret Thatchers Ratschlag blieb John Majors Regierung einer gewaltsamen Intervention abhold, aufgrund eines tief verwurzelten historischen Pessimismus hinsichtlich der „uralten ethnischen Feindschaften" auf dem Balkan und der Aussichten eines „Expeditionskorps", damit fertig zu werden. Die britischen Erfahrungen aus zwei Weltkriegen auf dem Balkan sind vermutlich für einen Teil dieser Vorsicht verantwortlich. Während einer der scharfen Diskussionen mit seinem deutschen Amtskollegen, der die Anerkennung Kroatiens verfocht, fragte Außenminister Douglas Hurd: „Wollen Sie ein weiteres Beirut?" – womit er vermutlich eher ein weiteres Belfast meinte. Die Analogien zu Nordirland (oder auch zu Zypern) lagen den britischen Außenpolitikern vermutlich als Erinnerung an die Grenzen militärischer Interventionen ohne politische Lösung auf der Seele, ebenso wie die Gefahr einer langfristigen Verwicklung in unbeherrschbare ethnische Konflikte. Vielleicht mehr noch als München könnte das „Belfast-Syndrom" den Schlüssel zur britischen Politik in Bosnien liefern.

Wenn man zu den kontrastierenden Besorgnissen der wichtigsten EU-Akteure die „Balkanisierung" der griechischen Politik unter Premierminister Andreas Papandreou hinzurechnet (die einen europäischen Konsens zur makedonischen Frage verhinderte) sowie die Politik Italiens unter der Regierung Berlusconi-Fini 1994 (die Sloweniens Annäherung an die EU blockierte, solange nicht das 1945 beschlagnahmte italienische Eigentum zurückgegeben würde), dann hat man eine deutliche Antwort auf die Frage, warum die Europäische Union keine „gemeinsame Außen- und Sicherheitspolitik" für den Balkan zu entwickeln vermochte. Man braucht nicht die Institutionen oder die Bürokraten in Brüssel anzuklagen. Die europäischen Institutionen waren nur so gut wie die Staaten, die hinter ihnen standen.

28.2. Neuauflage der klassischen Mächtepolitik auf dem Balkan?

Die westeuropäischen Missverständnisse hinsichtlich der Balkan-Konflikte wurden nur von den Missverständnissen der balkanischen Protagonisten hinsichtlich Europas übertroffen. Besonders verbreitet ist die Tendenz, Europa nicht als politisches Projekt zu betrachten, sondern als eine negativ definierte Einheit, als trennende Linie. In der kroatischen Tradition ist Europa gleichbedeutend mit der westlichen Christenheit und Kroatien Bollwerk des katholischen Westens. Auch serbische Vorstellungen kreisen um die letzte Grenze der Christenheit und Europas gegenüber dem Islam und der Türkei. Die bosnisch-muslimische Version der Zugehörigkeit zu Europa behauptet, die Bosniaken seien die letzten Verfechter des Pluralismus und der Multiethnizität zwischen zwei symmetrischen ethnonationalistischen Bedrohungen. Auf dem Balkan gibt es offensichtlich unterschiedliche Wege, sich mit Europa zu identifizieren. Immer ist der „Barbar" der andere (→ Kap. 18).

Eine zweite, ähnliche Verwendung der Idee Europa als Trennungslinie lässt sich in der verbreiteten Tendenz erkennen, sich aus dem Balkan „herauszuwünschen". Vorschläge einer regionalen Kooperation auf dem Balkan werden häufig abgelehnt – im Namen des Ziels, „sich Europa anzuschließen". Ein Bewusstsein der Verbindung zwischen regionaler und europäischer Integration ist eher die Ausnahme denn die Regel.

Drittens ist die balkanische Wahrnehmung Europas die einer peripheren Region, die vom Westen immer wieder enttäuscht wurde. Dies wird kompensiert, indem man sich einredet, die regionalen Konflikte spielten, wie zur Jahrhundertwende, eine zentrale Rolle in den Rivalitäten der Großmächte, die wiederum die lokalen nationalistischen Spannungen anfachten, um sich nach dem Ende des Kalten Krieges Einflusssphären zu sichern. Diese Haltung ist ein Erbe der Geschichte, das mindestens auf den Berliner Kongress von 1878 zurückgeht, als die Großmächte zum ersten Mal die osmanischen Besitztümer aufteilten. Nach 1945 besaßen die Sowjetunion und die Vereinigten Staaten in dieser Region ihre Vasallen, wobei das blockfreie Jugoslawien geschickt die eine Seite gegen die andere ausspielte. Während des Kalten Krieges verlegten die meisten Szenarios den möglichen Ausbruch eines dritten Weltkrieges entweder nach Berlin oder nach Jugoslawien. Das Land galt daher als strategisch wichtig, und Tito vermochte diese Annahme weitgehend zu nutzen. Nach dem Ende des Kalten Krieges kam es sozusagen zu einer strategischen Abwertung Jugoslawiens.

Somit hatte der Balkan in den neunziger Jahren im Gegensatz zu 1914 nicht unter einer übertriebenen Einmischung, sondern eher unter einem relativen Mangel an Interesse seitens der Großmächte zu leiden. Sarajevo 1994 war nicht Sarajevo 1914. Dass der Konflikt sich nicht ausgebreitet hat, dass die Differenzen zwischen Deutschland-Österreich, Frankreich, Großbritannien und den USA sich abschwächten, hat damit zu tun, dass eben keine dieser Mächte in der Region strategische Ziele über die Ausnutzung lokaler Rivalitäten verfolgte. Dieses Fehlen eines strategischen Interesses erlaubte es, die Differenzen zu überwinden, es erklärt aber auch das Fehlen an politischem Willen, eine Regelung der Konflikte durchzusetzen (→ Kap. 32).

Hier liegen die balkanischen Phantasien völlig quer zu den Realitäten. Eine weit verbreitete Lesart der Neuordnung nach dem Kalten Krieg in Südosteuropa liest sich etwa so: Es gibt drei Achsen oder Trennlinien in der Region, die sich tendenziell mit den wichtigsten kulturell-historischen Trennlinien wie mit den konkurrierenden Orientierungen der Außenpolitik decken. Erstens eine Nordwest-Achse, die Kroatien und Slowenien – katholisch und ehemals habsburgisch – mit einem neubelebten Konzept von einem Mitteleuropa um Deutschland und Österreich verbindet. Zweitens eine östliche, orthodoxe Achse, die sich von Belgrad über Athen und Bukarest bis nach Moskau erstreckt. Eine dritte, südlich-islamische Achse verläuft von Bosnien in die Türkei – über den Sandžak, das Kosovo und Albanien. Auch nur eine kurze Überprüfung der Reaktionen der drei wichtigsten klassischen Mächte, die angeblich darin verwickelt sind, vermag diesen Gedanken zu zerstreuen oder mindestens zu relativieren.

„Deutschland fällt zum dritten Mal in diesem Jahrhundert bei uns ein", erklärte der jugoslawische Verteidigungsminister Kadijević im Oktober 1991. Die These einer „germano-papistischen" Verschwörung zur Zerstörung Jugoslawiens ist in Serbien recht weit verbreitet (wie auch in Griechenland), wenn es auch kaum Anhaltspunkte dafür gibt und die deutschen Prioritäten – wie oben ausgeführt – zu jener Zeit bei der Wiedervereinigung lagen, bei Maastricht und den mitteleuropäischen Nachbarn, den Kandidaten für eine zukünftige Erweiterung der EU. Was das Argument angeht, das wichtigste Motiv sei gewesen, ein neues Mitteleuropa als Zone der Deutschen Mark zu schaffen, so mag es genügen, zu erwähnen, dass gerade in Belgrad die Deutsche Mark als herrschende Währung fest verankert war!

Ebenso stark übertrieben wurde Russlands Rolle als Beschützer der slawischen und orthodoxen Nationen auf dem Balkan. Während des Kalten Krieges war Bulgarien der wichtigste Verbündete der Sowjetunion in der Region (nachdem sie nacheinander Jugoslawien, Albanien und Rumänien verloren hatte). Als Jugoslawien 1991 zerfiel, bestand ein Element der Identifikation zwischen Moskau und Belgrad: Es existierte eine offensichtliche Parallele zwischen dem Zusammenbruch der beiden kommunistischen Föderationen, und die Serben gerieten in eine den Russen einigermaßen ähnliche Situation: Sie lebten in einem Rumpfstaat sowie als starke militante Minderheiten in ihnen wenig wohl gesonnenen Nachfolgestaaten. (Das serbisch-kroatische Verhältnis war für das Überleben Jugoslawiens ebenso entscheidend wie das russisch-ukrainische Verhältnis für die Sowjetunion; der Kosovo-Konflikt zwischen albanischen Muslimen und orthodoxen Serben beschwor Parallelen zum Kaukasus herauf.) Dennoch kühlte sich im Verlauf des Krieges Russlands verbale und diplomatische Unterstützung zusehends ab, und Belgrads Hoffnungen auf eine russische Intervention zu seinen Gunsten schwanden mit dem gescheiterten Putschversuch in Moskau im August 1991 dahin.

Paradoxerweise versetzte der Jugoslawien-Krieg Russland in die Lage, zum ersten Mal seit dem Ersten Weltkrieg auf den Balkan zurückzukehren und mit Hilfe seiner Rolle im UN-Sicherheitsrat und der mit der Behandlung der Krise beauftragten Kontaktgruppe den Anschein einer Großmacht zu wahren. Russland besaß jedoch weder eine strategische Vision für den Balkan noch die militärische und ökonomische Kapazität, um in dieser Region als bedeutender Akteur aufzutreten, geschweige denn als mächtiger Schutzherr lokaler Klienten. Bestenfalls versuchte es, die westliche Politik oder Anzeichen bevorstehender Zwangsmaßnahmen gegen Belgrad zu blockieren. Jedoch zeigten sich die Grenzen des russischen Spielraums in der Teilnahme an IFOR und SFOR in Bosnien – faktisch unter Nato-Kommando. Das zeigte auch, dass die russische Führung in den neunziger Jahren – ungeachtet aller wortmächtigen Unterstützung für die Sache der „panslawischen orthodoxen Brüderlichkeit" in der Innenpolitik (insbesondere von Shirinowskis radikalen Nationalisten und den Kommunisten) – keineswegs die Absicht hatte, ihre neue Beziehung zum Westen, insbesondere zu den Vereinigten Staaten, für zweifelhafte Gewinne auf dem Balkan aufs Spiel zu setzen.

Die Türkei hat aus historischen und geographischen Gründen starke Bindungen an die Region. Der Balkan ist aus türkischer Perspektive ein Gebiet des Kontakts und Kontrasts zwischen Christenheit und Islam, zwischen Ost und West: sowohl als Teil ihres osmanischen Erbes als auch ihrer europäischen Zukunft. Das Verbindungsglied zwischen nationaler Identität und Religion gehört zum osmanischen Erbe (die Millet-Ordnung), und die These vom „Zusammenprall der Zivilisationen" gehört ebenso zur türkischen Wahrnehmung der regionalen Spannungen wie auf dem übrigen Balkan. Während des Kalten Krieges hatte die Türkei den Balkan vernachlässigt, weil die Prioritäten ihrer Außenpolitik im Westen und im Nahen Osten lagen. Nach dem Kalten Krieg und dem Zusammenbruch der Sowjetunion und Jugoslawiens eröffneten sich neue Möglichkeiten, die zweierlei Reaktionen provozierten. Die eine, manchmal beschrieben als „neo-osmanische" Politik, fasste Präsident Demirel in seiner Erklärung über die neuen Möglichkeiten für türkische Einflussnahme zusammen: „Von den Ufern der Adria bis nach China". Vor allem das türkische Militär forderte eine realistischere Außenpolitik, die den türkischen Potenzialen und zugleich den Risiken besser entsprach. Die Türkei sah die Legitimität ihrer Rolle auf dem Balkan als Schutzherr der türkischen und muslimischen Minderheiten. Entsprechend wurden in erster Linie Bosnien, Makedonien und Albanien unterstützt, die drei verletzlichsten und gefährdetsten Staaten in der Region.

Es gab wichtige innere Faktoren, warum die Türkei den bosnischen Konflikt nicht ignorieren konnte: die mächtige Balkan-Diaspora in Istanbul (es gibt schätzungsweise zwei Millionen Türken bosnischer Herkunft) und ihre einflussreiche „Lobby" in den Medien und der Politik der Türkei. Die türkische Politik blieb jedoch während des gesamten Konflikts vorsichtig und gemäßigt – aus mindestens drei Gründen: Erstens erklärt das Kurdenproblem, warum die Türkei jeder Idee neu gefasster Grenzen nach ethnischen Richtlinien misstraute und in der postjugoslawischen Neuordnung – zwar unter zügiger Anerkennung der Unabhängigkeit auch der nicht-muslimischen neuen Staaten – als bewahrende Macht des Status quo auftrat. Zweitens war die Türkei gleichzeitig in mehrere voneinander getrennte internationale Krisen verwickelt (im Nahen Osten, im Kaukasus und in Zentralasien), die für Ankara sämtlich vor dem Balkan rangieren. Schließlich gab sich die Türkei während des Krieges alle Mühe, nichts zu unternehmen, was die westeuropäischen oder amerikanischen Bemühungen hätte konterkarieren können, wodurch ihr Verhältnis zu EU und Nato gefährdet worden wäre.

So viel zu der These, die die Protagonisten regionaler Konflikte zu historischen Hegemonialmächten in Beziehung setzt (Deutschland-Österreich, Russland, Türkei), die angeblich verlorene Einflusssphären zurückzugewinnen suchen. Die Tatsache, dass schwache Balkanstaaten „Schutzherren" suchen, bedeutet nicht, dass solche auch bereit oder in der Lage wären, diese Rolle zu übernehmen. Die Behauptung einer neuen geopolitischen Ordnung nach historischen und kulturellen Trennlinien im Zusammenhang mit der Rückkehr Russlands, Deutschlands und der Türkei in diese Region konnte in der Realität nicht belegt werden.

28.3. Amerikanische und europäische Politik im Kontrast

Von entscheidender Bedeutung war das Primat der USA, soweit es um eine Lösung ging. Die amerikanische Beteiligung mittels der Nato ermöglichte die Verträge von Dayton, und an Amerika orientieren sich alle Protagonisten auf dem Balkan, sobald es um Sicherheitsfragen geht – wenn auch mit konfligierenden Erwartungen.

Was die Europäische Union angeht, beleuchtete ihr Niedergang in Dayton das Fehlen einer „gemeinsamen Außen- und Sicherheitspolitik" während des Krieges im ehemaligen Jugoslawien. Die Union konnte ihre Differenzen eindämmen, aber keinen gemeinsamen politischen Willen entwickeln. Während des gesamten Konflikts spiegelte die Politik der Europäischen Union (und das galt bis 1995 auch für die Vereinigten Staaten) eine tief gehende Ambivalenz moderner und wohlhabender Demokratien hinsichtlich der Projektion ihrer Macht und der Aussicht, das Leben ihrer Soldaten aufs Spiel zu setzen. Der Westen verfügte über eine gewaltige „Tötungskapazität" (gemessen an seiner technologisch überlegenen Bewaffnung), aber über eine geringe „Sterbefähigkeit". Auf dem Balkan traf er auf Protagonisten, die sich in der genau entgegengesetzten Lage befanden: eine niedrigere Tötungskapazität, aber eine viel höhere „Sterbebereitschaft". Einerseits vermochten die Medien (der so genannte „*CNN*-Effekt") und die Allianz französischer Intellektueller und amerikanischer außenpolitischer Falken die Meinung von Eliten wie Öffentlichkeit zur bosnischen Frage so zu beeinflussen, dass eine „sanfte" Behandlung durch die westlichen Regierungen verhindert wurde. Andererseits gingen letztere – wie auch 1999 im Kosovo – davon aus, dass die Unterstützung der öffentlichen Meinung schwinden werde, sobald es unter westlichen Soldaten zu Verlusten kam. Die Europäer, mit Bodentruppen, beschränkten ihr Militär daher auf eine humanitäre Rolle, während die Amerikaner davon ausgingen, militärische Macht solle nur eingesetzt werden, wo man mit überwältigender Stärke auftreten könne wie im Golfkrieg. Dies war auch ein Vermächtnis von Vietnam, obwohl zahlreiche amerikanische Intellektuelle, die seinerzeit gegen jenen Krieg opponiert hatten, nun Befürworter einer Intervention in Bosnien-Herzegowina waren. Doch die offizielle Doktrin lautete gemäß Generalstabchef Colin Powell: „Wir kämpfen in Wüsten, aber nicht in den Bergen." Daher wurde das von der Clinton-Administration in ihrer Anfangszeit mit Unterstützung einer Kongressmehrheit verfochtene Konzept, das Waffenembargo gegen Bosnien-Herzegowina aufzuheben und gezielt gegen serbische Stellungen zuzuschlagen („lift and strike"), nicht verwirklicht.

Die Theorie eines „Krieges mit null Toten" gehörte bis zum 11. September 2001 vermutlich zu den wichtigsten Beiträgen des Golf- und des bosnischen Krieges zum strategischen Denken nach dem Kalten Krieg. Allerdings ist die öffentliche Meinung, die von den Verfechtern der Passivität immer angeführt wird, oft weniger zynisch als die Haltung der Entscheidungsträger. Umfragen in den EG-Ländern im Mai 1993 erbrachten, dass die Mehrheit der Europäer (bis auf die Deutschen, die Griechen und die Dänen) eine Militärintervention in Bosnien befürwortete: zwei Drittel in den Niederlanden und Italien, 60 % in Großbritannien, 59% in Frankreich (*Le Monde*, 26.5.1993). Am Auseinanderdriften zwischen politischen Eliten und der Bevölkerung fällt der Widerspruch zwischen den EG-Ländern und den USA auf. In Europa gab es Mehrheiten für eine Intervention, während die Eliten sie ablehnten, in den USA (vor allem 1992 bis Anfang 1993) war es umgekehrt. Das heißt, für eine frühe westliche Intervention hätte es der amerikanischen Eliten im Verbund mit der europäischen öffentlichen Meinung bedurft.

Schon vor dem Kosovo-Krieg 1998/99 hatte das Ende des Krieges in Bosnien-Herzegowina drei bedeutende Konsequenzen:

Erstens hatte der bosnische Krieg wichtige Implikationen für die Beziehung zwischen Europa und dem Islam. In der muslimischen Welt wurde er manchmal als Probe der europäischen Einstellung zum Islam dargestellt – eine Probe, die Europa nicht bestanden habe. Die Sache der bosnischen Muslime geriet in den Brennpunkt der Mobilisierung des radikalen Islam (mit kräftigen antieuropäischen Untertönen), doch ohne tiefe Auswirkungen auf die europäischen Beziehungen zu den muslimischen Ländern. Ernsthafter waren die Implikationen für den Islam in Europa selbst. Das Überleben des multiethnischen Bosnien wurde identifiziert mit dem Überleben eines säkularisierten Islam, der mit Demokratien des westlichen Typus vereinbar ist. Dies erklärt auch die Unterstützung für Bosnien seitens vieler liberaler Intellektueller auf beiden Seiten des Atlantiks, die auf den Balkan die Idee der multiethnischen Gesellschaft (und den Typ des Islam) projizierten, die sie in Europa insgesamt verteidigen wollten.

Die zweite Frage, die die Kriege um die Auflösung Jugoslawiens und die westliche Reaktion darauf aufgeworfen haben, betrifft Grenzen und Minderheiten. Sobald interne jugoslawische Grenzen international anerkannt wurden, entwickelten sich Minderheitenprobleme der Nachfolgestaaten zu externen Problemen für ihre Nachbarn. Die Verwischung zwischen den internen und den externen Sicherheitsfragen verweist auf ein allgemeineres Problem des postkommunistischen Südosteuropa: Bedrohungen der Sicherheit hängen eher mit der inneren Schwäche der Staaten zusammen als mit übermäßiger Stärke. Von Bosnien bis Albanien oder Makedonien gibt es ausreichende Illustrationen für dieses Problem. Dayton machte dem Krieg ein Ende, aber es lieferte in den Augen der politischen Eliten auf dem Balkan auch einen international sanktionierten Präzedenzfall. Dass in Bosnien-Herzegowina zwei Einheiten mit unterschiedlichen Institutionen geschaffen wurden, mit dem Recht auf eine „besondere Beziehung" zum jeweiligen Nachbarstaat, wurde sofort zu einem Bezugspunkt für Parteien, die auf der Suche nach Lösungen für andere „umstrittene Gebiete" wie dem Kosovo waren. Warum sollten sich die Kosovo-Albaner mit weniger zufrieden geben als die bosnischen Serben?

Drittens hat der Krieg auf dem Balkan die schwersten transatlantischen Spannungen seit der Suez-Krise 1956 ausgelöst. Die amerikanische Führung und die Nato haben dem Krieg 1995 in Bosnien wie 1999 im Kosovo schließlich ein Ende gemacht und die europäischen und UN-Ansätze zum Krisenmanagement in den Hintergrund gedrängt. Man könnte behaupten, dass durch das anhaltende US-Engagement in der Region der Zusammenhalt der Nato und die amerikanische Führung in Europa auf dem Spiel stehen. Die Zukunft des Balkan, der Nato und der europäisch-amerikanischen Beziehungen werden miteinander verknüpft bleiben, wie mit der Intervention 1999 nochmals schlagend deutlich wurde. Die zukünftige Glaubwürdigkeit der Nato erfordert daher eine globale Strategie für den Balkan. Wenn aus dem Jugoslawien-Krieg überhaupt etwas zu lernen ist, dann dies: Eine Strategie kann nur dann erfolgreich sein, wenn sie sich auf eine starke europäisch-amerikanische Partnerschaft mit gemeinsamen Verpflichtungen und Risiken stützt. Aber die Situation auf dem Balkan ähnelt immer noch einer impliziten Rollenteilung: Die Vereinigten Staaten haben ihr Primat im Sicherheitsbereich etabliert, während die Europäische Union den größten Teil der wirtschaftlichen Hilfe leistet. Diese Rollenverteilung ist (was sich auch im Nahen Osten erkennen lässt) weder gut für das transatlantische Verhältnis, noch ist es gesund für die Balkanländer, deren langfristige Zukunft in der zunehmend engeren Bindung an die Europäische Union liegt. Nato- und US-Verpflichtungen auf dem Balkan sind in erster Linie mit der aktuellen oder potenziellen Instabilität der Region verknüpft, Integration wird nur durch Konfliktmanagement oder Prävention erreicht. Die Logik der Europäischen Union dagegen gründet sich auf regionale wirtschaftliche Zusammenarbeit zwischen demokratischen Nachbarn. Beides ist notwendig für Frieden und Stabilität auf dem Balkan, doch bleibt auch nach der Kosovo-Intervention – und der weit stärkeren Einbindung der europäischen Nato-Länder – abzuwarten, ob und wie die beiden Logiken durch die regionalen Akteure selbst miteinander versöhnt werden.

Deutsch von Meino Büning

Der Beitrag basiert auf einem Artikel aus *Lettre International*, dt. Ausgabe, Heft 42, 1998 („Europa im Balkanspiegel"). Wir danken der Redaktion von *Lettre* für die Genehmigung, die entsprechenden Passagen zu verwenden.

Literatur

Überblicke: Christopher Cviic, *Remaking the Balkans*, London 1991; James Gow, *Triumph of the Lack of Will: International Diplomacy and the Yugoslaw War*, New York 1997; Pierre Hasner, „Les impuissances de la communauté internationale", in: V. Nahoum-Grappe, *Vukovar, Sarajevo... la guerre en ex-yougoslavie*, Paris 1993; Renéo Lukic und Allen Lynch, *Europe from the Balkans to the Urals. The Disintegration of Yugoslavia and the Soviet Union*, Oxford 1996; Sabrina Petra Ramet, „The Yugoslav Crisis and the West: Avoiding ‚Vietnam' and Blundering into ‚Abyssinia'", in: *East European Politics and Societies*, 8 (1994), S. 189-219; David Rieff, *Schlachthaus. Bosnien und das Versagen des Westens*, München 1995; Jacques Rupnik, *De Sarajevo à Sarajevo. L'Échec Yougoslave*, Paris 1992; Roland Schönfeld, „Balkankrieg und internationale Gemeinschaft", in: *Südosteuropa Mitteilungen*, 34 (1994), Nr. 4, S. 258-278; Richard H. Ullmann (Hg.), *The World and Yugoslavia's Wars*, New York 1995; Angela Volle (Hg.), *Der Krieg auf dem Balkan. Die Hilflosigkeit der Staatenwelt. Beiträge und Dokumente aus dem Europa-Archiv*, Bonn 1994; John Williams, *Legitimacy in International Relations and the Rise and Fall of Yugoslavia*, London, New York 1998. Auf Gesprächen mit Akteuren der Region sowie der involvierten Mächte basiert eine vom Carnegie Endowment for International Peace in Auftrag gegebene Studie, die unter der Leitung von Jacques Rupnik zusammengestellt wurde: *Der trügerische Frieden. Bericht der Internationalen Balkan-Kommission*, Reinbek 1997. Angelehnt war diese Studie an eine Untersuchung von 1913, wiederaufgelegt als: *The Other Balkan Wars. A 1913 Carnegie Endowment Inquiry in Retrospect*, Washington 1993.

Zu den internationalen Organisationen: Morton Abramowitz/Heather Hurlburt, "Can the EU Hack the Balkans? A Proving Ground for Brussels", in *Foreign Affairs*, September/Oktober 2002; Wolfgang Biermann und Martin Vadset (Hg.), *UN Peacekeeping in Trouble: Lessons Learned from the Former Yugoslavia*, Aldershot u.a. 1998; Ben Cohen und George Stamkoski (Hg.), *With no Peace to keep... United Nations and the War in Former Yugoslavia*, London 1995; Victor-Yves Ghebali, *L'OSCE dans l'Europe post communiste: le bilan de 1990-1995*, Brüssel 1996; Carsten Giersch, *Konfliktregulierung in Jugoslawien 1991-1995. Die Rolle von OSZE, EU, UNO und NATO*, Baden-Baden 1998; Gerd Koslowski, *Die NATO und der Krieg in Bosnien-Hercegovina. Deutschland, Frankreich und die USA im internationalen Krisenmanagement*, Vierow 1995; Dick A. Leurdijk, *The United Nations and NATO in Former Yugoslavia, 1991-1996. Limits to Diplomacy and Force*, Den Haag 1996; J. Rupnik, „Entre Maastricht et Sarajevo: la Communauté face à l'éclatement de la Yugoslavie", in: Françoise de la Serre, Ch. Lequesne, J. Rupnik, *L'Union Européenne. Ouverture à l'Est*, Paris 1994; Marcus Wenig, *Möglichkeiten und Grenzen der Streitbeilegung ethnischer Konflikte durch die OSZE – dargestellt am Konflikt im ehemaligen Jugoslawien*, Berlin 1996.

Unterschiedliche Positionen der Staaten werden deutlich in den Erinnerungen wichtiger Akteure: Carl Bildt, *Uppdrag fred*, Stockholm 1997; Hans-Dietrich Genscher, *Erinnnerungen*, Berlin 1995, S. 927-968; Richard Holbrooke, *Meine Mission. Vom Krieg zum Frieden in Bosnien*, München 1998; Philippe Morillion, *Croire et osser. Chronique de Sarajevo*, Paris 1993; David Owen, *Balkan-Odyssee*, München 1995; Thorvald Stoltenberg und Kai Eide, *De tusen dagene. Fredsmeklere på Balkan*, Oslo 1996; Warren Zimmermann, *Origins of Catastrophe: Yugoslavia and its destroyers*, New York 1997;.

Untersuchungen zu einzelnen Staaten: Heinz-Jürgen Axt: „Hat Genscher Jugoslawien entzweit? Mythen und Fakten zur Außenpolitik des wiedervereinigten Deutschland", in: *Europaarchiv, 12/1993*, S. 351-360; Peter Bonin, *Rußland und der Krieg im ehemaligen Jugoslawien*, Untersuchungen der Forschungsstelle für Konflikt- und Kooperationsstrukturen in Osteuropa an der Universität Mannheim 6/1994; Aurel Braun, „Russian Policy Towards Central Europe and the Balkans", in: Roger E. Kanet/Alexander V. Kozhemiakin (Hg.), *The Foreign Policy of the Russian Federation*, New York 1997, S. 49-77; Mike Bowker, „The Wars in Yugoslavia: Russia and the International Community", in: *Europe-Asia Studies* 50 (1998) 7, S. 1245-1261; Wesley Clark, *Waging Modern War. Bosnia, Kosovo, and the future of combat*, New York, 2001; Mark Danner, „The US and the Yugoslav Catastrophe", in: *The New York Review of Books*, 20.11.1997; Regina Heller, *Russische Interessen im Balkankonflikt: Russland und die internationale Staatenwelt seit 1992*, Hamburg 1998; Mujeeb R. Khan, „Bosnia-Herzegovina and the Crisis of the Post-Cold-War International System", in: *East European Politics and Societies*, 9 (1995), S. 459-498; Hans Krech, *Der Bürgerkrieg in Bosnien-Herzegowina (1992-1997). Ein Handbuch*, Berlin 1997; Michael Libal, *Limits of persuasion: Germany and the Yugoslav crisis, 1991-1992*, Westport, Conn. 1997; Samantha Power, *A Problem from Hell: America and the Age of Genocide*, New York 2002; Martin Rosenfeldt, „Deutschlands und Frankreichs Jugoslawienpolitik im Rahmen der Europäischen Gemeinschaft (1991-1993)", in: *Südosteu-*

ropa, 42 (1993), S. 621-653; Jane Sharp; *Bankrupt in the Balkans*; London; 1993. Brendan Simms, *Unfinest Hour. Britain and the Destruction of Bosnia*, London 2001.

29. Der Kosovo-Krieg 1999

Joscha Schmierer

29.1. Miloševićs letzter Krieg

Die militärische Intervention der Nato im Kosovo 1999 hat dem großserbischen Expansionismus des Regimes in Belgrad endgültig einen Riegel vorgeschoben und zum späteren Sturz Miloševićs beigetragen. Verglichen mit ihrer bisherigen, lange abwartenden Haltung zu den blutigen Auseinandersetzungen auf dem Boden des ehemaligen Jugoslawien griff die Nato unter der Führung der USA nach einem gescheiterten Waffenstillstand und erfolglosen Verhandlungen um eine politische Lösung des Konflikts zwischen Belgrad und dem Kosovo früh und entschieden im Kosovo ein. Ohne um ein ausdrückliches Mandat der UNO anzugehen, fühlte sich die Nato angesichts der Erfahrungen von „ethnischer Säuberung", von Vertreibungen und Vernichtung in Kroatien und Bosnien-Herzegowina zu einer „humanitären Intervention" berechtigt. Das humanitäre Motiv wurde bekräftigt durch die Furcht der westeuropäischen Staaten vor einer neuen Flüchtlingswelle, die durch keine Schengengrenze aufzuhalten wäre, und die Sorge, der Kosovokonflikt könnte mit unabsehbaren Folgen die ganze Region vollends erschüttern. Zugleich wurde der Widerstand des Belgrader Regimes unterschätzt. Wären all diese Gründe nicht zusammen gekommen, hätte der Westen vielleicht auch im Kosovo zu keinem einheitlichen Handeln gefunden. Bereits während des Nato-Bombardements bemühte sich die Regierung der Bundesrepublik Deutschland, die im ersten Halbjahr 1999 sowohl das Präsidium der EU als auch der G 8 inne hatte, Russland für eine Verhandlungslösung zu gewinnen und den Kosovokonflikt nach einem Waffenstillstand und dem Abzug der jugoslawischen Armee unter UNO-Verantwortung zu stellen. Diese Bemühungen führten zum Erfolg.

29.2. Entstehung und Charakter des Krieges

Als im Frühjahr 1998 die systematische Unterdrückung der albanischen Bevölkerung im Kosovo in einen offenen Krieg umschlug und die serbisch-jugoslawische Führung massiv Sonderpolizei und Militär einsetzte, um durch Terror gegen die Bevölkerung die Keimformen eines bewaffneten Befreiungskampfes zu zerschlagen, begannen die Kosovaren von ihrem langjährigen gewaltfreien Widerstand zur Unterstützung der UÇK umzuschwenken. Der Zyklus von jugoslawischen Nachfolgekriegen, den Milošević 1989 mit seinem Staatsstreich gegen die jugoslawische Verfassung und der Aufhebung der Autonomie des Kosovo und der Vojvodina eröffnet hatte, war über Slowenien, Kroatien und Bosnien-Herzegowina an seinen Ausgangspunkt zurückgekehrt. Mit dieser Rückkehr war zu rechnen. Fraglich blieb, ob die serbischen Eroberungs- und Vertreibungskriege im Kosovo ihr Ende finden würden oder ob dort die zweite Runde dieses Kriegsreigens eingeläutet würde.

Die serbische Seite ist in diesem Krieg vorgegangen, wie sie seit zehn Jahren immer vorging. Mit Hilfe ihrer Soldateska versuchte sie vollendete Tatsachen zu schaffen, wobei sie Verhandlungen nutzte, um dafür Zeit zu gewinnen. „Vollendete Tatsachen" bestehen, seit dem Misslingen der militärischen Intervention in Slowenien, als das Projekt eines serbisch beherrschten durch das eines großserbischen Jugoslawiens abgelöst wurde, nicht mehr allein in der militärischen Eroberung und politischen Kontrolle von Territorien auf dem Gebiet der anderen Republiken und der autonomen Provinzen des früheren Jugoslawien, sondern in der Vertreibung der nicht-serbischen Bevölkerung aus den eroberten Gebieten, der Vernichtung ihrer Existenzgrundlagen und der Zerstörung der Rückkehrmöglichkeiten bis in die Seele der vertriebenen Bevölkerung hinein. Die Mittel waren immer die gleichen. Terror, Vergewaltigungen und Massaker, die disfunktional wären, wenn es nur um Eroberung und politische Kontrolle, also klassische imperiale Ziele ginge, erwiesen sich für ein ethnisch-imperiales Projekt als funktional und wurden deshalb ohne jede Hemmung eingesetzt (→ Kap. 22).

Wenn die westlichen Staaten von der systematischen Vernichtungs- und Vertreibungskampagne im Kosovo, die seit der Nato-Intervention verstärkt und bis zum Abzug der serbischen Truppen hemmungslos fortgesetzt wurde, überrascht waren, dann zeigte das, dass die Erfahrungen der vorhergehenden Kriege immer noch nicht verarbeitet waren und das großserbische Projekt, das Milošević seit Jahren verfolgte, immer noch verharmlost wahrgenommen wurde. Kriegsverbrechen waren dabei keine Abweichung von einer im Prinzip das Völkerrecht beachtenden Kriegsführung, sondern machten das Wesen des ethnischen Vertreibungskrieges aus. Sie wurden gar nicht als Verbrechen empfunden. In Gesprächen mit serbischen Zivilisten oder Militärs stößt man noch immer auf die stereotype Auskunft, dass der Krieg halt nun mal so sei. Der Krieg war zur Rechtfertigung von Kriegsverbrechen geworden. Aus diesem Verständnis folgte umgekehrt, dass die serbischen Zivilisten sich in großer Zahl den geschlagenen oder abziehenden Truppen als Flüchtlinge anschlossen. Krieg und Vertreibung erschienen als ein und dasselbe. Kriegsglück bedeutete die Vertreibung der anderen, Kriegspech die Flucht vor ihnen. Mit dieser Einstellung kann man den Krieg durchaus für ein großes Unglück halten (an dem natürlich in erster Linie die UÇK, die Nato und die Amerikaner schuld seien, weil sie die Serben nicht in Frieden leben lassen) und zugleich jede Verantwortung für Kriegsverbrechen weit von sich weisen. Diese Mentalität ist aus der deutschen Geschichte bekannt. Sie verwunderte Besucher von Nachkriegsdeutschland und wurde etwa von Hannah Arendt beschrieben. So vorsichtig man mit historischen Analogien sein muss: Das ethnisch-imperiale Projekt macht Deutschland unter Hitler und Serbien unter Milošević bis in die Denkfiguren des Volkes hinein vergleichbar. Dass sich dieses Projekt jeweils im Umfang und Ausmaß des Verbrechens und damit in der Größe der Gefahr für die Welt unterscheidet, zeigt der Vergleich freilich auch. Auch wenn Milošević im Herbst 2000 entmachtet worden ist und er inzwischen vor das Haager Tribunal gestellt wurde, wirken die Apparate und Personengruppierungen weiter, auf die seine Macht gebaut war. Vor allem aber verschwanden die Mentalitäten, die er mit seinen Kriegen erzeugt und mit den Propagandafeldzügen in der Gesellschaft verwurzelt hatte, nicht sofort mit seinem Sturz. Mit dem „System Milošević" musste noch gerechnet werden, auch nachdem seine persönliche Macht gebrochen war.

Terror, Vertreibung und Vernichtung als Teil der serbischen Kriegsführung entsprachen ihrem strategischen Ziel. Da die serbisch-jugoslawische Armee wohl noch immer nicht durchgängig auf diesen Kriegszweck eingeschworen war, war in der serbischen Kriegsführung der Einsatz von Sondertruppen angelegt, die aus dem Terror ein Geschäft machen. Zu dem strategischen Ziel, den Kosovo im Verlauf des Krieges möglichst weitgehend ethnisch zu säubern, kam das taktische Ziel hinzu, die Nachbarstaaten, vor allem Makedonien und Albanien, durch die Welle der Vertriebenen und Flüchtlinge zu destabilisieren und damit zugleich die Logistik der Nato zu stören und zu überfordern. So eindeutig die Vertreibung der Zweck der serbischen Kriegsführung war, so offensichtlich war die Absicht, mit der Flüchtlingswelle die westliche Kriegsführung nicht nur praktisch zu stören, sondern in ihrem ganzen Begründungszusammenhang zu untergraben.

Erklärter Zweck der Nato-Intervention war die Verhinderung einer „humanitären Katastrophe". Dennoch wurde von vornherein der Einsatz von Bodentruppen ausgeschlossen. Der potenzielle Widerspruch zwischen erklärtem Zweck und vorgesehenen Mitteln musste sich in dem Maße verschärfen, wie die eingesetzten Mittel die Vertreibungen nicht nur nicht verhindern konnten, sondern sogar noch zu beschleunigen schienen. Es bleibt also wahr, dass im Kosovo zwei verschiedene Kriege geführt wurden, die sich gegenseitig nicht trafen: ein serbischer am Boden gegen die albanische Bevölkerung des Kosovo und einer der Nato aus der Luft gegen die serbisch-jugoslawische Infrastruktur, auf die sich dieser Bodenkrieg stützte. Doch ganz richtig ist diese Auffassung nicht, denn die Vertreibungen sollten die Moral der westlichen Öffentlichkeit treffen, um der Nato-Intervention in den eigenen Gesellschaften den Boden zu entziehen, während sie die serbische Gesellschaft offensichtlich völlig kalt ließen. Das Kalkül war: Während die westliche Öffentlichkeit sich zunehmend durch *alle* Opfer des Krieges moralisch belastet fühlen musste und ja auch zunehmend daran Anstoß nahm, dass die Folgen, die die Bombenangriffe für die serbische Bevölkerung hatten, die Vertreibungen nicht stoppen konnten, verließ sich das Regime darauf, dass die serbische Gesellschaft keinen Zusammenhang zwischen ihrer Verantwortung für die Gräueltaten im Kosovo und den Bombardierungen in Serbien herstellen würde und sich einmal mehr in der Opfer- und Heldenrolle zugleich sehen würde, unschuldig und tapfer der ganzen Welt gegenüber.

Es heißt, die Nato sei in diesen Krieg hineingeschlittert. Das stimmt nur zum Teil. Die Bombendrohungen der Nato, die im Oktober 1998 das Holbrooke-Milošević-Abkommen erzwungen hatten, in Rambouillet aber nicht mehr die erwünschte Wirkung erzielten, waren in dem klaren Bewusstsein der destabilisierenden Wirkung ausgesprochen worden, die ein Krieg im Kosovo auf die ganze Region haben musste, besonders auf Makedonien. Gerade dessen Stabilität bildete die Voraussetzung dafür, dass der jugoslawische Erbfolgekrieg bisher auf das Territorium des *früheren* Jugoslawien beschränkt blieb und nicht alle potenziellen Akteure eines neuen Balkankrieges auf die Bühne rief. Makedonien wurde durch das serbische Vorgehen im Kosovo mehrfach gefährdet: Das kleine Land musste durch die pure Masse der Vertriebenen schnell erdrückt werden. Konnten die Vertriebenen nicht zurückkehren, dann bedroht allein schon ihre Zahl die ethnische Balance, was natürlich die vorhandenen Spannungen sofort verschärfen musste. Zudem war absehbar, dass die Flüchtlingslager fast zwangsläufig zu einer Brutstätte großalbanischen Revanchismus und einem Unruhefaktor für die Region hätten werden müssen.

Eine solche Ausweitung des Konfliktes musste auch die relative Befriedung Bosnien-Herzegowinas wieder in Frage stellen, die bosnischen Serben in der Republika Srpska zum offenen Anschluss an Jugoslawien ermutigen, allgemein die Grenzfragen aufwerfen und die kriegerischen Staatsbildungsprozesse auf dem Balkan wieder in Gang bringen (→ Kap. 26). Diese Gefahr machte die westlichen Staaten für die Menschenrechtsverletzungen im Kosovo empfindlich und schuf Handlungsbedarf – allerdings erst, als sie kriegerische Formen annahmen. Daher auch die gelegentliche Neigung, die UÇK für die Entwicklung im Kosovo verantwortlich zu machen. Solange die Kosovaren die Unterdrückung erduldeten und nur mit passivem Widerstand beantworteten, ging vom Kosovo ja keine Kriegsgefahr aus. Sie aber, nicht die Verletzung von Menschenrechten, fürchteten die westlichen Staaten in erster Linie. Nicht die inneren Verhältnisse in Serbien-Jugoslawien interessierten sie vor allem, sondern ihre Auswirkung nach außen. Um sie zu verhindern, waren sie schließlich bereit, im Kosovo einzugreifen. Dabei war sich die Nato nicht ganz darüber im Klaren, auf was sie sich einließ, als sie das Scheitern der Verhandlungen in Rambouillet und den bereits begonnenen serbischen Vertreibungskrieg am 23. März 1999 mit ihren Luftangriffen zu beantworten begann. Sie hatte Miloševićs Unnachgiebigkeit am Verhandlungstisch als *symbolische* Gesichtswahrung missverstanden und dachte deshalb, symbolische Kriegshandlungen würden ihn schon zum Einlenken bringen. Er aber (und nicht nur er), war wieder einmal dabei, vollendete *Tatsachen* zu schaffen. *Symbolisch* waren von serbischer Seite die Verhandlungen in Rambouillet gedacht, die Invasion des Kosovo, während sich die Verhandlungen noch hinzogen, war real und ernst gemeint. Eine Konstante der serbischen Politik, die Albaner aus dem Kosovo völlig vertreiben zu wollen, wurde nun planmäßig in die Tat umgesetzt. Zu dem Zeitpunkt, als Milošević in einem Interview im Mai dreist behauptete, die albanische Bevölkerung des Kosovo sei viel geringer als angenommen und mache noch nicht einmal eine Million aus, hatten seine Schergen innerhalb von zwei Monaten bereits 800.000 Albaner über die Grenzen getrieben. Die Zahl der Ermordeten in dieser Kampagne wird sich vielleicht nie genau feststellen lassen. Die Zahl der durch KFOR bereits in den ersten Tagen ihres Einmarsches entdeckten Massengräber und Leichenreste machen Schätzungen von über Zehntausend Ermordeten plausibel.

Auch nach dem Waffenstillstand vom 9. Juni 1999, dem Abzug der serbisch-jugoslawischen Einheiten aus dem Kosovo und der Übernahme der Kontrolle durch KFOR mit Nato-Truppen aus Großbritannien, Frankreich, Deutschland, Italien und den USA als Kern, war noch nicht entschieden, ob im früheren Jugoslawien rundum Frieden einkehrt. Zwar konnte oder mochte Milošević der Zerstörung der Infrastruktur seines Landes und seiner Armee durch die Nato nicht länger zusehen, so dass er sich Bestimmungen unterwarf, die im Wesentlichen den Forderungen der Nato entsprachen und die er in Rambouillet mit geringeren Kosten hätte akzeptieren können, doch konnten er oder ihm ideologisch nahe stehende Erben immer noch darauf setzen, dass sich die Einheit der Nato in einem gefährdeten und unsicheren Frieden verschleißt, nachdem sie den Krieg schlecht und recht überstanden hatte. Da die Abwicklung mit der Resolution des UN-Sicherheitsrates vom 10. Juni 1999, die den Einsatz der KFOR-Truppen im Kosovo autorisierte, wieder in die Zuständigkeit der UNO überführt wurde, hätten nun die Widersprüche zwischen Russland (und China) auf der einen und den westlichen Staaten auf der anderen Seite unmittelbar auf der Handlungsebene relevant werden können. Einen Vorgeschmack darauf hatten der russische Vorstoß mit IFOR-Einheiten aus Bosnien-Herzegowina auf den Flughafen von Prishtina und die schleppenden Verhandlungen zwischen den USA und Russland über Einsatzorte und Befehlsstruktur für die russischen Einheiten der KFOR gegeben. Das von der G8 ausgearbeitete, von Serbien am 3. Juni akzeptierte Abkommen und die erwähnte Resolution des Sicherheitsrates 1244 enthielten genügend interpretationsfähige Einzelheiten, an denen sich Widersprüche immer erneut entzünden konnten und sich von serbischer Seite aus auch schüren ließen. Daraus hätten sich auch Differenzen in der Nato und zwischen Nato und EU nähren können, die während der Nachfolgekriege um Jugoslawien oft auf eine unterschiedliche Haltung gegenüber Russland zurückgegangen waren. Schon die Spannung zwischen der territorialen Souveränität Serbien-Jugoslawiens, auf die es Russland vor allem ankommt, und der Autonomie des Kosovo, für die der Westen steht, enthielt Zündstoff. Mit der unterschiedlichen Anwendung des Stabilitätspaktes auf den Kosovo (und Montenegro) und das restliche Serbien hätte sich diese Spannung verschärfen können. Wie hätten es zum Beispiel die jugoslawischen Grenztruppen, die laut Abkommen in den Kosovo wieder einrücken dürfen, mit Hilfslieferungen für den Kosovo gehalten und wie hätte KFOR reagiert, wenn es zu Behinderungen gekommen wäre? Mit all diesen Möglichkeiten, Unfrieden zu stiften, konnte das Regime in Belgrad auch nach der Räumung des Kosovo rechnen, zumal die serbischen Truppen bei ihrem Abzug nicht den Eindruck erweckt hatten, als wären sie dort durch die Lufteinsätze der Nato entscheidend geschwächt worden. Zwar hat sich im Kosovo die Serie von ganzen und halben Niederlagen des serbischen Regimes in den von ihm angezettelten Kriegen fortgesetzt, doch das hätte Milošević nicht daran hindern müssen, den Waffenstillstand als bloße Atempause zu verstehen.

Dass Miloševićs Rechnung nicht aufging, hing damit zusammen, dass mit dem Ende des Krieges der Zusammenbruch der serbischen Kriegsökonomie vollends sichtbar wurde. Das serbische Flüchtlingselend erwies sich als Dauerproblem und nicht als vorübergehendes Malheur wechselnden Kriegsgeschehens, das sich alsbald zum Besten wenden würde. Zugleich begann sich Serbiens Nachbarschaft zu konsolidieren, wozu der von der deutschen Präsidentschaft der G8 und der EU schon während des Kosovokrieges initiierte Stabilitätspakt entscheidend beitrug. Ausgehend von der Unantastbarkeit der Grenzen der Region sollte er eine Entwicklungsperspektive eröffnen, in der die Bedeutung der Grenzen durch Kooperation relativiert wird. Kann der westeuropäische Weg auch in Südosteuropa zum Erfolg führen? Eines darf man über der Niederlage von Milošević im Kosovo jedenfalls nicht übersehen: Die doppelte Absicht, die ganze Region zu destabilisieren und in einer Situation des wirtschaftlichen und politischen Chaos das großserbische Projekt weiter voranzutreiben, ist nur in ihrem zweiten Teil gescheitert. Die Region wurde durch den Krieg noch einmal um Jahre zurückgeworfen. Das gilt nicht nur für das niedergebrannte Kosovo und das durch die Bombenangriffe der Nato geschädigte Serbien, sondern selbst für die Nachbarstaaten, die nicht wie Albanien, Makedonien und auch Montenegro von den Wellen der Vertriebenen und Flüchtigen erschüttert wurden, aber in einer ohnehin prekären Situation starke wirtschaftliche Einbußen durch die Kriegsauswirkungen hinnehmen mussten. Auch jetzt, nachdem mit der serbischen Niederlage die jugoslawischen Erbfolgekriege wohl insgesamt beendet sind, bleiben die Aussichten schwierig.

29.3. Die völkerrechtliche Problematik der Nato-Intervention

Obwohl die völkerrechtliche Problematik zu Beginn der Nato-Intervention im Zentrum der öffentlichen Diskussion vieler Nato-Länder und auch der internationalen Auseinandersetzung stand, entsprang sie erst dem politischen Problem, dass sich die Institutionen der UNO und speziell der Sicherheitsrat in ihren Entscheidungen selten von Rechtsgesichtspunkten, sondern vorwiegend von Mächteinteressen leiten lassen. Die Ursache dafür, dass der Sicherheitsrat aus seinen Feststellungen, im Kosovo sei eine den Weltfrieden gefährdende Entwicklung im Gang (Resolution vom 24. Oktober 1998), keine Konsequenzen zog, lag in der engen Verbindung Russlands mit dem in Serbien-Jugoslawien herrschenden Regime. Mit slawischer Verbundenheit hatte dies wenig zu tun. Es gibt genügend andere slawisch-orthodoxe Staaten in Südosteuropa, denen russische Zuwendung hätte zuteil werden können. Doch nur das serbische Regime war in seiner expansiven Politik auf die Unterstützung oder wenigstens stillschweigende Duldung durch Russland dringend angewiesen. Insofern war das verbliebene Jugoslawien, also Serbien, der einzige Staat in Südosteuropa, über den Russland seinen Einfluss in der Region geltend machen konnte. Russland war also wegen des in Serbien herrschenden Regimes an Serbien-Jugoslawien besonders interessiert. Die nationalistische und kommunistische Opposition in Russland sprach das offen aus. Ob dieses Interesse von Jelzin und den mit ihm in der Staatsführung verbündeten Kräften geteilt wurde oder nicht, kann dahin gestellt bleiben. Sie kamen ihm zunächst jedenfalls weitgehend nach. Diese Interessenverknüpfung, die es Russland auch nicht erlaubte, auf das Regime von Milošević beherrschenden Einfluss zu nehmen, lähmte den Sicherheitsrat, als es darauf angekommen wäre, internationalen Druck auf Serbien-Jugoslawien auszuüben, um es zu einer friedlichen Lösung des Kosovo-Konfliktes zu veranlassen. So entstand erst die Situation, in der nur die Wahl blieb, Milošević bei seinem Treiben im Kosovo zuzusehen oder im Konflikt mit ihm zugleich in Konflikt mit dem Völkerrecht zu geraten.

Den Kern der völkerrechtlichen Problematik bildet nicht die Verletzung der jugoslawischen Souveränität durch die Nato, sondern der Gebrauch, den das serbische Regime zehn Jahre lang von der Souveränität Jugoslawiens machte, ohne von der UNO rechtzeitig und entschieden daran gehindert zu werden. Das Regime in Belgrad beanspruchte dass alleinige Recht auf Einmischung in den Republiken und autonomen Provinzen des bisherigen Jugoslawien und machte zugleich geltend, die Republik Serbien sei an keinem der „Bürgerkriege“ in den anderen Republiken beteiligt, weshalb es auch nicht zur Verantwortung gezogen werden könne. Das Belgrader Regime beanspruchte einen durch internationales Recht oder gar Menschenrechte völlig ungehemmten Gebrauch von Souveränität. Jedoch räumen sich Staaten Souveränität untereinander nicht völlig unabhängig von der Staatsqualität ein. Über die territoriale Souveränität hinaus schließt die UNO in ihren Begriff von Staatlichkeit auch die Verpflichtung auf Friedenswahrung und Menschenrechte ein. Ein Staat kann den Rechtsanspruch auf Souveränität verwirken. Die Nato hat mit ihrer Intervention gegen Serbien-Jugoslawien zwar gegen das Verfahren verstoßen, in dem über den Verlust dieses Rechtsanspruchs entschieden wird, in der Sache aber hat sie der UNO-Ordnung gerade Geltung verschafft, indem sie der beabsichtigten völkerrechtswidrigen Destabilisierung der Staaten einer ganzen Region und der menschenrechtswidrigen Vertreibung der Kosovaren Einhalt zu bieten suchte.

Die in der Sache gerechtfertigte Intervention konnte mit dem Sicherheitsratsbeschluss vom Juni 1999 wieder in ein UNO-gemäßes Verfahren überführt werden, weil sich durch die verfahrenswidrige Intervention die Mächtekonstellation im Sicherheitsrat verändert hatte. Russland konnte nämlich inzwischen sein Interesse an dem in Serbien-Jugoslawien herrschenden Regime mit der Absicht, mäßigenden Einfluss auf seine politischen Taten zu nehmen, wieder unter einen Hut bringen, weil die Nato-Intervention Wirkung gezeigt hatte und zugleich ein Eingreifen auf dem Boden nicht mehr ganz ausgeschlossen schien. Diese neue Konstellation bestimmte die unmittelbare Nachkriegssituation: Indem sich die Nato gegenüber dem serbischen Regime als handlungsfähig erwies, brachte sie Russland in eine Position, in der es auf Milošević wieder Einfluss nehmen konnte. Damit es zu dieser Konstellation kam, mussten die Nato gegenüber der kosovo-albanischen Forderung nach staatlicher Unabhängigkeit unnachgiebig bleiben und KFOR nach der Übernahme der militärischen Gewalt im Kosovo auf der vereinbarten Demilitarisierung der UÇK bestehen. Diese Nachkriegskonstellation blieb kompliziert und fragil und enthielt die Gefahr, dass es Milošević gelingen könnte, eine direkte Konfrontation zwischen Nato und Russland im Kosovo zu provozieren. Dies räumte ihm trotz der Niederlage immer noch eine starke Stellung im bestehenden Kräfteverhältnis ein. Erst der Sturz des Regimes von innen heraus schuf eine Situation, in der über eine Demokratisierung Serbiens und des Kosovo in Verbindung mit dem Stabilitätspakt für Südosteuropa eine dauerhafte Lösung des Kosovokonfliktes möglich werden könnte.

29.4. Ist die Nato-Intervention ein Präzedenzfall für Interventionen ohne UN-Mandat?

Im Kosovo-Konflikt, der schließlich zur Intervention der Nato und dann zur Übernahme der militärischen Verantwortung durch eine mit UNO-Mandat versehene Friedenstruppe und der zivilen Verwaltung durch die UNO führte, vereinigten sich Bedingungen, die in zahlreichen anderen Konflikten in der Welt wirken, mit solchen, die nur in diesem Konflikt vorlagen (→ Kap. 30).

Nach Wegfall der früheren Blockkonfrontation zwischen Ost und West, die auch Züge einer internationalen, freilich imperialen Ordnung trug – schließlich war das Sowjetimperium ihr Eckstein – ist die Ordnung der Staatenwelt in vielen Regionen allein auf die einzelnen Staaten verwiesen. Sie sind die Bausteine der UNO. Nun sind aber viele dieser Staaten Produkt einer imperialen Ordnung, sei es der europäischen Kolonialreiche, sei es der kontinentalen europäischen Imperien und des osmanischen Reiches. Weder sind ihre Grenzen unumstritten, noch besitzen sie die innere Homogenität, die die westeuropäischen Staaten und die USA mit ihrem Modell des Nationalstaates der UNO zu Grunde legten. In diese Ordnung rückten nach und nach die unabhängig gewordenen neuen Staaten ein, ohne dem zugrundeliegenden Staatenmodell zu entsprechen. In ihrem Bestand sind sie oft weniger durch innere Gegebenheiten als durch die UNO-Ordnung selbst garantiert.

Mit dem Wegfall der Blockordnung verschärfen sich an vielen Punkten der Welt die Auseinandersetzungen zwischen verschiedenen Formen der Staatenbildung, die mit der formellen Unabhängigkeit keineswegs abgeschlossen ist. Grundsätzlich gibt es zwei Wege: den Weg, in den bestehenden Grenzen trotz aller Heterogenität über demokratische Verfahren, föderale Dezentralisierung, Marktwirtschaft und zwischenstaatliche Kooperation den notwendigen minimalen gesellschaftlichen Zusammenhalt der Staaten zu schaffen, und den anderen, entlang von ethnischen Verwandtschaften die Staatsgrenzen zu korrigieren und den staatlichen Zusammenhalt durch ethnische Homogenität sichern zu wollen. Der zweite Weg muss die UNO-Ordnung sprengen. Zwischen diesen beiden Wegen gibt es viele Varianten, multiethnische Staaten in ihren bestehenden Grenzen zwar zu erhalten, aber gestützt auf eine Ethnie zu beherrschen. Alle diese Varianten laufen Gefahr, schließlich über die Ethnisierung der Politik in den zweiten Weg zu münden.

Der jugoslawische Erbfolgekrieg entsprang daraus, dass vor allem die serbische Elite den ersten Weg verließ. Über den Versuch, Jugoslawien ethnisch zu beherrschen, landete sie schließlich bei dem Versuch, ein ethnisch reines Großserbien zu schaffen. Dabei scheiterte sie eins ums andere Mal. Die Probleme im früheren Jugoslawien und dann in Serbien-Jugoslawien waren und sind die gleichen wie an vielen Punkten in der Welt. An manchen wurde ebenfalls versucht einzugreifen, meist dilettantisch und unentschlossen. So wird die UNO-Ordnung in den letzten Jahren immer brüchiger, ohne dass der Sicherheitsrat daraus Konsequenzen zöge.

Die zahlreichen Interventionsbemühungen im früheren Jugoslawien, die zuletzt in die Nato-Intervention gegen Serbien-Jugoslawien mündeten und zu einer internationalen Verwaltung des Kosovo im Rahmen der UNO führten, unterscheiden sich von der Gleichgültigkeit in anderen Fällen. Im Kosovokonflikt bündelten sich die Interessen mehrerer internationaler Akteure. Es handelte sich um keine vorrangig wirtschaftlichen Interessen, vielmehr wird hier die transatlantische Ordnung direkt berührt, aus der die UNO erst hervorging. Wenn der ethnisch begründeten Zerstörung der Staatenordnung freier Lauf gelassen wird, dann kann man nicht nur jede Hoffnung auf eine Friedensordnung der Staatenwelt fahren lassen, sondern gleich auch noch die stabilisierende Wirkung von EU und Nato abschreiben. Dies scheint den politisch Verantwortlichen im Verlauf des zehnjährigen jugoslawischen Erbfolgekrieges allmählich klar geworden zu sein. Nicht umsonst wurde, noch während der Krieg andauerte, der Stabilitätspakt für Südosteuropa entwickelt, der ganz bewusst den Weg einer demokratischen, föderalen Staatenbildung und -kooperation in den bestehenden Grenzen mit marktwirtschaftlichen Grundlagen zum Programm erhebt und die internationale, vor allem aber die europäische und transatlantische Unterstützung eines solchen Weges einfordert. Trotz all der Zerstörungen und Verletzungen könnte die Intervention der Nato eine dauerhafte Beendigung der Kriege im früheren Jugoslawien eingeleitet haben. Dann hätte sie nicht nur eine zweite Runde der Kriege und ihre Ausweitung auf die ganze Region unterbunden, sondern einer grundlegenden Neuordnung in Südosteuropa den Weg bereitet. Dass sie gelingt, wird nicht zuletzt davon abhängen, ob die serbische Gesellschaft aus ihrer narzisstischen Selbstisolation herausgelockt und beim Wiederaufbau unterstützt werden kann. Die Gefahr, damit gleichzeitig das Regime wieder hochzupäppeln, ist mit dem Sturz von Milošević nicht mehr gegeben. Aber sehr weit ist Serbien auf dem Weg zu Demokratie und Rechtsstaat noch nicht gekommen. Die wirtschaftliche Talsohle ist noch nicht erreicht, eine geregelte Marktwirtschaft noch kaum entwickelt.

Das Gefühl für die eigene Verantwortung an dem Desaster des früheren Jugoslawien kann sich freilich nur in der serbischen Gesellschaft selbst entwickeln. Der serbische Weg mag historisch großartig gewesen sein, er musste ins Verderben führen, sobald er rücksichtslos ethnisch-imperial angelegt war. Serbische Niederlagen wie in Kroatien, Bosnien-Herzegowina und schließlich im Kosovo bedeuteten dann Befreiung – letztendlich auch der Serben. Die Frage ist, ob diese selbst das so verstehen können? Die militärische Intervention im Kosovo hat einen Krieg beendet und zum Sturz eines aggressiven Regimes beigetragen. Die Arbeit am Frieden in der Region wird noch lange dauern. Die Intervention im Kosovo wird ein Einzelfall bleiben. Doch können sich in der Staatenwelt die Einzelfälle häufen, in denen regional oder global das Ganze auf dem Spiel steht und auf die die Staatengemeinschaft jeweils eine Antwort finden muss.

Literatur

Florian Bieber/Zhidas Daskalovski (Hg.), *Understandig the War in Kosovo*, London 2003; Wesley Clark, *Waging Modern War. Bosnia, Kosovo, and the future of combat*, New York (Public Affairs), 2001; Konrad Clewing/Jens Reuter (Hg.), *Der Kosovo-Konflikt. Ursachen – Akteure – Verlauf*, München 2000; Michael J. Glennon, *Limits of Law, Prerogatives of Power: Interventionism After Kosovo*, Hampshire 2001; Human Rights Watch, „*Po naredjenju*“ ("Nach Befehl") Sammelband zum Krieg in Kosovo mit Zeugnissen der Akteure, Belgrad 2003; Günter Joetze, *Der letzte Krieg in Europa. Das Kosovo und die deutsche Politik*, Stuttgart 2001; Tim Judah, *Kosovo: War and Revenge*, Yale 2002; Benjamin Lambeth, *NATO's Air War for Kosovo: A Strategic and Operational Assessment*, 2001; Viktor Meier, *Jugoslawiens Erben. Die neuen Staaten und die Politik des Westens*, (Slowenien, Kroatien, Bosnien-Hercegovina, Serbien, Kosovo, Montenegro, Makedonien) München 2001; Wolfgang Petritsch/Karl Kaser/Robert Pichler, *Kosovo-Kosova. Mythen, Daten, Fakten*, Klagenfurt 1999; Wolfgang Petric/Robert Pichler, *Kosovo-Kosova. Der Lange Weg zum Frieden*, Klagenfurt 2004; Matthias Rüb, *Kosovo. Ursachen und Folgen eines Krieges in Europa*, München 1999; Frank Schirrmacher (Hg), *Der westliche Kreuzzug. 41 Positionen zum Kosovo-Krieg*, Stuttgart 1999; Thomas Schmid (Hg.), *Krieg im Kosovo*, Reinbek 1999; Bruno Schoch, Ulrich Ratsch und Reinhard Mutz (Hg.), *Friedensgutachten 1999*, Münster 1999.

IV. Die Folgen

30. Völkerrechtliche Rahmenbedingungen und die Staatengemeinschaft

Stefan Oeter

30.1. Völkerrecht im Umbruch

Jugoslawien und das Völkerrecht – dieses Thema wurde in der politischen Öffentlichkeit stets unter dem Aspekt der ordnenden Rolle des Völkerrechts für den Jugoslawien-Konflikt wahrgenommen. Bemüht man sich jedoch ernsthaft um eine Aufklärung der völkerrechtlichen Rahmenbedingungen des Konflikts, also der Handlungsanreize und der Restriktionen, die vom Völkerrecht für die handelnden Akteure ausgingen, so stellt sich Ratlosigkeit ein. Unverkennbar ist, dass im Konflikt maßgebliche Grundregeln in Streit standen. Die *Drittstaatsreaktionen*, in denen sich eigentlich das Völkerrecht widerspiegeln sollte, waren verworren. Die Frage, woraus diese Verwirrung resultierte, führt zu einem hochinteressanten Befund: Aus der allgemeinen Situation eines fundamentalen politischen Umbruchs, die vor allem Europa, aber auch die Welt insgesamt seit Beginn der neunziger Jahre prägt, ist eine handfeste Krise des völkerrechtlichen Handlungsinstrumentariums erwachsen. Traditionelle Instrumente des Völkerrechts werden zusehends als unangemessen empfunden, neue Instrumente aber sind noch nicht vorhanden bzw. sind erst in einem quasi experimentellen Prozess im Entstehen (eine Situation, die in Umbrüchen besonders für Systeme von Gewohnheitsrecht typisch ist). Daraus ergibt sich eine Gemengelage von Altem und Neuem, die kaum noch handlungsleitend für die Staatenpraxis wirken kann. Staaten müssen sich entscheiden, für welche Völkerrechtskonzeption sie optieren wollen, und entscheiden sich – je nach wirklicher oder vermeintlicher Interessenlage – für äußerst unterschiedliche Konzepte.

Das erste Hauptfeld dieses Widerstreits unterschiedlicher Ordnungsansätze ist die Frage der Abgrenzung von „Innen und Außen" im Völkerrecht, also der Unterscheidung von Belangen internationaler Regelung von den sogenannten „inneren Angelegenheiten". In Frage steht damit die Abgrenzung der Sphäre des Völkerrechts von der durch das Interventionsverbot geschützten Sphäre innerstaatlicher Politik. Traditionell regelt das Völkerrecht nur die Beziehungen zwischen Staaten, überlässt den Binnenbereich, die Gestaltung der inneren Ordnung der Staaten, dagegen den nationalen Rechtsordnungen. Dies klammert traditionell auch den Bürgerkrieg aus der Sphäre des Völkerrechts aus. Der Kampf um die innere Ordnung eines Staates mag in überaus extremer Form ausgetragen werden – der Binnenbereich bleibt durch das Schild der Souveränität und das Interventionsverbot grundsätzlich nach außen abgeschirmt. Nach traditionellen Kategorien handelt es sich auch bei bürgerkriegsartigen Auseinandersetzungen im Prinzip immer noch um eine „innere Angelegenheit", auf die nicht einmal die Bestimmungen von Kapitel VII der UN-Charta, also der Regelung über das System kollektiver Sicherheit, anwendbar schienen, jedenfalls hat man das lange Zeit so gesehen. Der Sicherheitsrat der Vereinten Nationen konnte sich derartiger Probleme des Bürgerkrieges nach traditionellen Kategorien allenfalls auf der Grundlage der Zustimmung der betroffenen Regierung annehmen, also im Wege des so genannten *Peace-*

keeping. Im Grundsatz aber stand es der international anerkannten Staatsgewalt (d.h. der Regierung) frei, aufständische Bewegungen niederzukämpfen und die Widerstände notfalls mit brachialer Gewalt zu brechen. Dies galt traditionell gerade auch für den Kampf gegen sezessionistische Bewegungen, da das Selbstbestimmungsrecht nach allgemein gängiger Konstruktion nur anerkannte Staatsnationen erfasste, nicht aber (Teil-) Völker innerhalb eines Staatswesens.

Zwar gibt es seit einiger Zeit in der Völkerrechtsdoktrin eine Debatte darüber, ob nicht unter bestimmten Umständen auch Teilgebilden eines zusammengesetzten Staates bzw. (Teil-)Völkern im Verbund eines multinationalen Staates ein eigenes Selbstbestimmungsrecht in Form eines Sezessionsrechtes zustehen könnte. Wenn überhaupt, wird ein derartiges Sezessionsrecht auf der Basis des Selbstbestimmungsrechts aber nur für notstandartige Situationen der brutalen physischen Verfolgung der entsprechenden Volksgruppe anerkannt, als eine Art Notwehrrecht in Fällen krasser Menschenrechtsverletzungen oder genozidhafter Gruppenverfolgung. Eine derartige Konstellation lag jedoch im Falle Jugoslawiens 1991 (noch) nicht vor, zumindest nicht für Slowenien und Kroatien.

Die traditionelle Perspektive, in der es sich bei dem ausgebrochenen innerjugoslawischen Verfassungskonflikt zunächst einmal um eine innere Angelegenheit handelte, prägte sichtlich das Handeln der Drittstaaten in der Anfangsphase der Jugoslawien-Krise (Lord Owen). Nicht nur von den eng mit den Belgrader Führungsgruppen verbundenen Drittweltstaaten der Blockfreien-Bewegung, sondern auch von den westeuropäischen Staaten (und den Organen der Europäischen Gemeinschaft) wurde noch in den Jahren 1990/91 immer wieder die territoriale Integrität Jugoslawiens als eigentliches Ziel der Politik gegenüber den Völkern Jugoslawiens beschworen. Zwar wurden gleichzeitig auf der rhetorisch-symbolischen Ebene des Staatenverkehrs, insbesondere im Kontext der KSZE, inhaltliche Strukturprinzipien der mitgliedstaatlichen Binnenordnung, wie Menschenrechte, Minderheitenschutz, Demokratieprinzip und *rule of law*, feierlich bekräftigt und in den KSZE-Dokumenten zu grundlegenden Elementen einer im Entstehen begriffenen *public order of Europe* erhoben; auf der realpolitischen Ebene der zwischenstaatlichen Beziehungen jedoch blieben diese Deklarationen zunächst nahezu folgenlos, mussten folgenlos bleiben, solange man an der Dominanz des Souveränitätsparadigmas festhielt. Nicht zuletzt die (mangelnde) Reaktion der europäischen Staaten auf die Vorgänge im Kosovo zu Ende der achtziger Jahre zeigte diese fortdauernde Dominanz der klassischen Konzeption, für die Menschenrechte und Demokratieprinzip in erster Linie potentielle Störquellen für die diplomatische Arbeit sind.

Auch als die JVA (die Jugoslawische Volksarmee) im Winter und Frühjahr 1990/91 die Aufstandsbewegung der Krajina-Serben gegen die neu gewählte Republikführung in Zagreb schürte, um so einen Anlass für die Verhängung des Kriegsrechts zu schaffen, blieben die Drittstaaten tatenlos und behandelten die JVA weiter als einen respektablen Partner, der als neutraler Mittler nur am Wohle des Gesamtstaates interessiert sei. Fast alle Beteiligten wussten, dass diese Konstruktion im Kern eine Täuschung war, dass die JVA ganz andere Ziele als die eines politischen Ausgleichs verfolgte und sich dabei eines Instrumentariums bediente, das in verfassungsstaatlichen Kategorien nicht zu rechtfertigen war; dies anzuprangern wäre jedoch ein Verstoß gegen das selbstauferlegte Neutralitätsgebot der westlichen Politik gewesen.

Wahrscheinlich war diese Neutralität ein Fehler, wäre dies doch der letzte Zeitpunkt gewesen, zu dem die um die Zukunft Jugoslawiens ringenden Parteien noch mit einiger Aussicht auf Erfolg an den Verhandlungstisch hätten gezwungen werden können. Dies allerdings hätte *handfestes Engagement* der westlichen Diplomatie erfordert, gekoppelt mit massiven Drohungen gegenüber den widerstrebenden Gruppierungen. Es geschah aber nichts. Die Folgen waren absehbar: Slowenien und Kroatien griffen zur ultima ratio ihrer Strategie und zogen im Juni 1991 mit den Unabhängigkeitserklärungen die Notbremse.

Die als Polizeiaktion angelegte Kampagne der Jugoslawische Volksarmee gegen Slowenien stürzte die Drittstaaten dann unentrinnbar in einen Widerstreit der Prinzipien. Die Reaktion traditioneller Art wäre gewesen, den Charakter der Affäre als einer „inneren Angelegenheit" zu betonen. Regierung und Armee hätten damit freie Hand gehabt, die Rebellion niederzuschlagen und Recht und Ordnung wiederherzustellen. Wenn sich im Zuge dieser Aktion – wie zu erwarten – Militär und Polizei im Mitteleinsatz vergriffen hätten, wäre dies als Menschenrechtsverletzung angeprangert worden und hätte zu einer mehr oder weniger symbolischen Reaktion des Protestes geführt. Das eigentliche Problem aber („Wahrung der staatlichen Einheit") wäre gelöst gewesen, und nach einiger Zeit hätte man zum *Business as usual* übergehen können.

Diese bis dato gängige Form der Auflösung des Prinzipienkonfliktes zugunsten des Kriteriums der Effektivität degradiert allerdings ganz offen die in den Menschenrechten oder dem Demokratieprinzip verkörperten Werte zu rein programmatischen Normen – eine Konsequenz, die in Staaten wie der Bundesrepublik Deutschland leicht in den Verdacht des Zynismus gerät. Politiker (zumindest in Staaten wie Deutschland) wagen es daher kaum noch, offen für ein in traditionellen Kategorien der Realpolitik konzipiertes Handeln einzutreten. Die meisten westlichen Diplomaten aus den auf ihre Tradition der nüchternen Realpolitik stolzen Außenapparaten dagegen gerieten ersichtlich in Verwirrung, als Politiker (vor allem aus Staaten Mitteleuropas) auf den Gedanken kamen, der Prinzipienkonflikt zwischen Effektivität und Legitimität müsse zugunsten der bisher nur rhetorisch für tragend erklärten rechtsstaatlichen Strukturprinzipien aufgelöst werden. Gerade in den Außenministerien der wichtigeren westeuropäischen Staaten scheint diese moralisierende Variante deutscher Außenpolitik nicht nur erhebliche Erbitterung ob der Überdosis an moralischen Beschwörungen hervorgerufen zu haben, sondern führte auch zu ausgeprägtem Misstrauen ob der eigentlichen Motive.

Der Konflikt wäre in diesem Stadium wohl noch durch eine entschlossene Reaktion der Drittstaaten zu regulieren gewesen, etwa durch eine konzertierte Anerkennung der Neustaaten und die Androhung umfassender Embargomaßnahmen gegenüber den auf gewaltsame Lösungen bedachten Akteuren; vorausgesetzt hätte dies aber eine einheitliche Bewertung der Vorgänge. Da diese Gemeinsamkeit in der Bewertung nicht vorhanden war, flüchtete sich die Diplomatie in Formelkompromisse, die im Ergebnis dann eher konfliktverschärfend als konfliktverhütend wirkten, konnten doch beide Seiten sich durch Teile der verwendeten Formeln bestätigt fühlen. Die Armee fühlte sich als legitimer Wahrer der staatlichen Einheit, während die abfallenden Republiken auf ihre demokratische Legitimation (und letzten Endes auf das Selbstbestimmungsrecht) verwiesen.

30.2. Der militärische Konflikt: Barbarei als „Normalität"

Was nun einsetzte, war ein Prozess des allmählichen Hinausschiebens der Grenzen – der Grenzen dessen, was man als Normalität beschreiben könnte. Motor dieses Prozesses der Verschiebung psychologischer Grenzen war zunächst das strategische Denken in Kategorien des totalen Krieges, das die handelnden Militärs in Jugoslawien prägte. Der Drang zur Totalisierung des Krieges fand zunächst kaum ernsthaften Widerstand. Im Gegenteil – die Erfahrung der Sanktionslosigkeit hat die Position der militärischen Hardliner wohl immer weiter gestärkt. Teile des Offizierskorps der Jugoslawischen Volksarmee warteten zu Beginn der Terrorangriffe auf Vukovar und Dubrovnik noch darauf, die Armeeführung in Belgrad möge durch entschlossene Reaktionen der Staatengemeinschaft zur Vernunft gebracht werden. Die von vielen Offizieren der Jugoslawischen Volksarmee erwartete militärische Machtdemonstration der westlichen Staaten entsprach jedoch nicht den gängigen Szenarien westlicher Außenpolitik. Bereitschaft zu entschlossenem Handeln im Namen der Staatengemeinschaft war in dieser Phase des Konflikts bei den Staaten Westeuropas noch nicht vorhanden, einmal davon abgesehen, dass militärische Aktionen in diesem Stadium etablierten völkerrechtlichen Ordnungskategorien widersprochen hätten, wären sie doch nur durch einen sofortigen Beschluss des UN-Sicherheitsrates zu legitimieren gewesen.

Der Sicherheitsrat war aber zu derart schneller Reaktion damals gar nicht in der Lage. Schnelles Reagieren setzt zunächst eine vorgehende Verständigung über die Bewertung der Lage und über die angemessenen Instrumente des Handelns voraus. Schon über die Kompetenz des Sicherheitsrates nach Kapitel VII in Situationen interner Konflikte herrschte jedoch zu diesem Zeitpunkt noch völliger Dissens. Erst im Verlaufe der letzten Jahre hat der Sicherheitsrat seine Praxis so verändert, dass Krisen dieser Art als legitimer Gegenstand von Zwangsmaßnahmen des Sicherheitsrates gewertet werden (China zeigt insoweit übrigens immer noch starke Vorbehalte); eine Verständigung auf eine entsprechende Maßnahme wäre damals folglich kaum möglich gewesen. Die Reaktion der Staaten Westeuropas, die den ersten Zugriff auf das Problem reklamierten, beschränkte sich daher auf Aktivitäten präventiver Konfliktdiplomatie – obwohl der Konflikt längst das Stadium äußerst brutaler militärischer Auseinandersetzung erreicht hatte. Die Konsequenz war voraussehbar: Das Ausbleiben ernsthafter Reaktionen, die zu Anfang der Konfliktverschärfung vielleicht ein Ende hätten setzen können, ließ die Regeln des humanitären Völkerrechts innerhalb weniger Monate in den Augen der Konfliktparteien zu toten Buchstaben werden. Elementare kriegsrechtliche Grundsätze, die zum Grundbestand des in den Genfer Rotkreuz-Konventionen von 1949 verankerten Humanitären Völkerrechts gehören, wie das Gebot der Unterscheidung zwischen Zivilbevölkerung und militärischen Zielen, der Schonung von Kulturgut, der menschenwürdigen Behandlung von Gefangenen und Zivilinternierten oder das Verbot der Vertreibung von Bewohnern besetzter Gebiete, wurden vor den Augen der Weltöffentlichkeit mit Füßen getreten, wichen dem Recht des Stärkeren. Die Erfahrung zeigt aber, dass die Hinnahme derartiger Rechtsbrüche auf Dauer die Sitten aller Konfliktparteien verdirbt, letztlich in der allseitigen Verrohung der Kampfführenden gipfelt.

Die Politik der westlichen Staaten war zu entschlossenen Reaktionen nicht fähig bzw. teils auch nicht willens, blieb allerdings zu vordergründigen Konzessionen an die moralischen Forderungen der Öffentlichkeit gezwungen. Es entstand eine fatale Doppelbödigkeit der westlichen Politik gegenüber Jugoslawien, die so von den meisten Akteuren gar nicht beabsichtigt gewesen sein wird, die eher strukturelle Folge der unausgetragenen Grundkonflikte westlicher Außenpolitik war als intendierte Folge böswilliger Machtpolitik. Krasses Beispiel dafür ist der Ende 1991 verabschiedete Vance-Plan für Kroatien. De facto war dieser Friedensplan für die serbisch besetzten Teile Kroatiens nichts anderes als ein Waffenstillstand, mit dem der militärische Status quo zementiert wurde. Dem Wortlaut nach war der Plan jedoch eine die legitimen Anliegen beider Seiten berücksichtigende vorläufige Friedenslösung unter Einschaltung einer mandatsähnlichen UN-Verwaltung. Man mag im Nachhinein die Diskrepanz zwischen dem Wortlaut des Friedensplans und der faktischen Umsetzung des Planes als typisch für die Schwierigkeiten der Vereinten Nationen ansehen. Ganz gerecht wäre dies jedoch nicht. Die Diplomaten, die das Konzept entwickelt hatten, nahmen den Plan wohl wirklich ernst. Die Umsetzung hing allerdings an einem entsprechenden Engagement der Friedenstruppen stellenden Staaten. Nur wenn diese zur – im Ernstfall auch gewaltsamen – Durchsetzung des Friedensplans bereit waren, konnten die Parteien zur Einhaltung ihrer einmal gegebenen Zusagen gezwungen werden. Genau dazu waren die Staaten aber offensichtlich nicht bereit. Essentielle Kernpunkte des Friedensplans, wie die Entwaffnung der serbischen Milizen und die Räumung der so genannten „rosa Zonen", also der Gebiete mit traditionell kroatischer Bevölkerungsmehrheit, die wieder voll unter Zagreber Kontrolle kommen sollten, wurden von den in der Krajina und Slawonien stationierten UNPROFOR-Kontingenten nie wirklich durchgesetzt.

Dies ist nur zu einem geringen Teil auf Mängel des Friedensplans als solchem zurückzuführen. Es lag nicht an den Mängeln des rechtlichen Mandats, sondern an der politischen Zurückhaltung der mit Truppenkontingenten an der Aktion beteiligten Staaten, dass die Umsetzung des Plans nicht mit militärischer Gewalt erzwungen wurde, was letztlich einer Obstruktion der angestrebten Lösung gleichkam. Da die Vereinten Nationen über kein eigenes militärisches Instrument verfügen, ist die Organisation als Vertreter der Staatengemeinschaft nur so durchsetzungsfähig wie die an den einzelnen Aktionen beteiligten Staaten ihr dies erlauben. Dieser Befund spiegelt sich in dem ungelösten Problem der *command- and control*-Strukturen bei UN-Friedenstruppeneinsätzen. Wirkliche Kontrolle über die eingesetzten nationalen Verbände üben bis heute im Zweifelsfall nicht die UN-Kommandeure und deren Stäbe aus, sondern die Verteidigungsministerien der jeweiligen Entsendestaaten. Erteilt die nationale Regierung Anweisung, bestimmte heikle Schritte zu unterlassen, so können politische Leitlinien der UN schnell in ihr Gegenteil verkehrt werden. Genau dies aber geschah in Slawonien und in der Krajina; es entstand eine Art Mafia-Staat, in dem, nach außen durch UN-Friedenstruppen abgesichert, bewaffnete Banden und Milizen sowie deren Repräsentanten Staatsgewalt „spielten". Welch traurige Zustände in diesen Gebilden herrschten, belegen die Berichte des UN-Menschenrechtsberichterstatters Tadeusz Mazowiecki: Nicht nur die (wenigen verbliebenen) kroatischen Bewohner waren dort völliger Willkür ausgeliefert, sondern auch die serbischen Bewohner litten unter einem völligen Zusammenbruch von Recht und Ordnung.

Verbaut wurde mit dieser Duldung von Strukturen militärischer Gewaltherrschaft im Ergebnis auch der Weg zu einer endgültigen Friedenslösung für die Krajina. Der auf dem Vance-Plan aufbauende Z4-Plan der Kontaktgruppe, der ein in sich sehr stimmiges Modell weitgehender Autonomie für die kroatischen Serben entwickelt hatte, scheiterte an der mangelnden Durchsetzungsmacht westlicher Diplomatie. Kompromisslösungen waren mangels entsprechender Druckmittel den auf das Recht des Stärkeren vertrauenden Gewalthabern in Knin nicht nahe zu bringen.

30.3. Die völkerrechtlichen Reaktionen: Anerkennung als Gestaltungsinstrument

Zeitlich genau parallel zum Vance-Friedensplan für Kroatien lief die Anerkennungsdebatte auf ihren Höhepunkt zu. Im Winter 1991 war offensichtlich geworden, dass die Jugoslawische Volksarmee mit der militärischen Niederwerfung der kroatischen „Sezessionisten" gescheitert war (Cigar) und dass einige wichtige Staaten (vor allem Deutschland) bald zur Anerkennung der Neustaaten schreiten würden. Unter dem Druck dieser Umstände fügte sich die Mehrheit der Mitglieder der Europäischen Gemeinschaft notgedrungen ins Unvermeidliche und stimmte der konzertierten Anerkennung Sloweniens und Kroatiens zu. Um weiterem Streit über die Kriterien der Anerkennung vorzubeugen, bemühte man sich jedoch, die neue Anerkennungspolitik in einem Katalog allgemein gefasster rechtlicher Prinzipien festzuschreiben. Dem in diesem Zuge entstandenen rechtlichen Dokument sollte für den weiteren Gang der Dinge dann erhebliche Bedeutung zukommen. Zur Vorbereitung der in ein scheinbar rechtliches Verfahren eingekleideten Anerkennungen wurde eine Schiedskommission aus Präsidenten europäischer Verfassungsgerichte eingesetzt, die so genannte Badinter-Kommission. Die Gutachten dieser Kommission stellten jeweils fest, dass die geforderten Voraussetzungen für eine Anerkennung erfüllt sind. Einige Entscheidungen dieser Kommission hatten bemerkenswerte rechtliche Folgewirkungen, so insbesondere die die Staatenpraxis präjudizierende Festlegung auf das so genannte *uti possidetis*-Prinzip, eine ursprünglich aus dem kolonialen Kontext stammende Regel für die Rechtsnachfolge in Grenzen. Festgelegt wurde damit die Verbindlichkeit der innerjugoslawischen Republikgrenzen für die nun unabhängig gewordenen Neustaaten – ein äußerst folgenschwerer Schritt, dessen rechtliche Ableitung aus den Gutachten kaum verständlich wird. Auch die zunächst äußerst umstrittene Einstufung des Zerfalls Jugoslawiens als *Dismembration*, mit der Folge des völligen rechtlichen Unterganges Jugoslawiens als Staat, wurde von der Badinter-Kommission vorgeformt. Diese Position des Untergangs des jugoslawischen Staates wurde im weiteren Verlaufe dann Grundlage für die Praxis der westlichen Staaten: Von Seiten der so genannten Bundesrepublik Jugoslawien, also des serbisch-montenegrinischen Restjugoslawien, wird diese Position allerdings bis heute in Frage gestellt, und auch in der Völkerrechtslehre hat sie durchaus nicht nur Befürworter gefunden. In den Vereinten Nationen musste man sich dementsprechend mit einem Formelkompromiss behelfen, wonach die Mitgliedschaft Jugoslawiens de jure als fortbestehend gedacht wird, aber suspendiert bleibt, bis die Frage der Nachfolge oder Identität mit dem alten Jugoslawien geklärt ist.

Die Anerkennung wurde in der Praxis der EU-Staaten so vom wertneutralen Akt der reinen Besiegelung faktisch konsolidierter Herrschaft in ein wertgeladenes Instrument der Sicherung substantieller Homogenität der europäischen Staaten umgeformt (Rich; Oeter). Dies ist eine Entwicklung nicht ohne Gefahren. Versteht man die Anerkennung als Mittel der politischen Gestaltung, wenn auch stark symbolischer Natur, so besteht in der Folge die Versuchung, die Institution Anerkennung zum symbolischen Politikersatz zu entfremden. Zu belegen ist dies an der Anerkennung Bosnien-Herzegowinas. Obwohl die Folgen einer Unabhängigkeitserklärung Bosnien-Herzegowinas für die Beteiligten durchaus absehbar waren, in der Form gewaltsamer Besitzergreifung möglichst großer Portionen Landes durch die bosnischen Serben im Verein mit der Armee, verweigerte sich die westliche Politik realen Gegenstrategien. Die von der bosnischen Regierung vorgeschlagene Stationierung von UN-Friedenstruppen scheiterte am fehlenden Willen der relevanten Staaten, für diese Aufgabe Truppen zur Verfügung zu stellen (Zimmerman). In der Folge konnte die Anerkennung Bosnien-Herzegowinas dann aber nur fatale Folgen haben. Nicht nur das Timing war falsch, sondern aufgrund des völligen Fehlens eines übergreifenden Lösungskonzepts, in das die Anerkennung als instrumentale Maßnahme hätte eingefasst werden können, blieb der Akt der Anerkennung als weitgehend symbolische Maßnahme in der Luft hängen.

Die Anerkennung war, dies gilt leider besonders für die deutsche Politik, zusehends zu einer Art Selbstzweck geworden. Die positiven Wirkungen wurden überschätzt: Im Falle Kroatiens konnte sie angesichts des Zeitpunkts kaum noch befriedende Wirkung entfalten – im Gegensatz zu einer entschlossenen Anerkennung in einem frühen Stadium, die (wäre sie geschlossen erfolgt) wohl noch Manches zu verhindern geholfen hätte. Im Falle Bosnien-Herzegowinas dagegen heizten die Anerkennungsrichtlinien eher den Konflikt an, als dass sie ihn dämpften. Nicht ohne Grund beschworen die Diplomaten der Jugoslawien-Konferenz wie die meisten betroffenen Politiker aus Kroatien, Mazedonien und Bosnien die EG-Staaten, die Anerkennungsfrage im Fall Bosniens solange wie nur irgend möglich in der Schwebe zu halten, da andernfalls Fürchterliches zu erwarten sei. Wie richtig diese Einschätzung war, zeigten dann die Folgen der geänderten Anerkennungspolitik. Die Berufung auf die Anerkennungsrichtlinien führte nicht nur zur Polarisierung zwischen Kroaten und Muslimen auf der einen, Serben auf der anderen Seite, sondern wohl auch dazu, dass die bosnische Regierung sich einer Täuschung über ihre wahre Lage hingab, vertraute sie doch auf die Hilfe der Außenwelt in der Absicherung der bosnischen Souveränität (Guicherd).

Es ist nicht zu leugnen, dass die in den Konflikt eingeschalteten Drittstaaten diese Illusion zum entscheidenden Zeitpunkt durchaus nährten. Die Politik der starken Worte, auf die dann keine Taten folgten, setzte sich auch im weiteren Verlauf des Konfliktes fort. So folgten auf die rein formelle Umwandlung der Sozialistischen Föderativen Republik Jugoslawien in eine neue Bundesrepublik Jugoslawien, die mit der Umfirmierung der in Bosnien stehenden Einheiten der JVA in so genannte Streitkräfte der bosnischen Serben einherging, entschlossen klingende Stellungnahmen der europäischen Staaten, man werde eine reine Umetikettierung der in Bosnien stehenden Armeeeinheiten nicht tatenlos hinnehmen, sondern entsprechende Konsequenzen ziehen. Was aber hätten diese Konsequenzen sein können? Die allgemeinen völkerrechtlichen Regeln der Staatenverantwortlichkeit hätten es eigentlich nahe gelegt, die serbischen Truppen in Bosnien weiter als Staatsorgane des serbisch-montenegrinischen Rumpfstaates anzusehen, zu deren Streitkräften sie mit Ausbruch des Bürgerkrieges mutiert waren. Serbien bzw. Restjugoslawien wäre damit unzweideutig als Aggressor gegen seinen neuen Nachbarstaat zu qualifizieren gewesen, ohne sich hinter der Konstruktion einer von ihm unabhängigen Serbischen Republik in Bosnien verstecken zu können. Kriegsführende Partei war schließlich die dem Staat Serbien weiterhin zuzurechnende Armee des alten Jugoslawien.

Die Staatengemeinschaft hat diese – rechtlich an sich nahe liegende – Konsequenz nicht gezogen, sondern hat den Konflikt faktisch als einen Bürgerkrieg behandelt. Das für den Umgang mit Bürgerkriegssituationen typische, in der Anfangsphase des Konfliktes verhängte Waffenembargo wurde aufrechterhalten, obwohl der damit bewirkte Eingriff in das *Selbstverteidigungsrecht* Bosniens rechtlich problematisch ist, gar als Verstoß gegen so genanntes *ius cogens*, also zwingendes Völkerrecht, gewertet werden könnte (Ghebali). Das Versteckspiel des in den Konflikt tief verstrickten serbischen Staates, der sich immer wieder als unbeteiligter Dritter darzustellen trachtete, wurde im Ergebnis mitgespielt, und die neutrale Vermittlung der Genfer Jugoslawien-Konferenz und der UN lief letztlich darauf hinaus, die „Bürgerkriegsparteien" auf die gleiche rechtliche Ebene zu stellen und die Beteiligung Restjugoslawiens weitgehend auszublenden. Dabei hätte es angesichts des nur gerade ein Jahr zuvor erfolgten Präzedenzfalles der alliierten Kuwait-Operation gegen den Irak eigentlich nahe liegen können, gegen den Aggressor Serbien/Montenegro mit Zwangsmaßnahmen vorzugehen, ihm militärisch in den Arm zu fallen bei der Erreichung seiner territorialen und demographischen Ziele.

30.4. Die Frage nach der militärischen Reaktion: Friedensschaffung versus „humanitäre Intervention"

Doch als die öffentliche Debatte in den Staaten Westeuropas angesichts der serbischen Gräueltaten im Sommer 1992 genau diese Konsequenz zu fordern begann, erfolgte eine neue Weichenstellung der Politik gegenüber dem ehemaligen Jugoslawien: Die Forderung nach militärischer Intervention wurde umgelenkt in ein Konzept rein humanitärer Aktionen.

Die eilfertige Aufnahme des Gedankens der rein humanitären Aktion durch die offizielle Politik der interessierten Drittstaaten, die in der symbolischen Aktion Präsident Mitterands Ende Juni 1992 ihren Höhepunkt fand, geriet nicht ganz grundlos in den Geruch, so etwas wie ein Ablenkungsmanöver darzustellen. Rein humanitäre Aktionen in einem von völliger Brutalisierung geprägten Umfeld wie in Bosnien geraten leicht in Gefahr, militärisches Personal bewusst zweckentfremdet einzusetzen: Militäreinheiten werden dann eingesetzt für Aufgaben, die genau so gut oder besser von anderen Organisationen wahrgenommen werden könnten (IKRK, UNHCR z.B.), während zugleich über das Mandat, das die Entsendestaaten ihren Truppen mit auf den Weg geben, sinnvoller Einsatz militärischer Mittel ausgeschlossen wird (wie z.B. die Erzwingung des Zugangs zu bestimmten Orten oder auch nur die Verteidigung der Transporte). Die Anwesenheit von Soldaten markiert in dieser Situation zwar staatliche Aktivität; ernsthafte militärische Zwangsmaßnahmen im Sinne einer echten Militärintervention werden jedoch gerade durch die rein humanitäre Aktion ausgeschlossen, da die Eskalation zum gezielten militärischen Gewalteinsatz eine Gefährdung der über das ganze Einsatzgebiet verstreuten ausländischen Truppen nach sich ziehen müsste. Eine Beschränkung des Einsatzes von Truppen auf rein humanitäre Aufgaben bewirkt somit unter Umständen das genaue Gegenteil des ordnungspolitisch Sinnvollen, lässt die Blauhelme der Staatengemeinschaft zu den militärischen Status quo sichernden Geiseln in Händen der auf eine Gewaltlösung setzenden Kriegsparteien werden.

Das neue Konzept des „robust peacekeeping“, mit dem man die Flucht aus den gängigen völkerrechtlichen Kategorien militärischen Zwangseinsatzes bemäntelte, zeigte in der Folge seine Tücken. Wie so oft rächte sich auch hier die Missachtung der etablierten Kategorien, in denen sich ja schließlich langjährige Erfahrungen spiegeln. Nach traditioneller Praxis wären die Voraussetzungen für den Einsatz von UN-Friedenstruppen in Bosnien-Herzegowina eindeutig nicht erfüllt gewesen. Für reine Friedenswahrung (im Sinne des *Peacekeeping*) fehlte es an einem Frieden, der zu bewahren gewesen wäre, denn es mangelte ohne Zweifel an jeglichem Friedenswillen der Konfliktparteien. Für *Peace Enforcement* dagegen, also militärische Herbeizwingung einer Friedenslösung, fehlte es an der Bereitschaft der Drittstaaten, ernsthaft militärischen Druck auszuüben (und insbesondere auch an der dafür erforderlichen klaren politischen Zieldefinition).

Die Grenze zwischen den beiden Formen militärischer Friedensoperation ist alles andere als künstlich, markiert sie im Gegenteil doch eine politisch essentielle Entscheidung, die von den Beteiligten sehr bewusst und möglichst deutlich zu treffen ist. Bei der Friedenswahrung wird die Friedenstruppe zur Absicherung einer Friedenslösung eingesetzt, die von den Konfliktparteien selbst ausgehandelt worden ist, und die nur gegenüber widerstrebenden Teileinheiten, Quertreibern und ins Kriminelle abgerutschten Hardlinern durchzusetzen ist. Bei der Friedensschaffung (i. S. des Gewalteinsatzes nach Kapitel VII der UN-Charta) dagegen wird die militärische Gewalt zur Erreichung einer von außen aufgezwungenen Friedenslösung eingesetzt, die zu Lasten einer der Konfliktparteien durchgesetzt werden soll. Friedensschaffung nach Kapitel VII ist folglich das genaue Gegenteil der für *Peacekeeping* essentiellen Neutralität zwischen den Konfliktparteien, es ist per definitionem Parteinahme, da jeder an Kriterien legitimer Interessewahrung orientierte Friedensplan das Durchsetzen der Interessen des militärisch Stärkeren durchkreuzen muss.

Konkret zum Fall Bosnien: Ein von den Konfliktparteien im Grundsatz akzeptierter Friedensplan, dessen Durchführung mit Blauhelmen zu überwachen gewesen wäre, existierte nicht. Zur militärischen Durchsetzung eines von außen vorgegebenen Friedensplanes war jedoch kein militärisch potenter Staat bereit. Die immer wieder aufgeführten militärtechnischen Bedenken entbehrten dabei nicht einer gewissen Plausibilität, betrafen aber zum Teil sehr isolierte Einzelpunkte und waren im Ergebnis letztlich doch eher Rationalisierungen der fehlenden politischen Bereitschaft zur Intervention. Der weitgehende Konsens der Militärs über die Schwierigkeiten einer bewaffneten Intervention darf nicht darüber hinwegtäuschen, dass eine solche Intervention möglich gewesen wäre – wenn man sie denn wirklich politisch gewollt hätte. Genau an diesem politischen Willen aber fehlte es im Kern, besaß man doch weder eine übereinstimmende Vorstellung von der damit herbeizuführenden politischen Lösung noch die Bereitschaft, die im Rahmen einer Militärintervention unvermeidlichen Opfer auf sich zu nehmen. Unter dieser Prämisse war der übereinstimmende Widerstand der Militärs gegen eine bewaffnete Intervention durchaus rational, ist eine derartige Aktion doch ohne klare politische Zielvorgabe (und entsprechende politische Einbettung) zum Scheitern verurteilt.

30.5. Das UN-Straftribunal

Eine ähnliche Verwirrung der Ziele prägte im Ergebnis auch die Errichtung des Internationalen Strafgerichtshofs für Jugoslawien. Geschaffen wurde dieser erste internationale Strafgerichtshof seit dem Nürnberger Kriegsverbrechertribunal durch eine Resolution des UN-Sicherheitsrates. Der Gedanke der Schaffung eines (ständigen) Internationalen Strafgerichthofes war zwar seit Nürnberg in der internationalen Arena präsent gewesen, und entsprechende Vorschläge standen auch seit Jahrzehnten auf der Tagesordnung der International Law Commission, des völkerrechtlichen Fachgremiums der Vereinten Nationen, in dem die großen Verträge zur Kodifikation des Völkerrechts vorbereitet werden. Die einschlägigen Entwurfsarbeiten waren aber nie zu einem Abschluss gebracht worden, da klar ersichtlich war, dass der Widerstand aus der Staatengemeinschaft gegen ein derartiges Projekt zu massiv ausfallen würde.

Als das Ausmaß der von den Kriegsparteien begangenen Verbrechen ruchbar wurde, hatte der Sicherheitsrat Ende 1992 zunächst eine fünfköpfige Expertenkommission zur Ermittlung der im ehemaligen Jugoslawien verübten Kriegsverbrechen eingesetzt. Von Anfang an wurden aber dieser Ermittlungskommission die Ressourcen verweigert, die sie zur ernsthaften Aufnahme ihrer Arbeit gebraucht hätte. Als der Widerspruch zwischen Mandat und faktischen Möglichkeiten der Kommission zu krass wurde, trat deren erster Vorsitzender, der bekannte niederländische Kriegsrechtler Frits Kalshoven, unter Protest zurück. Nur in Sparbesetzung konnte die Arbeit fortgesetzt werden.

Insofern kam es überraschend, dass der UN-Sicherheitsrat am 25. Mai 1993 dann durch Resolution 827 ein ad hoc-Straftribunal für das ehemalige Jugoslawien einsetzte, das als Nebenorgan des Sicherheitsrates konzipiert ist, mit Sitz im niederländischen Den Haag. Hatte man zuvor die Schaffung eines internationalen Strafgerichtshofes nur durch Vertrag für möglich gehalten, so wurde der Jugoslawien-Strafgerichtshof nun durch eine auf Kapitel VII der UN-Charta gestützte bindende Sicherheitsratsresolution errichtet. Das Statut des Gerichtshofes ist als Annex nur in der Resolution in Bezug genommen; die Verfahrensordnung wurde in der Folge vom Gerichtshof selbst erstellt. Im Gefolge des gewählten, irregulären Weges der Errichtung einer internationalen Strafgerichtsbarkeit wurden dann Vorwürfe erhoben, das Gericht sei nicht ordnungsgemäß errichtet und entbehre einer rechtlichen Grundlage. Diese Einwände gegen das Strafgericht sind in den letzten Jahren intensiv diskutiert worden. Letztlich hat sich die Auffassung durchgesetzt, im Rahmen seiner Befugnis zu Zwangsmaßnahmen nach dem VII. Kapitel habe der Sicherheitsrat in Ausnahmefällen auch die Befugnis zu quasi-legislatorischem Handeln und zur Einsetzung eines internationalen Gerichtes. Der im Zusammenhang damit erhobene Vorwurf, die Unterwerfung von Tätern aus dem ehemaligen Jugoslawien unter ein ihnen zum Zeitpunkt der Tatbegehung nicht bekanntes Gericht verletze den Grundsatz des *nulla poena sine lege*, hat sich als ebenfalls nicht haltbar erwiesen. Was mit Resolution 827 neu geschaffen wurde, war eine internationale Verfahrenszuständigkeit, nicht eine materielle Strafbarkeit der abzuurteilenden Taten (→ Kap. 31).

Von Bedeutung ist die weite Strafzuständigkeit des Strafgerichtshofes. Unter seine Jurisdiktion fallen alle Taten, die auf dem Gebiet des ehemaligen Jugoslawien nach dem 1. Januar 1991 begangen wurden, soweit sie in eine der vier im Statut aufgezählten Tatbestandsgruppen gehören. Der Zuständigkeit des Gerichts in Den Haag unterliegen gemäß Art. 2 bis 5 des Statuts „schwere Verletzungen der Genfer Abkommen von 1949“, also die vertragsrechtlich unter Strafe gestellten Kriegsverbrechen gegen Gefangene, Verwundete und Zivilisten, des Weiteren „Verstöße gegen die Gesetze oder Gebräuche des Krieges“, also die traditionellen Kriegsverbrechen nach Völkergewohnheitsrecht, ferner „Verbrechen des Völkermordes“ und schließlich „Verbrechen gegen die Menschlichkeit“, wie sie in den Nürnberger und Tokioter Verfahren ausgeprägt wurden. Auf welche dieser Strafbarkeitsgrundlagen die Verurteilung der Täter aus dem ehemaligen Jugoslawien konkret gestützt werden kann, ist noch streitig, denn die Anwendbarkeit einzelner dieser Tatbestände hängt von nicht zweifelsfrei geklärten Vorfragen ab. Die „schweren Verletzungen der Genfer Abkommen“ sind nur einschlägig in internationalen Konflikten, wären also für den Jugoslawien-Krieg nur anwendbar, wenn man – wie die vor dem Straftribunal tätige Expertenkommission – die Konflikte pauschal als internationale Konflikte einstufen würde. Ob dies möglich ist, dürfte aber eher zweifelhaft sein. Qualifiziert man jedoch die Konflikte in Kroatien und Bosnien-Herzegowina als nicht-international, so stellt sich die schwierige Frage, unter welchen Tatbeständen völkerrechtliche Verbrechen im Bürgerkrieg überhaupt strafbar sind. Einzelne Stimmen aus der Völkerrechtslehre behaupten, die gewohnheitsrechtlichen Tatbestände der „Verstöße gegen die Gesetze oder Gebräuche des Krieges“ seien auch auf den Bürgerkrieg anwendbar, während eine andere Auffassung das Verhalten der Akteure im Bürgerkrieg einzig für verfolgbar hält unter dem Aspekt der „Verbrechen gegen die Menschlichkeit“.

Doch wie dem auch sei, unstreitig ist, dass die im Jugoslawien-Konflikt begangenen Verbrechen schon nach traditionellem Völkerrecht strafbar waren. Das wirkliche Problem des UN-Straftribunals liegt nicht in diesem Punkt, sondern eher in der Frage der faktischen Durchsetzung des Strafanspruchs der internationalen Gemeinschaft. Der Strafgerichtshof hat zwar umfassende Jurisdiktionsgewalt und der Nachweis der Verbrechen ist im Einzelnen auch gar nicht so schwierig wie erwartet – nur die Täter, um die es eigentlich gehen müsste, fehlen ihm, und ohne Täter gibt es kein Verfahren. Hält der Gerichtshof sich aber – wie bisher – an zufällig an ihn überstellte Einzeltäter, so bleibt ein schaler Geschmack. „Die Kleinen hängen sie, die Großen lassen sie laufen“ – wie es drastisch im Volksmund heißt. Das erste bis zum Endurteil gebrachte Verfahren – das Verfahren im Fall Erdemović – ist insoweit leider symptomatisch. Die Haupttäter könnten in der Folge zwar theoretisch durch militärische Einsätze verhaftet und vor das Gericht gebracht werden – die Nato-Schutztruppe in Bosnien, die unter dem Dayton-Abkommen stationiert wurde, fühlt sich dazu aber außerstande bzw. nicht befugt. Militärisch mag sie im Übrigen gute Gründe für ihr Widerstreben haben – politisch ist das Ergebnis fatal: Letztlich führt das Dayton-Abkommen auf diese Weise zur Konsolidierung genau der Gewaltstrukturen, die mit Blut und Terror geschaffen wurden.

30.6. Das Dayton-Abkommen

Die Gefahr, die durch Gewalt geschaffenen Herrschafts- und Machtverhältnisse rechtlich abzusegnen und zu konsolidieren, wird man insgesamt als das entscheidende Risiko der 1995 schließlich für Bosnien erreichten Friedensregelung ansehen müssen. Doch trotz dieser Gefahr – das in Dayton besiegelte Friedenspaket für Bosnien-Herzegowina stellte ohne Zweifel einen Fortschritt dar. Nach dem Scheitern des Vance-Owen-Plans 1993/94, im Gefolge des Präsidentschaftswechsels von Bush zu Clinton, hatte es nicht so ausgesehen, als sei überhaupt noch irgendeine Friedensregelung erreichbar. Letztlich war es nur dem Geschick der neu etablierten US-Administration zu danken, dass es schließlich noch zu einer halbwegs vernünftigen Lösung kam. Mit einer Strategie von Zuckerbrot und Peitsche gelang es den amerikanischen Unterhändlern, Ende 1995 alle wichtigen Konfliktparteien an den Verhandlungstisch zu bringen. Dahinter stand ein Geflecht von Faktoren, die es der serbischen Seite auf einmal als ratsam erscheinen ließen, ihre noch verbliebenen Geländegewinne rechtlich festzuschreiben. Die Verschiebung der militärischen Kräfteverhältnisse, die nach dem kroatischen Sieg in der Krajina und Westslawonien und der vereinten Offensive der bosnischen Kroaten und Muslime im Sommer 1995 offenbar geworden war, ließ die serbische Seite mehr und mehr um ihren Besitzstand fürchten. Hinzu kam die zunehmende Entschlossenheit der westlichen Staaten, zumindest über Luftangriffe militärisch in den Konflikt einzugreifen. Zugleich legte es die desolate wirtschaftliche Lage Restjugoslawiens nahe, über Zugeständnisse am Verhandlungstisch zumindest eine Teilaufhebung der Sanktionen zu erreichen.

Was in Dayton im Herbst 1995 unter amerikanischer Verhandlungsführung erreicht wurde, war dann ein äußerst komplexes Paket aus zwei- und mehrseitigen Abkommen. Die Gegenstände dieser Abkommen sind höchst unterschiedlich. Im militärischen Bereich reicht das Spektrum von einer anfänglichen Waffenstillstandsregelung unter Einschaltung internationaler Überwachung über Vereinbarungen zur Entflechtung der gegnerischen Truppen bis hin zu einer international überwachten Abrüstungsregelung für die Konfliktparteien. Im ökonomischen Bereich wurden Vereinbarungen über die Zusammenarbeit der Teileinheiten Bosniens und über den Wiederaufbau der Wirtschaft Bosniens unter Hilfestellung der Staatengemeinschaft getroffen; im politischen Bereich standen im Vordergrund Regelungen zur Wahl der zentralen Organe unter Überwachung der OSZE, daneben aber auch der Wahlen zu den Staatsorganen der Teileinheiten Bosniens wie der Kommunalwahlen, die beide ebenfalls unter internationale Überwachung gestellt wurden. Daneben wurde in einem gesonderten Abkommen die Geltung der Europäischen Menschenrechtskonvention für Bosnien-Herzegowina vereinbart, mit einem eigenen durch das Abkommen geschaffenen Menschenrechtsgerichtshof aus serbischen, kroatischen und muslimischen Richtern, plus einigen auswärtigen Richtern als neutralem Element (→ Kap. 26).

Kernstück der Dayton-Vereinbarungen aber ist die vertraglich vereinbarte neue Verfassung Bosnien-Herzegowinas. Schon diese völkervertragliche Fundierung ist eine Besonderheit im internationalen Vergleich. Besonders ist aber auch die Struktur des mit dieser Verfassung geschaffenen Staates – ja man kann sich fragen, ob das so geschaffene Gebilde unter traditionellen Kategorien überhaupt als Staat zu bezeichnen ist. Was so errichtet wurde, ist eine Konföderation aus zwei Teilstaaten, der Serbischen Republik und der Bosniakisch-kroatischen Föderation, deren gemeinsamer staatlicher Überbau eher schwach ausgebildet ist – wobei einer der zwei Teilstaaten seinerseits eine (bis heute nicht so recht funktionierende) Föderation darstellt aus den nur widerwillig zusammenarbeitenden Herrschaftsgebilden der bosnischen Kroaten und Muslime. Zwar stellt die Verfassung klar, dass sie die

Souveränität und Völkerrechtsfähigkeit beim Zentralstaat angesiedelt sieht, wie sie auch die Außenpolitik, die Währungs-, Zoll- und wichtige Bereiche der Wirtschaftspolitik in die Hände der zentralen Organe legt. Diese zentralen Organe sind aber wiederum so konstruiert, dass sie ohne einen zumindest rudimentären Konsens der wichtigen Volksgruppen bzw. Teileinheiten nicht funktionieren können. Die Proporzregelungen für die Zusammensetzung von Parlament, Regierung und kollektivem Staatspräsidium verleihen jeder Volksgruppe praktisch ein Vetorecht, von dem vor allem die Führung der Serben anfänglich auch ausgiebig Gebrauch zu machen suchte. Besonders ungewöhnlich aber ist die Kompetenzverteilung bei der Verfügung über die staatlichen Gewaltorgane. Nicht nur die Polizeihoheit liegt (wie bei vielen echten Bundesstaaten) in Händen der Gliedstaaten, auch das Militär ist im Falle der Dayton-Verfassung nicht vergemeinschaftet, sondern verbleibt weiter in Händen der Teileinheiten. Dies ist international ohne Beispiel.

Realpolitisch stellt diese Verfassung sicherlich das Optimum dessen dar, was am Verhandlungstisch überhaupt zu erreichen war. Ob eine derart den zentrifugalen Kräften Raum gebende Konföderationsverfassung aber aus sich heraus jemals lebensfähig sein wird, bleibt bis heute fraglich. Die Implementierung der in der Verfassung vorgesehenen institutionellen Regelungen verlief jedenfalls in der Anfangszeit sehr schleppend, versuchten doch die verschiedenen Seiten immer wieder, ihnen missliebige Teile des Verfassungsgefüges in der Anwendung zu sabotieren. Im Ergebnis waren es nur die in das Dayton-Paket eingebauten starken Elemente eines internationalen Protektorates, die diese (vorausgesehenen) Widerstände zu überwinden halfen. Der militärische Teil der Durchführung des Friedensplanes ist von der UN an die Nato übergeben worden, die dafür mit einem (nur vage eingegrenzten) UN-Mandat versehen wurde. Die Überwachung der Wahl- und Menschenrechtsregelungen obliegt einer OSZE-Mission unter Führung eines amerikanischen Diplomaten. Betraut mit der Überwachung der zentralen politischen Vereinbarungen – insbesondere der Umsetzung der Verfassung – wurde durch die Dayton-Vereinbarungen ein von den als Kontaktgruppe an der Friedenslösung beteiligten Drittstaaten bestimmter Hoher Repräsentant. Dieser Hohe Repräsentant musste, nachdem die bosnischen Konfliktparteien ersichtlich nicht in der Lage waren, das in Dayton konstruierte Verfassungsgefüge mit wirklichem Leben zu erfüllen, einen Großteil der zentralen Entscheidungen an sich ziehen und den bosnischen Gesamtstaat so vorläufig in eine Art internationales Protektorat umformen, in dem die fundamentalen politischen Entscheidungen zu einem erheblichen Teil nicht von Vertretern des Volkes, sondern von Repräsentanten auswärtiger Mächte getroffen werden.

Zumindest für eine mehr oder weniger kurze Anfangszeit war diese Lösung wohl unvermeidbar, fehlte es doch an der nötigen Kompromissbereitschaft, solange in den unterschiedlichen Teileinheiten noch die vom Bürgerkrieg an die Spitze gespülten militanten Vertreter der alten nationalistischen Kriegsparteien an der Regierung waren. Auf Dauer funktionieren kann das in Dayton ersonnene komplizierte Verfassungsgefüge jedoch nur, wenn diese alten Führungen der auf die Verfolgung von Maximalzielen mittels militärischer Lösung fixierten Hardliner allmählich abgelöst werden durch eine neue Generation von Friedenspolitikern, die die Notwendigkeit des friedlichen Kompromisses als Voraussetzung politischer Stabilität und wirtschaftlicher Besserung akzeptieren. Dies gilt nicht nur für die serbische Seite, sondern sicherlich auch für die Mafia-Strukturen der Herzegowina-Kroaten, letztlich wohl auch für Teile des bosniakisch-muslimischen Apparates. Doch handelt es sich dabei um politische Voraussetzungen einer gedeihlichen Entwicklung des Dayton-Vertragswerkes, die das Netz rechtlicher Verpflichtungen nur schwer beeinflussen, geschweige denn garantieren kann.

30.7. Die Kosovo-Intervention

Was aus dem Dayton-Paket bewusst ausgeklammert wurde, waren die weiteren schwelenden Konfliktherde des zerfallenen Jugoslawien, wie die Problematik des Sandschak oder die Kosovo-Frage. Versuche, das Kosovo-Problem unter das Dach der Dayton-Verhandlungen zu bringen, wurden von vornherein abgeblockt – und dies letztlich wohl zu Recht, denn eine Überfrachtung der Dayton-Verhandlungen mit der Kosovo-Frage hätte alle Bemühungen um eine politisch-diplomatische Lösung zu diesem Zeitpunkt mit Sicherheit zunichte gemacht. Der Krieg im ehemaligen Jugoslawien war folglich aber mit Dayton nicht wirklich beendet, sondern nur eingegrenzt auf die restlichen, noch nicht gelösten Problemzonen. Für diese verbleibenden Probleme, deren gravierendste sicherlich die ungelöste Kosovo-Frage darstellt, existierte völkerrechtlich noch kein rechtlicher oder institutioneller Rahmen, der einen Ansatz zur politisch-diplomatischen Lösung geboten hätte. Die Staatengemeinschaft blieb hier erneut verwiesen auf den ad hoc ansetzenden Aufbau politischer und diplomatischer Strukturen, mittels derer Druck auf die Konfliktparteien ausgeübt werden konnte. Die Gefahr bestand, dass die Drittstaaten über diesem Prozess des *trial and error* wieder so viel Zeit vergehen lassen würden, dass die militärisch stärkere Seite vollendete Tatsachen schaffen konnte. Die von Serbien betriebene Politik der ethnischen Säuberung gegenüber der albanischen Bevölkerung wichtiger Teile des Kosovo ließ insofern nichts Gutes ahnen.

Die Befürchtungen bewahrheiteten sich dann auch in den Jahren nach 1996. Mit der sich immer deutlicher abzeichnenden Erfolglosigkeit der gewaltlosen Strategie der Schattenregierung unter Ibrahim Rugova gewannen die Anhänger einer terroristischen Strategie unter den Kosovo-Albanern mehr und mehr an Boden. Seit 1996 trat die bewaffnete Untergrundorganisation der UÇK mit terroristischen Anschlägen hervor. Die serbischen Sicherheitskräfte reagierten darauf mit aller Härte. Ab Februar 1998, der ersten groß angelegten Offensive gegen die von der UÇK beherrschten Gebiete, ging das Belgrader Regime schließlich offen zu einer Strategie der ethnischen Säuberungen nach altbekanntem Muster über, mit unterschiedsloser Beschießung albanischer Siedlungen, deren Bewohner durch Terror und durch Morde zur Flucht gezwungen wurden, und anschließendem Niederbrennen der Dörfer. Die vom humanitären Völkerrecht gezogenen Grenzen legitimer Terrorismusbekämpfung wurden dabei völlig missachtet. Als der UN-Sicherheitsrat mit Resolution 1160 vom 31. März 1998, der ersten Kapitel VII-Resolution zum Kosovo-Problem, ein Waffenembargo über Restjugoslawien verhängte, schien dies die Brutalität des serbischen Vorgehens nur zu steigern. Im Spätsommer 1998 waren schon mehr als 200.000 Kosovo-Albaner auf der Flucht, von der jugoslawischen Soldateska aus ihren Dörfern vertrieben. Als auch eine zweite Sicherheitsrats-Resolution keine Wirkungen zeitigte, nämlich Resolution 1199 vom 23. September 1998, in der eine Einstellung aller Feindseligkeiten, die Rückkehr der Flüchtlinge, eine effektive internationale Überwachung und ernsthafte Friedensgespräche im Hinblick auf eine Autonomie-Lösung für das Kosovo gefordert wurden, begannen die Nato-Staaten Belgrad mit der Drohung militärischer Zwangsmaßnahmen unter Druck zu setzen. In letzter Minute erreichte Mitte Oktober 1998 der US-Abgesandte Holbrooke ein Übereinkommen mit Präsident Milošević, in dem sich – gegen Aussetzung der angedrohten Luftschläge – die Bundesrepublik Jugoslawien zur Einstellung der Kampfhandlungen und zur Duldung einer OSZE-Mission mit 2.000 unbewaffneten Beobachtern bereit erklärte. Das Paket, das durch den Sicherheitsrat mit Resolution 1203 vom 24. Oktober 1998 gebilligt worden war, wurde jedoch durch die jugoslawische Armee und die serbische Sonderpolizei hintertrieben. Die ethnischen Säuberungen gingen, wenn auch mit verminderter Intensität, weiter und es war absehbar, dass auch so das serbische Ziel eines albanerfreien Kosovo erreicht werden könne (→ Kap. 29).

Die parallel geführten Friedensverhandlungen, die im März 1999 nach mehreren erfolglosen Versuchen im Abkommensentwurf von Rambouillet gipfelten, endeten in einem Fiasko. Die serbische Weigerung, den Vertrag zu unterzeichnen, der eine durch starke internationale Präsenz abgesicherte Autonomielösung für das Kosovo vorsah, brachte die Friedensbemühungen der Staatengemeinschaft zum Scheitern. Nach mehreren Ultimaten der Nato, die als Terrorismusbekämpfung getarnte Verfolgung der Albaner einzustellen, sowie dem Abzug der OSZE-Beobachter begannen die Nato-Staaten Ende März 1999 mit ihren militärischen Operationen gegen Restjugoslawien. Die Kampagne, die sich im Wesentlichen auf Luftschläge gegen militärische Ziele, Schlüsselindustrien, Knotenpunkte der Transportinfrastruktur und politische Schaltzentralen beschränkte, war in den beteiligten Staaten der NATO von Anfang an umstritten. Nicht nur war kein Mandat des UN-Sicherheitsrats für derartige Zwangsmaßnahmen vorhanden; auch auf das Recht der Selbstverteidigung konnten die Nato-Staaten sich ersichtlich nicht stützen. Die vielfach bemühte Rechtfertigung als „humanitäre Intervention", also als dezentrale Gewaltmaßnahme zur Verhinderung massiver Menschenrechtsverletzungen, hatte mit dem Problem zu kämpfen, dass die – aus eher innenpolitischen Gründen verhängte – Beschränkung der Operationen auf reine Luftschläge die Eignung des Gewalteinsatzes zur unmittelbaren Abhilfe gegen die genozidartigen Akte ethnischer Säuberung erheblich minderte. Ein Recht auf (uni- oder multilaterale) dezentrale Durchsetzung befriedender Autonomielösungen, das implizit in Anspruch genommen wurde, wird dagegen (bisher) in der Völkerrechtsdoktrin allgemein nicht anerkannt. Der über die Rechtmäßigkeit der Nato-Aktion entbrannte Streit in der Völkerrechtslehre wirft letztlich ganz grundlegende Fragen der Konstruktion des völkerrechtlichen Ordnungs- und Friedenssicherungssystems auf, die unter Völkerrechtlern zutiefst umstritten sind.

Politisch führte die Aktion jedoch Anfang Juni 1999 zu einem Erfolg. Belgrad stimmte den von den Nato-Staaten gestellten Bedingungen für eine Einstellung der Feindseligkeiten zu und die Nato stellte ihre Bombardements ein. Jugoslawien zog seine Truppen und Sicherheitskräfte aus dem Kosovo ab, willigte in eine Friedenslösung mit einer internationalen Übergangsverwaltung für das Kosovo ein und akzeptierte die Präsenz einer umfangreichen Friedenstruppe unter Führung der Nato. Mit der Sicherheitsratsresolution 1244 vom 10. Juni 1999 wurde die Lösung gebilligt, das Kosovo in eine selbstverwaltete Region mit nahezu umfassender Autonomie verwandelt und die Nato mit der militärischen, die UNO mit der zivilen Umsetzung des Friedenspaketes betraut. Was in der Folge entstand, war eine Art internationales Protektorat unter Kontrolle der Nato und der UNO (→ Kap. 8).

30.8. Zusammenfassung

Alle wichtigen Reaktionsformen der Staatengemeinschaft auf die Gräuel des Krieges im ehemaligen Jugoslawien zeigen die gleichen Probleme, die letztlich Ausdruck eines unauflöslichen Zielkonfliktes sind. Auf der einen Seite klammerten sich die Staaten und die EU wie die UN zunächst am klassischen Souveränitätsparadigma fest und suchten das aus traditionellem Souveränitätsdenken folgende Dogma der Neutralität im Umgang mit Bürgerkriegssituationen so lange wie möglich durchzuhalten. Dahinter stehen natürlich nicht nur prinzipielle Motive – wie etwa die Angst vor Sezessionen in manchem wichtigen Staat Westeuropas – sondern auch ganz pragmatische Motive wie das innenpolitisch bedingte

Widerstreben, durch eine ernsthafte militärische Intervention Opfer unter den eigenen Soldaten in Kauf nehmen zu müssen. Zugleich sahen (und sehen) sich die Regierungen der westlichen Staaten aber unter zunehmendem Druck, angesichts der grauenhaften Ereignisse etwas zu unternehmen, also den Opfern der Gewalt beizustehen.

Das daraus erwachsende Dilemma äußerte sich in einer Neigung zu Formelkompromissen und symbolischen Ersatzhandlungen. Sowohl die Anerkennungspolitik als auch die traditionelle Kategorien des Blauhelmeinsatzes aufweichende humanitäre Aktion unter dem Signum der UNPROFOR, der Dayton-Friedensplan wie schließlich auch die Einsetzung des internationalen Strafgerichtshofes durch den UN-Sicherheitsrat tragen alle deutliche Züge einer solchen Politik symbolischer Ersatzhandlungen. Ob sich das völkerrechtliche Handlungsrepertoire allerdings im Ergebnis wirklich so zum rein symbolischen Handeln eignet wie von den Staaten in Jugoslawien vorexerziert, muss mit guten Gründen bezweifelt werden. Letztlich droht eine derartige Politik eines symbolischen Völkerrechtsaktionismus die Institute des Völkerrechts ihrer Funktion zu berauben und zu leeren Hülsen zu deformieren, derer man sich zur Kaschierung des fehlenden Willens bedient, wirklich ordnend in einen Konflikt einzugreifen. Das einzige Beispiel einer entschiedenen Intervention, die Kosovo-Aktion der Nato, wirft dagegen ihrerseits ganz neue völkerrechtliche Probleme auf, die an die Grundlagen des klassischen Völkerrechts rühren.

Literatur

Stephanie Baer, *Der Zerfall Jugoslawiens im Lichte des Völkerrechts*, Frankfurt a. M. u. a. 1995; Norman Cigar, „The Serbo-Croatian War, 1991: Political and Military Dimensions", *The Journal of Strategic Studies* 16 (1993), S. 297 ff; Victor-Yves Ghebali, „UNPROFOR in Former Yugoslavia: The Misuse of Peacekeeping and Associated Conflict Management Techniques", in: Carsten Giersch, *Konfliktregulierung in Jugoslawien 1991-1995. Die Rolle von OSZE, EU, UNO und NATO*, Baden-Baden 1998; Catherine Guicherd, „The Hour of Europe: Lessons from the Yugoslav Conflict", *The Fletcher Forum 1993*. S. 159 ff.; Rosalynn Higgins, „The new United Nations and former Yugoslavia", *International Affairs* 69 (1993), S. 465 ff.; Dick A. Leurdijk, *The United Nations and NATO in Former Yugoslavia, 1991-1996. Limits to Diplomacy and Force*, Den Haag 1996; Virginia Morris/Michael P. Scharf, (eds.), *An Insider's Guide to The International Criminal Tribunal for the Former Yugoslavia*, 2 Vols., New York 1995; Stefan Oeter, „Kriegsverbrechen in den Konflikten um das Erbe Jugoslawiens", *Zeitschrift für ausländisches öffentliches Recht und Völkerrecht* 53 (1993), S. 1 ff.; Lord David Owen, „The Breakup of Yugoslavia: Its International Aspects", *International Peacekeeping* 1996, S. 34 ff.; Roland Rich, „Recognition of States: The Collapse of Yugoslavia and the Soviet Union", *Euro. Journal of International Law* 4 (1993), S. 36 ff.; Bertrand de Rossanet, *War and Peace in the Former Yugoslavia*, Den Haag/London/Boston 1997; Yves Sandoz, „Réflexions sur la mise en oeuvre du droit international humanitaire et sur le role du Comité international de la Croix-Rouge en ex-Yougoslavie", *Schweizerische Zeitschrift für internationales und europäisches Recht* 1993, S. 461 ff.; Paul C. Szasz, „Peacekeeping in Operation: A Conflict Study of Bosnia", *Cornell International Law Journal* 28 (1995), S. 685 ff.; Snezana Trifunovska, (ed.), *Yugoslavia Through Documents. From its Creation to its Dissolution*, Dordrecht u.a. 1994; Marc Weller, „The International Response to the Dissolution of the Socialist Federal Republic of Yugoslavia", *American Journal of International Law* 86 (1992), S. 569 ff.; Marc Weller, „Peace-Keeping and Peace-Enforcement in the Republic of Bosnia and Herzegovina", *Zeitschrift für ausländisches öffentliches Recht und Völkerrecht* 56 (1996), S. 70 ff.; Warren Zimmerman, „The Last Ambassador. A Memoir of the Collapse of Yugoslavia, *Foreign Affairs* 74 (1995), S. 6 ff.

Weitere Literaturhinweise

Zu Kapitel 30.1.: Eine kritische Strömung schreibt bezüglich der Drittstaatsreaktionen im Falle Jugoslawiens zu Recht von einer „confusion of principles" – siehe L. Freedman, „Why the West Failed", *Foreign Policy* No.97, Winter 1994-95, S. 53, 57 f. Zum dahinter liegenden Dilemma jeder auf Gewohnheitsrecht beruhenden Ordnung vgl. M. Koskenniemi, *From Apology to Utopia: The Structure of International Legal Argument* (1989), S. 399 ff.; zur Infragestellung der traditionellen Unterscheidung von „Innen" und „Außen" siehe ferner das jüngste Buch von Philip Allot, *Eunomia: New Order for a New World* (1990), dort insbes. S. 302 ff. Als kritische Analyse des

Paradigmas der Souveränität siehe M. Koskenniemi, a.a.O., S. 192 ff., außerdem C. Schreuer, „The Waning of the Sovereign State: Towards a New Paradigm for International Law?“, *European Journal of International Law* 4 (1993), S. 447 ff. Zur neueren Debatte um die Reichweite des Selbstbestimmungsrechts vgl. C. Tomuschat, „Self-Determination in a Post-Colonial World“, in: C. Tomuschat (ed.), *Modern Law of Self-Determination* (1993), S. 1 ff.; G. Binder, „The Case for Self-Determination“, *Stanford Journal of International Law* 29 (1993), S. 223 ff.; H. Hannum, „Rethinking Self-Determination“, *Virginia Journal of International Law* 34 (1993), S. 1 ff.; M. Koskenniemi, „National Self-Determination Today: Problems of Legal Theory and Practice“, *International and Comparative Law Quarterly* 43 (1994), S. 243 ff.; A. Cassese, *Self-Determination of Peoples: A Legal Reappraisal* (1995), S. 37 ff., 67 ff., 101 ff., ferner als zusammenfassende Darstellungen der Debatte um ein aus dem Selbstbestimmungsrecht abgeleitetes Sezessionsrecht D. Murswieck, „The Issue of a Right of Secession – Reconsidered“, in: C. Tomuschat (ed.), *Modern Law of Self-Determination* (1993), S.21 ff., sowie S. Oeter, „Selbstbestimmungsrecht im Wandel. Überlegungen zur Debatte um Selbstbestimmung, Sezessionsrecht und ‚vorzeitige' Anerkennung“, *Zeitschrift für ausländisches öffentliches Recht und Völkerrecht* 52 (1992), S. 741, 748 ff. Zur Debatte um die Anwendbarkeit des Selbstbestimmungsrechts im Falle Jugoslawiens vgl. schließlich die oben genannte Studie von S. Baer (S. 197 ff., 232 ff).

Zur Politik der westlichen Staaten zu Beginn des Jugoslawien-Konflikts vgl. C. Giersch/D. Eisermann, „Die westliche Politik und der Kroatien-Krieg 1991-1992“, *Südosteuropa* 43 (1994), S.12 ff., außerdem den kritischen Augenzeugenberichten des Diplomaten H. Wynaendts, *L'engrenage. Chroniques yougoslaves: juillet 1991 – aout 1992* (1993). Zum neueren Konzept der „Public Order of Europe“, vgl. J. A. Frowein, „The European Convention on Human Rights as the Public Order of Europe“: *Collected Courses of the Academy of European Law* 1990 – Vol. I-2, S. 267 ff. Zu den Gründen der vom Westen an den Tag gelegten Passivität, die vor allem am Mangel an Konsens über die zu verfolgenden Ordnungsansätze lag, vgl. M. Rosenfeldt, „Deutschlands und Frankreichs Jugoslawienpolitik im Rahmen der Europäischen Gemeinschaft (1991-1993)“, *Südosteuropa* 42 (1993), S. 621 ff.; zum Prinzipienkonflikt völkerrechtlicher Ordnungsgrundsätze siehe T. Marauhn, „Die Auseinandersetzungen um die Unabhängigkeitsbestrebungen der jugoslawischen Teilrepublik Slowenien – Das Selbstbestimmungsrecht der Völker im Wandel“, *Humanitäres Völkerrecht-Informationsschriften* 1991, S. 107 ff. Dass sich die Armee darauf verließ, die Staatengemeinschaft werde das – bis dato übliche – Handlungsmuster der Einstufung des Konfliktes als innere Angelegenheit benutzen, geht aus Stellungnahmen der Armeeführung hervor – siehe C. Cviic, „Das Ende Jugoslawiens“, *Europa-Archiv* 1991, S. 409, 410 f. Ergänzungen: Michael Libal, *Limits of Persuasion. Germany and the Yugoslav Crisis, 1991-1992*, Westport, Connecticut London 1997, S. 43; Viktor Meier, *Jugoslawiens Erben. Die neuen Staaten und die Politik des Westens*, München 2001; Brendan Simms, *Unfinest Hour. Britain and the Destruction of Bosnia,* London (Penguin Books) 2001; K. P. Zeitler, *Deutschlands Rolle bei der völkerrechtlichen Anerkennung der Republik Kroatien unter besonderer Berücksichtigung des deutschen Außenministers Genscher*, Marburg 2000.

Zu Kapitel 30.2.: Als kritische Würdigung des Wandels in der Praxis des UN-Sicherheitsrates im Falle von Militärputschen und Bürgerkriegen vgl. R. Falk, „The Haiti Intervention: A Dangerous World Order Precedent for the United Nations“, *Harvard International Law Journal* 36 (1995), S. 541 ff. Zu den Kriegsverbrechen siehe S. Oeter, „Kriegsverbrechen in den Konflikten um das Erbe Jugoslawiens“, *Zeitschrift für ausländisches öffentliches Recht und Völkerrecht* 53 (1993), S. 1 ff., sowie Y. Sandoz, „Réflexions sur la mise en oeuvre du droit international humanitaire et sur le role du Comité international de la Croix-Rouge en ex-Yougoslavie“, *Schweizerische Zeitschrift für internationales und europäisches Recht* 1993, S. 461 ff. Vgl. ferner als detaillierte faktische wie rechtliche Analyse der Kriegsverbrechen im ehemaligen Jugoslawien *Human Rights Watch, War Crimes in Bosnia-Hercegovina* (1992), S. 50 ff. und S. Müller/P. Angeli/A. Richter, „Ethnische Säuberungen“ in Bosnien-Herzegowina. Eine Untersuchung am Beispiel der Stadt Zvornik in Nordostbosnien, *Südosteuropa* 44 (1995), S. 290 ff. Zum faktischen Scheitern des Vance-Plans vgl. A. James, „The UN in Croatia: an exercise in futility?“, *The World Today*, No.5, May 1993, S. 93 ff. Zur damit in einem engen Zusammenhang stehenden Frage der command and control-Strukturen bei Friedensstreitkräften vgl. die Studie des amerikanischen Militärjuristen J. W. Houck, „The Command and Control of United Nations Forces in the Era of „Peace Enforcement'“, *Duke Journal of Comp. and Intern. Law* 4 (1993), S. 1 ff. Zu der daraus resultierenden Lage in den serbisch kontrollierten Gebieten Kroatiens siehe als exemplarisches Dokument den Bericht des UN-Sonderberichterstatters Tadeusz Mazowiecki vom November 1992, UN-Doc. A/47/666 UN-Doc. S/24809, par.77 ff.; zu den späteren Friedensplänen für das Gebiet vgl. schließlich die bemerkenswert ausgewogene Darstellung von K. Obradovic, „Z-4 Plan: Contents and Achievements“, *Review of International Affairs,* Belgrad 1995, No.1028-1031, S. 6 ff., mit Abdruck des Friedensplans im Wortlaut, S. 12 ff.

Zu Kapitel 30.3.: Zum diplomatischen Rahmen, den die europäischen Staaten der Suche nach einer Friedenslösung mit der Londoner Jugoslawien-Konferenz zu geben suchten, siehe B. de Rossanet, a.a.O., S. 5 ff., sowie B. G. Ramcharan (Hg.), *The International Conference on the Former Yugoslavia. Official Papers*, 2 Bde. (1997). Zum Verlauf der innereuropäischen Debatten um die Anerkennung Sloweniens und Kroatiens vgl. M. Rosenfeldt, a.a.O., S. 627 ff., sowie C. Giersch, a.a.O., S. 141 ff., zur allgemeinen Veränderung der Anerkennungspraxis zu Anfang der neunziger Jahre R. Rich, „Recognition“, a.a.O. (S. 36 ff., insbes. S. 42 ff., 55 ff.), ferner S. Baer, a.a.O. (S. 305 ff., 337 ff.). Zur Schiedskommission der London-Konferenz, der sogen. Badinter-Kommission, vgl. M.C.R. Craven, „The European Community Arbitration Commission on Yugoslavia“, *British Yearbook of International Law* 66 (1995), S. 333 ff.; die Gutachten der Badinter-Kommission sind abgedruckt in *International Legal Materials* 31 (1992), S. 1494 ff., ferner in dem Dokumentenband von S. Trifunovska (Hg.), a.a.O. (S. 415 ff., 474 ff., 634 ff., 1017 ff.). Zur Problematik der Anwendung des uti possidetis-Prinzips auf den Fall Jugoslawiens vgl. S. Baer, a.a.O. (S. 165 ff., 222 ff.), zur Debatte um Untergang oder Kontinuität Jugoslawiens ebda., S. 86 ff. Zum Dilemma, das aus der europäischen Anerkennungspolitik für die bosnische Führung folgte: C. Guicherd, „The Hour of Europe: Lessons from the Yugoslav Conflict“, *The Fletcher Forum* 1993, S. 159, 162 f. Zur Umfirmierung der JVA in sog. Streitkräfte der bosnischen Serben J. Gow, „The Use of Coercion in the Yugoslav Crisis“, *The World Today* Nov. 1992, S. 198-200 und *Triumph of the Lack of Will: International Diplomacy and the Yugoslav War* (1997) zur Reaktion in den entsprechenden Erklärungen des Ausschusses Hoher Beamter der KSZE im April/Mai 1992 M. Weller, a.a.O. (1992), S. 569, 599 f.

Zu Kapitel 30.4.: Zu den vielfach im sicherheitspolitischen Schrifttum gegen eine Politik der humanitären Aktionen erhobenen Vorwürfen des symbolischen Ersatzhandelns vgl. C. Guicherd, a.a.O., S. 170, B. de Rossanet, a.a.O., S. 99 ff., sowie V.-Y. Ghebali, a.a.O., S. 29. Das daraus für die UN-Einsätze resultierende Dilemma hat der UN-Generalsekretär von Anfang an gesehen, weshalb er zunächst auch gegen die Entsendung von Friedenstruppen nach Bosnien auftrat – vgl. den Bericht des Generalsekretärs v. 12. 5. 1992, UN-Doc. S/23900; vgl. auch S. Jacobi, „UNPROFOR – Mission impossible“, *International Peacekeeping* Feb.-May 1995, S. 37 ff. Zum in der Folge entwickelten Konzept des ‚robust peacekeeping oder second generation peacekeeping‘, mit dem das Problem zu lösen gesucht wurde, vgl. A. James, „Is there a Second Generation of Peacekeeping?“, *International Peacekeeping* Sept.-Nov. 1994, S. 110, 112 f.; N. D. White, „U.N. Peacekeeping – Development or Destruction?“, *International Relations* 1994, S. 129, 149 ff.; B. de Rossanet, a.a.O., S. 23 ff.; vgl. ferner die treffenden Bemerkungen von L. Freedman, a.a.O., S. 62 ff. und von P.C. Szasz, a.a.O., S. 685 ff. Dass die traditionell aufgestellten Voraussetzungen für den Einsatz von UN-Friedenstruppen in Bosnien-Herzegowina nicht erfüllt waren, hat der UN-Generalsekretär von Anfang an betont – vgl. den Bericht des Generalsekretärs v. 30. 5. 1995, UN-Doc. S/1995/444, par.17; zu den Folgeproblemen für die UNO vgl. R. Higgins, „The New United Nations and Former Yugoslavia“, *International Affairs* 69 (1993), S. 465 ff., C. Giersch, a.a.O., S. 235 ff. sowie M. Weller, a.a.O., S. 70, 89 ff. Aus den bosnischen Erfahrungen hat man in der Folge die Lehre gezogen, die Grenze zwischen den unterschiedlichen Formen der militärischen Friedensoperation müssten in Zukunft ganz klar gezogen werden – vgl. Plädoyer in diesem Sinne R.K. Betts, „The Delusion of Impartial Intervention“, *Foreign Affairs* 73 (1994) No. 6, S. 20, 30 ff., aber auch L. Freedman, a.a.O., S. 56 f. sowie M. Bothe, „Peacekeeping in review – the 1994 balance sheet“, *International Peacekeeping* Dec. 1994 – Jan.1995, S. 2, 3 f. Vgl. schließlich zum traditionellen Peacekeeping das Standardwerk von A. James, *Peacekeeping in international politics* (1990), außerdem die Anmerkungen des ehemaligen Under-Secretary-General for Peacekeeping Operations, M. Goulding, „The evolution of United Nations peacekeeping“, *International Affairs* 69 (1993), S. 451, 452 ff.

Zu Kapitel 30.5.: Zum Jugoslawien-Straftribunal insbes. H. Roggemann, *Der Internationale Strafgerichtshof der Vereinten Nationen von 1993 und der Krieg auf dem Balkan* (1994); vgl. das zweibändige Handbuch von V. Morris/M.P. Scharf (Hg.), a.a.O. Zur vorbereitenden Expertenkommission nach SC-Res. 780 vom 6. Oktober 1992 vgl. C. Bassiouni, „The United Nations Commission of Experts Established Pursuant to Security Council Resolution 780“ (1992), *American Journal of International Law* 88 (1994), S. 784 ff. Zum materiellen Strafrecht, auf das die Jurisdiktion des Straftribunals gestützt wird, vgl. H. Roggemann, a.a.O., S. 53 ff.

Zu Kapitel 30.6.: Zur Nato als militärischem Arm einer Friedenserzwingung in Bosnien-Herzegowina vgl. M. Weller, a.a.O., S. 113 ff., 157 ff., sowie D. A. Leurdijk, a.a.O., S. 24 ff., 37 ff., 64 ff., zur Vorgeschichte des Dayton-Abkommens Leurdijk, a.a.O., S. 87 ff. Der Text des Dayton-Abkommens und seiner Anhänge bzw. Nebenverträge ist abgedruckt in: *Office of the High Representative, Bosnia and Herzegovina – Essential Texts* (1998^2), S. 16 ff.; ebenso zugänglich über die Homepage des OHR, sowie in: *International Legal Materials* 35 (1996), S. 75 ff.; zum Inhalt der Dayton-Verträge vgl. D. A. Leurdijk, a.a.O., S. 95 ff.; O. Dörr, Die Vereinbarungen von Dayton/Ohio. Eine völkerrechtliche Einführung, *Archiv des Völkerrechts* 35 (1997), S. 129 ff.; P. Gaeta, „The Dayton Agreements and International Law“, *European Journal of International Law* 7 (1996), S. 147 ff.; E. M. Cousens, „Making Peace in Bosnia Work“, *Cornell International Law Journal* 30 (1997), S. 789 ff. Zur in Dayton vereinbarten Verfassung für Bosnien-Herzegowina vgl. S. Yee, „The New Constitution of Bosnia and Herzegovina“, *European Journal of International Law* 7 (1996), S. 176 ff., sowie G. Nystuen, „The Constitution of Bosnia and Herzegovina: State versus Entities“, *Revue des Affaires Européennes* 7 (1997), S. 394 ff. Siehe ferner zu den militärischen Komponenten des Dayton-Pakets M. Donner, „Völkerrechtliche und verfassungsrechtliche Aspekte der militärischen Absicherung der Friedensvereinbarung von Dayton“, *Humanitäres Völkerrecht-Informations-*

schriften 1997, S. 63 ff., zu den menschenrechtlichen Schutzmechanismen P.C. Szasz, „The Protection of Human Rights Through the Dayton/Paris Peace Agreement on Bosnia“, *American Journal of International Law* 90 (1996), S. 301 ff., zur Rolle der OSZE unter den Dayton-Vereinbarungen J.A. Goldstone, „The Role of the OSCE in Bosnia: Lessons from the first Year“, *Helsinki Monitor* 8 (1997) Heft 3, S. 6 ff., zur in Dayton vereinbarten EU-Verwaltung für Mostar F. Pagani, „L'administration de Mostar par l'Union Européenne“, *Annuaire Français de Droit International* 42 (1996), S. 234 ff.

Zu Kapitel 30.7.: Zu den diplomatischen Bemühungen um eine Lösung des Konfliktes vgl. A. Heraclides, „The Kosovo Conflict and its Resolution: In Pursuit of Ariadne's Thread“, *Security Dialogue* 28 (1997), S. 317 ff., J. Reuter, „Die internationale Gemeinschaft und der Krieg in Kosovo“, *Südosteuropa* 47 (1998), S. 281 ff., R. Caplan, „International Diplomacy and the Crisis in Kosovo“, *Int'l Affairs* 74 (1998), S. 745 ff., sowie M. Weller, „The Rambouillet Conference on Kosovo“, *Int'l. Affairs* 75 (1999), S. 211 ff. Zur (höchst umstrittenen) völkerrechtlichen Bewertung der Nato-Luftschläge vgl. B. Simma, „Nato, the UN and the Use of Force: Legal Aspects“, *European Journal of International Law* 10 (1999), S. 1 ff., A. Cassese, „Ex iniuria ius oritur: Are We Moving towards International Legitimation of Forcible Humanitarian Countermeasures in the World Community?“, *European Journal of International Law* 10 (1999), S. 23 ff. sowie die Beiträge von K. Ipsen, V. Rittberger und C. Tomuschat zum Schwerpunkt „Der Kosovo-Konflikt“, *Die Friedens-Warte* 74 (1999), S. 19 ff.

31. Das Kriegsverbrechertribunal in Den Haag – Rechtsgrundlagen und Entwicklung

Christoph Safferling und Dunja Melčić

31.1. Akzeptanz des Tribunals

Obwohl das fortschreitende Verfahren gegen Slobodan Milošević in Den Haag mit jedem Verhandlungstag die Beweislage der Anklage erhärtet und die serbische Bevölkerung durch direkte Übertragung aus dem Gerichtssaal ein realistischeres Bild über kriegerische Ereignisse erlangen kann, fehlte es lange – Berichten zufolge – an einer breiten Akzeptanz der internationalen Strafverfolgung in der Bevölkerung und in der serbischen Öffentlichkeit. Insbesondere die Medien scheuten eine ernsthafte und offene Auseinandersetzung mit den Tatsachen, die vor dem Gericht vorgebracht werden, und unterstützten offen oder stillschweigend die unter der serbischen Bevölkerung verbreitete Meinung, das Tribunal in Den Haag sei ein Affront gegen ihre Volksgruppe und keine unabhängige Institution, der internationale Staatsanwalt ermittle nicht objektiv, sondern verfolge überproportional viele Serben, der Gerichtshof sei daher ein Fall von Siegerjustiz. Auch die Intelligenzia, einschließlich des jugoslawischen Präsidenten und späteren serbischen Regierungschef Vojislav Koštunica, unterstützte diese dem Tribunal gegenüber feindliche Gesinnung. Vergleichbare Ablehnung fand sich auch in Deutschland nach den Nürnberger Prozessen, die noch in straf- und völkerrechtlicher Literatur bis weit in die 1990er Jahre hinein reichte. Der Vorwurf der Siegerjustiz war in Nürnberg insoweit berechtigt, als das Internationale Militärtribunal nach dem Ende des Zweiten Weltkrieges keine wirklich internationale Institution war, sondern der juristische Zusammenschluss der Gerichtskompetenzen der vier Siegermächte. Das Jugoslawientribunal hingegen steht unverkennbar auf internationalen Füßen; doch die Akzeptanz insbesondere bei den ehemaligen Konfliktparteien ist von elementarer, unabdingbarer Wichtigkeit für den Erfolg internationaler Strafverfolgung.

Die Strafverfolgung während oder unmittelbar nach einer kriegerischen Auseinandersetzung ist an sich eine diffizile Angelegenheit und ein politisches und rechtsgeschichtliches Novum. Der internationale Charakter und die menschenrechtliche Sensibilität gebieten strikte Unabhängigkeit und Unparteilichkeit. Das Tribunal zur strafrechtlichen Verfolgung von Kriegsverbrechen während des kriegerischen Konflikts auf dem Gebiet des sich auflösenden Vielvölkerstaats ist ein erster Versuch der internationalen Gemeinschaft diese Schwierigkeiten anzugehen; das stellt eine Gratwanderung dar, die gemeistert werden muss, obwohl man auf die Erfahrung als Bergführerin nicht zurückgreifen kann.

31.2. Rechtsgrundlage und Entwicklung

Die Einrichtung des Jugoslawientribunals im Jahre 1993 kam trotz allem überraschend. Nachdem jahrzehntelang die Einrichtung eines internationalen Strafgerichtshofes in Gremien und Konferenzen der UN fast zu Tode geredet wurde, setzte der Sicherheitsrat der

Vereinten Nationen ein Kriegsverbrechertribunal für das ehemalige Jugoslawien kurz entschlossen ein. Trotz intensiver Vorarbeit der Internationalen Rechtskommission (*International Law Commission*), des Rechtsausschusses der Vereinten Nationen, fand der Vorschlag, einen ständigen internationalen Strafgerichtshof zu errichten unter den Staaten der Welt keine Mehrheit. Der Sicherheitsrat, ausgestattet mit der Fähigkeit, rechtlich für alle Mitgliedstaaten verbindliche Maßnahmen zu treffen, muss auf Mehrheitsverhältnisse keine Rücksicht nehmen. Mit Resolution 827 vom 25. Mai 1993 befahl er die Errichtung eines Internationalen Tribunals für die Verfolgung verantwortlicher Personen für schwere Verstöße gegen das humanitäre Völkerrecht auf dem Gebiet des ehemaligen Jugoslawiens seit 1991 (ICTY) und verabschiedete ein entsprechendes Statut. In der Geschichte der internationalen Staatengemeinschaft war dies ein einmaliger Vorgang.

Gerade deswegen stieß die neuartige Aktivität des Sicherheitsrates als Exekutivorgan der Vereinten Nationen neben Zustimmung auch auf Skepsis und offene Ablehnung. In der Charta der Vereinten Nationen, auf die sich das Handeln des Sicherheitsrates stützen muss, findet sich keine eindeutige Rechtsgrundlage für die Anordnung strafrechtlicher Verfolgung einzelner Menschen. Vorgesehen sind in Kapitel VII der Charta Instrumente wie wirtschaftliche Sanktionen oder im Ausnahmefall auch militärische Operationen gegen Mitgliedstaaten der Vereinten Nationen. Die Legalität einer „juristischen Intervention“ wurde schließlich von dem Tribunal selbst in seinem ersten, in vielerlei Hinsicht exemplarischen Fall gegen Duško Tadić, untersucht und – was wenig überrascht – bejaht. Mag auch bei der Vorstellung, dass hier die Richter in eigener Sache entschieden haben, ein schaler Beigeschmack bleiben, das Urteilen über die eigene Rechtsgrundlage ist bei internationalen Tribunalen, wohl vor allem mangels Alternative, gängige Praxis. Dadurch, dass der Sicherheitsrat kurze Zeit nach der Errichtung des Jugoslawientribunals, am 8. November 1994, mit Resolution 955 ein vergleichbares Tribunal für die Verfolgung des Völkermordes in Ruanda geschaffen hat, muss das Instrument der juristischen Intervention als allgemein anerkannt akzeptiert werden.

Ein knappes halbes Jahr nachdem der Sicherheitsrat Resolution 827 verabschiedet hatte, wurden am 17. November 1993 die ersten Richter des Tribunals vereidigt. Die zunächst elf Richter begannen damit, die vom Sicherheitsrat in dem Statut nur recht oberflächlich dargelegten Verfahrensvorschriften auszufüllen und zu verfeinern. Diese Aufgabe weist Artikel 15 Statut dem Richtergremium zu. Bereits am 11. Februar 1994 verabschiedeten sie die so genannte Verfahrens- und Beweismittelordnung (*Rules of Procedure and Evidence*). Das Richterkollektiv beschäftigte sich im Anschluss daran mit weiteren Verfahrensfragen, beispielsweise Fragen der Unterbringung der – freilich zu diesem Zeitpunkt noch nicht vorhandenen – Gefangenen oder der Verteidigung der Angeklagten. Erst am 8. Juli 1994 wurde mit Richard Goldstone der erste Staatsanwalt in Den Haag vom Sicherheitsrat bestimmt (Resolution 936). Die Auswahl war auf unvorhergesehene Schwierigkeiten gestoßen. Des Sicherheitsrats erste Wahl, der venezuelanische Generalanwalt Escobar-Salom entschied sich nach langem Zögern gegen die Annahme dieses Amtes und gefährdete damit das gesamte Unternehmen Jugoslawientribunal. Den Bemühungen des damaligen Präsidenten Nelson Mandela ist es zu verdanken, dass Goldstone seine Position als südafrikanischer Verfassungsrichter zunächst aufschob. Am 15. August 1994 nahm er zusammen mit dem australischen Stellvertreter Graham Blewitt seine Arbeit auf und nur knappe drei Monate später lag die erste Anklageschrift im so genannten „Sušica“-Fall gegen Dragan Nikolić vor; es handelt sich dabei um ein Lager bei der Stadt Vlasenica (Mittelbosnien), dessen Kommandeur Nikolić im Frühjahr 1992 war, als dort Tausende von Bosniaken interniert, brutal misshandelt und umgebracht wurden. (Nikolić wurde erst am 21. April 2000 durch die SFOR gefasst und nach Den Haag gebracht). Dieser kurze Überblick macht deutlich, dass das Tribunal allein mit Vorbereitungen über ein Jahr lang beschäftigt war, ehe die eigentliche strafrechtliche Tätigkeit beginnen konnte. Binnen eines Jahres wurden elf weitere Anklageschriften verfasst darunter die gegen Duško Tadić, Radovan Karadžić und Ratko Mladić.

Das erste Auftreten eines Angeklagten vor dem Tribunal fand am 26. April 1995 statt. Duško Tadić war zwei Tage vorher auf Ersuchen des Tribunals von den Münchner Ermittlungsbehörden nach Den Haag überstellt worden. Zugleich hat das Auslieferungsgesuch aus Den Haag in der Bundesrepublik für einige Verwirrung gesorgt. Ein Strafverfahren gegen ihn vor dem Bayerischen Obersten Landesgericht stand nämlich schon kurz vor der Eröffnung. Eine Rechtsgrundlage für die Überstellung nach Den Haag hingegen war nicht vorhanden. Erst nachdem der Bundestag am 10. April 1995 das Gesetz über die Zusammenarbeit mit den Internationalen Strafgerichtshof für das ehemalige Jugoslawien verabschiedet hatte, konnte Tadić ausgeliefert werden. Blickt man auf Strafverfahren gegen Kriegsverbrecher, die von der deutschen Justiz abgeurteilt wurden, (z.B. im Fall des Serben Novislav Djajić, der vom Bayerischen Obersten Landesgericht wegen Teilnahme an der Erschießung von 15 moslemischen Männern in Foča zu fünf Jahre Haft verurteilt wurde), so wäre es sicherlich effizienter gewesen, die bayerischen Richter hätten Tadić verurteilt. Deren Den Haager Kollegen allerdings brannte es schon unter den Nägeln, endlich mit der eigentlichen Arbeit beginnen zu können. Jetzt, sieben Jahre später, wo das Tribunal in Arbeit ertrinkt, würde jemand vom Kaliber Tadićs, einem örtlichen Verkehrspolizisten, der sich bei der Verfolgung von Bosniaken (Muslimen) und Kroaten in der Prijedor-Region und in den Lagern Omarska und Keraterm auf besonders grausame Weise beteiligte, womöglich nationalen Behörden überlassen. So aber wurde der vom Tribunal mangels eigener Erfolgsmeldungen angeforderte Tadić zum ersten Testfall internationaler Strafverfolgung.

Tabelle 1: Angeklagte in Den Haag. Zahlen aus den Jahresberichten des ICTY.

	Gefangene in Den Haag – insgesamt	Verhaftung durch Int. Truppen	Freiwilliges Stellen	Überstellung von Staaten	Anklagen/ Angeklagte
1994	-	-	-	-	2/2
1995	1	-	-	1	18/37
1996	6	-	1	4	4/9
1997	10	3	7	3	2/4
1998	31	6	5	-	5/12
1999	28	4	-	2	2/4
2000	37	5	1	1	2/2
2001	40	2	4	3	6/11
2002	46	4	7	-	4/7

Die Tabelle verdeutlicht den schleppenden Beginn der Strafverfolgung vor dem Den Haager Straftribunal. Die vor allem auf dem Gebiet Bosnien-Herzegowina stationierten internationalen Truppen verweigerten lange Zeit die Zusammenarbeit. Erst als der internationale Staatsanwalt 1998 begann, Anklagen geheim zu halten, erhöhte sich die Verhaftungsquote der SFOR. Ebenso hängt die Zahl der sich freiwillig Stellenden von internationalem politischem Druck ab. Finanzielle Hilfen werden immer wieder davon abhängig gemacht, dass Kriegsverbrecher preisgegeben werden. Die Tabelle zeigt deutlich eine Spitze im Jahr 1997 und im Jahr 2001. 1997 wurde insbesondere auf den damaligen kroatischen Präsidenten Franjo Tuđman Druck ausgeübt. 2001 kämpfte die Bundesrepublik Jugoslawien nach Ende der Ära Milošević um internationale Hilfen. Insgesamt entzogen sich aber bis Ende 2002 etwa 30 angeklagte Kriegsverbrecher dem Verfahren in Den Haag. Darüber hinaus wird eine unbekannte Zahl Anklagen weiterhin geheim gehalten.

31.3. Funktionieren und Finanzierung

Das Tribunal kann als Organ der internationalen Strafverfolgung nur für internationale Verbrechen zuständig sein. Im Statut des Jugoslawientribunals hat man sich für vier Tatbestände entschieden. Nach Artikel 2 sind schwere Verletzungen der Genfer Abkommen von 1949, nach Artikel 3 Verletzungen von Gesetzen und Gebräuchen des Krieges unter Strafe gestellt. Artikel 4 des Statuts bestraft Völkermord und Artikel 5 Verbrechen gegen die Menschlichkeit. Die zu Beginn nicht ganz eindeutige Differenzierung zwischen diesen vier Tatbeständen stellt sich nun nach einigen wegweisenden Entscheidungen wie folgt da: Artikel 2 und 3 können als einheitlicher Tatbestand „Kriegsverbrechen" bezeichnet werden. Ein Verstoß gegen die Genfer Konventionen setzt jedoch einen internationalen Konflikt voraus, wohingegen das Tribunal – für viele überraschend – die Gesetze und Gebräuche des Krieges auch im rein internen Konflikt für anwendbar erklärt hat. Die Richter haben damit die Rechtssicherheit und Rechtsklarheit erheblich erhöht, andererseits nach Meinung des Autors in unzulässiger Weise die Rechtsauslegung verlassen und Recht neu geschaffen. Sie haben sich durchgesetzt. Das Statut des zu schaffenden Internationalen Strafgerichtshofs übernimmt in Artikel 8 des Römischen Statuts diese Rechtsprechung.

Die Kriegsverbrechen bilden die erste und unterste Stufe der Strafbarkeit. Auf zweiter Stufe befinden sich die Menschlichkeitsverbrechen. Artikel 5 setzt auch hier einen bewaffneten Konflikt, was gar nicht notwendig gewesen wäre, und einen verbreiteten oder systematischen Angriff gegen die Zivilbevölkerung voraus. Die oberste und letzte Stufe nimmt der Völkermord ein. Hierbei muss dem Angeklagten nachgewiesen werden, dass er die Absicht hatte, eine Volksgruppe ganz oder in Teilen zu zerstören.

Tabelle 2: Vereinfachte Übersicht über die einzelnen Strafnormen im Statut des Jugoslawientribunals in der Reihenfolge der Schwere. Die Zahlen entstammen dem Jahresbericht 2002.

	Bezeichnung	Voraussetzungen	Von 76 Angeklagten
Artikel 2	Schwere Verletzungen der Genfer Abkommen	- bewaffneter Konflikt - internationaler Charakter - gegen geschützte Person (Kriegsgefangene, Zivilbevölkerung u.a.) - vorsätzliche Tötung, Folter, schwere Verletzung, Vertreibung, Geiselnahme u.a.	40
Artikel 3	Verstöße gegen Gesetze oder Gebräuche des Krieges	- bewaffneter Konflikt - nationaler oder internationaler Charakter - Giftwaffeneinsatz, mutwillige Zerstörung, Angriff auf unverteidigte Städte, u.a.	76
Artikel 5	Verbrechen gegen die Menschlichkeit	- bewaffneter Konflikt - nationaler oder internationaler Charakter - ausgedehnter und systematischer Angriff gegen Zivilbevölkerung - Mord, Ausrottung, Versklavung, Vertreibung, Folter, Vergewaltigung, u.a.	67
Artikel 4	Völkermord	- Absicht eine nationale, ethnische, rassische oder religiöse Gruppe ganz oder teilweise zu zerstören, - Tötung, Verursachung schwerer körperlicher oder seelischer Schäden, Geburtenverhinderung, Auferlegung von zerstörerischen Lebensbedingungen gegenüber Mitgliedern der Gruppe, u.a.	15

Das Tribunal besteht nach Artikel 11 des Statuts zunächst aus drei verschiedenen Organen, (a) den Spruchkammern, davon drei erstinstanzlich und eine Berufungsinstanz, (b) dem Staatsanwalt und (c) der Registratur als gemeinsamer Geschäftsstelle für die Kammern und die Staatsanwaltschaft.

(a) Die Richter des Jugoslawientribunals werden nach Artikel 13 *bis* des Statuts von der Generalversammlung der Vereinten Nationen auf Vorschlag des Sicherheitsrates für zunächst vier Jahre gewählt. Wiederwahl ist möglich. Die Mitgliedstaaten machen dabei zunächst Vorschläge. Die Auswahl der Richter hat sich als komplizierter erwiesen als vielleicht erwartet. Das Statut spricht in Artikel 13 davon, dass die Personen von hohem sittlichem Ansehen sein müssen. Sie müssen unparteilich und integer sein sowie in ihren Heimatstaaten die Voraussetzungen erfüllen, die zur Bekleidung höchster Richterämter erforderlich sind. Die besondere Schwierigkeit besteht aber darin, Personen zu finden, die gleichermaßen strafrechtliche wie völkerrechtliche Erfahrung haben, wobei insbesondere Kompetenz im Bereich der Menschenrechte und des humanitären Völkerrechts liegen sollte. Sucht man dann noch nach Personen mit richterlicher Erfahrung, wird der Pool, aus dem rekrutiert werden kann, sehr klein. Es sind daher auch immer wieder Wissenschaftler in das Tribunal gewählt worden, die nicht immer den Unterschied zwischen der akademischen Tätigkeit und der praktischen Strafverfolgung zu beherzigen schienen.

Als Spruchkörper fungieren drei Kammern erster Instanz und eine menschenrechtlich vorgeschriebene Berufungskammer. Diese Berufungskammer unter dem Vorsitz des Präsidenten des gesamten Tribunals, das ist zurzeit als Nachfolger des Franzosen Claude Jorda der Amerikaner Theodor Meron, (Artikel 14 Abs. 2 Statut) hört die Fälle in einer Besetzung von jeweils fünf Richtern. Die Kammern erster Instanz setzen sich aus jeweils drei Richtern zusammen, die vom Präsidenten bestimmt werden (Artikel 14 Abs. 3 Statut). Den Vorsitzenden der Kammer bestimmen die ständigen Mitglieder einer Kammer nach Artikel 14 Abs. 7 Statut selbst.

(b) Der Chefankläger wird vom Sicherheitsrat der Vereinten Nationen auf Vorschlag des Generalsekretärs bestimmt (Artikel 16 Statut). Auch für seine Person wird verlangt, dass er moralische Charakterstärke besitzt und darüber hinaus im Bereich Strafverfolgung in höchstem Maße („highest level") kompetent und erfahren ist. Auch er dient vier Jahre mit der Option auf Wiederwahl. Das Tribunal hat mit der Schweizerin Carla del Ponte nach Richard Goldstone und Louise Arbour in nicht einmal zehn Jahren seiner Existenz bereits die dritte Person auf diesem für die Glaubwürdigkeit und das Ansehen der Institution so immens wichtigen Posten. Der Posten des Stellvertreters wurde seit Beginn des Tribunals, bis er 2004 von dem US-Amerikaner David Tolbert abgelöst wurde, kontinuierlich von dem Australier Graham Blewitt bekleidet.

Die Staatsanwaltschaft ist als unabhängiges Organ des Tribunals konzipiert. Ihre Objektivität verlangt, dass sie keinen Weisungen unterworfen ist, weder innerhalb des Tribunals noch außerhalb, beispielsweise seitens des Sicherheitsrates (vgl. Artikel 16 Abs. 2 Statut). Die Aufgabe der Chefanklägerin und ihrer Mitarbeiter unterfällt in zwei Teilbereiche: Zum einen führt sie die Ermittlungen vor Ort durch, zum anderen vertritt sie die Anklage vor Gericht. Eine institutionelle Trennung zwischen diesen beiden Bereichen gibt es lediglich intern.

Ende 2001 sind noch 36 Ermittlungsverfahren im Gange, die nach einer Prognose des Präsidenten des Tribunals bis Ende 2004 zum Abschluss gebracht werden könnten. Zu den aufwendigsten Aufgaben gehören in diesem Zusammenhang die Exhumierungen der Massengräber – im Kosovo und auch immer wieder in Bosnien wurden bis ins Jahr 2003 neue Massengräber entdeckt – , die forensisch ausgewertet werden müssen.

Im Jahr 2001 führte die Staatsanwaltschaft sieben erstinstanzliche Verfahren mit insgesamt 20 Angeklagten parallel durch. Elf Verfahren mit insgesamt 17 Angeschuldigten befanden sich im Zwischenverfahren und in weiteren sechs Verfahren mussten Berufungsverfahren durchgeführt werden. Der Staatsanwalt hat bis Ende 2002 insgesamt 105 Personen öffentlich angeklagt; die meisten davon sind wegen Verbrechen in Bosnien-Herzegowina an der bosniakischen und kroatischen Zivilbevölkerung – vorwiegend auf dem Gebiet der sog. Republika Srpska – angeklagt; es handelt dabei um serbische Spitzenpolitiker (die meisten von der bosnischen SDS), Militärs der serbischen Streitkräfte (VRS) in Bosnien oder Leiter von Sammellager (wie Manjača, Omarska, Trnopolje) und Vorfälle, die wie der Massenmord von Srebrenica weltbekannt wurden. Neben Karadžić und Mladić sind zwei Kommandeure des Romanija-Korps wegen der 44 Monate dauernden Beschießung, Strangulierung und Terrorisierung von Sarajevo (einschließlich der Morde von Heckenschützen) angeklagt worden: Stanislav Galić wurde im Dezember 1999 nach Den Haag überstellt, während Dragomir Milošević bis Frühjahr 2003 noch nicht gefasst wurde. Wegen Verbrechen an Bosniaken im Mittelbosnien (Massenmord im Dorf Ahmići, ähnliche Vorfälle in Stupni do und einigen anderen Ortschaften) und Mostar (Internierungslager wie Heliodrom) wurden Angehörige des HVO (Truppen der bosnischen Kroaten) und Politiker der bosnischen HDZ angeklagt; die meisten der letztgenannten Prozesse befinden sich im fortgeschrittenen Stadium bzw. wurden schon abgeschlossen. Ähnlich verhält es sich mit dem sog. Čelebići-Fall, einem von bosnischen Kroaten und Muslimen gehaltenen Gefangenenlager bei Konjic, wo vorwiegend serbische Zivilisten Opfer wurden: die Angeklagten wurden teils rechtskräftig verurteilt teils freigesprochen. In Juli 2001 klagte die Chefanklägerin Carla Del Ponte drei Kommandeure der Armee BiH wegen Verstöße gegen Gesetze des Krieges an, denen Morde an kroatischen und serbischen Zivilisten und Gefangenen (der HVO) in der Gegend um Travnik zu Last gelegt werden; ihnen unterstand auch eine berüchtigte Mujaheddin-Einheit. Als ranghöchster bosniakischer Kommandeur wurde im September 2001 General Sefer Halilović im Zusammenhang der mehrfachen Morde seiner Soldaten an den kroatischen Zivilisten in herzegowinischen Dörfern Grabovica und Uskok angeklagt. Er wird wie der bosnisch-kroatische General Tihomir Blaškić – im Zusammenhang mit Verbrechen in Mittelbosnien (Lašva-Tal) – aufgrund seiner Befehlsgewalt zur Verantwortung gezogen, ohne an der Tat selbst beteiligt gewesen zu sein. Wegen Kriegsverbrechen in Kroatien wurden mehrere Offiziere der JVA angeklagt und zwar im Zusammenhang mit Massenmorden bei Vukovar und der Beschießung der Stadt sowie der weiteren Städte: Dubrovnik und Zagreb. Im Zusammenhang mit den Rückeroberungsaktionen der kroatischen Armee (HV) wurden im Sommer 2001 Generäle Rahim Ademi und Ante Gotovina und im August 2002 der Oberbefehlshaber der Offensive „Sturm" (Oluja) im 1995 General Janko Bobetko angeklagt. Dies zeugte für Unmut in Kroatien, wo man diese Anklagen als Anfechtung der Legitimität des Verteidigungskrieges interpretiert (→ Kap. 27). Der schwer herzkranke Bobetko verstarb im April 2003, wodurch eine eventuelle Zuspitzung der Spannungen zwischen der kroatischen Regierung und ICTY abgewendet wurde.

(c) Die Registratur ist verantwortlich für die Verwaltung sowohl der Kammern als auch der Staatsanwaltschaft. Chef der Registratur ist der Registrator, der nach Artikel 17 Statut vom Generalsekretär der Vereinten Nationen nach Rücksprache mit dem Tribunalspräsident ernannt wird. Der Aufgabenbereich der Registratur ist denkbar vielfältig. Zum einen ist sie verantwortlich dafür, dass die Infrastruktur reibungslos funktioniert. Die Gerichtssäle müssen hergerichtet und gepflegt werden, ein Sicherheitsdienst muss beschäftigt werden, Akten müssen transportiert und vor allem auch übersetzt werden. Darüber hinaus findet die Kommunikation des Tribunals mit der Presse und der interessierten Öffentlichkeit über die Registratur statt. Pressekonferenzen müssen organisiert, Entscheidungen des Tribunals veröffentlicht werden und eine Internetseite (www.un.org/icty) muss aktuell und übersichtlich gestaltet werden. Der hohe Informationsbedarf der Öffentlichkeit wird durch folgende Zahlen deutlich: im Jahr 2001 kamen 123 Besuchergruppen mit 2766 Besuchern nach Den Haag; die Homepage des Tribunals verzeichnete durchschnittlich 103.000 Besucher.

Ein weiterer wichtiger Bereich im Tätigkeitsspektrum der Registratur bildet die Unterabteilung für Opfer- und Zeugenschutz („Victims and Witnesses Section"). Diese Abteilung, bestehend aus 25 Mitarbeitern, gewährt die Sicherheit der aussagewilligen Opfer und Zeugen, sowohl des Anklägers als auch der Verteidigung, organisiert Transport und Unterbringung und informiert diese über das Verfahren und ihre Rechte. Darüber hinaus können Opfer und Zeugen auch psychologischen Beistand erhalten. Der damit verbundene immense Arbeitsaufwand soll auch hier durch ein paar Zahlen belegt werden: im Jahr 2001 kamen um die 550 Zeugen und Begleitpersonen aus über 30 verschiedenen Staaten, vornehmlich aber aus dem Gebiet des ehemaligen Jugoslawiens nach Den Haag.

Die Registratur unterhält ferner ein Amt für Rechtsbeihilfe und Angelegenheiten der Inhaftierten („Office of Legal Aid and Detention Matters"). Hier wird z.B. entschieden, ob und wie viel Prozesskostenhilfe ein Angeklagter erhalten soll.

Unter dem so genannten „outreach programme“ unterhält die Registratur des ICTY Kontaktbüros in Sarajevo und Zagreb sowie neuerdings auch in Priština (Kosovo) und Belgrad. Durch diese, im Übrigen über freiwillige Spenden finanzierte Präsenz des Tribunals vor Ort, wird versucht, den Betroffenen Staaten und deren Bevölkerung Information über die Arbeit des Tribunals zu vermitteln.

Das nach Anlaufschwierigkeiten nunmehr viel beschäftigte Tribunal verschlingt große finanzielle Mittel. Mitte 2002 beschäftigte das Tribunal 1248 Angestellte, es werden Gerichtssäle aufwendig mit der neuesten technischen Ausrüstung ausgestattet. 41 Gefangene mussten damals bewacht und versorgt werden; 2003, nachdem die Zusammenarbeit mit der neuen serbischen Regierung verbessert wurde, sind weitere dazu gekommen. Finanziert werden diese Aufgaben aus dem Budget der Vereinten Nationen, das von der Generalversammlung verabschiedet wird. Daneben bittet das Tribunal um freiwillige Zuwendungen. (Zahlen sind den Jahresberichten des ICTY bzw. der Homepage unter www.un.org/icty/glance/index.htm zu entnehmen). Die Steigerung um das Zehnfache sowohl bei der öffentlichen Finanzierung wie bei den Spenden ist beeindruckend und legt Zeugnis für die Zunahme der Arbeitsbelastung am Tribunal ab. Interessant ist auch die Liste der Spender. So haben sich neben Staaten wie den Vereinigten Staaten, dem Vereinigten Königreich oder Italien überraschenderweise auch Pakistan mit einer konstanten jährlichen Zuwendung von 1 Mio. $ oder Malaysia mit 2.5 Mio. $ hervorgetan.

31.4. Verfahren und Angeklagte

Das Verfahren vor dem Jugoslawientribunal beruht auf dem vom Sicherheitsrat aufgestellten Statut und den vom Richterkollegium erstellten und ständig revidierten „Rules of Procedure and Evidence“. Das Verfahrenssystem ist eine Mischung zwischen dem kontinentaleuropäischen inquisitorischen und dem angloamerikanischen System, welches auf die Verhandlung zwischen Ankläger und Verteidiger baut (sog. adversatorisches System). Während ersteres eher auf der Unabhängigkeit und Erfahrung der Richter setzt und diesen die zentrale Rolle der Ermittlung und Verhandlungsführung einräumt, reduziert letzteres den Richter auf eine bloße Schiedsrichterrolle, in der er über die Fairness des Prozedere wacht und sicherstellt, dass den Geschworenen keine zweideutigen Beweismittel präsentiert werden. Das Verfahren nach den Regeln des Jugoslawientribunals setzt zwar bei der Präsentation des Falles zunächst auf die Parteien, d.h. auf Staatsanwaltschaft und Verteidigung, ganz in der angloamerikanischen Tradition, weist dem Richter dann aber andere substantielle Aufgaben zu. Die professionellen Richter entscheiden den Fall und nicht eine Bank aus Laiengeschworenen. Die Möglichkeiten, weitere und andere als die von den Parteien vorgebrachten Beweismittel anzufordern, wurden gegenüber dem reinen US-Prozess erheblich ausgeweitet.

Für die einzelnen Verfahren wie für die Weltöffentlichkeit ist die Einhaltung von Menschenrechten im Strafverfahren von enormer Wichtigkeit. Gerade seitens der Vereinten Nationen und der westeuropäischen Hauptverfechter der Menschenrechtspakte muss sichergestellt werden, dass die Verfahren auf dem höchsten menschenrechtlichen Standard ablaufen. Dieses Ziel zu erreichen ist oftmals schwierig.

Dass im ersten Prozess, dem schon erwähnten Verfahren gegen Duško Tadić, alle Instanzen durchlaufen werden, war zu erwarten. Die Vorfragen der Zuständigkeit des Tribunals und seine rechtmäßige Errichtung mussten zwangsläufig geklärt werden. Die Klärung dieser juristischen Fragen nahm auch nur eine relativ kurze Zeitspanne ein. Von dem ersten

Auftreten Tadićs am 26. April 1995 dauerte es nicht einmal vier Monate bis am 10. August 1995 die Berufungskammer rechtskräftig feststellte, dass das Tribunal rechtsmäßig errichtet sei. Der eigentliche Strafprozess begann am 7. Mai 1996 und wurde erst am 26. Januar 2000 mit der letzten Entscheidung der Berufungskammer über die Höhe der Strafe endgültig beendet. In dem Verfahren wurden 126 Zeugen gehört, 465 Beweisstücke vorgelegt, es traten zeitweise fünf Staatsanwälte und sechs Verteidiger auf. Die Frage des Zeugenschutzes stellt sich als besonders schwerwiegend heraus. Dabei geht es um die Abwägung der menschenrechtlichen Frage, ob dem Recht des Angeklagten, die Identität der gegen ihn aussagenden Personen zu kennen, der Vorrang eingeräumt werden muss oder ob zum Schutz des Zeugen diese verheimlicht werden kann. Die Zeugenanonymisierung kann allerdings – zumal in einer relativ überschaubaren Gesellschaft – zur Farce werden, wenn auf Grund des Inhalts der Aussage auf die Person des Aussagenden geschlossen werden kann, vor allem dann, wenn diese eine unverwechselbare öffentliche Position bekleidete. Einer der Anwälte Tadićs ist wegen Missachtung des Gerichts – ihm wurde Zeugenbeeinflussung vorgeworfen – zu einer Geldstrafe von 15.000 Holländischen Gulden verurteilt worden, ein für deutsche Ohren ungewohntes Phänomen. Daraufhin hat Tadić um erneute Überprüfung seines Falles gebeten.

Als beachtlich stellte sich auch das Verfahren gegen Dražen Erdemović heraus. Dieser hatte als einfacher Soldat in der gefürchteten 10. Sabotage Einheit der Bosnisch-Serbischen Armee (VRS) an den Massenexekutionen nach dem Fall Srebrenicas teilgenommen. Er wurde am 30. März 1996 von der Bundsrepublik Jugoslawien an das Jugoslawientribunal ausgeliefert, bekannte sich dort für schuldig und wurde zu zehn Jahren Haft verurteilt. Im Berufungsverfahren stellte die Berufungskammer fest, dass der jugendliche und sichtlich von Reue gepeinigte Erdemović hinsichtlich seines Schuldbekenntnisses nicht hinreichend aufgeklärt worden war. Das so genannte „guilty plea" ist eine Besonderheit des angloamerikanischen Prozessrechts und erwies sich hier als Fremdkörper. Erdemović hatte sich eines Verbrechens gegen die Menschlichkeit (Mord) nach Artikel 5 des Statuts für schuldig erklärt. Die Berufungskammer klärte ihn darüber auf, dass er weitaus milder bestraft worden wäre, wenn er sich wegen des gleichen Sachverhalts einer Verletzung von Gesetzen oder Gebräuchen des Krieges (Mord) nach Artikel 3 des Statuts für schuldig erklärt hätte (vgl. Tabelle 2). Als er dem Rat folgte, erhielt er nur noch (wohl angemessene) fünf Jahre. Seine Strafe verbüßte er in Norwegen und ist im August 2000 aus der Haft entlassen worden. Auch hier verzögerte sich das Verfahren wegen prozessualer Unsicherheiten um gut zwei Jahre. Erdemović war der erste wegen Kriegsverbrechen vom ICTY Angeklagte und Verurteilte, der seine Strafe abgebüßt hat. Ihm folgten 2001 und 2002 drei weitere Personen, die ihre Strafe bereits abgeleistet hatten.

Neben diesen ersten Strafverfahren musste das Tribunal lernen, mit der Tatsache umzugehen, dass seine Existenz nicht durchgehend als politisch erwünscht angesehen wurde. Bei den ersten Versuchen, das Daytoner Abkommen umzusetzen, wurde eine Kooperation mit dem Tribunal auch von einigen westlichen Staaten, allen voran den Vereinigten Staaten von Amerika, teilweise als nicht opportun abgelehnt. Im ehemaligen Kriegsgebiet anwesende internationale Truppen wurden angewiesen, keine Verhaftungen für das Tribunal durchzuführen. Die Richter protestierten teilweise offen, was der richterlichen Unabhängigkeit nicht gut stand, und widmeten sich einer anderen Tätigkeit: Sie führten verschiedene Anhörungen, ohne Beteiligung der Angeklagten, durch, um bestimmte historische Ereignisse wenigstens rudimentär zu dokumentieren und Opfern die Möglichkeit zu geben, vor einer internationalen Behörde auszusagen. Die Befugnis zu solchen Anhörungen findet sich in Rule 61 der Verfahrensordnung. Insgesamt wurden fünf solcher Verfahren durchgeführt gegen die vermeintlich schlimmsten Kriegsverbrecher, wie Radovan Karadžić und Ratko Mladić, Dragan Nikolić, Ivica Rajić und Milan Martić. (Rajić hielt sich lange in Kroatien versteckt, wurde im Frühjahr 2003 aufgespürt und am 24. Juni 2003 nach ICTY ausgeliefert; Martić stellte sich Ende 2002 in seinem Belgrader Exil selbst dem Gericht.)

Der erste Befehlshaber, der sich dem Tribunal freiwillig stellte, war Tihomir Blaškić, ein Kommandeur der bosnisch-kroatischen Armee (HVO), und zwar auf Druck der kroatischen Regierung unter Tuđman, die damit unlautere Absichten verband, die noch Jahre die kroatische Öffentlichkeit beschäftigen sollten. Er wurde wegen Kriegsverbrechen und Menschlichkeitsverbrechen von der Kammer erster Instanz zu 45 Jahren Gefängnis verurteilt. Das Verfahren dauerte zwei Jahre, nachdem bereits die Staatsanwaltschaft mehr als ein Jahr zur Präsentation der Anklage benötigte. Es wurden 149 Zeugen vernommen und ca. 1.400 Beweisstücke vorgelegt. Das Verfahren befindet sich in der Berufung, in der sicherlich die zweifelhafte Kooperationsbereitschaft Kroatiens während der Regierung Tuđmans Thema sein wird. Auch hier wurde ein Anwalt wegen Missachtung des Gerichts – die Identität eines geschützten Zeugen wurde vom Anwalt dem Angeklagten mitgeteilt – bestraft.

Dragan Nikolić, gegen den ein Verfahren nach Rule 61 durchgeführt wurde, wurde im April 2000 von SFOR festgenommen und an das Tribunal ausgeliefert. Als Leiter des Konzentrationslagers Sušica im Jahr 1992 gilt er als einer der schlimmsten Kriegsverbrecher. (Das Strafverfahren befand sich am Ende 2002 noch im Vorverfahren.)

Der wichtigste und größte Prozess ist sicherlich der gegen Slobodan Milošević. Mit dem ehemaligen Präsidenten Jugoslawiens wurde der erste Regierungschef einer internationalen Strafverfolgung zugeführt. Ihm werden im Kosovo, in Kroatien und in Bosnien-Herzegowina Kriegsverbrechen, Verbrechen gegen die Menschlichkeit, in letzterem Fall auch Völkermord vorgeworfen. Der Prozess begann am 12. Februar 2002. Der erste Teil des Verfahrens behandelte die in Kosovo begangenen Verbrechen, wie Massenvertreibung und Massaker an Albanern. Die Verhandlung wurde Anfang September abgeschlossen. Am 26. September 2002 begann der zweite Teil des Verfahrens, dessen Dauer ursprünglich bis Mai 2003 angesetzt war; am 20. Mai wurde sie dann doch um weitere 100 Verhandlungstage verlängert. In den drei folgenden Monaten bis Jahresende belastete eine Reihe der Zeugen der Anklage – darunter prominente Zeugen wie der kroatische Präsident Stjepan Mesić, der damit der erste amtierende Staatspräsident ist, der als Zeuge vor dem Tribunal erschien – den Angeklagten schwer. Besonders schwerwiegend dürften die Aussagen von Personen aus dem damaligen – engeren und weiteren – Insider-Kreis des serbischen Machthabers sein, wie die des einstigen Mitglieds der montenegrinischen Regierung Nikola Samardžić, einiger Angehörigen des serbischen bzw. jugoslawischen Sicherheitsdienstes, serbischer Journalisten, die Zugang zum Frontgeschehen in Kroatien und Bosnien-Herzegowina hatten, und vor allem jener Personen, die direkt an dem Projekt beteiligt waren, das Milošević „zusammen mit anderen“ betrieb, und das ihm als „gemeinsames kriminelles Unterfangen“ (joint criminal enterprise) zu Last gelegt wird. Milan Babić, der bei der Rebellion der kroatischen Serben (1991-1995) eine führende Rolle spielte, wurde an sechs Verhandlungstagen angehört und belastete den Angeklagten als zentrale Figur bei der Entfachung, Organisation, militärischer und logistischer Durchführung des Aufstandes, der Besetzung von Gebieten in Kroatien und Vertreibung der nicht-serbischen Bevölkerung schwer. Milošević, der sich selbst verteidigt und dabei umfangreiche Unterstützung unbenannter Stellen aus dem Belgrader Machtapparat erhielt, konnte in dem Teil des Verfahrens, der Kosovo betraf, der Staatsanwaltschaft, die schlecht vorbereitet war und wegen der Weigerung der neuen serbischen bzw. jugoslawischen Regierung keinen Zugang zu wichtigen Unterlagen in Belgrader

Behörden hatte, teilweise Paroli bieten, indem er vor allem die Glaubwürdigkeit einiger schlecht vorbereiteter Zeugen der Anklage in Kreuzverhören erschütterte. In dem zweiten Teil des Verfahrens, der im Jahr 2002 vorwiegend Kroatien betraf, baten ihm die geladenen Zeugen dazu keine Gelegenheit und von seiner Selbstverteidigung sind nur propagandistische Behauptungen geblieben, für die er keine Belege liefern konnte. Die Beweisaufnahme war in diesem Teil noch nicht abgeschlossen, als der Ankläger Anfang April 2003 mit der Anhörung eines geschützten Zeugen, der als Angehöriger des Innenministeriums in Bijeljina über die Ereignisse um den 31. März 1992, als Arkans Milizen zusammen mit lokalen Einheiten und Truppen der JVA Bijeljina überrannten und zahlreiche Verbrechen begingen, aussagte, die Beweisnahme bezüglich des bosnischen Teils der Anklage gegen Milošević aufnahm. Dieser Teil, der Kapitalverbrechen wie Srebrenica und Belagerung von Sarajevo sowie andere Massenverbrechen in Bosnien-Herzegowina in den Jahren 1992-1995 behandelt, wird die meiste Zeit für das Vorbringen des Beweismaterials erfordern.

Auffällig ist die Zurückhaltung des Tribunals wegen Völkermordes anzuklagen und zu verurteilen. Der Vorwurf des Völkermordes ist bei 93 Angeklagten nur in zwölf Fällen erhoben. Radovan Karadžić, Ratko Mladić und Željko Meakić sind noch nicht gefasst, Duško Sikirica wurde vom Vorwurf des Völkermordes freigesprochen und wegen Verbrechen gegen die Menschlichkeit zu 15 Jahren Gefängnis verurteilt. Goran Jelišić wurde wegen Verbrechen gegen die Menschlichkeit und Kriegsverbrechen zu 40 Jahren rechtskräftig verurteilt. Radislav Krstić wurde als erster Angeklagter in erster Instanz wegen Völkermordes nach der Einnahme Srebrenicas zu 46 Jahren verurteilt. Diese Zurückhaltung rührt daher, dass nur die beabsichtigte systematische Zerstörung einer Volksgruppe Völkermord bedeutet. Diese Absicht nachzuweisen, ist einerseits schwierig, da letztlich nichts anderes übrig bleibt, als auf öffentliche Äußerungen und offenbarte politische Ziele zurück zu greifen. Andererseits soll auch einer Völkermordinflation vorgebeugt werden. Mit dem Stigma des Völkermörders sollen nur die Personen gebrandmarkt werden, welche die Stellung und den Einfluss hatten, eine Politik der Ausrottung und Vertreibung durchzusetzen. Milomir Stakić, Radoslav Brđanin und Momir Talić, Momčilo Krajišnik und Biljana Plavšić wurden des Völkermordes angeklagt; die Verfahren befinden sich in unterschiedlichen Stadien. Die Völkermordanklage gegen Biljana Plavšić, die sich am 10. Januar 2001 freiwillig dem Tribunal stellte, wurde fallengelassen, nachdem sie sich am 2. Oktober 2002 der Verbrechen gegen die Menschlichkeit schuldig erklärte und als ranghöchste Angeklagte ihre Beteiligung an den im Bosnien-Krieg begangenen Verbrechen zugab. Daher verhandelte das Gericht nach den Schlussplädoyers der Anklage und der Verteidigung im Dezember 2002 über das Strafmaß und verkündete am 27. Februar 2003 das Urteil auf 11 Jahre Freiheitsstrafe. Die Chefanklägerin des Tribunals Carla Del Ponte verlangte für die Präsidentin der damaligen Republika Srpska in Bosnien-Herzegowina eine Haftstrafe von 15 bis 25 Jahren, die trotz ihres Schuldbekenntnisses für die sog. ethnischen Säuberungen in hohem Maße verantwortlich bleibe. Bei der Verhandlung traten prominente Zeugen wie die ehemalige amerikanische Außenministerin Madeleine Albright und Friedens-Nobelpreisträger Elie Wiesel auf.

Am 26. Februar 2003 stellte sich Vojislav Šešelj freiwillig dem Gericht in Den Haag, nachdem eine Woche zuvor die Anklage gegen ihn wegen Verbrechen gegen die Menschlichkeit und Kriegsverbrechen eröffnet wurde. Zum ersten Mal bezieht sich eine Anklage auf die Verfolgung von Minderheiten in Serbien selbst, d.h. in der Provinz Vojvodina.

Nach der Ermordung des serbischen Ministerpräsidenten Zoran Đinđić am 12. März 2003 veränderte sich der Umgang mit Kriegsverbrechen in Serbien schlagartig. Die Regierung unter Đinđićs Nachfolger Zoran Živković ging umgehend und energisch gegen die

Täter, deren Hintermänner und das breite Umfeld vor. Die breit angelegte Operation der Polizei unter dem Namen «Schwert» («Sablja») umfaßte die verzweigte Verflechtung, die seit Jahren zwischen dem organisierten Verbrechen, korrumpierten Gerichtswesen, dem Militär, der Polizei, dem Sicherheitsdienst und verschiedenen Spezialeinheiten und den Kriegsverbrechern herrschte, und vom Regime Miloševićs hervorgebracht bzw. hinterlassen wurde. So überschnitt sich der Personenkreis, gegen den die serbische Polizei ermittelte, mit dem, der für den Ankläger des ICTY vom Interesse war. Dies war am eindeutigsten im Fall der früheren Geheimdienstoberen Jovica Stanišić und Franko Simatović, die einerseits fast täglich im Verfahren gegen Milošević im Haager Gericht erwähnt wurden, wenn es um gewaltsame Aktivitäten bewaffneter Truppen – jeglicher Gattung – in Kroatien und Bosnien-Herzegowina ging, und andererseits als Hintermänner des Attentats von serbischen Vermittlern verhört wurden. Sie waren als Komplizen in der Anklageschrift über das „gemeinsame kriminelle Unternehmen", das Milošević vorgeworfen wird, zwar ernannt worden, aber der Ankläger erließ erst Anfang Mai 2003 die Anklagen gegen sie. Die neue serbische Regierung novellierte im April 2003 das Gesetz über die Zusammenarbeit mit dem Tribunal, und schaffte so die früheren Auslieferungs- und sonstige Hürden ab, die durch Miloševićs Nachfolger Vojislav Koštunica installiert wurden. Stanišić und Simatović wurden noch im Mai bzw. Anfang Juni nach Den Haag überführt. So entstand zum ersten Mal der Eindruck, dass Belgrad ernsthaft bereit ist, jene Angeklagten auszuliefern, derer die Behörden habhaft werden oder geworden sind. Mitte 2003 waren Ratko Mladić und einige andere Angeklagte, die die Chefanklägerin in Serbien vermutet, noch flüchtig, aber die Auslieferung einiger anderer Angeklagten zeigte, dass die Akzeptanz des Tribunals in der Öffentlichkeit doch merklich gestiegen war. Am 13. Juni verhaftete die serbische Polizei in Belgrad den lange Zeit flüchtigen Veselin Šljivančanin der einer der Oberbefehlshaber der JVA bei der Belagerung und Erstürmung von Vukovar war. Seine beiden Mitangeklagten wurden schon früher nach Den Haag ausgeliefert; sie müssen sich wegen Massaker an Gefangenen aus dem Vukovarer Krankenhaus im November 1991 verantworten. Die Anklage wurde bereits 1995 erhoben. Der erneute Machtwechsel nach den Parlamentswahlen Ende 2003 brachte einen Rückschlag in der Zusammenarbeit mit dem ICTY; Vojislav Koštunica behielt seine Weigerungspolitik auch als Ministerpräsident bei. Folglich konnten sich die meist gesuchten Angeklagten, Karadšić und Mladić, weiterhin erfolgreich verstecken.

Im Mai 2003 begann der sog. zweite Srebrenica-Prozess – zwar zunächst mit einem Aufschub, aber auch mit Geständnissen zweier angeklagter Offiziere der bosnisch-serbischen Armee, die unmittelbar für die Organisation und Durchführung der Massenerschießungen im Juli 1995 verantwortlich waren. Die Geständnisse von Momir Nikolić und Dragan Obrenović, die sich zum Anklagepunkt gemäß dem Artikel 5 schuldig bekannten, tragen zur vollen Wahrheit über dieses größte Massenverbrechen in Europa in der zweiten Hälfte des 20. Jahrhunderts bei; sie sind von entscheidender Bedeutung für die Beweisaufnahme gegen andere Beteiligte an dem Mord, dem mehr als 7000 bosniakischer Männer und Knaben zum Opfer fielen. Dafür ließ der Ankläger die beiden anderen Anklagepunkte (3 und 4) fallen. So wichtig die Zusammenarbeit der beiden mit der Staatsanwaltschaft auch ist (insbesondere bezogen auf Ratko Mladić), kann diese Entscheidung, die zwei direkt am Völkermord beteiligten Soldaten nur wegen Verbrechen gegen die Menschlichkeit (mit einem Strafmaß von 10 bis 15 Jahren) anzuklagen, dennoch kaum der Gerechtigkeit dienen.

31.5. Gerechtigkeit und Friede

Die internationale Strafverfolgung stellt sich als ein juristisch kompliziertes, praktisch aufwendiges und finanziell erheblich belastendes Unternehmen dar. Es drängt sich dabei die Frage auf, ob der Aufwand lohnt. Juristisch ist diese Frage zu bejahen. Verbrecher sind ihrer gerechten Strafe zuzuführen, auch dann, wenn sie sich auf internationalem Parket bewegen und in den zweifelhaften Schutzmantel so genannter diplomatische Immunität gekleidet sind. Bei aller philosophischen Unsicherheit über die Vergeltung als Strafzweck muss ihre instinktive Verankerung in der internationalen Gesellschaft anerkannt werden.

Politisch haben wir es hier mit einem viel versprechenden Versuch zu tun. Mag auch die Aussicht, durch internationale Strafverfolgung eine abschreckende Wirkung für die Zukunft zu erreichen, schwach und empirisch zweifelhaft sein, so trägt die Strafverfolgung doch die Hoffnung in sich, die Versöhnung zwischen den ehemaligen Kriegsparteien auf tragfähige Füße zu stellen. Das kann aber nur gelingen, wenn an der Unparteilichkeit und Menschenrechtskonformität des Gerichtes keine Zweifel bleiben. Dies sicher zu stellen und den Betroffenen zu vermitteln, kostet viel Geld. Gelingt es, kann der Glaube an die Gerechtigkeit weiter verbreitet und ein neuerlicher Rachefeldzug verhütet werden. Ein hoffnungsvolles Zeichen ist die überwältigende Spendenbereitschaft Pakistans oder Malaysias. Anstatt ihren muslimischen Brüdern neue Waffen zu liefern, spenden sie dafür, dass diejenigen strafrechtlich zur Verantwortung gezogen werden, die ihre Glaubensgenossen ermordet und vergewaltigt haben. Ob das völkerrechtlich so umstrittene Unternehmen Jugoslawientribunal dennoch dem friedlichen Zusammenleben der Völker und Glaubensgruppen auf dem Balkan nützen kann, muss offen bleiben.

Für den Erfolg des Tribunals wäre es wichtig, wenn seine Arbeit und das Geschehen in Haager Gerichtssälen gebührende Aufmerksamkeit in der Weltöffentlichkeit bekommen würden. Dies wäre auch ein Beitrag zur Gerechtigkeit, denn eine solche Aufmerksamkeit bedeutet vor allem Achtung vor den Opfern. Es scheint, dass in der Welt nicht die Meinung herrscht, dass sie diese verdienen.

Literatur

Deutsche Aufsätze: Interview mit der ehemaligen Chefanklägerin am Jugoslawientribunal Louise Arbour, in: *Deutsche Richterzeitung* 1998, S. 495; Dokumente aus dem Verfahren gegen General Radislav Krstić vor dem Internationalen Strafgerichtshof für das ehemalige Jugoslawien in Den Haag: Julija Bogoeva/Caroline Fetscher (Hg.) *Srebrenica. Ein Prozeß*, Frankfurt a. M. 2002; Otto Böhm, „Von Nürnberg nach Den Haag – Erfahrungen mit internationalen Tribunalen", in: *Jahrbuch Menschenrechte 2000*, Frankfurt a. M. 2000; Horst Fischer/Sascha Rolf Lüder (Hg.), *Völkerrechtliche Verbrechen vor dem Jugoslawien-Tribunal, nationalen Gerichten und dem Internationalen Strafgerichtshof*, Berlin 1999, Bochumer Schriften zur Friedenssicherung und zum Humanitären Völkerrecht, Bd. 35; Dunja Melčić, „Die schwierige Durchsetzung der Gerechtigkeit", *Rechtshistorisches Journal* 20, 2001, S. 459-477; dies., „Die langen Arme des Diktators. Immer mehr Beweise gegen Milosevic", *Frankfurter Allgemeine Sonntagszeitung*, 16. Februar 2003, Nr. 7, S. 7; dies., „Große und kleine Fische. Verhandlungsalltag beim Kriegsverbrechertribunal in Den Haag", *Kommune* April/Mai 2003, S. 47-49; dies., „Haager Wegmarken. der postmoderne Fortschritt des Völkerrechts", *Kursbuch* 155, Neue Rechtsordnungen, März 2004, S. 37-51; Stephan Müller und Hannes Tretter, „Die Politik der ‚ethnischen Säuberung' im Spiegel des internationalen humanitären Rechts und der bisherigen Praxis des Internationalen Straftribunals für das ehemalige Jugoslawien", in: *Jahrbuch Menschenrechte 1999*, Frankfurt a. M. 1999, S. 179-190.

Wichtige Veröffentlichungen in englischer Sprache: Norman Cigar/Paul Williams, *Indictment at The Hague. The Milosevic Regime and the Crimes of the Balkan Wars*, (mit einer Einleitung von Ivo Banac) New York [u. a.] 2002; Horst Fischer/Claus Kreß/Sascha Rolf Lüder (Hg.), *International and National Protection of Crimes under InternationalLaw*, Berlin 2001, Bochumer Schriften zur Friedenssicherung und zum Humanitären Völkerrecht, Bd. 44; Die wichtigsten Fälle mit kurzen Erklärung sind gesammelt in: André Klip/Göran Sluiter (Hg.): *Annotated*

Leading Cases of International Criminal Tribunals, Wien 1999; Karine Lescure/Florence Trintignac, *International justice for former Yugoslavia: the working of the International Criminal Tribunal of the Hague*; The Hague [u.a.] 1996; Geoffrey Robinson, *Crimes Against Humanity*, London [u.a.] 2000; Christoph Safferling, *Towards an International Criminal Procedure*, Oxford 2003; ders., "Law in Progress at the ICTY", *Yearbook for International humanitarian Law* 2003. Für generelle Hintergrundinformationen sowie aktuelle Fallinformation: http://www.un.org/icty/index.html

32. Rückblick auf den Krieg im Lichte neuerer Veröffentlichungen und manche offene Fragen

Dunja Melčić

32.1. Der Zerfall Jugoslawiens in universalhistorischem Kontext

Die Jahrhundertwende brachte uns Werke einiger namhafter Historiker mit Versuchen, die Grundzüge der Epoche zu ordnen und sie als Ganzes zu durchmessen.[1] Die entworfenen universalhistorischen Rückblicke lassen auch die dramatischen Geschehnisse in den Ruinen des ehemaligen Jugoslawien in schärferem Licht erscheinen. Obwohl dieses Gebiet und die dortigen Ereignisse im Jahrhundertmaßstab marginal erscheinen und in solchen säkularen Überblicken nur am Rande erwähnt werden, lassen sich nunmehr die Verbindungslinien zwischen den epochalen Ereignissen des Jahrhunderts und den Prozessen und Strukturen im europäischen Südosten besser erkennen. Sieht man das Jahrhundert, d.h. seine erste Hälfte, im Zeichen der „industriegesellschaftlichen Moderne" (Gunther Mai) und der mit ihr zusammenhängenden europäischen Globalisierungsprozesse, so kommt auch in den Blick, dass diese Prozesse ebenfalls den Raum erfassten, auf dem zeitweilig der Staat Jugoslawien existierte, und ihn von der Peripherienäher ans Zentrum rückten. Dass das Ende des Jahrhunderts durch die Kriege im südlichen Mitteleuropa gekennzeichnet war, lenkt den historischen Blick wieder an dessen Anfang zurück. Dennoch gerät der Jugoslawienkrieg in den allgemeinen historischen Betrachtungen zum vergangenen Säkulum meistens ins Abseits. Gleich am Anfang seines umfassenden Werkes bietet Eric Hobsbawm[2] eine mögliche Erklärung für die periphere Stellung des Jugoslawienkrieges: „Die historische Erinnerung war nicht mehr lebendig"; denn, als Frankreichs Präsident Mitterrand Sarajevo am 28. Juni 1992 überraschend und unangekündigt besuchte, „verstand" kaum jemand „diese Anspielung" auf den Jahrestag des 1914 in Sarajevo verübten Attentats. Man kann allerdings auch der Ansicht sein, das sei gut so. Denn dieses Datum hatte gerade für den Attentäter eine national-symbolische Bedeutung, da der Sankt Veitstag seit dem 19. Jh. in der serbischen Nationalhistorie in Erinnerung an die Schlacht auf dem Amselfeld 1389 als unvergleichlich heiliger Symboltag[3] gepflegt wird, weshalb die Serben alle erdenklichen politisch als wichtig erachteten Entscheidungen und Termine auf diesen Tag legen: von der Verabschiedung einer Verfassung bis – man staune – der Auslieferung Slobodan Miloševićs an den Interna-

1 Dan Diner, *Das Jahrhundert verstehen. Eine universalhistorische Deutung*, 1999; François Furet, *Das Ende einer Illusion*, 1995; Eric Hobsbawm, *Das Zeitalter der Extreme*, (1994) 1995; Gunther Mai, *Europa 1918-1939. Mentalitäten, Lebensweisen, Politik zwischen den Weltkriegen*, Stuttgart 2001; Mark Mazower, *Das dunkle Kontinent* 2000.

2 *Das Zeitalter der Extreme. Weltgeschichte des 20. Jahrhunderts*, München 1995, S. 17; Dan Diner will einen Unterschied innerhalb der Kriegsführungsarten gesehen haben: die „ethnischen", von „Staaten angeleiteten" Balkankriege 1912/13 seien mit ihrer Grausamkeit „auf dem europäischen Kontinent fremd" gewesen, S. 33.

3 Zur Entstehung des Kultes, Kanonisierung des Datums durch die Serbische Orthodoxe Kirche im 19. Jahrhundert sowie Überlieferung siehe: Holm Sundhaussen, „Kriegserinnerung als Gesamtkunstwerk und Tatmotiv: Sechshundertzehn Jahre Kosovo-Krieg (1389-1999)", in: Dietrich Beyrau, *Der Krieg in religiösen und nationalen Deutungen der Neuzeit*, Berlin 2001, S. 11-40; S. 21ff.

tionalen Strafgerichtshof in Den Haag 2001 oder das Attentat von 1914 (wobei man sich noch heute fragen kann, welche Stümper die Reise des Erzherzogs Franzferdinand so geschickt planten, dass sie sich mit diesem Datum – ganz gleich, was passiert – mühelos in das mythomanische serbische Geschichtsverständnis fügt). Auch ist nicht klar, worauf eigentlich Mitterrand anspielen wollte,[4] und es ist zumindest nicht auszuschließen, dass er mit dieser Beschwörungsgeste zugleich eine symbolische Aufwartung an die französisch-serbische Freundschaft verband.

Außerdem: Blickt man auf den Anfang und das Ende des „Kurzen Jahrhunderts" (Eric Hobsbawm), dann können 1914 als das Jahr, in dem der Erste Weltkrieg ausbrach, und 1991 (Hobsbawms Zeitrechnung) bzw. 1989 als das Jahr des unwiederbringlichen Untergangs des kommunistischen Imperiums und der Beendung des Kalten Krieges gerade für die großen Unterschiede der geschichtlichen Welten dieser beiden Pole stehen. Wenn aber dieses Ende eine Vollendung und damit eine vollzogene Wende markiert, dann heißt das, dass die Bedingungen und Faktoren, die am Epochenanfang wirksam waren, endgültig ihre Kraft eingebüßt haben. Dann korrespondieren die Ereignisse der Staatsauflösung und der Staatenbildung in Südosteuropa mit der Grundstruktur der Epochenwende, und dann ist der Hinweis auf 1914, das Jahr, als durch die Rivalitäten der Großmächte die „Urkatastrophe des Ersten Weltkrieges" (George F. Kennan) losbricht, ein historisches Missverständnis, wenn damit eine Art Wiederholung jener geschichtlichen Konstellation gemeint ist.

Wenn man den Beginn und das Ende einer Epoche, wie Hobsbawm, in Zusammenhang mit blutigen Ereignissen in Sarajevo bringt, dann fällt gerade auf, wie fundamental sich die europäische Staatenwelt in dieser Zeitspanne geändert hat (→ Kap. 28). Im Grunde aber sind „Beginn" und „Vollendung" keine irgendwie starren Punkte; wenn man die Jahreszahlen 1914 und 1991 nennt, dann benennen sie metaphorisch oder symbolisch ungefähre Zeiträume, in denen gewisse Prozesse merklich angesetzt oder ihre geschichtsbildende Kraft verloren haben. Bezogen auf Jugoslawien besagen die beiden Pole der Epoche, dass die Gründung des Staates 1918 (und erneut 1943) und seine Auflösung 1991 eng mit epochalen, welthistorischen Ereignissen, Prozessen und Strukturwandlungen verknüpft waren. Belagerung, Beschießung und Vernichtung von Sarajevo und der Krieg gegen Bosnien-Herzegowina wurde 1992 von *Verlierern* dieser Geschichte ausgeführt,[5] und dass dieses Morden mitten in Europa sich über drei Jahre ungestraft hinziehen konnte, müsste wahrscheinlich darauf zurückgeführt werden, dass die politischen Akteure im Westen, insbesondere in Westeuropa, die volle Tragweite der Epochenwende ebenfalls nicht begriffen haben. Daher kann es ratsam sein, die – mehr oder minder – unbewussten *Einstellungen* kritisch mitzuberücksichtigen, die sich auf vielen Ebenen der Beschäftigung mit dem fraglichen Gebiet bemerkbar machen, und sie gleichsam zu dekonstruieren, d.h. als eine Sachverhalte beeinflussende oder gar verfremdende Perspektive sichtbar zu machen. Die Geschichts- und Sozialwissenschaften haben seit längerem den konstruktivistischen erkenntnistheoretischen Ansatz für sich nutzbar gemacht; versäumt wird aber oft, ihn auch auf die Seite des Beobachters und nicht nur auf das Gebiet des Beobachteten anzuwenden.[6]

4 Mathieu Braunstein, *François Mitterrand à Sarajevo – 28 juin 1992 – le rendez-vous manqué*, Paris 2001. Vgl. auch Raymund Rehnicer, „Offener Brief an Präsidenten Mitterrand", in: Johannes Vollmer (Hg.), *„Daß wir in Bosnien zur Welt gehören"*, Solothurn Düsseldorf, 1995, S. 253-257.

5 Im soziostrukturellen Sinne handelte es sich um Verlierer der „sozialistischen Modernisierung", die ja selbst an ihre Grenze gestoßen war, vgl. Wolfgang Höpken, „Gewalt auf dem Balkan – Erklärungsversuche zwischen ‚Struktur' und ‚Kultur'", in: Wolfgang Höpken/Michael Riekenberg (Hg.), *Politische und ethnische Gewalt in Südosteuropa und Lateinamerika*, Köln Weimar Wien, 2001, S. 71.

6 Demgegenüber der Ansatz von Larry Wolf, *Inventing Eastern Europe. The Map of Civilization on the Mind of the Enlightenment*, Stanford, 1994.

Das föderale sozialistische Jugoslawien wäre 1991 nicht zerfallen, wenn die Bedingungen, unter denen es zweimal gegründet wurde, noch wirksam gewesen wären. Deshalb fällt eine generelle Antwort auf die Frage nach den Ursachen der Staatsauflösung von Jugoslawien relativ einfach aus: Jugoslawien hat aufgehört zu bestehen, weil seine wichtigsten Existenzbedingungen keinen Bestand mehr hatten. Der gemeinsame Staat der südslawischen Völker war eine *Unternehmung auf Zeit*, wenn auch seine Gründer, Geschäftsführer, Mitbegründer, freiwilligen und unfreiwilligen Untertanen sowie auswärtigen Sponsoren sich dieser Temporarität nicht bewusst waren. Im historischen Rückblick zeigt sich immer deutlicher, wie sehr dieses Gebilde in seinen Grundzügen eine Art Bündnis aus der Not war, dessen Entstehung man nur im „globalen Kontext" (John B. Allcock) historisch verstehen kann. Das hängt auch damit zusammen, dass die Gründe für den Zusammenschluss der Länder, Regionen und Völker zu einem Staat vorwiegend *politischer Natur* waren. Wirtschaftliche Überlegungen spielten dabei keine Rolle. Soziale Faktoren als Einigungsmotive kann man ausmachen, da es sich trotz des großen Nord-Süd-Gefälles 1918 und 1945 um ein insgesamt unterentwickeltes europäisches Randgebiet handelte und die Armut von Slowenien bis Kosovo und Makedonien vorherrschender sozioökonomischer Zustand war. Die allgemeine Rückständigkeit bildet den Ausgangspunkt von John B. Allcocks soziologischer Untersuchung der Modernisierungsprozesse in dem Raum, die etwas unter dem Vorsatz leidet, partout keine wesentlichen Unterschiede in der Modernisierung und Demokratisierung zwischen dem Norden und Süden aufkommen zu lassen.[7] Doch die Wahrnehmung der Armut und der sozialen Differenz war als einigender Faktor *Produkt der Ideologie*. Die Gleichheitsideologie war in und ab den 40er Jahren sicherlich virulenter, als man es Ende der 80er in den nach Demokratie strebenden Teilen Jugoslawiens im Rückblick wahrhaben wollte. Was nichts an der Tatsache ändert, dass sie ihre Gültigkeit verloren hat. Mit der Auflösung des Kommunismus bzw. der Sowjetunion war der letzte wichtige (äußere) politische Grund für die Weiterexistenz eines gemeinsamen Staates entfallen. Eigentlich spielte der dahinsiechende Sowjetkommunismus schon keine Rolle mehr in den Gesellschaften Jugoslawiens, das sich bereits im ersten Jahrzehnt der Nachkriegszeit von Moskau lossagte und dabei seine Variante des gleichen ideologischen Systems beibehielt. Der Ostblock existierte noch als vage Bedrohung, während die inneren Kohäsionskräfte schon lange am Dahinschwinden waren. Dieser fundamentale Prozess des allgemeinen Willensschwunds zum gemeinsamen Staat wurde durch umwälzende Veränderungen im Westeuropa der Nachkriegszeit ausgelöst und beeinflusst. Nach und nach empfanden die Bevölkerungen der westlichen Republiken Jugoslawiens ihre westlichen Nachbarländer immer weniger als Bedrohung – trotz anders lautender sozialistischer Propaganda. Der politische Schulterschluss mit den Landesteilen im Süden verlor daher immer mehr an Bedeutung, auch wenn dies noch lange unbewusst blieb. So könnte man den untergründigen Wandlungsprozess beschreiben, der als der stille, unbewusste Nährboden für all die manifesten politischen Bewegungen der Dezentralisierung, die zentralistische Gegenbewegung und letztlich spätere nationale Homogenisierungen diente. Kurzum, es war der gleiche historische Prozess, der das Gesicht Westeuropas bereits bald nach dem Ende des 2. Weltkrieges fundamental geändert hatte, der die Notwendigkeit eines gemeinsamen Staates Jugoslawien weggespült hat. Die Existenzgründe dieses aus politischer Motivation gegründeten Staates gehörten viel früher der Vergangenheit an, als die meisten Akteure es überhaupt merkten. Besonders in Makedonien blieb der Schutzfaktor des gemeinsamen Staates für die junge Nation in seiner Bedeutung noch lange wirksam. Die Aufnahme Griechenlands in die EG 1981 mag

7 John B. Allcock, *Explaining Yugoslavia*, New York 2000.

aber, trotzdem es bei der Zivilisierung des Nationalismus im Lande wenig Fortschritte gab, eine beruhigende Wirkung ausgeübt haben. Dennoch hat man in Makedonien wie in Bosnien-Herzegowina erst mit Verspätung und vor dem Eindruck der wachsenden Bedrohung aus dem Inneren des sich auflösenden Staates die desintegrativen Prozesse nachvollzogen.

Dieser Rückblick auf die geschichtlichen Bedingungen der Entstehung und des Untergangs des jugoslawischen Staates erscheint auch deshalb zweckmäßig, weil es in Teilen der Spezialliteratur noch Jahre nach der Gründung der neuen Staatenwelt aus seinen Ruinen Tendenzen gibt, diesen Prozess als irgendwie reversibel zu betrachten. Es gibt Autoren, die bei ihren Schilderungen des Auflösungsprozesses einer merkwürdigen Gewichtung anheim fallen: Krieg und seine Schrecken geraten ihnen zu kleinen Scharmützeln, fast operettenhaften Inszenierungen, hinter denen sie Absprachen korrupter Politiker wittern, während die Staatsauflösung als richtig große Tragödie erscheint, die sogar vermeidbar gewesen wäre, wenn man nur Kroatien und Slowenien nicht anerkannt hätte (→ Kap. 14).[8]

Merkwürdig ist, dass sich die neueren Produktionen dieser Art in ihrer Methode kaum unterscheiden von Veröffentlichungen gleichen Tenors aus der Anfangsphase des Krieges; so werden Kritikpunkte gegen die deutsche Anerkennungspolitik in der gleichen selektiven Manier vorgebracht, die all die wichtigen Schritte im Prozess – Beschlüsse, Konferenzen, Vereinbarungen und Fristen – ausblendet. Eingehende, ja penible, quellengesicherte und materialreiche Untersuchungen der letzten Jahre, die die These über das angebliche „deutsche Vorpreschen" und die Anerkennungspolitik des deutschen Außenministers als hauptsächliche Kriegsursache vollends unhaltbar machen, werden nicht berücksichtigt. Woran es liegt, dass ausgewiesene Wissenschaftler das fragliche Gebiet betreffende Arbeiten verfassen, ohne den Forschungsstand und die einschlägige Literatur zur Kenntnis zu nehmen, könnte schon selbst ein Forschungsgegenstand werden.[9] Es gibt außerdem noch immer Autoren, die bei jeder Krise in der Welt den amerikanischen Imperialismus und die Profitsucht des Kapitalismus am Werke sehen und so auch den Zerfall Jugoslawiens – unter weitgehender Ignorierung von Tatsachen – darauf zurückführen.[10] Solche Thesen, die etwa von einer methodisch unhaltbaren Annahme eines monokausalen zielgerichteten Handelns zur Zerschlagung von Jugoslawien ausgehen, gehören eigentlich in das Reich des Glaubens und werden hier nicht weiter berücksichtigt.

Weil der Gegenstand „Jugoslawien" noch so sehr mit unhinterfragten Perspektiven und einseitigen Wahrnehmungen verfremdet wird, verlangt seine Behandlung eine dekonstruktive Methode, die den Gegenstand gleichsam herausschält aus den ihn entstellenden Netzen willkürlicher Deutungen. Glücklicherweise scheinen das ideologische Schreiben über Ju-

---

8 Charakteristisch für diese verschrobene Einstellung sind besonders: *Conflict in the Former Yugoslavia. An Encyclopedia*, (Hgg.) John B. Allcock, Marko Milivojevic, John J. Horton, Santa Barbara 1998 und John R. Lampe, *Yugoslavia as History. Twice There was a Country*, 2000² bzw. das von Fehlern und Voreingenommenheit strotzende Zusatzkapitel. Vgl. die Rezension von Marko Attila Hoare (Veröffentlichung des Londoner Bosnischen Instituts, http://www.bosnia.org.uk/.)

9 Diese Haltung wird kritisch beleuchtet: Brendan Simms, *Unfinest Hour. Britain and the Destruction of Bosnia*, London 2001; Daniele Conversi, „Moral Relativism and Equidistance in British Attitudes to the War in the Former Yugoslavia", in: *This Time We Knew. Western Responses to Genocide in Bosnia* (hg. v. Thomas Cushman/Stjepan G. Mestrovic), New York 1996; Michael Libal, *Limits of Persuasion. Germany and the Yugoslav Crisis, 1991-1992*, Westport Connecticut London 1997, S. 43; vgl. K. P. Zeitler, *Deutschlands Rolle bei der völkerrechtlichen Anerkennung der Republik Kroatien unter besonderer Berücksichtigung des deutschen Außenministers Genscher*, Marburg 2000; Viktor Meier, *Jugoslawiens Erben. Die neuen Staaten und die Politik des Westens*, München 2001.

10 So Klaus Theweleit, *Der Knall. Essays, Reden, Poems, Interviews*, Frankfurt 2002. Von gleichem Schlage ist auch das propagandistische Machwerk eines serbischstämmigen amerikanischen Filmemachers (Yugoslavia: The Avoidable War), das Milošević zu seiner Verteidigung im Haager Gerichtssaal vorführen ließ. Vgl. Petar Luković, „Miloševićev omiljeni dokumentarac", *Dani*, 26.10.2002.

goslawien und die einseitigen Schilderungen des Krieges, die schon bei den Quellen selektiv vorgehen und sich meistens nur der serbisch-nationalistischen bedienen und deren Sichtweise übernehmen, eine ernst zu nehmende Konkurrenz in sachlich richtigen und analytischen Publikationen neueren Datums zu bekommen. Besondere Aufmerksamkeit verdient die Studie von Robert Thomas, die detailliert die Lage in Serbien unter Milošević nachzeichnet und dabei auch das Agieren der von ihm kontrollierten Geheimdienste und Spezialtruppen in Kroatien und Bosnien-Herzegowina beschreibt und anhand von serbischen Quellen belegt.[11] Ein indirekter Gewinn dieser Studie liegt auch darin, dass sie durch Verwendung der serbischen Primärquellen (Presse) gleichsam beweist, dass zeitgenössische Leser durch die Lektüre der serbischen Tageszeitungen und anderer Presseerzeugnisse sich trotz Propaganda sehr wohl darüber informieren konnten, wer wie den Krieg führte – nötig dafür war freilich, dass man frei von ideologischer Verblendung war und Information von der Tendenz zu unterscheiden vermochte. Es ist mehr als pikant, dass Milošević in seinen Tiraden vor dem Haager Kriegsverbrechertribunal reichlich Gebrauch von westlichen proserbischen Darstellungen machte. So schließt sich der Kreis: Jene westlichen Deutungen des Jugoslawien-Krieges, die von der serbischen Propaganda kontaminiert waren, und die Öffentlichkeit in die Irre führten, dienten Milošević als Bausteine für seine „Verteidigung“, die freilich die tatsächlichen Anklagepunkte vollkommen außer Acht ließ.[12] Perfekt unterrichtet über das laufende Geschehen meinte er sogar, aus aktuellen Berichten in kroatischen Medien über Übergriffe an Serben in den 90er Jahren und die vor kroatischen Gerichten laufenden Prozesse gegen die deshalb Angeklagten Punkte für seine Verteidigungsstrategie zu gewinnen, wonach sich die Serben Kroatiens bloß gegen die (erneute) „Vernichtungsgefahr“ gewehrt hätten (→ Kap. 31). Die Wende in Serbien nach dem tragischen Tod Đinđićs führte dazu , dass sich Enthüllungen vor Ort – bezogen auf den Täter, Täterkreis und das Umfeld des Ex-Präsidenten – und die Beweisführung des Anklägers im Haager Gerichtssaal gegenseitig ergänzten. Die nachfolgende partielle Säuberung der Behörden von Milošević-Loyalisten und die im Zusammenhang mit dem Attentat eingeleiteten Ermittlungen brachten Beweise über die verbrecherischen Verquickungen zwischen Milošević, der Generalität und den Sicherheitsdiensten bzw. Sondereinheiten zu Kriegszeiten an den Tag, die nicht mehr als „anti-serbisches Treiben des Westens“ abgetan werden konnten (→ Kap. 20). Somit zeigte sich auch, dass man den Fall „Jugoslawien“ nicht wie einen Sondergegenstand zu behandeln noch „Wahrheiten“ mit Methoden zu produzieren braucht, die we-

---

11 Robert Thomas, *Serbia under Milosevic. Politics in the 1990s*, London 1999. Vgl. auch Adam LeBor, *Milosevic. A Biography* London 2002. Die Aussagen der Zeugen der Anklage während der Anhörung zum Kroatien-Teil des Prozesses gegen Milošević (September-Dezember 2002) lieferten dazu detaillierte und präzise Bestätigung. Von besonderer Bedeutung dabei war die ausführliche Zeugenaussage von Milan Babić (Verhandlung zwischen 18. November-6. Dezember 2002), dem einstigen Präsidenten der selbstproklamierten „Srpska Krajina“ sowie die Aussagen einer Reihe von früheren Mitarbeitern Miloševićs aus den Geheimdiensten. Vgl. Dunja Melčić, „Die langen Arme des Diktators. Immer mehr Beweise gegen Milosevic“, *Frankfurter Allgemeine Sonntagszeitung*, 16. Februar 2003, Nr. 7, S. 7.

12 So wollte er den angeblich dokumentarischen Film des WDR zu Kosovo und dessen Zweifel an Raçak-Massaker als Beweis verstanden wissen, es habe in Kosovo keine Massenmorde und keine zivilen Opfer in Raçak gegeben; er berief sich auf seine Freunde im Westen wie Peter Handke. In seinem „Kreuzverhör“ des Zeugen der Anklage, Stipe Mesić, spielte sich Milošević zum Ankläger auf, und benutzte in seinen Angriffen auf den kroatischen Präsidenten Zitate aus dem Buch von Susanne Woodward, *Balkan Tragedy* (1995), um kroatische Kriegsschuld zu „beweisen“ (ICTY, english transcript, S., 10 649), eine Veröffentlichung übrigens, die vielfach in Fachorganen als einseitig kritisiert wurde. Am 12. März 2003 sagte die Chefin des finnischen forensischen Teams, Helen Ranta, die 45 Opfer des Massakers in Raçak (vom 15. Januar 1999) untersuchte, als Zeugin des Gerichts aus und widerlegte die Insinuationen Miloševićs über eine Verschwörung.

der in der Wissenschaft noch in der Publizistik üblich sind. Allgemein anerkannte Standards sind in allen Feldern die besten Wegweiser.[13]

32.2. Die neuen ordnungspolitischen Konstellationen am Ende des Jahrhunderts

Der Hinweis auf das Zusammentreffen von großen welthistorischen Ereignissen mit den „Lebensdaten" des jugoslawischen Staates zielt auf die mit ihnen verbundenen ordnungspolitischen Wandlungen, d.h. auf die Geschichtlichkeit der veränderten europäischen Staatenordnung und der Verhältnisse unter den europäischen Mächten. Mit dem Ende des 20. Jahrhunderts wurde auch ein europäisches Ordnungssystem abgelöst, das mehr eines der durch Antagonismen produzierten „Unordnung" war, weshalb man die Epoche auch die der „Weltbürgerkriege" nennt.,Da waren damit auch die äußeren Existenzbedingungen eines Staats ausgeschöpft, der ja als politisches Gebilde fast nur Produkt jener „Unordnung", also der beiden Weltkriege, war und als Reaktion auf die expansionistischen Politiken seiner großen Nachbarn und insgesamt bedingt durch die damals vorherrschende politische Konstellation der rivalisierenden Mächte und ideologischen Systeme gegründet wurde. In diesen Konstellationen waren noch die Reichsauflösungen mit ihren Prozessen und Folgen wirksam. Fraglos ist „das im nachhinein konstruierte Bild der Epoche" von den „Wahrnehmungen der Zeitgenossen"[14] abhängig und auch davon, welche Sedimente der Vergangenheit man dabei noch wahrnimmt. Wenn der Krieg in Sarajevo am Ende des Jahrhunderts an das Sarajevo des Attentats, an Versailles und den Anfang des Jahrhunderts erinnert, dann könnte jemand – mit historischem Gedächtnis – im Ansprechen dieser „Zeitikone" (Dan Diner) auch noch das Nachbeben der tektonischen Bewegungen aus dem langwierigen Niedergang des Kolosses vom Bosporus im 19. Jahrhundert und das Nachwirken der „Orientalischen Frage" heraushören. Sie war eine europäische und keine ‚asiatische' Frage und wird von Diner als eine „Deutungsachse des 20. Jahrhunderts"[15] gesehen; wie auch immer der globale Kontext in das Blickfeld kommt, ist es ratsam, nicht zu vergessen, dass seine Konturen und wesentlichen Züge das Gepräge der europäischen Geschichte tragen. Und auch diese Erinnerung unterstreicht die Differenz, den gewaltigen Unterschied gegenüber der europäischen Geschichte des 19. Jahrhunderts, in welcher das stabilisierende Gewicht der Vereinigten Staaten von Amerika noch keine Rolle spielte. So ging Sarajevo 1914 im Zeichen des Auslösers eines Krieges zwischen europäischen Großmächten in die Geschichte ein, aus dem zum ersten Mal ein Weltkrieg wurde. Aber dieses Erinnern macht gerade klar, dass jene Welt wesentlich der Vergangenheit gehört und Konflikte am Ende des 20. Jahrhunderts mit dem Unvermögen jener westeuropäischer Akteure zusammenhängen könnten, die sich von den während des Kalten Krieges gepflegten Denkgewohnheiten nicht lösen können.

Mit der fundamental veränderten politischen Lage in dem sich vereinigenden Europa hängt ebenfalls zusammen, dass Jugoslawien sich als Staat im Prinzip auch ohne Krieg hätte auflösen können, wie das bei anderen europäischen Bundesstaaten der Fall war, deren Existenz ebenso durch den Ersten und Zweiten Weltkrieg, Nationalsozialismus, Kommunismus und den Kalten Krieg bestimmt war. Man kann den Jugoslawien-Krieg nicht mit dem Zweiten Weltkrieg vergleichen, und zwar nicht nur wegen der vollkommen verschiedenen Grö-

13 In diesem Sinne ist die Monografie des Münchener Historikers Srećko M. Džaja zu empfehlen: *Die politische Realität des Jugoslawismus (1918-1991). Mit besonderer Berücksichtigung Bosnien-Herzegowinas*, München 2002.

14 Dan Diner, a.a.O., S. 9.

15 Ibid., S. 15.

ßenordnungen, sondern auch wegen der unterschiedlichen Komplexität. Was sich in den Ruinen der zerfallenden Sozialistischen Föderativen Republik Jugoslawien an Konfliktfäden in eine scheinbare Unausweichlichkeit des Waffenganges verhedderte, war an sich ohne große Gewalt entwirrbar; der Krieg um das Erbe des zerfallenen Staates war nicht, wie der amerikanische Historiker Lampe meint, „inevitable“,[16] und *die Auflösung des Staates* hätte *ohne Gewalt* vollzogen werden können. Zu Recht nannte Joseph Brodsky diesen Krieg „this unnecessary carnage“. Ihm geht zwar auch eine Dauerkrise, eine politisch verfahrene Lage und die Verkettung komplexer Ursachen (von langer Dauer) voraus, und dennoch kann man sich relativ einfach Bedingungen ausmalen, unter denen der Krieg zu vermeiden gewesen wäre. Auch einmal in den Gang gekommen, hätte er in so gut wie jeder seiner Phasen durch entschiedenes Handeln gestoppt werden können. Das hat in der Hauptsache mit der militärischen Geringfügigkeit der Kombattanten zu tun, mit der objektiven Asymmetrie der Macht, der Potenziale und Ressourcen, die den kriegführenden Parteien einerseits und den vermittelnden Weltmächten andererseits objektiv zur Verfügung standen. Der Westen, so wie er bis 11. September 2001 politisch noch fassbar war, zeigte sich unfähig, seine Trümpfe richtig auszuspielen, und es waren vor allem die Europäer in dieser nicht einheitlichen Kategorie, denen jener „Sinn für Wirksamkeit“ fehlte, was Michael Walzer noch 10 Jahre später kritisch anlässlich des Streits über das amerikanische Vorgehen gegenüber dem Irak bedauert. Um einen Krieg zu vermeiden, muss man den richtigen Willen entwickeln und frühzeitig wirksam handeln: das alles fehlte am Anfang des Krieges, und daher schließt Walzer richtig, wenn auch sehr stark generalisierend, dass auch die Kriege in „Bosnien oder im Kosovo [...] eine Folge des europäischen Unwillens zum Handeln“ waren.[17] Ausgehend von der durch den Streit über den Irak-Krieg ausgelösten transatlantischen Krise zeigt sich die westeuropäische Unfähigkeit, in der Jugoslawienkrise angemessen zu handeln, im Rückblick als ein folgenreiches Versäumnis. Die westeuropäischen politischen Eliten zeigten sich unfähig, die Krise im zerfallenden Jugoslawien im „europäischen Sinne“ zu beenden; so schlimm die Gewaltpolitik im zerfallenden Jugoslawien auch war, so bot diese ganze Konstellation den Europäern gerade die Chance, mit beherztem Handeln die Krise im Geiste der Beendung des Kalten Krieges und des Triumphes der Demokratie zu lösen. Das Milošević-Regime wurde aber behandelt in einem Stil, der zuweilen stark an jene Doktrin der „Friedlichen Koexistenz der Systeme“ erinnerte. Energisch, insistierend und unnachgiebig zeigten sich die europäischen Politiker meistens nur gegenüber anderen Beteiligten in Miloševićs Kriegen und den von ihm verursachten Krisen. Sogar nachdem er gestürzt worden war, signalisierten sie dem Nachfolger keine Eile bezüglich dessen Auslieferung zum ICTY in Den Haag. Dass es dazu kam, ist das Verdienst der unnachgiebigen Amerikaner und des damaligen schnell handelnden serbischen Ministerpräsidenten Đinđić. Vor diesem Hintergrund kann man erahnen, von welch fundamentaler Bedeutung die Erweiterung der EU ist, weil sie jene Perspektive hineinbringt, die aus den leidvollen jahrelangen Erfahrungen mit dem Totalitarismus und der stalinistischen Diktatur entstand, obwohl manche dieser Erfahrung noch immer keine Relevanz beimessen möchten.

Die prinzipielle Vermeidbarkeit des „Jugoslawien-Krieges“ ist und war vorstellbar ausgehend von der globalen Weltlage und den gesamteuropäischen Prozessen, die im Zeichen der Vollendung der Nachkriegszeit standen, mit der gewaltlosen Überwindung des kalten Krieges und der Etablierung einer neuen Ordnung in einem Europa nach der Teilung, das in

16 Lampe: „Croatia's Declaration of Independence on June 26, the day after Slovenia's, made war inevitable“, a.a.O., S. 371.

17 *Frankfurter Allgemeine Sonntagszeitung*, 22. September 2002, S. 13.

seinem westlichen Teil während der bipolaren Ordnung gelernt hat, Krisen und Konfliktpotenziale gewaltlos abzubauen. Darin bestand auch die Chance für Europa, mit verantwortungsvollem Handeln als ordnungspolitischem Faktor gegenüber den Vereinigten Staaten Selbständigkeit zu erlangen. Im Unterschied zur Zwischenkriegszeit, als Konflikte immer weiter verschärft wurden, unüberbrückbare Antagonismen in den Gesellschaften und zwischen den Großmächten wuchsen und unlösbare Widersprüche sich kumulierten, konnte die Krise im ideologisch gespaltenen Jugoslawien[18] eben nicht ein Funke sein, wie einst das Attentat von Sarajevo, der einen Weltbrand auslösen würde. Kurzum: Gewaltlösungen im zerfallenden Jugoslawien fanden zu einem Zeitpunkt statt, als Europa seit dem Beginn der Neuzeit am wenigsten in einer *politischen* Krise steckte. Das Ende der Epoche der „Weltbürgerkriege", das in der deutschen Vereinigung seinen vollen Ausdruck fand, ließ nach dem erdrutschartigen Sieg der Demokratie in Osteuropa wenige Inseln mit Protagonisten der Klassen- bzw. Weltrevolution, ideologische Sprengel des Gleichheitsfurors mit vernachlässigbarer Reichweite. Staatsgeschichtlich gesehen kann man sagen, dass der Zerfall von Jugoslawien „das Endstadium der Friedensregelung des Ersten Weltkrieges" sei, wie Mark Mazower schreibt,[19] und dabei deren notwendig gewordene Korrektur vollzog, wenn auch noch unvollständig. Eine ernsthafte Spannungsquelle im europäischen Rahmen lag darin nicht. So wie mit der deutschen Vereinigung und der Auflösung des kommunistischen Imperiums die Nachkriegszeit im Zeichen der Entspannung beendet wurde, gehörte auch die Auflösung des jugoslawischen Staates in seine Bestandteile in dieselbe Vollendungsphase der europäischen Geschichte des 20. Jahrhunderts. Hinter der Staatsauflösung stand der klare demokratisch legitimierte Wille aller Bundeseinheiten außer einer, die sich der friedlichen Umwandlung der Föderation in einzelne Staaten mit Gewalt widersetzte. Somit liegt es auch nahe, jener demokratischen und friedlichen Willensäußerung nach eigener Staatlichkeit denselben Charakter zu bescheinigen wie den anderen Großereignissen der Epochenvollendung, wie sie in den Städten Ostdeutschlands, in der „samtenen Revolution" in Prag und in anderen osteuropäischen Staaten als friedliche und demokratische Systemänderung zum Ausdruck kam – mit der Ausnahme Rumäniens, wo aber auch die Gewalt des sterbenden Regimes nach relativ kurzer Zeit ihr Ende fand und auf jeden Fall nicht in einen jahrelangen Krieg mündete. Wenn man die Ereignisse in und um Jugoslawien Ende der 80er Jahre vor dem Hintergrund der europäischen Geschichte im 20. Jahrhundert betrachtet, kann man leicht sehen, dass sie, trotz ihrer Spezifik, in diesen allgemeinen Prozess gehören, von dem auch andere Länder erfasst wurden. So wie Slowenien und Kroatien ihren Anspruch auf Souveränität hegten, wurde dieser auch von baltischen und anderen Staaten der Sowjetunion im Zuge der Perestrojka erhoben.[20] Der Prozess der staatlichen Neuordnung Europas, der nach dem Ersten Weltkrieg ansetzte, aber noch viele krisenhafte Gebilde produzierte, die zu den Ursachen des Zweiten Weltkrieges mitgerechnet werden können, setzte nach dem gewaltsamen Aufschub durch die Starre der Teilung Europas und die Frontstellung des kalten Krieges wieder überall dort ein, wo vor allem die kleinen und jungen europäischen Nationen in ihrem Streben nach gleichberechtigtem staatlichem Status verhindert wurden. Mit seiner Unfähigkeit, den Charakter dieses Prozesses zu erkennen und

18 Vgl. Borisav Jovićs Erinnerungen, *Poslednji dani SFRJ. Izvodi iz dnevnika*, Belgrad 1995 (Die letzten Tage des SFRJ. Auszüge aus dem Tagebuch): „Bei den Wahlen sind in allen Republiken außer in Serbien und Montenegro, alte Führungsgarnituren entmachtet. Jugoslawien ist *ideologisch entzweit*", (Herv. D.M.) S. 234.

19 Mazower, a.a.O., S. 569.

20 Siehe Nenad Zakošek, „Elitenwandel in Kroatien 1991-1995", in: Höpken/Sundhaussen (Hg), *Eliten in Südosteuropa. Rolle, Kontinuitäten, Brüche in Geschichte und Gegenwart*, (Südosteuropa-Jahrbuch) München 1998, S.279-288.

die Ursache des Konflikts zu diagnostizieren, führte der Westen, führten insbesondere die Politiker der EU, mit der orientierungslosen Interventionspolitik eine fatale Konstante in die Auseinandersetzung über die staatliche Auflösung ein, die bis in das neue Jahrhundert nachwirkte. Die Tatsache, dass die EU seit Jahren eine ebenso undurchdachte Politik der Russischen Föderation gegenüber sowie eine feindselige Haltung gegenüber den nach Unabhängigkeit von Moskau strebenden kleinen Nationen einnimmt, deutet doch auf ein Phänomen der westeuropäischen politischen Eliten sui generis hin. Holm Sundhaussen erinnert bei verschiedenen Gelegenheiten zu Recht auf den unrechtmäßigen Erwerb des Kosovo nach dessen Eroberung durch die Truppen des serbischen Königs Petar Karađorđević 1913, einen Gewaltakt, der im Nachhinein legalisiert wurde. Es gibt keinen Grund, diese Verrechtlichung von Unrecht heute noch für „sakrosankt zu halten“;[21] trotzdem versteifte sich der Westen lange gegen ein unabhängiges Kosovo (und desgleichen Montenegro) und versuchte mit allen Mitteln, das sprichwörtliche „Rad der Geschichte“ zurückzudrehen, womit gerade die Stabilität der Region, an der ihm erklärtermaßen so sehr gelegen ist, gefährdet wurde.[22]

Anders als so oft in der Geschichte Südosteuropas bis dato geschah der politische Konflikt im ehemaligen Jugoslawien der 80er Jahren *nicht* als Teil einer übergreifenden europäischen Krise, gleichsam als Nebenschauplatz eines zentralen Zusammenstoßes zwischen den großen Mächten Europas oder als eine Art Stellvertreterkrieg. Im Gegenteil: den Hintergrund des Krieges bildete der Konflikt mit der geschichtlich-politischen Gegenwart Europas selbst, der sich an inneren Widersprüchen entlud. Also war die Krise internen Ursprungs. Das wird zumindest in einem Teil der serbischen Forschung auch so gesehen,[23] im Unterschied zu propagandistischen Kriegsdeutungen, die noch immer in der dortigen Öffentlichkeit wirksam bleiben.

Im modernen Europa an der Schwelle des letzten Jahrzehnts des 20. Jahrhunderts erwies sich die alte Ordnung auf zweifache Weise als aufgehoben: einmal durch die Gründung der Europäischen Gemeinschaft bzw. Union und dann durch die Überwindung der Teilung. Die Idee einer Union europäischer Staaten und vor allem die Ansätze ihrer allmählichen Verwirklichung leiteten nicht nur tief greifende Änderungsprozesse in den westeuropäischen Gesellschaften und Staaten der Nachkriegszeit ein, sondern übten, vor allem ab der Mitte der 70er Jahre, immer mehr Faszination auf die Nachbarn im europäischen Osten und Südosten aus, und diese Faszination bewirkte zusammen mit den Erfolgen der neuen Sozialpolitik der kapitalistischen Nachkriegszeit eine langsame Umorientierung in den Köpfen. In Anlehnung an Dan Diner kann man sagen: Freiheit erhielt Einzug ins Reich der Gleichheit.

Im Raum des ehemaligen gemeinsamen Staates Jugoslawien rief das zweierlei Antworten hervor. Die eine formierte sich aus der Erkenntnis, die mit der Anerkennung der neuen Ordnung Europas ansetzte, so wie diese sich in der damaligen EG immer vernehmbarer zeigte, dass Europa ein politisch-wirtschaftlicher Integrationsraum ist, in den man auch gut hineinpasst, vor dem man keine Angst mehr zu haben braucht. Was zunächst eine utopische Vision – ein imaginierter Fluchtweg aus dem Sozialismus – war, bekam durch den Fall der

21 „Kosovo: Eine Konfliktgeschichte“, in: Konrad Clewing/Jens Reuter (Hg.), *Der Kosovo-Konflikt. Ursachen – Akteure – Verlauf*, München 2000, S. 65-88; S. 69.

22 Vgl. Morton Abramowitz/Heather Hurlburt, „Can the EU Hack the Balkans? A Proving Ground for Brussels“, in: *Foreign Affairs*, September/Oktober 2002; ders., in: „EU's Wrong Policy“, *Bosnia Report*, N.S. 27-28, 2002.

23 Latinka Perović, „Yugoslavia was Defeated from Inside“, *Praxis International*, Vol. 13, No. 4, Jan. 1994; Zagorka Golubović, „Nekoliko teza o teorijskim pretpostavkama za slom Jugoslavije“, in: Božidar Jakšić (Hg.) *Raspad Jugoslavije*, Beograd 1994, S. 36 ff. Olga Popović Obradović, „Jedan koncept Srbije u Jugoslaviji“, *Helsinška povelja* (58), November 2002, S. 26-27.

Mauer die Bedeutung einer realistischen Möglichkeit. Die Entstehung der neuen europäischen Ordnung, verkörpert in der Europäischen Gemeinschaft, die für die kleinen europäischen Völker vor allem auch ein *postkoloniales, postimperiales* Europa bedeutete, einerseits und Niedergang der Sowjetunion andererseits nährten die Einsicht, dass die wichtigsten Gründe für die Weiterexistenz eines gemeinsamen Staates Jugoslawien entfallen waren. Die andere Reaktion fußte im Wesentlichen im Widerstand gegen dieses neue Europa. Es sind Kräfte, die sich aus ideologischen Gründen gegen eine Systemänderung stemmten, wobei diese Ideologie nicht einfach die kommunistische, sondern eine mehrschichtige Mischung war, in der auch noch alte antiwestliche Sedimente aus dem 19. Jh. wirksam waren, wie die serbische Historikerin Latinka Perović dargelegt hat.[24] Aber es war auch die EU, d.h. die damalige EG als in gewissem Sinne neue europäische *Staatenordnung*, die am System der altstaatlichen Souveränität rüttelt, die in Belgrad als Gefahr und Feind erkannt wurde. Die Bewahrung des Systems hieß in Belgrad zugleich die Bewahrung des Staatsverbandes verbunden mit der Bestrebung, die alte Staatsverfassung wiederzuerrichten, d.h. jenen zentralistischen, vom serbischen imperialen Willen dominierten und vom Machtkalkül der Siegermächte in Versailles mit errichteten Staat in seinen Grundzügen wieder zu beleben (→ Kap. 14). Freilich war Serbien in der Tat anders in den gemeinsamen Staat hineingegangen als Kroatien und Slowenien. Somit hatte Jugoslawien im serbischen Selbstverständnis sehr wohl eine innere Raison, die durch die veränderten äußeren Bedingungen nicht unbedingt in Frage gestellt war (→ Kap. 6). Doch die von den nationalistischen Eliten gepflegten imperialen, expansionistischen und hegemonialen Instinkte sowie die ausgeprägte Neigung, immerzu bei der Verwirklichung von Zielen auf Gewalt zu setzen, haben diese zum Teil nicht illegitimen Bestrebungen kompromittiert und pervertiert. Der „Antagonismus der Werte", der sich nach Dan Diner während des kalten Krieges als ein „Gegensatz von Ost und West" ausdrückt,[25] verwandelte sich hier, geprägt durch die serbisch-jugoslawische Geschichte, in ein explosives Gemisch, das im Moment, als der „Kommunismus ... im Nichts" endet (Francois Furet)[26], gezündet wird, um den Lauf der Dinge zu verhindern.

32.3. Der unverstandene Krieg: Voraussetzungen und Folgen

Das Streben Belgrads, das System und seinen staatlichen Rahmen mit Gewalt zu erhalten, stand quer zu allem, was sich politisch und in Bezug auf die moderne Staatenordnung in Europa nach dem Zweiten Weltkrieg und nach 1989 entwickelte. Das großserbische Projekt orientierte sich an historischen Vorbildern und mündete in verschiedene Varianten, die alle von fundamental revisionistischen Gelüsten der serbischen politischen Elite geleitet wurden, die sich in den 80er Jahren des 20. Jh.s in die Illusion verstiegen hatte, man könnte am Ende des Jahrhunderts zu diesem atavistischen Projekt zurückkehren.[27] Es hat in Europa

24 Latinka Perović, „Geplante Revolution" (*Planirana revolucija*, Beograd-Zagreb, 1988).

25 Diner, a.a.O., S. 64.

26 Furet, a.a.O., S. 9.

27 Die serbischen nationalistischen Intellektuellen fühlten sich zur Rechtfertigung gezwungen und strickten dennoch weiter an dieser Erzählung: Bei einer Tagung der SANU im Oktober 2002 setzte die bekannte Greisenriege serbischer Akademiker alles daran, zu beweisen, dass 1) das „Gespenst Großserbien" eine deutsch-kroatische Propagandaerfindung bzw. ein „Propagandainstrument aller Gegner des serbischen Volkes" (Vasilije Krestić) sei und 2) die Bestrebung nach der Einigung und Integration des serbischen Volkes einen „patriotischen" und „emanzipatorischen" Charakter habe und keinen „großserbisch nationalistischen" (Mihajlo Marković); vgl. *Politika*, 25.10. 2002.

nach dem kalten Krieg kein politisches Projekt von Relevanz gegeben, das so extrem antieuropäisch war wie dieses. In Praxis wirkten sich die Varianten territorialer Erweiterung auf unterschiedliche Strategiestränge aus.[28] Letztendlich war das nationale Programm ein Amalgam aus der „breit unterstützten" sozialistischen „antibürokratischen Revolution" und der Auffassung von „Jugoslawien als serbischem Staat", die auf „der Idee über die Vereinigung des serbischen Volkes beruhte" (Latinka Perović).

In diesen beiden entgegengesetzten Antworten auf die neue europäische Realität kann man den tieferen Grund der Kriege im zerfallenden Jugoslawien sehen. Sie sind nicht mit den jeweiligen Nationen gleichzusetzen, was spätestens nach dem Sturz von Milošević offenbar wurde, als sich der Riss zwischen pro- und antieuropäischen Kräften im Post-Milošević-Serbien immer klarer abzeichnete und am 12. März 2003 im tragischen Ende des ersten offen proeuropäischen serbischen Ministerpräsidenten Zoran Đinđić gipfelte. Hinter seiner Ermordung standen Kräfte des organisierten Antieuropäertums und der Gegenmodernisierung. Obwohl es auch in anderen Gesellschaften antieuropäische und antimoderne Kräfte gibt, ist der serbische Nationalismus mit seinem großserbischen Projekt, seiner Massivität und Macht klarer Vorreiter der antieuropäischen Reaktion und Tendenz im Raum gewesen. Sozialgeschichtlich könnte man dieses Projekt am besten im Rahmen des „serbischen Sonderwegs" im Kampf mit der Moderne beschreiben:[29] Nach dem Scheitern des sozialistischen Sonderwegs, des multinationalen Experiments Jugoslawien und des Selbstverwaltungssozialismus wandten sich die serbischen nationalistischen Eliten ihrem einstigen Sonderweg zu, den Latinka Perović „Flucht vor der Moderne" nennt. Ein bezeichnendes Beispiel liefert Dobrica Ćosićs Vision von der "serbischen Dorfzivilisation" als Zukunftsperspektive für Serbien nach den verlorenen Kriegen.[30] Noch bei den serbischen an zu geringer Wahlbeteiligung gescheiterten Präsidentschaftswahlen 2002, also fast zwei Jahre nach der Entmachtung Miloševićs, überwog die antieuropäische, rechtspopulistische Option; die prowestlichen Kräfte, die den Reformer Miroljub Labus wählten, blieben in der Minderheit (er bekam in der Stichwahl am 13. 10. 2002 31 Prozent und sein nationalistischer Konkurrent Vojislav Koštunica 66 Prozent der Stimmen; beim ersten Wahlgang bekam der drittstärkste Präsidentschaftskandidat, der Ultranationalist Vojislav Šešelj fast 24 Prozent der Stimmen).[31] Erst der Schock, den der Mord an Đinđić auslöste, der auch einen Eindruck vom Verschwinden der Zukunft in Serbien hinterließ, sowie das Bekanntwerden des ungeheueren Ausmaßes des organisierten Verbrechens und seiner Verflechtung mit dem Staat bewirkten eine jähe und kurzlebige Änderung der politischen Präferenzen, wie

---

28 Wie Norman Cigar hervorhebt, verfolgten „unterschiedliche Akteure in Serbien in Bezug auf Kroatien unterschiedliche Ziele", in: *Rat u Hrvatskoj i Bosni i Herzegovini 1991-1995*, (Hgg. Branka Magaš/Ivo Žanić) Zagreb – Sarajevo 1999, S. 230.

29 Marie-Janine Calic, *Sozialgeschichte Serbiens 1815-1941. Der aufhaltsame Fortschritt während der Industrialisierung*, München 1994; Holm Sundhaussen, „Die verpasste Agrarrevolution. Aspekte der Entwicklungsblockade in den Balkanländern vor 1945"; in: Roland Schönfeld (Hg.), *Industrialisierung und gesellschaftlicher Wandel in Südosteuropa*, München 1989, S. 45-60; ders., *Historische Statistik Serbiens 1834-1914. Mit europäischen Vergleichsdaten*, München 1989; Dunja Melcic, „Serbische Gesellschaft im Lichte der verpassten Modernisierung", *Kommune* 11/1999.

30 *Republika* 201, November/2 1998. Vgl. auch Slobodan Naumović „‚Opanken' im Parlament. Betrachtungen über die Bedeutung bäuerlicher Symbole in der serbischen Politik", Veröffentlichung der Association of Social History, siehe: www.udi.org.yu

31 *Neue Zürcher Zeitung* vom 12. Oktober 2002.

mehrere Umfragen in Folge zeigten;[32] eine stabile Wende, die Serbien vom nationalistisch-antieuropäischem Stau endgültig wegführt, wurde damit aber nicht eingeleitet.

In den 90er Jahren tat die serbische Elite ihre Ansichten unverblümt kund. Die antimoderne, antieuropäische Richtung der serbischen Antwort auf die Auflösung Jugoslawiens, war nichts, womit man in Belgrad hinterm Berg hielt; alle Akteure formulierten laut und deutlich ihre westlich-feindliche Haltung. Es konnte überhaupt keinen Zweifel darüber geben, dass das Regime Miloševićs im Westen den Feind sah und Slowenien und Kroatien ihre prowestliche Haltung vorhielt. General Kadijević, der letzte Verteidigungsminister Jugoslawiens, begriff auf seine Art den Kern des Problems, als er die Haltung der westlichen Mächte kritisierte, weil diese meinten, dass man den gemeinsamen Staat *ohne* die kommunistische Ideologie, also ohne das bestehende Einparteiensystem erhalten könne.[33] Diesen Widerspruch im politischen Denken und Agieren des Westens, der Jugoslawien erhalten, den Kommunismus aber „zerschlagen" wollte, verstand man in Belgrad als „heuchlerische Doppelzüngigkeit". Borisav Jović, der turnusmäßige jugoslawische Präsidiumsvorsitzende 1990-1991 machte mit der Veröffentlichung seiner Tagebucheintragungen ein außerordentlich wichtiges Dokument über die Denkweise und herrschende Mentalität der serbischen Politiker und Militärs zugänglich. In Jovićs Kommentaren zu Gesprächen, die er mit zahlreichen westlichen Spitzenpolitikern und Diplomaten – wie dem damaligen Bundeskanzler Helmut Kohl, dem US-Präsidenten George Bush, Senator Bob Dole, dem amerikanischen Botschafter Warren Zimmermann und vielen anderen mehr – führte, findet man einen unverfälschten O-Ton dieser ideologisch verbohrten und hasserfüllten Haltung. Das Wohlwollen des Westens, d.h. der Amerikaner, gegenüber Pluralismus und Demokratie in Slowenien hatte für Jović und seine Gleichgesinnten die Bedeutung der „Zerschlagung von Jugoslawien".[34] Als Kanzler Kohl ihm gegenüber während der KSZE-Konferenz in Paris im November 1990 beteuerte, dass deutsche Politik „niemals Separatismus unterstützen" werde, notiert Jović: „Er schaut mir in die Augen, ohne mit der Wimper zu zucken. Er meint, ich wüsste nicht, was Deutschland alles tut, um Jugoslawien zu zerschlagen".[35] Die veröffentlichten Protokolle seiner Gespräche mit westlichen Diplomaten beweisen aber auch, dass ihnen dieser Riss zwischen den prowestlichen Republiken auf dem Weg der Demokratie und der Selbständigkeit einerseits und dem serbischen Konzept eines ideologisch-politischen, untrennbar mit dem Kommunismus verbundenen, jugoslawischen Staates andererseits wie auf dem Tablett präsentiert wurde[36] – was im Westen ständig verklärt und verwischt wurde. Diese verfälschende Perspektive produziert die „Unübersichtlichkeit", die man erst durch eine dekonstruktive Kritik der Meinungen vieler westlicher Protagonisten abbauen müsste. Während die Krisen- und Zerfalllage an Klarheit nichts zu wünschen übrig ließ, diente diese angebliche Unübersichtlichkeit dem Westen als Vorwand für diplomatische Zurückhaltung und später als Rechtfertigung für zahlreiche Versäumnisse. Vor allem war ganz offensichtlich, dass die Position Belgrads in der jugoslawischen Krise isoliert war: Auf der einen Seite stand die serbische Führung unter Milošević zusammen mit der kleinen gleichgeschalteten montenegrinischen Führung und auf der anderen die Repräsen-

32 Einer Meinungsumfrage vom April 2003 zufolge („Medium Galup") unterstützten knapp über 82% der Befragten eine engere Zusammenarbeit Serbiens mit dem Westen und knapp 74% die Bestrebungen, einmal der EU beizutreten (*Politika*, 9. Juni 2003).

33 „Keines der großen westlichen Länder versteht, dass man die Einheit Jugoslawiens nicht ohne den SKJ erhalten kann", Jović, a.a.O., S. 140.

34 a.a.O., S. 221.

35 a.a.O., S. 227.

36 a.a.O., S. 222.

tanten aller anderen Republiken und Völker. Auch im Ausland hatte Serbien keine richtigen Verbündeten und Kadijević bemühte sich umsonst um Beistand der Hardliner im Kreml. Angesichts dieser Konstellation hätte eine klare Position zu Gunsten der demokratischen Kräfte, die ja in der Mehrheit waren, psychologisch-symbolische Wirkung gehabt, die zunächst zumindest die Eskalation des Konflikts verlangsamt und vielleicht auch den Ausbruch des Krieges verhindert hätte. Diese Versäumnisse machen allmählich klar, dass die Rolle des Westens bei der Verschärfung der Krise und deren Eskalierung in den Krieg größer war, als bislang allgemein angenommen. Das war absurderweise dadurch möglich geworden, dass die westlichen Mächte keine eigenen Interessen in dem Konflikt zu finden meinten und die Rolle des „ehrlichen Maklers" übernehmen wollten; die westeuropäischen und amerikanischen Diplomaten begriffen ihre Vermittlerrolle fälschlicherweise als eine „neutrale Funktion" im Konflikt. Natürlich gab es Unterschiede in der Haltung der beteiligten Westmächten. Daniele Conversi trifft den Nagel auf den Kopf: „Within the European Community, Greece, France and Britain were the most fervent supporters of Serbian-dominated Yugoslavia".[37] Und selbstverständlich änderten sich mit der Zeit die außenpolitischen Positionen: zunächst in Deutschland, später in den Vereinigten Staaten und wieder einmal angesichts der Eskalation in Kosovo 1998-1999 unter fast allen Alliierten (→ Kap. 29).[38] Die Opfer dieser Politik, die letztendlich das Wüten der serbischen Soldateska gegen die Zivilbevölkerung zuließ, machen sich diese meistens durch unterschiedliche Verschwörungstheorien verständlich. Dennoch ist das „Westen-Beschuldigen" ein zweifelhafter Vorgang, der der ungeheueren Komplexität des Problems nicht gerecht sein kann. Denn das, was man – zu Recht oder nicht – den „Westen" nennt, gleicht einem komplexen System, in welchem gleichzeitige Widersprüche möglich sind, eine gewisse Homogenität auf einer Ebene existiert und Uneinigkeit auf der anderen. Verschwörungstheorien bestehen aber aus Reduktion der Komplexität auf monokausale „Erklärungen", die gerade als Erklärungsmodell für das „westliche Versagen" nicht taugen.

Die Kritik an der westlichen Jugoslawienpolitik – etwa auch die Selbstkritik des UN-Generalsekretärs Kofi Annan[39] –, die erwähnten Studien von Brendan Simms, Michael Libal, die minuziösen Detailuntersuchungen von Carsten Giersch[40] und K.P. Zeitler bestätigen auf verschiedene Weise, dass sie sich auf den Konflikt *verschärfend* auswirkte. Das erlaubt letztendlich die Charakterisierung der internationalen Gemeinschaft, die unter westlicher Vorherrschaft durch verschiedene Organisationen im Kriegsgebiet agiert, als eine Art indirekter, und natürlich ungewollter und unbewusster „Kriegspartei": Der Westen war der unbeteiligte Beteiligte, weil sich jedes Tun oder Unterlassen auf den Kriegsverlauf auswirkte, und damit, wie Adrian Hastings sagt, der „geheimnisvollste Beteiligte an dem Konflikt".[41] Verbreitet ist auch die Ansicht, dass viele westliche Diplomaten lange Zeit in

37 Daniele Conversi, a.a.O., S. 244. Vgl. Auch Takis Michas, „Unholy Alliance: Greece and Milosevic's Serbia in the Nineties", *Eastern European Studies* (College Station, Tex.), No. 15, (May) 2002.
38 Martin Woollacott über die Wandlungen der britischen Politik, „Großbritannien und die Kosovo-Krise", in: Clewing/Reuter (Hgg.), a.a.O. S. 417.
39 In seinem Bericht vom November 1999.
40 Carsten Giersch, *Konfliktregulierung in Jugoslawien 1991-1995. Die Rolle von OSZE, EU, UMO und NATO*, Baden-Baden 1998, besonders über die Haager Friedenskonferenz, S. 128 ff.
41 In: Magaš/Žanić, a.a.O., S. 327. Besonders aufschlussreich in Bezug auf die Rolle der UN ist die Zeugenaussage des Beauftragten des Generalsekretärs Charles Kirudja, der 1992 zuständig für die Zivilfragen in den geschützten Zonen (UNPA) in Kroatien war und in Westslawonien den dramatischen Ausbruch des Krieges in Bosnien, d.h. die massive Vertreibung von Bosniaken und Kroaten, erlebte. Er sagte (Januar/Februar 2003) im Prozess gegen Milošević und Radoslav Brđanin aus, der wegen Verfolgung und Kriegsverbrechen in Nordbosnien (Prijedor) am 1. September 2004 in Den Haag erstinstanzlich zu 32 Jahren Gefängnisstrafe verurteilt wurde.

Milošević „die Lösung" sahen.[42] Für die allermeisten Diplomaten trifft aber auch zu, dass sie heuchelten, wie der Autor der bislang umfassendsten Milošević-Biografie Adam LeBor sagt.[43] Dass man diese Zusammenhänge und die eigene Verstrickung nicht ewig folgenlos ignorieren kann, beweisen die holländischen Auseinandersetzungen mit der Rolle des niederländischen UN-Blauhelm-Bataillons (Dutch-Bat) in der beschützten Zone Srebrenica 1995, die im April 2002 sogar den Rücktritt der Regierung Wim Koks zur Folge hatten.[44]

Im Rückblick wird die Beobachtung einer weitergehenden Abwesenheit des strategischen Überlegens bestätigt, der sich wahrscheinlich die konfuse Handlungsweise auch verdankt. Als spätestens mit den Unabhängigkeitserklärungen Sloweniens und Kroatiens klar geworden war, dass sich die Föderation im Zustand der Auflösung befindet, wäre eine nüchterne Reaktion darauf gewesen, die neuentstandene Situation von sicherheitspolitischen Gesichtspunkten her zu analysieren, d.h. ausgehend vom eigenen Interesse nach Stabilität in Europa. So etwas beginnt in klassischer Weise – um Clausewitz zu bemühen –, indem man das Wesen des Konflikts zu begreifen versucht. Über den Krieg entscheidet bekanntlich falsches oder richtiges und rechtzeitiges Verstehen der Konfliktursachen. Um den angesehenen Kommentator des *Guardian*, Martin Woollacott, zu zitieren: „Misunderstand the conflict, and you will either fight the wrong war, fight when you should not fight at all, or fail to fight when that is the only right course. The Balkan wars exhibit all three possibilities..." [45]

Dieses Missverständnis begann mit der Unfähigkeit, *rechtzeitig* zu verstehen, dass die Verselbstständigung der Republiken *nicht das Problem*, sondern *die Lösung* war. Hätte man, statt einen dreimonatigen Aufschub der Unabhängigkeit zu erpressen, die neue Lage anerkannt und sich klar erkennbar dafür stark gemacht, dass die Desintegration friedlich und demokratisch vonstatten geht, wäre wahrscheinlich die kriegerische Eskalation verhindert worden. Denn das wäre ein eindeutiges Signal in Richtung Belgrads gewesen, dessen psychologische Wirkung kaum fehlgegangen wäre. Jovićs Aufzeichnungen dokumentieren mit großer Klarheit eben auch, wie unentschlossen und hin und her gerissen die späteren Kriegsakteure in der Anfangszeit der Staatsauflösung noch waren. So waren „Zauderer" wie Kadijević (so Borisav Jović) durch das Zögern des Westens, den Tod Jugoslawiens zu akzeptieren, ermuntert, in der subjektiv als ausweglos empfundenen Lage auf Gewalt zu setzen. Die einflussreichsten westlichen Akteure waren zur Änderung des wirklichkeitsfremden Kurses sogar dann noch nicht bereit, als der Auflösungszustand quasi „amtlich", durch das Gutachten der sog. Badinter-Kommission bestätigt wurde, und wollten öffentlich keine klaren Konsequenzen aus diesem Befund ziehen. Als die internationale Gemeinschaft endlich, wenn auch widerwillig akzeptierte, dass es besser sei, die Republiken anzuerkennen als nicht – nämlich als die Vereinigten Staaten sich dazu entschlossen –, war der richtige Zeitpunkt längst verpasst. Im April 1992 war die Eroberungsstrategie für Bosnien-Herzegowina bereits konsolidiert und sie war entwickelt in Erwartung der internationalen Anerkennung der Republik und daher propagandistisch aufgearbeitet als eine „Antwort" darauf. In diesem Fall konnte die Anerkennung den Krieg nicht mehr verhindern und wurde serbischerseits als – durchsichtiger – Vorwand benutzt. Der Krieg in Bosnien-Herzegowina

---

42 Vgl. Brendan Simms, „We saw him as a solution. In fact, he was the problem", *The Observer*, 17. 02. 2002.

43 Adam LeBor, a.a.O..; vgl. Interview mit dem Autor in *Vjesnik*, 27. 10. 2002.

44 In seiner Rücktrittsrede sagte Kok: „It has not been easy for our country to cope with the fall of Srebrenica".

45 Martin Woollacott zieht in seiner Besprechung der Bücher von Clark, Simms und dem Sammelband von Magaš und Žanić den Schluss: „Both Clark and one of the contributors to The War in Croatia and Bosnia-Herzegovina quote the same passage of Clausewitz, which points so clearly toward the need to understand the nature of the conflicts into which peoples and nations are thrust", *The Guardian*, 3. November 2001.

hätte somit im voraus, also durch entschiedenes Handeln gegen die bewaffnete Gewalt in Kroatien verhindert werden können und dem anschließenden Bändigen der herrenlosen Armee.[46]

Mit diesem hypothetischen Gedankenspiel ist gleichzeitig entworfen, was *faktisch unmöglich* war (→ Kap. 30). Denn aus den diplomatischen und politischen Zentren des Westens kamen unentwegt Signale, die gegen die Unabhängigkeit waren. Im Grunde zeigten die Ereignisse um die Auflösung von Jugoslawien, wie sehr die westlichen intellektuellen und politischen Eliten, die auf der Sonnenseite des Kalten Krieges ihre Karrieren gemacht und ihre politischen Philosophien elaboriert hatten, geistig noch der Epoche vor 1989 verhaftet geblieben waren. Viktor Meier unterstreicht daher zu Recht die Kontinuität der westlichen Jugoslawienpolitik bis in die Jahrhundertwende.[47]

Das Jahrzehnt, in dem gleichsam zwanghaft die gleichen Fehler und dieses Unvermögen, sich geistig von Jugoslawien zu lösen, perpetuiert wurden, könnte man auch als eine *Übergangszeit* in Europa verstehen. Mit dem 11. September, dem Tag, der nicht nur in den Vereinigten Staaten als „Geschichtsbruch" und „Wendepunkt" verstanden wurde, ist nach Michael Stürmer „die undefinierte, unwirkliche Zwischenzeit [...] an ihr Ende gekommen"; denn nach einer Periode, in der „die New World Order ... sich nicht einstellen" wollte, sei „das Jahr eins des Ernstfalls" angebrochen.[48] Durch Proklamationen lässt sich allerdings keine geschichtliche Zeit beenden. Es wird noch lange dauern, bis man dieses Giga-Ereignis in seinem historischen Kontext richtig wird verstehen können. Dabei werden auch Denkversäumnisse eine Rolle spielen. In den bisherigen Überlegungen fehlt jedenfalls eine Auseinandersetzung mit der Jugoslawienkrise fast vollständig. So als könnte der Fall, dass der Westen einen Krieg in Europa am Ende des 20. Jahrhunderts einschließlich der Vernichtungsorgie in Srebrenica duldete, ohne weitere weltpolitische Konsequenzen bleiben. An welchen Schnittstellen die Historie einmal Epochenumbrüche zeichnen wird, bleibt abzuwarten.

Wenn die sicherheitspolitische Nachlässigkeit des Westens gegenüber den Prozessen und Krisen einer sich neu formierenden staatlichen Welt im Südosteuropa darin lag, dass die wichtigsten westlichen Staaten in dem Konflikt kein sicherheitspolitisches Risiko oder kein eigenes strategisches Interesse sahen (→ Kap. 28), dann zeigte spätestens der Kosovo-Krieg, wie verkehrt diese Annahme war. Man sah lange zu, wie die wichtigsten internationalen Organisationen einschließlich der Nato nach und nach ausgehöhlt wurden, Milošević die Glaubwürdigkeit des Westens untergrub, bis man sich dann genötigt sah, militärisch einzugreifen,[49] was einen „Luftkrieg" voller Merkwürdigkeiten ergab; denn nicht einmal der Oberbefehlshaber der Nato, Wesley Clark, wusste ganz genau, ob das „ein Krieg" sei oder nicht, ist das Pentagon dabei oder nicht, hat man mit einem Gegner zu tun, den man so

---

46 Stipe Mesić schrieb als machtloser Vorsitzender des formell noch existierenden Präsidiums an den damaligen UN-Generalsekretär, um Hilfe für Kroatien bittend, und erhielt keine Antwort; siehe seine Zeugenaussage in Den Haag: www.un.org.icty.htm (Milošević-Verfahren, English Transcripts, S. 10 584).

47 Milošević war es „noch 1999, neun Jahre nach dem Ende Jugoslawiens, möglich, einen weiteren Teil des früheren Staates mit Krieg, Zerstörung und Vertreibung zu überziehen [...] Zweitens stemmt sich die westliche Staatengemeinschaft, so wie 1991, wieder gegen den erklärten Unabhängigkeitswillen von zwei Mitgliedern der früheren Gemeinschaft. Damals waren es Slowenien und Kroatien, heute sind es Montenegro und das Kosovo", Viktor Meier, *Jugoslawiens Erben. Die neuen Staaten und die Politik des Westens*, München 2001, S. 130.

48 Michael Stürmer, „Im Zeichen des Ernstfalls. Der Mittlere Osten und die Neuordnung der Welt", in: *Wendepunkt 11. September 2001. Terror, Islam und Demokratie*, Hilmar Hoffmann/Wilfried F. Schoeller (Hg.) Köln 2001, S. 81-95, S. 81 und 83.

49 Jens Reuter, „Die Kosovo-Politik der internationalen Gemeinschaft in den neunziger Jahren", in: Konrad Clewing/Jens Reuter (Hgg.) a.a.O., S. 321-334.

schnell wie möglich in die Knie zwingen muss, oder soll man ihm möglichst viele Angriffsziele vorab melden, damit der zugefügte Schaden doch begrenzt bleibt.[50] Der Krieg wurde nicht eindeutig definiert; sein Ziel war zunächst eingeschränkt auf das Einlenken Miloševićs und dann um die Forderung nach der Rückkehr der vertriebenen Albaner ergänzt worden (→ Kap. 29). Der amerikanische Politologe Edward Luttwak weist darauf hin, dass „Intervention" und „Aggression" zwar zwei vollkommen unterschiedlich gelagerte Begriffe sind, aber in militärisch-strategischem und sicherheitspolitischem Sinne nur unter Erfüllung bestimmter Kategorien erfolgreich sein können, die für beide im Wesentlichen *gleich* sind.[51] Humanitäre Interventionen sollten daher mit dem gleichen Ernst wie militärische Anstrengungen unternommen werden, um erfolgreich zu sein. Da es sich um „interessenlose Einsätze" handelt, unternimmt man sie aber nicht mit nötiger Energie und erforderlicher Anstrengung, weshalb sie meistens scheitern, wobei dieses Scheitern auch nicht sehr weh tut.

Wahrscheinlich war auch die Uneinigkeit unter den europäischen Staaten beim Kriegsausbruch dem Umstand zuzurechnen, dass sie je auf ihrer Weise dem „alten" Denken verhaftet blieben und somit je auf ihre Weise die Realitäten nach 1989 nicht akzeptieren und begreifen konnten. Man versuchte danach den Eindruck der Uneinigkeit möglichst zu vermeiden, was allerdings nicht mit verbessertem Verständnis der Lage einherging. Während der Verhandlungen in Rambouillet dämmerte es den Politikern des Westens schließlich, dass sie sich eine solche Niederlage nicht erlauben dürfen, wie sie sie durch Miloševićs Weigerung, die mühsam ausgehandelte Lösung für das Kosovo zu akzeptieren, einstecken mussten. Erst da konnten sich die Mitgliedsstaaten der Nordatlantischen Allianz zähneknirschend überwinden, einigermaßen am selben Strang ziehen und dem endlich erkannten Gegner in den Arm fallen und sein menschenverachtendes Treiben stoppen. Also mussten sie Krieg führen, und das ist natürlich das Schlimmste, was demokratischen Regierungen passieren kann. Man soll aber nicht vergessen, dass es eben die westlichen *policy-maker* waren, die Milošević zuvor erneut – besonders mit Offerten beim Dayton-Abkommen – stark gemacht haben. Die chaotische Kriegsführung hatte also mit der chaotischen Diplomatie zuvor zu tun.

Aus den Fehlern lernen hieße auch, sich mit den falschen Einschätzungen der militärischen Schlagkraft Belgrads auseinander zu setzen. Der Cambridge-Historiker Brendan Simms lieferte mit seiner gründlich recherchierten und viel gelobten Untersuchung der britischen Politik unter John Major mit dem treffenden Titel *Unfinest Hour*[52] wichtige Ansätze dazu. Eine realistische Abwägung der Schlagkraft der Armee, die Belgrad an sich riss, die sich aber im Grunde im rapiden Zerfallsprozess befand, hätte bald gezeigt, dass Anfangsvorteile Belgrads – in Ausrüstung, Logistik, Organisation und teilweise in militärischem Sachverstand – nicht unbegrenzt bestehen konnten, zumal klar wurde, dass die Gegner zum Widerstand entschlossen waren. Im Allgemeinen aber ist unter jenen Akteuren, die in diplomatischen Etagen, Expertenkreisen, regierungsnahen Instituten, in Planungsstäben und in Medien Mythen aller Art über die Stärke, Schlagkraft und Siegesfähigkeit der serbischen Streitkräfte pflegten, wenig Bereitschaft zu einer Revision ihrer damaligen Haltung

---

50 Wesley Clark, *Waging Modern War. Bosnia, Kosovo, and the future of combat*, New York 2001: „Of course, we weren't at war [...] We were using forces, not force" (S. 86); „They [sc. Pentagon] couldn't understand that this was a war, that Nato's future was at stake" (S. 227).

51 „Picking a Good Fight", Roundtable, Atlantic Unbound; http://www.theatlantic.com/unbound/roundtable

52 Brendan Simms, *Unfinest Hour. Britain and the Destruction of Bosnia,* London 2001.

zu spüren.[53] Die Wahrnehmung und Sichtweise maßgeblicher westlicher Politiker und Meinungsmacher wurde vom Glauben an die *Zukunftsfähigkeit des großserbischen Projekts und die Bestandsfähigkeit der serbischen Machthaber* geprägt,[54] und obwohl dieses scheiterte und seine Protagonisten sogar auf der Anklagebank in Den Haag sitzen, hielten viele im Westen weiterhin an den damals geprägten Sichtweisen. So drehte die BBC noch 2002 einen Fernsehfilm über den Bosnien-Krieg aus der Sicht der damaligen britischen Akteure und militärischen Protagonisten vor Ort voller Halbwahrheiten, Behauptungen ohne Belege und Tatsachenverdrehungen, der die damalige britische Position rechtfertigen sollte.[55]

Dass die Europäer nicht imstande waren, eine so enorme sicherheitspolitische Gefahr in ihrem Hinterhof zu bannen – angefangen von der Unfähigkeit, das Grundübel, das die JVA als eine *Armee ohne Staat* so evident darstellte, zu erkennen und einzudämmen, über die Weigerung, vor allem der Briten unter John Major, zusammen mit den Amerikanern eine Strategie zur Rettung Bosniens zu entwickeln und durchzuziehen, bis zum Unvermögen, tragfähige politische Lösungen anzubieten und durchzusetzen – schuf letztendlich ein Erscheinungsbild, das bei dem transatlantischen Bündnispartner die Überzeugung nährte, in großen Gefahrensituationen mit Europäern nicht ernsthaft rechnen zu können.[56] Dass es bei einer erneuten sicherheitspolitischen Krise im Weltmaßstab zu großen transatlantischen Unstimmigkeiten kommen würde, war fast vorprogrammiert. Der unverstandene Krieg wirft seinen Schatten auch auf unterschiedliche Auffassungen der Bedrohung durch den globalen Terrorismus, mit der das 21. Jahrhundert begann. In den Vereinigten Staaten hat man anscheinend aus den Fehlern im Umgang mit der Jugoslawienkrise und den Kriegen in Kroatien, Bosnien und Kosovo einiges gelernt, obwohl die Neigung, diese bloß den Europäern zuzuschreiben und eigene zu vergessen, in der Öffentlichkeit überwiegt. Die Verantwortung Europas ist selbstverständlich größer, aber Amerikas Selbstgerechtigkeit ist auch fehl am Platze.[57] Vor dem Hintergrund der Diskussionen, die Wesley Clark in seinem Buch behandelt, und der entsprechenden Debatten zur Sicherheitspolitik könnte man zur Hypothese neigen, dass manche im Pentagon (und ein Teil der amerikanischen Außenpolitiker) just um die Zeit, als die September-Anschläge passierten, zur Einsicht kamen, dass man in der Zukunft militärisch (und sicherheitspolitisch) keine halben Sachen mehr machen noch zulassen darf, dass Krisen, Konflikte und deren Gefahrenpotenziale sich auswachsen und gänzlich unbeherrschbar werden. Man hat unterschiedliche Lehren aus den Kriegen in Europa am Ende des 20. Jahrhunderts gezogen – und manch einer vielleicht gar keine. Die

53 Es sei erwähnt, dass der angesehene Militärhistoriker John Keegan seine Meinung über die Unbesiegbarkeit der bosnischen Serben nach der kroatischen Gegenoffensive im Sommer 1995 änderte und dies offen zugab; vgl. Simms, a.a.O., S. 331.

54 Martin Woollacott: „What they genuinely did not grasp was that the real war was also one that the Serbs were losing, not winning, almost from the day they started it", *The Guardian*, 3. November 2001.

55 Die ARD strahlte am 8. Januar 2003 diesen Film unter dem Titel „Doppeltes Spiel. US-Waffenlieferung im Bosnienkrieg" aus. Mit dem antiamerikanischen Streifen sollte vor allem die verheerende britische Strategie unter dem damaligen Oberbefehlshaber der UN-Blauhelmen in Bosnien-Herzegowina, Michael Rose, gerechtfertigt werden; der Film stellt eine propagandistische Anklage gegen den angeblichen amerikanischen Militarismus dar und endet mit der infamen Insinuation, die Amerikaner seien mit ihren Waffenlieferungen an die Bosniaken am Tod von 70 Menschen in Tuzla schuldig, die am 25. Mai 1995 unter dem Granatenhagel der bosnischen Serben starben.

56 Michael Ignatieff hat in seinem Aufsehen erregenden Artikel über die Dilemmata der imperialen Option der Vereinigten Staaten unter dem Titel „The Burden", *The New York Times*, 5. Januar, 2003, auf die Erfahrungen mit Bosnien und Kosovo hingewiesen, und Timothy Garton Ash urteilt: „A key episode in their disillusionment was Europe's appalling failure to prevent the genocide of a quarter of a million Bosnian Muslims in Europe's own backyard", „Anti-Europeanism in America", NYRB, 13. Februar, 2003. (dt.: *Die Zeit*, 30. 01. 2003).

57 Vgl. kritische Analyse von Samantha Power, *A Problem from Hell: America and the Age of Genocide*, New York 2002; Auszug aus dem 2003 mit dem Pulitzer Prise gekrönten Buch in: *Kommune* 6/02, S. 42-48.

britischen Politiker offensichtlich andere als die auf dem Kontinent; nach der Katastrophe in Bosnien, die zum größten Zerwürfnis mit der USA seit der Suez-Krise führte,[58] und dem Regierungswechsel 1997 hat man in London entschieden, wenn es um Krieg und Frieden in der Welt geht, sich an Washingtons Linie zu halten – nach dem 11. September erst recht. Während die neue Doktrin im Irak-Krieg anfangs militärisch zum Erfolg führte, ist es dem amerikanischen Präsidenten und seiner Administration nicht gelungen, alle Verbündeten von der politischen Notwendigkeit solchen Handelns zu überzeugen. Die hektischen Invasionsvorbereitungen in Washington wurden auch von Bemerkungen begleitet à la: In Bosnien war man sträflich langsam, in Irak überstürzt man. Ohne ein geschlossenes Handeln aller wichtigen Alliierten sind solch tiefgreifende und umfassende Interventionen ein Wagnis mit unabsehbaren Folgen. Das wäre auch eine Lehre gewesen, die man aus den Fehlern im Umgang mit der Jugoslawienkrise hätte ziehen können.

32.4. Verspätete Staatenbildungsprozesse und territoriale Ansprüche

Um die Jahrhundertwende fingen einige Politologen und Soziologen an, sich intensiver mit dem Phänomen des Krieges zu beschäftigen.[59] Es ist hier nicht der passende Ort, um auf diese Forschung einzugehen – weder referierend noch ihre Ergebnisse hinterfragend. Allerdings ist in dieser Literatur eine Anzahl an neuen Schlagwörtern produziert worden, die sich einerseits bereits in der breiteren Öffentlichkeit etablieren, wie die Rede von „neuen", „asymmetrischen", „privatisierten" oder „hybriden" Kriegen, und andererseits direkt oder indirekt auf die Jugoslawien-Kriege Bezug nehmen. In der Regel haben diese Theoretiker aus der differenzierten Wirklichkeit dieser Kriege eine isolierte Facette wahrgenommen und ihrer Theorie angepasst – ob Mary Kaldor von „kommerzialisierter Gewalt" in Bosnien und Kosovo spricht oder Herfried Münkler ein „Modell des Dreißigjährigen Krieges" entwirft, das von Angola, Kongo und Sudan über den Balkan bis zur Kaukasusregion ähnliche Gestalt aufweisen soll, wo Akteure „von einem dauerhaften Verzicht auf Gewalt sich mehr Nach- als Vorteile erwarten" – , handelt es sich um Charakterisierungen, die vorbei an der einschlägigen Literatur zu diesem Spezialgebiet und seiner Geschichte gewonnen wurden und die Wirklichkeit einseitig wahrnahmen.

Eine systematische Erforschung und umfassende Darstellung der Kriege 1991-1999 mit angemessenen Methoden der modernen Geschichtsschreibung bzw. der Militärgeschichte fehlt noch immer.[60] Der bereits erwähnte Sammelband von Magaš und Žanić bietet Aufsätze kompetenter Autoren, die Licht in einige Teilbereiche und Zeitabschnitte bringen. Qualifizierte Beiträge zu diesem Thema sind auch die entsprechenden Kapitel dieses Handbuchs, und die Autoren – James Gow, Tarik Kulenović und Ozren Žunec – muss man weiterhin zu seltenen anerkannten Fachleuten für dieses Spezialgebiet rechnen. Ausgehend davon kann

58 Simms, a.a.O., S. 51.

59 Erhard Eppler, *Vom Gewaltmonopol zum Gewaltmarkt? Die Privatisierung und Kommerzialisierung der Gewalt*, Frankfurt am Main 2002; Karl O. Hondrich, *Lehrmeister Krieg*, Hamburg 1992; Mary Kaldor, *Neue und alte Kriege. Organisierte Gewalt im Zeitalter der Globalisierung*, Frankfurt am Main 2000; Herfried Münkler: *Die neuen Kriege*, Reinbek 2002; Ulrich K. Preuß, *Krieg, Verbrechen, Blasphemie. Zum Wandel der bewaffneten Gewalt*, Berlin 2002.

60 Der vom Militärgeschichtlichen Forschungsamt in Potsdam herausgegebene *Wegweiser zur Geschichte. Bosnien-Herzegowina*, Paderborn u. a. 2005, leistet eine Orientierungshilfe für die Verbände und Soldaten der Bundeswehr in dem Krisengebiet; im kleinen Kompendium und insbesondere in dem Kapitel „der jugoslawische Nachfolgekrieg 1991-1995" von Marie-Janine Calic wird das Fehlen einer wissenschaftlich-militärischen Kriegsstudie als möglichen Grundlage der Darstellungen besonders deutlich.

man hier lediglich skizzieren, was als Desiderat nur in einer umfassenden Studie auf geeignete Weise behandelt werden könnte, und dabei einige der umstrittensten Fragen berühren.

Wenn hybride Kriegsformen eine Auszeichnung der „neuen Kriege“ sein sollten, dann sind die mit dem Zerfall Jugoslawiens verbundenen Kriege den „neuen“ zuzurechnen. Man kann sie als „war of independence“ auch als Staatenbildungskriege bezeichnen. Im Grunde aber handelte es sich um verspätete Staatenbildungs*prozesse*, die gerade im föderalen Jugoslawien durch eben diese föderale, semistaatliche Struktur der konstitutiven Teile des Bundesstaates schon so weit institutionell und strukturell gereift waren, dass die Verselbstständigung dieser Teile an sich friedlich hätte geschehen können, wenn es denn eine klare internationale Anerkennung dieser neuen zwischenstaatlichen Ordnung gegeben hätte. Als es zum Krieg kam, wurden – wie in allen Gesellschaften – die Verhältnisse umgewirbelt; in den betreffenden Gesellschaften aber, die nur an der Oberfläche von Modernisierungsprozessen erfasst wurden, wirkten sich diese Ereignisse auf die Gesellschaftsstruktur wie Orkane aus. Unter dieser Oberfläche hatte zuvor eine Umschichtung begonnen, ein Prozess, der nur langsam vollzogen werden kann und für sein Gelingen gerade einer allgemeinen politischen Stabilität bedarf: Sie betraf *die Umwandlung* der traditionellen interethnischen Umgangsformen in *moderne*, einer sich ausdifferenzierenden Gesellschaft entsprechende, *institutionalisierte Formen*. Der aus Belgrad entfachte Krieg setzte ideologisch auf die Re-Ethnisierung, und zwar in einer Situation *des Wandels der interethnischen Umgangsformen* von traditionellen zu durch demokratische Institutionen geregelten. Dieser Vorstoß richtete sich in erster Linie gegen institutionelle Lösungen, gegen jene im Grunde republikanische Lösung, die in der Verfassung von 1974 festgeschrieben war und die Form und Grenzen der Republiken gerade nicht ausschließlich auf dem ethnischen Prinzip bestimmte, sondern auf einer relativ sinnvollen Kombination mehrerer staatsrelevanter Grundsätze beruhte. Aber dieses „republikanische Prinzip“ war nirgendwo im vollen Sinne und mit entsprechendem politischem Verstand umgesetzt worden und die ethnisch-nationalistische Gesinnung behielt überall ihre Kraft.

Weil niemand gegen die ethnisch-nationalen Selbst-Interpretationen immun war, ist aus dem serbischen Aggressionskrieg in der Tat zum Teil ein „ethnischer Krieg“ geworden, wie er dann im Ausland rezipiert wurde, und zwar vor allem in Bosnien-Herzegowina. Denn dort, in einem in sich heterogenen Gemeinwesen ohne ausreichende bürgerliche Tradition, erwies sich die Ethnisierung der Verhältnisse geradezu als tödlich; sie besetzte die Leerstelle, die nach der langsamen Ablösung des traditionellen, seit Jahrhunderten gepflegten Verhältnisses zwischen den Volksgruppen, das ein geschichtlich, kulturell und konfessionell geprägtes *Nebeneinander* war, entstand, und noch nicht durch die erst ansetzende republikanisch-demokratische Ordnung besetzt werden konnte.

Freilich wenn man von „ethnischen Kriegen“ spricht, handelt es sich oft um ein negatives Klischee, bei dem sich keiner um Differenzierungen und „Feinheiten“ kümmert. Vorwiegend aber wird der Krieg und das Geschehen in Bosnien-Herzegowina als Folge einer Absprache zwischen den beiden „bad guys“ Milošević und Tuđman gesehen, deren Grundlage die ethno-nationalistisch definierten territorialen Ansprüche bildeten. Diese vereinfachende These blendet eleganterweise viele tatsächliche materielle Faktoren des bosnischen Krieges und dessen Chronologie aus – etwa die Errichtung der UNPA-Zonen in Kroatien, die die freie Bewegung der serbischen Truppen im Dreieck „Krajina“-Serbien-Bosnien-Herzegowina ermöglichten, den Abzug der JVA mit der ganzen Ausrüstung nach Bosnien ohne Erfüllung der Auflagen sowie die Unentschlossenheit westlicher Vermittler gegenüber der Teilungsoption. In der offiziösen bosniakischen Version heißt das „Doppelaggression gegen Bosnien", die in allen Medien geradezu als Sprachregelung angeordnet zu sein scheint.

Exkurs

In diesem Sinne wird das berüchtigte Treffen zwischen Milošević und Tuđman in Karađorđevo im März 1991, an dem diese Absprache getroffen worden sein solle,[61] wie ein Mythos behandelt. Es gibt über diese Unterredung, bei der es keine Zeugen gab, jede Menge mehr oder minder fantasievoller Interpretationen, aber keine wissenschaftlich-historische oder einfach sachlich stichhaltige Abhandlung, auf die man zurückgreifen könnte. Dieses Kapitel in der Geschichte des bosnischen Krieges muss erst noch geschrieben werden. Jetzt schon ist es allerdings möglich, auf die gesicherten Tatsachen hinzuweisen, die jede künftige Eruierung der Teilungsabsprachen zwischen Milošević und Tuđman, die ernst genommen werden möchte, berücksichtigen muss: Dieses Treffen, bei dem über eine Teilung von Bosnien-Herzegowina gesprochen wurde, fand in der *ersten Auflösungsphase* der jugoslawischen Föderation statt. In dieser Phase, die mit den ersten demokratischen Wahlen in Slowenien und Kroatien im Frühjahr 1990 beginnt und mit dem Krieg in Slowenien und Kroatien im Frühsommer 1991 endet, wurden politische Gespräche unter den Spitzenpolitikern der Republiken über den Umbau der Föderation angesichts der neu entstandenen politischen Lage geführt. Es war Franjo Tuđman, der seit langem ein separates Gespräch mit Milošević wünschte.[62] Stjepan Mesić, der damals Mitglied im jugoslawischen Präsidium war, überredete den damaligen Vorsitzenden des Präsidiums und Vertrauten Miloševićs, Borisav Jović, ein Treffen zu organisieren.[63]

Vor allem sollen die politischen Hauptereignisse dieser turbulenten Märztage berücksichtigt werden, um die Relevanz dieser Unterredung einigermaßen realistisch einschätzen zu können. Am 9. März fand die große Protestkundgebung der serbischen Opposition in Belgrad statt. Bei blutigen Zusammenstößen mit der Polizei gab es Tote und viele Verletzte. Borisav Jović schickte Panzer auf die Straßen. Der Oppositionsführer Vuk Drašković wurde verhaftet, und in dramatischen Sitzungen des „Generalstabs" und des Präsidiums ging es nur noch um die Optionen Militärputsch und Ausnahmezustand.[64] Diese dramatischen Ereignisse lehrten Milošević das Fürchten. Er begriff, dass die bisherige politische Strategie nicht mehr geeignet war, sein politisches Überleben zu sichern, und das „großserbische Projekt", an dem viele strickten, erschien ihm immer mehr als ein Pfand für die Zukunft, wie auch Robert Thomas in seiner bereits erwähnten Studie ausgeführt hat. Das war ein gelungener taktischer Zug, und die Führer des serbischen Aufstands in Kroatien und Radovan Karadžić in Bosnien-Herzegowina wurden von nun an zu Miloševićs wichtigsten strategischen Partnern.[65]

In *dieser Situation* entschied sich Milošević für ein Treffen mit Tuđman und bestimmte selbst den Ort des Treffens, eben Karađorđevo, das in negativer Symbolik für Kroatien

61 Vgl., V. Meier, *Wie Jugoslawien verspielt wurde*, München 1995, S. 367; vgl. Ivo Lučić, „Karađorđevo: politički mit ili dogovor?", *Časopis za suvremenu povijest*, 35/1, 2003.

62 So Jović am 24. August 1990 voller Indignation: Milošević solle ein Treffen ausschlagen, S. 182 ff.

63 So Mesić im Gespräch, „Division of Bosnia was Tuđman's Only Option", *Tjednik*, Zagreb, 16. Mai 1997.

64 Milošević interessierte bei diesen Sitzungen hauptsächlich, „ob die Armee das Regime in Serbien in Schutz nehmen werde, wenn die Opposition wieder zur Gewalt greifen sollte", Jović, a.a.O., S. 310

65 Milan Babić und Radovan Karadžić unterstützten Milošević umgehend trotz ideologischer Unterschiede; vgl. Thomas, a.a.O., S. 83-84.

kaum zu überbieten war. Trotzdem kam der von einem vermeintlichen national-geschichtlichen Auftrag besessene Tuđman zu diesem notorischen Ort, an dem 20 Jahre vorher Tito die reformistisch-nationalistischen Kommunisten Kroatiens abserviert hatte.[66] Seine Theorie sah in Bosnien-Herzegowina ein koloniales Gebilde, das sich gleichsam zwangsläufig auflösen müsse, sollte Jugoslawien einmal auseinanderbrechen. Das Thema Teilung konnte für Milošević – dem sowohl die kroatische wie bosnische Serbenfrage hauptsächlich als wichtiger taktischer Angelpunkt in der Machtstrategie galten – zum gegebenen Zeitpunkt im März 1991 kaum von Bedeutung gewesen sein. Nichts an Miloševićs Handlungen nach diesem Treffen am 25. März lässt erkennen, dass er an einer Teilungsstrategie arbeitet. Im Gegenteil, seine Agenten waren schon dabei, zusammen mit lokalen Serben den Krieg in Kroatien anzuheizen; Milošević, der Manager auf dem chaotischen Jahrmarkt der großserbischen Vorstellungen und der zugehörigen Eroberungsfantasien, konnte nunmehr die Rolle des Beschützers der kroatischen Serben spielen; das machte ihn in Serbien selbst unantastbar und in jenen Märztagen löste eben dies sein Hauptproblem. Danach stellte sich selbst die Opposition hinter seinem Kriegskurs.[67] Noch während der heißen Phase des Krieges in Kroatien wurde die Vorbereitungsphase des nächsten in Bosnien-Herzegowina eingeleitet.

Dass Milošević und Tuđman bei jenem Treffen tatsächlich unter vier Augen über Bosnien-Herzegowina gesprochen hatten, weiß man eigentlich von Tuđman selbst, denn er berief sich danach viele Male auf eine Einigung mit Milošević. Hier sei nun eine These vorgestellt, die freilich einer eingehenden Prüfung im anderen Rahmen als dem hier gegeben bedarf: Dieses Treffen in Karađorđevo war eine rashomonartige Begegnung. Tuđman verließ den Ort in der Überzeugung, mit Milošević eine historische Einigung erzielt zu haben, jener aber schenkte diesem Teil der Konversation keine Beachtung und vergaß ihn vielleicht. Auf jeden Fall beteuerte Milošević nach seiner Einlieferung in Den Haag, er habe keine Teilungspläne mit Tuđman geschmiedet. Und das klingt glaubhaft. Die „Teilungspläne", die Milošević hegte, hatten anders ausgesehen: er wollte Kroatien „teilen", amputieren um fast ein Drittel seines Territoriums. Darüber braucht man nicht zu spekulieren – denn dieses Vorhaben Miloševićs ist unzählige Male bezeugt worden und der Versuch seiner Ausführung eine notorische Tatsache.

Und in der Tat, blickt man zurück auf die Ereignisse, die diesem Treffen folgten, so ist rasch festzustellen: Vor Bosnien-Herzegowina überfiel Milošević Kroatien, wobei das militärische Vorgehen der serbischen Kräfte nirgendwo eine Strategie erkennen lässt, die auf eine Teilung von Bosnien-Herzegowina aus wäre; vielmehr halten sie nur, wenn sie gestoppt werden, oder weil sie nicht genug Kampftruppen haben. Auf welche Art Teilung die serbischen Eroberer aus waren, zeigt sich darin, dass sie noch im Sommer 1995 nicht nur die Enklaven in Ostbosnien überrannten, sondern dasselbe im Westen, in der Bihać-Enklave an der Grenze zu Kroatien, tun wollten, um die Vereinigung mit der „Krajina" zu vollenden – bloß dass damit die VRS vollkommen überfordert war.[68] Dass Karadžić bei den Verhandlungen sich nur mit einem Teil Bosnien-Herzegowinas begnügen musste, hatte damit zu tun, dass er militärisch nicht in der Lage war, die ursprünglichen Ziele zu erreichen; und auch bei diesen Verhandlungen wollte er immer mehr und auf keinen Fall irgendwelche Teile des eroberten Territoriums zurückgeben. Ein irgendwie vorher festgelegter Teilungsplan ist dabei nicht erkennbar. Geplant war nicht eine Teilung von Bosnien-Herzegowina, sondern seine möglichst komplette *Unterwerfung*. Entsprechende Pläne hatte

66 Das Treffen selbst war *nicht* geheim, wie oft behauptet wird; ihm folgte auch eine belanglose Presseerklärung.
67 Vgl. Thomas, a.a.O., S. 87.
68 Vgl. Norman Cigar, „Srpski ratni napor i okončanje rata", in Magaš/Žanić (Hg.), a.a.O.

die Generalität schon seit langem elaboriert; es ging also bei der Umsetzung darum, wie viel die JVA erobern und der Gewaltherrschaft der bosnischen und kroatischen Serben übergeben konnte. Es hing von der JVA ab, bis wohin sie kommt bzw. kommen konnte (→ Kap. 25).[69] Daher hatte Milošević selbst überhaupt keinen eigenen „großen Plan" im militärischen Sinne. Milošević aber war der Meister im schlauen Ausnützen der Chancen, die sich aus den Fehlern anderer ergaben. Er nährte, organisierte, koordinierte und er *finanzierte* den Krieg; er übernahm die Rolle des „Beschützers von bedrohten Serben" außerhalb Serbiens – was auch die Grundlinie seiner Verteidigung in Den Haag ist. Er war kein richtiger Feldherr, aber ohne Milošević hätte es diesen Krieg so nicht gegeben.

Die Idee, Bosnien-Herzegowina zwischen Kroatien und Serbien zu teilen, stammte von Tuđman und hatte mit seinen wirklichkeitsfremden Visionen, „großen" Lösungen und Plänen für eine postjugoslawische Neuordnung zu tun. Aber Tuđman war eigentlich kein Kriegstreiber. Die gängigen Interpretationen halten am Klischee fest, das in Tuđman ein bloßes kroatisches Pendant Miloševićs sehen will. Weil es bislang schon mehrere biografische Werke über Milošević und keines von westlichen Autoren über Tuđman gibt, kann auch niemand diese Sichtweise halbwegs sachlich überprüfen.[70] Dadurch dass man oft das Bild dem Klischee anpassen will, strotzen viele Darstellungen vor Widersprüchen. Demgegenüber müsste es möglich sein, Tuđmans Agieren – das in sich widerspruchsvoll sein mag – zumindest *widerspruchsfrei zu schildern*. In Kroatien wollte Tuđman zunächst unter allen Umständen Krieg vermeiden; bekanntlich verließ er sich auf zweifelhafte Absprachen mit Generälen der JVA, vor allem mit Kadijević, der ihm versichert habe, Kroatien nicht anzugreifen; während des Feldzuges gegen Slowenien hielt er sich zurück: „Bloß nicht die JVA provozieren" war sein Motto. Er zögerte mit der Blockade von Kasernen und anderen Armeeeinrichtungen, und noch während der Belagerung von Vukovar galt für die Verteidiger sein Verbot, auf die „Soldaten der JVA" zu schießen. Er wollte an die Illusion glauben, die Armee sei im Konflikt „neutral". Er zögerte viel zu lange mit dem Aufbau der eigenen Streitkräfte und verhinderte die Ausarbeitung einer verbindlichen Verteidigungsstrategie (→ Kap. 21). Es ist durchaus möglich, dass er trotz allem – auch nachdem er einem gezielten Mordanschlag durch die jugoslawische Luftwaffe im Zagreber Regierungssitz im Oktober 1991 knapp entging – an irgendeine Absprache mit Milošević glaubte, was Aussagen von seinen damaligen Vertrauten nahe legen.

Davon, dass Milošević und Karadžić in Bosnien-Herzegowina mit Kriegsgewalt sich holen werden, was sie „für serbisch" hielten, war er überzeugt, und verfolgte eine Strategie im Schatten dieses Krieges, die man *nationalistische Defensivstrategie* nennen könnte (→ Kap. 23). Er unterstützte die Bewaffnung der Kroaten und deren militärische Formationen sowie zunächst das Verteidigungsbündnis mit Bosniaken, ging aber davon aus, dass die Serben Karadžićs den Krieg gewinnen, die eroberten Territorien behalten und sie Serbien anschließen werden, zumal er die stillschweigende Unterstützung des Westens für diese Option annahm. Er optierte für eine defensive Strategie der bosnischen Kroaten, der zufolge sie sich dort behaupten können und sollen, wo sie in der Mehrheit sind. Da er nicht daran glaubte, dass Bosnien als Einheitsstaat überleben kann, noch dies für wünschenswert hielt, konzentrierten sich seine Bemühungen darauf, überlebensfähige Gebiete mit kroatischen Mehrheiten zu schaffen, die sich dann, nachdem der bosnische Staat aufgelöst sein wird, Kroatien anschließen sollten. Dass die Bosniaken „ihren" Staat anstrebten und auf

69 Der Belgrader Soziologe Dušan Janjić berichtet über diese Pläne, *Slobodna Bosna*, 11.10.2002.

70 Der kroatische Journalist, Darko Hudelist, veröffentlichte nach diversen Recherchen eine umfangreiche Biografie des ersten Präsidenten Kroatiens, die allerdings von Spekulationen und unbelegten Behauptungen strotzt: *Tuđman. Biografija*, Zagreb 2004.

einen solchen nach denselben Prinzipien wie Kroaten in Kroatien auch ein Anrecht in Übereinstimmung mit beiden anderen konstitutiven Völkern hatten, interessierte ihn gar nicht. Weil er nur in nationalistischen Kategorien – d.h. jenen des ethnisch definierten Nationalstaates – dachte, hielt er eine solche Bestrebung für illusorisch.

Tuđman liebäugelte mit der Idee der „humanen Umsiedlung“, die er mit dieser defensiven Trittbrettfahrer-Strategie verband, nämlich das zu sichern, was nach dem hauptsächlichen Aggressions- und Zerstörungswerk der serbischen „gemeinsamen Unternehmung“ (im Jargon des Haager Tribunals) von Milošević, Karadžić und anderen serbischen Protagonisten in Bosnien-Herzegowina, dessen eliminatorischer Furor sich gegen bosnische Muslime und Kroaten *gleichermaßen* richtete, als „Raum der Kroaten“ verteidigt werden kann. Tuđman zeigte sich am Anfang sogar überrascht, dass die Muslime, d.h. deren Vertreter und Wortführer, die Teilungsprojekte scharf zurückwiesen, und ließ es sich nicht nehmen, sie zu belehren. Dadurch dass er unablässig und auch unabhängig vom grausamen Geschehen im bosnischen Krieg durch seinen Emissär Hrvoje Šarinić mit Milošević ein Abkommen aushandeln wollte, ist er zum Mittäter bei der Zerstörung Bosniens geworden, obwohl es zur Realisierung dieser Teilungs- bzw. Anschlusspläne letztlich nicht kam. Aber Tuđman hatte *keinen Angriffskrieg* gegen Bosnien-Herzegowina geplant und bewusst vorbereitet. Seine Trittbrettfahrer-Strategie lebte auch von seinen geschichtsmetaphysischen Antizipationen. Mit diesen Erwartungen verknüpfte er dann „Lösungsprojektionen“ vom Typus „humane Umsiedlung“ und bot das bei jeder Gelegenheit als Lageerklärung unumwunden an. Übrigens ist auch klar, dass Milošević und Tuđman, bzw. VRS und HVO nicht nach einem gemeinsamen Plan, im Einvernehmen oder gar koordiniert gegen den bosnischen Staat und die Bosniaken Krieg führten. Der Gedanke ist absurd. Allerdings, hätte es eine solche gemeinsame Kampagne gegeben, wären also serbische und kroatische Kräfte Verbündete gewesen und hätte die Welt so zugeschaut, dann hätten sie totale Übermacht gehabt und um den bosnischen Staat wäre es tatsächlich geschehen gewesen.

Die Gründung der autonomen kroatischen Gebilde, die mit Tuđmans Unterstützung vonstatten ging, bedeutete trotz des zunächst defensiven Charakters eine strukturelle Zerstörung Bosniens.[71] *Stricto sensu* wirkt sich schon die ethno-nationale Konzeption des Politischen in Bosnien-Herzegowina zerstörerisch auf die gesellschaftliche Struktur aus. Dieses „Herceg-Bosna“, das *vollkommen illegitim* auf Betreiben nur einer politischen Fraktion gegründet worden war, zeigte bald seinen aggressiven Charakter: Mit der Diskriminierung und Vertreibung der Bosniaken verlor es seinen defensiven Charakter, denn es ging nicht mehr nur darum, die Verteidigung gegen einen Aggressor in der Lage der Auflösung des Staates effizient zu organisieren, sondern im eigenen Herrschaftsgebiet ethnisch homogene Lebensbedingungen zu schaffen.[72] Diesen unerklärten Krieg kann man aber dennoch nicht als den primären Krieg bezeichnen, einen im Voraus geplanten Feldzug gegen Muslime mit dem Ziel ethnisch reiner Gebiete für Kroaten. Die Situation, in der sich Bosnien-Herzegowina nach der serbischen Aggression befand, verlangte eine Strategie der offensiven gemeinsamen Verteidigung. Dafür fehlten die Voraussetzungen – gänzlich, und zwar angefangen mit der dafür nötigen politischen und staatsmännischen Weitsicht und geeigne-

71 Über die Verfassung von „Herceg-Bosna“: Ciril Ribičič, *Geneza jedne zablude. Ustavnopravna analiza nastanka i djelovanja Hrvatske zajednice Herceg-Bosne*, Zagreb 2000; darin findet der Leser den bislang zuverlässigsten Abdruck des Sitzungsprotokolls der bosnisch-kroatischen mit den kroatischen Spitzenpolitikern unter Tudjmans Vorsitz über die Zukunftsstrategie in Bosnien-Herzegowina am 27. Dezember 1991 in Zagreb.

72 Die Verfolgungen, Vertreibungen und Internierungen erfassten pauschal die muslimische männliche Bevölkerung, die somit kollektiv unter Verdacht gestellt wurde. Die Diskriminierung der Nichtkroaten war Ribičičs Analyse zufolge auch in den konstitutiven Akten von Herceg-Bosna implizit enthalten.

tem Führungspotenzial[73] als Grundbedingung. Es fehlte auch die Akzeptanz seitens der internationalen Staatengemeinschaft. Das, was für Bosnien-Herzegowina nötig war, war für die internationale Staatengemeinschaft und vor allem für den Westen völlig undenkbar – was seinen ersten verheerenden Ausdruck im Waffenembargo fand. Solange die vereinfachenden Darstellungen, die sich entlang der Vorstellung von Balkan-Bösewichten ergeben, gelten und die allgemeine Meinung beherrschen, werden die Fragen danach, wie man es hätte anders angehen können, gar nicht auftauchen. In diesem Kontext kann man – trotz der hypothetischen Elemente der Argumentation – erkennen, worin die verheerende Auswirkung der Politik Tuđmans lag. Er brüskierte und verunsicherte seine Verbündeten, und zwar schon mit seinem Diskurs und natürlich noch mehr mit der schillernden und undurchsichtigen Lösungssuche durch wie auch immer geartetes Verhandeln mit Milošević. Auch nachdem ganz klar wurde, dass dieser Kurs in den Konflikt mit den Bosniaken führt, zeigte sich Tuđman nicht bereit, ernsthaft einzulenken. Auf die vehemente Kritik in der kroatischen Öffentlichkeit und in den eigenen Reihen reagierte er mit diktatorischer Unbelehrbarkeit, obwohl manche seiner engsten Mitarbeiter ihm deshalb den Rücken kehrten. Erst als die Amerikaner den Druck auf ihn ausübten, war er bereit einzulenken. Seine Bosnien-Politik und das betriebene Doppelspiel erhärtete den Eindruck von einem „undurchsichtigen" ethnisch motivierten bosnischen Krieg und ermöglichte es dem ohnehin unwilligen Westen zusätzlich, sich hinter dieser „Undurchsichtigkeit" zu verschanzen und auf eine richtige strategische Einschätzung der Lage im bosnischen Krieg zu verzichten.[74] Seine Bosnien-Politik wird noch lange der wundeste Punkt in der kroatischen Geschichte und Quelle heftigster politischer Debatten bleiben, etwa zwischen jenen, die, wie die Vorsitzende der Kroatischen Volkspartei (HNS), Vesna Pusić, behaupten, dass Kroatien einen Aggressionskrieg gegenüber dem Nachbarland führte, und jenen, die meinen, dass Tuđman zum Vorteil des kroatischen Überlebens in der ungleichen dreinationalen Lage in Bosnien-Herzegowina gehandelt hätte (Zdravko Tomac). An sich sind beide Thesen fragwürdig, die zweite genießt natürlich erheblich größere Zustimmung – vor allem unter den Kroaten in der Herzegowina. Während die erste These einseitig ist, ist die zweite schlicht empirisch falsch, wobei die Idee, dass man zum Wohle eines Volkes beitragen könnte, indem man das Gemeinwesen und den Staat, in dem dieses lebt, zerstört, bei einem demokratischen Politiker, für den Tomac sich hält, doch befremdet.

Dass Teilungspläne zur Grundlage von Friedensverhandlungen wurden, hatte aus der ursprünglichen serbischen Perspektive mit dem Scheitern der geplanten Territorialzugewinne zu tun; Milošević hat das erheblich früher begriffen als bosnisch-serbische Nationalisten; daher war er auch bereit, den Vance-Owen-Plan zu akzeptieren. Denn das passte noch immer zu seiner Plattform, einen Rest des sozialistischen Jugoslawien als einen Staat der Serben einzubehalten – was auch offizielles Programm seiner Partei (SPS) war.

73 Übrigens bestätigten einige Berichte in der bosniakischen Öffentlichkeit die seit langem kursierenden Gerüchte über geheime Gespräche und Teilungspläne, die von bosnischen Politikern, ja von Alija Izetbegović selbst ausgingen; der UN-Beauftragte für Bosnien-Herzegowina, Jacques Klein, berichtete sogar, Alija Izetbegović hätte Tuđman angeboten, die Herzegowina Kroatien anzuschließen, was Izetbegović bestätigen musste, vgl. *Večernji list*, 7.02. 2002. Andere bosniakische Politiker wie, Adil Zulfikarpašić und Muhamed Filipović, versuchten, eine Allianz mit bosnischen Serben zu schmieden, und beherzigten im Sommer 1991 den Vorschlag Miloševićs, Bosnien-Herzegowina bei Jugoslawien bleiben zu lassen, vgl. Laura Silber/Allen Little, *The Death of Yugoslavia*, London 1995, S. 236 und den späteren Kommentar Muhamed Filipovićs in: *Dani*, 1. März 2002. Aufschlussreich ist auch das Kriegstagebuch von Sefer Halilović, *Lukava strategija*, Sarajevo 1997.

74 Über den bosniakisch-kroatischen Krieg siehe: Charles R. Shrader, *The Muslim-Croat Civil War in Central Bosnia. A Military History, 1992-1994*, Texas 2003.

Dieser Exkurs sollte darauf hinweisen, dass man mit differenzierten Ansätzen dem klischeehaften Schildern der Akteure und der Ereignisse leicht entgegnen kann, wenn man möchte. Mehr als eine Skizze ist hier nicht möglich. Es wäre aber wichtig, einmal die Hauptakteure aus ihren jeweiligen Situationen heraus zu schildern und die vielfältigen Gründe für die berüchtigte „Unübersichtlichkeit" unter Beachtung der zwischen ihnen bestehenden Unterschiede darzulegen. So könnte zumindest klar werden, dass die durch ethno-nationale und territoriale Ansprüche immer verfahrener werdende Situation eben nicht durch den Prozess der Staatsauflösung selbst entstand, sondern durch den Krieg. Die Staatsauflösung war gleichzeitig ein Prozess der Staats- bzw. Staatenbildung und in diesem Prozess allein war der Krieg nicht angelegt. Der ursprüngliche Nährboden des Krieges lag in der Bestrebung, den in Gang gekommenen Prozess der Staatenbildungen zu verhindern oder mit Gewalt zu ändern. Bezogen auf die beiden Akteure, heißt das, plakativ gesagt: Die Kriege in Jugoslawiens Ruinen *hätte es auch ohne Tuđman*, aber *es hätte sie kaum ohne Milošević*, den Kriegsmanager, gegeben. Was den kroatisch-bosniakischen Konflikt anbelangt, so kann man mit Sicherheit annehmen, dass es die Allianz zwischen separatistischen herzegowinischen Kräften und Zagreb *ohne Tuđman nicht* gegeben hätte. Während darin die Hauptursache für den Krieg im Kriege zu suchen ist, bleiben die politischen Motive und Strategien der bosniakischen Akteure dunkel; somit bleibt für die zukünftige Forschung gerade in Bezug auf bosniakische Politik viel zu klären.

32.5. Der Umgang mit Institutionen und das Demokratieverständnis

In der Nachfolge des Dayton-Friedensabkommens für Bosnien-Herzegowina kann man weiter verfolgen, wie verkehrt es ist, wenn man angesichts einer Mischform des Krieges auf genaue Unterscheidung der Bestandteile des Hybrids verzichtet. Denn bis heute zeigen sich in Darstellungen und Diskussionen viele Gesichter der Kriege von Slowenien bis Makedonien in den europäischen (und westlichen) Öffentlichkeiten, deren Konturen sich aus unhinterfragten Perspektiven der auswärtigen Beobachter ergeben. Eine wesentliche Unterscheidung wird im Allgemeinen vermieden: die zwischen Angriffskrieg und Landesverteidigung. Diese elementare Bestimmung der Kriegsgegner entspricht nicht ganz jener der „klassischen Kriege" zwischen souveränen Staaten, aber es gibt keinen Grund, die Abweichungen formalistisch zu überziehen. Vielmehr ist der Umstand, dass es sich hier um „Staatsbildungskriege" (Münkler) handelt, differenzierter zu betrachten. Doch das sind nicht überall auf der Welt die gleichen Vorgänge; in vorliegendem Fall waren die Bestandteile des Bundesstaates institutionell selbst Staaten, so dass die Bedingungen schon da waren, die eine geordnete Abwicklung der Föderation ermöglichten. Liest man die Bestimmungen der jugoslawischen Verfassung von 1974 in Hinblick auf die Situation der Staatsauflösung Ende der 80er Jahre, so erscheinen sie wie eine präventive Aufstellung von Sicherheitsventilen für den Fall der Desintegration des Landes, die sich einschalten sollten, damit die Trennung *geordnet* und *friedlich* vonstatten geht und es nicht zum Krieg kommt.

Man kann daher am Umgang der jeweiligen politischen Eliten mit Institutionen so etwas wie demokratischen Reifegrad und die Rechtmäßigkeit ihrer Ansprüche messen. Das Agieren Miloševićs hatte gerade darin einen durchgehenden Zug, als es ein Zerstören und Zersetzen von Institutionen war. Schon am Anfang seiner Karriere bestimmte Milošević seine Methode mit zwei lakonischen Fremdwörtern „institucionalno i vaninstitucionalno", die die Menschen in Schrecken versetzten, soweit sie nicht seine Anhänger waren. Übersetzt heißen sie: Serbien wird kämpfen durch und vermittels Institutionen, soweit es diese für seine Zwecke benutzen kann, aber auch „außerhalb“ von Institutionen, also gegen diese und ohne Rücksicht auf Regeln, Vereinbarungen, Verfassung, Verträge, verbriefte Rechte usw. Namentlich richtete sich dieser aggressive Slogan bekanntlich gegen die Verfassung von 1974 (→ Kap. 14), deren Hauptergebnis darin lag, dass ohne die Institutionen in Republiken und Provinzen keine wesentlichen politischen Entscheidungen und vor allem natürlich keine, die in den Republiken selbst keine Mehrheit hätten, durchgesetzt werden können.

Milošević betreibt die Auflösung aller institutionellen, rechtlichen und verfassungsmäßigen Errungenschaften der vorangegangenen Jahrzehnte, die er nicht beherrschen und manipulieren kann, und bezweckt eine Rückkehr in die historisch „offene“ Situation einer vorgeblichen Primordialität, in der man um den eigenen nationalen Raum mit *allen* Mitteln kämpfen kann. Im Kosovo und der Vojvodina, wo er die Macht erringt und die Machtapparate beherrscht, benutzt er die bestehenden Institutionen und setzt sie für seine Zwecke ein. Nach den freien Wahlen in Slowenien und Kroatien wird in jenen Gebieten außerhalb Serbiens, wo es eine nennenswerte serbische Population gibt, eine *vorinstitutionelle* Situation *künstlich* errichtet; im Hintergrund standen die Leitideen des nationalistischen serbischen Diskurses, in dem leicht jener bekannte europäische Text der Nation erkannt werden kann, der sie als Produkt einer gleichsam natürlichen Auslese im Überlebenskampf erklärt, aus dem dann die stärksten Nationen als „Sieger“ herauskommen. Ideologisch steht also hinter den Kriegen in Kroatien und Bosnien-Herzegowina der Belgrader Rückfall in die *konstruierte* primordiale Situation des Kampfes um das nationale Territorium. Auf dieser Folie des nationalen Befreiungstextes wurde zunächst ein Krieg gegen die Institutionen der Föderation, eine „antibürokratische Revolution“, ausgefochten; dann wurden nach und nach vorinstitutionelle „Bürgerkriegssituationen“ inszeniert. Der „Bürgerkrieg” in Kroatien war ein *inszenierter Bürgerkrieg*, d.h., es gab keinen ethnischen Krieg zwischen Kroaten und Serben, sondern die „ethnischen Konflikte“ waren ursprünglich, d.h. empirisch, faktisch ein Teil der „Spezialoperationen“, die das Milošević-Regime mit seinen Geheimagenten in Kroatien seit 1990 und später in Bosnien-Herzegowina organisierte.[75]

Angesichts dieser Lage war Tuđman entweder zum doppelten Spiel als seiner wesentlichen Strategie getrieben oder hat sich dazu entschlossen. Die saubere Lösung einer offensiven Landesverteidigung, die den kroatischen Militärs vorschwebte, wäre nur gegen den Willen des Westens und die Vermittler der Staatengemeinschaft möglich gewesen. Dabei dürfte die Bereitschaft, die von kroatischen Militärs entworfenen Pläne als Möglichkeit einer schnellen Beendung des Krieges ernsthaft zu erörtern, in interessierten Kreisen des Westens kaum vorhanden gewesen sein. Das würde in dem Denksystem der damaligen Protagonisten, von denen viele auch heute tätig sind, alles auf den Kopf stellen. Denn letztendlich müssten sie dann einsehen, dass gerade das Beharren des Westens auf „politischen Lösungen“ – angefangen mit der dreimonatigen Aussetzung der Unabhängigkeit von Kroatien und Slowenien und all ihr folgenden „Verhandlungsstrategien“ – den Konflikt verschärften und zur Ausweitung des Krieges beitrugen. Zu einer solch fundamentalen Revision der Position ist kaum jemand in den politischen Zentren des Westens bereit. Die militä-

75 Das kann man inzwischen als bewiesen betrachten: Belege finden sich in den erwähnten Eintragungen Borisav Jovićs; auch Robert Thomas beschreibt eingehend kriegsschürende Aktivitäten der Milizen unter Miloševićs Kontrolle in Kroatien, a.a.O., S. 99. Zahlreiche Zeugen der Anklage, darunter viele, die selbst an den Kriegen beteiligt waren, führten im Milošević-Prozess versiert und detailliert aus, wie das in beiden Fällen vor sich ging; beachtlich ist auch der Bericht bzw. die Aussage des Experten Budimir Babović, des früheren Chefs der Interpolkanzlei in Belgrad (am 13. und 16. Juni 2003); Allerdings gelang es Miloševićs Nachfolgern, bei dem Gericht eine Geheimhaltung für Belege in den einschlägigen Dokumenten über die direkte Verbindung der staatlichen Institutionen zu serbischen Streitkräften in den Kriegsgebieten durchzusetzen, vgl. Hugh Griffiths/Ana Uzelac, „Justice at What Price?“, IWPR, 20. Mai 2005; http://www.iwpr.net.

rische Option der Landesverteidigung wird auch in keiner der westlichen Aufarbeitungen der Ereignisse berücksichtigt.[76] So werden in der Forschung bevorzugt Themen der Gewalt, der ethnischen Konflikte, des Nationalismus behandelt; diese Forschungsfelder haben sicherlich ihre Berechtigung,[77] dennoch sollte man darüber nicht vergessen, dass jene sprichwörtliche „Spirale der Gewalt" ohne den Waffengang Belgrads gar nicht entfacht worden wäre,[78] noch hätte sich parallel dazu Milošević ohne Kriege so an der Macht stabilisieren können. Die Kriegssituation in Kroatien wurde als ein Bürgerkrieg wahrgenommen, und beträchtliche Teile der Öffentlichkeit im Westen rezipierten ihn als eine Rebellion der kroatischen Serben als Antwort oder Folge auf die Verselbstständigung der Republik. Das Bemühen Zagrebs um politische Lösungen mit den Aufständischen wird in vielen Darstellungen ignoriert oder – nicht ohne Verhöhnung – relativiert.[79] Dass Milošević den Krieg entfachte, indem er Situationen inszenieren ließ, die eine Bedrohung der Serben in Kroatien und später in Bosnien-Herzegowina und damit den Vorwand für eine bewaffnete Verteidigung vorgaukeln sollten, wollten die wenigsten wahr haben. Dass dieser Krieg auch für Tuđmans politische Position in Staat und Gesellschaft der wesentlichste Faktor war, liegt auf der Hand.

Die serbische Bevölkerung in Kroatien und Bosnien-Herzegowina ließ sich beim Aufbau von verschiedenen „serbischen Staatsgebilden" missbrauchen; doch darf man nicht vergessen, dass die ganze Macht in diesen Gebilden zumeist von jenen serbischen Funktionären ausgeübt wurde, die ihre Posten auch vorher innehatten. So bildeten sie auf ihren überkommenen, aber nicht mehr gültigen Positionen die wichtigsten Schaltstellen für die Einführung von *Ad-hoc-Institutionen* auf illegitimer Basis, ausgehend von einer ethnisch bestimmten und willkürlich zusammengesetzten Gruppe ohne demokratische Prozeduren. In Knin wurde so eine von Zagreb autonome Selbstverwaltung in Teilen Kroatiens ausgerufen, mit dem ebenso willkürlichen Namen („Krajina") wie den Vorgehensweisen der „Konstituierung". Auf demselben Muster wie „SAO Krajina" (und SAO Ostslawonien) wurden dann unter Karadžić „autonome" Gebiete in Bosnien-Herzegowina ausgerufen. Zu dieser Methode griffen nachher die von der HDZ angeführten Kroaten in West-Herzegowina, nachdem durch dubiose Praktiken die legal gewählte Parteispitze abgesetzt bzw. durch ein Personal ersetzt wurde, das die gleichen Methoden der *Instant*-Institutionalisierung ethnisch definierter Demokratie beherzigte. Parallel dazu verlief der Prozess der willkürlichen Delegitimierung bestehender, legaler Institutionen: Die meisten demokratisch gewählten Abgeordneten serbischer Herkunft oder Parteien verließen zunächst das kroatische Parlament (1990), etwa ein Jahr später spielte sich das Gleiche in Bosnien-Herzegowina ab. Später zogen sich die bosnischen HDZ-Abgeordneten aus Sarajevo zurück, nachdem die HDZ mit

76 Lediglich Viktor Meier erwähnt diese Option in seinen beiden Büchern.

77 Wie Wolfgang Höpken in seiner bereits zitierten Studie differenziert und kenntnisreich dargelegt hat; vgl. bsd. die Tabelle „Variablen der Gewalt auf dem Balkan (19/20. Jh.)", S. 58.

78 Hannes Grandits, Carolin Leutloff, „Diskurse, Akteure, Gewalt – Betrachtungen am Beispiel der Krajina in Kroatien 1990/91", in: Wolfgang Höpken/Michael Riekenberg (Hgg.), a.a.O., S. 227-257: "Erst durch die Schaffung von 'struktureller Kriegsfähigkeit', d.h. der Versorgung mit den nötigen Waffen, mit ausgebildeten Soldaten, ökonomischen Ressourcen und einem funktionierenden Netz von Institutionen, konnte der lokale Serben-Aufstand in einen Krieg transformiert werden", S. 257.

79 Das Problem der besetzten Gebiete suchte Zagreb zusammen mit internationalen Vermittlern mit politischen Mitteln zu lösen. Diese Versuche scheiterten – außer in Ostslawonien – am serbischen Widerstand. Die Strategie der aufständischen Serben bleibt bis heute unklar; der Belgrader Militärtheoretiker und Oberst der JVA Milisav Sekulić, der Mitglied im Kniner Generalstab war, schildert in einer materialreichen, wenn auch nicht wissenschaftlich zu nennenden Monografie „Knin fiel in Belgrad" unter anderem, wie sich die militärische und politische Führung in Knin in die selbst produzierte Illusion eigener militärischen Stärke hineinsteigerte und gegen alle Verhandlungen mit Zagreb stemmte, Milisav Sekulić, *Knin je pao u Beogradu*, Bad Vilbel 2001.

der SDA eine Zeit lang eine leidlich funktionierende Koalitionsregierung stellte. Beide politischen Gruppierungen – HDZ und SDS – nützten den demokratisch-politischen Umbruch zur Delegitimierung des bosnischen Staates, den sie für tot erklärten. Die übrig gebliebenen politischen und staatlichen Institutionen, die mehrheitlich von Bosniaken besetzt waren, verloren dann zwangsläufig ihre Legitimität. Die verfassungsmäßigen Verfahren konnten nicht mehr eingehalten werden: Dies war ein perfides Spiel *gegen die Demokratie*. Die bosnische SDS schuf sich durch Willkürmaßnahmen und Einschüchterungen eine scheinbare „demokratische" Basis für ihre politischen Entscheidungen. Es waren Karadžić und andere Funktionäre, die eigenmächtig bestimmten, *was* und *wer* das Volk ist, das sie immer wieder zu irgendwelchen Referenda aufriefen. Diese „Ethno-Demokratie", deren Basis darüber hinaus durch den Krieg und „ethnische Säuberung" noch „materiell" gefestigt wurde, ist vom Friedensabkommen gleichsam international legalisiert worden. Es handelte sich dabei nicht nur einfach um jene „ethnic definition of citizenship", die westliche Politikwissenschaftler als besonders prekäre, für postkommunistische Gesellschaften Osteuropas im Allgemeinen charakteristische Form der unreifen Demokratie[80] bemängeln, sondern um ein mit Gewalt und durch Völkermord fabriziertes *ethnisch zugeschnittenes Wahlvolk* und damit um eine nachhaltige Pervertierung *der demokratischen Basis* von Bosnien-Herzegowina insgesamt.

Die Zersetzung des gemeinsamen Staates und die Verkehrung der Demokratie betrieb auch – unter Billigung Tuđmans – der eine Flügel der bosnischen HDZ, wie oben schon umrissen. Die lange Tradition der Rechtsstaatlichkeit in Kroatien vor der südslawischen Vereinigung, Hypostasierung von Institutionen und Mythologisierung der Vertragstreue beinahe zu einer nationalen Tugend usw. – kaum etwas davon machte sich im politischen Prozess der demokratischen Erneuerung und der Konstituierung des neuen Staatswesens, also in der Praxis, bemerkbar! Tuđmans Verhalten war einerseits von seiner nationalistischen Obsession mit der Vergrößerung Kroatiens auf Kosten des Nachbarlandes dirigiert – wofür es keine rechtsstaatliche Prozeduren gibt – und andererseits durch kommunistische Ideologie und bolschewistische Parteipraktiken geprägt. Instrumentalisierung oder Umgehung von Institutionen zwecks direkter Herrschaftsausübung, wie sie für totalitäre Regimes charakteristisch sind, waren erprobte Methoden.[81] Nach dem Machtwechsel 2000 und dem Ableben Tuđmans war für die neuen Regierenden und seinen Amtsnachfolger die Konsolidierung von Institutionen eine schwierige Aufgabe, zumal sie vor radikalen Eingriffen zurückscheuten. Resümierend kann man sagen, dass es Tuđman mit seinen Gefolgsleuten gelang, große Löcher in die Institutionen, die ohnehin durch das totalitäre Erbe belastet waren, zu bohren, aber diese zeigten sich stabil genug, um die Erneuerung und personelle Bereinigung zu überstehen, ohne als Folge große gesellschaftliche Erschütterungen ausgelöst zu haben (→ Kap. 27). Allerdings konnten sich einige klandestine Netzwerke innerhalb der Geheimdienste und der Polizei noch jahrelang unbeschädigt halten und mit ihren Aktivitäten den Rechtsstaat und seine Institutionen untergraben.

Milošević baute seine Herrschaft auf zwei Säulen nach dem erwähnten Motto „institucionalno i vaninstitucionalno" so gründlich und umfassend aus, dass dieses System noch nach seinem Sturz und der Auslieferung nach Den Haag weitgehend intakt blieb – mit weiteren mörderischen Folgen bis hin zum Kapitalverbrechen am serbischen Ministerpräsidenten Zoran Đinđić, der Serbien aus diesem Sumpf hinausführen wollte. Wie dieses verzweigte System der Verflechtung von legalen staatlichen Institutionen mit Miloševićs Spezial-

80 David Chandler, *Bosnia. Faking Democracy After Dayton*, London 2000², S. 23.
81 Vgl. Dunja Melčić, „König Tudjman", *Kommune* 07/1997, S. 41.

verbänden funktionierte, illustriert am besten die Geschichte der Sonderpolizei, die im Auftrag Miloševićs vom Chef des serbischen Geheimdienstes Jovica Stanišić und seinem Vize Franko Simatović Anfang 1991 aufgebaut und einige Tage nach dem Attentat im März 2003 aufgelöst wurde. Als Geheimeinheit innerhalb des Systems existierte sie offiziell gar nicht, und doch wussten alle von ihrer Existenz. Da sie aber offizieller Teil weder der Polizei noch der Armee war, bekam sie zunächst den unverbindlichen Namen „Rote Barette". Sie war die Initialkraft des kroatischen und bosnischen Krieges. Die Staatsanwaltschaft in Den Haag hat überwältigende Mengen Material über die kriminelle Aktivitäten dieser Einheit mit wechselnden Namen, die erst 1997 unter der Bezeichnung Einheit für Sonderoperationen (JSO) offiziell gegründet wurde, gesammelt. Aus Dokumenten und Zeugenaussagen vor dem Tribunal, darunter nicht nur derjenigen, die als Opfer Zeugen ihrer Präsenz an Tatorten waren, sondern von zeitweiligen Mitgliedern sowie anderen Insidern aus dem Militär und anderen Apparaten, geht eindeutig hervor, dass diese Spezialeinheit Miloševićs eine wesentliche Rolle an allen Fronten von Knin über Vukovar bis Zvornik, Bijeljina, Bosnien insgesamt und Kosovo spielte, zeitweilig Kommando über Truppen der JVA (und ihre Nachfolgerinnen) und durchgängig über allen beteiligten Milizen (Arkanovci, „Tschetniks" Šešeljs, „Weiße Adler" usw.) hatte. Die Kommandeure und andere Mitglieder der Einheit waren nach dem Krieg an verschiedenen Arten der „zivilen" Kriminalität beteiligt und auch in politische Repression und Morde in Serbien selbst verwickelt. Durch die Ermittlungen zum Mord an Zoran Đinđić sind viele Verbindungen zwischen diesen Milieus und staatlichen Institutionen (von Polizei bis zu Justizbehörden) beleuchtet worden, obwohl einige Bereiche (insbesondere die Wirtschaft) noch gar nicht unter die Lupe genommen wurden. Die Journalisten Dejan Anastasijević und Miloš Vasić veröffentlichten in diesem Zusammenhang in der Wochenzeitung *Vreme* eine Reihe gut recherchierter Artikel über die Hintermänner des Attentats, die Verflechtung zwischen Kriegsverbrechern, Mafiabossen, Geheimdiensten und verschiedenen anderen Behörden; die Zeitung lieferte Portraits von Đinđićs Mörder, dem stellvertretenden Kommandeur der JSO, und anderen Drahtziehern und Tätern und verfolgte Spuren dieser vielgliedrigen und vielseitigen kriminellen Vereinigung in die Republika Srpska in Bosnien-Herzegowina. Neun Monate nach dem Attentat begann am 22. Dezember 2003 der Prozess gegen die Đinđić-Attentäter, und zwar zunächst in Abwesenheit des vorletzten Kommandeurs der JSO und Hauptangeklagten, Milorad Luković „Legija". Der mutmaßliche Drahtzieher des Anschlags auf den Ministerpräsidenten und berüchtigte Unterweltboss ließ sich Anfang Mai 2004 nach 14-monatiger und vorerst unaufgeklärter Flucht in Belgrad überraschend verhaften. Obwohl die Erkenntnisse, die man über diese „Achse des Bösen" in Belgrad gesammelt hat, noch fragmentarisch sind, haben die Ermittlungen dennoch in Bezug auf diesen wie auch auf andere politische Morde in einem für Serbien ungewöhnlich hohen Grad Klarheit geschaffen. Der Schock über die Ermordung des Ministerpräsidenten löste einen Drang zum schnellen Handeln aus. Das Durchgreifen der Polizei und der Ermittlungsbehörden ist durch die Verhängung des Ausnahmezustands ermöglicht worden. Bis dahin hat man es in den Institutionen des dubiosen serbischen „Rechtsstaats" – Polizei, Sicherheitsdienste und Gerichte – immer verstanden, die Verfolgung von Verbrechern zu vereiteln, so auch im Zusammenhang mit dem gescheiterten Attentat an Đinđić einen Monat zuvor, als der am Tatort gefasste Verdächtige nach nur zwei Tagen – trotz höchst begründetem Verdacht – aus der Haft entlassen worden war, mit der Erklärung, er müsse sich um dringende Privatgeschäfte kümmern. Der Freigelassene, Dejan Milenković Bagzi, ergriff sofort die Flucht und wurde erst im Sommer 2004 in Griechenland gefangen genommen und im Januar 2005 an die serbischen Behörden ausgeliefert. Daher sind auch erst im Rahmen dieser Ermittlungen zahlreiche andere Morde wie jener an Ivan Stambolić, dessen Leiche mit Hilfe eines Mittäters gefunden worden war, weitgehend aufgeklärt worden. Die Ermittler haben in diesem Mordfall die Befehlskette von der Spitze um Milošević, der als Anstifter „aus niederen Gründen" mitangeklagt war, über „Legija" bis zu den Ausführenden detailliert nachgezeichnet, die im August 2000 Stambolić gekidnappt, erschossen, seine Leiche mit Kalk überschüttet und in einem unzugänglichen Gelände begraben haben. Nur mit Sondervollmacht konnte sich die Staatsanwaltschaft die Beweisgrundlage sichern, da der von der Bevölkerung begrüßte Ausnahmezustand der Regierung erlaubte, gegen die zu Miloševićs Zeiten aufgebauten Parallelstrukturen vorzugehen. Allerdings konsolidierte sich das alte Milošević-System ohne Milošević, die unheilvolle Verfilzung von Politik, Wirtschaft, Kriegsgewinnlern und organisiertem Verbrechen schnell wieder. Nach dem Ende des Ausnahmezustands im April 2003 kam der Kampf gegen Korruption und Wirtschaftskriminalität zum Erliegen. Wie der Chef der Belgrader International Crisis Group (ICG), James Lyon, in seinem Bericht von Juli 2003 feststellte, blieb die Macht der unter Milošević entstandenen Oligarchie und die seiner Sicherheitsapparate auch nach dem zweimonatigen Versuch, sie zu zerschlagen, ungebrochen.[82] Die DOS-Regierung unter Đinđićs Nachfolger Zoran Živković konnte seinen Reformweg in der massiven feindlichen Umgebung der Antireform-Koalition nicht fortsetzen und verspielte auch die Chancen, die Machtbasis der Regierung und seiner Partei durch die Wahlen zu stabilisieren, die sie gerade durch Verhängung des Ausnahmezustands bekam. Der Zerfallsprozess des 17 Parteien umfassenden Bündnisses begann zwar schon viel früher, aber Živković zeigte sich unfähig, diesen Prozess zumindest taktisch aus pragmatischen Gründen hinauszuzögern. So sah er sich gezwungen, im ungünstigsten Moment für die Demokratische Partei vorzeitig die Neuwahlen am 28.12.2003 ausschreiben zu lassen. Die DS erreichte zusammen mit dem linksliberalen Bürgerbund (GS) nur 12,6 Prozent der Stimmen. Wahlgewinner war die ultranationalistische Serbische Radikale Partei (SRS), angeführt von ihrem Vorsitzenden Vojislav Šešelj, obwohl er sich schon in Haft in Den Haag befand, und zwar mit 27,7 Prozent der Stimmen. Die nationalkonservative Demokratische Partei Serbiens (DSS) unter ihrem Vorsitzenden und letzten jugoslawischen Präsidenten Vojislav Koštunica errang 17,7 Prozent. Nach langwierigen Verhandlungen bildete Koštunica eine wenig handlungsfähige Minderheitsregierung, die darüber hinaus auf das Wohlwollen der Sozialisten von Slobodan Milošević angewiesen war. Die Reformvorhaben der Vorgänger wurden zurückgenommen und die Kehrtwende in die Vergangenheit überall eingeleitet, in einer Gesellschaft, die sich ohnehin vom System Milošević noch nicht befreien konnte, das mit seinen Tentakeln alle Teile der Gesellschaft im Würgegriff hält. Die mühsamen Ansätze, die Geheimdienste und die Armee, die seit dem 19. Jahrhundert ein Staat im Staate ist, ausgestattet mit Macht und großen Privilegien für die Offiziere, der zivilen Kontrolle zu unterstellen, wurden sofort gekappt. Die Aussonderung des Militärwesens aus dem legalen, zivilen Machtbereich hat in Serbien eine lange Tradition, die in beide jugoslawischen Staaten übernommen wurde. Damit hing einerseits der serbische Militarismus zusammen, und dieser Sonderstatus des Militärs war zum Zweiten stete Quelle der Parallelherrschaft samt einer erheblichen Gefährdung durch mögliche Staatsstreiche.[83]

---

82 Vgl., „Serbian Reform Stalls Again", International Crisis Group, Balkans Report no. 145. Belgrade/Brussels. www.crisisweb.org. und spätere Berichte.

83 Olga Popović-Obradović, „Parlamentarizam u senci militarizma: ‚Zlatno doba' demokratije u Srbiji (1903-1914)", in: *Srbija u modernizacijskim procesima XIX i XX veka*, 3, Latinka Perović (Hg.); dies. „Osnovne prepreke političkoj modernizaciji u Srbije posle 1903.", in: *Tokovi istorije*, 1-2/1994, S. 49-52.

Während die Nachfolger Đinđićs wichtige Schritte unternahmen, um seinen Kurs der Zusammenarbeit mit dem ICTY in Den Haag aufrechtzuerhalten, erklärte Koštunica diese zur Nebensache (→ Kap. 20). In dem von Milošević geerbten verzweigten Korruptionsnetz und den Parallelsystemen der informellen Herrschaft in den staatlichen Institutionen musste seitdem keiner mehr etwas befürchten.[84] Bedroht blieb allerdings seit der Aufwertung des alten Systems durch die neue Koštunica-Regierung eine ungestörte Durchführung des Prozesses im Mordfall Đinđić. Die Staatsanwaltschaft und das Sondergericht für Verfahren gegen das organisierte Verbrechen, vor dem der Prozess statt fand, wurden enormem Druck ausgesetzt, begleitet durch die Rufmordkampagne gegen den hinterhältig getöteten Ministerpräsidenten, die von einer Phalanx aus aktiven Politikern, Regierungsmitgliedern, Halbintellektuellen, Geheimdienstlern, subalternen Schreiberlingen und notorischen Kriminellen in Blättern wie *NIN*, *Kurir*, *Intervju* unablässig geführt wurde. Auch die Zeugen der Anklage wurden bedroht. Im Frühjahr 2004 wurde ein Augenzeuge des Tathergangs ermordet. Der ehemalige Oberst der erwähnten Spezialeinheit, Zvezdan Jovanović, der sich als Mordschütze bekannt hatte, widerrief vor Gericht sein Geständnis und mehrere andere Angeklagte zogen ihre Aussagen zurück. Der Hauptangeklagte Luković erklärte sich für unschuldig und versuchte, mit Fantasiegeschichten den ermordeten Ministerpräsidenten der Verwicklung in kriminelle Machenschaften zu bezichtigen. Seine Aussagen vor Gericht fielen sofort als vollkommen tatsachenwidrig auf. Dieses Gericht blieb somit der letzte Ort, an dem der Wille zu einem proeuropäischen und zivilen Serbien behauptet werden könnte, wenn es denn gelingen sollte, die Zusammenhänge um die Ermordung von Zoran Đinđić zweifelsfrei aufzuklären und die Täter angemessen zu bestrafen.

32.6. Schlussbemerkung

Die Ereignisse in Serbien nach dem tragischen Tod Đinđićs könnten ermöglichen, den Charakter des Jugoslawien-Krieges in schärferem Lichte zu sehen. Denn, wie schon ausgeführt, es waren der gleiche Personenkreis, die gleichen Strukturen, staatliche und parastaatliche Institutionen (Armee, Geheimdienste, Sondereinheiten), die einerseits an den Kriegen aktiv beteiligt waren oder sie vorbereiteten und unterstützten, und andererseits zum Hintergrund und Umfeld der Verschwörung gegen Đinđić und seine neue Regierung gehörten, weil diese sich eine Demokratisierung des Landes und seinen Anschluss an Europa zum Ziel gesetzt hatte. Mit diesen klar identifizierbaren Strukturen und Kadern herrschte Milošević zwölf Jahre lang und führte vier Eroberungskriege. Der omnipräsente Nationalismus und die breite Zustimmung zum großserbischen Projekt in den 80er und 90er Jahren wurden allgemein als hauptsächliche Kriegsgründe wahrgenommen, so dass die kriminelle Vereinigung, in die Milošević Parteikader, Behörden, Militär, Medien und illegitime Körperschaften zusammenfügte, für viele unerkennbar blieb, d.h., solange die Feinde „Albaner", „Kroaten" und „Moslems" hießen. Die Front im Inneren lässt diesen strukturell gleichen „Akteur" erkennen, der seit Ende der 80er Jahre gegen politische Gegner mit Gewalt agiert – vom Kosovo über Slowenien, Kroatien, Bosnien-Herzegowina bis zum Krieg 1999 erneut im Kosovo –, und zwar dadurch, dass sein Inneres, das eigentlich ein Geflecht illegaler und halblegaler Machtstrukturen ist, in aller Nacktheit entblößt wurde. Die Kriege, die diese kriminelle, aus vielen Interessensgruppen bestehende Vereinigung mit Milošević an der Spitze geführt hat, sind wohl kaum als interethnische Bürgerkriege zu bezeichnen, so

84 Vgl. auch, Norman Cigar, *Vojislav Kostunica and Serbia's Future*, London 2001.

wie sie selbst sicherlich nicht mit „den Serben" gleichzusetzen ist. Je klarer man sich darüber in Serbien sein wird, desto rationaler wird man mit der Vergangenheit umgehen, d.h. auch sich mit den im serbischen Namen begangenen Verbrechen auseinander setzen und Verantwortung übernehmen können.

Dafür brauchte es aber ein Umdenken, das entgegen den ersten Anzeichen, die der Schock nach der Ermordung Đinđićs auszulösen schien, in Serbien unabsehbar bleibt. Es wäre im ureigensten Interesse der serbischen Gesellschaft, dass der Krieg, der von Belgrad aus geführt wurde, ausgehend von den politischen Gründen begriffen und mit entsprechenden Kategorien erklärt würde. Obwohl der verbrecherische Charakter des Milošević-Regimes in aller Deutlichkeit vor Augen geführt wurde und es nahe liegen würde, mit dem früheren Selbstverständnis, die Kriege seien zum Schutze der angeblich bedrohten Serben geführt worden, reinen Tisch zu machen, blieb es weiterhin der schmalen serbischen Gegenöffentlichkeit vorbehalten, den Knäuel demagogischer, nationalistisch-propagandistischer Präsentationen des Krieges zu entwirren und das dahinter steckende Machtkalkül sowie die dazugehörigen Ideologien des Nationalismus und Nationalkommunismus der das System unterstützenden politischen Gruppierungen begreiflich zu machen. Unter den einflussreichen Parteien und Politikern zeigt niemand mehr Interesse an solcher Aufklärung. Seitdem Boris Tadić den Vorsitz in der DS übernahm (Februar 2004), trennte sich diese von unbequemen, jüngeren, offeneren und moderneren Politikern. Der alte nationalistische Geist kam wieder an das Ruder der Partei und nach Tadićs Wahl zum serbischen Präsidenten (Juni 2004) an die Staatsspitze. Wie ein zu dicker Mensch mit schwachen Beinen ist Serbien in das Loch der Vergangenheit gefallen, aus welchem es aus eigenen Kräften nicht aufstehen kann. Bei der letzten Vollversammlung im Dezember 2004 verabschiedete das serbische Parlament in voller Eintracht so gut wie aller Abgeordneten ein Gesetz, das die faschistischen Tschetniks, die ja darüber hinaus Kollaborateure der Besatzer im 2. Weltkrieg waren, mit den kommunistischen Partisanen gleichstellt, die immerhin Befreier waren bzw. zumindest als Befreiungskraft von den Alliierten anerkannt wurden. Solche massive Geschichtsumschreibung und -fälschung, verabschiedet vom Gesetzgeber mit größter Einhelligkeit und ohne relevanten Widerspruch in der Öffentlichkeit, ist doch beispiellos in Europa. So ein höchst offizielles Bekenntnis zu den Besiegten des 2. Weltkrieges war auch in der ganzen Region, wo es manch anachronistische Neigungen gibt, nirgendwo registriert worden. Und auch das nicht, dass ein Kultusminister im Foyer seines Amtssitzes die Skulptur eines verurteilten Kriegsverbrechers aus dem 2. Weltkrieg aufstellt, wie das der serbische Minister bei seinem Amtsantritt mit der lebensgroßen Statue des Tschetnikführers Draža Mihajlović machte. Statt Vergangenheitsbewältigung und Aufklärung werden Geschichtsrevisionismus und plumpe Verklärung der jüngsten Vergangenheit gepflegt.

Mit diesem Essay als eine Art „round up" der Literatur zum Jugoslawien-Komplex um die Jahrhundertwende wurde versucht, manche Thesen und offene Fragen vorzustellen und diese mit Hinweisen über Entwicklungen nach dem Krieg zu verbinden. Ein abschließendes Wort zu den angeschnittenen Fragen wird noch lange niemand wagen.

Vielleicht ist aber mit dem offenen Aufgreifen von Fragen und Problemen zumindest gelungen, die Idee zu vermitteln, dass sich für die Phänomene dieses Raumes, seiner Gesellschaften und die politischen Wege und Unwege einschließlich des Krieges jene Methoden der Analyse, Beschreibung und Systematisierung eignen, derer sich Wissenschaft und Publizistik auch in allen anderen Bereichen bedienen. Auf der Balkanhalbinsel gibt es einige endemische Arten in Flora und Fauna, ja und in Bosnien sogar eine endemische Krankheit. Aber nichts, was unter den dort lebenden Menschen, Individuen oder Gruppen vorkommt, ist als „endemisch" zu bezeichnen: der Hass nicht, auch der „interethnische" nicht, der Nationalismus nicht in welcher Form auch immer, und eine spezifische Gewalt nicht, Ausrottungsgelüste schon gar nicht. Der Ansatz bei Gefühlen und Leidenschaften bietet hier ebenso wenig eine Erklärung der Krise und des Krieges wie er es beim Deutsch-französischen Krieg 1870/71 tun würde, bei dem bekanntlich interethnischer Hass und Hasspropaganda blühten. Politologische, soziologische oder strukturgeschichtliche Ansätze werden sich, gestützt durch Genauigkeit bei der Wiedergabe von historischen Fakten und der Darstellung von Abläufen, auch künftig als erfolgversprechender bewähren, wenn es um die Eruierung der Wahrheit geht.

33. Chronik der Ereignisse 1986-2002

Matthias Vetter

1986

JANUAR 1986: Am 15.1. erscheint als erster öffentlicher serbischer anti-albanischer Protest eine Petition gegen die „Verfolgung der Serben im Kosovo" in *Književne novine* – aus (dissidenten) Schriftstellerkreisen. Bis zu diesem Zeitpunkt war die Agitation der Partei gegen die Rebellion der Kosovo-Albaner (1981) keiner nationalistischen, sondern der dogmatisch-kommunistischen Sprachregelung gefolgt.

FEBRUAR 1986: Am 26.2. demonstrieren erstmals Serben aus dem Kosovo in Belgrad und fordern den „Schutz durch die Bundesorgane" vor „Unterdrückung und Gesetzesbrüchen" durch die Albaner.

MAI 1986: Slobodan Milošević, von 1978 bis 1983 Bankdirektor und seit 1984 Belgrader Stadtparteichef, wird auf Betreiben des bisherigen Parteichefs Serbiens, Ivan Stambolić, zum neuen Parteivorsitzenden der serbischen Kommunisten gewählt. Stambolić wird Präsident Serbiens.

JULI 1986: Der 13. Jugoslawische Parteikongress beschließt das Verbot von serbischen Immobilienverkäufen im Kosovo, um die Umsiedlung von dortigen Serben zu verhindern.

SEPTEMBER 1986: In der Serbischen Akademie der Wissenschaften und Künste wird ein Memorandum zur Diskussion über die Benachteiligung Serbiens verfasst. Es enthält sowohl Forderungen nach Demokratisierung als auch nach einer „politischen Abrechnung" durch „revolutionären Kampf" gegen die „neofaschistische Aggression" und den „Genozid" gegen die Serben im Kosovo. Gefordert wird die Revision der gültigen jugoslawischen Verfassung von 1974. Auszüge des Memorandums werden zunächst in der Belgrader Zeitung *Večernje Novosti* veröffentlicht, der Gesamttext folgt erst im Sommer 1989 (bzw. bereits im Januar in Zagreb).

1987

JANUAR 1987: Die Satire „Vojko und Savle" in der Belgrader Zeitung *Politika* macht sich über die kontroverse Diskussion von Akademiemitgliedern über das Memorandum in diffamierender Sprache lustig. In den ersten Monaten des Jahres 1987 wird das (dem Publikum nicht bekannte) Memorandum in der jugoslawischen Presse immer wieder angegriffen.

APRIL 1987: Serbische Gruppen organisieren eine große anti-albanische Demonstration in Kosovo Polje, einem Vorort von Prishtina, bei der es zu Auseinandersetzungen mit der Polizei kommt; Milošević tritt am 24.4. zum ersten Mal als Beschützer der Serben auf, an den legitimen Staats- und Parteiorganen der autonomen Provinz vorbei. Er verspricht serbischen Demonstranten, die gewalttätig aufgetreten waren und darauf von der Polizei zurückgedrängt wurden, dass sie „niemand mehr schlagen dürfe". Besonders dieser Satz wird dann von den serbischen Medien weiter getragen.

MAI 1987: Der serbische Schriftstellerverband beginnt mit der Veranstaltung von Protestabenden zur Unterstützung der Serben auf dem Kosovo.

JUNI 1987: Die traditionsreichste Zeitung Jugoslawiens, *Politika*, wird zum Organ der nationalistischen Propaganda und der Abrechnung mit Miloševićs Gegnern. Azem Vllasi, der nach dem kosovarischen Aufstand von 1981 und bei den Säuberungen danach fest auf der Seite der Zentralregierung stand, wird Parteichef des Kosovo.

SEPTEMBER 1987: Am 3.9. tötet in einer Kaserne in Paraćin ein (psychisch gestörter) Amok Laufender Soldat albanischer Nationalität vier Kameraden. Darauf wird eine anti-albanische Propaganda entfacht, eine Gruppe angeblicher Verschwörer verurteilt. Auf dem Achten Plenum des ZK der serbischen KP schaltet Milošević seine Gegner aus. Im Zuge umfassender politischer Säuberungen erfolgt auch ein Generationswechsel in der Nomenklatura, der sich gegen Stambolić richtet, der zum Jahresende aus seinem Amt als serbischer Präsident gedrängt wird.

1988

FEBRUAR 1988: In Slowenien wird der jugoslawische Verteidigungsminister Branko Mamula wegen Waffenverkäufen an Äthiopien kritisiert, die Zeitung *Mladina* deckt den Missbrauch von öffentlichen Mitteln sowie Pläne zum Bau eines neuen jugoslawischen Kampfflugzeuges auf.

MAI 1988: Bei der Beschlagnahmung der *Mladina* werden vier ihrer Journalisten von der slowenischen politischen Polizei verhaftet und von der Militärjustiz wegen Geheimnisverrats angeklagt. Dagegen folgt eine Protestkundgebung in Ljubljana mit 15.000 Teilnehmern. Im Kosovo löst Kaqusha Jashari an der Parteispitze Vllasi ab, der aber im Präsidium bleibt.

JUNI 1988: Milošević lässt Massenkundgebungen zur Unterstützung seiner Politik organisieren. Die Gebeine des 1389 auf dem Amselfeld von den Türken geschlagenen serbischen Fürsten Lazar werden exhumiert und in einer Prozession durch serbisch besiedelte Gebiete nach Peć gebracht. Das Parlament von Serbien verabschiedet am 11.6. einen Entwurf für Änderungen seiner Verfassung, die die Autonomie der beiden Provinzen Vojvodina und Kosovo aufheben sollen.

JULI 1988: Milošević setzt mit weiteren Demonstrationen die Provinzregierung in der Vojvodina massiv unter Druck. Bis März 1989 werden die „Meetings der Wahrheit", das „Sich-Ereignen-des-Volkes" fortdauern. Das Bundesparteipräsidium stellt sich nicht hinter die legale Führung der Vojvodina, sondern hinter Milošević.

AUGUST 1988: Die Parteichefin des Kosovo Jashari kritisiert im Bundesparteipräsidium die serbischen Demonstrationen im Kosovo, die zur Zersetzung der geltenden Verfassung führten, und bekommt Unterstützung vom montenegrinischen Parteichef Vidoje Žarković.

OKTOBER 1988: Der Vorsitzende des Bundesparteipräsidiums, der Kroate Stipe Šuvar, macht die albanischen Kommunisten des Kosovo für den „offenen Auftritt der Konterrevolution" verantwortlich. Nach massiven serbischen Demonstrationen mit 100.000 Teilnehmern, viele davon aus dem Kosovo, werden am 5.10. Provinzregierung und Parteiführung der Vojvodina im Zuge der „antibürokratischen Revolution" (auch „Joghurtrevolution") zum Rücktritt gezwungen.

NOVEMBER 1988: Milošević verlangt, dass die Parteichefin des Kosovo Jashari ihre Funktionen niederlegt. Dagegen protestieren am 17.11. Kosovo-Albaner in einer Kundgebung. Fast eine Million Serben beteiligen sich am 19.11. an einem von Milošević einberufenen Meeting in Belgrad, Forderungen nach dem Tod des ehemaligen kosovarischen Parteichefs Vllasi werden laut. Veljko Kadijević wird als Verteidigungsminister und Oberbefehlshaber der Armee Nachfolger von Mamula.

DEZEMBER 1988: Das jugoslawische Kabinett unter Branko Mikulić wird am 30.12. auf Betreiben Miloševićs gestürzt, der seinen Gefolgsmann Borisav Jović als Regierungschef durchsetzen will.

1989

JANUAR 1989: Massendemonstrationen zwingen am 11.1. die Staats- und Parteiführung von Montenegro zum Rücktritt. An Stelle von Vidoje Žarković, einem Gegner Miloševićs, wird dessen Anhänger Momir Bulatović Parteichef von Montenegro. Auf serbischen Druck wird der Polizeichef Rahman Morina Präsidiumspräsident des Kosovo. Ante Marković wird am 19.1. Ministerpräsident der Bundesregierung. Das ZK der slowenischen Kommunisten beschließt die Einführung des politischen Pluralismus.

FEBRUAR 1989: Verfassungsänderungen für Serbien werden eingeleitet. Im Kosovo, vor allem unter Bergarbeitern von Trepča kommt es ab dem 20.2. zum General- und teilweise zum Hungerstreik. Gefordert werden u.a. die Absetzung der von Milošević eingesetzten Funktionäre, direkte Wahlen der Provinzführung und Beibehaltung der Verfassung von 1974. Die oktroyierte Führungsspitze der Provinz tritt zeitweilig zurück, Azem Vllasi fordert als Vermittler die Bergarbeiter zur Aufgabe auf. Am 27.2. verhängt das Staatspräsidium (ohne Slowenien) in juristisch anfechtbarer Prozedur „Sondermaßnahmen" über das Kosovo und entsendet Bundespolizei. In Ljubljana kommt es zu Sympathiekundgebungen für die albanischen Bergarbeiter. Als Antwort darauf wird in Serbien zum Boykott slowenischer Waren aufgerufen. Milošević verspricht in Belgrad vor Demonstranten, Vllasi verhaften zu lassen.

MÄRZ 1989: Der Vertreter Makedoniens im Staatspräsidium, Lazar Mojsov, behauptet, Dokumente zu besitzen, nach denen der albanische Streik der Anfang eines geplanten bewaffneten Aufstands gewesen sei. Vllasi wird daraufhin verhaftet. Die angeblichen Dokumente existierten nicht. Am 28.3. treten Verfassungsänderungen in Kraft, die die Autonomie von Kosovo und Vojvodina aufheben und von den serbischen Medien als „Wiedergewinnung der Souveränität" gefeiert werden. Am 23.3. hatte das Parlament im Kosovo der Verfassungsänderung unter Druck und in öffentlicher Abstimmung zugestimmt, allerdings ohne die erforderliche Zwei-Drittel-Mehrheit. Bei anschließenden Demonstrationen der Albaner geht die serbische Polizei auch gegen Kinder brutal vor, offiziell werden 29 Tote bestätigt. Über 200 albanische Intellektuelle protestierten gegen die Aufhebung der Verfassung und werden in Isolationshaft genommen.

MAI 1989: Am 8.5. wird Milošević Präsident Serbiens und gibt das Amt des serbischen Parteichefs an Bogdan Trifunović ab.

JUNI 1989: In Kroatien wird am 17.6. die HDZ (Hrvatski demokratska zajednica) unter Franjo Tuđman gegründet, nachdem schon die Liberale Partei (HSLS) als erste nicht kommunistische Neugründung besteht. Am 28.6. versammeln sich eine Million Serben in Erinnerung an die Schlacht auf dem Amselfeld von 1389 im Kosovo. Milošević verkündet in seiner Rede: „600 Jahre später stehen wir vor neuen Kämpfen. Noch werden sie nicht mit Waffen geführt, aber dies ist für die Zukunft nicht auszuschließen."

JULI 1989: In Kroatien kommt es nach den dortigen Amselfeld-Feiern der serbischen Bevölkerung zu Unruhen. Das Gerichtsverfahren gegen den kroatischen Serben Jovan Opačić (wegen der Organisation der Veranstaltung trotz Verbots) wird von serbischen Medien zum Anlass genommen, die Bedrohung der Serben in Kroatien zu thematisieren.

SEPTEMBER 1989: Das slowenische Parlament verabschiedet am 27.9. mit 256 zu einer Stimme Verfassungsänderungen, die ein Mehrparteiensystem und das Recht auf den Austritt aus der jugoslawischen Föderation umfassen.

OKTOBER 1989: Der Prozess gegen den früheren kosovarischen KP-Chef Vllasi und 14 weitere Angeklagte wird am 30.10. eröffnet. Wenige Tage nach Prozessbeginn kommt es im Kosovo zu blutigen Unruhen mit fünf Toten.

NOVEMBER 1989: Am 12.11. wird Milošević mit 86 % der Stimmen in der ersten Direktwahl als serbischer Präsident bestätigt.

DEZEMBER 1989: In Kroatien gibt die Kommunistische Partei ihr Monopol auf, demokratische Wahlen werden angekündigt. Im Kosovo tritt am 7.12. die erste Oppositionsorganisation zusammen, am 23.12. wird der Demokratische Bund des Kosovo (LDK, Lidhja Demokratike e Kosovës) unter der Führung des Literaturwissenschaftlers Ibrahim Rugova gegründet.

1990

JANUAR 1990: Auf dem XIV. außerordentlichen Parteikongress des BdKJ (20.-23.1.) wird das Monopol der Partei aufgegeben. Die slowenischen Delegierten scheitern mit ihrer Forderung nach einer weitergehenden Demokratisierung und Föderalisierung und verlassen den Parteitag. Am 24.1. beginnen albanische Demonstrationen im Kosovo, gegen die die Zentralregierung mit Panzern und Flugzeugen vorgeht, bis zum 2.2 mit mindestens 26 Toten.

FEBRUAR 1990: Die Slowenische KP spaltet sich am 4.2. als „Partei der Demokratischen Reformen" vom BdKJ ab. Das jugoslawische Verfassungsgericht entscheidet am 8.2., dass ein slowenischer Austritt aus der Föderation verfassungswidrig sei, da andere Republiken zustimmen müssten. Am 17.2. wird in Knin in Kroatien die „Serbische Demokratische Partei" (SDS) unter Jovan Rašković als Ableger der in Serbien schon bestehenden DS (Demokratische Partei) gegründet.

MÄRZ 1990: Verhängung des Ausnahmezustands im Kosovo, der vom 1.3. bis zum 18.4. dauert. Am 7.3. streicht Slowenien den Begriff „sozialistisch" aus dem Republiknamen.

APRIL 1990: Die JVA übernimmt mit Befehl vom 14.4. die Waffen der Territorialverteidigung von Kroatien und Slowenien; Slowenien gelingt es, einen Teil der Waffen zu sichern. Am 8. und 22.4. gewinnt bei den ersten freien Wahlen in Slowenien in der ersten Kammer das 7-Parteien-Bündnis DEMOS 55% der Stimmen und 47 von 80 Sitzen. Republikpräsident wird der ehemalige KP-Chef Milan Kučan mit 58% im zweiten Wahlgang vor Joze Pučnik (DEMOS, 41%). Bei den ersten freien Wahlen in Kroatien am 22./23.4. und 6./7.5. gewinnt die HDZ (Kroatische Demokratische Gemeinschaft) unter Franjo Tuđman durch das Mehrheitswahlrecht bei über 40% der Stimmen in den drei Kammern 67,5% der Mandate, die Partei der Demokratischen Reform (ex-Kommunisten) kommt auf unter 25% der Stimmen, die SDS erringt ein Mandat in den Wahlkreisen um Knin, die Mehrheit der serbischen Stimmen geht aber an die Reformkommunisten. Im Kosovo werden am 24.4. der ehemalige Parteichef Vllasi und seine Mitangeklagten freigesprochen, da „konterrevolutionäre" Tätigkeiten nicht nachgewiesen werden können.

MAI 1990: In Bosnien-Herzegowina wird die „Partei der demokratischen Aktion" (SDA) gegründet. Borisav Jović löst am 15.5. Janez Drnovšek als Vorsitzender des jugoslawischen Staatspräsidiums ab, Stipe Šuvar wird sein Stellvertreter, bis er durch den Delegierten des neu gewählten kroatischen Parlaments Stipe Mesić ausgewechselt wird. Wie Jović in seinen Aufzeichnungen (1995) darlegt, wird im Sommer 1990 bereits eine militärische Lösung des Unabhängigkeitsstrebens der westlichen Republiken ausgearbeitet. Diese auch als Plan RAM („Rahmen") bekannt gewordene Strategie sieht vor, nach der „Sezession" der beiden Republiken das jugoslawische System zu erhalten, indem die Armee zugunsten der Serben in Kroatien eingreifen, sie und die Serben in Bosnien-Herzegowina bewaffnen und einen beträchtlichen Teil der Territorien besetzen soll.

JUNI 1990: Das serbische Parlament beschließt am 26.6. ohne die Stimmen der albanischen Abgeordneten die Ausnahmeverwaltung im Kosovo, offiziell als „vorübergehende Maßnahme". Die in Slowenien und Kroatien geführten Diskussionen um die Zukunft Jugoslawiens kommentiert Milošević mit der Bemerkung, dass in einer Konföderation die Frage der Grenzen Serbiens offen sei.

JULI 1990: Das slowenische Parlament verabschiedet am 2.7. die Souveränität der Republik. Im Kosovo erklären am selben Tag 114 albanische Vertreter des Provinzparlaments auf den Stufen des von serbischer Polizei besetzten Parlaments in Prishtina die Unabhängigkeit des Kosovo innerhalb Jugoslawiens. Am 5.7. löst Serbien das Regionalparlament des Kosovo auf. Zugleich wird die Tageszeitung *Rilindja* verboten, das albanischsprachige Rundfunkprogramm eingestellt. Massenentlassungen von Albanern folgen. Der Bund der Kommunisten Serbiens fusioniert am 16.7. auf einem Sonderkongress mit der Massenorganisation „Sozialistische Allianz" zur „Sozialistischen Partei Serbiens" (SPS), Vorsitzender wird Milošević. Wenig später wird in Serbien das Mehrparteiensystem eingeführt. In Bosnien-Herzegowina gründet Radovan Karadžić die „Serbische Demokratische Partei" (SDS). Am 25.7. bilden die kroatischen Serben in Knin einen „Serbischen Nationalrat" und fordern die Souveränität der von ihnen proklamierten „Krajina". In der Folge bewaffnen sie sich aus Lagern der Territorialverteidigung in Knin.

AUGUST 1990: Am 8.8. beschließt das Bundesparlament Jugoslawiens die Abschaffung der Selbstverwaltung der Betriebe und die Einführung von Marktwirtschaft, Pluralismus und Rechtsstaatlichkeit. Serben aus Knin errichten in der sog. „Balkenrevolution" erstmals am 17.8. unterstützt von der lokalen Polizei Straßensperren an der wichtigsten Verbindungsstrasse von Zagreb zur Küste.

SEPTEMBER 1990: Ein selbstorganisiertes Referendum in der Kniner Gegend ergibt am 2.9. eine Mehrheit für die Gründung eines „Autonomen Gebietes Krajina" (SAO Krajina). Dabei ist unklar, wer stimmberechtigt ist, über welches Territorium abgestimmt wird und wie viele Menschen beteiligt sind. Die ihres Parlaments beraubten albanischen Abgeordneten im Kosovo verabschieden am 7.9. auf einer geheimen Sitzung im Dorf Kačanik eine Verfassung für die Republik Kosovo und fordern Unabhängigkeit. Slowenien beschließt am 27.9. eine Verfassungsänderung, wonach Bundesgesetze Geltung verlieren und das Recht auf Sezession bekräftigt wird. Am 28.9. verabschiedet Serbien eine neue Verfassung, in der das Kosovo und die Vojvodina keine staatlichen Autonomierechte mehr haben. Das jugoslawische Bundesparlament erhebt vor dem Verfassungsgericht Klage gegen die slowenische Verfassung.

OKTOBER 1990: Die Vertreter der rebellierenden Serben aus Knin proklamieren am 1.10. die „Souveränität der Serben in Kroatien". Slowenien und Kroatien veröffentlichen den Vorschlag, Jugoslawien künftig als Konföderation nach EG-Vorbild, aber mit gemeinsamer Armee und Außenpolitik zu gestalten. Nachdem Slowenien die Befehlsgewalt über seine Territorialverteidigung (TO) übernommen hat, besetzt jugoslawische Militärpolizei ein Gebäude der TO.

NOVEMBER 1990: Bei den ersten freien Wahlen in Makedonien am 11. und 25.11. erhalten nach zeitweiliger Annullierung von Stimmen wegen Fälschungen die nationalistische VMRO-DPMNE 37, die Kommunisten (SKM-PDP) 31, die albanische Partei der demokratischen Prosperität (PDP) 25, die Partei der Reformkräfte (SRSM) 18 und andere 8 Sitze von 120 Sitzen. In Bosnien-Herzegowina erringen am 18.11. und 2.12. bei den ersten freien Wahlen die muslimische Partei der demokratischen Aktion (SDA) 86, die Serbische Demokratische Partei (SDS) 72 und die kroatische HDZ 44 von 240 Sitzen in der ersten Kammer, die (ex)kommunistischen Parteien erringen 33 Mandate.

DEZEMBER 1990: Der kommunistische Funktionär Kiro Gligorov wird am 9.12. Präsident in Makedonien. Am 9. und 23.12. erringen bei den ersten freien Wahlen in Serbien und Montenegro die Serbische Sozialistische Partei (SPS) mit 45 % Stimmen dank des Mehrheitswahlrechts 194 von 250 Sitzen in Serbien, Milošević wird mit 65 % der Stimmen klar vor Vuk Drašković (20 %) zum Präsidenten gewählt. Die Albaner boykottieren die Wahl. In Montenegro gewinnen die Kommunisten (SK) mit 83 von 120 Mandaten, Momir Bulatović wird mit 77 % der Stimmen vor Stanković Präsident. Am 20.12. wird Izetbegović zum Präsidenten (Vorsitzenden des Staatspräsidiums) von Bosnien-Herzegowina gewählt. Kroatien verabschiedet am 22.12. eine neue Verfassung, die Landesrecht über Bundesrecht stellt. Zugleich wird die kroatische „Krajina" von Vertretern der dortigen Serben zur autonomen Provinz erklärt. Am 23.12. sprechen sich bei der Volksabstimmung in Slowenien bei einer 93 %-igen Wahlbeteiligung 88,5 % für die Unabhängigkeit aus. Ende des Monats beschließt Serbien eine Geldschöpfung zu eigenen Gunsten und zu Lasten der Bundeskasse.

1991

JANUAR 1991: Slowenien und Kroatien weigern sich nach dem serbischen „Einfall in das monetäre System Jugoslawiens" weitere Föderationsschulden anzuerkennen; Slowenien will seine Deviseneinkünfte nicht mehr an die Bundeskasse abführen. Ein unter Mitwirkung der Geheimdienste fabrizierter Film im serbischen TV über Waffenkäufe des kroatischen Verteidigungsministers Martin Špegelj führt zu Spannungen und einem Haftbefehl gegen den General. Das jugoslawische Staatspräsidium fordert die Entwaffnung „aller paramilitärischen Truppen". Bei einem Treffen der Vertreter der jugoslawischen Republiken verkündet Milošević, dass alle Serben in einem Staat vereint sein sollten. Ende Januar 1991, nach Verkündigung der makedonischen Souveränität am 25.1., wird in Makedonien Gligorov vom dortigen Parlament als Präsident bestätigt.

FEBRUAR 1991: Das slowenische Parlament verabschiedet am 20.2. mit einer Gegenstimme den Vorrang der Republikgesetze vor den Bundesgesetzen und empfiehlt den Austritt aus Jugoslawien. Ähnliche Beschlüsse werden einen Tag später vom kroatischen Parlament gefasst. Serbische Politiker in mehreren Teilen Kroatiens proklamieren daraufhin die Trennung von Kroatien und bringen mehrere Polizeistationen unter ihre Gewalt, so in Pakrac in Westslawonien.

MÄRZ 1991: Lokale Politiker der SDS in Slawonien – Goran Hadžić und Borivoje Savić – proklamieren die „Serbischen Autonomen Provinzen" Slawonien, Baranja und West-Srijem; am 1.3. kommt es zu den ersten Zusammenstößen zwischen serbischen Aufständischen und der kroatischen Polizei. Am 7.3. beschließt das slowenische Parlament, keine Wehrpflichtigen mehr in die JVA zu entsenden. In Belgrad werden vom 9. zum 12.3. Demonstrationen von Opposition und Studenten gegen die Zensur und das Regime Miloševićs unter Beteiligung der Armee niedergeschlagen. Bundespräsident Jović kann sich im Staatspräsidium mit der Forderung nach dem Ausnahmezustand nicht durchsetzen, ebensowenig Verteidigungsminister Kadijević mit Plänen zur Machtübernahme der Armee in ganz Jugoslawien. Milošević veranlasst Jović am 15.3. zum Rücktritt. Am 25.3. trifft sich Milošević mit Tuđman in Karađorđevo (Vojvodina). Danach wird spekuliert, beide hätten sich über eine Teilung Bosnien-

Herzegowinas verständigt. Am Ende des Monats kommt es zum Schusswechsel zwischen der kroatischen Polizei und serbischen Freischärlern im Gebiet des Nationalparks von Plitvice. Der erste Tote des Jugoslawien-Kriegs ist ein kroatischer Polizist.

APRIL 1991: Die JVA greift in die Kämpfe bei Plitvice ein und fordert am 2.4. die kroatische Polizei zum Abzug auf. Am 5. 4. vereinbaren die Führungen der SDS und der JVA, die Wiederherstellung der kroatischen Hoheit in den von Serben beanspruchten Gebieten Kroatiens nicht zuzulassen. Im Westen von Bosnien-Herzegowina bilden Gemeinden mit serbischer Bevölkerungsmehrheit unter Führung lokaler Machthaber die autonome „Bosanska Krajina".

MAI 1991: Am 2.5. töten serbische Freischärler aus einem Hinterhalt bei Borovo Selo in Slawonien 12 kroatische Polizisten. Am 7.5. beginnt die JVA in Serbien mit einer Teilmobilisierung. Das Staatspräsidium ermächtigt die Armee, in „Nationalitätenkonflikte" einzugreifen und ordnet die Demobilisierung und Entwaffnung irregulärer Einheiten, darunter der neu gegründeten kroatischen Garde ZNG an, was von Tuđman nur bedingt zugelassen wird. Unter Führung serbischer Lokalpolitiker (darunter der kommunistische Funktionär Boro Mikelić) wird in Petrinja der Anschluss der Region Banija an die „SAO Krajina" proklamiert. Am 15.5. verweigert der serbische Block im jugoslawischen Staatspräsidium die turnusmäßige Wahl des Kroaten Stipe Mesić zum Präsidenten. Damit ist das oberste gemeinsame Organ der jugoslawischen Republiken gelähmt. In Kroatien ergibt am 19.5. die vom Großteil der Serben boykottierte Volksabstimmung 93 % Zustimmung zur Unabhängigkeit, worauf Tuđman eine Allianz unabhängiger Staaten fordert, andernfalls strebe das Land die uneingeschränkte Souveränität an. Am 30.5. fasst das kroatische Parlament einen entsprechenden Beschluss und kündigt die Trennung von Jugoslawien an, sollte bis Ende Juni 1991 keine Transformation der Föderation in einen Staatenbund erfolgt sein.

JUNI 1991: Bei einem erneuten Treffen der sechs Republikpräsidenten wird am 6.6. von Bosnien-Herzegowina und Makedonien ein Konföderationsvorschlag vorgelegt, der vorsieht, dass sowohl die Einzelstaaten wie auch ihr Bund völkerrechtliche Subjekte werden. Eine Woche später belegt die jugoslawische Bundesregierung Slowenien mit einem Importverbot, um die Abführung der Zölle an die Bundeskasse zu erzwingen. Die USA (Außenminister James Baker) sprechen sich gegen die Selbständigkeit Sloweniens aus. Die KSZE votiert am 19.6. für den Erhalt Jugoslawiens, ähnlich die EG, die am 24.6. Jugoslawien einen Kredit gewährt. Doch am 25.6. erklären die Parlamente von Slowenien und Kroatien die Unabhängigkeit der jeweiligen Republik. Am 27.6. greift die JVA die Grenzposten Sloweniens zu Österreich, den Flugplatz von Ljubljana und wahllos Hauptverkehrsverbindungen an. Nach erbittertem Widerstand der slowenischen Territorialverteidigung stellt die JVA ihre Operationen am 28.6. ein. Am 29.6. entsendet die EG die „Troika" aus den Außenministern von Italien, Luxemburg und den Niederlanden nach Jugoslawien.

JULI 1991: Stipe Mesić wird nach langem Weigern seitens serbischer Vertreter am 1.7. auf Druck der EG, die am 5.7. ein Waffenembargo für Jugoslawien beschließt, zum Bundespräsidenten gewählt. Nachdem die JVA Mesićs Oberbefehl anerkennt, werden die Kampfhandlungen in Slowenien eingestellt; Slowenien lässt gefangene Soldaten der JVA frei. In Slawonien und der „Krajina" liefern sich Serben und Kroaten weiterhin Kämpfe. Am 10.7. plündern serbische Freischärler das Dorf *Ćelije* (bei Vukovar) aus, vertreiben die Einwohner und setzen das ganze Dorf in Brand. Am 7.7. wird in Brioni ein Waffenstillstand vereinbart, Slowenien und Kroatien wird von der EG der Verzicht auf die Unabhängigkeit für drei Monate abverlangt. Das Parlament Kroatiens stimmt am 8.7. zu, das Sloweniens und das jugoslawische Staatspräsidium am 12.7. Wenige Tage später treffen erste EG-Beobachter in Slowenien ein, und das Staatspräsidium ordnet den Rückzug der JVA aus Slowenien innerhalb von drei Monaten an. Am 15.7. greift im kroatischen Petrinja, wo bereits serbische Nationalisten die Repräsentanten der Kroaten vertrieben haben, die JVA erstmals die kroatische Nationalgarde an.

AUGUST 1991: Panzer der JVA greifen am 1.8. Dörfer bei Osijek in Kroatien an; nach einem Massaker im Ort Dalj wird die übrige Bevölkerung zusammen mit der aus drei anderen Ortschaften vertrieben. Die JVA errichtet hier zusammen mit den serbischen Tschetniks einen Brückenkopf über die Donau nach Kroatien. Ein von der EG-Troika ausgearbeiteter Friedensplan wird von Serbien zurückgewiesen, da es keinen Krieg führe. Am 6.8. beschließt die EG darauf Wirtschaftssanktionen, die nach einem weiteren Beschluss gezielt Serbien angedroht werden, was auch von den USA unterstützt wird. Trotzdem führt die JVA heftige Angriffe in West-, dann auch Ostslawonien durch und besetzt Beli Manastir und das Gebiet der Baranja. Am 25.8. wird Vukovar erstmals direkt angegriffen.

SEPTEMBER 1991: Nachdem die EG mit Mesić und den sechs Republikvertretern eine Einigung über die Beilegung des serbisch-kroatischen Konflikts erzielt hat, wird in Belgrad ein Waffenstillstand unterzeichnet, der jedoch gebrochen wird. Unter der Leitung von Lord Carrington wird in Den Haag verhandelt, am 10.9. wird eine Schiedskommission unter dem französischen Verfassungsgerichtspräsidenten Robert Badinter, bestehend aus seinen Amtskollegen aus den EG-Ländern, darunter auch der deutsche Roman Herzog, eingerichtet. Nach JVA-Luftangriffen in Dalmatien und dem kroatischen Befehl vom 14.9., alle JVA-Kasernen zu blockieren, vermittelt Carrington am 17.9. einen weiteren Waffenstillstand, der nicht eingehalten wird. Die JVA, die innerhalb von fünf Tagen 36 Kasernen in Kroatien aufgeben muss, blockiert von Mitte September bis in den Dezember hinein die kroatischen Adriahäfen. In Bosnien-Herzegowina wird am 12.9. die serbische autonome Region „SAO Herzegowina", am 16.9. die analoge „Bosanska Krajina" und am 17.9. die „Romanija" ausgerufen. In Makedonien wird am 15.9. die Unabhängigkeit proklamiert, nachdem ein von den Albanern boykottiertes Referendum 95 % Zustimmung ergeben hat. Im Kosovo wird am 22.9. durch das verbotene Parlament die „Republik Kosova“ ausgerufen, ein im Alleingang durchgeführtes Referendum Ende September ergibt eine über 90 %ige Zustimmung der Kosovo-Albaner zur Unabhängigkeit bei 87 % Beteiligung. Am 25.9. verabschiedet der UN-Sicherheitsrat mit der Stimme Jugoslawiens die Resolution 713 über ein umfassendes Waffenembargo gegen ganz Jugoslawien. Am selben Tag wird die kroatische Armee aus Polizei und Nationalgarde gebildet, der Generalstab schon am 21.9.

OKTOBER 1991: Der aus Vertretern Serbiens, der Vojvodina, des Kosovo und Montenegros bestehende Rest des jugoslawischen Staatspräsidiums übernimmt am 3.10. die Funktionen von Bundesregierung und -parlament. Vorsitzender des Präsidiums wird Branko Kostić. Nachdem viele Gebiete Kroatiens seit Wochen massiven Angriffen der JVA und serbischer Freischärler ausgesetzt sind, wird am 6.10. die Mobilisierung angeordnet. Tags darauf wird in Zagreb der Regierungssitz in einem Luftangriff der JVA gezielt mit Raketen beschossen. Nach dem Ablaufen des EG-Moratoriums setzen Slowenien und Kroatien ihre Unabhängigkeit am 8.10. in Kraft. Am selben Tag beginnt mit der Ernennung von Cyrus Vance zum UN-Sonderbeauftragten für Jugoslawien das UNO-Engagement. Slowenien führt am 8.10. die Währung Tolar ein, am 26.10. verlassen die letzten JVA-Truppen das Land. Doch die Kämpfe in Kroatien dauern unvermindert an, Tausende Kroaten werden aus Slawonien vertrieben; Dubrovnik wird aus der Luft und vom Meer angegriffen, wertvolle Baudenkmäler werden beschädigt; auch die historischen Villen im Hinterland von Dubrovnik werden verwüstet. In Den Haag wird Carringtons Friedensplan von Serbien und Montenegro abgelehnt. Am 12.10. greift die JVA in der Ostherzegowina an und macht das von Kroaten bewohnte Dorf Ravno (in der mehrheitlich serbischen Region) dem Erdboden gleich. Am 15.10. beschließt das Republikparlament Bosnien-Herzegowinas, das die Abgeordneten der serbischen SDS bereits verlassen haben, in Sarajevo die staatliche Unabhängigkeit. Im Kosovo werden am 21.10. aus den bisherigen Abgeordneten des Landesparlaments Untergrund-Regierung und -Parlament gebildet. Am 24.10. bilden die bosnischen Serben ein Parlament und eine „Staatsführung“ unter dem Präsidenten Radovan Karadžić in Banja Luka. Ende des Monats sprechen sich die Muslime im serbischen Sandžak in einem (illegalen) Referendum in Eigenregie für eine kulturell-territoriale Autonomie aus.

NOVEMBER 1991: Die vierte Konferenz in Den Haag scheitert, da Serbien und Montenegro die Bezeichnung von Slowenien und Kroatien als unabhängige Republiken ablehnen. Am 8.11. kündigt die EG das Handels- und Kooperationsabkommen mit Jugoslawien und friert die Finanzhilfe ein; die Mitgliedschaft Jugoslawiens im Europarat wird am 25.11. suspendiert. 7.11. gibt die kroatische Regierung die Zahl von 460.000 Vertriebenen an. Am 9.11. organisieren die serbischen Nationalisten ein Referendum über einen gemeinsamen Staat der bosnischen Serben mit Serbien, Montenegro und der „Serbischen Republik Krajina“ in Kroatien und geben danach 90 % Zustimmung an. Danach entstehen auch autonome kroatische Gebiete in der Herzegowina (Herceg-Bosna, Posavina). Am 15.11. vereinbart die JVA mit Kroatien die Räumung von 40 blockierten Kasernen. In der Nähe von Zadar werden kroatische Bewohner der Dörfer Škabrnja (81) und Nadin (18) umgebracht. Am 18.11. wird das durch massiven Beschuss während der 87-tägigen Belagerung vollkommen zerstörte Vukovar von der JVA erobert; die ca. 14.000 Einwohner von einst 45.000 werden nach Kroatien vertrieben, Hunderte nach Serbien verschleppt und in Gefangenschaft genommen. Die serbischen Einheiten ermorden dabei über 260 Insassen eines Krankenhauses, die erst Jahre später aus dem Massengrab Ovčara exhumiert werden können. Kurz zuvor war auch Split wieder von der JVA beschossen worden, ebenso das belagerte Osijek und andere slawonische Städte. Makedoniens Verfassung als unabhängiger Staat tritt am 20.11. nach der Zustimmung durch das Parlament in Kraft. Am 21.11. wird die serbische autonome Region „Nordbosnien“ proklamiert. Am 23.11. erreicht Cyrus Vance in Genf die Zustimmung eines Rückzugs der JVA aus Kroatien. Die UN-Sicherheitsrats-Resolution 715 vom 28.11. umfasst friedenserhaltende Truppen für Jugoslawien nach Abschluss eines Waffenstillstandes.

DEZEMBER 1991: Am 4.12. verhängen die USA Sanktionen gegen Jugoslawien, nachdem schon am 2.12. die EG die Wirtschaftssanktionen für kooperative Republiken, nicht jedoch für Serbien und Montenegro aufgehoben hat. Die Forderung der EG nach einem Minderheitenschutz erfüllt das kroatische Parlament am 4.2. Am 8.12. stellt die Badinter-Kommission fest, dass Jugoslawien sich in Auflösung befinde, weshalb die Unabhängigkeitserklärungen nicht als Sezession anzusehen seien. Die UNO warnt am 15.12. in Sicherheitsrats-Resolution 724 vor der Anerkennung Sloweniens und Kroatiens und schlägt die Entsendung von Friedenstruppen vor. Nachdem die EG am 17.12. die Anerkennung Sloweniens und Kroatiens bis 15.1.1992 in Aussicht gestellt hat, beschließt die deutsche Regierung am 19.12. die definitive Anerkennung in der gleichen Frist, wenn bis 23.12. ein entsprechender Wunsch vorliegt. Serbische Einheiten zerstören am 13.12. den slawonischen Ort Voćin und bringen 32 Bewohner um. Am 19.12. proklamiert sich die „Serbische Republik Krajina“ in Kroatien. Am 20.12. tritt der letzte gesamtjugoslawische Ministerpräsident Ante Marković zurück, fünfzehn Tage nach dem letzten Staatspräsidiumspräsidenten Mesić. Ende des Monats werden weiterhin kroatische Städte bombardiert. In Slowenien ist mittlerweile eine neue Verfassung in Kraft, und nach Zerbrechen der DEMOS-Koalition regiert eine Minderheitsregierung unter Lojze Peterle.

1992

JANUAR 1992: In Sarajevo wird am 2.1. der Vance-Friedensplan zwischen Kroaten und JVA als bisher 15. Waffenstillstandsvereinbarung unterzeichnet und als erster auch eingehalten. Am 7.1. kommen beim Abschuss eines Hubschraubers durch die JVA fünf EG-Beobachter um. Tags darauf beschließt der UN-Sicherheitsrat die Entsendung von 50 Militärbeobachtern nach Kroatien. Der Schutz der Serben in Kroatien durch UN-Truppen wird von Milošević als Begründung für die Einstellung der Kämpfe in Kroatien angegeben. Am 9.1. schließen sich die serbischen „autonomen Gebiete" zur Serbischen Republik in Bosnien-Herzegowina (Republika Srpska) zusammen. In Makedonien organisieren Albaner am 10. und 11.1. ein (illegales) Referendum, das über 90 % Zustimmung zu ihrer Unabhängigkeit ergibt. Die Badinter-Kommission hält am 11.1. fest, dass Kroatien in seinem Minderheitenschutz noch Mängel aufweise, ansonsten aber die Voraussetzungen für eine Anerkennung durch die EG erfülle. Am 13.1. werden Kroatien und Slowenien vom Vatikan, am 15.1. von der EG und von Österreich, Schweiz, Schweden, Finnland, Polen, Ungarn und Bulgarien anerkannt. Am 25.1. beschließt das Parlament von Bosnien-Herzegowina eine Volksabstimmung über die Unabhängigkeit, die von Karadžić als Kriegserklärung an die Serben bezeichnet wird.

FEBRUAR 1992: An der Spitze der HDZ in Bosnien-Herzegowina wird Stjepan Kljuić, der für den Erhalt der Republik plädierte, vom Anhänger Tuđmans und eines Anschlusses an Kroatien, Mate Boban, abgelöst. Am 11.2. vereinbart Makedonien mit der JVA deren Abzug. Die UN-Sicherheitsrats-Resolution 743 vom 21.2. umfasst die Stationierung von 14.000 Mann (UNPROFOR) in den serbisch besetzten Gebieten Kroatiens, dort die Entmilitarisierung, die Stationierung einer Zivilpolizei und die militärische Beobachtung in vier „Schutzzonen" UNPAs. (Protection Area) Am 26.2. wird die „Republik Serbische Krajina" aus den drei „Autonomen Regionen" der Serben in Kroatien zusammengeschlossen, Präsident wird Goran Hadžić. Es erfolgt keinerlei internationale Anerkennung, auch nicht aus Serbien.

MÄRZ 1992: Das am 29.2. begonnene Referendum in Bosnien-Herzegowina über die Unabhängigkeit ergibt am 1.3. bei einer Wahlbeteiligung von 64 % (unter serbischem Boykott) 99 % Zustimmung. Gleichzeitig votieren in Montenegro unter albanisch-muslimischem Boykott etwa 95 % der 63 % Referendumsteilnehmer für ein erneuertes „Jugoslawien". Am 1.3. feuert ein Krimineller auf eine serbische Hochzeitsgesellschaft in Sarajevo, worauf erste Barrikaden von Serben errichtet werden. Die Unabhängigkeit Bosnien-Herzegowinas wird am 3.3. verkündet. Ab dem 6.3. beginnen die JVA und serbische Paramilitärs quer durch Bosnien-Herzegowina mit Angriffen. Ein am 9.3. von der EG bei ihrer zehnten Jugoslawien-Konferenz vorgelegter Verfassungsentwurf für Bosnien-Herzegowina wird von den Serben wegen der Beschneidung ihrer Souveränität zurückgewiesen. Am 17.3. wird der von der EG mit den Vertretern der drei Nationalitäten in Lissabon ausgehandelte Plan für Bosnien-Herzegowina mit „selbstverwalteten Kantonen" vorgelegt. Unzufrieden mit der Aufteilung weist am 24.3. die HDZ, tags darauf die SDA die Lissaboner Erklärung jedoch zurück. In Bosanski Brod und Goražde wird erbittert gekämpft. Am 24.3. werden Slowenien und Kroatien in die KSZE aufgenommen. Am 27.3. verabschieden die bosnischen Serben eine Verfassung, die die Serbische Republik Bosnien-Herzegowina als integralen Bestandteil Jugoslawiens definiert. Ab 27.3. führen die „Tiger"-Einheiten des Milizenführers Arkan gezielte Schläge gegen wichtige logistische Punkte in Nord- und Ostbosnien. Ein Kongress serbischer Intellektueller in Sarajevo fordert unter der Ägide der SANU (Serbische Akademie) am 29.3. die Verwandlung Bosnien-Herzegowinas in eine „dreiteilige Gemeinschaft".

APRIL 1992: Die SDS zieht am 1.4. die Mitarbeiter aus dem Innenministerium von Bosnien-Herzegowina zurück und kündigt die Aufstellung einer serbischen Polizei an. Am 4.4. wird von Verwüstungen und Massakern berichtet, die Arkans Einheiten mit Unterstützung von JVA-Truppen bei der Eroberung der strategisch wichtigen Stadt Bijeljina an der Grenze zwischen Serbien und Bosnien anrichteten; dabei wurden schätzungsweise 500 bosniakische Zivilisten umgebracht. Damit beginnt die serbische Offensive in Ostbosnien. Bis Ende des Monats wird die Mehrheit der Muslime aus den Städten Zvornik, Višegrad, Foča vertrieben, eine unbekannte Zahl umgebracht. Überall werden die Moscheen gesprengt; in Foča die berühme Aladscha-Moschee aus dem 16. Jh. In Makedonien proklamieren Albaner am 5.4. eine „Albanische Autonome Republik Illirida". Ab dem 5.4. intensivieren sich in Sarajevo und anderen Orten die serbischen Angriffe; der bosnisch-herzegowinische Regierungschef Pelivan tritt zurück. Bosnien-Herzegowina wird am 6./7.4. von der EG und den USA anerkannt, zugleich erkennen die USA auch Slowenien und Kroatien an. Alle serbischen Regierungsmitglieder in Bosnien-Herzegowina treten zurück. Die Republika Srpska in Bosnien-Herzegowina mit der Hauptstadt Banja Luka wird proklamiert, „Regierungssitz" wird Pale. Am 8.4. erklärt das Staatspräsidium von Bosnien-Herzegowina den Ausnahmezustand und übernimmt die Regierung und den Oberbefehl über die zu gründenden Streitkräfte. Am selben Tag begehen Einheiten Arkans in der Stadt Zvornik weitere Massaker. Am 10.4. greift die Artillerie der JVA mehrere kroatische Städte an, es folgen gemeinsame Angriffe serbischer Truppen und der JVA auf muslimische und kroatische Städte. Widerstand wird in der Herzegowina von dem dort gegründeten Kroatischen Verteidigungsrat (HVO) und den Einheiten der Kroatischen Rechtspartei (HOS) geleistet. Die Einheiten der bosnischen Serben bringen immer mehr Gebiete unter ihre Gewalt, was zur Flucht und Vertreibung Hundertausender führt. In Banja Luka vertreiben serbische Behörden Kroaten und Muslime in Zusammenarbeit mit der JVA, die in der Nähe die Internierungslager Manjača und Trnopolje errichtet. Am 12.4. einigen sich die drei Seiten in Bosnien-Herzegowina auf einen Waffenstillstand, der nicht eingehalten wird. Am 15.4. wird Serbien von den USA als Aggressor verurteilt. Am 20.4. setzt die EG ihre Friedensmission aus. Tags darauf werden in Sarajevo Fernsehen und Elektrizitätswerk beschossen. Am 27.4. proklamieren Serbien und Montenegro die „Föderative Republik Jugoslawien“ (auch: Bundesrepublik Jugoslawien) und erklären sie zur Rechtsnachfolgerin der SFRJ, was zur Verweigerung der Anerkennung durch die UNO führt. In der Folge wird Jugoslawien aus der KSZE ausgeschlossen, die am 15.4. ein Ultimatum zur Einstellung der Kämpfe gestellt hat. In Slowenien ist unterdessen nach einem Misstrauensvotum gegen Peterle Janez Drnovšek zum neuen Ministerpräsidenten gewählt. Am 30.4. gibt die UNHCR die Schätzung über mehr als 400.000 bosnischen Vertriebenen (122.000 in Bosnien-Herzegowina selbst, 210.00 in Kroatien, 61.000 in Serbien, 12.000 in Montenegro und 10.000 in Slowenien) heraus.

MAI 1992: Bosnien-Herzegowina ist seit dem 1.5. das 52. Mitglied der KSZE. Am 2.5. wird Izetbegović von JVA-Einheiten einen Tag lang als Geisel gefangen gehalten. Am 4.5. legt das jugoslawische Staatspräsidium den Oberbefehl über die JVA in Bosnien-Herzegowina nieder und ruft die aus der Föderation Jugoslawien stammenden Soldaten zurück. In der JVA werden über vierzig Generäle entlassen, darunter der Nachfolger des Verteidigungsministers Kadijević, Blagoje Adžić, und der Oberbefehlshaber aus Sarajevo Milutin Kukanjac. Die JVA spaltet sich in die „Armee der serbischen Republik Bosnien-Herzegowina“ (VRS) und die „Armee Jugoslawiens“ (VJ). Am 6.5. treffen in Graz Boban und Karadžić zu Verhandlungen zusammen. Am 8.5. wird in Kroatien die Stärkung der Minderheitenrechte beschlossen, zwei Gebiete mit serbischer Mehrheit sollen einen Autonomiestatus erhalten. Am 11.5. rufen die EG-Staaten ihre Botschafter aus Belgrad zurück, zuvor waren die EG-Beobachter aus Bosnien-Herzegowina abberufen worden, nachdem einer von ihnen umgekommen war. Das Parlament der bosnischen Serben setzt am 12.5. ein Staatspräsidium unter dem Präsidenten Karadžić sowie eigene Streitkräfte unter dem Kommando von General Ratko Mladić ein. Am 14.5. wird die Armee von Bosnien-Herzegowina (ARBiH) offiziell konstituiert. Ab dem 20.5. ist die JVA offiziell nicht mehr in Bosnien-Herzegowina präsent. An vielen Orten der Republik wird erbittert gekämpft, etwa eine Million Menschen sind auf der Flucht. Am 22.5. werden Slowenien, Kroatien und Bosnien-Herzegowina in die UNO aufgenommen. Sieg der Demokratischen Liga des Kosovo (LDK) mit 76 % bei den illegalen Parlaments- und Präsidentschaftswahlen vom 24.5. im Kosovo, Ibrahim Rugova erhält als einziger Präsidentschaftskandidat 99 %, Regierungschef wird Bujar Bukoshi. In Sarajevo werden am 27.5. achtzehn Zivilisten von einer Granate getötet. Tags darauf beschließt die EG Sanktionen gegen die FR Jugoslawien, am 30.5. folgt Resolution 757 des UN-Sicherheitsrats über ein Öl- und Handelsembargo, die Unterbindung des Flugverkehrs und das Einfrieren der Auslandskonten. Muslime aus Kozarac und Prijedor in Nordbosnien werden in die Lager Keraterm oder Omarska gebracht, wo sie gefoltert, viele umgebracht werden. Aus Bosanski Novi werden viele Muslime in Zügen nach Kroatien deportiert. Oft müssen sie unterschreiben, dass sie „dauerhaft“ die Gemeinde verlassen und dieser ihr Eigentum überlassen. Junge Frauen werden verschleppt und systematisch vergewaltigt, die berüchtigtste Einrichtung dazu ist in Luka bei Brčko. Die Wahlen in der FR Jugoslawien am 31.5. ergeben unter Oppositionsboykott eine Beteiligung von 56 %. In der ersten Kammer erhalten die serbischen Sozialisten 73, die montenegrinischen Sozialisten 23 der insgesamt 138 Sitze. Die Radikale Partei Vojislav Šešeljs erhält 30 Sitze.

JUNI 1992: Am 3.6. bescheinigt die Badinter-Kommission, dass in Kroatien nun ausreichender Minderheitenschutz gewährt werde. Die letzten Einheiten der JVA verlassen am 6.6. Sarajevo, das gleich anderen Zielen wie Dubrovnik weiter beschossen wird. Am 8.6. beschließt der UN-Sicherheitsrat in Resolution 758, den Flughafen von Sarajevo mit 1100 Blauhelmen zu sichern, um die Verteilung der humanitären Hilfe zu ermöglichen. Am 15.6. wird Dobrica Ćosić, Schriftsteller und SANU-Mitglied, zum Präsidenten der FR Jugoslawien gewählt. Zuvor war die Politik Serbiens von einigen Akademiemitgliedern kritisiert worden. Die EG erkennt auf Druck Griechenlands die Unabhängigkeit Makedoniens nicht an. Am 16.6. treffen Izetbegović und Tuđman ein militärisches Bündnis. Beim Zurückschlagen der serbischen Belagerer von Mostar durch HVO und HOS kämpfen Kroaten und Muslime gemeinsam. Doch am Kupres-Pass, einem wichtigen Zugang nach Bosnien von Westen, wird der HVO in schweren Kämpfen von den serbischen Einheiten geschlagen. Am 19.6. fordern die Außenminister der Islamischen Konferenz ein internationales militärisches Vorgehen gegen die Serben. Im Kosovo wird am 23.6. die konstituierende Sitzung des Parlaments durch serbische Polizei verhindert. Am 28.6. besucht der französische Präsident Mitterrand das umkämpfte Sarajevo, am 29.6. wird dort der Flughafen von den Serben an die UNO übergeben, deren Generalsekretär durch die UN-Sicherheitsratsresolution 761 zum Einsatz weiterer Truppen ermächtigt wird.

JULI 1992: Milan Panić, der lange in den USA gelebt hatte, wird am 1.7. zum Ministerpräsidenten Jugoslawiens gewählt. US-Kriegsschiffe kreuzen zeitweilig vor der Adriaküste, der Beschuss von Dubrovnik wird dadurch nicht gestoppt. Am 2.7. übernimmt die UNPROFOR die Kontrolle über alle Schutzzonen in Kroatien, wird aber in der Folge keine Rückkehr der vertriebenen Kroaten durchsetzen. Ab 2.7. wird der Flughafen Sarajevo für eine EG-Luftbrücke genützt. Am 3.7. proklamieren die Führer der HDZ eine „Kroatische Gemeinschaft Herceg-Bosna“ unter der Führung von Mate Boban. Am 9.7. verkünden Tuđman und Izetbegović die Wahrung der bosnisch-herzegowinischen Integrität gegen die serbische Aggression und beschließen auch formell eine militärische Zusammenarbeit. Am 10.7. beschließen Nato und WEU, das Embargo gegen die FR Jugoslawien mit Kriegsschiffen durchzusetzen. Daraus wird der erste Nato-Einsatz mit UN-Mandat. Die KSZE beschließt die Entsendung von Beobachtern nach Jugoslawien, das als Haupt- aber nicht Alleinschuldiger am Krieg verurteilt und von den Beratungen der KSZE ausgeschlossen wird. Mitte des Monats richtet sich die serbische Offensive auf die Herstellung einer Verbindung zwischen „Krajina“ und Serbien. Das von Serben belagerte Goražde wird beschossen. Am 15.7. setzt Lord Carrington in London die Friedensverhandlungen fort. Ein am 19.7. in Bosnien-Herzegowina geschlossener Waffenstillstand wird in weniger als zwei Stunden bereits wieder gebrochen. In Zagreb unterzeichnen Tuđman und Izetbegović am 21.7. ein Abkommen, wodurch der Status von HVO legalisiert und als Teil der Abwehrkräfte von Bosnien-Herzegowina anerkannt wird. Am 26.7. beschließt das Parlament der bosnischen Serben die Grenzen einer „Republika Srpska“ auf dem von ihnen zu diesem Zeitpunkt kontrollierten Territorium von über 2/3 Bosnien-Herzegowinas.

AUGUST 1992: Bei den ersten direkten Präsidentschaftswahlen in Kroatien am 2.8. siegt Tuđman mit 57 % vor Dražen Budiša 22 % (Kroatische Sozialliberale Partei HSLS). Im Parlament erringt die HDZ 85 Sitze (41,3 % der Stimmen), die HSLS 14 (17,3 %), die kleineren Parteien jeweils nicht mehr als 8 Sitze. US-Präsident George Bush droht am 6.8. mit der Entsendung von Bodentruppen nach Bosnien-Herzegowina zur Sicherung der Hilfslieferungen, am 11.8. wird dies auch vom Kongress gefordert, ebenso der Zugang zu Gefangenenlager. Zuvor hatten sich Meldungen über Verbrechen in den serbischen Lagern Omarska, Manjača, Keraterm und Trnopolje in Bosnien-Herzegowina gehäuft. Am 13.8. verurteilt der UN-Sicherheitsrat in Resolution 771 die ethnischen Säuberungen und beschließt in Resolution 770, mit „allen erforderlichen Maßnahmen“ die Hilfslieferungen durchzusetzen. Dieser Forderung schließt sich am 14.8. die KSZE an. Bei einer Konferenz des UNHCR am 13. und 14.8. wird der ehemalige polnische Ministerpräsident Tadeusz Mazowiecki zum UN-Sonderbeauftragten für Menschenrechte ernannt. Lord Owen folgt Lord Carrington, der am 25.8. sein Amt niederlegt, als EG-Friedensunterhändler. Am 26.-28.8. bringt die Londoner Jugoslawien-Konferenz erstmals alle Konfliktparteien an einen Tisch. Ende des Monats legt Mazowiecki einen ersten Bericht über Menschenrechtsverletzungen vor und empfiehlt einen UN-Einsatz zur Verteidigung der Zivilbevölkerung.

SEPTEMBER 1992: Der Europarat lehnt den Aufnahmeantrag Kroatiens wegen mangelnder Einhaltung der Menschenrechte am 1.9. ab. Am 3.9. stürzt ein italienisches Transportflugzeug bei Sarajevo, wahrscheinlich von einer Rakete getroffen, ab, worauf die UNO die Flüge mit Hilfslieferungen einstellt. Am 3.9. nimmt die Jugoslawien-Konferenz unter Vorsitz von Vance und Owen als ständige Einrichtung von EG und UNO ihre Arbeit auf. In Makedonien wird am 4.9. eine Koalitionsregierung unter Branko Crvenkovski und der Beteiligung von albanischen Parteien gebildet. In Serbien scheitert am 4.9. ein Misstrauensantrag der Sozialistischen Partei Serbiens und der Serbischen Radikalen Partei gegen Ministerpräsident Milan Panić. Ein iranisches Flugzeug mit Waffen für Bosnien wird am 10.9. von Kroatien zurückgeschickt. Am 14.9. begegnen Tuđman und Izetbegović den ersten bosniakisch-kroatischen Feindseligkeiten in Mittelbosnien mit einer Vereinbarung zu deren Einstellung; Resolution 776 des UN-Sicherheitsrats sieht die Aufstockung der UNPROFOR-Truppen von 1.500 auf 6.000 Mann in Bosnien-Herzegowina vor. Am 17.9. nimmt die serbische Artillerie den Beschuss von Sarajevo wieder auf, der zuletzt Ende August besonders massiv gewesen war. Am 19.9. weist Resolution 777 des UN-Sicherheitsrats den Anspruch Jugoslawiens auf Rechtsnachfolge der SFRJ und damit auf den Sitz in der UNO zurück. Am 22.9. schließt die UN-Hauptversammlung Jugoslawien mit 127 gegen 6 Stimmen, davon neben Jugoslawien fünf afrikanische Staaten, und 26 Enthaltungen aus. Am 23.9. unterzeichnen Tuđman und Izetbegović ein Abkommen zur militärischen Koordination. Am 30.9. unterschreiben Tuđman und Ćosić eine Erklärung über die Normalisierung der kroatisch-jugoslawischen Beziehungen und den serbischen Rückzug von der Halbinsel Prevlaka bei Dubrovnik, auf der eine entmilitarisierte Zone unter UN-Schutz errichtet wird. Ende des Monats liegen erste Berichte vor, dass muslimische Frauen systematisch vergewaltigt werden.

OKTOBER 1992: Der französische General Philippe Morillon übernimmt das Kommando über die UNPROFOR in Bosnien. Am 3.10. wird Sarajevo wieder aus der Luft versorgt. Die Resolution 779 des UN-Sicherheitsrats vom 6.10. unterstützt den zwischen Tuđman und Ćosić vereinbarten Austausch von gefangenen Zivilisten und fordert den Rückzug der Jugoslawischen Armee aus Kroatien. Resolution 780 sieht die Errichtung eines Kriegsverbrechertribunals vor. Serbische Truppen nehmen Bosanski Brod ein, nachdem sich die HVO-Truppen zurückgezogen haben, und sprengen die Save-Brücke nach Kroatien. Nun sind die bosnisch-serbischen Gebiete bis nach Kroatien (zur „Krajina“) zusammengeschlossen. Am 9.10. verabschiedet der UN-Sicherheitsrat in Resolution 781 ein Flugverbot über Bosnien-Herzegowina, definiert aber nicht, wie Verstöße zu ahnden sind. Am 19.10. treffen erstmals Izetbegović und Ćosić zusammen. In Zentralbosnien kommt es zu Kämpfen zwischen Muslimen und Kroaten. Am 16.10. wird offiziell die „Serbische Armee der Krajina“ (SVK) gegründet. Am 20.10. beenden die Serben nach dreizehn Monaten die Belagerung von Dubrovnik. Am 22.10. berichtet Mazowiecki über Massengräber in Vukovar und warnt vor dem drohenden Völkermord an den Muslimen. Am 25.10. wird Mostar zur Hauptstadt von „Herceg-Bosna“ proklamiert, das die bis dahin gebildeten kroatischen „Gemeinschaften“ zusammenschließt. Nach der Einnahme von Jajce durch VRS am 28.10. fliehen die meisten Muslime nach Travnik, die Kroaten nach Mostar (25.000 insgesamt), nachdem sie fünf Monate lang gemeinsam Widerstand geleistet haben; die serbische Offensive kommt danach zum Erliegen.

NOVEMBER 1992: Die Serben aus Bosnien und Kroatien beschließen am 31.10./1.11. in Prijedor, eine „Union der Serbischen Staaten“ mit gemeinsamer Armee zu bilden, was aber nicht umgesetzt wird. Izetbegović und Tuđman verurteilen am 1.11. die Zusammenstöße zwischen der ARBiH und dem HVO in Mittelbosnien, worauf diese zurückgehen, in Mostar aber zunehmen. In Makedonien kommen bei Auseinandersetzungen albanischer Demonstranten mit der Polizei vier Menschen um. Am 7.11. sind UNPROFOR-Truppen erstmals in einen Kampfeinsatz verwickelt. Am 10.11. wird Mile Akmadžić Ministerpräsident einer Koalitionsregierung aus HDZ und SDA in Bosnien-Herzegowina. UN-Sicherheitsrats-Resolution 787 vom 16.11. sieht bei den Sanktionen gegen Jugoslawien auch eine Hafenblockade und die Genehmigungspflicht für Transitlieferungen durch das Krisengebiet vor, am 18.11. unterstützt der Nato-Rat die Seeblockade. In den folgenden Tagen kommen nach langen Behinderungen die ersten UN-Hilfskonvois in die von den Serben belagerten Städte Tuzla, Goražde und Srebrenica durch.

DEZEMBER 1992: Nach UNHCR-Schätzungen hat der Krieg mittlerweile zu 3 Millionen Flüchtlingen geführt, davon 1,7 Millionen in Bosnien-Herzegowina. Bei den Wahlen in Slowenien am 6.12. siegen die Liberaldemokraten mit 22 von 90 Sitzen vor den Christdemokraten (15 Sitze), einer Vereinigten Liste (14), der Slowenischen Nationalpartei (12) und kleineren Parteien mit je bis zu 10 Sitzen. Milan Kučan wird mit 64 % vor dem Christdemokraten Bizjak (21 %) als Präsident wieder gewählt. Am 11.12. beschließt der UN-Sicherheitsrat in Resolution 795 die präventive Stationierung von UN-Truppen in Makedonien. Jugoslawien wird am 15.12. vom Internationalen Währungsfonds ausgeschlossen. Am 16.12. werden in Genf die internationalen Friedensverhandlungen fortgesetzt. In einer vom US-Außenminister Lawrence Eagleburger vorgelegten Liste von Kriegsverbrechern sind auch Milošević, Mladić und Karadžić enthalten. Letzterer wird am 18.12. vom Parlament der bosnischen Serben als Präsident der „Serbischen Republik Bosnien" bestätigt, nachdem dieses Parlament den Krieg für beendigt erklärt hat. Resolution 798 des UN-Sicherheitsrats verurteilt die Massenvergewaltigungen von Musliminnen und fordert die sofortige Schließung aller Internierungslager. Am 20.12. endet zum zweiten Mal die auf ein Jahr begrenzte Präsidentschaft Izetbegovićs, aber er weigert sich, das Amt an das kroatische Mitglied des bosnischen Präsidiums weiterzugeben. In Jugoslawien wird am gleichen Tag bei den Wahlen Milošević (56 %) vor Milan Panić (34 %) als Präsident bestätigt. Von 138 Parlamentssitzen („Rat der Bürger") erringt die Sozialistische Partei SPS 47, die Serbische Radikale Partei SRS 34, das Oppositionsbündnis DEPOS 20, die Demokratische Sozialistische Partei Montenegros 17, kleinere Parteien bis zu je fünf Sitze. In Serbien gewinnt die SPS 101 von 250 Sitzen, die SRS 73 und DEPOS 49. Bei den Präsidentschaftswahlen in Montenegro liegt Momir Bulatović vor Kostić. Am 29.12. wird der jugoslawische Ministerpräsident Panić durch Misstrauensantrag gestürzt, Nachfolger wird Kontić.

1993

JANUAR 1993: Verhandlungen in Genf unter Beteiligung der Präsidenten Jugoslawiens, Bosniens und Kroatiens ab 2.1. über den „Vance-Owen-Plan" zur Aufteilung Bosnien-Herzegowinas in zehn autonome gemischt-ethnische Provinzen. Am 4.1. unterzeichnet Mate Boban für die Kroaten, Izetbegović und Karadžić lehnen ab. Am 8.1. wird in Sarajevo der stellvertretende Ministerpräsident von Bosnien-Herzegowina Hakija Turajlić in einem gepanzerten UN-Fahrzeug von serbischen Grenzpolizisten getötet. Izetbegović verlässt die Genfer Friedensverhandlungen. Am 10.1. wird Bulatović in einer Stichwahl als Präsident Montenegros wieder gewählt. In Zentralbosnien flammen die muslimisch-kroatischen Kämpfe wieder auf. Ab 11.1. wird in Genf weiterverhandelt, Milošević fordert die bosnischen Serben zur Annahme des Vance-Owen-Plans auf, worauf Karadžić einwilligt, die Entscheidung aber dem Parlament in Pale überlässt. Dieses nimmt am 20.1. mit 55 gegen 15 Stimmen den Plan, aber nicht die mit ihm verbundene Karte an. Daher werden am Ende des Monats die Verhandlungen in Genf abgebrochen. Am 19.1. werden Kroatien und Slowenien, dessen Ministerpräsident Drnovšek die Wahlen erneut gewonnen hat, in den Internationalen Währungsfonds aufgenommen. Nach seiner Offensive im Hinterland von Zadar und Angriffen auf Ziele in den erweiterten UN-Schutzzonen (Rosa Zonen) wird Kroatien in UN-Resolution 802 am 25.1. zum Rückzug aufgefordert.

FEBRUAR 1993: Am 7.2. gewinnen Tuđman und die HDZ knapp die ersten freien Kommunalwahlen in Kroatien. Anlässlich weiterer Verhandlungen in New York kritisiert US-Präsident Clinton den Vance-Owen-Plan, der von Russland unterstützt wird. Clinton stellt am 10.2. einen 6-Punkte-Plan vor, der einen militärischen Einsatz der USA nicht ausschließt. US-Sonderbeauftragter wird Reginald Bartholomew. Am 12.2. beschließt der Stadtrat Sarajevos die UN-Hilfe abzulehnen, um die Versorgung Ostbosniens zu erzwingen. Nach der Einstellung der Hilfslieferungen durch den UNHCR fordert am 19.2. UN-Generalsekretär Boutros Ghali die Wiederaufnahme. Clinton plädiert für eine Versorgung aus der Luft. UN-Sicherheitsrats-Resolution 808 vom 22.2. sieht nochmals die Einrichtung eines Kriegsverbrechertribunals vor.

MÄRZ 1993: Die US-amerikanische „Operation Provide Promise" mit Lebensmittelabwürfen über Ostbosnien beginnt. Am 3.3. unterzeichnet Izetbegović die Passagen des Vance-Owen-Plans über den Waffenstillstand, doch die Friedensverhandlungen werden wieder abgebrochen. Ab 8.3. führen die bosnisch-herzegowinischen Truppen eine Gegenoffensive in Ostbosnien. In Montenegro ist eine neue Regierung unter Milo Đukanović im Amt. Am 11.3. trifft UNPROFOR-Oberbefehlshaber Morillon in Srebrenica ein, dessen seit elf Monaten eingeschlossenen 60.000 Bewohnern er Hilfe und Schutz zusagt. Eine Woche später folgen die ersten UN-Hilfskonvois, die auf dem Rückweg Verletzte nach Tuzla evakuieren. Auf US-amerikanischen Druck sagt die Nato 50.000 Soldaten für Bosnien-Herzegowina zu, wenn der Vance-Owen-Plan unterzeichnet wird. Dies geschieht für die bosnisch-herzegowinische Seite nochmals durch Izetbegovićs Unterschrift am 25.3. in New York. Am 30.3. verlängert UN-Sicherheitsrats-Resolution 815 das UNPROFOR-Mandat in Kroatien, am 31.3. sieht Resolution 816 vor, dass die

Nato das Flugverbot überwachen soll („Operation Deny Flight"), wobei Flugzeuge abgeschossen, Bodenziele aber nicht angegriffen werden dürfen, außer wenn Nato-Maschinen von Flugabwehr-Radar erfasst werden.

APRIL 1993: Cyrus Vance tritt aus Gesundheitsgründen von seinem Amt als UN-Vermittler zurück und wird ab 1.5. durch den norwegischen Außenminister Thorvald Stoltenberg abgelöst. Die Bundesrepublik Deutschland, deren Luftwaffe seit Ende März an den Versorgungsflügen nach Ostbosnien beteiligt ist, beschließt am 2.4. AWACS-Besatzungen zu stellen. Am 7.4. wird mit UN-Sicherheitsrats-Resolution 817 Makedonien als „Ehemalige jugoslawische Republik Makedonien" (FYROM) UN-Mitglied. Am 9.4. weigert sich General Mladić, kanadische Truppen nach Srebrenica durchzulassen. Am 12.4. tötet dort eine Granate der Belagerer in der Stadt 65 Einwohner. In der Monatsmitte brechen kroatisch-muslimische Kämpfe aus, damit verbunden sind Vertreibungen vor allem von Muslimen aus Mostar und Kroaten aus Zentralbosnien. Am 16.4. wird in UN-Resolution 819 Srebrenica zur Schutzzone erhoben, Resolution 820 vom 17.4. bedroht die weitere Ablehnung des Vance-Owen-Plans durch die Serben mit einer Verschärfung der Sanktionen. Nach dem Einzug kanadischer Truppen erklärt die UNPROFOR am 22.4. die Entmilitarisierung Srebrenicas für abgeschlossen. Am 24.4. proklamieren die Parlamente der Serben in Bosnien-Herzegowina und in der „Krajina" eine gemeinsame Versammlung, die bosnisch-herzegowinische Regierung und die bosnischen Kroaten indessen einen Waffenstillstand. Die bosnischen Serben lehnen am 26.4. den Vance-Owen-Plan wiederum ab. Darauf reagiert der UN-Sicherheitsrat in Resolution 820 mit Sanktionen, einschließlich Hafenblockaden, wobei mit Beschluss des Nato-Rats vom 28.4. auf Blockade brechende Schiffe geschossen werden kann.

MAI 1993: Die Fortsetzung der Verhandlung über den Vance-Owen-Plan in Athen steht unter der US-Drohung eines militärischen Eingreifens. Am 2.5. unterschreibt Karadžić mit dem Vorbehalt, dass die Zustimmung des Parlaments der bosnischen Serben eingeholt werden müsse. Am 3.5. wird Jugoslawien aus der Weltgesundheitsorganisation WHO ausgeschlossen. Das serbische Parlament in Bosnien lehnt am 5.5. den Vance-Owen-Plan mit 51 zu 2 Stimmen bei 12 Enthaltungen ab und beschließt eine Volksabstimmung für Mitte Mai, die dann eine überwältigende Ablehnung des Plans ergibt. Darauf verlangt Milošević die Annahme des Plans durch die bosnischen Serben. Resolution 824 des UN-Sicherheitsrats vom 6.5. sieht die Schutzzonen Sarajevo, Tuzla, Žepa, Srebrenica, Goražde und Bihać vor. Am 14.5. wird Slowenien Mitglied des Europarates. Ab 18.5. gilt in ganz Bosnien-Herzegowina ein serbisch-kroatischer Waffenstillstand. Am 22.5. wird von den USA, Russland, Großbritannien, Frankreich und Spanien ein Aktionsplan vorgelegt, der Schutzzonen vorsieht. Von Karadžić wird er begrüßt, von Izetbegović abgelehnt, von Lord Owen als amerikanische Abkehr vom Vance-Owen-Plan gedeutet. Am 23.5. wird bei heftigen serbischen Angriffen auf Sarajevo Bosniens Vizeministerpräsident Zlatko Lagumdžija verletzt. UN-Sicherheitsrats-Resolution 827 vom 25.5. legt fest, dass gegen alle ermittelt werden soll, die sich schwerer Verstöße gegen das Völkerrecht im ehemaligen Jugoslawien nach dem 1.1.1991 schuldig gemacht haben. In den USA fordern die Republikaner Waffenlieferungen und die Aufhebung des Waffenembargos gegen Bosnien-Herzegowina.

JUNI 1993: Jugoslawiens Präsident Ćosić wird am 1.6. nach Misstrauenserklärung beider Parlamentskammern abgesetzt. Bei Demonstrationen in Belgrad wird Vuk Drašković festgenommen und bleibt bis zum 9.7. in Haft. Der UN-Sicherheitsrat beschließt in Resolution 836 am 4.6. die Entsendung weiterer Soldaten in die Schutzzonen und erlaubt Gewaltanwendung. CNN bringt erste Bilder aus dem belagerten Srebrenica. Serbische Einheiten greifen Goražde am 12.-14.6. massiv an. Bei der Wiederaufnahme der Verhandlungen in Genf am 16.6. schlagen Milošević und Tuđman eine Teilung Bosnien-Herzegowinas in drei ethnische Gebiete vor, Izetbegović lehnt ab. Die EG lehnt am 21.6. die Aufhebung des Waffenembargos gegen Bosnien ab, die zuvor von Clinton befürwortet worden war. Gegen den Willen Izetbegovićs beschließt das bosnisch-herzegowinische Staatspräsidium, an Teilungsverhandlungen teilzunehmen. In Genf einigen sich am 23.6. Serbien und Kroatien auf eine Teilung Bosnien-Herzegowinas in drei Einheiten, die zur Grundlage des Owen-Stoltenberg-Plans wird. Am 25.6. wird der bisherige Parlamentspräsident Zoran Lilić (SPS) Präsident der FR Jugoslawien. Am 28.6. kämpfen bei Maglaj sowohl Serben als auch Kroaten gegen Muslime. Der UN-Sicherheitsrat lehnt am 30.6. die von den USA und den blockfreien Staaten geforderte Aufhebung des Waffenembargos gegen Bosnien-Herzegowina ab, verlängert aber das UNPROFOR-Mandat um drei Monate. Der britische *Guardian* berichtet, dass mittlerweile 800 Moscheen in Bosnien-Herzegowina zerstört seien, darunter so berühmte Bauwerke wie die Ferhadija-Moschee in Banja Luka.

JULI 1993: Die Nato stationiert Kampfflugzeuge in Italien, um UN-Truppen in Bosnien schützen zu können. Am 11.7 fordern islamische Staaten von der UNO die Aufhebung des Waffenembargos gegen Bosnien-Herzegowina. Am 12.7. wird Morillon durch den belgischen General Francis Briquemont als UNPROFOR-Oberkommandierender abgelöst. Am 17.7. erklären Milošević und Tuđman in Genf, Bosnien-Herzegowina nicht teilen zu wollen. Bei der Fortsetzung der Friedensverhandlungen mit allen Parteien in Genf ab 27.7. legen Owen und Stoltenberg ihren Plan der „Union der vereinigten bosnischen Republiken" vor. Am 30.7. wird zwischen Izetbegović, Boban und Karadžić in Genf Einigkeit über eine Konföderation dreier Staaten erzielt. Da die Serben die Berge Igman und Bjelašnica einnehmen und Sarajevo dadurch völlig einschließen, verweigert Izetbegović darauf in Genf Gespräche mit den Serben.

AUGUST 1993: Die Muslime runden ihren Vorstoß gegen einige von den Kroaten gehaltenen Städte mit der Eroberung von Gornji Vakuf am 2.8. ab. Der Nato-Rat billigt den Einsatz von Flugzeugen gegen serbische Stellungen, wenn diese die humanitäre Hilfe blockieren und UN-Truppen angreifen. Zwischen Kroaten und Muslimen verschärfen sich ab Mitte August die Kämpfe um Mostar. Nachdem die Serben den Igman-Berg geräumt haben, werden die Verhandlungen in Genf fortgesetzt. Am 18.8. wird Einigung darüber erzielt, dass Sarajevo entmilitarisierte Stadt unter UN-Kontrolle werden soll. Ein erneuerter Friedensplan von Owen und Stoltenberg sieht vor, drei durch eine schwache Zentralregierung verbundene Kleinstaaten zu bilden, Mostar soll unter Verwaltung der EG, Sarajevo der UNO stehen. Am 24.8. erhebt das Parlament der bosnischen Kroaten die Kroatische Gemeinschaft Herceg-Bosna zur „Republik".

SEPTEMBER 1993: Nachdem am 28.8 in Genf Kroaten und Serben den Teilungsplan akzeptiert haben, scheitern die Verhandlungen am 1.9., weil die Muslime (die sich seit diesem Monat nun offiziell „Bosniaken" nennen) das Überleben ihres Staates nicht gesichert sehen und drei weitere Städte fordern. Am 8.9. gehen kroatische Einheiten gegen strategisch wichtige, nach dem Friedensabkommen von Serben besetzte Landstriche vor, die nach kroatischer Auffassung außerhalb der UNPA (UN-Protection Areas) liegen. Die Serben reagieren mit erneutem Granaten- und Raketenbeschuss auf Städte wie Karlovac, Zagreb und Šibenik. In wenigen Tagen gelingt jedoch der UNPROFOR die Entflechtung serbischer und kroatischer Truppen. Am 14.9. unterzeichnen Izetbegović und Tuđman eine Deklaration über die Einstellung der bosniakisch-kroatischen Kämpfe. Am 20.9. führen die Präsidenten Kroatiens, Serbiens und Bosniens auf dem britischen Flugzeugträger *Invincible* Geheimgespräche unter Vermittlung von Owen und Stoltenberg. Dabei wird eine Dreiteilung ausgehandelt und den Muslimen ein Adria-Zugang zugesichert. Nachdem Fikret Abdić am 25.9. das Bihać-Gebiet zur „Autonomen Provinz" erklärt hat, nennt er sich „Präsident", tritt aus dem Staatspräsidium von Bosnien-Herzegowina aus und hält eine Truppe von 6.000 Mann unter Waffen. Am 29.9. lehnt das bosnisch-herzegowinische Parlament den Owen-Stoltenberg-Plan ab.

OKTOBER 1993: UN-Sicherheitsrats-Resolution 871 vom 4.10. verlängert das UNPROFOR-Mandat in Kroatien. Am 21.10. löst Milošević das jugoslawische Parlament auf und beraumt Neuwahlen für den 19.12. an. Der „Präsident" der „Autonomen Westbosnischen Provinz" Bihać Abdić schließt am 21. und 22.10. Friedensverträge mit den bosnischen Serben und Kroaten und kämpft zusammen mit deren Truppen gegen die bosnisch-herzegowinischen Regierungseinheiten. Am 23.10. töten kroatische Truppen im Dorf Stupni Do mindestens 36 Muslime, darunter Frauen und Kinder. Am 26.10. wird der bosnische Außenminister Haris Silajdžić neuer Ministerpräsident Bosnien-Herzegowinas.

NOVEMBER 1993: Während in Norwegen Geheimverhandlungen über die Serben in Kroatien stattfinden, macht Tuđman diesen in einem Brief am 2.11. das Angebot weitgehender kultureller Autonomie und lokaler Selbstverwaltung. Nachdem am 4.11. muslimische Truppen Vareš eingenommen haben, sind von dort 15.000 Kroaten auf der Flucht. Am 7.11. legen der deutsche und der französische Außenminister eine Initiative zur Erhöhung der humanitären Hilfe und deren verstärkten Schutz vor. Den Konfliktparteien werden Kompensationen angeboten, auch der FR Jugoslawien wird ein sukzessiver Abbau der Sanktionen in Aussicht gestellt. Am 9.11. wird in Mostar die berühmte Alte Brücke von kroatischen Truppen zerschossen. Am 17.11. konstituiert sich der Internationale Kriegsverbrechergerichtshof in Den Haag (ICTY, International Criminal Tribunal for Former Yugoslavia), ohne gleich ein konkretes Verfahren einzuleiten. Am 29.11. beginnt in Genf eine neue Runde der Friedensgespräche.

DEZEMBER 1993: Der Japaner Yasushi Akashi wird leitender UNPROFOR-Koordinator. Am 2.12. fordert Rugova ein internationales Protektorat über das Kosovo. Am 16.12. nehmen sechs EU-Staaten diplomatische Beziehungen mit Makedonien auf, weitere Staaten folgen. Die vorgezogenen jugoslawischen Parlamentswahlen ergeben am 19.12. in Serbien bei 62 % Beteiligung (Boykott der Albaner und Muslime im Sandžak) für Miloševićs SPS 123 von 250 Sitzen, für DEPOS 45, die SRS (Serbische Radikale Partei) 39, die Demokratische Partei (DS) 29. In Montenegro erringt die DPS (Demokratische Partei der Sozialisten Montenegros) 45 Sitze, die Volkspartei (NS) 14, Liberale 13, SRS 8, sonstige 45. Am 20.12. wird Mate Boban als Führer des kroatischen Herceg-Bosna abgesetzt. Ein am 23.12. unterzeichnetes Abkommen über den Waffenstillstand in Bosnien-Herzegowina wird bald verletzt.

1994

JANUAR 1994: Der Oberkommandierende der UN-Truppen in Bosnien, Briquemont, tritt von seinem Amt vorzeitig zurück und wird durch den Briten Michael Rose abgelöst. Die Nato droht den Serben mit Luftangriffen im Falle der Missachtung von UN-Resolutionen. Am 18.-19.1. werden in Genf unter Vermittlung Owens die Verhandlungen ohne Ergebnis weitergeführt. Am 22.1. tötet eine Granate spielende Kinder in Sarajevo. Am 24.1. wird in Jugoslawien ein „Neuer Dinar" im Verhältnis von 1:1 zur DM eingeführt, um die Hyperinflation einzudämmen, die ihren Gipfel mit 313 Millionen % erreicht hat. Am 31.1. verkünden die bosnischen Serben die Generalmobilmachung.

FEBRUAR 1994: Der UN-Sicherheitsrat droht am 4.2. Kroatien Sanktionen an, wenn es seine Truppen nicht aus Bosnien-Herzegowina abzieht. Am 5.2. tötet eine Granate in Sarajevo 68 Menschen und verletzt über 200. Die serbische Propaganda bemüht sich, die die Schuld dafür den Bosniaken zuzuschreiben. Tags darauf bittet UN-Generalsekretär Boutros-Ghali den Nato-Generalsekretär Manfred Wörner, Luftangriffe vorzubereiten. Am 7.2.

schen Serben. Der serbische Oppositionspolitiker Zoran Đinđić stellt sich gegen Milošević auf die Seite Karadžićs und besucht mehrfach Pale. Am 10.8. droht die UNO auch den bosnisch-herzegowinischen Regierungstruppen mit Angriffen, wenn sie ihre schweren Waffen nicht aus der Zone um Sarajevo zurückziehen. Am 18.8. wird Dušan Kozić Regierungschef der „Republika Srpska". Am 27.8. lehnen die bosnischen Serben bei einem von der SDS organisierten Referendum den Kontaktgruppenplan ab. Am Ende des Monats verstärken die bosnischen Serben die ethnischen Säuberungen gegen Muslime aus der Region Bijeljina. Bosnisch-herzegowinische Regierungstruppen rücken gegen Fikret Abdić vor und vertreiben ihn von Velika Kladuša auf serbisch kontrolliertes Territorium in Kroatien.

SEPTEMBER 1994: Der Papst Johannes Paul II. besucht am 11.9. Zagreb, sein Besuch in Sarajevo wird aus Sicherheitsgründen abgesagt. In Mostar entgeht Koschnick knapp einem Anschlag. Ab 17.9. überwacht eine Kommission unter Bo Pellnas (Schweden) die Einhaltung des jugoslawischen Embargos gegen die Republika Srpska. Am 18.9. flammen erstmals seit Februar 1994 wieder Kämpfe in Sarajevo auf, als Bosniaken serbische Stellungen angreifen. Die UNO droht mit Luftschlägen auch gegen die Bosniaken. Am 22.9. beschießt die Nato einen serbischen Panzer, um den Rückzug aus der Zone um Sarajevo durchzusetzen. Drei Resolutionen des UN-Sicherheitsrats (941-943) verurteilen am 23.9. die zunehmenden ethnischen Säuberungen, verstärken die Sanktionen gegen die Republika Srpska und lockern sie gegen Jugoslawien.

OKTOBER 1994: Bosnisch-Kroatische Truppen rücken gegen den Kupres-Pass vor, der von den bosnischen Serben gehalten wird, ohne dass sie das Vordringen der HVO gegen die Westgrenze zu Kroatien dauerhaft stoppen können. Im Gebiet um Bihać unterstützen die HVO-Truppen die bosniakischen Einheiten bei ihrer Offensive gegen Abdić. Nach Kämpfen bei Sarajevo beschließen Nato und UNO am 27.10., die jeweiligen Aggressoren aus der Luft anzugreifen. In Makedonien wird bei den ersten freien Parlaments- und Präsidentschaftswahlen Kiro Gligorov im ersten Wahlgang mit 52,4 % der Stimmen direkt als Präsident in seinem Amt bestätigt. Sein „Bündnis für Makedonien" (SZM) erhält im zweiten Wahlgang 32 % der Stimmen, die VMRO-DPMNE, die den zweiten Wahlgang unter Betrugsvorwürfen boykottiert, hatte zuvor 14 % erhalten. Die Regierung kann sich damit auf 95 von 120 Sitzen stützen. Das slowenische Parlament verweigert Ende Oktober seine Zustimmung zu einer Regelung für Vorkaufsrechte für Italiener, die nach dem Zweiten Weltkrieg aus Jugoslawien vertrieben worden waren. Italien blockiert deshalb weiterhin die Annäherung Sloweniens an die EU.

NOVEMBER 1994: Am 2.11. treffen Owen und Stoltenberg in Genf mit Rugova zusammen, der die Unabhängigkeit für das Kosovo fordert. Am 5.11. stoßen bosnisch-herzegowinische Truppen gegen Bosanska Krupa östlich von Bihać vor. Die serbische Gegenoffensive führt am 9.11. zur Einkesselung der bosnisch-herzegowinischen Regierungstruppen bei Bihać, das von serbischen Kampfflugzeugen attackiert wird, die aus UNO-kontrollierten Gebieten in Kroatien aufsteigen. Am 11.11. beschließt die US-Regierung, sich nicht länger an der Durchsetzung des Waffenembargos gegen Bosnien-Herzegowina zu beteiligen. Diese Politik wird von den europäischen Nato-Ländern nicht geteilt. Am 18.11. greifen die Serben Bihać, in dem sich 1.300 UN-Soldaten befinden, unter anderem mit Napalm an. Am 19.11. beschließt der UN-Sicherheitsrat die Ausdehnung der Flugverbotszone auf die „Krajina". Am 21.11. greifen Nato-Flugzeuge den serbischen Flugplatz in Udbina in der „Krajina" an, wovon aus Angriffe auf Bihać geflogen worden waren. Die Einkesselung von Bihać durch die Serben wird dadurch aber nicht aufgehalten.

DEZEMBER 1994: Am 2.12. einigen sich die kroatische Regierung und die „Krajina"-Serben über die Wiederherstellung von Verkehrs- und Versorgungsverbindungen. Am 9.12. beantragt Slowenien als erstes postkommunistisches Land die Mitgliedschaft in der Europäischen Freihandelsvereinigung EFTA. Am 12.12. sieht die UNO von weiteren Nato-Einsätzen ab, nachdem UN-Soldaten von Serben angegriffen worden sind. Am 17.12. erobern Abdićs Truppen das im August von den bosnischen Regierungstruppen eingenommene Velika Kladuša zurück. Ab dem 20.2. vermittelt der ehemalige US-Präsident Jimmy Carter in Sarajevo ein Abkommen über einen viermonatigen Waffenstillstand. Ab 24.12. wird eine Feuerpause eingehalten. Bei Bihać handelt am 28.12. General Rose einen viermonatigen Waffenstillstand aus, der von Abdić nicht unterzeichnet wird.

1995

JANUAR 1995: Zum Jahresbeginn tritt der von Carter vermittelte und von Izetbegović und Karadžić unterzeichnete Waffenstillstand in Kraft, am 2.1. unterzeichnen die Kroaten in Mostar. Am 12.1. erklärt Tuđman der UNO, dass die UNPROFOR ihr Mandat, das am 31.3. ablaufe, nicht verlängern solle. Am 29.1. wird der so genannte Z-4 Friedensplan (benannt nach den Zagreber Botschaftern der USA und Russlands sowie je einem UN- und EU-Vertreter) über die Eingliederung der serbischen „Krajina" nach Kroatien bei Wahrung von Autonomierechten vorgelegt. Während die kroatische Regierung zustimmt, lehnt die Führung der RSK (Republika Srpska Krajina) unter Milan Martić ab.

FEBRUAR 1995: Russland erkennt Bosnien-Herzegowina an. Der Brite Rupert Smith löst am 4.2. Michael Rose als Oberkommandierender der UN-Truppen in Bosnien ab, die mittlerweile 23.000 Mann stark sind.

MÄRZ 1995: Bosnisch-herzegowinische Truppen brechen am 20.3. den Waffenstillstand bei Tuzla und Travnik, serbische Truppen greifen bei Bihać an. Am 27.3. befiehlt Karadžić die totale Mobilmachung. Ende des Monats wird das UN-Mandat verlängert und die Mission aufgeteilt: UNPROFOR in Bosnien, UNCRO in Kroatien

(UN-Confidence Restauration Operation in Croatia) und UNPREDEP (UN Preventive Deployment Force) in Makedonien. Ein gemeinsames Oberkommando bleibt bestehen, das Mandat läuft bis 30.11.1995, nachdem Tuđman zur Akzeptierung der Verlängerung in Kroatien bei reduzierter Truppenzahl gedrängt worden war. Die „Krajina"-Serben lehnen das Mandat ab.

APRIL 1995: Am 9.4. wird Sarajevo schwer beschossen. In ganz Bosnien-Herzegowina brechen nun die Kämpfe wieder aus. Das Kriegsverbrechertribunal in Den Haag gibt am 24.4. Ermittlungen gegen Karadžić, Mladić und den bosnisch-serbischen Polizeichef Jovica Stanišić bekannt. Von der UNPROFOR wird dies als Gefährdung des Waffenstillstandes kritisiert. Am 26.4. beginnt in Den Haag der erste Prozess gegen den bosnischen Serben Duško Tadić wegen Verbrechen im Lager Omarska.

MAI 1995: Der von Carter vermittelte Waffenstillstand ist am 1.5. offiziell abgelaufen, nachdem UN-Beauftragter Jasushi Akashi keine Verlängerung erreicht hat. Nachdem es infolge des Z-4 Friedensplans erstmals zur Öffnung der Verbindungen durch die besetzten Gebiete kam, wird die beginnende Normalisierung nach wenigen Tagen mit einer erneuten Autobahnsperrung durch die aufständischen Serben unterbrochen. Kroatien geht nun zur Offensive gegen das seit 1991 serbisch kontrollierte Gebiet in Westslawonien über und erobert dieses in wenigen Tagen. Die meisten Serben reagieren auf diese Operation „Bljesak" (Blitz) mit Flucht. Bei einem serbischen Gegenangriff aus der Kniner Gegend, zu dem sich Milan Martić bekennt, wird ab 2.5. Zagreb mit Raketen und Splitterbomben belegt, Tote und Verletzte sind die Folge. Schon am 3.5. gibt Kroatien bekannt, dass das Ziel der Operation mit der Kontrolle über die Verkehrsverbindungen erreicht sei, am 6.5. steht die Region voll unter kroatischer Kontrolle. Aus Banja Luka werden im Gegenzug massiv Kroaten und Muslime vertrieben, eine katholische Kirche dort abgebrannt. Am 7.5. wird Sarajevo wieder massiv von Serben beschossen. Am 25.5. greift die Nato aus der Luft Munitionsdepots bei Pale an, nachdem ein Ultimatum, aus einem UN-Depot entwendete schwere Waffen zurückzugeben, abgelaufen war. Im Gegenzug beschießen die Serben Sarajevo und Tuzla, wo eine Granate über 70 Menschen, darunter viele Jugendliche, tötet. Nach einem zweiten Luftangriff auf Pale nehmen am 27./28.5. die Serben 284 UN-Soldaten als Geiseln und ketten einige davon als „Schutzschilde" an mutmaßliche Ziele an. Französische Truppen sind in Gefechte mit Serben in Sarajevo verwickelt. Am 28.5. kommt Bosnien-Herzegowinas Außenminister Irfan Ljubjankić beim Abschuss seines Hubschraubers bei Bihać um. Nachfolger wird Muhammed Šaćirbegović. Die Serben nehmen weitere UN-Soldaten als Geiseln, deren Zahl wächst auf über 300 an.

JUNI 1995: Am 2.6. wird eine amerikanische F 16 bei Banja Luka abgeschossen, der Pilot rettet sich und wird nach sechs Tagen geborgen. Zwischen 6.6. und 18.6. lassen die Serben nach Intervention von Milošević die UN-Geiseln frei. Am 9.6. wird der Schwede Carl Bildt zum Nachfolger des zurückgetretenen Lord Owen als EU-Unterhändler ernannt. Am 15.6. gehen die bosnisch-herzegowinischen Regierungstruppen ohne Erfolg gegen die serbischen Belagerer von Sarajevo vor und beschießen Pale. Das dortige Parlament der Republika Srpska beschließt die Vereinigung mit den verbliebenen serbischen Gebieten in Kroatien. Am 19.6. beschließt der UN-Sicherheitsrat in Resolution 998 die Aufstellung einer Schnellen Eingreiftruppe (Rapid Deployment Force, RDF) zum Schutz der UNPROFOR-Einheiten, wie sie am 3.6. von den Nato und EU-Außen- und Verteidigungsministern initiert worden war. Als UN-Beauftragter Akashi den Serben Neutralität der Eingreiftruppe zusichert, wird sie von der bosnischen Regierungsseite abgelehnt. Als Reaktion auf die bosnische Offensive und die Missachtung der Ausschlusszone für schwere Waffen ziehen sich die UN-Truppen bei Sarajevo zurück. Am 21.6. wird die bosnische Offensive bei Sarajevo eingestellt.

JULI 1995: Am 4.7. gibt die deutsche Regierung die Entsendung von Bundeswehrsoldaten zur Errichtung eines Feldlazeretts bei Split für die Schnelle Eingreiftruppe bekannt. Am 11.7. nehmen die serbischen Einheiten unter Ratko Mladić mit 1.500 Mann die seit 6.7. angegriffene „UN-Schutzzone" Srebrenica ein, deren 400 niederländische Soldaten (Dutchbat) keinen Widerstand leisten. Fehlkoordinierte Nato-Lufteinsätze halten die Angreifer nicht auf, 42.000 muslimischen Einwohner und eine unbekannte Zahl von Flüchtlingen aus anderen Orten Ostbosniens werden vertrieben. Die Männer werden von den Serben gefangen genommen, 7.079 sind vermisst. Am 12.7. ernennt Boutros-Ghali Thorvald Stoltenberg zu seinem Sonderbeauftragten für Bosnien. Am 14.7. greifen die Serben mit Žepa eine weitere UN-Schutzzone an, in der sich 16.000 Muslime aufhalten. Am 19.7. zieht die UNO die Blauhelme aus Žepa ab, tags darauf wird die Stadt endgültig eingenommen, verwüstet und ihre muslimischen Einwohner vertrieben. Am 21.7. beginnt in London eine Bosnien-Konferenz mit 16 Teilnehmerländern. Gegen Einwände Russlands wird beschlossen, die „Schnelle Eingreiftruppe" solle Goražde notfalls mit Luftangriffen auf die Serben verteidigen. Eine islamische Konferenz von fünfzig Staaten verurteilt in Genf das UN-Waffenembargo, Malaysia erklärt am 23.7., Bosnien-Herzegowina mit Waffen beliefern zu wollen. Am 22.7. wird die von der UNO geschützte Bihać-Enklave von kroatischen und bosnischen Serben zusammen mit Abdićs Einheiten angegriffen, worauf sich Kroatien und Bosnien-Herzegowina über eine militärische Zusammenarbeit einigen. Am 24.7. bezieht die Schnelle Eingreiftruppe mit schweren Waffen auf dem Igman-Gebirge Position. Gegen Karadžić, Mladić, „Krajina"-Serbenführer Martić und 21 weitere Serben wird vom Kriegsverbrechertribunal in Den Haag Anklage erhoben. Der Nato-Rat verabschiedet Pläne über Luftangriffe zur Verteidigung von Goražde. Die Entscheidung über ihre Anforderung liegt nun allein bei UN-Oberbefehlshaber Bernard Janvier. Am 26.7. stimmt der US-Senat mit Dreiviertelmehrheit für die Aufhebung des Waffenembargos gegen Bosnien-Herzegowina. Am 27.7. tritt der

UN-Menschenrechtsbeauftragte Mazowiecki aus Protest gegen die Aufgabe von Srebrenica und Žepa durch die UNO zurück. Am 28.7. schließen in Westbosnien kroatische Truppen eine Mitte des Monats begonnene Offensive mit der Einnahme von Bosansko Grahovo und Glamoč ab und schaffen damit Voraussetzungen für die spätere Offensive gegen Knin. 20.000 Serben fliehen. Das am 19.7. begonnene Vorrücken serbischer Truppen bei Bihać hält an.

AUGUST 1995: Die Nato beschließt am 1.8. die Ausdehnung des für Goražde angekündigten Schutzes durch Luftstreitkräfte auch auf die übrigen Schutzzonen. Am 4.8. rücken kroatische Truppen in die serbisch kontrollierte „Krajina" ein und bombardieren Knin, das von der Unterstützung durch bosnisch-serbische Truppen abgeschnitten ist. Bosnische Regierungstruppen stoßen Tags darauf im Nordwesten Bosniens vor. Kroatische Truppen aus Istrien sorgen für den Entsatz von Bihać. In der der Operation „Oluja" (Sturm) erobert Kroatien bis zum 6.8. die von Serben kontrollierte Gebiete in Banija, Kordun und Lika im Westen. Unter serbischer Kontrolle bleiben im Osten des Landes Baranja, Ostslawonien und Westsyrmien. 180.000 Serben (nach UNHCR-Angaben) fliehen, zunächst auf serbisch beherrschte Teile Bosnien-Herzegowinas, dann nach Serbien. Am 10.8. legen die USA einen Friedensplan ähnlich dem der Kontaktgruppe von 1994 vor. Neuer US-Vermittler ist der Vizeaußenminister Richard Holbrooke. Luftaufnahmen lassen den Schluss zu, dass bei Srebrenica Massengräber angelegt wurden. Zugleich werden Berichte bekannt über kroatische Übergriffe während des Vorrückens in die „Krajina", auch an nicht geflohenen Serben. Die UN beginnt Mitte des Monats den Abzug ihrer Truppen aus Kroatien. Am 18.8. fordert der kosovo-albanische Ministerpräsident im Exil Bujar Bukoshi die UNO auf, im Kosovo eine Schutzzone zu errichten. Am 23.8. fordert Karadžić, der in einen Machtkampf mit General Mladić verwickelt ist, für die Serben 64 % des bosnischen Territoriums. Am 28.8. werden 38 Menschen bei einem Granateinschlag auf einem Marktplatz in Sarajevo getötet, Tags darauf stellt die UNO fest, dass der Beschuss von einer serbischen Stellung ausging. Ab 30.8. bombardiert die Nato in etwa 500 Einsätzen serbische Stellungen bei Goražde, Tuzla, Sarajevo, Pale und Mostar. In Belgrad vereinbart Milošević mit Karadžić und Mladić die gemeinsame Teilnahme an Friedensverhandlungen, wobei Milošević die oberste Entscheidungsbefugnis zufällt. Am 31.8. verurteilt Russland die Nato-Angriffe. Aus Banja Luka werden weitere Kroaten vertrieben.

SEPTEMBER 1995: Bei den Nato-Luftangriffen beteiligen sich nun auch deutsche Tornado-Flugzeuge mit ECR-Einsätzen (Elektronische Störmanöver). Die Nato stellt den Serben das Ultimatum, bis 4.9. die schweren Waffen von Sarajevo abzuziehen. Nach ergebnislosem Ablauf werden die Angriffe aufgenommen und bis 14.9. fortgesetzt, wobei auch Marschflugkörper zum Einsatz kommen. Am 8.9. treffen in Genf die Außenminister Bosnien-Herzegowinas, Kroatiens und Jugoslawiens mit Holbrooke zusammen und billigen die Teilung von Bosnien-Herzegowina auf der Basis von 49 % an die Serben und 51 % an die bosniakisch-kroatische Föderation. Nachdem die USA auf Griechenland Druck ausgeübt haben, wird dessen Blockade gegen Makedonien abgebrochen, am 13.9. erkennt Griechenland Makedonien offiziell an. Die bosniakisch-kroatische Offensive führt Mitte des Monats zu serbischen Flüchtlingsströmen Richtung Banja Luka. Nach der Einnahme von Bosanska Krupa und Sanski Most fordert die UNO das Einstellen der Offensive. Am 21.9. wird von der UNO festgestellt, dass die Serben ihre am 15.9. gegebene Zusage eines Abzuges der schweren Waffen hinter eine Line von 20 km um Sarajevo einhalten. Am 25.9. einigen sich in Washington die Gegner über die zentralen Verfassungsorgane und die Zuständigkeiten der beiden Einheiten Bosnien-Herzegowinas. Am 29.9. wird die Zufahrt nach Sarajevo freigegeben.

OKTOBER 1995: Am 3.10. überlebt der makedonische Präsident Kiro Gligorov einen Anschlag von Nationalisten in Skopje. Zwei Tage später gibt Makedonien offiziell dem griechischen Wunsch nach Änderung der Staatsflagge nach. Am 5.10 verkündet US-Präsident Clinton einen zweimonatigen Waffenstillstand in Bosnien-Herzegowina ab 10.10. Ab 22.10. wird er erstmals ohne Ausnahmen eingehalten. Am 16.10. tritt die Regierung der Republika Srpska unter Kozić zurück, Nachfolger wird Kasagić. Am 29.10. verfehlt bei den Parlamentswahlen in Kroatien die HDZ mit 45 % der Stimmen ihr Ziel einer 2/3-Mehrheit. 12 Abgeordnete wurden außerhalb des Staatsgebiets gewählt, wogegen die Regierung Bosnien-Herzegowinas protestiert. In Zagreb gewinnt die HDZ bei den Stadtratswahlen nur 36 %. Tuđman lehnt danach vier liberale Kandidaten für den Oberbürgermeisterposten nacheinander ab.

NOVEMBER 1995: Auf dem Luftwaffenstützpunkt Dayton, Ohio, beginnen am 1.11. die Friedensverhandlungen. Die anwesenden Präsidenten Izetbegović, Milošević und Tuđman einigen sich über die Einhaltung der Menschenrechte und die Rückkehr der Flüchtlinge. Am 10. November wird nochmals die bosniakisch-kroatische Föderation bestätigt, am 12.11. folgt unter Thorwald Stoltenbergs Vermittlung das Abkommen über Ostslawonien, das die Wiedereingliederung in das kroatische Territorium, aber zwei Jahre weitere UN-Kontrolle und Entmilitarisierung vorsieht. Am 21.11. wird mit Unterzeichung des Dayton-Vertrags der Krieg in Bosnien-Herzegowina beendet, tags darauf hebt der UN-Sicherheitsrat mit Resolution 1021 das Waffenembargo gegen Bosnien-Herzegowina, danach auch das Handelsembargo gegen Jugoslawien auf, wobei freie Wahlen in ganz Bosnien-Herzegowina 1996 Bedingung für die Umsetzung des Beschlusses sind. Am 30.11. erkennen sich Slowenien und die FR Jugoslawien gegenseitig an.

DEZEMBER 1995: Der Präsident der bosniakisch-kroatischen Föderation Zubak tritt aus Protest gegen Gebietsabtretungen (Posavina) in Dayton am 2.12. zurück. Am 5.2. beschließen die Außen- und Verteidigungsminister der Nato die Aufstellung der IFOR (Implementation Force) mit 60.000 Mann. Am 12.12. ergibt in Sarajevos serbischen Vororten ein von Karadžić organisiertes Referendum fast 100%ige Ablehnung der Übergabe an die bosniakisch-kroatische Föderation. Am 14.12. wird in Paris von Izetbegović, Milošević und Tuđman der Dayton-Vertrag feierlich unterzeichnet. Am 20.12. lösen die IFOR-Truppen, deren Nato-Kern auch von Einheiten aus osteuropäischen Mitgliedsländern des „Partnerschaft für den Frieden"-Programms ergänzt wird, mit einem Mandat für ein Jahr die UNPROFOR ab, deren Mannschaften zu einem großen Teil unter das neue Kommando übernommen werden. Bis Jahresende sind die IFOR-Einheiten in die bisherigen Kampfstellungen um Sarajevo eingerückt.

1996

JANUAR 1996: Vereinzelt kommt es zu Anschlägen auf IFOR-Truppen. In Mostar kommt es mehrfach zu bosniakisch-kroatischen Auseinandersetzungen. In Sarajevo verlassen Serben ihre Stadtteile. Am 9.1. erteilt der UN-Sicherheitsrat Kroatien eine Rüge wegen Menschenrechtsverletzungen in der rückeroberten „Krajina". Am 28.1. wird Hasan Muratović Nachfolger des am 21.1. zurückgetretenen Regierungschefs von Bosnien-Herzegowina Silajdžić.

FEBRUAR 1996: Am 7.2. entscheidet EU-Verwalter Koschnick, dass in Mostar eine gemeinsame Zone im Zentrum eingerichtet wird. Er entgeht danach nur knapp tätlichen Angriffen aufgebrachter Kroaten. Am 12.2. werden die von der bosnisch-herzegowinischen Regierung Anfang des Monats festgenommenen serbischen Militärs Đukić und Krzmanović an den Gerichtshof in Den Haag ausgeliefert. Am 20.2. ergeht eine Evakuierungsanordnung Karadžićs für die serbischen Vororte Sarajevos, der in der Folge die meisten der noch gebliebenen 50.000 Folge leisten, nachdem schon zuvor 20 bis 40.000 gegangen waren. Am 22.2. erkennt Frankreich als erster europäischer Staat die Föderation Jugoslawien an, Deutschland folgt am 17.4. Am 25.2. tritt Koschnick in Mostar zurück, nachdem die Dayton-Folgekonferenz seine Entscheidung einer zentralen Zone aufgehoben hat. Nachfolger wird der Spanier Casado. Am 28.2. wird der Franzose Bertrand de Lapresle, der Bernard Janvier ablöst, neuer UNPROFOR-Oberkommandierender für das gesamte ehemalige Jugoslawien.

MÄRZ 1996: Milošević wird am 2.3. wieder zum Vorsitzenden der SPS gewählt. Am 9.3. demonstrieren in Belgrad 20.000 gegen ihn, nachdem schon im Februar Proteste gegen die Schließung eines Senders stattgefunden haben. Am 20.3. wird Sarajevo offiziell wiedervereinigt.

APRIL 1996: Am 8.4. erkennen sich die FR Jugoslawien und Makedonien – wie schon Anfang Oktober 1995 vereinbart – an. Am 24.4. wird das Verfahren des ICTY in Den Haag gegen den serbischen General Đukić wegen dessen Krankheit vor seiner Eröffnung eingestellt.

MAI 1996: Am 6.5. wird in Den Haag der erste Prozess des ICTY eröffnet, angeklagt ist der bosnische Serbe Dušan Tadić. Am 14.5. wird die Aufnahme Kroatiens in den Europarat von dessen Ministerkomitees abgelehnt, nach der Befürwortung durch die parlamentarische Versammlung des Europarats am 24.4.

JUNI 1996: Am 10.6. wird das Assoziierungsabkommen von Slowenien mit der EU unterzeichnet. Am 30.6. tritt nach anhaltendem internationalem Druck (am 25.6. sogar seitens Miloševićs) Karadžić als Präsident der Republika Srpska einen Tag nach seiner Wahl zum Vorsitzenden der SDS zurück und übergibt die Amtsgeschäfte an Biljana Plavšić (SDS). Die OSZE legt die Wahlen in Bosnien-Herzegowina auf den 14.9.1996 fest. Am 30.6. wird unter IFOR-Aufsicht in Mostar bereits die Kommunalwahl durchgeführt, die von der SDA gewonnen wird, was zu kroatischen Protesten führt.

JULI 1996: Die USA stoppen die Militärhilfe für die bosniakisch-kroatischen Streitkräfte in Bosnien-Herzegowina, da diese mit dem Iran zusammenarbeiten. Am 11.7. erlässt in Den Haag das ICTY einen Haftbefehl gegen Karadžić und Mladić. Am 19.7. tritt Karadžić von allen Parteiämtern zurück, nachdem die OSZE mit dem Verbot der Zulassung der SDS zu den Wahlen gedroht hat.

AUGUST 1996: Nach langen Auseinandersetzungen einigen sich in Mostar Kroaten und Bosniaken am 6.8. über die Kommunalwahl vom 30. Juni und die Wahl eines Bürgermeisters. Am 23.8. erkennen sich Kroatien und die FR Jugoslawien gegenseitig an.

SEPTEMBER 1996: Am 1.9. unterzeichnen Milošević und Rugova ein Abkommen über die Arbeit der albanischen Schulen im Kosovo, das aber serbischerseits nicht umgesetzt wird. Nachdem die Kommunalwahl in Bosnien-Herzegowina am 27.8. von der OSZE verschoben worden war, ergeben die am 14.9. durchgeführten Parlamentswahlen in der Republika Srpska für die SDS 45 Sitze, SDA 14, Sonstige 20; in der bosniakisch-kroatischen Föderation: SDA 78, HDZ 35, Sonstige 37; bei den Gesamtstaatswahlen siegt Izetbegović vor Krajišnik und Zubak, diese drei bilden dann das Staatspräsidium. Im Gesamtstaatsparlament erringt die SDA 37,9 % (in der Föderation 55 %, in RS 17,8 %), SDS 24,1 % (in RS 54,4 %), HDZ 14,1 % (in Föderation 23 %). Die Wahl wird am 30.9. von der OSZE für gültig erklärt.

OKTOBER 1996: Am 1.10. werden alle UN-Sanktionen gegen Jugoslawien im Zusammenhang mit dem Krieg in Bosnien aufgehoben. Louise Arbour folgt Richard Goldstone als Chefanklägerin in Den Haag beim ICTY. Am 14.10. wird Kroatien Mitglied des Europarats.

NOVEMBER 1996: Bei den Wahlen am 3.11. erringen in Jugoslawien bei einer Beteiligung von 61 % die Parteien von Milošević und seiner Frau den Sieg: Der „Block der Linken" um die SPS erhält mit 52 % 64 Sitze, das Oppositionsbündnis Zajedno mit 21 % 22 Sitze, die Serbische Radikale Partei Šešeljs erhält 16 % und 17 Sitze.

Die Kosovo-Albaner boykottieren die Wahl. Die Parlamentswahlen in Slowenien ergeben ein Patt. Am 9.11. wird General Mladić in der Republika Srpska durch die Präsidentin Plavšić entlassen, aber nicht nach Den Haag ausgeliefert. Am 12.11. werden rückkehrende muslimische Flüchtlinge bei Tuzla von serbischen Polizisten beschossen. Am 17.11. gehen die Kommunalwahlen in Jugoslawien in die Stichwahl, wobei in 15 der 18 großen Städte die Sozialisten die Wahl an Zajedno verlieren. Drei Tage später werden diese Ergebnisse von der Wahlkommission annulliert. Darauf finden von der Opposition boykottierte Neuwahlen statt, die die Sozialisten gewinnen. Ende November erstes Urteil in Den Haag, der bei den Einheiten bosnischer Serben kämpfende bosnische Kroate Dražen Erdemović wird zu zehn Jahren Haft verurteilt. Im Kosovo proklamiert die UÇK den bewaffneten Kampf gegen die serbische Herrschaft.

DEZEMBER 1996: Die IFOR wird durch die SFOR (Stabilisation Force) abgelöst, die am 13.12. ein Mandat des UN-Sicherheitsrats erhält. Zugleich wird die Stärke auf ca. 30.000 Mann halbiert, die von Nato-Soldaten gestellt werden. Als Stationierungsdauer sind maximal 18 Monate vorgesehen. In Belgrad demonstrieren unter der Führung von Vuk Drašković, Zoran Đinđić und Vesna Pešić täglich Tausende, am 9.12. sogar über 100.000 mit Trillerpfeifen für die Anerkennung der Kommunalwahlen. Nach andauernden Protesten werden Mitte Dezember erstmals Wahlergebnisse von einem Gericht anerkannt. Am 27.12. konstatiert eine OSZE-Kommission, die auf internationalen Druck von Milošević zugelassen wurde, den Wahlsieg von Zajedno in 13 Städten.

1997

JANUAR 1997: Die USA nehmen ihre Militärhilfe für Bosnien-Herzegowina wieder auf, nachdem festgestellt ist, dass die bosniakisch-kroatische Föderation keine Unterstützung aus dem Iran mehr erhält. Ab 3.1. ist die neue bosnisch-herzegowinische Regierung im Amt. Als Ministerpräsidenten wechseln sich der Bosniake Silajdžić und der Serbe Boro Bosić wöchentlich ab. Am 13.1. demonstrieren eine halbe Million Menschen in Belgrad nochmals gegen die Wahlmanipulationen. Erst jetzt, nach 84 Demonstrationstagen, werden die Ergebnisse von den serbischen Behörden bestätigt.

FEBRUAR 1997: Nachdem Karadžić mit erneuter Gewalt gedroht hat, wenn die Stadt Brčko nicht an die Republika Srpska übergeben werde, wird am 14.2. die Entscheidung der Internationalen Schiedskommission über die Stadt um 13 Monate aufgeschoben. Am 28.4. unterzeichnen die FR Jugoslawien und die Republika Srpska ein Abkommen über die Herstellung „besonderer Beziehungen". Ende Februar wird in Slowenien nach monatelangen Verhandlungen die neue Regierung unter Drnovšek vom Parlament bestätigt.

MÄRZ 1997: In Den Haag stehen erstmals auch Bosniaken vor Gericht. Im Kosovo werden am 21.3. illegale Parlaments-und Präsidentschaftswahlen durchgeführt. Als einziger Kandidat wird Rugova mit 99 % erneut zum Präsidenten gewählt.

APRIL 1997: In Kroatien ist am 14.4. die HDZ Sieger der Kommunal- und Regionalwahlen. Sie gewinnt im Županijski dom (Komitatshaus, Oberhaus des Sabor) drei Stimmen dazu und besitzt damit 41 von 68 Mandaten.

JUNI 1997: Tuđman gewinnt am 15.6. mit 61,2 % die Präsidentschaftswahlen in Kroatien. Am 19.6. tritt der Spanier Carlos Westendorp als Nachfolger von Carl Bildt das Amt des Hohen Repräsentanten für Bosnien an. Am 24.6. wird in Den Haag gegen den bosnisch-kroatischen General Tihomir Blaškić der Prozess eröffnet. In Serbien bricht am Monatsende das Oppositionsbündnis Zajedno auseinander.

JULI 1997: Das ICTY in Den Haag verurteilt am 1.7. den bosnischen Serben Duško Tadić zu 20 Jahren Haft. Der Machtkampf in der Republika Srpska spitzt sich zu. Präsidentin Plavšić bittet die SFOR um Schutz. Am 2.7. löst Plavšić das Parlament auf, am 5.7. erklärt dieses die Präsidentin für abgesetzt. Im Kosovo wird das im März gewählte Parlament von der serbischen Polizei am 16.7. aufgelöst. Am 23.7. wird Lilić als jugoslawischer Präsident von Milošević abgelöst, dessen Amtsdauer als serbischer Präsident aufgrund der Verfassung nicht weiter zu verlängern ist. Slowenien ist einziges ex-jugoslawisches Land unter sechs Staaten, die von der EU zu Beitrittsverhandlungen eingeladen werden.

AUGUST 1997: In der Republika Srpska ernennen sowohl die Präsidentin Plavšić wie auch das von ihr aufgelöste, aber von der Führung der SDS in Pale unterstützte Parlament je einen Innenminister. Nach dem Ausschluss aus der SDS gründet Plavšić ihre Partei „Serbischer Volksbund" (SNS).

SEPTEMBER 1997: In Bosnien-Herzegowina finden am 13./14.9. die mehrfach verschobenen Kommunalwahlen statt. Vertriebene können an ihrem gegenwärtigen Aufenthaltsort die Stimme für ihren Herkunftsort abgeben. Bei 80 % Wahlbeteiligung dominieren die jeweiligen ethnischen Parteien SDA, HDZ und SDS. In Serbien verliert bei den Parlamentswahlen am 21.9. der Linksblock von Milošević und seiner Frau bei 62 % Wahlbeteiligung die bisherige absolute Mehrheit und erringt 110 von 250 Sitzen. Die Radikale Partei unter Vojislav Šešelj verdoppelt ihre Mandatszahl auf 82, die SPO von Vuk Drašković erringt 45 Sitze. Die oppositionelle DS und andere Parteien boykottierten die Wahl.

OKTOBER 1997: In Prishtina wird die mit 20.000 Teilnehmern größte albanische Demonstration seit 1989 gewaltsam aufgelöst. Unter zehn bosnischen Kroaten, die in Split festgenommen und an das Tribunal in Den Haag ausgeliefert werden sollen, ist auch der ehemalige Regierungschef der selbsternannten Republik der bosnischen Kroaten, Dario Kordić. In Serbien scheitern am 5.10. die Präsidentschaftswahlen, da wegen des Oppositionsboykotts die erforderliche Wahlbeteiligung von 50 % nicht erreicht wird. Die gleichzeitig in Montenegro angesetzten

Präsidentschaftswahlen gewinnt in der Stichwahl am 19.10 der amtierende Ministerpräsident Milo Đukanović vor dem bisherigen Präsidenten Bulatović.

NOVEMBER 1997: Bei den Parlamentsneuwahlen in der Republika Srpska wird die SDS trotz erheblicher Verluste mit 24 von 83 Sitzen stärkste Partei. Der neugegründete SNS von Plavšić erhält 15 Sitze, ebenso viele die nationalistischen Radikalen (SRS), die bosnisch-serbischen Ableger der Partei Šešeljs. Milošević weist internationale Vermittlungsangebote mit dem Ziel der Schaffung eines Sonderstatus des Kosovo als Einmischung zurück. In Slowenien wird am 23.11. Milan Kučan mit über 55 % als Präsident wieder gewählt.

DEZEMBER 1997: Der Hohe Beauftragte für Bosnien-Herzegowina Westendorp erhält vom Peace Implementation Council (PIC), in dem über 50 Staaten vertreten sind, erweiterte Befugnisse. In Serbien wird am 29.12. der bisherige jugoslawische Außenminster Milan Milutinović (SPS) knapp vor Šešelj zum Präsidenten gewählt, nachdem die im Oktober gescheiterte Wahl am 7. und 21.12. wiederholt wurde und eine Beteiligung von 51 % ergab.

1998

JANUAR 1998: In Montenegro tritt Đukanović sein Amt als neuer Präsident an, die Republik wird von Unruhen erschüttert. Milorad Dodik wird vom Parlament der Republika Srpska zum neuen Ministerpräsidenten gewählt, neuer Regierungssitz wird offiziell Banja Luka anstelle Pales. Am 7.1. kündigt die kosovo-albanische UÇK in ihrem Kommuniqué Nr. 42 die Ausweitung der Kämpfe nach Makedonien an. Am 15.1. endet endgültig die UNTAES-Mission mit der vollständigen Unterstellung Ostslawoniens unter Kroatien.

FEBRUAR 1998: In Serbien regiert unter dem bisherigen Regierungschef Mirko Marjanović eine Koalition des Linksblocks mit den Radikalen Šešeljs. Am 28.2. beginnt eine serbische Offensive gegen die UÇK, während die Weltöffentlichkeit mit der Irak-Krise beschäftigt ist. Bei Drenica, wo die UÇK vier serbische Polizisten erschossen hat, kommt es zu Kämpfen, bei denen nach serbischen Angaben über 16 UÇK-Angehörige umkommen.

MÄRZ 1998: Die Entscheidung über den Verbleib Brčkos wird erneut – diesmal bis Ende des Jahres – verschoben. Die serbische Sonderpolizei setzt die Offensive gegen die UÇK fort und geht in der Region Drenica brutal gegen die Zivilbevölkerung vor, von der 80 Menschen umkommen. Die Außenminister der Kontaktgruppen-Staaten drohen am 9.3. Jugoslawien mit Sanktionen. Der US-Sonderbotschafter für den Balkan Robert Gelbard droht mit einer US-Militärintervention im Kosovo. Am 22.3. wählen die Kosovo-Albaner Ibrahim Rugova als Präsidenten wieder sowie ein (von Belgrad ebenfalls nicht anerkanntes) Parlament. Am 26.3. wird Šešelj zum Stellvertretenden Ministerpräsidenten Serbiens gewählt und bekräftigt seine Weigerung, mit den Kosovo-Albanern zu verhandeln. Am 31.3. verhängt der UN-Sicherheitsrat ein Waffenembargo gegen die FR Jugoslawien; am selben Tag nimmt die EU Beitrittsverhandlungen mit Slowenien auf.

APRIL 1998: Ab Monatsmitte dringt die UÇK verstärkt aus albanischen Stützpunkten in das Kosovo ein. Am 23.4. ergibt ein serbisches Referendum eine 94 %ige Ablehnung einer internationalen Vermittlung. Ab 27.4. sind Wirtschaftssanktionen der EU gegen Jugoslawien in Kraft. Am 29.4. stellt die Kontaktgruppe fest, dass ihre bisherigen Forderungen an Jugoslawien nicht erfüllt seien, und kündigt die Einfrierung jugoslawischer Auslandsguthaben an.

MAI 1998: Auf der Nato-Frühjahrstagung in Luxemburg wird die Prüfung einer Intervention im Kosovo-Konflikt beschlossen. Russland warnt vor einer Intervention ohne UN-Mandat. Am 15.5. einigen sich unter US-Vermittlung Rugova und Milošević über Verhandlungen ohne Vorbedingungen. Darauf ziehen die Kontaktgruppenstaaten die am 9.5. in Kraft gesetzten Sanktionen gegen Jugoslawien zurück. Momir Bulatović wird am 21.5. Regierungschef der FR Jugoslawien, nachdem sein Vorgänger Radoje Kontić wegen seiner Weigerung, in Montenegro den Ausnahmezustand zu verhängen, abgesetzt wurde. Am 31.5. siegt in Montenegro Präsident Milo Đukanović bei den Parlamentswahlen mit 50,2 % der Stimmen und 42 von 78 Mandaten vor den Sozialisten Bulatovićs (35,5 %).

JUNI 1998: In der ersten Monatshälfte gehen die serbischen Einheiten gegen Dörfer im Kosovo vor, die von der UÇK nicht verteidigt werden können. Die Nato führt am 15.6. Luftmanöver über den Nachbarstaaten des Kosovo, teilweise im jugoslawischen Luftraum, durch, wogegen Russland protestiert. Russlands Präsident Jelzin lässt sich am 16.6. von Milošević zusichern, dass im Kosovo nicht gegen die Zivilbevölkerung vorgegangen werde. Das am 20.6. auslaufende SFOR-Mandat wird vom UN-Sicherheitsrat am 15.6. unbefristet verlängert. In Bosnien-Herzegowina wird am 22.6. die „Konvertibilna Marka" mit einem Kurs von 1:1 zur DM als einheitliche Währung eingeführt. Nach Auskunft des UNHCR sind seit dem Ende des Krieges 450.000 Flüchtlinge zurückgekehrt, während 1,8 Millionen, davon 820.000 innerhalb Bosnien-Herzegowinas, auf die Rückkehr warteten. Aus dem Kosovo sollen 65.000 vertrieben sein. Am 24.6. weist die UÇK einen von Holbrooke in einem demonstrativen Treffen angebotenen Waffenstillstand zurück, obwohl sie den serbischen Kräften kaum etwas entgegenzusetzen hat. Der kroatische Vertreter im bosnisch-herzegowinischen Staatspräsidium Krešimir Zubak verlässt die HDZ und gründet die „Neue Kroatische Initiative". Die Auslieferung des Kommandanten des Lagers Jasenovac Dinko Šakić an kroatische Justizbehörden durch Argentinien löst in Kroatien Debatten über die Verbrechen des Ustascha-Staates aus.

JULI 1998: Die Verhandlungen zwischen Milošević und Rugova scheitern, da ersterer nur über eine Autonomie, letzterer über Unabhängigkeit des Kosovo verhandeln will. Am 6.7. nimmt eine Beobachtermission (KDOM, Kosovo Diplomatic Observer Mission) mit 200 Diplomaten aus neun Staaten ihre Arbeit auf. In der zweiten Juliwoche Großoffensive serbischer Einheiten gegen die UÇK und Eroberung (20.7.) der am 17.4. von der UÇK eingenommene Stadt Orahovac, aus der 25.000 Einwohner fliehen. Nachdem an der Straße zwischen Prishtina und Peć die – vom Kosovo-Parlament seit 23.7. als Teil des albanischen Kampfes anerkannte – UÇK verdrängt ist und das von der UÇK gehaltene Gebiet in zwei Teile zerfällt, erobern am 28.7. serbische Truppen Mališevo, wo sich das UÇK-Oberkommando befand. Am Ende des Monats erklärt Milošević die Militäraktion im Westkosovo für erfolgreich beendet. In Montenegro ist seit 16.7. die neue Regierung unter Filip Vajanović im Amt. Die UNPREDEP-Mission in Makedonien wird vom UN-Sicherheitsrat um ein weiteres halbes Jahr verlängert.

AUGUST 1998: Entgegen der Erklärung über das Ende der Kämpfe gehen die Serben weiter vor und erweitern die von ihnen kontrollierte Zone um Drenica. Am 13.8. wird Adem Demaqi politischer Vertreter der UÇK, deren letzte wichtige Bastion Junik am 15.8. von serbischen Truppen nach drei Wochen Belagerung eingenommen wird. Auch bei Prishtina, Prizren und Peć wird gekämpft, wobei die serbischen Truppen bei ihrem Vormarsch die albanische Bevölkerung aus den Dörfern vertreiben; geschätzt werden 200.000 Flüchtlinge. Die UÇK erklärt nun ihre Strategie der Herrschaft über geschlossene Gebiete für gescheitert. Am 17.8. vermittelt die KDOM einen Waffenstillstand im Kosovo, in Albanien beginnen am selben Tag Manöver von 26 Staaten unter Nato-Oberkommando. Am 18.8. verständigen sich Kroatien und Jugoslawien über den Austausch von Kriegsgefangenen und die Einrichtung von Konsulaten in der jeweils anderen Hauptstadt.

SEPTEMBER 1998: Rugova und Milošević stimmen am 4.9. einer beschränkten Autonomie des Kosovo, die nach drei Jahren überprüft wird, grundsätzlich zu. Am 7.9. beschließt die EU ein Landeverbot der Flugzeuge der jugoslawischen Linie JAT. Am 8.9. legt US-Vermittler Christopher Hill einen Vorschlag für ein Friedensabkommen im Kosovo vor. Bei den Wahlen zum Staatspräsidium von Bosnien-Herzegowina am 12.-13.9. erhalten (in dieser Reihenfolge) die meisten Stimmen: Izetbegović, der Kroate Ante Jelavić, der Zubak ablöst und der Serbe Živko Radišić, der den Karadžić-Parteigänger Krajišnik ablöst. In der Republika Srpska wird Nikola Poplašen von der Serbischen Radikalen Partei gewählt und löst im Präsidentenamt Biljana Plavšić ab. Am 20.9. schlägt Rugova für das Kosovo den Status einer Republik innerhalb Jugoslawiens auf einer Ebene mit Serbien und Montenegro vor. Am 21.9. beginnt in Zagreb ein Prozess gegen neun Kroaten wegen Kriegsverbrechen an Serben. Der UN-Sicherheitsrat droht am 23.9. in Res.1199 mit „Maßnahmen" und fordert – ebenso wie der Europarat – einen Waffenstillstand und Verhandlungen im Kosovo. Tags darauf erlässt die Nato eine „Activation Warning" gegen Jugoslawien. Am 28.9. erklärt die serbische Regierung ihre Offensive für beendet, am selben Tag einigen sich in Skopje die Verteidigungsminister der südosteuropäischen Länder (ohne FR Jugoslawien) auf die Schaffung einer multinationalen Truppe. Am Ende des Monats häufen sich Meldungen über Massaker an der Zivilbevölkerung im Kosovo, über 1400 Albaner sollen seit Januar getötet und 450.000 vertrieben sein.

OKTOBER 1998: Bei einem Besuch in Kroatien durch den Papst wird Kardinal Alojzije Stepinac selig gesprochen, dessen Verhältnis zum Ustascha-Staat umstritten ist. Obwohl Jugoslawien den Rückzug seiner Truppen aus dem Kosovo meldet, verurteilt der UN-Sicherheitsrat auf einer Dringlichkeitssitzung am 2.10. die Massaker im Kosovo, die Nato bereitet Luftangriffe vor. Die USA kündigen Milošević Militärschläge an, wenn die Angriffe auf die Albaner nicht aufhören. Am 5.10. droht der EU-Ministerrat mit Sanktionen, und am 7.10. verlangt das EU-Parlament ein militärisches Eingreifen der Nato im Kosovo auch ohne UN-Mandat. Am 8.10. erteilt Clinton den US-Streitkräften einen Aktivierungsbefehl, die Kontaktgruppe beschließt die Entsendung von Holbrooke nach Belgrad. China und Russland lehnen einen Militärschlag ab, Russland stellt sich aber hinter die Forderung nach einer OSZE-Beobachter-Mission. Am 12.10. willigt Milošević gegenüber Holbrooke in einen serbischen Truppenrückzug, eine Erweiterung der Selbstverwaltung des Kosovo und die Stationierung von 2.000 OSZE-Beobachtern dort sowie einer Luftraumüberwachung durch die Nato ein. Die Nato setzt dennoch ihre Vorbereitungen für Luftangriffe fort. In Kroatien tritt am 12.10. Verteidigungsminister (und Arzt Tuđmans) Andrija Hebrang (jr.) zurück, ebenso der Stabschef Hrvoje Šarinić. Wegen der Defizite in der kroatischen Demokratie schiebt die EU Verhandlungen über ein Kooperationsabkommen hinaus. Am 16.10. beginnnt die Nato mit Aufklärungsflügen über dem Kosovo. In Serbien wird gegen die Schließung regierungskritischer Zeitungen und Rundfunksender demonstriert. Ein neues Mediengesetz schafft mit harten Strafen für „Defaitismus" die Grundlage für weitere Unterdrückung der Opposition. Nachdem die Ermordung von drei serbischen Polizisten durch die UÇK bekannt wurde, fordert die EU diese auf, alle Provokationen einzustellen. Am 24.10. bekräftigt der UN-Sicherheitsrat in Res. 1204 die zuvor zwischen OSZE und Jugoslawien vereinbarte Beobachter-Mission (KVM, Kosovo Verification Mission). Am 26.10. werden – kurz vor Ablauf des Nato-Ultimatums – die serbischen Truppen um einige Tausend Mann reduziert.

NOVEMBER 1998: In Makedonien verliert nach dem zweiten Wahlgang am 1.11. das regierende „Bündnis für Makedonien" mit nur noch 28 der bisher 61 (von 120 Sitzen). Sieger wird die VMRO-DPMNE unter Ljupčo Georgievski zusammen mit der Demokratischen Alternative mit 58 Sitzen. An ihrer Regierung wird mit fünf Posten die albanische Demokratische Nationalpartei beteiligt. Am 7.11. verlegt die serbische Zeitung Dnevni telegraf ihren Redaktionssitz von Belgrad nach Montenegro, nachdem der Verleger Slavko Ćuruvija eine hohe

Strafe für „Nachrichten zur Zerstörung der öffentlichen Ordnung" erhalten hat. Der für Serbien bestimmte Teil der Auflage wird am 18.11. an der serbisch-montenegrinischen Grenze beschlagnahmt. Am 13.11. beschließt die Nato die Stationierung von 1800 Mann zum Schutz der Beobachter im Kosovo (Exfor). Ende des Monats protestieren in Belgrad Studenten gegen Entlassungen von Professoren aufgrund neuer restriktiver Gesetze. Der jugoslawischen Generalstabschef Momčilo Perišić, der sich im Frühjahr dem Einsatz des Militärs gegen die Regierung in Montenegro widersetzt hat, wird abgesetzt. Die Absetzung des langjährigen Chefs des Geheimdienstes Jovica Stanišić löst viele Spekulationen aus.

DEZEMBER 1998: SFOR-Soldaten verhaften den General der bosnischen Serben Radislav Krstić, der nach Den Haag zum UN-Kriegsverbrecher-Tribunal überstellt wird. US-Vermittler Christopher Hill legt am 2.12. einen neuen Kosovo-Friedensplan vor, der bei keiner Seite Zustimmung findet. Am 6.12. beginnt die Stationierung der Exfor-Einheiten in Makedonien, die im Kriegsfall die OSZE-Beobachter im Kosovo schützen sollen. Die im sechsmonatigen Wechsel vorgenommene Überprüfung der SFOR-Präsenz in Bosnien-Herzegowina ergibt, dass die 32.000 Soldaten nicht abgezogen werden. Der von über 50 Staaten beschickte Bosnien-Friedensrat beschließt in Madrid, dass die SFOR die Rückkehr der Flüchtlinge sichern soll. Am 9.12. verleiht die EU ihren Sacharow-Preis für Menschenrechte an Rugova. Am 14.12. beginnt Holbrooke mit neuen Vermittlungen im Kosovo. Am 24.12. kündigt die UÇK den Waffenstillstand im Kosovo auf, nachdem schon seit 14.12. vereinzelt Kämpfe stattgefunden haben. Am 27.12. gehen die serbischen Kräfte wieder zu einer Offensive über. Aus den jugoslawischen Streitkräften werden Kritiker Miloševićs entlassen. Ende des Jahres wird in Belgrad der Versuch unternommen, 17 Parteien und Verbände zu einem erneuten Oppositionsbündnis („Bündnis für Veränderungen") zusammenzuschließen.

1999

JANUAR 1999: Kroatien weigert sich, den früheren Führer der Bihać-Enklave Fikret Abdić nach Bosnien-Herzegowina auszuliefern, wo er wegen Kriegsverbrechen vor Gericht gestellt werden soll. Am 9.1. töten französische SFOR-Soldaten den mutmaßlichen Kriegsverbrecher Dragan Gagović, den ehemaligen Polizeichef der ostbosnischen Stadt Foča. Tags darauf zerstört die SFOR Waffen der bosnischen Kroaten als Strafaktion gegen die Dayton-widrige Ernennung von Generälen durch den kroatischen Vertreter im bosnisch-herzegowinischen Staatspräsidium. Im Kosovo vermitteln die OSZE-Beobachter, die ihre Gesamtsollstärke von 2.000 Mann erheblich unterschreiten, am 13.1. die Freilassung von serbischen Polizisten aus der Gefangenschaft der UÇK. Am 16.1. werden im Kosovo-Dorf Raçak 45 Leichen gefunden, offenbar Opfer eines Massakers an Zivilisten durch serbische Kräfte. Tags darauf wird vom serbischen Informationsministerium erklärt, die UÇK habe den Leichen ihrer gefallenen Kämpfern Zivilkleidung angezogen. Die jugoslawische Regierung verweigert danach der Chefanklägerin des UN-Kriegsverbrechertribunals, Louise Arbour, die Einreise zur Untersuchung des Massakers. Der Leiter der OSZE-Mission im Kosovo, William Walker, beschuldigt die Serben der Tat und wird von den serbischen Behörden zum 21.1. ausgewiesen. Darauf und nach ergebnislosen Gesprächen ihrer Generäle Wesley Clark und Klaus Naumann mit Milošević in Belgrad setzt die Nato am 20.1. „Sicherheitsmaßnahmen" für ihre Truppen in der Region in Kraft. Am 22.1. wird die Ausweisung Walkers aufgehoben. Am 26.1. erklärt die Nato, für einen Militäreinsatz zur Beendigung der Kämpfe im Kosovo vorbereitet zu sein; die UÇK kündigt die Bildung einer eigenen Regierung an. In der Republika Srpska scheitert Präsident Poplašen beim zweiten Anlauf, seinen Kandidaten Brano Miljuš vom Parlament zum Regierungschef wählen zu lassen. Am 29.1. fordert die Balkan-Kontaktgruppe zu Kosovo-Verhandlungen spätestens ab dem 6.2. und einer Einigung bis zum 20.2. auf, ansonsten werde es zu einer Militärintervention kommen.

FEBRUAR 1999: Am 6.2. beginnen im Schloss Rambouillet bei Paris die Verhandlungen zwischen Serbien und Vertretern der Kosovo-Albaner einschließlich der UÇK. Diese lehnen den bloßen Autonomiestatus für die Provinz ab, die Serben sperren sich gegen die Aufstellung einer internationalen Streitmacht. Nach der ersten Woche werden die Verhandlungen planmäßig bis zum 20.2. verlängert. Eine erneute Verlängerung läuft am 23.2. ab, worauf die Nato sich einsatzbereit macht. Nachdem beide Delegationen prinzipielle Zustimmung zu einem Kompromiss signalisiert haben, stimmt die Kontaktgruppe einer Fortsetzung der Gespräche am 15.3. zu. Zugleich gehen weitere 6.500 serbische Soldaten mit 250 Panzern und 90 Artilleriegeschützen an der Grenze zum Kosovo in Stellung, der in Rambouillet verhandlungsführende serbische Präsident Milan Milutinović kündigt die „Bekämpfung der albanischen Terroristen mit allen Mitteln" an.

MÄRZ 1999: Da Makedonien Beziehungen zu Taiwan aufgenommen hat, scheitert die Verlängerung des UN-Mandats der UNPREDEP am Veto Chinas im Sicherheitsrat. Am 2.3. tritt in der Führung der UÇK der als radikal geltende Adem Demaqi zurück. Der Leiter des politischen Direktorats der UÇK, der Verhandlungsführer in Rambouillet Hashim Thaqi, wird von der UÇK als künftiger Regierungschef im Kosovo nominiert. Am 3.3. kündigt der Präsident der Republika Srpska Nikola Poplašen die Entlassung des mit Parlamentsmehrheit regierenden Milorad Dodik an. Zwei Tage darauf wird Poplašen selbst vom Hohen Repräsentanten in Bosnien-Herzegowina Westendorp abgesetzt. Am 5.3. gibt auch der Vermittler für den Status der Stadt Brčko, Robert Owen, als Schiedsspruch bekannt, dass die nach massiven Vertreibungen 1992 nun mehrheitlich serbisch bewohnte Stadt ein neutraler Distrikt werden soll. Dem massiven bosnisch-serbischen Protest dagegen schließen sich auch gemäßigte Politiker wie Dodik an, der seinen Rücktritt erklärt, ihn in der Folge aber zurücknimmt. Am 7.3. billigt das Parlament der Kosovo-Albaner die Vereinbarungen von Rambouillet, UÇK-Vertreter fordern danach die Einstellung aller serbischen Militäraktionen bevor sie einwilligen können. Die Nato verstärkt ihre in Makedonien stationierten Kräfte. Serbische Einheiten rücken im Kosovo weiter vor, schießen Dörfer in Brand und vertreiben daraus ihre Bewohner. Die serbischen Behörden verhängen gegen albanische Zeitungen Geldstrafen, am 17.3. wird die Zeitung Kosova Sot beschlagnahmt. An diesem Tag stellt das finnische Untersuchungsteam in Prishtina seine Ergebnisse vor, wonach die 45 Opfer in Raçak im Januar Zivilisten waren. Am 18.3. unterzeichnet nach der Wiederaufnahme der Verhandlungen in Paris die UÇK das Kosovo-Abkommen, nach Belgrads Weigerung sind die Verhandlungen am 19.3. endgültig gescheitert. Tags darauf beginnen die 1.400 OSZE-Beobachter den Abzug aus dem Kosovo, Holbrooke überbringt Milošević eine „letzte Warnung". Die Jugoslawische Armee beginnt eine neue Offensive. Am 23.3. wird die Ende Januar vom Nato-Rat an den Nato-Generalsekretär Javier Solana erteilte Vollmacht, einen Angriff anzuordnen, wirksam. Am 24.3. beginnen die Luftangriffe der Nato auf Jugoslawien, Jugoslawien ruft den Kriegszustand aus und bricht am 25.3 die diplomatischen Beziehungen zu Deutschland, den USA, Großbritannien und Frankreich ab. An diesem Tag wird der kosovarische Menschenrechtsanwalt Bajram Kelmendi mit seinen beiden Söhnen in Prishtina von serbischen Polizisten festgenommen und umgebracht. Am 26.3. werden zwei jugoslawische MiG-29 über bosnischem Territorium abgeschossen. Tags darauf verliert die Nato ein amerikanisches Flugzeug vom Typ F-117 („Tarnkappenbomber"), der Pilot wird geborgen. Am 31.3. geraten drei US-Soldaten an der makedonisch-jugoslawischen Grenze in serbische Gefangenschaft. Die in immer größeren Zahlen fliehenden Kosovaren berichten von schweren Verbrechen der serbischen Einheiten. Nach UNHCR-Angaben sind mittlerweile eine halbe Million Kosovaren vertrieben, die Hälfte von ihnen hat das Land verlassen.

April 1999: Am 1.4. zeigt das serbische Fernsehen Rugova, der das Ende der Luftangriffe fordert. Am 2.4. wird erstmals die Innenstadt von Belgrad angegriffen und das Gebäude des Innenministeriums zerstört. Am 3.4. sprengt die SFOR die Bahnverbindung zwischen Serbien und Montenegro auf bosnischem Gebiet. Ab 4.4. werden die Kosovo-Vertriebenen mit einer Luftbrücke unterstützt. Am 7.4. werden zehntausende Flüchtlinge unter Zwang von der makedonischen Regierung aus dem Lager Blace weggebracht, auch die serbischen Streitkräfte deportieren Flüchtlinge an der anderen Seite der Grenze. Am 10.4. wird in Belgrad von Unbekannten der Verleger Slavko Ćuruvija erschossen. Nachdem die Nato schon vereinzelt zivile Ziele getroffen hat, werden bei einem Angriff auf einen Zug am 12.4. mindestens dreißig Menschen getötet. Am 14.4. kommen (nach serbischen Angaben) mindestens 70 Menschen bei einem Angriff auf einen Konvoi mit Flüchtlingen um; Nato und Jugoslawien beschuldigen sich gegenseitig, später gibt die Nato die Möglichkeit eines Fehlers zu. Nach längeren Diskussionen schließt am 18.4. Nato-Generalsekretär Javier Solana Bodentruppen nicht mehr aus. Am 22.4. trifft die Nato eine Villa Miloševićs, tags darauf einen Fernsehsender. Erst jetzt wird von EU und Nato ein Ölembargo gegen Jugoslawien verhängt. Am 25.4. schließt der jugoslawische Vizepremier Vuk Drašković eine UN-Truppe im Kosovo nicht aus, drei Tage später wird er abgesetzt. Gegen Monatsende meldet der UNHCR mittlerweile 371.000 Flüchtlinge aus dem Kosovo. Am 30.4. scheitert der russische Jugoslawien-Vermittler Wiktor Tschernomyrdin beim Versuch, Milošević zum Einlenken zu bewegen.

Mai 1999: Am 1.5. trifft die Nato einen Bus und tötet 40 Menschen. Am 2.5. werden die drei US-Soldaten aus jugoslawischer Gefangenschaft freigelassen. Am 3.5. legt die Nato mit Bomben Teile der Stromversorgung in Jugoslawien lahm. Am 6.5. einigen sich die sieben führenden Industriestaaten und Russland (G 8) über eine politische Lösung, einschließlich einer internationalen Truppe im Kosovo unter Führung der UNO. Am 7.5. kommen bei einem Angriff der Nato auf die chinesische Botschaft in Belgrad drei Menschen ums Leben. Am 9.5. wird Fehmi Agani, Vertreter der Albaner in Rambouillet, im Kosovo ermordet. Am 10.5. wird vor dem Internationalen Gerichtshof in Den Haag die Klage Jugoslawiens gegen die beteiligten Nato-Staaten verhandelt. Belgrad gibt einen Truppenrückzug aus dem Kosovo bekannt, der von der Nato angezweifelt wird. Die Nato steigert ihre Angriffe am 11.5. auf über 600 Einsätze an einem Tag. 87 Opfer am 13.5. bei einem Nato-Angriff auf das Dorf Koriša, worauf die Nato Jugoslawien beschuldigt, Albaner als „menschliche Schutzschilde" einzusetzen. Am 14.5. übernimmt der finnische Präsident Martti Ahtisaari im Auftrag der EU die Verhandlungsführung mit Jugoslawien. Am 16.5. schlägt der italienische Ministerpräsident Massimo D'Alema eine einseitige Waffenruhe der Nato vor, droht mit dem Einsatz von Bodentruppen. Am 18.5. erstmals größere jugoslawische Demonstrationen gegen die jugoslawische Kriegsführung, nachdem seit Beginn der Angriffe Kundgebungen ausschließlich gegen die Nato stattfanden. Am 19.5. einigen sich Vertreter der G-8-Staaten auf einen Resolutions-Entwurf für den UN-Sicherheitsrat. Milošević willigt gegenüber Tschernomyrdin in eine Lösung auf UN-Basis ein, will allerdings nur „leicht bewaffnete Blauhelme" akzeptieren. Am 24.5. beschließt die Nato, dass die künftige Truppe für das Kosovo 50.000 Mann stark werden solle. Mittlerweile ist die Zahl der aus dem Kosovo Vertriebenen auf insgesamt 800.000 angestiegen. Am 27.5. wird vom Kriegsverbrechertribunal in Den Haag Anklage gegen Milošević erhoben (seit der Gründung die 84. Anklage), außerdem gegen vier weitere Regierungsmitglieder, darunter der JV-Oberbefehlshaber Dragoljub Ojdanić und Milan Milutinović. Die Nato steigert weiter ihre Angriffe und fliegt 772 Einsätze allein am 31.5.

JUNI 1999: Am 2.6. einigen sich die Nato-Staaten und Russland auf dem Petersberg bei Bonn auf einen Friedensplan für das Kosovo. Martti Ahtisaari und Tschernomyrdin fliegen nach Belgrad. Am selben Tag weist der Internationale Gerichtshof in Den Haag die Klage Jugoslawiens gegen die Nato-Staaten zurück, da sich die Beteiligten zuvor nicht der Rechtsprechung des Gerichts unterworfen hätten und eine davon unabhängige Verfahrensaufnahme nur im Falle eines Völkermordes möglich sei. Presseberichte über konkrete Überlegungen für Nato-Einsätze am Boden, auch erstmals über eine Luftunterstützung der Nato für die UÇK. Am 3.6. billigt zuerst das serbische Parlament mit 136 gegen 74 Stimmen (der Radikalen Partei Šešeljs) und danach Milošević den Friedensplan, der den völligen Abzug der serbischen Truppen, die Rückkehr der Flüchtlinge und die Stationierung von Truppen unter UN-Mandat vorsieht. Die territoriale Unversehrtheit Jugoslawiens soll gewahrt und die UÇK entwaffnet werden. Die Luftangriffe der Nato sollen erst eingestellt werden, wenn der serbische Abzug und das Ende der Gewaltmaßnahmen verifiziert ist. Darauf beginnen Verhandlungen zwischen der Nato unter dem britischen General Michael Jackson und serbischen Militärs über Details des Abzugs, die in der Nacht vom 6. zum 7.6. abgebrochen werden, worauf die Nato-Angriffe verstärkt werden. Am 8.6. einigen sich die Außenminister der G-8-Staaten in Köln auf einen Text für eine UN-Sicherheitsrats-Resolution, die der KFOR ihr Mandat verleihen soll, wenn der serbische Truppenabzug in Gang ist. Am Abend des 9.6. wird nach langem Verhandeln das Militärabkommen zwischen der Nato und Jugoslawien geschlossen, das den Abzug der serbischen Streitkräfte in elf Tagen regelt. Am 10.6. Resolution 1244 des UN-Sicherheitsrats über eine zivile Übergangsregierung im Kosovo (UNMIK) und die Entwaffnung der Albaner. Die Nato gibt die vorläufige Einstellung der Luftangriffe bekannt und warnt vor Verzögerungen beim Rückzug der 40.000 serbischen Soldaten. Am 11.6. rückt überraschend ein 200 Mann starkes russisches Kommando mit SFOR-Einheiten aus Bosnien-Herzegowina nach Prishtina vor und besetzt dort den Flughafen. Am 14.6. tritt die Radikale Partei aus der serbischen Regierung als Protest gegen das Friedensabkommen zurück, macht dies wenige Tage später auf Druck des Präsidenten wieder rückgängig. Das britische Außenministerium erklärt am 17.6., serbische Einheiten hätten über 10.000 Kosovo-Albaner ermordet. Am selben Tag erklärt US-Präsident Clinton, Serbien werde unter Milošević keine westliche Wirtschaftshilfe erhalten. Am 20.6. verkündet die Nato auf dem G-8-Gipfel in Köln die definitive Einstellung der Luftangriffe. In Belgrad ergeht der Aufruf an die nach UNHCR-Angaben ca. 33.000 serbischen Kosovo-Flüchtlinge, zurückzukehren. Ein Militärabkommen zwischen Russland und den USA regelt die russische Beteiligung an der KFOR, ohne dass eine russische Zone gebildet wird. Seit dem 20.6. finden in Belgrad Protestdemonstrationen gegen Milošević statt. Am selben Tag unterzeichnen General Jackson und Hashim Thaqi ein Abkommen über die Entwaffnung der UÇK innerhalb von 90 Tagen. Am 23.6. beteiligen sich serbische Reservisten an den sich ausbreitenden Protesten gegen die Regierung. Tags darauf werden die meisten Kriegsrechtsbestimmungen in Jugoslawien aufgehoben. Immer wieder kommt es im Kosovo zu Übergriffen zurückgekehrter Albaner auf Serben, teilweise auch auf Roma. Die USA setzen fünf Mio. US $ als Kopfgeld für Milošević aus. Am 29.6. einigen sich die Staats- und Regierungschefs der EU auf die Ernennung des vorigen deutschen Kanzleramtsministers Bodo Hombach zum EU-Balkan-Koordinator, der Österreicher Wolfgang Petritsch soll als Nachfolger von Carlos Westendorp Hoher Repräsentant in Bosnien werden.

JULI 1999: Der jugoslawische Regierungschef Momir Bulatović kündigt am 1.7. ein neues Kabinett an, dem wieder Vojislav Šešelj angehören soll. Nach Nato-Angaben konzentriert Belgrad Truppen in Montenegro und besetzt Schlüsselpositionen mit loyalen Serben. In der Vojvodina werden offen Unterschriften für eine Rücktrittsforderung an Milošević gesammelt. Nach Abhörskandalen und anderen Geheimdienstaffären ernennt der kroatische Präsident am 2.7. seinen Sohn Miroslav Tuđman zum Chef der kroatischen Sicherheitsdienste. Kroatien verklagt vor dem Internationalen Gerichtshof in Den Haag Jugoslawien wegen Völkermordverbrechen ab 1991. Nachdem Verhandlungen zwischen Nato und Russland über dessen Unterstützung der KFOR stockten, erklären am 4.7. Ungarn, Rumänien und Bulgarien, russischen Transportmaschinen keine Überquerung ihres Territoriums zu gestatten. Einen Tag später wird Einigung über die russische Beteiligung erzielt. Der UNHCR erklärt am 5.7., dass seit Ende des Krieges fast 590.000 Kosovo-Flüchtlinge zurückgekehrt seien. Am 4.7. gründen drei UÇK-Mitglieder die Partei der Demokratischen Union (PBD) im Kosovo. Damit beginnt die Umwandlung der UÇK in eine bzw. mehrere politische Parteien. Am 8.7. beginnt die Rückführung der in Deutschland aufgenommenen Flüchtlinge. Immer wieder entdecken KFOR-Soldaten Massengräber im Kosovo, das größte im Juli gefundene enthält bis zu 350 Tote. Die serbische Opposition demonstriert gegen Milošević, besonders heftig in Orten wie Valjevo, wo wegen der Zerstörung der Rüstungsbetriebe die wirtschaftliche Basis der Bevölkerung verloren ist. Im Kosovo kommt es zu Kundgebungen gegen die russischen KFOR-Soldaten. Die OSZE beschließt am 10.7. die Entsendung von 700 Beratern ins Kosovo. Über 100.000 Serben sollen das Kosovo verlassen haben. Es wird bekannt, dass jugoslawische Militärgerichte während der Nato-Angriffe über 23.000 Verfahren gegen Wehrdienstverweigerer eingeleitet haben. Weiterhin befinden sich Hunderte albanischer Zivilgefangener in serbischer Haft. Am 12.7. sind nach UNHCR-Angaben noch etwa 100.000 Kosovo-Vertriebene außerhalb ihrer Heimat. Die serbische Oppositionsbewegung bereitet zur Monatsmitte einen Protestmarsch auf Belgrad vor. In Montenegro wird verstärkt über eine Unabhängigkeit von Serbien diskutiert. Am 14.7. beginnen montenegrinisch-serbische Verhandlungen über die Neugestaltung des innerjugoslawischen Verhältnisses. Am 14.7. kehrt Ibrahim Rugova nach Prishtina zurück. Immer wieder kommt es im Kosovo zu Gewalttaten. Nachdem am 23.7. in Gračko 14 serbische Bauern umgebracht worden sind, erklärt KFOR-Oberkommandierender Jackson am 26.7., dass in den zurückliegenden sechs Wochen 73 Serben und 72 Albaner getötet worden seien. Der montenegrinische Ministerpräsident Vujanović fordert Milošević zum Rücktritt auf. Am 28.7. werden die ersten von internationalen Organisationen erhobenen Zahlen über die Zerstörungen im Kosovo vorgelegt. Demnach wurden von 200.000 registrierten Häusern 120.000 ganz oder teilweise zerstört. Daraus errechnet sich ein Bedarf an Wiederaufbauhilfe für 1999 in Höhe von 300 Mio. Euro, für das Folgejahr von mindestens 500 Mio. Euro. Am 30.7. treffen sich in Sarajevo 31 Staats- und Regierungschefs, um den Stabilitätspakt für Südosteuropa zu verabschieden.

AUGUST 1999. Am 18.8. kritisiert der kosovo-albanische Publizist Veton Surroi das antiserbische Vorgehen im Kosovo als „faschistisch". Am 20.8. berichtet die KFOR, die UÇK habe wie vorgesehen schweren Waffen und Gewehre sowie 60% ihrer Pistolen abgeliefert. Zum 24.8. sind 761.000 Flüchtlinge ins Kosovo zurückgekehrt, ca. 45.000 sind noch außer Landes. Am 30.8. löst die UNMIK unter Leitung von Bernard Kouchner das Kosovo aus dem jugoslawischen Währungssystem und erklärt die D-Mark zur Hauptwährung.

SEPTEMBER 1999. Am 20.9. ist die Übergabe der Waffen der UÇK an die KFOR offiziell abgeschlossen. Ab 21.9. finden tägliche Massendemonstrationen in Belgrad und anderen Städten gegen Milošević statt, unter Führung Oppositionsbündnisses Allianz für den Wandel (SZP) mit Zoran Đinđić an der Spitze. Am 27.9. setzt der Hohe Beauftragte in Bosnien-Herzegowina Wolfgang Petritsch 22 Kommunalpolitiker wegen ihres Widerstands gegen die Rückkehr von Flüchtlingen ab.

OKTOBER 1999. Am 4.10. wird in Zagreb der frühere Kommandant des kroatischen Konzentrationslagers Jasenovac während des Zweiten Weltkriegs (1943-1944), Dinko Šakić, zu 20 Jahren Freiheitsstrafe verurteilt.

NOVEMBER 1999. Am 2.11. 1999 führt Montenegro die D-Mark als Parallelwährung neben dem jugoslawischen Dinar ein. Am 14.11. siegt in Makedonien in der Stichwahl bei den Präsidentschaftswahlen der Kandidat der regierenden VMRO-DPMNE, Boris Trajkovski., der im ersten Wahlgang (31.10.) noch seinem Rivalen Petkovski unterlegen war. Am 26.11. erklärt das kroatische Verfassungsgericht den schwer erkrankten Präsidenten Tuđman für „vorübergehend amtsunfähig". Seine Befugnisse gehen auf den Parlamentspräsidenten Vlatko Pavletić (HDZ) über.

DEZEMBER 1999. Am 1.12. konstituiert sich unter UNMIK-Führung im Kosovo ein Gemischter Übergangsverwaltungsrat (Joint Interim Administrative Council/IAC). Am 10.12. stirbt Franjo Tuđman in Zagreb. Am 12.12. wird in Den Haag (ICTY) der bosnische Serbe Goran Jelišić zu 40 Jahren Haft verurteilt.

2000

Januar 2000. Am 14.1. werden in Den Haag fünf frühere Angehörige der Bosnisch-Kroatischen Armee (HVO) zu Haftstrafen zwischen sechs und 25 Jahren verurteilt. Am 23.1. erhält bei den Präsidentschaftswahlen in Kroatien Stipe Mesić die relativ meisten Stimmen. Die Parlamentswahlen gewinnt Wahlbündnis aus Sozialdemokraten (SDP), Sozialliberalen (HSLS) (47% der Stimmen) und vier kleineren Parteien; als neuer Ministerpräsident wird am 27.1. Ivica Račan vereidigt.

Februar 2000. Am 7.2. entscheidet Stipe Mesić von der Kroatischen Volkspartei (HNS) in der Stichwahl gegen Dražen Budiša (HSLS) die Nachfolge Tuđmans für sich und wird am 18.2. als Staatsoberhaupt Kroatiens vereidigt.

MÄRZ 2000. Am 3.3. wird der bosnisch-kroatische General Tihomir Blaškić (Oberbefehlshaber der HVO in Mittelbosnien 1992-1995) vom ICTY zu 45 Jahren Haft verurteilt. Am 8.3. wird Brčko zum „Distrikt von Bosnien-Herzegowina" mit multiethnischer Verwaltung und internationaler Supervision erklärt. Am 9.3. wird die Grenze von Serbien zu Montenegro für jeglichen Warenverkehr geschlossen. Am 15.3. beginnt vor dem ICTY in Den Haag das Verfahren gegen einen der Hauptverantwortlichen für das Massaker von Srebrenica, den serbischen General Radislav Krstić. Der NATO-Rat beschließt am 15.3. 2000 wegen Spannungen u.a. in Mitrovica die Erhöhung der Truppenpräsenz im Kosovo. Am 21.3. wird der vom ICTY wegen Kriegsverbrechen und Vertreibung der muslimischen Bevölkerung Angeklagte Mladen Naletilić „Tuta" aus dem Gefängniskrankenhaus in Zagreb nach Den Haag ausgeliefert.

APRIL 2000. Am 3.4. wird Momčilo Krajišnik von der SFOR verhaftet und nach Den Haag gebracht. Am 8.4. werden die zweiten Kommunalwahlen nach Ende des Krieges in Bosnien-Herzegowina durchgeführt, leichte Gewinne für Sozialdemokraten in beiden Entitäten, vor allem in Sarajevo und Banja Luka. Am 14.4. verabschiedet das kroatische Parlament eine neue Deklaration über die Zusammenarbeit mit dem ICTY, die bisherigen gesetzlichen Restriktive abschafft. Die Abgeordneten der HDZ verlassen während der Abstimmung den Saal; in Belgrad findet eine erste gemeinsame Demonstration der Opposition statt.

MAI 2000. Am 22.5. werden im serbischen Niš 143 Kosovo-Albaner wegen angeblicher Zusammenarbeit mit der UÇK verurteilt. Am 25.5. wird Kroatien in Florenz in die Partnerschaft für den Frieden der Nato aufgenommen.

JUNI 2000. Die Chefanklägerin Carla Del Ponte teilt am 2.6. in Den Haag mit, sie werde keine Ermittlungen gegen die Nato aufnehmen. Zwei Wochen später erklärt der für diese Frage im Mai 1999 eingerichtete Untersuchungsausschuss des ICTY, die Nato habe mit den Angriffen auf Jugoslawien nicht gegen Völkerrecht verstoßen. Am 16.6. 2000 entgeht der serbische Oppositionsführer Vuk Drašković in Montenegro knapp einem Mordanschlag, für den er Milošević verantwortlich macht. Maßgebliche Beteiligung staatlicher Apparate bei der Organisation des Attentats liegt auf der Hand.

JULI 2000. Am 4.7. entscheidet das Verfassungsgericht von Bosnien-Herzegowina, dass die beiden Gliedstaaten ihre Verfassungen an die Verfassung des Gesamtstaates anpassen müssen, alle drei Völker müssen in beiden Teilen als Staatsvolk anerkannt werden. Am 6.7. wird in Jugoslawien durch gravierende Verfassungsänderungen die Direktwahl des Präsidenten eingeführt, wodurch Miloševićs Amtszeit verlängerbar wird. Tags darauf beschließt das Parlament von Montenegro, die Verfassungsänderungen nicht anzuerkennen und die auf den 24.9. angesetzte Wahl zu boykottieren. Ende Juli legalisiert das Parlament von Makedonien die albanisch-sprachige Hochschule in Tetovo.

SEPTEMBER 2000. Am 24.9. 2000 verliert Milošević bei den Präsidentschafts- und Parlamentswahlen in Jugoslawien mit dem offiziellen Ergebnis von 40,2% bei 48,2% für den Oppositionskandidaten Vojislav Koštunica (der nach Zählung der Opposition die absolute Mehrheit erreicht).

OKTOBER 2000. Das jugoslawische Verfassungsgericht erklärt am 4.10. die Präsidentenwahlen teilweise für ungültig. Auf die anberaumten Nachwahlen reagiert die Opposition mit Demonstrationen, am 5.10. wird das Belgrader Parlament gestürmt. Am 6.10. zieht das Verfassungsgericht seine Entscheidung für Neuwahlen zurück, Tags darauf wird Koštunica als neuer jugoslawischer Staatspräsident vereidigt. Am 14.10. scheidet Alija Izetbegović (SDA) aus dem dreiköpfigen Staatspräsidium Bosnien-Herzegowinas aus, als Vertreter der bosniakischen Bevölkerungsgruppe wird er von Halid Genjac (SDA) ersetzt, der Vorsitz des Präsidiums geht turnusgemäß an den Serben Živko Radišić über. Am 22.10. besucht der jugoslawische Präsident Koštunica eine Gedenkfeier in der Republika Srpska, ohne dabei die protokollarischen Usancen eines Besuchs im Ausland einzuhalten, worauf er von Hohen Beauftragen zu einem Besuch in Sarajevo gezwungen wird. Am 28.10. siegt bei den Kommunalwahlen im Kosovo die Demokratische Liga im Kosovo (LDK) von Ibrahim Rugova mit 58%.

NOVEMBER 2000. Am 2.11. wird Jugoslawien wieder in die UNO aufgenommen. Am 9.11. nimmt das Abgeordnetenhaus des kroatischen Parlaments gegen die Stimmen der HDZ Verfassungsänderungen an, mit denen die Befugnisse des Präsidenten eingeschränkt und die Rechte von Verfassungsgericht und Parlament gestärkt werden. Am 11.11. finden in Bosnien-Herzegowina Wahlen zum Abgeordnetenhaus statt und ergeben Verluste für die SDA und die HDZ. Mit der nicht ganz unumstrittenen Hilfe der Staatengemeinschaft und des OHR gewinnt die Koalition vorwiegend sozialdemokratischer Parteien „Allianz für den Wandel" die Wahl und stellt nunmehr die Regierung in der Föderation. Auf der gesamtstaatlichen Ebene werden diese Reformer weiterhin durch serbische Nationalisten blockiert, denn in der Republika Srpska verbucht die SDS Zugewinne, die auch den alten und mit 51% neu gewählten Ministerpräsidenten der RS, Mirko Šarović, stellt. Am 13.11. wird in Montenegro die Deutsche Mark alleiniges Zahlungsmittel.

DEZEMBER 2000. Am 23.12. gewinnt die DOS die Parlamentswahlen in Serbien mit 64 %, die Sozialisten Miloševićs erhalten 13 %. Zoran Đinđić wird neuer Ministerpräsident. Am 24.11. findet in Zagreb ein Treffen der EU-Mitgliedstaaten mit den jugoslawischen Nachfolgestaaten und Albanien statt.

2001

Januar 2001. Biljana Plavšić stellt sich am 9.1. freiwillig dem Tribunal in Den Haag, nachdem ihr die bislang geheime Anklageschrift vorgelegt wird. Ab Januar 2001 verüben die mazedonisch-albanischen Rebellen der sog. Nationalen Befreiungsarmee mit dem Akronym UÇK Anschläge auf mazedonische Polizeiposten, am 22.1. wird ein mazedonischer Polizist bei Tetovo getötet. Am 22.1. sprechen sich die EU-Außenminister deutlich gegen einen Austritt Montenegros aus Jugoslawien aus.

Februar 2001. Am 17.2. kommt es zu Kämpfen zwischen albanischen Rebellen und der mazedonischen Polizei bei Tanuševac. Am 22.2. wird Božidar Matić (SBiH) vom bosnisch-herzegowinischen (Gesamt)Parlament zum Ministerpräsidenten gewählt. Am 25.2. verhaften die serbischen Justizorgane Miloševićs letzten Geheimdienstchef Rade Marković. Er gehörte zur engsten Entourage der Familie Milošević, blieb auch nach dem Sturz Miloševićs unter der Übergangsregierung noch über drei Monate lang auf seinem Posten, auf den er aus dem Umfeld des skandalumwitterten Sohns Miloševićs im Oktober 1998 gehievt wurde. Die Ermittlungen richten sich auf den als Verkehrsunfall getarnten Anschlag auf den Politiker Vuk Drašković und seine Begleiter 1999, in denen ein Lastwagen aus dem Fuhrpark des Innenministeriums verwickelt war und auf andere politische Morde, wie jene an Slavko Ćuruvija und Ivan Stambolić, dem einstigen Ziehvater Miloševićs, der im August 2000, vor den Wahlen, spurlos verschwunden war. (Seine sterblichen Überreste wurden erst im Zuge der Fahndung nach dem Đinđić-Attentat im März 2003 gefunden.) 26.2. verurteilte die Erste Kammer des ICTY Dario Kordić zu 25 und Mario Čerkez zu 15 Jahren wegen Kriegsverbrechen in Mittelbosnien.

MÄRZ 2001. Am 3.3. beschließt eine „Kroatische Volksversammlung" in Westmostar die Errichtung einer neuen Selbstverwaltung, da die bosnischen Kroaten „den Status einer Zweite Klasse Nation" haben; das zielt auf die Forderung nach einem dritten Teilstaat in Bosnien-Herzegowina (nach dem alten Vorbild von der „Kroatischen Republik Herceg-Bosna"). Am 5.3. unterzeichnen Koštunica und Šarović ein Abkommen uber militärische, politische und wirtschaftliche Sonderbeziehungen zwischen Belgrad und der Republika Srpska. Am 7.3. wird das kroatische Mitglied des kollektiven bosnisch-herzegowinischen Staatspräsidium, Ante Jelavić, wegen seiner

Forderung, das kroatische Gebiet aus der Bosniakisch-Kroatischen Föderation loszulösen, von Wolfgang Petritsch von allen öffentlichen Ämtern entfernt. Nachfolger wird Jozo Križanović (SDP), der am 30.3. mit Beriz Belkić (SBiH) als bosniakischem Vertreter neben dem schon amtierenden Serben Živko Radišić (SDS) vom Gesamtparlament bestätigt wird. Am 12.3. stellen albanische Freischärler in Südserbien um Preševo ihre Aktivitäten ein und beginnen Verhandlungen mit der serbischen Regierung, die ihre Polizeipräsenz in der Region reduziert. Vom 4.-15.3. dauern in Mazedonien intensive Kämpfe zwischen albanischen Freischärlern und mazedonischen Regierungskräften; drei Soldaten werden getötet; am 15.3. dringen die Rebellen bis auf 12 Kilometer vor Skopje vor. Am 25.3. gehen die mazedonischen Sicherheitskräfte massiv gegen die Stellungen der albanischen Freischärler bei Tetovo vor.

APRIL 2001. In der Nacht zum 1.4. verhaftet die serbische Polizei Slobodan Milošević. Ihm wird vom Staatsanwalt Machtmissbrauch und Veruntreuung öffentlicher Gelder vorgeworfen. Milošević weist dies zurück (am 3.4.), da er die serbischen Streitkräfte in Kroatien und Bosnien-Herzegowina habe heimlich finanzieren müssen. Am 6.4. (und erneut am 18.4.) erstürmt die SFOR auf Ersuchen des OHR die Zweigstellen der Hercegovačka banka in Mostar und Grude beschlagnahmte Dokumente und Gelder, da man in der Bank die Finanzquelle für kroatische Extremisten vermutet. Nach Geländegewinnen für die UÇK im Frühjahr 2001 gelingt es Anfang April 2001 den mazedonischen Regierungseinheiten, die albanischen Rebellen zurückzudrängen. Am 9.4. das Stabilisierungs- und Assoziationsabkommen zwischen EU und Mazedonien in Luxemburg unterzeichnet. Am 28.4. werden 8 mazedonische Soldaten und Polizisten aus einem Hinterhalt von albanischen Rebellen getötet. Am 22.4. gewinnt in Montenegro die Parlamentswahlen mit 42% nur knapp der Präsident Đukanović.

MAI 2001. Im makedonischen Bitola verüben am 1.5. Makedonier Gewalttaten gegen die albanische Bevölkerung. Am 3.5. schlägt die Offensive der Regierungseinheiten gegen UÇK-Kämpfer fehl. Am 5.5. verhindern serbische Krawallmacher die Grundsteinlegung für den Neuaufbau der Osman-Pascha-Moschee in Trebinje. Zwei Tage später kommt es in Banja Luka beim Versuch, den Grundstein für die 1993 zerstörte Ferhadija-Moschee zu legen, zu noch heftigeren Ausschreitung serbischer Nationalisten, bei denen ein Bosniake sein Leben verliert. Am 13.5. wird in Makedonien eine »Regierung der nationalen Einheit« unter Einbeziehung der Oppositionsparteien unter dem bisherigen Premier Ljupče Georgievski gebildet. Am 22.5. finden Kommunalwahlen in Kroatien statt.

JUNI 2001. Am 8.6. übernehmen die albanischen Kämpfer Kontrolle über Aračinovo, einem Vorort von Skopje. Am 14.6. bittet der makedonische Präsident Boris Trajkovski die Nato um die Entwaffnung der UÇK, zwei Wochen später stimmt der Nato-Rat zu. Am 24.6. gelingt es dem außenpolitischen Beauftragten der EU Javier Solana eine Feuerpause bei Aračinovo zu erreichen, die den Abzug der Freischärler unter Geleitschutz der Nato mitsamt der Waffen ermöglicht; danach kommt es unter der mazedonischsprachigen Bevölkerung zu heftigen Straßenprotesten. Am 22.6. tritt in Bosnien-Herzegowina Matić als Ministerpräsident zurück. Am 28.6. (St. Veitstag) wird Slobodan Milošević von der Regierung Serbiens an das Internationale Kriegsverbrechertribunal nach Den Haag ausgeliefert. Präsident Koštunica kritisierte das Vorgehen von Đinđić als illegal. Zum Ende des Monats sind in Makedonien ca. 100.000 Menschen aus den umkämpften Gebieten geflohen. Am 25.6. wird vor dem Bezirksgericht in Rijeka der Prozess gegen die hohen Militärs der Kroatischen Armee Tihomir Orešković und Mirko Norac und drei andere Mitangeklagten eröffnet, die sich wegen Erschießung von mindestens 24 serbischer Zivilisten während der Verteidigung der Stadt Gospić 1991 verantworten müssen. Die Ermittlungen gegen General Norac hatten Monate zuvor Demonstrationen kroatischer Nationalisten ausgelöst. Norac war zunächst untergetaucht und stellte sich den Behörden erst, nachdem das Uno-Kriegsverbrechertribunal in Den Haag zugesagt hatte, keine Auslieferung zu beantragen. (Nach 14 Monaten endete der Prozess mit dem Schuldspruch gegen drei Angeklagte und der Verurteilung von Orešković und Norac mit 15 bzw. 12 Jahren Gefängnis. Das Gericht fand es für erwiesen, dass Orešković und Norac als Oberbefehlshaber in Gospić Ermordung unschuldiger serbischer Bürger angeordnet hatten; die Richterin Ika Šarić sprach ein historisch zu nennendes Urteil gegen zwei Soldaten, denen auch das Gericht hohe Verdienste für die Verteidigung des Landes in der kritischsten Phase des Krieges nicht absprach.)

JULI 2001. Am 6.7. sichert die kroatische Regierung die Auslieferung hoher Militärs nach Den Haag zu, worauf Minister der Sozialliberalen Partei (HSLS), aus der Regierung austreten. General Rahim Ademi stellte sich einige Tage später freiwillig dem Gericht in Den Haag, während der zweite Angeklagte Ante Gotovina untergetaucht ist. In Makedonien tritt am 6.7. ein Waffenstillstand in Kraft, zwei Tage danach wird über Lösungsvorschläge verhandelt, die von den Sonderbeauftragten der EU und der USA, François Leotard und James Pardew, vorgelegt worden waren. 11.7. versammelten sich Familienmitglieder der Opfer des Srebrenica-Massakers zur Grundsteinlegung für eine Gedächtnisstätte und ein Grabmal in Potočari; die vertriebenen Bosniaken können aber noch immer nicht nach Srebrenica zurückkehren. Am 18.7. wird Zlatko Lagumdžija (SDP) neuer Regierungschef in Bosnien-Herzegowina. Am 31.7. wird Stevan Todorović in Den Haag zu 10 Jahre Freiheitsstrafe verurteilt; es handelt sich um den Hauptverantwortlichen für die „ethnischen Säuberungen" in Bosanski Šamac und Odžak nach der Eroberung im Frühjahr 1992; nach der Schuldbekenntnis Todorovićs ließ der Staatsanwalt alle (schwerwiegendere) Anklagepunkte bis auf den der Verbrechen gegen die Menschlichkeit fallen.

AUGUST 2001. Am 2.8. wird in Den Haag zum ersten Mal wegen Völkermords der ehemalige General der VRS Radislav Kristić als einer der Hauptverantwortlichen für das Massaker von Srebrenica zu 46 Jahren Gefängnis verurteilt. Am gleichen Tag veröffentlicht das ICTY die bis dato geheim gehaltene Anklageschrift gegen drei Generäle der Armee-BiH (Hadžihasanović et al.) wegen Kriegsverbrechen in Zentralbosnien (Travnik, Visoko, Zenica) an zumeist kroatischer Zivilbevölkerung. 9.8. gibt die serbische Polizei bekannt, in einem Vorort von Belgrad ein Massengrab mit mehr als hundert Leichen entdeckt zu haben. Es handele sich vermutlich um die sterblichen Überreste von Kosovo-Albanern, die ursprünglich im Frühjahr 1999 vom Kosovo nach Belgrad transportiert wurden. Ab 10.8. erneute Kämpfe zwischen der UÇK und der makedonischen Armee, obwohl am 5.8. ein Kompromiss ausgehandelt worden war, der mehr Rechte für die Albaner vorsieht. Am 13.8. werden mit dem Friedensvertrag von Ohrid Grundsteine für die Beendung des innermakedonischen Konflikts gelegt. Am 22.8. bewilligt die Nato den Einsatz von 3500 Soldaten in Mazedonien, die in einer auf rund 30 Tage begrenzten Operation, „Essential Harvest", die von der UÇK freiwillig abgegebenen Waffen einsammeln und vernichten sollen. Auf Wunsch des mazedonischen Staatspräsidenten schloss sich nach ihrem Ablauf eine Operation unter dem Namen „Amber Fox" an, die vertrauensbildend wirken und den Schutz der unbewaffneten Beobachter von EU und OSZE sicherstellen soll. Am 17.8. verlassen die Minister der Demokratischen Partei Serbiens (DSS) von Koštunica die serbische Regierung.

SEPTEMBER 2001. Am 25.9. stellt sich der General und Minister in der bosnischen Föderation Sefer Halilović dem Tribunal in den Haag und ist damit der ranghöchste Vertreter der bosniakischen Seite, der sich wegen Verbrechen verantworten muss; die Anklageschrift wirft ihm vor, als Oberbefehlshabender der Armee-BiH verantwortlich für die Massenmorde an der bosnisch-kroatischen Zivilbevölkerung in den nordherzegowinischen Dörfern (Grabovica, Uzdol) im Sommer 1993 zu sein.

OKTOBER 2001. Am 2.10. macht die Chefanklägerin des ICTY, Carla Del Ponte, die Anklagen gegen vier hohe Offiziere der JVA wegen der Belagerung von Dubrovnik und der Tötung Dutzender von Zivilisten im Herbst 1991 öffentlich bekannt; das Parlament der RS verabschiedet ein Gesetz zur Zusammenarbeit mit dem ICTY. Am 23.10 werden im Berufungsverfahren die drei erstinstanzlich zu hohen Freiheitsstrafen verurteilten Brüder Kupreškić von der Berufungskammer beim ICTY in Den Haag freigesprochen. Die Berufungskammer setzte zwei weitere Strafen gegen Drago Josipović und Vladimir Šantić von 15 auf 12 bzw. von 25 auf 18 Jahre Freiheitsstrafe herab. Es handelt sich in diesen Fällen um Ahndung des Massakers in Ahmići, das Gegenstand mehrerer Verfahren des ICTY ist; zuvor schon (20. Januar 2000) wurde der Angeklagte Dragan Papić aus Mangel an Beweisen freigesprochen.

NOVEMBER 2001. Das Verfassungsgericht der Föderation Jugoslawien erklärt am 7.11. die Auslieferung von Angeklagten durch die serbische Regierung an das Kriegsverbrechertribunal in Den Haag für verfassungswidrig. Am 8.11. werden von der serbischen Spezialeinheit (JSO), besser bekannt als Rote Baretten, zwei bosnische Serben verhaftet, die vom ICTY wegen schwerer Verbrechen, Misshandlung und Tötung von Kroaten und Muslimen im Lager Keraterm angeklagt wurden. Tag darauf kommt es zu einer Meuterei der Einheit für die Koštunica Verständnis äußert. Als Begründung wird angegeben, dass der Einheit die Auslieferung der Verhafteten an Den Haag nicht bekannt gewesen sei. Tatsächlich richtet sich der Aufstand, der auch andere Staatsorgane erfasst, gegen die Regierung Đinđić. (Übrigens bekennt sich einer der beiden Ausgelieferten, Predrag Banović, am 26.7. 2003 schuldig.) Am 13.11. verurteilt die Strafkammer des ICTY den Kommandeur des Lagers Keraterm Duško Sikirica zu 15 Jahren Freiheitsstrafe wegen Verbrechen gegen die Menschlichkeit, nachdem es bereits im Juni den Anklagepunkt des Genozids fallen gelassen hat. Zwei weitere Mitangeklagte bekommen 5 bzw. 3 Jahre. Im Kosovo gewinnt am 17.11. die LDK Ibrahim Rugovas mit 46,3 % der Stimmen vor der Demokratischen Partei (PDK) Hashim Thaçis (25,5 %) die Parlamentswahlen. Am 16.11. ratifiziert das makedonische Parlament eine Verfassungsreform, welche die Ethnien gleich stellt.

DEZEMBER 2001. Am 15.12. wird bekannt, dass Kroatiens Armeechef Petar Stipetić eine Vorladung des Uno-Tribunals erhalten hat; der General soll zu den kroatischen Offensiven zur Befreiung der von den aufständischen Serben besetzten Gebiete in Westslawonien und der Krajina im Jahre 1995 vernommen werden; kroatische Gerichtsmediziner entdecken ein Massengrab mit 18 Leichen; bei den Opfern soll es um kroatische Serben handeln. Die Untersuchung fand im Zusammenhang mit Ermittlungen gegen den mutmaßlichen kroatischen Kriegsverbrecher Tihomir Orešković statt. Am 24.12. schließt die Serbischen Demokratischen Partei (SDS) in der RS alle vom Den Haager Tribunal gesuchten Mitglieder, darunter Karadžić aus ihren Reihen aus.

2002

JANUAR 2002. Die Auslieferung von sechs Algeriern mit bosnischen Pässen, denen Zugehörigkeit zu islamistischen Terrororganisationen vorgeworfen wird, an US-Einheiten der SFOR, führt am 18.1. zu Protesten in Bosnien-Herzegowina. Am 23.1. beginnt vor dem Kriegsverbrechertribunal in Den Haag das erste Strafverfahren wegen des Völkermords in Nordbosnien; der Hauptangeklagte ist Radoslav Brđanin, einstiger Oberbürgermeister von Prijedor. Das serbische Parlament votiert für die Wiederherstellung der Autonomie der Vojvodina.

FEBRUAR 2002. Am 12.2. beginnt in Den Haag mit dem Prozess gegen Milošević das erste strafrechtliche Verfahren vor einem internationalen Gericht gegen ein (ehemaliges) Staatsoberhaupt. (Die Beweisführung bezogen auf Kosovo dauert bis Anfang September; am 26.9. beginnt die Beweisaufnahme zu Kroatien und Bosnien-Herzegowina). Am 19.2. erlässt der Hohe Beauftragte für Bosnien-Herzegowina Wolfgang Petritsch ein Dekret zur Anpassung der Verfassungen der Bosniakisch-kroatische Föderation und Serbischen Republik, wodurch in beiden Teilen gleiche Rechte für alle drei Ethnien gewährt werden sollen.

MÄRZ 2002. Am 4.3. wird im Kosovo Rugova vom Parlament zum Präsidenten gewählt. Regierungschef wird Bajram Rexhepi (PDK). Am 8.3. wird mit einer klaren Mehrheit im mazedonischen Parlament das Amnestiegesetz verabschiedet. Am 14.3. einigen sich Serbien und Montenegro auf eine Neugestaltung einer losen Konföderation, die Auflösung Jugoslawiens wird damit aufgeschoben. Der serbische Vizepremier Momčilo Perišić tritt am 19.3. zurück, zuvor war er vom militärischen Geheimdienst KOS unter dem Vorwurf der Weitergabe von Dokumenten an US-Vertreter festgenommen worden.

APRIL 2002. Am 1.4. verhaftet die SFOR Momir Nikolić, dem seine Täterschaft als Offizier der bosnisch-serbischen Truppen am Massaker in Srebrenica 1995 vorgeworfen wird. Am 11.4. stimmen beide Kammern des jugoslawischen Föderationsparlaments nach US-amerikanischem Druck dem Auslieferungsgesetz zu. Nur wenige Stunden später erschoss sich einer der treuesten Anhänger Miloševićs, der ehemalige Innenminister Serbiens Vlajko Stojiljković, der auch selbst in der Kosovo-Anklageschrift mitangeklagt war. Am 24.4. wird Bosnien-Herzegowina in den Europarat aufgenommen. Am 24.4. wird der zusammen mit Milošević angeklagte Dragoljub Ojdanić, Chef des Generalsstabs der VJ während des Kosovo-Krieges, nach Den Haag ausgeliefert. Ihm folgt (am 2.5.) ein weiterer Mitangeklagter, der damalige stellvertretende Regierungschef Nikola Šajnović.

MAI 2002. Am 15.5. gewinnen die Unabhängigkeit befürwortenden Parteien in Montenegro bei den Kommunalwahlen die meisten Stimmen. (Die späteren Parlamentswahlen, am 20.10. bestätigten diese Tendenz mit noch größerer Deutlichkeit.) Am 21.5. stellt sich der wegen Bombardierung Zagrebs (1995) und Kriegsverbrechen in der selbstproklamierten „Krajina" (1991) angeklagte Mile Martić dem ICTY. Am 27.5. löst der Brite Paddy Ashdown im Amt des Hohen Beauftragten in Bosnien-Herzegowina Wolfgang Petritsch ab. Zuvor hat Petritsch (am 23.5.) eine Reihe Anordnungen erlassen, um die Anwendung der Verfassungsänderungen in RS zu erwirken und zahlreiche Richter (vor allem bei Bezirksgerichten) entlassen – aus beiden Entitäten.

JUNI 2002. Am 12.6. legen alle 45 Abgeordneten der DSS im serbischen Parlament ihr Mandat nieder. Einem großen Teil von ihnen war zuvor wegen dauernder Abwesenheit das Mandat entzogen worden. Am 23.6. wird Branislav Ivković neuer Vorsitzender der Sozialistischen Partei Serbiens (SPS), sein Vorgänger Milošević wird Ehrenpräsident. Am 24.6. entlässt Koštunica mit einem Präsidenten-Ukas den Chef des Generalsstabs Nebojša Pavković und ernennt Branko Krga zu seinem Nachfolger; die DS und andere demokratische Parteien haben sofort nach dem Machtwechsel im Oktober 2000 die Ablösung von Pavković und von Aca Tomić, dem Chef des militärischen Abschirmdienstes gefordert; Koštunica entlässt ihn erst, nachdem dieser in das Lager des Rivalen Đinđić überging.

JULI 2002. Am 8.7. erfolgt die erste Verurteilung eines serbischen Kriegsverbrechers durch ein Gericht in Serbien. Am 15.7. kommt es in Sarajevo zum symbolhaften Treffen der Staatschefs von Jugoslawien Koštunica und Kroatien Mesić und dem dreiköpfigen Präsidium von Bosnien-Herzegowina (Belkić, Križanović, Radišić), die sich über die „Harmonisierung der gemeinsamen Beziehungen" einigen. Das Bezirksgericht in Karlovac (Kroatien) verurteilt am 31.7. Fikret Abdić wegen Kriegsverbrechen in Bosnien, bzw. „Cazinska krajina" zu 20 Jahren Gefängnis.

Glossar, Abkürzungen und Aussprache

In dieses Glossar wurden in erster Linie Begriffe und Abkürzungen aufgenommen, die im Handbuch mehr als einmal vorkommen, aber nur einmal im Text erklärt werden. Wenn nichts anderes vermerkt ist, entstammen die fremdsprachlichen Begriffe dem Kroatisch/Bosnisch/Serbischen bzw. dem Englischen. Geographische Begriffe – wenn sie nicht historisch-politisch bedeutsam sind – wurden nicht aufgenommen, ebenso Begriffe und Kürzel, die als allgemein bekannt vorausgesetzt werden können (etwa „Orthodoxie", „Nato" usw.). Direkte deutsche Äquivalente der Begriffe sind in Anführungszeichen gesetzt.

Ajan: Gewählter Repräsentant im osmanischen Bosnien.

Arbanas: „Albaner", pl. Arbanasi, von Arbër, dem Namen für die Albaner bis zur Osmanischen Zeit, danach für die Albaner, die nach Italien aussiedelten.

Arnaut: „Albaner" (türk.), in den slawischen Sprachen oft pejorativ gebraucht.

Aromunen: Andere Bezeichnung für die → Wlachen, vor allem für die im heutigen Makedonien lebende romanischsprechende Minderheit, teilweise auch als Makedorumänen und Kutzowalachen bezeichnet.

Autokephalie, autokephal: „Selbstbestimmung" (griech.), im orthodoxen Christentum gebrauchte Bezeichnung für eine unabhängige, zumeist nationale Kirche mit eigenem Patriarchen.

Ban, Banus: „Landesherr", ursprünglich avarischer Begriff, historisch bei den Kroaten gebraucht, seit dem 12. Jahrhundert Bezeichnung für den Statthalter des ungarischen Königs in Kroatien, ab Mitte des 12. Jahrhunderts Bezeichnung der bosnischen Herrscher, danach auch für die Befehlshaber der ungarischen Grenzregionen („Markgraf").

Banovina: „Banschaft", unter den Habsburgern als „Banalkroatien" das Gebiet unter der Herrschaft des → Bans, entspricht → Zivilkroatien im Gegensatz zur → Militärgrenze. Im Königreich Jugoslawien nach 1929 territoriale Einheit ohne Identität mit historischen Grenzen. Banovina Hrvatska bezeichnete 1939 (→ Sporazum), die zusammengeschlossenen und um einige Gebiete in Bosnien und der Herzegowina (Save-Tal und ostadriatisches Hinterland) erweiterten zwei Banschaften mit mehrheitlich kroatischer Bevölkerung.

Banus: → Ban, latinisierte Form.

Beglerbeg: Großgouverneur im Osmanischen Reich, steht einem Beglerbegluk vor.

Bjelaši: „Weiße", montenegrinische Anhänger des Zusammenschlusses mit Serbien 1918, nach der weißen Farbe der Stimmzettel.

Bljesak: „Blitz", kroatische Operation zur Rückeroberung von Westslawonien im Mai 1995.

Bogumilen, Bogomilen: „Gottesfreunde", mittelalterliche Häresie mit dualistisch-manichäischem Weltbild, die sich besonders in Bulgarien ausbreitete. Später irrtümlich mit der „Bosnischen Kirche" gleichgesetzt.

Bosančica: In Bosnien im Mittelalter gebräuchliche Form der kyrillischen Schrift.

Bosanska Krajina: „Bosnische Krajina", Teile Nordwestbosniens mit mehrheitlich serbischer Bevölkerung; im September 1991 zum „autonomen serbischen Gebiet" (SAO Krajina) proklamiert.

Bošnjak: „Bosniake", unter der Habsburger Herrschaft, und dann – Muslim als ethnische Bezeichnung ablösend – wieder seit Mitte der neunziger Jahre gebrauchte Benennung der sich nicht als Kroaten oder Serben (oder Angehörige der Minderheiten) definierenden Bosnier (ethnisch neutral: Bosanac).

Bunjevzen, Bunjewatzen: An der → Militärgrenze angesiedelte katholische Bevölkerung romanisch-wlachischer Herkunft, die im 16. Jh. aus dem osmanischen Herrschaftsbereich ins Habsburgerreich geflohen war. Teilweise auch von den Türken als Grenzer angesiedelt. Andere Bezeichnung: Schokzen.

Cemiyet, Džemijet: „Vereinigung", (türk.) Kurzform von: Islam Mufahaza-yı Hukuk Cemiyet, „Islamische Vereinigung zur Verteidigung der Gerechtigkeit", Türkisch-albanische Partei im Kosovo und Makedonien und Interessenvertretung der Muslime im ersten Jugoslawien, albanische Schreibweise: Xhemijet, identisch mit der Bezeichnung Bashkim.

Četovanje: „Bandentum", Mischform aus Räubertum und Aufstandsbewegung gegen die Osmanen in Serbien und Montenegro im 19. Jahrhundert (→ Haiduken, → Tschetnik).

Čiftluk: „Bauernhof" (türk. Çiftlik), privates Landgut im Osmanenreich.

Crna Gora: „Schwarzer Berg", Eigenbezeichnung Montenegros seit dem 13. Jahrhundert.

Crna Ruka: „Schwarze Hand", terroristische Geheimorganisation in Serbien seit Beginn des 20. Jahrhunderts, weitgehend identisch mit der Organisation Ujedinjenje ili smrt („Vereinigung oder Tod").

Denar: Währung in Makedonien heute.

Devşirme: „Knabenlese" (türk.), zwangsweise Rekrutierung christlicher Jungen durch die Osmanen.

Domobranci, Domobranzen: „Heimwehren“ (slowenisch), Antikommunistische Milizen in Slowenien zur Zeit der deutschen Besatzung im Zweiten Weltkrieg.

Domobrani: Kroatische Wehrpflichtige während → NDH.

Dutchbat: Niederländische Unotruppen in Srebrenica 1995.

Eparchie: „Diözese“ (griech.), ostkirchliche Bezeichnung eines Gebietes unter einem Bischof.

Exarchat: (griech.), innerhalb der Orthodoxen Kirche ein Gebiet mit einer gewissen Eigenständigkeit, das von einem Vertreter des Patriarchen (Exarch) geleitet wird.

Eyalet: Großprovinz des Osmanischen Reichs unter einem → Beglerbeg, auch Beglerbegluk genannt (ursprünglich nur die Bezeichnung von Amt und Würde des Beglerbeg, ab Ende des 16. Jhs. auch sein Herrschaftsbereich), 1864 durch die Bezeichnung → Vilayet ersetzt.

Glagoliza: Auf die Slawenmissionare Kyrill und Method zurückgehendes Alphabet zur Verschriftlichung des Südslawischen, auch nach der Ablösung durch die kyrillische bzw. lateinische Schrift noch bis in die Neuzeit in Kroatien in der Liturgie gebraucht.

Grüne Barette: Zelene beretke, bewaffnete muslimische Organisation in Bosnien-Herzegowina, 1992.

Guslar: Sänger von Volksliedern und -epen, der sich auf dem Saiteninstrument „Gusla“ begleitet.

Haiduken, Heiducken: Ursprünglich ungarischer Begriff für Hirten, dann für Grenzer zum Schutz gegen das Osmanische Reich, schließlich historischer Oberbegriff für antiosmanische bewaffnete Gruppen, auch Räuberbanden, → Tschetniks.

Herceg-Bosna: Kroatische Separatstaatsbildung in Bosnien-Herzegowina im Juli 1992 bis zum Washingtoner Abkommen März 1994.

Hohe Pforte: Auch kurz: Pforte, ursprünglich Eingangsbereich des Sultanspalasts in Istanbul, Außenministerium des Osmanischen Reichs, oft für dieses insgesamt gebraucht.

Hoher Repräsentant: High Representative, Verantwortlich in Bosnien-Herzegowina für die Verwirklichung des Dayton-Abkommens, ernannt vom Dayton-Lenkungsausschuss, in dem die G-8-Staten, die EU-Ratspräsidentschaft und die EU-Kommission sowie die Organisation der Islamischen Konferenz vertreten sind, Nominierung wird vom UN-Sicherheitsrat bestätigt.

Hum: → Zahumlje, Herzegowina.

Illyrer: Ursprüngliche indoeuropäische Bevölkerung des Westbalkans, davon abgeleitet der römische Name Illyricum für die Gebiete östlich der Adria. Illyrer wurden auch Anhänger des → Illyrismus genannt.

Illyrismus: Südslawische politische Strömung im 19 Jh., vor allem als Einigungs- und Selbständigkeitsbewegung im habsburgischen Kroatien.

Janitscharen: Eigtl. „Neue Truppe“ (türk. Yeni çeri), osmanische Elitetruppen, die ursprünglich auf die „Knabenlese“ (→ devşirme) in der christlichen Bevölkerung zurückgehen, ab dem 17. Jahrhundert aber vorwiegend anders rekrutiert wurden.

Kaçak: „Rebell“ (alb., türk. eigentlich „Flüchtling“), antiserbischer albanischer Aufständischer im Kosovo, nach 1912 und in der Zwischenkriegszeit.

Kapetanija: pl. Kapetanije, „Hauptmannschaft“, von einem Kapetan (ursprünglich Militärkommandeur im Grenzgebiet) verwaltete Region im osmanischen Bosnien.

Katun: In allen Balkansprachen vorkommender, evt. urspr. albanischer Begriff für einen Verwandtschaftsverband bzw. eine Ansiedlung auf der Grundlage gemeinsamer Weidewirtschaft (→ Transhumanz).

Kmet: Leibeigener Bauer, teilweise Pächter im osmanischen und k.u.k. Bosnien.

Knez: „Fürst“, historisch vor allem in Montenegro auch Bezeichnung eines Dorfältesten oder Stammesoberhaupts, ähnlich → Vojvode.

Kontaktgruppe: Gegründet 1993 von USA, Großbritannien, Deutschland, Frankreich, Russland, hinzu kam Italien, als informeller Rat dieser Staaten zur Koordinierung ihrer Balkanpolitik.

Konvertibilna Marka: Einheitliche Währung in Bosnien-Herzegowina seit Juni 1998.

Kosmet: Bis 1968 in Jugoslawien für das Kosovo gebrauchte Abkürzung Kosovo-Metohija.

Krajina: „Grenzland“, serbisch besiedelte Gebiete in Kroatien, basierend auf der Institution der → Militärgrenze. Der Begriff wurde von serbischen Nationalisten 1990 bei der Proklamation ihrer „autonomen Provinz“ in Kroatien übernommen.

Kuna: Währung in Kroatien heute.

Militärgrenze: Auch Confin, im Grenzbereich des Habsburger Reiches zu den Osmanen im 16.-18. Jahrhundert mit eigenem Rechtsstatus eingerichtet. Als → Vojna krajina in Kroatien und Slawonien mit starken serbischen Bevölkerungsanteilen.

Millet: Eigtl. „Nation“ (türk.), nicht-muslimische Religionsgemeinschaft (im Wesentlichen Christen und Juden) mit Selbstverwaltungsrechten im Osmanischen Reich.

Nahija, Nahiye: Untere Verwaltungseinheit (Kreis) im Osmanischen Reich.

Naprednjaci: „Fortschrittler“, Partei in Serbien Ende des 19. Jahrhunderts.

Narodno-oslobodilačka vojska: „Volksbefreiungsarmee“, kommunistische Partisanenarmee im Zweiten Weltkrieg.

Narodnost: „Völkerschaft", „Nationalität", im sozialistischen Jugoslawien gebrauchte Bezeichnung für Ethnien, die nicht den Status eines „Volkes" (narod) mit eigenem Territorium hatten.
Nemanjići: „Nemanjiden", serbisches Herrschergeschlecht vom 12. bis 14. Jahrhundert.
Oluja: „Sturm", kroatische Operation in Kroatien und Bosnien-Herzegowina, August 1995.
Otpor: „Widerstand", meistens junger Aktivisten, die 2000 den zivilen Widerstand gegen Milošević-Regime organisierten.
Paschalyk: auch Pašaluk, türk. paşalık, osmanische Provinz unter einem Pascha.
Patriotische Liga: Patriotska liga, bewaffnete muslimische Organisation in Bosnien-Herzegowina 1992.
Pirin-Makedonien: Heute auf bulgarischem Staatsgebiet liegender Teil des historisch-geographisch verstandenen Makedonien.
Poglavnik: „Oberhaupt", „Führer", Eigenbezeichnung des → Ustascha-Chefs Pavelić.
Preporod: „Wiedergeburt", Bezeichnung der nationalen Bewegungen der Südslawen im 19. Jahrhundert.
Ragusa: Historische Bezeichnung der Republik Dubrovnik.
Raja, raya: Eigtl. „Herde" (arab./türk.), ursprünglich die steuerpflichtige, nicht dem Militär und der Verwaltung angehörige und damit hauptsächlich nicht-islamische Bevölkerung unter den Osmanen, im bosnischen Sprachgebrauch dann alle osmanischen Untertanen, zuletzt die einfache urbane Bevölkerung.
Raška: „Raszien", historische Bezeichnung für Serbien. Raszier oder Raitzen, ursprünglich Aussiedler aus Südserbien bzw. Kosovo; so wurden lange Zeit in Österreich alle Serben genannt.
Reis-ul-Ulema: „Haupt der Religionsgemeinschaft" (arab./türk.), Oberhaupt der Muslimgemeinde, in Bosnien-Herzegowina 1882 eingeführtes Amt.
Republika Srpska: „Serbische Republik", ab 1992 innerhalb Bosnien-Herzegowina.
Rhomäer: „Römer" (griech.), Selbstbezeichnung der eigentlich griechischen Bewohner von Byzanz.
Rilindja: „Wiedergeburt" (alb.), nationale Bewegung der Albaner im 19. Jahrhundert.
Rusinen, Ruthenen: Sprecher einer ostslowakisch-ukrainischen Mundart, die im südslawischen Bereich des Habsburgerreichs angesiedelt wurden, uniert-katholische Ukrainer.
Sabor: „Versammlung", kroatisches Parlament bis 1918 und heute.
Sandschak, Sandžak: Eigtl. „Fahne" (türk., in türkischer Schreibung sancak), Regierungsbezirk im osmanischen Reich, Einheit unterhalb des → Vilayet. Die Bezeichnung des Sandschak Novi Pazar wurde im 17. Jh. zu „Sandžak" reduziert und hielt sich so für ein muslimisch besiedeltes Gebiet Serbiens und Montenegros.
Savezno Veće: „Bundesrat", proportional zur Bevölkerungszahl bestellte Kammer des jugoslawischen Parlaments nach der Verfassung von 1974.
Serbische Freiwilligengarde: Srpska dobrovoljačka garda, Freischärler im Krieg in Kroatien und in Bosnien-Herzegowina unter dem Kommando von Željko Ražnatović, genannt Arkan, berüchtigte → Tschetnik-Formation, auch unter dem Namen „Tiger".
Serbische Tschetnikbewegung: Srpski četnički pokret, Freischärler in Kroatien und Bosnien-Herzegowina unter Vojislav Šešelj.
Sipahi, Spahi: „Reiter" (türk., urspr. persisch), im Osmanischen Reich für einen Militärangehörigen gebraucht, der für seine Verdienste ein Lehensgut erhält.
Skupština: Volksversammlung, Parlament in Serbien seit dem 19. Jahrhundert.
Slavophone: im heutigen Griechenland gebrauchte Bezeichnung für die slawisch (makedonisch) sprechende Minderheit, deren Angehörige als Griechen gelten.
Sporazum: „Verständigung", serbisch-kroatischer Ausgleich 1939.
Stećak: pl. stećci, mit Ornamenten verziertes Grabmonument aus dem bosnisch-herzegowinischen Mittelalter
Štokavisch: Nach dem Fragepronomen „što" („was") benannte Variante des Südslawischen, Grundlage des heutigen Serbischen, Kroatischen und Bosnischen.
Tanzimat: „Wohlwollende Anordnung" (türk.), Reformära im Osmanischen Reich ab 1839.
Thema: (griech.) Militärische Verwaltungseinheit des byzantinischen Reiches.
Tolar: Slowenische Währung heute.
Torbeši: Slawischsprechende Muslime im heutigen Makedonien.
Transhumanz: Wanderschafhaltung, vorherrschende Form des Hirtenwesens im gesamten Mittelmeerraum, wichtig für die Sozialstruktur des Balkans (→ Wlachen).
Tschetnik: Plural Tschetniks, korrekt Četnik, pl. Četnici (von Četa = Bande, Schar), serbische, auch bulgarisch-makedonische Freischärler gegen die osmanische Herrschaft im 19. Jahrhundert (→ Četovanje), 1941 bis 1945 Bezeichnung der serbischen antikommunistischen und monarchistischen Partisanen, aufgegriffen nach 1990 von serbischen Freischärlern.
Uskoken: „Flüchtlinge", „Überläufer", Walachen (orthodoxen, auch katholischen, manchmal sogar islamischen Glaubens), die sich der osmanischen Oberhoheit entzogen hatten und im Gebiet der habsburgischen → Militärgrenze ansiedelten.

Ustascha: „Aufständiger", Plural Ustaschas, korrekt: Ustaša, Pl. Ustaše, Angehöriger der faschistischen Bewegung in Kroatien ab 1929, bisweilen als Kurzbezeichnung für die Ustascha-Bewegung (Ustaška Hrvatska Revolucionarna Organizacija) gebraucht.

Vardar-Makedonien: Zentraler Teil des größeren, historisch-geographisch verstandenen Makedoniens, weitgehend identisch mit der heutigen Republik Makedonien.

Veće Republika i Pokrajna: „Rat der Republiken und Regionen", gleichmäßig aus Vertretern der föderalen Einheiten zusammengesetzte Kammer des jugoslawischen Parlaments nach der Verfassung von 1974.

Vidovdan: „Veitstag", 28. Juni, Feiertag des Hl. Veit, Datum mit mehreren für die serbische Geschichte bedeutenden Ereignissen.

Vilayet, Wilajet: Großprovinz des Osmanischen Reichs ab 1864, zuvor → Eyalet oder Beglerbegluk genannt.

Vladika: „Herrscher", montenegrinischer Fürstbischof im 16. bis 19. Jahrhundert.

Vojna krajina: →„Militärgrenze" in Teilen Kroatiens und Slawoniens.

Vojvode, vojvoda: „Heerführer", Äquivalent zu Herzog. Auch historisch gebraucht für die Dorfältesten vor allem in Montenegro, entspricht → Knez.

Weiße Adler: Beli orlovi, serbische Freischärlergruppe in → Tschetnik-Manier, in Kroatien unter Mirko Jović, in Bosnien-Herzegowina geführt von Dragoslav Bokan.

Wlachen, Walachen, Vlachen: Auch → Aromunen, Zinzaren, türkisch auch eflaki. Ursprünglich balkanische Wanderhirten, romanisch sprechende (latinisierte) Nachfahren der wahrscheinlich illyrischen Balkanbevölkerung vor der Einwanderung der Slawen. „Wlache" wurde im Lauf der Jahrhunderte auch zur Bezeichnung der Orthodoxen generell.

Zadruga: „Hausgemeinschaft", historischer Großfamilienverband bei den Südslawen.

Zahumlje: Historische Bezeichnung für die heutige Herzegowina, auch Hum.

Zajedno: „Gemeinsam", serbisches Oppositionsbündnis 1996-97.

Zbor: „Versammlung", mitgliederschwache serbische faschistische Bewegung unter Dimitrije Ljotić, die nach 1941 eine Kollaborationsregierung stellte.

Zelenaši: „Grüne", montenegrinische Autonomisten 1918 (nach der grünen Farbe ihrer Stimmzettel).

Zeta: Historische Bezeichnung für den Kern des heutigen Montenegro (Altmontenegro).

Zivilkroatien: Im Habsburgerreich die Bezeichnung für die Teile Kroatiens, die zu Ungarn gehörten und nicht als → Militärgrenze Wien direkt unterstellt waren, auch → Banovina oder Banalkroatien, als Gebiet unter der Herrschaft des Banus.

Župan: „Gespan", historischer slawischer Fürstentitel vor allem bei den Serben, Oberhaupt einer župa.

Županije: „Gespanschaft", Gau, Provinz, vor 1918 und heute in Kroatien verwendet.

Abkürzungen

ARBiH: Armija Republike Bosne i Hercegovine, „Armee der Republik Bosnien-Herzegowina", seit Mai 1992
ASNOM: Antifašističko Sobranije na Narodnoto Osloboduvanje na Makedonija, „Antifaschistischer Rat der Volksbefreiung Makedoniens", 1944
AVNOJ: Antifašističko Vijeće Narodnog Oslobođenja Jugoslavije, „Antifaschistischer Rat der Volksbefreiung Jugoslawiens", 1942
BdKJ: Bund der Kommunisten Jugoslawiens, Name der KP ab 1952, Übersetzung von → SKJ
BiH: Bosna i Hercegovina, „Bosnien und Herzegowina"
DEMOS: Demokratična Opozicija Slovenije, „Demokratische Opposition Sloweniens", neunziger Jahre
DEPOS: Demokratski Pokret Srbije, „Demokratische Bewegung Serbiens" in den neunziger Jahren
DOJ: Dobrovoljačke Omladinske Jedinice „Freiwillige Jugendeinheiten", 1990 in Kroatien
DOS: Demokratska opozicija Srbije, „Demokratische Opposition Serbien, das 2000 gegründete 17 Parteien umfassende Bündnis, das das Regime Milošević im Oktober 2000 ablöste
DS: Demokratska Stranka, „Demokratische Partei", Oppositionspartei in Serbien in den Neunzigern unter Đinđić, gegründet 1990, Vorsitzender Dragoljub Mićunović, nach der Spaltung Zoran Đinđić
DSS: Demokratska Stranka Srbije, „Demokratische Partei Serbiens"; Vorsitzender: Vojislav Koštunica
EJ: Enciklopedija Jugoslavije, „Enzyklopädie Jugoslawiens"
EXFOR: Extraction Force, in Makedonien stationierte Truppen der NATO zur Sicherung und Evakuierung der OSZE-Beobachter im Kosovo, ab Dezember 1998
FNRJ: Federativna Narodna Republika Jugoslavija, „Föderative Volksrepublik Jugoslawien", Bezeichnung ab 1945 bis 1963
FRJ: Federativna Republika Jugoslavija, „Föderative Republik Jugoslawien", „Bundesrepublik Jugoslawien", im April 1992 als Nachfolgerin der SFRJ aus Serbien und Montenegro gebildet, im Handbuch: FR Jugoslawien
FYROM: Former Yugoslav Republic of Macedonia, seit der Unabhängigkeit international auf politischen Druck Griechenlands gebrauchte Abkürzung und Bezeichnung Makedoniens
HDZ: Hrvatska Demokratska Zajednica, „Kroatische Demokratische Vereinigung", Regierungspartei in Kroatien in den neunziger Jahren, auch in Bosnien-Herzegowina
HOS: Hrvatske Obrambene Snage, „Kroatische Verteidigungskräfte", bewaffneter Flügel der Kroatischen Rechtspartei (→ HSP); in Bosnien 1992 aktiv, dann aufgelöst
HRSS: Hrvatska Republikanska Seljačka Stranka, „Kroatische Republikanische Bauernpartei" (Bezeichnung der → HSS bis 1925)
HSK: Hrvatsko-Srpska Koalicija, „Kroatisch-serbische Koalition" in Kroatien Anfang des 20. Jhs.
HSLS: Hrvatska Socijalno-Liberalna stranka, „Kroatische sozial-liberale Partei" im heutigen Kroatien
HSP: Hrvatska Stranka Prava, „Kroatische Partei des Rechts", rechts stehende Partei historisch und im heutigen Kroatien
HSS: Hrvatska Seljačka Stranka, „Kroatische Bauernpartei", bis zum Krieg einflussreichste politische Organisation der Kroaten, unter gleichem Namen in den neunziger Jahren
HV: Hrvatska Vojska, Kroatische Armee ab September 1991
HVO: Hrvatsko Vijeće Obrane, „Kroatischer Verteidigungsrat", kroatische Streitkräfte in Bosnien-Herzegowina, ab April 1992
ICTY: International Criminal Tribunal for the Former Yugoslavia, 1993 vom Sicherheitsrat der UN mit dem Sitz in Den Haag gegründet
IDS: Istarski Demokratski Sabor, „Istrische Demokratische Versammlung" im heutigen Kroatien
IFOR: Implementation Force, eingesetzt von der NATO im Dezember 1995 zur Durchführung der Bestimmungen des Dayton-Abkommens in Bosnien-Herzegowina
IKRK: Internationales Komitee des Roten Kreuzes
IMRO: Innere makedonische revolutionäre Organisation, seit den neunziger Jahren des letzten Jahrhunderts, im Deutschen gebräuchlich als Kürzel für makedonisch: VMRO, 1990 als Bezeichnung wieder aufgegriffen, → VMRO-DPMNE
IMRO-DPMNE: → VMRO-DPMNE
JMO. Jugoslovenska Muslimanska Organizacija, „Jugoslawische Muslimorganisation" in der Zwischenkriegszeit
JNA: Jugoslovenska Narodna Armija, „Jugoslawische Volksarmee" → JVA

JSO: Jedinica za specijalne operacije, die Einheit für Sonderaufgaben in Serbien; 1997 gegründete Spezialpolizei aus den früheren (geheimgehaltenen) Einheiten, die im Krieg gegen Kroatien und Bosnien-Herzegowina operierten und direkt Milošević unterstellt waren

JVA: Jugoslawische Volksarmee, im Deutschen gebräuchlich für die → JNA

KDOM: Kosovo Diplomatic Observer Mission, Sommer 1998

KFOR: Kosovo Force, internationale Truppe für das Kosovo zur Sicherung der Rückkehr der Flüchtlinge nach dem Krieg ab Juni 1999

KOS: Kontraobavještajna Služba, „Gegenaufklärungsdienst", Geheimdienst der jugoslawischen Armee, politische Polizei inner- und außerhalb der → JVA

KPJ: Kommunistische Partei Jugoslawiens, Bezeichnung in der Zwischenkriegszeit

KSHS: Kraljevina Srba, Hrvata i Slovenaca, „Königreich der Serben, Kroaten und Slowenen" nach dem Ersten Weltkrieg bis 1929

KVM: Kosovo Verification Mission der OSZE, Anfang 1999

LDK: Lidhja Demokratike e Kosovës, „Demokratischer Bund des Kosovo", seit Dezember 1989

MANAPO: Makedonski narodni pokret, „Makedonische Volksbewegung" ab 1936

NDH: Nezavisna Država Hrvatska, „Unabhängiger Staat Kroatien" (1941-45)

NDS: Nezavisna Demokratska Stranka, „Unabhängige Demokratische Partei", Zwischenkriegszeit

NFS: Narodna Federativna Stranka, „Föderative Volkspartei" im osmanischen Makedonien Anfang des 20. Jhs

NO ZB: Narodna Odbrana Zapadne Bosne, „Volksverteidigung Westbosniens", militärische Formation der Gefolgsleute Fikret Abdićs in der als autonome Provinz proklamierten Bihać-Enklave ab 1993

NOO: Narodnooslobodilački Odbori, „Volksbefreiungsausschüsse" in der Frühzeit der kommunistischen Herrschaft

NOV: → Narodnooslobodilačka vojska, „Volksbefreiungsarmee" im Zweiten Weltkrieg

NZ: Narodna Zaštita, „Volksschutz", 1990 in Kroatien

OZNA: Odjeljenje za Zaštitu Naroda, „Abteilung zum Schutz des Volkes" (politische Polizei) in der Frühzeit der kommunistischen Herrschaft, UDBa

PL: Patriotska liga → „Patriotische Liga", Bosnien-Herzegowina 1992

RRF: Rapid Reacton Forces, 1995 aus französischen und englischen Einheiten in Sarajevo eingesetzt

RS: Republika Srpska, „Serbische Republik", 1992 in Bosnien-Herzegowina proklamiert

RSK: Republika Srpska Krajina, „Republik Serbische Krajina", in Kroatien 1991 proklamiert

SANU: Srpska Akademija Nauka i Umetnosti „Serbische Akademie der Wissenschaften und Künste"

SAO: Srpska Autonomna Oblast, „Serbisches autonomes Gebiet" (Krajina) in Kroatien 1990 ausgerufen

SDA: Stranka Demokratske Akcije, „Partei der Demokratischen Aktion", muslimisch-bosniakische Partei unter Alija Izetbegović, seit 1990

SDP: Stranka Demokratskih Promjena, „Partei der demokratischen Veränderungen", Sozialdemokratische Partei Kroatiens, 1990 aus dem → SKH hervorgegangen

SDS: Srpska Demokratska Stranka, "Serbische demokratische Partei", 1990 in Kroatien als Ableger der → DS gegründet, danach unter demselben Namen in Bosnien-Herzegowina unter Führung von Karadžić

SFOR: Stabilization Force, Nachfolger der → IFOR, ab Dezember 1996

SFRJ: Socijalistička Federativna Republika Jugoslavija, „Sozialistische föderative Republik Jugoslawien" (1963 bis 1992)

SGJ: Statistički Godišnjak Jugoslavije, „Statistisches Jahrbuch Jugoslawiens"

SHS: → KSHS

SKH: Savez Komunista Hrvatske, „Bund der Kommunisten Kroatiens" bis Mai 1990 an der Macht

SKJ: Savez Komunista Jugoslavije, „Bund der Kommunisten Jugoslawiens" (ab 1952) → BdKJ

SLS: Slovenska Ljudska Stranka, „Slowenische Volkspartei" vor 1914 und in der Zwischenkriegszeit

SNS: Srpski Narodni Savez, „Serbischer Volksbund", in der Republika Srpska von Biljana Plavšić im August 1998 gegründet

SOK: Serbische Orthodoxe Kirche

SPO: Srpski Pokret Obnove, „Serbische Erneuerungsbewegung" unter Drašković in den neunziger Jahren

SPS: Socijalistička Partija Srbije, "Sozialistische Partei Serbiens", im Juli 1990 umbenannte KP Serbiens

SRS: Srpska Radikalna Stranka, „Serbische Radikale Partei" in den neunziger Jahren unter Vojislav Šešelj in Anlehnung an die historische Radikale Partei im 19. Jahrhundert und im ersten Jugoslawien

SSP: heute: SSDS, Serbische Selbständige Partei im Habsburger Kroatien, Srpska samostalna demokratska stranka (in Kroatien)

SVK: Srpska Vojska Krajine, „Serbische Armee der Krajina" ab Oktober 1992

TO: Teritorijalna Obramba (slowenisch), Teritorijalna Odbrana (serbisch) „Territorialverteidigung"

UÇK: Ushtria Çlirimtare e Kosovës, „Befreiungsarmee des Kosovo", ab 1996; ab 2001 benutzten die mazedonisch-albanischen Rebellen das gleichlautende Akronym für ihre sog. Nationalen Befreiungsarmee bis zur Auflösung im August desselben Jahres

UDBa: Uprava Državne Bezbednosti, „Staatssicherheitsverwaltung", Geheimdienst im sozialistischen Jugoslawien

UJDI: Ujedinjena jugoslavenska demokratska inicijativa, „Vereinte jugoslawische demokratische Initiative" in den neunziger Jahren

UNCRO: UN-Confidence Restauration Operation in Croatia, Bezeichnung für die UNPROFOR in Kroatien ab 1995

UNHCR: United Nations High Commissioner for Refugees

UNMIK: United Nations Interim Administration Mission in Kosovo, UN-Übergangsverwaltung ab Juni 1999

UNPA: United Nation Protected Area, UN-Schutzzone, 1992 erstmals in den serbisch besetzten Gebieten Kroatiens eingerichtet

UNPREDEP: UN Preventive Deployment Force in the Former Yugoslav Republic of Macedonia, seit 1995 verwendete Bezeichnung für die 1993 bis 1999 in Makedonien stationierte UN-Schutztruppe

UNPROFOR: United Nations Protection Force, UN-Schutztruppe in Kroatien ab Ende 1991

UNTAES: United Nations Transitional Administration for Eastern Slavonia, Baranja and Western Sirmium, UN-Übergangsverwaltung in Kroatien von Anfang 1996 bis Anfang 1998

VJ: Vojska Jugoslavije, „Armee Jugoslawiens", im Mai 1992 gebildete Neuformierung der → JVA

VMRO: Vnatrešna makedonska revolucionarna organizacija → IMRO

VMRO-DPMNE: (auch **IMRO-DPMNE**) Vnatrešna makedonska revolucionarna organizacija – Demokratska partija za makedonsko nacionalno edinstvo, „Innere Makedonische Revolutionäre Organisation – Demokratische Partei für die makedonische nationale Einheit" in den neunziger Jahren in Makedonien

VRS: Vojska Republike Srpske „Armee der serbischen Republik (Bosnien-Herzegowina)", im Mai 1992 gebildete Abspaltung der JVA

ZNG: Zbor Narodne Garde, „Versammlung der Nationalgarde", im Mai 1991 in Kroatien gegründet

Zur Aussprache:

Südslawische Sprache	Albanisch	Türkisch	Ungefähre Aussprache
c	c		„ts", entsprechend dt. „z"
ć	q		zwischen dt. „tsch" und „tj"
č	ç	ç	wie dt. „tsch"
đ, dj	gj		zw. „dj" und „dsh" (stimmhaft)
dž	xh	c	stimmhaft wie englisches „jam"
j	j	y	wie dt. „j"
š	sh	ş	wie dt „sch"
z	z	z	stimmhaftes „s", wie dt. „Sonne"
ž	zh	j	stimmhaft wie frz. „Journal"
	x		stimmhaftes „ds"
	dh		wie englisch stimmhaft „this"
	th		wie englisch stimmlos „thick"
	ë	ı	dumpfer Vokal zw. „ö" und „ü"

Eine Bemerkung zur Schreibweise: Beim Angleichen der Texte im Handbuch wurde angestrebt, nach Möglichkeit die verbreitetsten, aber auch in sich logische und philologisch exakte Schreibungen zu verwenden. Daher „Sarajevo" und nicht „Sarajewo", aber „Bosnien-Herzegowina", da bei „Hercegovina" der vorangestellte Name „Bosna" lauten müsste. Auch bei der Wahl zwischen albanischen und serbischen Namensformen („Kosova" vs. „Kosovo") haben wir uns für die gängigeren Formen entschieden, politische Aussagen sind damit natürlich nicht intendiert. Wir wissen, dass Schreibweisen nie widerspruchsfrei durchgehalten werden können und bitten um die Nachsicht derer, die an manchen Stellen anders verfahren würden.

Die Autorinnen und Autoren

Mark Almond, Dozent für Neue Geschichte am Oriel College, Oxford. Veröffentlichungen u.a. *Europe's Backyard War: The War in Yugoslavia*, 1994, und *Revolutions*, 1996.

Ivo Banac, Historiker, „Bradford Durfee"-Professor an der Yale Universität; seit 2003 Mitglied des kroatischen Parlaments. Publikationen u. a. *The National Question in Yugoslavia: Origins, History, Politics*, 1984, *With Stalin against Tito: The Cominformist Splits in Yugoslav Communism*, 1988; *Cijena Bosne*, 1994 („Der Preis Bosniens"); *Raspad Jugoslavije*, 2001 („Der Zerfall Jugoslawiens"); Hg., *The Diary of Georgi Dimitrov*, 2003.

Dimitrije Boarov, Redakteur der Belgrader *Ekonomska Politika* (1971-1974), dann 14 Jahre bei TV Novi Sad. Redakteur der mittlerweile eingestellten Belgrader Tageszeitung *Naša Borba*; 1989 Mitbegründer der Belgrader Wochenzeitung *Vreme*; Autor von: *Ima li još Vojvodine*, 1996 („Gibt es die Vojvodina noch"); und *Apostoli srpskih financija*, 1997 („Die Apostel der serbischen Finanzen").

Alida Bremer, Lektorin für kroatische und serbische Sprache und Literatur und wissenschaftliche Mitarbeiterin an der Justus-Liebig-Universität in Gießen. (Hg.) *Jugoslawische (Sch)erben. Probleme und Perspektiven*, 1993; *Kriminalistische Dekonstruktion: Zur Poetik der postmodernen Kriminalromane*, 1999; Ausstellung „Untergang der Helden: Patriarchalische Kultur in Südosteuropa" (2001).

Thomas Bremer, seit 1999 Professor am Ökumenischen Institut der Katholisch-Theologischen Fakultät der Universität Münster. Veröff. u.a.: *Ekklesiale Struktur und Ekklesiologie in der Serbischen Orthodoxen Kirche im 19. und 20. Jahrhundert*, 1992, *Konfrontation statt Ökumene. Zur kirchlichen Situation in der Ukraine*, 2001. *Kleine Geschichte der Religionen in Jugoslawien*, 2003; als Herausgeber: *Religion und Nation im Krieg auf dem Balkan*, 1996; zus. mit N. Popov und H.-G. Stobbe: *Serbiens Weg in den Krieg*, 1998; zus. mit J. Oeldemann und D. Stoltmann: *Orthodoxie im Dialog* 1999.

Dalibor Brozović, Linguist; 1991-2001 Direktor des Lexikographischen Instituts „Miroslav Krleža" in Zagreb, lehrte an Universitäten in Kroatien, Deutschland und den USA, Autor wichtiger Arbeiten im Bereich der slawischen Philologie.

Sima Ćirković, 1958 bis zur Emeritierung 1994 Professor an der Universität Belgrad. Fachgebiet Geschichte des Mittelalters auf dem Balkan; Veröffentlichungen u.a.: *Istorija srednjovekovne bosanske države*, 1965 („Die Geschichte des mittelalterlichen bosnischen Staates"), *La Serbie au Moyen Age*, 1992; *Rabotnici. Vojnici. Duhovnici. Društva srednjevekovnog Balkana,* 1997 („Fronarbeiter, Soldaten, Geistliche. Die Gesellschaft des mittelalterlichen Balkan"); *The Serbs* 2004.

Ivan Čolović, wissenschaftlicher Berater des Ethnographischen Instituts der Serbischen Akademie der Wissenschaften. Veröff. u.a.: *Vreme znakova*, 1988 („Zeit der Zeichen"), *Bordell der Krieger. Folklore, Politik und Krieg*, 1994; *Politika simbola. Ogledi o političkoj antropologiji,* 1997 („Politik der Symbole. Abhandlungen zur politischen Anthropologie"); *Politics of Identity in Serbia*, 2002.

Miomir Dašić, Historiker, Mitarbeiter an der Montenegrinischen Akademie der Wissenschaften und Künste in Podgorica.

Darko Dukovski, Historiker, lehrt an der Philosophischen Fakultät Rijeka. Veröffentlichung u.a. *Fašizam u Istri 1918-1943*, 1998 („Faschismus in Istrien"); *Istra. Kratka povijest dugog trajanja*, 2004 (Istrien. Kurze Geschichte des langen Währens).

Ivo Goldstein, Geschichtsprofessor an der Zagreber Universität, 1991-96 Leiter des Instituts für kroatische Geschichte der Philosophischen Fakultät. Veröffentlichung u.a. *Bizant na Jadranu,* 1992 („Byzanz an der Adria"); *Hrvatski rani srednji vijek*, 1995 („Das kroatische Frühmittelalter"); *Croatia. A History*, 1999; zusammen mit Slavko Goldstein, *Holocaust u Zagrebu* („Holocaust in Zagreb"), 2001.

Slavko Goldstein, nach Teilnahme am Zweiten Weltkrieg als Partisan Mitarbeiter der Wochenzeitung VUS, und Redakteur bei Radio Zagreb. Von 1970-1983 Chefredakteur des Verlagshauses *Stvarnost*; 1986-1990 Vorsitzender der Jüdischen Gemeinde in Zagreb; Gründer und Direktor des Universitätsverlags *Liber*; 1990 Gründer und Chefredakteur des Verlags *Novi Liber*, 1993-1997 Chefredakteur der Kulturzeitschrift *Erasmus*; 2001-2005 Leiter des Beirats der öffentlichen Einrichtung „Gedächtnisstätte Jasenovac".

James Gow, seit 1990 Professor am King's College in London; 1994-1998 ICTY-Berater in Den Haag. Veröf. u.a. *Triumph of the Lack of Will: International Diplomacy and the Yugoslaw War*, 1997; *The Serbian Project and Its Adversaries: A Strategy of War Crimes*, 2003.

Igor Graovac, Mitarbeiter des Kroatischen Instituts für Geschichte (seit 1972); Hg., zusammen mit Hans-Georg Fleck, *Dijalog povjesničara-istoričara*, Bd. 1-9, 1999-2005; in Zusammenarbeit mit Dragiša Cvetković, *Ljudski gubici Hrvatske 1941-45.*, 2005 (Die Menschenverluste Kroatiens 1941-45).

Rudolf Grulich, 1972-1982 wissenschaftlicher Assistent an der Abteilung Katholische Theologie der Ruhruniversität Bochum, 1982-1988 Direktor der Informations- und Dokumentationsabteilung von „Kirche in Not" in Königstein und Leiter des „Institutum Balticum", seit 1988 Wissenschaftlicher Direktor des „Instituts für Kirchengeschichte von Böhmen-Mähren-Schlesien".

Mustafa Imamović, Professor für Staatsrecht an der Universität Sarajevo, veröffentlichte u.a.: *Povijest Bošnjaka,* 1998 (Geschichte der Bosniaken).

Željko Ivanković, seit 1979 Mitarbeit bei zahlreichen Periodika, zuletzt *Slovo* und *Izraz,* von 1992 bis 1996 Direktor der staatlichen Nachrichtenagentur Bosien-Herzegowinas BH PRESS. Veröffentlichungen u.a.*700 dana opsade* („700 Tage Belagerung"), zahlreiche Beiträge für bosnische Zeitschriften wie *Forum Bosniae, Novi izraz, Status.*

Mirjana Kasapović, ordentliche Professorin an der Fakultät für Politische Wissenschaft der Universität Zagreb. Veröffentlichungen u.a. *Izborni i stranački sustav Republike Hrvatske*, 1993 („Wahl- und Parteiensystem der Republik Kroatien"); *Demokratska tranzicija i političke stranke*, 1996 („Demokratische Transition und politische Parteien"); *Wahlsysteme und Systemwechsel in Osteuropa* (mit Dieter Nohlen), 1996, *Hrvatska politika 1990-2000*, 2001 (Kroatische Politik 1990-2000), zusammen mit Nenad Zakošek, *Politički sustav Hrvatske*, 2002 (Das politische System Kroatiens).

Karl Kaser, seit 1980 Mitarbeiter der Abteilung für Südosteuropäische Geschichte an der Universität Graz, seit 1996 dort ordentlicher Professor, seit 1998 Direktor des *Center for the Study of Balkan Society and Culture at University of Graz.* Wichtigste Monographien: *Hirten, Kämpfer, Stammeshelden*, 1992, *Familie und Verwandtschaft auf dem Balkan*, 1995, *Macht und Erbe. Männerherrschaft, Besitz und Familie im östlichen Europa, 1500-1900*, 1999, *Südosteuropäische Geschichte und Geschichtswissenschaft*, 2002[2].

Radoslav Katičić, ab 1961 Dozent für Indogermanische und Allgemeine Sprachwissenschaft, auch für Indoiranische Philologie in Zagreb, 1977 bis 1988 Professor für slawische Philologie in Wien. Wichtigste Bücher: *Ancient Languages of the Balkans,* 1976, *Sintaksa hrvatskoga književnog jezika*, 1991 („Syntax der kroatischen Literatursprache"); *Illyricum mythologicum*, 1994, *Ein Ausblick auf die slawischsprachige Völkerwelt im Südosten*, 1996, *Literarum studia*, 1998; *„Herrschaft" und „Staat". Untersuchungen zum Zivilisationswortschatz im südosteuropäischn Raum 1840-1870*, 2004.

Ozren Kebo, Politologe, Journalist und Schriftsteller; veröff. u.a. *Sarajevo za početnike*, 1996 („Sarajevo für Anfänger", französisch 1997, schwedisch 1998).

Tarik Kulenović, Soziologe, wissenschaftlicher Mitarbeiter an der Universität Zagreb; Redakteur der Zeitschrift *Polemos* (Zeitschrift für interdisziplinäre Erforschung des Krieges und des Friedens); Veröffentlichungen im Bereich Militärgeschichte und -soziologie.

Shkëlzen Maliqi, Philosoph und Publizist; 1994-1999 Mitarbeiter bei der Soros-Stiftung in Prishtina, Direktor des „Gani Bobi"-Zentrums für humanistische Studien; veröffentlichte u.a. *Shqiptarët dhe Evropa*, 1994 („Die Albaner und Europa"), *Separate Worlds*, 1998; „Kosova kann keine Quasikolonie bleiben", in: *Kommune* 3/2004.

Viktor Meier, 1956 bis 1966 Korrespondent der *Neuen Zürcher Zeitung* für Ost- und Südosteuropa, dann in Washington und ab 1970 in Wien. Ab 1975 bis zur Pensionierung Ende 1993 Korrespondent für die Länder Ost- und Südosteuropas der *Frankfurter Allgemeinen Zeitung* mit Sitz in Wien und Budapest. Bücher: *Neuer Nationalismus in Südosteuropa*, 1968, *Wie Jugoslawien verspielt wurde*, 1995; *Jugoslawiens Erben. Die neuen Staaten und die Politik des Westens*, 2001.

Dunja Melčić, Philosophin und Publizistin, 1996-1997 Mitarbeiterin des Max-Planck-Instituts für europäische Rechtsgeschichte in Frankfurt an einem Forschungsprojekt zum Totalitarismus. Seit 1997-2002 Mitarbeiterin des „Ost-Westeuropäischen Kultur- und Studienzentrums „Palais Jalta". Mitarbeiterin an der Sonderausgabe von *Praxis International* „The Rise and Fall of Yugoslavia", 1994; Herausgeberin von *Das Wort im Krieg. Ein bosnisch-kroatisches Lesebuch*, 1995; Beiträge in *Jugoslawien: Ein Staat zerfällt*, (Hg. Furkes/Schlarp) 1991; *Krieg in Europa*, 1992, *Politische Morde. 17 Fälle des 20. Jahrhunderts* (Hg. Werner Raith/Thomas Schmid), 1996; seit 2003 ständige Mitarbeiterin der Zeitschrift *Kommune.*

Stefan Oeter, seit 1999 Professor für deutsches und ausländisches öffentliches Recht und Völkerrecht am Fachbereich Rechtswissenschaft der Universität Hamburg und geschäftsführender Direktor des Instituts für Internationale Angelegenheiten.

Latinka Perović, Historikerin mit dem Schwerpunkt auf der Geschichte der serbisch-russischen Beziehungen und der revolutionären Bewegung in beiden Ländern; Herausgeberin der Zeitschrift des Instituts für Neuere Geschichte Serbiens und mehrerer Sammelbände zur Modernisierung Serbiens im 19. und 20. Jahrhundert (*Srbija u modernizacijskim procesima XIX i XX veka*); Veröffentlichungen u.a.: *Planirana revolucija*, 1988 („Geplante Revolution"); *Zatvaranje kruga – ishod rascepa* 1971-1972, 1991 („Das Schließen des Kreises"); *Ljudi, događaji i knjige*, 2000 („Menschen, Ereignisse,Bücher").

Erich Rathfelder, seit 1985 Osteuropa-Redakteur der *tageszeitung*, Berlin, für diese und andere Zeitungen seit 1991 Korrespondent aus dem ehemaligen Jugoslawien. Veröffentlichungen u.a.: (Hg.), *Krieg auf dem Balkan* 1992; *Sarajevo und danach. Sechs Jahre Reporter im ehemaligen Jugoslawien*, 1998.

Matthias Rüb, seit 1989 Redakteur bei der *FAZ*, von 1994-2002 deren Korrespondent für Mittel- und Südosteuropa mit Sitz in Budapest, danach in Washington. Autor von *Balkan Transit. Das Erbe Jugoslawiens*, 1998; *Kosovo. Ursachen und Folgen eines Krieges in Europa*, 1999; *Der atlantische Graben. Amerika und Europa auf getrennten Wegen*, 2004 .

Jacques Rupnik, Forschungsdirektor am *Centre d'Études et de Recherches Internationales* Paris. 1995 Exekutivdirektor der Internationalen Balkan-Kommission des *Aspen-Institute* Berlin und des *Carnegie Endowment for International Peace*. Veröffentlichungen: *De Sarajevo à Sarajevo. L'échec yougoslave*, 1992, *Le déchirement des nations*, 1995; Hg., *Les Européens face à l'enlargissement. Perceptions; acteurs; enjeux*, 2004.

Christoph Safferling, Assistent am Institut für Strafrecht, Strafprozessrecht und Kriminologie der Universität Erlangen. Seine Promotion mit dem Titel „Towards an International Criminal Procedure" wurde mit dem Fakultätspreis der Münchner Rechtswissenschaftlichen Fakultät ausgezeichnet und erschien 2001 bei Oxford University Press.

Joscha Schmierer, Historiker und politischer Publizist, bis Mai 1999 Chefredakteur der Monatszeitschrift *Kommune*, Berater im Planungsstab des Auswärtigen Amtes. Veröffentlichungen u.a.: *Die neue Alte Welt oder wo Europa liegt*, 1993, *Mein Name sei Europa. Einigung ohne Mythos und Utopie*, 1996.

Ludwig Steindorff, Professor für Geschichte Ost- und Südosteuropas an der Universität Kiel; 1997 OSZE-Supervisor in Bosnien-Herzegowina. Publikationen u.a. *Hochschulreform in Kroatien*, 1995; „Der Kroatische Frühling", in: *Der Balkan* 1997, „Von der Konfession zur Nation: Die Muslime in Bosnien-Hercegovina", in: *Religion und Gesellschaft in Südosteuropa*, 1997; *Kroatien. Vom Mittelater bis zur Gegenwart*, Regensburg 2001.

Matthias Vetter, Osteuropahistoriker, 1996-1999 Leiter des Frankfurter Ost-Westeuropäischen Kultur- und Studienzentrums „Palais Jalta", Veröffentlichungen u.a. als Hg: *Terroristische Diktaturen im 20. Jahrhundert*, 1996.

Peter Vodopivec, Professor für moderne europäische und amerikanische Geschichte an der Universität Ljubljana; Leiter der Arbeitsgruppe zur Vorbereitung der neuen Geschichtslehrpläne und Geschichtslehrbücher in Slowenien.

Ivo Žanić, Ethnologe, Redakteur der Zeitschrift *Erasmus*; seit 2001 Dozent an der Politischen Fakultät in Zagreb; Forschungsschwerpunkt: Rituale und Symbolen im politischen Diskurs. Veröffentlichungen. u.a.: *Ukradena povijest. Guslarska estrada, kult hajduka i rat u Hrvatskoj i Bosni i Hercegovini 1990-1995*, 1997 („Die gestohlene Geschichte. Estrade der Guslaren, Heiduckenkult und der Krieg in Kroatien und Bosnien-Herzegowina"); Hg. zusammen mit Branka Magaš *Rat u Hrvatskoj i Bosni i Herzegovini 1991-1995*, Zagreb – Sarajevo 1999; (englische Ausgabe London 2001); „Symbolic Identity of Croatia in the Triangle *Crossroads – Bullwark – Bridge*", in: *Myths and Boundaries in South-East Europe*, 2005.

Ozren Žunec, Soziologieprofessor an der Universität Zagreb, Chefredakteur der Zeitschrift *Polemos*; Veröffentlichungen zu Militärgeschichte und -soziologie: *Planet mina*, 1997 („Der Planet der Minen"), *Rat i društvo. Ogledi iz sociologije vojske i rata*, 1998 („Krieg und Gesellschaft. Abhandlungen aus Kriegs- und Militärsoziologie").

Verzeichnis der Karten

Karten 1 und 2 aus: Holm Sundhausen, *Geschichte Jugoslawiens*, Stuttgart 1982, S. 165, 166, mit freundlicher Genehmigung des Kohlhammer-Verlags und des Autors.

Karte 3: Ost-Westeuropäisches Kultur- und Studienzentrum „Palais Jalta", Frankfurt 1999.

Karten 4 und 5 aus: Erich Rathfelder, *Sarajevo und danach*, München 1998, S. 353, 358, mit freundlicher Genehmigung des Beck-Verlags und des Autors.

Karten 6 und 7 aus: *Trügerischer Friede*, Reinbek 1997, S. 437, 499, mit freundlicher Genehmigung des Rowohlt-Taschenbuch-Verlags.

Namens- und Sachregister

C

D

E

F

I

J

K

Q

R

T

U

V

GPSR Compliance

The European Union's (EU) General Product Safety Regulation (GPSR) is a set of rules that requires consumer products to be safe and our obligations to ensure this.

If you have any concerns about our products, you can contact us on ProductSafety@springernature.com

In case Publisher is established outside the EU, the EU authorized representative is:

Springer Nature Customer Service Center GmbH
Europaplatz 3
69115 Heidelberg, Germany

Zeitfracht Medien GmbH
Ferdinand-Jühlke-Straße 7,
99095 - DE, Erfurt
produktsicherheit@zeitfracht.de

FSC
www.fsc.org
MIX
Papier | Fördert
gute Waldnutzung
FSC® C083411

Vorwort zur 1. Auflage

Für viele Produktionsunternehmen ist die Differenzierung ihres Angebotes gegenüber den Mitbewerbern häufig maßgeblich durch die logistischen Merkmale Lieferzeit und Liefertreue möglich. Dies erfordert die sichere Beherrschung der internen Durchlaufzeiten und der Termineinhaltung. Gleichzeitig dürfen aber auch kostenrelevante Ziele wie gleichmäßige und hohe Auslastung sowie niedrige Bestände in Roh-, Halbfertig- und Fertigwarenbeständen nicht aus dem Blick geraten. Dieses alte Dilemma der Ablaufplanung zu lösen, ist Gegenstand zahlloser Bemühungen von Wissenschaftlern und Praktikern. Große Hoffnungen wurden in den 60er Jahren in die Methoden des Operations Research, hier vor allem in die Warteschlangentheorie gesetzt, die sich aber unter den komplexen Randbedingungen der variantenreichen Einzel- und Serienfertigung nicht durchsetzen konnte. Auch die Simulation brachte wegen des hohen Aufwandes zumindest im laufenden Betrieb eines Unternehmens nicht den erhofften Durchbruch.

In dieser Situation stieß das von Prof. Hans Kettner und seinen Mitarbeitern Anfang der 70er Jahre am Institut für Fabrikanlagen der Universität Hannover entwickelte Trichtermodell und das daraus abgeleitete Durchlaufdiagramm auf großes Interesse, weil die vier Zielgrößen Durchlaufzeit, Bestand, Auslastung und Termintreue erstmals schlüssig in einer Graphik abgebildet werden konnten. Die daraus entstandene Belastungsorientierte Auftragsfreigabe und dann weiterentwickelte Belastungsorientierte Fertigungsregelung hat in der Werkstättenfertigung starke Verbreitung gefunden.

Die später im Rahmen von Simulationsuntersuchungen entwickelten Produktionskennlinien stellen die Abhängigkeit von Auslastung und Durchlaufzeit vom Bestand erstmals auch quantitativ dar. Sie waren aber zunächst auf den Einsatz in der Forschung beschränkt, weil sie aufgrund des großen Aufwandes für die Simulation nicht praxistauglich waren.

Erst Anfang der 90er Jahre gelang es mit der Dissertation von Nyhuis, diese Produktionskennlinien auf Basis eines von v. Wedemeyer vorgeschlagenen Idealmodells des Fertigungsablaufs verbunden mit experimentell und empirisch abgesicherten Untersuchungen einfach zu berechnen. Damit erschloss sich in den folgenden Jahren ein weites Anwendungsfeld für die Forschung und praktische Anwendung.

Das vorliegende Buch beschreibt erstmals in geschlossener Form die Modelle der logistischen Kennlinien für den Produktions- und Lagerprozess, leitet die Berechnungsformeln Schritt für Schritt ab und entwickelt daraus ein vergleichsweise einfaches Rechenschema, das die für die Fertigungs- und Lagersteuerung üblichen Betriebsdaten benutzt. Sorgfältige Tests mit Praxisdaten und umfangreiche Simulationsstudien zeigen den Einfluss der einzelnen Gleichungsparameter der Auftrags- und Kapazitätsstruktur auf und erlauben eine Abschätzung der Aussagegenauigkeit auch bei ungenauen oder fehlerhaften Ausgangsdaten, wie sie in der Praxis oft auftreten. Die Gegenüberstellung mit der Simulation und der Warteschlangentheorie verdeutlicht die Vorteile, aber auch die Grenzen der Kennlinientheorie.

Die Brauchbarkeit der Kennlinien zeigte sich in zahlreichen wissenschaftlichen und anwendungsbezogenen Projekten des Instituts für Fabrikanlagen. Sie wurden aber auch von anderen Autoren aufgegriffen. Ihre Hauptanwendungsgebiete liegen heute in der Dimensionierung von Pufferbeständen und -flächen im Rahmen der Fabrikplanung, der logistischen Positionierung von Fertigungsbereichen und Lagerbeständen hinsichtlich Durchlaufzeit, Auslastung und Beständen, im Produktionscontrolling zur kontinuierlichen Verbesserung logistischer Zielgrößen, in der Parametrierung von Losgrößenbestimmung, Durchlaufterminierung und Auftragsfreigabe in PPS-Systemen sowie in der Engpaßorientierten Logistikanalyse zur Erschließung verborgener logistischer Potentiale für Durchlaufzeiten und Bestände. Weitere absehbare Anwendungsmöglichkeiten sind die Steuerung von Konstruktions- und Entwicklungsbereichen, die Erweiterung der Kennlinien auf das Merkmal Termintreue, die Kostenbewertung von Produktionsprozessen bei unterschiedlichen Bestandssituationen sowie die Bewertung von Lieferketten über Unternehmensgrenzen hinweg.

Dieses Buch baut auf vielen wissenschaftlichen und empirischen Arbeiten des Instituts für Fabrikanlagen auf, die teilweise zwanzig Jahre und länger zurückreichen. Hierzu zählen vor allem die Dissertationen von Bechte, Dombrowski, Dräger Erdlenbruch, Fastabend, Gläßner, Lorenz, Ludwig, Möller, Penz, Petermann, Scholtissek, Springer und Ullmann. Sie alle beschäftigten sich mit verschiedenen Aspekten der Produktionsmodellierung, -planung und -steuerung auf Basis des Durchlaufdiagramms und der Kennlinien und haben jeder für sich einen Beitrag zur Kennlinientheorie geliefert.

Unseren Lesern aus Wissenschaft und Praxis wünschen wir viele Anregungen und praktischen Nutzen bei der Bewältigung ihrer logistischen Probleme. Für konstruktive Kritik, Anregungen und Erfahrungen in der Anwendung der Kennlinientheorie sind wir dankbar.

Hannover
im Sommer 1999

Peter Nyhuis
Hans-Peter Wiendahl

Inhalt

Verzeichnis der im Text verwendeten Abkürzungen und Formelzeichen

Allgemeine Merkmale (Index oder nachführende Bezeichnung)

Zeichen	Bedeutung
EP	Engpassarbeitssystem
i, j	Allgemeine Laufvariablen
m	Mittelwert
med	Medianwert
mg	Mittlerer gewichteter Wert
max	Maximalwert
PZK	Prozeßkette
s	Standardabweichung
v	Variationskoeffizient
(t)	Mit Hilfe der Kennlinientheorie berechneter Mittelwert (als Funktion des Laufparameters t)
(T)	Wert einer Größe zum Zeitpunkt T
(s)	Sollwert eines Kenngröße (z. B. ZDL(s): Durchlaufzeit Soll)

Dimensionsangaben

Einheit	Bedeutung
ANZ	Anzahl
BKT	Betriebskalendertag
ME	Mengeneinheiten (allgemein; z. B. Stk; m^2; kg)
Std	Stunden
Stk	Stück
Std · BKT	Flächenangabe (Stunden · Betriebskalendertag)
%	Prozent

Formelzeichen

Zeichen	(Einheit)	Bedeutung
a	(–)	Untere Intervallgrenze (Terminkennlinie)
A	(%)	Auslastung
AB	(Std)	Abgang an Arbeit
ANZ	(–)	Anzahl
b	(–)	Obere Intervallgrenze (Terminkennlinie)
B	(Std)	Bestand
B_B	(Std)	mittlerer Bestand bei Auftragsbearbeitung
B_P	(Std)	mittlerer Pufferbestand
B_{rel}	(%)	Relativer Bestand
BA	(–)	Bestand (in Anzahl Aufträgen)
BI_{min}	(Std)	Idealer Mindestbestand
BIA	(–)	Idealer Mindestbestand (in Aufträgen)
$BKAP_V$	(Std/BKT)	Verfügbare Betriebsmittelkapazität
BL	(ME)	Lagerbestand
BL_0	(ME)	Unterer Grenzwert des Lagerbestandes
BL_1	(ME)	Erweiterter Grenzwert des Lagerbestandes
BL_S	(ME)	Sicherheitsbestand
BR	(ME/BKT)	Bedarfsrate
C	(–)	Funktionsparameter der C_{Norm}-Funktion
EPS	(%)	Einlastungsprozentsatz
F	(BKT)	Durchlaufzeit (Little's Law)
FBL	(ME · BKT)	Lagerbestandsfläche
FB	(Std · BKT)	Bestandsfläche
FG	(–)	Flußgrad
FZ	(Std · BKT)	Durchlaufzeitfläche
F_{BL}	(ME · BKT)	Lagerbestandsfläche
F_{FM}	(ME · BKT)	Fehlmengenfläche
KAP	(Std/BKT)	Kapazität
L	(Std/BKT)	Leistung
L_{max}	(Std/BKT)	Maximal mögliche (mittlere) Leistung
LA	(ME/BKT)	Lagerabgangsrate
LA	(1/BKT)	Leistung (in Anzahl Aufträge) (Prozesskennlinie)
LV	(BKT)	Lieferverzug Lagerabgang
LV_0	(BKT)	Grenzlieferverzug
LV_1	(BKT)	Erweiteter Grenzlieferverzug
m	(–)	Anzahl Arbeitsstationen (Little's Law; Warteschlangenmodelle)
m	(–)	Anzahl pünktlich bedienter Nachfragen (Servicegrad)
MAB	(ME)	Lagerabgangsmenge (Lagerkennlinien)
M_{NA}	(ME)	Auftragslosgröße je Nachfrage
M_{NAP}	(ME)	Auftragslosgröße pünktlich bedienter Nachfragen

n	(–)	Anzahl auszuwertender Ereignisse
N	(–)	Anzahl Aufträge im System (Little's Law)
p		Auftragszeit (Little's Law); Dimensionsangabe vom Anwendungsfall anhängig (z. B. min/Std)
P	(BKT)	Bezugszeitraum (Periode)
Pü	(–)	Materialflusskoeffizient
$PKAP_N$	(Std/BKT)	Nutzbare Personalkapazität
SG	(–)	Servicegrad
R	(BKT)	Reichweite
t	(–)	Laufvariable in der Kennlinientheorie ($0 \leq t \leq 1$)
t_e	(min/ME)	Einzelzeit je Mengeneinheit (Vorgabezeit)
t_r	(min)	Rüstzeit je Arbeitsvorgang (Vorgabezeit)
TA	(BKT)	Terminabweichung
TA^+	(BKT)	Positive Terminabweichung (Verzögerung)
TA^-	(BKT)	Negative Terminabweichung (Vorzeitige Auslieferung)
TAA	(BKT)	Terminabweichung Abgang
TAR	(BKT)	Relative Terminabweichung
TAZ	(BKT)	Terminabweichung Zugang
TAB	(BKT)	Bearbeitungsanfang Auftrag (Auftragseinstoß)
TAE	(BKT)	Bearbeitungsende Auftrag
TBE	(BKT)	Termin Bearbeitungsende eines Arbeitsvorganges
TBEV	(BKT)	Termin Bearbeitungsende des Vorgänger-Arbeitsvorganges
TT	(%)	Termintreue
U	(Std/BKT)	Leistung einer Arbeitsstation (Little's Law)
WBZ	(BKT)	Wiederbeschaffungszeit
x	(ME)	Losgröße
X_{AB}	(ME)	Lagerabgangsmenge je Abgangsereignis
X_{ZU}	(ME)	Lagerzugangsmenge je Zugangsereignis
z	(–)	Anzahl Zeitabschnitte im Bezugszeitraum
ZAU	(Std)	Auftragszeit (Vorgabestunden)
ZDA	(BKT)	Durchlaufzeit Auftrag
ZDF	(BKT)	Durchführungszeit (Arbeitsvorgang)
ZDL	(BKT)	Durchlaufzeit (Arbeitsvorgang)
ZG	(BKT)	Zeitgrad
ZL	(BKT)	Lagerverweilzeit
ZTR		Transportzeit; Dimensionsangabe vom Anwendungsfall abhängig (z. B. min; Std; BKT)
ZU	(Std)	Zugang
ZUE	(BKT)	Übergangszeit (Arbeitsvorgang)
ZW		Mittlere Wartezeit (Warteschlangenmodell); Dimensionsangabe vom Anwendungsfall abhängig (z. B. min; Std; BKT)

α_1	(–)	Streckfaktor in der Kennlinientheorie
ρ	(–)	Auslastungsgrad (Warteschlangenmodelle)
λ		Mittlere Ankunftsrate (Warteschlangenmodelle); Dimensionsangabe vom Anwendungsfall abhängig (z. B. 1/Std; 1/BKT)
ZAU	(Std)	Auftragszeit (Vorgabestunden)
ZDA	(BKT)	Durchlaufzeit Auftrag

Abkürzungen

AS	Arbeitssystem
AVG	Arbeitsvorgang
FIFO	First in – First out
FCFS	First come – First served
LOZ	Längste Operationszeit
KOZ	Kürzeste Operationszeit
SCHLUPF	Geringster Restschlupf

Kapitel 1
Einleitung

Der Wandel ist zugleich typisches wie auch notwendiges Merkmal evolutionärer Prozesse. Obwohl er häufig als Auslöser für kritische Situationen von Unternehmen angesehen wird, beinhaltet er nicht nur Probleme, Risiken und Gefahren. Einem Unternehmen, welches sich frühzeitig und aktiv neuen Herausforderungen stellt, diese bewusst erfasst und bei der Planung der unternehmerischen Zukunft berücksichtigt, eröffnen sich neue Möglichkeiten, sich positiv von den Mitwettbewerbern zu differenzieren und so neue Potentiale zu erschließen.

Von besonderer Bedeutung ist hierbei ein proaktives Handeln schon in wirtschaftlich stabilen Zeiten. Werden relevante Veränderungen nicht frühzeitig erkannt, so besteht das Risiko, dass wirksame Maßnahmen nicht schnell genug eingeleitet werden können. Die Bereitschaft zu Veränderungen ist zwar in den Zeiten einer Krise besonders groß, die Unternehmen haben jedoch oftmals nicht mehr die erforderlichen Kraftreserven, oder aber es sind erhebliche Einschnitte notwendig. Somit stellt sich für die Unternehmen immer nachdrücklicher die Forderung nach einer permanenten Produkt- und Prozessinnovation ([Zahn-94], [Warn-93]). Sie müssen aus der Kenntnis sowohl ihrer Schwächen und Versäumnisse der Vergangenheit als auch aus den Unternehmenszielen heraus zukunftsorientierte Strategien und Lösungsansätze erarbeiten und konsequent verfolgen. Aufgrund immer kürzer werdender Produktlebenszyklen, höherer Produktvielfalt, unbeständiger Produktionspläne, der Globalisierung der Märkte und vieler anderer Aspekte muss ein Unternehmen dabei so beweglich sein wie der Markt selbst.

1.1 Logistische Erfolgsfaktoren von Produktionsunternehmen

Die ständige Verbesserung und Aufwertung von Produkt und Produktionsprozess ist Voraussetzung dafür, Wettbewerbsvorteile zu erzielen und zu bewahren (vgl. u. a. [Bull-92], [Port-93], [Warn-93], [Mert-96], [Milb-97]). Praktisch jeder Vorteil kann früher oder später kopiert werden, ein Unternehmen muss daher zu einem beweglichen Ziel werden und sich wenigstens so schnell neue Vorteile verschaffen, wie die alten kopiert werden können. Punktuelle Leistungsverbesserungen reichen daher in aller Regel nicht aus, um eine nachhaltige Stärkung der Unternehmensposition

P. Nyhuis, H.-P. Wiendahl, *Logistische Kennlinien*,
DOI 10.1007/978-3-540-92839-3_1,

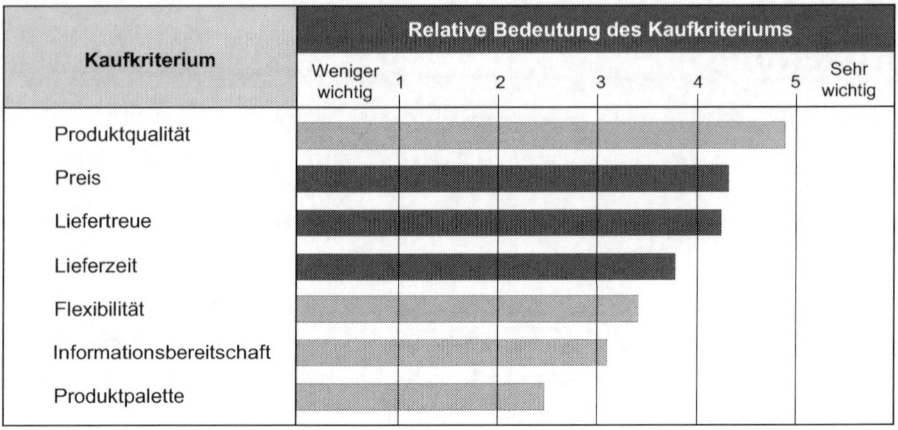

IFA D1386

Abb. 1.1 Kriterien für den Kauf von Produkten. (Siemens AG)

zu erreichen. Sie führen zumeist nur zu kurzfristigen Ergebnisverbesserungen und somit allenfalls zu einem Zeitgewinn, nicht aber zu wesentlichen Veränderungen der wettbewerblichen Beziehungen [Wild-98].

Nachhaltige Vorteile lassen sich nur erzielen, wenn auf der Basis einer Stärken-/Schwächenanalyse der Leistungsfähigkeit des Unternehmens und der Kundenanforderungen ein strategisches Gesamtkonzept erstellt wird, um auf der Basis einer ganzheitlichen Betrachtung bereichsübergreifende und aufeinander abgestimmte Maßnahmen planen, realisieren und bezüglich des angestrebten Erfolges auch kontrollieren zu können.

Die logistischen Leistungsmerkmale *Lieferzeit* und *Liefertreue* gewinnen dabei für die Unternehmen als Differenzierungsmöglichkeit am Markt – neben einem hohen Qualitätsniveau und dem Preis – zunehmend an Bedeutung (Abb. 1.1) ([ATKe-92], [Baum-00], [Gott-01]). Der Produktion als primärem Ort der Leistungserfüllung werden in diesem Zusammenhang vermehrt wesentliche Beiträge zur Steigerung der Effektivität abverlangt [Zahn-94]. Es geht darum, den gesamten Materialfluss in der Lieferkette von der Beschaffung der Rohstoffe und Vorprodukte über alle Stufen des Produktionsprozesses einschließlich aller Zwischenlagerstufen bis hin zur Versorgung des Vertriebs bzw. externer Kunden so zu gestalten, dass in kürzester Zeit auf den Markt reagiert werden kann. Da die Produktionslogistik diese Leistungsmerkmale maßgeblich prägt, ist sie Gegenstand intensiver Anstrengungen in Forschung und Praxis, die Gestaltung und den Betrieb logistischer Systeme zu professionalisieren.

Als wesentliche Ziele der Produktionslogistik lassen sich somit das Streben nach hoher Lieferfähigkeit und -treue bei geringstmöglichen Logistik- und Produktionskosten formulieren. Das logistische Leistungsmerkmal *Lieferfähigkeit* bringt dabei zum Ausdruck, inwieweit es dem Vertrieb möglich ist, vom Kunden gewünschte Liefertermine unter Beachtung der Produktionsgegebenheiten zusagen zu können.

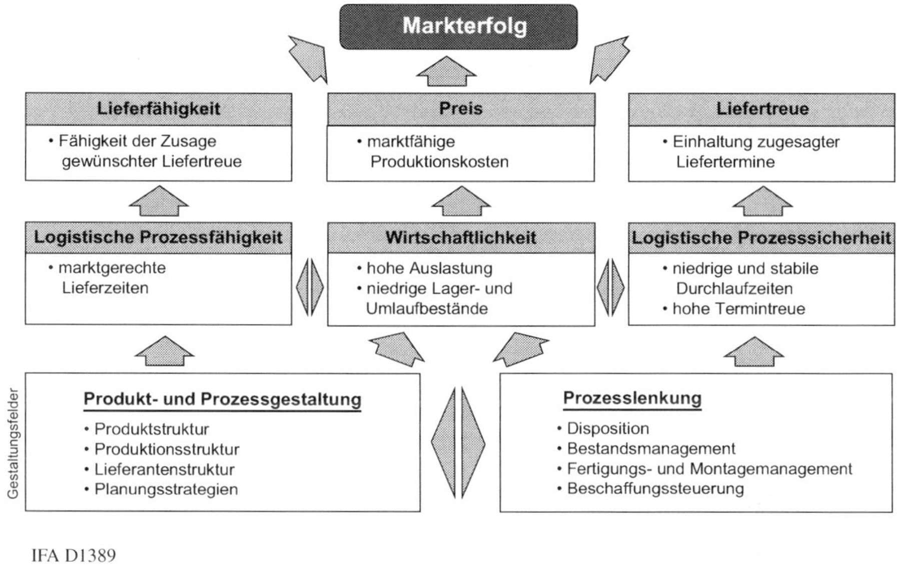

Abb. 1.2 Logistische Erfolgsfaktoren von Produktionsunternehmen. (Gläßner, IFA)

Die *Liefertreue* charakterisiert hingegen, in welchem Maße die bei der Auftragserteilung zugesagten Termine realisiert werden konnten.

Lieferfähigkeit und Liefertreue sind damit neben marktfähigen Produktionskosten für den langfristigen Markterfolg eines Unternehmens von Bedeutung (Abb. 1.2).

Zur Sicherstellung und zum Ausbau einer hohen Lieferfähigkeit müssen Produkt-, Produktions- und Lieferantenstrukturen so gestaltet werden, dass sie unter Anwendung geeigneter Produktionsplanungsstrategien die Realisierung marktgerechter Lieferzeiten ermöglichen und dadurch die *logistische Prozessfähigkeit* des Unternehmens gewährleisten. Ist es aufgrund der realisierten Strukturen prinzipiell möglich, eine gewünschte Lieferfähigkeit zu erreichen, besteht die Aufgabe der Prozesslenkung darin, im Rahmen der Disposition, des Bestandsmanagements und der operativen Steuerung das geschaffene logistische Potential auszuschöpfen und somit eine hohe *logistische Prozesssicherheit* zu realisieren. Die aufgrund der Produktions- und Produktstruktur realisierbaren niedrigen Durchlaufzeiten sollen dabei im laufenden Prozess erreicht und auf einem stabilen Niveau gehalten werden. Damit wird ständig eine hohe Liefertreue gewährleistet.

Bei der Gestaltung wie auch bei der Lenkung der unternehmenslogistischen Abläufe sind schließlich stets die Wechselwirkungen zwischen Leistungs- und Kostenzielen zu beachten, um so die *Wirtschaftlichkeit* der Produktion sicherstellen zu können. Zur Erreichung marktfähiger Produktionskosten ist einerseits eine hohe Auslastung der bereitgestellten Kapazitäten anzustreben, andererseits sind zur Reduzierung der Kapitalbindungskosten die Lager- und Umlaufbestände auf ein möglichst niedriges Niveau zu reduzieren.

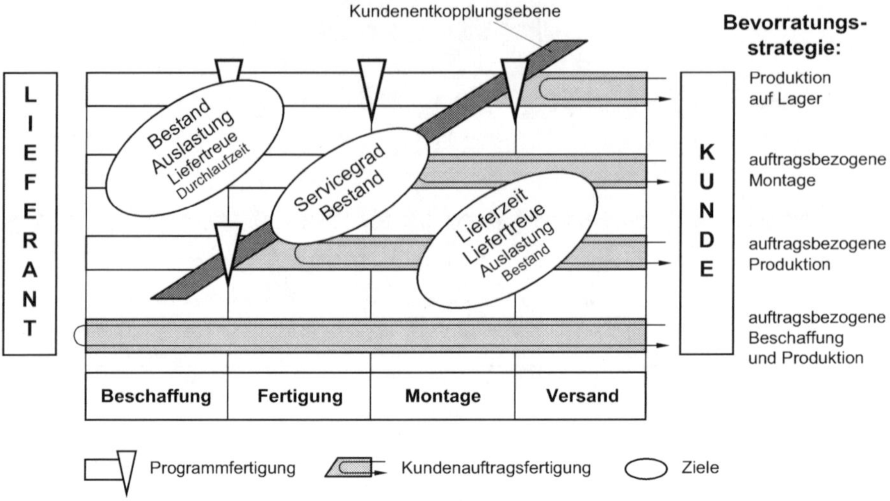

IFA C0268b

Abb. 1.3 Gewichtung logistischer Zielgrößen bei unterschiedlichen Bevorratungsstrategien. (In Anlehnung an Eidenmüller)

1.2 Das Dilemma der Ablaufplanung

Das Bestreben, die logistischen Erfolgsfaktoren gezielt zu stärken, wird durch bestehende Zielkonflikte erschwert. Weder sind die zu berücksichtigenden Zielsetzungen und Anforderungen widerspruchsfrei noch lokal und temporär gleichbleibend. So erfordert die Sicherung einer hohen Auslastung hohe Bestände, die ihrerseits jedoch lange Durchlaufzeiten hervorrufen. Lange und damit erfahrungsgemäß stark schwankende Durchlaufzeiten stehen jedoch dem Ziel einer hohen Terminsicherheit entgegen. Die Gegenläufigkeit dieser Zielsetzungen ist allgemein als das *Dilemma der Ablaufplanung* bekannt [Gute-71]. Es existiert demnach prinzipiell nicht nur ein Ziel, dessen Wert es zu maximieren oder zu minimieren gilt, sondern es müssen immer die Auswirkungen von Maßnahmen auf alle Teilziele gleichzeitig berücksichtigt werden. Erschwerend kommt hinzu, dass sich die Gewichtung der Teilziele im Produktionsprozess stark unterscheiden kann.

Abbildung 1.3 zeigt, welche Zielgrößen in Abhängigkeit von der vorliegenden Bevorratungsstrategie und der Lage des betrachteten Prozessabschnittes zum *Kundenentkopplungspunkt* in der Regel besonders betont werden: Soweit die Produktion nicht auf der Basis konkreter Kundenaufträge durchgeführt wird, werden vorrangig die betrieblichen Ziele einer hohen Auslastung und geringer Bestände verfolgt, da diese beiden Teilziele (wenn auch gegenläufig) die Wirtschaftlichkeit der Produktion beeinflussen. Termintreue und Durchlaufzeit sind in diesem Fall zumeist von sekundärer Bedeutung. Mittelbar beeinflussen diese Größen jedoch die Ziele der

Abb. 1.4 Der Fehlerkreis der Fertigungssteuerung. (Mather)

Lagerhaltung. Je geringer die Termintreue und je größer die Durchlaufzeit in der vorgeschalteten Produktion sind, desto größer muss der Bestand im Lager sein, bei dem noch ein definierter Servicegrad erreicht werden kann. Bei der kundenbezogenen Produktion kehrt sich das Verhältnis der Zielgewichtungen um. Die Einhaltung der zugesagten Lieferzeiten und -termine ist hier deutlich stärker zu gewichten, da der Kunde direkt von einer Nichteinhaltung betroffen ist. Ob es allerdings zulässig ist, kurze Lieferzeiten durch geringe Auslastungen der jeweiligen Produktionssysteme zu erkaufen, kann nur im Einzelfall entschieden werden. Die dann erforderlichen Kapazitätsausweitungen (Betriebsmittel und/oder Personal) lassen die Stückkosten in die Höhe schnellen. Hier hat der Kunde zu entscheiden, ob und ggf. in welchem Umfang er bereit ist, zugunsten kürzerer Lieferzeiten höhere Lieferpreise in Kauf zu nehmen. Wird schließlich berücksichtigt, dass sich alle Veränderungen im Unternehmensumfeld auch auf die Zielgrößengewichtung niederschlagen können, so wird deutlich, dass es ein Gesamtoptimum, an dem sich das Unternehmen insgesamt ausrichten kann, kaum geben wird.

Nicht selten führen die aus der geschilderten Problematik resultierenden Unsicherheiten zum sogenannten *Fehlerkreis der Fertigungssteuerung* (Abb. 1.4). Die empirische Entscheidungstheorie zeigt, dass Entscheidungsträger überwiegend versuchen, vermeintlich sichere Wege zu beschreiten [Knol-87]. Dies gilt insbesondere, wenn sie bei Nichterfüllung von routinemäßigen Aufgaben (z. B. durch unbefriedigenden Lieferservicegrad) unangenehm auffallen und für höhere Risikobreitschaft (z. B. durch Absenken von Beständen) keine Anreize geboten werden. So wird sich ein Disponent üblicherweise nicht nur an mittleren Durchlaufzeiten orientieren, sondern seine Entscheidung aus Risikogesichtspunkten unter Berücksichtigung ihrer Streuungen treffen. Werden nun als Folge einer schlechten Termineinhaltung die Werte für die Vorlaufzeitrechnung und die Durchlaufterminierung vergrößert, gelangen die Aufträge früher als bisher in die Produktion. Die Bestände vor den Arbeitsplätzen und somit auch die Warteschlangen steigen an. Dies bedeutet im Mittel längere Liegezeiten und damit längere Durchlaufzeiten für die Aufträge, verbunden mit einer größeren Durchlaufzeitstreuung. Im Ergebnis wird auch die Termineinhaltung schlechter, und nur noch mit Eilaufträgen und kostspieligen Sonderaktionen können die wichtigsten Aufträge termingerecht fertiggestellt werden. Der Fehlerkreis wird zu einer Fehlerspirale, die sich erst auf einem sehr hohen Niveau der Durchlaufzeit stabilisiert ([Math-77], [Wien-97]).

Um einen solchen Fehlerkreis aufzubrechen und das Dilemma der Ablaufplanung durch eine aktive Prozess- und Produktionsgestaltung beherrschbar zu machen, ist es erforderlich, die wechselseitigen Abhängigkeiten der logistischen Zielgrößen sowie deren Beeinflussungsmöglichkeiten sowohl qualitativ erklären als auch quantitativ beschreiben zu können. Aufgrund der Vielfalt der in der betrieblichen Realität wirkenden Prozesse und Abläufe sowie externer und interner Einflussfaktoren sind diese Zusammenhänge jedoch nicht ohne weiteres erkennbar bzw. beschreibbar. Daher setzt sich zunehmend die Erkenntnis durch, dass zur Bewältigung unternehmerischer Gestaltungs- und Lenkungsaufgaben Modelle eingesetzt werden müssen, mit denen sich die Produktionsabläufe transparent darstellen und bewerten lassen. Nur bei Verwendung eines geeigneten Modells ist es möglich, die komplexen betrieblichen Abläufe und ihre Abhängigkeiten zu verstehen und so eine kontinuierliche Ausrichtung der Prozesse auch bei veränderten Zielsetzungen zu ermöglichen ([Hopp-08], [Nyhu-08]).

1.3 Modellbasierter Problemlösungsprozess

In der Vergangenheit wurde unter einem Modell primär die *Abbildung der Realität* verstanden. In vielen Anwendungsbereichen ist der Modellbegriff jedoch deutlich ausgeweitet worden. Modelle dienen nicht mehr ausschließlich dem anschaulichen Verständnis, sondern sie sollen dazu beitragen:

- die vorherrschende Situation begreifbar zu machen und deren Probleme und Erscheinungsformen zu verstehen,
- die Problemursachen und deren Wirkungen zu ergründen,
- die Informationsbasis für die Maßnahmenableitung zu liefern,
- die gezielte Beeinflussung bzw. Auslegung von Systemen zu unterstützen und
- ein grundlegendes Verständnis über das statische und dynamische Verhalten eines Systems zu erlangen.

Bei Modellen für betriebswirtschaftliche Systeme handelt es sich nahezu ausschließlich um mathematische Modelle. Die Anwendung solcher Modelle ist im Allgemeinen durch die in Abb. 1.5 beschriebene Vorgehensweise charakterisiert,

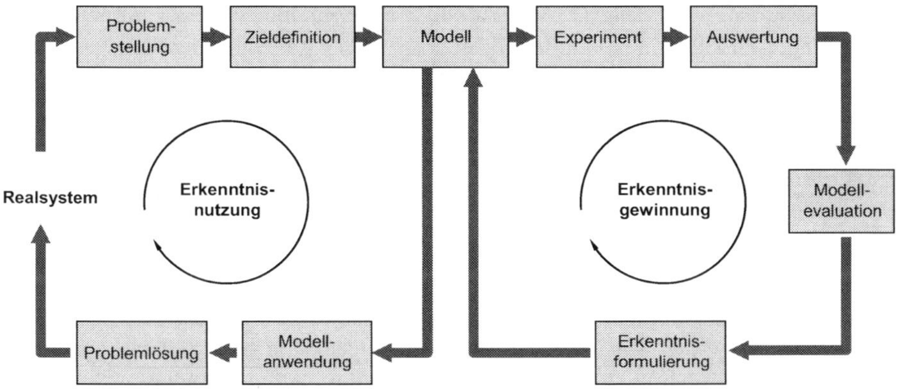

IFA D3557

Abb. 1.5 Schritte des modellbasierten Problemlösungsprozesses

auch wenn im Einzelfall iterative Schritte und schleifenartige Wiederholungen einzelner Phasen auftreten.

Der Ausgangspunkt einer *Modellanwendung* ist eine exakte und eindeutige Beschreibung der Problemstellung. Im Weiteren ist das Untersuchungsziel klar zu definieren. Von besonderer Bedeutung ist in beiden Phasen die Bereitschaft, die Komplexität des Untersuchungsgegenstandes und der Zielsetzung so gering wie möglich zu halten, da sowohl der Modellierungs- wie auch der Interpretationsaufwand überproportional mit der Komplexität der Anwendung steigt. Es ist daher oftmals günstiger, ein Gesamtproblem in handhabbare Teilprobleme zu zerlegen.

Zur modellgestützten Lösung eines Problems ist es nach dessen Formulierung erforderlich, ein geeignetes Modell auszuwählen und ggf. anzupassen oder, sofern kein geeigneter Ansatz existiert, ein mathematisches Modell zu entwickeln. Nach der Übertragung der speziellen Problemstellung auf das Modell können anschließend Lösungsalternativen abgeleitet und bewertet werden. Dabei ist zu berücksichtigen, dass bei der Nutzung von Modellen nicht mehr an Erkenntnissen gewonnen werden kann, als vorher in die Bildung des Modells und die Auswahl der Voraussetzungen eingeflossen sind. Weiterhin gilt der Grundsatz, dass das Ergebnis einer Modellanwendung höchstens so gut sein kann wie die zugrundeliegenden Daten.

Insofern kommt auch dem nächsten Schritt der Modellanwendung eine besondere Bedeutung zu: Sowohl das Modell wie auch die abgeleitete Lösung sind insbesondere auch während der Anwendung der Lösung unter Realbedingungen einer fortlaufenden kritischen Prüfung zu unterziehen – ein Schritt, der leider allzu oft nicht die erforderliche Beachtung findet. Das Modell muss das Verhalten des realen Systems genau genug und fehlerfrei widerspiegeln. Neben der formalen Korrektheit und der Verhaltensgültigkeit (Modell und Realsystem liefern vergleichbare Ergebnisse) ist insbesondere auch die Angemessenheit der Aufwand/Nutzen-Relation kritisch zu hinterfragen. Nur mit einer Überprüfung auch in der Phase der *Modellnutzung* kann gewährleistet werden, dass das Modell und die zugrundeliegenden Parameter auch bei veränderten Rahmenbedingungen eine ausreichend gute Entscheidungsgrundlage bieten.

Existiert für die im speziellen Fall vorliegende Fragestellung noch kein geeignetes Modell, so sind bei der dann erforderlichen *Modellbildung* im Wesentlichen die folgenden grundsätzlichen Anforderungen zu beachten [Oert-85]:

- Direkter Bezug zur Realität: Das Modell sollte das abzubildende Realsystem möglichst realitätsnah im interessierenden Sachverhalt abbilden.
- Große Allgemeingültigkeit: Das Modell sollte sich direkt bzw. ohne größeren Anpassungsaufwand auf verschiedene Realsysteme anwenden lassen.
- Klarheit und Verständlichkeit der Aussagen: Ausgehend von der Zielsetzung, die der Modellanwendung zugrunde liegt, sollten die interessierenden Sachverhalte einfach, aber prägnant darstellbar sein. Insbesondere mit Graphiken oder mit mathematischen Schreibweisen lassen sich oftmals klarere Aussagen treffen als mit Listen oder Tabellen.
- Beschränkung auf das Wesentliche: Eine wichtige praktische Forderung an Modelle besteht darin, dass sie sich in der Abbildung des Realsystems sowie in den Aussagen auf das Wesentliche beschränken.

Um diesen Anforderungen entsprechen zu können, muss man das in der Regel komplexe Realgeschehen stark vereinfachen, indem viele Nebenaspekte zumindest vorläufig ausgeklammert werden. Erst durch Reduktion (Verzicht auf unwichtige Eigenschaften) und Idealisierung (Vereinfachung unverzichtbarer Eigenschaften) wird es ermöglicht, einfache und mathematisch formulierbare Modelle zu erarbeiten, die sich dann oft auch auf andere, ähnlich gelagerte Anwendungen übertragen lassen. Ob die getroffenen Vereinfachungen zulässig sind, ist bei der *Modellvalidierung* sowie im Verlauf der Modellanwendung zu überprüfen.

Lassen sich im Verlauf der Modellierung bzw. der Modellanwendung Zusammenhänge zwischen relevanten Erscheinungen ableiten, die eindeutig bestimmbar und unter gleichen Bedingungen in gleicher Weise feststellbar sind, so können die entsprechenden Formulierungen auch als Gesetze bezeichnet werden. Der Anwendungsbereich solcher Gesetze ist dabei umso größer, je weiter man sich bei der Formulierung vom speziellen Einzelfall lösen kann.

Generell ist zu bedenken, dass Modelle ein abstraktes, aber sehr konzentriertes Beschreibungsmittel für reale oder gedachte Systeme darstellen. Eine allgemeine und zugleich typische Eigenschaft aller mathematischen Modelle besteht darin, dass sie grundsätzlich kein absolut getreues Abbild des Originalprozesses liefern können und in der Regel auch nicht liefern sollen. Sie sollen vielmehr für einen bestimmten Anwendungszweck zugeschnitten die genau hierfür wichtigen Eigenschaften in einer hinreichenden Genauigkeit wiedergeben. Daher sind Modelle auch nur aus dem Aspekt der Zweckbestimmung auszuwählen bzw. zu beurteilen.

Einen prinzipiellen Zusammenhang zwischen dem Aufwand bei der Modellerstellung wie auch der anschließenden Modellanwendung und der erreichbaren *Modellgüte* zeigt Abb. 1.6 [Prof-77].

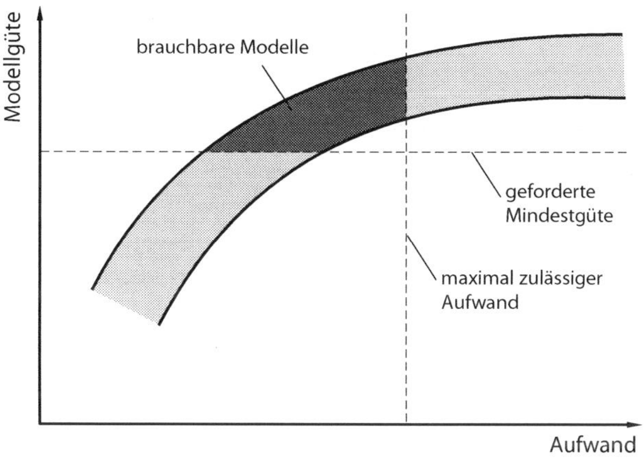

Abb. 1.6 Korrelation zwischen Modellgüte und Modellaufwand. (Profos)

In die Anforderungen an die Modellgenauigkeit sind demzufolge auch ökonomische Überlegungen einzubeziehen. Grundsätzlich gilt, dass der zulässige Nutzungsaufwand umso geringer sein muss, je routinemäßiger die Anwendung erfolgen soll. Untersuchungsziel, gewünschte Ergebnisgenauigkeit und notwendige Modelldetaillierung sind sinnvoll nach der Devise „so grob wie möglich und so genau wie nötig“ abzustimmen [VDI-93]. Der exakten, qualitativen und quantitativen Problem- und Zieldefinition kommt daher eine besondere Bedeutung zu. Der in der Graphik dargestellte breite Korridor steht für eine lose Korrelation zwischen den dargestellten Größen. Er besagt auch, dass sich die Aufwand/Nutzenrelation durch die Wahl bzw. Gestaltung des Modells nachhaltig beeinflussen lässt.

In diesem Buch wird ein Modell vorgestellt, mit dessen Hilfe das zuvor skizzierte Dilemma der Ablaufplanung qualitativ und quantitativ auch unter Berücksichtigung betriebsspezifischer Rahmenbedingungen beschrieben werden kann. Die dem Modell zugrundeliegenden *logistischen Kennlinien* erfüllen die oben genannten generellen Anforderungen an Modelle und erlauben darüber hinaus auch die Ableitung sogenannter *produktionslogistischer Grundgesetze*. Bevor diese logistischen Kennlinien vorgestellt werden, ist es zunächst erforderlich, das der Modellableitung zugrundeliegende Zielsystem eindeutig zu definieren.

1.4 Zielsystem in der Produktionslogistik

Für die weiteren Ausführungen wird unterstellt, dass es weder sinnvoll noch möglich ist, die logistischen Abläufe in dem komplexen Gebilde einer Produktion mit einem einzigen Modell vollständig zu beschreiben. Daher ist eine Problemzerlegung notwendig. Als Basis für diese Problemzerlegung werden nachfolgend die von Kuhn [Kuhn-95] definierten elementaren Referenzprozesse *Produzieren und Prüfen*, *Transportieren* und *Lagern und Bereitstellen* herangezogen, mit dem man generell jeden Produktionsprozess aus logistischer Sicht beschreiben kann.

		Referenzprozesse Produktion		
		Produzieren und Prüfen	Transportieren	Lagern und Bereitstellen
Logistische Zielgrößen	Termin-einhaltung	hohe Termintreue	hohe Termintreue	niedriger Lieferverzug
	Durchlauf-zeit	niedrige Durchlaufzeit	niedrige Trans-portdurchlaufzeit	niedrige Lagerverweilzeit
	Leistung	hohe Auslastung	hohe Auslastung	hoher Servicegrad
	Bestand	niedriger Umlaufbestand	niedriger Transportbestand	niedriger Lagerbestand
	Kosten	geringe Kosten je Leistungseinheit	geringe Kosten je Transportvorgang	geringe Lager-haltungskosten

IFA D6223

Abb. 1.7 Logistische Zielgrößen für die Referenzprozesse der Produktion

Für diese Referenzprozesse lassen sich aus den mit Abb. 1.2 erläuterten logistischen Erfolgsfaktoren die in Abb. 1.7 aufgeführten operationalen Zielgrößen ableiten. Diese Zielgrößen sind in sich widerspruchsbehaftet und beschreiben somit auch die jeweils spezifische Problemstellung für die einzelnen Referenzprozesse.

Beim Produzieren gilt es, niedrige Durchlaufzeiten und eine hohe Termintreue zu realisieren, um damit einerseits den Kundenanforderungen zu entsprechen, andererseits aber auch die Planungssicherheit zu erhöhen. Zudem verringert sich mit geringer werdenden Durchlaufzeiten das Änderungsrisiko für angearbeitete Aufträge. Unternehmensseitig möchte man hingegen eine hohe Auslastung der bereitgestellten Kapazitäten sowie möglichst niedrige Umlaufbeständen erreichen, um so die durch die Produktionslogistik beeinflussbaren Kosten zu minimieren. Es ist offensichtlich, dass sich einige dieser Teilziele unterstützen, andere hingegen widersprechen sich.

Die Zielsetzung im Lager muss es sein, bei gegebenem Lagerzu- und -abgang die Lagerbestände und damit verbundenen Lagerverweilzeiten so gering wie möglich zu halten, aber dennoch einen hohen Lieferservice durch einen geringen Lieferverzug gegenüber den verbrauchenden Bereichen sicherzustellen. Somit liegen auch im Lagerbereich konkurrierende Zielsetzungen vor. Die bei den Referenzprozessen Produzieren und Prüfen und Transport bedeutsame Zielgröße der Leistung bzw. Auslastung wird bei dem Prozess der Lagerhaltung im Allgemeinen nicht definiert, es sei denn man untersucht die Leistung von Lagerpersonal und -einrichtungen.

Das aufgezeigte Spannungsfeld der logistischen Zielgrößen für die drei Referenzprozesse ist allgemein bekannt, jedoch insbesondere in der betrieblichen Praxis bislang nur schwer quantifizierbar. Damit bestehen aber auch kaum Möglichkeiten einer gezielten *logistischen Positionierung*. Um in Abhängigkeit von der aktuellen

Marktsituation, den geforderten Lieferzeiten, der vorliegenden Auftragszeit- und Kapazitätsstruktur und aller weiteren Einflussgrößen Sollwerte für die Gestaltung und den Betrieb des Produktionsablaufes vorzugeben, ist man bislang in der Regel darauf angewiesen, auf Erfahrungswissen zurückzugreifen. Allein aufgrund der Komplexität der Abläufe in der Produktion und der wechselseitigen Beeinflussung der logistischen Zielgrößen ist es aber sehr unwahrscheinlich, dass bei diesem Vorgehen ein bestmöglicher Kompromiss gefunden wird. Wird bei dem Bestreben, eines der Teilziele verstärkt zu verfolgen, gegen ein anderes verstoßen – was aufgrund der Gegenläufigkeit der Ziele fast zwangsläufig geschehen wird – fallen viele Unternehmen in den ursprünglichen Zustand zurück. So sind Bestandssenkungsaktionen in vielen Unternehmen keine Seltenheit. Schwierigkeiten bei der Erfüllung von Lieferverpflichtungen führen jedoch oftmals dazu, dass die Bestände sukzessive wieder aufgebaut werden, bis sie die Höhe erreichen, die den Anstoß zu der Bestandssenkungsaktion darstellten (vgl. [Jüne-88], [Eide-95]).

Um diesen Kreis zu durchbrechen, ist es wünschenswert, die wechselseitigen Abhängigkeiten der logistischen Zielgrößen untereinander und deren Beeinflussungsmöglichkeiten auch quantitativ darstellen zu können, um so je nach Betriebs- und Marktsituation unterschiedliche Strategien verfolgen zu können. Eine effektive Hilfestellung hierzu liefern die nachfolgend dargestellten logistischen Kennlinien.

1.5 Logistische Kennlinien – ein Erklärungsmodell für die Produktionslogistik

Eine Kennlinie ist die graphische Darstellung des Zusammenhangs zwischen einer unabhängigen Einflussgröße und einer sich ergebenden Zielgröße in Form einer Kurve. Eine bestimmte interessierende Größe (die Zielgröße bzw. abhängige Variable) wird als Funktion einer unabhängigen Variablen (der Einflussgröße) dargestellt. Für jeden Wert der durch äußere Bedingungen veränderbaren *Einflussgröße* lässt sich so (mindestens) ein Wert für die *Zielgröße* ermitteln.

Vor dem Hintergrund dieser Beschreibung ist es zunächst erforderlich, anhand von Vorüberlegungen Einflussgrößen und Zielgrößen festzulegen. Prinzipiell gilt, dass von den oben genannten logistischen Zielgrößen alle auch als Zielgröße in einer Kennlinie angesehen werden können. Etwas anders verhält es sich hingegen bei den Einflussgrößen. So sind die durch die Produktionslogistik verursachten Kosten das Ergebnis eines Prozesses, keinesfalls aber eine unabhängige Variable, die unmittelbar von außen verändert werden kann. Ähnliches gilt für die Termineinhaltung, die am Ende eines Prozesses auftritt und somit ebenfalls nur mittelbar beeinflussbar ist. Somit verbleiben als potentielle unabhängige Einflussgrößen noch der Bestand, die Durchlaufzeit und die Leistung. Alle drei Größen können prinzipiell sowohl als Einfluss- wie auch Ergebnisgröße angesehen werden.

Für die nachfolgenden Abschnitte wird zunächst der Bestand als unabhängige Variable gewählt. Dafür spricht, dass sich der Bestand bei allen drei Referenzprozessen durch gezielte Steuerungsmaßnahmen aktiv beeinflussen lässt, indem dafür

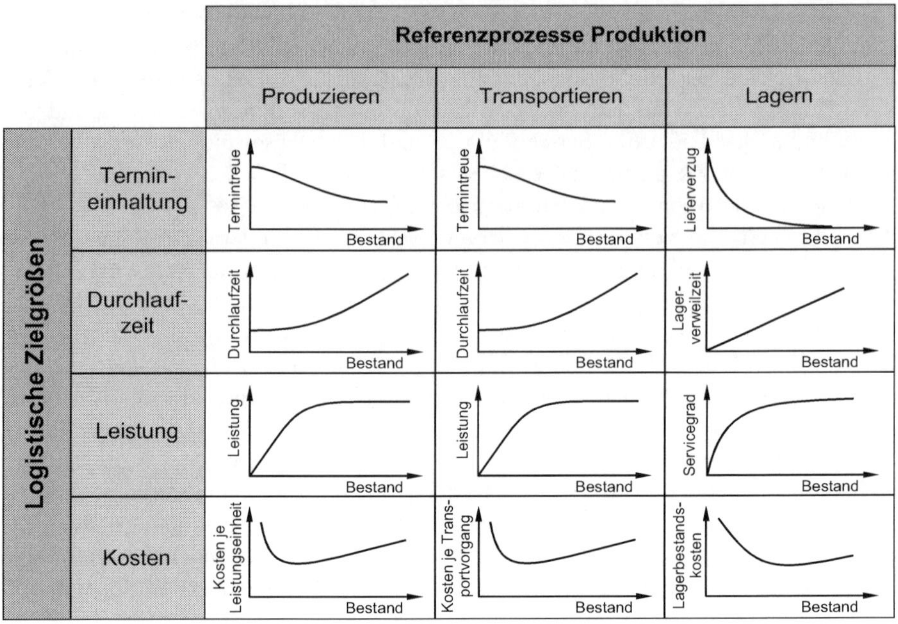

IFA D6222

Abb. 1.8 Logistische Kennlinien für die Referenzprozesse der Produktion

gesorgt wird, dass der Input zeitweilig größer, kleiner oder gleich dem Output des betrachteten Prozesses ist. Die übrigen logistischen Zielgrößen stellen somit abhängige Variablen dar. Da die Kenngrößen Bestand, Durchlaufzeit und Leistung jedoch mathematisch ineinander überführbar sind (vgl. hierzu die Ausführungen in den Kap. 2–4), ist es jedoch möglich, je nach spezieller Fragestellung auch eine der beiden anderen Größen als Einflussgröße zu deklarieren.

In Abb. 1.8 sind die verschiedenen Kennlinien für die drei Referenzprozesse als Prinzipskizzen dargestellt. Die Kennlinien für den Referenzprozess Produzieren und Prüfen zeigen, dass die Durchlaufzeit an einem Produktionssystem überwiegend proportional mit wachsendem Bestand ansteigt. Jedoch kann die Durchlaufzeit ein bestimmtes Minimum nicht unterschreiten, welches sich aus der technisch bedingten Durchführungszeit bei der Auftragsbearbeitung und ggf. der Transportzeit zwischen zwei Arbeitsvorgängen ergibt. Kurze Durchlaufzeiten sind dabei in der Regel auch mit einer geringen Streuung verbunden. Die daraus resultierende erhöhte Planungssicherheit bewirkt eine hohe Termintreue. Mit steigenden Beständen und Durchlaufzeiten und einem damit erfahrungsgemäß einhergehenden Anstieg der Durchlaufzeitstreuung sinkt hingegen die Termintreue. Die Leistungskennlinie für ein Arbeitssystem ist bei hohen Beständen weitgehend bestandsunabhängig. Wird jedoch ein bestimmter Bestandswert unterschritten, so treten Leistungseinbußen aufgrund eines zeitweilig fehlenden Arbeitsvorrates auf.

Die Kostenkennlinien schließlich ermöglichen Aussagen über den kostenoptimalen Betriebsbereich. Bei geringen Beständen und daraus resultierenden Auslastungsverlusten steigen die Kosten aufgrund höherer Leerkosten der bereitgestellten Kapazitäten, hohe Bestände hingegen haben auch hohe Bestandskosten zur Folge. Leistungs- und Durchlaufzeitkennlinien werden oftmals auch in einem Diagramm gemeinsam dargestellt und dann als Betriebskennlinien oder Produktionskennlinien bezeichnet ([Bech-84], [Nyhu-91], [Wien-93a], [Wien-97]).

Die Kennlinien für den Transport weisen vom prinzipiellen Verlauf her eine sehr ähnliche Charakteristik wie für das Produzieren und Prüfen auf, so dass hier auf eine eigenständige Erläuterung verzichtet werden kann. Beeinflusst werden die einzelnen Transportkennlinien im Wesentlichen von Art und Anzahl der eingesetzten Transportmittel, der Einsatzstrategie und den daraus resultierenden Doppelspiel- bzw. Leerfahrtanteilen sowie der Einbindung der Transportsysteme in die Ablauforganisation.

Mit den Kennlinien für den Referenzprozess Lagern und Bereitstellen werden die Lagerverweilzeit, der Lieferverzug und der Servicegrad für einen Artikel oder eine Artikelgruppe in Abhängigkeit vom mittleren Lagerbestand dargestellt. Diese Kennlinien werden auch als Lagerkennlinien bezeichnet ([Gläs-95], [Nyhu-95]). Beeinflusst werden die Kennlinien durch alle Größen, die sich auf das Lagerzugangsverhalten bzw. das Lagerabgangsverhalten auswirken. In die Kostenkennlinie dieses Referenzprozesses gehen zudem der Wert des Artikels sowie die Fehlmengenkosten ein.

Die skizzierten Kennlinien verdeutlichen sehr anschaulich für alle drei Referenzprozesse die jeweils vorherrschenden Zielkonflikte zwischen den logistischen Zielgrößen. Sie ermöglichen es somit, je nach aktueller Betriebs- und/oder Marktsituation und auch in Abhängigkeit systemspezifischer Randbedingungen zu entscheiden, welchem Merkmal das größte Gewicht beigemessen werden muss. Dabei wird gleichzeitig aufgezeigt, welche Folgen bezüglich der anderen Merkmale zu erwarten sind. Sie sind somit geeignet, die bereits erwähnte logistische Positionierung in dem jeweiligen Spannungsfeld zu unterstützen.

Generell besteht auch die Möglichkeit, Kennlinien bei veränderten Rahmenbedingungen zu erstellen, diese miteinander zu vergleichen und so die Wirkungen von Eingriffen in den Produktionsablauf unter logistischen Aspekten zu beurteilen. Damit lassen sich auch Planungsalternativen einer logistikorientierten Bewertung unterziehen und unternehmerische Entscheidungen darauf aufbauen. Die Kennlinien können somit einen wesentlichen Beitrag dazu leisten, dass sich ein Unternehmen gezielt an den logistischen Erfolgsfaktoren ausrichten kann.

1.6 Zielsetzung und Aufbau

Die übergeordnete Zielsetzung dieses Buches besteht darin, sowohl für die Praxis wie auch für die Forschung einen Modellansatz bereitzustellen, der bei geringem Anwendungsaufwand schnell und sicher Aussagen darüber ermöglicht, wo in einem

Unternehmen die wichtigsten Ansatzpunkte zur Erschließung logistischer Rationalisierungspotentiale zu finden sind und welche spezifischen Maßnahmen einzuleiten sind, um diese Potentiale zu erschließen. Eine zentrale Stellung nehmen hierbei die logistischen Kennlinien ein.

Das Bestreben, derartige Kennlinien zu erstellen und für die skizzierten Anwendungen einzusetzen, besteht schon seit langer Zeit. Die hierzu bekannten Ansätze basieren dabei im Wesentlichen auf der Warteschlangentheorie sowie auf der Simulation. Diese Modellierungstechniken werden daher nach einer Erläuterung und Definition der zentralen logistischen Zielgrößen (Kap. 2) vor dem Hintergrund der übergeordneten Zielsetzung vorgestellt und diskutiert (Kap. 3). Als ein Ergebnis wird sich zeigen, dass diese beiden Ansätze für die vorliegende Fragestellung erhebliche Probleme und Schwächen aufweisen und nur begrenzt dazu eingesetzt werden können, reale Produktionsprozesse der Stückgüterfertigung zu bewerten und zu gestalten. So sind bei Produktionsprozessen in der Regel nicht die Voraussetzungen gegeben, die für eine Anwendung der Warteschlangentheorie erforderlich sind. Die Simulation hingegen ist sehr aufwendig. Zudem ist die scheinbar gegebene objektive Güte von Simulationsergebnissen durchaus zu hinterfragen. Weiterhin weisen experimentelle Modelle wie die Simulation „keine physikalische Bedeutung" auf, d. h. es lassen sich keinerlei grundsätzliche Aussagen über die inneren Vorgänge und Zusammenhänge des Betrachtungsobjektes treffen. Sie beschränken sich generell auf die Beschreibung des Zusammenhangs zwischen den im Experiment erfassten Eingangs- und Ausgangsgrößen.

Diese Probleme vermeidet ein mathematischer Ansatz, der Kennlinien mit hoher Aussagegenauigkeit mit Hilfe einer Näherungsgleichung auf Grundlage weniger Daten berechnet. Die der Näherungsgleichung zugrundeliegende Theorie, ausführlich erläutert in Kap. 4, unterstützt die fundamentalen Aufgaben eines Modells. So ist es möglich, das an den logistischen Zielgrößen gemessene Verhalten von Produktionssystemen rechnerisch vorauszubestimmen (System-Analyse) und auch die Konzeption und Auslegung von Systemen zu unterstützen (System-Synthese).

Um eine sichere Nutzung der damit vorliegenden Kennlinientheorie und bei Bedarf auch eine Weiterentwicklung zu ermöglichen, werden die Grundlagen dieser Theorie umfassend beschrieben. Die Modellevaluation erfolgt auf der Basis von Simulationsuntersuchungen und anhand der Analyse realer Prozessdaten. Insbesondere der Analyse der Realdaten kommt dabei eine besondere Bedeutung zu: Die beschriebene Vorgehensweise kann auch in der Praxis verwendet werden, um das Modell regelmäßig zu überprüfen und bei Bedarf auch die Kennlinienparameter anzupassen.

Ein besonderes Merkmal der Kennlinientheorie besteht darin, dass sie auch zur Erkenntnisgewinnung beiträgt. In Kap. 5 sind auf der Grundlage der Theorie allgemeingültige Zusammenhänge herausgearbeitet und in Form von *produktionslogistischen Grundgesetzen* zusammengefasst worden. Sie beschreiben unabhängig vom Einzelfall die relevanten Zusammenhänge zwischen den logistischen Zielgrößen und deren Beeinflussungsmöglichkeiten. Sie lassen sich somit u. a. dazu einsetzen, einzelne Maßnahmen oder auch Verhaltensweisen schon auf der Basis einer

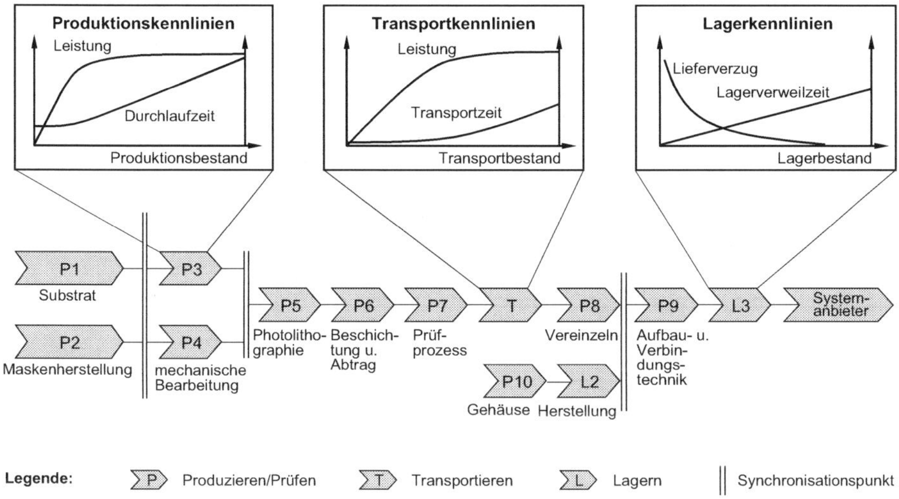

IFA D1888n

Abb. 1.9 Logistische Kennlinien für die Referenzprozesse der Produktion in einem beispielhaften Prozesskettenplan

logischen Schlussfolgerung hinsichtlich ihrer Wirkung auf die logistischen Zielgrößen zumindest qualitativ, teilweise aber auch quantitativ, zu beurteilen.

In Kap. 6 werden die Anwendungsmöglichkeiten und -grenzen der Kennlinientheorie anhand einfach nachvollziehbarer Beispiele erläutert. Gerade dem Verständnis des Modells wird dabei eine große Bedeutung zugemessen. Nur wenn die Grundidee des Modells und die Bedeutung der einzelnen Variablen und Parameter richtig verstanden wird, kann sie fehlerfrei auch auf einen komplexeren Anwendungsfall übertragen werden.

Die aus der Kennlinientheorie ableitbaren Aussagen sind prinzipiell ressourcenorientiert. Um jedoch die logistische Leistungsfähigkeit einer komplexen Produktion beschreiben zu können, sind erweiterte Analysemethoden erforderlich. Einen praxiserprobten Ansatz hierzu stellt die Engpassorientierte Logistikanalyse dar. Dieser Controlling-Ansatz, bei dem Durchlaufzeit-, Bestands- und Materialflussanalysen in einer Kombination mit der Kennlinientheorie zu Einsatz kommen, unterstützt eine logistikorientierte Modellierung, Bewertung und Gestaltung vernetzter Produktionsprozesse. Zwei Praxisbeispiele zeigen, wie sich auf der Basis betrieblicher Rückmeldedaten der Produktionsablauf transparent darstellen lässt und Schwachstellen und logistische Engpässe im Materialfluss erkannt sowie Maßnahmen abgeleitet und bewertet werden können (Kap. 7). Die Engpassorientierte Logistikanalyse erlaubt dabei u.a. konkrete Aussagen darüber, um wie viel Prozent sich die mittlere Auftragsdurchlaufzeit reduzieren lässt.

In Kap. 8 wird schließlich dargestellt, wie sich das für den Referenzprozess Produzieren und Prüfen entwickelte Modell – trotz gänzlich anderer Rahmenbedingungen

– auf den Lagerhaltungsprozess übertragen lässt und welche Anwendungsmöglichkeiten sich daraus im Bereich des Beschaffungs- und Bestandsmanagements ergeben.

Eine Übertragung der Kennlinientheorie auf die Transportprozesse ist hingegen noch nicht erfolgt. Erste hierzu durchgeführte Untersuchungen deuten jedoch an, dass auch hier eine Übertragung der Theorie möglich sein wird [Wien-96a]. Die diesbezüglichen Untersuchungen sind jedoch noch nicht abgeschlossen. Gelingt dies, so lassen sich auch komplexe Produktionsnetze mit einem durchgängigen Modellierungsansatz aus logistischer Sicht bewerten und gestalten. Abbildung 1.9 zeigt hierzu das Prinzip am Beispiel einer Prozesskette für die Herstellung mikroelektronischer Bauteile.

Kapitel 2
Modellierungsgrundlagen

Zum Verständnis des theoretischen Hintergrundes logistischer Kennlinien ist es erforderlich, die *Modellierungsgrundlagen* der logistischen Kennlinien zu erläutern sowie grundlegende Begriffe und Kennwerte zu definieren. In diesem Kapitel konzentrieren sich die diesbezüglichen Ausführungen zunächst auf die Begriffe, die im Zusammenhang mit der Ableitung und Interpretation der Durchlaufzeit- und Leistungskennlinien für den Produktionsprozess benötigt werden. Die Grundlagen hierfür sind im Wesentlichen das Trichtermodell und das Durchlaufdiagramm sowie das „Gesetz von Little" (Little's Law).

2.1 Das Trichtermodell als allgemeingültiges Beschreibungsmodell für Produktionsprozesse

Das *Trichtermodell* und das daraus abgeleitete *Durchlaufdiagramm* sind ein in der Fachwelt anerkanntes und in der Praxis weit verbreitetes Modell zur Beschreibung von Produktionsprozessen. Bevor dieses Modell vorgestellt wird, werden zunächst die Basisdefinitionen und die zugehörigen Kennzahlen beschrieben. Die Ausführungen beschränken sich dabei auf die Kennzahlen, die für logistische Kennlinien von besonderer Bedeutung sind. Weitergehende Informationen können der Literatur entnommen werden (vgl. u. a. [Wien-97] und die dort angegebene Literatur).

2.1.1 Auftragszeit und Durchführungszeit je Arbeitsvorgang

Die *Auftragszeit* ZAU ist eine der zentralen Größen für das Trichtermodell sowie alle darauf aufbauenden Modellierungsansätze. Die Auftragszeit entspricht der Vorgabezeit, die für die Ausführung eines Arbeitsvorganges an einem Arbeitssystem vorgesehen ist. Sie ergibt sich gemäß Gl. (2.1) aus der Rüstzeit je Los, der Einzelzeit je Mengeneinheit und der Losgröße:

$$ZAU = \frac{(x \cdot t_e + t_r)}{60} \tag{2.1}$$

P. Nyhuis, H.-P. Wiendahl, *Logistische Kennlinien*,
DOI 10.1007/978-3-540-92839-3_2, © Springer-Verlag Berlin Heidelberg 2012

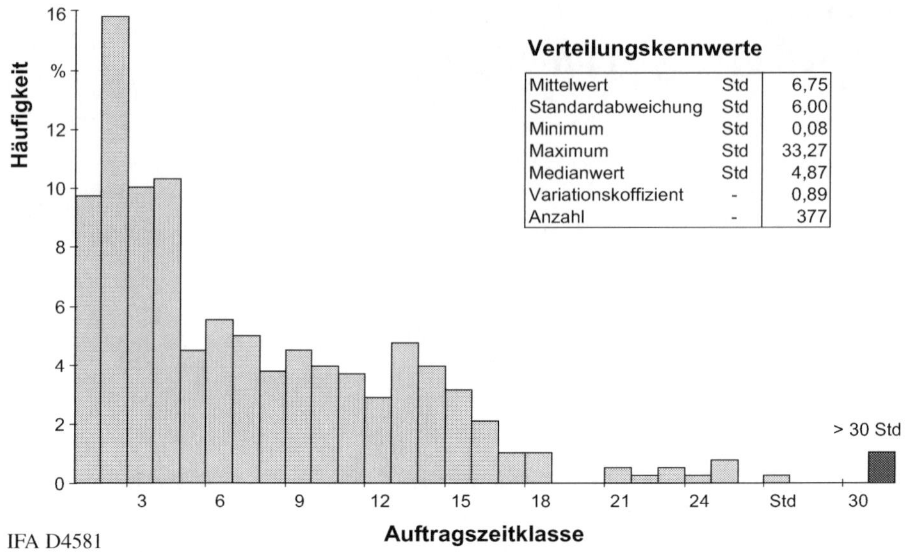

IFA D4581

Abb. 2.1 Verteilung der Auftragszeit an einem Arbeitssystem. (Praxisbeispiel)

mit

ZAU Auftragszeit eines Arbeitsvorganges (in Vorgabestunden) [Std]
x Losgröße (in Mengeneinheiten) [ME]
t_e Einzelzeit (Vorgabezeit) je Mengeneinheit [min/ME]
t_r Rüstzeit je Los (Vorgabezeit) [min]

Die Auftragszeiten an einem Arbeitssystem nehmen in der betrieblichen Praxis sehr unterschiedliche Werte an. Abbildung 2.1 zeigt die Verteilung der Auftragszeiten von hier 377 Aufträgen, die an einem Arbeitssystem in einem Zeitraum von ca. einem Jahr bearbeitet wurden. Auffallend und zugleich typisch für *Auftragszeitverteilungen* ist die linksschiefe Verteilungsform und die große Streubreite der Einzelwerte. So weisen hier ca. 25 % aller Arbeitsvorgänge eine Auftragszeit von bis zu zwei Stunden auf. Gleichzeitig gibt es aber auch einige Arbeitsvorgänge, deren Arbeitsinhalte größer als 30 Stunden sind. Eine praktikable weiterführende Beschreibung, die zudem einen Vergleich solcher Verteilungen unterstützt, ist ohne statistische Kenngrößen kaum möglich. Zur allgemeinen Charakterisierung von Auftragszeitverteilungen haben sich insbesondere der Mittelwert und die Standardabweichung bewährt.

Der Mittelwert der Auftragszeit über alle Arbeitsvorgänge beträgt hier 6,75 Stunden und berechnet sich gemäß Gl. (2.2):

$$ZAU_m = \frac{\sum_{i=1}^{n} ZAU_i}{n} \tag{2.2}$$

mit

ZAU_m Mittlere Auftragszeit [Std]
ZAU_i Individuelle Auftragszeit je Arbeitsvorgang [Std]
n Anzahl der zurückgemeldeten Arbeitsvorgänge [-]

Die *Standardabweichung* beschreibt die Streubreite einer Verteilung:

$$ZAU_s = \sqrt{\frac{\sum_{i=1}^{n} (ZAU_m - ZAU_i)^2}{n}} \tag{2.3}$$

mit

ZAU_s Standardabweichung der Auftragszeit [Std]
ZAU_m Mittelwert der Auftragszeit [Std]
ZAU_i Individuelle Auftragszeit je Arbeitsvorgang [Std]
n Anzahl der zurückgemeldeten Arbeitsvorgänge [-]

Um die Variabilität von verschiedenen Verteilungen vergleichen zu können, ist die Bestimmung des *Variationskoeffizienten* hilfreich. Dieses relative dimensionslose Maß setzt die Streuung einer Verteilung zu deren Mittelwert ins Verhältnis:

$$ZAU_v = \frac{ZAU_s}{ZAU_m} \tag{2.4}$$

mit

ZAU_v Variationskoeffizient der Auftragszeit [-]
ZAU_s Standardabweichung der Auftragszeit [Std]
ZAU_m Mittelwert der Auftragszeit [Std]

Für das Beispiel in Abb. 2.1 nimmt der Variationskoeffizient den Wert 0,89 an. Dies ist typisch für viele Fertigungen. In Abb. 2.2 sind die Verteilungen der Variationskoeffizienten je Arbeitssystem aus zwei Betriebsuntersuchungen dargestellt. Bei dem ersten Unternehmen handelt es sich um eine Elektronikfertigung (hier: Leiterplattenbestückung) mit 69 Arbeitssystemen. Bei dem zweiten Unternehmen aus dem Bereich des Maschinenbaus wurde ein Produktionsbereich mit insgesamt 33 Arbeitssystemen analysiert. In beiden Unternehmen beträgt der Variationskoeffizient der Auftragszeit im Mittel etwa 1. Darüber hinaus ist festzustellen, dass an allen Arbeitssystemen mehr oder weniger heterogene Auftragszeitstrukturen abgearbeitet werden müssen; der Variationskoeffizient ist nur in Ausnahmefällen kleiner als 0,5. Die hier genannten Werte werden auch durch umfassendere Untersuchungen anderer Autoren bestätigt (vgl. [Ludw-95] und die dort zitierte Literatur).

Die Auftragszeit wird üblicherweise in *Vorgabestunden* angegeben. Für eine Reihe von Fragestellungen ist es jedoch notwendig, die Dauer der Arbeitssystembelegung in der Dimension *Betriebskalendertag* auszudrücken. Diese als *Durchführungszeit* bezeichnete Kennzahl wird berechnet, indem die Auftragszeit durch die maximal

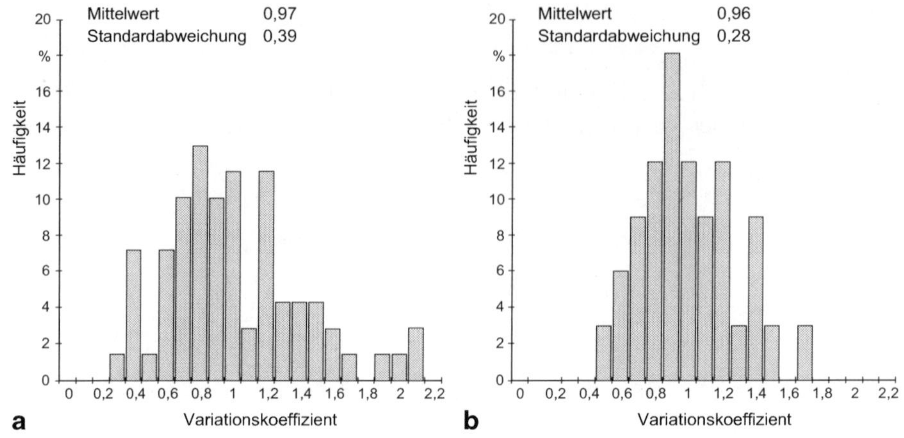

Abb. 2.2 Verteilung der Variationskoeffizienten der Auftragszeit je Arbeitssystem; Ergebnisse aus zwei Betriebsuntersuchungen. **a** Elektronikfertigung (69 Arbeitssysteme), **b** Maschinenbau. (33 Arbeitssysteme)

mögliche Leistung des Arbeitssystems dividiert wird:

$$ZDF = \frac{ZAU}{L_{\max}} \tag{2.5}$$

mit

ZDF Durchführungszeit (Arbeitsvorgang) [BKT]
ZAU Auftragszeit [Std]
L_{max} Maximal mögliche Leistung [Std/BKT]

Die *maximal mögliche Leistung* ergibt sich im Wesentlichen aus der *Kapazität*. Grundsätzlich gilt dabei, dass die obere Leistungsgrenze eines Arbeitssystems durch den restriktiven Kapazitätsfaktor (Betriebsmittel oder Personal) bestimmt wird. Dabei ist zu berücksichtigen, dass die maximal mögliche Einsatzzeit eines Betriebsmittels durch kapazitätsmindernde Störungen (z. B. Maschinenausfälle) verringert wird. Und auch die Personalkapazität wird durch verschiedene Größen beeinflusst. So ist die verplanbare Einsatzzeit eines Mitarbeiters durch Störungen und ablaufbedingte Unterbrechungen in der Regel geringer als die persönliche Arbeitszeit. Sie kann aber auch durch Überstunden und Feiertagsschichten erhöht werden. Und schließlich ist auch der Zeitgrad zu berücksichtigen, der den Einfluss der Intensität der Arbeitsabläufe auf die effektive Durchführungszeit beschreibt (zu einer ausführlichen Diskussion des Kapazitätsbegriffes siehe auch [Kalu-94]).

In der Literatur wird vielfach statt der maximal möglichen Leistung vereinfachend die Kapazität des Systems in Gl. (2.5) eingesetzt (vgl. z. B. [Wien-87], [Ludw-95]). Begründet wird dies damit, dass die Durchführungszeit im Allgemeinen klein ist gegenüber der Durchlaufzeit und somit eine Ungenauigkeit zugunsten eines geringeren

Erfassungs- und Rechenaufwandes billigend in Kauf genommen werden kann. Soweit die Analyse der Durchlaufzeit im Vordergrund steht, kann dieser Argumentation gefolgt werden. Im Rahmen dieses Buches wird die Durchführungszeit jedoch auch für die Modellierung von Produktionsabläufen und für den Vergleich von Modellierungsvorschriften herangezogen, so dass hier eine größere Genauigkeit erforderlich ist.

Die Berechnungsgleichungen für den Mittelwert (Gl. (2.2)), die Standardabweichung (Gl. (2.3)) und den Variationskoeffizient (Gl. (2.4)) der Auftragszeit gelten in analoger Form auch für die entsprechenden Verteilungsparameter der Durchführungszeit. Sofern nur ein einzelnes Arbeitssystem betrachtet wird und die maximal mögliche Leistung dieses Systems konstant oder zumindest unabhängig von der Auftragszeit der einzelnen Arbeitsvorgänge ist, gilt weiterhin:

$$ZAU_v = ZDF_v \tag{2.6}$$

mit

ZAU_v Variationskoeffizient der Auftragszeit [-]
ZDF_v Variationskoeffizient der Durchführungszeit [-]

2.1.2 *Durchlaufzeit*

Ein weiteres Grundelement des Trichtermodells besteht in der Definition des *Durchlaufelementes*, welches in vereinfachter Form in Abb. 2.3 dargestellt ist. Der obere Bildteil beschreibt den Durchlauf eines aus zwei Fertigungsaufträgen (im Weiteren kurz Auftrag genannt) und einem Montageauftrag bestehenden Produktionsauftrags. Bei einer losweisen Fertigung wird ein Auftrag nach Beendigung eines Arbeitsvorganges und einer eventuellen Liegezeit am entsprechenden Arbeitssystem zum Folgearbeitssystem transportiert. Dort trifft das Los in der Regel auf eine Warteschlange und muss somit warten, bis die vor ihm zu fertigenden Aufträge abgearbeitet sind. Sofern die Kapazitäten zur Bearbeitung des Auftrages frei sind, kann das Arbeitssystem umgerüstet werden und die Bearbeitung des Loses erfolgen. Dieser Zyklus setzt sich fort, bis alle Arbeitsvorgänge des Auftrags durchlaufen sind.

Die Ablaufschritte sind für einen Arbeitsvorgang im unteren Bildteil dargestellt. Demnach ist die Durchlaufzeit für einen Arbeitsvorgang als die Zeitspanne festgelegt, die ein Auftrag von der Beendigung des vorhergehenden Arbeitsvorganges bzw. vom Einstoßzeitpunkt des Auftrages (beim ersten Arbeitsvorgang) bis zum Bearbeitungsende des betrachteten Arbeitsvorganges selbst benötigt:

$$ZDL = TBE - TBEV \tag{2.7}$$

mit

ZDL Durchlaufzeit (Arbeitsvorgang) [BKT]
TBE Termin Bearbeitungsende eines Arbeitsvorganges [BKT]
TBEV Termin Bearbeitungsende des Vorgänger-Arbeitsvorganges [BKT]

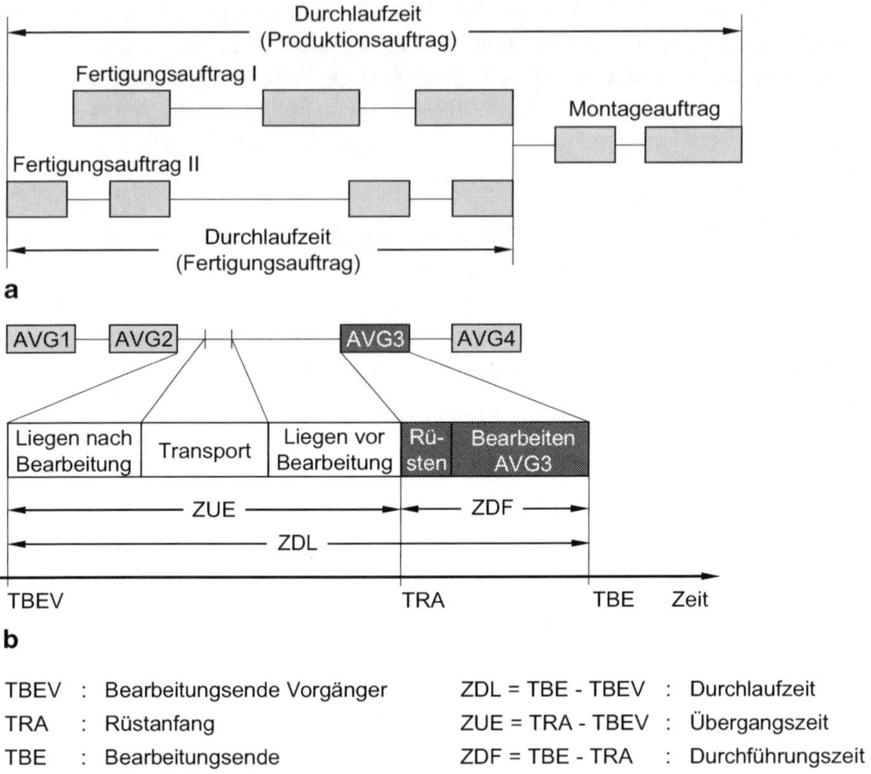

IFA D1878

Abb. 2.3 Durchlaufzeitanteile und Durchlaufelement. **a** Durchlaufplan eines Produktionsauftrages, **b** arbeitsvorgangsbezogenes Durchlaufelementa

Entsprechend dieser Definition wird das *Liegen nach Bearbeitung* ebenso wie die *Transportzeit* und das *Liegen vor Bearbeitung* dem betrachteten Arbeitsvorgang zugeordnet. Da im Weiteren auf die Differenzierung dieser Zeitanteile verzichtet werden kann, werden sie zur *Übergangszeit* zusammengefasst. Diese ist somit neben der Durchführungszeit des Loses (zusammengesetzt aus Rüst- und Bearbeitungszeit) die zweite Komponente der Durchlaufzeit.

Die Definition der einzelnen *Durchlaufzeitanteile* kann auch auf die Ebene der zu fertigenden Teile übertragen werden (vgl. u. a. [Kett-76], [Wien-87]) und ist somit auch für die Fließfertigung anwendbar. Für die weiteren Überlegungen soll jedoch zunächst davon ausgegangen werden, dass die einzelnen Lose geschlossen transportiert und bearbeitet werden. Alle weiteren Ausführungen, die auf den so definierten Durchlaufzeitanteilen aufbauen, gelten – sofern nicht explizit anders erwähnt – somit auch nur unter diesen Rahmenbedingungen.

Die *Durchführungszeit* kann analog zur Durchlaufzeit berechnet werden, sofern der Zeitpunkt des Rüstanfangs bekannt ist. Dieser Zeitpunkt wird jedoch oftmals nicht erfasst. Zudem ist es für die nachfolgenden Modellierungsvorschriften erforderlich, die Durchführungszeiten auch für die Arbeitsvorgänge zu ermitteln, die noch nicht bearbeitet wurden und für die somit die erforderlichen Rückmeldedaten noch nicht vorliegen können. Alternativ zur Ermittlung über Rückmeldedaten bietet es sich an, die Durchführungszeiten über Auftragszeiten und die maximal mögliche Leistung des betrachteten Systems gemäß Gl. (2.5) zu berechnen.

Nach Berechnung der Durchführungszeit ist es möglich, die *Übergangszeit* zwischen zwei Arbeitsvorgängen durch eine Differenzbildung zu ermitteln:

$$ZUE = ZDL - ZDF \tag{2.8}$$

mit

ZUE Übergangszeit (Arbeitsvorgang) [BKT]
ZDL Durchlaufzeit (Arbeitsvorgang) [BKT]
ZDF Durchführungszeit (Arbeitsvorgang) [BKT]

Der in Gl. (2.8) dargestellte Zusammenhang zwischen den drei Zeitgrößen gilt nicht nur für die Einzelwerte je Arbeitsvorgang, sondern auch für jeweiligen Mittelwerte:

$$ZUE_m = ZDL_m - ZDF_m \tag{2.9}$$

mit

ZUE_m Mittlere Übergangszeit [BKT]
ZDL_m Mittlere Durchlaufzeit [BKT]
ZDF_m Mittlere Durchführungszeit [BKT]

Das arithmetische Mittel der Durchlaufzeit berechnet sich zu:

$$ZDL_m = \frac{\sum_{i=1}^{n} ZDL_i}{n} \tag{2.10}$$

mit

ZDL_m Mittlere Durchlaufzeit [BKT]
ZDL_i Durchlaufzeit eines Arbeitsvorganges [BKT]
n Anzahl der zurückgemeldeten Arbeitsvorgänge [-]

Entsprechende Gleichungen lassen sich auch für die Mittelwerte der Durchführungszeiten und der Übergangszeiten aufstellen.

Als relatives Maß für die Durchlaufzeit bietet sich der *Flussgrad* an. Er ist definiert als das Verhältnis der Durchlaufzeit zur Durchführungszeit:

$$FG_m = \frac{ZDL_m}{ZDF_m} \tag{2.11}$$

mit

FG_m Mittlerer Flussgrad [-]
ZDL_m Mittlere Durchlaufzeit [BKT]
ZDF_m Mittlere Durchführungszeit [BKT]

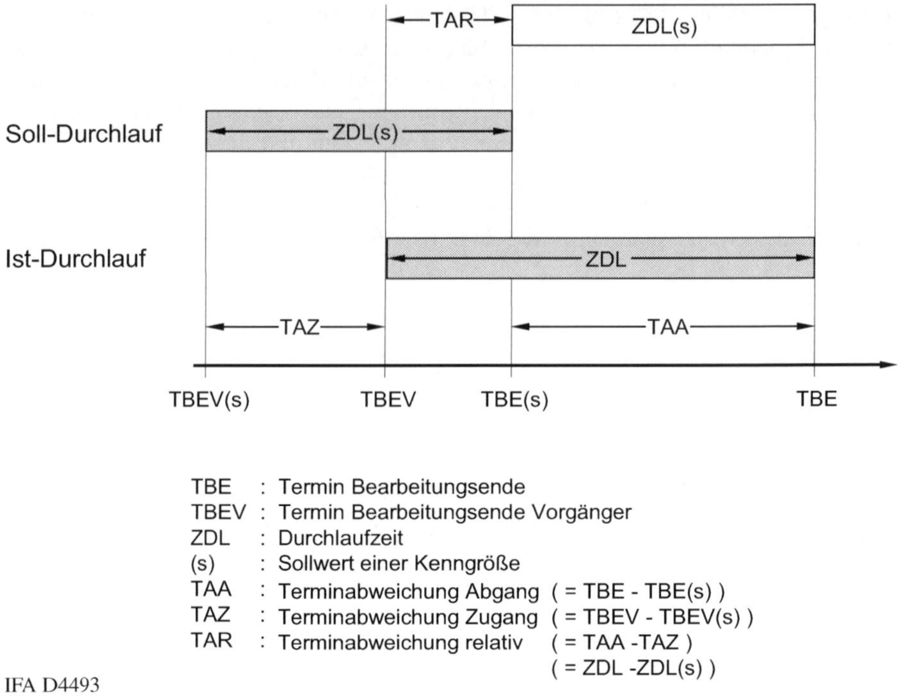

Abb. 2.4 Darstellung der Terminabweichung

2.1.3 Terminabweichung

Werden in Ergänzung zu den Rückmeldedaten auch die dazugehörigen Soll-Daten erfasst, so lassen sich sowohl der Soll-Durchlauf wie auch die *Terminabweichung* darstellen und berechnen (Abb. 2.4). Die Differenz zwischen dem Bearbeitungsende Ist und dem Bearbeitungsende Soll entspricht der *Terminabweichung im Abgang*. Ist die Differenz positiv, so ist der Auftrag später als geplant zurückgemeldet worden; bei einem negativen Wert liegt eine zu frühe Fertigstellung vor. Analog lässt sich auch die Situation im *Zugang* beschreiben. Anstatt der Abgangstermine werden dabei die gemessenen und die geplanten Zugangstermine miteinander verglichen. Ermittelt man schließlich noch die Differenz der beiden Terminabweichungskennzahlen bzw. gleichbedeutend die Differenz von Ist-Durchlaufzeit und Soll-Durchlaufzeit, so lässt sich über die sich dabei ergebende *relative Terminabweichung* erkennen, ob sich die Terminsituation im Abgang gegenüber dem Zugang verbessert oder verschlechtert hat. Ein positiver Wert bedeutet, dass der Arbeitsvorgang gegenüber der Planung verzögert wurde, während ein negativer Wert zeigt, dass eine kürzere als die geplante Durchlaufzeit realisiert werden konnte.

Mit Hilfe der vorstehenden Definitionen können die Arbeitsvorgangsdurchlaufzeiten und Terminabweichungen und deren Bestandteile berechnet und statistisch

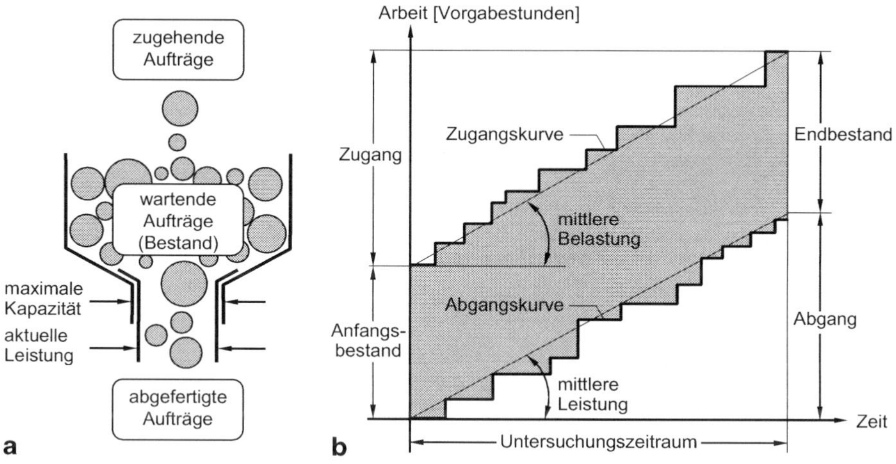

IFA C0476

Abb. 2.5 Trichtermodell und Durchlaufdiagramm einer Arbeitsstation. **a** Trichtermodell, **b** Durchlaufdiagramm. (Nach Bechte)

ausgewertet werden. Darüber hinaus bilden die Definitionen aber auch die Basis für das Trichtermodell und das daraus abgeleitete Durchlaufdiagramm.

2.2 Die logistischen Zielgrößen im Durchlaufdiagramm

Beim *Trichtermodell* geht man in Analogie zur Abbildung verfahrenstechnischer Fließprozesse davon aus, dass jede beliebige Kapazitätseinheit einer Fertigung durch die Größen *Zugang*, *Bestand* und *Abgang* in seinem Durchlaufverhalten vollständig beschrieben werden kann. Jede Kapazitätseinheit, unabhängig davon, ob es sich um einen Einzelarbeitsplatz, eine Kostenstelle oder um die gesamte Fertigung handelt, lässt sich demnach als Trichter darstellen (Abb. 2.5a). Die am Arbeitssystem ankommenden Lose bilden gemeinsam mit den dort bereits vorliegenden Losen einen Bestand an wartenden Aufträgen. Diese fließen nach der Bearbeitung aus dem Trichter ab. Die Trichteröffnung symbolisiert dabei die Leistung (in der Praxis auch als Durchsatz, Output oder Ausbringung bezeichnet), die innerhalb der Kapazitätsgrenzen variiert werden kann.

Die Ereignisse am Trichter lassen sich in das sogenannte *Durchlaufdiagramm* übertragen (Abb. 2.5b). Dazu werden die fertiggestellten Aufträge mit ihrem Arbeitsinhalt (in Vorgabestunden) über dem Fertigstellungstermin kumulativ aufgetragen (*Abgangskurve*). Analog dazu erfolgt der Aufbau der *Zugangskurve*, indem die zugehenden Aufträge mit ihrem Arbeitsinhalt über dem Zugangstermin aufgetragen werden. Der Beginn der Zugangskurve wird durch den Bestand bestimmt, der sich zu Beginn des Bezugszeitraumes am Arbeitssystem befindet (*Anfangsbestand*). Am

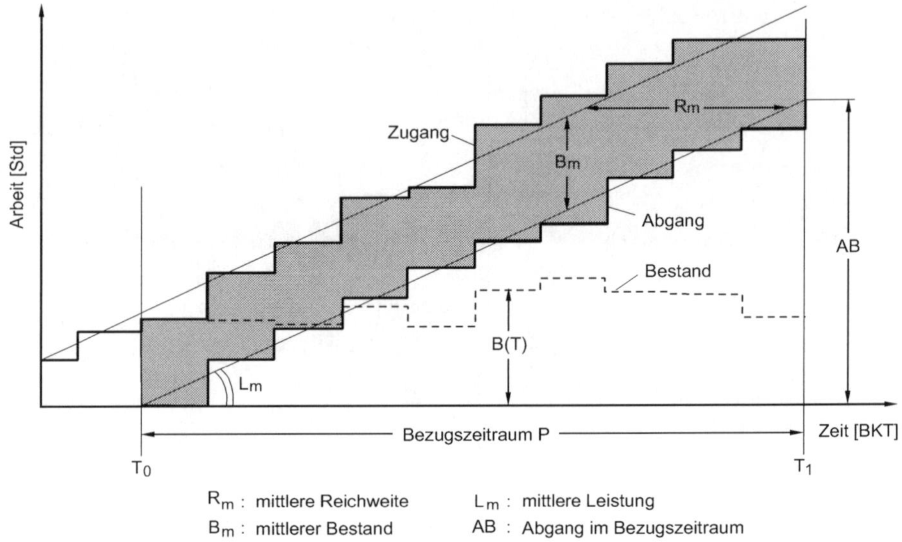

IFA D1383

Abb. 2.6 Bestand, Reichweite und Leistung im Durchlaufdiagramm. (Nach Bechte)

Ende des Untersuchungszeitraums lässt sich aus dem Diagramm der *Endbestand* ablesen. Die mittlere Steigung der Zugangskurve heißt *mittlere Belastung*, die mittlere Steigung der Abgangskurve entspricht *der mittleren Leistung*. Generell gilt, dass bei einem stabilen, eingeschwungenen System und einem langen Betrachtungszeitraum Zugang und Abgang parallel zueinander verlaufen müssen.

Das Durchlaufdiagramm beschreibt das dynamische Systemverhalten qualitativ im Zeitablauf. Es zeigt die Wirkungszusammenhänge zwischen den logistischen Zielgrößen auf und macht sie einer mathematischen Beschreibung zugänglich.

2.2.1 Leistung und Auslastung

In Abb. 2.6 ist ein Durchlaufdiagramm für einen Arbeitsplatz abgebildet. Neben dem Zugang und Abgang der Aufträge ist hier auch die *mittlere Leistung* sowie der Bestandsverlauf im Bezugszeitraum eingetragen. Die mittlere Leistung L_m ergibt sich aus dem Verhältnis der geleisteten Arbeit AB und der Länge des Bezugszeitraumes P.

Die geleistete Arbeit entspricht der Summe der im Bezugszeitraum zurückgemeldeten Arbeitsinhalte AB, so dass gilt:

$$L_m = \frac{\sum_{i=1}^{n} ZAU_i}{P} \tag{2.12}$$

mit

L_m Mittlere Leistung [Std/BKT]
ZAU_i Auftragszeit (in Vorgabestunden) je Arbeitsvorgang [Std]
n Anzahl der zurückgemeldeten Arbeitsvorgänge [-]
P Länge des Bezugszeitraumes [BKT]

Die vorstehenden Ausführungen basieren auf der Annahme, dass pro Arbeitsvorgang nur eine Rückmeldung erzeugt wird. Dieses Vorgehen entspricht der gängigen betrieblichen Praxis. Es ist dabei jedoch zu berücksichtigen, dass insbesondere bei kurzen Betrachtungszeiträumen Abbildungsunschärfen entstehen (vgl. auch [Ludw-95], [Penz-96]). So wird die mit Gl. (2.12) berechnete mittlere Leistung dadurch beeinflusst, dass sich zum Periodenende u. U. noch ein Auftrag in Bearbeitung befindet, der erst in der Folgeperiode fertiggestellt wird. Gleichzeitig ist es aber auch möglich, dass zu Beginn des Bezugszeitraumes ein Auftrag zurückgemeldet wird, dessen Bearbeitung überwiegend in der Vorperiode erfolgte. Bei hinreichend langen Bezugszeiträumen – wie sie bei der Planung und Gestaltung von Produktionssystemen zugrundegelegt werden sollten – kompensieren sich jedoch die beiden genannten Effekte, so dass die Ungenauigkeit für die hier betrachteten Fragestellungen vernachlässigt werden kann.

Die *Auslastung* des Systems wird definiert als das Verhältnis der mittleren Leistung und der möglichen Leistung (zum Begriff ‚maximal mögliche Leistung' siehe auch Abschn. 2.1.1.1 und 4.1.2):

$$A_m = \frac{L_m}{L_{\max}} \cdot 100 \tag{2.13}$$

mit

A_m Mittlere Auslastung [%]
L_m Mittlere Leistung [Std/BKT]
L_{max} Maximal mögliche Leistung [Std/BKT]

2.2.2 Bestand

Der *Bestand* als vertikaler Abstand zwischen der Zugangs- und der Abgangskurve entspricht dem Arbeitsinhalt der auf die Bearbeitung wartenden und in Bearbeitung befindlichen Aufträge. Der mittlere Bestand ergibt sich, indem man die *Bestandsfläche* FB durch den *Bezugszeitraum* P dividiert. Die Bestandsfläche selbst kann berechnet werden, indem die Differenz der Flächeninhalte unter der Zugangskurve und unter der Abgangskurve (jeweils im Zeitintervall $[T_0, T_1]$) bestimmt wird. Die Berechnung des mittleren Bestandes ist allgemein beschrieben über:

$$B_m = \frac{\int_{T_0}^{T_1} ZU(T)dT - \int_{T_0}^{T_1} AB(T)dT}{T_1 - T_0} \tag{2.14}$$

mit

B_m Mittlerer Bestand (Vorgabestunden) [Std]
ZU(T) Zugang (kumulierter Arbeitsinhalt der zugehenden Arbeitsvorgänge über der Zeit) [Std]
AB(T) Abgang (kumulierter Arbeitsinhalt der abgehenden Arbeitsvorgänge über der Zeit) [Std]
T_0 Beginn des Bezugszeitraumes
T_1 Ende des Bezugszeitraumes

Bei zahlreichen Betriebsuntersuchungen hat sich gezeigt, dass es hinreichend ist, für die Rückmeldung eines Arbeitsvorganges diskrete Zeitabschnitte zugrundezulegen. So erfolgen die Rückmeldungen üblicherweise zum Ende einer Arbeitsschicht oder eines Arbeitstages. In diesen Fällen vereinfacht sich die Berechnung des mittleren Bestandes deutlich. Er kann dann berechnet werden über die Summe der Einzelbestände pro Zeitabschnitt (z. B. pro Tag), dividiert durch die Anzahl der Zeitabschnitte, die im Bezugszeitraum enthalten sind:

$$B_m = \frac{\sum_{T=T_0}^{T_1} B(T)}{z} \tag{2.15}$$

mit

B_m Mittlerer Bestand (Vorgabestunden) [Std]
B(T) Bestand im Zeitabschnitt T [Std]
z Anzahl der Zeitabschnitte im Bezugszeitraum [-]

Das Verhältnis der Bestandsfläche zum Abgang bzw. des mittleren Bestandes zur mittleren Leistung entspricht der *mittleren Reichweite* des Bestandes. Diese Beziehung wird auch als *Trichterformel* bezeichnet:

$$R_m = \frac{FB}{AB} = \frac{B_m}{L_m} \tag{2.16}$$

mit

R_m Mittlere Reichweite des Bestandes [BKT]
FB Bestandsfläche [Std·BKT]
AB Abgang im Bezugszeitraum [Std]
B_m Mittlerer Bestand [Std]
L_m Mittlere Leistung [Std/BKT]

Idealisiert man im Durchlaufdiagramm den Zugangs- und Abgangsverlauf zu je einer Geraden, so entspricht der vertikale Abstand dem mittleren Bestand, der horizontale Abstand der mittleren Reichweite des Bestandes (s. Abb. 2.6).

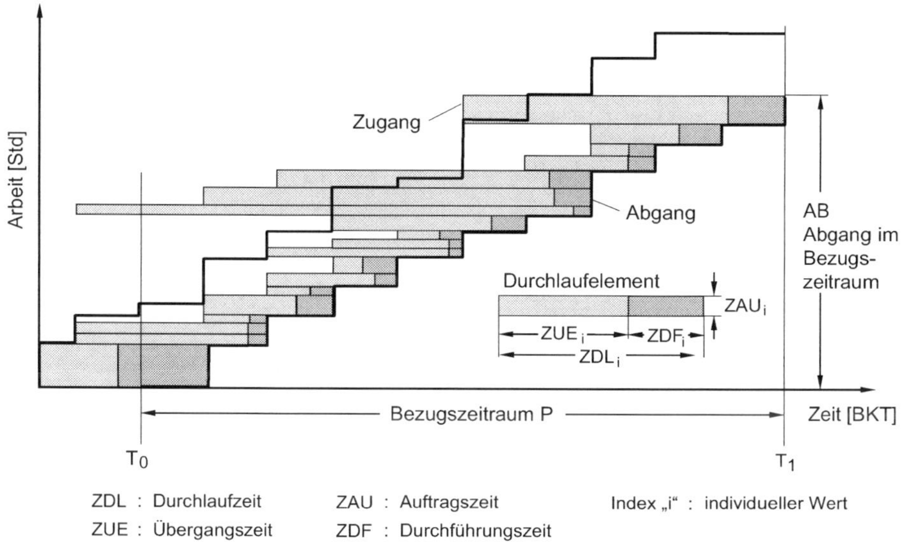

IFA C1359

Abb. 2.7 Darstellung von Durchlaufelementen im Durchlaufdiagramm. (Nach Bechte)

2.2.3 Gewichtete Durchlaufzeit und Reichweite

Zur Darstellung der Durchlaufzeit wird in das Durchlaufdiagramm neben der Zugangs- und Abgangskurve zusätzlich für jeden fertiggestellten Arbeitsgang das dazugehörige *Durchlaufelement* eingetragen (Abb. 2.7). Dieses Element stellt den Durchlauf eines Auftrages durch das Arbeitssystem dar. Anhand dieser Durchlaufelemente lassen sich Aussagen über das Abfertigungsverhalten an einem Arbeitssystem treffen. Bei einer strengen Abfertigung der Aufträge nach dem FIFO-Prinzip (First In – First Out) liegen die Durchlaufelemente genau zwischen der Zugangs- und der Abgangskurve. Wird jedoch die Reihenfolge der Aufträge an dem Arbeitssystem vertauscht, so ist dies daran zu erkennen, dass der Beginn der Durchlaufelemente mehr oder weniger stark von der Zugangskurve abweicht. Einzelne Aufträge werden an dem System unmittelbar nach dem Zugang abgearbeitet, während andere immer wieder zurückgestellt wurden, also sehr lange Durchlaufzeiten aufweisen.

In Abb. 2.7 ist zu erkennen, dass die Durchlaufelemente eine zweite Dimension aufweisen. In der horizontalen Richtung wird es – der Erläuterung des arbeitsvorgangsbezogenen Durchlaufelementes (vgl. Abb. 2.3) entsprechend – durch den Zugangstermin und den Abgangstermin des Auftrages gebildet, in der vertikalen Richtung durch den Arbeitsinhalt der Aufträge. Durch diese *Gewichtung* entstehen für jeden abgearbeiteten Arbeitsvorgang Flächenelemente, die in ihrer Summe die sogenannte Durchlaufzeitfläche FZ ergeben. Wird diese Fläche in Analogie zur Bestandsfläche bei Berechnung der Reichweite zum Abgang (also der Summe der abgemeldeten Arbeitsinhalte) ins Verhältnis gesetzt, so ergibt sich damit in Ergänzung zum arithmetischen Mittelwert eine weitere Kennzahl für die Durchlaufzeit, die als *gewichteter Mittelwert der Durchlaufzeit* bezeichnet wird:

$$ZDL_{mg} = \frac{\sum\limits_{i=1}^{n} (ZDL_i \cdot ZAU_i)}{\sum\limits_{i=1}^{n} ZAU_i} \tag{2.17}$$

mit

ZDL_{mg} Mittlere gewichtete Durchlaufzeit [BKT]
ZDL_i Durchlaufzeit je Arbeitsvorgang [BKT]
ZAU_i Auftragszeit je Arbeitsvorgang [Std]

Zwischen dem arithmetischen Mittelwert der Durchlaufzeit, dem gewichteten Mittelwert und der Reichweite lassen sich wichtige mathematische Beziehungen ableiten, die Rückschlüsse auf das Abfertigungsverhalten und die Bestandsentwicklung zulassen.

So lässt sich zunächst feststellen, dass unter der Voraussetzung eines gleichbleibenden Bestands-Leistungsverhältnisses und der damit gegebenen Parallelität der Zugangs- und Abgangskurve sowie eines vernachlässigbaren Einflusses von Reihenfolgevertauschungen auf die Durchlaufzeitfläche FZ (Abb. 2.7) diese Fläche der Bestandsfläche FB (Abb. 2.6) entspricht. Zwar werden bei der Berechnung der Durchlaufzeitfläche auch Flächenanteile berücksichtigt, die vor dem Bezugszeitraum angefallen sind. Gleichzeitig entfallen jedoch die Flächenanteile der Aufträge, die erst in den Folgeperioden abgeschlossen werden. Unter den zuvor genannten Voraussetzungen kompensieren sich die beiden Flächenanteile. Dann gilt:

$$R_m \cong ZDL_{mg} \tag{2.18}$$

mit

R_m Mittlere Reichweite [BKT]
ZDL_{mg} Mittlere gewichtete Durchlaufzeit [BKT]

Bei längeren Betrachtungszeiträumen sind die genannten Voraussetzungen in der Regel mit guter Näherung gegeben. Insbesondere bei kürzeren Betrachtungszeiträumen können die Kennzahlen aber einen unterschiedlichen zeitlichen Verlauf aufweisen. So reagiert die Reichweite auf Veränderungen im Zugang (bei gleichbleibendem Abgang) durch die Bestandserhöhung unmittelbar, während bei einer Abfertigung nach dem FIFO-Prinzip sowohl die gewichtete wie auch die ungewichtete Durchlaufzeit im wesentlichen durch das Bestandsniveau zum Zeitpunkt des Auftragszuganges bestimmt wird. Der Kennwert der Reichweite reagiert also schneller auf Bestandsveränderungen als die der Durchlaufzeiten. Weiterhin lässt sich feststellen, dass die ungewichtete Durchlaufzeit bei auftragszeitunabhängigen Reihenfolgeregeln immer kleiner ist als die gewichtete Durchlaufzeit. Auf die Begründung für diesen Sachverhalt und die mathematische Beschreibung wird in Abschn. 4.4 näher eingegangen.

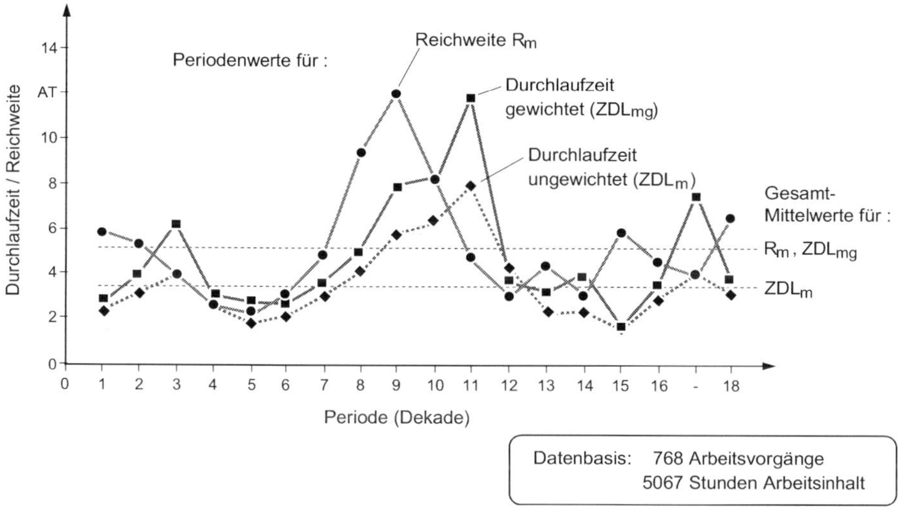

IFA D1511

Abb. 2.8 Zeitlicher Verlauf von Durchlaufzeitgrößen an einem Bestückungsautomaten

Die erläuterten Zusammenhänge zwischen den Durchlaufzeitgrößen zeigen sich auch in Praxisuntersuchungen. Abbildung 2.8 stellt den zeitlichen Verlauf der drei Kenngrößen über einen Zeitraum von 18 Perioden (je zwei Wochen) dar, gemessen an einem Bestückungsautomaten. Es bestätigt sich, dass die Mittelwerte der Reichweite und der gewichteten Durchlaufzeit gleich sind, während der einfache Mittelwert geringer ist. Weiterhin ist zu erkennen, dass die Periodenwerte der Reichweite den Durchlaufzeitwerten an diesem System zeitlich voreilen, wobei die Leistung über den gesamten Analysezeitraum annähernd konstant war. Dieser Umstand ist bei der Interpretation von Analyseergebnissen zu berücksichtigen, kann aber auch ganz gezielt bei der Diagnose und Früherkennung von Fehlentwicklungen genutzt werden.

Eine zusammenfassende Gegenüberstellung der drei Durchlaufzeitkennwerte findet sich in Abb. 2.9. Die Graphik unterstreicht, dass bei der Berechnung der mittleren ungewichteten Durchlaufzeit die Anzahl der Aufträge zugrundegelegt wird. Dieser Wert besagt, wie lange sich im Mittel ein Auftrag an einem Arbeitssystem aufgehalten hat. Bei der mittleren gewichteten Durchlaufzeit und der Reichweite hingegen wird der Bestand (über die Durchlaufzeitfläche der abgearbeiteten Aufträge bzw. direkt über den mittleren Bestand) in die Berechnung des jeweiligen Durchlaufzeitkennwertes einbezogen. Bei der gewichteten Durchlaufzeit wird der Auftragsbezug durch die zusätzliche Betrachtung der Arbeitsinhalte erweitert. Bei der Reichweite hingegen besteht kein unmittelbarer Bezug zu den einzelnen Aufträgen. Da sich jedoch sowohl der Bestand wie auch die Leistung aus den Arbeitsinhalten der Aufträge ergeben, müssen sich die Kennwerte für die mittlere gewichtete Durchlaufzeit und die Reichweite bei einem eingeschwungenen System und langen Betrachtungszeiträumen weitgehend entsprechen.

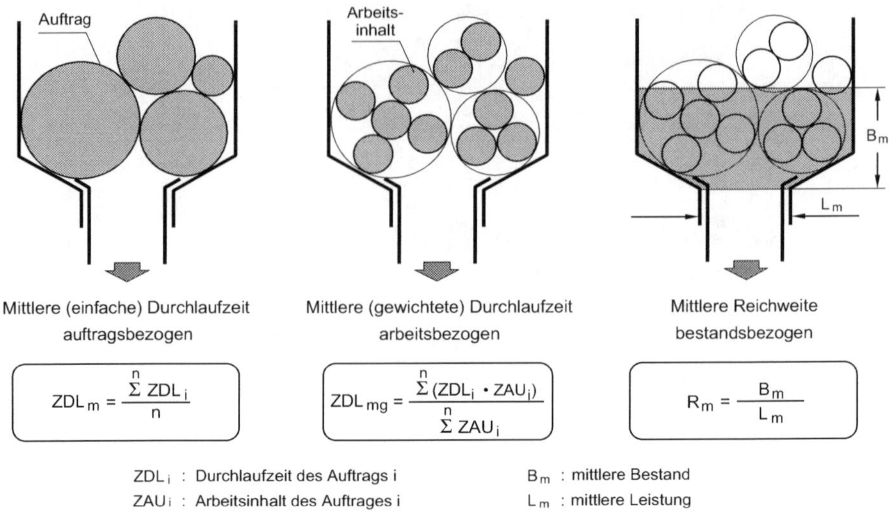

IFA D1360

Abb. 2.9 Gegenüberstellung zentraler Durchlaufzeitkennwerte an einem Arbeitssystem

2.3 Little's Law

Ein zweites Modell zur Berechnung der Durchlaufzeit ist das *Gesetz von Little* oder *Little's Law* (vgl. u. a. [Conw-03]). Dieses Modell, welches insbesondere in der *Warteschlangentheorie* (Abschn. 3.1) eingesetzt wird, weist eine starke Ähnlichkeit zum Trichtermodell auf. Die nachfolgenden Ausführungen sollen zum einen dazu dienen, die Unterschiede der beiden Modellierungsansätze herauszuarbeiten. Darüber hinaus werden die Grundlagen für eine Synthese dieser beiden Modelle und der in Kap. 4 vorgestellten Kennlinientheorie geschaffen.

Little‘s Law besagt, dass sich die mittlere Durchlaufzeit an einem Arbeitssystem berechnen lässt durch die Division der mittleren Anzahl an dem System befindlichen Aufträge N_m durch die mittlere Ankunftsrate λ:

$$F_m = \frac{N_m}{\lambda} \tag{2.19}$$

mit

F_m Mittlere Durchlaufzeit [BKT]
N_m Mittlere Anzahl Aufträge im System [-]
λ Mittlere Ankunftsrate (Aufträge pro Betriebskalendertag) [1/BKT]

Die mittlere Leistung U_m einer Arbeitsstation ergibt sich gemäß Gl. (2.20) über die Ankunftsrate λ, die mittlere Auftragszeit p_m und die Anzahl m der parallelen Arbeitsstationen innerhalb des betrachteten Arbeitssystems zu:

$$U_m = \frac{\lambda \cdot p_m}{m} \tag{2.20}$$

mit

U_m Mittlere Leistung einer Arbeitsstation [Std/BKT]
λ Mittlere Ankunftsrate (Aufträge pro Betriebskalendertag) [1/BKT]
p_m Mittlere Auftragszeit [Std]
m Anzahl paralleler Arbeitsstationen innerhalb eines Arbeits-systems [-]

Durch Einsetzen von Gl. (2.20) in Gl. (2.19) folgt für die Berechnung der mittleren Durchlaufzeit:

$$F_m = \frac{N_m \cdot p_m}{U_m \cdot m} \tag{2.21}$$

mit

F_m Mittlere Durchlaufzeit [BKT]
N_m Mittlere Anzahl Aufträge im System [-]
p_m Mittlere Auftragszeit [Std]
U_m Mittlere Leistung einer Arbeitsstation [Std/BKT]
m Anzahl paralleler Arbeitsstationen innerhalb eines Arbeits-systems [-]

Der Einsatzbereich der vorstehend beschriebenen Formeln ist sehr breit. Daher ist die Nomenklatur in der Literatur offen gehalten; im speziellen Anwendungsfall sind die Variablen problembezogen zu belegen. Auch ist erst dann die Dimensionsangabe möglich. So kann als zugrundegelegte Zeiteinheit zur Beschreibung der mittleren Ankunftsrate nicht nur der Betriebskalendertag, sondern beispielsweise auch die Zeiteinheit Stunde oder Minute gewählt werden. Um jedoch u.a. den Vergleich zwischen Little's Law und der Trichterformel zu erleichtern, sollen im Weiteren die oben genannten Dimensionsangaben zugrundegelegt werden. Weiterhin werden in Gl. (2.21) die folgenden Ersetzungen vorgenommen:

F_m	$\rightarrow$	ZDLvir:	mittlere virtuelle Durchlaufzeit [BKT]
N_m	$\rightarrow$	BA_m:	mittlerer Bestand (in Anzahl Aufträge) [-]
p_m	$\rightarrow$	ZAU_m:	mittlere Auftragszeit [BKT]
$U_m \cdot m$	$\rightarrow$	L_m:	mittlere Leistung des Arbeitssystems [Std/BKT]

Die Variable F_m wird in den nachfolgenden Ausführungen nicht durch ZDL_m ersetzt, da diese nach Gl. (2.10) das arithmetische Mittel der Einzeldurchlaufzeiten ist. Gl. (2.21) basiert nicht auf Einzelereignissen, sondern auf mehreren Mittelwerten, so dass der darüber berechnete Wert eher einen scheinbaren oder *virtuellen* Mittelwert darstellt. Daher wird die Größe *mittlere virtuelle Durchlaufzeit* ZDL_{vir} eingeführt.

Es wird hier besonderes darauf hingewiesen, dass in der Literatur ([Bech-84] und darauf aufbauende Literaturstellen) der Begriff virtuelle Durchlaufzeit für die mit der Trichterformel berechnete mittlere Reichweite genutzt wird. Dieser Nomenklatur wird hier nicht gefolgt, da die Reichweite R_m dem Erwartungswert für die *gewichtete Durchlaufzeit* ZDL_{mg} entspricht. Es müsste dann also konsequenterweise *virtuelle gewichtete Durchlaufzeit* heißen.

Mit den vorstehenden Ersetzungen lässt sich die Gl. (2.21) auch wie folgt schreiben:

$$ZDL_{vir} = \frac{BA_m \cdot ZAU_m}{L_m} \tag{2.22}$$

mit

ZDL_{vir} Mittlere virtuelle Durchlaufzeit [BKT]
BA_m Mittlerer Bestand (in Anzahl Aufträge) [-]
ZAU_m Mittlere Auftragszeit [Std]
L_m Mittlere Leistung [Std/BKT]

Die Vermutung ist naheliegend, dass das Produkt $BA_m \cdot ZAU_m$ dem mittleren Bestand B_m in Vorgabestunden B_m entspricht. In diesem Falle wäre die aus Little's Law abgeleitete Gl. (2.22) identisch mit der Trichterformel (2.16) und die Kennwerte für die mittlere Reichweite und die mittlere virtuelle Durchlaufzeit dürften sich zumindest innerhalb der Anwendungsvoraussetzungen der Modelle (s. u.) nicht unterscheiden. Wie in Abschn. 4.6 noch gezeigt wird, trifft die genannte Vermutung prinzipiell jedoch nicht zu.

Andererseits ist es aber möglich, die mittlere Leistung eines Systems (mit der Dimension [Std/BKT]) auch über das Produkt aus der mittleren Auftragszeit und der mittleren Anzahl der pro Betriebskalendertag fertiggestellten Aufträge LA_m zu beschreiben:

$$L_m = LA_m \cdot ZAU_m \tag{2.23}$$

mit

L_m Mittlere Leistung [Std/BKT]
LA_m Mittlere Anzahl fertiggestellter Aufträge [1/BKT]
ZAU_m Mittlere Auftragszeit [Std]

Damit lässt sich Gl. (2.22) vereinfachen zu:

$$ZDL_{vir} = \frac{BA_m}{LA_m} \tag{2.24}$$

mit

ZDL_{vir} Mittlere virtuelle Durchlaufzeit [BKT]
BA_m Mittlerer Bestand (in Anzahl Aufträge) [-]
LA_m Mittlere Anzahl fertiggestellter Aufträge [1/BKT]

Diese Gleichung ergibt sich unmittelbar auch aus Gl. (2.19), wenn vorausgesetzt wird, dass die Ankunftsrate λ der Abfertigungsrate (LA_m) entspricht.

Als Anwendungsvoraussetzungen für Little's Law werden in [Conw-03] genannt:

- Die Rückmeldungen für die einzelnen Arbeitsvorgänge werden mit einer hinreichenden Genauigkeit erfasst.
- Es liegen hinreichend genaue Planungsdaten zur Ermittlung der Vorgabezeiten vor.

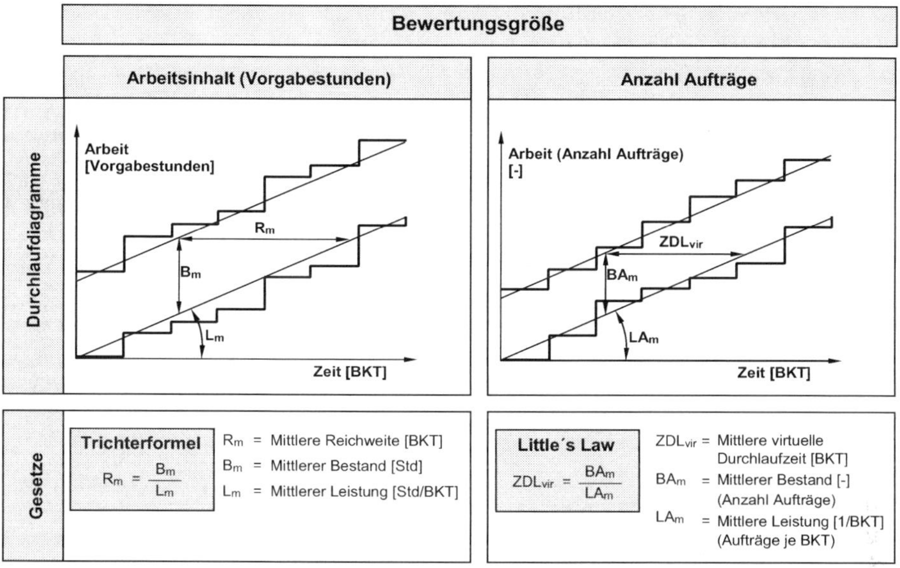

IFA D4457

Abb. 2.10 Gegenüberstellung der Trichterformel und Little's Law

- Es liegen große Untersuchungszeiträume vor.
- Eine überlappte Fertigung ist nicht zugelassen.

Die Analogie von Little's Law zur Trichterformel ist augenfällig und lässt sich auch in Form von Durchlaufdiagrammen visualisieren (Abb. 2.10). Sowohl bei der Trichterformel wie auch bei der aus Little's Law abgeleiteten Gl. (2.24) wird der Bestand an einem Arbeitssystem auf die Leistung bezogen, um daraus einen Durchlaufzeitkennwert zu berechnen. Die Unterschiede liegen zunächst in den Dimensionsangaben für die Bezugsgrößen. Während beim Trichtermodell der Bestand in Vorgabestunden gemessen wird, wird bei Little's Law die Anzahl der Aufträge zugrundegelegt. Ähnliches gilt für die Leistung, die in Stunden pro Betriebskalendertag bzw. in Anzahl Aufträge pro Betriebskalendertag angegeben wird. Die Dimension der Ergebnisgrößen mittlere Reichweite und mittlere virtuelle Durchlaufzeit ist zwar in beiden Fällen gleich, jedoch werden über die Gl.(2.16) und (2.24) unterschiedliche Zusammenhänge beschrieben. Die Trichterformel besagt, wie lange es durchschnittlich dauert, bis bei gleichbleibender mittlerer Leistung der Bestand am Arbeitssystem vollständig abgearbeitet ist, sofern zwischenzeitlich kein neuer Auftrag zugeht. Little's Law hingegen zeigt auf, welche Zeit ein neu am Arbeitssystem ankommender Auftrag bis zu seiner Abfertigung im Mittel verweilen muss.

Ein weiterer wesentlicher Unterschied zwischen der Trichterformel und Little's Law ist in der Beeinflussbarkeit der jeweiligen Kenngröße durch das Abfertigungsverhalten (insbesondere die eingesetzte Reihenfolgeregel) an dem System und der Heterogenität der Auftragszeitstrukturen gegeben. So wirken sich bestimmte

Abarbeitungsreihenfolgen auf die mittlere Anzahl der an einem Arbeitssystem liegenden Aufträge (BA_m) und damit auch die mittlere virtuelle Durchlaufzeit aus. Bei Anwendung der KOZ-Reihenfolgeregel (KOZ: kürzeste Operationszeit) werden Aufträge mit geringem Arbeitsinhalt bevorzugt abgearbeitet. Dadurch befinden sich durchschnittlich weniger Aufträge im System, so dass auch der Mittelwert der Durchlaufzeit gering ist. Umgekehrt müssen bei der Anwendung der LOZ-Reihenfolgeregel (LOZ: längste Operationszeit; Aufträge mit großem Arbeitsinhalt werden bevorzugt abgearbeitet) viele kleine Aufträge warten, der Bestand BA_m und die virtuelle Durchlaufzeit ZDL_{vir} sind demzufolge entsprechend größer. Diese Effekte sind umso ausgeprägter, je stärker die Arbeitsinhalte der Aufträge streuen.

Diese Einflussgrößen wirken sich hingegen auf die Trichterformel nicht aus. Bei gegebenem Zugang ist die Veränderung des Bestandes in Vorgabestunden und somit auch der Reichweite bei hinreichend langen Untersuchungszeiträumen nur durch die Leistung des Systems beeinflussbar, nicht jedoch durch die Abarbeitungsreihenfolgen der Aufträge bzw. die Verteilung der Arbeitsinhalte.

2.4 Produktionskennlinien

Mit den vorgestellten Kennzahlen und Diagrammen ist es möglich, die grundlegenden Informationen über die Produktionsabläufe zu gewinnen und hinsichtlich verschiedener Fragestellungen zu analysieren. So wird das Auffinden von Abweichungsursachen von Planvorgaben und das Ableiten von geeigneten Steuerungsmaßnahmen weitgehend unterstützt. Die Wirkungszusammenhänge zwischen den logistischen Kenngrößen werden jedoch nicht bzw. nur unvollständig beschrieben. Es bleiben damit die folgenden Fragen offen:

- Welche geringsten Durchlaufzeiten können bei den vorliegenden Fertigungs- und Auftragsstrukturen erreicht werden?
- Wie hoch müssen die Fertigungsbestände mindestens sein, um Leistungseinbußen zu vermeiden?
- Mit welchen Maßnahmen lassen sich welche Rationalisierungspotentiale erschließen?

Eine Unterstützung bei diesen Fragestellungen kann durch *logistische Kennlinien* erfolgen. In diesen Kennlinien lassen sich u.a. die Zusammenhänge zwischen den logistischen Zielgrößen Leistung, Durchlaufzeit, Übergangszeit und Reichweite als Funktion des Bestandes dargestellen. Aufgrund der zentralen Bedeutung der Kennlinien, die zusammenfassend auch als *Produktionskennlinien* bezeichnet werden, werden diese nachfolgend eingehend erläutert.

An dieser Stelle ist anzumerken, dass die *Produktionskennlinien* in der Literatur bislang als *Betriebskennlinien* bezeichnet wurden (vgl. [Bech-84], [Nyhu-91], [Wien-93a], [Wien-97], [Kuhn-95]). Um jedoch die Nomenklatur der logistischen Kennlinien insgesamt an den elementaren Prozesselementen ([Kuhn-95], [Beck-96]) *Produzieren und Prüfen*, *Transportieren* und *Lagern und Bereitstellen* ausrichten zu können, wird hier der Wechsel in der Bezeichung vollzogen.

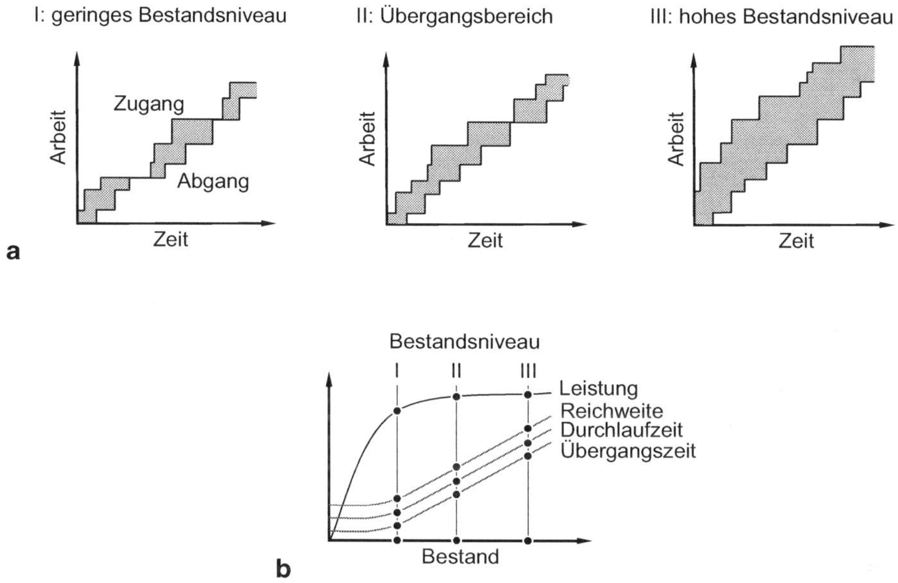

IFA C0880b

Abb. 2.11 Darstellung unterschiedlicher Betriebszustände in Produktionskennlinien. **a** Typische Betriebszustände an einem Arbeitssystem, **b** Darstellung der Betriebszustände in Produktionskennlinien

Mit dem Trichtermodell, dem Durchlaufdiagramm und den abgeleiteten Kennzahlen wird jeweils ein bestimmter stationärer Betriebszustand beschrieben. Abbildung 2.11 zeigt im oberen Bildteil drei grundsätzlich unterschiedliche Betriebszustände in vereinfachten Durchlaufdiagrammen. Diese unterschiedlichen Betriebszustände lassen sich nun in Form der Produktionskennlinien (Abb. 2.11, unterer Bildteil) stark verdichtet darstellen. Dazu trägt man die jeweiligen Werte für die Leistung und die drei Durchlaufzeitgrößen in Abhängigkeit vom zugehörigen Bestand auf. Die Leistungskennlinie verdeutlicht, dass sich die Leistung eines Arbeitssystems oberhalb eines bestimmten Bestandswertes nur noch unwesentlich ändert. Es liegt dann kontinuierlich ausreichend Arbeit vor, so dass keine bestandsbedingten Beschäftigungsunterbrechungen auftreten. Unterhalb dieses Bestandswertes kommt es jedoch zunehmend zu Leistungseinbußen aufgrund eines zeitweilig fehlenden Arbeitsvorrates. Die (ungewichtete) Durchlaufzeit hingegen steigt oberhalb des kritischen Bestandswertes weitgehend proportional mit dem Bestand an. Bei Bestandsreduzierungen sinkt die Durchlaufzeit. Sie kann jedoch ein Minimum, welches sich aus der mittleren Durchführungszeit der Aufträge und ggf. der Transportzeit ergibt, nicht unterschreiten. Ein prinzipiell ähnliches Verhalten weist die Übergangszeitkennlinie auf, die bei geringen Beständen gegen die Transportzeit strebt. Die Reichweitenkennlinie schließlich ergibt sich gemäß der Trichterformel unmittelbar aus dem Verhältnis von Bestand und Leistung.

Es ist hervorzuheben, dass ein momentaner Zustand an einem System immer nur einem *Betriebspunkt* auf der Kennlinie entspricht. Die Kennlinien selbst stellen dar, wie sich das betrachtete System bei ansonsten unveränderten Randbedingungen verhält, wenn ein anderer Bestand eingestellt wird. Sie charakterisieren somit das logistische Verhalten einer Fertigung bei einer Bestandsveränderung. Darüber hinaus besteht die Möglichkeit, Kennlinien für veränderte Fertigungs- oder Auftragsstrukturen zu erstellen, sie miteinander zu vergleichen und so die Wirkungen von Eingriffen in den Produktionsablauf unter logistischen Aspekten zu beurteilen.

Es ist leicht einsehbar, dass die grundsätzliche Form der Produktionskennlinien für jedes beliebige Produktionssystem gilt: Bestandsreduzierungen führen zu Durchlaufzeitreduzierungen, aber u. U. eben auch zu Materialflussabrissen und somit zu Auslastungsverlusten. Jedoch sind die spezifischen Ausprägungen der Kennlinien für das jeweils betrachtete Arbeitssystem von unterschiedlichen Rahmenbedingungen wie der Kapazität, den abzuarbeitenden Aufträgen (insbesondere ihrem Mittelwert und ihrer Streuung) und der Einbindung des Systems in den Materialfluss abhängig.

Aus naheliegenden Gründen ist es nicht möglich, die Kennlinien durch Testreihen in einem realen Betrieb zu ermitteln. Dagegen sprechen einerseits die Kosten, die bei extrem hohen bzw. bei extrem niedrigen Beständen anfallen. Zudem werden sich aufgrund von Veränderungen in den strukturellen Bedingungen (z. B. einer Veränderung des Produkt- oder Auftragsmixes) keine vergleichbaren Verhältnisse ergeben, so dass auch die einzelnen Betriebszustände nicht direkt vergleichbar sind.

Wie einleitend bereits erwähnt wurde, bietet es sich bei solchen Fragestellungen an, Modelle einzusetzen, mit denen das zu untersuchende Originalsystem nachgebildet werden kann. Nachfolgend werden drei Modelle beschrieben und analysiert, die die Zusammenhänge zwischen den relevanten logistischen Zielgrößen beschreiben und somit zur Lösung des Dilemmas der Ablaufplanung beitragen können. Dabei handelt es sich zum einen um zwei klassische Modelle, die Warteschlangentheorie und die Simulation. Die Anwendungsmöglichkeiten und -grenzen dieser Modelle werden im folgenden Kapitel erläutert. Im Anschluss daran wird in Kap. 4 ein neuer Ansatz zur Berechnung der Kennlinien mit Hilfe einer Näherungsgleichung vorgestellt.

Kapitel 3
Klassische Modelle der Produktionslogistik

Bei Modellen für betriebswirtschaftliche Systeme handelt es sich im Allgemeinen um mathematische Modelle, zu deren Aufbau die nachfolgend beschriebenen grundsätzlichen Vorgehensweisen gebräuchlich ([Prof-77], [VDI-93], [Wöhe-08]) sind:

Die Methoden der *deduktiven Modellbildung* (Deduktion (lat.): Ableitung des Besonderen aus dem Allgemeinen) sind dadurch gekennzeichnet, dass von einer qualitativen Vorstellung über die Wirkung von Einflussgrößen ausgegangen wird. Einzelne, aus der Problemstellung und der Zielsetzung abgeleitete Zusammenhänge werden gedanklich isoliert. Durch Abstraktion werden die spezifischen Systemkennzeichen so weit vermindert, dass ein auf das Wesentliche beschränktes Abbild des Originalsystems entsteht. Die mathematische Beschreibung der Abhängigkeiten zwischen Ein- und Ausgangsgrößen wird aus elementaren Gesetzmäßigkeiten abgeleitet.

Der wichtigste und zugleich meist schwierigste Schritt bei der deduktiven Modellbildung ist in der Regel nicht die mathematische Formulierung, sondern das mehr oder weniger intuitive Erkennen der relevanten elementaren Zusammenhänge. So besteht das Risiko, dass durch eine zu weitreichende Abstraktion oder auch einfach durch mangelnde Prozesskenntnisse und fehlerhaft gesetzte Prämissen die Aussagefähigkeit des erstellten Modells für praktische Belange unzulänglich ist. Der besondere Vorteil deduktiver Modelle ist darin zu sehen, dass das Modell innerhalb der Gültigkeit der Voraussetzungen prinzipiell übertragen werden kann. Zudem ist in vielen Fällen die Möglichkeit der Anpassung an verschiedene Rahmenbedingungen eine unmittelbare Modelleigenschaft.

Ein typisches Beispiel für ein deduktives Modell ist der klassische Ansatz der Losgrößenbestimmung nach Andler (s. u. a. [Müll-62] und [Nyhu-91]), bei dem das Kostenminimum aus zwei losgrößenabhängigen, aber gegenläufigen Kostenarten, nämlich den Auftragswechselkosten und den Bestandskosten im Lager, gesucht wird. Dieses Modell lässt sich prinzipiell in jedem Unternehmen anwenden - sofern die zugrunde gelegten Modellvoraussetzungen mit einer hinreichenden Genauigkeit erfüllt werden. Die Modellanpassung erfolgt ausschließlich über Parameter (hier der Kosten bzw. der Bedarfsdaten); ein Eingriff in das Modell ist nicht erforderlich. Weiterhin wird deutlich, dass mit dem Modell das Prozessverständnis vertieft werden

DOI 10.1007/978-3-540-92839-3_3,

kann: So lassen sich beispielsweise die Auswirkungen von Losgrößenveränderungen auf die betrachteten Kostenblöcke auch unabhängig vom speziellen Anwendungsfall auf sehr anschauliche Weise darstellen.

Bei der *empirischen oder experimentellen Modellbildung* (im Allgemeinen als *Simulation* bezeichnet) wird auf der Basis qualitativer Prozesskenntnisse ein Modell aufgebaut, dessen Strukturen und Parameter sich unmittelbar an die relevanten Eigenschaften des realen Systems anlehnen. An diesem nachgebildeten System können anschließend Experimente durchgeführt werden, indem die Eingangsgrößen oder die Modellstruktur gezielt manipuliert werden. An die Versuchsdurchführung schließt sich die Auswertung und Interpretation der Ergebnisse an. Die aus dem experimentellen Modell unmittelbar ableitbaren Aussagen beschränken sich grundsätzlich auf die Beschreibung des Zusammenhangs zwischen den Eingangsgrößen und den Ausgangsgrößen. Man erhält nur singuläre Ergebnisse, keine allgemeinen Erkenntnisse.

Experimentelle Modelle werden genutzt, wenn für die vorliegende Fragestellung kein geeignetes deduktives Modell existiert. Sollte etwa die Losgrößenbestimmung nach Andler für einen speziellen Anwendungsfall ungeeignet sein, weil beispielsweise der Aspekt der Kapazitätsauslastung oder der Kapitalbindung im Fertigungsbereich einer besonderen Berücksichtigung bedarf, so kann versucht werden, diesen Anforderungen mit Simulationsuntersuchungen Rechnung zu tragen. Dazu ist zunächst der betrachtete Unternehmensbereich als sogenanntes Ressourcenmodell abzubilden. Anschließend sind Experimente durchzuführen, bei denen mit einem angepaßten Planungs- und Steuerungsmodell (hier z. B. mit entsprechenden Losgrößenstrategien) die Systemlast variiert wird. Über die Analyse der Ergebnisse kann dann die bestmögliche getestete Lösung ausgewählt werden.

Diese kurze Beschreibung zeigt anschaulich die Möglichkeiten und auch die Grenzen experimenteller Modelle auf. So besteht die Chance, auch solche Fragestellungen zu untersuchen, die sich aufgrund der Komplexität einer Abbildung und Beschreibung mit Hilfe eines deduktiven Modells entziehen. Die spezifischen Rahmenbedingungen können oftmals konkret berücksichtigt werden. Allerdings müssen die Modellerstellung sowie die anschließende Modellvalidierung in jedem neuen Anwendungsfall neu erfolgen. Auch sind die Ergebnisse lediglich als Input/Output-Beziehung interpretierbar, eine elementare Bedeutung ist nicht gegeben. Damit ist eine Übertragung der Ergebnisse auf andere Fälle nicht ohne weiteres möglich.

Nachfolgend werden exemplarisch Vertreter deduktiver und experimenteller Modelle vorgestellt, die prinzipiell zur Beschreibung des Dilemmas der Ablaufplanung herangezogen werden können. Die Ausführungen konzentrieren sich auf die prinzipiellen Anwendungsmöglichkeiten und -grenzen der Modelle insbesondere unter dem Aspekt der Praxisrelevanz, der Aussagegenauigkeit und des Anwendungsaufwandes. Es wird nicht der Anspruch erhoben, einen umfassenden Überblick über die beiden Modellkategorien zu geben. Vielmehr beschränken sich die Ausführungen auf jeweils einen speziellen Lösungsansatz. Die generellen Aussagen lassen sich jedoch auch auf die anderen Vertreter der jeweiligen Modellkategorie übertragen.

3.1 Warteschlangenmodelle

Ein klassisches deduktives Modell zur Beschreibung der Wirkungszusammenhänge zwischen logistischen Kenngrößen stellt die *Warteschlangentheorie* dar. *Warteschlangenmodelle* (waitingline models oder queuing models) ermöglichen es, die in der Realität auftretenden stochastischen Einflüsse bei der Planung und Steuerung realer Abläufe zu berücksichtigen. Anwendungsschwerpunkt ist die Dimensionierung von Engpässen, die immer dann auftreten können, wenn Objekte beliebiger Art in regelmäßiger oder zufälliger Folge bei einer oder mehreren Abfertigungsstationen eintreffen und dort mit unregelmäßiger oder fixer Abfertigungszeit bedient werden. Mit mathematischen Ansätzen soll bei bekannten Eingangsinformationen insbesondere hinsichtlich der durchschnittlichen Ankunfts- und Abfertigungsrate der Objekte am Bediensystem das reale Ablaufgeschehen theoretisch faßbar und somit vorhersehbar werden. Warteschlangenmodelle ermöglichen dabei im wesentlichen Aussagen über die wahrscheinlichen Zusammenhänge zwischen den Wartezeiten und den Warteschlangenlängen sowie der Auslastung der Bedienstation.

Die von Erlang entwickelte Warteschlangentheorie (vgl. [Gned-71], [Köni-82], [Gros-98]) wurde zunächst im Telefonwesen eingesetzt. Es stellte sich sehr schnell heraus, dass die aus der Warteschlangentheorie gewonnenen Erkenntnisse auch auf andere Gebiete übertragen werden können. Es kam so zu einer stetigen Weiterentwicklung und Verbreitung in den verschiedensten Anwendungsfeldern, in denen die Dimensionierung der Bestände bzw. der Wartezeiten eines Systems von Bedeutung ist und diese über die Input/Output-Relationen beeinflusst wird. Beispiele für die Anwendung der Warteschlangentheorie sind die Auslegung der Anzahl der Kassen in Supermärkten oder die Jobsteuerung in Rechenanlagen.

Ähnlich breit wie das Anwendungsgebiet ist auch das Spektrum der Lösungsansätze, die sich durch Berücksichtigung jeweils spezieller Rahmenbedingungen ergeben haben. Lorenz hat in einer Studie allein 25 unterschiedliche Warteschlangenmodelle beschrieben, die sich grob in drei Klassen einteilen lassen [Lore-84]:

- *Analytische Lösungen* liefern bei der Berechnung mittlerer Wartezeiten exakte Werte.
- *Näherungslösungen* führen zu angenäherten Werten.
- Bei *Abschätzungslösungen* werden die Mittelwerte mit einer oberen und einer unteren Grenze abgeschätzt.

Zur Klassifikation der Modelle wird international ein aus fünf Größen bestehendes Kennzeichnungssystem eingesetzt (Abb. 3.1):

A/B/S/mw/WSD

Die beiden ersten Kennzeichen stehen für das Ankunftsprozessverhalten (A) bzw. das Abfertigungsprozessverhalten (B), beschrieben über die Verteilung der Zwischenereigniszeiten (z. B.: Allgemeine Verteilung, Erlangverteilung, Exponentialverteilung, deterministischer (konstanter) Prozess). Je nach Verteilungstyp ist eine weitere Spezifikation über den Erwartungswert (Mittelwert) der Ankunftsrate λ bzw. der

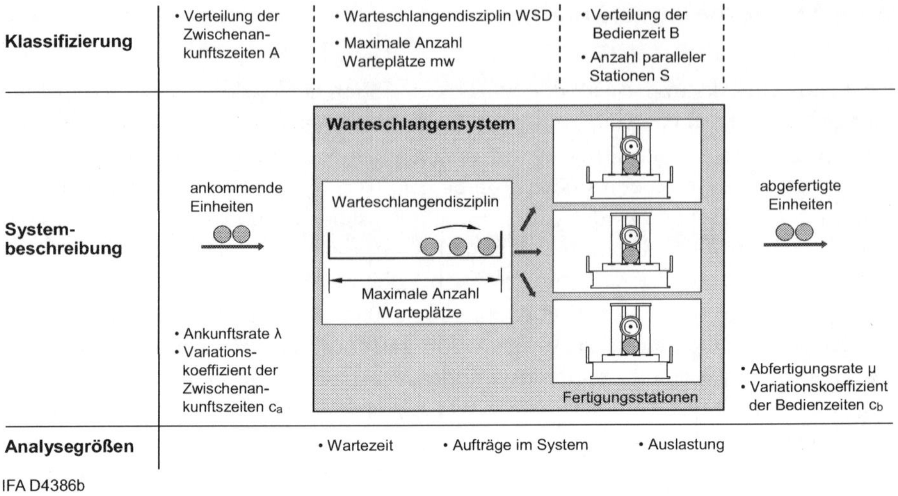

Abb. 3.1 Elemente eines Warteschlangensystems zur Abbildung von Fertigungsprozessen

Abfertigungsrate μ und ggf. die Angabe des Variationskoeffizienten der Ankunftsrate (C_a) bzw. der Abfertigungsrate (C_b) vorzunehmen. Das Kennzeichen *S* steht für die Anzahl paralleler und identischer Bedienstationen innerhalb des Systems, *mw* gibt die Anzahl der Warteplätze eines Systems an. Mit dem Kennzeichen *WSD* schließlich wird die Bedienstrategie, also das Reihenfolgeverfahren beschrieben.

Bei der Anwendung der Warteschlangentheorie im Bereich der Produktion wird in der Regel das FIFO-Prinzip (First In – First Out) bzw. bei Mehrplatz-Systemen das FCFS-Prinzip (First Come – First Served) vorausgesetzt, das heißt es werden keine Priorisierungen von einzelnen Elementen (Aufträge) zugelassen. Zudem werden zumeist unbegrenzt vorhandene Warteplätze angenommen. In diesen Fällen wird das Kennzeichnungssystem auf die drei ersten Größen beschränkt (A/B/s).

Auf eine differenzierte Beschreibung aller Größen wird an dieser Stelle verzichtet. Detaillierte Informationen können u. a. aus [Gros-98] und der dort angegebenen Literatur entnommen werden.

Wenn ein der Problemstellung und den vorliegenden Rahmenbedingungen entsprechendes Warteschlangenmodell ausgewählt wurde, so lassen sich anschließend u. a. die Wartezeit mit Mittelwert und Verteilung, die Anzahl der Aufträge im System sowie die bestands- bzw. wartezeitabhängige Auslastung berechnen. Daher bietet es sich geradezu an, diese Technik zur Beschreibung des Dilemmas der Ablaufplanung einzusetzen und ggf. darauf aufbauend situationsbezogen Handlungsalternativen zu bewerten ([Sain-75], [Hopp-08]).

3.1.1 Das M/G/1-Modell

Für die folgenden Ausführungen wird das von Pollaczek-Chintschin entwickelte M/G/1-Modell als Vergleichsmodell herangezogen, welches als ein Standardmodell der Warteschlangentheorie bezeichnet werden kann. Das Modell gehört zur Klasse der analytischen Lösungsansätze.

Dieses Modell lässt im Abgangsprozess einen generellen Prozess zu, d. h. die Zwischenabfertigungszeiten sind beliebig verteilt, aber voneinander stochastisch abhängig. Auf den Produktionsprozess übertragen bedeutet dies, dass willkürlich verteilte Bearbeitungszeiten zugelassen sind. Daher ist aus dieser Sicht ein sehr breites Anwendungsfeld des Modells gegeben. In der Literatur zur Warteschlangentheorie nicht explizit erwähnt, aber dennoch für den hier betrachteten Anwendungsfall relevant: die Kapazität des Systems wird als konstant angenommen und ist somit unabhängig vom jeweiligen Systemzustand.

Im Zugang wird ein sogenannter Markovprozess mit einer poissonverteilten Häufigkeitsverteilung der Ankünfte vorausgesetzt, die Zwischenereigniszeiten der Zugänge erfolgen exponentialverteilt. Die Markoveigenschaft besagt, dass der Zugangsprozess stationär, ordinär und nachwirkungsfrei sein muss. Mit der Forderung der Stationarität wird unterstellt, dass die Wahrscheinlichkeit des Auftretens von (Zugangs-) Ereignissen ausschließlich von der Länge des betrachteten Zeitintervalls abhängt, nicht aber von der Lage des Intervalls auf der Zeitachse. Saisonale Zugangseffekte oder ein zyklischer Auftragseinstoß sind demzufolge nicht zugelassen. Die Ordinariat bedeutet, dass ein zeitgleiches Auftreten von zwei oder mehr Ereignissen (hier: Zugängen) praktisch ausgeschlossen ist. Die Nachwirkungsfreiheit schließlich setzt voraus, dass bei einem fixierten Zustand zu einem bestimmten Zeitpunkt das Verhalten des Prozesses nicht davon abhängt, welchen Zustand er vor diesem Zeitpunkt angenommen hatte. Diese Eigenschaft wird auch als fehlendes Erinnerungsvermögen bezeichnet [Arno-98]. Insbesondere bedeutet dies, dass die Anzahl von Ereignissen in überschneidungsfreien Zeitintervallen unabhängige Zufallsgrößen sind [Gned-71]. Weiterhin wird unterstellt, dass die Zugangs- und Abgangsprozesse voneinander stochastisch unabhängig sind [Stro-85]. Schließlich wird vorausgesetzt, dass das System aus genau einem Arbeitsplatz besteht und dass diesem Arbeitsplatz ein eigener, nicht begrenzter Pufferbestand zugeordnet ist, der nach der Prioritätsregel FIFO abgearbeitet wird.

Für das M/G/1-Modell gilt die folgende Berechnungsgleichung für die *mittlere Wartezeit*:

$$ZW = \frac{\rho}{\mu \cdot (1 - \rho)} \cdot \left(\frac{1 + {c_b}^2}{2} \right) \quad (3.1)$$

mit

ZW mittlere Wartezeit
ρ Auslastungsgrad
μ Abfertigungsrate
$1/\mu$ mittlere Bedienzeit
c_b Variationskoeffizient der Bedienzeiten

Auf die Herleitung dieser Formel wird an dieser Stelle verzichtet; es sei auf die umfangreiche Literatur (u. a. [Hell-78], [Gros-98]) verwiesen.

Für die Anwendung des hier dargestellten Warteschlangenmodells auf die Beschreibung des logistischen Verhaltens von Arbeitssystemen lassen sich entsprechend der in Kap. 2 gewählten Terminologie die folgenden Ersetzungen in Gl. (3.1) vornehmen:

ZW	$\rightarrow$	ZUE_m:	Mittlere Übergangszeit [BKT]
ρ	$\rightarrow$	$A_m/100$:	Mittlere Auslastung des Arbeitssystems [−]
$1/\mu$	$\rightarrow$	ZDF_m:	Mittlere Durchführungszeit [BKT]
c_b	$\rightarrow$	ZDF_v:	Variationskoeffizient der Durchführungszeit [−]

Die Dimension der Zeitgrößen Übergangszeit und Durchführungszeit ist im Prinzip frei wählbar und kann somit an den Anwendungsfall angepaßt werden. Wichtig ist allerdings, dass die Dimension beider Größen immer gleich ist oder eine der beiden ggf. über einen Umrechnungsfaktor umgewandelt wird. So können die mittleren Bedienzeiten auch als mittlere Auftragszeiten aufgefaßt werden. Dann wird aber auch die berechnete Übergangszeit in der Dimension Stunden berechnet. Da es sich für die Werkstattfertigung jedoch als sinnvoll erwiesen hat, die Durchlaufzeiten und Übergangszeiten in Betriebskalendertagen zu messen bzw. anzugeben, wird in den weiteren Ausführungen entsprechend verfahren.

Mit den genannten Ersetzungen lässt sich Gl. (3.1) auch wie folgt ausdrücken:

$$ZUE_m = \frac{ZDF_m \cdot \frac{A_m}{100}}{\left(1 - \frac{A_m}{100}\right)} \cdot \left(\frac{1 + ZDF_v^2}{2}\right) \tag{3.2}$$

mit

ZUE_m mittlere Übergangszeit [BKT]
ZDF_m mittlere Durchführungszeit [BKT]
ZDF_v Variationskoeffizient der Durchführungszeit [-]
A_m mittlere Auslastung [%]

Zum Zwecke des Vergleichs unterschiedlicher Modellansätze wird im Weiteren weitgehend auf *normierte Darstellungen* zurückgegriffen. Es bietet sich hier an, als Normierungsgröße den *mittleren Flussgrad* zu nutzen, der das Verhältnis der mittleren Durchlaufzeit zur mittleren Durchführungszeit beschreibt (vgl. Gl. (2.11)). Die mittlere Durchlaufzeit selbst ergibt sich gemäß Gl. (2.9) aus der Addition der mittleren Übergangszeit und der mittleren Durchführungszeit, so dass gilt:

$$FG_m = 1 + \frac{ZUE_m}{ZDF_m} \tag{3.3}$$

mit

FG_m mittlerer Flussgrad [-]
ZUE_m mittlere Übergangszeit [BKT]
ZDF_m mittlere Durchführungszeit [BKT]

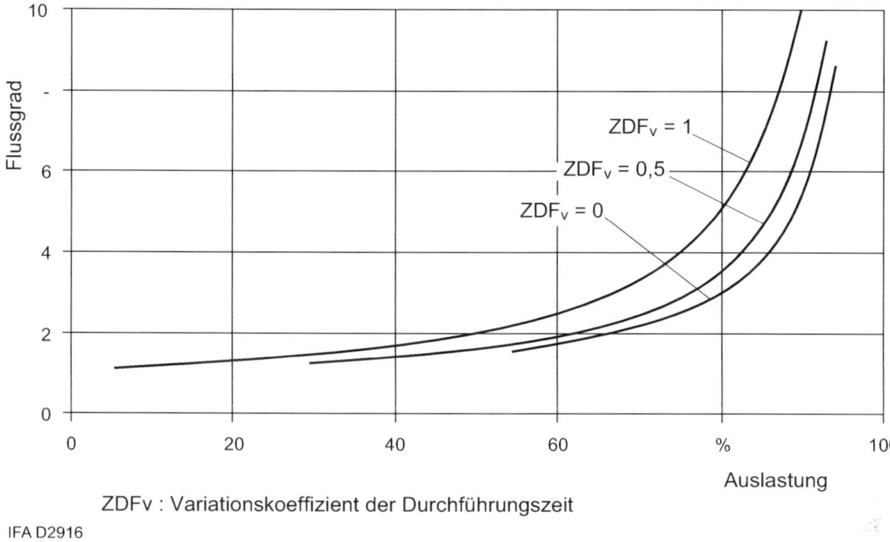

Abb. 3.2 Zusammenhang von Flussgrad und Arbeitssystemauslastung beim M/G/1-Modell

Durch Einsetzen von Gl. (3.3) in Gl. (3.2) kann auch der Flussgrad als Funktion der Auslastung beschrieben werden Gl. (3.4):

$$FG_m = 1 + \frac{\frac{A_m}{100}}{\left(1 - \frac{A_m}{100}\right)} \cdot \left(\frac{1 + ZDF_v^2}{2}\right) \tag{3.4}$$

mit

FG_m mittlerer Flussgrad [-]
A_m mittlere Auslastung [%]
ZDF_v Variationskoeffizient der Durchführungszeit [-]

Diese Notation hat den Vorteil, dass sie unabhängig vom Mittelwert der Durchführungszeiten aufzeigt, in welchem Umfang die Systemauslastung und die Inhomogenität der Arbeitsinhalte – ausgedrückt durch den Variationskoeffizienten der Durchführungszeit – auf das erreichbare Niveau der Durchlaufzeit – ausgedrückt durch den Flussgrad – wirkt. Die Funktion ist in Abb. 3.2 für drei verschiedene Variationskoeffizienten dargestellt. Der Graphik ist beispielsweise zu entnehmen, dass bei stärker schwankenden Arbeitsinhalten (hier: $ZDF_v = 1$) der Flussgrad bereits den Wert 5 annehmen muss (die Durchlaufzeit ist demzufolge fünf mal so groß wie die Durchführungszeit), wenn eine Systemauslastung von 80 % gewährleistet werden soll. Und für eine Auslastung von 90 % muss der Flussgrad nochmals verdoppelt werden.

3.1.2 *Ermittlung von Produktionskennlinien mit Hilfe der Warteschlangentheorie*

Mit den zuvor beschriebenen Gleichungen ist es möglich, die Abhängigkeiten zwischen zwei logistischen Zielgrößen zu beschreiben. Um Produktionskennlinien zu erstellen, ist es erforderlich, neben der Auslastung (als Leistungskennwert) und dem Flussgrad (als Durchlaufzeitgröße) noch den Bestand als dritte logistische Zielgröße mathematisch zu beschreiben. In der Literatur wird hierzu in Ergänzung zu den Warteschlangenmodellen in der Regel Little's Law (vgl. Abschn. 2.1.3) herangezogen. Unter Anwendung dieses Gesetzes (Gl. 2.22) und der Gl. (2.5) (bei Anwendung von Mittelwerten), (2.11), (2.13), (2.25) und (3.4) lassen sich die gesuchten Beziehungen zwischen dem mittleren Bestand BA_m in der Dimension Anzahl Aufträge, dem Flussgrad FG_m und der Auslastung des Arbeitssystems A_m ableiten (Gl. (3.5) und Gl. (3.6)):

$$BA_m = \frac{A_m}{100} \cdot \left(1 + \frac{\frac{A_m}{100}}{1 - \frac{A_m}{100}} \cdot \left(\frac{1 + ZDF_v^2}{2} \right) \right) \tag{3.5}$$

$$FG_m = \frac{100 \cdot BA_m}{A_m} \tag{3.6}$$

mit

BA_m mittlerer Bestand (in Anzahl Aufträgen) [-]
FG_m mittlerer Flussgrad [-]
A_m mittlere Auslastung [%]
ZDF_v Variationskoeffizient der Durchführungszeit [-]

Die sich mit diesen Gleichungen ergebenden Funktionen sind für die Variationskoeffizienten von 0,5 und 1,5 in Abb. 3.3 in Form von Produktionskennlinien dargestellt. Diese Eckwerte wurden gewählt, da sie typische untere und obere Grenzwerte des Verteilungsparameters in der Praxis darstellen (vgl. auch Abb. 2.2). Die Graphik besagt beispielsweise, dass bei dem zugrunde liegenden M/G/1-Modell bei durchschnittlich vier Aufträgen im Bestand die Auslastungsverluste eines Arbeitssystems mindestens 15 % betragen, auch bei vergleichsweise konstanten Auftragszeiten ($ZDF_v = 0{,}5$). Bei stärker streuenden Arbeitsinhalten (hier: $ZDF_v = 1{,}5$) betragen die erwarteten Auslastungsverluste bei diesem Bestandswert sogar ca. 27 %. Und auch bei durchschnittlich 10 Aufträgen im Bestand steigt die Auslastung im zweiten Fall auf nur wenig mehr als 86 %. Der Flussgrad verhält sich erwartungsgemäß annähernd proportional zum Bestand, die Differenzen sind auf die Auslastungsunterschiede zurückzuführen.

Die Gl. (3.5) und Gl. (3.6) sowie die daraus abgeleitete Graphik gelten selbstverständlich nur, wenn die Abläufe an einem Arbeitssystem den Voraussetzungen für das M/G/1-Modell (s. o.) und zusätzlich den Voraussetzungen für Little's Law (vgl. Abschn. 2.3) genügen.

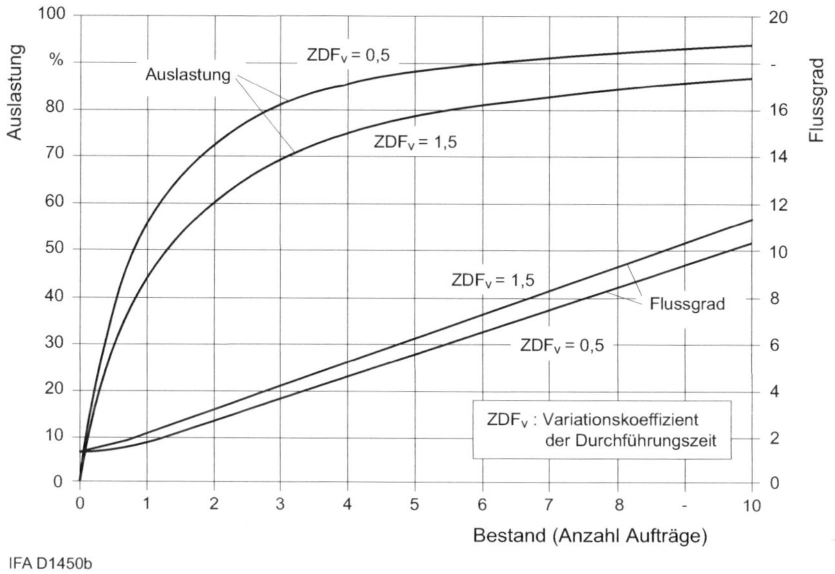

Abb. 3.3 Berechnete Produktionskennlinien auf der Basis des M/G/1-Modells in Verbindung mit Little's Law

3.1.3 Diskussion des Modellierungsansatzes

Die vorstehenden Ausführungen zeigen, dass mit analytischen Warteschlangenmodellen wie dem hier zugrundegelegten M/G/1-Modell und unter Nutzung von Little's Law auf sehr einfache Art Produktionskennlinien ermittelt werden können. Die vorstehenden Graphiken zeigen darüber hinaus, dass sich das M/G/1-Modell als klassischer Vertreter deduktiver Modellierungsansätze insbesondere dadurch auszeichnet, dass die ableitbaren Erkenntnisse einen generellen Charakter aufweisen, die sich innerhalb der Gültigkeit der Modellgrenzen auf beliebige Anwendungen übertragen lassen.

So kommt etwa Fromm [From-92], der mit Hilfe der Warteschlangentheorie den Einfluss der Variabilität auf die Verkürzung der Durchlaufzeit von Prozessketten untersucht hat, zu den folgenden generellen Ergebnissen: „Variabilität bedeutet Unsicherheit und Unvorhersehbarkeit und steht dem wichtigsten Ziel des Prozess-Management, beherrschte Prozesse, entgegen. ... Variabilität ist nicht nur an sich ein unerwünschter Effekt für den reibungslosen Ablauf eines Geschäftsprozesses. Sie bestimmt auch in hohem Maße unnötige Wartezeiten".

Im Einzelnen sieht Fromm drei prinzipielle Möglichkeiten, Wartezeiten zu reduzieren:

1. Die Verringerung der Ankunftsrate. Dieses ist jedoch erstens in der Regel eine exogene, kaum direkt beeinflussbare Größe. Und zweitens ist dies gleichbedeutend mit einer geringeren Auslastung und somit geringeren Produktionsausbringung.

2. Die Erhöhung der Bedienrate durch eine Systemänderung (z. B. Kapazitätserweiterung durch zusätzliche Bedienstationen oder schnellere Bedieneinheiten). Dazu ist aber ein Investitionsaufwand erforderlich, der sich nicht in einem höheren Output, sondern ebenfalls in einer geringeren Auslastung niederschlägt.
3. Die Harmonisierung der Durchführungszeiten. Bei dieser Alternative können deutliche Bestands- und Durchlaufzeitverkürzungen realisiert werden, ohne dass Investitionen getätigt oder Auslastungsverluste in Kauf genommen werden müssen.

Da diese Aussagen durch die Analyse des M/G/1-Modells gewonnen wurden, gelten sie strenggenommen nur für genau diesen Anwendungsfall. Es ist jedoch leicht einsehbar, dass alle drei beschriebenen Maßnahmenansätze zumindest qualitativ auch dann gelten, wenn die Voraussetzungen für dieses Modell nicht vollständig erfüllt sind.

Trotz der großen Beiträge, die das hier vorgestellte Warteschlangenmodell allein schon für das Prozessverständnis liefern kann, wird die Warteschlangentheorie allgemein sehr kritisch diskutiert. So konstatiert Knolmayer [Knol-87], dass bei den Modellen und der Terminologie der Produktionstheorie und des Operations Research im Allgemeinen und den Warteschlangenmodellen im Besonderen eine große Kluft gegenüber dem Denken in der betrieblichen Praxis vorliegt. In eine ähnliche Richtung gehen die Aussagen von Lorenz [Lore-84]. Er stellt fest, dass in der Literatur zur Warteschlangentheorie der theoretische Aspekt deutlich überwiegt. Allein die Notwendigkeit, verteilungsspezifische Voraussetzungen in Ankunfts- oder Abfertigungsprozess nachzuweisen, stellt eine hohe Hürde vor einer möglichen Anwendung dar. Zwar gibt es durchaus Bemühungen, durch neue Modelle auf die scharfen und in der Praxis schwer überprüfbaren Bedingungen verzichten zu können und so einen größeren Praxisbezug herzustellen. Bei diesen Modellen sind jedoch nicht nur die Berechnungsgleichungen ungleich komplizierter als bei dem hier behandelten M/G/1-Modell. Es handelt sich bei diesen Modellen zudem überwiegend um Abschätzungslösungen. Exakte Berechnungen logistischer Kennzahlen sind hierbei nicht möglich. Zudem ist zur Verfahrensauswahl ein Expertenwissen erforderlich, um die spezifischen Systemeigenschaften angemessen berücksichtigen zu können.

Teilweise wird auch die Wirklichkeitsnähe der Warteschlangenmodelle insgesamt in Frage gestellt [Vieh-85]. Angesichts der qualitativen Modellaussagen ist diese Infragestellung zumindest für das M/G/1-Modell durchaus naheliegend. So besagen die in Abb. 3.3 dargestellten Zusammenhänge, dass auch bei sehr homogenen Auftragsstrukturen trotz hoher Bestände und daraus resultierender hoher Flussgrade und Durchlaufzeiten eine Vollauslastung des Systems kaum zu erreichen ist. In dieser extremen Form stimmt diese Aussage mit der betrieblichen Praxis jedoch nicht überein.

Und dennoch soll der Auffassung widersprochen werden, dass die Warteschlangenmodelle selbst fehlerhaft sind. Insbesondere bei den Basismodellen der Warteschlangentheorie kann dieser Fall weitgehend ausgeschlossen werden, da es sich hier um vergleichsweise einfache Beschreibungen von Input/Output-Relationen handelt. Auch die formale Korrektheit ist gewährleistet, nicht zuletzt durch die im

Zusammenhang mit der Modellerstellung durchgeführten Beweisführungen. Details hierzu sind den genannten Literaturstellen zur Warteschlangentheorie zu entnehmen.

Weitaus wahrscheinlicher als ein fehlerhaftes Modell ist ein Verstoß gegen die Modellprämissen. Bei Warteschlangenmodellen wird das berechnete Systemverhalten im wesentlichen durch die Verteilungsform und die Verteilungsparameter der Ankunfts- und Abfertigungsprozesse bestimmt. Die Kenntnis des richtigen Verteilungstyps ist daher von vorrangiger Bedeutung, wenn diese Modelle zur Anwendung kommen sollen. Schon bei existierenden Arbeitssystemen ist aber die Verteilungstypbestimmung recht aufwendig und wird auch in der Literatur hinsichtlich der einzusetzenden Verfahren kontrovers diskutiert (vgl. [Lore-84] und die dort zitierte Literatur). Davon unbenommen ist als weiteres Problem die zunehmende Dynamik der Produktionsprozesse anzusehen, da sich Verteilungsform und -parameter über der Zeit fortlaufend verändern können. Auf welchem Wege schließlich die benötigten Informationen bei noch nicht existierenden oder grundsätzlich neu zu gestaltenden Arbeitssystemen gewonnen werden können, muss sicher im Einzelfall entschieden werden. Auf jeden Fall aber wird mit dieser Entscheidung das Ergebnis der Modellanwendung maßgeblich beeinflusst.

Schließlich muss gerade bei Produktionsprozessen die Voraussetzung der stochastischen Unabhängigkeit der Zugangs- und Abgangsprozesse in Frage gestellt werden. So konnte Lorenz [Lore-84] in seinen auf Realdaten basierenden Untersuchungen an keinem von 90 analysierten Arbeitssystemen den positiven Nachweis dieser Unabhängigkeit führen. Oder anders ausgedrückt: Die Abhängigkeit ist praktisch immer gegeben. Dieser Zusammenhang ist auch zu erwarten, denn es ist ja eine der Kernaufgaben der Produktionsplanung und -steuerung, die Zu- und Abgänge an den Arbeitssystemen aufeinander abzustimmen. So reagieren die Unternehmen in der betrieblichen Praxis auf stärkere mittel- bis langfristige Belastungsschwankungen mit Anpassungen der Kapazitäten (im Wesentlichen durch einen kurzfristigen Auf- oder Abbau der Personalkapazität) oder mit einem Belastungsabgleich. Diese Freiheitsgrade lassen die bekannten Modelle der Warteschlangentheorie aber nicht zu.

Zusammenfassend bleibt festzustellen, dass bei Anwendung der Warteschlangentheorie verschiedene Annahmen und Voraussetzungen getroffen werden müssen, wobei zum Teil erhebliche Abstraktionen von den realen Gegebenheiten vorzunehmen sind. Wenngleich die Warteschlangenmodelle es erlauben, zumindest von der Tendenzaussage zu richtigen Abschätzungen zu gelangen, mag dies der Grund dafür sein, dass sich die Warteschlangentheorie in der betrieblichen Praxis bei der Gestaltung und Auslegung von Produktionssystemen nicht durchzusetzen vermag.

3.2 Simulation

Die *Simulation* ist heute eine weit verbreitete Technik zur Erforschung, Auslegung und Optimierung komplexer Systeme. Sie ist eine „Nachbildung eines dynamischen Prozesses in einem Modell, um zu Erkenntnissen zu gelangen, die auf die Wirklichkeit übertragbar sind" [VDI-93]. Die Simulation bietet die Möglichkeit, reale Systeme mit Hilfe von Rechnerprogrammen nachzubilden und deren Verhalten bei Veränderungen der Simulationsbedingungen zu analysieren und zu beschreiben. Vielfach wird die Auffassung vertreten, dass es erst mit Einsatz der Simulation gelingt, die Auswirkungen von Systemlast- oder Strukturvarianten, Ressourcenalternativen, Störungen oder Änderungen von Ablaufregeln hinreichend genau bewerten zu können (vgl. z. B. [Kuhn-92], [Meie-93], [Ever-94], [Klus-96]).

Der Einsatz der Simulation bietet sich nach ([Günz-93], [Noch-93]) insbesondere an, wenn:

- exakte, analytische Berechnungsverfahren nicht eingesetzt werden können,
- Experimente am Realsystem zur Gewinnung gewünschter Erkenntnisse nicht durchgeführt werden können oder
- das zeitdynamische Verhalten eines Systems analysiert werden soll.

Ein umfassender Überblick über Komponenten von Simulatoren sowie die generelle Vorgehensweise bei der Durchführung und der Auswertung von Simulationsexperimenten ist in der VDI-Richtlinie VDI 3633 zu finden. Anwendungsbeispiele für die Simulation als Hilfsmittel zur Produkt- und Produktionsplanung sind u. a. in [Ever-87] und [Wien-93b] zusammengetragen.

3.2.1 Das Simulationssystem PROSIM III

In Abb. 3.4 ist beispielhaft die Struktur des Simulationssystems PROSIM III (*Pro*duktions*sim*ulation, Ausbaustufe *III*, [Scho-96]) dargestellt, welches am Institut für Fabrikanlagen der Universität Hannover entwickelt wurde. PROSIM III wurde mittlerweile für verschiedenste Anwendungsbereiche (Auslegung und Test von PPS-Funktionen, Auslegung und logistische Beurteilung von Produktionsstrukturen, Schulung betrieblicher Mitarbeiter sowie die Entwicklung und der Test von Modellen des Produktionsablaufes) erfolgreich eingesetzt (vgl.u. a. [Nyhu-91], [Spri-92], [Gläs-95], [Ludw-95], [Pete-95], [Penz-96] und [Scho-96]). Der Simulationsprüfstand besteht aus der Nachbildung einer Produktion sowie der zugehörigen Disposition und Auftragssteuerung. Das Teilmodell der Produktion enthält ein allgemeingültiges Ablaufkonzept, das einen speziellen Betrieb durch die Beschreibung der Ressourcen, der Ablaufsteuerung und der Auftragsdaten abbildet. Die abzuarbeitenden Aufträge können hinsichtlich Menge und/oder Termin über die zugrunde gelegten Bedarfe sowie über verschiedenste Funktionen der Produktionsplanung manipuliert werden. Hinsichtlich der Detaillierung reicht dieses Simulationssystem aus Ressourcensicht bis auf die Ebene einzelner Arbeitsplätze. Aus Auftragssicht ist die kleinste Einheit der einzelne Arbeitsvorgang.

Abbildung 3.4 zeigt auf der linken Seite die *Modellklassen* und die wesentlichen Freiheitsgrade. Im *Lastmodell* werden der Erzeugnisaufbau und die Bedarfsstruktur (die mengen- und zeitmäßige Verteilung der Einzelbedarfe) beschrieben. Das *Planungsmodell* umfasst die im Rahmen der Auftragsabwicklung eingesetzten Planungsverfahren zur Disposition (Bedarfsauflösung, Losgrößenbestimmung,

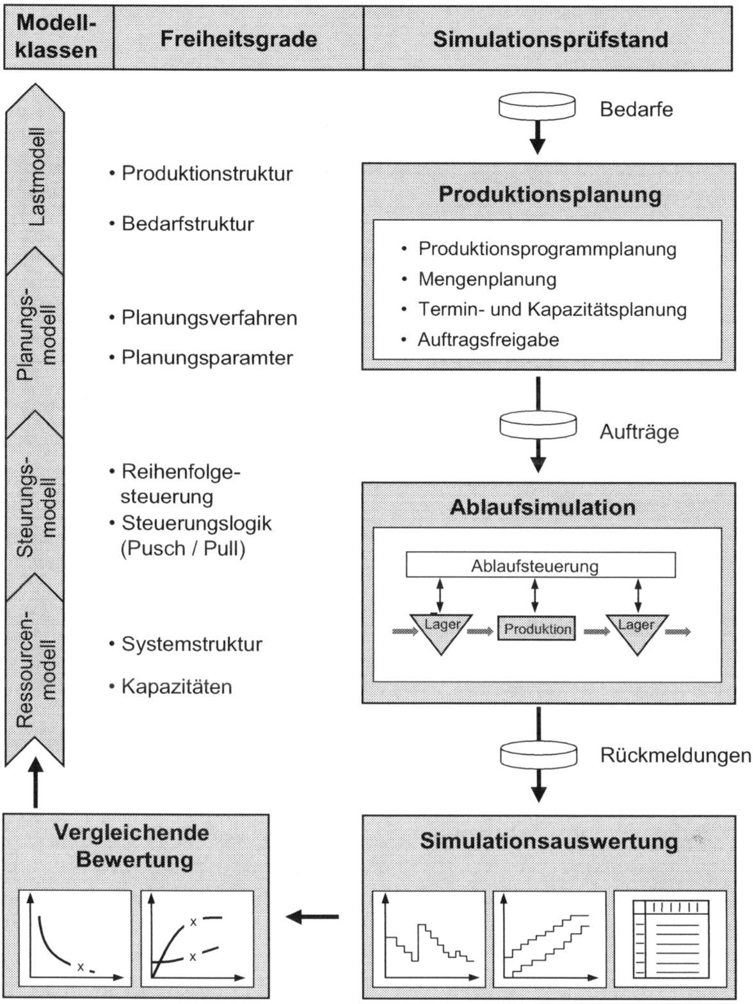

IFA D3641

Abb. 3.4 Modellebenen und Freiheitsgrade bei dem Simulationsprüfstand PROSIM III

Auftragsbildung), zur Termin- und Kapazitätsplanung sowie zur Auftragsfreigabe. Das *Steuerungsmodell* beinhaltet auf der Durchsetzungsebene verschiedene Steuerungsstrategien wie z. B. die einzusetzenden Prioritätsregeln. Das *Ressourcenmodell* schließlich dient der Beschreibung der verfügbaren Ressourcen hinsichtlich ihrer Art (Betriebsmittel, Personal) sowie ihres zeitlichen und technischen Leistungsvermögens.

Mit Hilfe eines derart strukturierten Simulationssystems kann ein reales Produktionssystem nachgebildet und das Verhalten des Systems bei einer gezielten Veränderung der vorliegenden Simulationsbedingungen analysiert werden.

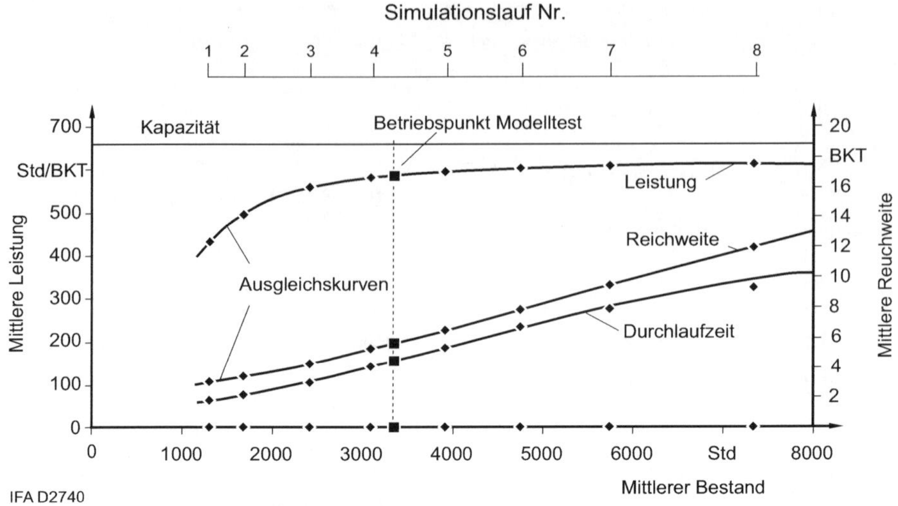

Abb. 3.5 Simulierte Produktionskennlinie für eine Werkstattfertigung

3.2.2 Ermittlung von Produktionskennlinien mit Hilfe der Simulation

Um mit einem Simulationssystem Produktionskennlinien erzeugen zu können, ist es erforderlich, eine Vielzahl von einzelnen Simulationsläufen durchzuführen und bei diesen zunächst nur eine Größe, den Bestand in der Produktion, gezielt zu ändern. Alle anderen Parameter müssen innerhalb einer Simulationsreihe unverändert bleiben. Demzufolge muss ein Simulationssystem die Möglichkeit der aktiven Bestandsmanipulation aufweisen. Dies ist beispielsweise gegeben, wenn die Belastungsorientierte Auftragsfreigabe ([Wien95-a], [Wien-97]) als Steuerungsverfahren eingesetzt wird. Auch bei Verwendung einer Kanbansteuerung besteht die Möglichkeit der Bestandsvariation, hier z. B. über die Anzahl der im Umlauf befindlichen Kanbankarten. Eine dritte Alternative besteht darin, die Aufträge terminorientiert einzustoßen, wobei der Einstoßtermin der einzelnen Aufträge über eine Rückwärtsterminierung für jeden Simulationslauf über Plan-Durchlaufzeiten (und somit indirekt über Planbestände) neu berechnet werden muss.

Ein Anwendungsbeispiel für die simulationsgestützte Gewinnung von Produktionskennlinien mit dem Simulator PROSIM III und die Interpretation der Ergebnisse zeigt Abb. 3.5. Dargestellt sind die Kennlinien für eine aus 55 Arbeitsplätzen bestehende mechanische Fertigung. In einem Simulationszeitraum von 28 Wochen wurden rund 1.050 Aufträge mit ca. 7.500 Arbeitsvorgängen abgearbeitet. Ausgewertet wurden acht Simulationsversuche, bei denen die Einstellung des Bestandes mit Hilfe der Belastungsorientierten Auftragsfreigabe erfolgte. Um eine hohe Realitätsnähe der Simulationsergebnisse sicherzustellen, wurde zuvor eine Validierung des Simulationsmodells und der Daten in einem Modelltest durchgeführt. Dazu wurden die bestehenden realen Abläufe nachgebildet, indem das Simulationsmodell mit den gleichen Eingangsdaten wie das reale System belastet wurde. Bei einem solchen Modelltest müssen die Ergebnisse in den für die Problemstellung relevanten Aspekten mit den realen Zuständen übereinstimmen. Gegebenenfalls sind Modellkorrekturen vorzunehmen.

Der Graphik ist zu entnehmen, dass der Bestand im Modelltest ca. 3.300 Stunden betrug. Dieser Wert sowie die Spitzenkennzahlen für Leistung, Reichweite und Durchlaufzeit entsprachen auch den Realdaten. Weitergehende Informationen zu dem untersuchten Unternehmen, zur Vorgehensweise beim Modelltest und zur Überprüfung der Abbildungsgenauigkeit sind [Nyhu-91] zu entnehmen.

Die Ergebnisse des Modelltestes liegen zwischen denen der Simulationsläufe 4 und 5. Es ist festzustellen, dass durch die Bestandssenkung bei den Läufen 1–4 deutlich geringere Durchlaufzeiten als im Modelltest realisiert werden konnten, allerdings nur zu Lasten einer teilweise erheblich geringeren Auslastung. Bei den Simulationsläufen 5–8 hingegen führte der Bestandsaufbau lediglich zu einer Erhöhung der Durchlaufzeiten, nicht aber auch zu einer signifikant höheren Leistung der simulierten Fertigung.

Die Graphik verdeutlicht anschaulich und quantitativ das Dilemma der Ablaufplanung für die simulierte Werkstatt. Während zur Maximierung der Auslastung ein Bestand von mindestens 6.000 Stunden eingestellt werden muss, darf zur Minimierung der Durchlaufzeit der Bestand nicht größer als ca. 1.500 Stunden werden. Der Modelltest zeigt, dass es dem analysierten Unternehmen gelungen ist, einen Kompromiss zwischen diesen Extremen zu finden. Die Ergebnisse des Modelltestes und damit offensichtlich auch die Abläufe in der realen Fertigung liegen bereits im Abknickbereich der Kennlinien. Demzufolge hat das Unternehmen geringfügige Auslastungsverluste zugunsten kurzer Durchlaufzeiten und geringer Bestände in Kauf genommen. Sofern weitergehende Bestands- und Durchlaufzeitreduzierungen ohne nachhaltige Leistungseinbußen angestrebt werden, besteht nun mit Hilfe der Simulation die Möglichkeit, sukzessive die Systemlast, das Planungs- und Steuerungsverfahren oder das Ressourcenmodell zu modifizieren. Nach erneuter Durchführung einer vollständigen Simulationsreihe (Veränderung der Bestandssituation) und der Erstellung und dem Vergleich der Produktionskennlinien ist es dann möglich, die Auswirkungen des durchgeführten Eingriffs auf die erreichbaren Durchlaufzeiten und Bestände zu quantifizieren und darauf aufbauend unternehmerische Entscheidungen abzuleiten.

Derartige Simulationsanwendungen wurden in der Vergangenheit von verschiedenen Autoren vorgestellt. So nutzt Kuhn ([Kuhn-92], [Kuhn-97]) die Produktionskennlinien als gemeinsames Bewertungsmodell von Prozessketten im Rahmen einer logistikorientierten Fabrik- und Organisationsplanung und zur Erklärung der Wirkung von eingeleiteten oder geplanten Maßnahmen. Zäpfel u. a. ([Zäpf-92a], [Zäpf-92b]) setzen die Kennlinien u. a. zur Beurteilung der Einsatzvoraussetzungen und der Erweiterungsmöglichkeiten von Fertigungssteuerungsansätzen (Kanban, Belastungsorientierte Auftragsfreigabe) ein. Bei Rice und Gross [Rice-90] dient die Kennlinientechnik der Systemauslegung und -optimierung unter Berücksichtigung unterschiedlicher Auftragszusammensetzungen. Looks [Look-96] nutzt simulativ erstellte Produktionskennlinien, um die Durchlaufzeit- und Bestandsrationalisierungspotentiale zu ermitteln, die sich durch den Einsatz von Fertigungsinseln erschließen lassen. Larsen [Lars-92] und Kreutzfeld [Kreu-94] untersuchen den Einfluss alternativer Arbeitsvorgangsfolgen auf die logistische Leistungsfähigkeit einer Fertigung. Meier [Meie-95] führt eine logistische Positionierung auf der Basis simulierter Kennlinien durch. In den Arbeiten des Instituts für Fabrikanlagen der Universität Hannover (IFA) schließlich wurden die Kennlinien zur Dimensionierung der Anzahl von Werkstückträgern in verketteten Montageanlagen [Wink-88], zur Entscheidungsunterstützung in der Fertigungssteuerung [Wede-89], zur Bewertung von Losgrößenbestimmungsverfahren [Nyhu-91], zur logistischen Beurteilung von alternativen Produktionsstrukturen ([Brin-89], [Kupr-91]) und als Prüfstand von Logistikkonzepten der Produktion [Scho-96] eingesetzt.

Die vielfältigen Anwendungsmöglichkeiten der Produktionskennlinien führten dazu, dass diese Technik neben anderen Arten von Präsentationsgrafiken in der VDI Richtlinie 3633 (Blatt 1, Blatt 3 und Blatt 6) zur Darstellung und Interpretation von Simulationsergebnissen vorgeschlagen wurde.

3.2.3 Diskussion des Modellierungsansatzes

Die Simulation als experimentelles Modell wird bevorzugt eingesetzt, wenn für die vorliegende Fragestellung kein geeignetes deduktives Modell existiert, notwendige Experimente am Realsystem nicht durchgeführt werden können oder das zeitdynamische Verhalten analysiert werden soll. Ein besonderer Vorteil experimenteller Modelle ist, dass auch solche Fragestellungen untersucht werden können, die sich aufgrund der Komplexität einer Abbildung und Beschreibung mit Hilfe eines deduktiven Modells entziehen.

Durch die steigende Leistungsfähigkeit im Hard- und Softwarebereich ist der Modellerstellungsaufwand im Vergleich zur Ableitung deduktiver Modelle mittlerweile vergleichsweise gering. Moderne Simulationssysteme sind benutzerfreundlich gestaltet. Durch wiederverwendbare Modellbausteine, offene Datenschnittstellen und modulare, erweiterbare Programmelemente wird der relativ schnelle Aufbau auch komplexerer Modelle ermöglicht. Diesen Vorteilen steht jedoch eine Reihe von Nachteilen gegenüber, die nachfolgend skizziert werden sollen.

So ist zunächst festzustellen, dass die Modellerstellung häufig zwar recht einfach möglich ist. Sie muss jedoch ebenso wie die nachfolgende Modellvalidierung in jedem neuen Anwendungsfall neu durchgeführt werden.

Im Idealfall kann der Modelltest dabei auf der Basis eines Vergleichs der Simulationsergebnisse mit realen Ablaufdaten durchgeführt werden. Selbst dabei ist allerdings zu bedenken, dass sich die Modellgültigkeit prinzipiell nur punktuell nachweisen lässt. Damit wird zum Ausdruck gebracht, dass auch der Realprozess das Ergebnis unterschiedlichster – oftmals nicht direkt erkennbarer – Einflussgrößen ist. Schon kleinere Abweichungen bei beliebigen Parametern können in der Realität ein signifikant verändertes Systemverhalten zur Folge haben.

Auch ist die Validierung in der vorgenannten Form nur möglich, wenn das Realsystem bereits existiert. Bei neu zu planenden Systemen sowie bei stärkeren Eingriffen in die Systemstruktur ist die Modellvalidierung lediglich auf der Basis von Erfahrungswissen oder durch einen Vergleich mit den Ergebnissen anderer Modelle möglich. Die daran anschließend gewonnenen Simulationsergebnisse können dann zwar umfassender, aber prinzipiell nicht besser (im Sinne von genauer) sein als die Vergleichsmodelle bzw. die zugrundegelegten Einschätzungen.

Zudem lassen sich in vielen Fällen nicht alle für die Simulationsanwendungen erforderlichen Daten problemlos erheben, teils aus Kosten- und/oder Zeitgesichtspunkten, teils aber auch aufgrund einer prinzipiellen Unmessbarkeit. So kann die Systemlast angesichts der Dynamik der Märkte und des raschen Produktwandels insbesondere hinsichtlich der zeitlichen Ausprägung nur schwer beschrieben werden. Auch ist die in der Produktion vorhandene Kapazitätsflexibilität kaum abzubilden. Man behilft sich teilweise mit Hilfsindikatoren oder einer bewussten Manipulation bestimmter Variablen. Solche Vorgehensweisen bergen jedoch die Gefahr, dass das gesamte Untersuchungsergebnis maßgeblich durch diese (i. d. R. vom Simulationsanwender individuell beeinflussbare) Manipulation bestimmt wird.

Die Problematik einer vereinfachten Modellierung wird nachfolgend an einem Beispiel demonstriert. Ausgangspunkt für das Beispiel ist der gemessene Durchlauf von Aufträgen an einem Arbeitssystem der Elektronikfertigung. Die Datenbasis beruht auf ca. 600 Rückmeldungen, die in einem Zeitraum von 210 Betriebskalendertagen (BKT) erfasst wurden. Der gemessene Produktionsablauf ist in Abb. 3.6a dargestellt. Insgesamt wurden ca. 1000 Stunden Arbeitsinhalt zurückgemeldet. Der Bestand betrug durchschnittlich 22 Stunden bei einer mittleren Reichweite von 4,6 BKT. Auffällig ist, dass an dem Arbeitssystem auf Veränderungen der Belastung reagiert wurde, wenngleich teilweise auch etwas zeitverzögert. Auf einen Belastungsanstieg folgte nach kurzer Zeit auch ein erhöhter Abgang, was auf die Bereitstellung zusätzlicher Kapazitäten schließen lässt. Durch die zeitliche Verzögerung kam es dennoch zu einer temporären Erhöhung des Bestandes.

Mit den erfassten Ablaufdaten wurde anschließend ein Simulationslauf mit dem Simulationssystem PROSIM III durchgeführt, dem eine aufwendige Modellierung der zur Verfügung gestellten Kapazitäten vorausging. Ausgehend von der im Realablauf zurückgemeldeten Leistung wurde ermittelt, welche Kapazität je Kalenderwoche im Unternehmen mindestens bereitgestellt wurde, um das anstehende Auftragsvolumen abzuarbeiten. Die Einschränkung mindestens resultiert daraus, dass kapazitätsmindernde Störungen nicht analysiert und auch nicht simulativ abgebildet wurden. Anschließend wurde der Fertigungsablauf simuliert, indem die Aufträge zu dem Zeitpunkt dem Arbeitssystem zur Verfügung gestellt wurden, zu dem sie auch dem Realsystem zur Verfügung standen. Die Zugangsverläufe in der Realität und bei der Simulation waren somit identisch.

Das Ergebnis der Simulation ist in Abb. 3.6b abgebildet. Sowohl an den Kennzahlen wie auch dem zeitlichen Verlauf des Abganges und des Bestandes ist zu erkennen, dass eine hohe Übereinstimmung zwischen dem Realzustand und dem Simulationsergebnis erzielt werden konnte. Bei der Interpretation ist aber zu berücksichtigen, dass die hier vorliegenden Möglichkeiten der detaillierten

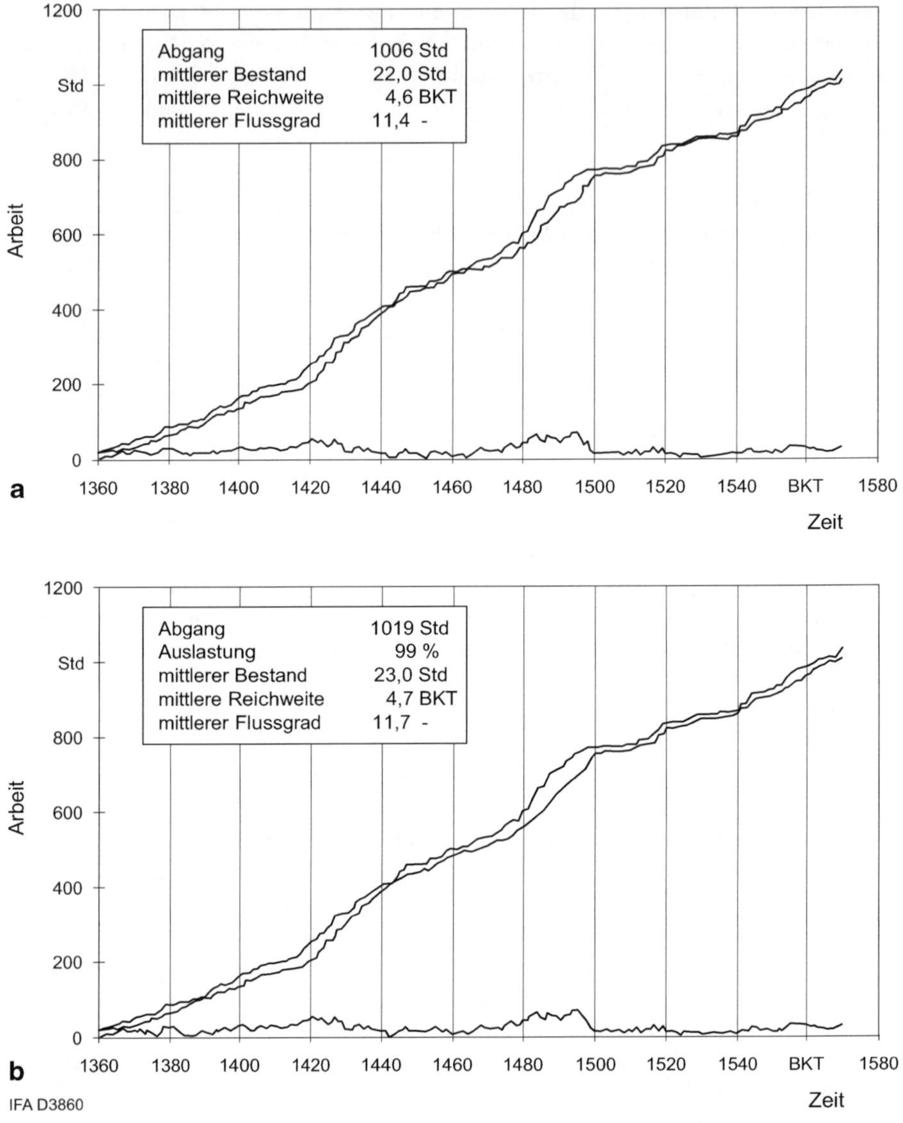

Abb. 3.6 Istzustand und Simulations-Modelltest im Vergleich. **a** Durchlaufdiagramm und logistische Spitzenkennzahlen für den IstZustand, **b** Durchlaufdiagramm und logistische Spitzenkennzahlen für den Modelltest. (Hier: Arbeitssystem 61570; Elektronikfertigung)

Modellierung der Ressourcen und auch der Systemlast insbesondere bei einer zukunftsbezogenen Planung nicht vorliegen. Und da menschliche Entscheidungen auch die Ergebnisse des Planungs- und Steuerungsmodells beeinflussen können, sind die zugrunde gelegten Modelle der Planung und Steuerung in der Simulation grundsätzlich nur mehr oder minder gute Annäherungen an die Realität. Diese

Unsicherheiten führen dazu, dass sich einzelne Parameter für die Simulation nicht genau vorhersagen, sondern nur abschätzen lassen.

Die Folgen eines solchen Vorgehens sollen anhand des zuvor dargestellten Beispiels dokumentiert werden. Es wird dabei vorausgesetzt, dass die Systemlast (ca. 1000 Stunden Arbeitsinhalt) in ihrer Summe über den Simulationszeitraum (210 BKT) bekannt ist, nicht aber die zeitliche Verteilung des Zugangs. Daher wird die Kapazität für die beiden folgenden Untersuchungen gleichmäßig über den gesamten Simulationszeitraum bereitgestellt.

Bei der Systemdimensionierung wird zunächst davon ausgegangen, dass die Kapazität nur in Höhe des zu bearbeitenden Auftragsvolumens bereitgestellt wird. Bei dem betrachteten Arbeitssystem sind dies aufgerundet 5 Std/BKT. Mit dieser Kapazitätsbeschreibung wurde ein erneuter Simulationslauf durchgeführt, bei dem der Zugangsverlauf wieder dem Originalzustand entsprach. Das Ergebnis ist in Abb. 3.7a dargestellt. Es zeigt sich, dass bei dieser Kapazitätsauslegung offensichtlich ein Engpass entsteht. Im ersten Viertel des Untersuchungszeitraumes wurden die ankommenden Aufträge ohne Verzögerung abgearbeitet. Daran anschließend baute sich durch den (zeitlich begrenzten) Belastungsanstieg ein Bestand auf, der bis zum Ende des Simulationszeitraumes nicht mehr abgearbeitet werden konnte. Die zu Beginn des Untersuchungszeitraumes nicht genutzte Kapazität fehlte im zweiten Zeitabschnitt. Als Folge des Bestandsaufbaus verdreifachte sich auch die mittlere Reichweite gegenüber dem Istzustand, obwohl die Auslastung über den gesamten Zeitraum gerechnet nur 91 % betrug.

Um solche Effekte zu vermeiden, werden bei Simulationsuntersuchungen die Kapazitäten in der Regel recht großzügig ausgelegt, um so ein unerwünschtes Auftreten von temporären Engpässen zu vermeiden (vgl. [Zülc-96a]). Die Konsequenzen einer derartigen Vorgehensweise sind in Abb. 3.7b dargestellt. Für den hier ausgewerteten Simulationsversuch wurde die zur Verfügung gestellte Kapazität auf 6 Std/BKT erhöht. Bei ansonsten unveränderten Rahmenbedingungen konnte dadurch ein Zustand erreicht werden, bei dem die Spitzenkennzahlen Abgang, Bestand, Reichweite und Flussgrad mit der Realität gut übereinstimmen. Allerdings kann die Kapazität nur noch zu ca. 81 % ausgelastet werden. Eine auf solchen Simulationsergebnissen aufbauende kapazitive Systemauslegung ist sehr fragwürdig. Zudem weicht auch der zeitliche Verlauf des Bestandes erheblich vom Istzustand ab. Das simulativ ermittelte zeitdynamische Verhalten hat demzufolge wenig Aussagekraft.

Dieses Beispiel zeigt, dass die aus der Simulation abzuleitenden Aussagen nur so gut sein können wie die zugrundegelegten Modelldaten und davon, wie gut es gelingt, die dem System innewohnenden Abläufe auch tatsächlich wiederzugeben ([Hess-88], [Schl-95], [Mich-97]).

Unterstützt wird diese Aussage durch das Ergebnis einer vergleichenden Untersuchung mit verschiedenen Simulationstools. In [Krau-92] sind Simulationsergebnisse dargestellt, die von verschiedenen Anwendern mit unterschiedlichen Simulatoren bei jeweils identischer Aufgabenstellung gewonnen wurden. Die Simulationsaufgabe bestand darin, ein Montagesystem mit 8 Stationen und detailliert vorgegebenen Montagezeiten, Montagebandlaufzeiten sowie einer festen Anordnung und Entfernung der Montagestationen hinsichtlich des Leistungs- und Durchlaufzeitverhaltens

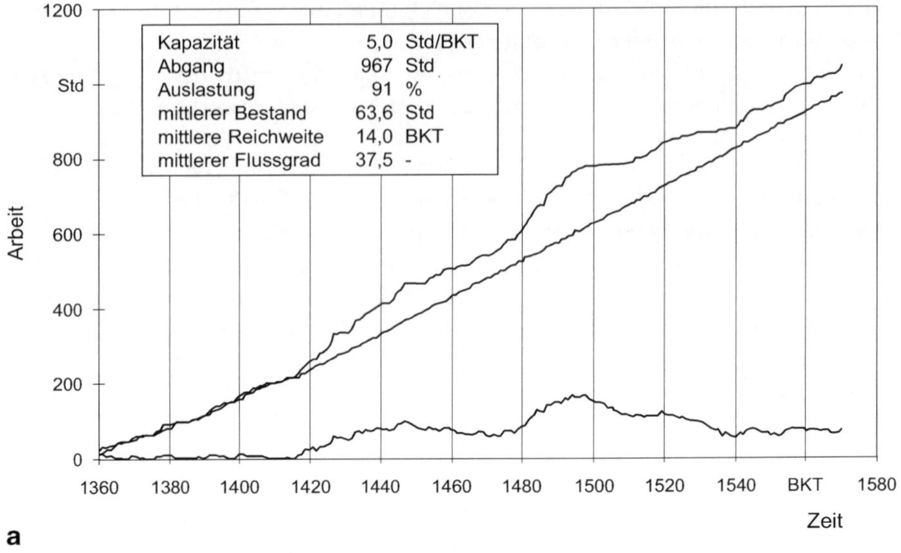

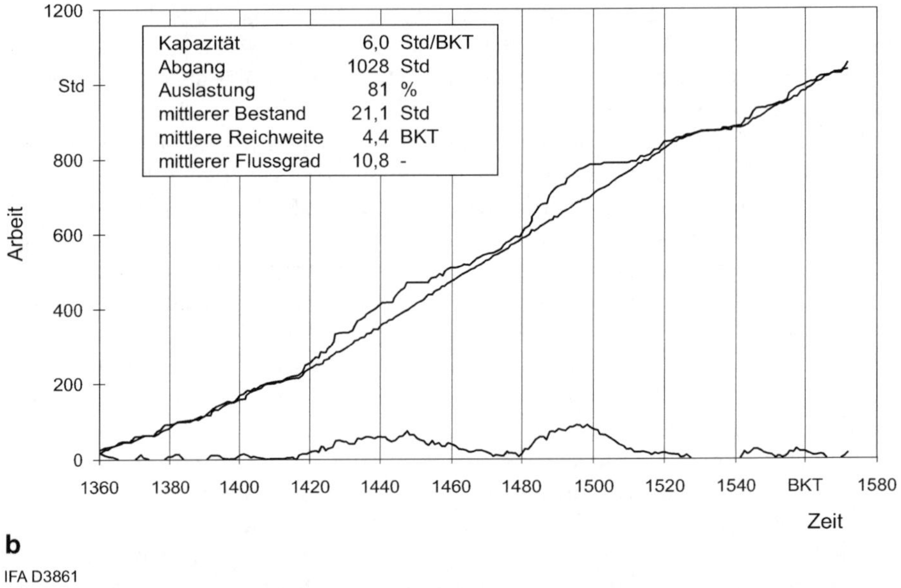

Abb. 3.7 Ergebnisse ausgewählter Simulationsläufe für das Arbeitssystem 61570. **a** Simulationsergebnis bei konstanter Arbeitssystemkapazität (hier: 5,0 Std/BKT), **b** Simulationsergebnis bei konstanter Arbeitssystemkapazität (hier: 6,0 Std/BKT)

bei variierten Beständen zu untersuchen. Trotz dieser relativ einfachen Aufgabenstellung war im Rahmen einer vergleichenden Ergebnisauswertung festzustellen, dass nicht einmal zwei der Systemanwendungen identische Ergebnisse lieferten und zum Teil sogar erhebliche Unterschiede vorlagen.

Die vorstehenden Ausführungen sind nicht als Plädoyer gegen Simulationsuntersuchungen zu verstehen. Bei sachgemäßer Anwendung kann die Simulation ein gutes Abbild der Realität liefern, sofern die Möglichkeiten einer realitätsnahen Beschreibung aller Modellbausteine (Last-, Planungs-, Steuerungs- und Ressourcenmodell) gegeben sind.

Es darf aber auch ein simulationsspezifisches Problem nicht übersehen werden: Je näher die Rechnersimulation an die Realität heranzureichen vermag (hiermit sind insbesondere die Möglichkeiten der graphischen Darstellung der Prozessabläufe auf dem Bildschirm gemeint), um so mehr besteht die Gefahr, dass der Betrachter Abbild und Realität nicht mehr unterscheiden und das Ergebnis der Simulation nicht mehr kritisch deuten und werten kann. Wenn aber die kritische Distanz zum simulativ Erlebten nicht mehr gegeben ist, so besteht das Risiko, dass Modellierungsfehler unerkannt bleiben oder in ihrer Bedeutung unterschätzt werden. Dann degeneriert aber die Simulation zum Selbstzweck [Birk-95].

Unabhängig von Modellierungsfehlern bleibt ferner festzustellen, dass die Simulation keinen direkten Hinweis auf die Richtung gibt, in der die beste Lösung zu suchen ist. Jede Simulation für sich zeigt nur die Auswirkungen der speziell gewählten Modellbeschreibung auf die Leistungsfähigkeit eines Produktionssystems auf. Man erhält nur singuläre Ergebnisse, keine allgemeinen Erkenntnisse. Erst eine Vielzahl von Simulationen mit unterschiedlichen Modellvarianten kann die Richtung der besten Lösung in etwa bestimmen (vgl. z. B. [Dang-91], [Kull-92], [VDI-93]).

Dabei bieten die existierenden Simulationssysteme allerdings keine Unterstützung bei der Auswahl und Festlegung von Folgeexperimenten. Die Auswahl möglicher Gestaltungsansätze wird daher vielfach nach dem Versuch und Irrtum-Prinzip durchgeführt. Wegen des Kombinatorikeffektes wird schon bei einigen wenigen Parametern eine hohe Anzahl von Simulationsläufen erforderlich sein, um das beste Ergebnis zu finden. Deshalb schlagen einige Autoren ([Zülc-96b], [Rums-95] und [Scha-92]) den Einsatz von Entscheidungsunterstützungssystemen vor, die den Anwender bei der Planung und Durchführung von Simulationsexperimenten unterstützen können. Aber auch mit dem Einsatz von Optimierungsverfahren müssen schon bei einem Problem mit 10 variablen Parametern je nach eingesetztem Optimierungsverfahren bis zu mehrere Hundert Simulationsläufe durchgeführt werden, um das beste bekannte Ergebnis zu finden [Rums-95].

Die vorgenannten Probleme erklären, warum die Simulation zwar in der Forschung, nicht aber in der betrieblichen Praxis etabliert ist. Dort werden Simulationen bislang insbesondere bei Detailuntersuchungen von eng umgrenzten Teilen eines Produktionssystems, z. B. einzelnen Maschinen oder Anlagen eingesetzt. Der Einsatz der Simulation als längerfristiges Entscheidungsunterstützungssystem zur Gestaltung komplexer vernetzter Produktionsstrukturen wird in der Praxis kaum in Betracht gezogen [Günz-93], obwohl gerade hier die Nutzungspotentiale besonders hoch erscheinen.

Kapitel 4
Ableitung einer Kennlinientheorie

Aufgrund der jeweils spezifischen Probleme und Anwendungsgrenzen werden weder die Warteschlangentheorie noch die Simulationstechnik in einem größeren Umfang in der Praxis eingesetzt, um die logistikorientierte Bewertung und Gestaltung komplexer Produktionssysteme zu unterstützen. Vor diesem Hintergrund und angesichts der wachsenden Anforderungen an die Produktionslogistik hat sich ein mathematischer Ansatz bewährt, mit dem logistische Kennlinien für Produktionsprozesse über eine Näherungsgleichung berechnet werden können. Diese Näherungsgleichung, die sich mittlerweile auch in der betrieblichen Praxis Anwendung findet (vgl. hierzu auch Kap. 7), zeichnet sich im Wesentlichen dadurch aus, dass sie eine Berechnung der Kennlinien auf der Basis weniger Daten ermöglicht und dennoch eine hohe Aussagesicherheit gewährleistet.

Die Theorie, die der Näherungsgleichung zugrunde liegt, wurde über eine *deduktiv-experimentelle Modellbildung* gewonnen. Dabei wird angestrebt, durch die Kombination von elementaren Modellierungsansätzen deren jeweiligen Vorteile zu nutzen und ihre Nachteile zu vermeiden. Die zugrundeliegende Modellstruktur wird hierbei auf deduktivem Wege bestimmt, so dass das Modell prinzipiell genereller Natur ist und sich somit innerhalb des Gültigkeitsbereiches sowohl übertragen als auch allgemeingültig interpretieren lässt. Das entwickelte Modell wird anschließend durch eine experimentell gestützte Parametrisierung an die realen Bedingungen adaptiert. Dazu erfolgen systematische Simulationsläufe, bei denen einzelne Parameter schrittweise verändert werden. Wenn sich bei der Analyse der Simulationsergebnisse verallgemeinerbare Regeln und Gesetze ableiten lassen, sind die gewonnen Erkenntnisse in ein mathematisches Modell integrierbar. Dies erweitert den Gültigkeitsbereich des deduktiven Modellanteils. Vor allem lassen sich die verallgemeinerten Ergebnisse von Simulationsexperimenten über ein mathematisches Modells nutzen, ohne im speziellen Anwendungsfall Simulationsexperimente selbst durchführen zu müssen.

Die Ableitung des deduktiven Modellanteils vereinfacht sich erheblich, wenn sie auf der Basis idealisierter Bedingungen erfolgt. Dann lässt sich das interessierende Systemverhalten oftmals recht einfach auch quantitativ beschreiben – der Gültigkeitsbereich ist dabei selbstverständlich durch die idealisierenden Annahmen eingegrenzt. In der auf dieser Basis entwickelten *Kennlinientheorie* besteht

P. Nyhuis, H.-P. Wiendahl, *Logistische Kennlinien*,
DOI 10.1007/978-3-540-92839-3_4, © Springer-Verlag Berlin Heidelberg 2012

der deduktive Modellanteil in der Definition der nachfolgend vorgestellten idealen Kennlinien und der darauf aufbauend abgeleiteten, aber noch nicht parametrierten Näherungsgleichung zur Berechnung realer Leistungs- und Zeitgrößenkennlinien. Der Begriff Zeitgrößen steht nachfolgend als Oberbegriff für die Begriffe Reichweite, Durchlaufzeit und Übergangszeit.

4.1 Ideale Produktionskennlinien

Die Ableitung *idealer Kennlinien* basiert auf einer analytischen Betrachtung idealisierter Fertigungsabläufe und daraus abgeleiteter idealer Prozesskennzahlen. Der zugrunde gelegte ideale Fertigungsablauf wird dabei durch die folgenden Bedingungen beschrieben:

- Es befindet sich zu jedem Zeitpunkt genau ein Auftrag an jedem Arbeitssystem.
- Die Bearbeitung eines Auftrages an einem Arbeitssystem erfolgt unmittelbar nach seinem Zugang, die Übergangszeiten zwischen zwei Arbeitsvorgängen sind demzufolge Null.

Wenn diese beiden Bedingungen gegeben sind, müssen weder die Arbeitssysteme auf einen Auftrag warten (keine Leerzeiten) noch Aufträge um die Kapazitäten konkurrieren (keine Wartezeiten). Zur Ableitung idealer Prozesskennzahlen werden weiterhin die folgenden Annahmen getroffen:

- Es wird ein einzelnes Arbeitssystem betrachtet.
- Die obere Leistungsgrenze des Arbeitssystems ist durch die maximal mögliche Leistung gegeben.
- Die Aufträge und deren Arbeitsinhalte sind gegeben und kurzfristig nicht veränderbar.
- Die Fertigungsaufträge werden losweise transportiert, eine überlappte Fertigung ist demzufolge nicht zugelassen.
- Die Transportzeit zwischen zwei Arbeitsvorgängen ist vernachlässigbar gering.
- Es liegen hinreichend genaue Planungsdaten zur Ermittlung der Auftragszeiten vor.
- Es liegt ein so großer Untersuchungszeitraum vor, dass die Auftragszeitstruktur der abzuarbeitenden Aufträge als repräsentativ für das System angesehen werden kann.

4.1.1 Der ideale Mindestbestand

Ein unter den zuvor genannten Voraussetzungen erstelltes Durchlaufdiagramm ist in Abb. 4.1a dargestellt, in dem die Zeitachse vereinfachend nicht in Betriebskalendertagen, sondern in der Dimension Vorgabestunden angegeben wurde. Die einzelnen

Abb. 4.1 Darstellung eines idealen Fertigungsprozesses im Durchlaufdiagramm. **a** Durchlaufdiagramm, **b** Bestandsverlauf

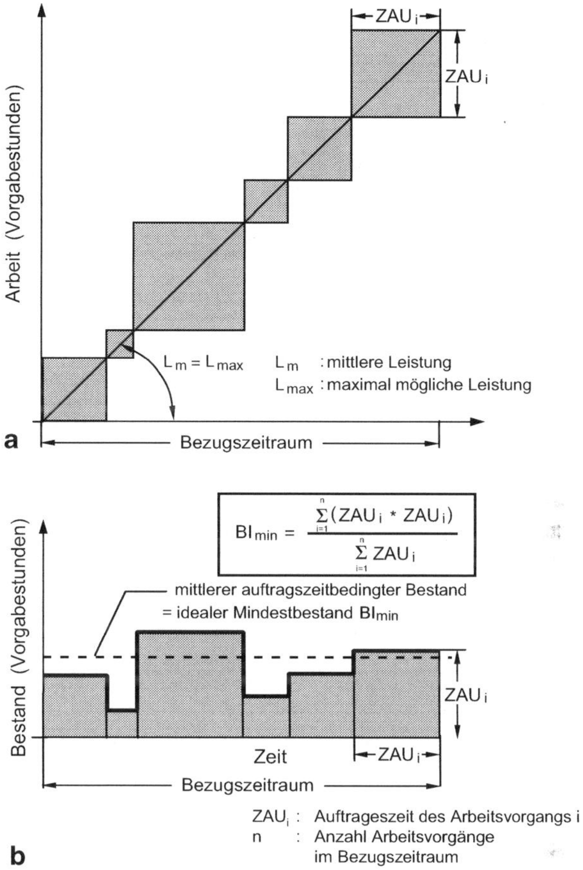

IFA D3644b

Durchlaufelemente werden damit mit ihrer Höhe und der Länge ausschließlich durch die Auftragszeiten der Aufträge bestimmt. Bei gleicher Skalierung der x- und y-Achse sind die Durchlaufelemente daher als Quadrate zu erkennen.

Der Bestand am Arbeitssystem ergibt sich unter den genannten Bedingungen ebenfalls unmittelbar aus den Auftragszeiten der zu bearbeitenden Aufträge (Abb. 4.1b). Der Mittelwert dieses Bestandes, der nachfolgend als *idealer Mindestbestand* BI_{min} bezeichnet wird, lässt sich über die Summe der durch die Auftragszeit gebildeten Flächen dividiert durch die Summe der Einzelwerte der Auftragszeiten wie folgt berechnen:

$$BI_{\min} = \frac{\sum\limits_{i=1}^{n} (ZAU_i \cdot ZAU_i)}{\sum\limits_{i=1}^{n} ZAU_i} \tag{4.1}$$

mit

BI_{min} Idealer Mindestbestand [Std]
ZAU_i Auftragszeit je Arbeitsvorgang [Std]

Bei der Berechnung des idealen Mindestbestandes wird berücksichtigt, dass Aufträge mit einem hohen Arbeitsinhalt nicht nur einen hohen Bestand hervorrufen, sondern auch eine entsprechend längere Bestandsbindung. Diesem Umstand wird über die Flächenbetrachtung bei der Mittelwertbildung in Gl. (4.1) Rechnung getragen. Es gibt darüber hinaus weitere Berechnungsgleichungen für den idealen Mindestbestand, mit denen der besondere Einfluss heterogener Auftragszeitstrukturen auf diesen Bestandswert und – wie die weiteren Ausführungen noch zeigen werden – das logistische Systemverhalten insgesamt zum Ausdruck gebracht werden kann.

So lässt sich die Gl. (4.1) unter Verwendung der Gleichungen für den Mittelwert und die Standardabweichung [Sach-03] so umformen, dass sich der ideale Mindestbestand auch über diese Verteilungsparameter berechnen lässt (vgl. hierzu auch [Erdl-84] und darauf aufbauend [Nyhu-91]):

$$BI_{\min} = ZAU_m + \frac{ZAU_s^2}{ZAU_m} \tag{4.2}$$

mit

BI_{min} Idealer Mindestbestand [Std]
ZAU_m Mittlere Auftragszeit [Std]
ZAU_s Standardabweichung der Auftragszeit [Std]

Unter Verwendung der Gl. (2.4) lässt sich schließlich die folgende Beziehung ableiten:

$$BI_{\min} = ZAU_m \cdot \left(1 + ZAU_v^2\right) \tag{4.3}$$

mit

BI_{min} Idealer Mindestbestand [Std]
ZAU_m Mittlere Auftragszeit [Std]
ZAU_v Variationskoeffizient der Auftragszeit [-]

Die Gl. (4.2) und (4.3) zeigen, dass der ideale Mindestbestand durch das Niveau der Auftragszeit (den Mittelwert) und durch die Streuung der Arbeitsinhalte bestimmt wird. Bemerkenswert ist dabei, dass die Standardabweichung bzw. der Variationskoeffizient der Auftragszeit quadratisch in die Berechnung eingeht, dass also gerade die Inhomogenität der Auftragszeitverteilungen maßgeblich den idealen Mindestbestand beeinflusst.

Bislang wurde davon ausgegangen, dass die Transportzeit zwischen zwei Arbeitsvorgängen vernachlässigbar gering ist. Sofern diese Bedingung nicht gegeben ist und der Transport zudem nicht als eigenständiger Vorgang betrachtet werden soll, muss bei der Berechnung des idealen Mindestbestandes auch der durch den Transportvorgang gebundene Bestand berücksichtigt werden. In Abb. 4.2 ist der

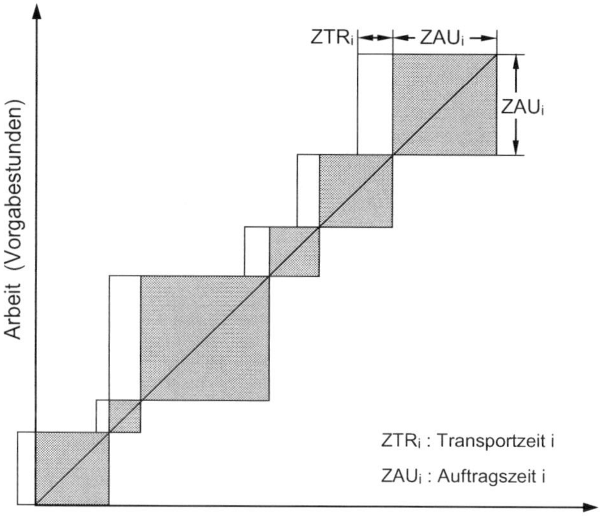

Abb. 4.2 Der ideale Fertigungsablauf bei Berücksichtigung von Transportvorgängen

IFA D3644c

ideale Fertigungsablauf für diesen Fall im Durchlaufdiagramm dargestellt. Um eine Vollauslastung des Arbeitssystems bei geringst möglichen Beständen sicherzustellen, ist es erforderlich, dass der Transportvorgang jeweils gerade dann endet, wenn der vorhergehende Arbeitsvorgang abgeschlossen wird. Die zusätzliche Bestandsfläche ergibt sich aus dem Produkt der Transportzeit und der Auftragszeit. Für die Berechnung des idealen Mindestbestandes folgt daraus:

$$BI_{\min} = \frac{\sum_{i=1}^{n} (ZAU_i \cdot ZAU_i)}{\sum_{i=1}^{n} ZAU_i} + \frac{\sum_{i=1}^{n} (ZTR_i \cdot ZAU_i)}{\sum_{i=1}^{n} ZAU_i} \tag{4.4}$$

mit

BI_{min} Idealer Mindestbestand [Std]
ZAU_i Individuelle Auftragszeit je Arbeitsvorgang [Std]
ZTR_i Individuelle Transportzeit je Arbeitsvorgang [Std]

Bei konstanter bzw. auftragszeitunabhängiger Transportzeit vereinfacht sich die Gl. (4.4) unter Verwendung der Gl. (4.3) zu:

$$BI_{\min} = ZAU_m \cdot \left(1 + ZAU_v^2\right) + ZTR_m \tag{4.5}$$

mit

BI_{min} Idealer Mindestbestand [Std]
ZAU_m Mittlere Auftragszeit [Std]

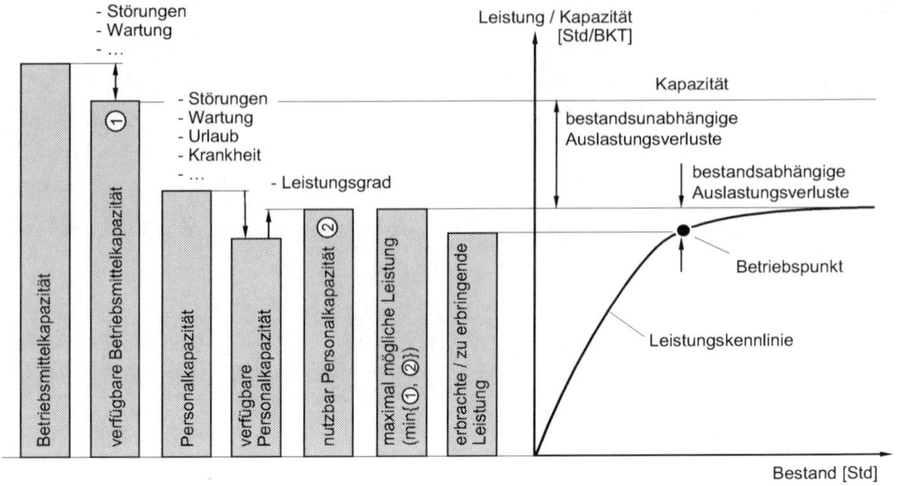

IFA D0703

Abb. 4.3 Abgrenzung der Begriffe Kapazität und maximal mögliche Leistung

ZAU_v Variationskoeffizient der Auftragszeit [-]
ZTR_m Mittlere Transportzeit je Arbeitsvorgang [Std]

Sofern neben dem Transport weitere prozessbedingte Übergangszeiten (z. B. technologisch bedingte Nachliegezeiten wie abkühlen oder trocknen) erforderlich sind, können diese analog zur Transportzeit berücksichtigt werden.

4.1.2 Die maximal mögliche Leistung

Bei der Ableitung des idealen Mindestbestandes wurde u. a. vorausgesetzt, dass die obere Leistungsgrenze des Arbeitssystems durch die maximal mögliche Leistung gegeben ist. Wie bereits aus den Ausführungen zur Berechnung der Durchführungszeit (vgl. die Erläuterungen zur Gl. (2.5)) hervorgeht, ergibt sich die *maximal mögliche Leistung* im Wesentlichen aus der Kapazität. Dabei gilt, dass die obere Leistungsgrenze durch den jeweils *restriktiven Kapazitätsfaktor* (Betriebsmittel oder Personal) bestimmt wird:

$$L_{\max} = \min\{BKAP_v, PKAP_n\} \tag{4.6}$$

mit

L_{max} Maximal mögliche Leistung [Std/BKT]
$BKAP_v$ Verfügbare Betriebsmittelkapazität [Std/BKT]
$PKAP_n$ Nutzbare Personalkapazität [Std/BKT]

Die Zusammenhänge zwischen den verschiedenen Kapazitätsangaben und der Kenngröße maximal mögliche Leistung sind in Abb. 4.3 dargestellt. Dabei ist

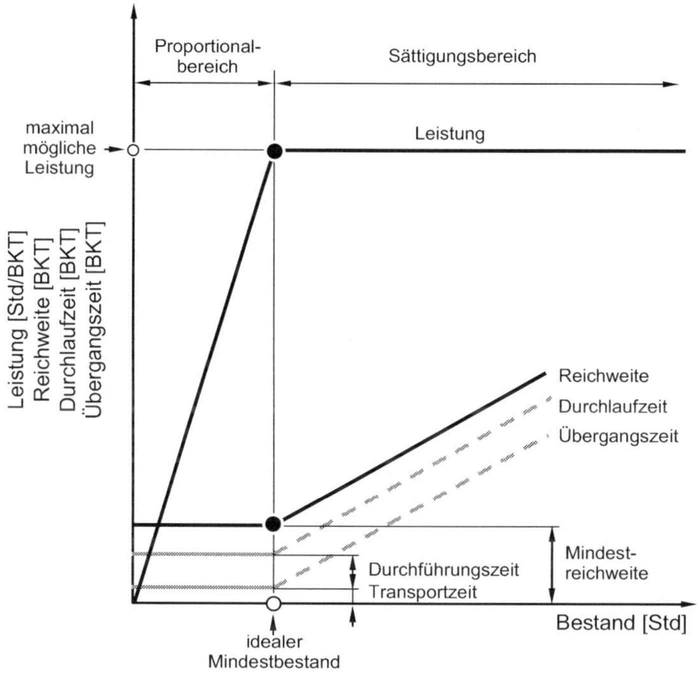

Abb. 4.4 Konstruktion idealer Leistungs- und Zeitgrößenkennlinien

berücksichtigt, dass durch kapazitätsmindernde Störungen (z. B. Maschinenausfälle) die verfügbaren Kapazitäten begrenzt werden. Sofern die Kapazitätsangaben in Belegungsstunden statt in Vorgabestunden angegeben sind, muss außerdem die verfügbare Personalkapazität um den Leistungsgrad korrigiert werden.

Im rechten Teil von Abb. 4.3 ist der prinzipielle Verlauf einer Leistungskennlinie dargestellt. Mit dieser Graphik wird verdeutlicht, dass mit den Leistungskennlinien ausschließlich die bestandsabhängigen Auslastungsverluste dargestellt werden. Alle weiteren Größen, die die Leistung bzw. Auslastung eines Arbeitssystems beeinflussen, gehen bereits in die Ermittlung der bestandsunabhängigen Größe maximal mögliche Leistung ein.

4.1.3 Konstruktion idealer Kennlinien für Leistung und Zeitgrößen

Über die Definition des idealen Mindestbestandes und der maximal möglichen Leistung eines Arbeitssystems lassen sich aufbauend auf einem Vorschlag von Wedemeyer [Wede-89] die in Abb. 4.4 dargestellten *idealen Kennlinien* ableiten (vgl.

auch [Nyhu-91]). So bestimmt zunächst die maximal mögliche Leistung die obere Leistungsgrenze des Systems, die bei Vorliegen des idealen Mindestbestandes gerade noch erreicht werden kann. Werden nun die oben genannten Voraussetzungen teilweise aufgehoben, so lassen sich weitere Betriebszustände ableiten, mit denen das Systemverhalten bei einer Veränderung des Bestandes prinzipiell beschrieben werden kann.

Die *ideale Leistungskennlinie* ergibt sich aus den folgenden Grundüberlegungen: Wenn sich durch Materialflussabrisse zeitweilig kein Auftrag an dem Arbeitssystem befindet, so ist der mittlere Bestand geringer als der ideale Mindestbestand. Gleichzeitig kommt es aufgrund der Leerzeiten aber auch zu Leistungseinbußen, die proportional zur Bestandsreduzierung sind (*Proportionalbereich* der idealen Leistungskennlinie). Befinden sich hingegen zeitweilig mehrere Aufträge an dem Arbeitssystem, so erhöht sich zwar der mittlere Bestand, eine Erhöhung der Leistung ist jedoch nicht mehr möglich, da das System bereits an der Grenze der maximal möglichen Leistung betrieben wird (*Sättigungsbereich* der idealen Leistungskennlinie).

Die in Abb. 4.4 eingezeichnete *ideale Reichweitenkennlinie* lässt sich mit Hilfe analoger Überlegungen ableiten. Sie ergibt sich aber auch unmittelbar aus dem Verhältnis von Bestand und Leistung gemäß der Trichterformel (Gl. (2.16)). Demzufolge verhält sich die Reichweite im Sättigungsbereich der Leistungskennlinie proportional zu einer Bestandsveränderung. Wird der ideale Mindestbestand jedoch unterschritten, so reduziert sich die Leistung proportional zum Bestand. Für die Reichweite folgt daraus, dass sie auf einem konstanten Niveau – der Mindestreichweite – verharrt. Dann gilt:

$$R_{\min} = \frac{BI_{\min}}{L_{\max}} \tag{4.7}$$

mit

R_{min} Mindestreichweite [BKT]
BI_{min} Idealer Mindestbestand [Std]
L_{max} Maximal mögliche Leistung [Std/BKT]

Unter Verwendung der Gl. (2.5), (2.6), (4.5) und (4.7) lässt sich die *Mindestreichweite* auch wie folgt beschreiben:

$$R_{\min} = ZDF_m \cdot \left(1 + ZDF_v^2\right) + \frac{ZTR_m}{L_{\max}} \tag{4.8}$$

mit

R_{min} Mindestreichweite [BKT]
ZDF_m Mittlere Durchführungszeit [BKT]
ZDF_v Variationskoeffizient der Durchführungszeit [-]
ZTR_m Mittlere Transportzeit [Std]

L_{max} Maximal mögliche Leistung [Std/BKT]

Auch die Durchlaufzeit kann ein bestimmtes Minimum nicht unterschreiten, welches sich aus der Durchführungszeit der Aufträge und ggf. der Transportzeit ergibt:

$$ZDL_{\min} = ZDF_m + \frac{ZTR_m}{L_{\max}} \quad (4.9)$$

mit

ZDL_{min} Mindestdurchlaufzeit [BKT]
ZDF_m Mittlere Durchführungszeit [BKT]
ZTR_m Mittlere Transportzeit [Std]
L_{max} Maximal mögliche Leistung [Std/BKT]

Das Minimum der Übergangszeit schließlich entspricht der mittleren Transportzeit, angegeben in der Dimension Betriebskalendertag:

$$ZUE_{\min} = \frac{ZTR_m}{L_{\max}} \quad (4.10)$$

mit

ZUE_{min} Mindestübergangszeit [BKT]
ZTR_m Mittlere Transportzeit [Std]
L_{max} Maximal mögliche Leistung [Std/BKT]

Die idealen Kennlinien für die Durchlaufzeit und die Übergangszeit wurden in Abb. 4.4 oberhalb des Mindestbestandes mit gleicher Steigung wie die Reichweitenkennlinie gezeichnet. Wie jedoch noch gezeigt wird (vgl. Abschn. 4.4), ist dieses prinzipiell nur zulässig, wenn die Abarbeitungsreihenfolgen unabhängig sind vom Arbeitsinhalt der Aufträge. Dies ist u. a. bei der Reihenfolgeregel FIFO und im Allgemeinen auch bei der Schlupfzeitregel der Fall.

4.2 Ableitung einer Näherungsgleichung zur Berechnung von Leistungskennlinien

In der Praxis sind die bei der Ableitung der idealen Kennlinien zugrundegelegten Voraussetzungen nicht gegeben. Insbesondere bei komplexen Fertigungsbereichen mit ungerichteten Materialflussstrukturen (z. B. in Werkstattfertigungen) gibt es eine Reihe von Einflussfaktoren wie Streuungen im Auftragszugang oder dynamische Engpasssituationen, die eine Abweichung der realen Betriebspunkte von den idealen Kennlinien bewirken.

Interpoliert man einzelne, mit einem realitätsnahen Simulationsmodell erzeugte Betriebspunkte zu einer *simulierten Leistungskennlinie*, so wird ersichtlich, dass kein definierter Abknickpunkt mehr vorliegt (Abb. 4.5, vgl. auch Abb. 3.5). Der Übergang zwischen dem Proportionalbereich und dem Sättigungsbereich ist fließend. In einer

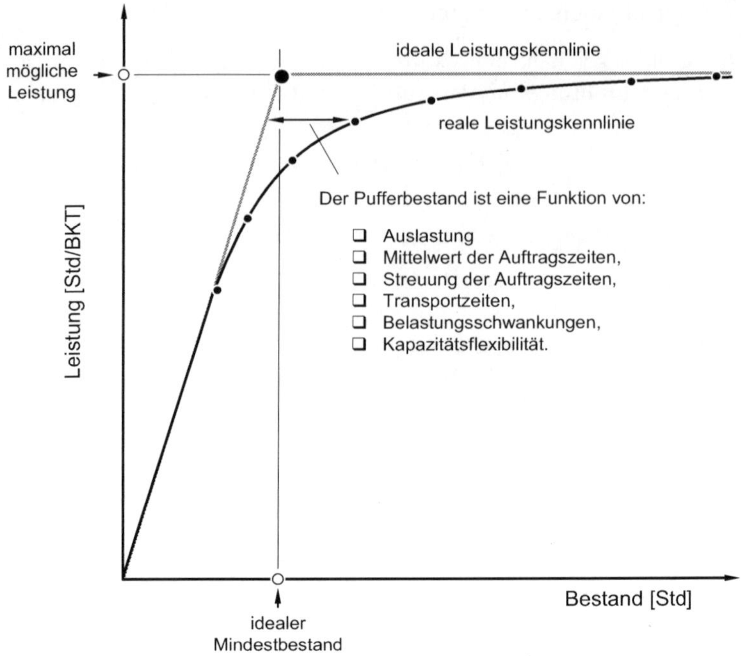

IFA D2613b

Abb. 4.5 Gegenüberstellung von idealen und simulierten Leistungskennlinien

realen Fertigung muss immer ein *Bestandspuffer* vorliegen, um damit Leistungseinbußen vorzubeugen. Dessen notwendige Größe wird dabei zunächst von der Höhe der angestrebten Auslastung bestimmt. Die Auswertungen zahlreicher Simulationsversuche zeigten weiterhin, dass der erforderliche Bestandspuffer darüber hinaus im Wesentlichen auch von den Größen abhängig ist, die auch den *Abknickpunkt der idealen Kennlinien* bestimmen. So muss der Bestandspuffer umso größer sein, je größer die mittleren Auftragszeiten und deren Streuungen bzw. die Transportzeiten sind ([Erdl-84], [Nyhu-91]), je größer also auch der ideale Mindestbestand ist. Aber auch die vorhandene Kapazitätsflexibilität sowie die Belastungsschwankungen im Auftragszugang haben einen Einfluss auf das erforderliche Bestandsniveau.

Grundsätzlich bleibt jedoch festzuhalten, dass die ideale Leistungskennlinie den Grenzverlauf der realen Leistungskennlinie vorgibt. Diese Erkenntnis führte zu der Grundüberlegung, die ideale Leistungskennlinie als ein Bezugskoordinatensystem für eine berechnete Leistungskennlinie zu benutzen. Damit wird die Möglichkeit geschaffen, eine mathematische Funktion zu ermitteln, die den folgenden Anforderungen genügt:

- Sie muss durch den Ursprung des originalen Koordinatensystems (0,0) verlaufen bzw. dort beginnen.
- Bei endlich hohen Beständen wird eine Vollauslastung des Systems erreicht.

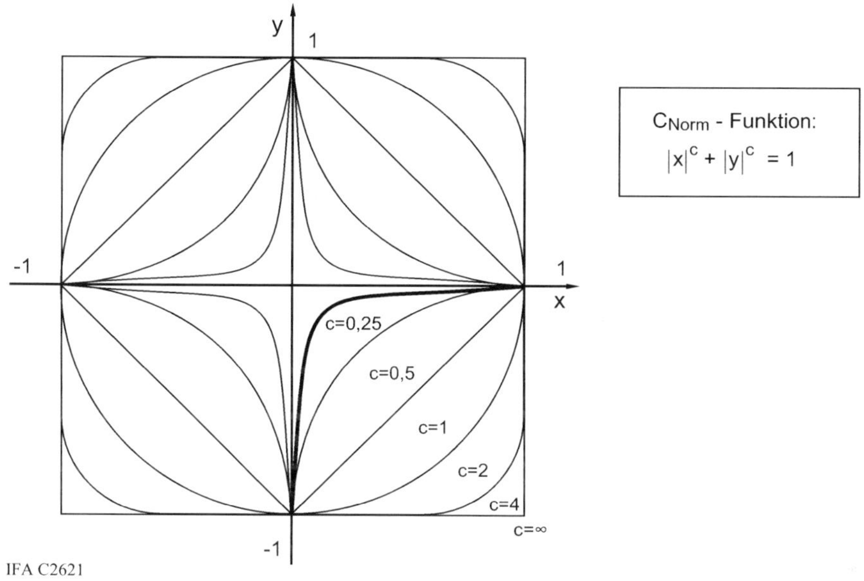

Abb. 4.6 Die C_{Norm}-Funktion für verschiedene Werte von C

- Die Funktion muss durch Parameter so zu modellieren sein, dass sie sich im Abknickbereich in einer gewünschten Form an die ideale Leistungskennlinie anschmiegt.

Die Vorgehensweise zur Ableitung und Parametrisierung einer solchen Funktion wird nachfolgend beschrieben.

4.2.1 Die C_{Norm}-Funktion als Basisfunktion berechneter Leistungskennlinien

Zur Ermittlung einer geeigneten Funktion bietet es sich zunächst an, die Aufgabe dahingehend zu vereinfachen, dass eine Gleichung gesucht wird, die sich in einem rechtwinkligen Koordinatensystem entsprechend den Anforderungen modellieren lässt.

An dieser Stelle kann die Differentialrechnung herangezogen werden: Für bestimmte Charakterisierungen von Umgebungen eines Punktes benutzt sie die sogenannte *C_{Norm}-Funktion*. Abbildung 4.6 zeigt diese Norm für einige Werte von C. Entwickelt wurde sie als Verallgemeinerung des Kreises. Alle Punkte auf einem Kreis mit dem Radius 1 erfüllen die Kreisgleichung:

$$1 = x^2 + y^2 \tag{4.11}$$

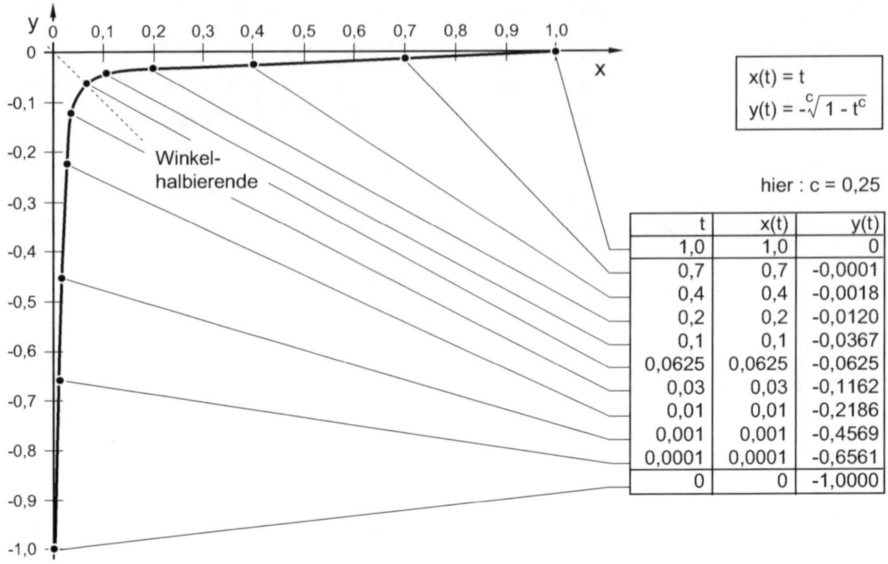

t	x(t)	y(t)
1,0	1,0	0
0,7	0,7	-0,0001
0,4	0,4	-0,0018
0,2	0,2	-0,0120
0,1	0,1	-0,0367
0,0625	0,0625	-0,0625
0,03	0,03	-0,1162
0,01	0,01	-0,2186
0,001	0,001	-0,4569
0,0001	0,0001	-0,6561
0	0	-1,0000

IFA D2621c

Abb. 4.7 *Die Parametrierung der* C_{Norm}-Funktion mit $c = 0{,}25$ (2. Quadrant)

Die Idee der Verallgemeinerung ist es, die hier auftauchende 2 durch einen freien Parameter – eben jenes C – zu ersetzen. Damit die Funktion für beliebige Werte von C in allen Quadranten des Koordinatensystems gültig ist, muss dabei die Betragsfunktion von x und y angesetzt werden:

$$1 = |x|^C + |y|^C \tag{4.12}$$

Die entstehenden Funktionen sind für verschiedene Werte von C in Abb. 4.6 dargestellt. Die Kurven schmiegen sich mit einer Verkleinerung des Wertes für C immer stärker an die Koordinatenachsen an. In der Abbildung ist eine Teilkurve im 2. Quadranten der C_{Norm}-Funktion (für $C = 0{,}25$) fett unterlegt, die der prinzipiellen Form einer Leistungskennlinie schon sehr ähnlich ist.

Um diese Funktion mathematisch zu beschreiben, ist es erforderlich, sie zu parametrieren, indem die Funktionen x(t) und y(t) (der Parameter t entspricht einer Laufvariablen) gebildet werden:

$$\left.\begin{aligned} x(t) &= t \\ y(t) &= -\sqrt[C]{1 - t^C} \end{aligned}\right\} \tag{4.13}$$

Die Parametrierung der C_{Norm}-Funktion ist in Abb. 4.7 für einen ausgewählten Wert von C ($C = 0{,}25$) beispielhaft dargestellt. Für insgesamt 11 verschiedene Werte von t ($0 \leq t \leq 1$) wurden mit Gl. (4.13) x(t) und y(t) berechnet, in die Graphik eingetragen und zu dem Funktionsgraphen miteinander verbunden. Bemerkenswert ist, dass

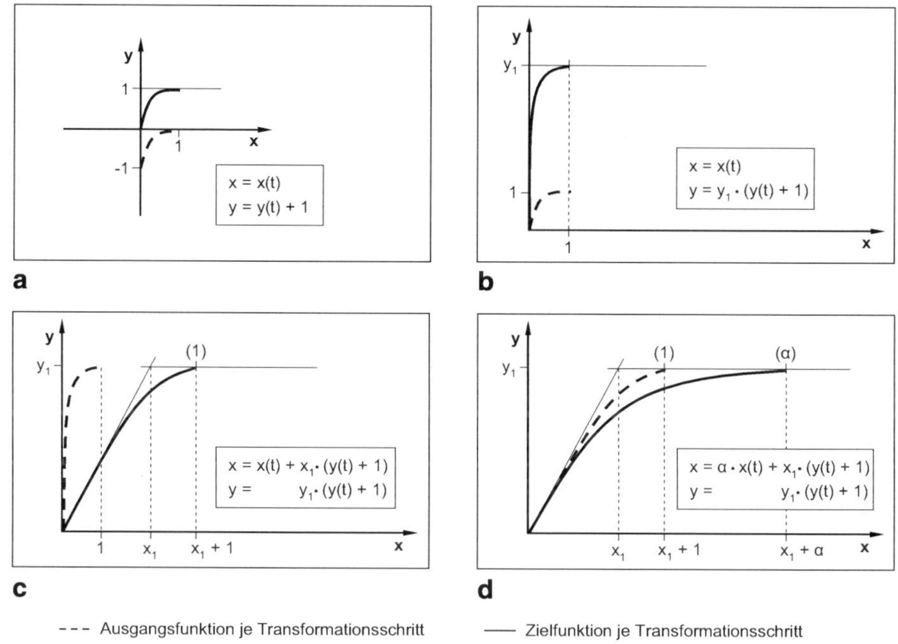

IFA D2620

Abb. 4.8 Schritte der affinen Transformation zur mathematischen Beschreibung von Leistungskennlinien. **a** Verschieben (y-Richtung), **b** Strecken (y-Richtung), **c** Scheren (x-Richtung), **d** Strecken (x-Richtung)

hier keine konstante Schrittweite für die Laufvariable t gewählt wurde. Mit den in Abb. 4.7 zugrundegelegten Werten für t gelingt es, den Funktionsgraphen mit relativ wenigen Punkten gleichmäßig abzudecken. Dies gilt allerdings nur für $C = 0{,}25$. Wird hingegen eine konstante Schrittweite zugrundegelegt, so muss diese sehr klein gewählt werden, um insbesondere für kleine Werte von t bzw. x die Funktion noch mit ausreichender Genauigkeit beschreiben zu können. Bei einem anderen C-Wert sind andere Schrittweiten für t erforderlich.

4.2.2 Transformation der C_{Norm}-Funktion

Nachdem somit eine Grundfunktion gefunden wurde, die ein kennlinienähnliches Aussehen aufweist, muss diese im Weiteren mit realen Leistungskennlinien zur Deckung gebracht werden. Dazu wird über eine sogenannte affine Transformation (Affinis (lat.): verwandt) das Koordinatensystem und die Funktion selbst derart gestreckt und geschert, bis die C_{Norm}-Kurve schließlich einer Leistungskennlinie entspricht. Dieser Vorgang kann in vier Teilschritte zerlegt werden, die in Abb. 4.8a–d nachzuvollziehen sind.

Als erstes wird dazu der gewählte Kurvenabschnitt der C_{Norm}-Funktion (der 2. Quadrant) in y-Richtung so verschoben, dass der Anfangswert im Ursprung des Koordinatensystems liegt. Das bedeutet, dass zu jedem y-Wert eine Verschiebungskonstante von 1 addiert werden muss. War die Kurve vor diesem Schritt mit x(t) und y(t) beschrieben, so hat sie nun die Form:

$$\left.\begin{aligned} x &= x(t) \\ y &= y(t) + 1 \end{aligned}\right\} \tag{4.14}$$

Im zweiten Schritt wird die Kurve nun so in y-Richtung gestreckt, dass der maximale Wert der Funktion in y-Richtung der maximal möglichen Leistung entspricht, die im Weiteren verallgemeinert mit y_1 bezeichnet wird. Da die Kurve vorher eine Höhe von 1 und nachher von y_1 annimmt, ist y_1 also auch der entsprechende Streckfaktor. Damit erhält man nun die Funktionen:

$$\left.\begin{aligned} x &= x(t) \\ y &= y_1 \cdot (y(t) + 1) \end{aligned}\right\} \tag{4.15}$$

Das bisherige ideale Koordinatensystem wird hier noch durch die y-Achse und die maximal mögliche Leistung gebildet. Im dritten Schritt ist dieses Koordinatensystem nun so zu verändern, dass es sich mit der idealen Leistungskennlinie deckt. Diese ideale Leistungskennlinie wird dadurch beschrieben, dass die waagerechte Achse waagerecht bleibt, dass jedoch der Abknickpunkt in x-Richtung auf den Mindestbestand (im folgenden mit x_1 bezeichnet) verschoben wird. Die zuvor senkrechte y-Achse wird dadurch wie eine Scherenhälfte aufgeklappt. Tatsächlich wird dieser Transformationsschritt auch als Scherung bezeichnet. Die Transformation wird erreicht, indem jeder Punkt der y-Achse um einen steigenden Betrag in positiver x-Richtung verschoben wird. Nur der Drehpunkt der Schere (0,0) muss unverändert bleiben. Den Betrag der Verschiebung für einen beliebigen y-Wert kann man durch Anwendung des Dreisatzes ermitteln. In der Höhe y_1 muss um den Wert x_1 verschoben werden, demnach muss in der Höhe y um y $\cdot (x_1/y_1)$ in positiver x-Richtung verschoben werden:

$$\frac{x_1}{y_1} \cdot y = \frac{x_1}{y_1} \cdot y_1 \cdot (y(t) + 1) = x_1 \cdot (y(t) + 1)$$

Die gesuchte Funktion verändert sich damit zu:

$$\left.\begin{aligned} x &= x_1 \cdot (y(t) + 1) + x(t) \\ y &= y_1 \cdot (y(t) + 1) \end{aligned}\right\} \tag{4.16}$$

Im vierten und letzten Schritt schließlich ist die Kurve selbst noch in x-Richtung zu strecken. Der hierzu erforderliche Streckfaktor kann an dieser Stelle noch nicht eindeutig bestimmt werden. Da somit die Streckung in einem noch unbekannten Maß erfolgt, wird hier der Parameter α eingeführt. Von dieser Streckung in x-Richtung soll nur die Kurve, nicht aber das ideale Koordinatensystem beeinflusst werden, da dieses bereits die gewünschte Form annimmt. Es ist also nur der zweite Teil der

Gleichung für x zu modifizieren, so dass sich die folgende Funktion ergibt:

$$\left.\begin{aligned} x &= x_1 \cdot (y(t) + 1) + \alpha \cdot x(t) \\ y &= y_1 \cdot (y(t) + 1) \end{aligned}\right\} \tag{4.17}$$

Mit dem Streckfaktor α wird der Pufferbestand berücksichtigt, der zusätzlich zum Mindestbestand erforderlich ist, um unter realen Bedingungen die Leistungsfähigkeit eines Arbeitssystems zu gewährleisten. Weiter oben wurde bereits festgestellt, dass dieser Pufferbestand umso größer sein muss, je größer der ideale Mindestbestand (x_1) selbst ist. Daher bietet es sich an, diese Streckung in einem Vielfachen von x_1 auszudrücken. Diese Vereinbarung bedeutet keine Veränderung der Kurve, sondern nur einen Wechsel des Maßes.

$$\alpha = \alpha_1 \cdot x_1 \tag{4.18}$$

Werden nun noch x(t) und y(t) durch die parametrierten Funktionen der C_{Norm}-Funktion (Gl. (4.13)) ersetzt, so ergibt sich für die Beschreibung der Kennlinie:

$$\left.\begin{aligned} x &= x_1 \cdot (1 - \sqrt[C]{1 - t^C}) + \alpha_1 \cdot x_1 \cdot t \\ y &= y_1 \cdot (1 - \sqrt[C]{1 - t^C}) \end{aligned}\right\} \tag{4.19}$$

Diese Funktion ist nur innerhalb der Grenzen ($0 \leq t \leq 1$) definiert. Bei $t = 0$ nehmen x und y ebenfalls den Wert 0 an. Die Funktion beginnt somit für $t = 0$ im Ursprung des Koordinatensystems.

Für $t = 0$ folgt aus Gl. (4.19):

$$x = (\alpha_1 + 1) \cdot x_1$$
$$y = y_1$$

Dieser Punkt stellt den Maximalwert der Funktion in x- und y-Richtung dar. Daraus folgt auch, dass sich mit Gl. (4.19) eine Kennlinie prinzipiell nur bis zum $(\alpha_1 + 1)$-fachen des idealen Mindestbestandes berechnen lässt. Bei dem resultierenden Bestandswert ist rechnerisch die Vollauslastung des Arbeitssystems erreicht. In Abschn. 6.1.1 wird gezeigt, dass sich die Kennlinien dennoch auch für größere Bestandswerte erstellen lassen.

4.2.3 Parametrierung der Kennliniengleichung

Die Gl. (4.19) ermöglicht die Berechnung einer kennlinienähnlichen Funktion über vier Parameter. Neben den Parametern x_1 und y_1, die dem Mindestbestand bzw. der maximal möglichen Leistung entsprechen, sind dies die Funktionsparameter C und α_1. Ihre konkreten Werte sind allerdings noch zu bestimmen. Bevor dies

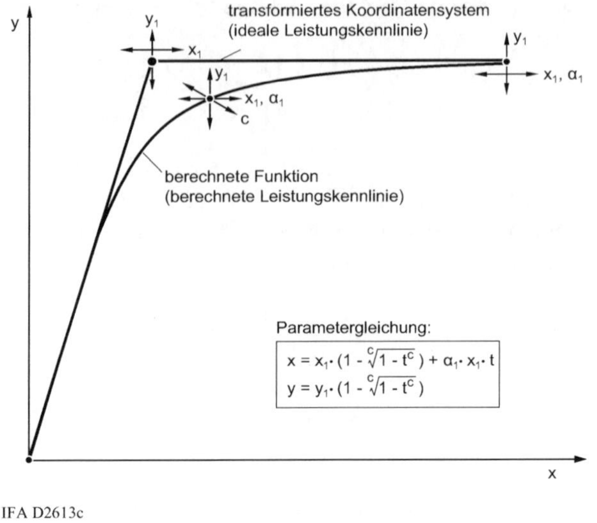

Abb. 4.9 Die Bedeutung der Parameter bei der mathematischen Beschreibung von Leistungskennlinien

geschehen kann, sollen zunächst die Parameter und ihre Bedeutungen allgemein diskutiert werden (Abb. 4.9).

Die Ausgangsüberlegung bei der Ableitung eines mathematischen Modells zur Berechnung der Leistungskennlinien bestand in der Definition eines idealen Mindestbestandes. Er hat Einfluss auf die Lage des Abknickpunktes und die Steigung des Proportionalitätsbereiches der idealen Leistungskennlinie. Bei der Ableitung der Gl. (4.19) ging der ideale Mindestbestand in Form des Parameters x_1 bei der Scherung und bei der Streckung in x-Richtung in das Modell ein. Wird der Mindestbestand variiert, so bewegen sich ideale und berechnete Kennlinie in gleicher Weise parallel zur x-Achse. Der absolute Abstand der beiden Kennlinien verändert sich. Bei konstantem Wert für α_1 bleiben jedoch die Relationen zueinander erhalten, da die Streckung in x-Richtung als ein Vielfaches von x_1 beschrieben wurde. In vertikaler Richtung werden die Kennlinien durch eine Veränderung der maximal möglichen Leistung (y_1) verschoben. Damit ändert sich auch hier der Proportionalbereich der Kennlinien. Mit x_1 und y_1 wird die ideale Kennlinie eindeutig festgelegt. Die beiden Parameterwerte ergeben sich unmittelbar aus den strukturellen Bedingungen, denen die Arbeitssysteme unterliegen. Sie bestimmen mit der idealen Kennlinie die Grenzen, in denen die berechneten Kennlinien noch geändert werden können.

Im Gegensatz dazu lassen sich die Parameter α_1 und C nicht aus arbeitssystemspezifischen Kennwerten ableiten. Dies ist allein schon in der Tatsache begründet, dass die C_{Norm}-Funktion, die zur Beschreibung der berechneten Kennlinie herangezogen wurde, letztlich eine frei gewählte Funktion ist, die auch durch andere geeignete Funktionen ersetzt werden kann. Die Ermittlung der noch unbestimmten Parameter

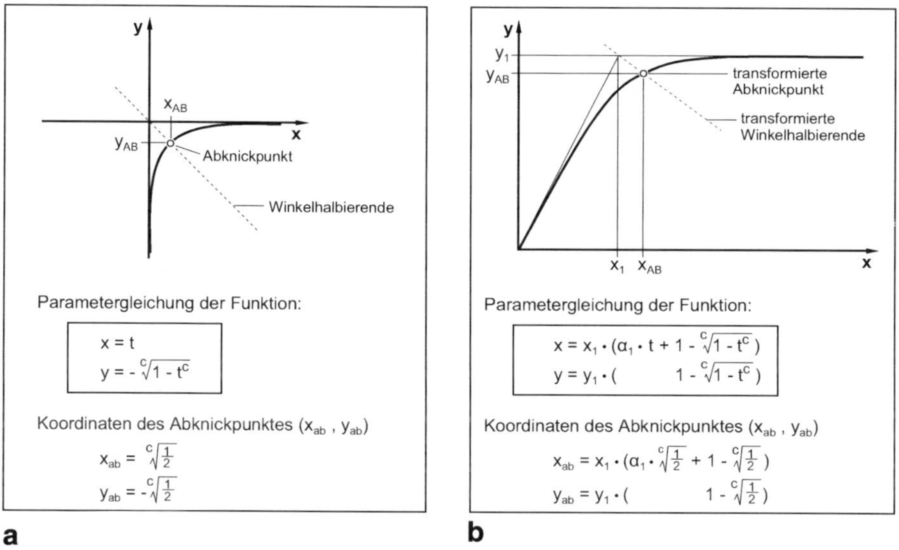

IFA D2619

Abb. 4.10 Vorgehensweise zur Ermittlung der Funktionsparameter. **a** C_{Norm}–Funktion, **b** Leistungskennlinien

und auch die Einschätzung der Güte der sich daraus ergebenden Funktion ist daher nur über empirische Untersuchungen möglich. Dennoch lassen sich noch einige allgemeine Aussagen für die hier gewählte Funktion treffen.

Mit dem Funktionswert C der C_{Norm}-Funktion wird festgelegt, wie stark sich die berechnete Kennlinie an den Abknickpunkt der idealen Kennlinie anschmiegt. Je kleiner der Wert für C ist, desto enger erscheint die berechnete Kurve. Für den Extremfall $C = 0$ deckt sich die berechnete mit der idealen Kennlinie.

Um einen Anhaltswert für C zu ermitteln, wird die Annahme getroffen, dass im originalen Koordinatensystem der Schnittpunkt der C_{Norm}-Funktion mit der Winkelhalbierenden als *Abknickpunkt* aufzufassen ist (Abb. 4.10a). Die Koordinaten (x_{AB}, y_{AB}) des so beschriebenen Punktes lassen sich damit allgemein bestimmen. Dazu wird in der Parametergleichung der C_{Norm}-Funktion (Gl. (4.13)) die sich aus dieser Annahme ergebende Beziehung $x_{AB} = -y_{AB}$ eingesetzt, um zunächst den Wert t_{AB} zu bestimmen, den die Laufvariable in diesem Punkt annimmt:

$$\left.\begin{aligned} x_{AB} &= t_{AB} \\ y_{AB} &= -t_{AB} = -\sqrt[C]{1 - t_{AB}^C} \end{aligned}\right\} \tag{4.20}$$

Daraus folgt für t_{AB}:

$$t_{AB} = \sqrt[C]{\frac{1}{2}} \tag{4.21}$$

Mit der so ermittelten Beziehung für t_{AB} ergeben sich die Koordinaten des Abknickpunktes zu:

$$\left.\begin{aligned} x_{AB} &= \sqrt[C]{\frac{1}{2}} \\ y_{AB} &= -\sqrt[C]{\frac{1}{2}} \end{aligned}\right\} \tag{4.22}$$

Auch in der transformierten Funktion lässt sich der so definierte Abknickpunkt bestimmen. Dazu wird in der Parametergleichung der Leistungskennlinie (Gl. (4.19)) ebenfalls die zuvor ermittelte Beziehung für t_{AB} eingesetzt:

$$\left.\begin{aligned} x_{AB} &= x_1 \cdot \left(1 - \sqrt[C]{\frac{1}{2}}\right) + \alpha_1 \cdot x_1 \cdot \sqrt[C]{\frac{1}{2}} \\ y_{AB} &= y_1 \cdot \left(1 - \sqrt[C]{\frac{1}{2}}\right) \end{aligned}\right\} \tag{4.23}$$

Der so festgelegte Abknickpunkt liegt auf der Geraden, die aus der Transformation der Winkelhalbierenden des originalen Koordinatensystems hervorgeht.

Für eine abschließende Bestimmung der Parameter α_1 und C ist die zuvor getroffene Vereinbarung aber noch nicht hinreichend. Daher wird aufgrund zahlreicher Untersuchungen realer Abläufe und Simulationsstudien im Weiteren festgelegt, dass als Abknickpunkt auf einer realen Kennlinie derjenige Punkt aufgefaßt werden soll, bei dem die bestandsbedingten Leistungsverluste ca. 6 % betragen. Auf die C_{Norm}-Funktion übertragen bedeutet dies, dass die Funktion die Winkelhalbierende bei $y = -0{,}06$ schneiden muss. Daraus folgt für die vorläufige Bestimmung von C (vgl. Gl. (4.22)):

$$y_{AB} = -\sqrt[C]{\frac{1}{2}} = -0{,}06 \tag{4.24}$$

$$C = \frac{\ln\left(\frac{1}{2}\right)}{\ln(0{,}06)} \cong 0{,}25 \tag{4.25}$$

Nach dieser Bestimmung von C muss noch der Parameter α_1 ermittelt werden. Dieser Parameter tauchte bei der Herleitung der Gl. (4.19) nur bei der Streckung in x-Richtung auf. Er beeinflusst somit auch die Lage des Abknickpunktes x_{AB} in der x-Richtung. Wird die Berechnungsgleichung für die x-Koordinate des definierten Abknickpunktes (Gl. (4.23)) nach α_1 aufgelöst, so ergibt sich die Beziehung:

$$\alpha_1 \cong \frac{\frac{x_{AB}}{x_1} - 1 + \sqrt[C]{\frac{1}{2}}}{\sqrt[C]{\frac{1}{2}}} \tag{4.26}$$

Zur Lösung dieser Gleichung ist es zunächst erforderlich, den Bestandswert zu bestimmen (hier als x_{AB} bezeichnet), bei dem ca. 6 % Auslastungsverluste vorliegen, die bestandsbedingte Auslastung also 94 % beträgt. Dieser Bestandswert ist anschließend zum idealen Mindestbestand (hier: x_I) ins Verhältnis zu setzen. Zur Ermittlung dieses Verhältnisses konnten umfangreiche Simulationsergebnisse herangezogen werden (vgl. [Bech-84], [Erdl-84], [Nyhu-91]), die im Rahmen unterschiedlicher Forschungsprojekte gewonnen wurden. Eine Analyse der in diesen Projekten erzeugten Leistungskennlinien ergab, dass in den untersuchten Fällen der wie oben definierte Abknickpunkt zumeist dann auftritt, wenn das Verhältnis des gemessenen mittleren Bestandes zum idealen Mindestbestand durchschnittlich etwa 1,55 beträgt (die Einzelwerte je simulierter Produktionskennlinie schwankten zwischen 1,4 und 1,7), wenn also gilt:

$$\frac{x_{AB}}{x_I} \cong 1{,}55 \tag{4.27}$$

Durch Einsetzen dieser Verhältniskennzahl und des oben ermittelten Wertes für C in Gl. (4.26) ergibt sich somit α_I zu:

$$\alpha_I \cong \frac{1{,}55 - 1 + \left(\frac{1}{2}\right)^4}{\left(\frac{1}{2}\right)^4} \cong 10 \tag{4.28}$$

Prinzipiell kann auch ein anderer Abknickpunkt zur Ermittlung der Funktionsparameter festgelegt werden. Es lässt sich jedoch zeigen, dass sich die berechneten Leistungskennlinien nur geringfügig unterscheiden, wenn die Auslastungsverluste im Abknickpunkt mit Werten zwischen 3 % und 10 % angenommen werden.

In Abb. 4.11 sind die Leistungskennlinien für drei verschiedene Parameterkonstellationen dargestellt. Ermittelt wurden die jeweiligen Parameter C und α_I entsprechend der zuvor beschrieben Vorgehensweise (G. (4.25) und (4.26)). Es zeigt sich, dass mit der Definition des Abknickpunktes festgelegt wird, wie stark sich die Funktion an die ideale Leistungskennlinie anschmiegt und bei welchen Beständen rechnerisch keine bestandsbedingten Auslastungsverluste mehr auftreten. Bei einem angenommenen Auslastungsverlust von 3 % im Abknickpunkt ist die resultierende Funktion bei geringen Beständen etwas steiler, jedoch muss sie über den Parameter α_I stark gestreckt werden. Wird hingegen ein hoher Auslastungsverlust im Abknickpunkt angenommen (hier: 10 %), so ergibt sich eine Funktion, die bei geringen Beständen nicht so steil verläuft, die aber auch nicht so stark getreckt wird ($\alpha_I = 3$). Die rechnerische Vollauslastung wird daher bei relativ geringen Beständen erreicht.

Trotz der Unterschiede lässt sich feststellen, dass die prinzipielle Form der Leistungskennlinie weitgehend unabhängig ist von der Definition des Abknickpunktes und dass auch die absoluten Abweichungen zwischen den drei dargestellten Funktionen nicht sehr ausgeprägt sind. Die in [Nyhu-91] durchgeführten Untersuchungen bestätigen jedoch, dass mit der Parameterkonstellation $C = 0{,}25$ und $\alpha_I = 10$ die insgesamt höchste Übereinstimmung zwischen berechneten Leistungskennlinien und den zugrundeliegenden Simulationsergebnissen erzielt werden konnte. Für die nachfolgenden Ausführungen wird der Parameter α_I dennoch weiterhin als variable

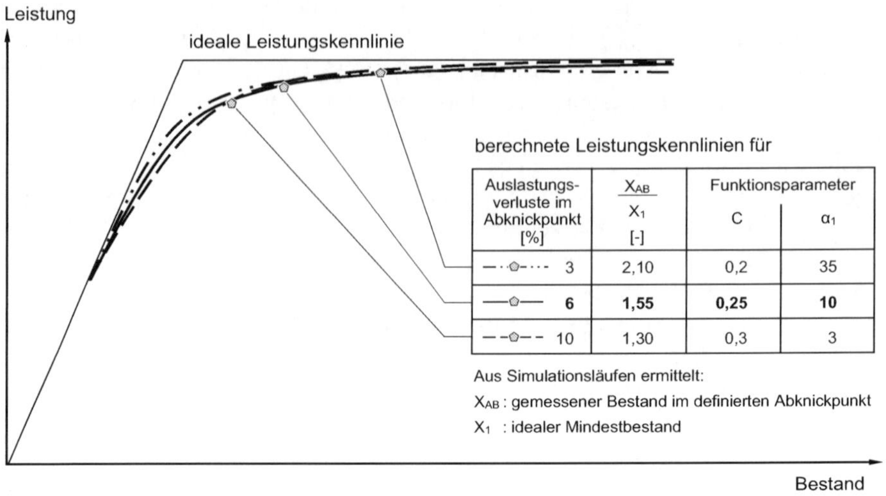

IFA G7576

Abb. 4.11 Berechnete Leistungskennlinien bei Variation der Funktionsparameter

Größe geführt. Dieses Vorgehen bietet die Möglichkeit, eine Adaption der Kennliniengleichung an veränderte Rahmenbedingungen durchzuführen und somit den Gültigkeitsbereich der Kennlinientheorie auszuweiten.

Es sei an dieser Stelle angemerkt, dass hier zur Bestimmung der Kennlinienparameter zwar auf unterschiedliche Simulationsversuche zurückgegriffen wurde, diese jedoch einige wesentliche Gemeinsamkeiten aufwiesen. So wurden alle Simulationsversuche mit dem Simulator PROSIM III (vgl. Abschn. 3.2) bzw. den Vorgängersystemen durchgeführt. Abgebildet wurden jeweils Werkstattfertigungen. Den einzelnen Simulationsversuchen gingen dabei umfangreiche Modelltests voraus. Das heißt insbesondere, dass die in der Simulation eingestellten Kapazitäten an das reale Abfertigungsverhalten angepaßt wurden. Dabei kann grundsätzlich unterstellt werden, dass in der Realität die Kapazität, zumindest in Grenzen, an den Kapazitätsbedarf angepaßt wurde. Zudem wurde im Rahmen der Simulationsversuche der Auftragseinstoß durch die Belastungsorientierte Auftragsfreigabe realisiert ([Bech-84], [Wien-87]). Dieses Fertigungssteuerungsverfahren bietet die Möglichkeit, gezielt die Bestände in einer (simulierten) Fertigung zu variieren, so dass es im Rahmen der zugrundegelegten Simulationsversuche u. a. dazu herangezogen wurde, Produktionskennlinienpunkte simulativ zu erzeugen. Die Anwendung dieses Steuerungsverfahrens bewirkt aber auch, dass die Belastung an den einzelnen Arbeitssystemen aktiv geregelt und an die bereitgestellte Kapazität der Arbeitssysteme angepasst wird. Auf die Bedeutung dieser Aussage insbesondere im Hinblick auf die Bestimmung und den Gültigkeitsbereich von α_1 wird in Abschn. 4.7 noch näher eingegangen.

4.3 Berechnung von Leistungskennlinien

Mit der im vorhergehenden Abschnitt abgeleiteten Näherungsgleichung liegt eine Funktion vor, über die eine Berechnung einer Leistungskennlinie möglich ist. Durch Einsetzen der im Abschn. 4.2.3 ermittelten Parameter in Gl. (4.19) folgt somit für die Leistungskennlinie:

$$\left.\begin{aligned} B_m(t) &= BI_{\min} \cdot \left(1 - (1 - \sqrt[4]{t})^4\right) + BI_{\min} \cdot \alpha_1 \cdot t \\ L_m(t) &= L_{\max} \cdot \left(1 - (1 - \sqrt[4]{t})^4\right) \end{aligned}\right\} \tag{4.29}$$

In Gl. (4.19) wurden dabei die folgenden Ersetzungen vorgenommen:

x(t)	$\rightarrow$	$B_m(t)$	:	Mittlerer Bestand (als Funktion von t) [Std]
y(t)	$\rightarrow$	$L_m(t)$	:	Mittlere Leistung (als Funktion von t) [Std/BKT]
x_1	$\rightarrow$	BI_{min}	:	Idealer Mindestbestand [Std]
y_1	$\rightarrow$	L_{max}	:	Maximal mögliche Leistung [Std/BKT]
C	$\rightarrow$	1/4	:	Funktionswert der C_{Norm}-Funktion [-]

Mit dem Gleichungssystem (4.29) lässt sich für jedes t ($0 \leq t \leq 1$) bei gegebenem BI_{min}, L_{max} und α_1 ein Wertepaar für den Bestand und die Leistung berechnen. Durch die Kombination mehrerer solcher Wertepaare ($B_m(t)$, $L_m(t)$) entsteht dann eine punktweise angenäherte Leistungskennlinie. Auf die Erläuterung der Berechnung wird hier verzichtet, ein konkretes Beispiel findet sich in Abschn. 6.1.1.

In Abb. 4.12 sind einige Wertepaare und die damit angenährte berechnete Leistungskennlinie dargestellt. Anhand dieser Graphik soll auf einige Besonderheiten des Gleichungssystems hingewiesen werden.

Zunächst lässt sich durch Umwandlung der Gleichung für die Leistung feststellen, dass der darin enthaltene Klammerausdruck das Verhältnis von berechneter Leistung $L_m(t)$ zur maximal möglichen Leistung L_{max} darstellt und somit auch als mittlere bestandsabhängige Auslastung $A_m(t)$ interpretiert werden kann:

$$A_m(t) = \frac{L_m(t)}{L_{\max}} \cdot 100 = \left(1 - (1 - \sqrt[4]{t})^4\right) \cdot 100 \tag{4.30}$$

mit

$A_m(t)$	Mittlere bestandsabhängige Auslastung [%]
$L_m(t)$	Mittlere Leistung [Std/BKT]
L_{max}	Maximal mögliche Leistung [Std/BKT]
t	Laufvariable ($0 \leq t \leq 1$)

Der Gleichungsanteil für den Bestand $B_m(t)$ lässt sich in zwei signifikante und unmittelbar interpretierbare Bestandteile ($B_B(t)$ und $B_P(t)$) aufteilen:

$$B_m(t) = B_B(t) + B_P(t) \tag{4.31}$$

$$B_B(t) = BI_{\min} \cdot \left(1 - (1 - \sqrt[4]{t})^4\right) = \frac{BI_{\min} \cdot A_m(t)}{100} \tag{4.32}$$

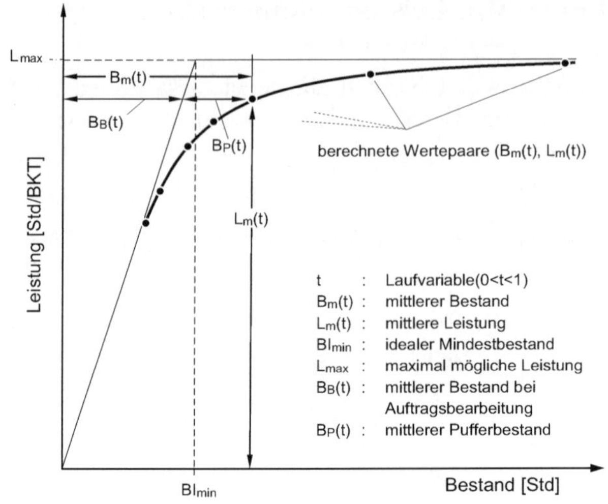

Abb. 4.12 Bestandteile der Leistungskennlinie

$$B_P(t) = BI_{\min} \cdot \alpha_1 \cdot t \tag{4.33}$$

mit

$B_m(t)$ Mittlerer Bestand [Std]
$B_B(t)$ Mittlerer Bestand bei Auftragsbearbeitung [Std]
$B_P(t)$ Mittlerer Pufferbestand [Std]
BI_{min} Idealer Mindestbestand [Std]
$A_m(t)$ Mittlere bestandsabhängige Auslastung [%]
α_1 Streckfaktor [-]
t Laufvariable ($0 \leq t \leq 1$)

Gemäß dieser Beschreibung besteht der Bestand zum einen aus dem Anteil, der bei der Auftragsbearbeitung selbst anfällt ($B_B(t)$). Dieser Anteil kann maximal so groß werden wie der ideale Mindestbestand. Dies ist der Fall, wenn sich zu jedem Zeitpunkt ein Auftrag an dem betrachteten Arbeitssystem in Bearbeitung befindet. Wenn es jedoch aufgrund von Materialflussabrissen zu Auslastungsverlusten kommt, so reduziert sich dieser Bestandsanteil dementsprechend proportional.

Der zweite Bestandsanteil ($B_P(t)$) repräsentiert den Bestand der wartenden Aufträge. Er kann somit als Pufferbestand interpretiert werden. An Gl. (4.33) ist zu erkennen, dass auch dieser Bestandsanteil durch BI_{min} bestimmt wird. Auf die Praxis übertragen bedeutet dies, dass der zur Sicherung der Auslastung erforderliche Pufferbestand von der mittleren Auftragszeit und insbesondere von deren Streuung abhängig ist. Weiterhin wird die absolute Größe des Pufferbestandes durch den empirisch ermittelten Streckfaktor α_1 bestimmt. Gerade die graphische Darstellung in Abb. 4.12 zeigt aber auch, dass sich dieser nicht proportional zur Auslastung des Arbeitssystems verhält. Vielmehr wächst er überproportional mit steigender Auslastung an. Dies korrespondiert mit Erfahrungen aus der Praxis, nach denen gerade dann, wenn eine hohe Auslastung gewährleistet werden soll, ein sehr hoher Bestand vorgehalten werden muss, um so alle Streuungen im Auftragszugang kompensieren zu können. Werden jedoch geringe Auslastungsverluste in Kauf genommen, so ist eine starke Bestandsreduzierung möglich. In der Gl. (4.33) wird dieser Zusammenhang über die Laufvariable t beschrieben (vgl. auch Gl. (4.30)).

Für die Leistungskennlinie lässt sich nun auch eine Berechnungsgleichung aufstellen, die nicht mehr von der Laufvariablen t abhängig ist. Dazu ist zunächst Gl. 4.30 nach t aufzulösen:

$$t = \left(1 - \sqrt[4]{1 - \frac{A_m}{100}}\right)^4 \tag{4.34}$$

mit

A_m Mittlere bestandsabhängige Auslastung [%]
t Laufvariable ($0 \leq t \leq 1$)

Durch Einsetzen von Gl. (4.34) in (4.29) lässt sich somit der Bestand unmittelbar als Funktion der Auslastung A_m (4.35) bzw. der Leistung L_m (4.36) schreiben:

$$B_m(A_m) = BI_{\min} \cdot \frac{A_m}{100} + BI_{\min} \cdot \alpha_1 \cdot \left(1 - \sqrt[4]{1 - \frac{A_m}{100}}\right)^4 \tag{4.35}$$

$$B_m(L_m) = BI_{\min} \cdot \frac{L_m}{L_{\max}} + BI_{\min} \cdot \alpha_1 \cdot \left(1 - \sqrt[4]{1 - \frac{L_m}{L_{\max}}}\right)^4 \tag{4.36}$$

mit

B_m Mittlerer Bestand [Std]
BI_{min} Idealer Mindestbestand [Std]
α_1 Streckfaktor [-]
A_m Mittlere Auslastung ($0 < A_m < 100$) [%]
L_m Mittlere Leistung ($0 < L_m < L_{max}$) [Std/BKT]
L_{max} Maximal mögliche Leistung [Std/BKT]

Nachfolgend wird jedoch weiterhin die Schreibweise in Form der Gl. (4.29) angewandt, um darüber zum Ausdruck zu bringen, dass die Berechnung der Variablen mit Hilfe der Kennlinientheorie erfolgt.

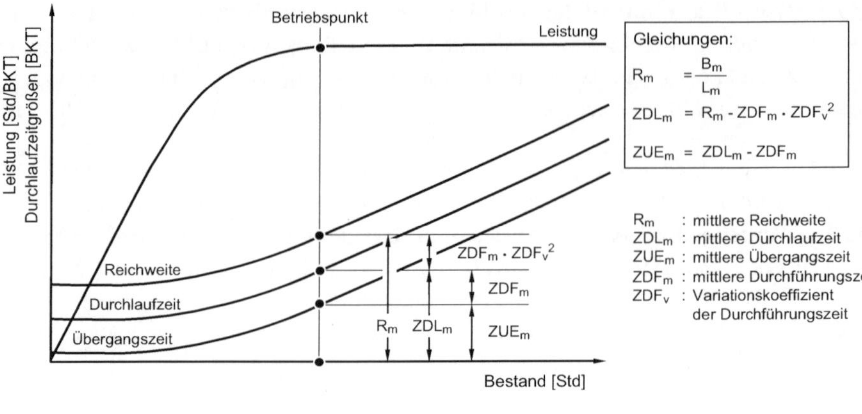

IFA D3170

Abb. 4.13 Darstellung der mathematischen Zusammenhänge zwischen ausgewählten Zeitgrößen bei auftragszeitunabhängigen Reihenfolgeregeln

4.4 Berechnung von Kennlinien für Zeitgrößen

Für die Kennlinien der Reichweite, der Durchlaufzeit und der Übergangszeit lassen sich ebenfalls Näherungsgleichungen über die affine Transformation der C_{Norm}-Funktion oder einer anderen geeigneten Grundfunktion ableiten. Das Vorgehen entspricht weitgehend dem der Ableitung der Leistungskennlinie. Die Unterschiede ergeben sich im Wesentlichen in der Festlegung eines anderen Bezugskoordinatensystems: Statt der idealen Leistungskennlinie ist hier die Transformation auf der Basis der idealen Kennlinien für die verschiedenen Durchlaufzeitgrößen aufzubauen.

Es besteht aber auch die Möglichkeit, die Durchlaufzeitkennlinien über berechnete Leistungskennlinien und die in Kap. 2 beschriebenen Grundlagen der Produktionslogistik zu ermitteln. Dieser zweite Weg wird nachfolgend beschrieben.

Die Reichweite ergibt sich gemäß der Trichterformel (Gl. (2.16)) aus dem Bestands- Leistungsverhältnis. Diese Beziehung gilt selbstverständlich auch für die berechneten Werte $B_m(t)$ und $L_m(t)$, so dass für die Reichweite gilt (Abb. 4.13):

$$R_m(t) = \frac{B_m(t)}{L_m(t)} \tag{4.37}$$

mit

$R_m(t)$ Mittlere Reichweite [BKT]
$B_m(t)$ Mittlerer Bestand [Std]
$L_m(t)$ Mittlere Leistung [Std/BKT]

Eine entsprechende Beschreibung der Kennlinie der ungewichteten Durchlaufzeit ist nicht unmittelbar möglich. Little's Law (s. Abschn. 2.3) lässt sich aufgrund der unterschiedlichen Dimensionsangaben für den Bestand (in Little's Law wird der Bestand in Anzahl Aufträge angegeben) nicht anwenden. Wie bereits in Abschn. 2.3 erwähnt wurde, ist es auch nicht zulässig, den Bestand in der Dimension Vorgabestunden über das Produkt der mittleren Auftragszeit ZAU_m und dem mittleren Bestand in der Dimension Anzahl Aufträge auszudrücken:

$$B_m \neq BA_m \cdot ZAU_m \quad (f\ddot{u}r \quad ZAU_v > 0) \tag{4.38}$$

mit

B_m Mittlerer Bestand (in Vorgabestunden) [Std]
BA_m Mittlerer Bestand (in Anzahl Aufträge) [-]
ZAU_m Mittlere Auftragszeit [Std]

Der Nachweis für diese Ungleichung lässt sich leicht anhand der Definition des idealen Mindestbestandes führen: Bei der Ableitung von BI_{min} wurde u. a. unterstellt, dass sich immer genau ein Auftrag an einem System befindet, BA_m also gleich 1 ist. Entsprechend Gl. (4.3) ist der in dieser Situation vorliegende mittlere Bestand aber größer als die mittlere Auftragszeit (für $ZAU_v > 0$). Damit ist nachgewiesen, dass zumindest für diesen Betriebszustand eine direkte Umrechung der beiden Bestandsangaben über die mittlere Auftragszeit nicht zulässig ist.

Um dennoch eine Berechnungsgleichung für die Durchlaufzeitkennlinie ableiten zu können, bietet es sich an, auf die Zusammenhänge und Gleichungen zurückzugreifen, die bei der Ableitung der idealen Kennlinien dargelegt wurden. Dort wurde bezüglich der Durchlaufzeitkennlinie und der Übergangszeitkennlinie unterstellt, dass diese unter der Voraussetzung einer auftragszeitunabhängigen Abarbeitungsreihenfolge (z. B. bei FIFO) parallel zur Reichweitenkennlinie verlaufen. Dieser Zusammenhang konnte in [Ludw-92] auch empirisch nachgewiesen werden. Weiterhin konnten die Mindestwerte für die Reichweite R_{min} und die Durchlaufzeit ZDL_{min} beschrieben werden (Gl. (4.8) und (4.9)). Die Differenz dieser beiden Werte beschreibt den Abstand der beiden Kennlinien:

$$R_{\min} - ZDL_{\min} = ZDF_m \cdot ZDF_v^2 \tag{4.39}$$

mit

R_{min} Mindestreichweite [BKT]
ZDL_{min} Mindestdurchlaufzeit [BKT]
ZDF_m Mittlere Durchführungszeit [BKT]
ZDF_v Variationskoeffizient der Durchführungszeit [-]

Damit folgt für die Kennlinie der Durchlaufzeit:

$$ZDL_m(t) = R_m(t) - ZDF_m \cdot ZDF_v^2 \tag{4.40}$$

mit

$ZDL_m(t)$ Mittlere Durchlaufzeit [BKT]
$R_m(t)$ Mittlere Reichweite [BKT]
ZDF_m Mittlere Durchführungszeit [BKT]
ZDF_v Variationskoeffizient der Durchführungszeit [-]

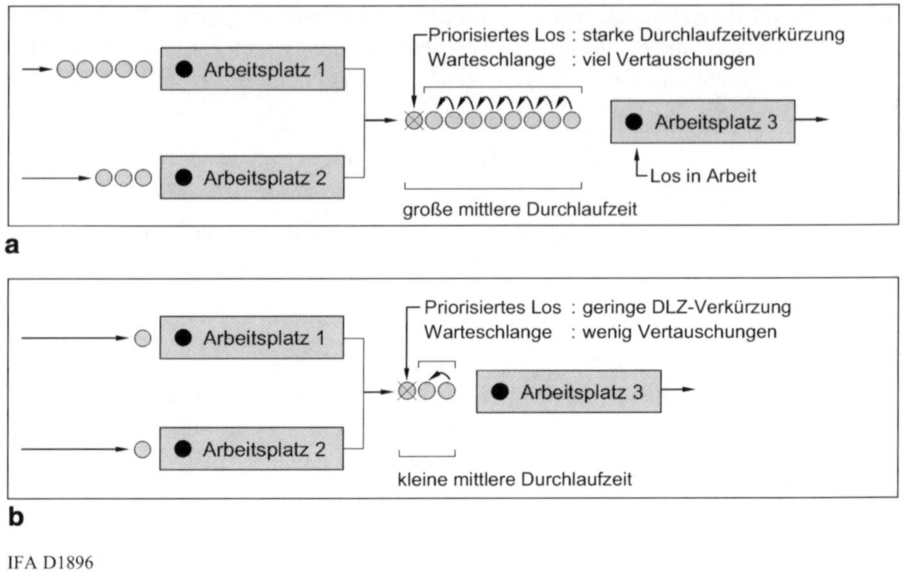

Abb. 4.14 Einfluss von Reihenfolgevertauschungen bei unterschiedlichen Warteschlangen. **a** große Warteschlange, **b** Kleine Warteschlange. (Ulfers, Siemens AG)

Unter der Voraussetzung einer auftragszeitunabhängigen Abfertigungsreihenfolge und ungleicher Arbeitsinhalte der Aufträge ist die mittlere Durchlaufzeit somit immer kleiner als die mittlere Reichweite. Das Maß der Differenz wird dabei im Wesentlichen durch die Streuung der Durchführungszeiten bestimmt.

Da sich die Durchlaufzeit aus der Übergangszeit und der Durchführungszeit zusammensetzt, folgt für die Übergangszeitkennlinie:

$$ZUE_m(t) = ZDL_m(t) - ZDF_m \tag{4.41}$$

mit

$ZUE_m(t)$ Mittlere Übergangszeit [BKT]
$ZDL_m(t)$ Mittlere Durchlaufzeit [BKT]
ZDF_m Mittlere Durchführungszeit [BKT]

Die Kennlinien für die Durchlaufzeit und die Übergangszeit konnten in der vorliegenden Form nur unter der Voraussetzung auftragszeitunabhängiger Abarbeitungsreihenfolgen abgeleitet werden. In einer Vielzahl von Untersuchungen verschiedener Autoren wurde jedoch nachgewiesen, dass Reihenfolgeregeln die ungewichtete Durchlaufzeit beeinflussen ([Berr-70], [Hold-86]). Wie bereits in Abschn. 2.2 ausgeführt wurde, ist die Durchlaufzeit bei Anwendung der KOZ-Reihenfolgeregel geringer als bei dem FIFO-Prinzip, bei der LOZ-Regel ist sie größer. Das Maß der möglichen Abweichungen wird dabei u. a. von der Höhe des Bestandes beeinflusst: Abb. 4.14 [Ulfe-86] zeigt, dass bei großen Warteschlangen der Effekt einer Reihenfolgevertauschung wesentlich ausgeprägter ist als bei geringen Beständen.

Ein geringer Bestand erzwingt in immer stärkerem Maße die Abfertigung nach dem FIFO-Prinzip, die daher auch als natürliche Abfertigungsregel bezeichnet wird.

Da weder die mittlere Durchführungszeit noch die ggf. zu berücksichtigende mittlere Transportzeit durch eine Reihenfolgeregel beeinflusst werden können, verbleiben lediglich die Liegezeiten (Liegen vor Bearbeitung und Liegen nach Bearbeitung; vgl. Abb. 2.3) als veränderliche Zeitanteile. Bei einer Abfertigung nach dem FIFO-Prinzip berechnet sich die Summe der Liegezeiten wie folgt:

$$ZL_{FIFO}(t) = ZDL_m(t) - ZDF_m - ZTR_m \tag{4.42}$$

mit

$ZL_{FIFO}(t)$	Mittlere Liegezeit bei Anwendung der FIFO-Reihenfolgeregel [BKT]
$ZDL_m(t)$	Mittlere Durchlaufzeit [BKT]
ZDF_m	Mittlere Durchführungszeit [BKT]
ZTR_m	Mittlere Transportzeit [BKT]

Bei geringen Beständen strebt die Liegezeit gegen Null. Reihenfolgeregeln können somit nicht greifen. Mit wachsenden Beständen jedoch bestehen immer mehr Möglichkeiten, einzelne Aufträge gezielt vorzuziehen und damit die Liegezeiten zu beeinflussen. Der Effekt ist dabei um so größer, je stärker die Arbeitsinhalte streuen. Die Auswertungen von speziellen Simulationsversuchen zeigten, dass sich die Liegezeiten für einzelne Arbeitssysteme mit einer guten Näherung über die Gl. (4.43) bzw. Gl. (4.44) beschreiben lassen, wenn das LOZ- bzw. das KOZ-Prinzip zur Reihenfolgebildung herangezogen wird:

$$ZL_{LOZ}(t) \approx ZL_{FIFO}(t) \cdot \left(1 + ZDF_v^2\right) \tag{4.43}$$

$$ZL_{KOZ}(t) \approx ZL_{FIFO}(t) \cdot \frac{1}{\left(1 + ZDF_v^2\right)} \tag{4.44}$$

mit

$ZL_{LOZ}(t)$	Mittlere Liegezeit bei Anwendung der LOZ-Reihenfolgeregel [BKT]
$ZL_{KOZ}(t)$	Mittlere Liegezeit bei Anwendung der KOZ-Reihenfolgeregel [BKT]
$ZL_{FIFO}(t)$	Mittlere Liegezeit bei Anwendung der FIFO-Reihenfolgeregel [BKT]
ZDF_v	Variationskoeffizient der Durchführungszeit [-]

Für die Durchlaufzeiten folgt somit:

$$ZDL_{LOZ}(t) \approx ZL_{FIFO}(t) \cdot \left(1 + ZDF_v^2\right) + ZDF_m + ZTR_m \tag{4.45}$$

und

$$ZDL_{KOZ}(t) \approx ZL_{FIFO}(t) \cdot \frac{1}{\left(1 + ZDF_v^2\right)} + ZDF_m + ZTR_m \tag{4.46}$$

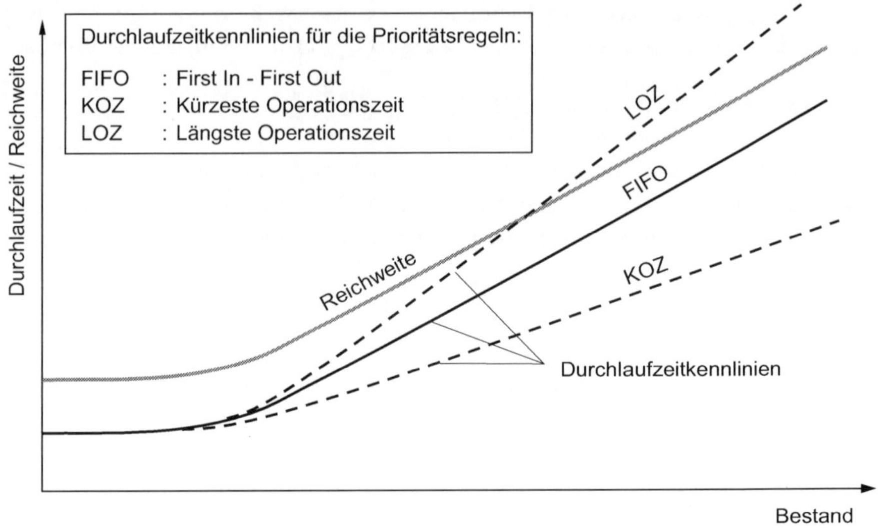

Abb. 4.15 Kennlinien der Durchlaufzeit bei unterschiedlichen Reihenfolgeregeln

mit

$ZL_{LOZ}(t)$	Mittlere Liegezeit bei Anwendung der LOZ-Reihenfolgeregel [BKT]
$ZL_{KOZ}(t)$	Mittlere Liegezeit bei Anwendung der KOZ-Reihenfolgeregel [BKT]
$ZL_{FIFO}(t)$	Mittlere Liegezeit bei Anwendung der FIFO-Reihenfolgeregel [BKT]
ZDF_v	Variationskoeffizient der Durchführungszeit [-]
ZDF_m	Mittlere Durchführungszeit [BKT]
ZTR_m	Mittlere Transportzeit [BKT]

Die sich damit ergebenden Kennlinien sind in Abb. 4.15 dargestellt. Zusammenfassend lassen sich die folgenden wesentlichen Merkmale der Durchlaufzeitkennlinien hervorheben:

- Die Reichweite wird ausschließlich über das Bestands-Leistungsverhältnis beschrieben und ist somit unabhängig von der Abarbeitungsreihenfolge der Aufträge.
- Die (ungewichtete) Durchlaufzeit ist bei einer auftragszeitunabhängigen Reihenfolgeregel und ungleichmäßigen Arbeitsinhalten immer kleiner als die Reichweite. Die Differenz der beiden Kennlinien wird durch das Maß der Streuung der Arbeitsinhalte bestimmt.
- Die Anwendung von Reihenfolgeregeln hat mit sinkenden Beständen einen immer geringeren Einfluss auf die Durchlaufzeit. Oberhalb des idealen Mindestbestandes wird jedoch die Steigung der Durchlaufzeitkennlinien durch die vorliegende Reihenfolgeregel beeinflusst. Der Effekt ist dabei um so größer, je stärker die Arbeitsinhalte der Aufträge streuen.

Abschließend sei angemerkt, dass für die Berechnung von Durchlaufzeitkennlinien ein eingeschwungener Prozesszustand vorausgesetzt werden muss. Insbesondere gilt, dass die mittlere Reichweite der mittleren gewichteten Durchlaufzeit entsprechen muss, dass also keine tendenziellen Bestandsveränderungen im Untersuchungszeitraum auftreten. Zudem ist darauf hinzuweisen, dass die Gl. (4.43)–(4.46) nur bei Einzelarbeitssystemen gelten. Bei Arbeitsplatzgruppen mit sich ersetzenden Arbeitssystemen sind zum Teil noch weit stärkere Einflüsse der Reihenfolgeregeln auf die Durchlaufzeit feststellbar.

4.5 Normierte Produktionskennlinien

Bei einer Reihe von Fragestellungen ist es hilfreich, die Bezugsgrößen zu normieren, um damit Aussagen treffen zu können, die unabhängig von systemspezifischen Rahmenbedingungen sind. Dazu ist es notwendig, geeignete Bezugswerte für eine solche Normierung festzulegen. Für die Leistung und den Bestand bietet es sich an, diese Größen auf den idealen Betriebszustand zu beziehen und so als relative Größen auszudrücken. Bei der Diskussion der Leistungskennlinie wurde eine solche Normierung über die Definition der mittleren bestandsabhängigen Auslastung A_m (als Verhältnis von L_m und L_{max}) bereits vorgenommen (vgl. Abschn. 4.3). Zur Beschreibung eines *relativen Bestandes* wird der mittlere Bestand auf den idealen Mindestbestand bezogen. Es gilt also:

$$B_{rel}(t) = \frac{B_m(t)}{BI_{\min}} \cdot 100 \tag{4.47}$$

mit

$B_{rel}(t)$ Mittlerer relativer Bestand [%]
$B_m(t)$ Mittlerer Bestand [Std]
BI_{min} Idealer Mindestbestand [Std]

Werden der ideale Mindestbestand und die maximal mögliche Auslastung im Sinne der Normierung je zu 100 % gesetzt, so folgt daraus für die *normierte Leistungskennlinie*:

$$\left.\begin{aligned} B_{rel}(t) &= 100 \cdot \left(1 - (1 - \sqrt[4]{t})^4\right) + 100 \cdot \alpha_1 \cdot t \\ A_m(t) &= 100 \cdot \left(1 - (1 - \sqrt[4]{t})^4\right) \end{aligned}\right\} \tag{4.48}$$

mit

$B_{rel}(t)$ Mittlerer relativer Bestand [%]
$A_m(t)$ Mittlere bestandsabhängige Auslastung [%]
α_1 Streckfaktor [-]
t Laufvariable ($0 \leq t \leq 1$)

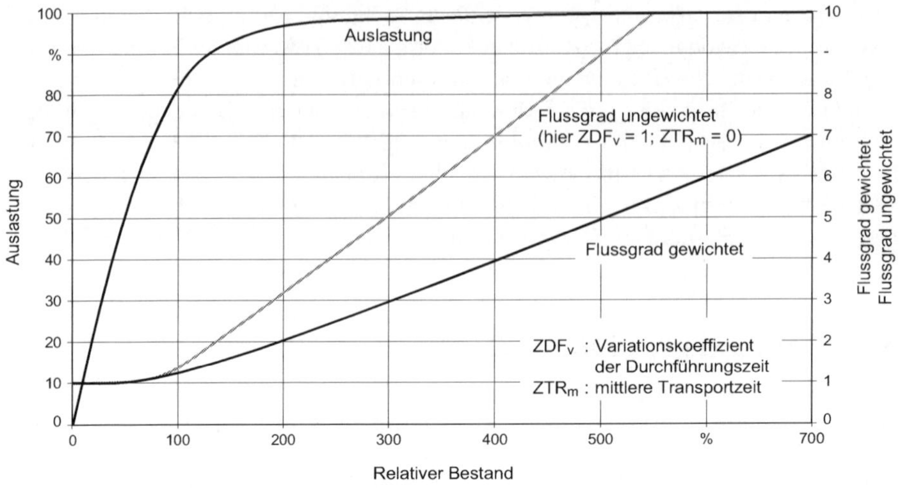

IFA D3877

Abb. 4.16 Normierte Produktionskennlinien

Die über diese Gleichung berechnete *Auslastungskennlinie* ist in Abb. 4.16 dargestellt. Dabei wurde für α_1 der Wert 10 zugrundegelegt. Die Graphik beschreibt, wie sich unabhängig von den jeweils vorliegenden Auftragszeitstrukturen und der Arbeitssystemkapazität eine Bestandsveränderung auf die Auslastung des Arbeitssystems auswirkt. Sie besagt beispielsweise, dass die bestandsbedingten Auslastungsverluste ca. 17 % betragen, wenn der mittlere Bestand dem idealen Mindestbestand entspricht. Bei einer Bestandsverdoppelung reduzieren sich die Auslastungsverluste auf ca. 3 %, bei einer Verdreifachung auf etwa 1 %.

Ein relatives Maß für die Durchlaufzeit ist der *Flussgrad*. Nachfolgend wird dabei unterschieden zwischen dem gewichteten und dem ungewichteten Flussgrad. Setzt man zunächst in Analogie zur Trichterformel den relativen Bestand zur Auslastung ins Verhältnis, so erhält man als normierte Größe für die Reichweite den *gewichteten Flussgrad* FG_{mg}. Dieser kann auch über das Verhältnis der Reichweite zur Mindestreichweite errechnet werden:

$$FG_{mg}(t) = \frac{B_{rel}(t)}{A_m(t)} = \frac{R_m(t)}{R_{\min}} \tag{4.49}$$

mit

$FG_{mg}(t)$	Mittlerer gewichteter Flussgrad [-]
$B_{rel}(t)$	Mittlerer relativer Bestand [%]
$A_m(t)$	Mittlere bestandsbedingte Auslastung [%]
$R_m(t)$	Mittlere Reichweite [BKT]
R_{min}	Mindestreichweite [BKT]

Der *mittlere ungewichtete Flussgrad* FG_m ergibt sich aus dem Verhältnis der mittleren ungewichteten Durchlaufzeit zur Mindestdurchlaufzeit (vgl. Gl. (2.11)):

$$FG_m(t) = \frac{ZDL_m(t)}{ZDL_{\min}} \tag{4.50}$$

mit

$FG_m(t)$	Mittlerer ungewichteter Flussgrad [-]
$ZDL_m(t)$	Mittlere Durchlaufzeit [BKT]
ZDL_{min}	Mindestdurchlaufzeit [BKT]

Durch einige Umformungen lassen sich die Gleichungen für den gewichteten Flussgrad $FG_{mg}(t)$ und den ungewichteten Flussgrad $FG_m(t)$ auch wie folgt ausdrücken:

$$FG_{mg}(t) = 1 + \frac{100 \cdot \alpha_1 \cdot t}{A_m(t)} \tag{4.51}$$

$$FG_m(t) = 1 + \frac{100 \cdot \alpha_1 \cdot t}{A_m(t)} \cdot \left(1 + \frac{ZDF_m \cdot ZDF_v^2}{ZDF_m + ZTR_m}\right) \tag{4.52}$$

bzw. bei Vernachlässigung der Transportzeiten:

$$FG_m(t) = 1 + \frac{100 \cdot \alpha_1 \cdot t}{A_m(t)} \cdot \left(1 + ZDF_v^2\right) \tag{4.53}$$

mit

$A_m(t)$	Mittlere bestandsbedingte Auslastung [%]
α_1	Streckfaktor [-]
ZDF_m	Mittlere Durchführungszeit [BKT]
ZDF_v	Variationskoeffizient der Durchführungszeit [-]
ZTR_m	Mittlere Transportzeit [BKT]
t	Laufvariable ($0 \leq t \leq 1$)

Der Zusammenhang zwischen dem ungewichteten und dem gewichteten Flussgrad schließlich wird beschrieben über:

$$FG_m(t) = FG_{mg}(t) \cdot \left(1 + ZDF_v^2\right) - ZDF_v^2 \tag{4.54}$$

mit

$FG_{mg}(t)$	Mittlerer gewichteter Flussgrad [-]
$FG_m(t)$	Mittlerer ungewichteter Flussgrad [-]
ZDF_v	Variationskoeffizient der Durchführungszeit [-]

In Abb. 4.16 sind zusätzlich zur Auslastungskennlinie auch die Kennlinien für den gewichteten und den ungewichteten Flussgrad eingezeichnet, letztere unter der Annahme vernachlässigbarer Transportzeiten und eines Variationskoeffizienten der Durchführungszeit von $ZDF_v = 1$. Wie anhand der vorstehenden Gleichungen ersichtlich wird, ist die Kennlinie für den ungewichteten Flussgrad umso steiler, je

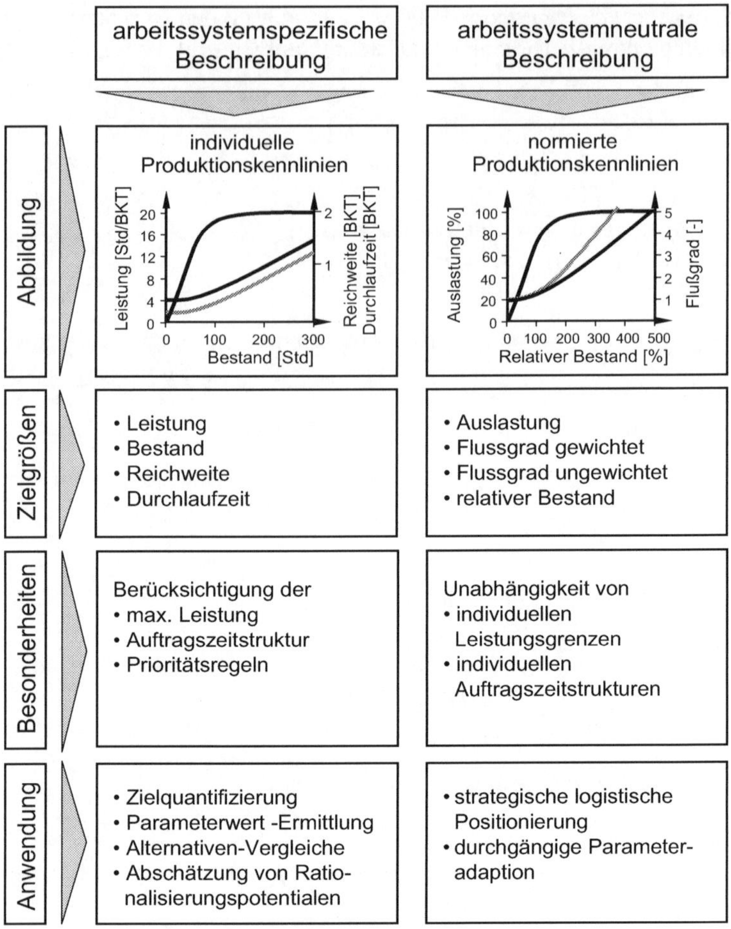

IFA D3346A

Abb. 4.17 Produktionskennlinien als Erklärungsmodelle produktionslogistischer Gesetzmäßigkeiten (Ludwig)

inhomogener die Arbeitsinhalte der Aufträge sind. Die Graphik zeigt, dass schon bei dem hier zugrundegelegten und in der Praxis häufig zu findenden Variationskoeffizienten von 1 (vgl. Abb. 2.2) ein ungewichteter Flussgrad von > 5 erforderlich ist, um eine Vollauslastung der Arbeitssysteme gewährleisten zu können.

Die wesentlichen Unterschiede zwischen arbeitssystemspezifischen (individuellen) und normierten Produktionskennlinien sind in Abb. 4.17 [Ludw-94] zusammenfassend gegenübergestellt. Hervorzuheben ist insbesondere, dass die normierten Kennlinien aufgrund ihrer Unabhängigkeit von individuellen Leistungsgrenzen und Auftragszeitstrukturen eine strategische logistische Positionierung sowie eine durchgängige Parameteradaption bei den wesentlichen Funktionen der Produktionsplanung und -steuerung unterstützen. Werden hingegen für die jeweilige Aufgabenstellung absolute Kennzahlen für die logistischen Zielgrößen benötigt, sind die arbeitssystembezogenen Kennlinien von Vorteil.

4.6 Kennlinientheorie und Little's Law – eine Modellsynthese

Eine der Voraussetzungen, die die Ableitung der Kennlinientheorie in der vorliegenden Form ermöglichte, bestand darin, dass der Bestand in der Dimension Vorgabestunden angegeben wurde. Eine solche Betrachtungsweise ist besonders dann sinnvoll, wenn die Belastung und die Auslastung der Arbeitssysteme betrachtet wird, da auch die Kapazität bzw. die Leistung in aller Regel in Stunden pro Zeiteinheit angegeben wird. Ein hoher Bestand ist jedoch lediglich Ausdruck für einen großen Arbeitsvorrat, er steht aber nicht zwangsläufig für viele Aufträge und große Warteschlangen. So ist die Höhe des Bestandes an einem Arbeitssystem – in Vorgabestunden angegeben – nicht nur von der Anzahl der Aufträge abhängig, sondern auch von deren Arbeitsinhalten.

In einigen Fällen ist es wünschenswert, den Bestand auch in Anzahl Aufträge ausdrücken zu können. Eine direkte Umrechnung zwischen den beiden verschiedenen Bestandsangaben über die mittleren Auftragszeiten ist jedoch nicht möglich (vgl. Abschn. 4.4).

An dieser Stelle bietet sich eine Kombination der Kennlinientechnik mit Little's Law an, indem die über die Kennlinientheorie berechneten Werte für die Durchlaufzeit und die Leistung in Gl. (2.22) eingesetzt werden:

$$BA_m(t) = \frac{ZDL_m(t) \cdot L_m(t)}{ZAU_m} \tag{4.55}$$

mit

$BA_m(t)$	Mittlerer Bestand (in Anzahl Aufträge) [-]
$ZDL_m(t)$	Mittlere Durchlaufzeit [BKT]
L_m	Mittlere Leistung [Std/BKT]
ZAU_m	Mittlere Auftragszeit [Std]

Damit ist es nun möglich, auch die Anzahl der Aufträge im Bestand als Funktion des Laufparameters t der Kennliniengleichung zu ermitteln und in Kombination mit einer der zuvor berechneten Kennzahlen darzustellen. In Abb. 4.18 wurde exemplarisch die mittlere Anzahl der Aufträge im Bestand über dem relativen Bestand für verschiedene Variationskoeffizienten der Durchführungszeit aufgetragen. Die Graphik unterstreicht die Bedeutung der Inhomogenität der Auftragszeitstrukturen für das logistische Potential einer Fertigung. So liegen bei einem relativen Bestand von 200 % und homogenen Durchführungszeiten ($ZDF_v = 0$) durchschnittlich zwei Aufträge am System. Für $ZDF_v = 1$ setzt sich der Bestand bei diesem Betriebspunkt bereits

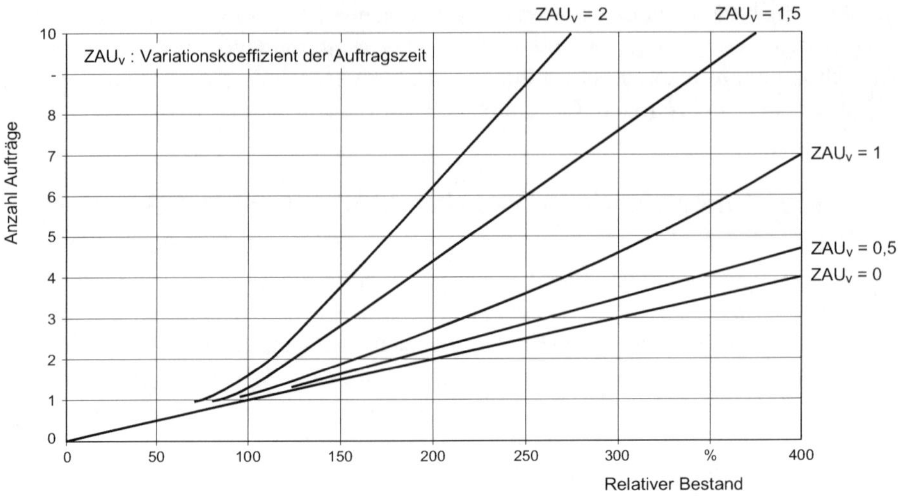

IFA D0655

Abb. 4.18 Auftragszahl in Abhängigkeit vom relativen Bestand bei auftragszeitunabhängiger Reihenfolgeregel

aus durchschnittlich drei Aufträgen zusammen, bei $ZDF_v = 2$ liegen im Mittel sogar sechs Aufträge am Arbeitssystem vor. Große Aufträge blockieren hier verstärkt das Arbeitssystem, so dass es zu einem Bestandsaufbau durch neu hinzukommende Aufträge kommt, ohne dass dadurch insgesamt die Auslastungssicherheit erhöht wird.

Durch Einsetzen der Gl. (2.5), (2.13) und (4.40) in (4.55) lassen sich nun auch die beiden Bestandsgrößen ineinander überführen:

$$BA_m(t) = \frac{B_m(t)}{ZAU_m} - \frac{A_m(t) \cdot ZAU_v^2}{100} \tag{4.56}$$

$$B_m(t) = \left(BA_m(t) + \frac{A_m(t) \cdot ZAU_v^2}{100} \right) \cdot ZAU_m \tag{4.57}$$

mit

$BA_m(t)$ Mittlerer Bestand (in Anzahl Aufträge) [-]
$B_m(t)$ Mittlerer Bestand (in Vorgabestunden) [Std]
$A_m(t)$ Mittlere bestandsabhängige Auslastung [%]
ZAU_m Mittlere Auftragszeit [Std]
ZAU_v Variationskoeffizient der Auftragszeit [-]

Da die Gl. (4.40) nur für auftragszeitunabhängige Reihenfolgeregeln gilt, ist der Gültigkeitsbereich der Gl. (4.56) und (4.57) ebenfalls entsprechend begrenzt.

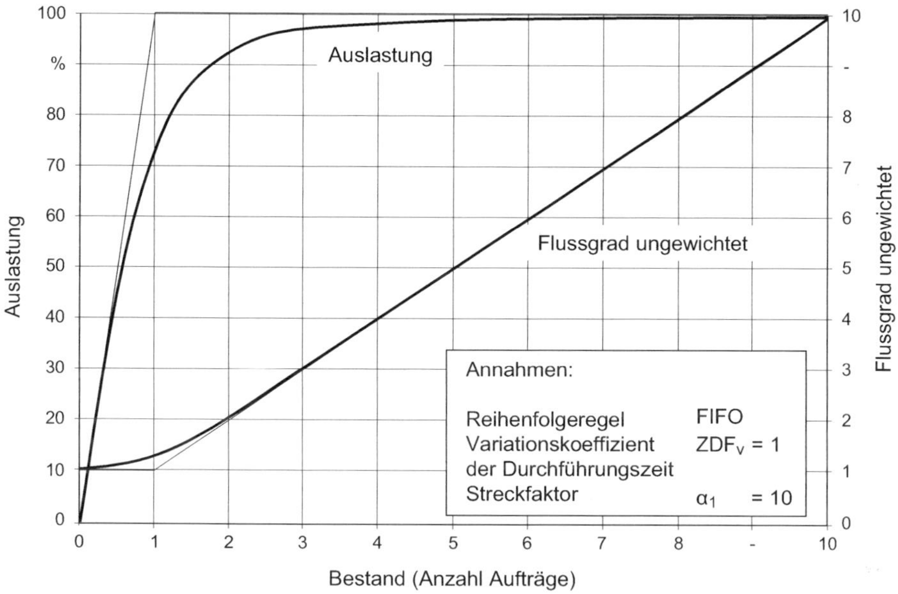

IFA D3877b

Abb. 4.19 Normierte Produktionskennlinien mit ungewichteten Kenngrößen

Mit Hilfe der vorstehenden Gleichungen besteht die Möglichkeit, Produktionskennlinien auch auf Basis ungewichteter Kenngrößen zu erstellen. In Abb. 4.19 ist eine solche Kennlinie in der normierten Form für $ZDF_v = 1$ dargestellt. In dieser Graphik ist ebenfalls erkennbar, dass sich auch für die ungewichteten Größen ideale Kennlinien auf der Basis der Definition des idealen Prozesszustandes (vgl. Abschn. 4.1) beschreiben lassen. So ist für einen Einzelarbeitsplatz der ideale Mindestbestand ein Auftrag, der minimale Flussgrad ist eins. Die Abweichung der berechneten von der idealen Kennlinie ist hier aber nicht mehr nur von dem Strukturparameter α_1 abhängig, sondern zusätzlich auch von dem Variationskoeffizienten der Durchführungszeit und der Reihenfolgeregel.

Interessant ist an dieser Stelle ein Vergleich mit den Ergebnissen der Warteschlangentheorie. In Abschn. 3.1.2 wurde eine vergleichbare Graphik unter Nutzung des M/G/1-Modells erstellt (Abb. 3.3). Demnach besagt das zugrundegelegte Warteschlangenmodell, dass selbst bei relativ homogenen Arbeitsinhalten ($ZDF_v = 0{,}5$) die bestandsbedingten Auslastungsverluste ca. 15 % betragen, wenn sich im Mittel vier Aufträge am Arbeitssystem befinden. Die Kennlinientheorie besagt demgegenüber, dass bei einem Bestand von durchschnittlich vier Aufträgen nur sehr geringe Auslastungsverluste zu erwarten sind – auch wenn, wie bei der Erstellung des Abb. 4.18 angenommen, die Auftragszeiten stärker streuen ($ZDF_v = 1{,}0$).

4.7 Überprüfung der Kennlinientheorie

Nachdem nunmehr eine Theorie zur Berechnung von Produktionskennlinien aufgestellt wurde, erfolgt im nächsten Schritt die *Modellvalidierung*. Idealerweise sollten dazu die logistischen Spitzenkennzahlen eines Arbeitssystems für verschiedene Betriebszustände mit den berechneten Kennlinien verglichen werden. Dabei ist jedoch vorauszusetzen, dass die wesentlichen Rahmenbedingungen wie die Auftragszeit- und die Kapazitätsstruktur jeweils identisch sind und dass sich nur der Bestand bei den einzelnen Betriebszuständen unterscheidet. Solche Bedingungen sind grundsätzlich nur mit Hilfe von Simulationsexperimenten zu erzeugen. Die Kennlinientheorie wird daher zunächst über den Vergleich berechneter Kennlinien mit den Ergebnissen verschiedener Simulationsanwendungen überprüft (Abschn. 4.7.1).

Mit der Ableitung der Kennlinientheorie wurde das Ziel verfolgt, die Simulationsanwendung für ausgewählte Fragestellungen in der praktischen Anwendung zu ersetzen. Beispielsweise stehen in der Phase der Modellnutzung keine Simulationsergebnisse zur Modellvalidierung zur Verfügung. In Abschn. 4.7.2 wird daher an einem praktischen Beispiel gezeigt, wie die Überprüfung des Modells auch auf der Basis einer Fertigungsablaufanalyse durchgeführt werden kann.

4.7.1 Simulationsgestützte Modellvalidierung

Die simulationsgestützte Modellvalidierung stützt sich zunächst auf Simulationsversuche, die mit Hilfe des in Abschn. 3.2 beschriebenen Simulationssystems PROSIM III erfolgten. Hierzu wurde u. a. die mechanische Fertigung eines Teilespektrums eines Unternehmens der Automobilindustrie (nach dem Verrichtungsprinzip organisiert) auf dem Rechner nachgebildet und anschließend unter gezielt veränderten Bedingungen betrieben. Der Aufbau der Simulation mit den einzelnen Modellkomponenten (s. Abschn. 3.2) und der anschließende Modelltest orientierten sich an einer im Vorfeld durchgeführten umfassenden Durchlaufzeit- und Bestandsanalyse. Eine detaillierte Beschreibung der aus 55 Arbeitssystemen bestehenden Fertigung und des Modelltests ist [Nyhu-91] zu entnehmen.

Im Rahmen der durchgeführten Simulationsexperimente blieben der modellierte Betrieb (das Ressourcenmodell) und das in einem Simulationszeitraum von neun Monaten abzuarbeitende Produktionsprogramm unverändert. Variiert wurde unter Anwendung verschiedener Losgrößenbestimmungsverfahren jeweils die Fertigungsauftragsdatei und somit insbesondere die Auftragszeitstruktur der abzuarbeitenden Aufträge. Für jede der erzeugten Auftragsdateien wurden nachfolgend Simulationsreihen gefahren, bei denen der Bestand mit Hilfe der Belastungsorientierten Auftragsfreigabe [Wien-97] verändert wurde.

In Abb. 4.20 sind beispielhaft die Ergebnisse für ein einzelnes Arbeitssystem wiedergegeben. Gegenübergestellt sind die simulierten Betriebspunkte sowie die mit den Gl. (4.29), (4.37) und (4.40) berechneten Leistungs-, Reichweiten- und Durchlaufzeitkennlinien für drei verschiedene Auftragsdateien. Diese Auf-

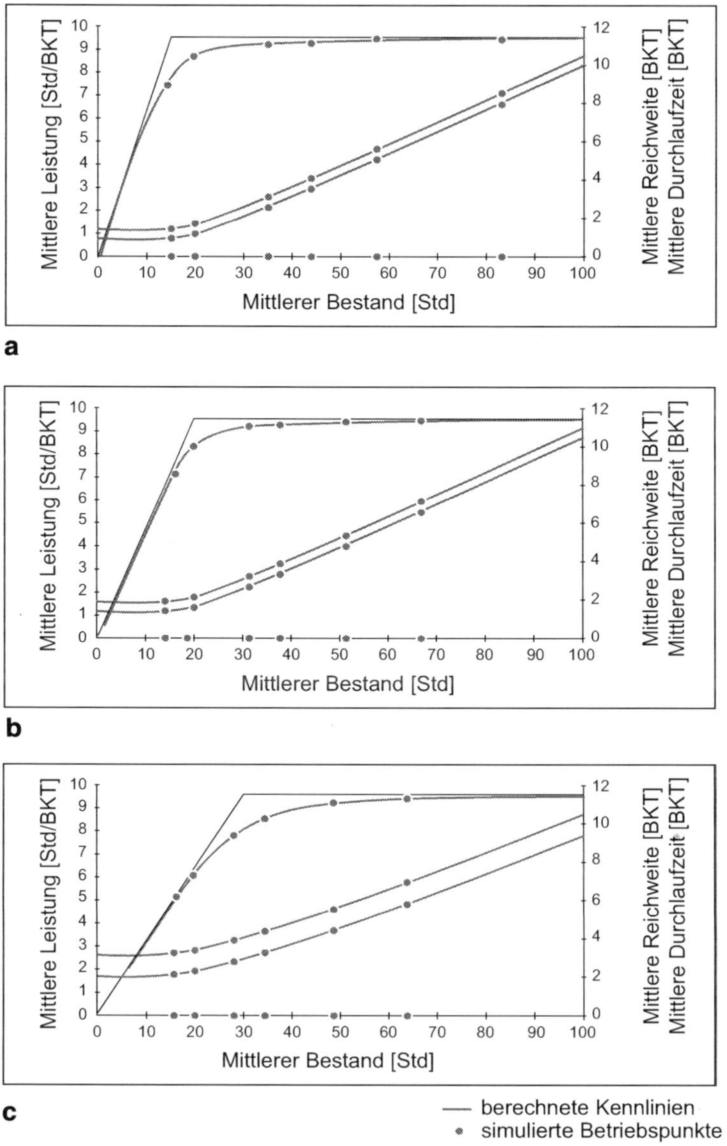

IFA D3914

Abb. 4.20 Simulationsgestützte Überprüfung von berechneten Produktionskennlinien. **a** Basis: Originalaufträge, **b** Basis: Durchlauforientierte Losgrößenbestimmung **c** Basis: Wagner-Whitin-Verfahren. (Arbeitssystem 511033; Reihenfolgeregel Schlupf) tragsdateien wurden mit Hilfe unterschiedlicher Losgrößenbestimmungsverfahren (Wagner-Whitin-Verfahren, Durchlauforientierte Losgrößenbestimmung und die Original-Auftragsdatei des Unternehmens) erzeugt. Die Dateien unterschieden sich vorallem in der Auftragszusammensetzung und hier insbesondere hinsichtlich der Auftragszeitstrukturkennzahlen (Mittelwert und Streuung der Auftragszeiten).

Zur Berechnung der Kennlinien wurde der Strukturparameter α_1 jeweils zu 10 gesetzt. Die Aufträge wurden in den Simulationsanwendungen in der Reihenfolge der terminlichen Dringlichkeit (Reihenfolgeregel Schlupf) – also auftragszeitunabhängig – abgearbeitet. Daher konnte die Kennlinie für die Durchlaufzeit mit Gl. (4.40) berechnet werden.

Es ist zu erkennen, dass in allen drei Fällen eine gute Übereinstimmung zwischen den Simulationsergebnissen und den berechneten Leistungs-, Reichweiten- und Durchlaufzeitkennlinien vorliegt. Diese konnte auch bei den anderen Arbeitssystemen bestätigt werden. Umfangreiche Abweichungsanalysen [Nyhu-91] zeigten, dass die durchschnittlichen Abweichungen kleiner als 2 % waren. In weiteren Vergleichen wurden schließlich auch die von Bechte [Bech-84] und Erdlenbruch [Erdl-84] durchgeführten Simulationen zur Modellvalidierung herangezogen. Da auch hier eine hohe Übereinstimmung zwischen Simulation und Berechnung festgestellt wurde, kann daraus geschlossen werden, dass es mit dem mathematischen Modell trotz der auf den ersten Blick recht starken Vereinfachungen gelungen ist, das logistische Systemverhalten der simulierten Fertigung mit einer ausreichend hohen Genauigkeit auch ohne Simulation zu beschreiben.

Die zugrundegelegten Simulationsversuche weisen jedoch einige signifikante Merkmale auf, die bei der Interpretation und der Verallgemeinerung der Ergebnisse zu berücksichtigen sind. So ist insbesondere festzustellen, dass den Simulationsversuchen ein Modelltest vorausging. Im Rahmen dieses Modelltests wurden die Kapazitäten der Arbeitssysteme entsprechend der im Realablauf zurückgemeldeten Leistung eingestellt (s. auch Abschn. 3.2.3). Da in der betrieblichen Realität die Kapazität zumindest mittelfristig an den Kapazitätsbedarf angepaßt wird, ist dies durch die Nachbildung der Kapazität entsprechend der zurückgemeldeten Leistung auch im Simulationsmodell der Fall.

Zudem bewirkt der Einsatz der Belastungsorientierten Auftragsfreigabe, dass der Bestand an den Arbeitssystemen aktiv geregelt wird. Dadurch wird in den einzelnen Simulationsläufen ein stationärer Produktionsprozess mit einem jeweils annähernd konstanten Bestandsniveau erreicht.

Es ist nun vorstellbar, dass bei einem starken Abweichen von solchen Bedingungen das logistische Systemverhalten beeinflusst wird. So zeigen die in Abschn. 3.2.3 dargestellten Versuche, dass bei starken Streuungen im Auftragszugang und gleichzeitig starren Kapazitäten auch bei einem insgesamt hohen Bestandsniveau größere Auslastungsverluste zu erwarten sind. Bei flexiblen Kapazitäten besteht hingegen die Möglichkeit, jedem Bestandsanstieg mit einer Kapazitätserhöhung unmittelbar entgegenzuwirken, während bei einer Reduzierung der Belastung die Kapazitäten kurzfristig abgebaut werden können. Eine solche Kapazitätsflexibilität bewirkt somit, dass der erforderliche Pufferbestand entsprechend geringer ausfallen kann.

Beide hier skizzierten Zustände lassen sich ebenfalls mit der Kennlinientheorie beschreiben. Dazu muss jedoch der Strukturparameter α_1 angepaßt werden, um den

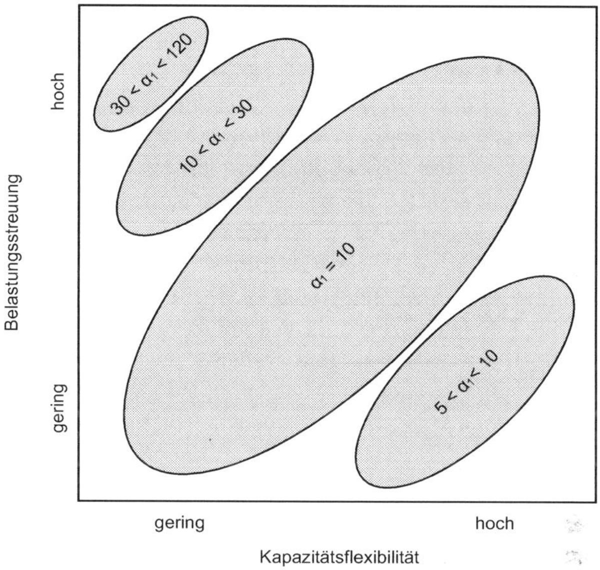

Abb. 4.21 Der Einfluss der Belastungsstreuung und der Kapazitätsflexibilität auf den Streckfaktor α_1

IFA D4685

geänderten Bedingungen Rechnung zu tragen. Es wurden daher weitere Simulationsexperimente durchgeführt, bei denen gezielt die Streuung der Belastung und/oder die Kapazitätsflexibilität variiert wurden. Die Ergebnisse dieser Experimente, die auch durch ähnliche Untersuchungen von Burmeister [Burm-97] bestätigt werden konnten, sind zusammenfassend in Abb. 4.21 dargestellt. Die Graphik zeigt, dass der Streckfaktor α_1 immer dann den Wert 10 annimmt, wenn auf stärkere mittel- bis langfristige Belastungsschwankungen mit einer Anpassung der Kapazität (im Wesentlichen durch einen Auf- oder Abbau der Personalkapazität) reagiert wird (hohe Kapazitätsflexibilität) oder aber durch den Einsatz entsprechender Planungs- und Steuerungsverfahren ein Belastungsabgleich durchgeführt wird (geringe Belastungsstreuung) – wenn also ein *echter* Zusammenhang zwischen dem Zugang und dem Abgang an einem Arbeitssystem besteht (vgl. hierzu die Ausführungen in Abschn. 3.1.3). Wird hingegen – wie es in vielen Simulationsanwendungen der Fall ist – mit starren Kapazitäten gearbeitet (keine Kapazitätsflexibilität), so wirken sich stärkere Streuungen in der Belastung dahingehend aus, dass der α_1-Wert erhöht werden muss, um die Simulationsergebnisse und berechnete Produktionskennlinien zur Deckung zu bringen.

Der in Abb. 4.21 eingetragene Maximalwert für α_1 ($\alpha_1 = 120$) wurde im Übrigen nicht nur über die Analyse von Simulationsergebnissen ermittelt. Er resultiert auch aus einem Vergleich der Kennlinientheorie mit dem M/G/1-Warteschlangenmodell: Dieses Modell ist u. a. durch starre (belastungs- und bestandsunabhängige) Kapazitäten und exponentialverteilte Zwischenankunftszeiten gekennzeichnet (vgl. Abschn. 3.1.1). Damit wird unterstellt, dass zwischen zwei aufeinanderfolgenden Zugangsereignissen an einem Arbeitssystem sehr große Zeitspannen vergehen können und damit die Belastungsstreuung sehr groß ist. Um nun eine mit dem M/G/1-Modell erzeugte Kennlinie (vgl. Abb. 3.3) mit der Kennlinientheorie nachbilden zu können, ist der oben genannte α_1-Wert erforderlich.

Der Wertebereich $30 < \alpha_1 < 120$ konnte simulativ nur in den Fällen ermittelt werden, in denen einzelne Arbeitssysteme abgebildet wurden. Bei der Simulation von größeren Fertigungsbereichen wurden hingegen auch bei starken Streuungen im Auftragszugang und trotz starrer Kapazitäten (mit Ausnahme von reinen Beginnarbeitssystemen) keine α_1-Werte von > 30 gefunden. Die Begründung hierfür ist darin zu sehen, dass die Belastungsschwankungen an den einzelnen Arbeitssystemen aus verschiedenen Gründen begrenzt sind. Zum einen resultiert der Zugang an einem einzelnen Arbeitssystem aus dem Abgang des Vorgängersystems. Wegen der begrenzten Kapazitäten werden Belastungsschwankungen für die nachfolgenden Systeme zwangsläufig geglättet. Zudem werden die einzelnen Arbeitssysteme innerhalb des Materialflusses oftmals von mehreren Vorgängersystemen mit Aufträgen versorgt, so dass sich Belastungsschwankungen gegenseitig ausgleichen können. Auch bei einem gerichteten Materialfluss bauen sich Belastungsschwankungen, die zum Beispiel durch den Auftragszugang oder Störungen im Prozess hervorgerufen werden, in der Regel stark ab, da hier die Kapazitäten der Einzelsysteme besser als in einer vernetzten Werkstattfertigung aufeinander abgestimmt sind.

In den Fällen einer sehr hohen Kapazitätsflexibilität besteht prinzipiell die Möglichkeit, dem idealen Produktionsprozess sehr nahe zu kommen, was sich in der Kennlinientheorie in einem geringen α_1-Wert ausdrückt. Diesbezügliche Untersuchungen von Burmeister [Burm-97] zeigen, dass bei geringen Belastungsstreuungen und einer hohen Kapazitätsflexibilität – die Kapazitäten konnten in seinen Versuchen kurzfristig um ± 50 % verändert werden – eine Reduzierung des α_1-Wert bis auf ca. 5 möglich ist.

Die prinzipielle Gültigkeit der Kennlinientheorie wird auch durch die Untersuchungen anderer Autoren bestätigt. Hervorzuheben sind hier insbesondere die Analysen, die sich nicht auf eine Werkstattfertigung beziehen, sondern unter gänzlich anderen Bedingungen durchgeführt wurden. So zeigt die von Winkelhake [Wink-88] durchgeführte simulative Abbildung einer automatischen Montageanlage, dass auch bei verketteten Produktionsprozessen ein sehr ähnliches Verhalten der Kennzahlen Bestand und Leistung vorliegt, welches sich in der Form der Kennlinien beschreiben lässt. Die stochastischen Einflüsse in solchen Anlagen sind nicht in den Streuungen der Arbeitsinhalte und den daraus resultierenden Streuungen im Auftragszugang begründet, sondern in erster Linie in Prozessstörungen. Die Effekte jedoch sind ähnlich: Um Auslastungsverlusten vorzubeugen, sind Pufferbestände in den Anlagen vorzuhalten.

In einer anderen Untersuchung analysiert Pritschow [Prit-95] ein dynamisches Arbeitssystemmodell – abgebildet und betrieben mit einem kontinuierlichen Simulationssystem – das Input-Output-Verhalten eines Arbeitssystems bei variablen Arbeitsinhalten und Streuungen im Auftragszugang. Das zugrundegelegte Modell und die in den Versuchen erzeugten Ergebnisse sind in Abb. 4.22 im Vergleich mit der Kennlinientheorie dargestellt. Es zeigte sich eine gute Übereinstimmung.

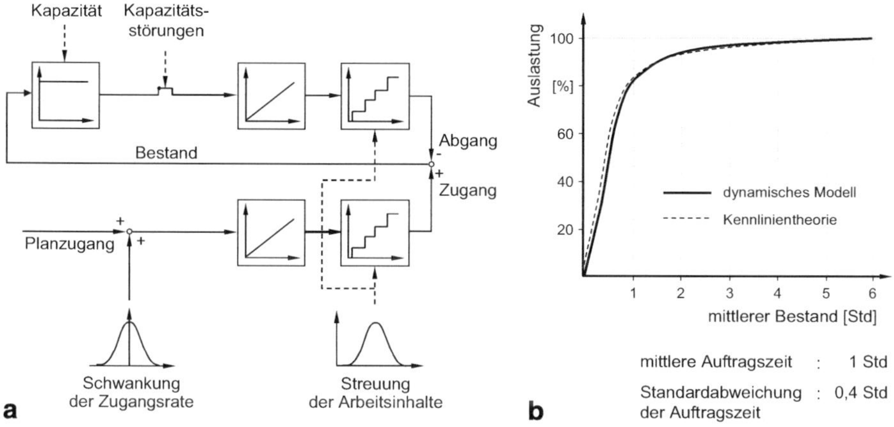

IFA D3540

Abb. 4.22 Vergleich der Ergebnisse eines dynamischen Arbeitssystemmodells mit der Kennlinientheorie. **a** dynamisches Modell, **b** Ergebnisvergleich. (ISW, Stuttgart)

4.7.2 Modellvalidierung auf der Basis von Praxisuntersuchungen

Da mit der Kennlinientheorie das Ziel verfolgt wird, die Simulationsanwendungen für praktische Anwendungen durch ein Rechenmodell zu ersetzen, stehen diese zur Modellvalidierung nicht immer zur Verfügung. Zudem ist die simulationsgestützte Modellvalidierung durchaus auch kritisch zu diskutieren: Letztlich wird bei einem solchen Vorgehen nicht überprüft, wie realitätsnah ein Modell ist, sondern wie weit sich die Ergebnisse des einen Modells (hier der Kennlinientheorie) mit denen eines anderen Modells (hier der Simulation) decken. Ein unerkannter Modellierungsfehler in der Simulation würde bei einer simulationsgestützten Parameteradaption automatisch auf die Kennlinientechnik übertragen werden. Zudem wird vorrangig das Ziel verfolgt, die Produktionskennlinien in der betrieblichen Praxis einzusetzen. Daher muss die letzte Instanz der Validierung auch die Praxis selbst sein.

An dieser Stelle bietet es sich an, auf eine andere Art der Modellvalidierung zurückzugreifen: Im Rahmen von Ablaufanalysen besteht die Möglichkeit, einzelne erfaßte Betriebszustände detailliert auszuwerten und die auf der Basis dieser Untersuchungen getroffenen Aussagen mit den Ergebnissen einer Kennlinienanwendung zu vergleichen (Abb. 4.23). Ist hier eine große Übereinstimmung festzustellen ist, kann man in der Regel davon ausgehen, dass mit den berechneten Kennlinien die Fertigungsabläufe insgesamt hinreichend gut beschrieben werden können. Die nachfolgend skizzierte Vorgehensweise der Modellüberprüfung hat den Vorteil, dass sie unmittelbar auf der Basis von betrieblichen Ablaufdaten durchgeführt werden kann und somit eine fortlaufende betriebs- bzw. systemspezifische Überprüfung

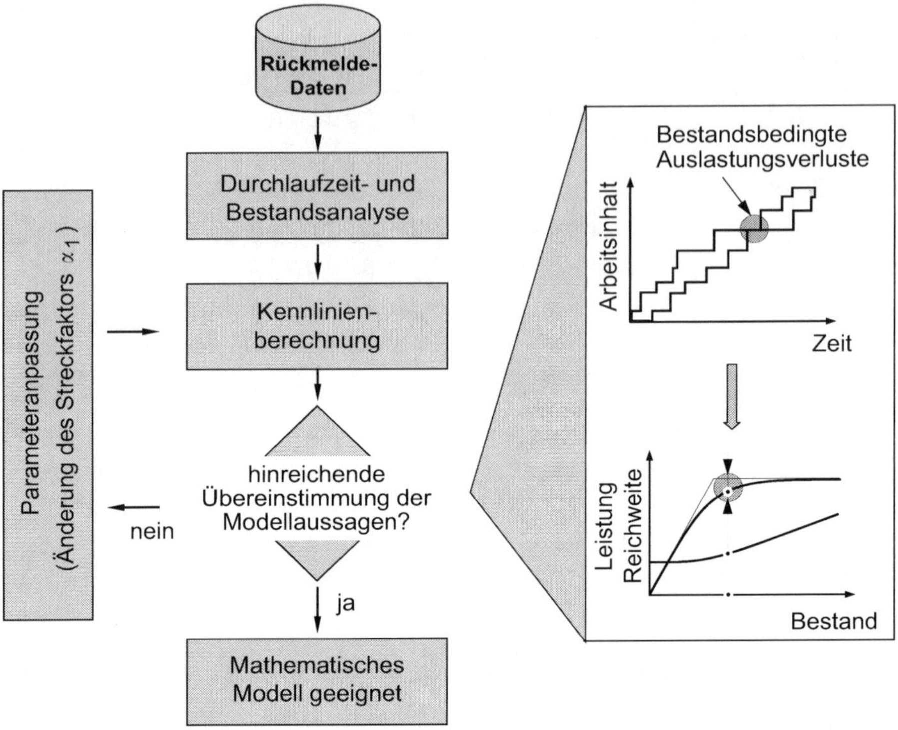

IFA D6325

Abb. 4.23 Vorgehensweise zur Modellvalidierung anhand von Produktionsablaufdaten

unterstützt wird. Nur in den Fällen, in denen nachhaltig signifikante Abweichungen zwischen dem Modell und der Realität festgestellt werden, ist eine – ggf. simulationsgestützte – Modelladaption notwendig.

Für die Modellüberprüfung sind aus den Ablaufanalysen heraus Arbeitssysteme auszuwählen, die als typische Vertreter der Betriebszustände *Unterlast*, *Übergangsbereich* und *Überlast* angesehen werden können. Die nachfolgend dargestellten Beispiele entstammen aus einer Untersuchung bei einem Medizingerätehersteller. In der mechanischen Fertigung des Unternehmens mit 24 Arbeitssystemen wurden für einen Zeitraum von 18 Wochen die Rückmeldungen erfaßt und u. a. mit Hilfe der in Kap. 2 beschriebenen Analysekennzahlen und -techniken ausgewertet.

Betriebszustand Unterlast Als Beispiel für diesen Betriebszustand wurde das Arbeitssystem 1034 (Kopierdrehen) ausgewählt. Der gemessene Fertigungsablauf an diesem System ist in Abb. 4.24, oberer Bildteil in Form eines Durchlaufdiagramms wiedergegeben. Neben den Verläufen des Zugangs, des Abgangs und des Bestandes sind zusätzlich die Durchlaufelemente der einzelnen abgearbeiteten Arbeitsvorgänge sowie die zugehörigen Durchführungselemente (berechnet auf der

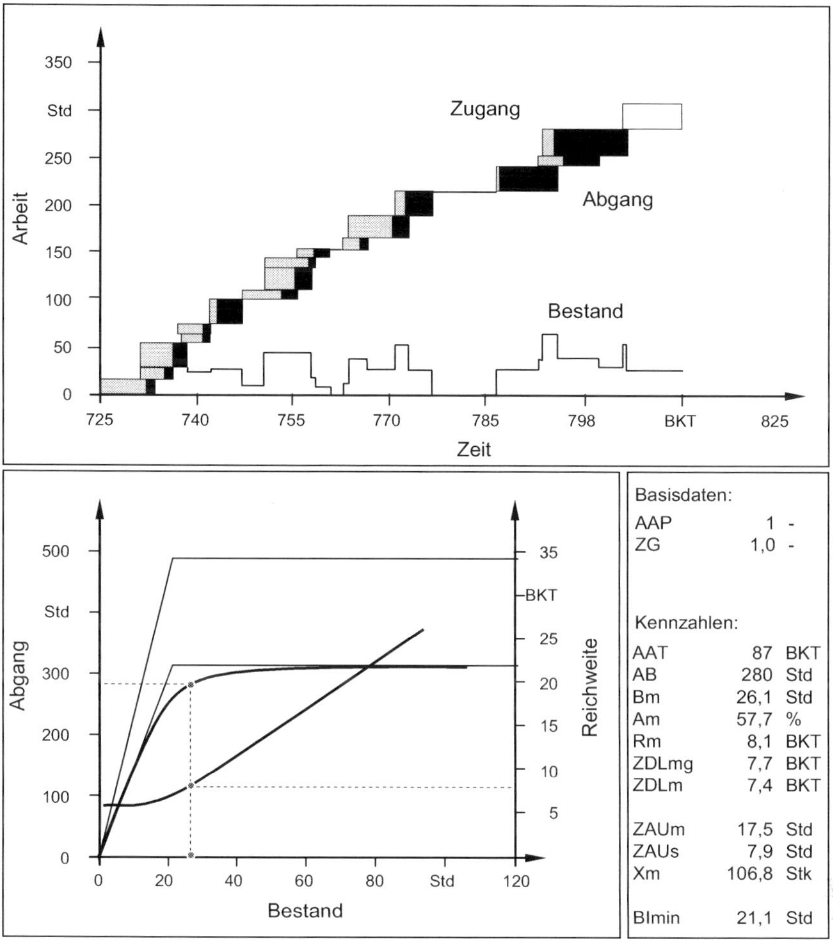

IFA D3879

Abb. 4.24 Validierung der Kennlinientheorie auf der Basis von Realdaten; Betriebszustand Unterlast, Arbeitssystem 1034 – Kopierdrehen

Basis der Plankapazität) eingetragen. Im unteren Bildteil sind neben den berechneten Produktionskennlinien eine Auswahl berechneter Kennzahlen angegeben.

Aus dem Durchlaufdiagramm lassen sich zunächst die folgenden Aussagen ableiten:

- Reihenfolgevertauschungen wurden an diesem System während des ausgewerteten Zeitraumes praktisch nicht vorgenommen.
- Gerade in den ersten 10 Wochen lag fast durchgängig ein Bestand an dem Arbeitssystem vor. Dennoch ist die auf der Basis der Plankapazität berechnete Auslastung mit $A_m = 57{,}7\ \%$ sehr gering. Daraus ist zu schließen, dass die Kapazität nicht im

geplanten Maße zur Verfügung gestellt wurde, da andernfalls die Bestände in der vorliegenden Form nicht hätten auftreten können.

- An insgesamt 10 (von 87) Arbeitstagen lag an dem System kein Bestand vor. Dies entspricht knapp 11,5 % des Untersuchungszeitraumes. Somit sind auch etwa 11,5 % bestandsbedingte Auslastungsverluste aufgetreten.

Mit den ermittelten Kennzahlen wurden im Weiteren die Produktionskennlinien berechnet. Da in Kap. 6 ausführlich auf die Erstellung der Kennlinien eingegangen wird (auch für den Fall fehlerhafter Kapazitätsangaben), kann an dieser Stelle auf eine detaillierte Beschreibung des Rechenvorganges verzichtet werden. Es sollen hier lediglich die relevanten Eckdaten und die Ergebnisse interpretiert werden.

Bei der Ermittlung des idealen Mindestbestandes BI_{min} wird zunächst davon ausgegangen, dass der Transport vernachlässigbar ist, so dass BI_{min} über den Mittelwert ($ZAU_m = 17{,}5$ Std) und die Standardabweichung ($ZAU_s = 7{,}9$ Std) berechnet werden kann. Nach Gl. (4.2) beträgt BI_{min} somit 21,1 Std.

Die Erläuterungen zum Durchlaufdiagramm zeigen, dass die angegebene Plankapazität nicht zur Ermittlung der maximal mögliche Leistung L_{max} herangezogen werden kann. Es wurde daher auf die normierte Produktionskennlinie (Abb. 4.16) zurückgegriffen, die eine Aussage über die rechnerische Auslastung bei gegebenem relativen Bestand erlaubt. Setzt man hierzu den gemessenen mittleren Bestand von 26,1 Std zum idealen Mindestbestand ins Verhältnis (Gl. (4.47)), so ergibt sich ein relativer Bestand von ca. 123 %. Für den angenommenen Standardwert des Streckfaktors α_1 ($\alpha_1 = 10$) besagt die normierte Leistungskennlinie, dass die Auslastungsverluste rechnerisch ca. 10,7 % betragen. Mit dieser Größe wurden anschließend L_{max} und darauf aufbauend auch die Kennlinien für die Leistung und die Reichweite berechnet. Diese sind in Abb. 4.24 neben zwei idealen Leistungskennlinien (zum einen basierend auf der Plankapazität, zum anderen unter Nutzung von L_{max}) dargestellt.

Ein Vergleich der Kennlinien mit den Ergebnissen der Ablaufanalyse zeigt eine hohe Übereinstimmung. Auch in den berechneten Kennlinien wird deutlich, dass sich der Betriebspunkt des Systems im Unterlastbereich befindet. Die aus dem Durchlaufdiagramm abgeleiteten bestandsbedingten Auslastungsverluste sind geringfügig größer als die mit Hilfe der normierten Produktionskennlinie berechneten. Angesichts der Messunsicherheiten, die bei der Berechnung des Bestandes aufgrund einer nur tagesgenauen Rückmeldung vorliegen, sind diese Abweichungen zu vernachlässigen.

Weiterhin verdeutlicht das Diagramm, dass die geplanten Kapazitäten nicht in vollem Umfang zur Verfügung gestanden haben können. Vermutlich wurde das Personal aufgrund der geringen Belastung auch an anderen Arbeitssystemen beschäftigt und nur sporadisch (bei Bedarf) an dem betrachteten System eingesetzt.

Betriebszustand Übergangsbereich Als Beispiel für einen Betriebspunkt im Übergangsbereich dient der Ablauf an dem Arbeitssystem 1043 (CNC-Drehen). Das Durchlaufdiagramm in Abb. 4.25 für das Arbeitssystem zeigt, dass während des Auswertungszeitraumes ein annähernd gleichmäßiger und geringer Bestand vorlag. Lediglich an 3 Arbeitstagen im.

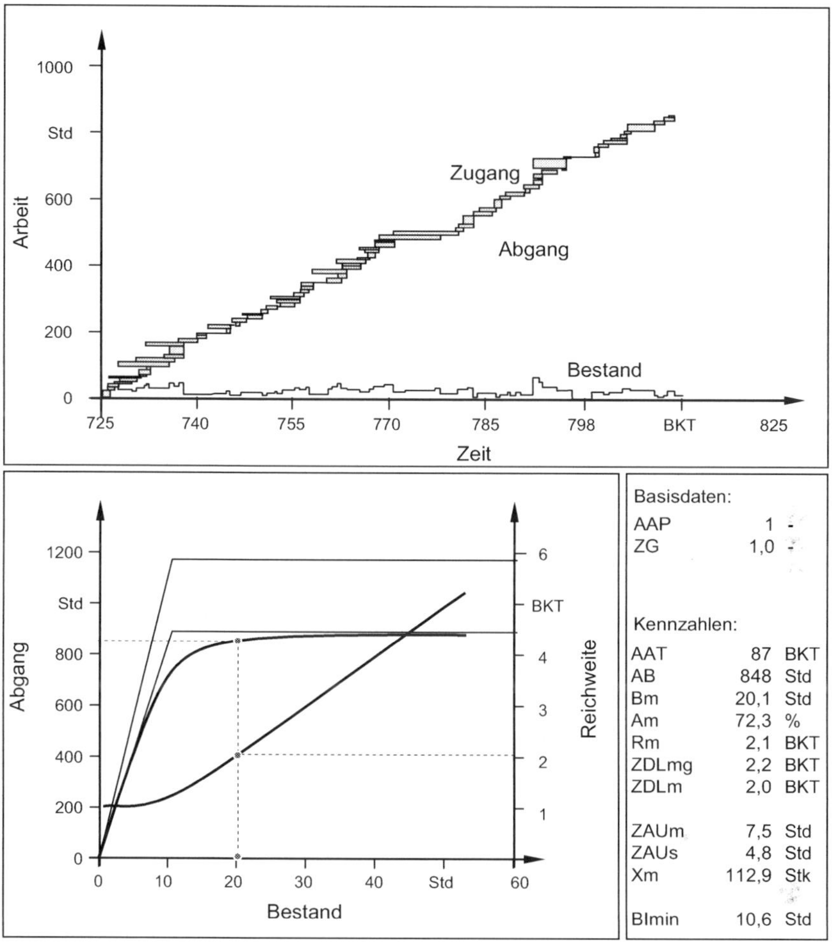

IFA D3880

Abb. 4.25 Validierung der Kennlinientheorie auf der Basis von Realdaten; Betriebszustand Übergangsbereich, Arbeitssystem 1043 – CNC-Drehen

Übergang der Perioden 15 und 16 lag kein Bestand vor, so dass bestandsbedingte Auslastungsverluste von ca. 3,5 % vorliegen. Diese Aussage findet sich im Wesentlichen auch in der berechneten Produktionskennlinien wieder: Der gemessene Betriebspunkt liegt im Übergangsbereich der Leistungskennlinie, so dass angesichts des Bestandsniveaus geringfügige Leistungsverluste zu erwarten sind. Eine weitergehende Bestandsreduzierung würde unmittelbar zu weiteren Materialflussabrissen führen. Eine Bestandserhöhung hingegen würde keine signifikante Leistungssteigerung bewirken, wenn nicht gleichzeitig der Kapazitätsbedarf und damit die Belastung durch zusätzliche Aufträge erhöht werden würde.

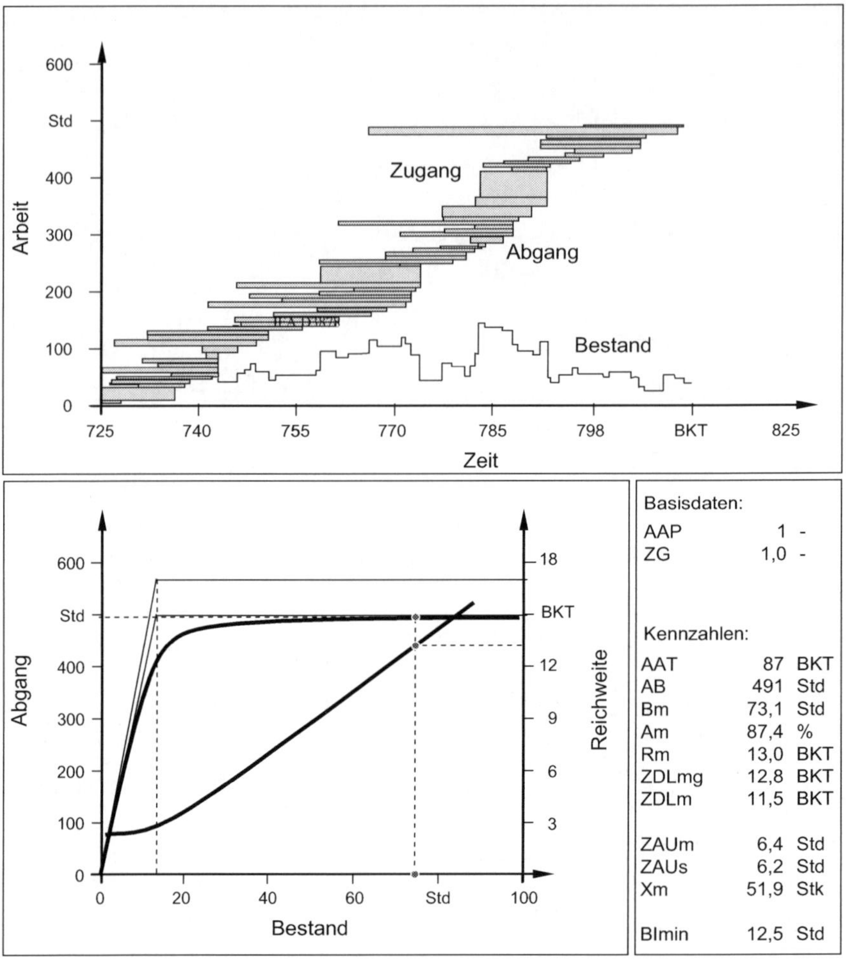

IFA D3878

Abb. 4.26 Validierung der Kennlinientheorie auf der Basis von Realdaten; Betriebszustand Überlast, Arbeitssystem 1032 – Drehen Kunststoffteile

Betriebszustand Überlast Das Arbeitssystem 1032 (Drehen Kunststoffteile) befindet sich deutlich im Überlastbereich der Produktionskennlinie. Das Durchlaufdiagramm für dieses Arbeitssystem ist in Abb. 4.26 dargestellt. Es verdeutlicht, dass während des Auswertungszeitraumes stark schwankende Bestände vorlagen, d. h. dass die Zugänge und die Abgänge schlecht aufeinander abgestimmt sind.

Die mittlere Reichweite R_m betrug 13 BKT, die mittlere Durchlaufzeit ZDL_m 11,5 BKT. Es wurden häufig Reihenfolgevertauschungen vorgenommen, die allerdings offensichtlich nicht vom Arbeitsinhalt der Aufträge beeinflusst wurden (keine Abfertigung nach dem KOZ- oder dem LOZ-Prinzip). Der hohe mittlere Bestand

($B_m = 73{,}1$ Std bei durchschnittlich ca. 10 Aufträgen) zeigt, dass an dem System deutliche Bestandsreduzierungen realisierbar sind.

Die berechneten Kennlinien und der darin eingetragene Betriebspunkt bestätigen, dass sich das Arbeitssystem eindeutig im Überlastbereich befindet. Auch andere aus der Kennlinientheorie ableitbare Aussagen treffen zu. So lässt sich auch über die Gl. (4.40) aus der Differenz von Reichweite und Durchlaufzeit ableiten, dass eine weitgehend auftragszeitunabhängige Reihenfolgeregel vorgelegen haben muss.

Die drei Beispiele bestätigen, dass mit dem mathematischen Modell die Fertigungsabläufe mit hinreichender Genauigkeit beschrieben werden können. Gerade die Systemzustände Unterlast und Übergangsbereich ermöglichen durch einen Vergleich von Durchlaufdiagrammen und berechneten Produktionskennlinien die Validierung der Kennlinientheorie und insbesondere die Überprüfung des Streckfaktors α_1. In den hier untersuchten Praxisbeispielen konnten mit dem zugrundegelegten Wert für α_1 ($\alpha_1 = 10$) die aus dem Durchlaufdiagramm ablesbaren bestandsbedingten Auslastungsverluste mit einer guten Näherung berechnet werden.

Die hier beschriebene Art der Modellvalidierung kann jedoch nur bei Einzelarbeitsplätzen durchgeführt werden. Wird ein Durchlaufdiagramm für eine Kapazitätsgruppe erstellt, so ist i. d. R. nicht mehr erkennbar, ob und in welchem Umfang bei einzelnen Systemen die Phasen der ‚Nullbestände' vorliegen. Damit sind dann aber auch die darauf aufbauenden Vergleiche nicht durchführbar.

4.8 Erweiterung der Kennlinientheorie

Die Ableitung der Kennlinientheorie basiert auf einer Reihe von Bedingungen, die somit auch den Gültigkeitsbereich des Modells entsprechend einschränken. Diese in Abschn. 4.1 beschriebenen Modellvoraussetzungen lassen sich jedoch, wie nachfolgend gezeigt wird, überwiegend aufheben, ohne dass das Modell dafür grundsätzlich geändert werden muss.

4.8.1 Hierarchische Verdichtung von Produktionskennlinien

Die Kennlinientheorie ist aus der idealisierten Beschreibung der Prozessabläufe an einem Arbeitssystem hervorgegangen. Für viele Fragestellungen ist es jedoch von Interesse, das logistische Potential komplexerer Produktionssysteme nicht nur über eine Vielzahl von Einzelanalysen, sondern ebenso für ein übergeordnetes System komprimiert beschreiben zu können. Auch dieses ist über die Kennlinientheorie unmittelbar möglich, wie die nachfolgenden Ausführungen zeigen.

Den Ausgangspunkt für die Kennlinientheorie bilden das Trichtermodell und das Durchlaufdiagramm. Auch diese Beschreibungsmodelle werden in der Regel nicht nur für einzelne Arbeitssysteme angewandt. Die Grundidee ist vielmehr, die an der Auftragsabwicklung beteiligten Arbeitssysteme als ein Netz miteinander verbundener Trichter aufzufassen und zu modellieren. Abbildung 4.27 zeigt beispielhaft

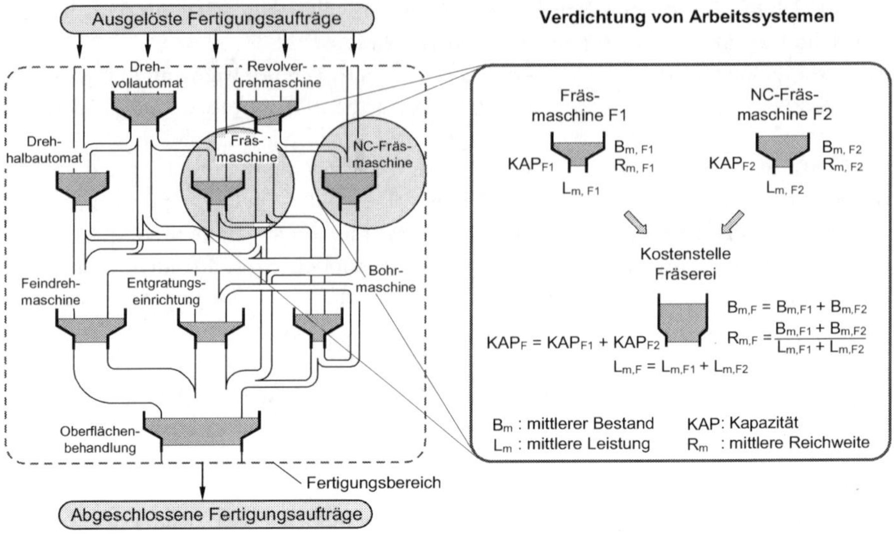

IFA D2382

Abb. 4.27 Hierarchische Verdichtung von Arbeitssystemen

das Trichtermodell einer Werkstatt. Der dargestellte Materialfluss zwischen den Arbeitssystemen ergibt sich aus den abzuarbeitenden Fertigungsaufträgen und ihrer Arbeitsabfolge. Mit dieser ablauforientierten Abbildung wird die Einbindung der einzelnen Systeme in den betrieblichen Produktionsablauf dokumentiert. Darüber hinaus besteht aber auch die Möglichkeit, die einzelnen Arbeitssysteme dem organisatorischen Aufbau entsprechend zusammenzufassen und so Kennzahlen und Ablaufdiagramme für prinzipiell beliebige Verdichtungsstufen zu ermitteln.

Im rechten Bildteil von Abb. 4.27 ist eine solche Kennzahlverdichtung am Beispiel der Kostenstelle Fräserei dargestellt. Das Beispiel zeigt, dass es sich bei den in Kap. 2 beschriebenen Kennzahlen teilweise um Größen handelt, die bei einer Verdichtung lediglich addiert werden müssen, um die entsprechende Kennzahl für das zu beschreibende Gesamtsystem zu bestimmen (die Berechnung über die Rückmeldungen gemäß den in Kap. 2 beschriebenen Gleichungen ist davon unbenommen selbstverständlich weiterhin möglich). So ergibt sich die mittlere Leistung der Kostenstelle Fräserei aus der Summe der Leistungswerte der Einzelsysteme. Gleiches gilt auch für die Kapazität sowie für den Bestand. Bei anderen Kennzahlen ist jedoch die Bildung eines Summenwertes nicht zulässig. So muss zur Berechnung der mittleren Reichweite weiterhin die Trichterformel angewandt werden, hier über die Summenwerte von Bestand und Leistung. Die so berechnete Reichweite ist als Mittelwert für ein imaginäres mittleres Arbeitssystem zu verstehen. Dies gilt in analoger Form auch für alle weiteren Durchlaufzeit- und Terminabweichungskennzahlen.

Die hierarchische Verdichtung lässt sich nun auch auf die Kennlinien übertragen. Der ideale Mindestbestand und die maximal mögliche Leistung sind Kennzahlen, die sich bei einem übergeordneten System aus der Summe der Einzelwerte ergeben:

$$BI_{\min} = \sum_{j=1}^{AAP} BI_{\min,j} \tag{4.58}$$

$$L_{\max} = \sum_{j=1}^{AAP} L_{\max,j} \tag{4.59}$$

mit

BI_{min}	Idealer Mindestbestand [Std]
$BI_{min,j}$	Idealer Mindestbestand am Arbeitssystem j [Std]
L_{max}	Maximal mögliche Leistung [Std/BKT]
$L_{max,j}$	Maximal mögliche Leistung am Arbeitssystem j [Std/BKT]
AAP	Anzahl Arbeitsplätze [-]

Mit diesen Kennwerten ist die ideale Leistungskennlinie für das übergeordnete System bestimmt. Auch bei hierarchisch verdichteten Arbeitssystemen gilt die Aussage, dass der ideale Mindestbestand unter idealisierten Annahmen ohne Auslastungsverluste nicht unterschritten werden kann.

Bei den beiden in der Kennlinie beschriebenen Bestandsanteilen (Bestand bei Auftragsbearbeitung und Pufferbestand) handelt es sich ebenfalls um additive Größen. Allerdings ist der Pufferbestand auch von dem Streckfaktor α_1 abhängig. Sollte sich dieser bei den einzelnen Arbeitssystemen unterscheiden, so folgt daraus für die Berechnung der Leistungskennlinie:

$$\left.\begin{aligned} B_m(t) &= \left(1-(1-\sqrt[4]{t})^4\right)\cdot\sum_{j=1}^{AAP} BI_{\min,j} + t\cdot\sum_{j=1}^{AAP}(BI_{\min,j}\cdot\alpha_{1,j}) \\ L_m(t) &= \left(1-(1-\sqrt[4]{t})^4\right)\cdot\sum_{j=1}^{AAP} L_{\max,j} \end{aligned}\right\} \tag{4.60}$$

mit

$B_m(t)$	Mittlerer Bestand [Std]
$BI_{min,j}$	Idealer Mindestbestand am Arbeitssystem j [Std]
$\alpha_{1,j}$	Streckfaktor für das Arbeitssystem j [-]
$L_m(t)$	Mittlere Leistung [Std/BKT]
$L_{max,j}$	Maximal mögliche Leistung am Arbeitssystem j [Std/BKT]
AAP	Anzahl Arbeitsplätze [-]
t	Laufvariable ($0 \le t \le 1$)

Ist α_1 für alle Arbeitssysteme identisch, so lässt sich auch die Gl. (4.29) durch Einsetzen der Summenwerte von BI_{min} und L_{max} zur Berechnung der Leistungskennlinie für das übergeordnete Arbeitssystem anwenden.

Eine Besonderheit ist bei zusammengefaßten Arbeitssystemen hinsichtlich des gemessenen Betriebspunktes festzustellen: Dieser muss aufgrund der Nichtlinearität

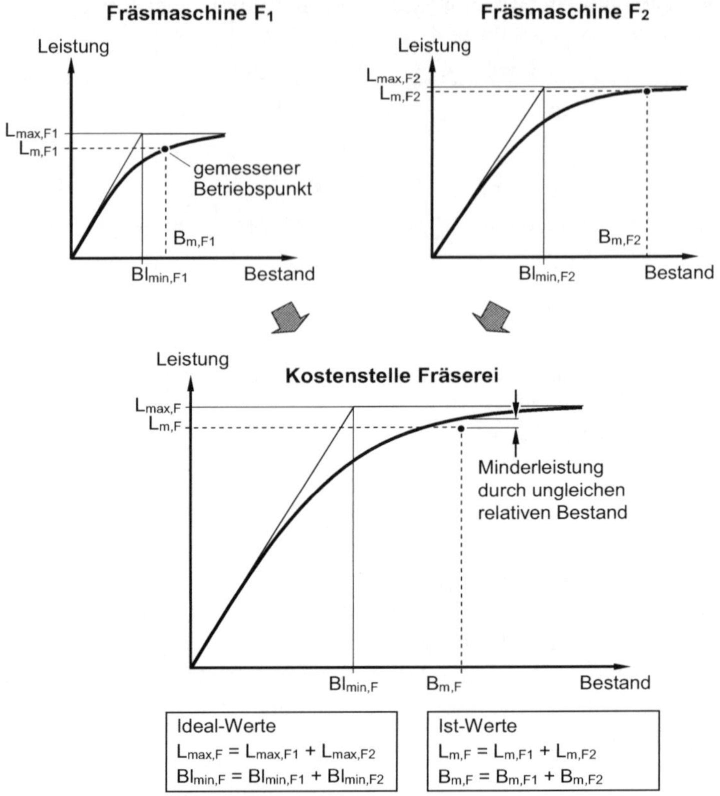

IFA D0317

Abb. 4.28 Hierarchische Verdichtung von Leistungskennlinien. (Beispiel: 2 Arbeitssysteme)

der Leistungskennlinie nicht mehr zwangsläufig auf der Kennlinie liegen (vgl. Abb. 4.28). Treten nämlich an einem einzelnen System signifikante Leistungsverluste auf, machen sich diese auch am übergeordneten System bemerkbar, auch wenn an anderen Systemen und damit ebenfalls an dem Gesamtsystem ein relativ hoher Bestand vorliegt. Eine Differenz zwischen der berechneten Leistungskennlinie und dem gemessenen Betriebspunkt ist somit Ausdruck für eine ungleichmäßige (relative) Bestandssituation an den Einzelsystemen.

4.8.2 Logistische Prozesskennlinien (Verfasser: Dr.-Ing. Michael Schneider)

Neben der hierarchischen Verdichtung von Produktionskennlinien parallel angeordneter Arbeitssysteme spielen hintereinander positionierte oder beliebig vernetzte

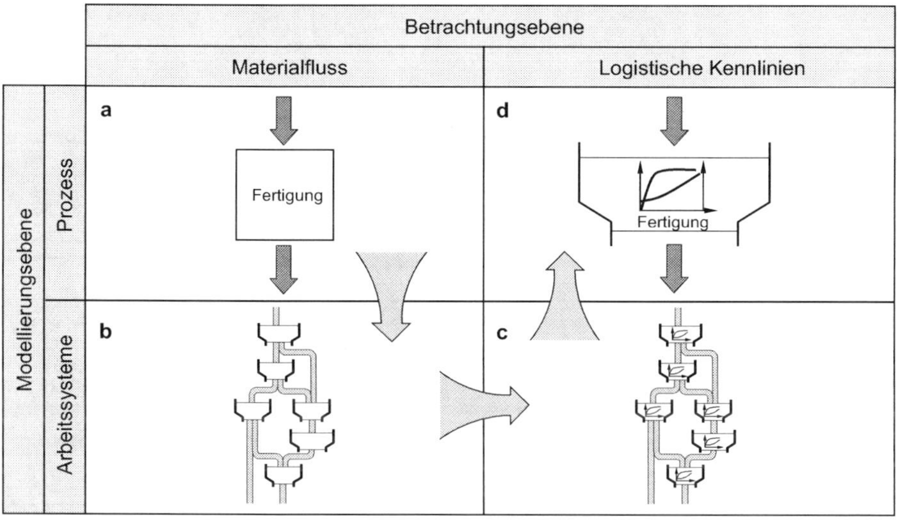

IFA 10.227

Abb. 4.29 Entwicklungsschritte der Logistischen Prozesskennlinien. **a** Betrachtungsobjekt, **b** Prozessmodell, **c** Produktionskennlinien, **d** Prozesskennlinien

Arbeitssysteme in der Praxis eine große Rolle. Denn in aller Regel ist ein Arbeitssystem Teil einer mehr oder weniger komplexen Produktionsstruktur beispielsweise in Form von Prozessketten oder Fertigungsbereichen. Die Wechselwirkungen zwischen den Arbeitssystemen und insbesondere die Auswirkungen von Kapazitätsrestriktionen einzelner Systeme auf die Leistung eines ganzen Fertigungsbereichs sind mit individuellen Produktionskennlinien nicht darstellbar. Zur Analyse und Bewertung solcher Produktionssysteme ist es wünschenswert, deren Leistungsverhalten mit einer einzigen Kennlinie abbilden zu können.

Der nachfolgend beschriebene Ansatz verknüpft Produktionskennlinien einzelner Arbeitssysteme zu *Logistischen Prozesskennlinien* eines beliebig vernetzten Bereichs von Arbeitssystemen (Abb. 4.29). Grundidee der Prozesskennlinien ist, die an der Auftragsabwicklung beteiligten Arbeitssysteme einer Fertigung als ein Netz über den Materialfluss miteinander verbundener Trichter zu modellieren und diese zu einem übergreifenden Trichter zu aggregieren. Damit ist es möglich, den Bestand, die Durchlaufzeit und den Durchsatz des Gesamtsystems zu bestimmen. Engpässe werden erkennbar. Auch lassen sich die Auswirkungen von Maßnahmen an den Ressourcen, wie Bestands- oder Kapazitätsveränderungen, auf den Auftragsdurchlauf aufzeigen.

Im Mittelpunkt des Ansatzes für die Logistischen Prozesskennlinien steht die Definition einer geeigneten Flussgröße, um die Verknüpfung und somit die Wechselwirkungen zwischen zwei Arbeitssystemen abbilden zu können. Da sich der Zugang und damit die Belastung eines Arbeitssystems direkt aus dem Abgang seiner Vorgängerarbeitssysteme ergibt, ist der Abgang eines Arbeitssystems in den Zugang des Nachfolgerarbeitssystems zu überführen. Dies ist über eine Bewertung

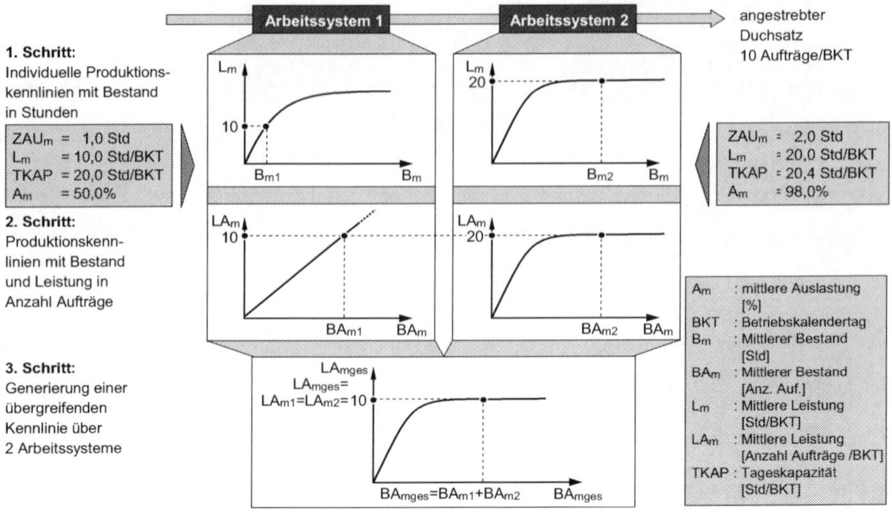

IFA G8115A

Abb. 4.30 Ablauf zur Generierung einer Prozesskennlinie über zwei Arbeitssysteme

des Abgangs mit einer arbeitsinhaltsbezogenen Größe wie der Auftragszeit ZAU_m nicht möglich. Aufgrund unterschiedlicher Bearbeitungsinhalte an den Arbeitssystemen wird die arbeitsinhaltsbezogene Abgangsrate des Vorgängerarbeitssystems von der arbeitsinhaltsbezogenen Zugangsrate des Nachfolgearbeitssystems i. d. R. abweichen.

Hier bietet sich die Verknüpfung über eine auftragsflussbezogene Größe an. Hierzu eignet sich die Anzahl der abgehenden und zugehenden Aufträge. Als Flussgröße wird dementsprechend der Durchsatz in Anzahl Aufträgen je Zeiteinheit definiert. Arbeitssystemintern erfolgt jedoch weiterhin eine arbeitsinhaltsbezogene Betrachtung, da der Bestand als Eingangsgröße der Leistungskennlinien in Vorgabestunden gemessen wird.

Abbildung 4.30 zeigt exemplarisch am Beispiel von zwei direkt gekoppelten Arbeitssystemen, wie auf diese Weise die Produktionskennlinien einzelner Arbeitssysteme zu einer übergreifenden Prozesskennlinie verknüpft werden können. Die Generierung der Prozesskennlinie umfasst drei Schritte. Schritt 1 bildet die Berechnung der individuellen Produktionskennlinien der einzelnen Arbeitssysteme in Abhängigkeit ihres Betriebspunkts mit Bestand und Leistung gemessen in Vorgabestunden. Der Betriebspunkt liegt für Arbeitssystem 1 im Übergangsbereich der Kennlinie und am Arbeitssystem 2 im Unterlastbereich. Dieses ist im gezeigten Beispiel auf den höheren Mittelwert der Auftragszeiten am Arbeitssystem 1 bei vergleichbarer Tageskapazität der Arbeitssysteme zurückzuführen.

Im zweiten Schritt werden die individuellen Produktionskennlinien von Vorgabestunden in die Dimension Anzahl Aufträge transformiert. Dazu wird der mittlere Bestand B_m mit Hilfe von Gl. (4.56) in Anzahl Aufträge BA_m und die mittlere

Leistung L_m mit Gl. (2.23) in Anzahl Aufträge pro Betriebskalendertag LA_m umgerechnet. Somit sind die Leistungen der Arbeitssysteme unmittelbar vergleichbar. Weil jeder Auftrag von Arbeitssystem 1 anschließend von Arbeitssystem 2 bearbeitet wird und dieses keine weiteren Zugänge erhält, stimmen die Leistungen (gemessen in der Anzahl abgefertigter Aufträge) der Arbeitssysteme im Beispiel überein.

Mit den vorliegenden Informationen lässt sich auch der Betriebspunkt für das Gesamtsystem bestimmen. Die Leistung entspricht den Leistungen der Einzelsysteme. Der Bestand ergibt sich aus der Summe der Einzelbestände. Die mittlere Durchlaufzeit schließlich berechnet sich gemäß Gl. (2.24) aus dem Quotienten des mittleren Bestandes und der mittleren Leistung:

$$ZDL_{m,PZK} = \frac{BA_{m,PZK}}{LA_{m,PZK}} \tag{4.61}$$

mit

$ZDL_{m,PZK}$ Mittlere ungewichtete Durchlaufzeit der Prozesskette [BKT]
$BA_{m,PZK}$ Mittlerer Bestand der Prozesskette in Anzahl Aufträgen [-]
$LA_{m,PZK}$ Mittlere Leistung der Prozesskette in Anzahl Aufträgen [1/BKT]

Die so berechnete Durchlaufzeit ist eine ungewichtete Zeitgröße, da für die Ermittlung der Bestand und die Leistung in der Dimension Anzahl Aufträge angegeben werden.

Im dritten Schritt lässt sich nun auch der Verlauf der Prozesskennlinien ermitteln. Da die Berechnungsgleichung jedoch nicht nur für direkt gekoppelte Arbeitssysteme gilt, sondern auch bei verzweigten Materialflüssen, wird zunächst deren Abbildung betrachtet.

Um verzweigte Materialflüsse abbilden zu können, werden zunächst die zugehörigen Materialflusskoeffizienten $Pü_i$ der Arbeitssysteme ermittelt. Der Materialflusskoeffizient beschreibt den relativen Anteil eines Arbeitssystems am Materialfluss des Fertigungsbereichs. Der Koeffizient lässt sich aus der Materialflussmatrix des untersuchten Fertigungsbereichs bestimmen. Diese gibt an, wie viele Aufträge während eines Untersuchungszeitraums von einem bestimmten Vorgängerarbeitssystem zu einem Nachfolger transportiert worden sind. Für die Berechnung der Materialflusskoeffizienten wird die Anzahl der Aufträge, die an einem Arbeitssystem zurückgemeldet wurden, durch die Gesamtanzahl der im Untersuchungszeitraum bearbeiteten Aufträge dividiert (Abb. 4.31).

Zur Berechnung der Prozesskennlinie werden weiterhin Angaben zum idealen Mindestbestand sowie zur maximal möglichen Leistung benötigt. Der ideale Prozess ist hier dadurch gekennzeichnet, dass am Engpassarbeitssystem kein Fertigungsauftrag auf die Abarbeitung anderer Aufträge warten muss, sondern unmittelbar nach Ankunft bearbeitet werden kann. Gleichzeitig dürfen am Engpassarbeitssystem der betrachteten Prozesskette keine Leerzeiten durch fehlende Aufträge auftreten. Der ideale Mindestbestand ist somit der Bestand, der im Idealfall im betrachteten Fertigungsbereich oder in der Prozesskette mindestens gebunden ist, um die Vollauslastung des Engpasses zu gewährleisten. Die maximal mögliche Leistung der

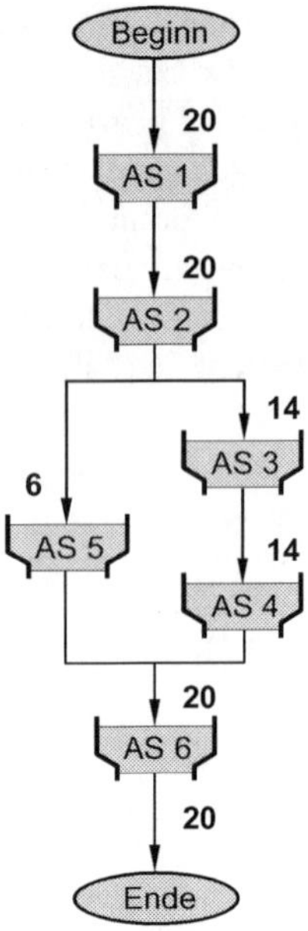

a

b

Von ASi / Nach ASj	AS 1	AS 2	AS 3	AS 4	AS 5	AS 6
Beginn	20	0	0	0	0	0
AS 1	0	20	0	0	0	0
AS 2	0	0	14	0	6	0
AS 3	0	0	0	14	0	0
AS 4	0	0	0	0	0	14
AS 5	0	0	0	0	0	6
AS 6	0	0	0	0	0	0
Summe	20	20	14	14	6	20

Von ASi / Nach ASj	AS 1	AS 2	AS 3	AS 4	AS 5	AS 6
Beginn	1	0	0	0	0	0
AS 1	0	1	0	0	0	0
AS 2	0	0	0,7	0	0,3	0
AS 3	0	0	0	0,7	0	0
AS 4	0	0	0	0	0	0,7
AS 5	0	0	0	0	0	0,3
AS 6	0	0	0	0	0	0
MFKi	1	1	0,7	0,7	0,3	1

c

Arbeitssystem AS

20 Anzahl Aufträge im Betrachtungszeitraum

IFA 10.384

Abb. 4.31 Bestimmung des Materialflusskoeffizienten aus der Materialflussmatrix (Beispiel). **a** Flussbild, **b** Materialflussmatrix, **c** Matrix der materialflusskoeffizienten MFK_i

Prozesskennlinie ist die Leistung, die im idealen Zustand der Prozesskette maximal erbracht wird.

Der ideale Mindestbestand $BIA_{min;PZK}$ berechnet sich zu:

$$BIA_{\min,PZK} = \sum_{i=1}^{n} \frac{\frac{LA_{\max,EP}}{P\ddot{u}_{EP}}}{\frac{LA_{\max,i}}{P\ddot{u}_i}} \cdot BIA_{\min,i} \tag{4.62}$$

mit

$BIA_{min,PZK}$	Idealer Mindestbestand der Prozesskette in Anzahl Aufträgen [-]
$BIA_{min,i}$	Idealer Mindestbestand des Arbeitssystems i in Anzahl Aufträgen [-]
$LA_{max,EP}$	Maximale Leistung des Engpassarbeitssystems in Anzahl Aufträgen [1/BKT]
$LA_{max,i}$	Maximale Leistung des Arbeitssystems i in Anzahl Aufträgen [1/BKT]
$Pü_{EP}$	Materialflusskoeffizient des Engpassarbeitssystems [-]
$Pü_i$	Materialflusskoeffizient des Arbeitssystems i [-]
n	Anzahl der Arbeitssysteme i [-]

Der ideale Mindestbestand $BIA_{min;PZK}$ ergibt sich gemäß Gl. (4.62) im Wesentlichen als Summe der einzelnen Mindestbestände der Arbeitssysteme der Fertigung $BIA_{min;i}$. Zusätzlich werden die unterschiedlichen Kapazitäten der Arbeitssysteme sowie ihre Einbindung in den Materialfluss berücksichtigt. So wird der ideale Mindestbestand eines jeden Arbeitssystems mit einem Koeffizienten gewichtet, der die maximale Leistung sowie den Materialflusskoeffizienten des Arbeitssystems ins Verhältnis zum Engpaß setzt. Besitzt ein Arbeitssystem nur einen geringen Anteil am Materialfluss des Fertigungsbereichs, so wird sein idealer Mindestbestand nicht voll berücksichtigt, da dieses Arbeitssystem strukturell keine Vollauslastung erreichen kann. Ist ein Arbeitssystem hingegen Engpaß, so geht sein idealer Mindestbestand voll in die Berechnung des Mindestbestands des Fertigungsbereichs ein, um eine bestandsbedingte Vollauslastung zu erzielen.

Die maximal mögliche Leistung des Fertigungsbereichs $LA_{max,PZK}$ basiert auf der maximal möglichen Leistung des Engpassarbeitssystems $LA_{max,EP}$:

$$LA_{\max,PZK} = \frac{LA_{\max,EP}}{P\ddot{u}_{EP}} \tag{4.63}$$

mit

$LA_{max,PZK}$	Maximale Leistung der Prozesskette in Anzahl Aufträgen [1/BKT]
$LA_{max,EP}$	Maximale Leistung des Engpassarbeitssystems in Anzahl Aufträgen [1/BKT]
$Pü_{EP}$	Materialflusskoeffizient des Engpassarbeitssystems [-]

Durchlaufen alle Aufträge das Engpassarbeitssystem, entspricht die maximale Leistung der Fertigung der des Engpassarbeitssystems. Der Zusammenhang zwischen den logistischen Zielgrößen Leistung, Bestand sowie Durchlaufzeit kann somit eindeutig für den idealen Prozess beschrieben werden.

In der betrieblichen Praxis weichen die Prozesse erheblich von diesen Idealbedingungen ab. Darum sind Pufferbestände erforderlich, um Auslastungsverlusten des Engpassarbeitssystems vorzubeugen. Durch Einsetzen der Gleichungen für den idealen Mindestbestand (Gl. (4.62)) und die maximal mögliche Leistung (Gl. (4.63)) in Gl. (4.29) folgt somit für die Leistung der Prozesskennlinie:

$$\left.\begin{aligned} BA_{m,PZK}(t) &= BIA_{\min,PZK} \cdot \left(1 - (1 - \sqrt[4]{t})^4\right) + BIA_{\min,PZK} \cdot \alpha_1 \cdot t \\ LA_{m,PZK}(t) &= LA_{\max,PZK} \cdot \left(1 - (1 - \sqrt[4]{t})^4\right) \end{aligned}\right\} \tag{4.64}$$

mit

$BIA_{m,PZK}(t)$	Mittlerer Bestand der Prozesskette [-]
$BIA_{min,PZK}$	Idealer Mindestbestand der Prozesskette [-]
$LA_{m,PZK}(t)$	Mittlere Leistung der Prozesskette [1/BKT]
$LA_{max,PZK}$	Maximale Leistung der Prozesskette [1/BKT]
t	Laufvariable ($0 \leq t \leq 1$)
α_1	Streckfaktor (Standard-Wert: 10)

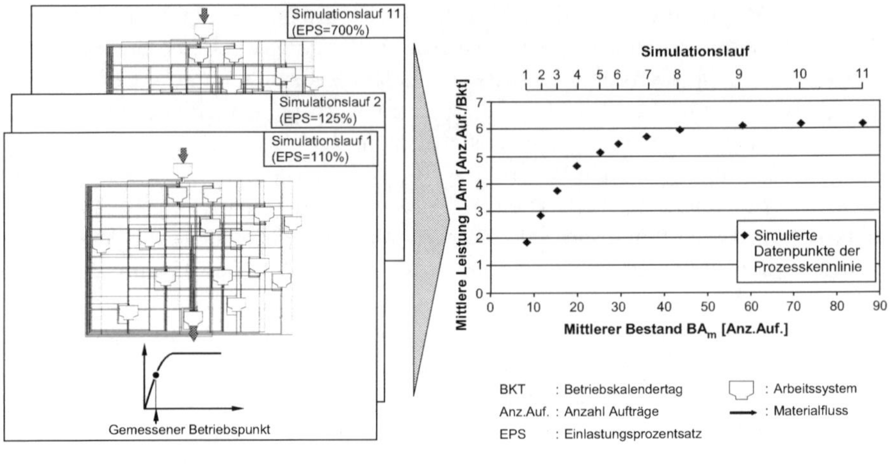

IFA 10.120

Abb. 4.32 Prinzipielle Vorgehensweise zur Ermittlung der Prozesskennlinie mit Hilfe der Simulation (Beispiel)

Zur Validierung der Prozesskennlinie wurden umfangreiche Simulationsuntersuchungen durchgeführt. Dazu dienten unterschiedliche, auf realen Unternehmensdaten basierende Simulationsmodelle, die in den Simulationsleitstand PROSIM III (s. Abschn. 3.2) integriert wurden (vgl. [Wien-01] und [Schn-02]).

Abbildung 4.32 zeigt das Vorgehen zur Ermittlung einer simulierten Prozesskennlinie am Beispiel der Fertigung eines Unternehmens der LKW-Zulieferindustrie mit insgesamt 16 unterschiedlichen Arbeitssystemen. In elf Simulationsversuchen wurde der Bestand in der Fertigung schrittweise erhöht. Für jeden Simulationsversuch wurden der mittlere Bestand und die mittlere Leistung der Fertigung gemessen und die Werte zu einer Prozesskennlinie verdichtet.

Die simulierte Prozesskennlinie zeigt den typischen Verlauf von Produktionskennlinien: Nahe der maximalen Leistung der Fertigung führen Bestandserhöhungen nicht mehr zu signifikanten Leistungssteigerungen. Insgesamt stimmen die simulierte und die berechnete Prozesskennlinie hinreichend gut überein. Die mittlere relative Abweichung beträgt in diesem Beispiel ca. 4,5 % und ist für praktische Fragestellungen akzeptabel.

4.8.3 Arbeitssysteme mit gemeinsamen Pufferbeständen

Wenn ein Arbeitssystem aus mehreren identischen Einzelarbeitsplätzen besteht, so können diese auf einen gemeinsamen Bestandspuffer zugreifen. Da sich somit für den Einzelarbeitsplatz das Risiko eines Materialflussabrisses reduziert, können auch die erforderlichen Pufferbestände insgesamt verringert werden. Das folgende

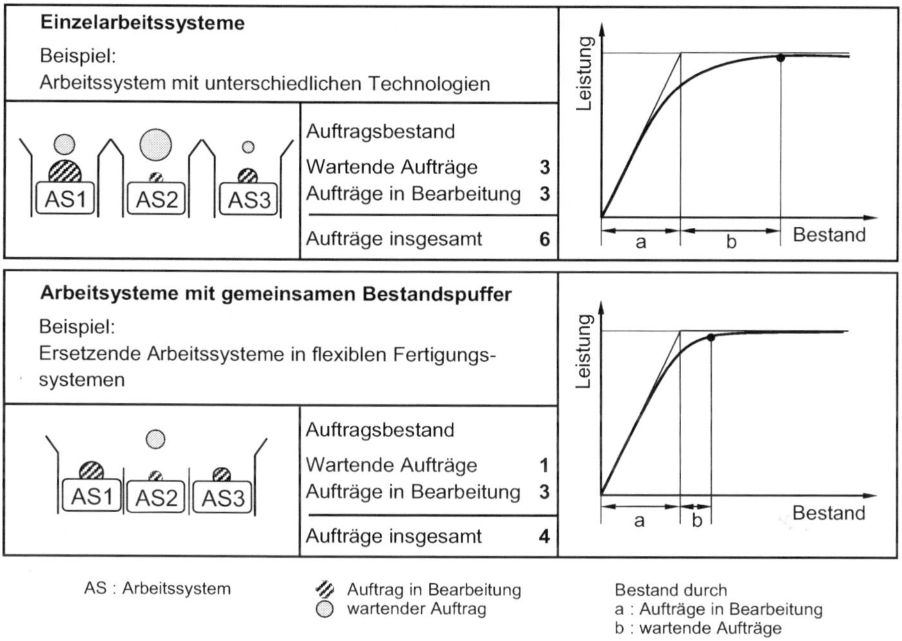

IFA C2498

Abb. 4.33 Bestandsreduzierung durch Einrichten eines gemeinsamen Pufferbestandes

Beispiel soll diese Aussage und deren Konsequenzen für die Kennliniengleichung verdeutlichen (Abb. 4.33):

Es soll zunächst davon ausgegangen werden, dass es zur Auslastung eines Arbeitssystems mit eigenem Pufferbestand ausreicht, im Durchschnitt einen Auftrag als Pufferbestand am Arbeitssystem vorzuhalten. Da sich weiterhin jeweils ein Auftrag am Arbeitssystem in Bearbeitung befindet, besteht der mittlere Gesamtbestand offensichtlich aus zwei Aufträgen pro Einzelarbeitsplatz. Bei drei Arbeitsplätzen befinden sich somit 6 Aufträge im Bestand.

Greifen jedoch mehrere Arbeitsplätze auf einen gemeinsamen Pufferbestand zu, so kann sich die Situation grundlegend ändern (Abb. 4.33, unten). Wenn auch hier die Bedingung gewährleistet wird, dass sich immer ein Auftrag im Pufferbestand befindet, so kann damit die Auslastung aller betroffenen Arbeitssysteme ebenfalls noch gewährleistet werden. Diese flexible Bestandszuordnung bewirkt, dass – bei gleichbleibendem Bearbeitungsbestand – der Pufferbestand und damit auch α_1 umgekehrt proportional zur Anzahl der betroffenen Arbeitsplätze reduziert werden kann. Diese Aussage konnte mit Hilfe von Simulationsuntersuchungen bestätigt werden. Analysen in der Praxis zeigten jedoch, dass die Effekte gemeinsamer Pufferbestände hier nicht so stark ausgeprägt sind, wie theoretisch zu erwarten ist. Die Flexibilität der Zuordnung des Bestandes auf die einzelnen Arbeitsplätze ist nämlich sowohl durch spezielle Ausrüstungen einzelner Maschinen als auch insbesondere durch

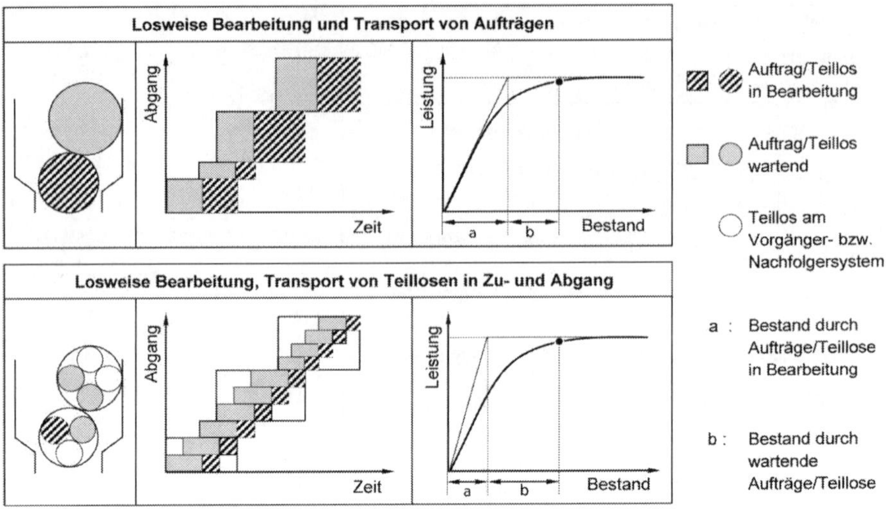

IFA C2500

Abb. 4.34 Bestandsreduzierung bei überlappter Fertigung

unterschiedliche Personalqualifikationen begrenzt. Da somit Bestandsreservierungen für bestimmte Arbeitssysteme durchgeführt werden, stellt sich der beschriebene Effekt in der Praxis nicht oder zumindest nicht im vollen Umfang ein.

Die mathematische Beschreibung des Einflusses gemeinsamer Pufferbestände kann prinzipiell über die Einführung eines weiteren Parameters in der Kennliniengleichung (im Gleichungsbestandteil für $B_p(t)$) erfolgen. Da sich ein solcher Parameter zumindest in der Praxis nur empirisch ermitteln ließe und zudem auch eine Variation des Streckfaktors α_1 eine Veränderung der berechneten Kennlinien in der gewünschten Form bewirkt, wird auf die Einführung eines solchen Parameters verzichtet. Im speziellen Anwendungsfall ist jedoch zu überprüfen, ob der Streckfaktor α_1 anzupassen ist (vgl. auch Abschn. 6.3.3).

4.8.4 Berücksichtigung einer überlappten Fertigung

Bei der Ableitung der Kennlinientheorie wurde ein losweiser Transport der Fertigungsaufträge vorausgesetzt. Im Zuge zunehmender Bemühungen um Fertigungssegmentierungen ist diese Bedingung häufig nicht mehr gegeben. Aber auch dann ist eine Anwendung der Näherungsgleichung nach entsprechenden Anpassungen prinzipiell möglich.

Abbildung 4.34 zeigt zwei unterschiedliche fiktive Prozessabläufe im Trichtermodell, im Durchlaufdiagramm und in der Leistungskennlinie. Im ersten Fall werden die Aufträge losweise bearbeitet und transportiert. Weiterhin wird angenommen, dass neben dem jeweils gerade bearbeiteten Auftrag ein weiterer als Pufferbestand vorliegen soll. Im zweiten Fall werden die Aufträge ebenfalls losweise bearbeitet. Auch soll immer ein Auftrag im Bestandsvorrat liegen. Jedoch sollen hier die Aufträge in Teillosen an- und abtransportiert werden können.

Die Darstellung der Abläufe im Durchlaufdiagramm verdeutlicht, dass durch diese Maßnahme die Bestände stark reduziert werden können. Aus Sicht der Kennlinientheorie ist die mögliche Bestandsreduzierung auf eine Verringerung des idealen Mindestbestandes zurückzuführen, der sich nunmehr aus den Arbeitsinhalten der Transportlose entsprechend Gl. (4.5) ergibt:

$$BI_{\min,TLOS} = ZAU_{m,TLOS} \cdot (1 + ZAU_{v,TLOS}^2) + ZTR_m \tag{4.65}$$

mit

$BI_{min,TLOS}$ Idealer Mindestbestand bei Transport von Teillosen [Std]
$ZAU_{m,TLOS}$ Mittlere Auftragszeit der Teillose [Std]
$ZAU_{v,TLOS}$ Variationskoeffizient der Auftragszeit für die Teillose [-]
ZTR_m Mittlere Transportzeit [Std]

Das Verhältnis von $BI_{min,TLOS}$ und BI_{min} wird als *Überlappungsgrad* definiert:

$$\ddot{U}G = \frac{BI_{\min}}{BI_{\min,TLOS}} \tag{4.66}$$

mit

ÜG Überlappungsgrad [-]
BI_{min} Idealer Mindestbestand [Std]
$BI_{min,TLOS}$ Idealer Mindestbestand bei Transport von Teillosen [Std]

Der Pufferbestand wird bei den genannten Bedingungen im übrigen nicht verändert, da angenommen wurde, dass weiterhin jeweils ein Auftrag als Bestandsvorrat vorliegen muss. Somit folgt für die Näherungsgleichung der Leistungskennlinie:

$$\left.\begin{aligned} B_m(t) &= \frac{BI_{\min}}{\ddot{U}G} \cdot \left(1 - (1 - \sqrt[4]{t})^4\right) + BI_{\min} \cdot \alpha_1 \cdot t \\ L_m(t) &= L_{\max} \cdot \left(1 - (1 - \sqrt[4]{t})^4\right) \end{aligned}\right\} \tag{4.67}$$

mit

$B_m(t)$ Mittlerer Bestand [Std]
$L_m(t)$ Mittlere Leistung [Std/BKT]
BI_{min} Idealer Mindestbestand [Std]
ÜG Überlappungsgrad [-]
α_1 Streckfaktor für das Arbeitssystem [-]
Lmax Maximal mögliche Leistung am Arbeitssystem [Std/BKT]

Die aus Gl. (4.67) ablesbare und in Abb. 4.34 angedeutete Verschiebung des Verhältnisses zwischen Pufferbestand und Bearbeitungsbestand bei einer überlappten Fertigung ist im Übrigen in der Praxis nicht unbekannt. So wird gerade in flexiblen Fertigungssystemen (FFS) und Fertigungsinseln häufig in der kleinstmöglichen Einheit – der Losgröße 1 – transportiert. Als Folge davon kann der Bestand innerhalb des Systems stark begrenzt werden. Da jedoch auch bei diesen Systemen über das PPS-System Auftragslose gebildet und als Ganzes in die Fertigung eingesteuert werden, baut sich vor dem FFS bzw. der Fertigungsinsel ein Pufferbestand auf, der aus den Arbeitsinhalten der Auftragslose resultiert.

4.9 Anwendungsvoraussetzungen für berechnete Produktionskennlinien

Die Erstellung und Nutzung berechneter Produktionskennlinien ist an eine Reihe von Voraussetzungen gebunden, die sich aus der Modellstruktur und den Modellparametern ableiten lassen.

Zunächst ist es erforderlich, dass sich für den betrachteten Produktionsprozess ideale Kennlinien erstellen lassen. Dies setzt im Wesentlichen voraus, dass sich ein idealisierter Produktionsablauf beschreiben lässt. Alle für die Berechnung des idealen Mindestbestandes und der maximal möglichen Leistung benötigten Parameter müssen mit einer hinreichenden Genauigkeit vorliegen bzw. ermittelbar sein. Eine Übersicht über diese Parameter, die eine elementare Bedeutung für die logistische Leistungsfähigkeit eines Produktionssystems aufweisen, ist in Abb. 4.35 gegeben. Diese in der Graphik grau hinterlegten Daten müssen auf der Ebene der Einzelarbeitssysteme vorliegen. Eine hierarchische Verdichtung für übergeordnete Arbeitssysteme ist mit Hilfe der in den Abschn. 4.8.1 und 4.8.2 beschriebenen Zusammenhänge möglich.

Bei der Kennlinientheorie handelt es sich um einen Ansatz, der von einem eingeschwungenen Betriebszustand ausgeht. Der Untersuchungszeitraum muss daher so groß gewählt werden, dass die einzelnen Kenngrößen als repräsentativ für das untersuchte Arbeitssystem angesehen werden können. Gleichzeitig ist sicherzustellen, dass insbesondere bei der Auftragszeitstruktur keine tendenziellen Veränderungen über der Zeit auftreten.

Ein stabiler Prozesszustand muss auch für den zweiten Modellierungsteil – die Beschreibung des Pufferbestandes über den Streckfaktor α_1 – vorliegen. Diese Bedingung ist erfüllt, wenn der Bestand auf einem annähernd konstanten Niveau bleibt. Zu- und Abgangsverlauf der Arbeit (gemessen in Vorgabestunden pro Zeiteinheit) müssen dazu im Wesentlichen parallel verlaufen. Abhängig von den auftretenden bzw. zu erwartenden Bestandsstreuungen ist der Streckfaktor α_1 festzulegen. Der Parameter ist bislang nur experimentell zu ermitteln, er hat somit eine empirische Bedeutung innerhalb des Modells. Zahlreiche Untersuchungen haben jedoch gezeigt, dass der im Rahmen dieser Arbeit zugrundegelegte Standardwert ($\alpha_1 = 10$) in der Regel eine praxisnahe Beschreibung der Wirkungszusammenhänge zwischen den

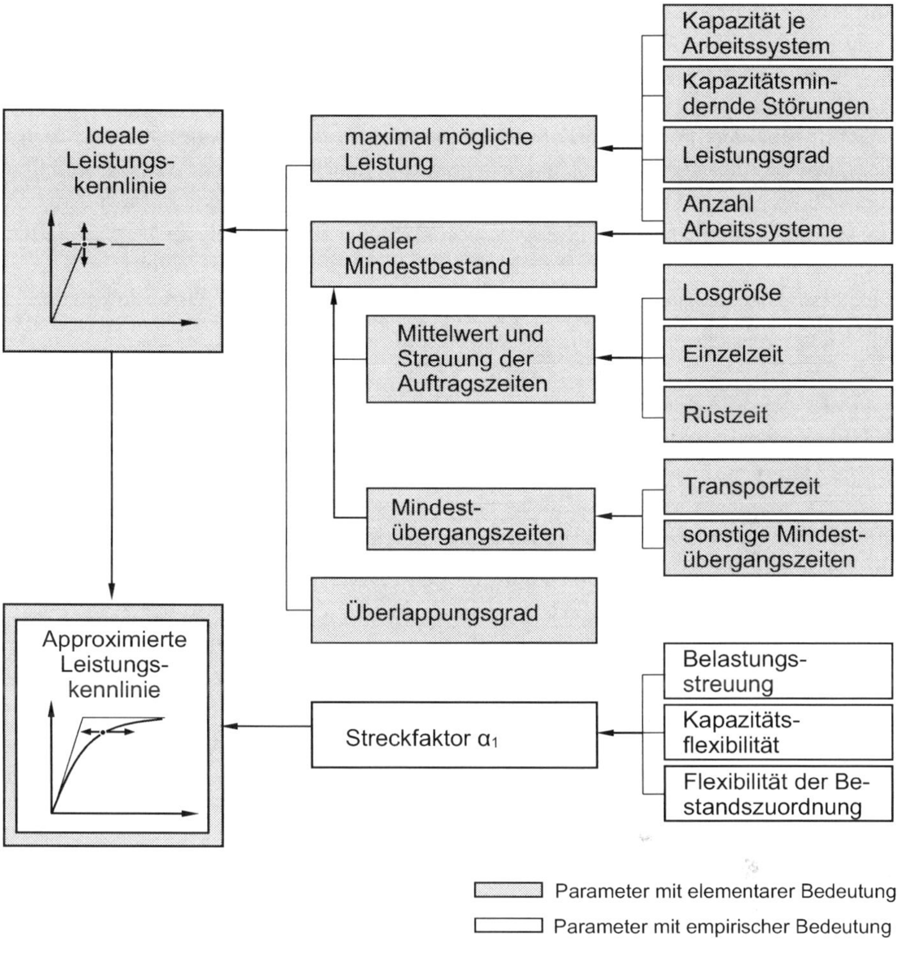

IFA D4905

Abb. 4.35 Parameter approximierter Leistungskennlinien

logistischen Zielgrößen ermöglicht (s. auch Abschn. 4.7). Insbesondere bei starren Kapazitäten und gleichzeitig stark schwankenden Belastungen ist der Wert jedoch hinsichtlich seiner Gültigkeit zu überprüfen. Er wird dann größer als 10.

Da die Kennlinien für die Zeitgrößen aus den Leistungskennlinien abgeleitet werden, gelten für sie die gleichen Bedingungen. Es ist darüber hinaus aber noch eine weitere spezielle Voraussetzung an die Prozessstabilität gegeben: Die Gleichungen zur Berechnung der Durchlaufzeit und der Übergangszeit sowie alle darauf aufbauenden Beschreibungen sind auch bei einer Abfertigung nach dem FIFO-Prinzip nur dann fehlerfrei anwendbar, wenn die mittlere Reichweite R_m der mittleren gewichteten Durchlaufzeit ZDL_{mg} entspricht. Bei längeren Untersuchungszeiträumen ist dies immer dann der Fall, wenn es nicht zu einem generellen Bestandsaufbau oder -abbau kommt. Nicht die Schwankungen des Bestandes sind in diesem Zusammenhang von Bedeutung, sondern die Differenzen zwischen dem Anfangs- und dem Endbestand des Untersuchungszeitraumes (vgl. hierzu auch Abschn. 2.2.3).

Wenn einzelne der erforderlichen Parameter nicht vorliegen, nur näherungsweise bestimmt werden können oder auch gegen die Bedingungen der Prozessstabilität verstoßen wird, so schließt dies eine Ermittlung der Kennlinien nicht grundsätzlich aus. Zwar werden die Anwendungsmöglichkeiten und zum Teil auch die Qualität der Aussagen je nach Fehlerart mehr oder weniger stark eingeschränkt. In Kap. 6 wird aber gezeigt, dass die Kennlinientheorie ein insgesamt recht fehlertolerantes und robustes Modell darstellt.

4.10 Terminkennlinien (Verfasser: Dr.-Ing. Kwok-Wai Yu)

Die Sicherung der Termintreue gehört zu den zentralen logistischen Herausforderungen eines Produktionsunternehmens. Die Kenntnis über die relevanten Einflussgrößen sowie über die Wechselwirkungen mit den in den Produktionskennlinien beschriebenen Zielgrößen kann maßgeblich zur Beherrschung dieses logistischen Leistungsmerkmals und damit auch zur Sicherung der Wettbewerbsfähigkeit beitragen.

Ein pragmatischer Ansatz zur Berechnung einer Terminkennlinie wurde von Yu [Yu-01] entwickelt. Ausgangsbasis für diesen Ansatz ist ein Beschreibungsmodell der Abgangsterminabweichung.

4.10.1 Kennlinie der mittleren relativen Terminabweichung

Abgangsterminabweichungen im Produktionsbereich haben zwei mögliche Ursachen, die z. T. einzeln auftreten, die sich aber auch überlagern können (vgl. Abschn. 2.1.3). Zum einen werden Aufträge zu spät gestartet (Zugangsterminabweichung), zum anderen können geplante und tatsächliche Durchlaufzeiten differieren (Durchlaufzeitabweichung oder *relative* Terminabweichung). Da der Abschluss eines Arbeitsvorgangs eines Auftrages die Voraussetzung für den Beginn des nachfolgenden Arbeitsvorgangs ist, entsteht durch eine Verspätung des Abgangstermins eine Verspätung des Starttermins der Nachfolger. Diese überlagert sich mit einer eventuellen Verspätung der Prozessdauer des Arbeitsvorganges und bildet so die (Gesamt-) Abgangsterminabweichung des Auftrages.

In Abb. 4.36a ist ein Zustand dargestellt, den man sehr oft in der Praxis finden kann. Er wird charakterisiert durch eine positive mittlere Abgangsterminabweichung (Verspätung) und eine große Streuung der Einzelwerte. Ziel ist es, diese Situation zu verbessern. Einerseits sollte durch entsprechende Maßnahmen der Mittelwert

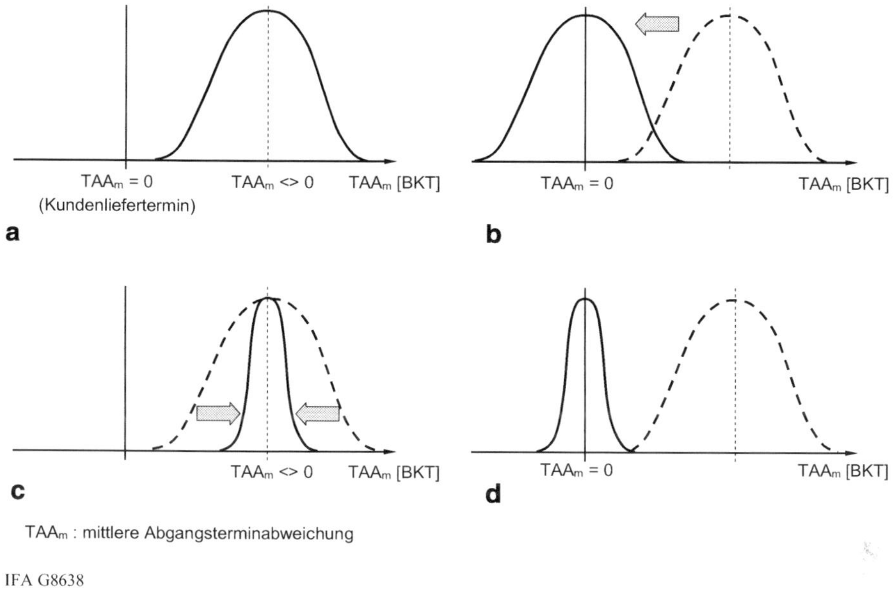

Abb. 4.36 Erhöhung der Prozesssicherheit durch Beherrschung der Terminabweichung. **a** Ausgangszustand : Verspätung, **b** Verbesserung des Mittelwertes (Mittelwertreduktion), **c** Verringerung der Streuung, **d** Verringerung der Streuung und Mittelwertreduktion

der Abgangsterminabweichung auf Null reduziert werden (Abb. 4.36b), andererseits sollte eine Reduzierung der Streuung angestrebt werden (Abb. 4.36c). Das beste Ergebnis und eine hohe Prozesssicherheit wird erreicht, wenn gleichzeitig die mittlere Terminabweichung und ihre Streuung auf ein Minimum reduziert werden (Abb. 4.36d).

Zugangsterminabweichungen können wegen der Vielfalt der möglichen Ursachen, die sich zudem überlagern, nur schwer vorausbestimmt werden. Die Aufträge werden entweder kurzfristig und ungeplant verschoben, z. B. durch Bedarfsverschiebungen, fehlendes Material oder Fertigungshilfsmittel, oder planungsbedingt zurückgestellt oder vorgezogen, z. B. zum Zwecke eines Belastungsabgleichs.

Damit ist eine Berechnung der Zugangsterminabweichung aus elementaren Größen nicht möglich. Sie muss ersatzweise über einen längeren Zeitraum gemessen werden. Auf diese Weise kann sie fortgeschrieben und der Durchlaufzeitabweichung überlagert werden, um schließlich daraus die voraussichtliche Abgangsterminabweichung ableiten zu können.

Zur Ableitung der Terminkennlinie wird daher die Annahme getroffen, dass keine Zugangsterminabweichung vorhanden ist. Dann wird die Abgangsterminabweichung und damit die Termintreue oder -einhaltung ausschließlich durch die relative Terminabweichung bestimmt.

Mit der relativen Terminabweichung lässt sich darstellen, ob sich die Terminsituation im Abgang gegenüber dem Zugang verbessert oder verschlechtert hat (vgl.

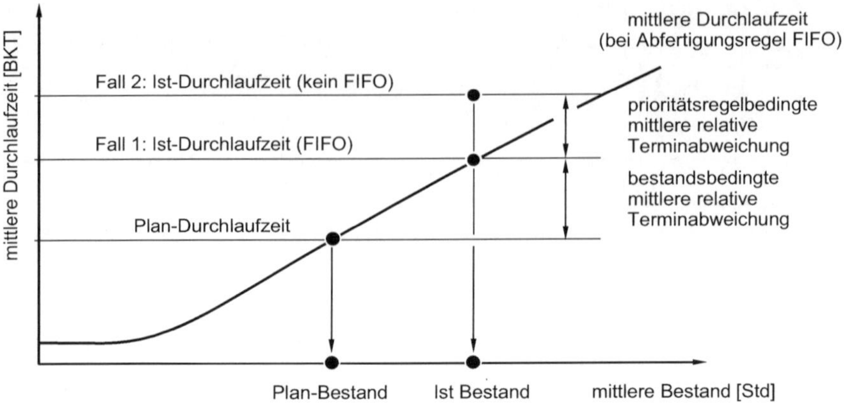

Abb. 4.37 Bestandsbedingte und reihenfolgeregelbedingte Terminabweichung

Abschn. 2.1.2). Die Ursachen hierfür sind u. a. darin zu sehen, dass ein geplantes Bestands- und damit Durchlaufzeitniveau trotz PPS-Unterstützung vielfach nicht eingehalten werden kann. Schwankungen von Beständen und Durchlaufzeiten werden einerseits durch Prozessstörungen hervorgerufen. Andererseits sind sie aber auch auf Planungsfehler (fehlerhafte oder unrealistische Planungsdaten) sowie auf einen ungeregelten Zugang von Aufträgen zurückzuführen. Und schließlich werden Durchlaufzeiten und damit auch Durchlaufzeitabweichungen durch die Anwendung von Reihenfolgeregeln beeinflusst (vgl. Abschn. 4.4).

In einer Durchlaufzeitkennlinie kann die mittlere relative Terminabweichung visualisiert und in ihre Hauptbestandteile zerlegt werden. Prinzipiell kann die mittlere relative Terminabweichung durch den Bestand oder/und durch eine Priorisierung der Aufträge verursacht werden. In Abb. 4.37, Fall 1 findet im Ist-Zustand keine Priorisierung der Aufträge statt. Daher kann die mittlere relative Terminabweichung als Folge einer Abweichung des Ist-Bestandes vom Plan-Bestand am Arbeitssystem interpretiert werden. Findet zusätzlich jedoch noch eine Priorisierung der Aufträge statt (Abb. 4.37, Fall 2), so ergibt sich eine weitere Durchlaufzeitabweichung, die je nach angewandter Reihenfolgeregel die mittlere relative Terminabweichung vergrößern oder auch verkleinern kann (vgl. auch Abschn. 4.4 und Abb. 4.15).

Überträgt man diesen Gedanken auf alle möglichen Ist-Betriebspunkte, erhält man durch Subtraktion der Plan-Durchlaufzeit von den Werten der Durchlaufzeitkennlinie eine Kennlinie der mittleren relativen Terminabweichung. Sie veranschaulicht für eine mittlere Plan-Durchlaufzeit die Abhängigkeit der mittleren relativen Terminabweichung vom mittleren Ist-Bestand (vgl. Abb. 4.38). Die Kennlinie der relativen Terminabweichung entsteht damit aus einer vertikalen Parallelverschiebung der Durchlaufzeitkennlinie um die mittlere Plan-Durchlaufzeit. Sie schneidet die x-Achse beim Plan-Bestand. Mit Hilfe des Ist-Bestandes kann somit die mittlere relative Terminabweichung abgelesen werden. Ist der Ist-Bestand kleiner als der

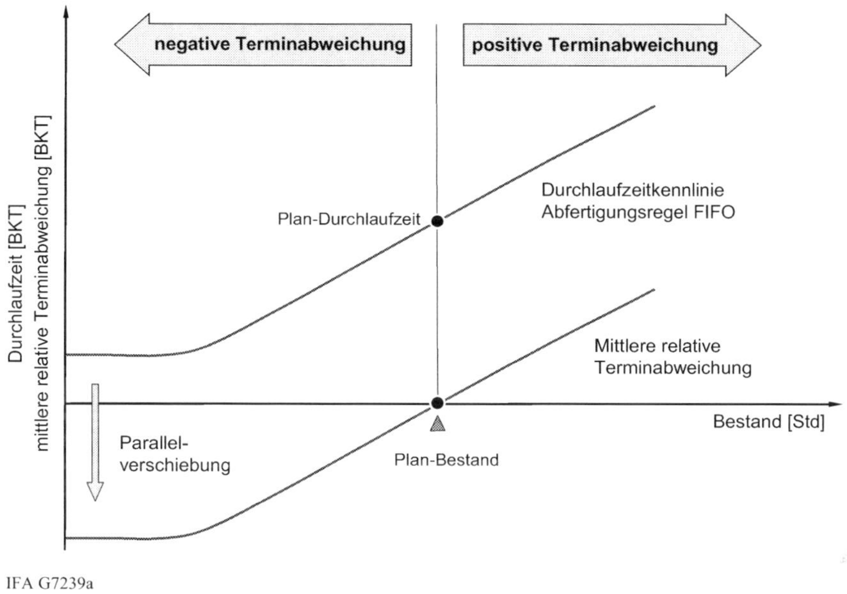

Abb. 4.38 Kennlinie für die mittlere relative Terminabweichung eines Arbeitssystems

Plan-Bestand, so ist die mittlere relative Terminabweichung TARm negativ (zu früh). Ist der Ist-Bestand gleich den Plan-Bestand, ist TAR_m gleich null, ist er größer als der Plan-Bestand, so ist TAR_m positiv (zu spät).

4.10.2 Ableitung einer Kennlinie zur Beschreibung der Termintreue

Das Terminverhalten eines Produktionssystems ist durch den Mittelwert der Terminabweichung allein nicht hinreichend beschrieben. Von größerer Bedeutung ist, ob die Aufträge innerhalb einer vereinbarten Termintoleranz fertiggestellt werden, ob also die Termintreue gewährleistet ist. Die einzelnen terminrelevanten Begriffe werden dabei wie folgt abgegrenzt (Abb. 4.39):

- Die Termintoleranz definiert den Bereich um einen Plan-Termin, innerhalb dessen ein Auftrag als termingerecht abgeliefert gilt.
- Die Termineinhaltung beschreibt, ob ein Auftrag zum festgelegten Plan-Termin abgeliefert wurde. Sie spiegelt die Marktsicht wider. Lediglich die verspäteten Aufträge verringern i. d. R. die Termineinhaltung.
- Die Termintreue beschreibt, ob ein Auftrag innerhalb einer Termintoleranz abgeliefert wurde. Ein Betrieb ist grundsätzlich bestrebt, sowohl zu spät als auch zu früh gefertigte Aufträge zu vermeiden.

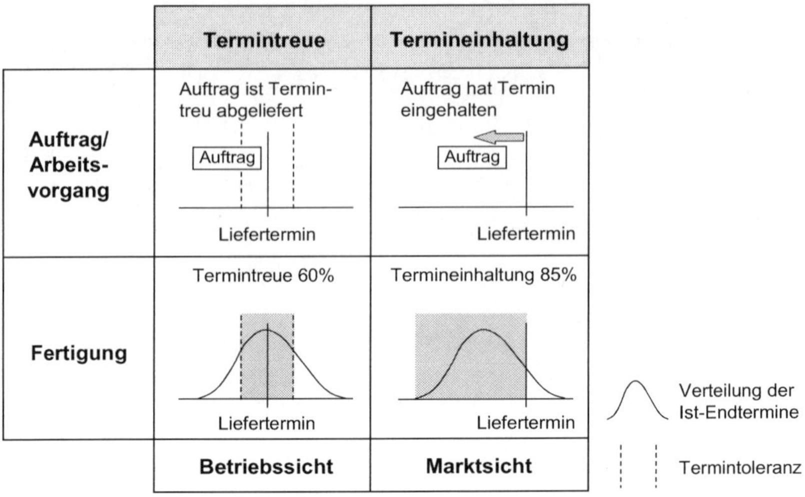

IFA G8648

Abb. 4.39 Termintreue und Termineinhaltung

Die zur Berechnung der Termintreue abgeleitete Näherungsgleichung der Termintreue beruht wie auch die Produktionskennlinientheorie auf einem deduktiv-experimentellen Prozessmodell. Die folgenden Schritte wurden der Modellierung zugrundegelegt [Yu-01]:

- Ableitung der idealen Terminkennlinie aus einem idealen Produktionsprozess.
- Erweiterung des Modells zur Berücksichtigung realer Prozessabläufe.
- Parameteranpassung durch die Analyse von Simulationsergebnissen.

Der ideale Zustand ist durch die folgenden Bedingungen charakterisiert:

- Keine Zugangsterminabweichung
- Abfertigung der Aufträge nach dem FIFO-Prinzip
- Keine Streuung der Ist- und Plan-Durchlaufzeit

Unter diesen idealen Bedingungen ist die Termintreue nur von der relativen Terminabweichung abhängig. Die ideale Terminkennlinie stellt somit den Zusammenhang zwischen der Termintreue, der relativen Terminabweichung und dem Bestand dar. Entspricht der Plan-Bestand dem Ist-Bestand – unter den genannten Voraussetzungen entspricht dann auch die Plan-Durchlaufzeit der Ist-Durchlauf-zeit – werden alle Aufträge termingerecht fertiggestellt.

Unter diesen Voraussetzungen kann die in Abb. 4.40a dargestellte Terminkennlinie erstellt werden. Beim Plan-Bestand erreicht die Termintreue 100 %, bei allen anderen Bestandswerten beträgt sie 0 %. Durch die Einführung der Termintoleranz (innerhalb derer die Aufträge als termintreu gefertigt gelten), entsteht ein Bereich der Terminkennlinie, in dem die Termintreue 100 % beträgt (Abb. 4.40b). In allen anderen Bereichen ist die Termintreue gleich null. Die Übergänge der Termintreue

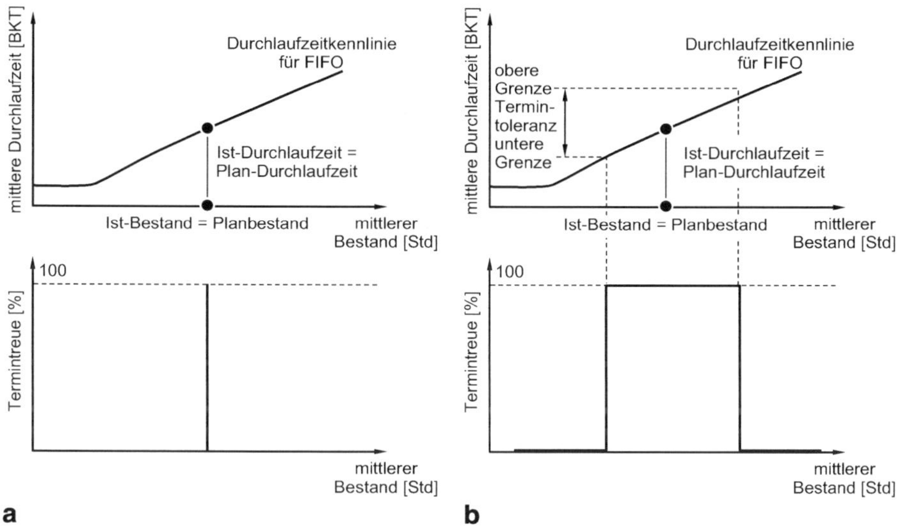

IFA G8643

Abb. 4.40 Ableitung der idealen Terminkennlinie. **a** Terminkennlinie ohne Termintoleranz, **b** Terminkennlinie mit Termintoleranz

von 0 % auf 100 % werden durch die obere bzw. untere Grenze der Termintoleranz definiert.

Die bei der Ableitung der idealen Terminkennlinie getroffenen Annahmen sind in der Praxis nicht erreichbar. Deutlich wird dies u. a. an der im Allgemeinen recht breiten Streuung der Terminabweichung. Abbildung 4.41 zeigt im oberen Bildteil drei vereinfachte, aber typische Formen der Abgangsterminabweichung bei unterschiedlichen Betriebszuständen. Diese sind durch das am Arbeitssystem vorhandene Ist-Bestandsniveau charakterisiert. Der Betriebszustand I ist gekennzeichnet durch ein niedrigeres Bestandsniveau als in der Planung vorgesehen wurde. Im Betriebszustand II stimmen Ist-Bestand und Plan-Bestand überein. Im Betriebszustand III liegt schließlich der Ist-Bestand über dem Plan-Bestand. Die unterschiedlichen Betriebszustände lassen sich nun in eine Terminkennlinie übertragen. Diese verdeutlicht, dass die Termintreue mit zunehmendem Bestandswert bis zum festgelegten Plan-Bestand zunimmt. Steigt der Bestand weiter an, so reduziert sich die Termintreue und strebt mit zunehmendem Bestand gegen null.

Ein Beispiel für simulativ erzeugte Terminkennlinienpunkte zeigt Abb. 4.42. Für die ideale Terminkennlinie wurde die Termintoleranz in eine Bestandstoleranz umgerechnet. Angenähert wurde die Terminkennlinie mit 15 Simulationsversuchen, bei denen schrittweise der mittlere Bestand variiert wurde. Es zeigt sich, dass die Termintreue mit zunehmendem Bestand bis zu einem Wert ansteigt, bei dem der Ist-Bestand dem Plan-Bestand entspricht. Die an diesem Punkt erreichte Termintreue wird als praktisch maximale Termintreue bezeichnet. Sie definiert den Wert der Termintreue, den ein System bei gegebenem logistischen Verhalten und definierter

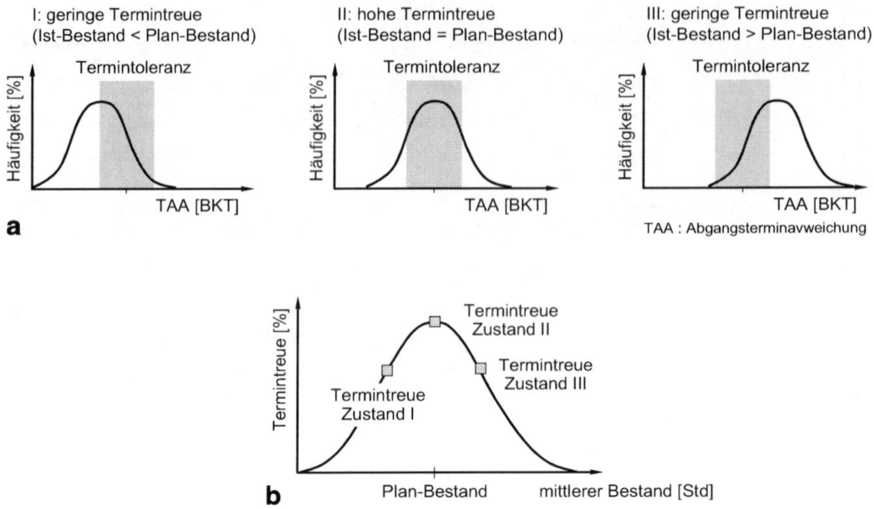

IFA G8650

Abb. 4.41 Darstellung unterschiedlicher Betriebszustände in der Terminkennlinie. **a** Typische Verteilung der Abgangsterminabweichung (Betriebszustand) an einem Arbeitssystem, **b** Darstellung der Betriebszustände in der Terminkennlinie

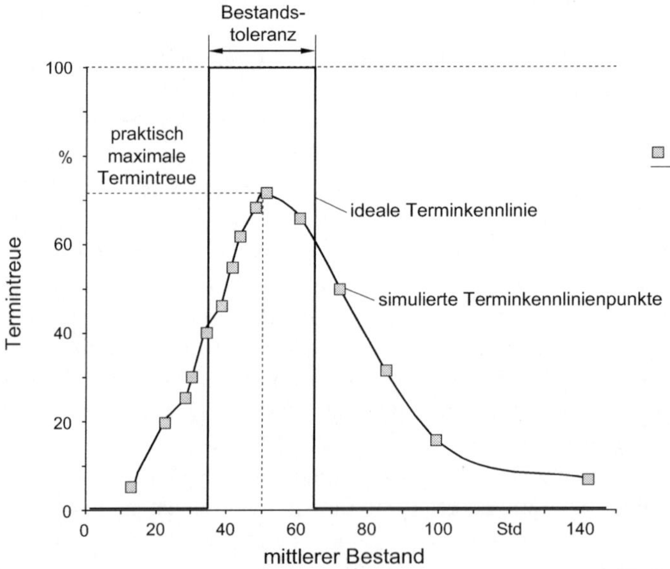

IFA G8743

Abb. 4.42 Simulierte Terminkennlinie (Beispiel)

Termintoleranz nicht überschreiten kann. Überschreitet der Bestandswert diesen optimalen Punkt, so reduziert sich die Termintreue wieder und strebt mit zunehmendem bzw. abnehmendem Bestand gegen Null.

Aus der Analyse dieser und weiterer Simulationsversuche konnte eine Näherungsgleichung ableitet werden, die eine Berechnung der Termintreue als Funktion des Bestandes unter der Annahme zulässt, dass die Durchlaufzeit normalverteilt ist. Diese Gleichung, ausführlich hergeleitet in [Yu-01], basiert auf der Verteilungsfunktion $\phi(u)$ der Standardnormalverteilung und hat die folgende Form:

$$TT(B(t)) = \phi\left(\frac{b - ZUE_m(B(t))}{ZUE_s}\right) - \phi\left(\frac{a - ZUE_m(B(t))}{ZUE_s}\right) \qquad (4.68)$$

mit

TT	Termintreue [%]
a	Untere Intervallgrenze [BKT]
b	Obere Intervallgrenze [BKT]
ZUE_s	Standardabweichung der Übergangszeit [BKT]
$ZUE_m(B(t))$	Mittelwert der Übergangszeit [BKT]
B(t)	Bestand (als Funktion von t) [Std]
t	Laufvariable [-]

Dabei legen a und b die Grenzwerte fest, innerhalb derer ein Auftrag als termintreu gefertigt gilt. Bei einer Plan-Übergangszeit von 4 BKT und einer Termintoleranz von ± 1 BKT betragen die Intervallgrenzen $a = 3$ und $b = 5$. Die Streuung der Übergangszeit ZUEs wird aus einer beliebigen Ist-Übergangszeitverteilung bestimmt. Es wird dabei von der Erkenntnis ausgegangen, dass die Streuung der Übergangszeit bei Anwendung der FIFO-Abfertigungsregel nahezu unabhängig vom Bestand ist (s. auch [Ludw-93]). Die mittlere Übergangszeit ZUEm (t) lässt sich aus den Produktionskennlinien und den zugehörigen Gleichungen ableiten (Gl. (4.29), (4.37), (4.40) und (4.41)).

Die Gl. (4.68) lässt sich zur Berechnung der praktisch maximalen Termintreue verwenden. Das Vorgehen wird anhand einer Übergangszeitverteilung mit den Kenngrößen $ZUE_m = 4{,}5$ BKT, $ZUE_s = 1{,}12$ BKT und einer Termintoleranz von ± 1 BKT verdeutlicht:

Nach Vorgabe der Termintoleranz stellt sich die Frage, wie viel Prozent aller Werte im Intervall $3{,}5 \leq X \leq 5{,}5$ BKT liegen. Die Umrechnung der Intervallgrenzen von $a = 3{,}5$ BKT und $b = 5{,}5$ BKT ergibt nach Gl. (4.68):

$$\textit{Untere Grenze:} \quad \frac{a - ZUE_m(B(t))}{ZUE_s} = \frac{3{,}5 - 4{,}5}{1{,}12} = -0{,}89$$

$$\textit{Obere Grenze:} \quad \frac{b - ZUE_m(B(t))}{ZUE_s} = \frac{5{,}5 - 4{,}5}{1{,}12} = 0{,}89$$

Damit ergibt sich für die Termintreue unter Nutzung der Verteilungsfunktion $\phi(u)$ der Standardabweichung (Tab. 4.1) der folgende Wert:

$$\begin{aligned} TT(B(t)) &= \phi(0{,}89) - \phi(-0{,}89) \\ &= \phi(0{,}89) + \phi(0{,}89) - 1 \\ &= 0{,}8133 + 0{,}8133 - 1 \\ &= 0{,}6266 \end{aligned}$$

Die Termintreue beträgt somit bei dieser Parameterkonstellation ca. 63 %.

Abbildung 4.43 zeigt einen Vergleich der Termintreuewerte, die auf Basis der Näherungsgleichung berechnet wurden, und den simulierten Werten. Eine gute Übereinstimmung der beiden Kennlinien ist sichtbar. Die Näherungsgleichung bietet somit die Möglichkeit, den Zusammenhang von Termintreue, Termintoleranz und Durchlaufzeit in Abhängigkeit von Plan- und Ist-Bestand aufwandsarm zu beschreiben. Anzumerken ist, dass für die Berechnung der Terminkennlinie ein eingeschwungener Prozesszustand vorausgesetzt wird und dass keine tendenziellen Bestandsveränderungen im Untersuchungszeitraum auftreten.

Bei der Herleitung der Terminkennlinie wurde weiterhin vorausgesetzt, dass keine Zugangsterminabweichung vorhanden ist. Somit handelt es sich strenggenommen um die Termintreue der relativen Terminabweichung. Ungeachtet dieser Voraussetzungen stellt die Terminkennlinie eine wichtige Erweiterung für den Ausbau und die Überwachung der logistischen Prozesssicherheit und Prozessfähigkeit eines Unternehmens dar. So eignet sich die Terminkennlinie zur Bewertung von Prozessabläufen im Rahmen eines Produktionscontrollings. Sie zeigt zudem auf, welche Termintreue bei den vorliegenden strukturellen Bedingungen erreicht werden kann. Schließlich ermöglicht sie im Zusammenspiel mit den Produktionskennlinien eine vollständige Modellierung der logistischen Zielgrößen.

4.11 Zusammenfassung zur Ableitung der Kennlinientheorie

Die vorgestellte Kennlinientheorie ist ein deduktiv-experimentelles Prozessmodell. Es vereinigt die wesentlichen Vorteile der beiden zugrundeliegenden Modellierungsansätze.

Zur Berechnung der Produktionskennlinien wurde, ausgehend von einer Beschreibung des Auftragsdurchlaufes über die einzelnen Arbeitssysteme einer Produktion mittels des Trichtermodells und des daraus abgeleiteten Durchlaufdiagramms, in einem ersten Modellierungsschritt ein *deduktiver Ansatz*, die idealen Kennlinien, abgeleitet (Abb. 4.44). Diese beschreiben die theoretischen Grenzwerte der logistischen Spitzenkennzahlen mit den zugrundeliegenden wechselseitigen Abhängigkeiten. Der Übergang zur Abbildung der Wirkzusammenhänge der Kenngrößen bei realen Prozessabläufen erfolgte über die Erweiterung des deduktiven Modells

Tab. 4.1 Verteilungsfunktion $\phi(u)$ der Standardabweichung [Papu-94]

u	0	1	2	3	4	5	6	7	8	9
0	0,5000	0,5040	0,5080	0,5120	0,5160	0,5199	0,5239	0,5279	0,5319	0,5359
0,1	0,5398	0,5438	0,5478	0,5517	0,5557	0,5596	0,5639	0,5675	0,5714	0,5754
0,2	0,5793	0,5832	0,5871	0,5910	0,5948	0,5987	0,6026	0,6064	0,6103	0,6141
0,3	0,6179	0,6217	0,6255	0,6293	0,6331	0,6368	0,6406	0,6443	0,6480	0,6517
0,4	0,6554	0,6591	0,6628	0,6664	0,6700	0,6736	0,6772	0,6808	0,6844	0,6879
0,5	0,6915	0,6950	0,6985	0,7019	0,7054	0,7088	0,7123	0,7157	0,7190	0,7224
0,6	0,7258	0,7291	0,7324	0,7357	0,7389	0,7422	0,7545	0,7486	0,7518	0,7549
0,7	0,7580	0,7612	0,7642	0,7673	0,7704	0,7734	0,7764	0,7794	0,7823	0,7852
0,8	0,7881	0,7910	0,7939	0,7967	0,7996	0,8023	0,8051	0,8078	0,8106	0,8133
0,9	0,8159	0,8186	0,8212	0,8238	0,8264	0,8289	0,8315	0,8340	0,8365	0,8398
1	0,8413	0,8438	0,8461	0,8485	0,8508	0,8531	0,8554	0,8577	0,8599	0,8621
1,1	0,8643	0,8665	0,8686	0,8708	0,8729	0,8749	0,8770	0,8790	0,8810	0,8830
1,2	0,8849	0,8869	0,8888	0,8907	0,8925	0,8944	0,8962	0,8980	0,8997	0,9015
1,3	0,9032	0,9049	0,9066	0,9082	0,9099	0,9115	0,9131	0,9147	0,9162	0,9177
1,4	0,9192	0,9207	0,9222	0,9236	0,9251	0,9265	0,9279	0,9292	0,9306	0,9319
1,5	0,9332	0,9345	0,9357	0,9370	0,9382	0,9394	0,9406	0,9418	0,9429	0,9441
1,6	0,9452	0,9463	0,9474	0,9484	0,9495	0,9505	0,9515	0,9525	0,9535	0,9545
1,7	0,9554	0,9564	0,9573	0,9582	0,9591	0,9599	0,9608	0,9616	0,9625	0,9633
1,8	0,9641	0,9649	0,9656	0,9664	0,9671	0,9678	0,9686	0,9693	0,9699	0,9706
1,9	0,9713	0,9719	0,9726	0,9732	0,9738	0,9744	0,9750	0,9756	0,9761	0,9767
2	0,9772	0,9778	0,9783	0,9788	0,9793	0,9798	0,9803	0,9808	0,9812	0,9817
2,1	0,9821	0,9826	0,9830	0,9834	0,9838	0,9842	0,9846	0,9850	0,9854	0,9857
2,2	0,9861	0,9864	0,9868	0,9871	0,9875	0,9878	0,9881	0,9884	0,9887	0,9890
2,3	0,9893	0,9896	0,9898	0,9901	0,9904	0,9906	0,9909	0,9911	0,9913	0,9916
2,4	0,9918	0,9920	0,9922	0,9925	0,9927	0,9929	0,9931	0,9932	0,9934	0,9936
2,5	0,9938	0,9940	0,9941	0,9943	0,9945	0,9946	0,9948	0,9949	0,9951	0,9952
2,6	0,9953	0,9955	0,9956	0,9957	0,9959	0,9960	0,9961	0,9962	0,9963	0,9964
2,7	0,9965	0,9966	0,9967	0,9968	0,9969	0,9970	0,9971	0,9972	0,9973	0,9974
2,8	0,9974	0,9975	0,9976	0,9977	0,9977	0,9978	0,9979	0,9979	0,9980	0,9981
2,9	0,9981	0,9982	0,9982	0,9983	0,9984	0,9984	0,9985	0,9985	0,9986	0,9986

Tab. 4.1 (Fortsetzung)

u	0	1	2	3	4	5	6	7	8	9
3	0,9987	0,9987	0,9987	0,9988	0,9988	0,9989	0,9989	0,9989	0,9990	0,9990
3,1	0,9990	0,9991	0,9991	0,9991	0,9992	0,9992	0,9992	0,9992	0,9993	0,9993
3,2	0,9993	0,9993	0,9994	0,9994	0,9994	0,9994	0,9994	0,9995	0,9995	0,9995
3,3	0,9995	0,9995	0,9995	0,9996	0,9996	0,9996	0,9996	0,9996	0,9996	0,9997
3,4	0,9997	0,9997	0,9997	0,9997	0,9997	0,9997	0,9997	0,9997	0,9997	0,9998
3,5	0,9998	0,9998	0,9998	0,9998	0,9998	0,9998	0,9998	0,9998	0,9998	0,9998
3,6	0,9998	0,9998	0,9999	0,9999	0,9999	0,9999	0,9999	0,9999	0,9999	0,9999
3,7	0,9999	0,9999	0,9999	0,9999	0,9999	0,9999	0,9999	0,9999	0,9999	0,9999
3,8	0,9999	0,9999	0,9999	0,9999	0,9999	0,9999	0,9999	0,9999	0,9999	0,9999
3,9	1,0000	1,0000	1,0000	1,0000	1,0000	1,0000	1,0000	1,0000	1,0000	1,0000

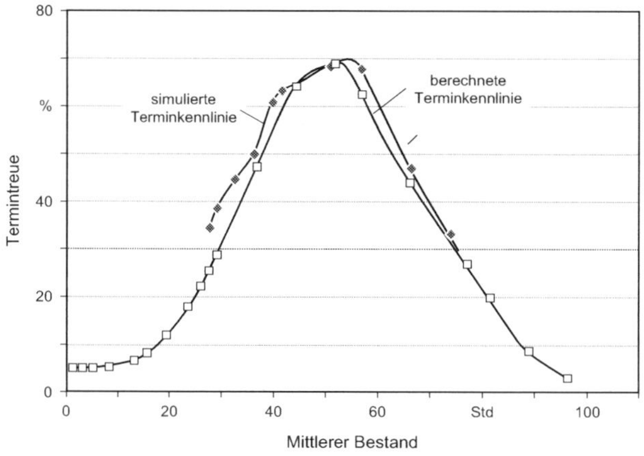

IFA G8645

Abb. 4.43 Vergleich einer simulierten und einer auf Basis der Verteilungsfunktion $\phi(u)$ berechneten Terminkennlinie (Beispiel)

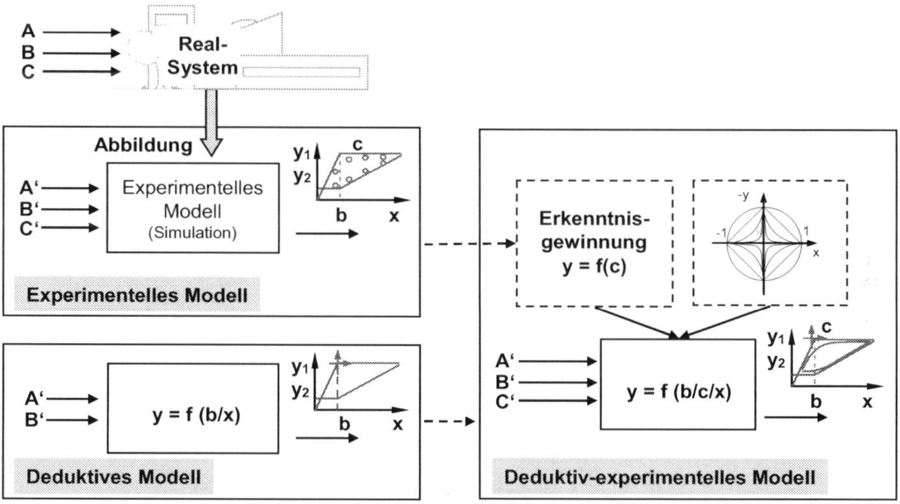

IFA D1971

Abb. 4.44 Produktionskennlinien als deduktiv-experimentelles Prozessmodell

durch die Integration einer mathematischen Grundfunktion (der C_{Norm}-Funktion) sowie die systematische Analyse von Simulationsergebnissen zur Parameteranpassung. Da auch das zugrundegelegte *experimentelle Modell* letztlich auf dem Trichtermodell basiert, konnten die Anwendungsvoraussetzungen des deduktiven Modells eingehalten bzw. schrittweise aufgelöst werden. Die Übertragbarkeit der aus dem experimentellen Modell gewonnenen Erkenntnisse in die Kennlinientheorie wurde dadurch stark unterstützt.

Die Vorgehensweise der deduktiv-experimentellen Modellierung weist insbesondere für die hier betrachteten Fragestellungen einige wesentliche Vorteile auf. So lässt sich die Kennlinientheorie aufgrund der Modellstruktur in vielen Fällen recht einfach an geänderte Rahmenbedingungen anpassen. Es ist dabei auch durchaus vorstellbar, dass das hier vorliegende mathematische Modell auf gänzlich andere Abläufe und Prozesse übertragen werden kann. Die zentrale Voraussetzung hierfür besteht darin, dass sich ein idealer Prozess beschreiben lässt, um darauf basierend die deduktive Modellkomponente aufzubauen. Stellvertretend seien hierfür die Terminkennlinien genannt, die ebenfalls auf einer deduktiv-experimentellen Modellierung aufbauen.

Da Modellstruktur und Modellparameter überwiegend aus elementaren Gesetzmäßigkeiten abgeleitet wurden, können zudem die Ursache-Wirkungszusammenhänge zwischen den logistischen Zielgrößen auf einfache Weise beschrieben werden. Das Modell kann daher auch als *Wirkmodell* bezeichnet werden. Innerhalb der Anwendungsvoraussetzungen des Modells wird es ermöglicht, auch generelle, auf andere Prozessabläufe direkt übertragbare Aussagen aus dem Modell abzuleiten. Somit können sie auch dazu beitragen, ein grundlegendes Verständnis über das stationäre und das zeitabhängige Systemverhalten zu gewinnen. Hierauf wird im nächsten Kapitel eingegangen.

Kapitel 5
Grundgesetze der Produktionslogistik

Die Ausführungen im vorhergehenden Kapitel haben gezeigt, dass es trotz der scheinbar regellosen Verhältnisse in der Produktion möglich ist, das an den logistischen Zielgrößen gemessene Verhalten von Produktionssystemen mathematisch zu beschreiben.

Nachfolgend werden aus diesen mathematischen Beschreibungen elementare, generell gültige Zusammenhänge herausgearbeitet und in Form von *produktionslogistischen Grundgesetzen* formuliert. Die Gesetze sollen vorrangig zum Verständnis der logistischen Abläufe und ihrer Beeinflussungsmöglichkeiten in einer Produktion beitragen. Die Ausführungen basieren auf den erstmals von Wiendahl [Wien-89] formulierten Grundgesetzen, die wesentlich erweitert und zum Teil auch neu formuliert wurden. Die Gesetze lassen sich überwiegend auf die in den Kap. 2–4 vorgestellten Gleichungen zurückführen. Lediglich die beiden zuletzt genannten Gesetze basieren auf empirisch gewonnenen Erkenntnissen, die sich derzeit noch einer mathematischen Beschreibung entziehen.

5.1 Erstes produktionslogistisches Grundgesetz

Das erste produktionslogistische Grundgesetz lautet:

> Belastung und Leistung müssen langfristig im Gleichgewicht stehen.

Die Leistung eines Arbeitssystems muss langfristig – unabhängig von der Bestandshöhe – der Belastung entsprechen (Abb. 5.1). Es wird dabei unterstellt, dass sich die Bezugsgröße für die Ermittlung der Belastung und Leistung nicht als Folge des Prozesses verändern kann. Diese Bedingung ist erfüllt, wenn Zu- und Abgang in Vorgabestunden oder Anzahl Aufträge gemessen werden.

Das Gesetz lässt sich anhand einfacher Überlegungen überprüfen: Ist die Belastung langfristig größer als die zur Verfügung gestellte Kapazität, wächst der Bestand theoretisch bis ins Unendliche. Ein solcher Fall ist in der betrieblichen Praxis nicht denkbar. Ein Unternehmen reagiert auf einen längerfristig wirkenden Belastungsanstieg entweder mit einer entsprechenden Kapazitätsanpassung oder – falls dies nicht möglich sein sollte – mit einer Belastungsanpassung, indem es Aufträge zu-

P. Nyhuis, H.-P. Wiendahl, *Logistische Kennlinien*,
DOI 10.1007/978-3-540-92839-3_5, © Springer-Verlag Berlin Heidelberg 2012

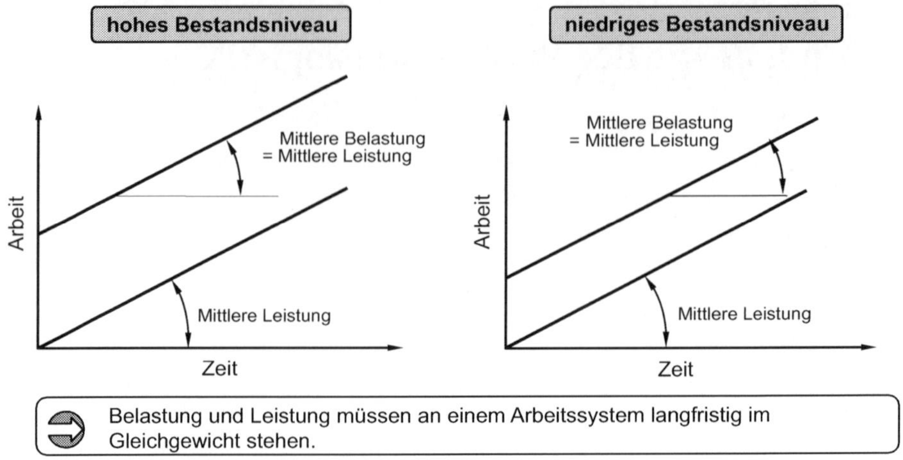

IFA D6090

Abb. 5.1 Erstes produktionslogistisches Grundgesetz

rückweist oder an Fremdfirmen vergibt. Ist die Belastung hingegen kleiner als die bereitgestellte Kapazität, so wird ihr die Leistung zwangsläufig folgen, da nicht mehr als die zugegangenen Aufträge abgearbeitet werden können.

Aus dem Gesetz folgt auch, dass ein Bestandsabbau im Allgemeinen nicht über eine langfristig wirkende Kapazitätserhöhung in Form von Investitionen erfolgen sollte. Zwar wird eine Kapazitätserhöhung zunächst zur Bestands- und Durchlaufzeitreduzierung beitragen. Die Ausbringung wird sich jedoch durch diese Maßnahme mittel- und langfristig nicht erhöhen, wenn nicht auch ein entsprechend erhöhter Bedarf und somit eine ebenfalls langfristig erhöhte Belastung vorliegt.

5.2 Zweites produktionslogistisches Grundgesetz

Das zweite produktionslogistische Grundgesetz beschreibt den Zusammenhang zwischen den logistischen Zielgrößen Durchlaufzeit und Reichweite, Bestand und Leistung:

> Durchlaufzeit und Reichweite an einem Arbeitssystem ergeben sich aus dem Verhältnis von Bestand und Leistung.

Bei gegebener Belastung und Leistung kann die Durchlaufzeit nur durch eine Senkung der Fertigungsbestände reduziert werden (Abb. 5.2). Zurückführen lässt sich das Gesetz auf die Trichterformel und auf Little's Law (Gl. (2.16) und (2.24)). Die über die Trichterformel berechnete mittlere Reichweite besagt, wie lange es dauert, bis der an einem Arbeitssystem vorliegende Bestand bei gleichbleibender Leistung abgearbeitet sein wird. Über Little's Law hingegen wird beschrieben, wie lange

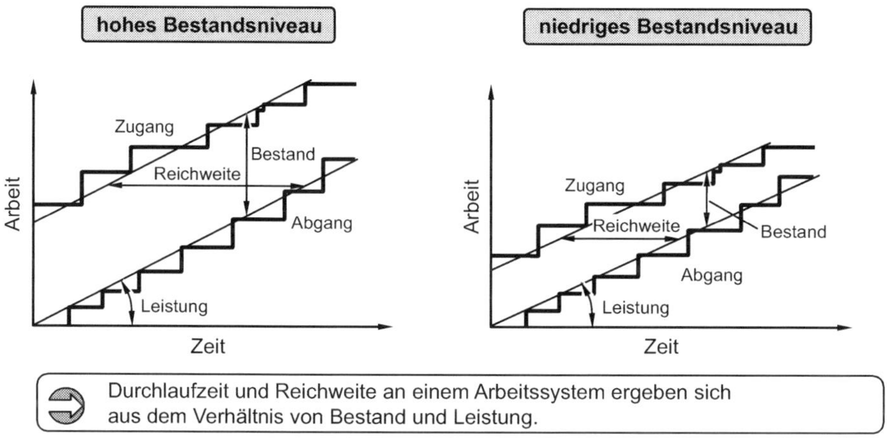

IFA D6091

Abb. 5.2 Zweites produktionslogistisches Grundgesetz

ein neu an einem Arbeitssystem ankommender Auftrag bis zu seiner Abfertigung im Mittel verweilen muss. Eine ausführliche Gegenüberstellung der beiden Gleichungen findet sich in Abschn. 2.3.

Um eine Bestandsreduzierung zu realisieren, gibt es grundsätzlich nur die Möglichkeit, kurzzeitig den Zugang zu drosseln oder – ebenfalls kurzzeitig – die Kapazität und damit die Leistung zu erhöhen. Die Betonung liegt dabei auf dem Attribut kurzzeitig. Der zeitliche und mengenmäßige Umfang beider möglicher Maßnahmen ergibt sich unmittelbar aus der angestrebten Bestandsreduzierung. Soll etwa der Bestand an einem Arbeitssystem um 20 Std reduziert werden, so kann hierzu beispielsweise die Kapazität durch Überstunden über 5 Tage à 4 Std/BKT oder über 10 Tage à 2 Std/BKT erhöht werden. Alternativ könnten auch Aufträge mit einem entsprechenden Arbeitsvolumen an ein anderes Arbeitssystem oder eine Fremdfertigung verlagert werden. Und schließlich besteht die Möglichkeit, noch nicht in die Fertigung eingestoßene Aufträge zeitlich (in der Größenordnung der angestrebten Durchlaufzeitreduzierung) zurückzustellen. Nach Abschluss der eingeleiteten Maßnahme ist sicherzustellen, dass Belastung und Leistung wieder parallel verlaufen.

5.3 Drittes produktionslogistisches Grundgesetz

Bestands- und Durchlaufzeitreduzierungen sind bei gegebenen Auftragszeitstrukturen nicht immer auslastungsneutral zu realisieren. In Abhängigkeit von der Höhe der angestrebten Auslastung ist es notwendig, ein bestimmtes Bestandsniveau am

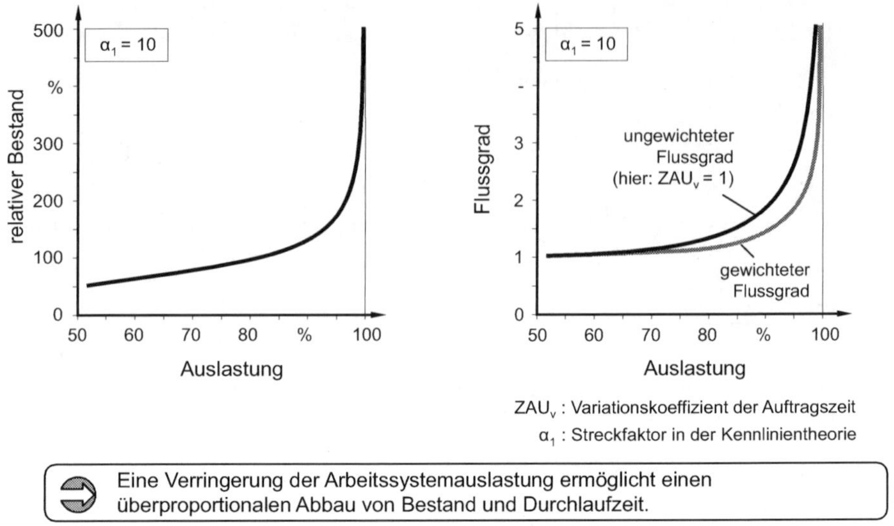

IFA D6093

Abb. 5.3 Drittes produktionslogistisches Grundgesetz

Arbeitssystem vorzuhalten. Der Zusammenhang zwischen der Auslastung, dem Bestand und der Durchlaufzeit wird im dritten produktionslogistischen Grundgesetz beschrieben:

> Eine Verringerung der Arbeitssystemauslastung ermöglicht einen überproportionalen Abbau von Bestand und Durchlaufzeit.

Wenn bestandsbedingte Auslastungsverluste an einem Arbeitssystem vermieden werden sollen, so muss zur Kompensation der stochastischen Einflussgrößen – insbesondere der Schwankungen im Auftragszugang – ein hoher Bestand an dem Arbeitssystem vorgehalten werden. Werden jedoch geringe Auslastungsverluste akzeptiert, lassen sich starke Bestandsreduzierungen realisieren. Laut Kennlinientheorie betragen die Auslastungsverluste bei einem relativen Bestand von 200 % (der Bestand ist also doppelt so groß wie der ideale Mindestbestand) etwa 3,5 % (Annahme: $\alpha_1 = 10$). Bei einer deutlich darüber hinaus gehenden Reduktion der Auslastung werden die ankommenden Aufträge im Allgemeinen fast ohne Liegezeiten am Arbeitssystem abgearbeitet. Es stellt sich daher dann ein weitgehend proportionaler Zusammenhang zwischen Bestand und Auslastung ein (Abb. 5.3 links).

Für den Flussgrad – definiert als das Verhältnis von Durchlaufzeit und Durchführungszeit – und somit auch für die Durchlaufzeit selbst gelten ähnliche Aussagen. Bei niedrigen Auslastungswerten treten keine bzw. nur geringe Liegezeiten auf, der Flussgrad ist daher nahezu eins. Da die Durchführungszeit das theoretische Minimum der Durchlaufzeit darstellt, kann der Flussgrad generell nicht kleiner als eins werden. Wird eine hohe Systemauslastung angestrebt, so hat dies einen starken Anstieg des Flussgrades zur Folge (Abb. 5.3 rechts). Je inhomogener die Arbeitsinhalte

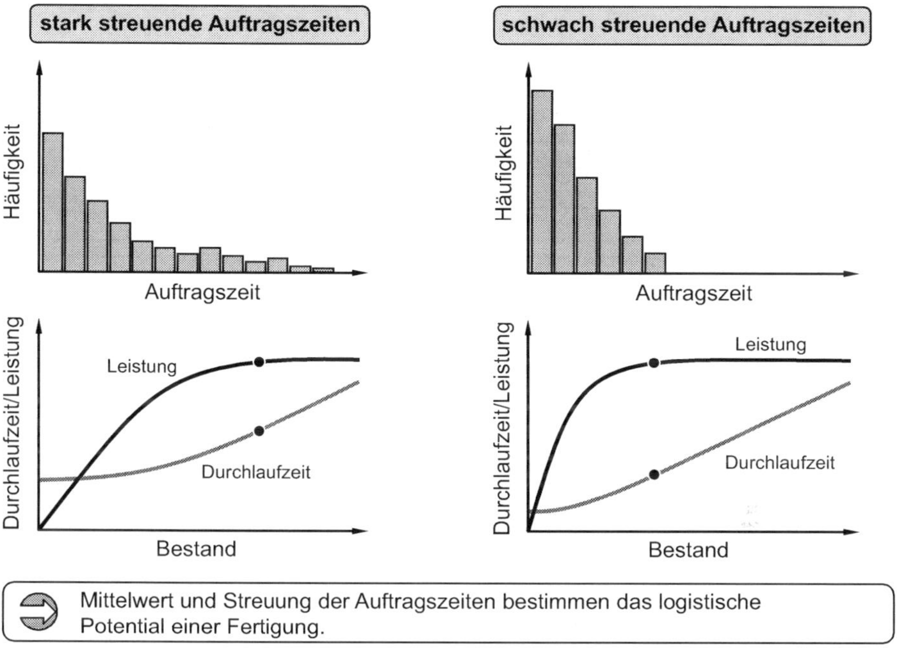

IFA D6092

Abb. 5.4 Viertes produktionslogistisches Grundgesetz

der abzuarbeitenden Aufträge sind, desto stärker steigt der Flussgrad und somit auch die Durchlaufzeit bei steigender Auslastung an.

5.4 Viertes produktionslogistisches Grundgesetz

Wie hoch der Arbeitsvorrat an einem Arbeitssystem konkret sein muss, um Leistungseinbußen durch Materialflussabrisse zu vermeiden, wird vorrangig durch den idealen Mindestbestand bestimmt. Er bestimmt bei gegebener Kapazität sowohl die Steigung der Leistungskennlinie als auch den erforderlichen Bestandspuffer. Diesen Sachverhalt greift das vierte produktionslogistische Grundgesetz auf.

> Mittelwert und Streuung der Auftragszeiten bestimmen das logistische Potential einer Fertigung.

Abbildung 5.4 verdeutlicht die Wirkung stark streuender Auftragszeiten: je größer der Streuungswert, desto flacher die Leistungskennlinie und desto höher das erforderliche Durchlaufzeit- und Bestandsniveau.

Werden vernachlässigbar kleine Transportzeiten unterstellt, hängt das logistische Potential einer Fertigung maßgeblich davon ab, inwieweit es gelingt, die Arbeitsinhalte der Aufträge auf möglichst niedrigem Niveau einander anzugleichen. Dem Harmonisierungsaspekt muss hierbei eine besondere Bedeutung beigemessen

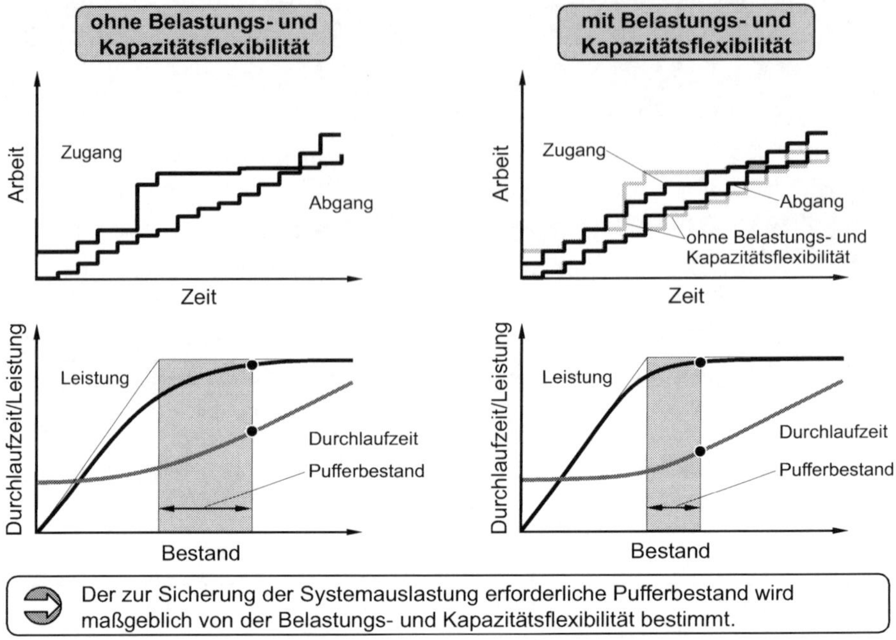

IFA D6094

Abb. 5.5 Fünftes produktionslogistisches Grundgesetz

werden, da die Streuung der Arbeitsinhalte quadratisch in den idealen Mindestbestand einfließt (vgl. Gl. (4.5)). Soll ein zusätzliches logistisches Potential zur Durchlaufzeit- und Bestandssenkung erschlossen werden, ist eine Auftragszeitharmonisierung durch eine gezielte Losteilung von Aufträgen mit großem Arbeitsinhalt demzufolge oftmals weit wirksamer als eine über alle Aufträge gleichmäßige Losgrößenreduzierung.

5.5 Fünftes produktionslogistisches Grundgesetz

Mit dem idealen Mindestbestand und den darauf aufbauenden idealen Kennlinien werden die theoretischen Grenzen der logistischen Spitzenkennzahlen eindeutig beschrieben. Im Realprozess gibt es jedoch eine Reihe von Einflussfaktoren, die eine Abweichung der realen von den idealen Kennlinien bewirken. Ist die Situation an einem Arbeitssystem durch starre Kapazitäten bei gleichzeitig stark schwankenden Belastungen gekennzeichnet, so sind hohe Pufferbestände erforderlich, um Auslastungsverlusten vorzubeugen. Gelingt es jedoch, die Kapazität flexibel an die Belastung anzupassen oder die Belastung entsprechend den kapazitiven Möglichkeiten des Systems zeitlich zu verschieben, so bewirkt dies eine deutliche Reduzierung des notwendigen Pufferbestandes (Abb. 5.5). Das fünfte produktionslogistische Grundgesetz fasst diese Aussagen wie folgt zusammen:

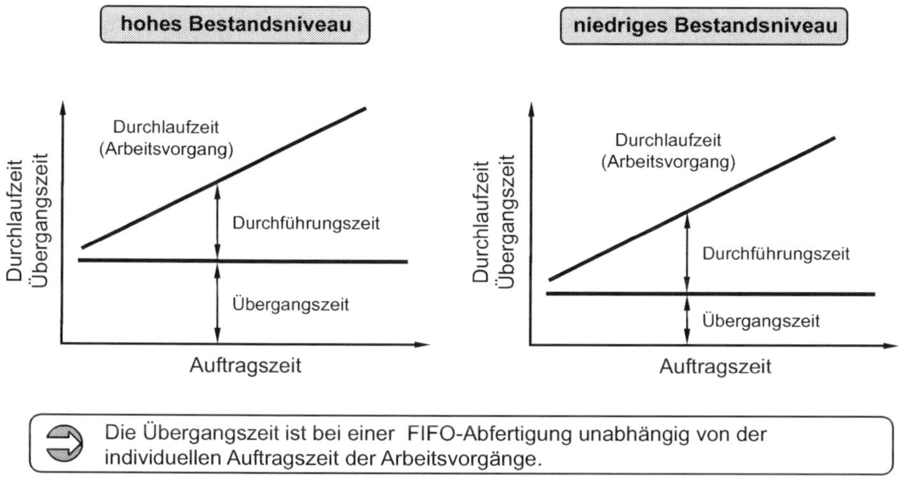

IFA D6095

Abb. 5.6 Sechstes produktionslogistisches Grundgesetz

> Der zur Sicherung der Systemauslastung erforderliche Pufferbestand wird maßgeblich von der Belastungs- und Kapazitätsflexibilität bestimmt.

In der Kennlinientheorie lässt sich dieser Sachverhalt über eine Variation des Streckfaktors α_1 berücksichtigen (vgl. auch Abschn. 4.7.1, Abb. 4.21).

5.6 Sechstes produktionslogistisches Grundgesetz

Die Kennlinien bilden generell die Mittelwerte der logistischen Spitzenkennzahlen ab. Für viele Fragestellungen ist dies hinreichend. Vor allem für die Terminierung ist es jedoch wünschenswert, differenziertere Aussagen zu den individuellen Durchlaufzeiten zu erhalten. Eine Basis hierzu liefern die nachfolgend aufgeführten logistischen Grundgesetze sechs bis neun.

Das sechste produktionslogistische Grundgesetz lautet:

> Die Übergangszeit ist bei einer FIFO-Abfertigung unabhängig von der individuellen Auftragszeit der Arbeitsvorgänge.

Die Übergangszeit zwischen zwei Arbeitsvorgängen wird bei einer Abfertigung nach dem First In – First Out – Prinzip vorrangig von der Höhe des Bestandes, nicht aber von der individuellen Auftragszeit bestimmt (Abb. 5.6). Damit ist die Übergangszeit eine arbeitssystemspezifische Größe. Die individuelle Durchlaufzeit steigt bei der unterstellten Reihenfolgeregel linear mit dem Arbeitsinhalt entsprechend der Durchführungszeit an.

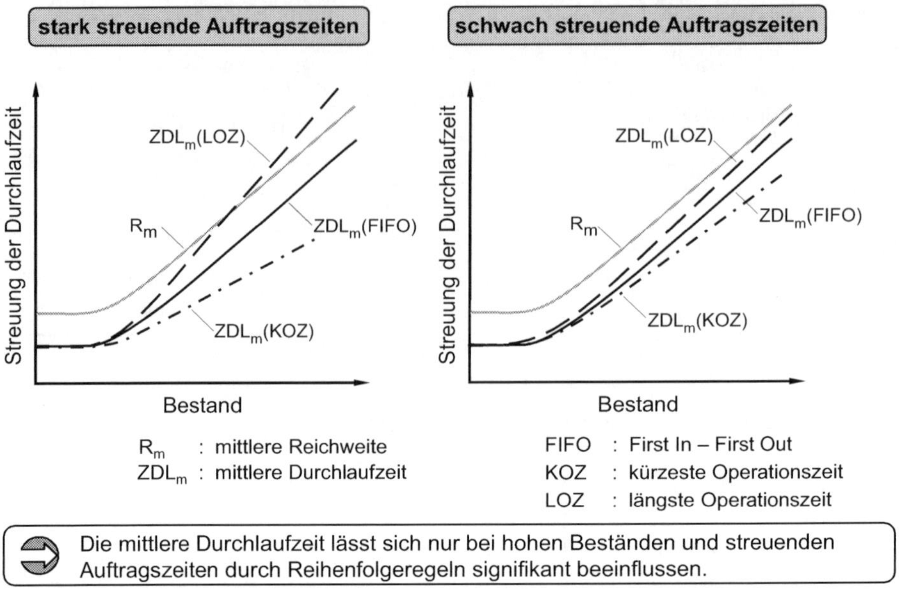

IFA D6098

Abb. 5.7 Siebtes produktionslogistisches Grundgesetz

Werden jedoch andere Abfertigungsreihenfolgen zugrunde gelegt, so lassen sich keine Aussagen zu den individuellen Übergangs- und Durchlaufzeiten treffen, da diese in erheblichem Maße von der Zusammensetzung des jeweils aktuellen Arbeitsvorrates hinsichtlich der entscheidungsrelevanten Kriterien der jeweiligen Reihenfolgeregel (z. B. Arbeitsinhalt oder Restschlupf) bestimmt werden.

5.7 Siebtes produktionslogistisches Grundgesetz

Auch die mittlere (ungewichtete) Durchlaufzeit kann durch die Abarbeitungsreihenfolgen am Arbeitssystem beeinflusst werden. Von ausschlaggebender Bedeutung ist hierbei die Höhe des vorliegenden Bestandes sowie die Streuung der Arbeitsinhalte (Abb. 5.7). Abfertigungsreihenfolgen können sich jedoch nur dann auf die Durchlaufzeit auswirken, wenn sich viele Aufträge am System befinden, der Bestand also hoch ist (vgl. auch Abb. 4.13). Je geringer der Bestand ist, desto mehr wird die natürliche Reihenfolgeregel FIFO erzwungen. Zudem ist die Bedeutung der Abfertigungsreihenfolgen für die mittlere Durchlaufzeit umso geringer, je gleichmäßiger die Arbeitsinhalte sind (vgl. auch Gl. (4.42–4.46)). Diese Aussagen sind im siebten produktionslogistischen Grundgesetz zusammengefasst:

> Die mittlere Durchlaufzeit lässt sich nur bei hohen Beständen und streuenden Auftragszeiten durch Reihenfolgeregeln signifikant beeinflussen.

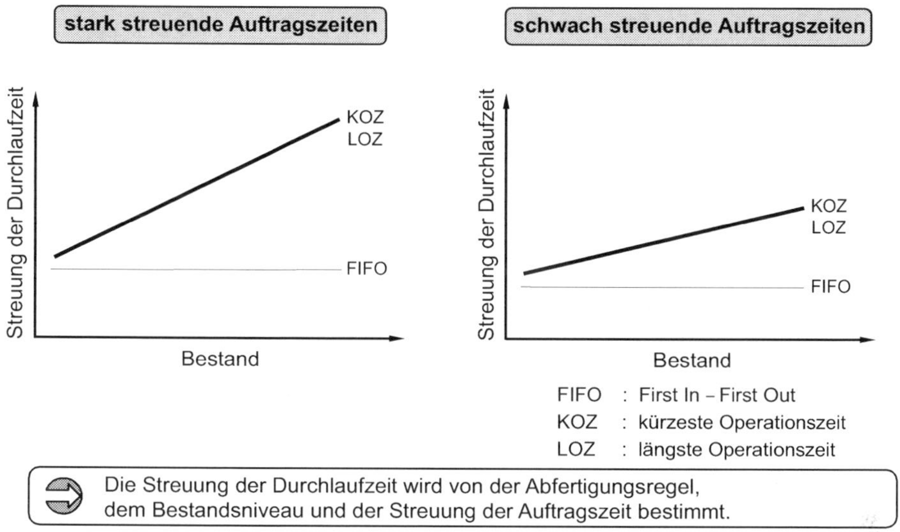

IFA D6096

Abb. 5.8 Achtes produktionslogistisches Grundgesetz

5.8 Achtes produktionslogistisches Grundgesetz

Eine gewisse Streuung der Durchlaufzeit kann auch bei einem weitgehend konstanten Bestandsniveau und einer Abfertigung der Aufträge nach dem FIFO-Prinzip nicht unterschritten werden. Diese untere Grenze ist im Wesentlichen in der Streuung der Arbeitsinhalte und damit der Durchführungszeiten begründet. Jede von dem FIFO-Prinzip abweichende Abfertigungsregel bewirkt eine Zunahme der Durchlaufzeitstreuung, die umso größer ist, je mehr Bestand am Arbeitssystem vorliegt (Abb. 5.8; vgl. auch [Ludw-94]). Zudem können Durchlaufzeitstreuungen durch Bestandsstreuungen hervorgerufen werden. Das achte produktionslogistische Grundgesetz beschreibt diese Zusammenhänge:

Die Streuung der Durchlaufzeit wird von der Abfertigungsregel, dem Bestandsniveau und der Streuung der Auftragszeit bestimmt.

5.9 Neuntes produktionslogistisches Grundgesetz

Die logistische Prozesssicherheit eines Produktionsbereiches wird maßgeblich dadurch bestimmt, ob es gelingt, niedrige und vor allem gleichmäßige Durchlaufzeiten zu realisieren und damit die Produktionsprozesse planbar zu machen:

Mittelwert und Streuung der Durchlaufzeit bestimmen die logistische Prozesssicherheit.

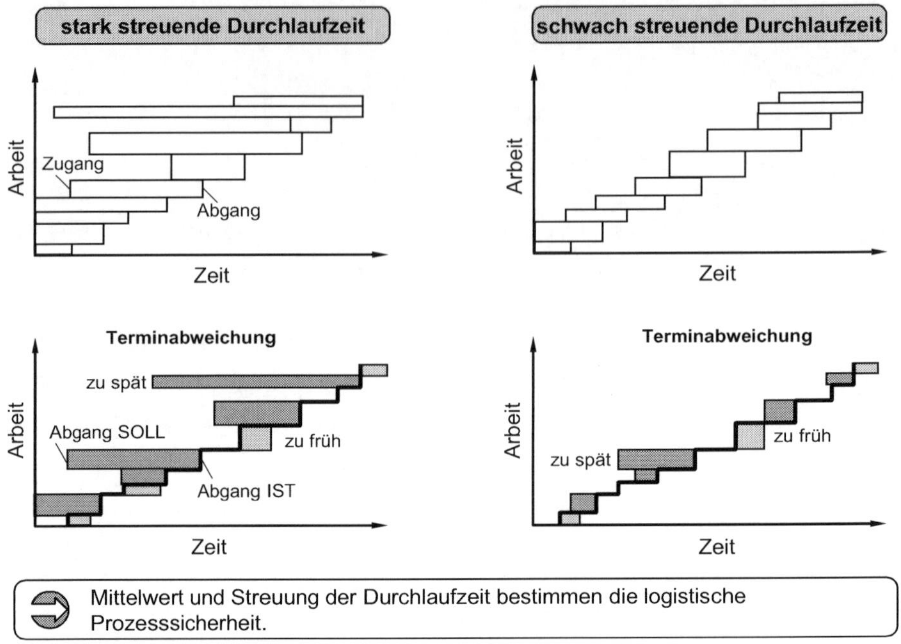

IFA D1568

Abb. 5.9 Neuntes produktionslogistisches Grundgesetz

Starke Durchlaufzeitstreuungen führen zwangsläufig zu Unsicherheiten bei der Terminierung der Aufträge (Abb. 5.9). Um dem entgegenzuwirken, werden oftmals die Plandurchlaufzeiten erhöht, um somit einen größeren Zeitpuffer zu gewährleisten. Durch Eingriffe in die Abarbeitungsreihenfolgen sollen dringliche Aufträge termingerecht fertiggestellt werden können. Ein solches Verhalten bewirkt jedoch eine weitere Zunahme der Durchlaufzeitstreuung. Es baut sich somit der in Kap. 1 skizzierte Fehlerkreis der Fertigungssteuerung auf, der sich erst auf einem hohen Niveau stabilisiert. Dieser Fehlerkreis lässt sich am sichersten durch niedrige und stabile Durchlaufzeiten aufbrechen.

Kapitel 6
Anwendung der Kennlinientheorie

Eine wesentliche Voraussetzung für die Anwendung der Kennlinientheorie besteht darin, dass die Modellprämissen ausreichend berücksichtigt werden und keine fehlerhaften Daten in die Berechnung einfließen. Zumindest aber muss die aus einem Datenfehler resultierende Ungenauigkeit der Modellaussage beurteilbar sein. Um diesbezüglich eine größere Sicherheit zu erzielen, wird nachfolgend die Erstellung und Nutzung berechneter Produktionskennlinien anhand eines Beispiels ausführlich dokumentiert (Abschn. 6.1 und 6.2). Hierbei wird zunächst auf Simulationsdaten zurückgegriffen, da sich so sicherstellen lässt, dass alle erforderlichen Daten vollständig und in einer hohen Qualität vorliegen und die Anwendungsvoraussetzungen exakt eingehalten werden.

In der betrieblichen Praxis liegen die benötigten Daten hingegen nicht immer vollständig bzw. fehlerfrei vor. Insbesondere die Angaben über die Kapazitäten entsprechen vielfach nicht den realen Gegebenheiten. Dies gilt teilweise aber auch für andere Daten wie z. B. die Auftragszeiten oder Transportzeiten. In der Regel ist es dennoch möglich, Produktionskennlinien zu erstellen und zu nutzen. Im Einzelfall ist dann zu berücksichtigen, dass die Aussagemöglichkeiten und die Genauigkeit des Modells in diesen Fällen – je nach Art des Datenfehlers – mehr oder weniger eingeschränkt sind (Abschn. 6.3 und 6.4).

Wenn die Anwendungsvoraussetzungen erfüllt sind, ergeben sich äußerst vielfältige Anwendungsmöglichkeiten für berechnete Produktionskennlinien. Abschn. 6.5 enthält eine Übersicht über kennliniengestützte Entscheidungsmodelle. Ein besonderes Merkmal der auf diesen Modellen basierenden Verfahren ist, dass durch die Integration der Kennlinientechnik in die Verfahren die logistischen Zielsetzungen zu entscheidungsrelevanten Größen werden.

6.1 Erstellung und Analyse berechneter Produktionskennlinien

Ausgangspunkt für folgende Demonstration der Erstellung und Analyse von Produktionskennlinien sind die Rückmeldedaten einer Auftragsabarbeitung an einem aus zwei Einzelarbeitsplätzen bestehenden Arbeitssystem (Mehrspindel-Bohrmaschine). Das Arbeitssystem ist Bestandteil der in den Abschn. 3.2.2 und 4.4.1 vorgestellten Fertigung eines Automobilzulieferers.

P. Nyhuis, H.-P. Wiendahl, *Logistische Kennlinien*,
DOI 10.1007/978-3-540-92839-3_6, © Springer-Verlag Berlin Heidelberg 2012

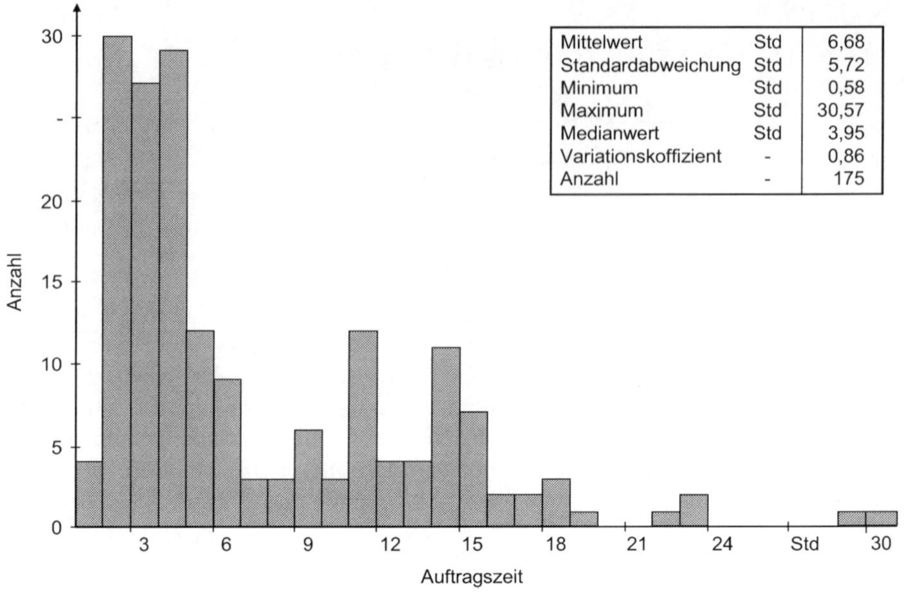

IFA D0021

Abb. 6.1 Auftragszeitverteilung für das Arbeitssystem Mehrspindel-Bohrmaschine

6.1.1 Kennlinienberechnung

Zur Berechnung der Produktionskennlinien sind zunächst die Variablen idealer Mindestbestand (BI_{min}), maximal mögliche Leistung (L_{max}) und der Streckfaktor α_1 zu bestimmen.

Der ideale Mindestbestand ergibt sich gemäß Gl. (4.5) und (4.55) aus dem Mittelwert der Auftragszeit (ZAU_m), dem Variationskoeffizienten der Auftragszeit (ZAU_v), der mittleren Transportzeit (ZTR_m) und der Anzahl der Arbeitssysteme. Zur Ermittlung der beiden Auftragszeitstrukturkennzahlen wurden die Auftragszeiten der an den Arbeitsplätzen abzuarbeitenden Aufträge ausgewertet. Das Ergebnis ist in Form einer Verteilung mit den zugehörigen Kennzahlen in Abb. 6.1 wiedergegeben. Die Transportzeiten zwischen zwei Arbeitsvorgängen betrugen durchgängig 6 min (0,1 Std).

Mit diesen Daten berechnet sich der ideale Mindestbestand pro Einzelarbeitsplatz $BI_{min,i}$ gemäß Gl. (4.5) zu:

$$BI_{min,i} = ZAU_m \cdot (1 + ZAU_v^2) + ZTR_m$$

$$BI_{min,i} = 6{,}68\ Std \cdot (1 + 0{,}86^2) + 0{,}1\ Std = 11{,}72\ Std$$

Tab. 6.1 Berechnung der Produktionskennlinien. (Beispiel Mehrspindel-Bohrmaschine)

lfd. Nr.	t	$A_m(t)$ %	$L_m(t)$ Std/BKT	$B_B(t)$ Std	$B_P(t)$ Std	$B_m(t)$ Std	$R_m(t)$ BKT	$ZDL_m(t)$ BKT	$ZUE_m(t)$ BKT
1	0,0001	34,4	5,50	8,06	0,01	8,07	1,47	0,85	0,01
2	0,001	54,3	8,69	12,73	0,12	12,85	1,48	0,86	0,03
3	0,01	78,1	12,50	18,32	1,17	19,49	1,56	0,94	0,11
4	0,03	88,4	14,14	20,72	3,52	24,23	1,71	1,10	0,26
5	0,0625	93,8	15,00	21,98	7,33	29,30	1,95	1,34	0,50
6	0,1	96,3	15,41	22,58	11,72	34,30	2,23	1,61	0,77
7	0,2	98,8	15,81	23,16	23,44	46,60	2,95	2,33	1,50
8	0,4	99,8	15,97	23,40	46,88	70,28	4,40	3,78	2,95
9	0,7	100,0	16,00	23,44	82,04	105,48	6,59	5,98	5,14
10	1,0	100,0	16,00	23,44	117,21	140,65	8,79	8,17	7,34

und insgesamt – da es sich um zwei Einzelarbeitsplätze handelt (vgl. Gl. (4.58)) – zu:

$$BI_{min} = 2 \cdot 11{,}72\ Std = 23{,}44\ Std$$

Die Kapazität betrug je Einzelarbeitsplatz 8 Std/BKT. Kapazitive Störungen wurden in der Simulation nicht abgebildet. Ebenso wurde ein Leistungsgrad von eins (100 %) unterstellt. Damit entspricht L_{max} der Kapazität von insgesamt $2 \cdot 8$ Std/BKT = 16 Std/BKT.

Die beiden Einzelarbeitsplätze wurden in der Simulation über einen gemeinsamen Bestandspuffer versorgt. Die Zuordnung der Aufträge zu dem jeweiligen Arbeitsplatz erfolgte ausschließlich nach dem Kriterium freie Kapazität. In einer solchen Konstellation ist zu erwarten, dass der Pufferbestand im Vergleich zu zwei unabhängigen Einzelsystemen ohne Beeinträchtigung der Auslastungssicherheit halbiert werden kann (vgl. Abschn. 4.8.2). Bei der Berechnung der Leistungskennlinie lässt sich dieser Sachverhalt berücksichtigen, indem der Streckfaktor ebenfalls halbiert wird. Statt mit dem in Kap. 4 vorgeschlagenen Defaultwert ($\alpha_l = 10$) wird daher mit $\alpha_l = 5$ gerechnet. Die Reihenfolgebildung an den Arbeitsplätzen erfolgte mit Hilfe der Schlupfzeitregel, so dass bei der Berechnung der Durchlaufzeitkennlinien von einer auftragszeitunabhängigen Abarbeitungsreihenfolge ausgegangen werden kann.

Mit diesen Informationen lassen sich nun die Kennlinien für Leistung, Reichweite, Durchlaufzeit und Übergangszeit ermitteln. In Tab. 6.1 sind dazu auf der Basis der in Kap. 4 vorgestellten Berechnungsgleichungen insgesamt 10 Wertepaare für verschiedene Werte von t berechnet worden. Die Laufvariable wurde entsprechend der Ausführungen in Abschn. 4.2.2 (Abb. 4.7) mit einer unterschiedlichen Schrittweite gewählt, um den Anstieg der Kurve im Proportionalbereich und im Übergangsbereich trotz weniger berechneter Punkte gut abzubilden.

Die in Tab. 6.1 berechneten Werte für Leistung, Reichweite, Durchlaufzeit und die Übergangszeit (vgl. Gl. 4.30–4.41) sind in Abb. 6.2 über dem Bestand

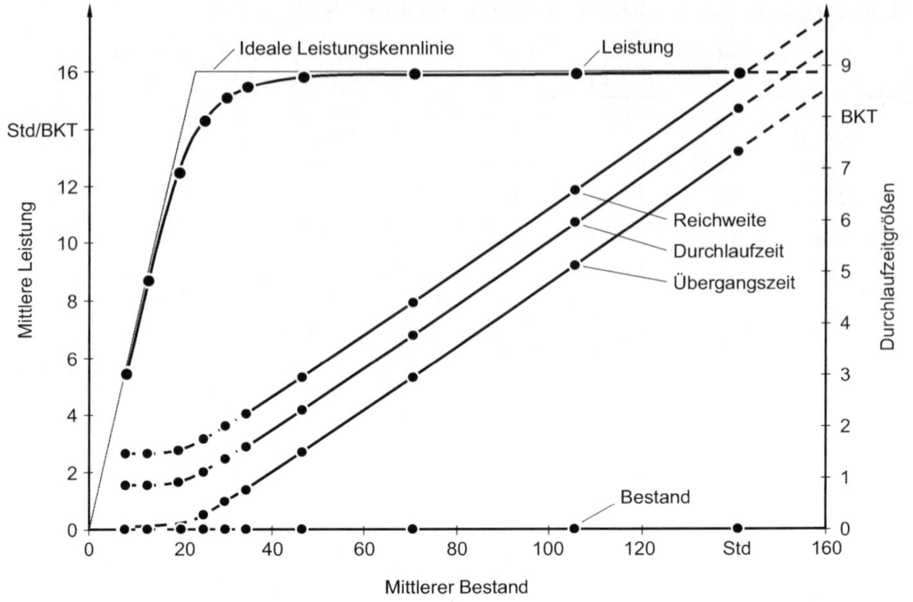

IFA D0041

Abb. 6.2 Berechnete Produktionskennlinien für das Arbeitssystem Mehrspindel-Bohrmaschine

eingetragen und zu den entsprechenden Kennlinien miteinander verbunden. Zudem ist die ideale Leistungskennlinie mit den ermittelten Werten für den idealen Mindestbestand und die maximal mögliche Leistung dargestellt. Ergänzend ist anzumerken, dass der Wertebereich berechneter Produktionskennlinien grundsätzlich auf das ($\alpha_1 + 1$)-fache des idealen Mindestbestandes beschränkt ist (vgl. auch Abschn. 4.2.2). In der Regel ist dies hinreichend, um reale Betriebssituationen zu beschreiben. Ist es in einem konkreten Anwendungsfall jedoch notwendig, einen größeren Bestandsbereich abzudecken, so ist auch dies problemlos möglich: Die Leistung hat bereits ihren Maximalwert erreicht und ist somit nicht mehr vom Bestand abhängig. Die entsprechende Kurve kann daher achsparallel verlängert werden. Über die Anwendung der Trichterformel zur Berechnung der Reichweite lassen sich anschließend auch die Kennlinien für die verschiedenen Zeitgrößen fortschreiben.

Die Graphik zeigt, dass an dem Arbeitssystem ab einem Bestand von insgesamt ca. 45 Stunden und einer Reichweite von ca. 3 BKT erste Auslastungsverluste zu erwarten sind. Die Mindestreichweite beträgt ca. 1,47 BKT. Die mittlere Durchlaufzeit ist unter der Annahme einer auftragszeitunabhängigen Prioritätsregel unabhängig vom Bestandsniveau etwa 0,61 BKT geringer als die Reichweite (vgl. Tab. 6.1). Die Mindestübergangszeit beträgt 0,1 Std.

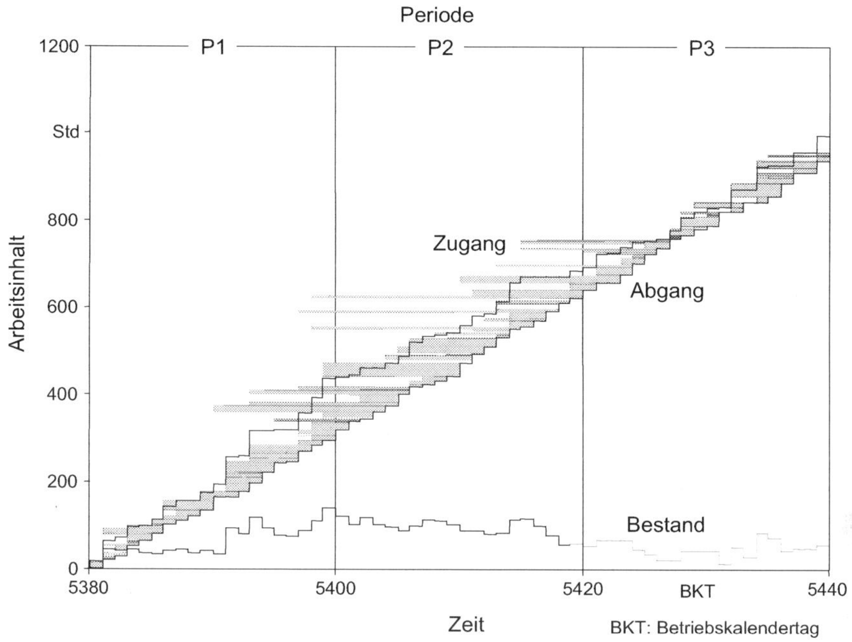

IFA D0174

Abb. 6.3 Durchlaufdiagramm für das Arbeitssystem Mehrspindel-Bohrmaschine; Periodenbereich P1–P3; Simulationsergebnis

6.1.2 Kennliniengestützte Analyse eines simulativ erzeugten Produktionsablaufes

Um die zuvor getroffenen Aussagen zu überprüfen, wird nachfolgend ein ausgewählter, simulativ erzeugter Produktionsablauf für dieses Arbeitssystem ausgewertet. Hierzu wurde das in Kap. 3 vorgestellte Simulationssystem PROSIM III eingesetzt. In Abb. 6.3 ist das auf den in der Simulation erzeugten Rückmeldedaten basierende Durchlaufdiagramm für einen Untersuchungszeitraum von 60 Betriebskalendertagen (drei Einzelperioden à 20 BKT) dargestellt. Zusätzlich sind die Durchlaufelemente eingetragen, die den Durchlauf der einzelnen Aufträge durch das Arbeitssystem beschreiben. Die wichtigsten Kennzahlen für die Einzelperioden und den gesamten Untersuchungszeitraum sind in Tab. 6.2 zusammengestellt.

Das Diagramm zeigt, dass im Untersuchungszeitraum zwar kein stabiler Prozesszustand vorlag, dass jedoch auch keine längeren Phasen bestandsbedingter Leistungsverluste auftraten. In der ersten Periode fand ein Bestandsaufbau statt, der bis zum Ende der Periode P2 wieder abgebaut wurde. Nur in der dritten Periode stellte sich ein relativ konstantes Bestandsniveau ein. Da bei der zugrundegelegten Simulation in dem Untersuchungszeitraum mit einer konstanten Kapazität gearbeitet wurde,

Tab. 6.2 Periodenbezogene Kennzahlen für das Arbeitssystem Mehrspindel-Bohrmaschine; Periodenbereich P1–P3; Simulationsergebnis

Kennzahlen		Periode			
		P1	P2	P3	P1–P3
Abgang	Std	319,2	322,9	315,6	957,6
Mittlere Leistung	Std/BKT	16,0	16,1	15,8	16,0
Mittlerer Bestand	Std	69,1	91,5	46,0	67,8
Mittlere Reichweite	BKT	4,3	5,7	2,9	4,3
Mittlere gew. Durchlaufzeit	BKT	2,7	6,5	3,5	4,3
Mittlere ungew. Durchlaufzeit	BKT	2,2	6,0	3,0	3,8
Mittlere Übergangszeit	BKT	1,4	5,1	2,1	3,0

sind die Bestandsschwankungen überwiegend auf einen ungleichmäßigen Zugang zurückzuführen. An den Durchlaufelementen ist zu erkennen, dass insbesondere in der zweiten und teilweise auch noch in der dritten Periode stärkere Reihenfolgevertauschungen vorgenommen wurden, die auf die eingesetzte Prioritätsregel (Schlupfzeitregel) zurückzuführen sind.

Der Bestand in der Periode P3 sowie in der ersten Hälfte der Periode P1 war offensichtlich gerade noch so hoch, dass beide Arbeitssysteme ständig mit Arbeit versorgt werden konnten. Lediglich an den Tagen 5381, 5431 und 5433 können kurzfristige bestandsbedingte Auslastungsverluste aufgetreten sein: Die Durchlaufelemente in dem Diagramm zeigen, dass sich an diesen Tagen offensichtlich nur je ein Auftrag an dem Gesamtsystem befunden hat, so dass an einem der beiden Einzelarbeitsplätze nicht gearbeitet werden konnte. Wegen der nur tagesgenau erfaßten Rückmeldungen ist diese Aussage jedoch mit einer gewissen Unsicherheit verbunden.

Die Werte für Leistung, Bestand und Reichweite der Einzelperioden sowie für den gesamten Untersuchungszeitraum wurden in Abb. 6.4 in die zuvor berechneten Kennlinien übertragen. Die für die Einzelperioden beschriebenen Zustände hinsichtlich des jeweils vorliegenden Bestands- und Leistungsniveaus finden sich in den Kennlinien wieder. Die Werte für die Periode P2 liegen deutlich im Überlastbereich der Kennlinien, die der Periode P3 hingegen im Übergangsbereich. Die Werte der Periode P1 schließlich liegen zwischen den beiden anderen Perioden. Die aus dem Durchlaufdiagramm abgeleiteten Aussagen werden somit bestätigt.

Bei der Berechnung der Durchlaufzeitkennlinien auf der Basis der Gl. (4.37) und (4.38) wird unterstellt, dass im Betrachtungszeitraum keine signifikanten, tendenziellen Bestandsveränderungen vorliegen dürfen (vgl. Abschn. 4.4). Insbesondere bei kurzen Betrachtungszeiträumen muss zudem ausgeschlossen werden, dass die Kennzahlen der Durchlaufzeit durch die Abarbeitungsreihenfolge der Aufträge stark beeinflusst werden. Eine einfache und zugleich recht sichere Überprüfung dieser Anwendungsvoraussetzungen ist über den Vergleich der Kennwerte für die mittlere Reichweite und die mittlere gewichtete Durchlaufzeit gegeben. Stimmen diese Werte weitgehend überein, so sind damit die genannten Voraussetzungen in aller Regel erfüllt.

Anhand der in Tab. 6.2 wiedergegebenen Kennzahlen ist zu erkennen, dass in den Einzelperioden die Durchlaufzeitkennzahlen stärker voneinander abweichen. Im Gegensatz zu den ersten beiden Perioden ist in der Periode P3 das Bestands-

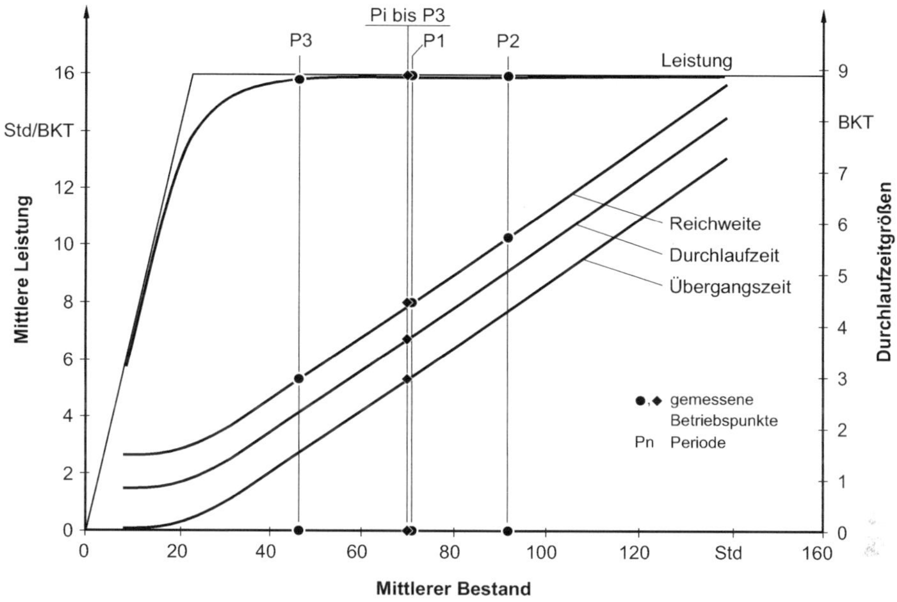

IFA D0173

Abb. 6.4 Darstellung der periodenbezogenen Kennzahlen in den berechneten Kennlinien; Periodenbereich P1–P3

niveau zwar relativ konstant, jedoch werden hier zu Beginn noch einige Aufträge mit überdurchschnittlich hoher Liegezeit abgearbeitet (s. Abb. 6.3), so dass auch in dieser Periode keine Übereinstimmung der beiden Kennzahlen vorliegt. Auf eine Darstellung der gemessenen periodenbezogenen Durchlaufzeitkennzahlen in dem Kennliniendiagramm wird daher verzichtet.

Für den gesamten Untersuchungszeitraum (P1–P3) hingegen sind die genannten Voraussetzungen erfüllt. Dies spiegelt sich auch in der hohen Übereinstimmung zwischen den Messpunkten und den Berechnungsergebnissen wider (vgl. Abb. 6.4). Damit werden auch die Berechnungsgleichungen für die Durchlaufzeit und die Übergangszeit bestätigt.

Wie das vorstehende Beispiel zeigt, kann mit den einfach zu berechnenden Produktionskennlinien aufgezeigt werden, welches Bestandsniveau an einem Arbeitssystem bei gegebener Auftragszeit- und Kapazitätsstruktur erreichbar ist, bevor es zu Auslastungsverlusten kommt. Sowohl in den Einzelperioden wie auch in dem gesamten Untersuchungszeitraum stimmen das Rechenmodell und die Simulation für die Leistung sehr gut überein. Etwas anders verhält es sich demgegenüber bei den Kennzahlen für Durchlaufzeit und Übergangszeit. Mit der Kennlinientheorie wird dargestellt, welche Durchlaufzeit bei einem gegebenen Bestandsniveau und einer auftragszeitunabhängigen Abarbeitungsreihenfolge zu erwarten ist. Temporäre Abweichungen von den berechneten Erwartungs-Werten sind vor allem bei kurzen Untersuchungszeiträumen grundsätzlich möglich und wurden auch bei dem Anwendungsbeispiel festgestellt. Je länger jedoch die Betrachtungszeiträume sind, desto sicherer werden auch die Berechnungsergebnisse für Durchlaufzeit und Übergangszeit.

6.2 Bewertung alternativer Ansätze zur Erschließung logistischer Rationalisierungspotentiale

Die berechneten Kennlinien für das analysierte Arbeitssystem zeigen, dass das praktische Minimum des Bestandes etwa 45 Stunden beträgt. Bei unveränderten strukturellen Rahmenbedingungen ist eine darüber hinausgehende Bestands- und Durchlaufzeitreduzierung nur unter Inkaufnahme hoher Auslastungsverluste möglich.

Für die nachfolgenden Ausführungen sei folgende Situation vorausgesetzt: Wegen des hohen Wettbewerbsdrucks will das Unternehmen eine Senkung der Bestände auf ca. 25 Std. erreichen. Wenn keine unterstützenden strukturellen Eingriffe vorgenommen werden, so wird sich bei dem geforderten Bestand die Leistung von 16 Std/BKT auf ca. 14 Std/BKT verringern (vgl. Abb. 6.2 bzw. Tab. 6.1). Auslastungsverluste in dieser Größenordnung seien für das Unternehmen jedoch nicht zu akzeptieren. Es sind daher zusätzlich Maßnahmen zu ergreifen, mit denen sich das logistische Potential des Arbeitssystems erhöhen lässt.

Zur *Ableitung und Bewertung alternativer Maßnahmen* kann ebenfalls die Kennlinientheorie herangezogen werden: Eine Kennlinie lässt sich immer dann berechnen, wenn die erforderlichen Parameter vorliegen. Wird nun einer dieser Parameter verändert, so ergibt sich damit eine neue Kennlinie. Es ist daher naheliegend, die Wirkungen unterschiedlicher Maßnahmen auf die Beeinflussung des logistischen Potentials eines Arbeitssystems mit der Näherungsgleichung zu beschreiben und so unternehmerische Entscheidungen zu unterstützen.

Abbildung 6.5 stellt anhand ausgewählter Beispiele dar, welche Veränderungen sich bei den Kennlinien durch einen Eingriff in die strukturellen Bedingungen ergeben. Wird etwa der Mindestbestand durch kleinere und/oder gleichmäßigere Arbeitsinhalte oder einen beschleunigten Transport (Verringerung der Mindestübergangszeiten) reduziert (Abb. 6.5, oben), so folgt daraus eine steilere Leistungskennlinie und eine geringere Mindestdurchlaufzeit. Soll sich die Gesamtleistung nicht verändern, kann aus dem Vergleich der Kennlinien unmittelbar auf das durch die jeweilige Maßnahme geschaffene Durchlaufzeit- und Bestandspotential geschlossen werden. Ferner kann beurteilt werden, in welchem Umfang sich durch eine Bereitstellung zusätzlicher Kapazitäten oder auch durch eine Veränderung der eingesetzten Technologie (durch veränderte Vorgabezeiten) die logistischen Zielgrößen beeinflussen lassen. Wird etwa eine neue Fertigungstechnologie eingesetzt, die eine höhere Bearbeitungsgeschwindigkeit erlaubt, so verringert sich dadurch die Auftragszeit und als Folge der ideale Mindestbestand. Sofern sich die Auftragszusammensetzung nicht ändert (z. B. durch zusätzlich akquirierte Aufträge), reduziert sich als Folge auch die maximal mögliche Leistung des Systems, da bei einem unveränderten Auftragsvolumen ein geringerer Arbeitsinhalt abzuarbeiten ist (Abb. 6.5, unten).

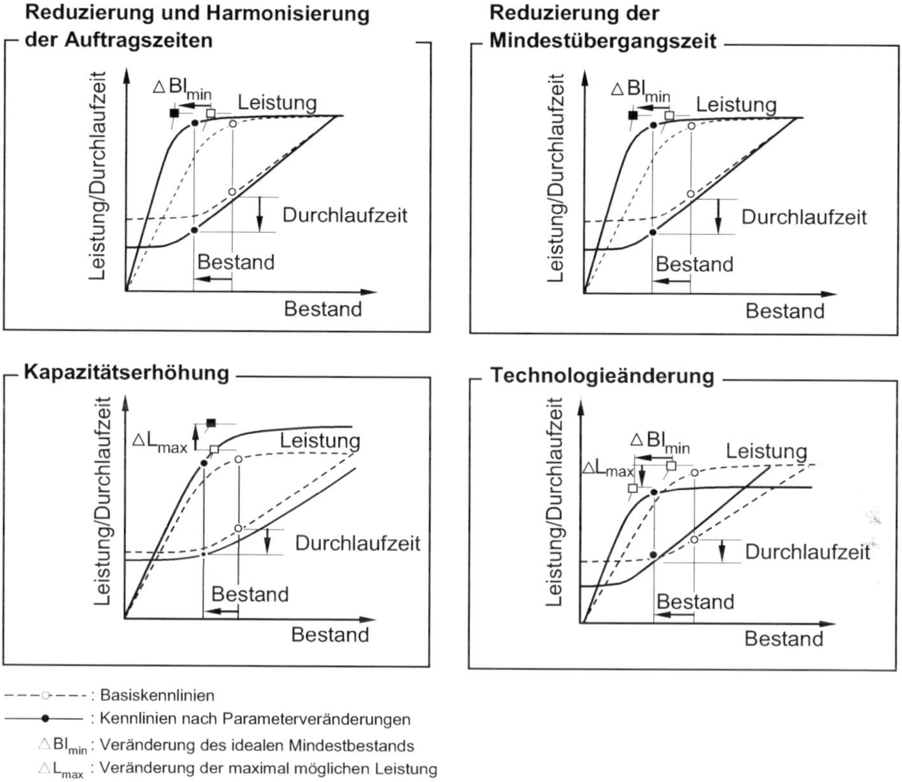

IFA D2499

Abb. 6.5 Wirkung von Maßnahmen zur Beeinflussung des logistischen Potentials auf berechnete Produktionskennlinien

Beispielhaft werden nachfolgend zwei mögliche Maßnahmen anhand der Kennlinientheorie qualitativ und quantitativ detaillierter überprüft. Dabei werden insbesondere die Vorgehensweise und die Besonderheiten der *kennliniengestützten Maßnahmenbeurteilung* dargestellt. Dabei wird auch aufgezeigt, dass bei jeder zu beurteilenden Maßnahme zu überprüfen ist, ob und in welchem Umfang sich die Variablen BI_{min}, L_{max} und α_1 direkt oder als mittelbare Folge der diskutierten Maßnahme verändern werden.

6.2.1 *Variation der Auftragszeitstruktur*

Die Kennlinientheorie verdeutlicht den besonderen Einfluss der Auftragszeitverteilung auf das logistische Potential einer Fertigung. Aus dem vierten produktionslogi-

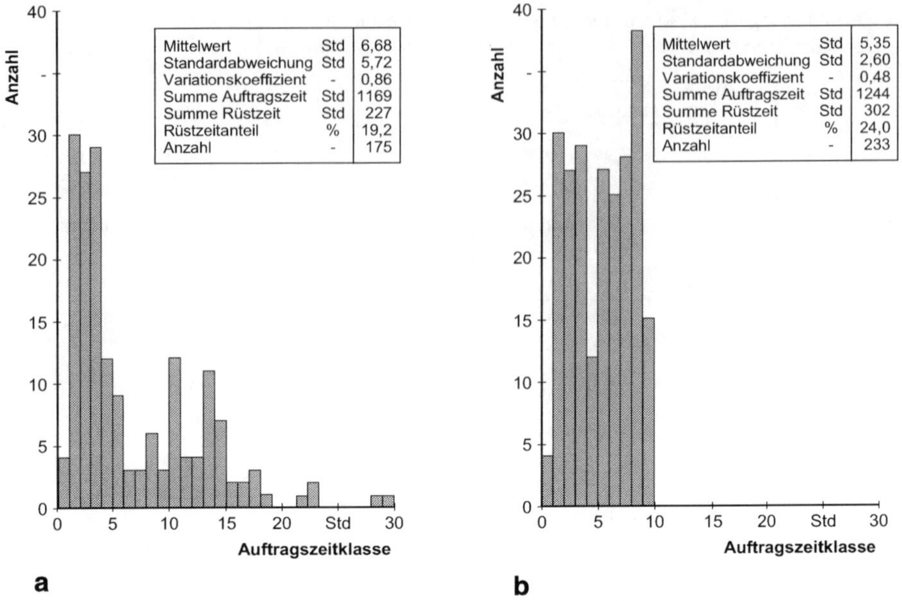

IFA D0177

Abb. 6.6 Vergleich der Auftragszeitverteilungen bei Auftragszeitbegrenzung. **a** Ausgangsdaten, **b** Auftragszeitbegrenzung. (Hier: $ZAU_{max} = 10$ Std)

stischen Grundgesetz folgt, dass durch eine gezielte Beeinflussung der Auftragszeitstruktur das erreichbare Durchlaufzeit- und Bestandsniveau stark beeinflusst werden kann.

An dem betrachteten Arbeitssystem müssen neben sehr vielen kleinen Aufträgen auch einige sehr große mit einem Arbeitsinhalt von deutlich mehr als 10 Stunden bearbeitet werden (vgl. Abb. 6.6a). Diese Aufträge sind maßgeblich für die Größe der Standardabweichung und des Variationskoeffizienten der Auftragszeit verantwortlich. Es liegt somit die Schlußfolgerung nahe, gezielt diese Aufträge zu teilen, um so über die *Harmonisierung der Auftragszeitstruktur* einen geringeren idealen Mindestbestand sowie eine Reduzierung des erforderlichen Bestandspuffers zu erreichen. Im Abb. 6.6b ist dargestellt, wie sich bei dem Anwendungsbeispiel durch eine solche Harmonisierung die Verteilungsform beeinflussen lässt. Alle Aufträge mit einem Arbeitsinhalt von mehr als 10 Stunden wurden hier in 2–4 Teilaufträge geteilt. Von einer solchen Maßnahme sind bei diesem Beispiel 51 von 175 Aufträgen betroffen. Der Mittelwert der Auftragszeit ZAU_m verringert sich von 6,68 auf 5,35 Std (ca. 20 %) nur vergleichsweise schwach. Ein besonders starker Einfluss ist hingegen bei der Standardabweichung ZAU_s festzustellen, die sich durch die gezielte Beeinflussung der Verteilungsform von 5,72 auf 2,60 Std (fast 55 %) reduziert. Der Variationskoeffizient ZAU_v als relatives Streumaß verringert sich dabei immerhin

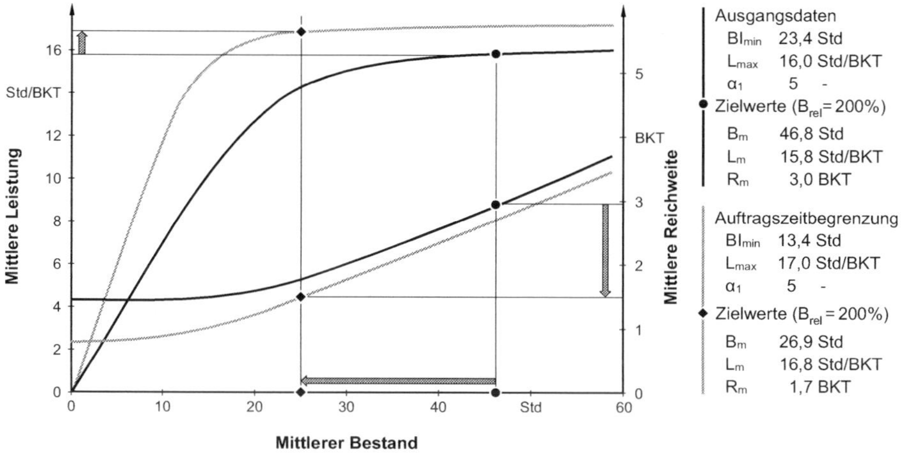

IFA D0176

Abb. 6.7 Einfluss der Auftragszeitharmonisierung auf das logistische Potential

noch um 44 %. Als Ergebnis sinkt der ideale Mindestbestand gemäß Gl. (4.2) von 23,4 auf 13,4 Stunden (−43 %).

Die Losteilung hat jedoch nicht nur positive Aspekte. Durch den häufigeren Auftragswechsel wird ein zusätzlicher Rüstaufwand notwendig. Der Rüstzeitanteil erhöht sich von 19,2 % auf 24 %, die Summe aller Auftragszeiten steigt damit von 1169 Stunden um 6 % auf 1244 Stunden an. Um den zusätzlichen Rüstaufwand abdecken zu können, ist eine Erhöhung der Kapazität je Einzelsystem um 0,5 Std/BKT (» 6 %) erforderlich. Eine Beeinflussung des Streckfaktors α_1 als Folge der Auftragszeitharmonisierung ist nicht zu erwarten, da weder der prinzipielle Belastungsverlauf noch die Kapazitätsflexibilität gezielt verändert werden.

Die sich unter diesen Prämissen ergebenden Produktionskennlinien sind im Vergleich zur Ausgangssituation in Abb. 6.7 dargestellt. Um die Interpretation zu vereinfachen, wurde ergänzend für beide Zustände ein Ziel-Betriebspunkt bei einem relativen Bestand von 200 % definiert und in das Diagramm eingetragen. Aus der Graphik lässt sich entnehmen, dass durch die Auftragszeitharmonisierung bei angepaßter Kapazitätserhöhung eine Reduzierung des mittleren Bestandes von ca. 47 auf ca. 27 Stunden (ca. 45 %) und der mittleren Reichweite von 3,0 auf 1,7 BKT (ca. 43 %) realisierbar ist. Die eingangs genannten Zielsetzungen sind somit bei Umsetzung dieser Maßnahmen offensichtlich weitestgehend erreichbar.

6.2.2 Variation der Kapazitätsstruktur

Eine weitere Möglichkeit, die oben genannte Zielsetzung zu unterstützen, besteht darin, die Kapazitätsstruktur zu verändern, indem von einem Einschicht- auf einen

Zweischichtbetrieb umgestellt und gleichzeitig einer der beiden Einzelarbeitsplätze stillgelegt wird. Durch eine solche Maßnahme, die sich insbesondere dann anbietet, wenn in den vor- und nachgelagerten Fertigungsbereichen ebenfalls zweischichtig gearbeitet wird, bleibt die Kapazität des Gesamtsystems wie auch die Auftragszeitstruktur unverändert. Trotzdem sind signifikante Auswirkungen auf die logistische Leistungsfähigkeit des Systems zu erwarten.

Der wesentliche Grund dafür ist, dass sich der ideale Mindestbestand halbiert, da dieser nur noch an dem verbleibendem Arbeitssystem vorzuhalten ist. Aus der Trichterformel folgt, dass sich bei gleichbleibender maximal möglicher Leistung L_{max} und dem reduzierten idealen Mindestbestand BI_{min} auch die Mindestreichweite R_{min} halbiert. Dies lässt sich auch anschaulich erklären: Die Kapazität, mit der ein Auftrag bearbeitet wird, verdoppelt sich durch die Umstellung der Kapazitätsstruktur. So beträgt die Durchführungszeit eines Auftrages mit einem Arbeitsinhalt von 24 Stunden im Ausgangszustand (bei einer Kapazität von 8 Std/BKT je Einzelsystem) 3 BKT. Nach der Umstellung reduziert sich die Durchführungszeit auf 1,5 BKT, da zur Auftragsbearbeitung die gesamte Kapazität von 16 Std/BKT zur Verfügung steht.

Dennoch wird sich das Bestandsniveau ohne Auslastungsverluste nicht auf 50 % des Ausgangswertes verringern lassen, da auch der Streckfaktor α_1 an die veränderte Situation angepaßt werden muss: Im Ausgangszustand wurde aufgrund der Möglichkeit der flexiblen Zuordnung der Aufträge auf die beiden Einzelsysteme mit dem reduzierten Streckfaktor $\alpha_1 = 5$ gerechnet (vgl. Abschn. 6.1.1). Die Begründung für diesen reduzierten Wert entfällt bei der Stillegung einer Maschine, so dass demzufolge der Defaultwert anzusetzen ist ($\alpha_1 = 10$).

Bei Anwendung der neuen Parameter ergeben sich die in Abb. 6.8 dargestellten Kennlinien. Dabei ist berücksichtigt, dass sich zwar der ideale Mindestbestand halbiert, der Pufferbestand aber durch die gleichzeitige Verdoppelung des α_1-Wertes unverändert bleibt. Die für den Vergleich definierten Zielwerte der neuen Struktur wurden daher bei einem relativen Bestand von 300 % festgelegt, um somit gleiche Leistungswerte zugrunde zu legen. Aus der Graphik folgt, dass der Bestand und die Reichweite im Vergleich zum Ausgangszustand durch die veränderte Kapazitätsstruktur nur um 25 % verringert werden kann. Die oben gesetzten Ziele sind bei der Umsetzung dieser Maßnahme ohne unterstützende Eingriffe somit nicht vollständig erreichbar.

6.3 Berechnung von Produktionskennlinien bei fehlenden oder fehlerhaften Betriebsdaten

In der Regel liegen die für die Kennlinientheorie benötigten Daten unmittelbar vor, da sie auch für andere Anwendungen benötigt werden. So sind etwa die Auftragszeiten und Kapazitätsangaben auch die Grundlage wesentlicher PPS-Funktionen. Die Datenqualität ist trotz ihrer Bedeutung jedoch vielfach unbefriedigend (vgl. u. a. [Domb-88]).

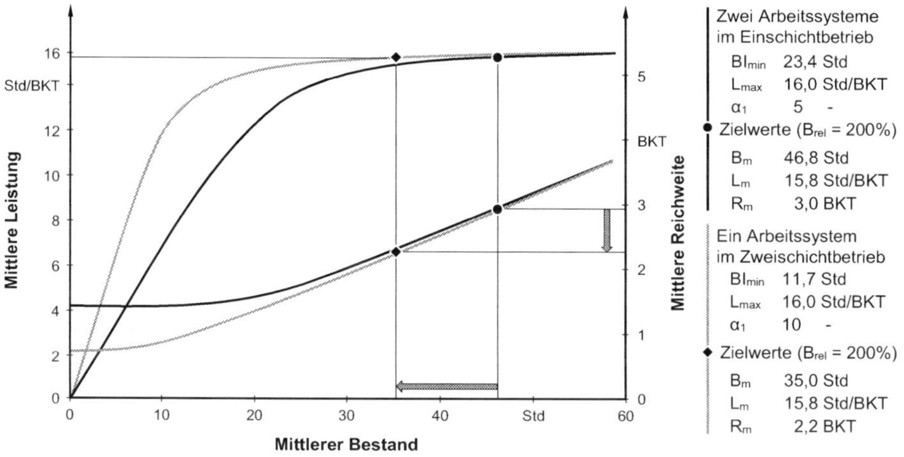

IFA D0178

Abb. 6.8 Einfluss der Kapazitätsstruktur auf das logistische Potential

Nachfolgend wird die Relevanz möglicher Datenfehler für die Kennlinientheorie im Einzelnen erläutert. Es wird dabei zum einen der Frage nachgegangen, wie sich ein Datenfehler auf die Kennlinien selbst auswirkt. Zum anderen wird dargestellt, welchen Einfluss die Datenfehler jeweils auf die logistischen Spitzenkennzahlen des Produktionsprozesses (Bestand, Leistung und Durchlaufzeit) ausüben. Darauf aufbauend wird untersucht, ob die Datenfehler den Einsatz der Kennlinientheorie insgesamt in Frage stellen, ob sie ggf. nur einzelne Aussagen betreffen oder ob die Kennlinientheorie dazu genutzt werden kann, die Datenfehler modellgestützt zu korrigieren.

6.3.1 Fehlerhafte Auftragszeitstruktur- und Transportzeitdaten

Der ideale Mindestbestand BI_{min} nimmt im Rahmen der Kennlinientheorie eine zentrale Stellung ein. Wenn dieser Wert falsch ist, weisen die resultierenden Kennlinien im Proportionalbereich eine zu große oder zu kleine Steigung auf. Im Übergangs- und Überlastbereich wird der Pufferbestand falsch dimensioniert. Die Aussagen bezüglich minimal erreichbarer Bestände und Durchlaufzeiten sind demzufolge ebenfalls fehlerhaft. Das Ausmaß und die Bedeutung der Abweichung hängt dabei entscheidend davon ab, welche Größe den Fehler verursacht hat. Nach Gl. (4.5) kommen hierfür bei einem Einzelarbeitsplatz nur der Mittelwert der Auftragszeit (ZAU_m), der Variationskoeffizient der Auftragszeitverteilung (ZAU_v) und die mittlere Transportzeit (ZTR_m) als Ursache in Betracht. Nachfolgend werden diese drei potentiellen Fehlerquellen einzeln hinsichtlich ihrer Bedeutung diskutiert.

Fall 1: ZAU_m falsch; ZAU_v richtig; ZTR_m richtig Zunächst wird angenommen, dass der angegebene Mittelwert der Auftragszeit fehlerhaft sei, dass aber die Form der Auftragszeitverteilung und somit auch der Variationskoeffizient ZAU_v mit einer guten Näherung bekannt sind. Dieser Fall kann z. B. durch einen systematischen Fehler bei der Vorgabezeitermittlung auftreten. Auch wird unterstellt, dass die Angabe zur mittleren Transportzeit korrekt ist. Fall 1 ist für die Anwendung der Kennlinientheorie vergleichsweise unkritisch, da er sich in gleicher Weise auf die Parameter der Kennliniengleichung wie auch auf einige zentrale Messgrößen des Produktionsprozesses auswirkt. So verhält sich der Mittelwert der Leistung, der sich gemäß Gl. (2.12) aus der Summe der Auftragszeiten ergibt, proportional zum Fehler. Gleiches gilt auch für den Abgang und den Zugang und somit im Ergebnis auch für den Bestand (Gl. (2.14)). In der Trichterformel (Gl. (2.16)) tritt der Fehler sowohl im Nenner wie auch im Zähler auf, so dass die Reichweite und folglich auch die gewichtete Durchlaufzeit (Gl. (2.18)) nicht beeinflusst werden. Die ungewichtete Durchlaufzeit schließlich ist als Messgröße generell unabhängig von der Auftragszeit (Gl. (2.10)).

Die resultierende absolute Abweichung des idealen Mindestbestandes verhält sich bei dieser Fehlerart proportional zum Fehlerwert, die relative Abweichung hingegen wird zusätzlich durch den Transportzeitanteil bestimmt. Die maximal mögliche Leistung wird schließlich ebenfalls proportional zum Fehler beeinflusst: Wenn die fehlerhaften Auftragszeiten nicht erkannt und korrigiert werden, muss zumindest mittelfristig entweder die Kapazitätsangabe oder der Wert für die maximal mögliche Auslastung angepaßt werden, da ansonsten auch im Überlastbereich eine permanente Abweichung zwischen der gemessenen und der maximal möglichen Leistung auftreten würde.

Unter Berücksichtigung aller vorgenannten Auswirkungen werden Fehler bei der mittleren Auftragszeit für den Anwender also kaum sichtbar, insbesondere bei vernachlässigbar kleinen Transportzeiten. In diesem Fall ist der relative Bestand, der die Lage des geplanten oder realisierten Betriebspunktes auf der Kennlinie beschreibt, unabhängig vom Fehler. Dies gilt auch für die Angaben über vorhandene oder durch spezifische Maßnahmen zu erschließende logistische Rationalisierungspotentiale. Eine zusammenfassende Darstellung zur Bedeutung dieses Fehlers bezüglich des Kennlinienverlaufs und des gemessenen Betriebspunktes zeigt Abb. 6.9.

Fall 2: ZAU_m richtig; ZAU_v falsch; ZTR_m richtig Bei der zweiten Fehlerart wird angenommen, dass die Mittelwerte der Auftragszeit und der Transportzeit korrekt vorliegen, dass jedoch von einer fehlerhaften Annahme bezüglich der Breite der Auftragszeitverteilung (ausgedrückt über den Variationskoeffizienten) ausgegangen wird. Ein solcher Fehler kann insbesondere dann auftreten, wenn die Auftragszeitverteilung nicht anhand von Vergangenheitsdaten, sondern nur auf der Basis von repräsentativen Aufträgen ermittelt oder auch nur geschätzt werden kann.

Die Messwerte für die Leistung und die ungewichtete Durchlaufzeit werden bei dieser Fehlerart grundsätzlich nicht beeinflusst. Ob und in welchen Umfang der Bestand und damit die Reichweite sowie die gewichtete Durchlaufzeit von dieser Fehlerart (gerade bei kürzeren Auswertungszeiträumen) betroffen sind, lässt sich hingegen nicht exakt feststellen. Da jedoch Zugangs- und Abgangsverlauf durch den Fehler nur

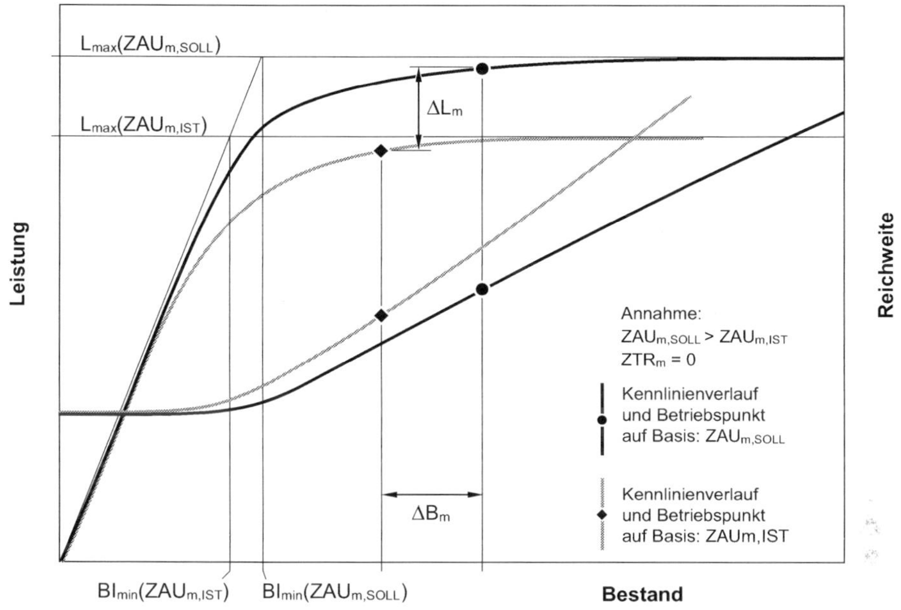

IFA D5345

Abb. 6.9 Einfluss fehlerhafter Auftragszeiten auf berechnete Produktionskennlinien und Betriebspunkte. (Hier: ZAU_m falsch; ZAU_v richtig; $ZTR_m = 0$)

temporär, nicht aber in der grundsätzlichen Form beeinflusst werden, sind gravierende Abweichungen bei den zuletzt genannten Kennzahlen ebenfalls nicht zu erwarten.

Gänzlich anders verhält es sich jedoch bei dem idealen Mindestbestand. Dieser wird bei gegebenem Mittelwert der Auftragszeit maßgeblich von dem Variationskoeffizienten der Auftragszeitverteilung beeinflusst. Abbildung 6.10 zeigt, wie sich das Verhältnis von Mindestbestand zur mittleren Auftragszeit bei einer Veränderung des Variationskoeffizienten verhält. Legt man den in der betrieblichen Praxis durchaus üblichen Bereich des Variationskoeffizienten von 0,5 bis 2 zugrunde (vgl. hierzu auch Abb. 2.2), so folgt daraus, dass bei Vernachlässigung der Transportzeit der ideale Mindestbestand zwischen 1,25 und 5 Mal so groß ist wie die mittlere Auftragszeit. Alle auf dem idealen Mindestbestand beruhenden Aussagen wie z. B. die Angabe zum relativen Bestand und damit zu den ggf. vorhandenen logistischen Rationalisierungspotentialen sind mit einer entsprechend hohen Unsicherheit verbunden. Die Anwendung der Kennlinientheorie zur Prozessbeurteilung ist somit bei einem solchen Fehler kritisch zu bewerten. Gleiches gilt auch für die kennliniengestützte Gestaltung von Produktionsprozessen. Andererseits ermöglichen aber gerade die Aussagen zum Einfluss des Variationskoeffizienten auf das am Arbeitssystem erforderliche Bestands- und Durchlaufzeitniveau, diese Aspekte frühzeitig in die Gestaltung und Auslegung der Produktionsprozesse einzubeziehen.

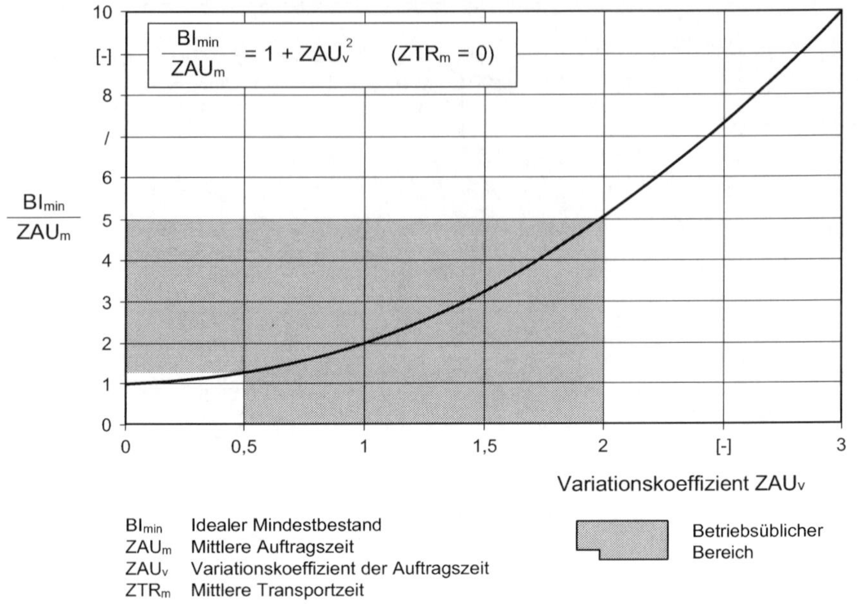

IFA D1344

Abb. 6.10 Bedeutung des Variationskoeffizienten der Auftragszeit für den idealen Mindestbestand. (Hier: Einzelarbeitsplatz; Transportzeit = 0)

Fall 3: ZAU_m richtig; ZAU_v richtig; ZTR_m falsch Für den dritten Fehlerfall wird schließlich angenommen, dass fehlerhafte Angaben zu den Transportzeiten vorliegen, die Parameter der Auftragszeitverteilung hingegen mit hinreichender Genauigkeit bekannt sind. Die Messwerte der logistischen Spitzenkennzahlen (Bestand, Leistung, Reichweite, Durchlaufzeit) sind durch einen solchen Fehler nicht betroffen, wie sich anhand der entsprechenden Berechnungsgleichungen leicht überprüfen lässt. Bei dem idealen Mindestbestand hingegen ist die resultierende Abweichung so groß wie die Differenz zwischen angenommener und tatsächlicher mittlerer Transportzeit. Folglich sind auch hier alle auf dem somit fehlerhaften idealen Mindestbestand beruhenden Aussagen falsch. Diese Fehlerart ist jedoch von untergeordneter Bedeutung, wenn der vom Transport verursachte Anteil am idealen Mindestbestand gering ist.

6.3.2 Fehlende oder fehlerhafte Angaben zur maximal möglichen Leistung

Der Parameter maximal mögliche Leistung ist in der betrieblichen Praxis weitgehend unbekannt. Aber auch zur vorhandenen bzw. bereitgestellten Kapazität, über die die

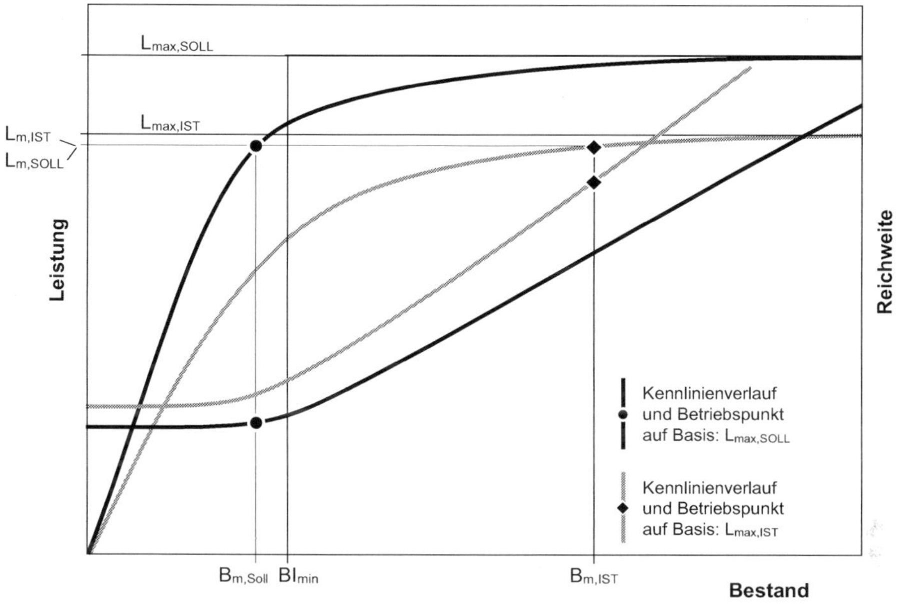

IFA D5344

Abb. 6.11 Einfluss der maximal möglichen Leistung auf Produktionskennlinien und Betriebspunkte

Leistungsfähigkeit eines Arbeitssystems beschrieben werden soll, liegen häufig keine verläßlichen Angaben vor. Trotz der zentralen Bedeutung dieser Größe für viele Planungsaufgaben eines Unternehmens sind die in den PPS-Systemen hinterlegten Daten vielfach nicht gepflegt. Auch in den in Abschn. 4.4.2 ausgewerteten Praxisbeispielen wichen die Kapazitätsangabe und die an dem Arbeitssystem tatsächlich erbrachte Leistung stark voneinander ab.

Ein solcher Datenfehler ist für die Anwendung der Kennlinientheorie nicht unbedingt problematisch, obwohl die maximal mögliche Leistung L_{max} einer von drei Eingangsparametern der zentralen Berechnungsgleichungen der Theorie ist. Im speziellen Anwendungsfall ist es jedoch ggf. erforderlich, den Vorgabewert für L_{max} zu korrigieren, wobei die Kennlinientheorie selbst eine weitreichende Unterstützung bietet.

Nachfolgend wird zunächst dargestellt, welche Auswirkungen fehlerhafte Angaben zu L_{max} hervorrufen. In Abb. 6.11 sind zwei Kennlinienpaare dargestellt, bei denen der ideale Mindestbestand BI_{min} und der Streckfaktor α_1 identisch sind, die sich jedoch hinsichtlich L_{max} unterscheiden. Es wurde exemplarisch unterstellt, dass der Sollwert für L_{max} größer ist als der Istwert. Zudem wurde in die Graphik jeweils ein Betriebspunkt eingezeichnet, bei dem der Auftragszugang (die Belastung des Systems) und damit – bei Annahme eines stationären Produktionsprozesses – auch die Leistung L_m in beiden Fällen gleich hoch sind. Beim Sollwert für L_{max} wird das Arbeitssystem offensichtlich im Unterlastbereich betrieben. Aufgrund der resultierenden geringen Auslastung ist es möglich, ein entsprechend geringes Bestands- und Durchlaufzeitniveau zu realisieren. Es setzt allerdings voraus, dass das Personal durchgängig zur Verfügung steht und einen am Arbeitssystem neu ankommenden Auftrag ohne Verzögerung abarbeiten kann.

In der betrieblichen Praxis sind solche Zustände relativ selten anzutreffen, sofern es sich nicht um vollautomatische Arbeitssysteme handelt. In der Regel wird das Personal von dem Arbeitssystem abgezogen und an anderer Stelle eingesetzt, wenn momentan kein Auftrag zur Bearbeitung ansteht. Kommt dann ein neuer Auftrag und der Mitarbeiter kann nicht umgehend zurückbeordert werden (weil er z. B. die an anderer Stelle begonnene Tätigkeit zunächst zu Ende bringen soll), so entstehen dadurch Wartezeiten und ein entsprechender Bestandsaufbau. In der Produktionskennlinie dürfen zur Ermittlung der maximal möglichen Leistung deshalb nur die tatsächlichen Anwesenheitszeiten des Personals berücksichtigt werden (zur möglichen Ermittlung von L_{max} siehe unten). Schon bei einer vergleichsweise geringen Reduzierung des Wertes für L_{max} wird sich ein überproportional höheres Bestands- und Durchlaufzeitniveau einstellen, wenn die gleiche Leistung wie im ersten Fall erbracht werden soll (vgl. Abb. 6.11). Der Betriebspunkt liegt nicht mehr im Unterlastbereich, sondern eher im Übergangs- oder auch im Überlastbereich der Kennlinie.

Bei einer fehlerhaften Vorgabe für L_{max} im Planungsprozess oder auch im Rahmen einer Ablaufanalyse werden also Bestands- und Durchlaufzeitwerte berechnet, die unrealistisch sind. Insbesondere bei einer Ablaufanalyse ist dies jedoch unmittelbar zu erkennen, da z. B. die gemessenen und die berechneten Bestandswerte oder auch die entsprechenden Leistungswerte nicht übereinstimmen. Der gemessene Betriebspunkt kann nicht auf der Kennlinie liegen. Sind der Streckfaktor α_1 und der ideale Mindestbestand sowie die gemessenen Werte Bestand und Leistung korrekt angegeben, lässt sich diese Abweichung nur auf eine fehlerhafte Angabe von L_{max} zurückführen.

Hier bietet nun die Kennlinientheorie selbst die Möglichkeit, auf der Basis von gemessenen Leistungs- und Bestandsdaten einen realistischen Anhaltswert für die maximal mögliche Leistung zu ermitteln. Recht einfach ist dies möglich, wenn das Arbeitssystem offensichtlich durchgängig im Überlastbereich betrieben wurde, wenn also immer ein Bestand an dem Arbeitssystem vorlag. In einem solchen Fall können keine bestandsbedingten Auslastungsverluste aufgetreten sein, so dass L_{max} der gemessenen Leistung L_m entspricht. Ein Beispiel für einen solchen Fall ist in Abschn. 4.7.2 (Betriebspunkt Überlastbereich, Abb. 4.24) dargestellt.

Wurde das betrachtete Arbeitssystem hingegen im Unterlast- oder Übergangsbereich betrieben, so lassen sich die bestandsbedingten Auslastungsverluste mit Hilfe der normierten Kennlinien (Abschn. 4.5) ermitteln. Diesen normierten Kennlinien zufolge betragen die bestandsbedingten Auslastungsverluste bei einem relativen Bestand (definiert als Verhältnis B_m/BI_{min}) von 150 % ca. 7 %, bei einem relativen Bestand von 300 % demgegenüber nur ca. 1 % (die Zahlenbeispiele gelten für einen Streckfaktor von $\alpha_1 = 10$). Aus den ermittelten Auslastungsverlusten und der gemessenen Leistung L_m kann dann auf L_{max} rückgeschlossen werden.

Die Auslastungsverluste lassen sich jedoch nicht nur über die normierten Produktionskennlinien (in graphischer oder tabellarischer Form) bestimmen, sondern auch rechnerisch. Da es sich bei der Leistungskennlinie um eine stetige Funktion mit durchweg positiver Steigung handelt, kann L_{max} über das *Newtonsche Iterationsverfahren* ermittelt werden (vgl. auch [Möll-96], [Bron-08]). Hierzu wird zunächst der Wert der Laufvariablen t der normierten Kennliniengleichung (Gl. (4.48)) gesucht, bei dem sich der in der Praxis gemessene relative Bestand einstellt. Dies geschieht über die folgenden Gleichungen:

$$F(t_k) = \left(1 - (1 - \sqrt[4]{t_k})^4\right) + \alpha_1 \cdot t_k - \frac{B_{rel}}{100} \tag{6.1}$$

$$F'(t_k) = \left(\frac{\left(1 - \sqrt[4]{t_k}\right)^3}{\sqrt[4]{t_k{}^3}}\right) + \alpha_1 \tag{6.2}$$

$$t_{k+1} = t_k - \frac{F(t_k)}{F'(t_k)} \tag{6.3}$$

mit

$F(t_k)$	Hilfsfunktion ($F(t_k) = B_{rel}(t) - B_{rel}$; gesucht wird t für $F(t_k) = 0$)
$F'(t_k)$	Erste Ableitung der Hilfsfunktion
$t_{k,}\ t_{k+1}$	Wert der Laufvariablen t nach k bzw. k+1 Iterationsschritten
B_{rel}	Relativer Bestand [%]
$B_{rel}(t)$	Berechneter relativer Bestand für t [%]
α_1	Streckfaktor [-]

Die Funktion $F(t_k)$ konvergiert bei dieser Anwendung in der Regel nach 10 oder weniger Iterationsschritten gegen Null, wobei allerdings sichergestellt sein muss, dass der Startwert für t kleiner ist als der gesuchte Wert. Sinnvollerweise beginnt man daher das Verfahren mit einem sehr kleinen Startwert für t (s. Tab. 6.3). Ein Iterationsabbruch ist zulässig, wenn die folgende Bedingung erfüllt ist:

$$F(t_k) = 0 \tag{6.4}$$

Durch Umformung der Gl. (4.30) lässt sich mit dem so gefundenen Wert für t_k nun die maximal mögliche Leistung ermitteln:

$$L_{\max} = \frac{L_m}{(1 - (1 - \sqrt[4]{t_k})^4)} \tag{6.5}$$

mit

L_{max}	Berechnete maximal mögliche Leistung [Std/BKT]
L_m	Mittlere Leistung (Messwert) [Std/BKT]
t_k	Wert der Laufvariablen t nach k Iterationsschritten

Das Verfahren wird nachfolgend anhand einer konkreten Anwendung vorgestellt. Ausgangspunkt sind die Analysedaten des in Abschn. 4.7.2 vorgestellten Praxisbeispiels zum Betriebszustand Übergangsbereich. Bei der zugrundeliegenden

Tab. 6.3 Einsatz des Newtonschen Iterationsverfahrens zur Berechnung der Variablen maximal mögliche Leistung (L_{max}); Beispiel

Ausgangsdaten					
B_m	20,1 Std				
BI_{min}	10,6 Std		L_m	9,75	Std/BKT
B_{rel}	190 %		α_1	10	–

Iterationslauf k	t_k	$F(t_k)$	$F'(t_k)$	t_{k+1}
1	0,000000001	−1,87769536	5529087,41	0,000000341
2	0,000000341	−1,80680995	65920,10	0,000027750
3	0,000027750	−1,63950932	2096,35	0,000809829
4	0,000809829	−1,36948012	129,67	0,011371031
5	0,011371031	−0,99198334	18,77	0,064216674
6	0,064216674	−0,31865124	10,96	0,093290593
7	0,093290593	−0,00713866	10,53	0,093968509
8	0,093968509	−0,00000218	10,52	0,093968716
9	0,093968716	0,00000000	10,52	0,093968716
		Lmax (Gl. 6.5)	10,15 Std/BKT	

Untersuchung wurde deutlich, dass die angegebene Kapazität nicht dem tatsächlichen Leistungsvermögen des Arbeitssystems entsprach. Das Unternehmen gab als Kapazität für das hier ausgewählte Arbeitssystem 13,5 Std/BKT an, zurückgemeldet wurden jedoch nur 9,75 Std/BKT. Trotz dieser scheinbaren Unterauslastung lag fast durchgängig ein Bestand am Arbeitssystem vor, der relative Bestand betrug ca. 190 % (vgl. Abb. 4.23).

Mit diesen Daten und dem gewählten Streckfaktor ($\alpha_1 = 10$) wurde das Iterationsverfahren angewandt (Tab. 6.3). Der Verfahrensabbruch erfolgt hier nach 9 Iterationsschritten. Über den resultierenden Wert für die Laufvariable t_k berechnet sich abschließend die maximal mögliche Leistung L_{max} zu 10,15 Std/BKT.

Bei dieser Vorgehensweise liegt der gemessene Betriebspunkt zwangsläufig auf der mit L_{max} berechneten Leistungskennlinie. Ob diese auch realistisch ist, lässt sich durch einen Vergleich der rechnerischen Auslastungsverluste mit den Zeitanteilen, in denen tatsächlich kein Bestand am Arbeitssystem vorlag, feststellen. Die Anwendungsbeispiele in Abschn. 4.7.2 dokumentieren die Vorgehensweise. Wird als Ergebnis einer solchen Überprüfung festgestellt, dass die Berechnungsergebnisse nicht plausibel sind, so lässt sich dies nur auf einen Fehler bei der Ermittlung des relativen Bestandes (vgl. Abschn. 5.3.1) oder einen fehlerhaft gewählten Streckfaktor α_1 zurückführen (vgl. nachfolgenden Abschnitt).

6.3.3 Fehlerhafter Streckfaktor α_1

Der Streckfaktor α_1 lässt sich nur empirisch ermitteln, was prinzipbedingt mit einer gewissen Unsicherheit verbunden ist. Grundsätzliche Hinweise zur Wahl des α_1-Wertes finden sich in Abschn. 4.7. Wird ein falsch gewählter α_1-Wert zugrundegelegt, so ergeben sich daraus zu geringe bzw. zu hohe Pufferbestände, die zur

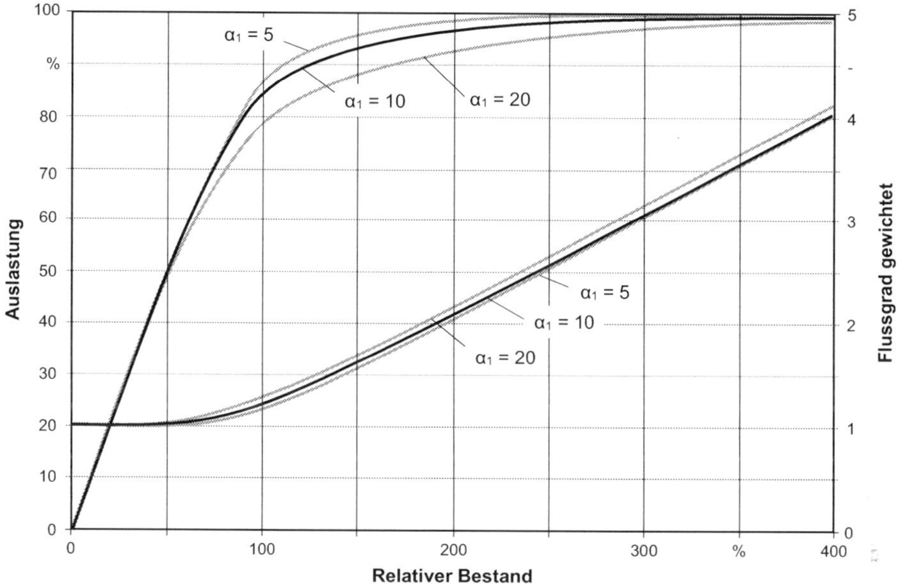

IFA D0179

Abb. 6.12 Normierte Produktionskennlinien bei Variation des Streckfaktors α_1

Gewährleistung einer bestimmten Auslastung erforderlich sind. Welche Bedeutung einem solchen Fehler zukommt, hängt stark von der jeweiligen Fragestellung ab.

In Abb. 6.12 sind drei normierte Kennlinienpaare für verschiedene α_1-Werte abgebildet. Die Graphik verdeutlicht, dass Aussagen über die mittlere Leistung im Übergangsbereich der Kennlinien stark von dem gewählten Streckfaktor abhängig sind. Bei einem relativen Bestand von 200 % wird je nach Streckfaktor eine Auslastung von 98,8 % ($\alpha_1 = 5$), 96,5 % ($\alpha_1 = 10$) bzw. 92,8 % ($\alpha_1 = 20$) berechnet. Sollen also beispielsweise die Arbeitssystemkapazitäten mit Hilfe der Kennlinientheorie dimensioniert werden, ist eine genaue Kenntnis des richtigen Streckfaktors erforderlich – allerdings nur, wenn das Arbeitssystem im Übergangsbereich betrieben werden soll. Bezieht sich der Einsatz der Produktionskennlinien hingegen auf die Beschreibung des Zusammenhangs zwischen dem (relativen) Bestand und dem Flussgrad bzw. den Durchlaufzeiten, macht sich ein fehlerhafter Streckfaktor kaum bemerkbar.

Um festzustellen, welcher Streckfaktor im Einzelfall zugrundegelegt werden muss, damit das Systemverhalten möglichst exakt beschrieben werden kann, lassen sich zum einen spezielle Simulationsversuche durchführen. Über die Analyse der Simulationsergebnisse kann dann ein geeigneter Wert bestimmt werden. Diese Vorgehensweise ist jedoch sehr aufwendig und sollte daher auf Ausnahmefälle beschränkt bleiben. Zudem kann der so ermittelte Wert höchstens so gut sein, wie es gelingt, das reale Systemverhalten in der Simulation abzubilden.

Eine zweite Möglichkeit, den Streckfaktor zu überprüfen und ggf. anzupassen, bieten die gemessenen Bestands- und Leistungsdaten. Wenn die maximal mögliche Leistung und der ideale Mindestbestand bekannt sind, ist der α_1-Wert soweit zu verändern, bis der gemessene Betriebspunkt auf der berechneten Kennlinie liegt. Ist auch die maximal mögliche Leistung nicht bekannt, so ist zu überprüfen, ob die über den relativen Bestand berechneten Auslastungsverluste bei einem zunächst angenommenen α_1-Wert plausibel sind. Ist dies nicht der Fall, so ist der α_1-Wert entsprechend zu verändern (zu reduzieren bzw. zu vergrößern). Diese Möglichkeit ist jedoch nur dann gegeben, wenn am betrachteten Arbeitssystem bestandsbedingte Auslastungsverluste aufgetreten sind. Wird das Arbeitssystem im Überlastbereich betrieben, fehlen die notwendigen Anhaltspunkte zur Parameteranpassung. Gerade in solchen Fällen wird es aber auch oftmals hinreichend sein, zunächst mit einer Abschätzung für den Streckfaktor (z. B. mit dem Default-Wert 10) zu arbeiten, da sich bei dem dann vorliegenden relativ hohen Bestandsniveau zumindest maßvolle Bestandsreduzierungen unabhängig vom Streckfaktor nicht oder nur geringfügig auf die Auslastung auswirken werden. Sobald dann Auslastungsverluste festgestellt werden, kann der Streckfaktor in der beschriebenen Form angepaßt werden.

6.4 Auswirkungen instationärer Prozesszustände auf die Erstellung und Interpretation von Produktionskennlinien

Bei der Anwendung der Kennlinientheorie ist zu gewährleisten, dass der zugrunde gelegte Analysezeitraum so groß ist, dass die Eingangsdaten repräsentativ für das Arbeitssystem sind. Gleichzeitig ist sicherzustellen, dass ein stationärer Prozesszustand vorliegt, d. h. dass sich keine signifikanten Veränderungen der Einflussgrößen im betrachteten Zeitraum einstellen. Auf die Bedeutung dieser Forderungen und die Konsequenzen der Nichtbeachtung wird nachfolgend anhand von zwei Beispielen eingegangen.

6.4.1 Zeitliche Veränderung der Auftragszeitstruktur

Die Abläufe an einem Arbeitssystem werden in vielfacher Weise von stochastischen Einflüssen geprägt. Zu den wichtigsten Größen gehören hier zweifelsfrei die Arbeitsinhalte der zu bearbeitenden Aufträge und deren Streuung, die für die Kennlinientheorie im idealen Mindestbestand zusammengefaßt werden.

Gerade wegen der Streuung der Arbeitsinhalte darf der Untersuchungszeitraum nicht zu kurz gewählt werden. Bei der Festlegung des Analyseumfangs ist darüber hinaus auch die zugrundeliegende Fragestellung zu berücksichtigen. Werden im Rahmen einer Ablaufanalyse alle erforderlichen Rückmeldedaten für den ausgewählten Zeitraum vollständig erfaßt, so berechnen sich sowohl die eigentlichen Analysegrößen (z. B. Bestand, Durchlaufzeit und Leistung) wie auch der ideale Mindestbestand

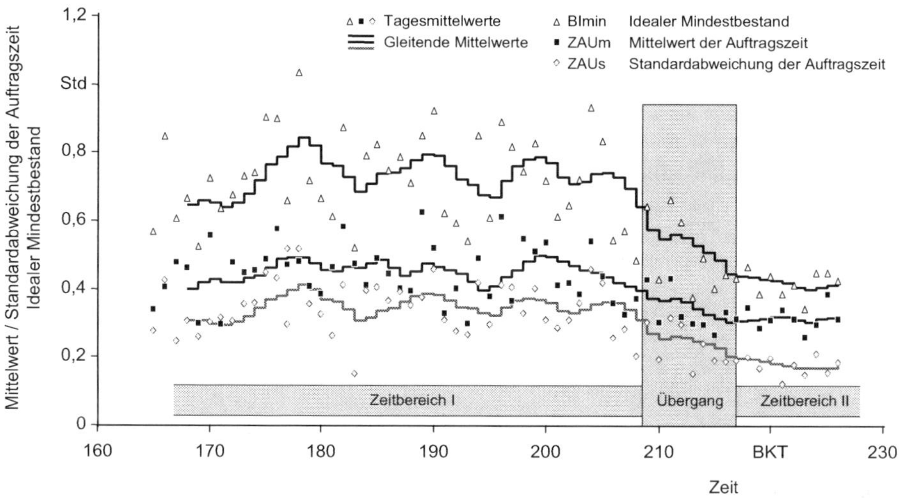

IFA D1697

Abb. 6.13 Zeitlicher Verlauf von Auftragszeitstrukturkennzahlen; Praxisbeispiel. (Arbeitssystem Durchkontaktieren)

auf der Basis der jeweiligen Grundgesamtheit. Somit lässt sich auch bei kürzeren Analysezeiträumen das Modell formal korrekt anwenden. Die aus dem Modell ableitbaren Aussagen gelten jedoch nur für den ausgewerteten Zeitraum. Durch stochastische Einflüsse auf den Prozess verlieren die gewonnenen Erkenntnisse unter Umständen schnell an Aussagekraft.

Für Planungsprozesse hingegen muss ein so großer Datenumfang zugrundegelegt werden, dass eine definierte Planungssicherheit erzielt werden kann. Einen Anhaltswert für die Anzahl der erforderlichen Daten liefert die Statistik: Wenn die Standardabweichung einer (Normal-) Verteilung mit einer Sicherheit von 95 % und einer Genauigkeit von 20 % (zulässige relative Abweichung von erwartetem und gefundenem Wert) überprüft werden soll, ergibt sich ein minimaler Stichprobenumfang von n = 49, bei einer Genauigkeit von 10 % erhöht sich diese Zahl auf n = 193. Ähnliches gilt für den Mittelwert einer Verteilung (z. B. der mittleren Auftragszeit), jedoch lassen sich hier keine generellen Aussagen treffen, da das Ergebnis auch von der speziellen Verteilungsform bestimmt wird [Sach-03].

Ein unter diesen Aspekten ausgewertetes Praxisbeispiel bestätigt die vorstehenden Aussagen. Abbildung 6.13 stellt den zeitlichen Verlauf der Mittelwerte für die Auftragszeit, die Standardabweichung und den sich ergebenden idealen Mindestbestand (als Tagesmittelwerte angegeben) für ein Arbeitssystem dar, berechnet auf der Basis der jeweils abgearbeiteten Aufträge. Die Tagesmittelwerte streuen sehr stark, obwohl im Mittel ca. 24 Aufträge pro Tag abgearbeitet wurden. Um diese Schwankungen zu glätten, wurde zusätzlich für jede der drei Kenngrößen ein gleitender Mittelwert berechnet, für den die Daten von je 5 BKT (durchschnittlich ca. 120 Aufträge) herangezogen wurden.

Auch die gleitenden Mittelwerte unterliegen gewissen Schwankungen, dennoch lässt sich eine recht gute Aussage über die Auftragszeitstruktur treffen (begrenzt zunächst auf den in der Graphik dargestellten Zeitbereich I). Für eine höhere Genauigkeit ist ein längerer Untersuchungszeitraum bzw. eine entsprechend größere Anzahl von Aufträgen erforderlich. Weitere, hier nicht dargestellte Untersuchungen bestätigen, dass bei einer gleitenden Mittelwertbildung über je 10 BKT die einzelnen Mittelwerte an diesem Arbeitssystem bis zum Tag 208 keine nennenswerte Streuung mehr aufweisen und somit die Sicherheit einer darauf aufbauenden Aussage entsprechend hoch ist.

Bei der Wahl des Untersuchungszeitraumes ist darüber hinaus zu berücksichtigen, dass sich die Analysegrößen über der Zeit nicht eindeutig in einer Richtung verändern. Ein solcher Fall ist in Abb. 6.13 dargestellt. Das Unternehmen änderte im Verlauf der Datenanalyse die Losgrößenbildungsstrategie, um darüber neue logistische Potentiale zu erschließen. Etwa ab BKT 205 wurden Standardlosgrößen mit geringerem Umfang eingeführt. Die ersten von dieser Maßnahme betroffenen Aufträge gelangten ab BKT 208 an das hier betrachtete Arbeitssystem. Die mittlere Auftragszeit reduzierte sich durch die realisierte Maßnahme um 22 % und die Standardabweichung um ca. 50 %. Der ideale Mindestbestand verringerte sich dadurch um ca. 40 %.

Der Verlauf der Auftragszeitstrukturkennzahlen zeigt, dass eine Anwendung der Kennlinientheorie in diesem Beispiel über den gesamten ausgewerteten Zeitraum nicht sinnvoll ist. Während im Zeitbereich I und II jeweils eine gleichbleibende Auftragszeitstruktur vorlag, stellt die Zeitspanne von BKT 208 bis BKT 216 einen instationären Übergangsbereich dar, der aus einer Kennlinienanwendung auszuklammern ist.

6.4.2 Zeitliche Veränderungen des Bestandsniveaus

Ein annähernd konstantes Bestandsniveau am betrachteten Arbeitssystem ist Voraussetzung sowohl für die empirische Ermittlung des Streckfaktors α_1 über die Simulation als auch für die Ermittlung des Wertes über die Analyse von Ablaufdaten. Bestandsschwankungen sind jedoch nur dann kritisch, wenn sie zu zeitlich begrenzten, dann aber ausgeprägten Auslastungsverlusten führen. Solche Zustände sind vor allem deshalb problematisch, weil in einem solchen Fall Länge und Lage des Untersuchungszeitraums maßgeblich das Auswertungsergebnis bestimmen, das prinzipielle Systemverhalten also nicht mehr abgebildet werden kann.

Anhand des in Abschn. 6.1 vorgestellten Simulationsbeispiels soll die Problematik verdeutlicht werden. Nunmehr wird jedoch ein verlängerter Auswertezeitraum zugrundegelegt. In Abb. 6.14 ist das Durchlaufdiagramm für das Arbeitssystem Mehrspindel-Bohrmaschine über vier Perioden à 20 BKT abgebildet. Im Vergleich zu den Ausführungen in Abschn. 6.1.2 wird hier also eine Periode zusätzlich betrachtet. Diese vierte Periode ist durch einen verringerten Zugang gekennzeichnet, wodurch

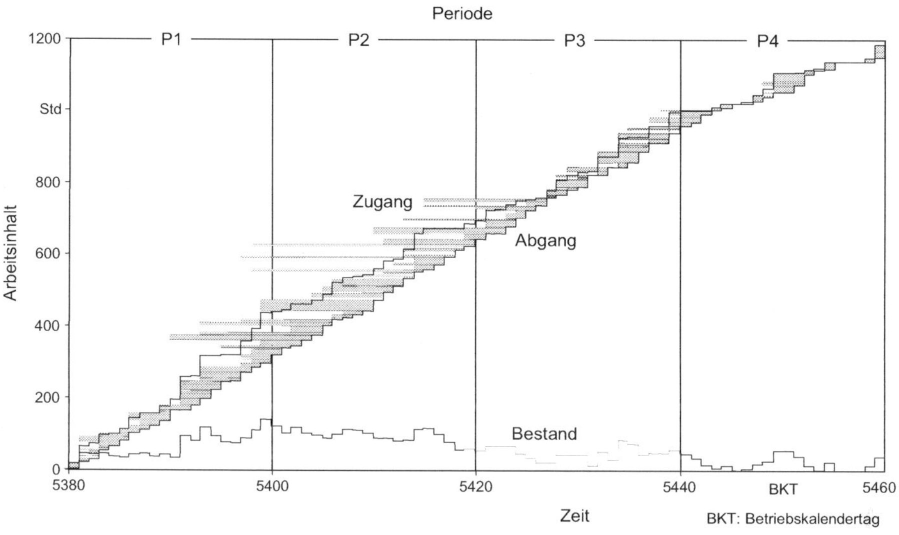

Abb. 6.14 Durchlaufdiagramm für das Arbeitssystem Mehrspindel-Bohrmaschine; Periodenbereich P1–P4; Simulationsergebnis

sich der Bestand stark reduziert und es zu einer deutlich geringeren Leistung als in den Vorperioden kommt (Tab. 6.4).

Die grundsätzlichen Systembedingungen (insbesondere die Auftragszeitstruktur und die Arbeitssystemkapazität) wurden in der Simulation nicht verändert. Die in Abschn. 6.1.1 berechneten Kennlinien sind somit auch für diesen erweiterten Zeitraum gültig und wurden daher in Abb. 6.15 erneut aufgegriffen. In diese Graphik wurden zusätzlich die Werte der Kennzahlen der Einzelperioden und des gesamten Untersuchungszeitraumes eingetragen. Auch die Simulationsergebnisse der vierten Periode stimmen sehr gut mit den berechneten Produktionskennlinien überein. Betrachtet man jedoch den gesamten Zeitraum (P1–P4), so sind größere Abweichungen zwischen Berechnung und Simulationsergebnissen festzustellen. Laut Kennlinientheorie müssten die Auslastungsverluste bei dem mittleren Bestand von 56 Std. deutlich niedriger sein als die in der Simulation gemessenen 8 %.

Es besteht prinzipiell die Möglichkeit, einen größeren Streckfaktor α_1 zu wählen und so eine veränderte Leistungskennlinie zu erstellen, bei der der gemessene Betriebspunkt für den gesamten Untersuchungszeitraum auf der berechneten Leistungskennlinie liegt. Angesichts der starren Kapazitäten und den vergleichsweise starken Belastungsschwankungen erscheint eine solche Maßnahme zunächst zulässig. Allerdings ist zu berücksichtigen, dass der dabei ermittelte Wert eher zufälliger Natur ist: Er gilt nur für den Periodenbereich P1–P4. Wird ein beliebiger anderer Zeitpunkt gewählt, so wird sich unter Umständen auch ein anderer Wert für den Streckfaktor ergeben. Werden beispielsweise nur die Perioden P3 und P4 gemeinsam

Tab. 6.4 Periodenbezogene Kennzahlen für das Arbeitssystem Mehrspindel-Bohrmaschine. (Simulationsergebnis)

Kennzahlen		Periode				
		P1	P2	P3	P4	P1–P4
Abgang	Std	319,2	322,9	315,6	211,5	1169,2
Mittlere Leistung	Std/BKT	16,0	16,1	15,8	10,6	14,6
Mittlerer Bestand	Std	69,1	91,5	46,0	17,3	56,0
Mittlere Reichweite	BKT	4,3	5,7	2,9	1,6	3,8
Mittlere gew. Durchlaufzeit	BKT	2,7	6,5	3,5	2,0	3,8
Mittlere ungew. Durchlaufzeit	BKT	2,2	6,0	3,0	1,4	3,3
Mittlere Übergangszeit	BKT	1,4	5,1	2,1	0,6	2,5

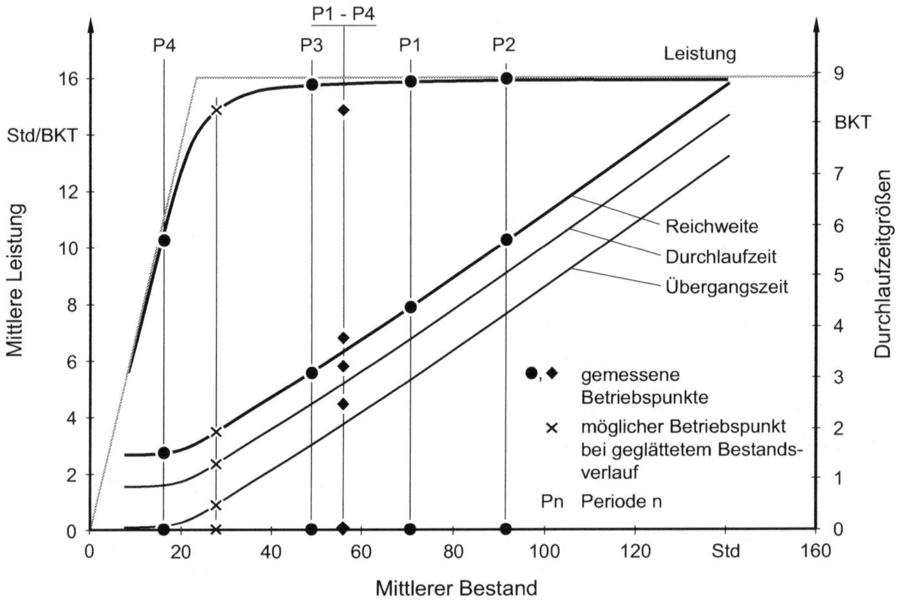

IFA D0172

Abb. 6.15 Darstellung der periodenbezogenen Kennzahlen in den berechneten Produktionskennlinien; Periodenbereich P1–P4

betrachtet, wirken sich die Auslastungsverluste in der vierten Periode erheblich stärker aus.

Eine solche Abhängigkeit des Streckfaktors von der Lage und der Länge des Auswertungszeitraumes ist aber weder sinnvoll noch plausibel. Zudem bestätigen die Ergebnisse der Einzelperioden, dass das grundsätzliche Systemverhalten über den hier zugrundeliegenden Streckfaktor sehr gut beschrieben werden kann. Die Ursache für die Abweichungen zwischen Simulations- und Berechnungsergebnis ist also in dem Wechsel des Bestandsniveaus (in Verbindung mit der Nichtlinearität der Leistungskennlinie) zu sehen und nicht auf eine fehlerhafte Parametrierung der Kennliniengleichung zurückzuführen.

Dieser Sachverhalt kann auch genutzt werden, um die Abweichungen zu einer Prozessbeurteilung heranzuziehen. So lässt sich aus Abb. 6.15 die folgende Aussage ableiten: Wenn es durch eine Flexibilisierung der Kapazität und/oder eine geeignete Belastungssteuerung gelingt, Zu- und Abgang zeitlich besser aufeinander abzustimmen, so kann der Bestand und damit die Reichweite bei gleicher Gesamtleistung halbiert werden.

Ein Blick auf das Durchlaufdiagramm bestätigt diese Aussage. Es zeigt, dass insgesamt hinreichend Kapazität vorhanden war, um alle Aufträge abzuarbeiten. Gelingt es, bei einem unveränderten Zugangsverlauf durch eine rechtzeitige Anpassung der Kapazität den Bestandsanstieg in der zweiten Hälfte der ersten Periode zu verhindern (Erhöhung der Kapazität in der Periode P1, Reduktion der Kapazität in den Folgeperioden), so stellt sich dadurch ein gleichmäßigeres und niedrigeres Bestandsniveau über den gesamten Zeitraum ein. Ein ähnlicher Effekt tritt auf, wenn der Bestand durch eine zeitliche Verlagerung der Belastung geglättet wird. In dem erweiterten Auswertungszeitraum weichen die gemessenen Durchlaufzeitwerte für den gesamten Untersuchungszeitraum erheblich von den berechneten Größen ab. Alle Messpunkte liegen oberhalb der jeweiligen Kennlinie. Diese Differenzen erklären sich im Wesentlichen dadurch, dass die in der Simulation erbrachte Leistung und somit – bei gegebenem Bestand – auch die Reichweite aus den bereits beschriebenen Gründen von dem Berechnungsergebnis abweicht. Da aber die Reichweite unmittelbar in die Berechnung der Durchlaufzeitkennlinien einfließt (vgl. Gl. (4.37) und (4.38)), sind Abweichungen in der gleichen Größenordnung bei der Durchlaufzeit und der Übergangszeit die Folge.

Das Anwendungsbeispiel macht deutlich, dass bei stark schwankenden Beständen die Wahl des Untersuchungszeitraumes ausschlaggebend ist für die Aussagesicherheit des Modells. Temporäre Phasen der Unterauslastung können dazu führen, dass der ermittelte Betriebspunkt nicht auf der Kennlinie liegt. Die Abweichungen lassen sich dabei prinzipiell in mehreren Richtungen interpretieren. Sie können zum einen als Indiz für eine fehlerhafte Parametrisierung der Berechnungsgleichungen (insbesondere den α_1-Wert) angesehen werden. Gerade bei Simulationsanwendungen können sie aber auch als Hinweis auf eine unrealistische Modellierung des Auftragszugangs und/oder der Kapazität gewertet werden. Welche dieser beiden Möglichkeiten zutrifft, ist im Einzelfall zu überprüfen. Schließlich kann über die Abweichung zwischen gemessenem Betriebspunkt und berechneter Kennlinie das Potential bewertet werden, welches sich durch eine Kapazitäts- und/oder Belastungsflexibilisierung erschließen lässt. Bei der zuletzt genannten Anwendungsmöglichkeit muss jedoch unterstellt werden, dass das prinzipiell erreichbare Systemverhalten mit dem Default-Wert 10 des Streckfaktors realistisch beschrieben wird.

Die vorstehenden Ausführungen zu den Fehlerbetrachtungen und der Bedeutung instationärer Produktionsprozesse sind bewusst sehr ausführlich gehalten. Vorrangig wird damit das Ziel verfolgt, dass bei der Anwendung der Kennlinientheorie Daten- bzw. Anwendungsfehler schnell und sicher erkannt bzw. beurteilt und ggf. korrigiert werden können. Darüber hinaus wird verdeutlicht, dass es sich bei der

Kennlinientheorie um ein insgesamt sehr fehlertolerantes Modell handelt. Auch wenn die Eingangsdaten für das Rechenmodell fehlerhaft sind, ist in vielen Fällen noch eine sinnvolle Interpretation möglich. Zudem kann in einigen Fällen auch eine modellgestützte Parameteranpassung durchgeführt werden, so bei fehlerhaften Angaben zur maximal möglichen Leistung oder zum Streckfaktor α_1. Eine solche Anpassung bzw. Korrektur wird stark erleichtert, wenn ihre Plausibilität durch unterstützende Analysen überprüft wird. Die Darstellung der Prozessabläufe in Form von Durchlaufdiagrammen ist hier sehr hilfreich.

Bei Anwendung der Kennlinientheorie in der betrieblichen Praxis sind die geschilderten Daten- und Anwendungsfehler im Übrigen in der Regel eher von untergeordneter Bedeutung, wie zahlreiche Untersuchungen gezeigt haben. So sind zwar fehlerhafte Auftragszeitinformationen in den Unternehmen häufiger anzutreffen. Soweit diese jedoch nicht auf systematische, sondern eher auf zufällige Fehler zurückzuführen sind, werden die Parameter der Auftragszeitverteilung (Mittelwert und Standardabweichung) und somit auch der ideale Mindestbestand nicht oder nur geringfügig beeinflusst. Auch hat sich bei den Praxisuntersuchungen gezeigt, dass mit dem vorgeschlagenen Default-Wert für den Streckfaktor ($\alpha_1 = 10$) in der Regel eine gute Abbildung des realen Prozessverhaltens vorliegt. Zwar kann in dem einen oder anderen Anwendungsfall bei einem geänderten α_1-Wert sicher ein etwas exakteres Ergebnis erzielt werden. Gleichwohl ist festzuhalten, dass sich selbst bei einem (begrenzt) fehlerhaften Wert noch wertvolle Hinweise und Orientierungshilfen gewinnen lassen, die sonst nur mit großem Aufwand erzielbar sind. Dennoch ist es ratsam, bei der Erstanwendung sowie bei stärkeren Veränderungen der Belastungs- oder Kapazitätsbedingungen eine Überprüfung und ggf. Parameteradaption vorzunehmen. Lediglich bei der maximal möglichen Leistung L_{max} ist eine permanente kritische Überprüfung der Angaben erforderlich. Bei Einsatz des in Abschn. 6.3.2 beschriebenen Newtonschen Iterationsverfahrens ist diese Überprüfung und ggf. modellgestützte Korrektur nur mit einem geringen Aufwand verbunden.

6.5 Einsatzmöglichkeiten von Produktionskennlinien bei der Gestaltung und Lenkung von Produktionsprozessen

Die Kennlinientheorie bietet weitreichende Möglichkeiten, logistische Rationalisierungspotentiale zu quantifizieren und Produktionsprozesse logistikorientiert zu gestalten und zu lenken. Um eine hohe Effizienz der einzuleitenden Maßnahmen sicherzustellen, ist es von entscheidender Bedeutung, die einzelnen Maßnahmen aufeinander abzustimmen. Die permanente Absenkung des Bestandes erweist sich dabei als zentrale Logistikstrategie. Aufgabe der Fertigungssteuerung ist es daher, in einem ersten Schritt das Bestandsniveau auf ein vertretbares Maß abzusenken (Abb. 6.16). Die Grenzen der erreichbaren Durchlaufzeiten und Bestände lassen sich anschließend durch dispositive Maßnahmen, insbesondere durch gleichmäßigere Arbeitsinhalte, zu geringeren Werten verschieben. In einer nächsten Stufe können weitere logistische Potentiale durch eine Verkürzung der Bearbeitungszeiten

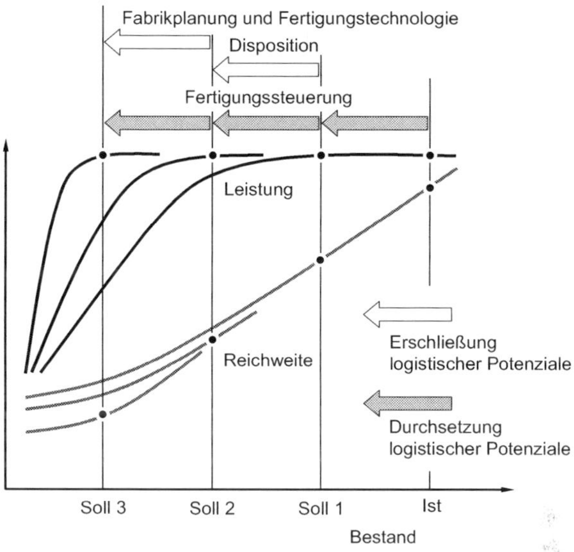

Abb. 6.16 Schritte zur Absenkung von Durchlaufzeit und Bestand in der Produktion

durch fertigungstechnische Maßnahmen wie neue Bearbeitungsverfahren oder Umstrukturierungsmaßnahmen im Rahmen der Fabrikplanung geschaffen werden. Das Nachführen der entsprechenden Steuerungsparameter gewährleistet die Nutzung der dabei gewonnenen Spielräume zur Bestandssenkung.

Da mit der Kennlinientheorie die Zusammenhänge zwischen den logistischen Zielgrößen und ihre Beeinflussungsmöglichkeiten beschrieben werden, stellt sie eine ideale Grundlage für den Ausbau und die Überwachung von Prozesssicherheit und Prozessfähigkeit eines Unternehmens dar (Abb. 6.17). So lassen sich die Kennlinien zur Bewertung von Prozessabläufen im Rahmen eines Produktionscontrollings heranziehen. Sie zeigen u. a. auf, welche Durchlaufzeiten und Bestände bei den vorliegenden strukturellen Bedingungen erreicht werden können, ohne dass nennenswerte Materialflussabrisse und somit Leistungseinbußen zu erwarten sind. Für die Anwendungen im Rahmen der Produktionsplanung und -steuerung (PPS) lassen sich die Systemparameter zielkonform ableiten und einstellen. Die Darstellung der logistischen Zielgrößen in einem Diagramm ermöglicht es dabei, je nach aktueller Betriebs- und/oder Marktsituation und auch in Abhängigkeit von arbeitssystemspezifischen Randbedingungen zu entscheiden, welchem Merkmal das größte Gewicht beigemessen werden muss. Gleichzeitig kann aufgezeigt werden, wie sich eine Parameteränderung auf die logistischen Qualitätsmerkmale auswirkt. Damit wird das Dilemma der Ablaufplanung in neuartiger Weise gelöst. Statt nach einem imaginären Optimum (meist dem Kostenminimum) zu suchen, geht man von einer primären, meist marktbedingten Zielgröße aus, z. B. einer angestrebten Durchlaufzeit. Daraus ergeben sich dann zwangsläufig die übrigen Zielwerte wie Auslastung und Bestand.

Stellt sich im Rahmen der Anwendung heraus, dass die gesetzten Zielwerte ohne flankierende Maßnahmen nicht erreichbar sind, so können die Kennlinien entspre-

Überwachung und Ausbau der logistischen Prozesssicherheit	Überwachung und Ausbau der logistischen Prozesssicherheit
• Logistische Positionierung - Festlegung anzustrebender Betriebsbereiche - Konsistenzprüfung der logistischen Zielgrößen	
• Produktionscontrolling - Prozessbewertung - Ermittlung logistischer Rationalisierungspotentiale	**• Auswahl von Planungs- und Steuerungsstrategien** - Losgrößenbestimmungs - Terminierung - Auftragsfreigabe
• Produktionsplanung und -steuerung - Vorgabe konsistenter Planungsparameter (Flussgrad, Durchlaufzeit, Übergangszeit, Bestand)	**• Auslegung der Produktionsstruktur** - Kapazitätsdimensionierung - Layoutplanung - Bewertung und Gestaltung von Prozessketten

IFA D6221

Abb. 6.17 Einsatzmöglichkeiten von Produktionskennlinien bei der Gestaltung und Lenkung von Produktionsprozessen

chend den vorgestellten Möglichkeiten auch zur Unterstützung und Evaluation von Planungsaktivitäten herangezogen werden (Abb. 6.17). So lassen sich alternativ einsetzbare Planungs- und Steuerungsstrategien unter logistischen Kriterien bewerten und auswählen. Auch kann die Kennlinientheorie unmittelbar in Verfahren zur Losgrößenbestimmung, zur Terminierung oder auch zur Auftragsfreigabe integriert werden. Darüber wird eine fortlaufende und verfahrensgestützte Ausrichtung der Planung und Steuerung an den logistischen Zielgrößen unterstützt. Im Rahmen der Fabrikplanung können die Produktionskennlinien zur logistikorientierten Bewertung alternativer Fertigungsprinzipien oder neuer Logistikkonzepte herangezogen werden. Zudem ergeben sich Möglichkeiten zur Bewertung von Investitionsentscheidungen (z. B. der Einsatz neuer Transportsysteme, Einführung neuer Fertigungstechnologien) und zur Erweiterung der Geschäftsprozessmodellierung. Grundlage für alle genannten Anwendungen ist die logistische Positionierung, die die Zielvorgaben liefert und somit auch ein Bindeglied über alle Einzelfunktionen darstellt.

Nachfolgend werden verschiedene Anwendungen vorgestellt, die auf der Kennlinientheorie aufbauen. Da diese Anwendungen in der Fachliteratur überwiegend bereits eingehend beschrieben wurden, werden sie hier nur kurz skizziert. Weitergehende Erläuterungen sind den jeweils angegebenen Literaturstellen zu entnehmen.

6.5.1 Logistische Positionierung

In der betrieblichen Praxis ist der anscheinend unauflösbare Widerspruch zwischen kurzen Durchlaufzeiten und geringen Beständen einerseits und einer hohen Ausla-

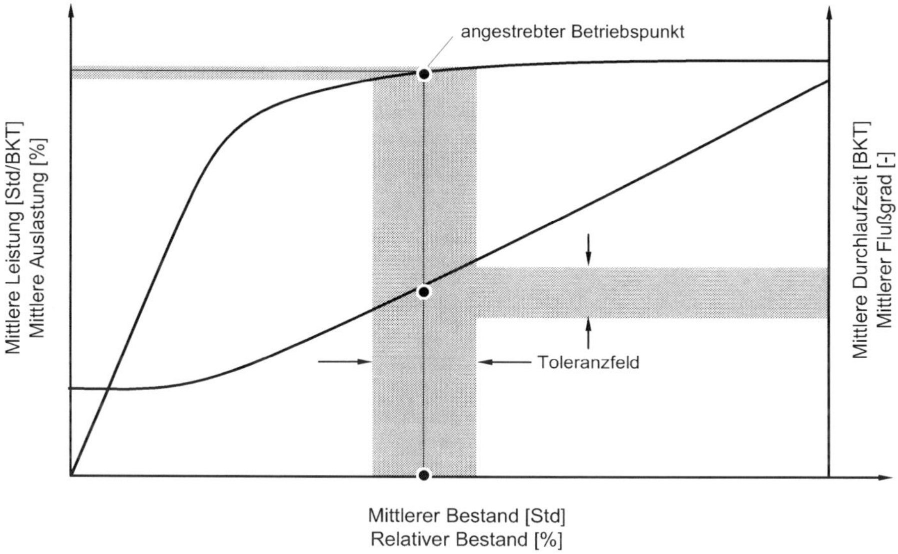

IFA D0976B

Abb. 6.18 Logistische Positionierung mit Produktionskennlinien

stung andererseits ein permanentes Thema. Dieses Dilemma der Ablaufplanung ist allgemein bekannt, es kann aber in der Regel nicht quantifiziert werden. Eine zielorientierte Positionierung in diesem Spannungsfeld ist somit allenfalls auf der Basis von Erfahrungswerten möglich.

Hier bieten die Produktionskennlinien eine effektive Hilfestellung, da sie die Wirkzusammenhänge zwischen den logistischen Zielgrößen qualitativ und quantitativ beschreiben. Auf dieser Basis kann in Abhängigkeit von der aktuellen Betriebssituation – ggf. auch lokal unterschiedlich – entschieden werden, welcher Zielgröße das größte Gewicht beigemessen werden soll. Hieraus lässt sich dann ableiten, wie die Parameter z. B. bei den nachfolgend beschriebenen Entscheidungsmodellen eingestellt werden sollen. Somit kann situationsabhängig ein aktiver Abgleich zwischen marktseitigen und unternehmensinternen Anforderungen vorgenommen werden.

In Abhängigkeit von den vorliegenden Auftragszeit- und Kapazitätsstrukturen einerseits sowie den geforderten Lieferzeiten, dem Kapazitätsbedarf sowie der Kostenstruktur andererseits lassen sich die anzustrebenden Betriebspunkte (Bestand, Leistung, Durchlaufzeit) für die einzelnen Arbeitssysteme festlegen (Abb. 6.18). Dieser Vorgang wird nachfolgend als *logistische Positionierung* bezeichnet. Diese ersetzt den sonst häufig benutzten Begriff Optimierung. Es lassen sich dabei je nach Aufgabenstellung bzw. Anwendungsfall absolute oder relative Werte für die logistischen Zielgrößen Leistung, Bestand und Durchlaufzeit vorgeben. Weiterhin ist eine *Konsistenzprüfung* der vorgegebenen Zielwerte und ggf. der zulässigen Toleranzfelder direkt durchführbar. Wird etwa die Auslastung eines Arbeitssystems vorgegeben, so ergeben sich daraus unmittelbar die entsprechenden Eckwerte für die verschiedenen Durchlaufzeitgrößen sowie für absolute bzw. relative Bestandswerte.

Bei einer derartig durchgeführten Positionierung kann auch aufgezeigt werden, ob die angestrebten Ziele bei den bestehenden Rahmenbedingungen überhaupt erreichbar sind. Ist dies nicht der Fall, liegen die Zielwerte nicht auf den berechneten Kennlinien. Es sind dann Maßnahmen zu ergreifen, mit denen ein neues logistisches Potential erschlossen werden kann. Im Rahmen der prototypischen Kennlinienanwendung in Abschn. 6.2 wurde exemplarisch gezeigt, wie in einem solchen Fall Ansatzpunkte zur Durchlaufzeit- und Bestandsreduzierung erkannt und bewertet werden können. Weitere Beispiele hierfür finden sich im Kap. 7.

Als fünfte wesentliche logistische Zielgröße der Referenzprozesse wurde in Abb. 1.8 der Begriff Kosten genannt. Damit wird zum Ausdruck gebracht, dass die durch die Logistik beeinflussbaren Kosten zu minimieren sind. Im Sinne der Kennlinientheorie ist es erforderlich, diese Kosten in Abhängigkeit vom Bestand darzustellen, denn nur dann ist ein unmittelbarer Vergleich mit den anderen bestandsabhängigen Zielen Leistung, Durchlaufzeit und Termineinhaltung möglich.

Der hierzu von Kerner [Kern-02] vorgeschlagene Ansatz entwickelt frühere Arbeiten von Weber [Webe-87] und Großklaus [Gros-96] weiter und führt sie zu einer pragmatischen Lösung auf Basis der Prozesskostenrechnung. Demnach sind zunächst die Teilprozesse der Referenzprozesse zu definieren und ihnen diejenigen Kostenarten zuzuordnen, die bei der Durchführung verursacht werden. Für jeden Teilprozess erfolgt anschließend die Bestimmung der Kostentreiber und der Prozesskostensätze. Schließlich sind letztere in Abhängigkeit von der Zielgröße Bestand in Gleichungen zu überführen. Damit wird die Berechnung und graphische Darstellung einer Kostenkennlinie möglich. Die einzelnen Schritte werden nun erläutert.

Die primären Teilprozesse eines Produktionsprozesses sind die Rüst- und Bearbeitungsvorgänge, deren Dauer aus den Arbeitsplänen zu entnehmen ist. Die Kosten des Rüstprozesses setzen sich aus Fertigungslöhnen, Sachkosten und Kapazitätskosten für denjenigen Rüstzeitanteil zusammen, der die Inanspruchnahme der Maschine erfordert.

Neben den rüst-, bearbeitungs- und bestandsbedingten Kosten des Produktionsprozesses sind schließlich noch die durch die Produktionsplanung und -steuerung bedingten Kosten zu berücksichtigen. Als Kostentreiber gelten hier die Anzahl Fertigungsaufträge und Arbeitsgänge. Die von Kerner identifizierten erforderlichen Teilprozesse sind: Produktionsprogramm, Losgrößen und Produktionsreihenfolge planen, Auftragspapiere erstellen, Aufträge freigeben, Maschinenbelegung planen, Fertigungsfortschritt kontrollieren und fertige Aufträge zurückzumelden. Dann lassen sich entsprechend den Kosten für Personal, Raumkosten, Abschreibungen und Zinsen für das PPS-System die Kosten je Auftrag bestimmen. Aus den vier Prozesskostenarten ergeben sich nun die in Abb. 6.19 gezeigten prinzipiellen Kostenverläufe für den Referenzprozess Produzieren in Abhängigkeit vom Bestand. Zum Vergleich ist die ideale und theoretische Leistungskennlinie eingefügt.

Die Bearbeitungskostenkurve liegt zwischen zwei Werten. Bei Erreichen der maximalen Leistung (rechter Punkt) entstehen keine Leerkosten, die Bearbeitungskosten je Leistungseinheit (das ist eine Vorgabestunde) erreichen ein Minimum

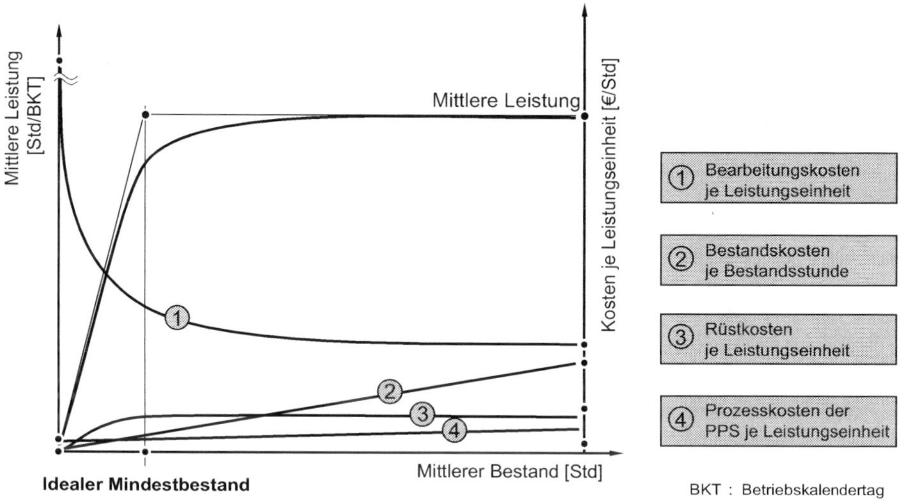

Abb. 6.19 Prinzipieller Verlauf der Prozess- und Bestandskosten des Produktionsprozesses in Abhängigkeit vom Bestand

und entsprechen dem Plankostenstundensatz. Bei sinkender Leistung müssen die Fixkosten auf immer weniger Stunden verteilt werden, der Grenzwert der Bearbeitungskosten strebt daher theoretisch gegen unendlich. Der Verlauf der Rüstkosten ist demgegenüber unabhängig von der Leistung und dem Bestand des Arbeitssystems, da der Rüstprozess immer an den jeweils bearbeiteten Auftrag gebunden ist. Die Bestandskosten werden bis zum Erreichen des idealen Mindestbestandes als konstant angenommen und steigen von dort linear mit dem Bestand an. Schließlich sind die durch Planung und Steuerung bedingten Kosten ausgehend von einem bestandsunabhängigen Mindestwert linear abhängig vom Bestand.

Addiert man nun die Werte der vier Kostenarten, entsteht eine Gesamtkostenkennlinie, die Abb. 6.20 zusammen mit der Leistungs- und Durchlaufzeitkennlinie sowie der Termintreuekennlinie zeigt.

Man erkennt, dass jede Kurve einen Minimal- bzw. Maximalwert besitzt, dem je ein Bestandswert zugeordnet ist. Prinzipbedingt können die Bestandswerte für die minimale Durchlaufzeit (B_{ZDLmin}), die minimalen Kosten (B_{Kmin}), die maximale Leistung (B_{Lmax}) und die maximale Termintreue (B_{Plan}) nicht übereinstimmen. Dadurch ergibt sich ein möglicher Positionierungsbereich für den Bestand. Welcher Wert letztlich für den Bestand gewählt wird, hängt demnach von der primär verfolgten Zielsetzung ab.

Der Verlauf der Gesamtkostenkurve wird aufgrund ihrer Bestandteile wesentlich durch das Verhältnis der Kapazitätskosten zu den Bestandskosten bestimmt wird, Abb. 6.21. Je stärker die Kapazitätskosten gegenüber den Bestandskosten dominieren, desto flacher ist der Bereich des Gesamtkostenminimums. Legt man nun eine zulässige Abweichung der Kosten vom Minimalwert von beispielsweise 5 % zugrunde,

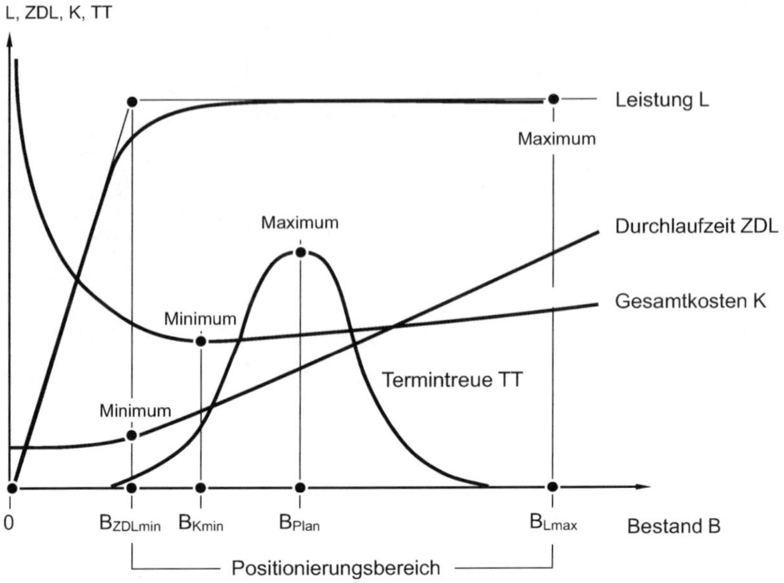

IFA 10.415

Abb. 6.20 Prinzipieller Verlauf von Leistung, Durchlaufzeit und Kosten eines Arbeitsplatzes abhängig vom Bestand

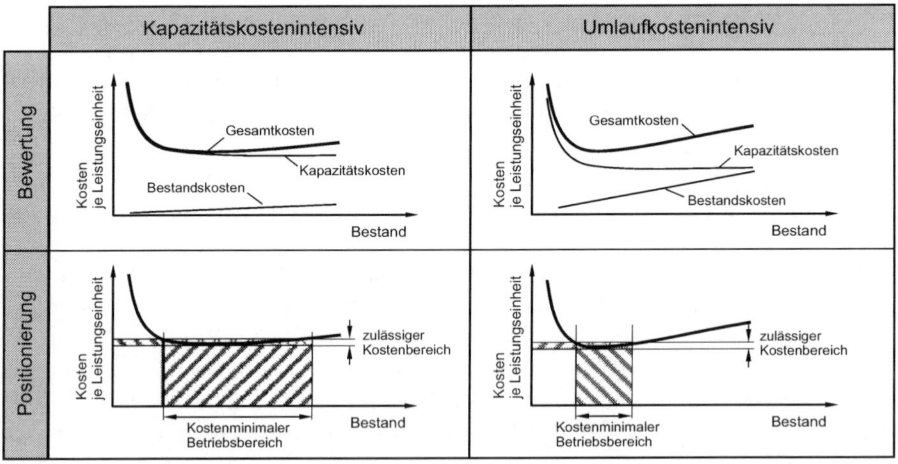

IFA C3050

Abb. 6.21 Einfluss der Kostenstruktur auf den kostenminimalen Betriebsbereich. (In Anlehnung an Jainczyk)

ergibt sich ein Betriebsbereich für den Bestand, der umso enger ist, je stärker die Bestandskosten dominieren. In diesem Fall wird man sich eher am Kostenminimum orientieren. Überwiegen hingegen die Kapazitätskosten, ist der kostenminimale Bereich bei gleicher Kostentoleranz deutlich breiter und es können eher niedrige Durchlaufzeiten angestrebt werden.

Die bislang bestehenden Ansätze zur Berechnung von Kostenkennlinien werden bereits in der betrieblichen Praxis eingesetzt. Im Vordergrund steht hier neben der Positionierung ([Fast-94], [Gros-96] und [Wien-96b]) insbesondere die Erweiterung der klassischen Investitionsrechnung um die Aspekte der betriebswirtschaftlich bewerteten Produktionslogistik [Jain-94].

Anzumerken ist, dass sich die Bewertung der Durchlaufzeit und auch der Terminabweichung derzeit noch einer kostenmäßigen Beschreibung entzieht, da sie eher erlöswirksam sind. Hier sind noch weitere Arbeiten erforderlich. Unabhängig von einer quantitativen Beschreibung lässt sich jedoch feststellen, dass kurze Durchlaufzeiten und geringe Terminabweichungen generell eine Verschiebung des kostenoptimalen Bereichs in Richtung geringerer Bestände ergeben.

6.5.2 Einsatz von Kennlinien im Rahmen des Produktionscontrolling

Ein Instrument, mit dem die Ausrichtung der unternehmerischen Aktivitäten auf den Unternehmenserfolg unterstützt wird, ist das *Controlling*, welches typischerweise in sechs aufeinander abgestimmten Einzelschritten durchgeführt wird (Abb. 6.22):

- *Zielsetzung*: Die verschiedenen Zielgrößen müssen innerhalb des Zielsystems unter Beachtung der gegenseitigen Abhängigkeiten quantifiziert werden (Zielkonsistenz).
- *Sollwertermittlung*: Sollwerte dienen als Führungsgrößen. Dem Controlling kommt die Aufgabe zu, ihre Ermittlung durch eine zielorientierte Ableitung von Steuerungsparametern zu unterstützen.
- *Istwerterfassung*: Das Prozessverhalten ist auf der Basis aktueller Rückmeldungen festzustellen. Die Festlegung der Messpunkte, der Messgrößen und der Messverfahren muss sich an den verwendeten Planungsgrößen orientieren.
- *Soll/Ist-Vergleich*: Durch einen Soll/Ist-Vergleich können unzulässige Abweichungen des Ist-Prozesses, hervorgerufen durch nicht vorhersehbare Prozessstörungen oder durch Planungsfehler, festgestellt werden.
- *Abweichungsanalyse*: Beim Auftreten unzulässiger Abweichungen muss eine Analyse der Abweichungsursachen erfolgen, um korrigierend in den Prozess eingreifen zu können.
- *Maßnahmenableitung*: Das Controlling sollte Unterstützung bei der Ableitung geeigneter Korrekturmaßnahmen bieten. Wesentlich ist in diesem Zusammenhang eine Priorisierung der Maßnahmen entsprechend dem günstigsten Nutzen/Aufwand-Verhältnis. Schließlich müssen die Ergebnisse der Aktivitäten an die Entscheidungsträger berichtet werden.

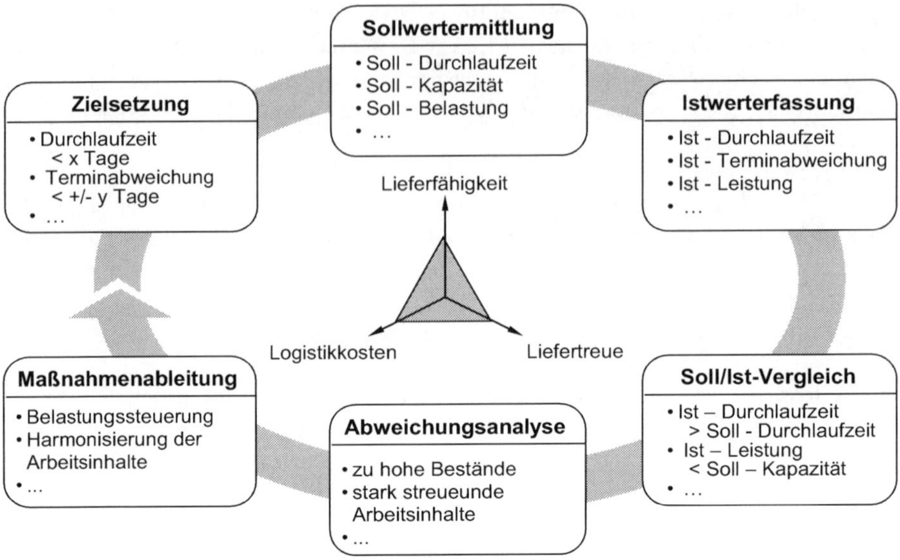

IFA C2006

Abb. 6.22 Der Controlling-Regelkreis. (In Anlehnung an Hautz, Siemens AG)

Das in den Abschn. 6.1 und 6.2 dargestellte Anwendungsbeispiel zeigt, dass diese Einzelschritte eines *Produktionscontrollings* durch die Kennlinientechnik umfassend unterstützt werden können. Nachdem die Zielsetzung und die Sollwertermittlung im Rahmen der logistischen Positionierung (s. o.) erfolgt ist, sind die Kennlinien in Verbindung mit den Durchlaufdiagrammen im Anschluß an die Datenerfassung und -auswertung zum Soll/Ist-Vergleich, zur Abweichungsanalyse und zur Maßnahmenableitung einsetzbar (vgl. auch [Ullm-94], [Wyss-95]).

Eine Anwendung, wie sie in den Abschn. 6.1 und 6.2 dargestellt wurde, ist prinzipiell ressourcenorientiert. Um die logistische Leistungsfähigkeit der gesamten Produktion bewerten zu können, bedarf es zusätzlich einer Beschreibung der Einbindung der einzelnen Arbeitssysteme in den Produktionsablauf. Die Verknüpfung der einzelnen Arbeitssysteme untereinander lässt sich durch die Analyse der Materialflussbeziehungen bestimmen, die sich aus den unterschiedlichen Arbeitsvorgangsfolgen der einzelnen Aufträge in der Produktion ergeben. Durch eine geeignete Kombination der verschiedenen Analysemethoden gelingt der Übergang zu einer *Engpassorientierten Logistikanalyse* (Abb. 6.23) ([Wien-93a], [Wien-95b], [Wien-98] und [Wind-01]).

Diese Analysemethodik ermöglicht es, den Produktionsablauf transparent darzustellen und logistische Engpässe im Materialfluss aufzuzeigen. Sowohl *kapazitive Engpässe* (Begrenzung der Mengenausbringung) als auch *durchlaufzeit- und lieferzeitbestimmende Arbeitssysteme* lassen sich lokalisieren. Darüber hinaus lässt sich die Bedeutung der einzelnen Arbeitssysteme für den gesamten Auftragsdurchlauf

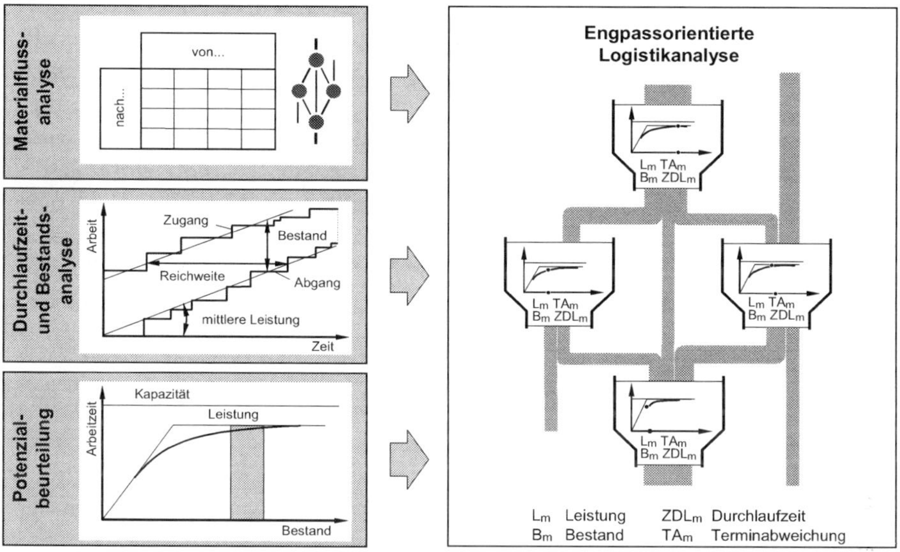

IFA C0340

Abb. 6.23 Das Prinzip der Engpassorientierten Logistikanalyse

quantifizieren. Durch die Nutzung der Kennlinientechnik kann weiterhin aufgezeigt werden, an welchen Arbeitssystemen welche Art von möglichen Maßnahmen zur Durchlaufzeit- und Bestandsreduzierung sinnvoll umgesetzt werden kann. So kann beispielsweise untersucht werden, wo Durchlaufzeiten durch eine gezielte Bestandssteuerung reduziert werden können und an welchen Arbeitssystemen flankierende Maßnahmen in der Kapazitätsstruktur, in der Auftragszeitstruktur oder auch in der strukturellen Einbindung einzelner Systeme in den analysierten Produktionsbereich erforderlich sind. Weiterhin lässt sich aufzeigen, welche Bedeutung die Durchlaufzeitreduzierung an einem einzelnen Arbeitssystem auf den gesamten Auftragsdurchlauf aufweist. Aufgrund der besonderen Bedeutung, die der Engpassorientierten Logistikanalyse als Basis für die logistikorientierte Gestaltung einer Produktion zugemessen werden kann, wird sie einschließlich zweier Anwendungsbeispiele in Kap. 7 ausführlich dargestellt.

6.5.3 Logistikorientierte Gestaltung und Parametrierung von Planungs- und -steuerungsstrategien

Die klassische Produktionsplanung und -steuerung geht von dem Grundgedanken aus, eine stufenweise detailliertere Planung durchzuführen, deren Ergebnisse der jeweils nächsthöheren Stufe zurück gemeldet werden. Die Schritte Programmplanung,

Mengenplanung, Termin- und Kapazitätsplanung sowie die Freigabe der Aufträge und ihre Steuerung durch die Produktion basieren dabei auf zunehmend aktuelleren Daten. Die Qualität der darauf aufbauenden Planung ist jedoch in der Regel eher unbefriedigend. Äußere Anzeichen für vorliegende Planungsprobleme sind u. a. Schwächen in der Termineinhaltung (vgl. [Ludw-95] und die dort zitierte Literatur), hohe Bestände und stark streuende Durchlaufzeiten. Um diesen Problemen zu begegnen, wird verstärkt gefordert, dass in modernen PPS-Systemen die Ziele der Produktionslogistik bei allen Planungsschritten in den Vordergrund gestellt werden sollten ([Pete-95], [Wien-97]). Um dabei über alle Planungsstufen hinweg realistische und aufeinander abgestimmte Vorgaben zu ermöglichen und auch verfolgen zu können, sollten die einzelnen Planungsfunktionen dabei auf einem gemeinsamen Modell aufbauen. Hier bietet es sich an, die Kennlinientheorie als verbindendes Element in die entsprechenden Planungs- und –steuerungs-verfahren zu integrieren. Nachfolgend werden verschiedene Planungsfunktionen vorgestellt, die auf dieser Theorie aufbauen und damit die Ausrichtung der Produktion und der Produktionsabläufe an den logistischen Zielgrößen unterstützen.

6.5.3.1 Durchlauforientierte Losgrößenbestimmung

Die Hauptaufgabe der Mengenplanung für den Eigenfertigungsbereich ist die Bedarfsermittlung für alle Stücklistenpositionen und die Umsetzung in Fertigungs- und Montageaufträge zur zeitlich korrekten Erfüllung von Bedarfen. In diesem Zusammenhang kommt der Losbildung insbesondere in Serienfertigungen kleinerer und mittlerer Stückzahlen eine zentrale Bedeutung zu.

Zur Bestimmung von Losgrößen werden in den meisten Unternehmen hauptsächlich wirtschaftliche Kriterien herangezogen. Die meisten Losgrößenbestimmungsverfahren berücksichtigen dabei mehr oder weniger detailliert die über die Losgröße gegenläufigen Kosten für Lagerhaltung einerseits und der Auftragswechselkosten (im Wesentlichen der Rüstkosten) andererseits. Die derart ausgerichteten Verfahren stoßen jedoch zunehmend auf Kritik. Insbesondere wird festgestellt, dass die klassischen Losgrößenbestimmungsverfahren den Einfluss der Losgrößen auf die Durchlaufzeiten und die Bestandsbindung in der Produktion nicht berücksichtigen ([DeBo-83], [Knol-90]).

Die Kennlinientheorie belegt, dass diese Kritik gerechtfertigt ist. Sie zeigt, dass die minimal erreichbaren Durchlaufzeiten maßgeblich durch den Mittelwert und die Streuung der Auftragszeiten und damit durch die Fertigungslosgrößen bestimmt werden. Damit sind sowohl die Durchführungszeiten wie auch die Liegezeiten in der Produktion (die Übergangszeiten) losgrößenabhängige Kapitalbindungszeiten und somit in die Berechnung wirtschaftlicher Losgrößen einzubeziehen.

An diesem Punkt setzt das Verfahren der *Durchlauforientierten Losgrößenbestimmung* [Nyhu-91] ein, bei dem die aus der Kennlinientheorie ableitbaren Aussagen über den Zusammenhang von Arbeitsinhalten und damit Losgrößen einerseits und den logistischen Zielgrößen andererseits berücksichtigt werden. Das Verfahren zeichnet sich dadurch aus, dass die Kapitalbindung während des vollständigen Auf-

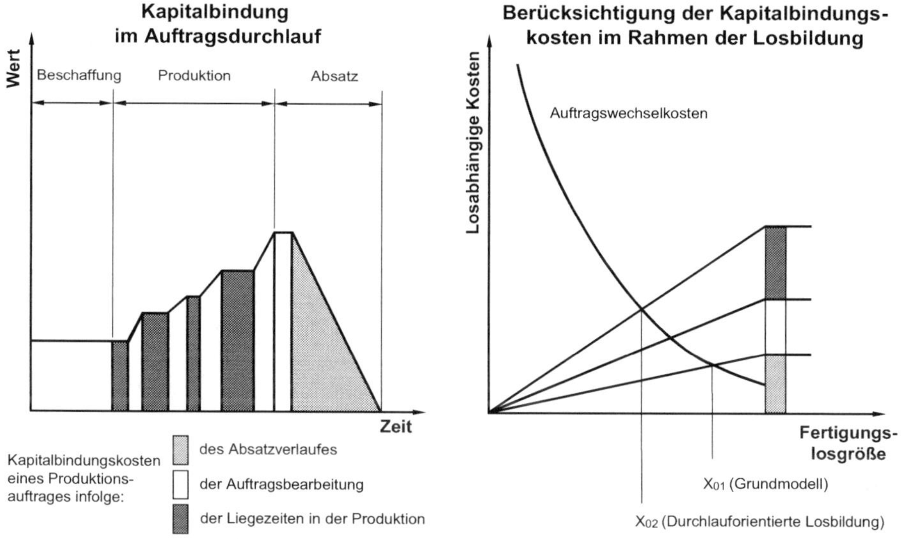

IFA C1813

Abb. 6.24 Das Prinzip der Durchlauforientierten Losgrößenbestimmung

tragsdurchlaufs durch die Produktion zugrunde gelegt wird. Dabei wird die Zeitdauer, die ein Los in der Fertigung verbringt, mit Hilfe des Flussgrades bestimmt, der im Rahmen der logistischen Positionierung festgelegt wurde. (Abb. 6.24). Als primäre Wirkung werden gegenüber klassischen Ansätzen kleinere wirtschaftlich optimale Losgrößen berechnet. Dabei werden Lose mit relativ großen Arbeitsinhalten stärker reduziert als Lose mit kleinen Arbeitsinhalten. Somit sorgt das Verfahren für eine Reduzierung und Harmonisierung der Auftragszeiten (vgl. [Nyhu-91], [Gläs-91]). Entsprechend dem vierten produktionslogistischen Grundgesetz (Abschn. 5.4) trägt das Verfahren somit zweifach zu einer Verbesserung des logistischen Potentials einer Fertigung bei.

6.5.3.2 Flussgradorientierte Terminierung

Vorrangiges Ziel der Durchlaufterminierung ist es, den planmäßigen Starttermin eines Auftrages bei gegebenem Plan-Fertigstellungstermin zu ermitteln. Zusätzlich sollen oftmals auch Ecktermine für die einzelnen Arbeitsvorgänge bestimmt werden, um so die Belastung der Arbeitssysteme durch die einzelnen Arbeitsvorgänge zeitlich zuordnen zu können.

In der betrieblichen Praxis werden unterschiedliche Terminierungsverfahren angewandt. Im einfachsten Fall werden die Auftragsdurchlaufzeiten abgeschätzt oder auf der Basis von Vergangenheitsdaten bestimmt. Gegebenenfalls wird dabei nach Produktgruppen oder anderen Kriterien klassifiziert. Reicht die Genauigkeit nicht aus oder sind zusätzlich die Ecktermine auf der Arbeitsvorgangsebene erforderlich, so werden die Durchlaufzeiten in der Regel über mittlere Arbeitssystemdurchlaufzeiten oder über die Summe der Durchführungszeiten der Arbeitsvorgänge und arbeitsplatzbezogene Übergangszeiten ermittelt.

Viele Untersuchungen zeigen, dass die Qualität der Plan-Durchlaufzeiten in der betrieblichen Praxis auch bei den aufwendigeren Terminierungsverfahren oftmals sehr unbefriedigend ist. Der wesentliche Grund ist darin zu sehen, dass in den PPS-Systemen keine geeignete Unterstützung zur Pflege bzw. zur Bestimmung der Planungsgrundlagen (der Durchlaufzeiten bzw. der Übergangszeiten) geboten wird. Angesichts der besonderen Bedeutung, die die Plan-Durchlaufzeiten für das gesamte Termingefüge eines Unternehmens aufweisen, sind daher Verfahren erforderlich, die diese Lücke schließen können.

An dieser Stelle kann ebenfalls auf die Ergebnisse der logistischen Positionierung zurückgegriffen werden. Wurde die Positionierung für jedes Arbeitssystem durchgeführt, liegen unmittelbar zielorientiert abgeleitete und realisierbare Durchlaufzeitwerte vor, die zur Terminierung herangezogen werden können.

Insbesondere in den Fällen, in denen aufgrund eines geringen Bestandsniveaus die individuellen Durchführungszeiten der Aufträge einen signifikanten Anteil an der Durchlaufzeit ausmachen, kann es jedoch erforderlich sein, eine detailliertere Ermittlung der Plan-Durchlaufzeiten vorzunehmen.

Dies kann über das Verfahren der *Flussgradorientierten Terminierung* erfolgen (Abb. 6.25), bei dem über die Positionierung und die Festlegung eines Plan-Flussgrades nicht mittlere Durchlaufzeiten, sondern zunächst arbeitssystembezogene mittlere Übergangszeiten bestimmt werden. Dabei wird unterstellt, dass die Übergangszeit zwischen zwei Arbeitsvorgängen im Wesentlichen von dem an dem Arbeitssystem erforderlichen Bestandsniveau, nicht aber von der individuellen Durchführungszeit der Aufträge bestimmt wird (s. auch Abschn. 5.6; sechstes produktionslogistisches Grundgesetz). Dies gilt, soweit auftragszeitunabhängige Prioritätsregeln (FIFO bzw. Schlupf) angenommen werden können. Für die Terminierung ist diese Annahme zulässig, da im Planungsprozess im Allgemeinen keine hiervon abweichenden Prioritätsregeln zugrundegelegt werden. Die Plandurchlaufzeit eines zu terminierenden Auftrages ergibt sich dann aus der Addition der Übergangszeit und der aus dem Arbeitsplan berechneten Durchführungszeit.

Für die einzelnen Arbeitssysteme ergeben sich bei diesem Vorgehen Plan-Durchlaufzeitverteilungen, die im Wesentlichen den Durchführungszeitverteilungen entsprechen, die jedoch um die berechneten mittleren Übergangszeiten verschoben sind. Mit Simulationsstudien ließ sich nachweisen, dass mit der Flussgradorientierten Terminierung hohe Planungsgenauigkeiten erreichbar sind ([Ludw-92], [Ludw-93]). Der Ansatz unterstützt die Ableitung arbeitsplatzspezifischer Plan-Durchlaufzeiten unter Beachtung der Auftragszeit- und Kapazitätsstrukturen sowie der jeweils angestrebten Bestandssituation. Jede Veränderung der unternehmensseitigen Zielsetzungen oder der arbeitssystemspezifischen Rahmenbedingungen wie z. B. der Auftragszeitstrukturen schlägt sich unmittelbar in den ermittelten Durchlaufzeiten nieder, eine Anpassung an die aktuelle Situation ist somit zu jedem Zeitpunkt gewährleistet.

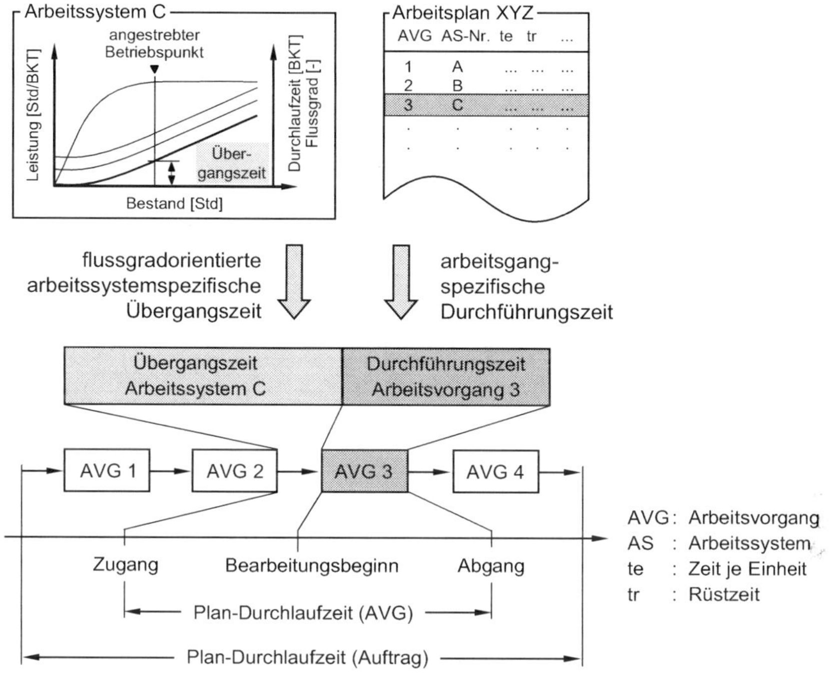

Abb. 6.25 Das Prinzip der Flussgradorientierten Terminierung. (Ludwig/ Nyhuis)

6.5.3.3 Integration der Kennlinientheorie in die Belastungsorientierte Auftragsfreigabe

Im Rahmen der Auftragsfreigabe wird ermittelt, ob die terminierten Fertigungsaufträge zum geplanten Zeitpunkt machbar sind und ob eine termingerechte Ablieferung prinzipiell realisierbar ist. Dabei wird überprüft, ob Material und Betriebsmittel (im Wesentlichen Werkzeuge, Vorrichtungen und Prüfmittel) verfügbar sind und ob die benötigten Kapazitäten an Fertigungseinrichtungen und Personal zur Verfügung stehen.

Ein Auftragsfreigabeverfahren, welches auf den in Kap. 2 beschriebenen Grundlagen der Produktionslogistik basiert, ist die *Belastungsorientierte Auftragsfreigabe* (BOA). Die Grundidee des Verfahren beruht auf dem ersten und dem zweiten produktionslogistischen Grundgesetz: Innerhalb einer Planungsperiode soll nur soviel Arbeit für jedes Arbeitssystem freigegeben werden, wie aufgrund der voraussichtlichen Leistung innerhalb dieser Periode auch abgearbeitet werden kann. Dadurch wird der mittlere Bestand an den Arbeitssystemen und somit indirekt auch die mittlere Durchlaufzeit geregelt ([Bech-84], [Wien-95a], [Wien-97]).

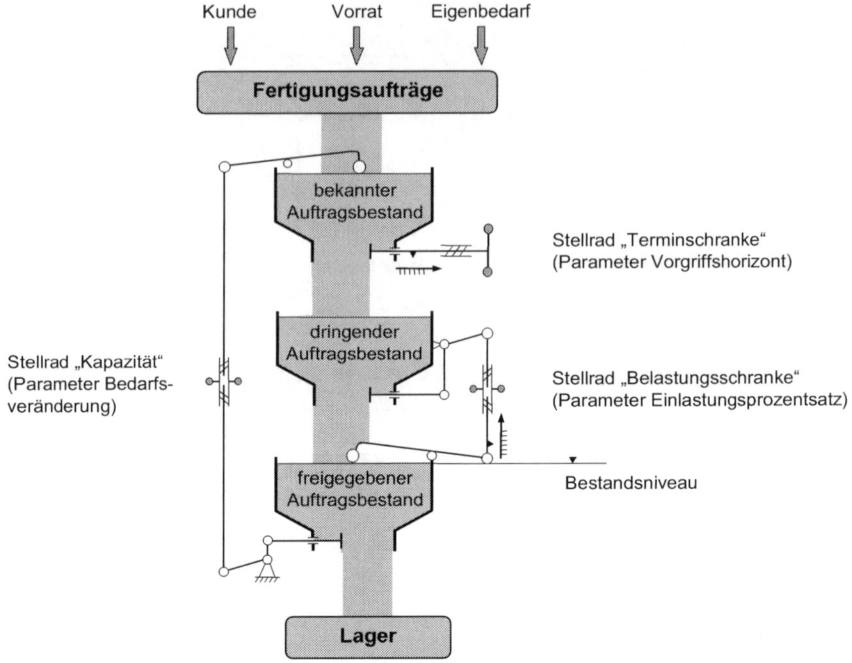

Abb. 6.26 Regleranalogie der Belastungsorientierten Auftragsfreigabe

Die Regleranalogie der Belastungsorientierten Auftragsfreigabe ist zusammenfassend in Abb. 6.26 abgebildet. Das Verfahren basiert auf zwei zentralen Teilschritten. Im ersten Schritt werden alle Aufträge ausgewählt, die aufgrund der verfahrensintern durchgeführten Terminierung als dringlich erachtet werden müssen. Anschließend erfolgt eine Freigabeprüfung, die auf der aktuellen Bestandssituation basiert. In ihr wird ermittelt, in welchem Umfang neue Aufträge freigegeben werden dürfen, ohne dass es zu einem unerwünschten Bestandsaufbau in der Fertigung kommt. Das Verfahren setzt dabei voraus, dass als Ergebnis einer vorgelagerten Kapazitätsrechnung die benötigten Kapazitäten bereitgestellt werden.

In der betrieblichen Praxis besteht jedoch das Problem, geeignete Werte für die Stellparameter und hier besonders für den Einlastungsprozentsatz (EPS) zu finden. Mit dem EPS wird das angestrebte Bestandsniveau für die einzelnen Arbeitssysteme festgelegt. Die in [Wien-87] vorgeschlagenen Methoden zur Ermittlung dieses Parameters – insbesondere verschiedene Schätzverfahren sowie die Simulation – konnten sich aufgrund der damit einhergehenden Unsicherheiten bzw. des Aufwandes in der Praxis nicht durchsetzen. In der betrieblichen Anwendung des Verfahrens erfolgt daher die Parametereinstellung bislang ausschließlich über ein Probieren

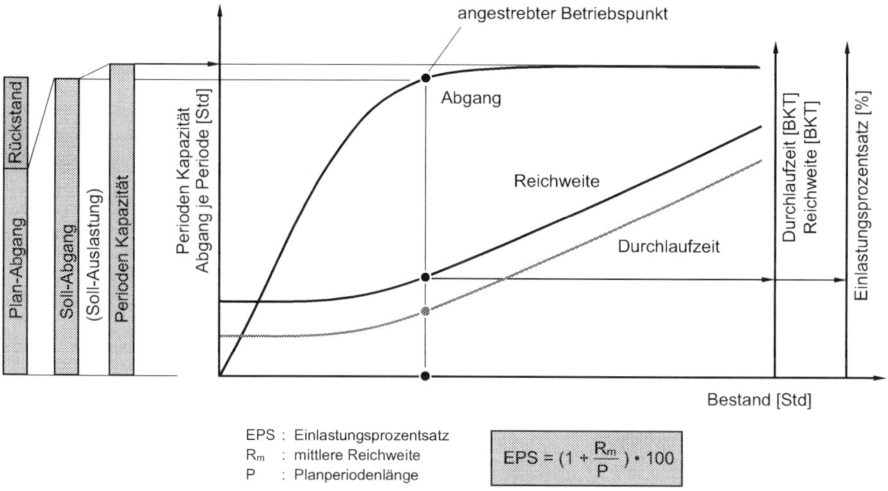

Abb. 6.27 Konfiguration einer kombinierten Rückstands- und Bestandsregelung mit Hilfe berechneter Produktionskennlinien

durch eine stufenweise stetige Absenkung des EPS bis zur Auslastungsgrenze. Da eine zu starke Veränderung des Parameters ungeplante Auslastungsverluste zur Folge haben kann, ist eine solche Vorgehensweise sehr behutsam durchzuführen [Wien-87].

Es ist naheliegend, dass bei dem geschilderten Probierverfahren eine aktive und situationsgetriebene Parametrierung der BOA nur begrenzt realisierbar ist. Damit ist aber auch die volle Leistungsfähigkeit des Verfahrens nicht nutzbar. Um dieses Manko auszugleichen, bietet sich an, die Kennlinientheorie in das Verfahren der Belastungsorientierten Auftragsfreigabe zu integrieren (vgl. auch [Spen-96]). Die Grundidee der Kombination ist in Abb. 6.27 dargestellt.

Nach durchgeführter Positionierung lässt sich über die Kennlinientheorie zunächst die Plan-Reichweite ermitteln, die wiederum direkt in den Einlastungsprozentsatz umgerechnet werden kann (s. Abb. 6.27, rechts). Auch die Durchlaufzeiten bzw. Übergangszeiten lassen sich aus den Kennlinien entnehmen und im Rahmen des vorgelagerten Terminierungsschrittes einsetzen. Eine Verfahrenserweiterung ist schließlich noch möglich, wenn auch die kurz- bis mittelfristige Kapazitätsplanung in das Verfahren integriert wird. Wird die bereitzustellende Kapazität auf der Basis des aktuellen Rückstandes, des Plan-Abganges und der angestrebten Auslastung ermittelt, so wird damit das Verfahren der Belastungsorientierten Auftragsfreigabe zu einer kombinierten Rückstands- und Bestandsregelung erweitert (Abb. 6.27, links).

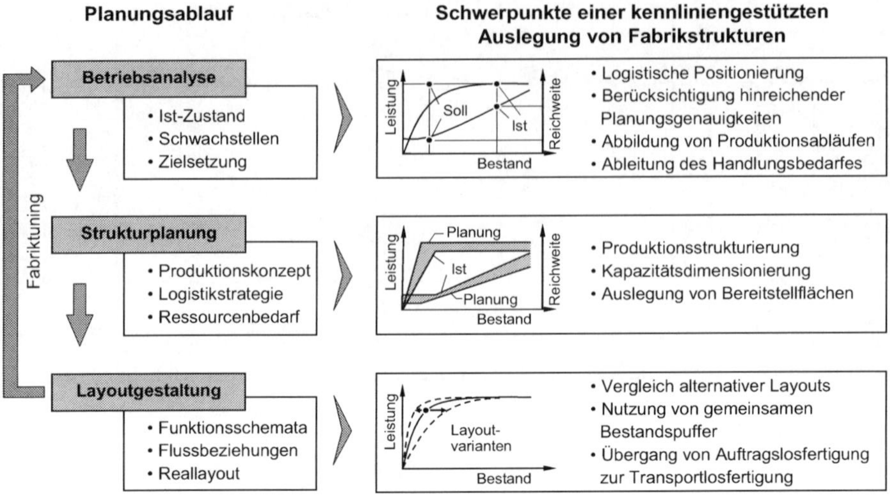

IFA D3321a

Abb. 6.28 Durchgängige Einsatzmöglichkeiten von Produktionskennlinien in der Fabrikplanung

6.5.4 Logistikorientierte Gestaltung von Produktionsstrukturen

Um die Logistikfähigkeit eines Unternehmens frühzeitig beeinflussen zu können, ist es erforderlich, eine anforderungsgerechte Auslegung alternativer Produktionsprozesse und -strukturen schon im Planungsstadium zu unterstützen. Zwei kennliniengestützte Verfahrensansätze, die unter diesem Gesichtspunkt konzipiert worden sind, werden nachfolgend vorgestellt.

6.5.4.1 Einsatz der Produktionskennlinien in der Fabrikplanung

Die Fabrikplanung hat komplexe Problemstellungen in immer kürzer werdenden Zeiträumen zu lösen. Neben der klassischen Aufgabe, die Ressourcen hinsichtlich Kapazität und Auslastung zu optimieren sowie materialflussgerechte Layouts zu gestalten, ist in zunehmendem Maße auch die logistische Leistungsfähigkeit der zu gestaltenden Produktionsbereiche zu berücksichtigen. Hierzu lassen sich ebenfalls Produktionskennlinien einsetzen, die eine durchgängige Bewertung der Planungsergebnisse über alle Planungsstufen hinweg ermöglichen ([Möll-95], [Möll-96]).

Im ersten Schritt der Fabrikplanung (Abb. 6.28), der Betriebsanalyse, sind auf der Grundlage gegebener Zielsetzungen Analysen durchzuführen, die der Aufnahme des Ist-Zustandes, der Dokumentation von Schwachstellen und der Ableitung von weiteren Aufgabenstellungen dienen. Soweit hierbei die logistischen Abläufe innerhalb der

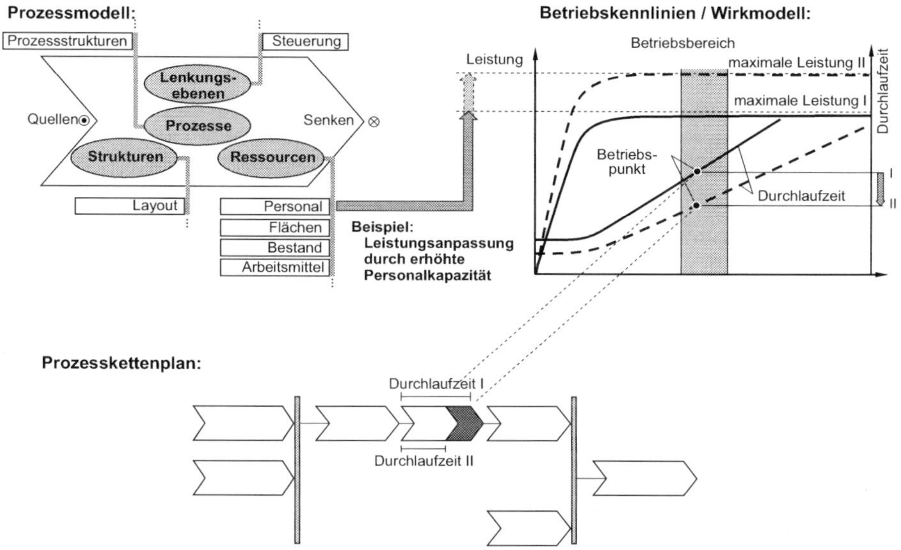

IFA D4352

Abb. 6.29 Konzept eines integrierten Prozess- und Wirkmodells. (Nach Kuhn und Fastabend/ Helms)

Produktion zu analysieren sind, können über die Engpassorientierte Logistikanalyse die vorhandenen Rationalisierungspotentiale sowie Ansatzpunkte für Verbesserungsmaßnahmen aufgezeigt werden. So lassen sich konkrete Handlungsbedarfe für die Planung ableiten.

Im Rahmen der Strukturplanung wird neben dem grundsätzlichen Produktionskonzept und der zu verfolgenden Logistikstrategie auch der zukünftige Ressourcen- bzw. Kapazitätsbedarf der Produktion bestimmt. Die Kennlinien können in diesem Planungsschritt dazu verwendet werden, das logistische Potential alternativer Strukturkonzepte aufwandsarm zu bewerten. Bei alternativen Maßnahmen zur Dimensionierung von Produktionskapazitäten ergeben sich u. U. signifikante Unterschiede in der logistischen Leistungsfähigkeit, die mit Hilfe der Kennlinientechnik bewertet werden können.

In der Layoutgestaltung kommt der logistische Einfluss alternativer Layoutvarianten zum Tragen. So ergeben sich zusätzliche Potentiale, wenn mehrere Arbeitssysteme mit gleichen Bearbeitungsaufgaben nicht nur organisatorisch, sondern auch räumlich zusammengefaßt werden, so dass alle Systeme auf einen gemeinsamen und damit insgesamt kleineren Bestandspuffer zugreifen können. Weiterhin können die Kennlinien die logistischen Vorteile einer überlappten Fertigung (z. B. in einer Fertigungsinsel) abbilden, für die ein stark ablauforientiertes Layout mit sehr kurzen Transportwegen eine wesentliche Voraussetzung ist [Scho-96].

6.5.4.2 Logistikorientierte Bewertung von Prozessketten

Mit dem Ziel, eine stärkere Kundenorientierung zu erreichen und die dazu notwendigen Tätigkeiten entlang der Wertschöpfungskette entsprechend auszurichten, wurden in den letzten Jahren eine Vielzahl von Modellen zur Abbildung von Geschäftsprozessen entwickelt. In einer vergleichenden Untersuchung [Goeb-96] wurden die verschiedenen Modelle ausführlich diskutiert und auf der Basis verschiedener Kriterien (Modellerstellung, Modellinhalte und Bewertung von Zielgrößen) verglichen. Nach dieser Untersuchung ist das Prozesskettenmodell nach Kuhn derzeit der einzige Ansatz, der speziell zur Abbildung und Gestaltung logistischer Prozesse entwickelt wurde.

Ausgangspunkt des Modells ist das allgemeine Prozesskettenelement, das ein System aus transformationslogischer Sicht ([Kuhn-95], [Beck-96]) darstellt. Ein Prozesskettenelement wird zunächst über Prozesse beschrieben, die der zielgerichteten Veränderung an einem Leistungsobjekt dienen (Abb. 6.29, oben links). Aus logistischer Sicht sind die typischen Prozesse das Produzieren und Prüfen, das Transportieren und das Lagern und Bereitstellen. Zur Realisierung dieser Aufgaben ist ein Leistungspotential erforderlich, das über die Ressourcen bereitgestellt wird. Die Wirkungsweise und der Aufbau des Systems werden in den Strukturen dokumentiert. Jedes Prozesskettenelement stellt schließlich einen autonomen Steuerbereich mit eigenen Lenkungsfunktionen dar, der u. a. für die Umsetzung der logistischen Zielgrößen verantwortlich ist. Das Systemverhalten eines Prozesskettenelementes wird einerseits über die inneren Strukturen und Abläufe, andererseits auch über die Austauschbeziehungen mit der Umwelt beeinflusst, die als Quelle (Input) bzw. Senke (Output) gekennzeichnet sind.

Ein Prozesskettenelement kann für verschiedene hierarchische Verdichtungsstufen aufgebaut werden. So kann ein Unternehmen als Ganzes über ein Prozesskettenelement abstrahiert werden, es ist aber auch eine Zerlegung und Detaillierung über mehrere Hierarchieebenen hinweg möglich. Dabei ist jedes Prozesskettenelement unabhängig von der Detaillierungsebene immer gleich aufgebaut.

Die graphische Aufbereitung und Abbildung komplexerer Prozesse mit mehreren Prozesskettenelementen führt zu Prozesskettenplänen (Abb. 6.29, unten). Die dabei visualisierten Abläufe und Strukturen bilden neben den logistischen Spitzenkennzahlen (Durchlaufzeit, Leistung, Bestand, Termineinhaltung) die Grundlage der Prozessbewertung und die Ausgangsbasis zur Ableitung von Gestaltungsmaßnahmen. Diese beziehen sich vorrangig auf die strukturelle Gestaltung. Vorgänge, die nicht zum Kundennutzen beitragen, sollten hinsichtlich ihrer Notwendigkeit überprüft und ggf. aus dem Ablauf entfernt werden. Weiterhin können einzelne Prozessschritte ausgelagert, zeitlich verlagert und dabei ggf. auch parallelisiert und/oder zusammengefaßt werden. Schließlich kann überprüft werden, wie sich die Veränderung der Merkmale einzelner Prozesskettenelemente (z. B. Dauer des Vorgangs) auch auf die Gesamtkette auswirkt.

Im Prozesskettenmodell stehen die Produkt- oder Auftragsdurchläufe bei der Betrachtung im Vordergrund. Eine ressourcenorientierte Sichtweise ist nicht realisierbar, so dass das Erkennen und Bewerten des Systemverhaltens bei konkurrierenden Objekten, also z. B. bei der Konkurrenz verschiedener Aufträge um die begrenzt vorhandenen Kapazitäten, nicht unterstützt wird [Goeb-96]. Wirkungen ressourcenorientierter Maßnahmen lassen sich nicht unmittelbar beschreiben.

Diese Lücke kann geschlossen werden, wenn durch eine Kombination von Kennlinientechnik und Prozesskettenmodell ein *integriertes Prozess- und Wirkmodell* aufgebaut wird ([Wien-96a], [Fast-97]). Mit den Produktionskennlinien wird es möglich, die Wirkungen von verschiedenen Eingriffen in ein Prozesskettenelement zu quantifizieren. In dem in Abb. 6.29 dargestellten Beispiel wird aufgrund eines gestiegenen Kapazitätsbedarfes die Personalkapazität gegenüber dem Ausgangszustand erhöht. Dies führt zu einem höheren Leistungsniveau und einer gleichzeitigen Reduzierung der Durchlaufzeit. Die sich neu einstellenden Kennzahlen können nun in den zugehörigen Prozesskettenplan übertragen werden. Auf dieser Basis lassen sich die Handlungsalternativen zur Verbesserung des Durchlaufs einzelner Produkte oder Produktgruppen bewerten.

Kapitel 7
Engpassorientierte Logistikanalysen in der Praxis

Die Engpassorientierte Logistikanalyse (vgl. Abschn. 6.5.2) ist ein Controlling-Ansatz, der speziell auf die logistikorientierte Bewertung und Verbesserung von bestehenden Produktionsprozessen ausgerichtet wurde. Über eine solche Analyse lassen sich die Prozessabläufe in einem Produktionsbereich aus logistischer Sicht sowohl qualitativ als auch quantitativ beschreiben. Die spezifischen Problemursachen lassen sich lokalisieren und auch in Form von Ursache-Wirkzusammen-hängen darstellen. Zudem können vorhandene logistische Rationalisierungspotentiale ebenso wie mögliche Maßnahmen zu ihrer Erschließung aufgezeigt und bewertet werden.

7.1 Allgemeine Ablaufschritte bei einer Engpassorientierten Logistikanalyse

Die strukturierte Analyse von Produktionsablaufdaten ist die Grundlage einer Engpassorientierten Logistikanalyse. Über die Analyse des Abfertigungsverhaltens der Aufträge an den Arbeitssystemen und die Beschreibung der vorhandenen logistischen Rationalisierungspotentiale mit Hilfe der Kennlinientechnik lassen sich auf die spezifische Problemstellung zugeschnittene Maßnahmen zur Gestaltung, Planung und Steuerung der Produktionsprozesse ableiten und bewerten.

Der logistikorientierten Analyse von Produktionsablaufdaten liegt ein gut strukturiertes, aber komplexes und vernetztes Problem zugrunde. Gut strukturiert heißt in diesem Zusammenhang, dass umfangreiche Daten vorhanden sind (hier im Wesentlichen die Rückmeldedaten aus der Produktion), um das Problem ausführlich zu dokumentieren. Die Komplexität und Vernetztheit ist u. a. darin begründet, dass sich die einzelnen Arbeitssysteme innerhalb der Produktion in ihrem Ablaufverhalten gegenseitig beeinflussen. Zudem sind mehrere Zielgrößen gleichzeitig zu beachten, die miteinander verknüpft und teilweise gegenläufig sind. Die Lösung solcher Problemtypen erfordert im Allgemeinen die folgenden Vorgehensschritte:

- Zusammenstellung aller wichtigen Informationen und Kennzahlen
- Reduktion der Komplexität (Beschränkung auf das Wesentliche)
- Strukturierte, visuelle Darstellung der Problemsituation [Sell-90]

P. Nyhuis, H.-P. Wiendahl, *Logistische Kennlinien*,
DOI 10.1007/978-3-540-92839-3_7, © Springer-Verlag Berlin Heidelberg 2012

Auftragszeitstrukturkennzahlen	
• ZAU_m	: Mittlere Auftragszeit
• ZAU_v	: Variationskoeffizient der Auftragszeit
• ZUE_{min}	: Mindestübergangszeiten

Durchlaufzeitkennzahlen	
• R_m	: Mittlere Reichweite
• ZDL_{mg}	: Mittlere gewichtete Durchlaufzeit
• ZDL_m	: Mittlere Durchlaufzeit
• ZDL_v	: Variationskoeffizient der Durchlaufzeit
• ZDL_m*(FIFO)	: berechnete mittlere Durchlaufzeit

Leistungskennzahlen	
• L_m	: Mittlere Leistung
• n	: Anzahl Aufträge (Arbeitsvorgänge)

Bestandskennzahlen	
• B_m	: Mittlerer Bestand (Stunden)
• BA_m	: Mittlerer Bestand (Anzahl Aufträge)
• B_{rel}	: Relativer Bestand

Terminabweichungskennzahlen	
• TA_{rel}	: Relative Terminabweichung
• TA_s	: Standardabweichung der relativen Terminabweichung

IFA D5394

Abb. 7.1 Übersicht über relevante Analysekennzahlen. (Arbeitssystemanalyse)

Auf dieser Grundlage lässt sich dann ein klassischer Problemlösungsprozess [Daen-02] aufsetzen.

7.1.1 Kennzahlermittlung

Der erste Schritt bei einer Engpassorientierten Logistikanalyse besteht in der Berechnung ausgewählter Kennzahlen, die sowohl einen Hinweis auf potentielle Problemursachen wie auch auf mögliche Maßnahmen liefern können. Generell ist bei der Definition bzw. der Auswahl von Kennzahlen darauf zu achten, dass diese „in einer sachlich sinnvollen Beziehung zueinander stehen, einander ergänzen oder erklären und insgesamt auf ein gemeinsames Ziel ausgerichtet sind" [Reic-06]. Gleichzeitig sollen alle notwendigen Informationen aus möglichst wenigen Kennzahlen gewonnen werden können, um so den Aufwand für die Analyse und insbesondere die Interpretation so gering wie möglich zu halten.

Eine Übersicht über die wichtigsten Kennzahlen, die im Rahmen einer Engpassorientierten Logistikanalyse zur Arbeitssystemauswertung herangezogen werden, ist in Abb. 7.1 wiedergegeben. Diese Kennzahlen dienen im Wesentlichen den nachfolgend beschriebenen Aufgaben:

Auftragszeitstrukturkennzahlen Die Auftragszeitstrukturkennzahlen mittlere Auftragszeit ZAU_m, Variationskoeffizient der Auftragszeit ZAU_v und Mindestübergangszeit ZUE_{min} werden zur Berechnung der Kennlinien und somit auch zur Prozessbeurteilung benötigt. Zeigen die Analysen, dass ein Arbeitssystem bereits im Übergangsbereich der Kennlinien betrieben wird, so liefern diese Kennzahlen darüber hinaus auch einen Hinweis darauf, mit welchen Maßnahmen sich das logistische Potential vorrangig erhöhen lässt. Ist beispielsweise ZAU_v sehr groß, so sind in erster Linie die Möglichkeiten einer Auftragszeitharmonisierung zu überprüfen (vgl. Abschn. 5.4 und 6.2.1). Sind hingegen die Mindestübergangszeiten insbesondere im Vergleich zur mittleren Auftragszeit groß, so sollten Verbesserungsmaßnahmen bevorzugt an dieser Stelle (je nach Ursache z. B. durch technologische

Veränderungen, ein verändertes Layout oder eine verbesserte Transportorganisation) ansetzen.

Durchlaufzeitkennzahlen Der Vergleich der Kennzahlen mittlere Reichweite (R_m) und mittlere gewichtete Durchlaufzeit (ZDL_{mg}) ermöglicht eine Aussage darüber, ob der Auswertung ein eingeschwungener Prozesszustand zugrunde liegt. Nur wenn die beiden Werte etwa gleich groß sind, lassen sich insbesondere die aus der Kennlinientheorie abgeleiteten Kennzahlen unmittelbar zur Prozessbeurteilung heranziehen. Die mittlere gewichtete Durchlaufzeit hat somit bei der Engpassorientierten Logistikanalyse im Wesentlichen die Funktion einer Hilfsgröße. Die mittlere Durchlaufzeit ZDL_m besagt, wie lange im Mittel ein Auftrag an den jeweiligen Arbeitssystemen verweilt, der Variationskoeffizient der Durchlaufzeit ZDL_v gibt Auskunft über die Streuung der Durchlaufzeiten. Mit der über die Kennlinientheorie berechneten mittleren Durchlaufzeit $ZDL_m * (FIFO)$ wird schließlich angegeben, welche Durchlaufzeit bei einer Abfertigungsreihenfolge nach dem FIFO-Prinzip und damit allein in dem Bestandsniveau an dem jeweiligen Arbeitsplatz begründet ist (Gl. (4.40)). Bei signifikanten Abweichungen von $ZDL_m * (FIFO)$ zu der Messgröße ZDL_m (und $R_m \cong ZDL_{mg}$) ist von einer zumindest tendenziellen Abfertigungsregel nach dem KOZ-Prinzip ($ZDL_m * (FIFO) > ZDL_m$) bzw. dem LOZ-Prinzip ($ZDL_m * (FIFO) < ZDL_m$) auszugehen (vgl. Abschn. 4.4).

Leistungskennzahlen Die mittlere Leistung L_m beschreibt den zur Abarbeitung der Aufträge erforderlichen Ressourceneinsatz. Die Anzahl der im Untersuchungszeitraum pro Arbeitssystem abgearbeiteten Aufträge hingegen beschreibt die Bedeutung eines Arbeitssystems im Materialfluss. Je mehr Aufträge abgearbeitet werden, desto relevanter ist das Arbeitssystem insbesondere in Bezug auf die mittleren Auftragsdurchlaufzeiten sowie die mittlere und die relative Terminabweichung der Aufträge.

Bestandskennzahlen Der mittlere Bestand B_m und der relative Bestand B_{rel} werden vorrangig benötigt, um über die Kennlinientheorie den gemessenen Betriebspunkt zu beurteilen und durch einen Vergleich mit gegebenen Zielwerten das vorhandene logistische Potential zu quantifizieren. Der mittlere Bestand BA_m in der Dimension Anzahl Aufträge ist heranzuziehen, wenn eine vergleichende Bestandsbewertung über alle Arbeitssysteme durchzuführen ist.

Terminabweichungskennzahlen Sofern in einem Unternehmen auch auf der Arbeitsvorgangsebene Plan-Durchlaufzeiten vorliegen, sollten auch die relative Terminabweichung und deren Streuung ausgewertet werden. Mit diesen beiden Kennzahlen lässt sich in Verbindung mit den zuvor genannten überprüfen, ob die Plandaten für die Terminierung realistisch sind bzw. welche Arbeitssysteme vorrangig zu einer eventuell vorhandenen Terminabweichung beitragen.

7.1.2 Ermittlung logistisch relevanter Arbeitssysteme

Die Auswahl relevanter Arbeitssysteme ist der zweite Schritt bei einer Engpassorientierten Logistikanalyse. Mit der Ermittlung weniger, aber im Sinne der

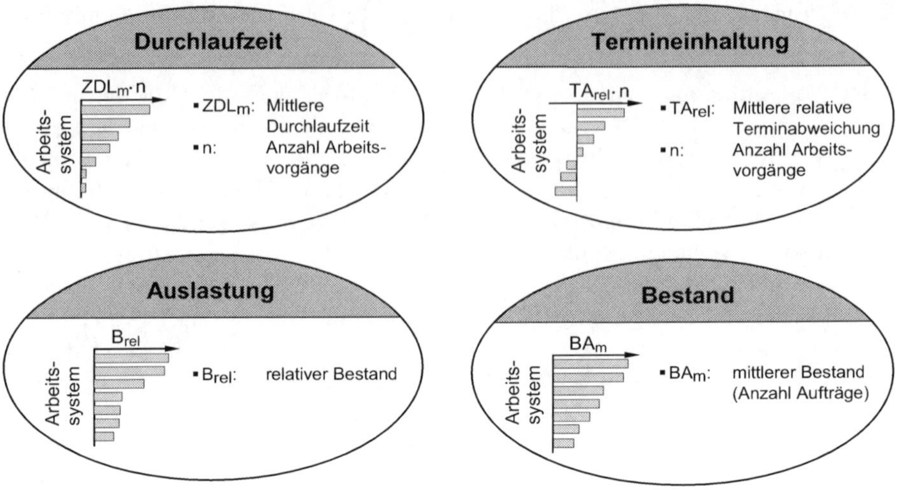

IFA D5378b

Abb. 7.2 Kriterien zur Ermittlung relevanter Arbeitssysteme

zugrundeliegenden Zielsetzung wichtigen Arbeitssysteme wird angestrebt, die Komplexität der Aufgabe deutlich zu verringern und die einzuleitenden Maßnahmen auf das Wesentliche zu konzentrieren. In vielen Fällen werden an einzelnen Arbeitssystemen realisierte Verbesserungen auch Veränderungen der Randbedingungen für andere Arbeitssysteme nach sich ziehen, wobei sowohl positive wie auch negative Folgewirkungen denkbar sind. Aufgrund des häufig sehr großen Umfanges der Gesamtaufgabe und des Betrachtungsgegenstandes erscheint es dennoch nicht sinnvoll, eine Optimierung der Prozessabläufe in einem Zuge anzustreben. Es ist vielmehr ratsam, die Engpassorientierte Logistikanalyse als eine permanente Controlling-Aufgabe aufzufassen und so einen kontinuierlichen logistischen Verbesserungsprozess zu ermöglichen.

Die Auswahl der relevanten Arbeitssysteme muss sich in erster Linie an der konkreten Zielsetzung der Analyseaufgabe orientieren. Dabei wird unterstellt, dass immer ein Hauptziel existiert, welches vorrangig zu verfolgen ist. Die Abhängigkeiten zwischen diesem Hauptziel und den weiteren Zielgrößen werden bei der Bewertung möglicher Maßnahmen berücksichtigt (siehe auch [Wind-01]).

Die wichtigsten Kriterien für eine solche Ermittlung sind zusammenfassend in Abb. 7.2 dargestellt und werden nachfolgend erläutert.

Ziel: Reduzierung der mittleren Auftragsdurchlaufzeiten Unter der Voraussetzung eines eingeschwungenen Prozesszustandes entspricht die Summe aller Auftragsdurchlaufzeiten sowohl der Summe aller Arbeitsvorgangsdurchlaufzeiten als auch der Summe des Produktes von mittlerer Arbeitssystemdurchlaufzeit und der Anzahl der je Arbeitssystem abgearbeiteten Aufträge:

$$\sum_{k=1}^{m} ZDA_k = \sum_{j=1}^{AAP} \sum_{i=1}^{n} ZDL_i = \sum_{j=1}^{AAP} (ZDL_m \cdot n)_j \tag{7.1}$$

mit

ZDA_k	Auftragsdurchlaufzeit des Auftrages k [BKT]
ZDL_i	Arbeitsvorgangsdurchlaufzeit des Arbeitsvorganges i [BKT]
ZDL_m	Mittlere Durchlaufzeit (je Arbeitssystem)
m	Anzahl der Aufträge [-]
n	Anzahl Arbeitsvorgänge (je Arbeitssystem) [-]
AAP	Anzahl Arbeitssysteme [-]

Das Produkt aus ZDL_m und n beschreibt also unmittelbar, in welchem Umfang die einzelnen Arbeitssysteme zur Auftragsdurchlaufzeit beitragen. Wird diese Berechnung für alle Arbeitssysteme durchgeführt, so ergibt sich daraus eine Rangfolge der Arbeitssysteme, an denen die Maßnahmen zur Durchlaufzeitreduzierung primär ansetzen sollten.

Ziel: Erhöhung der Termineinhaltung Das Messen und Bewerten der Kenngröße Terminabweichung wird vorrangig auf die Fertigstellung eines Auftrages bezogen. Häufig lassen sich aber auch auf der Arbeitssystemebene wertvolle Informationen zu den Ursachen der Terminabweichung und mögliche Maßnahmen finden. Dies setzt allerdings voraus, dass Soll-Durchlaufzeiten nicht nur auf der Auftragsebene, sondern auch für die einzelnen Arbeitsvorgänge existieren.

Bei einer unbefriedigenden Terminsituation ist es naheliegend, die *Qualität der in der Terminierung zugrunde gelegten Daten* zu überprüfen. Ausgangspunkt einer solchen Analyse ist der Vergleich der Ist- und Soll-Durchlaufzeiten, beschrieben z. B. in Form der mittleren relativen Terminabweichung (Abschn. 2.1.3). Diese Kennzahl drückt aus, ob die Soll-Werte gegenüber den realisierten Ist-Werten im Mittel zu groß oder zu klein angesetzt wurden. Es ist zu betonen, dass nicht zwangsläufig die Ist-Durchlaufzeiten die eigentliche Ursache einer Terminabweichung darstellen müssen. Ebenso ist es möglich, dass die Soll-Durchlaufzeiten nicht realistisch sind. Eine Aussage über die im Einzelfall vorliegende Ursache für die Abweichungen ist daher sinnvoll nur in Verbindung mit einer vorangegangenen Zieldefinition – durchgeführt z. B. in Form einer logistischen Positionierung – zu treffen.

Wie bei der Durchlaufzeit ist auch bei der Terminabweichung nicht jedes Arbeitssystem von gleichrangiger Bedeutung für die Gesamtzielerreichung. Daher bietet es sich an, die je Arbeitssystem ermittelte Kennzahl ebenfalls über die Anzahl der an diesem Arbeitssystem abgearbeiteten Aufträge zu gewichten. Bei der Erstellung einer Liste der relevanten Arbeitssysteme ist jedoch zu berücksichtigen, dass sich sowohl positive wie auch negative Werte ungünstig auf die Planungssicherheit auswirken und daher in beiden Fällen entsprechende Gegenmaßnahmen eingeleitet werden sollten.

Ziel: Reduzierung von Auslastungsverlusten Unter dem Eindruck starker marktseitiger Anforderungen an die Unternehmen hinsichtlich der Reduzierung der Lieferzeiten und damit in der Regel oft auch der Durchlaufzeiten wird oftmals betont, dass die Auslastung als Zielgröße in den Hintergrund getreten ist. Dabei darf jedoch nicht übersehen werden, dass insbesondere im Hochlohnland Deutschland der wirtschaftlichen Nutzung der bereitgestellten Kapazitäten (vor allem auch der Personalkapazitäten) weiterhin eine wesentliche Bedeutung beigemessen werden muss.

Die Auslastung eines Arbeitssystems wird im Allgemeinen durch einen Vergleich der Kapazität und der zurückgemeldeten Leistung angegeben. Für die Beurteilung einer Auslastungskennzahl ist die Definition der Kapazität entscheidend. Handelt es sich beispielsweise um eine Art Grenzkapazität (welche Leistung kann auch bei Bedarfsspitzen maximal erbracht werden), so ist zu bedenken, dass mittelfristig nicht mehr Leistung an einem Arbeitssystem erbracht werden kann bzw. sollte, als zur Befriedigung vorliegender Bedarfe notwendig ist (Erstes produktionslogistisches Grundgesetz; Abschn. 5.1). Wenn also die Belastung geringer ist als die zur Verfügung gestellte Kapazität, so muss auch die Leistung entsprechend geringer ausfallen. Eine höhere Auslastung der Kapazitäten wäre nur durch eine Überproduktion realisierbar. Eine auf der Grenzkapazität basierende Auslastungskennzahl zeigt also im Wesentlichen an, ob das System bereits an der Kapazitätsgrenze arbeitet und somit bei einem Anstieg der Belastung durchsatzbestimmend ist. Die so definierte Kennzahl ist daher vorrangig im Rahmen der Auslegung von Betriebsmittelkapazitäten anzuwenden. Für die Prozesslenkung bietet es sich demgegenüber an, die erbrachte Leistung auf den Plan-Abgang zu beziehen.

Während die Betriebsmittelkapazität im Allgemeinen auch mittelfristig nur begrenzt veränderbar ist, können Personalkapazitäten vergleichsweise schnell an einen Wechsel in der Belastungssituationen angepasst werden, insbesondere vor dem Hintergrund flexibler Arbeitszeitmodelle. Gerade bei einem geringen Durchlaufzeit- und Bestandsniveau kann es dennoch durch die Stochastik des Produktionsprozesses zu Materialflussabrissen kommen, die bewirken, dass das vorhandene Personal kurzfristig nicht beschäftigt werden kann. Der Umfang der resultierenden Auslastungsverluste lässt sich über den relativen Bestand B_{rel} beschreiben. Aus der normierten Produktionskennlinie lässt sich beispielsweise entnehmen, dass bei $B_{rel} > 250\ \%$ keine nennenswerten Auslastungsverluste auftreten (vgl. Abschn. 4.5). Ist B_{rel} jedoch deutlich geringer, liegt hingegen ein Unterlastbetrieb vor. Dieser ist jedoch nur dann als kritisch einzustufen, wenn dadurch die bereit gestellten Personalkapazitäten nicht genutzt werden.

Ziel: Reduzierung des Bestandes Der Bestand ist aus logistischer Sicht nur in seltenen Fällen eine eigenständige Zielgröße. Im Allgemeinen dient eine Bestandsreduzierung als Mittel zum Zweck der Durchlaufzeitreduzierung. Wird jedoch eine Verringerung der Kapitalbindung oder auch eine Freisetzung von Bereitstellflächen angestrebt, so ist der Bestand losgelöst von der Durchlaufzeit zu analysieren.

Als Kriterium zur Ermittlung relevanter Arbeitssysteme bieten sich prinzipiell unterschiedliche Messgrößen an, die sich sowohl an der speziellen Zielsetzung wie auch an vorhandenen Daten orientieren müssen. So ist es zur Beschreibung der Kapitalbindung notwendig, den Auftragswert je Arbeitsgang zu erfassen und in die Kennzahlberechung mit einzubeziehen. Stehen hingegen Flächenaspekte im

Vordergrund, sind arbeitsgangspezifisch ergänzende Informationen über den aktuellen Flächenbedarf (z. B. in den Dimensionen Anzahl Behälter, Stück oder qm) erforderlich.

Liegen die entsprechenden Daten nicht vor, kann teilweise auch auf Ersatzgrößen zurückgegriffen werden, um die relevanten Arbeitssysteme zu ermitteln. Zunächst erscheint es naheliegend, bei der Zielgröße Bestand den mittleren Bestand B_m als ein Auswahlkriterium zu verwenden. Diese Größe ist in der Regel jedoch ungeeignet, da die Höhe des Bestandes B_m (in der Dimension Vorgabestunden) maßgeblich vom Arbeitsaufwand an den einzelnen Systemen bestimmt wird. Wegen der zugrundeliegenden Definition des Bestandes zeichnen sich Arbeitssysteme mit langen Bearbeitungszeiten auch dann durch einen hohen Bestandswert aus, wenn nur wenige Aufträge vorliegen. Wird hingegen der Bestand in der Anzahl Aufträge BA_m zugrundegelegt, so können die Systeme im Allgemeinen direkt miteinander verglichen werden. Es ist jedoch zu überprüfen, ob sich die Bezugsgröße im Verlauf des Bearbeitungsprozesses verändert (z. B. veränderte Transportbehälter, Erhöhung des Auftragswertes durch die Wertschöpfung) und welchen Einfluss dies auf die zugrundeliegende Fragestellung hat.

7.1.3 *Generelle Vorgehensweise zur Auswahl von Maßnahmen*

Für den Erfolg einer logistikorientierten Gestaltung der Produktionsabläufe ist es nach der Auswahl der im Sinne der vorliegenden Zielsetzung relevanten Arbeitssysteme weiterhin von entscheidender Bedeutung, die einzuleitenden Maßnahmen zielgerichtet aufeinander abzustimmen (vgl. Abschn. 6.5).

Ausgangspunkt für die Ableitung spezifischer Maßnahmen ist die *logistische Positionierung*. Unter Berücksichtigung der aktuellen Anforderungen seitens des Marktes sind die Soll-Werte für die logistischen Zielgrößen Termineinhaltung, Durchlaufzeit, Bestand und Auslastung vorzugeben (vgl. Abschn. 6.5.1). Über den Einsatz der Kennlinientheorie wird dabei deutlich, ob die gesetzten Soll-Werte in sich konsistent und bei den gegebenen Auftragszeit- und Kapazitätsstrukturen erreichbar sind oder ob es erforderlich ist, zusätzliche logistische Potentiale zu erschließen. Durch die Positionierung wird den bestehenden Wirkungszusammenhängen zwischen den logistischen Zielgrößen Rechnung getragen. Selbst wenn die relevanten Arbeitssysteme nur anhand einer Hauptzielgröße ermittelt werden, so wird durch die Positionierung sichergestellt, dass auch die weiteren logistischen Kriterien bei der Maßnahmenableitung und -umsetzung angemessen berücksichtigt werden.

Ein wesentlicher Indikator für die Auswahl und Bewertung möglicher Maßnahmen ist der Vergleich des gemessenen relativen Bestandes B_{rel} mit dem entsprechenden Soll-Wert $B_{rel.Soll}$. Für $B_{rel} > B_{rel.Soll}$ gilt allgemein, dass auch bei einer Bestandsreduzierung bis zum Soll-Wert die Auslastungsverluste ein im Rahmen der Positionierung vorgegebenes Maß nicht überschreiten werden. Zur Durchsetzung der vorhandenen Potentiale sind nur zwei grundsätzliche Maßnahmen denkbar

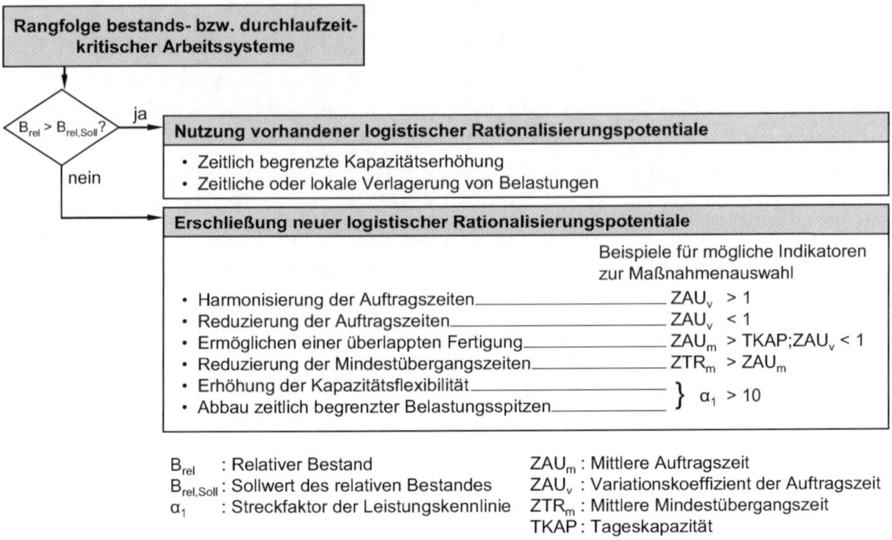

IFA D5393

Abb. 7.3 Übersicht über Maßnahmen zur Durchsetzung bzw. Erschließung logistischer Rationalisierungspotentiale. (Ziel: Duchlaufzeit- bzw. Bestandsreduzierung)

(Abb. 7.3): Die zeitlich begrenzte Kapazitätserhöhung oder die zeitliche bzw. lokale Verlagerung von Belastungen.

Eine zeitlich begrenzte Kapazitätserhöhung ist vorzuziehen, wenn im Bestand Aufträge mit Terminverzug vorliegen. Als Folge dieser Maßnahme erhöht sich an den nachgelagerten Arbeitssystemen für den Zeitraum der Kapazitätserhöhung die Belastung, so dass auch an diesen Arbeitssystemen die Möglichkeiten einer Kapazitätserhöhung überprüft werden müssen.

Ist eine Erhöhung der Kapazität nicht möglich, da die Grenzkapazität an dem betrachteten oder einem der Folgesysteme bereits erreicht wurde, kann eine Durchlaufzeit- und Bestandsreduzierung durch eine lokale Verlagerung von Teilen des Bestandes (in Höhe der Differenz von Ist-Bestand und Soll-Bestand) an technologisch ähnliche Arbeitssysteme oder eine verlängerte Werkbank erfolgen. Dies ist natürlich nur sinnvoll, wenn die Alternativarbeitssysteme zum verlangten Zeitpunkt über freie Kapazitäten verfügen, da sich sonst nicht nur der Bestand, sondern auch das Problem verlagert.

Wenn kein nennenswerter Rückstand vorliegt, führt eine Kapazitätserhöhung zu einer vorzeitigen Fertigstellung der Aufträge und somit zu Beständen in einer hohen Wertschöpfungsstufe. In diesem Fall ist es daher vorzuziehen, die noch nicht in die Fertigung eingestoßenen Aufträge zurückzustellen, soweit dies terminlich zulässig erscheint. Die Belastung wird somit zeitlich verlagert. Von dieser Maßnahme sind auch die vorgelagerten Arbeitssysteme betroffen. Sie wird zudem erst zu dem Zeitpunkt wirksam, an dem die betroffenen Aufträge nach ursprünglicher Planung an dem Arbeitssystem hätten eintreffen sollen.

Ist $B_{rel} \leq B_{rel,Soll}$, so müssen vor einer Bestandsreduzierung zunächst neue logistische Potentiale erschlossen werden. Die Ansatzpunkte hierzu sind sehr vielfältig, so dass eine Vorauswahl möglicher Maßnahmen hilfreich ist. Als Hilfestellung für die Vorauswahl geeigneter Maßnahmen sind in Abb. 7.3 Kennzahlen mit Schwellwerten aufgelistet. Die genannten Schwellwerte haben lediglich beispielhaften Charakter und sind im speziellen Anwendungsfall zu überprüfen und bei Bedarf anzupassen.

Eine vorrangige Maßnahme zur Reduzierung des idealen Mindestbestandes und somit zur Erschließung neuer logistischer Potentiale ist die *Harmonisierung der Auftragszeiten*, bevorzugt an den Arbeitssystemen, bei denen ein großer Variationskoeffizient der Auftragszeitverteilung ZAU_v ermittelt wurde (Kriterium: $ZAU_v > 1$). Anhand des in Abschn. 6.2.1 vorgestellten Beispiels konnte gezeigt werden, dass durch eine gezielte Auftragszeitbegrenzung mit einem vergleichsweise geringen Aufwand eine große Wirkung erzielt werden kann. Der in Abb. 6.10 beschriebene mathematische Zusammenhang zwischen dem idealen Mindestbestand, der mittleren Auftragszeit und dem Variationskoeffizienten veranschaulicht die Bedeutung dieses Kriteriums.

Liegt an einem durchlaufzeit- bzw. bestandskritischen Arbeitssystem jedoch bereits eine relativ gleichmäßige Auftragszeitstruktur vor (Kriterium: $ZAU_v < 1$), so sind die durch eine Auftragszeitharmonisierung erzielbaren Effekte begrenzt bzw. mit einem nennenswert erhöhten Rüstaufwand verbunden. Zunehmend ist dann zu überprüfen, ob sich durch den *Einsatz neuer Fertigungstechnologien* oder Maßnahmen zur *Rüstzeitreduzierung* die Auftragszeit insgesamt verringern lässt.

Bei sehr großen, aber gleichmäßigen Auftragszeiten (Kriterien: $ZAU_m > TKAP$; $ZAU_v < 1$) wird nur eine relativ geringe Anzahl von Aufträgen an einem Arbeitssystem bearbeitet. Vor allem bei einem gerichteten Materialfluss sollte alternativ zur möglichen Auftragszeitreduzierung auch eine *überlappte Fertigung*, ggf. unterstützt durch eine entsprechende Anordnung der Arbeitssysteme (Stichworte: Fertigungsinseln oder -segmente), in Erwägung gezogen werden.

Sind die Mindestübergangszeiten groß im Vergleich zur Auftragszeit, ergeben sich auch hier Ansatzpunkte zur Erschließung logistischer Rationalisierungspotentiale. Welche Maßnahmen prinzipiell sinnvoll sind, wird durch Ursachen der Mindestübergangszeit bestimmt. Bestehen diese Zeiten überwiegend aus reinen Transportzeiten, so kann ein *verändertes Transportsystem* oder unter Umständen auch ein neues, *materialflussgerechtes Layout* realisiert werden. Sind hingegen die Mindestübergangszeiten eher technologisch oder im Arbeitsablauf begründet, so sind auf die jeweils vorliegenden Hauptursachen abgestimmte Maßnahmen hinsichtlich der Machbarkeit, des Aufwandes und des erzielbaren Nutzens zu überprüfen.

Der an einem Arbeitssystem zur Vermeidung unerwünschter Materialflussabrisse erforderliche Pufferbestand wird in der Kennlinientheorie über den Streckfaktor α_1 beschrieben. Nach den bisher vorliegenden Untersuchungsergebnissen wird in der industriellen Praxis in der Regel mit dem Wert $\alpha_1 = 10$ das reale Systemverhalten auch im Übergangsbereich der Produktionskennlinien gut beschrieben. Stellt sich im Rahmen einer Modellevaluation heraus, dass an einzelnen Systemen ein größerer α_1-Wert angesetzt werden muss, so deutet dies auf sehr ausgeprägte Belastungsspitzen hin, die nicht durch eine Anpassung der Kapazitäten abgefangen werden.

Sofern diese Belastungsspitzen dabei unmittelbar aus dem Kundenverhalten resultieren, ist als Maßnahme die *Flexibilisierung der Kapazitäten* anzustreben. Ist dies nicht möglich oder resultieren die Belastungsspitzen aus besonderen Eigenarten in der Planung und Steuerung, z. B. durch ein Bündeln viele Einzelbedarfe zu optimalen Auftragslosgrößen, sollte versucht werden, im Vorfeld der Produktion durch eine *aktive Belastungssteuerung* für eine gleichmäßigere Belastung zu sorgen.

Die vorgestellte Vorgehensweise zur Maßnahmenableitung orientiert sich an der primären Zielsetzung einer Durchlaufzeit- bzw. Bestandsreduzierung. Sie lässt sich aber im Wesentlichen auch dann anwenden, wenn die Reduzierung der relativen Terminabweichungen TA_{rel} und damit die Erhöhung der Terminierungssicherheit im Vordergrund steht. In allen Fällen, in denen TA_{rel} positiv ist (die Ist-Durchlaufzeit ist also größer als die Soll-Durchlaufzeit), müssen die Durchlaufzeiten ebenfalls reduziert werden, so dass die vorgestellte Systematik unmittelbar genutzt werden kann. Dabei werden realistische Soll-Durchlaufzeiten unterstellt, die beispielsweise über eine vorausgehende logistische Positionierung festgelegt wurden. Ist hingegen TA_{rel} negativ, sind zumeist die Soll-Durchlaufzeiten zu groß angesetzt worden. Bestätigt sich dies im Rahmen der Positionierung, so reicht eine Anpassung der Soll-Werte aus, um darüber die Planungssicherheit zu erhöhen.

Nachfolgend werden zwei Praxisanwendungen der Engpassorientierten Logistikanalyse vorgestellt. Das erste Beispiel dient im Wesentlichen der ausführlichen Beschreibung der Vorgehensweise bei der Analyse sowie der Maßnahmenauswahl und -bewertung. Bei dem zweiten Beispiel, welches in der Literatur bereits ausführlich dokumentiert wurde, beschränken sich die Ausführungen hingegen auf die Darstellung der Anwendungserfahrungen.

7.2 Anwendung der Engpassorientierten Logistikanalyse in einer Leiterplattenfertigung

Das untersuchte Unternehmen stellt mit ca. 300 Mitarbeitern Leiterplatten (gedruckte Schaltungen) in unterschiedlicher Komplexität her. Leiterplatten in unterschiedlichsten Ausführungen finden sich in fast allen elektronischen Geräten. Das Produktspektrum des Unternehmens erstreckt sich von nicht durch kontaktierten über doppelseitige, durchkontaktierte Schaltungen bis hin zu sogenannten Multilayern (mehrlagige, durchkontaktierte Schaltungen). Das Werk wurde einige Jahre vor der Untersuchung neu errichtet und verfügte somit über modernste Einrichtungen und Technologien.

7.2.1 Zielsetzung der Analyse

Das Unternehmen verfolgte zum Zeitpunkt der Untersuchung das Ziel, sich über eine verbesserte logistische Leistungsfähigkeit gegenüber den Mitkonkurrenten zu behaupten und so die Stellung am Markt zu sichern und auszubauen. Vorrangig sollten Lieferfähigkeit und Liefertreue verbessert werden. Die Fertigung erfolgt nach Kundenspezifikation bei einer hohen Änderungsrate in der Produktgestaltung. Dadurch ist es nicht möglich, die Ziele durch Lagerhaltung zu erreichen. Vielmehr sind die Auftragsdurchlaufzeiten deutlich zu verkürzen und dauerhaft zu stabilisieren. Die mittlere Soll-Durchlaufzeit der Aufträge betrug 14,6 BKT (bei durchschnittlich 18,1 Arbeitsvorgängen je Auftrag), die Ist-Durchlaufzeit war im Mittel 2,5 BKT länger. Auf der Grundlage einer Auftragsdurchlaufanalyse sowie einer Engpassorientierten Logistikanalyse sollte aufgezeigt werden, ob und mit welchen Maßnahmen sich die Lieferzeit der Aufträge und die Terminsituation des Fertigungsbereiches deutlich verbessern lässt.

7.2.2 Datenerfassung

In einem Untersuchungszeitraum von fünf Monaten wurden insgesamt 4.270 Aufträge mit ca. 77.000 Arbeitsvorgängen erfasst und ausgewertet. Neben einem Betriebskalender stellte das Unternehmen die folgenden Daten für die Analysen bereit:

Arbeitssystemdaten

- Bezeichnung des Arbeitssystems
- Arbeitssystemnummer
- Anzahl Einzelarbeitsplätze
- Kapazität je Einzelarbeitsplatz

Auftragsdaten

- Auftragsnummer
- Fertigstellungstermin, Soll
- Durchlaufzeit, Soll
- Auftragsstarttermin, Ist
- Prioritätskennzeichen

Arbeitsgangdaten

- Auftragsnummer
- Arbeitsvorgangsnummer
- Arbeitssystemnummer
- Bearbeitungsende des Arbeitsvorgangs
- Auftragszeit (Vorgabezeit)
- Technologisch bedingte Wartezeit (Vorgabezeit)

Alle folgenden Analysen basieren ausschließlich auf den hier genannten Betriebsdaten. Eine Besonderheit bei der Untersuchung stellen die *technologisch bedingten Wartezeiten* dar. Bei diesen handelt es sich zum einen um Zeiten für Nebenarbeitsgänge, die das betroffene Arbeitssystem kapazitiv nicht belasten. Beispiele sind das Paketieren/Stapeln der Leiterplatten vor dem Bohren (es werden jeweils mehrere Leiterplatten gleichzeitig gebohrt) oder das Befestigen der Leiterplatten an Trägern vor der Galvanik. Zum anderen handelt es sich um Zeiten, in denen das Produkt aus technologischen Gründen nicht bearbeitet oder transportiert werden darf, z. B. aufgrund von Abkühlzeiten nach dem Tempern oder erforderlicher Lagerungszeiten vor dem Belichten. Diese Zeiten werden im Rahmen der Kennlinientheorie als Mindestübergangszeiten aufgefasst, da sie auch bei sehr geringen Beständen an dem Arbeitssystem nicht unterschritten werden können.

7.2.3 *Auftragsdurchlaufanalyse*

Herausragendes Merkmal der logistischen Leistungsfähigkeit eines Produktionsbereiches ist in der Regel die Termintreue gegenüber dem Verbraucher. Sie wird zum einen dadurch bestimmt, ob und wieweit der Produktionsbereich in der Lage ist, die vorgegebenen Soll-Auftragsdurchlaufzeiten einzuhalten. Darüber hinaus wird die Termintreue in der Auftragsfertigstellung auch durch die Terminabweichung im Auftragszugang bestimmt. Werden die Aufträge bereits mit einem Terminverzug in die Produktion eingestoßen, sind Verspätungen in der Auftragsfertigstellung oftmals unvermeidlich. Zumindest aber sind Priorisierungen und Reihenfolgevertauschungen erforderlich, um eine drohende Terminabweichung zumindest teilweise kompensieren zu können. Um die Terminsituation vollständig beurteilen zu können, muss daher neben der Terminabweichung im Abgang auch die Terminabweichung im Auftragszugang sowie die relative Terminabweichung analysiert werden.

Die Ergebnisse dieser Analysen für die untersuchte Leiterplattenfertigung sind in Abb. 7.4 dargestellt. Im Mittel wurden die Aufträge um 1,3 BKT gegenüber dem Soll verspätet in die Fertigung eingestoßen. Die Sollbeginntermine lagen nicht direkt vor, sondern wurden über die Soll-Fertigstellungstermine und die Soll-Durchlaufzeiten der einzelnen Aufträge berechnet. Auffallend an dieser Terminabweichungsverteilung ist die sehr breite Streuung. Innerhalb einer als zulässig angenommenen Toleranz von ± 5 BKT (angesichts der Soll-Durchlaufzeit von ca. 14,6 BKT ist diese Toleranz recht großzügig bemessen) liegen nur ca. 55 % aller Aufträge. Etwa jeder vierte Auftrag (26 %) wurde um mehr als eine Woche zu spät in die Fertigung eingelastet. In vielen Fällen wurden Aufträge mit unrealistischen Lieferterminen angenommen und gelangten dann zwangsläufig verspätet in die Fertigung. Zudem gab es Probleme mit der Materialversorgung sowie einen Planungsfehler in der Durchlaufterminierung bei den Multilayern. Die restlichen 19 % der Aufträge wurden um mehr als eine Woche zu früh in die Produktion eingelastet. Ein solch verfrühter Einstoß ist zumeist auf einen Belastungsabgleich oder der Optimierung der Maschinenbelegung mit dem Ziel der Rüstzeitreduzierung und somit auf einen aktiven Eingriff des Personals zurückzuführen.

Die relative Terminabweichung (Abb. 7.5) entspricht der Differenz von Ist- und Soll-Durchlaufzeit. Ein negativer Wert besagt, dass ein Auftrag in der Fertigung gegenüber der Planung beschleunigt wurde, bei einem positiven Wert ist die Ist-Durchlaufzeit größer als der Soll-Wert. Der Mittelwert der relativen Terminabweichung betrug über alle Aufträge 2,5 BKT. Auch hier fällt wieder die besonders

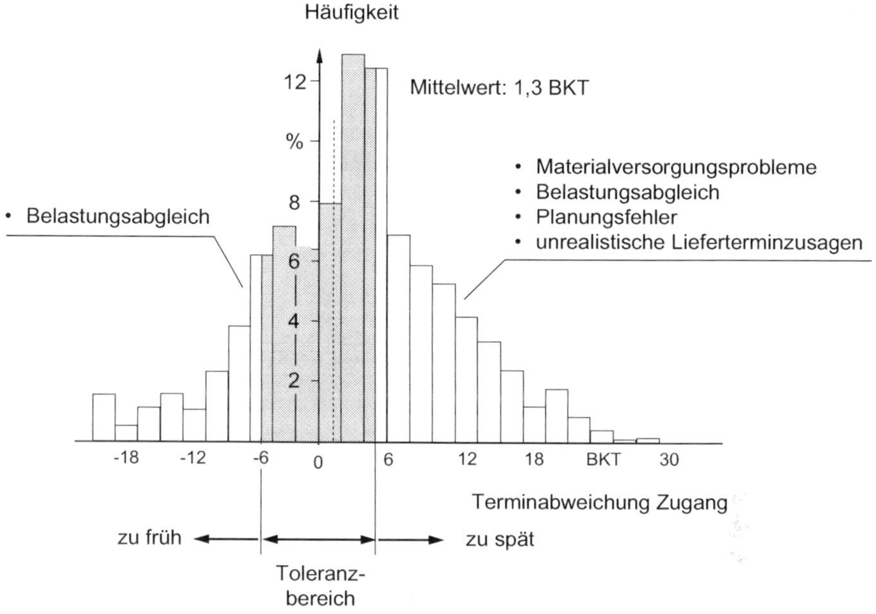

IFA D4776a

Abb. 7.4 Zugangsterminabweichung und ihre Ursachen. (Beispiel: Leiterplattenfertigung)

breite Verteilung auf. Einige Aufträge werden um mehr als drei Wochen schneller als geplant abgearbeitet. Bei vielen anderen Aufträgen hingegen wurde die Soll-Durchlaufzeit deutlich überschritten.

Die Terminabweichung in der Auftragsfertigstellung schließlich ist das Ergebnis von Zugangs- und Durchlaufzeitabweichung (Abb. 7.6). Im Mittel wurden die Aufträge um 3,8 BKT zu spät fertiggestellt. Dieser Wert ergibt sich auch durch die Addition der beiden zuvor vorgestellten Verteilungsmittelwerte. Bemerkens-wert ist, dass die Verteilung der Terminabweichung im Abgang deutlich schlanker ist als die Terminabweichung im Auftragszugang. Fast 75 % der Aufträge wurden innerhalb der angenommenen Toleranz von ±5 BKT fertiggestellt. Eine darüber hinausgehende verfrühte Auftragsfertigstellung erfolgte nur noch in Ausnahmefällen. Und auch die im Auftragszugang noch vorliegenden Verspätungen konnten zumindest teilweise abgebaut werden.

Fasst man diese Ergebnisse zusammen, so lässt sich feststellen, dass die Planungs- und Prozesssicherheit unbefriedigend ist. Insbesondere die breite Verteilung der relativen Terminabweichung offenbart, dass eine sichere Planung der Abläufe offensichtlich nicht gegeben ist. Dass die Terminabweichung im Abgang zwar ein problematisches, aber dennoch günstigeres Verhalten aufweist, als es aufgrund der Terminsituation im Auftragszugang zu erwarten ist, lässt sich hauptsächlich auf Eingriffe in Form gezielter terminorientierter Reihenfolgevertauschungen zurückführen. Dies lässt sich anschaulich in Form einer Korrelationsanalyse darstellen.

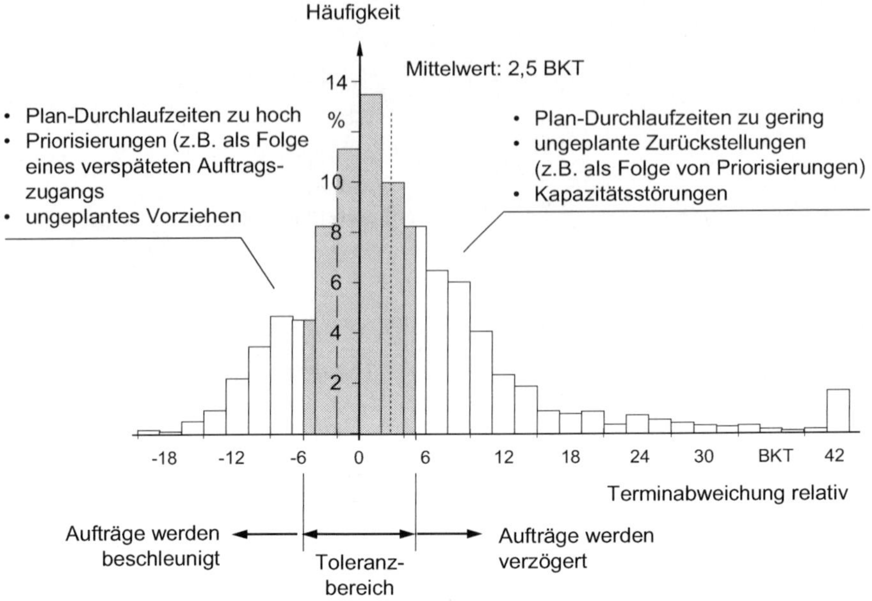

IFA D4776b

Abb. 7.5 Relative Terminabweichung und ihre Ursachen. (Beispiel: Leiterplattenfertigung)

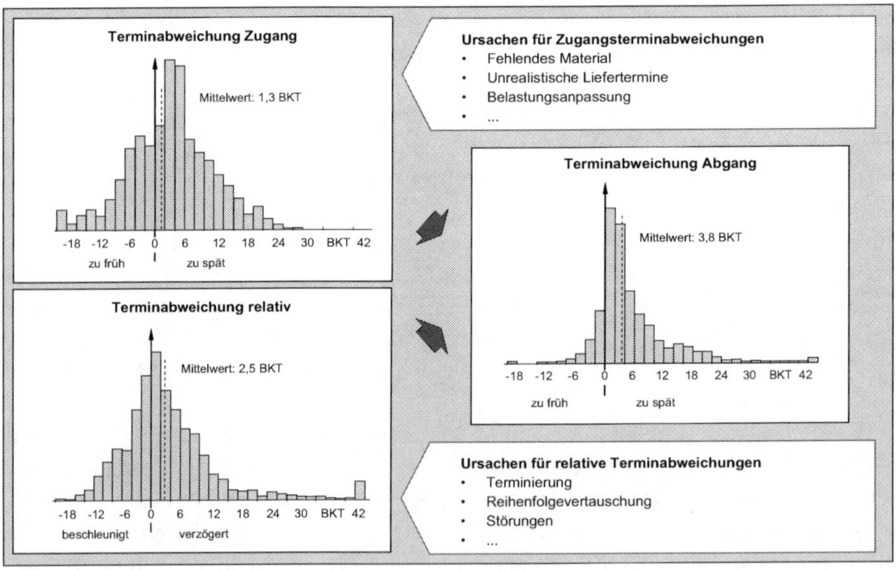

IFA D4776

Abb. 7.6 Analyse der Auftragsterminabweichungen

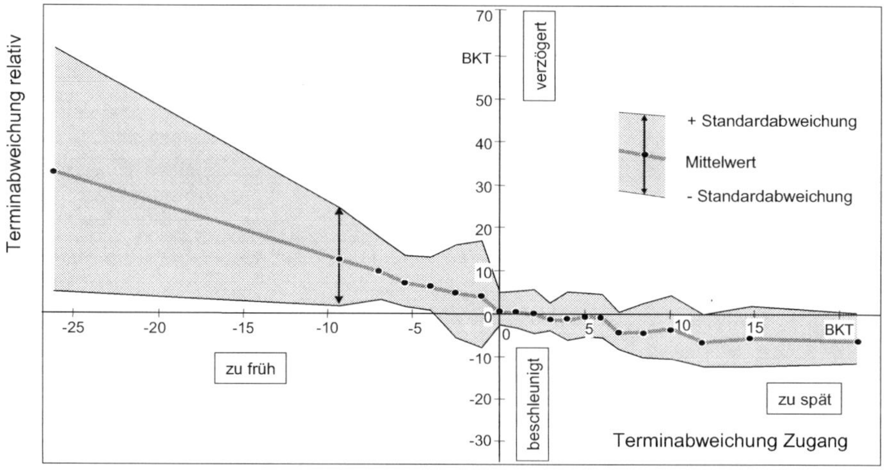

IFA D4909b

Abb. 7.7 Darstellung der relativen Terminabweichung über der Terminabweichung im Auftragszugang

In Abb. 7.7 ist das Ergebnis einer solchen Analyse wiedergegeben. Aufgetragen wurde in der Graphik die relative Terminabweichung (als Ergebnisgröße) über der Zugangsterminabweichung (als Einflussgröße). Jeder der 20 Messpunkte steht für ca. 5 % der ausgewerteten Aufträge, die Klassenbreiten auf der x-Achse sind daher variabel. Die Auswertung bestätigt, dass die zu früh eingestoßenen Aufträge in der Fertigung offensichtlich stark verzögert wurden. Die sich aus den Mittelwerten ergebende Funktion weist bei negativen Zugangsterminabweichungen eine Steigung von ca. -1 auf. Dies bedeutet, dass ein verfrühter Auftragseinstoß (im Mittel) wieder vollständig kompensiert wurde. Damit erklärt sich, warum es nur noch sehr wenige Aufträge gab, die deutlich zu früh fertiggestellt werden.

Etwas anders verhält es sich bei den zu spät eingestoßenen Aufträgen. Zwar konnten diese Aufträge beschleunigt werden, die Zugangsterminabweichung war aber im Auftragsdurchlauf nicht mehr vollständig auszugleichen. Der ‚Kurvenverlauf' der Mittelwerte stabilisiert sich bei einer relativen Terminabweichung von ca. -7 BKT. Dass ein solcher Grenzwert existiert, lässt sich auch anschaulich leicht erklären: gegenüber der Planung kann ein Auftrag höchstens um den zuvor eingeplanten freien Zeitpuffer, in der Regel also die Summe der Planübergangszeiten, beschleunigt werden. Dieser Wert muss noch um die technologisch bedingten Wartezeiten reduziert werden, die auch bei einer Priorisierung eines Auftrages nicht entfallen können. Zudem kommt es auch bei hoch priorisierten Aufträgen zu Wartezeiten, da zum Zeitpunkt des Zugangs an den einzelnen Arbeitssystemen diese im Allgemeinen bereits durch einen Auftrag belegt sind.

Die Analyseergebnisse belegen, dass in dem Unternehmen eine starke terminorientierte Priorisierung erfolgte. Allerdings ist festzuhalten, dass die dargestellten Zusammenhänge nur für die Mittelwerte der Kenngrößen gelten. Die ebenfalls in die

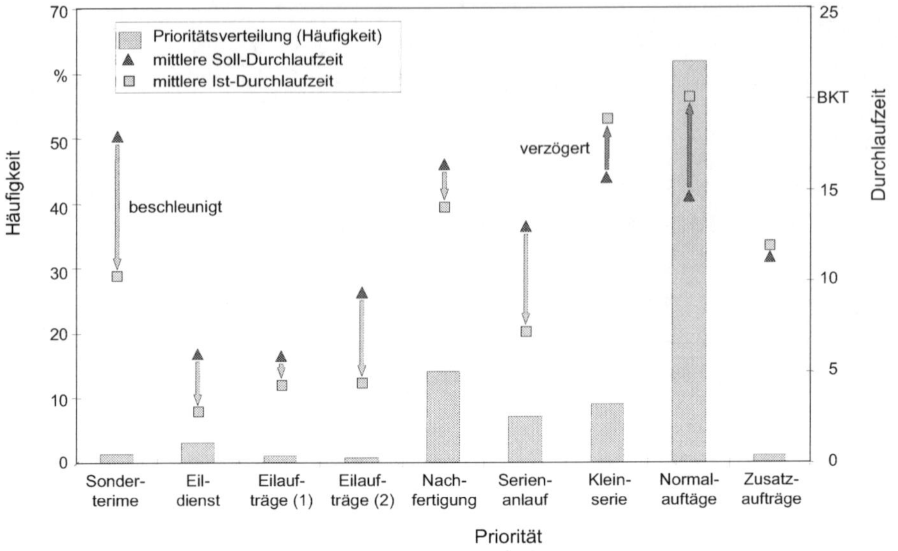

IFA D4911

Abb. 7.8 Durchlaufzeitabweichungen bei verschiedenen Prioritätskennzeichen

Graphik eingetragene, jeweils auf den Mittelwert bezogene Standardabweichung der relativen Terminabweichung zeigt, dass es noch andere Einflussgrößen gab, die das Durchlaufverhalten der einzelnen Aufträge beeinflussten.

Eine besonders wichtige Einflussgröße sind hierbei die verschiedenen Prioritäten, die seitens des Unternehmens schon bei der Auftragsanlage vergeben wurden. Neben Normal- und Kleinserienaufträgen wurden Priorisierungen für diverse Sondertermine und Eilauftragsarten geführt. Abb. 7.8 zeigt die Häufigkeit für die einzelnen Prioritäten. Darüber hinaus wurden jeweils die mittleren Soll- und Ist-Durchlaufzeiten analysiert und in einem Vergleich gegenübergestellt.

Auffallend ist, dass schon im Rahmen der Planung bei den Sonder- und Eilaufträgen von deutlich reduzierten Soll-Durchlaufzeiten ausgegangen wurde, die Ist-Durchlaufzeiten aber nochmals geringer ausfielen. Der Erfolg dieser Priorisierung einzelner Aufträge ging demnach zu Lasten der Kleinserien- und Normalaufträge, die in der Fertigung zwangsläufig immer wieder zurückgestellt wurden. Die Durchlaufzeit dieser Aufträge erhöht sich als Folge deutlich.

Insgesamt bestätigt sich, dass das Unternehmen der Liefertreue eine große Bedeutung zuweist. Durch terminorientierte Priorisierungen wurden die im Auftragszugang auftretenden Terminabweichungen zumindest teilweise ausgeglichen. Überlagert wurde dieses reaktive Abfertigungsverhalten durch die Vergabe diverser Prioritätskennzeichen schon bei der Auftragsanlage.

Neben der Termintreue strebte das Unternehmen aber auch eine hohe Auslastung der eingesetzten Maschinen an. Hierfür spricht insbesondere die Terminsituation im

Auftragseinstoß. Ein ausgeprägter zeitlicher Vorgriff auf Aufträge, deren Planbeginntermin noch nicht erreicht ist, spricht generell für das Bestreben, die vorhandenen Kapazitäten bestmöglichst auszulasten.

Die Ausführungen lassen aber auch noch eine andere Schlussfolgerung zu: Die intensiv genutzten Möglichkeiten der Priorisierung einzelner Aufträge weisen auf ein sehr hohes Durchlaufzeit- und Bestandsniveau in der Fertigung hin. Gelingt es, die Bestände abzubauen und dadurch die Durchlaufzeiten drastisch zu reduzieren, so erhöht sich als Folge sowohl die Lieferfähigkeit wie auch die Liefersicherheit des Unternehmens.

7.2.4 Arbeitssystemanalysen

Um die vorhandenen oder ggf. zu schaffenden Ansatzpunkte für eine Durchlaufzeitreduzierung zu lokalisieren und in ihrer möglichen Wirkung zu beschreiben, wurde ergänzend zu der vorgestellten Auftragsdurchlaufanalyse die Engpassorientierte Logistikanalyse durchgeführt. Auf der Basis ausgewählter Analysekennzahlen wurden die Arbeitssysteme bestimmt, die maßgeblich zur Auftragsdurchlaufzeit beitragen und an denen somit vorrangig Maßnahmen zur Durchlaufzeitverkürzung ansetzen müssen.

7.2.4.1 Analyse logistischer Spitzenkennzahlen

Um die aus der Sicht der Auftragsdurchlaufzeit kritischen Arbeitssysteme zu bestimmen, wurden die relevanten Analysekennzahlen entsprechend der Zusammenstellung in Abb. 7.1 ermittelt. Auf die Auswertung der Terminabweichungskennzahlen musste jedoch verzichtet werden, da das Unternehmen den Auftragsdurchlauf auf Basis von Soll-Auftragsdurchlaufzeiten terminierte und somit keine arbeitsvorgangsbezogenen Soll-Termine zur Ermittlung der Terminabweichungskennzahlen vorlagen. Der Auswertungszeitraum wurde für die arbeitssystembezogenen Auswertungen auf drei Monate (62 Betriebskalendertage) beschränkt.

Die Kennzahlen sind in Tab. 7.1 für 25 Abteilungen (bestehend aus bis zu 9 Einzelarbeitsplätzen) wiedergegeben. Bei vier weiteren Abteilungen (Versand, QS-Sonderprüfung, Mehrlagen-Vorbehandlung und Kundenteildaten) konnte ein Teil der Kennzahlen nicht berechnet werden, da bei diesen Systemen keine Angaben zu den Auftragszeiten vorlagen.

Wie der Tabelle zu entnehmen ist, stimmen an den meisten Arbeitssystemen die mittlere Reichweite R_m und die mittlere gewichtete Durchlaufzeit ZDL_{mg} gut überein. Der Untersuchung lag somit überwiegend ein eingeschwungener Prozesszustand zugrunde. Lediglich für die Arbeitssysteme Handgalvanik und DK-Fräsen unterscheiden sich die Kennzahlen beträchtlich, was auf einen ausgeprägten Bestandsabbau (Handgalvanik) bzw. -aufbau (DK-Fräsen) im Untersuchungszeitraum hinweist.

Tab. 7.1 Kennzahlübersicht auf Abteilungsebene. (Beispiel Leiterplattenfertigung; Auswertungszeitraum: 3 Monate)

Abteilung (Arbeitssystem)	Durchlaufzeitkennzahlen					Auftragszeitstrukturkennzahlen			Leistungskennzahlen		Bestandskennzahlen		
	R_m BKT	ZDL_{mg} BKT	ZDL_m BKT	ZDL_v –	ZDL_m* (FIFO) BKT	ZAU_m Std	ZAU_v –	ZW_m Std	L_m Std/BKT	n –	B_m Std	B_{rel} %	BA_m –
Alkalisch Ätzen	0,9	0,9	0,8	1,7	0,9	0,53	0,96	0,97	16,5	1.965	15,0	377	24,5
AOI-Innenlagen	1,5	2,0	1,6	3,2	1,5	2,25	0,59	0,17	34,1	929	51,8	1.615	18,8
Beschichten/ Drucken	0,5	0,5	0,7	2,5	0,4	0,86	0,86	1,75	20,0	1.439	9,8	101	14,4
Beschichten/ Stopplack	1,6	1,7	1,4	1,5	1,6	1,41	0,72	0,18	38,9	1.704	61,6	1.328	36,5
Bohrerei	0,7	0,6	1,0	1,8	0,4	5,64	1,18	4,15	251,4	2.793	163,2	103	45,4
Braunoxid/ CU-Passivierung	0,7	0,5	0,6	1,6	0,4	0,69	1,53	0,01	4,6	417	3,2	136	4,5
DK-Fräsen	1,7	0,8	0,9	3,8	1,4	2,09	1,02	0,62	8,1	262	13,6	280	7,1
DK-Linie	0,7	0,8	0,6	3,2	0,7	0,38	0,81	0,48	10,9	1.748	7,5	672	17,4
Elektrische Prüfung	1,6	1,6	1,7	1,9	1,6	1,56	0,65	1,90	38,0	1.479	60,7	491	41,1
Endprüfung	0,7	0,8	0,6	3,2	0,4	0,46	2,04	0,51	16,9	2.314	11,5	134	20,2
Entgraten	1,5	1,4	1,5	1,4	1,4	0,22	0,65	0,51	6,2	1.835	9,1	1.110	43,1
Innenlagenätze	1,2	1,6	1,4	3,2	1,0	0,96	1,44	0,81	10,5	679	12,4	329	12,4
Handgalvanik	3,7	6,1	3,5	1,9	3,2	6,39	1,07	0,61	47,4	454	173,7	399	17,7
Hot-Air-Levelling	0,9	1,0	0,8	1,9	0,9	0,70	0,53	5,23	16,1	1.431	15,0	244	18,3
Leiterbild-grundaufbau	2,0	2,0	2,3	1,4	2,0	0,43	0,83	0,77	11,9	1.733	23,7	1.593	65,2
Mechanik/ Kerbfrasen	0,9	0,9	0,9	1,6	0,9	1,49	0,55	1,01	13,5	564	12,1	412	8,5
Mechanik/ Konturfräsen	0,5	0,6	0,5	2,4	0,3	2,90	1,13	0,82	85,2	1.807	45,7	124	13,9

Tab. 7.1 (Fortsetzung)

Abteilung (Arbeitssystem)	Durchlaufzeitkennzahlen					Auftragszeitstrukturkennzahlen			Leistungskennzahlen		Bestandskennzahlen		
	R_m BKT	ZDL_{mg} BKT	ZDL_m BKT	ZDL_v –	ZDL_m* (FIFO) BKT	ZAU_m Std	ZAU_v –	ZW_m Std	L_m Std/BKT	n –	B_m Std	B_{rel} %	BA_m –
Mechanik/ Schneiden	2,7	3,2	3,1	1,4	1,9	1,44	1,15	0,79	2,1	89	5,7	138	4,2
Mechanik/ Stanzen	1,1	1,0	1,0	1,8	0,4	1,50	1,97	0,83	5,4	219	5,9	72	4,4
Pressen	1,9	2,0	1,7	1,3	1,8	1,50	0,68	0,17	10,6	435	19,7	831	11,5
Resistbeschichtung	2,0	2,2	1,9	1,8	2,0	0,32	0,67	1,37	13,4	2.603	26,5	1.442	75,0
Resiststrukturierung	0,9	0,9	0,9	1,3	0,8	0,60	0,67	0,42	27,1	2.558	23,4	846	34,5
Trochnen/Tempern	0,2	0,2	0,2	3,4	0,2	1,37	0,41	0,39	21,6	968	4,0	67	3,1
Zuschnitt	1,3	1,3	1,2	1,2	1,3	0,10	0,67	0,00	3,4	1.988	4,4	2.886	37,8
Zwischenprufüng	0,8	0,8	0,6	2,5	0,8	1,35	0,82	0,32	49,1	2.224	39,5	769	23,8

R_m mittlere Reichweite; L_m mittlere Leistung; ZDL_{mg} mittlere gewichtete Durchlaufzeit; n Anzahl Arbeitsvorgänge; ZDL_m mittlere Durchlaufzeit; B_m mittlerer Bestand; ZDL_v Variationskoeffizient der Durchlaufzeit; B_{rel} relativer Bestand; ZDL_m* (FIFO) berechnete mittlere Durchlaufzeit; BA_m mittlerer Bestand (Anzahl Aufträge); ZAU_m mittlere Auftragszeit; ZAU_v Variationskoeffizient der Auftragszeit; ZW_m mittlere technologisch bedingte Wartezeit; DK Durchkontaktieren

Die Mittelwerte der Durchlaufzeiten bewegen sich im Bereich von 0,2 bis 3,5 BKT. Besonders der an allen Arbeitssystemen sehr hohe Variationskoeffizient ZDL_v fällt auf. Ausgeprägte Reihenfolgevertauschungen fanden demzufolge offensichtlich an allen Arbeitssystemen statt. Die Mittelwerte der gemessenen Durchlaufzeit ZDL_m und die über die Kennlinientheorie berechneten Werte $ZDL_m *$ (FIFO) stimmten weitgehend überein bzw. wichen nur geringfügig voneinander ab. Demzufolge wurden die Reihenfolgevertauschungen offensichtlich überwiegend unabhängig vom Arbeitsinhalt der Aufträge durchgeführt. Diese Aussage deckt sich mit den Ergebnissen der Auftragsauswertung, die auf eine vorwiegend terminorientierte Priorisierung hinweisen. Allerdings gab es auch Ausnahmen: Die große Differenz zwischen den Kennzahlen am Arbeitssystem Bohrerei deutet auf eine Reihenfolgebildung anhand des Kriteriums Arbeitsinhalt in dieser Abteilung hin. Da der gemessene Wert der Durchlaufzeit größer ist als der berechnete, ist zu unterstellen, dass die Aufträge mit großem Arbeitsinhalt bevorzugt abgearbeitet wurden (LOZ-Abfertigungsregel; vgl. auch Abschn. 4.4). Ähnliches gilt für einige andere Arbeitssysteme, jedoch nicht in der ausgeprägten Form. Eine detaillierte Untersuchung hierzu findet sich in Abschn. 7.2.4.3.

Die Auftragszeitstrukturkennzahlen weisen auf sehr inhomogene Auftragszeitverteilungen an den einzelnen Arbeitssystemen hin. Besonders auffällig sind in diesem Zusammenhang die Arbeitssysteme Mechanik/Stanzen und Endprüfung, bei denen die Standardabweichung der Auftragszeit ca. doppelt so groß ist wie der zugehörige Mittelwert ($ZAU_v \approx 2$).

Die technologisch bedingten Wartezeiten ZW_m nehmen im Materialfluss eine sehr unterschiedliche Bedeutung ein. Dieser Zeitanteil ist überwiegend klein gegenüber der Auftragszeit. Bei den Abteilungen Resistbeschichtung und Hot-Air-Levelling ist er jedoch ca. 5- bzw. 7½-mal so groß wie ZAU_m und bestimmt an diesen Arbeitssystemen somit maßgeblich den idealen Mindestbestand.

Der Ressourcenverbrauch unterscheidet sich zwischen den einzelnen Abteilungen sehr stark. Allein in der Bohrerei (9 Einzelarbeitsplätze) wurde im Untersuchungszeitraum mit 251,4 Std/BKT etwa 1/3 der Gesamtleistung (762,7 Std/BKT) erbracht. Die gemessene Leistung ist dabei mit ca. 28 Std/BKT pro Einzelarbeitsplatz deutlich höher als die theoretische Grenze von 24 Std/BKT. Dies ist vorrangig auf eine Unterschreitung der Vorgabezeiten durch eine gegenüber der Planung erhöhte Packungsdichte beim Bohren zurückzuführen. Wird als Beurteilungskriterium der Systemleistung die Anzahl der abgearbeiteten Aufträge zugrundegelegt, so ist zu erkennen, dass einer größeren Anzahl von Abteilungen eine ähnliche Bedeutung wie der Bohrerei zugemessen werden muss.

Die Bestandskennzahlen und hier insbesondere die Angaben zum relativen Bestand schließlich bestätigen, dass viele Arbeitssysteme deutlich im Überlastbereich betrieben wurden. An 6 von 25 Abteilungen war der Bestand mehr als 10 Mal so groß wie der ideale Mindestbestand ($B_{rel} > 1.000$ %).

Insgesamt lag also eine Vielzahl unterschiedlicher Problemfelder in der Fertigung vor. Starke Reihenfolgevertauschungen an allen Arbeitssystemen, inhomogene Auftragszeitstrukturen und zum Teil lange technologisch bedingte Wartezeiten

Abteilung	ZDL$_m$*(FIFO)	n	n • ZDL$_m$*(FIFO)	relativer Anteil an der Auftragsdurchlaufzeit
	BKT	-	BKT	%
Resistbeschichtung	1,97	2603	5128	14,4
Leiterbildgrundaufbau	1,97	1733	3414	9,6
Entgraten	1,44	1835	2642	7,4
Beschichten/Stopplack	1,55	1704	2641	7,4
Zuschnitt	1,28	1988	2545	7,2
Resiststrukturierung	1,55	1479	2292	6,4
Elektrische Prüfung	0,84	2558	2149	6,0
Zwischenprüfung	0,77	2224	1712	4,8
Alkalisch Ätzen	0,85	1965	1670	4,7
Handgalvanik	3,20	454	1453	4,1
AOI-Innenlagen	1,50	929	1394	3,9
Hot-Air-Levilling	0,92	1431	1317	3,7
DK- Linie	0,66	1748	1154	3,2
Bohrerei	0,41	[illegible]	[illegible]	3,2
Trocknen/Tempern	0,16	968	856	0,4
Braunoxid/CU-Passivierung	0,36	417	150	0,4
Mechanik/Stanzen	0,35	219	77	0,2
		Summe	35583	100,0

~ 52% (Resistbeschichtung bis Resiststrukturierung)

ZDLm*FIFO berechnete mittlere Durchlaufzeit

n Anzahl abgearbeiteter Arbeitsvorgänge im Untersuchungszeitraum

BKT: Betriebskalendertag

IFA D5527

Abb. 7.9 Rangfolge der durchlaufzeitbestimmenden Arbeitssysteme

kennzeichnen die Produktionsabläufe. Die eigentliche Ursache für die langen Durchlaufzeiten und somit auch zentraler Ansatzpunkt zur Durchlaufzeitreduzierung war jedoch eindeutig das sehr hohe relative Bestandsniveau an einer größeren Anzahl von Arbeitssystemen.

7.2.4.2 Ermittlung der durchlaufzeitbestimmenden Arbeitssysteme

Basis für die Auswahl und -bewertung geeigneter Maßnahmen ist generell die Ermittlung der relevanten Arbeitssysteme mit den zuvor ausgewerteten Arbeitssystemkennzahlen. Da im Rahmen der dargestellten Untersuchung das Ziel der Reduzierung der Auftragsdurchlaufzeiten im Vordergrund stand, wurde zunächst eine Liste der durchlaufzeitbestimmenden Arbeitssysteme ermittelt (Abb. 7.9). Für alle Abteilungen wurde das Produkt aus mittlerer Durchlaufzeit und der Anzahl der an dem jeweiligen System abgearbeiteten Aufträge gebildet (vgl. hierzu die Ausführungen in Abschn. 7.1.2). Durch die Sortierung nach dem größten Wert für dieses Produkt und Normierung auf 100 % wird aufgezeigt, welche Systeme mit welchem prozentualen Anteil zur Auftragsdurchlaufzeit beitragen. Um den Einfluss von Reihenfolgeregeln zu eliminieren und die an späterer Stelle noch durchzuführende Abschätzung der vorhandenen logistischen Rationalisierungspotentiale zu erleichtern, wurde bei der Berechnung nicht auf den gemessenen Wert ZDL_m, sondern auf den Rechenwert $ZDL_m * (FIFO)$ (vgl. Gl. (4.40)) zurückgegriffen.

7.2.4.3 Detailanalysen für ausgewählte Arbeitssysteme

Der Liste der durchlaufzeitbestimmenden Arbeitssysteme in Abb. 7.9 lässt sich entnehmen, dass allein am Arbeitssystem Resistbeschichtung im Mittel über 14 % der Auftragsdurchlaufzeit verursacht wurde und insgesamt 52 % an den sechs erstgenannten Abteilungen. Gerade am System Resistbeschichtung lag ein hoher relativer Bestand vor, wie ein Vergleich mit den in Tab. 7.1 dargestellten Kennzahlen zeigt. Maßnahmen zur Durchlaufzeitreduzierung sollten demzufolge vorrangig an diesen Arbeitssystemen ansetzen. Bevor jedoch über mögliche Maßnahmen und ihre Bedeutung für die gesamte Auftragsdurchlaufzeit eingegangen wird, sollen zunächst Detailergebnisse von diesem und zwei weiteren ausgewählten Arbeitssystemen vorgestellt werden. Die Auswahl dieser Arbeitssysteme erfolgte gezielt für solche Systeme, die aus logistischer Sicht eine sehr unterschiedliche Charakteristik aufwiesen.

Arbeitssystem Resistbeschichtung Bei der Resistbeschichtung wird eine photosensitive Folie auf die Leiterplatte aufgetragen, die das nachfolgende Arbeitssystem (Resiststrukturierung) belichtet und entwickelt. Die besondere Bedeutung des Arbeitssystems aus logistischer Sicht wurde bei der Ermittlung der durchlaufzeitbestimmenden Arbeitssysteme herausgestellt. Die gemessene mittlere Durchlaufzeit an dem Arbeitssystem betrug 1,90 BKT, der über die Kennlinientheorie berechnete reihenfolgeunabhängige Durchlaufzeitwert 1,97 BKT. Der Einfluss auf die Auftragsdurchlaufzeit (durchschnittlich 17,1 BKT) war überproportional hoch. Zurückzuführen ist dies nicht nur auf den relativ hohen Durchlaufzeitwert, sondern auch darauf, dass die Resistbeschichtung sowohl bei allen Leiterplatten wie auch bei den Innenlagen der Multilayer erfolgt. Dadurch ist die Anzahl der zu bearbeitenden Aufträge im Vergleich zu den meisten anderen Arbeitssystemen besonders groß.

In Abb. 7.10 ist das Durchlaufdiagramm mit dem Zugang, dem Abgang und dem Bestand über der Zeit dargestellt. Dem Diagramm lässt sich entnehmen, dass im gesamten Untersuchungszeitraum eine annähernd konstante Leistung erbracht wurde. Die Belastung des Arbeitssystems, beschrieben über den Zugangsverlauf, verhielt sich hingegen nicht so gleichmäßig: Während im ersten Drittel des Untersuchungszeitraumes Zu- und Abgang parallel verliefen, reduzierte sich die Belastung zwischen BKT 183 und BKT 190 kontinuierlich. Anschließend waren Zu- und Abgang über ca. 10 BKT wieder gut aufeinander abgestimmt; ab BKT 200 erhöhte sich jedoch der Zugang wieder deutlich.

Das Ergebnis der Belastungsstreuung einerseits und der konstanten Leistung andererseits dokumentiert sich im Bestandsverlauf (Abb. 7.11): Bis zum BKT 190 reduzierte sich der Bestand von ca. 50 Std auf etwa 5 Std. Anschließend verharrte der Bestand über ca. 10 BKT auf diesem Niveau, ab BKT 200 wurde der Bestand dann kontinuierlich wieder aufgebaut. Besonders bemerkenswert ist, dass der geringe Bestand in der Mitte des Untersuchungszeitraums offenbar noch ausreichte, um das Arbeitssystem permanent mit Arbeit zu versorgen.

Zusätzlich zum Bestandsverlauf ist in Abb. 7.11 neben dem mittleren Bestand auch der berechnete ideale Mindestbestand eingetragen ($BI_{min} = 1,8$ Std). Die Graphik

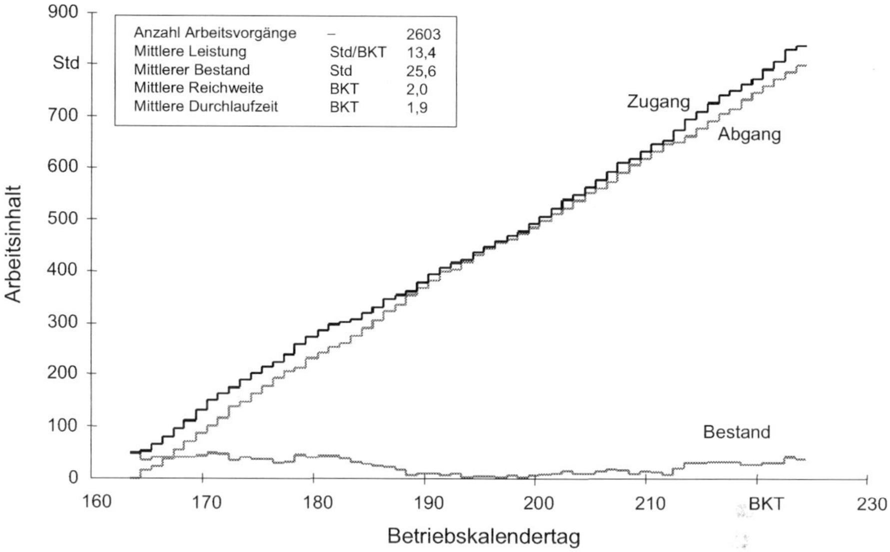

IFA D5023

Abb. 7.10 Durchlaufdiagramm für das Arbeitssystem Resistbeschichtung

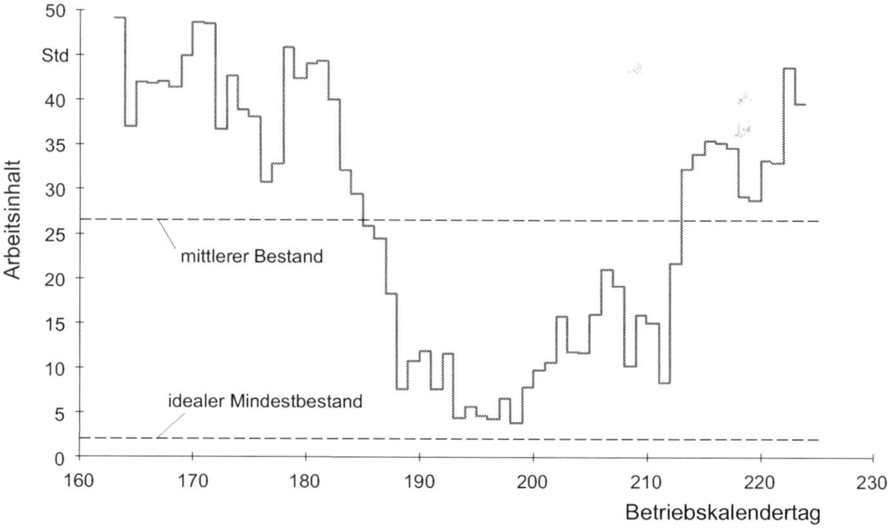

IFA D5024b

Abb. 7.11 Bestandsverlauf am Arbeitssystem Resistbeschichtung

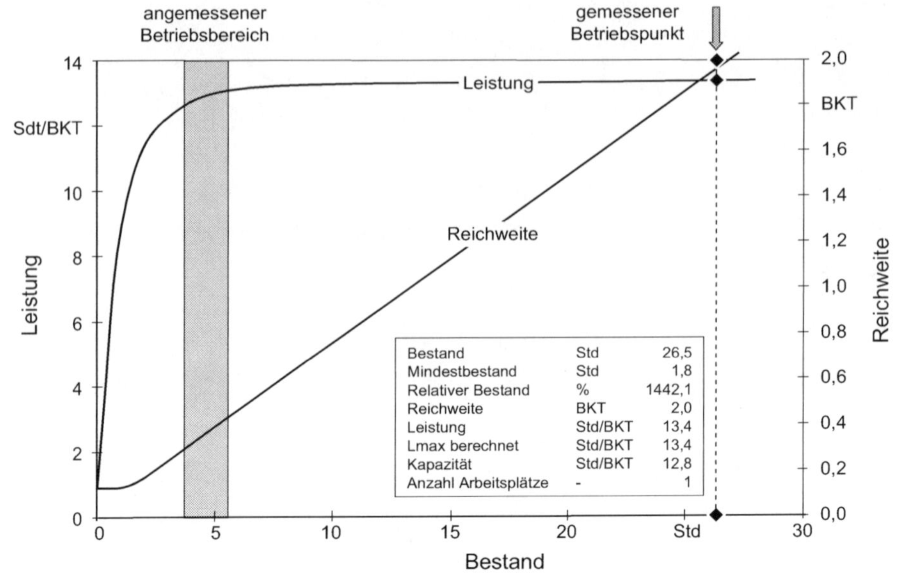

IFA D5025

Abb. 7.12 Produktionskennlinien für das Arbeitssystem Resistbeschichtung

besagt, dass der Bestand zu jedem Zeitpunkt – auch in der Mitte des Untersuchungszeitraumes – größer war als der ideale Mindestbestand. Die Analyseergebnisse deuten insgesamt darauf hin, dass der vorliegende mittlere Bestand von durchschnittlich 26,5 Std deutlich höher war als das zur Aufrechterhaltung der Leistungsbereitschaft erforderliche Niveau. Zur Quantifizierung dieser Aussage und insbesondere auch zur Ableitung einer Ziel-Durchlaufzeit bietet sich der Einsatz der Produktionskennlinien an.

Die berechneten Produktionskennlinien für Leistung und Reichweite sowie die erfassten Kennwerte für Leistung, Reichweite und Bestand sind in Abb. 7.12 dargestellt. Die neben dem idealen Mindestbestand für die Kennlinienberechnung benötigte maximal mögliche Leistung L_{max} wurde mit dem in Abschn. 6.3.2 beschriebenen Newtonschen Näherungsverfahren berechnet. Zusätzlich ist ein *angemessener Betriebsbereich* für diese Kennzahlen eingetragen. Die Grenzen dieses Bereichs wurden in Absprache mit dem Unternehmen durch das zweifache bzw. dreifache des idealen Mindestbestandes festgelegt.

Die Kennlinien besagen, dass an diesem System auch ein Bestand von 5 Stunden noch ausreicht, um bestandsbedingte Auslastungsverluste weitgehend zu verhindern. Diese Aussage konnte durch den Realprozess bestätigt werden (s. o.). Gelingt es dem Unternehmen, dieses Bestandsniveau mittel- und langfristig einzuhalten, so können damit die mittlere Reichweite und auch die mittlere Durchlaufzeit (die beiden Werte unterscheiden sich an diesem System nur geringfügig) um ca. 1,6 BKT verringert werden. Da, wie bereits ausgeführt wurde, alle Leiterplatten an diesem Arbeitssystem bearbeitet werden, folgt daraus, dass sich auch die mittlere Auftragsdurchlaufzeit um diesen Wert verringern lässt (von 17,1 BKT auf 15,5 BKT). Durch die gezielte Bestandsreduzierung an nur einem Arbeitssystem lässt sich somit eine Reduzierung der Auftragsdurchlaufzeit um ca. 10 % realisieren.

Um die vorhandenen logistischen Rationalisierungspotentiale durchsetzen zu können, kommen an dem Arbeitssystem prinzipiell nur zeitlich begrenzte Kapazitätsanpassungsmaßnahmen oder eine zeitliche bzw. lokale Verlagerung der Belastung in Betracht (vgl. Abschn. 7.1.3). Die erste der beiden genannten Alternativen ist in diesem Fall anzustreben. Dafür spricht der Terminverzug in der Auftragsfertigstellung, der eine kurzfristige Kapazitätserhöhung rechtfertigt. Da an dem Arbeitssystem im Untersuchungszeitraum zudem noch nicht – wie an vielen anderen Arbeitssystemen – im Dreischichtbetrieb gearbeitet wurde, sind die Möglichkeiten einer Kapazitätserhöhung grundsätzlich gegeben. Es ist jedoch vorab zu überprüfen, welche Folgewirkungen sich an den weiteren Arbeitssystemen im Materialfluss ergeben werden und ob sich der gewünschte Effekt tatsächlich einstellen kann. Stellt beispielsweise eines der nachfolgenden Systeme einen kapazitiven Engpass dar, wird sich der Bestand in der Fertigung lediglich verschieben. Die lokale Optimierung des Abfertigungsverhaltens bewirkt dann keine Verbesserung der Gesamtsituation.

Ein Materialflussdiagramm hilft, die möglichen Folgen einer Maßnahme zu bewerten und bei Bedarf Anschlussmaßnahmen abzuleiten. Abb. 7.13 zeigt die Position des Arbeitssystems Resistbeschichtung im Auftragsdurchlauf. Es wird deutlich, dass sich eine zeitlich begrenzte Kapazitätserhöhung unmittelbar im Zugangsverhalten des nachfolgenden Arbeitssystems (hier der Resiststrukturierung) niederschlagen wird. Eine kurzfristige Kapazitätserhöhung und eine anschließende flexible Kapazitätsanpassung an den Auftragseingang muss sich also auch auf dieses und in Grenzen auch auf die weiteren Systeme erstrecken können, um den erwünschten Effekt erzielen zu können. Ist dies nicht möglich, kann der Bestand nur durch eine zeitweilige Drosselung des Auftragszugangs gesenkt werden.

Arbeitssystem Hot-Air-Levelling Am Arbeitssystem Hot-Air-Levelling wird zum Schutz der Kupferflächen (im Wesentlichen der Leiterbahnen und der Bohrungen) sowie zur Verbesserung der Lötbarkeit bei der späteren Bestückung eine Blei/Zinn-Legierung aufgebracht. Dabei werden die folgenden Verfahrensschritte durchlaufen:

- Reinigung der Leiterplatten
- Auftragen von Flussmittel
- Befestigung der Leiterplatten an Trägern
- Eintauchen in ein Blei/Zinn-Bad
- Abblasen der überschüssigen Blei/Zinn-Legierung mit Luft; Freiblasen der Bohrlöcher
- Reinigung der Leiterplatten

Für die kennliniengestützte Prozessbeurteilung ist es von Bedeutung, dass von diesen Prozessschritten im Arbeitsplan nur der Teilprozess „Abblasen…“ mit einer Einzelzeit versehen wurde. Begründet wird diese Vorgehensweise damit, dass dieser Teilprozess den kapazitiven Engpass innerhalb dieser Kette darstellt. Um die übri-

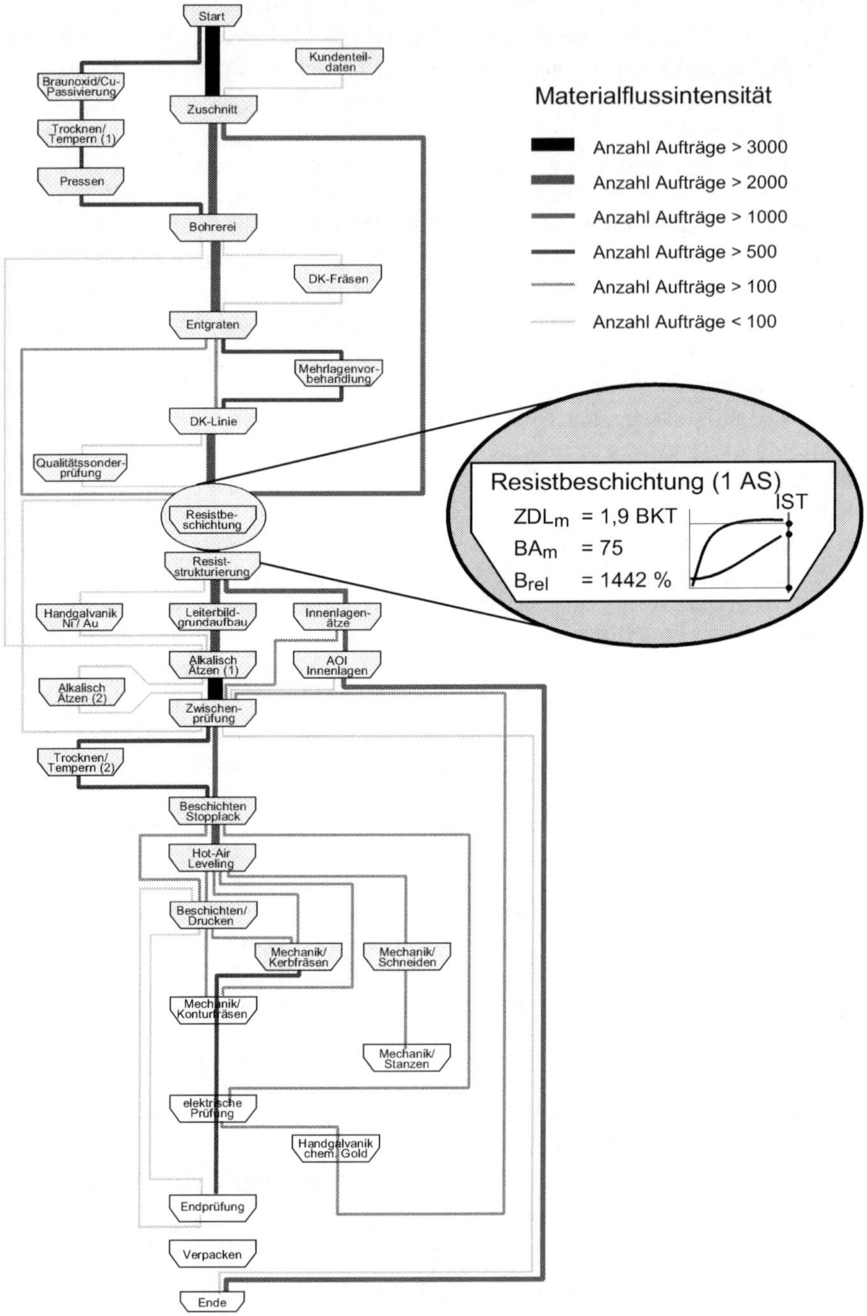

IFA D4906d

Abb. 7.13 Materialflussdiagramm der untersuchten Leiterplattenfertigung

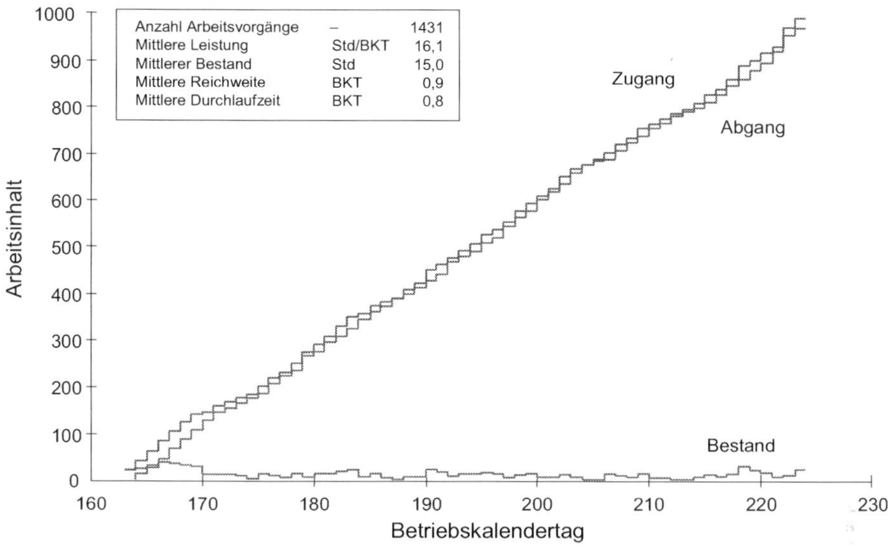

IFA D5381

Abb. 7.14 Durchlaufdiagramm für das Arbeitssystem Hot-Air-Levelling

gen Verfahrensschritte dennoch in der Durchlaufplanung berücksichtigen zu können, wurden die hierfür benötigten Prozesszeiten als technologisch bedingte Wartezeiten behandelt.

Der relative Bestand betrug an dem Arbeitssystem 244 % (vgl. Tab. 7.1). Demzufolge muss das Arbeitssystem im Übergangsbereich der Produktionskennlinien betrieben worden sein. Die Detailanalysen bestätigen diese Aussage. Das Durchlaufdiagramm (Abb. 7.14) zeigt, dass der Abgang dem leicht schwankenden Zugang überwiegend unmittelbar folgte, so dass sich – von kurzen Ausnahmen abgesehen – kein größerer Bestand aufbauen konnte.

Der in Abb. 7.15a abgebildete Bestandsverlauf bestätigt die Aussagen zur Höhe des Bestandsniveaus. Der ideale Mindestbestand wurde zeitweilig unterschritten. Vereinzelt werden daher bestandsbedingte Maschinenstillstände vorgelegen haben. Interessanterweise kann diese Aussage nicht getroffen werden, wenn der Bestand statt in Vorgabestunden in Anzahl Aufträge gemessen und angegeben wird (Abb. 7.15). Auch in den Phasen der Unterauslastung befinden sich immer mehrere Aufträge an dem System. Bei der Interpretation dieses Sachverhaltes ist zu bedenken, dass nur bei einem von sechs Verfahrensschritten eine Einzelzeit im Arbeitsplan angegeben wurde. Die erforderlichen Prozesszeiten der übrigen fünf Verfahrensschritte, die über die technologisch bedingten Wartezeiten abgebildet werden, sind zwar kapazitiv unkritisch, aus Sicht der Mindestdurchlaufzeit und auch des idealen Mindestbestandes nehmen sie jedoch eine weit größere Bedeutung ein als die Auftragszeit ($ZW_m \approx 7{,}5 \cdot ZAU_m$). Aufträge, die sich zu einem bestimmten Zeitpunkt z. B. beim Reinigungsvorgang befinden, werden zwar für das Gesamtsystem

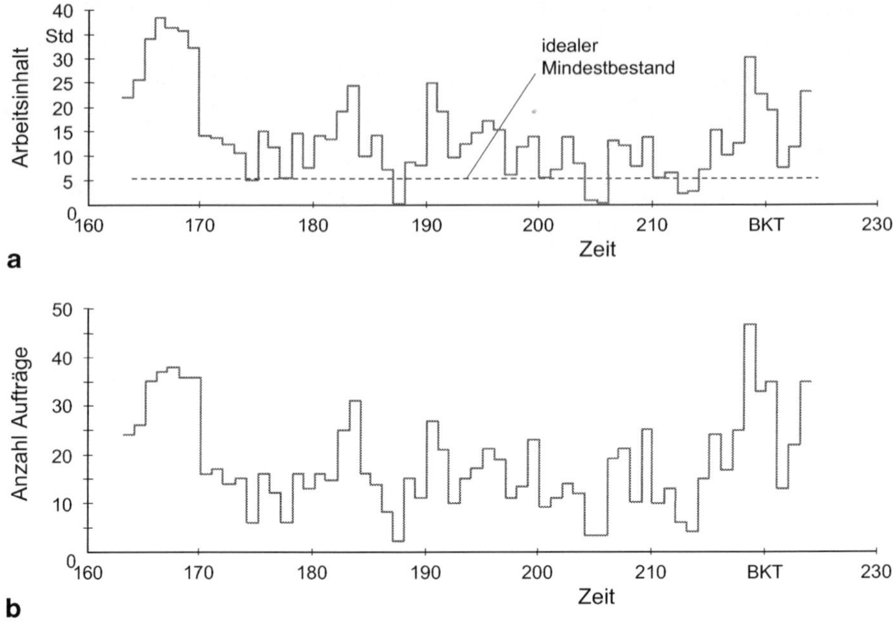

IFA D5379

Abb. 7.15 Bestandsverlauf am Arbeitssystem Hot-Air-Levelling. **a** Bestand [Vorgabestunden], **b** Bestand [Anzahl Aufträge]

als Bestand erfasst, sie stehen in dem Moment jedoch noch nicht (bzw. beim zweiten Reinigungsvorgang nicht mehr) zur Bearbeitung am Teilprozess „Abblasen…“ zur Verfügung. Zur Sicherung der Auslastung ist es daher erforderlich, dass sich immer mehrere Aufträge im Bestand des Gesamtsystems befinden.

Durch die berechneten Produktionskennlinien (Abb. 7.16) werden die zuvor getroffenen Aussagen unterstrichen. Der gemessene Betriebspunkt liegt im *angemessenen Betriebsbereich,* der wiederum durch das zwei- bzw. dreifache des idealen Mindestbestandes begrenzt wurde. Auslastungsunschädliche Durchlaufzeit- und Bestandsreduzierungen lassen sich am diesem System offensichtlich nur dann realisieren, wenn die technologisch bedingten Wartezeiten deutlich reduziert werden können. Angesichts der Vielzahl von Arbeitssystemen, an denen der relative Bestand ungleich höher ist als an diesem System und des relativ geringen Anteils an der Auftragsdurchlaufzeit von 3,7 % (Abb. 7.9), erscheint es jedoch nicht sinnvoll, solche Maßnahmen vorrangig zu betreiben. Vielmehr sollten zunächst die vorhandenen logistischen Rationalisierungspotentiale an den im Überlastbereich betriebenen Arbeitssystemen durch gezielte Bestandssteuerungsmaßnahmen ausgeschöpft werden.

Arbeitssystem Bohrerei Auch das Arbeitssystem Bohrerei, an dem das Lochbild der Leiterplatten erstellt wird, ist für die Auftragsdurchlaufzeit an sich von untergeordneter Bedeutung. Das System wird im Unterlastbereich betrieben, der relative

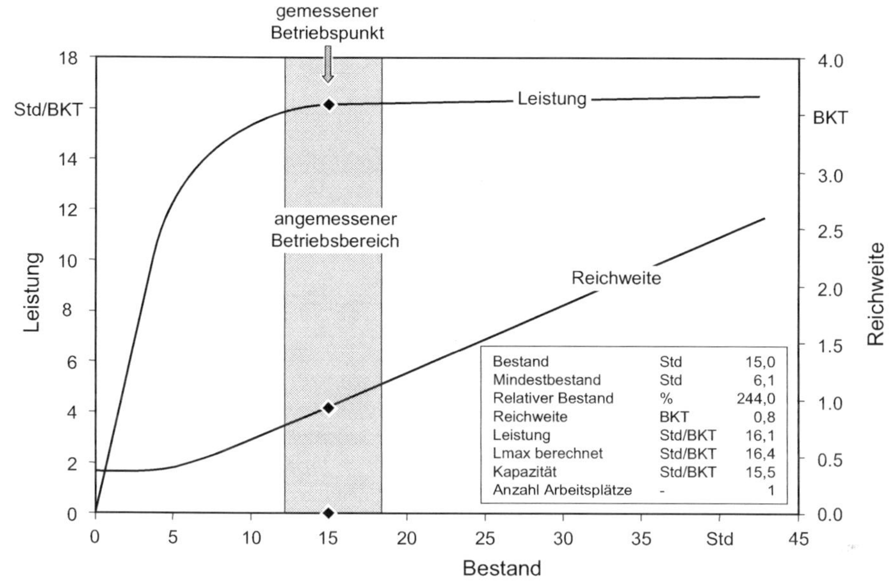

IFA D5380

Abb. 7.16 Produktionskennlinien für das Arbeitssystem Hot-Air-Levelling

Bestand beträgt lediglich 103 %. Dennoch soll gerade die Durchlaufzeit und hier vor allem ihre Beeinflussung durch das Abfertigungsverhalten näher untersucht werden.

Bei der Diskussion der Arbeitssystemkennzahlen (Tab. 7.1) wurde der sehr große Unterschied zwischen der gemessenen und der über die Kennlinientheorie berechneten Durchlaufzeit hervorgehoben ($ZDL_m = 1,0BKT, ZDL_m * (FIFO) = 0,4BKT$). Unterschiede zwischen den Kennzahlen in dieser Größenordnung lassen sich prinzipiell nur durch Abarbeitungsreihenfolgen erklären, die maßgeblich durch die Auftragszeiten geprägt sind. Das in Abb. 7.17 abgebildete Untersuchungsergebnis einer Korrelationsanalyse unterstreicht diese Aussage. Dargestellt ist der Zusammenhang zwischen der Auftragszeit und der gemessenen Durchlaufzeit. Jeder Messpunkt repräsentiert ca. 5 % aller an dem System abgearbeiteten Aufträge. Weiterhin ist die mittlere Übergangszeit eingetragen, die laut Kennlinientheorie bei dem gemessenen Betriebspunkt unter der Annahme einer Abfertigung nach dem FIFO-Prinzip vorliegt. Addiert man auf diese Übergangszeit noch die Durchführungszeit ZDF, so ergibt sich damit der Verlauf der Durchlaufzeit bei einer FIFO-Abfertigung als Funktion der Auftragszeit.

Die Graphik zeigt, dass die Aufträge mit großem Arbeitsinhalt offensichtlich unmittelbar nach dem Zugang bearbeitet werden und somit sehr geringe Durchlaufzeiten aufweisen. Aufgrund der nur tagesgenauen Rückmeldung beträgt die gemessene Durchlaufzeit bei vielen dieser Aufträge 0 BKT, die berechnete Übergangszeit ($ZUE = ZDL - ZDF$) ist in diesen Fällen negativ. Bei ca. 15 % aller Aufträge (repräsentiert durch die drei letzten Messpunkte) ist als Folge dieses Verhaltens die Durchlaufzeit gegenüber der Abfertigungsregel FIFO deutlich reduziert.

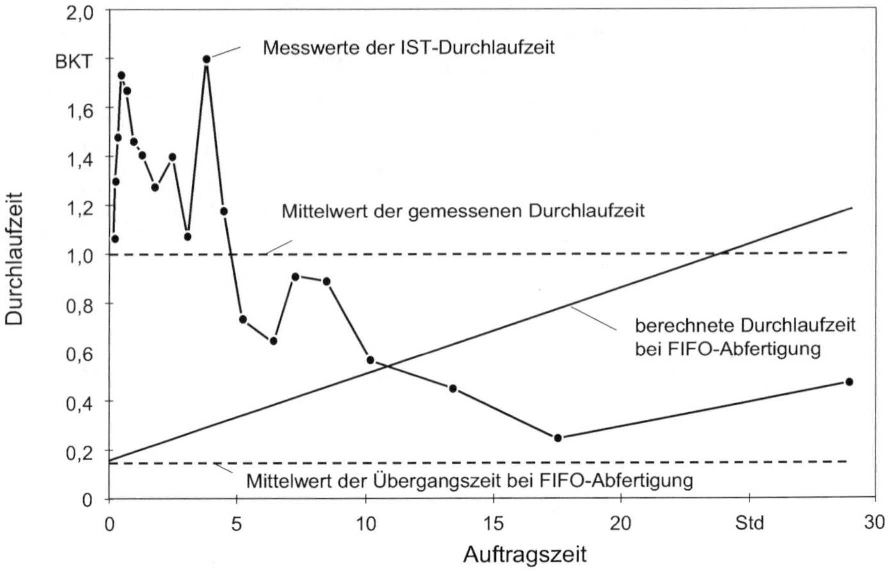

IFA D5384

Abb. 7.17 Durchlaufzeit in Abhängigkeit der Auftragszeit am Arbeitssystem Bohrerei

Die Aufträge mit geringem Arbeitsinhalt hingegen werden zwangsläufig in der Bearbeitung zurückgestellt. Der Mittelwert der Durchlaufzeit für die Aufträge mit einem Arbeitsinhalt von bis zu 4 Stunden ist erheblich größer als der Gesamtmittelwert von 1,0 BKT. Noch deutlicher fällt der Unterschied zur Durchlaufzeit bei einer FIFO-Abfertigung aus. Der in der Graphik dargestellte Verlauf der Messwerte ist somit Ausdruck einer Abfertigungsreihenfolge, die in weiten Teilen dem LOZ-Prinzip entspricht. Ergänzend ist anzumerken, dass in der Bohrerei neun weitgehend baugleiche Arbeitssysteme zur Verfügung stehen. Große Aufträge behindern sich daher nicht gegenseitig in der bevorzugten Abarbeitung. Dadurch wird die sehr ausgeprägte Form des Abfertigungsverhaltens unterstützt.

Die Graphik sowie die aus der Kennlinientheorie abgeleiteten Kennzahlen lassen noch eine weitere Aussage zu: Wird an diesem Arbeitssystem eine auftragszeitunabhängige Abarbeitungsreihenfolge sichergestellt, so kann durch diese Maßnahme die mittlere Durchlaufzeit um ca. 0,6 BKT reduziert werden. Da mit Ausnahme der Innenlagen alle Aufträge über dieses Arbeitssystem laufen müssen, ist ein ähnlich großer Effekt auch bei der Auftragsdurchlaufzeit zu erwarten.

7.2.5 Quantifizierung der logistischen Rationalisierungspotentiale

Ein Unternehmen kann seine Ziele häufig mit mehreren alternativen Maßnahmen erreichen. Die Diskussion der Detailergebnisse zeigte für jedes ausgewählte Arbeitssystem unterschiedliche Ansatzpunkte zur Durchlaufzeitreduzierung. Eine Auswahl geeigneter Maßnahmen kann auf der Basis einer Aufwands-Nutzen-Analyse getroffen werden. Eine Vorgehensweise zur Beurteilung der erreichbaren Verbesserungen wird nachfolgend vorgestellt.

Maßnahmen zur Durchlaufzeitreduzierung sollten prinzipiell vorrangig an den Arbeitssystemen ansetzen, an denen ein hoher relativer Bestand vorliegt. Es wird für die folgenden Betrachtungen unterstellt, dass es möglich ist, ausschließlich durch gezielte Belastungs- und/oder Kapazitätssteuerungsmaßnahmen einen über eine logistische Positionierung vorgegebenen Bestandswert zu erreichen. Durch einen Vergleich der gemessenen Kennzahlen mit den aus der Positionierung ableitbaren Zielwerten lässt sich dann aufzeigen, in welchem Umfang sich die mittlere Auftragsdurchlaufzeit auch ohne weitere Eingriffe in die technischen, kapazitiven und dispositiven Rahmenbedingungen reduzieren lässt.

Zur Berechnung der mittleren Ziel-Durchlaufzeit $ZDL_{m,Ziel}$ pro Arbeitssystem werden die folgenden, aus der Kennlinientheorie abgeleiteten Gleichungen verwendet. Nach einer Anpassung der Gl. (4.40) an die hier vorliegende Fragestellung und unter Einbeziehung der Gl. (2.5) und (2.6) ergibt sich zunächst für $ZDL_{m,Ziel}$:

$$ZDL_{m,Ziel} = R_{m,Ziel} - \frac{ZAU_m \cdot ZAU_v^2 \cdot AAP}{L_{\max}} \tag{7.2}$$

mit

$ZDL_{m,Ziel}$	Mittlere Ziel-Durchlaufzeit [BKT]
$R_{m,Ziel}$	Mittlere Ziel-Reichweite [BKT]
ZAU_m	Mittlere Auftragszeit [Std]
ZAU_v	Variationskoeffizient der Auftragszeit [-]
L_{max}	Maximal mögliche Leistung [Std/BKT]
AAP	Anzahl Arbeitsplätze [-]

Bei der Umwandlung von Durchführungszeit- in Auftragszeitstrukturkennzahlen wurde berücksichtigt, dass ein Arbeitssystem aus mehreren Einzelarbeitsplätzen bestehen kann. Da die maximal mögliche Leistung L_{max} in der Regel für das Gesamtsystem angegeben wird, ist eine Umrechung dieser Angabe auf einen Einzelarbeitsplatz erforderlich. Nur so ist es möglich, die Auftragszeit sinnvoll in die Durchführungszeit zu überführen.

Die *Ziel-Reichweite* lässt sich auch über die Trichterformel beschreiben:

$$R_{m,Ziel} = \frac{B_{m,Ziel}}{L_{m,Ziel}} \tag{7.3}$$

mit

$R_{m,Ziel}$	Mittlere Ziel-Reichweite [BKT]
$B_{m,Ziel}$	Mittlerer Ziel-Bestand [Std]
$L_{m,Ziel}$	Mittlere Ziel-Leistung [Std/BKT]

Unter Einbeziehung der Normierungsgrößen relativer Bestand B_{rel} und mittlere Auslastung A_m folgt für $R_{m,Ziel}$:

$$R_{m,Ziel} = \frac{B_{rel,Ziel}}{A_{m,Ziel}} \cdot \frac{BI_{\min}}{L_{\max}} \tag{7.4}$$

mit

$R_{m,Ziel}$ Mittlere Ziel-Reichweite [BKT]
$B_{rel,Ziel}$ Relativer Ziel-Bestand [%]
BI_{min} Idealer Mindestbestand [Std]
$A_{m,Ziel}$ Mittlere Zielauslastung [%]
L_{maxl} Maximal mögliche Leistung [Std/BKT]

Für die *Ziel-Durchlaufzeit* ergibt sich damit:

$$ZDL_{m,Ziel} = \frac{B_{rel,Ziel}}{A_{m,Ziel}} \cdot \frac{BI_{\min}}{L_{\max}} - \frac{ZAU_m \cdot ZAU_v^2 \cdot AAP}{L_{\max}} \tag{7.5}$$

mit

$ZDL_{m,Ziel}$ Mittlere Ziel-Durchlaufzeit [BKT]
$B_{rel,Ziel}$ Relativer Ziel-Bestand [%]
BI_{min} Idealer Mindestbestand [Std]

$A_{m,Ziel}$ Mittlere Zielauslastung [%]
L_{maxl} Maximal mögliche Leistung [Std/BKT]
ZAU_m Mittlere Auftragszeit [Std]
ZAU_v Variationskoeffizient der Auftragszeit [-]
L_{max} Maximal mögliche Leistung [Std/BKT]
AAP Anzahl Arbeitsplätze [-]

Die für die Berechnung der Ziel-Durchlaufzeit benötigten Kennzahlen sind überwiegend als Ergebnis der durchgeführten Engpassorientierten Logistikanalyse bekannt. Die zusätzlich erforderlichen Zielwerte für $B_{rel,Ziel}$ und $A_{m,Ziel}$ lassen sich arbeitssystemspezifisch über die logistische Positionierung ermitteln.

Zur Quantifizierung der vorhandenen logistischen Rationalisierungspotentiale wurde nun für alle Arbeitssysteme ein relativer Bestand von $B_{rel} \leq 250$ % vorgegeben. Bei diesem Bestandswert beträgt die mittlere Auslastung A_m ca. 98 % (für $\alpha_1 = 10$), wie sich aus den normierten Produktionskennlinien entnehmen lässt. Auf der Grundlage der so definierten Zielsetzung sowie der gemessenen Prozesskennzahlen lassen sich nun die Ziel-Durchlaufzeiten für alle Arbeitssysteme bestimmen. Das Ergebnis der durchgeführten Berechnungen ist zusammenfassend in Abb. 7.18 dargestellt. Es wurde dabei für alle Arbeitssysteme, bei denen der relative Bestand im Untersuchungszeitraum größer als der angegebene Grenzwert war, eine Ziel-Durchlaufzeit mit Hilfe der Gl. (7.5) berechnet. Für die anderen Arbeitssysteme wurde $ZDL_{m,Ziel}$ der berechneten Durchlaufzeit des Ist-Zustandes ($ZDL_m *$ (FIFO)) gleichgesetzt. Mit dieser Vorgehensweise wird erreicht, dass sowohl für den Ist-Zustand wie auch die angegebenen Zielwerte der Einfluss von Abarbeitungsreihenfolgen auf die Durchlaufzeit unberücksichtigt bleibt. Weiterhin wurde das

Arbeitssystem	IST-Werte				Ziel-Werte	
	B_{rel}	ZDL_m	n	$ZDL_m \cdot n$	$ZDL_{m,Ziel}$	$TTP_{m,Ziel} \cdot n$
	%	BKT	-	BKT	BKT	BKT
Resistbeschichtung	1442	1,97	2603	5128	0,34	882
Leiterbildgrundaufbau	1593	1,97	1733	3414	0,29	509
Entgraten	1110	1,44	1835	2642	0,32	585
Beschichten/Stopplack	1328	1,55	1704	2641	0,27	452
Zuschnitt	2886	1,28	1988	2545	0,10	198
Elektrische Prüfung	491	1,55	1479	2292	0,77	1141
Resiststrukturierung	846	0,84	2558	2149	0,24	610
Zwischenprüfung	769	0,77	2224	1712	0,23	508
Alkalisch Ätzen	377	0,85	1965	1670	0,55	1978
Handgalvanik	399	3,20	454	1453	1,86	844
AOI-Innenlagen	1615	1,50	929	1394	0,22	201
Hot Air Levelling	244	0,92	1431	1317	0,92	1317
DK-Line	672	0,66	1748	1154	0,24	416
Bohrerei	103	0,41	2793	1145	0,41	1145
Endprüfung	134	0,37	2314	856	0,37	856
Pressen	831	1,80	435	783	0,50	219
Innanlagenätze	329	0,99	679	672	0,71	484
Mechanik Konturfräsen	124	0,34	1807	614	0,34	614
Beschichten/Drucken	101	0,41	1439	590	0,41	590
Mechanik/Kerbfräsen	412	0,87	564	491	0,52	293
DK-Fräsen	280	1,43	262	375	1,25	327
Mechanik/Schneiden	138	1,85	89	165	1,85	165
Trocknen/Tempern	67	0,16	968	155	0,16	155
Braunoxid/Cu-Passivierung	136	0,36	417	150	0,36	150
Mechanik/Stanzen	72	0,35	219	77	0,35	77
Summenwerte				35583		13814
				100%		39%

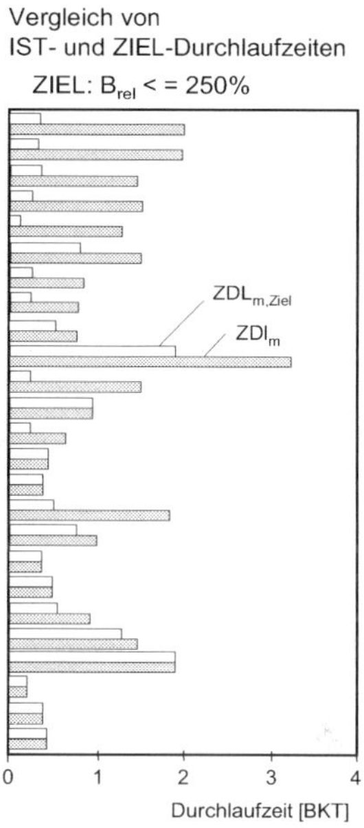

BKT : Betriebskalendertag

B_{rel} : relativer Bestand
B_m : mittlerer Bestand
Bl_{min} : idelaler Mindestbestand
n : Anzahl Aufträge
ZDL_m : mittlere Durchlaufzeit
$ZDL_{m,Ziel}$: mittlere Ziel-Durchlaufzeit

IFA D5539b

Abb. 7.18 Abschätzung vorhandener logistischer Rationalisierungspotentiale

Produkt aus mittlerer Durchlaufzeit und der an den jeweiligen Arbeitssystemen abgearbeiteten Aufträge gebildet. Über den Summenwert dieser Spalte wird nach Gl. (7.1) auch die potentielle Summe der Auftragsdurchlaufzeiten beschrieben. Die Einschränkung „potentiell" resultiert hier aus den Voraussetzungen der zugrundeliegenden Berechnungsgleichungen (eingeschwungener Prozesszustand und eine Abfertigung nach dem FIFO-Prinzip).

Der Vergleich der beiden Summenwerte zeigt, dass sich bei ansonsten unveränderten Bedingungen die Auftragsdurchlaufzeit in dem Unternehmen um ca. 61 % (und somit von 17,1 auf 6,6 BKT) reduzieren lässt, wenn es gelingt, die jeweiligen Zielwerte der Durchlaufzeit zu erreichen. Dabei sind die möglichen Potentiale, die sich durch eine Änderung des Abfertigungsverhaltens, die Harmonisierung von Auftragszeiten bzw. die Reduzierung technologisch bedingter Wartezeiten erschließen lassen (siehe vorhergehenden Abschnitt), noch nicht berücksichtigt.

Zur Erschließung dieser Rationalisierungspotentiale ist ein permanentes Controlling erforderlich. Nur dann besteht die Möglichkeit, Ziel- und Ist-Werte fortlaufend zu verfolgen und aus den bestehenden Abweichungen und der Kenntnis der vorliegenden Rahmenbedingungen systemspezifisch geeignete Maßnahmen abzuleiten.

In diesem Zusammenhang kommt auch der logistischen Positionierung eine besondere Bedeutung zu. Hierbei werden in Abhängigkeit von den Auftragszeit- und Kapazitätsstrukturen, den geforderten Lieferzeiten, dem Kapazitätsbedarf sowie der Kostenstruktur die anzustrebenden Betriebspunkte für die Arbeitssysteme festgelegt. Damit liegen dann auch zielkonforme und realistische Sollwerte für die PPS-Anwendungen vor. Schließlich sind die Mitarbeiter in den Grundlagen der Produktionslogistik und der PPS zu schulen, so dass diese auch in unvorhersehbaren Situationen in der Lage sind, den Produktionsprozess immer wieder entsprechend der Zielsetzung auszurichten. Erst wenn die vorhandenen Potentiale weitgehend ausgeschöpft sind, sollten in einem nächsten Schritt die Barrieren abgebaut werden, die eine weitergehende Bestands- und Durchlaufzeitreduzierung behindern. Hier sind vorrangig die Reduzierung technisch bedingter Wartezeiten sowie die Reduzierung und Harmonisierung der Auftragszeiten zu nennen.

7.2.6 Anwendungserfahrungen

Das Unternehmen hat unmittelbar im Anschluss an die Untersuchung einige der vorgeschlagenen Maßnahmen umgesetzt. In einem ersten Schritt wurden die im PPS-System geführten Soll-Durchlaufzeiten korrigiert. Weiterhin erfolgt der Auftragseinstoß nicht mehr nach Auslastungskriterien, sondern vorrangig nach dem tatsächlichen Planbeginntermin. Zusätzlich wurde eine Mitarbeiterschulung durchgeführt. Schon durch dieses Maßnahmenpaket konnte die Terminsicherheit deutlich erhöht werden. Die Termintreue verbesserte sich bei einem zulässigen Toleranzbereich von ±2 Tagen von ursprünglich 28 % auf 76 % bei weiter steigender Tendenz. Unterstützt wurde dieser Erfolg durch die drastische Stabilisierung der Durchlaufzeiten (Abb. 7.19).

In einem zweiten Schritt wurde sechs Monate später ein Monitorsystem eingeführt, welches sowohl zur Prozessbewertung wie auch zur logistischen Positionierung (Festlegung von Soll-Durchlaufzeiten und -Beständen) eingesetzt wird. Vorrangig wird mit diesen Maßnahmen die Reduzierung der Auftragsdurchlaufzeiten und indirekt die weitere Erhöhung der Termintreue angestrebt. Die schon im Folgequartal erreichte Durchlaufzeitreduzierung von 33 % (von 19,5 auf 13,0 Tage) für die exemplarisch ausgewählte Produktgruppe (DK) entspricht zwar noch nicht der Zielsetzung, die erreichten Zwischenergebnisse zeigen jedoch, dass sich das Unternehmen auf dem richtigen Weg befindet, um die Liefertreue und Lieferfähigkeit nachhaltig zu stärken.

7.3 Anwendung der Engpassorientierten Logistikanalyse in einer Leiterplattenbestückung

Auch das zweite Anwendungsbeispiel für die Engpassorientierte Logistikanalyse entstammt der Elektronikbranche. Untersucht wurde der Produktionsbereich Leiterplattenbestückung eines Messgeräteherstellers. Die produzierten Leiterplatten mit

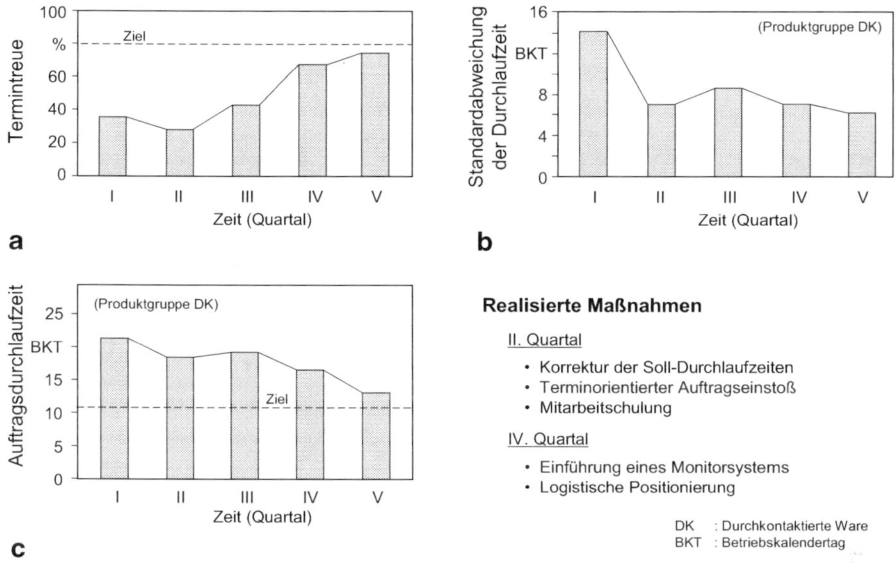

IFA D6119

Abb. 7.19 Realisierte Maßnahmen und erzielte Erfolge. **a** Termintreue, **b** Durchlaufzeitstreuung, **c** Auftrags durchaufzeit

bis zu 1000 montierten Bauelementen unterschieden sich sehr stark sowohl hinsichtlich der Komplexität der Produkte wie auch in der Art und der Anzahl der erforderlichen Arbeitsvorgänge. Der Produktionsbereich mit 34 Kostenstellen war aufgrund dieser Rahmenbedingungen als klassische Werkstattfertigung organisiert. Als Ziel der Untersuchung sollten auch hier die wichtigsten Ansatzpunkte zu einer Halbierung der Auftragsdurchlaufzeit herausgearbeitet werden [Ewal-93].

7.3.1 Ermittlung der durchlaufzeitbestimmenden Arbeitssysteme

Ausgangspunkt der Analyse war auch in diesem Unternehmen die Datenerfassung und die anschließende Berechnung der wichtigsten logistischen Kennzahlen. Ausgewertet wurden ca. 7000 Arbeitsvorgänge für einen Zeitraum von 6 Wochen mit 29 Betriebskalendertagen. Darauf aufbauend wurden die Arbeitssysteme ermittelt, die maßgeblich zur mittleren Auftragszeit von durchschnittlich 38 BKT beitrugen.

In Abb. 7.20 ist ein Auszug aus der Liste der durchlaufzeitbestimmenden Arbeitssysteme wiedergegeben. Auffällig ist, dass mehr als 25 % der gesamten Auftragsdurchlaufzeit allein am Arbeitssystem Handbestückung verursacht wurden. Die besondere Bedeutung des Arbeitssystems aus logistischer Sicht wird durch die zentrale Stellung im Materialfluss unterstrichen (Abb. 7.21). Weitere Systeme, die nachfolgend eingehender dargestellt werden, sind die automati-

Datenbasis

Meßgerätebau; Produktionsbereich Leiterplattenbestückung

34 Abteilungen (Kostenstellen)
6 Wochen Untersuchungszeitraum
7039 Arbeitsvorgänge

Abteilung	ZDL_m*(FIFO)	n	n • ZDL_m*(FIFO)	relativer Anteil an der Auftragsdurchlaufzeit
	BKT	-	BKT	%
Handbestückung	7,01	619	4339	25,8
Leiterplattenvorbereitung	2,64	846	2233	13,3
Funktionstest	11,94	101	1206	7,2
Radialbestückung	1,95	561	1094	6,5
HF-Messplatz	9,08	99	899	5,3
In-Circiut-Tester	6,37	135	860	5,1
SMD-Bestückung (LS)	3,17	235	802	4,8
MONT. Deckel	3,11	252	784	4,7
Programmer	6,81	111	756	4,5
Prüfung man.	6,45	105	677	4,0
SMD-Bestückung manuell	1,50	44	66	0,4
		Summe	16810	100,0

n Anzahl Arbeitsvorgänge
ZDLm*(FIFO) berechnete mittlere Durchlaufzeit
BKT: Betriebskalendertag

IFA D5572

Abb. 7.20 Rangfolge der durchlaufzeitbestimmenden Arbeitssysteme einer Leiterplattenbestückung (Auszug)

sche SMD-Bestückungsanlage (LS) und eines der zentralen Messarbeitssysteme (HF-Messplatz).

In das Materialflussdiagramm wurden für die drei Arbeitssysteme neben ausgewählten Spitzenkennzahlen jeweils auch die Produktionskennlinien eingetragen. Diese zeigen für die Handbestückung, dass das System trotz hoher Durchlaufzeiten und Bestände bereits im Übergangsbereich der Kennlinien betrieben wurde. Zur Durchlaufzeitverkürzung sind somit neben Steuerungsmaßnahmen auch Eingriffe in die strukturellen Bedingungen erforderlich. Da Veränderungen in den Auftragszeit- oder Kapazitätsstrukturen jedoch prinzipiell mit Kosten verbunden sind, wurde vor der Diskussion und Bewertung möglicher Maßnahmen zunächst untersucht, in welchem Umfang eine Reduzierung der Auftragsdurchlaufzeit realisierbar ist, wenn nur die Bestände an den im Überlastbereich betriebenen Systemen reduziert werden.

7.3.2 Abschätzung vorhandener logistischer Rationalisierungspotentiale

Die durch Maßnahmen der Bestandssteuerung erschließbaren logistischen Rationalisierungspotentiale wurden entsprechend der in Abschn. 7.2.5 beschriebenen Vorgehensweise abgeschätzt. Für alle Arbeitssysteme wurde ein Ziel-Betriebspunkt definiert und die sich daraus ergebende Ziel-Durchlaufzeit bestimmt (Gl. (7.5)).

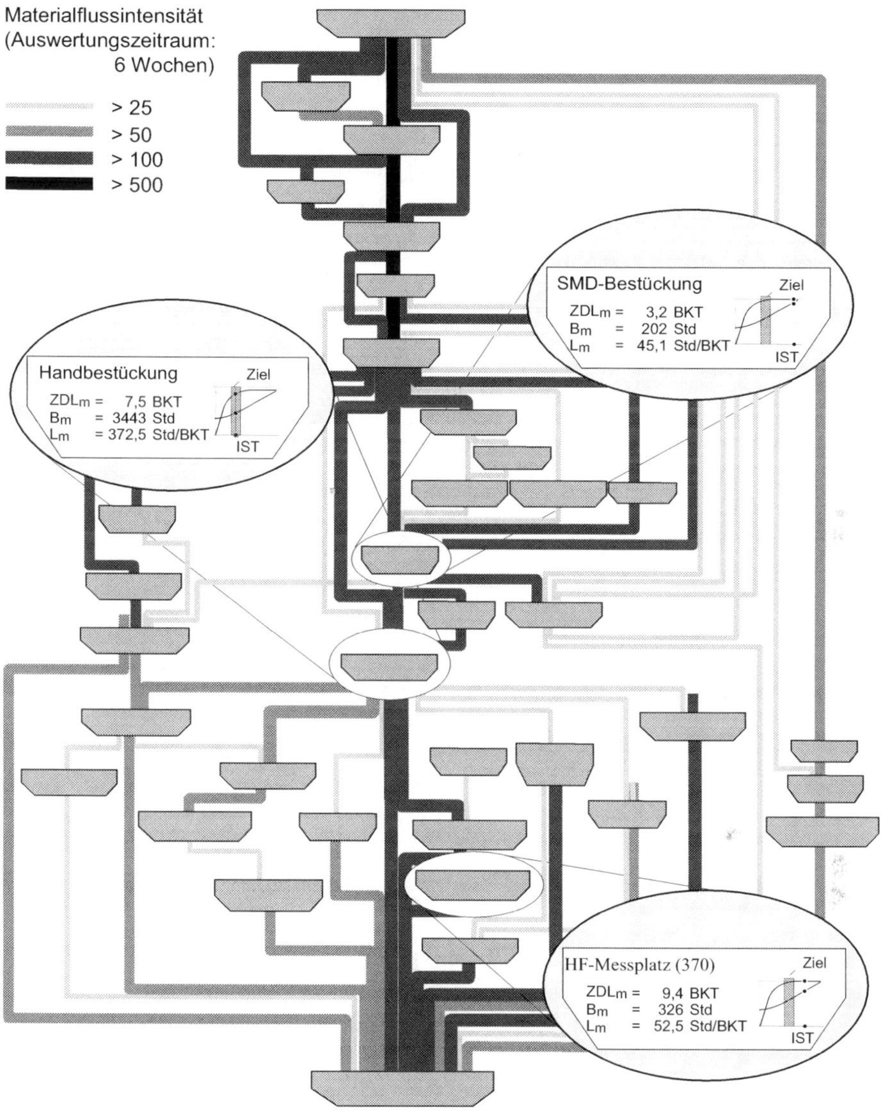

IFA D5220b

Abb. 7.21 Materialflussdiagramm der Leiterplattenbestückung

Anschließend wurden diese Durchlaufzeitwerte in Verbindung mit der Anzahl Arbeitsvorgänge pro Arbeitssystem zu einer mittleren Auftragsdurchlaufzeit hochgerechnet. Demnach wäre auch bei einer Begrenzung des Bestandes auf $B_{rel} = 250\ \%$ bei den im Überlastbereich betriebenen Arbeitssystemen eine Reduzierung der Auftragsdurchlaufzeit um höchstens 36 % realisierbar gewesen.

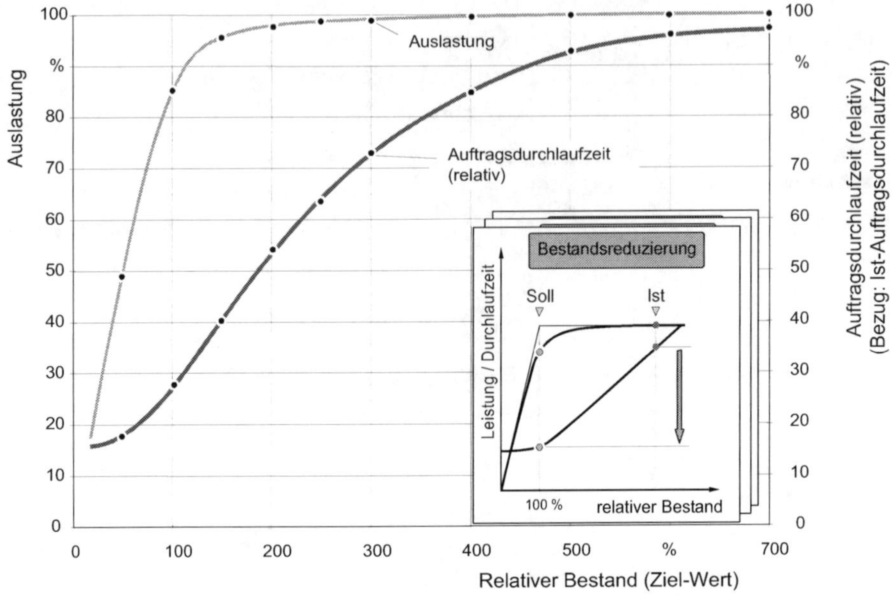

IFA D5570

Abb. 7.22 Potentiale zur Reduzierung der Auftragsdurchlaufzeit bei ausschließlicher Bestandsverringerung. (Beispiel Leiterplattenbestückung)

Mit weiteren Berechnungen auf der Basis der Gl. (7.5) und unter Verwendung der normierten Produktionskennlinie wurde untersucht, wie der relative Zielbestand, das rechnerisch erschließbare Potential zur Auftragsdurchlaufzeitreduzierung und die Systemauslastung zusammenhängen. Aus Abb. 7.22 lässt sich ablesen, dass eine Halbierung der Auftragsdurchlaufzeit erst bei einem Bestand von $B_{rel} \leq 180\ \%$ für alle Arbeitssysteme hätte erreicht werden können. Bei diesem Bestandsniveau sind jedoch bereits ausgeprägte Auslastungsverluste zu erwarten. Im Weiteren wurde daher für die durchlaufzeitbestimmenden Arbeitssysteme überprüft, ob und ggf. mit welchen Maßnahmen sich zusätzliche Potentiale zur Durchlaufzeitreduzierung erschließen lassen.

7.3.3 Ableitung und Umsetzung arbeitssystemspezifischer Maßnahmen

Arbeitssystem Handbestückung An dem Arbeitssystem Handbestückung werden die Leiterplatten manuell nachbestückt. Das System besteht aus 63 Handarbeitsplätzen, von denen im Untersuchungszeitraum 49 besetzt waren. Die Ergebnisse

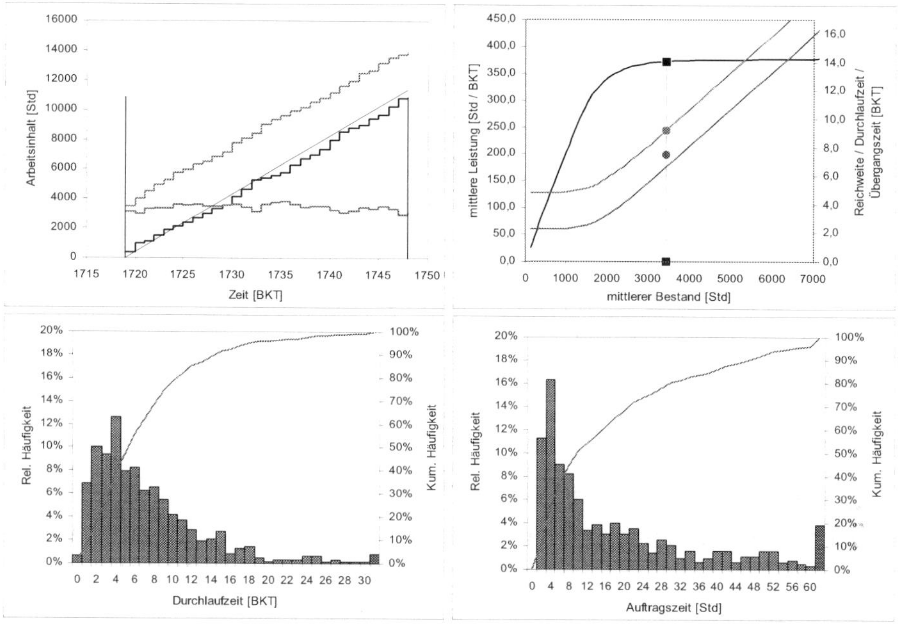

IFA D5750

Abb. 7.23 Übersicht über die Analyseergebnisse am Arbeitssystem Handbestückung

der durchgeführten Durchlaufzeit- und Bestandsanalyse sind zusammenfassend in Abb. 7.23 dargestellt.

Wie dem Durchlaufdiagramm (Abb. 7.23 oben links) zu entnehmen ist, liegt an dem Arbeitssystem in Untersuchungszeitraum ein gleichmäßiger Bestand vor. Die Zugänge waren also gut auf die Abgänge abgestimmt. Dies lässt sich damit erklären, dass das Arbeitssystem die Leitkapazität des gesamten Fertigungsbereichs darstellt, an der u. a. auch der Einstoß der Aufträge in die Produktion ausgerichtet wurde. Gleichzeitig ist der Graphik aber auch zu entnehmen, dass der Bestand etwa so hoch war wie das Abgangsvolumen von zwei Wochen ($B_m = 3.350$ Std, $L_m = 372$ Std/BKT). Die Reichweite R_m beträgt somit 9,0 BKT.

Die Leistungskennlinie (Abb. 7.23 oben rechts) zeigt, dass diese recht hohen Werte für den Bestand und die Reichweite bei den gegebenen Bedingungen angemessen waren. Durch Maßnahmen der Fertigungssteuerung konnte der Bestand also nicht weiter reduziert werden, wenn das Unternehmen nicht gleichzeitig höhere Leistungseinbußen akzeptiert hätte. Daher war auch der Mittelwert der Durchlaufzeit ZDL_m mit 7,5 BKT durch die vorliegenden strukturellen Bedingungen vorgegeben, zumal die Durchlaufzeit nicht nachhaltig durch das Abfertigungsverhalten beeinflusst wurde. Die berechnete mittlere Durchlaufzeit ZDL_m∗(FIFO) betrug 7,0 BKT. Die recht breite Streuung der Durchlaufzeitverteilung (Abb. 7.23 unten links) ist vor allem auf die sehr großen und stark streuenden Arbeitsinhalte (Abb. 7.23 unten rechts) der Aufträge zurückzuführen. Bei einer Leistung pro Einzelarbeitsplatz von ca. 7,6 Std/BKT beträgt schon die Durchführungszeit für einen Arbeitsvorgang mit 40 Std Arbeitsinhalt mehr als 5 BKT.

Aus der Kennlinientheorie folgt, dass die vorliegende Auftragszeitstruktur und hier insbesondere deren breite Streuung die Ursache für das hohe erforderliche Durchlaufzeit- und Bestandsniveau insgesamt darstellte. Daher liegt die Schlussfolgerung nahe, gezielt die Aufträge mit einem hohen Arbeitsinhalt zu reduzieren, um somit eine Harmonisierung der Auftragszeitstruktur zu erreichen.

Unternehmensseitig wurden daher im Anschluss an die Engpassorientierte Logistikanalyse die folgenden Maßnahmen beschlossen und weitgehend umgesetzt:

- Teilung aller Aufträge mit einem Arbeitsinhalt größer 50 Stunden, wenn eine Bedarfszusammenfassung vorliegt.
- Parallele Bearbeitung der Aufträge, deren Arbeitsinhalt größer 30 Stunden ist, durch zwei oder mehr Mitarbeiter. Bei dieser lokal begrenzten Auftragsteilung wird vermieden, dass auch an anderen Arbeitssystemen mit kleineren Losgrößen und dadurch steigendem Rüstaufwand gearbeitet werden muss.
- Anpassung des Bestandsniveaus an die neu geschaffenen Potentiale.

Diese beiden erstgenannten Maßnahmen, die ca. 18 % der Arbeitsvorgänge und etwa 55 % des gesamten Arbeitsinhaltes betrafen, führten zu einer Reduzierung des idealen Mindestbestandes um 35 %.

Der Erfolg dieser Maßnahmen konnte in einer nach neun Monaten durchgeführten Nachanalyse überprüft werden (Abb. 7.24). Diese Nachanalyse erstreckte sich ebenfalls über einen Zeitraum von 6 Wochen mit 29 BKT, so dass die ermittelten Kennzahlen für beide Analysen direkt vergleichbar sind.

Die wichtigsten Kennzahlen für die Handbestückung sind für beide Analysen nachfolgend gegenübergestellt:

- Bestand von 3.350 auf 2.370 Std (−30 %)
- Durchsatz/Leistung von 372 auf 402 Std/BKT (+8 %)
- Reichweite von 9,0 auf 5,9 BKT (−34 %)
- Durchlaufzeit von 7,5 auf 5,1 BKT (−32 %)
- Rüstzeit von 25,4 auf 32,3 Std/BKT (+27 %)
- Rüstzeitanteil von 6,8 auf 8,0 %

Offensichtlich ist es dem Unternehmen gelungen, die Reduzierung des idealen Mindestbestandes durch die Harmonisierung der Auftragszeiten weitgehend auch in eine Bestands- und Durchlaufzeitverringerung umzusetzen. Der investierte Aufwand dokumentiert sich im Wesentlichen in der Erhöhung des Rüstzeitanteils.

Arbeitssystem SMD-Bestückung Bei dem zweiten analysierten Arbeitssystem handelt es sich um zwei SMD-Bestückungsautomaten, an denen planmäßig im 3-Schicht-Betrieb gearbeitet wird (SMD: Surface Mount Device; Oberflächenverlötung von Bauelementen).

Das Durchlaufdiagramm in Abb. 7.25 zeigt, dass der Bestand während des Untersuchungszeitraums stark schwankte. Der Zugang war nicht auf den Abgang

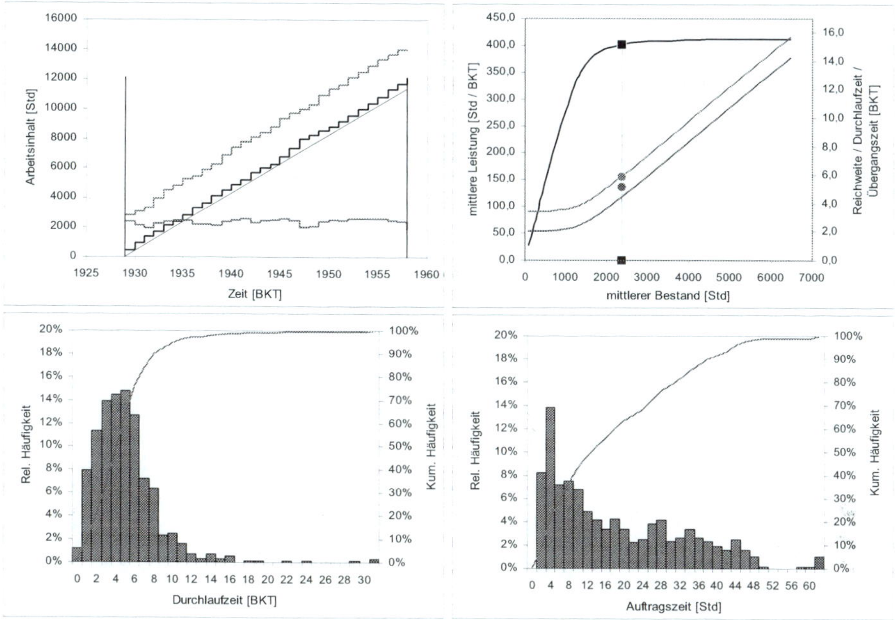

IFA D5750q

Abb. 7.24 Übersicht über die Analyseergebnisse am Arbeitssystem Handbestückung. (Nachanalyse)

angepasst. Bei weiteren Untersuchungen wurde deutlich, dass die Durchlaufzeiten aufgrund von Reihenfolgevertauschungen eine große Streuung aufwiesen. Insgesamt deutet das Ergebnis darauf hin, dass der Bestand mit ca. 200 Std und die Reichweite mit 4,5 BKT deutlich höher waren als das zur Aufrechterhaltung der Leistungsbereitschaft erforderliche Niveau. Die Aussage wird durch die Produktionskennlinie bestätigt. Der eingetragene Betriebspunkt liegt deutlich im Überlastbereich. Die Kennlinie zeigt, dass eine hohe Auslastungssicherheit auch bei einem Bestand von ca. 60 Std. und einer Reichweite von ca. 1,5 BKT gegeben ist. Die Auftragszeit streut zwar stark, ist aber nicht ursächlich für das vorliegende Bestandsniveau verantwortlich.

Mit der Nachanalyse konnten die getroffenen Aussagen bezüglich der vorhandenen Rationalisierungspotentiale bestätigt werden. Die in Abb. 7.26 dargestellte Analyse zeigt, dass der mittlere Bestand an diesem System auf durchschnittlich 94 Std verringert wurde. Bei einer leicht gestiegenen Tagesleistung (47,6 statt 45,1 Std/BKT) reduzierte sich die Reichweite auf 2,0 BKT und die Durchlaufzeit auf 1,9 BKT. Die Graphik macht darüber hinaus deutlich, dass das Bestandsniveau durch eine konsequentere Bestandssteuerung noch weiter hätte reduziert werden können. So wurde das prognostizierte Bestandsniveau von 60 Std in der ersten Hälfte des Untersuchungszeitraums erreicht. Da das Arbeitssystem jedoch einen kapazitiven Engpass darstellt, wurde der Bestand zur Erhöhung der Auslastungssicherheit zum Ende des Untersuchungszeitraums wieder leicht angehoben.

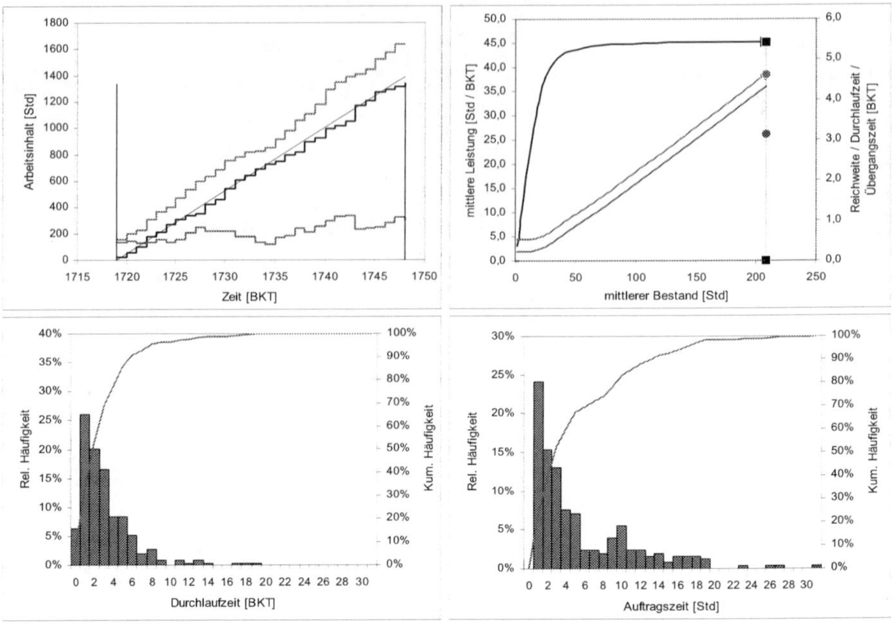

IFA D5799

Abb. 7.25 Übersicht über die Analyseergebnisse am Arbeitssystem SMD-Bestückung

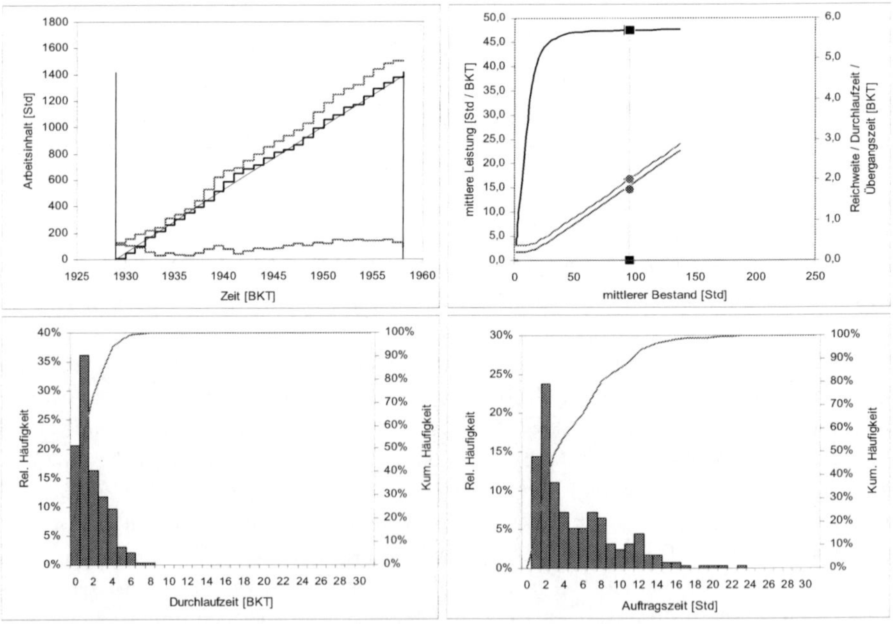

IFA D5798

Abb. 7.26 Übersicht über die Ergebnisse der Nachanalyse am Arbeitssystem SMD-Bestückung

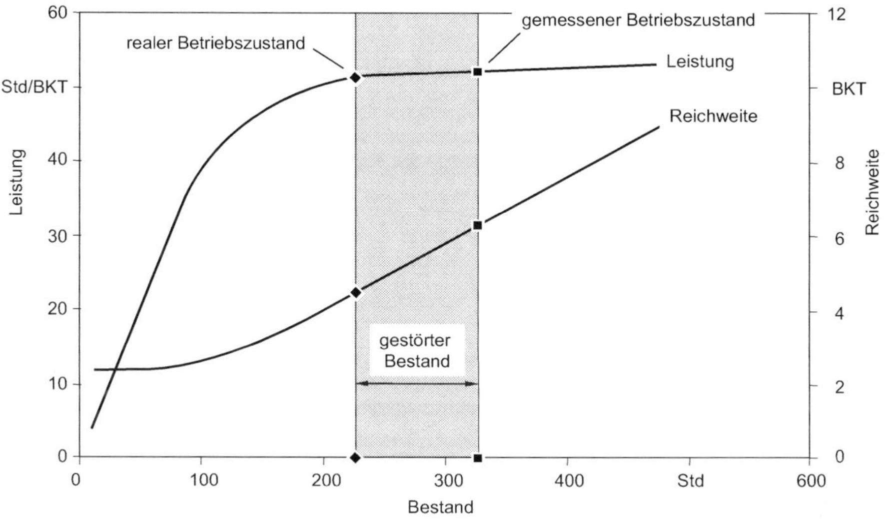

IFA D5969

Abb. 7.27 Produktionskennlinie für das Arbeitssystem HF-Messplatz

Arbeitssystem HF-Messplatz An dem dritten untersuchten Arbeitssystem werden Funktionsprüfungen für bestückte Leiterplatten durchgeführt. Das Arbeitssystem wies eine Besonderheit auf: Eine parallel durchgeführte Auswertung von Störungsmeldungen ergab, dass der am Arbeitssystem vorliegende Bestand zu einem erheblichen Teil (ca. 33 %) gestört war [Nyhu-93b]. Als „gestört" werden Bestände bezeichnet, wenn ein Auftrag zwar am Arbeitssystem vorliegt, dieser aber trotz vorhandener Arbeitssystemkapazitäten nicht bearbeitet werden kann. Die Ursachen für solche Störungen können z. B. fehlende Fertigungshilfsmittel, fehlendes Material (bei Montageprozessen) oder Sperren aufgrund technischer Qualitätsmängel sein. In dem hier betrachteten Fall waren die Störungen im Wesentlichen auf fehlende bzw. nach Produktänderungen nicht aktualisierte Prüfprogramme und die dazugehörigen Unterlagen zurückzuführen.

Für das Arbeitssystem wurden zwei Betriebspunkte in die berechneten Produktionskennlinien eingetragen (Abb. 7.27): Der gemessene Betriebspunkt zeigt, dass das System scheinbar im Überlastbereich betrieben wurde. Reduziert man jedoch den Bestand um den gestörten Anteil, so ist zu erkennen, dass der tatsächlich verfügbare Bestand gerade ausreicht, um bestandsbedingten Leistungsverlusten vorzubeugen.

Die Bedeutung der gestörten Bestände für den Auftragsdurchlauf wird durch die Auswertung der Durchlaufzeit- und Terminabweichungsverteilungen unterstrichen (Abb. 7.28). Die mittlere Durchlaufzeit an diesem Arbeitssystem betrug 9,5 BKT. Neben dem hohen Mittelwert ist besonders die breite Streuung in der Verteilung auffällig. Eine sichere Planung ist bei solchen Verhältnissen nicht möglich, wie auch die Verteilung der relativen Terminabweichung (Ist-Durchlaufzeit

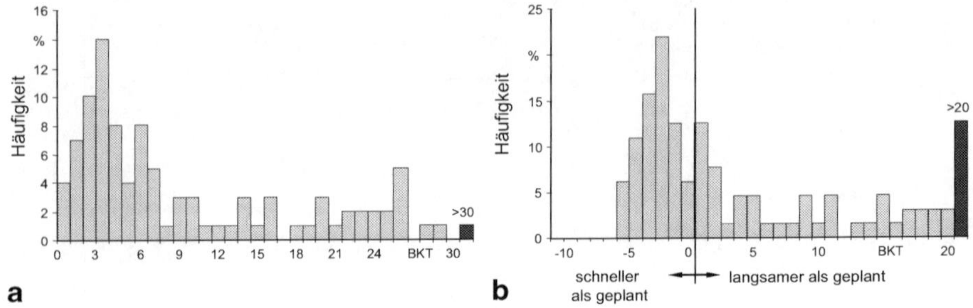

IFA D5970

Abb. 7.28 Durchlaufzeit- und Terminabweichungsverteilung (relativ) am HF-Messplatz; 1. Analyse. **a** Durchlaufzeitverteilung, **b** Terminabweichungsverteilung (relativ)

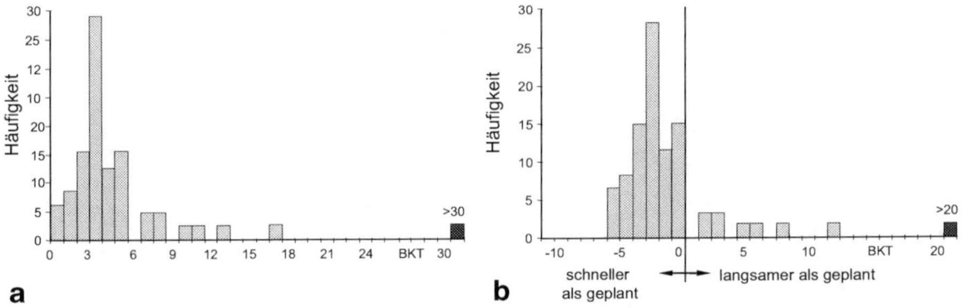

IFA D5971

Abb. 7.29 Durchlaufzeit- und Terminabweichungsverteilung (relativ) am HF-Messplatz; Nachanalyse. **a** Durchlaufzeitverteilung, **b** Terminabweichungsverteilung (relativ)

minus Soll-Durchlaufzeit) unterstreicht. Bei einer Soll-Durchlaufzeit von 5 BKT wurden die Aufträge an dem Messplatz im Durchschnitt um 4,4 BKT verzögert. Besonders kritisch ist auch hier wieder die sehr große Streuung. Während viele Aufträge bis zu mehreren Wochen auf die Abarbeitung warten mussten, wurden andere frühzeitiger als geplant bearbeitet, um so einen Arbeitssystemstillstand zu vermeiden.

Als Konsequenz aus den Untersuchungsergebnissen wurde seitens des Unternehmens der Beseitigung der Bestandsstörungen (u. a. durch einen konsequenteren Änderungsdienst) eine hohe Priorität zugewiesen. Der Erfolg der realisierten Maßnahmen dokumentiert sich auch hier in den Ergebnissen der Nachanalyse (Abb. 7.29): Sowohl die Durchlaufzeit- wie auch die Terminabweichungsverteilung sind bei einem jeweils reduzierten Mittelwert deutlich schlanker geworden. Die unternehmensseitig angestrebten Effekte hinsichtlich der Erhöhung der Terminsicherheit und der Reduzierung der Durchlaufzeit konnten somit auch an diesem System erreicht werden.

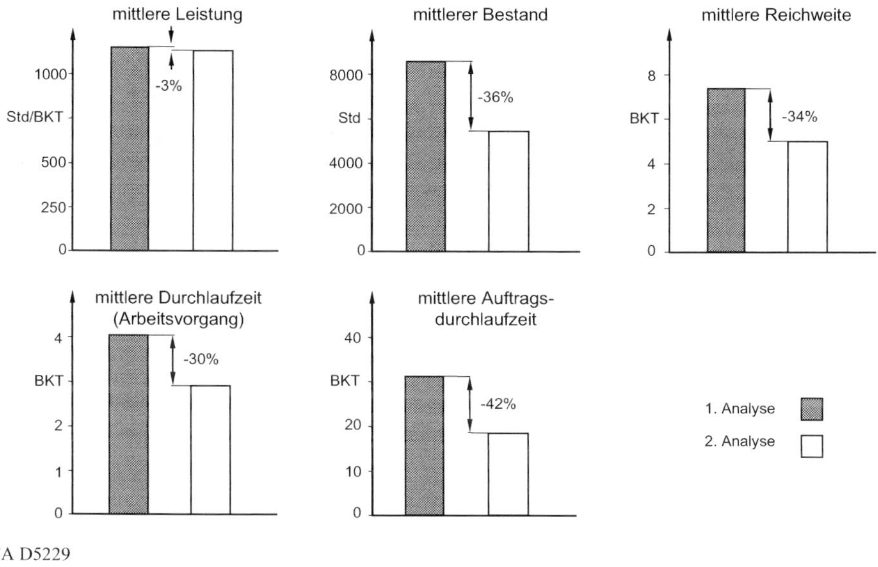

Abb. 7.30 Ergebnisvergleiche der Durchlaufzeit- und Bestandsanalysen

7.3.4 Zusammenfassung der Anwendungserfahrungen

Auch an anderen Arbeitssystemen ist es dem Unternehmen gelungen, die über die Kennlinientheorie prognostizierten Potentiale weitgehend zu nutzen. Da bereits an anderer Stelle ([Wien-93a], [Ewal-93]) über weitere Untersuchungsergebnisse berichtet wurde, wird hier auf eine ausführlichere Beschreibung weiterer Details verzichtet.

Der Erfolg aller durchgeführten Maßnahmen dokumentiert sich anschaulich in der Gegenüberstellung ausgewählter Kennzahlen für beide Analysen (Abb. 7.30). Bei annähernd gleicher Leistung wurden Bestand, Reichweite und Durchlaufzeit deutlich reduziert. Am markantesten ist die Veränderung bezüglich der Auftragsdurchlaufzeit. Hier kommt zum Tragen, dass sich die eingeleiteten Maßnahmen vorrangig auf die Arbeitssysteme konzentrierten, die auch maßgeblich die Auftragsdurchlaufzeit bestimmen. Die Fokussierung der Aktivitäten auf die durchlaufzeitbestimmenden Arbeitssysteme wird durch dieses Ergebnis untermauert. Zwar konnte das Ziel der Durchlaufzeithalbierung im ersten Anlauf noch nicht ganz erreicht werden, über die bei der Nachanalyse gewonnenen Ergebnisse konnten jedoch noch weitere Potentiale zur Durchlaufzeitreduzierung aufgezeigt werden.

Das Unternehmen setzte schon vor der ersten Analyse ein Produktions-Controllingsystem ein. Somit war eine wesentliche Voraussetzung für eine erfolgreiche Umsetzung der im Projekt abgeleiteten Maßnahmen gegeben. Lediglich die

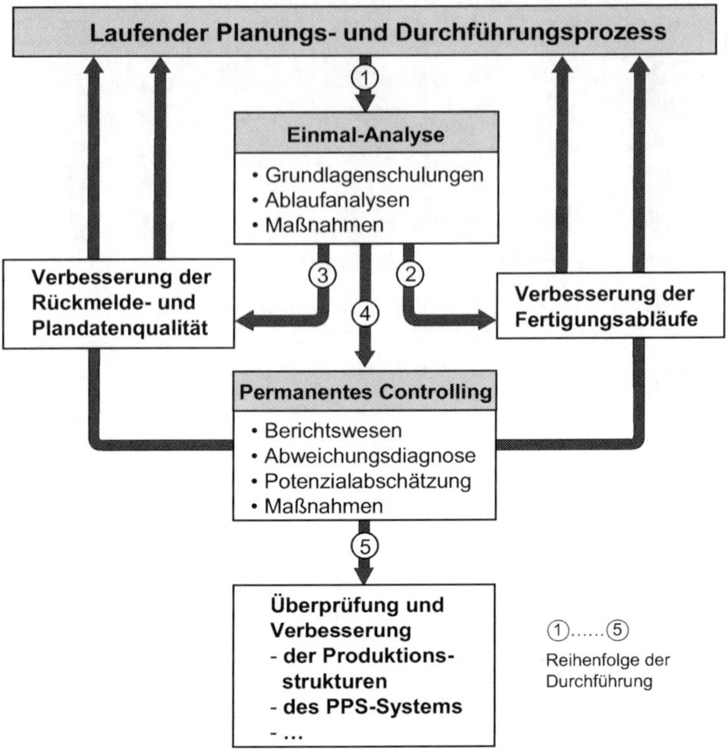

Abb. 7.31 Schritte zur Einführung einer Engpassorientierten Logistikanalyse

Produktionskennlinien als *Fenster zum Prozess* [Ewal-93] und die Zusammenführung der verschiedenen Analysetechniken zur Engpassorientierten Logistikanalyse stellten für das Unternehmen neue Elemente des Controllings dar. Die im Projekt eingesetzten Tools sind in dem Unternehmen mittlerweile vollständig vorhanden und werden zur zielgerichteten Gestaltung und Lenkung der Produktionsprozesse eingesetzt.

7.4 Einführungsstrategien für die Engpassorientierte Logistikanalyse

Um die Möglichkeiten der Engpassorientierten Logistikanalyse vollständig nutzen zu können, sollte sie zu einem selbstverständlichen Werkzeug mit einer fortlaufenden Anwendung im Rahmen des logistischen Produktionscontrollings werden. Allerdings ist dringend zu empfehlen, die Anwendung in bestimmten Stufen durchzuführen (Abb. 7.31). Zunächst ist für einen begrenzten Zeitraum eine Einmal-Analyse durchzuführen. Daraus ergeben sich erfahrungsgemäß bereits weitreichende Ansätze für Verbesserungen der Fertigungsabläufe. Zudem werden hierbei Probleme in der Rückmelde- und Plandatenqualität offenkundig. Deren Behebung ist eine wesentliche Voraussetzung für die Anwendung der Engpassorientierten Logistikanalyse im Rahmen des permanenten Produktionscontrollings. Aus dieser Anwendung heraus ergibt sich ein fortlaufender Verbesserungsprozess, der sich u. a. auch auf die Überprüfung und Verbesserung der Produktionsstrukturen und des PPS-Systems erstrecken sollte. Wie bereits deutlich wurde, bezieht sich eine Verbesserung der Produktionsstrukturen in erster Linie auf die Verringerung der Übergangszeiten zwischen zwei Arbeitsgängen durch eine erzeugnisorientierte Zusammenfassung von Arbeitssystemen zu Segmenten, Inseln oder Fraktalen. Das PPS-System ist demgegenüber bezüglich der Einstellung konsistenter und mit den Ist-Durchlaufzeiten abgeglichenen Plan-Durchlaufzeiten zu überprüfen. Auch die Aktualität der Kapazitätsplanwerte stellt häufig einen Schwachpunkt dar.

Die Engpassorientierte Logistikanalyse erfordert aber eine systematische Einführung in die Grundlagen, am besten anhand von Mitarbeiterschulungen, in denen konkrete Beispiele aus dem Unternehmen betrachtet werden. Die notwendigen Maßnahmen laufen häufig eingefahrenen Gewohnheiten und Erfahrungen zuwider und werden vielfach als unbequem empfunden. Ohne eine Unterstützung in der Geschäftsführung ist kein dauerhafter Erfolg zu erwarten.

Kapitel 8
Anwendung der Kennlinientheorie für Lagerprozesse

Vor dem Hintergrund einer signifikanten Reduzierung der Fertigungstiefe einerseits und zunehmender Anforderungen an die Flexibilisierung der Produktion andererseits wird die kosten- und termingerechte Bereitstellung fremdbezogener Materialien in Fertigung und Montage zu einem der bestimmenden Faktoren für den Unternehmenserfolg. Die maßgebliche Aufgabe des *Beschaffungs- und Bestandsmanagements* besteht darin, im Spannungsfeld zwischen den Flexibilitätsanforderungen der Bedarfsverursacher und dem logistischen Leistungsvermögen der Lieferanten eine wirtschaftliche Versorgung der Produktion mit Halbzeugen und Zukaufteilen auf einem hohen und stabilen Niveau zu gewährleisten. Der richtigen Dimensionierung der vorgehaltenen Bestände kommt somit eine zentrale Bedeutung zu. Mit dem Lagerbestand – aufgrund seiner hohen Kostenwirksamkeit selbst eine wichtige beschaffungslogistische Zielgröße – müssen Schwankungen im Abrufverhalten der Abnehmer (Kunden, Vertrieb oder die eigene Produktion) ebenso abgefedert werden wie Lieferterminabweichungen der Zulieferanten (extern oder intern). Hier zeigt sich das klassische *Dilemma der Materialwirtschaft*: Es ist zwischen einer hohen Lieferbereitschaft einerseits und niedrigen Beständen andererseits abzuwägen.

Für ein effizientes Beschaffungs- und Bestandsmanagement ist es erforderlich, die wechselseitigen Abhängigkeiten zwischen den genannten Zielgrößen unter Berücksichtigung der betrieblichen Randbedingungen und der Beeinflussungsmöglichkeiten zu beschreiben. Nur dann kann sich ein Unternehmen in dem aufgezeigten Spannungsfeld positionieren und bei Bedarf die Beschaffungs- und Lagerhaltungsprozesse zielgerichtet beeinflussen. Entsprechend den oben genannten logistischen Zielsetzungen stehen dabei aus Sicht des Beschaffungs- und Bestandscontrollings die folgenden Fragestellungen im Vordergrund:

- Welche Lagerbestände sind erforderlich, um eine ausreichende Lieferfähigkeit sicherzustellen?
- Wie wirken sich Störungen im Lagerzugang und -abgang auf die Lieferfähigkeit aus?
- Welches sind geeignete Maßnahmen, um den Lieferbereitschaftsgrad zu erhöhen und wie wirken sich diese Maßnahmen im konkreten Einzelfall aus?

P. Nyhuis, H.-P. Wiendahl, *Logistische Kennlinien*,
DOI 10.1007/978-3-540-92839-3_8, © Springer-Verlag Berlin Heidelberg 2012

Es ist augenfällig, dass sehr ähnliche Fragestellungen die Motivation zur Entwicklung der Produktionskennlinientheorie darstellten (vgl. Abschn. 2.4). Daher ist es naheliegend, eine ähnliche Beschreibungsmethodik auch für den Lagerhaltungsprozess abzuleiten, um somit eine effektive Hilfestellung zur Beantwortung der genannten Fragen zu erhalten. *Lagerkennlinien*, über die die Wirkzusammenhänge zwischen dem Lagerbestand und der Lieferbereitschaft in Abhängigkeit verschiedenster Rahmenbedingungen dargestellt werden können, stellen eine solche Methodik dar. Die Grundlagen dieser Kennlinien sowie der in Analogie zur Kennlinientheorie abgeleiteten Lagerkennlinientheorie, deren Anwendungsmöglichkeiten und -grenzen und eine prototypische Anwendung werden nachfolgend vorgestellt.

8.1 Das Durchlaufdiagramm als Prozessmodell für die beschaffungslogistische Prozesskette

Eine weit verbreitete Beschreibungsmethodik zur Darstellung geplanter und realisierter Lagerhaltungsprozesse ist das allgemeine Lagerhaltungsmodell. Mit Hilfe dieses Modells (Abb. 8.1a) wird der Lagerbestand, resultierend aus der Differenz von Lagerzugängen und Lagerabgängen, in seinem zeitlichen Verlauf dargestellt. Aus dem Modell lassen sich wichtige beschaffungslogistische Kennzahlen zur Prozessbewertung ableiten, z. B. der mittlere Lagerbestand, die aktuelle Bestandsreichweite und andere Kenngrößen. Dennoch kann dieses Modell für eine durchgängige Überwachung beschaffungslogistischer Abläufe nur eingeschränkt angewendet werden. Gläßner [Gläß-95] benennt als wesentliche Schwachpunkte:

- Eine Modellierung der gesamten beschaffungslogistischen Prozesskette ist nicht möglich.
- Die gleichzeitige Darstellung von geplanten und realisierten Abläufen zum Zwecke eines Soll/Ist-Vergleichs wird sehr unübersichtlich.
- Einzelne Teilprozesse lassen sich nicht entkoppelt voneinander in ihrer Eigendynamik abbilden.
- Nicht alle Zielgrößen sind darstellbar.

Zur Realisierung eines logistikorientierten Controlling-Ansatzes für die gesamte beschaffungslogistische Prozesskette wurde daher ein Prozessmodell entwickelt, welches die Schwächen des allgemeinen Lagermodells behebt, ohne dass dessen Einfachheit und Anschaulichkeit verloren geht [Gläß-95]. Dieses Modell basiert auf dem *Lager-Durchlaufdiagramm*, das sich in seiner Grundform unmittelbar aus dem allgemeinen Lagermodell (Abb. 8.1b) ableiten lässt. Die Grundüberlegung des Lager-Durchlaufdiagramms besteht darin, die prinzipiell voneinander unabhängigen Teilprozesse des Lagerzugangs und -abgangs auch getrennt voneinander darzustellen. Hierfür werden sämtliche Zugangs- und Abgangsmengen eines Artikels oder einer Artikelgruppe zum jeweiligen Meldezeitpunkt kumuliert über der Zeit aufgetragen. Während die Lagerabgangskurve im Koordinatenursprung beginnt, ergibt sich der Startpunkt der Lagerzugangskurve durch den Anfangsbestand im Untersu-

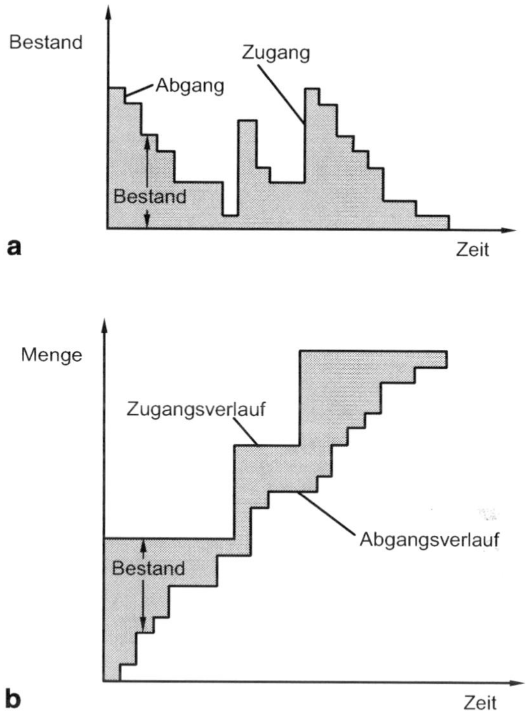

Abb. 8.1 Entwicklung des Lager-Durchlaufdiagramms aus dem allgemeinen Lagermodell. **a** Allgemeines Lagermodell [nach REFA], **b** Lager-Durchlaufdiagramm

IFA C0614

chungszeitraum. Der jeweils aktuelle Lagerbestand lässt sich fortlaufend aus dem senkrechten Abstand zwischen diesen beiden Kurven ermitteln.

Dieser Modellierungsansatz lässt sich in einem weiteren Detaillierungsschritt auch auf den Teilprozess der Beschaffung ausdehnen, indem auch der Bestellvorgang als Messpunkt erfasst und zusätzlich im Durchlaufdiagramm abgebildet wird. In Abb. 8.2 ist ein derart erweitertes Durchlaufdiagramm für einen einzelnen Beschaffungsartikel beispielhaft abgebildet. Neben der graphischen Darstellung sind ferner einige Spitzenkennzahlen für die Teilprozesse *Beschaffung* und *Lagerhaltung* eingeblendet.

Die *Bestandsgrößen* für den Bestell- und Lagerbestand ergeben sich jeweils aus dem senkrechten Abstand zwischen der Bestell- und Lagerzugangskurve bzw. zwischen Lagerzu- und Lagerabgangskurve. Analog dazu werden die Zeitgrößen Beschaffungs- und Lagerverweilzeit durch den waagerechten Abstand zwischen den Kurven ermittelt. Die Steigungen der Bestell-, Lagerzugangs- und Lagerabgangskurven beschreiben den Mengendurchsatz im Betrachtungszeitraum.

Der *Lieferverzug* ist ein Maß zur Quantifizierung der Zielgröße Termineinhaltung. Er beschreibt die zeitliche Verzögerung (ausgedrückt in Betriebskalendertagen), die durch eine Fehlmengensituation in den nachfragenden Produktionsbereichen hervor-

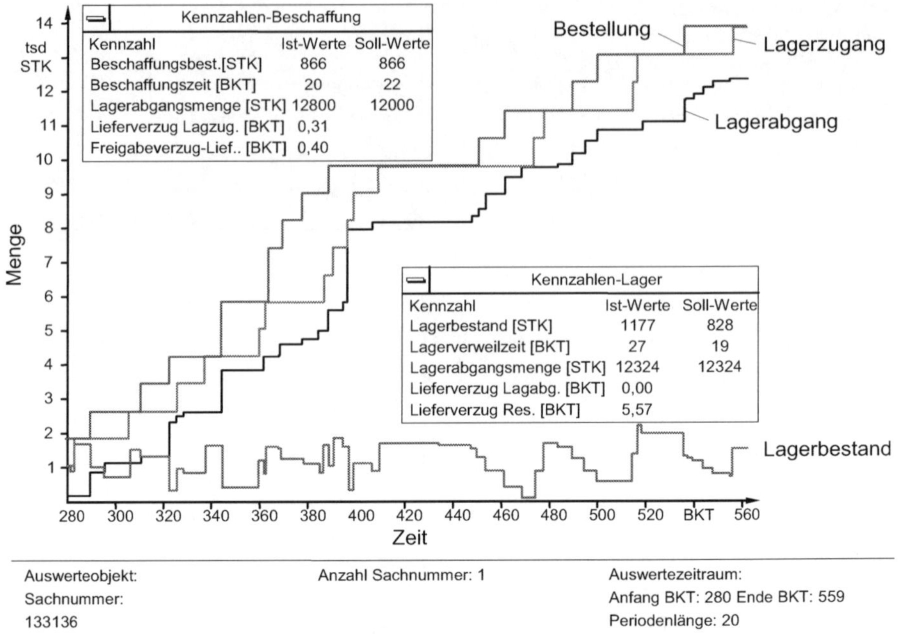

IFA C3304

Abb. 8.2 Durchlaufdiagramm eines Beschaffungs- und Lagerhaltungsprozesses

gerufen wird. Zur Ermittlung des Lieferverzuges wird jede auftretende Fehlmenge mit der Fehlzeitdauer multipliziert und die Summe dieser Werte auf die gesamte Bedarfsmenge des betrachteten Artikels in einem Betrachtungszeitraum bezogen. Der Lieferverzug ist somit eine mengen- und zeitbezogene Größe. Er kann im Durchlaufdiagramm dargestellt werden, indem der Nachfrageverlauf der Produktionsbereiche der jeweiligen Ist-Kurve gegenübergestellt wird. In Abb. 8.3 sind die Berechnungsvorschriften für den so definierten Lieferverzug sowie für weitere logistische Basiskennzahlen im Lager-Durchlaufdiagramm dargestellt. In analoger Weise lassen sich entsprechende Kennzahlen auch für den Beschaffungsprozess ableiten.

8.2 Lagerkennlinien

Der Einsatz von Lager-Durchlaufdiagrammen und daraus abgeleiteter Kennzahlen ermöglicht es, den Beschaffungs- und Lagerhaltungsprozesses auf der Basis üblicher Betriebsdaten differenziert und detailliert zu bewerten. Um den zuvor angesprochenen Zielkonflikt zwischen dem Lagerbestand und der Liefersicherheit vollständig zu beschreiben, reicht der Einsatz des angesprochenen Modells jedoch nicht aus. Vielmehr hat es sich als sinnvoll erwiesen, die Wechselwirkungen zwischen den

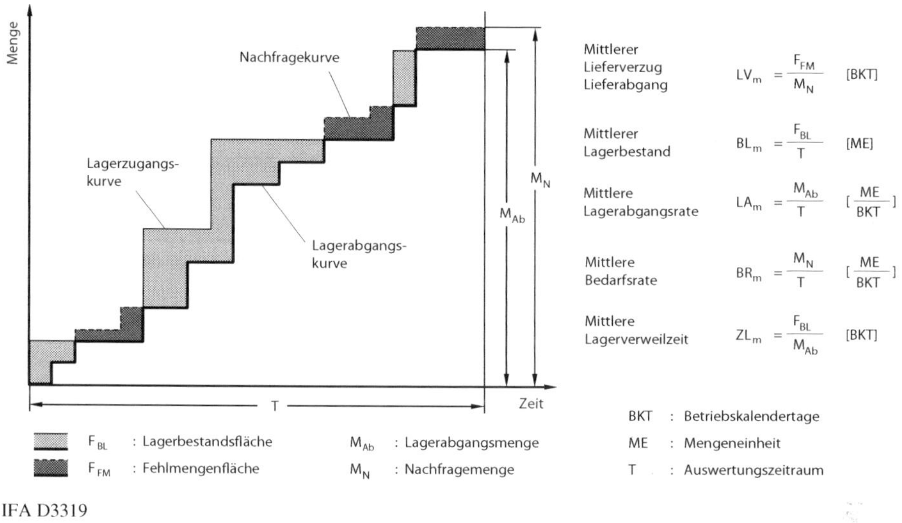

Abb. 8.3 Berechnung logistischer Basiskennzahlen im Lager-Durchlaufdiagramm. (Gläßner)

Zielgrößen des Lagerhaltungsprozesses in Analogie zu den Produktionskennlinien in Form von Lagerkennlinien zu beschreiben.

Abbildung 8.4 beschreibt eine solche Lagerkennlinie sowie die prinzipielle Vorgehensweise zur Ableitung einer derartigen Kennlinie aus dem Lager-Durchlaufdiagramm für einen Beschaffungsartikel [Gläß-95]. Im oberen Bildteil sind in drei Durchlaufdiagrammen zunächst unterschiedliche Betriebszustände des Lagers wiedergegeben, die sich hinsichtlich Bestand und Lieferverzug unterscheiden. Betriebspunkt III ist durch ein hohes Lagerbestandsniveau charakterisiert. Sämtliche Nachfragen der Produktion können sofort befriedigt werden; es treten keine Lieferverzüge im Lagerabgang auf. Senkt man den Lagerbestand soweit ab, dass sich Zu- und Abgangskurve gerade berühren, liegt Betriebszustand II mit deutlich niedrigerem Lagerbestand vor. Wie aus dem nur geringfügigen Auseinanderlaufen von Nachfrage- und Lagerabgangskurve zu erkennen ist, treten jedoch auch hier noch keine nennenswerten Versorgungsengpässe auf. Senkt man den Lagerbestand noch weiter ab, fallen Zu- und Abgangskurve über längere Zeitdauern zusammen (Betriebspunkt I). In diesen Zeiten ist kein Bestand vorhanden, Nachfragen der Produktion können daher nicht befriedigt werden. In der Graphik wird dies deutlich durch zunehmende Fehlmengenflächen (Differenzen zwischen Nachfrage- und Lagerabgangskurve).

Trägt man nun für die drei dargestellten Prozesszustände jeweils den mittleren Lieferverzug über dem mittleren Lagerbestand auf, erhält man die Kennlinie des Lieferverzugs als Beschreibung des Zusammenhangs zwischen den beschaffungslogistischen Zielgrößen Lagerbestand und Lieferverzug. Ergänzend zeigt das Diagramm eine Gerade, die die Proportionalität zwischen dem mittleren Lagerbestand und der mittleren Lagerverweilzeit veranschaulicht. Aus dieser Beziehung wird

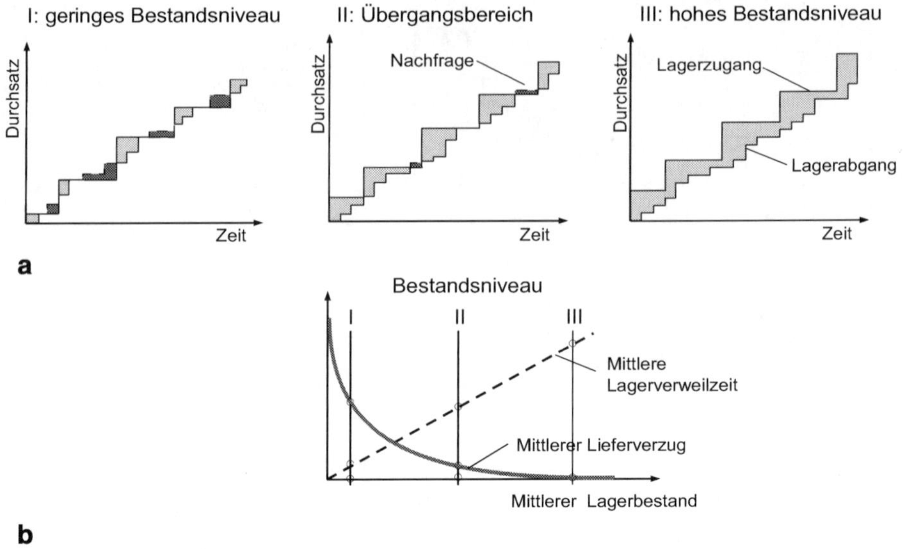

IFA C0488b

Abb. 8.4 Ableitung der Lagerkennlinie aus dem Lager-Durchlaufdiagramm. **a** Typische Betriebszustände, **b** Darstellung der Betriebszustände in Lagerkennlinien

deutlich, dass der mittlere Lieferverzug bei konstantem Lagerabgang auch über der mittleren Lagerverweilzeit aufgetragen werden kann, ohne dass sich der prinzipielle Verlauf der Lagerkennlinie ändert.

Der Verlauf der Lagerkennlinien – und damit das erreichbare Niveau bezüglich Materialverfügbarkeit und Lagerbestand – kann prinzipiell durch eine Vielzahl unterschiedlicher Elemente beeinflusst werden [Gläß-95], die sich in drei Gruppen gliedern lassen (Abb. 8.5). Als relevante Einflussgrößen sind auf der Zugangsseite vor allem solche Faktoren anzusehen, die die logistische Leistungsfähigkeit der Quelle (des Lieferanten oder der zuliefernden Eigenfertigung) festlegen. Insbesondere sind dies die Liefermengen sowie die Liefermengen- und Liefertermintreue sowie die Wiederbeschaffungszeit. Analog dazu sind auf der Abgangsseite die Bedarfsmengen sowie die Bedarfsmengen- und die Bedarfstermintreue der Senke von Bedeutung. Schließlich wird der Verlauf der Lagerkennlinien auch durch die Wahl des Verfahrens der Losgrößenermittlung sowie durch die Planungsgüte der Beschaffungs- und Bestandslenkung mitbestimmt.

Da sich logistisch relevante Strukturierungsmaßnahmen auf die Lage und Form von Lagerkennlinien auswirken, kann mit Hilfe der Kennlinientechnik das logistische Potential von verschiedenen Planungsmaßnahmen bestimmt werden. Das prinzipielle Vorgehen hierzu zeigt Abb. 8.5 im oberen Bildteil anhand eines fiktiven Beispiels. Dargestellt sind die Lagerkennlinien für einen „Originalzustand“ sowie für zwei alternative Strukturvarianten. Am Kennlinienverlauf wird ersichtlich, dass aus logistischer Sicht die Variante 1 bessere, die Variante 2 hingegen schlechtere logistische

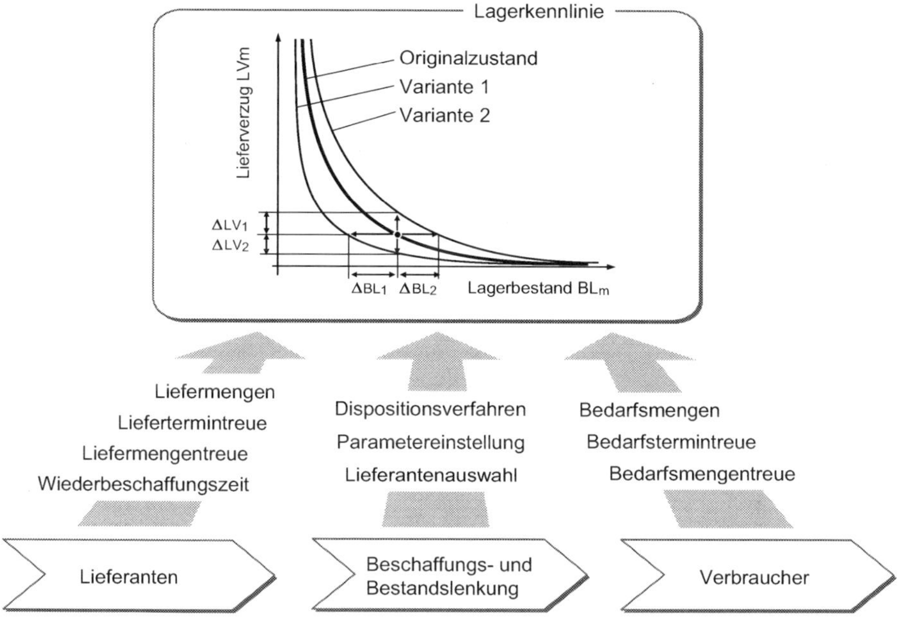

IFA C0519

Abb. 8.5 Beschreibung beschaffungslogistischer Potentiale mit Hilfe von Lagerkennlinien

Eigenschaften aufweist als der Originalzustand. Ausgehend von einem erfassten bzw. definierten Betriebszustand kann nun das logistische Potential der Planungsalternativen ermittelt werden. Unter der Annahme, dass das Lagerbestandsniveau unverändert bleiben soll, lässt sich aus dem vertikalen Abstand der Lagerkennlinien die zu erwartende Verbesserung bzw. Verschlechterung der Lieferfähigkeit des Lagers für den untersuchten Artikel bestimmen. Soll hingegen der Lieferverzug konstant bleiben, so lässt sich aus dem horizontalen Abstand der Kurven das resultierende Bestandssenkungspotential bei Variante 1 bzw. die notwendige Bestandserhöhung bei Variante 2 ermitteln.

8.3 Simulationsgestützte Ermittlung von Lagerkennlinien

Zur Ermittlung von Lagerkennlinien bietet sich grundsätzlich der Einsatz der Simulation an. Wie schon bei der Erläuterung der simulationsgestützten Ermittlung von Produktionskennlinien (vgl. Abschn. 3.2.2) ausgeführt, kann über die gezielte Variation ausgewählter Simulationsparameter ihre Bedeutung für die zentralen logistischen Kenngrößen eines Lagers untersucht werden. Nachfolgend werden exemplarisch Ergebnisse dargestellt, die mit einem für diese Anwendungszwecke erstellten Simulationstool ermittelt wurden. Das auf einer relationalen Datenbank basierende Simulationssystem lässt es zu, die in Abb. 8.5 genannten Einflussfaktoren gezielt zu manipulieren und so ihre Bedeutung auf Lage und Form der resultierenden Lagerkennlinien zu analysieren.

In Abb. 8.6 sind zwei ausgewählte Lager-Durchlaufdiagramme dargestellt, die für einen Artikel mit Hilfe der Simulation erzeugt wurden. In beiden Fällen wurde eine mittlere Zugangslosgröße von 60 Stück/Los, eine Abgangslosgröße von 1 Stück/Los und eine mittlere Bedarfsrate von 3 Stück pro BKT zugrunde gelegt. Diese Größen wurden jedoch mit erheblichen Streuungen beaufschlagt: Liefermengenabweichungen von ±50 %, Lieferterminabweichungen von ±9 BKT bei einer Wiederbeschaffungszeit von 10 BKT und Tagesbedarfe von maximal 27 Stück/BKT wurden zugelassen. Der Lagerzugang sowie der Nachfrageverlauf waren in den einzelnen Simulationsversuchen identisch. Verändert wurden lediglich der Anfangsbestand und somit auch das mittlere Bestandsniveau.

Die Graphik zeigt, dass beim ausgewählten Simulationslauf 3 (mittleres Bestandsniveau) nur vereinzelt Fehlmengensituationen auftreten. Wird jedoch der Bestand wie im Simulationslauf 5 deutlich reduziert, so treten Fehlmengen immer häufiger und mit längerer Dauer auf. Nach Durchführung weiterer Simulationsläufe lassen sich die jeweils ermittelten Kennzahlen (Lagerbestand, Lieferverzug und Lagerverweilzeit) zu Lagerkennlinien verdichten (Abb. 8.7).

Trotz der umfangreichen potentiellen Anwendungsmöglichkeiten simulativ erzeugter Lagerkennlinien erscheint es eher unwahrscheinlich, dass diese in der Praxis zum Einsatz kommen werden. Allein der Aufwand für eine realitätsgerechte Datenbereitstellung lässt sich nach den bisher vorliegenden Erfahrungen allenfalls in einzelnen Fallstudien rechtfertigen. Zudem lässt sich eine statistische Sicherheit der aus den Kennlinien ableitbaren Aussagen nur bei einer hohen Ereignisanzahl sicherstellen. Dies wiederum setzt große Untersuchungszeiträume oder ein hohes Verdichtungsniveau (z. B. Betrachtung ganzer Artikelgruppen) voraus. Es liegt daher nahe, auch für die Lagerkennlinien eine Näherungsgleichung zu entwickeln, um so bei einem geringen Erstellungsaufwand und auf der Grundlage weniger Basisdaten eine mathematische Beschreibung der Zusammenhänge zwischen dem Lagerbestand und dem Lieferverzug sowie den oben genannten Einflussfaktoren zu ermöglichen.

8.4 Ermittlung von Lagerkennlinien mit Hilfe einer Näherungsgleichung

Die nachfolgend vorgestellte Lagerkennlinientheorie beruht wie auch die Produktionskennlinientheorie auf einem deduktiv-experimentellen Prozessmodell. Die folgenden Schritte lagen der Modellierung zugrunde:

- Ableitung idealer Lagerkennlinien durch eine analytische Betrachtung idealisierter Abläufe im Lagerbereich.
- Erweiterung des Modells zur Berücksichtigung realer Prozessabläufe bzw. von Planabweichungen durch Integration einer parametrierbaren Grundfunktion.
- Parameteranpassung durch die Analyse von Simulationsergebnissen.

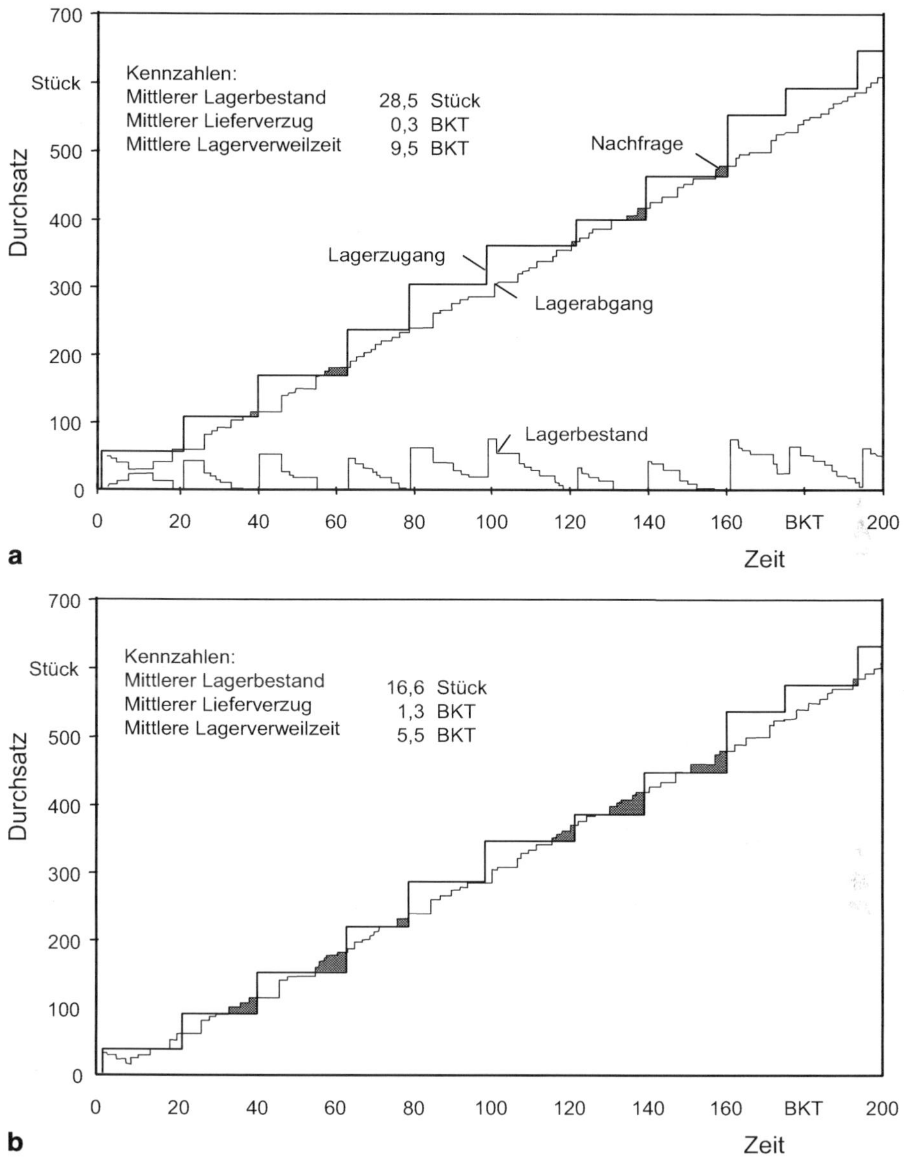

IFA D5665

Abb. 8.6 Simulativ ermittelte Lager-Durchlaufdiagramme. **a** Mittleres Bestandsniveau (Simulationslauf 3), **b** Reduziertes Bestandsniveau (Simulationslauf 5)

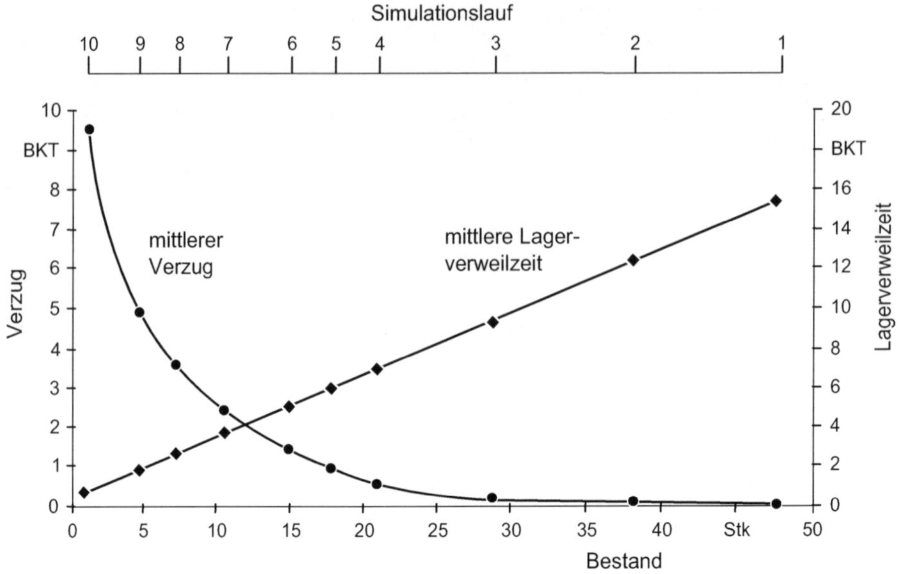

IFA D5664

Abb. 8.7 Simulierte Lagerkennlinie

8.4.1 Die ideale Lagerkennlinie

Ein idealer Zustand eines Lagerprozesses sei durch die folgenden Bedingungen charakterisiert:

- Der Lagerabgang erfolgt kontinuierlich mit konstanter Lagerabgangsrate. Im Lager-Durchlaufdiagramm kann die Abgangskurve daher als Gerade angenähert werden.
- Die Bildung optimaler Bestellmengen ist als ein wesentliches Merkmal der Beschaffung anzusehen. Daher soll der Zugang auch im idealisierten Fall diskret und in endlichen Losgrößen erfolgen.
- Es treten keine Prozessstörungen auf.

Ein so beschriebener Zustand lässt sich anschaulich im allgemeinen Lagermodell (Abb. 8.8a) darstellen. Es wird deutlich, dass beim Vorliegen eines Sicherheitsbestandes die Versorgungssicherheit jederzeit gewährleistet ist, Fehlmengensituationen treten demzufolge nicht auf. Der mittlere Lagerbestand ergibt sich aus der Summe des Sicherheitsbestandes und der halben Lagerzugangsmenge.

Unter den idealisierten Bedingungen treten Fehlmengen ebenfalls nicht auf, wenn kein Sicherheitsbestand vorliegt. Die Situation ändert sich jedoch, wenn der Mittelwert des Bestandes weiter reduziert wird, etwa durch einen geringeren Anfangsbestand oder durch einen späteren Zugang des Materials. Je geringer der mittlere Bestand ist, desto höher ist das Ausmaß der resultierenden Fehlmengen.

Abb. 8.8 Das Lagermodell als Basis der idealen Lagerkennlinie.
a Lagermodell, **b** Ideale Lagerkennlinie

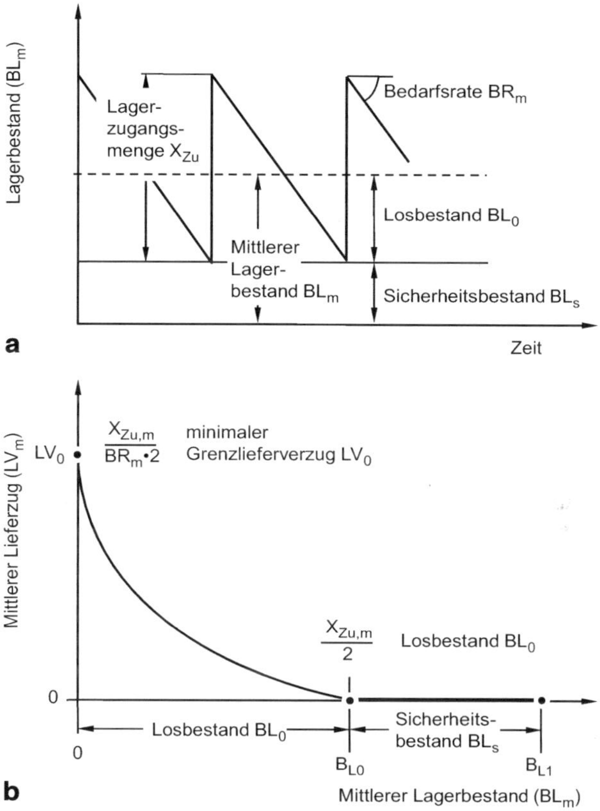

IFA D3302

Für die oben beschriebenen Bedingungen hat Gläßner [Gläß-95] eine Funktion abgeleitet, mit der der Zusammenhang zwischen dem Bestand und dem Lieferverzug im Abgang unter den idealisierten Voraussetzungen beschrieben werden kann:

$$LV_m = \frac{1}{BR_m} \cdot \left(\frac{X_{Zu,m}}{2} - \sqrt{2 \cdot BL_m \cdot X_{Zu,m}} + BL_m \right) \tag{8.1}$$

mit

LV_m	Mittlerer Lieferverzug im Lagerabgang [BKT]
BL_m	Mittlerer Lagerbestand (in Mengeneinheiten) [ME]
BR_m	Mittlere Bedarfsrate [ME/BKT]
$X_{Zu,m}$	Mittlere Lagerzugangsmenge (Losgröße) je Zugangsereignis [ME]
$0 \leq BL_m \leq X_{zu,m}/2$	(Definitionsbereich der Funktion)

Diese Funktion, dargestellt in Abb. 8.8b, besitzt eine Nullstelle bei

$$BL_0 = \frac{X_{Zu,m}}{2} \tag{8.2}$$

mit

BL_0 Losbestand [ME]
$X_{Zu,m}$ Mittlere Lagerzugangsmenge (Losgröße) je Zugangsereignis [ME]

Hier berührt der Graph die Abszisse mit der Steigung Null. Dieser Bestandswert BL_0, hervorgerufen durch die (mittlere) Zugangslosgröße, repräsentiert somit einen Grenzwert, bei dem unter den beschriebenen idealen Bedingungen gerade keine Lieferverzüge auftreten.

Der Maximalwert der Funktion ergibt sich innerhalb des Definitionsbereichs zu:

$$LV_0 = \frac{X_{Zu,m}}{BR_m \cdot 2} \tag{8.3}$$

mit

LV_0 Minimaler Grenzlieferverzug [BKT]
$X_{Zu,m}$ Mittlere Lagerzugangsmenge (Losgröße) je Zugangsereignis [ME]
BR_m Mittlere Bedarfsrate [ME/BKT]

Der Grenzlieferverzug LV_0 tritt erwartungsgemäß bei einem Bestandswert von Null auf. Ein Bestandswert Null bedeutet, dass jede eingehende Lieferung in vollem Umfang sofort in die nachgelagerte Produktionsstufe weitergegeben wird, um die bestehenden Fehlmengen auszugleichen. Eine weitere Verschiebung der Lagerabgangskurve gegenüber der Lagerzugangskurve würde den Lieferverzug noch weiter erhöhen.

Der in Abb. 8.8 dargestellte Funktionsgraph – auf der Basis idealisierter Zustandsbeschreibungen abgeleitet – ist als *Idealfall* oder *unterer Grenzfall* für einen Realprozess anzusehen. In Analogie zur Produktionskennlinientheorie wird diese Funktion nachfolgend als *ideale Lagerkennlinie* bezeichnet.

Die ideale Lagerkennlinie unterstellt, dass keine Planabweichungen auftreten. Ein Realprozess wird jedoch durch eine Vielzahl unterschiedlicher Störungen beeinflusst, die die Liefersicherheit des Lagers nachhaltig verschlechtern. In einem weiteren Schritt wurde daher das Modell dahingehend erweitert, dass auch Prozessstreuungen sowie schwankende Lagerabgangs- und -zugangsraten in das Modell einbezogen werden können. Hierzu wurde zunächst für die Beschreibung der ‚idealen' Lagerkennlinie eine geänderte Schreibweise gewählt.

Die Basis dieser Funktionsumwandlung ist wiederum die C_{Norm}-Funktion (vgl. Abschn. 4.2.1 und 4.2.2), die bereits bei der Ableitung der Produktionskennlinientheorie verwendet wurde. Durch Anwendung der Transformationsschritte ‚Streckung in x-Richtung um BL_0' und ‚Streckung in y-Richtung um LV_0' auf den ersten Quadranten der C_{Norm}-Funktion ergibt sich die nachfolgend dargestellte Grundform einer idealen Lagerkennlinie:

$$\left.\begin{aligned} BL_m(t) &= BL_0 \cdot t \\ LV_m(t) &= LV_0 \cdot \sqrt[C]{1 - t^C} \end{aligned}\right\} \tag{8.4}$$

mit

$BL_m(t)$	Mittlerer Lagerbestand [ME]
$LV_m(t)$	Mittlerer Lieferverzug [BKT]
BL_0	Losbestand [ME]
LV_0	Minimaler Grenzlieferverzug [BKT]
$0 \leq t \leq 1$	Laufvariable
C	Funktionswert der C_{Norm}-Funktion

Dieses Gleichungssystem ist für C = ½ hinsichtlich des Ergebnisses identisch mit (8.1), wie sich durch einige Umformungen der Gl. (8.2) bis (8.4) leicht nachweisen lässt. Der erste Gleichungsteil der Gl. (8.4) lässt sich zunächst unter Verwendung der Gl. (8.2) nach t auflösen:

$$t = \frac{BL_m \cdot 2}{X_{Zu,m}} \tag{8.5}$$

mit

BL_m	Mittlerer Lagerbestand [ME]
$X_{Zu,m}$	Mittlere Lagerzugangsmenge (Losgröße) je Zugangsereignis [ME]

Wird nun eine analoge Umformung der Gl. (8.3) vorgenommen, C zu ½ gesetzt sowie der Ausdruck für t (Gl. (8.5)) in den unteren Gleichungsteil der Gl. (8.4) übernommen, so ergibt sich daraus die von Gläßner entwickelte Gleichung für die ideale Lagerkennlinie.

Der Vorteil der neuen Schreibweise (Gl. (8.4)) ist, dass sich diese Funktion über die drei darin enthaltenen Parameter leicht modellieren lässt. So können reale Prozessabläufe und die dabei auftretenden Planabweichungen in dem mathematischen Modell berücksichtigt werden. Diese nachfolgend beschriebenen Erweiterungsmöglichkeiten sind bei der Ausgangsgleichung (8.1) nicht gegeben.

8.4.2 Berücksichtigung von Planabweichungen

Der idealisierte Zustand, der bei der Ableitung der idealen Lagerkennlinie zugrunde gelegt wurde, berücksichtigt keine Prozessstörungen, wie z. B. Mengen- und/oder Terminabweichungen im Zugang bzw. im Abgang. Gerade diese Planabweichungen kennzeichnen aber die realen Verhältnisse im Lagerbereich. Deshalb müssen Sicherheitsbestände vorgehalten werden, um eine hohe Lieferbereitschaft des Lagers zu gewährleisten. Wie groß diese Sicherheitsbestände sein müssen, soll zunächst für jede einzelne Planabweichung separat beschrieben werden.

Mengen- und Terminabweichungen im Lagerzugang können sowohl auf eine mangelhafte logistische Leistungsfähigkeit der Lieferanten wie auch auf interne Defizite der Beschaffungsplanung zurückzuführen sein. Oftmals basieren wichtige Planungsparameter wie z. B. die Wiederbeschaffungszeiten lediglich auf Schätzwerten und werden nicht regelmäßig überprüft und angepasst. Um den Einfluss der daraus

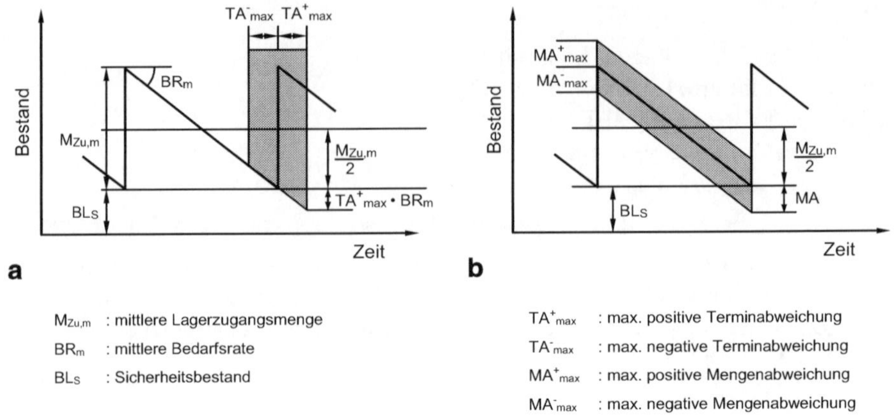

IFA D3162

Abb. 8.9 Planabweichungen im Lagerzugang – Ursachen und Wirkungen. **a** Lieferterminabweichung, **b** Liefermengenabweichung

resultierenden Terminabweichungen sowie möglicher Mengenabweichungen in der Gleichung zur Berechnung der Lagerkennlinien zu berücksichtigen, soll zunächst ihr Einfluss auf die Grenzwerte für den Bestand und den Lieferverzug analysiert werden.

Der Grenzbestand BL_0 repräsentiert den Wert, ab dem gerade keine Lieferverzüge mehr auftreten. Bei Terminabweichungen im Lagerzugang muss der Bestand soweit erhöht werden, bis auch der ungünstigste Zustand – d. h. die maximale Verzögerung – gerade noch abgepuffert werden kann. Diese Planabweichungen reduzieren den Bestand gegenüber der ursprünglichen Planung.

In Abb. 8.9, links ist dieser Fall im allgemeinen Lagermodell dargestellt. Der Sicherheitsbestand muss bei möglichen Lieferterminabweichungen mindestens so hoch sein wie das Produkt aus mittlerer Bedarfsrate und maximaler Terminabweichung. Nur dann kann gewährleistet werden, dass Null-Bestände für den betrachteten Artikel nicht auftreten können. Dieser Sicherheitsbestand, im folgenden zur Unterscheidung von anderen Bestandsanteilen mit $BL_{S1,\min}$ abgekürzt, berechnet sich somit zu:

$$BL_{S1,\min} = \left|TA^{+}_{\max} \cdot BR_m\right| \tag{8.6}$$

mit

$BL_{S1,\min}$ Sicherheitsbestand für Lieferterminabweichungen [ME]
$TA^{+}_{\max}$ Max. positive Terminabweichung (Verzögerung) [BKT]
BR_m Mittlere Bedarfsrate [ME/BKT]

Um Vorzeichenfehler zu vermeiden, werden die hier untersuchten Abweichungen generell über den Betragswert beschrieben.

Bei reinen Mengenabweichungen (Abb. 8.9b) gilt entsprechendes. Der Bestand ist insgesamt soweit zu erhöhen, dass die maximale Unterlieferung (hervorgerufen ggf. auch durch fehlerhafte Artikel) gerade noch nicht zu einem Lieferverzug führt. Der hierzu erforderliche Sicherheitsbestand $BL_{S2,min}$ entspricht folglich der maximalen Unterlieferung:

$$BL_{S2,\min} = \left|MA_{\max}^{-}\right| \tag{8.7}$$

mit

$BL_{S2,min}$ Sicherheitsbestand für Liefermengenabweichungen [ME]
MA_{max}^{-} Maxnegative Mengenabweichung (Unterlieferung) [ME]

Mengenabweichungen sind nur zu berücksichtigen, soweit sie nicht durch ein Vorziehen der nächsten Lieferung ausgeglichen werden können. Dies ist der Fall, wenn die Wiederbeschaffungszeit größer ist als die Zeitspanne zwischen zwei Lieferungen. Andernfalls sind Liefermengenabweichungen unkritisch, da sie im Falle des Auftretens durch einen entsprechenden Planungseingriff ausgeglichen werden können. Ein Sicherheitsbestand ist dann für diese Planabweichung nicht erforderlich.

Auch auf der Lagerabgangsseite sind terminliche und mengenmäßige Bedarfsverschiebungen möglich. Im Gegensatz zu den Ereignissen auf der Lagerzugangsseite ist für die hier vorliegende Fragestellung in der Regel aber nicht das Einzelereignis eines Lagerabgangs von Bedeutung, sondern im Wesentlichen der Bedarfsverlauf innerhalb der Wiederbeschaffungszeit. Die Verschiebung für einen einzelnen Bedarf führt in der Regel nicht zu Versorgungsproblemen, da allein über den vorliegenden Losbestand mögliche Planabweichungen abgepuffert werden können. Lediglich bei der (oder den) letzten Bedarfsanforderung(en), die aus einem Zugangslos gedeckt werden soll, ist ohne einen Sicherheitsbestand die Lieferfähigkeit nicht gewährleistet.

Wenn sich allerdings die Bedarfsrate innerhalb der Wiederbeschaffungszeit grundsätzlich verändern kann, müssen Sicherheitsbestände vorgehalten werden, um nachhaltige Auswirkungen auf die Lieferfähigkeit zu vermeiden, Abb. 8.10a. Dieser Sicherheitsbestand ($BL_{S3,min}$) lässt sich über die folgende Beziehung ermitteln:

$$BL_{S3,\min} = (BR_{\max} - BR_m) \cdot WBZ \tag{8.8}$$

mit

$BL_{S3,min}$ Sicherheitsbestand für Bedarfsschwankungen [ME]
BR_{max} Maximale Bedarfsrate [ME/BKT]
BR_m Mittlere Bedarfsrate [ME/BKT]
WBZ Wiederbeschaffungszeit [BKT]

Als Bezugszeitraum zur Ermittlung der maximalen und auch der minimalen Bedarfsrate ist ein Zeitraum in der Größenordnung der Wiederbeschaffungszeit zugrunde zu legen.

Die zuvor genannten Abweichungsursachen können einzeln, aber auch in Kombination miteinander auftreten, so dass sich die zuvor aufgezeigten Effekte im Grenzfall

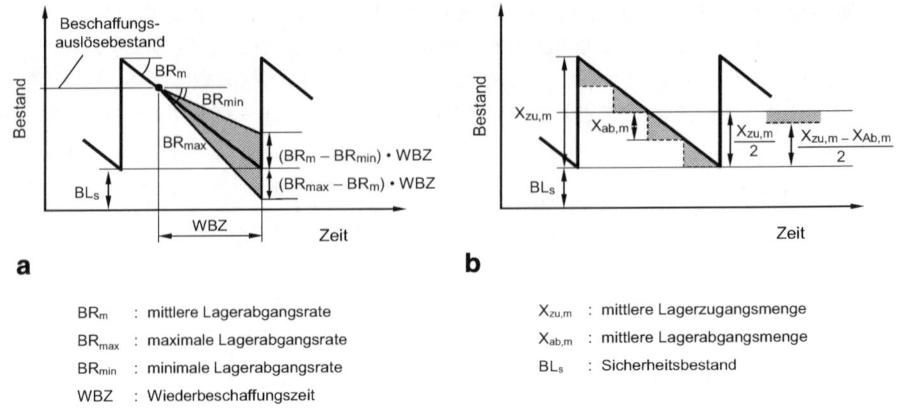

IFA D3161

Abb. 8.10 Planabweichungen im Lagerabgang – Ursachen und Wirkungen. **a** Bedarfsabweichungen, **b** Diskrete Lagerabgänge

addieren können. Soweit jedoch eine stochastische Unabhängigkeit vorausgesetzt werden kann, ist nicht nur eine Verstärkung, sondern auch eine Kompensation der Einzeleffekte möglich. Aus der Statistik heraus lässt sich ableiten, dass sich der insgesamt notwendige minimale Sicherheitsbestand $BL_{S,min}$ dann entsprechend der nachfolgend aufgezeigten Beziehung ermitteln lässt (vgl. [Sach-03]):

$$BL_{S,\min} = \sqrt{BL_{S1,\min}^2 + BL_{S2,\min}^2 + BL_{S3,\min}^2} \tag{8.9}$$

mit

$BL_{S,min}$ Minimaler Sicherheitsbestand [ME]
$BL_{S1,min}$ Sicherheitsbestand für Lieferterminabweichungen [ME]
$BL_{S2,min}$ Sicherheitsbestand für Liefermengenabweichungen [ME]
$BL_{S3,min}$ Sicherheitsbestand für Bedarfsschwankungen [ME]

und nach Einsetzen der Gl. (8.6), (8.7) und (8.8) in (8.9):

$$BL_{S,\min} = \sqrt{(TA_{\max}^{+} \cdot BR_m)^2 + (MA_{\max}^{-})^2 + ((BR_{\max} - BR_m) \cdot WBZ)^2} \tag{8.10}$$

mit

$BL_{S,min}$ Minimaler Sicherheitsbestand [ME]
TA^{+}_{max} Max. positive Terminabweichung (Verzögerung)[BKT]
MA^{-}_{max} Max. negative Mengenabweichung (Unterlieferung) [ME]
BR_{max} Maximale Bedarfsrate [ME/BKT]
BR_m Mittlere Bedarfsrate [ME/BKT]
WBZ Wiederbeschaffungszeit [BKT]

Dabei wird unterstellt, dass die einzelnen Planabweichungen voneinander statistisch unabhängig sind. Der mit Gl. (8.10) ermittelte Sicherheitsbestand ist minimal erforderlich, um eine Lieferbereitschaft trotz möglicher Mengen- und Terminabweichungen jederzeit sicherzustellen.

Zur Beurteilung realer Bestandssituationen ist schließlich zu berücksichtigen, dass der Lagerabgang in der Regel nicht kontinuierlich erfolgt, wie bei der Ableitung der idealen Lagerkennlinien angenommen, sondern ebenfalls in Losen. Durch die diskreten Lagerentnahmen reduziert sich der mittlere Bestand, der auch ohne Berücksichtigung eventuell auftretender Störungen zur Aufrechterhaltung der Lieferfähigkeit erforderlich ist (Abb. 8.10b):

$$BL_0 = \frac{X_{Zu,m} - X_{Ab,m}}{2} \tag{8.11}$$

mit

BL_0 Losbestand [ME] (bei Berücksichtigung diskreter Lagerentnahmen)
$X_{Zu,m}$ Mittlere Lagerzugangsmenge (Losgröße) je Zugangsereignis [ME]
$X_{Ab,m}$ Mittlere Lagerabgangsmenge (Losgröße) je Abgangsereignis [ME]

Unter Berücksichtigung dieses Sachverhaltes sowie der notwendigen störungsbedingten Sicherheitsbestände ergibt sich somit ein praktisch minimaler Grenzbestand BL_1, bei dem die Lieferfähigkeit des Lagers jederzeit sichergestellt ist:

$$\begin{aligned} BL_1 = & \frac{X_{Zu,m} - X_{Ab,m}}{2} \\ & + \sqrt{(TA^{+}_{\max} \cdot BR_m)^2 + (MA^{-}_{\max})^2 + ((BR_{\max} - BR_m) \cdot WBZ)^2} \end{aligned} \tag{8.12}$$

mit

BL_1 Praktisch minimaler Grenzbestand [ME]
$X_{Zu,m}$ Mittlere Lagerzugangsmenge (Losgröße) je Zugangsereignis [ME]
$X_{Ab,m}$ Mittlere Lagerabgangsmenge (Losgröße) je Abgangsereignis [ME]
TA^{+}_{max} Max. positive Terminabweichung (Verzögerung) [BKT]
MA^{-}_{max} Max. negative Mengenabweichung (Unterlieferung) [ME]
BR_{max} Maximale Bedarfsrate [ME/BKT]
BR_m Mittlere Bedarfsrate [ME/BKT]
WBZ Wiederbeschaffungszeit [BKT]

Analoge Überlegungen lassen sich auch für einen praktisch minimalen Grenzlieferverzug LV_1 ableiten. Vorzeitige Lieferungen seitens des Lieferanten führen ebenso wie Überlieferungen oder geringere Bedarfsraten zu einem unplanmäßigen Bestandsaufbau. Wenn der mittlere Bestand im Lager dennoch gegen Null tendiert (ein Zustand, der sich nur mit eklatanten Planungsfehlern begründen ließe), so bedeutet dies, dass sich der Lieferverzug durch diese Störungen gemessen an der aktuellen Situation zwar reduziert, dass er gegenüber dem störungsfreien Zustand aber größer sein muss:

$$LV_1 = \frac{X_{Zu,m} - X_{Ab,m}}{2 \cdot BR_m} + \sqrt{\left(TA^-_{\max}\right)^2 + \left(\frac{MA^+_{\max}}{BR_m}\right)^2 + \left(\frac{(BR_m - BR_{\min}) \cdot WBZ}{BR_m}\right)^2} \tag{8.13}$$

mit

LV_1	Praktisch minimaler Grenzlieferverzug [BKT]
$X_{Zu,m}$	Mittlere Lagerzugangsmenge (Losgröße) je Zugangsereignis [ME]
$X_{Ab,m}$	Mittlere Lagerabgangsmenge (Losgröße) je Abgangsereignis [ME]
TA^-_{max}	Max. negative Terminabweichung (vorzeitige Lieferung) [BKT]
MA^+_{max}	Max. positive Mengenabweichung (Überlieferung) [ME]
BR_m	Mittlere Bedarfsrate [ME/BKT]
BR_{min}	Minimale Bedarfsrate [ME/BKT]
WBZ	Wiederbeschaffungszeit [BKT]

Mit den so ermittelten Grenzwerten lässt sich eine Lagerkennlinie berechnen, in der die zuvor beschriebenen Störungen abgebildet und unter logistischen Aspekten auch bewertet werden können. Dazu sind lediglich in Gl. (8.4) die erweiterten Grenzwerte für den Bestand (Gl. (8.12)) und den Lieferverzug (Gl. (8.13)) einzusetzen:

$$\left.\begin{aligned} BL_m(t) &= BL_1 \cdot t \\ LV_m(t) &= LV_1 \cdot \sqrt[C]{1 - t^C} \end{aligned}\right\} \tag{8.14}$$

mit

$BL_m(t)$	mittlerer Losbestand [ME]
$LV_m(t)$	mittlerer Lieferverzug [BKT]
BL_1	praktisch minimaler Grenzbestand [ME]
LV_1	praktisch minimaler Grenzlieferverzug [BKT]
$0 \leq t \leq 1$	Laufvariable
C	Funktionswert der C_{Norm}-Funktion

Diese Gleichung bewirkt, dass sich die Stützpunkte der berechneten Funktion in Abhängigkeit von den Extremwerten der vorliegenden Störungen im Vergleich zur idealen Lagerkennlinie weiter vom Koordinatenursprung entfernen (Abb. 8.11). Bei Planabweichungen, die zu einer Bestandsreduzierung gegenüber der ursprünglichen Planung führen, sind entsprechende Sicherheitsbestände vorzuhalten, um möglichen Lieferverzügen entgegenzuwirken. In der Kennlinie wird dieser Fall durch eine Streckung der Funktion in x-Richtung beschrieben. Wenn andererseits der Bestand im Lager trotz vorzeitiger Lieferungen oder anderer prinzipiell bestandserhöhender Abweichungen Null ist, erhöht sich der resultierende Lieferverzug. Die Lagerkennlinie wird daher in y-Richtung gestreckt. Wie sich die Funktion darüber

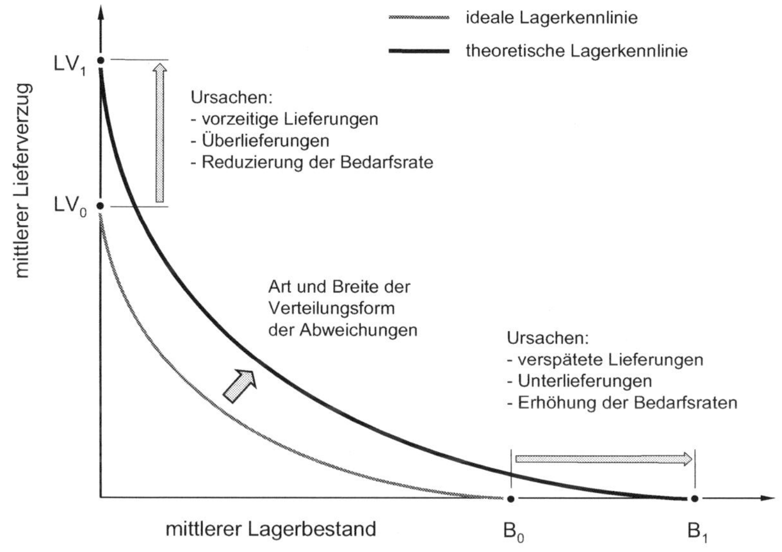

IFA C3301

Abb. 8.11 Einflussgrößen auf reale Lagerkennlinien

hinaus zwischen den Grenzwerten bei möglichen Abweichungen verändert, wird im Wesentlichen von der Art und der Breite der Störungsverteilungen bestimmt.

Ein Gedankenexperiment mag diesen Zusammenhang verdeutlichen: Gegeben seien zwei Abweichungsverteilungen mit identischen Extremwerten. Die Grenzwerte BL_1 und LV_1 ändern sich somit in beiden Fällen gleich. Unterscheiden sollen sich aber die Verteilungen in ihrer Form. Im ersten Fall soll es sich um eine Verteilung handeln, die im Bereich des Mittelwertes sehr stark besetzt ist, für den zweiten Fall soll hingegen angenommen werden, dass Planabweichungen in der Größenordnung der Extremwerte den Regelfall darstellen.

Bei der ersten, sehr schlanken Verteilung werden stärkere Abweichungen vom Ideal-Prozess nur relativ selten auftreten. Somit wird sich auch die Kennlinie im Wesentlichen in den Grenzwerten verändern, nicht aber so sehr im übrigen Kurvenverlauf. Die reale Lagerkennlinie muss also stark an die Kurve des Idealprozesses angenähert sein (insbesondere im Bereich von ca. 0,2 bis 0,7 BL_0). Im zweiten Fall hingegen wird sich aufgrund der angenommenen breiten Verteilung der Störungen die resultierende Lagerkennlinie deutlich von der unteren Grenzkurve lösen, da die Abweichungen vom Idealprozess (trotz gleicher Grenzwerte) ungleich stärker ausfallen.

Um den geschilderten Einfluss der Verteilungsform auf die reale Lagerkennlinie abbilden zu können, ist die Gl. (8.14) noch zu parametrieren.

8.4.3 Parametrierung der Näherungsgleichung

Die Modellierung der berechneten Lagerkennlinie über eine Veränderung des Funktionswertes der C_{Norm}-Funktion ist in Gl. (8.14) vorgenommen worden. Je kleiner der Funktionswert gewählt wird, desto stärker nähert sich die Funktion zunächst der idealen Lagerkennlinie und anschließend dem Ursprung des Koordinatensystems an (vgl. auch Abb. 4.6).

Um einen Anhaltswert für den Funktionswert der C_{Norm}-Funktion zu erhalten, mit dem die Lagerkennlinie anforderungsgerecht modelliert werden kann, soll zunächst ein weiterer Stützpunkt für die Funktion definiert werden. Hierzu bietet sich der Schnittpunkt der C_{Norm}-Funktion mit der Winkelhalbierenden des Koordinatensystems an. Für diesen Schnittpunkt (X_S, Y_S) gilt:

$$\left.\begin{aligned} X_S &= Y_S \\ Y_S &= \sqrt[C]{\frac{1}{2}} \end{aligned}\right\} \tag{8.15}$$

Für die ideale Lagerkennlinie wurde für C der Wert 1/2 bestimmt, so dass sich damit in der C_{Norm}-Funktion die Koordinaten des definierten Schnittpunktes ergeben zu:

$$X_S = Y_S = \sqrt[\frac{1}{2}]{\frac{1}{2}} = \left(\frac{1}{2}\right)^2 = \frac{1}{4} \tag{8.16}$$

Zur Berechnung der idealen Lagerkennlinie wurde die C_{Norm}-Funktion durch die Grenzwerte BL_0 und LV_0 gestreckt. Diese Streckung erfasst auch den definierten Stützpunkt, so dass sich für diesen in der idealen Lagerkennlinie die folgenden Koordinaten BL_S, LV_S ergeben:

$$\left.\begin{aligned} BL_S &= \frac{1}{4} \cdot BL_0 \\ LV_S &= \frac{1}{4} \cdot LV_0 \end{aligned}\right\} \tag{8.17}$$

Zur Berücksichtigung von Planabweichungen wurden zur weiteren Modellierung der Funktion die Parameter BL_1 und LV_1 ermittelt. Über diese Parameter wird die Lagerkennlinie in den Grenzwerten gestreckt. Nun ist jedoch, wie das obige Gedankenexperiment gezeigt hat, die Funktion auch in Abhängigkeit von der Verteilungsform möglicher Abweichungen zu gestalten (s. Abb. 8.12 rechts).

Ein Anhaltswert für den Funktionswert der C_{Norm}-Funktion lässt sich aber aus dem oben aufgestellten Gedankenexperiment sowie aus den zuvor berechneten Koordinaten des zusätzlichen Funktionsstützpunktes ableiten: Es wurde ausgeführt, dass sich bei sehr schlanken Verteilungen der Planabweichungen die Lagerkennlinie im Übergangsbereich der unteren Grenzkurve stark nähern wird. Es sei zunächst sogar angenommen, dass die Lagerkennlinie die untere Grenzkurve im oben berechneten Stützpunkt B_S, LV_S berührt. Unter dieser Annahme lässt sich ein erster Anhaltswert

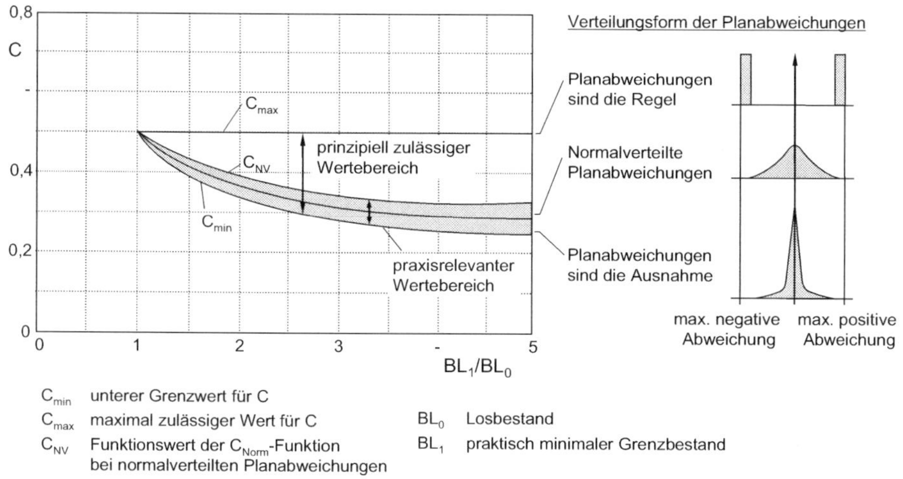

IFA D3376b

Abb. 8.12 Zulässiger und praxisrelevanter Wertebereich für den Funktionswert der C_{Norm}-Funktion bei berechneten Lagerkennlinien

für den Funktionsparameter berechnen, der im Weiteren auch als unterer Grenzwert C_{min} bezeichnet wird. Setzt man die Stützpunkte BL_S und LV_S in die Gl. (8.14) für $BL_m(t)$ und $LV_m(t)$ ein, so folgt daraus zunächst:

$$\left(\frac{LV_0}{4 \cdot LV_1}\right)^{C_{min}} + \left(\frac{BL_0}{4 \cdot BL_1}\right)^{C_{min}} = 1 \qquad (8.18)$$

mit

BL_0 Losbestand [ME]
LV_0 Minimaler Grenzlieferverzug [BKT]
BL_1 Praktisch minimaler Grenzbestand [ME]
LV_1 Praktisch minimaler Grenzlieferverzug [BKT]
C_{min} Unterer Grenzwert des Funktionswertes der C_{Norm}-Funktion

Wenn gilt:

$$\frac{LV_0}{LV_1} \cong \frac{BL_0}{BL_1} \qquad (8.19)$$

(dies gilt mindestens dann, wenn symmetrische Verteilungen der Planabweichungen vorliegen), so folgt für C_{min}:

$$C_{min} \cong \frac{\ln\left(\frac{1}{2}\right)}{\ln\left(\frac{BL_0}{4 \cdot BL_1}\right)} \qquad (8.20)$$

mit

BL_0 Losbestand [ME]
BL_1 Praktisch minimaler Grenzbestand [ME]
C_{min} Unterer Grenzwert des Funktionswertes der C_{Norm}-Funktion

Ist beispielsweise der praktisch minimale Grenzbestand BL_1 doppelt so groß wie der Losbestand BL_0, so berechnet sich C_{min} zu 0,33, bei einer Verdreifachung beträgt $C_{min} = 0{,}279$. Wenn keine Planabweichungen vorliegen, so ergibt sich C_{min} zu 0,5.

Eine Lagerkennlinie, die mit einem so ermittelten Wert für C_{min} berechnet wird, berührt die ideale Lagerkennlinie in dem zusätzlich definierten Stützpunkt (BL_S, LV_S). Zulässig ist dies jedoch allenfalls bei sehr schlanken Planabweichungsverteilungen. Je stärker die Abweichungen streuen, desto stärker muss sich die berechnete Lagerkennlinie von der idealen Kennlinie lösen. Der Wert für C muss somit größer werden. Unabhängig von der absoluten Höhe der Planabweichungen beträgt der maximal zulässige Wert für C grundsätzlich ½.

In Abb. 8.12 sind die Ausführungen zum Funktionswert der C_{Norm}-Funktion zusammenfassend dargestellt. Zusätzlich wurden in die Graphik neben dem insgesamt zulässigen Wertebereich für den Funktionswert auch ein praxisrelevanter Wertebereich sowie eine aus Simulationsergebnissen empirisch abgeleitete Funktion für normalverteilte Planabweichungen eingetragen. Numerisch kann diese Funktion auch über die folgende Gleichung angenähert werden:

$$C_{NV} \cong 0{,}15 \cdot (C_{max} - C_{min}) + C_{min} \tag{8.21}$$

mit

C_{NV} Funktionswert bei normalverteilten Planabweichungen
C_{max} Maximal zulässiger Funktionswert ($C_{max} = 0{,}5$)
C_{min} Unterer Grenzwert des Funktionswertes

Es lässt sich zeigen, dass Gl. (8.21) prinzipiell auch für andere Verteilungsformen der Planabweichungen gültig ist. Jedoch ist im Einzelfall der Faktor vor dem Klammerausdruck (hier: 0,15) entsprechend anzupassen. Bei schlankeren Verteilungsformen ist dieser Faktor zu reduzieren, bei breiteren Verteilungen zu erhöhen. Konkretere Aussagen lassen sich jedoch nur auf der Basis weiterer Versuchsreihen treffen.

Die Festlegung des praktisch relevanten Wertebereiches resultiert aus der Überlegung, dass im Allgemeinen der überwiegende Anteil aller Lagerzugänge mengen- und termingerecht bzw. mit nur geringen Planabweichungen erfolgt und somit in erster Näherung eher normalverteilte Abweichungsverteilungen angenommen werden können. Zumindest aber kann unterstellt werden, dass große Planabweichungen nicht den Regelfall darstellen werden.

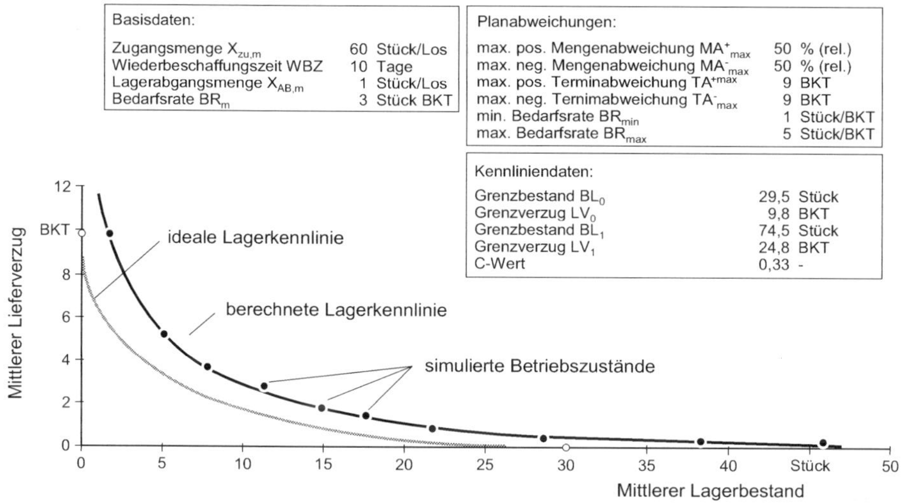

IFA D5698

Abb. 8.13 Simulationsgestützte Überprüfung berechneter Lagerkennlinien. (Normalverteilte Planabweichungen)

8.4.4 Simulationsgestützte Überprüfung berechneter Lagerkennlinien

Die vorgestellte Näherungsgleichung wurde anhand des Vergleichs berechneter Lagerkennlinien mit den Ergebnissen von Simulationsstudien überprüft. Zwei Beispiele dieser simulationsgestützten Modellevaluation sind nachfolgend wiedergegeben.

Für das erste Beispiel wurde die in Abb. 8.7 dargestellte, simulativ ermittelte Lagerkennlinie verwendet. Auf der Basis der Minimal- bzw. Maximalwerte der zugrunde gelegten normalverteilten Mengen- und Terminabweichungen sowie der Schwankungsbreite der Bedarfsrate lassen sich zunächst die Grenzbestände (BL_0 und BL_1; Gl. (8.2) und (8.12)) und die Grenzverzüge (LV_0 und LV_1; Gl. (8.3) und (8.13)) bestimmen. Der in die Kennliniengleichung einzusetzende Funktionswert der C_{Norm}-Funktion wurde über das Verhältnis der berechneten Grenzbestände (Abb. 8.12; Gl. (8.20) und (8.21)) ermittelt. Mit den so gewonnenen Kennlinienparametern konnte anschließend die Lagerkennlinie berechnet und den Simulationsergebnissen gegenübergestellt werden. Aus Abb. 8.13 wird deutlich, dass die Simulationsergebnisse gut mit den Berechnungsergebnissen übereinstimmen.

In einer zweiten Versuchsreihe wurden für die Simulation bei ansonsten unveränderten Rahmenbedingungen gleichverteilte Mengen- und Terminabweichungen zugrunde gelegt. Die Ergebnisse dieser Simulationsreihe zeigt Abb. 8.14 ebenfalls

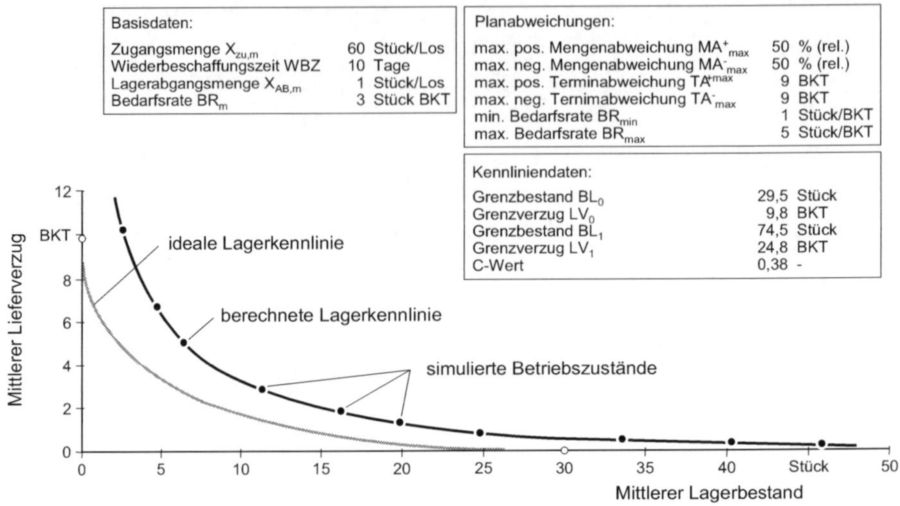

IFA D5698b

Abb. 8.14 Simulationsgestützte Überprüfung berechneter Lagerkennlinien. (Gleichverteilte Planabweichungen)

in einer Gegenüberstellung mit den berechneten Lagerkennlinien. Aufgrund identischer Minimal- und Maximalwerte der Planabweichungsverteilungen wurden für die Kennlinienberechnung die gleichen Werte für Grenzlieferverzug und Grenzbestand ermittelt wie in der ersten dargestellten Versuchsreihe. Allerdings musste erwartungsgemäß ein größerer, hier empirisch ermittelter C-Wert (0,38 statt 0,33) in die Kennliniengleichung eingesetzt werden (vgl. auch Abb. 8.12), um so eine hohe Deckung zwischen Simulations- und Berechnungsergebnissen zu erzielen.

Wie diese und auch weitere durchgeführte Versuche zeigen, lassen sich Lagerkennlinien auch unter Berücksichtigung von Mengen- und Terminabweichungen im Lagerzugang sowie von Schwankungen in der Bedarfsrate berechnen. Die in die Näherungsgleichung direkt bzw. indirekt eingehenden Parameter (Abb. 8.15) haben überwiegend eine elementare Bedeutung. Sowohl die Stützpunkte der idealen wie auch die der approximierten ‚realen' Lagerkennlinien lassen sich analytisch ermitteln, sofern Zugangs- und Abgangsverhalten für den betrachteten Lagerartikel mit hinreichender Genauigkeit über Mittel- und Extremwerte beschrieben werden können. Lediglich bei dem Funktionswert C handelt es sich um eine Größe, die derzeit nur empirisch ermittelbar ist. Wenn annähernd normalverteilte Planabweichungsverteilungen vorliegen, lässt sich jedoch auch für diesen Parameter zumindest in erster Näherung analytisch ein Anhaltswert bestimmen.

Weichen die Planabweichungsverteilungen stark von einer Normalverteilung ab, sind im Einzelfall spezielle Simulationsstudien zur empirisch gestützten Parametrierung der Kennliniengleichung durchzuführen. Zuvor sollte aber überprüft werden, ob

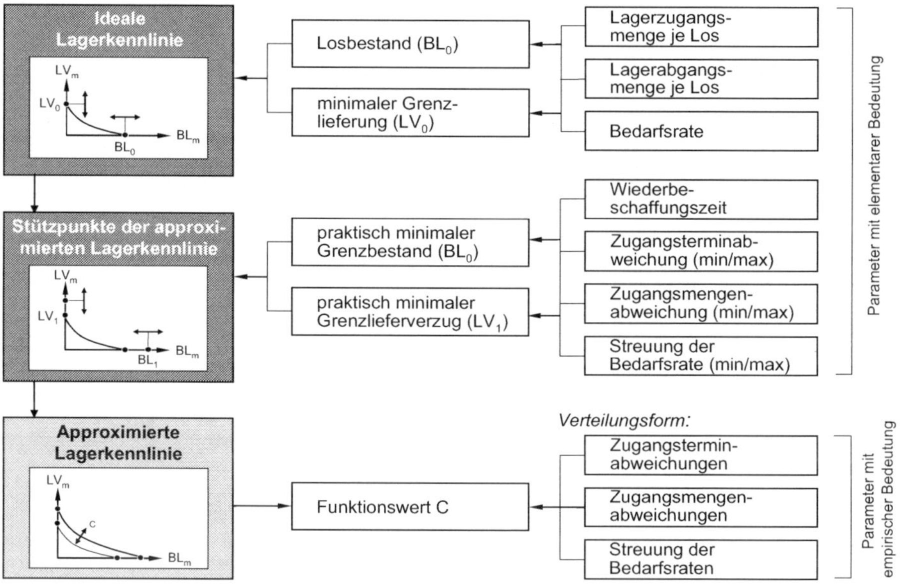

IFA D5736

Abb. 8.15 Parameter berechneter Lagerkennlinien

bei der geplanten Anwendung die Kenntnis des exakten Verlaufs der Lagerkennlinie erforderlich ist oder ob als Entscheidungsgrundlage z. B. der praktisch minimale Grenzbestand BL_1 ausreicht.

8.5 Anwendungsmöglichkeiten

Lagerkennlinien sind ein erfolgversprechender Ansatz, um die logistischen Zielgrößen des Lagerhaltungsprozesses und ihre gegenseitigen Abhängigkeiten mathematisch zu beschreiben. Das mögliche Einsatzfeld erstreckt sich von der Zielvereinbarung über die Prozessbewertung und die Parameterbestimmung bis hin zur Potentialanalyse (Abb. 8.16).

So ermöglichen Lagerkennlinien eine qualitative und quantitative Beschreibung des Zusammenhangs zwischen dem mittleren Lieferverzug und dem mittleren Lagerbestand. Diese Technik ist daher geradezu prädestiniert, die *logistische Positionierung* und *Zielfindung* in diesem Spannungsfeld zu unterstützen. Abhängig von den artikelspezifischen Rahmenbedingungen (Wert, Wiederbeschaffungszeiten, strategische Bedeutung) lassen sich Zielwerte für den Lieferverzug und den Lagerbestand unter Berücksichtigung der gegenseitigen Abhängigkeiten vereinbaren.

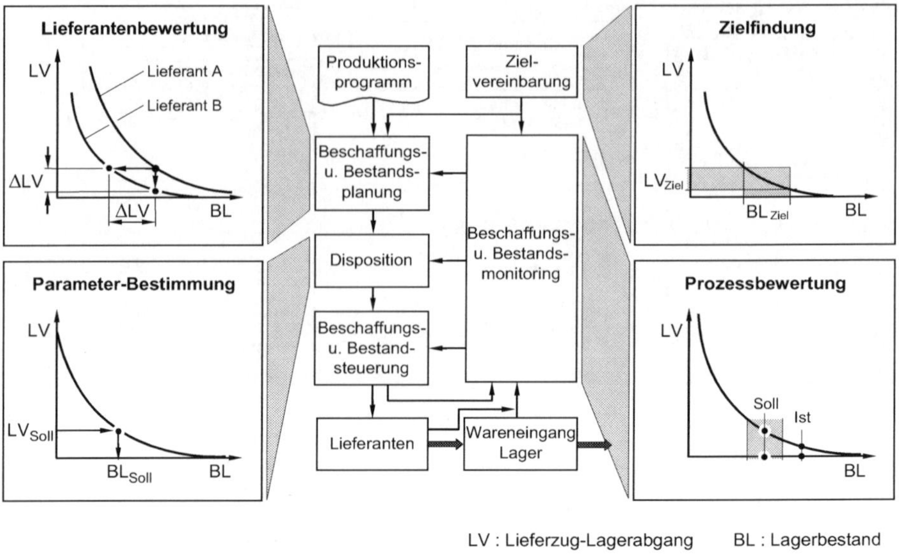

IFA C0545

Abb. 8.16 Anwendung von Lagerkennlinien im Rahmen des Beschaffungs- und Bestandsmanagements. (Gläßner)

Sofern die Zielvorgaben quantifiziert sind, kann eine logistische *Bewertung des Ist-Zustandes* durchgeführt werden. Voraussetzung dazu ist eine permanente Erfassung des Ist-Zustandes und die Ermittlung der relevanten Kennzahlen im Rahmen eines Beschaffungs- und Bestandsmonitorings.

Die Vorgabe von Zielwerten ermöglicht ebenfalls, den Dispositionsparameter *Sicherheitsbestand* zielorientiert zu bestimmen. Damit wird eine wichtige Unterstützung zur Pflege dieses Parameters geboten.

Und schließlich können die Lagerkennlinien dazu eingesetzt werden, *Veränderungspotentiale* zu analysieren. Sofern im Rahmen der Zielfindung festgestellt wird, dass ein primäres Ziel, z. B. ein vorgegebenes Bestandsniveau, nicht ohne negative Auswirkungen auf die zweite Zielgröße realisiert werden kann, lassen sich alternative Maßnahmen bezüglich der Lieferanten, des Bestellverfahrens und/oder des Abrufverhaltens der Verbraucher bewerten. In Abb. 8.16, links oben ist dies beispielhaft für die *logistisch orientierte Lieferantenbewertung* dargestellt. Die unterschiedlichen Kennlinien ergeben sich hier aufgrund eines unterschiedlichen Lieferverhaltens der Lieferanten. Eine darauf basierende Quantifizierung des Verbesserungspotentials hinsichtlich Lagerbestand und Versorgungssicherheit der Produktion bietet so die Möglichkeit, neben Preis- und Qualitätsaspekten auch logistische Kriterien in die Entscheidungsfindung einzubeziehen [Gläß-95].

8.6 Anwendungsfelder und -grenzen

Wie die vorstehenden Ausführungen zeigen, können Lagerkennlinien prinzipiell in allen wesentlichen Bereichen des Beschaffungs- und Bestandsmanagements die Entscheidungsfindung vereinfachen und auf eine breitere Basis stellen. Das zuvor vorgestellte Modell beruht jedoch auf statistischen Ansätzen und der Berechnung von Mittelwerten. Für die statistische Sicherheit des Modells ist eine hinreichend große Anzahl von Ereignissen erforderlich. Daraus ergibt sich, dass die Lagerkennlinien nur bedingt im Rahmen der operativen Planung und Prozessüberwachung eingesetzt werden können. Der Anwendungsschwerpunkt ist daher in einer langfristig und eher strategisch ausgerichteten Prozessgestaltung zu sehen.

Weiterhin erscheint ein umfassender Einsatz der Lagerkennlinientechnik für alle in einem Lager bevorrateten Artikel in der Regel weder durchführbar noch sinnvoll. Zwar erfordert der vorgestellte mathematische Ansatz zur Berechnung von Lagerkennlinien weit weniger Aufwand als entsprechende Simulationsuntersuchungen. Allein aufgrund der großen Teilevielfalt wird es aber keinem Disponenten möglich sein, für alle von ihm betreuten Artikel Lagerkennlinien zu berechnen, um daraus jeweils spezifische Entscheidungen abzuleiten. Die oftmals vorliegende Vielfalt und Komplexität des Materialbedarfs erfordert Klassifizierungen des Artikelspektrums, um einen der jeweiligen Teilebedeutung angemessenen Planungs- und Überwachungsaufwand zu bestimmen.

Der bekannteste Ansatz hierfür ist die *ABC-Analyse* (Abb. 8.17, oben links) zur Segmentierung des Artikelspektrums entsprechend der Wert-/Mengen-Relation [Bult-88].

Aber auch andere Klassifizierungsansätze können helfen, sich auf die jeweils wichtigsten bzw. kritischen Artikelsegmente zu konzentrieren. So ist für eine weitere Differenzierung eine Gruppierung des Artikelspektrums gemäß der Lieferzuverlässigkeit der Lieferanten möglich. Diese wird als *UVW-Klassifizierung* bezeichnet. In Abb. 8.17, oben rechts ist das Prinzip einer solchen Klassifizierung graphisch dargestellt. Aufgetragen wird hier über dem relativen Anteil an Artikeln (oder wahlweise der Lieferanten) die Streuung der Lieferterminabweichung. Sofern vorzeitige Lieferungen als unkritisch eingestuft werden, kann statt der Streuung der Terminabweichung auch eine andere Größe, z. B. die maximale Terminabweichung, herangezogen werden. U-Artikel (bzw. U-Lieferanten) zeichnen sich durch überwiegend pünktliche Lieferungen aus, während vor allem im W-Segment von einer stetigen Gefährdung der Versorgungssicherheit ausgegangen werden muss.

Auf der Lagerabgangsseite ist ein relevantes Differenzierungskriterium zunächst die Konstanz der Bedarfsrate, die sich über eine *RUS-Klassifizierung* (Abb. 8.17, unten links) beschreiben lässt (RUS steht für: *R*egelmäßig, *U*nregelmäßig bzw. *S*poradisch, vgl. auch [Kugl-95]). Zweites Merkmal ist die Planbarkeit der Bedarfe, die über die Streuung der Bedarfsterminabweichung quantifiziert wird. Diese Einteilung gemäß der Vorhersagegenauigkeit des Bedarfs wird *als XYZ-Klassifizierung* (Abb. 8.17, unten rechts) bezeichnet. In der XYZ-Klassifizierung kommt auch die Länge der Wiederbeschaffungszeit zum tragen: Je kürzer diese Zeiten werden, desto

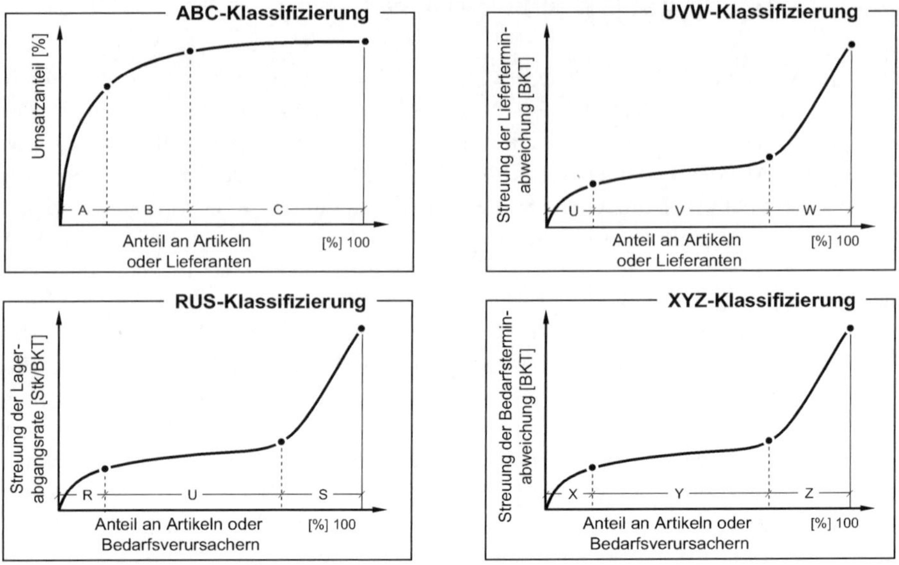

IFA D2917

Abb. 8.17 Möglichkeiten der logistischen Segmentierung von Artikelspektren

genauer kann der Bedarf geplant werden. Daher wird die Einordnung eines Artikels in die einzelnen Segmente auch über die Lieferfähigkeit der Lieferanten bestimmt.

Jede der zuvor genannten Segmentierungstechniken kann einzeln angewandt werden, um Planungsmaßnahmen zur Prozessverbesserung abzuleiten. Aber insbesondere eine geeignete Kombination der Techniken hilft dabei, die Dispositionsaktivitäten auf erfolgskritische Segmente zu konzentrieren.

Abbildung 8.18 zeigt eine mögliche Zuordnung von Beschaffungs- und Dispositionsstrategien zu speziellen Artikelsegmenten. Basis der hier vorgenommenen *mehrdimensionalen Segmentierung* ist eine kombinierte RUS/XYZ-Analyse, mit der die Regelmäßigkeit der Lagerabgänge und ihre Planbarkeit beschrieben werden. Über diese Matrix lassen sich anschließend die Ergebnisse von ABC- und UVW-Analysen einordnen. Ebenfalls kann aufgezeigt werden, in welchen Feldern Lagerkennlinien sinnvoll eingesetzt werden können.

Unabhängig von der Regelmäßigkeit der Bedarfe wird die Liefersicherheit im Wesentlichen vom Lagerzugangsverhalten und somit von der Liefertermin- und Liefermengentreue des Lieferanten bzw. der zuliefernden Fertigung bestimmt. Somit kann auch die Dimensionierung der Sicherheitsbestände in erster Linie in Abhängigkeit von dieser Liefertreue durchgeführt werden. Werden dabei Lagerkennlinien eingesetzt, so kann darüber zunächst die logistische Positionierung

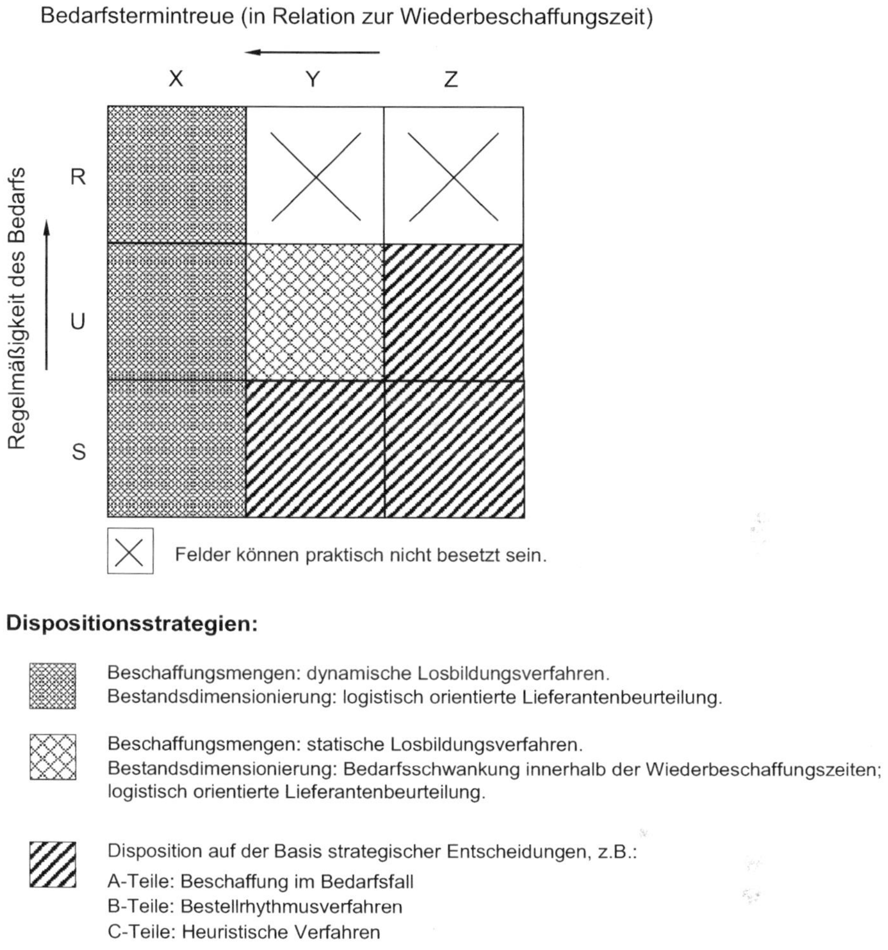

IFA D3303

Abb. 8.18 Ableitung problemorientierter Dispositionsstrategien (Beispiel)

unterstützt werden. So lässt sich – ggf. in Verbindung mit den Ergebnissen einer ABC-Klassifizierung – festlegen, welche bestandsabhängigen Lieferverzüge für die betrachteten Artikel akzeptiert werden sollen. Es kann auch sinnvoll sein, die Lieferanten logistisch zu bewerten, um so deren Einfluss auf die Auslegung der notwendigen Sicherheitsbestände zu quantifizieren. Ein Beispiel für eine solche Lieferantenbeurteilung findet sich im nachfolgenden Abschnitt.

Die Beschaffungsmengen lassen sich für die X-Artikel über dynamische Losbildungsverfahren (vgl. u. a. [Fort-77], [Nyhu-91]) bestimmen. Bei diesen Verfahren wird angestrebt, die von der Beschaffungsmenge abhängigen Kosten zu minimieren.

In die Berechnungsverfahren gehen die Kosten für den Beschaffungsvorgang selbst sowie die Kapitalbindungskosten für den Lagerhaltungsprozess ein, wobei bei dem letztgenannten Kostenblock der zeitliche Verlauf des Bedarfs berücksichtigt wird. Somit berücksichtigen die dynamischen Losbildungsverfahren über die zugrundeliegende Verfahrenslogik sowohl die RUS- wie auch die ABC-Klassifizierungen. Im Falle regelmäßiger Bedarfe (R/X-Artikel) führen auch statische Losbildungsverfahren (z. B. die Losgrößenbestimmung nach ANDLER) zu vergleichbaren Ergebnissen. Diese Verfahren unterstellen einen kontinuierlichen Bedarfsverlauf und sind sowohl hinsichtlich des Datenbedarfs wie auch des Rechenverfahrens deutlich einfacher als die dynamischen Ansätze. Bei sporadisch auftretenden Bedarfen schließlich kann das Ergebnis der Losgrößenbestimmung die Beschaffung im Bedarfsfall sein.

Nimmt die Unsicherheit der Planung zu, ist von den dynamischen Losbildungsverfahren ebenfalls Abstand zu nehmen. Während bei UY-Artikeln noch statische Verfahren zur Losbildung eingesetzt werden können, sind bei einer noch geringeren Planbarkeit bzw. bei sehr sporadisch auftretenden Bedarfen die anzuwendenden Dispositionsstrategien überwiegend abhängig von strategischen Entscheidungen, die sich selbst z. B. wieder an einer ABC-Einteilung orientieren können. Auch die Anwendungsmöglichkeiten der Lagerkennlinien nehmen mit geringer werdender Planbarkeit des Bedarfs ab. Zusätzlich zu den oben beschriebenen Anwendungsfeldern kann die Bestandsdimensionierung nur noch im UY-Segment durch Lagerkennlinien unterstützt werden, wobei neben den lieferantenseitig hervorgerufenen Störungen insbesondere auch die Bedarfsschwankungen zu berücksichtigen sind.

8.7 Anwendungsbeispiel der Lagerkennlinientheorie zur Lieferantenbeurteilung

Die Lagerkennlinientheorie wurde u. a. in einem Industrieprojekt zur logistikorientierten Lieferantenbeurteilung eingesetzt. Das Unternehmen stellt komplexe elektronische Produkte in großer Variantenvielfalt her und muss demzufolge ein äußerst heterogenes Spektrum an Beschaffungsmaterialien bewirtschaften. Ein Beispiel aus dieser Untersuchung wird nachfolgend exemplarisch dargestellt.

Trotz hoher Bestände im Beschaffungslager konnte das Unternehmen die Versorgung der Produktion mit Beschaffungsteilen nicht immer gewährleisten. Als eine wesentliche Ursache für diese durchaus typische Problematik [ATKe-92] wurde die unzureichende Liefertreue der Lieferanten angesehen. Zur Quantifizierung der Situation wurde daher in einem ersten Projektschritt die Liefertermintreue für 1180 in einem Untersuchungszeitraum von 18 Wochen eingehende Lieferungen analysiert. Die Kennzahl Liefertermintreue ist dabei als zeitliche Differenz zwischen dem tatsächlichen und dem vom Lieferanten zugesagten Liefertermin definiert. In Abb. 8.19 ist dargestellt, dass von den 1180 ausgewerteten Lieferungen lediglich 45 % ohne Terminabweichung angeliefert wurden. Bei weiteren 37 % erfolgte die Lieferung mit teilweise erheblichem zeitlichen Vorlauf, während die restlichen 18 % verspätet angeliefert wurden.

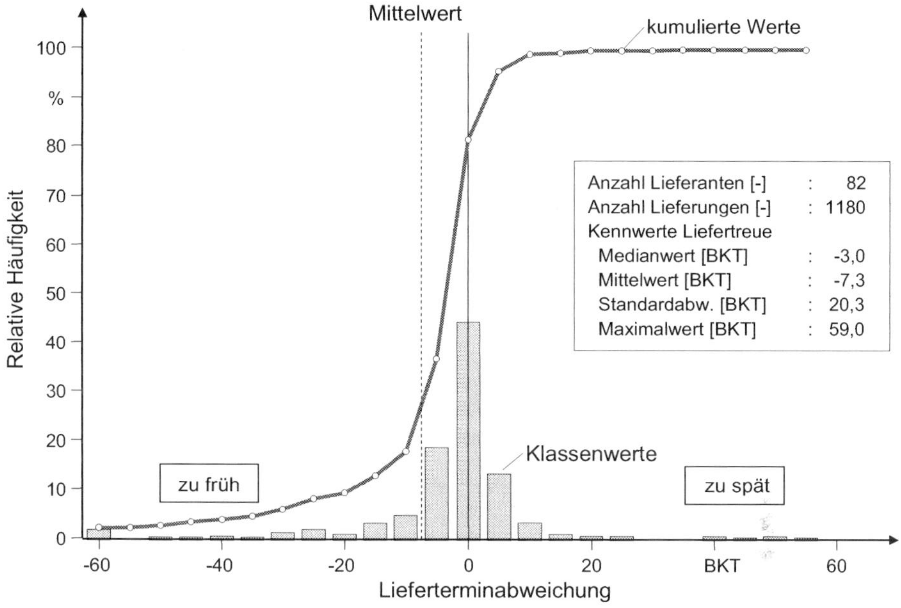

IFA D3306

Abb. 8.19 Liefertermintreue der Lieferanten (Praxisbeispiel)

Bei der Interpretation der in Abb. 8.19 wiedergegebenen Verteilung sind zwei Sachverhalte zu berücksichtigen. Zum einen betrug die planmäßige Wiederbeschaffungszeit im Mittel 65 Arbeitstage. Dadurch relativiert sich die Breite der Verteilung der Lieferterminabweichung. Zum anderen gilt aber auch, dass aufgrund von Mehrfachverwendungen schon eine einzige ausstehende Lieferung eine Vielzahl von Aufträgen blockieren kann. Daher sind die verspätet eingetroffenen Lieferungen, auch wenn es „nur" 18 % der erfassten Lieferungen waren, als besonders kritisch einzustufen.

Im Weiteren wurde untersucht, ob und in welchem Umfang einzelne Lieferanten für die Lieferterminabweichungen besonders verantwortlich waren. Dazu wurde eine UVW-Klassifizierung für die Lieferanten durchgeführt. Das Ergebnis zeigt Abb. 8.20, in dem die maximale Terminabweichung über der relativen Anzahl der Lieferanten dargestellt ist. Nach Rücksprache mit dem Unternehmen wurden in diese Analyse nur die Lieferanten in die Auswertung mit einbezogen, die im Untersuchungszeitraum mindestens fünf Lieferungen getätigt haben (37 von insgesamt 82 erfassten Lieferanten). Als Klassifizierungsmerkmal der UVW-Analyse wurde die maximale Terminabweichung gewählt, da hier im Wesentlichen die Bewertung der Versorgungssicherheit der eigenen Produktion mit Hilfe berechneter Lagerkennlinien im Vordergrund stand. Die Klassifizierungsgrenzen wurden für die U-Lieferanten mit

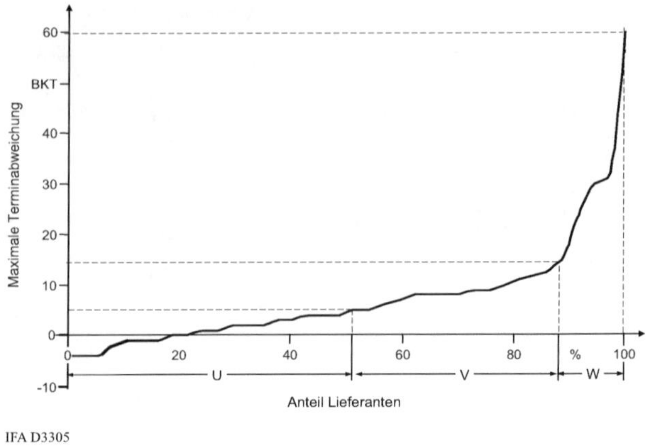

Abb. 8.20 UVW-Klassifizierung der Lieferanten

5 und die V-Lieferanten mit 15 Tagen gewählt. Die Wahl dieser Grenzen ist prinzipiell frei, sie sollte sich jedoch an den jeweils vorliegenden Bedingungen orientieren.

Das Ergebnis der Analyse zeigt, dass nicht alle Lieferanten gleichmäßig für die Lieferterminabweichungen verantwortlich waren. Über 50 % der ausgewerteten Lieferanten konnten die zugesagten Termine im Wesentlichen halten. Bei ca. 11 % traten jedoch Terminüberschreitungen von 15 Tagen und mehr auf. Die mangelhafte logistische Lieferfähigkeit einzelner Lieferanten ruft generell erhebliche Planungsunsicherheiten im Beschaffungsprozess hervor, die nur über hohe Sicherheitsbestände gegenüber der Produktion abgepuffert werden können.

Dieser Sachverhalt kann anhand der Theorie der Lagerkennlinien auch quantitativ beschrieben werden, so dass darauf eine logistikorientierte Lieferantenbeurteilung aufsetzen kann.

Für einen exemplarisch ausgewählten Elektronikartikel (ein AD/DA-Spannungswandler) wurden zunächst die für die Ermittlung der idealen Lagerkennlinien relevanten Daten, die mittlere Lagerzugangsmenge (Beschaffungslosgröße) sowie die mittlere Bedarfsrate, ermittelt. Die nach Gl. (8.4) berechnete ideale Lagerkennlinie ist als untere Grenzkurve in Abb. 8.21 dargestellt. Der eingetragene Grenzbestand B_0 in Höhe von 5.000 Stück wird ausschließlich durch die Beschaffungslosgröße und somit durch die Disposition hervorgerufen. Auf die Berücksichtigung der Losgrößen im Lagerabgang wurde hier bewusst verzichtet (d. h. es wurde ein kontinuierlicher Lagerabgang vorausgesetzt), da ausschließlich die Problematik der Lieferterminabweichungen analysiert werden sollte.

Weiterhin wurde das Lieferverhalten des entsprechenden Lieferanten (hier als Lieferant A bezeichnet) ausgewertet. Im Untersuchungszeitraum traten in Einzelfällen Mengenabweichungen (Unterlieferungen) von 50 % auf. Im Terminverhalten waren sowohl positive wie auch negative Terminabweichungen (+15/-20 BKT) festzustellen. Ergänzend ist anzumerken, dass hierbei das Lieferverhalten des Lieferanten für alle von ihm getätigten Lieferungen ausgewertet wurde, um für die statistischen Eckdaten (in Ermangelung eines längeren Erfassungszeitraumes) eine größere

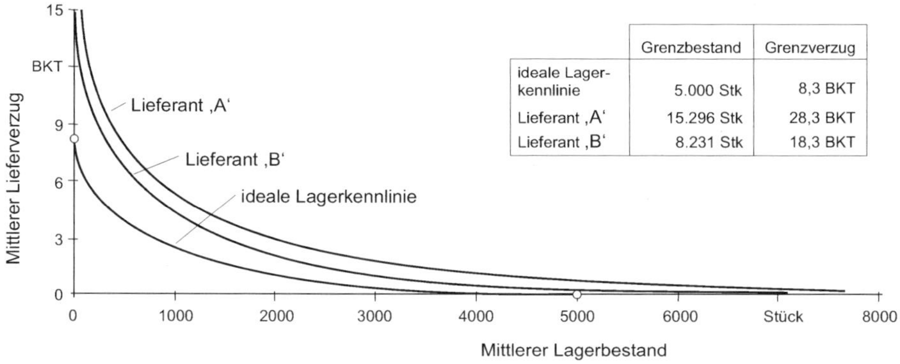

IFA D3114n

Abb. 8.21 Lieferantenbeurteilung mittels berechneter Lagerkennlinien. (Beispiel: Spannungswandler)

Basis heranziehen zu können. Für Praxisanwendungen ist ggf. eine Beschränkung auf eine Artikelgruppe oder auch den speziellen Artikel vorzunehmen, um bei Bedarf artikelspezifische Bedingungen zu berücksichtigen.

Die auf der Basis des so beschriebenen Lieferantenverhaltens berechneten Grenzwerte B_1 und LV_1 (Gl. (8.12) und (8.13)) sowie die daraus berechnete Lagerkennlinie (Gl. (8.14)) sind ebenfalls in Abb. 8.21 dargestellt. Aufgrund des Lieferantenverhaltens ist ein mittlerer Lagerbestand von ca. 15.300 Stück erforderlich, um Lieferverzüge sicher zu vermeiden. Die Differenz zum Grenzwert BL_0 in Höhe von 10.300 Stück ist als der erforderliche Sicherheitsbestandsanteil zu interpretieren, der allein im Terminverhalten dieses Lieferanten begründet ist.

Ergänzend wurde auch das Lieferverhalten eines zweiten Lieferanten analysiert (Lieferant B), der ein ähnliches Artikelspektrum bedient. Bei diesem Lieferanten war insgesamt eine deutlich bessere Liefermengen- und Liefertermintreue festzustellen. Daraus resultiert ein entsprechend geringerer Grenzwert BL_1 und somit auch ein günstigerer Kennlinienverlauf. Der im Lieferantenverhalten begründete Sicherheitsbestand ist bei diesem Lieferanten um fast 70 % geringer als beim Lieferanten A.

Das Beispiel zeigt, wie Lagerkennlinien auf recht einfachem Wege sowohl eine logistisch orientierte Lieferantenbeurteilung und Potentialanalyse wie auch die Auslegung von Planungsparametern (z. B. der Sicherheitsbestände) unterstützen können. Durch die qualitative und quantitative Beschreibung der wechselseitigen Zusammenhänge zwischen dem Lagerbestand und dem Lieferverzug wird es möglich, Lagerkennlinien zur logistischen Positionierung und zur Zielfindung in diesem Spannungsfeld einzusetzen. Aufgrund des statistisch orientierten Modellansatzes ist dabei der Einsatzbereich insbesondere in einer langfristig und stärker strategisch ausgerichteten Prozessgestaltung zu sehen.

Es bleibt zu betonen, dass die Lagerkennlinien kein eigenständiges Lagerhaltungsmodell darstellen, sondern vielmehr als eine wertvolle Ergänzung zu bereits bestehenden Modellen und Verfahren anzusehen sind.

Ziel weitergehender Untersuchungen sollte es sein, die Beschreibungsmöglichkeiten dahingehend auszuweiten, dass nicht nur Mittelwerte, sondern auch andere statistische Parameter (z. B. Maximalwert der Lieferterminabweichung; Anteil der Liefervorgänge mit Lieferverzug o. ä.) mathematisch beschreibbar sind. Damit ließe sich das potentielle Einsatzfeld berechneter Lagerkennlinien erheblich ausweiten.

Kapitel 9
Anwendung der Kennlinientheorie in der Lieferkette

Die bisherigen Überlegungen galten jeweils der Betrachtung von einzelnen Produktions- oder Lagerbereichen mit Kennlinien. Im Folgenden wird der Betrachtungsgegenstand erweitert, indem die Wirkzusammen hänge zwischen Produktions- und Lagerbereichen betrachtet werden. Dadurch können komplette Lieferketten untersucht und hinsichtlich ihrer logistischen Leistungsfähigkeit werden.

Eine Lieferkette besteht in der Regel aus verschiedenen Produktions- oder Montagestufen, die teilweise über Lagerstufen miteinander verknüpft sind. Lagerstufen dienen der Entkopplung von Prozessen. Eine Herausforderung bei der Gestaltung von Lieferketten besteht darin, dass die verfügbaren Ressourcen sowie die Bestände in der Produktion und im Lager aufeinander abzustimmen sind.

In den folgenden Abschnitten wird gezeigt, welches logistische Zielsystem in Lieferketten besteht (Abschn. 9.1) und wie die Wirkzusammenhänge der Zielgrößen aussehen (Abschn. 9.2). Die Kenntnis um die Wirkzusammenhänge kann genutzt werden, um die Auswirkungen logistischer Prozesszustände auf die Gesamtleistung der Lieferkette zu quantifizieren (Abschn. 9.3). Die Darstellung erfolgt am Beispiel der Lieferkette eines Werkzeugherstellers.

9.1 Zielgrößen in der Lieferkette

Neben dem Zielsystem der Produktionslogistik gibt es auch ein Zielsystem des Lagermanagements. Es hat ebenfalls die Wirtschaftlichkeit als Oberziel und verfolgt die Zielrichtungen hohe Logistikleistung einerseits, ausgedrückt durch einen niedrigen Lieferverzug und einen hohen Servicegrad, und geringe Logistikkosten andererseits, beschrieben durch niedrige Lagerkosten und niedrige Lagerbestände. In Abb. 9.1 sind beide Zielsysteme in einer Lieferkette dargestellt. Für die gesamte Lieferkette ergibt sich ein logistisches Zielsystem, das ebenfalls die zwei Zielrichtungen Logistikleistung und Logistikkosten verfolgt. Hier finden die Logistikkosten ihren Ausdruck in einer gleichmäßigen Auslastung der Ressourcen. Weiterhin werden sie maßgeblich durch die Bestände in der Produktion und in den Lagerstufen der Lieferkette beeinflusst. Daher wird Minimum an Beständen angestrebt.

P. Nyhuis, H.-P. Wiendahl, *Logistische Kennlinien*,
DOI 10.1007/978-3-540-92839-3_9, © Springer-Verlag Berlin Heidelberg 2012

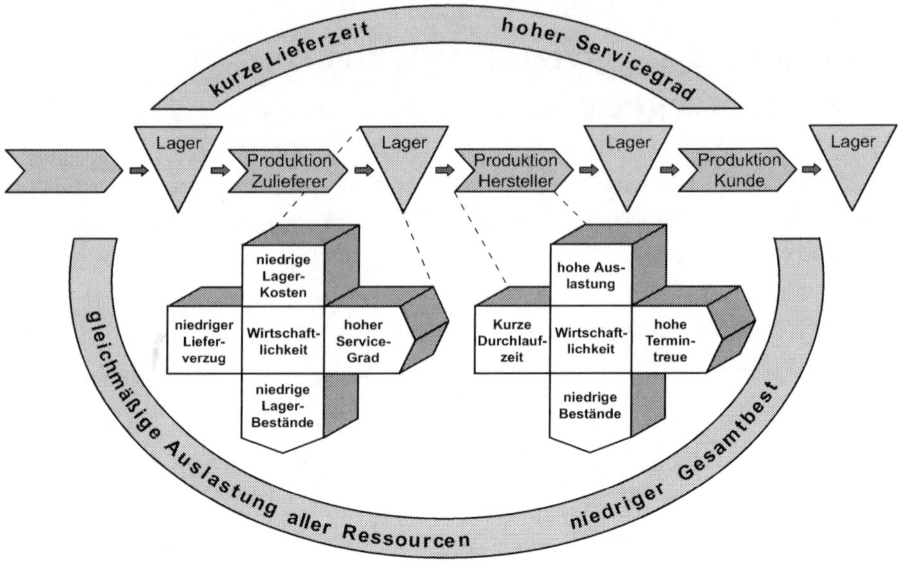

IFA 10.160

Abb. 9.1 Zielsysteme in einer logistischen Lieferkette

Die Logistikleistung einer Lieferkette drückt sich in einer kurzen Lieferzeit und einem hohen Servicegrad gegenüber den Kunden einer Lieferkette aus. Diese können sowohl Endverbraucher als auch Unternehmen sein, die nicht in die Lieferkette integriert sind.

9.1.1 Der gewichtete Servicegrad

Die in Kap. 8 vorgestellte Kenngröße Lieferverzug ist eine Möglichkeit, die Logistikleistung eines Lagerbereichs zu beschreiben. In der Praxis ist jedoch die Kenngröße Servicegrad verbreiteter. Sie beschreibt den Anteil der Nachfragen, die durch vorhandene Bestände gedeckt werden konnte ([Ters-94], [Wien-97], [Silv-98], [Lucz-01]). Die Kenngröße Servicegrad kann in den ungewichteten und den gewichteten Servicegrad differenziert werden. Der ungewichtete Servicegrad SG ergibt sich aus dem Verhältnis der pünktlich und mengengenau bedienten Aufträge und der Gesamtmenge der nachgefragten Aufträge. Die Losgröße eines Auftrags wird bei der Bestimmung dieser Kennzahl nicht berücksichtigt. Dies kann für bestimmte Fragestellungen das Bild verzerren. Es ist nicht ersichtlich, ob bei einem bestimmten Servicegrad große oder kleine Nachfragemengen verzögert ausgeliefert wurden. Folglich lässt der ungewichtete Servicegrads keinerlei Rückschlüsse zu, welcher Anteil der Gesamtnachfrage einem Lager pünktlich entnommen werden konnte.

Bei dem gewichteten Servicegrad (SG_g) erfolgt hingegen eine Gewichtung der nachgefragten Entnahmeaufträge mit ihrer jeweiligen Losgröße. Die Kennzahl ergibt sich aus dem Verhältnis pünktlich entnommenen nachgefragten Teile im Verhältnis zur Gesamtnachfrage:

$$SG_g = \frac{\sum_{i=1}^{m} M_{NAP,i}}{\sum_{i=1}^{n} M_{NA,i}} \tag{9.1}$$

mit

SG_g	gewichteter Servicegrad [-]
$M_{NAP,i}$	Auftragslosgröße pünktlich bedienter Nachfragen [ME]
m	Anzahl pünktlich bedienter Nachfragen [-]
$M_{NA,i}$	Auftragslosgröße je Nachfrage [ME]
n	Anzahl der Nachfragen [-]

Der gewichtete Servicegrad beschreibt die stückbezogene logistische Leistungsfähigkeit des Lagers. Durch die Gewichtung mit der Nachfragelosgröße wird die Bedeutung der unterschiedlich großen Aufträge berücksichtigt. Die nicht pünktliche Bedienung eines großen Auftrags hat dementsprechend einen größeren Einfluss auf den gewichteten Servicegrad als eine Verzögerung bei einem kleinen Auftrag.

9.1.2 Näherungsgleichung einer Kennlinie für den gewichteten Servicegrad

Der Servicegrad eines Lagers hängt ebenso wie der Lieferverzug vom mittleren Lagerbestand ab. Damit sich ein Unternehmen im Zielkonflikt zwischen einem hohen Servicegrad und möglichst niedrigen Bestandskosten gezielt positionieren kann, muss daher der Wirkzusammenhang zwischen dem Lagerbestand und dem resultierenden gewichteten Servicegrad eines Artikels bekannt sein. Dieser Wirkzusammenhang kann in Form einer sog. Servicegradkennlinie beschrieben werden. Die Servicegradkennlinie basiert ebenso wie die Produktionskennlinien auf einer Transformation der C_{Norm}-Funktion. Die genaue Herleitung der Näherungsgleichung für die Servicegradkennlinie sowie deren simulative Überprüfung ist bei [Lutz-02] ausführlich beschrieben. Die Servicegradkennlinie ergibt sich zu:

$$\left.\begin{aligned} BL_m(t) &= BL_0 \cdot \left(1 - \sqrt[C]{1 - t^C}\right)^2 + t \cdot (BL_1 - BL_0) \\ SG_g(t) &= 1 - \sqrt[C]{1 - t^C} \end{aligned}\right\} \tag{9.2}$$

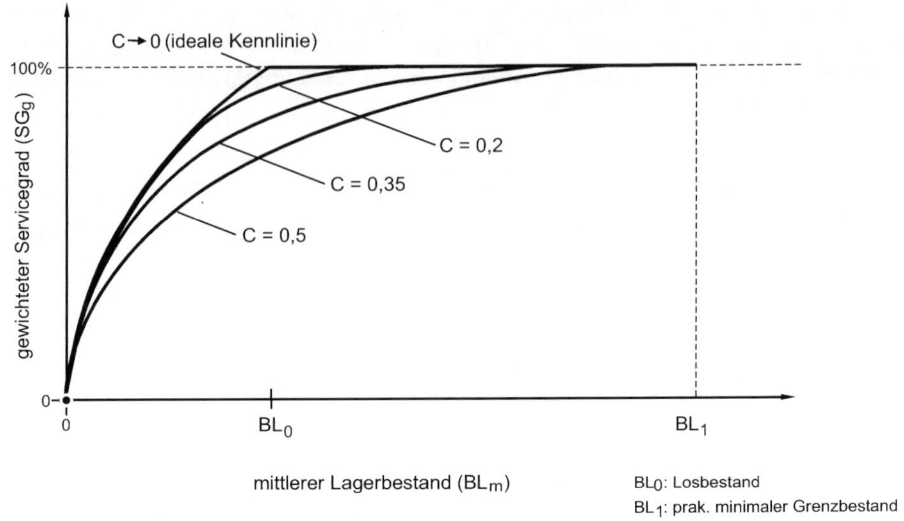

IFA 10.093

Abb. 9.2 Servicegradkennlinien eines Artikels (SG_g) für unterschiedliche C-Werte

mit

BL_m Mittlerer Lagerbestand [ME]
BL_0 Losbestand [ME]
BL_1 praktisch minimaler Grenzbestand [ME]
SG_g gewichteter Servicegrad [-]
C Funktionsparameter der C_{Norm}-Funktion [-]
t Laufvariable ($0 \leq t \leq 1$)

Damit ist die Kennlinie des gewichteten Servicegrads abschnittsweise definiert: Der Wertebereich von Gl. (9.2) ergibt sich zu $BL_m(t) \in [0; BL_1]$ und $SG_g(t) \in [0; 100\,\%]$. Für mittlere Lagerbestände $BL_m > BL_1$ gilt $SG_g = 100\,\%$.

Für gegebene Werte für BL_1, BL_0 und C lässt sich mit Gl. (9.2) für jedest ($0 \leq t \leq 1$) jeweils ein Wertepaar für $BL_m(t)$ und für $SG_g(t)$ berechnen. In Abb. 9.2 werden die Kurvenverläufe der Servicegradkennlinie exemplarisch für unterschiedlich C-Werte dargestellt.

Je weiter sich der Funktionswert der C_{Norm}-Funktion dem Wert 0 nähert, desto enger schmiegt sich die Kurve an die Grenzkurve (ideale Kennlinie) an. Der praktisch minimale Grenzbestand (BL_1) bildet den Punkt der Kennlinie, an dem (für beliebige C-Werte) ein Servicegrad von 100 % erreicht wird. Damit berücksichtigt die Kennlinie die Extremwerte der auftretenden Planabweichungen für die Berechnung der Servicegrade. Je größer die Planabweichungen sind, desto größer ist auch BL_1, mit der Folge, dass die Funktion in horizontaler Richtung gestreckt wird. Für mittlere Lagerbestände, die oberhalb des praktisch minimalen

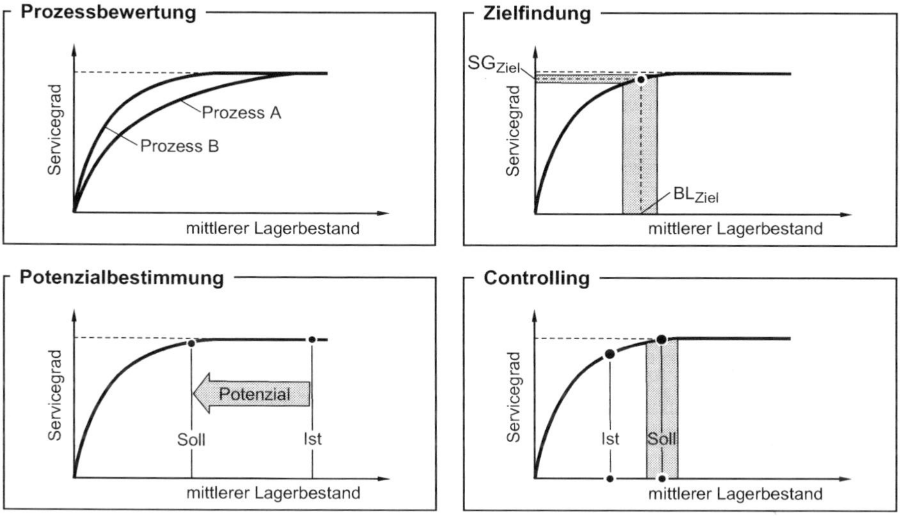

IFA 10.235

Abb. 9.3 Einsatzmöglichkeiten von Servicegradkennlinien

Grenzbestands liegen ($BL_m > BL_1$), ergibt sich naturgemäß ein Servicegrad von 100 %. Der Verlauf des gewichteten Servicegrads für Bestände unterhalb des Grenzwerts (BL_1) resultiert aus der Wahl des Funktionswertes der C_{Norm}-Funktion. Der Wert für C ist umso größer anzusetzen, je breiter die auftretenden Streuungen der Planabweichungen sind [Lutz-02]. Eine Bestimmung des Funktionswertes für die Berechnung der Servicegradkennlinie ist derzeit nur empirisch möglich.

Servicegradkennlinien können, wie in Abb. 9.3 dargestellt, in vielen Bereichen des Lagermanagements zur Entscheidungsunterstützung benutzt werden.

Im Rahmen der Zielgrößenbetrachtung kommen Servicegradkennlinien daher zweierlei Aufgaben zu: Die Bewertung von Zielen im Hinblick auf ihre Vereinbarkeit mit den logistischen Zielgrößen und die Festlegung neuer Zielwerte. Anhand der Kennlinien kann festgestellt werden, ob angestrebte Ziele im Hinblick auf Bestand und Servicegrad überhaupt miteinander vereinbar sind. Liegt der angestrebte Zustand nicht auf der Kennlinie, bedeutet dies, dass der angestrebte Servicegrad bei dem angestrebten mittleren Bestand unter den vorliegenden Randbedingungen nicht zu erreichen ist. Hier sind Maßnahmen notwendig, die den Verlauf der Kennlinien verändern.

Eine besondere Bedeutung kommt Servicegradkennlinien im Rahmen der Potentialbestimmung zu. Durch einen Vergleich des mittleren Lagerbestands eines Betriebspunkts mit dem Zielwert für den Bestand kann das mögliche Potential zur Bestandsanpassung ermittelt werden. Führt man dies für alle Artikel einer Lagerstufe durch, erhält man das Gesamtpotential zur Bestandsanpassung. Die Bestandsanpas-

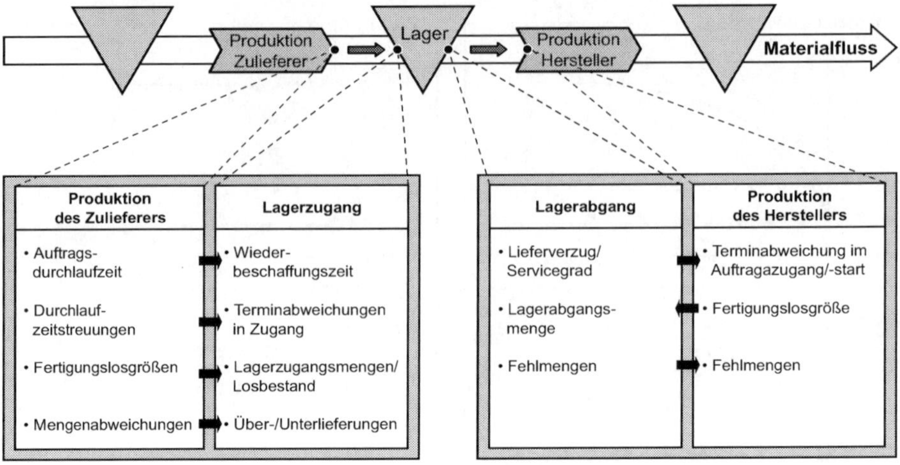

IFA 10.110

Abb. 9.4 Zusammenhang der logistischen Parameter einer Lieferkette (Fastabend)

sung kann sowohl in einer Reduzierung der Bestände als auch in einer Erhöhung liegen, falls sich der aktuelle Bestand unterhalb des Zielbestands befindet. In diesem Fall ist allerdings zu überlegen, ob die Ursachen für die Notwendigkeit der Bestände optimiert werden können.

9.2 Zusammenhänge logistischer Parameter in der Lieferkette

Die jeweiligen logistischen Ziel- und Einflussgrößen auf Lagerstufen und Produktionsprozesse unterliegen gegenseitigen Wechselwirkungen. So wird beispielsweise die Logistikleistung des Erzeugnislagers einer Lieferkette durch die Planabweichungen im Zugang dieses Lagers wesentlich mitbestimmt. Diese Planabweichungen resultieren jedoch aus der logistischen Leistungsfähigkeit der vorhergehenden Produktion, deren logistische Zielerreichung wiederum durch ihr Produktions- oder Eingangslager mitbestimmt wird. Diese Kausalkette kann weitergeführt werden und beginnt am Anfang der Lieferkette, also i. d. R. beim Lieferanten. Wenn die Auswirkungen der Prozesse auf ihre jeweiligen Nachfolger bekannt sind, können die Lieferketten logistisch analysiert und Potentiale identifiziert werden.

Die logistischen Ausgangsgrößen des Produktionsprozesses sind die Eingangsgrößen für den Lagerprozess. Gleichermaßen sind die Ausgangsgrößen eines Lagerprozesses die Eingangsgrößen einer nachfolgenden Produktion. Sie können daher auch als Koppelgrößen bezeichnet werden [Fast-97]. In Abb. 9.4 sind die Zusammenhänge der logistischen Parameter dargestellt.

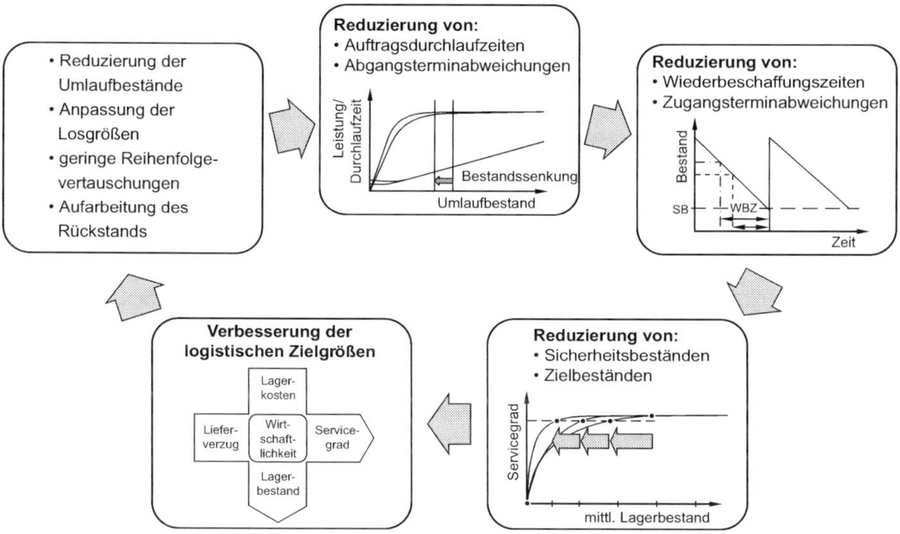

IFA 10.320

Abb. 9.5 Mögliche Auswirkungen einer Bestandssenkung in der Produktion auf eine nachgelagerte Lagerstufe

Die logistischen Merkmale der Produktion bestimmen die Eingangsgrößen der Bestandsdimensionierung im Lager. Eine Ausnahme hiervon bildet die Bedarfsratenschwankung, die von der nachfolgenden Produktion oder den Kunden induziert wird. Die Wiederbeschaffungszeit im Lager korrespondiert demzufolge mit der Auftragsdurchlaufzeit der betrachteten Artikel durch die vorgelagerte Produktion. Die Terminabweichung im Zugang der Lagerstufe wird durch die Abgangsterminabweichung der Produktion bestimmt. Yu [Yu-01] konnte zeigen, dass die Abgangsterminabweichung einer Produktion im Wesentlichen von den Durchlaufzeitstreuungen beeinflusst wird, wobei die Durchlaufzeitstreuungen unmittelbar von dem Bestandsniveau der Produktion abhängen (vgl. auch Abschn. 4.10). Bei niedrigen Beständen an den Arbeitssystemen streuen die Durchlaufzeiten wesentlich geringer als bei hohen Beständen. Ein weiterer Einflussfaktor auf die Terminabweichung einer Produktion ist das verfügbare Kapazitätsangebot und die Flexibilität, mit der auf Bedarfsveränderungen reagiert werden kann. Durch ausreichende Kapazitäten kann verhindert werden, dass sich ein Produktionsrückstand aufbaut, der zu Terminabweichungen führt.

Die Fertigungslosgrößen einer Produktion bestimmen die Lagerzugangsmengen und haben damit direkten Einfluss auf den Losbestand.

Über- und Unterlieferungen in eine Lagerstufe stellen eine Mengenabweichung der vorgelagerten Produktion dar, die für die Bestandsdimensionierung im Lager berücksichtigt werden. Eine Ursache für Mengenabweichungen im Zugang können z. B. die Produktion von Ausschuss und Qualitätsfehler sein. Es können aber auch Planungsunsicherheiten vorliegen, so dass abweichende Mengen produziert werden.

Mit den geschilderten Zusammenhängen lassen sich Kausalketten bilden. In Abb. 9.5 ist eine derartige Kausalkette am Beispiel der Auswirkungen von Bestandssenkungen in einer Produktion auf die nachfolgende Lagerstufe erläutert.

Durch die Reduzierung der Umlaufbestände und die Anpassung der Losgrößen können die Durchlaufzeiten in der Produktion gesenkt werden. Das bewirkt aus Sicht eines nachfolgenden Lagers eine Reduzierung der Wiederbeschaffungszeit und somit geringere Bedarfsratenschwankungen während der Wiederbeschaffungszeit. Gleichzeitig kann die Termintreue der Produktion durch die Senkung des Bestandsniveaus, die sparsame Anwendung von Prioritätsregeln und die Aufarbeitung des Produktionsrückstands verbessert werden. Dadurch werden die Extremwerte der Terminabweichung im Zugang verringert. Beide Maßnahmen führen also dazu, dass mit der Wiederbeschaffungszeit und der Terminabweichung im Abgang zwei wesentliche Parameter zur Dimensionierung der Sicherheitsbestände verbessert werden.

Analoge Verknüpfungen der Ein- und Ausgangsgrößen bestehen auch in der Wirkrichtung Lager – Produktion. Ein Lieferverzug bzw. ein schlechter Servicegrad in einer Lagerstufe führen zu einer mangelnden Materialverfügbarkeit in der nachfolgenden Produktion, so dass es zu einem verspäteten Auftragsstart kommen kann. Die Lagerabgangsmenge wird in der Regel durch die geplanten Produktionsaufträge bestimmt. Daher entsprechen die Fehlmengen im Lagerabgang Fehlmengen in der nachfolgenden Produktion.

Mit den erläuterten Kausalzusammenhängen können die Abhängigkeiten der logistischen Zielgrößen in der Lieferkette beschrieben und geeignete Maßnahmen zur Zielerreichung abgeleitet werden.

9.3 Beispiel der logistischen Analyse einer Lieferkette

Am Beispiel des Erzeugnislagers eines Werkzeugherstellers soll dargestellt werden, wie sich logistische Veränderungen in einer Lieferkette auf die Lieferfähigkeit gegenüber dem Kunden und auf die Bestände in der Lieferkette auswirken können. Bei den betrachteten 3.161 Artikeln des Erzeugnislagers handelt es sich um Präzisionsteile, die direkt an die Endverbraucher, in der Regel metallverarbeitende Betriebe, geliefert werden. Die Kunden erwarten sehr kurze Lieferzeiten. Daher müssen die Artikel in ausreichenden Mengen im Erzeugnislager bevorratet werden, damit eine sofortige Lieferbereitschaft sichergestellt ist. Das Erzeugnislager des Herstellers steht am Ende der analysierten Lieferkette. Es wird von der Produktion des Herstellers beliefert. Davor befindet sich das Eingangslager des Herstellers, in dem Halbfertigwaren gelagert werden. Dieses Eingangslager wird aus der Produktion des Zulieferers beliefert (vgl. Abb. 9.6).

Das Gesamtpotential des betrachteten Ausschnitts der Lieferkette wurde durch Teilanalysen der einzelnen Elemente ermittelt, deren Ergebnisse zu einer Gesamtbetrachtung verknüpft wurden. Dabei wurden nicht nur die Lagerstufen betrachtet, sondern auch die Produktionsprozesse konnten auf ihr logistisches Potential untersucht werden.

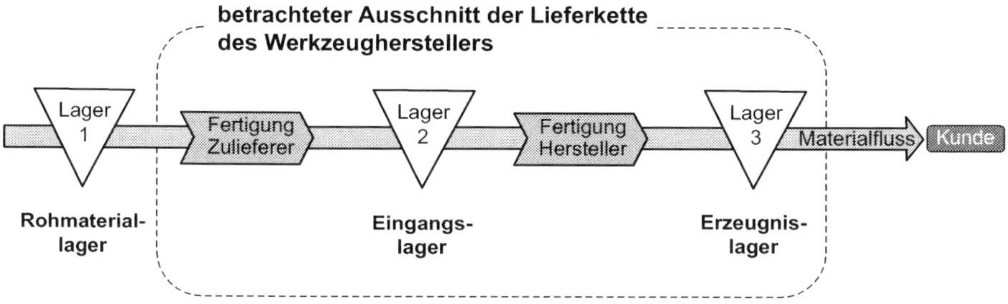

IFA 10.304

Abb. 9.6 Betrachteter Ausschnitt der Lieferkette eines Werkzeugherstellers

9.3.1 Logistische Lageranalyse des Erzeugnislagers des Herstellers

Ebenso wie logistische Potentiale für Produktionsprozesse mit Hilfe der engpassorientierten Logistikanalyse identifiziert werden können (s. Kap. 7), wurde am Institut für Fabrikanlagen und Logistik der Universität Hannover die Methode der logistischen Lageranalyse entwickelt [Lutz-01], [Lutz-02].

Diese hat das Ziel, die Bestände im Lager zu senken und gleichzeitig den Servicegrad gegenüber dem Kunden zu erhöhen. Wesentliches Element der logistischen Lageranalyse ist die Potentialberechnung und die Identifikation von Maßnahmen.

9.3.1.1 Kennliniengestützte Potentialberechnung

Für jeden Lagerartikel kann das Potential zur Bestandssenkung oder -anhebung aus der Differenz zwischen dem Zielbestand und dem mittleren Lagerbestand bestimmt werden. Aus der Summe der artikelbezogenen Einzelpotentiale ergibt sich das Gesamtpotential des Erzeugnislagers.

Das Vorgehen soll am Beispiel des Artikels Nr. 347121 verdeutlicht werden. Dieser Artikel ist mit einem Anteil von 2 % am mittleren Lagerbestand derjenige Artikel, der den höchsten Anteil am Lagerbestand aufwies. Abbildung 9.7 zeigt die berechneten Servicegrad- sowie die ideale und reale Lieferverzugskennlinie des Artikels. Diese wurden basierend auf den Extremwerten der aufgetretenen Planabweichungen bestimmt (Gl. (9.2)). Weiterhin wurde der aktuelle Betriebspunkt eingetragen.

Der mittlere Lagerbestand des Artikels während des Untersuchungszeitraums betrug 72.346 Stück. Der Zielwert des gewichteten Servicegrades lag für diesen Artikel bei 98 %. Mit der Servicegradkennlinie kann bestimmt werden, welcher Ziellagerbestand notwendig ist, um den Zielservicegrad zu erreichen. Für diesen Artikel lag der Ziellagerbestand bei 20.727 Stück. Daher kann der Bestand auf den Zielbestand

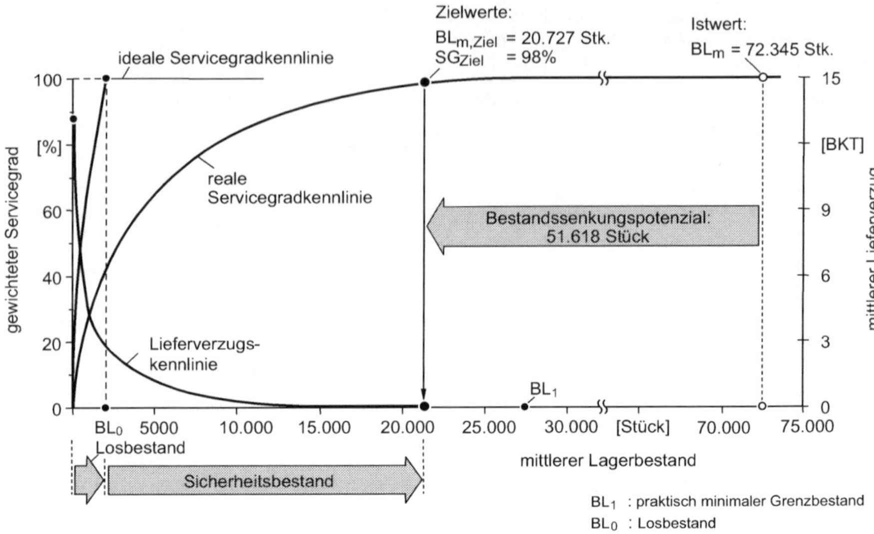

IFA 10.311

Abb. 9.7 Lagerkennlinien des Artikels 347121

gesenkt werden. Diese Maßnahme allein würde für diesen Artikel den Bestand um 51.618 Stück senken und entsprechendes Kapital freisetzen.

Abbildung 9.8 zeigt einen Ausschnitt einer Rangliste des Bestandspotentials für alle Artikel. Für 71 % der Artikel ergab sich ein Potential zur Bestandssenkung, während die Bestände bei 29 % der Artikel ein negatives Bestandspotential bestand, also die Bestände leicht angehoben werden müssten. Vom stückbezogenen Volumen überwiegt das Potential zur Bestandssenkung ganz erheblich. Während Bestandssenkungen in Höhe von ca. 1,7 Mio. Stück möglich sind, belaufen sich die notwendigen Bestandserhöhungen nur auf ca. 0,3 Mio. Stück. Das Gesamtpotential zur Bestandsreduzierung im Erzeugnislager beträgt konsolidiert ca. 1,44 Mio. Stück. Um diese Menge kann der Lagerbestand gesenkt werden, ohne dass es zu bestandsbedingten Servicegradverlusten kommt, die die Zielwerte unterschreiten.

Dass neben Bestandssenkungen auch Bestandserhöhungen notwendig sind, verdeutlicht die Betrachtung des Artikels Nr. 347129, Abb. 9.9. Dieser Artikel besitzt den höchsten Bedarf zur Bestandsanhebung (vgl. Abb. 9.8, letzte Zeile). Im zugehörigen Lagerdurchlaufdiagramm (Abb. 9.9) ist deutlich zu erkennen, dass es häufig zu ausgeprägten und lang anhaltenden Fehlmengensituationen gekommen ist.

Der Lagerbestand ist über längere Zeiträume hinweg komplett aufgebraucht. Der mittlere Lagerbestand während des Untersuchungszeitraums lag bei 1.386 Stück. Der gewichtete Servicegrad betrug gerade 50 %. Unter Berücksichtigung der tatsächlich aufgetretenen Planabweichungen ergab sich ein Zielbestand von 8.139 Stück. Die Betrachtung der Lagerkennlinien in Abb. 9.10 zeigt diese Situation.

Rang	Artikel-bezeichnung	mittlerer Lagerbestand [Stück]	Ziellager-bestand [Stück]	Bestands-senkungs-potenzial [Stück]	relatives Bestandssen-kungspotenzial [%]
1	347121	72345	20727	51618	71,3
2	366826	57527	16137	41391	71,9
3	366255	36484	11453	25032	68,6
4	366827	32455	12732	19723	60,8
5	[illegible]	19699	5767	13933	70,7
			4713	11572	
2243	337953	300			
2244	324221	301	301	0	0,0
2245	338158	233	233	-1	-0,4
2246	332129	353	354	-1	-0,3
			445	-1	
3159	339158				
3160	367071	872	4897	-4026	-461,8
3161	347129	1386	8139	-6753	-487,2
	Gesamt:	3538030	2094875	1443155	40,8

Bestands-senkung / Bestands-anhebung

IFA 10.313

Abb. 9.8 Rangliste der Artikel nach dem Bestandspotential

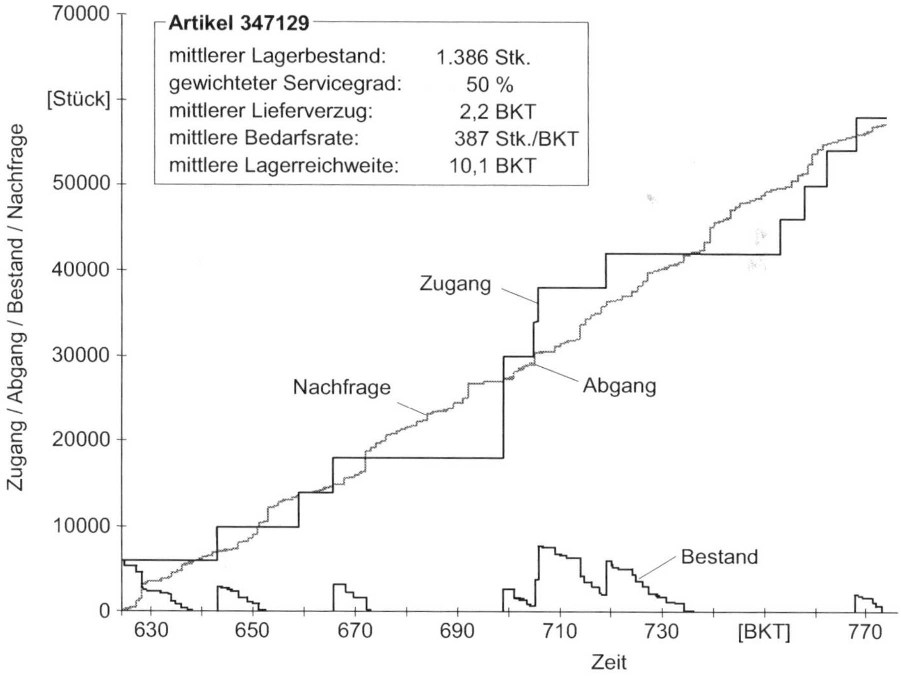

IFA 10.306

Abb. 9.9 Lagerdurchlaufdiagramm des Artikels Nr. 347129

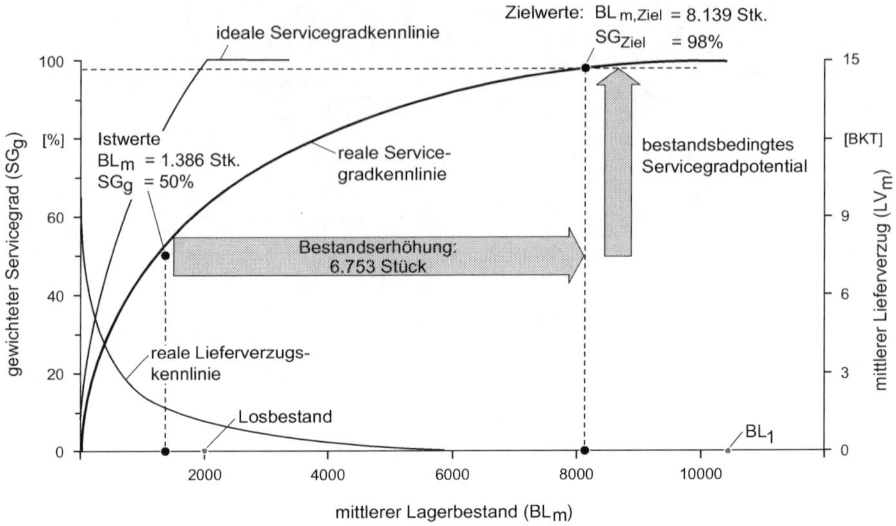

IFA 10.314

Abb. 9.10 Lagerkennlinien des Artikels 347129

Insgesamt waren für den Artikel Nr. 347129 die Bestände zu niedrig, um den Zielservicegrad zu erreichen. Daher ist bei ansonsten unveränderten Bedingungen für diesen Artikel eine signifikante Bestandserhöhung notwendig, um den gewünschten Servicegrad zu realisieren.

Abbildung 9.11 gibt einen Überblick über die Gesamtlagerbestände und den Gesamtzielbestand des Erzeugnislagers in einem Zeitraum von 149 BKT. Hierbei lag die maximale Terminabweichung im Zugang bei 20 BKT und die Wiederbeschaffungszeit betrug 32,5 BKT. Der Vergleich der Bestände sämtlicher Artikel zu Beginn und zu Ende des Untersuchungszeitraums zeigt, dass sich der Lagerbestand während der Untersuchung merklich verringert hat. Hierfür war die zeitweilige Reduzierung des Zugangs durch eine Umstellung der Produktion ursächlich. Gleichzeitig mit dem Bestandsabbau sank jedoch auch der Servicegrad erheblich unter den Zielwert. Der Bestandsabbau erfolgte völlig unkontrolliert. Durch eine gezielte, problemorientierte Dimensionierung der Bestände mit Servicegradkennlinien besteht nun die Möglichkeit, die Lagerbestände weiter zu reduzieren und den Servicegrad trotzdem zu erhöhen. Der Vergleich des mittleren Bestands im Untersuchungszeitraum mit dem Zielbestand zeigt, dass ein Bestandssenkungspotential von ca. 40 % vorhanden ist.

Die Bewertung der Bestände mit den Herstellkosten der verschiedenen Artikel ergab, dass der Wert des mittleren Lagerbestands im Untersuchungszeitraum ca. 5,9 Mio. € betrug. Der wertmäßige Bestand kann auf ca. 3,3 Mio. € reduziert werden. Ein solches Potential von ca. 2,6 Mio. € bedeutet, dass unter der Annahme eines Lagerhaltungskostensatzes von 20 % jährlich ca. 520.000 € Bestandskosten

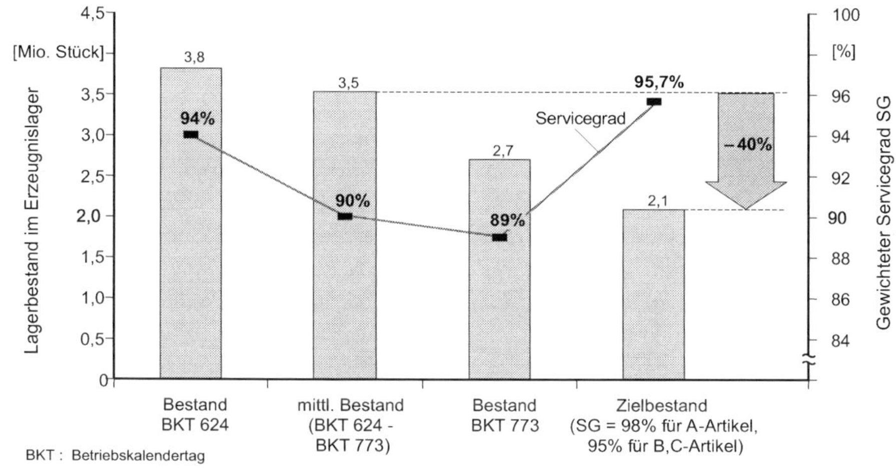

IFA 10.314

Abb. 9.11 Bestands- und Servicegradpotentiale im Erzeugnislager

eingespart werden können. Dieses gebundene Kapital wird für Investitionen frei, um z. B. die Rüstkosten der vorgelagerten Produktion zu senken. Damit könnten kleinere Losgrößen wirtschaftlich gefertigt werden, was wiederum niedrigere Losbestände im Erzeugnislager bedeutet.

Der maßgebliche Stellhebel für die Dimensionierung der Bestände ist die Festlegung der Sicherheitsbestände. Sie erfolgt mit den Servicegradkennlinien derart, dass nur die tatsächlich auftretenden Planungsunsicherheiten abgefedert werden. Bisher wurden die Sicherheitsbestände bei dem betrachteten Unternehmen ausschließlich auf Basis der Monatsverbräuche kalkuliert. Das erklärt die überhöhten Bestände. Durch die kennliniengestützte Neukalkulation ergab sich für 83 % der Artikel eine z. T. deutliche Absenkung des jeweiligen Sicherheitsbestands. Mit den Lagerkennlinien können somit die notwendigen Bestände problemgerecht auf die Lagerartikel verteilt werden. Dadurch werden die Bestände im Erzeugnislager insgesamt an die auftretenden Planabweichungen angepasst.

9.3.1.2 Maßnahmenableitung

Damit geeignete Maßnahmen abgeleitet werden können, muss untersucht werden, welche Einflüsse maßgeblich für die Höhe des Zielbestands sind, der sich aus dem Los- und dem Sicherheitsbestand zusammensetzt. Anhand des Anteils der einzelnen Planabweichungen an der Höhe des praktisch minimalen Grenzbestands (BL_1) kann deren Anteil am Zielbestand bestimmt werden [Lutz-02]. Eine Analyse der Zielbestände für das Erzeugnislager ergab die in Abb. 9.12 gezeigte Aufteilung der Bestandsanteile. Der Zielbestand des Erzeugnislagers setzt sich zu 43,1 % aus dem Losbestand und zu 56,9 % aus dem notwendigen Sicherheitsbestand zusammen.

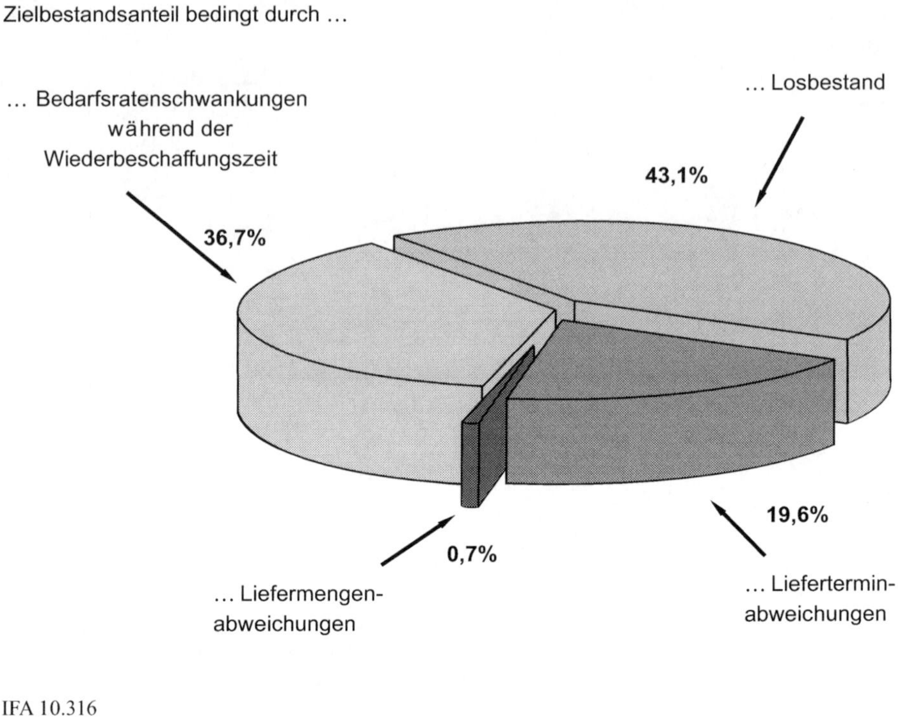

Abb. 9.12 Verteilung der Zielbestände (Beispiel)

Die Aufgliederung in Abb. 9.12 zeigt, dass insbesondere der durch die Bedarfsratenschwankungen während der Wiederbeschaffungszeit bedingte Sicherheitsbestand mit 36,7 % einen sehr großen Anteil am Zielbestand hat. Der Anteil dieses Einflusses am gesamten Sicherheitsbestand beträgt 64,5 %. Den zweitgrößten Einfluss auf den Sicherheitsbestand hat die Zugangsterminabweichung. Daher sollten Maßnahmen zur Sicherheitsbestandssenkung vorrangig an diesen beiden Ursachen ansetzen. Die Liefermengenabweichung ist mit 0,7 % Anteil am Gesamtbestand beinahe vernachlässigbar. Eine Verbesserung der Liefermengenabweichungen würde sich nur marginal auf die Gesamtbestände auswirken.

Einen großen Effekt hätte demgegenüber die Verringerung der Bedarfsratenstreuung während der Wiederbeschaffungszeit. Diese setzt sich aus den beiden Komponenten Bedarfsrate und Wiederbeschaffungszeit zusammen. Die Bedarfsrate ist nur schwer vom Hersteller beeinflussbar. Es besteht dennoch die Möglichkeit, die Nachfrage durch geeignete Marketing-Maßnahmen zu lenken, wie z. B. Verkaufsaktionen oder Rabattstaffelung. Letztendlich entscheidet aber der Kunde, wann ein Bedarf entsteht. Unternehmensintern kann aber die Wiederbeschaffungszeit durch gezielte Maßnahmen, wie z. B. einer Durchlaufzeitverkürzung in der vorgelagerten Produktion, beeinflusst werden. Ein weiterer Ansatzpunkt zur Verminderung der

Sicherheitsbestände im Erzeugnislager ist die Reduzierung der Zugangsterminabweichungen durch eine bessere Planung und den Abbau der Terminabweichungen der Produktion.

Wenn die bestandsverursachenden Planabweichungen nachhaltig reduziert wurden, sollte weiterhin versucht werden, die Zugangslosgrößen zu verkleinern und dafür häufigere Lieferungen in das Lager zu veranlassen. Auf diese Weise können die Losbestände weiter gesenkt werden.

9.3.2 Logistische Engpassanalyse der Produktion des Herstellers

Als nächster Schritt der Lieferkettenbetrachtung erfolgte daher eine engpassorientierte Logistikanalyse (vgl. Kap. 7) der Produktion des Herstellers, da logistische Ausgangsgrößen gleichzeitig die Eingangsgrößen (Planabweichungen) zur Dimensionierung des Erzeugnislagers sind. Im Rahmen dieser Analyse wurden die Zusammenhänge der logistischen Zielgrößen der Produktion untersucht und Potentiale zur Verbesserung der logistischen Leistungsfähigkeit abgeleitet. Anhand dieser Ergebnisse kann anschließend abgeschätzt werden, in welchem Ausmaß die Bestände im Erzeugnislager an geänderte Randbedingungen angepasst werden können.

Die Wirkzusammenhänge zwischen den logistischen Zielgrößen Leistung, Bestand und Durchlaufzeit an einem Arbeitssystem können mit den Produktionskennlinien quantitativ beschrieben werden. Werden die Zielbestände für alle Arbeitssysteme in einer Produktion festgelegt, können hieraus die jeweiligen Durchlaufzeiten an den Arbeitssystemen bestimmt werden. Aus den Durchlaufzeiten der Einzelarbeitssysteme kann dann die Gesamtdurchlaufzeit der Aufträge in der Produktion ermittelt werden. Mit diesen Ergebnissen kann unter Berücksichtigung der Materialflüsse eine Abschätzung des Gesamtpotentials einer Produktion im Hinblick auf Bestands- und Durchlaufzeitsenkungen vorgenommen werden. Abbildung 9.13 zeigt das Ergebnis der engpassorientierten Logistikanalyse der Produktion des Herstellers.

Sämtliche Arbeitssysteme wurden mit Hilfe der Produktionskennlinien logistisch positioniert. Aus dem Vergleich der Ist- und Soll-Werte des mittleren Bestands, der Leistung und der Durchlaufzeit der Arbeitssysteme ließ sich das logistische Potential der Produktion abschätzen. Darüber hinaus können so Zielwerte für die logistischen Zielgrößen bestimmt werden, die dann wiederum Einfluss auf die Dimensionierung der nachfolgenden Lagerstufe haben.

Die engpassorientierte Logistikanalyse der Produktion des untersuchten Werkzeugherstellers ergab, dass die mittlere Auftragsdurchlaufzeit durch Bestandssenkungen um ca. 50 % in der Produktion von 32,5 BKT auf 15,5 BKT gesenkt werden kann. Diese Durchlaufzeitsenkung ist allein durch eine Bestandsreduzierung an den Arbeitssystemen in der Produktion erreichbar. Die Produktionsdurchlaufzeit entsprach der Wiederbeschaffungszeit, mit der die Lagerbestände im Erzeugnislager dimensioniert worden sind. Kann nun die Produktionsdurchlaufzeit und damit die Wiederbeschaffungszeit um ca. 50 % gesenkt werden, so hat dies direkten Einfluss

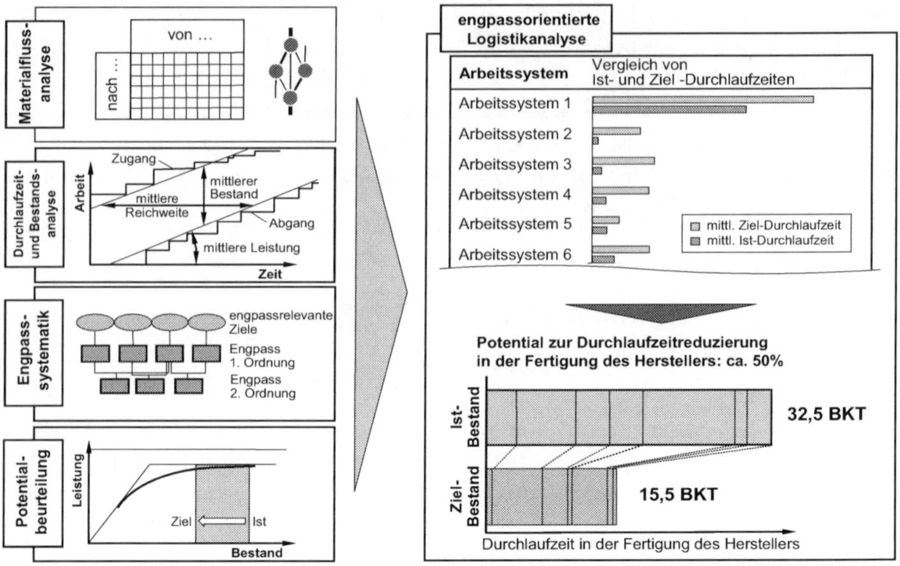

IFA 10.156

Abb. 9.13 Elemente der engpassorientierten Logistikanalyse zur Bestimmung der logistischen Potentiale in einer Produktion. (In Anlehnung an [Wind-01])

auf den durch die Bedarfsratenschwankungen während der Wiederbeschaffungszeit hervorgerufenen Sicherheitsbestandsanteil.

In der betrachteten Produktion traten zusätzlich hohe Durchlaufzeitstreuungen auf. Wie von Yu [Yu-01] gezeigt werden konnte, nehmen Durchlaufzeitstreuungen und als Folge davon auch die Abgangsterminabweichungen der Produktion im Zuge einer Bestandssenkung ab. Auf diese Weise wird ein weiterer Einflussfaktor auf die Sicherheitsbestände im Erzeugnislager positiv beeinflusst. Wenn sowohl die Wiederbeschaffungszeiten als auch die Zugangsterminabweichung verringert werden können, nehmen zwei sicherheitsbestimmende Einflussfaktoren im Lager ab, so dass die Sicherheitsbestände weiter gesenkt werden können. Abbildung 9.14 zeigt die Wirkrichtungen beider Maßnahmen.

Für die Verbesserung der Termintreue der Produktion wurde angenommen, dass sie sich durch die Bestandssenkung signifikant verbessert. Weiterhin wurde ein erheblicher Abbau des Produktionsrückstands angestrebt. Diese Maßnahme wird sich ebenfalls positiv auf die Termintreue der Produktion auswirken. Daher wurde der Toleranzbereich für Abgangsterminabweichungen der Produktion auf 10 BKT festgelegt. Zusätzlich wurde von der Unternehmensleitung bestimmt, dass größere Terminabweichungen nicht durch Bestände im Erzeugnislager abgedeckt werden sollen, weil derartige Abweichungen nur mit erheblichen Planungsfehlern oder außergewöhnlichen Belastungsspitzen zu begründen sind, die nicht durch Bestände verdeckt werden sollten.

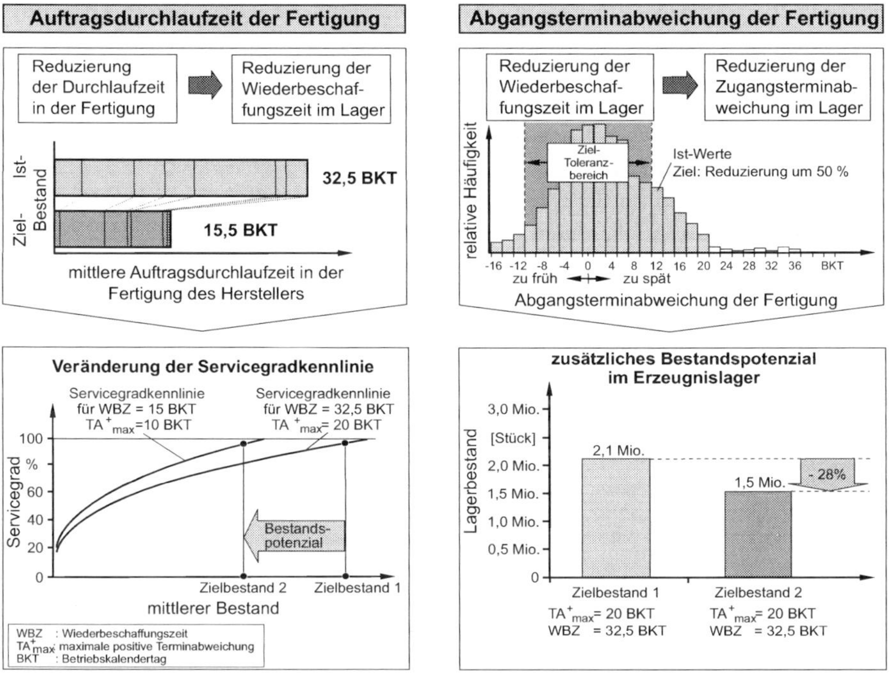

IFA 10.305

Abb. 9.14 Auswirkungen der logistischen Optimierung der Produktion des Herstellers auf das Erzeugnislager

Mit den reduzierten Werten für die Wiederbeschaffungszeiten und die Zugangsterminabweichungen im Erzeugnislager können mit den Servicegradkennlinien neue Sicherheits- bzw. Zielbestände bestimmt werden. Aufgrund der geringeren Planabweichungen wird sich ein günstigerer Verlauf der Servicegradkennlinien ergeben, wie im linken unteren Teil von Abb. 9.14 exemplarisch dargestellt ist. Dadurch ergibt sich auch ein niedrigerer Gesamtbestand. Die Betrachtung des gesamten Artikelspektrums zeigte, dass die Bestände im Erzeugnislager durch die Verbesserung der logistischen Zielgrößen in der Produktion des Herstellers um weitere 28 % gesenkt werden können, ohne dass es dadurch zu Servicegradeinbußen kommt.

9.3.3 Logistische Lageranalyse des Eingangslagers des Herstellers

Die Termintreue der Produktion des Herstellers ist ihrerseits von der Materialverfügbarkeit im Eingangslager abhängig. Bei fehlendem Material werden die Aufträge in der Produktion verspätet gestartet, so dass sie nicht pünktlich im Erzeugnislager zur Verfügung stehen. Die mittlere Zugangsterminabweichung in der Produktion des Herstellers betrug 1,2 BKT. Dies entspricht dem mittleren Lieferverzug, mit dem die Artikel aus dem Eingangslager entnommen werden konnten. Die mittlere Zugangsterminabweichung vom Zulieferer in das Eingangslager betrug 6,4 BKT. Um die große terminliche Unsicherheit des Zulieferers zumindest teilweise abzupuffern, wurden hohe Sicherheitsbestände im Eingangslager des Herstellers vorgehalten. Dennoch kam es häufig zu Problemen mit der Materialversorgung, wie sich aus dem Lieferverzug ableiten lässt.

Ein anderer Grund für die sehr hohen Bestände im Eingangslager rührte aus den ungleichen Fertigungslosgrößen zwischen Zulieferer und Hersteller her. Der Zulieferer fertigte aufgrund hoher Rüstkosten und langer Rüstzeiten insbesondere die B- und C-Artikel in Losgrößen, die einem Vielfachen des aktuellen Monatsbedarfs beim Hersteller entsprachen. Für diese Artikel lagen entsprechend lange Liegezeiten und hohe Bestände vor. Da es in der Vergangenheit häufig zu Änderungen der Produktspezifikationen kam, bestand für viele Artikel zusätzlich ein hohes Verschrottungsrisiko. Tatsächlich wiesen ca. 11 % der Bestände im Eingangslager während des Untersuchungszeitraums keinerlei Lageraktivitäten auf.

Im Rahmen der logistischen Analyse des Eingangslagers des Herstellers wurden die Artikel zunächst entsprechend ihrer Nachfrage klassifiziert (ABC-Analyse). Für die A-Artikel wurden wegen ihrer Wichtigkeit die Sicherheitsbestände so dimensioniert, dass sie einen Servicegrad von 98 % sicherstellen. Um die sofortige Materialverfügbarkeit zu gewährleisten, wurde die Untergrenze des Sicherheitsbestands auf mindestens eine Entnahmelosgröße der Produktion festgelegt. Die Betrachtung der bestandsverursachenden Faktoren verdeutlichte, dass der überwiegende Anteil des Sicherheitsbestands durch Terminabweichungen des Zulieferers verursacht wurde.

9.3.4 *Engpassorientierte Logistikanalyse der Produktion des Zulieferers*

Die ebenfalls durchgeführte engpassorientierte Logistikanalyse der Produktion des Zulieferers ergab zudem ein Potential zur Durchlaufzeitreduzierung von ca. 20 %. Bestandsreduzierungen waren in der gleichen Größenordnung möglich. Durch planerische Maßnahmen wie z. B. eine verbesserte Prognose der Bedarfe des Herstellers wird angestrebt, die maximale Abgangsterminabweichung der Produktion des Zulieferers, entsprechend der maximalen Zugangsterminabweichung im Eingangslager, auf maximal 10 BKT zu reduzieren. Mit diesen Eingangswerten kann der Zielbestand im Eingangslager des Herstellers auf 0,7 Mio. Stück festgelegt werden.

9.3.5 *Gesamtpotential in der Lieferkette*

Durch die geschilderten Maßnahmen können die Gesamtbestände im Eingangslager um 72 % gesenkt werden. Wertmäßig ergibt sich ein Potential von 76 % bei einer gleichzeitigen deutlichen Anhebung der Lieferbereitschaft.

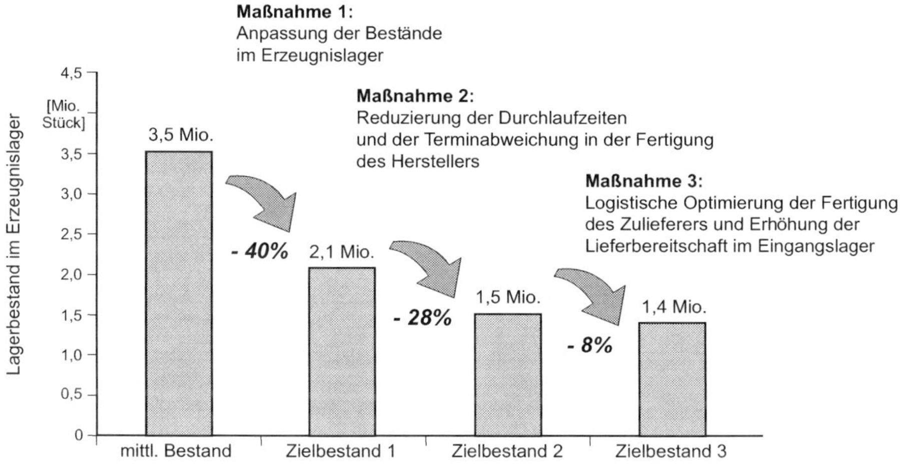

IFA 10.319

Abb. 9.15 Abfolge der Maßnahmen und Bestandspotentiale im Erzeugnislager

Kommt es aufgrund eines Servicegrads im Eingangslager von 100 % zu praktisch keinen Zugangsterminabweichungen der geplanten Fertigungsaufträge mehr, bedeutet dies, dass sich auch die Abgangsterminabweichung der Produktion verringert. Während des Untersuchungszeitraums betrug die Zugangsterminabweichung der Aufträge in die Produktion durchschnittlich 1,2 BKT. Der Start von ca. 30 % der Fertigungsaufträge war dadurch verzögert. Wird dieser Wert nun auf Null reduziert, ist anzunehmen, dass sich auch die Abgangsterminabweichung der Produktion um diesen Wert vermindern wird. Das bedeutet aus Sicht des Erzeugnislagers, dass sich die mittlere Zugangsterminabweichung um weitere 1,2 BKT senken lässt. Durch diese Maßnahme ergibt sich ein Zielbestand im Erzeugnislager, der um weitere acht Prozent unterhalb des vorherigen Zielbestands liegt.

Die beschriebenen Maßnahmen zur logistischen Optimierung sind in Abb. 9.15 zusammengefasst. Zunächst sind die mittleren Lagerbestände im Erzeugnislager über die Festlegung der Sicherheitsbestände auf das notwendige Niveau anzupassen. Anschließend können diese Zielbestände durch eine logistische Optimierung der vorgelagerten Produktion weiter verringert werden. Damit möglichst weitreichende Verbesserungen in der Produktion des Herstellers erzielt werden, muss im nächsten Schritt der Eingangslagerbestand angepasst werden. Hierauf hat auch die Produktionsorganisation des Zulieferers einen entscheidenden Einfluss. Durch eine Kombination der besprochenen Maßnahmen ergeben sich in der gesamten Lieferkette die in Abb. 9.16 dargestellten Bestandspotentiale.

Werden alle Maßnahmen mit den erwarteten Resultaten umgesetzt, ergibt sich für das Erzeugnislager insgesamt ein Bestandssenkungspotential in Höhe von ca. 60 % des mittleren Lagerbestands (Basis: Untersuchungszeitaum). Die Bestände in der

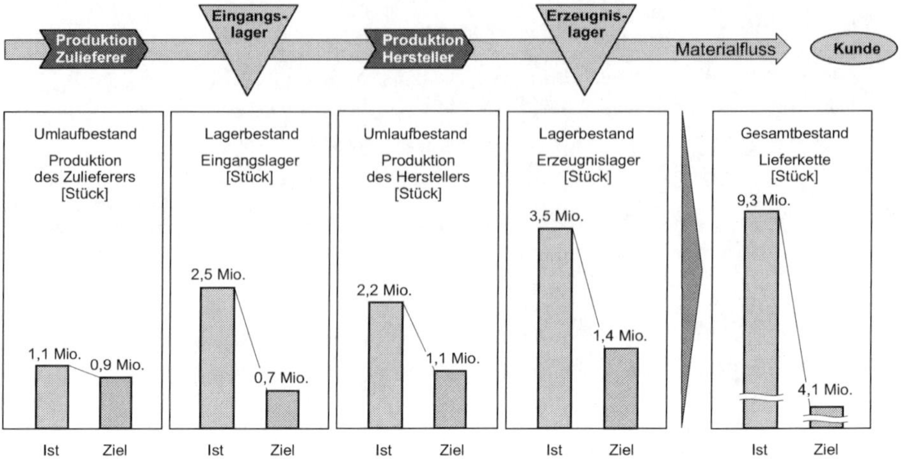

Abb. 9.16 Abfolge der Maßnahmen und Bestandspotentiale im Erzeugnislager

gesamten Lieferkette betrugen während des Untersuchungszeitraums ca. 9,3 Mio. Stück in unterschiedlichen Bearbeitungsstufen. Durch die Maßnahmen, die die logistische Leistungsfähigkeit der einzelnen Elemente der Lieferkette verbessern, ergibt sich ein Potential, dessen Realisierung den Gesamtbestand in der Lieferkette um ca. 55 % auf 4,1 Mio. Stück senkt. Gleichzeitig kann der Servicegrad der Lieferkette gegenüber den Kunden auf das Zielniveau von 98 % für A-Artikel und 95 % für B- und C-Artikel angehoben werden.

9.4 Zusammenfassung zur Anwendung der Kennlinientheorie in der Lieferkette

Mit Hilfe der Lager- und Servicegradkennlinien können die Wirkzusammenhänge der logistischen Zielgrößen im Lager und im Wechselspiel mit den Produktionskennlinien beschrieben werden. Werden beide Ansätze miteinander verknüpft, besteht die Möglichkeit, die logistischen Wechselwirkungen innerhalb einer Lieferkette zu analysieren. Dies erlaubt die Bestimmung vorhandener Potentiale im Hinblick auf die Lieferbereitschaft und die Bestände über mehrere Wertschöpfungsstufen hinweg sowie die Aggregation zu Gesamtpotentialen.

Durch die Kombination der logistischen Lageranalyse mit der engpassorientierten Logistikanalyse für Produktionsbereiche liegt daher nun eine konsistente Analysemethodik vor, die in der Lage ist, die Wirkzusammenhänge der logistischen Zielgrößen sowohl in Lagerstufen als auch in kompletten Lieferketten quantifizierbar zu machen.

Da notwendige Bestände in der Lieferkette mit der Kennlinientechnik direkt den verursachenden logistischen Störungen zugeordnet werden können, lassen sich die erforderlichen Maßnahmen ableiten. Derartige Maßnahmen können in bezug auf ihre Auswirkungen auf die logistischen Ziele und deren Erreichung bewertet werden. Dadurch wird die problembezogene Auswahl von Verbesserungsmaßnahmen unterstützt. Gleichzeitig wird durch eine kostenmäßige Bewertung der Bestände das Problembewusstsein für die Wichtigkeit der logistischen Zielerreichung geschärft.

Kapitel 10
Zusammenfassung und Ausblick

Die Gestaltung und die Lenkung einer Produktion sind Schlüsselaufgaben eines Unternehmens, die wesentlich zum Unternehmenserfolg beitragen und daher konsequent an den Unternehmenszielen auszurichten sind. Nur wenn auch die Produktion die komplexen und sich schnell ändernden Anforderungen des Marktes erfüllen kann, wird ein Unternehmen insgesamt erfolgreich am Markt agieren können. Weiterentwicklungen im Bereich der Organisation sowie der Planung und Steuerung sind notwendig und finden auch in großem Umfang statt. Eine wesentliche Motivation hierbei ist die in vielen Unternehmen unbefriedigende Erfüllung der logistischen Erfolgsfaktoren.

Die Wege, die seitens der Industrie beschritten werden, sind recht unterschiedlich. Überwiegend sind sie jedoch darauf ausgerichtet, durch strukturelle Vereinfachungen die Komplexität der Produktion zu reduzieren, um so überschaubare und reaktionsschnelle Fabriken zu schaffen. Wegen der Dynamik der Veränderungen und der Vielfalt der externen und internen Einflussfaktoren sind aber auch diese Gestaltungsmaßnahmen selbst nur schwer beherrschbar. Zudem bleibt auch bei kleinen Produktionseinheiten das *Dilemma der Ablaufplanung* bestehen: Die logistischen Zielgrößen sind gegenläufig. Die Sicherung einer hohen Auslastung erfordert hohe Bestände, die ihrerseits jedoch lange Durchlaufzeiten und damit zumeist auch eine schlechte Termineinhaltung zur Folge haben. Erschwerend kommt hinzu, dass Veränderungen im Unternehmensumfeld die Gewichtung der Teilziele stark verschieben können.

Um das Dilemma der Ablaufplanung durch eine angepasste Prozess- und Produktionsgestaltung beherrschbar zu machen, ist die Kenntnis der wechselseitigen Abhängigkeiten der logistischen Zielgrößen untereinander und deren Beeinflussungsmöglichkeiten erforderlich. Aufgrund der Vielfalt der Prozesse und Abläufe sowie interner und externer Einflussfaktoren sind diese Zusammenhänge jedoch nicht ohne weiteres erkennbar bzw. beschreibbar. Eine zielgerichtete Gestaltung und Lenkung der Produktion ist daher durch geeignete Modelle zu unterstützen.

Modelle beschreiben geplante oder realisierte Systeme abstrakt, aber sehr konzentriert. Sie liefern grundsätzlich kein exaktes Abbild der Realität. Vielmehr sollen sie, auf einen bestimmten Anwendungszweck zugeschnitten, die relevanten Eigenschaften eines Systems mit einer hinreichenden Genauigkeit wiedergeben. Aus

P. Nyhuis, H.-P. Wiendahl, *Logistische Kennlinien*,
DOI 10.1007/978-3-540-92839-3_10, © Springer-Verlag Berlin Heidelberg 2012

Modellierungsansatz	Nachteile	Vorteile
Simulation 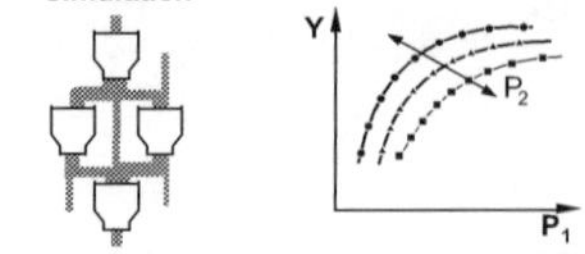	• Modellgültigkeit lässt sich nur punktuell nachweisen • Neuaufbau des Modells für jeden Anwendungsfall erforderlich • Übertragbarkeit der Ergebnisse in der Regel nicht möglich • hoher Anwendungsaufwand	• geringer Erstellungsaufwand • Modelladaption möglich • Einzelereignisse beschreibbar
Warteschlangen-modell 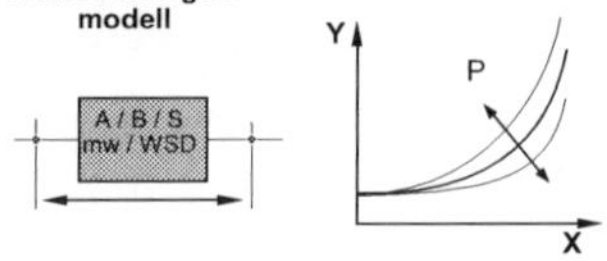	• hoher (aber einmaliger) Erstellungsaufwand • Modelladaption nicht bzw. nur in engen Grenzen möglich • Beschreibungsgrößen teilweise nicht praxisgerecht • Beschränkung auf Ressourcensicht	• Modellstruktur und -parameter sind aus elementaren Gesetzmäßigkeiten abgeleitet • geringer Anwendungsaufwand • Modelladaption in Grenzen möglich
Kennlinientheorie 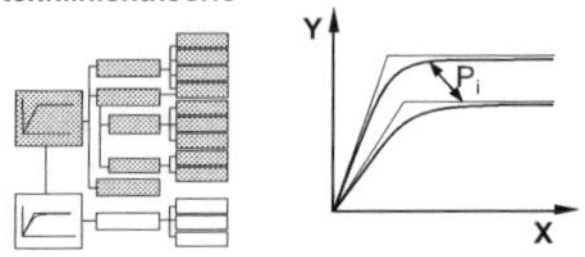	• hoher (aber einmaliger) Erstellungsaufwand • Beschränkung auf Ressourcensicht	• Modellstruktur und -parameter sind überwiegend aus elementaren Gesetzmäßigkeiten abgeleitet • geringer Anwendungsaufwand • Modelladaption in Grenzen möglich

IFA D4303b

Abb. 10.1 Vergleichende Bewertung alternativer Modellierungsansätze für Produktions-prozesse (P: Modellparameter)

praktischen Erwägungen heraus muss der Anwendungsaufwand eines Modells umso geringer sein, je routinemäßiger die Anwendung des Modells erfolgen soll. Auch zur Beschreibung des Dilemmas der Ablaufplanung werden Modelle eingesetzt. Bewährt hat sich hier insbesondere die Darstellung der logistischen Zielgrößen in Form von Produktionskennlinien, mit denen die Abhängigkeiten der Zielgrößen untereinander auch quantitativ beschrieben werden und die somit eine logistische Positionierung in dem genannten Spannungsfeld ermöglichen.

Zur Erstellung von Produktionskennlinien sind prinzipiell drei unterschiedliche Modellierungsansätze geeignet. Hierbei handelt es sich um:

- die Simulation als experimenteller Modellansatz
- die Warteschlangentheorie als deduktiver Modellansatz
- die Kennlinientheorie als deduktiv-experimenteller Modellansatz

Die Vor- und Nachteile der drei Modellierungsansätze sind in Abb. 10.1 in einer vergleichenden Bewertung dargestellt. Die *Simulation* zeichnet sich besonders durch den vergleichsweise geringen Modellerstellungsaufwand aus. Dadurch sind Anpassungen an veränderte Bedingungen leicht zu realisieren. Weiterhin können auch Einzelereignisse beschrieben werden, so dass u. a. auch der Durchlauf einzelner Aufträge durch die Produktion abgebildet werden kann. Insbesondere durch die Möglichkeiten der graphischen Animation ist die Akzeptanz häufig sehr hoch. Jedoch muss die Simulation in jedem Anwendungsfall neu aufgebaut und auch evaluiert werden. Eine Übertragbarkeit der Ergebnisse ist im Allgemeinen nicht möglich. Dadurch ist die Simulation mit einem sehr hohen Anwendungsaufwand verbunden. Die Zeitdauer bis zum Vorliegen von nutzbaren Ergebnissen ist unter dem heutigen Entscheidungsdruck in der Regel zu lang. In der betrieblichen Praxis sind simulativ erzeugte Kennlinien trotz der prinzipiell vorhandenen weitreichenden Einsatzmöglichkeiten daher nicht üblich.

Auch die *Warteschlangentheorie* konnte sich in Produktionsunternehmen mit vernetzten Strukturen nicht durchsetzen. Warteschlangenmodelle erfordern zwar nur einen geringen Anwendungsaufwand. Es sind jedoch Annahmen und Voraussetzungen zu treffen, die bei realen Produktionsprozessen im Regelfall nicht gegeben sind. Eine Anpassung eines Modells an spezifische Bedingungen ist zudem zumeist nicht möglich bzw. erfordert die sehr aufwendige Erstellung eines grundsätzlich neuen Modells. Schließlich sind die zur Modellanwendung erforderlichen Beschreibungsgrößen vor allem bei komplexeren Modellen oftmals nicht praxisgerecht.

Die *Kennlinientheorie* ist ein alternativer, in der Praxis vielfach bewährter Lösungsansatz. Sie ermöglicht es, die Abhängigkeiten zwischen den logistischen Zielgrößen des Produktionsprozesses und deren Beeinflussungsmöglichkeiten mit einem einfachen mathematischen Modell zu beschreiben. Mit exemplarischen Praxisanwendungen wurde aufgezeigt, wie sich auf der Basis betrieblicher Rückmeldedaten Produktionsprozesse logistikorientiert gestalten und bewerten lassen.

Als ein besonderer Vorteil der Kennlinientheorie ist hervorzuheben, dass das Modell an veränderte Bedingungen zwar nicht unbeschränkt, aber doch in weiten Bereichen allein durch die Parametrisierung adaptiert werden kann. Zudem zeichnet sich die Theorie dadurch aus, dass Modellstruktur und -parameter fast vollständig aus elementaren Gesetzmäßigkeiten heraus abgeleitet wurden. Innerhalb der Anwendungsvoraussetzungen können elementare Zusammenhänge zwischen den logistischen Zielgrößen daher unabhängig von einem speziellen Einzelfall beschrieben werden. Auf dieser Grundlage konnten produktionslogistische Grundgesetze abgeleitet werden, die das grundlegende Verständnis über das statische und dynamische Systemverhalten von Produktionssystemen fördern.

Ein prinzipieller Nachteil der Kennlinientheorie besteht in der Beschränkung auf die Arbeitssystemsicht. Um den Durchlauf der Aufträge durch die Produktion unter logistischen Aspekten zu beschreiben, ist daher eine Kombination dieser Modellierungsansätze mit anderen Methoden erforderlich. Einen Möglichkeit hierzu ist die *Engpassorientierte Logistikanalyse*, bei der die Kennlinientheorie in Verbindung mit einer Materialflussanalyse sowie einer Durchlaufzeit- und Bestandsanalyse zum Einsatz kommt. Zwei Praxisanwendungen dieser Analysemethodik zeigen, wie sich der Produktionsablauf insgesamt transparent darstellen lässt und es ermöglicht wird, sowohl logistische Engpässe im Materialfluss aufzuzeigen und Maßnahmen zu ihrer Beseitigung abzuleiten und zu bewerten als auch die Auswirkungen auf das Lieferverhalten zu berechnen.

Die dargestellten Anwendungsmöglichkeiten der Leistungs- und Durchlaufzeitkennlinien zeigen, dass es mit der Kennlinientheorie gelungen ist, das Dilemma der Ablaufplanung qualitativ und quantitativ auch unter Berücksichtigung betriebsspezifischer Rahmenbedingungen zu beschreiben und somit Produktionsabläufe zielgerichtet beeinflussen zu können.

Eine wichtige Ergänzung zu den Produktionskennlinien stellen die Lager- und Servicegradkennlinien dar. Diese ermöglichen es, die Wirkzusammenhänge der logistischen Zielgrößen in einem Lager darzustellen. Durch die Kombination von Produktions- und Lagerkennlinien schließlich lassen sich die logistischen Wechselwirkungen innerhalb einer Lieferkette analysieren. Dies erlaubt die Bestimmung vorhandener Potentiale im Hinblick auf die Lieferbereitschaft und die Bestände über mehrere Wertschöpfungsstufen hinweg.

Literatur

[Arno-98] Arnold, D.: Materialflusslehre. Vieweg, Wiesbaden (1998)

[Arno-08] Arnold, D., Isermann, H., et al. (Hrsg.): Handbuch Logistik, Aufl. 3. Springer, Berlin (2008)

[ATKe-92] A. T. Kearney: Produktivität und Qualität in der Logistik – Schlüsselfaktoren im europäischen Wettbewerb. Düsseldorf (1992). (Kearney Inc)

[Baum-02] Baumgarten, H., Thoms, J.: Trends und Strategien in der Logistik. Technische Universität Berlin, Berlin (2002)

[Bech-84] Bechte, W.: Steuerung der Durchlaufzeit durch belastungsorientierte Auftragsfreigabe bei Werkstattfertigung. VDI-Verlag, Düsseldorf (1984). (Fortschritt-Berichte VDI, Reihe 2, Nr. 70)

[Beck-96] Beckmann, H.: Theorie einer evolutionären Logistik-Planung. Dissertation, Universität Dortmund (1996)

[Berr-70] Berr, U., Papendieck, A.J.: Produktionsreihenfolgen und Losgrößen in der Serienfertigung in einen Werkstattmodell. Werkstattstechnik **60**(4), (1970)

[Birk-95] Birkhofer, H., Costa, C.: Auf dem Wege zur ganzheitlichen Simulation. VDI-Berichte Nr. 1215, (1995)

[Brin-89] Brinkmann, M.: Dynamische Groblayout-Planung auf der Basis des Durchlaufdiagramms. Dissertation, Universität Hannover, VDI-Verlag, Düsseldorf (1989). (Fortschr.-Ber. VDI Reihe 2, Nr. 184)

[Bron-08] Bronstein, I.N., Semendjajew, K.A., Musiol, G., Muheling, H.: Taschenbuch der Mathematik, Aufl. 7. Deutsch, Thun (2008)

[Bull-92] Bullinger, H.-J.: Innovative Produktionsstrukturen – Voraussetzung für ein kundenorientiertes Produktionsmanagement. In: Bullinger, H.J. (Hrsg.) Kundenorientierte Produktion. Springer, Heidelberg (1992). (IOA-Forum Mai 1992)

[Bult-88] Bultmann, D.: ABC-/XYZ-Analysen als Instrument der analytischen Logistik. In: RKW-Handbuch Logistik, Bd. 3, 14, Lfg. XII/88, KZ 9110, S. 1–16, Erich Schmidt Verlag, Berlin (1988)

[Burm-97] Burmeister, M.: Auslegung der Verbrauchssteuerung bei vernetzter Produktion. Dissertation, Universität Hannover, VDI-Verlag, Düsseldorf (1997). (Fortschr.-Ber. VDI, Reihe 8, Nr. 658)

[Conw-03] Conway, R.W., Maxwell, W.L., Miller, L.W.: Theory of Scheduling. Addison-Wesley, Reading (2003)

[Daen-02] Daenzer, W.F., Huber, F. (Hrsg.): System Engineering. Verlag Industrielle Organisation, Zürich (2002)

P. Nyhuis, H.-P. Wiendahl, *Logistische Kennlinien*,
DOI 10.1007/978-3-540-92839-3,

[Dang-91] Dangelmaier, W., Geck, K.: Adaptive Organisationsplanung in der Fertigung. Fertigungstechnik Betr. **41**(12), 635–639 (1991)

[DeBo-83] De Bodt, M., Gelders, L.F., Van Wassenhove, L.N.: The Effect of Demand Uncertainty of Multilevel Lot Sizing, Part I: The Least Unit Cost, Part II: The Silver Meal Heuristic. Katholike Universiteit Leuven, Leuven (1983)

[Domb-88] Dombrowski, U.: Qualitätssicherung im Terminwesen der Werkstattfertigung. Dissertation, Universität Hannover, VDI-Verlag, Düsseldorf (1988). (Fortschr.-Ber. VDI, Reihe 2, Nr. 159)

[Eide-95] Eidenmüller, B.: Die Produktion als Wettbewerbsfaktor. Verlag TÜV Rheinland, Köln (1995)

[Erdl-84] Erdlenbruch, B.: Grundlagen neuer Auftragssteuerungsverfahren für die Werkstattfertigung. Dissertation, Universität Hannover, VDI-Verlag, Düsseldorf (1984). (Fortschr.-Ber. VDI, Reihe 2, Nr. 71)

[Ever-87] Eversheim, W., Thomae, H.G.: Simulation als Hilfsmittel zur Produkt- und Produktionsplanung. ZwF **82**(6) 333–339 (1987)

[Ever-94] Eversheim, W., Fuhlbrügge, M., Dobberstein, M.: Simulation unterstützt die Produktionssystemplanung. VDI-Z **136**(7/8), 53–56 (1994)

[Ewal-93] Ewald, H.: Einsatz von Betriebskennlinien zur Überprüfung und Sicherung der logistischen Qualität. Beitrag zum Fachseminar-Seminar ‚Qualitätsmanagement in der Logistik', gfmt, Stuttgart (1993)

[Fast-94] Fastabend, H., Großklaus, A.: Betriebskennlinien als Controllinginstrument der Produktionslogistik. ZwF **89**(7/8), 373–376 (1994)

[Fast-97] Fastabend, H.: Kennliniengestützte Synchronisation von Fertigungs- und Montageprozessen. Dissertation, Universität Hannover, VDI-Verlag, Düsseldorf (1997). (Fortschr.-Ber. VDI, Reihe 2, Nr. 452)

[From-92] Fromm, H.: Das Management von Zeit und Variabilität in Geschäftsprozessen. CIM Manag. 8(5), 7–14. (Verleger: Ges. f. Industr. Informationstechnik und Organisation, Berlin)

[Forr-61] Forrester, J.: Industrial Dynamics. MIT Press, Cambridge (1961)

[Fort-77] Fortuin, L.: A survey of literature on reordering of stock items for production inventories. Int. J. Prod. Res. **15**(1), 87–105 (1977)

[Gläß-91] Gläßner, J., Nyhuis, P.: Zielkonflikt lösen – Durchlauforientierte Losbildung im Vergleich zu konventionellen Verfahren. Maschinenmarkt, Würzburg (1991) 8, S. 60–64

[Gläß-95] Gläßner, J.: Modellgestütztes Controlling der beschaffungslogistischen Prozeßkette. Dissertation, Universität Hannover, VDI-Verlag, Düsseldorf (1995). (Fortschr.-Ber. VDI, Reihe 2, Nr. 337)

[Gned-71] Gnedenko, B.W., Kowalenko, I.N.: Einführung in die Bedientheorie. R. Oldenbourg Verlag, München (1971)

[Goeb-96] Goebel, D.: Modellbasierte Optimierung von Produktentwicklungsprozessen. VDI-Verlag, Düsseldorf (1996). (Fortschr.-Ber. VDI, Reihe 2, Nr. 385)

[Gott-01] Gottschalk, E.: Management logistischer Prozesse in der Praxis. In: Wiendahl, H.-P. (Hrsg.) Erfolgsfaktor Logistikqualität. Springer, Berlin (2001)

[Grob-93] Grobel, T.: Analyse der Einflüsse auf die Aufbauorganisation von Produktionssystemen. Forschungsberichte aus dem Institut für Arbeitswissenschaften und Betriebsorganisation der Universität Karlsruhe (Hrsg.: Zülch, G.), Bd. 6. Shaker-Verlag (1993)

[Gros-96] Großklaus, A.: Ablauforientierte Produktionslogistik – eine modellbasierte Analyse. Gabler-Verlag, Wiesbaden (1996)

[Gros-98] Gross, D., Harris, C.M.: Fundamentals of Queueing Theory, Aufl. 3. Wiley, New York (1998)

[Gude-05] Gudehus, T.: Logistik. Grundlagen, Strategien, Anwendungen, Aufl. 3. Springer, Heidelberg (2005)

[Gute-71] Gutenberg, E.: Grundlagen der Betriebswirtschaftslehre, Bd. 1, Aufl. 24. Springer, Berlin (1971)

[Günz-93] Günzel, U.: Entwicklung und Einsatz eines Simulationsverfahrens für operative und strategische Probleme der Produktionsplanung und -steuerung. Dissertation, Universität Erlangen-Nürnberg, Hanser-Verlag, München (1993)

[Hell-78] Heller, W.-D., Lindenberg, H., Nuske, M., Schriever, K.-H.: Stochastische Systeme. Markoffketten, Stochastische Prozesse, Warteschlangen. Walter de Gruyter, Berlin (1978)

[Hess-88] Hesse, R.: Simulation ermöglicht Absicherung kreativer Planungsprozesse. AV **25**(2), 61–63 (1988)

[Hold-86] Holdhof, J.: Terminplanungssysteme für Werkstätten mit heterogenen Produktionsbedingungen. VDI-Verlag, Düsseldorf (1986). (Fortschr.-Ber. VDI, Reihe 2, Nr. 116)

[Hopp-08] Hopp, W.J., Spearmann, M.L.: Factory Physics, Aufl. 3. Irwin, Chicago (2008)

[Inde-08] Inderfurth, K., Schulz, T.: Zur optimalen Parametrierung der Lagerkennlinie nach Nyhuis/Wiendahl. In: Nyhuis, P. (Hrsg.): Beiträge zu einer Theorie der Logistik. Springer, Heidelberg (2008)

[Jain-94] Jainczyk, M.: Logistikorientierte Bewertung von Investitionsvorhaben im Produktionsbereich. In: PSK-Fachtagung (Tagungsbericht), S. 104–107 gfmt, München (1994)

[Jüne-88] Jünemann, R., Klöpper, H.-J.: Reduzieren der Durchlaufzeit als logistische Herausforderung. Logistik (Mai/Juni), 80–84 (1988)

[Kalu-94] Kaluza, B.: Rahmenentscheidungen zu Kapazität und Flexibilität produktionswirtschaftlicher Systeme. In: Corsten, H. (Hsrg.) Handbuch des Produktionsmanagement: Strategie – Führung – Technologie – Schnittstellen. Gabler-Verlag, Wiesbaden (1994)

[Kern-02] Kerner, A.: Modellbasierte Beurteilung der Logistikleistung von Prozeßketten. Dissertation, Universität Hannover (2002)

[Kett-76] Kettner, H. (Hrsg.): Neue Wege der Bestandsanalyse im Fertigungsbereich. Fachbericht des Arbeitsausschusses Fertigungswirtschaft (AFW) der Deutschen Gesellschaft für Betriebswirtschaft (DGfB). TU Hannover (1976)

[Kluß-96] Klußmann, J., Krauth, J., Splanemann, R.: Simulation – Spielerei oder zukunftsweisende Technik? Steigerung der Analysefähigkeit in Produktion und Logistik. Prod. Manag. **86**, 361–366 (1996)

[Knol-87] Knolmayer, G.: Materialflußorientierung statt Materialbestandsoptimierung. In: Baetge, J. (Hrsg.) Logistik – eine Aufgabe der Unternehmenspolitik: ein Roundtable-Gespräch. Duncker und Humblot, Berlin (1987)

[Knol-90] Knolmayer, G., Lemke, F.: Auswirkungen von Losgrößenreduktionen auf die Erreichung produktionswirtschaftlicher Ziele. ZfB **60**(4), 423–442 (1990)

[Köni-82] König, D., Stoyan, D.: Methoden der Bedientheorie. Verlag Vieweg, Berlin (1982)

[Koet-08] Koether, R. (Hrsg.): Taschenbuch der Logistik, Aufl. 3. Hanser Verlag, München (2008)

[Krau-92] Krauth, J.: Comparison 2: Preliminary Evaluation. Eurosim – Simulation News Europe, Number 4, March (1992)

[Kreu-94] Kreutzfeld, J.: Planen mit Bearbeitungsalternativen in der Teilefertigung. Dissertation, Universität Hannover (1994). (Fortschr.-Ber. VDI, Reihe 16, Nr. 80)

[Kugl-95] Kugler, P., Nyhuis, P.: Controllingwerkzeuge als Fenster zum Prozeß in Produktion und Beschaffung. Beitrag zum Seminar ‚KVP in der Produktionslogistik‘ der Techno-Transfer GmbH, Hannover, 02–03 Nov 1995

[Kuhn-92] Kuhn, A.: Modellgestützte Logistik – Methodik einer permanenten ganzheitlichen Systemgestaltung. Tagung „Rechnergestützte Fabrikplanung ’92“. VDI-Berichte Nr. 949, S. 109–136. VDI-Verlag, Düsseldorf (1992)

[Kuhn-95] Kuhn, A.: Prozeßketten in der Logistik: Entwicklungstrends und Umsetzungsstrategien. Praxiswissen, Dortmund (1995)

[Kuhn-97] Kuhn, A.: Konstruktionssystematik für Logistikmodelle. Logistik-Jahrbuch, S. 270–274. Verlagsgruppe Handelsblatt, Düsseldorf 1997

[Kull-92] Kulla, B.: Ergebnisse oder Erkenntnisse – liefern makroanalytische Simulationsmodelle etwas Brauchbares? In: Biethahn, J., Schmidt, B. (Hrsg.) Simulation als betriebliche Entscheidungshilfe. Springer, Berlin (1992)

[Kupr-91] Kuprat, T.: Simulationsgestützte Beurteilung der logistischen Qualität von Produktionsstrukturen. Dissertation, Universität Hannover, VDI-Verlag, Düsseldorf (1991). (Fortschr.-Ber. VDI, Reihe 2, Nr. 228)

[Lars-92] Larsen, E.: Effects from use alternative routings. 24th Cirp International Seminar on Manufacturing Systems. Copenhagen, Denmark 11–12 June 1992

[Lödd-08] Lödding, H.: Verfahren der Fertigungssteuerung, Aufl. 2. Springer, Berlin (2008)

[Look-96] Looks, S.: Kennzahlen für Fertigungsinseln. io Manag. Z. **65**(3), 71–74 (1996)

[Lore-84] Lorenz, W.: Entwicklung eines arbeitsstundenorientierten Warteschlangenmodells zur Prozeßabbildung der Werkstattfertigung. Dissertation, Universität Hannover, VDI-Verlag, Düsseldorf (1984). (Fortschr.-Ber. VDI, Reihe 2, Nr. 72)

[Lucz-01] Luczak, H., Wiendahl, P.-P., Weber, J. (Hrsg.): Logistik-Benchmarking. Springer, Berlin (2001)

[Ludw-90] Ludwig, E., Nyhuis, P., Ullmann, W.: Analyseverfahren zur Diagnose der Produktion. Beitrag zum Fachseminar „PROLOG '90", München, 30–31 Mei 1990

[Ludw-92] Ludwig, E., Nyhuis, P.: Verbesserung der Termineinhaltung in komplexen Fertigungsbereichen durch einen neuen Ansatz zur Plandurchlaufzeitermittlung. In: Görke, W., Rininsland, H., Syrbe, M. (Hrsg.) Information als Produktionsfaktor, S. 473–483. Springer, Berlin (1992)

[Ludw-93] Ludwig, E., Nyhuis, P.: Plandurchlaufzeitermittlung auf der Basis logistischer Grundgesetze. Beitrag zum Symposium ‚Zeitgemäße Ablauforganisation', Techno Transfer, Hannover 17–18 Mei 1993

[Ludw-95] Ludwig, E.: Modellgestützte Diagnose logistischer Produktionsabläufe. Dissertation, Universität Hannover, VDI-Verlag, Düsseldorf (1995). (Fortschr.-Ber. VDI, Reihe 2, Nr. 362)

[Lutz-01] CR73 Lutz, S., Lödding, H., Wiendahl, H.-P.: Kennliniengestützte Logistische Lageranalyse. ZWF **96**(10), 550–553 (2001)

[Lutz-02] Lutz, S.: Kennliniengestütztes Lagermanagement. Fortschr.-Ber. VDI, Reihe 2, VDI-Verlag, Düsseldorf (2002)

[Math-77] Mather, H., Plossl, G.W.: Priotity Fixation versus Throughput Planning. APICS, Intern. Conference, Cleveland/Ohio (USA) (1977)

[Meie-93] Meier, K.-J.: Auslastung contra Durchlaufzeit. ZwF **88**(2), 60–63 (1993)

[Meie-95] Meier, K.-J.: Bestandsoptimierung durch Fertigungsablaufsimulation. ZWF **90**(4), 157–160 (1995)

[Mert-96] Mertins, K., Rabe, M.: Kontinuierliche Unternehmensentwicklung – Evolution und Revolution. ZWF **91**(5), 192–194 (1996)

[Mich-97] Michaeli, W.: Mit Produkt- und Prozeßsimulation zur virtuellen kunststoffverarbeitenden Fabrik. In: Schuh, G., Wiendahl, H.-P. (Hrsg.) Komplexität und Agilität. Springer, Berlin (1997)

[Milb-94] Milberg, J.: Unsere Stärken stärken – Der Weg zu Wettbewerbsfähigkeit und Standortsicherung. Münchener Kolloquium 94. mi-Verlag, München (1994)

[Milb-97] Milberg, J., Reinhart, G. (Hrsg.): Mit Schwung zum Aufschwung. Münchner Kolloquium 97. mi-Verlag, Landsberg a M Lech (1997)

[Möll-95] Möller, J.: Logistische Beurteilung von Fabrikstrukturen mit Betriebskennlinien. In: VDI-Gesellschaft, Produktionstechnik/VDI-ADB (Hrsg.), VDI-ADB Jahrbuch 95/96, S. 99–122. VDI-Verlag, Düsseldorf (1995)

[Möll-96] Möller, J.: Kennliniengestützte Auslegung von Fabrikstrukturen. Dissertation, Universität Hannover, VDI-Verlag, Düsseldorf (1996). (Fortschr.-Ber. VDI, Reihe 2, Nr. 389)

[Müll-62] Müller-Merbach, H.: Sensibilitätsanalyse der Losgrößenbestimmung. Unternehmensforschung **6**, 79–88 (1962)

[Noch-93] Noche, B., Lindner, W.L.: Simulation zur strategischen Unternehmensstrukturplanung. ASIM-Tagungsbericht. gfmt, München (1993)

[Nyhu-91] Nyhuis, P.: Durchlauforientierte Losgrößenbestimmung. Dissertation, Universität Hannover, VDI-Verlag, Düsseldorf (1991). (Fortschr.-Ber. VDI, Reihe 2, Nr. 225)

[Nyhu-93a] Nyhuis, P.: Betriebskennlinien zur Entscheidungsunterstützung in der PPS. In: Wiendahl, H.-P. (Hrsg.) Neue Wege der PPS. gfmt, München (1993)

[Nyhu-93b] Nyhuis, P., Penz, T.: Das logistische Leistungsvermögen auf dem Prüfstand. Beitrag zum Fachseminar ‚Qualitätsmanagement der Logistik'. gfmt, Stuttgart Sept (1993)

[Nyhu-95] Nyhuis, P.: Lagerkennlinien – ein Modellansatz zur Unterstützung des Beschaffungs- und Bestandscontrolling. RKW-Handbuch Logistik, Bd. 2, 22 Lfg. XII, KZ 6110, S. 1–37 (1995)

[Nyhu-96] Nyhuis, P.: Modelle zum Reengineering und Monitoring von Prozeßketten. In: Wiendahl, H.-P. (Hrsg.) Dezentrale Produktionsstrukturen. Techno-Transfer (1996)

[Nyhu-05] Nyhuis, P.: Applying simulation and analytical models for logistic performance prediction. Ann. CIRP **54**(1), 417–422 (2005)

[Nyhu-06] Nyhuis, P.: Logistic production operating curves – basic model of the theory of logistic operating curves. Ann. CIRP **55**(1), 441–444 (2006)

[Nyhu-07] Nyhuis, P.: Practical applications of logistic operating curves. Ann. CIRP **56**(1), 483–486 (2007)

[Nyhu-08] Nyhuis, P.: Entwicklungsschritte zu Theorien der Logistik. In: Nyhuis, P. (Hrsg.): Beiträge zu einer Theorie der Logistik. Springer, Berlin (2008)

[Oert-85] Oertli-Cajacob, P.: Praktische Wirtschaftskybernetik. Carl Hanser Verlag, München (1985)

[Papu-08] Papula, L.: Mathematik für Ingenieure und Naturwissenschaftler, Bd. 3. Vieweg-Verlag, Braunschweig (2008)

[Penz-96] Penz, T.: Wechselwirkungen technischer und logistischer Produktionsprozesse und ihre Auswirkungen auf das Qualitätsmanagement, Fortschr.-Ber. VDI, Reihe 20, Nr. 232. VDI-Verlag, Düsseldorf (1996)

[Pete-95] Petermann, D.: Modellbasierte Produktionsregelung. Dissertation, Universität Hannover VDI-Verlag, Düsseldorf (1996). (VDI-Fortschr.-Ber., Reihe 20, Nr. 193)

[Pfoh-04] Pfohl, H.-Ch.: Logistiksysteme, Betriebswirtschaftliche Grundlagen, Aufl. 7. Springer, Berlin (2004)

[Port-00] Porter, M.E.: Wettbewerbsvorteile: Spitzenleistungen erreichen und behaupten, Aufl. 6. Campus Verlag, Frankfurt a. M. (2000)

[Port-93] Porter, M.E.: Nationale Wettbewerbsvorteile: Erfolgreich konkurrieren auf dem Weltmarkt. Sonderausgabe. Wirtschaftsverlag, Wien (1993)

[Prit-95] Pritschow, G., Wiendahl, H.-P.: Application of Control Theory for Production Logistics – Results of a Joint Project. 45th CIRP General Assembly, University of Twente, Netherlands, 21–26 Aug 1995

[Prof-77] Profos, P.: Modellbildung und ihre Bedeutung in der Regelungstechnik, S. 5–12. VDI-Verlag, Düsseldorf (1977). (VDI-Berichte Nr. 276)

[Reic-06] Reichmann, T.: Controlling mit Kennzahlen und Management-Tools. – Die systemgestützte Controlling-Konzeption, Aufl. 7. Vahlen, München (2006)

[Rice-90] Rice, W., Gross, R.: Simulation Technique and the WIPAC Curve for Balancing Capacity against Inventory. APICS, 33th International Conference Proceedings, pp. 284–287, New Orleans (1990)

[Rums-95] Rumscheid, B.: Rechnergestützte Planung und Durchführung von Simulationsstudien. In: VDI-Bericht 1215 Simulation von Systemen in Logistik, Materialfluss und Produktion. Hrsg.: VDI-Gesellschaft Fördertechnik Materialfluss Logistik. VDI-Verlag, Düsseldorf (1995)

[Sach-03] Sachs, L.: Angewandte Statistik, Aufl. 6. Springer, Berlin (2003)

[Sain-75] Sainis, P.: Ermittlung von Durchlaufzeiten in der Werkstattfertigung aus Daten des Fertigungsprogrammes mit Hilfe der Warteschlangentheorie. Dissertation, Technische Universität Hannover (1975)

[Scha-92] Scharf, P., Spies, W.: Comutersimulation hilft bei der Optimierung von Produktionsanlagen. VDI-Z **134**(10), 72–79 (1992)

[Schl-95] Schlüter, K.: Einmal ist immer das erste Mal – nützliche Hinweise für Einsteiger. VDI-Berichte Nr. 1215, (1995)

[Schm-08] Schmidt, M., Wriggers, F.S.: Logistische Modellierung von Lagerprozessen. In: Nyhuis, P. (Hrsg.) Beiträge zu einer Theorie der Logistik. Springer, Berlin (2008)

[Schn-02] Schneider, M., Wiendahl, H.-P.: Modelling and Controlling the Logistic Performance of Manufacturing Departments by the Use of Logistic Process Operating Curves (LPOCs). The 35th CIRP – International Seminar on Manufacturing Systems, Seoul, Korea, 12–15 May 2002

[Scho-94] Scholtissek, P., Gläßner, J.: PPS auf dem Prüfstand – Simulationsgestützter Verfahrenstest. ZwF **89**(3), 96–98 (1994)

[Scho-96] Scholtissek, P.: Simulationsprüfstand für Logistikkonzepte. Dissertation, Universität Hannover, VDI-Verlag, Düsseldorf (1996). (VDI-Fortschr.-Ber., Reihe 2, Nr. 377)

[Sell-90] Sell, R.: Angewandtes Problemlösungsverhalten – Denken und Handeln in komplexen Zusammenhängen, Aufl. 3. Springer, Berlin (1990)

[Silv-98] Silver, E.A., Pyke, D.F., Peterson, R.: Inventory Management and Production Planning and Scheduling. Wiley, New York (1998)

[Spen-96] Spengler, Th., Stemper, M., Rentz, O.: Produktionssteuerung mit Betriebskennlinien und Belastungsorientierter Auftragsfreigabe. ZwF **91**(7/8), 348–351 (1996)

[Spri-92] Springer, G.: Simulationsgestützte Mitarbeiterausbildung am Beispiel der Fertigungssteuerung. Dissertation, Universität Hannover, VDI-Verlag, Düsseldorf, (1992). (VDI-Fortschr.-Ber., Reihe 2, Nr. 269)

[Spur-98] Spur, G., Stöferle, Th.: Handbuch der Fertigungstechnik, Bd. 6. Carl Hanser, München (1998)

[Stro-85] Stroyan, D.: Qualitative Eigenschaften und Abschätzung stochastischer Modelle. Oldenbourg, München (1985)

[Ters-94] Tersine, R.J.: Principles of Inventory Management, Bd. 4. Prentice Hall, London (1994)

[Ulfe-86] Ulfers, H.-A.: Erfahrungen mit der belastungsorientierten Auftragssteuerung ABS bei Siemens. In: Wiendahl, H.-P. (Hrsg.) Fachbericht zum Seminar ‚Praxis der belastungsorientierten Fertigungssteuerung' des Instituts für Fabrikanlagen der Universität Hannover, Hannover, (1986)

[Ullm-94] Ullmann, W.: Controlling logistischer Produktionsabläufe am Beispiel des Fertigungsbereichs. VDI-Verlag, Düsseldorf (1994). (Fortschr.-Ber. VDI, Reihe 2, Nr. 311)

[VDI-93] Simulation von Logistik-, Materialfluß- und Produktionssystemen. VDI – Gesellschaft Fördertechnik Materialfluß Logistik. VDI-Richtlinie 3633, Blatt 1, VDI-Verlag, Düsseldorf (1993)

[Vieh-85] Viehweger, B.: Planung von Fertigungssystemen mit automatisiertem Werkzeugfluss. Dissertation, Technische Universität Berlin. Hanser Verlag, München (1985)

[Warn-93] Warnecke, H.-J., Zeh, K.-P.: Strukturauslegung der Fertigung – ein integriertes Verfahren zur Leistungsbewertung und -optimierung. FB/IE **42**(3), 112–119 (1993)

[Webe-02] Weber, J.: Logistikkostenrechnung, Aufl. 2. Springer, Berlin (2002)

[Wede-89] Wedemeyer, H.-G. v.: Entscheidungsunterstützung in der Fertigungssteuerung mit Hilfe der Simulation. Dissertation, Universität Hannover, VDI-Verlag, Düsseldorf (1989). (Fortschr.-Ber. VDI Reihe 2, Nr. 176)

[Wien-87] Wiendahl, H.-P.: Belastungsorientierte Fertigungssteuerung. Hanser, München (1987)

[Wien-89] Wiendahl, H.-P.: Grundgesetze der Logistik. F + H Fördern und Heben 39, Nr. 4, S. 289–296. Vereinigte Fachverlage, Mainz (1989)

[Wien-93a] Wiendahl, H.-P., Nyhuis, P.: Die logistische Betriebskennlinie – ein neuerAnsatz zur Beherrschung der Produktionslogistik. In: RKW. (Hrsg.): RKW-Handbuch Logistik, 19 Lfg. XI, KZ 6110. S. 1–36. Erich Schmidt, Berlin (1993)

[Wien-93b] Wiendahl, H.-P., Kuhn, A., Reinhardt, A. (Hrsg.): Handbuch Simulationsanwendung in Produktion und Logistik, Fortschritte in der Simulationstechnik. Vieweg, Braunschweig (1993)

[Wien-95a] Wiendahl, H.-P.: Load-Oriented Manufacturing Control. Springer, Berlin (1995)

[Wien-95b] Wiendahl, H.-P., Möller, J., Nyhuis, P.: Engpaßorientierte Logistikanalyse auf der Basis von Betriebskennlinien. io Manag. Z. 64(5), 27–33 (1995)

[Wien-96a] Wiendahl, H.-P., Kuhn, A., Beckmann, H., Fastabend, H., Heiderich, T., Helms, K., Kloth, M.: Optimierung und Betrieb wandelbarer Produktionsnetze. In: Dangelmaier, W., Kirsten, U. (Hrsg.) Vision Logistik. Heinz Nixdorf Institut Paderborn, Karlsruhe (1996). (PFT-Endbericht (FZKA-PFT 181))

[Wien-96b] Wiendahl, H.-P., Dräger, H., Franken, T., Fastabend, H.: Überwachung und logistische Positionierung von Prozeßketten auf der Basis von Kosten-Durchlaufdiagrammen und Kennlinientechniken. In: Berkau, C. et al. (Hrsg.) Kostenorientiertes Geschäftsprozeßmanagement. Vahlen-Verlag, München (1996)

[Wien-97] Wiendahl, H.-P.: Fertigungsregelung: Logistische Beherrschung von Fertigungsabläufen auf Basis des Trichtermodells. Hanser, München (1997)

[Wien-98] Wiendahl, H.-P., Nyhuis, P.: Engpaßorientierte Logistikanalyse – Methoden zur kurzfristigen Leistungssteigerung in Produktionsprozessen. Transfer-Centrum GmbH, München (1998)

[Wien-01] Wiendahl, H.-P., Schneider, M.: Development of a logistic operating curve for an entire manufacturing department – Logistic Process Operating Curve (LPOC). In: Inasaki, I. (Hrsg.) Initiatives of Precision Engineering at the Beginning of a Millenium. Yokohama, Japan (July 2001)

[Wien-02] Wiendahl, H.-P. (Hrsg.): Erfolgsfaktor Logistikqualität, Aufl. 2. Springer, Berlin (2002)

[Wild-96] Wildemann, H.: Logistikstrategien. In: Eversheim, W., Schuh, G. (Hrsg.) Produktion und Management, Abschn. 15. Springer, Berlin (1996)

[Wild-98] Wildemann, H.: Marktführerschaft: Wege für ein profitables Unternehmenswachstum. Transfer-Centrum GmbH, München (1998)

[Wild-02] Wildemann, H.: Integriertes Qualitäts-Controlling logistischer Leistungen. In: Wiendahl, H.-P. (Hrsg.) Erfolgsfaktor Logistikqualität. Springer, Heidelberg (2002)

[Wind-01] Windt, K.: Engpaßorientierte Fremdvergabe in Produktionsnetzen. Dissertation, Universität Hannover, VDI-Verlag, Düsseldorf (2001). (Reihe 2)

[Wink-88] Winkelhake, U.: Permanente Maschinendatenerfassung automatischer Montageanlagen. Dissertation, Universität Hannover, Düsseldorf (1988). (Fortschr.-Ber. VDI, Reihe 2, Nr. 167)

[Wöhe-08] Wöhe, G., Döring U.: Einführung in die Allgemeine Betriebswirtschaftslehre, Aufl. 23. Vahlen, München (2008). (Handbuch der Wirtschafts- und Sozialwissenschaften)

[Wyss-95] Wyssen, H., Roder, B., Scholtissek, P.: Regelmäßige Auftragsdurchlauf- und Arbeitssystemanalysen – ein Baustein der ‚Leiterplattenstrategie 94–97'. Beitrag zum Seminar ‚KVP in der Produktionslogistik' der Techno-Transfer GmbH, Hannover, 02–03 Nov 1995

[Yu-01] Yu, K.-W.: Terminkennlinie – Eine Beschreibungsmethodik für die Terminabweichung im Produktionsbereich. Dissertation, Universität Hannover, VDI-Verlag, Düsseldorf (2001). (Reihe 2)

[Zahn-94] Zahn, E., Dillerup, R.: Fabrikstrategien und -strukturen im Wandel. In: Zülch, G. (Hrsg.) Vereinfachen und verkleinern – die neuen Strategien in der Produktion. Schäffer-Poeschel, Stuttgart (1994)

[Zäpf-92a] Zäpfel, G., Hödlmoser, P.: Läßt sich das KANBAN-Konzept bei einer Variantenfertigung wirtschaftlich einsetzen? ZfB **62**(4), 437–458 (1992)

[Zäpf-92b] Zäpfel, G., Missbauer, H., Kappel, W.: PPS-Systeme mit Belastungsorientierter Auftragsfreigabe. ZfB **62**(8), 897–919 (1992)

[Zülc-96a] Zülch, G., Heel, J., Krüger, J.: Simulation unterstützt die Parallelisierung der Produktionssystemplanung. VDI-Z **138**(5), 42–44 (1996)

[Zülc-96b] Zülch, G., Heel, J.: Entwicklung von Suchstrategien. Beitrag zur 7. ASIM-Fachtagung. Dortmund, 11–13 Mai 1996

Sachverzeichnis

DOI 10.1007/978-3-540-92839-3, © Springer-Verlag Berlin Heidelberg 2012

Zeitfracht Medien GmbH
Ferdinand-Jühlke-Straße 7,
99095 - DE, Erfurt
produktsicherheit@zeitfracht.de